〔宋〕袁樞撰

通鑑紀事本末

卷第一至卷第四

中華書局

圖書在版編目(CIP)數據

通鑑紀事本末:全12册/(宋)袁樞撰. —北京:中華書局,2015.8(2024.9重印)
(歷代紀事本末)
ISBN 978-7-101-11162-0

Ⅰ.通… Ⅱ.袁… Ⅲ.中國歷史-古代史-紀事本末體 Ⅳ.K204.4

中國版本圖書館CIP數據核字(2015)第181367號

責任編輯:胡　珂
責任印製:管　斌

歷代紀事本末
通鑑紀事本末
(全十二册)
〔宋〕袁　樞　撰
*
中華書局出版發行
(北京市豐臺區太平橋西里38號　100073)
http://www.zhbc.com.cn
E-mail:zhbc@zhbc.com.cn
三河市宏達印刷有限公司印刷
*
850×1168毫米 1/32 · 131¼印張 · 24插頁 · 2760千字
2015年8月第1版　2024年9月第9次印刷
印數:13001-13600册　定價:580.00元

ISBN 978-7-101-11162-0

前記

一

通鑑紀事本末四十二卷，宋袁樞撰。樞字機仲，建州建安（今福建建甌縣）人，生於宋高宗紹興元年（公元一一三一），卒於宋寧宗開禧元年（公元一二〇五）。孝宗初，試禮部詞賦第一，調温州判官，後爲禮部試官。乾道九年（公元一一七三），出爲嚴州教授，通鑑紀事本末就是在這個時期編纂的。嗣任太府丞兼國史館編修官，累遷工部侍郎兼國子祭酒，知江陵府。

本書共分二百三十九個題目，始於三家分晋，終於世宗征淮南，總括了一千三百六十餘年的「治亂興衰之迹」。

紀事本末的形式，由來已久。我國最早的史籍尚書，就有若干篇是記事之首尾的。自左傳以後的編年體史書，多以紀事本末體作爲補充的形式，以濟編年之有時而窮。但紀事本末之成爲一種獨立的體裁，是從袁樞這部書開始的。清代史學家章學誠説它有「文省於紀傳，事豁於編年」的好處（文史通義書教下），是基本上符合實際情況的。明清兩代仿照這部書的續補之作繼起不絶。現在歷朝的紀事本末已經連續起來，可以從遠古一直通到清末。

袁書所依據的資治通鑑，是一部長達二百九十四卷的編年體通史，向以取材宏富，記事詳明，文字洗練，爲歷來學者所推許。但作者是站在漢族統治者的立場來修史的，用意在於以史爲鑒，求有資於「治道」，其最終目的乃是鞏固封建政權的統治。所以記載歷代王朝和鄰國的關係，就不能不是大國主義的態度；對於兄弟民族的歷史，不能没有歪曲；描述反抗統治者的農民起義，也不能不是站在敵對的立場。並且它記事的重心在「治亂之迹」，對於經濟制度的因革，則語焉不詳，至於文化史的發展嬗變，談到的更少。

袁書把通鑑中一千餘年間的大事，歸納成二百多個題目，全書脈絡清楚，每事首尾明晰，省去讀者不少翻檢之勞，它對於史料的整輯排比之功是值得肯定的。但是它取材全據通鑑，袁樞自己没什麽增補，連原文也不大更動。由於袁書是以事爲綱，把同類材料都抄撮在一起，通鑑中的大國主義、大漢族主義和敵視農民起義的思想觀點顯得更爲突出。加以編者在標題的用字上，是有意識地在表示褒貶，例如對於封建王朝和鄰國之間的戰争、漢族統治者和兄弟民族之間的戰争，往往用「討」、「平」一類的字樣，對於農民起義，多稱爲某某之亂，就使得本書維護漢族封建統治的色彩愈加鮮明。這裏正反映出，袁樞的歷史觀絕不比通鑑的作者司馬光有任何進步之處。至於本書的立題，也説明編者的識見並不高明。固然，紀事本末體和編年體有所不同，袁樞不可能把通鑑所有的史實囊括無遺，但是像府兵、漕運、土地制度之類的重要問題，通鑑裏不是没有記載，而我們在紀事本末中却找不到這樣的專題。因此，以史實來説，袁書也只是記述了「治亂興衰」的表面現象，就連與「治亂」密切相關的某些制度措施，也没有能提供多少資料。

二

本書淳熙三年（公元一一七六）初刊於嚴州郡學，世稱宋小字本。寶祐五年（公元一二五七），趙與簒以嚴州本字小且訛，又改用大字重刻於湖州，此即所謂宋大字本。兩種宋本皆存。大字本的書板明初尚存南監，所以印本更多些。明末張溥曾就袁書加上自己的「論正」，晚清江西、廣雅等書局諸本皆據張溥論正本刊刻。

宋大字本商務印書館曾據以影印，列入四部叢刊。由於這個本子比較接近原書面貌，即用爲底本，校點分段。通鑑是袁書所據的藍本，因此曾取胡克家本通鑑對校一過。發現歧異，並就北京圖書館所藏宋小字本參校。大字本誤而小字本不誤者，逕行改正。

凡兩本皆誤，據通鑑校改處，都加有方圓括號：方括號表示增，仍用大字；圓括號表示刪，用小字排印。限於水平，錯誤恐所難免，希望讀者隨時指正。

顧士鑄　一九六三年九月

通鑑紀事本末敘

初，予與子袁子同爲太學官，子袁子録也，予博士也，志同志，行同行，言同言也。後一年，子袁子分教嚴陵。後一年，予出守臨漳，相見於嚴陵，相勞苦，相樂，且相楙以學。子袁子因出書一編，蓋通鑑之本末也。予讀之，大抵搴事之成以後於其萌，提事之微以先於其明，其情匿而泄，其故悉而約，其作窕而㮁，其究遐而邇，其於治亂存亡，蓋病之源醫之方也。予每讀通鑑之書，見事之肇於斯，則惜其事之不竟於斯。蓋事以年隔，年以事析，遭其初莫繹其終，攬其終莫志其初，如山之峩，如海之茫，蓋編年繫日，其體然也。今讀子袁子此書，如生乎其時，親見乎其事，使人喜，使人悲，使人鼓舞未既而繼之以歎且泣也。嗟乎！由周秦以來，曰諸侯，曰大盜，曰女主，曰外戚，曰宦官，曰權臣，曰夷狄，曰藩鎮，國之病亦不一矣，而其源不一哉。蓋安史之亂則林甫之爲也，藩鎮之亂則令孜之爲也，其源不一哉。得其病之之源，則得其醫之之方矣，此書是也。有國者不可以無此書，前有姦而不察，後有邪而不悟。學者不可以無此書，進有行而無徵，退有蓄而無宗。此書也，其入通鑑之户歟？雖然，覿人之病，戚人之病，理人之病，得人之病，至於身之病不憒焉，不諱焉，不醫之距焉，不醫而繆其醫焉，古亦稀矣。彼闇而此昭，宜也切於人，紓於身，可哀也夫！

淳熙元年三月戊子廬陵楊萬里敘

通鑑紀事本末總目

第一卷

第二卷

第三卷

第四卷

第五卷

第六卷

第七卷

第八卷

第九卷

第十卷

第十一卷

第十二卷

第十三卷

第十四卷

第十五卷

第十六卷

第十七卷

第十八卷

第十九卷

第二十卷

第二十一卷

第二十二卷

第二十三卷

第二十四卷

第二十五卷

第二十六卷

第二十七卷

第二十八卷

第二十九卷

第三十卷

第三十一卷

第三十二卷

第三十三卷

第三十四卷

第三十五卷

第三十六卷

第三十七卷

第三十八卷

第三十九卷

第四十卷

第四十一卷

第四十二卷

通鑑紀事本末卷第一

建安袁　樞　編

三家分晋

周威烈王二十三年，初命晋大夫魏斯、趙籍、韓虔爲諸侯。

臣光曰：臣聞天子之職莫大於禮，禮莫大於分，分莫大於名。何謂禮？紀綱是也。何謂分？君臣是也。何謂名？公侯卿大夫是也。

夫以四海之廣，兆民之衆，受制於一人，雖有絶倫之力，高世之智，莫敢不奔走而服役者，豈非以禮爲之綱紀哉！是故天子統三公，三公率諸侯，諸侯制卿大夫，卿大夫治士庶人。貴以臨賤，賤以承貴。上之使下，猶心腹之運手足，根本之制支葉；下之事上，猶手足之衛心腹，支葉之庇本根。然後能上下相保，而國家治安。故曰天子之職莫大於禮也。

文王序易，以乾、坤爲首。孔子繫之曰：「天尊地卑，乾坤定矣。卑高以陳，貴賤位矣。」言君臣之位，猶天地之不可易也。春秋抑諸侯，尊周室，王人雖微，序於諸侯之上，以是見聖人於君臣之際，未嘗不惓惓也。非有桀、紂之暴，湯、武之仁，人歸之，天命之，君臣之分，當守節伏死而已矣。是故以微子而代紂則成湯配天矣，以季札而君吳則太伯血食矣，然二子寧亡國而不爲者，誠以禮之大節不可亂也。故曰禮莫大於分也。

夫禮，辨貴賤，序親疏，裁羣物，制庶事。非名不著，非器不形。名以命之，器以別之，然後上下粲然有倫，此禮之大經也。名器既亡，則禮安得獨存哉！昔仲叔于奚有功於衛，辭邑而請繁纓，孔子以爲不如多與之邑。惟器與名，不可以假人，君之所司也，政亡則國家從之。衛君待孔子而爲政，孔子欲先正名，以爲名不正則民無所措手足。夫繁纓，小物也，而孔子惜之；正名，細務也，而孔子先之：誠以名器既亂，則上下無以相有故也。夫事未有不生於微而成於著。聖人之慮遠，故能謹其微而治之；衆人之識近，故必待其著而後救之。治其微則用力寡而功多，救其著則竭力而不能及也。易曰「履霜堅冰至」，書曰「一日二日萬幾」，謂此類也。故曰分莫大於名也。

烏呼！幽、厲失德，周道日衰，綱紀散壞，下陵上替，諸侯專征，大夫擅政，禮之大體什喪七八矣，然文、武之祀猶緜緜相屬者，蓋以周之子孫尚能守其名分故也。何以言之？昔晉文公有大功於王室，請隧於襄王，襄王不許，曰：「王章也。未有代德而有二王，亦叔父之所惡也。不然，叔父有地而隧，又何請焉！」文公於是乎懼而不敢違。是故以周之地則不大於曹、滕，以周之民則不衆於邾、莒，然歷數百年，宗主天下，雖以晋、楚、齊、秦之强不敢加者，何哉？徒以名分尚存故也。至於季氏之於魯，田常之於齊，白公之於楚，智伯之於晋，其勢皆足以逐君而自爲，然而卒不敢者，豈其力不足而心不忍哉，乃畏奸名犯分而天下共誅之也。今晋大夫暴蔑其君，剖分晋國，天子既不能討，又寵秩之，使列於諸侯，是區區之名分復不能守而并棄之也。先王之禮，於斯盡矣！

或者以爲當是之時，周室微弱，三晋强盛，雖欲勿許，其可得乎！是大不然。夫三晋雖强，苟不顧天下之誅而犯義侵禮，則不請於天子而自立矣。不請於天子而自立，則爲悖逆之臣，天下苟有桓、文之君，必奉禮義而征之。今請於天子而天子許之，是受天子之命而爲諸侯也，誰得而討之！故三晋之列於諸侯，非三晋之壞禮，乃天子自壞之也。

烏呼！君臣之禮既壞矣，則天下以智力相雄長，遂使聖賢之後爲諸侯者，社稷無不泯絶，生民之類糜滅幾盡，豈不哀哉！

初，智宣子將以瑶爲後，智果曰：「不如宵也。瑶之賢於人者五，其不逮者一也。美鬒長大則賢，射御足力則賢，伎藝畢給則賢，巧文辯慧則賢，强毅果敢則賢，如是而甚不仁。夫以其五賢陵人，而以不仁行之，其誰能待之！若果立瑶也，智宗必滅。」弗聽。智果别族於太史，爲輔氏。

趙簡子之子，長曰伯魯，幼曰無恤。將置後，不知所立，乃書訓戒之辭於二簡，以授二子，曰：「謹識之！」三年而問之，伯魯不能舉其辭；求其簡，已失之矣。問無恤，誦其辭甚習；求其簡，出諸袖中而奏之。於是簡子以無恤爲賢，立以爲後。

簡子使尹鐸爲晉陽，請曰：「以爲繭絲乎？抑爲保障乎？」簡子曰：「保障哉！」尹鐸損其户數。簡子謂無恤曰：「晉國有難，而無以尹鐸爲少，無以晉陽爲遠，必以爲歸！」

及智宣子卒，智襄子爲政，與韓康子、魏桓子宴於藍臺。智伯戲康子而侮段規。智國聞之，諫曰：「主不備，難必至矣！」智伯曰：「難將由我。我不爲難，誰敢興之！」對曰：「不然。夏書有之曰：『一人三失，怨豈在明，不見是圖。』夫君子能勤小物，故無大患。今主一宴而恥人之君相，又弗備，曰『不敢興難』，無乃不可乎！蚋蟻蜂蠆，皆能害人，况君相乎！」弗聽。

智伯請地於韓康子，康子欲弗與。段規曰：「智伯好利而愎，不與將伐我，不如與之。彼狃於得地，必請於他人，他人不與，必嚮之以兵，然則我得免於患，而待事之變矣。」康子曰：「善。」使使者致萬家之邑於智伯。智伯悦。又求地於魏桓子，桓子欲弗與。任章曰：「何故弗與？」桓子曰：「無故索地，故弗與。」任章曰：「無故索地，諸大夫必懼。吾與之地，智伯必驕。彼驕而輕敵，此懼而相親，以相親之兵，待輕敵之人，智氏之命必不長矣。周書曰：『將欲敗之，必姑輔之。將欲取之，必姑與之。』主不如與之以驕智伯，然後可以擇交而圖智氏矣，奈何獨以吾爲智氏質乎！」桓子曰：「善。」復與之萬家之邑一。

智伯又求蔡、皋狼之地於趙襄子，襄子弗與。智伯怒，帥韓、魏之甲以攻趙氏。襄子將出，曰：「吾何走乎？」從者曰：「長子近，且城厚完。」襄子曰：「民罷力以完之，又斃死以守之，其誰與我？」從者曰：「邯鄲之倉庫實。」襄子曰：「浚民之膏澤以實之，又因而殺之，其誰與我？其晉陽乎，先主之所屬也，尹鐸之所寬也，民必和矣。」乃走晉陽。

三家以國人圍而灌之，城不浸者三版。沈竈産鼃，民無叛意。智伯行水，魏桓子御，韓康子驂乘。智伯曰：「吾乃今知水可以亡人國也。」桓子肘康子，康子履桓子之跗，以汾水可以灌安邑，絳水可以灌平陽也。絺疵謂智伯曰：「韓、魏必反矣。」智伯曰：「子何以知之？」絺疵曰：「以人事知之。夫從韓、魏之兵而攻趙，趙亡，難必及韓、魏矣。今約勝趙而三分其地，城不沒者三版，人馬相食，城降有日，而二子無喜志，有憂色，是非反而何？」明日，智伯以絺疵之言告二子，二子曰：「此夫讒臣欲爲趙氏游說，使主疑於二家，而懈於攻趙氏也。不然，夫二家豈不利朝夕分趙氏之田，而欲爲危難不可成之事乎！」二子出，絺疵入曰：「主何以臣之言告二子也？」智伯曰：「子何以知之？」對曰：「臣見其視臣端而趨疾，知臣得其情故也。」智伯不悛，絺疵請使於齊。

趙襄子使張孟談潛出見二子，曰：「臣聞脣亡則齒寒。今智伯帥韓、魏而攻趙，趙亡，則韓、魏爲之次矣！」二子曰：「我心知其然也，恐事未遂而謀泄，則禍立至矣。」張孟談曰：「謀出二主之口，入臣之耳，何傷也！」二子乃陰與張孟談約，爲之期日而遣之。襄子夜使人殺守隄之吏，而決水灌智伯軍。智伯軍救水而亂，韓、魏翼而擊之，襄子將卒犯其前，大敗智伯之衆，遂殺智伯，盡滅智氏之族，唯輔果在。

臣光曰：智伯之亡也，才勝德也。夫才與德異，而世俗莫之能辨，通謂之賢，此其所以失人也。夫聰察强毅之謂才，正直中和之謂德。才者德之資也，德者才之帥也。雲夢之竹，天下之勁也，然而不矯揉，不羽括，則不能以入堅。棠谿之金，天下之利也，然而不鎔範，不砥礪，則不能以擊强。是故才德全盡謂之聖人，才德兼亡謂之愚人。德勝才謂之君子，才勝德謂之小人。凡取人之術，苟不得聖人、君子而與之，與其得小人，不若得愚人。何則？君子挾才以爲善，小人挾才以爲惡。挾才以爲善者，善無不至矣；挾才以爲惡者，惡亦無不至矣。愚者雖欲爲不善，智不周，力不能勝，譬之乳狗搏人，人得而制之。小人智足以遂其姦，勇足以決其暴，是虎而翼者也，其爲害豈不多哉！夫德者人之所嚴，而才者人之所愛；愛者易親，嚴者易疏，是以察者多蔽於才而遺於德。自古昔以來，國之亂臣，家之敗子，才有餘而德不足，以至於顛覆者多矣，豈特智伯哉！故爲國爲家者苟能審於才德之分，而知所先後，又何失人之足患哉！

三家分智氏之田。趙襄子漆智伯之頭以爲飲器。智伯之臣豫讓欲爲之報仇，乃詐爲刑人，挾匕首，入襄子宫中塗厠。襄子如厠心動，索之，獲豫讓。左右欲殺之，襄子曰：「智伯死無後，而此人欲爲報仇，真義士也！吾謹避之耳。」乃舍之。豫讓又漆身爲癩，吞炭爲啞，行乞於市，其妻不識也。行見其友，其友識之，爲之泣曰：「以子之才，臣事趙孟，必得近幸。子乃爲所欲爲，顧不易邪？何乃自苦如此！求以報仇，不亦難乎！」豫讓曰：「不可。既已委質爲臣，而又求殺之，是二心也。凡吾所爲者，極難耳。然所以爲此者，將以愧天下後世之爲人臣懷二心者也。」襄子出，豫讓伏於橋下。襄子至橋，馬驚，索之，得豫讓，遂殺之。

襄子爲伯魯之不立也，有子五人，不肯置後。封伯魯之子於代，曰代成君，早卒，立其子浣爲趙氏後。襄子卒，弟桓子逐浣而自立，一年卒。趙氏之人曰：「桓子立非襄主意。」乃共殺其子，復迎浣而立之，是爲獻子。獻子生籍，是爲烈侯。魏斯者，桓子之孫也，是爲文侯。韓康子生武子，武子生虔，是爲景侯。

韓借師於魏以伐趙，文侯曰：「寡人與趙，兄弟也，不敢聞命。」趙借師於魏以伐韓，文侯應之亦然。二國皆怒而去。已而知文侯以講於己也，皆朝于魏。魏由是始大於三晉，諸侯莫能與之争。

秦并六國

周顯王七年，秦獻公薨，子孝公立。孝公生二十一年矣。是時河、山以東强國六，淮、泗之間小國十餘。楚、魏與秦接界。魏築長城，自鄭濱洛以北有上郡；楚自漢中，南有巴、黔中。皆以夷翟遇秦，擯斥之，不得與中國之會盟。於是孝公發憤，布德修政，欲以强秦。

八年，孝公令國中曰：「昔我穆公，自岐、雍之間修德行武，東平晉亂，以河爲界，西霸戎翟，廣地千里，天子致伯，諸侯畢賀，爲後世開業，甚光美。會往者厲、躁、簡公、出子之不寧，國家内憂，未遑外事。三晋攻奪我先君河西地，醜莫大焉。獻公即位，鎮撫邊境，徙治櫟陽，且欲東伐，復穆公之故地，修穆公之政令。寡人思念先君之意，常痛於心。賓客羣臣有能出奇計强秦者，吾且尊官，與之分土。」於是衛公孫鞅聞是令下，乃西入秦。

公孫鞅者，衛之庶孫也，好刑名之學。事魏相公叔痤，痤知其賢，未及進。會病，魏惠王往問之曰：「公叔病有如不可諱，將奈社稷何？」公叔曰：「痤之中庶子衛鞅，年雖少，有奇才，願君舉國而聽之。」王嘿然。公叔曰：「君即不聽用鞅，必殺之，無令出境。」王許諾而去。公叔召鞅謝曰：「吾先君而後臣，故先爲君謀，後以告子。子必速行矣！」鞅曰：「君不能用子之言任臣，又安能用子之言殺臣乎！」卒不去。王出，謂左右曰：「公叔病甚，悲乎，欲令寡人以國聽衛鞅也！既又勸寡人殺之，豈不悖哉！」衛鞅既至秦，因嬖臣景監以求見孝公，説以富國强兵之術。公大悦，與議國事。

十年，衛鞅欲變法，秦人不悦。衛鞅言於秦孝公曰：「夫民不可與慮始，可與樂成。論至德者不和於俗，成大功者不謀於衆。是以聖人苟可以强國，不法其故。」甘龍曰：「不然。緣法而治者，吏習而民安之。」衛鞅曰：「常人安於故俗，學者溺於所聞。以此兩者，居官守法可也，非所與論於法之外也。智者作法，愚者制焉；賢者更禮，不肖者拘焉。」公曰：「善。」以衛鞅爲左庶長，卒定變法之令。令民爲什伍而相收司、連坐，告姦者與斬敵首同賞，不告姦者與降敵同罰。有軍功者各以率受上爵；爲私鬭者各以輕重被刑大小。僇力本業，耕織致粟帛多者復其身；事末利及怠而貧者，舉以爲收孥。宗室非有軍功論，不得屬籍。明尊卑爵秩等級，各以差次名田宅、臣妾、衣服。有功者顯榮，無功者雖富無所芬華。

令既具，未布，恐民之不信，乃立三丈之木於國都市南門，募民有能徙置北門者予十金。民怪之，莫敢徙。復曰「能徙者予五十金」。有一人徙之，輒予五十金。乃下令。

令行期年，秦民之國都言新令之不便者以千數。於是太子犯法。衛鞅曰：「法之不行，自上犯之。」太子，君嗣也，不可施刑，刑其傅公子虔，黥其師公孫賈。明日，秦人皆趨令。行之十年，秦國道不拾遺，山無盜賊，民勇於公戰，怯於私鬭，鄉邑大治。秦民初言令不便者，有來言令便者。衛鞅曰：「此皆亂法之民也。」盡遷之於邊。其後民莫敢議令。

臣光曰：夫信者，人君之大寶也。國保於民，民保於信。非信無以使民，非民無以守國。是故古之王者不欺四海，霸者不欺四鄰。善爲國者不欺其民，善爲家者不欺其親。不善者反之，欺其鄰國，欺其百姓，甚者欺其兄弟，欺其父子。上不信下，下不信上，上下離心，以至於敗。所利不能藥其所傷，所獲不能補其所亡，豈不哀哉！昔齊桓公不背曹沬之盟，晉文公不貪伐原之利，魏文侯不棄虞人之期，秦孝公不廢徙木之賞。此四君者道非粹白，而商君尤稱刻薄，又處戰攻之世，天下趨於詐力，猶且不敢忘信以畜其民，况爲四海治平之政者哉！韓懿侯薨，子昭侯立。

十一年，秦敗韓師于西山。

十四年，秦孝公、魏惠王會于杜平。

十五年，秦敗魏師于元里，斬首七千級，取少梁。

十七年，秦大良造衛鞅伐魏。

十八年，秦衛鞅圍魏固陽，降之。

十九年，秦商鞅築冀闕宫庭於咸陽，徙都之。令民父子、兄弟同室内息者爲禁。并諸小鄉聚集爲一縣，縣置令、丞，凡三十一縣。廢井田，開阡陌。平斗、桶、權、衡、丈、尺。趙成侯薨，太子肅侯立。

二十一年，秦商鞅更爲賦税法，行之。

二十六年，王致伯于秦，諸侯皆賀秦。秦孝公使公子少官帥師會諸侯于逢澤以朝王。

二十九年，衛鞅言於秦孝公曰：「秦之與魏，譬若人之有腹心之疾，非魏并秦，秦即并魏。何者？魏居嶺阨之西，都安邑，與秦界河，而獨擅山東之利，利則西侵秦，病則東收地。今以君之賢聖，國賴以盛。而魏往年大破於齊，諸侯畔之，可因此時伐魏。魏不支秦，必東徙，然後秦據河、山之固，東鄉以制諸侯，此帝王之業也。」公從之，使衛鞅將兵伐魏。魏使公子卬將而禦之。軍既相距，衛鞅遺公子卬書曰：「吾始與公子驩，今俱爲兩國將，不忍相攻，可與公子面相見，盟，樂飲而罷兵，以安秦、魏之民。」公子卬以爲然，乃相與會；盟已，飲，而衛鞅伏甲士襲虜公子卬，因攻魏師，大破之。魏惠王恐，使使獻河西之地於秦以和。因去安邑，徙都大梁。乃歎曰：「吾恨不用公叔之言！」秦封衛鞅商於十五邑，號曰商君。

三十一年，秦孝公薨，子惠文王立。楚宣王薨，子威王商立。公子虔之徒告商君欲反，發吏捕之。商君亡之魏，魏人不受，復納之秦。商君乃與其徒之商於，發兵北擊鄭。秦人攻商君，殺之，車裂以徇，盡滅其家。

三十四年，秦伐韓，拔宜陽。

三十六年。初，洛陽人蘇秦説秦王以兼天下之術，秦王不用其言。蘇秦乃去，説燕文公曰：「燕之所以不犯寇被甲兵者，以趙之爲蔽其南也。且秦之攻燕也，戰於千里之外；趙之攻燕也，戰於百里之内。夫不憂百里之患，而重千里之外，計無過於此者。願大王與趙從親，天下爲一，則燕國必無患矣。」

文公從之，資蘇秦車馬，以説趙肅侯曰：「當今之時，山東之建國莫强於趙，秦之所害亦莫如趙。然而秦不敢舉兵伐趙者，畏韓、魏之議其後也。秦之攻韓、魏也，無有名山大川之限，稍蠶食之，傅國都而止。韓、魏不能支秦，必入臣於秦。秦無韓、魏之規，則禍中於趙矣。臣以天下之圖案之，諸侯之地五倍於秦，料度諸侯之卒十倍於秦。六國爲一，并力西鄉而攻秦，秦必破矣。夫衡人者皆欲割諸侯之地以與秦，秦成則其身富榮，國被秦患而不與其憂，是故衡人日夜務以秦權恐愒諸侯，以求割地，故願大王熟計之也。竊爲大王計，莫如一韓、魏、齊、楚、燕、趙爲從親以畔秦。令天下之將相會於洹水之上，通質結盟，約曰：『秦攻一國，五國各出鋭師，或撓秦，或救之。有不如約者，五國共伐之！』諸侯從親以擯秦，秦甲必不敢出於函谷以害山東矣。」肅侯大説，厚待蘇秦，尊寵賜賚之，以約於諸侯。

會秦使犀首伐魏，大敗其師四萬餘人，禽將龍賈，取雕陰，且欲東兵。蘇秦恐秦兵至趙而敗從約，念莫可使用於秦者，乃激怒張儀，入之於秦。

張儀者，魏人，與蘇秦俱事鬼谷先生，學縱横之術，蘇秦自以爲不及也。儀游諸侯無所遇，困於楚，蘇秦故召而辱之。儀怒，念諸侯獨秦能苦趙，遂入秦。蘇秦陰遣其舍人齎金幣資儀，儀得見秦王。秦王説之，以爲客卿。舍人辭去，曰：「蘇君憂秦伐趙敗從約，以爲非君莫能得秦柄，故激怒君，使臣陰奉給君資，盡蘇君之計謀也。」張儀曰：「嗟乎，此在吾術中而不悟，吾不及蘇君明矣！爲吾謝蘇君，蘇君之時，儀何敢言！」

於是蘇秦説韓宣惠王曰：「韓地方九百餘里，帶甲數十萬，天下之强弓、勁弩、利劍皆從韓出。韓卒超足而射，百發不暇止。以韓卒之勇，被堅甲，蹠勁弩，帶利劍，一人當百，不足言也。大王事秦，秦必求宜陽、成皋。今茲效之，明年又復求割地。與則無地以給之，不與則棄前功，受後禍。且大王之地有盡，而秦之求無已，以有盡之地，逆無已之求，此所謂市怨結禍者也，不戰而地已削矣。鄙諺曰：『寧爲雞口，無爲牛後。』夫以大王之賢，挾强韓之兵，而有牛後之名，臣竊爲大王羞之！」韓王從其言。

蘇秦説魏王曰：「大王之地方千里，地名雖小，然而田舍廬廡之數，曾無所芻牧。人民之衆，車馬之多，日夜行不絶，輷輷殷殷，若有三軍之衆。臣竊量大王之國不下楚。今竊聞大王之卒，武士二十萬，蒼頭二十萬，奮擊二十萬，厮徒十萬，車六百乘，騎五千匹。乃聽於羣臣之説，而欲臣事秦，願大王熟察之！故敝邑趙王使臣效愚計，奉明約，在大王之詔詔之。」魏王聽之。

蘇秦説齊王曰：「齊四塞之國，地方二千餘里，帶甲數十萬，粟如丘山。三軍之良，五家之兵，進如鋒矢，戰如雷霆，解如風雨，即有軍役，未嘗倍泰山，絶清河，涉渤海也。臨淄之中七萬户，臣竊度之，不下户三男子，不待發於遠縣，而臨淄之卒固已二十一萬矣。臨淄甚富而實，其民無不鬬雞、走狗、六博、闒鞠。臨淄之塗，車轂擊，人肩摩，連衽成帷，揮汗成雨。夫韓、魏之所以重畏秦者，爲與秦接境壤也。兵出而相當，不十日而戰，勝存亡之機決矣。韓、魏戰而勝秦，則兵半折，四境不守；戰而不勝，則國已危亡隨其後。是故韓、魏之所以重與秦戰，而輕爲之臣也。今秦之攻齊則不然，倍韓、魏之地，過衛陽晋之道，經乎亢父之險，車不得方軌，騎不得比行，百人守險，千人不敢過也。秦雖欲深入則狼顧，恐韓、魏之議其後也。是故恫疑、虚喝、驕矜而不敢進，則秦之不能害齊亦明矣。夫不深料秦之無奈齊何，而欲西面而事之，是羣臣之計過也。今無臣事秦之名，而有强國之實，臣是故願大王少留意計之！」齊王許之。

乃西南説楚威王曰：「楚，天下之强國也，地方六千餘里，帶甲百萬，車千乘，騎萬匹，粟支十年，此霸王之資也。秦之所害莫如楚，楚强則秦弱，秦强則楚弱，其勢不兩立。故爲大王計，莫如從親以孤秦。臣請令山東之國，奉四時之獻，以承大王之明詔。委社稷，奉宗廟，練士厲兵，在大王之所用之。故從親則諸侯割地以事楚，衡合則楚割地以事秦，此兩策者相去遠矣，大王何居焉？」楚王亦許之。

於是蘇秦爲從約長，并相六國。北報趙，車騎輜重擬於王者。

韓高門成。昭侯薨，子宣惠

王立。齊威王薨，子宣王辟彊立。燕文公薨，子易王立。

三十七年，秦惠王使犀首欺齊、魏，與共伐趙，以敗從約。趙肅侯讓蘇秦，蘇秦恐，請使燕，必報齊。蘇秦去趙而從約皆解。趙人決河水以灌齊、魏之師，〔齊、魏之師〕乃去。

魏以陰晉爲和於秦，實華陰。

三十九年，秦伐魏，圍焦、曲沃。魏入少梁、河西地于秦。

四十年，秦伐魏，渡河取汾陰、皮氏，拔焦。楚威王薨，子懷王槐立。

四十一年，秦公子華、張儀帥師圍魏蒲陽，取之。張儀言於秦王，請以蒲陽復與魏，而使公子繇質於魏。儀因説魏王曰：「秦之遇魏甚厚，魏不可以無禮於秦。」魏因盡入上郡十五縣以謝焉。儀歸而相秦。

四十二年，秦歸焦、曲沃於魏。四十三年，趙肅侯薨，子武靈王立。

四十四年，夏四月戊午，秦初稱王。

四十五年，秦張儀帥師伐魏，取陜。

四十六年，秦張儀及齊、楚之相會齧桑。

四十七年，秦張儀自齧桑還而免相，相魏，欲令魏先事秦，而諸侯效之。魏王不聽。秦王伐魏，取曲沃、平周，復陰厚張儀益甚。

四十八年，王崩，子慎靚王定立。燕易王薨，子噲立。

周慎靚王二年，秦伐韓，取鄢。魏惠王薨，子襄王立。

三年，楚、趙、魏、韓、燕同伐秦，攻函谷關。秦人出兵逆之，五國之師皆敗走。

四年，秦敗韓師于脩魚，斬首八萬級，虜其將鯁、申差于濁澤。諸侯振恐。

齊大夫與蘇秦争寵，使人刺秦，殺之。

張儀説魏襄王曰：「梁地方不至千里，卒不過三十萬，地四平，無名山大川之限，卒戍楚、韓、齊、趙之境，守亭障者不下十萬，梁之地勢固戰場也。夫諸侯之約從，盟洹水之上，結爲兄弟以相堅也。今親兄弟同父母，尚有争錢財相殺傷，而欲恃反覆蘇秦之餘謀，其不可成亦明矣。大王不事秦，秦下兵攻河外，據卷、衍、酸棗，劫衛取陽晋，則趙不南，趙不南而梁不北，梁不北則從道絶，從道絶則大王之國欲毋危不可得也。故願大王審定計議，且賜骸骨。」魏王乃倍從約，而因儀以請成于秦。張儀歸，復相秦。

五年，巴、蜀相攻擊，俱告急於秦。秦惠王欲伐蜀，以爲道險陿難至，而韓又來侵，猶豫未能決。司馬錯請伐蜀。張儀曰：「不如伐韓。」王曰：「請聞其説。」儀曰：「親魏善楚，下兵三川，攻新城、宜陽，以臨二周之郊，據九鼎，按圖籍，挾天子以令於天下，天下莫敢不聽，此王業也。臣聞争名者於朝，争利者於市。今三川、周室，天下之朝市也，而王不争焉，顧争於戎翟，去王業遠矣。」司馬錯曰：「不然。臣聞之，欲富國者務廣其地，欲强兵者務富其民，欲王者務博其德，三資者備而王隨之矣。今王地小民貧，故臣願先從事於易。夫蜀，西僻之國，而戎翟之長也，有桀、紂之亂，以秦攻之，譬如使豺狼逐羣羊。得其地足以廣國，取其財足以富民，繕兵不傷衆，而彼已服焉。拔一國而天下不以爲暴，利盡西海而天下不以爲貪，是我一舉而名實附也，而又有禁暴止亂之名。今攻韓，劫天子，惡名也，而未必利也，又有不義之名，而攻天下所不欲，危矣。臣請論其故：周，天下之宗室也；齊，韓之與國也。周自知失九鼎，韓自知亡三川，將二國并力合謀，以因乎齊、趙而求解乎楚、魏，以鼎與楚，以地與魏，王弗能止也。此臣之所謂危也。不如伐蜀完。」王從錯計，起兵伐蜀。十月，取之。貶蜀王，更號爲侯，而使陳莊相蜀。蜀既屬秦，秦以益强富厚，輕諸侯。燕王噲以國讓其相子之。

六年，王崩，子赧王延立。

周赧王元年，魏人叛秦。秦人伐魏，取曲沃而歸其人。又敗韓於岸門，韓太子倉入質于秦以和。齊伐燕，取子之醢之，遂殺王噲。齊宣王薨，子湣王地立。

二年，秦右更疾伐趙，拔藺，虜其將莊豹。

秦王欲伐齊，患齊、楚之從親，乃使張儀至楚，説楚王曰：「大王誠能聽臣，閉關絶約於齊，臣請獻商於之地六百里，使秦女得爲大王箕帚之妾，秦、楚娶婦嫁女，長爲兄弟之國。」楚王説而許之。羣臣皆賀，陳軫獨弔。王怒曰：「寡人不興師而得六百里地，何弔也？」對曰：「不然。以臣觀之，商於之地不可得而齊、秦合，齊、秦合則患必至矣！」王曰：「有説乎？」對曰：「夫秦之所以重楚者，以其有齊也。今閉關絶約於齊則楚孤，秦奚貪夫孤國而與之商於之地六百里！張儀至秦，必負王。是王北絶齊交，西生患於秦也，兩國之兵必俱至。爲王計者，不若陰合而陽絶於齊，使人隨張儀，苟與吾地，絶齊未晚也。」王曰：「願陳子閉口毋復言，以待寡人得地。」乃以相印授張儀，厚賜之。遂閉關絶約於齊，使一將軍隨張儀至秦。

張儀佯墮車，不朝三月。楚王聞之，曰：「儀以寡人絶齊未甚邪？」乃使勇士宋遺借宋之符，北罵齊王。齊王大怒，折節而事秦，齊、秦之交合，張儀乃朝，見楚使者曰：「子何不受地？從某至某，廣袤六里。」使者怒，還報楚王。楚王大怒，欲發兵而攻秦。陳軫曰：「軫可發口言乎？攻之不如因賂以一名都，與之并兵而攻齊，是我亡地於秦，取償於齊也。今王已絶於齊，而責欺於秦，是吾合秦、齊之交而來天下之兵也，國必大傷矣！」楚王不聽，使屈匄帥師伐秦，秦亦發兵使庶長章擊之。

三年春，秦師及楚戰于丹陽，楚師大敗；斬甲士八萬，虜屈匄及列侯、執珪七十餘人，遂取漢中郡。楚王悉發國内兵以復襲秦，戰於藍田，楚師大敗。韓、魏聞楚之困，南襲楚，至鄧。楚人聞之，乃引兵歸，割兩城以請平于秦。燕人共立太子平，是爲昭王。韓宣惠王薨，子襄王倉立。

四年，秦惠王使人告楚懷王，請以武關之外易黔中地。楚王曰：「不願易地，願得張儀而獻黔中地。」張儀聞之，請行。王曰：「楚將甘心於子，奈何行？」張儀曰：「秦强楚弱，大王在，楚不宜敢取臣。且臣善其嬖臣靳尚，靳尚得事幸姬鄭袖，袖之言，王無不聽者。」遂往。楚王囚，將殺之。靳尚謂鄭袖曰：「秦王甚愛張儀，將以上庸六縣及美女贖之。王重地尊秦，秦女必貴而夫人斥矣。」於是鄭袖日夜泣於楚王曰：「臣各爲其主耳。今殺張儀，秦必大怒。妾請子母俱遷江南，毋爲秦所魚肉也。」王乃赦張儀而厚禮之。

張儀因説楚王曰：「夫爲從者，無以異於驅羣羊而攻猛虎，不格明矣。今王不事秦，秦劫韓驅梁而攻楚，則楚危矣。秦西有巴、蜀，治船積粟，浮岷江而下，一日行三百餘里，不至十日而距扞關，扞關驚則從境以東盡城守矣，黔中、巫郡非王之有。秦舉甲出武關，則北地絶。秦兵之攻楚也，危難在三月之内，而楚待諸侯之救在半歲之外。夫待弱國之救，忘强秦之禍，此臣所爲大王患也。大王誠能聽臣，請令秦、楚長爲兄弟之國，無相攻伐。」楚王已得張儀而重出黔中地，乃許之。

張儀遂之韓，説韓王曰：「韓地險惡山居，五穀所生，非菽而麥，國無二歲之食。見卒不過二十萬，秦被甲百餘萬。山東之士被甲蒙胄而會戰，秦人捐甲徒裼以趨敵，左挈人頭，右挾生虜。夫戰孟賁、烏獲之士以攻不服之弱國，無異垂千鈞之重於鳥卵之上，必無幸矣。大王不事秦，秦下甲據宜陽，塞成皋，則王之國分矣，鴻臺之宮，桑林之苑，非王之有也。爲大王計，莫如事秦而攻楚，以轉禍而悦秦，計無便於此者。」韓王許之。

張儀歸報，秦王封以六邑，號武信君。復使東説齊王曰：「從人説大王者必曰：『齊蔽於三晉，地廣民衆，兵强士勇，雖有百秦，將無奈齊何。』大王賢其説而不計其實。今秦、楚嫁女娶婦，爲昆弟之國。韓獻宜陽；梁效河外；趙王入朝，割河間以事秦。大王不事秦，秦驅韓、梁攻齊之南地，悉趙兵渡清河，指博關，臨淄、即墨非王之有也。國一日見攻，雖欲事秦，不可得也。」齊王許張儀。

張儀去，西説趙王曰：「大王收率天下以擯秦，秦兵不敢出函谷關十五年。大王之威行於山東，敝邑恐懼，繕甲厲兵，力田積粟，愁居懾處，不敢動摇，唯大王有意督過之也。今以大王之力，舉巴、蜀，并漢中。包兩周，守白馬之津。秦雖僻遠，然而心忿含怒之日久矣。今秦有敝甲凋兵軍於澠池，願渡河踰漳，據番吾，會邯鄲之下，願以甲子合戰，正殷紂之事。謹使使臣先聞左右。今楚與秦爲昆弟之國，而韓、梁稱東藩之臣，齊獻魚鹽之地，此斷趙之右肩也。夫斷右肩而與人鬬，失其黨而孤居，求欲毋危，得乎！今秦發三將軍：其一軍塞午道，告齊使渡清河，軍於邯鄲之東；一軍軍成皋，驅韓、梁軍於河外；一軍軍於澠池。約四國爲一以攻趙，趙服，必四分其地。臣竊爲大王計，莫如與秦王面相約而口相結，常爲兄弟之國也。」趙王許之。

張儀乃北之燕，説燕王曰：「今趙王已入朝，效河間以事秦。大王不事秦，秦下甲雲中、九原，驅趙而攻燕，則易水、長城非大王之有也。且今時齊、趙之於秦猶郡縣也，不敢妄舉師以攻伐。今王事秦，長無齊、趙之患矣。」燕王請獻常山之尾五城以和。

張儀歸報，未至咸陽，秦惠王薨，子武王立。武王自爲太子時不説張儀，及即位，羣臣多毁短之。諸侯聞儀與秦王有隙，皆畔衡，復合從。

五年，張儀説秦武王曰：「爲王計者，東方有變，然後王可以多割得地也。臣聞齊王甚憎臣，臣之所在必伐之。臣願乞其不肖之身以之梁，齊必伐梁，齊、梁交兵而不能相去，王以其間伐韓，入三川，挾天子，案圖籍，此王業也。」王許之。齊王果伐梁，梁王恐。張儀曰：「王勿患也，請令齊罷兵。」乃使其舍人之楚，借使謂齊王曰：「甚矣王之託儀於秦也！」齊王曰：「何故？」楚使者曰：「張儀之去秦也，固與秦王謀矣，欲齊、梁相攻而令秦取三川也。今王果伐梁，是王内罷國而外伐與國，以信儀於秦王也。」齊王乃解兵還。

張儀相魏一歲，卒。

儀與蘇秦皆以縱橫之術遊諸侯，致位富貴，天下爭慕效之。又有魏人公孫衍者，號曰犀首，亦以談説顯名。其餘蘇代、蘇厲、周最、樓緩之徒，紛紛徧於天下，務以辯詐相高，不可勝紀，而儀、秦、衍最著。

秦王、魏王會于臨晉。

六年，秦初置丞相，以樗里疾爲右丞相。

七年，秦、魏會于應。

秦王使甘茂約魏以伐韓，而令向壽輔行。甘茂至魏，令向壽還，謂王曰：「魏聽臣矣，然願王勿伐。」王迎甘茂於息壤而問其故，對曰：「宜陽大縣，其實郡也。今王倍數險，行千里，攻之難。魯人有與曾參同姓名者殺人，人告其母，其母織自若也。及三人告之，其母投杼下機，踰牆而走。臣之賢不若曾參，王之信臣又不如其母，疑臣者非特三人，臣恐大王之投杼也。魏文侯令樂羊將而攻中山，三年而拔之。反而論功，文侯示之謗書一篋。樂羊再拜稽首曰：『此非臣之功，君之力也。』今臣，羈旅之臣也。樗里子、公孫奭挾韓而議之，王必聽之，是王欺魏王，而臣受公仲侈之怨也。」王曰：「寡人弗聽也，請與子盟。」乃盟於息壤。秋，甘茂、庶長封帥師伐宜陽。

八年，甘茂攻宜陽，五月而不拔，樗里子、公孫奭果爭之。秦王召甘茂，欲罷兵。甘茂曰：「息壤在彼。」王曰：「有之。」因大悉起兵以佐甘茂，斬首六萬，遂拔宜陽。韓公仲侈入謝於秦以請平。

秦武王好以力戲，力士任鄙、烏獲、孟説皆至大官。八月，王與孟説舉鼎，絶脈而薨，族孟説。武王無子，異母弟稷爲質於燕，國人逆而立之，是爲昭襄王。

九年，秦昭王使向壽平宜陽，而使樗里子、甘茂伐魏。甘茂言於王，以武遂復歸之韓。向壽、公孫奭爭之，不能得，由此怨讒甘茂。茂懼，輟伐魏蒲阪，亡去。樗里子與魏講而罷兵。甘茂奔齊。

趙王使樓緩之秦。

楚王與齊、韓合從。

十年，秦宣太后異父弟曰穰侯魏冉，同父弟曰華陽君芈戎；王之同母弟曰高陵君、涇陽君。魏冉最賢，自惠王、武王時任職用事。武王薨，諸弟爭立，唯魏冉力能立昭王。昭王即位，以冉爲將軍，衞咸陽。是歲，庶長壯及大臣、諸公子謀作亂，魏冉誅之，及惠文后皆不得良死，悼武王后出歸于魏，王兄弟不善者魏冉皆滅之。王少，宣太后自治事，任魏冉爲政，威震秦國。

十一年，秦王、楚王盟于黄棘。秦復與楚上庸。

十二年，秦取魏蒲阪、晋陽、封陵，又取韓武遂。

齊、韓、魏以楚負其從親，合兵伐楚。楚王使太子横爲質於秦而請救。秦客卿通將兵救楚，三國引兵去。

十三年，秦王、魏王、韓太子嬰會于臨晋，韓太子至咸陽而歸。秦復與魏蒲阪。

秦大夫有私與楚太子鬭者，太子殺之，亡歸。

十四年，秦人取韓穰。

秦庶長奂會韓、魏、齊兵伐楚，敗其師於重丘，殺其將唐眛，遂取重丘。

十五年，秦涇陽君爲質於齊。

秦華陽君伐楚，大破楚師，斬首三萬，殺其將景缺，取楚襄城。楚王恐，使太子爲質於齊以請平。

秦樗里疾卒，以趙人樓緩爲丞相。

十六年五月，趙武靈王傳國於少子何，自號主父。主父欲使子治國，身胡服，將士大夫西北略胡地，將自雲中、九原南襲咸陽。於是詐自爲使者，入秦，欲以觀秦地形及秦王之爲人。秦王不知，已而怪其狀甚偉，非人臣之度，使人逐之；主父行已脱關矣，審問之，乃主父也。秦人大驚。

齊王、魏王會于韓。

秦人伐楚，取八城。秦王遺楚王書曰：「始寡人與王約爲弟兄，盟於黄棘，太子入質，至驩也。太子陵殺寡人之重臣，不謝而亡去，寡人誠不勝怒，使兵侵君王之邊。今聞君王乃令太子質於齊以求平。寡人與楚接境，婚姻相親。而今秦、楚不驩，則無以令諸侯。寡人願與君王會武關，面相約，結盟而去，寡人之願也。」楚王患之，欲往恐見欺，欲不往恐秦益怒。昭雎曰：「毋行而發兵自守耳！秦，虎狼也，有并諸侯之心，不可信也！」懷王之子子蘭勸王行，王乃入秦。秦王令一將軍詐爲王，伏兵武關，楚王至則閉關劫之，與西至咸陽，朝章臺，如藩臣禮，要以割巫、黔中郡。楚王欲盟，秦王欲先得地。楚王怒曰：「秦詐我，而又强要我以地！」因不復許。秦人留之。

楚大臣患之，乃相與謀曰：「吾王在秦不得還，要以割地，而太子爲質於齊。齊、秦合謀，則楚無國矣！」欲立王子之在國者。昭雎曰：「王與太子俱困於諸侯，而今又倍王命而立其庶子，不宜。」乃詐赴於齊。齊湣王召羣臣謀之，或曰：「不若留太子以求楚之淮北。」齊相曰：「不可。郢中立王，是吾抱空質而行不義於天下也。」其人曰：「不然。

郢中立王，因與其新王市曰：『予我下東國，吾爲王殺太子。不然，將與三國共立之。』」齊王卒用其相計而歸楚太子，楚人立之。

秦王聞孟嘗君之賢，使涇陽君爲質於齊以請。孟嘗君來入秦，秦王以爲丞相。

十七年，或謂秦王曰：「孟嘗君相秦，必先齊而後秦，秦其危哉！」秦王乃以樓緩爲相，囚孟嘗君，欲殺之。孟嘗君使人求解於秦王幸姬，姬曰：「願得君狐白裘。」孟嘗君有狐白裘，已獻之秦王，無以應姬求。客有善爲狗盗者，入秦藏中，盗狐白裘以獻姬，姬乃爲之言於王而遣之。王後悔，使追之。孟嘗君至關，關法鷄鳴而出客，時尚蚤，追者將至。客有善爲雞鳴者，野雞聞之皆鳴，孟嘗君乃得脱歸。

楚人告于秦曰：「賴社稷神靈，國有王矣！」秦王怒，發兵出武關擊楚，斬首五萬，取十六城。

十八年，楚懷王亡歸。秦人覺之，遮楚道，懷王從間道走趙。趙主父在代，趙人不敢受。懷王將走魏，秦人追及之，以歸。

十九年，楚懷王發病，薨於秦，秦人歸其喪。楚人皆憐之，如悲親戚。諸侯由是不直秦。齊、韓、魏、趙、宋同擊秦，至鹽氏而還。秦與韓武遂，與魏封陵以和。魏襄王薨，子昭王立。韓襄王薨，子釐王咎立。

二十年，秦尉錯伐魏襄城。

秦樓緩免相，魏冉代之。

二十一年，秦敗魏師于解。

二十二年，韓公孫喜、魏人伐秦。穰侯薦左更白起於秦王，以代向壽將兵，敗魏師、韓師於伊闕，斬首二十四萬級，虜公孫喜，拔五城。秦王以白起爲國尉。

秦王遺楚王書曰：「楚倍秦，秦且率諸侯伐楚。願王之飭士卒，得一樂戰！」楚王患之，乃復與秦和親。

二十三年，楚襄王迎婦于秦。

臣光曰：甚哉秦之無道也，殺其父而劫其子；楚之不競也，忍其父而婚其讎。烏呼，楚之君誠得其道，臣誠得其人，秦雖强，烏得陵之哉！善乎荀卿論之曰：「夫道，善用之則百里之地可以獨立，不善用之則楚六千里而爲讎人役。」故人主不務得道而廣有其勢，是其所以危也。

秦魏冉謝病免，以客卿燭壽爲丞相。

二十四年，秦伐韓，拔宛。

秦燭壽免，魏冉復爲丞相，封於穰與陶，謂之穰侯。

二十五年，魏入河東地四百里，韓入武遂地二百里于秦。

二十六年，秦大良造白起、客卿錯伐魏，至軹，取城大小六十一。

二十七年冬十月，秦王稱西帝，遣使立齊王爲東帝，欲約與共伐趙。蘇代自燕來，齊王曰：「秦使魏冉致帝，子以爲何如？」對曰：「願王受之而勿稱也。秦稱之，天下安之，王乃稱之，無後也。秦稱之，天下惡之，王因勿稱，以收天下，此大資也。且伐趙孰與伐桀宋利？今王不如釋帝以收天下之望，發兵以伐桀宋，宋舉則楚、趙、梁、衛皆懼矣。是我以名尊秦，而令天下憎之，所謂以卑爲尊也。」齊王從之，稱帝二日而復歸之。十二月，吕禮自齊入秦，秦王亦去帝，復稱王。

秦攻趙，拔杜陽。

二十八年，秦攻魏，拔新垣、曲陽。

二十九年，秦司馬錯擊魏河内。魏獻安邑以和，秦出其人歸之魏。

秦敗韓師于夏山。

三十年，秦王會楚王于宛，會趙王于中陽。

秦蒙武擊齊，拔九城。

燕昭王與樂毅謀伐齊。樂毅曰：「齊，霸國之餘業也，地大人衆，未易獨攻也。王必欲伐之，莫如約趙及楚、魏。」於是使樂毅約趙，别使使者連楚、魏，且令趙嚪秦以伐齊之利。諸侯害齊王之驕暴，皆争合謀與燕伐齊。

三十一年，燕王悉起兵，以樂毅爲上將軍。秦尉斯離帥師與三晋之師會之。趙王以相國印授樂毅，樂毅并將秦、魏、韓、趙之兵以伐齊。齊湣王悉國中之衆以拒之，戰于濟西，齊師大敗。齊湣王出走，楚淖齒執之，弑王於鼓里。

秦王、魏王、韓王會于京師。

三十二年，秦、趙會于穰。秦拔魏安城，兵至大梁而還。

趙王得楚和氏璧，秦昭王欲之，請易以十五城。趙王欲勿與，畏秦强；欲與之，恐見欺。以問藺相如，對曰：「秦以城求璧而王不許，曲在我矣。我與之璧而秦不與我城，則曲在秦。均之二策，寧許以負秦。臣願奉璧而往，使秦城不入，臣請完璧而歸之。」趙王遣之。相如至秦，秦王無意償趙城。相如乃以詐紿秦王，復取璧，遣從者懷之，間行歸趙，而以身待命於秦。秦王以爲賢而弗誅，禮而歸之。趙王以相如爲上大夫。齊王子法章亡在莒，齊亡臣相與求之，立以爲齊王。

三十三年，秦伐趙，拔兩城。

三十四年，秦伐趙，拔石城。

秦穰侯復爲丞相。

楚欲與齊、韓共伐秦，因欲圖周。王使東周武公謂楚令尹昭子曰：「周不可圖也。」昭子曰：「乃圖周則無之。雖然，何不可圖？」武公曰：「西周之地，絶長補短，不過百里。名爲天下共主，裂其地不足以肥國，得其衆不足以勁兵。雖然，攻之者名爲弑君；然而猶有欲攻之者，見祭器在焉故也。夫虎肉臊而兵利身，人猶攻之，若使澤中之麋蒙虎之皮，人之攻之也必萬倍矣。裂楚之地足以肥國，詘楚之名足以尊王。今子欲誅殘天下之共主，居三代之傳器，器南則兵至矣！」於是楚計輟不行。

三十五年，秦白起敗趙軍，斬首二萬，取代光狼城。又使司馬錯發隴西兵，因蜀攻楚黔中，拔之。

三十六年，秦白起伐楚，取鄢、鄧、西陵。楚獻漢北及上庸地。

秦王使使者告趙王，願爲好會於河外澠池。趙王欲毋行。廉頗、藺相如計曰：「王不行，示趙弱且怯也。」趙王遂行，相如從。廉頗送至境，與王訣曰：「王行，度道里會遇之禮畢，還不過三十日。三十日不還，則請立太子以絶秦望。」王許之。會于澠池，王與趙王飲，酒酣，秦王請趙王鼓瑟，趙王鼓之。藺相如復請秦王擊缶，秦王不肯。相如曰：「五步之内，臣請得以頸血濺大王矣！」左右欲刃相如，相如張目叱之，左右皆靡。王不懌，爲一擊缶。罷酒，秦終不能有加於趙。趙人亦盛爲之備，秦不敢動。趙王歸國，以藺相如爲上卿。燕昭王薨，太子惠王立。

三十七年，秦大良造白起伐楚，拔郢，燒夷陵。楚襄王兵散，遂不復戰，東北徙都於陳。秦以郢置南郡，封白起爲武安君。

三十八年，秦武安君定巫、黔中，初置黔中郡。魏昭王薨，子安釐王立。

三十九年，秦武安君伐魏，拔兩城。

四十年，秦相國穰侯伐魏。韓暴鳶救魏，穰侯大破之，斬首四萬。暴鳶走開封，魏納八城以和。

四十一年，魏復與齊合從。秦穰侯伐魏，拔四城，斬首四萬。穰侯復伐魏，走芒卯，入北宅，遂圍大梁，魏人割溫以和。

四十二年，趙人、魏人伐韓華陽。韓人告急於秦，秦王弗救。韓相國謂陳筮曰：「事急矣，願公雖病，爲一宿之行。」陳筮如秦，見穰侯。穰侯曰：「事急乎？故使公來。」陳筮曰：「未急也。」穰侯怒曰：「何也？」陳筮曰：「彼韓急則將變而他從，以未急，故復來耳。」穰侯曰：「請發兵矣。」乃與武安君及客卿胡陽救韓，八日而至，敗魏軍於華陽之下，走芒卯，虜三將，斬首十三萬。武安君又與趙將賈偃戰，沉其卒二萬人於河。魏段干子請割南陽予秦以和。蘇代謂魏王曰：「欲璽者段干子也，欲地者秦也。今王使欲地者制璽，欲璽者制地，魏地盡矣！夫以地事秦，猶抱薪救火，薪不盡，火不滅。」王曰：「是則然也。雖然，事始已行，不可更矣。」對曰：「夫博之所以貴梟者，便則食，不便則止。今何王之用智不如用梟也！」魏王不聽，卒以南陽爲和，實脩武。

韓、魏既服於秦，秦王將使武安君與韓、魏伐楚，未行，而楚使者黄歇至，聞之，畏秦乘勝一舉而滅楚也，乃上書曰：「臣聞物至則反，冬、夏是也。致至則危，累棋是也。今大國之地，偏天下有其二垂，此從生民已來，萬乘之地未嘗有也。先王三世不忘接地於齊，以絶從親之要。今王使盛橋守事於韓，盛橋以其地入秦，是王不用甲，不信威，而得百里之地，王可謂能矣！王又舉甲而攻魏，杜大梁之門，舉河内，拔燕、酸棗、虚、桃，入邢，魏之兵雲翔而不敢救，王之功亦多矣！王休甲息衆，二年而後復之，又并蒲、衍、首、垣以臨仁、平丘，黄、濟陽嬰城而魏氏服。王又割濮磨之北，注齊、秦之要，絶楚、趙之脊，天下五合六聚而不敢救，王之威亦單矣！王若能保功守威，絀攻取之心，而肥仁義之地，使無後患，三王不足四，五伯不足六也。王若負人徒之衆，仗兵革之强，乘毁魏之威，而欲以力臣天下之主，臣恐其有後患也！詩曰『靡不有初，鮮克有終。』易曰『狐涉水，濡其尾。』此言始之易，終之難也。昔吴之信越也，從而伐齊，既勝齊人於艾陵，還爲越王禽三江之浦。智氏之信韓、魏也，從而伐趙，攻晋陽城，勝有日矣，韓、魏叛之，殺智伯瑶於鑿臺之下。今王妬楚之不毁，而忘毁楚之强韓、魏也，臣爲王慮而不取也。夫楚國，援也；鄰國，敵也。今王信韓、魏之善王，此正吴之信越也，臣恐韓、魏卑辭除患而實欲欺大國也。何則？王無重世之德於韓、魏，而有累世之怨焉。夫韓、魏父子兄弟接踵而死於秦者將十世矣。故韓、魏之不亡，秦社稷之憂也，今王資之與攻楚，不亦過乎！且攻楚將惡出兵？王將借路於仇讎之韓、魏乎，兵出之日而王憂其不反也。王若不借路於仇讎之韓、魏，必攻隨水右壤。此皆廣川大水，山林谿谷，不食之地，是王有毁楚之名而無得地之實也。且王攻楚之日，四國必悉起兵以應王，秦、楚之兵構而不離，魏氏將出而攻留、方與、銍、湖陵、碭、蕭、相，故宋必盡。齊人南面攻楚，泗上必舉。此皆平原四達，膏腴之地，如此則天下之國莫强於齊、魏矣。臣爲王慮，莫若善楚。秦、楚合而爲一以臨韓，韓必斂手而朝，王施以東山之險，帶以曲河之利，韓必爲關内之侯。若是而王以十萬戍鄭，梁氏寒心，許、鄢陵嬰城，而上蔡、召陵不往來也，如此而魏亦關内侯矣。王壹善楚而關内兩萬乘之主注地於齊，齊右壤可拱手而取也。王之地一經兩海，要約天下，是燕、趙無齊、楚，齊、楚無燕、趙也。然後危動燕、趙，直摇齊、楚，此四國者，不待痛而服矣。」王從之，止武安君而謝韓、魏，使黄歇歸，約親於楚。韓釐王薨，子桓惠王立。

四十三年，楚以左徒黄歇侍太子完爲質於秦。

秦置南陽郡。秦、魏、楚共伐燕。燕惠王薨，子武成王立。

四十五年，秦伐趙，圍閼與。趙王召廉頗、樂乘而問之曰：「可救否？」皆曰：「道遠險陿，難救。」問趙奢，趙奢對曰：「道遠險陿，譬猶兩鼠鬬於穴中，將勇者勝。」王乃令趙奢將兵救之。去邯鄲三十里而止，令軍中曰：「有以軍事諫者死！」秦師軍武安西，鼓譟勒兵，武安屋瓦盡振。趙軍中候有一人言急救武安，趙奢立斬之。堅壁留二十八日不行，復益增壘。秦間入趙軍，趙奢善食而遣之。間以報秦將，秦將大喜曰：「夫去國三十里而軍不行，乃增壘，閼與非趙地也！」趙奢既已遣間，卷甲而趨，一日一夜而至，去閼與五十里而軍。軍壘成，秦師聞之，悉甲而往。趙軍士許歷請以軍事諫，趙奢進之。許歷曰：「秦人不意趙至此，其來氣盛，將軍必厚集其陳以待之。不然，必敗。」趙奢曰：「請受教。」許歷請刑，趙奢曰：「胥，後令邯鄲。」許歷復請諫，曰：「先據北山上者勝，後至者敗。」趙奢許諾，即發萬人趨之。秦師後至，争山不得上，趙奢縱兵擊秦師，秦師大敗，解閼與而還。趙王封奢爲馬服君。

穰侯言客卿竈於秦王，使伐齊，取剛、壽，以廣其陶邑。

初，魏人范睢從中大夫須賈使於齊，齊襄王聞其辯口，私賜之金及牛酒。須賈以爲睢以國陰事告齊也，歸而告其相魏齊。魏齊怒，笞擊范睢，折脅摺齒。睢佯死，卷以簀，置厠中，使客醉者更溺之，以懲後，令無妄言者。范雎謂守者曰：「能出我，我必有厚謝。」守者乃請棄簀中死人。魏齊醉，曰：「可矣。」范雎得出。魏齊悔，復召求之。魏人鄭安平遂操范雎亡匿，更名姓曰張禄。

秦謁者王稽使於魏，范雎夜見王稽，稽潛載與俱歸，薦之於王。王見之於離宮，雎佯爲不知永巷而入其中。王來而宦者怒，逐之，曰：「王至！」范雎謬曰：「秦安得王？秦獨有太后、穰侯耳！」王微聞其言，乃屏左右，跽而請曰：「先生何以幸教寡人？」對曰：「唯唯。」如是者三。王曰：「先生卒不幸教寡人邪？」范雎曰：「非敢然也！臣，羈旅之臣也，交疏於王，而所願陳者皆匡君之事，處人骨肉之間，願效愚忠而未知王之心也，此所以王三問而不敢對者也。臣知今日言之於前，明日伏誅於後，然臣不敢避也。且死者，人之所必不免也，苟可以少有補於秦而死，此臣之所大願也。獨恐臣死之後，天下杜口裹足，莫肯鄉秦耳。」王跽曰：「先生是何言也！今者寡人得見先生，是天以寡人溷先生，而存先王之宗廟也。事無大小，上及太后，下至大臣，願先生悉以教寡人，無疑寡人也。」范雎拜，王亦拜。范雎曰：「以秦國之大，士卒之勇，以治諸侯，譬若走韓盧而搏蹇兔也。而閉關十五年，不敢窺兵於山東者，是穰侯爲秦謀不忠，而大王之計亦有所失也。」王跽曰：「寡人願聞失計。」然左右多竊聽者，范雎未敢言內，先言外事，以觀王之俯仰。因進曰：「夫穰侯越韓、魏而攻齊剛、壽，非計也。齊湣王南攻楚，破軍殺將，再辟地千里，而齊尺寸之地無得焉者，豈不欲得地哉？形勢不能有也。諸侯見齊之罷敝，起兵而伐齊，大破之，齊幾於亡，以其伐楚而肥韓、魏也。今王不如遠交而近攻，得寸則王之寸也，得尺則王之尺也。今夫韓、魏，中國之處而天下之樞也，王若欲霸，必親中國以爲天下樞，以威楚、趙。楚强則附趙，趙强則附楚，楚、趙皆附，齊必懼矣。齊附則韓、魏因可虜也。」王曰：「善。」乃以范睢爲客卿，與謀兵事。

四十六年，秦中更胡傷攻趙閼與，不拔。

四十七年，秦王用范睢之謀，使五大夫綰伐魏，拔懷。

四十八年，秦悼太子質於魏而卒。

四十九年，秦拔魏邢丘。范睢日益親用事，因承間説王曰：「臣居山東時，聞齊之有孟嘗君，不聞有王；聞秦有太后、穰侯，不聞有王。夫擅國之謂王，能利害之謂王，制殺生之謂王。今太后擅行不顧，穰侯出使不報，華陽、涇陽等擊斷無諱，高陵進退不請，四貴備而國不危者，未之有也。爲此四貴者下，乃所謂無王也。穰侯使者操王之重，決制於諸侯，剖符於天下，征敵伐國，莫敢不聽。戰勝攻取則利歸於陶，戰敗則結怨於百姓而禍歸於社稷。臣又聞之，木實繁者披其枝，披其枝者傷其心。大其都者危其國，尊其臣者卑其主。淖齒管齊，射王股，擢王筋，懸之於廟梁，宿昔而死。李兑管趙，囚主父於沙丘，百日而餓死。今臣觀四貴之用事，此亦淖齒、李兑之類也。且夫三代之所以亡國者，君專授政於臣，縱酒弋獵。其所授者妬賢疾能，御下蔽上，以成其私，不爲主計，而主不覺悟，故失其國。今自有秩以上至諸大吏，下及王左右，無非相國之人者。見王獨立於朝，臣竊爲王恐，萬世之後有秦國者非王子孫也！」王以爲然，於是廢太后，逐穰侯、高陵、華陽、涇陽君於關外，以范雎爲丞相，封爲應侯。

魏王使須賈聘於秦，應侯敝衣間步而往見之。須賈驚曰：「范叔固無恙乎！」留坐飲食，取一綈袍贈之。遂爲須賈御而至相府，曰：「我爲君先入通於相君。」須賈怪其久不出，問於門下，門下曰：「無范叔。鄉者，吾相張君也。」須賈知見欺，乃膝行入謝罪。應侯坐，責讓之，且曰：「爾所以得不死者，以綈袍戀戀，尚有故人之意耳！」乃大供具，請諸侯賓客，坐須賈於堂下，置莝、豆其前而馬食之。使歸告魏王曰：「速斬魏齊頭來！不然，且屠大梁。」須賈還，以告魏齊，魏齊奔趙，匿於平原君家。趙惠文王薨，子孝成王丹立。

五十年，秦宣太后薨。九月，穰侯出之陶。

臣光曰：穰侯援立昭王，除其災害，薦白起爲將，南取鄢郢，東屬地於齊，使天下諸侯稽首而事秦。秦益强大者，穰侯之功也。雖其專恣驕貪足以賈禍，亦未至盡如范雎之言。若雎者，亦非能爲秦忠謀，直欲得穰侯之處，故搤其吭而奪之耳。遂使秦王絶母子之義，失舅甥之恩。要之，雎真傾危之士哉！

秦王以子安國君爲太子。

秦伐趙，取三城。趙王新立，太后用事，求救於齊。齊人曰：「必以長安君爲質。」太后不可，齊師不出。大臣强諫。太后明謂左右曰：「復言長安君爲質者，老婦必唾其面。」左師觸龍願見太后，太后盛氣而胥之入。左師公徐趨而坐，自謝曰：「老臣病足，不得見久矣。竊自恕，而恐太后體之有所苦也，故願望見太后。」太后曰：「老婦恃輦而行。」曰：「食得毋衰乎？」曰：「恃粥耳。」太后不和之色稍解。左師公曰：「老臣賤息舒祺，最少，不肖，而臣衰，竊憐愛之，願得補黑衣之缺以衛王宫，昧死以聞。」太后曰：「諾。年幾何矣？」對曰：「十五歲矣。雖少，願及未填溝壑而託之。」太后曰：「丈夫亦愛少子乎？」對曰：「甚於婦人。」太后笑曰：「婦人異甚。」對曰：「老臣竊以爲媪之愛燕后賢於長安君。」太后曰：「君過矣，不若長安君之甚。」左師公曰：「父母愛其子，則爲之計深遠。媪之送燕后也，持其踵而泣，念其遠也，亦哀之矣。已行，非不思也，祭祀則祝之曰：『必勿使反！』豈非爲之計長久，爲子孫相繼爲王也哉！」太后曰：「然。」左師公曰：「今三世以前，至於趙王之子孫爲侯者，其繼有在者乎？」曰：「無有。」曰：「此其近者禍及其身，遠者及其子孫。豈人主之子侯則不善哉？位尊而無功，奉厚而無勞，而挾重器多也。今媼尊長安君之位，而封之以膏腴之地，多與之重器，而不及今令有功於國，一旦山陵崩，長安君何以自託於趙哉！」太后曰：「諾。恣君之所使之。」於是爲長安君約車百乘，質於齊，齊師乃出。秦師退。齊襄王薨，子建立。

五十一年，秦武安君伐韓，拔九城，斬首五萬。

五十二年，秦武安君伐韓，取南陽，攻太行道，絶之。

楚頃襄王疾病，黄歇言於應侯曰：「今楚王疾恐不起，秦不如歸其太子。太子得立，其事秦必重，而德相國無窮，是親與國而得儲萬乘也。不歸，則咸陽布衣耳；楚更立君，必不事秦，是失與國而絶萬乘之和，非計也。」應侯以告王，王曰：「令太子之傅先往問疾，反而後圖之。」黄歇與太子謀曰：「秦之留太子，欲以求利也，今太子力未能有以利秦也。而陽文君子二人在中，王若卒大命，太子不在，陽文君子必立爲後，太子不得奉宗廟矣。不如亡秦，與使者俱出；臣請止，以死當之。」太子因變服爲楚使者御以出關，而黄歇守舍，常爲太子謝病。度太子已遠，乃自言於王曰：「楚太子已歸出遠矣，歇願賜死！」王怒，欲聽之。應侯曰：「歇爲人臣，出身以徇其主，太子立，必用歇。不如無罪而歸之，以親楚。」王從之。黄歇至楚三月，秋，楚頃襄王薨，考烈王即位，以黄歇爲相，封以淮北地，號曰春申君。

五十三年，楚人納州于秦以平。

武安君伐韓，拔野王，上黨路絶。上黨守馮亭與其民謀曰：「鄭道已絶，秦兵日進，韓不能應，不如以上黨歸趙。趙受我，秦必攻之。趙被秦兵必親韓，韓、趙爲一則可以當秦矣。」乃遣使者告於趙曰：「韓不能守上黨，入之秦。其吏民皆安爲趙，不樂爲秦。有城市邑十七，願再拜獻之大王。」趙王以告平陽君豹，對曰：「聖人甚禍無故之利。」王曰：「人樂吾德，何謂無故？」對曰：「秦蠶食韓地，中絶，不令相通，固自以爲坐而受上黨也。韓氏所以不入於秦者，欲嫁其禍於趙也。秦服其勞而趙受其利，雖强大不能得之於弱小，弱小固能得之於强大乎？豈得謂之非無故哉！不如勿受。」王以告平原君，平原君請受之。王乃使平原君往受地，以萬户都三封其太守爲華陽君，以千户都三封其縣令爲侯，吏民皆益爵三級。馮亭垂涕不見使者，曰：「吾不忍賣主地而食之也！」

五十五年，秦左庶長王齕攻上黨，拔之。上黨民走趙。趙廉頗軍於長平以按據上黨民。王齕因伐趙，趙軍戰數不勝，亡一裨將、四尉。趙王與樓昌、虞卿謀，樓昌請發重使爲媾。虞卿曰：「今制媾者在秦。秦必欲破王之軍矣，雖往請媾，秦將不聽。不如發使以重寶附楚、魏，楚、魏受之，則秦疑天下之合從，媾乃可成也。」王不聽，使鄭朱媾於秦，秦受之。王謂虞卿曰：「秦内鄭朱矣。」對曰：「王必不得媾而軍破矣！何則？天下之賀戰勝者皆在秦矣。夫鄭朱貴人也，秦王、應侯必顯重之以示天下。天下見王之媾於秦必不救王，秦知天下之不救王，則媾不可得成矣。」既而秦果顯鄭朱而不與趙媾。

秦數敗趙兵，廉頗堅壁不出。趙王以頗失亡多而更怯不戰，怒，數讓之。應侯又使人行千金於趙爲反間，曰：「秦之所畏，獨畏馬服君之子趙括爲將耳！廉頗易與，且降矣。」趙王遂以趙括代頗將。藺相如曰：「王以名使括，若膠柱鼓瑟耳。括徒能讀其父書傳，不知合變也。」王不聽。初，趙括自少時學兵法，以天下莫能當。嘗與其父奢言兵事，奢不能難，然不謂善。括母問其故，奢曰：「兵，死地也，而括易言之。使趙不將括則已，若必將之，破趙軍者必括也！」及括將行，其母上書言括不可使。王曰：「何以？」對曰：「始妾事其父，時爲將，身所奉飯而進食者以十數，所友者以百數。王及宗室所賞賜者，盡以與軍吏士大夫。受命之日，不問家事。今括一旦爲將，東鄉而朝，軍吏無敢仰視之者。王所賜金帛，歸藏於家，而日視便利田宅可買者買之。王以爲如其父，父子異心，願王勿遣！」王曰：「母置之，吾已決矣！」母因曰：「即如有不稱，妾請無隨坐。」趙王許之。

秦王聞括已爲趙將，乃陰使武安君爲上將軍而王齕爲裨將，令軍中「有敢泄武安君將者斬！」趙括至軍，悉更約束，易置軍吏，出兵擊秦師。武安君佯敗而走，張二奇兵以劫之。趙括乘勝追造秦壁，壁堅拒不得入。奇兵二萬五千人絶趙軍之後，又五千騎絶趙壁間。趙軍分而爲二，糧道絶。武安君出輕兵擊之，趙戰不利，因築壁堅守以待救至。秦王聞趙食道絶，自如河内，發民年十五以上悉詣長平，遮絶趙救兵及糧食。齊人、楚人救趙。趙人乏食，請粟於齊，齊王弗許。周子曰：「夫趙之於齊、楚，扞蔽也，猶齒之有脣也，脣亡則齒寒。今日亡趙，明日患及齊、楚矣。救趙之務，宜若奉漏甕沃焦釜然。且救趙，高義也；卻秦師，顯名也。義救亡國，威卻强秦，不務爲此而愛粟，爲國計者過矣！」齊王弗聽。九月，趙軍食絶四十六日，皆内陰相殺食。急來攻秦壘，欲出爲四隊，四五復之，不能出。趙括自出鋭卒搏戰，秦人射殺之。趙師大敗，卒四十萬人皆降。武安君曰：「秦已拔上黨，上黨民不樂爲秦而歸趙。趙卒反覆，非盡殺之，恐爲亂。」乃挾詐而盡坑殺之，遺其小者二百四十人歸趙。前後斬首虜四十五萬人。趙人大震。

五十六年十月，武安君分軍爲三。王齕攻趙武安、皮牢，拔之。司馬梗北定太原，盡有上黨地。韓、魏恐，使蘇代厚幣説應侯曰：「武安君即圍邯鄲乎？」曰：「然。」蘇代曰：「趙亡則秦王王矣。武安君爲三公，君能爲之下乎？雖無欲爲之下，固不得已矣。秦嘗攻韓，圍邢丘，困上黨，上黨之民皆反爲趙，天下不樂爲秦民之日久矣。今亡趙，北地入燕，東地入齊，南地入韓、魏，則君之所得民無幾何人矣。不如因而割之，無以爲武安君功也。」應侯言於秦王曰：「秦兵勞，請許韓、趙之割地以和，且休士卒。」王聽之，割韓垣雍、趙六城以和。正月，皆罷兵。武安君由是與應侯有隙。

趙王將使趙郝約事於秦，割六縣。虞卿謂趙王曰：「秦之攻王也，倦而歸乎？王以其力尚能進，愛王而弗攻乎？」王曰：「秦不遺餘力矣，必以倦而歸也。」虞卿曰：「秦以其力攻其所不能取，倦而歸，王又以其力之所不能取以送之，是助秦自攻也。來年秦攻王，王無救矣！」趙王計未定。樓緩至趙，趙王與之計之。樓緩曰：「虞卿得其一，不得其二。秦、趙構難而天下皆說，何也？曰：『吾且因强而乘弱矣。』今趙不如亟割地爲和以疑天下，慰秦之心。不然，天下將因秦之怒，乘趙之獘，瓜分之。趙且亡，何秦之圖乎！」虞卿聞之，復見曰：「危哉樓子之計，是愈疑天下，而何慰秦之心哉！獨不言其示天下弱乎？且臣言勿與者，非固勿與而已也。秦索六城於王，而王以六城賂齊。齊，秦之深讎也，其聽王不待辭之畢也。則是王失之於齊而取償於秦，而示天下有能爲也。王以此發聲，兵未窺於境，臣見秦之重賂至趙而反媾於王也。從秦爲媾，韓、魏聞之必盡重王。是王一舉而結三國之親，而與秦易道也。」趙王曰：「善。」使虞卿東見齊王，與之謀秦。虞卿未返，秦使者已在趙矣。樓緩聞之，亡去。趙王封虞卿以一城。

秦之始伐趙也，魏王問於諸大夫，皆以爲秦伐趙，於魏便。孔斌曰：「何謂也？」曰：「勝趙則吾因而服焉，不勝趙則可承敝而擊之。」子順曰：「不然。秦自孝公以來，戰未嘗屈，今又屬其良將，何敝之承！」大夫曰：「縱其勝趙，於我何損？鄰之羞，國之福也。」子順曰：「秦，貪暴之國也，勝趙必復他求，吾恐於時魏受其師也。先人有言：『燕雀處屋，子母相哺，呴呴焉相樂也，自以爲安矣。竈突炎上，棟宇將焚，燕雀顔不變，不知禍之將及己也。』今子不悟趙破患將及己，可以人而同於燕雀乎？」子順者，孔子六世孫也。子順相魏凡九月，陳大計輒不用，退而以病致仕。人謂子順曰：「王不用子，子其行乎？」答曰：「行將何之？山東之國將并於秦，秦爲不義，義所不入。」遂寢於家。新垣固請子順曰：「賢者所在，必興化致治。今子相魏，未聞異政而即自退，意者志不得乎，何去之速也？」子順曰：「以無異政，所以自退也。且死病無良醫。今秦有吞食天下之心，以義事之，固不獲安。救亡不暇，何化之興！昔伊摯在夏，吕望在商，而二國不治。豈伊、吕之不欲哉？勢不可也。當今山東之國敝而不振，三晋割地以求安，二周折而入秦，燕、齊、楚已屈服矣。以此觀之，不出二十年，天下其盡爲秦乎！」

秦王欲爲應侯必報其仇，聞魏齊在平原君所，乃爲好言誘平原君至秦而執之。遣使謂趙王曰：「不得齊首，吾不出王弟於關。」魏齊窮，抵虞卿，虞卿棄相印，與魏齊偕亡。

至魏，欲因信陵君以走楚。信陵君意難見之，魏齊怒，自殺。趙王卒取其首以與秦，秦乃歸平原君。九月，五大夫王陵將兵復伐趙。武安君病，不任行。

五十七年正月，王陵攻邯鄲，少利，益發卒佐陵，陵亡五校。武安君病愈，王欲使代之。武安君曰：「邯鄲實未易攻也，且諸侯之救日至。彼諸侯怨秦之日久矣，秦雖勝於長平，士卒死者過半，國內空，遠絶河山而争人國都，趙應其內，諸侯攻其外，破秦軍必矣。」王自命不行，乃使應侯請之。武安君終辭疾不肯行，乃以王齕代王陵。

趙王使平原君求救於楚，平原君約其門下食客文武備具者二十人與之俱，得十九人，餘無可取者。毛遂自薦於平原君。平原君曰：「夫賢士之處世也，譬若錐之處囊中，其末立見。今先生處勝之門下三年於此矣，左右未有所稱誦，勝未有所聞，是先生無所有也。先生不能，先生留！」毛遂曰：「臣乃今日請處囊中耳。使遂蚤得處囊中，乃穎脱而出，非特其末見而已。」平原君乃與之俱，十九人相與目笑之。平原君至楚，與楚王言合從之利害，日出而言之，日中不決。毛遂按劍歷階而上，謂平原君曰：「從之利害，兩言而決耳。今日出而言，日中不決，何也！」楚王怒，叱曰：「胡不下！吾乃與而君言，汝何爲者也！」毛遂按劍而前曰：「王之所以叱遂者，以楚國之衆也。今十步之内，王不得恃楚國之衆也！王之命懸於遂手。吾君在前，叱者何也！且遂聞湯以七十里之地王天下，文王以百里之壤而臣諸侯，豈其士卒衆多哉？誠能據其勢而奮其威也。今楚地方五千里，持戟百萬，此霸王之資也。以楚之强，天下弗能當。白起小豎子耳，率數萬之衆，興師以與楚戰，一戰而舉鄢郢，再戰而燒夷陵，三戰而辱王之先人。此百世之怨，而趙之所羞，而王弗知惡焉。合從者爲楚，非爲趙也。吾君在前，叱者何也！」楚王曰：「唯唯，誠若先生之言，謹奉社稷以從。」毛遂曰：「從定乎？」楚王曰：「定矣。」毛遂謂楚王之左右曰：「取雞、狗、馬之血來。」毛遂奉銅盤而跪進之楚王，曰：「王當歃血以定從，次者吾君，次者遂。」遂定從於殿上。毛遂左手持盤血而右手招十九人曰：「公相與歃此血於堂下。公等録録，所謂因人成事者也。」平原君已定從而歸，至於趙，曰：「勝不敢復相天下士矣。」遂以毛遂爲上客。

於是楚王使春申君將兵救趙，魏王亦使將軍晋鄙將兵十萬救趙。秦王使謂魏王曰：「吾攻趙，旦暮且下，諸侯敢救之者，吾已拔趙必移兵先擊之！」魏王恐，遣人止晋鄙，留兵壁鄴，名爲救趙，實挾兩端。又使將軍新垣衍間入邯鄲，因平原君説趙王，欲共尊秦爲帝，以卻其兵。齊人魯仲連在邯鄲，聞之，往見新垣衍曰：「彼秦者，棄禮義而上首功之國也。彼即肆然而爲帝於天下，則連有蹈東海而死耳，不願爲之民也！且梁未睹秦稱帝之害故耳，吾將使秦王烹醢梁王。」新垣衍快然不悦曰：「先生惡能使秦王烹醢梁王！」魯仲連曰：「固也，吾將言之。昔者九侯、鄂侯、文王，紂之三公也。九侯有子而好，獻之於紂，紂以爲惡，醢九侯。鄂侯爭之强，辯之疾，故脯鄂侯。文王聞之，喟然而歎，故拘之牖里之庫百日，欲令之死。今秦萬乘之國也，梁亦萬乘之國也，俱據萬乘之國，各有稱王之名，奈何睹其一戰而勝，欲從而帝之，卒就脯醢之地乎！且秦無已而帝，則將行其天子之禮以號令於天下，則且變易諸侯之大臣，彼將奪其所不肖而與其所賢，奪其所憎而與其所愛，彼又將使其子女讒妾爲諸侯妃姬，處梁之宮，梁王安得晏然而已乎！而將軍又何以得故寵乎！」新垣衍起，再拜曰：「吾乃今知先生天下之士也。吾請出，不敢復言帝秦矣！」

初，魏公子無忌仁而下士，致食客三千人。魏有隱士曰侯嬴，年七十，家貧，爲大梁夷門監者。公子置酒大會賓客，坐定，公子從車騎虛左自迎侯生。侯生攝敝衣冠，直上載公子上坐，不讓。公子執轡愈恭。侯生又謂公子曰：「臣有客在市屠中，願枉車騎過之。」公子引車入市，侯生下見其客朱亥，睥睨，故久立，與其客語，微察公子。公子色愈和。乃謝客就車，至公子家。公子引侯生坐上坐，徧贊賓客，賓客皆驚。及秦圍趙，趙平原君之夫人，公子無忌之姊也，平原君使者冠蓋相屬於魏，讓公子曰：「勝所以自附於婚姻者，以公子之高義，能急人之困也。今邯鄲旦暮降秦，而魏救不至，縱公子輕勝棄之，獨不憐公子姊邪！」公子患之，數請魏王敕晉鄙令救趙，及賓客辯士遊説萬端，王終不聽。公子乃屬賓客約車騎百餘乘，欲赴鬭以死於趙。過夷門，見侯生。侯生曰：「公子勉之矣，老臣不能從！」公子去，行數里，心不快，復還見侯生。侯生笑曰：「臣固知公子之還也。今公子無他端而欲赴秦軍，譬如以肉投餒虎，何功之有？」公子再拜問計，侯嬴屏人曰：「吾聞晉鄙兵符在王卧内，而如姬最幸，力能竊之。嘗聞公子爲如姬報其父仇，如姬欲爲公子死，無所辭。公子誠一開口，則得虎符，奪晉鄙之兵，北救趙，西卻秦，此五伯之功也。」公子如其言，果得兵符。公子行，侯生曰：「將在外，君令有所不受。有如晉鄙合符而不授兵，復請之，則事危矣。臣客朱亥，其人力士，可與俱。晉鄙若聽，大善；不聽，可使擊之。」於是公子請朱亥與俱。至鄴，晉鄙合符，疑之，舉手視公子曰：「吾擁十萬之衆屯於境上，國之重任，今單車來代之，何如哉？」朱亥袖四十斤鐵椎，椎殺晉鄙，公子遂勒兵下令軍中曰：「父子俱在軍中者，父歸；兄弟俱在軍中者，兄歸；獨子無兄弟者，歸養。」得選兵八萬人，將之而進。

王齕久圍邯鄲不拔，諸侯來救，戰數不利。武安君聞之曰：「王不聽吾計，今何如矣！」王聞之，怒，强起武安君。武安君稱病篤，不肯起。燕武成王薨，子孝王立。

五十八年十月，免武安君爲士伍，遷之陰密。十二月，益發卒軍汾城旁。武安君病，未行。諸侯攻王齕，齕數卻，使者日至，王乃使人遣武安君，不得留咸陽中。武安君出咸陽西門十里，至杜郵。王與應侯羣臣謀曰：「白起之遷，意尚怏怏，有餘言。」王乃使使者賜之劍，武安君遂自殺。秦人憐之，鄉邑皆祭祀焉。

魏公子無忌大破秦師於邯鄲下，王齕解邯鄲圍走。鄭安平爲趙所困，將二萬人降趙，應侯由是得罪。

五十九年，秦將軍摎伐韓，取陽城、負黍，斬首四萬。伐趙，取二十餘縣，斬首虜九萬。赧王恐，倍秦，與諸侯約從，將天下鋭師出伊闕攻秦，令無得通陽城。秦王使將軍摎攻西周，赧王入秦，頓首受罪，盡獻其邑三十六、口三萬。秦受其獻，歸赧王於周。是歲，赧王崩。

秦昭襄王五十二年，河東守王稽坐與諸侯通，棄市。應侯日以不懌。王臨朝而歎，應侯請其故。王曰：「今武安君死，而鄭安平、王稽等皆畔，内無良將而外多敵國，吾是以憂！」應侯懼，不知所出。

燕客蔡澤聞之，西入秦，先使人宣言於應侯曰：「蔡澤，天下雄辯之士，彼見王，必困君而奪君之位。」應侯怒，使人召之。蔡澤見應侯，禮又倨。應侯不快，因讓之曰：「子宣言欲代我相，請聞其説。」蔡澤曰：「吁，君何見之晚也！夫四時之序，成功者去。君獨不見夫秦之商君，楚之吴起，越之大夫種，何足願與？」應侯謬曰：「何爲不可！此三子者，義之至也，忠之盡也。君子有殺身以成名，死無所恨。」蔡澤曰：「夫人立功，豈不期於成全邪！身名俱全者上也，名可法而身死者次也，名僇辱而身全者下也。夫商君、吴起、大夫種，其爲人臣盡忠致功則可願矣。閎夭、周公，豈不亦忠且聖乎！三子之可願，孰與閎夭、周公哉？」應侯曰：「善。」蔡澤曰：「然則君之主惇厚舊故，不倍功臣，孰與孝公、楚王、越王？」曰：「未知何如。」蔡澤曰：「君之功能孰與三子？」曰：「不若。」蔡澤曰：「然則君身不退，患恐甚於三子矣。語曰：『日中則移，月滿則虧。』進退嬴縮，與時變化，聖人之道也。今君之怨已讎而德已報，意欲至矣而無變計，竊爲君危之！」應侯遂延以爲上客，因薦於王。王召見與語，大悦，拜爲客卿。應侯因謝病免。王新悦蔡澤計畫，遂以爲相國。澤爲相數月，免。

周民東亡，秦人取其寶器，遷西周公於𢠸狐之聚。燕孝王薨，子喜立。

五十三年，摎伐魏，取吴城。韓王入朝。魏舉國聽令。

五十六年秋，王薨，孝文王立，以子楚爲太子。

孝文王元年冬十月己亥，王即位，三日薨。子楚立，是爲莊襄王。

莊襄王元年，吕不韋爲相國。

東周君與諸侯謀伐秦，王使相國帥師討滅之，遷東周君於陽人聚。周既不祀。周比亡，凡有七邑：河南、洛陽、穀城、平陰、偃師、鞏、緱氏。

以河南、洛陽十萬户封相國不韋爲文信侯。

蒙驁伐韓，取成皋、滎陽，初置三川郡。

二年，蒙驁伐趙，定太原，取榆次、狼孟等三十七城。

三年，王齕攻上黨諸城，悉拔之，初置太原郡。

蒙驁帥師伐魏，取高都、汲。魏師數敗，魏王患之，乃使人請信陵君於趙。信陵君畏得罪，不肯還，誡門下曰：「有敢爲魏使通者死！」賓客莫敢諫。毛公、薛公見信陵君曰：「公子所以重於諸侯者，徒以有魏也。今魏急而公子不恤，一旦秦人克大梁，夷先王之宗廟，公子當何面目立天下乎！」語未卒，信陵君色變，趣駕還魏。魏王持信陵君而泣，以爲上將軍。信陵君使人求援於諸侯，諸侯聞信陵君復爲魏將，皆遣兵救魏。信陵君率五國之師敗蒙驁於河外，蒙驁遁走。信陵君追至函谷關，抑之而還。

安陵人縮高之子仕於秦，秦使之守管。信陵君攻之不下，使人謂安陵君曰：「君其遣縮高，吾將仕之以五大夫，使爲執節尉。」安陵君曰：「安陵，小國也，不能必使其民。使者自往請之。」使吏導使者至縮高之所，使者致信陵君之命。縮高曰：「君之幸高也，將使高攻管也。夫父攻子守，人之笑也。見臣而下，是倍主也。父教子倍，亦非君之所喜。敢再拜辭！」使者以報信陵君。信陵君大怒，遣使之安陵君所曰：「安陵之地，亦猶魏也。今吾攻管而不下，則秦兵及我，社稷必危矣。願君生束縮高而致之！若君弗致，無忌將發十萬之師以造安陵之城下。」安陵君曰：「吾先君成侯受詔襄王以守此城也，手受太府之憲。憲之上篇曰：『子弒父，臣弒君，有常不赦。國雖大赦，降城亡子不得與焉。』今縮高辭大位以全父子之義，而君曰『必生致之』，是使我負襄王之詔而廢太府之憲也。雖死，終不敢行！」縮高聞之曰：「信陵君爲人悍猛而自用，此辭反必爲國禍。吾已全己，無違人臣之義矣，豈可使吾君有魏患乎！」乃之使者之舍，刎頸而死。

五月丙午，王薨，太子政立，生十三年矣，國事皆委於文信侯，號稱仲父。

始皇帝元年。韓欲疲秦人使無東伐，乃使水工鄭國爲間於秦，鑿涇水自仲山爲渠，並北山，東注洛。中作而覺，秦人欲殺之。鄭國曰：「臣爲韓延數年之命，然渠成，亦秦萬世之利也。」乃使卒爲之。注填閼之水溉舃鹵之地四萬餘頃，收皆畝一鍾，關中由是益富饒。二年，趙孝成王薨，子悼襄王立。

三年，蒙驁伐韓，取十二城。

四年春，蒙驁伐魏，取暘、有詭。三月，軍罷。

秦質子歸自趙，趙太子出歸國。魏安釐王薨，子景湣王立。

五年，蒙驁伐魏，取酸棗、燕、虚、長平、雍丘、山陽等二十城，初置東郡。

六年，楚、趙、魏、韓、衛合從以伐秦。楚王爲從長，春申君用事，取壽陵。至函谷，秦師出，五國之師皆敗走。楚王以咎春申君，春申君以此益疏。觀津人朱英謂春申君曰：「人皆以楚爲强，君用之而弱。其於英不然。先君時，秦善楚，二十年而不攻楚，何也？秦踰黽阨之塞而攻楚，不便；假道於兩周，背韓、魏而攻楚，不可。今則不然。魏旦暮亡，不能愛許、鄢陵。魏割以與秦，秦兵去陳百六十里。臣之所觀者，見秦、楚之日鬬也。」楚於是去陳，徙壽春，命曰郢。春申君就封於吴，行相事。

七年，伐魏，取汲。

秦拔魏朝歌及衛濮陽，衛元君率其支屬徙居野王，阻其山以保魏之河内。

蒙驁卒。八年，韓桓惠王薨，子安立。

九年，伐魏，取垣、蒲。楊端和伐魏，取衍氏。

十年，文信侯免相，出就國。

宗室大臣議曰：「諸侯人來仕者，皆爲其主游間耳，請一切逐之。」於是大索逐客。客卿楚人李斯亦在逐中，行，且上書曰：「昔穆公求士，西取由余於戎，東得百里奚於宛，迎蹇叔於宋，求丕豹、公孫支於晉，并國二十，遂霸西戎。孝公用商鞅之法，諸侯親服，至今治强。惠王用張儀之計，散六國之從，使之事秦。昭王得范睢，强公室，杜私門。此四君者，皆以客之功。由此觀之，客何負於秦哉！夫色、樂、珠、玉不産於秦，而王服御者衆；取人則不然，不問可否，不論曲直，非秦者去，爲客者逐。是所重者在乎色、樂、珠、玉，而所輕者在乎人民也。臣聞太山不辭土壤，故能成其大；河海不擇細流，故能就其深；王者不卻衆庶，故能明其德。此五帝、三王之所以無敵也。今乃棄黔首以資敵國，卻賓客以業諸侯，所謂藉寇兵而齎盗糧者也。」王乃召李斯，復其官，除逐客之令。李斯至驪邑而還。王卒用李斯之謀，陰遣辯士齎金玉遊説諸侯，諸侯名士可下以財者厚遺結之，不肯者利劍刺之，離其君臣之計，然後使良將隨其後，數年之中，卒兼天下。

十一年，趙人伐燕，取貍陽。兵未罷，將軍王翦、桓齮、楊端和伐趙，攻鄴，取九城。王翦攻閼與、橑陽，桓齮取鄴、安陽。趙悼襄王薨，子幽繆王遷立。

十二年，發四郡兵助魏伐楚。

十三年，桓齮伐趙，敗趙將扈輒於平陽，斬首十萬，殺扈輒。趙王以李牧爲大將軍，復戰於宜安、肥下，秦師敗績，桓齮奔還。

十四年，桓齮伐趙，取宜安、平陽、武城。

韓王納地效璽，請爲藩臣，使韓非來聘。非因上書說王曰：「今秦地方數千里，師名百萬，號令賞罰，天下不如。臣昧死願望見大王，言所以破天下從之計。大王誠聽臣說，一舉而天下之從不破，趙不舉，韓不亡，荆、魏不臣，齊、燕不親，霸王之名不成，四鄰諸侯不朝，大王斬臣以徇國，以戒爲王謀不忠者也。」王悦之，未任用。李斯嫉之曰：「韓非，韓之諸公子也。今欲并諸侯，非終爲韓不爲秦，此人情也。今王不用，久留而歸之，此自遺患也，不如以法誅之。」王以爲然，下吏治非。李斯使人遺非藥，令早自殺。韓非欲自陳，不得見。王後悔，使赦之，非已死矣。

臣光曰：臣聞君子親其親以及人之親，愛其國以及人之國，是以功大名美而享有百福也。今非爲秦畫謀，而首欲覆其宗國以售其言，罪固不容死矣！

十五年，王大興師伐趙，一軍抵鄴，一軍抵太原。取狼孟、番吾，遇李牧而還。

初，燕太子丹嘗質於趙，與王善。王即位，丹爲質於秦，王不禮焉。丹怒，亡歸。

十六年，韓獻南陽地。九月，發卒受地於韓。

魏人獻地。

十七年，内史勝滅韓，虜韓王安，以其地置潁川郡。

十八年，王翦將上地兵，下井陘，端和將河内兵，共伐趙。趙李牧、司馬尚禦之。秦人多與趙王嬖臣郭開金，使毀牧及尚，言其欲反。趙王使趙葱及齊將顏聚代之。李牧不受命，趙人捕而殺之。廢司馬尚。

十九年，王翦擊趙軍，大破之，殺趙葱，顏聚亡。遂克邯鄲，虜趙王遷。王如邯鄲，故與母家有仇怨者皆殺之。還，從太原、上郡歸。

王翦屯中山以臨燕。趙公子嘉帥其宗數百人奔代，自立爲代王，趙之亡大夫稍稍歸之，與燕合兵，軍上谷。

燕太子丹怨王，欲報之，以問其傅鞠武。鞠武請西約三晉，南連齊、楚，北媾匈奴以圖秦。太子曰：「太傅之計，曠日彌久，令人心惛然，恐不能須也。」頃之，將軍樊於期得罪亡之燕，太子受而舍之。鞠武諫曰：「夫以秦王之暴而積怒於燕，足爲寒心，又况聞樊將軍之所在乎！是謂『委肉當餓虎之蹊』也。願太子疾遣樊將軍入匈奴。」太子曰：「樊將軍窮困於天下，歸身於丹，是固丹命卒之時也。願更慮之。」鞠武曰：「夫行危以求安，造禍以爲福，計淺而怨深，連結一人之後交，不顧國家之大害，所謂『資怨而助禍』矣！」太子不聽。

太子聞衛人荆軻之賢，卑辭厚禮而請見之。謂軻曰：「今秦已虜韓王，又舉兵南伐楚，北臨趙。趙不能支秦，則禍必至於燕。燕小弱，數困於兵，何足以當秦！諸侯服秦，莫敢合從。丹之私計愚，以爲誠得天下之勇士使於秦，劫秦王，使悉反諸侯侵地，若曹沫之與齊桓公，則大善矣。即不可，因而刺殺之。彼大將擅兵於外而内有亂，則君臣相疑，以其間諸侯得合從，其破秦必矣。唯荆卿留意焉。」荆軻許之。於是舍荆卿於上舍，太子日造門下，所以奉養荆軻，無所不至。及王翦滅趙，太子聞之懼，欲遣荆軻行。荆軻曰：「今行而無信，則秦未可親也。誠得樊將軍首與燕督亢之地圖，奉獻秦王，秦王必説見臣，臣乃有以報。」太子曰：「樊將軍窮困來歸丹，丹不忍也。」荆軻乃私見樊於期曰：「秦之遇將軍可謂深矣，父母宗族皆爲戮没。今聞購將軍首金千斤，邑萬家，將奈何？」於期太息流涕曰：「計將安出？」荆卿曰：「願得將軍之首以獻秦王，秦王必喜而見臣。臣左手把其袖，右手揕其胸，則將軍之仇報而燕見陵之愧除矣！」樊於期曰：「此臣之日夜切齒腐心也。」遂自刎。太子聞之，奔往，伏哭，然已無奈何，遂以函盛其首。太子豫求天下之利匕首，使工以藥焠之，以試人，血濡縷，人無不立死者。乃裝爲遣荆軻，以燕勇士秦舞陽爲之副，使入秦。楚幽王薨，國人立其弟郝。三月，郝庶兄負芻殺之自立。魏景湣王薨，子假立。

二十年，荆軻至咸陽，因王寵臣蒙嘉卑辭以求見。王大喜，朝服，設九賓而見之。荆軻奉圖以進於王，圖窮而匕首見，因把王袖而揕之。未至身，王驚起，袖絶。荆軻逐王，王環柱而走。羣臣皆愕，卒起不意，盡失其度。而秦法，羣臣侍殿上者不得操尺寸之兵；

左右以手共搏之，且曰「王負劍！」負劍，王遂拔以擊荆軻，斷其左股。荆軻廢，乃引匕首擿王，中銅柱。自知事不就，罵曰：「事所以不成者，以欲生劫之，必得約契以報太子也！」遂體解荆軻以徇。王於是大怒，益發兵詣趙，就王翦以伐燕，與燕師、〔代師〕戰於易水之西，大破之。

二十一年冬十月，王翦拔薊，燕王及太子率其精兵東保遼東，李信急追之。代王嘉遺燕王書，令殺太子丹以獻。丹匿衍水中，燕王使使斬丹欲以獻王，王復進兵攻之。

王賁伐楚，取十餘城，王問於將軍李信曰：「吾欲取荆，於將軍度用幾何人而足？」李信曰：「不過用二十萬。」王以問王翦，王翦曰：「非六十萬人不可。」王曰：「王將軍老矣，何怯也！」遂使李信、蒙恬將二十萬人伐楚。王翦因謝病歸頻陽。

二十二年，王賁伐魏，引河溝以灌大梁。三月城壞，魏王假降，殺之，遂滅魏。

王使人謂安陵君曰：「寡人欲以五百里地易安陵。」安陵君曰：「大王加惠，以大易小，甚幸。雖然，臣受地於魏之先王，願終守之，弗敢易。」王義而許之。

李信攻平輿，蒙恬攻寢，大破楚軍。信又攻鄢郢，破之。於是引兵而西，與蒙恬會城父。楚人因隨之，三日三夜不頓舍，大敗李信，入兩壁，殺七都尉。李信奔還。王聞之大怒，自至頻陽謝王翦曰：「寡人不用將軍謀，李信果辱秦軍！將軍雖病，獨忍棄寡人乎！」王翦謝病不能將。王曰：「已矣，勿復言！」王翦曰：「必不得已用臣，非六十萬人不可。」王曰：「爲聽將軍計耳。」於是王翦將六十萬人伐楚，王送至霸上。

二十三年，王翦取陳以南至平輿。楚人聞王翦益軍而來，乃悉國中兵以禦之。王翦堅壁不與戰，楚人數挑戰，終不出。王翦日休士洗沐，而善飲食，撫循之，親與士卒同食。久之，王翦使人問：「軍中戲乎？」對曰：「方投石、超距。」王翦曰：「可用矣。」楚既不得戰，乃引而東。王翦追之，令壯士擊，大破楚師。至蘄南，殺其將軍項燕，楚師遂敗走。王翦因乘勝略定城邑。

二十四年，王翦、蒙武虜楚王負芻，以其地置楚郡。

二十五年，大興兵，使王賁攻遼東，虜燕王喜。

臣光曰：燕丹不勝一朝之忿，以犯虎狼之秦，輕慮淺謀，挑怨速禍，使召公之廟，不祀忽諸，罪孰大焉！而論者或謂之賢，豈不過哉！夫爲國家者，任官以才，立政以禮，懷民以仁，交鄰以信；是以官得其人，政得其節，百姓懷其德，四鄰親其義。夫如是，則國家安如磐石，熾如焱火，觸之者碎，犯之者焦，雖有强暴之國，尚何足畏哉！丹釋此不爲，顧以萬乘之國，决匹夫之怒，逞盜賊之謀，功隳身僇，社稷爲墟，不亦悲哉！夫其膝行蒲伏，非恭也；復言重諾，非信也；糜金散玉，非惠也；刎首決腹，非勇也。要之謀不遠而動不義，其楚白公勝之流乎！荊軻懷其豢養之私，不顧七族，欲以尺八匕首强燕而弱秦，不亦愚乎！故揚子論之，以要離爲蛛蝥之靡，聶政爲壯士之靡，荊軻爲刺客之靡，皆不可謂之義。又曰「荊軻，君子盜諸」。善哉！

王賁攻代，虜代王嘉。

王翦悉定荊江南地，降百越之君，置會稽郡。

初，齊君王后賢，事秦謹，與諸侯信，齊亦東邊海上。秦日夜攻三晉、燕、楚，五國各自救，以故齊王建立四十餘年不受兵。及君王后且死，戒王建曰：「羣臣之可用者某。」王曰：「請書之。」君王后曰：「善。」王取筆牘受言，君王后曰：「老婦已忘矣。」君王后死，后勝相齊，多受秦間金。賓客入秦，秦又多與金。客皆爲反間，勸王朝秦，不修攻戰之備，不助五國攻秦，秦以故得滅五國。

齊王將入朝，雍門司馬前曰：「所爲立王者，爲社稷耶？爲王耶？」王曰：「爲社稷。」司馬曰：「爲社稷立王，王何以去社稷而入秦？」齊王還車而反。即墨大夫聞之，見齊王曰：「齊地方數千里，帶甲數百萬。夫三晉大夫皆不便秦而在阿、甄之間者百數，王收而與之百萬人之衆，使收三晉之故地，即臨晉之關可以入矣。鄢郢大夫不欲爲秦而在城南下者百數，王收而與之百萬之師，使收楚故地，即武關可以入矣。如此，則齊威可立，秦國可亡，豈特保其國家而已哉！」齊王不聽。

二十六年，王賁自燕南攻齊，猝入臨淄，民莫敢格者。秦使人誘齊王，約封以五百里之地。齊王遂降，秦遷之共，處之松柏之間，餓而死。齊人怨王建不早與諸侯合從，聽姦人賓客以亡其國，歌之曰：「松耶柏耶！住建共者客耶！」疾建用客之不詳也。

臣光曰：從衡之説雖反覆百端，然大要合從者，六國之利也。昔先王建萬國，親諸侯，使之朝聘以相交，饗宴以相樂，會盟以相結者，無他，欲其同心戮力以保家國也。曏使六國能以信義相親，則秦雖强暴，安得而亡之哉！夫三晋者齊、楚之藩蔽，齊、楚者三晋之根柢，形勢相資，表裏相依。故以三晋而攻齊、楚，自絶其根柢也。以齊、楚而攻三晋，自撤其藩蔽也。安有撤其藩蔽以媚盜，曰「盜將愛我而不攻」，豈不悖哉！

豪桀亡秦

秦始皇帝二十六年，王初并天下，自以爲德兼三皇，功過五帝，乃更號曰「皇帝」，命爲「制」，令爲「詔」，自稱曰「朕」。追尊莊襄王爲太上皇。制曰：「死而以行爲謚，則是子議父，臣議君也，甚無謂。自今以來，除謚法。朕爲始皇帝，後世以計數，二世、三世至于萬世，傳之無窮。」

二十七年，始皇巡隴西、北地，至雞頭山，過回中焉。作信宮渭南；已，更命曰極廟。自極廟道通驪山。作甘泉前殿，築甬道，自咸陽屬之。治馳道於天下。

二十八年，始皇東行郡縣，上鄒嶧山，立石頌功業。於是召集魯儒生七十人，至泰山下，議封禪。諸儒或曰：「古者封禪，爲蒲車，惡傷山之土石、草木；掃地而祭，席用葅稭。」議各乖異。始皇以其難施用，由此絀儒生。而遂除車道，上自太山陽至顛，立石頌德；從陰道下，禪於梁父。其禮頗采太祝之祀雍上帝所用，而封藏皆祕之，世不得而記也。於是始皇遂東游海上，行禮祠名山、大川及八神。始皇南登琅邪，大樂之，留三月。作琅邪臺，立石頌德，明得意。

初，燕人宋無忌、羨門子高之徒，稱有仙道、形解銷化之術，燕、齊迂怪之士皆爭傳習之。自齊威王、宣王、燕昭王皆信其言，使人入海求蓬萊、方丈、瀛洲。云此三神山在勃海中，去人不遠；患且至，則風引船去。嘗有至者，諸仙人及不死之藥皆在焉。及始皇至海上，諸方士齊人徐市等爭上書言之，請得齊戒與童男女求之。於是遣徐市發童男女數千人入海求之。船交海中，皆以風爲解，曰未能至，望見之焉。始皇還，過彭城，齊戒禱祠，欲出周鼎泗水。使千人没水求之，弗得。乃西南渡淮水，之衡山、南郡，浮江至湘山祠，逢大風，幾不能渡。上問博士曰：「湘君何神？」對曰：「聞之，堯女，舜之妻葬此。」始皇大怒，使刑徒三千人皆伐湘山樹，赭其山。遂自南郡由武關歸。

初，韓人張良，其父、祖以上五世相韓。及韓亡，良散千金之産，欲爲韓報仇。

二十九年，始皇東遊，至陽武博浪沙中，張良令力士操鐵椎狙擊始皇，誤中副車。始皇驚，求，弗得，令天下大索十日。始皇遂登之罘，刻石。旋，之琅邪，道上黨入。

三十二年，始皇之碣石，使燕人盧生求羨門。刻碣石門。壞城郭，決通堤坊。始皇巡北邊，從上郡入。盧生使入海還，因奏録圖書曰：「亡秦者胡也。」始皇乃遣將軍蒙恬發兵三十萬人，北伐匈奴。

三十三年，發諸嘗逋亡人、贅壻、賈人爲兵，略取南越陸梁地，置桂林、南海、象郡。以謫徙民五十萬人戍五嶺，與越雜處。

蒙恬斥逐匈奴，收河南地爲四十四縣。築長城，因地形，用制險塞，起臨洮，至遼東，延袤萬餘里。於是渡河，據陽山，逶迤而北。暴師於外十餘年。

三十四年，丞相李斯上書曰：「異時諸侯並爭，厚招遊學。今天下已定，法令出一，百姓當家則力農工，士則學習法令。今諸生不師今而學古，以非當世，惑亂黔首。相與非法教，人聞令下，則各以其學議之。入則心非，出則巷議，誇主以爲名，異趣以爲高，率羣下以造謗。如此弗禁，則主勢降乎上，黨與成乎下。禁之便。臣請史官非秦記皆燒之。非博士官所職，天下有藏詩、書、百家語者，皆詣守、尉雜燒之。有敢偶語詩、書，棄市。以古非今者族。吏見知不舉，與同罪。令下三十日不燒，黥爲城旦。所不去者，醫藥、卜筮、種樹之書。若欲有學法令，以吏爲師。」制曰：「可。」

三十五年，使蒙恬除直道，道九原抵雲陽，塹山堙谷千八百里，數年不就。

始皇以爲咸陽人多，先王之宮廷小，乃營作朝宮渭南上林苑中。先作前殿阿房，東西五百步，南北五十丈，上可以坐萬人，下可以建五丈旗。周馳爲閣道，自殿下直抵南山。表南山之顛以爲闕。爲複道，自阿房渡渭，屬之咸陽，以象天極閣道絶漢抵營室也。隱宮、徒刑者七十餘萬人，乃分作阿房宮或作驪山。發北山石椁，寫蜀、荆地材皆至。關中計宮三百，關外四百餘。於是立石東海上朐界中，以爲秦東門。因徙三萬家驪邑，五萬家雲陽，皆復不事十歲。

盧生説始皇曰：「方中，人主時爲微行以辟惡鬼。惡鬼辟，真人至。願上所居宮毋令人知，然後不死之藥殆可得也。」始皇曰：「吾慕真人！」自謂「真人」，不稱「朕」。乃令咸陽之旁二百里内宮觀二百七十，複道、甬道相連，帷帳、鐘鼓、美人充之，各案署不移徙。行所幸，有言其處者，罪死。始皇幸梁山宮，從山上見丞相車騎衆，弗善也。中人以告丞相，丞相後損車騎。始皇怒曰：「此中人泄吾語！」案問，莫服，捕時在旁者盡殺之。自是後莫知行之所在。羣臣受決事者，悉於咸陽宮。

侯生、盧生相與譏議始皇，因亡去。始皇聞之大怒，曰：「盧生等吾尊賜之甚厚，今乃誹謗我。諸生在咸陽者，吾使人廉問，或爲妖言以亂黔首。」於是使御史悉案問諸生。諸生傳相告引，乃自除犯禁者四百六十餘人，皆阬之咸陽，使天下知之，以懲後。益發謫徙邊。始皇長子扶蘇諫曰：「諸生皆誦法孔子，今上皆重法繩之，臣恐天下不安。」始皇怒，使扶蘇北監蒙恬軍於上郡。

三十六年，有隕石于東郡，或刻其石曰「始皇死而地分」。始皇使御史逐問，莫服，盡取石旁居人誅之，燔其石。

三十七年冬十月癸丑，始皇出遊，左丞相斯從，右丞相去疾守。始皇二十餘子，少子胡亥最愛，請從，上許之。始皇西至平原津而病，乃令中車府令行符璽事趙高爲書賜扶蘇曰：「與喪，會咸陽而葬。」書已封，在趙高所，未付使者。秋七月丙寅，始皇崩於沙丘平臺。丞相斯爲上崩在外，恐諸公子及天下有變，乃秘之不發喪。棺載輼涼車中，故幸宦者驂乘，所至上食、百官奏事如故，宦者輒從車中可其奏事。獨胡亥、趙高及幸宦者五六人知之。

初，始皇尊寵蒙氏，信任之。蒙恬任外將，蒙毅常居中參謀議，名爲忠信，故雖諸將相莫敢與之争。趙高者，生而隱宫，始皇聞其强力，通於獄法，舉以爲中車府令，使教胡亥決獄，胡亥幸之。趙高有罪，始皇使蒙毅治之。毅當高法應死，始皇以高敏於事，赦之，復其官。趙高既雅得幸於胡亥，又怨蒙氏，乃説胡亥，請詐以始皇命誅扶蘇而立胡亥爲太子。胡亥然其計。趙高曰：「不與丞相謀，恐事不能成。」乃見丞相斯曰：「上賜長子書及符璽皆在胡亥所，定太子在君侯與高之口耳。事將何如？」斯曰：「安得亡國之言！此非人臣所當議也！」高曰：「君侯材能、謀慮、功高、無怨、長子信之，此五者皆孰與蒙恬？」斯曰：「不及也。」高曰：「然則長子即位，必用蒙恬爲丞相，君侯終不懷通侯之印歸鄉里明矣。胡亥慈仁篤厚，可以爲嗣。願君審計而定之！」丞相斯以爲然，乃相與謀，詐爲受始皇詔，立胡亥爲太子。更爲書賜扶蘇，數以不能闢地立功，士卒多耗，反數上書直言誹謗，日夜怨望不得罷歸爲太子。將軍恬不矯正，知其謀。皆賜死，以兵屬裨將王離。扶蘇發書，泣，入内舍，欲自殺。蒙恬曰：「陛下居外，未立太子，使臣將三十萬衆守邊，公子爲監，此天下重任也。今一使者來，即自殺，安知其非詐？復請而後死，未暮也。」使者數趣之，扶蘇謂蒙恬曰：「父賜子死，尚安復請。」即自殺。蒙恬不肯死，使者以屬吏，繫諸陽周。更置李斯舍人爲護軍，還報。胡亥已聞扶蘇死，即欲釋蒙恬。會蒙毅爲始皇出禱山川，還至。趙高言於胡亥曰：「先帝欲舉賢立太子久矣，而毅諫以爲不可，不若誅之。」乃繫諸代。遂從井陘抵九原。會暑，輼車臭，乃詔從官令車載一石鮑魚以亂之。從直道至咸陽，發喪。太子胡亥襲位。

二世欲誅蒙恬兄弟，二世兄子子嬰諫曰：「趙王遷殺李牧而用顔聚，齊王建殺其故世忠臣而用后勝，卒皆亡國。蒙氏，秦之大臣、謀士也，而陛下欲一旦棄去之。誅殺忠臣而立無節行之人，是内使羣臣不相信，而外使鬭士之意離也。」二世弗聽，遂殺蒙毅及内史恬。恬曰：「自吾先人及至子孫，積功信於秦三世矣。今臣將兵三十餘萬，身雖囚繫，其勢足以倍畔。然自知必死而守義者，不敢辱先人之教以不忘先帝也。」乃吞藥自殺。

二世元年春，二世東行郡縣，李斯從。到碣石，並海，南至會稽。而盡刻始皇所立刻石，旁著大臣從者名，以章先帝成功盛德而還。夏四月，二世至咸陽，謂趙高曰：「夫人生居世間也，譬猶騁六驥過决隙也。吾既已臨天下矣，欲悉耳目之所好，窮心志之所樂，以終吾年壽，可乎？」高曰：「此賢主之所能行，而昏亂主之所禁也。雖然，有所未可，臣請言之。夫沙丘之謀，諸公子及大臣皆疑焉，而諸公子盡帝兄，大臣又先帝之所置也。今陛下初立，此其屬意怏怏皆不服，恐爲變。臣戰戰栗栗，唯恐不終，陛下安得爲此樂乎！」二世曰：「爲之奈何？」趙高曰：「陛下嚴法而刻刑，令有罪者相坐，誅滅大臣及宗室；然後收舉遺民，貧者富之，賤者貴之。盡除去先帝之故臣，更置陛下之所親信者。

此則陰德歸陛下，害除而姦謀塞，羣臣莫不被潤澤，蒙厚德，陛下則高枕肆志寵樂矣。計莫出於此。」二世然之，乃更爲法律，務益刻深。大臣諸公子有罪，輒下高，令鞫治之。於是公子十二人僇死咸陽市，十公主矺死於杜，財物入於縣官，相連逮者不可勝數。

公子將閭昆弟三人囚於内宫，議其罪獨後。二世使使令將閭曰：「公子不臣，罪當死，吏致法焉。」將閭曰：「闕廷之禮，吾未嘗敢不從賓贊也；廊廟之位，吾未嘗敢失節也；受命應對，吾未嘗敢失辭也。何謂不臣？願聞罪而死。」使者曰：「臣不得與謀，奉書從事。」將閭乃仰天大呼天者三，曰：「吾無罪！」昆弟三人皆流涕，拔劍自殺。宗室振恐。

公子高欲奔，恐收族，乃上書曰：「先帝無恙時，臣入則賜食，出則乘輿。御府之衣，臣得賜之；中廐之寶馬，臣得賜之。臣當從死而不能，爲人子不孝，爲人臣不忠。不孝不忠者，無名以立於世。臣請從死，願葬驪山之足。唯上幸哀憐之！」書上，二世大説，召趙高而示之曰：「此可謂急乎？」趙高曰：「人臣當憂死而不暇，何變之得謀！」二世可其書，賜錢十萬以葬。

復作阿房宫，盡徵材士五萬人爲屯衛咸陽，令教射。狗馬禽獸當食者多，度不足，下調郡縣，轉輸菽粟芻稾，皆令自齎糧食，咸陽三百里内不得食其穀。

秋七月，陽城人陳勝、陽夏人吴廣起兵於蘄。是時，發閭左戍漁陽九百人屯大澤鄉，陳勝、吴廣皆爲屯長。會天大雨，道不通，度已失期。失期，法皆斬。陳勝、吴廣因天下之愁怨，乃殺將尉，召令徒屬曰：「公等皆失期當斬；假令毋斬，而戍死者固什六七。且壯士不死則已，死則舉大名耳，王侯將相，寧有種乎！」衆皆從之。乃詐稱公子扶蘇、項燕，爲壇而盟，稱大楚。陳勝自立爲將軍，吴廣爲都尉。攻大澤鄉，拔之，收而攻蘄。蘄下，乃令符離人葛嬰將兵徇蘄以東，攻銍、酇、苦、柘、譙，皆下之。行收兵。比至陳，車六七百乘，騎千餘，卒數萬人。攻陳，乃入據陳。

初，大梁人張耳、陳餘，相與爲刎頸交。秦滅魏，聞二人魏之名士，重賞購求之。張耳、陳餘乃變名姓，俱之陳。陳涉既入陳，張耳、陳餘詣門上謁，陳涉素聞其賢，大喜。陳中豪桀父老請立涉爲楚王，涉以問張耳、陳餘。耳、餘對曰：「秦爲無道，滅人社稷，暴虐百姓。將軍出萬死之計，爲天下除殘也。今始至陳而王之，示天下私。願將軍毋王，急引兵而西，遣人立六國後，自爲樹黨，爲秦益敵。敵多則力分，與衆則兵强。如此，野無交兵，縣無守城，誅暴秦，據咸陽以令諸侯。諸侯亡而得立，以德服之，如此則帝業成矣。今獨王陳，恐天下懈也。」陳涉不聽，遂自立爲王，號張楚。

當是時，諸郡縣苦秦法，争殺長吏以應涉。謁者使從東方來，以反者聞。二世怒，下之吏。後使者至，上問之，對曰：「羣盜鼠竊狗偷，郡守、尉方逐捕，今盡得，不足憂也。」上悅。

陳王以吴叔爲假王，監諸將以西擊滎陽。

張耳、陳餘復説陳王，請奇兵北略趙地。於是陳王以故所善陳人武臣爲將軍，邵騷爲護軍，以張耳、陳餘爲左右校尉，予卒三千人徇趙。

陳王又令汝陰人鄧宗徇九江郡。當此時，楚兵數千人爲聚者，不可勝數。

葛嬰至東城，立襄彊爲楚王。聞陳王已立，因殺襄彊還報。陳王誅殺葛嬰。

陳王令魏人周市北徇魏地。以上蔡人房君蔡賜爲上柱國。陳王聞周文，陳之賢人也，習兵，乃與之將軍印，使西擊秦。

武臣等從白馬渡河，至諸縣，説其豪桀，豪桀皆應之。乃行收兵，得數萬人。號武臣爲武信君，下趙十餘城，餘皆城守。乃引兵東北擊范陽，范陽蒯徹説武信君曰：「足下必將戰勝而後略地，攻得然後下城，臣竊以爲過矣。誠聽臣之計，可不攻而降城，不戰而略地，傳檄而千里定，可乎？」武信君曰：「何謂也？」徹曰：「范陽令徐公畏死而貪，欲先天下降。君若以爲秦所置吏，誅殺如前十城，則邊地之城皆爲金城湯池，不可攻也。君若齎臣侯印以授范陽令，使乘朱輪華轂，驅馳燕、趙之郊，即燕、趙城可毋戰而降矣。」武信君曰：「善。」以車百乘、騎二百、侯印迎徐公，燕、趙聞之，不戰以城下者三十餘城。

陳王既遣周章，以秦政之亂，有輕秦之意，不復設備。博士孔鮒諫曰：「臣聞兵法『不恃敵之不我攻，恃吾不可攻』。今王恃敵而不自恃，若跌而不振，悔之無及也！」陳王曰：「寡人之軍，先生無累焉。」

周文行收兵至關，車千乘，卒數十萬，至戲軍焉。二世乃大驚，與羣臣謀曰：「奈何？」少府章邯曰：「盜已至，衆彊，今發近縣不及矣。驪山徒多，請赦之，授兵以擊之。」二世乃大赦天下，使章邯免驪山徒、人奴產子，悉發以擊楚軍，大敗之，周文走。

張耳、陳餘至邯鄲，聞周章卻，又聞諸將爲陳王徇地還者多以讒毀得罪誅，乃說武信君，令自王。八月，武信君自立爲趙王，以陳餘爲大將軍，張耳爲右丞相，邵騷爲左丞相。使人報陳王。陳王大怒，欲盡族武信君等家而發兵擊趙。柱國房君諫曰：「秦未亡而誅武信君等家，此生一秦也。不如因而賀之，使急引兵西擊秦。」陳王然之，從其計，徙繫武信君等家宮中，封張耳子敖爲成都君，使使者賀趙，令趣發兵西入關。張耳、陳餘說趙王曰：「王王趙，非楚意，特以計賀王。楚已滅秦，必加兵於趙。願王毋西兵，北徇燕、代，南收河內以自廣。趙南據大河，北有燕、代，楚雖勝秦，必不敢制趙，不勝秦，必重趙。趙乘秦、楚之敝，可以得志於天下。」趙王以爲然，因不西兵，而使韓廣略燕，李良略常山，張黶略上黨。

九月，沛人劉邦起兵於沛，下相人項梁起兵於吴，狄人田儋起兵於齊。

劉邦字季，初爲泗上亭長，爲縣送徒驪山，徒多道亡。自度比至皆亡之，到豐西澤中亭，止飲，夜乃解縱所送徒曰：「公等皆去，吾亦從此逝矣。」徒中壯士願從者十餘人。劉季亡匿於芒、碭山澤巖石之間，數有奇怪，沛中子弟聞之，多欲附者。及陳涉起，沛令欲以沛應之。掾主吏蕭何、曹參曰：「君爲秦吏，今欲背之，率沛子弟，恐不聽。願君召諸亡在外者，可得數百人，因劫衆，衆不敢不聽。」乃令樊噲召劉季。劉季之衆已數十百人矣，沛令後悔，恐其有變，乃閉城城守，欲誅蕭、曹。蕭、曹恐，踰城保劉季。劉季乃書帛射城上，遺沛父老，爲陳利害。父老乃率子弟共殺沛令，開門迎劉季，立以爲沛公。蕭、曹等爲收沛子弟得二三千人，以應諸侯。

項梁者，楚將項燕子也。嘗殺人，與兄子籍避仇吴中。吴中賢士大夫皆出其下。會稽守殷通聞陳涉起，欲發兵以應涉，使項梁及桓楚將。是時，桓楚亡在澤中。梁曰：「桓楚亡，人莫知其處，獨籍知之耳。」梁乃出誡籍，持劍居外。梁復入，與守坐，曰：「請召籍，使受命召桓楚。」守曰：「諾。」梁召籍入，須臾，梁眴籍曰：「可行矣！」於是籍遂拔劍斬守頭。項梁持守頭，佩其印綬。門下大驚，擾亂，籍所擊殺數十百人，一府中皆慴伏，莫敢起。梁乃召故所知豪吏，諭以所爲起大事，遂舉吳中兵，使人收下縣，得精兵八千人。梁爲會稽守，籍爲裨將，徇下縣。籍是時年二十四。

田儋者，故齊王族也。儋從弟榮，榮弟橫，皆豪健，宗强，能得人。周市徇地至狄，狄城守。田儋佯爲縛其奴，從少年之廷，欲謁殺奴，見狄令，因擊殺令，而召豪吏子弟曰：「諸侯皆反秦自立。齊，古之建國也。儋，田氏，當王。」遂自立爲齊王，發兵以擊周市。周市軍還去。田儋率兵東略定齊地。

韓廣將兵北徇燕，燕地豪桀欲共立廣爲燕王。韓廣乃自立爲燕王。

周市自狄還，至魏地，欲立故魏公子寧陵君咎爲王。咎在陳，不得之魏。魏地已定，諸侯皆欲立周市爲魏王。市曰：「天下昏亂，忠臣乃見。今天下共畔秦，其義必立魏王後乃可。」諸侯固請立市，市終辭不受。迎魏咎於陳，五反，陳王乃遣之。立咎爲魏王，市爲魏相。

二年冬十月，泗川監平將兵圍沛公於豐。沛公出與戰，破之，令雍齒守豐。十一月，沛公引兵之薛。泗川守壯兵敗於薛，走至戚，沛公左司馬得殺之。

周章出關，止屯曹陽，二月餘，章邯追敗之，復走澠池。十餘日，章邯擊，大破之。周文自刎，軍遂不戰。

吴叔圍滎陽，李由爲三川守，守滎陽，叔弗能下。楚將軍田臧等相與謀曰：「周章軍已破矣，秦兵旦暮至。我圍滎陽，城弗能下，秦兵至，必大敗。不如少遺兵守滎陽，悉精兵迎秦軍。今假王驕，不知兵權，不足與計事，恐敗。」因相與矯王令以誅吴叔，獻其首於陳王。陳王使使賜田臧楚令尹印，使爲上將。田臧乃使諸將李歸等守滎陽，自以精兵西迎秦軍於敖倉。與戰，田臧死，軍破。章邯進兵擊李歸等滎陽下，破之，李歸等死。陽城人鄧説將兵居郯，章邯别將擊破之。銍人伍逢將兵居許，章邯擊破之。兩軍皆散走陳，陳王誅鄧説。

二世數誚讓李斯：「居三公位，如何令盗如此！」李斯恐懼，重爵禄，不知所出。乃阿二世意，以書對曰：「夫賢主者，必能行督責之術者也。故申子曰『有天下而不恣睢，命之曰以天下爲桎梏』者，無他焉，不能督責，而顧以其身勞於天下之民，若堯、禹然，故謂之『桎梏』也。夫不能修申、韓之明術，行督責之道，專以天下自適也，而徒務苦形勞神，以身徇百姓，則是黔首之役，非畜天下者也，何足貴哉！故明主能行督責之術以獨斷於上，則權不在臣下，然後能滅仁義之塗，絶諫説之辯，犖然行恣睢之心而莫之敢逆。如此，羣臣、百姓救過不給，何變之敢圖！」二世説。於是行督責益嚴，税民深者爲明吏，殺人衆者爲忠臣，刑者相半於道，而死人日成積於市，秦民益駭懼思亂。

趙李良已定常山，還報趙王，趙王復使良略太原。至石邑，秦兵塞井陘，未能前。秦將詐爲二世書以招良，良得書未信，還之邯鄲，益請兵。未至，道逢趙王姊出飲，從百餘騎，良望見，以爲王，伏謁道旁。王姊醉，不知其將，使騎謝李良。李良素貴，起，慚其從官。從官有一人曰：「天下畔秦，能者先立。且趙王素出將軍下，今女兒乃不爲將軍下車，請追殺之。」李良已得秦書，固欲反趙，未決，因此怒，遣人追殺王姊，因將其兵襲邯鄲。邯鄲不知，竟殺趙王、邵騷。趙人多爲張耳、陳餘耳目者，以故二人獨得脱。

陳人秦嘉、符離人朱雞石等起兵，圍東海守於郯。

二世益遣長史司馬欣、董翳佐章邯擊盜。章邯已破伍逢，擊陳柱國房君殺之，又進擊陳西張賀軍。陳王出監戰，張賀死。臘月，陳王之汝陰，還，至下城父，其御莊賈殺陳王以降。

趙張耳、陳餘收其散兵，得數萬人，擊李良。良敗走，歸章邯。客有説耳、餘曰：「兩君羈旅，而欲附趙，難可獨立。立趙後，輔以誼，可就功。」乃求得趙歇。春正月，耳、餘立歇爲趙王，居信都。

東陽甯君、秦嘉聞陳王軍敗，乃立景駒爲楚王。

黥布者，六人也，姓英氏。坐法黥，以刑徒論輸驪山，驪山之徒數十萬人，布皆與其徒長豪桀交通，乃率其曹耦，亡之江中爲羣盜。番陽令吴芮甚得江湖間心，號曰番君。布往見之，其衆已數千人，番君乃以女妻之，使將其兵擊秦。

楚王景駒在留，沛公往從之。張良亦聚少年百餘人，欲往從景駒，道遇沛公，遂屬焉。沛公拜良爲厩將。良數以太公兵法説沛公，沛公善之，常用其策。良爲他人言，皆不省。良曰：「沛公殆天授。」故遂從不去。

沛公與良俱見景駒，欲請兵以攻豐。時章邯司馬𡰱將兵北定楚地，屠相，至碭。東陽甯君、沛公引兵西，與戰蕭西，不利，還，收兵聚留。二月，攻碭，三日拔之，收碭兵得六千人，與故合九千人。三月，攻下邑，拔之。還擊豐，不下。

廣陵人召平爲陳王徇廣陵，未下，聞陳王敗走，章邯且至，乃渡江，矯陳王令，拜項梁爲楚上柱國。曰：「江東已定，急引兵西擊秦。」梁乃以八千人渡江而西。聞陳嬰已下東陽，使使欲與連和俱西。陳嬰者，故東陽令史，居縣中，素信謹，稱爲長者。東陽少年殺其令，相聚得二萬人，欲立嬰爲王。嬰母謂嬰曰：「自我爲汝家婦，未嘗聞汝先世之有貴者。今暴得大名，不祥。不如有所屬，事成猶得封侯，事敗易以亡，非世所指名也。」嬰乃不敢爲王，謂其軍吏曰：「項氏世世將家，有名於楚。今欲舉大事，將非其人不可，我倚名族，亡秦必矣。」其衆從之，乃以其兵屬梁。

英布既破秦軍，引兵而東，聞項梁西渡淮，布與蒲將軍皆以其兵屬焉。項梁衆凡六七萬人，軍下邳。景駒、秦嘉軍彭城東，欲以距梁。梁謂軍吏曰：「陳王先首事，戰不利，未聞所在。今秦嘉倍陳王而立景駒，逆無道！」乃進兵擊秦嘉。秦嘉軍敗走，追之，至胡陵。嘉還戰，一日，嘉死，軍降。景駒走死梁地。梁已并秦嘉軍，軍胡陵，將引軍而西。章邯軍至栗，項梁使別將朱雞石、餘樊君與戰。餘樊君死，朱雞石軍敗，亡走胡陵。梁乃引兵入薛，誅朱雞石。沛公從騎百餘往見梁，梁與沛公卒五千人，五大夫將十人。沛公還，引兵攻豐，拔之，雍齒奔魏。項梁使項羽別攻襄城，襄城堅守不下。已拔，皆阬之，還報。梁聞陳王定死，召諸別將會薛計事，沛公亦往焉。

居鄛人范增，年七十，素居家，好奇計，往說項梁曰：「陳勝敗，固當。夫秦滅六國，楚最無罪，自懷王入秦不反，楚人憐之至今，故楚南公曰：『楚雖三户，亡秦必楚。』今陳勝首事，不立楚後而自立，其勢不長。今君起江東，楚蠭起之將皆争附君者，以君世世楚將，爲能復立楚之後也。」於是項梁然其言，乃求得楚懷王孫心於民間，爲人牧羊。夏六月，立以爲楚懷王，從民望也。陳嬰爲上柱國，封五縣，與懷王都盱眙。項梁自號爲武信君。

張良說項梁曰：「君已立楚後，而韓諸公子横陽君成最賢，可立爲王，益樹黨。」項梁使良求韓成，立以爲韓王。以良爲司徒，與韓王將千餘人西略韓地，得數城，秦輒復取之，往來爲游兵潁川。

章邯已破陳王，乃進兵擊魏王於臨濟。魏王使周市出，請救於齊、楚，齊王儋及楚將項它皆將兵隨市救魏。章邯夜銜枚擊，大破齊、楚軍於臨濟下，殺齊王及周市。魏王咎爲其民約降，約定，自燒殺。其弟豹亡走楚，楚懷王予魏豹數千人，復徇魏地。齊田榮收其兄儋餘兵東走東阿，章邯追圍之。齊人聞齊王儋死，乃立故齊王建之弟假爲王，田角爲相，角弟間爲將，以距諸侯。

秋七月，大霖雨，武信君引兵攻亢父，聞田榮之急，乃引兵擊破章邯軍東阿下，章邯走而西。田榮引兵東歸齊。武信君獨追北，使項羽、沛公別攻城陽，屠之。楚軍軍濮陽東，復與章邯戰，又破之。章邯復振，守濮陽，環水。沛公、項羽去，攻定陶。

八月，田榮擊逐齊王假，假亡走楚，田角亡走趙。田間前救趙，因留不敢歸。田榮乃立儋子市爲齊王，榮相之，田橫爲將，平齊地。章邯兵益盛，項梁數使使告齊、趙發兵共擊章邯。田榮曰：「楚殺田假，趙殺角、間，乃出兵。」楚、趙不許，田榮怒，終不肯出兵。

郎中令趙高恃恩專恣，以私怨誅殺人衆多。恐大臣入朝奏事言之，乃説二世曰：「天子所以貴者，但以聞聲，羣臣莫得見其面故也。且陛下富於春秋，未必盡通諸事，今坐朝廷，譴舉有不當者，則見短於大臣，非所以示神明於天下也。陛下不如深拱禁中，與臣及侍中習法者待事，事來有以揆之。如此則大臣不敢奏疑事，天下稱聖主矣。」二世用其計，乃不坐朝廷見大臣，常居禁中。趙高侍中用事，事皆決於趙高。

高聞李斯以爲言，乃見丞相曰：「關東羣盜多，今上急益發繇，治阿房宫，聚狗馬無用之物。臣欲諫，爲位賤。此真君侯之事，君何不諫？」李斯曰：「固也，吾欲言之久矣。今時上不坐朝廷，常居深宫，吾所言者，不可傳也，欲見無間。」趙高曰：「君誠能諫，請爲君候上間語君。」於是趙高待二世方燕樂，婦女居前，使人告丞相：「上方間，可奏事。」丞相至宫門上謁，如此者三。二世怒曰：「吾常多間日，丞相不來。吾方燕私，丞相輒來請事。丞相豈少我哉？且固我哉？」趙高因曰：「夫沙丘之謀，丞相與焉。今陛下已立爲帝，而丞相貴不益，此其意亦望裂地而王矣。且陛下不問臣，臣不敢言。丞相長男李由爲三川守，楚盜陳勝等皆丞相傍縣之子，以故楚盜公行，過三川，城守不肯擊。高聞其文書相往來，未得其審，故未敢以聞。且丞相居外，權重於陛下。」二世以爲然，欲按丞相，恐其不審，乃先使人按驗三川守與盜通狀。

李斯聞之，因上書言趙高之短曰：「高擅利擅害，與陛下無異。昔田常相齊簡公，竊其恩威，下得百姓，上得羣臣，卒弑簡公而取齊國，此天下所明知也。今高有邪佚之志，危反之行，私家之富，若田氏之於齊矣，而又貪欲無厭，求利不止，列勢次主，其欲無窮。劫陛下之威信，其志若韓玘爲韓安相也。陛下不圖，臣恐其必爲變也！」二世曰：「何哉？夫高，故宦人也，然不爲安肆志，不以危易心，潔行修善，自使至此，以忠得進，以信守位，朕實賢之，而君疑之，何也？且朕非屬趙君，當誰任哉？且趙君爲人，精廉强力，下知人情，上能適朕，君其勿疑。」二世雅愛信高，恐李斯殺之，乃私告趙高。高曰：「丞相所患者獨高，高已死，丞相即欲爲田常所爲。」

是時盗賊益多，而關中卒發東擊盗者無已。右丞相馮去疾、左丞相李斯、將軍馮劫進諫曰：「關東羣盗並起，秦發兵誅擊，所殺亡甚衆，然猶不止。盗多，皆以戍漕轉作事苦，賦税大也。請且止阿房宫作者，減省四邊戍轉。」二世曰：「凡所爲貴有天下者，得肆意極欲，主重明法，下不敢爲非，以制御海内矣。夫虞、夏之主，貴爲天子，親處窮苦之實，以徇百姓，尚何於法？且先帝起諸侯，兼天下，天下已定，外攘四夷以安邊境，作宫室以章得意，而君觀先帝功業有緒。今朕即位二年之間，羣盗并起，君不能禁，又欲罷先帝之所爲，是上無以報先帝，次不爲朕盡忠力，何以在位！」下去疾、斯、劫吏，案責他罪。去疾、劫自殺。獨李斯就獄，二世以屬趙高治之。責斯與子由謀反狀，皆收捕宗族、賓客。趙高治斯，榜掠千餘，不勝痛，自誣服。

斯所以不死者，自負其辯，有功，實無反心，欲上書自陳，幸二世寤而赦之。乃從獄中上書曰：「臣爲丞相治民，三十餘年矣。逮秦地之陿隘，不過千里，兵數十萬。臣盡薄材，陰行謀臣，資之金玉，使游説諸侯。陰修甲兵，飭政教，官鬭士，尊功臣。故終以脅韓弱魏，破燕、趙，夷齊、楚，卒兼六國，虜其王，立秦爲天子。又北逐胡貉，南定百越，以見秦之强。更剋畫，平斗斛度量文章，布之天下，以樹秦之名。此皆臣之罪也，臣當死久矣。上幸盡其能力，乃得至今。願陛下察之。」書上，趙高使吏棄去不奏，曰：「囚安得上書！」

趙高使其客十餘輩詐爲御史、謁者、侍中，更往覆訊斯。斯更以其實對，輒使人復搒之。後二世使人驗斯，斯以爲如前，終不敢更言。辭服，奏當上，二世喜曰：「微趙君，幾爲丞相所賣！」及二世所使案三川守由者至，則楚兵已擊殺之。使者來，會丞相下吏，高皆妄爲反辭以相傅會。遂具斯五刑論，腰斬咸陽市。斯出獄，與其中子俱執，顧謂其中子曰：「吾欲與若復牽黄犬俱出上蔡東門逐狡兔，豈可得乎！」遂父子相哭而夷三族。二世乃以趙高爲丞相，事無大小皆決焉。

項梁已破章邯於東阿，引兵西，北至定陶，再破秦軍。項羽、沛公又與秦軍戰於雍丘，大破之，斬李由。項梁益輕秦，有驕色。宋義諫曰：「戰勝而將驕卒惰者敗。今卒少惰矣，秦兵日益，臣爲君畏之！」項梁弗聽。乃使宋義使於齊，道遇齊使者高陵君顯，曰：「公將見武信君乎？」曰：「然。」曰：「臣論武信君軍必敗。公徐行即免死，疾行則及禍。」二世悉起兵益章邯，擊楚軍，大破之定陶，項梁死。

項羽、沛公攻外黄未下，去，攻陳留。聞武信君死，士卒恐，乃與將軍呂臣引兵而東，徙懷王自盱眙都彭城。呂臣軍彭城東，項羽軍彭城西，沛公軍碭。

魏豹下魏二十餘城，楚懷王立豹爲魏王。

章邯已破項梁，以爲楚地兵不足憂，乃渡河，北擊趙，大破之。引兵至邯鄲，皆徙其民河内，夷其城郭。張耳與趙王歇走入鉅鹿城，王離圍之。陳餘北收常山兵，得數萬人，軍鉅鹿北，章邯軍鉅鹿南棘原。趙數請救於楚。

高陵君顯在楚，見楚王曰：「宋義論武信君之軍必敗，居數日，軍果敗。兵未戰而先見敗徵，此可謂知兵矣。」王召宋義與計事而大説之，因置以爲上將軍，項羽爲次將，范增爲末將，以救趙。諸别將皆屬宋義，號爲卿子冠軍。

懷王遣沛公西入關。

三年冬十月，宋義行至安陽，留四十六日不進。項羽曰：「秦圍趙急，宜疾引兵渡河，楚擊其外，趙應其内，破秦軍必矣。」宋義曰：「不然。夫搏牛之蝱不可以破蟣蝨，今秦攻趙，戰勝則兵罷，我承其敝；不勝，則我引兵鼓行而西，必舉秦矣。故不如先鬬秦、趙。夫被堅執鋭，義不如公；坐運籌策，公不如義。」因下令軍中曰：「有猛如虎，很如羊，貪如狼，强不可使者，皆斬之！」乃遣其子宋襄相齊，身送之，至無鹽，飲酒高會。天寒大雨，士卒凍飢。項羽曰：「將戮力而攻秦，久留不行。今歲饑民貧，士卒食半菽，軍無見糧，乃飲酒高會，不引兵渡河，因趙食，與趙并力攻秦，乃曰『承其敝』。夫以秦之强，攻新造之趙，其勢必舉趙。趙舉秦强，何敝之承？且國兵新破，王坐不安席，掃境内而專屬於將軍，國家安危，在此一舉。今不恤士卒而徇其私，非社稷之臣也！」

十一月，項羽晨朝上將軍宋義，即其帳中斬宋義頭，出令軍中曰：「宋義與齊謀反楚，楚王陰令籍誅之。」當是時，諸將皆慴服，莫敢枝梧。皆曰：「首立楚者，將軍家也。今將軍誅亂。」乃相與共立羽爲假上將軍。使人追宋義子，及之齊，殺之。使桓楚報命於懷王。懷王因使羽爲上將軍。

十二月，沛公引兵至栗，遇剛武侯，奪其軍四千餘人，并之。與魏將皇欣、武滿軍合攻秦軍，破之。

章邯築甬道屬河，餉王離。王離兵食多，急攻鉅鹿。鉅鹿城中食盡，兵少，張耳數使人召前陳餘。陳餘度兵少，不敵秦，不敢前。數月，張耳大怒，怨陳餘，使張黶、陳澤往讓陳餘曰：「始吾與公爲刎頸交，今王與耳旦暮且死，而公擁兵數萬不肯相救，安在其相爲死！苟必信，胡不赴秦軍俱死，且有十一二相全。」陳餘曰：「吾度前終不能救趙，徒盡亡軍。且餘所以不俱死，欲爲趙王、張君報秦。今必俱死，如以肉委餓虎，何益？」張黶、陳澤要以俱死，餘乃使黶、澤將五千人先嘗秦軍，至，皆沒。當是時，齊師、燕師皆來救趙，張敖亦北收代兵，得萬餘人來，皆壁餘旁，未敢擊秦。

項羽已殺卿子冠軍，威震楚國。乃遣當陽君、蒲將軍將卒二萬渡河，救鉅鹿。戰少利，絶章邯甬道，王離軍乏食。陳餘復請兵。項羽乃悉引兵渡河，皆沈船，破釜甑，燒廬舍，持三日糧，以示士卒必死，無一還心。於是至則圍王離，與秦軍遇，九戰，大破之，章邯引兵卻。諸侯兵乃敢進擊秦軍，遂殺蘇角，虜王離。涉間不降，自燒殺。當是時，楚兵冠諸侯，軍救鉅鹿者十餘壁，莫敢縱兵。及楚擊秦，諸侯將皆從壁上觀。楚戰士無不一當十，呼聲動天地，諸侯軍無不人人惴恐。於是已破秦軍，項羽召見諸侯將，諸侯將入轅門，無不膝行而前，莫敢仰視。項羽由是始爲諸侯上將軍，諸侯皆屬焉。

於是趙王歇及張耳乃得出鉅鹿城，謝諸侯。張耳與陳餘相見，責讓陳餘，以不肯救趙。及問張黶、陳澤所在，疑陳餘殺之，數以問餘。餘怒曰：「不意君之望臣深也，豈以臣爲重去將印哉！」乃脱解印綬，推予張耳，張耳亦愕不受。陳餘起如厠。客有説張耳曰：「臣聞『天與不取，反受其咎』。今陳將軍與君印，君不受，反天不祥。急取之！」張耳乃佩其印，收其麾下。而陳餘還，亦望張耳不讓，遂趨出，獨與麾下所善數百人之河上澤中漁獵。趙王歇還信都。

春二月，沛公北擊昌邑，過彭越，越以其兵從沛公。越，昌邑人，常漁鉅野澤中，爲羣盜。陳勝、項梁之起，澤間少年相聚百餘人，往從彭越，曰：「請仲爲長。」越謝曰：「臣不願也。」諸少年强請，乃許。與期旦日日出會，後期者斬。旦日日出，十餘人後，後者至日中。於是越謝曰：「臣老，諸君强以爲長。今期而多後，不可盡誅，誅最後者一人。」令校長斬之。皆笑曰：「何至是？請後不敢。」於是越引一人斬之，設壇祭，令徒屬，皆大驚，莫敢仰視。乃略地，收諸侯散卒，得千餘人，遂助沛公攻昌邑。

昌邑未下，沛公引兵西過高陽。高陽人酈食其家貧落魄，爲里監門。沛公麾下騎士適食其里中人，食其見，謂曰：「諸侯將過高陽者數十人，吾問其將皆握齪，好苛禮，自用，不能聽大度之言。吾聞沛公慢而易人，多大略，此真吾所願從游，莫爲我先。若見沛公，謂曰『臣里中有酈生，年六十餘，長八尺，人皆謂之狂生，生自謂我非狂生』。」騎士曰：「沛公不好儒，諸客冠儒冠來者，沛公輒解其冠，溲溺其中。與人言，常大駡。未可以儒生説也。」酈生曰：「第言之。」騎士從容言如酈生所誡者。

沛公至高陽傳舍，使人召酈生。酈生至，入謁，沛公方倨牀使兩女子洗足，而見酈生。酈生入，則長揖不拜，曰：「足下欲助秦攻諸侯乎？且欲率諸侯破秦也？」沛公罵曰：「豎儒！天下同苦秦久矣，故諸侯相率而攻秦，何謂助秦攻諸侯乎？」酈生曰：「必聚徒合義兵誅無道秦，不宜倨見長者。」於是沛公輟洗，起攝衣，延酈生上坐，謝之。酈生因言六國從横時。沛公喜，賜酈生食，問曰：「計將安出？」酈生曰：「足下起糾合之衆，收散亂之兵，不滿萬人，欲以徑入强秦，此所謂探虎口者也。夫陳留，天下之衝，四通五達之郊也，今其城中又多積粟。臣善其令，請得使之，令下足下。即不聽，足下舉兵攻之，臣爲内應。」於是遣酈生行，沛公引兵隨之，遂下陳留。號酈食其爲廣野君。酈生言其弟商，時商聚少年得四千人來屬沛公，沛公以爲將，將陳留兵以從。酈生常爲説客，使諸侯。

三月，沛公攻開封，未拔。西，與秦將楊熊會戰白馬，又戰曲遇東，大破之。楊熊走之滎陽，二世使使者斬之以徇。

夏四月，沛公南攻潁川，屠之。〔因〕張良，遂略韓地。時趙别將司馬卬方欲渡河入關，沛公乃北攻平陰，絶河津南。戰洛陽東，軍不利，南出轘轅。張良引兵從沛公，沛公令韓王成留守陽翟，與良俱南。六月，與南陽守齮戰犨東，破之。略南陽郡，南陽守走，保城守宛。沛公引兵過宛西。張良諫曰：「沛公雖欲急入關，秦兵尚衆，距險。今不下宛，宛從後擊，强秦在前，此危道也。」於是沛公乃夜引軍從他道還，偃旗幟，遲明，圍宛城三匝。南陽守欲自剄，其舍人陳恢曰：「死未晚也。」乃踰城見沛公曰：「臣聞足下約，先入咸陽者王之。今足下留守宛，宛郡縣連城數十，其吏民自以爲降必死，故皆堅守乘城。今足下盡日止攻，士死傷者必多，引兵去宛，宛必隨足下後。足下前則失咸陽之約，後有强宛之患。爲足下計，莫若約降，封其守，因使止守，引其甲卒與之西。諸城未下者，聞聲爭開門而待足下，足下通行無所累。」沛公曰：「善。」秋七月，南陽守齮降，封爲殷侯。封陳恢千户。引兵西，無不下者。至丹水，高武侯鰓、襄侯王陵降。還攻胡陽，遇番君别將梅鋗，與偕攻析、酈，皆降。所過毋得虜掠，秦民皆喜。

王離軍既没，章邯軍棘原，項羽軍漳南，相持未戰。秦軍數卻，二世使人讓章邯。章邯恐，使長史欣請事。至咸陽，留司馬門三日，趙高不見，有不信之心。長史欣恐，還走其軍，不敢出故道。趙高果使人追之，不及。欣至軍，報曰：「趙高用事於中，下無可爲者。今戰能勝，高必疾妬吾功；不能勝，不免於死。願將軍熟計之！」陳餘亦遺章邯書曰：「白起爲秦將，南征鄢郢，北阬馬服，攻城略地，不可勝計，而竟賜死。蒙恬爲秦將，北逐戎人，開榆中地數千里，竟斬陽周。何者？功多，秦不能盡封，因以法誅之。今將軍爲秦將三歲矣，所亡失以十萬數，而諸侯並起滋益多。彼趙高素諛日久，今事急，亦恐二世誅之，故欲以法誅將軍以塞責，使人更代將軍以脱其禍。夫將軍居外久，多内卻，有功亦誅，無功亦誅。且天之亡秦，無愚智皆知之。今將軍内不能直諫，外爲亡國將，孤特獨立而欲常存，豈不哀哉！將軍何不還兵與諸侯爲從，約共攻秦，分王其地，南面稱孤，此孰與身伏鈇質，妻子爲戮乎？」章邯狐疑，陰使候始成使項羽，欲約。約未成，項羽使蒲將軍日夜引兵渡三户，軍漳南，與秦軍戰，再破之。項羽悉引兵擊秦軍汙水上，大破之。

章邯使人見項羽，欲約。項羽召軍吏謀曰：「糧少，欲聽其約。」軍吏皆曰：「善。」項羽乃與期洹水南殷虚上。已盟，章邯見項羽而流涕，爲言趙高。項羽乃立章邯爲雍王，置楚軍中。使長史欣爲上將軍，將秦軍爲前行。

初，中丞相趙高欲專秦權，恐羣臣不聽，乃先設驗，持鹿獻於二世曰：「馬也。」二世笑曰：「丞相誤邪？謂鹿爲馬。」問左右，左右或默，或言馬以阿順趙高，或言鹿者，高因陰中諸言鹿者以法。後羣臣皆畏高，莫敢言其過。

高前數言「關東盜無能爲也」，及項羽虜王離等，而章邯等軍數敗，上書請益助。自關以東，大抵盡畔秦吏應諸侯，諸侯咸率其衆西鄉。八月，沛公將數萬人攻武關，屠之。高恐二世怒，誅及其身，乃謝病不朝見。〔二世〕使使責讓高以盜賊事。高懼，乃陰與其壻咸陽令閻樂及弟趙成謀曰：「上不聽諫，今事急，欲歸禍於吾。欲易置上，更立子嬰。子嬰仁儉，百姓皆載其言。」乃使郎中令爲内應，詐爲有大賊，令樂召吏發卒追，劫樂母置高舍。遣樂將吏卒千餘人至望夷宫殿門，縛衛令、僕射，曰：「賊入此，何不止？」衛令曰：「周廬設卒甚謹，安得賊，敢入宫？」樂遂斬衛令，直將吏入，行射郎、宦者。郎、宦者大驚，或走或格，格者輒死，死者數十人。郎中令與樂俱入，射上幄坐幃。二世怒，召左右，左右皆惶擾不鬭。旁有宦者一人侍，不敢去。二世入内，謂曰：「公何不早告我，乃至於此！」宦者曰：「臣不敢言，故得全。使臣早言，皆已誅，安得至今？」閻樂前即二世，數曰：「足下驕恣，誅殺無道，天下共畔足下，足下其自爲計！」二世曰：「丞相可得見否？」樂曰：「不可。」二世曰：「吾願得一郡爲王。」弗許。又曰：「願爲萬户侯。」弗許。曰：「願與妻子爲黔首，比諸公子。」閻樂曰：「臣受命於丞相，爲天下誅足下，足下雖多言，臣不敢報。」麾其兵進。二世自殺。閻樂歸報趙高，趙高乃悉召諸大臣、公子，告以誅二世之狀。曰：「秦故王國，始皇君天下，故稱帝。今六國復自立，秦地益小，乃以空名爲帝，不可。宜爲王如故，便。」乃立子嬰爲秦王，以黔首葬二世杜南宜春苑中。

九月，趙高令子嬰齋，當廟見，受玉璽。齋五日，子嬰與其子二人謀曰：「丞相高殺二世望夷宫，恐羣臣誅之，乃佯以義立我。我聞趙高乃與楚約，滅秦宗室而分王關中。今使我齋見廟，此欲因廟中殺我。我稱病不行，丞相必自來，來則殺之。」高使人請子嬰數輩，子嬰不行。高果自往，曰：「宗廟重事，王奈何不行？」子嬰遂刺殺高於齋宮，三族高家以徇。

遣將將兵距嶢關，沛公欲擊之。張良曰：「秦兵尚強，未可輕。願先遣人益張旗幟於山上爲疑兵，使酈食其、陸賈往説秦將，啗以利。」秦將果欲連和，沛公欲許之。張良曰：「此獨其將欲叛，恐其士卒不從，不如因其懈怠擊之。」沛公引兵繞嶢關，踰蕢山，擊秦軍，大破之藍田南。遂至藍田，又戰其北，秦兵大敗。

漢高祖元年冬十月，沛公至霸上，秦王子嬰素車白馬，係頸以組，封皇帝璽、符、節，降軹道旁。諸將或言誅秦王。沛公曰：「始懷王遣我，固以能寬容。且人已降，殺之不祥。」乃以屬吏。

賈誼論曰：秦以區區之地，致萬乘之權，招八州而朝同列，百有餘年，然後以六合爲家，殽、函爲宮。一夫作難而七廟墮，身死人手，爲天下笑者，何也？仁誼不施，而攻守之勢異也。

通鑑紀事本末卷第二

高帝滅楚

秦二世二年。初，楚懷王與諸將約，先入定關中者王之。當是時，秦兵強，常乘勝逐北，諸將莫利先入關。獨項羽怨秦之殺項梁，奮，願與沛公西入關。懷王諸老將皆曰：「項羽爲人慓悍猾賊。嘗攻襄城，襄城無遺類，皆阬之，諸所過無不殘滅。且楚數進取，前陳王、項梁皆敗。不如更遣長者，扶義而西，告諭秦父兄。秦父兄苦其主久矣，今誠得長者往，無侵暴，宜可下。項羽不可遣；獨沛公素寬大長者，可遣。」懷王乃不許項羽，而遣沛公西略地，收陳王、項梁散卒以伐秦。

漢高祖元年冬十月，沛公西入咸陽，諸將皆爭走金帛財物之府分之，蕭何獨先入收秦丞相府圖籍藏之，以此沛公得具知天下阨塞、户口多少、强弱之處。沛公見秦宫室、帷帳、狗馬、重寶、婦女以千數，意欲留居之。樊噲諫曰：「沛公欲有天下耶？將爲富家翁耶？凡此奢麗之物，皆秦所以亡也，沛公何用焉！願急還霸上，無留宫中。」沛公不聽。張良曰：「秦爲無道，故沛公得至此。夫爲天下除殘賊，宜縞素爲資。今始入秦，即安其樂，此所謂『助桀爲虐』。且忠言逆耳利於行，毒藥苦口利於病，願沛公聽樊噲言。」沛公乃還軍霸上。

十一月，沛公悉召諸縣父老豪桀謂曰：「父老苦秦苛法久矣。吾與諸侯約，先入關者王之，吾當王關中。與父老約，法三章耳：殺人者死，傷人及盜抵罪。餘悉除去秦法。諸吏民皆案堵如故。凡吾所以來，爲父老除害，非有所侵暴，無恐。且吾所以還軍霸上，待諸侯至而定約束耳。」乃使人與秦吏行縣鄉邑，告諭之。秦民大喜，爭持牛羊酒食獻饗軍士。沛公又讓不受，曰：「倉粟多，非乏，不欲費民。」民又益喜，唯恐沛公不爲秦王。

項羽既定河北，率諸侯兵欲西入關。先是，諸侯吏卒、繇使、屯戍過秦中者，秦中吏卒遇之多無狀。及章邯以秦軍降諸侯，諸侯吏卒乘勝多奴虜使之，輕折辱秦吏卒。秦吏卒多怨，竊言曰：「章將軍等詐吾屬降諸侯。今能入關破秦，大善；即不能，諸侯虜吾屬而東，秦又盡誅吾父母妻子，奈何？」諸將微聞其計，以告項羽。項羽召黥布、蒲將軍計曰：「秦吏卒尚衆，其心不服。至關不聽，事必危。不如擊殺之，而獨與章邯、長史欣、都尉翳入秦。」於是楚軍夜擊阬秦卒二十餘萬人新安城南。

或説沛公曰：「秦富十倍天下，地形强。聞項羽號章邯爲雍王，王關中，今則來，沛公恐不得有此。可急使兵守函谷關，無内諸侯軍，稍徵關中兵以自益，距之。」沛公然其計，從之。已而項羽至關，關門閉。聞沛公已定關中，大怒，使黥布等攻破函谷關。十二月，項羽進至戲。沛公左司馬曹無傷使人言項羽曰：「沛公欲王關中，令子嬰爲相，珍寶盡有之。」欲以求封。項羽大怒，饗士卒，期旦日擊沛公軍。當是時，項羽兵四十萬，號百萬，在新豐鴻門。沛公兵十萬，號二十萬，在霸上。范增説項羽曰：「沛公居山東時，貪財好色。今入關，財物無所取，婦女無所幸，此其志不在小。吾令人望其氣，皆爲龍虎，成五采，此天子氣也。急擊勿失。」

楚左尹項伯者，項羽季父也，素善張良，乃夜馳之沛公軍，私見張良，具告以事，欲呼與俱去，曰：「毋俱死也。」張良曰：「臣爲韓王送沛公，沛公今有急，亡去不義，不可不語。」良乃入，具告沛公。沛公大驚。良曰：「料公士卒足以當項羽乎？」沛公默然，曰：「固不如也。且爲之奈何？」張良曰：「請往謂項伯，言沛公之不敢叛也。」沛公曰：「君爲我呼入。」良出，固要項伯，項伯即入見沛公。沛公奉卮酒爲壽，約爲婚姻，曰：「吾入關，秋毫不敢有所近，籍吏民，封府庫而待將軍。所以遣將守關者，備他盜之出入與非常也。日夜望將軍至，豈敢反乎！願伯具言臣之不敢倍德也。」項伯許諾，謂沛公曰：「旦日不可不蚤自來謝。」沛公曰：「諾。」於是項伯復夜去，至軍中，具以沛公言報項羽。因言曰：「沛公不先破關中，公豈敢入乎？今人有大功而擊之，不義也。不如因善遇之。」項羽許諾。

沛公旦日從百餘騎來見項羽鴻門，謝曰：「臣與將軍戮力而攻秦，將軍戰河北，臣戰河南，不自意能先入關破秦，得復見將軍於此。今者有小人之言，令將軍與臣有隙。」項羽曰：「此沛公左司馬曹無傷言之；不然，籍何以生此！」項羽因留沛公與飲。范增數目項羽，舉所佩玉玦以示之者三，項羽默然不應。范增起，出召項莊，謂曰：「君王爲人不忍，若入前爲壽，壽畢，請以劍舞，因擊沛公於坐，殺之。不者，若屬皆且爲所虜。」莊則入爲壽。壽畢，曰：「軍中無以爲樂，請以劍舞。」項羽曰：「諾。」項莊拔劍起舞，項伯亦拔劍起舞，常以身翼蔽沛公，莊不得擊。於是張良至軍門，見樊噲。噲曰：「今日之事何如？」良曰：「今項莊拔劍舞，其意常在沛公也。」噲曰：「此迫矣！臣請入，與之同命。」噲即帶劍擁盾入軍門，衛士欲止不内，樊噲側其盾以撞，衛士仆地，遂入，披帷立，瞋目視項羽，頭髮上指，目眦盡裂。項羽按劍而跽曰：「客何爲者？」張良曰：「沛公之參乘樊噲也。」項羽曰：「壯士！賜之卮酒。」噲立而飲之。項羽曰：「壯士！復能飲乎？」樊噲曰：「臣死且不避，卮酒安足辭！夫秦有虎狼之心，殺人如不能舉，刑人如恐不勝，天下皆叛之。懷王與諸將約曰：『先破秦入咸陽者王之。』今沛公先破秦入咸陽，豪毛不敢有所近，還軍霸上，以待將軍。勞苦而功高如此，未有封爵之賞，而聽細人之説，欲誅有功之人。此亡秦之續耳，竊爲將軍不取也！」項羽未有以應，曰：「坐。」樊噲從良坐。坐須臾，沛公起如厠，因招樊噲出。沛公曰：「今者出，未辭也，爲之奈何？」樊噲曰：「如今人方爲刀俎，我方爲魚肉，何辭爲！」於是遂去。鴻門去霸上四十里，沛公則置車騎，脱身獨騎，樊噲、夏侯嬰、靳彊、紀信等四人持劍盾步走，從驪山下，道芷陽間行趣霸上。留張良使謝項羽，以白璧獻羽，玉斗與亞父。沛公謂良曰：「從此道至吾軍，不過二十里耳。度我至軍中，公乃入。」沛公已去，間至軍中，張良入謝曰：「沛公不勝桮杓，不能辭。謹使臣良奉白璧一雙，再拜獻將軍足下；玉斗一雙，再拜奉亞父足下。」項羽曰：「沛公安在？」良曰：「聞將軍有意督過之，脱身獨去，已至軍矣。」項羽則受璧，置之坐上。亞父受玉斗，置之地，拔劍撞而破之。曰：「唉！豎子不足與謀。奪將軍天下者，必沛公也，吾屬今爲之虜矣。」沛公至軍，立誅殺曹無傷。

居數日，項羽引兵西屠咸陽，殺秦降王子嬰，燒秦宮室，火三月不滅。收其貨寶、婦女而東。秦民大失望。

韓生説項羽曰：「關中阻山帶河，四塞之地，地肥饒，可都以霸。」項羽見秦宮室皆已燒殘破，又心思東歸，曰：「富貴不歸故鄉，如衣繡夜行，誰知之者！」韓生退曰：「人言楚人沐猴而冠耳，果然。」項羽聞之，烹韓生。

項羽使人致命懷王，懷王曰：「如約。」項羽怒曰：「懷王者，吾家所立耳，非有功伐，何以得專主約！天下初發難時，假立諸侯後以伐秦。然身被堅執鋭首事，暴露於野三年，滅秦定天下者，皆將相諸君與籍之力也。懷王雖無功，固當分其地而王之。」諸將皆曰：「善。」春正月，羽陽尊懷王爲義帝，曰：「古之帝者，地方千里，必居上游。」乃徙義帝於江南，都郴。

二月，羽分天下王諸將。羽自立爲西楚霸王，王梁、楚地九郡，都彭城。羽與范增疑沛公，而業已講解，又惡負約，乃陰謀曰：「巴、蜀道險，秦之遷人皆居之。」乃曰：「巴、蜀亦關中地也。」故立沛公爲漢王，王巴、蜀、漢中，都南鄭。而三分關中，王秦降將，以距塞漢路。章邯爲雍王，王咸陽以西，都廢丘。長史欣者，故爲櫟陽獄掾，嘗有德於項梁；都尉董翳者，本勸章邯降楚。故立欣爲塞王，王咸陽以東至河，都櫟陽；立翳爲翟王，王上郡，都高奴。項羽欲自取梁地，乃徙魏王豹爲西魏王，王河東，都平陽。瑕丘申陽者，張耳嬖臣也，先下河南郡，迎楚河上，故立申陽爲河南王，都洛陽。韓王成因故都，都陽翟。趙將司馬卬定河内，數有功，故立爲殷王，王河内，都朝歌。徙趙王歇爲代王。趙相張耳素賢，又從入關，故立耳爲常山王，王趙地，治襄國。當陽君黥布爲楚將，常冠軍，故立布爲九江王，都六。番君吴芮率百越佐諸侯，又從入關，故立芮爲衡山王，都邾。義帝柱國共敖將兵擊南郡，功多，因立敖爲臨江王，都江陵。徙燕王韓廣爲遼東王，都無終。燕將臧荼從楚救趙，因從入關，故立荼爲燕王，都薊。徙齊王田市爲膠東王，都即墨。齊將田都從楚救趙，因從入關，故立都爲齊王，都臨淄。項羽方渡河救趙，田安下濟北數城，引其兵降項羽，故立安爲濟北王，都博陽。田榮數負項梁，又不肯將兵從楚擊秦，以故不封。成安君陳餘棄將印去，不從入關，亦不封。客多説項羽曰：「張耳、陳餘一體有功於趙，今耳爲王，餘不可以不封。」羽不得已，聞其在南皮，因環封之三縣。番君將梅鋗功多，封十萬户侯。

漢王怒，欲攻項羽，周勃、灌嬰、樊噲皆勸之。蕭何諫曰：「雖王漢中之惡，不猶愈於死乎？」漢王曰：「何爲乃死也？」何曰：「今衆弗如，百戰百敗，不死何爲？夫能詘於一人之下，而信於萬乘之上者，湯、武是也。臣願大王王漢中，養其民以致賢人，收用巴、蜀，還定三秦，天下可圖也。」漢王曰：「善。」乃遂就國，以何爲丞相。漢王賜張良金百鎰，珠二斗，良具以獻項伯。漢王亦因令良厚遺項伯，使盡請漢中地，項王許之。

夏四月，諸侯罷戲下兵，各就國。項王使卒三萬人從漢王之國。楚與諸侯之慕從者數萬人，從杜南入蝕中。張良送至褒中，漢王遣良歸韓。良因説漢王燒絶所過棧道，以備諸侯盜兵，且示項羽無東意。

六月，田榮殺齊王市，自立爲齊王。

初，淮陰人韓信，家貧無行，不得推擇爲吏。及項梁渡淮，信杖劍從之，居麾下，無所知名。項梁敗，又屬項羽，羽以爲郎中；數以策干羽，羽不用。漢王之入蜀，信亡楚歸漢。信數與蕭何語，何奇之。漢王至南鄭，諸將及士卒皆歌謳思東歸，多道亡者。信度何等已數言王，王不我用，即亡去。何聞信亡，不及以聞，自追之。人有言王曰：「丞相何亡。」王大怒，如失左右手。居一二日何來謁王，王且怒且喜，駡何曰：「若亡，何也？」何曰：「臣不敢亡也，臣追亡者耳。」王曰：「若所追者誰？」何曰：「韓信也。」王復駡曰：「諸將亡者以十數，公無所追，追信，詐也！」何曰：「諸將易得耳。至如信者，國士無雙。王必欲長王漢中，無所事信；必欲争天下，非信無可與計事者。顧王策安所決耳。」王曰：「吾亦欲東耳，安能鬱鬱久居此乎！」何曰：「計必欲東，能用信，信即留；不能用，信終亡耳。」王曰：「吾爲公以爲將。」何曰：「雖爲將，信不留。」王曰：「以爲大將。」何曰：「幸甚。」於是王欲召信拜之。何曰：「王素慢無禮，今拜大將，如呼小兒，此乃信所以去也。王必欲拜之，擇良日，齋戒，設壇場，具禮，乃可耳。」王許之。諸將皆喜，人人各自以爲得大將。至拜大將，乃韓信也，一軍皆驚。

信拜禮畢，上坐。王曰：「丞相數言將軍，將軍何以教寡人計策？」信辭謝，因王問曰：「今東鄉争權天下，豈非項王邪？」漢王曰：「然。」曰：「大王自料勇悍仁强孰與項王？」漢王默然良久，曰：「不如也。」信再拜賀曰：「惟信亦以爲大王不如也。然臣嘗事之，請言項王之爲人也。項王喑噁叱咤，千人皆廢，然不能任屬賢將，此特匹夫之勇耳。項王見人恭敬慈愛，言語嘔嘔，人有疾病，涕泣分食飲；至使人有功當封爵者，印刓敝，忍不能予，此所謂婦人之仁也。項王雖霸天下而臣諸侯，不居關中而都彭城。背義帝之約，而以親愛王，諸侯不平。逐其故主而王其將相，又遷逐義帝置江南，所過無不殘滅，百姓不親附，特劫於威强耳。名雖爲霸，實失天下心，故其强易弱。今大王誠能反其道，任天下武勇，何所不誅！以天下城邑封功臣，何所不服！以義兵從思東歸之士，何所不散！且三秦王爲秦將，將秦子弟數歲矣，所殺亡不可勝計，又欺其衆降諸侯，至新安，項王詐坑秦降卒二十餘萬，唯獨邯、欣、翳得脱。秦父兄怨此三人，痛入骨髓。今楚强以威王此三人，秦民莫愛也。大王之入武關，秋毫無所害，除秦苛法，與秦民約法三章，秦民無不欲得大王王秦者。於諸侯之約，大王當王關中，關中民咸知之。大王失職入漢中，秦民無不恨者。今大王舉而東，三秦可傳檄而定也。」於是漢王大喜，自以爲得信晚。遂聽信計，部署諸將所擊。留蕭何收巴、蜀租，給軍糧食。

八月，漢王引兵從故道出，襲雍，雍王章邯迎擊漢陳倉。雍兵敗，還走；止，戰好畤，又敗，走廢丘。漢王遂定雍地，東至咸陽，引兵圍雍王於廢丘，而遣諸將略地。塞王欣、翟王翳皆降，以其地爲渭南、河上、上郡。令將軍薛歐、王吸出武關，因王陵兵以迎太公、呂后。項王聞之，發兵距之陽夏，不得前。王陵者，沛人也，先聚黨數千人居南陽，至是始以兵屬漢。項王取陵母置軍中，陵使至，則東鄉坐陵母，欲以招陵。陵母私送使者，泣曰：「願爲老妾語陵，善事漢王。漢王長者，終得天下，毋以老妾故持二心。妾以死送使者！」遂伏劍而死。項王怒，烹陵母。

項王以故吳令鄭昌爲韓王，以距漢。

張良遺項王書曰：「漢王失職，欲得關中，如約即止，不敢東。」又以齊、梁反書遺項王曰：「齊欲與趙并滅楚。」項王以此故無西意，而北擊齊。

〔是歲〕，項王使趣義帝行，其羣臣左右稍稍叛之。

二年冬十月，項王密使九江、衡山、臨江王擊義帝，殺之江中。

陳餘悉三縣兵與齊兵共襲常山。常山王張耳敗走漢，謁漢王於廢丘，漢王厚遇之。陳餘迎趙王於代，復爲趙王。趙王德陳餘，立以爲代王。陳餘爲趙王弱，國初定，不之國，留傅趙王而使夏說以相國守代。

張良自韓間行歸漢，漢王以爲成信侯。良多病，未嘗特將，常爲畫策臣，時時從漢王。

漢王如陝，鎮撫關外父老。

河南王申陽降，置河南郡。

漢王以韓襄王孫信爲韓太尉，將兵略韓地。信急擊韓王昌於陽城，昌降。十一月，立信爲韓王，常將韓兵從漢王。

漢王還都櫟陽。諸將拔隴西。

春正月，項王北至城陽。齊王榮將兵會戰，敗走平原，平原民殺之。項王復立田假爲齊王。遂北至北海，燒夷城郭、室屋，坑田榮降卒，係虜其老弱婦女，所過多所殘滅。齊民相聚叛之。

漢將拔北地，虜雍王弟平。

三月，漢王自臨晋渡河，魏王豹降，將兵從。下河内，虜殷王卬，置河内郡。

初，陽武人陳平事魏王咎於臨濟，爲太僕，説魏王，不聽。人或讒之，平亡去。後事項羽，賜爵爲卿。殷王反楚，項羽使平擊降之，還，拜爲都尉，賜金二十鎰。居無何，漢王攻下殷，項王怒，將誅定殷將吏。平懼，乃封其金與印，使使歸項王，而挺身間行，杖劍亡。渡河，歸漢王於脩武，因魏無知求見漢王。漢王召入，賜食，遣罷就舍。平曰：「臣爲事來，所言不可以過今日。」於是漢王與語而説之，問曰：「子之居楚何官？」曰：「爲都尉。」是日即拜平爲都尉，使爲參乘，典護軍。諸將盡讙曰：「大王一日得楚之亡卒，未知其高下，而即與同載，反使監護長者。」漢王聞之，愈益幸平。

漢王南渡平陰津，至洛陽。新城三老董公遮説王曰：「臣聞順德者昌，逆德者亡。兵出無名，事故不成。故曰明其爲賊，敵乃可服。項羽爲無道，放殺其主，天下之賊也。夫仁不以勇，義不以力，大王宜率三軍之衆爲之素服，以告諸侯而伐之，則四海之内莫不仰德，此三王之舉也。」於是漢王爲義帝發喪，袒而大哭，哀臨三日。發使告諸侯曰：「天下共立義帝，北面事之。今項羽放殺義帝江南，大逆無道！寡人悉發關中兵，收三河士，南浮江、漢以下，願從諸侯王擊楚之殺義帝者。」使者至趙，陳餘曰：「漢殺張耳乃從。」於是漢王求人類張耳者斬之，持其頭遺陳餘，餘乃遣兵助漢。

田榮弟横收散卒得數萬人，起城陽。夏四月，立榮子廣爲齊王，以拒楚。項王因留，連戰未能下。雖聞漢東，既擊齊，欲遂破之而後擊漢，漢王以故得率諸侯兵凡五十六萬人伐楚。到外黄，彭越將其兵三萬餘人歸漢。漢王曰：「彭將軍收魏地得十餘城，欲急立魏後。今西魏王豹，真魏後。」乃拜彭越爲魏相國，擅將其兵略定梁地。漢王遂入彭城，收其貨寶、美人，日置酒高會。項王聞之，令諸將擊齊，而自以精兵三萬人南，從魯出胡陵至蕭。晨，擊漢軍而東至彭城，日中，大破漢軍。漢軍皆走，相隨入穀、泗水，死者十餘萬人。

漢卒皆南走山，楚又追擊，至靈壁東睢水上。漢軍卻，爲楚所擠，卒十餘萬人皆入睢水，水爲之不流。圍漢王三匝。會大風從西北起，折木發屋，揚沙石，窈冥晝晦，逢迎楚軍大亂，壞散，而漢王乃得與數十騎遁去。欲過沛，收家室，而楚亦使人之沛取漢王家；家皆亡，不與漢王相見。漢王道逢孝惠、魯元公主，載以行。楚騎追之，漢王急，推墮二子車下。滕公爲太僕，常下收載之。如是者三。曰：「今雖急，不可以驅，奈何棄之！」故徐行。漢王怒，欲斬之者十餘，滕公卒保護，脱二子。審食其從太公、吕后間行求漢王，不相遇，反遇楚軍。楚軍與歸，項王常置軍中爲質。是時，吕后兄周吕侯爲漢將兵，居下邑，漢王間往從之，稍稍收其士卒。諸侯皆背漢，復與楚。塞王欣、翟王翳亡降楚。

田横進攻田假，假走楚，楚殺之。横遂復定三齊之地。

漢王問羣臣曰：「吾欲捐關以東等棄之，誰可與共功者？」張良曰：「九江王布，楚梟將，與項王有隙；彭越與齊反梁地，此兩人可急使。而漢王之將，獨韓信可屬大事，當一面。即欲捐之，捐之此三人，則楚可破也。」

初，項王擊齊，徵兵九江，九江王布稱病不往，遣將將軍數千人行。漢之破楚彭城，布又稱病不佐楚。楚王由此怨布，數使使者誚讓，召布。布愈恐，不敢往。項王方北憂齊、趙，西患漢，所與者獨九江王，又多布材，欲親用之，以故未之擊。漢王自下邑徙軍碭，遂至虞。謂左右曰：「如彼等者，無足與計天下事。」謁者隨何進曰：「不審陛下所謂。」漢王曰：「孰能爲我使九江，令之發兵倍楚？留項王數月，我之取天下可以百全。」隨何曰：「臣請使之。」漢王使與二十人俱。

五月，漢王至滎陽，諸敗軍皆會，蕭何亦發關中老弱未傅者悉詣滎陽，漢軍復大振。楚起於彭城，常乘勝逐北，與漢戰滎陽南京、索間。楚騎來衆，漢王擇軍中可爲騎將者，皆推故秦騎士重泉人李必、駱甲。漢王欲拜之，必、甲曰：「臣故秦民，恐軍不信，臣願得大王左右善騎者傅之。」乃拜灌嬰爲中大夫，令李必、駱甲爲左右校尉，將騎兵擊楚騎於滎陽東，大破之，楚以故不能過滎陽而西。漢王軍滎陽，築甬道屬之河，以取敖倉粟。

魏王豹謁歸視親疾，至則絶河津，反爲楚。

六月，漢王還櫟陽。

漢兵引水灌廢丘，廢丘降，章邯自殺。盡定雍地，以爲中地、北地、隴西郡。

秋八月，漢王如滎陽，命蕭何守關中侍太子，爲法令約束，立宗廟、社稷、宫室、縣邑，事有不及奏決者輒以便宜施行，上來，以聞。計關中户口，轉漕、調兵以給軍，未嘗乏絶。

漢王使酈食其往説魏王豹，且召之。豹不聽，曰：「漢王慢而侮人，罵詈諸侯、羣臣如罵奴耳，吾不忍復見也！」於是漢王以韓信爲左丞相，與灌嬰、曹參俱擊魏。漢王問食其：「魏大將誰也？」對曰：「柏直。」王曰：「是口尚乳臭，安能當韓信！」「騎將誰也？」曰：「馮敬。」曰：「是秦將馮無擇子也，雖賢，不能當灌嬰。」「步卒將誰也？」曰：「項它。」曰：「不能當曹參。吾無患矣！」韓信亦問酈生：「魏得無用周叔爲大將乎？」酈生曰：「柏直也。」信曰：「豎子耳！」遂進兵。魏王盛兵蒲坂以塞臨晉。信乃益爲疑兵，陳船欲渡臨晉，而伏兵從夏陽以木罌渡軍，襲安邑。魏王豹驚，引兵迎信。九月，信擊虜豹，傳詣滎陽。悉定魏地，置河東、上黨、太原郡。

漢之敗於彭城而西也，陳餘亦覺張耳不死，即背漢。韓信既定魏，使人請兵三萬人，願以北舉燕、趙，東擊齊，南絶楚糧道。漢王許之，乃遣張耳與俱，引兵東，北擊趙、代。後九月，信破代兵，禽夏説於閼與。信之下魏破代，漢輒使人收其精兵詣滎陽以距楚。

三年冬十月，韓信、張耳以兵數萬東擊趙。趙王及成安君陳餘聞之，聚兵井陘口，號二十萬。廣武君李左車説成安君曰：「韓信、張耳乘勝而去國遠鬭，其鋒不可當。臣聞千里餽糧，士有飢色。樵蘇後爨，師不宿飽。今井陘之道，車不得方軌，騎不得成列，行數百里，其勢糧食必在其後。願足下假臣奇兵三萬人，從間路絶其輜重，足下深溝高壘勿與戰。彼前不得鬭，退不得還，野無所掠，不至十日而兩將之頭可致於麾下，否則必爲二子所禽矣！」成安君嘗自稱義兵，不用詐謀奇計，曰：「韓信兵少而疲，如此避而不擊，則諸侯謂吾怯，而輕來伐我矣。」

韓信使人間視，知其不用廣武君策，則大喜，乃敢引兵遂下。未至井陘口三十里，止舍。夜半傳發，選輕騎二千人，人持一赤幟，從間道萆山而望趙軍，誡曰：「趙見我走，必空壁逐我，若疾入趙壁，拔趙幟，立漢赤幟。」令其裨將傳餐，曰：「今日破趙會食。」諸將皆莫信，佯應曰：「諾。」信曰：「趙已先據便地爲壁，且彼未見吾大將旗鼓，未肯擊前行，恐吾至阻險而還也。」乃使萬人先行，出，背水陳。趙軍望見而大笑。平旦，信建大將旗鼓，〔鼓〕行出井陘口，趙開壁擊之，大戰良久。於是信與張耳佯棄鼓旗走水上軍，水上軍開入之，復疾戰。趙果空壁爭漢旗鼓，逐信、耳。信、耳已入水上軍，軍皆殊死戰，不可敗。信所出奇兵二千騎，共候趙空壁逐利，則馳入趙壁，皆拔趙旗，立漢赤幟二千。趙軍已不能得信等，欲還歸壁，壁皆漢赤幟，見而大驚，以爲漢皆已得趙王將矣。兵遂亂，遁走，趙將雖斬之，不能禁也。於是漢兵夾擊，大破趙軍，斬成安君泜水上，禽趙王歇。

諸將效首虜，畢賀，因問信曰：「兵法『右倍山陵，前左水澤』。今者將軍令臣等反背水陳，曰『破趙會食』，臣等不服，然竟以勝，此何術也？」信曰：「此在兵法，顧諸君不察耳。兵法不曰『陷之死地而後生，置之亡地而後存』？且信非得素拊循士大夫也，此所謂『驅市人而戰之』，其勢非置之死地，使人人自爲戰；今予之生地，皆走，寧尚可得而用之乎！」諸將皆服，曰：「善，非臣所及也。」

信募生得廣武君者予千金。有縛致麾下者，信解其縛，東鄉坐，師事之。問曰：「僕欲北攻燕，東伐齊，何若而有功？」廣武君辭謝曰：「臣敗亡之虜，何足以權大事乎！」信曰：「僕聞之，百里奚居虞而虞亡，在秦而秦霸，非愚於虞而智於秦也，用與不用，聽與不聽也。誠令成安君聽足下計，若信者亦已爲禽矣。以不用足下，故信得侍耳。今僕委心歸計，願足下勿辭。」廣武君曰：「今將軍涉西河，虜魏王，禽夏説，東下井陘，不終朝而破趙二十萬衆，誅成安君。名聞海内，威震天下，農夫莫不輟耕釋耒，褕衣甘食，傾耳以待命者，此將軍之所長也。然而衆勞卒罷，其實難用。今將軍欲舉倦敝之兵，頓之燕堅城之下，欲戰不得，攻之不拔，情見勢屈，曠日持久，糧食單竭，燕既不服，齊必距境以自强。燕、齊相持而不下，則劉、項之權未有所分也，此將軍所短也。善用兵者，不以短擊長，而以長擊短。」韓信曰：「然則何由？」廣武君對曰：「方今爲將軍計，莫如按甲休兵，鎮撫趙民，百里之内，牛酒日至，以饗士大夫，北首燕路，而後遣辯士奉咫尺之書，暴其所長於燕，燕必不敢不聽從。燕已從而東臨齊，雖有智者，亦不知爲齊計矣。如是，則天下事皆可圖也。兵固有先聲而後實者，此之謂也。」韓信曰：「善。」從其策，發使使燕，燕從風而靡。遣使報漢，且請以張耳王趙，漢王許之。楚數使奇兵渡河擊趙，張耳、韓信往來救趙，因行定趙城邑，發兵詣漢。

十一月，隨何至九江，九江太宰主之，三日不得見。隨何說太宰曰：「王之不見何，必以楚爲强，以漢爲弱也，此臣之所以爲使。使何得見，言之而是，大王所欲聞也；言之而非，使何等二十人伏斧質九江市，足以明王倍漢而與楚也。」太宰乃言之王，王見之。隨何曰：「漢王使臣敬進書大王御者，竊怪大王與楚何親也？」九江王曰：「寡人北鄉而臣事之。」隨何曰：「大王與項王俱列爲諸侯，北鄉而臣事之者，必以楚爲强，可以託國也。項王伐齊，身負版築，爲士卒先。大王宜悉九江之衆，身自將之，爲楚前鋒，今乃發四千人以助楚。夫北面而臣事人者，固若是乎？漢王入彭城，項王未出齊也。大王宜悉九江之兵渡淮，日夜會戰彭城下。大王乃撫萬人之衆，無一人渡淮者，垂拱而觀其孰勝。夫託國於人者，固若是乎？大王提空名以鄉楚，而欲厚自託，臣竊爲大王不取也。然而大王不背楚者，以漢爲弱也。夫楚兵雖强，天下負之以不義之名，以其背盟約而殺義帝也。漢王收諸侯，還守成皋、滎陽，下蜀、漢之粟，深溝壁壘，分卒守徼乘塞。楚人深入敵國八九百里，老弱轉糧千里之外。漢堅守而不動，楚進則不得攻，退則不能解，故曰楚兵不足恃也。使楚勝漢，則諸侯自危懼而相救。夫楚之强，適足以致天下之兵耳。故楚不如漢，其勢易見也。今大王不與萬全之漢，而自託於危亡之楚，臣竊爲大王惑之。臣非以九江之兵足以亡楚也，大王發兵而倍楚，項王必留；留數月，漢之取天下可以萬全。臣請與大王提劍而歸漢，漢王必裂地而封大王，又況九江必大王有也。」九江王曰：「請奉命。」陰許畔楚與漢，未敢泄也。

楚使者在九江，舍傳舍，方急責布發兵。隨何直入，坐楚使者上曰：「九江王已歸漢，楚何以得發兵？」布愕然。楚使者起，何因說布曰：「事已構，可遂殺楚使者，無使歸，而疾走漢并力。」布曰：「如使者教。」於是殺楚使者，因起兵而攻楚。楚使項聲、龍且攻九江，數月，龍且破九江軍。布欲引兵走漢，恐楚兵殺之，乃間行與何俱歸漢。

十二月，九江王至漢，漢王方踞牀洗足，召布入見。布大怒，悔來，欲自殺。及出就舍，帳御、飲食、從官皆如漢王居，布又大喜過望。於是乃使人入九江。楚已使項伯收九江兵，盡殺布妻子。布使者頗得故人幸臣，將衆數千人歸漢。漢益九江王兵，與俱屯成皋。

楚數侵奪漢甬道，漢軍乏食。漢王與酈食其謀橈楚權。食其曰：「昔湯伐桀，封其後於杞；武王伐紂，封其後於宋。今秦失德棄義，侵伐諸侯，滅其社稷，使無立錐之地。陛下誠能復立六國之後，此其君臣、百姓必皆戴陛下之德，莫不鄉風慕義，願爲臣妾。德義已行，陛下南鄉稱霸，楚必斂衽而朝。」漢王曰：「善。趣刻印，先生因行佩之矣。」食其未行，張良從外來謁，漢王方食，曰：「子房前，客有爲我計橈楚權者。」具以酈生語告良，曰：「何如？」良曰：「誰爲陛下畫此計者？陛下事去矣！」漢王曰：「何哉？」對曰：「臣請借前箸爲大王籌之。昔湯、武封桀、紂之後者，度能制其死生之命也。今陛下能制項籍之死命乎？其不可一也。武王入殷，表商容之閭，釋箕子之囚，封比干之墓。今陛下能乎？其不可二也。發巨橋之粟，散鹿臺之錢，以賜貧窮。今陛下能乎？其不可三也。殷事已畢，偃革爲軒，倒載干戈，示天下不復用兵。今陛下能乎？其不可四也。休馬華山之陽，示以無爲。今陛下能乎？其不可五也。放牛桃林之陰，以示不復輸積。今陛下能乎？其不可六也。天下游士，離其親戚，棄墳墓，去故舊，從陛下游者，徒欲日夜望咫尺之地。今復立六國之後，天下游士各歸事其主，從其親戚，反其故舊墳墓，陛下與誰取天下乎？其不可七也。且夫楚唯無强，六國立者復橈而從之，陛下焉得而臣之？其不可八也。誠用客之謀，陛下事去矣！」漢王輟食吐哺，罵曰：「豎儒，幾敗而公事！」令趣銷印。

荀悅論曰：夫立策決勝之術，其要有三：一曰形，二曰勢，三曰情。形者言其大體得失之數也，勢者言其臨時之宜進退之機也，情者言其心志可否之實也。故策同、事等而功殊者，三術不同也。

初，張耳、陳餘説陳涉以復六國，自爲樹黨，酈生亦説漢王。所以説者同而得失異者，陳涉之起，天下皆欲亡秦，而楚、漢之分未有所定，今天下未必欲亡項也。故立六國，於陳涉所謂多己之黨而益秦之敵也。且陳涉未能專天下之地也，所謂取非其有以與於人，行虚惠而獲實福也。立六國，於漢王所謂割己之有而以資敵，設虚名而受實禍也。此同事而異形者也。

及宋義待秦、趙之斃，與昔卞莊刺虎同説者也。施之戰國之時，鄰國相攻，無臨時之急則可也。戰國之立，其日久矣，一戰勝敗，未必以存亡也。其勢非能急於亡敵國也，進乘利，退自保，故累力待時，承敵之斃，其勢然也。今楚、趙所起，其與秦勢不並立，安危之機，呼吸成變，進則定功，退則受禍。此同事而異勢者也。

伐趙之役，韓信軍於泜水之上，而趙不能敗。彭城之難，漢王戰于睢水之上，士卒皆赴入睢水，而楚兵大勝。何則？趙兵出國迎戰，見可而進，知難而退，懷内顧之心，無出死之計；韓信軍孤在水上，士卒必死，無有二心，此信之所以勝也。漢王深入敵國，置酒高會，士卒逸豫，戰心不固；楚以强大之威而喪其國都，士卒皆有憤激之氣，救敗赴亡之急，以決一旦之命，此漢之所以敗也。且韓信選精兵以守，而趙以内顧之士攻之。項羽選精兵以攻，而漢以怠惰之卒應之。此同事而異情者也。

故曰：權不可預設，變不可先圖，與時遷移，應物變化，設策之機也。

漢王謂陳平曰：「天下紛紛，何時定乎？」陳平曰：「項王骨鯁之臣，亞父、鍾離眜、龍且、周殷之屬，不過數人耳。大王誠能出捐數萬斤金，行反間，間其君臣，以疑其心。項王爲人意忌信讒，必内相誅，漢因舉兵而攻之，破楚必矣。」漢王曰：「善。」乃出黄金四萬斤與平，恣所爲，不問其出入。平多以金縱反間於楚軍，宣言諸將鍾離眜等爲項王將，功多矣，然而終不得裂地而王，欲與漢爲一，以滅項氏而分王其地。項羽果意不信鍾離眜等。

夏四月，楚圍漢王於滎陽，急，漢王請和，割滎陽以西者爲漢。亞父勸羽急攻滎陽，漢王患之。項王使使至漢，陳平使爲太牢具，舉進，見楚使，即佯驚曰：「吾以爲亞父使，乃項王使！」復持去，更以惡草具進楚使。楚使歸，具以報項王。項王果大疑亞父。亞父欲急攻下滎陽城，項王不信，不肯聽。亞父聞項王疑之，乃怒曰：「天下事大定矣，君王自爲之！願請骸骨！」歸，未至彭城，疽發背而死。

五月，將軍紀信言於漢王曰：「事急矣，臣請誑楚，王可以間出。」於是陳平夜出女子東門二千餘人，楚因四面擊之。紀信乃乘王車，黄屋左纛，曰：「食盡，漢王降楚。」楚皆呼萬歲，之城東觀。以故漢王得與數十騎出西門遁去。令韓王信與周苛、魏豹、樅公守滎陽。羽見紀信，問：「漢王安在？」曰：「已出，去矣。」羽燒殺信。周苛、樅公相謂曰：「反國之王，難與守城。」因殺魏豹。

漢王出滎陽至成皋，入關，收兵欲復東。轅生説漢王曰：「漢與楚相距滎陽數歲，漢常困。願君王出武關，項王必引兵南走，王深壁勿戰，令滎陽、成皋間且得休息。使韓信等得安輯河北趙地，連燕、齊，君王乃復走滎陽。如此，則楚所備者多，力分；漢得休息，復與之戰，破之必矣。」漢王從其計，出軍宛、葉間，與黥布行收兵。羽聞漢王在宛，果引兵南。漢王堅壁不與戰。

漢王之敗彭城解而西也，彭越皆亡其所下城，獨將其兵北居河上，常往來爲漢游兵擊楚，絶其後糧。是月，彭越渡睢，與項聲、薛公戰下邳，破殺薛公。羽乃使終公守成皋，而自東擊彭越。漢王引兵北擊破終公，復軍成皋。

六月，羽已破走彭越，聞漢復軍成皋，乃引兵西拔滎陽城，生得周苛。羽謂苛：「爲我將，以公爲上將軍，封三萬户。」周苛罵曰：「若不趨降漢，今爲虜矣！若非漢王敵也。」羽烹周苛，并殺樅公，而虜韓王信，遂圍成皋。漢王逃，獨與滕公共車出成皋玉門，北渡河，宿小脩武傳舍。晨，自稱漢使，馳入趙壁。張耳、韓信未起，即其卧内奪其印符，以麾召諸將，易置之。信、耳起，乃知漢王來，大驚。漢王既奪兩人軍，即令張耳循行備守趙地；拜韓信爲相國，收趙兵未發者擊齊。諸將稍稍得出成皋從漢王。楚遂拔成皋，欲西，漢使兵距之鞏，令其不得西。

秋七月，漢王得韓信軍，復大振。八月，引兵臨河，南鄉軍小脩武，欲復與楚戰。郎中鄭忠說止漢王，使高壘深塹，勿與戰。漢王聽其計，使將軍劉賈、盧綰將卒二萬人，騎數百，渡白馬津入楚地，佐彭越，燒楚積聚，以破其業，無以給項王軍食而已。楚兵擊劉賈，賈輒堅壁不肯與戰，而與彭越相保。

彭越攻徇梁地，下睢陽、外黄等十七城。九月，項王謂大司馬曹咎曰：「謹守成皋，即漢王欲挑戰，愼勿與戰，勿令得東而已。我十五日必定梁地，復從將軍。」羽引兵東行，擊陳留、外黄、睢陽等城，皆下之。

漢王欲捐成皋以東，屯鞏、洛以距楚。酈生曰：「臣聞知天之天者，王事可成。王者以民爲天，而民以食爲天。夫敖倉，天下轉輸久矣，臣聞其下乃有藏粟甚多。楚人拔滎陽，不堅守敖倉，乃引而東，令適卒分守成皋，此乃天所以資漢也。方今楚易取而漢反卻，自奪其便，臣竊以爲過矣。且兩雄不俱立，楚、漢久相持不決，海内搖蕩，農夫釋耒，工女下機，天下之心未有所定也。願足下急復進兵，收取滎陽，據敖倉之粟，塞成皋之險，杜太行之道，距飛狐之口，守白馬之津，以示諸侯形制之勢，則天下知所歸矣。」王從之，乃復謀取敖倉。

食其又説王曰：「方今燕、趙已定，唯齊未下，諸田宗强，負海、岱，阻河、濟，南近於楚，人多變詐。足下雖遣數萬師，未可以歲月破也。臣請得奉明詔，説齊王，使爲漢而稱東藩。」上曰：「善。」

乃使酈生説齊王曰：「王知天下之所歸乎？」王曰：「不知也。天下何所歸？」酈生曰：「歸漢。」曰：「先生何以言之？」曰：「漢王先入咸陽，項王負約，王之漢中。項王遷殺義帝，漢王聞之，起蜀、漢之兵擊三秦，出關而責義帝之處。收天下之兵，立諸侯之後。降城即以侯其將，得賂即以分其士，與天下同其利，豪英賢才皆樂爲之用。項王有倍約之名，殺義帝之負；於人之功無所記，於人之罪無所忘；戰勝而不得其賞，拔城而不得其封；非項氏莫得用事，天下畔之，賢才怨之，而莫爲之用。故天下之事歸於漢王，可坐而策也。夫漢王發蜀、漢，定三秦，涉西河，破北魏，出井陘，誅成安君，此非人之力也，天之福也。今已據敖倉之粟，塞成皋之險，守白馬之津，杜太行之阪，距飛狐之口，天下後服者先亡矣。王疾先下漢王，齊國可得而保也；不然，危亡可立而待也。」先是，齊聞韓信且東兵，使華無傷、田解將重兵屯歷下以距漢。及納酈生之言，遣使與漢平，乃罷歷下守戰備，與酈生日縱酒爲樂。韓信引兵東，未度平原，聞酈食其已説下齊，欲止。辯士蒯徹説信曰：「將軍受詔擊齊，而漢獨發間使下齊。寧有詔止將軍乎，何以得毋行也？且酈生一士，伏軾掉三寸之舌，下齊七十餘城；將軍以數萬衆，歲餘乃下趙五十餘城。爲將數歲，反不如一豎儒之功乎！」於是信然之，遂渡河。

四年冬十月，信襲破齊歷下軍，遂至臨淄。齊王以酈生爲賣己，乃烹之。引兵東走高密，使使之楚請救。田横走博陽，守相田光走城陽，將軍田既軍於膠東。

楚大司馬咎守成皋，漢數挑戰，楚軍不出。使人辱之，數日，咎怒，渡兵汜水。士卒半渡，漢擊之，大破楚軍，盡得楚國金玉、貨賂，咎及司馬欣皆自剄汜水上。漢王引兵渡河，復取成皋，軍廣武，就敖倉食。

項羽下梁地十餘城，聞成皋破，乃引兵還。漢軍方圍鍾離昧於滎陽東，聞羽至，盡走險阻。羽亦軍廣武，與漢相守數月。楚軍食少，項王患之，乃爲高俎，置太公其上，告漢王曰：「今不急下，吾烹太公。」漢王曰：「吾與羽俱北面受命懷王，約爲兄弟，吾翁即若翁，必欲烹而翁，幸分我一桮羹。」項王怒，欲殺之。項伯曰：「天下事未可知，且爲天下者不顧家，雖殺之無益，祗益禍耳。」項王從之。

項王謂漢王曰：「天下匈匈數歲者，徒以吾兩人耳。願與漢王挑戰，决雌雄，毋徒苦天下之民父子爲也。」漢王笑謝曰：「吾寧鬭智，不能鬭力。」項王三令壯士出挑戰，漢有善騎射者樓煩，輒射殺之。項王大怒，乃自被甲持戟挑戰。樓煩欲射之，項王瞋目叱之，樓煩目不敢視，手不敢發，遂走還入壁，不敢復出。漢王使人間問之，乃項王也。漢王大驚。

於是項王乃即漢王相與臨廣武間而語。羽欲與漢王獨身挑戰。漢王數羽曰：「羽負約，王我於蜀、漢，罪一。矯殺卿子冠軍，罪二。救趙不還報，而擅劫諸侯兵入關，罪三。燒秦宮室，掘始皇帝冢，收私其財，罪四。殺秦降王子嬰，罪五。詐阬秦子弟新安二十萬，罪六。王諸將善地，而徙逐故主，罪七。出逐義帝，彭城自都之，奪韓王地，并王梁、楚，多自與，罪八。使人陰殺義帝江南，罪九。爲政不平，主約不信，天下所不容，大逆無道，罪十也。吾以義兵從諸侯誅殘賊，使刑餘罪人擊公，何苦乃與公挑戰！」羽大怒，伏弩射中漢王。漢王傷胸，乃捫足曰：「虜中吾指。」漢王病創卧，張良强請漢王起行勞軍，以安士卒，毋令楚乘勝。漢王出行軍，疾甚，因馳入成皋。

韓信已定臨淄，遂東追齊王。項王使龍且將兵，號二十萬，以救齊，與齊王合軍高密。客或説龍且曰：「漢兵遠鬭窮戰，其鋒不可當。齊、楚自居其地，兵易敗散。不如深壁，令齊王使其信臣招所亡城，亡城聞王在，楚來救，必反漢。漢兵二千里客居齊地，齊城皆反之，其勢無所得食，可無戰而降也。」龍且曰：「吾平生知韓信爲人，易與耳。寄食於漂母，無資身之策；受辱於袴下，無兼人之勇；不足畏也。且夫救齊，不戰而降之，吾何功？今戰而勝之，齊之半可得也。」

十一月，齊、楚與漢夾濰水而陳。韓信夜令人爲萬餘囊，滿盛沙，壅水上流，引軍半渡擊龍且，佯不勝，還走。龍且果喜曰：「固知信怯也！」遂追信。信使人決壅囊，水大至，龍且軍太半不得渡。即急擊，殺龍且。水東軍散走，齊王廣亡去。信遂追北至城陽，虜齊王廣。漢將灌嬰追得齊守相田光，進至博陽。田横聞齊王死，自立爲齊王，還擊嬰。嬰敗横軍於嬴下，田横亡走梁，歸彭越。嬰進擊齊將田吸於千乘，曹參擊田既於膠東，皆殺之，盡定齊地。

立張耳爲趙王。

漢王疾愈，西入關，至櫟陽，梟故塞王欣頭櫟陽市。留四日，復如軍，軍廣武。

春二月，遣張良操印立韓信爲齊王，徵其兵擊楚。項王聞龍且死，大懼，使盱台人武涉往説齊王信。信不忍倍漢，遂謝蒯徹。語在諸將之叛。

秋八月，漢王下令：「軍士不幸死者，吏爲衣衾棺斂，轉送其家。」四方歸心焉。

項王自知少助，食盡，韓信又進兵擊楚，羽患之。漢遣侯公説羽，請太公。羽乃與漢約，中分天下，割洪溝以西爲漢，以東爲楚。九月，楚歸太公、吕后，引兵解而東歸。漢王欲西歸，張良、陳平説曰：「漢有天下太半，而諸侯皆附；楚兵疲食盡，此天亡之時也。今釋弗擊，此謂養虎自遺患也。」漢王從之。

五年冬十月，漢王追項羽至固陵，與齊王信、魏相國越期會擊楚。信、越不至，楚擊漢軍，大破之。漢王復堅壁自守，謂張良曰：「諸侯不從，奈何？」對曰：「楚兵且破，二人未有分地，其不至固宜。君王能與共天下，可立致也。齊王信之立，非君王意，信亦不自堅。彭越本定梁地，始君王以魏豹故拜越爲相國，今豹死，越亦望王，而君王不早定。今能取睢陽以北至穀城皆以王彭越，從陳以東傅海與齊王信。信家在楚，其意欲復得故邑。能出捐此地以許兩人，使各自爲戰，則楚易破也。」漢王從之。於是韓信、彭越皆引兵來。

十一月，劉賈南渡淮，圍壽春，遣人誘楚大司馬周殷。殷畔楚，以舒屠六，舉九江兵迎黥布，並行屠城父，隨劉賈皆會。

十二月，項王至垓下，兵少食盡，與漢戰不勝，入壁。漢軍及諸侯兵圍之數重。項王夜聞漢軍四面皆楚歌，乃大驚曰：「漢皆已得楚乎？是何楚人之多也！」則夜起，飲帳中。悲歌忼慨，泣數行下，左右皆泣，莫能仰視。於是項王乘其駿馬名騅，麾下壯士騎從者八百餘人，直夜潰圍南出，馳走。平明，漢軍乃覺之，令騎將灌嬰以五千騎追之。項王渡淮，騎能屬者纔百餘人。至陰陵，迷失道，問一田父，田父紿曰「左」。左，乃陷大澤中，以故漢追及之。

項王乃復引兵而東，至東城，乃有二十八騎，漢騎追者數千人。項王自度不得脱，謂其騎曰：「吾起兵至今八歲矣，身七十餘戰，未嘗敗北，遂霸有天下。然今卒困於此，此天之亡我，非戰之罪也！今日固决死，願爲諸君快戰，必潰圍，斬將，刈旗，三勝之，令諸君知天亡我，非戰之罪也！」乃分其騎以爲四隊，四鄉。漢軍圍之數重。項王謂其騎曰：「吾爲公取彼一將。」令四面騎馳下，期山東爲三處。於是項王大呼馳下，漢軍皆披靡，遂斬漢一將。是時，郎中騎楊喜追項王，項王瞋目而叱之，喜人馬俱驚，辟易數里。項王與其騎會爲三處。漢軍不知項王所在，乃分軍爲三，復圍之。項王乃馳，復斬漢一都尉，殺數十百人。復聚其騎，亡其兩騎耳。乃謂其騎曰：「何如？」騎皆伏曰：「如大王言。」

於是項王欲東渡烏江，烏江亭長檥船待，謂項王曰：「江東雖小，地方千里，衆數十萬人，亦足王也。願大王急渡。今獨臣有船，漢軍至，無以渡。」項王笑曰：「天之亡我，我何渡爲！且籍與江東子弟八千人渡江而西，今無一人還，縱江東父兄憐而王我，我何面目見之？縱彼不言，籍獨不愧於心乎！」乃以其所乘騅馬賜亭長。令騎皆下馬步行，持短兵接戰。獨籍所殺漢軍數百人，身亦被十餘創。顧見漢騎司馬呂馬童曰：「若非吾故人乎？」馬童面之，指示中郎騎王翳曰：「此項王也。」項王乃曰：「吾聞漢購我頭千金，邑萬户，吾爲若德。」乃刎而死。王翳取其頭，餘騎相蹂踐爭項王，相殺者數十人。最其後，楊喜、吕馬童及郎中吕勝、楊武各得其一體。五人共會其體，皆是，故分其户，封五人皆爲列侯。

楚地悉定，獨魯不下。漢王引天下兵欲屠之。至其城下，猶聞絃誦之聲。爲其守禮義之國，爲主死節，乃持項王頭以示魯父兄，魯乃降。漢王以魯公禮葬項王於穀城，親爲發哀，哭之而去。諸項氏枝屬皆不誅。封項伯等四人皆爲列侯，賜姓劉氏。諸民略在楚者，皆歸之。

太史公曰：羽起隴畮之中，三年，遂將五諸侯滅秦，分裂天下而封王侯，政由羽出，位雖不終，近古以來未嘗有也。及羽背關懷楚，放逐義帝而自立，怨王侯叛己，難矣。自矜功伐，奮其私智，而不師古，謂霸王之業，欲以力征經營天下，五年，卒亡其國，身死東城，尚不覺寤而不自責，乃引「天亡我，非用兵之罪也」，豈不謬哉！

揚子法言：或問：「楚敗垓下，方死，曰『天也』，諒乎？」曰：「漢屈羣策，羣策屈羣力，楚憞羣策而自屈其力。屈人者克，自屈者負，天曷故焉！」

春正月，諸侯王皆上疏，請尊漢王爲皇帝。二月甲午，王即皇帝位于汜水之陽。帝西都洛陽。夏五月，帝置酒洛陽南宮，上曰：「徹侯、諸將毋敢隱朕，皆言其情，吾所以有天下者何？項氏之所以失天下者何？」高起、王陵對曰：「陛下使人攻城略地，因以與之，與天下同其利。項羽不然，有功者害之，賢者疑之，此其所以失天下也。」上曰：「公知其一，未知其二。夫運籌帷幄之中，決勝千里之外，吾不如子房。填國家，撫百姓，給餉餽，不絶糧道，吾不如蕭何。連百萬之衆，戰必勝，攻必取，吾不如韓信。三者皆人傑，吾能用之，此吾所以取天下者也。項羽有一范增而不能用，此所以爲我禽也。」羣臣説服。

齊人婁敬戍隴西，過洛陽，脱輓輅，衣羊裘，因齊人虞將軍求見上。虞將軍欲與之鮮衣，婁敬曰：「臣衣帛，衣帛見；衣褐，衣褐見；終不敢易衣。」於是虞將軍入言上，上召見，問之。婁敬曰：「陛下都洛陽，豈欲與周室比隆哉？」上曰：「然。」婁敬曰：「陛下取天下與周異。周之先自后稷封邰，積德累善十有餘世，至于太王、王季、文王、武王而諸侯自歸之，遂滅殷，爲天子。及成王即位，周公相焉，乃營洛邑，以爲此天下之中也，諸侯四方納貢職，道里均矣。有德則易以王，無德則易以亡。故周之盛時，天下和洽，諸侯、四夷莫不賓服，效其貢職；及其衰也，天下莫朝，周不能制也。非唯其德薄也，形勢弱也。今陛下起豐、沛，卷蜀、漢，定三秦，與項羽戰滎陽、成皋之間，大戰七十，小戰四十，使天下之民肝腦塗地，父子暴骨中野，不可勝數。哭泣之聲未絶，傷夷者未起，而欲比隆於成、康之時，臣竊以爲不侔也。且夫秦地被山帶河，四塞以爲固，卒然有急，百萬之衆，可立具也。因秦之故，資甚美膏腴之地，此所謂天府者也。陛下入關而都之，山東雖亂，秦之故地可全而有也。夫與人鬭，不搤其亢，拊其背，未能全其勝也。今陛下案秦之故地，此亦搤天下之亢而拊其背也。」帝問羣臣，羣臣皆山東人，爭言「周王數百年，秦二世即亡。洛陽東有成皋，西有殽、澠，倍河鄉伊、洛；其固亦足恃也」。上問張良，良曰：「洛陽雖有此固，其中小，不過數百里，田地薄，四面受敵，此非用武之國也。關中左殽、函，右隴、蜀，沃野千里，南有巴、蜀之饒，北有胡苑之利。阻三面而守，獨以一面東制諸侯。諸侯安定，河、渭漕輓天下，西給京師；諸侯有變，順流而下，足以委輸。此所謂金城千里，天府之國也。婁敬説是也。」上即日車駕西都長安。拜婁敬爲郎中，號曰奉春君，賜姓劉氏。

諸將之叛

漢高祖四年冬十月，韓信襲齊，已定臨淄，遂東追齊王。項王使龍且將兵救齊，信擊殺龍且，虜齊王廣。韓信使人言漢王曰：「齊僞詐多變，反覆之國也，南邊楚。請爲假王以鎮之。」漢王發書，大怒，罵曰：「吾困於此，旦暮望若來佐我，乃欲自立爲王！」張良、陳平躡漢王足，因附耳語曰：「漢方不利，寧能禁信之自王乎？不如因而立之，善遇，使自爲守；不然，變生。」漢王亦悟，因復駡曰：「大丈夫定諸侯，即爲真王耳，何以假爲！」春二月，遣張良操印立韓信爲齊王，徵其兵擊楚。

項王聞龍且死，大懼，使盱台人武涉往說齊王信曰：「天下共苦秦久矣，相與戮力擊秦。秦已破，計功割地，分土而王之，以休士卒。今漢王復興兵而東，侵人之分，奪人之地，已破三秦，引兵出關，收諸侯之兵以東擊楚，其意非盡吞天下者不休，其不知厭足如是甚也。且漢王不可必，身居項王掌握中數矣，項王憐而活之，然得脱，輒倍約，復擊項王，其不可親信如此。今足下雖自以與漢王爲厚交，爲之盡力用兵，必終爲所禽矣。足下所以得須臾至今者，以項王尚存也。當今二王之事，權在足下。足下右投則漢王勝，左投則項王勝。項王今日亡，則次取足下。足下與項王有故，何不反漢，與楚連和，參分天下王之？今釋此時，而自必於漢以擊楚，且爲智者固若此乎！」韓信謝曰：「臣事項王，官不過郎中，位不過執戟，言不聽，畫不用，故倍楚而歸漢。漢王授我上將軍印，予我數萬衆，解衣衣我，推食食我，言聽計用，故吾得以至於此。夫人深親信我，我倍之，不祥，雖死不易。幸爲信謝項王。」

武涉已去，蒯徹知天下權在信，乃以相人之術說信曰：「僕相君之面，不過封侯，又危不安；相君之背，貴乃不可言。」韓信曰：「何謂也？」蒯徹曰：「天下初發難也，憂在亡秦而已。今楚、漢分争，使天下之人肝膽塗地，父子暴骸骨於中野，不可勝數。楚人越彭城，轉鬭逐北，乘利席卷，威震天下；然兵困於京、索之間，迫西山而不能進者，三年於此矣。漢王將數十萬之衆，距鞏、雒，阻山、河之險，一日數戰，無尺寸之功，折北不救，此所謂智勇俱困者也。百姓罷極怨望，無所歸倚。以臣料之，其勢非天下之賢聖固不能息天下之禍。當今兩主之命縣於足下，足下爲漢則漢勝，與楚則楚勝。誠能聽臣之計，莫若兩利而俱存之，參分天下，鼎足而居，其勢莫敢先動。夫以足下之賢聖，有甲兵之衆，據强齊，從燕、趙，出空虚之地而制其後，因民之欲，西鄉爲百姓請命，則天下風走而響應矣，孰敢不聽！割大弱强，以立諸侯，諸侯已立，天下服聽而歸德於齊。案齊之故，有膠、泗之地，深拱揖讓，則天下之君王相率而朝於齊矣。蓋聞天與弗取，反受其咎；時至不行，反受其殃。願足下熟慮之。」韓信曰：「漢王遇我甚厚，吾豈可以鄉利而倍義乎！」蒯生曰：「始常山王、成安君爲布衣時，相與爲刎頸之交，後争張黶、陳澤之事，常山王殺成安君泜水之南，頭足異處。此二人相與，天下至驩也，然而卒相禽者何也？患生於多欲而人心難測也。今足下欲行忠信以交於漢王，必不能固於二君之相與也，而事多大於張黶、陳澤者。故臣以爲足下必漢王之不危己，亦誤矣。大夫種存亡越，霸句踐，立功成名而身死亡。野獸已盡而獵狗烹。夫以交友言之，則不如張耳之與成安君者也；以忠信言之，則不過大夫種之於句踐也。此二者足以觀矣，願足下深慮之！且臣聞勇略震主者身危，功蓋天下者不賞。今足下戴震主之威，挾不賞之功，歸楚，楚人不信，歸漢，漢人震恐，足下欲持是安歸乎？」韓信謝曰：「先生且休矣，吾將念之。」後數日，蒯徹復説曰：「夫聽者，事之候也。計者，事之機也。聽過計失而能久安者，鮮矣。故知者，決之斷也。疑者，事之害也。審毫釐之小計，遺天下之大數，智誠知之，決弗敢行者，百事之禍也。夫功者，難成而易敗，時者，難得而易失也。時乎，時不再來！」韓信猶豫，不忍倍漢，又自以爲功多，漢終不奪我齊，遂謝。蒯徹因去，佯狂爲巫。

五年冬十月，漢王追項羽至固陵，與韓信、彭越期會擊楚。信、越不至，漢王用張良計分地以王二人。事見高帝滅楚。

十二月，漢王還至定陶，馳入齊王信壁，奪其軍。春正月，更立齊王信爲楚王，王淮北，都下邳。封魏相國建城侯彭越爲梁王，王魏故地，都定陶。

六年冬十月，人有上書告楚王信反者。帝以問諸將，皆曰：「亟發兵，坑豎子耳！」帝默然。又問陳平，陳平曰：「人上書言信反，信知之乎？」曰：「不知。」陳平曰：「陛下精兵孰與楚？」上曰：「不能過。」平曰：「陛下諸將用兵有能過韓信者乎？」上曰：「莫及也。」平曰：「今兵不如楚精，而將不能及，舉兵攻之，是趣之戰也，竊爲陛下危之。」上曰：「爲之奈何？」平曰：「古者天子有巡狩，會諸侯。陛下第出僞游雲夢，會諸侯於陳。陳，楚之西界，信聞天子以好出游，其勢必無事而郊迎謁。謁而陛下因禽之，此特一力士之事耳。」帝以爲然，乃發使告諸侯會陳，「吾將南游雲夢」。上因隨以行。

楚王信聞之，自疑懼，不知所爲。或說信曰：「斬鍾離眛以謁上，上必喜，無患。」信從之。十二月，上會諸侯於陳，信持眛首謁上。上令武士縛信，載後車。信曰：「果若人言：『狡兔死，走狗烹。高鳥盡，良弓藏。敵國破，謀臣亡。』天下已定，我固當烹。」上曰：「人告公反。」遂械繫信以歸，因赦天下。

田肯賀上曰：「陛下得韓信，又治秦中。秦，形勝之國也，帶河阻山，地勢便利，其以下兵於諸侯，譬猶居高屋之上建瓴水也。夫齊，東有琅邪、即墨之饒，南有泰山之固，西有濁河之限，北有勃海之利，地方二千里，持戟百萬，此東西秦也，非親子弟莫可使王齊者。」上曰：「善。」賜金五百斤。上還，至洛陽，赦韓信，封爲淮陰侯。

信知漢王畏惡其能，多稱病，不朝從。居常鞅鞅，羞與絳、灌等列。嘗過樊將軍噲，噲跪拜送迎，言稱臣，曰：「大王乃肯臨臣！」信出門，笑曰：「生乃與噲等爲伍！」上嘗從容與信言諸將能將兵多少。上問曰：「如我能將幾何？」信曰：「陛下不過能將十萬。」上曰：「於君何如？」曰：「臣多多而益善耳。」上笑曰：「多多益善，何爲爲我禽？」信曰：「陛下不能將兵而善將將，此乃信之所以爲陛下禽也。且陛下，所謂天授，非人力也。」

十年。初，上以陽夏侯陳豨爲相國，監趙、代邊兵。豨過辭淮陰侯，淮陰侯挈其手，辟左右，與之步於庭，仰天歎曰：「子可與言乎？」豨曰：「唯將軍令之。」淮陰侯曰：「公之所居，天下精兵處也，而公，陛下之信幸臣也。人言公之畔，陛下必不信；再至，陛下乃疑矣；三至，必怒而自將。吾爲公從中起，天下可圖也。」陳豨素知其能也，信之，曰：「謹奉教。」

豨常慕魏無忌之養士，及爲相守邊，告歸，過趙，賓客隨之者千餘乘，邯鄲官舍皆滿。趙相周昌求入見上，具言豨賓客甚盛，擅兵於外數歲，恐有變。上令人覆案豨客居代者諸不法事，多連引豨。豨恐，韓王信因使王黄、曼丘臣等説誘之。

太上皇崩，上使人召豨，豨稱病不至。九月，遂與王黄等反，自立爲代王，劫略趙、代。上自東擊之，至邯鄲，喜曰：「豨不南據邯鄲而阻漳水，吾知其無能爲矣。」周昌奏：「常山二十五城，亡其二十城，請誅守、尉。」上曰：「守、尉反乎？」對曰：「不。」上曰「是力不足，亡罪。」上令周昌選趙壯士可令將者，白見四人，上嫚駡曰：「豎子能爲將乎？」四人慚，皆伏地。上封各千户，以爲將。左右諫曰：「從入蜀、漢，伐楚，賞未徧行，今封此，何功？」上曰：「非汝所知。陳豨反，趙、代地皆豨有。吾以羽檄徵天下兵，未有至者，今計唯獨邯鄲中兵耳。吾何愛四千户不以慰趙子弟！」皆曰：「善。」又聞豨將皆故賈人，上曰：「吾知所以與之矣。」乃多以金購豨將，豨將多降。

十一年冬，上在邯鄲。陳豨將侯敞將萬餘人游行，王黄將騎千餘軍曲逆，張春將卒萬餘人渡河攻聊城。漢將軍郭蒙與齊將擊，大破之。太尉周勃道太原入定代地，至馬邑，不下，攻殘之。趙利守東垣，帝攻拔之，更命曰真定。帝購王黄、曼丘臣以千金，其麾下皆生致之，於是陳豨軍遂敗。

淮陰侯信稱病，不從擊豨，陰使人至豨所，與通謀。信謀與家臣夜詐詔赦諸官徒、奴，欲發以襲呂后、太子。部署已定，待豨報。其舍人得罪於信，信因欲殺之。春正月，舍人弟上變，告信欲反狀於呂后。呂后欲召，恐其儻不就。乃與蕭相國謀，詐令人從上所來，言豨已得，死，列侯羣臣皆賀。相國紿信曰：「雖疾，强入賀。」信入，呂后使武士縛信，斬之長樂鍾室。信方斬，曰：「吾悔不用蒯徹之計，乃爲兒女子所詐，豈非天哉！」遂夷信三族。

臣光曰：世或以韓信爲首建大策，與高祖起漢中，定三秦，遂分兵以北，禽魏、取代、仆趙、脅燕，東擊齊而有之，南滅楚垓下。漢之所以得天下者，大抵皆信之功也。觀其距蒯徹之説，迎高祖於陳，豈有反心哉？良由失職怏怏，遂陷悖逆。夫以盧綰里閈舊恩，猶南面王燕，信乃以列侯奉朝請，豈非高祖亦有負於信哉！臣以爲高祖用詐謀禽信於陳，言負則有之，雖然，信亦有以取之也。始，漢與楚相距滎陽，信滅齊，不還報而自王。其後漢追楚至固陵，與信期共攻楚，而信不至。當是之時，高祖固有取信之心矣，顧力不能耳。及天下已定，則信復何恃哉？夫乘時以徼利者，市井之志也。醻功而報德者，士君子之心也。信以市井之志利其身，而以士君子之心望於人，不亦難哉！是故太史公論之曰：「假令韓信學道謙讓，不伐己功，不矜其能，則庶幾哉！於漢家勳可以比周、召、太公之徒，後世血食矣。不務出此，而天下已集，乃謀畔逆，夷滅宗族，不亦宜乎！」

上還洛陽，聞淮陰侯之死，且喜且憐之。問呂后曰：「信死亦何言？」呂后曰：「信言恨不用蒯徹計。」上曰：「是齊辯士蒯徹也。」乃詔齊捕蒯徹。蒯徹至，上曰：「若教淮陰侯反乎？」對曰：「然。臣固教之，豎子不用臣之策，故令自夷於此。如用臣之計，陛下安得而夷之乎！」上怒曰：「烹之！」徹曰：「嗟乎，冤哉烹也！」上曰：「若教韓信反，何冤？」對曰：「秦失其鹿，天下共逐之，高材疾足者先得焉。蹠之狗吠堯，堯非不仁，狗固吠非其主。當是時，臣唯獨知韓信，非知陛下也。且天下鋭精持鋒欲爲陛下所爲者甚衆，顧力不能耳，又可盡烹之邪！」上曰：「置之。」

上之擊陳豨也，徵兵於梁，梁王稱病，使將將兵詣邯鄲。上怒，使人讓之。梁王恐，欲自往謝。其將扈輒曰：「王始不往，見讓而往，往則爲禽矣。不如遂發兵反。」梁王不聽。梁太僕得罪亡走漢，告梁王與扈輒謀反。於是上使使掩梁王，梁王不覺，遂囚之洛陽。有司治反形已具，請論如法。上赦以爲庶人，傳處蜀青衣。西至鄭，逢呂后從長安來，彭王爲呂后泣涕，自言無罪，願處故昌邑。呂后許諾，與俱東。至洛陽，呂后白上曰：「彭王壯士，今徙之蜀，此自遺患，不如遂誅之。妾謹與俱來。」於是呂后乃令其舍人告彭越復謀反。廷尉王恬開奏請族之，上可其奏。三月，夷越三族，梟越首洛陽。下詔：「有收視者，輒捕之。」

梁大夫欒布使於齊還，奏事越頭下，祠而哭之。吏捕以聞。上召布駡，欲烹之。方提趨湯，布顧曰：「願一言而死。」上曰：「何言？」布曰：「方上之困於彭城，敗滎陽、成皋間，項王所以遂不能西者，徒以彭王居梁地，與漢合從苦楚也。當是之時，王一顧，與楚則漢破，與漢而楚破。且垓下之會，微彭王，項氏不亡。天下已定，彭王剖符受封，亦欲傳之萬世。今陛下一徵兵於梁，彭王病不行，而陛下疑以爲反，反形未具，以苛小案誅滅之，臣恐功臣人人自危也。今彭王已死，臣生不如死，請就烹。」於是上乃釋布罪，拜爲都尉。

秋七月，淮南王布反。初，淮陰侯死，布已心恐。及彭越誅，醢其肉以賜諸侯。使者至淮南，淮南王方獵，見醢，因大恐，陰令人部聚兵，候伺旁郡警急。布所幸姬病，就醫，醫家與中大夫賁赫對門，赫乃厚餽遺，從姬飲醫家。王疑其與亂，欲捕赫。赫乘傳詣長安上變，言布謀反有端，可先未發誅也。上讀其書，語蕭相國。相國曰：「布不宜有此，恐仇怨妄誣之。請繫赫，使人微驗淮南王。」淮南王布見赫以罪亡，上變，固已疑其言國陰事；漢使又來，頗有所驗。遂族赫家，發兵反。反書聞，上乃赦賁赫，以爲將軍。

上召諸將問計，皆曰：「發兵擊之，坑豎子耳，何能爲乎！」汝陰侯滕公召故楚令尹薛公問之，令尹曰：「是固當反。」滕公曰：「上裂地而封之，疏爵而王之，其反何也？」令尹曰：「往年殺彭越，前年殺韓信，此三人者，同功一體之人也，自疑禍及身，故反耳。」滕公言之上，上乃召見，問薛公。薛公對曰：「布反不足怪也。使布出於上計，山東非漢之有也；出於中計，勝敗之數未可知也；出於下計，陛下安枕而卧矣。」上曰：「何謂上計？」對曰：「東取吴，西取楚，并齊取魯，傳檄燕、趙，固守其所，山東非漢之有也。」「何謂中計？」「東取吴，西取楚，并韓取魏，據敖倉之粟，塞成皋之口，勝敗之數未可知也。」「何謂下計？」「東取吴，西取下蔡，歸重於越，身歸長沙，陛下安枕而卧，漢無事矣。」

上曰：「是計將安出？」對曰：「出下計。」上曰：「何謂廢上、中計而出下計？」對曰：「布，故麗山之徒也，自致萬乘之主，此皆爲身，不顧後爲百姓萬世慮者也，故曰出下計。」上曰：「善。」封薛公千户。乃立皇子長爲淮南王。

是時，上有疾，欲使太子往擊黥布，太子客東園公、綺里季、夏黄公、角里先生説建成侯吕釋之曰：「太子將兵，有功則位不益，無功則從此受禍矣。君何不急請吕后承間爲上泣言：『黥布，天下猛將也，善用兵。今諸將皆陛下故等夷，乃令太子將此屬，無異使羊將狼，莫肯爲用，且使布聞之則鼓行而西耳。上雖病，强載輜車，卧而護之，諸將不敢不盡力。上雖苦，爲妻子自强。』」於是吕釋之立夜見吕后。吕后承間爲上泣涕而言，如四人意。上曰：「吾惟豎子固不足遣，而公自行耳！」

於是上自將兵而東，羣臣居守，皆送至霸上。留侯病，自强起，至曲郵，見上曰：「臣宜從，病甚。楚人剽疾，願上無與争鋒。」因説上令太子爲將軍，監關中兵。上曰：「子房雖病，强卧而傅太子。」是時叔孫通爲太傅，留侯行少傅事。發上郡、北地、隴西車騎、巴蜀材官及中尉卒三萬人爲皇太子衛，軍霸上。

布之初反，謂其將曰：「上老矣，厭兵，必不能來。使諸將，諸將獨患淮陰、彭越，今皆已死，餘不足畏也。」故遂反。果如薛公之言，東擊荆。荆王賈走，死富陵。盡劫其兵，渡淮擊楚。楚發兵與戰徐、僮間，爲三軍，欲以相救爲奇。或說楚將曰：「布善用兵，民素畏之。且兵法，諸侯自戰其地爲散地。今别爲三，彼敗吾一軍，餘皆走，安能相救！」不聽。布果破其一軍，其二軍散走。布遂引兵而西。

十二年冬十月，上與布兵遇於蘄西。布兵精甚，上壁庸城，望布軍置陳如項籍軍，上惡之。與布相望見，遥謂布曰：「何苦而反？」布曰：「欲爲帝耳。」上怒，罵之，遂大戰。布軍敗，走渡淮，數止戰，不利，與百餘人走江南。上令别將追之。

漢别將擊英布軍洮水南北，皆大破之。布故與番君婚，以故長沙成王臣使人誘布，僞欲與亡走越。布信而隨之，番陽人殺布兹鄉民田舍。

周勃悉定代郡、雁門、雲中地，斬陳豨於當城。

陳豨之反也，燕王綰發兵擊其東北。當是時，陳豨使王黄求救匈奴，燕王綰亦使其臣張勝於匈奴，言豨等軍破。張勝至胡，故燕王臧荼子衍出亡在胡，見張勝曰：「公所以重於燕者，以習胡事也。燕所以久存者，以諸侯數反，兵連不決也。今公爲燕，欲急滅豨等，豨等已盡，次亦至燕，公等亦且爲虜矣。公何不令燕且緩陳豨而與胡和。事寬，得長王燕，即有漢急，可以安國。」張勝以爲然，乃私令匈奴助豨等擊燕。燕王綰疑張勝與胡反，上書請族張勝。勝還，具道所以爲者。燕王乃詐論他人，脱勝家屬，使得爲匈奴間。而陰使范齊之陳豨所，欲令久亡，連兵勿決。

漢擊黥布，豨常將兵居代。漢擊斬豨，其裨將降，言燕王綰使范齊通計謀於豨所。帝使使召盧綰，綰稱病。上又使辟陽侯審食其、御史大夫趙堯往迎燕王，因驗問左右。綰愈恐，閉匿，謂其幸臣曰：「非劉氏而王，獨我與長沙耳。往年春，漢族淮陰，夏，誅彭越，皆呂氏計。今上病，屬任呂后，呂后婦人，專欲以事誅異姓王者及大功臣。」乃遂稱病不行，其左右皆亡匿。語頗泄，辟陽侯聞之，歸具報上，上益怒。又得匈奴降者，言張勝亡在匈奴爲燕使。於是上曰：「盧綰果反矣！」春二月，使樊噲以相國將兵擊綰，立皇子建爲燕王。

盧綰與數千人居塞下候伺，幸上疾愈，自入謝。聞帝崩，遂亡入匈奴。

匈奴和親

漢高祖六年。初，匈奴畏秦，北徙十餘年。及秦滅，匈奴復稍南渡河。

單于頭曼有太子曰冒頓。後有所愛閼氏生少子，頭曼欲立之。是時東胡强而月氏盛，乃使冒頓質於月氏。既而頭曼急擊月氏，月氏欲殺冒頓。冒頓盜其善馬，騎之亡歸。頭曼以爲壯，令將萬騎。冒頓乃作鳴鏑，習勒其騎射。令曰：「鳴鏑所射而不悉射者，斬之！」冒頓乃以鳴鏑自射其善馬，既又射其愛妻，左右或不敢射者皆斬之。最後以鳴鏑射單于善馬，左右皆射之。於是冒頓知其可用，從頭曼獵，以鳴鏑射頭曼，其左右亦皆隨鳴鏑而射。遂殺頭曼，盡誅其後母與弟及大臣不聽從者。冒頓自立爲單于。

東胡聞冒頓立，乃使使謂冒頓，欲得頭曼時千里馬。冒頓問羣臣，羣臣皆曰：「此匈奴寶馬也，勿與。」冒頓曰：「奈何與人鄰國而愛一馬乎！」遂與之。居頃之，東胡又使使謂冒頓，欲得單于一閼氏。冒頓復問左右，左右皆怒曰：「東胡無道，乃求閼氏，請擊之！」冒頓曰：「奈何與人鄰國愛一女子乎！」遂取所愛閼氏予東胡。東胡王愈益驕。東胡與匈奴中間有棄地，莫居千餘里，各居其邊，爲甌脱。東胡使使謂冒頓：「此棄地，欲有之。」冒頓問羣臣，羣臣或曰：「此棄地，予之亦可，勿與亦可。」於是冒頓大怒曰：「地者國之本也，奈何予之！」諸言予之者皆斬之。冒頓上馬，令國中有後出者斬，遂襲擊東胡。東胡初輕冒頓，不爲備，冒頓遂滅東胡。既歸，又西擊走月氏，南并樓煩、白羊河南王，遂侵燕、代，悉復收蒙恬所奪匈奴故地，與漢關故河南塞至朝那、膚施。是時漢兵方與項羽相距，中國罷於兵革，以故冒頓得自强，控弦之士三十餘萬，威服諸國。

秋，匈奴圍韓王信於馬邑，信數使使胡求和解。漢發兵救之，疑信數間使，有二心，使人責讓信。信恐誅，九月，以馬邑降匈奴。匈奴冒頓因引兵南踰句注，攻太原，至晉陽。

七年冬十月，上自將擊韓王信，破其軍於銅鞮，斬其將王喜。信亡走匈奴。白土人曼丘臣、王黄等立趙苗裔趙利爲王，復收信敗散兵，與信及匈奴謀攻漢。匈奴使左右賢王將萬餘騎，與王黄等屯廣武以南，至晋陽。漢兵擊之，匈奴輒敗走，已復屯聚，漢兵乘勝追之。會天大寒雨雪，士卒墮指者什二三。

上居晋陽，聞冒頓居代谷，欲擊之。使人覘匈奴，冒頓匿其壯士、肥牛馬，但見老弱及羸畜。使者十輩來，皆言匈奴可擊。上復使劉敬往使匈奴，未還，漢悉兵三十二萬北逐之，踰句注。劉敬還報曰：「兩國相擊，此宜夸矜見所長。今臣往，徒見羸瘠老弱，此必欲見短，伏奇兵以争利。愚以爲匈奴不可擊也。」是時漢兵已業行，上怒，駡劉敬曰：「齊虜，以口舌得官，今乃妄言沮吾軍！」械繫敬廣武。

帝先至平城，兵未盡到，冒頓縱精兵四十萬騎，圍帝於白登七日，漢兵中外不得相救餉。帝用陳平祕計，使使間厚遺閼氏。閼氏謂冒頓曰：「兩主不相困。今得漢地，而單于終非能居之也。且漢主亦有神靈，單于察之。」冒頓與王黄、趙利期，而黄、利兵不來，疑其與漢有謀，乃解圍之一角。會天大霧，漢使人往來，匈奴不覺。陳平請令强弩傅兩矢外鄉，從解角直出。帝出圍，欲驅，太僕滕公固徐行。至平城，漢大軍亦到，胡騎遂解去。漢亦罷兵歸，令樊噲止定代地。上至廣武赦劉敬，曰：「吾不用公言，以困平城。吾皆已斬前使十輩矣。」乃封敬二千户爲關内侯，號爲建信侯。帝南過曲逆，曰：「壯哉縣，吾行天下，獨見洛陽與是耳！」乃更封陳平爲曲逆侯，盡食之。平從帝征伐，凡六出奇計，輒益封邑焉。

十二月，匈奴攻代，代王喜棄國自歸，赦爲郃陽侯。

八年。匈奴冒頓數苦北邊，上患之，問劉敬。劉敬曰：「天下初定，士卒罷於兵，未可以武服也。冒頓殺父代立，妻羣母，以力爲威，未可以仁義説也。獨可以計久遠，子孫爲臣耳，然恐陛下不能爲。」上曰：「奈何？」對曰：「陛下誠能以適長公主妻之，厚奉遺之，彼必慕以爲閼氏，生子必爲太子。陛下以歲時漢所餘，彼所鮮，數問遺，因使辯士風諭以禮節。冒頓在，固爲子壻，死，則外孫爲單于。豈嘗聞外孫敢與大父抗禮者哉！可無戰以漸臣也。若陛下不能遣長公主，而令宗室及後宫詐稱公主，彼知不肯貴近，無益也。」帝曰：「善。」欲遣長公主，吕后日夜泣曰：「妾唯太子、一女，奈何棄之匈奴！」上竟不能遣。

九年冬，上取家人子名爲長公主，以妻單于，使劉敬往結和親約。

臣光曰：建信侯謂冒頓殘賊，不可以仁義説，而欲與爲婚姻，何前後之相違也！夫骨肉之恩，尊卑之敍，唯仁義之人爲能知之，奈何欲以此服冒頓哉？蓋上世帝王之御夷狄也，服則懷之以德，叛則震之以威，未聞與爲婚姻也。且冒頓視其父如禽獸而獵之，奚有於婦翁？建信侯之術，固已疏矣，況魯元已爲趙后，又可奪乎！

惠帝三年春，以宗室女爲公主，嫁匈奴冒頓單于。是時冒頓方强，爲書使使遺高后，辭極褻嫚。高后大怒，召將相大臣議斬其使者，發兵擊之。樊噲曰：「臣願得十萬衆横行匈奴中。」中郎將季布曰：「噲可斬也！前匈奴圍高帝於平城，漢兵三十二萬，噲爲上將軍不能解圍。今歌吟之聲未絶，傷夷者甫起，而噲欲摇動天下，妄言以十萬衆横行，是面謾也。且夷狄譬如禽獸，得其善言不足喜，惡言不足怒也。」高后曰：「善。」令大謁者張釋報書，深自謙遜以謝之，并遺以車二乘，馬二駟。冒頓復使使來謝曰：「未嘗聞中國禮義，陛下幸而赦之。」因獻馬，遂和親。

高后六年四月，匈奴寇狄道，攻阿陽。

七年冬十二月，匈奴寇狄道，略二千餘人。

文帝前三年五月，匈奴右賢王入居河南地，侵盗上郡保塞蠻夷，殺略人民。上幸甘泉，遣丞相灌嬰發車騎八萬五千，詣高奴擊右賢王，發中尉材官屬衛將軍，軍長安。右賢王走出塞。

六年冬十月，匈奴單于遺漢書曰：「前時皇帝言和親事，稱書意，合歡。漢邊吏侵侮右賢王，右賢王不請，聽後義盧侯難支等計，與漢吏相距。絶二主之約，離兄弟之親，故罰右賢王，使之西求月氏，擊之。以天之福，吏卒良，馬力强，以夷滅月氏，盡斬殺降下，定之。樓蘭、烏孫、呼揭及其旁二十六國，皆已爲匈奴。諸引弓之民，并爲一家。北州已定，願寢兵休士卒養馬，除前事，復故約，以安邊民。皇帝即不欲匈奴近塞，則且詔吏民遠舍。」帝報書曰：「單于欲除前事，復故約，朕甚嘉之，此古聖王之志也。漢與匈奴約爲兄弟，所以遺單于甚厚。倍約離兄弟之親者，常在匈奴。然右賢王事已在赦前，單于勿深誅。單于若稱書意，明告諸吏，使無負約，有信，敬如單于書。」

後頃之，冒頓死，子稽粥立，號曰老上單于。老上單于初立，帝復遣宗室女翁主爲單于閼氏，使宦者燕人中行說傅翁主。說不欲行，漢强使之。說曰：「必我也，爲漢患者。」中行說既至，因降單于，單于甚親幸之。

初，匈奴好漢繒絮、食物。中行說曰：「匈奴人衆不能當漢之一郡，然所以强者，以衣食異，無仰於漢也。今單于變俗，好漢物，漢物不過什二，則匈奴盡歸於漢矣。其得漢繒絮，以馳草棘中，衣袴皆裂敝，以示不如旃裘之完善也。得漢食物，皆去之，以示不如湩酪之便美也。」於是說教單于左右疏記，以計課其人衆畜牧。其遺漢書牘及印封皆令長大，倨傲其辭，自稱「天地所生日月所置匈奴大單于」。漢使或訾笑匈奴俗無禮義者，中行說輒窮漢使曰：「匈奴約束徑，易行；君臣簡，可久。一國之政猶一體也，故匈奴雖亂必立宗種。今中國雖云有禮義，及親屬益疏則相殺奪，以至易姓，皆從此類也。嗟！土室之人，顧無多辭，喋喋佔佔。顧漢所輸匈奴繒絮、米糵，令其量中、必善美而已矣，何以言爲乎？且所給備善則已；不備，苦惡，則候秋熟，以騎馳蹂而稼穡耳。」

梁太傅賈誼上疏曰：「天下之勢方倒縣。凡天子者，天下之首。何也？上也。蠻夷者，天下之足。何也？下也。今匈奴嫚侮侵掠，至不敬也，而漢歲致金絮采繒以奉之。足反居上，首顧居下，倒縣如此，莫之能解，猶爲國有人乎？可爲流涕者此也。今不獵猛敵而獵田彘，不搏反寇而搏畜菟，翫細娛而不圖大患，德可遠加而直數百里外，威令不伸，可爲流涕者此也。」

十一年（冬十一月）〔夏六月〕，匈奴寇狄道。時匈奴數爲邊患，太子家令潁川鼂錯上言兵事曰：「兵法曰：『有必勝之將，無必勝之民。』由此觀之，安邊境，立功名，在於良將，不可不擇也。臣又聞用兵臨戰合刃之急者三：一曰得地形，二曰卒服習，三曰器用利。兵法，步兵、車騎、弓弩、長戟、矛鋋、劍楯之地，各有所宜，不得其宜者或十不當一。士不選練，卒不服習，起居不精，動靜不集，趨利弗及，避難不畢，前擊後解，與金鼓之指相失，此不習勒卒之過也，百不當十。兵不完利與空手同，甲不堅密與袒裼同，弩不可以及遠與短兵同，射不能中與無矢同，中不能入與無鏃同，此將不省兵之禍也，五不當一。故兵法曰：『器械不利，以其卒予敵也；卒不可用，以其將予敵也；將不知兵，以其主予敵也；君不擇將，以其國予敵也。』四者，兵之至要也。臣又聞小大異形，强弱異勢，險易異備。夫卑身以事强，小國之形也；合小以攻大，敵國之形也；以蠻夷攻蠻夷，中國之形也。今匈奴地形、技藝與中國異：上下山阪，出入溪澗，中國之馬弗與也；險道傾仄，且馳且射，中國之騎弗與也；風雨罷勞，飢渴不困，中國之人弗與也。此匈奴之長技也。若夫平原易地，輕車突騎，則匈奴之衆易橈亂也；勁弩長戟，射疏及遠，則匈奴之弓弗能格也；堅甲利刃，長短相雜，遊弩往來，什伍俱前，則匈奴之兵弗能當也；材官騶發，矢道同的，則匈奴之革笥木薦弗能支也；下馬地鬭，劍戟相接，去就相薄，則匈奴之足弗能給也。此中國之長技也。以此觀之，匈奴之長技三，中國之長技五，陛下又興數十萬之衆，以誅數萬之匈奴，衆寡之計，以一擊十之術也。雖然，兵凶器，戰危事也，故以大爲小，以强爲弱，在俛仰之間耳。夫以人之死爭勝，跌而不振，則悔之無及也。帝王之道，出於萬全。今降胡、義渠、蠻夷之屬來歸誼者，其衆數千，飲食、長技與匈奴同，可賜之堅甲、絮衣、勁弓、利矢，益以邊郡之良騎，令明將能知其習俗和輯其心者，以陛下之明約將之。即有險阻，以此當之；平地通道，則以輕車材官制之。兩軍相爲表裏，各用其長技，衡加之以衆，此萬全之術也。」帝嘉之，賜錯書，寵答焉。

錯又上言曰：「臣聞秦起兵而攻胡、粤者，非以衛邊地而救民死也，貪戾而欲廣大也，故功未立而天下亂。且夫起兵而不知其勢，戰則爲人禽，屯則卒積死。夫胡貉之人其性耐寒，揚粵之人其性耐暑，秦之戍卒不耐其水土，戍者死於邊，輸者僨於道。秦民見行，如往棄市，因以讁發之，名曰『讁戍』。先發吏有讁及贅壻、賈人，後以嘗有市籍者，又後以大父母、父母嘗有市籍者，後入閭取其左。發之不順，行者憤怨，有萬死之害而亡銖兩之報，死事之後不得一算之復，天下明知禍烈及己也。陳勝行戍，至於大澤，爲天下先倡，天下從之如流水者，秦以威劫而行之之敝也。胡人衣食之業不著於地，其勢易以擾亂邊境，往來轉徙，時至時去。此胡人之生業，而中國之所以離南畮也。今胡人數轉牧行獵於塞下，以候備塞之卒，卒少則入。陛下不救，則邊民絕望而有降敵之心；救之，少發則不足，多發，遠縣纔至，則胡又已去。聚而不罷，爲費甚大，罷之則胡復入。如此連年，則中國貧苦而民不安矣。陛下幸憂邊境，遣將吏發卒以治塞，甚大惠也。然令遠方之卒守塞，一歲而更，不知胡人之能。不如選常居者家室田作，且以備之，以便爲之高城深塹。要害之處，通川之道，調立城邑，毋下千家。先爲室屋，具田器，乃募民免罪、拜爵、復其家，予冬夏衣，稟食，能自給而止。塞下之民，禄利不厚，不可使久居危難之地。胡人入驅而能止其所驅者，以其半予之，縣官爲贖其民。如是則邑里相救助，赴胡不避死。非以德上也，欲全親戚而利其財也。此與東方之戍卒，不習地勢而心畏胡者，功相萬也。以陛下之時，徙民實邊，使遠方無屯戍之事。塞下之民，父子相保，無係虜之患。利施後世，名稱聖明，其與秦之行怨民，相去遠矣。」上從其言，募民徙塞下。

錯復言：「陛下幸募民徙以實塞下，使屯戍之事益省，輸將之費益寡，甚大惠也。下吏誠能稱厚惠，奉明法，存卹所徙之老弱，善遇其壯士，和輯其心而勿侵刻，使先至者安樂而不思故鄉，則貧民相慕而勸往矣。臣聞古之徙民者，相其陰陽之和，嘗其水泉之味，然後營邑立城，製里割宅，先爲築室，家置器物焉。民至有所居，作有所用，此民所以輕去故鄉而勸之新邑也。爲置醫巫以救疾病，以脩祭祀，男女有婚，生死相卹，墳墓相從，種樹畜長，室屋完安，此所以使民樂其處而有長居之心也。臣又聞古之制邊縣以備敵也，使五家爲伍，伍有長；十長一里，里有假士；四里一連，連有假五百；十連一邑，邑有假候：皆擇其邑之賢材有護、習地形、知民心者。居則習民於射法，出則教民於應敵，故卒伍成於內，則軍政定於外。服習以成，勿令遷徙，幼則同遊，長則共事。夜戰聲相知，則足以相救，晝戰目相見，則足以相識，驩愛之心足以相死。如此而勸以厚賞，威以重罰，則前死不還踵矣。所徙之民非壯有材者，但費衣糧，不可用也。未有材力，不得良吏，猶亡功也。陛下絕匈奴不與和親，臣竊意其冬來南也。壹大治，則終身創矣。欲立威者始於折膠，來而不能困，使得氣去，後未易服也。」

十四年冬，匈奴老上單于十四萬騎入朝那、蕭關，殺北地都尉卬，虜人民畜産甚多；遂至彭陽，使奇兵入燒回中宫，候騎至雍甘泉。帝以中尉周舍、郎中令張武爲將軍，發車千乘，騎卒十萬，軍長安旁以備胡寇，而拜昌侯盧卿爲上郡將軍，甯侯魏遬爲北地將軍，隆慮侯周竈爲隴西將軍，屯三郡。上親勞軍，勒兵申教令，賜吏卒，自欲征匈奴。羣臣諫，不聽，皇太后固要，上乃止。於是以東陽侯張相如爲大將軍，成侯董赤、内史欒布皆爲將軍，擊匈奴。單于留塞内，月餘乃去。漢逐出塞即還，不能有所殺。

後二年，匈奴連歲入邊，殺略人民、畜産甚多，雲中、遼東最甚，郡萬餘人。上患之，乃使使遺匈奴書，單于亦使當户報謝，復與匈奴和親。

三年，匈奴老上單于死，子軍臣單于立。

六年冬，匈奴三萬騎入上郡，三萬騎入雲中，所殺略甚衆，烽火通於甘泉、長安。以中大夫令免爲車騎將軍，屯飛狐；故楚相蘇意爲將軍，屯句注；將軍張武屯北地；河内太守周亞夫爲將軍，次細柳；宗正劉禮爲將軍，次霸上；祝兹侯徐厲爲將軍，次棘門，以備胡。上自勞軍，至霸上及棘門軍，直馳入，將以下騎送迎。已而之細柳軍，軍士吏被甲，鋭兵刃，彀弓弩持滿。天子先驅至，不得入。先驅曰：「天子且至。」軍門都尉曰：「將軍令曰：『軍中聞將軍令，不聞天子之詔。』」居無何，上至，又不得入。於是上乃使使持節詔將軍：「吾欲入營勞軍。」亞夫乃傳言開壁門。壁門士請車騎曰：「將軍約，軍中不得驅馳。」於是天子乃按轡徐行。至營，將軍亞夫持兵揖曰：「介胄之士不拜，請以軍禮見。」天子爲動，改容，式車，使人稱謝：「皇帝敬勞將軍。」成禮而去。既出軍門，羣臣皆驚。上曰：「嗟乎，此真將軍矣！曩者霸上、棘門軍，若兒戲耳，其將固可襲而虜也。至於亞夫，可得而犯邪！」稱善者久之。月餘，漢兵至邊，匈奴亦遠塞，漢兵亦罷。乃拜周亞夫爲中尉。

孝景元年夏四月，遣御史大夫青至代下與匈奴和親。

二年秋，與匈奴和親。

五年，遣公主嫁匈奴單于。

中二年春二月，匈奴入燕。

六年六月，匈奴入雁門，至武泉，入上郡，取苑馬，吏卒戰死者二千人。隴西李廣爲上郡太守，嘗從百騎出，卒遇匈奴數千騎，見廣，以爲誘騎，皆驚，上山陳。廣之百騎皆大恐，欲馳還走。廣曰：「吾去大軍數十里，今如此以百騎走，匈奴追射我立盡。今我留，匈奴必以我爲大軍之誘，必不敢擊我。」廣令諸騎曰：「前！」未到匈奴陳二里所，止，令曰：「皆下馬解鞍。」其騎曰：「虜多且近，即有急，奈何？」廣曰：「彼虜以我爲走；今皆解鞍，以示不走，用堅其意。」於是胡騎遂不敢擊。有白馬將出，護其兵，李廣上馬，與十餘騎奔，射殺白馬將，而復還至其騎中，解鞍，令士皆縱馬卧。是時會暮，胡兵終怪之，不敢擊。夜半時，胡兵亦以爲漢有伏軍於旁，欲夜取之，胡皆引兵而去。平旦，李廣乃歸其大軍。

後二年三月，匈奴入雁門，太守馮敬與戰，死。發車騎、材官屯雁門。

孝武建元六年，匈奴來請和親，天子下其議。大行王恢，燕人也，習胡事，議曰：「漢與匈奴和親，率不過數歲，即復倍約。不如勿許，興兵擊之。」韓安國曰：「匈奴遷徙鳥舉，難得而制，自上古不屬爲人。今漢行數千里與之争利，則人馬罷乏；虜以全制其敝，此危道也。不如和親。」羣臣議者多附安國，於是上許和親。

諸呂之變

高祖十年。定陶戚姬有寵於上，生趙王如意。上以太子仁弱，謂如意類己，雖封爲趙王，常留之長安。上之關東，戚姬常從，日夜啼泣，欲立其子。吕后年長，常留守，益疏。上欲廢太子而立趙王，大臣争之，皆莫能得。御史大夫周昌廷争之强，上問其説。昌爲人吃，又盛怒，曰：「臣口不能言，然臣期期知其不可。陛下欲廢太子，臣期期不奉詔。」上欣然而笑。吕后側耳於東廂聽，既罷，見昌，爲跪謝曰：「微君，太子幾廢！」時趙王年十御史大夫。

者。上曰：「誰可者？」堯曰：「御史大夫昌，其人也。」上乃以昌相趙，而以堯代昌爲

歲，上憂萬歲之後不全也，符璽御史趙堯請爲趙王置貴强相，及吕后、太子、羣臣素所敬憚

十二年十一月，上從破黥布歸，疾益甚，愈欲易太子。張良諫，不聽，因疾不視事。叔孫通諫曰：「昔者晋獻公以驪姬之故，廢太子，立奚齊，晋國亂者數十年，爲天下笑。秦以不蚤定扶蘇，令趙高得以詐立胡亥，自使滅祀，此陛下所親見。今太子仁孝，天下皆聞之。吕后與陛下攻苦食啖，其可背哉！陛下必欲廢適而立少，臣願先伏誅，以頸血汙地。」帝曰：「公罷矣，吾直戲耳。」叔孫通曰：「太子，天下本，本一摇天下振動，奈何以天下爲戲乎！」時大臣固争者多，上知羣臣心皆不附趙王，乃止不立。

初，上擊布時爲流矢所中，行道，疾甚。吕后問曰：「陛下百歲後，蕭相國既死，誰令代之？」上曰：「曹參可。」問其次，曰：「王陵可，然少戇，陳平可以助之。陳平知有餘，然難獨任。周勃重厚少文，然安劉氏者必勃也，可令爲太尉。」吕后復問其次，上曰：「此後亦非乃所知也。」夏四月甲辰，帝崩于長樂宫。

五月己巳，太子即皇帝位，尊皇后曰皇太后。

太后令永巷囚戚夫人，髡鉗，衣赭衣，令舂。遣使召趙王如意，使者三反，趙相周昌謂

使者曰：「高帝屬臣趙王，趙王年少。竊聞太后怨戚夫人，欲召趙王并誅之，臣不敢遣王，王且亦病，不能奉詔。」太后怒，先使人召昌。昌至長安，乃使人復召趙王。王來未到，帝知太后怒，自迎趙王霸上，與入宮，自挾與起居、飲食。太后欲殺之，不得間。

惠帝元年冬十二月，帝晨出射。趙王少，不能蚤起，太后使人持酖飲之。黎明，帝還，趙王已死。太后遂斷戚夫人手足，去眼，煇耳，飲瘖藥，使居厠中，命曰「人彘」。居數日，乃召帝觀人彘。帝見，問知其戚夫人，乃大哭，因病，歲餘不能起。使人請太后曰：「此非人所爲。臣爲太后子，終不能治天下。」帝以此日飲爲淫樂，不聽政。

臣光曰：爲人子者，父母有過則諫；諫而不聽，則號泣而隨之。安有守高祖之業，爲天下之主，不忍母之殘酷，遂棄國家而不恤，縱酒色以傷生。若孝惠者，可謂篤於小仁而未知大誼也。

六年冬十月，以王陵爲右丞相，陳平爲左丞相。〔夏〕，以周勃爲太尉。

七年秋八月戊寅，帝崩于未央宮。初，吕太后命張皇后取他人子養之，而殺其母，以爲太子。既葬，太子即皇帝位。年幼，太后臨朝稱制。

高后元年冬，太后議欲立諸吕爲王，問右丞相陵。陵曰：「高帝刑白馬盟曰：『非劉氏而王，天下共擊之！』今王吕氏，非約也。」太后不説，問左丞相平、太尉勃。對曰：

「高帝定天下，王子弟，今太后稱制，王諸吕，無所不可。」太后喜。罷朝，王陵讓陳平、絳侯曰：「始與高帝啑血盟，諸君不在邪？今高帝崩，太后女主，欲王吕氏，諸君縱欲阿意背約，何面目見高帝於地下乎！」陳平、絳侯曰：「於今面折廷争，臣不如君；全社稷，定劉氏之後，君亦不如臣。」陵無以應之。

十一月甲子，太后以王陵爲帝太傅，實奪之相權，陵遂病免歸。乃以左丞相平爲右丞相；以辟陽侯審食其爲左丞相，不治事，令監宫中，如郎中令。食其故得幸於太后，公卿皆因而决事。太后怨趙堯爲趙隱王謀，乃抵堯罪。上黨守任敖嘗爲沛獄吏，有德於太后，乃以爲御史大夫。太后又追尊其父臨泗侯吕公爲宣王，兄周吕令武侯澤爲悼武王，欲以王諸吕爲漸。

太后欲王吕氏，乃先立所名孝惠子彊爲淮陽王，不疑爲恒山王。使大謁者張釋風大臣，大臣乃請立悼武王長子酈侯台爲吕王，割齊之濟南郡爲吕國。

二年冬十一月，吕肅王台薨。

夏五月丙申，封齊悼惠王子章爲朱虚侯，令入宿衛，又以吕禄女妻章。

四年夏四月丙申，太后封女弟嬃爲臨光侯。

少帝寖長，自知非皇后子，乃出言曰：「后安能殺吾母而名我？我壯，即爲變！」太后聞之，幽之永巷中，言帝病，左右莫得見。太后語羣臣曰：「今皇帝病久不已，失惑昏亂，不能繼嗣治天下。其代之。」羣臣皆頓首言：「皇太后爲天下齊民計，所以安宗廟、社稷甚深，羣臣頓首奉詔。」遂廢帝，幽殺之。

五月丙辰，立恒山王義爲帝，更名曰弘。不稱元年，以太后制天下事故也。

六年冬十一月，立肅王弟産爲吕王。

七年春正月，太后召趙幽王友。友以諸吕女爲后，弗愛，愛他姬。諸吕女怒，去，讒之於太后曰：「王言『吕氏安得王！太后百歲後，吾必擊之』。」太后以故召趙王。趙王至，置邸，不得見，令衛圍守之，弗與食。其羣臣或竊饋，輒捕論之。丁丑，趙王餓死。

二月，徙梁王恢爲趙王，吕王産爲梁王。梁王不之國，爲帝太傅。

吕頦女爲將軍營陵侯劉澤妻。澤者，高祖從祖昆弟也。齊人田生爲之説大謁者張卿曰：「諸吕之王也，諸大臣未大服。今營陵侯澤，諸劉最長。今卿言太后王之，吕氏王益固矣。」張卿入言太后，太后然之，乃割齊之琅邪郡封澤爲琅邪王。

趙王恢之徙趙，心懷不樂。太后以吕産女爲王后，王后從官皆諸吕，擅權，微伺趙王，趙王不得自恣。王有所愛姬，王后使人酖殺之。六月，王不勝悲憤，自殺。太后聞之，以爲王用婦人棄宗廟禮，廢其嗣。是時，諸吕擅權用事。朱虚侯章年二十，有氣力，忿劉氏不得職。嘗入侍太后燕飲，太后令章爲酒吏。章自請曰：「臣將種也，請得以軍法行酒。」太后曰：「可。」酒酣，章請爲耕田歌，太后許之。章曰：「深耕穊種，立苗欲疏，非其種者，鋤而去之。」太后默然。頃之，諸吕有一人醉，亡酒，章追，拔劍斬之，而還報曰：「有亡酒一人，臣謹行法斬之。」太后、左右皆大驚，業已許其軍法，無以争也，因罷。自是之後，諸吕憚朱虚侯，雖大臣皆依朱虚侯，劉氏爲益强。

陳平患諸吕，力不能制，恐禍及己，嘗燕居深念。陸賈往，直入坐，而陳丞相不見。陸生曰：「何念之深也？」陳平曰：「生揣我何念？」陸生曰：「足下極富貴，無欲矣，然有憂念，不過患諸吕、少主耳。」陳平曰：「然。爲之奈何？」陸生曰：「天下安，注意相；天下危，注意將。將相和調，則士豫附，天下雖有變，權不分。爲社稷計，在兩君掌握耳。臣常欲謂太尉絳侯，絳侯與我戲，易吾言。君何不交驩太尉，深相結？」因爲陳平畫吕氏數事。陳平用其計，乃以五百金爲絳侯壽，厚具樂飲；太尉報亦如之。兩人深相結，吕氏謀益衰。

太后使使告代王欲徙王趙，代王謝之，願守代邊。太后乃立兄子吕禄爲趙王，追尊禄父建成康侯釋之爲趙昭王。

八年冬十月辛丑，立吕肅王子東平侯通爲燕王，封通弟莊爲東平侯。

春三月，太后祓還，過軹道，見物如蒼犬，撠太后掖，忽不復見。卜之，云「趙王如意爲祟」。太后遂病掖傷。

夏四月，封中大謁者張釋爲建陵侯，以其勸王諸呂，賞之也。

秋七月，太后病甚，乃令趙王禄爲上將軍，居北軍；吕王產居南軍。太后誡產、禄曰：「吕氏之王，大臣弗平。我即崩，帝年少，大臣恐爲變。必據兵衛宫，慎毋送喪，爲人所制。」辛巳，太后崩，遺詔大赦天下，以吕王產爲相國，以吕禄女爲帝后。

諸吕欲爲亂，畏大臣絳、灌等，未敢發。朱虚侯以吕禄女爲婦，故知其謀，乃陰令人告其兄齊王，欲令發兵西，朱虚侯、東牟侯爲内應，以誅諸吕，立齊王爲帝。齊王乃與其舅駟鈞、郎中令祝午、中尉魏勃陰謀發兵。齊相召平弗聽。八月丙午，齊王欲使人誅相，相聞之，乃發卒衛王宫。魏勃紿召平曰：「王欲發兵，非有漢虎符驗也，而相君圍王固善。勃請爲君將兵衛王。」召平信之。勃既將兵，遂圍相府，召平自殺。於是齊王以駟鈞爲相，魏勃爲將軍，祝午爲内史，悉發國中兵。使祝午東詐琅邪王曰：「吕氏作亂，齊王發兵欲西誅之。齊王自以年少，不習兵革之事，願舉國委大王。大王自高帝將也，請大王幸之臨菑，見齊王計事。」琅邪王信之，西馳見齊王。齊王因留琅邪王，而使祝午盡發琅邪國兵，并將之。琅邪王説齊王曰：「大王高皇帝適長孫也，當立。今諸大臣狐疑，未有所定，而澤於劉氏最爲長年，大臣固待澤決計。今大王留臣，無爲也，不如使我入關計事。」齊王以爲然，乃益具車送琅邪王。琅邪王既行，齊遂舉兵西攻濟南，遺諸侯王書，陳諸呂之罪，欲舉兵誅之。

相國呂產等聞之，乃遣潁陰侯灌嬰將兵擊之。灌嬰至滎陽，謀曰：「諸呂擁兵關中，欲危劉氏而自立。今我破齊還報，此益呂氏之資也。」乃留屯滎陽，使使諭齊王及諸侯與連和，以待呂氏變，共誅之。齊王聞之，乃還兵西界待約。

呂祿、呂產欲作亂，内憚絳侯、朱虛等，外畏齊、楚兵，又恐灌嬰畔之，欲待灌嬰兵與齊合而發，猶豫未決。

當是時，濟川王太、淮陽王武、常山王朝及魯王張偃皆年少，未之國，居長安。趙王祿、梁王產各將兵居南、北軍，皆呂氏之人也。列侯、羣臣莫自堅其命。

太尉絳侯勃不得主兵。曲周侯酈商老病，其子寄與呂祿善。絳侯乃與丞相陳平謀，使人劫酈商，令其子寄往紿説呂祿曰：「高帝與呂后共定天下，劉氏所立九王，呂氏所立三王，皆大臣之議，事已布告諸侯，諸侯皆以爲宜。今太后崩，帝少，而足下佩趙王印，不急之國守藩，乃爲上將將兵留此，爲大臣諸侯所疑。足下何不歸將印，以兵屬太尉，請梁王歸相國印，與大臣盟而之國。齊兵必罷，大臣得安，足下高枕而王千里，此萬世之利也。」呂禄信然其計，欲以兵屬太尉，使人報呂産及諸呂老人。或以爲便，或曰不便，計猶豫未有所決。呂禄信酈寄，時與出游獵。過其姑呂嬃，嬃大怒曰：「若爲將而棄軍，呂氏今無處矣！」乃悉出珠玉寶器散堂下，曰：「毋爲他人守也。」

九月庚申旦，平陽侯窋行御史大夫事，見相國産計事。郎中令賈壽使從齊來，因數産曰：「王不早之國，今雖欲行，尚可得邪？」具以灌嬰與齊、楚合從欲誅諸呂告産，且趣産急入宫。平陽侯頗聞其語，馳告丞相、太尉。

太尉欲入北軍，不得入。襄平侯紀通尚符節，乃令持節矯内太尉北軍。太尉復令酈寄與典客劉揭先説呂禄曰：「帝使太尉守北軍，欲足下之國。急歸將印辭去，不然，禍且起。」呂禄以爲酈况不欺己，遂解印屬典客，而以兵授太尉。太尉至軍，呂禄已去。太尉入軍門，行令軍中曰：「爲呂氏右袒，爲劉氏左袒。」軍中皆左袒。太尉遂將北軍。然尚有南軍。丞相平乃召朱虚侯章佐太尉，太尉令朱虚侯監軍門，令平陽侯告衛尉：「毋入相國産殿門。」呂産不知呂禄已去北軍，乃入未央宫欲爲亂，至殿門，弗得入，徘徊往來。平陽侯恐弗勝，馳語太尉。太尉尚恐不勝諸呂，未敢公言誅之，乃謂朱虚侯曰：「急入宫衛帝。」朱虚侯請卒，太尉予卒千餘人。入未央宫門，見産廷中。日餔時，遂擊産，産走。天風大起，以故其從官亂，莫敢鬭。逐産，殺之郎中府吏廁中。

朱虚侯已殺産，帝命謁者持節勞朱虚侯。朱虚侯欲奪其節，謁者不肯，朱虚侯則從與載，因節信馳走，斬長樂衛尉吕更始。還，馳入北軍，報太尉。太尉起，拜賀朱虚侯曰：「所患獨吕産，今已誅，天下定矣！」遂遣人分部悉捕諸吕男女，無少長皆斬之。辛酉，捕斬吕禄而笞殺吕須，使人誅燕王吕通，而廢魯王張偃。戊辰，徙濟川王王梁。遣朱虚侯章以誅諸吕事告齊王，令罷兵。

灌嬰在滎陽，聞魏勃本教齊王舉兵，使使召魏勃至，責問之。勃曰：「失火之家，豈暇先言丈人而後救火乎？」因退立，股戰而栗，恐，不能言者，終無他語。灌將軍熟視笑曰：「人謂魏勃勇，妄庸人耳，何能爲乎！」乃罷魏勃。灌嬰兵亦罷滎陽歸。

班固贊曰：孝文時，天下以酈寄爲賣友。夫賣友者，謂見利而忘義也。若寄父爲功臣，而又執劫，雖摧吕禄以安社稷，誼存君親可也。

諸大臣相與陰謀曰：「少帝及梁、淮陽、恒山王皆非真孝惠子也，吕后以計詐名他人子，殺其母，養後宮，令孝惠子之，立以爲後，及諸王，以强吕氏。今皆已夷滅諸吕，而所立即長用事，吾屬無類矣。不如視諸王最賢者立之。」或言：「齊王，高帝長孫，可立也。」大臣皆曰：「吕氏以外家惡而幾危宗廟，亂功臣。今齊王舅駟鈞虎而冠，即立齊王，復爲吕氏矣。代王方今高帝見子，最長，仁孝寬厚。太后家薄氏謹良。且立長固順，况以仁孝聞天下乎！」乃相與共陰使人召代王。

代王問左右，郎中令張武等曰：「漢大臣皆故高帝時大將，習兵，多謀詐。此其屬意非止此也，特畏高帝、吕太后威耳。今已誅諸吕，新啑血京師，此以迎大王爲名，實不可信。願大王稱疾毋往，以觀其變。」中尉宋昌進曰：「羣臣之議皆非也。夫秦失其政，諸侯豪桀並起，人人自以爲得之者以萬數，然卒踐天子之位者，劉氏也，天下絶望，一矣。高帝封王子弟地，犬牙相制，此所謂磐石之宗也，天下服其强，二矣。漢興，除秦苛政，約法令，施德惠，人人自安，難動摇，三矣。夫以吕太后之嚴，立諸吕爲三王，擅權專制，然而太尉以一節入北軍，一呼士皆左袒，爲劉氏，叛諸吕，卒以滅之。此乃天授，非人力也。今大臣雖欲爲變，百姓弗爲使，其黨寧能專一邪！方今内有朱虚、東牟之親，外畏吴、楚、淮(陽)〔南〕、琅邪、齊、代之强。方今高帝子獨淮南王與大王，大王又長，賢聖仁孝，聞於天下，故大臣因天下之心而欲迎立大王，大王勿疑也。」代王報太后計之，猶豫未定。卜之，兆得大横，占曰：「大横庚庚，余爲天王，夏啓以光。」代王曰：「寡人固已爲王矣，又何王？」卜人曰：「所謂天王者，乃天子也。」於是代王遣太后弟薄昭往見絳侯，絳侯等具爲昭言所以迎立王意。薄昭還報曰：「信矣，毋可疑者。」代王乃笑謂宋昌曰：「果如公言。」乃命宋昌參乘，張武等六人乘傳從詣長安。至高陵休止，而使宋昌先馳之長安觀變。昌至渭橋，丞相以下皆迎。昌還報。代王馳至渭橋，羣臣拜謁稱臣，代王下車答拜。太尉勃進曰：「願請間。」宋昌曰：「所言公，公言之。所言私，王者無私。」太尉乃跪上天子璽符。代王謝曰：「至代邸而議之。」

後九月己酉晦，代王至長安，舍代邸，羣臣從至邸。丞相陳平等皆再拜言曰：「子弘等皆非孝惠帝子，不當奉宗廟。大王高帝長子，宜爲嗣。願大王即天子位。」代王西鄉讓者三，南鄉讓者再，遂即天子位。羣臣以禮次侍。

東牟侯興居曰：「誅呂氏，臣無功，請得除宮。」乃與太僕汝陰侯滕公入宮，前謂少帝曰：「足下非劉氏子，不當立。」乃顧麾左右執戟者掊兵罷去。有數人不肯去兵，宦者令張釋諭告，亦去兵。滕公乃召乘輿車載少帝出，少帝曰：「欲將我安之乎？」滕公曰：「出就舍。」舍少府。乃奉天子法駕，迎代王於邸，報曰：「宮謹除。」代王即夕入未央宮。有謁者十人持戟衛端門，曰：「天子在也，足下何爲者而入？」代王乃謂太尉。太尉往諭，謁者十人皆掊兵而去，代王遂入。夜，拜宋昌爲衛將軍，鎮撫南、北軍。以張武爲郎中令，行殿中。有司分部誅滅梁、淮陽、恒山王及少帝於邸。文帝還坐前殿，夜下詔書，赦天下。

文帝元年冬十月，陳平謝病，上問之，平曰：「高祖時勃功不如臣，及誅諸呂，臣功亦不如勃，願以右丞相讓勃。」十一月辛巳，上徙平爲左丞相，太尉勃爲右丞相，大將軍灌嬰爲太尉。諸吕所奪齊、楚故地，皆復與之。論誅諸吕功，右丞相勃以下益户、賜金各有差。絳侯朝罷趨出，意得甚。上禮之恭，常目送之。郎中安陵袁盎諫曰：「諸吕悖逆，大臣相與共誅之。是時丞相爲太尉，本兵柄，適會其成功。今丞相如有驕主色，陛下謙讓；臣主失禮，竊爲陛下弗取也。」後朝，上益莊，丞相益畏。

南越稱藩

漢高帝十一年五月，詔立秦南海尉趙佗爲南越王，使陸賈即授璽綬，與剖符通使，使和集百越，無爲南邊患害。

初，秦二世時，南海尉任囂病且死，召龍川令趙佗語曰：「秦爲無道，天下苦之。聞陳勝等作亂，天下未知所安。南海僻遠，吾恐盜兵侵地至此，欲興兵絶新道，自備，待諸侯變，會病甚。且番禺負山險，阻南海，東西數千里，頗有中國人相輔，此亦一州之主也，可以立國。郡中長吏無足與言者，故召公告之。」即被佗書，行南海尉事。囂死，佗即移檄告横浦、陽山、湟谿關曰：「盜兵且至，急絶道聚兵自守！」因稍以法誅秦所置長吏，以其黨爲假守。秦已破滅，佗即擊并桂林、象郡，自立爲南越武王。

陸生至，尉佗魋結箕倨見陸生。陸生說佗曰：「足下中國人，親戚、昆弟墳墓在真定。今足下反天性，棄冠帶，欲以區區之越與天子抗衡爲敵國，禍且及身矣。且夫秦失其政，諸侯豪傑並起，唯漢王先入關，據咸陽。項羽倍約，自立爲西楚霸王，諸侯皆屬，可謂至强。然漢王起巴、蜀，鞭笞天下，遂誅項羽滅之。五年之間，海内平定，此非人力，天之所建也。天子聞君王王南越，不助天下誅暴逆，將相欲移兵而誅王，天子憐百姓新勞苦，故且休之，遣臣授君王印，剖符通使。君王宜郊迎，北面稱臣，乃欲以新造未集之越，屈强於此。漢誠聞之，掘燒王先人冢，夷滅宗族，使一偏將將十萬衆臨越，則越殺王降漢如反覆手耳。」於是尉佗乃蹶然起坐，謝陸生曰：「居蠻夷中久，殊失禮義。」因問陸生曰：「我孰與蕭何、曹參、韓信賢？」陸生曰：「王似賢也。」復曰：「我孰與皇帝賢？」陸生曰：「皇帝繼五帝、三皇之業，統理中國。中國之人以億計，地方萬里，萬物殷富，政由一家，自天地剖判未始有也。今王衆不過數十萬，皆蠻夷，崎嶇山海間，譬若漢一郡耳，何乃比於漢！」尉佗大笑曰：「吾不起中國，故王此。使我居中國，何遽不若漢？」乃留陸生，與飲數月，曰：「越中無足與語，至生來，令我日聞所不聞。」賜陸生槖中裝直千金，他送亦千金。陸生卒拜尉佗爲南越王，令稱臣，奉漢約。歸報，帝大悦，拜賈爲太中大夫。

高后四年夏五月，有司請禁南越關市鐵器。南越王佗曰：「高帝立我，通使物。今高后聽讒臣，别異蠻夷，隔絶器物。此必長沙王計，欲倚中國擊滅南越而并王之，自爲功也。」

五年春，佗自稱南越武帝，發兵攻長沙，敗數縣而去。

七年九月，遣隆慮侯周竈將兵擊南越。

文帝元年。初，隆慮侯竈擊南越，會暑濕，士卒大疫，兵不能隃領。歲餘，高后崩，即罷兵。趙佗因此以兵威財物賂遺閩越、西甌、駱，役屬焉，東西萬餘里。乘黄屋，左纛，稱制，與中國侔。

帝乃爲佗親冢在真定者置守邑，歲時奉祀。召其昆弟，尊官厚賜寵之。復使陸賈使南越，賜佗書曰：「朕，高皇帝側室之子也，棄外，奉北藩于代。道里遼遠，壅蔽樸愚，未嘗致書。高皇帝棄羣臣，孝惠皇帝即世，高后自臨事；不幸有疾，諸吕爲變，賴功臣之力，誅之已畢。朕以王侯吏不釋之故，不得不立，今即位。乃者聞王遺將軍隆慮侯書，求親昆弟，請罷長沙兩將軍。朕以王書罷將軍博陽侯；親昆弟在真定者，已遣人存問，脩治先人冢。前日聞王發兵於邊，爲寇災不止。當其時長沙苦之，南郡尤甚。雖王之國，庸獨利乎？必多殺士卒，傷良將吏，寡人之妻，孤人之子，獨人父母，得一亡十，朕不忍爲也。朕欲定地犬牙相入者，以問吏，吏曰：『高皇帝所以介長沙土也。』朕不得擅變焉。

今得王之地不足以爲大，得王之財不足以爲富，服領以南，王自治之。雖然，王之號爲帝。兩帝並立，亡一乘之使以通其道，是爭也。爭而不讓，仁者不爲也。願與王分棄前惡，終今以來，通使如故。」

賈至南越，南越王恐，頓首謝罪，願奉明詔，長爲藩臣，奉貢職。於是下令國中曰：「吾聞兩雄不俱立，兩賢不並世。漢皇帝賢天子。自今以來去帝制、黄屋、左纛。」因爲書稱：「蠻夷大長老夫臣佗昧死再拜上書皇帝陛下：老夫，故越吏也，高皇帝幸賜臣佗璽，以爲南越王。孝惠皇帝即位，義不忍絶，所以賜老夫者厚甚。高后用事，别異蠻夷，出令曰『毋與蠻夷越金鐵田器、馬牛羊；即予，予牡毋與牝』。老夫處僻，馬牛羊齒已長，自以祭祀不脩，有死罪，使内史藩、中尉高、御史平凡三輩上書謝過，皆不反。又風聞老夫父母墳墓已壞削，兄弟宗族已誅論。吏相與議曰：『今内不得振於漢，外亡以自高異。』故更號爲帝，自帝其國，非敢有害於天下。高皇后聞之，大怒，削去南越之籍，使使不通。老夫竊疑長沙王讒臣，故發兵以伐其邊。老夫處越四十九年，于今抱孫焉。然夙興夜寐，寢不安席，食不甘味，目不視靡曼之色，耳不聽鍾鼓之音者，以不得事漢也。今陛下幸哀憐，復故號，通使漢如故，老夫死，骨不腐。改號，不敢爲帝矣。」

七國之叛

漢景帝前三年。初，孝文時，吴太子入見，得侍皇太子飲、博。吴太子博，争道，不恭，皇太子引博局提吴太子殺之，遣其喪歸葬。至吴，吴王愠曰：「天下同宗，死長安即葬長安，何必來葬爲！」復遣喪之長安葬。吴王由此稍失藩臣之禮，稱疾不朝。京師知其以子故，繫治驗問吴使者。吴王恐，始有反謀。後使人爲秋請，文帝復問之，使者對曰：「王實不病。漢繫治使者數輩，吴王恐，以故遂稱病。夫『察見淵中魚，不祥』。唯上棄前過，與之更始。」於是文帝乃赦吴使者歸之，而賜吴王几杖，老，不朝。吴得釋其罪，謀亦益解。然其居國以銅、鹽故，百姓無賦，卒踐更，輒與平賈；歲時存問茂材，賞賜閭里；他郡國吏欲來捕亡人者，公共禁弗予。如此者四十餘年。

鼂錯數上書言吴過，可削。文帝寬，不忍罰，以此吴日益横。及帝即位，錯説上曰：「昔高帝初定天下，昆弟少，諸子弱，大封同姓，齊七十餘城，楚四十餘城，吴五十餘城。封三庶孽，分天下半。今吴王前有太子之郤，詐稱病不朝，於古法當誅。文帝弗忍，因賜几杖。德至厚，當改過自新，反益驕溢，即山鑄錢，煮海水爲鹽，誘天下亡人謀作亂。今削之亦反，不削亦反。削之其反亟，禍小；不削反遲，禍大。」上令公卿、列侯、宗室雜議，莫敢難，獨竇嬰争之，由此與錯有郤。及楚王戊來朝，錯因言「戊往年爲薄太后服，私姦服舍，請誅之」。詔赦，削東海郡。及前年，趙王有罪，削其常山郡；膠西王卬以賣爵事有姦，削其六縣。

廷臣方議削吴。吴王恐削地無已，因發謀舉事。念諸侯無足與計者，聞膠西王勇，好兵，諸侯皆畏憚之。於是使中大夫應高口説膠西王曰：「今者主上任用邪臣，聽信讒賊，侵削諸侯，誅罰良重，日以益甚。語有之曰：『狧糠及米。』吴與膠西，知名諸侯也，一時見察，不得安肆矣。吴王身有内疾，不能朝請二十餘年，常患見疑，無以自白，脅肩累足，猶懼不見釋。竊聞大王以爵事有過，所聞諸侯削地，罪不至此，此恐不止削地而已。」王曰：「有之。子將奈何？」高曰：「吴王自以與大王同憂，願因時循理，棄軀以除患於天下，意亦可乎？」膠西王瞿然駭曰：「寡人何敢如是！主上雖急，固有死耳，安得不事？」高曰：「御史大夫鼂錯，營惑天子，侵奪諸侯，朝廷疾怨，諸侯皆有背叛之意，人事極矣。彗星出，蝗蟲起，此萬世一時，而愁勞，聖人所以起也。吴王内以鼂錯爲誅，外從大王後車，方洋天下，所向者降，所指者下，莫敢不服。大王誠幸而許之一言，則吴王率楚王略函谷關，守滎陽敖倉之粟，距漢兵。治次舍，須大王。大王幸而臨之，則天下可并，兩主分割，不亦可乎？」王曰：「善。」歸報吴王，吴王猶恐其不果，乃身自爲使者至膠西，面約之。膠西羣臣或聞王謀，諫曰：「諸侯地不能當漢十二，爲叛逆以憂太后，非計也。今承一帝，尚云不易。假令事成，兩主分爭，患乃益生。」王不聽，遂發使約齊、菑川、膠東、濟南，皆許諾。

初，楚元王好書，與魯申公、穆生、白生俱受詩於浮丘伯。及王楚，以三人爲中大夫。穆生不耆酒，元王每置酒，常爲穆生設醴。及子夷王、孫王戊即位，常設，後乃忘設焉。穆生退曰：「可以逝矣！醴酒不設，王之意怠。不去，楚人將鉗我於市。」遂稱疾卧。申公、白生强起之，曰：「獨不念先王之德與？今王一旦失小禮，何足至此！」穆生曰：「易稱『知幾其神乎！幾者動之微，吉凶之先見者也。君子見幾而作，不俟終日』。先王之所以禮吾三人者，爲道存也。今而忽之，是忘道也。忘道之人，胡可與久處，豈爲區區之禮哉！」遂謝病去。申公、白生獨留。王戊稍淫暴，太傅韋孟作詩諷諫，不聽，亦去，居於鄒。戊因坐削地事，遂與吳通謀。申公、白生諫戊，戊胥靡之，衣之赭衣，使雅舂於市。休侯富使人諫王，王曰：「季父不吾與，我起，先取季父矣！」休侯懼，乃與母太夫人奔京師。

及削吳會稽、豫章郡書至，吳王遂先起兵，誅漢吏二千石以下。膠西、膠東、菑川、濟南、楚、趙亦皆反。楚相張尚、太傅趙夷吾諫王戊，戊殺尚、夷吾。趙相建德、内史王悍諫王遂，遂燒殺建德、悍。齊王後悔，背約城守。濟北王城壞未完，其郎中令劫守，王不得發兵。膠西王、膠東王爲渠率，與菑川、濟南共攻齊，圍臨菑。趙王遂發兵住其西界，欲待吳、楚俱進，北使匈奴與連兵。

吳王悉其士卒，下令國中曰：「寡人年六十二，身自將。少子年十四，亦爲士卒先。諸年上與寡人同，下與少子等，皆發。」凡二十餘萬人。南使閩、東越，閩、東越亦發兵從。吳王起兵於廣陵，西涉淮，因并楚兵，發使遺諸侯書，罪狀鼂錯，欲合兵誅之。吳、楚共攻梁，破棘壁，殺數萬人，乘勝而前，鋭甚。梁孝王遣將軍擊之，又敗梁兩軍，士卒皆還走。梁王城守睢陽。

初，文帝且崩，戒太子曰：「即有緩急，周亞夫真可任將兵。」及七國反書聞，上乃拜中尉周亞夫爲太尉，將三十六將軍往擊吳、楚，遣曲周侯酈寄擊趙，將軍欒布擊齊。復召竇嬰拜爲大將軍，使屯滎陽，監齊、趙兵。

初，鼂錯所更令三十章，諸侯讙譁。錯父聞之，從潁川來謂錯曰：「上初即位，公爲政用事，侵削諸侯，疏人骨肉，口語多怨，公何爲也？」錯曰：「固也。不如此，天子不尊，宗廟不安。」父曰：「劉氏安矣，而鼂氏危。吾去公歸矣！」遂飲藥死，曰：「吾不忍見禍逮身。」後十餘日，吳、楚七國俱反，以誅錯爲名。

上與錯議出軍事，錯欲令上自將兵，而身居守。又言「徐、僮之旁吳所未下者，可以予吴」。錯素與吴相袁盎不善，錯所居坐，盎輒避；盎所居坐，錯亦避；兩人未嘗同堂語。及錯爲御史大夫，使吏按盎受吴王財物，抵罪；詔赦以爲庶人。吴、楚反，錯謂丞、史曰：「袁盎多受吴王金錢，專爲蔽匿，言不反。今果反，欲請治，盎宜知其計謀。」丞、史曰：「事未發，治之有絶。今兵西向，治之何益？且盎不宜有謀。」錯猶與未决。人有告盎，盎恐，夜見竇嬰，爲言吴所以反，願至前口對狀。嬰入言，上乃召盎。盎入見，上方與錯調兵食。上問盎：「今吴、楚反，於公意何如？」對曰：「不足憂也。」上曰：「吴王即山鑄錢，煮海爲鹽，誘天下豪傑，白頭舉事，此其計不百全，豈發乎！何以言其無能爲也？」對曰：「吴銅、鹽之利則有之，安得豪傑而誘之？誠令吴得豪傑，亦且輔而爲誼，不反矣。吴所誘皆無賴子弟、亡命、鑄錢姦人，故相誘以亂。」錯曰：「盎策之善。」上曰：「計安出？」盎對曰：「願屏左右。」上屏人，獨錯在。盎曰：「臣所言，人臣不得知。」乃屏錯。錯趨避東廂，甚恨。上卒問盎，對曰：「吴、楚相遺書，言『高皇帝王子弟各有分地，今賊臣鼂錯擅適諸侯，削奪之地』。以故反，欲西共誅錯，復故地而罷。方今計獨有斬錯，發使赦吴、楚七國，復其故地，則兵可毋血刃而俱罷。」於是上默然良久，曰：「顧誠何如，吾不愛一人以謝天下。」盎曰：「愚計出此，唯上熟計之。」乃拜盎爲太常，密裝治行。後十餘日，上令丞相青、中尉嘉、廷尉歐劾奏錯：「不稱主上德信，欲疏羣臣、百姓，又欲以城邑予吴，無臣子禮，大逆無道。錯當要斬，父母、妻子、同産無少長皆棄市。」制曰：「可。」錯殊不知。壬子，上使中尉召錯，紿載行市，錯衣朝衣斬東市。上乃使袁盎與吴王弟子宗正德侯通使吴。

謁者僕射鄧公爲校尉，上書言軍事，見上。上問曰：「道軍所來，聞鼂錯死，吴、楚罷不？」鄧公曰：「吴爲反數十歲矣。發怒削地，以誅錯爲名，其意不在錯也。且臣恐天下之士，拑口不敢復言矣。」上曰：「何哉？」鄧公曰：「夫鼂錯患諸侯强大不可制，故請削之，以尊京師，萬世之利也。計畫始行，卒受大戮。内杜忠臣之口，外爲諸侯報仇，臣竊爲陛下不取也。」於是帝喟然長息，曰：「公言善，吾亦恨之！」

袁盎、劉通至吴，吴、楚兵已攻梁壁矣。宗正以親故，先入見，諭吴王令拜受詔。吴王聞袁盎來，知其欲説，笑而應曰：「我已爲東帝，尚誰拜？」不肯見盎，而留軍中，欲劫使將。盎不肯，使人圍守，且殺之。盎得間脱亡，歸報。

太尉亞夫言於上曰：「楚兵剽輕，難與争鋒。願以梁委之，絶其食道，乃可制也。」上許之。亞夫乘六乘傳，將會兵滎陽。發至霸上，趙涉遮説亞夫曰：「吴王素富，懷輯死士久矣。此知將軍且行，必置間人於殽、澠阸陿之間。且兵事上神密，將軍何不從此右去，走藍田，出武關，抵洛陽。間不過差一二日，直入武庫，擊鳴鼓。諸侯聞之，以爲將軍從天而下也。」太尉如其計，至洛陽，喜曰：「七國反，吾乘傳至此，不自意全。今吾據滎陽，滎陽以東無足憂者。」使吏搜殽、澠間，果得吴伏兵，乃請趙涉爲護軍。

太尉引兵東北走昌邑。吴攻梁急，梁數使使條侯求救，條侯不許。又使使愬條侯於上，上使告條侯救梁。亞夫不奉詔，堅壁不出，而使弓高侯等將輕騎兵出淮、泗口，絶吴、楚兵後，塞其餉道。梁使中大夫韓安國及楚相張尚弟羽爲將軍，羽力戰，安國持重，乃得頗敗吴兵。吴兵欲西，梁城守，不敢西，即走條侯軍。會下邑，欲戰，條侯堅壁不肯戰。吴糧絶卒飢，數挑戰，終不出。條侯軍中夜驚，内相攻擊，擾亂至帳下，亞夫堅卧不起，頃之復定。吴奔壁東南陬，亞夫使備西北，已而其精兵果奔西北，不得入。吴、楚士卒多飢死，叛散，乃引而去。

二月，亞夫出精兵追擊，大破之。吴王濞棄其軍，與壯士數千人夜亡走。楚王戊自殺。

吴王之初發也，吴臣田禄伯爲大將軍。田禄伯曰：「兵屯聚而西，無他奇道，難以立功。臣願得五萬人，别循江、淮而上，收淮南、長沙，入武關，與大王會，此亦一奇也。」吴王太子諫曰：「王以反爲名，此兵難以借人。人亦且反王，奈何？且擅兵而别，多他利害，徒自損耳。」吴王即不許田禄伯。吴少將桓將軍説王曰：「吴多步兵，步兵利險。漢多車騎，車騎利平地。願大王所過城不下，直去，疾西據洛陽武庫，食敖倉粟，阻山、河之險以令諸侯，雖無入關，天下固已定矣。大王徐行留下城邑，漢軍車騎至，馳入梁、楚之郊，事敗矣。」吴王問諸老將，老將曰：「此年少椎鋒可耳，安知大慮。」於是王不用桓將軍計。

王專并將兵，兵未度淮，諸賓客皆得爲將、校尉、候、司馬，獨周丘不用。周丘者，下邳人，亡命吴，酤酒無行，王薄之，不任。周丘乃上謁，説王曰：「臣以無能，不得待罪行間。臣非敢求有所將也，願請王一漢節，必有以報。」王乃予之。周丘得節，夜馳入下邳。下邳時聞吴反，皆城守。至傳舍，召令入户，使從者以罪斬令，遂召昆弟所善豪吏告曰：「吴反，兵且至，屠下邳不過食頃。今先下，家室必完，能者封侯矣。」出乃相告，下邳皆下。周丘一夜得三萬人，使人報吴王，遂將其兵，北略城邑。比至陽城，兵十餘萬，破陽城中尉軍。聞吴王敗走，自度無與共成功，即引兵歸下邳，未至，疽發背死。

吴王之棄軍亡也，軍遂潰，往往稍降太尉條侯及梁軍。吴王度淮走丹徒，保東越，兵可萬餘人，收聚亡卒。漢使人以利啗東越，東越即紿吴王出勞軍，使人鏦殺吴王，盛其頭，馳傳以聞。吴太子駒亡走閩越。吴、楚反，凡三月，皆破滅。於是諸將乃以太尉謀爲是，然梁王由此與太尉有隙。

三王之圍臨菑也，齊王使路中大夫告於天子。天子復令路中大夫還報，告齊王堅守，

「漢兵今破吴楚矣」。路中大夫至，三國兵圍臨菑數重，無從入。三國將與路中大夫盟曰：「若反言『漢已破矣，齊趣下三國，不且見屠』。」路中大夫既許，至城下，望見齊王曰：「漢已發兵百萬，使太尉亞夫擊破吴、楚，方引兵救齊。齊必堅守，無下！」三國將誅路中大夫。齊初圍急，陰與三國通謀，約未定，會路中大夫從漢來，其大臣乃復勸王無下三國。會漢將欒布、平陽侯等兵至齊，擊破三國兵，解圍已。後聞齊初與三國有謀，將欲移兵伐齊。齊孝王懼，飲藥自殺。

膠西、膠東、菑川王各引兵歸國。膠西王徒跣，席稾、飲水謝太后。王太子德曰：「漢兵還，臣觀之已罷，可襲。願收王餘兵擊之，不勝而逃入海，未晚也。」王曰：「吾士卒皆已壞，不可用。」弓高侯韓穨當遺膠西王書曰：「奉詔誅不義，降者赦，除其罪，復故；不降者滅之。王何處？須以從事。」王肉袒叩頭，詣漢軍壁謁曰：「臣卬奉法不謹，驚駭百姓，乃苦將軍遠道至于窮國，敢請菹醢之罪。」弓高侯執金鼓見之，曰：「王苦軍事，願聞王發兵狀。」王頓首膝行對曰：「今者鼂錯天子用事臣，變更高皇帝法令，侵奪諸侯地。卬等以爲不義，恐其敗亂天下，七國發兵且誅錯。今聞錯已誅，卬等謹已罷兵歸。」將軍曰：「王苟以錯爲不善，則當以聞。（及）〔乃〕未有詔、虎符，擅發兵擊義國？以此觀之，意非徒欲誅錯也。」乃出詔書，爲王讀之，曰：「王其自圖。」王曰：「如卬等死有餘罪！」遂自殺。太后、太子皆死。膠東王、菑川王、濟南王皆伏誅。酈將軍兵至趙，趙王引兵還邯鄲城守。酈寄攻之，七月不能下。匈奴聞吳、楚敗，亦不肯入邊。欒布破齊還，并兵引水灌趙城，城壞，王遂自殺。

帝以齊首善，以迫劫有謀，非其罪也，召立齊孝王太子壽，是爲懿王。濟北王亦欲自殺，幸全其妻子。齊人公孫玃謂濟北王曰：「臣請試爲大王明説梁王，通意天子。説而不用，死未晚也。」公孫玃遂見梁王曰：「夫濟北之地，東接强齊，南牽吳、越，北脅燕、趙。此四分五裂之國，權不足以自守，勁不足以扞寇，又非有奇怪云以待難也，雖墜言於吳，非其正計也。鄉使濟北見情實，示不從之端，則吳必先歷齊，畢濟北，招燕、趙而總之，如此則山東之從結而無隙矣。今吳王連諸侯之兵，敺白徒之衆，西與天子争衡，濟北獨底節不下，使吳失與而無助，跬步獨進，瓦解土崩，破敗而不救者，未必非濟北之力也。夫以區區之濟北，而與諸侯争强，是以羔犢之弱而扞虎狼之敵也。守職不橈，可謂誠一矣。功義如此，尚見疑於上，脅肩低首，累足撫衿，使有自悔不前之心，非社稷之利也。臣恐藩臣守職者疑之！臣竊料之，能歷西山，徑長樂，抵未央，攘袂而正議者，獨大王耳。上有全亡之功，下有安百姓之名，德淪於骨髓，恩加於無窮，願大王留意詳惟之。」孝王大説，使人馳以聞。濟北王得不坐，徙封於菑川。

帝欲以吳王弟德哀侯廣之子續吳，以楚元王子禮續楚。竇太后曰：「吳王老人也，宜爲宗室順善，今乃首率七國紛亂天下，奈何續其後！」不許吳，許立楚後。乙亥，徙淮陽王餘爲魯王，汝南王非爲江都王，王故吳地。立宗正禮爲楚王，立皇子端爲膠西王，勝爲中山王。

四年。初，吳、楚七國反，吳使者至淮南，淮南王欲發兵應之。其相曰：「王必欲應吳，臣願爲將。」王乃屬之。相已將兵，因城守，不聽王而爲漢。漢亦使曲城侯將兵救淮南，以故得完。

吳使者至廬江，廬江王不應，而往來使越。至衡山，衡山王堅守，無二心。及吳、楚已破，衡山王入朝。上以爲貞信，勞苦之，曰「南方卑濕」，徙王王於濟北以褒之。廬江王以邊越，數使使相交，徙爲衡山王，王江北。

梁孝王驕縱

漢文帝前二年春三月，有司請立皇子爲諸侯王。詔立皇子武爲代王，參爲太原王，揖爲梁王。

五年。初，帝分代爲二國，立皇子武爲代王，參爲太原王。是歲，徙代王武爲淮陽王，以太原王參爲代王，盡得故地。

六年，梁太傅賈誼上疏曰：

進言者皆曰天下已安已治矣，臣獨以爲未也。曰安且治者，非愚則諛，皆非事實知治亂之體者也。夫抱火厝之積薪之下而寢其上，火未及然，因謂之安。方今之勢何以異此！陛下何不壹令臣得熟數之於前，因陳治安之策，試詳擇焉。

使爲治，勞智慮，苦身體，乏鍾鼓之樂，勿爲可也。樂與今同，而加之諸侯軌道，兵革不動，匈奴賓服，百姓素朴，生爲明帝，没爲明神，名譽之美垂於無窮，使顧成之廟稱爲太宗，上配太祖，與漢亡極，立經陳紀，爲萬世法，雖有愚幼不肖之嗣，猶得蒙業而安。以陛下之明達，因使少知治體者得佐下風，致此非難也。

夫樹國固必相疑之勢，下數被其殃，上數爽其憂，甚非所以安上而全下也。今或親弟謀爲東帝，親兄之子西鄉而擊，今吴又見告矣。天子春秋鼎盛，行義未過，德澤有加焉，猶尚如是，况莫大諸侯，權力且十此者乎！然而天下少安，何也？大國之王幼弱未壯，漢之所置傅、相方握其事。數年之後，諸侯之王大抵皆冠，血氣方剛，漢之傅、相稱病而賜罷，彼自丞、尉以上徧置私人。如此有異淮南、濟北之爲邪？此時而欲爲治安，雖堯、舜不治。

黃帝曰：「日中必彗，操刀必割。」今令此道順而全安甚易，不肯蚤爲，已乃墮骨肉之屬而抗剄之，豈有異秦之季世乎！其異姓負强而動者，漢已幸而勝之矣，又不易其所以然。同姓襲是跡而動，既有徵矣，其勢盡又復〔然〕。殃禍之變，未知所移，明帝處之，尚不能以安，後世將如之何？

臣竊跡前事，大抵强者先反。長沙乃二萬五千户耳，功少而最完，勢疏而最忠，非獨性異人也，亦形勢然也。曩令樊、酈、絳、灌據數十城而王，今雖以殘亡可也；令信、越之倫列爲徹侯而居，雖至今存可也。然則天下之大計可知已。欲諸王之皆忠附，則莫若令如長沙王。欲臣子勿菹醢，則莫若令如樊、酈等。欲天下之治安，莫若衆建諸侯而少其力。力少則易使以義，國小則亡邪心。令海内之勢，如身之使臂，臂之使指，莫不制從，諸侯之君不敢有異心，輻湊並進而歸命天子。割地定制，令齊、趙、楚各爲若干國，使悼惠王、幽王、元王之子孫，畢以次各受祖之分地，〔地〕盡而止。其分地衆而子孫少者，建以爲國，空而置之，須其子孫生者舉使君之。一寸之地，一人之衆，天子亡所利焉，誠以定治而已。如此則卧赤子天下之上而安，植遺腹朝委裘而天下不亂。當時大治，後世誦聖，陛下誰憚而久不爲此！

天下之勢，方病大瘇，一脛之大幾如要，一指之大幾如股，平居不可屈伸，一二指慉。身慮無聊。失今不治，必爲錮疾，後雖有扁鵲不能爲已。病非徒瘇也，又苦蹠盭。元王之子，帝之從弟也，今之王者，從弟之子也。惠王之子，親兄子也，今之王者，兄子之子也。親者或亡分地以安天下，疏者或制大權以偪天子，臣故曰非徒病瘇也，又苦蹠盭。可痛哭者此病是也。

十一年夏六月，梁懷王揖薨，無子。賈誼復上疏曰：「陛下即不定制，如今之勢，不過一傳再傳，諸侯猶且人人恣而不制，豪植而大强，漢法不得行矣。陛下所以爲蕃扞及皇太子之所恃者，唯淮陽、代二國耳。代北邊匈奴，與强敵爲鄰，能自完則足矣。而淮陽之比大諸侯，廑如黑子之著面，適足以餌大國，而不足以有所禁禦。方今制在陛下，制國而令子適足以爲餌，豈可謂工哉！臣之愚計，願舉淮南地以益淮陽，而爲梁王立後，割淮陽北邊二三列城與東郡以益梁。不可者可徙代王而都睢陽。梁起於新郪以北著之河，淮陽包陳以南揵之江，則大諸侯之有異心者，破膽而不敢謀。梁足以扞齊、趙，淮陽足以禁吴、楚，陛下高枕，終無山東之憂矣，此二世之利也。當今恬然，適遇諸侯之皆少，數歲之後，陛下且見之矣。夫秦日夜苦心勞力，以除六國之禍。今陛下力制天下，頤指如意，高拱以成六國之禍，難以言智。苟身無事，畜亂、宿禍，熟視而不定，萬年之後，傳之老母、弱子，將使不寧，不可謂仁。」帝於是從誼計，徙淮陽王武爲梁王，北界泰山，西至高陽，得大縣四十餘城。後歲餘，賈誼亦死。死時年三十三矣。

景帝二年，梁孝王以竇太后少子故，有寵，王四十餘城，居天下膏腴地。賞賜不可勝道，府庫金錢且百巨萬，珠玉寶器多於京師。築東苑，方三百餘里。廣睢陽城七十里，大治宮室，爲複道，自宮連屬於平臺三十餘里。招延四方豪俊之士，如吳人枚乘、嚴忌，齊人羊勝、公孫詭，鄒陽、蜀人司馬相如之屬皆從之遊。每入朝，上使使持節，以乘輿駟馬迎梁王於闕下。既至，寵幸無比，入則侍上同輦，出則同車，射獵上林中。因上疏請留，且半歲。梁侍中、郎、謁者著籍引，出入天子殿門，與漢宦官無異。

三年冬十月，梁王來朝。時上未置太子，與梁王宴飲，從容言曰：「千秋萬歲後傳於王。」王辭謝，雖知非至言，然心内喜。太后亦然。詹事竇嬰引卮酒進上曰：「天下者，高祖之天下，父子相傳，漢之約也，上何以得傳梁王。」太后由此憎嬰。嬰因病免，太后除嬰門籍，不得朝請。梁王以此益驕。

中（一）〔二〕年。初，梁孝王以至親有功，吳、楚攻梁，梁王城守，事見七國之叛。得賜天子旌旗，從千乘萬騎，出蹕、入警。王寵信羊勝、公孫詭，以詭爲中尉。勝、詭多奇邪計，欲使王求爲漢嗣。栗太子之廢也，太后意欲以梁王爲嗣，嘗因置酒謂帝曰：「安車大駕，用梁王爲寄。」帝跪席舉身曰：「諾。」罷酒，帝以訪諸大臣。大臣袁盎等曰：「不可。昔宋宣公不立子而立弟，以生禍亂，五世不絕。小不忍害大義，故春秋大居正。」由是太后議格，遂不復言。王又嘗上書，願賜容車之地，徑至長樂宮，自使梁國士衆築作甬道，朝太后。袁盎等皆建以爲不可。

梁王由此怨袁盎及議臣。乃與羊勝、公孫詭謀，陰使人刺殺袁盎及他議臣十餘人。賊未得也。於是天子意梁，逐賊，果梁所爲。上遣田叔、吕季主往按梁事，捕公孫詭、羊勝。詭、勝匿王後宮。使者十餘輩至梁，責二千石急。梁相軒丘豹及内史韓安國以下舉國大索，月餘弗得。安國聞詭、勝匿王所，乃入見王而泣曰：「主辱者臣死。大王無良臣，故紛紛至此。今勝、詭不得，請辭，賜死。」王曰：「何至此？」安國泣數行下，曰：「大王自度於皇帝孰與臨江王親？」王曰：「弗如也。」安國曰：「臨江王適長太子，以一言過，廢王臨江；用宫垣事，卒自殺中尉府。何者？治天下終不用私亂公。今大王列在諸侯，訹邪臣浮説，犯上禁，撓明法。天子以太后故，不忍致法於大王。太后日夜涕泣，幸大王自改，大王終不覺寤。有如太后宫車即晏駕，大王尚誰攀乎！」語未卒，王泣數行，而下謝安國曰：「吾今出勝、詭。」王乃令勝、詭皆自殺，出之。上由此怨望梁王。

梁王恐，使鄒陽入長安見皇后兄王信，説曰：「長君弟得幸於上，後宫莫及，而長君行迹多不循道理者。今袁盎事即窮竟，梁王伏誅，太后無所發怒，切齒側目於貴臣，竊爲足下憂之。」長君曰：「爲之奈何？」陽曰：「長君誠能精爲上言之，得毋竟梁事，長君必固自結於太后，太后厚德長君入於骨髓，而長君之弟幸於兩宮，金城之固也。昔者舜之弟象，日以殺舜爲事，及舜立爲天子，封之於有庳。夫仁人之於兄弟，無藏怒，無宿怨，厚親愛而已，是以後世稱之。以是説天子，徼幸梁事不奏。」長君曰：「諾。」乘間入言之，帝怒稍解。

是時太后憂梁事不食，日夜泣不止，帝亦患之。會田叔等按梁事來，還至霸昌廐，取火悉燒梁之獄辭，空手來見帝。帝曰：「梁有之乎？」叔對曰：「死罪！有之。」上曰：「其事安在？」田叔曰：「上毋以梁事爲問也。」上曰：「何也？」曰：「今梁王不伏誅，是漢法不行也。伏法，而太后食不甘味，卧不安席，此憂在陛下也。」上大然之，使叔等謁太后，且曰：「梁王不知也，造爲之者，獨在幸臣羊勝、公孫詭之屬爲之耳，謹已伏誅死。梁王無恙也。」太后聞之，立起坐餐，氣平復。

梁王因上書請朝。既至關，茅蘭説王，使乘布車，從兩騎入，匿於長公主園。漢使使迎王，王已入關，車騎盡居外，不知王處。太后泣曰：「帝果殺吾子。」帝憂恐。於是梁王伏斧質於闕下謝罪，太后、帝大喜，相泣，復如故。悉召王從官入關。然帝益疏王，不與同車輦矣。帝以田叔爲賢，擢爲魯相。

六年冬十月，梁王來朝。上疏欲留，上弗許。王歸國，意忽忽不樂。

夏四月，梁孝王薨。竇太后聞之，哭極哀，不食，曰：「帝果殺吾子。」帝哀懼不知所爲。與長公主計之，乃分梁爲五國，盡立孝王男五人爲王：買爲梁王，明爲濟川王，彭離爲濟東王，定爲山陽王，不識爲濟陰王。女五人，皆食湯沐邑。奏之太后，太后乃說，爲帝加一餐。孝王未死時，財以巨萬計，及死，藏府餘黃金尚四十餘萬斤，他物稱是。

通鑑紀事本末卷第三

漢通西南夷

漢武帝元光五年。初，王恢之討東越也，使番陽令唐蒙風曉南越。南越食蒙以蜀枸醬，蒙問所從來，曰：「道西北牂柯江。牂柯江廣數里，出番禺城下。」蒙歸至長安，問蜀賈人，賈人曰：「獨蜀出枸醬，多持竊出市夜郎。夜郎者，臨牂柯江，江廣百餘步，足以行船。南越以財物役屬夜郎，西至桐師，然亦不能臣使也。」蒙乃上書說上曰：「南越王黄屋、左纛，地東西萬餘里，名爲外臣，實一州主也。今以長沙、豫章往，水道多絶，難行。竊聞夜郎所有精兵，可得十餘萬，浮船牂柯江，出其不意，此制越一奇也。誠以漢之强，巴、蜀之饒，通夜郎道，爲置吏，甚易。」上許之。乃拜蒙爲中郎將，將千人，食重萬餘人，從巴、蜀筰關入，遂見夜郎侯多同。蒙厚賜，喻以威德，約爲置吏，使其子爲令。夜郎旁小邑，皆貪漢繒帛，以爲漢道險，終不能有也，乃且聽蒙約。還報，上以爲犍爲郡。發巴、蜀卒治道，自僰道指牂柯江。作者數萬人，士卒多物故，有逃亡者，用軍興法誅其渠率。巴、蜀民大驚恐。上聞之，使司馬相如責唐蒙等，因諭告巴、蜀民以非上意。相如還報。

是時，邛、筰之君長，聞南夷與漢通，得賞賜多，多欲願爲内臣妾，請吏，比南夷。天子問相如，相如曰：「邛、筰、冉、駹者近蜀，道亦易通。秦時嘗通爲郡縣，至漢興而罷。今誠復通，爲置郡縣，愈於南夷。」天子以爲然，乃拜相如爲中郎將，建節往使，及副使王然于等乘傳，因巴、蜀吏幣物以賂西夷。邛、筰、冉、駹、斯榆之君皆請爲内臣，除邊關。關益斥，西至沬、若水，南至牂柯爲徼，通零關道，橋孫水以通邛都。爲置一都尉，十餘縣，屬蜀。天子大說。

是時，巴、蜀四郡鑿山通西南夷道，千餘里戍轉相餉。數歲，道不通，士罷餓離暑濕死者甚衆，西南夷又數反，發兵興擊，費以鉅萬計，而無功。上患之，詔使公孫弘視焉。還奏事，盛毁西南夷無所用，上不聽。

元朔三年冬，以公孫弘爲御史大夫。是時方通西南夷，東置蒼海，北築朔方之郡。公孫弘數諫，以爲罷敝中國以奉無用之地，願罷之。天子使朱買臣等難以置朔方之便，發十策，弘不得一。弘乃謝曰：「山東鄙人，不知其便若是。願罷西南夷、蒼海，而專奉朔方。」上乃許之。春，罷蒼海郡。

秋，罷西夷，獨置南夷、夜郎兩縣、一都尉，稍令犍爲自葆就，專力城朔方。

元狩元年。初，張騫自月氏還，爲天子言身毒國去蜀不遠。天子欣然，令騫因蜀、犍爲發間使王然于等四道並出，出駹，出冉，出徙，出邛、僰，指求身毒國，各行一二千里，其北方閉氐、筰，南方閉巂、昆明。昆明之屬無君長，善寇盜，輒殺略漢使，終莫得通。於是漢以求身毒道，始通滇國。滇王當羌謂漢使者曰：「漢孰與我大？」及夜郎侯亦然。以道不通，故各自以爲一州主，不知漢廣大。使者還，因盛言滇大國，足事親附。天子注意焉，乃復事西南夷。

三年秋，上將討昆明，以昆明有滇池方三百里，乃作昆明池，以習水戰。是時法既益嚴，吏多廢免。兵革數動，民多買復及五大夫，徵發之士益鮮。於是除千夫、五大夫爲吏，不欲者出馬。以故吏弄法，皆謫令伐棘上林，穿昆明池。

元鼎六年冬，馳義侯發南夷兵欲以擊南越。且蘭君恐遠行，旁國虜其老弱，乃與其衆反，殺使者及犍爲太守。漢乃發巴、蜀罪人嘗擊南越者八校尉，遣中郎將郭昌、衛廣將而擊之，誅且蘭及邛君、筰侯，遂平南夷，爲牂柯郡。夜郎侯始倚南越，南越已滅，夜郎遂入朝，上以爲夜郎王。

冉、駹皆振恐，請臣，置吏。乃以邛都爲越巂郡，筰都爲沈黎郡，冉、駹爲汶山郡，廣漢西白馬爲武都郡。

元封二年。初，上使王然于以越破及誅南夷兵威風喻滇王入朝。滇王者，其衆數萬人，其旁東北有勞深、靡莫，皆同姓相杖，未肯聽。勞深、靡莫數侵犯使者吏卒。於是上遣將軍郭昌、中郎將衛廣發巴、蜀兵擊滅勞深、靡莫，以兵臨滇。滇王舉國降，請置吏，入朝。於是以爲益州郡，賜滇王王印，復長其民。是時，漢滅兩越，平西南夷，置初郡十七，且以其故俗治，毋賦稅。南陽、漢中以往郡，各以地比，給初郡吏卒奉食、幣物、傳車、馬被具。而初郡時時小反，殺吏，漢發南方吏卒往誅之，間歲萬餘人，費皆仰給大農。大農以均輸、調鹽鐵助賦，故能贍之。然兵所過縣，爲以訾給毋乏而已，不敢言擅賦法矣。

六年。漢既通西南夷，開五郡，欲地接以前通大夏，歲遣使十餘輩出此初郡，皆閉昆明，爲所殺，奪幣物。於是天子赦京師亡命，令從軍，遣拔胡將軍郭昌將以擊之，斬首數十萬。後復遣使，竟不得通。

昭帝始元元年夏，益州夷二十四邑三萬餘人皆反。遣水衡都尉呂破胡募吏民及發犍爲、蜀郡奔命往擊，大破之。

四年。西南夷姑繒、葉榆復反。遣水衡都尉呂辟胡將益州兵擊之。辟胡不進，蠻夷遂殺益州太守，乘勝與辟胡戰，士戰及溺死者四千餘人。冬，遣大鴻臚田廣明擊之。

六年。詔以鉤町侯毋波率其邑君長人民擊反者有功，立以爲鉤町王，賜田廣明爵關内侯。

淮南謀反

漢文帝前三年。初，趙王敖獻美人於高祖，得幸，有娠。及貫高事發，美人以坐繫河内。美人母弟趙兼，因辟陽侯審食其言呂后，呂后妒，弗肯白。美人已生子，恚，即自殺。吏奉其子詣上，上悔，名之曰長，令呂后母之，而葬其母真定。後封長爲淮南王。

淮南王蚤失母，常附呂后，故孝惠、呂后時無患。而常心怨辟陽侯，以爲不强争之於呂后，使其母恨而死也。及帝即位，淮南王自以最親，驕蹇，數不奉法，上常寬假之。是歲入朝，從上入苑囿獵，與上同車，常謂上「大兄」。王有材力，能扛鼎，乃往見辟陽侯，自袖鐵椎椎辟陽侯，令從者魏敬剄之，馳走闕下，肉袒謝罪。帝傷其志爲親故，赦弗治。當是時，薄太后及太子諸大臣皆憚淮南王，淮南王以此歸國益驕恣，出入稱警蹕，稱制，擬於天子。袁盎諫曰：「諸侯太驕，必生患。」上不聽。

六年。淮南王長自作法令行於其國，逐漢所置吏，請自置相、二千石，帝曲意從之。又擅刑殺不辜及爵人至關内侯。數上書，不遜順。帝重自切責之，乃令薄昭與書風諭之，引管、蔡及代頃王、濟北王興居以爲儆戒。

王不説，令大夫但、士伍開章等七十人，與棘蒲侯柴武、太子奇謀，以輂車四十乘反谷口，令人使閩越、匈奴。

事覺，有司治之，使使召淮南王。王至長安，丞相張蒼、典客馮敬、行御史大夫事與宗正、廷尉奏長罪當棄市。制曰：「其赦長死罪，廢勿王，徙處蜀郡嚴道邛郵。」盡誅所與謀者。載長以輜車，令縣以次傳之。

袁盎諫曰：「上素驕淮南王，弗爲置嚴傅、相，以故至此。淮南王爲人剛，今暴摧折之，臣恐卒逢霧露病死，陛下有殺弟之名，奈何？」上曰：「吾特苦之耳，今復之。」淮南王果憤恚，不食死。縣傳至雍，雍令發封，以死聞。上哭甚悲，謂袁盎曰：「吾不聽公言，卒亡淮南王。今爲奈何？」盎曰：「獨斬丞相御史以謝天下，乃可。」上即令丞相、御史逮考諸縣傳送淮南王不發封餽侍者，皆棄市。以列侯葬淮南王於雍，置守冢三十户。

七年。民有歌淮南王曰：「一尺布，尚可縫；一斗粟，尚可舂。兄弟二人不相容。」帝聞而病之。

八年夏，封淮南厲王子安等四人爲列侯。賈誼知上必將復王之也，上疏諫曰：「淮南王之悖逆無道，天下孰不知其罪！陛下幸而赦遷之，自疾而死，天下孰以王死之不當！今奉尊罪人之子，適足以負謗於天下耳。此人少壯，豈能忘其父哉。白公勝所爲父報仇者，大父與叔父也。白公爲亂，非欲取國代主，發忿快志，剡手以衝仇人之匈，固爲俱靡而已。淮南雖小，黥布嘗用之矣；漢存，特幸耳。夫擅仇人足以危漢之資，於策不便。予之衆積之財，此非有子胥、白公報於廣都之中，即疑有剸諸、荆軻起於兩柱之間，所謂『假賊兵爲虎翼』者也，願陛下少留計。」上弗聽。

十一年夏六月，徙城陽王喜爲淮南王。

十六年夏四月，徙淮南王喜復爲城陽王，立淮南厲王子阜陵侯安爲淮南王。

景帝前四年。初，七國反，淮南王欲發兵應之，其相將兵城守，不聽王而爲漢，淮南以故得完。事見七國之叛。

武帝建元二年冬十月，淮南王安來朝。上以安屬爲諸父而材高，甚尊重之，每宴見談語，昏暮然後罷。安雅善武安侯田蚡，其入朝，武安侯迎之霸上，與語曰：「上無太子，王親高皇帝孫，行仁義，天下莫不聞。宫車一日晏駕，非王尚誰立者？」安大喜，厚遺蚡金錢財物。

元朔二年冬，賜淮南王几杖，毋朝。

五年。初，淮南王安好讀書屬文，喜立名譽，招致賓客、方術之士數千人。其羣臣、賓客多江、淮間輕薄士，常以厲王遷死感激安。建元六年，彗星見，或説王曰：「先吴軍時，彗星出長數尺，然尚流血千里。今彗星竟天，天下兵當大起。」王心以爲然，乃益治攻戰具，積金錢。

郎中雷被獲罪於太子遷。時有詔，欲從軍者輒詣長安，被即願奮擊匈奴。太子惡被於王，斥免之，欲以禁後。是歲，被亡之長安，上書自明。事下廷尉治，蹤迹連王，公卿請逮捕治王。太子遷謀令人衣衛士衣，持戟居王旁，漢使有非是者即刺殺之。因發兵反。天子使中尉宏即訊王，王視中尉顔色和，遂不發。公卿奏：「安壅閼奮擊匈奴者，格明詔，當棄市。」詔削二縣。既而安自傷曰：「吾行仁義，反見削地，恥之。」於是爲反謀益甚。

安與衡山王賜相責望，禮節間不相能。衡山王聞淮南王有反謀，恐爲所并，亦結賓客爲反具。以爲淮南已西，欲發兵定江、淮之間而有之。衡山王后徐來譖太子爽於王，欲廢之而立其弟孝。王囚太子而佩孝以王印，令招致賓客。賓客來者微知淮南、衡山有逆計，日夜從容勸之。王乃使孝客江都人枚赫、陳喜作輣車鍛矢，刻天子璽、將相軍吏印。秋，衡山王當入朝，過淮南，淮南王乃昆弟語，除前隙，約束反具。衡山王即上書謝病，上賜書不朝。

元狩元年。淮南王安與賓客左吴等日夜爲反謀，案輿地圖，部署兵所從入。諸使者道長安來，爲妄言，言「上無男，漢不治」，即喜；即言「漢廷治，有男」，王怒，以爲妄言，非也。王召中郎伍被與謀反事，被曰：「王安得此亡國之語乎！臣見宫中生荆棘，露霑衣也。」王怒，繫伍被父母，囚之。三月，復召問之，被曰：「昔秦爲無道，窮奢極虐，百姓思亂者十家而六七。今大王見高皇帝得天下之易也，獨不觀近世之吴、楚乎？夫吴王王四郡，國富民衆，計定謀成，舉兵而西；然破於大梁，奔走而東，身死祀絶者何？誠逆天道而不知時也。方今大王之兵，衆不能十分吴、楚之一；天下安寧，萬倍吴、楚之時。大王不從臣之計，今見大王棄千乘之君，賜絶命之書，爲羣臣先死於東宫也。」王涕泣而起。

王有孽子不害，最長，王弗愛，王后、太子皆不以爲子、兄數。不害有子建，材高有氣，常怨望太子，陰使人告太子謀殺漢中尉事，下廷尉治。王患之，欲發，復問伍被曰：「公以爲吴興兵是邪？非邪？」被曰：「非也。臣聞吴王悔之甚，願王無爲吴王之所悔。」王曰：「吴何知反！漢將一日過成皋者四十餘人，今我絶成皋之口，據三川之險，招山東之兵，舉事如此，左吴、趙賢、朱驕如皆以爲什事九成，公獨以爲有禍無福，何也？必如公言，不可徼幸邪？」被曰：「必不得已，被有愚計。當今諸侯無異心，百姓無怨氣，可僞爲丞相、御史請書，徙郡國豪桀、高貲於朔方，益發甲卒，急其會日。又僞爲詔獄書，逮諸侯、太子、幸臣。如此，則民怨、諸侯懼，即使辯士隨而説之，儻可徼幸什得一乎！」王曰：

「此可也。雖然，吾以爲不至若此。」

於是王乃作皇帝璽，丞相、御史大夫、將軍、軍吏、中二千石及旁近郡太守、都尉印，漢使節。欲使人僞得罪而西，事大將軍，一日發兵，即刺殺大將軍。且曰：「漢廷大臣，獨汲黯好直諫，守節死義，難惑以非，至如説丞相弘等，如發蒙振落耳。」王欲發國中兵，恐其相、二千石不聽，王乃與伍被謀先殺相、二千石。又欲令人衣求盜衣，持羽檄從東方來，呼曰：「南越兵入界！」欲因以發兵。

會廷尉逮捕淮南太子，淮南王聞之，與太子謀，召相、二千石，欲殺而發兵。召相，相至，内史、中尉皆不至。王念獨殺相無益也，即罷相。王猶豫，計未決。太子即自剄，不殊。

伍被自詣吏，告與淮南王謀反，蹤跡如此。吏因捕太子、王后，圍王宫，盡求捕王所與謀反賓客在國中者，索得反具，以聞。上下公卿治其黨與，使宗正以符節治王。未至，十一月，淮南王安自剄，殺王后荼、太子遷，諸所與謀反者皆族。天子以伍被雅辭多引漢之美，欲勿誅。廷尉湯曰：「被首爲王畫反計，罪不可赦。」乃誅被。侍中莊助素與淮南王相結交，私論議，王厚賂遺助；上薄其罪，欲勿誅。張湯争，以爲「助出入禁門，腹心之臣，而外與諸侯交私如此，不誅，後不可治」。助竟棄市。

衡山王上書請廢太子爽，立其弟孝爲太子。爽聞，即遣所善白嬴之長安上書，言孝作輣車鍛矢，與王御者姦，欲以敗孝。會有司捕所與淮南謀反者，得陳喜於衡山王子孝家。吏劾孝首匿喜，孝聞律「先自告除其罪」，即先自告所與謀反者枚赫、陳喜等。公卿請逮捕衡山王治之，王自剄死。王后徐來、太子爽及孝皆棄市，所與謀反者皆族。凡淮南、衡山二獄，所連引列侯、二千石、豪桀等死者數萬人。

漢通西域

漢武帝元朔三年。初，匈奴降者言：「月氏故居敦煌、祁連間，爲强國，匈奴冒頓攻破之。老上單于殺月氏王，以其頭爲飲器，餘衆遁逃遠去，怨匈奴，無與共擊之。」上募能通使月氏者，漢中張騫以郎應募，出隴西，徑匈奴中，單于得之，留騫十餘歲。騫得間亡，鄉月氏西走，數十日，至大宛。大宛聞漢之饒財，欲通不得，見騫，喜，爲發導譯抵康居，傳致大月氏。大月氏太子爲王，既擊大夏，分其地而居之，地肥饒，少寇，殊無報胡之心。騫留歲餘，竟不能得月氏要領，乃還，並南山，欲從羌中歸，復爲匈奴所得。留歲餘，會伊稺斜逐於單，匈奴國内亂，騫乃與堂邑氏奴甘父逃歸。上拜騫爲太中大夫，甘父爲奉使君。騫初行時百餘人，去十三歲，唯二人得還。

元狩元年。初，張騫自月氏還，具爲天子言西域諸國風俗：「大宛在漢正西，可萬里。其俗土著，耕田。多善馬，馬汗血。有城郭、室屋，如中國。其東北則烏孫，東則于寘。于寘之西，則水皆西流注西海；其東，水東流注鹽澤。鹽澤潛行地下，其南則河源出焉。鹽澤去長安可五千里。匈奴右方居鹽澤以東，至隴西長城，南接羌，隔漢道焉。烏孫、康居、奄蔡、大月氏皆行國，隨畜牧，與匈奴同俗。大夏在大宛西南，與大宛同俗。臣在大夏時，見邛竹杖蜀布，問曰：『安得此？』大夏國人曰：『吾賈人往市之身毒。』身毒在大夏東南可數千里。其俗土著，與大夏同。以騫度之，大夏去漢萬二千里，居漢西南。今身毒國又居大夏東南數千里，有蜀物，此其去蜀不遠矣。今使大夏，從羌中，險，羌人惡之；少北，則爲匈奴所得；從蜀宜徑，又無寇。」天子既聞大宛及大夏、安息之屬，皆大國，多奇物，土著，頗與中國同業，而兵弱，貴漢財物；其北有大月氏、康居之屬，兵强，可以賂遺設利朝也。誠得而以義屬之，則廣地萬里，重九譯，致殊俗，威德徧於四海。欣然以騫言爲然。

元鼎二年。渾邪王既降漢，漢兵擊逐匈奴於幕北，自鹽澤以東空無匈奴，西域道可通。於是張騫建言：「烏孫王昆莫本爲匈奴臣，後兵稍强，不肯復朝事匈奴，匈奴攻不勝而遠之。今單于新困於漢，而故渾邪地空無人。蠻夷俗戀故地，又貪漢財物，今誠以此時厚幣賂烏孫，招以益東，居故渾邪之地，與漢結昆弟，其勢宜聽，聽則是斷匈奴右臂也。既連烏孫，自其西大夏之屬皆可招來而爲外臣。」天子以爲然，拜騫爲中郎將，將三百人，馬各二匹，牛羊以萬數，齎金幣帛直數千巨萬，多持節副使，道可便，遣之他旁國。

騫既至烏孫，昆莫見騫，禮節甚倨。騫諭指曰：「烏孫能東居故地，則漢遣公主爲夫人，結爲兄弟，共距匈奴，匈奴不足破也。」烏孫自以遠漢，未知其大小；素服屬匈奴日久，且又近之，其大臣皆畏匈奴，不欲移徙。騫留久之，不能得其要領，因分遣副使使大宛、康居、大月氏、大夏、安息、身毒、于闐及諸旁國。烏孫發譯道送騫還，使數十人，馬數十匹，隨騫報謝，因令窺漢大小。是歲騫還，到，拜爲大行。後歲餘，騫所遣使通大夏之屬者皆頗與其人俱來，於是西域始通於漢矣。

西域凡三十六國，南北有大山，中央有河，東西六千餘里，南北千餘里，東則接漢玉門、陽關，西則限以葱嶺。河有兩原：一出葱嶺，一出于闐，合流東注鹽澤。鹽澤去玉門、陽關三百餘里。自玉門、陽關出西域有兩道：從鄯善傍南山北，循河西行至莎車，爲南道；南道西踰葱嶺，則出大月氏、安息。自車師前王廷隨北山循河西行至疏勒，爲北道；北道西踰葱嶺，則出大宛、康居、奄蔡焉。故皆役屬匈奴。匈奴西邊日逐王，置僮僕都尉，使領西域，常居焉耆、危須、尉黎間，賦稅諸國，取富給焉。

烏孫王既不肯東還，漢乃於渾邪王故地置酒泉郡，稍發徙民以充實之。後又分置武威郡，以絶匈奴與羌通之道。

天子得宛汗血馬，愛之，名曰「天馬」。使者相望於道以求之。諸使外國一輩，大者數百，少者百餘人，人所齎操大放博望侯時，其後益習而衰少焉。漢率一歲中使多者十餘，少者五六輩；遠者八九歲，近者數歲而反。

六年。博望侯既以通西域尊貴，其吏士爭上書言外國奇怪利害，求使。天子爲其絶遠，非人所樂往，聽其言，予節，募吏民，毋問所從來，爲具備人衆遣之，以廣其道。來還，不能毋侵盜幣物，及使失指，天子爲其習之，輒覆按致重罪，以激怒令贖，復求使。使端無窮，而輕犯法。其吏卒亦輒復盛推外國所有，言大者予節，言小者爲副，故妄言無行之徒皆爭效之。其使皆貧人子，私縣官齎物，欲賤市以私其利。外國亦厭漢使，人人有言輕重，度漢兵遠不能至，而禁其食物以苦漢使。漢使乏絶積怨，至相攻擊。而樓蘭、車師小國，當空道，攻漢使王恢等尤甚，而匈奴奇兵又時遮擊之。使者爭言西域皆有城邑，兵弱易擊。於是天子遣浮沮將軍公孫賀將萬五千騎出九原二千餘里，至浮沮井而還。匈河將軍趙破奴將萬餘騎出令居數千里至匈河水而還。以斥逐匈奴，不使遮漢使，皆不見匈奴一人。乃分武威、酒泉地置張掖、敦煌郡，徙民以實之。

元封三年冬十二月，上遣將軍趙破奴擊車師。破奴與輕騎七百餘先至，虜樓蘭王，遂破車師。因舉兵威以困烏孫、大宛之屬。春正月甲申，封破奴爲浞野侯。王恢佐破奴擊樓蘭，封恢爲浩侯。於是酒泉列亭障至玉門矣。

六年，烏孫使者見漢廣大，歸報其國，其國乃益重漢。匈奴聞烏孫與漢通，怒，欲擊之；又其旁大宛、月氏之屬皆事漢。烏孫於是恐，使使願得尚漢公主，爲昆弟。天子與羣臣議，許之。烏孫以千匹馬聘漢女。漢以江都王建女細君爲公主，往妻烏孫，贈送甚盛，烏孫王昆莫以爲右夫人。匈奴亦遣女妻昆莫，以爲左夫人。公主自治宮室居，歲時一再與昆莫會，置酒飲食。昆莫年老，言語不通，公主悲愁思歸；天子聞而憐之，間歲遣使者以帷帳、錦繡給遺焉。昆莫曰「我老」，欲使其孫岑娶尚公主。公主不聽，上書言狀。天子報曰：「從其國俗，欲與烏孫共滅胡。」岑娶遂妻公主。昆莫死，岑娶代立爲昆彌。

是時，漢使西踰葱嶺，抵安息。安息發使以大鳥卵及黎軒善眩人獻于漢，及諸小國驩潛、大益、（車）〔姑〕師、扜罙、蘇𩅰之屬，皆隨漢使獻見天子。天子大悅。西國使更來更去。天子每巡狩海上，悉從外國客，大都多人則過之，散財帛以賞賜，厚具以饒給之，以覽示漢富厚焉。大角抵，出奇戲諸怪物，多聚觀者，行賞賜，酒池肉林，令外國客徧觀（名）〔各〕倉庫府藏之積，見漢之廣大，傾駭之。大宛左右多蒲萄，可以爲酒；多苜蓿，天馬嗜之。漢使采其實以來，天子種之於離宮别觀旁，極望。然西域以近匈奴，常畏匈奴使，待之過於漢使焉。

太初元年，漢使入西域者言：「宛有善馬，在貳師城，匿不肯與漢使。」天子使壯士車令等持千金及金馬以請之。宛王與其羣臣謀曰：「漢去我遠，而鹽水中數敗，出其北有胡寇，出其南乏水草。又且往往而絶邑，乏食者多。漢使數百人爲輩來，而常乏食，死者過半，是安能致大軍乎？無奈我何。貳師馬，宛寶馬也。」遂不肯予漢使。漢使怒，妄言，椎金馬而去。宛貴人怒曰：「漢使至輕我！」遣漢使去，令其東邊郁成王遮攻殺漢使，取其財物。於是天子大怒。諸嘗使宛姚定漢等言：「宛兵弱，誠以漢兵不過三千人，强弩射之，可盡虜矣。」天子嘗使浞野侯以七百騎虜樓蘭王，以定漢等言爲然，而欲侯寵姬李氏，乃拜李夫人兄廣利爲貳師將軍，發屬國六千騎及郡國惡少年數萬人，以往伐宛。期至貳師城取善馬，故號「貳師將軍」。趙始成爲軍正，故浩侯王恢使導軍，而李哆爲校尉，制軍事。

二年，貳師將軍之西也，既過鹽水，當道小國各城守，不肯給食，攻之不能下。下者得食，不下者數日則去。比至郁成，士至者不過數千，皆飢罷。攻郁成，郁成大破之，所殺傷甚衆。貳師將軍與李哆、趙始成等計：「至郁成尚不能舉，況至其王都乎？」引兵而還。

至敦煌，士不過什一二。使使上書，言「道遠多乏食，且士卒不患戰而患飢，人少不足以拔宛。願且罷兵，益發而復往」。天子聞之，大怒，使使遮玉門曰：「軍有敢入者輒斬之！」貳師恐，因留敦煌。

三年，公卿議者皆願罷宛軍，專力攻胡。天子業出兵誅宛，宛小國而不能下，則大夏之屬漸輕漢，而宛善馬絶不來，烏孫、輪臺易苦漢使，爲外國笑。乃案言伐宛尤不便者鄧光等，赦囚徒，發惡少年及邊騎，歲餘而出敦煌者六萬人，負私從者不與。牛十萬，馬三萬匹，驢槖駝以萬數。齎糧，兵弩甚設，天下騷動，轉相奉伐宛，五十餘校尉。宛城中無井，汲城外流水，於是遣水工徙其城下水空以穴其城。益發戍甲卒十八萬酒泉、張掖北，置居延、休屠，屯兵以衛酒泉，而發天下吏有罪者、亡命者及贅壻、賈人、故有市籍、父母、大父母有市籍者凡七科，適爲兵，及載糒給貳師，轉車人徒相連屬。而拜習馬者二人爲執、驅馬校尉，備破宛擇取其善馬云。

於是貳師後復行，兵多，所至小國莫不迎，出食給軍。至輪臺，輪臺不下，攻數日，屠之。自此而西，平行至宛城，兵到者三萬。宛兵迎擊漢兵，漢兵射敗之，宛兵走入保其城。貳師欲攻郁成城，恐留行而令宛益生詐，乃先至宛，决其水原，移之，則宛固已憂困，圍其城，攻之四十餘日。宛貴人謀曰：「王毋寡匿善馬，殺漢使。今殺王而出善馬，漢兵宜解；即不解，乃力戰而死，未晚也。」宛貴人皆以爲然，共殺王。其外城壞，虜宛貴人勇將煎靡。宛大恐，走入城中，持王毋寡頭遣人使貳師，約曰：「漢無攻我，我盡出善馬恣所取，而給漢軍食。即不聽我，我盡殺善馬，康居之救又且至，至，我居内，康居居外，與漢軍戰。孰計之，何從？」是時康居候視漢兵尚盛，不敢進。貳師聞宛城中新得漢人，知穿井，而其内食尚多，計以爲「來誅首惡者毋寡，毋寡頭已至，如此不許則堅守，而康居候漢兵罷來救宛，破漢軍必矣」。乃許宛之約。宛乃出其馬，令漢自擇之，而多出食食漢軍。漢軍取其善馬數十匹，中馬以下牝牡三千餘匹。而立宛貴人之故時遇漢善者名昧蔡爲宛王，與盟而罷兵。

初，貳師起敦煌西，分爲數軍，從南、北道。校尉王申生將千餘人别至郁成，郁成王擊滅之，數人脱亡，走貳師。貳師令搜粟都尉上官桀往攻破郁成。郁成王亡走康居，桀追至康居。康居聞漢已破宛，出郁成王與桀，桀令四騎士縛守詣貳師。上邽騎士趙弟恐失郁成王，拔劍擊斬其首，追及貳師。

四年春，貳師將軍來至京師。貳師所過小國聞宛破，皆使其子弟從入貢獻，見天子，因爲質焉。軍還，入馬千餘匹。後行，軍非乏食，戰死不甚多，而將吏貪，不愛卒，侵牟之，以此物故者衆。天子爲萬里而伐，不録其過。乃下詔封李廣利爲海西侯，封趙弟爲新畤侯，以上官桀爲少府，軍官吏爲九卿者三人，諸侯相、郡守、二千石百餘人，千石以下千餘人。奮行者官過其望，以謫過行，皆黜其勞。士卒賜直四萬錢。

匈奴聞貳師征大宛，欲遮之，貳師兵盛，不敢當，即遣騎因樓蘭候漢使後過者欲絶勿通。時漢軍正任文將兵玉門關，捕得生口，知狀，以聞。上詔文便道引兵捕樓蘭王，將詣闕簿責。王對曰：「小國在大國間，不兩屬，無以自安。願徙國入居漢地。」上直其言，遣歸國，亦因使候司匈奴，匈奴自是不甚親信樓蘭。

自大宛破後，西域震懼，漢使入西域者益得職。於是自敦煌西至鹽澤往往起亭，而輪臺、渠犂皆有田卒數百人，置使者、校尉領護，以給使外國者。

後歲餘，宛貴人以爲昧蔡善諛，使我國遇屠，乃相與殺昧蔡，立毋寡昆弟蟬封爲宛王，而遣其子入質於漢。漢因使使賂賜以鎮撫之。蟬封與漢約，歲獻天馬二匹。

昭帝元鳳四年。初，扜冞遣太子賴丹爲質於龜茲。貳師擊大宛還，將賴丹入至京師。霍光用桑弘羊前議，以賴丹爲校尉，將軍田輪臺。龜茲貴人姑翼謂其王曰：「賴丹本臣屬吾國，今佩漢印綬來，迫吾國而田，必爲害。」王即殺賴丹，而上書謝漢。

樓蘭王死，匈奴先聞之，遣其質子安歸歸，得立爲王。漢遣使詔新王令入朝，王辭不至。樓蘭國最在東垂，近漢，當白龍堆，乏水草，常主發導，負水擔糧，送迎漢使。又數爲吏卒所寇，懲艾，不便與漢通。後復爲匈奴反間，數遮殺漢使。其弟尉屠耆降漢，具言狀。驗馬監北地傅介子使大宛，詔因令責樓蘭、龜茲。介子至樓蘭、龜茲，責其王，皆謝服。介子從大宛還，到龜茲，會匈奴使從烏孫還，在龜茲，介子因率其吏士共誅斬匈奴使者。還奏事，詔拜介子爲中郎，遷平樂監。

介子謂大將軍霍光曰：「樓蘭、龜茲數反覆而不誅，無所懲艾。介子過龜茲時，其王近就人，易得也。願往刺之，以威示諸國。」大將軍曰：「龜茲道遠，且驗之於樓蘭。」於是白遣之。介子與士卒俱齎金幣，揚言以賜外國爲名。至樓蘭，樓蘭王意不親介子。介子陽引去，至其西界，使譯謂曰：「漢使者持黃金、錦繡行賜諸國，王，不來受，我去之西國矣。」即出金幣以示譯。譯還報王，王貪漢物，來見使者。介子與坐飲，陳物示之，飲酒皆醉。介子謂王曰：「天子使我私報王。」王起，隨介子入帳中屏語，壯士二人從後刺之，刃交胸，立死，其貴人左右皆散走。介子告諭以：「王負漢，罪，天子遣我誅王，當更立弟尉屠耆在漢者。漢兵方至，毋敢動，自令滅國矣！」介子遂斬王安歸首，馳傳詣闕，縣首北闕下。

乃立尉屠耆爲王，更名其國爲鄯善，爲刻印章，賜以宮女爲夫人，備車騎輜重。丞相率百官送至橫門外，祖而遣之。王自請天子曰：「身在漢久，今歸單弱，而前王有子在，恐爲所殺。國中有伊循城，其地肥美，願漢遣一將屯田積穀，令臣得依其威重。」於是漢遣司馬一人、吏士四十人田伊循，以填撫之。秋七月乙巳，封范明友爲平陵侯，傅介子爲義陽侯。

臣光曰：王者之於戎狄，叛則討之，服則舍之。今樓蘭王既服其罪，又從而誅之，後有叛者不可得而懷矣。必以爲有罪而討之，則宜陳師鞠旅，明致其罰。今乃遣使者誘以金幣而殺之，後有奉使諸國者復可信乎！且以大漢之强，而爲盜賊之謀於蠻夷，不亦可羞哉！論者或美介子，以爲奇功，過矣。

宣帝本始二年。初，烏孫公主死，漢復以楚王戊之孫解憂爲公主，妻岑娶。岑娶胡婦子泥靡尚小，岑娶且死，以國與季父大祿子翁歸靡，曰：「泥靡大，以國歸之。」翁歸靡既立，號肥王，復尚楚主，生三男兩女。長男曰元貴靡，次曰萬年，次曰大樂。上遣光祿大夫常惠持節護烏孫兵共擊匈奴。事見匈奴歸漢。

三年。上復遣常惠持金幣還賜烏孫貴人有功者。惠因奏請：「龜茲國嘗殺校尉賴丹，未伏誅，請便道擊之。」帝不許。大將軍霍光風惠以便宜從事。惠與吏士五百人俱至烏孫，還，過，發西國兵二萬人，令副使發龜茲東國二萬人，烏孫兵七千人，從三面攻龜茲。兵未合，先遣人責其王以前殺漢使狀，王謝曰：「乃我先王時爲貴人姑翼所誤耳，我無罪。」惠曰：「即如此，縛姑翼來，吾置王。」王執姑翼詣惠，惠斬之而還。

元康元年。初，烏孫公主少子萬年有寵於莎車王。莎車王死而無子，時萬年在漢，莎車國人計欲自託於漢，又欲得烏孫心，上書請萬年爲莎車王。漢許之，遣使者奚充國送萬年。萬年初立，暴惡，國人不説。上令羣臣舉可使西域者，前將軍韓增舉上黨馮奉世，以衛候使持節送大宛諸國客至伊循城。會故莎車王弟呼屠徵與旁國共殺其王萬年及漢使者奚充國，自立爲王。

神爵二年。烏孫昆彌翁歸靡因長羅侯常惠上書：「願以漢外孫元貴靡爲嗣，得令復尚漢公主，結婚重親，畔絶匈奴。」詔下公卿議，大鴻臚蕭望之以爲烏孫絶域，變故難保，不可許。上美烏孫新立大功，又重絶故業，乃以烏孫主解憂弟相夫爲公主，盛爲資送而遣之，使常惠送之，至敦煌。未出塞，聞翁歸靡死，烏孫貴人共從本約立岑娶子泥靡爲昆彌，號狂王。常惠上書：「願留少主敦煌。」惠馳至烏孫，責讓不立元貴靡爲昆彌，還迎少主。事下公卿，望之復以爲「烏孫持兩端，難約結。今少主以元貴靡不立而還，信無負於夷狄，中國之福也。少主不止，繇役將興」。天子從之，徵還少主。

甘露元年夏四月，烏孫狂王復尚楚主解憂，生一男鴟靡，不與主和，又暴惡失衆。漢使衛司馬魏和意、副候任昌至烏孫。公主言：「狂王爲烏孫所患苦，易誅也。」遂謀置酒，使士拔劍擊之。劍旁下，狂王傷，上馬馳去。其子細沈瘦會兵圍和意、昌及公主於赤谷城數月，都護鄭吉發諸國兵救之，乃解去。漢遣中郎將張遵持醫藥治狂王，賜金帛，因收和意、昌，係瑣，從尉犂檻車至長安，斬之。

初，肥王翁歸靡胡婦子烏就屠，狂王傷時，驚，與諸翕侯俱去居北山中，揚言母家匈奴兵來，故衆歸之。後遂襲殺狂王，自立爲昆彌。是歲，漢遣破羌將軍辛武賢將兵萬五千人至敦煌，通渠積穀，欲以討之。

初，楚主侍者馮嫽能史書，習事，嘗持漢節爲公主使，城郭諸國敬信之，號曰馮夫人，爲烏孫右大將妻。右大將與烏就屠相愛，都護鄭吉使馮夫人說烏就屠以漢兵方出，必見滅，不如降。烏就屠恐，曰：「願得小號以自處。」帝徵馮夫人自問狀；遣謁者竺次、期門甘延壽爲副，送馮夫人。馮夫人錦車持節，詔烏就屠詣長羅侯赤谷城，立元貴靡爲大昆彌，烏就屠爲小昆彌，皆賜印綬。破羌將軍不出塞，還。後烏就屠不盡歸諸翕侯民衆，漢復遣長羅侯惠將三校屯赤谷，因爲分別其人民、地界，大昆彌户六萬餘，小昆彌户四萬餘。然衆心皆附小昆彌。

三年五月，烏孫大昆彌元貴靡及鴟靡皆病死，公主上書言：「年老土思，願得歸骸骨，葬漢地。」天子閔而迎之。冬，至京師，待之一如公主之制。後二歲卒。

元貴靡子星靡代爲大昆彌，弱。馮夫人上書：「願使烏孫，鎮撫星靡。」漢遣之。都護韓宣奏：「烏孫大吏大祿、大監皆可賜以金印紫綬，以尊輔大昆彌。」漢許之。其後段會宗爲都護，乃招還亡叛，安定之。星靡死，子雌栗靡代立。

成帝建始四年。西域都護段會宗爲烏孫兵所圍，驛騎上書：「願發城郭、敦煌兵以自救。」丞相商、大將軍鳳及百寮議，數日不決。鳳言「陳湯多籌策，習外國事，可問」。上召湯見宣室。湯擊郅支時中寒，病兩臂不屈申，湯入見，有詔毋拜，示以會宗奏。湯對曰：「臣以爲此必無可憂也。」上曰：「何以言之？」湯曰：「夫胡兵五而當漢兵一，何者？兵刃朴鈍，弓弩不利。今聞頗得漢巧，然猶三而當一。又兵法曰『客倍而主人半，然後敵』。今圍會宗者人衆不足以勝會宗，唯陛下勿憂。且兵輕行五十里，重行三十里。今會宗欲發城郭、敦煌，歷時乃至，所謂報讎之兵，非救急之用也。」上曰：「奈何？其解可必乎？度何時解？」湯知烏孫瓦合，不能久攻，故事不過數日，因對曰：「已解矣。」屈指計其日，曰：「不出五日，當有吉語聞。」居四日，軍書到，言已解。

陽朔四年閏九月，烏孫小昆彌烏就屠死，子拊離代立，爲弟日貳所殺。漢遣使者立拊離子安日爲小昆彌。日貳亡阻康居，安日使貴人姑莫匿等三人詐亡從日貳，刺殺之。於是西域諸國上書：「願復得前都護段會宗。」上從之。城郭諸國聞之，皆翕然親附。

元延二年。初，烏孫小昆彌安日爲降民所殺，諸翕侯大亂。詔徵故金城太守段會宗爲左曹、中郎將、光禄大夫，使安輯烏孫，立安日弟末振將爲小昆彌，定其國而還。時大昆彌雌栗靡勇健，末振將恐爲所并，使貴人烏日領詐降，刺殺雌栗靡。漢欲以兵討之而未能，遣中郎將段會宗立公主孫伊秩靡爲大昆彌。久之，大昆彌、翕侯難栖殺末振將，安日子安犂靡代爲小昆彌。漢恨不自誅末振將，復遣段會宗發戊己校尉諸國兵，即誅末振將太子番丘。會宗恐大兵入烏孫，驚番丘，亡逃不可得，即留所發兵墊婁地，選精兵三十弩徑至昆彌所在，召番丘，責以末振將之罪，即手劍擊殺番丘。官屬以下驚恐，馳歸。小昆彌安犂靡勒兵數千騎圍會宗，會宗爲言來誅之意，「今圍守殺我，如取漢牛一毛耳。宛王、郅支頭縣藁街，烏孫所知也。」昆彌以下服，曰：「末振將負漢，誅其子可也，獨不可告我，令飲食之邪？」會宗曰：「豫告，昆彌逃匿之，爲大罪。即飲食以付我，傷骨肉恩。故不先告。」昆彌以下號泣罷去。會宗還，奏事，天子賜會宗爵關内侯，黄金百斤。會宗以難栖殺末振將，奏以爲堅守都尉。責大禄、大監以雌栗靡見殺狀，奪金印、紫綬，更與銅、墨云。末振將弟卑爰疐本共謀殺大昆彌，將衆八萬餘口，北附康居，謀欲借兵兼并兩昆彌。漢復遣會宗與都護孫建并力以備之。

自烏孫分立兩昆彌，漢用憂勞，且無寧歲。時康居復遣子侍漢，貢獻，都護郭舜上言：「本匈奴盛時，非以兼有烏孫、康居故也。及其稱臣妾，非以失二國也。漢雖皆受其質子，然三國内相輸遺，交通如故，亦相候司，見便則發。合不能相親信，離不能相臣役。以今言之，結配烏孫竟未有益，反爲中國生事。然烏孫既結在前，今與匈奴俱稱臣，義不可距。而康居驕黠，訖不肯拜使者。都護吏至其國，坐之烏孫諸使下，王及貴人先飲食已，乃飲啗都護吏，故爲無所省以夸旁國。以此度之，何故遣子入侍？其欲賈市，爲好辭之，詐也。匈奴百蠻大國，今事漢甚備；聞康居不拜，且使單于有悔自卑之意。宜歸其侍子，絶勿復使，以章漢家不通無禮之國。」漢爲其新通，重致遠人，終羈縻不絶。

武帝伐匈奴

漢武帝元光二年。雁門馬邑豪聶壹因大行王恢言：「匈奴初和親，親信邊，可誘以利致之，伏兵襲擊，必破之道也。」上召問公卿，王恢曰：「臣聞全代之時，北有强胡之敵，内連中國之兵，然尚得養老長幼，種樹以時，倉廩常實，匈奴不輕侵也。今以陛下之威，海内爲一，然匈奴侵盗不已者，無他，以不恐之故耳。臣竊以爲擊之便。」韓安國曰：「臣聞高皇帝嘗圍於平城，七日不食。及解圍反位而無忿怒之心。夫聖人以天下爲度者也，不以己私怒傷天下之功，故遣劉敬結和親，至今爲五世利。臣竊以爲勿擊便。」恢曰：「不然。高帝身被堅執銳，行幾十年，所以不報平城之怨者，非力不能，所以休天下之心也。今邊境數驚，士卒傷死，中國槥車相望，此仁人之所隱也。故曰擊之便。」安國曰：「不然。臣聞用兵者以飽待飢，正治以待其亂，定舍以待其勞，故接兵覆衆，伐國墮城，常坐而役敵國，此聖人之兵也。今將卷甲輕舉，深入長驅，難以爲功。從行則迫脅，衡行則中絶，疾則糧乏，徐則後利，不至千里，人馬乏食。兵法曰『遺人，獲也』，臣故曰勿擊便。」恢曰：「不然。臣今言擊之者，固非發而深入也，將順因單于之欲，誘而致之邊，吾選梟騎、壯士，陰伏而處以爲之備，審遮險阻以爲其戒。吾勢已定，或營其左，或營其右，或當其前，或絶其後，單于可禽，百全必取。」上從恢議。

夏六月，以御史大夫韓安國爲護軍將軍，衛尉李廣爲驍騎將軍，太僕公孫賀爲輕車將軍，大行王恢爲將屯將軍，太中大夫李息爲材官將軍，將車騎、材官三十餘萬匿馬邑旁谷中，約單于入馬邑，縱兵。陰使聶壹爲間，亡入匈奴，謂單于曰：「吾能斬馬邑令、丞以城降，財物可盡得。」單于愛信，以爲然而許之。聶壹乃詐斬死罪囚，縣其頭馬邑城下，示單于使者爲信，曰：「馬邑長吏已死，可急來。」於是單于穿塞將十萬騎入武州塞。未至馬邑百餘里，見畜布野而無人牧者，怪之。乃攻亭，得雁門尉史，欲殺之，尉史乃告單于漢兵所居。單于大驚曰：「吾固疑之！」乃引兵還。出曰：「吾得尉史，天也。」以尉史爲

「天王」。塞下傳言單于已去，漢兵追至塞，度弗及，乃皆罷兵。王恢主別從代出擊胡輜重，聞單于還，兵多，亦不敢出。

上怒恢，恢曰：「始約爲入馬邑城，兵與單于接，而臣擊其輜重，可得利。今單于不至而還，臣以三萬人衆不敵，祇取辱。固知還而斬，然完陛下士三萬人。」於是下恢廷尉。廷尉當：「恢逗橈，當斬。」恢行千金丞相蚡，蚡不敢言上，而言於太后曰：「王恢首爲馬邑事，今不成而誅恢，是爲匈奴報仇也。」上朝太后，太后以蚡言告上。上曰：「首爲馬邑事者恢，故發天下兵數十萬從其言，爲此。且縱單于不可得，恢所部擊其輜重，猶頗可得以慰士大夫心。今不誅恢，無以謝天下。」於是恢聞，乃自殺。自是之後，匈奴絶和親，攻當路塞，往往入盜於漢邊，不可勝數。然尚貪樂關市，嗜漢財物；漢亦關市不絶，以中其意。

六年冬，匈奴入上谷，殺略吏民。遣車騎將軍衛青出上谷，騎將軍公孫敖出代，輕車將軍公孫賀出雲中，驍騎將軍李廣出雁門，各萬騎，擊胡關市下。衛青至龍城，得胡首虜七百人。公孫賀無所得。公孫敖爲胡所敗，亡七千騎。李廣亦爲胡所敗，胡生得廣，置兩馬間，絡而盛臥。行十餘里，廣佯死，暫騰而上胡兒馬上，奪其弓，鞭馬南馳，遂得脱歸。漢下敖、廣吏，當斬，贖爲庶人，唯青賜爵關内侯。

秋，匈奴數盜邊，漁陽尤甚。以衛尉韓安國爲材官將軍，屯漁陽。

元朔元年秋，匈奴二萬騎入漢，殺遼西太守，略二千餘人。圍韓安國壁，又入漁陽、雁門，各殺略千餘人。安國益東徙，屯北平，數月，病死。天子乃復召李廣拜爲右北平太守，匈奴號曰「漢之飛將軍」，避之，數歲不敢入右北平。

車騎將軍衛青將三萬騎出雁門，將軍李息出代。青斬首虜數千人。

臨菑人主父偃、嚴安上書。〔偃〕言九事，其八事爲律令，一事諫伐匈奴。其辭曰：「司馬法曰：『國雖大，好戰必亡，天下雖平，忘戰必危。』夫怒者逆德也，兵者凶器也，争者末節也。夫務戰勝窮武事者，未有不悔者也。昔秦皇帝并吞戰國，務勝不休，欲攻匈奴。李斯諫曰：『不可。夫匈奴無城郭之居，委積之守，遷徙鳥舉，難得而制也。輕兵深入，糧食必絶；踵糧以行，重不及事。得其地不足以爲利也，得其民不可調而守也。勝必殺之，非民父母也。靡敝中國，快心匈奴，非長策也。』秦皇帝不聽，遂使蒙恬將兵攻胡，辟地千里，以河爲境。地固沮澤鹹鹵，不生五穀。然後發天下丁男以守北河。暴兵露師十有餘年，死者不可勝數，終不能踰河而北。是豈人衆不足，兵革不備哉？其勢不可也。又使天下飛芻輓粟，起於黄、腄、琅邪負海之郡，轉輸北河，率三十鍾而致一石。男子疾耕不足於糧餉，女子紡績不足於帷幕，百姓靡敝。孤寡老弱不能相養，道路死者相望，蓋天下始畔秦也。及至高皇帝定天下，略地於邊，聞匈奴聚於代谷之外而欲擊之。御史成進諫曰：『不可。夫匈奴之性，獸聚而鳥散，從之如搏影。今以陛下盛德攻匈奴，臣竊危之。』高帝不聽，遂北至於代谷，果有平城之圍。高皇帝蓋悔之甚，乃使劉敬往結和親之約，然後天下忘干戈之事。夫匈奴難得而制，非一世也。行盜侵驅，所以爲業也，天性固然。上及虞、夏、殷、周，固弗程督，禽獸畜之，不屬爲人。夫上不觀虞、夏、殷、周之統，而下循近世之失，此臣之所大憂，百姓之所疾苦也。」

嚴安上書曰：「昔秦王意廣心逸，欲威海外，使蒙恬將兵以北攻胡，又使尉屠睢將樓船之士以攻越。當是時，秦禍北構於胡，南挂於越，宿兵於無用之地，進而不得退。行十餘年，丁男被甲，丁女轉輸，苦不聊生，自經於道樹，死者相望。及秦皇帝崩，天下大畔，滅世絶祀，窮兵之禍也。故周失之弱，秦失之强，不變之患也。今徇南夷，朝夜郎，降羌、僰，略薉州，建城邑，深入匈奴，燔其龍城，議者美之。此人臣之利，非天下之長策也。」

書奏，天子召見，謂曰：「公等皆安在？何相見之晚也！」皆拜爲郎中。

二年冬，匈奴入上谷、漁陽，殺略吏民千餘人。遣衞青、李息出雲中以西至隴西，擊胡之樓煩、白羊王於河南，得胡首虜數千，牛羊百餘萬，走白羊、樓煩王，遂取河南地。詔封青爲長平侯。青校尉蘇建、張次公皆有功，封建爲平陵侯，次公爲岸頭侯。

主父偃言：「河南地肥饒，外阻河，蒙恬城之以逐匈奴，内省轉輸戍漕，廣中國，滅胡之本也。」上下公卿議，皆言不便。上竟用偃計，立朔方郡，使蘇建興十餘萬人築朔方城，復繕故秦時蒙恬所爲塞，因河爲固。轉漕甚遠，自山東咸被其勞，費數十百鉅萬，府庫並虚。漢亦棄上谷之斗辟縣造陽地以予胡。夏，募民徙朔方十萬口。

三年冬，匈奴軍臣單于死，其弟左谷蠡王伊稚斜自立爲單于，攻破軍臣單于太子於單，於單亡降漢。

夏四月丙子，封匈奴太子於單爲涉安侯，數月而卒。匈奴數萬騎入塞，殺代郡太守恭及略千餘人。

秋，匈奴又入雁門，殺略千餘人。

四年夏，匈奴入代郡、定襄、上郡各三萬騎，殺略數千人。

五年。匈奴右賢王數侵擾朔方，天子令車騎將軍青將三萬騎出高闕，衛尉蘇建爲游擊將軍，左内史李沮爲强弩將軍，太僕公孫賀爲騎將軍，代相李蔡爲輕車將軍，皆領屬車騎將軍，俱出朔方；大行李息、岸頭侯張次公爲將軍，俱出右北平：凡十餘萬人，擊匈奴。右賢王以爲漢兵遠，不能至，飲酒醉。衛青等兵出塞六七百里，夜至，圍右賢王。右賢王驚，夜逃，獨與壯騎數百馳，潰圍北去。得右賢裨王十餘人，衆男女萬五千餘人，畜數十百萬。於是引兵而還。至塞，天子使使者持大將軍印，即軍中拜衛青爲大將軍，諸將皆屬焉。夏四月乙未，復益封青八千七百户，封青三子伉、不疑、登皆爲列侯。

秋，匈奴萬騎入代，殺都尉朱英，略千餘人。

六年春二月，大將軍青出定襄，擊匈奴。以合騎侯公孫敖爲中將軍，太僕公孫賀爲左將軍，翕侯趙信爲前將軍，衛尉蘇建爲右將軍，郎中令李廣爲後將軍，左内史李沮爲强弩將軍，咸屬大將軍，斬首數千級而還，休士馬于定襄、雲中、雁門。

夏四月，衛青復將六將軍出定襄，擊匈奴，斬首虜萬餘人。右將軍建、前將軍信并軍三千餘騎獨逢單于兵，與戰一日餘，漢兵且盡。信故胡小王，降漢，漢封爲翕侯，及敗，匈奴誘之，遂將其餘騎可八百降匈奴。建盡亡其軍，脱身亡，自歸大將軍。議郎周霸曰：「自大將軍出，未嘗斬裨將。今建棄軍，可斬以明將軍之威。」軍正閎、長史安曰：「不然。兵法『小敵之堅，大敵之禽也』。今建以數千當單于數萬，力戰一日餘，士盡，不敢有二心，自歸而斬之，是示後無反意也。不當斬。」大將軍曰：「青幸得以肺腑待罪行間，不患無威，而霸説我以明威，甚失臣意。且使臣職雖當斬將，以臣之尊寵而不敢自擅誅於境外，而具歸天子，天子自裁之。於以見爲人臣不敢專權，不亦可乎！」軍吏皆曰：「善。」遂囚建，詣行在所。

初，平陽縣吏霍仲孺給事平陽侯家，與青姊衛少兒私通，生霍去病。去病年十八，爲侍中，善騎射，再從大將軍擊匈奴爲票姚校尉，與輕勇騎八百，直棄大軍數百里赴利，斬捕首虜過當。於是天子曰：「票姚校尉去病，斬首虜二千餘級，得相國、當户，斬單于大父行藉若侯産，生捕季父羅姑比，再冠軍，封去病爲冠軍侯。上谷太守郝賢四從大將軍，捕斬首虜二千餘級，封賢爲衆利侯。」是歲，失兩將軍，亡翕侯，軍功不多，故大將軍不益封，止賜千金。右將軍建至，天子不誅，贖爲庶人。

單于既得翕侯，以爲自次王，用其姊妻之，與謀漢。信教單于益北絶幕，以誘罷漢兵，徼極而取之，無近塞。單于從其計。是時，漢比歲發十餘萬衆擊胡，斬捕首虜之士受賜黄金二十餘萬斤，而漢軍士馬死者十餘萬，兵甲轉漕之費不與焉。於是大司農經用竭，不足以奉戰士。六月，詔令民得買爵及贖禁錮免贓罪。置賞官，名曰武功爵，級十七萬，凡直三十餘萬金。諸買武功爵至千夫者，得先除爲吏。吏道雜而多端，官職耗廢矣。

元狩元年夏五月，匈奴萬人入上谷，殺數百人。

二年三月，霍去病爲票騎將軍，將萬騎出隴西，擊匈奴。歷五王國，轉戰六日，過焉支山千餘里，殺折蘭王，斬盧侯王，執渾邪王子及相國、都尉，獲首虜八千九百餘級，收休屠王祭天金人。詔益封去病二千户。

夏，去病復與合騎侯公孫敖將數萬騎俱出北地，異道。衛尉張騫、郎中令李廣俱出右北平，異道。廣將四千騎先行，可數百里，騫將萬騎在後。匈奴左賢王將四萬騎圍廣，廣軍士皆恐。廣乃使其子敢獨與數十騎馳貫胡騎，出其左右而還，告廣曰：「胡虜易與耳。」軍士乃安。廣爲圜陳外鄉，胡急擊之，矢下如雨，漢兵死者過半。漢矢且盡，廣乃令士持滿毋發，而廣身自以大黄射其裨將，殺數人，胡虜益解。會日暮，吏士皆無人色，而廣意氣自如，益治軍，軍中皆服其勇。明日，復力戰，死者過半，所殺亦過當。會博望侯軍亦至，匈奴軍乃解去。漢軍罷，弗能追，罷歸。漢法，博望侯留遲後期，當死，贖爲庶人。廣軍功自如，無賞。而票騎將軍去病深入二千餘里，與合騎侯失，不相得。票騎將軍踰居延，過小月氏，至祁連山，得單桓、酋涂王，及相國、都尉以衆降者二千五百人，斬首虜三萬二百級，獲裨小王七十餘人。天子益封去病五千户，封其裨將有功者鷹擊司馬趙破奴爲從票侯，校尉高不識爲宜冠侯，校尉僕多爲輝渠侯。合騎侯敖坐行留，不與票騎會，當斬，贖爲庶人。是時，諸宿將所將士、馬、兵皆不如票騎，票騎所將常選，然亦敢深入，常與壯騎先其大軍，軍亦有天幸，未嘗困絶也。而諸宿將常留落不偶，由此票騎日以親貴，比大將軍矣。

匈奴入代、雁門，殺略數百人。

秋，匈奴渾邪王降。是時單于怒渾邪王、休屠王居西方爲漢所殺虜數萬人，欲召誅之。渾邪王與休屠王恐，謀降漢，先遣使向邊境要遮漢人，令報天子。是時，大行李息將城河上，得渾邪王使，即馳傳以聞。天子聞之，恐其以詐降而襲邊，乃令票騎將軍將兵往迎之。休屠王後悔，渾邪王殺之，并其衆。票騎既渡河，與渾邪王衆相望。渾邪王裨將見漢軍，而多不欲降者，頗遁去。票騎乃馳入，得與渾邪王相見，斬其欲亡者八千人，遂獨遣渾邪王乘傳先詣行在所，盡將其衆渡河。降者四萬餘人，號稱十萬。既至長安，天子所以賞賜者數十巨萬。封渾邪王萬户，爲漯陰侯，封其裨王呼毒尼等四人皆爲列侯。益封票騎千七百户。

渾邪之降也，漢發車二萬乘以迎之。縣官無錢，從民貰馬。民或匿馬，馬不具。上怒，欲斬長安令，右内史汲黯曰：「長安令無罪，獨斬臣黯，民乃肯出馬。且匈奴畔其主而降漢，漢徐以縣次傳之，何至令天下騷動，罷敝中國而以事夷狄之人乎！」上默然。及渾邪至，賈人與市者坐當死五百餘人。黯請間見高門，曰：「夫匈奴攻當路塞，絶和親，中國興兵誅之，死傷者不可勝計，而費以巨萬百數。臣愚以爲陛下得胡人，皆以爲奴婢，以賜從軍死事者家；所鹵獲，因予之，以謝天下之苦，塞百姓之心。今縱不能，渾邪率數萬之衆來降，虛府庫賞賜，發良民侍養，譬若奉驕子。愚民安知市買長安中物，而文吏繩以爲闌出財物于邊關乎？陛下縱不能得匈奴之資以謝天下，又以微文殺無知者五百餘人，是所謂庇其葉而傷其枝者也，臣竊爲陛下不取也。」上默然，不許，曰：「吾久不聞汲黯之言，今又復妄發矣。」

居頃之，乃分徙降者邊五郡故塞外，而皆在河南，因其故俗爲五屬國。而金城、河西，西并南山至鹽澤，空無匈奴，匈奴時有候者到而希矣。

三年秋，匈奴入右北平、定襄各數萬騎，殺略千餘人。漢既得渾邪王地，隴西、北地、上郡益少胡寇，詔減三郡戍卒之半，以寬天下之繇。

四年。上與諸將議曰：「翕侯趙信爲單于畫計，常以爲漢兵不能度幕輕留。今大發士卒，其勢必得所欲。」乃粟馬十萬，令大將軍青、票騎將軍去病各將五萬騎，私負從馬復四萬匹，步兵轉者踵軍後又數十萬人，而敢力戰深入之士皆屬票騎。票騎始爲出定襄，當單于。捕虜言單于東，乃更令票騎出代郡，令大將軍出定襄。郎中令李廣數自請行，天子以爲老，弗許，良久乃許之，以爲前將軍。太僕公孫賀爲左將軍，主爵都尉趙食其爲右將軍，平陽侯曹襄爲後將軍，皆屬大將軍。趙信爲單于謀曰：「漢兵既度幕，人馬罷，匈奴可坐收虜耳。」乃悉遠北其輜重，以精兵待幕北。

大將軍青既出塞，捕虜知單于所居，乃自以精兵走之，而令前將軍廣并於右將軍軍，出東道。東道回遠而水草少，廣自請曰：「臣部爲前將軍，今大將軍乃徙令臣出東道。且臣結髮而與匈奴戰，今乃一得當單于，臣願居前，先死單于。」大將軍亦陰受上誡，以爲李廣老，數奇，毋令當單于，恐不得所欲。而公孫敖新失侯，大將軍亦欲使敖與俱當單于，故徙前將軍廣。廣知之，因自辭於大將軍。大將軍不聽，廣不謝而起行，意甚慍怒。

大將軍出塞千餘里，度幕，見單于兵陳而待。於是大將軍令武剛車自環爲營，而縱五千騎往當匈奴，匈奴亦縱可萬騎。會日且入，大風起，砂礫擊面，兩軍不相見。漢益縱左右翼繞單于。單于視漢兵多而士馬尚强，自度戰不能如漢兵，單于遂乘六騾，壯騎可數百，直冒漢圍西北馳去。時已昏，漢、匈奴相紛拏，殺傷大當。漢軍左校捕虜，言「單于未昏而去」，漢軍發輕騎夜追之，大將軍軍因隨其後，匈奴兵亦散走。遲明，行二百餘里，不得單于，捕斬首虜萬九千級，遂至寘顔山趙信城，得匈奴積粟食軍，留一日，悉燒其城餘粟而歸。

前將軍廣與右將軍食其軍無導，惑失道，後大將軍，不及單于戰。大將軍引還，過幕南，乃遇二將軍。大將軍使長吏責問廣、食其失道狀，急責廣之幕府對簿。廣曰：「諸校尉無罪，乃我自失道。吾今自上簿至幕府。」廣謂其麾下曰：「廣結髮與匈奴大小七十餘戰。今幸從大將軍出接單于兵，而大將軍徙廣部行回遠，而又迷失道，豈非天哉！且廣年六十餘矣，終不能復對刀筆之吏。」遂引刀自剄。廣爲人廉，得賞賜輒分其麾下，飲食與士共之。爲二千石四十餘年，家無餘財。猨臂善射，度不中不發。將兵乏絕之處，見水，士卒不盡飲，廣不近水，士卒不盡食，廣不嘗食，士以此愛樂爲用。及死，一軍皆哭，百姓聞之，知與不知無老壯皆爲垂涕。而右將軍獨下吏，當死，贖爲庶人。

單于之遁走，其兵往往與漢兵相亂而隨單于，單于久不與其大衆相得。其右谷蠡王以爲單于死，乃自立爲單于。十餘日，真單于復得其衆，而右谷蠡王乃去其單于號。

票騎將軍騎兵車重與大將軍軍等而無裨將，悉以李敢等爲大校，當裨將，出代、右北平二千餘里，絕大幕，直左方兵，獲屯頭王、韓王等三人，將軍、相國、當户、都尉八十三人，封狼居胥山，禪於姑衍，登臨翰海，鹵獲七萬四百四十三級。天子以五千八百户益封票騎將軍，又封其所部右北平太守路博德等四人爲列侯，從票侯破奴等二人益封，校尉敢爲關内侯，食邑，軍吏卒爲官、賞賜甚多。而大將軍不得益封，軍吏卒皆無封侯者。

兩軍之出塞，塞閱官及私馬凡十四萬匹，而復入塞者不滿三萬匹。乃益置大司馬位，大將軍、票騎將軍皆爲大司馬。定令，令票騎將軍秩禄與大將軍等。自是之後，大將軍青日退，而票騎日益貴。大將軍故人門下士多去事票騎，輒得官爵，唯任安不肯。

票騎將軍爲人少言不泄，有氣敢往。天子嘗欲教之孫、吴兵法，對曰：「顧方略何如耳，不至學古兵法。」天子爲治第，令票騎視之，對曰：「匈奴未滅，無以家爲也。」由此上益重愛之。然少貴，不省士。其從軍，天子爲遣太官齎數十乘，既還，重車餘棄粱肉而士有飢者。其在塞外，卒乏糧，或不能自振，而票騎尚穿域蹋鞠。事多此類。大將軍爲人仁，喜士退讓，以和柔自媚於上。兩人志操如此。

是時，漢所殺虜匈奴合八九萬，而漢士卒物故亦數萬。是後匈奴遠遁，而幕南無王庭。漢度河自朔方以西至令居，往往通渠，置田官，吏卒五六萬人，稍蠶食匈奴以北。然亦以馬少，不復大出擊匈奴矣。

匈奴用趙信計，遣使於漢，好辭請和親。天子下其議，或言和親，或言遂臣之。丞相長史任敞曰：「匈奴新破困，宜可使爲外臣，朝請於邊。」漢使任敞於單于，單于大怒，留之不遣。是時博士狄山議，以爲和親便。上以問張湯，湯曰：「此愚儒無知。」狄山曰：「臣固愚，愚忠。若御史大夫湯，乃詐忠。」於是上作色曰：「吾使生居一郡，能無使虜入盜乎？」曰：「不能。」曰：「居一縣。」對曰：「不能。」復曰：「居一障間。」山自度辯窮且下吏，曰：「能。」於是上遣山乘障，至月餘，匈奴斬山頭而去。自是以後，羣臣震慴，無敢忤湯者。

六年秋九月，冠軍景桓侯霍去病薨，天子甚悼之，爲冢，像祁連山。

元鼎三年。匈奴伊穉斜單于死，子烏維單于立。

元封元年冬十月，下詔曰：「南越、東甌咸伏其辜，西蠻、北夷頗未輯睦。朕將巡邊垂，躬秉武節，置十二部將軍，親帥師焉。」乃行，自雲陽北歷上郡、西河、五原，出長城，北登單于臺，至朔方臨北河，勒兵十八萬騎，旌旗徑千餘里，以見武節，威匈奴。遣使者郭吉告單于曰：「南越王頭已縣於漢北闕。今單于能戰，天子自將待邊；不能，即南面而臣於漢！何徒遠走亡匿於幕北寒苦無水草之地，毋爲也！」語卒，而單于大怒，立斬主客見者，而留郭吉，遷之北海上。然匈奴亦讋，終不敢出，上乃還。

四年。匈奴自衛、霍度幕以來，希復爲寇，遠徙北方，休養士馬，習射獵。數使使於漢，好辭甘言，求請和親。漢使北地人王烏等窺匈奴，烏從其俗，去節入穹廬，單于愛之，佯許甘言，爲遣其太子入漢爲質。漢使楊信於匈奴，信不肯從其俗，單于曰：「故約漢嘗遣翁主，給繒絮、食物有品，以和親，而匈奴亦不擾邊。今乃欲反古，令吾太子爲質，無幾矣！」信既歸，漢又使王烏往，而單于復讇以甘言，欲多得漢財物，紿謂王烏曰：「吾欲入漢見天子，面相約爲兄弟。」王烏歸報漢，漢爲單于築邸于長安。匈奴曰：「非得漢貴人使，吾不與誠語。」匈奴使其貴人至漢，病，漢予藥，欲愈之，不幸而死。漢使路充國佩二千石印綬往使，因送其喪，厚葬，直數千金，曰：「此漢貴人也。」單于以爲漢殺吾貴使者，乃留路充國不歸。諸所言者，單于特空紿王烏，殊無意入漢及遣太子。於是匈奴數使奇兵侵犯漢邊。乃拜郭昌爲拔胡將軍，及浞野侯屯朔方以東備胡。

六年。匈奴烏維單于死，子烏師廬立，年少，號兒單于。自此之後，單于益西北徙，左方（丘）〔兵〕直雲中，右方直酒泉、敦煌郡。

太初元年。匈奴兒單于好殺伐，國人不安，又有天災，畜多死。左大都尉使人間告漢曰：「我欲殺單于降漢，漢遠，即兵來迎我，我即發。」上乃遣因杅將軍公孫敖築塞外受降城以應之。

二年。上猶以受降城去匈奴遠，遣浚稽將軍趙破奴將二萬餘騎出朔方西北二千餘里，期至浚稽山而還。浞野侯既至期，左大都尉欲發而覺，單于誅之，發左方兵擊浞野侯。浞野侯行捕首虜，得數千人。還，未至受降城四百里，匈奴兵八萬騎圍之。浞野侯夜自出求水，匈奴間捕生得浞野侯，因急擊其軍。軍吏畏亡將而誅，莫相勸歸者，軍遂没於匈奴。兒單于大喜，因遣奇兵攻受降城，不能下，乃寇入邊而去。

三年春正月，匈奴兒單于死，子年少，匈奴立其季父右賢王呴犂湖爲單于。

上遣光禄勳徐自爲出五原塞數百里，遠者千餘里，築城、障、列亭，西北至盧朐，而使游擊將軍韓說、長平侯衛伉屯其旁；使强弩都尉路博德築居延澤上。秋，匈奴大入定襄、雲中，殺略數千人，敗數二千石而去，行破壞光禄所築城、列亭、障。又使右賢王入酒泉、張掖，略數千人。會軍正任文擊救，盡復失所得而去。

四年冬，匈奴呴犂湖單于死，匈奴立其弟左大都尉且鞮侯爲單于。天子欲因伐宛之威遂困胡，乃下詔曰：「高皇帝遺朕平城之憂，高后時單于書絶悖逆。昔齊襄公復九世之讎，春秋大之。」且鞮侯單于初立，恐漢襲之，乃曰：「我兒子，安敢望漢天子。漢天子，我丈人行也。」因盡歸漢使之不降者路充國等，使使來獻。

天漢元年三月，上嘉匈奴單于之義，遣中郎將蘇武送匈奴使留在漢者，因厚賂單于，答其善意。武與副中郎將張勝及假吏常惠等俱，既至匈奴，置幣遺單于。單于益驕，非漢所望也。

會緱王與長水虞常等及衛律所將降者，陰相與謀劫單于母閼氏歸漢。衛律者，父故長水胡人，律善協律都尉李延年，延年薦言律使於匈奴，使還，聞延年家收，遂亡降匈奴。單于愛之，與謀國事，立爲丁靈王。虞常在漢時素與副張勝相知，私候勝曰：「聞漢天子甚怨衛律，常能爲漢伏弩射殺之。吾母弟在漢，幸蒙其賞賜。」張勝許之，以貨物與常。後月餘，單于出獵，獨閼氏、子弟在，虞常等七十餘人欲發，其一人夜亡告之。單于子弟發兵與戰，緱王等皆死，虞常生得。單于使衛律治其事。張勝聞之，恐前語發，以狀語武。武曰：「事如此，此必及我，見犯乃死，重負國。」欲自殺，勝、惠共止之。虞常果引張勝。單于怒，召諸貴人議，欲殺漢使者。左伊秩訾曰：「即謀單于，何以復加！宜皆降之。」單于使衛律召武受辭，武謂惠等：「屈節辱命，雖生，何面目以歸漢！」引佩刀自刺。衛律驚，自抱持武，馳召醫，鑿地爲坎，置熅火，覆武其上，蹈其背以出血。武氣絕，半日復息。惠等哭，輿歸營。單于壯其節，朝夕遣人候問武，而收繫張勝。

武益愈，單于使使曉武，欲降之。會論虞常，欲因此時降武，劍斬虞常已，律曰：「漢使張勝謀殺單于近臣，當死；單于募降者，赦罪。」舉劍欲擊之，勝請降。律謂武曰：「副有罪，當相坐。」武曰：「本無謀，又非親屬，何謂相坐！」復舉劍擬之，武不動。律曰：「蘇君，律前負漢歸匈奴，幸蒙大恩，賜號稱王，擁衆數萬，馬畜彌山，富貴如此。蘇君今日降，明日復然。空以身膏草野，誰復知之？」武不應。律曰：「君因我降，與君爲兄弟；今不聽吾計，後雖欲復見我，尚可得乎！」武罵律曰：「汝爲人臣子，不顧恩義，畔主背親，爲降虜於蠻夷，何以汝爲見！且單于信汝，使決人死生，不平心持正，反欲鬬兩主，觀禍敗。南越殺漢使者，屠爲九郡；宛王殺漢使者，頭縣北闕；朝鮮殺漢使者，即時誅滅；獨匈奴未耳。若知我不降，明欲令兩國相攻，匈奴之禍從我始矣。」律知武終不可脅，白單于。單于愈益欲降之，乃幽武置大窖中，絶不飲食。天雨雪，武卧齧雪，與旃毛并咽之，數日不死。匈奴以爲神，乃徙武北海上無人處，使牧羝，曰：「羝乳乃得歸。」別其官屬常惠等各置他所。

浞野侯趙破奴自匈奴亡歸。

二年夏五月，遣貳師將軍廣利以三萬騎出酒泉，擊右賢王於天山，得胡首虜萬餘級而還。匈奴大圍貳師將軍，漢軍乏食數日，死傷者多。假司馬隴西趙充國與壯士百餘人潰圍陷陳，貳師引兵隨之，遂得解。漢兵物故什六七，充國身被二十餘創。貳師奏狀，詔徵充國詣行在所，帝親見，視其創，嗟歎之，拜爲中郎。漢復使因杅將軍敖出西河，與强弩都尉路博德會涿涂山，無所得。

初，李廣有孫陵，爲侍中，善騎射，愛人下士。帝以爲有廣之風，拜騎都尉，使將丹陽楚人五千人，教射酒泉、張掖以備胡。及貳師擊匈奴，上詔陵欲使爲貳師將輜重。陵叩頭自請曰：「臣所將屯邊者，皆荆楚勇士、奇材、劍客也，力扼虎，射命中。願得自當一隊，到蘭于山南以分單于兵，毋令專鄉貳師軍。」上曰：「將惡相屬邪？吾發軍多，無騎予女。」陵對：「無所事騎，臣願以少擊衆，步兵五千人涉單于庭。」上壯而許之，因詔路博德將兵半道迎陵軍。博德亦羞爲陵後距，奏言：「方秋，匈奴馬肥，未可與戰。願留陵至春俱出。」上怒，疑陵悔不欲出而教博德上書，乃詔博德引兵擊匈奴於西河；詔陵以九月發，出遮虜障，至東浚稽山南龍勒水上，徘徊觀虜，即無所見，還，抵受降城休士。陵於是將其步卒五千人出居延，北行三十日，至浚稽山止營，舉圖所過山川地形，使麾下騎陳步樂還以聞。步樂召見，道陵將率得士死力，上甚悅，拜步樂爲郎。

陵至浚稽山，與單于相值，騎可三萬，圍陵軍，軍居兩山間，以大車爲營。陵引士出營外爲陳，前行持戟盾，後行持弓弩。虜見漢軍少，直前就營。陵搏戰攻之，千弩俱發，應弦而倒。虜還走上山，漢軍追擊，殺數千人。單于大驚，召左右地兵八萬餘騎攻陵。陵且戰且引南行，數日抵山谷中，連戰，士卒中矢傷，三創者載輦，兩創者將車，一創者持兵戰，復斬首三千餘級。引兵東南，循故龍城，道行四五日，抵大澤葭葦中，虜從上風縱火，陵亦令軍中縱火以自救。南行至山下，單于在南山上，使其子將騎擊陵。陵軍步鬭樹木間，復殺數千人，因發連弩射單于，單于下走。是日捕得虜，言「單于曰：『此漢精兵，擊之不能下，日夜引吾南近塞，得無有伏兵乎？』諸當户君長皆言：『單于自將數萬騎，擊漢數千人不能滅，後無以復使邊臣，令漢益輕匈奴。復力戰山谷間，尚四五十里得平地，不能破，乃還。』」

是時，陵軍益急，匈奴騎多，戰一日數十合，復傷殺虜二千餘人。虜不利，欲去，會陵軍候管敢爲校尉所辱，亡降匈奴，具言：「陵軍無後救，射矢且盡，獨將軍麾下及校尉成安侯韓延年各八百人爲前行，以黄與白爲幟，當使精騎射之，即破矣。」單于得敢大喜，使騎並攻漢軍，疾呼曰：「李陵、韓延年趣降！」遂遮道急攻陵。陵居谷中，虜在山上，四面射矢如雨下。漢軍南行，未至鞮汗山，一日五十萬矢皆盡，即棄車去。士尚三千餘人，徒斬車輻而持之，軍吏持尺刀，抵山入陿谷。單于遮其後，乘隅下壘石，士卒多死，不得行。昏後，陵便衣獨步出營，止左右：「毋隨我，丈夫一取單于耳！」良久陵還，太息曰：「兵敗，死矣！」於是盡斬旌旗及珍寶埋地中，陵歎曰：「復得數十矢，足以脱矣。今無兵復戰，天明，坐受縛矣！各鳥獸散，猶有得脱歸報天子者。」令軍士人持二升糒，一片冰，期至遮虜障者相待。夜半時，擊鼓起士，鼓不鳴。陵與韓延年俱上馬，壯士從者十餘人，虜騎數千追之。韓延年戰死，陵曰：「無面目報陛下！」遂降。軍人分散，脱至塞者四百餘人。

陵敗處去塞百餘里，邊塞以聞。上欲陵死戰，後聞陵降，上怒甚，責問陳步樂，步樂自殺。羣臣皆罪陵，上以問太史令司馬遷。遷盛言：「陵事親孝，與士信，常奮不顧身以徇國家之急，其素所畜積也，有國士之風。今舉事一不幸，全軀保妻子之臣隨而媒孽其短，誠可痛也。且陵提步卒不滿五千，深蹂戎馬之地，抑數萬之師，虜救死扶傷不暇，悉舉引弓之民共攻圍之，轉鬭千里，矢盡道窮，士張空拳，冒白刃，北首争死敵，得人之死力，雖古名將不過也。身雖陷敗，然其所摧敗亦足暴於天下。彼之不死，宜欲得當以報漢也。」上以遷爲誣罔，欲沮貳師爲陵游説，下遷腐刑。久之，上悔陵無救，曰：「陵當發出塞，乃詔强弩都尉令迎軍；坐預詔之，得令老將生姦詐。」乃遣使勞賜陵餘軍得脱者。

三年秋，匈奴入雁門，太守坐畏愞棄市。

四年春正月，發天下七科讁及勇敢士，遣貳師將軍李廣利將騎六萬、步兵七萬出朔方；强弩都尉路博德將萬餘人與貳師會；游擊將軍韓説將步兵三萬人出五原；因杅將軍公孫敖將騎萬、步兵三萬人出雁門。匈奴聞之，悉遠其累重於余吾水北，而單于以兵十萬待水南，與貳師接戰。貳師解而引歸，與單于連鬭十餘日。游擊無所得。因杅與左賢王戰，不利，引歸。時上遣敖深入匈奴迎李陵，敖軍無功還，因曰：「捕得生口，言李陵教單于爲兵以備漢軍，故臣無所得。」上於是族陵家。既而聞之，乃漢將降匈奴者李緒，非陵也。陵使人刺殺緒，大閼氏欲殺陵，單于匿之北方；大閼氏死，乃還。單于以女妻陵，立爲右校王，與衛律皆貴用事。衛律常在單于左右，陵居外，有大事乃入議。

太始元年。匈奴且鞮侯單于死。有兩子，長爲左賢王，次爲左大將。左賢王未至，貴人以爲有病，更立左大將爲單于。左賢王聞之，不敢進，左大將使人召左賢王而讓位焉。

左賢王辭以病，左大將不聽，謂曰：「即不幸死，傳之於我。」左賢王許之，遂立，爲狐鹿姑單于，以左大將爲左賢王。數年病死，其子先賢撣不得代，更以爲日逐王，單于自以其子爲左賢王。

征和二年九月，匈奴入上谷、五原，殺掠吏民。

三年春正月，匈奴入五原、酒泉，殺兩都尉。三月，遣李廣利將七萬人出五原，商丘成將二萬人出西河，馬通將四萬騎出酒泉，擊匈奴。夏五月，匈奴單于聞漢兵大出，悉徙其輜重北邸郅居水，左賢王驅其人民度余吾水六七百里，居兜銜山，單于自將精兵度姑且水。商丘成軍至，追邪徑，無所見，還。匈奴使大將與李陵將三萬餘騎追漢軍，轉戰九日，至蒲奴水，虜不利還去。馬通軍至天山，匈奴使大將偃渠將二萬餘騎要漢兵，見漢兵强，引去，通無所得失。是時漢恐車師兵遮馬通軍，遣開陵侯成娩將樓蘭、尉犂、危須等六國兵共圍車師，盡得其王民衆而還。貳師將軍出塞，匈奴使右大都尉與衛律將五千騎要擊漢軍於夫羊句山陿，貳師擊破之，乘勝追北，至范夫人城，匈奴奔走，莫敢距敵。

初，貳師之出也，丞相劉屈氂爲祖道，送至渭橋。廣利曰：「願君侯早請昌邑王爲太子，如立爲帝，君侯長何憂乎！」屈氂許諾。昌邑王者，貳師將軍女弟李夫人子也。貳師女爲屈氂子妻，故共欲立焉。會内者令郭穰告丞相夫人祝詛上，及與貳師共禱祠，欲令昌邑王爲帝。按驗，罪至大逆不道。六月，詔載屈氂廚車以徇，要斬東市，妻子梟首華陽街。貳師妻子亦收。貳師聞之憂懼，其掾胡亞夫亦避罪從軍，説貳師曰：「夫人、室家皆在吏，若還，不稱意適與獄會，郅居以北，可復得見乎！」貳師由是狐疑，深入要功，遂北至郅居水上，虜已去。貳師遣護軍將二萬騎度郅居之水，逢左賢王、左大將將二萬騎，與漢軍合戰一日，漢軍殺左大將，虜死傷甚衆。軍長史與決眭都尉煇渠侯謀曰：「將軍懷異心，欲危衆求功，恐必敗。」謀共執貳師。貳師聞之，斬長史，引兵還。至燕然山，單于知漢軍勞倦，自將五萬騎遮擊貳師，相殺傷甚衆。夜，塹漢軍前深數尺，從後急擊之，軍大亂敗，貳師遂降。單于素知其漢大將，以女妻之，尊寵在衛律上。宗族遂滅。

四年春三月丁巳，以大鴻臚田千秋爲丞相，封富民侯。千秋無他材能、術學，又無伐閱、功勞，特以一言寤意，數月取宰相，封侯，世未嘗有也。然爲人敦厚，有智，居位自稱，踰於前後數公。先是，搜粟都尉桑弘羊與丞相、御史奏言：「輪臺東有溉田五千頃以上，可遣屯田卒，置校尉三人分護，益種五穀。張掖、酒泉遣騎假司馬爲斥候，募民壯健敢徙者詣田所，益墾溉田，稍築列亭，連城而西，以威西國，輔烏孫。」上乃下詔，深陳既往之悔，曰：「前有司奏，欲益民賦三十助邊用，是重困老弱孤獨也。而今又請遣卒田輪臺。輪臺西於車師千餘里，前開陵侯擊車師時雖勝，降其王，以遼遠乏食，道死者尚數千人，況益西乎？曩者朕之不明，以軍候弘上書言匈奴縛馬前後足置城下，馳言『秦人，我匄若馬』。又漢使者久留不還，故興遣貳師將軍，欲以爲使者威重也。古者卿大夫與謀，參以蓍龜，不吉不行。乃者以縛馬書徧視丞相、御史、二千石、諸大夫、郎爲文學者，乃至郡、屬國都尉等，皆以『虜自縛其馬，不祥甚哉』。或以爲『欲以見强，夫不足者視人有餘』。公車、方士、太史、治星、望氣及太卜、龜蓍皆以爲『吉，匈奴必破，時不可再得也』。又曰『北伐行將，於鬴山必克。卦，諸將，貳師最吉』。故朕親發貳師下鬴山，詔之必毋深入。今計謀、卦兆皆反繆。重合侯得虜候者乃言『縛馬者，匈奴詛軍事也』。匈奴常言『漢極大，然不耐飢渴，失一狼，走千羊』。乃者貳師敗，軍士死略離散，悲痛常在朕心。今又請遠田輪臺，欲起亭隧，是擾勞天下，非所以優民也，朕不忍聞！大鴻臚等又議欲募囚徒送匈奴使者，明封侯之賞以報忿，此五伯所弗爲也。且匈奴得漢降者常提掖搜索，問以所聞，豈得行其計乎！當今務在禁苛暴，止擅賦，力本農，脩馬復令，補缺、毋乏武備而已。郡國二千石各上進畜馬方略補邊狀，與計對。」由是不復出軍，而封田千秋爲富民侯，以明休息思富養民也。

武帝平兩越

漢武帝建元六年秋八月，閩越王郢興兵擊南越邊邑，南越王守天子約，不敢擅興兵，使人上書告天子。於是天子多南越義，大爲發兵，遣大行王恢出豫章，大農令韓安國出會稽，擊閩越。

淮南王安上書諫曰：

陛下臨天下，布德施惠，天下攝然，人安其生，自以没身不見兵革。今聞有司舉兵將以誅越，臣安竊爲陛下重之。

越方外之地，翦髮文身之民也，不可以冠帶之國法度理也。自三代之盛，胡越不與受正朔，非强弗能服，威弗能制也，以爲不居之地，不牧之民，不足以煩中國也。自漢初定已來，七十二年，越人相攻擊者不可勝數，然天子未嘗舉兵而入其地也。臣聞越非有城郭邑里也，處谿谷之間，篁竹之中，習於水鬭，便於用舟，地深昧而多水險，中國之人不知其勢阻而入其地，雖百不當其一。得其地不可郡縣也，攻之不可暴取也。以地圖察其山川要塞，相去不過寸數，而間獨數百千里，阻險林叢弗能盡著，視之若易，行之甚難。天下賴宗廟之靈，方内大寧，戴白之老不見兵革，民得夫婦相守，父子相保，陛下之德也。越人名爲藩臣，貢酎之奉不輸大内，一卒之用不給上事；自相攻擊，而陛下發兵救之，是反以中國而勞蠻夷也。且越人愚戇輕薄，負約反覆，其不用天子之法度，非一日之積也。壹不奉詔，舉兵誅之，臣恐後兵革無時得息也。

間者，數年歲比不登，民待賣爵、贅子以接衣食，賴陛下德澤振救之，得毋轉死溝壑。四年不登，五年復蝗，民生未復。今發兵行數千里，資衣糧入越地，輿轎而隃領，拕舟而入水，行數百千里，夾以深林叢竹，水道上下擊石，林中多蝮蛇、猛獸，夏月暑時，歐泄霍亂之病相隨屬也；曾未施兵接刃，死傷者必衆矣。前時南海王反，陛下先臣使將軍簡忌將兵擊之，以其軍降，處之上淦。後復反，會天暑多雨，樓船卒水居擊棹，未戰而疾死者過半；親老涕泣，孤子啼號，破家散業，迎尸千里之外，裹骸骨而歸。悲哀之氣，數年不息，長老至今以爲記，曾未入其地而禍已至此矣。陛下德配天地，明象日月，恩至禽獸，澤及草木，一人有飢寒不終其天年而死者，爲之悽愴於心。今方內無狗吠之警，而使陛下甲卒死亡，暴露中原，霑漬山谷，邊境之民爲之早閉晏開，朝不及夕，臣安竊爲陛下重之。

不習南方地形者，多以越爲人衆兵强，能難邊城。淮南全國之時，多爲邊吏，臣竊聞之，與中國異。限以高山，人迹絶，車道不通，天地所以隔外内也。其入中國，必下領水，領水之山峭峻，漂石破舟，不可以大船載食糧下也。越人欲爲變，必先田餘干界中，積食糧乃入，伐材治船。邊城守候誠謹，越人有入伐材者，輒收捕，焚其積聚，雖百越奈邊城何！且越人緜力薄材，不能陸戰，又無車騎弓弩之用，然而不可入者，以保地險，而中國之人不耐其水土也。臣聞越甲卒不下數十萬，所以入之，五倍乃足，輓車奉餉者不在其中。南方暑濕，近夏癉熱，暴露水居，蝮蛇蠚生，疾疢多作，兵未血刃而病死者什二三，雖舉越國而虜之，不足以償所亡。

臣聞道路言：閩越王弟甲弒而殺之，甲以誅死，其民未有所屬。陛下若欲來，内處之中國，使重臣臨存，施德垂賞以招致之，此必攜幼扶老以歸聖德。若陛下無所用之，則繼其絶世，存其亡國，建其王侯，以爲畜越，此必委質爲藩臣，世共貢職。陛下以方寸之印，丈二之組，填撫方外，不勞一卒，不頓一戟，而威德並行。今以兵入其地，此必震恐，以有司爲欲屠滅之也，必雉兔逃，入山林險阻。背而去之，則復相羣聚。留而守之，歷歲經年，則士卒罷倦，食糧乏絶。民苦兵事，盗賊必起。臣聞長老言：秦之時，嘗使尉屠睢擊越，又使監禄鑿渠通道，越人逃入深山林叢，不可得攻。留軍屯守空地，曠日引久，士卒勞倦，越出擊之，秦兵大破，乃發適戍以備之。當此之時，外内騷動，皆不聊生，亡逃相從，羣爲盗賊，於是山東之難始興。兵者凶事，一方有急，四面皆聳。臣恐變故之生，姦邪之作，由此始也。

臣聞天子之兵有征而無戰，言莫敢校也。如使越人蒙徼幸以逆執事之顏行，厮輿之卒有一不備而歸者，雖得越王之首，臣猶竊爲大漢羞之。陛下以四海爲境，生民之屬，皆爲臣妾。垂德惠以覆露之，使安生樂業，則澤被萬世，傳之子孫，施之無窮，天下之安，猶泰山而四維之也。夷狄之地，何足以爲一日之間而煩汗馬之勞乎？詩云『王猶允塞，徐方既來』，言王道甚大而遠方懷之也。臣安竊恐將吏之以十萬之師爲一使之任也。

是時，漢兵遂出，未踰領，閩越王郢發兵距險。其弟餘善乃與相、宗族謀曰：「王以擅發兵擊南越不請，故天子兵來誅。漢兵衆强，即幸勝之，後來益多，終滅國而止。今殺王以謝天子，天子聽罷兵，固國完，不聽乃力戰，不勝即亡入海。」皆曰：「善。」即鏦殺王，使使奉其頭致大行。大行曰：「所爲來者，誅王。今王頭至，謝罪，不戰而殞，利莫大焉。」乃以便宜案兵，告大農軍，而使使奉王頭馳報天子。詔罷兩將兵，曰：「郢等首惡，獨無諸孫繇君丑不與謀焉。」乃使中郎將立丑爲越繇王，奉閩越先祭祀。餘善已殺郢，威行於國，國民多屬，竊自立爲王。繇王不能制。上聞之，爲餘善，不足復興師，曰：「餘善數與郢謀亂，而後首誅郢，師得不勞。」因立餘善爲東越王，與繇王並處。

上使莊助諭意南越，南越王胡頓首曰：「天子乃爲臣興兵討閩越，死無以報德。」遣太子嬰齊入宿衛，謂助曰：「國新被寇，使者行矣，胡方日夜裝，入見天子。」助還，過淮南，上又使助諭淮南王安以討越事，嘉答其意，安謝不及。助既去南越，南越大臣皆諫其王曰：「漢興兵誅郢，亦行以驚動南越。且先王昔言：『事天子期無失禮。』要之，不可以説好語入見，則不得復歸，亡國之勢也。」於是胡稱病，竟不入見。

元鼎四年。初，南越文王遣其子嬰齊入宿衛，在長安取邯鄲樛氏女，生子興。文王薨，嬰齊立，乃藏其先武帝璽，上書請立樛氏女爲后，興爲嗣。漢數使使者風諭嬰齊入朝。嬰齊尚樂擅殺生自恣，懼入見要，用漢法比内諸侯，固稱病，遂不〔入〕見。嬰齊薨，謚曰明王。太子興代立，其母爲太后。

太后自未爲嬰齊姬時，嘗與霸陵人安國少季通。是歲，上使安國少季往諭王、王太后以入朝，比内諸侯，令辯士諫大夫終軍等宣其辭，勇士魏臣等輔其決，衛尉路博德將兵屯桂陽待使者。南越王年少，太后中國人，安國少季往，復與私通。國人頗知之，多不附太后。太后恐亂起，亦欲倚漢威，數勸王及羣臣求内屬。即因使者上書，請比内諸侯，三歲一朝，除邊關。於是天子許之，賜其丞相呂嘉銀印及内史、中尉、太傅印，餘得自置。除其故黥劓刑，用漢法，比内諸侯。使者皆留填撫之。

五年十一月，南越王、王太后飭治行裝重齎，爲入朝具。其相呂嘉年長矣，相三王，宗族仕宦爲長吏者七十餘人，男盡尚王女，女盡嫁王子弟、宗室，及蒼梧秦王有連。其居國中甚重，得衆心愈於王。王之上書，數諫止王，王弗聽。有畔心，數稱病不見漢使者。使者皆注意嘉，勢未能誅。王、王太后亦恐嘉等先事發，欲介漢使者權，謀誅嘉等，乃置酒請使者，大臣皆侍坐飲。嘉弟爲將，將卒居宮外。酒行，太后謂嘉曰：「南越内屬，國之利也，而相君苦不便者，何也？」以激怒使者。使者狐疑相杖，遂莫敢發。嘉見耳目非是，即起而出。太后怒，欲鏦嘉以矛，王止太后。嘉遂出，介其弟兵就舍，稱病不肯見王及使者，陰與大臣謀作亂。王素無意誅嘉，嘉知之，以故數月不發。

天子聞嘉不聽命，王、王太后孤弱不能制，使者怯無決。又以爲王、王太后已附漢，獨呂嘉爲亂，不足以興兵，欲使莊參以二千人往使。參曰：「以好往，數人足矣；以武往，二千人無足以爲也。」辭不可，天子罷參。郟壯士故濟北相韓千秋奮曰：「以區區之越，又有王、王太后應，獨相呂嘉爲害，願得勇士三百人，必斬嘉以報。」於是天子遣千秋與王太后弟樛樂將二千人往，入越境。呂嘉等乃遂反，下令國中曰：「王年少，太后中國人也，又與使者亂。專欲内屬，盡持先王寶器入獻天子以自媚。多從人行，至長安，虜賣以爲僮僕。取自脱一時之利，無顧趙氏社稷，爲萬世慮計之意。」乃與其弟將卒攻殺王、王太后及漢使者，遣人告蒼梧秦王及其諸郡縣，立明王長男越妻子術陽侯建德爲王。而韓千秋兵入，破數小邑。其後越直開道給食，未至番禺四十里，越以兵擊千秋等，遂滅之。使人函封漢使者節置塞上，好爲謾辭謝罪，發兵守要害處。

春三月壬午，天子聞南越反，曰：「韓千秋雖無功，亦軍鋒之冠，封其子延年爲成〔安〕侯。樛樂姊爲王太后，首願屬漢，封其子廣德爲龍亢侯。」秋，遣伏波將軍路博德出桂陽，下湟水；樓船將軍楊僕出豫章，下湞水，歸義越侯嚴爲戈船將軍，出零陵，下離水；甲爲下瀨將軍，下蒼梧；皆將罪人，江、淮以南樓船十萬人；越馳義侯遺别將巴、蜀罪人，發夜郎兵，下牂柯江：咸會番禺。

齊相卜式上書，請父子與齊習船者往死南越。天子下詔褒美式，賜爵關内侯，金六十斤，田十頃。布告天下，天下莫應。是時，列侯以百數，皆莫求從軍擊越。會九月嘗酎，祭宗廟，列侯以令獻金助祭。少府省金，金有輕及色惡者，上皆令劾以不敬，奪爵者百六人。

六年冬，樓船將軍楊僕入越地，先陷尋陿，破石門，挫越鋒，以數萬人待伏波將軍路博德至俱進。樓船居前，至番禺。南越王建德、相吕嘉城守。樓船居東南面，伏波居西北面。會暮，樓船攻敗越人，縱火燒城。伏波爲營，遣使者招降者，賜印綬，復縱令相招。樓船力攻燒敵，驅而入伏波營中。黎旦，城中皆降。建德、嘉已夜亡入海，伏波遣人追之。校尉司馬蘇弘得建德，越郎都稽得嘉。戈船、下瀨將軍兵及馳義侯所發夜郎兵未下，南越已平矣。遂以其地爲南海、蒼梧、鬱林、合浦、交趾、九真、日南、珠厓、儋耳九郡。師還，上益封伏波，封樓船爲將梁侯、蘇弘爲海常侯、都稽爲臨蔡侯及越降將蒼梧王趙光等四人皆爲侯。

初，東越王餘善上書，請以卒八千人從樓船擊呂嘉。兵至揭陽，以海風波爲解，不行，持兩端，陰使南越。及漢破番禺，不至。楊僕上書：「願便引兵擊東越。」上以士卒勞倦，不許，命諸校屯豫章梅嶺以待命。餘善聞樓船請誅之，漢兵臨境，乃遂反，發兵距漢道。號將軍騶力等爲「吞漢將軍」，入白沙、武林、梅嶺，殺漢三校尉。是時漢使太農張成、故山州侯齒將屯，弗敢擊，卻就便處，皆坐畏懦誅。餘善自稱武帝。

上欲復使楊僕將，爲其伐前勞，以書敕責之曰：「將軍之功獨有先破石門、尋陿，非有斬將搴旗之實也，烏足以驕人哉！前破番禺，捕降者以爲虜，掘死人以爲獲，是一過也。使建德、呂嘉得以東越爲援，是二過也。士卒暴露連歲，將軍不念其勤勞，而請乘傳行塞，因用歸家，懷銀、黄，垂三組，夸鄉里，是三過也。失期内顧，以道惡爲解，是四過也。問君蜀刀價而陽不知，挾僞干君，是五過也。受詔不至蘭池，明日又不對。假令將軍之吏，問之不對，令之不從，其罪何如？推此心在外，江海之間可得信乎？今東越深入，將軍能率衆以掩過不？」僕惶恐對曰：「願盡死贖罪。」上乃遣横海將軍韓説出句章，浮海從東方往；樓船將軍楊僕出武林，中尉王温舒出梅嶺，以越侯爲戈船、下瀨將軍，出若邪、白沙，以擊東越。

元封元年冬十月，漢兵入東越境。東越素發兵距險，使徇北將軍守武林。樓船將軍卒錢唐轅終古斬徇北將軍。故越衍侯吳陽以其邑七百人反攻越軍於漢陽。越建成侯敖與繇王居股殺餘善，以其衆降。上封終古爲禦兒侯，陽爲卯石侯，居股爲東成侯，敖爲開陵侯。又封橫海將軍説爲按道侯，橫海校尉福爲繚嫈侯，東越降將多軍爲無錫侯。上以閩地險阻，數反覆，終爲後世患，乃詔諸將悉徙其民於江、淮之間，遂虛其地。

武帝擊朝鮮

漢武帝元封二年。初，全燕之世，嘗略屬真番、朝鮮，爲置吏，築障塞。秦滅燕，屬遼東外徼。漢興，爲其遠難守，復修遼東故塞，至浿水爲界，屬燕。燕王盧綰反，入匈奴。燕人衛滿亡命，聚黨千餘人，椎髻、蠻夷服，而東走出塞，渡浿水，居秦故空地上下障，稍役屬真番、朝鮮蠻夷及燕亡命者王之，都王險。會孝惠、高后時，天下初定，遼東太守即約滿爲外臣，保塞外蠻夷，無使盜邊；諸蠻夷君欲入見天子，勿得禁止。以故，滿得以兵威財物侵降其旁小邑，真番、臨屯皆來服屬，方數千里。傳子至孫右渠，所誘漢亡人滋多，又未嘗入見；辰國欲上書見天子，又雍閼不通。是歲，漢使涉何誘諭右渠，終不肯奉詔。何去至界上，臨浿水，使御刺殺送何者朝鮮裨王長，即渡，馳入塞，遂歸報天子曰：「殺朝鮮將。」上爲其名美，即不詰，拜何爲遼東東部都尉。朝鮮怨何，發兵襲攻殺何。

秋，上募天下死罪爲兵，遣樓船將軍楊僕從齊浮渤海，左將軍荀彘出遼東，以討朝鮮。

三年。漢兵入朝鮮境，朝鮮王右渠發兵距險。樓船將軍將齊兵七千人先至王險。右渠城守，窺知樓船軍少，即出城擊樓船，樓船軍敗散，遁山中十餘日，稍求退散卒，復聚。左將軍擊朝鮮浿水西軍，未能破。天子爲兩將未有利，乃使衛山因兵威往諭右渠。右渠見使者，頓首謝：「願降，恐兩將詐殺臣。今見信節，請復降。」遣太子入謝，獻馬五千匹，及饋軍糧。人衆萬餘，持兵，方渡浿水，使者及左將軍疑其爲變，謂太子：「已服降，宜令人毋持兵。」太子亦疑使者左將軍詐殺之，遂不渡浿水，復引歸。山還報天子，天子誅山。

左將軍破浿水上軍，乃前至城下，圍其西北。樓船亦往會，居城南。右渠遂堅守城，數月未能下。左將軍所將燕、代卒，多勁悍。樓船將齊卒已嘗敗亡困辱，卒皆恐，將心慚，其圍右渠，常持和節。左將軍急擊之，朝鮮大臣乃陰間使人私約降樓船，往來言，尚未肯決。左將軍數與樓船期戰，樓船欲就其約，不會。左將軍亦使人求間隙降下朝鮮，朝鮮不肯，心附樓船。以故兩將不相能。左將軍心意樓船前有失軍罪，今與朝鮮私善而又不降，疑其有反計，未敢發。天子以兩將圍城乖異，兵久不決，使濟南太守公孫遂往正之，有便宜得以從事。遂至，左將軍曰：「朝鮮當下，久之不下者，樓船數期不會。」具以素所意告，曰：「今如此不取，恐爲大害。」遂亦以爲然，乃以節召樓船將軍入左將軍營計事，即命左將軍麾下執樓船將軍，并其軍，以報天子。天子許遂。

左將軍已并兩軍，即急擊朝鮮。朝鮮相路人、相韓陰，尼谿相參、將軍王唊相與謀曰：「始欲降樓船，樓船今執，獨左將軍并將，戰益急，恐不能與戰，王又不肯降。」陰、唊、路人皆亡降漢，路人道死。夏，尼谿參使人殺朝鮮王右渠來降。王險城未下，故右渠之大臣成已又反，復攻吏。左將軍使右渠子長、降相路人之子最告諭其民，誅成已。以故遂定朝鮮，爲樂浪、臨屯、玄菟、真番四郡。封參爲澅清侯，陰爲萩苴侯，唊爲平州侯，長爲幾侯。最以父死頗有功，爲涅陽侯。左將軍徵至，坐争功相嫉，乖計，棄市。樓船將軍亦坐兵至列口，當待左將軍，擅先縱，失亡多，當誅，贖爲庶人。

班固曰：玄菟、樂浪，本箕子所封。昔箕子居朝鮮，教其民以禮義，田蠶織作。爲民設禁八條，相殺，以當時償殺；相傷，以穀償；相盜者，男没入爲其家奴，女爲婢；欲自贖者，人五十萬，雖免爲民，俗猶羞之，嫁娶無所售。是以其民終不相盜，無門户之閉，婦人貞信不淫辟。其田野飲食以籩豆，都邑頗放效吏，往往以杯器食。郡初取吏於遼東，吏見民無閉臧，及賈人往者，夜則爲盜，俗稍益薄，今於犯禁寖多，至六十餘條。可貴哉，仁賢之化也！然東夷天性柔順，異於三方之外。故孔子悼道不行，設浮桴於海，欲居九夷，有以也夫。

武帝惑神怪

漢武帝元光二年冬十月，李少君以祠竈卻老方見上，上尊之。少君者，故深澤侯舍人，匿其年及其生辰，其游以方徧諸侯。無妻子。人聞其能使物及不死，更饋遺之，常餘金錢衣食。人皆以爲不治生業而饒給，又不知其何所人，愈信，爭事之。少君善爲巧發奇中。嘗從武安侯飲，坐中有九十餘老人，少君乃言與其大父游射處，老人爲兒時從其大父識其處，一坐盡驚。少君言上曰：「祠竈則致物，致物而丹沙可化爲黄金，壽可益，蓬萊仙者可見，見之以封禪則不死，黄帝是也。臣嘗游海上，見安期生，食臣棗，大如瓜。安期生仙者，通蓬萊中，合則見人，不合則隱。」於是天子始親祠竈，遣方士入海求蓬萊安期生之屬，而事化丹沙諸藥齊爲黄金矣。居久之，李少君病死，天子以爲化去，不死，而海上燕、齊怪迂之方士多更來言神事矣。

亳人謬忌奏祠太一方，曰：「天神貴者太一，太一佐曰五帝。」於是天子立其祠長安東南郊。

元狩四年。齊人少翁以鬼神方見上。上有所幸王夫人卒，少翁以方夜致鬼，如王夫人之貌，天子自帷中望見焉。於是乃拜少翁爲文成將軍，賞賜甚多，以客禮禮之。文成又勸上作甘泉宮，中爲臺室，畫天、地、太一諸鬼神，而置祭具以致天神。居歲餘，其方益衰，神不至。乃爲帛書以飯牛，佯不知，言曰：「此牛腹中有奇。」殺視，得書，書言甚怪，天子識其手書，問其人，果是僞書。於是誅文成將軍而隱之。

五年夏四月，天子病鼎湖甚，巫醫無所不致，不愈。游水發根言：「上郡有巫，病而鬼神下之。」上召置祠之甘泉。及病，使人問神君。神君言曰：「天子無憂病。病少愈，强與我會甘泉。」於是病愈，遂起幸甘泉，病良已。置酒壽宮。神君非可得見，聞其言，言與人音等。時去時來，來則風肅然，居室帷中。神君所言，上使人受書其言，命之曰「畫法」。其所語，世俗之所知也，無絶殊者，而天子心獨喜。其事祕，世莫知也。

元鼎四年春二月，樂成侯丁義薦方士欒大，云與文成將軍同師。上方悔誅文成，得欒大，大說。大先事膠東康王，爲人長美言，多方略，而敢爲大言，處之不疑。大言曰：「臣常往來海中，見安期、羨門之屬。顧以臣爲賤，不信臣。又以爲康王諸侯耳，不足與方。臣之師曰：『黄金可成，而河决可塞，不死之藥可得，仙人可致也。』然臣恐效文成，則方士皆掩口，惡敢言方哉！」上曰：「文成食馬肝死耳。子誠能脩其方，我何愛乎！」大曰：「臣師非有求人，人者求之。陛下必欲致之，則貴其使者，令爲親屬，以客禮待之，乃可使通言於神人。」於是上使驗小方，鬬棊，自相觸擊。是時上方憂河決而黄金不就，乃拜大爲五利將軍，又拜爲天士將軍、地士將軍、大通將軍。夏四月乙巳，封大爲樂通侯，食邑二千户，賜甲第，僮千人，乘輿斥車馬、帷帳、器物以充其家。又以衛長公主妻之，齎金十萬斤。天子親如五利之第，使者存問共給，相屬於道。自太主、將、相以下皆置酒其家，獻遺之。天子又刻玉印曰「天道將軍」，使使衣羽衣，夜立白茅上，五利將軍亦衣羽衣，立白茅上受印，以示不臣。大見數月，佩六印，貴震天下，於是海上燕、齊之間，莫不搤腕自言有禁方，能神仙矣。

六月，汾陰巫錦得大鼎於魏脽后土營旁，河東太守以聞。天子使驗問，巫得鼎無姦詐，乃以禮祠，迎鼎至甘泉，從上行，薦之宗廟及上帝，藏於甘泉宫，羣臣皆上壽賀。

秋，上行幸雍，且郊。或曰：「五帝，泰一之佐也，宜立泰一，而上親郊。」上疑未定。齊人公孫卿曰：「今年得寶鼎，其冬辛巳朔旦冬至，與黄帝時等。」卿有札書曰：「黄帝得寶鼎，是歲己酉朔旦冬至，凡三百八十年，黄帝仙登于天。」因嬖人奏之。上大悦，召問卿。對曰：「受此書申公。申公曰：『漢興復當黄帝之時。漢之聖者在高祖之孫且曾孫也。寶鼎出而與神通。黄帝接萬靈明庭。明庭者，甘泉也。黄帝采首山銅，鑄鼎於荆山下，鼎既成，有龍垂胡顧下迎黄帝，黄帝上騎龍，與羣臣後宫七十餘人俱登天。』」於是天子曰：「嗟乎，誠得如黄帝，吾視去妻子如脱屣耳！」拜卿爲郎，使東候神於太室。

五年。五利將軍裝治行，東入海求其師。既而不敢入海，之太山祠。上使人隨驗，實無所見。五利妄言見其師，其方盡多不售，坐誣罔，腰斬。樂成侯亦棄市。

六年冬，公孫卿候神河南，言見仙人跡緱氏城上。春，天子親幸緱氏城視跡，問卿：「得毋效文成、五利乎？」卿曰：「仙者非有求人主，人主者求之。其道非寬假，神不來。言神事如迂誕，積以歲月乃可致也。」上信之。於是郡、國各除道，繕治宫觀、名山、神祠，以望幸焉。

初，司馬相如病且死，有遺書頌功德，言符瑞，勸上封泰山。上感其言，會得寶鼎，上乃與公卿諸生議封禪。封禪用希曠絶，莫知其儀。而諸方士又言：「封禪者，合不死之名也。黄帝以上封禪，皆致怪物與神通。秦皇帝不得上封。陛下必欲上，稍上即無風雨，遂上封矣。」上於是乃令諸儒采尚書、周官、王制之文，草封禪儀，數年不成。上以問左内史兒寬，寬曰：「封泰山，禪梁父，昭姓考瑞，帝王之盛節也。然享薦之義，不著于經。臣以爲封禪告成，合祛於天地神祇，唯聖王所由，制定其當，非羣臣之所能列。今將舉大事，優游數年，使羣臣得人人自盡，終莫能成。唯天子建中和之極，兼總條貫，金聲而玉振之，以順成天慶，垂萬世之基。」上乃自制儀，頗采儒術以文之。上爲封禪祠器，以示羣儒，或曰「不與古同」，於是盡罷諸儒不用。上又以古者先振兵釋旅，然後封禪。

元封元年冬十月，行自雲陽，北歷上郡、西河、五原，出長城，北登單于臺，至朔方，臨北河。還，祭黄帝冢橋山，釋兵須如。上曰：「吾聞黄帝不死，今有冢，何也？」公孫卿曰：「黄帝已仙上天，羣臣思慕，葬其衣冠。」上歎曰：「吾後升天，羣臣亦當葬吾衣冠於東陵乎？」乃還甘泉，類祠太一。

春正月，上行幸緱氏，禮祭中嶽太室，從官在山下聞若有言「萬歲」者三。詔祠官加增太室祠，禁無伐其草木，以山下户三百爲之奉邑。

上遂東巡海上，行禮祠八神。齊人之上疏言神怪、奇方者以萬數，乃益發船，令言海中神山者數千人求蓬萊神人。公孫卿持節常先行，候名山，至東萊，言：「夜見大人長數丈，就之則不見，其迹甚大，類禽獸云。」羣臣有言：「見一老父牽狗，言『吾欲見鉅公』，已忽不見。」上既見大迹，未信，及羣臣又言老父，則大以爲仙人也，宿留海上，與方士傳車及間使求神仙，人以千數。

夏四月，還至奉高，禮祠地主於梁父。乙卯，令侍中儒者皮弁、縉紳，射牛行事，封泰山下東方，如郊祠泰一之禮。封廣丈二尺，高九尺，其下則有玉牒書，書祕。禮畢，天子獨與侍中奉車都尉霍子侯上泰山，亦有封，其事皆禁。明日，下陰道。丙辰，禪泰山下阯東北肅然山，如祭后土禮。天子皆親拜見，衣上黄而盡用樂焉。江、淮間茅三脊爲神藉，五色土益雜封。其封禪祠，夜若有光，晝有白雲出封中。天子從禪還，坐明堂，羣臣更上壽，頌功德。詔曰：「朕以眇身承至尊，兢兢焉，惟德菲薄，不明于禮樂，故用事八神。遭天地況施，著見景象，屑然如有聞，震于怪物，欲止不敢，遂登封泰山至于梁父，然後升禪肅然。自新，嘉與士大夫更始，其以十月爲元封元年。行所巡至博、奉高、蛇丘、歷城、梁父，民田租逋賦，皆貸除之，無出今年算。賜天下民爵一級。」又以五載一巡狩，用事泰山，令諸侯各治邸泰山下。

天子既已封泰山，無風雨，而方士更言蓬萊諸神若將可得，於是上欣然庶幾遇之，復東至海上望焉。上欲自浮海求蓬萊，羣臣諫，莫能止。東方朔曰：「夫仙者，得之自然，不必躁求。若其有道，不憂不得；若其無道，雖至蓬萊見仙人，亦無益也。臣願陛下第還宮静處以須之，仙人將自至。」上乃止。會奉車霍子侯暴病，一日死。子侯，去病子也，上甚悼之。乃遂去，並海上，北至碣石，巡自遼西，歷北邊至九原。五月，乃至甘泉。凡周行萬八千里云。

二年春正月，公孫卿言：「見神人東萊山，若云欲見天子。」天子於是幸緱氏城，拜卿爲中大夫，遂至東萊，宿留之，數日，無所見，見大人跡云。復遣方士求神怪，采芝藥以千數。時歲旱，天子既出無名，乃禱萬里沙。夏四月，還，過祠泰山。

公孫卿言「仙人好樓居」，於是上令長安作飛廉、桂觀，甘泉作益壽、延壽觀，使卿持節設具而候神人。又作通天莖臺，置祠具其下。更置甘泉前殿，益廣諸宮室。

太初元年冬十月，上行幸泰山。十一月甲子朔旦，冬至，祠上帝于明堂。東至海上，考入海及方士求神者，莫驗；然益遣，冀遇之。

十二月甲午朔，上親禪高里，祠后土。臨勃海，將以望祀蓬萊之屬，冀至殊廷焉。

春，上還，以柏梁災故，朝諸侯、受計于甘泉。甘泉作諸侯邸。越人勇之曰：「越俗，有火災復起屋必以大，用勝服之。」於是作建章宮，度爲千門萬户。其東則鳳闕，高二十餘丈。其西則唐中，數十里虎圈。其北治大池，漸臺高二十餘丈，命曰太液池，中有蓬萊、方丈、瀛州、壺梁，象海中神山、龜魚之屬。其南有玉堂、璧門，大鳥之屬。立神明臺、井幹樓，度五十丈，輦道相屬焉。

三年春正月，上東巡海上，考神仙之屬，皆無驗。令祠官禮東泰山。夏四月，還，脩封泰山，禪石閭。

天漢三年春三月，上行幸泰山，脩封，祀明堂，因受計。還，祠常山，瘞玄玉。方士之候祠神人、入海求蓬萊者，終無有驗，而公孫卿猶以大人跡爲解。天子益怠厭方士之怪迂語矣，然猶羈縻不絕，冀遇其真。自此之後，方士言神祠者彌衆，然其效可睹矣。

征和四年春正月，上行幸東萊，臨大海，欲浮海求神山。羣臣諫，上弗聽。而大風晦冥，海水沸湧，上留十餘日，不得御樓船，乃還。

三月，上耕于鉅定。還，幸泰山，脩封。庚寅，祀于明堂。癸巳，禪石閭，見羣臣。上乃言曰：「朕即位以來，所爲狂悖，使天下愁苦，不可追悔。自今事有傷害百姓，糜費天下者，悉罷之。」田千秋曰：「方士言神仙者甚衆，而無顯功，臣請皆罷斥遣之。」上曰：「大鴻臚言是也。」於是悉罷諸方士候神人者。是後上每對羣臣，自歎：「曏時愚惑，爲方士所欺。天下豈有仙人？盡妖妄耳！節食服藥，差可少病而已。」夏六月，還，幸甘泉。

後元二年春正月，上朝諸侯王于甘泉宮。二月，行幸盩厔五柞宮。丁卯，帝崩于五柞宮。

臣光曰：孝武窮奢極欲，繁刑重斂，内侈宮室，外事四夷，信惑神怪，巡遊無度，使百姓疲敝，起爲盜賊。其所以異於秦始皇者無幾矣。然秦以之亡，漢以之興者，孝武能尊先王之道，知所統守，受忠直之言，惡人欺蔽，好賢不倦，誅賞嚴明，晚而改過，顧託得人，此其所以有亡秦之失而免亡秦之禍乎！

巫蠱之禍

漢武帝太始三年。皇子弗陵生。弗陵母曰河間趙倢伃，居鉤弋宮，任身十四月而生。上曰：「聞昔堯十四月而生，今鉤弋亦然。」乃命其所生門曰堯母門。

臣光曰：爲人君者，動靜舉措不可不慎。發於中必形於外，天下無不知之。當是時也，皇后、太子皆無恙，而命鉤弋之門曰堯母，非名也。是以姦臣逆探上意，知其奇愛少子，欲以爲嗣，遂有危皇后、太子之心，卒成巫蠱之禍，悲夫！

趙人江充爲水衡都尉。初，充爲趙敬肅王客，得罪於太子丹，亡逃，詣闕，告趙太子陰事，太子坐廢。上召充入見。充容貌魁岸，被服輕靡，上奇之；與語政事，大悅，由是有寵，拜爲直指繡衣使者，使督察貴戚、近臣踰侈者。充舉劾無所避，上以爲忠直，所言皆中意。嘗從上甘泉，逢太子家使乘車馬行馳道中，充以屬吏。太子聞之，使人謝充曰：「非愛車馬，誠不欲令上聞之，以教敕無素者。唯江君寬之。」充不聽，遂白奏。上曰：「人臣當如是矣。」大見信用，威震京師。

征和元年夏，上居建章宮，見一男子，帶劍入中龍華門，疑其異人，命收之。男子捐劍走，逐之弗獲。上怒，斬門候。冬十一月，發三輔騎士大搜上林，閉長安城門索，十一日乃解。巫蠱始起。

丞相公孫賀夫人君孺，衛皇后姊也，賀由是有寵。賀子敬聲代父爲太僕，驕奢不奉法，擅用北軍錢千九百萬，發覺，下獄。是時詔捕陽陵大俠朱安世甚急，賀自請逐捕安世以贖敬聲罪，上許之。後果得安世，安世笑曰：「丞相禍及宗矣！」遂從獄中上書，告「敬聲與陽石公主私通。上且上甘泉，使巫當馳道埋偶人，祝詛上，有惡言。」

二年春正月，下賀獄，案驗，父子死獄中，家族。

閏四月，諸邑公主、陽石公主及皇后弟子長平侯伉，皆坐巫蠱誅。

初，上年二十九乃生戾太子，甚愛之。及長，性仁恕温謹，上嫌其材能少，不類己，而所幸王夫人生子閎，李姬生子旦、胥，李夫人生子髆，皇后、太子寵寖衰，常有不自安之意。上覺之，謂大將軍青曰：「漢家庶事草創，加四夷侵陵中國，朕不變更制度，後世無法；不出師征伐，天下不安。爲此者，不得不勞民。若後世又如朕所爲，是襲亡秦之跡也。太子敦重好靜，必能安天下，不使朕憂。欲求守文之主，安有賢於太子者乎？聞皇后與太子有不安之意，豈有之邪？可以意曉之。」大將軍頓首謝。皇后聞之，脱簪請罪。太子每諫征伐四夷，上笑曰：「吾當其勞，以逸遺汝，不亦可乎。」

上每行幸，常以後事付太子，宮内付皇后。有所平決，還，白其最，上亦無異，有時不省也。上用法嚴，多任深刻吏。太子寬厚，多所平反，雖得百姓心，而用法大臣皆不悅。皇后恐久獲罪，每戒太子：「宜留取上意，不應擅有所縱捨。」上聞之，是太子而非皇后。羣臣寬厚長者皆附太子，而深酷用法者皆毀之。邪臣多黨與，故太子譽少而毀多。衛青薨後，臣下無復外家爲據，競欲構太子。

上與諸子疏，皇后希得見。太子嘗謁皇后，移日乃出。黄門蘇文告上曰：「太子與宮人戲。」上益太子宮人滿二百人。太子後知之，心銜文。文與小黄門常融、王弼等常微伺太子過，輒增加白之。皇后切齒，使太子白誅文等。太子曰：「第勿爲過，何畏文等？上聰明，不信邪佞，不足憂也。」上嘗小不平，使常融召太子，融言「太子有喜色」，上嘿然。及太子至，上察其貌，有涕泣處，而佯語笑，上怪之；更微問，知其情，乃誅融。皇后亦善自防閑，避嫌疑，雖久無寵，尚被禮遇。

是時，方士及諸神巫多聚京師，率皆左道惑衆，變幻無所不爲。女巫往來宮中，教美人度厄，每屋輒埋木人祭祀之；因妒忌恚詈，更相告訐，以爲祝詛上，無道。上怒，所殺後宮延及大臣，死者數百人。上心既以爲疑，嘗晝寢，夢木人數千持杖欲擊上，上驚寤，因是體不平，遂苦忽忽善忘。江充自以與太子及衛氏有隙，見上年老，恐晏駕後爲太子所誅，因是爲姦，言上疾祟在巫蠱。於是上以充爲使者，治巫蠱獄。充將胡巫掘地求偶人，捕蠱及夜祠、視鬼，染汙令有處，輒收捕驗治，燒鐵鉗灼，强服之。民轉相誣以巫蠱，吏輒劾以大逆無道，自京師、三輔連及郡國，坐而死者前後數萬人。

是時，上春秋高，疑左右皆爲蠱祝詛，有與無，莫敢訟其冤者。充既知上意，因胡巫檀何言：「宮中有蠱氣，不除之，上終不差。」上乃使充入宮，至省中，壞御座，掘地求蠱。又使按道侯韓説、御史章贛、黄門蘇文等助充。充先治後宮希幸夫人，以次及皇后、太子宮，掘地縱横，太子、皇后無復施床處。充云：「於太子宮得木人尤多，又有帛書，所言不道，當奏聞。」太子懼，問少傅石德。德懼爲師傅并誅，因謂太子曰：「前丞相父子、兩公主及衛氏皆坐此，今巫與使者掘地得徵驗，不知巫置之邪，將實有也，無以自明。可矯以節收捕充等繫獄，窮治其姦詐。且上疾在甘泉，皇后及家吏請問皆不報。上存亡未可知，而姦臣如此，太子將不念秦扶蘇事邪？」太子曰：「吾人子，安得擅誅。不如歸謝，幸得無罪。」太子將往之甘泉，而江充持太子甚急，太子計不知所出，遂從石德計。秋七月壬午，太子使客詐爲使者，收捕充等。按道侯説疑使者有詐，不肯受詔，客格殺説。太子自臨斬充，罵曰：「趙虜！前亂乃國王父子不足邪，乃復亂吾父子也！」又炙胡巫上林中。

太子使舍人無且持節夜入未央宮殿長秋門，因長御倚華具白皇后，發中廄車載射士，出武庫兵，發長樂宮衛卒。長安擾亂，言太子反。蘇文迸走，得亡歸甘泉，説太子無狀。

上曰：「太子必懼，又忿充等，故有此變。」乃使使召太子。使者不敢進，歸報云：「太子反已成，欲斬臣，臣逃歸。」上大怒。丞相屈氂聞變，挺身逃，亡其印綬，使長史乘疾置以聞。上問：「丞相何爲？」對曰：「丞相祕之，未敢發兵。」上怒曰：「事籍籍如此，何謂祕也。丞相無周公之風矣，周公不誅管、蔡乎？」乃賜丞相璽書曰：「捕斬反者，自有賞罰。以牛車爲櫓，毋接短兵，多殺傷士衆。堅閉城門，毋令反者得出。」太子宣言告令百官云：「帝在甘泉病困，疑有變，姦臣欲作亂。」上於是從甘泉來，幸城西建章宫，詔發三輔近縣兵，部中二千石以下，丞相兼將之。太子亦遣使者矯制赦長安中都官囚徒，命少傅石德及賓客張光等分將。使長安囚如侯持節發長水及宣曲胡騎，皆以裝會。侍郎馬通使長安，因追捕如侯，告胡人曰：「節有詐，勿聽也。」遂斬如侯，引騎入長安，又發楫棹士以予大鴻臚商丘成。初，漢節純赤，以太子持赤節，故更爲黄旄加上以相别。太子立車北軍南門外，召護北軍使者任安，與節，令發兵。安拜受節，入，閉門不出。太子引兵去，驅四市人凡數萬衆，至長樂西闕下，逢丞相軍，合戰五日，死者數萬人，血流入溝中。民間皆云太子反，以故衆不附太子，丞相附兵寖多。

庚寅，太子兵敗，南奔覆盎城門。司直田仁部閉城門，以爲太子父子之親，不欲急之，太子由是得出亡。丞相欲斬仁，御史大夫暴勝之謂丞相曰：「司直，吏二千石，當先請，奈何擅斬之！」丞相釋仁。上聞而大怒，下吏責問御史大夫曰：「司直縱反者，丞相斬之，法也，大夫何以擅止之？」勝之惶恐，自殺。詔遣宗正劉長、執金吾劉敢奉策收皇后璽綬，后自殺。上以爲任安老吏，見兵事起，欲坐觀成敗，見勝者合從之，有兩心，與田仁皆要斬。上以馬通獲如侯，長安男子景建從通獲石德，商丘成力戰獲張光，封通爲重合侯，建爲德侯，成爲秺侯。諸太子賓客嘗出入宮門，皆坐誅。其隨太子發兵，以反法族。吏士劫略者，皆徙敦煌郡。以太子在外，始置屯兵長安諸城門。

上怒甚，羣下憂懼不知所出。壺關三老茂上書曰：「臣聞父者猶天，母者猶地，子猶萬物也。故天平，地安，物乃茂成；父慈，母愛，子乃孝順。今皇太子爲漢適嗣，承萬世之業，體祖宗之重，親則皇帝之宗子也。江充布衣之人，閭閻之隸臣耳，陛下顯而用之，銜至尊之命以迫蹵皇太子，造飾姦詐，羣邪錯謬，是以親戚之路隔塞而不通。太子進則不得見上，退則困於亂臣，獨冤結而無告，不忍忿忿之心，起而殺充，恐懼逋逃。子盜父兵，以救難自免耳，臣竊以爲無邪心。詩曰：『營營青蠅，止于藩。愷悌君子，無信讒言。讒言罔極，交亂四國。』往者江充讒殺趙太子，天下莫不聞。陛下不省察，深過太子，發盛怒，舉大兵而求之，三公自將。智者不敢言，辯士不敢説，臣竊痛之。唯陛下寬心慰意，少察所親，毋患太子之非，亟罷甲兵，無令太子久亡。臣不勝惓惓，出一旦之命，待罪建章宮下。」書奏，天子感寤，然尚未顯言赦之也。

太子亡，東至湖，藏匿泉鳩里。主人家貧，常賣履以給太子。太子有故人在湖，聞其富贍，使人呼之而發覺。八月辛亥，吏圍捕太子。太子自度不得脱，即入室距户自經。山陽男子張富昌爲卒，足蹋開户，新安令史李壽趨抱解太子，主人公遂格鬭死，皇孫二人皆并遇害。上既傷太子，乃封李壽爲邘侯，張富昌爲題侯。

初，上爲太子立博望苑，使通賓客，從其所好，故賓客多以異端進者。

臣光曰：古之明王教養太子，爲之擇方正敦良之士以爲保傅、師友，使朝夕與之遊處。左右前後無非正人，出入起居無非正道，然猶有淫放邪僻而陷於禍敗者焉。今乃使太子自通賓客，從其所好。夫正直難親，諂諛易合，此固中人之常情，宜太子之不終也。

三年九月，吏民以巫蠱相告言者，案驗多不實。上頗知太子惶恐無他意，會高寢郎田千秋上急變，訟太子冤，曰：「子弄父兵，罪當笞。天子之子過誤殺人，當何罪哉？臣嘗夢見一白頭翁教臣言。」上乃大感寤，召見千秋，謂曰：「父子之間，人所難言也，公獨明其不然。此高廟神靈使公教我，公當遂爲吾輔佐。」立拜千秋爲大鴻臚，而族滅江充家，焚蘇文於橫橋上，及泉鳩里加兵刃於太子者，初爲北地太守，後族。上憐太子無辜，乃作思子宫，爲歸來望思之臺於湖，天下聞而悲之。

昭帝始元五年春正月，有男子乘黄犢車詣北闕，自謂衛太子，公車以聞。詔使公、卿、將軍、中二千石雜識視。長安中吏民聚觀者數萬人。右將軍勒兵闕下，以備非常。丞相、御史、中二千石至者並莫敢發言。京兆尹不疑後到，叱從吏收縛。或曰：「是非未可知，且安之。」不疑曰：「諸君何患於衛太子！昔蒯聵違命出奔，輒距而不納，春秋是之。衛太子得罪先帝，亡不即死，今來自詣，此罪人也。」遂送詔獄。天子與大將軍霍光聞而嘉之，曰：「公卿大臣，當用有經術明於大誼者。」由是不疑名聲重於朝廷，在位者皆自以不及也。廷尉驗治何人，竟得姦詐，本夏陽人，姓成，名方遂，居湖，以卜筮爲事。有故太子舍人嘗從方遂卜，謂曰：「子狀貌甚似衛太子。」方遂心利其言，冀得以富貴。坐誣罔不道，要斬。

燕蓋謀逆

漢武帝後元元年。燕王旦自以次第當爲太子，上書求入宿衛。上怒，斬其使於北闕。又坐藏匿亡命，削良鄉、安次、文安三縣。上由是惡旦。旦辯慧博學，其弟廣陵王胥有勇力，而皆動作無法度，多過失，故上皆不立。

二年春正月，上病篤。乙丑，詔立弗陵爲皇太子。丁卯，帝崩于五柞宮。

昭帝始元元年。初，武帝崩，賜諸侯王璽書。燕王旦得書不肯哭，曰：「璽書封小，京師疑有變。」遣幸臣壽西長、孫縱之、王孺等之長安，以問禮儀爲名，陰刺候朝廷事。及有詔褒賜旦錢三十萬，益封萬三千户，旦怒曰：「我當爲帝，何賜也！」遂與宗室中山哀王子長、齊孝王孫澤等結謀，詐言以武帝時受詔，得職吏事，修武備，備非常。郎中成軫謂旦曰：「大王失職，獨可起而索，不可坐而得也。大王壹起，國中雖女子皆奮臂隨大王。」旦即與澤謀，爲姦書，言：「少帝非武帝子，大臣所共立，天下宜共伐之。」使人傳行郡國，以摇動百姓。澤謀歸發兵臨菑，殺青州刺史雋不疑。旦招來郡國姦人，賦斂銅鐵作甲兵，數閱其車騎、材官卒，發民大獵以講士馬，須期日。郎中韓義等數諫旦，旦殺義等凡十五人。會缾侯成知澤等謀，以告雋不疑。八月，不疑收捕澤等以聞。天子遣大鴻臚丞治，連引燕王。有詔以燕王至親，勿治。而澤等皆伏誅。

二年春正月，封大將軍光爲博陸侯，左將軍桀爲安陽侯。

三年。初，霍光與上官桀相親善。光每休沐出，桀常代光入決事。光女爲桀子安妻，生女，年甫五歲，安欲因光内之宫中；光以爲尚幼，不聽。蓋長公主私近子客河間丁外人，安素與外人善，説外人曰：「安子容貌端正，誠因長主時得入爲后，以臣父子在朝而有椒房之重，成之在於足下。漢家故事，常以列侯尚主，足下何憂不封侯乎。」外人喜，言於長主。長主以爲然，詔召安女入爲倢伃，安爲騎都尉。

四年春三月甲寅，立皇后上官氏，赦天下。是歲，上官安爲車騎將軍。

五年夏六月，封上官安爲桑樂侯。安日以驕淫，受賜殿中，對賓客言：「與我壻飲，大樂。」見其服飾，使人歸，欲自燒物。子病死，仰而罵天。其頑悖如此。

元鳳元年。上官桀父子既尊，盛德長公主，欲爲丁外人求封侯，霍光不許。又爲外人求光禄大夫，欲令得召見，又不許。長主大以是怨光，而桀、安數爲外人求官爵弗能得，亦慚。又桀妻父所幸充國爲大醫監，闌入殿中，下獄當死；冬月且盡，蓋主爲充國入馬二十匹贖罪，乃得減死論。於是桀、安父子深怨光而重德蓋主。自先帝時，桀已爲九卿，位在光右，及父子並爲將軍，皇后親安女，光乃其外祖，而顧專制朝事，由是與光爭權。燕王旦自以帝兄不得立，常懷怨望。及御史大夫桑弘羊建造酒榷、鹽、鐵，爲國興利，伐其功，欲爲子弟得官，亦怨恨光。於是蓋主、桀、安、弘羊皆與旦通謀。

旦遣孫縱之等前後十餘輩，多齎金寶，走馬賂遺蓋主、桀、弘羊等。桀等又詐令人爲燕王上書，言「光出都肄郎、羽林，道上稱蹕，太官先置」。又引「蘇武使匈奴二十年不降，乃爲典屬國。大將軍長史敞無功，爲搜粟都尉，又擅調益莫府校尉。光專權自恣，疑有非常。臣旦願歸符璽，入宿衞，察姦臣變」。候司光出沐日奏之。桀欲從中下其事，弘羊當與諸大臣共執退光。書奏，帝不肯下。明旦，光聞之，止畫室中不入。上問：「大將軍安在？」左將軍桀對曰：「以燕王告其罪，故不敢入。」有詔「召大將軍」，光入，免冠頓首謝。上曰：「將軍冠。朕知是書詐也，將軍無罪。」光曰：「陛下何以知之？」上曰：「將軍之廣明都郎，近耳；調校尉以來，未能十日，燕王何以得知之？且將軍爲非，不須校尉。」是時帝年十四，尚書、左右皆驚。而上書者果亡，捕之甚急。桀等懼，白上：「小事不足遂。」上不聽。後桀黨與有譖光者，上輒怒曰：「大將軍忠臣，先帝所屬以輔朕身。敢有毁者，坐之！」自是桀等不敢復言。

李德裕論曰：人君之德，莫大於至明，明以照姦，則百邪不能蔽矣，漢昭帝是也。周成王有慚德矣，高祖、文、景俱不如也。成王聞管、蔡流言，遂使周公狼跋而東。漢高聞陳平去魏背楚，欲捨腹心臣。漢文惑季布使酒難近，罷歸股肱郡；疑賈生擅權紛亂，復疏賢士。景帝信誅晁錯兵解，遂戮三公。所謂「執狐疑之心，來讒賊之口」。使昭帝得伊、吕之佐，則成、康不足侔矣。

桀等謀令長公主置酒請光，伏兵格殺之，因廢帝，迎立燕王爲天子。旦置驛書往來相報，許立桀爲王，外連郡國豪桀以千數。旦以語相平，平曰：「大王前與劉澤結謀，事未成而發覺者，以劉澤素夸，好侵陵也。平聞左將軍素輕易，車騎將軍少而驕，臣恐其如劉澤時不能成，又恐既成反大王也。」旦曰：「前日一男子詣闕，自謂故太子，長安中民趣鄉之，正讙不可止。大將軍恐，出兵陳之，以自備耳。我，帝長子，天下所信，何憂見反！」後謂羣臣：「蓋主報言，獨患大將軍與右將軍王莽。今右將軍物故，丞相病，幸事必成，徵不久。」令羣臣皆裝。安又謀誘燕王至而誅之，因廢帝而立桀。或曰：「當如皇后何？」安曰：「逐麋之狗，當顧菟邪！且用皇后爲尊，一旦人主意有所移，雖欲爲家人亦不可得。此百世之一時也。」會蓋主舍人父稻田使者燕倉知其謀，以告大司農楊敞。敞素謹，畏事，不敢言，乃移病臥，以告諫大夫杜延年，延年以聞。九月，詔丞相部中二千石逐捕孫縱之及桀、安、弘羊、外人等，并宗族悉誅之。蓋主自殺。燕王旦聞之，召相平曰：「事敗，遂發兵乎？」平曰：「左將軍已死，百姓皆知之，不可發也。」王憂懣，置酒與羣臣、妃妾別。會天子以璽書讓旦，旦以綬自絞死，后、夫人隨旦自殺者二十餘人。天子加恩，赦王太子建爲庶人，賜旦謚曰刺王。皇后以年少不與謀，亦霍光外孫，故得不廢。

通鑑紀事本末卷第四

霍光廢立

漢武帝後元元年。鉤弋夫人之子弗陵，年數歲，形體壯大，多知，上奇愛之，心欲立焉。以其年穉，母少，猶與久之。欲以大臣輔之，察羣臣，唯奉車都尉光祿大夫霍光，忠厚可任大事。上乃使黄門畫周公負成王朝諸侯以賜光。後數日，帝譴責鉤弋夫人，夫人脱簪珥，叩頭。帝曰：「引持去，送掖庭獄。」夫人還顧，帝曰：「趣行，汝不得活！」卒賜死。頃之，帝閒居，問左右曰：「外人言云何？」左右對曰：「人言『且立其子，何去其母乎』。」帝曰：「然。是非兒曹愚人之所知也。往古國家所以亂，由主少、母壯也。女主獨居驕蹇，淫亂自恣，莫能禁也。汝不聞吕后邪？故不得不先去之也。」

二年春二月，上病篤，霍光涕泣問曰：「如有不諱，誰當嗣者？」上曰：「君未諭前畫意邪？立少子，君行周公之事。」光頓首讓曰：「臣不如金日磾。」日磾亦曰：「臣外國人，不如光，且使匈奴輕漢矣。」乙丑，詔立弗陵爲皇太子，時年八歲。丙寅，以光爲大司馬、大將軍，日磾爲車騎將軍，太僕上官桀爲左將軍，受遺詔輔少主。又以搜粟都尉桑弘羊爲御史大夫。皆拜卧内牀下。丁卯，帝崩于五柞宫。戊辰，太子即皇帝位。

帝姊鄂邑公主共養省中，霍光、金日磾、上官桀共領尚書事。光輔幼主，政自己出，天下想聞其風采。殿中嘗有怪，一夜，羣臣相驚，光召尚符璽郎，欲收取璽。郎不肯授，光欲奪之。郎按劍曰：「臣頭可得，璽不可得也。」光甚誼之，明日，詔增此郎秩二等。衆庶莫不多光。

昭帝始元二年春正月，封大將軍光爲博陸侯。

或説霍光曰：「將軍不見諸吕之事乎？處伊尹、周公之位，攝政擅權，而背宗室，不與共職，是以天下不信，卒至於滅亡。今將軍當盛位，帝春秋富，宜納宗室，又多與大臣共事，反諸吕道，如是則可以免患。」光然之。

元鳳元年冬十月，大將軍光以朝無舊臣，光禄勳張安世自先帝時爲尚書令，志行純篤，乃白用安世爲右將軍，兼光禄勳，以自副焉。安世，故御史大夫湯之子也。光又以杜延年有忠節，擢爲太僕、右曹、給事中。

三年春正月，泰山有大石自起立。上林有柳樹枯僵自起生，有蟲食其葉成文，曰「公孫病已立」。符節令魯國眭弘上書言：「大石自立，僵柳復起，當有匹庶爲天子者。枯樹復生，故廢之家公孫氏當復興乎？漢家承堯之後，有傳國之運，當求賢人禪帝位，退自封百里，以順天命。」弘坐設妖言惑衆，伏誅。

元平元年夏四月癸未，帝崩于未央宮，無嗣。時武帝子獨有廣陵王胥，大將軍光與羣臣議所立，咸持廣陵王。王本以行失道，先帝所不用；光内不自安。郎有上書言：「周太王廢太伯立王季，文王舍伯邑考立武王，唯在所宜，雖廢長立少可也。廣陵王不可以承宗廟。」言合光意，光以其書示丞相敞等，擢郎爲九江太守。即日承皇后詔，遣行大鴻臚事少府樂成、宗正德、光禄大夫吉、中郎將利漢迎昌邑王賀，乘七乘傳詣長安邸。光又白皇后，徙右將軍安世爲車騎將軍。

賀，昌邑哀王之子也，在國素狂縱，動作無節。武帝之喪，賀游獵不止。嘗游方與，不半日馳二百里。中尉琅邪王吉上疏諫曰：「大王不好書術而樂逸游，馮式撙銜，馳騁不止，口倦乎叱咤，手苦於箠轡，身勞乎車輿，朝則冒霧露，晝則被塵埃，夏則爲大暑之所暴炙，冬則爲風寒之所匽薄；數以耎脆之玉體，犯勤勞之煩毒，非所以全壽命之宗也，又非所以進仁義之隆也。夫廣厦之下，細旃之上，明師居前，勸誦在後，上論唐、虞之際，下及殷、周之盛，考仁聖之風，習治國之道，訢訢焉發憤忘食，日新厥德，其樂豈銜橛之間哉！休則俛仰屈伸以利形，進退步趨以實下，吸新吐故以練臧，專意積精以適神，於以養生，豈不長哉！大王誠留意如此，則心有堯、舜之志，體有喬、松之壽，美聲廣譽，登而上聞，則福禄其臻而社稷安矣。皇帝仁聖，至今思慕未怠，於宮館、囿池、弋獵之樂未有所幸。大王宜夙夜念此，以承聖意。諸侯骨肉，莫親大王。大王於屬則子也，於位則臣也，一身而二任之責加焉。恩愛行義，孅介有不具者，於以上聞，非饗國之福也。」王乃下令曰：「寡人造行，不能無惰，中尉甚忠，數輔吾過。」使謁者千秋賜中尉牛肉五百斤，酒五石，脯五束。其後復放縱自若。

郎中令山陽龔遂，忠厚剛毅，有大節。內諫争於王，外責傅相，引經義，陳禍福，至於涕泣。蹇蹇無已，面刺王過。王至掩耳起走，曰：「郎中令善媿人。」王嘗久與騶奴、宰人游戲，飲食賞賜無度，遂入見王，涕泣膝行，左右侍御皆出涕。王曰：「郎中令何爲哭？」遂曰：「臣痛社稷危也。願賜清閒，竭愚。」王辟左右，遂曰：「大王知膠西王所以爲無道亡乎？」王曰：「不知也。」曰：「臣聞膠西王有諛臣侯得，王所爲儗於桀、紂也，得以爲堯、舜也。王説其諂諛，常與寢處，唯得所言，以至於是。今大王親近羣小，漸漬邪惡，所習，存亡之機，不可不慎也。臣請選郎通經有行義者與王起居，坐則誦詩、書，立則習禮容，宜有益。」王許之。遂乃選郎中張安等十人侍王。居數日，王皆逐去安等。

王嘗見大白犬，頸以下似人，冠方山冠而無尾，以問龔遂。遂曰：「此天戒，言在側者盡冠狗也。去之則存，不去則亡矣。」後又聞人聲曰「熊」！視而見大熊，左右莫見，以問遂。遂曰：「熊，山野之獸，而來入宫室，王獨見之，此天戒大王，恐宫室將空，危亡象也。」王仰天嘆曰：「不祥何爲數來！」遂叩頭曰：「臣不敢隱忠，數言危亡之戒，大王不説。夫國之存亡，豈在臣言哉？願王内自揆度。大王誦詩三百五篇，人事浹，王道備。王之所行，中詩一篇何等也？大王位爲諸侯王，行汙於庶人，以存難，以亡易，宜深察之。」後又血汙王坐席，王問遂。遂叫然號曰：「宫空不久，妖祥數至。血者，陰憂象也，宜畏慎自省。」王終不改節。

及徵書至，夜漏未盡一刻，以火發書。其日中，王發；晡時，至定陶，行百三十五里，侍從者馬死相望於道。王吉奏書戒王曰：「臣聞高宗諒闇，三年不言。今大王以喪事徵，宜日夜哭泣悲哀而已，慎毋有所發。大將軍仁愛勇智，忠信之德，天下莫不聞。事孝武皇帝二十餘年，未嘗有過。先帝棄羣臣，屬以天下，寄幼孤焉。大將軍抱持幼君襁緥之中，布政施教，海内晏然，雖周公、伊尹無以加也。今帝崩無嗣，大將軍惟思可以奉宗廟者，攀援而立大王，其仁厚豈有量哉！臣願大王事之，敬之，政事壹聽之，大王垂拱南面而已。願留意，常以爲念！」

王至濟陽，求長鳴雞，道買積竹杖。過弘農，使大奴善以衣車載女子。至湖，使者以讓相安樂，安樂告龔遂。遂入問王，王曰：「無有。」遂曰：「即無有，何愛一善以毁行義。請收屬吏，以湔洒大王。」即捽善屬衛士長行法。

王到霸上，大鴻臚郊迎，騶奉乘輿車。王使壽成御，郎中令遂參乘。且至廣明、東都門，遂曰：「禮，奔喪望見國都哭。此長安東郭門也。」王曰：「我嗌痛，不能哭。」至城門，遂復言。王曰：「城門與郭門等耳。」且至未央宫東闕，遂曰：「昌邑帳在是闕外馳道北，未至帳所，有南北行道，馬足未至數步。大王宜下車，鄉闕西面伏哭，盡哀止。」王曰：「諾。」到，哭如儀。六月丙寅，王受皇帝璽綬，襲尊號，尊皇后曰皇太后。

壬申，葬孝昭皇帝于平陵。

昌邑王既立，淫戲無度。昌邑官屬皆徵至長安，往往超擢拜官。相安樂遷長樂衛尉，龔遂見安樂，流涕謂曰：「王立爲天子，日益驕溢，諫之不復聽。今哀痛未盡，日與近臣飲食作樂，鬭虎豹，召皮軒車九旒，驅馳東西，所爲誖道。古制寬，大臣有隱退。今去不得，陽狂恐知，身死爲世戮，奈何！君陛下故相，宜極諫争。」

王夢青蠅之矢積西階東，可五六石，以屋版瓦覆之，以問遂。遂曰：「陛下之詩不云乎：『營營青蠅，止于藩。愷悌君子，毋信讒言。』陛下左側讒人衆多，如是青蠅惡矣。宜進先帝大臣子孫、親近，以爲左右。如不忍昌邑故人，信用讒諛，必有凶咎。願詭禍爲福，皆放逐之，臣當先逐矣。」王不聽。

太僕丞河東張敞上書諫曰：「孝昭皇帝蚤崩無嗣，大臣憂懼，選賢聖承宗廟，東迎之日，唯恐屬車之行遲。今天子以盛年初即位，天下莫不拭目傾耳，觀化聽風。國輔大臣未褒，而昌邑小輦先遷，此過之大者也。」王不聽。

大將軍光憂懣，獨以問所親故吏大司農田延年。延年曰：「將軍爲國柱石，審此人不可，何不建白太后，更選賢而立之？」光曰：「今欲如是，於古嘗有此不？」延年曰：「伊尹相殷，廢太甲以安宗廟，後世稱其忠。將軍若能行此，亦漢之伊尹也。」光乃引延年給事中，陰與車騎將軍張安世圖計。

王出遊，光禄大夫魯國夏侯勝當乘輿前諫曰：「天久陰而不雨，臣下有謀上者。陛下出，欲何之？」王怒，謂勝爲祅言，縛以屬吏。吏白霍光，光不舉法。光讓安世，以爲泄語。安世實不言，乃召問勝。勝對言：「在鴻範傳，曰『皇之不極，厥罰常陰，時則有下人伐上者』。惡察察言，故云『臣下有謀』。」光、安世大驚，以此益重經術士。侍中傅嘉數進諫，王亦縛嘉繫獄。

光、安世既定議，乃使田延年報丞相楊敞。敞驚懼，不知所言，汗出洽背，徒唯唯而已。延年起，至更衣。敞夫人遽從東廂謂敞曰：「此國大事，今大將軍議已定，使九卿來報君侯；君侯不疾應，與大將軍同心，猶與無決，先事誅矣！」延年從更衣還，敞、夫人與延年參語許諾，請奉大將軍教令。

癸巳，光召丞相、御史、將軍、列侯、中二千石、大夫、博士會議未央宮。光曰：「昌邑王行昏亂，恐危社稷，如何？」羣臣皆驚鄂失色，莫敢發言，但唯唯而已。田延年前，離席按劍曰：「先帝屬將軍以幼孤，寄將軍以天下，以將軍忠賢能安劉氏也。今羣下鼎沸，社稷將傾，且漢之傳謚常爲『孝』者，以長有天下，令宗廟血食也。如漢家絶祀，將軍雖死，何面目見先帝於地下乎！今日之議，不得旋踵，羣臣後應者，臣請劍斬之！」光謝曰：「九卿責光是也。天下匈匈不安，光當受難。」於是議者皆叩頭曰：「萬姓之命，在於將軍，唯大將軍令。」

光即與羣臣俱見白太后，具陳昌邑王不可以承宗廟狀。皇太后乃車駕幸未央承明殿，詔諸禁門毋内昌邑羣臣。王入朝太后還，乘輦欲歸温室，中黄門宦者各持門扇，王入，門閉，昌邑羣臣不得入。王曰：「何爲？」大將軍跪曰：「有皇太后詔，毋内昌邑羣臣。」王曰：「徐之，何乃驚人如是！」光使盡驅出昌邑羣臣，置金馬門外。車騎將軍安世將羽林騎收縛二百餘人，皆送廷尉詔獄。令故昭帝侍中中臣侍守王。光勑左右：「謹宿衛，卒有物故自裁，令我負天下，有殺主名。」王尚未自知當廢，謂左右：「我故羣臣從官安得罪，而大將軍盡繫之乎？」

頃之，有太后詔召王。王聞召，意恐，乃曰：「我安得罪而召我哉？」太后被珠襦，盛服坐武帳中，侍御數百人皆持兵，期門武士陛戟陳列殿下，羣臣以次上殿，召昌邑王伏前聽詔。光與羣臣連名奏王，尚書令讀奏曰：「丞相臣敞等昧死言皇太后陛下：孝昭皇帝早棄天下，遣使徵昌邑王典喪，服斬衰，無悲哀之心，廢禮誼，居道上不素食，使從官略女子載衣車，内所居傳舍。始至謁見，立爲皇太子，常私買雞豚以食。受皇帝信璽、行璽大行前，就次，發璽不封。從官更持節引内昌邑從官、騶宰、官奴二百餘人，常與居禁闥内敖戲。爲書曰：『皇帝問侍中君卿：使中御府令高昌奉黄金千斤，賜君卿取十妻。』大行在前殿，發樂府樂器，引内昌邑樂人擊鼓，歌吹，作俳倡；召内泰壹、宗廟樂人，悉奏衆樂。駕法駕，驅馳北宫、桂宫，弄彘，鬬虎。召皇太后御小馬車，使官奴騎乘，遊戲掖庭中。與孝昭皇帝宫人蒙等淫亂，詔掖庭令：『敢泄言，要斬！』」太后曰：「止！爲人臣子，當悖亂如是邪！」王離席伏，尚書令復讀曰：「取諸侯王、列侯、二千石綬及墨綬、黄綬以并佩昌邑郎官者免奴。發御府金錢、刀劍、玉器、采繒，賞賜所與遊戲者。與從官、官奴夜飲，湛沔於酒。獨夜設九賓温室，延見姊夫昌邑關内侯。祖宗廟祠未舉，爲璽書，使使者持節，以三太牢祠昌邑哀王園廟，稱『嗣子皇帝』。受璽以來二十七日，使者旁午，持節詔諸官署徵發凡一千一百二十七事。荒淫迷惑，失帝王禮誼，亂漢制度。臣敞等數進諫，不變更，日以益甚。恐危社稷，天下不安。臣敞等謹與博士議，皆曰：『今陛下嗣孝昭皇帝後，行淫辟不軌。「五辟之屬，莫大不孝」。周襄王不能事母，春秋曰「天王出居于鄭」，由不孝出之，絶之於天下也。宗廟重於君，陛下不可以承天序，奉祖宗廟，子萬姓，當廢！』臣請有司以一太牢具告祠高廟。」皇太后詔曰：「可。」光令王起，拜受詔。王曰：「聞『天子有争臣七人，雖無道不失天下』。」光曰：「皇太后詔廢，安得稱天子！」乃即持其手，解脱其璽組，奉上太后。扶王下殿，出金馬門，羣臣隨送。王西面拜曰：「愚戇，不任漢事。」起就乘輿副車，大將軍光送至昌邑邸。光謝曰：「王行自絶於天，臣寧負王，不敢負社稷。願王自愛，臣長不復左右。」光涕泣而去。

羣臣奏言：「古者廢放之人，屏於遠方，不及以政。請徙王賀漢中房陵縣。」太后詔歸賀昌邑，賜湯沐邑二千户，故王家財物皆與賀。及哀王女四人，各賜湯沐邑千户。國除，爲山陽郡。

昌邑羣臣坐在國時不舉奏王罪過，令漢朝不聞知，又不能輔道，陷王大惡，皆下獄，誅殺二百餘人。唯中尉吉、郎中令遂，以忠直數諫正，得減死，髡爲城旦。師王式繫獄，當死，治事使者責問曰：「師何以無諫書？」式對曰：「臣以詩三百五篇朝夕授王，至於忠臣、孝子之篇，未嘗不爲王反復誦之也。至於危亡失道之君，未嘗不流涕爲王深陳之也。臣以三百五篇諫，是以無諫書。」使者以聞，亦得減死論。

霍光以羣臣奏事東宮，太后省政，宜知經術。白令夏侯勝用尚書授太后，遷勝長信少府，賜爵關内侯。

初，衛太子納魯國史良娣，生子進，號史皇孫。皇孫納涿郡王夫人，生子病已，號皇曾孫。皇曾孫生數月，遭巫蠱事，太子三男、一女及諸妻妾皆遇害，獨皇曾孫在，亦坐收繫郡邸獄。故廷尉監魯國丙吉受詔治巫蠱獄，吉心知太子無事實，重哀皇曾孫無辜，擇謹厚女徒渭城胡組、淮陽郭徵卿，令乳養曾孫，置閒燥處。吉日再省視。

巫蠱事連歲不決，武帝疾，往來長楊、五柞宫。望氣者言：「長安獄中有天子氣。」於是武帝遣使者分條中都官詔獄繫者，無輕重一切皆殺之。内謁者令郭穰夜到郡邸獄，吉閉門拒使者不納，曰：「皇曾孫在。他人無辜死者猶不可，況親曾孫乎！」相守至天明，不得入。穰還以聞，因劾奏吉。武帝亦寤，曰：「天使之也。」因赦天下。郡邸獄繫者，獨賴吉得生。

既而吉謂守丞誰如「皇孫不當在官」，使誰如移書京兆尹，遣與胡組俱送。京兆尹不受，復還。及組日滿當去，皇孫思慕，吉以私錢雇組，令留，與郭徵卿並養，數月，乃遣組去。後少内嗇夫白吉曰：「食皇孫無詔令。」時吉得食米、肉，月月以給皇曾孫。曾孫病，幾不全者數焉，吉數敕保養乳母加致醫藥，視遇甚有恩惠。吉聞史良娣有母貞君及兄恭，乃載皇曾孫以付之。貞君年老，見孫孤，甚哀之，自養視焉。

後有詔掖庭養視，上屬籍宗正。時掖庭令張賀，嘗事戾太子，思顧舊恩，哀曾孫，奉養甚謹，以私錢供給，教書。既壯，賀欲以女孫妻之。是時昭帝始冠，長八尺二寸。賀弟安世爲右將軍，輔政，聞賀稱譽皇曾孫，欲妻以女，怒曰：「曾孫乃衛太子後也，幸得以庶人衣食縣官足矣，勿復言予女事！」於是賀止。時暴室嗇夫許廣漢有女，賀乃置酒請廣漢，酒酣，爲言「曾孫體近，下乃關内侯，可妻也」。廣漢許諾。明日，嫗聞之，怒。廣漢重令人爲介，遂與曾孫；賀以家財聘之。曾孫因依倚廣漢兄弟及祖母家史氏，受詩於東海澓中翁，高材好學，然亦喜游俠，鬭雞、走馬，以是具知閭里姦邪，吏治得失。數上下諸陵，周徧三輔，嘗困於蓮勺鹵中。尤樂杜、鄠之閒，率常在下杜。時會朝請，舍長安尚冠里。

及昌邑王廢，霍光與張安世諸大臣議所立，未定。丙吉奏記光曰：「將軍事孝武皇帝，受襁褓之屬，任天下之寄。孝昭皇帝早崩，無嗣，海内憂懼，欲亟聞嗣主。發喪之日，以大誼立後。所立非其人，復以大誼廢之，天下莫不服焉。方今社稷、宗廟、羣生之命，在將軍之壹舉。竊伏聽於衆庶，察其所言諸侯、宗室在列位者，未有所聞於民間也。而遺詔所養武帝曾孫名病已在掖庭、外家者，吉前使居郡邸時，見其幼少；至今十八九矣，通經術，有美材，行安而節和。願將軍詳大義，參以蓍龜豈宜，褒顯先使入侍，令天下昭然知之，然後决定大策，天下幸甚。」杜延年亦知曾孫德美，勸光、安世立焉。

秋七月，光坐庭中，會丞相以下議定所立，遂復與丞相敞等上奏曰：「孝武皇帝曾孫病已，年十八，師受詩、論語、孝經，躬行節儉，慈仁愛人，可以嗣孝昭皇帝後，奉承祖宗廟，子萬姓。臣昧死以聞。」皇太后詔曰：「可。」光遣宗正德至曾孫家尚冠里，洗沐，賜御衣。太僕以軨獵車迎曾孫，就齋宗正府。庚申，入未央宫，見皇太后，封爲陽武侯。已而羣臣奏上璽綬，即皇帝位。謁高廟，尊皇太后爲太皇太后。

侍御史嚴延年劾奏：「大將軍光擅廢立主，無人臣禮，不道。」奏雖寢，然朝廷肅然敬憚之。

初，許廣漢女適皇曾孫，一歲，生子奭。數月，曾孫立爲帝，許氏爲倢伃。是時霍將軍有小女，與皇太后親，公卿議更立皇后，皆心擬霍將軍女，亦未有言。上乃詔求微時故劍。大臣知指，白立許倢伃爲皇后。十一月壬子，立皇后許氏。霍光以后父廣漢刑人，不宜君國，歲餘，乃封爲昌成君。

宣帝本始元年春，詔有司論定策安宗廟功。大將軍光益封萬七千户，與故所食凡二萬户。車騎將軍富平侯安世以下益封者十人，封侯者五人，賜爵關内侯八人。

大將軍光稽首歸政，上謙遜不受，諸事皆先關白光，然後奏御。自昭帝時，光子禹及兄孫雲皆爲中郎將，雲弟山奉車都尉、侍中，領胡、越兵，光兩女壻爲東、西宫衛尉，昆弟、諸壻、外孫皆奉朝請，爲諸曹、大夫、騎都尉、給事中，黨親連體，根據於朝廷。及昌邑王廢，光權益重，每朝見，上虚己斂容，禮下之已甚。

三年春正月癸亥，恭哀許皇后崩。時霍光夫人顯欲貴其小女成君，道無從。會許后當娠，病，女醫淳于衍者，霍氏所愛，嘗入宫侍皇后疾。衍夫賞爲掖庭户衛，謂衍「可過辭霍夫人，行爲我求安池監」。衍如言報顯，顯因生心，辟左右字謂衍曰：「少夫幸報我以事，我亦欲報少夫，可乎？」衍曰：「夫人所言，何等不可者！」顯曰：「將軍素愛小女成君，欲奇貴之，願以累少夫。」衍曰：「何謂邪？」顯曰：「婦人免乳，大故，十死一生。今皇后當免身，可因投毒藥去也，成君即爲皇后矣。如蒙力，事成，富貴與少夫共之。」衍曰：「藥雜治，當先嘗，安可？」顯曰：「在少夫爲之耳。將軍領天下，誰敢言者！緩急相護，但恐少夫無意耳。」衍良久曰：「願盡力。」即擣附子，齎入長定宫。皇后免身後，衍取附子并合太醫大丸以飲皇后，有頃，曰：「我頭岑岑也，藥中得無有毒？」對曰：「無有。」遂加煩懣，崩。衍出，過見顯，相勞問，亦未敢重謝衍。後人有上書告諸醫侍疾無狀者，皆收繫詔獄，劾不道。顯恐急，即以狀具語光，因曰：「既失計爲之，無令吏急衍。」

光大驚，欲自發舉，不忍，猶與。會奏上，光署衍勿論。顯因勸光内其女入宮。

四年春三月乙卯，立霍光女爲皇后。轝駕、侍從益盛，賞賜官屬以千萬計，與許后時縣絶矣。

地節二年春，霍光病篤，車駕自臨問，上爲之涕泣。光上書謝恩，願分國邑三千户以封兄孫奉車都尉山爲列侯，奉兄去病祀。即日拜光子禹爲右將軍。三月庚午，光薨，上及皇太后親臨光喪，中二千石治冢，賜梓宮葬具，皆如乘輿制度，謚曰宣成侯。發三河卒穿復土，置園邑三百家，長、丞奉守。下詔復其後世，疇其爵邑，世世無有所與。

御史大夫魏相上封事曰：「國家新失大將軍，宜顯明功臣，以填藩國，毋空大位，以塞争權。宜以車騎將軍安世爲大將軍，毋令領光禄勳事，以其子延壽爲光禄勳。」上亦欲用之。夏四月戊申，以安世爲大司馬、車騎將軍，領尚書事。

上思報大將軍德，乃封光兄孫山爲樂平侯，使以奉車都尉領尚書事。魏相因昌成君許廣漢奏封事，言：「春秋譏世卿，惡宋三世爲大夫及魯季孫之專權，皆危亂國家。自後元以來，禄去王室，政由冢宰。今光死，子復爲右將軍，兄子秉樞機，昆弟、諸壻據權勢，在兵官，光夫人顯及諸女皆通籍長信宮，或夜詔門出入，驕奢放縱，恐寖不制。宜有以損奪其權，破散陰謀，以固萬世之基，全功臣之世。」又故事，諸上書者皆爲二封，署其一曰

「副」，領尚書者先發副封，所言不善，屏去不奏。相復因許伯白去副封，以防壅蔽。帝善之，詔相給事中，皆從其議。

三年夏四月戊申，立子奭爲皇太子，以丙吉爲太傅，太中大夫疏廣爲少傅。封太子外祖父許廣漢爲平恩侯，又封霍光兄孫中郎將雲爲冠陽侯。霍顯聞立太子，怒恚不食，歐血，曰：「此乃民間時子，安得立！即后有子，反爲王邪？」復教皇后令毒太子。皇后數召太子，賜食，保阿輒先嘗之，后挾毒不得行。

霍氏驕侈縱橫。太夫人顯廣治第室，作乘輿輦，加畫，繡絪馮，黄金塗，韋絮薦輪，侍婢以五采絲輓顯游戲第中。與監奴馮子都亂。而禹、山亦並繕治第宅，走馬馳逐平樂館。雲當朝請，數稱病私出，多從賓客，張圍獵黄山苑中，使倉頭奴上朝謁，莫敢譴者。顯及諸女晝夜出入長信宫殿中，無期度。

帝自在民間，聞知霍氏尊盛日久，内不能善。既躬親朝政，御史大夫魏相給事中。顯謂禹、雲、山：「女曹不務奉大將軍餘業，今大夫給事中，他人壹間女，能復自救邪？」後兩家奴争道，霍氏奴入御史府，欲蹋大夫門；御史爲叩頭謝，乃去。人以謂霍氏，顯等始知憂。

會魏大夫爲丞相，數燕見言事，平恩侯與侍中金安上等徑出入省中。時霍山領尚書，上令吏民得奏封事，不關尚書，羣臣進見獨往來，於是霍氏甚惡之。上頗聞霍氏毒殺許后而未察，乃徙光女壻度遼將軍、未央衛尉平陵侯范明友爲光禄勳，出次壻諸吏、中郎將、羽林監任勝爲安定太守。數月，復出光姊壻給事中、光禄大夫張朔爲蜀郡太守，羣孫壻中郎將王漢爲武威太守。頃之，復徙光長女壻長樂衛尉鄧廣漢爲少府。戊戌，更以張安世爲衛將軍，兩宫衛尉、城門、北軍兵屬焉。以霍禹爲大司馬，冠小冠，無印綬；罷其屯兵官屬，特使禹官名與光俱大司馬者。又收范明友度遼將軍印綬，但爲光禄勳；及光中女壻趙平爲散騎都尉、光禄大夫，將屯兵，又收平騎都尉印綬。諸領胡、越騎、羽林及兩宫衛將屯兵，悉易以所親信許、史子弟代之。

四年。霍顯及禹、山、雲自見日侵削，數相對啼泣自怨。山曰：「今丞相用事，縣官信之，盡變易大將軍時法令，發揚大將軍過失。又，諸儒生多窶人子，遠客飢寒，喜妄説狂言，不避忌諱，大將軍常讎之。今陛下好與諸儒生語，人人自書對事，多言我家者。嘗有上書言我家昆弟驕恣，其言絶痛，山屏不奏。後上書者益黠，盡奏封事，輒下中書令出取之，不關尚書，益不信人。又聞民間讙言『霍氏毒殺許皇后』，寧有是邪？」顯恐急，即具以實告禹、山、雲。禹、山、雲驚曰：「如是，何不早告禹等！縣官離散、斥逐諸壻，用是故也。此大事，誅罰不小，奈何？」於是始有邪謀矣。

雲舅李竟所善張赦，見雲家卒卒，謂竟曰：「今丞相與平恩侯用事，可令太夫人言太后，先誅此兩人。移徙陛下，在太后耳。」長安男子張章告之，事下廷尉，執金吾捕張赦等。後有詔，止勿捕。山等愈恐，相謂曰：「此縣官重太后，故不竟也。然惡端已見，久之猶發。發即族矣，不如先也。」遂令諸女各歸報其夫，皆曰：「安所相避！」

會李竟坐與諸侯王交通，辭語及霍氏，有詔：「雲、山不宜宿衛，免就第。」山陽太守張敞上封事曰：「臣聞公子季友有功於魯，趙衰有功於晋，田完有功於齊，皆疇其庸，延及子孫。終後田氏簒齊，趙氏分晋，季氏顓魯。故仲尼作春秋，迹盛衰，譏世卿最甚。乃者大將軍決大計，安宗廟，定天下，功亦不細矣。夫周公七年耳，而大將軍二十歲，海内之命，斷於掌握。方其隆盛時，感動天地，侵迫陰陽。朝臣宜有明言曰：『陛下褒寵故大將軍，以報功德足矣。間者輔臣顓政，貴戚大盛，君臣之分不明，請罷霍氏三侯皆就第。及衛將軍張安世，宜賜几杖歸休，時存問召見，以列侯爲天子師。』明詔以恩不聽，羣臣以義固争而後許之，天下必以陛下爲不忘功德，而朝臣爲知禮，霍氏世世無所患苦。今朝廷不聞直聲，而令明詔自親其文，非策之得者也。今兩侯已出，人情不相遠，以臣心度之，大司馬及其枝屬必有畏懼之心。夫近臣自危，非完計也。臣敞願於廣朝白發其端，直守遠郡，其路無由。唯陛下省察。」上甚善其計，然不召也。

禹、山等家數有妖怪，舉家憂愁。山曰：「丞相擅減宗廟羔、菟、鼃，可以此罪也。」謀令太后爲博平君置酒，召丞相、平恩侯以下，使范明友、鄧廣漢承太后制引斬之，因廢天子而立禹。約定未發，雲拜爲玄菟太守，太中大夫任宣爲代郡太守。會事發覺，秋七月，雲、山、明友自殺，顯、禹、廣漢等捕得。禹要斬，顯及諸女昆弟皆棄市，與霍氏相連坐誅滅者數十家。太僕杜延年以霍氏舊人，亦坐免官。八月己酉，皇后霍氏廢，處昭臺宮。乙丑，詔封告霍氏反謀者男子張章、期門董忠、左曹楊惲、侍中金安上、史高皆爲列侯。惲，丞相敞子。安上，車騎將軍日磾弟子。高，史良娣兄子也。

初，霍氏奢侈，茂陵徐生曰：「霍氏必亡。夫奢則不遜，不遜必侮上。侮上者，逆道也，在人之右，衆必害之。霍氏秉權日久，害之者多矣。天下害之，而又行以逆道，不亡何待。」乃上疏言：「霍氏泰盛，陛下即愛厚之，宜以時抑制，無使至亡。」書三上，輒報聞。其後霍氏誅滅，而告霍氏者皆封，人爲徐生上書曰：「臣聞客有過主人者，見其竈直突，傍有積薪。客謂主人：『更爲曲突，遠徙其薪，不者且有火患。』主人嘿然不應。俄而家果失火，鄰里共救之，幸而得息。於是殺牛置酒，謝其鄰人，灼爛者在於上行，餘各以功次坐，而不録言曲突者。人謂主人曰：『鄉使聽客之言，不費牛酒，終無火患。今論功而請賓，曲突徙薪無恩澤，焦頭爛額爲上客邪？』主人乃寤而請之。今茂陵徐福數上書言霍氏且有變，宜防絶之。鄉使福説得行，則國無裂土出爵之費，臣無逆亂誅滅之敗。往事既已，而福獨不蒙其功，唯陛下察之，貴徙薪曲突之策，使居焦髮灼爛之右。」上乃賜福帛十匹，後以爲郎。

帝初立，謁見高廟，大將軍光驂乘，上内嚴憚之，若有芒刺在背。後車騎將軍張安世代光驂乘，天子從容肆體，甚安近焉。及光身死而宗族竟誅，故俗傳霍氏之禍萌於驂乘。後十二歲，霍后復徙雲林館，乃自殺。

班固贊曰：霍光受襁褓之託，任漢室之寄，匡國家，安社稷，擁昭立宣，雖周公、阿衡何以加此。然光不學無術，闇於大理，陰妻邪謀，立女爲后，湛溺盈溢之欲，以增顛覆之禍，死財三年，宗族誅夷，哀哉！

臣光曰：霍光之輔漢室，可謂忠矣，然卒不能庇其宗，何也？夫威福者，人君之器也。人臣執之，久而不歸，鮮不及矣。以孝昭之明，十四而知上官桀之詐，固可以親政矣。況孝宣十九即位，聰明剛毅，知民疾苦，而光久專大柄，不知避去，多置親黨，充塞朝廷，使人主蓄憤於上，吏民積怨於下，切齒側目，待時而發，其得免於身幸矣，況子孫以驕侈趣之哉。雖然，曏使孝宣專以禄秩、賞賜富其子孫，使之食大縣，奉朝請，亦足以報盛德矣。乃復任之以政，授之以兵，及事叢釁積，更加裁奪，遂至怨懼以生邪謀。豈徒霍氏之自禍哉，亦孝宣醞釀以成之也。昔鬬椒作亂於楚，莊王滅其族而赦箴尹克黄，以爲子文無後，何以勸善。夫以顯、禹、雲、山之罪，雖應夷滅，而光之忠勳不可不祀。遂使家無噍類，孝宣亦少恩哉！

趙充國破羌

漢宣帝元康四年。初，武帝開河西四郡，隔絶羌與匈奴相通之路，斥逐諸羌，不使居湟中地。及帝即位，光禄大夫義渠安國使行諸羌。先零豪言：「願時度湟水北，逐民所不田處畜牧。」安國以聞。後將軍趙充國劾安國奉使不敬。是後羌人旁緣前言，抵冒渡湟水，郡縣不能禁。

既而先零與諸羌種豪二百餘人解仇、交質、盟詛，上聞之，以問趙充國。對曰：「羌人所以易制者，以其種自有豪，數相攻擊，勢不壹也。往三十餘歲，西羌反時，亦先解仇、合約攻令居，與漢相距，五六年乃定。匈奴數誘羌人，欲與之共擊張掖、酒泉地，使羌居之。間者匈奴困於西方，疑其更遣使至羌中與相結。臣恐羌變未止，此且復結聯他種，宜及未然爲之備。」後月餘，羌侯狼何果遣使至匈奴藉兵，欲擊鄯善、敦煌以絶漢道。充國以爲「狼何勢不能獨造此計，疑匈奴使已至羌中，先零、罕、幵乃解仇、作約。到秋馬肥，變必起矣。宜遣使者行邊兵，豫爲備敕，視諸羌毋令解仇，以發覺其謀」。於是兩府復白遣義渠安國行視諸羌，分別善惡。

神爵元年三月，義渠安國至羌中，召先零諸豪三十餘人，以尤桀黠者皆斬之，縱兵擊其種人，斬首千餘級。於是諸降羌及歸義羌侯楊玉等怨怒，無所信鄉，遂劫略小種，背畔犯塞，攻城邑，殺長吏。安國以騎都尉將騎三千屯備羌，至浩亹，爲虜所擊，失亡車重、兵器甚衆。安國引還，至令居，以聞。

時趙充國年七十餘，上老之，使丙吉問：「誰可將者？」充國對曰：「無踰於老臣者矣。」上遣問焉，曰：「將軍度羌虜何如？當用幾人？」充國曰：「百聞不如一見。兵難遥度，臣願馳至金城，圖上方略。羌戎小夷，逆天背畔，滅亡不久。願陛下以屬老臣，勿以爲憂。」上笑曰：「諾。」乃大發兵詣金城。夏四月，遣充國將之，以擊西羌。

六月，趙充國至金城，須兵滿萬騎，欲渡河，恐爲虜所遮，即夜遣三校銜枚先渡，渡輒營陳。會明畢，遂以次盡渡。虜數十百騎來，出入軍傍，充國曰：「吾士馬新倦，不可馳逐。此皆驍騎難制，又恐其爲誘兵也。擊虜以殄滅爲期，小利不足貪。」令軍勿擊。遣騎候四望陿中無虜，夜，引兵上至落都，召諸校司馬謂曰：「吾知羌虜不能爲兵矣。使虜發數千人守杜四望陿中，兵豈得入哉！」

充國常以遠斥候爲務，行必爲戰備，止必堅營壁，尤能持重，愛士卒，先計而後戰。遂西至西部都尉府，日饗軍士，士皆欲爲用。虜數挑戰，充國堅守。捕得生口，言羌豪相數責曰：「語汝無反。今天子遣趙將軍來，年八九十矣，善爲兵，今請欲壹鬬而死，可得邪？」初，罕、幵豪靡當兒使弟雕庫來告都尉曰：「先零欲反。」後數日，果反。雕庫種人頗在先零中，都尉即留雕庫爲質。充國以爲無罪，乃遣歸告種豪：「大兵誅有罪者，明白自別，毋取并滅。天子告諸羌人：犯法者能相捕斬，除罪，仍以功大小賜錢有差，又以其所捕妻子、財物盡與之。」充國計欲以威信招降罕、幵及劫略者，解散虜謀，徼其疲劇，乃擊之。

時上已發内郡兵屯邊者合六萬人矣。酒泉太守辛武賢奏言：「郡兵皆屯備南山，北邊空虛，勢不可久。若至秋冬乃進兵，此虜在境外之册。今虜朝夕爲寇，土地寒苦，漢馬不耐冬，不如以七月上旬齎三十日糧，分兵出張掖、酒泉，合擊罕、幵在鮮水上者。雖不能盡誅，但奪其畜産，虜其妻子，復引兵還。冬復擊之，大兵仍出，虜必震壞。」天子下其書充國，令議之。充國以爲：「一馬自負三十日食，爲米二斛四斗，麥八斛，又有衣裝、兵器，難以追逐。虜必商軍進退，稍引去，逐水草，入山林。隨而深入，虜即據前險，守後阨，以絶糧道，必有傷危之憂，爲夷狄笑，千載不可復。而武賢以爲可奪其畜産，虜其妻子，此殆空言，非至計也。先零首爲畔逆，它種劫略，故臣愚册，欲捐罕、幵闇昧之過，隱而勿章，先行先零之誅以震動之，宜悔過反善，因赦其罪，選擇良吏知其俗者，拊循和輯。此全師保勝安邊之册。」

天子下其書公卿，議者咸以爲「先零兵盛，而負罕、幵之助，不先破罕、幵，則先零未可圖也」。上乃拜侍中許延壽爲强弩將軍，即拜酒泉太守武賢爲破羌將軍，賜璽書嘉納其册。以書敕讓充國曰：「今轉輸並起，百姓煩擾，將軍將萬餘之衆，不早及秋共水草之利，争其畜食，欲至冬，虜皆當畜食，多藏匿山中，依險阻，將軍士寒，手足皸瘃，寧有利哉！將軍不念中國之費，欲以歲數而勝敵，將軍誰不樂此者。今詔破羌將軍武賢等將兵，以七月擊罕羌，將軍其引兵並進，勿復有疑。」

充國上書曰：「陛下前幸賜書，欲使人諭罕，以大軍當至，漢不誅罕以解其謀。臣故遣幵豪雕庫宣天子至德，罕、幵之屬皆聞知明詔。今先零羌楊玉阻石山木，候便爲寇，罕羌未有所犯，乃置先零，先擊罕。釋有罪，誅無辜，起壹難，就兩害，誠非陛下本計也。臣聞兵法『攻不足者守有餘』，又曰『善戰者致人，不致於人』。今罕羌欲爲敦煌、酒泉寇，宜飭兵馬，練戰士，以須其至。坐得致敵之術，以逸擊勞，取勝之道也。今恐二郡兵少，不足以守，而發之行攻，釋致虜之術而從爲虜所致之道，臣愚以爲不便。先零羌虜欲爲背畔，故與罕、开解仇、結約，然其私心不能無恐漢兵至而罕、开背之也。臣愚以爲其計常欲先赴罕、开之急，以堅其約。先擊罕羌，先零必助之。今虜馬肥，糧食方饒，擊之恐不能傷害，適使先零得施德於罕羌，堅其約，合其黨。虜交堅黨，合精兵二萬餘人，迫脅諸小種，附著者稍衆，莫須之屬不輕得離也。如是，虜兵寖多，誅之用力數倍。臣恐國家憂累，由十年數，不二三歲而已。於臣之計，先誅先零已，則罕、开之屬不煩兵而服矣。先零已誅，而罕、开不服，涉正月擊之，得計之理，又其時也。以今進兵，誠不見其利。」戊申，充國上奏。秋七月甲寅，璽書報，從充國計焉。

充國乃引兵至先零在所。虜久屯聚，解弛，望見大軍，棄車重，欲渡湟水，道阸陿，充國徐行驅之。或曰：「逐利行遲。」充國曰：「此窮寇，不可迫也。緩之則走不顧，急之則還致死。」諸校皆曰：「善。」虜赴水溺死者數百，降及斬首五百餘人，虜馬牛羊十萬餘頭，車四千餘兩。兵至罕地，令軍毋燔聚落，芻牧田中。罕羌聞之，喜曰：「漢果不擊我矣。」豪靡忘使人來言：「願得還復故地。」充國以聞，未報。靡忘來自歸，充國賜飲食，遣還諭種人。護軍以下皆争之，曰：「此反虜，不可擅遣。」充國曰：「諸君但欲便文自營，非爲公家忠計也。」語未卒，璽書報，令靡忘以贖論。後罕竟不煩兵而下。

上詔破羌、强弩將軍詣屯所，以十二月與充國合，進擊先零。時羌降者萬餘人矣，充國度其必壞，欲罷騎兵，屯田以待其敝。作奏未上，會得進兵璽書，充國子中郎將卬懼，使客諫充國曰：「誠令兵出，破軍殺將，以傾國家，將軍守之可也。即利與病，又何足爭。一旦不合上意，遣繡衣來責將軍，將軍之身不能自保，何國家之安。」充國歎曰：「是何言之不忠也。本用吾言，羌虜得至是邪？往者舉可先行羌者，吾舉辛武賢，丞相、御史復白遣義渠安國，竟沮敗羌。金城、湟中穀斛八錢，吾謂耿中丞：『糴三百萬斛穀，羌人不敢動矣。』耿中丞請糴百萬斛，乃得四十萬斛耳；義渠再使，且費其半。失此二册，羌人致敢爲逆。失之豪釐，差以千里，是既然矣。今兵久不決，四夷卒有動摇，相因而起，雖有知者不能善其後，羌獨足憂邪！吾固以死守之，明主可爲忠言。」

遂上屯田奏曰：「臣所將吏士、馬牛食所用糧穀、茭藳，調度甚廣，難久不解，徭役不息，恐生他變，爲明主憂，誠非素定廟勝之册。且羌易以計破，難用兵碎也，故臣愚心以爲擊之不便。計度臨羌東至浩亹，羌虜故田及公田，民所未墾，可二千頃以上，其間郵亭多壞敗者。臣前部士入山伐材木六萬餘枚，在水次。臣願罷騎兵，留步兵萬二百八十一人，分屯要害處，冰解漕下，繕鄉亭，浚溝渠，治湟陿以西道橋七十所，令可至鮮水左右。田事出，賦人二十畝。至四月草生，發郡騎及屬國胡騎各千，就草爲田者遊兵，以充入金城郡，益積畜，省大費。今大司農所轉穀至者，足支萬人一歲食，謹上田處及器用簿。」

上報曰：「即如將軍之計，虜當何時伏誅？兵當何時得決？孰計其便，復奏。」

充國上狀曰：「臣聞帝王之兵，以全取勝，是以貴謀而賤戰。『百戰而百勝，非善之善者也，故先爲不可勝以待敵之可勝。』蠻夷習俗雖殊於禮義之國，然其欲避害就利，愛親戚，畏死亡，一也。今虜亡其美地薦草，愁於寄託，遠遯，骨肉心離，人有畔志。而明主班師罷兵，萬人留田，順天時，因地利，以待可勝之虜，雖未即伏辜，兵決可期月而望。羌虜瓦解，前後降者萬七百餘人，及受言去者凡七十輩，此坐支解羌虜之具也，臣謹條不出兵留田便宜十二事：步兵九校、吏士萬人留屯，以爲武備，因田致穀，威德並行，一也。又因排折羌虜，令不得歸肥饒之地，貧破其衆，以成羌虜相畔之漸，二也。居民得並田作，不失農業，三也。軍馬一月之食，度支田士一歲，罷騎兵以省大費，四也。至春，省甲士卒，循河、湟漕穀至臨羌，以示羌虜，揚威武，傳世折衝之具，五也。以閒暇時，下先所伐材，繕治郵亭，充入金城，六也。兵出，乘危徼幸；不出，令反畔之虜竄於風寒之地，離霜露、疾疫、瘃墮之患，坐得必勝之道，七也。無經阻、遠追、死傷之害，八也。內不損威武之重，外不令虜得乘間之勢，九也。又無驚動河南大幵，使生他變之憂，十也。治湟陿中道橋，令可至鮮水以制西域，伸威千里，從枕席上過師，十一也。大費既省，繇役豫息，以戒不虞，十二也。留屯田得十二便，出兵失十二利，唯明詔采擇。」

上復賜報曰：「兵決可期月而望者，謂今冬邪？謂何時也？將軍獨不計虜聞兵頗罷，且丁壯相聚，攻擾田者及道上屯兵，復殺略人民，將何以止之？將軍孰計復奏。」充國〔復〕奏曰：「臣聞兵以計爲本，故多算勝少算。先零羌精兵，今餘不過七八千人，失地遠客分散，飢凍畔還者不絕。臣愚以爲虜破壞可日月冀，遠在來春，故曰兵決可期月而望。竊見北邊自敦煌至遼東萬一千五百餘里，乘塞列地有吏卒數千人，虜數以大衆攻之而不能害。今騎兵雖罷，虜見屯田之士精兵萬人，從今盡三月，虜馬羸瘦，必不敢捐其妻子於他種中，遠涉河山而來爲寇，亦不敢將其累重，還歸故地。是臣之愚計所以度虜且必瓦解其處，不戰而自破之册也。至於虜小寇盜，時殺人民，其原未可卒禁。臣聞戰不必勝，不苟接刃；攻不必取，不苟勞衆。誠令兵出，雖不能滅先零，但能令虜絕不爲小寇，則出兵可也。即今同是，而釋坐勝之道，從乘危之勢，往終不見利，空内自罷敝，貶重而自損，非所以示蠻夷也。又大兵一出，還不可復留，湟中亦未可空，如是，徭役復更發也，臣愚以爲不便。臣竊自惟念，奉詔出塞，引軍遠擊，窮天子之精兵，散車甲於山野，雖無尺寸之功，媮得避嫌之便，而無後咎餘責，此人臣不忠之利，非明主社稷之福也。」

充國奏每上，輒下公卿議臣。初是充國計者什三，中什五，最後什八。有詔詰前言不便者，皆頓首服。魏相曰：「臣愚不習兵事利害。後將軍數畫軍册，其言常是，臣任其計可必用也。」上於是報充國，嘉納之。亦以破羌、强弩將軍數言當擊，於是兩從其計，詔兩將軍與中郎將卬出擊。强弩出降四千餘人，破羌斬首二千級，中郎將卬斬首降者亦二千餘級，而充國所降復得五千餘人。詔罷兵，獨充國留屯田。

二年夏五月，趙充國奏言：「羌本可五萬人軍，凡斬首七千六百級，降者三萬一千二百人，溺河湟、饑餓死者五六千人，定計遺脱與煎鞏、黄羝俱亡者不過四千人。羌靡忘等自詭必得，請罷屯兵。」奏可。充國振旅而還。所善浩星賜迎説充國曰：「衆人皆以破羌、强弩出擊，多斬首、生降，虜以破壞。然有識者以爲虜勢窮困，兵雖不出，必自服矣。將軍即見，宜歸功於二將軍出擊，非愚臣所及。如此，將軍計未失也。」充國曰：「吾年老矣，爵位已極，豈嫌伐一時事以欺明主哉！兵勢，國之大事，當爲後法。老臣不以餘命，壹爲陛下明言兵之利害，卒死，誰當復言之者。」卒以其意對。上然其計，罷遣辛武賢歸酒泉太守官，充國復爲後將軍。

秋，羌若零、離留、且種、兒庫共斬先零大豪猶非、楊玉首，及諸豪弟澤、陽雕、良兒、靡忘皆帥煎鞏、黄羝之屬四千餘人降。漢封若零、弟澤二人爲帥衆王，餘皆爲侯、爲君。初置金城屬國，以處降羌。詔舉可護羌校尉者。時充國病，四府舉辛武賢小弟湯。充國遽起，奏：「湯使酒，不可典蠻夷，不如湯兄臨衆。」時湯已拜受節，有詔更用臨衆。後臨衆病免，五府復舉湯。湯數醉酗羌人，羌人反畔，卒如充國之言。辛武賢深恨充國，上書告中郎將卬泄省中語，下吏，自殺。

匈奴歸漢

漢昭帝始元二年。初，武帝征伐匈奴，深入窮追二十餘年，匈奴馬畜孕重墮殰，罷極，苦之，常有欲和親意，未能得。狐鹿孤單于有異母弟爲左大都尉，賢，國人鄉之。母閼氏恐單于不立子而立左大都尉也，乃私使殺之。左大都尉同母兄怨，遂不肯復會單于庭。是歲，單于病且死，謂諸貴人：「我子少，不能治國，立弟右谷蠡王。」及單于死，衛律等與顓渠閼氏謀匿其喪，矯單于令，更立子左谷蠡王爲壺衍鞮單于。左賢王、右谷蠡王怨望，率其衆欲南歸漢，恐不能自致，即脅盧屠王欲與西降烏孫。盧屠王告之單于，使人驗問，右谷蠡王不服，反以其罪罪盧屠王，國人皆寃之。於是二王去居其所，不復肯會龍城，匈奴始衰。

六年春二月，壺衍鞮單于立，母閼氏不正，國内乖離，常恐漢兵襲之，於是衛律爲單于謀，與漢和親。漢使至，求蘇武等，匈奴詭言武死。後漢使復至匈奴，常惠私見漢使，教使者謂單于，言「天子射上林中，得雁，足有係帛書，言武等在某澤中」。使者大喜，如惠語以讓單于。單于視左右而驚，謝漢使曰：「武等實在。」乃歸武及馬宏等。馬宏者，前副光禄大夫王忠使西國，爲匈奴所遮，忠戰死，馬宏生得，亦不肯降。故匈奴歸此二人，欲以通善意。天漢元年蘇武使匈奴事，見武帝伐匈奴。

元鳳元年。匈奴發左右部二萬騎爲四隊，並入邊爲寇。漢兵追之，斬首、獲虜九千人，生得甌脱王。漢無所失亡。匈奴見甌脱王在漢，恐以爲道擊之，即西北遠去，不敢南逐水草，發人民屯甌脱。

二年。匈奴復遣九千騎屯受降城以備漢，北橋余吾水，令可度，以備奔走。欲求和親，而恐漢不聽，故不肯先言，常使左右風漢使者。然其侵盗益希，遇漢使愈厚，欲以漸致和親，漢亦羈縻之。

三年春正月，匈奴單于使犂汙王窺邊，言「酒泉、張掖兵益弱，出兵試擊，冀可復得其地」。時漢先得降者，聞其計，天子詔邊警備。後無幾，右賢王、犂汙王四千騎分三隊，入日勒、屋蘭、番和。張掖太守、屬國都尉發兵擊，大破之，得脱者數百人。屬國義渠王射殺犂汙王，賜黄金二百斤，馬二百匹，因封爲犂汙王。自是後，匈奴不敢入張掖。

初，冒頓破東胡，東胡餘衆散保烏桓及鮮卑山爲二族，世役屬匈奴。武帝擊破匈奴左地，因徙烏桓於上谷、漁陽、右北平、遼東塞外，爲漢偵察匈奴動静。置護烏桓校尉監領之，使不得與匈奴交通。至是，部衆漸强，遂反。

先是，匈奴三千餘騎入五原，殺略數千人。後數萬騎南旁塞獵，行攻塞外亭障，略取吏民去。是時漢邊郡烽火候望精明，匈奴爲邊寇者少利，希復犯塞。漢復得匈奴降者，言烏桓嘗發先單于冢，匈奴怨之，方發二萬騎擊烏桓。霍光欲發兵邀擊之，以問護軍都尉趙充國。充國以爲：「烏桓間數犯塞，今匈奴擊之，於漢便。又匈奴希寇盜，北邊幸無事，蠻夷自相攻擊，而發兵要之，招寇生事，非計也。」光更問中郎將范明友，明友言可擊。於是拜明友爲度遼將軍，將二萬騎出遼東。匈奴聞漢兵至，引去。初，光誡明友：「兵不空出。即後匈奴，遂擊烏桓。」烏桓時新中匈奴兵，明友既後匈奴，因乘烏桓敝，擊之，斬首六千餘級，獲三王首。匈奴由是恐，不能復出兵。

宣帝本始二年。昭帝時烏孫公主上書言：「匈奴與車師共侵烏孫，唯天子幸救之。」漢養士馬，議擊匈奴。會昭帝崩，上遣光禄大夫常惠使烏孫，烏孫公主及昆彌皆遣使上書，言「匈奴復連發大兵，侵擊烏孫。使使謂烏孫，『趣持公主來』，欲隔絶漢。昆彌願發國精兵五萬騎，盡力擊匈奴，唯天子出兵以救公主、昆彌」。先是，匈奴數侵漢邊，漢亦欲討之。秋，大發兵，遣御史大夫田廣明爲祁連將軍，四萬餘騎出西河；度遼將軍范明友，三萬餘騎出張掖；前將軍韓增，三萬餘騎出雲中；後將軍趙充國爲蒲類將軍，三萬餘騎出酒泉；雲中太守田順爲虎牙將軍，三萬餘騎出五原；期以出塞各二千餘里。以常惠爲校尉，持節護烏孫兵，共擊匈奴。

三年春正月戊辰，五將軍發長安。匈奴聞漢兵大出，老弱奔走，驅畜産遠遁逃，是以五將少所得。夏五月，軍罷。度遼將軍出塞千二百餘里，至蒲離候水，斬首、捕虜七百餘級。前將軍出塞千二百餘里，至烏員，斬首、捕虜百餘級。蒲類將軍出塞千八百餘里，西去候山，斬首、捕虜，得單于使者蒲陰王以下三百餘級。聞虜已引去，皆不至期還。天子薄其過，寬而不罪。祁連將軍出塞千六百里，至雞秩山，斬首、捕虜十九級。逢漢使匈奴還者冉弘等言：「雞秩山西有虜衆。」祁連即戒弘，使言無虜，欲還兵。御史屬公孫益壽諫，以爲不可。祁連不聽，遂引兵還。虎牙將軍出塞八百餘里，至丹餘吾水上，即止兵不進，斬首、捕虜千九百餘級，引兵還。上以虎牙將軍不至期，詐增鹵獲，而祁連知虜在前，逗遛不進，皆下吏，自殺。擢公孫益壽爲侍御史。

烏孫昆彌自將五萬騎與校尉常惠從西方入，至右谷蠡王庭，獲單于父行及嫂、居次、名王、犂汙都尉、千長、騎將以下四萬級，馬牛羊驢橐駝七十餘萬頭。烏孫皆自取所虜獲。上以五將皆無功，獨惠奉使克獲，封惠爲長羅侯。然匈奴民衆傷而去者，及畜産遠移死亡，不可勝數，於是匈奴遂衰耗，怨烏孫。

冬，匈奴單于自將數萬騎擊烏孫，頗得老弱。欲還，會天大雨雪，一日深丈餘，人民畜産凍死，還者不能什一。於是丁令乘弱攻其北，烏桓入其東，烏孫擊其西。凡三國所殺數萬級，馬數萬匹，牛羊甚衆。又重以餓死，人民死者什三，畜産什五。匈奴大虚弱，諸國羈屬者皆瓦解，攻盜不能理。其後漢出三千餘騎爲三道，並入匈奴，捕虜得數千人還。匈奴終不敢取當，滋欲鄉和親，而邊境少事矣。

地節二年。匈奴壺衍鞮單于死，弟左賢王立爲虚閭權渠單于，以右大將女爲大閼氏，而黜前單于所幸顓渠閼氏。顓渠閼氏父左大且渠怨望。是時漢以匈奴不能爲邊寇，罷塞外諸城以休百姓。單于聞之，喜，召貴人謀，欲與漢和親。左大且渠心害其事，曰：「前漢使來，兵隨其後。今亦效漢發兵，先使使者入。」乃自請與呼盧訾王各將萬騎，南旁塞獵，相逢俱入。行未到，會三騎亡降漢，言匈奴欲爲寇。於是天子詔發邊騎屯要害處，使大將軍軍監治衆等四人將五千騎，分三隊，出塞各數百里，捕得虜各數十人而還。時匈奴亡其三騎，不敢入，即引去。是歲，匈奴饑，人民、畜産死什六七，又發兩屯各萬騎以備漢。其秋，匈奴前所得西嗕居左地者，其君長以下數千人皆驅畜産行，與甌脱戰，所殺傷甚衆，遂南降漢。

三年。昭帝時，匈奴使四千騎田車師。及五將軍擊匈奴，車師田者驚去，車師復通於漢。匈奴怒，召其太子軍宿，欲以爲質。軍宿，焉耆外孫，不欲質匈奴，亡走焉耆，車師王更立子烏貴爲太子。及烏貴立爲王，與匈奴結婚姻，教匈奴遮漢道通烏孫者。是歲，侍郎會稽鄭吉與校尉司馬憙將免刑罪人田渠犂，積穀，發城郭諸國兵萬餘人，與所將田士千五百人共擊車師，破之。車師王請降。匈奴發兵攻車師，吉、憙引兵北逢之，匈奴不敢前。吉、憙即留一候與卒二十人留守王，吉等引兵歸渠犂。車師王恐匈奴兵復至而見殺也，乃輕騎奔烏孫。吉即迎其妻子，傳送長安。匈奴更以車師王昆弟兜莫爲車師王，收其餘民東徙，不敢居故地，而鄭吉始使吏卒三百人往田車師地以實之。

元康二年。匈奴大臣皆以爲「車師地肥美，近匈奴，使漢得之，多田積穀，必害人國，不可不争」。由是數遣兵擊車師田者。鄭吉將渠犂田卒七千餘人救之，爲匈奴所圍。吉上言：「車師去渠犂千餘里，漢兵在渠犂者少，勢不能相救，願益田卒。」上與後將軍趙充國等議，欲因匈奴衰弱，出兵擊其右地，使不敢復擾西域。

魏相上書諫曰：「臣聞之，救亂誅暴，謂之義兵，兵義者王。敵加於己，不得已而起者，謂之應兵，兵應者勝。争恨小故，不忍憤怒者，謂之忿兵，兵忿者敗。利人土地貨寶者，謂之貪兵，兵貪者破。恃國家之大，矜民人之衆，欲見威於敵者，謂之驕兵，兵驕者滅。此五者，非但人事，乃天道也。間者匈奴嘗有善意，所得漢民輒奉歸之，未有犯於邊境，雖争屯田車師，不足致意中。今聞諸將軍欲興兵入其地，臣愚不知此兵何名者也。今邊郡困乏，父子共犬羊之裘，食草菜之實，常恐不能自存，難以動兵。『軍旅之後，必有凶年』，言民以其愁苦之氣傷陰陽之和也。出兵雖勝，猶有後憂，恐災害之變因此以生。今郡國守相多不實選，風俗尤薄，水旱不時。按今年計，子弟殺父兄，妻殺夫者，凡二百二十二人，臣愚以爲此非小變也。今左右不憂此，乃欲發兵報纖介之忿於遠夷，殆孔子所謂吾恐季孫之憂，不在顓臾而在蕭牆之内也。」上從相言，止遣長羅侯常惠將張掖、酒泉騎往車師，迎鄭吉及其吏士還渠犂。召故車師太子軍宿在焉耆者，立以爲王，盡徙車師國民令居渠犂，遂以車師故地與匈奴。以鄭吉爲衛司馬，使護鄯善以西南道。

神爵二年九月，匈奴虛閭權渠單于將十餘萬騎旁塞獵，欲入邊爲寇。未至，會其民題除渠堂亡降漢，言狀，漢以爲言兵鹿奚盧侯，而遣後將軍趙充國將兵四萬餘騎屯緣邊九郡備虜。月餘，單于病歐血，因不敢入，還去，即罷兵。乃使題王都犂胡次等入漢請和親，未報，會單于死。虛閭權渠單于始立而黜顓渠閼氏，顓渠閼氏即與右賢王屠耆堂私通，右賢王會龍城而去。顓渠閼氏語以單于病甚，且勿遠。後數日，單于死，用事貴人郝宿王刑未央使人召諸王，未至，顓渠閼氏與其弟左大且渠都隆奇謀，立右賢王爲握衍朐鞮單于。握衍朐鞮單于者，烏維單于耳孫也。

握衍朐鞮單于立，凶惡，殺刑未央等，而任用都隆奇，又盡免虛閭權渠子弟近親，而自以其子弟代之。虛閭權渠單于子稽侯狦既不得立，亡歸妻父烏禪幕。烏禪幕者，本烏孫、康居間小國，數見侵暴，率其衆數千人降匈奴，狐鹿姑單于以其弟子日逐王姊妻之，使長其衆，居右地。日逐王先賢撣，其父左賢王當爲單于，讓狐鹿姑單于，狐鹿姑單于許立之。國人以故頗言日逐王當爲單于。日逐王素與握衍朐鞮單于有隙，即率其衆欲降漢，使人至渠犂，與騎都尉鄭吉相聞。吉發渠犂、龜兹諸國五萬人迎日逐王口萬二千人、小王將十二人，隨吉至河曲，頗有亡者，吉追斬之，遂將詣京師。漢封日逐王爲歸德侯。

吉既破車師，降日逐，威震西域，遂并護車師以西北道，故號「都護」，都護之置自吉始焉。上封吉爲安遠侯。吉於是中西域而立莫府，治烏壘城，去陽關二千七百餘里。匈奴益弱，不敢争西域，僮僕都尉由此罷。都護督察烏孫、康居等三十六國動静，有變以聞，可安輯，安輯之，不可者誅伐之，漢之號令班西域矣。

握衍朐鞮單于更立其從兄薄胥堂爲日逐王。

三年。匈奴單于又殺先賢撣兩弟，烏禪幕請之，不聽，心恚。其後左奥鞬王死，單于自立其小子爲奥鞬王，留庭。奥鞬貴人共立故奥鞬王子爲王，與俱東徙。單于遣右丞相將萬騎往擊之，失亡數千人，不勝。

四年五月，匈奴單于遣弟呼留若王勝之來朝。

匈奴握衍朐鞮單于暴虐，好殺伐，國中不附。及太子、左賢王數讒左地貴人，左地貴人皆怨。會烏桓擊匈奴東邊姑夕王，頗得人民，單于怒。姑夕王恐，即與烏禪幕及左地貴人共立稽侯𤷃爲呼韓邪單于，發左地兵四五萬人，西擊握衍朐鞮單于，至姑且水北。未戰，握衍朐鞮單于兵敗走，使人報其弟右賢王曰：「匈奴共攻我，若肯發兵助我乎？」右賢王曰：「若不愛人，殺昆弟、諸貴人。各自死若處，無來汙我。」握衍朐鞮單于恚，自殺。左大且渠都隆奇亡之右賢王所，其民衆盡降呼韓邪單于。呼韓邪單于歸庭，數月，罷兵，使各歸故地，乃收其兄呼屠吾斯在民間者立爲左谷蠡王，使人告右賢貴人，欲令殺右賢王。其冬，都隆奇與右賢王共立日逐王薄胥堂爲屠耆單于，發兵數萬人，東襲呼韓邪單于，呼韓邪單于兵敗走。屠耆單于還，以其長子都塗吾西爲左谷蠡王，少子姑瞀樓頭爲右谷蠡王，留居單于庭。

五鳳元年秋，匈奴屠耆單于使先賢撣兄右奥鞬王與烏藉都尉各二萬騎屯東方，以備呼韓邪單于。是時西方呼揭王來與唯犂當户謀，共讒右賢王，言欲自立爲單于。屠耆單于殺右賢王父子，後知其冤，復殺唯犂當户。於是呼揭王恐，遂畔去，自立爲呼揭單于。右奥鞬王聞之，即自立爲車犂單于，烏藉都尉亦自立爲烏藉單于，凡五單于。屠耆單于自將兵東擊車犂單于，使都隆奇擊烏藉。烏藉、車犂皆敗，西北走，與呼揭單于兵合爲四萬人。烏藉、呼揭皆去單于號，共并力尊輔車犂單于。屠耆單于聞之，使左大將、都尉將四萬騎分屯東方，以備呼韓邪單于，自將四萬騎西擊車犂單于。車犂單于敗，西北走，屠耆單于即引兵西南留闟敦地。

漢議者多曰：「匈奴爲害日久，可因其壞亂，舉兵滅之。」詔問御史大夫蕭望之，對曰：「春秋，晋士匄帥師侵齊，聞齊侯卒，引師而還。君子大其不伐喪，以爲恩足以服孝子，誼足以動諸侯。前單于慕化鄉善，稱弟，遣使請求和親，海内欣然，夷狄莫不聞。未終奉約，不幸爲賤臣所殺。今而伐之，是乘亂而幸災也，彼必奔走遠遁。不以義動兵，恐勞而無功。宜遣使者弔問，輔其微弱，救其災患，四夷聞之，咸貴中國之仁義。如遂蒙恩得復其位，必稱臣服從，此德之盛也。」上從其議。

二年秋八月，匈奴呼韓邪單于遣其弟右谷蠡王等西襲屠耆單于，屯兵殺略萬餘人。屠耆單于聞之，即自將六萬騎擊呼韓邪單于。屠耆單于兵敗，自殺。都隆奇乃與屠耆少子右谷蠡王姑瞀樓頭亡歸漢。車犂單于東降呼韓邪單于。冬十一月，呼韓邪單于左大將烏厲屈與父呼遫累烏厲温敦皆見匈奴亂，率其衆數萬人降漢，封烏厲屈爲新城侯，烏厲温敦爲義陽侯。是時李陵子復立烏藉都尉爲單于，呼韓邪單于捕斬之，遂復都單于庭，然衆裁數萬人。屠耆單于從弟休旬王自立爲閏振單于，在西邊；呼韓邪單于兄左賢王呼屠吾斯亦自立爲郅支骨都侯單于，在東邊。

三年六月，置西河、北地屬國以處匈奴降者。

四年春，匈奴單于稱臣，遣弟谷蠡王入侍，以邊塞無寇，減戍卒什二。

夏四月，匈奴閏振單于率其衆東擊郅支單于。郅支與戰，殺之，并其兵，遂進攻呼韓邪。呼韓邪兵敗走，郅支都單于庭。

甘露元年。匈奴呼韓邪單于之敗也，左伊秩訾王爲呼韓邪計，勸令稱臣入朝事漢，從漢求助，如此，匈奴乃定。呼韓邪問諸大臣，皆曰：「不可。匈奴之俗，本上氣力而下服役，以馬上戰鬭爲國，故有威名於百蠻。戰死，壯士所有也。今兄弟爭國，不在兄則在弟，雖死猶有威名，子孫常長諸國。漢雖强，猶不能兼并匈奴，奈何亂先古之制，臣事於漢，卑辱先單于，爲諸國所笑。雖如是而安，何以復長百蠻！」左伊秩訾曰：「不然。强弱有時。今漢方盛，烏孫城郭諸國皆爲臣妾。自且鞮侯單于以來，匈奴日削，不能取復，雖屈强於此，未嘗一日安也。今事漢則安存，不事則危亡，計何以過此。」諸大人相難久之。呼韓邪從其計，引衆南近塞，遣子右賢王銖婁渠堂入侍。郅支單于亦遣子右大將駒于利受入侍。

二年冬十二月，匈奴呼韓邪單于款五原塞，願奉國珍，朝三年正月。詔有司議其儀。

丞相、御史曰：「聖王之制，先京師而後諸夏，先諸夏而後夷狄。匈奴單于朝賀，其禮儀宜如諸侯王，位次在下。」太子太傅蕭望之以爲：「單于非正朔所加，故稱敵國，宜待以不臣之禮，位在諸侯王上。外夷稽首稱藩，中國讓而不臣，此則羈縻之誼，謙亨之福也。書曰『戎狄荒服』，言其來服荒忽無常。如使匈奴後嗣卒有鳥竄鼠伏，闕於朝享，不爲畔臣，萬世之長策也。」天子采之，下詔曰：「匈奴單于稱北蕃，朝正朔。朕之不德，不能弘覆。其以客禮待之，令單于位在諸侯王上，贊謁稱臣而不名。」

荀悅論曰：春秋之義，王者無外，欲一于天下也。戎狄道里遼遠，人迹介絶，故正朔不及，禮教不加，非尊之也，其勢然也。詩云：「自彼氐、羌，莫敢不來王。」故要荒之君，必奉王貢，若不供職，則有辭讓號令加焉，非敵國之謂也。望之欲待以不臣之禮，加之王公之上，僭度失序，以亂天常，非禮也。若以權時之宜，則異論矣。

詔遣車騎都尉韓昌迎單于，發所過七郡二千騎爲陳道上。

三年春正月，匈奴呼韓邪單于來朝，贊謁稱藩臣而不名。賜以冠帶、衣裳、黄金璽、盭綬，玉具劍、佩刀，弓一張，矢四發，棨戟十，安車一乘，鞍勒一具，馬十五匹，黄金二十斤，錢二十萬，衣被七十七襲，錦繡綺縠雜帛八千匹，絮六千斤。禮畢，使使者道單于先行宿長平。上自甘泉宿池陽宮。上登長平阪，詔單于毋謁，其左右當户、羣臣皆得列觀，及諸蠻夷君長、王、侯數萬，咸迎於渭橋下，夾道陳。上登渭橋，咸稱萬歲。單于就邸長安。置酒建章宮，饗賜單于，觀以珍寶。二月，遣單于歸國。單于自請「願留居幕南光禄塞下，有急，保漢受降城」。漢遣長樂衛尉高昌侯董忠、車騎都尉韓昌將騎萬六千，又發邊郡士馬以千數，送單于出朔方雞鹿塞。詔忠等留衛單于，助誅不服。又轉邊穀米糒，前後三萬四千斛，給贍其食。先是，自烏孫以西至安息諸國近匈奴者，皆畏匈奴而輕漢，及呼韓邪單于朝漢後，咸尊漢矣。

上以戎狄賓服，思股肱之美，乃圖畫其人於麒麟閣，法其形貌，署其官爵、姓名；唯霍光不名，曰「大司馬、大將軍、博陸侯，姓霍氏」。其次張安世、韓增、趙充國、魏相、丙吉、杜延年、劉德、梁丘賀、蕭望之、蘇武凡十一人，皆有功德，知名當世，是以表而揚之，明著中興輔佐，列於方叔、召虎、仲山甫焉。

四年冬十月，匈奴呼韓邪、郅支兩單于俱遣使朝獻，漢待呼韓邪使有加焉。

黄龍元年春正月，匈奴呼韓邪單于來朝。二月，歸國。始，郅支單于以爲呼韓邪兵弱降漢，不能復自還，即引其衆西，欲攻定右地。又屠耆單于小弟本侍呼韓邪，亦亡之右地，收兩兄餘兵得數千人，自立爲伊利目單于。道逢郅支，合戰，郅支殺之，并其兵五萬餘人。郅支聞漢出兵穀助呼韓邪，即遂留居右地，自度力不能定匈奴，乃益西近烏孫，欲與并力，遣使見小昆彌烏就屠。烏就屠殺其使，發八千騎迎郅支。郅支覺其謀，勒兵逢擊烏孫，破之。因北擊烏揭、堅昆、丁令，并三國。數遣兵擊烏孫，常勝之。堅昆東去單于庭七千里，南去車師五千里，郅支留都之。

元帝初元元年秋九月，匈奴呼韓邪單于復上書言民衆困乏。詔雲中、五原郡轉穀二萬斛以給之。

五年。匈奴郅支單于自以道遠，又怨漢擁護呼韓邪而不助己，困辱漢使者江乃始等，遣使奉獻，因求侍子。漢議，遣衛司馬谷吉送之。御史大夫貢禹、博士東海匡衡以爲：「郅支單于鄉化未醇，所在絶遠，宜令使者送其子，至塞而還。」吉上書言：「中國與夷狄有羈縻不絶之義，今既養全其子十年，德澤甚厚，空絶而不送，近從塞還，示棄捐不畜，使無鄉從之心，棄前恩，立後怨，不便。議者見前江乃始無應敵之數，智勇俱困，以致耻辱，即豫爲臣憂。臣幸得建强漢之節，承明聖之詔，宣諭厚恩，不宜敢桀。若懷禽獸心，加無道於臣，則單于長嬰大罪，必遁逃遠舍，不敢近邊。没一使以安百姓，國之計，臣之願也。願送至庭。」上許焉。既至，郅支單于怒，竟殺吉等。自知負漢，又聞呼韓邪益强，恐見襲擊，欲遠去。會康居王數爲烏孫所困，與諸翕侯計，以爲：「匈奴大國，烏孫素服屬之。今郅支單于困阨在外，可迎置東邊，使合兵取烏孫以立之，長無匈奴憂矣。」即使使至堅昆，通語郅支。郅支素恐，又怨烏孫，聞康居計大説，遂與相結，引兵而西。郅支人衆中寒道死，餘纔三千人。到康居，康居王以女妻郅支，郅支亦以女予康居王。康居甚尊敬郅支，欲倚其威以脅諸國。郅支數借兵擊烏孫，深入至赤谷城，殺略民人，驅畜産去。烏孫不敢追，西邊空虚不居者五千里。

永光元年。匈奴呼韓邪單于民衆益盛，塞下禽獸盡，單于足以自衛，不畏郅支，其大臣多勸單于北歸者。久之，單于竟北歸庭，民衆稍稍歸之，其國遂定。

建昭三年冬，使西域都護、騎都尉北地甘延壽、副校尉山陽陳湯共誅斬匈奴郅支單于於康居。始，郅支單于自以大國，威名尊重，又乘勝驕，不爲康居王禮，怒殺康居王女及貴人、人民數百，或支解投都賴水中。發民作城，日作五百人，二歲乃已。又遣使責闔蘇、大宛諸國歲遺，不敢不予。漢遣使三輩至康居，求谷吉等死，郅支困辱使者，不肯奉詔，而因都護上書，言：「居困戹，願歸計强漢，遣子入侍。」其驕嫚如此。

湯爲人沈勇，有大慮，多策謀，喜奇功，與延壽謀曰：「夷狄畏服大種，其天性也。西域本屬匈奴，今郅支單于威名遠聞，侵陵烏孫、大宛，常爲康居畫計，欲降服之。如得此二國，數年之間，城郭諸國危矣。且其人剽悍，好戰伐，數取勝；久畜之，必爲西域患。雖所在絶遠，蠻夷無金城强弩之守。如發屯田吏士，驅從烏孫衆兵，直指其城下，彼亡則無所之，守則不足自保，千載之功，可一朝而成也。」延壽亦以爲然，欲奏請之。湯曰：「國家與公卿議，大策非凡所見，事必不從。」延壽猶與不聽。會其久病，湯獨矯制發城郭諸國兵、車師戊己校尉屯田吏士。延壽聞之，驚起，欲止焉。湯怒，按劍叱延壽曰：「大衆已集會，豎子欲沮衆邪！」延壽遂從之。部勒行陳，漢兵、胡兵合四萬餘人。延壽、湯上疏自劾奏矯制，陳言兵狀。即日引軍分行，别爲六校：其三校從南道踰葱領，徑大宛；其三校都護自將，發温宿國，從北道入赤谷，過烏孫，涉康居界，至闐池西。而康居副王抱闐將數千騎寇赤谷城東，殺略大昆彌千餘人，驅畜産甚多，從後與漢軍相及，頗寇盗後重。湯縱胡兵擊之，殺四百六十人，得其所略民四百七十人，還付大昆彌，其馬牛羊以給軍食。又捕得抱闐貴人伊奴毒。入康居東界，令軍不得爲寇。間呼其貴人屠墨見之，諭以威信，與飲盟，遣去。徑引行，未至單于城可六十里，止營。復捕得康居貴人貝色子男開牟以爲導。貝色子，即屠墨母之弟，皆怨單于，由是具知郅支情。明日，引行，未至城三十里，止營。

單于遣使問：「漢兵何以來？」應曰：「單于上書言『居困阸，願歸計强漢，身入朝見』，天子哀閔單于，棄大國，屈意康居，故使都護將軍來迎單于妻子。恐左右驚動，故未敢至城下。」使數往來相答報，延壽、湯因讓之：「我爲單于遠來，而至今無名王、大人見將軍受事者，何單于忽大計，失客主之禮也！兵來道遠，人畜罷極，食度且盡，恐無以自還，願單于與大臣審計策！」

明日，前至郅支城都賴水上，離城三里，止營傅陳。望見單于城上立五采幡幟，數百人被甲乘城；又出百餘騎往來馳城下，步兵百餘人夾門魚鱗陳，講習用兵。城上人更招漢軍曰：「鬬來！」百餘騎馳赴營，營皆張弩持滿指之，騎引却。頗遣吏士射城門騎、步兵，騎、步兵皆入。延壽、湯令軍：「聞鼓音皆薄城下，四面圍城，各有所守，穿塹塞門户，鹵楯爲前，戟弩爲後，仰射城樓上人。」樓上人下走。土城外有重木城，從木城中射，頗殺傷外人。外人發薪燒木城，夜，數百騎欲出外，迎射殺之。

初，單于聞漢兵至，欲去，疑康居怨己，爲漢内應，又聞烏孫諸國兵皆發，自以無所之。郅支已出，復還，曰：「不如堅守。漢兵遠來，不能久攻。」單于乃被甲在樓上，諸閼氏、夫人數十皆以弓射外人。外人射中單于鼻，諸夫人頗死，單于乃下。夜過半，木城穿，中人卻入土城，乘城呼。時康居兵萬餘騎，分爲十餘處，四面環城，亦與相應和。夜，數奔營，不利，輒卻。平明，四面火起，吏士喜，大呼乘之，鉦鼓聲動地。康居兵引卻，漢兵四面推鹵楯，並入土城中。單于男女百餘人走入大内。漢兵縱火，吏士爭入，單于被創死。軍候假丞杜勳斬單于首。得漢使節二及谷吉等所齎帛書。諸鹵獲，以畀得者。凡斬閼氏、太子、名王以下千五百一十八級，生虜百四十五人，降虜千餘人，賦予城郭諸國所發十五王。

四年春正月，郅支首至京師。延壽、湯上疏曰：「臣聞天下之大義當混爲一，昔有唐、虞，今有强漢。匈奴呼韓邪單于已稱北藩，唯郅支單于叛逆，未伏其辜。大夏之西，以爲强漢不能臣也。郅支單于慘毒行於民，大惡通於天。臣延壽、臣湯，將義兵，行天誅，賴陛下神靈，陰陽並應，天氣精明，陷陳克敵，斬郅支首及名王以下。宜縣頭槀街蠻夷邸間，以示萬里，明犯强漢者，雖遠必誅。」丞相匡衡等以爲：「方春掩骼、埋胔之時，宜勿縣。」詔縣十日，乃埋之。仍告祠郊廟，赦天下。羣臣上壽，置酒。

五年。匈奴呼韓邪單于聞郅支既誅，且喜且懼，上書願入朝見。

竟寧元年春正月，匈奴呼韓邪單于來朝，自言願壻漢氏以自親。帝以後宮良家子王嬙字昭君賜單于。單于驩喜，上書：「願保塞上谷以西至敦煌，傳之無窮。請罷邊備塞吏卒，以休天子人民。」天子下有司議，議者皆以爲便。郎中侯應習邊事，以爲不可許。上問狀，應曰：「周、秦以來，匈奴暴桀，寇侵邊境，漢興尤被其害。臣聞北邊塞至遼東，外有陰山，東西千餘里，草木茂盛，多禽獸，本冒頓單于依阻其中，治作弓矢，來出爲寇，是其苑囿也。至孝武世，出師征伐，斥奪此地，攘之於幕北，建塞徼，起亭隧，築外城，設屯戍以守之，然後邊境得用少安。幕北地平，少草木，多大沙，匈奴來寇，少所蔽隱；從塞以南，徑深山谷，往來差難。邊長老言：『匈奴失陰山之後，過之未嘗不哭也。』如罷備塞戍卒，示夷狄之大利，不可一也。今聖德廣被，天覆匈奴，匈奴得蒙全活之恩，稽首來臣。夫夷狄之情，困則卑順，强則驕逆，天性然也。前已罷外城，省亭隧，令裁足以候望、通烽火而已。古者安不忘危，不可復罷，二也。中國有禮義之教，刑罰之誅，愚民猶尚犯禁，又況單于能必其衆不犯約哉，三也。自中國尚建關梁以制諸侯，所以絶臣下之覬欲也。設塞徼，置屯戍，非獨爲匈奴而已，亦爲諸屬國降民，本故匈奴之人，恐其思舊逃亡，四也。近西羌保塞，與漢人交通，吏民貪利，侵盗其畜産、妻子，以此怨恨，起而背畔。今罷乘塞，則生嫚易分争之漸，五也。往者從軍多没不還者，子孫貧困，一旦亡出，從其親戚，六也。又邊人奴婢愁苦，欲亡者多，曰聞匈奴中樂，無奈候望急何？然時有亡出塞者，七也。盗賊桀黠，羣輩犯法，如其窘急，亡走北出，則不可制，八也。起塞以來，百有餘年，非皆以土垣也，或因山巖、石木、谿谷、水門，稍稍平之，卒徒築治，功費久遠，不可勝計。臣恐議者不深慮其終始，欲以壹切省繇戍，十年之外，百歲之内，卒有他變，障塞破壞，亭隧滅絶，當更發屯繕治，累世之功，不可卒復，九也。如罷戍卒，省候望，單于自以保塞守禦，必深德漢，請求無已，小失其意，則不可測。開夷狄之隙，虧中國之固，十也。非所以永持至安，威制百蠻之長策也。」對奏，天子有詔：「勿議罷邊塞事。」使車騎將軍嘉口諭單于曰：「單于上書願罷北塞吏士屯戍，子孫世世保塞。單于鄉慕禮義，所以爲民計者甚厚，此長久之策也，朕甚嘉之。中國四方皆有關梁障塞，非獨以備塞外也，亦以防中國姦邪放縱，出爲寇害，故明法度以專衆心也。敬諭單于之意，朕無疑焉。爲單于怪其不罷，故使嘉曉單于。」單于謝曰：「愚不知大計，天子幸使大臣告語，甚厚。」

初，左伊秩訾爲呼韓邪畫計歸漢，竟以安定。其後或讒伊秩訾自伐其功，常鞅鞅。呼韓邪疑之。伊秩訾懼誅，將其衆千餘人降漢，漢以爲關内侯，食邑三百户，令佩其王印綬。及呼韓邪來朝，與伊秩訾相見，謝曰：「王爲我計甚厚，令匈奴至今安寧，王之力也，德豈可忘。我失王意，使王去不復顧留，皆我過也。今欲白天子，請王歸庭。」伊秩訾曰：「單于賴天命，自歸於漢，得以安寧。單于神靈，天子之祐也，我安得力！既已降漢，又復歸匈奴，是兩心也。願爲單于侍使於漢，不敢聽命。」單于固請，不能得而歸。

單于號王昭君爲寧胡閼氏，生一男伊屠智牙師，爲右日逐王。

初，中書令石顯嘗欲以姊妻甘延壽，延壽不取。及破郅支還，丞相、御史亦惡其矯制，皆不與延壽等。陳湯素貪，所鹵獲財物入塞，多不法。司隸校尉移書道上，繫吏士，按驗之。湯上疏言：「臣與吏士共誅郅支單于，幸得禽滅，萬里振旅，宜有使者迎勞道路。今司隸反逆收繫按驗，是爲郅支報讎也。」上立出吏士，令縣道具酒食以過軍。既至，論功，石顯、匡衡以爲：「延壽、湯擅興師矯制，幸得不誅，如復加爵土，則後奉使者爭欲乘危徼幸，生事於蠻夷，爲國招難。」帝内嘉延壽、湯功，而重違衡、顯之議，久之不決。

故宗正劉向上疏曰：「郅支單于囚殺使者、吏士以百數，事暴揚外國，傷威毁重，羣臣皆閔焉。陛下赫然欲誅之，意未嘗有忘。西域都護延壽、副校尉湯，承聖指，倚神靈，總百蠻之君，攬城郭之兵，出百死，入絶域，遂蹈康居，屠三重城，搴歙侯之旗，斬郅支之首，縣旌萬里之外，揚威昆山之西，掃谷吉之恥，立昭明之功，萬夷慴伏，莫不懼震。呼韓邪單于見郅支已誅，且喜且懼，鄉風馳義，稽首來賓，願守北藩，累世稱臣。立千載之功，建萬世之安，羣臣之勳莫大焉。昔周大夫方叔、吉甫爲宣王誅獫狁而百蠻從，其詩曰：『嘽嘽焞焞，如霆如雷。顯允方叔，征伐獫狁，蠻荆來威。』易曰：『有嘉折首，獲匪其醜。』言美誅首惡之人，而諸不順者皆來從也。今延壽、湯所誅震，雖易之『折首』，詩之『雷霆』，不能及也。論大功者不録小過，舉大美者不疵細瑕。司馬法曰『軍賞不踰月』，欲民速得爲善之利也。蓋急武功，重用人也。吉甫之歸，周厚賜之，其詩曰：『吉甫宴喜，既多受祉。來歸自鎬，我行永久。』千里之鎬，猶以爲遠，況萬里之外，其勤至矣。延壽、湯既未獲受祉之報，反屈捐命之功，久挫於刀筆之前，非所以勸有功、厲戎士也。昔齊桓前有尊周之功，後有滅項之罪，君子以功覆過而爲之諱。貳師將軍李廣利捐五萬之師，靡億萬之費，經四年之勞，而僅獲駿馬三十匹，雖斬宛王毋寡之首，猶不足以復費，其私罪惡甚多；孝武以爲萬里征伐，不録其過，遂封拜兩侯、三卿、二千石百有餘人。今康居之國强於大宛，郅支之號重於宛王，殺使者罪甚於留馬，而延壽、湯不煩漢士，不費斗糧，比於貳師，功德百之。且常惠隨欲擊之烏孫，鄭吉迎自來之日逐，猶皆裂土受爵。故言威武勤勞則大於方叔、吉甫，列功覆過則優於齊桓、貳師，近事之功則高於安遠、長羅，而大功未著，小惡數布，臣竊痛之。宜以時解縣通籍，除過勿治，尊寵爵位，以勸有功。」於是天子下詔，赦延壽、湯罪勿治，令公卿議封焉。議者以爲「宜如軍法捕斬單于令」。匡衡、石顯以爲「郅支本亡逃失國，竊號絶域，非真單于」。帝取安遠侯鄭吉故事，封千户；衡、顯復争。夏四月戊辰，封延壽爲義成侯，賜湯爵關内侯，食邑各三百户，加賜黄金百斤。拜延壽爲長水校尉，湯爲射聲校尉。

成帝建始二年。匈奴呼韓邪單于嬖左伊秩訾兄女二人：長女顓渠閼氏生二子，長曰且莫車，次曰囊知牙斯；少女爲大閼氏，生四子，長曰雕陶莫皋，次曰且麋胥，皆長於且莫車，少子咸、樂二人，皆小於囊知牙斯。又他閼氏子十餘人。顓渠閼氏貴，且莫車愛，呼韓邪病且死，欲立且莫車。顓渠閼氏曰：「匈奴亂十餘年，不絶如髮，賴蒙漢力，故得復安。今平定未久，人民創艾戰鬭。且莫車年少，百姓未附，恐復危國。我與大閼氏一家共子，不如立雕陶莫皋。」大閼氏曰：「且莫車雖少，大臣共持國事。今舍貴立賤，後世必亂。」單于卒從顓渠閼氏計，立雕陶莫皋，約令傳國與弟。呼韓邪死，雕陶莫皋立爲復株累若鞮單于。復株累若鞮單于以且麋胥爲左賢王，且莫車爲左谷蠡王，囊知牙斯爲右賢王。復株累單于復妻王昭君，生二女，長女云爲須卜居次，小女爲當于居次。

四年。上即位之初，丞相匡衡復奏：「射聲校尉陳湯，以吏二千石奉使，顓命蠻夷中，不正身以先下，而盗所收康居財物，戒官屬曰『絶域事不覆校』。雖在赦前，不宜處位。」湯坐免。後湯上言：「康居王侍子非王子。」按驗，實王子也。湯下獄，當死。太中大夫谷永上疏訟湯曰：「臣聞楚有子玉得臣，文公爲之仄席而坐；趙有廉頗、馬服，强秦不敢窺兵井陘；近漢有郅都、魏尚，匈奴不敢南鄉沙幕。由是言之，戰克之將，國之爪牙，不可不重也。蓋『君子聞鼓鼙之聲，則思將帥之臣』。竊見關内侯陳湯，前斬郅支，威震百蠻，武暢西海，漢元以來，征伐方外之將，未嘗有也。今湯坐言事非是，幽囚久繫，歷時不決，執憲之吏，欲致之大辟。昔白起爲秦將，南拔郢都，北阬趙括，以纖介之過，賜死杜郵，秦民憐之，莫不隕涕。今湯親秉鉞，席卷、喋血萬里之外，薦功祖廟，告類上帝，介胄之士靡不慕義。以言事爲罪，無赫赫之惡。周書曰：『記人之功，忘人之過，宜爲君者也。』夫犬馬有勞於人，尚加帷蓋之報，况國之功臣者哉！竊恐陛下忽於鼙鼓之聲，不察周書之意，而忘帷蓋之施，庸臣遇湯，卒從吏議，使百姓介然有秦民之恨，非所以厲死難之臣也。」書奏，天子出湯，奪爵爲士伍。

河平元年。匈奴單于遣右皋林王伊邪莫演等奉獻，朝正月。

二年春，伊邪莫演罷歸，自言：「欲降。即不受我，我自殺，終不敢還歸。」使者以聞，下公卿議。議者或言：「宜如故事，受其降。」光禄大夫谷永、議郎杜欽以爲：「漢興，匈奴數爲邊害，故設金爵之賞以待降者。今單于屈體稱臣，列爲北藩，遣使朝賀，無有二心，漢家接之，宜異於往時。今既享單于聘貢之質，而更受其逋逃之臣，是貪一夫之得，而失一國之心，擁有罪之臣，而絶慕義之君也。假令單于初立，欲委身中國，未知利害，私使伊邪莫演詐降以卜吉凶，受之，虧德沮善，令單于自疏，不親邊吏；或者設爲反間，欲因而生隙，受之，適合其策，使得歸曲而責直。此誠邊境安危之原，師旅動静之首，不可不詳也。不如勿受，以昭日月之信，抑詐諼之謀，懷附親之心，便。」對奏，天子從之。遣中郎將王舜往問降狀，伊邪莫演曰：「我病狂，妄言耳。」遣去。歸到，官位如故，不肯令見漢使。

四年春正月，匈奴單于來朝。

元延元年。匈奴搜諧單于將入朝，未入塞，病死。弟且莫車立爲車牙若鞮單于，以囊知牙斯爲左賢王。

綏和元年秋八月，匈奴車牙單于死，弟囊知牙斯立爲烏珠留若鞮單于。烏珠留單于立，以弟樂爲左賢王，（興）〔輿〕爲右賢王。漢遣中郎將夏侯藩、副校尉韓容使匈奴。或説王根曰：「匈奴有斗入漢地，直張掖郡，生奇材木，箭竿，鷲羽。如得之，於邊甚饒，國家有廣地之實，將軍顯功垂於無窮。」根爲上言其利，上直欲從單于求之，爲有不得，傷命損威。根即但以上指曉藩，令從藩所説而求之。藩至匈奴，以語次説單于曰：「竊見匈奴斗入漢地，直張掖郡。漢三都尉居塞上，士卒數百人，寒苦，候望久勞。單于宜上書獻此地，直斷割之，省兩都尉士卒數百人，以復天子厚恩，其報必大。」單于曰：「此天子詔語邪，將從使者所求也？」藩曰：「詔指也。然藩亦爲單于畫善計耳。」單于曰：「此温偶駼王所居地也，未曉其形狀所生，請遣使問之。」

藩、容歸漢，後復使匈奴，至則求地。單于曰：「父兄傳五世，漢不求此地，至知獨求，何也？已問温偶駼王，匈奴西邊諸侯作穹廬及車，皆仰此山材木，且先父地，不敢失也。」藩還，遷爲太原太守。單于遣使上書，以藩求地狀聞。詔報單于曰：「藩擅稱詔，從單于求地，法當死。更大赦二，今徙藩爲濟南太守，不令當匈奴。」

哀帝建平四年秋八月，匈奴單于上書，願朝五年。時帝被疾，或言：「匈奴從上游來厭人，自黄龍、竟寧時，單于朝中國，輒有大故。」上由是難之，以問公卿，亦以爲虚費府帑，可且勿許。單于使辭去，未發。黄門郎揚雄上書諫曰：

臣聞六經之治，貴於未亂；兵家之勝，貴於未戰。二者皆微，然而大事之本，不可不察也。今單于上書求朝，國家不許而辭之，臣愚以爲漢與匈奴從此隙矣。匈奴本五帝所不能臣，三王所不能制，其不可使隙明甚。臣不敢遠稱，請引秦以來明之。

以秦始皇之强，蒙恬之威，然不敢窺西河，乃築長城以界之。會漢初興，以高祖之威靈，三十萬衆困於平城，時奇譎之士、石畫之臣甚衆，卒其所以脱者，世莫得而言也。又高皇后時，匈奴悖慢，大臣權書遺之，然後得解。及孝文時，匈奴侵暴北邊，候騎至雍甘泉，京師大駭，發三將軍屯細柳、棘門、霸上以備之，數月乃罷。孝武即位，設馬邑之權，欲誘匈奴，徒費財勞師，一虜不可得見，况單于之面乎？其後深惟社稷之計，規恢萬載之策，乃大興師數十萬，使衛青、霍去病操兵，前後十餘年。於是浮西河，絶大幕，破寘顔，襲王庭，窮極其地，追奔逐北，封狼居胥山，禪於姑衍，以臨翰海，虜名王、貴人以百數。自是之後，匈奴震怖，益求和親，然而未肯稱臣也。

且夫前世豈樂傾無量之費，役無罪之人，快心於狼望之北哉？以爲不壹勞者不久佚，不暫費者不永寧，是以忍百萬之師以摧餓虎之喙，運府庫之財填盧山之壑而不悔也。至本始之初，匈奴有桀心，欲掠烏孫，侵公主，乃發五將之師十五萬騎以擊之，時鮮有所獲，徒奮揚威武，明漢兵若雷風耳。雖空行空反，尚誅兩將軍，故北狄不服，中國未得高枕安寢也。逮至元康、神爵之間，大化神明，鴻恩溥洽，而匈奴內亂，五單于争立，日逐、呼韓邪攜國歸死，扶伏稱臣，然尚羈縻之，計不顓制。自此之後，欲朝者不距，不欲者不强，何者？外國天性忿鷙，形容魁健，負力怙氣，難化以善，易肆以惡，其强難詘，其和難得。故未服之時，勞師遠攻，傾國殫貨，伏尸流血，破堅拔敵，如彼之難也。既服之後，慰薦撫循，交接賂遺，威儀俯仰，如此之備也。往時嘗屠大宛之城，蹈烏桓之壘，探姑繒之壁，藉蕩姐之場，艾朝鮮之旃，拔兩越之旗，近不過旬月之役，遠不離二時之勞，固已犂其庭，掃其閭，郡縣而置之，雲徹席卷，後無餘災。唯北狄爲不然，真中國之堅敵也。三垂比之縣矣，前世重之兹甚，未易可輕也。

今單于歸義，懷款誠之心，欲離其庭，陳見於前，此乃上世之遺策，神靈之所想望，國家雖費，不得已者也，奈何距以來厭之辭，疏以無日之期，消往昔之恩，開將來之隙。夫疑而隙之，使有恨心，負前言，緣往辭，歸怨於漢，因以自絶，終無北面之心，威之不可，諭之不能，焉得不爲大憂乎！夫明者視於無形，聰者聽於無聲，誠先於未然，即兵革不用而憂患不生。不然，壹有隙之後，雖智者勞心於内，辯者轂擊於外，猶不若未然之時也。且往者圖西域，制車師，置城郭都護三十六國，費歲以大萬計者，豈爲康居、烏孫能踰白龍堆而寇西邊哉？乃以制匈奴也。夫百年勞之，一日失之，費十而愛一，臣竊爲國不安也。唯陛下少留意於未亂、未戰，以遏邊萌之禍。書奏，天子寤焉，召還匈奴使者，更報單于書而許之。賜雄帛五十匹，黄金十斤。單于未發，會病，復遣使願朝明年，上許之。

元壽二年春正月，匈奴單于來朝。自黄龍以來，單于每入朝，其賞賜錦繡、繒絮輒加厚於前，以慰接之。

恭顯用事

漢宣帝黄龍元年三月，帝寢疾，選大臣可屬者，引外屬侍中樂陵侯史高、太子太傅蕭望之、少傅周堪至禁中，拜高爲大司馬、車騎將軍，望之爲前將軍、光禄勳，堪爲光禄大夫，皆受遺詔輔政，領尚書事。冬十二月甲戌，帝崩于未央宫。癸巳，太子即皇帝位。

元帝初元元年三月，封外祖父平恩戴侯同産弟子中常侍許嘉爲平恩侯。

二年〔春正月〕，樂陵侯史高以外屬領尚書事，前將軍蕭望之、光禄大夫周堪爲之副。望之名儒，與堪皆以師傅舊恩，天子任之，數宴見，言治亂，陳王事。望之選白宗室明經有行散騎、諫大夫劉更生給事中，與侍中金敞並拾遺左右。四人同心謀議，勸導上以古制，多所欲匡正，上甚鄉納之。史高充位而已，由此與望之有隙。

中書令弘恭、僕射石顯，自宣帝時久典樞機，明習文法。帝即位多疾，以顯久典事，中人無外黨，精專可信任，遂委以政，事無大小，因顯白決，貴幸傾朝，百僚皆敬事顯。顯爲人巧慧習事，能深得人主微指，内深賊，持詭辯，以中傷人，忤恨睚眦，輒被以危法。亦與車騎將軍高爲表裏，論議常獨持故事，不從望之等。

望之等患苦許、史放縱，又疾恭、顯擅權，建白，以爲：「中書政本，國家樞機，宜以通明公正處之。武帝游宴後庭，故用宦者，非古制也。宜罷中書宦官，應古不近刑人之義。」由是大與高、恭、顯忤。上初即位，謙讓，重改作，議久不定，出劉更生爲宗正。

望之、堪數薦名儒、茂材以備諫官，會稽鄭朋陰欲附望之，上疏言車騎將軍高遣客爲姦利郡國，及言許、史子弟罪過。章視周堪，堪白：「令朋待詔金馬門。」朋奏記望之曰：「今將軍規橅，云若管、晏而休，遂行日昃，至周、召乃留乎？若管、晏而休，則下走將歸延陵之皋，没齒而已矣。如將軍興周、召之遺業，親日昃之兼聽，則下走其庶幾願竭區區奉萬分之一。」望之始見朋，接待以意；後知其傾邪，絶不與通。朋，楚士，怨恨，更求入許、史，推所言許、史事，曰：「皆周堪、劉更生教我。我關東人，何以知此。」於是侍中許章白見朋。朋出，揚言曰：「我見，言前將軍小過五，大罪一。」待詔華龍行汙穢，欲入堪等，堪等不納，亦與朋相結。

恭、顯令二人告望之等謀欲罷車騎將軍，疏退許、史狀，候望之出休日，令朋、龍上之。事下弘恭問狀，望之對曰：「外戚在位多奢淫，欲以匡正國家，非爲邪也。」恭、顯奏：「望之、堪、更生朋黨相稱舉，數譖訴大臣，毁離親戚，欲以專擅權勢。爲臣不忠，誣上不道，請謁者召致廷尉。」時上初即位，不省「召致廷尉」爲下獄也，可其奏。後上召堪、更生，曰：「繫獄。」上大驚曰：「非但廷尉問邪？」以責恭、顯，皆叩頭謝。上曰：「令出視事。」恭、顯因使史高言：「上新即位，未以德化聞於天下，而先驗師傅。既下九卿、大夫獄，宜因決免。」於是制詔丞相、御史：「前將軍望之傅朕八年，無他罪過，今事久遠，識忘難明，其赦望之罪，收前將軍、光禄勳印綬，及堪、更生皆免爲庶人。」

夏四月，詔賜蕭望之爵關内侯，給事中，朝朔望。

上復徵周堪、劉更生，欲以爲諫大夫。弘恭、石顯白，皆以爲中郎。上器重蕭望之不已，欲倚以爲相，恭、顯及許、史子弟、侍中、諸曹皆側目於望之等。更生乃使其外親上變事，言「地震殆爲恭等，不爲三獨夫動。臣愚以爲宜退恭、顯以章蔽善之罰，進望之等以通賢者之路。如此，太平之門開，災異之原塞矣」。書奏，恭、顯疑其更生所爲，白請考姦詐，辭果服，遂逮更生繫獄，免爲庶人。

會望之子散騎中郎伋亦上書訟望之前事，事下有司，復奏：「望之前所坐明白，無譖訴者，而教子上書，稱引無辜之詩，失大臣體，不敬，請逮捕。」弘恭、石顯等知望之素高節，不詘辱，建白：「望之前幸得不坐，復賜爵邑，不悔過服罪，深懷怨望，教子上書，歸非於上。自以託師傅，終必不坐，非頗屈望之於牢獄，塞其怏怏心，則聖朝無以施恩厚。」上曰：「蕭太傅素剛，安肯就吏？」顯等曰：「人命至重。望之所坐，語言薄罪，必無所憂。」上乃可其奏。

冬十二月，顯等封詔以付謁者，敕令召望之手付。因令太常急發執金吾車騎馳圍其第。使者至，召望之。望之以問門下生魯國朱雲。雲者，好節士，勸望之自裁。於是望之仰天歎曰：「吾嘗備位將相，年踰六十矣，老入牢獄，苟求生活，不亦鄙乎！」字謂雲曰：「游，趣和藥來，無久留我死！」竟飲鴆自殺。天子聞之，驚，拊手曰：「曩固疑其不就牢獄，果然殺吾賢傅！」是時太官方上晝食，上乃卻食，爲之涕泣，哀動左右。於是召顯等責問，以議不詳，皆免冠謝，良久然後已。上追念望之不忘，每歲時遣使者祠祭望之冢，終帝之世。

臣光曰：甚矣，孝元之爲君，易欺而難寤也！夫恭、顯之譖愬望之，其邪說詭計，誠有所不能辨也。至於始疑望之不肯就獄，恭、顯以爲必無憂，已而果自殺，則恭、顯之欺亦明矣。在中智之君，孰不感動奮發以底邪臣之罰？孝元則不然，雖涕泣不食以傷望之，而終不能誅恭、顯，纔得其免冠謝而已。如此則姦臣安所懲乎！是使恭、顯得肆其邪心而無復忌憚者也。

是歲，弘恭病死，石顯爲中書令。

三年。上復擢周堪爲光禄勳。堪弟子張猛爲光禄大夫、給事中，大見信任。

永光元年。石顯憚周堪、張猛等，數譖毁之。劉更生懼其傾危，上書曰：「臣聞舜命九官，濟濟相讓，和之至也。衆臣和於朝則萬物和於野，故簫韶九成，而鳳凰來儀。至周幽、厲之際，朝廷不和，轉相非怨，則日月薄食，水泉沸騰，山谷易處，霜降失節。由此觀之，和氣致祥，乖氣致異，祥多者其國安，異衆者其國危，天地之常經，古今之通義也。今陛下開三代之業，招文學之士，優游寬容，使得並進。今賢不肖渾殽，白黑不分，邪正雜揉，忠讒並進，章交公車，人滿北軍，朝臣舛午，膠戾乖剌，更相讒愬，轉相是非，所以營惑耳目，感移心意，不可勝載。分曹爲黨，往往羣朋，將同心以陷正臣。正臣進者，治之表也；正臣陷者，亂之機也。乘治亂之機，未知孰任，而災異數見，此臣所以寒心者也。初元以來六年矣，按春秋六年之中，災異未有稠如今者也。原其所以然者，由讒邪並進也。讒邪之所以並進者，由上多疑心，既已用賢人而行善政，如或譖之，則賢人退而善政還矣。夫執狐疑之心者來讒賊之口，持不斷之意者開羣枉之門，讒邪進則衆賢退，羣枉盛則正士消。故易有否、泰，小人道長，君子道消，則政日亂；君子道長，小人道消，則政日治。昔者鯀、共工、驩兜與舜、禹雜處堯朝，周公與管、蔡並居周位，當是時，迭進相毀，流言相謗，豈可勝道哉？帝堯、成王能賢舜、禹、周公而消共工、管、蔡，故以大治，榮華至今。孔子與季、孟偕仕於魯，李斯與叔孫俱宦於秦，定公、始皇賢季、孟、李斯而消孔子、叔孫，故以大亂，汙辱至今。故治亂、榮辱之端，在所信任，信任既賢，在於堅固而不移。詩云『我心匪石，不可轉也』，言守善篤也。易曰『渙汗其大號』，言號令如汗，汗出而不反者也。今出善令未能踰時而反，是反汗也；用賢未能三旬而退，是轉石也。論語曰『見不善如探湯』，今二府奏佞讇不當在位，歷年而不去，故出令則如反汗，用賢則如轉石，去佞則如拔山，如此望陰陽之調，不亦難乎！是以羣小窺見間隙，緣飾文字，巧言醜詆，流言飛文，譁於民間。故詩云『憂心悄悄，愠於羣小』，小人成羣，誠足愠也。昔孔子與顏淵、子貢更相稱譽，不爲朋黨。禹、稷與皋陶傳相汲引，不爲比周。何則？忠於爲國，無邪心也。今佞邪與賢臣並交戟之内，合黨共謀，違善依惡，歙歙訿訿，數設危險之言，欲以傾移主上，如忽然用之，此天地之所以先戒，災異之所以重至者也。自古明聖，未有無誅而治者也，故舜有四放之罰，而孔子有兩觀之誅，然後聖化可得而行也。今以陛下明知，誠深思天地之心，覽否、泰之卦，歷周、唐之所進以爲法，原秦、魯之所消以爲戒，考祥應之福，災異之禍，以揆當世之變，放遠佞邪之黨，壞散險詖之聚，杜閉羣枉之門，廣開衆正之路，決斷狐疑，分別猶豫，使是非炳然可知，則百異消滅而衆祥並至，太平之基，萬世之利也。」顯見其書，愈與許、史比而怨更生等。

是歲，夏寒，日青無光，顯及許、史皆言堪、猛用事之咎。上内重堪，又患衆口之寖潤，無所取信。時長安令楊興以材能幸，常稱譽堪。上欲以爲助，乃見問興：「朝臣齗齗不可光祿勳，何邪？」興者，傾巧士，謂上疑堪，因順指曰：「堪非獨不可於朝廷，自州里亦不可也。臣見衆人聞堪前與劉更生等謀毁骨肉，以爲當誅，故臣前書言堪不可誅傷，爲國養恩也。」上曰：「然此何罪而誅？今宜奈何？」興曰：「臣愚以爲可賜爵關内侯，食邑三百户，勿令典事。明主不失師傅之恩，此最策之得也。」上於是疑之。

司隸校尉琅邪諸葛豐，始以特立剛直著名於朝，數侵犯貴戚，在位多言其短。後坐春夏繫治人，徙城門校尉。豐於是上書告堪、猛罪。上不直豐，乃制詔御史：「城門校尉豐前與光祿勳堪、光祿大夫猛在朝之時，數稱言堪、猛之美。豐前爲司隸校尉，不順四時，修法度，專作苛暴以獲虚威，朕不忍下吏，以爲城門校尉。不内省諸己，而反怨堪、猛以求報舉，告按無證之辭，暴揚難驗之罪。毁譽恣意，不顧前言，不信之大也。朕憐豐之耆老，不忍加刑，其免爲庶人。」又曰：「豐言堪、猛貞信不立，朕閔而不治，又惜其材能未有所效，其左遷堪爲河東太守，猛槐里令。」

臣光曰：諸葛豐之於堪、猛，前譽而後毁，其志非爲朝廷進善而去姦也，欲比周求進而已矣，斯亦鄭朋、楊興之流，烏在其爲剛直哉！人君者，察美惡，辨是非，賞以勸善，罰以懲姦，所以爲治也。使豐言得實，則豐不當絀；若其誣罔，則堪、猛何辜焉？今兩責而俱棄之，則美惡、是非果何在哉！

賈捐之與楊興善。捐之數短石顯，以故不得官，稀復進見。興新以材能得幸，捐之謂興曰：「京兆尹缺，使我得見，言君蘭，京兆尹可立得。」興曰：「君房下筆，言語妙天下，使君房爲尚書令，勝五鹿充宗遠甚。」捐之曰：「令我得代充宗，君蘭爲京兆，京兆郡國首，尚書百官本，天下真大治，士則不隔矣。」捐之復短石顯，興曰：「顯方貴，上信用之。今欲進，第從我計，且與合意，即得入矣。」捐之即與興共爲薦顯奏，稱譽其美，以爲宜賜爵關内侯；引其兄弟以爲諸曹；又共爲薦興奏，以爲可試守京兆尹。石顯聞知，白之上，乃下興、捐之獄，令顯治之，奏「興、捐之懷詐僞，更相薦譽，欲得大位，罔上，不道。」捐之竟坐棄市，興髡鉗爲城旦。

臣光曰：君子以正攻邪，猶懼不克，况捐之以邪攻邪，其能免乎！

四年夏六月戊寅晦，日有食之。上於是召諸前言日變在周堪、張猛者責問，皆稽首謝。因下詔稱堪之美，徵詣行在所，拜爲光祿大夫，秩中二千石，領尚書事。猛復爲太中大夫、給事中。中書令石顯管尚書，尚書五人，皆其黨也，堪希得見，常因顯白事，事決顯口。會堪疾瘖，不能言而卒。顯誣譖猛，令自殺於公車。

建昭二年六月，東郡京房學易於梁人焦延壽。延壽常曰：「得我道以亡身者，京生也。」其說長於災變，分六十卦，更直日用事，以風雨寒溫爲候，各有占驗。房用之尤精，以孝廉爲郎，上疏屢言災異，有驗，天子說之，數召見問。房對曰：「古帝王以功舉賢，則萬化成，瑞應著；末世以毀譽取人，故功業廢而致災異。宜令百官各試其功，災異可息。」詔使房作其事，房奏考功課吏法。上令公卿朝臣與房會議溫室，皆以「房言煩碎，令上下相司，不可許」。上意鄉之。時部刺史奏事京師，上召見諸刺史，令房曉以課事，刺史復以爲不可行。唯御史大夫鄭弘、光祿大夫周堪初言不可，後善之。

是時，中書令石顯顓權，顯友人五鹿充宗爲尚書令，二人用事。房嘗宴見，問上曰：「幽、厲之君何以危？所任者何人也？」上曰：「君不明，而所任者巧佞。」房曰：「知其巧佞而用之邪？將以爲賢也。」上曰：「賢之。」房曰：「然則今何以知其不賢也？」上曰：「以其時亂而君危知之。」房曰：「若是，任賢必治，任不肖必亂，必然之道也。幽、厲何不覺寤而更求賢？曷爲卒任不肖以至於是？」上曰：「臨亂之君，各賢其臣，令皆覺寤，天下安得危亡之君？」房曰：「齊桓公、秦二世，亦嘗聞此君而非笑之。然則任豎刁、趙高，政治日亂，盜賊滿山，何不以幽、厲卜之而覺寤乎？」上曰：「唯有道者能以往知來耳。」房因免冠頓首曰：「春秋紀二百四十二年災異，以示萬世之君。今陛下即位已來，日月失明，星辰逆行，山崩泉涌，地震石隕，夏霜冬雷，春凋秋榮，隕霜不殺，水旱螟蟲，民人饑疫，盜賊不禁，刑人滿市，春秋所記災異盡備。陛下視今爲治邪？亂邪？」上曰：「亦極亂耳，尚何道！」房曰：「今所任用者誰與？」上曰：「然，幸其愈於彼，又以爲不在此人也。」房曰：「夫前世之君，亦皆然矣。臣恐後之視今，猶今之視前也。」上良久乃曰：「今爲亂者誰哉？」房曰：「明主宜自知之。」上曰：「不知也；如知，何故用之。」房曰：「上最所信任，與圖事帷幄之中，進退天下之士者是矣。」房指謂石顯，上亦知之，謂房曰：「已喻。」房罷出，後上亦不能退顯也。

臣光曰：人君之德不明，則臣下雖欲竭忠，何自而入乎？觀京房之所以曉孝元，可謂明白切至矣，而終不能寤，悲夫！詩曰：「匪面命之，言提其耳。匪手攜之，言示之事。」又曰：「誨爾諄諄，聽我藐藐。」孝元之謂矣。

上令房上弟子曉知考功、課吏事者，欲試用之。房上「中郎任良、姚平，願以爲刺史，試考功法，臣得通籍殿中，爲奏事，以防壅塞」。石顯、五鹿充宗皆疾房，欲遠之，建言宜試以房爲郡守。帝於是以房爲魏郡太守，得以考功法治郡。房自請歲竟乘傳奏事，天子許焉。房自知數以論議爲大臣所非，與石顯等有隙，不欲遠離左右，乃上封事曰：「臣出之後，恐爲用事所蔽，身死而功不成，故願歲盡乘傳奏事，蒙哀見許。乃辛巳，蒙氣復乘卦，太陽侵色，此上大夫覆陽而上意疑也。己卯、庚辰之間，必有欲隔絶臣，令不得乘傳奏事者。」

房未發，上令陽平侯王鳳承制詔房止無乘傳奏事。房意愈恐。秋，房去至新豐，因郵上封事曰：「臣前以六月中言遯卦不效，法曰：『道人始去，寒涌水爲災。』至其七月，涌水出。臣弟子姚平謂臣曰：『房可謂知道，未可謂信道也。房言災異，未嘗不中。涌水已出，道人當逐死，尚復何言！』臣曰：『陛下至仁，於臣尤厚，雖言而死，臣猶言也。』平又曰：『房可謂小忠，未可謂大忠也。昔秦時趙高用事，有正先者非刺高而死，高威自此成，故秦之亂，正先趣之。』今臣得出守郡，自詭效功。恐未效而死，惟陛下毋使臣塞涌水之異，當正先之死，爲姚平所笑。」

房至陜，復上封事曰：「臣前白願出任良試考功，臣得居内。議者知如此於身不利，臣不可蔽，故云『使弟子不若試師』。臣爲刺史，又當奏事，故復云『爲刺史，恐太守不與同心，不若以爲太守』。此其所以隔絶臣也。陛下不違其言而遂聽之，此乃蒙氣所以不解，太陽無色者也。臣去稍遠，太陽侵色益甚，唯陛下毋難還臣而易逆天意。邪説雖安於人，天氣必變，故人可欺天不可欺也，願陛下察焉。」房去月餘，竟徵下獄。初，淮陽憲王舅張博，傾巧無行，多從王求金錢，欲爲王求入朝。博從京房學，以女妻房。房每朝見，退輒爲博道其語。博因記房所説密語，令房爲王作求朝奏草，皆持柬與王，以爲信驗。石顯知之，告「房與張博通謀，非謗政治，歸惡天子，詿誤諸侯王」。皆下獄，棄市，妻子徙邊。鄭弘坐與房善，免爲庶人。

御史中丞陳咸數毀石顯，久之，坐與槐里令朱雲善，漏泄省中語，石顯微伺知之，與雲皆下獄，髡爲城旦。

石顯威權日盛，公卿以下畏顯，重足一迹。顯與中書僕射牢梁、少府五鹿充宗結爲黨友，諸附倚者皆得寵位。民歌之曰：「牢邪，石邪，五鹿客邪！印何纍纍，綬若若邪！」

顯内自知擅權，事柄在掌握，恐天子一旦納用左右耳目以間己，乃時歸誠，取一信以爲驗。顯嘗使至諸官，有所徵發，顯先自白：「恐後漏盡宫門閉，請使詔吏開門。」上許之。顯故投夜還，稱詔開門入。後果有上書告顯「顓命矯詔開宫門」，天子聞之，笑以其書示顯。顯因泣曰：「陛下過私小臣，屬任以事，羣下無不嫉妬，欲陷害臣者，事類如此非一，唯獨明主知之。愚臣微賤，誠不能以一軀稱快萬衆，任天下之怨。臣願歸樞機職，受後宫掃除之役，死無所恨。唯陛下哀憐裁幸，以此全活小臣。」天子以爲然而憐之，數勞勉顯，加厚賞賜，賞賜及賂遺訾一萬萬。初，顯聞衆人匈匈，言己殺前將軍蕭望之，恐天下學士訕己，以諫大夫貢禹明經著節，乃使人致意，深自結納，因薦禹天子，歷位九卿，禮事之甚備。議者於是或稱顯，以爲不妬譖望之矣。顯之設變詐以自解免，取信人主者，皆此類也。

荀悅曰：夫佞臣之惑君主也甚矣，故孔子曰：「遠佞人。」非但不用而已，乃遠而絶之，隔塞其源，戒之極也。孔子曰：「政者，正也。」夫要道之本，正己而已矣。平直真實者，正之主也。故德必核其真然後授其位，能必核其真然後授其事，功必核其真然後授其賞，罪必核其真然後授其刑，行必核其真然後貴之，言必核其真然後信之，物必核其真然後用之，事必核其真然後脩之。故衆正積於上，萬事實於下，先王之道，如斯而已矣。

竟寧元年。初，石顯見馮奉世父子爲公卿著名，女又爲昭儀在内，顯心欲附之。薦言：「昭儀兄謁者逡脩敕，宜侍帷幄。」天子召見，欲以爲侍中。逡請閒言事。上聞逡言顯顓權，大怒，罷逡歸郎官。及御史大夫缺，在位多舉逡兄大鴻臚野王，上使尚書選第中二千石，而野王行能第一。上以問顯，顯曰：「九卿無出野王者。然野王，親昭儀兄，臣恐後世必以陛下度越衆賢，私後宫親以爲三公。」上曰：「善，吾不見是。」因謂羣臣曰：「吾用野王爲三公，後世必謂我私後宫親屬，以野王爲比。」三月丙寅，詔曰：「剛强堅固，確然無欲，大鴻臚野王是也。心辨善辭，可使四方，少府五鹿充宗是也。廉潔節儉，太子少傅張譚是也。其以少傅爲御史大夫。」

夏五月壬辰，帝崩於未央宮。六月己未，太子即皇帝位。

成帝建始元年春正月，石顯遷長信中太僕，秩中二千石。顯既失倚離權，於是丞相、御史條奏顯舊惡，及其黨牢梁、陳順皆免官。顯與妻子徙歸故郡，憂懣不食，道死。諸所交結以顯爲官者，皆廢罷。少府五鹿充宗左遷玄菟太守，御史中丞伊嘉爲鴈門都尉。

司隸校尉涿郡王尊劾奏：「丞相衡、御史大夫譚，知顯等顓權擅勢，大作威福，爲海內患害，不以時白奏行罰，而阿諛曲從，附下罔上，懷邪迷國，無大臣輔政之義，皆不道！在赦令前。赦後，衡、譚舉奏顯，不自陳不忠之罪，而反揚著先帝任用傾覆之徒，妄言『百官畏之，甚於主上』。卑君尊臣，非所宜稱，失大臣體！」於是衡慚懼，免冠謝罪，上丞相、侯印綬。天子以新即位，重傷大臣，乃左遷尊爲高陵令，然羣下多是尊者。衡嘿嘿不自安，每有水、旱，連乞骸骨讓位，上輒以詔書慰撫，不許。

成帝淫荒

元帝竟寧元年六月（乙）〔己〕未，成帝即皇帝位。

秋七月，丞相衡上疏曰：「臣聞之師曰：『妃匹之際，生民之始，萬福之原。婚姻之禮正，然後品物遂而天命全。』孔子論詩以關雎爲始，此綱紀之首，王教之端也。自上世已來，三代興廢，未有不由此也。願陛下詳覽得失盛衰之效，以定大基，采有德，戒聲色，近嚴敬，遠技能。臣聞六經者，聖人所以統天地之心，著善惡之歸，明吉凶之分，通人道之正，使不悖於本性者也。及論語、孝經，聖人言行之要，宜究其意。」

成帝建始二年。上自爲太子時，以好色聞。及即位，皇太后詔采良家女以備後宮。大將軍武庫令杜欽說王鳳曰：「禮，一娶九女，所以廣嗣重祖也。娣姪雖缺不復補，所以養壽塞爭也。故后妃有貞淑之行，則胤嗣有賢聖之君；制度有威儀之節，則人君有壽考之福。廢而不由，則女德不厭；女德不厭，則壽命不究於高年。男子五十，好色未衰；婦人四十，容貌改前。以改前之容，侍於未衰之年，而不以禮爲制，則其原不可救而後徠異態；後徠異態，則正后自疑而支庶有間適之心。是以晋獻被納讒之謗，申生蒙無罪之辜。今聖主富於春秋，未有適嗣，方鄉術入學，未親后妃之議。將軍輔政，宜因始初之隆，建九女之制，詳擇有行義之家，求淑女之質，毋必有聲色技能，爲萬世大法。夫少戒之在色，小弁之作，可爲寒心。唯將軍常以爲憂。」鳳白之太后，太后以爲故事無有，鳳不能自立法度，循故事而已。鳳素重欽，故置之莫府，國家政謀常與欽慮之，數稱達名士，裨正闕失，當世善政多出於欽者。

三年十二月戊申朔，日有食之。其夜，地震未央宫殿中。詔舉賢良方正、能直言極諫之士。杜欽及太常丞谷永上對，皆以爲後宫女寵太盛，嫉妬專上，將害繼嗣之咎。

河平元年夏四月己亥晦，日有食之。詔公卿百僚陳過失，無有所諱，大赦天下。光禄大夫劉向對曰：「四月交於五月，月同孝惠，日同孝昭，其占恐害繼嗣。」是時，許皇后專寵，後宫希得進見，中外皆憂上無繼嗣，故杜欽、谷永及向所對皆及之。上於是減省椒房、掖廷用度，服御、輿駕所發諸官署及所造作，遺賜外家、羣臣妾，皆如竟寧以前故事。

皇后上疏自陳，以爲：「時世異制，長短相補，不出漢制而已，纖微之閒，未必可同。若竟寧前與黄龍前，豈相放哉！家吏不曉，今壹受詔如此，且使妾摇手不得設。妾欲作某屏風張於某所，曰『故事無有』，或不能得，則必繩妾以詔書矣。此誠不可行，唯陛下省察。故事，以特牛祠大父母，戴侯、敬侯皆得蒙恩以太牢祠；今當率如故事，唯陛下哀之。今吏甫受詔讀記，直豫言使后知之，非可復若私府有所取也，其萌芽所以約制妾者，恐失人理。唯陛下深察焉。」

上於是采谷永、劉向所言災異咎驗皆在後宫之意以報之，且曰：「吏拘於法，亦安足過。蓋矯枉者過直，古今同之。且財幣之省，特牛之祠，其於皇后，所以扶助德美，爲華寵也。咎根不除，災變相襲，祖宗且不血食，何戴侯也！傳不云乎：『以約失之者鮮』，審皇后欲從其奢與？朕亦當法孝武皇帝也，如此則甘泉、建章可復興矣。孝文皇帝，朕之師也。皇太后，皇后成法也。假使太后在彼時不如職，今見親厚，又惡可以踰乎！皇后其刻心秉德，謙約爲右，垂則列妾，使有法焉。」

鴻嘉元年二月，上始爲微行，從期門郎或私奴十餘人，或乘小車，或皆騎，出入市里郊野，遠至旁縣甘泉、長楊、五柞，鬬雞、走馬，常自稱富平侯家人。富平侯者，張安世四世孫放也。放父臨尚敬武公主，生放，放爲侍中、中郎將，娶許皇后女弟，當時寵幸無比，故假稱之。

二年春三月，博士行大射禮，有飛雉集于庭，歷階登堂而雊。後雉又集太常、宗正、丞相、御史大夫、車騎將軍之府，又集未央宮承明殿屋上。車騎將軍王音、待詔寵等上言：「天地之氣，以類相應，譴告人君，甚微而著。雉者聽察，先聞雷聲，故月令以紀氣。經載高宗雊雉之異，以明轉禍爲福之驗。今雉以博士行禮之日，大衆聚會，飛集於庭，歷階登堂，萬衆睢睢，驚怪連日，徑歷三公之府，大常、宗正典宗廟骨肉之官，然後入宮。其宿留告曉人，具備深切，雖人道相戒，何以過是！」後帝使中常侍鼂閎詔音曰：「聞捕得雉，毛羽頗摧折，類拘執者，得無人爲之？」音復對曰：「陛下安得亡國之語！不知誰主爲佞諂之計，誣亂聖德如此者。左右阿諛甚衆，不待臣音復諂而足。公卿以下，保位自守，莫有正言。如令陛下覺寤，懼大禍且至身，深責臣下，繩以聖法，臣音當先誅，豈有以自解哉！今即位十五年，繼嗣不立，日日駕車而出，失行流聞，海内傳之，甚於京師。外有微行之害，内有疾病之憂，皇天數見災異，欲人變更，終已不改。天尚不能感動陛下，臣子何望，獨有極言待死，命在朝暮而已。如有不然，老母安得處所，尚何皇太后之有，高祖天下當以誰屬乎？宜謀於賢智，克己復禮，以求天意，繼嗣可立，災變尚可銷也。」

三年。初，許皇后與班倢伃皆有寵於上。上嘗遊後庭，欲與倢伃同輦載，倢伃辭曰：「觀古圖畫，賢聖之君皆有名臣在側，三代末主乃有嬖妾。今欲同輦，得無近似之乎！」上善其言而止。太后聞之，喜曰：「古有樊姬，今有班倢伃！」班倢伃進侍者李平得幸，亦爲倢伃，賜姓曰衛。

其後上微行過陽阿主家，悦歌舞者趙飛燕，召入宫，大幸。有女弟，復召入，姿性尤醲粹，左右見之，皆嘖嘖嗟賞。有宣帝時披香博士淖方成在帝後，唾曰：「此禍水也，滅火必矣！」姊弟俱爲倢伃，貴傾後宫，許皇后、班倢伃皆失寵。於是趙飛燕譖告許皇后、班倢伃挾媚道，祝詛後宫，詈及主上。冬十一月甲寅，許后廢處昭臺宫，后姊謁等皆誅死，親屬歸故郡。考問班倢伃，倢伃對曰：「妾聞『死生有命，富貴在天』。脩正尚未蒙福，爲邪欲以何望？使鬼神有知，不受不臣之愬；如其無知，愬之何益？故不爲也。」上善其對，赦之，賜黄金百斤。趙氏姊弟驕妬，倢伃恐久見危，乃求共養太后於長信宫，上許焉。

永始元年春正月，上欲立趙倢伃爲皇后，皇太后嫌其所出微甚，難之。太后姊子淳于長爲侍中，數往來通語東宫，歲餘，乃得太后指，許之。夏四月乙亥，上先封倢伃父臨爲成陽侯，諫大夫河間劉輔上書言：「昔武王、周公，承順天地，以饗魚、烏之瑞，然猶君臣祇懼，動色相戒。況於季世，不蒙繼嗣之福，屢受威怒之異者乎？雖夙夜自責，改過易行，畏天命，念祖業，妙選有德之世，考卜窈窕之女，以承宗廟，順神祇心，塞天下望，子孫之祥猶恐晚暮。今乃觸情縱欲，傾於卑賤之女，欲以母天下。不畏於天，不愧於人，惑莫大焉。里語曰：『腐木不可以爲柱，人婢不可以爲主。』天人之所不予，必有禍而無福，市道皆共知之，朝廷莫肯壹言。臣竊傷心，不敢不盡死！」書奏，上使侍御史收縛輔，繫掖庭祕獄，羣臣莫知其故。於是左將軍辛慶忌、右將軍廉褒、光禄勳琅邪師丹、太中大夫谷永俱上書曰：「竊見劉輔前以縣令求見，擢爲諫大夫，此其言必有卓詭切至當聖心者，故得拔至於此。旬月之間，收下祕獄。臣等愚以爲輔幸得託公族之親，在諫臣之列，新從下土來，未知朝廷體，獨觸忌諱，不足深過。小罪宜隱忍而已，如有大惡，宜暴治理官，與衆共之。今天心未豫，災異屢降，水旱迭臻，方當隆寬廣問，褒直盡下之時也，而行慘急之誅於諫争之臣，震驚羣下，失忠直心。假令輔不坐直言，所坐不著，天下不可户曉。同姓近臣，本以言顯，其於治親養忠之義，誠不宜幽囚於掖庭獄。公卿以下，見陛下進用輔亟而折傷之暴，人有懼心，精鋭銷耎，莫敢盡節正言，非所以昭有虞之聽，廣德美之風。臣等竊深傷之，唯陛下留神省察。」上乃徙繫輔共工獄，減死罪一等，論爲鬼薪。

夏六月丙寅，立皇后趙氏，大赦天下。皇后既立，寵少衰，而其女弟絶幸，爲昭儀，居昭陽舍，其中庭彤朱而殿上髹漆，切皆銅沓，黄金塗，白玉階，壁帶往往爲黄金釭，函藍田璧、明珠、翠羽飾之，自後宫未嘗有焉。趙后居别館，多通侍郎、宫奴多子者。昭儀嘗謂帝曰：「妾姊性剛，有如爲人構陷，則趙氏無種矣！」因泣下悽惻。帝信之，有白后姦狀者，帝輒殺之。由是后公爲淫恣，無敢言者，然卒無子。

光禄大夫劉向以爲王教由内及外，自近者始，於是採取詩、書所載賢妃、貞婦興國顯家及孽嬖、亂亡者，序次爲列女傳，凡八篇；及采傳記行事，著新序、説苑凡五十篇，奏之。數上疏言得失，陳法戒。書數十上，以助觀覽，補遺闕。上雖不能盡用，然内嘉其言，常嗟歎之。

二年。谷永爲凉州刺史，奏事京師，訖，當之部，上使尚書問永，受所欲言。永對曰：「臣聞王天下有國家者，患在上有危亡之事，而危亡之言不得上聞。如使危亡之言輒上聞，則商、周不易姓而迭興，三正不變改而更用。夏、商之將亡也，行道之人皆知之，晏然自以若天有日，莫能危，是故惡日廣而不自知，大命傾而不自寤。易曰：『危者有其安者也，亡者保其存者也。』陛下誠垂寬明之聽，無忌諱之誅，使芻蕘之臣得盡所聞於前，羣臣之上願，社稷之長福也。元年九月，黑龍見。其晦，日有食之。今年二月己未夜，星隕。乙酉，日有食之。六月之間，大異四發，二二而同月。三代之末，春秋之亂，未嘗有也。臣聞三代所以隕社稷、喪宗廟者，皆由婦人與羣惡沈湎於酒；秦所以二世、十六年而亡者，養生泰奢，奉終泰厚也。二者，陛下兼而有之，臣請略陳其效。建始、河平之際，許、班之貴，傾動前朝，熏灼四方，女寵至極，不可上矣。今之後起，什倍於前。廢先帝法度，聽用其言，官秩不當，縱釋王誅，驕其親屬，假之威權，從横亂政，刺舉之吏，莫敢奉憲。又以掖庭獄大爲亂阱，榜箠瘠於炮烙，絶滅人命，主爲趙、李報德復怨。反除白罪，逮治正吏，多繫無辜，掠立迫恐，至爲人起責，分利受謝，生入死出者不可勝數。是以日食再既，以昭其辜。王者必先自絶，然後天絶之。陛下棄萬乘之至貴，樂家人之賤事，厭高美之尊號，好匹夫之卑字。崇聚僄輕無義小人以爲私客，數離深宫之固，挺身晨夜，與羣小相隨，烏集雜會，醉飽吏民之家，亂服共坐，（流）〔沈〕湎媟嫚，溷殽無别，黽勉遁樂，晝夜在路，典門户、奉宿衛之臣執干戈而守空宫，公卿百僚不知陛下所在，積數年矣。王者以民爲基，民以財爲本，財竭則下畔，下畔則上亡。是以明王愛養基本，不敢窮極，使民如承大祭。今陛下輕奪民財，不愛民力，聽邪臣之計，去高敞初陵，改作昌陵，役百乾谿，費擬驪山，靡敝天下，五年不成而後反故。百姓愁恨感天，饑饉仍臻，流散冗食，餧死於道，以百萬數。公家無一年之畜，百姓無旬日之儲，上下俱匱，無以相救。詩云：『殷監不遠，在夏后之世。』願陛下追觀夏、商、周、秦所以失之，以鏡考己行，有不合者，臣當伏妄言之誅！漢興九世，百九十餘載，繼體之主七，皆承天順道，遵先祖法度，或以中興，或以治安。至於陛下，獨違道縱欲，輕身妄行，當盛壯之隆，無繼嗣之福，有危亡之憂，積失君道，不合天意，亦以多矣。爲人後嗣，守人功業如此，豈不負哉！方今社稷、宗廟禍福安危之機在於陛下，陛下誠肯昭然遠寤，專心反道，舊愆畢改，新德既章，則赫赫大異庶幾可銷，天命去就庶幾可復，社稷宗廟庶幾可保。唯陛下留神反覆，熟省臣言。」

帝性寬，好文辭，而溺淤燕樂，皆皇太后與諸舅夙夜所常憂；至親難數言，故推永等使因天變而切諫，勸上納用之。永自知有内應，展意無所依違，每言事輒見答禮。至上此對，上大怒，衛將軍商密擿永令發去。上使侍御史收永，敕過交道廄者勿追；御史不及永，還，上意亦解，自悔。

上嘗與張放及趙、李諸侍中共宴飲禁中，皆引滿舉白，談笑大噱。時乘輿幄坐張畫屏風，晝紂醉踞妲己，作長夜之樂。侍中、光禄大夫班伯久疾新起，上顧指晝而問伯曰：「紂爲無道，至於是乎？」對曰：「書云『乃用婦人之言』，何有踞肆於朝！所謂衆惡歸之，不如是之甚者也。」上曰：「苟不若此，此圖何戒？」對曰：「『沈湎于酒』，微子所以告去也。『式號式謼』，大雅所以流連也。詩、書淫亂之戒，其原皆在於酒。」上乃喟然歎曰：「吾久不見班生，今日復聞讜言。」放等不懌，稍自引起，更衣，因罷出。

時長信庭林表適使來，聞見之。後上朝東宫，太后泣曰：「帝間顔色瘦黑。班侍中本大將軍所舉，宜寵異之，益求其比，以輔聖德。宜遣富平侯且就國。」上曰：「諾。」上諸舅聞之，以風丞相、御史，求放過失。於是丞相宣、御史大夫方進奏：「放驕蹇縱恣，奢淫不制，拒閉使者，賊傷無辜，從者支屬並乘權勢，爲暴虐。請免放就國。」上不得已，左遷放爲北地都尉。其後比年數有災變，故放久不得還，璽書勞問不絶。敬武公主有疾，詔徵放歸第視母疾。數月，主有瘳，後復出放爲河東都尉。上雖愛放，然上迫太后，下用大臣，故常涕泣而遣之。

元延元年秋七月，有星孛於東井。上以災變，博謀羣臣。北地太守谷永對曰：「王者躬行道德，承順天地，則五徵時序，百姓壽考，符瑞並降。失道妄行，逆天暴物，則咎徵著郵，妖孽並見，饑饉荐臻。終不改寤，惡洽變備，不復譴告，更命有德。此天地之常經，百王之所同也。加以功德有厚薄，期質有脩短，時世有中季，天道有盛衰。陛下承八世之功業，當陽數之標季，涉三七之節紀，遭無妄之卦運，直百六之災阸，三難異科，雜焉同會。建始元年以來，二十載間，羣災大異，交錯鋒起，多於春秋所書。內則爲深宮後庭，將有驕臣悍妾、醉酒狂悖卒起之敗，北宮苑囿街巷之中、臣妾之家幽閒之處徵舒、崔杼之亂；外則爲諸夏下土，將有樊並、蘇令、陳勝、項梁奮臂之禍。安危之分界，宗廟之至憂，臣永所以破膽寒心，豫言之累年。下有其萌，然後變見於上，可不致慎！禍起細微，姦生所易。願陛下正君臣之義，無復與羣小媟黷燕飲。勤三綱之嚴，修後宮之政，抑遠驕妒之寵，崇近婉順之行。朝覲法駕而後出，陳兵清道而後行，無復輕身獨出，飲食臣妾之家。三者既除，內亂之路塞矣。諸夏舉兵，萌在民饑饉而吏不卹，興於百姓困而賦斂重，發於下怨離而上不知。傳曰：『飢而不損，茲謂泰，厥咎亡。』比年郡國傷於水災，禾麥不收，宜損常税之時，而有司奏請加賦。甚繆經義，逆於民心，市怨趨禍之道也。臣願陛下勿許加賦之奏，益減奢泰之費，流恩廣施，振贍困乏，敕勸耕桑，以慰綏元元之心，諸夏之亂庶幾可息。」

中壘校尉劉向上書曰：「臣聞帝舜戒伯禹『毋若丹朱敖』，周公戒成王『毋若殷王紂』。聖帝明王，當以敗亂自戒，不諱廢興，故臣敢極陳其愚，唯陛下留神察焉。謹案春秋二百四十二年，日食三十六。今連三年比食，自建始以來，二十歲間而八食，率二歲六月而一發，古今罕有。異有小大希稠，占有舒疾緩急，觀秦、漢之易世，覽惠、昭之無後，察昌邑之不終，視孝宣之紹起，皆有變異著於漢紀。天之去就，豈不昭昭然哉！臣幸得託末屬，誠見陛下寬明之德，冀銷大異而興高宗、成王之聲，以崇劉氏，故懇懇數奸死亡之誅。天文難以相曉，臣雖圖上，猶須口説然後可知。願賜清燕之間，指圖陳狀。」上輒入之，然終不能用也。

十二月，北地都尉張放到官數月，復徵入侍中。太后與上書曰：「前所道尚未效，富平侯反復來，其能默乎！」上謝曰：「請今奉詔。」上於是出放爲天水屬國都尉，引少府許商、光禄勳師丹爲光禄大夫，班伯爲水衡都尉，並侍中，皆秩中二千石。每朝東宫，常從。及大政，俱使諭指於公卿。上亦稱厭游宴，復脩經書之業，太后甚悦。

綏和二年三月丙戌，帝崩於未央宫。帝素强，無疾病。是時，楚思王衍、梁王立來朝，明旦當辭去，上宿，供張白虎殿。又欲拜左將軍孔光爲丞相，已刻侯印，書贊。昏夜，平善。鄉晨，傅絝韤欲起，因失衣，不能言，晝漏上十刻而崩。民間讙譁，咸歸罪趙昭儀。皇太后詔大司馬莽雜與御史、丞相、廷尉治，問皇帝起居發病狀，趙昭儀自殺。

班彪贊曰：臣姑充後宫爲婕妤，父子、昆弟侍帷幄，數爲臣言：「成帝善修容儀，升車正立，不内顧，不疾言，不親指，臨朝淵嘿，尊嚴若神，可謂有穆穆天子之容者矣。博覽古今，容受直辭，公卿奏議可述。遭世承平，上下和睦。然湛乎酒色，趙氏亂内，外家擅權，言之可爲於邑！」建始以來，王氏始執國命，哀、平短祚，莽遂篡位，蓋其威福所由來者漸矣。

河決之患

漢元帝永光五年。初，武帝既塞宣房，後河復北決於館陶，分爲屯氏河，東北入海，廣深與大河等，故因其自然，不隄塞也。是歲，河決清河靈鳴犢口，而屯氏河絶。

武帝元封二年。上使汲仁、郭昌發卒數萬人塞瓠子河決，築宫其上，名曰宣房宫。

成帝建始四年夏四月，大雨水十餘日，河決東郡金隄。先是，清河都尉馮逡奏言：「郡承河下流，土壤輕脆易傷，頃所以闊無大害者，以屯氏河通兩川分流也。今屯氏河塞，靈鳴犢口又益不利，獨一川兼受數河之任，雖高增隄防，終不能泄。如有霖雨，旬日不霽，必盈溢。九河故迹，今既滅難明，屯氏河新絶未久，其處易浚；又其口所居高，於以分殺水力，道里便宜，可復浚以助大河，泄暴水，備非常。不豫修治，北決病四五郡，南決病十餘郡，然後憂之，晚矣。」事下丞相、御史，白遣博士許商行視，以爲「方用度不足，可且勿浚」。後三歲，河果決於館陶及東郡金隄，泛濫兗、豫，入平原、千乘、濟南，凡灌四郡三十二縣，水居地十五萬餘頃，深者三丈，壞敗官亭、室廬且四萬所。

冬十一月，御史大夫尹忠以對方略疏闊，上切責其不憂職，自殺。遣大司農非調調均錢穀河決所灌之郡，謁者二人發河南以東船五百艘，徙民避水，居丘陵九萬七千餘口。

河平元年春，杜欽薦犍爲王延世於王鳳，使塞決河。鳳以延世爲河隄使者。延世以竹落長四丈，大九圍，盛以小石，兩船夾載而下之。三十六日河隄成。三月，詔以延世爲光禄大夫，秩中二千石，賜爵關内侯，黄金百斤。

（二）〔三〕年秋八月，河復決平原，流入濟南、千乘，所壞敗者半建始時。復遣王延世與丞相史楊焉及將作大匠許商、諫大夫乘馬延年同作治，六月乃成。復賜延世黄金百斤。治河卒非受平賈者，爲著外繇六月。

鴻嘉四年秋，勃海、清河、信都河水湓溢，灌縣邑三十一，敗官亭、民舍四萬餘所。平陵李尋等奏言：「議者常欲求索九河故迹而穿之。今因其自決，可且勿塞，以觀水勢，河欲居之，當稍自成川，跳出沙土，然後順天心而圖之，必有成功，而用財力寡。」於是遂止不塞。朝臣數言百姓可哀，上遣使者處業振贍之。

綏和二年九月，騎都尉平當使領河隄，奏：「九河今皆寘滅。按經義，治水有決河深川，而無隄防壅塞之文。河從魏郡以東北多溢决，水迹難以分明，四海之衆不可誣，宜博求能浚川疏河者。」上從之。

待詔賈讓奏言：「治河有上、中、下策。古者立國居民，疆理土地，必遺川澤之分，度水勢所不及。大川無防，小水得入，陂障卑下，以爲汙澤，使秋水多得其所休息，左右游波寬緩而不迫。夫土之有川，猶人之有口也；治土而防其川，猶止兒啼而塞其口，豈不遽止，然其死可立而待也。故曰：『善爲川者决之使道，善爲民者宣之使言。』蓋隄防之作，近起戰國，雍防百川，各以自利。齊與趙、魏以河爲竟，趙、魏瀕山，齊地卑下，作隄去河二十五里，河水東抵齊隄則西泛趙、魏；趙、魏亦爲隄去河二十五里，雖非其正，水尚有所遊盪，時至而去，則填淤肥美，民耕田之；或久無害，稍築宫宅，遂成聚落。大水時至漂没，則更起隄防以自救，稍去其城郭，排水澤而居之，湛溺自其宜也。今隄防狹者去水數百步，遠者數里，於故大隄之内復有數重，民居其間，此皆前世所排也。河從河内黎陽至魏郡昭陽，東西互有石隄，激水使還，百餘里間，河再西三東，迫阸如此，不得安息。今行上策，徙冀州之民當水衝者，决黎陽遮害亭，放河使北入海。河西薄大山，東薄金隄，勢不能遠，泛濫期月自定。難者將曰：『若如此，敗壞城郭、田廬、冢墓以萬數，百姓怨恨。』昔大禹治水，山陵當路者毁之，故鑿龍門，辟伊闕，析底柱，破碣石，墮斷天地之性，此乃人功所造，何足言也。今瀕河十郡，治隄歲費且萬萬，及其大決，所殘無數。如出數年治河之費，以業所徙之民，遵古聖之法，定山川之位，使神人各處其所而不相奸。且以大漢方制萬里，豈其與水争咫尺之地哉？此功一立，河定民安，千載無患，故謂之上策。若乃多穿漕渠於冀州地，使民得以溉田，分殺水怒。雖非聖人法，然亦救敗術也。可從淇口以東爲石隄，多張水門。恐議者疑河大川難禁制，滎陽漕渠足以卜之。冀州渠首盡當仰此水門。諸渠皆往往股引取之，旱則開東方下水門，溉冀州；水則開西方高門，分河流，民田適治，河隄亦成。此誠富國安民，興利除害，支數百歲，故謂之中策。若乃繕完故隄，增卑倍薄，勞費無已，數逢其害，此最下策也。」

平帝元始四年，王莽奏徵能治河者以百數，其大略異者，長水校尉平陵關並言：「河決率常於平原、東郡左右，其地形下而土疏惡。聞禹治河時，本空此地，以爲水猥盛則放溢，少稍自索，雖時易處，猶不能離此。上古難識。近察秦、漢以來，河決曹、衛之域，其南北不過百八十里，可空此地，勿以爲官亭、民室而已。」御史臨淮韓牧以爲：「可略於禹貢九河處穿之，縱不能爲九，但爲四、五宜有益。」大司空掾王横言：「河入勃海地，高於韓牧所欲穿處。往者天嘗連雨，東北風，海水溢，西南出寖數百里，九河之地已爲海所漸矣。禹之行河水，本隨西山下東北去，周譜云：『定王五年，河徙，』則今所行，非禹之所穿也。又秦攻魏，決河灌其都，決處遂大，不可復補。宜卻徙完平處，更開空，使緣西山足，乘高地而東北入海，乃無水災。」司空掾沛國桓譚典其議，爲甄豐言：「凡此數者，必有一是。宜詳考驗，皆可豫見。計定然後舉事，費不過數億萬，亦可以事諸浮食無產業民。空居與行役同當衣食，衣食縣官而爲之作，乃兩便，可以上繼禹功，下除民疾。」時莽但崇空語，無施行者。

王莽始建國三年。河決魏郡，泛清河以東數郡。先是，莽恐河決爲元城冢墓害，及決東去，元城不憂水，故遂不堤塞。

明帝永平十二年。初，平帝時河、汴決壞，久而不修。建武十年，光武欲修之，浚儀令樂俊上言：「民新被兵革，未宜興役。」乃止。其後汴渠東侵，日月彌廣，兗、豫百姓怨歎，以爲縣官恒興他役，不先民急。會有薦樂浪王景能治水者，夏四月，詔發卒數十萬，遣景與將作謁者王吳脩汴渠隄，自滎陽東至千乘海口千餘里，十里立一水門，令更相洄注，無復潰漏之患。景雖簡省役費，然猶以百億計焉。

十三年夏四月，汴渠成，河、汴分流，復其舊迹。

〔宋〕袁樞撰

通鑑紀事本末

卷第五至卷第八

中華書局

通鑑紀事本末卷第五

丁傅用事

漢成帝元延四年春正月，中山王興、定陶王欣皆來朝。中山王獨從傅，定陶王盡從傅、相、中尉。上怪之，以問定陶王，對曰：「令，諸侯王朝，得從其國二千石。傅、相、中尉皆國二千石，故盡從之。」上令誦詩，通習，能説。他日問中山王：「獨從傅，在何法令？」不能對；令誦尚書，又廢；及賜食於前，後飽；起下，韈係解。帝由此以爲不能，而賢定陶王，數稱其材。是時，諸侯王唯二人於帝爲至親。定陶王祖母傅太后隨王來朝。私賂遺趙皇后、昭儀及票騎將軍王根。后、昭儀、根見上無子，亦欲豫自結，爲長久計，皆更稱定陶王，勸帝以爲嗣。帝亦自美其材，爲加元服而遣之，時年十七矣。

綏和元年春正月，上召丞相翟方進、御史大夫孔光、右將軍廉褒、後將軍朱博入禁中，議中山、定陶王誰宜爲嗣者。方進、根、褒、博皆以爲：「定陶王，帝弟之子。禮曰：『昆弟之子猶子也，爲其後者爲之子也。』定陶王宜爲嗣。」光獨以爲：「禮，立嗣以親。以尚書盤庚殷之及王爲比，兄終弟及。中山王，先帝之子，帝親弟，宜爲嗣。」上以中山王不材，又禮，兄弟不得相入廟，不從光議。二月癸丑，詔立定陶王欣爲皇太子，封中山王舅諫大夫馮參爲宜鄉侯，益中山國三萬户以慰其意。使執金吾任宏守大鴻臚，持節徵定陶王。定陶王謝曰：「臣材質不足以假充太子之宫，臣願且得留國邸，旦夕奉問起居，俟有聖嗣，歸國守藩。」書奏，天子報聞。戊午。孔光以議不合意，左遷廷尉，何武爲御史大夫。

秋八月，中山孝王興薨。

冬十月，上以太子既奉大宗後，不得顧私親。十一月，立楚孝王孫景爲定陶王，以奉恭王後。初，太子之幼也，王祖母傅太后躬自養視。及爲太子，詔「傅太后與太子母丁姬自居定陶國邸，不得相見」。頃之，王太后欲令傅太后、丁姬十日一至太子家，帝曰：「太子承正統，當共養陛下，不得復顧私親。」王太后曰：「太子小而傅太后抱養之，今至太子家，以乳母恩耳，不足有所妨。」於是令傅太后得至太子家，丁姬以不養太子，獨不得。

二年三月丙戌。帝崩於未央宫。

夏四月丙午，太子即皇帝位，尊皇太后曰太皇太后。太皇太后令傅太后、丁姬十日一至未央宫。

有詔問丞相、大司空：「定陶共王太后宜當何居？」丞相孔光素聞傅太后爲人剛暴，長於權謀，自帝在襁褓，而養長教道至於成人，帝之立又有力。光心恐傅太后與政事，不欲與帝旦夕相近，即議以爲：「定陶太后宜改築宮。」大司空何武曰：「可居北宮。」上從武言。北宮有紫房複道通未央宮，傅太后果從複道朝夕至帝所，求欲稱尊號，貴寵其親屬，使上不得由直道行。高昌侯董宏希指，上書言：「秦莊襄王母本夏氏，而爲華陽夫人所子，及即位後，俱稱太后。宜立定陶共王后爲帝太后。」事下有司，大司馬王莽、左將軍、關內侯、領尚書事師丹劾奏宏：「知皇太后至尊之號，天下一統，而稱引亡秦以爲比諭，詿誤聖朝，非所宜言，大不道。」上新立，謙讓，納用莽、丹言，免宏爲庶人。傅太后大怒，要上，欲必稱尊號，上乃白太皇太后，令下詔尊定陶恭王爲恭皇。

五月丙戌，立皇后傅氏，傅太后從弟晏之子也。詔曰：「春秋，母以子貴。宜尊定陶太后曰恭皇太后，丁姬曰恭皇后，各置左右詹事，食邑如長信宮、中宮。」追尊傅父爲崇祖侯，丁父爲褒德侯；封舅丁明爲陽安侯，舅子滿爲平周侯，皇后父晏爲孔鄉侯，皇太后弟侍中、光祿大夫趙欽爲新城侯。

傅太后從弟右將軍喜，好學問，有志行，衆庶歸望於喜。初，上之官爵外親也，喜獨執謙稱疾。傅太后始與政事，數諫之，由是傅太后不欲令喜輔政。庚午，賜喜黄金百斤，上右將軍印綬，以光祿大夫養病。大司空何武、尚書令唐林皆上書言：「喜行義修潔，忠誠憂國，內輔之臣也。今以寢病一旦遣歸，衆庶失望，皆曰：『傅氏賢子，以論議不合於定陶太后，故退。』百寮莫不爲國恨之。忠臣，社稷之衛，魯以季友治亂，楚以子玉輕重，魏以無忌折衝，項以范增存亡。百萬之衆，不如一賢，故秦行千金以間廉頗，漢散萬金以疏亞父。喜立於朝，陛下之光輝，傅氏之廢興也。」上亦自重之，故尋復進用焉。

九月庚申，地震，自京師到北邊郡國三十餘處，壞城郭，凡壓殺四百餘人。上以災異問待詔李尋，對曰：「夫日者，衆陽之長，人君之表也。君不修道，則日失其度，暗昧無光。間者日尤不精，光明侵奪失色，邪氣珥蜺數作。小臣不知内事，竊以日視陛下，志操衰於始初多矣。唯陛下執乾剛之德，强志守度，毋聽女謁、邪臣之態，諸保阿、乳母甘言悲辭之託，斷而勿聽，勉强大誼，絶小不忍。良有不得已，可賜以貨財，不可私以官位，誠皇天之禁也。臣聞月者，衆陰之長，妃后、大臣、諸侯之象也。間者月數爲變，此爲母后與政亂朝，陰陽俱傷，兩不相便。外臣不知朝事，竊信天文，即如此，近臣已不足仗矣。唯陛下親求賢士，無强所惡，以崇社稷，尊强本朝。臣聞五行以水爲本，水爲準平，王道公正脩明，則百川理，落脈通；偏黨失綱，則涌溢爲敗。今汝、潁漂涌，與雨水並爲民害，此詩所謂『百川沸騰』，咎在皇甫卿士之屬。唯陛下少抑外親大臣。臣聞地道柔静，陰之常義也。間者關東地數震，宜務崇陽抑陰以救其咎，固志建威，閉絶私路，拔進英雋，退不任職，以强本朝。夫本强則精神折衝；本弱則招殃致凶，爲邪謀所陵。聞往者淮南王作謀之時，其所難者獨有汲黯，以爲公孫弘等不足言也。弘，漢之名相，於今無比，而尚見輕，何況無弘之屬乎？故曰朝廷無人，則爲賊亂所輕，其道自然也。」

冬十月癸酉，以師丹爲大司空。丹見上多所匡改成帝之政，乃上書言：「古者，諒闇不言，聽於冢宰；三年無改於父之道。前大行尸柩在堂，而官爵臣等以及親屬，赫然皆貴寵，封舅爲陽安侯，皇后尊號未定，豫封父爲孔鄉侯。出侍中王邑、射聲校尉王邯等，詔書比下，變動政事，卒暴無漸。臣縱不能明陳大義，復曾不能牢讓爵位，相隨空受封侯，增益陛下之過。聞者郡國多地動水出，流殺人民，日月不明，五星失行，此皆舉錯失中，號令不定，法度失理，陰陽溷濁之應也。臣伏惟人情無子，年雖六七十，猶博取而廣求。孝成皇帝深見天命，燭知至德，以壯年克己，立陛下爲嗣。先帝暴棄天下，而陛下繼體，四海安寧，百姓不懼，此先帝聖德，當合天人之功也。臣聞『天威不違顏咫尺』，願陛下深思先帝所以建立陛下之意，且克己躬行，以觀羣下之從化。天下者，陛下之家也，肺附何患不富貴，不宜倉卒若是，其不久長矣。」丹書數十上，多切直之言。

傅太后從弟子遷在左右，尤傾邪，上惡之，免官，遣歸故郡。傅太后怒，上不得已，復留遷。丞相光與大司空丹奏言：「詔書前後相反，天下疑惑，無所取信。臣請歸遷故郡，以銷姦黨。」卒不得遣，復爲侍中。其逼於傅太后，皆此類也。

哀帝建平元年正月丁酉，光禄大夫傅喜爲大司馬，封高武侯。

秋九月，郎中令泠褒、黄門郎段猶等復奏言：「定陶共皇太后、共皇后皆不宜復引定陶藩國之名以冠大號。車馬、衣服宜皆稱皇之意，置吏二千石以下，各供厥職。又宜爲共皇立廟京師。」上復下其議。羣下多順指，言「母以子貴，宜立尊號以厚孝道」。唯丞相光、大司馬喜、大司空丹以爲不可。丹曰：「聖王制禮，取法於天地。尊卑者，所以正天地之位，不可亂也。今定陶共皇太后、共皇后以『定陶共』爲號者，母從子、妻從夫之義也。欲立官置吏，車服與太皇太后並，非所以明『尊無二上』之義也。定陶共皇號謚已前定，義不得復改。禮『父爲士，子爲天子，祭以天子，其尸服以士服』。子無爵父之義，尊父母也。爲人後者爲之子，故爲所後服斬衰三年，而降其父母期，明尊本祖而重正統也。孝成皇帝聖恩深遠，故爲共王立後，奉承祭祀，令共皇長爲一國太祖，萬世不毁，恩義已備。陛下既繼體先帝，持重大宗，承宗廟、天地、社稷之祀，義不可復奉定陶共皇，祭入其廟。今欲立廟於京師，而使臣下祭之，是無主也。又親盡當毁，空去一國太祖不墮之祀，而就無主當毁不正之禮，非所以尊厚共皇也。」丹由是浸不合上意。

會有上書言：「古者以龜貝爲貨，今以錢易之，民以故貧，宜可改幣。」上以問丹，丹對言可改。章下有司議，皆以爲「行錢以來久，卒難變易」。丹老人，忘其前語，復從公卿議。又丹使吏書奏，吏私寫其草。丁、傅子弟聞之，使人上書告「丹上封事，行道人偏持其書」。上以問將軍、中朝臣，皆對曰：「忠臣不顯諫。大臣奏事，不宜漏泄，宜下廷尉治。」事下廷尉，劾丹大不敬，事未決，給事中、博士申咸、炔欽上書言：「丹經行無比，自近世大臣能若丹者少。發憤懣。奏封事，不及深思遠慮，使主簿書，漏泄之過不在丹，以此貶黜，恐不厭衆心。」上貶咸、欽秩各二等，遂策免丹曰：「朕惟君位尊任重，懷諼迷國，進退違命，反覆異言，甚爲君恥之！以君嘗託傅位，未忍考于理，其上大司空高樂侯印綬，罷歸。」

尚書令唐林上疏曰：「竊見免大司空丹策書，泰深痛切。君子作文，爲賢者諱。丹，經爲世儒宗，德爲國黄耇，親傅聖躬，位在三公，所坐者微，海内未見其大過。事既以往，免爵太重。京師識者咸以爲宜復丹爵邑，使奉朝請。唯陛下裁覽衆心，有以尉復師傅之臣。」上從林言，下詔賜丹爵關内侯。

二年，丁、傅宗族驕奢，皆嫉傅喜之恭儉。又傅太后欲求稱尊號，與成帝母齊尊。喜與孔光、師丹共執以爲不可。上重違大臣正議，又内迫傅太后，依違者連歲。傅太后大怒，上不得已，先免師丹以感動喜，喜終不順。朱博與孔鄉侯傅晏連結，共謀成尊號事，數燕見，奏封事，毀短喜及孔光。丁丑，上遂策免喜，以侯就第。

夏四月，傅太后又自詔丞相、御史大夫曰：「高武侯喜附下罔上，與故大司空丹同心背畔，放命圮族，不宜奉朝請，其遣就國。」丞相孔光自先帝時議繼嗣，有持異之隙，又重忤傅太后指，由是傅氏在位者與朱博爲表裏，共毁譖光。乙亥，策免光爲庶人。以御史大夫朱博爲丞相，封陽鄉侯。

朱博既爲丞相，上遂用其議，下詔曰：「定陶共皇之號，不宜復稱定陶；尊共皇太后曰帝太太后，稱永信宫；共皇后曰帝太后，稱中安宫；爲共皇立寢廟於京師，比宣帝父悼皇考制度。」於是四太后各置少府、太僕，秩皆中二千石。傅太后既尊後，尤驕，與太皇太后語，至謂之「嫗」。時丁、傅以一二年間暴興尤盛，爲公卿列侯者甚衆。然帝不甚假以權，勢不如王氏在成帝世也。

丞相博、御史大夫玄奏言：「前高昌侯宏，首建尊號之議，而爲關内侯師丹所劾奏，免爲庶人。時天下衰粗，委政於丹，丹不深惟褒廣尊號之義，而妄稱説，抑貶尊號，虧損孝道，不忠莫大焉。陛下仁聖，昭然定尊號，宏以忠孝復封高昌侯。丹惡逆暴著，雖蒙赦令，不宜有爵邑，請免爲庶人。」奏可。

諫大夫楊宣上封事言：「孝成皇帝深惟宗廟之重，稱述陛下至德以承天序，聖策深遠，恩德至厚。惟念先帝之意，豈不欲以陛下自代，奉承東宫哉。太皇太后春秋七十，數更憂傷，敕令親屬引領以避丁、傅，行道之人爲之隕涕。況於陛下時登高遠望，獨不慚於延陵乎！」帝深感其言，復封成都侯商中子邑爲成都侯。

六月庚申，帝太后丁氏崩，詔歸葬定陶共皇之園。

秋七月，傅太后怨傅喜不已，使孔鄉侯晏風丞相朱博令奏免喜侯。博與御史大夫趙玄議之，玄言：「事已前決，得無不宜？」博曰：「已許孔鄉侯矣。匹夫相要，尚相得死，何況至尊！博唯有死耳。」玄即許可。博惡獨斥奏喜，以故大司空氾鄉侯何武前亦坐過免就國，事與喜相似，即并奏：「喜、武前在位，皆無益於治，雖已退免，爵土之封，非所當也，皆請免爲庶人。」上知傅太后素常怨喜，疑博、玄承指，即召玄詣尚書問狀，玄辭服。有詔：「左將軍彭宣與中朝者雜問。」宣等奏劾「博、玄、晏皆不道，不敬，請召詣廷尉詔獄」。上減玄死罪三等，削晏户四分之一，假謁者節召丞相詣廷尉，博自殺，國除。

冬十月，上欲令丁、傅處爪牙官，以光禄勳丁望爲左將軍。

四年春正月，上欲封傅太后從父弟侍中、光禄大夫商，尚書僕射平陵鄭崇諫曰：「孝成皇帝封親舅五侯，天爲赤黄，晝昏，日中有黑氣。孔鄉侯，皇后父，高武侯以三公封，尚有因緣。今無故欲復封商，壞亂制度，逆天人之心，非傅氏之福也。臣願以身命當國咎。」崇因持詔書案起。傅太后大怒，曰：「何有爲天子乃反爲一臣所顓制邪！」二月癸卯，上遂下詔封商爲汝昌侯。夏六月，尊帝太太后爲皇太太后。

元壽元年春正月辛丑朔，詔將軍、中二千石舉明習兵法者各一人，因就拜孔鄉侯傅晏爲大司馬、衞將軍，陽安侯丁明爲大司馬、票騎將軍。

是日，日有食之。上詔公卿大夫悉心陳過失，又令舉賢良、方正、能直言者各一人。前涼州刺史杜鄴以方正對策曰：「臣聞陽尊陰卑，天之道也。是以男雖賤，各爲其家陽；女雖貴，猶爲其國陰。故禮明三從之義，雖有文母之德，必繫於子。昔鄭伯隨姜氏之欲，終有叔段篡國之禍。周襄王内迫惠后之難，而遭居鄭之危。漢興，吕太后權私親屬，幾危社稷。竊見陛下約儉正身，欲與天下更始，然嘉瑞未應，而日食、地震。案春秋災異，以指象爲言語。日食，明陽爲陰所臨。坤以法地，爲土，爲母，以安靜爲德。震，不陰之效也。占象甚明，臣敢不直言其事。昔曾子問從令之義，孔子曰：『是何言與！』善閔子騫守禮不苟從親，所行無非理者，故無可閒也。今諸外家昆弟，無賢不肖，並侍帷幄，布在列位，或典兵衞，或將軍屯，寵意并於一家，積貴之勢，世所希見、所希聞也。至乃並置大司馬、將軍之官，皇甫雖盛，三桓雖隆，魯爲作三軍，無以甚此。當拜之日，晻然日食。不在前後，臨事而發者，明陛下謙遜無專，承指非一，所言輒聽，所欲輒隨，有罪惡者不坐辜罰，無功能者畢受官爵，流漸積猥，過在於是，欲令昭昭以覺聖朝。昔詩人所刺，春秋所譏，指象如此，殆不在他。由後視前，忿邑非之；逮身所行，不自鏡見，則以爲可，計之過者。願陛下加致精誠，思承始初，事稽諸古，以厭下心，則黎庶羣生無不說喜。上帝百神收還威怒，禎祥福禄，何嫌不報。」

丁巳，皇太太后傅氏崩，合葬渭陵，稱孝元傅皇后。

二年六月戊午，帝崩於未央宮。大司馬王莽白太皇太后，以定陶共王太后與孔鄉侯晏同心合謀，背恩忘本，專恣不軌，徙孝哀皇后退就桂宮。傅氏、丁氏皆免官爵歸故郡，傅晏將妻子徙合浦。獨下詔褒揚傅喜曰：「高武侯喜姿性端慤，論議忠直，雖與故定陶太后有屬，終不順指從邪，介然守節，以故斥逐就國。傳不云乎：『歲寒然後知松柏之後凋也。』其還喜長安，位特進，奉朝請。」喜雖外見褒賞，孤立憂懼，後復遣就國，以壽終。莽又貶傅太后號爲定陶共王母，丁太后號曰丁姬。

平帝元始五年，莽奏言：「共王母、丁姬，前不臣妾，冢高與元帝山齊，懷帝太后、皇太后璽綬以葬。請發共王母及丁姬冢，取其璽綬。徙共王母歸定陶，葬共王冢次。」太后以爲既已之事，不須復發。莽固争之，太后詔因故棺改葬之。莽奏：「共王母及丁姬棺皆名梓宮，珠玉之衣，非藩妾服。請更以木棺代，去珠玉衣。葬丁姬媵妾之次。」奏可。公卿在位皆阿莽指，入錢帛、遣子弟及諸生、四夷凡十餘萬人，操持作具，助將作掘平共王母、丁姬故冢，周棘其處，以爲世戒云。

董賢嬖倖

漢哀帝建平四年二月，駙馬都尉、侍中雲陽董賢得幸於上，出則參乘，入御左右，賞賜累鉅萬，貴震朝廷。常與上卧起。嘗晝寢，偏藉上袖；上欲起，賢未覺，不欲動賢，乃斷袖而起。又詔賢妻得通引籍殿中，止賢廬。又召賢女弟以爲昭儀，位次皇后。昭儀及賢與妻旦夕上下，並侍左右。以賢父恭爲少府，賜爵關内侯。詔將作大匠爲賢起大第北闕下，重殿，洞門，土木之功，窮極技巧。賜武庫禁兵、上方珍寶。其選物上弟盡在董氏，而乘輿所服乃其副也。及至東園祕器、珠襦、玉柙，豫以賜賢，無不備具。又令將作爲賢起冢塋義陵旁，内爲便房，剛柏題湊，外爲徼道，周垣數里，門闕罘罳甚盛。鄭崇以賢貴寵過度諫上，由是重得罪。

三月，上欲侯董賢而未有緣，侍中傅嘉勸上定息夫躬、孫寵告東平本章，去宋弘，更言因董賢以聞，欲以其功侯之，皆先賜爵關内侯。頃之，上欲封賢等而心憚王嘉，乃先使孔鄉侯晏持詔書示丞相、御史。於是嘉與御史大夫賈延上封事言：「竊見董賢等三人始賜爵，衆庶匈匈，咸曰賢貴，其餘并蒙恩；至今流言未解。陛下仁恩於賢等不已，宜暴賢等本奏語言，延問公卿、大夫、博士、議郎，考合古今，明正其義，然後乃加爵土；不然，恐大失衆心，海内引領而議。暴評其事，必有言當封者，在陛下所從，天下雖不説，咎有所分，不獨在陛下。」上不得已，且爲之止。

秋八月辛卯，上下詔切責公卿曰：「昔楚有子玉得臣，晉文爲之側席而坐；近事，汲黯折淮南之謀。今東平王雲等至有圖弒天子逆亂之謀者，是公卿股肱，莫能悉心、務聰明以銷厭未萌故也。賴宗廟之靈，侍中、駙馬都尉賢等發覺以聞，咸伏厥辜。書不云乎，『用德章厥善』，其封賢爲高安侯。」

上使中黄門發武庫兵前後十輩，送董賢及上乳母王阿舍。執金吾毋將隆奏言：「武庫兵器，天下公用，國家武備，繕治造作，皆度大司農錢。大司農錢，自乘輿不以給共養；共養勞賜，一出少府。蓋不以本藏給末用，不以民力共浮費，別公私，示正路也。古者諸侯、方伯得顓征伐，乃賜斧鉞，漢家邊吏職任距寇，亦賜武庫兵，皆任事然後蒙之。春秋之誼，家不藏甲，所以抑臣威損私力也。今賢等便僻弄臣，私恩微妾，而以天下公用給其私門，契國威器，共其家備，民力分於弄臣，武兵設於微妾，建立非宜，以廣驕僭，非所以示四方也。孔子曰：『奚取於三家之堂！』臣請收還武庫。」上不説。

諫大夫渤海鮑宣上書曰：「竊見孝成皇帝時，外親持權，人人牽引所私以充塞朝廷，妨賢人路，濁亂天下，奢泰無度，窮困百姓，是以日食且十，彗星四起。危亡之徵，陛下所親見也。今奈何反覆劇於前乎？今民有七亡：陰陽不和，水旱爲災，一亡也。縣官重責，更賦租税，二亡也。貪吏並公，受取不已，三亡也。豪强大姓，蠶食無厭，四亡也。苛吏繇役，失農桑時，五亡也。部落鼓鳴，男女遮列，六亡也。盜賊劫略，取民財物，七亡也。七亡尚可，又有七死：酷吏毆殺，一死也。治獄深刻，二死也。冤陷無辜，三死也。盜賊横發，四死也。怨讎相殘，五死也。歲惡飢餓，六死也。時氣疾疫，七死也。民有七亡而無一得，欲望國安，誠難；民有七死而無一生，欲望刑措，誠難。此非公卿、守相貪殘成化之所致邪！羣臣幸得居尊官，食重禄，豈有肯加惻隱於細民，助陛下流教化者邪！志但在營私家，稱賓客，爲姦利而已。以苟容曲從爲賢，以拱默尸禄爲智，謂如臣宣等爲愚。陛下擢臣巖穴，誠冀有益毫毛，豈徒欲使臣美食大官，重高門之地哉！天下，乃皇天之天下也。陛下上爲皇天子，下爲黎庶父母，奈何獨私養外親與幸臣董賢，多賞賜以大萬數，使奴從、賓客，漿酒藿肉，蒼頭廬兒，皆用致富，非天意也。」宣語雖刻切，上以宣名儒，優容之。

元壽元年春正月，丞相嘉奏封事曰：「陛下在國之時，好詩、書，尚儉節，徵來，所過道上稱誦德美，此天下所以回心也。初即位，易帷帳，去錦繡，乘輿席緣綈繒而已。共皇寢廟比當作，憂閔元元，惟用度不足，以義割恩，輒且止息，今始作治。而駙馬都尉董賢亦起官寺上林中，又爲賢治大第，開門鄉北闕，引王渠灌園池，使者護作，賞賜吏卒，甚於治宗廟。賢母病，長安廚給祠具，道中過者皆飲食。爲賢治器，器成，奏御乃行。或物好，特賜其工，自貢獻宗廟、三宮，猶不至此。賢家有賓婚及見親，諸官並共，賜及倉頭、奴婢人十萬錢。使者護視、發取市物，百賈震動，道路讙譁，羣臣惶惑。詔書罷苑，而以賜賢二千餘頃，均田之制從此墮壞。奢僭放縱，變亂陰陽，災異衆多，百姓訛言，持籌相驚，天惑其意，不能自止。陛下素仁智慎事，今而有此大譏。孔子曰：『危而不持，顛而不扶，則將安用彼相矣！』臣嘉幸得備位，竊内悲傷，不能通愚忠之信，身死有益於國，不敢自惜。唯陛下慎己之所獨鄉，察衆人之所共疑。往者寵臣鄧通、韓嫣，驕貴失度，逸豫無厭，小人不勝情欲，卒陷罪辜，亂國亡軀，不終其祿，所謂『愛之適足以害之』者也。宜深覽前世，以節賢寵，全安其命。」上由是於嘉浸不說。

鮑宣上書曰：「陛下父事天，母事地，子養黎民。即位已來，父虧明，母震動，子訛言相驚恐。今日食於三始，誠可畏懼。小民正朔日尚恐毀敗器物，何況於日虧乎？陛下深内自責，避正殿，舉直言，求過失，罷退外親及旁仄素餐之人，徵拜孔光爲光祿大夫，發覺孫寵、息夫躬過惡，免官遣就國，衆庶歙然，莫不說喜。天人同心，人心說則天意解矣。

乃二月丙戌，白虹干日，連陰不雨，此天下憂結未解，民有怨望未塞者也。侍中、駙馬都尉董賢，本無葭莩之親，但以令色諛言自進，賞賜無度，竭盡府藏，并合三第，尚以爲小，復壞暴室。賢父、子坐使天子使者，將作治第，行夜吏卒皆得賞賜，上冢有會，輒太官爲供。海内貢獻，當養一君，今反盡之賢家，豈天意與民意邪！天不可久負，厚之如此，反所以害之也。誠欲哀賢，宜爲謝過天地，解讎海内，免遣就國，收乘輿器物，還之縣官，如此，可以父子終其性命；不者，海内之所仇，未有得久安者也。孫寵、息夫躬不宜居國，可皆免以視天下。復徵何武、師丹、彭宣、傅喜，曠然使民易視，以應天心，建立大政，興太平之端。」

上感大異，納宣言，徵何武、彭宣。拜鮑宣爲司隸。

上託傅太后遺詔，令太皇太后下丞相、御史，益封董賢二千户，及賜孔鄉侯、汝昌侯、陽新侯國。王嘉封還詔書，因奏封事諫曰：「臣聞爵禄、土地，天之有也。書云：『天命有德，五服五章哉。』王者代天爵人，尤宜慎之。裂地而封，不得其宜，則衆庶不服，感動陰陽，其害疾自深。今聖體久不平，此臣嘉所内懼也。高安侯賢，佞幸之臣，陛下傾爵位以貴之，單貨財以富之，損至尊以寵之，主威已黜，府藏已竭，唯恐不足。財皆民力所爲，孝文皇帝欲起露臺，重百金之費，克己不作。今賢散公賦以施私惠，一家至受千金，往古以來，貴臣未嘗有此，流聞四方，皆同怨之。里諺曰『千人所指，無病而死』，臣常爲之寒心。今太皇太后以永信太后遺詔詔丞相、御史，益賢户，賜三侯國，臣嘉竊惑。山崩、地動、日食於三朝，背陰侵陽之戒也。前賢已再封，晏、商再易邑，業縁私横求，恩已過厚，求索自恣，不知厭足，甚傷尊尊之義，不可以示天下，爲害痛矣。臣驕侵罔，陰陽失節，氣感相動，害及身體。陛下寢疾久不平，繼嗣未立，宜思正萬事，順天人之心，以求福祐，奈何輕身肆意，不念高祖之勤苦，垂立制度，欲傳之於無窮哉！臣謹封上詔書，不敢露見，非愛死而不自法，恐天下聞之，故不敢自劾。」

初，廷尉梁相治東平王雲獄時，冬月未盡二旬，而相心疑雲冤獄，有飾辭，奏欲傳之長安，更下公卿覆治。尚書令鞫譚、僕射宗伯鳳以爲可許。天子以爲相等皆見上體不平，外内顧望，操持兩心，幸雲踰冬，無討賊疾惡主讎之意，免相等皆爲庶人。後數月，大赦，嘉薦「相等皆有材行，聖王有計功除過，臣竊爲朝廷惜此三人」。書奏，上不能平。後二十餘日，嘉封還益董賢户事，上乃發怒，召嘉詣尚書，責問，以「相等前坐不忠，罪惡著聞，君時輒已自劾；今又稱譽云『爲朝廷惜之』，何也？」嘉免冠謝罪。

事下將軍朝者，光禄大夫孔光等劾「嘉迷國罔上，不道，請謁者召嘉詣廷尉詔獄」。議郎龔等以爲「嘉言事前後相違，宜奪爵土，免爲庶人」。永信少府猛等以爲「嘉罪名雖應法，大臣括髮關械，裸躬就笞，非所以重國，褒宗廟也」。上不聽。

三月，詔假謁者節，召丞相詣廷尉詔獄。使者既到，府掾、史涕泣，共和藥進嘉，嘉不肯服。主簿曰：「將相不對理陳冤，相踵以爲故事，君侯宜引決。」使者危坐府門上，主簿復前進藥。嘉引藥杯以擊地，謂官屬曰：「丞相幸得備位三公，奉職負國，當伏刑都市，以示萬衆。丞相豈兒女子邪，何謂咀藥而死！」嘉遂裝，出見使者，再拜受詔，乘吏小車，去蓋，不冠，隨使者詣廷尉。廷尉收嘉丞相、新甫侯印綬，縛嘉載致都船詔獄。上聞嘉生自詣吏，大怒，使將軍以下與五二千石雜治。吏詰問嘉，對曰：「案事者思得實。竊見相等前治東平王獄，不以雲爲不當死，欲關公卿，示重慎，誠不見其外内顧望、阿附爲雲驗，復幸得蒙大赦。相等皆良善吏，臣竊爲國惜賢，不私此三人。」獄吏曰：「苟如此，則君何以爲罪？猶當有以負國，不空入獄矣。」吏稍侵辱嘉，嘉喟然仰天歎曰：「幸得充備宰相，不能進賢退不肖，以是負國，死有餘責。」吏問賢、不肖主名。嘉曰：「賢，故丞相孔光、故大司空何武，不能進；惡，高安侯董賢父子，佞邪亂朝，而不能退。罪當死，死無所恨。」嘉繫獄二十餘日，不食，歐血而死。

十二月庚子，以侍中、駙馬都尉董賢爲大司馬、衛將軍，册曰：「建爾于公，以爲漢輔。往悉爾心，匡正庶事，允執其中。」是時賢年二十二，雖爲三公，常給事中，領尚書〔事〕，百官因賢奏事。以父衛尉恭不宜在卿位，徙爲光禄大夫、秩中二千石。弟寬信代賢爲駙馬都尉，董氏親屬皆侍中、諸曹、奉朝請，寵在丁、傅之右矣。

初，丞相孔光爲御史大夫，賢父恭爲御史，事光；及賢爲大司馬，與光並爲三公，上故令賢私過光。光雅恭謹，知上欲尊寵賢。及聞賢當來也，光警戒衣冠出門待，望見賢車乃卻入。賢至中門，光入閤，既下車，乃出，拜謁、送迎甚謹，不敢以賓客鈞敵之禮。上聞之，喜，立拜光兩兄子爲諫大夫、常侍。賢由是權與人主侔矣。

是時，成帝外家王氏衰廢，唯平阿侯譚子去疾爲侍中，弟閎爲中常侍。閎妻父中郎將蕭咸，前將軍望之子也。賢父恭慕之，欲爲子寬信求咸女爲婦，使閎言之。咸惶恐不敢當，私謂閎曰：「董公爲大司馬，册文言『允執其中』，此乃堯禪舜之文，非三公故事，長老見者莫不心懼。此豈家人子所能堪邪！」閎性有知略，聞咸言，心亦悟，乃還報恭，深達咸自謙薄之意。恭歎曰：「我家何用負天下，而爲人所畏如是！」意不說。後上置酒麒麟殿，賢父子、親屬宴飲，侍中、中常侍皆在側。上在酒所，從容視賢笑曰：「吾欲法堯禪舜，何如？」王閎進曰：「天下乃高皇帝天下，非陛下之有也。陛下承宗廟，當傳子孫於無窮，統業至重，天子無戲言。」上默然不說。左右皆恐，於是遣閎出歸郎署。

久之，太皇太后爲閎謝，復召閎還。閎遂上書諫曰：「臣聞王者立三公，法三光，居之者當得賢人。易曰『鼎折足，覆公餗』，喻三公非其人也。昔孝文皇帝幸鄧通，不過中大夫，武皇帝幸韓嫣，賞賜而已，皆不在大位。今大司馬、衛將軍董賢，無功於漢朝，又無肺腑之連，復無名迹高行以矯世，昇擢數年，列備鼎足，典衛禁兵，無功封爵，父子、兄弟橫蒙拔擢，賞賜空竭帑臧，萬民諠譁，偶言道路，誠不當天心也。昔褒神蚖變化爲人，實生褒姒，亂周國。恐陛下有過失之譏，賢有小人不知進退之禍，非所以垂法後世也。」上雖不從閎言，多其年少志强，亦不罪也。

二年春正月，匈奴單于及烏孫來朝。單于宴見，羣臣在前，單于怪董賢年少，以問譯。上令譯報曰：「大司馬年少，以大賢居位。」單于乃起，拜賀漢得賢臣。

夏五月甲子，正三公官分職。大司馬、衛將軍董賢爲大司馬。

六月戊午，帝崩於未央宮。太皇太后聞帝崩，召大司馬賢，引見東箱，問以喪事調度。賢內憂，不能對，免冠謝。太后曰：「新都侯莽前以大司馬奉送先帝大行，曉習故事，吾令莽佐君。」賢頓首：「幸甚。」太后遣使者馳召莽，詔尚書，諸發兵符節、百官奏事、中黄門、期門兵皆屬莽。莽以太后指，使尚書劾賢，帝病不親醫藥，禁止賢不得入宮殿司馬中。賢不知所爲，詣闕免冠徒跣謝。己未，莽使謁者以太后詔即闕下册賢曰：「賢年少，未更事理，爲大司馬不合衆心，其收大司馬印綬，罷歸第。」即日，賢與妻皆自殺，家惶恐，夜葬。莽疑其詐死，有司奏請發賢棺，至獄診視，因埋獄中。莽又奏董賢父子驕恣奢僭，請收没入財物縣官。諸以賢爲官者，皆免。父恭、弟寬信與家屬徙合浦，母別歸故郡鉅鹿。長安中小民讙譁，鄉其第哭，幾獲盜之。縣官斥賣董氏財凡四十三萬萬。賢所厚吏沛朱詡自劾去大司馬府，買棺衣，收賢屍葬之。莽聞之，以他罪擊殺詡。

王莽篡漢

漢宣帝甘露三年，太子所幸司馬良娣死，太子悲恚不樂。帝乃命皇后擇後宮家人子可以娛侍太子者，得元城王政君，送太子宮。政君，故繡衣御史賀之孫女也。是歲，生成帝於甲館畫堂，爲世適皇孫。帝愛之，自名曰驁，字大孫。

元帝初元（元）〔二〕年夏四月丁巳，立子驁爲皇太子。

竟寧元年。初，太子少好經書，寬博謹慎；其後幸酒，樂燕樂，上不以爲能。而山陽王康有材藝，母昭儀又愛幸，上以故常有意欲以山陽爲嗣。及上寢疾，傅昭儀、山陽王康常在左右，而皇后、太子希得進見。上數問尚書以景帝時立膠東王故事。是時，太子長舅陽平侯鳳爲衛尉、侍中，與皇后、太子皆憂，不知所出。史丹以親密臣得侍疾，候上間獨寢時，丹直入卧内，頓首伏青蒲上，涕泣言曰：「皇太子以適長立，積十餘年，名號繫於百姓，天下莫不歸心。今者道路流言，爲國生意，以爲太子有動摇之議。審若此，公卿以下必以死争，不奉詔。臣願先賜死以示羣臣。」上意大感寤，太子由是遂定。

五月壬辰，帝崩於未央宫。六月己未，太子即皇帝位，以元舅侍中、衛尉、陽平侯王鳳爲大司馬、大將軍、領尚書事。

成帝建始元年春正月壬子，封舅諸吏、光禄大夫、關内侯王崇爲安成侯，賜舅譚、商、立、根、逢時爵關内侯。夏四月，黄霧四塞，詔博問公卿大夫，無有所諱。諫大夫楊興、博士駟勝等對，皆以爲陰盛侵陽之氣也。高祖之約，非功臣不侯；今太后諸弟皆以無功爲侯，外戚未曾有也，故天爲見異。於是大將軍鳳懼，上書乞骸骨，辭職。上優詔不許。

三年，上專欲委任王鳳。八月，策免車騎將軍許嘉，以特進侯就朝位。

四年夏，上悉召前所舉直言之士，詣白虎殿對策。是時上委政王鳳，議者多歸咎焉。谷永知鳳方見柄用，陰欲自託，乃曰：「方今四夷賓服，皆爲臣妾，北無薰粥、冒頓之患，南無趙佗、吕嘉之難，三垂晏然，靡有兵革之警。諸侯大者乃食數縣，漢吏制其權柄，不得有爲，無吴、楚、燕、梁之勢。百官盤互，親疏相錯，骨肉大臣有申伯之忠，洞洞屬屬，小心畏忌，無重合、安陽、博陸之亂。三者無毛髮之辜，竊恐陛下舍昭昭之白過，忽天地之明戒，聽晻昧之瞽説，歸咎乎無辜，倚異乎政事，重失天心，不可之大者也。」上擢永爲光禄大夫。

河平二年六月，上悉封諸舅：王譚爲平阿侯，商爲成都侯，立爲紅陽侯，根爲曲陽侯，逢時爲高平侯。五人同日封，故世謂之「五侯」。

三年，劉向以王氏權位太盛，而上方嚮詩、書古文，向乃因尚書洪範，集合上古以來歷春秋、六國至秦、漢符瑞、災異之記，推迹行事，連傳禍福，著其占驗，比類相從，各有條目，凡十一篇，號曰洪範五行傳論，奏之。天子心知向忠精，故爲鳳兄弟起此論也，然終不能奪王氏權。

四年三月，琅邪太守楊肜與王鳳連昏，其郡有災害，丞相王商按問之。鳳以爲請，商不聽，竟奏免肜，奏果寢不下。鳳以是怨商，陰求其短，使頻陽耿定上書，言「商與父傅婢通，及女弟淫亂，奴殺其私夫，疑商教使」。天子以爲暗昧之過，不足以傷大臣。鳳固爭，下其事司隸。太中大夫蜀郡張匡，素佞巧，復上書極言詆毀商。有司奏請召商詣詔獄。上素重商，知匡言多險，制曰「勿治」，鳳固争之。

夏四月壬寅，詔收商丞相印綬。商免相三日，發病，歐血薨，謚曰戾侯。而商子弟親屬爲駙馬都尉、侍中、中常侍、諸曹、大夫、郎吏者，皆出補吏，莫得留給事、宿衛者。有司奏請除國邑；有詔：「長子安嗣爵爲樂昌侯。」

陽朔元年冬，京兆尹泰山王章下獄，死。時大將軍鳳用事，上謙讓無所顓。左右嘗薦光禄大夫劉向少子歆通達有異材，上召見，歆誦讀詩賦，甚説之，欲以爲中常侍。召取衣冠，臨當拜，左右皆曰：「未曉大將軍。」上曰：「此小事，何須關大將軍！」左右叩頭爭之，上於是語鳳，鳳以爲不可，乃止。

王氏子弟皆卿、大夫、侍中、諸曹，分據勢官，滿朝廷。杜欽見鳳專政泰重，戒之曰：「願將軍由周公之謙懼，損穰侯之威，放武安之欲，毋使范雎之徒得間其説。」鳳不聽。

時上無繼嗣，體常不平。定陶共王來朝，太后與上承先帝意，遇共王甚厚，賞賜十倍於他王，不以往事爲纖介，留之京師，不遣歸國。上謂共王：「我未有子，人命不諱，一朝有他，且不復相見，爾長留侍我矣。」其後天子疾益有瘳，共王因留國邸，旦夕侍上，上甚親重之。大將軍鳳心不便共王在京師，會日食，鳳因言：「日食，陰盛之象。定陶王雖親，於禮當奉藩在國。今留侍京師，詭正非常，故天見戒，宜遣王之國。」上不得已於鳳而許之。共王辭去，上與相對涕泣而決。

王章素剛直敢言，雖爲鳳所舉，非鳳專權，不親附鳳。乃奏封事，言「日食之咎，皆鳳專權蔽主之過」。上召見章，延問以事。章對曰：「天道聰明，佑善而災惡，以瑞異爲符效。今陛下以未有繼嗣，引近定陶王，所以承宗廟，重社稷，上順天心，下安百姓，此正議善事，當有祥瑞，何故致災異！災異之發，爲大臣顓政者也。今聞大將軍猥歸日食之咎於定陶王，建遣之國，苟欲使天子孤立於上，顓擅朝事以便其私，非忠臣也。且日食，陰侵陽、臣顓君之咎。今政事大小皆自鳳出，天子曾不壹舉手，鳳不内省責，反歸咎善人，推遠定陶王。且鳳誣罔不忠，非一事也。前丞相樂昌侯商，本以先帝外屬，内行篤，有威重，位歷將相，國家柱石臣也。其人守正，不肯屈節隨鳳委曲，卒用閨門之事爲鳳所罷，身以憂死，衆庶愍之。又鳳知其小婦弟張美人已嘗適人，於禮不宜配御至尊，託以爲宜子，内之後宫，苟以私其妻弟，聞張美人未嘗任身就館也。且羌胡尚殺首子以盪腸正世，況於天子，而近已出之女也！此三者皆大事，陛下所自見，足以知其餘及他所不見者。鳳不可令久典事，宜退使就第，選忠賢以代之。」

自鳳之白罷商，後遣定陶王也，上不能平。及聞章言，天子感寤，納之，謂章曰：「微京兆尹直言，吾不聞社稷計。且唯賢知賢，君試爲朕求可以自輔者。」於是章奏封事，薦信都王舅琅邪太守馮野王忠信質直，智謀有餘。上自爲太子時，數聞野王名，方倚欲以代鳳。章每召見，上輒辟左右。時太后從弟子侍中音獨側聽，具知章言，以語鳳。鳳聞之，甚憂懼。杜欽令鳳稱病出就第，上疏乞骸骨，其辭指甚哀。太后聞之，爲垂涕，不御食。上少而親倚鳳，弗忍廢，乃優詔報鳳强起之。於是鳳起視事。

上使尚書劾奏章：「知野王前以王舅出補吏而私薦之，欲令在朝阿附諸侯。又知張美人體御至尊，而妄稱引羌胡殺子盪腸，非所宜言。」下章吏。廷尉致其大逆罪，以爲「比上夷狄，欲絶繼嗣之端。背畔天子，私爲定陶王」。章竟死獄中，妻子徙合浦。自是公卿見鳳，側目而視。

馮野王懼不自安，遂病，滿三月，賜告，與妻子歸杜陵就醫藥。大將軍鳳風御史中丞劾奏：「野王賜告養病而私自便，持虎符出界歸家，奉詔不敬。」杜欽奏記於鳳曰：「二千石病，賜告得歸，有故事；不得去郡，無著令。傳曰『賞疑從予』，所以廣恩勸功也；『罰疑從去』，所以慎刑，闕難知也。今釋令與故事而假不敬之法，甚違闕疑從去之意。即以二千石守千里之地，任兵馬之重，不宜去郡，將以制刑爲後法者，則野王之罪在未制令前也。刑賞大信，不可不慎。」鳳不聽，竟免野王官。

時衆庶多冤王章譏朝廷者，欽欲救其過，復説鳳曰：「京兆尹章所坐事密，自京師不曉，況於遠方！恐天下不知章實有罪，而以爲坐言事。如是，塞争引之原，損寬明之德。欽愚以爲宜因章事舉直言極諫，並見郎從官，展盡其意，加於往前，以明示四方，使天下咸知主上聖明，不以言罪下也。若此，則流言消釋，疑惑著明。」鳳白行其策焉。

二年夏四月丁卯，以侍中太僕王音爲御史大夫。於是王氏愈盛，郡國守相、刺史皆出其門下。五侯羣弟争爲奢侈，賂遺珍寶，四面而至，皆通敏人事，好士養賢，傾財施予以相高尚，賓客滿門，競爲之聲譽。劉向謂陳湯曰：「今災異如此，而外家日盛，其漸必危劉氏。吾幸得以同姓末屬，累世蒙漢厚恩，身爲宗室遺老，歷事三主。上以我先帝舊臣，每進見，常加優禮。吾而不言，孰當言者！」遂上封事極諫曰：「臣聞人君莫不欲安，然而常危；莫不欲存，然而常亡；失御臣之術也。夫大臣操權柄，持國政，未有不爲害者也。故書曰『臣之有作威作福，害於而家，凶於而國』。孔子曰『禄去公室，政逮大夫』，危亡之兆也。今王氏一姓，乘朱輪華轂者二十三人，青、紫、貂、蟬充盈幄内，魚鱗左右。大將軍秉事用權，五侯驕奢僭盛，並作威福，擊斷自恣，行汙而寄治，身私而託公，依東宫之尊，假甥舅之親，以爲威重。尚書、九卿、州牧、郡守皆出其門，管執樞機，朋黨比周。稱譽者登進，忤恨者誅傷；游談者助之説，執政者爲之言。排擯宗室，孤弱公族，其有智能者，尤非毁而不進。遠絶宗室之任，不令得給事朝省，恐其與己分權。數稱燕王、蓋主以疑上心，避諱吕、霍而弗肯稱。内有管、蔡之萌，外假周公之論，兄弟據重，宗族盤互，歷上古至秦、漢，外戚僭貴未有如王氏者也。物盛必有非常之變先見，爲其人徵象。孝昭帝時，冠石立於泰山，仆柳起於上林，而孝宣帝即位。今王氏先祖墳墓在濟南者，其梓柱生枝葉，扶疏上出屋，根臿地中，雖立石起柳，無以過此之明也。事勢不兩大，王氏與劉氏亦且不並立，如下有泰山之安，則上有累卵之危。陛下爲人子孫，守持宗廟，而令國祚移於外親，降爲皁隸，縱不爲身，奈宗廟何！婦人內夫家而外父母家，此亦非皇太后之福也。孝宣皇帝不與舅平昌侯權，所以全安之也。夫明者起福於無形，銷患於未然，宜發明詔，吐德音，援近宗室，親而納信，黜遠外戚，毋授以政，皆罷令就第，以則效先帝之所行，厚安外戚，全其宗族，誠東宮之意，外家之福也。王氏永存，保其爵禄，劉氏長安，不失杜稷，所以褒睦外內之姓，子子孫孫無疆之計也。如不行此策，田氏復見於今，六卿必起於漢，爲後嗣憂，昭昭甚明，唯陛下深留聖思。」書奏，天子召見向，歎息悲傷其意，謂曰：「君且休矣，吾將思之。」然終不能用其言。

三年秋，王鳳疾，天子數自臨問，親執其手涕泣曰：「將軍病，如有不可言，平阿侯譚次將軍矣！」鳳頓首泣曰：「譚等雖與臣至親，行皆奢僭，無以率導百姓，不如御史大夫音謹敕，臣敢以死保之。」及鳳且死，上疏謝上，復固薦音自代，言譚等五人必不可用。天子然之。初，譚倨不肯事鳳，而音敬鳳，卑恭如子，故鳳薦之。八月丁巳，鳳薨。九月甲子，以王音爲大司馬、車騎將軍，而王譚位特進，領城門兵。安定太守谷永以譚失職，勸譚辭讓，不受城門職。由是譚、音相與不平。

鴻嘉元年，王音既以從舅越親用事，小心親職。上以音自御史大夫入爲將軍，不獲宰相之封，六月乙巳，封音爲安陽侯。

三年，王氏五侯爭以奢侈相尚。成都侯商嘗病，欲避暑，從上借明光宮。後又穿長安城，引内灃水注第中大陂以行船，立羽蓋，張周帷，楫棹越歌。上幸商第，見穿城引水，意恨，内銜之未言。後微行出，過曲陽侯第，又見園中土山，漸臺，象白虎殿，於是上怒，以讓車騎將軍音。商、根兄弟欲自黥、劓以謝太后。上聞之，大怒，乃使尚書責問司隸校尉、京兆尹，知成都侯商等奢僭不軌，藏匿姦猾，皆阿縱，不舉，奏正法。二人頓首省户下。又賜車騎將軍音策書曰：「外家何甘樂禍敗，而欲自黥、劓相戮辱於太后前，傷慈母之心，以危亂國家！外家宗族强，上一身寖弱日久，今將一施之，君其召諸侯，令待府舍。」是日，詔尚書奏文帝時誅將軍薄昭故事。車騎將軍音籍稾請罪，商、立、根皆負斧質謝，良久乃已。上特欲恐之，實無意誅也。

四年，平阿安侯王譚薨，上悔廢譚使不輔政而薨也，乃復成都侯商，以特進領城門兵，置幕府，得舉吏如將軍。魏郡杜鄴時爲郎，素善車騎將軍音，見音前與平阿侯有隙，即説音曰：「夫戚而不見殊，孰能無怨！昔秦伯有千乘之國而不能容其母弟，春秋譏焉。周、召則不然，忠以相輔，義以相匡，同己之親，等己之尊，不以聖德獨兼國寵，又不爲長專受榮任，分職於陝，並爲弼疑，故内無感恨之隙，外無侵侮之羞，俱享天祐，兩荷高名者，蓋以此也。竊見成都侯以特進領城門兵，復有詔得舉吏如五府，此明詔所欲寵也。將軍宜承順聖意，加異往時，每事凡議，必與及之。發於至誠，則孰不說諭。」音甚嘉其言，由是與成都侯商親密。二人皆重鄴。

永始元年。初，太后兄弟八人，獨弟曼早死，不侯，太后憐之。曼寡婦渠供養東宮，子莽幼孤，不及等比，其羣兄弟皆將軍、五侯子，乘時侈靡，以輿馬聲色佚游相高。莽因折節爲恭儉，勤身博學，被服如儒生，事母及寡嫂，養孤兄子，行甚敕備。又外交英俊，内事諸父，曲有禮意。大將軍鳳病，莽侍疾，親嘗藥，亂首垢面，不解衣帶連月。鳳且死，以託太后及帝。拜爲黄門郎，遷射聲校尉。久之，叔父成都侯商上書，願分户邑以封莽。長樂少府戴崇、侍中金涉、中郎陳湯等皆當世名士，咸爲莽言，上由是賢莽，太后又數以爲言。

五月乙未，封莽爲新都侯，遷騎都尉、光禄大夫、侍中。宿衛謹敕，爵位益尊，節操愈謙，散輿馬、衣裘振施賓客，家無所餘。收贍名士，交結將、相、卿、大夫甚衆。故在位更推薦之，游者爲之談説，虚譽隆洽，傾其諸父矣。敢爲激發之行，處之不慚恧。嘗私買侍婢，昆弟或頗聞知，莽因曰：「後將軍朱子元無子，莽聞此兒種宜子，爲買之。」即日以婢奉朱博。其匿情求名如此。

二年春正月己丑，安陽敬侯王音薨。王氏唯音爲修整，數諫正，有忠直節。

三月丁酉，以成都侯王商爲大司馬、衛將軍；紅陽侯王立位特進，領城門兵。

冬十一月，衛將軍王商惡陳湯，奏「湯妄言昌陵且復發徙。又言黑龍冬出，微行數出之應」。廷尉奏湯非所宜言，大不敬。詔以湯有功，免爲庶人，徙邊。

初，少府陳咸、衛尉逢信，官簿皆在翟方進之右。方進晚進，爲京兆尹，與咸厚善。及御史大夫缺，三人皆名卿，俱在選中，而方進得之。會丞相薛宣得罪，與方進相連，上使五二千石雜問丞相、御史，咸詰責方進，冀得其處，方進心恨。陳湯素以材能得幸於王鳳及王音，咸、信皆與湯善，湯數稱之於鳳、音所，以此得爲九卿。及王商黜逐湯，方進因奏「咸、信附會湯以求薦舉，苟得無恥」。皆免官。

三年十二月，故南昌尉九江梅福上書曰：「昔高祖納善若不及，從諫若轉圜，聽言不求其能，舉功不考其素，陳平起於亡命而爲謀主，韓信拔於行陳而建上將。故天下之士雲合歸漢，爭進奇異，知者竭其策，愚者盡其慮，勇士極其節，怯夫勉其死。合天下之知，并天下之威，是以舉秦如鴻毛，取楚若拾遺，此高祖所以無敵於天下也。孝武皇帝好忠諫，說至言，出爵不待廉、茂，慶賜不須顯功，是以天下布衣各厲志竭精以赴闕廷，自衒鬻者不可勝數。漢家得賢，於此爲盛。使孝武皇帝聽用其計，升平可致，於是積尸暴骨，快心胡、越，故淮南王安緣間而起。所以計慮不成而謀議泄者，以衆賢聚於本朝，故其大臣勢陵，不敢和從也。方今布衣乃窺國家之隙，見間而起者，蜀郡是也。及山陽亡徒蘇令之羣，蹈藉名都、大郡，求黨與，索隨和，而無逃匿之意，此皆輕量大臣，無所畏忌，國家之權輕，故匹夫欲與上爭衡也。士者，國之重器，得士則重，失士則輕。詩云『濟濟多士，文王以寧』。廟堂之議，非草茅所言也。臣誠恐身塗野草，尸并卒伍，故數上書求見，輒報罷。臣聞齊桓之時，有以九九見者，桓公不逆，欲以致大也。今臣所言，非特九九也，陛下距臣者三矣，此天下士所以不至也。昔秦武王好力，任鄙叩關自鬻；繆公行伯，由余歸德。今欲致天下之士，民有上書求見者，輒使詣尚書問其所言，言可采取者，秩以升斗之禄，賜以一束之帛，若此，則天下之士，發憤懣，吐忠言，嘉謀日聞於上，天下條貫，國家表裏，爛然可睹矣。夫以四海之廣，士民之數，能言之類至衆多也。然其儁桀指世陳政，言成文章，質之先聖而不繆，施之當世合時務，若此者亦無幾人。故爵禄束帛者，天下之砥石，高祖所以厲世摩鈍也。孔子曰：『工欲善其事，必先利其器。』至秦則不然，張誹謗之罔以爲漢驅除，倒持泰阿，授楚其柄。故誠能勿失其柄，天下雖有不順，莫敢觸其鋒，此孝武皇帝所以辟地建功，爲漢世宗也。今陛下既不納天下之言，又加戮焉。夫鳶鵲遭害，則仁鳥增逝，愚者蒙戮，則智士深退。間者愚民上疏，多觸不急之法，或下廷尉而死者衆。自陽朔以來，天下以言爲諱，朝廷尤甚，羣臣皆承順上指，莫有執正。何以明其然也？取民所上書，陛下之所善，試下之廷尉，廷尉必曰：『非所宜言，大不敬。』以此卜之，一矣。故京兆尹王章資質忠直，敢面引廷争，孝元皇帝擢之，以厲具臣而矯曲朝。及至陛下，戮及妻子。且惡惡止其身，王章非有反畔之辜而殃及室家，折直士之節，結諫臣之舌。羣臣皆知其非，然不敢争，天下以言爲戒，最國家之大患也。陛下循高祖之軌，杜亡秦之路，除不急之法，下無諱之詔。博覽兼聽，謀及疏賤，令深者不隱，遠者不塞，所謂辟四門，明四目也。往者不可及，來者猶可追。方今君命犯而主威奪，外戚之權，日以益隆。陛下不見其形，願察其景。建始以來，日食、地震，以率言之，三倍春秋，水災亡與比數，陰盛陽微，金鐵爲飛，此何景也？漢興以來，社稷三危，吕、霍、上官，皆母后之家也。親親之道，全之爲右，當與之賢師良傅，教以忠孝之道。今乃尊寵其位，授以魁柄，使之驕逆，至於夷滅，此失親親之大者也。自霍光之賢，不能爲子孫慮，故權臣易世則危。書曰：『毋若火，始庸庸。』勢陵於君，權隆於主，然後防之，亦無及已。」上不納。

四年冬十一月庚申，衛將軍王商病免。

元延元年春正月壬戌，王商復爲大司馬、衛將軍。

〔秋七月〕，紅陽侯立舉陳咸方正，對策，拜爲光禄大夫、給事中。丞相方進復奏「咸前爲九卿，坐爲貪邪免，不當蒙方正舉，備内朝臣」。並劾「紅陽侯立選舉故不以實」。有詔免咸，勿劾立。

十二月乙未，王商爲大將軍。辛亥，商薨。其弟紅陽侯立次當輔政。先是立使客因南郡太守李尚占墾草田數百頃，上書以入縣官，貴取其直一萬萬以上。丞相司直孫寶發之，上由是廢立，而用其弟光禄勳曲陽侯根。庚申，以根爲大司馬、驃騎將軍。

特進、安昌侯張禹請平陵肥牛亭地，曲陽侯根争，以爲此地當平陵寢廟，衣冠所出游道，宜更賜禹他地。上不從，卒以賜禹。根由是害禹寵，數毁惡之。天子愈益敬厚禹，每病，輒以起居聞，車駕自臨問之，上親拜禹牀下，禹頓首謝恩。禹小子未有官，禹數視其小子，上即禹牀下拜爲黄門郎、給事中。禹雖家居，以特進爲天子師，國家每有大政，必與定議。

時吏民多上書言災異之應，譏切王氏專政所致，上意頗然之，未有以明見。乃車駕至禹第，辟左右，親問禹以天變，因用吏民所言王氏事示禹。禹自見年老，子孫弱，又與曲陽侯不平，恐爲所怨，則謂上曰：「春秋日食、地震，或爲諸侯相殺，夷狄侵中國。災變之意，深遠難見，故聖人罕言命，不語怪神，性與天道，自子貢之屬不得聞，何況淺見鄙儒之所言。陛下宜修政事，以善應之，與下同其福喜，此經義意也。新學小生，亂道誤人，宜無信用，以經術斷之。」上雅信愛禹，由此不疑王氏。後曲陽侯根及諸王子弟聞知禹言，皆喜説，遂親就禹。

故槐里令朱雲上書求見，公卿在前，雲曰：「今朝廷大臣上不能匡主，下無以益民，皆尸位素餐，孔子所謂『鄙夫不可與事君，苟患失之，無所不至』者也。臣願賜尚方斬馬劍斷佞臣一人頭，以厲其餘。」上問：「誰也？」對曰：「安昌侯張禹！」上大怒曰：「小臣居下訕上，廷辱師傅，罪死不赦！」御史將雲下。雲攀殿檻，檻折。雲呼曰：「臣得下從龍逄、比干遊於地下足矣，未知聖朝何如耳！」御史遂將雲去。於是左將軍辛慶忌免冠，解印綬，叩頭殿下曰：「此臣素著狂直於世，使其言是，不可誅；其言非，固當容之，臣敢以死争！」慶忌叩頭流血。上意解，然後得已。及後當治檻，上曰：「勿易，因而輯之，以旌直臣。」

三年春正月丙寅，蜀郡岷山崩，壅江三日，江水竭。劉向大惡之，曰：「昔周岐山崩，三川竭，而幽王亡。岐山者，周所興也。漢家本起於蜀、漢，今所起之地，山崩川竭，星孛又及攝提、大角，從參至辰，殆必亡矣。」

綏和元年冬十月甲寅，王根病免。

十一月，衛尉、侍中淳于長有寵於上，大見信用，貴傾公卿，外交諸侯、牧、守，賂遺賞賜累鉅萬，淫於聲色。許后姊孊爲龍頟思侯夫人，寡居。長與孊私通，因娶爲小妻。許后時居長定宮，因孊賂遺長，欲求復爲婕妤。長受許后金錢、乘輿、服御物前後千餘萬，詐許爲白上，立以爲左皇后。嬺每入長定宫，輒與嬺書，戲侮許后，嫚易無不言。交通書記，賂遺連年。

時曲陽侯根輔政，久病，數乞骸骨。長以外親居九卿位，次第當代根。侍中、騎都尉、光禄大夫王莽心害長寵，私聞其事。莽侍曲陽侯病，因言：「長見將軍久病，意喜，自以當代輔政，至對衣冠議語署置。」具言其罪過。根怒曰：「即如是，何不白也？」莽曰：「未知將軍意，故未敢言。」根曰：「趣白東宫！」莽求見太后，具言長驕佚，欲代曲陽侯，私與長定貴人姊通，受取其衣物。太后亦怒曰：「兒至如此，往白之帝！」莽白上，上以太后故，免長官，勿治罪，遣就國。

初，紅陽侯立不得輔政，疑爲長毁譖，常怨毒長，上知之。及長當就國，立嗣子融從長請車騎，長以珍寶因融重遺立。立因上封事，爲長求留曰：「陛下既託文以皇太后故，誠不可更有他計。」於是天子疑焉，下有司按驗。吏捕融，立令融自殺以滅口。上愈疑其有大姦，遂逮長繫洛陽，詔獄窮治。長具服戲侮長定宫，謀立左皇后，罪至大逆，死獄中。妻子當坐者徙合浦，母若歸故郡。上使廷尉孔光持節賜廢后藥，自殺。

上以王莽首發大姦，稱其忠直。王根因薦莽自代。丙寅，以莽爲大司馬，時年三十八。莽既拔出同列，繼四父而輔政，欲令名譽過前人，遂克己不倦。聘諸賢良以爲掾、史，膝，見之者以爲僮，使問，知其夫人，皆驚。其飾名如此。

二年三月丙戌，帝崩於未央宮。

夏四月丙午，哀帝即位。

五月，太皇太后詔大司馬莽就第，避帝外家。莽上疏乞骸骨。帝遣尚書令詔起莽，又遣丞相孔光、大司空何武、左將軍師丹、衛尉傅喜白太皇太后曰：「皇帝聞太后詔，甚悲，大司馬即不起，皇帝即不敢聽政。」太后乃復令莽視事。

六月，上置酒未央宮。內者令爲傅太后張幄，坐於太皇太后坐旁。大司馬莽按行，責內者令曰：「定陶太后，藩妾，何以得與至尊並！」徹去，更設坐。傅太后聞之，大怒，莽復乞骸骨。

秋七月丁卯，上賜莽黃金五百斤，安車駟馬，罷就第。公卿大夫多稱之者，上乃加恩寵，置中黃門，爲莽家給使，十日一賜餐。又下詔益封莽邑户，以爲特進、給事中，朝朔望，見禮如三公。

哀帝建平二年，丞相博、御史大夫玄奏言：「新都侯王莽前爲大司馬，不廣尊尊之義，抑貶尊號，虧損孝道，當伏顯戮。幸蒙赦令，不宜有爵土，請免爲庶人。」上曰：「以莽與太皇太后有屬，勿免，遣就國。」天下多冤王氏者。事見丁傅用事。

元壽元年。初，王莽既就國，杜門自守。其中子獲殺奴，莽切責獲，令自殺。在國三歲，吏民上書冤訟莽者百數。至是，賢良周護、宋崇等對策，復深訟莽功德。上於是徵莽及平阿侯仁還京師，侍太后。

二年六月戊午，帝崩。太皇太后聞帝崩，即日駕之未央宮，收取璽綬，太皇太后詔公卿舉可大司馬者。莽故大司馬，辭位，避丁、傅，衆庶稱以爲賢，又太皇太后近親，自大司徒孔光以下，舉朝皆舉莽。獨前將軍何武、左將軍公孫禄二人相與謀，以爲「往時惠、昭之世，外戚吕、霍、上官持權，幾危社稷。今孝成、孝哀比世無嗣，方當選立近親幼主，不宜令外戚大臣持權，親疏相錯，爲國計便」。於是武舉公孫禄可大司馬，而禄亦舉武。庚申，太皇太后自用莽爲大司馬，領尚書事。

秋七月，莽以大司徒孔光名儒，相三主，太后所敬，天下信之，於是盛尊事光，引光女壻甄邯爲侍中、奉車都尉。諸素所不説者，莽皆傅致其罪，爲請奏草，令邯持與光，以太后指風光。光素畏慎，不敢不上之；莽白太后，輒可其奏。於是劾奏何武、公孫禄互相稱舉，皆免官，武就國。又奏董宏子高昌侯武，父爲佞邪，奪爵。又奏南郡太守毋將隆前爲冀州牧，治中山馮太后獄，冤陷無辜，關内侯張由誣告骨肉，中太僕史立、泰山太守丁玄陷人入大辟，河内太守趙昌譖害鄭崇，幸逢赦令，皆不宜處位在中土，免爲庶人，徙合浦。中山之獄，本立、玄自典考之，但與隆連名奏事。莽少時慕與隆交，隆不甚附，故因事擠之。

紅陽侯立，太后親弟，雖不居位，莽以諸父内敬憚之，畏立從容言太后，令己不得肆意，復令光奏立罪惡：「前知定陵侯淳于長犯大逆罪，多受其賂，爲言誤朝。後白以官婢楊寄私子爲皇子，衆言曰『呂氏少帝復出』，紛紛爲天下所疑，難以示來世，成襁褓之功。請遣立就國。」太后不聽。莽曰：「今漢家衰，比世無嗣，太后獨代幼主統政，誠可畏懼。力用公正先天下，尚恐不從；今以私恩逆大臣議，如此，羣下傾邪，亂從此起。宜可且遣就國，安後復徵召之。」太后不得已，遣立就國。莽之所以脅持上下，皆此類也。於是附順莽者拔擢，忤恨者誅滅，以王舜、王邑爲腹心，甄豐、甄邯主擊斷，平晏領機事，劉秀典文章，孫建爲爪牙。豐子尋、秀子棻、涿郡崔發、南陽陳崇皆以材能幸於莽。莽色厲而言方，欲有所爲，微見風采，黨與承其指意而顯奏之。莽稽首涕泣，固推讓，上以惑太后，下用示信於衆庶焉。

八月，莽復白太皇太后，廢孝成皇后、孝哀皇后爲庶人，就其園。是日，皆自殺。

大司空彭宣以王莽專權，乃上書言：「三公鼎足承君，一足不任，則覆亂美實。臣資性淺薄，年齒老眊，數伏疾病，昏亂遺忘，願上大司空、長平侯印綬，乞骸骨歸鄉里，竢寘溝璽。」莽白太后策免宣，使就國。莽恨宣求退，故不賜黄金、安車、駟馬。宣居國數年，薨。

九月辛酉，中山王即皇帝位，大赦天下。平帝年九歲，太皇太后臨朝，大司馬莽秉政，百官總己以聽於莽。莽權日盛，孔光憂懼不知所出，上書乞骸骨。莽白太后：「帝幼少，宜置師傅。」徙光爲帝太傅，位四輔，給事中，領宿衛、供養，行内署門户，省服御食物。

平帝元始元年春正月，王莽風益州，令塞外蠻夷自稱越裳氏重譯獻白雉一、黑雉二。莽白太后下詔，以白雉薦宗廟。於是羣臣盛陳莽功德：「致周成白雉之瑞；周公及身在而託號於周，莽宜賜號曰安漢公，益户疇爵邑。」太后詔尚書具其事。莽上書言：「臣與孔光、王舜、甄豐、甄邯共定策，今願獨條光等功賞，寢置臣莽，勿隨輩列。」甄邯白太后下詔曰：「『無偏無黨，王道蕩蕩。』君有安宗廟之功，不可以骨肉故蔽隱不揚，君其勿辭！」莽復上書固讓數四，稱疾不起。左右白太后：「宜勿奪莽意，但條孔光等。」莽乃肯起。

二月丙辰，太后下詔：「以太傅、博山侯光爲太師，車騎將軍、安陽侯舜爲太保，皆益封萬户。左將軍、光禄勳豐爲少傅，封廣陽侯，皆授四輔之職。侍中、奉車都尉邯封承陽侯。」四人既受賞，莽尚未起。羣臣復上言：「莽雖克讓，朝所宜章，以時加賞，明重元功，無使百僚元元失望！」太后乃下詔：「以大司馬新都侯莽爲太傅，幹四輔之事，號曰安漢公，益封二萬八千户。」於是莽爲惶恐，不得已而起，受太傅、安漢公號，讓還益封事，云：「願須百姓家給，然後加賞。」羣臣復争，太后詔曰：「公自期百姓家給，是以聽之，其令公俸賜皆倍故。百姓家給人足，大司徒、大司空以聞。」莽復讓不受，而建言褒賞宗室羣臣，立故東平王雲太子開明爲王。又以故東平思王孫成都爲中山王，奉孝王後。封宣帝耳孫信等三十六人皆爲列侯。太僕王惲等二十五人皆賜爵關内侯。又令諸侯王公、列侯、關内侯無子而有孫若同産子者，皆得以爲嗣。宗室屬未盡而以罪絶者，復其屬。天下吏比二千石以上年老致仕者，參分故禄，以一與之，終其身。下及庶民鰥寡，恩澤之政，無所不施。

莽既媚説吏民，又欲專斷，知太后老，厭政，乃風公卿奏言：「往者吏以功次遷至二千石，及州部所舉茂材異等吏，率多不稱，宜皆見安漢公。又太后春秋高，不宜親省小事。」令太后下詔曰：「自今以來，唯封爵乃以聞，他事安漢公四輔平決。州牧、二千石及茂材吏初除奏事者，輒引入，至近署對安漢公，考故官，問新職，以知其稱否。」於是莽人人延問，密致恩意，厚加贈送，其不合指，顯奏免之，權與人主侔矣。

王莽恐帝外家衛氏奪其權，白太后：「前哀帝立，背恩義，自貴外家丁、傅，橈亂國家，幾危社稷。今帝以幼年復奉大宗爲成帝後，宜明一統之義，以戒前事，爲後代法。」六月，遣甄豐奉璽綬，即拜帝母衛姬爲中山孝王后。賜帝舅衛寶、寶弟玄爵關内侯。賜帝女弟三人號曰君。皆留中山，不得至京師。

扶風功曹申屠剛以直言對策曰：「臣聞成王幼少，周公攝政，聽言下賢，均權布寵，動順天地，舉措不失。然近則召公不悦，遠則四國流言。今聖主始免襁褓，即位以來，至親分離，外戚杜隔，恩不得通。且漢家之制，雖任英賢，猶援姻戚，親疏相錯，杜塞間隙，誠所以安宗廟、重社稷也。宜亟遣使者徵中山太后，置之別宫，令時朝見。又召馮、衛二族，裁與冗職，使得執戟親奉宿衛，以抑患禍之端，上安社稷，下全保傅。」莽令太后下詔曰：「剛所言僻經妄説，違背大義。」罷歸田里。

二年春，黄支國獻犀牛。黄支在南海中，去京師三萬里。王莽欲耀威德，故厚遺其王，令遣使貢獻。越巂郡上黄龍游江中，太師光、大司徒宫等咸稱「莽功德比周公，宜告祠宗廟」。大司農孫寶曰：「周公上聖，召公大賢，尚猶有不相説，著於經典，兩不相損。今風雨未時，百姓不足，每有一事，羣臣同聲，得無非其美者？」時大臣皆失色。甄邯即時承制罷議者。會寶遣吏迎母，母道病，留弟家，獨遣妻子。司直陳崇劾奏寶，事下三公即訊。寶對曰：「年七十，誖眊，恩衰共養，營妻子，如章。」寶坐免，終於家。

三月癸酉，大司空王崇謝病免，以避王莽。

夏四月丁酉，左將軍甄豐爲大司空，右將軍孫建爲左將軍，光祿勳甄邯爲右將軍。郡國大旱、蝗，青州尤甚，民流亡。王莽白太后：「宜衣繒練，頗損膳，以示天下。」莽因上書「願出錢百萬，獻田三十頃，付大司農助給貧民」。於是公卿皆慕效焉，凡獻田宅者二百三十人，以口賦貧民。又起五里於長安城中，宅二百區以居貧民。莽帥羣臣奏太后，言：「幸賴陛下德澤，間者風雨時，甘露降，神芝生，蓂莢、朱草、嘉禾，休徵同時並至。願陛下遵帝王之常服，復太官之法膳，使臣子各得盡驩心，備共養。」莽又令太后下詔，不許。每有水旱，莽輒素食，左右以白太后。太后遣使者詔莽曰：「聞公菜食，憂民深矣。今秋幸熟，公以時食肉，愛身爲國！」

六月，光祿大夫楚國龔勝、太中大夫琅邪邴漢以王莽專政，皆乞骸骨。莽令太后策詔之曰：「朕愍以官職之事煩大夫，大夫其脩身守道，以終高年。」皆加優禮而遣之。梅福知王莽必篡漢祚，一朝棄妻子去，不知所之。其後，人有見福於會稽者，變名姓爲吳市門卒云。

秋九月，王莽欲悦太后以威德至盛，異於前，乃風單于令遣王昭君女須卜居次云入侍太后，所以賞賜之甚厚。

莽奏令中國不得有二名，因使使者以風單于，宜上書慕化，爲一名，漢必加厚賞。單于從之，上書言：「幸得備藩臣，竊樂太平聖制。臣故名囊知牙斯，今謹更名曰知。」莽大說，白太后，遣使者答諭，厚賞賜焉。

莽欲以女配帝爲皇后以固其權，奏言：「皇帝即位三年，長秋宫未建，掖廷媵未充。乃者國家之難，本從無嗣，配取不正，請考論五經，定取后禮，正十二女之義，以廣繼嗣，博采二王後及周公、孔子世、列侯在長安者適子女。」事下有司，上衆女名，王氏女多在選中者。莽恐其與己女争，即上言：「身無德，子材下，不宜與衆女並采。」太后以爲至誠，乃下詔曰：「王氏女，朕之外家，其勿采。」庶民、諸生、郎吏以上守闕上書者日千餘人，公卿大夫或詣廷中，或伏省户下，咸言：「安漢公盛勳堂堂若此，今當立后，獨奈何廢公女，天下安所歸命！願得公女爲天下母。」莽遣長史以下分部曉止公卿及諸生，而上書者愈甚。太后不得已，聽公卿采莽女。莽復自白：「宜博選衆女。」公卿争曰：「不宜采諸女以貳正統。」莽乃白：「願見女。」

三年春，太后遣長樂少府夏侯藩，宗正劉宏、尚書令平晏采見女。還，奏言：「公女漸漬德化，有窈窕之容，宜承天序，奉祭祀。」太師光、大司徒宫、大司空豐、左將軍孫建、執金吾尹賞、行太常事、太中大夫劉秀及太卜、太史令服皮弁、素積，以禮雜卜筮，皆曰：「兆遇金水王相，卦遇父母得位，所謂康强之占，逢吉之符也。」又以太牢策告宗廟。有司奏：「故事：聘皇后，黄金二萬斤，爲錢二萬萬。」莽深辭讓，受六千三百萬，而以其四千三百萬分予十一媵家及九族貧者。

夏，大司徒司直陳崇使張敞孫竦草奏，盛稱安漢公功德，以爲：「宜恢公國令如周公，建立公子令如伯禽，所賜之品亦皆如之，諸子之封皆如六子。」太后以示羣公。羣公方議其事，會呂寬事起。

初，莽長子宇非莽隔絶衛氏，恐久後受禍，即私與衛寶通書，教衛后上書謝恩，因陳丁、傅舊惡，冀得至京師。莽白太皇太后，詔有司褒賞中山孝王后，益湯沐邑七千户。衛后日夜啼泣，思見帝面，而但益户邑。宇復教令上書求至京師，莽不聽。宇與師吴章及婦兄呂寬議其故，章以爲莽不可諫而好鬼神，可爲變怪以驚懼之，章因推類説令歸政衛氏。宇即使寬夜持血灑莽第。門吏發覺之，莽執宇送獄，飲藥死。宇妻焉懷子，繫獄，須産子已，殺之。甄邯等白太后，下詔曰：「公居周公之位，輔成王之主，而行管、蔡之誅，不以親親害尊尊，朕甚嘉之。」莽盡滅衛氏支屬，唯衛后在。吴章要斬，磔尸東市門。初，章爲當世名儒，教授尤盛，弟子千餘人。莽以爲惡人黨，皆當禁錮不得仕宦，門人盡更名他師。平陵云敞時爲大司徒掾，自劾吴章弟子，收抱章尸歸，棺斂葬之，京師稱焉。

莽於是因呂寬之獄，遂窮治黨與，連引素所惡者悉誅之。元帝女弟敬武長公主素附丁、傅，及莽專政，復非議莽。紅陽侯王立，莽之尊屬，平阿侯王仁素剛直，莽皆以太皇太后詔，遣使者迫守，令自殺。莽白太后，主暴病薨；太后欲臨其喪，莽固争而止。甄豐遣使者乘傳案治衛氏黨與，郡國豪桀及漢忠直臣不附莽者，皆誣以罪法而殺之。何武、鮑宣及王商子樂昌侯安、辛慶忌三子護羌校尉通、函谷都尉遵、水衡都尉茂、南郡太守辛伯等皆坐死。凡死者數百人，海内震焉。北海逢萌謂友人曰：「三綱絶矣，不去禍將及人！」即解冠挂東都城門，歸，將家屬浮海，客於遼東。

莽召明禮少府宗伯鳳入説爲人後之誼，白令公卿、將軍、侍中、朝臣並聽，欲以内厲天子而外塞百姓之議。

四年二月丁未，遣大司徒宫、大司空豐等奉乘輿法駕迎皇后於安漢公第，授皇后璽紱，入未央宫。大赦天下。

夏，太保舜等及吏民上書者八千餘人，咸請「如陳崇言，加賞於安漢公」。章下有司，有司請「益封公以新息、召陵二縣及黄郵聚、新野田；采伊尹、周公稱號，加公爲宰衡，位上公，三公言事稱『敢言之』。賜公太夫人號曰功顯君。封公子男二人安爲褒新侯，臨爲賞都侯。加后聘三千七百萬，合爲一萬萬，以明大禮。太后臨前殿親封拜，安漢公拜前，二子拜後，如周公故事」。莽稽首辭讓，出奏封事：「願獨受母號，還安、臨印韍及號位户邑。」事下，太師光等皆曰：「賞未足以直功，謙約退讓，公之常節，終不可聽。忠臣之節亦宜自屈，而伸主上之義。宜遣大司徒、大司空持節承制詔公亟入視事，詔尚書勿復受公之讓奏。」奏可。莽乃起視事，止減召陵、黄郵、新野之田而已。

莽復以所益納徵錢千萬遺太后左右奉共養者。莽雖專權，然所以誑耀媚事太后，下至旁側長御，方故萬端，賂遺以千萬數。白尊太后姊、妹號皆爲君，食湯沐邑。以故左右日夜共譽莽。莽又知太后婦人，厭居深宮中，莽欲虞樂以市其權，乃令太后四時車駕巡狩四郊，存見孤、寡、貞婦，所至屬縣，輒施恩惠，賜民錢帛、牛酒，歲以爲常。太后旁弄兒病，在外舍，莽自親候之。其欲得太后意如此。

太保舜奏言：「天下聞公不受千乘之土，辭萬金之幣，莫不鄉化。蜀郡男子路建等輟訟，慚怍而退，雖文王卻虞、芮何以加！宜報告天下。」奏可。

羣臣奏言：「昔周公攝政七年，制度乃定。今安漢公輔政四年，營作二旬，大功畢成，宜升宰衡位在諸侯王上。」詔曰：「可。」仍令議九錫之法。

莽自以北化匈奴，東致海外，南懷黄支，唯西方未有加，乃遣中郎將平憲等多持金幣誘塞外羌，使獻地願内屬。憲等奏言：「羌豪良願等種可萬二千人，願爲内臣，獻鮮水海、允谷、鹽池，平地美草，皆予漢民。自居險阻處爲藩蔽。問良願降意，對曰：『太皇太后聖明，安漢公至仁，天下太平，五穀成熟，或禾長丈餘，或一粟三米，或不種自生，或繭不蠶自成；甘露從天下，醴泉自地出；鳳皇來儀，神爵降集。從四歲以來，羌人無所疾苦，故思樂内屬。』宜以時處業，置屬國領護。」事下莽，莽復奏：「今已有東海、南海、北海郡，請受良願等所獻地爲西海郡。分天下爲十二州，應古制。」奏可。冬，置西海郡。又增法五十條，犯者徙之西海。徙者以千萬數，民始怨矣。

分京師置前輝光、後丞烈二郡。更公卿、大夫八十一元士官名、位次及十二州名。分界郡國所屬，罷置改易，天下多事，吏不能紀矣。

五年夏四月，吏民以莽不受新野田而上書者前後四十八萬七千五百七十二人，及諸侯、王公、列侯，宗室見者皆叩頭言：「宜亟加賞於安漢公。」於是莽上書言：「諸臣民所上章下議者，願皆寢勿上，使臣莽得盡力畢制禮作樂事；事成，願賜骸骨歸家，避賢者路。」甄邯等白太后，詔曰：「公每見輒流涕叩頭言，願不受賞；賞即加，不敢當位。方制作未定，事須公而決，故且聽公制作。畢成，羣公以聞，究于前議，其九錫禮儀亟奏。」

五月，策命安漢公莽以九錫。莽稽首再拜，受緑韍、衮冕、衣裳、瑒琫、瑒珌，句履、鸞路、乘馬、龍旂九旒，皮弁、素積，戎路、乘馬，彤弓矢、盧弓矢，左建朱鉞，右建金戚，甲、冑一具，秬鬯二卣，圭瓚二，九命青玉珪二，朱户，納陛，署宗官、祝官、卜官、史官，虎賁三百人。

莽以皇后有子孫瑞，通子午道，從杜陵直絶南山，徑漢中。泉陵侯劉慶上書言：「周成王幼少，稱孺子，周公居攝。今帝富於春秋，宜令安漢公行天子事，如周公。」羣臣皆曰：「宜如慶言。」

時帝春秋益壯，以衛后故，怨不悅。冬十二月，莽因臘日上椒酒，置毒酒中。帝有疾。莽作策，請命於泰畤，願以身代，藏策金縢，置於前殿，敕諸公勿敢言。丙午，帝崩於未央宮。大赦天下。莽令天下吏六百石以上皆服喪三年。奏尊孝成廟曰統宗。孝平廟曰元宗。斂孝平，加元服，葬康陵。

班固贊曰：孝平之世，政自莽出，褒善顯功，以自尊盛。觀其文辭，方外百蠻，無思不服，休徵嘉應，頌聲並作。至乎變異見於上，民怨於下，莽亦不能文也。

太后與羣臣議立嗣。時元帝世絶，而宣帝曾孫有見王五人，列侯四十八人。莽惡其長大，曰：「兄弟不得相爲後。」乃悉徵宣帝玄孫，選立之。是月，前輝光謝囂奏武功長孟通浚井得白石，上圓下方，有丹書著石，文曰：「告安漢公莽爲皇帝。」符命之起自此始矣。莽使羣公以白太后，太后曰：「此誣罔天下，不可施行。」太保舜謂太后：「事已如此，無可奈何；沮之，力不能止。又莽非敢有他，但欲稱攝以重其權，填服天下耳。」太后心不以爲可，然力不能制，乃聽許。舜等即共令太后下詔曰：「孝平皇帝短命而崩，已使有司徵孝宣皇帝玄孫二十三人，差度宜者，以嗣孝平皇帝之後。玄孫年在襁褓，不得至德君子，孰能安之！安漢公莽輔政三世，與周公異世同符。今前煇光囂、武功長通上言丹石之符，朕深思厥意，云『爲皇帝』者，乃攝行皇帝之事也。其令安漢公居攝踐祚，如周公故事，具禮儀奏！」於是羣臣奏言：「太后聖德昭然，深見天意，詔令安漢公居攝。臣請安漢公踐祚，服天子韍冕，背斧依於户牖之間，南面朝羣臣，聽政事。車服出入警蹕，民臣稱臣妾，皆如天子之制。郊祀天地，宗祀明堂，共祀宗廟，享祭羣神，贊曰『假皇帝』，民臣謂之『攝皇帝』，自稱曰『予』。平決朝事，常以皇帝之詔稱『制』。以奉順皇天之心，輔翼漢室，保安孝平皇帝之幼嗣，遂寄託之義，隆治平之化。其朝見太皇太后、帝皇后皆復臣節。自施政教於其宮家國采，如諸侯禮儀故事。」太后詔曰：「可。」

王莽居攝元年春正月，王莽祀上帝於南郊，又行迎春、大射、養老之禮。

三月己丑，立宣帝玄孫嬰爲皇太子，號曰孺子。嬰，廣戚侯顯之子也。年二歲，託以爲卜相最吉，立之。尊皇后曰皇太后。以王舜爲太傅，左輔甄豐爲太阿、右拂，甄邯爲太保、後承。又置四少，秩皆二千石。

四月，安衆侯劉崇與相張紹謀曰：「安漢公莽必危劉氏，天下非之，莫敢先舉，此乃宗室之恥也。吾帥宗族爲先，海内必和。」紹等從者百餘人遂進攻宛，不得入而敗。紹從弟竦與崇族父嘉詣闕自歸，莽赦弗罪。竦因爲嘉作奏，稱莽德美，罪狀劉崇，「願爲宗室倡始，父子兄弟負籠荷鍤，馳之南陽，豬崇宮室，令如古制；及崇社宜如亳社，以賜諸侯，用永監戒。」於是莽大説，封嘉爲率禮侯，嘉子七人皆賜爵關内侯。後又封竦爲淑德侯。長安爲之語曰：「欲求封，過張伯松。力戰鬬，不如巧爲奏。」自後謀反者皆汙池云。羣臣復白：「劉崇等謀逆者，以莽權輕也。宜尊重以填海内。」

五月甲辰，太后詔莽朝見太后，稱「假皇帝」。

十二月，羣臣奏「請以安漢公廬爲攝省，府爲攝殿，第爲攝宮」。奏可。

二年五月，東郡太守翟義，方進之子也，與姊子上蔡陳豐謀曰：「新都侯攝天子位，號令天下，故擇宗室幼稚者以爲孺子，依託周公輔成王之義，且以觀望，必代漢家，其漸可見。方今宗室衰弱，外無强蕃，天下傾首服從，莫能亢扞國難。吾幸得備宰相子，身守大郡，父子受漢厚恩，義當爲國討賊，以安社稷。欲舉兵西，誅不當攝者，選宗室子孫輔而立之。設令時命不成，死國埋名，猶可以不慚於先帝。今欲發之，汝肯從我乎？」豐年十八，勇壯，許諾。義遂與東郡都尉劉宇、嚴鄉侯劉信、信弟武平侯劉璜結謀，以九月都試日斬觀令，因勒其車騎、材官士，募郡中勇敢，部署將帥。信子匡時爲東平王，乃并東平兵，立信爲天子。義自號大司馬、柱天大將軍。移檄郡國，言「莽鴆殺孝平皇帝，攝天子位，欲絶漢室，今天子已立，共行天罰」。郡國皆震。比至山陽，衆十餘萬。莽聞之，惶懼不能食。太皇太后謂左右曰：「人心不相遠也。我雖婦人，亦知莽必以是自危。」莽乃拜其黨、親輕車將軍、成武侯孫建爲奮武將軍，光禄勳、成都侯王邑爲虎牙將軍，明義侯王駿爲强弩將軍，春王城門校尉王況爲震威將軍，宗伯、忠孝侯劉宏爲奮衝將軍，中少府、建威侯王昌爲中堅將軍，中郎將、震羌侯竇況爲奮威將軍，凡七人，自擇除關西人爲校尉、軍吏，將關東甲卒，發奔命以擊義焉。復以太僕武讓爲積弩將軍，屯函谷關；將作大匠、蒙鄉侯逯並爲横壄將軍，屯武關；羲和、紅休侯劉秀爲揚武將軍，屯宛。

三輔聞翟義起，自茂陵以西至汧二十三縣，盜賊並發。槐里男子趙朋、霍鴻等自稱將軍，攻燒官寺，殺右輔都尉及斄令，相與謀曰：「諸將精兵悉東，京師空，可攻長安。」衆稍多至十餘萬，火見未央宫前殿。莽復拜衛尉王級爲虎賁將軍，大鴻臚、望鄉侯閻遷爲折衝將軍，西擊朋等。以常鄉侯王惲爲車騎將軍，屯平樂館；騎都尉王晏爲建威將軍，屯城北；城門校尉趙恢爲城門將軍。皆勒兵自備。以太保、後承承陽侯甄邯爲大將軍，受鉞高廟，領天下兵，左杖節，右把鉞，屯城外。王舜、甄豐晝夜循行殿中。

莽日抱孺子禱郊廟，會羣臣，而稱曰：「昔成王幼，周公攝政，而管、蔡挾禄父以畔。

今翟義亦挾劉信而作亂。自古大聖猶懼此，况臣莽之斗筲！」羣臣皆曰：「不遭此變，不章聖德。」

冬十月甲子，莽依周書作大誥曰：「粵其聞日，宗室之儁有四百人，民獻儀九萬夫，予敬以終於此謀繼嗣圖功。」遣大夫桓譚等班行諭告天下，以當反位孺子之意。諸將東至陳留菑，與翟義會戰，破之，斬劉璜首。莽大喜，復下詔先封車騎都尉孫賢等五十五人皆爲列侯，即軍中拜授。因大赦天下。於是吏士精鋭遂攻圍義於圉城，十二月，大破之。義與劉信棄軍亡，至固始界中，捕得義，尸磔陳都市。卒不得信。

初始元年春，王邑等還京師，西與王級等合擊趙朋、霍鴻。二月，朋等殄滅，諸縣悉平。還師振旅，莽乃置酒白虎殿，勞饗將帥。詔陳崇治校軍功，第其高下，依周制爵五等，以封功臣爲侯、伯、子、男，凡三百九十五人，曰「皆以奮怒，東指西擊，羌寇、蠻盜，反虜、逆賊，不得旋踵，應時殄滅，天下咸服」之功封云。其當賜爵關内侯者，更名曰附城，又數百人。莽發翟義父方進及先祖冢在汝南者，燒其棺柩，夷滅三族，誅及種嗣，至皆同坑，以棘五毒並葬之。又取義及趙朋、霍鴻黨衆之尸，聚之通路之旁，濮陽、無鹽、圉、槐里、盩厔凡五所，建表木於其上，書曰：「反虜逆賊鱷鯢。」義等既敗，莽於是自謂威德日盛，大獲天人之助，遂謀即真之事矣。

羣臣復奏進攝皇帝子安、臨爵爲公，封兄子光爲衍功侯。是時莽還歸新都國，羣臣復白以封莽孫宗爲新都侯。

九月，莽母功顯君死。莽自以居攝踐祚，奉漢大宗之後，爲功顯君緦縗弁而加麻環絰，如天子弔諸侯服。凡壹弔再會，而令新都侯宗爲主，服喪三年云。

司威陳崇奏：「莽兄子衍功侯光私報執金吾竇況，令殺人；況爲收繫，致其法。」莽大怒，切責光。光母曰：「汝自視孰與長孫、中孫！」長孫、中孫者，宇及獲之字也。遂母子自殺，及況皆死。初，莽以事母、養嫂、撫兄子爲名，及後悖虐，復以示公義焉。令光子嘉嗣爵爲侯。

是歲，廣饒侯劉京言齊郡新井，車騎將軍千人扈雲言巴郡石牛，太保屬臧鴻言扶風雍石，莽皆迎受。

十一月甲子，莽奏太后曰：「陛下遇漢十二世三七之阸，承天威命，詔臣莽居攝。廣饒侯劉京上書言：『七月中，齊郡臨淄縣昌興亭長辛當一暮數夢，曰：「吾，天公使也。天公使我告亭長曰：『攝皇帝當爲真。』即不信我，此亭中當有新井。」亭長晨起視亭中，誠有新井，入地且百尺。』十一月壬子，直建冬至，巴郡石牛。戊午，雍石文，皆到於未央宮之前殿。臣與太保安陽侯舜等視，天風起，塵冥，風止，得銅符帛圖於石前，文曰：『天告帝符，獻者封侯。』騎都尉崔發等視説。孔子曰：『畏天命，畏大人，畏聖人之言。』臣莽敢不承用，臣請共事神祇、宗廟，奏言太皇太后、孝平皇后，皆稱『假皇帝』。其號令天下，天下奏言事，毋言『攝』。以居攝三年爲始初元年。漏刻以百二十爲度，用應天命。臣莽夙夜養育隆就孺子，令與周之成王比德，宣明太皇太后威德於萬方，期於富而教之。孺子加元服，復子明辟，如周公故事。」奏可。衆庶知其奉符命，指意羣臣博議別奏，以示即真之漸矣。

期門郎張充等六人謀共劫莽，立楚王。發覺，誅死。

梓潼人哀章學問長安，素無行，好爲大言，見莽居攝，即作銅匱，爲兩檢，署其一曰「天帝行璽金匱圖」，其一署曰「赤帝璽某傳予皇帝金策書」。某者，高皇帝名也。書言王莽爲真天子，皇太后如天命。圖書皆書莽大臣八人，又取令名王興、王盛，章因自竄姓名，凡十一人，皆署官爵，爲輔佐。章聞齊井、石牛事下，即日昏時，衣黄衣，持匱至高廟以付僕射。僕射以聞。戊辰，莽至高廟拜受金匱神禪，御王冠，謁太后。還坐未央宫前殿，下書曰：「予以不德，託於皇初祖考黄帝之後，皇始祖考虞帝之苗裔，而太皇太后之末屬。皇天上帝隆顯大佑，成命統序，符契、圖文、金匱策書，神明詔告，屬予以天下兆民。赤帝漢氏高皇帝之靈，承天命，傳國金策之書，予甚祇畏，敢不欽受！以戊辰直定，御王冠，即真天子位，定有天下之號曰新。其改正朔，易服色，變犧牲，殊徽幟，異器制。以十二月朔癸酉爲始建國元年正月之朔，以雞鳴爲時。服色配德上黄，犧牲應正用白，使節之旄幡皆純黄，其署曰『新使五威節』，以承皇天上帝威命也。」

莽將即真，先奉諸符瑞以白太后，太后大驚。是時以孺子未立，璽藏長樂宫。及莽即位，請璽，太后不肯授莽。莽使安陽侯舜諭指。舜素謹敕，太后雅愛信之。舜既見太后，太后知其爲莽求璽，怒罵之曰：「而屬父子宗族，蒙漢家力，富貴累世，既無以報，受人孤寄，乘便利時奪取其國，不復顧恩義。人如此者，狗豬不食其餘，天下豈有而兄弟邪！且若自以金匱符命爲新皇帝，變更正朔、服制，亦當自更作璽，傳之萬世，何用此亡國不祥璽爲，而欲求之！我漢家老寡婦，旦暮且死，欲與此璽俱葬，終不可得！」太后因涕泣而言，旁側長御以下皆垂涕。舜亦悲不能自止，良久，乃仰謂太后：「臣等已無可言者。莽必欲得傳國璽，太后寧能終不與邪！」太后聞舜語切，恐莽欲脅之，乃出漢傳國璽投之地，以授舜曰：「我老已死，如而兄弟今族滅也！」舜既得傳國璽，奏之。莽大説，乃爲太〔后〕置酒未央宫漸臺，大縱衆樂。

莽又欲改太后漢家舊號，易其璽綬，恐不見聽；而莽疏屬王諫欲諂莽，上書言：「皇天廢去漢而命立新室，太皇太后不宜稱尊號，當隨漢廢，以奉天命。」莽以其書白太后，太后曰：「此言是也。」莽因曰：「此誖德之臣也，罪當誅！」於是冠軍張永獻符命銅璧文，言太皇太后當爲新室文母太皇太后，莽乃下詔從之。於是鴆殺王諫，而封張永爲貢符子。

班彪贊曰：三代以來，王公失世，稀不以女寵。及王莽之興，由孝元后歷漢四世爲天下母，饗國六十餘載，羣弟世權，更持國柄；五將、十侯，卒成新都。位號已移於天下，而元后卷卷猶握一璽，不欲以授莽，婦人之仁，悲夫！

始建國元年春正月朔，莽帥公侯卿士奉皇太后璽韍，上太皇太后，順符命，去漢號焉。

初，莽娶故丞相王訢孫宜春侯咸女爲妻，立以爲皇后，生四男，宇、獲前誅死，安頗荒忽，乃以臨爲皇太子，安爲新嘉辟。封宇子六人皆爲公，大赦天下。莽乃策命孺子爲定安公，封以萬户，地方百里，立漢祖宗之廟於其國，與周後並行其正朔、服色。以孝平皇后爲定安太后。讀策畢，莽親執孺子手，流涕歔欷曰：「昔周公攝位，終得復子明辟；今予獨迫皇天威命，不得如意。」哀嘆良久。中傅將孺子下殿，北面而稱臣。百僚陪位，莫不感動。

又按金匱封拜輔臣，以太傅、左輔王舜爲太師，封安新公；大司徒平晏爲太傅，就新公；少阿、羲和劉秀爲國師，嘉新公；廣漢梓潼哀章爲國將，美新公；是爲四輔，位上公。太保、後承甄邯爲大司馬，承新公；丕進侯王尋爲大司徒，章新公；步兵將軍王邑爲大司空，隆新公；是爲三公。大阿、右拂、大司空甄豐爲更始將軍，廣新公；京兆王興爲衞將軍，奉新公；輕車將軍孫建爲立國將軍，成新公；京兆王盛爲前將軍，崇新公；是爲四將。凡十一公。王興者，故城門令史；王盛者，賣餅。莽按符命求得此姓名十餘人，兩人容貌應卜相，徑從布衣登用，以示神焉。

是日，封拜卿大夫、侍中、尚書官凡數百人，諸劉爲郡守者皆徙爲諫大夫。改明光宮爲定安館，定安太后居之；以大鴻臚府爲定安公第；皆置門衞使者監領。敕阿乳母不得與嬰語，常在四壁中，至於長大，不能名六畜，後莽以女孫宇子妻之。

莽策命羣司各以其職，如典誥之文。置大司馬司允、大司徒司直、大司空司若，位皆孤卿。更名大司農曰羲和，後更爲納言，大理曰作士，太常曰秩宗，大鴻臚曰典樂，少府曰共工，水衡都尉曰予虞，與三公司卿分屬三公。置二十七大夫、八十一元士，分主中都官諸職。又更光禄勳等名爲六監，皆上卿。改郡太守曰大尹，都尉曰大尉，縣令、長曰宰；長樂宮曰常樂室，長安曰常安。其餘百官、宮室、郡縣盡易其名，不可勝紀。封王氏齊縗之屬爲侯，大功爲伯，小功爲子，緦麻爲男，其女皆爲任。男以「睦」、女以「隆」爲號焉。又曰：「漢氏諸侯或稱王，至於四夷亦如之，違於古典，繆於一統。其定諸侯王之號皆稱公，及四夷僭號稱王者皆更爲侯。」於是漢諸侯王二十二人皆降爲公，王子侯者百八十一人皆降爲子，其後皆奪爵焉。

莽因漢承平之業，府庫百官之富，百蠻賓服，天下晏然，莽一朝有之，其心意未滿，陿小漢家制度，欲更爲疏闊。乃自謂黄帝、虞舜之後，至齊王建孫濟北王安失國，齊人謂之王家，因以爲氏；故以黄帝爲初祖，虞帝爲始祖。追尊陳胡公曰陳胡王，田敬仲曰齊敬王，濟北王安曰濟北愍王。立祖廟五，親廟四。天下姚、嬀、陳、田、王五姓皆爲宗室，世世復，無有所與。封陳崇、田豐爲侯，以奉胡王、敬王後。天下牧、守皆以前有翟義、趙朋等作亂，領州郡，懷忠孝，封牧爲男，守爲附城。以漢高廟爲文祖廟。漢氏園寢廟在京師者勿罷，祠薦如故。諸劉勿解其復，各終厥身，州牧數存問，勿令有侵冤。

莽以劉之爲字「卯、金、刀」也，詔正月剛卯、金刀之利皆不得行，乃罷錯刀、契刀及五銖錢。

秋，遣五威將王奇等十二人班符命四十二篇於天下：德祥五事，符命二十五，福應十二。五威將奉符命，齎印綬，王侯以下及吏官名更者，外及匈奴、西域、徼外蠻夷，皆即授新室印綬，因收故漢印綬。大赦天下。改漢印文，去璽曰章。

二年春二月，五威將帥七十二人還奏事，漢諸侯王爲公者悉上璽綬爲民，無違命者。

獨故廣陽王嘉以獻符命，魯王閔以獻神書，中山王成都以獻書言莽德，皆封列侯。

班固論曰：昔周封國八百，同姓五十有餘，所以親親賢賢，關諸盛衰，深根固本，爲不可拔者也。故盛則周、召相其治，致刑錯；衰則五伯扶其弱，與共守；天下謂之共主，强大弗之敢傾。歷載八百餘年，數極德盡，降爲庶人，用天年終。秦訕笑三代，竊自號爲皇帝，而子弟爲匹夫。內無骨肉本根之輔，外無尺土藩翼之衛。陳、吴奮其白挺，劉、項隨而斃之。故曰「周過其曆，秦不及期」，國勢然也。

漢興之初，懲戒亡秦孤立之敗，於是尊王子弟，大啓九國。自鴈門以東盡遼陽，爲燕、代；常山以南，太行左轉，度河、濟，漸於海，爲齊、趙；穀、泗以往，奄有龜、蒙，爲梁、楚；東帶江、湖，薄會稽，爲荆、吴；北界淮瀕，略廬、衡，爲淮南；湘、漢之陽，亘九嶷，爲長沙。諸侯比境，周匝三垂，外接胡、越。天子自有三河、東郡、潁川、南陽，自江陵以西至巴、蜀，北自雲中至隴西，與京師、內史，凡十五郡；公主、列侯頗邑其中。而藩國大者夸州兼郡，連城數十，宮室、百官同制京師，可謂矯枉過其正矣。雖然，高祖創業，日不暇給，孝惠享國又淺，高后女主攝位，而海內晏如，無狂狡之憂，卒折諸吕之難，成太宗之業者，亦賴之於諸侯也。

然諸侯原本以大，末流濫以致溢，小者淫荒越法，大者睽孤橫逆，以害身喪國。

故文帝分齊、趙，景帝削吴、楚，武帝下推恩之令而藩國自析。自此而來，齊分爲七，趙分爲六，梁分爲五，淮南分爲三。皇子始立者，大國不過十餘城。長沙、燕、代雖有舊名，皆無南北邊矣。景遭七國之難，抑損諸侯，减黜其官。武有衡山、淮南之謀，作左官之律，設附益之法，諸侯惟得衣食租税，不與政事。至於哀、平之際，皆繼體苗裔，親屬疏遠，生於帷牆之中，不爲士民所尊，勢與富室無異。而本朝短世，國統三絶。是故王莽知漢中外殫微，本末俱弱，無所忌憚，生其姦心，因母后之權，假伊、周之稱，顓作威福廟堂之上，不降階序而運天下。詐謀既成，遂據南面之尊，分遣五威之吏，馳傳天下，班行符命；漢諸侯王厥角稽首奉上璽韍，惟恐在後，或乃稱美頌德以求容媚，豈不哀哉！

冬十一月，立國將軍孫建奏："「九月辛巳，陳良、終帶自稱廢漢大將軍，亡入匈奴。又今月癸酉，不知何一男子遮臣建車前，自稱『漢氏劉子輿，成帝下妻子也。劉氏當復，趣空宫』。收繫男子，即常安姓武字仲。皆逆天違命，大逆無道。漢氏宗廟不當在常安城中，及諸劉當與漢俱廢。陛下至仁，久未定，前故安衆侯劉崇等更聚衆謀反，今狂狡之虜復依託亡漢，至犯夷滅連未止者，此聖恩不蚤絶其萌牙故也。臣請漢氏諸廟在京師者皆罷，諸劉爲吏者皆罷待除於家。」莽曰："「可。嘉新公、國師以符命爲予四輔，明德侯劉龔、率禮侯劉嘉等凡三十二人皆知天命，或獻天符，或貢昌言，或捕告反虜，厥功茂焉。諸劉與三十二人同宗共祖者勿罷，賜姓曰王。」唯國師以女配莽子，故不賜姓。

定安公太后自劉氏之廢，常稱疾不朝會。時年未二十，莽敬憚傷哀，欲嫁之，乃更號爲黄皇室主，欲絶之於漢。令孫建世子盛飾，將醫往問疾。后大怒，笞鞭其傍侍御，因發病，不肯起。莽遂不復强也。

莽之謀篡也，吏民争爲符命，皆得封侯。其不爲者相戲曰：「獨無天帝除書乎？」司命陳崇白莽曰：「此開姦臣作福之路而亂天命，宜絶其原。」莽亦厭之，遂使尚書大夫趙並驗治，非五威將率所班，皆下獄。

初，甄豐、劉秀、王舜爲莽腹心，唱導在位，褒揚功德，「安漢」、「宰衡」之號及封莽母、兩子、兄子，皆豐等所共謀，而豐、舜、秀亦受其賜，並富貴矣，非復欲令莽居攝也。居攝之萌，出於泉陵侯劉慶、前煇光謝囂、長安令田終術。莽羽翼已成，意欲稱攝，豐等承順其意，莽輒復封舜、秀、豐等子孫以報之。豐等爵位已盛，心意既滿，又實畏漢宗室、天下豪傑；而疏遠欲進者並作符命，莽遂據以即真，舜、秀内懼而已。豐素剛强，莽覺其不説，故託符命文徙豐爲更始將軍，與賣餅兒王盛同列，豐父子默默。時子尋爲侍中、京兆大尹、茂德侯，即作符命，新室當分陝，立二伯，以豐爲右伯，太傅平晏爲左伯，如周、召故事。

莽即從之，拜豐爲右伯。當述職西出，未行，尋復作符命，言故漢氏平帝后黄皇室主爲尋之妻。莽以詐立，心疑大臣怨謗，欲震威以懼下，因是發怒，曰：「黄皇室主天下母，此何謂也！」收捕尋。尋亡，豐自殺。尋隨方士入華山，歲餘捕得，辭連國師公秀子侍中隆威侯棻，棻弟右曹、長水校尉、伐虜侯泳，大司空邑弟左關將軍、掌威侯奇，及秀門人侍中、騎都尉丁隆等，牽引公卿、黨親、列侯以下死者數百人，乃流棻於幽州，放尋於三危，殛隆於羽山，皆驛車載其屍傳致云。

三年，莽爲太子置師、友各四人，秩以大夫。以故大司徒馬宫等爲師疑、傅丞、阿輔、保拂，是爲四師；故尚書令唐林等爲胥附、奔走、先後、禦侮，是爲四友。又置師友、侍中、諫議、六經祭酒各一人，凡九祭酒，秩皆上卿。

遣使者奉璽書、印綬、安車、駟馬迎龔勝，即拜爲師友祭酒。使者與郡太守、縣長吏、三老、官屬、行義、諸生千人以上入勝里致詔。使者欲令勝起迎，久立門外。勝稱病篤，爲牀室中户西、南牖下，東首加朝服拖紳。使者付璽書，奉印綬，内安車駟馬，進謂勝曰：「聖朝未嘗忘君，制作未定，待君爲政。思聞所欲施行，以安海内。」勝對曰：「素愚，加以年老被病，命在朝夕，隨使君上道，必死道路，無益萬分。」使者要説，至以印綬就加勝身，勝輒推不受。使者即上言：「方盛夏暑熱，勝病少氣，可須秋涼乃發。」有詔許之。使者五日壹與太守俱問起居，爲勝兩子及門人高暉等言：「朝廷虛心待君以茅土之封，雖疾病，宜動移至傳舍，示有行意，必爲子孫遺大業。」暉等白使者語，勝自知不見聽，即謂暉等：「吾受漢家厚恩無以報；今年老矣，旦暮入地，誼豈以一身事二姓，下見故主哉！」勝因敕以棺斂喪事：「衣周於身，棺周於衣。勿隨俗動吾冢，種柏，作祠堂。」語畢，遂不復開口飲食，積十四日死。死時七十九矣。

是時清名之士，又有琅邪紀逡、齊薛方、太原郇越、郇相，沛唐林、唐尊，皆以明經飭行，顯名於世。紀逡、兩唐皆仕莽，封侯，貴重，歷公卿位。唐林數上疏諫正，有忠直節。唐尊衣敝、履空，被虛僞名。郇相爲莽太子四友，病死，莽太子遣使裞以衣衾，其子攀棺不聽曰：「死父遺言：『師友之送，勿有所受。』今於皇太子得託友官，故不受也。」京師稱之。莽以安車迎薛方，方因使者辭謝曰：「堯、舜在上，下有巢、由。今明主方隆唐、虞之德，小臣欲守箕山之節。」使者以聞，莽說其言，不强致。

初，隃麋郭欽爲南郡太守，杜陵蔣詡爲兗州刺史，亦以廉直爲名。莽居攝，欽、詡皆以病免官，歸鄉里，卧不出户，卒於家。哀、平之際，沛國陳咸以律令爲尚書，莽輔政，多改漢制，咸心非之。及何武、鮑宣死，咸歎曰：「易稱『見幾而作，不俟終日』，吾可以逝矣！」即乞骸骨去職。及莽篡位，召咸爲掌寇大夫，咸謝病不肯應。時三子參、豐、欽皆在位，咸乎？」悉收斂其家律令書文，壁藏之。又齊栗融、北海禽慶、蘇章、山陽曹竟皆儒生，去官，不仕於莽。

班固贊曰：春秋列國卿大夫及至漢興將相名臣，懷祿耽寵，以失其世者多矣，是故清節之士，於是爲貴，然大率多能自治而不能治人。王、貢之材優於龔、鮑。守死善道，勝實蹈焉。貞而不諒，薛方近之。郭欽、蔣詡，好遯不汙，絶紀、唐矣。

四年。初，莽爲安漢公時欲諂太皇太后，以斬郅支功，奏尊元帝廟爲高宗，太后晏駕後，當以禮配食云。及莽改號太后爲新室文母，絶之於漢，不令得體元帝。墮壞孝元廟，更爲文母太后起廟，獨置孝元廟故殿以爲文母篹食堂。既成，名曰長壽宮，以太后在，故未謂之廟。莽置酒長壽宮，請太后。既至，見孝元廟廢徹塗地，太后驚泣曰：「此漢家宗廟，皆有神靈，與何治而壞之！且使鬼神無知，又何用廟爲。如令有知，我乃人之妃妾，豈宜辱帝之堂以陳饋食哉！」私謂左右曰：「此人慢神多矣，能久得祐乎！」飲酒不樂而罷。自莽篡位後，知太后怨恨，求所以媚太后無不爲，然愈不說。莽更漢家黑貂著黄貂，又改漢正朔、伏臘日。太后令其官屬黑貂，至漢家正、臘日，獨與其左右相對飲食。

五年春二月，文母皇太后崩，年八十四。葬渭陵，與元帝合而溝絶之。新室世世獻祭其廟，元帝配食，坐於牀下。莽爲太后服喪三年。

天鳳二年春二月，民訛言黄龍墮死黄山宫中，百姓奔走往觀者有萬數。莽惡之，捕繫，問語所從起，不能得。

莽意以爲制定則天下自平，故鋭思於地理、制禮、作樂、講合六經之説；公卿旦入暮出，論議連年不決，不暇省獄訟冤結，民之急務。縣宰缺者數年守兼，一切貪殘日甚。中郎將、繡衣執法在郡國者，並乘權勢，傳相舉奏。又十一公士分布勸農桑，班時令，按諸章，冠蓋相望，交錯道路，召會吏民，逮捕證左，郡縣賦斂，遞相賕賂，白黑紛然，守闕告訴者多。莽自見前顓權以得漢政，故務自覽衆事，有司受成苟免。諸寶物名、帑藏、錢穀官皆宦者領之；吏民上封事，宦官、左右開發，尚書不得知，其畏備臣下如此。又好變改制度，政令煩多，當奉行者，輒質問乃以從事，前後相乘，憒眊不渫。莽常御燈火至明，猶不能勝。尚書因是爲姦，寢事，上書待報者連年不得去，拘繫郡縣者逢赦而後出，衛卒不交代者至三歲。穀糴常貴，邊兵二十餘萬人，仰衣食縣官。五原、代郡尤被其毒，起爲盜賊，數千人爲輩，轉入旁郡。莽遣捕盜將軍孔仁將兵與郡縣合擊，歲餘乃定。

四年秋八月，臨淮瓜田儀等依阻會稽長州。琅邪吕母聚黨數千人，殺海曲宰，入海中爲盜，其衆浸多，至萬數。荆州饑饉，民衆入野澤，掘鳧茈而食之，更相侵奪。新市人王匡、王鳳（争）〔爲〕平理諍訟，遂推爲渠帥，衆數百人。於是諸亡命者南陽馬武、潁川王常、成丹等，皆往從之。共攻離鄉聚，藏於綠林山中，數月間至七八千人。又有南郡張霸、江夏羊牧等與王匡俱起，衆皆萬人。莽遣使者即赦盜賊，還言「盜賊解輒復合，問其故，皆曰：『愁法禁煩苛，不得舉手；力作所得，不足以給貢税。閉門自守，〔又坐鄰伍鑄錢挾銅，姦吏因以愁民。』民窮，悉起爲盜賊」。莽大怒，免之。其或順指言「民驕黠當誅」，及言「時運適然，且滅不久」，莽説，輒遷官。〕

五年春正月，以大司馬司允費興爲荆州牧。見，問到部方略，興對曰：「荆、揚之民，率依阻山澤，以漁采爲業。間者國張六筦，税山澤，妨奪民之利，連年久旱，百姓饑窮，故爲盜賊。興到部，欲令明曉告盜賊歸田里，假貸犂牛、種食，闊其租賦，冀可以解釋安集。」莽怒，免興官。

琅邪樊崇起兵於莒。事見光武平赤眉。

六年春，莽見盜賊多，乃令太史推三萬六千歲曆紀，六歲一改元，布天下。下書自言「己當如黄帝仙升天」，欲以誑耀百姓，銷解盜賊。衆皆笑之。

地皇元年春正月，莽見四方盜賊多，復欲厭之，又下書曰：「予之皇初祖考黄帝定天下，將兵爲上將軍，内設大將，外置大司馬五人，大將軍至士吏凡七十三萬八千九百人，士千三百五十萬人。予受符命之文，稽前人，將條備焉。」於是置前、後、左、右中大司馬之位，賜諸州牧至縣宰皆有大將軍、偏、裨、校尉之號焉。乘傳使者經歷郡國，日且十輩，倉無見穀以給，傳車馬不能足，賦取道中車馬，取辦於民。

秋七月，鉅鹿男子馬適求等謀舉燕、趙兵以誅莽。大司空士王丹發覺以聞。莽遣三公大夫逮治黨與，連及郡國豪傑數千人，皆誅死。封丹爲輔國侯。

汝南郅惲明天文曆數，以爲漢必再受命，上書説莽曰：「上天垂戒，欲悟陛下，令就臣位。取之以天，還之以天，可謂知命矣。」莽大怒，繫惲詔獄，踰冬，會赦得出。

二年春正月，卜者王况謂魏成大尹李焉曰：「漢家當復興，李氏爲輔。」因爲焉作讖書，合十餘萬言。事發，莽皆殺之。

是歲，南郡秦豐聚衆且萬人，平原女子遲昭平亦聚數千人，在河阻中。莽召問羣臣禽賊方略，皆曰：「此天囚行尸，命在漏刻。」故左將軍公孫禄徵來與議，禄曰：「太史令宗宣，典星曆，候氣變，以凶爲吉，亂天文，誤朝廷。太傅、平化侯尊飾虚僞以媮名位，賊夫人之子。國師嘉信公秀顛倒五經，毁師法，令學士疑惑。明學男張邯、地理侯孫陽，造井田，使民棄土業。羲和魯匡，設六筦以窮工商。説符侯崔發，阿諛取容，令下情不上通。宜誅此數子以慰天下。」

初，四方皆以飢寒窮愁，起爲盗賊，稍稍羣聚，常思歲熟得歸鄉里，衆雖萬數，不敢略有城邑，轉掠求食日闋而已。諸長吏、牧守，皆自亂鬬中兵而死，賊非敢欲殺之也。而莽終不諭其故。是歲，荆州牧發奔命二萬人討緑林賊，賊帥王匡等相率迎擊於雲杜，大破牧軍，殺數千人，盡獲輜重。牧欲北歸，賊馬武等復遮擊之，鉤牧車屏泥，刺殺其驂乘，然終不敢殺牧。賊遂攻拔竟陵，轉擊雲杜、安陸，多略婦女，還入緑林中，至有五萬餘口，州郡不能制。

翼平連帥田况上言：「盗賊始發，其原甚微，部吏、伍人所能禽也。咎在長吏不爲意，縣欺其郡，郡欺朝廷，實百言十，實千言百。朝廷忽略，不輒督責，遂至延蔓連州，乃遣將帥，多發使者，傳相監趣。郡縣力事上官，應塞詰對，共酒食，具資用，以救斷斬，不暇復憂盗賊，治官事。將帥又不能躬率吏士，戰則爲賊所破，吏氣寖傷，徒費百姓。前幸蒙赦令，賊欲解散，或反遮擊，恐入山谷，轉相告語，故郡縣降賊皆更驚駭，恐見詐滅，因饑饉易動，旬日之間更十餘萬人，此盗賊所以多之故也。今洛陽以東米石二千，竊見詔書欲遣太師、更始將軍，二人爪牙重臣，多從人衆，道上空竭，少則無以威示遠方。宜急選牧、尹以下，明其賞罰，收合離鄉，小國無城郭者，徙其老弱置大城中，積藏穀食，并力固守。賊來攻城則不能下，所過無食，勢不得羣聚；如此招之必降，擊之則滅。今空復多出將帥，郡縣苦之，反甚於賊。宜盡徵還乘傳諸使者，以休息郡縣，委任臣況以二州，盜賊必平定之。」

三年夏四月，遣更始將軍廉丹等東討衆賊。事見光武平赤眉。莽又多遣大夫、謁者分教民煮草木爲酪，酪不可食，重爲煩費。

緑林賊遇疫疾死者且半，乃各分散引去。王常、成丹西入南郡，號「下江兵」；王匡、王鳳、馬武及其支黨朱鮪、張卬等北入南陽，號「新市兵」，皆自稱將軍。莽遣司命大將軍孔仁部豫州，納言大將軍嚴尤、秩宗大將軍陳茂擊荆州，各從吏士百餘人，乘傳到部募士。尤謂茂曰：「遣將不與兵符，必先請而後動，是猶紲韓盧而責之獲也。」

流民入關者數十萬人，乃置養贍官稟食之。使者監領，與小吏共盜其稟，飢死者什七八。先是，莽使中黄門王業領長安市買，賤取於民，民甚患之。業以省費爲功，賜爵附城。莽聞城中饑饉，以問業，業曰：「皆流民也。」乃市所賣粱飯、肉羹持入示莽，曰「居民食，咸如此」，莽信之。

秋七月，新市賊王匡等進攻隨，平林人陳牧、廖湛復聚衆千餘人號「平林兵」以應之。

莽以詔書讓廉丹曰：「倉廩盡矣，府庫空矣，可以怒矣，可以戰矣！將軍受國重任，不捐身於中野，無以報恩塞責。」丹惶恐，夜召其掾馮衍，以書示之。衍因説丹曰：「張良以五世相韓，椎秦始皇博浪之中。將軍之先，爲漢信臣。新室之興，英俊不附。今海内潰亂，人懷漢德，甚於詩人思召公也。人所歌舞，天必從之。今方爲將軍計，莫若屯據大郡，鎮撫吏士，砥厲其節，納雄桀之士，詢忠智之謀，興社稷之利，除萬人之害，則福禄流於無窮，功烈著於不滅；何與軍覆於中原，身膏於草野，功敗名喪，恥及先祖哉！」丹不聽。衍，左將軍奉世曾孫也。

冬，無鹽索盧恢等舉兵，反城附賊，廉丹、王匡攻拔之，斬首萬餘級。莽遣中郎將奉璽書勞丹、匡，進爵爲公，封吏士有功者十餘人。

赤眉别校董憲等衆數萬人在梁郡，王匡欲進擊之，廉丹以爲「新拔城，罷勞，當且休士養威」。匡不聽，引兵獨進，丹隨之。合戰成昌，兵敗，匡走。丹使吏持其印韍節付匡曰：「小兒可走，吾不可。」遂止，戰死。校尉汝雲、王隆等二十餘人别鬭，聞之，皆曰：「廉公已死，吾誰爲生！」馳奔賊，皆戰死。

國將哀章自請願平山東，莽遣章馳東與太師匡并力。又遣大將軍陽浚守敖倉，司徒王尋將十餘萬屯洛陽，鎮南宫，大司馬董忠養士習射中軍北壘。大司空王邑兼三公之職。

漢宗室劉秀等起南陽，與新市、平林、下江兵合。事見光武中興。

淮陽王更始元年春二月，王莽欲外示自安，乃染其須髮，立杜陵史諶女爲皇后。置後宫，位號視公卿、大夫、元士者凡百二十人。

莽赦天下，詔：「王匡、哀章等討青、徐盜賊，嚴尤、陳茂等討前隊醜虜，明告以生活、丹青之信，復迷惑不解散，將遣大司空、隆新公將百萬之師剿絶之矣。」

王莽遣司空王邑、司徒王尋發兵四十二萬圍昆陽，劉秀發諸營兵三千人大破之。事見光武中興。

莽聞漢兵言莽鴆殺孝平皇帝，乃會公卿於王路堂，開所爲平帝請命金縢之策，泣以示羣臣。

夏六月，道士西門君惠謂王莽衛將軍王涉曰：「讖文劉氏當復興，國師公姓名是也。」涉遂與國師公劉秀、大司馬董忠、司中大贅孫伋謀，以所部兵劫莽降漢，以全宗族。

秋七月，伋以其謀告莽，莽召忠詰責，因格殺之。使虎賁以斬馬劍剉忠，收其宗族，以醇醯、毒藥、白刃、叢棘并一坎而埋之。秀、涉皆自殺，莽以其骨肉舊臣，惡其内潰，故隱其誅。莽以軍師外破，大臣内畔，左右無所信，不能復遠念郡國，乃召王邑還爲大司馬，以大長秋張邯爲大司徒，崔發爲大司空，司中壽容苗訢爲國師。莽憂懣不能食，但飲酒，啗鰒魚。讀軍書倦，因馮几寐，不復就枕矣。

八月，王莽使太師王匡、國將哀章守洛陽。更始遣定國上公王匡攻洛陽，西屏大將軍申屠建、丞相司直李松攻武關，三輔震動。析人鄧曄、于匡起兵南鄉以應漢，攻武關都尉朱萌，萌降；進攻右隊大夫宋綱，殺之；西拔湖。莽愈憂，不知所出。崔發言：「古者國有大災，則哭以厭之。宜告天以求救。」莽乃率羣臣至南郊，陳其符命本末，仰天大哭，氣盡，伏而叩頭。諸生、小民旦夕會哭，爲設飧粥；甚悲哀者，除以爲郎，郎至五千餘人。

莽拜將軍九人，皆以「虎」爲號，將北軍精兵數萬人以東，內其妻子宮中以爲質。時省中黃金尚六十餘萬斤，他財物稱是，莽愈愛之，賜九虎士人四千錢。衆重怨，無鬭意。九虎至華陰回谿，距隘自守。于匡、鄧曄擊之，六虎敗走，二虎詣闕歸死。莽使使責死者安在，皆自殺。其四虎亡，三虎收散卒保渭口京師倉。

鄧曄開武關迎漢兵。李松將三千餘人至湖，與曄等共攻京師倉，未下。曄以弘農掾王憲爲校尉，將數百人北度渭，入左馮翊界。李松遣偏將軍韓臣等徑西至新豐，擊破莽波水將軍，追奔至長門宮。王憲北至頻陽，所過迎降。諸縣大姓各起兵稱漢將，率衆隨憲。李松、鄧曄引軍至華陰，而長安旁兵四會城下。又聞天水隗氏方到，皆争欲先入城，貪立大功、鹵掠之利。莽赦城中囚徒，皆授兵，殺豨飲其血，與誓曰：「有不爲新室者，社鬼記之！」使更始將軍史諶將之，度渭橋，皆散走，諶空還。衆兵發掘莽妻、子、父、祖冢，燒其棺椁及九廟、明堂、辟雍，火照城中。

九月戊申朔，兵從宣平城門入。張邯逢兵見殺。王邑、王林、王巡、𡌴惲等分將兵距擊北闕下，會日暮，官府、邸第盡奔亡。己酉，城中少年朱弟、張魚等恐見鹵掠，趨讙並和，燒作室門，斧敬法闥，呼曰：「反虜王莽，何不出降！」火及掖庭、承明，黄皇室主所居。黄皇室主曰：「何面目以見漢家！」自投火中而死。

莽避火宣室前殿，火輒隨之。莽紺袀服，持虞帝匕首，天文郎按式於前，莽旋席隨斗柄而坐，曰：「天生德於予，漢兵其如予何！」庚戌，且明，羣臣扶掖莽自前殿之漸臺，欲阻池水，公卿從官尚千餘人隨之。王邑晝夜戰，罷極，士死傷略盡；馳入宫，間關至漸臺，見其子侍中睦解衣冠欲逃，邑叱之令還，父子共守莽。軍人入殿中，聞莽在漸臺，衆共圍之數百重。臺上猶與相射，矢盡，短兵接。王邑父子、𡌴惲、王巡戰死，莽入室。下餔時，衆兵上臺，苗訢、唐尊、王盛等皆死。商人杜吴殺莽，校尉東海公賓就斬莽首，軍人分莽身，節解臠分，争相殺者數十人。公賓就持莽首詣王憲。憲自稱漢大將軍，城中兵數十萬皆屬焉。舍東宫，妻莽後宫，乘其車服。癸丑，李松、鄧曄入長安，將軍趙萌、申屠建亦至，以王憲得璽綬不上，多挾宫女，建天子鼓旗，收斬之。傳莽首詣宛，縣於市，百姓共提擊之，或切食其舌。

班固贊曰：王莽始起外戚，折節力行以要名譽，及居位輔政，勤勞國家，直道而行，豈所謂「色取仁而行違」者邪！莽既不仁而有佞邪之材，又乘四父歷世之權，遭漢中微，國統三絶，而太后壽考，爲之宗主，故得肆其姦慝，以成篡盜之禍。推是言之，亦天時，非人力之致矣。及其竊位南面，顛覆之勢險於桀、紂，而莽晏然自以黄、虞復出也。乃始恣睢，奮其威詐，毒流諸夏，亂延蠻貉，猶未足逞其欲焉。是以四海之内，囂然喪其樂生之心，中外憤怨，遠近俱發，城池不守，支體分裂，遂令天下城邑爲虚，害徧生民，自書傳所載亂臣賊子，考其禍敗，未有如莽之甚者也。昔秦燔詩、書以立私議，莽誦六藝以文姦言，同歸殊塗，俱用滅亡，皆聖王之驅除云爾。

光武中興

王莽地皇三年。初，長沙定王發生舂陵節侯買，買生戴侯熊渠，熊渠生考侯仁。仁以南方卑濕，徙封南陽之白水鄉，與宗族往家焉。仁卒，子敞嗣，值莽篡位，國除。節侯少子外爲鬱林太守，外生鉅鹿都尉回，回生南頓令欽。欽娶湖陽樊重女，生三男：縯、仲、秀。兄弟早孤，養於叔父良。縯性剛毅，慷慨有大節，自莽篡漢，常憤憤，懷復社稷之慮，不事家人居業，傾身破産，交結天下雄俊。秀隆準日角，性勤稼穡；縯常非笑之，比於高祖兄仲。秀姊元爲新野鄧晨妻，秀嘗與晨俱過穰人蔡少公，少公頗學圖讖，言「劉秀當爲天子」。或曰：「是國師公劉秀乎？」秀戲曰：「何用知非僕邪！」坐者皆大笑，晨心獨喜。

宛人李守好星曆、讖記，爲莽宗卿師，嘗謂其子通曰：「劉氏當興，李氏爲輔。」及新市、平林兵起，南陽騷動，通從弟軼謂通曰：「今四方擾亂，漢當復興。南陽宗室獨劉伯升兄弟汎愛容衆，可與謀大事。」通笑曰：「吾意也。」會秀賣穀於宛，通遣軼往迎秀，與相見，因具言讖文事，與相約結，定謀議。通欲以立秋材官都試騎士日，劫前隊大夫甄阜及屬正梁丘賜，因以號令大衆，使軼與秀歸舂陵舉兵以相應。於是縯召諸豪桀計議曰：「王莽暴虐，百姓分崩。今枯旱連年，兵革並起，此亦天亡之時，復高祖之業，定萬世之秋也。」衆皆然之。於是分遣親客於諸縣起兵，縯自發舂陵子弟。諸家子弟恐懼，皆亡匿，曰：「伯升殺我。」及見秀絳衣大冠，皆驚曰：「謹厚者亦復爲之。」乃稍自安。凡得子弟七八千人，部署賓客，自稱「柱天都部」。秀時年二十八。李通未發，事覺，亡走；父守及家屬坐死者六十四人。

縯使族人嘉招説新市、平林兵，與其帥王鳳、陳牧西擊長聚，進屠唐子鄉，又殺湖陽尉。軍中分財物不均，衆恚恨，欲反攻諸劉；秀斂宗人所得物悉以與之，衆乃悦。進拔棘陽，李軼、鄧晨皆將賓客來會。

十一月，劉縯欲進攻宛，至小長安聚，與甄阜、梁丘賜戰。時天密霧，漢軍大敗，秀單馬走，遇女弟伯姬，與共騎而奔。前行，復見姊元，趣令上馬，元以手揮曰：「行矣，不能相救，無爲兩没也！」會追兵至，元及三女皆死。縯弟仲及宗從死者數十人。

縯復收會兵衆，還保棘陽。阜、賜乘勝，留輜重於藍鄉，引精兵十萬南度潢淳，臨泚水，阻兩川間爲營，絶後橋，示無還心。新市、平林見漢兵數敗，阜、賜軍大至，各欲解去，縯甚患之。會下江兵五千餘人至宜秋，縯即與秀及李通俱造其壁，曰：「願見下江一賢將，議大事。」衆推王常。縯見常，説以合從之利，常大悟曰：「王莽殘虐，百姓思漢。今劉氏復興，即真主也，誠思出身爲用，輔成大功。」縯曰：「如事成，豈敢獨饗之哉！」遂與常深相結而去。常還，具爲餘將成丹、張卬言之。丹、卬負其衆，曰：「大丈夫既起，當各自爲主，何故受人制乎！」常乃徐曉説其將帥曰：「王莽苛酷，積失百姓之心，民之謳吟思漢，非一日也，故使吾屬因此得起。夫民所怨者，天所去也；民所思者，天所與也。舉大事，必當下順民心，上合天意，功乃可成。若負强恃勇，觸情恣欲，雖得天下，必復失之。以秦、項之勢尚至夷覆，况今布衣相聚草澤，以此行之，滅亡之道也。今南陽諸劉舉宗起兵，觀其來議者，皆有深計大慮，王公之才，與之并合，必成大功，此天所以祐吾屬也。」下江諸將雖屈强少識，然素敬常，乃皆謝曰：「無王將軍，吾屬幾陷於不義。」即引兵與漢軍及新市、平林合。於是諸部齊心同力，鋭氣益壯。縯大饗軍士，設盟約，休卒三日，分爲六部。十二月晦，潛師夜起，襲取藍鄉，盡獲其輜重。

淮陽王更始元年春正月甲子朔，漢兵與下江兵共攻甄阜、梁丘賜，斬之，殺士卒二萬餘人。王莽納言將軍嚴尤、秩宗將軍陳茂引兵欲據宛，劉縯與戰於淯陽下，大破之，遂圍宛。先是，青、徐賊衆雖數十萬人，訖無文書、號令、旌旗、部曲，及漢兵起，皆稱將軍，攻城略地，移書稱説。莽聞之，始懼。

春陵戴侯曾孫玄在平林兵中，號「更始將軍」。時漢兵已十餘萬，諸將議以兵多而無所統一，欲立劉氏以從人望。南陽豪桀及王常等皆欲立劉縯，而新市、平林將帥樂放縱，憚縯威明，貪玄懦弱，先共定策立之，然後召縯示其議。縯曰：「諸將軍幸欲尊立宗室，甚厚。然今赤眉起青、徐，衆數十萬，聞南陽立宗室，恐赤眉復有所立。王莽未滅而宗室相攻，是疑天下而自損權，非所以破莽也。春陵去宛三百里耳，遽自尊立，爲天下準的，使後人得承吾敝，非計之善者也。不如且稱王以號令，王勢亦足以斬諸將。若赤眉所立者賢，相率而往從之，必不奪吾爵位。若無所立，破莽，降赤眉，然後舉尊號，亦未晚也。」諸將多曰：「善。」張卬拔劍擊地曰：「疑事無功。今日之議，不得有二！」衆皆從之。二月辛巳朔，設壇場於淯水上沙中，玄即皇帝位。南面立，朝羣臣，羞愧流汗，舉手不能言。

於是大赦，改元，以族父良爲國三老，王匡爲定國上公，王鳳爲成國上公，朱鮪爲大司馬，劉縯爲大司徒，陳牧爲大司空，餘皆九卿、將軍。由是豪桀失望，多不服。

三月，王鳳與太常、偏將軍劉秀等徇昆陽、定陵、郾，皆下之。

王莽聞嚴尤、陳茂敗，乃遣司空王邑馳傳，與司徒王尋發兵平定山東，徵諸明兵法六十三家以備軍吏，以長人巨毋霸爲壘尉，又驅諸猛獸虎豹犀象之屬以助威武。邑至洛陽，州郡各選精兵，牧守自將，定會者四十二萬人，號百萬，餘在道者，旌旗、輜重千里不絕。夏五月，尋、邑南出潁川，與嚴尤、陳茂合。

諸將見尋、邑兵盛，皆反走入昆陽，惶怖，憂念妻孥，欲散歸諸城。劉秀曰：「今兵穀既少，而外寇强大，并力禦之，功庶可立，如欲分散，勢無俱全。且宛城未拔，不能相救，昆陽即拔，一日之間，諸部亦滅矣。今不同心膽共舉功名，反欲守妻子、財物邪！」諸將怒曰：「劉將軍何敢如是！」秀笑而起。會候騎還，言：「大兵且至城北，軍陳數百里，不見其後。」諸將素輕秀，及迫急，乃相謂曰：「更請劉將軍計之。」秀復爲圖畫成敗，諸將皆曰：「諾。」時城中唯有八九千人，秀使王鳳與廷尉、大將軍王常守昆陽，夜與五威將軍李軼等十三騎出城南門，於外收兵。

時莽兵到城下者且十萬，秀等幾不得出。尋、邑縱兵圍昆陽，嚴尤說邑曰：「昆陽城小而堅，今假號者在宛，亟進大兵，彼必奔走。宛敗，昆陽自服。」邑曰：「吾昔圍翟義，坐不生得，以見責讓。今將百萬之衆，遇城而不能下，非所以示威也。當先屠此城，蹀血而進，前歌後舞，顧不快邪。」遂圍之數十重，列營百數，鉦鼓之聲聞數十里。或爲地道、衝輣撞城，積弩亂發，矢下如雨，城中負户而汲。王鳳等乞降，不許。尋、邑自以功在漏刻，不以軍事爲憂。嚴尤曰：「兵法『圍城爲之闕』，宜使得逸出，以怖宛下。」邑又不聽。

棘陽守長岑彭與前隊貳嚴説共守宛城。漢兵攻之數月，城中人相食，乃舉城降。更始入都之。諸將欲殺彭，劉縯曰：「彭，郡之大吏，執心堅守，是其節也。今舉大事，當表義士，不如封之。」更始乃封彭爲歸德侯。

劉秀至郾、定陵，悉發諸營兵。諸將貪惜財物，欲分兵守之。秀曰：「今若破敵，珍寶萬倍，大功可成。如爲所敗，首領無餘，何財物之有！」乃悉發之。六月己卯朔，秀與諸營俱進，自將步騎千餘爲前鋒，去大軍四五里而陳。尋、邑亦遣兵數千合戰，秀奔之，斬首數十級。諸將喜曰：「劉將軍平生見小敵怯，今見大敵勇，甚可怪也。且復居前，請助將軍。」秀復進，尋、邑兵卻，諸部共乘之，斬首數百千級。連勝，遂前，諸將膽氣益壯，無不一當百。秀乃與敢死者三千人，從城西水上衝其中堅。尋、邑易之，自將萬餘人行陳，敕諸營皆按部毋得動，獨迎與漢兵戰，不利，大軍不敢擅相救。尋、邑陳亂，漢兵乘鋭崩之，遂殺王尋。城中亦鼓譟而出，中外合勢，震呼動天地，莽兵大潰，走者相騰踐，伏尸百餘里。會大雷風，屋瓦皆飛，雨下如注，滍川盛溢，虎豹皆股戰，士卒赴水溺死者以萬數，水爲不流。王邑、嚴尤、陳茂輕騎乘死人度水逃去，盡獲其軍實輜重，不可勝算，舉之連月不盡，或燔燒其餘。士卒奔走，各還其郡，王邑獨與所將長安勇敢數千人還洛陽。關中聞之震恐。於是海内豪桀翕然響應，皆殺其牧守，自稱將軍，用漢年號，以待詔命，旬月之間，徧於天下。

劉秀復徇潁川，攻父城不下，屯兵巾車鄉。潁川郡掾馮異監五縣，爲漢兵所獲。異曰：「異有老母在父城，願歸，據五城以效功報德。」秀許之。異歸，謂父城長苗萌曰：「諸將多暴横，獨劉將軍所到不虜略。觀其言語舉止，非庸人也。」遂與萌率五縣以降。

新市、平林諸將以劉縯兄弟威名益盛，陰勸更始除之。秀謂縯曰：「事欲不善。」縯笑曰：「常如是耳。」更始大會諸將，取縯寶劍視之，繡衣御史申徒建隨獻玉玦，更始不敢發。縯舅樊宏謂縯曰：「建得無有范增之意乎？」縯不應。李軼初與縯兄弟善，後更諂事新貴。秀戒縯曰：「此人不可復信！」縯不從。縯部將劉稷勇冠三軍，聞更始立，怒曰：「本起兵圖大事者，伯升兄弟也。今更始何爲者邪！」更始以稷爲抗威將軍，稷不肯拜。更始乃與諸將陳兵數千人，先收稷，將誅之，縯固争。李軼、朱鮪因勸更始并執縯，即日殺之，以族兄光禄勳賜爲大司徒。秀聞之，自父城馳詣宛謝。司徒官屬迎弔秀，秀不與交私語，惟深引過而已，未嘗自伐昆陽之功，又不敢爲縯服喪，飲食言笑如平常。更始以是慚，拜秀爲破虜大將軍，封武信侯。

更始遣王匡攻洛陽，申屠建、李松攻武關，京兆諸縣及城中共起兵殺王莽。事見王莽篡漢。

王匡拔洛陽，生縛莽太師王匡、哀章，皆斬之。

更始將都洛陽，以劉秀行司隸校尉，使前整脩宫府。秀乃置僚屬，作文移，從事司察，一如舊章。時三輔吏士東迎更始，見諸將過，皆冠幘而服婦人衣，莫不笑之。及見司隸僚屬，皆歡喜不自勝，老吏或垂涕曰：「不圖今日復見漢官威儀！」由是識者皆屬心焉。

更始北都洛陽，分遣使者徇郡國，曰「先降者復爵位」。使者至上谷，上谷太守扶風耿況迎，上印綬，使者納之，一宿，無還意。功曹寇恂勒兵入見使者，請之，使者不與，曰：「天王使者，功曹欲脅之邪！」恂曰：「非敢脅使君，竊傷計之不詳也。今天下初定，使君建節銜命，郡國莫不延頸傾耳；今始至上谷而先墮大信，將復何以號令他郡乎？」使者不應。恂叱左右以使者命召況，況至，恂進取印綬帶況。使者不得已，乃承制詔之，況受而歸。

更始欲令親近大將徇河北，大司徒賜言：「諸家子獨有文叔可用。」朱鮪等以爲不可，更始狐疑，賜深勸之，更始乃以劉秀行大司馬事，持節北度河，鎮慰州郡。

以大司徒賜爲丞相，令先入關脩宗廟、宮室。

大司馬秀至河北，所過郡縣，考察官吏，黜陟能否，平遣囚徒，除王莽苛政，復漢官名。吏民喜悦，争持牛酒迎勞，秀皆不受。

南陽鄧禹杖策追秀，及於鄴。秀曰：「我得專封拜，生遠來，寧欲仕乎？」禹曰：「不願也。」秀曰：「即如是，何欲爲？」禹曰：「但願明公威德加於四海，禹得效其尺寸，垂功名於竹帛耳。」秀笑，因留宿間語。禹進説曰：「今山東未安，赤眉、青犢之屬動以萬數。更始既是常才，而不自聽斷，諸將皆庸人屈起，志在財幣，争用威力，朝夕自快而已，非有忠良明智，深慮遠圖，欲尊主安民者也。歷觀往古聖人之興，二科而已，天時與人事也。今以天時觀之，更始既立而災變方興；以人事觀之，帝王大業非凡夫所任，分崩離析，形勢可見。明公雖建藩輔之功，猷恐無所成立也。况明公素有盛德大功，爲天下所嚮服，軍政齊肅，賞罰明信。爲今之計，莫如延攬英雄，務悦民心，立高祖之業，救萬民之命，以公而慮，天下不足定也。」秀大悦，因令禹常宿止於中，與定計議。每任使諸將，多訪於禹，皆當其才。

秀自兄縯之死，每獨居輒不御酒肉，枕席有涕泣處。主簿馮異獨叩頭寬譬，秀止之曰：「卿勿妄言」異因進説曰：「更始政亂，百姓無所依戴。夫人久飢渴，易爲充飽。今公專命方面，宜分遣官屬徇行郡縣，宣布惠澤。」秀納之。騎都尉宋子耿純謁秀於邯鄲，退，見官屬將兵法度不與他將同，遂自結納。

王莽時，長安中有自稱成帝子子輿者，莽殺之。邯鄲卜者王郎緣是詐稱真子輿，立爲天子，移檄州郡，趙國以北，遼東以西，皆望風響應。

二年春正月，大司馬秀以王郎新盛，乃北徇薊。

申屠建、李松自長安迎更始遷都。二月，更始發洛陽，初，三輔豪桀假號誅莽者人人皆望封侯。申屠建既斬王憲，又揚言：「三輔兒大黠，共殺其主。」吏民惶恐，屬縣屯聚，建等不能下。更始至長安，乃下詔大赦，非王莽子，他皆除其罪。於是三輔悉平。

時，長安唯未央宮被焚，其餘宮室、供帳、倉庫、官府皆案堵如故，市里不改於舊。更始居長樂宮，升前殿，郎吏以次列庭中。更始羞怍，俛首刮席，不敢視。諸將後至者，更始問：「虜掠得幾何？」左右侍官皆宮省久吏，驚愕相視。

李松與棘陽趙萌説更始：「宜悉王諸功臣。」朱鮪争之，以爲「高祖約，非劉氏不王」。更始乃先封諸宗室，祉爲定陶王，慶爲燕王，歙爲元氏王，嘉爲漢中王，賜爲宛王，信爲汝陰王；然後立王匡爲泚陽王，王鳳爲宜城王，朱鮪爲膠東王，王常爲鄧王，申屠建爲平氏王，陳牧爲陰平王，衛尉大將軍張卬爲淮陽王，執金吾大將軍廖湛爲穰王，尚書胡殷爲隨王，柱天大將軍李通爲西平王，五威中郎將李軼爲舞陰王，水衡大將軍成丹爲襄邑王，驃騎大將軍宗佻爲潁陰王，尹尊爲郾王。唯朱鮪辭不受，乃以鮪爲左大司馬。宛王賜爲前大司馬，使與李軼等鎮撫關東。又使李通鎮荆州，王常行南陽太守事。以李松爲丞相，趙萌爲右大司馬，共秉內任。

更始納趙萌女爲夫人，故委政於萌，日夜飲讌後庭，羣臣欲言事，輒醉不能見，時不得已，乃令侍中坐帷內與語。韓夫人尤嗜酒，每侍飲，見常侍奏事，輒怒曰：「帝方對我飲，正用此時持事來邪！」起，抵破書案。趙萌專權，生殺自恣。郎吏有説萌放縱者，更始怒，拔劍擊之，自是無敢復言。以至羣小、膳夫皆濫授官爵，長安爲之語曰：「竈下養，中郎將。爛羊胃，騎都尉。爛羊頭，關內侯。」軍師將軍李淑上書諫曰：「陛下定業，雖因下江、平林之勢，斯蓋臨時濟用，不可施之既安。唯名與器，聖人所重；今加非其人，望其裨益萬分，猶緣水求魚，升山采珠。海內望此，有以窺度漢祚。」更始怒，囚之。諸將在外者皆專行誅賞，各置牧守，州郡交錯，不知所從。由是關中離心，四海怨叛。

耿況遣其子弇奉奏詣長安，弇時年二十一。行至宋子，會王郎起，弇從吏孫倉、衛包曰：「劉子輿，成帝正統，捨此不歸，遠行安之？」弇按劍曰：「子輿弊賊，卒爲降虜耳。我至長安，與國家陳漁陽、上谷兵馬，歸發突騎以轔烏合之衆，如摧枯折腐耳。觀公等不識去就，族滅不久也！」倉、包遂亡，降王郎。

弇聞大司馬秀在盧奴，乃馳北上謁，秀留署長史，與俱北至薊。王郎移檄購秀十萬户，秀令功曹令史潁川王霸至市中募人擊王郎，市人皆大笑，舉手邪揄之，霸慚懅而反。秀將南歸，耿弇曰：「今兵從南方來，不可南行。漁陽太守彭寵，公之邑人；上谷太守，即弇父也。發此兩郡，控弦萬騎，邯鄲不足慮也。」秀官屬腹心皆不肯，曰：「死尚南首，奈何北行入囊中？」秀指弇曰：「是我北道主人也。」

會故廣陽王子接起兵薊中以應郎，城内擾亂，言邯鄲使者方到，二千石以下皆出迎。於是秀趣駕而出，至南城門，門已閉，攻之得出，遂晨夜南馳，不敢入城邑，舍食道傍。至蕪蔞亭，時天寒烈，馮異上豆粥。至饒陽，官屬皆乏食。秀乃自稱邯鄲使者，入傳舍，傳吏方進食，從者飢，争奪之。傳吏疑其僞，乃椎鼓數十通，紿言「邯鄲將軍至」，官屬皆失色。秀升車欲馳，既而懼不免，徐還坐，曰：「請邯鄲將軍入。」久，乃駕去。晨夜兼行，蒙犯霜雪，面皆破裂。

至下曲陽，傳聞王郎兵在後，從者皆恐。至滹沱河，候吏還白「河水流澌，無船，不可濟」。秀使王霸往視之。霸恐驚衆，欲且前，阻水還，即詭曰：「冰堅可度。」官屬皆喜。秀笑曰：「候吏果妄語也。」遂前，比至河，河冰亦合，乃令王霸護度，未畢數騎而冰解。至南宮，遇大風雨，秀引車入道傍空舍，馮異抱薪，鄧禹爇火，秀對竈燎衣。馮異復進麥飯。

進至下博城西，惶惑不知所之。有白衣老父在道旁，指曰：「努力，信都郡爲長安城守，去此八十里。」秀即馳赴之。是時郡國皆已降王郎，獨信都太守南陽任光、和戎太守信都邳彤不肯從。光自以孤城獨守，恐不能全，聞秀至，大喜，吏民皆稱萬歲。邳彤亦自和戎來會。議者多言可因信都兵自送，西還長安。邳彤曰：「吏民歌吟思漢久矣，故更始舉尊號而天下響應，三輔清宮除道以迎之。今卜者王郎假名因勢，驅集烏合之衆，遂振燕、趙之地，無有根本之固。明公奮二郡之兵以討之，何患不克。今釋此而歸，豈徒空失河北，必更驚動三輔，墮損威重，非計之得者也。若明公無復征伐之意，則雖信都之兵猶難會也。何者？明公既西，則邯鄲勢成，民不肯捐父母、背成主而千里送公，其離散亡逃可必也。」秀乃止。

秀以二郡兵弱，欲入城頭子路、刁子都軍中，任光以爲不可。乃發傍縣，得精兵四千人，拜任光爲左大將軍，信都都尉李忠爲右大將軍，邳彤爲後大將軍，和戎太守如故，信都令萬脩爲偏將軍，皆封列侯。留南陽宗廣領信都太守事，使任光、李忠、萬脩將兵以從，邳彤將兵居前。任光乃多作檄文曰：「大司馬劉公將城頭子路、刁子都兵百萬衆從東方來，擊諸反虜！」遣騎馳至鉅鹿界中。吏民得檄，傳相告語。秀投暮入堂陽界，多張騎火，彌滿澤中，堂陽即降。又擊貰縣，降之。城頭子路者，東平爰曾也，寇掠河、濟間，有衆二十餘萬，刁子都有衆六七萬，故秀欲依之。昌城人劉植聚兵數千人據昌城迎秀，秀以植爲驍騎將軍。耿純率宗族賓客二千餘人，老病者皆載木自隨，迎秀於育，拜純爲前將軍。進攻下曲陽，降之。衆稍合，至數萬人，復北擊中山。耿純恐宗家懷異心，乃使從弟訢宿歸，燒廬舍，以絶其反顧之望。

秀進拔盧奴，所過發奔命兵，移檄邊郡，共擊邯鄲，郡縣還復響應。時真定王楊起兵附王郎，衆十餘萬，秀遣劉植説楊，楊乃降。秀因留真定，納楊甥郭氏爲夫人以結之。進擊元氏、防子，皆下之。至鄗，擊斬王郎將李惲。至柏人，復破郎將李育，育還保城，攻之不下。

南鄭人延岑起兵據漢中，漢中王嘉擊降之，有衆數十萬。校尉南陽賈復見更始政亂，乃説嘉曰：「今天下未定，而大王安守所保，所保得無不可保乎？」嘉曰：「卿言大，非吾任也。大司馬在河北，必能相用。」乃爲書薦復及長史南陽陳俊於劉秀。復等見秀於柏人，秀以復爲破虜將軍，俊爲安集掾。

秀舍中兒犯法，軍市令潁川祭遵格殺之。秀怒，命收遵。主簿陳副諫曰：「明公常欲衆軍整齊，今遵奉法不避，是教令所行也。」乃貰之，以爲刺姦將軍，謂諸將曰：「當備祭遵！吾舍中兒犯法尚殺之，必不私諸卿也。」

或説大司馬秀以守柏人不如定鉅鹿，秀乃引兵東北拔廣阿。秀披輿地圖，指示鄧禹曰：「天下郡國如是，今始乃得其一。子前言以吾慮天下不足定，何也？」禹曰：「方今海内殽亂，人思明君，猶赤子之慕慈母。古之興者在德薄厚，不以大小也。」

薊中之亂，耿弇與劉秀相失，北走昌平，就其父况，因説况擊邯鄲。時王郎遣將徇漁陽、上谷，急發其兵，北州疑惑，多欲從之。上谷功曹寇恂、門下掾閔業説况曰：「邯鄲拔起，難可信向。大司馬，劉伯升母弟，尊賢下士，可以歸之。」况曰：「邯鄲方盛，力不能獨拒，如何？」對曰：「今上谷完實，控弦萬騎，可以詳擇去就。恂請東約漁陽，齊心合衆，邯鄲不足圖也。」况然之，遣恂東約彭寵，欲各發突騎二千匹，步兵千人，詣大司馬秀。

安樂令吴漢、護軍蓋延、狐奴令王梁亦勸寵從秀，寵以爲然，而官屬皆欲附王郎，寵不能奪。漢出止外亭，遇一儒生，召而食之，問以所聞。生言：「大司馬劉公，所過爲郡縣所稱。邯鄲舉尊號者，實非劉氏。」漢大喜，即詐爲秀書，移檄漁陽，使生齎以詣寵，令具以所聞説之。會寇恂至，寵乃發步騎二千人，以吴漢行長史，與蓋延、王梁將之，南攻薊，殺王郎大將趙閎。

寇恂還，遂與上谷長史景丹及耿弇將兵俱南，與漁陽軍合，所過擊斬王郎大將、九卿、校尉以下，凡斬首三萬級，定涿郡、中山、鉅鹿、清河、河間凡二十二縣。前及廣阿，聞城中車騎甚衆，丹等勒兵問曰：「此何兵？」曰：「大司馬劉公也。」諸將喜，即進至城下。城中初傳言二郡兵爲邯鄲來，衆皆恐。劉秀自登西城樓勒兵問之，耿弇拜於城下，即召入，具言發兵狀。秀乃悉召景丹等入，笑曰：「邯鄲將帥數言我發漁陽、上谷兵，吾聊應言『我亦發之』，何意二郡良爲吾來。方與士大夫共此功名耳。」乃以景丹、寇恂、耿弇、蓋延、吴漢、王梁皆爲偏將軍，使還領其兵。加耿況、彭寵大將軍，封況、寵、丹、延皆爲列侯。

吴漢爲人，質厚少文，造次不能以辭自達，然沈勇有智略。鄧禹數薦之於秀，秀漸親重之。

更始遣尚書令謝躬率六將軍討王郎，不能下。秀至，與之合軍，東圍鉅鹿，月餘未下。王郎遣將攻信都，大姓馬寵等開城内之。更始遣兵攻破信都，秀使李忠還，行太守事。王郎遣將倪宏、劉奉率數萬人救鉅鹿，秀逆戰於南䜌，不利。景丹等縱突騎擊之，宏等大敗。秀曰：「吾聞突騎天下精兵，今見其戰，樂可言邪！」

耿純言於秀曰：「久守鉅鹿，士衆疲弊，不如及大兵精鋭進攻邯鄲，若王郎已誅，鉅鹿不戰自服矣。」秀從之。夏四月，留將軍鄧滿守鉅鹿，進軍邯鄲，連戰破之。郎乃使其諫大夫杜威請降。威雅稱郎實成帝遺體，秀曰：「設使成帝復生，天下不可得，况詐子輿者乎！」威請求萬户侯，秀曰：「顧得全身可矣。」威怒而去。秀急攻之二十餘日，五月甲辰，郎少傅李立開門内漢兵，遂拔邯鄲。郎夜亡走，王霸追斬之。秀收郎文書，得吏民與郎交關謗毁者數千章，秀不省，會諸將軍燒之，曰：「令反側子自安。」

秀部分吏卒各隸諸軍，士皆言願屬大樹將軍。大樹將軍者，偏將軍馮異也，爲人謙退不伐，敕吏士非交戰受敵，常行諸營之後。每所止舍，諸將並坐論功，異常獨屏樹下，故軍中號曰「大樹將軍」。

護軍宛人朱祐從容言於秀曰：「長安政亂，公有日角之相，此天命也。」秀曰：「召刺姦收護軍！」祐乃不敢復言。

更始遣使立秀爲蕭王，悉令罷兵，與諸將有功者詣行在所。遣苗曾爲幽州牧，韋順爲上谷太守，蔡充爲漁陽太守，並北之部。

蕭王居邯鄲宫，晝卧温明殿，耿弇入，造牀下請閒，因説曰：「吏士死傷者多，請歸上谷，益兵。」蕭王曰：「王郎已破，河北略平，復用兵何爲？」弇曰：「王郎雖破，天下兵革乃始耳。今使者從西方來，欲罷兵，不可聽也。銅馬、赤眉之屬數十輩，輩數十百萬人，所向無前，聖公不能辦也，敗必不久。」蕭王起坐曰：「卿失言，我斬卿！」弇曰：「大王哀厚弇如父子，故敢披赤心。」蕭王曰：「我戲卿耳。何以言之？」弇曰：「百姓患苦王莽，復思劉氏，聞漢兵起，莫不歡喜，如去虎口得歸慈母。今更始爲天子，而諸將擅命於山東，貴戚縱横於都内，虜掠自恣，元元叩心，更思莽朝，是以知其必敗也。公功名已著，以義征伐，天下可傳檄而定也。天下至重，公可自取，毋令他姓得之。」蕭王乃辭以河北未平，不就徵，始貳於更始。

是時，諸賊銅馬、大彤、高湖、重連、鐵脛、大槍、尤來、上江、青犢、五校、五幡、五樓、富平、獲索等各領部曲，衆合數百萬人，所在寇掠。蕭王欲擊之，乃拜吴漢、耿弇俱爲大將軍，持節北發幽州十郡突騎。苗曾聞之，陰敕諸郡不得應調。吴漢將二十騎先馳至無終，曾出迎於路，漢即收曾，斬之。耿弇到上谷，亦收韋順、蔡充斬之。北州震駭，於是悉發其兵。

秋，蕭王擊銅馬於鄡，吴漢將突騎來會清陽，士馬甚盛，漢悉上兵簿於莫府，請所付與，不敢自私，王益重之。王以偏將軍沛國朱浮爲大將軍、幽州牧，使治薊城。銅馬食盡夜遁，蕭王追擊於館陶，大破之。受降未盡，而高湖、重連從東南來與銅馬餘衆合，蕭王復與大戰於蒲陽，悉破降之，封其渠帥爲列侯。諸將未能信賊，降者亦不自安。王知其意，敕令降者各歸營勒兵，自乘輕騎按行部陳。降者更相語曰：「蕭王推赤心置人腹中，安得不投死乎！」由是皆服，悉以降人分配諸將，衆遂數十萬。赤眉别帥與青犢、上江、大彤、鐵脛、五幡十餘萬衆在射犬，蕭王引兵進擊，大破之。南徇河内，河内太守韓歆降。

冬，蕭王將北徇燕、趙，度赤眉必破長安，又欲乘釁并關中而未知所寄，乃拜鄧禹爲前將軍，中分麾下精兵二萬人，遣西入關，令自選偏裨以下可與俱者。時朱鮪、李軼、田立、陳僑將兵號三十萬，與河南太守武勃共守洛陽；鮑永、田邑在并州。蕭王以河内險要富實，欲擇諸將守河内者而難其人，問於鄧禹。禹曰：「寇恂文武備足，有牧民御衆之才，非此子莫可使也。」乃拜恂河内太守，行大將軍事。蕭王謂恂曰：「昔高祖留蕭何關中，吾今委公以河内。當給足軍糧，率厲士馬，防遏他兵，勿令北渡而已。」拜馮異爲孟津將軍，統魏郡、河内兵於河上，以拒洛陽。蕭王親送鄧禹至野王，禹既西，蕭王乃復引兵而北。寇恂調糇糧，治器械以供軍，軍雖遠征，未嘗乏絶。

漢光武建武元年春正月，鄧禹至箕關，擊破河東都尉，進圍安邑。

夏四月，蕭王北擊尤來、大槍、五幡於元氏，追至北平，連破之；又戰於順水北，乘勝輕進，反爲所敗。王自投高岸，遇突騎王豐下馬授王，王僅而得免，散兵歸保范陽。軍中不見王，或云已殁，諸將不知所爲。吳漢曰：「卿曹努力！王兄子在南陽，何憂無主？」

衆恐懼，數日乃定。賊雖戰勝，而憚王威名，夜，遂引去。大軍復追至安次，連戰，破之。賊退入漁陽，所過虜掠。强弩將軍陳俊言於王曰：「賊無輜重，宜令輕騎出賊前，使百姓各自堅壁以絶其食，可不戰而殄也。」王然之，遣俊將輕騎馳出賊前，視人保壁堅完者，敕令固守；放散在野者，因掠取之。賊至，無所得，遂散敗。王謂俊曰：「困此虜者，將軍策也。」

馮異遺李軼書，爲陳禍福，勸令歸附蕭王。軼知長安已危，而以伯升之死，心不自安，乃報書曰：「軼本與蕭王首謀造漢，今軼守洛陽，將軍鎮孟津，俱據機軸，千載一會，思成斷金。唯深達蕭王，願進愚策以佐國安民。」軼自通書之後，不復與異爭鋒，故異得北攻天井關，拔上黨兩城，又南下河南成皋已東十三縣，降者十餘萬。武勃將萬餘人攻諸畔者，異與戰於士鄉下，大破，斬勃；軼閉門不救。異見其信效，具以白王。王報異曰：「季文多詐，人不能得其要領。今移其書告守、尉當警備者。」衆皆怪王宣露軼書。朱鮪聞之，使人刺殺軼，由是城中乖離，多有降者。

朱鮪聞王北征而河内孤，乃遣其將蘇茂、賈彊將兵三萬餘人渡鞏河攻温。鮪自將數萬人攻平陰以綴異。檄書至河内，寇恂即勒軍馳出，並移告屬縣，發兵會温下。軍吏皆諫曰：「今洛陽兵渡河，前後不絶，宜待衆軍畢集，乃可出也。」恂曰：「温，郡之藩蔽，失温則郡不可守。」遂馳赴之。旦日，合戰，而馮異遣救及諸縣兵適至，恂令士卒乘城鼓譟，大呼言曰：「劉公兵到！」蘇茂軍聞之，陳動；恂因奔擊，大破之。馮異亦渡河擊朱鮪，鮪走；異與恂追至洛陽，環城一帀而歸。自是洛陽震恐，城門晝閉。

異、恂移檄上狀，諸將入賀，因上尊號。將軍南陽馬武先進曰：「大王雖執謙退，奈宗廟、社稷何！宜先即尊位，乃議征伐。今此誰賊而馳騖擊之乎？」王驚曰：「何將軍出此言？可斬也！」乃引軍還薊。復遣吳漢率耿弇、景丹等十三將軍追尤來等，斬首萬三千餘級，遂窮追至浚靡而還。賊散入遼西、遼東，爲烏桓、貊人所鈔擊略盡。

都護將軍賈復與五校戰於真定，復傷瘡甚。王大驚曰：「我所以不令賈復別將者，爲其輕敵也。果然失吾名將！聞其婦有孕，生女邪，我子娶之；生男邪，我女嫁之，不令其憂妻子也。」復病尋愈，追及王於薊，相見甚驩。

還至中山。諸將復上尊號，王又不聽。行到南平棘，諸將復固請之，王不許。諸將且出，耿純進曰：「天下士大夫捐親戚，棄土壤，從大王於矢石之間者，其計固望攀龍鱗，附鳳翼，以成其所志耳。今大王留時逆衆，不正號位，純恐士大夫望絕計窮，則有去歸之思，無爲久自苦也。大衆一散，難可復合。」純言甚誠切，王深感曰：「吾將思之。」

行至鄗，召馮異詣鄗，問四方動静。異曰：「更始必敗，宗廟之憂在於大王，宜從衆議。」會儒生彊華自關中奉赤伏符來詣王，曰：「劉秀發兵捕不道，四夷雲集龍鬭野，四七之際火爲主。」羣臣因復奏請。六月己未，王即皇帝位于鄗南，改元，大赦。

秋七月己亥，帝使吴漢率建義大將軍朱祐等十一將圍朱鮪於洛陽。

諸將圍洛陽數月，朱鮪堅守不下。帝以廷尉岑彭嘗爲鮪校尉，令往説之。鮪在城上，彭在城下，爲陳成敗。鮪曰：「大司徒被害時，鮪與其謀，又諫更始無遣蕭王北伐，誠自知罪深，不敢降。」彭還，具言於帝，帝曰：「舉大事者不忌小怨，鮪今若降，官爵可保，況誅罰乎？河水在此，吾不食言！」彭復往告鮪，鮪從城上下索曰：「必信，可乘此上。」彭趣索欲上，鮪見其誠，即許降。辛卯，朱鮪面縛，與岑彭俱詣河陽。帝解其縛，召見之，復令彭夜送鮪歸城。明旦，與蘇茂等悉其衆出降。拜鮪爲平狄將軍，封扶溝侯。

冬十月癸丑，車駕入洛陽，幸南宫，遂定都焉。

二年春正月庚辰，悉封諸功臣爲列侯。梁侯鄧禹、廣平侯吴漢皆食四縣。博士丁恭議曰：「古者封諸侯不過百里，强幹弱枝，所以爲治也。今封四縣，不合法制。」帝曰：「古之亡國，皆以無道，未嘗聞功臣地多而滅亡者也。」

起高廟于洛陽，四時合祀高祖、太宗、世宗。建社稷于宗廟之右，立郊兆于城南。

通鑑紀事本末卷第六

光武平赤眉

王莽始建國二年春二月，下詔曰：「周禮有賒貸，樂語有五均，傳記各有筦焉。今開賒貸，張五均，設諸筦者，所以齊衆庶，抑并兼也。」遂於長安及洛陽、邯鄲、臨菑、宛、成都立五均司市、錢府官。

天鳳四年秋八月，莽置羲和命士，以督五均、六筦。郡有數人，皆用富賈爲之，乘傳求利，交錯天下。因與郡縣通姦，多張空簿，府藏不實，百姓愈病。是歲，莽復下詔申明六筦，每一筦爲設科條防禁，犯者罪至死。姦吏猾民並侵，衆庶各不安生，又一切調上公以下諸有奴婢者，率一口出錢三千六百，天下愈愁。納言馮常以六筦諫，莽大怒，免常官。法令煩苛，民摇手觸禁，不得耕桑，繇役煩劇，而枯旱蝗蟲相因，獄訟不決。吏用苛暴立威，旁緣莽禁，侵刻小民，富者不自保，貧者無以自存，於是並起爲盗賊，依阻川澤，吏不能禽而覆蔽之，浸淫日廣。

五年春，琅邪樊崇起兵於莒，衆百餘人，轉入太山。羣盗以崇勇猛，皆附之，一歲間至萬餘人。崇同郡人逄安、東海人徐宣、謝禄、楊音各起兵，合數萬人，復引從崇，共還攻莒，不能下，轉掠青、徐間。

地皇三年夏四月，遣太師王匡、更始將軍廉丹東討衆賊。初，樊崇等衆既寖盛，乃相與爲約：「殺人者死，傷人者償創。」其中最尊號三老，次從事，次卒史。及聞太師、更始將討之，恐其衆與莽兵亂，乃皆朱其眉以相識别，由是號曰「赤眉」。匡、丹合將鋭士十餘萬人，所過放縱。東方爲之語曰：「寧逄赤眉，不逢太師。太師尚可，更始殺我。」

淮陽王更始元年冬十月，更始遣使降赤眉。樊崇等聞漢室復興，即留其兵，自將渠帥二十餘人隨使者至洛陽，更始皆封爲列侯。崇等既未有國邑，而留衆稍有離叛者，乃復亡歸其營。

二年冬，赤眉樊崇等將兵入潁川，分其衆爲二部，崇與逄安爲一部，徐宣、謝禄、楊音爲一部。赤眉雖數戰勝，而疲敝厭兵，皆日夜愁泣，思欲東歸。崇等計議，慮衆東向必散，不如西攻長安。於是崇、安自武關，宣等從陸渾關兩道俱入。更始使王匡、成丹與抗威將軍劉均等分據河東、弘農以拒之。

蕭王度赤眉必破長安，乃拜鄧禹爲前將軍，中分麾下精兵二萬人，遣西入關。

漢光武建武元年春正月，赤眉二部俱會弘農。更始遣討難將軍蘇茂拒之，茂軍大敗。

赤眉衆遂大集，乃分萬人爲一營，凡三十營。三月，更始遣丞相松與赤眉戰於蓩鄉，松等大敗，死者三萬餘人。赤眉遂轉北至湖。

六月，張卬、王匡叛更始，入長安。

赤眉進至華陰，軍中有齊巫，常鼓舞祠城陽景王。巫狂言：「景王大怒曰：『當爲縣官，何故爲賊！』」有笑巫者輒病，軍中驚動。方望弟陽説樊崇等曰：「今將軍擁百萬之衆，西向帝城而無稱號，名爲羣賊，不可以久。不如立宗室，挾義誅伐，以此號令，誰敢不從！」崇等以爲然，而巫言益甚。前至鄭，乃相與議曰：「今迫近長安，而鬼神若此，當求劉氏共尊立之。」

先是，赤眉過式，掠故式侯萌之子恭、茂、盆子三人自隨。恭少習尚書，隨樊崇等降更始於洛陽，復封式侯，爲侍中，在長安。茂與盆子留軍中，屬右校卒史劉俠卿，主牧牛。及崇等欲立帝，求軍中景王後，得七十餘人，唯茂、盆子及前西安侯孝最爲近屬。崇等曰：「聞古者天子將兵稱上將軍。」乃書札爲符曰「上將軍」，又以兩空札置笥中，於鄭北設壇場，祠城陽景王，諸三老、從事皆大會，列盆子等三人居中立，以年次探札。盆子最幼，後探，得符，諸將皆稱臣，拜。盆子時年十五，被髮徒跣，敝衣赭汗，見衆拜，恐畏欲啼。茂謂曰：「善藏符！」盆子即齧折，棄之。以徐宣爲丞相，樊崇爲御史大夫，逄安爲左大司馬，謝禄爲右大司馬，其餘皆列卿、將軍。盆子雖立，猶朝夕拜劉俠卿，時欲出從牧兒戲，俠卿怒止之，崇等亦不復候視也。

秋八月，赤眉至高陵，張卬等降之。九月，赤眉入長安，更始單騎走，從廚城門出。式侯恭以赤眉立其弟，自繫詔獄。聞更始敗走，乃出見定陶王祉，祉爲之除械，相與從更始於渭濱。右輔都尉嚴本，恐失更始爲赤眉所誅，即將更始至高陵，本將兵宿衞，其實圍之。更始將相皆降赤眉，獨丞相曹竟不降，手劍格死。

冬十月，赤眉下書曰：「聖公降者，封爲長沙王。過二十日，勿受。」更始遣劉恭請降，赤眉使其將謝禄往受之。更始隨禄，肉袒，上璽綬於盆子。赤眉坐更始，置庭中，將殺之。劉恭、謝禄爲請，不能得，遂引更始出。劉恭追呼曰：「臣誠力極，請得先死。」拔劍欲自刎，樊崇等遽共救止之。乃赦更始，封爲畏威侯。劉恭復爲固請，竟得封長沙王。更始常依謝禄居，劉恭亦擁護之。

劉盆子居長樂宫，三輔郡縣、營長遣使貢獻，兵士輒剽奪之，又數暴掠吏民，由是皆復固守。百姓不知所歸，聞鄧禹乘勝獨克而師行有紀，皆望風相攜負以迎軍，降者日以千數，衆號百萬。禹所止，輒停車拄節以勞來之，父老、童穉，垂髮、戴白，滿其車下，莫不感悦，於是名震關西。

諸將豪桀皆勸禹徑攻長安。禹曰：「不然。今吾衆雖多，能戰者少，前無可仰之積，後無轉饋之資。赤眉新拔長安，財穀充實，鋒鋭未可當也。夫盜賊羣居無終日之計，財穀雖多，變故萬端，寧能堅守者也！上郡、北地、安定三郡，土廣人稀，饒穀多畜，吾且休兵北道，就糧養士，以觀其敝，乃可圖也。」於是引軍北至栒邑。所到，諸營保、郡邑皆開門歸附。

三輔苦赤眉暴虐，皆憐更始，欲盜出之。張印等深以爲慮，使謝禄縊殺之。劉恭夜往收藏其尸，帝詔鄧禹葬之於霸陵。

帝以關中未定，而鄧禹久不進兵，賜書責之曰：「司徒，堯也；亡賊，桀也。長安吏民遑遑無所依歸，宜以時進討，鎮慰西京，繫百姓之心。」禹猶執前意，别攻上郡諸縣，更徵兵引穀，歸至大要。積弩將軍馮愔、車騎將軍宗歆守栒邑，二人争權相攻，愔遂殺歆，因反擊禹，禹遣使以聞。帝問使人：「愔所親愛爲誰？」對曰：「護軍黄防。」帝度愔、防不能久和，勢必相忤，因報禹曰：「縛馮愔者，必黄防也。」乃遣尚書宗廣持節往降之。後月餘，防果執愔，將其衆歸罪。更始諸將王匡、胡殷、成丹等皆詣廣降。

臘日，赤眉設樂大會，酒未行，羣臣更相辯鬬，而兵衆遂各踰宫，斬關入，掠酒肉，互相殺傷。衛尉諸葛穉聞之，勒兵入，格殺百餘人，乃定。劉盆子惶恐，日夜啼泣，從官皆憐之。

二年春正月，劉恭知赤眉必敗，密教弟盆子歸璽綬，習爲辭讓之言。及正旦大會，恭先曰：「諸君共立恭弟爲帝，德誠深厚。立且一年，殽亂日甚，誠不足以相成，恐死而無益，願得退爲庶人，更求賢知，唯諸君省察！」樊崇等謝曰：「此皆崇等罪也。」恭復固請。或曰：「此寧式侯事邪！」恭惶恐起去。盆子乃下牀解璽綬，叩頭曰：「今設置縣官而爲賊如故，四方怨恨，不復信向，此皆立非其人所致，願乞骸骨，避賢聖路。必欲殺盆子以塞責者，無所離死！」因涕泣噓唏。崇等及會者數百人莫不哀憐之，乃皆避席頓首曰：「臣無狀，負陛下，請自今已後不敢復放縱。」因共抱持盆子，帶以璽綬。盆子號呼，不得已。既罷出，各閉營自守。三輔翕然，稱天子聰明，百姓争還長安，市里且滿。後二十餘日，復出，大掠如故。

長安城中糧盡，赤眉收載珍寶，大縱火燒宫室、市里，恣行殺掠，長安城中無復人行。乃引兵而西，衆號百萬，自南山轉掠城邑，遂入安定、北地。鄧禹引兵南至長安，軍昆明池，謁祠高廟，收十一帝神主，送詣洛陽。因巡行園陵，爲置吏士奉守焉。

九月，赤眉引兵欲西上隴，隗囂遣將軍楊廣迎擊，破之。又追敗之於烏氏、涇陽間。赤眉至陽城番須中，逢大雪，坑谷皆滿，士多凍死。乃復還，發掘諸陵，取其寶貨。凡有玉匣殮者，率皆如生，賊遂汙辱呂后尸。鄧禹遣兵擊之於郁夷，反爲所敗，禹乃出之雲陽。赤眉復入長安。延岑屯杜陵，赤眉將逄安擊之。鄧禹以安精兵在外，引兵襲長安，會謝祿救至，禹兵敗走。延岑擊逄安，大破之，死者十餘萬人。

廖湛將赤眉十八萬攻漢中王嘉，嘉與戰於谷口，大破之。嘉手殺湛，遂到雲陽就穀。嘉妻兄新野來歙，帝之姑子也，帝令鄧禹招嘉，嘉因歙詣禹降。

鄧禹自馮愔叛後，威名稍損，又乏糧食，戰數不利，歸附者日益離散。赤眉、延岑暴亂三輔，郡縣大姓各擁兵衆，禹不能定。帝乃遣偏將軍馮異代禹討之，車駕送至河南，敕異曰：「三輔遭王莽、更始之亂，重以赤眉、延岑之醜，元元塗炭，無所依訴。將軍今奉辭討諸不軌，營堡降者，遣其渠帥詣京師，散其小民，令就農桑，壞其營壁，無使復聚。征伐非必略地屠城，要在平定安集之耳。諸將非不健鬭，然好虜掠。卿本能御吏士，念自修敕，無爲郡縣所苦！」異頓首受命，引而西，所至布威信，羣盜多降。

臣光曰：昔周人頌武王之德曰：「鋪時繹思，我徂惟求定。」言王者之兵，志在布陳威德安民而已。觀光武之所以取關中，用是道也，豈不美哉。

又詔徵鄧禹還，曰：「慎毋與窮寇爭鋒。赤眉無穀，自當來東。吾以飽待飢，以逸待勞，折箠笞之，非諸將憂也。無得復妄進兵。」

三輔大饑，人相食，城郭皆空，白骨蔽野，遺民往往聚爲營保，各堅壁清野。赤眉虜掠無所得，乃引而東歸，衆尚二十餘萬，隨道復散。帝遣破姦將軍侯進等屯新安，建威大將軍耿弇等屯宜陽，以要其還路。敕諸將曰：「賊若東走，可引宜陽兵會新安。賊若南走，可引新安兵會宜陽。」馮異與赤眉遇於華陰，相拒六十餘日，戰數十合，降其將卒五千餘人。

三年春正月甲子，以馮異爲征西大將軍。鄧禹慚於受任無功，數以飢卒徼赤眉戰，輒不利，乃率車騎將軍鄧弘等自河北度至湖，要馮異共攻赤眉。異曰：「異與賊相拒數十日，雖虜獲雄將，餘衆尚多，可稍以恩信傾誘，難卒用兵破也。上今使諸將屯澠池，要其東，而異擊其西，一舉取之，此萬成計也。」禹、弘不從，弘遂大戰移日。赤眉陽敗，棄輜重走，車皆載土，以豆覆其上，兵士飢，爭取之。赤眉引還，擊弘，弘軍潰亂。異與禹合兵救之，赤眉小卻。異以士卒飢倦，可且休；禹不聽，復戰，大爲所敗，死傷者三千餘人，禹以二十四騎脱歸宜陽。異棄馬步走，上回谿阪，與麾下數人歸營，收其散卒，復堅壁自守。

閏月，馮異與赤眉約期會戰，使壯士變服與赤眉同，伏於道側。旦日，赤眉使萬人攻異前部。異少出兵以救之，賊見勢弱，遂悉衆攻異。異乃縱兵大戰。日昃，賊氣衰，伏兵卒起，衣服相亂，赤眉不復識別，衆遂驚潰；追擊，大破之於崤底，降男女八萬人。帝降璽書勞異曰：「始雖垂翅回谿，終能奮翼澠池，可謂失之東隅，收之桑榆。方論功賞，以答大勳。」赤眉餘衆東向宜陽。甲辰，帝親勒六軍，嚴陳以待之。赤眉忽遇大軍，驚震不知所謂，乃遣劉恭乞降，曰：「盆子將百萬衆降陛下，何以待之？」帝曰：「待汝以不死耳。」丙午，盆子及丞相徐宣以下三十餘人肉袒降，上所得傳國璽綬。積兵甲宜陽城西，與熊耳山齊。赤眉衆尚十餘萬人，帝令縣廚皆賜食。明旦，大陳兵馬臨雒水，令盆子君臣列而觀之。帝謂樊崇等曰：「得無悔降乎？朕今遣卿歸營，勒兵鳴鼓相攻，決其勝負，不欲强相服也。」徐宣等叩頭曰：「臣等出長安東都門，君臣計議，歸命聖德。百姓可與樂成，難與圖始，故不告衆耳。今日得降，猶去虎口歸慈母，誠歡誠喜，無所恨也。」帝曰：「卿所謂鐵中錚錚，傭中佼佼者也。」戊申，還自宜陽。帝令樊崇等各與妻子居雒陽，賜之田宅。其後樊崇、逄安反，誅。楊音、徐宣卒於鄉里。帝憐盆子，以爲趙王郎中，後病失明，賜滎陽均輸官地，使食其稅終身。劉恭爲更始報仇，殺謝禄，自繫獄，帝赦不誅。

光武平漁陽

淮陽王更始元年，宛人彭寵、吴漢亡命在漁陽，鄉人韓鴻爲更始使，徇北州，承制拜寵偏將軍，行漁陽太守事，以漢爲安樂令。

二年，邯鄲王郎遣將徇漁陽、上谷，上谷太守耿況約寵俱歸大司馬秀。事見光武中興。及帝追銅馬至薊，寵自負其功，意望甚高，帝接之不能滿，以此懷不平。及即位，吴漢、王梁，寵之所遣，並爲三公，而寵獨無所加，愈怏怏不得志，歎曰：「如此，我當爲王；但爾者，陛下忘我邪！」

漢光武建武二年。帝之討王郎也，彭寵發突騎以助軍，轉糧食，前後不絶。及帝追銅馬至薊，寵自負其功，意望甚高，帝接之不能滿，以此懷不平。

是時北州破散，而漁陽差完，有舊鐵官，寵轉以貿穀，積珍寶，益富强。幽州牧朱浮，年少有俊才，欲厲風迹，收士心，辟召州中名宿及王莽時故吏二千石，皆引置幕府，多發諸郡倉穀稟贍其妻子。寵以爲天下未定，師旅方起，不宜多置官屬以損軍實，不從其令。浮性矜急自多，寵亦很强，嫌怨轉積。浮數譖構之，密奏寵多聚兵穀，意計難量。上輒漏泄令寵聞，以脅恐之。至是，有詔徵寵，寵上疏，願與浮俱徵。帝不許，寵益以自疑。其妻素剛，不堪抑屈，固勸無受徵，曰：「天下未定，四方各自爲雄，漁陽大郡，兵馬最精，何故爲人所奏而棄此去乎！」寵又與所親信吏計議，皆懷怨於浮，莫有勸行者。帝遣寵從弟子后蘭卿喻之。寵因留子后蘭卿，遂發兵反，拜署將帥，自將二萬餘人攻朱浮於薊。又以與耿況俱有重功，而恩賞並薄，數遣使要誘況。況不受，斬其使。

八月，帝遣游擊將軍鄧隆助朱浮討彭寵。隆軍潞南，浮軍雍奴，遣吏奏狀。帝讀檄，怒，謂使吏曰：「營相去百里，其勢豈可得相及！比若還，北軍必敗矣。」彭寵果遣輕兵擊隆軍，大破之。浮遠，遂不能救。

三年三月，涿郡太守張豐反，自稱「無上大將軍」，與彭寵連兵。朱浮以帝不自征彭寵，上疏求救。詔報曰：「往年赤眉跋扈長安，吾策其無穀必東，果來歸附。今度此反虜，勢無久全，其中必有内相斬者。今軍資未充，故須後麥耳。」浮城中糧盡，人相食，會耿況遣騎來救，浮乃得脱身走，薊城遂降於彭寵。寵自稱燕王，攻拔右北平、上谷數縣，賂遺匈奴，借兵爲助。又南結張步及富平、獲索諸賊，皆與交通。

四年五月，上將親征彭寵，伏湛諫曰：「今兗、豫、青、冀，中國之都，而寇賊從横，未及從化。漁陽邊外荒耗，豈足先圖。陛下捨近務遠，棄易求難，誠臣之所惑也。」上乃還。帝遣建義大將軍朱祐、建威大將軍耿弇、征虜將軍祭遵、驍騎將軍劉喜討張豐於涿郡。祭遵先至，急攻豐，禽之。初，豐好方術，有道士言豐當爲天子，以五綵囊裹石繫豐肘，云「石中有玉璽」。豐信之，遂反。既執，當斬，猶曰「肘石有玉璽」。傍人爲椎破之，豐乃知被詐，仰天歎曰：「當死無恨！」

上詔耿弇進擊彭寵。弇以父況與寵同功，又兄弟無在京師者，不敢獨進，求詣雒陽。詔報曰：「將軍舉宗爲國，功效尤著，何嫌何疑，而欲求徵？」況聞之，更遣弇弟國入侍。

時祭遵屯良鄉，劉喜屯陽鄉，彭寵引匈奴兵欲擊之。耿况使其子舒襲破匈奴兵，斬兩王，寵乃退走。

五年二月，彭寵妻數爲惡夢，又多見怪變，卜筮、望氣者皆言：「兵當從中起。」寵以子后蘭卿質漢歸，不信之，使將兵居外，無親於中。寵齋在便室，蒼頭子密等三人因寵卧寐，共縛著牀，告外吏云：「大王齋禁，皆使吏休。」僞稱寵命，收縛奴婢，各置一處。又以寵命呼其妻，妻入，驚曰：「奴反！」奴乃捽其頭，擊其頰。寵急呼曰：「趣爲諸將軍辦裝！」於是兩奴將妻入取寶物，留一奴守寵。寵謂守奴曰：「若小兒，吾素所愛也，今爲子密所迫劫耳。解我縛，當以女珠妻汝，家中財物，皆以與若。」小奴意欲解之，視户外，見子密聽其語，遂不敢解。於是收金玉衣物，至寵所裝之，被馬六匹，使妻縫兩縑囊。昏夜後，解寵手，令作記告城門將軍云：「今遣子密等至子后蘭卿所，速開門出，勿稽留之。」書成，斬寵及妻頭置囊中，便持記馳出城，因以詣闕。明旦，閤門不開，官屬踰牆而入，見寵尸，驚怖。其尚書韓立等共立寵子午爲王，國師韓利斬午首詣祭遵降，夷其家族。帝封子密爲不義侯。

權德輿議曰：伯通之叛命，子密之戕君，同歸于亂，罪不相蔽，宜各致於法，昭示王度；反乃爵於五等，又以「不義」爲名。且舉以不義，莫可侯也，此而可侯，漢爵爲不足勸矣。春秋書齊豹盗、三叛人名之義，無乃異於是乎！

光武平齊

淮陽王更始元年冬十月，故梁王立之子永詣洛陽，更始封爲梁王，都睢陽。

二年冬，梁王永據國起兵，招諸郡豪桀。沛人周建等並署爲將帥，攻下濟陰、山陽、沛、楚、淮陽、汝南，凡得二十八城。又遣使拜西防賊帥山陽佼彊爲横行將軍，東海賊帥董憲爲翼漢大將軍，琅邪賊帥張步爲輔漢大將軍，督青、徐二州，與之連兵，遂專據東方。

漢光武建武元年十一月，梁王永稱帝於睢陽。

初，更始以王閎爲琅邪太守，張步據郡拒之，閎諭降，得贛榆等六縣。收兵與步戰，不勝。步既受劉永官號，治兵於劇，遣將徇泰山、東萊、城陽、膠東、北海、濟南、齊郡，皆下之。閎力不敵，乃詣步相見。步大陳兵而見之，怒曰：「步有何罪，君前見攻之甚？」閎按劍曰：「太守奉朝命，而文公擁兵相距。閎攻賊耳，何謂甚邪！」步起跪謝，與之宴飲，待爲上賓，令閎關掌郡事。

二年夏四月，虎牙大將軍蓋延督駙馬都尉馬武等四將軍擊劉永，破之，遂圍永於睢陽。故更始將蘇茂反，殺淮陽太守潘蹇，據廣樂而臣於永，永以茂爲大司馬、淮陽王。

秋八月，蓋延圍睢陽數月，克之。劉永走至虞，虞人反，殺其母、妻，永與麾下數十人奔譙。蘇茂、佼彊、周建合軍三萬餘人救永，延與戰於沛西，大破之。永、彊、建走保湖陵，茂奔還廣樂，延遂定沛、楚、臨淮。

帝使太中大夫伏隆持節使青、徐二州，招降郡國。青、徐羣盜聞劉永破敗，皆惶怖請降。張步遣其掾孫昱隨隆詣闕上書，獻鰒魚。隆，湛之子也。

〔冬十一月〕，帝以伏隆爲光禄大夫，復使於張步，拜步東萊太守，并與新除青州牧、守、都尉俱東。詔隆輒拜令、長以下。

三年二月，劉永立董憲爲海西王。永聞伏隆至劇，亦遣使立張步爲齊王。步貪王爵，猶豫未決。隆曉譬曰：「高祖與天下約，非劉氏不王。今可得爲十萬户侯耳。」步欲留隆，與共守二州。隆不聽，求得反命，步遂執隆而受永封。隆遣間使上書曰：「臣隆奉使無狀，受執凶逆，雖在困阨，授命不顧。又吏民知步反畔，心不附之，願以時進兵，無以臣隆爲念。臣隆得生到闕廷，受誅有司，此其大願。若令没身寇手，以父母、昆弟長累陛下。陛下與皇后、太子永享萬國，與天無極！」帝得隆奏，召其父湛，流涕示之曰：「恨不且許而遽求還也！」其後步遂殺之。帝方北憂漁陽，南事梁、楚，故張步得專集齊地，據郡十二焉。

夏四月，吴漢率驃騎大將軍杜茂等七將軍圍蘇茂於廣樂，周建招集得十餘萬人救之。漢迎與之戰，不利，墮馬傷膝，還營，建等遂連兵入城。諸將謂漢曰：「大敵在前，而公傷卧，衆心懼矣！」漢乃勃然裹創而起，椎牛饗士，慰勉之，士氣自倍。旦日，蘇茂、周建出兵圍漢，漢奮擊，大破之，茂走還湖陵。睢陽人反城迎劉永，蓋延率諸將圍之。吴漢留杜茂、陳俊守廣樂，自將兵助延圍睢陽。

秋七月，蓋延圍睢陽百日，劉永、蘇茂、周建突出，將走酇，延追擊之急，永將慶吾斬永首降。蘇茂、周建奔垂惠，共立永子紆爲梁王。佼彊奔保西防。

四年秋七月丁亥，上幸譙，遣捕虜將軍馬武、騎都尉王霸圍劉紆、周建於垂惠。董憲將賁休以蘭陵降，憲聞之，自郯圍之。蓋延及平狄將軍山陽龐萌在楚，請往救之。帝敕曰：「可直往擣郯，則蘭陵自解。」延等以賁休城危，遂先赴之。憲逆戰而陽敗退，延等因拔圍入城。明日，憲大出兵合圍，延等懼，遽出突走，因往攻郯。帝讓之曰：「間欲先赴郯者，以其不意故耳。今既奔走，賊計已立，圍豈可解乎！」延等至郯，果不能克，而董憲遂拔蘭陵，殺賁休。

五年二月，蘇茂將五校兵救周建於垂惠。馬武爲茂、建所敗，奔過王霸營，大呼求救。霸曰：「賊兵盛出，必兩敗，努力而已。」乃閉營堅壁。軍吏皆争之，霸曰：「茂兵精鋭，其衆又多，吾吏士心恐，而捕虜與吾相恃，兩軍不一，此敗道也。今閉營固守，示不相援，賊必乘勝輕進，捕虜無救，其戰自倍。如此，茂衆疲勞，吾承其敝，乃可克也。」茂、建果悉出攻武，合戰良久，霸軍中壯士數十人斷髮請戰，霸乃開營後，出精騎襲其背。茂、建前後受敵，驚亂敗走，霸、武各歸營。茂、建復聚兵挑戰，霸堅臥不出。方饗士作倡樂，茂雨射營中，中霸前酒樽，霸安坐不動。軍吏皆曰：「茂前日已破，今易擊也。」霸曰：「不然。蘇茂客兵遠來，糧食不足，故數挑戰，以徼一時之勝。今閉營休士，所謂『不戰而屈人兵』者也。」茂、建既不得戰，乃引還營。其夜，周建兄子誦反，閉城拒之。建於道死，茂奔下邳與董憲合，劉紆奔佼彊。

上詔耿弇進討張步。

平敵將軍龐萌，爲人遜順，帝信愛之，常稱曰：「可以託六尺之孤，寄百里之命者，龐萌是也。」使與蓋延共擊董憲。時詔書獨下延而不及萌，萌以爲延譖己，自疑，遂反襲延軍，破之。與董憲連和，自號東平王，屯桃鄉之北。帝聞之，大怒，自將討萌，與諸將書曰：「吾常以龐萌爲社稷之臣，將軍得無笑其言乎？老賊當族，其各厲兵馬，會睢陽。」

龐萌攻破彭城，將殺楚郡太守孫萌，郡吏劉平伏太守身上，號泣請代其死，身被七創，龐萌義而捨之。太守已絶復蘇，渴求飲，平傾創血以飲之。

六月，董憲與劉紆、蘇茂、佼彊去下邳，還蘭陵，使茂、彊助龐萌圍桃城。帝時幸蒙，聞之，乃留輜重，自將輕兵晨夜馳赴。至亢父，或言「百官疲倦，可且止宿」，上不聽。復行十里，宿任城，去桃城六十里。旦日，諸將請進，龐萌等亦勒兵挑戰。帝令諸將不得出，休士養鋭以挫其鋒。時吴漢等在東郡，馳使召之。萌等驚曰：「數百里晨夜行，以爲至當戰，而堅坐任城，致人城下，真不可往也。」乃悉兵攻桃城。城中聞車駕至，衆心益固。萌等攻二十餘日，衆疲困，不能下。吴漢、王常、蓋延、王梁、馬武、王霸等皆至，帝乃率衆軍進救桃城，親自搏戰，大破之。龐萌、蘇茂、佼彊夜走從董憲。

秋七月丁丑，帝幸沛，進幸湖陵。董憲與劉紆悉其兵數萬人屯昌慮。憲招誘五校餘賊，與之拒守建陽。帝至蕃，去憲所百餘里。諸將請進，帝不聽，知五校乏食當退，敕各堅壁以待其敝。頃之，五校果引去。帝乃親臨，四面攻憲。三日，大破之，佼彊將其衆降，蘇茂奔張步，憲及龐萌走保郯。八月己酉，帝幸郯，留吴漢攻之，車駕轉徇彭城、下邳。吴漢拔郯，董憲、龐萌走保朐。劉紆不知所歸，其軍士高扈斬之以降。吴漢進圍朐。

冬十月，張步聞耿弇將至，使其大將軍費邑軍歷下，又令兵屯祝阿，别於泰山、鐘城列營數十以待之。弇渡河，先擊祝阿。自旦攻城，未中而拔之。故開圍一角，令其衆得奔歸鐘城。鐘城人聞祝阿已潰，大恐懼，遂空壁亡去。

費邑分遣弟敢守巨里。弇進兵先脅巨里，嚴令軍中趣脩攻具，宣敕諸部「後三日當悉力攻巨里城」，陰緩生口，令得亡歸，以弇期告邑。邑至日，果自將精兵三萬餘人來救之。弇喜，謂諸將曰：「吾所以修攻具者，欲誘致之耳。野兵不擊，何以城爲！」即分三千人守巨里，自引精兵上岡阪，乘高合戰，大破之。臨陳斬邑，既而收首級以示城中，城中兇懼。費敢悉衆亡歸張步。弇復收其積聚，縱兵擊諸未下者，平四十餘營，遂定濟南。

時張步都劇，使其弟藍將精兵二萬守西安，諸郡太守合萬餘人守臨菑，相去四十里。弇進軍畫中，居二城之間。弇視西安城小而堅，且藍兵又精，臨菑名雖大而實易攻，乃敕諸校後五日會攻西安。藍聞之，晨夜警守。至期，夜半，弇敕諸將皆蓐食，會明，至臨菑城。護軍荀梁等爭之，以爲「攻臨菑，西安必救之，攻西安，臨菑不能救，不如攻西安」。弇曰：「不然。西安聞吾欲攻之，日夜爲備，方自憂，何暇救人？臨菑出不意而至，必驚擾，吾攻之一日，必拔。拔臨菑，即西安孤，與劇隔絶，必復亡去，所謂擊一而得二者也。若先攻西安，不能卒下，頓兵堅城，死傷必多。縱能拔之，藍引軍還奔臨菑，并兵合勢，觀人虛實，吾深入敵地，後無轉輸，旬月之間，不戰而困矣。」遂攻臨菑，半日，拔之，入據其城。張藍聞之，懼，遂將其衆亡歸劇。

弇乃令軍中無得虜掠，須張步至乃取之，以激怒步。步聞，大笑曰：「以尤來、大彤十餘萬衆，吾皆即其營而破之；今大耿兵少於彼，又皆疲勞，何足懼乎！」乃與三弟藍、弘、壽及故大彤渠帥重異等兵，號二十萬，至臨菑大城東，將攻弇。弇上書曰：「臣據臨菑，深塹高壘；張步從劇縣來攻，疲勞飢渴。欲進，誘而攻之；欲去，隨而擊之。臣依營而戰，精鋭百倍，以逸待勞，以實擊虛，旬日之間，步首可獲。」於是弇先出菑水上，與重異遇。突騎欲縱，弇恐挫其鋒，令步不敢進，故示弱以盛其氣，乃引歸小城，陳兵於內，使都尉劉歆、泰山太守陳俊分陳於城下。步氣盛，直攻弇營，與劉歆等合戰。弇升王宮壞臺望之，視歆等鋒交，乃自引精兵以横突步陳於東城下，大破之。飛矢中弇股，以佩刀截之，左右無知者。至暮，罷，弇明旦復勒兵出。

是時，帝在魯，聞弇爲步所攻，自往救之。未至，陳俊謂弇曰：「劇虜兵盛，可且閉營休士，以須上來。」弇曰：「乘輿且到，臣子當擊牛、釃酒以待百官，反欲以賊虜遺君父邪！」乃出兵大戰。自旦及昏，復大破之，殺傷無數，溝塹皆滿。弇知步困將退，豫置左右翼爲伏以待之。人定時，步果引去，伏兵起縱擊，追至鉅昧水上，八九十里，僵尸相屬，收得輜重二十餘兩。步還劇，兄弟各分兵散去。

後數日，車駕至臨菑，自勞軍，羣臣大會。帝謂弇曰：「昔韓信破歷下以開基，今將軍攻祝阿以發迹，此皆齊之西界，功足相方。而韓信襲擊已降，將軍獨拔勍敵，其功又難於信也。又田横烹酈生，及田横降，高帝詔衛尉不聽爲仇。張步前亦殺伏隆，若步來歸命，吾當詔大司徒釋其怨，又事尤相類也。將軍前在南陽，建此大策，常以爲落落難合，有志者事竟成也。」帝進幸劇。

耿弇復追張步。步奔平壽，蘇茂將萬餘人來救之。茂讓步曰：「以南陽兵精，延岑善戰，而耿弇走之，大王奈何就攻其營？既呼茂，不能待邪？」步曰：「負負，無可言者！」帝遣使告步、茂，能相斬降者，封爲列侯。步遂斬茂，詣耿弇軍門肉袒降。弇傳詣行在所，而勒兵入據其城。樹十二郡旗鼓，令步兵各以郡人詣旗下，衆尚十餘萬，輜重七千餘兩，皆罷遣歸鄉里。張步三弟各自繫所在獄，詔皆赦之，封步爲安丘侯，與妻子居雒陽。於是琅邪未平，上徙陳俊爲琅邪太守。始入境，盜賊皆散。耿弇復引兵至城陽，降五校餘黨，齊地悉平，振旅還京師。弇爲將，凡所平郡四十六，屠城三百，未嘗挫折焉。

六年，吴漢等拔朐，斬董憲、龐萌，江淮、山東悉平。諸將還京師。

光武平隴蜀

淮陽王更始元年秋七月，成紀隗崔、隗義、上邽楊廣、冀人周宗同起兵以應漢，衆數千人攻平襄，殺莽鎮戎大尹李育。崔兄子囂，素有名，好經書，崔等共推爲上將軍，崔爲白虎將軍，義爲左將軍。囂遣使聘平陵方望，以爲軍師。望説囂立高廟于邑東。己巳，祀高祖、太宗、世宗，囂等皆稱臣執事，殺馬同盟，以興輔劉宗。移檄郡國，數莽罪惡。勒兵十萬，擊殺雍州牧陳慶、安定大尹王向。分遣諸將徇隴西、武都、金城、武威、張掖、酒泉、敦煌，皆下之。

初，茂陵公孫述爲清水長，有能名，遷導江卒正，治臨邛。漢兵起，南陽宗成、商人王岑起兵徇漢中以應漢，殺王莽庸部牧宋遵，衆合數萬人。述遣使迎成等，成等至成都，虜掠暴橫。述召郡中豪桀謂曰：「天下同苦新室，思劉氏久矣，故聞漢將軍到，馳迎道路。今百姓無辜而婦子係獲，此寇賊，非義兵也。」乃使人詐稱漢使者，假述輔漢將軍、蜀郡太守兼益州牧印綬；選精兵西擊成等，殺之，并其衆。

二年春二月，更始徵隗囂及其叔父崔、義等。囂將行，方望以爲更始成敗未可知，固止之。囂不聽，望以書辭謝而去。囂等至長安，更始以囂爲右將軍，崔、義皆即舊號。

南鄭人延岑起兵據漢中，漢中王嘉擊降之，有衆數十萬。

夏四月，更始遣柱功侯李寶、益州刺史張忠將兵萬餘人徇蜀漢；公孫述遣其弟恢擊寶、忠於綿竹，大破走之。述遂自立爲蜀王，都成都，民夷皆附之。

冬，隗崔、隗義謀叛歸天水，隗囂恐并及禍，乃告之。更始誅崔、義，以囂爲御史大夫。

汝南田戎攻陷夷陵，衆數萬人。

漢光武建武元年春正月，蜀郡功曹李熊説公孫述宜稱天子。夏四月，述即帝位，號成家，改元龍興。以李熊爲大司徒，述弟光爲大司馬，恢爲大司空。越巂任貴據郡降述。

六月，隗囂走歸天水。

十二月，隗囂歸天水，復招聚其衆，興修故業，自稱「西州上將軍」。三輔士大夫避亂者多歸囂，囂傾身引接，爲布衣交。以平陵范逡爲師友，前涼州刺史河南鄭興爲祭酒，茂陵申屠剛、杜林爲治書，馬援爲綏德將軍，楊廣、王遵、周宗及平襄行巡、阿陽王捷、長陵王元爲大將軍，安陵班彪之屬爲賓客，由此名震西州，聞於山東。

初，平陵竇融累世仕宦河西，知其土俗，與更始右大司馬趙萌善，因萌求往河西。萌薦融於更始，以爲張掖屬國都尉。是時，酒泉太守梁統、金城太守庫鈞、張掖都尉史苞、酒泉都尉竺曾、敦煌都尉辛肜，並州郡英俊，融皆與厚善。及更始敗，融與梁統等計議曰：「今天下擾亂，未知所歸，河西斗絶在羌胡中，不同心戮力則不能自守，權鈞力齊復無以相率，當推一人爲大將軍，共全五郡。」議既定，乃推融行河西五郡大將軍事。以梁統爲武威太守，史苞爲張掖太守，竺曾爲酒泉太守，辛肜爲敦煌太守。融居屬國，領都尉如故，置從事，監察五郡。

馮愔之反，引兵向天水，隗囂擊破之。鄧禹承制命囂爲西州大將軍，專制涼州、朔方事。

二年二月，延岑復反，圍南鄭。漢中王嘉兵敗走，岑遂據漢中，進兵武都，爲更始柱功侯李寶所破，岑走天水。公孫述遣將侯丹取南鄭。嘉收散卒，得數萬人，以李寶爲相，從武都南擊侯丹，不利，還軍河池、下辨，復與延岑連戰。岑引北，入散關，至陳倉；嘉追擊，破之。公孫述又遣將軍任滿從閬中下江州，東據扞關，於是盡有益州之地。

三年十一月，帝謂太中大夫來歙曰：「今西州未附，子陽稱帝，道里阻遠，諸將方務關東，思西州方略，未知所在，奈何？」歙曰：「臣嘗與隗囂相遇長安，其人始起以漢爲名，臣願得奉威命，開以丹青之信，囂必束手自歸。則述自亡之勢，不足圖也。」帝然之，始令歙使於囂。囂既有功於漢，又受鄧禹爵署，其腹心議者多勸通使京師，囂乃奉奏詣闕。帝報以殊禮，言稱字，用敵國之儀，所以慰藉之甚厚。

四年二月，延岑復寇順陽，遣鄧禹將兵擊破之。岑奔漢中，公孫述以岑爲大司馬，封汝寧王。

冬十月，隗囂使馬援往觀公孫述。援素與述同里閈，相善，以爲既至，當握手歡如平生。而述盛陳陛衛以延援入，交拜禮畢，使出就館。更爲援制都布單衣、交讓冠，會百官於宗廟中，立舊交之位。述鸞旗旄騎，警蹕就車，磬折而入，禮饗官屬甚盛，欲授援以封侯大將軍位。賓客皆樂留，援曉之曰：「天下雄雌未定，公孫不吐哺走迎國士，與圖成敗，反修飾邊幅，如偶人形，此子何足久稽天下士乎！」因辭歸，謂囂曰：「子陽，井底蛙耳，而妄自尊大，不如專意東方。」

囂乃使援奉書雒陽。援初到，良久，中黄門引入。帝在宣德殿南廡下，但幘，坐，迎笑，謂援曰：「卿遨遊二帝間，今見卿，使人大慚。」援頓首辭謝，因曰：「當今之世，非但君擇臣，臣亦擇君矣！臣與公孫述同縣，少相善。臣前至蜀，述陛戟而後進臣。臣今遠來，陛下何知非刺客姦人，而簡易若是？」帝復笑曰：「卿非刺客，顧説客耳。」援曰：「天下反覆，盗名字者不可勝數。今見陛下恢廓大度，同符高祖，乃知帝王自有真也。」

十二月，公孫述聚兵數十萬人，積糧漢中。又造十層樓船，多刻天下牧守印章。遣將軍李育、程烏將數萬衆，出屯陳倉，就吕鮪，將徇三輔；馮異迎擊，大破之，育、烏俱奔漢中。異還，擊破吕鮪，營堡降者甚衆。

是時，隗囂遣兵佐異有功，遣使上狀，帝報以手書曰：「慕樂德義，思相結納。昔文王三分，猶服事殷，但駑馬、鉛刀，不可强扶，數蒙伯樂一顧之價。將軍南拒公孫之兵，北御羌胡之亂，是以馮異西征，得以數千百人躑躅三輔。微將軍之助，則咸陽已爲他人禽矣！如今子陽到漢中，三輔願因將軍兵馬，鼓旗相當。儻肯如言，即智士計功割地之秋也！管仲曰：『生我者父母，成我者鮑子。』自今以後，手書相聞，勿用傍人間構之言。」其後公孫述數遣將間出，囂輒與馮異合勢，共摧挫之。述遣使以大司空、扶安王印綬授囂，囂斬其使，出兵擊之，以故蜀兵不復北出。

五年春正月，帝使來歙持節送馬援歸隴右。隗囂與援共卧起，問以東方事，曰：「前到朝廷，上引見數十，每接燕語，自夕至旦，才明勇略，非人敵也。且開心見誠，無所隱伏，闊達多大節，略與高帝同。經學博覽，政事文辯，前世無比。」囂曰：「卿謂何如高帝？」援曰：「不如也。高帝無可無不可，今上好吏事，動如節度，又不喜飲酒。」囂意不懌，曰：「如卿言，反復勝邪！」

二月，岑彭攻拔夷陵，田戎亡入蜀，盡獲其妻子、士衆數萬人。公孫述以戎爲翼江王。岑彭謀伐蜀，以夾川穀少，水險難漕，留威虜將軍馮駿軍江州，都尉田鴻軍夷陵，領軍李玄軍夷道，自引兵還屯津鄉，當荆州要會，喻告諸蠻夷降者，奏封其君長。

夏四月，隗囂問於班彪曰：「往者周亡，戰國並爭，數世然後定。意者從横之事復起於今乎，將承運迭興，在於一人也？」彪曰：「周之廢興，與漢殊異。昔周爵五等，諸侯從政，本根既微，枝葉强大，故其末流有從横之事，勢數然也。漢承秦制，改立郡縣，主有專己之威，臣無百年之柄。至於成帝，假借外家，哀、平短祚，國嗣三絶，故王氏擅朝，能竊號位，危自上起，傷不及下，是以即真之後，天下莫不引領而嘆。十餘年間，中外騷擾，遠近俱發，假號雲合，咸稱劉氏，不謀同辭。方今雄桀帶州域者，皆無六國世業之資，而百姓謳吟思仰，漢必復興，已可知矣。」

囂曰：「生言周、漢之勢可也，至於但見愚人習識劉氏姓號之故，而謂漢復興，疏矣！昔秦失其鹿，劉季逐而掎之，時民復知漢乎？」彪乃爲之著王命論以風切之，曰：「昔堯之禪舜曰『天之曆數在爾躬』，舜亦以命禹。洎于稷、契，咸佐唐、虞，至湯武而有天下。劉氏承堯之祚，堯據火德而漢紹之，有赤帝子之符，故爲鬼神所福饗，天下所歸往。由是言之，未見運世無本，功德不紀，而得屈起在此位者也。俗見高祖興於布衣，不達其故，至比天下於逐鹿，幸捷而得之。不知神器有命，不可以智力求也。悲夫，此世所以多亂臣賊子者也。夫餓饉流隸，飢寒道路，所願不過一金，然終轉死溝壑，何則？貧窮亦有命也。况乎天子之貴，四海之富，神明之祚，可得而妄處哉！故雖遭罹阨會，竊其權柄，勇如信、布，强如梁、籍，成如王莽，然卒潤鑊伏質，烹醢分裂，又况么麽尚不及數子，而欲闇奸天位者乎！昔陳嬰之母以嬰家世貧賤，卒富貴不祥，止嬰勿王。王陵之母知漢王必得天下，伏劍而死，以固勉陵。夫以匹婦之明，猶能推事理之致，探禍福之機，而全宗祀於無窮，垂策書於春秋，而況大丈夫之事乎！是故，窮達有命，吉凶由人，嬰母知廢，陵母知興，審此二者，帝王之分決矣。加之高祖寬明而仁恕，知人善任使，當食吐哺，納子房之策；拔足揮洗，揖酈生之說；舉韓信於行陳，收陳平於亡命；英雄陳力，羣策畢舉，此高祖之大略所以成帝業也。若乃靈瑞符應，其事甚衆，故淮陰、留侯謂之『天授，非人力也』。英雄誠知覺寤，超然遠覽，淵然深識，收陵、嬰之明分，絕信、布之覬覦，距逐鹿之瞽說，審神器之有授，毋貪不可冀，爲二母之所笑，則福祚流于子孫，天禄其永終矣。」囂不聽。彪遂避地河西。竇融以爲從事，甚禮重之。彪遂爲融畫策，使之專意事漢焉。

初，竇融等聞帝威德，心欲東向，以河西隔遠，未能自通。乃從隗囂受建武正朔，囂皆假其將軍印綬。囂外順人望，內懷異心，使辯士張玄說融等曰：「更始事已成，尋復亡滅，此一姓不再興之效也。今即有所主，便相係屬，一旦拘制，自令失柄，後有危敗，雖悔無及。方今豪桀競逐，雌雄未決，當各據土宇，與隴、蜀合從，高可爲六國，下不失尉佗。」融等召豪桀議之，其中識者皆曰：「今皇帝姓名見於圖書，自前世博物道術之士谷子雲、夏賀良等皆言漢有再受命之符，故劉子駿改易名字，冀應其占。及莽末，西門君惠謀立子駿，事覺被殺，出謂觀者曰：『讖文不誤，劉秀真汝主也。』此皆近事暴著，衆所共見者也。

況今稱帝者數人，而雒陽土地最廣，甲兵最强，號令最明，觀符命而察人事，他姓殆未能當也。」衆議或同或異。

融遂決策東向，遣長史劉鈞等奉書詣雒陽。先是，帝亦發使遺融書以招之，遇鈞於道，即與俱還。帝見鈞，歡甚，禮饗畢，乃遣令還，賜融璽書曰：「今益州有公孫子陽，天水有隗將軍。方蜀、漢相攻，權在將軍，舉足左右，便有輕重。以此言之，欲相厚豈有量哉！欲遂立桓、文，輔微國，當勉卒功業；欲三分鼎足，連衡合從，亦宜以時定。天下未并，吾與爾絶域，非相吞之國。今之議者，必有任囂教尉佗制七郡之計。王者有分土，無分民，自適己事而已。」因授融爲涼州牧。璽書至河西，河西皆驚，以爲天子明見萬里之外。

十二月，隗囂矜己飾智，每自比西伯，與諸將議欲稱王。鄭興曰：「昔文王三分天下有二，尚服事殷；武王八百諸侯不謀同會，猶還兵待時；高祖征伐累年，猶以沛公行師。今令德雖明，世無宗周之祚，威略雖振，未有高祖之功，而欲舉未可之事，昭速禍患，無乃不可乎！」囂乃止。後又廣置職位以自尊高。鄭興曰：「夫中郎將、太中大夫、使持節官，皆王者之器，非人臣所當制也。無益於實，有損於名，非尊上之意也。」囂病之而止。時關中將帥數上書言蜀可擊之狀，帝以書示囂，因使擊蜀以效其信。囂上書盛言三輔單弱，劉文伯在邊，未宜謀蜀。帝知囂欲持兩端，不願天下統一，於是稍黜其禮，正君臣之儀。帝以囂與馬援、來歙相善，數使歙、援奉使往來，勸令入朝，許以重爵。囂連遣使深持謙辭，言無功德，須四方平定，退伏閭里。帝復遣來歙說囂遣子入侍。囂聞劉永、彭寵皆已破滅，乃遣長子恂隨歙詣闕，帝以爲胡騎校尉，封鐫羌侯。

鄭興因恂求歸葬父母，囂不聽，而徙興舍，益其秩禮。興入見曰：「今爲父母未葬，乞骸骨；若以增秩徙舍，中更停留，是以親爲餌也，無禮甚矣，將軍焉用之？願留妻子獨歸葬，將軍又何猜焉？」囂乃令與妻子俱東。馬援亦將家屬隨恂歸雒陽，以所將賓客猥多，求屯田上林苑中，帝許之。

囂將王元以爲天下成敗未可知，不願專心内事，說囂曰：「昔更始西都，四方響應，天下喁喁，謂之太平。一旦壞敗，將軍幾無所厝。今南有子陽，北有文伯，江湖海岱，王公十數，而欲牽儒生之說，棄千乘之基，羈旅危國以求萬全，此循覆車之軌者也。今天水完富，士馬最强，元請以一丸泥爲大王東封函谷關，此萬世一時也。若計不及此，且畜養士馬，據隘自守，曠日持久，以待四方之變，圖王不成，其敝猶足以霸。要之，魚不可脱於淵，神龍失勢，與蚯蚓同。」囂心然元計，雖遣子入質，猶負其險阸，欲專制方面。

申屠剛諫曰：「愚聞人所歸者天所與，人所畔者天所去也。本朝誠天之所福，非人力也。今璽書數到，委國歸信，欲與將軍共同吉凶。布衣相與，尚有没身不負然諾之信，況於萬乘者哉！今何畏何利，而久疑若是？卒有非常之變，上負忠孝，下愧當世。夫未至豫言，固常爲虚；及其已至，又無所及。是以忠言至諫，希得爲用，誠願反覆愚老之言。」囂不納，於是遊士長者稍稍去之。

六年春正月，帝積苦兵間，以隗囂遣子内侍，公孫述遠據邊垂，乃謂諸將曰：「且當置此兩子於度外耳。」因休諸將於雒陽，分軍士於河内，數騰書隴、蜀，告示禍福。公孫述屢移書中國，自陳符命，冀以惑衆。帝與述書曰：「圖讖言公孫，即宣帝也。代漢者姓當塗，其名高，君豈高之身邪？乃復以掌文爲瑞，王莽何足效乎，君非吾賊臣亂子，倉卒時人皆欲爲君事耳。君日月已逝，妻子弱小，當早爲定計。天下神器，不可力争，宜留三思。」署曰「公孫皇帝」。述不答。

其騎都尉平陵荆邯説述曰：「漢高祖起於行陳之中，兵破身困者數矣，然軍敗復合，瘡愈復戰。何則？前死而成功，愈於卻就於滅亡也。隗囂遭遇運會，割有雍州，兵强士附，威加山東；遇更始政亂，復失天下，衆庶引領，四方瓦解，囂不及此時推危乘勝以争天命，而退欲爲西伯之事，尊師章句，賓友處士，偃武息戈，卑辭事漢，喟然自以文王復出也。今漢帝釋關、隴之憂，專精東伐，四分天下而有其三。發間使，召攜貳，使西州豪桀咸居心於山東，則五分而有其四。若舉兵天水，必至沮潰，天水既定，則九分而有其八。陛下以梁州之地，内奉萬乘，外給三軍，百姓愁困，不堪上命，將有王氏自潰之變矣。臣之愚計，以爲宜及天下之望未絶，豪桀尚可招誘，急以此時發國内精兵，令田戎據江陵，臨江南之會，倚巫山之固，築壘堅守，傳檄吴、楚，長沙以南，必隨風而靡。令延岑出漢中，定三輔，天水、隴西拱手自服。如此，海内震摇，冀有大利。」述以問羣臣，博士吴柱曰：「武王伐殷，八百諸侯不期同辭，然猶還師以待天命。未聞無左右之助而欲出師千里之外者也。」邯曰：「今東帝無尺土之柄，驅烏合之衆，跨馬陷敵，所向輒平，不亟乘時與之分功，而坐談武王之説，是復效隗囂欲爲西伯也。」

述然邯言，欲悉發北軍屯士及山東客兵，使延岑、田戎分出兩道，與漢中諸將合兵并勢。蜀人及其弟光以爲不宜空國千里之外，决成敗於一舉，固争之，述乃止。延岑、田戎亦數請兵立功，述終疑不聽，唯公孫氏得任事。

述廢銅錢，置鐵錢，貨幣不行，百姓苦之。爲政苛細，察於小事，如爲清水令時而已。好改易郡縣官名。少嘗爲郎，習漢家故事，出入法駕，鑾旗旄騎。又立其兩子爲王，食犍爲、廣漢各數縣。或諫曰：「成敗未可知，戎士暴露而先王愛子，示無大志也。」述不從，由此大臣皆怨。

三月，公孫述使田戎出江關，招其故衆，欲以取荆州，不克。帝乃詔隗囂，欲從天水伐蜀。囂上言：「白水險阻，棧閣敗絶。」述性嚴酷，上下相患，須其罪惡熟著而攻之，此大呼響應之勢也。」

帝知其終不爲用，乃謀討之。夏四月丙子，上行幸長安，謁園陵。遣耿弇、蓋延等七將軍從隴道伐蜀，先使中郎將來歙奉璽書賜囂諭旨。囂復多設疑故，事久冘豫不決。歙遂發憤質責囂曰：「國家以君知臧否，曉廢興，故以手書暢意。足下推忠誠，既遣伯春委質，而反欲用佞惑之言，爲族滅之計邪！」因欲前刺囂。囂起入，部勒兵將殺歙，歙徐杖節就車而去，囂使牛邯將兵圍守之。囂將王遵諫曰：「君叔雖單車遠使，而陛下之外兄也，殺之無損於漢，而隨以族滅。昔宋執楚使，遂有析骸易子之禍。小國猶不可辱，況於萬乘之主，重以伯春之命哉！」歙爲人有信義，言行不違，及往來遊説，皆可案覆，西州士大夫皆信重之，多爲其言，故得免而東歸。

五月，隗囂遂發兵反，使王元據隴坻，伐木塞道。諸將因與囂戰，大敗，各引兵下隴，囂追之急，馬武選精騎爲後拒，殺數千人，諸軍乃得還。

〔十二月〕，諸將之下隴也，帝詔耿弇軍漆，馮異軍栒邑，祭遵軍汧，吴漢等還屯長安。馮異引軍未至栒邑，隗囂乘勝使王元、行巡將二萬餘人下隴，分遣巡取栒邑，異即馳兵欲先據之。諸將曰：「虜兵盛而乘勝，不可與争鋒，宜止軍便地，徐思方略。」異曰：「虜兵臨境，忸忕小利，遂欲深入；若得栒邑，三輔動摇。夫攻者不足，守者有餘。今先據城，以逸待勞，非所以争也。」潛往，閉城，偃旗鼓。行巡不知，馳赴之。異乘其不意，卒擊鼓建旗而出，巡軍驚亂奔走，追擊，大破之。祭遵亦破王元於汧，於是北地諸豪長耿定等悉畔隗囂降。詔異進軍義渠，擊破盧芳將賈覽、匈奴奥鞬日逐王，北地、上郡、安定皆降。

竇融復遣其弟友上書曰：「臣幸得託先后末屬，累世二千石，臣復假歷將帥，守持一隅，故遣劉鈞口陳肝膽，自以底裏上露，長無纖介。而璽書盛稱蜀、漢二主三分鼎足之權，任囂、尉佗之謀，竊自痛傷。臣融雖無識，猶知利害之際，順逆之分，豈可背真舊之主，事姦僞之人，廢忠貞之節，爲傾覆之事，棄已成之基，求無冀之利。此三者，雖問狂夫，猶知去就，而臣獨何以用心！謹遣弟友詣闕，口陳至誠。」友至高平，會隗囂反，道不通，乃遣司馬席封間道通書。帝復遣封賜融、友書，所以尉藉之甚厚。

融乃與隗囂書曰：「將軍親遇厄會之際，國家不利之時，守節不回，承事本朝，融等所以欣服高義，願從役於將軍者，良爲此也。而忿悁之間，改節易圖，委成功，造難就，百年累之，一朝毁之，豈不惜乎！殆執事者貪功建謀，以至於此。當今西州地勢局迫，民兵離散，易以輔人，難以自建。計若失路不反，聞道猶迷，不南合子陽，則北入文伯耳。夫負虚交而易强禦，恃遠救而輕近敵，未見其利也。自兵起以來，城郭皆爲丘墟，生民轉於溝壑。幸賴天運少還，而將軍復重其難，是使積痾不得遂瘳，幼孤將復流離，言之可爲酸鼻，庸人且猶不忍，況仁者乎！融聞爲忠甚易，得宜實難。憂人太過，以德取怨，知且以言獲罪也。」囂不納。

融乃與五郡太守共砥厲兵馬，上疏請師期，帝深嘉美之。融即與諸郡守將兵入金城，擊囂黨先零羌封何等，大破之。因並河，揚威武，伺候車駕。時大兵未進，融乃引還。帝以融信效著明，益嘉之，脩理融父墳墓，祠以太牢，數馳輕使，致遺四方珍羞。梁統猶恐衆心疑惑，乃使人刺殺張玄，遂與隗囂絶，皆解所假將軍印綬。

先是，馬援聞隗囂欲貳於漢，數以書責譬之。囂得書，增怒。及囂發兵反，援乃上書曰：「臣與隗囂本實交友，初遣臣東，謂臣曰：『本欲爲漢，願足下往觀之，於汝意可，即專心矣。』及臣還反，報以赤心，實欲導之於善，非敢譎以非義。而囂自挾姦心，盗憎主人，怨毒之情，遂歸於臣。臣欲不言，則無以上聞，願聽詣行在所，極陳滅囂之術。」帝乃召之，援具言謀畫。帝因使援將突騎五千，往來游説囂將高峻、任禹之屬，下及羌豪，爲陳禍福，以離囂支黨。

援又爲書與囂將楊廣，使曉勸於囂曰：「援竊見四海已定，兆民同情，而季孟閉拒背畔，爲天下表的，常懼海内切齒，思相屠裂，故遺書戀戀，以致惻隱之計。乃聞季孟歸罪於援，而納王游翁諂邪之説，因自謂函谷以西，舉足可定。以今而觀，竟何如邪！援閒至河内，過存伯春，見其奴吉從西方還，説伯春小弟仲舒望見吉，欲問伯春無他否，竟不能言，曉夕號泣，宛轉塵中。又説其家悲愁之狀，不可言也。夫怨讎可刺不可毁，援聞之，不自知泣下也。援素知季孟孝愛，曾、閔不過。夫孝於其親，豈不慈於其子，可有子抱三木而跳梁妄作，自同分羹之事乎？季孟平生自言所以擁兵衆者，欲以保全父母之國而完墳墓也。又言苟厚士大夫而已，而今所欲全者將破亡之，所欲完者將毁傷之，所欲厚者將反薄之。季孟嘗折愧子陽而不受其爵，今更共陸陸欲往附之，將難爲顔乎！若復責以重質，當安從得子主給是哉！往時子陽獨欲以王相待而春卿拒之，今者歸老，更欲低頭與小兒曹共槽櫪而食，併肩側身於怨家之朝乎！今國家待春卿意深，宜使牛孺卿與諸耆老大人共説季孟，若計畫不從，真可引領去矣。前披輿地圖，見天下郡國百有六所，奈何欲以區區二邦以當諸夏百有四乎？春卿事季孟，外有君臣之義，内有朋友之道。言君臣邪，固當諫爭；語朋友邪，應有切磋。豈有知其無成，而但萎腇咋舌，叉手從族乎？及今成計，殊尚善也，過是，欲少味矣。且來君叔天下信士，朝廷重之，其意依依，常獨爲西州言。援商朝廷，尤欲立信於此，必不負約。援不得久留，願急賜報。」廣竟不答。諸將每有疑議，更請呼援，咸敬重焉。

隗囂上疏謝曰：「吏民聞大兵卒至，驚恐自救，臣囂不能禁止。兵有大利，不敢廢臣子之節，親自追還。昔虞舜事父，大杖則走，小杖則受。臣雖不敏，敢忘斯義！今臣之事在於本朝，賜死則死，加刑則刑，如更得洗心，死骨不朽。」有司以囂言慢，請誅其子，帝不忍。復使來歙至汧，賜囂書曰：「昔柴將軍云：『陛下寬仁，諸侯雖有亡叛而後歸，輒復位號，不誅也。』今若束手，復遣恂弟歸闕庭者，則爵禄獲全，有浩大之福矣。吾年垂四十，在兵中十歲，厭浮語虛辭。即不欲，勿報。」囂知帝審其詐，遂遣使稱臣於公孫述。

七年春三月，公孫述立隗囂爲朔寧王，遣兵往來，爲之援勢。

秋，隗囂將步騎三萬侵安定，至陰槃，馮異率諸將拒之。囂又令別將下隴攻祭遵於汧，並無利而還。

帝將自征隗囂，先戒竇融師期，會遇雨，道斷，且囂兵已退，乃止。帝令來歙以書招王遵。遵來降，拜太中大夫，封向義侯。

八年春，來歙將二千餘人伐山開道，從番須、回中徑襲略陽，斬隗囂守將金梁。囂大驚曰：「何其神也！」帝聞得略陽，甚喜，曰：「略陽，囂所依阻，心腹已壞，則制其支體易矣。」

吴漢等諸將聞歙據略陽，争馳赴之。上以爲「囂失所恃，亡其要城，勢必悉以精鋭來攻，曠日久圍而城不拔，士卒頓敝，乃可乘危而進」。皆追漢等還。隗囂果使王元拒隴坻，行巡守番須口，王孟塞雞頭道，牛邯軍瓦亭。囂自悉其大衆數萬人圍略陽，公孫述遣將李育、田弇助之，斬山築堤，激水灌城。來歙與將士固死堅守，矢盡，發屋斷木以爲兵。囂盡鋭攻之，累月不能下。

夏閏四月，帝自將征隗囂。光禄勳汝南郭憲諫曰：「東方初定，車駕未可遠征。」乃當車拔佩刀以斷車靷。帝不從，西至漆。諸將多以王師之重，不宜遠入險阻，計冘豫未決。帝召馬援問之。援因説隗囂將帥有土崩之勢，兵進有必破之狀。又於帝前聚米爲山谷，指畫形勢，開示衆軍所從道徑，往來分析，昭然可曉。帝曰：「虜在吾目中矣。」明旦，遂進軍，至高平第一。

竇融率五郡太守及羌虜小月氏等步騎數萬，輜重五千餘兩，與大軍會。是時軍旅草創，諸將朝會禮容多不肅，融先遣從事問會見儀適。帝聞而善之，以宣告百僚，乃置酒高會，待融等以殊禮。

遂共進軍，數道上隴。使王遵以書招牛邯，下之，拜邯太中大夫。於是囂大將十三人、屬縣十六、衆十餘萬皆降。囂將妻子奔西城，從楊廣，而田弇、李育保上邽。略陽圍解。帝勞賜來歙，班坐絶席，在諸將之右，賜歙妻縑千匹。

進幸上邽，詔告隗囂曰：「若束手自詣，父子相見，保無他也。若遂欲爲黥布者，亦自任也。」囂終不降，於是誅其子恂。使吳漢、岑彭圍西城，耿弇、蓋延圍上邽。以四縣封竇融爲安豐侯，弟友爲顯親侯，及五郡太守皆封列侯，遣西還所鎮。融以久專方面，懼不自安，數上書求代。詔報曰：「吾與將軍如左右手耳，數執謙退，何不曉人意。勉循士民，無擅離部曲。」

潁川盜賊羣起，寇沒屬縣，河東守兵亦叛，京師騷動。帝聞之曰：「吾悔不用郭子横之言。」秋八月，帝自上邽晨夜東馳，賜岑彭等書曰：「兩城若下，便可將兵南擊蜀虜。人苦不知足，既平隴，復望蜀。每一發兵，頭須爲白。」

十一月，楊廣死，隗囂窮困，其大將王捷別在戎丘，登城呼漢軍曰：「爲隗王城守者，皆必死，無二心，願諸軍亟罷，請自殺以明之。」遂自刎死。

初，帝敕吳漢曰：「諸郡甲卒但坐費糧食，若有逃亡，則沮敗衆心，宜悉罷之。」漢等貪并力攻囂，遂不能遣，糧食日少，吏士疲役，逃亡者多。岑彭壅谷水灌西城，城未没丈餘。會王元、行巡、周宗將蜀救兵五千餘人乘高卒至，鼓譟大呼曰：「百萬之衆方至！」漢軍大驚，未及成陳，元等決圍殊死戰，遂得入城，迎囂歸冀。吳漢軍食盡，乃燒輜重，引兵下隴，蓋延、耿弇亦相隨而退。囂出兵尾擊諸營，岑彭爲後拒，諸將乃得全軍東歸。唯祭遵屯汧不退。吴漢等復屯長安，岑彭還津鄉。於是安定、北地、天水、隴西復反爲囂。

校尉太原温序爲囂將苟宇所獲，宇曉譬數四，欲降之。序大怒，叱宇等曰：「虜何敢迫脅漢將！」因以節撾殺數人。宇衆争欲殺之，宇止之曰：「此義士，死節，可賜以劍。」序受劍，銜須於口，顧左右曰：「既爲賊所殺，無令須汙土。」遂伏劍而死。從事王忠持其喪歸雒陽，詔賜以冢地，拜三子爲郎。

九年春正月，潁陽成侯祭遵薨於軍，詔馮異并將其營。

隗囂病且餓，餐糗糒，恚憤而卒。王元、周宗立囂少子純爲王，總兵據冀。公孫述遣將趙匡、田弇助純，帝使馮異擊之。

公孫述遣其翼江王田戎、大司徒任滿、南郡太守程汎將數萬人下江關，擊破馮駿等軍，遂拔巫及夷道、夷陵，因據荆門、虎牙，横江水起浮橋、關樓，立欑柱以絶水道，結營跨山以塞陸路，拒漢兵。

夏六月，帝使來歙悉監護諸將屯長安，太中大夫馬援爲之副。歙上書曰：「公孫述以隴西、天水爲藩蔽，故得延命假息。今二郡平蕩，則述智計窮矣。宜益選兵馬，儲積資糧。今西州新破，兵人疲饉，若招以財穀，則其衆可集。臣知國家所給非一，用度不足，然有不得已也！」帝然之。於是，詔於汧積穀六萬斛。秋八月，來歙率馮異等五將軍討隗純於天水。

十年，夏陽節侯馮異等與趙匡、田弇戰且一年，皆斬之。隗純未下，諸將欲且還休兵，異固持不動，共攻落門，未拔。夏，異薨於軍。

初，隗囂將安定高峻擁兵據高平第一，建威大將軍耿弇等圍之，一歲不拔。帝自將征之，寇恂諫曰：「長安道里居中，應接近便，安定、隴西必懷震懼，此從容一處，可以制四方也。今士馬疲倦，方履險阻，非萬乘之固也。前年潁川，可爲至戒。」帝不從。戊戌，進幸汧。峻猶不下，帝遣寇恂往降之。恂奉璽書至第一，峻遣軍師皇甫文出謁，辭禮不屈。恂怒，將誅之。諸將諫曰：「高峻精兵萬人，率多强弩，西遮隴道，連年不下，今欲降之而反戮其使，無乃不可乎！」恂不應，遂斬之。遣其副歸告峻曰：「軍師無禮，已戮之矣。欲降，急降；不欲，固守。」峻惶恐，即日閉城門降。諸將皆賀，因曰：「敢問殺其使而降其城，何也？」恂曰：「皇甫文，峻之腹心，其所取計者也。今來，辭意不屈，必無降心。全之則文得其計，殺之亡其膽，是以降耳。」諸將皆曰：「非所及也。」

冬十月，來歙與諸將攻破落門。周宗、行巡、苟宇、趙恢等將隗純降，王元奔蜀。徙諸隗於京師以東。後隗純與賓客亡入胡，至武威，捕得，誅之。

十一年春三月，岑彭屯津鄉，數攻田戎等，不克。帝遣吴漢率誅虜將軍劉隆等三將，發荆州兵凡六萬餘人、騎五千匹，與彭會荆門。彭裝戰船數十艘，吴漢以諸郡棹卒多費糧穀，欲罷之。彭以爲蜀兵盛，不可遣，上書言狀。帝報彭曰：「大司馬習用步騎，不曉水戰，荆門之事，一由征南公爲重而已。」

閏月，岑彭令軍中募攻浮橋，先登者上賞。於是偏將軍魯奇應募而前，時東風狂急，魯奇船逆流而上，直衝浮橋，而欑柱有反杷鉤，奇船不得去。奇等乘勢殊死戰，因飛炬焚之，風怒火盛，橋樓崩燒。岑彭悉軍順風並進，所向無前。蜀兵大亂，溺死者數千人，斬任滿，生獲程汎，而田戎走保江州。

彭上劉隆爲南郡太守，自率輔威將軍臧宫、驍騎將軍劉歆驅長入江關。令軍中無得虜掠，所過百姓皆奉牛酒迎勞，彭復讓不受，百姓大喜，争開門降。詔彭守益州牧，所下郡輒行太守事。彭若出界，即以太守號付後將軍。選官屬守州中長吏。

彭到江州，以其城固糧多，難卒拔，留馮駿守之。自引兵乘利直指墊江，攻破平曲，收其米數十萬石。吴漢留夷陵，裝露橈繼進。

夏，公孫述以王元爲將軍，使與領軍環安拒河池。六月，來歙與蓋延等進攻元、安，大破之，遂克下辨，乘勝遂進。蜀人大懼，使刺客刺歙，未殊，馳召蓋延。延見歙，因伏悲哀，不能仰視。歙叱延曰：「虎牙何敢然？今使者中刺客，無以報國，故呼巨卿，欲相屬以軍事，而反效兒女子涕泣乎！刃雖在身，不能勒兵斬公邪！」延收淚强起，受所誡。歙自書表曰：「臣夜人定後，爲何人所賊傷，中臣要害。臣不敢自惜，誠恨奉職不稱，以爲朝廷羞。夫理國以得賢爲本，太中大夫段襄，骨鯁可任，願陛下裁察。又臣兄弟不肖，終恐被罪，陛下哀憐，數賜教督。」投筆抽刃而絶。帝聞大驚，省書攬涕，以揚武將軍馬成守中郎將代之。

帝自將征公孫述，秋七月，次長安。公孫述使其將延岑、吕鮪、王元、公孫恢悉兵拒廣漢及資中。又遣將侯丹率二萬餘人拒黄石。岑彭使臧宮將降卒五萬從涪水上平曲，拒延岑，自分兵浮江下還江州，泝都江而上，襲擊侯丹，大破之。因晨夜倍道兼行二千餘里，徑拔武陽。使精騎馳擊廣都，去成都數十里，勢若風雨，所至皆奔散。初，述聞漢兵在平曲，故遣大兵逆之。及彭至武陽，繞出延岑軍後，蜀地震駭。述大驚，以杖擊地曰：「是何神也！」

延岑盛兵於沅水。臧宮衆多食少，轉輸不至，降者皆欲散畔，郡邑復更保聚，觀望成敗。宮欲引還，恐爲所反。會帝遣謁者將兵詣岑彭，有馬七百匹，宮矯制取以自益，晨夜進兵，多張旗幟，登山鼓譟，右步左騎，挾船而引，呼聲動山谷。岑不意漢軍卒至，登山望之，大震恐。宫因縱擊，大破之，斬首溺死者萬餘人，水爲之濁。延岑奔成都，其衆悉降，盡獲其兵馬珍寶。自是乘勝追北，降者以十萬數。軍至陽鄉，王元舉衆降。

帝與公孫述書，陳言禍福，示以丹青之信。述省書歎息，以示所親。太常常少、光禄勳張隆皆勸述降，述曰：「廢興，命也，豈有降天子哉！」左右莫敢復言。少、隆皆以憂死。

帝還自長安。

冬十月，公孫述使刺客詐爲亡奴，降岑彭，夜，刺殺彭。太中大夫監軍鄭興領其營，以俟吴漢至而授之。彭持軍整齊，秋毫無犯。邛穀王任貴聞彭威信，數千里遣使迎降。會彭已被害，帝盡以任貴所獻賜彭妻子。蜀人爲立廟祠之。

十二月，吴漢自夷陵將三萬人泝江而上，伐公孫述。

十二年春正月，吴漢破公孫述將魏黨、公孫永於魚涪津，遂圍武陽。述遣子壻史興救之，漢迎擊，破之，因入犍爲界，諸縣皆城守。詔漢直取廣都，據其心腹。漢乃進軍攻廣都，拔之，遣輕騎燒成都市橋，公孫述將帥恐懼，日夜離叛。述雖誅滅其家，猶不能禁。帝必欲降之，又下詔喻述曰：「勿以來歙、岑彭受害自疑，今以時自詣，則宗族完全。詔書手記，不可數得。」述終無降意。

秋七月，馮駿拔江州，獲田戎。

帝戒吳漢曰：「成都十餘萬衆，不可輕也。但堅據廣都，待其來攻，勿與争鋒。若不敢來，公轉營迫之，須其力疲，乃可擊也。」漢乘利，遂自將步騎二萬進逼成都。去城十餘里，阻江北營，作浮橋，使副將武威將軍劉尚將萬餘人屯於江南，爲營相去二十餘里。帝聞之大驚，讓漢曰：「比敕公千條萬端，何意臨事勃亂！既輕敵深入，又與尚别營，事有緩急，不復相及。賊若出兵綴公，以大衆攻尚，尚破，公即敗矣。幸無他者，急引兵還廣都。」詔書未到，九月，述果使其大司徒謝豐、執金吾袁吉將衆十許萬，分爲二十餘營，出攻漢，使别將將萬餘人劫劉尚，令不得相救。漢與大戰一日，兵敗，走入壁，豐因圍之。漢乃召諸將厲之曰：「吾與諸君踰越險阻，轉戰千里，遂深入敵地，至其城下。而今與劉尚二處受圍，勢既不接，其禍難量，欲潛師就尚於江南，并兵禦之。若能同心一力，人自爲戰，大功可立；如其不然，敗必無餘。成敗之機，在此一舉。」諸將皆曰：「諾。」於是饗士秣馬，閉營三日不出，乃多樹幡旗，使煙火不絶。夜，銜枚引兵與劉尚合軍。豐等不覺，明日，乃分兵拒水北，自將攻江南。漢悉兵迎戰，自旦至晡，遂大破之，斬豐、吉。於是引還廣都，留劉尚拒述，具以狀上，而深自譴責。帝報曰：「公還廣都，甚得其宜。述必不敢略尚而擊公也。若先攻尚，公從廣都五十里悉步騎赴之，適當值其危困，破之必矣。」自是漢與述戰於廣都、成都之間，八戰八克，遂軍于其郭中。臧宫拔緜竹，破涪城，斬公孫恢，復攻拔繁、郫，與吴漢會於成都。

公孫述困急，謂延岑曰：「事當奈何？」岑曰：「男兒當死中求生，可坐窮乎！財物易聚耳，不宜有愛。」述乃悉散金帛，募敢死士五千餘人以配岑。岑於市橋僞建旗幟，鳴鼓挑戰，而潛遣奇兵出吴漢軍後，襲擊破漢，漢墮水，緣馬尾得出。漢軍餘七日糧，陰具船，欲遁去。蜀郡太守南陽張堪聞之，馳往見漢，説述必敗，不宜退師之策。漢從之，乃示弱以挑敵。

冬十一月，臧宫軍咸陽門。戊寅，述自將數萬人攻漢，使延岑拒宫。大戰，岑三合三勝，自旦及日中，軍士不得食，並疲。漢因使護軍高午、唐邯將鋭卒數萬擊之，述兵大亂。高午奔陳刺述，洞胸墮馬，左右輿入城。述以兵屬延岑，其夜死。明旦，延岑以城降。辛巳，吴漢夷述妻子，盡滅公孫氏，并族延岑，遂放兵大掠，焚述宫室。帝聞之怒，以譴漢。又讓劉尚曰：「城降三日，吏民從服，孩兒、老母，口以萬數，一旦放兵縱火，聞之可爲酸鼻。尚宗室子孫，嘗更吏職，何忍行此！仰視天，俯視地，觀放麑、啜羹，二者孰仁？良失斬將弔民之義也。」

初，述徵廣漢李業爲博士，業固稱疾不起。述羞不能致，使大鴻臚尹融奉詔命以劫業：「若起則受公侯之位，不起賜以毒酒。」融譬旨曰：「方今天下分崩，孰知是非，而以區區之身試於不測之淵乎！朝廷貪慕名德，曠官缺位，于今七年，四時珍御，不以忘君。宜上奉知己，下爲子孫，身名俱全，不亦優乎？」業乃歎曰：「古人危邦不入，亂邦不居，爲此故也。君子見危授命，何乃誘以高位重餌哉！」融曰：「宜呼室家計之。」業曰：「丈夫斷之於心久矣，何妻子之爲？」遂飲毒而死。述恥有殺賢之名，遣使弔祠，賻贈百匹，業子翬逃，辭不受。述又聘巴郡譙玄，玄不詣，亦遣使者以毒藥劫之。太守自詣玄廬勸之行。玄曰：「保志全高，死亦奚恨！」遂受毒藥。玄子瑛泣血叩頭於太守，願奉家錢千萬以贖父死。太守爲請，述許之。述又徵蜀郡王皓、王嘉，恐其不至，先繫其妻子，使者謂嘉曰：「速裝，妻子可全。」對曰：「犬馬猶識主，況於人乎！」王皓先自刎，以首付使者。述怒，遂誅皓家屬。王嘉聞而歎曰：「後之哉！」乃對使者伏劍而死。犍爲費貽不肯仕述，漆身爲癩，陽狂以避之。同郡任永、馮信皆託青盲以辭徵命。帝既平蜀，詔贈常少爲太常，張隆爲光祿勳。譙玄已卒，祠以中牢，敕所在還其家錢，而表李業之閭。徵費貽、任永、馮信，會永、信病卒，獨貽仕至合浦太守。上以述將程烏、李育有才幹，皆擢用之。於是西土咸悅，莫不歸心焉。

上詔竇融與五郡太守入朝，既至，引見，賞賜恩寵，傾動京師，拜融冀州牧。

十三年春三月，吴漢自蜀振旅而還。至宛，詔過家上冢，賜穀二萬斛。夏四月，至京師。

楚王英之獄

漢光武建武十五年夏四月丁巳，封皇子輔爲右翊公，英爲楚公，陽爲東海公，康爲濟南公，蒼爲東平公，延爲淮陽公，荆爲山陽公，衡爲臨淮公，焉爲左翊公，京爲琅邪公。

十七年冬十月，進右翊公輔爲中山王，其餘九國公皆爲王。

二十八年。初，馬援兄子壻王磐，平阿侯仁之子也。王莽敗，磐擁富貲爲游俠，有名江淮間。後游京師，與諸貴戚友善，援謂姊子曹訓曰：「王氏，廢姓也，子石當屏居自守，而反游京師長者，用氣自行，多所陵折，其敗必也。」後歲餘，磐坐事死。磐子肅復出入王侯邸第。時禁罔尚疏，諸王皆在京師，競脩名譽，招游士馬。援謂司馬吕种曰：「建武之元，名爲天下重開，自今以往，海内日當安耳。但憂國家諸子並壯而舊防未立，若多通賓客，則大獄起矣。卿曹戒慎之。」至是，有上書告肅等受誅之家，爲諸王賓客，慮因事生亂。會更始之子壽光侯鯉得幸於沛王，怨劉盆子，結客殺故式侯恭。帝怒，沛王坐繫詔獄，三日乃得出。因詔郡縣收捕諸王賓客，更相牽引，死者以千數。吕种亦與其禍，臨命嘆曰：

「馬將軍誠神人也！」

秋八月戊寅，東海王彊、沛王輔、楚王英、濟南王康、淮陽王延始就國。

明帝永平八年冬十月丙子，募死罪繫囚詣度遼營，有罪亡命者，令贖罪各有差。楚王英奉黄縑白紈詣國相曰：「託在蕃輔，過惡累積，歡喜大恩，奉送縑帛，以贖愆罪。」國相以聞，詔報曰：「楚王誦黄、老之微言，尚浮屠之仁祠，潔齊三月，與神爲誓，何嫌何疑，當有悔吝。其還贖，以助伊蒲塞、桑門之盛饌。」

初，帝聞西域有神，其名曰「佛」，因遣使之天竺求其道，得其書及沙門以來。其書大抵以虚無爲宗，貴慈悲不殺。以爲人死精神不滅，隨復受形；生時所行善惡，皆有報應，故所貴修練精神，以至爲佛。善爲宏闊勝大之言，以勸誘愚俗。精於其道者，號曰「沙門」。於是中國始傳其術，圖其形像，而王公貴人獨楚王英最先好之。

十三年冬十月，楚王英與方士作金龜、玉鶴，刻文字爲符瑞。男子燕廣告「英與漁陽王平、顔忠等造作圖書，有逆謀」。事下案驗。有司奏「英大逆不道，請誅之」。帝以親親不忍。十一月，廢英，徙丹陽涇縣，賜湯沐邑五百户，男女爲侯、主者，食邑如故。許太后勿上璽綬，留住楚宫。先是有私以英謀告司徒虞延者，延以英藩戚至親，不然其言；及英事覺，詔書切讓延。

十四年夏四月，楚王英至丹陽，自殺。詔以諸侯禮葬於涇。封燕廣爲折姦侯。是時，窮治楚獄，遂至累年。其辭語相連，自京師親戚、諸侯、州郡豪桀及考案吏，阿附坐死、徙者以千數，而繫獄者尚數千人。

初，樊鯈弟鮪，爲其子賞求楚王英女，鯈聞而止之曰：「建武中，吾家並受榮寵，一宗五侯。時特進一言，女可以配王，男可以尚主。但以貴寵過盛，即爲禍患，故不爲也。且爾一子，奈何棄之於楚乎！」鮪不從。及楚事覺，鯈已卒，上追念鯈謹恪，故其諸子皆得不坐。英陰疏天下名士，上得其録，有吴郡太守尹興名，乃徵興及掾史五百餘人詣廷尉就考。諸吏不勝掠治，死者太半，唯門下掾陸續、主簿梁宏、功曹史駟勳備受五毒，肌肉消爛，終無異辭。續母自吴來雒陽，作食以饋續。續雖見考，辭色未嘗變，而對食悲泣不自勝。治獄使者問其故，續曰：「母來不得見，故悲耳！」問：「何以知之？」續曰：「母截肉未嘗不方，斷葱以寸爲度，故知之。」使者以狀聞，上乃赦興等，禁錮終身。

顔忠、王平辭引隧鄉侯耿建、朗陵侯臧信、濩澤侯鄧鯉、曲成侯劉建。建等辭未嘗與忠、平相見。是時，上怒甚，吏皆惶恐，諸所連及，率一切陷入，無敢以情恕者。侍御史寒朗心傷其冤，試以建等物色，獨問忠、平，而二人錯愕不能對。朗知其詐，乃上言：「建等無姦，專爲忠、平所誣，疑天下無辜，類多如此。」帝曰：「即如是，忠、平何故引之？」對曰：「忠、平自知所犯不道，故多有虚引，冀以自明。」帝曰：「即如是，何不早奏？」對曰：「臣恐海内别有發其姦者。」帝怒曰：「吏持兩端！」促提下捶之。左右方引去，朗曰：「願一言而死。」帝曰：「誰與共爲章？」對曰：「臣獨作之。」上曰：「何以不與三府議！」對曰：「臣自知當必族滅，不敢多污染人。」上曰：「何故族滅？」對曰：「臣考事一年，不能窮盡姦狀，反爲罪人訟冤，故知當族滅。然臣所以言者，誠冀陛下一覺悟而已。臣見考囚在事者，咸共言妖惡大故，臣子所宜同疾，今出之不如入之，可無後責。是以考一連十，考十連百。又公卿朝會，陛下問以得失，皆長跪言：『舊制，大罪禍及九族，陛下大恩，裁止於身，天下幸甚！』及其歸舍，口雖不言，而仰屋竊歎，莫不知其多冤，無敢牾陛下言者。臣今所陳，誠死無悔。」帝意解，詔遣朗出。

後二日，車駕自幸洛陽獄録囚徒，理出千餘人。時天旱，即大雨。馬后亦以楚獄多濫，乘間爲帝言之。帝惻然感悟，夜起彷徨，由是多所降宥。

任城令汝南袁安遷楚郡太守，到郡不入府，先往案楚王英獄事，理其無明驗者，條上出之。府丞、掾史皆叩頭争，以爲「阿附反虜法與同罪，不可」。安曰：「如有不合，太守自當坐之，不以相及也。」遂分别具奏。帝感悟，即報許，得出者四百餘家。

章帝建初元年春正月，上問司徒鮑昱：「何以消復旱災？」對曰：「陛下始踐天位，雖有失得，未能致異。臣前爲汝南太守，典治楚事，繫者千餘人，恐未能盡當其罪。夫大獄一起，冤者過半，又諸徙者骨肉離分，孤魂不祀。宜一切還諸徙家，蠲除禁錮，使死生獲所，則和氣可致。」帝納其言。

二年夏四月戊子，詔還坐楚、淮陽事徙者四百餘家。

馬后抑外家

漢明帝永平三年春二月甲子，立貴人馬氏爲皇后，皇子炟爲太子。后，援之女也，光武時以選入太子宮，能奉承陰后，傍接同列，禮則脩備，上下安之，遂見寵異。及帝即位，爲貴人，時后前母姊女賈氏亦以選入，生皇子炟，帝以后無子，命養之，謂曰：「人未必當自生子，但患愛養不至耳。」后於是盡心撫育，勞悴過於所生。太子亦孝性淳篤，母子慈愛，始終無纖介之間。后常以皇嗣未廣，薦達左右，若恐不及。後宮有進見者，每加慰納，若數所寵引，輒增隆遇。及有司奏立長秋宮，帝未有所言，皇太后曰：「馬貴人德冠後宮，即其人也。」后既正位宮闈，愈自謙肅，好讀書。常衣大練，裙不加緣。朔望諸姬主朝請，望見后袍衣疏粗，以爲綺縠，就視，乃笑。后曰：「此繒特宜染色，故用之耳。」羣臣奏事有難平者，帝數以試后，后輒分解趣理，各得其情，然未嘗以家私干政事。帝由是寵敬，始終無衰焉。

十八年八月壬子，帝崩。太子即位，年十八。尊皇后曰皇太后。太后兄弟虎賁中郎廖及黄門郎防、光，終明帝世未嘗改官。帝以廖爲衛尉，防爲中郎將，光爲越騎校尉。廖等傾身交結，冠蓋之士爭赴趣之。第五倫上疏曰：「臣聞書曰：『臣無作威作福，其害于而家，凶于而國。』近世光烈皇后雖友愛天至，而抑損陰氏，不假以權勢。其後梁、竇之家互有非法，明帝即位，竟多誅之。自是雒中無復權戚，書記請託，一皆斷絶。又諭諸外戚曰：『苦身待士，不如爲國。戴盆望天，事不兩施。』今之議者，復以馬氏爲言。竊聞衛尉廖以布三千匹、城門校尉防以錢三百萬，私贍三輔衣冠，知與不知，莫不畢給。又聞臘日亦遺其在雒中者錢各五千。越騎校尉光，臘用羊三百頭，米四百斛，肉五千斤。臣愚以爲不應經義，惶恐不敢不以聞。陛下情欲厚之，亦宜所以安之。臣今言此，誠欲上忠陛下，下全后家也。」

章帝建初二年夏四月，上欲封爵諸舅，太后不聽。會大旱，言事者以爲不封外戚之故，有司請依舊典。太后詔曰：「凡言事者，皆欲媚朕以要福耳。昔王氏五侯同日俱封，黄霧四塞，不聞澍雨之應。夫外戚貴盛，鮮不傾覆，故先帝防慎舅氏，不令在樞機之位，又言『我子不當與先帝子等』，今有司奈何欲以馬氏比陰氏乎！且陰衛尉，天下稱之，省中御者至門，出不及履，此蘧伯玉之敬也。新陽侯雖剛强，微失理，然有方略，據地談論，一朝無雙。原鹿貞侯，勇猛誠信。此三人者，天下選臣，豈可及哉！馬氏不及陰氏遠矣。吾不才，夙夜累息，常恐虧先后之法，有毛髮之罪吾不釋，言之不捨晝夜，而親屬犯之不止，治喪起墳，又不時覺，是吾言之不立而耳目之塞也。吾爲天下母，而身服大練，食不求甘，左右但著帛布，無香薰之飾者，欲身率下也。以爲外親見之，當傷心自敕；但笑言『太后素好儉』。前過濯龍門上，見外家問起居者，車如流水，馬如游龍，倉頭衣緑褠，領袖正白，顧視御者，不及遠矣。故不加譴怒，但絕歲用而已，冀以默愧其心，猶懈怠無憂國忘家之慮。知臣莫若君，况親屬乎？吾豈可上負先帝之旨，下虧先人之德，重襲西京敗亡之禍哉！」固不許。

帝省詔悲歎，復重請曰：「漢興，舅氏之封侯，猶皇子之爲王也。太后誠存謙虚，奈何令臣獨不加恩三舅乎！且衛尉年尊，兩校尉有大病，如令不諱，使臣長抱刻骨之恨。宜及吉時，不可稽留。」太后報曰：「吾反覆念之，思令兩善，豈徒欲獲謙讓之名而使帝受不外施之嫌哉！昔竇太后欲封王皇后之兄，丞相條侯言『高祖約，無軍功不侯』。今馬氏無功於國，豈得與陰、郭中興之后等邪！常觀富貴之家，禄位重疊，猶再實之木，其根必傷。且人所以願封侯者，欲上奉祭祀，下求温飽耳。今祭祀則受太官之賜，衣食則蒙御府餘資，斯豈不可足，而必當得一縣乎！吾計之熟矣，勿有疑也。夫至孝之行，安親爲上。今數遭變異，穀價數倍，憂惶晝夜，不安坐卧，而欲先營外家之封，違慈母之拳拳乎！吾素剛急，有胸中氣，不可不順也。子之未冠，由於父母，已冠成人，則行子之志。念帝，人君也。吾以未踰三年之故，自吾家族，故得專之。若陰陽調和，邊境清静，然後行子之志。吾但當含飴弄孫，不能復關政矣。」上乃止。

太后嘗詔三輔：「諸馬婚親有屬託郡縣、干亂吏治者，以法聞。」太夫人葬起墳微高，太后以爲言，兄衛尉廖等即時減削。其外親有謙素義行者，輒假借温言，賞以財位。如有纖介，則先見嚴恪之色，然後加譴。其美車服、不遵法度者，便絶屬籍，遣歸田里。廣平、鉅鹿、樂成王，車騎朴素，無金銀之飾，帝以白太后，即賜錢各五百萬。於是内外從化，被服如一，諸家惶恐，倍於永平時。置織室，蠶於濯龍中，數往觀視，以爲娱樂。常與帝旦夕言道政事及教授小王論語經書，述敘平生，雍和終日。

馬廖慮美業難終，上疏勸成德政曰：「昔元帝罷服官，成帝御浣衣，哀帝去樂府，然而侈費不息，至於衰亂者，百姓從行不從言也。夫改政移風，必有其本。傳曰『吴王好劍客，百姓多創瘢。楚王好細腰，宫中多餓死』。長安語曰『城中好高結，四方高一尺。城中好廣眉，四方且半額。城中好大袖，四方全匹帛』。斯言如戲，有切事實。前下制度未幾，後稍不行，雖或吏不奉法，良由慢起京師。今陛下素簡所安，發自聖性，誠令斯事一竟，則四海誦德，聲薰天地，神明可通，況於行令乎！」太后深納之。

四年夏四月，有司連據舊典，請封諸舅。帝以天下豐稔，方垂無事，癸卯，遂封衛尉廖爲順陽侯，車騎將軍防爲潁陽侯，執金吾光爲許侯。太后聞之，曰：「吾少壯時，但慕竹帛，志不顧命。今雖已老，猶戒之在得，故日夜惕厲，思自降損，冀乘此道，不負先帝。所以化導兄弟，共同斯志，欲令瞑目之日，無所復恨，何意老志復不從哉，萬年之日長恨矣！」廖等並辭讓，願就關內侯，帝不許。廖等不得已，受封爵，而上書辭位，帝許之。五月丙辰，防、廖、光皆以特進就第。

竇氏專恣

漢章帝建初二年十二月，帝納竇勳女爲貴人，有寵。貴人母，即東海恭王女沘陽公主也。

三年三月癸巳，立貴人竇氏爲皇后。

八年，皇后兄憲爲侍中、虎賁中郎將，弟篤爲黄門侍郎，並侍宮省，賞賜累積，喜交通賓客。司空第五倫上疏曰：「臣伏見虎賁中郎將竇憲，椒房之親，典司禁兵，出入省闥，年盛志美，卑讓樂善，此誠其好士交結之方。然諸出入貴戚者，類多瑕釁禁錮之人，尤少守約安貧之節，士大夫無志之徒，更相販賣，雲集其門，蓋驕佚所從生也。三輔論議者，至云『以貴戚廢錮，當復以貴戚浣濯之，猶解酲當以酒也』。詖險趣勢之徒，誠不可親近。臣愚願陛下、中宮嚴敕憲等閉門自守，無妄交通士大夫，防其未萌，慮於無形，令憲永保福祿，君臣交歡，無纖介之隙，此臣之所至願也。」

憲恃宮掖聲勢，自王、主及陰、馬諸家，莫不畏憚。憲以賤直請奪沁水公主園田，主逼畏不敢計。後帝出過園，指以問憲，憲陰喝不得對。後發覺，帝大怒，召憲切責曰：「深思前過奪主田園時，何用愈趙高指鹿爲馬，久念使人驚怖。昔永平中，常令陰黨、陰博、鄧疊三人更相糾察，故諸豪戚莫敢犯法者。今貴主尚見枉奪，何況小民哉！國家棄憲，如孤雛腐鼠耳。」憲大懼，皇后爲毁服深謝，良久乃得解，使以田還主。雖不繩其罪，然亦不授以重任。

臣光曰：人臣之罪，莫大於欺罔，是以明君疾之。孝章謂竇憲何異指鹿爲馬，善矣。然卒不能罪憲，則姦臣安所懲哉！夫人主之於臣下，患在不知其姦，苟或知之而復赦之，則不若不知之爲愈也。何以言之？彼或爲姦而上不之知，猶有所畏；既知而不能討，彼知其不足畏也，則放縱而無所顧矣。是故知善而不能用，知惡而不能去，人主之深戒也。

元和三年三月，太尉鄭弘數陳侍中竇憲權勢太盛，言甚苦切，憲疾之。會弘奏憲黨尚書張林、雒陽令楊光在官貪殘。書奏，吏與光故舊，因以告之，光報憲。憲奏弘大臣漏泄密事，帝詰讓弘。夏四月丙寅，收弘印綬。弘自詣廷尉，詔敕出之，因乞骸骨歸，未許。病篤，上書陳謝曰：「竇憲姦惡，貫天達地，海内疑惑，賢愚疾惡，謂『憲何術以迷主上！近日王氏之禍，昞然可見』。陛下處天子之尊，保萬世之祚，而信讒佞之臣，不計存亡之機，臣雖命在晷刻，死不忘忠，願陛下誅四凶之罪，以厭人鬼憤結之望。」帝省章，遣醫視弘病，比至，已薨。

章和二年春正月壬辰，帝崩於章德前殿。太子即位，年十歲，尊皇后曰皇太后。三月，太后臨朝。竇憲以侍中内管機密，出宣誥命；弟篤爲虎賁中郎將，篤弟景、瓌並爲中常侍，兄弟皆在親要之地。憲客崔駰以書戒憲曰：「傳曰『生而富者驕，生而貴者傲』。生富貴而能不驕傲者，未之有也。今寵禄初隆，百僚觀行，豈可不庶幾夙夜，以永衆譽乎！昔馮野王以外戚居位，稱爲賢臣；近陰衛尉克己復禮，終受多福。外戚所以獲譏於時，垂愆於後者，蓋在滿而不挹，位有餘而仁不足也。漢興以後，迄于哀、平，外家二十，保族全身，四人而已。書曰：『鑒于有殷，』可不慎哉！」

庚戌，皇太后詔：「以故太尉鄧彪爲太傅，賜爵關内侯，録尚書事，百官總己以聽。」竇憲以彪有義讓，先帝所敬，而仁厚委隨，故尊崇之。其所施爲，輒外令彪奏，内白太后，事無不從。彪在位，修身而已，不能有所匡正。憲性果急，睚眦之怨莫不報復。永平時，謁者韓紆考劾憲父勳獄，憲遂令客斬紆子，以首祭勳冢。

秋七月，南單于上言請出兵共討北匈奴，太后議欲從之。會齊殤王子都鄉侯暢（求）〔來〕弔國憂，太后數召見之。竇憲懼暢分宫省之權，遣客刺殺暢於屯衛之中，而歸罪於暢弟利侯剛，乃使侍御史與青州刺史雜考剛等。尚書潁川韓稜以爲「賊在京師，不宜捨近問遠，恐爲姦臣所笑」。太后怒，以切責稜，稜固執其議。何敞説宋由曰：「暢，宗室肺府，茅土藩臣，來弔大憂，上書須報，親在武衛，致此殘酷。奉憲之吏，莫適討捕，蹤跡不顯，主名不立。敞備數股肱，職典賊曹，欲親至發所以糾其變。而二府執事，以爲『故事，三公不與賊盜』，公縱姦慝，莫以爲咎。敞請獨奏案之。」由乃許焉。二府聞敞行，皆遣主者隨之。於是推舉，具得事實。太后怒，閉憲於内宫。憲懼誅，因自求擊匈奴以贖死。冬十月乙亥，以憲爲車騎將軍伐北匈奴。

和帝永元元年春，竇憲將征匈奴，三公九卿詣朝堂上書諫。事見兩匈奴叛服。

竇憲嘗使門生齎書詣尚書僕射郅壽，有所請託，壽即送詔獄，前後上書，陳憲驕恣，引王莽以誠國家。又因朝會，刺譏憲等以伐匈奴、起第宅事，厲音正色，辭旨甚切。憲怒，陷壽以買公田、誹謗，下吏，當誅。何敞上疏曰：「壽機密近臣，匡救爲職，若懷默不言，其罪當誅。今壽違衆正議以安宗廟，豈其私邪？臣所以觸死瞽言，非爲壽也，忠臣盡節，以死爲歸。臣雖不知壽，度其甘心安之。誠不欲聖朝行誹謗之誅，以傷晏晏之化，杜塞忠直，垂譏無窮。臣敞謬與機密，言所不宜，罪名明白，當填牢獄，先壽僵仆，萬死有餘。」書奏，壽得減死論，徙合浦，未行，自殺。壽，惲之子也。

夏六月，竇憲出朔方雞鹿塞，分遣副校尉閻盤等破北單于於稽落山。事見兩匈奴叛服。秋九月庚申，以竇憲爲大將軍，中郎將劉尚爲車騎將軍。封憲武陽侯，食邑二萬户。憲固辭封爵，詔許之。舊，大將軍位在三公下，至是，詔憲位次太傅下、三公上，長史、司馬秩中二千石。

竇氏兄弟驕縱，而執金吾景尤甚，奴客緹騎强奪人財貨，篡取罪人，妻略婦女，商賈閉塞，如避寇讎。又擅發緣邊諸郡突騎有才力者。有司莫敢舉奏，袁安劾景「擅發邊兵，驚惑吏民，二千石不待符信而輒承景檄，當伏顯誅」。又奏「司隸校尉、河南尹阿附貴戚，不舉劾，請免官案罪」。並寢不報。駙馬都尉瓌，獨好經書，節約自脩。

尚書何敞上封事曰：「昔鄭武姜之幸叔段，衛莊公之寵州吁，愛而不教，終至凶戾。

由是觀之，愛子若此，猶飢而食之以毒，適所以害之也。伏見大將軍憲，始遭大憂，公卿比奏，欲令典幹國事。憲深執謙退，固辭盛位，懇懇勤勤，言之深至，天下聞之，莫不悅喜。今踰年無幾，大禮未終，卒然中改，兄弟專朝，憲秉三軍之重，篤、景總宫衛之權，而虐用百姓，奢侈僭偪，誅戮無罪，肆心自快。今者論議𧨟𧨟，咸謂叔段、州吁復生於漢。臣觀公卿懷持兩端，不肯極言者，以爲憲等若有匪懈之志，則已受吉甫褒申伯之功；如憲等陷於罪辜，則自取陳平、周勃順吕后之權，終不以憲等吉凶爲憂也。臣敞區區誠欲計策兩安，絶其緜緜，塞其涓涓，上不欲令皇太后損文母之號，陛下有誓泉之譏，下使憲等得長保其福祐也。駙馬都尉瓌，比請退身，願抑家權，可與參謀，聽順其意，誠宗廟至計，竇氏之福。」時濟南王康尊貴驕甚，憲乃白出敞爲濟南太傅。康有違失，敞輒諫争，康雖不能從，然素敬重敞，無所嫌牾焉。

二年六月，詔封竇憲爲冠軍侯，篤爲郾侯，瓌爲夏陽侯。憲獨不受封。

三年春二月，竇憲遣左校尉耿夔等破北單于於金微山。事見兩匈奴叛服。

竇憲既立大功，威名益盛，以耿夔、任尚等爲爪牙，鄧疊、郭璜爲心腹，班固、傅毅之徒典文章，刺史、守、令多出其門，競賦斂吏民，共爲賂遺。司徒袁安、司空任隗舉奏諸二千石并所連及，貶秩免官者四十餘人，竇氏大恨；但安、隗素行高，亦未有以害之。尚書僕射樂恢刺舉無所回避，憲等疾之。恢上疏曰：「陛下富於春秋，纂承大業，諸舅不宜幹正王室，以示天下之私。方今之宜，上以義自割，下以謙自引，四舅可長保爵土之榮，皇太后永無慚負宗廟之憂，誠策之上者也。」書奏，不省。恢稱疾乞骸骨，歸長陵。憲風厲州郡，迫脅恢飲藥死。於是朝臣震懾，望風承旨，無敢違者。袁安以天子幼弱，外戚擅權，每朝會進見，及與公卿言國家事，未嘗不喑嗚流涕，自天子及大臣，皆恃賴之。

冬十月，詔竇憲與車駕會長安。憲至，尚書以下議欲拜之，伏稱萬歲。尚書韓稜正色曰：「夫上交不諂，下交不黷，禮無人臣稱萬歲之制。」議者皆慚而止。尚書左丞王龍私奏記、上牛酒於憲，稜舉奏龍，論爲城旦。

竇憲請遣使立北單于弟右谷蠡王於除鞬爲單于，袁安上封事爭之，後上竟從憲策。事見兩匈奴叛服。

四年。初，廬江周榮辟袁安府，安舉奏竇景及爭立北單于事，皆榮所具草，竇氏客太尉掾徐齮深惡之，脅榮曰：「子爲袁公腹心之謀，排奏竇氏，竇氏悍士刺客滿城中，謹備之矣！」榮曰：「榮，江、淮孤生，得備宰士，縱爲竇氏所害，誠所甘心！」因敕妻子：「若卒遇飛禍，無得殯斂，冀以區區腐身覺悟朝廷。」

夏四月丙辰，竇憲還至京師。夏六月戊戌朔，日有食之。丁鴻上疏曰：「昔諸呂握權，統嗣幾移。哀、平之末，廟不血食。故雖有周公之親，而無其德，不得行其勢也。今大將軍雖欲敕身自約，不敢僭差，然而天下遠近，皆惶怖承旨。刺史、二千石初除，謁辭，求通待報，雖奉符璽，受臺敕，不敢便去，久者至數十日。背王室，向私門，此乃上威損，下權盛也。人道悖於下，效驗見於天，雖有隱謀，神照其情，垂象見戒，以告人君。禁微則易，救末者難。人莫不忽於微細以致其大，恩不忍誨，義不忍割，去事之後，未然之明鏡也。夫天不可以不剛，不剛則三光不明；王不可以不强，不强則宰牧從横。宜因大變，改政匡失，以塞天意。」

竇氏父子兄弟並爲卿、校，充滿朝廷。穰侯鄧疊、疊弟步兵校尉磊及母元、憲女壻射聲校尉郭舉、舉父長樂少府璜共相交結。元、舉並出入禁中，舉得幸太后，遂共圖爲殺害，帝陰知其謀。是時，憲兄弟專權，帝與内外臣僚莫由親接，所與居者閹宦而已。帝以朝臣上下莫不附憲，獨中常侍鉤盾令鄭衆，謹敏有心幾，不事豪黨，遂與衆定議誅憲，以憲在外，慮其爲亂，忍而未發。會憲與鄧疊皆還京師，時清河王慶，恩遇尤渥，常入省宿止。帝將發其謀，欲得外戚傳，懼左右，不敢使，令慶私從千乘王求，夜，獨内之。又令慶傳語鄭衆，求索故事。庚申，帝幸北宫，詔執金吾、五校尉勒兵屯衛南、北宫，閉城門，收捕郭璜、郭舉、鄧疊、鄧磊，皆下獄死。遣謁者僕射收憲大將軍印綬，更封爲冠軍侯，與篤、景、瓌皆就國。帝以太后故，不欲名誅憲，爲選嚴能相督察之。憲、篤、景到國，皆迫令自殺。

初，河南尹張酺數以正法繩治竇景，及竇氏敗，酺上疏曰：「方憲等寵貴，羣臣阿附唯恐不及，皆言憲受顧命之託，懷伊、呂之忠，至乃復比鄧夫人於文母，今嚴威既行，皆言當死，不復顧其前後，考折厥衷。臣伏見夏陽侯瓌每存忠善，前與臣言，常有盡節之心，檢敕賓客，未嘗犯法。臣聞王政骨肉之刑，有三宥之義，過厚不過薄。今議者欲爲瓌選嚴能相，恐其迫切，必不完免，宜裁加貸宥，以崇厚德。」帝感其言，由是瓌獨得全。竇氏宗族賓客，以憲爲官者，皆免歸故郡。

初，班固奴嘗醉罵洛陽令种兢，兢因逮考竇氏賓客，收捕固，死獄中。

初，竇憲納妻，天下郡國皆有禮慶。漢中郡亦當遣吏，户曹李郃諫曰：「竇將軍椒房之親，不修德禮而專權驕恣，危亡之禍可翹足而待，願明府一心王室，勿與交通。」太守固遣之，郃不能止，請求自行，許之。郃遂所在遲留以觀其變，行至扶風而憲就國。凡交通者皆坐免官，漢中太守獨不與焉。

西域歸附

漢光武建武五年。元帝之世，莎車王延嘗爲侍子京師，慕樂中國。及王莽之亂，匈奴略有西域，唯延不肯附屬，常敕諸子：「當世奉漢家，不可負也。」延卒，子康立。康率傍國拒匈奴，擁衛故都護吏士、妻子千餘口，檄書河西，問中國動靜。竇融乃承制立康爲漢莎車建功懷德王、西域大都尉，五十五國皆屬焉。

九年秋八月，莎車王康卒，弟賢立。

十四年冬，莎車王賢、鄯善王安皆遣使奉獻。西域苦匈奴重斂，皆願屬漢，復置都護。上以中國新定，不許。

十七年，莎車王賢復遣使奉獻，請都護。帝賜賢西域都護印綬及車、旗、黄金、錦繡。敦煌太守裴遵上言：「夷狄不可假以大權，又令諸國失望。」詔書收還都護印綬，更賜賢以漢大將軍印綬，其使不肯易，遵迫奪之。賢由是始恨，而猶詐稱大都護，移書諸國，諸國悉服屬焉。

二十一年，莎車王賢浸以驕横，欲兼并西域，數攻諸國，重求賦税，諸國愁懼。車師前王、鄯善、焉耆等十八國俱遣子入侍，獻其珍寶；及得見，皆流涕稽首，願得都護。帝以中國初定，北邊未服，皆還其侍子，厚賞賜之。諸國聞都護不出，而侍子皆還，大憂恐，乃與敦煌太守檄，「願留侍子以示莎車，言侍子見留，都護尋出，冀且息其兵」。裴遵以狀聞，帝許之。

二十二年，西域諸國侍子久留敦煌，皆愁思亡歸。莎車王賢知都護不至，擊破鄯善，攻殺龜茲王。鄯善王安上書：「願復遣子入侍，更請都護。都護不出，誠迫於匈奴。」帝報曰：「今使者大兵未能得出，如諸國力不從心，東西南北自在也。」於是鄯善、車師復附匈奴。

班固論曰：孝武之世，圖制匈奴，患其兼從西國，結黨南羌，乃表河曲列四郡，開玉門，通西域，以斷匈奴右臂，隔絕南羌、月氏；單于失援，由是遠遁，而幕南無王庭。遭值文、景玄默，養民五世，財力有餘，士馬强盛，故能睹犀布、瑇瑁則建珠厓七郡，感蒟醬、竹杖則開牂柯、越巂，聞天馬、蒲陶則通大宛、安息。自是殊方異物，四面而至。於是開苑囿，廣宮室，盛帷帳，美服玩，設酒池、肉林以饗四夷之客，作魚龍、角抵之戲以觀視之。及賂遺贈送，萬里相奉，師旅之費，不可勝計。至於用度不足，乃榷酒酤，筦鹽鐵，鑄白金，造皮幣，算至車船，租及六畜。民力屈，財用竭，因之以凶年，寇盜並起，道路不通，直指之使始出，衣繡杖斧，斷斬於郡國，然後勝之。是以末年遂棄輪臺之地，而下哀痛之詔，豈非仁聖之所悔哉！且通西域，近有龍堆，遠則葱嶺、身熱、頭痛、懸度之阨，淮南、杜欽、揚雄之論，皆以爲此天地所以界别區域，絕外内也。西域諸國，各有君長，兵衆分弱，無所統一，雖屬匈奴，不相親附；匈奴能得其馬畜、旃罽而不能統率，與之進退。與漢隔絶，道里又遠，得之不爲益，棄之不爲損，盛德在我，無取於彼。故自建武以來，西域思漢威德，咸樂内屬，數遣使置質于漢，願請都護。聖上遠覽古今，因時之宜，辭而未許。雖大禹之序西戎，周公之讓白雉，太宗之卻走馬，義兼之矣。

明帝永平三年冬十月，莎車王賢以兵威逼奪于寘、大宛、嬀塞王國，使其將守之。于寘人殺其將(軍)〔君〕德，立大人休莫霸爲王，賢率諸國兵數萬擊之，大爲休莫霸所敗，脱身走還。休莫霸進圍莎車，中流矢死，于寘人復立其兄子廣德爲王，廣德使其弟仁攻賢。廣德父先拘在莎車，賢乃歸其父，以女妻之，與之和親。

四年冬十月，于寘王廣德將諸國兵三萬人攻莎車，誘莎車王賢，殺之，并其國。匈奴發諸國兵圍于寘，廣德請降。匈奴立賢質子不居徵爲莎車王，廣德又攻殺之，更立其弟齊黎爲莎車王。

十六年，奉車都尉竇固之伐北匈奴也，使假司馬班超與從事郭恂俱使西域。超行到鄯善，鄯善王廣奉超禮敬甚備，後忽更疏懈。超謂其官屬曰：「寧覺廣禮意薄乎？」官屬曰：「胡人不能常久，無他故也。」超曰「此必有北虜使來，狐疑未知所從故也。明者睹未萌，况已著邪。」乃召侍胡，詐之曰：「匈奴使來數日，今安在乎？」侍胡惶恐曰：「到已三日，去此三十里。」超乃閉侍胡，悉會其吏士三十六人，與共飲，酒酣，因激怒之曰：「卿曹與我俱在絶域，今虜使到裁數日，而王廣禮敬即廢，如令鄯善收吾屬送匈奴，骸骨長爲豺狼食矣，爲之奈何？」官屬皆曰：「今在危亡之地，死生從司馬。」超曰：「不入虎穴，不得虎子。當今之計，獨有因夜以火攻虜，使彼不知我多少，必大震怖，可殄盡也。滅此虜，則鄯善破膽，功成事立矣。」衆曰：「當與從事議之。」超怒曰：「吉凶決於今日，從事文俗吏，聞此必恐而謀泄，死無所名，非壯士也。」衆曰：「善。」初夜，超遂將吏士往奔虜營。會天大風，超令十人持鼓藏虜舍後，約曰：「見火然，皆當鳴鼓大呼。」餘人悉持兵弩，夾門而伏。」超乃順風縱火，前後鼓噪，虜衆驚亂，超手格殺三人，吏兵斬其使及從士三十餘級，餘衆百許人悉燒死。明日乃還，告郭恂，恂大驚，既而色動，超知其意，舉手曰：「掾雖不行，班超何心獨擅之乎！」恂乃悦。超於是召鄯善王廣，以虜使首示之，一國震怖。超告以漢威德，自今以後，勿復與北虜通。廣叩頭，「願屬漢，無二心」，遂納子爲質。還白竇固，固大喜，具上超功效，并求更選使使西域。帝曰：「吏如班超，何故不遣，而更選乎？今以超爲軍司馬，令遂前功。」

固復使超使于寘，欲益其兵。超願但將本所從三十六人，曰：「于寘國大而遠，今將數百人，無益於强，如有不虞，多益爲累耳。」是時于寘王廣德雄張南道，而匈奴遣使監護其國。超既至于寘，廣德禮意甚疏。且其俗信巫，巫言：「神怒，何故欲向漢？漢使有騧馬，急求取以祠我。」廣德乃遣國相私來比就超請馬。超密知其狀，報許之，而令巫自來取馬。有頃，巫至，超即斬其首，收私來比，鞭笞數百。以巫首送廣德，因責讓之。廣德素聞超在鄯善誅滅虜使，大惶恐，即殺匈奴使者而降。超重賜其王以下，因鎮撫焉。於是諸國皆遣子入侍，西域與漢絶六十五載，至是乃復通焉。超，彪之子也。

十七年。初，龜茲王建爲匈奴所立，倚恃虜威，據有北道，攻殺疏勒王，立其臣兜題爲疏勒王。班超從間道至疏勒，去兜題所居槃槖城九十里，逆遣吏田慮先往降之。敕慮曰：「兜題本非疏勒種，國人必不用命，若不即降，便可執之。」慮既到，兜題見慮輕弱，殊無降意。慮因其無備，遂前劫縛兜題，左右出其不意，皆驚懼奔走。慮馳報超，超即赴之，悉召疏勒將吏，説以龜茲無道之狀，因立其故王兄子忠爲王，國人大悦。超問忠及官屬：「當殺兜題邪？生遣之邪？」咸曰：「當殺之。」超曰：「殺之無益於事，當令龜茲知漢威德。」遂解遣之。

冬十一月，遣奉車都尉竇固、駙馬都尉耿秉、騎都尉劉張出敦煌昆侖塞，擊西域，秉、張皆去符、傳以屬固。合兵萬四千騎，擊破白山虜於蒲類海上，遂進擊車師。車師前王，即後王之子也，其廷相去五百餘里。固以後王道遠，山谷深，士卒寒苦，欲攻前王。秉以爲先赴後王，并力根本，則前王自服。固計未決，秉奮身而起曰：「請行前。」乃上馬引兵北入，衆軍不得已，並進，斬首數千級。後王安得震怖，走出門迎秉，脱帽，抱馬足降。秉將以詣固，其前王亦歸命，遂定車師而還。

十八年春二月，詔竇固等罷兵還京師。

十一月，焉耆、龜兹攻没都護陳睦。事見兩匈奴叛服。

章帝建初元年三月，詔徵還班超。超將發還，疏勒舉國憂恐，其都尉黎弇曰：「漢使棄我，我必復爲龜兹所滅耳。誠不忍見漢使去。」因以刀自剄。超還，至于寘，王侯以下皆號泣曰：「依漢使如父母，誠不可去。」互抱超馬脚，不得行。超亦欲遂其本志，乃更還疏勒。疏勒兩城已降龜兹，而與尉頭連兵。超捕斬反者，擊破尉頭，殺六百餘人，疏勒復安。

三年閏四月，西域假司馬班超率疏勒、康居、于寘、拘彌兵一萬人攻姑墨石城，破之，斬首七百級。

五年夏五月，班超欲遂平西域，上疏請兵曰：「臣竊見先帝欲開西域，故北擊匈奴，西使外國，鄯善、于寘即時向化。今拘彌、莎車、疏勒、月氏、烏孫、康居復願歸附，欲共并力破滅龜兹，平通漢道。若得龜兹，則西域未服者百分之一耳。前世議者皆曰：『取三十六國，號爲斷匈奴右臂。』今西域諸國，自日之所入，莫不向化，大小欣欣，貢奉不絶，唯焉耆、龜兹獨未服從。臣前與官屬三十六人奉使絶域，備遭艱厄，自孤守疏勒，於今五載，胡夷情數，臣頗識之，問其城郭小大，皆言倚漢與依天等。以是效之，則葱領可通，龜兹可伐。今宜拜龜兹侍子白霸爲其國王，以步騎數百送之，與諸國連兵，歲月之間，龜兹可禽。以夷狄攻夷狄，計之善者也。臣見莎車、疏勒田地肥廣，草牧饒衍，不比敦煌、鄯善間也，兵可不費中國而糧食自足。且姑墨、温宿二王，特爲龜兹所置，既非其種，更相厭苦，其勢必有降者，若二國來降，則龜兹自破。願下臣章，參考行事，誠有萬分，死復何恨！臣超區區特蒙神靈，竊冀未便僵仆，目見西域平定，陛下舉萬年之觴，薦勳祖廟，布大喜於天下。」書奏，帝知其功可成，議欲給兵。平陵徐幹上疏，願奮身佐超，帝以幹爲假司馬，將弛刑及義從千人就超。

先是，莎車以爲漢兵不出，遂降於龜兹，而疏勒都尉番辰亦叛。會徐幹適至，超遂與幹擊番辰，大破之，斬首千餘級。欲進攻龜兹，以烏孫兵强，宜因其力，乃上言：「烏孫大國，控弦十萬，故武帝妻以公主，至孝宣帝卒得其用。今可遣使招慰，與共合力。」帝納之。

八年冬十二月，帝拜班超爲將兵長史，以徐幹爲軍司馬，别遣衛候李邑護送烏孫使者。邑到于寘，值龜兹攻疏勒，恐懼不敢前，因上書陳西域之功不可成，又盛毁超「擁愛妻，抱愛子，安樂外國，無内顧心」。超聞之歎曰：「身非曾參而有三至之讒，恐見疑於當時矣。」遂去其妻。帝知超忠，乃切責邑曰：「縱超擁愛妻抱愛子，思歸之士千餘人，何能盡與超同心乎？」令邑詣超受節度。

元和元年十二月，帝復遣假司馬和恭等將兵八百人詣班超。超因發疏勒、于寘兵擊莎車。莎車以賂誘疏勒王忠，忠遂反，從之，西保烏即城。超乃更立其府丞成大爲疏勒王，悉發其不反者以攻忠，使人説康居王執忠以歸其國，烏即城遂降。

三年九月，疏勒王忠從康居王借兵，還據損中，遣使詐降於班超，超知其姦而僞許之。忠從輕騎詣超，超斬之，因擊破其衆，南道遂通。

章和元年，班超發于寘諸國兵共二萬五千人擊莎車，龜茲王發温宿、姑墨、尉頭兵合五萬人救之。超召將、校及于寘王議曰：「今兵少不敵，其計莫若各散去。于寘從是而東，長史亦於此西歸，可須夜鼓聲而發。」陰緩所得生口。龜茲王聞之，大喜，自以萬騎於西界遮超，温宿王將八千騎於東界徼于寘。超知二虜已出，密召諸部勒兵，雞鳴，馳赴莎車營。胡大驚亂，奔走，追斬五千餘級。莎車遂降，龜茲等因各退散。自是威震西域。

和帝永元二年夏五月，月氏求尚公主，班超拒還其使，由是怨恨，遣其副王謝將兵七萬攻超。超衆少，皆大恐。超譬軍士曰：「月氏兵雖多，然數千里踰葱領來，非有運輸，何足憂邪！但當收穀堅守，彼飢窮自降，不過數十日決矣。」謝遂前攻超，不下。又鈔掠，無所得。超度其糧將盡，必從龜茲求食，乃遣兵數百於東界要之。謝果遣騎齎金銀珠玉以賂龜茲，超伏兵遮擊，盡殺之，持其使首以示謝。謝大驚，即遣使請罪，願得生歸。超縱遣之。月氏由是大震，歲奉貢獻。

三年冬十月，龜茲、姑墨、温宿諸國皆降。十二月，復置西域都護、騎都尉、戊己校尉官。以班超爲都護，徐幹爲長史，拜龜茲侍子白霸爲龜茲王，遣司馬姚光送之。超與光共脅龜茲，廢其王尤利多而立白霸，使光將尤利多還詣京師。超居龜茲它乾城，徐幹屯疏勒，唯焉耆、危須、尉犂以前没都護，猶懷二心，其餘悉定。

六年秋七月，西域都護班超發龜茲、鄯善等八國兵合七萬餘人討焉耆，到其城下，誘焉耆王廣、尉犂王汎等於陳睦故城，斬之，傳首京師；因縱兵鈔掠，斬首五千餘級，獲生口萬五千人，更立焉耆左侯元孟爲焉耆王。超留焉耆半歲，慰撫之。於是西域五十餘國悉納質内屬，至于海濱，四萬里外，皆重譯貢獻。

九年十二月，西域都護定遠侯班超遣掾甘英使大秦、條支，窮西海，皆前世所不至，莫不備其風土，傳其珍怪焉。

十四年秋七月，班超久在絶域，年老思土，上書乞歸，曰：「臣不敢望到酒泉郡，但願生入玉門關。謹遣子勇隨安息獻物入塞，及臣生在，令勇目見中土。」朝廷久之未報，超妹曹大家上書曰：「蠻夷之性，悖逆侮老，而超旦暮入地，久不見代，恐開姦宄之源，生逆亂之心。而卿大夫咸懷一切，莫肯遠慮，如有卒暴，超之氣力不能從心，便爲上損國家累世之功，下棄忠臣竭力之用，誠可痛也！故超萬里歸誠，自陳苦急，延頸踰望，三年於今，未蒙省録。妾竊聞古者十五受兵，六十還之，亦有休息，不任職也。故妾敢觸死爲超求哀，匄超餘年，一得生還，復見闕庭，使國家無勞遠之慮，西域無倉卒之憂，超得長蒙文王葬骨之恩，子方哀老之惠。」帝感其言，乃徵超還。八月，超至洛陽，拜爲射聲校尉。九月，卒。

超之被徵，以戊己校尉任尚代爲都護。尚謂超曰：「君侯在外國三十餘年，而小人猥承君後，任重慮淺，宜有以誨之。」超曰：「年老失智。君數當大位，豈班超所能及哉。必不得已，願進愚言：塞外吏士，本非孝子順孫，皆以罪過徙補邊屯，而蠻夷懷鳥獸之心，難養易敗。今君性嚴急，水清無大魚，察政不得下和，宜蕩佚簡易，寬小過，總大綱而已。」超去後，尚私謂所親曰：「我以班君當有奇策，今所言平平耳。」尚後竟失邊和，如超所言。

殤帝延平元年九月，詔以北地梁慬爲西域副校尉。慬行至河西，會西域諸國反，攻都護任尚於疏勒，尚上書求救。詔慬將河西四郡羌胡五千騎馳赴之。慬未至，而尚已得解。詔徵尚還，以騎都尉段禧爲都護，西域長史趙博爲騎都尉。禧、博守它乾城，城小，梁慬以爲不可固，乃譎説龜茲王白霸，欲入共保其城。白霸許之，吏民固諫，白霸不聽。憧既入，遣將急迎段禧、趙博，合軍八九千人。龜茲吏民並叛其王，而與温宿、姑墨數萬兵反，共圍城，憧等出戰，大破之。連兵數月，胡衆敗走，乘勝追擊，凡斬首萬餘級，獲生口數千人，龜茲乃定。

安帝永初元年五月，西域都護段禧等雖保龜茲，而道路隔塞，檄書不通。公卿議者以爲西域阻遠，數有背叛，吏士屯田，其費無已。六月壬戌，罷西域都護，遣騎都尉王弘發關中兵迎禧及梁憧、趙博、伊吾盧、柳中屯田吏士而還。

元初六年。初，西域諸國既絶於漢，北匈奴復以兵威役屬之，與共爲邊寇。敦煌太守曹宗患之，乃上遣行長史索班將千餘人屯伊吾以招撫之。於是車師前王及鄯善王復來降。

永寧元年春三月，北匈奴率車師後王軍就共殺後部司馬及敦煌長史索班等，遂擊走其前王，略有北道。鄯善逼急，求救於曹宗，宗因此請出兵五千人擊匈奴，以報索班之恥，因復取西域。公卿多以爲宜閉玉門關，絶西域。太后聞軍司馬班勇有父風，召詣朝堂問之。勇上議曰：「昔孝武皇帝患匈奴强盛，於是開通西域，論者以爲奪匈奴府藏，斷其右臂。光武中興，未遑外事，故匈奴負强，驅率諸國。及至永平，再攻敦煌，河西諸郡城門晝閉。孝明皇帝深惟廟策，乃命虎臣出征西域，故匈奴遠遁，邊境得安；及至永元，莫不内屬。會間者羌亂，西域復絶，北虜遂遣責諸國，備其逋租，高其價直，嚴以期會，鄯善、車師皆懷憤怨，思樂事漢，其路無從。前所以時有叛者，皆由牧養失宜，還爲其害故也。今曹宗徒耻於前負，欲報雪匈奴，而不尋出兵故事，未度當時之宜也。夫要功荒外，萬無一成，若兵連禍結，悔無所及。況今府藏未充，師無後繼，是示弱於遠夷，暴短於海内，臣愚以爲不可許也。舊敦煌郡有營兵三百人，今宜復之，復置護西域副校尉，居於敦煌，如永元故事，又宜遣西域長史將五百人屯樓蘭，西當焉耆、龜兹徑路，南强鄯善、于窴心膽，北扞匈奴，東近敦煌，如此誠便。」

尚書復問勇：「利害云何？」勇對曰：「昔永平之末，始通西域，初遣中郎將居敦煌，後置副校於車師，既爲胡虜節度，又禁漢人不得有所侵擾，故外夷歸心，匈奴畏威。今鄯善王尤還，漢人外孫，若匈奴得志，則尤還必死。此等雖同鳥獸，亦知避害，若出屯樓蘭，足以招附其心，愚以爲便。」長樂衛尉鐔顯、廷尉綦毋參、司隸校尉崔據難曰：「朝廷前所以棄西域者，以其無益於中國而費難供也。今車師已屬匈奴，鄯善不可保信，一旦反覆，班將能保北虜不爲邊害乎？」勇對曰：「今中國置州牧者，以禁郡縣姦猾盜賊也。若州牧能保盜賊不起者，臣亦願以要斬保匈奴之不爲邊害也。今通西域則虜勢必弱，虜勢弱則爲患微矣。孰與歸其府藏，續其斷臂哉！今置校尉以扞撫西域，設長史以招懷諸國；若棄而不立，則西域望絶，望絶之後，屈就北虜，緣邊之郡，將受困害，恐河西城門必須復有晝閉之儆矣。今不廓開朝廷之德而拘屯戍之費，若此，北虜遂熾，豈安邊久長之策哉！」

太尉屬毛軫難曰：「今若置校尉，則西域絡繹遣使，求索無厭，與之則費難供，不與則失其心，一旦爲匈奴所迫，當復求救，則爲役大矣。」勇對曰：「今設以西域歸匈奴，而使其恩德大漢，不爲鈔盜，則可矣。如其不然，則因西域租入之饒，兵馬之衆，以擾動緣邊，是爲富仇讎之財，增暴夷之勢也。置校尉者，宣威布德，以繫諸國内向之心，以疑匈奴覬覦之情，而無費財耗國之慮也。且西域之人，無他求索，其來入者不過稟食而已。今若拒絶，勢歸北屬夷虜，并力以寇并、凉，則中國之費不止十億。置之誠便。」

於是從勇議，復敦煌郡營兵三百人，置西域副校尉居敦煌，雖復羈縻西域，然亦未能出屯。其後匈奴果數與車師共入寇鈔，河西大被其害。

延光二年，北匈奴連與車師入寇河西，議者欲復閉玉門、陽關以絶其患。敦煌太守張璫上書曰：「臣在京師，亦以爲西域宜棄，今親踐其土地，乃知棄西域則河西不能自存。謹陳西域三策：北虜呼衍王常展轉蒲類、秦海之間，專制西域，共爲寇鈔。今以酒泉屬國吏士二千餘人集昆侖塞，先擊呼衍王，絶其根本，因發鄯善兵五千人脅車師後部，此上計也。若不能出兵，可置軍司馬，將士五百人，四郡供其犂牛、穀食，出據柳中，此中計也。如又不能，則宜棄交河城，收鄯善等悉使入塞，此下計也。」朝廷下其議。陳忠上疏曰：「西域内附日久，區區東望扣關者數矣，此其不樂匈奴，慕漢之效也。今北虜已破車師，勢必南攻鄯善，棄而不救，則諸國從矣。若然，則虜財賄益增，膽勢益殖，威臨南羌，與之交通，如此，河西四郡危矣。河西既危，不可不救，則百倍之役興，不訾之費發矣。議者但念西域絶遠，卹之煩費，不見孝武苦心勤勞之意也。方今敦煌孤危，遠來告急，復不輔助，内無以慰勞吏民，外無以威示百蠻，蹙國減土，非良計也。臣以爲敦煌宜置校尉，桉舊增四郡屯兵，以西撫諸國。」帝納之，於是復以班勇爲西域長史，將兵五百人出屯柳中。

三年春正月，班勇至樓蘭，以鄯善歸附，特加三綬，而龜兹王白英猶自疑未下。勇開以恩信，白英乃率姑墨、温宿，自縛詣勇。因發其兵步騎萬餘人到車師前王庭，擊走匈奴伊蠡王於伊和谷，收得前部五千餘人，於是前部始復開通。還，屯田柳中。

四年秋七月，西域長史班勇發敦煌、張掖、酒泉六千騎及鄯善、疏勒、車師前部兵擊後部王軍就，大破之，獲首虜八千餘人，生得軍就及匈奴持節使者，將至索班没處斬之，傳首京師。

順帝永建元年冬十月，班勇更立車師後部故王子加特奴爲王。勇又使别校誅斬東且彌王，亦更立其種人爲王，於是車師六國悉平。勇遂發諸國兵擊匈奴，呼衍王亡走，其衆二萬餘人皆降。生得單于從兄，勇使加特奴手斬之，以結車師、匈奴之隙。北單于自將萬餘騎入後部，至金且谷。勇使假司馬曹俊救之，單于引去，俊追斬其貴人骨都侯。於是呼衍王遂徙居枯梧河上，是後車師無復虜跡。

二年六月，西域城郭諸國皆服於漢，唯焉耆王元孟未降，班勇奏請攻之。於是遣敦煌太守張朗將河西四郡兵三千人配勇，因發諸國兵四萬餘人分爲兩道擊之。勇從南道，朗從北道，約期俱至焉耆。而朗先有罪，欲徼功自贖，遂先期至爵離關，遣司馬將兵前戰，獲首虜二千餘人，元孟懼誅，逆遣使乞降。張朗徑入焉耆，受降而還。朗得免誅，勇以後期，徵下獄，免。

通鑑紀事本末卷第七

兩匈奴叛服

漢光武建武二十三年。初，匈奴單于輿弟右谷蠡王知牙師以次當爲左賢王，左賢王次即當爲單于。單于欲傳其子，遂殺知牙師。烏珠留單于有子曰比，爲右薁鞬日逐王，領南邊八部。比見知牙師死，出怨言曰：「以兄弟言之，右谷蠡王次當立；以子言之，我〔前〕單于長子，我當立。」遂内懷猜懼，庭會稀闊。單于疑之，乃遣兩骨都侯監領比所部兵。及單于蒲奴立，比益恨望，密遣漢人郭衡奉匈奴地圖詣西河太守求内附。兩骨都侯頗覺其意，會五月龍祠，勸單于誅比。比弟漸將王在單于帳下，聞之，馳以報比。比遂聚八部兵四五萬人，待兩骨都侯還，欲殺之。骨都侯且到，知其謀，亡去。單于遣萬騎擊之，見比衆盛，不敢進而還。

二十四年春正月，匈奴八部大人共議立日逐王比爲呼韓邪單于，款五原塞，願永爲藩蔽，扞禦北虜。事下公卿，議者皆以爲「天下初定，中國空虛，夷狄情僞難知，不可許」。五官中郎將耿國獨以爲「宜如孝宣故事，受之，令東扞鮮卑，北拒匈奴，率厲四夷，完復邊郡」。帝從之。

冬十月，匈奴日逐王比自立爲南單于，遣使詣闕奉藩稱臣。上以問朗陵侯臧宫，宫曰：「匈奴飢疫分争，臣願得五千騎以立功。」帝笑曰：「常勝之家，難與慮敵，吾方自思之。」

二十五年春正月，南單于遣其弟左賢王莫將兵萬餘人擊北單于弟薁鞬左賢王，生獲之。北單于震怖，卻地千餘里，北部薁鞬骨都侯與右骨都侯率衆三萬餘人歸南單于。三月，南單于復遣使詣闕貢獻，求使者監護，遣侍子，修舊約。

二十六年春正月，詔遣中郎將段郴、副校尉王郁使南匈奴，立其庭，去五原西部塞八十里。使者令單于伏拜受詔，單于顧望有頃，乃伏稱臣。拜訖，令譯曉使者曰：「單于新立，誠慚於左右，願使者衆中無相屈折也。」詔聽南單于入居雲中，始置使匈奴中郎將，將兵衛護之。

夏，南單于所獲北虜薁鞬左賢王將其衆及南部五骨都侯合三萬餘人畔歸，去北庭三百餘里，自立爲單于。月餘，日更相攻擊，五骨都侯皆死，左賢王自殺，諸骨都侯子各擁兵自守。

秋，南單于遣子入侍，詔賜單于冠帶、璽綬、車馬、金帛、甲兵、什器，又轉河東米糒二萬五千斛，牛羊三萬六千頭以贍給之。令中郎將將弛刑五十人，隨單于所處，參辭訟，察動靜。單于歲盡輒遣奉奏，送侍子入朝，漢遣謁者送前侍子還單于庭，賜單于及閼氏、左右賢王以下繒綵合萬匹，歲以爲常。於是雲中、五原、朔方、北地、定襄、雁門、上谷、代八郡民歸於本土。遣謁者分將弛刑，補治城郭，發遣邊民在中國者布還諸縣，皆賜以裝錢，轉給糧食。時城郭丘墟，埽地更爲，上乃悔前徙之。

冬，南匈奴五骨都侯子復將其衆三千人歸南部，北單于使騎追擊，悉獲其衆。南單于遣兵拒之，逆戰，不利，於是復詔單于徙居西河美稷，因使段郴、王郁留西河擁護之，令西河長史歲將騎二千，弛刑五百人，助中郎將衛護單于。冬屯夏罷，自後以爲常。南單于既居西河，亦列置諸部王，助漢扞戍北地、朔方、五原、雲中、定襄、雁門、代郡，皆領部衆，爲郡縣偵邏耳目。北單于惶恐，頗還所略漢民以示善意，鈔兵每到南部下，還過亭候，輒謝曰：「自擊亡虜薁鞬日逐耳，非敢犯漢民也。」

二十七年五月，北匈奴遣使詣武威求和親，帝召公卿廷議，不決。皇太子言曰：「南單于新附，北虜懼於見伐，故傾耳而聽，争欲歸義耳。今未能出兵而反交通北虜，臣恐南單于將有二心，北虜降者且不復來矣。」帝然之，告武威太守，勿受其使。

郎陵侯臧宮、揚虛侯馬武上書曰：「匈奴貪利，無有禮信，窮則稽首，安則侵盜。虜今人畜疫死，旱蝗赤地，疲困之力，不當中國一郡，萬里死命，縣在陛下。福不再來，時或易失，豈宜固守文德而隳武事乎！今命將臨塞，厚縣購賞，諭告高句驪、烏桓、鮮卑攻其左，發河西四郡、天水、隴西羌胡擊其右，如此，北虜之滅，不過數年。臣恐陛下仁恩不忍，謀臣狐疑，令萬世刻石之功不立於聖世。」詔報曰：「黄石公記曰：『柔能制剛，弱能制强，舍近謀遠者勞而無功，舍遠謀近者逸而有終。故曰務廣地者荒，務廣德者强，有其有者安，貪人有者殘。殘滅之政，雖成必敗。』今國無善政，災變不息，百姓驚惶，人不自保，而復欲遠事邊外乎！孔子曰：『吾恐季孫之憂不在顓臾。』且北狄尚强，而屯田警備，傳聞之事，恒多失實。誠能舉天下之半以滅大寇，豈非至願。苟非其時，不如息民。」自是諸將莫敢復言兵事者。

二十八年秋八月，北匈奴遣使貢馬及裘，更乞和親，并請音樂，又求率西域諸國胡客俱獻見。帝下三府議酬答之宜，司徒掾班彪曰：「臣聞孝宣皇帝敕邊守尉曰：『匈奴大國，多變詐，交接得其情則卻敵折衝，應對入其數則反爲輕欺。』今北匈奴見南單于來附，懼謀其國，故數乞和親，又遠驅牛馬與漢合市，重遣名王，多所貢獻，斯皆外示富强以相欺誕也。臣見其獻益重，知其國益虚，歸親愈數，爲懼愈多。然今既未獲助南，則亦不宜絶北，羈縻之義，禮無不答。謂可頗加賞賜，略與所獻相當。報答之辭，令必有適。今立槀草并上曰：『單于不忘漢恩，追念先祖舊約，欲脩和親，以輔身安國，計議甚高，爲單于嘉之。往者匈奴數有乖亂，呼韓邪、郅支自相讎隙，並蒙孝宣皇帝垂恩救護，故各遣侍子稱藩保塞。其後郅支忿戾，自絶皇澤，而呼韓附親，忠孝彌著。及漢滅郅支，遂保國傳嗣，子孫相繼。今南單于攜衆向南，款塞歸命，自以呼韓嫡長，次第當立，而侵奪失職，猜疑相背，數請兵將，歸掃北庭，策謀紛紜，無所不至。惟念斯言不可獨聽，又以北單于比年貢獻，欲脩和親，故拒而未許，將以成單于忠孝之義。漢秉威信，總率萬國，日月所照，皆爲臣妾，殊俗百蠻，義無親疏，服順者褒賞，畔逆者誅罰，善惡之效，呼韓、郅支是也。今單于欲脩和親，款誠已達，何嫌而欲率西域諸國俱來獻見？西域國屬匈奴與屬漢何異？單于數連兵亂，國内虛耗，貢物裁以通禮，何必獻馬裘？今齎雜繒五百匹，弓鞬韣丸一、矢四發遺單于，又賜獻馬左骨都侯、右谷蠡王雜繒各四百匹，斬馬劍各一。單于前言「先帝時所賜呼韓邪竽、瑟、空侯皆敗，願復裁賜」。念單于國尚未安，方厲武節，以戰攻爲務，竽、瑟之用，不如良弓、利劍，故未以齎。朕不愛小物，於單于便宜，所欲遣驛以聞。』」帝悉納從之。

中元元年十一月，南單于比死，弟左賢王莫立，爲丘浮尤鞮單于，帝遣使齎璽書拜授璽綬，賜以衣冠及繒綵，是後遂以爲常。

二年，南單于莫死，弟汗立，爲伊伐於慮鞮單于。

明帝永平二年，南單于汗死，單于比之子適立，爲醢僮尸逐侯鞮單于。

五年十一月，北匈奴寇五原，十二月寇雲中，南單于擊卻之。

六年，南單于適死，單于莫之子蘇立，爲丘除車林鞮單于。數月，復死，單于適之弟長立，爲湖邪尸逐侯鞮單于。

七年，北匈奴猶盛，數寇邊，遣使求合市。上冀其交通，不復爲寇，許之。

八年三月，越騎司馬鄭衆使北匈奴，單于欲令衆拜，衆不爲屈。單于圍守，閉之不與水火。衆拔刀自誓，單于恐而止，乃更發使，隨衆還京師。

初，大司農耿國上言：「宜置度遼將軍屯五原，以防南匈奴逃亡。」朝廷不從。南匈奴須卜骨都侯等知漢與北虜交使，内懷嫌怨，欲畔，密使人詣北虜，令遣兵迎之。鄭衆出塞，疑有異，伺候，果得須卜使人，乃上言「宜更置大將，以防二虜交通」。由是始置度遼營，以中郎將吴棠行度遼將軍事，將黎陽虎牙營士屯五原曼柏。

北匈奴雖遣使入貢，而寇鈔不息，邊城晝閉。帝議遣使報其使者，鄭衆上疏諫曰：「臣聞北單于所以要致漢使者，欲以離南單于之衆，堅三十六國之心也。又當揚漢和親，誇示鄰敵，令西域欲歸化者局足狐疑，懷土之人絶望中國耳。漢使既到，便偃蹇自信，若復遣之，虜必自謂得謀，其羣臣駁議者不敢復言。如是南庭動摇，烏桓有離心矣。南單于久居漢地，具知形勢，萬分離析，旋爲邊害。今幸有度遼之衆揚威北垂，雖勿報答，不敢爲患。」帝不從，復遣衆往。衆因上言：「臣前奉使不爲匈奴拜，單于恚恨，遣兵圍臣。今復銜命，必見陵折。臣誠不忍持大漢節對氈裘獨拜。如令匈奴遂能服臣，將有損大漢之强。」帝不聽，衆不得已，既行，在路連上書固争之。詔切責衆，追還，繫廷尉，會赦，歸家。其後帝見匈奴來者，聞衆與單于争禮之狀，乃復召衆爲軍司馬。

十五年夏四月，謁者僕射耿秉數上言請擊匈奴，上以顯親侯竇固嘗從其世父融在河西，明習邊事，乃使秉、固與太僕祭肜、虎賁中郎將馬廖、下博侯劉張、好畤侯耿忠等共議之。耿秉曰：「昔者匈奴援引弓之類，并左衽之屬，故不可得而制。孝武既得河西四郡及居延、朔方，虜失其肥饒畜兵之地，羌胡分離，唯有西域俄復内屬，故呼韓邪單于請事款塞，其勢易乘也。今有南單于，形勢相似。然西域尚未内屬，北虜未有釁作。臣愚以爲當先擊白山，得伊吾，破車師，通使烏孫諸國以斷其右臂；伊吾亦有匈奴南呼衍一部，破此，復爲折其左角，然後匈奴可擊也。」上善其言。議者或以爲「今兵出白山，匈奴必并兵相助，又當分其東以離其衆」。上從之。十二月，以秉爲駙馬都尉，固爲奉車都尉，以騎都尉秦彭爲秉副，耿忠爲固副，皆置從事、司馬，出屯凉州。秉，國之子；忠，弇之子；廖，援之子也。

十六年春二月，遣彤與度遼將軍吴棠將河東、西河羌胡及南單于兵萬一千騎出高闕塞，竇固、耿忠率酒泉、敦煌、張掖甲卒及盧水羌胡萬二千騎出酒泉塞，耿秉、秦彭率武威、隴西、天水募士及羌胡萬騎出張掖居延塞，騎都尉來苗、護烏桓校尉文穆將太原、雁門、代郡、上谷、漁陽、右北平、定襄郡兵及烏桓、鮮卑萬一千騎出平城塞，伐北匈奴。竇固、耿忠至天山，擊呼衍王，斬首千餘級，追至蒲類海，取伊吾盧地，置宜禾都尉，留吏士屯田伊吾盧城。耿秉、秦彭擊匈林王，絶幕六百餘里，至三木樓山而還。來苗、文穆至匈河水上，虜皆奔走，無所獲。祭彤與南匈奴左賢王信不相得，出高闕塞九百餘里，得小山，信妄言以爲涿邪山，不見虜而還。彤與吴棠坐逗留、畏懦，下獄，免。彤自恨無功，出獄數日，歐血死。臨終謂其子曰：「吾蒙國厚恩，奉使不稱，身死誠慚恨，義不可以無功受賞。死後，若悉簿上所得物，身自詣兵屯，效死前行，以副吾心。」既卒，其子逢上疏，具陳遺言。帝雅重彤，方更任用，聞之大驚，嗟嘆良久。

是歲，北匈奴大入雲中，雲中太守廉范拒之。吏以衆少，欲移書傍郡求救，范不許。會日暮，范令軍士各交縛兩炬，三頭爇火，營中星列。虜謂漢兵救至，大驚，待旦將退。范令軍中蓐食，晨往赴之，斬首數百級，虜自相轔藉，死者千餘人，由此不敢復向雲中。

十七年冬十一月，奉車都尉竇固定車師而還，奏復置西域都護及戊己校尉。以陳睦爲都護；司馬耿恭爲戊校尉，屯後王部金蒲城；謁者關寵爲己校尉，屯前王部柳中城，屯各置數百人。

十八年春二月，北單于遣左鹿蠡王率二萬騎擊車師，耿恭遣司馬將兵三百人救之，皆爲所没，匈奴遂破殺車師後王安得而攻金蒲城。恭以毒藥傅矢，語匈奴曰：「漢家箭神，其中瘡者必有異。」虜中矢者，視創皆沸，大驚。會天暴風雨，隨雨擊之，殺傷甚衆。匈奴震怖，相謂曰：「漢兵神，真可畏也！」遂解去。

十一月，北匈奴圍關寵於柳中城。會中國有大喪，救兵不至，車師復叛，與匈奴共攻耿恭。恭率厲士衆禦之，數月，食盡窮困，乃煮鎧弩，食其筋革。恭與士卒推誠同死生，故皆無二心，而稍稍死亡，餘數十人。單于知恭已困，欲必降之，遣使招恭曰：「若降者，當封爲白屋王，妻以女子。」恭誘其使上城，手擊殺之，炙諸城上。單于大怒，更益兵圍恭，不能下。關寵上書求救，詔公卿會議。司空倫以爲「不宜救」。司徒鮑昱曰：「今使人於危難之地，急而棄之，外則縱蠻夷之暴，內則傷死難之臣，誠令權時，後無邊事可也，匈奴如復犯塞爲寇，陛下將何以使將？又二部兵人裁各數十，匈奴圍之，歷旬不下，是其寡弱力盡之效也。可令敦煌、酒泉太守，各將精騎二千，多其幡幟，倍道兼行，以赴其急。匈奴疲極之兵，必不敢當，四十日間，足還入塞。」帝然之，乃遣征西將軍耿秉屯酒泉，行太守事，遣酒泉太守段彭與謁者王蒙、皇甫援發張掖、酒泉、敦煌三郡及鄯善兵合七千餘人以救之。

章帝建初元年春正月，詔兖、豫、徐三州稟贍飢民。上問：「何以消復旱災？」校書郎楊終上疏曰：「間者北征匈奴，西開三十六國，百姓頻年服役，轉輸煩費；愁困之民足以感動天地，陛下宜留念省察。」帝下其章，第五倫亦同終議。牟融、鮑昱皆以爲「孝子無改父之道。征伐匈奴，屯戍西域，先帝所建，不宜回異」。終復上書曰：「秦築長城，功役繁興，胡亥不革，卒亡四海。故孝元棄珠厓之郡，光武絶西域之國，不以介鱗易我衣裳。魯文公毁泉臺，春秋譏之曰『先祖爲之，而己毁之，不如勿居而已』，以其無妨害於民也。襄公作三軍，昭公舍之，君子大其復古，以爲不舍則有害於民也。今伊吾之役，樓蘭之屯，兵久而未還，非天意也。」帝從之。

酒泉太守段彭等兵會柳中，擊車師，攻交河城，斬首三千八百級，獲生口三千餘人。北匈奴驚走，車師復降。會關寵已殁，謁者王蒙等欲引兵還。耿恭軍吏范羌，時在軍中，固請迎恭。諸將不敢前，乃分兵二千人與羌，從山北迎恭，遇大雪丈餘，軍僅能至。城中夜聞兵馬聲，以爲虜來，大驚。羌遥呼曰：「我范羌也，漢遣軍迎校尉耳。」城中皆稱萬歲。開門，共相持涕泣。明日，遂相隨俱歸。虜兵追之，且戰且行。吏士素飢困，發疏勒時，尚有二十六人，隨路死没，三月至玉門，唯餘十三人，衣屨穿決，形容枯槁。中郎將鄭衆爲恭已下洗沐，易衣冠，上疏奏：「恭以單兵守孤城，當匈奴數萬之衆，連月踰年，心力困盡，鑿山爲井，煮弩爲糧，前後殺傷醜虜數百千計，卒全忠勇，不爲大漢恥。宜蒙顯爵，以厲將帥。」恭至雒陽，拜騎都尉。

冬十一月，北匈奴皋林温禺犢王將衆還居涿邪山，南單于與邊郡及烏桓共擊破之。是歲南部大饑，詔稟給之。

二年春三月甲辰，罷伊吾盧屯兵，匈奴復遣兵守其地。

八年夏六月，北匈奴三木樓訾大人稽留斯等率三萬餘人款五原塞降。

元和元年十二月，武威太守孟雲上言：「北匈奴復願與吏民合市。」詔許之。北匈奴大且渠伊莫訾王等驅牛馬萬餘頭來與漢交易，南單于遣輕騎出上郡鈔之，大獲而還。

二年春正月，北匈奴大人車利涿兵等亡來入塞，凡七十三輩。時北虜衰耗，黨衆離畔，南部攻其前，丁零寇其後，鮮卑擊其左，西域侵其右，不復自立，乃遠引而去。

南單于長死，單于汗之子宣立，爲伊屠於閭鞮單于。

冬，南單于遣兵與北虜温禺犢王戰於涿邪山，斬獲而還。武威太守孟雲上言：「北虜以前既和親，而南部復往抄掠，北單于謂漢欺之，謀欲犯塞，謂宜還南所掠生口以慰安其意。」詔百官議於朝堂。太尉鄭弘、司空第五倫等以爲「不可許」。司徒桓虞及太僕袁安等以爲「當與之」。弘因大言激厲虞曰：「諸言當還生口者，皆爲不忠。」虞廷叱之，倫及大鴻臚韋彪各作色變容。司隸校尉舉奏弘等，弘等皆上印綬謝。詔報曰：「久議沈滯，各有所志，蓋事以議從，策由衆定，誾誾衎衎，得禮之容，寢嘿抑心，更非朝廷之福。君何尤而深謝！其各冠履。」帝乃下詔曰：「江海所以能長百川者，以其下之也。少加屈下，尚何足病！況今與匈奴君臣分定，辭順約明，貢獻累至，豈宜違信，自受其曲。其敕度遼及領中郎將龐奮倍雇南部所得生口以還北虜。其南部斬首、護生，計功、受賞如常科。」

章和元年冬十月，北匈奴大亂，屈蘭儲等五十八部，口二十八萬，詣雲中、五原、朔方、北地降。

二年三月，南單于宣死，單于長之弟屯屠何立，爲休蘭尸逐侯鞮單于。

五月，北匈奴饑亂，降南部者歲數千人。

秋七月，南單于上言：「宜及北虜分争，出兵討伐，破北成南，并爲一國，令漢家長無北念。臣等生長漢地，開口仰食，歲時賞賜，動輒億萬，雖垂拱安枕，慚無報效之義。願發國中及諸部故胡新降精兵，分道並出，期十二月同會虜地。臣兵衆單少，不足以防內外，願遣執金吾耿秉、度遼將軍鄧鴻及西河、雲中、五原、朔方、上郡太守并力而北，冀因聖帝威神，一舉平定。臣國成敗，要在今年，已敕諸部嚴兵馬，唯裁哀省察。」太后以示耿秉。秉上言：「昔武帝殫極天下，欲臣虜匈奴，未遇天時，事遂無成。今幸遭天授，北虜分爭，以夷伐夷，國家之利，宜可聽許。」秉因自陳受恩，分當出命效用。太后議欲從之。尚書宋意上書曰：「夫戎狄簡賤禮義，無有上下，强者爲雄，弱即屈服。自漢興以來，征伐數矣，其所克獲，曾不補害。光武皇帝躬服金革之難，深昭天地之明，故因其來降，羈縻畜養，邊民得生，勞役休息，於茲四十餘年矣。今鮮卑奉順，斬獲萬數，中國坐享大功，而百姓不知其勞，漢興功烈，於斯爲盛。所以然者，夷虜相攻，無損漢兵者也。臣察鮮卑侵伐匈奴，正是利其抄掠，及歸功聖朝，實由貪得重賞。今若聽南虜還都北庭，則不得不禁制鮮卑。鮮卑外失暴掠之願，內無功勞之賞，豺狼貪婪，必爲邊患。今北虜西遁，請求和親，宜因其歸附，以爲外扞，巍巍之業，無以過此。若引兵費賦以順南虜，則坐失上略，去安即危矣。誠不可許。」會竇憲遣客刺殺齊殤王子都鄉侯暢，太后怒。憲懼誅，自求擊匈奴以贖死。事見竇氏專恣。

冬十月乙亥，以憲爲車騎將軍伐北匈奴，以執金吾耿秉爲副，發北軍五校、黎陽、雍營、緣邊十二郡騎士及羌胡兵出塞。

和帝永元元年春，竇憲將征匈奴，三公、九卿詣朝堂上書諫，以爲「匈奴不犯邊塞，而無故勞師遠涉，損費國用，徼功萬里，非社稷之計」。書連上輒寢，宋由懼，遂不敢復署議，而諸卿稍自引止。唯袁安、任隗守正不移，至免冠朝堂固争，前後且十上，衆皆爲之危懼，安、隗正色自若。侍御史魯恭上疏曰：「國家新遭大憂，陛下方在諒陰，百姓闕然，三時不聞警蹕之音，莫不懷思皇皇，若有求而不得。今乃以盛春之月，興發軍役，擾動天下，以事戎夷，誠非所以垂恩中國，改元正時，由内及外也。萬民者，天之所生。天愛其所生，猶父母愛其子，一物有不得其所者，則天氣爲之舛錯，况於人乎？故愛民者必有天報。夫戎狄者，四方之異氣也，與鳥獸無別，若雜居中國則錯亂天氣，汙辱善人，是以聖王之制，羈縻不絶而已。今匈奴爲鮮卑所破，遠藏於史侯河西，去塞數千里，而欲乘其虚耗，利其微弱，是非義之所出也。今始徵發，而大司農調度不足，上下相迫，民間之急，亦已甚矣。羣僚百姓咸曰不可，陛下獨奈何以一人之計，棄萬人之命，不卹其言乎！上觀天心，下察人志，足以知事之得失。臣恐中國不爲中國，豈徒匈奴而已哉！」尚書令韓稜、騎都尉朱暉、議郎京兆樂恢皆上疏諫，太后不聽。

又詔使者爲憲弟篤、景並起邸第，勞役百姓。侍御史何敞上疏曰：「臣聞匈奴之爲桀逆久矣，平城之圍，慢書之恥，此二辱者，臣子所謂捐軀而必死，高祖、吕后忍怒還忿，舍而不誅。今匈奴無逆節之罪，漢朝無可慚之恥，而盛春東作，興動大役，元元怨恨，咸懷不悦。又猥復爲衛尉篤、奉車都尉景繕修館第，彌街絶里。篤、景親近貴臣，當爲百僚表儀。今衆軍在道，朝廷焦脣，百姓愁苦，縣官無用，而遽起大第，崇飾玩好，非所以垂令德示無窮也。宜且罷工匠，專憂北邊，恤民之困。」書奏，不省。

夏六月，竇憲、耿秉出朔方雞鹿塞，南單于出滿夷谷，度遼將軍鄧鴻出稒陽塞，皆會涿邪山。憲分遣副校尉閻盤、司馬耿夔、耿譚將南匈奴精騎萬餘，與北單于戰於稽落山，大破之，單于遁走。追擊諸部，遂臨私渠比鞮海，斬名王已下萬三千級，獲生口甚衆，雜畜百餘萬頭，諸裨小王率衆降者，前後八十一部二十餘萬人。憲、秉出塞三千餘里，登燕然山，命中護軍班固刻石勒功，紀漢威德而還。遣軍司馬吴汜、梁諷奉金帛遺北單于。時虜中乖亂。汜、諷及單于於西海上，宣國威信，以詔致賜，單于稽首拜受。諷因説令修呼韓邪故事，單于喜悦，即將其衆與諷俱還，到私渠海，聞漢軍已入塞，乃遣弟右温禺鞮王奉貢入侍，隨諷詣闕。憲以單于不自身到，奏還其侍弟。

二年夏五月，竇憲遣副校尉閻礱將二千餘騎掩擊北匈奴之守伊吾者，復取其地。

秋七月，北單于以漢還其侍弟，九月，復遣使款塞稱臣，欲入朝見。冬十月，竇憲遣班固、梁諷迎之。會南單于復上書求滅北庭，於是遣左谷蠡王師子等將左右部八千騎出雞鹿塞，中郎將耿譚遣從事將護之，襲擊北單于。夜至，圍之，北單于被創，僅而得免，獲閼氏及男女五人，斬首八千級，生虜數千口。班固至私渠海而還。是時，南部黨衆益盛，領户三萬四千，勝兵五萬。

三年春正月，竇憲以北匈奴微弱，欲遂滅之。二月，遣左校尉耿夔、司馬任尚出居延塞，圍北單于於金微山，大破之，獲其母閼氏，〔斬〕名王已下五千餘級，北單于逃走，不知所在。出塞五千餘里而還，自漢出師所未嘗至也。封夔爲粟邑侯。

初，北單于既亡，其弟右谷蠡王於除鞬自立爲單于，將衆數千人止蒲類海，遣使款塞。竇憲請遣使立於除鞬爲單于，置中郎將領護，如南單于故事。事下公卿議，宋由等以爲「可許」。袁安、任隗奏以爲「光武招懷南虜，非謂可永安内地，正以權時之算，可得扞禦北狄故也。今朔漠既定，宜令南單于反其北庭，并領降衆，無緣復更立於除鞬，以增國費」。事奏，未以時定。安懼憲計遂行，乃獨上封事曰：「南單于屯先父舉衆歸德，自蒙恩以來四十餘年，三帝積累以遺陛下，陛下深宜遵述先志，成就其業。況屯首唱大謀，空盡北虜，輟而弗圖，更立新降，以一朝之計，違三世之規，失信於所養，建立於無功。論語曰『言忠信，行篤敬，雖蠻貊行焉』。今若失信於一屯，則百蠻不敢復保誓矣。又烏桓、鮮卑新殺北單于，凡人之情，咸畏仇讎，今立其弟，則二虜懷怨。且漢故事，供給南單于，費直歲一億九十餘萬，西域歲七千四百八十萬。今北庭彌遠，其費過倍，是乃空盡天下而非建策之要也。」詔下其議，安又與憲更相難折。憲險急負勢，言辭驕訐，至詆毀安，稱光武誅韓歆、戴涉故事，安終不移，然上竟從憲策。

四年春正月，遣大將軍左校尉耿夔授於除鞬印綬，使中郎將任尚持節衛護屯伊吾，如南單于故事。

五年。初，竇憲既立於除鞬爲北單于，欲輔歸北庭，會憲誅而止。於除鞬自畔還北，詔遣將兵長史王輔以千餘騎與任尚共追討，斬之，破滅其衆。

十一月，單于屯屠何死，單于宣弟安國立。安國初爲左賢王無稱譽。及爲單于，單于適之子左谷蠡王師子以次轉爲左賢王。師子素勇黠多知，前單于宣及屯屠何皆愛其氣決，數遣將兵出塞，掩擊北庭，還，受賞賜，天子亦加殊異；由是國中盡敬師子而不附安國。安國欲殺之。諸新降胡，初在塞外數爲師子所驅掠，多怨之。安國因是委計降者，與同謀議。師子覺其謀，乃別居五原界。每龍庭會議，師子輒稱病不往。度遼將軍皇甫稜知之，亦擁護不遣，單于懷憤益甚。

六年春正月，皇甫稜免，以執金吾朱徽行度遼將軍。時單于與中郎將杜崇不相平，乃上書告崇。崇諷西河太守令斷單于章，單于無由自聞。崇因與朱徽上言：「南單于安國疏遠故胡，親近新降，欲殺左賢王師子及左臺且渠劉利等。又右部降者謀共迫脅安國起兵背畔，請西河、上郡、安定爲之儆備。」帝下公卿議，皆以爲「蠻夷反覆，雖難測知，然大兵聚會，必未敢動摇。今宜遣有方略使者之單于庭，與杜崇、朱徽及西河太守并力觀其動静，如無他變，可令崇等就安國會其左右大臣，責其部衆横暴爲邊害者，共平罪誅。若不從命，令爲權時方略，事畢之後，裁行賞賜，亦足以威示百蠻」。帝從之。於是徽、崇遂發兵造其庭。安國夜聞漢軍至，大驚，棄帳而去，因舉兵欲誅師子。師子先知，乃悉將廬落入曼柏城。安國追到城下，門閉，不得入。朱徽遣吏曉譬和之，安國不聽。城既不下，乃引兵屯五原。崇、徽因發諸郡騎追赴之急，衆皆大恐，安國舅骨都侯喜爲等慮并被誅，乃格殺安國，立師子爲亭獨尸逐侯鞮單于。

（夏五月）〔秋七月〕，南單于師子立，降胡五六百人夜襲師子，安集掾王恬將衛護士與戰，破之。於是降胡遂相驚動，十五部二十餘萬人皆反，脅立前單于屯屠何子薁鞬日逐王逢侯爲單于，遂殺略吏民，燔燒郵亭、廬帳，將車重向朔方，欲度幕北。九月癸丑，以光禄勳鄧鴻行車騎將軍事，與越騎校尉馮柱、行度遼將軍朱徽將左右羽林、北軍五校士及郡國迹射、緣邊兵，烏桓校尉任尚將烏桓、鮮卑，合四萬人討之。時南單于及中郎將杜崇屯牧師城，逢侯將萬餘騎攻圍之。

冬十一月，鄧鴻等至美稷，逢侯乃解圍去，向蒲夷谷。南單于遣子將萬騎及杜崇所領四千騎，與鄧鴻等追擊逢侯於大城塞，斬首四千餘級。任尚率鮮卑烏桓要擊逢侯於滿夷谷，復大破之。前後凡斬萬七千餘級。逢侯遂率衆出塞，漢兵不能追而還。

八年五月，南匈奴右溫禺犢王烏居戰畔出塞。秋七月，度遼將軍龐奮、越騎校尉馮柱追擊破之，徙其餘衆及諸降胡二萬餘人於安定、北地。

十年，南單于師子死，單于長之子檀立，爲萬氏尸逐鞮單于。

十六年十一月，北匈奴遣使稱臣貢獻，願和親，修呼韓邪故約。帝以其舊禮不備，未許，而厚加賞賜，不答其使。

元興元年冬十二月，北匈奴重遣使詣敦煌貢獻，辭以國貧，未能備禮，願請大使，當遣子入侍。太后亦不答其使，加賜而已。

安帝永初三年六月，漢人韓琮隨匈奴南單于入朝，既還，説南單于云：「關東水潦，人民飢餓死盡，可擊也。」單于信其言，遂反。

九月，南單于圍中郎將耿种於美稷。

冬十一月，以大司農陳國何熙行車騎將軍事，中郎將龐雄爲副，將五營及邊郡兵二萬餘人，又詔遼東太守耿夔率鮮卑及諸郡兵共擊之。以梁慬行度遼將軍事。雄、夔擊南匈奴薁鞬日逐王，破之。

四年春正月，南單于圍耿种數月，梁慬、耿夔擊斬其別將於屬國故城，單于自將迎戰，慬等復破之，單于遂引還虎澤。

二月，南匈奴寇常山。

三月，何熙軍到五原曼柏，暴疾，不能進，遣龐雄與梁慬、耿种將步騎萬六千人攻虎澤，連營稍前。單于見諸軍並進，大恐怖，顧讓韓琮曰：「汝言漢人死盡，今是何等人也？」乃遣使乞降，許之。單于脱帽徒跣，對龐雄等拜陳，道死罪。於是赦之，遇待如初。乃還所鈔漢民男女及羌所略轉賣入匈奴中者，合萬餘人。會熙卒，即拜梁慬度遼將軍。龐雄還，爲大鴻臚。

延光二年，鮮卑其至鞬自將萬餘騎攻南匈奴於曼柏，薁鞬日逐王戰死，殺千餘人。

三年夏四月，南單于檀死，弟拔立，爲烏稽侯尸逐鞮單于。

順帝永建元年，朔方以西障塞多壞，鮮卑因此數侵南匈奴。單于憂恐，上書乞脩復障塞。庚寅，詔黎陽營兵出屯中山北界，令緣邊郡增置步兵，列屯塞下，教習戰射。

三年冬十二月，南單于拔死，弟休利立，爲去特若尸逐就單于。

永和五年春二月，南匈奴句龍王吾斯、車紐等反，寇西河，招誘右賢王合兵圍美稷，殺朔方、代郡長吏。夏五月，度遼將軍馬續與中郎將梁並等發邊兵及羌胡合二萬餘人掩擊，破之。吾斯等復更屯聚，攻没城邑。天子遣使責讓單于，單于本不預謀，乃脱帽避帳，詣並謝罪。並以病徵，五原太守陳龜代爲中郎將。龜以單于不能制下，逼迫單于及其弟左賢王皆令自殺。龜又欲徙單于近親於内郡，而降者遂更狐疑。龜坐下獄，免。

大將軍商上表曰：「匈奴寇畔，自知罪極，窮鳥困獸，皆知救死，况種類繁熾，不可單盡。今轉運日增，三軍疲苦，虚内給外，非中國之利。度遼將軍馬續素有謀謨，且典邊日久，深曉兵要，每得續書，與臣策合。宜令續深溝高壁，以恩信招降，宣示購賞，明爲期約。如此，則醜類可服，國家無事矣。」帝從之，乃詔續招降畔虜。商又移書續等曰：「中國安寧，忘戰日久，良騎野合，交鋒接矢，决勝當時，戎狄之所長而中國之所短也。强弩乘城，堅營固守，以待其衰，中國之所長而戎狄之所短也。宜務先所長以觀其變，設購開賞，宣示反悔，勿貪小功以亂大謀。」於是右賢王部抑鞮等萬三千口皆詣續降。

九月，匈奴句龍王吾斯等立車紐爲單于，東引烏桓，西收羌胡等數萬人，攻破京兆虎牙營，殺上郡都尉及軍司馬，遂寇掠并、凉、幽、冀四州。乃徙西河治離石，上郡治夏陽，朔方治五原。

十二月，遣使匈奴中郎將張耽將幽州、烏桓諸郡營兵擊車紐等，戰於馬邑，斬首三千級，獲生口甚衆。車紐乞降，而吾斯猶率其部曲與烏桓寇鈔。

漢安元年秋八月，南匈奴句龍吾斯與薁鞬臺耆等復反，寇掠并部。

二年六月丙寅，立南匈奴守義王兜樓儲爲呼蘭若尸逐就單于。時兜樓儲在京師，上親臨軒授璽綬，引上殿，賜車馬、器服、金帛甚厚。詔太常、大鴻臚與諸國侍子於廣陽城門外祖會饗，賜作樂、角抵、百戲。

十一月，使匈奴中郎將扶風馬寔遣人刺殺句龍吾斯。

建康元年夏四月，使匈奴中郎將馬寔擊南匈奴左部，破之。

桓帝建和元年，南單于兜樓儲死，伊陵尸逐就單于車兒立。

元嘉元年夏四月，北匈奴呼衍王寇伊吾，敗伊吾司馬毛愷，攻伊吾屯城。詔敦煌太守馬達將兵救之，至蒲類海，呼衍王引去。

永壽元年秋，南匈奴左薁鞬臺耆、且渠伯德等反，寇美稷，東羌復舉種應之。安定屬國都尉敦煌張奂初到職，壁中唯有二百許人，聞之，即勒兵而出；軍吏以爲力不敵，叩頭争止之。奂不聽，遂進屯長城，收集兵士，遣將王衛招誘東羌，因據龜兹縣，使南匈奴不得交通。東羌諸豪遂相率與奂共擊薁鞬等，破之，伯德惶恐，將其衆降，郡界以寧。

延熹元年十二月，南匈奴諸部並叛，與烏桓、鮮卑寇緣邊九郡。帝以京兆尹陳龜爲度遼將軍。龜臨行上疏曰：「臣聞三辰不軌，擢士爲相；蠻夷不恭，拔卒爲將。臣無文武之才，而忝鷹揚之任，雖殁軀體，無所云補。今西州邊鄙，土地塉埆，民數更寇虜，室家殘破，雖含生氣，實同枯朽。往歲并州水雨，災螟互生，稼穡荒耗，租更空闕。陛下以百姓爲子，焉可不垂撫循之恩哉！古公、西伯天下歸仁，豈復輿金輦寶以爲民惠乎？陛下繼中興之統，承光武之業，臨朝聽政而未留聖意。且牧守不良，或出中官，懼逆上旨，取過目前。呼嗟之聲，招致災害，胡虜凶悍，因衰緣隙，而令倉庫單於豺狼之口，功業無銖兩之效，皆由將帥不忠，聚姦所致。前凉州刺史祝良，初除到州，多所糾罰，太守令長，貶黜將半，政未踰時，功效卓然，實應賞異，以勸功能。改任牧守，去斥姦殘。又宜更選匈奴、烏桓、護羌中郎將、校尉，簡練文武，授之法令。除并、凉二州今年租更，寬赦罪隸，掃除更始，則善吏知奉公之祐，惡者覺營私之禍，胡馬可不窺長城，塞下無候望之患矣。」帝乃更選幽、并刺史，自營、郡太守、都尉以下，多所革易。下詔「爲陳將軍除并、凉一年租賦，以賜吏民」。龜到職，州郡重足震栗，省息經用，歲以億計。詔拜安定屬國都尉張奐爲北中郎將，以討匈奴、烏桓等。匈奴、烏桓燒度遼將軍門，引屯赤阬，煙火相望，兵衆大恐，各欲亡去。奐安坐帷中，與弟子講誦自若，軍士稍安。乃潛誘烏桓，陰與和通，遂使斬匈奴屠各渠帥，襲破其衆，諸胡悉降。奐以南單于車兒不能統理國事，乃拘之，奏立左谷蠡王爲單于。詔曰：「春秋大居正。車兒一心向化，何罪而黜？其遣還庭。」

諸羌叛服

漢光武建武九年，諸羌自王莽末入居塞内，金城屬縣多爲所有。隗囂不能討，因就慰納，發其衆與漢相拒。司徒掾班彪上言：「今涼州部皆有降羌，羌胡被髮左袵，而與漢人雜處，習俗既異，言語不通，數爲小吏黠人所見侵奪，窮恚無聊，故致反叛。夫蠻夷寇亂，皆爲此也。舊制益州部置蠻夷騎都尉，幽州部置領烏桓校尉，涼州置護羌校尉，皆持節領護，治其怨結，歲時巡行，問所疾苦。又數遣使譯，通導動静，使塞外羌夷爲吏耳目，州郡因此可得警備。今宜復如舊，以明威防。」帝從之，以牛邯爲護羌校尉。

十年冬十月，先零羌與諸種寇金城、隴西，來歙率蓋延等進擊，大破之，斬首虜數千人。於是開倉廩以賑飢乏，隴右遂安，而涼州流通焉。

十一年夏，先零羌寇臨洮，來歙薦馬援爲隴西太守，擊先零，大破之。

冬十月，先零諸種羌數萬人屯聚寇鈔，拒浩亹隘。馬援深入討擊，大破之，徙降羌置天水、隴西、扶風。是時，朝臣以金城破羌之西，塗遠多寇，議欲棄之。馬援上言：「破羌以西，城多完牢，易可依固，其田土肥壤，灌溉流通。如令羌在（隍）〔湟〕中，則爲害不休，不可棄也。」帝從之。民歸者三千餘口，援爲置長吏，繕城郭，起塢候，開溝洫，勸以耕牧，郡中樂業。又招撫塞外氐、羌，皆來降附，援奏復其侯王君長，帝悉從之。

十二年，參狼羌與諸種寇武都，隴西太守馬援擊破之，降者萬餘人。於是隴右清靜。

中元二年。初，燒當羌豪滇良擊破先零，奪居其地。滇良卒，子滇吾立，附落轉盛。秋，滇吾與弟滇岸率衆寇隴西，敗太守劉盱於允街，於是守塞諸羌皆叛。詔謁者張鴻領諸郡兵擊之，戰於允吾，鴻軍敗没。冬十一月，復遣中郎將竇固監捕虜將軍馬武等二將軍四萬人討之。

明帝永平元年秋七月，馬武等擊燒當羌，大破之，餘皆降散。

孝章帝建初二年。初，安夷縣吏略妻卑湳種羌人婦，吏爲其夫所殺，安夷長宗延追之出塞。種人恐見誅，遂共殺延而與勒姐、吾良二種相結爲寇。於是燒當羌豪滇吾之子迷吾率諸種俱反，敗金城太守郝崇。詔以武威太守北地傅育爲護羌校尉，自安夷徙居臨羌。迷吾又與封養種豪布橋等五萬餘人共寇隴西、漢陽。秋八月，遣行車騎將軍馬防、長水校尉耿恭將北軍五校兵及諸郡射士三萬人擊之。馬防等軍到冀，布橋等圍南部都尉於臨洮，防進擊，破之，斬首虜四千餘人，遂解臨洮圍，其衆皆降，唯布橋等二萬餘人屯望曲谷不下。

三年春正月，馬防擊布橋，大破之，布橋將種人萬餘降。詔徵防還，留耿恭擊諸未服者，斬首虜千餘人，勒姐、燒何等十三種數萬人皆詣恭降。恭嘗以言事忤馬防，監營謁者承旨奏恭不憂軍事，坐徵下獄，免官。

元和三年秋八月，燒當羌迷吾復與弟號吾及諸種反。號吾先輕入，寇隴西界，督烽掾李章追之，生得號吾，將詣郡。號吾曰：「獨殺我，無損於羌。誠得生歸，必悉罷兵，不復犯塞。」隴西太守張紆放遣之，羌即爲解散，各歸故地。迷吾退居河北歸義城。

章和元年春正月，護羌校尉傅育欲伐燒當羌，爲其新降，不欲出兵，乃募人鬬諸羌胡。羌胡不肯，遂復叛出塞，更依迷吾。育請發諸郡兵數萬人共擊羌。未及會，三月，育獨進軍。迷吾聞之，徙廬落去。育遣精騎三千窮追之，夜，至三兜谷，不設備，迷吾襲擊，大破之，殺育及吏士八百八十人。及諸郡兵到，羌遂引去。詔以隴西太守張紆爲校尉，將萬人屯臨羌。

秋七月，羌豪迷吾復與諸種寇金城塞，張紆遣從事河内司馬防與戰於木乘谷，迷吾兵敗走，因譯使欲降，紆納之。迷吾將人衆詣臨羌，紆設兵大會，施毒酒中，伏兵殺其酋豪八百餘人，斬迷吾頭以祭傅育冢，復放兵擊其餘衆，斬獲數千人。迷吾子迷唐與諸種解仇，結婚交質，據大小榆谷以叛，種衆熾盛，張紆不能制。

二年冬十月，公卿舉故張掖太守鄧訓代張紆爲護羌校尉。迷唐率兵萬騎來至塞下，未敢攻訓，先欲脅小月氏胡，訓擁衛小月氏胡，令不得戰。議者咸以「羌胡相攻，縣官之利，不宜禁護」。訓曰：「張紆失信，衆羌大動，涼州吏民命縣絲髮。原諸胡所以難得意者，皆恩信不厚耳。今因其迫急，以德懷之，庶能有用。」遂令開城及所居園門，悉驅羣胡妻子内之，嚴兵守衛。羌掠無所得，又不敢逼諸胡，因即解去。由是湟中諸胡皆言「漢家常欲鬬我曹，今鄧使君待我以恩信，開門内我妻子，乃是得父母也」。咸歡喜叩頭曰：「唯使君所命。」訓遂撫養教諭，小大莫不感悦。於是賞賂諸羌種，使相招誘，迷唐叔父號吾將其種人八百户來降。訓因發湟中秦、胡、羌兵四千人出塞，掩擊迷唐於寫谷，破之，迷唐乃去大小榆，居頗巖谷，衆悉離散。

和帝永元元年春，迷唐欲復歸故地，鄧訓發湟中六千人，令長史任尚將之，縫革爲船，置於箄上以度河，掩擊迷唐，大破之，斬首前後一千八百餘級，獲生口二千人，馬牛羊三萬餘頭，一種殆盡。迷唐收其餘衆西徙千餘里，諸附落小種皆畔之。燒當豪帥東號稽顙歸死，餘皆款塞納質。於是訓綏接歸附，威信大行，遂罷屯兵，各令歸郡，唯置弛刑徒二千餘人，分以屯田、修理塢壁而已。

四年冬十月，護羌校尉鄧訓卒，吏民、羌胡旦夕臨者日數千人，羌胡或以刀自割，又刺殺其犬馬牛羊，曰：「鄧使君已死，我曹亦俱死耳。」前烏桓吏士皆奔走道路，至空城郭。吏執不聽，以狀白校尉徐傿，傿歎息曰：「此爲義也！」乃釋之。遂家家爲訓立祠，每有疾病，輒請禱求福。

蜀郡太守聶尚代訓爲護羌校尉，欲以恩懷諸羌，乃遣譯使招呼迷唐，使還居大小榆谷。迷唐既還，遣祖母卑缺詣尚，尚自送至塞下，爲設祖道，令譯田汜等五人護送至廬落。迷唐遂反，與諸種共生屠裂汜等，以血盟詛，復寇金城塞。尚坐免。

五年（十一月），護羌校尉貫友遣譯使構離諸羌，誘以財貨，由是解散。乃遣兵出塞，攻迷唐於大小榆谷，獲首虜八百餘人，收麥數萬斛，遂夾逢留大河築城塢，作大航，造河橋，欲度兵擊迷唐。迷唐率部落遠徙，依賜支河曲。

八年十二月，護羌校尉貫友卒，以漢陽太守史充代。充至，遂發湟中羌胡出塞擊迷唐。迷唐迎敗充兵，殺數百人。充坐徵，以代郡太守吳祉代之。

九年閏八月，燒當羌迷唐率衆八千人寇隴西，脅塞内諸種羌合步騎三萬人，擊破隴西兵，殺大夏長。詔遣行征西將軍劉尚、越騎校尉趙世副之，將漢兵、羌胡共三萬人討之。尚屯狄道，世屯枹罕。尚遣司馬寇盱監諸郡兵，四面並會。迷唐懼，棄老弱奔入臨洮南，尚等追至高山，大破之，斬虜千餘人。迷唐引去，漢兵死傷亦多，不能復追，乃還。

十年冬十月，行征西將軍劉尚、越騎校尉趙世坐畏懦徵，下獄，免。謁者王信領尚營，屯枹罕，謁者耿譚領世營，屯白石。譚乃設購賞，諸種頗來內附。迷唐恐，乃請降；信、譚遂受降，罷兵。十二月，迷唐等率種人詣闕貢獻。

十二年秋九月，燒當羌豪迷唐既入朝，其餘種人不滿二千，飢窘不立，入居金城。帝令迷唐將其種人還大小榆谷。迷唐以漢作河橋，兵來無常，故地不可復居，辭以種人飢餓，不肯遠出。護羌校尉吳祉等多賜迷唐金帛，令糴穀市畜，促使出塞，種人更懷猜驚。是歲，迷唐復叛，脅將湟中諸胡寇鈔而去。王信、耿譚、吳祉皆坐徵。

十三年秋八月，迷唐復還賜支河曲，將兵向塞。護羌校尉周鮪與金城太守侯霸及諸郡兵、屬國羌胡合三萬人，出塞至允川。侯霸擊破迷唐，種人瓦解，降者六千餘口，分徙漢陽、安定、隴西。迷唐遂弱，遠踰賜支河首，依發羌居。久之，病死，其子來降，户不滿數十。

十四年春，安定降羌燒何種反，郡兵擊滅之。時西海及大小榆谷左右無復羌寇，隃麋相曹鳳上言：「自建武以來，西羌犯法者常從燒當種起，所以然者，以其居大小榆谷，土地肥美，有西海魚鹽之利，阻大河以爲固。又近塞内，諸種易以爲非，難以攻伐，故能强大，常雄諸種，恃其拳勇，招誘羌胡。今者衰困，黨援壞沮，亡逃棲竄，遠依發羌。臣愚以爲宜及此時，建復西海郡縣，規固二榆，廣設屯田，隔塞羌胡交關之路，遏絶狂狡窺欲之源。又殖穀富邊，省委輸之役，國家可以無西方之憂。」上從之，繕脩故西海郡，徙金城西部都尉以戍之，拜鳳爲金城西部都尉，屯龍耆。後增廣屯田，列屯夾河，合三十四部。其功垂立，會永初中諸羌叛，乃罷。

安帝永初元年。初，燒當羌豪東號之子麻奴隨父來降，居于安定。時諸降羌布在郡縣，皆爲吏民豪右所徭役，積以愁怨。及騎都尉王弘西迎西域都護段禧，發金城、隴西、漢陽羌數百千騎與俱，郡縣迫促發遣。羣羌懼遠屯不還，行到酒泉，多有散叛，諸郡各發兵邀遮，或覆其廬落。於是勒姐、當煎大豪東岸等愈驚，遂同時奔潰。麻奴兄弟因此與種人俱西出塞，先零別種滇零與鍾羌諸種大爲寇掠，斷隴道。時羌歸附既久，無復器甲，或持竹竿、木枝以代戈矛，或負板案以爲楯，或執銅鏡以象兵，郡縣畏懦不能制。丁卯，赦除諸羌相連結謀叛逆者罪。

十二月，詔車騎將軍鄧騭、征西校尉任尚將五營及諸郡兵五萬人屯漢陽，以備羌。

二年春正月，鄧騭至漢陽，諸郡兵未至，鍾羌數千人擊敗騭軍於冀西，殺千餘人。梁慬還至敦煌，逆詔慬留爲諸軍援。慬至張掖，破諸羌萬餘人，其能脱者十二三。進至姑臧，羌大豪三百餘人詣憧降，並慰譬，遣還故地。

冬，鄧騭使任尚及從事中郎河内司馬鈞率諸郡兵與滇零等數萬人戰於平襄，尚軍大敗，死者八千餘人。羌衆遂大盛，朝廷不能制。湟中諸縣，粟石萬錢，百姓死亡，不可勝數，而轉運難劇。故左校令河南龐參先坐法輸作若盧，使其子俊上書曰：「方今西州流民擾動，而徵發不絶，水潦不休，地力不復，重之以大軍，疲之以遠戍，農功消於轉運，資財竭於徵發，田疇不得墾闢，禾稼不得收入，搏手困窮，無望來秋，百姓力（出）〔屈〕，不復堪命。臣愚以爲萬里運糧，遠就羌戎，不若總兵養衆，以待其疲。車騎將軍騭宜且振旅，留征西校尉任尚，使督凉州士民轉居三輔，休徭役以助其時，止煩賦以益其財，令男得耕種，女得織紝，然後畜精鋭，乘懈沮，出其不意，攻其不備，則邊民之仇報，奔北之耻雪矣。」書奏，會樊準上疏薦參，太后即擢參於徒中，召拜謁者，使西督三輔諸軍屯。十一月辛酉，詔鄧騭還師，留任尚屯漢陽爲諸軍節度。遣使迎拜騭爲大將軍。

滇零自稱「天子」，於北地招集武都參狼、上郡、西河諸雜種羌，斷隴道，寇鈔三輔，南入益州，殺漢中太守董炳。梁慬受詔當屯金城，聞羌寇三輔，即引兵赴擊，轉戰武功、美陽間，連破走之，羌稍退散。

十二月，廣漢塞外參狼羌降。

三年春正月，遣騎都尉任仁督諸郡屯兵救三輔。仁戰數不利，當煎、勒姐羌攻没破羌縣，鍾羌攻没臨洮縣，執隴西南部都尉。

四年二月，滇零遣兵寇褒中，漢中太守鄭勤移屯褒中。任尚軍久出無功，民廢農桑，乃詔尚將吏兵還屯長安，罷遣南陽、潁川、汝南吏士。

乙丑，初置京兆虎牙都尉於長安，扶風都尉於雍，如西京三輔都尉故事。

謁者龐參説鄧騭「徙邊郡不能自存者入居三輔」，騭然之，欲棄涼州，并力北邊。乃會公卿集議，騭曰：「譬若衣敗壞，一以相補，猶有所完，若不如此，將兩無所保。」公卿皆以爲然。郎中陳國虞詡言於太尉張禹曰：「若大將軍之策，不可者三：先帝開拓土宇，劬勞後定，而今憚小費，舉而棄之，此不可一也。涼州既棄，即以三輔爲塞，則園陵單外，此不可二也。喭曰『關西出將，關東出相』。烈士武臣，多出涼州，土風壯猛，便習兵事。今羌胡所以不敢入據三輔爲心腹之害者，以涼州在後故也。涼州士民所以推鋒執鋭，蒙矢石於行陳，父死於前，子戰於後，無反顧之心者，爲臣屬於漢故也。今推而捐之，割而棄之，民庶安土重遷，必引領而怨曰：『中國棄我於夷狄！』雖赴義從善之人，不能無恨。如卒然起謀，因天下之饑敝，乘海内之虚弱，豪雄相聚，量材立帥，驅氐、羌以爲前鋒，席卷而東，雖賁、育爲卒，太公爲將，猶恐不足當禦。如此，則函谷以西，園陵、舊京非復漢有，此不可三也。議者喻以補衣猶有所完，詡恐其疽食侵淫而無限極也。」禹曰：「吾意不及此，微子之言，幾敗國事。」詡因説禹「收羅凉土雄桀，引其牧守子弟於朝，令諸府各辟數人，外以勸厲答其功勤，内以拘致防其邪計」。禹善其言，更集四府，皆從詡議。於是辟西州豪桀爲掾屬，拜牧守長吏子弟爲郎，以安慰之。

三月，先零羌復攻褒中，鄭勤欲擊之，主簿段崇諫，以爲「虜乘勝，鋒不可當，宜堅守待之」。勤不從，出戰，大敗，死者三千餘人。段崇及門下史王宗、原展以身扞刃，與勤俱死。秋七月，騎都尉任仁與羌戰，累敗，而兵士放縱，檻車徵詣廷尉，死。護羌校尉段禧卒，復以前校尉侯霸代之，移居張掖。

五年春正月，先零羌寇河東，至河内，百姓相驚，多南奔度河。使北軍中候朱寵將五營士屯孟津。詔魏郡、趙國、常山、中山繕作塢候六百一十六所。羌既轉盛，而緣邊二千石、令、長多内郡人，並無守戰意，皆争上徙郡縣以避寇難。三月，詔隴西徙襄武，安定徙美陽，北地徙池陽，上郡徙衙。百姓戀土，不樂去舊，遂乃刈其禾稼，發徹室屋，夷營壁，破積聚。時連旱蝗饑荒，而驅蹙劫掠，流離分散，隨道死亡，或棄捐老弱，或爲人僕妾，喪其太半。復以任尚爲侍御史，擊羌於上黨羊頭山，破之；乃罷孟津屯。

秋九月，漢陽人杜琦及弟季貢、同郡王信等與羌通謀，聚衆據上邽城。

六年六月，侍御史唐喜討漢陽賊王信，破斬之。杜季貢亡，從滇零。是歲，滇零死，子零昌立，年尚少，同種狼莫爲其計策，以季貢爲將軍，別居丁奚城。

七年秋，護羌校尉侯霸、騎都尉馬賢擊先零別部牢羌於安定，獲首虜千人。

元初元年三月，詔遣兵屯河内通谷衝要三十三所，皆作塢壁，設鳴鼓，以備羌寇。

五月，先零羌寇雍城。

九月，羌豪號多與諸種鈔掠武都、漢中，巴郡板楯蠻救之，漢中五官掾程信率郡兵與蠻共擊破之。號多走還，斷隴道，與零昌合，侯霸、馬賢與戰於枹罕，破之。

冬十月，凉州刺史皮楊擊羌於狄道，大敗，死者八百餘人。

二年春，護羌校尉龐參以恩信招誘諸羌，號多等率衆降。參遣詣闕，賜號多侯印，遣之。參始還治令居，通河西道。

零昌分兵寇益州，遣中郎將尹就討之。

秋九月，尹就擊羌黨吕叔都等，蜀人陳省、羅横應募刺殺叔都，皆封侯，賜錢。

詔屯騎校尉班雄屯三輔。雄，超之子也。以左馮翊司馬鈞行征西將軍，督關中諸郡兵八千餘人；龐參將羌胡兵七千餘人，與鈞分道並擊零昌。參兵至勇士東，爲杜季貢所敗，引退。鈞等獨進，攻拔丁奚城，杜季貢率衆僞逃。鈞令右扶風仲光等收羌禾稼，光等違鈞節度，散兵深入，羌乃設伏要擊之，鈞在城中，怒而不救。

冬十月乙未，光等兵敗，並没，死者三千餘人，鈞乃遁還。龐參既失期，稱病引還。皆坐徵，下獄，鈞自殺。時度遼將軍梁慬亦坐事抵罪。校書郎中扶風馬融上書稱參、慬智能，宜宥過責效。詔赦參等，以馬賢代參領護羌校尉。復以任尚爲中郎將，代班雄屯三輔。

懷令虞詡説尚曰：「兵法『弱不攻强，走不逐飛』，自然之勢也。今虜皆馬騎，日行數百里，來如風雨，去如絶弦，以步追之，勢不相及，所以雖屯兵二十餘萬，曠日而無功也。爲使君計，莫如罷諸郡兵，各令出錢數千，二十人共市一馬，以萬騎之衆，逐數千之虜，追尾掩截，其道自窮，便民利事，大功立矣。」尚即上書，用其計，遣輕騎擊杜季貢於丁奚城，破之。

太后聞虞詡有將帥之略，以爲武都太守。羌衆數千遮詡於陳倉崤谷，詡即停軍不進，而宣言上書請兵，須到當發。羌聞之，乃分鈔傍縣。詡因其兵散，日夜進道，兼行百餘里，令吏士各作兩竈，日增倍之，羌不敢逼。或問曰：「孫臏減竈，而君增之。兵法日行不過三十里，以戒不虞，而今日且二百里。何也？」詡曰：「虜衆多，吾兵少，徐行則易爲所及，速進則彼所不測。虜見吾竈日增，必謂郡兵來迎，衆多行速，必憚追我。孫臏見弱，吾今示强，勢有不同故也。」既到郡，兵不滿三千，而羌衆萬餘，攻圍赤亭數十日。詡乃令軍中强弩勿發，而潛發小弩。羌以爲矢力弱，不能至，并兵急攻。詡於是使二十强弩共射一人，發無不中，羌大震，退。詡因出城奮擊，多所傷殺。明日，悉陳其兵衆，令從東郭門出，北郭門入，貿易衣服，回轉數周，羌不知其數，更相恐動。詡計賊當退，乃潛遣五百餘人於淺水設伏，候其走路；虜果大奔，因掩擊，大破之，斬獲甚衆，賊由是敗散。詡乃占相地勢，築營壁百八十所，招還流亡，假賑貧民，開通水運。詡始到郡，穀石千，鹽石八千，見户萬三千；視事三年，米石八十，鹽石四百，民增至四萬餘户，人足家給，一郡遂安。

三年夏五月癸酉，度遼將軍鄧遵率南單于擊零昌於靈州，斬首八百餘級。

六月，中郎將任尚遣兵擊破先零羌於丁奚城。

九月，築馮翊北界候塢五百所以備羌。

十二月丁巳，任尚遣兵擊零昌於北地，殺其妻子，燒其廬落，斬首七百餘級。

四年春二月，任尚遣當闐種羌榆鬼等刺殺杜季貢，封榆鬼爲破羌侯。

六月，尹就坐不能定益州徵，抵罪。以益州刺史張喬領其軍屯，招誘叛羌，稍稍降散。

九月，護羌校尉任尚復募效功種羌號封刺殺零昌，封號封爲羌王。

冬十二月甲子，任尚與騎都尉馬賢共擊先零羌狼莫，追至北地，相持六十餘日，戰於富平河上，大破之，斬首五千級，狼莫逃去。於是西河虔人種羌萬人詣鄧遵降，隴右平。

五年冬十月，鄧遵募上郡全無種羌雕何刺殺狼莫，封雕何爲羌侯。自羌叛十餘年間，軍旅之費，凡用二百四十餘億，府帑空竭，邊民及内郡死者不可勝數，并、涼二州遂至虚耗。及零昌、狼莫死，諸羌瓦解，三輔、益州無復寇警。詔封鄧遵爲武陽侯，邑三千户。遵以太后從弟故，爵封優大。

永寧元年春三月，沈氐羌寇張掖。夏六月，護羌校尉馬賢將萬人討沈氐羌於張掖，破之，斬首千八百級，獲生口千餘人，餘虜悉降。時當煎種大豪飢五等，以賢兵在張掖，乃乘虚寇金城，賢還軍追之出塞，斬首數千級而還。燒當、燒何種聞賢軍還，復寇張掖，殺長吏。

初，當煎種飢五同種大豪盧怱、忍良等千餘户別留允街，而首施兩端。

建光元年春，護羌校尉馬賢召盧怱斬之，因放兵擊其種人，獲首虜二千餘，忍良等皆亡出塞。

秋七月，燒當羌忍良等以麻奴兄弟本燒當世嫡，而校尉馬賢撫恤不至，常有怨心，遂相結，共脅將諸種寇湟中，攻金城諸縣。八月，賢將先零種擊之，戰於牧苑，不利。麻奴等又敗武威、張掖郡兵於令居，因脅將先零沈氐諸種四千餘户，緣山西走，寇武威。賢追到鸞鳥，招引之，諸種降者數千，麻奴南還湟中。

延光元年春三月，護羌校尉馬賢追擊麻奴到湟中，破之，種衆散遁。

十一月，燒當羌麻奴饑困，將種衆詣漢陽太守耿种降。

三年九月，燒當羌豪麻奴死，弟犀苦立。

順帝永建元年二月，隴西鍾羌反，校尉馬賢擊之，戰於臨洮，斬首千餘級，羌衆皆降。由是涼州復安。

六年秋九月，護羌校尉韓皓轉湟中屯田置兩河間，以逼羣羌。皓坐事徵，以張掖太守馬續代爲校尉，兩河間羌以屯田近之，恐必見圖，乃解仇、詛盟，各自儆備。續上移屯田還湟中，羌意乃安。

陽嘉三年秋七月，鍾羌良封等復寇隴西、漢陽。詔拜前校尉馬賢爲謁者，鎮撫諸種。冬十月，護羌校尉馬續遣兵擊良封，破之。

四年二月，謁者馬賢擊鍾羌，大破之。

永和三年冬十月，燒當羌那離等三千餘騎寇金城，校尉馬賢擊破之。

四年三月，燒當羌那離等復反。夏四月癸卯，護羌都尉馬賢討斬之，獲首虜千二百餘級。

五年。初，那離等既平，朝廷以來機爲并州刺史，劉秉爲凉州刺史。機等天性虐刻，多所擾發，且凍、傅難種羌遂反，攻金城，與雜種羌胡大寇三輔，殺害長吏。機、秉並坐徵。於是拜馬賢爲征西將軍，以騎都尉耿叔爲副，將左右羽林、五校士及諸州郡兵十萬人，屯漢陽。九月，令扶風、漢陽築隴道塢三百所，置屯兵。

且凍羌寇武都，燒隴關。

初，上命馬賢討西羌，大將軍商以爲賢老，不如太中大夫宋漢，帝不從。漢，由之子也。賢到軍，稽留不進。武都太守馬融上疏曰：「今雜種諸羌轉相鈔盜，宜及其未并，亟遣深入，破其支黨，而馬賢等處處留滯。羌胡百里望塵，千里聽聲，今逃匿避回，漏出其後，則必侵寇三輔，爲民大害。臣願請賢所不可，用關東兵五千，裁假部隊之號，盡力率厲，埋根、行首以先吏士，三旬之中，必克破之。臣又聞吳起爲將，暑不張蓋，寒不披裘。今賢野次垂幕，珍肴雜遝，兒子侍妾，事與古反。臣懼賢等專守一城，言攻於西而羌出於東，且其將士將不堪命，必有高克潰叛之變也。」安定人皇甫規亦見賢不恤軍事，審其必敗，上書言狀。朝廷皆不從。

六年春正月丙子，征西將軍馬賢與且凍羌戰于射姑山，賢軍敗，賢及二子皆没，東西羌遂大合。閏月，鞏唐羌寇隴西，遂及三輔，燒園陵，殺掠吏民。

三月，武都太守趙沖追擊鞏唐羌，斬首四百餘級，降二千餘人。詔沖督河西四郡兵爲節度。

安定上計掾皇甫規上疏曰：「臣比年以來，數陳便宜，羌戎未動，策其將反，馬賢始出，知其必敗，誤中之言，在可考校。臣每惟賢等擁衆四年，未有成功，縣師之費，且百億計，出於平民，回入姦吏，故江湖之人，羣爲盜賊，青、徐荒饑，襁負流散。夫羌戎潰叛，不由承平，皆因邊將失於綏御，乘常守安則加侵暴，苟競小利則致大害，微勝則虛張首級，軍敗則隱匿不言。軍士勞怨，困於猾吏，進不得快戰以徼功，退不得溫飽以全命，餓死溝渠，暴骨中原，徒見王師之出，不聞振旅之聲。酋豪泣血，驚懼生變，是以安不能久，叛則經年，臣所以搏手叩心而增歎者也。願假臣兩營、二郡，屯列坐食之兵五千，出其不意，與趙沖共相首尾。土地山谷，臣所曉習，兵勢巧便，臣已更之，可不煩方寸之印，尺帛之賜，高可以滌患，下可以納降。若謂臣年少、官輕，不足用者，凡諸敗將，非官爵之不高，年齒之不邁。臣不勝至誠，没死自陳。」帝不能用。

秋九月，諸羌寇武威。

鞏唐羌寇北地，北地太守賈福與趙沖擊之，不利。

冬十月癸丑，以羌寇充斥，涼部震恐，復徙安定居扶風，北地居馮翊。

十一月庚子，以執金吾張喬行車騎將軍事，將兵萬五千人屯三輔。

漢安元年冬十月，罕羌邑落五千餘户詣趙冲降，唯燒何種據參䜌未下。甲戌，罷張喬軍屯。

二年夏四月庚戌，護羌校尉趙冲與漢陽太守張貢擊燒當羌於參䜌，破之。冬閏十月，趙冲擊燒當羌於阿陽，破之。

建康元年春，護羌從事馬玄爲諸羌所誘，將羌衆亡出塞，領護羌校尉衛琚追擊玄等，斬首八百餘級。趙冲復追叛羌到建威鸇陰河，軍度竟，所將降胡六百餘人叛走，冲將數百人追之，遇羌伏兵，與戰而歿。冲雖死，而前後多所斬獲，羌由是衰耗。詔封冲子爲義陽亭侯。

冲帝永嘉元年。西羌叛亂積年，費用八十餘億，諸將多斷盗牢稟，私自潤入，皆以珍寶貨賂左右。上下放縱，不恤軍事，士卒不得其死者，白骨相望於野。左馮翊梁並以恩信招誘叛羌，離湳、狐奴等五萬餘户皆詣並降，隴右復平。

桓帝延熹二年十二月，燒當、燒何、當煎、勒姐等八種羌寇隴西、金城塞，護羌校尉段熲擊破之，追至羅亭，斬其酋豪以下二千級，獲生口萬餘人。

三年閏正月，西羌餘衆復與燒何大豪寇張掖，晨，薄校尉段熲軍。熲下馬大戰，至日中。刀折矢盡，虜亦引退。熲追之，且鬭且行，晝夜相攻，割肉食雪，四十餘日，遂至積石山，出塞二千餘里，斬燒何大帥，降其餘衆而還。

冬十一月，勒姐、零吾種羌圍允街，段熲擊破之。

四年六月，零吾羌與先零諸種反，寇三輔。冬，先零、沈氐羌與諸種羌寇并、涼二州，校尉段熲將湟中義從討之。涼州刺史郭閎貪共其功，稽固熲軍，使不得進，義從役久戀鄉舊，皆悉叛歸。郭閎歸罪於熲，熲坐徵，下獄，輸作左校，以濟南相胡閎代爲校尉。胡閎無威略，羌遂陸梁，覆没營塢，轉相招結，唐突諸郡，寇患轉盛。泰山太守皇甫規上疏曰：「今猾賊就滅，泰山略平，復聞羣羌並皆反逆。臣生長邠、岐，年五十有九，昔爲郡吏，再更叛羌，豫籌其事，有誤中之言。臣素有痼疾，恐犬馬齒窮，不報大恩。願乞冗官，備單車一介之使，勞來三輔，宣國威澤，以所習地形、兵勢佐助諸軍。臣窮居孤危之中，坐觀郡將已數十年矣，自鳥鼠至于東岱，其病一也。力求猛敵，不如清平；勤明孫、吴，未若奉法。前變未遠，臣誠戚之，是以越職盡其區區。」詔以規爲中郎將，持節監關西兵，討零吾等。十一月，規擊羌，破之，斬首八百級。先零諸種羌慕規威信，相勸降者十餘萬。

五年三月，沈氐羌寇張掖、酒泉。皇甫規發先零諸種羌共討隴右，而道路隔絶，軍中大疫，死者十三四。規親入庵廬，巡視將士，三軍感悦。東羌遂遣使乞降，涼州復通。先是，安定太守孫儁受取狼藉，屬國都尉李翕、督軍御史張稟多殺降羌，涼州刺史郭閎、漢陽太守趙熹並老弱不任職，而皆倚恃權貴，不遵法度。規到，悉條奏其罪，或免或誅，羌人聞之，翕然反善，沈氏大豪滇昌、飢恬等十餘萬口，復詣規降。

十一月，滇那羌寇武威、張掖、酒泉。

皇甫規持節爲將，還督鄉里，既無他私惠，而多所舉奏，又惡絶宦官，不與交通。於是中外並怨，遂共誣規貨賂羣羌，令其文降。帝璽書誚讓相屬。規上疏自訟曰：「四年之秋，戎醜蠢戾，舊都懼駭，朝廷西顧。臣振國威靈，羌戎稽首，所省之費，一億以上。以爲忠臣之義不敢告勞，故恥以片言自及微效，然比方先事，庶免罪悔。前踐州界，先奏孫儁、李翕、張稟，旋師南征，又上郭閎、趙熹，陳其過惡，執據大辟。凡此五臣，支黨半國，其餘墨綬下至小吏，所連及者復有百餘。吏託報將之怨，子思復父之恥，載贄馳車，懷糧步走，交構豪門，競流謗讟，云臣私報諸羌，讎以錢貨。若臣以私財，則家無擔石；如物出於官，則文簿易考。就臣愚惑，信如言者，前世尚遺匈奴以宮姬，鎮烏孫以公主；今臣但費千萬以懷叛羌，則良臣之才略，兵家之所貴，將有何罪負義違理乎？自永初以來，將出不少，覆軍有五，動資巨億，有旋車完封，寫之權門，而名成功立，厚加爵封。今臣還督本土，糾舉諸郡，絶交離親，戮辱舊故，衆謗陰害，固其宜也。」帝乃徵規還，拜議郎，論功當封，而中常侍徐璜、左悺欲從求貨，數遣賓客就問功狀，規終不答。璜等忿怒，陷以前事，下之於吏。官屬欲賦斂請謝，規誓而不聽，遂以餘寇不絶，坐繫廷尉。論輸左校。諸公及太學生張鳳等三百餘人詣闕訟之，會赦，歸家。

六年十二月，詔徵皇甫規爲度遼將軍。規上書薦張奂才略兼優，宜正元帥，以從衆望。〔若猶謂愚臣〕宜充舉事〔者，願乞宂官，以爲奂副〕。朝廷從之，以奂代規爲度遼將軍，以規爲使匈奴中郎將。

西州吏民守闕爲前護羌校尉段熲訟冤者甚衆，會滇那等諸種羌益熾，涼州幾亡，乃復以熲爲護羌校尉。

七年冬十月，護羌校尉段熲擊當煎羌，破之。

八年春正月，護羌校尉段熲擊罕姐羌，破之。

閏五月，段熲擊破西羌，進兵窮追，展轉山谷間，自春及秋，無日不戰，虜遂敗散，凡斬首二萬三千級，獲生口數萬人，降者萬餘落。封熲都鄉侯。

九年秋七月，鮮卑誘引東羌與共盟詛，於是上郡沈氏、安定先零諸種共寇武威、張掖，緣邊大被其毒。詔復以張奂爲護匈奴中郎將，以九卿秩督幽、并、涼三州。

永康元年春正月，東羌先零圍祋祤，掠雲陽。當煎諸種復反，段熲擊之於鸞鳥，大破之，西羌遂定。

夏四月，先零羌寇三輔，攻没兩營，殺千餘人。

冬十月，先零羌寇三輔，張奂遣司馬尹端、董卓拒擊，大破之，斬其酋豪，首虜萬餘人，三州清定。

靈帝建寧元年。初，護羌校尉段熲既定西羌，而東羌先零等種猶未服，度遼將軍皇甫規、中郎將張奂招之連年，既降又叛。桓帝詔問熲曰：「先零東羌，造惡反逆，而皇甫規、張奂各擁强衆，不時輯定，欲令熲移兵東討，未識其宜，可參思術略。」熲上言曰：「臣伏見先零東羌雖數叛逆，而降於皇甫規者已二萬許落，善惡既分，餘寇無幾。今張奂躊躇久不進者，當慮外離内合，兵往必驚。且自冬踐春，屯結不散，人畜疲羸，有自亡之勢，欲更招降，坐制强敵耳。臣以爲狼子野心，難以恩納，勢窮雖服，兵去復動，唯當長矛挾脅，白刃加頸耳。計東種所餘三萬餘落，近居塞内，路無險折，非有燕、齊、秦、趙縱横之勢，而久亂并、凉，累侵三輔，西河、上郡，已各内徙，安定、北地，復至單危。自雲中、五原西至漢陽二千餘里，匈奴諸羌，並擅其地，是爲癰疽伏疾，留滯脅下，如不加誅，轉就滋大。若以騎五千，步萬人，車三千兩，三冬二夏，足以破定，無慮用費爲錢五十四億，如此則可令羣羌破盡，匈奴長服，内徙郡縣，得反本土。伏計永初中諸羌反叛，十有四年，用二百四十億。

永和之末，復經七年，用八十餘億。費耗若此，猶不誅盡，餘孽復起，于兹作害。今不暫疲民，則永寧無期。臣庶竭駑劣，伏待節度。」帝許之，悉聽如所上。熲於是將兵萬餘人，齎十五日糧，從彭陽直指高平，與先零諸種戰於逢義山。虜兵盛，熲衆皆恐。熲乃令軍中長鏃利刃，長矛三重，挾以强弩，列輕騎爲左右翼，謂將士曰：「今去家數千里，進則事成，走必盡死，努力共功名。」因大呼，衆皆應聲騰赴。〔熲〕馳騎於傍，突而擊之，虜衆大潰，斬首八千餘級。太后賜詔書褒美曰：「須東羌盡定，當并録功勤。今且賜熲錢二十萬，以家一人爲郎中。」敕中藏府調金錢綵物，增助軍費，拜熲破羌將軍。

六月，段熲將輕兵追羌，出橋門，晨夜兼行，與戰於奢延澤、落川、令鮮水上，連破之，又戰於靈武谷，羌遂大敗。秋七月，熲至涇陽，餘寇四十落，悉散入漢陽山谷間。

護匈奴中郎將張奂上言：「東羌雖破，餘種難盡，段熲性輕果，慮負敗難常，宜且以恩降，可無後悔。」詔書下熲，熲復上書：「臣本知東羌雖衆，而輭弱易制，所以比陳愚慮，思爲永寧之算。而中郎將張奂説虜强難破，宜用招降。聖朝明監，信納瞽言，故臣謀得行，奂計不用。事勢相反，遂懷猜恨，信叛羌之訴，飾潤辭意，云臣兵累見折衂，又言羌一氣所生，不可誅盡，山谷廣大，不可空静，血流汙野，傷和致災。臣伏念周、秦之際，戎狄爲害，中興以來，羌寇最盛，誅之不盡，雖降復叛。今先零雜種，累以反覆，攻没縣邑，剽掠人物，發冢露尸，禍及生死，上天震怒，假手行誅。昔邢爲無道，衛國伐之，師興而雨。臣動兵涉夏，連獲甘澍，歲時豐稔，人無疵疫。上占天心，不爲災傷，下察人事，衆和師克。自橋門以西，落川以東，故宫縣邑，更相通屬，非爲深險絶域之地，車騎安行，無應折衂。案奂爲漢吏，身當武職，駐軍二年，不能平寇，虚欲修文戢戈，招降獷敵，誕辭空説，僭而無徵。何以言之？昔先零作寇，趙充國徙令居内，煎當亂邊，馬援遷之三輔，始服終叛，至今爲鯁，故遠識之士以爲深憂。今傍郡户口單少，數爲羌所創毒，而欲令降徒與之雜居，是猶種枳棘於良田，養虺蛇於室内也。故臣奉大漢之威，建長久之策，欲絶其本根，不使能殖。本規三歲之費，用五十四億，今適期年，所耗未半，而餘寇殘燼，將向殄滅。臣每奉詔書，軍不内御，願卒斯言，一以任臣，臨時量宜，不失權便。」

二年五月，詔遣謁者馮禪説降漢陽散羌。段熲以春農，百姓布野，羌雖暫降，而縣官無廩，必當復爲盗賊，不如乘虚放兵，勢必殄滅。熲於是自進營，去羌所屯凡亭山四五十里，遣騎司馬田晏、假司馬夏育將五千人先進，擊破之。羌衆潰東奔，復聚射虎谷，分兵守谷上下門。熲規一舉滅之，不欲復令散走。秋七月，熲遣千人於西縣結木爲柵，廣二十步，長四十里，遮之。分遣晏、育等將七千人，銜枚夜上西山，結營穿塹，去虜一里許，又遣司馬張愷等將三千人上東山，虜乃覺之。熲因與愷等挾東西山，縱兵奮擊，破之，追至谷上下門，窮山深谷之中，處處破之，斬其渠帥以下萬九千級。馮禪等所招降四千人，分置安定、漢陽、隴西三郡。於是東羌悉平。熲凡百八十戰，斬三萬八千餘級，獲雜畜四十二萬七千餘頭，費用四十四億，軍士死者四百餘人。更封新豐縣侯，邑萬户。

臣光曰：書稱「天地，萬物父母。惟人萬物之靈，亶聰明，作元后，元后作民父母」。夫蠻夷戎狄，氣類雖殊，其就利避害，樂生惡死，亦與人同耳。御之得其道則附順服從，失其道則離叛侵擾，固其宜也。是以先王之政，叛則討之，服則懷之，處之四裔，不使亂禮義之邦而已。若乃視之如草木禽獸，不分臧否，不辨去來，悉艾殺之，豈作民父母之意哉！且夫羌之所以叛者，爲郡縣所侵冤故也。叛而不即誅者，將帥非其人故也。苟使良將驅而出之塞外，擇良吏而牧之，則疆埸之臣也，豈得專以多殺爲快邪？夫御之不得其道，雖華夏之民亦將蠭起而爲寇，又可盡誅邪？然則段紀明之爲將，雖克捷有功，君子所不與也。

鮮卑寇邊

漢桓帝永壽二年。初，鮮卑檀石槐勇健有智略，部落畏服，乃施法禁，平曲直。無敢犯者，遂推以爲大人。檀石槐立庭於彈汗山歠仇水上，去高柳北三百餘里，兵馬甚盛，東西部大人皆歸焉。因南抄緣邊，北拒丁零，東卻夫餘，西擊烏孫，盡據匈奴故地，東西萬四千餘里。

秋七月，檀石槐寇雲中。以故烏桓校尉李膺爲度遼將軍。膺到邊，羌胡皆望風畏服，先所掠男女，悉詣塞下送還之。

初，鮮卑寇遼東，屬國都尉武威段熲率所領馳赴之。既而恐賊驚去，乃使驛騎詐齎璽書詔熲，熲於道僞退，潛於還路設伏。虜以爲信然，乃入追熲，熲因大縱兵，悉斬獲之。

延熹二年春二月，鮮卑寇雁門。六月，鮮卑寇遼東。

六年夏五月，鮮卑寇遼東屬國。

十二月，詔徵皇甫規爲度遼將軍，規上書薦張奐，朝廷從之，以奐代規爲度遼將軍。

九年春三月，詔徵張奐爲大司農，復以皇甫規代爲度遼將軍。五月，鮮卑聞張奐去，招結南匈奴及烏桓同叛。

六月，南匈奴、烏桓、鮮卑數道入塞，寇掠緣邊九郡。冬十二月，匈奴烏桓聞張奐至，皆相率還降，凡二十萬口。奐但誅其首惡，餘皆慰納之，唯鮮卑出塞去。朝廷患檀石槐不能制，遣使持印綬封爲王，欲與和親。檀石槐不肯受，而寇抄滋甚。自分其地爲三部：從右北平以東至遼東，接夫餘、濊貊二十餘邑爲東部，從右北平以西至上谷十餘邑爲中部，從上谷以西至敦煌、烏孫二十餘邑爲西部，各置大人領之。

靈帝建寧元年冬十二月，鮮卑及濊貊寇幽、并二州。

二年冬十一月，鮮卑寇并州。

四年冬十月，鮮卑寇并州。

熹平元年冬十二月，鮮卑寇并州。

二年〔冬十二月〕，鮮卑寇幽、并二州。

三年冬十二月，鮮卑入北地，太守夏育率屠各追擊，破之。遷育爲護烏桓校尉。鮮卑又寇并州。

四年五月，鮮卑寇幽州。

五年，鮮卑寇幽州。

六年夏四月，鮮卑寇三邊。秋七月，護烏桓校尉夏育上言：「鮮卑寇邊，自春以來三十餘發，請徵幽州諸郡兵出塞擊之，一冬二春，必能禽滅。」先是，護羌校尉田晏坐事論刑，被原，欲立功自效，乃請中常侍王甫求得爲將。甫因此議遣兵與育并力討賊，帝乃拜晏爲破鮮卑中郎將。大臣多有不同，乃召百官議於朝堂。蔡邕議曰：「征討殊類，所由尚矣。然而時有同異，勢有可否，故謀有得失，事有成敗，不可齊也。夫以世宗神武，將帥良猛，財賦充實，所括廣遠，數十年間，官民俱匱，猶有悔焉； 況今人財並乏，事劣昔時乎！ 自匈奴遁逃，鮮卑强盛，據其故地，稱兵十萬，才力勁健，意智益生。 加以關塞不嚴，禁網多漏，精金良鐵，皆爲賊有，漢人逋逃爲之謀主，兵利馬疾，過於匈奴。 昔段熲良將，習兵善戰，有事西羌，猶十餘年。 今育、晏才策未必過熲，鮮卑種衆不弱曩時，而虚計二載，自許有成，若禍結兵連，豈得中休，當復徵發衆人，轉運無已，是爲耗竭諸夏，并力蠻夷。 夫邊垂之患，手足之疥搔，中國之困，胸背之瘭疽，方今郡縣盜賊尚不能禁，況此醜虜而可伏乎？ 昔高祖忍平城之恥，吕后棄慢書之詬，方之於今，何者爲甚？ 天設山河，秦築長城，漢起塞垣，所以别内外異殊俗也。 苟無蹙國内侮之患則可矣，豈與蟲蟻之虜校往來之數哉！ 雖或破之，豈可殄盡，而方令本朝爲之旰食乎？ 昔淮南王安諫伐越曰：『如使越人蒙死以逆執事，厮輿之卒有一不備而歸者，雖得越王之首，猶爲大漢羞之。』而欲以齊民易醜虜，皇威辱外夷，就如其言，猶已危矣，況乎得失不可量邪？」帝不從。 八月，遣夏育出高柳，田晏出雲中，匈奴中郎將臧旻率南單于出鴈門，各將萬騎，三道出塞二千餘里。 檀石槐命三部大人各帥衆逆戰，育等大敗，喪其節、傳、輜重，各將數十騎奔還，死者什七八。 三將檻車徵下獄，贖爲庶人。

十二月，遼西太守甘陵趙苞到官，遣使迎母及妻子，垂當到郡，道經柳城，值鮮卑萬餘人入塞寇鈔，苞母及妻子遂爲所劫質，載以擊郡。苞率騎二萬與賊對陳，賊出母以示苞。苞悲號，謂母曰：「爲子無狀，欲以微祿奉養朝夕，不圖爲母作禍。昔爲母子，今爲王臣，義不得顧私恩，毀忠節，唯當萬死，無以塞罪。」母遥謂曰：「威豪，人各有命，何得相顧以虧忠義，爾其勉之！」苞即時進戰，賊悉摧破，其母妻皆爲所害。苞自上歸葬，帝遣使弔慰，封鄃侯。苞葬訖，謂鄉人曰：「食祿而避難，非忠也。殺母以全義，非孝也。如是，有何面目立於天下！」遂歐血而死。

光和元年十一月，鮮卑寇酒泉。種衆日多，緣邊莫不被毒。

二年十二月，鮮卑寇幽、并二州。

三年冬，鮮卑寇幽、并二州。

四年冬十月，鮮卑寇幽、并二州。檀石槐死，子和連代立。和連才力不及父而貪淫，後出攻北地，北地〔人〕射殺之。其子騫曼尚幼，兄子魁頭立。後騫曼長大，與魁頭争國，衆遂離散。

嬖倖廢立

漢和帝元興元年冬十二月辛未，帝崩于章德前殿。初，帝失皇子，前後十數，後生者輒隱祕養於民間，羣臣無知者。及帝崩，鄧皇后乃收皇子於民間。長子勝，有痼疾。少子隆，生始百餘日，迎立以爲皇太子。是夜，即皇帝位。尊皇后曰皇太后，太后臨朝。

殤帝延平元年三月丙戌，清河王慶、濟北王壽、河間王開、常山王章始就國，太后特加慶以殊禮。慶子祜年十三，太后以帝幼弱，遠慮不虞，留祜與嫡母耿姬居清河邸。耿姬，况之曾孫也。祜母，犍爲左姬也。

八月辛卯，帝崩。太后與兄車騎將軍騭、虎賁中郎將悝等定策禁中，其夜，使騭持節，以王青蓋車迎清河王子祜，齋于殿中。皇太后御崇德殿，百官皆吉服陪位，引拜祜爲長安侯。乃下詔，以祜爲孝和皇帝嗣。又作策命。有司讀策畢，太尉奉上璽綬，即皇帝位。太后猶臨朝。

十二月甲子，清河王慶薨。

安帝永初元年。自和帝之喪，鄧騭兄弟常居禁中，騭不欲久在内，連求還第，太后許之。夏四月，封太傅張禹、太尉徐防、司空尹勤、車騎將軍鄧騭、城門校尉鄧悝、虎賁中郎將鄧弘、黄門郎鄧閶皆爲列侯，食邑各萬户。騭以定策功，增三千户。騭及諸弟辭讓不獲，遂逃避使者，間關詣闕，上疏自陳，至於五六，乃許之。

初，太后以平原王勝有痼疾，而貪殤帝孩抱，養爲己子，故立焉。及殤帝崩，羣臣以勝疾非痼，意咸歸之。太后以前不立勝，恐後爲怨，乃迎帝而立之。周章以衆心不附，密謀閉宫門，誅鄧騭兄弟及鄭衆、蔡倫，劫尚書，廢太后於南宫，封帝爲遠國王而立平原王。事覺，冬十一月丁亥，章自殺。

三年春正月庚子，皇帝加元服，赦天下。

元初二年十二月，鄧弘卒，封西平侯。詔封弘子廣德爲西平侯，封廣德弟甫德爲都鄉侯。

五年，太后弟悝、閶皆卒，封悝子廣宗爲葉侯，閶子忠爲西華侯。

建光元年春二月，皇太后寢疾。癸亥，赦天下。三月癸巳，皇太后鄧氏崩。四月，尊帝嫡母耿姬爲甘陵大貴人。

帝少號聰明，故鄧太后立之。及長，多不德，稍不可太后意，帝乳母王聖知之。太后徵濟北河間王子詣京師。河間王子翼，美容儀，太后奇之，以爲平原懷王後，留京師。王聖見太后久不歸政，慮有廢置，常與中黄門李閏、江京候伺左右，共毁短太后於帝，帝每懷忿懼。及太后崩，宫人先有受罰者懷怨恚，因誣告太后兄弟悝、弘、閶先從尚書鄧訪取廢帝故事，謀立平原王。帝聞，追怒，令有司奏悝等大逆無道，遂廢西平侯廣宗、葉侯廣德、西華侯忠、陽安侯珍、都鄉侯甫德皆爲庶人，鄧騭以不與謀，但免特進，遣就國；宗族免官歸故郡，没入騭等貲財、田宅，徙鄧訪及家屬於遠郡。郡縣逼迫，廣宗及忠皆自殺。又徙封騭爲羅侯。五月庚辰，騭與子鳳並不食而死。騭從弟河南尹豹、度遼將軍舞陽侯遵、將作大匠暢皆自殺，唯廣德兄弟以母與閻后同産，得留京師。復以耿夔爲度遼將軍，徵樂安侯鄧康爲太僕。丙申，貶平原王翼爲都鄉侯，遣歸河間。翼謝絶賓客，閉門自守，由是得免。

大司農京兆宋寵痛騭無罪遇禍，乃肉袒輿櫬上疏曰：「伏惟和熹皇后聖善之德，爲漢文母，兄弟忠孝，同心憂國，宗廟有主，王室是賴，功成身退，讓國遜位，歷世外戚，無與爲比。當享積善履謙之祐，而横爲宫人單辭所陷，利口傾險，反亂國家，罪無申證，獄不訊鞫，遂令騭等罹此酷濫，一門七人，並不以命，屍骸流離，冤魂不反，逆天感人，率土喪氣。宜收還冢次，寵樹遺孤，奉承血祀，以謝亡靈。」衆庶多爲騭稱枉者，帝意頗悟，乃譴讓州郡，還葬騭等於北芒，諸從昆弟皆得歸京師。

帝以耿貴人兄牟平侯寶監羽林左軍車騎。封宋楊四子皆爲列侯，宋氏爲卿、校、侍中大夫、謁者、郎吏十餘人。閻皇后兄弟顯、景、耀並爲卿、校，典禁兵。於是内寵始盛。

帝以江京嘗迎帝於邸，以爲京功，封都鄉侯，封李閏爲雍鄉侯，閏、京並遷中常侍。京兼大長秋，與中常侍樊豐、黄門令劉安、鉤盾令陳達及王聖、聖女伯榮扇動内外，競爲侈虐。伯榮出入宫掖，傳通姦賂。司徒楊震上疏曰：「臣聞政以得賢爲本，治以去穢爲務，是以唐、虞俊乂在官，四凶流放，天下咸服，以致雍熙。方今九德未事，嬖倖充庭。阿母王聖，出自賤微，得遭千載，奉養聖躬，雖有推燥居溼之勤，前後賞惠，過報勞苦，而無厭之心，不知紀極，外交屬託，擾亂天下，損辱清朝，塵點日月。夫女子小人，近之喜，遠之怨，實爲難養。宜速出阿母，令居外舍，斷絶伯榮，莫使往來，令恩德兩隆，上下俱美。」奏御，帝以示阿母等，内倖皆懷忿恚。

而伯榮驕淫尤甚，通於故朝陽侯劉護從兄瓌，瓌遂以爲妻，官至侍中，得襲護爵。震上疏曰：「經制，父死子繼，兄亡弟及，以防篡也。伏見詔書封故朝陽侯劉護再從兄瓌襲護爵爲侯，護同産弟威今猶見在。臣聞天子專封，封有功；諸侯專爵，爵有德。今瓌無他功行，但以配阿母女，一時之間，既位侍中，又至封侯，不稽舊制，不合經義，行人諠譁，百姓不安。陛下宜鑒鏡既往，順帝之則。」尚書廣陵翟酺上疏曰：「昔竇、鄧之寵，傾動四方，兼官重紱，盈金積貨，至使議弄神器，改更社稷，豈不以勢尊威廣以致斯患乎？及其破壞，頭顙墮地，願爲孤豚，豈可得哉！夫致貴無漸，失必暴；受爵非道，殃必疾。今外戚寵幸，功均造化，漢元以來，未有等比。陛下誠仁恩周洽，以親九族，然禄去公室，政移私門，覆車重尋，寧無摧折，此最安危之極戒，社稷之深計也。昔文帝愛百金於露臺，飾帷帳於皁囊，或有譏其儉者，上曰：『朕爲天下守財耳，豈得妄用之哉！』今自初政已來，日月未久，費用賞賜，已不可算。斂天下之財，積無功之家，帑藏單盡，民物彫傷，卒有不虞，復當重賦，百姓怨叛既生，危亂可待也。願陛下勉求忠貞之臣，誅遠佞諂之黨，割情欲之歡，罷宴私之好，心存亡國所以失之，鑒觀興王所以得之，庶災害可息，豐年可招矣。」書奏，皆不省。

延光元年，京師及郡國二十七雨水。帝數遣黄門常侍及中使伯榮往來甘陵，尚書僕射陳忠上疏曰：「今天心未得，隔并屢臻，青、冀之域淫雨漏河，徐、岱之濱海水盆溢，兖、豫蝗蝝滋生，荆、揚稻收儉薄，并、凉二州羌戎叛戾，加以百姓不足，府帑虚匱。陛下以不得親奉孝德皇園廟，比遣中使致敬甘陵，朱軒駢馬，相望道路，可謂孝至矣。然臣竊聞使者所過，威權翕赫，震動郡縣，王、侯、二千石至爲伯榮獨拜車下。發民修道，繕理亭傳，多設儲偫，徵役無度，老弱相隨，動有萬計，賂遺僕從，人數百匹，頓踣呼嗟，莫不叩心。河間託叔父之屬，清河有陵廟之尊，及剖符大臣皆猥爲伯榮屈節車下，陛下不問，必以爲陛下欲其然也。伯榮之威重於陛下，陛下之柄在於臣妾，水災之發，必起於此。昔韓嫣託副車之乘，受馳視之使，江都誤爲一拜，而嫣受歐刀之誅。臣願明主嚴天元之尊，正乾剛之位，不宜復令女使干錯萬機。重察左右，得無石顯泄漏之姦？尚書納言，得無趙昌譖崇之詐？公卿大臣，得無朱博阿傅之援？外屬近戚，得無王鳳害商之謀？若國政一由帝命，王事每決於己，則下不得偪上，臣不得干君，常雨大水必當霽止，四方衆異不能爲害。」書奏，不省。

二年夏四月戊子，爵乳母王聖爲野王君。

冬十月甲戌，以司徒楊震爲太尉，光禄勳東萊劉熹爲司徒。大鴻臚耿寶自候震，薦中常侍李閏兄於震，曰：「李常侍國家所重，欲令公辟其兄，寶唯傳上意耳。」震曰：「如朝廷欲令三府辟召，故宜有尚書敕。」寶大恨而去。執金吾閻顯亦薦所親於震，震又不從。司空劉授聞之，即辟此二人，由是震益見怨。時詔遣使者大爲王聖脩第，中常侍樊豐及侍中周廣、謝惲等更相扇動，傾摇朝廷。震上疏曰：「臣伏念方今災害滋甚，百姓空虛，三邊震擾，帑藏匱乏，殆非社稷安寧之時。詔書爲阿母興起第舍，合兩爲一，連里竟街，雕修繕飾，窮極巧伎，攻山採石，轉相迫促，爲費巨億。周廣、謝惲兄弟，與國無肺腑枝葉之屬，依倚近倖姦佞之人，與之分威共權，屬託州郡，傾動大臣，宰司辟召，承望旨意，招來海内貪汙之人，受其貨賂，至有臧錮棄世之徒，復得顯用；白黑溷淆，清濁同源，天下讙譁，爲朝結譏。臣聞師言，上之所取，財盡則怨，力盡則叛，怨叛之人，不可復使，惟陛下度之。」上不聽。

十二月戊辰，京師及郡國三地震。

三年。初，樊豐、周廣、謝惲等見楊震連諫不從，無所顧忌，遂詐作詔書，調發司農錢穀、大匠見徒材木，各起冢舍、園池、廬觀，役費無數。震復上疏曰：「臣備台輔，不能調和陰陽，去年十二月四日京師地動，其日戊辰，三者皆土，位在中宮，此中臣、近官持權用事之象也。臣伏惟陛下以邊境未寧，躬自菲薄，宮殿垣屋傾倚，枝拄而已。而親近倖臣，未崇斷金，驕溢踰法，多請徒士，盛修第舍，賣弄威福，道路讙譁，地動之變，殆爲此發。又冬無宿雪，春節未雨，百僚焦心，而繕修不止，誠致旱之徵也。唯陛下奮乾剛之德，棄驕奢之臣，以承皇天之戒。」震前後所言轉切，帝既不平之，而樊豐等皆側目憤怨，以其名儒，未敢加害。會河間男子趙騰上書，指陳得失，帝發怒，遂收考詔獄，結以罔上不道。震上疏救之曰：「臣聞殷、周哲王，小人怨詈，則還自敬德。今趙騰所坐，激訐謗語，爲罪與手刃犯法有差，乞爲虧除，全騰之命，以誘芻蕘輿人之言。」帝不聽，騰竟伏尸都市。及帝東巡，樊豐等因乘輿在外，競脩第宅，太尉部掾高舒召大匠令史考校之，得豐等所詐下詔書，具奏，須行還上之。豐等惶怖。會太史言星變逆行，遂共譖震云：「自趙騰死後，深用怨懟，且鄧氏故吏有恚恨之心。」壬戌，車駕還京師，便時太學，夜遣使者策收震太尉印綬。震於是柴門，絕賓客。豐等復惡之，令大鴻臚耿寶奏「震大臣，不服罪，懷恚望」。有詔，遣歸本郡。震行至城西（几）〔夕〕陽亭，乃慷慨謂其諸子、門人曰：「死者，士之常分。吾蒙恩居上司，疾姦臣狡猾而不能誅，惡嬖女傾亂而不能禁，何面目復見日月？身死之日，以雜木爲棺，布單被，裁足蓋形，勿歸冢次，勿設祭祀。」因飲酖而卒。弘農太守移良承樊豐等旨，遣吏於陝縣留停震喪，露棺道側，謫震諸子代郵行書，道路皆爲隕涕。

太僕征羌侯來歷曰：「耿寶託元舅之親，榮寵過厚，不念報國恩，而傾側姦臣，傷害忠良，其天禍亦將至矣。」歷，歙之曾孫也。

秋八月辛巳，以大鴻臚耿寶爲大將軍。

王聖、江京、樊豐等譖太子乳母王男、廚監邴吉等，殺之，家屬徙比景。太子思男、吉，數爲歎息。京、豐懼有後害，乃與閻后妄造虛無，構讒太子及東宮官屬。帝怒，召公卿以下議廢太子。耿寶等承旨，皆以爲當廢。太僕來歷與太常桓焉、廷尉犍爲張皓議曰：「經說，年未滿十五，過惡不在其身。且男、吉之謀，皇太子容有不知。宜選忠良保傅，輔以禮義，廢置事重，此誠聖恩所宜宿留。」帝不從。焉，郁之子也。張皓退，復上書曰：「昔賊臣江充造構讒逆，傾覆戾園，孝武久乃覺寤，雖追前失，悔之何及。今皇太子方十歲，未習保傅之教，可遽責乎？」書奏，不省。

九月丁酉，廢皇太子保爲濟陰王，居於德陽殿西鍾下。來歷乃要結光禄勳祋諷、宗正劉瑋、將作大匠薛皓、侍中閭丘弘、陳光、趙代、施延、太中大夫九江朱倀等十餘人，俱詣鴻都門證太子無過。帝與左右患之，乃使中常侍奉詔脅羣臣曰：「父子一體，天性自然，以義割恩，爲天下也。歷、諷等不識大典，而與羣小共爲讙譁，外見忠直而內希後福，飾邪違義，豈事君之禮！朝廷廣開言事之路，故且一切假貸，若懷迷不反，當顯明刑書。」諫者莫不失色。薛皓先頓首曰：「固宜如明詔。」歷怫然，廷詰皓曰：「屬通諫何言，而今復背之？大臣乘朝車，處國事，固得輾轉若此乎！」乃各稍自引起，歷獨守闕，連日不肯去。帝大怒，尚書令陳忠與諸尚書遂共劾奏歷等，帝乃免歷兄弟官，削國租，黜歷母武安公主不得會見。

是歲，京師及諸郡國二十三地震，三十六大水、雨雹。

四年春二月甲辰，車駕南巡。三月庚申，帝至宛，不豫。乙丑，帝發自宛。丁卯，至葉，崩于乘輿。年三十二。

皇后與閻顯兄弟、江京、樊豐等謀曰：「今晏駕道次，濟陰王在內，邂逅公卿立之，還爲大害。」乃僞云帝疾甚，徙御卧車，所在上食、問起居如故。驅馳行四日，庚午，還宮。辛未，遣司徒劉熹詣郊廟、社稷，告天請命，其夕乃發喪。尊皇后曰皇太后，太后臨朝。以顯爲車騎將軍、儀同三司。太后欲久專國政，貪立幼年，與顯等定策禁中，迎濟北惠王子北鄉侯懿爲嗣。濟陰王以廢黜，不得上殿親臨梓宮，悲號不食，内外羣僚莫不哀之。乙酉，北鄉侯即皇帝位。

夏四月，閻顯忌大將軍耿寶位尊權重，威行前朝，乃風有司奏寶及其黨與中常侍樊豐、虎賁中郎將謝惲、侍中周廣、野王君王聖、聖女永等更相阿黨，互作威福，皆大不道。辛卯，豐、惲、廣皆下獄死，家屬徙比景。貶寶及弟子林慮侯承皆爲亭侯，遣就國，寶於道自殺。王聖母子徙鴈門。於是以閻景爲衛尉，耀爲城門校尉，晏爲執金吾，兄弟並處權要，威福自由。

冬十月，北鄉侯病篤，中常侍孫程謂濟陰王謁者長興渠曰：「王以嫡統，本無失德，先帝用讒，遂至廢黜。若北鄉侯不起，相與共斷江京、閻顯，事無不成者。」渠然之。又中黄門南陽王康，先爲太子府史，及長樂太官丞京兆王國等，並附同於程。江京謂閻顯曰：「北鄉侯病不解，國嗣宜以時定，何不早徵諸王子，簡所置乎？」顯以爲然。辛亥，北鄉侯薨，顯白太后，祕不發喪，而更徵諸王子，閉宫門，屯兵自守。

十一月乙卯，孫程、王康、王國與中黄門黄龍、彭愷、孟叔、李建、王成、張賢、史汎、馬國、王道、李元、楊佗、陳予、趙封、李剛、魏猛、苗光等聚謀於西鍾下，皆截單衣爲誓。丁巳，京師及郡國十六地震。是夜，程等共會崇德殿上，因入章臺門。時江京、劉安及李閏、陳達等俱坐省門下，程與王康共就斬京、安、達。以李閏權勢積爲省内所服，欲引爲主，因舉刀脅閏曰：「今當立濟陰王，無得摇動。」閏曰：「諾。」於是扶閏起，俱於西鍾下迎濟陰王即皇帝位，時年十一。召尚書令、僕射以下從輦幸南宫，程等留守省門，遮扞内外。帝登雲臺，召公卿、百僚，使虎賁、羽林士屯南、北宫諸門。

閻顯時在禁中，憂迫不知所爲。小黄門樊登勸顯以太后詔召越騎校尉馮詩、虎賁中郎將閻崇將兵屯平朔門以禦程等，顯誘詩入省謂曰：「濟陰王立，非皇太后意，璽綬在此。苟盡力效功，封侯可得。」太后使授之印曰：「能得濟陰王者封萬户侯，得李閏者五千户侯。」詩等皆許諾，辭以「卒被召，所將衆少」。顯使與登迎吏士于左掖門外，詩因格殺登，歸營屯守。

顯弟衛尉景遽從省中還外府，收兵至盛德門。孫程傳召諸尚書使收景。尚書郭鎮時卧病，聞之，即率直宿羽林出南止車門，逢景從吏士拔白刃呼曰：「無干兵！」鎮即下車持節詔之，景曰：「何等詔？」因斫鎮，不中。鎮引劍擊景墮車，左右以戟叉其胸，遂禽之，送廷尉獄，即夜死。

戊午，遣使者入省，奪得璽綬。帝乃幸嘉德殿，遣侍御史持節收閻顯及其弟城門校尉耀、執金吾晏，並下獄，誅，家屬皆徙比景。遷太后於離宫。己未，開門，罷屯兵。壬戌，詔司隸校尉：「惟閻顯、江京近親當伏辜誅，其餘務崇寬貸。」封孫程等皆爲列侯，程食邑萬户，王康、王國食九千户，黄龍食五千户，彭愷、孟叔、李建食四千二百户，王成、張賢、史汎、馬國、王道、李元、楊佗、陳予、趙封、李剛食四千户，魏猛食二千户，苗光食千户，是爲十九侯，加賜車馬、金銀、錢帛各有差。李閏以先不豫謀，故不封。擢孫程爲騎都尉。初，程等入章臺門，苗光獨不入。詔書録功臣，令王康疏名，康詐疏光入章臺門。光未受符策，心不自安，詣黄門令自告。有司奏康、光欺詐主上，詔書勿問。以將作大匠來歷爲衛尉。祋諷、劉瑋、閭丘弘等先卒，皆拜其子爲郎。朱倀、施延、陳光、趙代皆見拔用，後至公卿。徵王男、邴吉家屬還京師，厚加賞賜。帝之見廢也，監太子家小黄門籍建、傅高梵、長秋長趙熹、丞良賀、藥長夏珍皆坐徙朔方。帝即位，並擢爲中常侍。

初，閻顯辟崔駰之子瑗爲吏，瑗以北鄉侯立不以正，知顯將敗，欲説令廢立，而顯日沈醉，不能得見。乃謂長史陳禪曰：「中常侍江京等惑蠱先帝，廢黜正統，扶立疏孽。少帝即位，發病廟中，周勃之徵，於斯復見。今欲與君共求見説將軍，白太后，收京等，廢少帝，引立濟陰王，必上當天心，下合人望，伊、霍之功不下席而立，則將軍兄弟傳祚於無窮。若拒違天意，久曠神器，則將以無罪并辜元惡。此所謂禍福之會，分功之時也。」禪猶豫，未敢從。會顯敗，瑗坐被斥，門生蘇祗欲上書言狀，瑗遽止之。時陳禪爲司隸校尉，召瑗謂曰：「弟聽祇上書，禪請爲之證。」瑗曰：「此譬猶兒妾屏語耳，願使君勿復出口。」遂辭歸，不復應州郡命。

十二月，楊震門生虞放、陳翼詣闕追訟震事。詔除震二子爲郎，贈錢百萬，以禮改葬於華陰潼亭，遠近畢至。有大鳥高丈餘集震喪前，郡以狀上。帝感震忠直，詔復以中牢具祠之。

議郎陳禪以爲「閻太后與帝無母子恩，宜徙別館，絶朝見」。羣臣議者咸以爲宜。司徒掾汝南周舉謂李郃曰：「昔瞽瞍常欲殺舜，舜事之逾謹。鄭武姜謀殺莊公，莊公誓之黄泉；秦始皇怨母失行，久而隔絶；後感潁考叔、茅焦之言，復脩子道，書傳美之。今諸閻新誅，太后幽在離宫，若悲愁生疾，一旦不虞，主上將何以令於天下？如從禪議，後世歸咎明公。宜密表朝廷，令奉太后，率羣臣朝覲如舊，以厭天心，以答人望。」郃即上疏陳之。

順帝永建元年春正月，帝朝太后於東宫。辛未，皇太后閻氏崩。

八月，浮陽侯孫程等懷表上殿争功，帝怒。有司劾奏「程等干亂悖逆，王國等皆與程黨，久留京都，益其驕恣」。帝乃免程等官，悉徙封遠縣，因遣十九侯就國，敕洛陽令促期發遣。司徒掾周舉説朱倀曰：「朝廷在西鍾下時，非孫程等豈立。今忘其大德，録其小過，如道路夭折，帝有殺功臣之譏。及今未去，宜急表之。」張曰：「今詔指方怒，吾獨表此，必致罪譴。」舉曰：「明公年過八十，位爲台輔，不於今時竭忠報國，惜身安寵，欲以何求？禄位雖全，必陷佞邪之譏。諫而獲罪，猶有忠貞之名。若舉言不足採，請從此辭。」張乃表諫，帝果從之。程徙封宜城侯，到國，怨恨恚懟，封還印綬、符策，亡歸京師，往來山中。詔書追求，復故爵土，賜車馬、衣物，遣還國。

三年冬十二月，帝悉召孫程等還京師。

梁氏之變

漢章帝建初七年。初，明德太后爲帝納扶風宋楊二女爲貴人，大貴人生太子慶。梁松弟竦有二女亦爲貴人，小貴人生皇子肇。竇皇后無子，養肇爲子。宋貴人有寵於馬太后，太后崩，竇皇后寵盛，與母沘陽公主謀陷宋氏，外令兄弟求其纖過，内使御者偵伺得失。宋貴人病，思生兔，令家求之，因誣言欲爲厭勝之術，由是太子出居承禄觀。夏六月甲寅，詔曰：「皇太子有失惑無常之性，不可以奉宗廟。大義滅親，況降退乎！今廢慶爲清河王。皇子肇，保育皇后，承訓懷衽，今以肇爲皇太子。」遂出宋貴人姊妹置丙舍，使小黄門蔡倫案之，二貴人皆飲藥自殺。父議郎楊免歸本郡。慶時雖幼，亦知避嫌畏禍，言不敢及宋氏。帝更憐之，敕皇后令衣服與太子齊等，太子亦親愛慶，入則共室，出則同輿。

八年。太子肇之立也，梁氏私相慶，諸竇聞而惡之。皇后欲專名外家，忌梁貴人姊妹，數譖之於帝，漸致疏嫌。是歲，竇氏作飛書，陷梁竦以惡逆，竦遂死獄中，家屬徙九真。貴人姊妹以憂死。辭語連及梁松妻舞陰公主，坐徙新城。

和帝永元九年閏八月辛巳，皇太后竇氏崩。初，梁貴人既死，宫省事祕，莫有知帝爲梁氏出者。舞陰公主子梁扈遣從兄襢奏記三府，以爲「漢家舊典，崇貴母氏，而梁貴人親育聖躬，不蒙尊號，求得申議」。太尉張酺言狀，帝感慟良久，曰：「於君意若何？」酺請追上尊號，存録諸舅，帝從之。會貴人姊南陽樊調妻嫕上書自訟曰：「妾父竦冤死牢獄，骸骨不掩。母氏年踰七十，及弟棠等遠在絶域，不知死生。願乞收竦朽骨，使母弟得歸本郡。」帝引見嫕，乃知貴人枉殁之狀。三公上奏：「請依光武黜吕太后故事，貶竇太后尊號，不宜合葬先帝。」百官亦多上言者。帝手詔曰：「竇氏雖不遵法度，而太后常自減損。朕奉事十年，深惟大義。禮，臣子無貶尊上之文，恩不忍離，義不忍虧。案前世上官太后亦無降黜，其勿復議。」丙申，葬章德皇后。

九月甲子，追尊梁貴人爲皇太后，謚曰恭懷，追服喪制。冬十月乙酉，改葬梁太后及其姊大貴人于西陵，擢樊調爲羽林左監。追封謚皇太后父竦爲褒親愍侯，遣使迎其喪，葬於恭懷皇后陵傍。徵還竦妻子，封子棠爲樂平侯，棠弟雍爲乘氏侯，雍弟翟爲單父侯，位皆特進，賞賜以巨萬計，寵遇光於當世，梁氏自此盛矣。

順帝永建六年秋九月，帝欲立皇后，而貴人有寵者四人，莫知所建，議欲探籌，以神定選。尚書僕射南郡胡廣與尚書馮翊郭虔、史敞上疏諫曰：「竊見詔書，以立后事大，謙不自專，欲假之籌策，決疑靈神，篇籍所記，祖宗典故，未嘗有也。恃神任筮，既不必當賢，就値其人，猶非德選。夫岐嶷形於自然，俔天必有異表，宜參良家，簡求有德，德同以年，年鈞以貌，稽之典經，斷之聖慮。」帝從之。恭懷皇后弟子乘氏侯商之女，選入掖庭爲貴人，常特被引御，從容辭曰：「夫陽以博施爲德，陰以不專爲義。螽斯則百福之所由興也。願陛下思雲雨之均澤，小妾得免於罪。」帝由是賢之。

陽嘉元年春正月乙巳，立貴人梁氏爲皇后。夏四月，梁商加位特進；頃之，拜執金吾。

二年三月，封執金吾梁商子冀爲襄邑侯。尚書令左雄諫曰：「臣聞人君莫不好忠正而惡讒諛，然而歷世之患，莫不以忠正得罪。讒諛蒙倖者，蓋聽忠難從諛易也。夫刑罪，人情之所甚惡，貴寵，人情之所甚欲，是以時俗爲忠者少而習諛者多，故令人主數聞其美，稀知其過，迷而不悟，以至於危亡。梁冀之封，事非機急，宜過災戹之運，然後平議可否。」

於是冀父商讓還冀封，書十餘上，帝乃從之。

夏六月丁丑，帝引公卿所舉敦樸之士，問以當世之敝，爲政所宜。李固對曰：「夫妃后之家，所以少完全者，豈天性當然，但以爵位尊顯，顓總權柄，天道惡盈，不知自損，故至顛仆。先帝寵遇閻氏，位號太疾，故其受禍曾不旋時。老子曰『其進鋭者其退速也』。今梁氏戚爲椒房，禮所不臣，尊以高爵，尚可然也，而子弟羣從，榮顯兼加，永平、建初故事，殆不如此。宜令步兵校尉冀及諸侍中還居黄門之官，使權去外戚，政歸國家，豈不休乎！」

四年夏四月戊寅，以執金吾梁商爲大將軍。商稱疾不起且一年，帝使太常桓焉奉策就第即拜，商乃詣闕受命。商少通經傳，謙恭好士，辟漢陽巨覽、上黨陳龜爲掾屬，李固爲從事中郎，楊倫爲長史。李固以商柔和自守，不能有所整裁，乃奏記於商曰：「數年以來，災怪屢見。孔子曰：『智者見變思形，愚者覩怪諱名。』天道無親，可爲祇畏。誠令王綱一整，道行忠立，明公踵伯成之高，全不朽之譽，豈與此外戚凡輩耽榮好位者同日而論哉！」商不能用。

永和元年，以執金吾梁冀爲河南尹。冀性嗜酒，逸遊自恣，居職多縱暴非法。父商所親客雒陽令吕放以告商，商以讓冀。冀遣人於道刺殺放，而恐商知之，乃推疑放之怨仇，請以放弟禹爲雒陽令，使捕之，盡滅其宗親、賓客百餘人。

三年十二月，大將軍商以小黄門南陽曹節等用事於中，遣子冀、不疑與爲交友，而宦官忌其寵，反欲陷之。中常侍張逵、蘧政、楊定等與左右連謀，共譖商及中常侍曹騰、孟賁，云「欲徵諸王子，圖議廢立，請收商等案罪」。帝曰：「大將軍父子我所親，騰、賁我所愛，必無是，但汝曹共妒之耳。」逵等知言不用，懼迫，遂出，矯詔收縛騰、賁於省中。帝聞，震怒，敕宦者李歙急呼騰、賁釋之，收逵等下獄。

四年春正月庚辰，逵等伏誅。二月，帝以商少子虎賁中郎將不疑爲步兵校尉。商上書辭曰：「不疑童孺，猥處成人之位。昔晏平仲辭鄁殿以守其富，公儀休不受魚飧以定其位，臣雖不才，亦願固福禄於聖世。」上乃以不疑爲侍中、奉車都尉。

六年春三月上巳，大將軍商大會賓客，讌于雒水，酒闌，繼以𩐨露之歌。從事中郎周舉聞之，歎曰：「此所謂哀樂失時，非其所也，殃將及乎！」

秋八月，乘氏忠侯梁商病篤，敕子冀等曰：「吾生無以輔益朝廷，死何可耗費帑藏？衣衾、飯含、玉匣、珠貝之屬，何益朽骨？百僚勞擾，紛華道路，祇增塵垢耳。宜皆辭之。」丙辰，薨，帝親臨喪。諸子欲從其誨，朝廷不聽，賜以東園祕器、銀鏤、黄腸、玉匣。及葬，賜輕車、介士，中宫親送。帝幸宣陽亭，瞻望車騎。壬戌，以河南尹乘氏侯梁冀爲大將軍，冀弟侍中不疑爲河南尹。

臣光曰：成帝不能選任賢俊，委政舅家，可謂闇矣；猶知王立之不材，棄而不用。順帝援大柄授之后族，梁冀嚚器凶暴，著於平昔，而使之繼父之位，終於悖逆，蕩覆漢室；校於成帝，闇又甚焉。

十一月，荆州盜賊起，彌年不定，以大將軍從事中郎李固爲荆州刺史。固到，遣吏勞問境内，赦寇盜前釁，與之更始。於是賊帥夏密等率其魁黨六百餘人自縛歸首，固皆原之，遣還，使自相招集，開示威法。半歲間，餘類悉降，州内清平。奏南陽太守高賜等贓穢。賜等重賂大將軍梁冀，冀爲之千里移檄，而固持之愈急，冀遂徙固爲泰山太守。時泰山盜賊屯聚歷年，郡兵常千人追討不能制。固到，悉罷遣歸農，但選留任戰者百餘人，以恩信招誘之。未滿歲，賊皆弭散。

漢安元年秋八月丁卯，遣侍中河内杜喬、周舉、守光禄大夫周栩、馮羨、魏卲、欒巴、張綱、郭遵、劉班分行州郡，表賢良，顯忠勤，其貪污有罪者刺史、二千石驛馬上之，墨綬以下便輒收舉。喬等受命之部，張綱獨埋其車輪於雒陽都亭，曰：「豺狼當路，安問狐狸！」遂劾奏「大將軍冀、河南尹不疑，以外戚蒙恩，居阿衡之任，而專肆貪叨，縱恣無極，多樹諂諛，以害忠良，誠天威所不赦，大辟所宜加也。謹條其無君之心十五事，斯皆臣子所切齒者也」。書御，京師震竦。時皇后寵方盛，諸梁姻族滿朝，帝雖知綱言直，不能用也。杜喬至兗州，表奏泰山太守李固政爲天下第一，上徵固爲將作大匠。八使所劾奏，多梁冀及宦者親黨，互爲請救，事皆寢遏。侍御史河南种暠疾之，復行案舉。廷尉吴雄、將作大匠李固亦上言：「八使所糾，宜急誅罰。」帝乃更下八使奏章，令考正其罪。

梁冀恨張綱，思有以中傷之。時廣陵賊張嬰寇亂揚、徐間，積十餘年，二千石不能制，冀乃以綱爲廣陵太守。前太守率多求兵馬，綱獨請單車之職。既到，徑詣嬰壘門，嬰大驚，遽走閉壘。綱於門外罷遣吏兵，獨留所親者十餘人，以書喻嬰，請與相見。嬰見綱至誠，乃出拜謁。綱延置上坐，譬之曰：「前後二千石多肆貪暴，故致公等懷憤相聚。二千石信有罪矣，然爲之者又非義也。今主上仁聖，欲以文德服叛，故遣太守來，思以爵禄相榮，不願以刑罰相加，今誠轉禍爲福之時也。若聞義不服，天子赫然震怒，荆、揚、兗、豫大兵雲合，身首横分，血嗣俱絶。二者利害，公其深計之。」嬰聞泣下曰：「荒裔愚民，不能自通朝廷，不堪侵枉，遂復相聚偷生，若魚遊釜中，知其不可久，且以喘息須臾間耳。今聞明府之言，乃嬰等更生之辰也。」乃辭還營。明日，將所部萬餘人，與妻子面縛歸降。綱單車入嬰壘，大會，置酒爲樂，散遣部衆，任從所之；親爲卜居宅，相田疇，子弟欲爲吏者，皆引召之。人情悦服，南州晏然。朝廷論功當封，梁冀遏之。在郡一歲，卒。

建康元年秋八月庚午，帝崩于玉堂前殿。太子即皇帝位，年二歲。尊皇后曰皇太后，太后臨朝。

九月丙午，京師及太原、雁門地震。庚戌，詔舉賢良方正之士，策問之。皇甫規對曰：「伏惟孝順皇帝初勤王政，紀綱四方，幾以獲安。後遭姦僞，威分近習，受賂賣爵，賓客交錯，天下擾擾，從亂如歸，官民並竭，上下窮虛。陛下體兼乾坤，聰哲純茂，攝政之初，拔用忠貞，其餘維綱，多所改正，遠近翕然望見太平，而災異不息，寇賊縱橫，殆以姦臣權重之所致也。其常侍尤無狀者，宜亟黜遣，披掃凶黨，收入財賄，以塞痛怨，以答天誡。大將軍冀、河南尹不疑，亦宜增脩謙節，輔以儒術，省去遊娱不急之務，割減廬第無益之飾。夫君者舟也，民者水也，羣臣，乘舟者也，將軍兄弟，操檝者也。若能平志畢力，以度元元，所謂福也；如其怠弛，將淪波濤，可不慎乎！夫德不稱祿，猶鑿墉之趾以益其高，豈量力審功，安固之道哉？凡諸宿猾、酒徒、戲客，皆宜貶斥，以懲不軌；令冀等深思得賢之福，失人之累。」梁冀忿之，以規爲下第，拜郎中。託疾免歸，州郡承冀旨，幾陷死者再三，遂沈廢於家，積十餘年。

沖帝永嘉元年春正月戊戌，帝崩于玉堂前殿。梁太后以揚、徐盜賊方盛，欲須所徵諸王侯到乃發喪。太尉李固曰：「帝雖幼少，猶天下之父。今日崩亡，人神感動，豈有人子反共掩匿乎！昔秦皇沙丘之謀，及近日北鄉之事，皆祕不發喪，此天下大忌，不可之甚者也。」太后從之，即暮發喪。

徵清河王蒜及渤海孝王鴻之子纘皆至京師。蒜父曰清河恭王延平，延平及鴻皆樂安夷王寵之子，千乘貞王伉之孫也。清河王爲人嚴重，動止有法度，公卿皆歸心焉。李固謂大將軍冀曰：「今當立帝，宜擇長年，高明有德，任親政事者。願將軍審詳大計，察周、霍之立文、宣，戒鄧、閻之利幼弱。」冀不從，與太后定策禁中。丙辰，冀持節以王青蓋車迎纘入南宮，丁巳，封爲建平侯，其日即皇帝位，年八歲。蒜罷歸國。

太后委政宰輔，李固所言，太后多從之。黄門宦官爲惡者一皆斥遣，天下咸望治平，而梁冀深忌疾之。

初，順帝時所除官多不以次，及固在事，奏免百餘人。此等既怨，又希望冀旨，遂共作飛章誣奏固曰：「太尉李固，由公假私，依正行邪，離間近戚，自隆支黨。大行在殯，路人掩涕，固獨胡粉飾貌，搔頭弄姿，槃旋偃仰，從容治步，曾無慘怛傷悴之心。山陵未成，違矯舊政，善則稱己，過則歸君，斥逐近臣，不得侍送。作威作福，莫固之甚矣。夫子罪莫大於累父，臣惡莫深於毁君，固之過釁，事合誅辟。」書奏，冀以白太后，使下其書，太后不聽。

冬十一月，永昌太守劉君世，鑄黄金爲文蛇以獻大將軍冀，益州刺史种暠糾發逮捕，馳傳上言。冀由是恨暠。會巴郡人服直聚黨數百人，自稱「天王」，暠與太守應承討捕不克，吏民多被傷害；冀因此陷之，傳逮暠、承。李固上疏曰：「臣伏聞討捕所傷，本非暠、承之意，實由縣吏懼法畏罪，迫逐深苦，致此不詳。比盜賊羣起，處處未絕。暠、承以首舉大姦而相隨受罪，臣恐沮傷州縣糾發之意，更共飾匿，莫復盡心。」太后省奏，乃赦暠、承罪，免官而已。金蛇輸司農，冀從大司農杜喬借觀之，喬不肯與。冀小女死，令公卿會喪，喬獨不往。冀由是銜之。

質帝本初元年。帝少而聰慧，嘗因朝會，目梁冀曰：「此跋扈將軍也。」冀聞，深惡之。閏六月甲申，冀使左右置毒於煮餅以進之。帝苦煩甚，使促召太尉李固，固入前問帝得患所由，帝尚能言，曰：「食煮餅，今腹中悶，得水尚可活。」時冀亦在側曰：「恐吐，不可飲水。」語未絕而崩。固伏尸號哭，推舉侍醫，冀慮其事泄，大惡之。

將議立嗣，固與司徒胡廣、司空趙戒先與冀書曰：「天下不幸，頻年之間，國祚三絕。今當立帝，天下重器，誠知太后垂心，將軍勞慮，詳擇其人，務存聖明。然愚情眷眷，竊獨有懷。遠尋先世廢立舊儀，近見國家踐阼前事，未嘗不詢訪公卿，廣求羣議，令上應天心，下合衆望。傳曰『以天下與人易，爲天下得人難』。昔昌邑之立，昏亂日滋，霍光憂愧發憤，悔之折骨。自非博陸忠勇，延年奮發，大漢之祀，幾將傾矣。至憂至重，可不熟慮！

悠悠萬事，唯此爲大，國之興衰，在此一舉。」冀得書，乃召三公、中二千石、列侯，大議所立。固、廣、戒及大鴻臚杜喬皆以爲清河王蒜明德著聞，又屬最尊親，宜立爲嗣。朝臣莫不歸心，而中常侍曹騰嘗謁蒜，蒜不爲禮，宦者由此惡之。

初，平原王翼既貶歸河間，其父請分蠡吾縣以侯之，順帝許之。翼卒，子志嗣，梁太后欲以女弟妻志，徵到夏門亭，會帝崩，梁冀欲立志。衆論既異，憤憤不得意，而未有以相奪。曹騰等聞之，夜往説冀曰：「將軍累世有椒房之親，秉攝萬機，賓客縱横，多有過差。清河王嚴明，若果立，則將軍受禍不久矣，不如立蠡吾侯，富貴可長保也。」冀然其言。明日，重會公卿，冀意氣凶凶，言辭激切，自胡廣、趙戒以下莫不懾憚，皆曰：「惟大將軍令。」獨李固、杜喬堅守本議。冀厲聲曰：「罷會。」固猶望衆心可立，復以書勸冀，冀愈激怒。丁亥，冀説太后，先策免固。戊子，以司徒胡廣爲太尉，司空趙戒爲司徒，與大將軍冀參録尚書事；太僕袁湯爲司空。湯，安之孫也。庚寅，使大將軍冀持節，以王青蓋車迎蠡吾侯志入南宮，其日即皇帝位，時年十五。太后猶臨朝政。

秋七月，大將軍掾朱穆奏記勸戒梁冀曰：「明年丁亥之歲，刑德合於乾位，易經龍戰之會，陽道將勝，陰道將負。願將軍專心公朝，割除私欲，廣求賢能，斥遠佞惡，爲皇帝置師傅，得小心忠篤敦禮之士，將軍與之俱入，參勸講授，師賢法古，此猶倚南山、坐平原也，誰能傾之？議郎大夫之位，本以式序儒術高行之士，今多非其人，九卿之中亦有乖其任者，惟將軍察焉。」又薦种暠、欒巴等，冀不能用。穆，暉之孫也。

桓帝建和元年六月，太尉胡廣罷，光禄勳杜喬爲太尉。自李固之廢，内外喪氣，羣臣側足而立，唯喬正色無所回橈，由是朝野皆倚望焉。

秋七月，詔以定策功，益封梁冀萬三千户，封冀弟不疑爲潁陽侯，蒙爲西平侯，冀子胤爲襄邑侯，胡廣爲安樂侯，趙戒爲廚亭侯，袁湯爲安國侯。又封中常侍劉廣等皆爲列侯。杜喬諫曰：「古之明君，皆以用賢、賞罰爲務。失國之主，其朝豈無貞幹之臣，典誥之篇哉？患得賢不用其謀，韜書不施其教，聞善不信其義，聽讒不審其理也。陛下自藩臣即位，天人屬心，不急忠賢之禮，而先左右之封，梁氏一門，宦者微孽，並帶無功之紱，裂勞臣之土，其爲乖濫，胡可勝言！夫有功不賞，爲善失其望，姦回不詰，爲惡肆其凶，改陳資斧而人靡畏，班爵位而物無勸。苟遂斯道，豈伊傷政爲亂而已，喪身亡國，可不慎哉！」書奏，不省。

八月乙未，立皇后梁氏。梁冀欲以厚禮迎之，杜喬據執舊典，不聽。冀屬喬舉氾宫爲尚書，喬以宫爲贓罪，不用。由是日忤於冀。

九月丁卯，京師地震，喬以災異策免。

冬十月，以司徒趙戒爲太尉，司空袁湯爲司徒，前太尉胡廣爲司空。宦者唐衡、左悺等共譖杜喬於帝曰：「陛下前當即位，喬與李固抗議，以爲不堪奉漢宗祀。」帝亦怨之。

十一月，清河劉文與南郡妖賊劉鮪交通，妄言清河王當統天下，欲共立蒜。事覺，文等遂劫清河相謝暠曰：「當立王爲天子，以暠爲公。」暠駡之，文刺殺暠。於是捕文、鮪誅之。有司劾奏蒜，坐貶爵爲尉氏侯，徙桂陽，自殺。梁冀因誣李固、杜喬，云「與文、鮪等交通，請逮按罪」。太后素知喬忠，不許。冀遂收固下獄。門生渤海王調貫械上書，證固之枉，河内趙承等數十人亦要鈇鑕詣闕通訴，太后詔赦之。及出獄，京師市里皆稱萬歲。冀聞之，大驚，畏固名德終爲己害，乃更據奏前事。大將軍長史吳祐傷固之枉，與冀爭之。冀怒，不從。從事中郎馬融主爲冀作章表，融時在坐，祐謂融曰：「李公之罪，成於卿手，李公若誅，卿何面目視天下人！」冀怒起入室，祐亦徑去，固遂死於獄中。臨命，與胡廣、趙戒書曰：「固受國厚恩，是以竭其股肱，不顧死亡，志欲扶持王室，比隆文、宣。何圖一朝梁氏迷謬，公等曲從，以吉爲凶，成事爲敗乎！漢家衰微，從此始矣。公等受主厚禄，顛而不扶，傾覆大事，後之良史，豈有所私？固身已矣，於義得矣，夫復何言。」廣、戒得書悲慚，皆長歎流涕而已。

冀使人脅杜喬曰：「早從宜，妻子可得全。」喬不肯。明日，冀遣騎至其門，不聞哭者，遂白太后收繫之，亦死獄中。

冀暴固、喬尸於城北四衢，令有敢臨者加其罪。固弟子汝南郭亮尚未冠，左提章鉞，右秉鈇鑕，詣闕上書，乞收固尸，不報。與南陽董班俱往臨哭，守喪不去。夏門亭長呵之曰：「卿曹何等腐生，公犯詔書，欲干試有司乎？」亮曰：「義之所動，豈知性命，何爲以死相懼邪！」太后聞之，皆赦不誅。杜喬故掾陳留楊匡，號泣星行到雒陽，著故赤幘，託爲夏門亭吏，守護尸喪，積十二日。都官從事執之以聞，太后赦之，匡因詣闕上書，并乞李、杜二公骸骨，使得歸葬，太后許之。匡送喬喪還家，葬訖，行服，遂與郭亮、董班皆隱匿，終身不仕。梁冀出吳祐爲河間相，祐自免歸，卒於家。

冀以劉鮪之亂，思朱穆之言，於是請种暠爲從事中郎，薦欒巴爲議郎，舉穆高第，爲侍御史。

二年春三月戊辰，帝從皇太后幸大將軍冀府。

和平元年春正月乙丑，太后詔歸政於帝，始罷稱制。二月甲寅，太后梁氏崩。

三月甲午，葬順烈皇后。增封大將軍冀萬户，并前合三萬户。封冀妻孫壽爲襄城君，兼食陽翟租，歲入五千萬，加賜赤紱，比長公主。壽善爲妖態以蠱惑冀，冀甚寵憚之。冀愛監奴秦宫，官至太倉令，得出入壽所，威權大震，刺史、二千石皆謁辭之。冀與壽對街爲宅，殫極土木，互相誇競，金玉珍怪，充積藏室。又廣開園圃，採土築山，十里九阪，深林絶澗，有若自然，奇禽馴獸飛走其間。冀、壽共乘輦車，游觀第内，多從倡伎，酣謳竟路，或連日繼夜以騁娱恣。客到門不得通，皆請謝門者，門者累千金。又多拓林苑，周徧近縣，起兔苑於河南城西，經亘數十里，移檄所在調發生兔，刻其毛以爲識，人有犯者，罪至死刑。嘗有西域賈胡不知禁忌，誤殺一兔，轉相告言，坐死者十餘人。又起别第於城西，以納姦亡。或取良人悉爲奴婢，至數千口，名曰「自賣人」。冀用壽言，多斥奪諸梁在位者，外以示謙讓，而實崇孫氏。孫氏宗、親，冒名爲侍中、卿、校、郡守、長吏者十餘人，皆貪饕凶淫，各遣私客籍屬縣富人，被以他罪，閉獄掠拷，使出錢自贖，貲物少者至於死徙。扶風人士孫奮，居富而性吝，冀以馬乘遺之，從貸錢五千萬，奮以三千萬與之。冀大怒，乃告郡縣，認奮母爲其守藏婢，云盗白珠十斛，紫金千斤以叛，遂收考奮，兄弟死於獄中，悉没貲財億七千餘萬。冀又遣客周流四方，遠至塞外，廣求異物，而使人復乘勢横暴，妻略婦女，毆擊吏卒，所在怨毒。

侍御史朱穆自以冀故吏，奏記諫曰：「明將軍地有申伯之尊，位爲羣公之首，一日行善，天下歸仁，終朝爲惡，四海傾覆。頃者官民俱匱，加以水蟲爲害，京師諸官，費用增多，詔書發調，或至十倍，各言官無見財，皆當出民，搒掠割剥，强令充足。公賦既重，私斂又深，牧守長吏，多非德選，貪聚無厭，遇民如虜，或絶命於箠楚之下，或自賊於迫切之求。又掠奪百姓，皆託之尊府，遂令將軍結怨天下，吏民酸毒，道路歎嗟。昔永和之末，綱紀少弛，頗失人望，四五歲耳，而財空户散，下有離心，馬勉之徒，乘敝而起，荆、揚之間，幾成大患。幸賴順烈皇后初政清静，内外同力，僅乃討定。今百姓戚戚，困於永和，内非仁愛之心可得容忍，外非守國之計所宜久安也。夫將相大臣，均體元首，共輿而馳，同舟而濟，輿傾舟覆，患實共之。豈可以去明即昧，履危自安，主孤時困，而莫之邺乎！宜時易宰守非其人者，減省第宅園池之費，拒絶郡國諸所奉送，内以自明，外解人惑，使挾姦之吏無所依託，司察之臣得盡耳目。憲度既張，遠邇清一，則將軍身尊事顯，德燿無窮矣。」冀不納。冀雖專朝縱横，而猶交結左右宦官，任其子弟、賓客以爲州郡要職，欲以自固恩寵。穆又奏記極諫，冀終不悟，報書云：「如此，僕亦無一可邪？」然素重穆，亦不甚罪也。

冀遣書詣樂安太守陳蕃，有所請託，不得通。使者詐稱他客求謁蕃，蕃怒，笞殺之。坐左轉脩武令。時皇子有疾，下郡縣市珍藥，而冀遣客齎書詣京兆，并貨牛黄，京兆尹南陽延篤發書收客，曰：「大將軍椒房外家，而皇子有疾，必應陳進醫方，豈當使客千里求利乎？」遂殺之。冀慚而不得言。有司承旨求其事，篤以病免。

元嘉元年春正月朔，羣臣朝賀，大將軍冀帶劍入省。尚書蜀郡張陵呵叱令出，敕羽林、虎賁奪劍。冀跪謝，陵不應，即劾奏冀，請廷尉論罪。有詔「以一歲俸贖」，百僚肅然。河南尹不疑嘗舉陵孝廉，乃謂陵曰：「昔舉君，適所以自罰也。」陵曰：「明府不以陵不肖，誤見擢序，今申公憲以報私恩。」不疑有愧色。

梁不疑好經書，喜待士，梁冀疾之，轉不疑爲光禄勳。以其子胤爲河南尹。胤年十六，容貌甚陋，不勝冠帶，道路見者莫不蚩笑。不疑自恥兄弟有隙，遂讓位歸第，與弟蒙閉門自守。冀不欲令與賓客交通，陰使人變服至門記往來者。南郡太守馬融、江夏太守田明初除，過謁不疑，冀諷有司奏融在郡貪濁，及以他事陷明，皆髡笞徙朔方。融自刺不殊，明遂死於路。

夏四月己丑，上微行幸河南尹梁胤府舍。是日大風拔樹，晝昏。尚書楊秉上疏曰：「臣聞天不言語，以災異譴告王者。至尊出入有常，警蹕而行，静室而止，自非郊廟之事，則鑾旗不駕。故諸侯入諸臣之家，春秋尚列其誠。況於以先王法服而私出槃游，降亂尊卑，等威無序，侍衛守空宫，璽紱委女妾。設有非常之變，任章之謀，上負先帝，下悔靡及。」帝不納。秉，震之子也。

十一月辛巳，京師地震，詔百官舉獨行之士。涿郡舉崔寔，詣公車，稱病，不對策，退而論世事，名曰政論。其辭曰：「凡天下所以不治者，常由人主承平日久，俗漸敝而不悟，政寖衰而不改，習亂安危，怢不自覩。或荒耽耆欲，不恤萬機，或耳蔽箴誨，厭僞忽真，或猶豫岐路，莫適所從，或見信之佐，括囊守禄，或疏遠之臣，言以賤廢，是以王綱縱弛於上，智士鬱伊於下。悲夫！自漢興以來，三百五十餘歲矣。政令垢翫，上下怠懈，百姓囂然，咸復思中興之救矣。且濟時拯世之術，在於補綻決壞，枝拄邪傾，隨形裁割，要措斯世於安寧之域而已。故聖人執權，遭時定制，步驟之差，各有云設，不強人以不能，背急切而慕所聞也。蓋孔子對葉公以來遠，哀公以臨人，景公以節禮，非其不同，所急異務也。俗人拘文牽古，不達權制，奇偉所聞，簡忽所見，烏可與論國家之大事哉！故言事者雖合聖聽，輒見掎奪。何者？其頑士闇於時權，安習所見，不知樂成，況可慮始，苟云率由舊章而已。其達者或矜名妒能，恥策非己，舞筆奮辭以破其義，寡不勝衆，遂見擯棄，雖稷、契復存，猶將困焉，斯賢智之論所以常憤鬱而不伸者也。凡爲天下者，自非上德，嚴之則治，寬之則亂。何以明其然也？近孝宣皇帝明於君人之道，審於爲政之理，故嚴刑峻法，破姦軌之膽，海内清肅，天下密如，算計見效，優於孝文。及元帝即位，多行寬政，卒以墮損，威權始奪，遂爲漢室基禍之主。政道得失，於斯可鑒。昔孔子作春秋，褒齊桓，懿晋文，歎管仲之功。夫豈不美文、武之道哉？誠達權救敝之理也。故聖人能與世推移，而俗士苦不知變，以爲結繩之約，可復治亂秦之緒，干戚之舞，足以解平城之圍。夫熊經鳥伸，雖延歷之術，非傷寒之理。呼吸吐納，雖度紀之道，非續骨之膏。蓋爲國之法，有似治身，平則致養，疾則攻焉。夫刑罰者，治亂之藥石也；德教者，興平之粱肉也。夫以德教除殘，是以粱肉治疾也；以刑罰治平，是以藥石供養也。方今承百王之敝，值戹運之會，自數世以來，政多恩貸，馭委其轡，馬駘其銜，四牡横奔，皇路險傾，方將拑勒鞬輈以救之，豈暇鳴和鑾請節奏哉！昔文帝雖除肉刑，當斬右趾者棄市，笞者往往至死。是文帝以嚴致平，非以寬致平也。」寔，瑗之子也。山陽仲長統嘗見其書，歎曰：「凡爲人主，宜寫一通，置之坐側。」

臣光曰：漢家之法已嚴矣，而崔寔猶病其寬，何哉？蓋衰世之君率多柔懦，凡愚之佐唯知姑息，是以權幸之臣有罪不坐，豪猾之民犯法不誅，仁恩所施，止於目前；姦宄得志，紀綱不立。故崔寔之論，以矯一時之枉，非百世之通義也。孔子曰：「政寬則民慢，慢則糾之以猛；猛則民殘，殘則施之以寬。寬以濟猛，猛以濟寬，政是以和。」斯不易之常道矣。

閏月，帝欲褒崇梁冀，使中朝二千石以上會議其禮。特進胡廣、太常羊溥、司隸校尉祝恬、太中大夫邊韶等咸稱：「冀之勳德宜比周公，錫之山川、土田、附庸。」黄瓊獨曰：

「冀前以親迎之勞，增邑萬三千户，又其子胤亦加封賞。今諸侯以户邑爲制，不以里數爲限，冀可比鄧禹，合食四縣。」朝廷從之。於是有司奏：「冀入朝不趨，劍履上殿，謁讚不名，禮儀比蕭何；悉以定陶、陽成餘户增封爲四縣，比鄧禹；賞賜金錢、奴婢、彩帛、車馬、衣服、甲第，比霍光；以殊元勳。每朝會，與三公絕席。十日一入，平尚書事。宣布天下，爲萬世法。」冀猶以所奏禮薄，意不悦。

永壽二年冬十二月，封梁不疑子馬爲潁陰侯，梁胤子桃爲城父侯。

延熹元年夏五月甲戌晦，日有食之。太史令陳授因小黄門徐璜陳「日食之變咎在大將軍冀」。冀聞之，諷雒陽收考授，死於獄。帝由是怒冀。

冬十二月，以京兆尹陳龜爲度遼將軍。大將軍冀與陳龜素有隙，譖其沮毁國威，挑取功譽，不爲胡虜所畏，坐徵還，以种暠爲度遼將軍。龜遂乞骸骨，歸田里，復徵爲尚書。冀暴虐日甚，龜上疏言其罪狀，請誅之，帝不省。龜自知必爲冀所害，不食七日而死。

二年六月，梁皇后恃姊、兄蔭勢，恣極奢靡，兼倍前世，專寵妬忌，六宫莫得進見。及太后崩，恩寵寖衰。后既無子，每宫人孕育，鮮得全者。帝雖迫畏梁冀，不敢譴怒，然進御轉稀，后益憂恚。秋七月丙午，皇后梁氏崩。乙丑，葬懿獻皇后于懿陵。

梁冀一門，前後七侯，三皇后，六貴人，二大將軍，夫人、女食邑稱君者七人，尚公主者三人，其餘卿、將、尹、校五十七人。冀專擅威柄，凶恣日積，宮衛近侍，並樹所親，禁省起居，纖微必知。其四方調發，歲時貢獻，皆先輸上第於冀，乘輿乃其次焉。吏民齎貨求官、請罪者，道路相望。百官遷召，皆先到冀門，牋檄謝恩，然後敢詣尚書。下邳吴樹爲宛令，之官辭冀，冀賓客布在縣界，以情託樹。樹曰：「小人姦蠹，比屋可誅。明將軍處上將之位，宜崇賢善，以補朝闕。自侍坐以來，未聞稱一長者，而多託非人，誠非敢聞。」冀嘿然不悦。樹到縣，遂誅殺冀客爲人害者數十人。樹後爲荆州刺史，辭冀，冀鴆之，出，死車上。遼東太守侯猛初拜，不謁冀，冀託以他事腰斬之。郎中汝南袁著，年十九，詣闕上書曰：「夫四時之運，功成則退，高爵厚寵，鮮不致災。今大將軍位極功成，可爲至戒，宜遵縣車之禮，高枕頤神。傳曰『木實繁者披枝害心』，若不抑損盛權，將無以全其身矣。」冀聞而密遣掩捕，著乃變易姓名，託病僞死，結蒲爲人，市棺殯送。冀知其詐，求得，笞殺之。太原郝絜、胡武，好危言高論，與著友善。絜、武嘗連名奏記三府，薦海内高士，而不詣冀。冀追怒之，敕中都官移檄禽捕，遂誅武家，死者六十餘人。絜初逃亡，知不得免，因輿櫬奏書冀門，書入，仰藥而死，家乃得全。安帝嫡母耿貴人薨，冀從貴人從子林慮侯承求貴人珍玩，不能得，冀怒，并族其家十餘人。涿郡崔琦以文章爲冀所善，琦作外戚箴、白鵠賦以風，冀怒。琦曰：「昔管仲相齊，樂聞譏諫之言，蕭何佐漢，乃設書過之吏。今將軍累世台輔，任齊伊、周，而德政未聞，黎元塗炭，不能結納貞良以救禍敗，反欲鉗塞士口，杜蔽主聽，將使玄黃改色，馬鹿易形乎？」冀無以對，因遣琦歸。琦懼而亡匿，冀捕得，殺之。

冀秉政幾二十年，威行內外，天子拱手，不得有所親與。帝既不平之，及陳授死，帝愈怒。和熹皇后從兄子郎中鄧香妻宣，生女猛，香卒，宣更適梁紀。紀，孫壽之舅也。壽以猛色美，引入掖庭爲貴人，冀欲認猛爲其女，易猛姓爲梁。冀恐猛姊壻議郎邴尊沮敗宣意，遣客刺殺之。又欲殺宣，宣家與中常侍袁赦相比，冀客登赦屋，欲入宣家，赦覺之，鳴鼓會衆以告宣。宣馳入白帝，帝大怒，因如廁，獨呼小黃門史唐衡，問：「左右與外舍不相得者誰乎？」衡對：「中常侍單超、小黃門史左悺與梁不疑有隙。中常侍徐璜、黃門令具瑗常私忿疾外舍放橫，口不敢道。」於是帝呼超、悺入室，謂曰：「梁將軍兄弟專朝，迫脅外內，公卿以下，從其風旨。今欲誅之，於常侍意如何？」超等對曰：「誠國姦賊，當誅日久。臣等弱劣，未知聖意何如耳。」帝曰：「審然者，常侍密圖之。」對曰：「圖之不難，但恐陛下腹中狐疑。」帝曰：「姦臣脅國，當伏其罪，何疑乎！」於是更召璜、瑗等五人共定其議，帝齧超臂出血爲盟。超等曰：「陛下今計已決，勿復更言，恐爲人所疑。」

冀心疑超等，八月丁丑，使中黃門張惲入省宿，以防其變。具瑗敕吏收惲，以「輒從外入，欲圖不軌」。帝御前殿，召諸尚書入，發其事，使尚書令尹勳持節勒丞、郎以下皆操兵守省閤，斂諸符節送省中，使具瑗將左右厩騶、虎賁、羽林、都候劍戟士合千餘人，與司隸校尉張彪共圍冀第，使光禄勳袁盱持節收冀大將軍印綬，徙封比景都鄉侯。冀及妻壽即日皆自殺。不疑、蒙先卒。悉收梁氏、孫氏中外宗、親送詔獄，無長少皆棄市，他所連及公卿、列校、刺史、二千石死者數十人。太尉胡廣、司徒韓縯、司空孫朗皆坐阿附梁冀，不衛宮，止長壽亭，減死一等，免爲庶人。故吏、賓客免黜者三百餘人。朝廷爲空。是時事猝從中發，使者交馳，公卿失其度，官府市里鼎沸，數日乃定，百姓莫不稱慶。收冀財貨，縣官斥賣，合三十餘萬萬，以充王府用，減天下税租之半。散其苑囿，以業窮民。

通鑑紀事本末卷第八

宦官亡漢

黨錮之禍　董卓之亂

漢和帝永元四年，竇憲兄弟專權，帝以朝臣上下莫不附憲，獨中常侍鈎盾令鄭衆不事豪黨，遂與定議誅憲。事見竇氏專恣。鄭衆遷大長秋。帝策勳班賞，衆每辭多受少，帝由是賢之，常與之議論政事，宦官用權自此始矣。

十四年，初封大長秋鄭衆爲鄛鄉侯。

安帝永初元年秋九月庚午，太尉徐防以災異、寇賊策免。辛未，司空尹勤以水雨漂流策免。

仲長統昌言曰：光武皇帝愠數世之失權，忿强臣之竊命，矯枉過直，政不任下，雖置三公，事歸臺閣。自此以來，三公之職，備員而已；然政有不治，猶加譴責。而權移外戚之家，寵被近習之豎，親其黨類，用其私人，内充京師，外布列郡，顛倒賢愚，貿易選舉，疲駑守境，貪殘牧民，撓擾百姓，忿怒四夷，招致乖叛，亂離斯瘼，怨氣並作，陰陽失和，三光虧缺，怪異數至，蟲螟食稼，水旱爲災。此皆戚宦之臣所致然也，反以策讓三公，至於死、免，乃足爲叫呼蒼天，號咷泣血者矣。昔文帝之於鄧通，可謂至愛，而猶展申屠嘉之志。夫見任如此，則何患於左右小臣哉！至如近世，外戚宦豎，請託不行，意氣不滿，立能陷人於不測之禍，惡可得彈正者哉！

大長秋鄭衆、中常侍蔡倫等皆乘勢豫政。周章數進直言，太后不能用。

建光元年，帝以江京嘗迎帝於邸，封爲都鄉侯，李閏爲雍鄉侯。閏、京與中常侍樊豐、黄門令劉安、鉤盾令陳達等扇動内外，競爲侈虐。司徒楊震上疏，不省。

延光二年，中常侍樊豐等更相扇動，傾摇朝廷。楊震上疏，不聽。

三年，樊豐等見楊震連諫不從，無所顧忌。震復上疏，豐等惶怖，遂共譖震，收震太尉印綬，遣歸本郡，震飲酖而卒。

秋八月，江京、樊豐等廢太子保爲濟陰王。

四年〔春三月〕，北鄉侯即位，有司奏樊豐等互作威福，皆下獄死。

冬十月，中常侍孫程等迎濟陰王即皇帝位。五事並見嬖倖廢立。

順帝陽嘉二年夏六月丁丑，洛陽宣德亭地拆，長八十五丈。帝引公卿所舉敦樸之士，使之對策及特問以當世之敝，爲政所宜。李固對曰：「詔書所以禁侍中、尚書、中臣子弟不得爲吏、察孝廉者，以其秉威權容請託故也。而中常侍在日月之側，聲勢振天下，子弟禄任，曾無限極，雖外託謙默，不干州郡，而諂僞之徒，望風進舉。今可爲設常禁，同之中臣。昔館陶公主爲子求郎，明帝不許，賜錢千萬。所以輕厚賜，重薄位者，爲官人失才，害及百姓也。竊聞長水司馬武宣、開陽城門候羊迪等，無他功德，初拜便真，此雖小失，而漸壞舊章。先聖法度，所宜堅守，故政教一跌，百年不復，詩云『上帝板板，下民卒癉』，刺周王變祖法度，故使下民將盡病也。今陛下之有尚書，猶天之有北斗也。斗爲天喉舌，尚書亦爲陛下喉舌。斗斟酌元氣，運平四時；尚書出納王命，賦政四海，權尊勢重，責之所歸，若不平心，災眚必至，誠宜審擇其人，以毗聖政。今與陛下共天下者，外則公卿、尚書，内則常侍、黄門，譬猶一門之内，一家之事，安則共其福慶，危則通其禍敗。刺史、二千石外統職事，内受法則。夫表曲者景必邪，源清者流必潔，猶叩樹本，百枝皆動也。由此言之，本朝號令，豈可蹉跌！天下之紀綱，當今之急務也。夫人君之有政，猶水之有隄防；隄防完全，雖遭雨水霖潦不能爲變；政教一立，暫遭凶年不足爲憂。誠令隄防穿漏，萬夫同力不能復救；政教一壞，賢智馳騖不能復還。今隄防雖堅，漸有孔穴。譬之一人之身，本朝者，心腹也，州郡者，四支也。心腹痛則四支不舉，故臣之所憂在腹心之疾，非四支之患也。苟堅隄防，務政教，先安心腹，整理本朝，雖有寇賊、水旱之變，不足介意也。

誠令隄防壞漏，心腹有疾，雖無水旱之災，天下固可以憂矣。又宜罷退宦官，去其權重，裁置常侍二人，方直有德者省事左右；小黄門五人，才智閑雅者給事殿中。如此，則論者厭塞，升平可致也。」上覽衆對，以李固爲第一。諸常侍叩頭謝罪，朝廷肅然。以固爲議郎，宦者疾之，詐爲飛章以陷其罪。事從中下，大司農南郡黄尚等請之於梁商，僕射黄瓊復救明其事。久乃得釋，出爲洛令，固棄官歸漢中。

四年春二月，初聽中官得以養子襲爵。初，帝之復位，宦官之力也，由是有寵，參與政事。御史張綱上書曰：「竊尋文、明二帝，德化尤盛，中官常侍，不過兩人，近倖賞賜，裁滿數金，惜費重民，故家給人足。而頃者以來，無功小人，皆有官爵，非愛民重器，承天順道者也。」書奏，不省。

永和元年十二月，以前司空王龔爲太尉。龔疾宦官專權，上書極言其狀。諸黄門使客誣奏龔罪，上命龔亟自實。李固奏記於梁商曰：「王公以堅貞之操，横爲讒佞所構，衆人聞知，莫不歎慄。夫三公尊重，無詣理訴冤之義，纖微感概，輒引分決，是以舊典不有大罪，不至重問。王公卒有他變，則朝廷獲害賢之名，羣臣無救護之節矣。語曰『善人在患，飢不及餐』，斯其時也。」商即言之於帝，事乃得釋。

二年冬十月丁卯，京師地震。太尉王龔以中常侍張昉等專弄國權，欲奏誅之，宗親有以楊震行事諫之者，龔乃止。

三年，梁商以曹節等用事，遣子冀、不疑與交友。

桓帝建和元年秋七月，詔封中常侍劉廣等皆爲列侯，杜喬諫之，書奏，不省。

宦者唐衡、左悺等共譖杜喬與李固，以帝不堪奉漢祀，帝怨之。後梁冀誣李固、杜喬與妖賊劉文等交通，皆收繫死獄中。三事並見梁氏之變。

永興元年秋七月，郡國三十二蝗，河水溢。百姓饑窮流冗者數十萬户，冀州尤甚。詔以侍御史朱穆爲冀州刺史。冀部令長聞穆濟河，解印綬去者四十餘人。及到，奏劾諸郡貪污者，有至自殺，或死獄中。宦者趙忠喪父，歸葬安平，僭爲玉匣。穆下郡案驗，吏畏其嚴，遂發墓剖棺，陳尸出之。帝聞，大怒，徵穆詣廷尉，輸作左校。太學書生潁川劉陶等數千人詣闕上書訟穆曰：「伏見弛刑徒朱穆，處公憂國，拜州之日，志清姦惡。誠以常侍貴寵，父兄子弟布在州郡，競爲虎狼，噬食小民，故穆張理天綱，補綴漏目，羅取殘禍，以塞天意。由是内官咸共恚疾，謗讟煩興，讒隙仍作，極其刑謫，輸作左校。天下有識，皆以穆同勤禹、稷而被共、鯀之戾，若死者有知，則唐帝怒於崇山，重華忿於蒼墓矣。當今中官近習，竊持國柄，手握王爵，口含天憲，運賞則使餓隸富於季孫，呼噏則令伊、顔化爲桀、跖。而穆獨亢然不顧身害，非惡榮而好辱，惡生而好死也，徒感王綱之不攝，懼天綱之久失，故竭心懷憂，爲上深計。臣願黥首繫趾，代穆校作。」帝覽其奏，乃赦之。

永壽元年春二月，司隸、冀州饑，人相食。太學生劉陶上疏陳事曰：「夫天之與帝，帝之與民，猶頭之與足，相須而行也。陛下目不視鳴條之事，耳不聞檀車之聲，天災不有痛於肌膚，震食不即損於聖體，故蔑三光之謬，輕上天之怒。伏念高祖之起，始自布衣，合散扶傷，克成帝業，勤亦至矣，流福遺祚，至於陛下。陛下既不能增明烈考之軌，而忽高祖之勤，妄假利器，委授國柄，使羣醜刑隸，芟刈小民，虎豹窟於麑場，豺狼乳於春囿，貨殖者爲窮冤之魂，貧餒者作飢寒之鬼，死者悲於窀穸，生者戚於朝野，是愚臣所爲咨嗟長懷歎息者也。且秦之將亡，正諫者誅，諛進者賞，嘉言結於忠舌，國命出於讒口，擅閻樂於咸陽，授趙高以車府，權去己而不知，威離身而不顧。古今一揆，成敗同勢，願陛下遠覽强秦之傾，近察哀、平之變，得失昭然，禍福可見。臣又聞危非仁不扶，亂非智不救。竊見故冀州刺史南陽朱穆、前烏桓校尉臣同郡李膺，皆履正清平，貞高絕俗，斯實中興之良佐，國家之柱臣也，宜還本朝，夾輔王室。臣敢吐不時之義於諱言之朝，猶冰霜見日，必至消滅。臣始悲天下之可悲，今天下亦悲臣之愚惑也。」書奏，不省。

延熹二年（夏六月）〔秋七月〕，帝召小黃門史唐衡、中常侍單超、小黃門史左悺、中常侍徐璜、黃門令具瑗等五人共定議誅梁冀。事見梁氏之變。

八月，詔賞誅梁冀之功，封單超、徐璜、具瑗、左悺、唐衡皆爲縣侯，超食二萬户，璜等各萬餘户，世謂之「五侯」。仍以悺、衡爲中常侍。又封尚書令尹勳等七人皆爲亭侯。

帝既誅梁冀，故舊恩私，多受封爵。追贈皇后父鄧香爲車騎將軍，封安陽侯。更封后母宣爲昆陽君，兄子康、秉皆爲列侯，宗族皆列校、郎將，賞賜以巨萬計。中常侍侯覽上縑五千匹，帝賜爵關内侯，又託以與議誅冀，進封高鄉侯。又封小黄門劉普、趙忠等八人爲鄉侯。自是權勢專歸宦官矣。五侯尤貪縱，傾動内外。

時災異數見，白馬令甘陵李雲露布上書，移副三府曰：「梁冀雖持權專擅，虐流天下，今以罪行誅，猶召家臣搤殺之耳，而猥封謀臣萬户以上，高祖聞之，得無見非！西北列將，得無解體？孔子曰：『帝者，諦也。』今官位錯亂，小人諂進，財貨公行，政化日損，尺一拜用，不經御省，是帝欲不諦乎！」帝得奏，震怒，下有司逮雲，詔尚書都護劍戟送黄門北寺獄，使中常侍管霸與御史廷尉雜考之。時弘農五官掾杜衆傷雲以忠諫獲罪，上書願與雲同日死。帝愈怒，遂并下廷尉。大鴻臚陳蕃上疏曰：「李雲所言，雖不識禁忌，干上逆旨，其意歸於忠國而已。昔高祖忍周昌不諱之諫，成帝赦朱雲腰領之誅。今日殺雲，臣恐剖心之譏，復議於世矣。」太常楊秉、雒陽市長沐茂、郎中上官資並上疏請雲。帝恚甚，有司奏以爲大不敬，詔切責蕃、秉，免歸田里，茂、資貶秩二等。時帝在濯龍池，管霸奏雲等事，霸跪言曰：「李雲野澤愚儒，杜衆郡中小吏，出於狂戇，不足加罪。」帝謂霸曰：「『帝欲不諦』，是何等語，而常侍欲原之邪！」顧使小黄門可其奏，雲、衆皆死獄中。於是嬖寵益横。太尉瓊自度力不能制，乃稱疾不起，上疏曰：「陛下即位以來，未有勝政，諸梁秉權，豎宦充朝，李固、杜喬既以忠言横見殘滅，而李雲、杜衆復以直道繼踵受誅，海内傷懼，益以怨結，朝野之人，以忠爲諱。尚書周永，素事梁冀，假其威勢，見冀將衰，乃陽毁示忠，遂因姦計，亦取封侯。又黄門挾邪，羣輩相黨，自冀興盛，腹背相親，朝夕圖謀，共構姦軌。臨冀當誅，無可設巧，復記其惡，以要爵賞。陛下不加清徵，審别真僞，復與忠臣並時顯封，使朱紫共色，粉墨雜糅，所謂抵金玉於沙礫，碎珪璧於泥塗，四方聞之，莫不憤歎。臣世荷國恩，身輕位重，敢以垂絶之日，陳不諱之言。」書奏，不納。

冬十月，中常侍單超疾病。壬寅，以超爲車騎將軍。

是時，封賞踰制，内寵猥盛。陳蕃上疏曰：「夫諸侯上象四七，藩屏上國，高祖之約，非功臣不侯。而聞追録河南尹鄧萬世父遵之微功，更爵尚書令黄雋先人之絶封，近習以非義授邑，左右以無功傳賞，至乃一門之内，侯者數人，故緯象失度，陰陽謬序。臣知封事已行，言之無及，誠欲陛下從是而止。又采女數千，食肉衣綺，脂油粉黛，不可貲計。鄙諺言『盜不過五女門』，以女貧家也，今後宮之女，豈不貧國乎！」帝頗采其言，爲出宮女五百餘人，但賜雋爵關内侯，而封萬世南鄉侯。

帝從容問侍中陳留爰延：「朕何如主也？」對曰：「陛下爲漢中主。」帝曰：「何以言之？」對曰：「尚書令陳蕃任事則治，中常侍黄門與政則亂，是以知陛下可與爲善，可與爲非。」帝曰：「昔朱雲廷折欄檻，今侍中面稱朕違，敬聞闕矣。」拜五官中郎將。

三年春正月丙午，新豐侯單超卒，賜東園祕器，棺中玉具。及葬，發五營騎士、將作大匠起冢塋。其後四侯轉横，天下爲之語曰：「左回天，具獨坐，徐卧虎，唐雨墮。」皆競起第宅，以華侈相尚，其僕從皆乘牛車而從列騎，兄弟姻戚，宰州臨郡，辜較百姓，與盗無異，虐徧天下，民不堪命，故多爲盗賊焉。

中常侍侯覽、小黄門段珪，皆有田業近濟北界，僕從賓客，劫掠行旅。濟北相滕延一切收捕，殺數十人，陳尸路衢，覽、珪以事訴帝，延坐徵詣廷尉，免。

左悺兄勝爲河東太守，皮氏長京兆趙岐恥之，即日棄官西歸。唐衡兄玹爲京兆尹，素與岐有隙，收岐家屬宗親，陷以重法，盡殺之。岐逃難四方，靡所不歷，自匿姓名，賣餅北海市中。安丘孫嵩見而異之，載與俱歸，藏於複壁中。及諸唐死，遇赦，乃敢出。

六年十二月，以衛尉周景爲司空。景，榮之孫也。時宦官方熾，景與太尉楊秉上言：「内外吏職，多非其人。舊典，中臣子弟，不得居位秉勢；而今枝葉賓客，布列職署，或年少庸人，典據守宰，上下忿患，四方愁毒。可遵用舊章，退貪殘，塞災謗。請下司隸校尉、中二千石、城門五營校尉、北軍中候，各實覈所部；應當斥罷，自以狀言三府，廉察有遺漏，續上。」帝從之。於是秉條奏牧守青州刺史羊亮等五十餘人，或死或免，天下莫不肅然。

尚書朱穆疾宦官恣横，上疏曰：「按漢故事，中常侍參選士人，建武以後乃悉用宦者。自延平以來，浸益貴盛，假貂璫之飾，處常伯之任，天朝政事，一更其手；權傾海内，寵貴無極，子弟親戚，並荷榮任，放濫驕溢，莫能禁禦，窮破天下，空竭小民。愚臣以爲可悉罷省，遵復往初，更選海内清淳之士明達國體者，以補其處，即兆庶黎萌，蒙被聖化矣。」帝不納。後穆因進見，復口陳曰：「臣聞漢家舊典，置侍中、中常侍各一人，省尚書事，黄門侍郎一人，傳發書奏，皆用姓族。自和熹太后以女主稱制，不接公卿，乃以閹人爲常侍，小黄門通命兩宫。自此以來，權傾人主，窮困天下。宜皆罷遣，博選耆儒宿德與參政事。」帝怒，不應。穆伏不肯起，左右傳出，良久，乃趨而去。自此中官數因事稱詔詆毁之。穆素剛，不得意，居無幾，憤懣發疽卒。

七年十二月，中常侍汝陽侯唐衡、武原侯徐璜皆卒。

八年春，中常侍侯覽(兄)〔弟〕參爲益州刺史，殘暴貪婪，累臟億計。太尉楊秉奏檻車徵參，參於道自殺。閱其車重三百餘兩，皆金銀錦帛。秉因奏曰：「臣案舊典，宦官本在給使省闥，司昏守夜，而今猥受過寵，執政操權，附會者因公襃舉，違忤者求事中傷，居法王公，富擬國家，飲食極肴膳，僕妾盈紈素。中常侍侯覽弟參，貪殘元惡，自取禍滅。覽顧知釁重，必有自疑之意，臣愚以爲不宜復見親近。昔懿公刑邴歜之父，奪閻職之妻，而使二人參乘，卒有竹中之難。覽宜急屏斥，投畀有虎，若斯之人，非恩所宥，請免官送歸本郡。」書奏，尚書召對秉掾屬，詰之曰：「設官分職，各有司存，三公統外，御史察內。今越奏近官，經典、漢制，何所依據？其開公具對。」秉使對曰：「春秋傳曰『除君之惡，唯力是視』。鄧通懈慢，申屠嘉召通詰責，文帝從而請之。漢世故事，三公之職，無所不統。」尚書不能詰，帝不得已，竟免覽官。司隸校尉韓縯因奏左悺罪惡，及其兄太僕南鄉侯稱請託州郡，聚斂爲姦，賓客放縱，侵犯吏民。悺、稱皆自殺。縯又奏中常侍具瑗兄沛相恭贓罪，徵詣廷尉。瑗詣獄謝，上還東武侯印綬，詔貶爲都鄉侯。超及璜、衡襲封者並降爲鄉侯，子弟分封者悉奪爵土。劉普等貶爲關內侯，尹勳等亦皆奪爵。

三月，宛陵大姓羊元羣罷北海郡，贓汙狼藉，郡舍溷軒有奇巧，亦載之以歸。河南尹李膺表按其罪，元羣行賂宦官，膺竟反坐。單超弟遷爲山陽太守，以罪繫獄，廷尉馮緄考致其死，中官相黨，共飛章誣緄以罪。中常侍蘇康、管霸，固天下良田美業，州郡不敢詰，大司農劉祐移書所在，依科品没入之。帝大怒，與膺、緄俱輸作左校。

夏五月丙戌，太尉楊秉薨。秉爲人清白寡欲，嘗稱「我有三不惑，酒、色、財也」。秉既没，所舉賢良廣陵劉瑜乃至京師上書言：「中官不當比肩裂土，競立胤嗣，繼體傳爵。又嬖女充積，冗食空宫，傷生費國。又第舍增多，窮極奇巧，掘山攻石，促以嚴刑。州郡官府，各自考事，姦情賕賂，皆爲吏餌。民愁鬱結，起入賊黨，官輒興兵，誅討其罪，貧困之民，或有賣其首級以要酬賞，父兄相代殘身，妻孥相視分裂。又陛下好微行近習之家，私幸宦者之舍，賓客市買，熏灼道路，因此暴縱，無所不容。惟陛下開廣諫道，博觀前古，遠佞邪之人，放鄭、衛之聲，則政致和平，德感祥風矣。」詔特召瑜問災咎之徵，執政者欲令瑜依違其辭，乃更策以他事，瑜復悉心對八千餘言，有切於前。拜爲議郎。

十一月，太尉陳蕃數言李膺、馮緄、劉祐之枉，請加原宥，升之爵任，言及反覆，誠辭懇切，以至流涕。帝不聽。應奉上疏曰：「夫忠賢武將，國之心膂。竊見左校弛刑徒馮緄、劉祐、李膺等，誅舉邪臣，肆之以法，陛下既不聽察，而猥受譖訴，遂令忠臣同愆元惡，自春迄冬，不蒙降恕，遐邇觀聽，爲之歎息。夫立政之要，記功忘失，是以武帝捨安國於徒中，宣帝徵張敞於亡命。緄前討蠻荆，均吉甫之功；祐數臨督司，有不吐茹之節；膺著威幽、并，遺愛度遼。今三垂蠢動，王旅未振，乞原膺等，以備不虞。」書奏，乃悉免其刑。久之，李膺復拜司隸校尉。時小黄門張讓弟朔爲野王令，貪殘無道，畏膺威嚴，逃還京師，匿於兄家合柱中。膺知其狀，率吏卒破柱取朔，付雒陽獄，受辭畢，即殺之。讓訴冤於帝，帝召膺詰以不先請便加誅之意。對曰：「昔仲尼爲魯司寇，七日而誅少正卯。今臣到官已積一旬，私懼以稽留爲愆，不意獲速疾之罪。誠自知釁責，死不旋踵，特乞留五日，剋殄元惡，退就鼎鑊，始生之願也。」帝無復言，顧謂讓曰：「此汝弟之罪，司隸何愆？」乃遣出。自此，諸黄門常侍皆鞠躬屏氣，休沐不敢出宫省。帝怪問其故，並叩頭泣曰：「畏李校尉。」時朝廷日亂，綱紀頽弛，而膺獨持風裁，以聲名自高，士有被其容接者，名爲「登龍門」云。

九年。初，帝爲蠡吾侯，受學於甘陵周福，及即位，擢福爲尚書。時同郡河南尹房植有名當朝，鄉人爲之謡曰：「天下規矩房伯武，因師獲印周仲進。」二家賓客，互相譏揣，遂各樹朋徒，漸成尤隙。由是甘陵有南北部，黨人之議自此始矣。

汝南太守宗資以范滂爲功曹，南陽太守成瑨以岑晊爲功曹，皆委心聽任，使之褒善糾違，肅清朝府。滂尤剛勁，疾惡如讎。滂甥李頌素無行，中常侍唐衡以屬資，資用爲吏，滂寢而不召。資遷怒，捶書佐朱零，零仰曰：「范滂清裁，今日寧受笞而死，滂不可違。」資乃止。郡中中人以下，莫不怨之。於是二郡爲謡曰：「汝南太守范孟博，南陽宗資主畫諾。」南陽太守岑公孝，弘農成瑨但坐嘯。」太學諸生三萬餘人，郭泰及潁川賈彪爲其冠，與李膺、陳蕃、王暢更相褒重。學中語曰：「天下模楷李元禮，不畏强禦陳仲舉，天下俊秀王叔茂。」於是中外承風，競以臧否相尚，自公卿以下，莫不畏其貶議，屣履到門。

宛有富賈張汎者，與後宮有親，又善雕鏤玩好之物，頗以賂遺中官，以此得顯位，用勢縱横。岑晊與賊曹史張牧勸成瑨收捕汎等，既而遇赦，瑨竟誅之，并收其宗族、賓客，殺二百餘人，後乃奏聞。小黄門晉陽趙津貪横放恣，爲一縣巨患。太原太守平原劉瓆使郡吏王允討捕，亦於赦後殺之。於是中常侍侯覽使張汎妻上書訟冤，宦官因緣譖訴瑨、瓆。帝大怒，徵瑨、瓆皆下獄。有司承旨，奏瑨、瓆罪當棄市。

山陽太守翟超以郡人張儉爲東部督郵。侯覽家在防東，殘暴百姓。覽喪母還家，大起塋冢。儉舉奏覽罪，而覽伺候遮截，章竟不上。儉遂破覽冢、宅，藉没資財，具奏其狀，復不得御。徐璜兄子宣爲下邳令，暴虐尤甚。嘗求故汝南太守李暠女不能得，遂將吏卒至暠家，載其女歸，戲射殺之。東海相汝南黄浮聞之，收宣家屬，無少長悉考之。掾史以下固争，浮曰：「徐宣國賊，今日殺之，明日坐死，足以瞑目矣！」即案宣罪棄市，暴其尸。於是宦官訴冤於帝，帝大怒，超、浮並坐髡鉗，輸作左校。

太尉陳蕃、司空劉茂共諫，請瓆、瓆、超、浮等罪，帝不悦。有司劾奏之，茂不敢復言。蕃乃獨上疏曰：「今寇賊在外，四支之疾，内政不理，心腹之患。臣寢不能寐，食不能飽，實憂左右日親，忠言日疎，内患漸積，外難方深。陛下超從列侯，繼承天位，小家畜産百萬之資，子孫尚耻愧失其先業，况乃産兼天下，受之先帝，而欲懈怠以自輕忽乎！誠不愛己，不當念先帝得之勤苦邪？前梁氏五侯，毒徧海内，天啓聖意，收而戮之，天下之議，冀當小平。明鑒未遠，覆車如昨，而近習之權復相扇結。小黄門趙津、大猾張汎等，肆行貪虐，姦媚左右。前太原太守劉瓆、南陽太守成瓆糾而戮之，雖言赦後不當誅殺，原其誠心，在乎去惡，至於陛下，有何悁悁？而小人道長，營惑聖聽，遂使天威爲之發怒，必加刑謫，已爲過甚，况乃重罰，令伏歐刀乎？又前山陽太守翟超、東海相黄浮，奉公不撓，疾惡如讎，超没侯覽財物，浮誅徐宣之罪，並蒙刑坐，不逢赦恕。覽之從横，没財已幸；宣犯釁過，死有餘辜。昔丞相申屠嘉召責鄧通，雒陽令董宣折辱公主，而文帝從而請之，光武加以重賞，未聞二臣有專命之誅。而今左右羣豎，惡傷黨類，妄相交構，致此刑譴，聞臣是言，當復啼訴。陛下深宜割塞近習與政之源，引納尚書朝省之士，簡練清高，斥黜佞邪，如是天和於上，地洽於下，休禎符瑞，豈遠乎哉！」帝不納。宦官由此疾蕃彌甚，選舉奏議輒以中詔譴卻，長史已下多至抵罪，猶以蕃名臣，不敢加害。

平原襄楷詣闕上疏曰：「臣聞皇天不言，以文象設教。臣竊見太微，天廷五帝之坐，而金、火罰星揚光其中，於占天子凶，又俱入房、心，法無繼嗣。前年冬大寒，殺鳥獸，害魚鼈，城傍竹柏之葉有傷枯者。臣聞於師曰：『柏傷竹枯，不出二年，天子當之。』今自春夏以來，連有霜雹及大雨、雷電，臣作威作福，刑罰急刻之所感也。太原太守劉瓆、南陽太守成瑨，志除姦邪，其所誅翦，皆合人望。而陛下受閹豎之譖，乃遠加考逮，三公上書乞哀瓆等，不見採察而嚴被譴讓，憂國之（任）〔臣〕，將遂杜口矣。臣聞殺無罪，誅賢者，禍及三世。自陛下即位以來，頻行誅罰，梁、寇、孫、鄧，並見族滅，其從坐者又非其數。李雲上書，明主所不當諱，杜衆乞死諒以感悟聖朝，曾無赦宥，而并被殘戮，天下之人咸知其冤，漢興以來，未有拒諫誅賢，用刑太深如今者也。昔文王一妻，誕致十子；今宮女數千，未聞慶育，宜脩德省刑，以廣螽斯之祚。案春秋以來，及古帝王，未有河清。臣以爲河者諸侯位也，清者屬陽，濁者屬陰，河當濁而反清者，陰欲爲陽，諸侯欲爲帝也。京房易傳曰：『河水清，天下平。』今天垂異，地吐妖，人癘疫，三者並時，而有河清，猶春秋麟不當見而見，孔子書之以爲異也。願賜清閒，極盡所言。」書奏，不省。

十餘日，復上書曰：「臣聞殷紂好色，妲己是出，葉公好龍，真龍游廷。今黄門、常侍，天刑之人，陛下愛待，兼倍常寵，係嗣未兆，豈不爲此！」書上，即召入，詔尚書問狀。

楷言：「古者本無宦臣，武帝末數游後宮，始置之耳。」尚書承旨，奏：「楷不正辭理，而違背經藝，假借星宿，造合私意，誣上罔事，請下司隸正楷罪法，收送雒陽獄。」帝以楷言雖激切，然皆天文恒象之數，故不誅，猶司寇論刑。

符節令汝南蔡衍、議郎劉瑜表救成瑨、劉瓆，言甚切厲，亦坐免官。瑨、瓆竟死獄中。瑨、瓆素剛直，有經術，知名當時，故天下惜之。岑晊、張牧逃竄獲免。

晊之亡也，親友競匿之，賈彪獨閉門不納，時人望之。彪曰：「傳言『相時而動，無累後人』。公孝以要君致釁，自遺其咎，吾已不能奮戈相待，反可容隱之乎？」於是咸服其裁正。

河内張成善風角，推占當赦，教子殺人。司隸李膺督促收捕，既而逢宥獲免。膺愈懷憤疾，竟案殺之。成素以方伎交通宦官，帝亦頗訊其占。宦官教成弟子牢脩上書，告「膺等養太學遊士，交結諸郡生徒，更相驅馳，共爲部黨，誹訕朝廷，疑亂風俗」。於是天子震怒，班下郡國，逮捕黨人，布告天下，使同忿疾。案經三府，太尉陳蕃卻之曰：「今所案者，皆海内人譽，憂國忠公之臣，此等猶將十世宥也，豈有罪名不章而致收掠者乎！」不肯平署。帝愈怒，遂下膺等於黄門北寺獄，其辭所連及太僕潁川杜密、御史中丞陳翔及陳寔、范滂之徒二百餘人。或逃遁不獲，皆懸金購募，使者四出相望。陳寔曰：「吾不就上書極諫，帝諱其言切，託以蕃辟召非其人，策免之。

時黨人獄所染逮者，皆天下名賢，度遼將軍皇甫規自以西州豪桀，恥不得與，乃自上言：「臣前薦故大司農張奐，是附黨也。又臣昔論輸左校時，太學生張鳳等上書訟臣，是爲黨人所附也。臣宜坐之。」朝廷知而不問。張鳳等上書事見諸羌叛服。

永康元年五月，陳蕃既免，朝臣震栗，莫敢復爲黨人言者。賈彪曰：「吾不西行，大禍不解。」乃入雒陽説城門校尉竇武、尚書魏郡霍諝等，使訟之。武上疏曰：「陛下即位以來，未聞善政，常侍、黃門，競行譎詐，妄爵非人。伏尋西京，佞臣執政，終喪天下。今不慮前事之失，復循覆車之軌，臣恐二世之難必將復及，趙高之變不朝則夕。近者姦臣牢脩造設黨議，遂收前司隸校尉李膺等逮考，連及數百人，曠年拘録，事無效驗。臣惟膺等建忠抗節，志經王室，此誠陛下稷、契、伊、吕之佐，而虚爲姦臣賊子之所誣枉，天下寒心，海内失望。惟陛下留神澄省，時見理出，以厭人鬼喁喁之心。今臺閣近臣尚書朱寓、荀緄、劉祐、魏朗、劉矩、尹勳等，皆國之貞士，朝之良佐；尚書郎張陵、嬀皓、苑康、楊喬、邊韶、戴恢等，文質彬彬，明達國典，内外之職，羣才並列。而陛下委任近習，專樹饕餮，外典州郡，内斡心膂，宜以次貶黜，案罪糾罰；信任忠良，平决臧否，使邪正毁譽，各得其所，寶爱天官，唯善是授，如此，咎徵可消，天應可待。間者有嘉禾、芝草、黄龍之見。夫瑞生必於嘉士，福至實由善人，在德爲瑞，無德爲災。陛下所行，不合天意，不宜稱慶。」書奏，因以病上還城門校尉、槐里侯印綬。霍諝亦爲表請。帝意稍解，使中常侍王甫就獄訊黨人范滂等，皆三木囊頭，暴於階下。甫以次辨詰曰：「卿等更相拔舉，迭爲脣齒，其意如何？」滂曰：「仲尼之言『見善如不及，見惡如探湯』，滂欲使善善同其清，惡惡同其汙，謂王政之所願聞，不悟更以爲黨。古之脩善，自求多福，今之脩善，身陷大戮。身死之日，願埋滂於首陽山側，上不負皇天，下不愧夷、齊。」甫愍然，爲之改容，乃得並解桎梏。李膺等又多引宦官子弟，宦官懼，請帝以天時宜赦。六月庚申，赦天下，改元。黨人二百餘人皆歸田里，書名三府，禁錮終身。

范滂往候霍諝而不謝。或讓之，滂曰：「昔叔向不見祁奚，吾何謝焉。」滂南歸汝南，南陽士大夫迎之者車數千兩，鄉人殷陶、黄穆侍衛於旁，應對賓客。滂謂陶等曰：「今子相隨，是重吾禍也。」遂遁還鄉里。

初，詔書下舉鉤黨，郡國所奏相連及者，多至百數，唯平原相史弼獨無所上。詔書前後迫切，州郡髡笞掾史。從事坐傳舍責曰：「詔書疾惡黨人，旨意懇惻。青州六郡，其五有黨，平原何治，而得獨無？」弼曰：「先王疆理天下，畫界分境，水土異齊，風俗不同。他郡自有，平原自無，胡可相比？若承望上司，誣陷良善，淫刑濫罰，以逞非理，則平原之人户可爲黨。相有死而已，所不能也。」從事大怒，即收郡僚職送獄，遂舉奏弼。會黨禁中解，弼以俸贖罪，所脱者甚衆。

竇武所薦，朱寓沛人，苑康勃海人，楊喬會稽人，邊韶陳留人。喬容儀偉麗，數上言政事，帝愛其才貌，欲妻以公主，喬固辭不聽，遂閉口不食，七日而死。

十二月丁丑，帝崩于德陽前殿。城門校尉竇武議立嗣，召侍御史河間劉儵問以國中宗室之賢者，儵稱解瀆亭侯宏。宏者，河間孝王之曾孫也，祖淑、父萇，世封解瀆亭侯。武乃入白太后，定策禁中，以儵守光禄大夫，與中常侍曹節並持節將中黄門、虎賁、羽林千人奉迎宏，時年十二。

靈帝建寧元年春正月壬午，以城門校尉竇武爲大將軍，前太尉陳蕃爲太傅，與武及司徒胡廣參録尚書事。

時新遭大喪，國嗣未立，諸尚書畏懼，多託病不朝。陳蕃移書責之曰：「古人立節，事亡如存。今帝祚未立，政事日蹙，諸君奈何委荼蓼之苦，息偃在牀，於義安乎？」諸尚書惶怖，皆起視事。

己亥，解瀆亭侯至夏門亭，使竇武持節以王青蓋車迎入殿中。庚子，即皇帝位。

六月癸巳，録定策功，封竇武爲聞喜侯，武子機爲渭陽侯，兄子紹爲鄠侯，靖爲西鄉侯，中常侍曹節爲長安鄉侯，侯者凡十一人。

涿郡盧植上書説武曰：「足下之於漢朝，猶旦、奭之在周室，建立聖主，四海有繫，論者以爲吾子之功，於斯爲重。今同宗相後，披圖案牒，以次建之，何勳之有？豈可横叨天功以爲己力乎！宜辭大賞，以全身名。」武不能用。植身長八尺二寸，音聲如鍾，性剛毅，有大節。少事馬融，融性豪侈，多列女倡歌舞於前，植侍講積年，未嘗轉盼，融以是敬之。

太后以陳蕃舊德，特封高陽鄉侯。蕃上疏讓曰：「臣聞割地之封，功德是爲。臣雖無素潔之行，竊慕君子『不以其道得之，不居也』。若受爵不讓，掩面就之，使皇天振怒，災流下民，於臣之身，亦何所寄。」太后不許，蕃固讓，章前後十上，竟不受封。

初，竇太后之立也，陳蕃有力焉。及臨朝，政無大小，皆委於蕃。蕃與竇武同心戮力，以奬王室，徵天下名賢李膺、杜密、尹勳、劉瑜等，皆列於朝廷，與共參政事。於是天下之士，莫不延頸想望太平。而帝乳母趙嬈及諸女尚書，旦夕在太后側，中常侍曹節、王甫等共相朋結，諂事太后，太后信之，數出詔命，有所封拜。蕃、武疾之，嘗共會朝堂，蕃私謂武曰：「曹節、王甫等，自先帝時操弄國權，濁亂海内，今不誅之，後必難圖。」武深然之。蕃大喜，以手椎席而起。武於是引同志尚書令尹勳等共定計策。

會有日食之變，蕃謂武曰：「昔蕭望之困一石顯，況今石顯數十輩乎？蕃以八十之年，欲爲將軍除害，今可因日食斥罷宦官，以塞天變。」武乃白太后曰：「故事，黄門、常侍但當給事省内門户，主近署財物耳。今乃使與政事，任重權，子弟布列，專爲貪暴。天下匈匈，正以此故。宜悉誅廢，以清朝廷。」太后曰：「漢元以來，故事世有宦官，但當誅其有罪者，豈可盡廢邪？」時中常侍管霸頗有才略，專制省内，武先白收霸及中常侍蘇康等皆坐死。武復數白誅曹節等，太后冘豫未忍，故事久不發。蕃上疏曰：「今京師囂囂，道路諠譁，言侯覽、曹節、公乘昕、王甫、鄭颯等，與趙夫人、諸尚書並亂天下，附從者升進，忤逆者中傷，一朝羣臣如河中木耳，汎汎東西，耽禄畏害。陛下今不急誅此曹，必生變亂，傾危社稷，其禍難量。願出臣章，宣示左右，并令天下諸姦知臣疾之。」太后不納。

是月，太白犯房之上將，入太微。侍中劉瑜素善天官，惡之，上書皇太后曰：「案占書，宫門當閉，將相不利，姦人在主傍。願急防之。」又與武、蕃書，以「星辰錯繆，不利大臣，宜速斷大計」。於是武、蕃以朱寓爲司隸校尉，劉祐爲河南尹，虞祁爲雒陽令。武奏免黄門令魏彪，以所親小黄門山冰代之，使冰奏收長樂尚書鄭颯送北寺獄。蕃謂武曰：「此曹子便當收殺，何復考爲。」武不從，令冰與尹勳、侍御史祝瑨雜考。颯辭連及曹節、王甫，勳、冰即奏收節等，使劉瑜内奏。

九月辛亥，武出宿歸府。典中書者先以告長樂五官史朱瑀，盗發武奏，駡曰：「中官放縱者自可誅耳，我曹何罪，而當盡見族滅！」因大呼曰：「陳蕃、竇武奏白太后廢帝，爲大逆！」乃夜召素所親壯健者長樂從官史共普、張亮等十七人，歃血共盟，謀誅武等。曹節白帝曰：「外間切切，請出御德陽前殿。」令帝拔劍踊躍，使乳母趙嬈等擁衛左右，取棨信，閉諸禁門，召尚書官屬，脅以白刃，使作詔板，拜王甫爲黄門令，持節至北寺獄，收尹勳、山冰。冰疑，不受詔，甫格殺之，并殺勳，出鄭颯。還兵劫太后，奪璽綬。令中謁者守南宮，閉門絶複道。使鄭颯等持節及侍御史謁者捕收武等。武不受詔，馳入步兵營，與其兄子步兵校尉紹共射殺使者。召會北軍五校士數千人屯都亭，下令軍士曰：「黄門、常侍反，盡力者封侯重賞。」陳蕃聞難，將官屬諸生八十餘人，並拔刃突入承明門，到尚書門，攘臂呼曰：「大將軍忠以衛國，黄門反逆，何云竇氏不道邪？」王甫時出與蕃相遇，適聞其言而讓蕃曰：「先帝新棄天下，山陵未成，武有何功，兄弟父子並封三侯。又設樂飲讌，多取掖廷宮人。旬日之間，貲財巨萬。大臣若此，爲是道邪？公爲宰輔，苟相阿黨，復何求賊！」使劍士收蕃，蕃拔劍叱甫，辭色逾厲，遂執蕃送北寺獄。黄門從官騶蹋踧蕃曰：「死老魅，復能損我曹員數，奪我曹稟假不！」即日殺之。時護匈奴中郎將張奂徵還京師，曹節等以奐新至，不知本謀，矯制以少府周靖行車騎將軍，加節，與奐率五營士討武。夜漏盡，王甫將虎賁、羽林等合千餘人出屯朱雀掖門，與奐等合，已而悉軍闕下，與武對陳。甫兵漸盛，使其士大呼武軍曰：「竇武反，汝皆禁兵，當宿衛宫省，何故隨反者乎？先降有賞。」營府素畏服中官，於是武軍稍稍歸甫，自旦至食時，兵降略盡。武、紹走，諸軍追圍之，皆自殺，梟首雒陽都亭，收捕宗、親、賓客、姻屬悉誅之，及侍中劉瑜、屯騎校尉馮述皆夷其族。宦官又譖虎賁中郎將河間劉淑、故尚書會稽魏朗，云與武等通謀，皆自殺。遷皇太后於南宫，徙武家屬於日南。自公卿以下，嘗爲蕃、武所舉者，及門生、故吏，皆免官禁錮。議郎勃海巴肅始與武等同謀，曹節等不知，但坐禁錮，後乃知而收之。肅自載詣縣，縣令見肅，入閤，解印綬，欲與俱去。肅曰：「爲人臣者，有謀不敢隱，有罪不逃刑。既不隱其謀矣，又敢逃其刑乎！」遂被誅。

曹節遷長樂衛尉，封育陽侯。王甫遷中常侍，黄門令如故。朱瑀、共普、張亮等六人皆爲列侯，十一人爲關内侯。於是羣小得志，士大夫皆喪氣。

蕃友人陳留朱震收葬蕃尸，匿其子逸，事覺，繫獄，合門桎梏。震受考掠，誓死不言，逸由是得免。武府掾桂陽胡騰殯斂武尸，行喪，坐以禁錮。武孫輔年二歲，騰詐以爲己子，與令史南陽張敞共匿之於零陵界中，亦得免。

張奐遷大司農，以功封侯。奐深病爲曹節等所賣，固辭不受。

二年夏四月壬辰，有青蛇見於御坐上。癸巳，大風，雨雹，霹靂，拔大木百餘。詔公卿以下各上封事。大司農張奐上疏曰：「昔周公葬不如禮，天乃動威。今竇武、陳蕃忠貞，未被明宥，妖眚之來，皆爲此也。宜急爲改葬，徙還家屬，其從坐禁錮一切蠲除。又皇太后雖居南宮，而恩禮不接，朝臣莫言，遠近失望。宜思大義顧復之報。」上深嘉奐言，以問諸常侍，左右皆惡之，帝不得自從。奐又與尚書劉猛等共薦王暢、李膺可參三公之選，曹節等彌疾其言，遂下詔切責之。奐等皆自囚廷尉，數日乃得出，並以三月俸贖罪。

郎中東郡謝弼上封事曰：「臣聞『惟虺惟蛇，女子之祥』。伏惟皇太后定策宮闥，援立聖明，書云『父子兄弟，罪不相及』，竇氏之誅，豈宜咎延太后？幽隔空宮，愁感天心，如有霧露之疾，陛下當何面目以見天下！孝和皇帝不絕竇氏之恩，前世以爲美談。禮，爲人後者爲之子。今以桓帝爲父，豈得不以太后爲母哉？願陛下仰慕有虞蒸蒸之化，俯思凱風慰母之念。臣又聞『開國承家，小人勿用』。今功臣久外，未蒙爵秩，阿母寵私，乃享大封，大風、雨雹，亦由於茲。又故太傅陳蕃，勤身王室，而見陷羣邪，一旦誅滅，其爲酷濫，駭動天下，而門生、故吏並離徙錮。蕃身已往，人百何贖？宜還其家屬，解除禁網。夫台宰重器，國命所繫，今之四公，唯司空劉寵斷斷守善，餘皆素餐致寇之人，必有折足覆餗之凶。可因災異，並加罷黜，徵故司空王暢、長樂少府李膺並居政事，庶災變可消，國祚惟永。」左右惡其言，出爲廣陵府丞，去官歸家。曹節從子紹爲東郡太守，以他罪收弼，掠死於獄。

帝以蛇妖，問光禄勳楊賜。賜上封事曰：「夫善不妄來，災不空發。王者心有所想，雖未形顔色，而五星以之推移，陰陽爲其變度。夫皇極不建，則有龍蛇之孽。詩云：『惟虺惟蛇，女子之祥。』惟陛下思乾剛之道，別内外之宜，抑皇甫之權，割艷妻之愛，則蛇變可消，禎祥立應。」賜，秉之子也。

初，李膺等雖廢錮，天下士大夫皆高尚其道，而汙穢朝廷，希之者唯恐不及，更共相標榜，爲之稱號。以竇武、陳蕃、劉淑爲「三君」，君者，言一世之所宗也。李膺、荀翌、杜密、王暢、劉祐、魏朗、趙典、朱寓爲「八俊」，俊者，言人之英也。郭泰、范滂、尹勳、巴肅及南陽宗慈、陳留夏馥、汝南蔡衍、泰山羊陟爲「八顧」，顧者，言能以德行引人者也。張儉、翟超、岑晊、苑康及山陽劉表、汝南陳翔、魯國孔昱、山陽檀敷爲「八及」，及者，言其能導人追宗者也。度尚及東平張邈、王孝、東郡劉儒、泰山胡母班、陳留秦周、魯國蕃嚮、東萊王章爲「八廚」，廚者，言能以財救人者也。及陳、竇用事，復舉拔膺等，陳、竇誅，膺等復廢。

宦官疾惡膺等，每下詔書，輒申黨人之禁。侯覽怨張儉尤甚，覽鄉人朱並素佞邪，爲儉所棄，承覽意指，上書告「儉與同鄉二十四人別相署號，共爲部黨，圖危社稷，而儉爲之魁」。詔刊章捕儉等。冬十月，大長秋曹節因此諷有司，奏「諸鉤黨者故司空虞放及李膺、杜密、朱寓、荀翌、翟超、劉儒、范滂等，請下州郡考治」。是時上年十四，問節等曰：「何以爲鉤黨？」對曰：「鉤黨者，即黨人也。」上曰：「黨人何用爲惡，而欲誅之邪？」對曰：「皆相舉羣輩，欲爲不軌。」上曰：「不軌欲如何？」對曰：「欲圖社稷。」上乃可其奏。

或謂李膺曰：「可去矣！」對曰：「事不辭難，罪不逃刑，臣之節也。吾年已六十，死生有命，去將安之？」乃詣詔獄，考死，門生、故吏並被禁錮。侍御史蜀郡景毅子顧爲膺門徒，未有録牒，不及於譴。毅慨然曰：「本謂膺賢，遣子師之，豈可以漏脱名籍，苟安而已。」遂自表免歸。

汝南督郵吴導受詔捕范滂，至征羌，抱詔書閉傳舍，伏牀而泣，一縣不知所爲。滂聞之曰：「必爲我也。」即自詣獄。縣令郭揖大驚，出解印綬，引與俱亡，曰：「天下大矣，子何爲在此？」滂曰：「滂死則禍塞，何敢以罪累君，又令老母流離乎！」其母就與之訣，滂白母曰：「仲博孝敬，足以供養。滂從龍舒君歸黄泉，存亡各得其所。惟大人割不可忍之恩，勿增感戚。」仲博者，滂弟也。龍舒君者，滂父龍舒侯相顯也。母曰：「汝今得與李、杜齊名，死亦何恨。既有令名，復求壽考，可兼得乎！」滂跪受教，再拜而辭。顧其子曰：「吾欲使汝爲惡，惡不可爲；使汝爲善，則我不爲惡。」行路聞之，莫不流涕。凡黨人死者百餘人，妻子皆徙邊。天下豪桀及儒學有行義者，宦官一切指爲黨人。有怨隙者，因相陷害，睚眦之忿，濫入黨中。州郡承旨，或有未嘗交關，亦離禍毒，其死、徙、廢、禁者又六七百人。

郭泰聞黨人之死，私爲之慟曰：「詩云『人之云亡，邦國殄瘁』。漢室滅矣，但未知『瞻烏爰止，于誰之屋』耳。」泰雖好臧否人倫，而不爲危言覈論，故能處濁世而怨禍不及焉。

張儉亡命困迫，望門投止，莫不重其名行，破家相容。後流轉東萊，止李篤家。外黄令毛欽操兵到門，篤引欽就席曰：「張儉負罪亡命，篤豈得藏之？若審在此，此人名士，明廷寧宜執之乎！」欽因起撫篤曰：「蘧伯玉恥獨爲君子，足下如何專取仁義。」篤曰：「今欲分之，明廷載半去矣。」欽歎息而去。篤導儉經北海戲子然家，遂入漁陽出塞。其所經歷，伏重誅者以十數，連引收考者布偏天下，宗親並皆殄滅，郡縣爲之殘破。儉與魯國孔褒有舊，亡抵褒，不遇，褒弟融年十六，匿之。後事泄，儉得亡走，國相收褒、融送獄，未知所坐。融曰：「保納舍藏者，融也，當坐。」褒曰：「彼來求我，非弟之過。」吏問其母，母曰：「家事任長，妾當其辜。」一門爭死，郡縣疑不能決，乃上讞之，詔書竟坐褒。及黨禁解，儉乃還鄉里，後爲衛尉，卒，年八十四。夏馥聞張儉亡命，歎曰：「孽自己作，空汙良善，一人逃死，禍及萬家，何以生爲！」乃自翦須變形，入林慮山中，隱姓名，爲治家傭，親突煙炭，形貌毀瘁，積二三年，人無知者。馥弟静載縑帛追求餉之，馥不受曰：「弟奈何載禍相餉乎！」黨禁未解而卒。

初，中常侍張讓父死，歸葬潁川，雖一郡畢至，而名士無往者，讓甚恥之，陳寔獨弔焉。及誅黨人，讓以寔故，多所全宥。南陽何顒素與陳蕃、李膺善，亦被收捕，乃變名姓匿汝南間，與袁紹爲奔走之交，常私入雒陽從紹計議，爲諸名士罹黨事者求救援，設權計，使得逃隱，所全免甚衆。

初，太尉袁湯三子，成、逢、隗，成生紹，逢生術。逢、隗皆有名稱，少歷顯官。時中常侍袁赦以逢、隗宰相家，與之同姓，推崇以爲外援，故袁氏貴寵於世，富奢甚，不與他公族同。紹壯健有威容，愛士養名，賓客輻湊歸之，輜軿柴轂，填接街陌。術亦以俠氣聞。逢從兄子閎，少有操行，以耕學爲業，逢、隗數饋之，無所受。閎見時方險亂，而家門富盛，常對兄弟歎曰：「吾先公福祚，後世不能以德守之，而競爲驕奢，與亂世爭權，此即晉之三郤矣。」及黨事起，閎欲投迹深林，以母老，不宜遠遁，乃築土室四周於庭，不爲户，自牖納飲食。母思閎時，往就視，母去，便自掩閉，兄弟妻子莫得見也。潛身十八年，卒於土室。

初，范滂等非訐朝政，自公卿以下皆折節下之，太學生爭慕其風，以爲文學將興，處士復用。申屠蟠獨歎曰：「昔戰國之世，處士橫議，列國之王至爲擁篲先驅，卒有坑儒、燒書之禍，今之謂矣。」乃絶迹於梁、碭之間，因樹爲屋，自同傭人。居二年，滂等果罹黨錮之禍，唯蟠超然免於評論。

臣光曰：天下有道，君子揚于王庭以正小人之罪，而莫敢不服。天下無道，君子囊括不言以避小人之禍，而猶或不免。黨人生昏亂之世，不在其位，四海横流，而欲以口舌救之，臧否人物，激濁揚清，撩虺蛇之頭，踐虎狼之尾，以至身被淫刑，禍及朋友，士類殲滅而國隨以亡，不亦悲乎，夫唯郭泰既明且哲，以保其身，申屠蟠見幾而作，不俟終日，卓乎其不可及已。

十一月，長樂太僕曹節病困，詔拜車騎將軍。有頃，疾瘳，上印綬，復爲中常侍，位特進，秩中二千石。

四年春正月甲子，帝加元服，赦天下，唯黨人不赦。

帝以竇太后有援立之功，冬十月戊子朔，率羣臣朝太后于南宫，親饋上壽。黄門令董萌因此數爲太后訴冤，帝深納之，供養資奉，有加於前。曹節、王甫疾之，誣萌以謗訕永樂宮，下獄死。

熹平元年五月，長樂太僕侯覽坐專權驕奢，策收印綬，自殺。

六月，竇太后母卒於比景，太后憂思感疾，癸巳，崩於雲臺。宦者積怨竇氏，以衣車載太后尸置城南市舍，數日，曹節、王甫欲用貴人禮殯。帝曰：「太后親立朕躬，統承大業，豈宜以貴人終乎！」於是發喪成禮。

節等欲別葬太后，而以馮貴人配祔。詔公卿大會朝堂，令中常侍趙忠監議。太尉李咸時病，扶輿而起，擣椒自隨，謂妻子曰：「若皇太后不得配食桓帝，吾不生還矣。」既議，坐者數百人，各瞻望良久，莫肯先言。趙忠曰：「議當時定。」廷尉陳球曰：「皇太后以盛德良家，母臨天下，宜配先帝，是無所疑。」忠笑而言曰：「陳廷尉宜便操筆。」球即下議曰：「皇太后自在椒房，有聰明母儀之德。遭時不造，援立聖明承繼宗廟，功烈至重。先帝晏駕，因遇大獄，遷居空宮，不幸早世，家雖獲罪，事非太后，今若別葬，誠失天下之望。且馮貴人冢嘗被發掘，骸骨暴露，與賊併尸，魂靈汙染，且無功於國，何宜上配至尊。」忠省球議，作色俛仰，蚩球曰：「陳廷尉建此議甚健。」球曰：「陳、竇既冤，皇太后無故幽閉，臣常痛心，天下憤歎。今日言之，退而受罪，宿昔之願也。」李咸曰：「臣本謂宜爾，誠與意合。」於是公卿以下皆從球議。曹節、王甫猶爭，以爲：「梁后家犯惡逆，別葬懿陵，武帝黜廢衛后而以李夫人配食。今竇氏罪深，豈得合葬先帝。」李咸復上疏曰：「臣伏惟章德竇后虐害恭懷，安思閻后家犯惡逆，而和帝無異葬之議，順朝無貶降之文。至於衛后，孝武皇帝身所廢棄，不可以爲比。今長樂太后尊號在身，親嘗稱制，且援立聖明，光隆皇祚。太后以陛下爲子，陛下豈得不以太后爲母？子無黜母，臣無貶君，宜合葬宣陵，一如舊制。」帝省奏，從之，秋七月甲寅，葬桓思皇后于宣陵。

有人書朱雀闕，言：「天下大亂，曹節、王甫幽殺太后，公卿皆尸禄，無忠言者。」詔司隸校尉劉猛逐捕，十日一會。猛以誹書言直，不肯急捕。月餘，主名不立，猛坐左轉諫議大夫，以御史中丞段熲代之。熲乃四出逐捕，及太學游生繫者千餘人。節等又使熲以他事奏猛，論輸左校。

初，司隸校尉王寓依倚宦官，求薦於太常張奂，奂拒之，寓遂陷奂以黨罪禁錮。

渤海王悝之貶癭陶也，因中常侍王甫求復國，許謝錢五千萬。既而桓帝遺詔復悝國，悝知非甫功，不肯還謝錢。中常侍鄭颯、中黄門董騰數與悝交通，甫密司察以告段熲。冬十月，收颯送北寺獄，使尚書令廉忠誣奏颯等謀迎立悝，大逆不道，遂詔冀州刺史收悝考實，迫責悝，令自殺，妃妾十一人，子女七十人，伎女二十四人皆死獄中，傅、相以下悉伏誅。甫等十二人皆以功封列侯。

五年閏五月，永昌太守曹鸞上書曰：「夫黨人者，或耆年淵德，或衣冠英賢，皆宜股肱王室，左右大猷者也，而久被禁錮，辱在塗泥。謀反大逆尚蒙赦宥，黨人何罪，獨不開恕乎？所以災異屢見，水旱荐臻，皆由於斯。宜加沛然，以副天心。」帝省奏，大怒，即詔司隸、益州檻車收鸞，送槐里獄，掠殺之。於是詔州郡更考黨人，門生、故吏、父子、兄弟在位者，悉免官禁錮，爰及五屬。

光和元年六月丁丑，有黑氣墮帝所御温德殿東庭中，長十餘丈，似龍。秋七月壬子，青虹見玉堂後殿庭中。詔召光禄大夫楊賜等詣金商門，問以災異及消復之術。賜對曰：「春秋讖曰：『天投蜺，天下怨，海内亂。』加四百之期，亦復垂及。今妾媵、閹尹之徒共專國朝，欺罔日月，幸賴皇天垂象譴告。周書曰：『天子見怪則修德，諸侯見怪則修政，卿大夫見怪則修職，士庶人見怪則修身。』唯陛下斥遠佞巧之臣，速徵鶴鳴之士，斷絶尺一，抑止槃游，冀上天還威，衆變可弭。」

議郎蔡邕對曰：「臣伏思諸異，皆亡國之怪也。天於大漢，殷勤不已，故屢出祅變以當譴責，欲令人君感悟，改危即安。今蜺墮、雞化，皆婦人干政之所致也。前者乳母趙嬈，貴重天下，讒諛驕溢，續以永樂門史霍玉，依阻城社，又爲姦邪。今道路紛紛，復云有程大人者，察其風聲，將爲國患。宜高爲隄防，明設禁令，深惟趙、霍，以爲至戒。今太尉張顥爲玉所進，光禄勳偉璋有名貪濁，又長水校尉趙玹，屯騎校尉蓋升，並叨時幸，榮富優足。宜念小人在位之咎，退思引身避賢之福。伏見廷尉郭禧純厚老成，光禄大夫橋玄聰達方直，故太尉劉寵忠實守正，並宜爲謀主，數見訪問。夫宰相大臣，君之四體，委任責成，優劣已分，不宜聽納小吏，雕琢大臣也。又尚方工技之作，鴻都篇賦之文，可且消息，以示惟憂。宰府孝廉，士之高選，近者以辟召不慎切責三公，而今並以小文超取選舉，開請託之門，違明王之典，衆心不厭，莫之敢言。臣願陛下忍而絶之，思惟萬機，以答天望。聖朝既自約厲，左右近臣亦宜從化，人自抑損，以塞咎戒，則天道虧滿，鬼神福謙矣。夫君臣不密，上有漏言之戒，下有失身之禍，願寢臣表，無使盡忠之吏受怨姦仇。」章奏，帝覽而歎息。因起更衣，曹節於後竊視之，悉宣語左右，事遂漏露。其爲邕所裁黜者，側目思報。

初，邕與大鴻臚劉郃素不相平，叔父衛尉質又與將作大匠陽球有隙。球即中常侍程璜女夫也，璜遂使人飛章言「邕、質數以私事請託於郃，郃不聽，邕含隱切，志欲相中」。於是詔下尚書召邕詰狀。邕上書曰：「臣實愚贛，不顧後害，陛下不念忠臣直言，宜加掩蔽，誹謗卒至，便用疑怪。臣年四十有六，孤特一身，得託名忠臣，死有餘榮，恐陛下於此不復聞至言矣。」於是下邕、質於雒陽獄，劾以「仇怨奉公，議害大臣，大不敬，棄市」。事奏，中常侍河南吕彊愍邕無罪，力爲伸請，帝亦更思其章，有詔「減死一等，與家屬髡鉗徙朔方，不得以赦令除」。陽球使客追路刺邕，客感其義，皆莫爲用。球又賂其部主使加毒害，所賂者反以其情戒邕，由是得免。

宋皇后無寵，後宮幸姬衆共譖毀。渤海王悝妃宋氏，即后之姑也。中常侍王甫恐后怨之，因譖后挾左道祝詛。帝信之，遂策收璽綬。后自致暴室，以憂死。父不其鄉侯酆及兄弟並被誅。

丙子晦，日有食之。尚書盧植上言：「凡諸黨錮，多非其罪，可加赦恕，申宥回枉。又宋后家屬，並以無辜，委骸橫尸，不得斂葬，宜敕收拾，以安遊魂。」帝不省。

二年，王甫、曹節等姦虐弄權，扇動内外，太尉段熲阿附之。節、甫父兄子弟爲卿、校、牧、守、令、長者布滿天下，所在貪暴。甫養子吉爲沛相，尤殘酷，凡殺人皆磔尸車上，隨其罪目，宣示屬縣，夏月腐爛，則以繩連其骨，周徧一郡乃止，見者駭懼。視事五年，凡殺萬餘人。尚書令陽球常拊髀發憤曰：「若陽球作司隸，此曹子安得容乎！」既而球果遷司隸。

甫使門生於京兆界辜榷官財物七千餘萬，京兆尹楊彪發其姦，言之司隸。彪，賜之子也。時甫休沐里舍，熲方以日食自劾。球詣闕謝恩，因奏甫、熲及中常侍淳于登、袁赦、封諝等罪惡，辛巳，悉收甫、熲等送洛陽獄，及甫子永樂少府萌、沛相吉。球自臨考，甫等五毒備極。萌先嘗爲司隸，乃謂球曰：「父子既當伏誅，亦以先後之義，少以楚毒假借老父。」球曰：「爾罪惡無狀，死不滅責，乃欲論先後求假借邪！」萌乃罵曰：「爾前奉事吾父子如奴，奴敢反汝主乎！今日臨（阬）〔阸〕相擠，行自及也。」球使以土窒萌口，箠扑交至，父子悉死於杖下。熲亦自殺。乃僵磔甫屍於夏城門，大署牓曰：「賊臣王甫。」盡没入其財産，妻子皆徙比景。

球既誅甫，欲以次表曹節等，乃敕中都官從事曰：「且先去權貴大猾，乃議其餘耳。公卿豪右若袁氏，兒輩從事自辦之，何須校尉邪。」權門聞之，莫不屏氣，曹節等皆不敢出沐。會順帝虞貴人葬，百官會喪還，曹節見磔甫尸道次，慨然抆淚曰：「我曹可自相食，何宜使犬舐其汁乎！」語諸常侍：「今且俱入，勿過里舍也。」節直入省，白帝曰：「陽球故酷暴吏，前三府奏當免官，以九江微功，復見擢用。愆過之人，好爲妄作，不宜使在司隸以騁毒虐。」帝乃徙球爲衛尉。時球出謁陵，節敕尚書令召拜，不得稽留尺一。球被召急，因求見帝，叩頭曰：「臣無清高之行，横蒙鷹犬之任，前雖誅王甫、段熲，蓋狐狸小醜，未足宣示天下。願假臣一月，必令豺狼鴟梟各服其辜。」叩頭流血。殿上呵叱曰：「衛尉扞詔邪！」至於再三，乃受拜。

於是曹節、朱瑀等權勢復盛，節領尚書令。郎中梁人審忠上書曰：「陛下即位之初，未能萬機，皇太后念在撫育，權時攝政，故中常侍蘇康、管霸應時誅殄。太傅陳蕃、大將軍竇武考其黨與，志清朝政。華容侯朱瑀知事覺露，禍及其身，遂興造逆謀，作亂王室，撞蹋省闥，勢奪璽綬，迫脅陛下，聚會羣臣，離間骨肉母子之恩，遂誅蕃、武及尹勳等。因共割裂城社，自相封賞，父子兄弟，被蒙尊榮，素所親厚，布在州郡，或登九列，或據三司。不惟禄重位尊之責，而苟營私門，多蓄財貨，繕修第舍，連里竟巷，盜取御水，以作漁釣，車馬服玩，擬於天家。羣公卿士，杜口吞聲，莫敢有言，州牧郡守，承順風旨，辟召選舉，釋賢取愚。故蟲蝗爲之生，夷寇爲之起。天意憤盈，積十餘年，故頻歲日食於上，地震於下，所以譴戒人主，欲令覺悟，誅鉏無狀。昔高宗以雉雊之變，故獲中興之功。近者神祇啓悟陛下，發赫斯之怒，故王甫父子應時馘戳，路人士女莫不稱善，若除父母之讎。誠怪陛下復忍孽臣之類，不悉殄滅。昔秦信趙高以危其國，吴使刑人身遘其禍。今以不忍之恩，赦夷族之罪，姦謀一成，悔亦何及。臣爲郎十五年，皆耳目聞見，瑀之所爲，誠皇天所不復赦。願陛下留漏刻之聽，裁省臣表，歸滅醜類，以答天怒。與瑀考驗，有不如言，願受湯鑊之誅，妻子并徙，以絶妄言之路。」章寢不報。

中常侍呂彊清忠奉公，帝以衆例封爲都鄉侯，彊固辭不受。因上疏陳事曰：「臣聞高祖重約，非功臣不侯，所以重天爵明勸戒也。中常侍曹節等，宦官祐薄，品卑人賤，讒諂媚主，佞邪徼寵，有趙高之禍，未被轘裂之誅。陛下不悟，妄授茅土，開國承家，小人是用，又并及家人，重金兼紫，交結邪黨，下比羣佞。陰陽乖剌，稼穡荒蕪，人用不康，罔不由兹。臣誠知封事已行，言之無逮，所以冒死干觸陳愚忠者，實願陛下損改既謬，從此一止。臣又聞後宮采女數千餘人，衣食之費，日數百金，比穀雖賤而户有飢色，案法當貴而今更賤者，由賦發繁數，以解縣官，寒不敢衣，飢不敢食，民有斯戹而莫之卹。宮女無用，填積後庭，天下雖復盡力耕桑，猶不能供。又前召議郎蔡邕對問於金商門，邕不敢懷道迷國，而切言極對，毀刺貴臣，譏呵宦官。陛下不密其言，至令宣露，羣邪項領，膏脣拭舌，競欲咀嚼，造作飛條。陛下回受誹謗，致邕刑罪，室家徙放，老幼流離，豈不負忠臣哉！今羣臣皆以邕爲戒，上畏不測之難，下懼劍客之害，臣知朝廷不復得聞忠言矣。故太尉段熲，武勇冠世，習於邊事，垂髮服戎，功成皓首，歷事二主，勳烈獨昭。陛下既已式序，位登台司，而爲司隸校尉陽球所見誣脅，一身既斃，而妻子遠播，天下惆悵，功臣失望。宜徵邕更加授任，反熲家屬，則忠貞路開，衆怨以弭矣。」帝知其忠而不能用。

上禄長和海上言：「禮，從祖兄弟别居異財，恩義已輕，服屬疏末。而今黨人錮及五族，既乖典訓之文，有謬經常之法。」帝覽之而悟，於是黨錮自從祖以下皆得解釋。

初，司徒劉郃兄侍中儵與竇武同謀，俱死，永樂少府陳球説郃曰：「公出自宗室，位登台鼎，天下瞻望，社稷鎭衛，豈得雷同，容容無違而已。今曹節等放縱爲害，而久在左右，又公兄侍中受害節等，今可表徙衛尉陽球爲司隸校尉，以次收節等誅之。政出聖主，天下太平可翹足而待也。」郃曰：「凶豎多耳目，恐事未會，先受其禍。」尚書劉納曰：「爲國棟梁，傾危不持，焉用彼相邪？」郃許諾，亦與陽球結謀。球小妻，程璜之女，由是節等頗得聞知，乃重賂璜，且脅之。璜懼迫，以球謀告節，節因共白帝曰：「郃與劉納、陳球、陽球交通書疏，謀議不軌。」帝大怒，冬十月甲申，劉郃、陳球、劉納、陽球皆下獄，死。

四年，大長秋華容侯曹節卒，中常侍趙忠代領大長秋。

六年春三月，鉅鹿張角反，以中常侍封諝、徐奉等爲内應。事見黄巾之亂。

中平元年，張角之亂，帝召羣臣會議。北地太守皇甫嵩以爲宜解黨禁，益出中藏錢、西園厩馬以班軍士。嵩，規之兄子也。上問計於中常侍吕彊，對曰：「黨錮久積，人情怨憤，若不赦宥，輕與張角合謀，爲變滋大，悔之無救。今請先誅左右貪濁者，大赦黨人，料簡刺史、二千石能否，則盜無不平矣。」帝懼而從之。壬子，赦天下黨人，還諸徙者，唯張角不赦。

是時，中常侍趙忠、張讓、夏惲、郭勝、段珪、宋典等皆封侯貴寵，上常言：「張常侍是我公，趙常侍是我母。」由是宦官無所憚畏，並起第宅，擬則宫室。上嘗欲登永安候臺，宦官恐望見其居處，乃使中大人尚但諫曰：「天子不當登高，登高則百姓虚散。」上自是不敢復升臺榭。及封諝、徐奉事發，上詰責諸常侍曰：「汝曹常言黨人欲爲不軌，皆令禁錮，或有伏誅者。今黨人更爲國用，汝曹反與張角通，爲可斬未？」皆叩頭曰：「此王甫、侯覽所爲也。」於是諸常侍人人求退，各自徵還宗親子弟在州郡者。

趙忠、夏惲等遂共譖呂彊，云與黨人共議朝廷，數讀霍光傳。彊兄弟所在並皆貪穢。帝使中黄門持兵召彊，彊聞帝召，怒曰：「吾死，亂起矣。丈夫欲盡忠國家，豈能對獄吏乎！」遂自殺。忠、惲復譖曰：「彊見召，未知所問而就外自屏，有姦明審。」遂收捕其宗親，没入財産。

侍中河内向栩上便宜，譏刺左右。張讓誣栩與張角同心，欲爲内應，收送黄門北寺獄，殺之。

郎中中山張鈞上書曰：「竊惟張角所以能興兵作亂，萬民所以樂附之者，其源皆由十常侍多放父兄、子弟、婚親、賓客典據州郡，辜榷財利，侵掠百姓，百姓之冤無所告訴，故謀議不軌，聚爲盜賊。宜斬十常侍，縣頭南郊，以謝百姓，遣使者布告天下，可不須師旅而大寇自消。」帝以鈞章示諸常侍，皆免冠徒跣頓首，乞自致雒陽詔獄，並出家財以助軍費。有詔，皆冠履視事如故。帝怒鈞曰：「此真狂子也。十常侍固當有一人善者不！」御史承旨，遂誣奏鈞學黃巾道，收掠，死獄中。

朱儁之擊黃巾也，其護軍司馬北地傅燮上疏曰：「臣聞天下之禍不由於外，皆興於内。是故虞舜先除四凶，然後用十六相，明惡人不去，則善人無由進也。今張角起於趙、魏，黃巾亂於六州，此皆釁發蕭牆而禍延四海者也。臣受戎任，奉辭伐罪，始到潁川，戰無不尅，黃巾雖盛，不足爲廟堂憂也。臣之所懼，在於治水不自其源，末流彌增其廣耳。陛下仁德寬容，多所不忍，故閹豎弄權，忠臣不進，誠使張角梟夷，黃巾變服，臣之所憂，甫益深耳。何者？夫邪正之人不宜共國，亦猶冰炭不可同器。彼知正人之功顯而危亡之兆見，皆將巧辭飾説，共長虚僞。夫孝子疑於屢至，市虎成於三夫，若不詳察真僞，忠臣將復有杜郵之戮矣。陛下宜思虞舜四罪之舉，速行讒佞之誅，則善人思進，姦凶自息。」趙忠見其疏而惡之。燮擊黃巾，功多當封，忠譖訴之。帝識燮書，得不加罪，竟亦不封。

二年春二月己酉，南宫雲臺災。庚戌，樂城門災。中常侍張讓、趙忠説帝斂天下田，畝十錢，以修宫室，鑄銅人。樂安太守陸康上疏諫曰：「昔魯宣税畝而蝝災自生，哀公增賦而孔子非之。豈有聚奪民物，以營無用之銅人，捐捨聖戒，自蹈亡王之法哉！」内倖譖康援引亡國以譬聖明，大不敬，檻車徵詣廷尉。侍御史劉岱表陳解釋，得免歸田里。康，續之孫也。

又詔發州郡材木、文石，部送京師。黄門常侍輒令譴呵不中者，因强折賤買，僅得本賈十分之一，因復貨之，宦官復不爲即受，材木遂至腐積，宫室連年不成。刺史、太守復增私調，百姓呼嗟。又令西園騶分道督趣，恐動州郡，多受賕賂。刺史、二千石及茂才、孝廉遷除，皆責助軍、修宫錢，大郡至二三千萬，餘各有差。當之官者，皆先至西園諧價，然後得去；其守清者乞不之官，皆迫遣之。時鉅鹿太守河内司馬直新除，以有清名，減責三百萬。直被詔，悵然曰：「爲民父母，而反割剥百姓以稱時求，吾不忍也。」辭疾，不聽。行至孟津，上書極陳當世之失，即吞藥自殺。書奏，帝爲暫絶修宫錢。

六月，以討張角功，封中常侍張讓等十二人爲列侯。

秋七月，皇甫嵩之討張角也，過鄴，見中常侍趙忠舍宅踰制，奏没入之。又中常侍張讓私求錢五千萬，嵩不與。二人由是奏嵩「連戰無功，所費者多」，徵嵩還，收左車騎將軍印綬，削户六千。

冬十月，諫議大夫劉陶上言：「天下前遇張角之亂，後遭邊章之寇，今西羌逆類已攻河東，恐遂轉盛，豕突上京。民有百走退死之心，而無一前鬬生之計，西寇浸前，車騎孤危，假令失利，其敗不救。臣自知言數見厭，而言不自裁者，以爲國安則臣蒙其慶，國危則臣亦先亡也。謹復陳當今要急八事。」大較言天下大亂，皆由宦官。宦官共讒陶曰：「前張角事發，詔書示以威恩，自此以來，各各改悔。今者四方安静，而陶疾害聖政，專言妖孽。州郡不上，陶何緣知？疑陶與賊通情。」於是收陶下黄門北寺獄，掠按日急。陶謂使者曰：「臣恨不與伊、吕同疇，而以三仁爲輩。今上殺忠謇之臣，下有憔悴之民，亦在不久，後悔何及。」遂閉氣而死。前司徒陳耽爲人忠正，宦官怨之，亦誣陷，死獄中。

是歲，帝造萬金堂於西園，引司農金錢、繒帛牣積堂中，復藏寄小黄門、常侍家錢各數千萬，又於河間買田宅，起第觀。

三年春二月，以中常侍趙忠爲車騎將軍。帝使忠論討黄巾之功，執金吾甄舉謂忠曰：「傅南容前在東軍，有功不侯，天下失望。今將軍親當重任，宜進賢理屈，以副衆心。」忠納其言，遣弟城門校尉延致殷勤於傅燮。延謂燮曰：「南容少答我常侍，萬户侯不足得也。」燮正色拒之曰：「有功不論，命也。傅燮豈求私賞哉！」忠愈懷恨，然憚其名，不敢害，出爲漢陽太守。

五年夏五月，故太傅陳蕃子逸與術士襄楷會於冀州刺史王芬坐，楷曰：「天文不利宦者，黄門、常侍真族滅矣。」逸喜。芬曰：「若然者，芬願驅除。」因與豪桀轉相招合，上書言黑山賊攻劫郡縣，欲因以起兵。會帝欲北巡河間舊宅，芬等謀以兵徼劫，誅諸常侍、黄門，因廢帝，立合肥侯。以其謀告議郎曹操。操曰：「夫廢立之事，天下之至不祥也。

古人有權成敗、計輕重而行之者，伊、霍是也。伊、霍皆懷至忠之誠，據宰輔之勢，因秉政之重，同衆人之欲。故能計從事立。今諸君徒見曩者之易，未覩當今之難，而造作非常，欲望必克，不亦危乎？」芬又呼平原華歆、陶丘洪共定計。洪欲行，歆止之曰：「夫廢立大事，伊、霍之所難。芬性疏而不武，此必無成。」洪乃止。會北方夜半有赤氣，東西竟天，太史上言「北方有陰謀，不宜北行」，帝乃止。敕芬罷兵，俄而徵之，芬懼，解印綬亡走，至平原，自殺。

八月，初置西園八校尉，以小黄門蹇碩爲上軍校尉，虎賁中郎將袁紹爲中軍校尉，屯騎校尉鮑鴻爲下軍校尉，議郎曹操爲典軍校尉，趙融爲助軍左校尉，馮芳爲助軍右校尉，諫議大夫夏牟爲左校尉，淳于瓊爲右校尉，皆統於蹇碩。帝自黄巾之起，留心戎事，碩壯健有武略，帝親任之，雖大將軍亦領屬焉。

冬十月，望氣者以爲京師當有大兵，兩宫流血。帝欲厭之，乃大發四方兵，講武於平樂觀下，起大壇，上建十二重華蓋，高十丈；壇東北爲小壇，復建九重華蓋，高九丈。列步騎數萬人，結營爲陳。甲子，帝親出臨軍，駐大華蓋下，大將軍進駐小華蓋下。帝躬擐甲介馬，稱「無上將軍」，行陳三匝而還，以兵授進。帝問討虜校尉蓋勳曰：「吾講武如是，何如？」對曰：「臣聞『先王曜德不觀兵』。今寇在遠而設近陳，不足昭果毅，衹黷武耳。」帝曰：「善，恨見君晚，羣臣初無是言也。」勳謂袁紹曰：「上甚聰明，但蔽於左右耳。」與紹謀共誅嬖倖。蹇碩懼，出勳爲京兆尹。

六年夏四月，蹇碩忌大將軍進，典諸常侍共説帝，遣進西擊韓遂，帝從之。進陰知其謀，奏遣袁紹收徐、兖二州兵，須紹還而西，以稽行期。

初，帝數失皇子，何皇后生子辯，養於道人史子眇家，號曰「史侯」。王美人生子協，董太后自養之，號曰「董侯」。羣臣請立太子，帝以辯輕佻無威儀，欲立協，猶豫未决。會疾篤，屬協於蹇碩。丙辰，帝崩于嘉德殿。碩時在内，欲先誅何進而立協，使人迎進，欲與計事。進即駕往，碩司馬潘隱與進早舊，迎而目之。進驚，馳從儳道歸營，引兵入屯百郡邸，因稱疾不入。

戊午，皇子辯即皇帝位，年十四。尊皇后曰皇太后，太后臨朝。赦天下，改元爲光熹。封皇弟協爲渤海王，協年九歲。以後將軍袁隗爲太傅，與大將軍何進參録尚書事。

進既秉朝政，忿蹇碩圖己，陰規誅之。袁紹因進親客張津，勸進悉誅諸宦官。進以袁氏累世貴寵，而紹與從弟虎賁中郎將術皆爲豪桀所歸，信而用之。復博徵智謀之士何顒、荀攸及河南鄭泰等二十餘人，以顒爲北軍中候，攸爲黄門侍郎，泰爲尚書，與同腹心。攸，爽之從孫也。

蹇碩疑不自安，與中常侍趙忠、宋典等書曰：「大將軍兄弟秉國專朝，今與天下黨人謀誅先帝左右，埽滅我曹，但以碩典禁兵，故且沈吟。今宜共閉上閤，急捕誅之。」中常侍郭勝，進同郡人也，太后及進之貴幸，勝有力焉，故親信何氏。與趙忠等議，不從碩計，而以其書示進。庚午，進使黄門令收碩，誅之，因悉領其屯兵。

票騎將軍董重，與何進權勢相害，中官挾重以爲黨助。董太后每欲參干政事，何太后輒相禁塞，董后忿恚，詈曰：「汝今輈張，怙汝兄耶？吾敕票騎斷何進頭，如反手耳。」何太后聞之，以告進。五月，進與三公共奏：「孝仁皇后使故中常侍夏惲等交通州郡，辜較財利，悉入西省。故事，蕃后不得留京師，請遷宫本國。」奏可。辛巳，進舉兵圍票騎府，收董重，免官，自殺。六月辛亥，董后憂怖暴崩，民間由是不附何氏。

秋七月，袁紹復説何進曰：「前竇武欲誅内寵而反爲所害者，但坐言語漏泄，五營兵士皆服畏中人，而竇氏反用之，自取禍滅。今將軍兄弟並領勁兵，部曲、將吏皆英俊名士，樂盡力命，事在掌握，此天贊之時也。將軍宜一爲天下除患，以垂名後世，不可失也。」進乃白太后，請盡罷中常侍以下，以三署郎補其處。太后不聽，曰：「中官統領禁省，自古及今，漢家故事，不可廢也。且先帝新棄天下，我奈何楚楚與士人共對事乎。」進難違太后意，且欲誅其放縱者。紹以爲中官親近至尊，出納號令，今不悉廢，後必爲患。而太后母舞陽君及何苗數受諸宦官賂遺，知進欲誅之，數白太后爲其障蔽。又言：「大將軍專殺左右，擅權以弱社稷。」太后疑以爲然。進新貴，素敬憚中官，雖外慕大名，而內不能斷，故事久不決。

紹等又爲畫策，多召四方猛將及諸豪傑，使並引兵向京城以脅太后。進然之。主簿廣陵陳琳諫曰：「諺稱『掩目捕雀』，夫微物尚不可欺以得志，況國之大事，其可以詐立乎？今將軍總皇威，握兵要，龍驤虎步，高下在心，此猶鼓洪爐燎毛髮耳。但當速發雷霆，行權立斷，則（夫）〔天〕人順之，而反委釋利器，更徵外助。大兵聚會，強者爲雄，所謂倒持干戈，授人以柄，功必不成，衹爲亂階耳。」進不聽。典軍校尉曹操聞而笑曰：「宦者之官，古今宜有，但世主不當假之權寵，使至於此。既治其罪，當誅元惡，一獄吏足矣，何至紛紛召外兵乎？欲盡誅之，事必宣露，吾見其敗也。」

初，靈帝徵董卓爲少府，卓上書言：「所將湟中義從及秦、胡兵皆詣臣言：『牢直不畢，稟賜斷絕，妻子饑凍。』牽挽臣車，使不得行。羌胡憋腸狗態，臣不能禁止，輒將順安慰，增異復上。」朝廷不能制。及帝寢疾，璽書拜卓并州牧，令以兵屬皇甫嵩。卓復上書言：「臣誤蒙天恩，掌戎十年，士卒大小，相狎彌久，戀臣畜養之恩，爲臣奮一旦之命，乞將之北州，效力邊垂。」嵩從子酈說嵩曰：「天下兵柄，在大人與董卓耳。今怨隙已結，勢不俱存。卓被詔委兵，而上書自請，此逆命也。彼度京師政亂，故敢躊躇不進，此懷姦也。二者，刑所不赦。且其凶戾無親，將士不附，大人今爲元帥，杖國威以討之，上顯忠義，下除凶害，無不濟也。」嵩曰：「違命雖罪，專誅亦有責也。不如顯奏其事，使朝廷裁之。」乃上書以聞。帝以讓卓，卓亦不奉詔，駐兵河東，以觀時變。

何進召卓，使將兵詣京師。侍御史鄭泰諫曰：「董卓强忍寡義，志欲無厭，若借之朝政，授以大事，將恣凶欲，必危朝廷。明公以親德之重，據阿衡之權，秉意獨斷，誅除有罪，誠不宜假卓以爲資援也。且事留變生，殷鑒不遠，宜在速決。」尚書盧植亦言不宜召卓，進皆不從。泰乃棄官去，謂荀攸曰：「何公未易輔也。」

進府掾王匡、騎都尉鮑信皆泰山人，進使還鄉里募兵。并召東郡太守橋瑁屯成皋，使武猛都尉丁原將數千人寇河内，燒孟津，火照城中，皆以誅宦官爲言。

董卓聞召，即時就道，并上書曰：「中常侍張讓等竊倖承寵，濁亂海内。臣聞揚湯止沸，莫若去薪，潰癰雖痛，勝於内食。昔趙鞅興晋陽之甲以逐君側之惡，今臣輒鳴鐘鼓如雒陽，請收讓等以清姦穢。」太后猶不從。何苗謂進曰：「始共從南陽來，俱以貧賤依省内以致富貴，國家之事，亦何容易。覆水不收，宜深思之，且與省内和也。」卓至澠池，而進更狐疑，使諫議大夫种邵宣詔止之。卓不受詔，遂前至河南，邵迎勞之，因譬令還軍。卓疑有變，使其軍士以兵脅邵，邵怒，稱詔叱之，軍士皆披，遂前質責卓。卓辭屈，乃還軍夕陽亭。邵，嵩之孫也。

袁紹懼進變計，因脅之曰：「交構已成，形勢已露，將軍復欲何待，而不早決之乎？事久變生，復爲竇氏矣。」進於是以紹爲司隸校尉，假節，專命擊斷；從事中郎王允爲河南尹。紹使雒陽方略武吏司察宦者，而促董卓等使馳驛上奏，欲進兵平樂觀。太后乃恐，悉罷中常侍、小黄門，使還里舍，唯留進素所私人以守省中。諸常侍、小黄門皆詣進謝罪，唯所措置。進謂曰：「天下匈匈，正患諸君耳。今董卓垂至，諸君何不早各就國。」袁紹勸進便於此決之，至于再三，進不許。紹又爲書告諸州郡，詐宣進意，使捕案中官親屬。

進謀積日，頗泄，中官懼而思變。張讓子婦，太后之妹也，讓向子婦叩頭曰：「老臣得罪，當與新婦俱歸私門。唯受恩累世，今當遠離宮殿，情懷戀戀，願復一入直，得暫奉望太后陛下顏色，然後退就溝壑，死不恨矣。」子婦言於舞陽君，入白太后，乃詔諸常侍皆復入直。

八月戊辰，進入長樂宮，白太后，請盡誅諸常侍。中常侍張讓、段珪相謂曰：「大將軍稱疾，不臨喪，不送葬，今欻入省，此意何爲？竇氏事竟復起邪？」使潛聽，具聞其語。乃率其黨數十人持兵竊自側闥入，伏省户下，進出，因詐以太后詔召進，入坐省閤。讓等詰進曰：「天下憒憒，亦非獨我曹罪也。先帝嘗與太后不快，幾至成敗，我曹涕泣救解，各出家財千萬爲禮，和悦上意，但欲託卿門户耳。今乃欲滅我曹種族，不亦太甚乎！」於是尚方監渠穆拔劍斬進於嘉德殿前。讓、珪等爲詔，以故太尉樊陵爲司隸校尉，少府許相爲河南尹。尚書得詔板，疑之，曰：「請大將軍出共議。」中黄門以進頭擲與尚書曰：「何進謀反，已伏誅矣。」

進部曲將吴匡、張璋在外聞進被害，欲引兵入宫，宫門閉。虎賁中郎將袁術與匡共斫攻之，中黄門持兵守閤。會日暮，術因燒南宫青瑣門，欲以脅出讓等。讓等入白太后，言大將軍兵反，燒宫，攻尚書闥，因將太后、少帝及陳留王劫省内官屬，從複道走北宫。尚書盧植執戈於閣道窗下，仰數段珪，珪懼，乃釋太后，太后投閣，得免。袁紹與叔父隗矯詔召樊陵、許相，斬之。紹及何苗引兵屯朱雀闕下，捕得趙忠等，斬之。吴匡等素怨苗不與進同心，而又疑其與宦官通謀，乃令軍中曰：「殺大將軍者，即車騎也，吏士能爲報讎乎？」皆流涕曰：「願致死。」匡遂引兵與董卓弟奉車都尉旻攻殺苗，棄其屍於苑中。紹遂閉北宫門，勒兵捕諸宦者，無少長皆殺之，凡二千餘人，或有無須而誤死者。紹因進兵排宫，或上端門屋以攻省内。

庚午，張讓、段珪等困迫，遂將帝與陳留王數十人步出穀門，夜至小平津，六璽不自隨，公卿無得從者，唯尚書盧植、河南中部掾閔貢夜至河上。貢厲聲質責讓等，且曰：「臣等死，陛下自愛。」遂投河而死。「今不速死，吾將殺汝！」因手劍斬數人。讓等惶怖，叉手再拜，叩頭向帝辭曰：

貢扶帝與陳留王夜步逐螢光南行，欲還宮，行數里，得民家露車，共乘之，至雒舍止。辛未，帝獨乘一馬，陳留王與貢共乘一馬，從雒舍南行，公卿稍有至者。董卓至顯陽苑，遠見火起，知有變，引兵急進；未明，到城西，聞帝在北，因與公卿往奉迎於北芒阪下。帝見卓將兵卒至，恐怖涕泣。羣公謂卓曰：「有詔卻兵。」卓曰：「公諸人爲國大臣，不能匡正王室，至使國家播蕩，何卻兵之有？」卓與帝語，語不可了；乃更與陳留王語，問禍亂由起，王答，自初至終，無所遺失。卓大喜，以王爲賢，且爲董太后所養，卓自以與太后同族，遂有廢立之意。

是日，帝還宮，赦天下，改光熹爲昭寧。失傳國璽，餘璽皆得之。以丁原爲執金吾。騎都尉鮑信自泰山募兵適至，說袁紹曰：「董卓擁强兵，將有異志，今不早圖，必爲所制。及其新至疲勞，襲之可禽也。」紹畏卓，不敢發，信乃引兵還泰山。

董卓之入也，步騎不過三千，自嫌兵少，恐不爲遠近所服，率四五日輒夜潛出軍近營，明旦乃大陳旌鼓而還，以爲西兵復至，雒中無知者。俄而進及弟苗部曲皆歸於卓，卓又陰使丁原部曲司馬五原吕布殺原而并其衆，卓兵於是大盛。乃諷朝廷，以久雨，策免司空劉弘而代之。

初，蔡邕徙朔方，會赦得還。五原太守王智，甫之弟也，奏邕謗訕朝廷，邕遂亡命江海，積十二年。董卓聞其名而辟之，稱疾不就。卓怒，詈曰：「我能族人。」邕懼而應命，到署祭酒，甚見敬重，舉高第，三日之間，周歷三臺，遷爲侍中。

董卓謂袁紹曰：「天下之主，宜得賢明，每念靈帝，令人憤毒。董侯似可，今欲立之，爲能勝史侯否？人有小智大癡，亦知復何如爲當，且爾，劉氏種不足復遺。」紹曰：「漢家君天下四百許年，恩澤深渥，兆民戴之。今上富於春秋，未有不善宣於天下，公欲廢嫡立庶，恐衆不從公議也。」卓按劍叱紹曰：「豎子敢然！天下之事，豈不在我。我欲爲之，誰敢不從！爾謂董卓刀爲不利乎？」紹勃然曰：「天下健者，豈惟董公！」引佩刀，横揖，徑出。卓以新至，見紹大家，故不敢害。紹縣節於上東門，逃奔冀州。

九月癸酉，卓大會百寮，奮首而言曰：「皇帝闇弱，不可以奉宗廟，爲天下主。今欲依伊尹、霍光故事，更立陳留王，何如？」公卿以下皆惶恐，莫敢對。卓又抗言曰：「昔霍光定策，延年按劍。有敢沮大議，皆以軍法從事。」坐者震動。尚書盧植獨曰：「昔太甲既立不明，昌邑罪過千餘，故有廢立之事。今上富於春秋，行無失德，非前事之比也。」卓大怒，罷坐。將殺植，蔡邕爲之請，議郎彭伯亦諫卓曰：「盧尚書海内大儒，人之望也。今先害之，天下震怖。」卓乃止，但免植官，植遂逃隱於上谷。卓以廢立議示太傅袁隗，隗報如議。

甲戌，卓復集羣僚於崇德前殿，遂脅太后策廢少帝，曰：「皇帝在喪，無人子之心，威儀不類人君，今廢爲弘農王，立陳留王協爲帝。」袁隗解帝璽綬以奉陳留王，扶弘農王下殿，北面稱臣。太后鯁涕，羣臣含悲，莫敢言者。

卓又議：「太后踧迫永樂宮，至令憂死，逆婦姑之禮。」乃遷太后於永安宮。赦天下，改昭寧爲永漢。丙子，卓酖殺何太后，公卿以下不布服，會葬，素衣而已。卓又發何苗棺，出其尸，支解節斷，棄於道邊。殺苗母舞陽君，棄尸於苑枳落中。

詔除公卿以下子弟爲郎，以補宦官之職，侍於殿上。

董卓自爲太尉，領前將軍事，加節傳、斧鉞、虎賁，更封郿侯。

董卓率諸公上書追理陳蕃、竇武及諸黨人，悉復其爵位，遣使弔祠，擢用其子孫。

十一月，以董卓爲相國，贊拜不名，入朝不趨，劍履上殿。

十二月戊戌，以司徒黄琬爲太尉，司空楊彪爲司徒，光禄勳荀爽爲司空。初，尚書武威周毖、城門校尉汝南伍瓊説董卓矯桓、靈之政，擢用天下名士以收衆望。卓從之，命毖、瓊與尚書鄭泰、長史何顒等沙汰穢惡，顯拔幽滯。於是徵處士荀爽、陳紀、韓融、申屠蟠。復就拜爽平原相，行至宛陵，遷光禄勳，視事三日，進拜司空。自被徵命及登台司，凡九十三日。又以紀爲五官中郎將，融爲大鴻臚。紀，寔之子；融，韶之子也。爽等皆畏卓之暴，無敢不至，獨申屠蟠得徵書，人勸之行，蟠笑而不答，卓終不能屈，年七十餘，以壽終。卓又以尚書韓馥爲冀州牧，侍中劉岱爲兖州刺史，陳留孔伷爲豫州刺史，東平張邈爲陳留太守，潁川張咨爲南陽太守。卓所親愛，並不處顯職，但將校而已。

董卓性殘忍，一旦專政，據有國家，甲兵珍寶，威震天下，所願無極。語賓客曰：「我相，貴無上也。」侍御史擾龍宗詣卓白事，不解劍，立撾殺之。是時，雒中貴戚，室第相望，金帛財産，家家充積，卓縱放兵士，突其廬舍，剽虜資物，妻略婦女，不避貴賤。人情崩恐，不保朝夕。

卓購求袁紹急，周毖、伍瓊説卓曰：「夫廢立大事，非常人所及。袁紹不達大體，恐懼出奔，非有他志。今急購之，勢必爲變。袁氏樹恩四世，門生故吏徧於天下，若收豪傑以聚徒衆，英雄因之而起，則山東非公之有也。不如赦之，拜一郡守，紹喜於免罪，必無患矣。」卓以爲然，乃即拜紹勃海太守，封邟鄉侯。又以袁術爲後將軍，曹操爲驍騎校尉。術畏卓，出奔南陽。

是時，豪傑多欲起兵討卓者。袁紹在勃海，冀州牧韓馥遣數部從事守之，不得動摇。東郡太守橋瑁詐作京師三公移書與州郡，陳卓罪惡，云見逼迫，無以自救，企望義兵，解國患難。馥得移，請諸從事問曰：「今當助袁氏邪？助董氏邪？」治中從事劉子惠曰：「今興兵爲國，何謂袁、董。」馥有慚色。子惠復言：「兵者凶事，不可爲首。今宜往視他州，有發動者，然後和之。冀州於他州不爲弱也，他人功未有在冀州之右者也。」馥然之。馥乃作書與紹，道卓之惡，聽其舉兵。

獻帝初平元年春正月，關東州郡皆起兵以討董卓，衆各數萬。事見曹操篡漢。

癸酉，董卓使郎中令李儒酖殺弘農王辯。

卓議大發兵以討山東，尚書鄭泰曰：「夫政在德，不在衆也。」卓不悦，曰：「如卿此言，兵爲無用邪？」泰曰：「非謂其然也，以爲山東不足加大兵耳。明公出自西州，少爲將帥，閑習軍事；袁本初公卿子弟，生處京師。張孟卓東平長者，坐不闚堂。孔公緒清談高論，噓枯吹生。並無軍旅之才，臨鋒決敵，非公之儔也。况王爵不加，尊卑無序，若恃衆怙力，將各棊峙以觀成敗，不肯同心共膽，與齊進退也。且山東承平日久，民不習戰。關西頃遭羌寇，婦女皆能挾弓而鬭，天下所畏者無若并、凉之人與羌胡義從，而明公擁之以爲爪牙，譬猶驅虎兕以赴犬羊，鼓烈風以掃枯葉，誰敢禦之？無事徵兵以驚天下，使患役之民相聚爲非，棄德恃衆，自虧威重也。」卓乃悦。

董卓以山東兵盛，欲遷都以避之，公卿皆不欲，而莫敢言。卓表河南尹朱儁爲太僕，以爲己副。使者召拜，儁辭，不肯受。因曰：「國家西遷，必孤天下之望，以成山東之釁，臣不知其可也。」使者曰：「召君受拜而君拒之，不問徙事而君陳之，何也？」儁曰：「副相國，非臣所堪也；遷都非計，事所急也。辭所不堪，言其所急，臣之宜也。」由是止不爲副。

卓大會公卿議曰：「高祖都關中，十有一世，光武宮雒陽，於今亦十一世矣。案石包讖，宜徙都長安，以應天人之意。」百官皆默然，司徒楊彪曰：「移都改制，天下大事，故盤庚遷亳，殷民胥怨。昔關中遭王莽殘破，故光武更都雒邑，歷年已久，百姓安樂。今無故捐宗廟，棄園陵，恐百姓驚動，必有糜沸之亂。石包讖妖邪之書，豈可信用？」卓曰：「關中肥饒，故秦得并吞六國。且隴右材木自出，杜陵有武帝陶竈，并功營之，可使一朝而辦。百姓何足與議，若有前卻，我以大兵驅之，可令詣滄海。」彪曰：「天下動之至易，安之甚難，惟明公慮焉。」卓作色曰：「公欲沮國計邪！」太尉黄琬曰：「此國之大事，楊公之言，得無可思。」卓不答。司空荀爽見卓意壯，恐害彪等，因從容言曰：「相國豈樂此邪？山東兵起，非一日可禁，故當遷以圖之，此秦、漢之勢也。」卓意小解。琬退，又爲駁議。二月乙亥，卓以災異奏免琬、彪等，以光禄勳趙謙爲太尉，太僕王允爲司徒。城門校尉伍瓊、督軍校尉周毖固諫遷都，卓大怒曰：「卓初入朝，二君勸用善士，故卓相從，而諸君到官，舉兵相圖。此二君賣卓，卓何用相負。」庚辰，收瓊、毖斬之。楊彪、黄琬恐懼，詣卓謝，卓亦悔殺瓊、毖，乃復表彪、琬爲光禄大夫。

卓徵京兆尹蓋勳爲議郎。時左將軍皇甫嵩將兵三萬屯扶風，勳密與嵩謀討卓。會卓亦徵嵩爲城門校尉，嵩長史梁衍説嵩曰：「董卓寇掠京邑，廢立從意，今徵將軍，大則危禍，小則困辱。今及卓在雒陽，天子來西，以將軍之衆迎接至尊，奉令討逆，徵兵羣帥，袁氏逼其東，將軍迫其西，此成禽也。」嵩不從，遂就徵。勳以衆弱不能獨立，亦還京師。卓以勳爲越騎校尉。河南尹朱儁爲卓陳軍事，卓折儁曰：「我百戰百勝，决之於心，卿勿妄説，且汙我刀。」蓋勳曰：「昔武丁之明，猶求箴諫，况如卿者，而欲杜人之口乎？」卓乃謝之。

卓遣軍至陽城，值民會於社下，悉就斬之，駕其車重，載其婦女，以頭繫車轅，歌呼還雒，云攻賊大獲。卓焚燒其頭，以婦女與甲兵爲婢妾。

丁亥，車駕西遷，董卓收諸富室，以罪惡誅之，没入其財物，死者不可勝計。悉驅徙其餘民數百萬口於長安，步騎驅蹙，更相蹈藉，飢餓寇掠，積尸盈路。卓自留屯畢圭苑中，悉燒宮廟、官府、居家，二百里内，室屋蕩盡，無復雞犬。又使呂布發諸帝陵及公卿以下冢墓，收其珍寶。卓獲山東兵，以猪膏塗布十餘匹，用纏其身，然後燒之，先從足起。

三月乙巳，車駕入長安，居京兆府舍，後乃稍葺宮室而居之。時董卓未至，朝政大小皆委之王允。允外相彌縫，内謀王室，甚有大臣之度，自天子及朝中皆倚允。允屈意承卓，卓亦雅信焉。

州郡舉兵討董卓。長沙太守孫堅亦起兵，前至南陽，衆已數萬人。南陽太守張咨不肯給軍糧，堅誘而斬之，郡中震慄，無求不獲。前到魯陽，與袁術合兵。術由是得據南陽，表堅行破虜將軍，領豫州刺史。

六月，董卓遣大鴻臚韓融、少府陰脩、執金吾胡母班、將作大匠吴脩、越騎校尉王瓌安集關東，解譬袁紹等。胡母班、吴脩、王瓌至河内，袁紹使王匡悉收繫殺之，袁術亦殺陰脩，惟韓融以名德免。

冬，王匡屯河陽津，董卓襲擊，大破之。

二年春正月，關東諸將議立宗室劉虞爲主。韓馥、袁紹以書與袁術曰：「帝非孝靈子，欲依絳、灌誅廢少主迎立代王故事，奉大司馬虞爲帝。」術陰有不臣之心，不利國家有長君，乃外託公義以拒之。紹復與術書曰：「今西名有幼君，無血脉之屬，公卿以下皆媚事卓，安可復信。但當使兵往屯關要，皆自蹙死，東立聖君，太平可冀，如何有疑？又室家見戮，不念子胥，可復北面乎！」術答曰：「聖主聰叡，有周成之質，賊卓因危亂之際，威服百寮，此乃漢家小厄之會，乃云今主『無血脉之屬』，豈不誣乎？又曰『室家見戮，可復北面』，此卓所爲，豈國家哉！慺慺赤心，志在滅卓，不識其他。」馥、紹竟遣故樂浪太守張岐等齎議上虞尊號。虞見岐等，厲色叱之曰：「今天下崩亂，主上蒙塵，吾被重恩，未能清雪國恥，諸君各據州郡，宜共戮力，盡心王室，而反造逆謀以相垢汙邪！」固拒之。馥等又請虞領尚書事，承制封拜，復不聽，欲奔匈奴以自絕，紹等乃止。

二月丁丑，以董卓爲太師，位在諸侯王上。

孫堅移屯梁東，爲卓將徐榮所敗，復收散卒進屯陽人。卓遣東郡太守胡軫督步騎五千擊之，以呂布爲騎督。軫與布不相得，堅出擊，大破之，梟其都督華雄。

或謂袁術曰：「堅若得雒，不可復制，此爲除狼而得虎也。」術疑之，不運軍糧。堅夜馳見術，畫地計校曰：「所以出身不顧者，上爲國家討賊，下慰將軍家門之私讎。堅與卓，非有骨肉之怨也，而將軍受浸潤之言，還相嫌疑，何也？」術踧踖，即調發軍糧。

堅還屯，卓遣將軍李傕說堅欲與和親，令堅疏子弟任刺史、郡守者，許表用之。堅曰：「卓逆天無道，今不夷汝三族，縣示四海，則吾死不瞑目，豈將與乃和親邪！」復進軍大谷，距雒九十里。卓自出與堅戰於諸陵間，卓敗走，卻屯澠池，聚兵於陝。堅進至雒陽，擊呂布，復破走。堅乃埽除宗廟，祠以太牢，得傳國璽於城南甄官井中。分兵出新安、澠池間以邀卓。卓使東中郎將董越屯澠池，中郎將段煨屯華陰，中郎將牛輔屯安邑，其餘諸將布在諸縣，以禦山東。輔，卓之壻也。卓引還長安，孫堅修塞諸陵，引軍還魯陽。

夏四月，董卓至長安，公卿皆迎拜車下。卓抵手謂御史中丞皇甫嵩曰：「義真，怖未乎？」嵩曰：「明公以德輔朝廷，大慶方至，何怖之有。若淫刑以逞，將天下皆懼，豈獨嵩乎！」卓黨欲尊卓比太公，稱「尚父」，卓以問蔡邕。邕曰：「明公威德誠爲巍巍，然比之太公，愚意以爲未可。宜須關東平定，車駕還反舊京，然後議之。」卓乃止。

卓使司隸校尉劉囂籍吏民有爲子不孝、爲臣不忠、爲吏不清、爲弟不順者，皆身誅，財物沒官。於是更相誣引，冤死者以千數。百姓囂囂，道路以目。

初，董卓入關，留朱儁守雒陽，而儁潛與山東諸將通謀，懼爲卓所襲，出奔荆州。卓以弘農楊懿爲河南尹，儁復引兵還雒，擊懿，走之。儁以河南殘破，無所資，乃東屯中牟，移書州郡，請師討卓。徐州刺史陶謙上儁行車騎將軍，遣精兵三千助之，餘州郡亦有所給。

三年春正月，董卓遣牛輔將兵屯陝，輔分遣校尉北地李傕、張掖郭汜、武威張濟將步騎數萬擊破朱儁於中牟，因掠陳留、潁川諸縣，所過殺虜無遺。

董卓以其弟旻爲左將軍，兄子璜爲中軍校尉，皆典兵事，宗族内外並列朝廷。卓侍妾懷抱中子皆封侯，弄以金紫。卓車服僭擬天子，召呼三臺，尚書以下皆自詣卓府啓事。又築塢於郿，高厚皆七丈，積穀爲三十年儲，自云「事成，雄據天下；不成，守此足以畢老」。卓忍於誅殺，諸將言語有蹉跌者，便戮於前，人不聊生。司徒王允與司隸校尉黄琬、僕射士孫瑞、尚書楊瓚密謀誅卓。中郎將吕布，便弓馬，膂力過人，卓自以遇人無禮，行止常以布自衛，甚愛信之，誓爲父子。然卓性剛褊，嘗小失卓意，卓拔手戟擲布，布拳捷，避之，而改容顧謝，卓意亦解。布由是陰怨於卓。卓又使布守中閤，而私於傅婢，益不自安。王允素善待布，布見允，自陳卓幾見殺之狀，允因以誅卓之謀告布，使爲内應。布曰：「如父子何？」曰：「君自姓吕，本非骨肉。今憂死不暇，何謂父子？擲戟之時，豈有父子情邪！」布遂許之。

夏四月丁巳，帝有疾新愈，大會未央殿。卓朝服乘車而入，陳兵夾道，自營至宫，左步右騎，屯衛周帀，令吕布等扞衛前後。王允使士孫瑞自書詔以授布，布令同郡騎都尉李肅與勇士秦誼、陳衛等十餘人僞著衛士服，守北掖門内以待卓。卓入門，肅以戟刺之，卓衷甲不入，傷臂，墮車，顧大呼曰：「吕布何在？」布曰：「有詔討賊臣！」卓大罵曰：「庸狗，敢如是邪！」布應聲持矛刺卓，趣兵斬之。主簿田儀及卓倉頭前赴其尸，布又殺之，凡所殺三人。布即出懷中詔版以令吏士曰：「詔討卓耳，餘皆不問。」吏士皆正立不動，大稱萬歲。百姓歌舞於道，長安中士女賣其珠玉衣裝，市酒肉相慶者，填滿街肆。弟旻、璜等及宗族老弱在郿，皆爲其羣下所斫射死。暴卓尸於市，天時始熱，卓素充肥，脂流於地，守尸吏爲大炷，置卓臍中然之，光明達曙，如是積日。諸袁門生聚董氏之尸，焚灰揚之於路。塢中有金二三萬斤，銀八九萬斤，錦綺、奇玩積如丘山。以王允録尚書事，呂布爲奮威將軍，假節，儀比三司，封温侯，共秉朝政。

卓之死也，左中郎將高陽侯蔡邕在王允坐，聞之驚歎。允勃然叱之曰：「董卓國之大賊，幾亡漢室，君爲王臣，所宜同疾，而懷其私遇，反相傷痛，豈不共爲逆哉！」即收付廷尉。邕謝曰：「身雖不忠，古今大義，耳所厭聞，口所常玩，豈當背國而嚮卓也。願黥首刖足，繼成漢史。」士大夫多矜救之，不能得。太尉馬日磾謂允曰：「伯喈曠世逸才，多識漢事，當續成後史，爲一代大典。而所坐至微，誅之無乃失人望乎？」允曰：「昔武帝不殺司馬遷，使作謗書，流於後世。方今國祚中衰，戎馬在郊，不可令佞臣執筆在幼主左右，既無益聖德，復使吾黨蒙其訕議。」日磾退而告人曰：「王公其無後乎！善人國之紀也，制作國之典也，滅紀廢典，其能久乎。」邕遂死獄中。

初，呂布勸王允盡殺董卓部曲，允曰：「此輩無罪，不可。」布欲以卓財物班賜公卿、將校，允又不從。允素以劍客遇布，布負其功勞，多自誇伐，既失意望，漸不相平。允性剛稜疾惡，初懼董卓，故折節下之。卓既殲滅，自謂無復患難，頗自驕傲，以是羣下不甚附之。

允始與士孫瑞議，特下詔赦卓部曲，既而疑曰：「部曲從其主耳，今若名之惡逆而赦之，恐適使深自疑，非所以安之也。」乃止。又議悉罷其軍，或説允曰：「涼州人素憚袁氏而畏關東，今若一旦解兵開關，必人人自危。可以皇甫義真爲將軍，就領其衆，因使留陝以安撫之。」允曰：「不然。關東舉義兵者，皆吾徒也。今若距險屯陝，雖安涼州，而疑關東之心，不可也。」

時百姓訛言當悉誅涼州人，卓故將校遂轉相恐動，皆擁兵自守。更相謂曰：「蔡伯喈但以董公親厚尚從坐。今既不赦我曹，而欲使解兵，今日解兵，明日當復爲魚肉矣。」呂布使李肅至陝，以詔命誅牛輔，輔等逆與肅戰，肅敗走弘農，布誅殺之。輔恇怯失守，會營中無故自驚，輔欲走，爲左右所殺。李傕等還，輔已死，傕等無所依，遣使詣長安求赦。王允曰：「一歲不可再赦。」不許。傕等益懼，不知所爲，欲各解散，間行歸鄉里。討虜校尉武威賈詡曰：「諸君若棄軍單行，則一亭長能束君矣。不如相率而西以攻長安，爲董公報仇。事濟，奉國家以正天下，若其不合，走未後也。」傕等然之，乃相與結盟，率軍數千，晨夜西行。王允以胡文才、楊整脩皆涼州大人，召使東，解釋之，不假借以温顏，謂曰：

「關東鼠子欲何爲邪？卿往呼之。」於是二人往，實召兵而還。

傕隨道收兵，比至長安，已十餘萬，與卓故部曲樊稠、李蒙等合圍長安城。城峻，不可攻，守之八日。吕布軍有叟兵内反，六月戊午，引傕衆入城，放兵虜掠。布與戰城中，不勝，將數百騎以卓頭繫馬鞍出走，駐馬青瑣門外，招王允同去。允曰：「若蒙社稷之靈，上安國家，吾之願也；如其不獲，則奉身以死之。朝廷幼少，恃我而已，臨難苟免，吾不忍也。努力謝關東諸公，勤以國家爲念。」太常种拂曰：「爲國大臣，不能禁暴禦侮，使白刃向宫，去將安之！」遂戰而死。

傕、汜屯南宫掖門，殺太僕魯馗、大鴻臚周奂、城門校尉崔烈、越騎校尉王頎，吏民死者萬餘人，狼籍滿道。王允扶帝上宣平門避兵，傕等於城門下伏地叩頭，帝謂傕等曰：「卿等放兵縱横，欲何爲乎？」傕等曰：「董卓忠於陛下，而無故爲吕布所殺，臣等爲卓報讎，非敢爲逆也。請事畢詣廷尉受罪。」傕等圍門樓，共表請司徒王允出，問「太師何罪？」允窮蹙，乃下見之。己未，赦天下，以李傕爲揚武將軍，郭汜爲揚烈將軍，樊稠等皆爲中郎〔將〕。傕等收司隸校尉黄琬下獄，殺之。

初，王允以同郡宋翼爲左馮翊，王宏爲右扶風，傕等欲殺允，恐二郡爲患，乃先徵翼、宏。宏遣使謂翼曰：「郭汜、李傕以我二人在外，故未危王公。今日就徵，明日俱族，計將安出？」翼曰：「雖禍福難量，然王命所不得避也。」宏曰：「關東義兵鼎沸，欲誅董卓，今卓已死，其黨與易制耳。若舉兵共討傕等，與山東相應，此轉禍爲福之計也。」翼不從，宏不能獨立，遂俱就徵。甲子，傕收允及翼、宏并殺之，允妻子皆死。宏臨命詬曰：「宋翼豎儒，不足議大計！」傕尸王允於市，莫敢收者，故吏平陵令京兆趙戩棄官收而葬之。始允自專討卓之勞，士孫瑞歸功不侯，故得免於難。

九月，以李傕爲車騎將軍，領司隸校尉，假節；郭汜爲後將軍，樊稠爲右將軍，張濟爲驃騎將軍，皆封侯。傕、汜、稠筦朝政，濟出屯弘農。

初，董卓入關，說韓遂、馬騰與共圖山東，遂、騰率衆詣長安。會卓死，李傕等以遂爲鎮西將軍，遣還金城，騰爲征西將軍，遣屯郿。

興平元年春正月甲子，帝加元服。

二月，馬騰私有求於李傕，不獲而怒，欲舉兵相攻。帝遣使者和解之，不從。韓遂率衆來和騰、傕，既而復與騰合。諫議大夫种邵、侍中馬宇、左中郎將劉範謀使騰襲長安，己爲內應，以誅傕等。壬申，騰遂勒兵屯長平觀。邵等謀泄，出奔槐里。傕使樊稠、郭汜及兄子利擊之，騰遂敗走，還涼州。又攻槐里，邵等皆死。庚申，詔赦騰等。夏四月，以騰爲安狄將軍，遂爲安降將軍。

五月，以揚武將軍郭汜爲後將軍，安集將軍樊稠爲右將軍，並開府如三公，合爲六府。

二年，董卓初死，三輔民尚數十萬户，李傕等放兵劫略，加以饑饉，二年間，民相食略盡。李傕、郭汜、樊稠各相與矜功争權，欲鬬者數矣。賈詡每以大體責之，雖内不能善，外相含容。

樊稠之擊馬騰、韓遂也，李利戰不甚力，稠叱之曰：「人欲截汝父頭，何敢如此，我不能斬卿邪！」及騰、遂敗走，稠追至陳倉，遂語稠曰：「本所争者非私怨，王家事耳。與足下州里人，欲相與善語而别。」乃俱卻騎，前接馬，交臂相加，共語良久而别。軍還，李利告傕，「韓、樊交馬語，不知所道，意愛甚密」。傕亦以稠勇而得衆，忌之。稠欲將兵東出關，從傕索益兵。二月，傕請稠會議，便於坐殺稠。由是諸將轉相疑貳。

傕數設酒請郭汜，或留汜止宿。汜妻恐汜愛傕婢妾，思有以間之。會傕送饋，妻以豉爲藥，擿以示汜曰：「一栖不兩雄，我固疑將軍信李公也。」他日傕復請汜，飲大醉，汜疑其有毒，絞糞汁飲之，於是各治兵相攻矣。

帝使侍中尚書和傕、汜，傕、汜不從。汜謀迎帝幸其營，夜有亡者告傕。三月丙寅，傕使兄子暹將數千兵圍宫，以車三乘迎帝。太尉楊彪曰：「自古帝王無在人家者，諸君舉事，奈何如是？」暹曰：「將軍計定矣。」於是羣臣步從乘輿以出，兵即入殿中，掠宫人、御物。帝至傕營，傕又徙御府金帛置其營，遂放火燒宫殿、官府、居民悉盡。帝復使公卿和傕、汜，汜留楊彪及司空張喜、尚書王隆、光禄勳劉淵、衛尉士孫瑞、太僕韓融、廷尉宣璠、大鴻臚榮郃、大司農朱儁、將作大匠梁邵、屯騎校尉姜宣等於其營以爲質。朱儁憤懣，發病死。

夏四月，郭汜饗公卿，議攻李傕。楊彪曰：「羣臣共鬬，一人劫天子，一人質公卿，可行乎？」汜怒，欲手刃之。彪曰：「卿尚不奉國家，吾豈求生邪！」中郎將楊密固諫，汜乃止。傕召羌胡數千人，先以御物、繒綵與之，許以宫人、婦女，欲令攻郭汜。汜陰與傕黨中郎將張苞等謀攻傕。丙申，汜將兵夜攻傕門，矢及帝簾帷中，又貫傕左耳。苞等燒屋，火不然。楊奉於外拒汜，汜兵退，苞等因將所領兵歸汜。

是日，傕復移乘輿幸北塢，使校尉監塢門，内外隔絶，侍臣皆有飢色。帝求米五斗、牛骨五具以賜左右。傕曰：「朝晡上飰，何用米爲。」乃以臭牛骨與之。帝大怒，欲詰責之。侍中楊琦諫曰：「傕自知所犯悖逆，欲轉車駕幸池陽黄白城，臣願陛下忍之。」帝乃止。司徒趙温與傕書曰：「公前屠陷王城，殺戮大臣，今争睚眥之隙，以成千鈞之讎，朝廷欲令和解，詔命不行，而復欲轉乘輿於黄白城，此誠老夫所不解也。於易，一爲過，再爲涉，三而弗改，滅其頂凶。不如早共和解。」傕大怒，欲殺温，其弟應諫之，數日乃止。

傕信巫覡厭勝之術，常以三牲祠董卓於省門外。每對帝或言「明帝」，或言「明陛下」，爲帝説郭汜無狀，帝亦隨其意應答之。傕喜，自謂良得天子歡心也。

閏月己卯，帝使謁者僕射皇甫酈和傕、汜。酈先詣汜，汜從命；又詣傕，傕不肯曰：「郭多，盜馬虜耳，何敢欲與吾等邪，必誅之。君觀吾方略士衆，足辦郭多否？郭多又劫質公卿，所爲如是，而君苟欲左右之邪？」酈曰：「近者董公之强，將軍所知也，呂布受恩而反圖之，斯須之間，身首異處，此有勇而無謀也。今將軍身爲上將，荷國寵榮，汜質公卿，而將軍脅主，誰輕重乎？張濟與汜有謀，楊奉，白波賊帥耳，猶知將軍所爲非是，將軍雖寵之，猶不爲用也。」傕呵之令出。酈出，詣省門，白「傕不肯奉詔，辭語不順」。帝恐傕聞之，亟令酈去。傕遣虎賁王昌呼，欲殺之，昌知酈忠直，縱令去，還答傕，言「追之不及」。辛巳，以車騎將軍李傕爲大司馬，在三公之右。

李傕、郭汜相攻連月，死者以萬數。六月，傕將楊奉謀殺傕，事泄，遂將兵叛傕，傕衆稍衰。庚午，鎮東將軍張濟自陜至，欲和傕、汜，遷乘輿權幸弘農。帝亦思舊京，遣使宣諭，十反，汜、傕許和，欲質其愛子。傕妻愛其男，和計未定，而羌胡數來闚省門，曰：「天子在此中耶？李將軍許我宮人，今皆何在？」帝患之，使侍中劉艾謂宣義將軍賈詡曰：「卿前奉職公忠，故仍升榮寵。今羌胡滿路，宜思方略。」詡乃召羌胡大帥飲食之，許以封賞，羌胡皆引去，傕由此單弱。於是復有言和解之計者，傕乃從之，各以女爲質。

秋七月甲子，車駕出宣平門，當度橋，汜兵數百人遮橋曰：「此天子非也？」車不得前。傕兵數百人，皆持大戟在乘輿車前，兵欲交，侍中劉艾大呼曰：「是天子也。」使侍中楊琦高舉車帷，帝曰：「諸兵何敢迫近至尊耶！」汜兵乃卻。既度橋，士衆皆稱萬歲。夜到霸陵，從者皆飢，張濟賦給各有差。傕出屯池陽。

丙寅，以張濟爲票騎將軍，開府如三公；郭汜爲車騎將軍，楊定爲後將軍，楊奉爲興義將軍，皆封列侯。又以故牛輔部曲董承爲安集將軍。

郭汜欲令車駕幸高陵，公卿及濟以爲宜幸弘農，大會議之，不決，帝遣使諭汜曰：「弘農近郊廟，勿有疑也。」汜不從。帝遂終日不食。汜聞之曰：「可且幸近縣。」八月甲辰，車駕幸新豐。丙子，郭汜復謀脅帝還都郿，侍中种輯知之，密告楊定、董承、楊奉，令會新豐。郭汜自知謀泄，乃棄軍入南山。

冬十月〔戊戌〕，郭汜黨夏育、高碩等謀脅乘輿西行。侍中劉艾見火起不止，請帝出幸一營以避火。楊定、董承將兵迎天子幸楊奉營，夏育等勒兵欲止乘輿，楊定、楊奉力戰，破之，乃得出。

壬寅，行幸華陰。寧輯將軍段煨具服御及公卿已下資儲，欲上幸其營。煨與楊定有隙，定黨种輯、左靈言煨欲反，太尉楊彪、司徒趙温、侍中劉艾、尚書梁紹皆曰「段煨不反，臣等敢以死保」。董承、楊定脅弘農督郵令言郭汜來在煨營，帝疑之，乃露次於道南。

丁未，楊奉、董承、楊定將攻煨，使种輯、左靈請帝爲詔。帝曰：「煨罪未著，奉等攻之，而欲令朕有詔耶！」輯固請，至夜半，猶弗聽。奉等乃輒攻煨營，十餘日不下。煨供給御膳，稟贍百官，無有二意。詔使侍中尚書告喻定等，令與煨和解，定等奉詔還營。

李傕、郭汜悔令車駕東，聞定攻煨，相招共救之，因欲劫帝而西。楊定聞傕、汜至，欲還藍田，爲汜所遮，單騎亡走荆州。張濟與楊奉、董承不相平，乃復與傕、汜合。十二月，帝幸弘農，張濟、李傕、郭汜共追乘輿，大戰於弘農東澗，承、奉軍敗，百官、士卒死者不可勝數，棄御物、符策、典籍，略無所遺。射聲校尉沮儁被創墜馬，傕謂左右曰：「尚可活否？」儁罵之曰：「汝等凶逆，逼劫天子，使公卿被害，宫人流離，亂臣賊子未有如此也！」傕乃殺之。

壬申，帝露次曹陽。承、奉乃譎傕等與連和，而密遣間使至河東，招故白波帥李樂、韓暹、胡才及南匈奴右賢王去卑，並率其衆數千騎來，與承、奉共擊傕等，大破之，斬首數千級。於是董承等以新破傕等，可復東引。庚申，車駕發東，董承、李樂衛乘輿，胡才、楊奉、韓暹、匈奴右賢王於後爲拒。傕等復來戰，奉等大敗，死者甚於東澗。光禄勳鄧淵、廷尉宣播、少府田芬、大司農張義皆死。司徒趙温、太常王絳、衛尉周忠、司隸校尉管郃爲傕所遮，欲殺之，賈詡曰：「此皆大臣，卿奈何害之！」乃止。李樂曰：「事急矣，陛下宜御馬。」上曰：「不可舍百官而去，此何辜哉。」兵相連綴四十里，方得至陝，乃結營自守。時殘破之餘，虎賁、羽林不滿百人，傕、汜兵繞營叫呼，吏士失色，各有分散之意。李樂懼，欲令車駕御船過砥柱，出孟津。楊彪以爲河道險難，非萬乘所宜乘，乃使李樂夜渡，潛具船，舉火爲應。上與公卿步出營，皇后兄伏德扶后，一手挾絹十匹。董承使符節令孫徽從人間斫之，殺旁侍者，血濺后衣。河岸高十餘丈，不得下，乃以絹爲輦，使人居前負帝，餘皆匍匐而下，或從上自投，冠幘皆壞。既至河邊，士卒争赴舟，董承、李樂以戈擊之，手指於舟中可掬。帝乃御船，同濟者皇后及楊彪以下纔數十人，其宫女及吏民不得渡者，皆爲兵所掠奪，衣服俱盡，髮亦被截，凍死者不可勝計。衛尉士孫瑞爲傕所殺。

傕見河北有火，遣騎候之，適見上渡河，呼曰：「汝等將天子去邪！」董承懼射之，以被爲幔。既到大陽，幸李樂營。河内太守張楊使數千人負米來貢餉。乙亥，帝御牛車幸安邑，河東太守王邑奉獻綿帛，悉賦公卿以下。封邑爲列侯，拜胡才爲征東將軍，張楊爲安國將軍，皆假節開府。其壘壁羣帥競求拜職，刻印不給，至乃以錐畫之。

乘輿居棘籬中，門户無關閉，天子與羣臣會，兵士伏籬上觀，互相鎮壓以爲笑。

帝又遣太僕韓融至弘農，與傕、汜等連和，傕乃放遣公卿百官，頗歸所掠宮人及乘輿器服。已而糧穀盡，宫人皆食菜果。

乙卯，張楊自野王來朝，謀以乘輿還雒陽，諸將不聽，楊復還野王。

是時長安城空四十餘日，强者四散，羸者相食，二三年間，關中無復人跡。

沮授説袁紹曰：「將軍累葉台輔，世濟忠義。今朝廷播越，宗廟殘毁，觀諸州郡雖外託義兵，内實相圖，未有憂存社稷卹民之意。今州域粗定，兵强士附，西迎大駕，即宫鄴都，挾天子而令諸侯，畜士馬以討不庭，誰能禦之！」潁川郭圖淳于瓊曰：「漢室陵遲，爲日久矣，今欲興之，不亦難乎？且英雄並起，各據州郡，連徒聚衆，動有萬計，所謂秦失其鹿，先得者王。今迎天子自近，動輒表聞，從之則權輕，違之則拒命，非計之善者也。」授曰：「今迎朝廷，於義爲得，於時爲宜。若不早定，必有先之者矣。」紹不從。

建安元年春正月，董承、張楊欲以天子還雒陽，楊奉、李樂不欲，由是諸將更相疑貳。二月，韓暹攻董承，承奔野王。韓暹屯聞喜，胡才、楊奉之塢鄉。胡才欲攻韓暹，上使人諭止之。

張楊使董承先繕脩雒陽宫。太僕趙岐爲承説劉表，使遣兵詣雒陽助脩宫室，軍資委輸，前後不絶。夏五月丙寅，帝遣使至楊奉、李樂、韓暹營，求送至雒陽，奉等從詔，六月乙未，車駕幸聞喜。

庚子，楊奉、韓暹奉帝東還，張楊以糧迎道路。秋七月甲子，車駕至雒陽，幸故中常侍趙忠宅。丁丑，大赦。八月辛丑，幸南宮楊安殿。張楊以爲己功，故名其殿曰楊安。楊謂諸將曰：「天子當與天下共之，朝廷自有公卿大臣，楊當出扞外難。」遂還野王。楊奉亦出屯梁。韓暹、董承並留宿衛。癸卯，以安國將軍張楊爲大司馬，楊奉爲車騎將軍，韓暹爲大將軍、領司隸校尉，皆假節鉞。是時宫室燒盡，百官披荆棘，依牆壁間，州郡各擁强兵，委輸不至。羣僚飢乏，尚書郎以下自出採稆，或飢死牆壁間，或爲兵士所殺。

八月，曹操迎車駕都許。事見曹操篡漢。

十九年。帝自都許以來，守位而已，左右侍衛莫非曹氏之人者。議郎趙彦嘗爲帝陳言時策，魏公操惡而殺之。操後以事入見殿中，帝不任其憤，因曰：「君若能相輔，則厚；不爾，幸垂恩相捨。」操失色，俛仰求出。舊儀，三公領兵，朝見，令虎賁執刃挾之。操出，顧左右，汗流浹背，自後不復朝請。

董承女爲貴人，操誅承，求貴人殺之。帝以貴人有姙，累爲請，不能得。伏皇后由是懷懼，乃與父完書，言曹操殘逼之狀，令密圖之，完不敢發。至是，事乃泄，操大怒，十一月，使御史大夫郗慮持節策收皇后璽綬，以尚書令華歆爲副，勒兵入宫，收后。后閉户，藏壁中。歆壞户，發壁，就牽后出。時帝在外殿，引慮於坐，后被髮徒跣行泣，過訣曰：「不能復相活邪？」帝曰：「我亦不知命在何時！」顧謂慮曰：「郗公，天下寧有是邪？」遂將后下暴室，以幽死，所生二皇子，皆酖殺之，兄弟及宗族死者百餘人。

魏文帝黄初元年春正月庚子，魏王操薨，太子即王位。冬十月乙卯，漢帝禪位于魏王。

黄巾之亂

漢靈帝光和六年。初，鉅鹿張角奉事黄、老，以妖術教授，號「太平道」。咒符水以療病，令病者跪拜首過，或時病愈，衆共神而信之。角分遣弟子周遊四方，轉相誑誘，十餘年間，徒衆數十萬，自青、徐、幽、冀、荆、揚、兖、豫八州之人，莫不畢應。或棄賣財産，流移奔赴，填塞道路，未至病死者亦以萬數。郡縣不解其意，反言角以善道教化，爲民所歸。

太尉楊賜時爲司徒，上書言：「角誑燿百姓，遭赦不悔，稍益滋蔓。今若下州郡捕討，恐更騷擾，速成其患。宜切敕刺史、二千石，簡别流民，各護歸本郡，以孤弱其黨，然後誅其渠帥，可不勞而定。」會賜去位，事遂留中。司徒掾劉陶復上疏申賜前議，言「角等陰謀益甚，四方私言，云角等竊入京師，覘視朝政。鳥聲獸心，私共鳴呼，州郡忌諱，不欲聞之，但更相告語，莫肯公文。宜下明詔，重募角等，賞以國土，有敢回避，與之同罪」。帝殊不爲意，方詔陶次第春秋條例。

角遂置三十六方，方，猶將軍也。大方萬餘人，小方六七千，各立渠帥。訛言「蒼天已死，黄天當立，歲在甲子，天下大吉」。以白土書京城寺門及州郡官府，皆作「甲子」字。大方馬元義等先收荆、揚數萬人，期會發於鄴。元義數往來京師，以中常侍封諝、徐奉等爲内應，約以三月五日内外俱起。

中平元年春，角弟子濟南唐周上書告之。於是收馬元義，車裂於雒陽。詔三公、司隸案驗宫省直衛及百姓有事角道者，誅殺千餘人，下冀州逐捕角等。角等知事已露，晨夜馳敕諸方，一時俱起，皆著黄巾以爲標幟，故時人謂之「黄巾賊」。二月，角自稱天公將軍，角弟寶稱地公將軍，寶弟梁稱人公將軍，所在燔燒官府，劫略聚邑，州郡失據，長吏多逃亡，旬月之間，天下響應，京師震動。安平、甘陵人各執其王應賊。三月戊申，以河南尹何進爲大將軍，封慎侯，率左、右羽林五營營士屯都亭，修理器械，以鎮京師。置函谷、太谷、廣成、伊闕、轘轅、旋門、孟津、小平津八關都尉。發天下精兵，遣北中郎將盧植討張角，左中郎將皇甫嵩、右中郎將朱儁討潁川黄巾。

庚子，南陽黄巾張曼成攻殺太守褚貢。

帝問太尉楊賜以黄巾事，賜所對切直，帝不悦。夏四月，賜坐寇賊免，以太僕弘農鄧盛爲太尉。已而帝閲録故事，得賜與劉陶所上張角奏，乃封賜爲臨晋侯，陶爲中陵鄉侯。

皇甫嵩、朱儁合將四萬餘人共討潁川，嵩、儁各統一軍。儁與賊波才戰，敗；嵩進保長社。

汝南黄巾敗太守趙謙於邵陵，廣陽黄巾殺幽州刺史郭勳及太守劉衛。

波才圍皇甫嵩於長社。嵩兵少，軍中皆恐。賊依草結營，會大風，嵩約敕軍士皆束苣乘城，使鋭士間出圍外，縱火大呼，城上舉燎應之，嵩從城中鼓譟而出，奔擊賊陳，賊驚，亂奔走。會騎都尉沛國曹操將兵適至，五月，嵩、操與朱儁合軍，更與賊戰，大破之，斬首數萬級。封嵩都鄉侯。

張曼成屯宛下百餘日，六月，南陽太守秦頡擊曼成，斬之。

皇甫嵩、朱儁乘勝進討汝南、陳國黄巾，追波才於陽翟，擊彭脱於西華，並破之，餘賊降散，三郡悉平。嵩乃上言其狀，以功歸儁，於是進封儁西鄉侯，遷鎮賊中郎將。詔嵩討東郡，儁討南陽。北中郎將盧植連戰破張角，斬獲萬餘人，角等走保廣宗。植築圍鑿塹，造作雲梯，垂當拔之。帝遣小黄門左豐視軍，或勸植以賂送豐，植不肯，豐還言於帝曰：「廣宗賊易破耳，盧中郎固壘息軍，以待天誅。」帝怒，檻車徵植，減死一等，遣東中郎將隴西董卓代之。

秋八月，皇甫嵩與黃巾戰於蒼亭，獲其帥卜巳。董卓攻張角無功，抵罪。乙巳，詔嵩討角。

冬十月，皇甫嵩與張角弟梁戰於廣宗，梁衆精勇，嵩不能剋。明日，乃閉營休士以觀其變，知賊意稍懈，乃潛夜勒兵，雞鳴馳赴其陳，戰至晡時，大破之，斬梁，獲首三萬級，赴河死者五萬許人。角先已病死，剖棺戮屍，傳首京師。十一月，嵩復攻角弟寶於下曲陽，斬之，斬獲十餘萬人。即拜嵩爲左車騎將軍，領冀州牧，封槐里侯。嵩能溫卹士卒，每軍行頓止，須營幔修立，然後就舍，軍士皆食，爾乃嘗飯，故所嚮有功。

張曼成餘黨更以趙弘爲帥，衆復盛，至十餘萬，據宛城。朱儁與荆州刺史徐璆等合兵圍之，自六月至八月不拔，有司奏徵儁。司空張溫上疏曰：「昔秦用白起，燕任樂毅，曠年歷載，乃能克敵。儁討潁川，已有功效，引師南指，方略已設，臨軍易將，兵家所忌，宜假日月，責其成功。」帝乃止。儁擊弘，斬之。

賊帥韓忠復據宛拒儁，儁鳴鼓攻其西南，賊悉衆赴之。儁自將精卒掩其東北，乘城而入，忠乃退保小城，惶懼乞降。諸將皆欲聽之，儁曰：「兵固有形同而勢異者。昔秦、項之際，民無定主，故賞附以勸來耳。今海內一統，唯黃巾造逆，納降無以勸善，討之足以懲惡。今若受之，更開逆意，賊利則進戰，鈍則乞降，縱敵長寇，非良計也。」因急攻，連戰不剋。儁登土山望之，顧謂司馬張超曰：「吾知之矣。賊今外圍周固，内營逼急，乞降不受，欲出不得，所以死戰也。萬人一心，猶不可當，况十萬乎？不如徹圍，并兵入城，忠見圍解，勢必自出，自出則意散，易破之道也。」既而解圍，忠果出戰，儁因擊，大破之，斬首萬餘級。

南陽太守秦頡殺忠，餘衆復奉孫夏爲帥，還屯宛。儁急攻之，司馬孫堅率衆先登，癸巳，拔宛城。孫夏走，儁追至西鄂精山，復破之，斬萬餘級。於是黄巾破散，其餘州郡所誅，一郡數千人。

二年。自張角之亂，所在盜賊並起，博陵張牛角、常山褚飛燕及黄龍、左校、于氐根、張白騎、劉石、左髭丈八、平漢大計、司隸緣城、雷公、浮雲、白雀、楊鳳、于毒、五鹿、李大目、白繞、畦固、苦蝤之徒，不可勝數，大者二三萬，小者六七千人。張牛角、褚飛燕合軍攻廮陶，牛角中流矢，且死，命其衆奉飛燕爲帥，改姓張。飛燕名燕，輕勇趫捷，故軍中號曰「飛燕」。山谷寇賊多附之，部衆寖廣，殆至百萬，號「黑山賊」，河北諸郡縣並被其害，朝廷不能討。燕乃遣使至京師，奏書乞降，遂拜燕平難中郎將，使領河北諸山谷事。

五年二月，黄巾餘賊郭大等起於西河白波谷，寇太原、河東。

冬十月，青、徐黄巾復起，寇郡縣。

六年冬十月，白波賊寇河東，董卓遣其將牛輔擊之。

南單于於扶羅與白波賊合兵寇郡縣。

獻帝初平元年，青州刺史焦和起兵討董卓，務及諸將西行，不爲民人保障，兵始濟河，黄巾已入其境。青州素殷實，甲兵甚盛，和每望寇奔北，未嘗接風塵，交旗鼓。

二年冬十月，青州黄巾寇勃海，衆三十萬，欲與黑山合。公孫瓚率步騎二萬人逆擊於東光南，大破之，斬首三萬餘級。賊棄其輜重，奔走度河，瓚因其半濟薄之，賊復大破，死者數萬，流血丹水，收得生口七萬餘人，車甲財物不可勝算，威名大震。

初，陶謙，丹陽人，朝廷以黄巾寇亂徐州，用謙爲刺史。謙至，擊黄巾，大破走之，州境晏然。

三年春正月，曹操軍頓丘，于毒等攻東武陽。操引兵西入山，攻毒等本屯。諸將皆請救武陽，操曰：「使賊聞我西而還，武陽自解也；不還，我能敗其本屯，虜不能拔武陽必矣。」遂行。毒聞之，棄武陽還。操遂擊眭固及匈奴於扶羅於内黄，皆大破之。

四月，青州黄巾寇兗州，劉岱欲擊之，濟北相鮑信諫曰：「今賊衆百萬，百姓皆震恐，士卒無鬬志，不可敵也。然賊軍無輜重，唯以鈔略爲資，今不若畜士衆之力，先爲固守，彼欲戰不得，攻又不能，其勢必離散，然後選精鋭，據要害擊之，可破也。」岱不從，遂與戰，果爲所殺。

十二月，曹操追黄巾至濟北，悉降之，得戎卒三十餘萬，男女百餘萬口。

四年春正月，袁術屯封丘，黑山别部及匈奴於扶羅皆附之。曹操擊破術軍。

三月，袁紹在薄落津。魏郡兵反，與黑山賊于毒數萬人共覆鄴城，殺其太守。

六月，袁紹出軍入朝歌鹿腸山，北行，擊諸賊左髭丈八等，皆斬之。又擊劉石、青牛角、黄龍、左校、郭大賢、李大目、于氐根等，復斬數萬級，皆屠其屯壁，遂與黑山賊張燕及四營屠各、雁門烏桓戰於常山。燕精兵數萬，騎數千匹。紹與吕布共擊燕，連戰十餘日，燕兵死傷雖多，紹軍亦疲，遂俱退。

建安元年春二月，汝南、潁川黄巾何儀等擁衆附袁術，曹操擊破之。

三年，袁紹攻公孫瓚，瓚遣子續請救於黑山諸帥。

四年，黑山帥張燕率兵救之。事見袁紹討公孫瓚。

五年秋七月，汝南黄巾劉辟等叛曹操應袁紹，紹遣劉備將兵助辟，郡縣多應之。

十年夏四月，黑山賊帥張燕率其衆十餘萬降，封安國亭侯。

韓馬之叛

漢靈帝中平元年冬十一月，北地先零羌及枹罕、河關羣盜反，共立湟中義從胡北宮伯玉、李文侯爲將軍，殺護羌校尉泠徵。金城人邊章、韓遂素著名西州，羣盜誘而劫之，使專任軍政，殺金城太守陳懿，攻燒州郡。

二年春三月，北宮伯玉等寇三輔，詔左車騎將軍皇甫嵩鎮長安以討之。

秋八月，以司空張温爲車騎將軍，執金吾袁滂爲副，以討北宮伯玉。拜中郎將董卓爲破虜將軍，與盪寇將軍周慎並統於温。

九月，張温將諸郡兵步騎十餘萬屯美陽，邊章、韓遂亦進兵美陽，温與戰，輒不利。十一月，董卓與右扶風鮑鴻等并兵攻章、遂，大破之，章、遂走榆中。

温遣周慎將三萬人追之。參軍事孫堅説慎曰：「賊城中無穀，當外轉糧食，堅願得萬人斷其運道，將軍以大兵繼後，賊必困乏而不敢戰，走入羌中，并力討之，則涼州可定也。」慎不從，引軍圍榆中城，而章、遂分屯葵園峽，反斷慎運道，慎懼，棄車重而退。

温又使董卓將兵三萬討先零羌，羌胡圍卓於望垣北，糧食乏絶，乃於所度水中僞立堰以捕魚，而潛從堰下過軍。比賊追之，決水已深，不得度，遂還屯扶風。張温以詔書召卓，卓良久乃詣温。温責讓卓，卓應對不順。孫堅前耳語謂温曰：「卓不怖罪，而鴟張大語，宜以召不時至，陳軍法斬之。」温曰：「卓素著威名於河隴之間，今日殺之，西行無依。」堅曰：「明公親率王師，威震天下，何賴於卓？觀卓所言，不假明公，輕上無禮，一罪也。章、遂跋扈經年，當以時進討，而卓云未可，沮軍疑衆，二罪也。卓受任無功，應召稽留，而軒昂自高，三罪也。古之名將，仗鉞臨衆，未有不斷斬以成功者也。今明公垂意於卓，不即加誅，虧損威刑，於是在矣。」温不忍發，乃曰：「君且還，卓將疑人。」堅遂出。

四年春三月，韓遂殺邊章及北宫伯玉、李文侯，擁兵十餘萬，進圍隴西，太守李相如叛，與遂連和。凉州刺史耿鄙率六郡兵討遂。鄙任治中程球，球通姦利，士民怨之。漢陽太守傅燮謂鄙曰：「使君統政日淺，民未知教。賊聞大軍將至，必萬人一心，邊兵多勇，其鋒難當，而新合之衆，上下未和，萬一内變，雖悔無及。不若息軍養德，明賞必罰，賊得寬挺，必謂我怯，羣惡争勢，其離可必。然後率已教之民，討成離之賊，其功可坐而待也。」鄙不從。夏四月，鄙行至狄道，州别駕反應賊，先殺程球，次害鄙，賊遂進圍漢陽。城中兵少糧盡，燮猶固守。

時北地胡騎數千隨賊攻郡，皆夙懷燮恩，共於城外叩頭，求送燮歸鄉里。燮子幹年十三，言於燮曰：「國家昏亂，遂令大人不容於朝。今兵不足以自守，宜聽羌胡之請，還鄉里，徐偃有道而輔之。」言未終，爕慨然歎曰：「汝知吾必死邪？聖達節，次守節。殷紂暴虐，伯夷不食周粟而死。吾遭世亂，不能養浩然之志，食禄，又欲避其難乎！吾行何之，必死於此。汝有才智，勉之，勉之。主簿楊會，吾之程嬰也。」

狄道人王國使故酒泉太守黄衍説爕曰：「天下已非復漢有，府君寧有意爲吾屬帥乎？」爕按劍叱衍曰：「若剖符之臣，反爲賊説邪？」遂麾左右進兵，臨陳戰殁。耿鄙司馬扶風馬騰亦擁兵反，與韓遂合，共推王國爲主，寇掠三輔。

五年冬十一月，王國圍陳倉，詔復拜皇甫嵩爲左將軍，督前將軍董卓，合兵四萬人以拒之。

董卓謂皇甫嵩曰：「陳倉危急，請速救之。」嵩曰：「不然。百戰百勝，不如不戰而屈人兵。陳倉雖小，城守固備，未易可拔。王國雖强，攻陳倉不下，其衆必疲，疲而擊之，全勝之道也，將何救焉。」國攻陳倉八十餘日，不拔。

六年春二月，國衆疲敝，解圍去。皇甫嵩進兵擊之。董卓曰：「不可。兵法，窮寇勿迫，歸衆勿追。」嵩曰：「不然。前吾不擊，避其鋭也。今而擊之，待其衰也。所擊疲師，非歸衆也。國衆且走，莫有鬭志，以整擊亂，非窮寇也。」遂獨進擊之，使卓爲後拒，連戰，大破之，斬首萬餘級。卓大慚恨，由是與嵩有隙。

韓遂等共廢王國，而劫故信都令漢陽閻忠使督統諸部。忠病死，遂等稍争權利，更相殺害，由是寖衰。

獻帝初平三年，韓遂、馬騰率衆詣長安，以遂爲鎮西將軍，騰爲征西將軍。馬騰攻李傕不克，走還涼州。事並見宦官亡漢。

建安十三年。初，前將軍馬騰與鎮西將軍韓遂結爲異姓兄弟，後以部曲相侵，更爲讎敵。朝廷使司隸校尉鍾繇、涼州刺史韋端和解之，徵騰入屯槐里。曹操將征荆州，使張既説騰，令釋部曲還朝，騰許之。已而更猶豫，既恐其爲變，乃移諸縣促儲偫，二千石郊迎，騰不得已，發東。操表騰爲衛尉，以其子超爲偏將軍，統其衆，悉徙其家屬詣鄴。

十六年春三月，曹操遣司隸校尉鍾繇討张魯，使征西護軍夏侯淵等將兵出河東，與繇會。倉曹屬高柔諫曰：「大兵西出，韓遂、馬超疑爲襲己，必相扇動。宜先招集三輔，三輔苟平，漢中可傳檄而定也。」操不從。

關中諸將果疑之，馬超、韓遂、侯選、程銀、楊秋、李堪、張横、梁興、成宜、馬玩等十部皆反，其衆十萬，屯據潼關。操遣安西將軍曹仁督諸將拒之，敕令堅壁勿與戰。命五官將丕留守鄴，以奮武將軍程昱參丕軍事，門下督廣陵徐宣爲左護軍，留統諸軍，樂安國淵爲居府長史，統留事。秋七月，操自將擊超等。議者多言「關西兵習長矛，非精選前鋒，不可當也」。操曰：「戰在我，非在賊也。賊雖習長矛，將使不得以刺，諸君但觀之。」

八月，操至潼關，與超等夾關而軍。操急持之，而潛遣徐晃、朱靈以步騎四千人渡蒲阪津，據河西爲營。閏月，操自潼關北渡河，兵衆先渡，操獨與虎士百餘人留南岸斷後。馬超將步騎萬餘人攻之，矢下如雨，操猶據胡牀不動。許褚扶操上船，船工中流矢死，褚左手舉馬鞍以蔽操，右手刺船。校尉丁斐放牛馬以餌賊，賊亂取牛馬，操乃得渡，遂自蒲阪渡西河，循河爲甬道而南。超等退拒渭口，操乃多設疑兵，潛以舟載兵入渭，爲浮橋，夜，分兵結營於渭南。超等夜攻營，伏兵擊破之，超等屯渭南，遣信求割河以西請和，操不許。九月，操進軍，悉渡渭。超等數挑戰，又不許。固請割地，求送任子，賈詡以爲可僞許之。操復問計策，詡曰：「離之而已。」操曰：「解。」

韓遂請與操相見，操與遂有舊，於是交馬語移時，不及軍事，但說京都舊故，拊手歡笑。時秦、胡觀者前後重沓，操笑謂之曰：「爾欲觀曹公邪？亦猶人也，非有四目兩口，但多智耳。」既罷，超等問遂「公何言」？遂曰：「無所言也。」超等疑之。他日，操又與遂書，多所點竄，如遂改定者，超等愈疑遂。操乃與克日會戰，先以輕兵挑之，戰良久，乃縱虎騎夾擊，大破之，斬成宜、李堪等。遂、超奔涼州。

十七年秋七月，馬超等餘衆屯藍田，夏侯淵擊平之。

十八年。初，魏公操追馬超至安定，聞田銀、蘇伯反，引軍還。參涼州軍事楊阜言於操曰：「超有信、布之勇，甚得羌胡心。若大軍還，不設備，隴上諸郡非國家之有也。」操還，超果率羌胡擊隴上諸郡縣，郡縣皆應之，惟冀城奉州郡以固守。

超盡兼隴右之衆，張魯復遣大將楊昂助之，凡萬餘人，攻冀城，自正月至八月，救兵不至。刺史韋康遣別駕閻温出，告急於夏侯淵，外圍數重，温夜從水中潛出。明日，超兵見其迹，遣追獲之，超載温詣城下，使告城中，云「東方無救」。温向城大呼曰：「大軍不過三日至，勉之。」城中皆泣稱萬歲。超雖怒，猶以攻城久不下，徐徐更誘温，冀其改意。温曰：「事君有死無二，而卿乃欲令長者出不義之言乎？」超遂殺之。

已而外救不至，韋康及太守欲降。楊阜號哭諫曰：「阜等率父兄子弟以義相勵，有死無二，以爲使君守此城。今奈何棄垂成之功，陷不義之名乎？」刺史、太守不聽，開城門迎超。超入，遂殺刺史、太守，自稱征西將軍，領并州牧，督涼州軍事。

魏公操使夏侯淵救冀，未到而冀敗。淵去冀二百餘里，超來逆戰，淵軍不利。氐王千萬反應超，屯興國，淵引軍還。

會楊阜喪妻，就超求假以葬之。阜外兄天水姜敍爲撫夷將軍，擁兵屯歷城。阜見敍及其母，歔欷悲甚。敍曰：「何爲乃爾？」阜曰：「守城不能完，君亡不能死，亦何面目以視息於天下！馬超背父叛君，虐殺州將，豈獨阜之憂責，一州士大夫皆蒙其恥。君擁兵專制而無討賊心，此趙盾所以書弑君也。超强而無義，多釁，易圖耳。」敘母慨然曰：「咄，伯奕，韋使君遇難，亦汝之負，豈獨義山哉！人誰不死，死於忠義，得其所也。但當速發，勿復顧我，我自爲汝當之，不以餘年累汝也。」敘乃與同郡趙昂、尹奉、武都李俊等合謀討超，又使人至冀，結安定梁寬、南安趙衢使爲内應。超取趙昂子月爲質，昂謂妻異曰：「吾謀如是，事必萬全，當奈月何？」異厲聲應曰：「雪君父之大恥，喪元不足爲重，況一子哉！」

九月，阜與敘進兵，入鹵城，昂、奉據祁山，以討超。超聞之，大怒，趙衢因譎説超，使自出擊之。超出，衢與梁寬閉冀城門，盡殺超妻子。超進退失據，乃襲歷城，得敘母。敘母罵之曰：「汝背父之逆子，殺君之桀賊，天地豈久容汝，而不早死，敢以面目視人乎！」超殺之，又殺趙昂之子月。楊阜與超戰，身被五創。超兵敗，遂南奔張魯。魯以超爲都講祭酒，欲妻之以女。或謂魯曰：「有人若此，不愛其親，焉能愛人。」魯乃止。操封討超之功侯者十一人，賜楊阜爵關内侯。

十九年春，馬超從張魯求兵北取凉州，魯遣超還圍祁山。姜敘等告急於夏侯淵，諸將議欲須魏公操節度。淵曰：「公在鄴，反覆四千里，比報，敘等必敗，非救急也。」遂行，使張郃督步騎五千爲前軍。超敗走。

韓遂在顯親，淵欲襲取之，遂走。淵追至略陽城，去遂三十餘里，諸將欲攻之。或言當攻興國氐。淵以爲「遂兵精，興國城固，攻不可卒拔。不如擊長離諸羌，長離諸羌多在遂軍，必歸救其家。若捨羌獨守則孤，救長離則官兵得與野戰，必可虜也」。淵乃留督將守輜重，自將輕兵到長離，攻燒羌屯。遂果救長離，諸將見遂兵衆，欲結營作塹乃與戰。淵曰：「我轉鬬千里，今復作營塹，則士衆罷敝，不可復用。賊雖衆，易與耳。」乃鼓之，大破遂軍。進圍興國，氐王千萬奔馬超，餘衆悉降。轉擊高平屠各，皆破之。

夏四月，劉備圍成都。馬超知張魯不足與計事，又魯將楊昂等數害其能，超内懷於邑。備使建寧督郵李恢往説之，超遂從武都逃入氐中，密書請降於備。備使人止超，而潛以兵資之。超到，令引軍屯城北，城中震怖。劉璋出降，備領益州牧，以偏將軍馬超爲平西將軍。（軍議校尉）

二十年春三月，魏公操自將擊張魯，將自武都入氐，氐人塞道，遣張郃、朱靈等攻破之。夏四月，操自陳倉出散關，至河池，氐王竇茂衆萬餘人，恃險不服，五月，攻屠之。西平、金城諸將麴演、蔣石等共斬送韓遂首。

袁紹討公孫瓚

漢靈帝中平四年。初，張温發幽州烏桓突騎三千以討涼州，故中山相漁陽張純請將之，温不聽，而使涿令遼西公孫瓚將之。軍到薊中，烏桓以牢稟逋縣，多叛還本國。張純忿不得將，乃與同郡故泰山太守張舉及烏桓大人丘力居等連盟，劫略薊中，殺護烏桓校尉公綦稠、右北平太守劉政、遼東太守陽終等，衆至十餘萬，屯肥如。舉稱天子，純稱彌天將軍、安定王，移書州郡，云舉當代漢，告天子避位，敕公卿奉迎。

五年春三月，太常江夏劉焉建議，以爲：「四方兵寇，由刺史威輕，既不能禁，且用非其人，以致離叛。宜改置牧伯，選清名重臣以居其任。」朝廷從焉議，以宗正劉虞爲幽州牧。虞，東海恭王之五世孫也。

詔發南匈奴兵配劉虞討張純。

冬十一月，張純與丘力居鈔略青、徐、幽、冀四州，詔騎都尉公孫瓚討之。瓚與戰於屬國石門，純等大敗，棄妻子，踰塞走；悉得所略男女。瓚深入無繼，反爲丘力居等所圍於遼西管子城，二百餘日，糧盡衆潰，士卒死者什五六。

六年春二月，幽州牧劉虞到部，遣使至鮮卑中，告以利害，責使送張舉、張純首，厚加購賞。丘力居等聞虞至，喜，各遣譯自歸。舉、純走出塞，餘皆降散。虞上罷諸屯兵，但留降虜校尉公孫瓚將步騎萬人屯右北平。三月，張純客王政殺純，送首詣虞。公孫瓚志欲掃滅烏桓，而虞欲以恩信招降，由是與瓚有隙。

獻帝初平元年二月丁亥，車駕西遷。

二年冬十月，劉虞子和爲侍中，帝思東歸，使和僞逃董卓，潛出武關詣虞，令將兵來迎。和至南陽，袁術利虞爲援，留和不遣，許兵至俱西，令和爲書與虞。虞得書，遣數千騎詣和。公孫瓚知術有異志，止之，虞不聽。瓚恐術聞而怨之，亦遣其從弟越將千騎詣術，而陰教術執和，奪其兵，由是虞、瓚有隙。和逃術來北，復爲袁紹所留。

是時關東州郡務相兼并以自强大，袁紹、袁術亦自相離貳。術遣孫堅擊董卓未返，紹以會稽周昂爲豫州刺史，襲奪堅陽城。堅歎曰：「同舉義兵，將救社稷，逆賊垂破，而各若此，吾當誰與戮力乎！」引兵擊昂，走之。袁術遣公孫越助堅攻昂，越爲流矢所中死。公孫瓚怒曰：「余弟死禍起於紹。」遂出軍屯磐河，上疏，數紹罪惡，進兵攻紹。冀州諸城多畔紹從瓚，紹懼，以所佩勃海太守印綬授瓚從弟範，遣之郡，而範遂背紹，領勃海兵以助瓚。瓚乃自署其將帥，嚴綱爲冀州刺史，田楷爲青州刺史，單經爲兗州刺史，又悉改置郡縣守令。

三年春正月，袁紹自出拒公孫瓚，與瓚戰於界橋南二十里。瓚兵三萬，其鋒甚鋭。紹令麴義領精兵八百先登，强弩千張夾承之。瓚輕其兵少，縱騎騰之。義兵伏楯下不動，未至十數步，一時同發，讙呼動地。瓚軍大敗。斬其所置冀州刺史嚴綱，獲甲首千餘級，追至界橋。瓚斂兵還戰，義復破之，遂到瓚營，拔其牙門，（斂）〔餘〕衆皆走。

初，兖州刺史劉岱與紹、瓚連和，紹令妻子居岱所，瓚亦遣從事范方將騎助岱。及瓚擊破紹軍，語岱令遣紹妻子，别敕范方：「若岱不遣紹家，將騎還。吾定紹，將加兵於岱。」岱與官屬議，連日不决，聞東郡程昱有智謀，召而問之。昱曰：「若棄紹近援而求瓚遠助，此假人於越以救溺子之説也。夫公孫瓚非袁紹之敵也，今雖壞紹軍，然終爲紹所禽。」岱從之。范方將其騎歸，未至而瓚敗。

十二月，公孫瓚復遣兵擊袁紹，至龍凑，紹擊破之。瓚遂還幽州，不敢復出。

四年春正月，袁紹與公孫瓚所置青州刺史田楷連戰二年，士卒疲困，糧食並盡，互掠百姓，野無青草。紹以其子譚爲青州刺史，楷與戰，不勝。會趙岐來和解關東，瓚乃與紹和親，各引兵去。

冬十月，劉虞與公孫瓚積不相能，瓚數與袁紹相攻，虞禁之，不可，而稍節其稟假。瓚怒，屢違節度，又復侵犯百姓。虞不能制，乃遣驛使奉章陳其暴掠之罪，瓚亦上虞稟糧不周。二奏交馳，互相非毁，朝廷依違而已。瓚乃築小城於薊城東南以居之，虞數請會，瓚輒稱病不應。虞恐其終爲亂，乃率所部兵合十萬人以討之。時瓚部曲放散在外，倉卒掘東城欲走。虞兵無部伍，不習戰，又愛民廬舍，敕不聽焚燒，戒軍士曰：「無傷餘人，殺一伯珪而已。」攻圍不下，瓚乃簡募鋭士數百人，因風縱火，直衝突之，虞衆大潰。虞與官屬北奔居庸，瓚追攻之，三日，城陷，執虞并妻子還薊，猶使領州文書。會詔遣使者段訓增虞封邑，督六州事，拜瓚前將軍，封易侯。瓚乃誣虞前與袁紹等謀稱尊號，脅訓斬虞及妻子於薊市。故常山相孫瑾、掾張逸、張瓚等相與就虞，罵瓚極口，然後同死。瓚傳虞首於京師，故吏尾敦於路劫虞首，歸葬之。虞以恩厚得衆心，北州百姓流舊莫不痛惜。

興平二年。公孫瓚既殺劉虞，盡有幽州之地，志氣益盛，恃其才力，不恤百姓，記過忘善，睚眦必報。衣冠善士，名在其右者，必以法害之，有材秀者，必抑困使在窮苦之地。或問其故，瓚曰：「衣冠皆自以職分當貴，不謝人惠。」故所寵愛，類多商販、庸兒，與爲兄弟，或結婚姻，所在侵暴，百姓怨之。劉虞從事漁陽鮮于輔等，合率州兵欲共報仇，以燕國閻柔素有恩信，推爲烏桓司馬。柔招誘胡、漢數萬人，與瓚所置漁陽太守鄒丹戰于潞北，斬丹等四千餘級。烏桓峭王亦率種人及鮮卑七千餘騎，隨輔南迎虞子和與袁紹將麴義合兵十萬共攻瓚，破瓚於鮑丘，斬首二萬餘級。於是代郡、廣陽、上谷、右北平各殺瓚所置長吏，復與鮮于輔、劉和兵合，瓚軍屢敗。

先是，有童謡曰：「燕南垂，趙北際，中央不合大如礪，唯有此中可避世。」瓚自謂易地當之，遂徙鎭易，爲圍塹十重，於塹裏築京，皆高五六丈，爲樓其上。中塹爲京，特高十丈，自居焉。以鐵爲門，斥去左右，男人七歲以上不得入門，專與姬妾居。其文簿、書記皆汲而上之。令婦人習爲大聲，使聞數百步，以傳宣教令。疏遠賓客，無所親信，謀臣猛將，稍稍乖散。自此之後，希復攻戰。或問其故，瓚曰：「我昔驅畔胡於塞表，掃黄巾於孟津，當此之時，謂天下指麾可定。至於今日，兵革方始，觀此非我所決，不如休兵力耕，以救凶年。兵法，百樓不攻。今吾諸營樓櫓數十重，積穀三百萬斛，食盡此穀，足以待天下之事矣。」

建安三年冬十二月，袁紹連年攻公孫瓚不能克，以書諭之，欲相與釋憾連和。瓚不答，而增脩守備。謂長史太原關靖曰：「當今四方虎争，無有能坐吾城下相守經年者明矣，袁本初其若我何？」紹於是大興兵以攻瓚。先是，瓚別將有爲敵所圍者，瓚不救，曰：「救一人，使後將恃救，不肯力戰。」及紹來攻，瓚南界別營，自度守則不能自固，又知必不見救，或降或潰。紹軍徑至其門，瓚遣子續請救於黑山諸帥，而欲自將突騎出傍西山，擁黑山之衆侵掠冀州，横斷紹後。關靖諫曰：「今將軍將士莫不懷瓦解之心，所以猶能相守者，顧戀其居處老小，而恃將軍爲主故耳。堅守曠日，或可使紹自退，若舍之而出，後無鎮重，易京之危，可立待也。」瓚乃止。紹漸相攻逼，瓚衆日蹙。

四年春三月，黑山帥張燕與公孫續率兵十萬三道救之，未至，瓚密使行人齎書告續，使引五千鐵騎於北隰之中，起火爲應，瓚欲自内出戰。紹候得其書，如期舉火。瓚以爲救至，遂出戰，紹設伏擊之，瓚大敗，復還自守。紹爲地道，穿其樓下，施木柱之，度足達半，便燒之，樓輒傾倒，稍至京中。瓚自計必無全，乃悉縊其姊妹、妻子，然後引火自焚。紹趣兵登臺，斬之。田楷戰死。關靖歎曰：「前若不止將軍自行，未必不濟。吾聞君子陷人危，必同其難，豈可以獨生乎！」策馬赴紹軍而死。續爲屠各所殺。

〔宋〕袁樞 撰

通鑑紀事本末

卷第九至卷第十二

中華書局

通鑑紀事本末卷第九

曹操篡漢

漢靈帝中平元年。曹操父嵩爲中常侍曹騰養子，不能審其生出本末，或云夏侯氏子也。操少機警，有權數，而任俠放蕩，不治行業，世人未之奇也，唯太尉橋玄及南陽何顒異焉。玄謂操曰：「天下將亂，非命世之才不能濟也。能安之者，其在君乎？」顒見操，歎曰：「漢家將亡，安天下者，必此人也。」玄謂操曰：「君未有名，可交許子將。」子將者，訓之從子劭也，好人倫，多所賞識，與從兄靖俱有高名，好共覈論鄉黨人物，每月輒更其品題，故汝南俗有「月旦評」焉。嘗爲郡功曹，府中聞之，莫不改操飾行。曹操往造劭而問之曰：「我何如人？」劭鄙其爲人，不答。操乃劫之，劭曰：「子治世之能臣，亂世之姦雄。」操大喜而去。

五年秋八月，初置西園八校尉，以議郎曹操爲典軍校尉。

六年，董卓之亂，以操爲驍騎校尉。操變易姓名，間行東歸，過中牟，爲亭長所疑，執詣縣。時縣已被卓書，唯功曹心知是操，以世方亂，不宜拘天下雄儁，因白令釋之。操至陳留，散家財，合兵得五千人。

獻帝初平元年春正月，關東州郡皆起兵以討董卓，推勃海太守袁紹爲盟主。紹自號車騎將軍，諸將皆板授官號。紹與河內太守王匡屯河內，冀州牧韓馥留鄴，給其軍糧。豫州刺史孔伷屯潁川，兗州刺史劉岱、陳留太守張邈、邈弟廣陵太守超、東郡太守橋瑁、山陽太守袁遺、濟北相鮑信與曹操俱屯酸棗，後將軍袁術屯魯陽，衆各數萬。豪傑多歸心袁紹者，鮑信獨謂曹操曰：「夫略不世出，能撥亂反正者，君也。苟非其人，雖强必斃。君殆天之所啓乎？」

三月，董卓在雒陽，袁紹等諸軍皆畏其强，莫敢先進。曹操曰：「舉義兵以誅暴亂，大衆已合，諸君何疑？向使董卓倚王室，據舊京，東向以臨天下，雖以無道行之，猶足爲患。今焚燒宮室，劫遷天子，海內震動，不知所歸，此天亡之時也，一戰而天下定矣。」遂引兵西，將據成皋，張邈遣將衛茲分兵隨之。進至滎陽汴水，遇卓將玄菟徐榮，與戰，操兵敗，爲流矢所中，所乘馬被創。從弟洪以馬與操，操不受。洪曰：「天下可無洪，不可無君。」遂步從操，夜遁去。榮見操所將兵少，力戰盡日，謂酸棗未易攻也，亦引兵還。

操到酸棗，諸軍十餘萬，日置酒高會，不圖進取。操責讓之，因爲謀曰：「諸君聽吾計，使勃海引河內之衆臨孟津，酸棗諸將守成皋，據敖倉，塞轘轅、太谷，全制其險，使袁將軍率南陽之軍軍丹、析，入武關，以震三輔，皆高壘深壁，勿與戰，益爲疑兵，示天下形勢，以順誅逆，可立定也。今兵以義動，持疑不進，失天下望，竊爲諸君恥之。」邈等不能用。操乃與司馬沛國夏侯惇等詣揚州，募兵得千餘人，還屯河内。頃之，酸棗諸軍食盡，衆散。劉岱與橋瑁相惡，岱殺瑁，以王肱領東郡太守。

二年春正月，關東諸將議，以朝廷幼冲，逼於董卓，遠隔關塞，不知存否？幽州牧劉虞，宗室賢儁，欲共立爲主。曹操曰：「吾等所以舉兵，而遠近莫不響應者，以義動故也。今幼主微弱，制於姦臣，非有昌邑亡國之釁，而一旦改易，天下其孰安之？諸君北面，我自西向。」

袁紹在河内，雲中張楊往歸之，與南單于於扶羅屯漳水。韓馥以豪傑多歸心袁紹，忌之，陰貶節其軍糧，欲使其衆離散。紹客逢紀謂紹曰：「將軍舉大事而仰人資給，不據一州，無以自全。」紹曰：「冀州兵强，吾士飢乏，設不能辦，無所容立。」紀曰：「韓馥庸才，可密要公孫瓚使取冀州，馥必駭懼，因遣辯士爲陳禍福，馥必肯遜讓。」紹即以書與瓚，瓚遂引兵謀襲馥。馥與戰，不利。紹使外甥陳留高幹及馥所親潁川辛評、荀諶、郭圖等説馥曰：「公孫瓚將燕、代之卒，乘勝來南，而諸郡應之，其鋒不可當。袁車騎引軍東向，其意未可量也。竊爲將軍危之。」馥懼，曰：「然則爲之奈何？」諶曰：「君自料寬仁容衆，爲天下所附，孰與袁氏？」馥曰：「不如也。」「臨危吐決，智勇過人，又孰與袁氏？」馥曰：「不如也。」「世布恩德，天下家受其惠，又孰與袁氏？」馥曰：「不如也。」諶曰：「袁氏一時之傑，將軍資三不如之勢，久處其上，彼必不爲將軍下也。夫冀州天下之重資也，彼若與公孫瓚并力取之，危亡可立而待也。夫袁氏將軍之舊，且爲同盟，當今之計，若舉冀州以讓袁氏，彼必厚德將軍，瓚亦不能與之爭矣。是將軍有讓賢之名，而身安於泰山也。」馥性恇怯，因然其計。馥長史耿武、别駕閔純、治中李歷聞而諫曰：「冀州帶甲百萬，穀支十年。袁紹孤客窮軍，仰我鼻息，譬如嬰兒在股掌之上，絶其哺乳，立可餓殺，奈何欲以州與之？」馥曰：「吾袁氏故吏，且才不如本初，度德而讓，古人所貴，諸君獨何病焉。」馥從事趙浮、程涣等謂馥曰：「袁本初軍無斗糧，各已離散，雖有張楊、於扶羅新附，未肯爲用，不足敵也。小從事等請自以見兵拒之，旬日之間，必土崩瓦解，明將軍但當開閤高枕，何憂何懼？」馥又不聽，乃避位，出居中常侍趙忠故舍，遣子送印綬以讓紹。紹遂領冀州牧，承制以廣平沮授爲奮武將軍，使監護諸將，寵遇甚厚。魏郡審配、鉅鹿田豐並以正直不得志於韓馥，紹以豐爲别駕，配爲治中，及南陽許攸、逢紀、潁川荀諶皆爲謀主。

鮑信謂曹操曰：「袁紹爲盟主，因權專利，將自生亂，是復有一卓也。若抑之，則力不能制，祇以遘難。且可規大河之南，以待其變。」操善之。會黑山于毒、白繞、眭固等十餘萬衆略東郡，王肱不能禦。曹操引兵入東郡，擊白繞於濮陽，破之。袁紹因表操爲東郡太守，治東武陽。

三年。初，荀淑有孫曰彧，少有才名，何顒見而異之，曰：「王佐才也。」及天下亂，彧謂父老曰：「潁川四戰之地，宜亟避之。」鄉人多懷土不能去，彧獨率宗族去依韓馥。會袁紹已奪馥位，待彧以上賓之禮。彧度紹終不能定大業，聞曹操有雄略，乃去紹從操。操與語，大悦，曰：「吾子房也。」以爲奮武司馬。

曹操軍頓丘，于毒等攻東武陽。曹攻毒等本屯，毒聞之，棄武陽還。事見黄巾之亂。

夏四月，青州黄巾寇兖州，劉岱與戰，爲所殺。曹操部將東郡陳宫謂操曰：「州今無主，而王命斷絶，宫請説州中綱紀，明府尋往牧之，資之以收天下，此霸王之業也。」宫因往説別駕、治中曰：「今天下分裂，而州無主。曹東郡命世之才也，若迎以牧州，必寧生民。」鮑信等亦以爲然，乃與州吏萬潛等至東郡，迎操領兖州刺史。操遂進兵，擊黄巾於壽張東，不利。賊衆精悍，操兵寡弱，操撫循激勵，明設賞罰，承間設奇，晝夜會戰，戰輒禽獲，賊遂退走。鮑信戰死。

冬十二月，曹操追黄巾至濟北，悉降之，得戎卒三十餘萬，男女百餘萬口，收其精鋭者，號「青州兵」。

操辟陳留毛玠爲治中從事。玠言於操曰：「今天下分崩，乘輿播蕩，生民廢業，饑饉流亡，公家無經歲之儲，百姓無安固之志，難以持久。夫兵義者勝，守位以財，宜奉天子以令不臣，脩耕植以畜軍資，如此，則霸王之業可成也。」操納其言，遣使詣河內太守張楊欲假塗西至長安，楊不聽。

定陶董昭説楊曰：「袁、曹雖爲一家，勢不久羣。曹今雖弱，然實天下之英雄也，當固結之。況今有緣，宜通其上事，并表薦之，若事有成，永爲深分。」楊於是通操上事，仍表薦操。昭爲操作書與李傕、郭汜等，各隨輕重致殷勤。

傕、汜見操使，以爲關東欲自立天子，今曹操雖有使命，非其誠實，議留操使。黄門侍郎鍾繇説傕、汜曰：「方今英雄並起，各矯命專制，唯曹兗州乃心王室，而逆其忠款，非所以副將來之望也。」傕、汜乃厚加報答。繇，皓之曾孫也。

四年春正月，曹操軍鄄城。袁術爲劉表所逼，引軍屯封丘，黑山別部及匈奴於扶羅皆附之。曹操擊破術軍，遂圍封丘，術走襄邑，又走寧陵。操追擊，連破之，術走九江。

夏，曹操還軍定陶。

六月，前太尉曹嵩避難在琅邪，其子操令泰山太守應劭迎之。嵩輜重百餘兩，青、徐牧陶謙別將守陰平，士卒利嵩財寶，掩襲嵩於華、費間，殺之，并少子德。秋，操引兵擊謙，攻拔十餘城，至彭城，大戰，謙兵敗，走保郯。

初，京、雒遭董卓之亂，民流移東出，多依徐土，遇操至，坑殺男女數十萬口於泗水，水爲不流。操攻郯不能克，乃去，攻取慮、睢陵、夏丘，皆屠之，雞犬亦盡，墟邑無復行人。

興平元年春二月，陶謙告急於田楷，楷與平原相劉備救之。備自有兵數千人，謙益以丹陽兵四千，備遂去楷歸謙，謙表爲豫州刺史，屯小沛。曹操軍食亦盡，引兵還。

曹操使司馬荀彧、壽張令程昱守鄄城，復往攻陶謙，遂略地至琅邪、東海，所過殘滅。還，擊破劉備於郯東。謙恐，欲走歸丹陽。會陳留太守張邈叛操迎呂布，操乃引軍還。

初，張邈少時，好游俠，袁紹、曹操皆與之善。及紹爲盟主，有驕色，邈正議責紹。紹怒，使操殺之。操不聽，曰：「孟卓親友也，是非當容之。今天下未定，奈何自相危也。」操之前攻陶謙，志在必死，敕家曰：「我若不還，往依孟卓。」後還見邈，垂泣相對。陳留高柔謂鄉人曰：「曹將軍雖據兖州，本有四方之圖，未得安坐守也。而張府君恃陳留之資，將乘間爲變，欲與諸君避之，何如？」衆人皆以曹、張相親，柔又年少，不然其言。柔從兄幹自河北呼柔，柔舉宗從之。

呂布之捨袁紹從張楊也，過邈，臨別，把手共誓。紹聞之，大恨。邈畏操終爲紹殺己也，心不自安。前九江太守陳留邊讓嘗譏議操，操聞而殺之，并其妻子。讓素有才名，由是兗州士大夫皆恐懼。陳宮性剛直壯烈，内亦自疑，乃與從事中郎許汜、王楷及邈弟超共謀叛操。宮説邈曰：「今天下分崩，雄傑並起，君以千里之衆，當四戰之地，撫劍顧盼，亦足以爲人豪，而反受制於人，不亦鄙乎？今州軍東征，其處空虚，吕布壯士，善戰無前，若權迎之，共牧兗州，觀天下形勢，俟時事之變，此亦縱横之一時也。」邈從之。

時操使宮將兵留屯東郡，遂以其衆潛迎布爲兗州牧。布至，邈乃使其黨劉翊告荀彧曰：「吕將軍來助曹使君擊陶謙，宜亟供其軍食。」衆疑惑。彧知邈爲亂，即勒兵設備，急召東郡太守夏侯惇於濮陽。惇來，布遂據濮陽。時操悉軍攻陶謙，留守兵少，而督將、大吏多與邈、宮通謀。惇至，其夜誅謀叛者數十人，衆乃定。

豫州刺史郭貢率衆數萬來至城下，或言與吕布同謀，衆甚懼。貢求見荀彧，彧將往，惇等曰：「君一州鎮也，往必危，不可。」彧曰：「貢與邈等，分非素結也，今來速，計必未定，及其未定説之，縱不爲用，可使中立。若先疑之，彼將怒而成計。」貢見彧無懼意，謂鄄城未易攻，遂引兵去。

是時兗州郡縣皆應布，唯鄄城、范、東阿不動。布軍降者言「陳宮欲自將兵取東阿，又使汜嶷取范」。吏民皆恐。程昱本東阿人，彧謂昱曰：「今舉州皆叛，唯有此三城，宮等以重兵臨之，非有以深結其心，三城必動。君，民之望也，宜往撫之。」昱乃歸過范，説其令靳允曰：「聞吕布執君母、弟、妻子，孝子誠不可爲心。今天下大亂，英雄並起，必有命世能息天下之亂者，此智者所宜詳擇也。得主者昌，失主者亡。陳宫叛迎吕布而百城皆應，似能有爲，然以君觀之，布何如人哉？夫布粗中少親，剛而無禮，匹夫之雄耳。宫等以勢假合，不能相君也。兵雖衆，終必無成。曹使君智略不世出，殆天所授。君必固范，我守東阿，則田單之功可立也，孰與違忠從惡，而母子俱亡乎？唯君詳慮之。」允流涕曰：「不敢有貳心。」時氾嶷已在縣，允乃見嶷，伏兵刺殺之，歸，勒兵自守。

徐衆評曰：允於曹公未成君臣，母至親也，於義應去。衛公子開方仕齊，積年不返，管仲以爲不懷其親，安能愛君。是以求忠臣必於孝子之門；允宜先救至親。徐庶母爲曹公所得，劉備遣庶歸北。欲爲天下者恕人子之情也，曹公亦宜遣允。

昱又遣别騎絶倉亭津，陳宫至，不得渡。昱至東阿，東阿令潁川棗祗已率厲吏民拒城堅守，卒完三城以待操。操還，執昱手曰：「微子之力，吾無所歸矣。」表昱爲東平相，屯范。吕布攻鄄城不能下，西屯濮陽。曹操曰：「布一旦得一州，不能據東平，斷亢父、泰山之道，乘險要我，而乃屯濮陽，吾知其無能爲也。」乃進攻之。

秋八月，吕布有别屯在濮陽西，曹操夜襲破之，未及還，會布至，身自搏戰，自旦至日昳，數十合，相持甚急。操募人陷陣，司馬陳留典韋將應募者進當之，布弓弩亂發，矢至如雨，韋不視，謂等人曰：「虜來十步乃白之。」等人曰：「十步矣。」又曰：「五步乃白。」等人懼，疾言「虜至矣！」韋持戟大呼而起，所抵無不應手倒者，布衆退。會日暮，操乃得引去。拜韋都尉，令常將親兵數百人繞大帳左右。

濮陽大姓田氏爲反間，操得入城，燒其東門，示無反意。及戰，軍敗，布騎得操而不識，問曰：「曹操何在？」操曰：「乘黄馬走者是也。」布騎乃釋操而追黄馬者。操突火而出，至營，自力勞軍，令軍中促爲攻具，進，復攻之，與布相守百餘日。蝗蟲起，百姓大餓，布糧食亦盡，各引去。

九月，操還鄄城。布到乘氏，爲其縣人李進所破，東屯山陽。

冬十月，操至東阿。袁紹使人説操，欲使操遣家居鄴。操新失兖州，軍食盡，將許之。程昱曰：「意者將軍殆臨事而懼，不然何慮之不深也？夫袁紹有并天下之心，而智不能濟也，將軍自度能爲之下乎？將軍以龍虎之威，可爲之韓、彭邪？今兖州雖殘，尚有三城，能戰之士，不下萬人，以將軍之神武，與文若、昱等收而用之，霸王之業可成也，願將軍更慮之。」操乃止。

二年春正月，曹操敗吕布於定陶。

閏四月，吕布將薛蘭、李封屯鉅野，曹操攻之，布救蘭等，不勝而走，操遂斬蘭等。操軍乘氏，以陶謙已死，欲遂取徐州，還乃定布。荀彧曰：「昔高祖保關中，光武據河内，皆深根固本以制天下，進足以勝敵，退足以堅守，故雖有困敗而終濟大業。將軍本以兗州首事，平山東之難，百姓無不歸心悦服。且河、濟天下之要地也，今雖殘壞，猶易以自保，是亦將軍之關中、河内也，不可以不先定。今已破李封、薛蘭，若分兵東擊陳宫，宫必不敢西顧，以其間勒兵收熟麥，約食畜穀，一舉而布可破也。破布，然後南結揚州，共討袁術，以臨淮、泗。若舍布而東，多留兵則不足用，少留兵則民皆保城，不得樵采，布乘虚寇暴，民心益危，唯鄄城、范、衛可全，其餘非己之有，是無兗州也。若徐州不定，將軍當安所歸乎？且陶謙雖死，徐州未易亡也。彼懲往年之敗，將懼而結親，相爲表裏。今東方皆已收麥，必堅壁清野以待將軍，攻之不拔，略之無獲，不出十日，則十萬之衆未戰而自困耳。前討徐州，威罰實行，其子弟念父兄之恥，必人自爲守，無降心，就能破之，尚不可有也。夫事固有棄此取彼者，以大易小可也，以安易危可也，權一時之勢，不患本之不固可也。今三者莫利，願將軍熟慮之。」操乃止。

布復從東緡與陳宫將萬餘人來戰，操兵皆出收麥，在者不能千人，屯營不固。屯西有大隄，其南樹木幽深，操隱兵隄裏，出半兵隄外。布益進，乃令輕兵挑戰，既合，伏兵乃悉乘隄，步騎並進，大破之，追至其營而還。布夜走。操復攻拔定陶，分兵平諸縣。布東奔劉備。

冬十月，以曹操爲兗州牧。

建安元年秋八月，曹操在許，謀迎天子。衆以爲山東未定，韓暹、楊奉負功恣睢，未可卒制。荀彧曰：「昔晉文公納周襄王而諸侯景從，漢高祖爲義帝縞素而天下歸心。自天子蒙塵，將軍首唱義兵，徒以山東擾亂，未遑遠赴。今鑾駕旋軫，東京榛蕪，義士有存本之思，兆民懷感舊之哀，誠因此時，奉主上以從人望，大順也。秉至公以服天下，大略也。扶弘義以致英俊，大德也。四方雖有逆節，其何能爲？韓暹、楊奉，安足恤哉！若不時定，使豪桀生心，後雖爲慮，亦無及矣。」操乃遣揚武中郎將曹洪將兵西迎天子，董承等據險拒之，洪不得進。

議郎董昭以楊奉兵馬最强而少黨援，作操書與奉曰：「吾與將軍聞名慕義，便推赤心。今將軍拔萬乘之艱難，反之舊都，翼佐之功，超世無疇，何其休哉！方今羣凶猾夏，四海未寧，神器至重，事在維輔。必須衆賢，以清王軌，誠非一人所能獨建，心腹四支，實相恃賴，一物不備，則有闕焉。將軍當爲內主，吾爲外援。今吾有糧，將軍有兵，有無相通，足以相濟，死生契闊，相與共之。」奉得書喜悅，語諸將軍曰：「兗州諸軍近在許耳，有兵有糧，國家所當依仰也。」遂共表操爲鎮東將軍，襲父爵費亭侯。

韓暹矜功專恣，董承患之，因潛召操，操乃將兵詣雒陽。既至，奏韓暹、張楊之罪。暹懼誅，單騎奔楊奉。帝以暹、楊有翼車駕之功，詔一切勿問。辛亥，以曹操領司隸校尉，録尚書事。操於是誅尚書馮碩等三人，討有罪也。封衞將軍董承等十三人爲列侯，賞有功也。贈射聲校尉沮儁爲弘農太守，矜死節也。

操引董昭並坐，問曰：「今孤來此，當施何計？」昭曰：「將軍興義兵以誅暴亂，入朝天子，輔翼王室，此五伯之功也。此下諸將，人殊意異，未必服從，今留匡弼，事勢不便，惟有移駕幸許耳。然朝廷播越，新還舊京，遠近跂望，冀一朝獲安，今復徙駕，不厭衆心。夫行非常之事，乃有非常之功，願將軍算其多者。」操曰：「此孤本志也。楊奉近在梁耳，聞其兵精，得無爲孤累乎？」昭曰：「奉少黨援，心相憑結，鎮東、費亭之事，皆奉所定，宜時遣使，厚遺答謝，以安其意。説『京都無糧，欲車駕暫幸魯陽，魯陽近許，轉運稍易，可無縣乏之憂』。奉爲人勇而寡慮，必不見疑，比使往來，足以定計，奉何能爲累。」操曰：「善。」即遣使詣奉。庚申，車駕出轘轅而東，遂遷都許。己巳，幸曹操營，以操爲大將軍，封武平侯，始立宗廟、社稷於許。

九月，車駕之東遷也，楊奉自梁欲邀之，不及。

冬十月，曹操征奉，奉南奔袁術，遂攻其梁屯，拔之。

詔書下袁紹，責以「地廣兵多，而專自樹黨，不聞勤王之師，但擅相討伐」。紹上書深自陳愬。戊辰，以紹爲太尉，封鄴侯。紹恥班在曹操下，怒曰：「曹操當死數矣，我輒救存之，今乃挾天子以令我乎！」表辭不受。操懼，請以大將軍讓紹。丙戌，以操爲司空，行車騎將軍事。

操以荀彧爲侍中，守尚書令。操問彧以策謀之士，彧薦其從子蜀郡太守攸及潁川郭嘉。操徵攸爲尚書，與語大悅，曰：「公達非常人也，吾得與之計事，天下當何憂哉！」以爲軍師。

初，郭嘉往見袁紹，紹甚敬禮之，居數十日，謂紹謀臣辛評、郭圖曰：「夫智者審於量主，故百全而功名可立。袁公徒欲效周公之下士，而不知用人之機。多端寡要，好謀無決，欲與共濟天下大難，定霸王之業，難矣。吾將更舉以求主，子盍去乎？」二人曰：「袁氏有恩德於天下，人多歸之，且今最强，去將何之？」嘉知其不寤，不復言，遂去之。操召見，與論天下事，喜曰：「使孤成大業者，必此人也。」嘉出，亦喜曰：「真吾主也。」操表嘉爲司空祭酒。

操以山陽滿寵爲許令。操從弟洪，有賓客在許界，數犯法，寵收治之，洪書報寵，寵不聽。洪以白操，操召許主者。寵知將欲原客，乃速殺之。操喜曰：「當事不當爾邪！」

中平以來，天下亂離，民棄農業，諸軍並起，率乏糧穀，無終歲之計，饑則寇略，飽則棄餘，瓦解流離，無敵自破者，不可勝數。袁紹在河北，軍人仰食桑椹。袁術在江、淮，取給蒲蠃，民多相食，州里蕭條。羽林監棗祇請建置屯田，曹操從之，以祇爲屯田都尉，以騎都尉任峻爲典農中郎將。募民屯田許下，得穀百萬斛。於是州郡例置田官，所在積穀，倉廩皆滿，故操征伐四方，無運糧之勞，遂能兼并羣雄。軍國之饒，起於祇而成於峻。

驃騎將軍武威張濟自關中引兵入荆州界，攻穰城，爲流矢所中死。濟族子建忠將軍繡代領其衆，屯宛。

宣威將軍賈詡往歸繡。

二年春正月，曹操討張繡，軍於淯水。繡舉衆降，襲擊操軍，殺操長子昂。操中流矢敗走。操引軍還許。

袁紹與操書，辭語驕慢。操謂荀彧、郭嘉曰：「今將討不義而力不敵，何如？」對曰：「劉、項之不敵，公所知也。漢祖唯智勝項羽，故羽雖强，終爲所禽。今紹有十敗，公有十勝。紹雖强，無能爲也。紹繁禮多儀，公體任自然，此道勝也。紹以逆動，公奉順以率天下，此義勝也。桓、靈以來，政失於寬，紹以寬濟寬，故不攝，公糾之以猛，而上下知制，此治勝也。紹外寬内忌，用人而疑之，所任唯親戚子弟，公外易簡而内機明，用人無疑，唯才所宜，不問遠近，此度勝也。紹多謀少決，失在後事，公得策輒行，應變無窮，此謀勝也。紹高議揖讓，以收名譽，士之好言飾外者多歸之，公以至心待人，不爲虛美，士之忠正遠見而有實者皆願爲用，此德勝也。紹見人飢寒，恤念之形於顏色，其所不見，慮或不及，公於目前小事時有所忽，至於大事，與四海接，恩之所加，皆過其望，雖所不見，慮無不周，此仁勝也。紹大臣爭權，讒言惑亂，公御下以道，浸潤不行，此明勝也。紹是非不可知，公所是進之以禮，所不是正之以法，此文勝也。紹好爲虛勢，不知兵要，公以少克衆，用兵如神，軍人恃之，敵人畏之，此武勝也。」操笑曰：「如卿所言，孤何德以堪之。」嘉又曰：「紹方北擊公孫瓚，可因其遠征，東取呂布。若紹爲寇，布爲之援，此深害也。」彧曰：「不先取呂布，河北未易圖也。」操曰：「然，吾所惑者，又恐紹侵擾關中，西亂羌胡，南誘蜀漢，是我獨以兗、豫抗天下六分之五也，爲將奈何？」彧曰：「關中將帥以十數，莫能相一，唯韓遂、馬騰最强，彼見山東方爭，必各擁衆自保。今若撫以恩德，遣使連和，雖不能久安，比公安定山東，足以不動。侍中、尚書僕射鍾繇有智謀，若屬以西事，公無憂矣。」操乃表繇以侍中守司隸校尉，持節督關中諸軍，特使不拘科制。繇至長安，移書騰、遂等，爲陳禍福，騰、遂各遣子入侍。

袁術稱帝於壽春，置公卿百官，郊祀天地。以書召沛相陳珪，珪答書曰：「曹將軍興復典刑，將撥平凶慝，以爲足下當戮力同心，匡翼漢室，而陰謀不軌，以身試禍。欲吾營私阿附，有死不能也。」

初，袁術畏呂布爲己害，乃爲子求婚，布許之。夏五月，袁術遣使者韓胤以稱帝事告呂布，因求迎婦。布遣女隨之。陳珪恐徐、揚合從，爲難未已，往說布曰：「曹公奉迎天子，輔贊國政，將軍宜與協同策謀，共存大計。今與袁術結昏，必受不義之名，將有累卵之危矣。」布亦怨術初不己受也，女已在塗，乃追還絶昏，械送韓胤，梟首許市。

陳珪欲使子登詣曹操，布固不肯。會詔以布爲左將軍，操復遺布手書，深加慰納。布大喜，即遣登奉章謝恩，并答操書。登見操，因陳布勇而無謀，輕於去就，宜早圖之。操曰：「布狼子野心，誠難久養，非卿莫究其情僞。」即增珪秩中二千石，拜登廣陵太守。臨別，操執登手曰：「東方之事，便以相付。」令陰合部衆以爲内應。

始，布因登求徐州牧，不得，登還，布怒，拔戟斫几曰：「卿父勸吾協同曹操，絶婚公路。今吾所求無獲，而卿父子並顯重，但爲卿所賣耳。」登不爲動容，徐對之曰：「登見曹公，言：『養將軍譬如養虎，當飽其肉，不飽則將噬人。』公曰：『不如卿言。譬如養鷹，饑即爲用，飽則颺去。』其言如此。」布意乃解。

袁術遣其大將張勳、橋蕤等與韓暹、楊奉連勢，步騎數萬趣下邳，七道攻布。布時有兵三千，馬四百匹，懼其不敵，謂陳珪曰：「今致術軍，卿之由也，爲之奈何？」珪曰：「暹、奉與術，卒合之師耳，謀無素定，不能相維，子登策之，比於連雞，勢不俱棲，立可離也。」布用珪策，與暹、奉書曰：「二將軍親拔大駕，而布手殺董卓，俱立功名，今奈何與袁術同爲賊乎？不如相與并力破術，爲國除害。」且許悉以術軍資與之。暹、奉大喜，即回計從布。布進軍，去勳營百步，暹、奉兵同時叫呼，並到勳營，勳等散走，布兵追擊，斬其將十人首，所殺傷墮水死者殆盡。布因與暹、奉合軍向壽春，水陸並進，到鍾離，所過虜略，還渡淮北，留書辱術。術自將步騎五千揚兵淮上，布騎皆於水北大咍笑之而還。

秋九月，司空曹操東征袁術。術聞操來，棄軍走，留其將橋蕤等於蘄陽以拒操。操擊破蕤等，皆斬之。術走渡淮，時天旱歲荒，士民凍餒，術由是遂衰。操辟陳國何夔爲掾，問以袁術何如，對曰：「天之所助者順，人之所助者信。術無信順之實，而望天人之助，其可得乎？」操曰：「爲國失賢則亡，君不爲術所用，亡，不亦宜乎！」操性嚴，掾屬公事往往加杖，夔常畜毒藥，誓死無辱，是以終不見及。

沛國許褚勇力絶人，聚少年及宗族數千家，堅壁以禦外寇，淮、汝、陳、梁間皆畏憚之。操徇淮、汝，褚以衆歸操。操曰：「此吾樊噲也。」即日拜都尉，引入宿衛，諸從褚俠客，皆以爲虎士焉。

冬十一月，曹操復攻張繡，拔湖陽。

三年春正月，曹操還許。三月，將復擊張繡。荀攸曰：「繡與劉表相恃爲强，然繡以遊軍仰食於表，表不能供也，勢必乖離。不如緩軍以待之，可誘而致也，若急之，其勢必相救。」操不從，圍繡於穰。

初，袁紹每得詔書，患其有不便於己者，欲移天子自近，使説曹操，以「許下埤溼，雒陽殘破，宜徙都鄄城以就全實」。操拒之。田豐説紹曰：「徙都之計，既不克從，宜早圖許，奉迎天子，動託詔書，號令海内，此算之上者。不爾，終爲人所禽，雖悔無益也。」紹不從。會紹亡卒詣操，云田豐勸紹襲許，操解穰圍而還，張繡率衆追之。

五月，劉表遣兵救繡，屯於安衆，守險以絶軍後。操與荀彧書曰：「吾到安衆，破繡必矣。」及到安衆，操軍前後受敵，操乃夜鑿險僞遁，表、繡悉軍來追。操縱奇兵步騎夾攻，大破之。他日，彧問操：「前策賊必破，何也？」操曰：「虜遏吾歸師，而與吾死地，吾是以知勝矣。」

繡之追操也，賈詡止之曰：「不可追也，追必敗。」繡不聽，進兵交戰，大敗而還。詡登城謂繡曰：「促更追之，更戰必勝。」繡謝曰：「不用公言，以至於此，今已敗，奈何復追？」詡曰：「兵勢有變，促追之。」繡素信詡言，遂收散卒更追，合戰，果以勝還。乃問詡曰：「繡以精兵追退軍，而公曰必敗；以敗卒擊勝兵，而公曰必克。悉如公言，何也？」詡曰：「此易知耳。將軍雖善用兵，非曹公敵也。曹公軍新退，必自斷後，故知必敗。曹公攻將軍，既無失策，力未盡而一朝引退，必國内有故也。已破將軍，必輕軍速進，留諸將斷後，諸將雖勇，非將軍敵，故雖用敗兵，而戰必勝也。」繡乃服。

呂布復與袁術通。曹操欲自擊布，諸將皆曰：「劉表、張繡在後，而遠襲呂布，其危必也。」荀攸曰：「表、繡新破，勢不敢動。布驍勇，又恃袁術，若從横淮、泗間，豪傑必應之。今乘其初叛，衆心未一，往可破也。」操曰：「善。」

冬十月，操屠彭城。廣陵太守陳登率郡兵爲操先驅，進至下邳。布自將屢與操戰，皆大敗，還保城，不敢出。操遺布書，爲陳禍福。布懼，欲降。陳宫曰：「曹操遠來，勢不能久。將軍若以步騎出屯於外，宫將餘衆閉守於内。若向將軍，宫引兵而攻其背，若但攻城，則將軍救於外。不過旬月，操軍食盡，擊之可破也。」布然之，欲使宫與高順守城，自將騎斷操糧道。布妻謂布曰：「宫、順素不和，將軍一出，宫、順必不同心共城守也，如有蹉跌，將軍當於何自立乎？且曹氏待公臺如赤子，猶舍而歸我。今將軍厚公臺不過曹氏，而欲委全城，捐妻子，孤軍遠出，若一旦有變，妾豈得復爲將軍妻哉！」布乃止。潛遣其官屬許汜、王楷求救於袁術。術曰：「布不與我女，理自當敗，何爲復來？」汜、楷曰：

「明上今不救布，爲自敗耳。布破，明上亦破也。」術乃嚴兵爲布作聲援。布恐術爲女不至，故不遣救兵，以緜纏女身縛著馬上，夜自送女出，與操守兵相觸，格射不得過，復還城。〔河〕內太守張楊素與布善，欲救之，不能，乃出兵東市，遥爲之勢。十一月，楊將楊醜殺楊以應操，别將眭固復殺醜，將其衆北合袁紹。楊性仁和，無威刑，下人謀反發覺，對之涕泣，輒原不問，故及於難。

操掘塹圍下邳，積久，士卒疲敝，欲還。荀攸、郭嘉曰：「吕布勇而無謀，今屢戰皆北，鋭氣衰矣。三軍以將爲主，主衰則軍無奮意。陳宫有智而遲。今及布氣之未復，宫謀之未定，急攻之，布可拔也。」乃引沂、泗灌城，月餘，布益困迫，臨城謂操軍士曰：「卿曹無相困，我當自首於明公。」陳宫曰：「逆賊曹操，何等明公？今日降之，若卯投石，豈可得全也！」

布將侯成亡其名馬，已而復得之，諸將合禮以賀成，成分酒肉先入獻布。布怒曰：「布禁酒而卿等醖釀，爲欲因酒共謀布邪？」成忿懼。十二月癸酉，成與諸將宋憲、魏續等共執陳宫、高順，率其衆降。布與麾下登白門樓，兵圍之急，布令左右取其首詣操，左右不忍，乃下降。

布見操曰：「今日已往，天下定矣。」操曰：「何以言之？」布曰：「明公之所患不過於布，今已服矣。若令布將騎，明公將步，天下不足定也。」顧謂劉備曰：「玄德，卿爲坐上客，我爲降虜，繩縛我急，獨不可一言邪？」操笑曰：「縛虎不得不急。」乃命緩布縛。劉備曰：「不可。明公不見呂布事丁建陽、董太師乎？」操頷之。布目備曰：「大耳兒，最叵信。」

操謂陳宮曰：「公臺平生自謂智有餘，今竟何如？」宮指布曰：「是子不用宮言，以至於此。若其見從，亦未必爲禽也。」操曰：「奈卿老母何？」宮曰：「宮聞以孝治天下者不害人之親。老母存否，在明公，不在宮也。」操曰：「奈卿妻子何？」宮曰：「宮聞施仁政於天下者不絶人之祀。妻子存否，在明公，不在宮也。」操未復言。宮請就刑，遂出不顧。操爲之泣涕，并布、順皆縊殺之，傳首許市。操召陳宮之母，養之終其身，嫁宮女，撫視其家，皆厚於初。

前尚書令陳紀、紀子羣在布軍中，操皆禮而用之。張遼將其衆降，拜中郎將。臧霸自亡匿，操募索得之，使霸招吴敦、尹禮、孫觀等，皆詣操降。操乃分琅邪、東海爲城陽、利城、昌慮郡，悉以霸等爲守相。

初，操在兖州，以徐翕、毛暉爲將，及兖州亂，翕、暉皆叛。兖州既定，翕、暉亡命投霸。操語劉備，令霸送二首，霸謂備曰：「霸所以能自立者，以不爲此也。霸受主公生全之恩，不敢違命；然王霸之君，可以義告，願將軍爲之辭。」備以霸言白操，操歎息謂霸曰：「此古人之事，而君能行之，孤之願也。」皆以翕、暉爲郡守。陳登以功加伏波將軍。

四年春三月，眭固屯射犬。夏四月，曹操進軍臨河，使將軍史渙、曹仁渡河擊之。仁，操從弟也。固自將兵北詣袁紹求救，與渙、仁遇於犬城，渙、仁擊斬之。操遂濟河圍射犬，射犬降，操還軍敖倉。

袁術既稱帝，淫侈滋甚，媵御數百，無不兼羅紈，厭粱肉，自下飢困，莫之收卹。既而資實空盡，不能自立，乃燒宮室，奔其部曲陳簡、雷薄於灊山，復爲簡等所拒，遂大窮，士卒散走，憂懣不知所爲。乃遣使歸帝號於從兄紹，曰：「祿去漢室久矣，袁氏受命當王，符瑞炳然。今君擁有四州，人户百萬，謹歸大命，君其興之。」袁譚自青州迎術，欲從下邳北過，曹操遣劉備及將軍清河朱靈邀之，術不得過，復走壽春。六月，至江亭，坐簀牀而歎曰：「袁術乃至是乎！」因憤慨結病，歐血死。術從弟胤畏曹操，不敢居壽春，率其部曲奉術柩及妻子奔廬江太守劉勳於皖城。故廣陵太守徐璆得傳國璽，獻之。

袁紹既克公孫瓚，心益驕，貢御稀簡。主簿耿包密白紹，宜應天人，稱尊號。紹以包白事示軍府，僚屬皆言包妖妄，宜誅，紹不得已，殺包以自解。

紹簡精兵十萬、騎萬匹，欲以攻許。沮授諫曰：「近討公孫瓚，師出歷年，百姓疲敝，倉庫無積，未可動也。宜務農息民，先遣使獻捷天子。若不得通，乃表曹操隔我王路，然後進屯黎陽，漸營河南，益作舟船，繕修器械，分遣精騎抄其邊鄙，令彼不得安，我取其逸，如此，可坐定也。」郭圖、審配曰：「以明公之神武，引河朔之强衆以伐曹操，易如覆手，何必乃爾？」授曰：「夫救亂誅暴，謂之義兵；恃衆憑强，謂之驕兵。義者無敵，驕者先滅。曹操奉天子以令天下，今舉師南向，於義則違。且廟勝之策，不在强弱。曹操法令既行，士卒精練，非公孫瓚坐而受攻者也。今棄萬安之術，而興無名之師，竊爲公懼之。」圖、配曰：「武王伐紂，不爲不義，况兵加曹操，而云無名。且以公今日之强，將士思奮，不及時以定大業，所謂『天與不取，反受其咎』，此越之所以霸，吴之所以滅也。監軍之計在於持牢，而非見時知幾之變也。」紹納圖言。圖等因是譖授曰：「授監統内外，威震三軍，若其寖盛，何以制之？夫臣與主同者亡，此黄石之所忌也。且御衆於外，不宜知内。」紹乃分授所統爲三都督，使授及郭圖、淳于瓊各典一軍。騎都尉清河崔琰諫曰：「天子在許，民望助順，不可攻也。」紹不從。

許下諸將聞紹將攻許，皆懼。曹操曰：「吾知紹之爲人，志大而智小，色厲而膽薄，忌克而少威，兵多而分畫不明，將驕而政令不一，土地雖廣，糧食雖豐，適足以爲吾奉也。」孔融謂荀彧曰：「紹地廣兵强，田豐、許攸智士也爲之謀，審配、逢紀忠臣也任其事，顔良、文醜勇將也統其兵，殆難克乎？」彧曰：「紹兵雖多而法不整，田豐剛而犯上，許攸貪而不治，審配專而無謀，逢紀果而自用。此數人者，勢不相容，必生内變。顏良、文醜，一夫之勇耳，可一戰而禽也。」

秋八月，操進軍黎陽，使臧霸等將精兵入青州以扞東方，留于禁屯河上。九月，操還許，分兵守官渡。

袁紹遣人招張繡，並與賈詡書結好。繡欲許之，詡於繡坐上顯謂紹使曰：「歸謝袁本初，兄弟不能相容，而能容天下國士乎？」繡驚懼曰：「何至於此。」竊謂詡曰：「若此，當何歸？」詡曰：「不如從曹公。」繡曰：「袁强曹弱，又先與曹爲讎，從之如何？」詡曰：「此乃所以宜從也。夫曹公奉天子以令天下，其宜從一也。紹强盛，我以少衆從之，必不以我爲重，曹公衆弱，其得我必喜，其宜從二也。夫有霸王之志者，固將釋私怨以明德於四海，其宜從三也。願將軍無疑。」冬十一月，繡率衆降曹操。操執繡手，與歡宴，爲子均取繡女，拜揚武將軍，表詡爲執金吾，封都亭侯。

關中諸將以袁、曹方爭，皆中立顧望。凉州牧韋端使從事天水楊阜詣許，阜還，關右諸將問袁、曹勝敗孰在，阜曰：「袁公寬而不斷，好謀而少決。不斷則無威，少決則後事，今雖强，終不能成大業。曹公有雄才遠略，決機無疑，法一而兵精，能用度外之人，所任各盡其力，必能濟大事者也。」

曹操使治書侍御史河東衛覬鎮撫關中。時四方大有還民，關中諸將多引爲部曲。覬書與荀彧曰：「關中膏腴之地，頃遭荒亂，人民流入荆州者十萬餘家。聞本土安寧，皆企望思歸；而歸者無以自業，諸將各競招懷以爲部曲，郡縣貧弱，不能與争，兵家遂强，一旦變動，必有後憂。夫鹽，國之大寳也，亂來放散，宜如舊置使者監賣，以其直益市犂牛，若有歸民，以供給之，勤耕積粟，以豐殖關中，遠民聞之，必日夜競還。又使司隸校尉留治關中以爲之主，則諸將日削，官民日盛，此强本弱敵之利也。」彧以白操，操從之。始遣謁者僕射監鹽官，司隸校尉治弘農，關中由是服從。

袁紹使人求助於劉表，表許之而竟不至，亦不援曹操。從事中郎南陽韓嵩、别駕零陵劉先説表曰：「今兩雄相持，天下之重在於將軍。若欲有爲，起乘其敝可也；如其不然，固將擇所宜從。豈可擁甲十萬，坐觀成敗，求援而不能助，見賢而不肯歸，此兩怨必集於將軍，恐不得中立矣。曹操善用兵，賢俊多歸之，其勢必舉袁紹，然後移兵以向江、漢，恐將軍不能禦也。今之勝計，莫若舉荆州以附曹操，操必重德將軍，長享福祚，垂之後嗣，此萬全之策也。」蒯越亦勸之。表狐疑不斷，乃遣嵩詣許，曰：「今天下未知所定，而曹操擁天子都許，君爲我觀其釁。」嵩曰：「聖達節，次守節，嵩守節者也。夫君臣名定，以死守之。今策名委質，唯將軍所命，雖赴湯蹈火，死無辭也。以嵩觀之，曹公必得志於天下。將軍能上順天子，下歸曹公，使嵩可也；如其猶豫，嵩至京師，天子假嵩一職，不獲辭命，則成天子之臣，將軍之故吏耳。在君爲君，則嵩守天子之命，義不得復爲將軍死也。惟加重思，無爲負嵩。」表以爲憚使，强之。至許，詔拜嵩侍中、零陵太守。及還，盛稱朝廷、曹公之德，勸表遣子入侍。表大怒，以爲懷貳，大會寮屬，陳兵，持節，將斬之，數曰：「韓嵩敢懷貳邪！」衆皆恐，欲令嵩謝。嵩不爲動容，徐謂表曰：「將軍負嵩，嵩不負將軍。」具陳前言。表妻蔡氏諫曰：「韓嵩，楚國之望也，且其言直，誅之無辭。」表猶怒，考殺從行者，知無他意，乃弗誅而囚之。

十二月，曹操復屯官渡。操遣劉備邀袁術，備遂殺徐州刺史車冑，留關羽守下邳，行太守事。

五年春正月，曹操自討劉備，備奔青州，歸袁紹。曹操還軍官渡，紹乃議攻許。田豐曰：「曹操既破劉備，則許下非復空虛。且操善用兵，變化無方，衆雖少，未可輕也，今不如以久持之。將軍據山河之固，擁四州之衆，外結英雄，内修農戰，然後簡其精鋭，分爲奇兵，乘虛迭出，以擾河南，救右則擊其左，救左則擊其右，使敵疲於奔命，民不得安業，我未勞而彼已困，不及三年，可坐克也。今釋廟勝之策而決成敗於一戰，若不如志，悔無及也。」紹不從。豐強諫忤紹，紹以爲沮衆，械繫之。於是移檄州郡，數操罪惡。

二月，進軍黎陽。沮授臨行，會其宗族，散資財以與之，曰：「勢存則威無不加，勢亡則不保一身，哀哉！」其弟宗曰：「曹操士馬不敵，君何懼焉？」授曰：「以曹操之明略，又挾天子以爲資，我雖克伯珪，衆實疲敝，而主驕將忲，軍之破敗，在此舉矣。揚雄有言『六國蚩蚩，爲嬴弱姬』，其今之謂乎！」

振威將軍程昱，以七百兵守鄄城。曹操欲益昱兵二千，昱不肯，曰：「袁紹擁十萬衆，自以所向無前，今見昱少兵，必輕易，不來攻。若益昱兵，過則不可不攻，攻之必克，徒兩損其勢，願公無疑。」紹聞昱兵少，果不往。操謂賈詡曰：「程昱之膽，過於賁、育矣。」

袁紹遣其將顏良攻東郡太守劉延於白馬。沮授曰：「良性促狹，雖驍勇，不可獨任。」紹不聽。夏四月，曹操北救劉延，荀攸曰：「今兵少不敵，必分其勢乃可。公到延津，若將渡兵向其後者，紹必西應之，然後輕兵襲白馬，掩其不備，顏良可禽也。」操從之。紹聞兵渡，即分兵西邀之。操乃引軍兼行趣白馬，未至十餘里，良大驚，來逆戰。操使張遼、關羽先登擊之。羽望見良麾蓋，策馬刺良於萬衆之中，斬其首而還，紹軍莫能當者。遂解白馬之圍，徙其民，循河而西。紹渡河追之，沮授諫曰：「勝負變化不可不詳，今宜留屯延津，分兵官渡，若其克獲，還迎不晚，設其有難，衆弗可還。」紹弗從。授臨濟歎曰：

「上盈其志，下務其功，悠悠黄河，吾其濟乎？」遂以疾辭。紹不許而意恨之，復省其所部，并屬郭圖。

紹軍至延津南，操勒兵駐營南阪下，使登壘望之，曰：「可五六百騎。」有頃，復白：「騎稍多，步兵不可勝數。」操曰：「勿復白。」令騎解鞍放馬。是時，白馬輜重就道。諸將以爲敵騎多，不如還保營。荀攸曰：「此所以餌敵，如何去之。」操顧攸而笑。紹騎將文醜與劉備將五六千騎前後至。諸將復白「可上馬」。操曰：「未也。」有頃，騎至稍多，或分趣輜重。操曰：「可矣。」乃皆上馬。時騎不滿六百，遂縱兵擊，大破之，斬醜。醜與顔良，皆紹名將也，再戰，悉禽之，紹軍奪氣。操還軍官渡。

秋七月，汝南黄巾劉辟等叛曹操應袁紹，紹遣劉備將兵助辟，郡縣多應之。紹遣使拜陽安都尉李通爲征南將軍，劉表亦陰招之，通皆拒焉。或勸通從紹，通按劍叱之曰：「曹公明哲，必定天下，紹雖强盛，終爲之虜耳。吾以死不貳。」即斬紹使，送印綬詣操。

袁紹軍陽武，沮授説紹曰：「北兵雖衆，而勁果不及南；南軍穀少，而資儲不如北。南幸於急戰，北利在緩師，宜徐持久，曠以日月。」紹不從。八月，紹進營稍前，依沙埵爲屯，東西數十里，操亦分營與相當。

九月，曹操出兵與袁紹戰，不勝，復還，堅壁。紹爲高櫓，起土山，射營中，營中皆蒙楯而行。操乃爲霹靂車，發石以擊紹樓，皆破。紹復爲地道攻操，操輒於内爲長塹以拒之。操衆少糧盡，士卒疲乏，百姓困於征賦，多叛歸紹者。操患之，與荀彧書，議欲還許，以致紹師。彧報曰：「紹悉衆聚官渡，欲與公決勝敗。公以至弱當至强，若不能制，必爲所乘，是天下之大機也。且紹布衣之雄耳，能聚人而不能用。以公之神武明哲而輔以大順，何向而不濟？今穀食雖少，未若楚、漢在滎陽、成皋間也。是時劉、項莫肯先退者，以爲先退則勢屈也。公以十分居一之衆，畫地而守之，搤其喉而不得進，已半年矣，情見勢竭，必將有變。此用奇之時，不可失也。」操從之，乃堅壁持之。

操見運者，撫之曰：「卻十五日，爲汝破紹，不復勞汝矣。」紹運穀車數千乘至官渡。荀攸言於操曰：「紹運車旦暮至，其將韓猛鋭而輕敵，擊可破也。」操曰：「誰可使者？」攸曰：「徐晃可。」乃遣偏將軍河東徐晃與史涣邀擊猛，破走之，燒其輜重。

冬十月，紹復遣車運穀，使其將淳于瓊等將兵萬餘人送之，宿紹營北四十里。沮授説紹：「可遣蔣奇別爲支軍於表，以絶曹操之鈔。」紹不從。許攸曰：「曹操兵少而悉師拒我，許下餘守，勢必空弱。若分遣輕軍，星行掩襲，許可拔也。許拔，則奉迎天子以討操，操成禽矣。如其未潰，可令首尾奔命，破之必也。」紹不從，曰：「吾要當先取操。」會攸家犯法，審配收繫之，攸怒，遂奔操。

操聞攸來，跣出迎之，撫掌笑曰：「子卿遠來，吾事濟矣。」既入坐，謂操曰：「袁氏軍盛，何以待之？今有幾糧乎？」操曰：「尚可支一歲。」攸曰：「無是，更言之。」又曰：「可支半歲。」攸曰：「足下不欲破袁氏耶？何言之不實也。」操曰：「向言戲之耳。其實可一月，爲之奈何？」攸曰：「公孤軍獨守，外無救援，而糧穀已盡，此危急之日也。袁氏輜重萬餘乘，在故市、烏巢，屯軍無嚴備，若以輕兵襲之，不意而至，燔其積聚，不過三日，袁氏自敗也。」操大喜，乃留曹洪、荀攸守營，自將步騎五千人，皆用袁軍旗幟，銜枚縛馬口，夜從間道出，人抱束薪，所歷道有問者，語之曰：「袁公恐曹操鈔略後軍，遣兵以益備。」聞者信以爲然，皆自若。既至，圍屯，大放火，營中驚亂。會明，瓊等望見操兵少，出陳門外，操急擊之，瓊退保營，操遂攻之。

紹聞操擊瓊，謂其子譚曰：「就操破瓊，吾拔其營，彼固無所歸矣。」乃使其將高覽、張郃等攻操營。郃曰：「曹公精兵往，必破瓊等。瓊等破，則事去矣，請先往救之。」郭圖固請攻操營，郃曰：「曹公營固，攻之必不拔。若瓊等見禽，吾屬盡爲虜矣。」紹但遣輕騎救瓊，而以重兵攻操營，不能下。

紹騎至烏巢，操左右或言賊騎稍近，請分兵拒之。操怒曰：「賊在背後乃白。」士卒皆殊死戰，遂大破之，斬瓊等，盡燔其糧穀，殺士卒千餘人，皆取其鼻，牛馬割脣舌，以示紹軍。紹軍將士皆恟懼。郭圖慚其計之失，復譖張郃於紹曰：「郃快軍敗。」郃忿懼，遂與高覽焚攻具，詣操營降。曹洪疑不敢受，荀攸曰：「郃計畫不用，怒而來奔，君有何疑？」乃受之。

於是紹軍驚擾，大潰。紹及譚等幅巾乘馬，與八百騎渡河。操追之不及，盡收其輜重、圖書、珍寶。餘衆降者，操盡阬之，前後所殺七萬餘人。

沮授不及紹渡，爲操軍所執，乃大呼曰：「授不降也，爲所執耳。」操與之有舊，迎謂曰：「分野殊異，遂用圮絶，不圖今日乃相禽也。」授曰：「冀州失策，自取奔北。授知力俱困，宜其見禽。」操曰：「本初無謀，不相用計。今喪亂未定，方當與君圖之。」授曰：「叔父、母弟，縣命袁氏，若蒙公靈，速死爲福。」操歎曰：「孤早相得，天下不足慮也。」遂赦而厚遇焉。授尋謀歸袁氏，操乃殺之。

操收紹書中，得許下及軍中人書，皆焚之，曰：「當紹之强，孤猶不能自保，況衆人乎？」冀州城邑多降於操。袁紹走至黎陽北岸，入其將軍蔣義渠營，把其手曰：「孤以首領相付矣。」義渠避帳而處之，使宣號令。衆聞紹在，稍復歸之。

或謂田豐曰：「君必見重矣。」豐曰：「公貌寬而内忌，不亮吾忠，而吾數以至言迕之，若勝而喜，猶能赦我，今戰敗而恚，内忌將發，吾不望生。」紹軍士皆拊膺泣曰：「向令田豐在此，必不至於敗。」紹謂逢紀曰：「冀州諸人聞吾軍敗，皆當念吾，惟田別駕前諫止吾，與衆不同，吾亦慚之。」紀曰：「豐聞將軍之退，拊手大笑，喜其言之中也。」紹於是謂僚屬曰：「吾不用田豐言，果爲所笑。」遂殺之。初，曹操聞豐不從戎，喜曰：「紹必敗矣。」及紹奔遁，復曰：「向使紹用其別駕計，尚未可知也。」

審配二子爲操所禽，紹將孟岱言於紹曰：「配在位專政，族大兵强，且二子在南，必懷反計。」郭圖、辛評亦以爲然。紹遂以岱爲監軍，代配守鄴。護軍逢紀素與配不睦，紹以問之，紀曰：「配天性烈直，每慕古人之節，必不以二子在南爲不義也。願公勿疑。」紹曰：「君不惡之邪？」紀曰：「先所争者私情也，今所陳者國事也。」紹曰：「善。」乃不廢配，配由是更與紀親。冀州城邑叛紹者，紹稍復擊定之。

紹爲人寬雅有局度，喜怒不形於色，而性矜愎自高，短於從善，故至於敗。

六年春三月，曹操就穀於安民，以袁紹新破，欲以其間擊劉表。荀彧曰：「紹既新敗，其衆離心，宜乘其困遂定之；而欲遠師江、漢，若紹收其餘燼，承虚以出人後，則公事去矣。」操乃止。

夏四月，操揚兵河上，擊袁紹倉亭軍，破之。

秋九月，操還許。

七年春正月，操進軍官渡。

袁紹自軍敗，慚憤發病，嘔血，夏五月，薨。

初，紹有三子，譚、熙、尚。紹後妻劉氏愛尚，數稱於紹，紹欲以爲後，而未顯言之。乃以譚繼兄後，出爲青州刺史。沮授諫曰：「世稱萬人逐兔，一人獲之，貪者悉止，分定故也。譚長子，當爲嗣，而斥使居外，禍其始此矣。」紹曰：「吾欲令諸子各據一州，以視其能。」於是以中子熙爲幽州刺史，外甥高幹爲并州刺史。

逢紀、審配素爲譚所疾，辛評、郭圖皆附於譚而與配、紀有隙。及紹薨，衆以譚長，欲立之。配等恐譚立而評等爲害，遂矯紹遺命，奉尚爲嗣。譚至，不得立，自稱車騎將軍，屯黎陽。尚少與之兵，而使逢紀隨之。譚求益兵，審配等又議不與。譚怒，殺逢紀。

秋九月，曹操渡河攻譚，譚告急於尚，尚留審配等守鄴，自將助譚，與操相拒。連戰，譚、尚數敗，退而固守。尚遣所置河東太守郭援與高幹、匈奴南單于共攻河東，發使與關中諸將馬騰等連兵，騰等陰許之。

曹操使司隸校尉鍾繇圍南單于於平陽，未拔而援至，繇使新豐令馮翊張既說馬騰，爲言利害，騰疑未決。傅幹說騰曰：「古人有言『順道者昌，逆德者亡』。曹公奉天子誅暴亂，法明政治，上下用命，可謂順道矣。袁氏恃其強大，背棄王命，驅胡虜以陵中國，可謂逆德矣。今將軍既事有道，不盡其力，陰懷兩端，欲以坐觀成敗；吾恐成敗既定，奉辭責罪，將軍先爲誅首矣。」於是騰懼。幹因曰：「智者轉禍爲福。今曹公與袁氏相持，而高幹、郭援合攻河東，曹公雖有萬全之計，不能禁河東之不危也。將軍誠能引兵討援，内外擊之，其勢必舉。是將軍一舉斷袁氏之臂，解一方之急，曹公必重德將軍，將軍功名無與比矣。」騰乃遣子超將兵萬餘人與繇會。

初，諸將以郭援衆盛，欲釋平陽去。鍾繇曰：「袁氏方强，援之來，關中陰與之通，所以未悉叛者，顧吾威名故耳。若棄而去，示之以弱，所在之民，誰非寇讎，縱吾欲歸，其得至乎？此爲未戰先自敗也。且援剛愎好勝，必易吾軍，若渡汾爲營，及其未濟擊之，可大克也。」援至，果徑前渡汾，衆止之，不從。濟水未半，繇擊，大破之。南單于遂降。

八年春二月，曹操攻黎陽，與袁譚、袁尚戰於城下，譚、尚敗走，還鄴。

夏四月，操追至鄴，收其麥，諸將欲乘勝遂攻之，郭嘉曰：「袁紹愛此二子，莫適立也。今權力相侔，各有黨與，急之則相保，緩之則争心生。不如南向荆州，以待其變，變成而後擊之，可一舉定也。」操曰：「善。」五月，操還許，留其將賈信屯黎陽。譚謂尚曰：「我鎧甲不精，故前爲曹操所敗。今操軍退，人懷歸志，及其未濟，出兵掩之，可令大潰，此策不可失也。」尚疑之，既不益兵，又不易甲。譚大怒，郭圖、辛評因謂譚曰：「使先公出將軍爲兄後者，皆審配之謀也。」譚遂引兵攻尚，戰於門外。譚敗，引兵還南皮。

別駕北海王脩率吏民自青州往救譚。譚欲更還攻尚，脩曰：「兄弟者，左右手也。譬人將鬬，而斷其右手，曰『我必勝』，其可乎？夫棄兄弟而不親，天下其誰親之？彼讒人離間骨肉，以求一朝之利，願塞耳勿聽也。若斬佞臣數人，復相親睦，以御四方，可横行於天下。」譚不從。

秋八月，袁尚自將攻袁譚，大破之，譚奔平原，嬰城固守。尚圍之急，譚遣辛評弟毗詣曹操請救。辛毗至西平見曹操，致譚意。羣下多以爲劉表强，宜先平之，譚、尚不足憂也。荀攸曰：「天下方有事，而劉表坐保江、漢之間，其無四方之志可知矣。袁氏據四州之地，帶甲數十萬，紹以寬厚得衆心，使二子和睦以守其成業，則天下之難未息也。今兄弟遘惡，其勢不兩全，若有所并則力專，力專則難圖也；及其亂而取之，天下定矣，此時不可失也。」操從之。

後數日，操更欲先平荆州，使譚、尚自相敝。辛毗望操色，知有變，以語郭嘉。嘉白操，操謂毗曰：「譚必可信，尚必可克不？」毗對曰：「明公無問信與詐也，直當論其勢耳。袁氏本兄弟相伐，非謂他人能間其間，乃謂天下可定於己也。今一旦求救於明公，此可知也。顯甫見顯思困而不能取，此力竭也。兵革敗於外，謀臣誅於内，兄弟讒鬩，國分爲二，連年戰伐，介胄生蟣蝨，加以旱、蝗，饑饉並臻。天災應於上，人事困於下，民無愚智，皆知土崩瓦解，此乃天亡尚之時也。今往攻鄴，尚不還救，即不能自守；還救即譚踵其後。以明公之威，應困窮之敵，擊疲敝之寇，無異迅風之振秋葉矣。天以尚與明公，明公不取而伐荆州，荆州豐樂，國未有釁。仲虺有言『取亂侮亡』。方今二袁不務遠略而内相圖，可謂亂矣。居者無食，行者無糧，可謂亡矣。朝不謀夕，民命靡繼，而不綏之，欲待他年；他年或登，又自知亡，而改脩厥德，失所以用兵之要矣。今因其請救而撫之，利莫大焉。且四方之寇莫大於河北，河北平則六軍盛，而天下震矣。」操曰：「善。」乃許譚平。

冬十月，操至黎陽。尚聞操渡河，乃釋平原還鄴。尚將呂曠、高翔畔歸曹操，譚復陰刻將軍印以假曠、翔。操知譚詐，乃爲子整娉譚女以安之，而引軍還。

九年春正月，曹操濟河，遏淇水入白溝以通糧道。

二月，袁尚復攻袁譚於平原，留其將審配、蘇由守鄴。曹操進軍至洹水，蘇由欲爲内應，謀泄，出奔操。操進至鄴，爲土山、地道以攻之。尚武安長尹楷屯毛城，以通上黨糧道。夏四月，操留曹洪攻鄴，自將擊楷，破之而還。又擊尚將沮鵠於邯鄲，拔之。易陽令韓範、涉長梁岐皆舉縣降。徐晃言於操曰：「二袁未破，諸城未下者傾耳而聽，宜旌賞二縣以示諸城。」操從之，範、岐皆賜爵關內侯。

五月，操毀土山、地道，鑿塹圍城，周回四十里，初令淺，示若可越。配望見，笑之，不出争利。操一夜濬之，廣深二丈，引漳水以灌之，城中餓死者過半。

秋七月，尚將兵萬餘人還救鄴。尚兵既至，諸將皆以爲「此歸師，人自爲戰，不如避之」。操曰：「尚從大道來，當避之；若循西山來者，此成禽耳。」尚果循西山來，東至陽平亭，去鄴十七里，臨滏水爲營。夜舉火以示城中，城中亦舉火相應。配出兵城北，欲與尚對決圍。操逆擊之，敗還，尚亦破走，依曲漳爲營，操遂圍之。未合，尚懼，遣使求降。操不聽，圍之益急。尚夜遁，保祁山，操復進圍之。尚將馬延、張顗等臨陣降，衆大潰，尚奔中山。盡收其輜重，得尚印綬、節鉞及衣物以示城中，城中崩沮。審配令士卒曰：「堅守死戰，操軍疲矣。幽州方至，何憂無主？」操出行圍，配伏弩射之，幾中。配兄子榮爲東門校尉，八月戊寅，榮夜開門內操兵。配拒戰城中，操兵生獲之。

初，袁紹與操共起兵，紹問操曰：「若事不輯，則方面何所可據？」操曰：「足下意以爲何如？」紹曰：「吾南據河，北阻燕、代，兼戎狄之衆，南面以争天下，庶可以濟乎？」操曰：「吾任天下之智力，以道御之，無所不可。」

九月，詔以操領冀州牧，操讓還兖州。

初，袁尚遣從事安平牽招至上黨督軍糧，未還，尚走中山，招説高幹以并州迎尚，并力觀變，幹不從。冬十月，高幹以并州降，操復以幹爲并州刺史。

曹操之圍鄴也，袁譚復背之，略取甘陵、安平、勃海、河間。攻袁尚於中山，尚敗走故安，從袁熙。譚悉收其衆，還屯龍湊。操與譚書，責以負約，與之絶婚，女還，然後進討。十二月，操軍其門，譚拔平原。走保南皮，臨清河而屯。操入平原，略定諸縣。

十年春正月，曹操攻南皮，袁譚出戰，士卒多死。操欲緩之，議郎曹純曰：「今縣師深入，難以持久，若進不能克，退必喪威。」乃自執桴鼓以率攻者，遂克之。譚出走，追斬之。李孚自稱冀州主簿，求見操曰：「今城中强弱相陵，人心擾亂，以爲宜令新降爲内所識信者宣傳明教。」操即使孚往入城，告諭吏民，使各安故業，不得相侵，城中乃安。操於是斬郭圖等及其妻子。

袁譚使王脩運糧於樂安，聞譚急，將所領兵往赴之，至高密，聞譚死，下馬號哭曰：「無君焉歸？」遂詣曹操，乞收葬譚尸。操許之，復使脩還樂安督軍糧。譚所部諸城皆服，唯樂安太守管統不下。操命脩取統首，脩以統亡國忠臣，解其縛，使詣操，操悦而赦之。辟脩爲司空掾。

郭嘉説操多辟青、冀、幽、并名士以爲掾屬，使人心歸附，操從之。官渡之戰，袁紹使陳琳爲檄書，數操罪惡，連及家世，極其醜詆。及袁氏敗，琳歸操，操曰：「卿昔爲本初移書，但可罪狀孤身，何乃上及父祖邪？」琳謝罪，操釋之，使與陳留阮瑀俱管記室。先是，漁陽王松據涿郡，郡人劉放説松以地歸操，操辟放參司空軍事。

袁熙爲其將焦觸、張南所攻，與尚俱奔遼西烏桓。觸自號幽州刺史，驅率諸郡太守、令長背袁向曹，陳兵數萬，殺白馬而盟，令曰：「敢違者斬！」衆莫敢仰視，各以次歃。别駕代郡韓珩曰：「吾受袁公父子厚恩，今其破亡，智不能救，勇不能死，於義闕矣；若乃北面曹氏，所不能爲也。」一坐爲珩失色。觸曰：「夫舉大事，當立大義，事之濟否，不待一人，可卒珩志，以厲事君。」乃捨之。觸等遂降曹操，皆封爲列侯。

冬十月，高幹復以并州叛，執上黨太守，舉兵守壺關口。操遣其將樂進、李典擊之。河内張晟衆萬餘人寇崤、澠間，弘農張琰起兵以應之。河東太守王邑被徵，郡掾衛固及中郎將范先等詣司隸校尉鍾繇請留之，繇不許。固等外以請邑爲名，而内實與高幹通謀。曹操謂荀彧曰：「關西諸將，外服内貳，張晟寇亂殽、澠，南通劉表，固等因之，將爲深害。當今河東天下之要地也，君爲我舉賢才以鎮之。」彧曰：「西平太守京兆杜畿，勇足以當難，智足以應變。」操乃以畿爲河東太守。

會白騎攻東垣，高幹入濩澤，畿將數十騎，赴堅壁而守之，吏民多舉城助畿者。比數十日，得四千餘人。固等與高幹、張晟共攻襪不下，略諸縣，無所得。曹操使議郎張既西徵關中諸將馬騰等，皆引兵會，擊晟等，破之，斬固、琰等首，其餘黨與皆赦之。

十一年春正月，曹操自將擊高幹，留其世子丕守鄴，使別駕從事崔琰傅之。操圍壺關，三月，壺關降。高幹自入匈奴求救，單于不受。幹獨與數騎亡，欲南奔荆州，上洛都尉王琰斬之。并州悉平。

是歲，烏桓乘天下亂，略有漢民十餘萬户，袁紹皆立其酋豪爲單于，以家人子爲己女，妻焉。遼西烏桓蹋頓尤强，爲紹所厚，故尚兄弟歸之，數入塞爲寇，欲助尚復故地。曹操將擊之，鑿平虜渠、泉州渠以通運。

十二年春二月，曹操自淳于還鄴。丁酉，操奏封大功臣二十餘人，皆爲列侯。因表萬歲亭侯荀彧功狀，三月，增封彧千户。又欲授以三公，彧使荀攸深自陳讓，至于十數，乃止。

曹操將擊烏桓，諸將皆曰：「袁尚亡虜耳，夷狄貪而無親，豈能爲尚用？今深入征之，劉備必説劉表以襲許，萬一爲變，事不可悔。」郭嘉曰：「公雖威震天下，胡恃其遠，必不設備，因其無備，卒然擊之，可破滅也。且袁紹有恩於民夷，而尚兄弟生存。今四州之民，徒以威附，德施未加，舍而南征，尚因烏桓之資，招其死主之臣，胡人一動，民夷俱應，以生蹋頓之心，成覬覦之計，恐青、冀非己之有也。表坐談客耳，自知才不足以御備，重任之則恐不能制，輕任之則備不爲用，雖虚國遠征，公無憂矣。」操從之。行至易，郭嘉曰：「兵貴神速。今千里襲人，輜重多，難以趨利，且彼聞之必爲備。不如留輜重，輕兵兼道以出，掩其不意。」

初，袁紹數遣使召田疇於無終，又即授將軍印，使安輯所統，疇皆拒之。及曹操定冀州，河間邢顒謂疇曰：「黄巾起來，二十餘年，海内鼎沸，百姓流離。今聞曹公法令嚴。民厭亂矣，亂極則平，請以身先。」遂裝還鄉里。疇曰：「邢顒，天民之先覺者也。」操以顒爲冀州從事。疇忿烏桓多殺其本郡冠蓋，意欲討之而力未能。操遣使辟疇，疇戒其門下趣治嚴。門人曰：「昔袁公慕君，禮命五至，君義不屈。今曹公使一來，而君若恐弗及者，何也？」疇笑曰：「此非君所識也。」遂隨使者到軍，拜爲蓨令，隨軍次無終。

時方夏水雨，而濱海洿下，濘滯不通，虜亦遮守蹊要，軍不得進。操患之，以問田疇。疇曰：「此道秋夏每常有水，淺不通車馬，深不載舟船，爲難久矣。舊北平郡治在平岡，道出盧龍，達于柳城；自建武以來，陷壞斷絶，垂二百載，而尚有微徑可從。今虜將以大軍當由無終，不得進而退，懈弛無備。若嘿回軍，從盧龍口越白檀之險，出空虚之地，路近而便，掩其不備，蹋頓可不戰而禽也。」操曰：「善。」乃引軍還，而署大木表於水側路傍曰：「方今夏暑，道路不通，且俟秋冬，乃復進軍。」虜候騎見之，誠以爲大軍去也。操令疇將其衆爲鄉導，上徐無山，塹山堙谷，五百餘里，經白檀，歷平岡，涉鮮卑庭，東指柳城。未至二百里，虜乃知之。尚、熙與蹋頓及遼西單于樓班、右北平單于能臣抵之等，將數萬騎逆軍。八月，操登白狼山，卒與虜遇，衆甚盛。操車重在後，被甲者少，左右皆懼。操登高，望虜陣不整，乃縱兵擊之，使張遼爲先鋒，虜衆大崩，斬蹋頓及名王已下，胡、漢降者二十餘萬口。遼東單于速僕丸與尚、熙奔遼東太守公孫康，其衆尚有數千騎。或勸操遂擊之，操曰：「吾方使康斬送尚、熙首，不煩兵矣。」

九月，操引兵自柳城還。公孫康欲取尚、熙以爲功，乃先置精勇於廄中，然後請尚、熙入，未及坐，康叱伏兵禽之，遂斬尚、熙，并速僕丸首送之。諸將或問操：「公還而康斬尚、熙何也？」操曰：「彼素畏尚、熙，吾急之則并力，緩之則自相圖，其勢然也。」操梟尚首，令三軍：「敢有哭之者斬！」牽招獨設祭悲哭，操義之，舉爲茂才。時天寒且旱，二百里無水，軍又乏食，殺馬數千匹以爲糧，鑿地入三十餘丈方得水。既還，科問前諫者，衆莫知其故，人人皆懼。操皆厚賞之，曰：「孤前行乘危以徼倖，雖得之，天所佐也，顧不可以爲常。諸君之諫，萬安之計，是以相賞，後勿難言之。」

十三年春正月，曹操還鄴。夏六月癸巳，以曹操爲丞相。秋七月，曹操南擊劉表。八月，表病卒，遂以琮爲嗣。九月，操軍至新野，琮遂舉州降，以節迎操。事見劉備據蜀。

劉琮將王威説琮曰：「曹操聞將軍既降，劉備已走，必懈弛無備，輕行單進。若給威奇兵數千，徼之於險，操可獲也。獲操即威震四海，非徒保守今日而已。」琮不納。

曹操進軍江陵，以劉琮爲青州刺史，封列侯，并蒯越等，侯者凡十五人。釋韓嵩之囚，待以交友之禮，使條品州人優劣，皆擢而用之。以嵩爲大鴻臚，蒯越爲光禄勳，劉先爲尚書，鄧義爲侍中。

荆州大將南陽文聘别屯在外，琮之降也，呼聘，欲與俱。聘曰：「聘不能全州，當待罪而已。」操濟漢，聘乃詣操。操曰：「來何遲邪？」聘曰：「先日不能輔弼劉荆州以奉國家，荆州雖没，常願據守漢川，保全土境，生不負於孤弱，死無愧於地下，而計不在己，以至於此。實懷悲慚，無顔早見耳。」遂歔欷流涕，操爲之愴然，字謂之曰：「仲業，卿真忠臣也。」厚禮待之，使統本兵，爲江夏太守。

冬十二月，益州牧劉璋聞曹操克荆州，遣别駕張松致敬於操。松爲人短小放蕩，然識達精果。操時已定荆州，走劉備，不復存録松。主簿楊脩白操辟松，操不納。松以此怨，歸，勸劉璋絶操，與劉備相結，璋從之。

習鑿齒論曰：昔齊桓一矜其功而叛者九國，曹操暫自驕伐而天下三分。皆勤之於數十年之内，而棄之於俯仰之頃，豈不惜乎！

十五年春，〔操〕下令曰：「孟公綽爲趙、魏老則優，不可以爲滕、薛大夫。若必廉士而後可用，則齊桓其何以霸世？二三子其佐我明揚仄陋，唯才是舉，吾得而用之。」

冬十二月己亥，操下令曰：「孤始舉孝廉，自以本非巖穴知名之士，恐爲世人之所凡愚，欲好作政教以立名譽，故在濟南，除殘去穢，平心選舉。以是爲强豪所忿，恐致家禍，故以病還鄉里。時年紀尚少，乃於譙東五十里築精舍，欲秋夏讀書，冬春射獵，爲二十年規，待天下清乃出仕耳。然不能得如意，徵爲典軍校尉，意遂更欲爲國家討賊立功，使題墓道言『漢故征西將軍曹侯之墓』，此其志也。而遭值董卓之難，興舉義兵。後領兖州，破降黄巾三十萬衆。又討擊袁術，使窮沮而死。摧破袁紹，梟其二子。復定劉表，遂平天下。身爲宰相，人臣之貴已極，意望已過矣。設使國家無有孤，不知當幾人稱帝，幾人稱王。或者人見孤强盛，又性不信天命，恐妄相忖度，言有不遜之志，每用耿耿。故爲諸君陳道此言，皆肝鬲之要也。然欲孤便爾委捐所典兵衆以還執事，歸就武平侯國，實不可也。何者？誠恐己離兵爲人所禍，既爲子孫計，又己敗則國家傾危，是以不得慕虚名而處實禍也。然封兼四縣，食户三萬，何德堪之？江湖未静，不可讓位，至於邑土，可得而辭。今上還陽夏、柘、苦三縣户二萬，但食武平萬户，且以分損謗議，少減孤之責也。」

十六年春正月，以曹操世子丕爲五官中郎將，置官屬，爲丞相副。

十七年春正月，曹操還鄴。詔操贊拜不名，入朝不趨，劍履上殿，如蕭何故事。

冬十月，董昭言於曹操曰：「自古以來，人臣匡世，未有今日之功，有今日之功，未有久處人臣之勢者也。今明公恥有慚德，樂保名節，然處大臣之勢，使人以大事疑己，誠不可不重慮也。」乃與列侯諸將議，以丞相宜進爵國公，九錫備物，以彰殊勳。荀彧以爲「曹公本興義兵以匡朝寧國，秉忠貞之誠，守退讓之實。君子愛人以德，不宜如此」。操由是不悅。及擊孫權，表請彧勞軍于譙，因輒留彧，以侍中、光禄大夫、持節、參丞相軍事。操軍向濡須，彧以疾留壽春，飲藥而卒。彧行義脩整而有智謀，好推賢進士，故時人皆惜之。

臣光曰：孔子之言仁也重矣，自子路、冉求、公西赤門人之高第，令尹子文、陳文子諸侯之賢大夫，皆不足以當之，而獨稱管仲之仁，豈非以其輔佐齊桓，大濟生民乎？齊桓之行若狗彘，管仲不羞而相之，其志蓋以非桓公則生民不可得而濟也。漢末大亂，羣生塗炭，自非高世之才，不能濟也。然則荀彧捨魏武將誰事哉？齊桓之時，周室雖衰，未若建安之初也。建安之初，四海蕩覆，尺土一民，皆非漢有。荀彧佐魏武而興之，舉賢用能，訓卒厲兵，決機發策，征伐四克，遂能以弱爲强，化亂爲治，十分天下而有其八，其功豈在管仲之後乎！管仲不死子糾而荀彧死漢室，其仁復居管仲之先矣。而杜牧乃以爲：「彧之勸魏武取兗州則比之高、光，官渡不令還許則比之楚、漢，及事就功畢，乃欲邀名於漢代，譬之教盜穴牆發匱而不與同挈，得不爲盜乎！」臣以爲孔子稱「文勝質則史」，凡爲史者記人之言，必有以文之。然則比魏武於高、光、楚、漢者，史氏之文也，豈皆彧口所言邪？用是貶彧，非其罪矣。且使魏武爲帝，則彧爲佐命元功，與蕭何同賞矣；彧不利此而利於殺身以邀名，豈人情乎！

十八年夏五月丙申，以冀州十郡封曹操爲魏公，以丞相領冀州牧如故，又加九錫：大輅、戎輅各一，玄牡二駟；衮冕之服，赤舄副焉；軒縣之樂，六佾之舞；朱户以居；納陛以登；虎賁之士三百人；鈇、鉞各一；彤弓一，彤矢百，玈弓十，玈矢千；秬鬯一卣，珪、瓚副焉。

秋七月，魏始建社稷、宗廟。

冬十一月，魏初置尚書、侍中、六卿。以荀攸爲尚書令，凉茂爲僕射，毛玠、崔琰、常林、徐奕、何夔爲尚書，王粲、杜襲、衛覬、和洽爲侍中，鍾繇爲大理，王脩爲大司農，袁渙爲郎中令、行御史大夫事，陳羣爲御史中丞。

十九年春三月，詔魏公操位在諸侯王上，改授金璽、赤紱、遠游冠。

二十一年夏五月，進魏公操爵爲王。秋八月，魏以大理鍾繇爲相國。

二十二年夏四月，詔魏王操設天子旌旗，出入稱警蹕。

六月，魏以軍師華歆爲御史大夫。冬十月，命魏王操冕十有二旒，乘金根車，駕六馬，設五時副車。魏以五官中郎將丕爲太子。

二十四年秋七月，詔以魏王操夫人爲王后。

冬十二月，魏王操表孫權爲票騎將軍，假節，領荆州牧，封南昌侯。權遣校尉梁寓入貢，又遣朱光等歸，上書稱臣於操，稱説天命。操以權書示外曰：「是兒欲踞吾著爐火上邪？」侍中陳羣等皆曰：「漢祚已終，非適今日。殿下功德巍巍，羣生注望，故孫權在遠稱臣。此天人之應，異氣齊聲，殿下宜正大位，復何疑哉！」操曰：「若天命在吾，吾爲周文王矣。」

臣光曰：教化，國家之急務也，而俗吏慢之。風俗，天下之大事也，而庸君忽之。夫惟明智君子，深識長慮，然後知其爲益之大而收功之遠也。光武遭漢中衰，羣雄糜沸，奮起布衣，紹恢前緒，征伐四方，日不暇給，乃能敦尚經術，賓延儒雅，開廣學校，脩明禮樂，武功既成，文德亦洽。繼以孝明、孝章，遹追先志，臨雍拜老，横經問道。自公卿、大夫至于郡縣之吏，咸選用經明行修之人，虎賁衛士，皆習孝經，匈奴子弟，亦遊太學，是以教立於上，俗成於下。其忠厚清脩之士，豈唯取重於搢紳，亦見慕於衆庶；愚鄙污穢之人，豈唯不容於朝廷，亦見棄於鄉里。自三代既亡，風化之美，未有若東漢之盛者也。及孝和以降，貴戚擅權，嬖倖用事，賞罰無章，賄賂公行，賢愚渾殽，是非顛倒，可謂亂矣。然猶緜緜不至於亡者，上則有公卿大夫袁安、楊震、李固、杜喬、陳蕃、李膺之徒面引廷争，用公義以扶其危，下則有布衣之士符融、郭泰、范滂、許邵之流，立私論以救其敗，是以政治雖濁而風俗不衰，至有觸冒斧鉞，僵仆於前，而忠義奮發，繼起於後，隨踵就戮，視死如歸。夫豈特數子之賢哉？亦光武、明、章之遺化也。當是之時，苟有明君作而振之，則漢氏之祚猶未可量也。不幸承陵夷頹敝之餘，重以桓、靈之昏虐，保養姦回，過於骨肉，殄滅忠良，甚於寇讎，積多士之憤，蓄四海之怒。於是何進召戎，董卓乘釁，袁紹之徒，從而構難，遂使乘輿播越，宗廟丘墟，王室蕩覆，烝民塗炭，大命隕絶，不可復救。然州郡擁兵專地者，雖互相吞噬，猶未嘗不以尊漢爲辭。以魏武之暴戾强伉，加有大功於天下，其蓄無君之心久矣，乃至没身不敢廢漢而自立，豈其志之不欲哉？猶畏名義而自抑也。由是觀之，教化安可慢，風俗安可忽哉？

魏文帝黄初元年春正月，武王至洛陽，庚子，薨。王知人善察，難眩以僞。識拔奇才，不拘微賤，隨能任使，皆獲其用。與敵對陳，意思安閑，如不欲戰然；及至決機乘勝，氣勢盈溢。勳勞宜賞，不吝千金，無功望施，分豪不與。用法峻急，有犯必戮，或對之流涕，然終無所赦。雅性節儉，不好華麗，故能芟刈羣雄，幾平海内。

是時太子在鄴，軍中騷動，羣僚欲祕不發喪。諫議大夫賈逵以爲事不可祕，乃發喪。或言宜易諸城守，悉用譙沛人。魏郡太守廣陵徐宣厲聲曰：「今者遠近一統，人懷效節，何必專任譙沛，以沮宿衛者之心。」乃止。青州兵擅擊鼓，相引去，衆人以爲宜禁止之，不從者討之。賈逵曰：「不可。」爲作長檄，令所在給其稟食。鄢陵侯彰從長安來赴，問逵先王璽綬所在。逵正色曰：「國有儲副，先王璽綬，非君侯所宜問也。」凶問至鄴，太子號哭不已。中庶子司馬孚諫曰：「君王晏駕，天下恃殿下爲命。當上爲宗廟，下爲萬國，柰何效匹夫孝也！」太子良久乃止，曰：「卿言是也。」時羣臣初聞王薨，相聚哭，無復行列。孚厲聲於朝曰：「今君王違世，天下震動，當早拜嗣君，以鎮萬國，而但哭耶！」乃罷羣臣，備禁衛，治喪事。羣臣以爲太子即位，當須詔命。尚書陳矯曰：「王薨于外，天下惶懼。太子宜割哀即位，以繫遠近之望。且又愛子在側，彼此生變，則社稷危矣。」即具官備禮，一日皆辦。明旦，以王后令，策太子即王位，大赦。漢帝尋遣御史大夫華歆奉策詔，授太子丞相印綬、魏王璽紱，領冀州牧。於是尊王后曰王太后。

二月丁卯，葬武王于高陵。

秋七月，左中郎將李伏、太史丞許芝表言：「魏當代漢，見於圖緯，其事衆甚。」羣臣因上表勸王順天人之望，王不許。

冬十月乙卯，漢帝告祠高廟，使行御史大夫張音持節奉璽綬詔册，禪位于魏。王三上書辭讓，乃爲壇於繁陽，辛未，升壇受璽綬，即皇帝位，燎祭天地、嶽瀆，改元，大赦。

十一月癸酉，奉漢帝爲山陽公，行漢正朔，用天子禮樂。封公四子爲列侯。追尊太王曰太皇帝；武王曰武皇帝，廟號太祖；尊王太后曰皇太后。以漢諸侯王爲崇德侯，列侯爲關中侯。羣臣封爵、增位各有差。改相國爲司徒，御史大夫爲司空。山陽公奉二女以嬪于魏。

帝欲改正朔，侍中辛毗曰：「魏氏遵舜、禹之統，應天順民。至於湯、武，以戰伐定天下，乃改正朔。孔子曰『行夏之時』，左氏傳曰『夏數爲得天正』，何必期於相反。」帝善而從之。時羣臣並頌魏德，多抑損前朝。散騎常侍衛臻獨明禪授之義，稱揚漢美，帝數目臻曰：「天下之珍，當與山陽共之。」

魏明帝青龍二年春三月庚寅，山陽公卒，帝素服發喪。秋八月，孝獻皇帝葬于禪陵。

孫氏據江東

漢獻帝興平元年。初，孫堅娶錢唐吴氏，生四男策、權、翊、匡及一女。堅從軍於外，留家壽春。策年十餘歲，已交結知名。舒人周瑜與策同年，亦英達夙成，聞策聲問，自舒來造焉，便推結分好，勸策徙居舒，策從之。瑜乃推道南大宅與策，升堂拜母，有無通共。及堅死，策年十七，還葬曲阿。已乃渡江，居江都，結納豪俊，有復讎之志。

丹陽太守會稽周昕與袁術相惡，術上策舅吴景領丹陽太守，攻昕，奪其郡，以策從兄賁爲丹陽都尉。策以母、弟託廣陵張紘，徑到壽春見袁術，涕泣言曰：「亡父昔從長沙入討董卓，與明使君會於南陽，同盟結好，不幸遇難，勳業不終。策感惟先人舊恩，欲自憑結，願明使君垂察其誠。」術甚奇之，然未肯還其父兵，謂策曰：「孤用貴舅爲丹陽太守，賢從伯陽爲都尉，彼精兵之地，可還依召募。」策遂與汝南吕範及族人孫河迎其母詣曲阿，依舅氏，因緣召募，得數百人，而爲涇縣大帥祖郎所襲，幾至危殆。於是復往見術，術以堅餘兵千餘人還策，表拜懷義校尉。策騎士有罪，逃入術營，隱於内廄，策指使人就斬之，訖，詣術謝。術曰：「兵人好叛，當共疾之，何爲謝也。」由是軍中益畏憚之。術初許以策爲九江太守，已而更用丹陽陳紀。後術欲攻徐州，從廬江太守陸康求米三萬斛，康不與。

術大怒，遣策攻康，謂曰：「前錯用陳紀，每恨本意不遂。今若得康，廬江真卿有也。」策攻康，拔之，術復用其故吏劉勳爲太守，策益失望。

侍御史劉繇有盛名，詔用爲揚州刺史。及策攻廬江，繇懼爲袁、孫所并，遣將樊能屯橫江，張英屯當利以拒之。術使吴景與孫賁共將兵擊英等。

二年。初，丹陽人朱治嘗爲孫堅校尉，見袁術政德不立，勸孫策歸取江東。時吴景攻樊能、張英等，歲餘不克。策説術曰：「家有舊恩在東，願助舅討橫江。橫江拔，因投本土召募，可得三萬兵，以佐明使君定天下。」術知其恨，而以劉繇據曲阿，王朗在會稽，謂策未必能定，乃許之，表策爲折衝校尉。將兵千餘人，騎數十匹，行收兵，比至歷陽，衆五六千。時周瑜從父尚爲丹陽太守，瑜將兵迎之，仍助以資糧。策大喜曰：「吾得卿，諧也。」進攻橫江、當利，皆拔之，樊能、張英敗走。

策渡江轉鬬，所向皆破，莫敢當其鋒者。百姓聞孫郎至，皆失魂魄。長吏委城郭，竄伏山草。及策至，軍士奉令，不敢虜略，雞犬菜茹，一無所犯，民乃大悦，競以牛酒勞軍。策爲人美姿顏，能笑語，性闊達聽受，善於用人，是以士民見者，莫不盡心，樂爲致死。策攻劉繇牛渚營，盡得邸閣糧穀、戰具。時彭城相薛禮、下邳相丹陽笮融依繇爲盟主，禮據秣陵城，融屯縣南，策皆擊破之。又破繇别將於梅陵，轉攻湖孰、江乘，皆下之，進擊繇於曲阿。

繇同郡太史慈時自東萊來省繇，會策至，或勸繇可以慈爲大將。繇曰：「我若用子義，許子將不當笑我邪？」但使慈偵視輕重。時獨與一騎卒遇策於神亭，策從騎十三，皆堅舊將遼西韓當、零陵黄蓋輩也。慈便前鬭，正與策對。策刺慈馬，而攬得慈項上手戟，慈亦得策兜鍪。會兩家兵騎並各來赴，於是解散。

繇與策戰，兵敗，走丹徒。策入曲阿，勞賜將士，發恩布令，告諭諸縣：「其劉繇、笮融等故鄉部曲來降首者，一無所問，樂從軍者一身行，復除門户，不樂者不强。」旬日之間，四面雲集，得見兵二萬餘人，馬千餘匹，威震江東。

丙辰，袁術表策行殄寇將軍。策將吕範言於策曰：「今將軍事業日大，士衆日盛，而綱紀猶有不整者，範願暫領都督，佐將軍部分之。」策曰：「子衡既士大夫，加手下已有大衆，立功於外，豈宜復屈小職，知軍中細事乎。」範曰：「不然。今捨本土而託將軍者，非爲妻子也，欲濟世務也。譬猶同舟涉海，一事不牢，即俱受其敗。此亦範計，非但將軍也。」策笑無以答。範出，便釋褠，著袴褶，執鞭詣閤下啓事，自稱領都督。策乃授傳，委以衆事，由是軍中肅睦，威禁大行。

策以張紘爲正議校尉，彭城張昭爲長史，常令一人居守，一人從征討。及廣陵秦松、陳端等，亦參與謀謨。策待昭以師友之禮，文武之事，一以委昭。昭每得北方士大夫書疏，專歸〔美〕於昭，策聞之，歡笑曰：「昔管子相齊，一則仲父，二則仲父，而桓公爲霸者宗。今子布賢，我能用之，其功名獨不在我乎！」

劉繇自丹徒奔豫章，使太守朱皓攻袁術所用諸葛玄，使笮融助皓攻玄。融詐殺皓，代領郡事。繇進討融，融走入山，爲民所殺，詔以前太傅掾華歆爲豫章太守。

建安元年秋八月，袁術以讖言「代漢者當塗高」，自云名字應之。又以袁氏出陳爲舜後，以黄代赤，德運之次，遂有僭逆之謀。聞孫堅得傳國璽，拘堅妻而奪之。及聞天子敗於曹陽，乃會羣下議稱尊號，衆莫敢對。主簿閻象進曰：「昔周自后稷至于文王，積德累功，三分天下有其二，猶服事殷。明公雖奕世克昌，未若有周之盛；漢室雖微，未若殷紂之暴也。」術默然。

術聘處士張範，範不往，使其弟承謝之。術謂承曰：「孤以土地之廣，士民之衆，欲徼福齊桓，擬迹高祖，何如？」承曰：「在德不在强。夫用德以同天下之欲，雖由匹夫之資而興霸王之功，不足爲難。若苟欲僭擬，干時而動，衆之所棄，誰能興之？」術不悦。

孫策聞之，與術書曰：「成湯討桀稱『有夏多罪』，武王伐紂曰『殷有重罰』。此二主者，雖有聖德，假使時無失道之過，無由逼而取也。今主上非有惡於天下，徒以幼小，脅於强臣，異於湯、武之時也。且董卓貪淫驕陵，志無紀極，至於廢主自興，亦猶未也，而天下同心疾之，况效尤而甚焉者乎？又聞幼主明智聰敏，有夙成之德，天下雖未被其恩，咸歸心焉。使君五世相承，爲漢宰輔，榮寵之盛，莫與爲比，宜效忠守節，以報王室，則旦、奭之美，率土所望也。時人多惑圖緯之言，妄牽非類之文，苟以悦主爲美，不顧成敗之計，古今所慎，可不熟慮。忠言逆耳，駁議致憎，苟有益於尊明，無所敢辭。」術始自以爲有淮南之衆，料策必與己合，及得其書，愁沮發疾，既不納其言，策遂與之絶。

孫策將取會稽，吴人嚴白虎等衆各萬餘人，處處屯聚。諸將欲先擊白虎等，策曰：「白虎等羣盗，非有大志，此成禽耳。」遂引兵渡浙江。會稽功曹虞翻説太守王朗曰：「策善用兵，不如避之。」朗不從，發兵拒策於固陵。

策數渡水戰，不能克。策叔父静説策曰：「朗負阻城守，難可卒拔。查瀆南去此數十里，宜從彼據其内，所謂攻其無備，出其不意者也。」策從之。夜，多然火爲疑兵，分軍投查瀆道襲高遷屯。朗大驚，遣故丹陽太守周昕等帥兵逆戰，策破昕等，斬之。朗遁走，虞翻追隨營護朗，浮海至東冶，策追擊，大破之，朗乃詣策降。

策自領會稽太守，復命虞翻爲功曹，待以交友之禮。策好游獵，翻諫曰：「明府喜輕出微行，從官不暇嚴，吏卒常苦之。夫君人者，不重則不威，故白龍魚服，困於豫且；白蛇自放，劉季害之。願少留意。」策曰：「君言是也。」然不能改。

二年夏五月，曹操遣議郎王誧以詔書拜孫策爲騎都尉，襲爵烏程侯，領會稽太守，使與吕布及吴郡太守陳瑀共討袁術。策欲得將軍號以自重，誧便承制假策明漢將軍。策治嚴，行到錢唐，瑀陰圖襲策，潛結祖郎、嚴白虎等使爲内應。策覺之，遣其將吕範、徐逸攻瑀於海西，瑀敗，單騎奔袁紹。

三年冬十二月，孫策遣其正議校尉張紘獻方物，曹操欲撫納之，表策爲討逆將軍，封吴侯，以弟女配策弟匡，又爲子彰取孫賁女，禮辟策弟權、翊，以張紘爲侍御史。袁術以周瑜爲居巢長，以臨淮魯肅爲東城長。瑜、肅知術終無所成，皆棄官渡江從孫策，策以瑜爲建威中郎將。肅因家於曲阿。

曹操表徵王朗，策遣朗還，操以朗爲諫議大夫，參司空軍事。

袁術遣間使齎印綬與丹陽宗帥祖郎等，使激動山越，共圖孫策。劉繇之奔豫章也，太史慈遁於蕪湖山中，自稱丹陽太守。策已定宣城以東，惟涇以西六縣未服，慈因進住涇縣，大爲山越所附。於是策自將討祖郎於陵陽，禽之。策謂郎曰：「爾昔襲孤，斫孤馬鞍。今創軍立事，除棄宿恨，惟取能用，與天下通耳，非但汝，汝勿恐怖。」郎叩頭謝罪，即破械，署門下賊曹。又討太史慈於勇里，禽之，解縛，捉其手曰：「寧識神亭時邪？若卿爾時得我，云何？」慈曰：「未可量也。」策大笑曰：「今日之事，當與卿共之。聞卿有烈義，天下智士也，但所託未得其人耳。孤是卿知己，勿憂不如意也。」即署門下督。軍還，祖郎、太史慈俱在前導，軍人以爲榮。

會劉繇卒於豫章，士衆萬餘人欲奉豫章太守華歆爲主，歆以爲「因時擅命，非人臣所宜」，衆守之連月，卒謝遣之，其衆未有所附。策命太史慈往撫安之，謂慈曰：「劉牧往責吾爲袁氏攻廬江，吾先君兵數千人盡在公路許，吾志在立事，安得不屈意於公路以求之乎？其後不遵臣節，諫之不從，丈夫義交，苟有大故，不得不離。吾交求公路及絶之本末如此，恨不及其生時與共論辨也。今兒子在豫章，卿往視之，并宣孤意於其部曲，部曲樂來者與俱來，不樂來者且安慰之。并觀華子魚所以牧御方規何如。卿須幾兵，多少隨意。」慈曰：「慈有不赦之罪，將軍量同桓、文，當盡死以報德。今並息兵，兵不宜多，將數十人足矣。」左右皆曰：「慈必北去不還。」策曰：「子義捨我，當復從誰？」餞送昌門，把腕別曰：「何時能還？」答曰：「不過六十日。」慈行，議者猶紛紜，言遣之非計。策曰：「諸君勿復言，孤斷之詳矣。太史子義雖氣勇有膽烈，然非縱横之人，其心秉道義，重然諾，一以意許知己，死亡不相負，諸君勿憂也。」慈果如期而反，謂策曰：「華子魚良德也，然無他方規，自守而已。又丹陽僮芝自擅廬陵，番陽民帥別立宗部，言『我已別立郡海昏上繚，不受發召』，子魚但覩視之而已。」策拊掌大笑，遂有兼并之志。

四年冬十一月，廬江太守劉勳以袁術部曲衆多，不能贍，遣從弟偕求米於上繚諸宗帥，不能滿數，偕召勳使襲之。孫策惡勳兵强，僞卑辭以事勳曰：「上繚宗民數欺鄙郡，欲擊之，路不便。上繚甚富實，願君伐之，請出兵以爲外援。」且以珠寶、葛越賂勳。勳大喜，外内盡賀。劉曄獨否，勳問其故，對曰：「上繚雖小，城堅池深，攻難守易，不可旬日而舉也。兵疲於外，而國内虚，策乘虚襲我，則後不能獨守。是將軍進屈於敵，退無所歸。若軍必出，禍今至矣。」勳不聽。遂伐上繚，至海昏，宗帥知之，皆空壁逃遷，勳了無所得。時策引兵西擊黄祖，行及石城，聞勳在海昏，策乃分遣從兄賁、輔將八千人屯彭澤，自與領江夏太守周瑜將二萬人襲皖城，克之，得術、勳妻子及部曲三萬餘人。表汝南李術爲廬江太守，給兵三千人以守皖城。皆徙所得民東詣吴。勳還至彭澤，孫賁、孫輔邀擊，破之。勳走保流沂，求救於黄祖，祖遣其子射率船軍五千人助勳，策復就攻勳，大破之。勳北歸曹操，射亦遁走。

策收得勳兵二千餘人，船千艘，遂進擊黄祖。十二月辛亥，策軍至沙羨，劉表遣從子虎及南陽韓晞將長矛五千來救祖。甲寅，策與戰，大破之，斬晞。祖脱身走，獲其妻子及船六千艘，士卒殺溺死者數萬人。

策盛兵將徇豫章，屯于椒丘，謂功曹虞翻曰：「華子魚自有名字，然非吾敵也。若不開門讓城，金鼓一震，不得無所傷害。卿便在前，具宣孤意。」翻乃往見華歆曰：「竊聞明府與鄗郡故王府君齊名中州，海内所宗，雖在東垂，常懷瞻仰。」歆曰：「孤不如王會稽。」翻復曰：「不審豫章資糧器仗士民勇果，孰與鄗郡？」歆曰：「大不如也。」翻曰：「明府言不如王會稽，謙光之譚耳。精兵不如會稽，實如尊教。孫討逆智略超世，用兵如神，前走劉揚州，君所親見，南定鄗郡，亦君所聞也。今欲守孤城，自料資糧，已知不足，不早爲計，悔無及也。今大軍已次椒丘，僕便還去，明日日中迎檄不到者，與君辭矣。」歆曰：「久在江表，常欲北歸，孫會稽來，吾便去也。」乃夜作檄，明旦遣吏齎迎。策便進軍，歆葛巾迎策。策謂歆曰：「府君年德名望，遠近所歸，策年幼稚，宜脩子弟之禮。」便向歆拜，禮爲上賓。

策分豫章爲廬陵郡，以孫賁爲豫章太守，孫輔爲廬陵太守。會僮芝病，輔遂進取廬陵，留周瑜鎮巴丘。

孫策之克皖城也，撫視袁術妻子；及入豫章，收載劉繇喪，善遇其家，士大夫以是稱之。

會稽功曹魏騰嘗迕策意，策將殺之，衆憂恐，計無所出。策母吴夫人倚大井謂策曰：

「汝新造江南，其事未集，方當優賢禮士，捨過録功。魏功曹在公盡規，汝今日殺之，則明日人皆叛汝。吾不忍見禍之及，當先投此井中耳。」策大驚，遽釋騰。

五年夏四月，廣陵太守陳登治射陽，孫策西擊黄祖，登誘嚴白虎餘黨，圖爲後害。策還擊登，軍到丹徒，須待運糧。初，策殺吴郡太守許貢，貢奴客潛民間，欲爲貢報讎。策性好獵，數出驅馳，所乘馬精駿，從騎絶不能及，卒遇貢客三人，射策中頰，後騎尋至，皆刺殺之。策創甚，召張昭等謂曰：「中國方亂，以吴、越之衆，三江之固，足以觀成敗，公等善相吾弟。」呼權，佩以印綬，謂曰：「舉江東之衆，決機於兩陳之間，與天下争衡，卿不如我。舉賢任能，各盡其心，以保江東，我不如卿。」丙午，策卒，時年二十六。

權悲號，未視事，張昭曰：「孝廉，此寧哭時邪！」乃改易權服，扶令上馬，使出巡軍。昭率僚屬，上表朝廷，下移屬城，中外將校，各令奉職。周瑜自巴丘將兵赴喪，遂留吴，以中護軍與張昭共掌衆事。時策雖有會稽、吴郡、丹陽、豫章、廬江、廬陵，然深險之地，猶未盡從，流寓之士，皆以安危去就爲意，未有君臣之固，而張昭、周瑜等謂權可與共成大業，遂委心而服事焉。

冬十月，曹操聞孫策死，欲因喪伐之。侍御史張紘諫曰：「乘人之喪，既非古義，若其不克，成讎棄好，不如因而厚之。」操即表權爲討虜將軍，領會稽太守。

操欲令紘輔權内附，乃以紘爲會稽東部都尉。紘至吴，太夫人以權年少，委紘與張昭共輔之。紘思惟補察，知無不爲。太夫人問揚武都尉會稽董襲曰：「江東可保不？」襲曰：「江東有山川之固，而討逆明府恩德在民，討虜承基，大小用命，張昭秉衆事，襲等爲爪牙，此地利人和之時也，萬無所憂。」權遣張紘之部，或以紘本受北任，嫌其志趣不止於此，權不以介意。

魯肅將北還，周瑜止之，因薦肅於權曰：「肅才宜佐時，當廣求其比以成功業。」權即見肅，與語，悦之。賓退，獨引肅合榻對飲，曰：「今漢室傾危，孤思有桓、文之功，君何以佐之？」肅曰：「昔高帝欲尊事義帝而不獲者，以項羽爲害也。今之曹操猶昔項羽，將軍何由得爲桓、文乎！肅竊料之，漢室不可復興，曹操不可卒除，爲將軍計，惟有保守江東，以觀天下之釁耳。若因北方多務，勦除黄祖，進伐劉表，竟長江所極，據而有之，此王業也。」權曰：「今盡力一方，冀以輔漢耳，此言非所及也。」張昭毁肅年少粗疏，權益貴重之，賞賜儲偫，富擬其舊。

權料諸小將兵少而用薄者，并合之。别部司馬汝南吕蒙軍容鮮整，士卒練習，權大悦，增其兵，寵任之。

功曹駱統勸權尊賢接士，勤求損益，饗賜之日，人人别進，問其燥濕，加以密意，誘諭使言，察其志趣。權納用焉。統，俊之子也。

廬陵太守孫輔恐權不能保江東，陰遣人齎書呼曹操。行人以告，權悉斬輔親近，分其部曲，徙輔置東。

曹操表徵華歆爲議郎，參司空軍事。廬江太守李術不肯事權，而多納其亡叛。權以狀白曹操曰：「嚴刺史昔爲公所用，而李術害之，肆其無道，宜速誅滅。今術必復詭説求救。明公居阿衡之任，海内所瞻，願敕執事，勿復聽受。」因舉兵攻術於皖城。術求救於操，操不救，遂屠其城，梟術首，徙其部曲三萬餘人。嚴刺史者，揚州刺史嚴象也。

七年秋九月，曹操下書責孫權任子。權召羣僚會議，張昭、秦松等猶豫不決。權引周瑜詣吴夫人前定議。瑜曰：「昔楚國初封，不滿百里之地，繼嗣賢能，廣土開境，遂據荆、揚，至於南海，傳業延祚，九百餘年。今將軍承父兄餘資，兼六郡之衆，兵精糧多，將士用命，鑄山爲銅，煮海爲鹽，境内富饒，人不思亂，有何偪迫，而欲送質。質一入不得不與曹氏相首尾，與相首尾則命召不得不往，如此便見制於人也。極不過一侯印，僕從十餘人，車數乘，馬數匹，豈與南面稱孤同哉！不如勿遣，徐觀其變。若曹氏能率義以正天下，將軍事之未晚。若圖爲暴亂，彼自亡之不暇，焉能害人。」吴夫人曰：「公瑾議是也。公瑾與伯符同年，小一月耳，我視之如子也，汝其兄事之。」遂不送質。

八年冬十月，孫權西伐黄祖，破其舟軍，惟城未克，而山寇復動。權還，過豫章，使征虜中郎將吕範平鄱陽、會稽，盪寇中郎將程普討樂安，建昌都尉太史慈領海昏，以别部司馬黄蓋、韓當、周泰、吕蒙等守劇縣令長，討山越，悉平之。建安、漢興、南平民作亂，聚衆各萬餘人，權使南部都尉會稽賀齊進討，皆平之，復立縣邑，料出兵萬人，拜齊平東校尉。

十二年，孫權西擊黄祖，虜其人民而還。

權母吴氏疾篤，引見張昭等，屬以後事而卒。

十三年。初，巴郡甘寧將僮客八百人歸劉表，表儒人，不習軍事，寧觀表事勢終必無成，恐一朝衆散，并受其禍，欲東入吴。黄祖在夏口，軍不得過，乃留，依祖三年，祖以凡人畜之。孫權擊祖，祖軍敗走，權校尉凌操將兵急追之。寧善射，將兵在後，射殺操，祖由是得免。軍罷還營，待寧如初。祖都督蘇飛數薦寧，祖不用。寧欲去，恐不免，飛乃白祖，以寧爲邾長。寧遂亡奔孫權，周瑜、吕蒙共薦達之，權禮異同於舊臣。

寧獻策於權曰：「今漢祚日微，曹操終爲篡盗。南荆之地，山川形便，誠國之西勢也。寧觀劉表慮既不遠，兒子又劣，非能承業傳基者也。至尊當早圖之，不可後操。圖之之計，宜先取黄祖。祖今昏耄已甚，財穀並乏，左右貪縱，吏士心怨，舟船戰具，頓廢不脩，怠於耕農，軍無法伍。至尊今往，其破可必。一破祖軍，鼓行而西，據楚關，大勢彌廣，即可漸規巴、蜀矣。」權深納之。張昭時在坐，難曰：「今吴下業業，若軍果行，恐必致亂。」寧謂昭曰：「國家以蕭何之任付君，君居守而憂亂，奚以希慕古人乎？」權舉酒屬寧曰：「興霸，今年行討，如此酒矣，決以付卿。卿但當勉建方略，令必克祖，則卿之功，何嫌張長史之言乎！」

權遂西擊黄祖。祖横兩蒙衝挾守沔口，以栟閭大紲繫石爲矴，上有千人，以弩交射，飛矢雨下，軍不得前。偏將軍董襲與别部司馬凌統俱爲前部，各將敢死百人，人被兩鎧，乘大舸突入蒙衝裏。襲身以刀斷兩紲，蒙衝乃横流，大兵遂進。祖令都督陳就以水軍逆戰。平北都尉吕蒙勒前鋒，親梟就首。於是將士乘勝，水陸並進，傅其城，盡鋭攻之，遂屠其城。祖挺身走，追斬之，虜其男女數萬口。

權先作兩函，欲以盛祖及蘇飛首。權爲諸將置酒，甘寧下席叩頭，血涕交流，爲權言：「飛疇昔舊恩，寧不值飛，固已捐骸於溝壑，不得致命於麾下。今飛罪當夷戮，特從將軍乞其首領。」權感其言，謂曰：「今爲君置之，若走去何？」寧曰：「飛免分裂之禍，受更生之恩，逐之尚必不走，豈當圖亡哉！若爾，寧頭當代入函。」權乃赦之。凌統怨寧殺其父操，常欲殺寧，權命統不得讎之，令寧將兵屯於他所。

秋八月，劉表卒。

初，魯肅聞劉表卒，言於孫權曰：「荆州與國鄰接，江山險固，沃野萬里，士民殷富，若據而有之，此帝王之資也。今劉表新亡，二子不協，軍中諸將，各有彼此。劉備天下梟雄，與操有隙，寄寓于表，表惡其能而不能用也。若備與彼協心，上下齊同，則宜撫安，與結盟好；如有離違，宜別圖之，以濟大事。肅請得奉命弔表二子，并慰勞其軍中用事者，及説備使撫表衆，同心一意，共治曹操，備必喜而從命。如其克諧，天下可定也。今不速往，恐爲操所先。」權即遣肅行。

到夏口，聞操已向荆州，晨夜兼道，比至南郡，而琮已降，備南走，肅徑迎之，與備會於當陽長坂。肅宣權旨，論天下事勢，致殷勤之意。且問備曰：「豫州今欲何至？」備曰：「與蒼梧太守吴巨有舊，欲往投之。」肅曰：「孫討虜聰明仁惠，敬賢禮士，江表英豪，咸歸附之，已據有六郡，兵精糧多，足以立事。今爲君計，莫若遣腹心自結於東，以共濟世業。而欲投吴巨，巨是凡人，偏在遠郡，行將爲人所併，豈足託乎？」備甚悦。肅又謂諸葛亮曰：「我，子瑜友也。」即共定交。子瑜者，亮兄瑾也，避亂江東，爲孫權長史。備用肅計，進住鄂縣之樊口。

曹操自江陵將順江東下。諸葛亮謂劉備曰：「事急矣，請奉命求救於孫將軍。」遂與魯肅俱詣孫權。亮見權於柴桑，説權曰：「海内大亂，將軍起兵江東，劉豫州收衆漢南，與曹操並爭天下。今操芟夷大難，略已平矣，遂破荆州，威震四海。英雄無用武之地，故豫州遁逃至此，願將軍量力而處之。若能以吴、越之衆與中國抗衡，不如早與之絶；若不能，何不按兵束甲，北面而事之？今將軍外託服從之名，而内懷猶豫之計，事急而不斷，禍至無日矣。」權曰：「苟如君言，劉豫州何不遂事之乎？」亮曰：「田横，齊之壯士耳，猶守義不辱，况劉豫州王室之胄，英才蓋世，衆士慕仰，若水之歸海。若事之不濟，此乃天也，安能復爲之下乎！」權勃然曰：「吾不能舉全吴之地，十萬之衆，受制於人。吾計決矣！非劉豫州莫可以當曹操者，然豫州新敗之後，安能抗此難乎？」亮曰：「豫州軍雖敗於長坂，今戰士還者及關羽水軍精甲萬人，劉琦合江夏戰士亦不下萬人。曹操之衆，遠來疲敝，聞追豫州，輕騎一日一夜行三百餘里，此所謂强弩之末，勢不能穿魯縞者也，故兵法忌之，曰『必蹶上將軍』。且北方之人，不習水戰。又荆州之民附操者，偪兵勢耳，非心服也。今將軍誠能命猛將統兵數萬，與豫州協規同力，破操軍必矣。操軍破，必北還，如此則荆、吴之勢强，鼎足之形成矣。成敗之機，在於今日。」權大悦，與其羣下謀之。

是時，曹操遺權書曰：「近者奉辭伐罪，旌麾南指，劉琮束手。今治水軍八十萬衆，方與將軍會獵於吴。」權以示羣下，莫不響震失色。長史張昭等曰：「曹公，豺虎也，挾天子以征四方，動以朝廷爲辭，今日拒之，事更不順。且將軍大勢可以拒操者，長江也。今操得荆州，奄有其地。劉表治水軍，蒙衝鬭艦乃以千數，操悉浮以沿江，兼有步兵，水陸俱下，此爲長江之險已與我共之矣，而勢力衆寡又不可論。愚謂大計不如迎之。」魯肅獨不言。權起更衣，肅追於宇下。權知其意，執肅手曰：「卿欲何言？」肅曰：「向察衆人之議，專欲誤將軍，不足與圖大事。今肅可迎操耳，如將軍不可也。何以言之？今肅迎操，操當以肅還付鄉黨，品其名位，猶不失下曹從事，乘犢車，從吏卒，交游士林，累官故不失州郡也。將軍迎操，欲安所歸乎？願早定大計，莫用衆人之議也。」權歎息曰：「諸人持議，甚失孤望。今卿廓開大計，正與孤同。」

時周瑜受使至番陽，肅勸權召瑜還。瑜至，謂權曰：「操雖託名漢相，其實漢賊也。將軍以神武雄才，兼仗父兄之烈，割據江東，地方數千里，兵精足用，英雄樂業，當橫行天下，爲漢家除殘去穢，况操自送死而可迎之邪！請爲將軍籌之。今北土未平，馬超、韓遂尚在關西，爲操後患，而操舍鞍馬，杖舟楫，與吴、越争衡。又今盛寒，馬無藁草，驅中國士衆，遠涉江、湖之間，不習水土，必生疾病。此數者，用兵之患也，而操皆冒行之。將軍禽操，宜在今日。瑜請得精兵數萬人，進住夏口，保爲將軍破之。」權曰：「老賊欲廢漢自立久矣，徒忌二袁、吕布、劉表與孤耳。今數雄已滅，惟孤尚存。孤與老賊，勢不兩立。君言當擊，甚與孤合，此天以君授孤也。」因拔刀斫前奏案曰：「諸將吏敢復有言當迎操者，與此案同！」乃罷會。

是夜，瑜復見權曰：「諸人徒見操書言水步八十萬而各恐懾，不復料其虛實，便開此議，甚無謂也。今以實校之，彼所將中國人不過十五六萬，且已久疲；所得表衆亦極七八萬耳，尚懷狐疑。夫以疲病之卒，御狐疑之衆，衆數雖多，甚不足畏。瑜得精兵五萬，自足制之，願將軍勿慮。」權撫其背曰：「公瑾，卿言至此，甚合孤心。子布、元表諸人，各顧妻子，挾持私慮，深失所望，獨卿與子敬與孤同耳，此天以卿二人贊孤也。五萬兵難卒合，已選三萬人，船糧戰具俱辦，卿與子敬、程公便在前發，孤當續發人衆，多載資糧，爲卿後援。卿能辦之者誠決，邂逅不如意，便還就孤，孤當與孟德決之。」遂以周瑜、程普爲左、右督，將兵與備并力逆操。以魯肅爲贊軍校尉，助畫方略。

劉備在樊口，日遣邏吏於水次候望權軍。吏望見瑜船，馳往白備，備遣人慰勞之。瑜曰：「有軍任，不可得委署。儻能屈威，誠副其所望。」備乃乘單舸往見瑜，問曰：「今拒曹公，深爲得計。戰卒有幾？」瑜曰：「三萬人。」備曰：「恨少。」瑜曰：「此自足用，豫州但觀瑜破之。」備欲呼魯肅等共會語，瑜曰：「受命不得妄委署；若欲見子敬，可別過之。」備深愧喜。進，與操遇於赤壁。

時操軍衆，已有疾疫，初一交戰，操軍不利，引次江北。瑜等在南岸，瑜部將黄蓋曰：「今寇衆我寡，難與持久。操軍方連船艦，首尾相接，可燒而走也。」乃取蒙衝鬬艦十艘，載燥荻、枯柴，灌油其中，裹以帷幕，上建旌旗，豫備走舸，繫於其尾。先以書遺操，詐云欲降。時東南風急，蓋以十艦最著前，中江舉帆，餘船以次俱進。操軍吏士皆出營立觀，指言蓋降。去北軍二里餘，同時發火，火烈風猛，船往如箭，燒盡北船，延及岸上營落。頃之，煙炎張天，人馬燒溺死者甚衆。瑜等率輕鋭繼其後，雷鼓大進，北軍大壞。操引軍從華容道步走，遇泥濘，道不通，天又大風，悉使羸兵負草填之，騎乃得過。羸兵爲人馬所蹈藉，陷泥中，死者甚衆。劉備、周瑜水陸並進，追操至南郡。時操軍兼以饑疫，死者太半。操乃留征南將軍曹仁、横野將軍徐晃守江陵，折衝將軍樂進守襄陽，引軍北還。

周瑜、程普將數萬衆，與曹仁隔江，未戰，甘寧請先徑進取夷陵，往，即得其城，因入守之。益州將襲肅舉軍降，周瑜表以肅兵益横野中郎將吕蒙。蒙盛稱「肅有膽用，且慕化遠來，於義宜益，不宜奪也」。權善其言，還肅兵。曹仁遣兵圍甘寧，寧困急，求救於周瑜，諸將以爲兵少不足分。吕蒙謂周瑜、程普曰：「留凌公績於江陵，蒙與君行，解圍釋急，勢亦不久。蒙保公績能十日守也。」瑜從之，大破仁兵於夷陵，獲馬三百匹而還。於是將士形勢自倍，瑜乃度江屯北岸，與仁相距。十二月，孫權自將圍合肥。

十四年春三月，孫權圍合肥，久不下。權率輕騎欲身往突敵，長史張紘諫曰：「夫兵者凶器，戰者危事也。今麾下恃盛壯之氣，忽强暴之虜，三軍之衆，莫不寒心。雖斬將搴旗，威震敵場，此乃偏將之任，非主將之宜也。願抑賁、育之勇，懷霸王之計。」權乃止。曹操遣將軍張喜將兵解圍，久而未至。揚州别駕楚國蔣濟密白刺史，僞得喜書，云步騎四萬已到雩婁，遣主簿迎喜。三部使齎書語城中守將：「一部得入城，二部爲權兵所得。」權信之，遽燒圍走。

冬十二月，周瑜攻曹仁歲餘，所殺傷甚衆，仁委城走。權以瑜領南郡太守，屯據江陵；程普領江夏太守，治沙羡；吕範領彭澤太守；吕蒙領尋陽令。

曹操密遣九江蔣幹往説周瑜。幹以才辯獨步於江、淮之間，乃布衣葛巾，自託私行詣瑜。瑜出迎之，立謂幹曰：「子翼良苦，遠涉江湖，爲曹氏作説客邪？」因延幹，與周觀營中，行視倉庫、軍資、器仗訖，還飲宴，示之侍者、服飾、珍玩之物。因謂幹曰：「丈夫處世，遇知己之主，外託君臣之義，内結骨肉之恩，言行計從，禍福共之，假使蘇、張更生，能移其意乎！」幹但笑，終無所言。還白操，稱瑜雅量高致，非言辭所能間也。

十五年冬十二月，周瑜詣京見權曰：「今曹操新敗，憂在腹心，未能與將軍連兵相事也。乞與奮威俱進，取蜀而并張魯，因留奮威固守其地，與馬超結援，瑜還與將軍據襄陽以蹴操，北方可圖也。」權許之。奮威者，孫堅弟子丹陽太守瑜也。

周瑜還江陵爲行裝，於道病困，與權牋曰：「脩短命矣，誠不足惜，但恨微志未展，不復奉教命耳。方今曹操在北，疆場未静；劉備寄寓，有似養虎；天下之事，未知終始，此朝士旰食之秋，至尊垂慮之日也。魯肅忠烈，臨事不苟，可以代瑜。儻所言可采，瑜死不朽矣。」卒於巴丘。權聞之，哀慟曰：「公瑾有王佐之資，今忽短命，孤何賴哉！」自迎其喪於蕪湖。瑜有一女二男，權爲長子登娶其女，以其男循爲騎都尉，妻以女；胤爲興業都尉，妻以宗女。

權以魯肅爲奮武校尉，代瑜領兵，令程普領南郡太守。魯肅勸權以荆州借劉備，與共拒曹操，權從之。乃分豫章爲番陽郡，分長沙爲漢昌郡。復以程普領江夏太守；魯肅爲漢昌太守，屯陸口。

十七年。初，張紘以秣陵山川形勝，勸孫權以爲治所。及劉備東過秣陵，亦勸權居之。權於是作石頭城，徙治秣陵，改秣陵爲建業。

秋九月，吕蒙聞曹操欲東兵，説孫權夾濡須水口立塢。諸將皆曰：「上岸擊賊，洗足入船，何用塢爲？」蒙曰：「兵有利鈍，戰無百勝，如有邂逅，敵步騎蹙人，不暇及水，其得入船乎？」權曰：「善。」遂作濡須塢。

冬十月，曹操東擊孫權。

十八年春正月，曹操進軍濡須口，號步騎四十萬，攻破孫權江西營，獲其都督公孫陽。權率衆七萬禦之，相守月餘。操見其舟船器仗軍伍整肅，歎曰：「生子當如孫仲謀。如劉景升兒子，豚犬耳。」權爲牋與操，說「春水方生，公宜速去」。别紙言：「足下不死，孤不得安。」操語諸將曰：「孫權不欺孤。」乃徹軍還。

十九年。初，魏公操遣廬江太守朱光屯皖，大開稻田。吕蒙言於孫權曰：「皖田肥美，若一收熟，彼衆必增。宜早除之。」閏〔五〕月，權親攻皖城。諸將欲作土山，添攻具，吕蒙曰：「治攻具及土山，必歷日乃成，城備既脩，外救必至，不可圖也。且吾乘雨水以入，若留經日，水必向盡，還道艱難，蒙竊危之。今觀此城，不能甚固，以三軍鋭氣，四面並攻，不移時可拔；及水以歸，全勝之道也。」權從之。蒙薦甘寧爲升城督。寧手持練，身緣城，爲士卒先。蒙以精鋭繼之，手執枹鼓，士卒皆騰踊。侵晨進攻，食時破之，獲朱光及男女數萬口。既而張遼至夾石，聞城已拔，乃退。權拜吕蒙爲廬江太守，還屯尋陽。

二十年秋八月，孫權率衆十萬圍合肥。時張遼、李典、樂進將七千餘人屯合肥。魏公操之征張魯也，爲教與合肥護軍薛悌，署函邊曰：「賊至，乃發。」及權至，發教，教曰：「若孫權至者，張、李將軍出戰，樂將軍守，護軍勿得與戰。」諸將以衆寡不敵，疑之。張遼曰：「公遠征在外，比救至，彼破我必矣。是以教指及其未合逆擊之，折其盛勢，以安衆心，然後可守也。」進等莫對，遼怒曰：「成敗之機，在此一戰，諸君若疑，遼將獨決之。」李典素與遼不睦，慨然曰：「此國家大事，顧君計何如耳，吾可以私憾而忘公義乎！請從君而出。」於是遼夜募敢從之士，得八百人，椎牛犒饗。明旦，遼被甲持戟，先登陷陳，殺數十人，斬二大將，大呼自名，衝壘入至權麾下。權大驚，不知所爲，走登高冢，以長戟自守。遼叱權下戰，權不敢動，望見遼所將衆少，乃聚圍遼數重。遼急擊，圍開，將麾下數十人得出。餘衆號呼曰：「將軍棄我乎？」遼復還突圍，拔出餘衆。權人馬皆披靡，無敢當者。自旦戰至日中，吳人奪氣。乃還脩守備，衆心遂安。

權守合肥十餘日，城不可拔，徹軍還。兵皆就路，權與諸將在逍遥津北，張遼覘望知之，即將步騎奄至。甘寧與呂蒙等力戰扞敵，凌統率親近扶權出圍，復還與遼戰，左右盡死，身亦被創，度權已免，乃還。權乘駿馬上津橋，橋南已徹，丈餘無版，親近監谷利在馬後，使權持鞍緩控，利於後著鞭以助馬勢，遂得超度。賀齊率三千人在津南迎權，權由是得免。權入大船宴飲，賀齊下席涕泣曰：「至尊人主，常當持重，今日之事，幾致禍敗。羣下震怖，若無天地，願以此爲終身之誡。」權自前收其淚曰：「大慚，謹已刻心，非但書紳也。」

二十一年冬十月，魏王操治兵擊孫權。

二十二年春正月，魏王操軍居巢，孫權保濡須。二月，操進攻之。三月，操引軍還，留伏波將軍夏侯惇、都督曹仁、張遼等二十六軍屯居巢。權令都尉徐詳詣操請降，操報使脩好，誓重結婚。權留平虜將軍周泰督濡須。

冬十月，魯肅卒，孫權以從事中郎彭城嚴畯代肅，督兵萬人鎮陸口。衆人皆爲畯喜，畯固辭以「樸素書生，不閑軍事」，發言懇惻，至于流涕。權乃以左護軍虎威將軍呂蒙兼漢昌太守以代之。衆嘉嚴畯能以實讓。

定威校尉吴郡陸遜言於孫權曰：「方今克敵寧亂，非衆不濟，而山寇舊惡，依阻深地。夫腹心未平，難以圖遠，可大部伍，取其精鋭。」權從之，以爲帳下右部督。會丹陽賊帥費棧作亂，扇動山越。權命遜討棧，破之。遂部伍東三郡，强者爲兵，羸者補户，得精卒數萬人。宿惡盪除，所過肅清，還屯蕪湖。會稽太守淳于式表遜「枉取民人，愁擾所在」。遜後詣都，言次稱式佳吏。權曰：「式白君而君薦之，何也。」遜對曰：「式意欲養民，是以白遜。若遜復毁式以亂聖聽，不可長也。」權曰：「此誠長者之事，顧人不能爲耳。」

二十四年秋七月，孫權攻合肥。時諸州兵戍淮南。揚州刺史温恢謂兖州刺史裴潛曰：「此間雖有賊，然不足憂。今水潦方生，而子孝縣軍，無有遠備，關羽驍猾，正恐征南有變耳。」已而關羽果使南郡太守麋芳守江陵，將軍傅士仁守公安，羽自率衆攻曹仁於樊。仁使左將軍于禁、立義將軍龐德等屯樊北。八月，大霖雨，漢水溢，平地數丈，于禁等七軍皆没。禁與諸將登高避水，羽乘大船就攻之，禁等窮迫，遂降。龐德不降，駡羽，羽殺之。

冬十月，丞相軍司馬司馬懿、西曹屬蔣濟言於操曰：「于禁等爲水所没，非戰攻之失，於國家大計未足有損。劉備、孫權外親内疏，關羽得志，權必不願也。可遣人勸權躡其後，許割江南以封權，則樊圍自解。」操從之。

魏王操之出漢中也，孫權爲牋與魏王操，請以討羽自效。吕蒙襲公安、江陵，羽守將傅士仁、麋芳皆降。蒙入江陵，釋于禁之囚，得關羽及將士家屬，皆慰撫之。羽遁走，兵皆解散。潘璋司馬馬忠獲羽及其子平於章鄉，斬之。事見吴蜀通好。

十二月，魏王操表孫權爲票騎將軍，假節，領荆州牧，封南昌侯。

魏文帝黄初元年，文帝即位。秋七月，孫權遣使奉獻。

二年夏四月，孫權自公安徙都鄂，更名鄂曰武昌。

秋八月，孫權遣使稱臣，卑辭奉章，并送于禁等還。朝臣皆賀，劉曄獨曰：「權無故求降，必内有急。權前襲殺關羽，劉備必大興師伐之。外有强寇，衆心不安，又恐中國往承其釁，故委地求降，一以卻中國之兵，二假中國之援，以强其衆而疑敵人耳。天下三分，中國十有其八，吴、蜀各保一州，阻山依水，有急相救，此小國之利也。今還自相攻，天亡之也。宜大興師，徑渡江襲之，蜀攻其外，我襲其内，吴之亡不出旬月矣。吴亡則蜀孤，若割吴之半以與蜀，蜀固不能久存，况蜀得其外，我得其内乎？」帝曰：「人稱臣降而伐之，疑天下欲來者心，不若且受吴降而襲蜀之後也。」對曰：「蜀遠吴近，又聞中國伐之，便還軍，不能止也。今備已怒，興兵擊吴，聞我伐吴，知吴必亡，將喜而進，與我争割吴地，必不改計抑怒救吴也。」帝不聽，遂受吴降。

于禁須髮皓白，形容憔悴，見帝，泣涕頓首。帝慰喻以荀林父、孟明視故事，拜安遠將軍，令北詣鄴謁高陵。帝使豫於陵屋畫關羽戰克，龐德憤怒，禁降服之狀。禁見，慚恚，發病死。

臣光曰：于禁將數萬衆，敗不能死，生降於敵，既而復歸；文帝廢之可也，殺之可也，乃畫陵屋以辱之，斯爲不君矣。

丁巳，遣太常邢貞奉策即拜孫權爲吴王，加九錫。劉曄曰：「不可。先帝征伐天下，十兼其八，威震海内。陛下受禪即真，德合天地，聲暨四遠。權雖有雄才，故漢票騎將軍、南昌侯耳，官輕勢卑，士民有畏中國心，不可强迫與成所謀也。不得已受其降，可進其將軍號，封十萬户侯，不可即以爲王也。夫王位去天子一階耳，其禮秩服御相亂也。彼直爲侯，江南士民未有君臣之分。我信其僞降，就封殖之，崇其位號，定其君臣，是爲虎傅翼也。權既受王位，卻蜀兵之後，外盡禮以事中國，使其國内皆聞，内爲無禮以怒陛下；陛下赫然發怒，興兵討之，乃徐告其民曰：『我委身事中國，不愛珍貨重寶，隨時貢獻，不敢失臣禮，而無故伐我，必欲殘我國家，俘我民人以爲僕妾。』吴民無緣不信其言也。信其言而感怒，上下同心，戰加十倍矣。」又不聽。諸將以吴内附，意皆縱緩，獨征南大將軍夏侯尚益脩攻守之備。山陽曹偉素有才名，聞吴稱藩，以白衣與吴王交書求賂，欲以交結京師，帝聞而誅之。

吴（人）〔又〕城武昌。

十一月，邢貞至吴，吴人以爲宜稱上將軍、九州伯，不當受魏封。吴王曰：「九州伯，於古未聞也。昔沛公亦受項羽封爲漢王，蓋時宜耳，復何損邪！」遂受之。吴王出都亭候貞，貞入門，不下車。張昭謂貞曰：「夫禮無不敬，法無不行。而君敢自尊大，豈以江南寡弱，無方寸之刃故乎？」貞即遽下車。中郎將琅邪徐盛忿憤，顧謂同列曰：「盛等不能奮身出命，爲國家并許、洛，吞巴、蜀，而令吾君與貞盟，不亦辱乎！」因涕泣横流。貞聞之，謂其徒曰：「江東將相如此，非久下人者也。」

吴王遣中大夫南陽趙咨入謝。帝問曰：「吴王何等主也？」對曰：「聰明仁智雄略之主也。」帝問其狀，對曰：「納魯肅於凡品，是其聰也。拔呂蒙於行陳，是其明也。獲于禁而不害，是其仁也。取荊州兵不血刃，是其智也。據三州，虎視於天下，是其雄也。屈身於陛下，是其略也。」帝曰：「吳王頗知學乎？」咨曰：「吳王浮江萬艘，帶甲百萬，任賢使能，志存經略，雖有餘閒，博覽書傳，歷史籍，采奇異，不效書生尋章摘句而已。」帝曰：「吳可征否？」對曰：「大國有征伐之兵，小國有備禦之固。」帝曰：「吳難魏乎？」對曰：「帶甲百萬，江、漢爲池，何難之有？」帝曰：「吳如大夫者幾人？」對曰：「聰明特達者八九十人，如臣之比，車載斗量，不可勝數。」

帝遣使求雀頭香、大貝、明珠、象牙、犀角、玳瑁、孔雀、翡翠、鬬鴨、長鳴雞於吳。吳羣臣曰：「荊、揚二州，貢有常典，魏所求珍玩之物，非禮也，宜勿與。」吳王曰：「方有事於西北，江表元元，恃主爲命。彼所求者，於我瓦石耳，孤何惜焉。且彼在諒闇之中，而所求若此，寧可與言禮哉？」皆具以與之。

十二月，帝欲封吳王子登爲萬户侯，吳王以登年幼，上書辭不受。復遣西曹掾吳郡沈珩入謝，并獻方物。帝問曰：「吳嫌魏東向乎？」珩曰：「不嫌。」曰：「何以？」曰：「信恃舊盟，言歸于好，是以不嫌。若魏渝盟，自有豫備。」又問：「聞太子當來，寧然乎？」珩曰：「臣在東朝，朝不坐，宴不與，若此之議，無所聞也。」帝善之。

三年。初，吴王遣于禁護軍浩周、軍司馬東里衮詣帝，自陳誠款，辭甚恭慤。帝問周等：「權可信乎？」周以爲權必臣服，而衮謂其不可必服。帝悦周言，以爲有以知之，故立爲吴王，復使周至吴。周謂吴王曰：「陛下未信王遣子入侍，周以闔門百口明之。」吴王爲之流涕霑襟，指天爲誓。周還而侍子不至，但多設虚辭。帝欲遣侍中辛毗、尚書桓階往與盟誓，并責任子，吴王辭讓不受。帝怒，欲伐之。劉曄曰：「彼新得志，上下齊心，而阻帶江湖，不可倉卒制也。」帝不從。九月，命征東大將軍曹休、前將軍張遼、鎮東將軍臧霸出洞口，大將軍曹仁出濡須，上軍大將軍曹真、征南大將軍夏侯尚、左將軍張郃、右將軍徐晃圍南郡。吴建威將軍吕範督五軍，以舟軍拒休等，左將軍諸葛瑾、平北將軍潘璋、將軍楊粲救南郡，裨將軍朱桓以濡須督拒曹仁。

冬十月，吴王以揚越蠻夷多未平集，乃卑辭上書，求自改厲：「若罪在難除，必不見置，當奉還土地民人，寄命交州，以終餘年。」又與浩周書云：「欲爲子登求昏宗室。」又云：「以登年弱，欲遣孫長緒、張子布隨登俱來。」帝報曰：「朕之與君，大義已定，豈樂勞師，遠臨江、漢。若登身朝到，夕召兵還耳。」於是吴王改元黄武，臨江拒守。

帝自許昌南征，復郢州爲荆州。十一月辛丑，帝如宛。曹休在洞口，自陳「願將鋭卒，虎步江南，因敵取資，事必克捷，若其無臣，不須爲念」。帝恐休便渡江，驛馬止之。侍中董昭侍側，曰：「竊見陛下有憂色，獨以休濟江故乎？今者渡江，人情所難，就休有此志，勢不獨行，當須諸將。臧霸等既富且貴，無復他望，但欲終其天命，保守禄祚而已，何肯乘危自投死地，以求徼倖。苟霸等不進，休意自沮，臣恐陛下雖有敕渡之詔，猶必沈吟，未便從命也。」頃之，會暴風吹吴吕範等船，綆纜悉斷，直詣休等營下，斬首獲生以千數，吴兵迸散。帝聞之，敕諸軍促渡。軍未時進，吴救船遂至，收軍還江南。曹休使臧霸追之，不利，將軍尹盧戰死。

吴將孫盛督萬人據江陵中洲，以爲南郡外援。

四年春正月，曹真使張郃擊破吴兵，遂奪據江陵中洲。

二月，曹仁以步騎數萬向濡須，先揚聲欲東攻羨溪，朱桓分兵赴之。既行，仁以大軍徑進，桓聞之，追還羨溪兵，兵未到而仁奄至。時桓手下及所部兵在者纔五千人，諸將業業，各有懼心。桓喻之曰：「凡兩軍交對，勝負在將，不在衆寡。諸君聞曹仁用兵行師，孰與桓邪？兵法所以稱『客倍而主人半』者，謂俱在平原，無城隍之守，又謂士卒勇怯齊等故耳。今仁既非智勇，加其士卒甚怯，又千里步涉，人馬罷困。桓與諸君共據高城，南臨大江，北背山陵，以逸待勞，爲主制客，此百戰百勝之勢，雖曹丕自來，尚不足憂，況仁等邪！」桓乃偃旗鼓，外示虚弱，以誘致仁。仁遣其子泰攻濡須城，分遣將軍常雕、王雙等乘油船別襲中洲。中洲者，桓部曲妻子所在也。蔣濟曰：「賊據西岸，列船上流，而兵入洲中，是爲自内地獄，危亡之道也。」仁不從，自將萬人留橐皋，爲泰等後援。桓遣別將擊雕等，而身自拒泰。泰燒營退，桓遂斬常雕，生虜王雙，臨陳殺溺死者千餘人。

初，呂蒙病篤，吴王問曰：「卿如不起，誰可代者？」蒙對曰：「朱然膽守有餘，愚以爲可任。」朱然者，九真太守朱治姊子也，本姓施氏，治養以爲子，時爲昭武將軍。蒙卒，吴王假然節，鎮江陵。及曹真等圍江陵，破孫盛，吴王遣諸葛瑾等將兵往解圍，夏侯尚擊卻之。江陵中外斷絶，城中兵多腫病，堪戰者裁五千人。真等起土山，鑿地道，立樓櫓臨城，弓矢雨注，將士皆失色。然晏如無恐意，方厲吏士，伺間隙，攻破魏兩屯。魏兵圍然凡六月，江陵令姚泰領兵備城北門，見外兵盛，城中人少，穀食且盡，懼不濟，謀爲内應，然覺而殺之。

時江水淺狹，夏侯尚欲乘船將步騎入渚中安屯，作浮橋，南北往來，議者多以爲城必可拔。董昭上疏曰：「武皇帝智勇過人，而用兵畏敵，不敢輕之若此也。夫兵好進惡退，常然之數。平地無險，猶尚艱難，就當深入，還道宜利，兵有進退，不可如意。今屯渚中，至深也；浮橋而濟，至危也；一道而行，至狹也。三者，兵家所忌，而今行之。賊頻攻橋，誤有漏失，渚中精鋭，非魏之有，將轉化爲吴矣。臣私慼之，忘寢與食，而議者怡然不以爲憂，豈不惑哉！加江水向漲，一旦暴增，何以防禦？就不破賊，尚當自完，奈何乘危不以爲懼！惟陛下察之。」帝即詔尚等促出，吴人兩頭並前，魏兵一道引去，不時得泄，僅而獲濟。吴將潘璋已作荻筏，欲以燒浮橋，會尚退而止。後旬日，江水大漲，帝謂董昭曰：「君論此事，何其審也！」會天大疫，帝悉召諸軍還。

三月丙申，車駕還洛陽。初，帝問賈詡曰：「吾欲伐不從命以一天下，吴、蜀何先？」對曰：「攻取者先兵權，建本者尚德化。陛下應期受禪，撫臨率土，若綏之以文德而俟其變，則平之不難矣。吴、蜀雖蕞爾小國，依山阻水。劉備有雄才，諸葛亮善治國。孫權識虚實，陸遜見兵勢。據險守要，汎舟江湖，皆難卒謀也。用兵之道，先勝後戰，量敵論將，故舉無遺策。臣竊料羣臣無備、權對，雖以天威臨之，未見萬全之勢也。昔舜舞干戚而有苗服，臣以爲當今宜先文後武。」帝不納，軍竟無功。

丁未，陳忠侯曹仁卒。

五年秋七月，帝欲大興軍伐吴，侍中辛毗諫曰：「方今天下新定，土廣民稀，而欲用之，臣誠未見其利也。先帝屢起鋭師，臨江而旋。今六軍不增於故，而復脩之，此未易也。今日之計，莫若養民屯田，十年然後用之，則役不再舉矣。」帝曰：「如卿意，更當以虜遺子孫邪？」對曰：「昔周文王以紂遺武王，惟知時也。」帝不從。留尚書僕射司馬懿鎮許昌。八月，爲水軍，親御龍舟，循蔡、潁浮淮如壽春。九月，至廣陵。吳安東將軍徐盛建計，植木衣葦，爲疑城假樓，自石頭至于江乘，聯緜相接數百里，一夕而成。又大浮舟艦於江。

時江水盛漲，帝臨望歎曰：「魏雖有武騎千羣，無所用之，未可圖也。」帝御龍舟，會暴風漂蕩，幾至覆没。帝問羣臣：「權當自來否？」咸曰：「陛下親征，權恐怖，必舉國而應，又不敢以大衆委之臣下，必當自來。」劉曄曰：「彼謂陛下欲以萬乘之重牽己，而超越江湖者在於别將，必勒兵待事，未有進退也。」大駕停住積日，吳王不至，帝乃旋師。是時曹休表得降賊辭：「孫權已在濡須口。」中領軍衛臻曰：「權恃長江，未敢亢衡，此必畏怖僞辭耳。」考核降者，果守將所作也。

六年春三月辛未，帝以舟師復征吳，羣臣大議。宫正鮑勛諫曰：「王師屢征而未有所克者，蓋以吳、蜀脣齒相依，憑阻山水，有難拔之勢故也。往年龍舟飄蕩，隔在南岸，聖躬蹈危，臣下破膽，此時宗廟幾至傾覆，爲百世之戒。今又勞兵襲遠，日費千金，中國虚耗，令黠虜玩威，臣竊以爲不可。」帝怒，左遷勛爲治書執法。勛，信之子也。

夏五月戊申，帝如譙。

秋八月，帝以舟師自譙循渦入淮。尚書蔣濟表言「水道難通」，帝不從。冬十月，如廣陵故城，臨江觀兵，戎卒十餘萬，旌旗數百里，有渡江之志。吴人嚴兵固守。而大寒，冰，舟不得入江。帝見波濤洶湧，歎曰：「嗟乎，固天所以限南北也！」遂歸。孫韶遣將高壽等率敢死之士五百人，於徑路夜要帝，帝大驚。壽等獲副車、羽蓋以還。於是，戰船數千，皆滯不得行。

七年春正月壬子，帝還洛陽。夏五月，帝疾篤，丁巳，帝殂。

明帝泰和三年夏四月丙申，吴王即皇帝位，大赦，改元黄龍。百官畢會。吴主歸功於周瑜。綏遠將軍張昭舉笏欲襃贊功德，未及言，吴主曰：「如張公之計，今已乞食矣。」昭大慚，伏地流汗。吴主追尊父堅爲武烈皇帝，兄策爲長沙桓王，立子登爲皇太子。

劉備據蜀

漢獻帝初平二年。初，涿郡劉備，中山靖王之後也，少孤貧，與母以販履爲業。長七尺五寸，垂手下膝，顧自見其耳。有大志，少語言，喜怒不形於色。嘗與公孫瓚同師事盧植，由是往依瓚。瓚使備與田楷徇青州，有功，因以爲平原相。備少與河東關羽、涿郡張飛相友善，以羽、飛爲別部司馬，分統部曲。備與二人寢則同牀，恩若兄弟，而稠人廣坐，侍立終日，隨備周旋，不避艱險。常山趙雲爲本郡將吏兵詣公孫瓚，瓚曰：「聞貴州人皆願袁氏，君何獨迷而能反乎？」雲曰：「天下訩訩，未知孰是，民有倒縣之厄。鄙州論議，從仁政所在，不爲忽袁公，私明將軍也。」劉備見而奇之，深加接納，雲遂從備至平原，爲備主騎兵。

興平元年十二月，徐州牧陶謙疾篤，謂別駕東海麋竺曰：「非劉備，不能安此州也。」謙卒，竺率州人迎備。備未敢當，曰：「袁公路近在壽春，君可以州與之。」典農校尉下邳陳登曰：「公路驕豪，非治亂之主。今欲爲使君合步騎十萬，上可以匡主濟民，下可以割地守境，若使君不見聽許，登亦未敢聽使君也。」北海相孔融謂備曰：「袁公路豈憂國忘家者邪？冢中枯骨，何足介意。今日之事，百姓與能。天與不取，悔不可追。」備遂領徐州。

建安元年夏六月，袁術攻劉備以争徐州。備使司馬張飛守下邳，自將拒術於盱眙、淮陰，相持經月，更有勝負。下邳相曹豹，陶謙故將也，與張飛相失，飛殺之，城中乖亂。袁術與呂布書，勸令襲下邳，許助以軍糧。布大喜，引軍水陸東下。備中郎將丹陽許耽開門迎之。張飛敗走，布虜備妻子及將吏家口。備聞之，引還，比至下邳，兵潰。備收餘兵東取廣陵，與袁術戰，又敗，屯於海西，饑餓困踧，吏士相食，從事東海麋竺以家財助軍。備請降於布，布亦忿袁術運糧不繼，乃召備復以爲豫州刺史，與并勢擊術，使屯小沛。

秋九月，袁術遣將紀靈等步騎三萬攻劉備，備求救於布。諸將謂布曰：「將軍常欲殺劉備，今可假手於術。」布曰：「不然。術若破備，則北連泰山諸將，吾爲在術圍中，不得不救也。」便率步騎千餘馳往赴之。靈等聞布至，皆斂兵而止。布屯沛城西南，遣鈴下請靈等，靈等亦請布，布往就之，與備共飲食。布謂靈等曰：「玄德，布弟也，爲諸君所困，故來救之。布性不喜合鬭，喜解鬭耳。」乃令軍候植戟於營門，布彎弓顧曰：「諸君觀布射戟小支，中者當各解兵，不中可留決鬭。」布即一發正中戟支。靈等皆驚，言：「將軍天威也！」明日復歡會，然後各罷。

備合兵得萬餘人，布惡之，自出兵攻備。備敗走，歸曹操。操厚遇之，以爲豫州牧。或謂操曰：「備有英雄之志，今不早圖，後必爲患。」操以問郭嘉，嘉曰：「有是。然公起義兵，爲百姓除暴，推誠仗信以招俊傑，猶懼其未也。今備有英雄名，以窮歸己而害之，是以害賢爲名也。如此，則智士將自疑，回心擇主，公誰與定天下乎？夫除一人之患，以沮四海之望，安危之機也，不可不察。」操笑曰：「君得之矣。」遂益其兵，給糧食，使東至沛，收散兵以圖呂布。

三年夏四月，呂布復與袁術通，遣其中郎將高順及北地太守雁門張遼攻劉備。曹操遣將軍夏侯惇救之，爲順等所敗。秋九月，順等破沛城，虜備妻子，備單身走。

四年。初，車騎將軍董承稱受帝衣帶中密詔，與劉備謀誅曹操。操從容謂備曰：「今天下英雄，惟使君與操耳。本初之徒，不足數也。」備方食，失匕箸，值天雷震，備因曰：「聖人云『迅雷風烈必變』，良有以也。」遂與承及長水校尉种輯、將軍吳子蘭、王服等同謀。會操遣備與朱靈邀袁術，程昱、郭嘉、董昭皆諫曰：「備不可遣也。」操悔，追之，不及。術既南走，朱靈等還。備遂殺徐州刺史車胄，留關羽守下邳，行太守事，身還小沛。東海賊昌豨及郡縣多叛操爲備。備衆數萬人，遣使與袁紹連兵，操遣司空長史沛國劉岱、中郎將扶風王忠擊之，不克。備謂岱等曰：「使汝百人來，無如我何；曹公自來，未可知耳。」

五年春正月，董承謀洩，壬子，曹操殺承及王服、种輯，皆夷三族。操欲自討劉備，諸將皆曰：「與公爭天下者，袁紹也。今紹方來而棄之東，紹乘人後，若何？」操曰：「劉備人傑也，今不擊，必爲後患。」郭嘉曰：「紹性遲而多疑，來必不速。備新起，衆心未附，急擊之，必敗。」操師遂東。冀州別駕田豐說袁紹曰：「曹操與劉備連兵，未可卒解。公舉軍而襲其後，可一往而定。」紹辭以子疾，未得行。豐舉杖擊地曰：「嗟乎，遭難遇之時，而以嬰兒病失其會，惜哉，事去矣！」曹操擊劉備，破之，獲其妻子。進拔下邳，禽關羽。又擊昌豨，破之。備奔青州，因袁譚以歸袁紹。紹聞備至，身去鄴二百里迎之。駐月餘，所亡士卒稍稍歸之。

初，操壯關羽之爲人，而察其心神無久留之意，使張遼以其情問之。羽歎曰：「吾極知曹公待我厚，然吾受劉將軍恩，誓以共死，不可背之。吾終不留，要當立效以報曹公乃去耳。」遼以羽言報操，操義之。及羽殺顏良，操知其必去，重加賞賜。羽盡封其所賜，拜書告辭，而奔劉備於袁軍。左右欲追之，操曰：「彼各爲其主，勿追也。」

秋七月，劉備略汝、潁之間，自許以南，吏民不安。曹操患之。曹仁曰：「南方以大軍方有目前急，其勢不能相救，劉備以强兵臨之，其背叛故宜也。備新將紹兵，未能得其用，擊之，可破也。」操乃使仁將騎擊備，破走之，盡復收諸叛縣而還。備還至紹軍，陰欲離紹，乃說紹南連劉表。紹遣備將本兵復至汝南，與賊龔都等合，衆數千人。曹操遣將蔡楊擊之，爲備所殺。

六年秋九月，操自擊劉備於汝南，備奔劉表，龔都等皆散。表聞備至，自出郊迎，以上賓禮待之，益其兵，使屯新野。備在荆州數年，嘗於表坐起至厠，慨然流涕。表怪問備，備曰：「平常身不離鞍，髀肉皆消。今不復騎，髀裏肉生。日月如流，老將至矣，而功業不建，是以悲耳。」

十二年。初，琅邪諸葛亮寓居襄陽隆中，每自比管仲、樂毅，時人莫之許也，惟潁川徐庶與崔州平謂爲信然。州平，烈之子也。劉備在荆州，訪士於襄陽司馬徽，徽曰：「儒生俗士，豈識時務，識時務者在乎俊傑。此間自有伏龍、鳳雛。」備問爲誰？曰：「諸葛孔明、龐士元也。」徐庶見備於新野，備器之。庶謂備曰：「諸葛孔明，卧龍也，將軍豈願見之乎？」備曰：「君與俱來。」庶曰：「此人可就見，不可屈致也。將軍宜枉駕顧之。」

備由是詣亮，凡三往，乃見。因屏人曰：「漢室傾頹，姦臣竊命，孤不度德量力，欲信大義於天下，而智術淺短，遂用猖蹶，至于今日。然志猶未已，君謂計將安出？」亮曰：「今曹操已擁百萬之衆，挾天子而令諸侯，此誠不可與争鋒。孫權據有江東已歷三世，國險而民附，賢能爲之用，此可與爲援，而不可圖也。荆州北據漢、沔，利盡南海，東連吴會，西通巴、蜀，此用武之國，而其主不能守，此殆天所以資將軍也。益州險塞，沃野千里，天府之土，劉璋闇弱，張魯在北，民殷國富而不知存恤，智能之士思得明君。將軍既帝室之冑，信義著於四海，若跨有荆、益，保其巖阻，撫和戎、越，結好孫權，内脩政治，外觀時變，則霸業可成，漢室可興矣。」備曰：「善。」於是與亮情好日密。關羽、張飛不悦，備解之曰：「孤之有孔明，猶魚之有水也。願諸君勿復言。」羽、飛乃止。

十三年。初，劉表二子琦、琮，表爲琮娶其後妻蔡氏之姪，蔡氏遂愛琮而惡琦。表妻弟蔡瑁、外甥張允並得幸於表，日相與毁琦而譽琮。琦不自寧，與諸葛亮謀自安之術，亮不對。後乃共升高樓，因令去梯，謂亮曰：「今日上不至天，下不至地，言出子口，而入吾耳，可以言未？」亮曰：「君不見申生在内而危，重耳居外而安乎？」琦意感悟，陰規出計。會黄祖死，琦求代其任，表乃以琦爲江夏太守。表病甚，琦歸省疾。瑁、允恐其見表而父子相感，更有託後之意，乃謂琦曰：「將軍命君撫臨江夏，其任至重。今釋衆擅來，必見譴怒，傷親之歡，重增其疾，非孝敬之道也。」遂遏于户外，使不得見，琦流涕而去。表卒，瑁、允等遂以琮爲嗣。琮以侯印授琦，琦怒，投之地，將因奔喪作難。會曹操軍至，琦奔江南。

章陵太守蒯越及東曹掾傅巽等勸劉琮降操，曰：「逆順有大體，强弱有定勢。以人臣而拒人主，逆道也。以新造之楚而禦中國，必危也。以劉備而敵曹公，不當也。三者皆短，將何以待敵？且將軍自料何如劉備？若備不足禦曹公，則雖全楚不能以自存也。若足禦曹公，則備不爲將軍下也。」琮從之。九月，操軍至新野，琮遂舉州降，以節迎操。諸將皆疑其詐，婁圭曰：「天下擾攘，各貪王命以自重，今以節來，是必至誠。」操遂進兵。

時劉備屯樊，琮不敢告備。備久之乃覺，遣所親問琮，琮令其官屬宋忠詣備宣旨。時曹操已在宛，備乃大驚駭，謂忠曰：「卿諸人作事如此，不早相語，今禍至方告我，不亦太劇乎！」引刀向忠曰：「今斷卿頭，不足以解忿，亦恥丈夫臨别復殺卿輩！」遣忠去，乃呼部曲共議。或勸備攻琮，荆州可得。備曰：「劉荆州臨亡託我以孤遺，背信自濟，吾所不爲，死何面目以見劉荆州乎？」備將其衆去，過襄陽，駐馬呼琮，琮懼，不能起。琮左右及荆州人多歸備。備過辭表墓，涕泣而去。比到當陽，衆十餘萬人，輜重數千兩，日行十餘里，别遣關羽乘船數百艘，使會江陵。或謂備曰：「宜速行保江陵。今雖擁大衆，被甲者少，若曹公兵至，何以拒之？」備曰：「夫濟大事必以人爲本，今人歸吾，吾何忍棄去。」

習鑿齒論曰：劉玄德雖顛沛險難而信義愈明，勢偪事危而言不失道。追景升之顧則情感三軍，戀赴義之士則甘與同敗。終濟大業，不亦宜乎。

操以江陵有軍實，恐劉備據之，乃釋輜重，輕軍到襄陽。聞備已過，操將精騎五千急追之，一日一夜行三百餘里，及於當陽之長坂。備棄妻子，與諸葛亮、張飛、趙雲等數十騎走，操大獲其人衆輜重。徐庶母爲操所獲，庶辭備，指其心曰：「本欲與將軍共圖王霸之業者，以此方寸之地也。今已失老母，方寸亂矣，無益於事，請從此别。」遂詣操。

張飛將二十騎拒後，飛據水斷橋，瞋目横矛曰：「身是張益德也，可來共决死。」操兵無敢近者。或謂備：「趙雲已北走。」備以手戟擿之曰：「子龍不棄我走也。」頃之，雲身抱備子禪與關羽船會，得濟沔，遇劉琦衆萬餘人，與俱到夏口。

冬十月，劉備因魯肅以歸孫權。事見孫氏據江東。

十二月，劉備表劉琦爲荆州刺史，引兵南徇四郡，武陵太守金旋、長沙太守韓玄、桂陽太守趙範、零陵太守劉度皆降。廬江營帥雷緒，率部曲數萬口歸備。備以諸葛亮爲軍師中郎將，使督零陵、桂陽、長沙三郡，調其賦税以充軍實。以偏將軍趙雲領桂陽太守。

十四年冬十二月，孫權以備領荆州牧，周瑜分南岸地以給備。備立營於油口，改名公安。權以妹妻備，妹才捷剛猛，有諸兄風，侍婢百餘人，皆執刀侍立，備每入，心常凜凜。

十五年冬十二月，劉表故吏士多歸劉備，備以周瑜所給地少，不足以容其衆，乃自詣京見孫權，求都督荆州。瑜上疏於權曰：「劉備以梟雄之姿，而有關羽、張飛熊虎之將，必非久屈爲人用者。愚謂大計，宜徙備置吴，盛爲築宫室，多其美女玩好，以娱其耳目；分此二人，各置一方，使如瑜者得挾與攻戰，大事可定也。今猥割土地以資業之，聚此三人俱在疆埸，恐蛟龍得雲雨，終非池中物也。」吕範亦勸留之。權以曹操在北，方當廣攬英雄，不從。備還公安，久乃聞之，歎曰：「天下智謀之士，所見略同。時孔明諫孤莫行，其意亦慮此也。孤方危急，不得不往，此誠險塗，殆不免周瑜之手。」

周瑜卒，權以魯肅代瑜領兵。魯肅勸權以荆州借劉備與共拒曹操，權從之。

十六年冬十二月，扶風法正爲劉璋軍議校尉，璋不能用，又爲其州里俱僑客者所鄙，正邑邑不得志。益州別駕張松與正善，自負其才，忖璋不足與有爲，常竊歎息。松勸璋結劉備，璋曰：「誰可使者？」松乃舉正。璋使正往，正辭謝，佯爲不得已而行。還，爲松說備有雄略，密謀奉戴以爲州主。

會曹操遣鍾繇向漢中，璋聞之，内懷恐懼。松因說璋曰：「曹公兵無敵於天下，若因張魯之資以取蜀土，誰能禦之？劉豫州使君之宗室，而曹公之深讎也，善用兵，若使之討魯，魯必破矣。魯破則益州强，曹公雖來，無能爲也。今州中諸將龐羲、李異等皆恃功驕豪，欲有外意。不得豫州，則敵攻其外，民攻其内，必敗之道也。」璋然之，遣法正將四千人迎備。主簿巴西黄權諫曰：「劉左將軍有驍名，今請到，欲以部曲遇之，則不滿其心；欲以賓客禮待，則一國不容二君。若客有泰山之安，則主有累卵之危。不若閉境以待時清。」璋不聽，出權爲廣漢長。從事廣漢王累自倒縣於州門以諫，璋一無所納。

法正至荆州，陰獻策於劉備曰：「以明將軍之英才，乘劉牧之懦弱，張松州之股肱，響應於内，以取益州，猶反掌也。」備疑未決。龐統言於備曰：「荆州荒殘，人物殫盡，東有孫車騎，北有曹操，難以得志。今益州户口百萬，土沃財富，誠得以爲資，大業可成也。」備曰：「今指與吾爲水火者，曹操也。操以急，吾以寬；操以暴，吾以仁；操以譎，吾以忠；每與操反，事乃可成耳。今以小利而失信義於天下，奈何？」統曰：「亂離之時，固非一道所能定也。且兼弱攻昧，逆取順守，古人所貴。若事定之後，封以大國，何負於信？今日不取，終爲人利耳。」備以爲然。乃留諸葛亮、關羽等守荆州，以趙雲領留營司馬，備將步卒數萬人入益州。

孫權聞備西上，遣舟船迎妹，而夫人欲將備子禪還吴，張飛、趙雲勒兵截江，乃得禪還。

劉璋敕在所供奉備，備入境如歸，前後贈遺以巨億計。備至巴郡，巴郡太守嚴顔拊心歎曰：「此所謂『獨坐窮山，放虎自衛』者也。」備自江州北由墊江水詣涪，璋率步騎三萬餘人，車乘帳幔，精光耀日，往會之。張松令法正白備，便於會襲璋。備曰：「此事不可倉猝。」龐統曰：「今因會執之，則將軍無用兵之勞，而坐定一州也。」備曰：「初入他國，恩信未著，此不可也。」璋推備行大司馬，領司隸校尉；備亦推璋行鎮西大將軍，領益州牧。所將將士，更相之適，歡飲百餘日。璋增備兵，厚加資給，使擊張魯，又令督白水軍。備并軍三萬餘人，車甲、器械、資貨甚盛。璋還成都，備北到葭萌，未即討魯，厚樹恩德，以收衆心。

十七年冬十二月，劉備在葭萌，龐統言於備曰：「今陰選精兵，晝夜兼道，徑襲成都，劉璋既不武，又素無豫備，大軍卒至，一舉便定，此上計也。楊懷、高沛，璋之名將，各杖强兵，據守關頭，聞數有牋諫璋，使發遣將軍還荊州。將軍遣與相聞，説荊州有急，欲還救之，並使裝束，外作歸形，此二子既服將軍英名，又喜將軍之去，計必乘輕騎來見將軍，因此執之，進取其兵，乃向成都，此中計也。退還白帝，連引荊州，徐還圖之，此下計也。若沈吟不去，將致大困，不可久矣。」備然其中計。

及曹操攻孫權，權呼備自救。備貽璋書曰：「孫氏與孤本爲脣齒，而關羽兵弱，今不往救，則曹操必取荊州，轉侵州界，其憂甚於張魯。魯自守之賊，不足慮也。」因求益萬兵及資糧，璋但許四千，其餘皆給半。備因激怒其衆曰：「吾爲益州征强敵，師徒勤瘁，而積財吝賞，何以使士大夫死戰乎！」張松書與備及法正曰：「今大事垂立，如何釋此去乎。」松兄廣漢太守肅恐禍及己，因發其謀。於是璋收斬松，敕關戍諸將文書皆勿復得與備關通。備大怒，召璋白水軍督楊懷、高沛，責以無禮，斬之。勒兵徑至關頭，并其兵，進據涪城。

十八年夏五月，益州從事廣漢鄭度聞劉備舉兵，謂劉璋曰：「左將軍懸軍襲我，兵不滿萬，士衆未附，軍無輜重，野穀是資，其計莫若盡驅巴西、梓潼民内、涪水以西，其倉廩野穀，一皆燒除，高壘深溝，静以待之。彼至，請戰，勿許，久無所資，不過百日，必將自走。走而擊之，此必禽耳。」劉備聞而惡之，以問法正。正曰：「璋終不能用，無憂也。」璋果謂其羣下曰：「吾聞拒敵以安民，未聞動民以避敵也。」不用度計。

璋遣其將劉璝、冷苞、張任、鄧賢、吳懿等拒備，皆敗，退保緜竹，懿詣軍降。璋復遣護軍南陽李嚴、江夏費觀督緜竹諸軍，嚴、觀亦率其衆降於備。備軍益强，分遣諸將平下屬縣。劉璝、張任與璋子循退守雒城，備進軍圍之。任勒兵出戰於雁橋，軍敗，任死。

十九年夏五月，諸葛亮留關羽守荆州，與張飛、趙雲將兵泝流克巴東。至江州，破巴郡太守嚴顏，生獲之。飛呵顏曰：「大軍既至，何以不降，而敢拒戰！」顏曰：「卿等無狀，侵奪我州。我州但有斷頭將軍，無降將軍也。」飛怒，令左右牽去斫頭。顏容止不變，曰：「斫頭便斫頭，何爲怒邪？」飛壯而釋之，引爲賓客。分遣趙雲從外水定江陽、犍爲，飛定巴西、德陽。

劉備圍雒城且一年，龐統爲流矢所中，卒。法正牋與劉璋爲陳形勢强弱，且曰：「左將軍從舉兵以來，舊心依依，實無薄意。愚以爲可圖變化，以保尊門。」璋不答。雒城潰，備進圍成都，諸葛亮、張飛、趙雲引兵來會。

馬超知張魯不足與計事，又魯將楊昂等數害其能，超内懷於邑。備使建寧督郵李恢往説之，超遂從武都逃入氐中，密書請降於備。馬超從張魯事見韓馬之叛。備使人止超，而潛以兵資之。超到，令引軍屯城北，城中震怖。

備圍城數十日，使從事中郎涿郡簡雍入説劉璋。時城中尚有精兵三萬人，穀帛支一年，吏民咸欲死戰。璋言：「父子在州二十餘年，無恩德以加百姓。百姓攻戰三年，肌膏草野者，以璋故也，何心能安！」遂開城，與簡雍同輿出降。羣下莫不流涕。備遷璋于公安，盡歸其財物，佩振威將軍印綬。

備入成都，置酒，大饗士卒。取蜀城中金銀分賜將士，還其穀帛。備領益州牧，以軍師中郎將諸葛亮爲軍師將軍，益州太守南郡董和爲掌軍中郎將，並署左將軍府事，偏將軍馬超爲平西將軍，軍議校尉法正爲蜀郡太守、揚武將軍，裨將軍南陽黄忠爲討虜將軍，從事中郎麋竺爲安漢將軍，簡雍爲昭德將軍，北海孫乾爲秉忠將軍，廣漢長黄權爲偏將軍，汝南許靖爲左將軍長史，龐羲爲司馬，李嚴爲犍爲太守，費觀爲巴郡太守，山陽伊籍爲從事中郎，零陵劉巴爲西曹掾，廣漢彭羕爲益州治中從事。

初，董和在郡，清儉公直，爲民夷所愛信，蜀中推爲循吏，故備舉而用之。備之自新野奔江南也，荆、楚羣士從之如雲，而劉巴獨北詣魏公操。操辟爲掾，遣招納長沙、零陵、桂陽。會備略有三郡，巴事不成，欲由交州道還京師。時諸葛亮在臨蒸，以書招之，巴不從，備深以爲恨。巴遂自交阯入蜀依劉璋。及璋迎備，巴諫曰：「備，雄人也，入必爲害。」既入，巴復諫曰：「若使備討張魯，是放虎於山林也。」璋不聽，巴閉門稱疾。備攻成都，令軍中曰：「有害巴者，誅及三族。」及得巴，甚喜。是時益州郡縣皆望風景附，獨黄權閉城堅守，須璋稽服乃降。於是董和、黄權、李嚴等本璋之所授用也，吴懿、費觀等璋之婚親也，彭羕，璋之所擯棄也，劉巴，宿昔之所忌恨也，備皆處之顯任，盡其器能，有志之士，無不競勸，益州之民，是以大和。

初，劉璋以許靖爲蜀郡太守，成都將潰，靖謀踰城降備，備以此薄靖不用也。法正曰：「天下有獲虚譽而無其實者，許靖是也。然今主公始創大業，天下之人不可户説，宜加敬重，以慰遠近之望。」備乃禮而用之。

成都之圍也，備與士衆約：「若事定，府庫百物，孤無預焉。」及拔成都，士衆皆捨干戈赴諸藏，競取寶物。軍用不足，備甚憂之。劉巴曰：「此易耳。但當鑄直百錢，平諸物價，令吏爲官市。」備從之。數月之間，府庫充實。

時議者欲以成都名田宅分賜諸將。趙雲曰：「霍去病以匈奴未滅，無用家爲。今國賊非但匈奴，未可求安也。須天下都定，各反桑梓，歸耕本土，乃其宜耳。益州人民初罹兵革，田宅皆可歸還，令安居復業，然後可役調，得其歡心。不宜奪之，以私所愛也。」備從之。

備之襲劉璋也，留中郎將南郡霍峻守葭萌城。張魯遣楊昂誘峻求共守城。峻曰：

「小人頭可得，城不可得。」昂乃退。後璋將扶禁、向存等帥萬餘人由閬水上，攻圍峻，且一年。峻城中兵纔數百人，伺其怠隙，選精鋭出擊，大破之，斬存。備既定蜀，乃分廣漢爲梓潼郡，以峻爲梓潼太守。

法正外統都畿，内爲謀主，一餐之德，睚眦之怨，無不報復，擅殺毁傷己者數人。或謂諸葛亮曰：「法正太縱橫，將軍宜啓主公，抑其威福。」亮曰：「主公之在公安也，北畏曹操之强，東憚孫權之逼，近則懼孫夫人生變於肘腋。法孝直爲之輔翼，令翻然翺翔，不可復制。如何禁止孝直使不得少行其意邪！」

諸葛亮佐備治蜀，頗尚嚴峻，人多怨歎者。法正謂亮曰：「昔高祖入關，約法三章，秦民知德。今君假借威力，跨據一州，初有其國，未垂惠撫，且客主之義，宜相降下，願緩刑弛禁，以慰其望。」亮曰：「君知其一，未知其二。秦以無道，政苛民怨，匹夫大呼，天下土崩。高祖因之，可以弘濟。劉璋暗弱，自焉已來，有累世之恩，文法羈縻，互相承奉，德政不舉，威刑不肅。蜀土人士，專權自恣，君臣之道，漸以陵替。寵之以位，位極則賤，順之以恩，恩竭則慢，所以致敝，實由於此。吾今威之以法，法行則知恩；限之以爵，爵加則知榮；榮恩並濟，上下有節，爲治之要，於斯而著矣。」

二十年，操自將擊張魯，魯奔南山，入巴中。事見曹操篡漢。

秋七月，丞相主簿司馬懿言於操曰：「劉備以詐力虜劉璋，蜀人未附，而遠爭江陵，此機不可失也。今克漢中，益州震動，進兵臨之，勢必瓦解。聖人不能違時，亦不可失時也。」操曰：「人苦無足，既得隴，復望蜀邪？」劉曄曰：「劉備，人傑也，有度而遲，得蜀日淺，蜀人未恃也。今破漢中，蜀人震恐，其勢自傾，以公之神明，因其傾而壓之，無不克也。若小緩之，諸葛亮明於治國而爲相，關羽、張飛勇冠三軍而爲將，蜀民既定，據險守要，則不可犯矣。今不取，必爲後憂。」操不從。居七日，蜀降者說「蜀中一日數十驚，守將雖斬之而不能安也」。操問曄曰：「今尚可擊不？」曄曰：「今已小定，未可擊也。」乃還。以夏侯淵爲都護將軍，督張郃、徐晃等守漢中。以丞相長史杜襲爲駙馬都尉，留督漢中事。

張魯之走巴中也，黄權言於劉備曰：「若失漢中，則三巴不振，此爲割蜀之股臂也。」備乃以權爲護軍，率諸將迎魯。魯已降，權遂擊朴胡、杜濩、任約，破之。魏公操使張郃督諸軍徇三巴，欲徙其民於漢中。進軍宕渠，劉備使巴西太守張飛與郃相拒，五十餘日，飛襲擊郃，大破之。郃走還南鄭，備亦還成都。

二十二年冬十月，法正說劉備曰：「曹操一舉而降張魯，定漢中，不因此勢以圖巴、蜀，而留夏侯淵、張郃屯守，身遽北還，此非其智不逮而力不足也，必將内有憂偪故耳。今策淵、郃才略，不勝國之將帥，舉衆往討，必可克之。克之之日，廣農積穀，觀釁伺隙，上可以傾覆寇敵，尊獎王室，中可以蠶食雍、凉，廣拓境土，下可以固守要害，爲持久之計。此蓋天以與我，時不可失也。」備善其策，乃率諸將進兵漢中，遣張飛、馬超、吴蘭等屯下辨。魏王操遣都護將軍曹洪拒之。

二十三年夏四月，劉備屯陽平關，夏侯淵、張郃、徐晃等與之相拒。備遣其將陳式等絶馬鳴閣道，徐晃擊破之。張郃屯廣石，備攻之，不能克，急書發益州兵。諸葛亮以問從事犍爲楊洪，洪曰：「漢中，益州咽喉，存亡之機會，若無漢中，則無蜀矣。此家門之禍也，發兵何疑？」

秋七月，操自將擊劉備。九月，至長安。

二十四年。初，夏侯淵戰雖數勝，魏王操常戒之曰：「爲將當有怯弱時，不可但恃勇也。將當以勇爲本，行之以智計；但知任勇，一匹夫敵耳。」及淵與劉備相拒踰年，備自陽平南渡沔水，緣山稍前，營於定軍山，淵引兵争之。法正曰：「可擊矣。」備使討虜將軍黄忠乘高鼓譟攻之，淵軍大敗，斬淵及益州刺史趙顒，張郃引兵還陽平。是時新失元帥，軍中擾擾，不知所爲。督軍杜襲與淵司馬太原郭淮收斂散卒，號令諸軍曰：「張將軍國家名將，劉備所憚，今日事急，非張將軍不能安也。」遂權宜推郃爲軍主。郃出，勒兵按陳，諸將皆受部節度，衆心乃定。明日，備欲渡漢水來攻，諸將以衆寡不敵，欲依水爲陳以拒之。郭淮曰：「此示弱而不足挫敵，非算也。不如遠水爲陳，引而致之，半濟而後擊之，備可破也。」既陳，備疑不渡，淮遂堅守，示無還心。

春三月，魏王操自長安出斜谷，軍遮要以臨漢中。劉備曰：「曹公雖來，無能爲也，我必有漢川矣。」乃斂衆拒險，終不交鋒。操運米北山下，黄忠引兵欲取之，過期不還。翊軍將軍趙雲將數十騎出營視之，值操揚兵大出，雲猝與相遇，遂前突其陳，且鬭且卻。魏兵散而復合，追至營下，雲入營更大開門，偃旗息鼓。魏兵疑雲有伏，引去。雲雷鼓震天，惟以勁弩於後射魏兵。魏兵驚駭，自相蹂踐，墮漢水中死者甚多。備明旦自來至雲營，視昨戰處曰：「子龍一身都爲膽也。」

操與備相守積月，魏軍士多亡。夏五月，操悉引出漢中諸軍還長安，劉備遂有漢中。

秋七月，劉備自稱漢中王，設壇場於沔陽，陳兵列衆，羣臣陪位，讀奏訖，乃拜受璽綬，御王冠。因驛拜章，上還所假左將軍、宜城亭侯印綬。立子禪爲王太子。拔牙門將軍義陽魏延爲鎮遠將軍，領漢中太守，以鎮漢川。備還治成都，以許靖爲太傅，法正爲尚書令，關羽爲前將軍，張飛爲右將軍，馬超爲左將軍，黄忠爲後將軍，餘皆進位有差。遣益州前部司馬犍爲費詩即授關羽印綬，羽聞黄忠位與己並，怒曰：「大丈夫終不與老兵同列！」不肯受拜。詩謂羽曰：「夫立王業者，所用非一。昔蕭、曹與高祖少小親舊，而陳、韓亡命後至，論其班列，韓最居上，未聞蕭、曹以此爲怨。今漢中王以一時之功，隆崇漢室，然意之輕重，寧當與君侯齊乎！且王與君侯譬猶一體，同休等戚，禍福共之。愚謂君侯不宜計官號之高下，爵禄之多少爲意也。僕一介之使，銜命之人，君侯不受拜，如是便還，但相爲惜此舉動，恐有後悔耳。」羽大感悟，遽即受拜。

魏文帝黄初二年春三月，蜀中傳言漢帝已遇害，於是漢中王發喪制服，謚曰孝愍皇帝。羣下競言符瑞，勸漢中王稱尊號。前部司馬費詩上疏曰：「殿下以曹操父子偪主篡位，故乃羈旅萬里，糾合士衆，將以討賊。今大敵未克而先自立，恐人心疑惑。昔高祖與楚約，先破秦者王之。及屠咸陽，獲子嬰，猶懷推讓，况今殿下未出門庭，便欲自立邪？愚臣誠不爲殿下取也。」王不悦，左遷詩爲部永昌從事。

夏四月丙午，漢中王即皇帝位於武擔之南，大赦，改元章武。

臣光曰：天生烝民，其勢不能自治，必相與戴君以治之。苟能禁暴除害以保全其生，賞善罰惡使不至於亂，斯可謂之君矣。是以三代之前，海内諸侯，何啻萬國，有民人、社稷者，通謂之君。合萬國而君之，立法度，班號令，而天下莫敢違者，乃謂之王。王德既衰，强大之國能帥諸侯以尊天下者，則謂之霸。故自古天下無道，諸侯力争，或曠世無王者，固亦多矣。秦焚書阬儒，漢興，學者始推五德生、勝，以秦爲閏位，在木火之間，霸而不王，於是正閏之論興矣。及漢室顛覆，三國鼎峙，晉氏失馭，五胡雲擾。宋、魏以降，南北分治，各有國史，互相排黜，南謂北爲「索虜」，北謂南爲「島夷」。朱氏代唐，四方幅裂，朱邪入汴，比之窮、新，運曆年紀，皆棄而不數，此皆私己之偏辭，非大公之通論也。臣愚誠不足以識前代之正閏，竊以爲苟不能使九州合爲一統，皆有天子之名而無其實者也。雖華夷仁暴，大小强弱，或時不同，要皆與古之列國無異，豈得獨尊奬一國，謂之正統，而其餘皆爲僭僞哉！若以自上相授受者爲正邪，則陳氏何所授？拓跋氏何所受？若以居中夏者爲正邪，則劉、石、慕容、苻、姚、赫連所得之土，皆五帝、三王之舊都也。若以有道德者爲正邪，則蕞爾之國必有令主，三代之季豈無僻王。是以正閏之論，自古及今，未有能通其義，確然使人不可移奪者也。臣今所述，止欲敘國家之興衰，著生民之休戚，使觀者自擇其善惡、得失，以爲勸戒，非若春秋立褒貶之法，撥亂世反諸正也。正閏之際，非所敢知，但據其功業之實而言之。周、秦、漢、晉、隋、唐皆嘗混壹九州，傳祚於後，子孫雖微弱播遷，猶承祖宗之業，有紹復之望，四方與之争衡者，皆其故臣也，故全用天子之制以臨之。其餘地醜德齊，莫能相壹，名號不異，本非君臣者，皆以列國之制處之。彼此鈞敵，無所抑揚，庶幾不誣事實，近於至公。然天下離析之際，不可無歲時月日以識事之先後。據漢傳於魏而晉受之，晉傳於宋以至於陳而隋取之，唐傳於梁以至於周而大宋承之，故不得不取魏、宋、齊、梁、陳、後梁、後唐、後晉、後漢、後周年號，以紀諸國之事，非尊此而卑彼，有正閏之辨也。昭烈之於漢，雖云中山靖王之後，而族屬疏遠，不能紀其世數、名位，亦猶宋高祖稱楚元王後，南唐烈祖稱吴王恪後，是非難辨，故不敢以光武及晉元帝爲比，使得紹漢氏之遺統也。

通鑑紀事本末卷第十

吴蜀通好

漢獻帝建安二十年。初，劉備在荆州，周瑜、甘寧等數勸孫權取蜀。權遣使謂備曰：「劉璋不武，不能自守，若使曹操得蜀，則荆州危矣。今欲先攻取璋，次取張魯，一統南方，雖有十操，無所憂也。」備報曰：「益州民富地險，劉璋雖弱，足以自守。今暴師於蜀、漢，轉運於萬里，欲使戰克攻取，舉不失利，此孫、吴所難也。議者見曹操失利於赤壁，謂其力屈，無復遠念。今操三分天下已有其二，將欲飲馬於滄海，觀兵於吴會，何肯守此，坐須老乎？而同盟無故自相攻伐，借樞於操，使敵承其隙，非長計也。且備與璋託爲宗室，冀憑英靈以匡漢朝。今璋得罪於左右，備獨悚懼，非所敢聞，願加寬貸。」權不聽，遣孫瑜率水軍住夏口。備不聽軍過，謂瑜曰：「汝欲取蜀，吾當被髮入山，不失信於天下也。」使關羽屯江陵、張飛屯秭歸，諸葛亮據南郡，備自住孱陵。權不得已，召瑜還。及備西攻劉璋，權曰：「猾虜，乃敢挾詐如此！」備留關羽守江陵，魯肅與羽鄰界，羽數生疑貳，肅常以歡好撫之。

及備已得益州，權令中司馬諸葛瑾從備求荆州諸郡，備不許，曰：「吾方圖凉州，凉州定，乃盡以荆州相與耳。」權曰：「此假而不反，乃欲以虚辭引歲也。」遂置長沙、零陵、桂陽三郡長吏。關羽盡逐之。權大怒，遣呂蒙督兵二萬以取三郡。

蒙移書長沙、桂陽，皆望風歸服，惟零陵太守郝普城守不降。劉備聞之，自蜀親至公安，遣關羽争三郡。孫權進住陸口，爲諸軍節度。使魯肅將萬人屯益陽以拒羽，飛書召呂蒙，使捨零陵急還助肅。蒙得書，祕之，夜召諸將授以方略。晨，當攻零陵，顧謂郝普故人南陽鄧玄之曰：「郝子太聞世間有忠義事，亦欲爲之，而不知時也。今左將軍在漢中，爲夏侯淵所圍，關羽在南郡，至尊身自臨之。彼方首尾倒縣，救死不給，豈有餘力復營此哉。今吾計力度慮而以攻此，曾不移日而城必破，城破之後，身死何益於事，而令百歲老母戴白受誅，豈不痛哉！度此家不得外問，謂援可恃，故至於此耳。君可見之，爲陳禍福。」玄之見普，具宣蒙意，普懼而出降。蒙迎，執其手與俱下船。語畢，出書示之，因拊手大笑。普見書，知備在公安而羽在益陽，慚恨入地。蒙留孫（河）〔皎〕委以後事，即日引軍赴益陽。

魯肅欲與關羽會語，諸將疑恐有變，議不可往。肅曰：「今日之事，宜相開譬。劉備負國，是非未決，羽亦何敢重欲干命！」乃邀羽相見，各駐兵馬百步上，但諸將軍單刀俱會。肅因責數羽以不返三郡，羽曰：「烏林之役，左將軍身在行間，戮力破敵，豈得徒勞，無一塊土，而足下來欲收地邪？」肅曰：「不然。始與豫州覲於長阪，豫州之衆不當一校，計窮慮極，志勢摧弱，圖欲遠竄，望不及此。主上矜愍豫州之身無有處所，不愛土地士民之力，使有所庇廕以濟其患，而豫州私獨飾情，愆德墮好。今已藉手於西州矣，又欲翦并荆州之土，斯蓋凡夫所不忍行，而况整領人物之主乎！」羽無以答。會聞魏公操將攻漢中，劉備懼失益州，使使求和於權。權令諸葛瑾報命，更尋盟好。遂分荆州，以湘水爲界，長沙、江夏、桂陽以東屬權，南郡、零陵、武陵以西屬備。

二十四年。初，魯肅常勸孫權以曹操尚存，宜且撫輯關羽，與之同仇，不可失也。及吕蒙代肅屯陸口，以爲羽素驍雄，有兼并之心，且居國上流，其勢難久，密言於權曰：「今令征虜守南郡，潘璋住白帝，蔣欽將游兵萬人循江上下，應敵所在，蒙爲國家前據襄陽，如此何憂於操，何賴於羽。且羽君臣矜其詐力，所在反覆，不可以腹心待也。今羽所以未便東向者，以至尊聖明，蒙等尚存也。今不於强壯時圖之，一旦僵仆，欲復陳力，其可得邪！」權曰：「今欲先取徐州，然後取羽，何如？」對曰：「今操遠在河北，撫集幽、冀，未暇東顧，徐土守兵，聞不足言，往自可克。然地勢陸通，驍騎所騁，至尊今日取徐州，操後旬必來爭，雖以七八萬人守之，猶當懷憂。不如取羽，全據長江，形勢益張，易爲守也。」

權善之。

權嘗爲其子求昏於羽，羽駡其使，不許昏，權由是怒。及羽攻樊，關羽攻曹仁於樊事，見孫氏據江東。呂蒙上疏曰：「羽討樊而多留備兵，必恐蒙圖其後故也。蒙常有病，乞分士衆還建業，以治疾爲名。羽聞之，必撤備兵，盡赴襄陽。大軍浮江，晝夜馳上，襲其空虛，則南郡可下而羽可禽也。」遂稱病篤。權乃露檄召蒙還，陰與圖計。蒙下至蕪湖，定威校尉陸遜謂蒙曰：「關羽接境，如何遠下，後不當可憂也？」蒙曰：「誠如來言，然我病篤。」遜曰：「羽矜其驍氣，陵轢於人，始有大功，意驕志逸，但務北進，未嫌於我，有相聞病，必益無備，今出其不意，自可禽制。下見至尊，宜好爲計。」蒙曰：「羽素勇猛，既難爲敵，且已據荆州，恩信大行，兼始有功，膽勢益盛，未易圖也。」蒙至都，權問：「誰可代卿者？」蒙對曰：「陸遜意思深長，才堪負重，觀其規慮，終可大任，而未有遠名，非羽所忌，無復是過也。若用之，當令外自韜隱，内察形便，然後可克。」權乃召遜，拜偏將軍、右部督，以代蒙。遜至陸口，爲書與羽，稱其功美，深自謙抑，爲盡忠自託之意。羽意大安，無復所嫌，稍撤兵以赴樊。遜具啓形狀，陳其可禽之要。

羽得于禁等人馬數萬，糧食乏絶，擅取權湘關米。權聞之，遂發兵襲羽。權欲令征虜將軍孫皎與呂蒙爲左、右部大督。蒙曰：「若至尊以征虜能，宜用之；以蒙能，宜用蒙。

昔周瑜、程普爲左右部督，督兵攻江陵，雖事決於瑜，普自恃久將，且俱是督，遂共不睦，幾敗國事，此目前之戒也。」權寤，謝蒙曰：「以卿爲大督，命皎爲後繼可也。」

魏王操之出漢中也，使平寇將軍徐晃屯宛，以助曹仁以攻羽。孫權爲牋與魏王操，請以討羽自效。及晃擊敗羽，羽遂撤圍退，然舟船猶據沔水，襄陽隔絶不通。

吕蒙至尋陽，盡伏其精兵𦪇䑶中，使白衣摇櫓，作商賈人服，晝夜兼行，羽所置江邊屯候盡收縛之，是故羽不聞知。麋芳、傅士仁素皆嫌羽輕己，羽之出軍，芳、仁供給軍資不悉相及，羽言「還，當治之」，芳、仁咸懼。於是蒙令故騎都尉虞翻爲書説仁，爲陳成敗，仁得書即降。翻謂蒙曰：「此譎兵也，當將仁行，留兵備城。」遂將仁至南郡。麋芳城守，蒙以仁示之，芳遂開門出降。蒙入江陵，釋于禁之囚，得關羽及將士家屬，皆撫慰之，約令軍中不得干歷人家，有所求取。蒙旦暮使親近存恤耆老，問所不足，疾病者給醫藥，飢寒者賜衣糧。羽府藏財寶，皆封閉以待權至。

關羽聞南郡破，即走南還。羽數使人與吕蒙相聞，蒙輒厚遇其使，周游城中，家家致問，或手書示信。羽人還，私相參訊，咸知家門無恙，見待過於平時，故羽吏士無鬬心。會權至江陵，荆州將吏悉皆歸附。

十一月，漢中王備所置宜都太守樊友委郡走，諸城長吏及蠻夷君長皆降於遜。遜請金、銀、銅印以假授初附，擊蜀將詹晏等及秭歸大姓擁兵者，皆破降之，前後斬獲、招納凡數萬計。權以遜爲右護軍、鎮西將軍，進封婁侯，屯夷陵，守峽口。

關羽自知孤窮，乃西保麥城。孫權使誘之，羽僞降，立幡旗爲象人於城上，因遁走，兵皆解散，纔十餘騎。權先使朱然、潘璋斷其徑路。十二月，璋司馬馬忠獲羽及其子平於章鄉，斬之，遂定荆州。

初，偏將軍吴郡全琮上疏陳關羽可取之計，權恐事泄，寢而不答。及已禽羽，權置酒公安，顧謂琮曰：「君前陳此，孤雖不相答，今日之捷，抑亦君之功也。」於是封琮陽華亭侯。

魏文帝黄初二年六月，漢主恥關羽之没，將擊孫權。翊軍將軍趙雲曰：「國賊，曹操，非孫權也。若先滅魏，則權自服。今操身雖斃，子丕篡盗，當因衆心，早圖關中，居河、渭上流以討凶逆，關東義士必裹糧策馬以迎王師。不應置魏，先與吴戰。兵勢一交，不得卒解，非策之上也。」羣臣諫者甚衆，漢主皆不聽。廣漢處士秦宓陳天時必無利，坐下獄幽閉，然後貸出。

初，車騎將軍張飛，雄壯威猛亞於關羽，羽善待卒伍而驕於士大夫，飛愛禮君子而不恤軍人。漢主常戒飛曰：「卿刑殺既過差，又日鞭檛健兒，而令在左右，此取禍之道也。」

飛。漢主將伐孫權，飛當率兵萬人自閬中會江州，臨發，其帳下將張達、范彊殺飛，以其首順流奔孫權。漢主聞飛營都督有表，曰：「噫，飛死矣！」

陳壽評曰：關羽、張飛皆稱萬人之敵，爲世虎臣。羽報效曹公，飛義釋嚴顔，並有國士之風。然羽剛而自矜，飛暴而無恩，以短取敗，理數之常也。

秋七月，漢主自率諸軍擊孫權，權遣使求和於漢。南郡太守諸葛瑾遺漢主牋曰：「陛下以關羽之親，何如先帝？荆州大小，孰與海内？俱應仇疾，誰當先後？若審此數，易於反掌矣。」漢主不聽。時或言瑾别遣親人與漢主相聞者，權曰：「孤與子瑜有死生不易之誓，子瑜之不負孤，猶孤之不負子瑜也。」然謗言流聞於外，陸遜表明瑾必無此，宜有以散其意。權報曰：「子瑜與孤從事積年，恩如骨肉，深相明究。其爲人非道不行，非義不言。玄德昔遣孔明至吴，孤嘗語子瑜曰：『卿與孔明同産，且弟隨兄，於義爲順，何以不留孔明？孔明若留從卿者，孤當以書解玄德，意自隨人耳。』子瑜答孤言：『弟亮已失身於人，委質定分，義無二心。弟之不留，猶瑾之不往也。』其言足貫神明，今豈當有此乎？前得妄語文疏，即封示子瑜，并手筆與之。孤與子瑜，可謂神交，非外言所間。知卿意至，輒封來表以示子瑜，使知卿意。」

漢主遣將軍吴班、馮習攻破權將李異、劉阿等於巫，進軍秭歸，兵四萬餘人。武陵蠻夷皆遣使往請兵，權以鎮西將軍陸遜爲大都督、假節，督將軍朱然、潘璋、宋謙、韓當、徐盛、鮮于丹、孫桓等五萬人拒之。

初，帝詔羣臣令料劉備當爲關羽出報孫權否？衆議咸云：「蜀小國耳，名將唯羽，羽死軍破，國内憂懼，無緣復出。」侍中劉曄獨曰：「蜀雖狹弱，而備之謀欲以威武自强，勢必用衆以示有餘。且關羽與備，義爲君臣，恩猶父子；羽死不能爲興軍報敵，於終始之分不足矣。」

三年春二月，漢主自秭歸將進擊吴，治中從事黄權諫曰：「吴人悍戰，而水軍沿流，進易退難。臣請爲先驅以當寇，陛下宜爲後鎮。」漢主不從，以權爲鎮北將軍，使督江北諸軍，自率諸將，自江南緣山截嶺，軍於夷道猇亭。吴將皆欲迎擊之，陸遜曰：「備舉軍東下，鋭氣始盛，且乘高守險，難可卒攻，攻之縱下，猶難盡克，若有不利，損我大勢，非小故也。今但且獎厲將士，廣施方略，以觀其變。若此間是平原曠野，當恐有顛沛交逐之憂，今緣山行軍，勢不得展，自當罷於木石之間，徐制其敝耳。」諸將不解，以爲遜畏之，各懷憤恨。

夏五月，漢人自巫峽建平連營至夷陵界，立數十屯，以馮習爲大督，張南爲前部督，自正月與吴相拒，至六月不決。漢主遣吴班將數千人，於平地立營。吴將帥皆欲擊之，陸遜曰：「此必有譎，且觀之。」漢主知其計不行，乃引伏兵八千，從谷中出。遜曰：「所以不聽諸君擊班者，揣之必有巧故也。」遜上疏於吳王曰：「夷陵要害，國之關限，雖爲易得，亦復易失。失之非徒損一郡之地，荆州可憂，今日爭之，當令必諧。備干天常，不安窟穴而敢自送，臣雖不材，憑奉威靈，以順討逆，破壞在近，無可憂者。臣初嫌之水陸俱進，今反捨船就步，處處結營，察其布置，必無他變。伏願至尊高枕，不以爲念也。」

閏月，遜將進攻漢軍，諸將並曰：「攻備當在初，今乃令入五六百里，相守經七八月，其諸要害皆已固守，擊之必無利矣。」遜曰：「備是猾虜，更嘗事多，其軍始集，思慮精專，未可干也。今住已久，不得我便，兵疲意沮，計不復生。掎角此寇，正在今日。」乃先攻一營，不利，諸將皆曰：「空殺兵耳。」遜曰：「吾已曉破之之術。」乃敕各持一把茅，以火攻，拔之。一爾勢成，通率諸軍，同時俱攻，斬張南、馮習及胡王沙摩柯等首，破其四十餘營。漢將杜路、劉寧等窮逼請降。

漢主升馬鞍山，陳兵自繞，遜督促諸軍四面蹙之，土崩瓦解，死者萬數。漢主夜遁，驛人自擔燒鐃鎧斷後，僅得入白帝城。其舟船、器械，水、步軍資，一時略盡，尸骸塞江而下。漢主大慚恚，曰：「吾乃爲陸遜所折辱，豈非天邪！」將軍義陽傅彤爲後殿，兵衆盡死，彤氣益烈。吳人諭之使降，彤罵曰：「吳狗，安有漢將軍而降者！」遂死之。從事祭酒程亦死之。

初，吴安東中郎將孫桓别擊漢前鋒於夷道，爲漢所圍，求救於陸遜。遜曰：「未可。」諸將曰：「孫安東公族，見圍已困，奈何不救？」遜曰：「安東得士衆心，城牢糧足，無可憂也。待吾計展，欲不救安東，安東自解。」及方略大施，漢果奔潰。桓後見遜曰：「前實怨不見救，定至今日，乃知調度自有方耳。」

初，遜爲大都督，諸將或討逆時舊將，或公室貴戚，各自矜恃，不相聽從。遜按劍曰：「劉備天下知名，曹操所憚，今在境界，此强對也。諸君並荷國恩，當相輯睦，共翦此虜，上報所受，而不相順，何也？僕雖書生，受命主上，國家所以屈諸君使相承望者，以僕尺寸可稱，能忍辱負重故也。各在其事，豈復得辭。軍令有常，不可犯也。」及至破備，計多出遜，諸將乃服。吴王聞之曰：「公何以初不啓諸將違節度者邪？」對曰：「受恩深重，此諸將或任腹心，或堪爪牙，或是功臣，皆國家所當與共克定大事者，臣竊慕相如、寇恂相下之義以濟國事。」王大笑稱善，加遜輔國將軍，領荆州牧，改封江陵侯。

初，諸葛亮與尚書令法正好尚不同，而以公義相取，亮每奇正智術。及漢主伐吴而敗，時正已卒，亮歎曰：「孝直若在，必能制主上東行。就使東行，必不傾危矣。」漢主在白帝，徐盛、潘璋、宋謙等各競表言：「備必可禽，乞復攻之。」吳王以問陸遜，遜與朱然、駱統上言曰：「曹丕大合士衆，外託助國討備，内實有姦心，謹決計輒還。」

初，帝聞漢兵樹柵連營七百餘里，謂羣臣曰：「備不曉兵，豈有七百里營，可以拒敵者乎？『苞原隰險阻而爲軍者爲敵所禽』，此兵忌也。孫權上事今至矣。」後七日，吳破漢書到。

冬十一月，吳王使太中大夫鄭泉聘于漢，漢太中大夫宗瑋報之，吳漢復通。

四年夏四月癸巳，漢主殂於永安。五月，太子禪即位。秋八月，漢尚書義陽鄧芝言於諸葛亮曰：「今主上幼弱，初即尊位，宜遣大使，重申吳好。」亮曰：「吾思之久矣，未得其人耳，今日始得之。」芝問：「其人爲誰？」亮曰：「即使君也。」乃遣芝以中郎將脩好於吳。冬十月，芝至吳，時吳王猶未與魏絶，狐疑，不時見芝。芝乃自表請見曰：「臣今來亦欲爲吳，非但爲蜀也。」吳王見之曰：「孤誠願與蜀和親，然恐蜀主幼弱，國小勢偪，爲魏所乘，不自保全耳。」芝對曰：「吳、蜀二國，四州之地。大王命世之英，諸葛亮亦一時之傑也。蜀有重險之固，吳有三江之阻。合此二長，共爲唇齒，進可并兼天下，退可鼎足而立，此理之自然也。大王今若委質於魏，魏必上望大王之入朝，下求太子之内侍，若不從命，則奉辭伐叛，蜀亦順流，見可而進，如此，江南之地非復大王之有也。」吳王默然良久曰：「君言是也。」遂絶魏，專與漢連和。

五年夏四月，吴王使輔義中郎將吴郡張温聘于漢，自是吴蜀信使不絶。時事所宜，吴王常令陸遜語諸葛亮。又刻印置遜所，王每與漢主及諸葛亮書，常過示遜，輕重、可否有所不安，便令改定，以印封之。漢復遣鄧芝聘于吴，吴王謂之曰：「若天下太平，二主分治，不亦樂乎？」芝對曰：「天無二日，土無二王。如并魏之後，大王未深識天命，君各茂其德，臣各盡其忠，將提枹鼓，則戰争方始耳。」吴王大笑曰：「君之誠款，乃當爾耶！」

明帝太和三年夏四月，吴主使以並尊二帝之議往告于漢。漢人以爲交之無益而名體弗順，宜顯明正義，絶其盟好。丞相亮曰：「權有僭逆之心久矣，國家所以略其釁情者，求掎角之援也。今若加顯絶，讎我必深。更當移兵東戍，與之角力，須并其土，乃議中原。彼賢才尚多，將相輯穆，未可一朝定也。頓兵相守，坐而須老，使北賊得計，非算之上者。昔孝文卑辭匈奴，先帝優與吴盟，皆應權通變，深思遠益，非若匹夫之忿者也。今議者咸以權利在鼎足，不能并力，且志望已滿，無上岸之情。推此，皆似是而非也。何者？其智力不侔，故限江自保，權之不能越江，猶魏賊之不能渡漢，非力有餘而利不取也。若大軍致討，彼高當分裂其地以爲後規，下當略民廣境，示武於内，非端坐者也。若就其不動而睦於我，我之北伐，無東顧憂，河南之衆不得盡西，此之爲利，亦已深矣。權僭逆之罪，未宜明也。」乃遣衛尉陳震使於吴，賀稱尊號。吴主與漢人盟約中分天下，以豫、青、徐、幽屬吴，兖、冀、并、凉屬漢，其司州之土以函谷關爲界。

諸葛亮出師 平南中附

魏文帝黄初四年春三月，漢主病篤，命丞相亮輔太子，以尚書令李嚴爲副。漢主謂亮曰：「君才十倍曹丕，必能安國，終定大事。若嗣子可輔，輔之；如其不才，君可自取。」亮涕泣曰：「臣敢不竭股肱之力，效忠貞之節，繼之以死。」漢主又爲詔敕太子曰：「人五十不稱夭，吾年已六十有餘，何所復恨，但以卿兄弟爲念耳。勉之，勉之！勿以惡小而爲之，勿以善小而不爲。惟賢惟德，可以服人。汝父德薄，不足效也。汝與丞相從事，事之如父。」

夏四月癸巳，漢主殂於永安，謚曰昭烈。丞相亮奉喪還成都，以李嚴爲中都護，留鎮永安。五月，太子禪即位，時年十七。尊皇后曰皇太后，大赦，改元建興。封丞相亮爲武鄉侯，領益州牧。政事無巨細，咸決於亮。

亮嘗自校簿書，主簿楊顒直入，諫曰：「爲治有體，上下不可相侵。請爲明公以作家譬之：今有人，使奴執耕稼，婢典炊爨，雞主司晨，犬主吠盜，牛負重載，馬涉遠路，私業無曠，所求皆足，雍容高枕，飲食而已。忽一旦盡欲以身親其役，不復付任，勞其體力，爲此碎務，形疲神困，終無一成。豈其智之不如奴、婢、雞、狗哉？失爲家主之法也。是故古人稱『坐而論道，謂之王公；作而行之，謂之士大夫』。故丙吉不問横道死人而憂牛喘，陳平不肯知錢穀之數，云自有主者，彼誠達於位分之體也。今明公爲治，乃躬自校簿書，流汗終日，不亦勞乎！」亮謝之。

初，益州郡耆帥雍闓殺太守正昂，因士燮以求附於吴，又執太守成都張裔以與吴，吴以闓爲永昌太守。永昌功曹吕凱、府丞王伉率吏士閉境拒守，闓不能進，使郡人孟獲誘扇諸夷，諸夷皆從之。牂柯太守朱褒、越嶲夷王高定皆叛應闓。諸葛亮以新遭大喪，皆撫而不討，務農殖穀，閉關息民，民安食足，而後用之。

六年春三月，漢諸葛亮率衆討雍闓等，參軍馬謖送之數十里。亮曰：「雖共謀之歷年，今可更惠良規。」謖曰：「南中恃其險遠，不服久矣，雖今日破之，明日復反耳。今公方傾國北伐以事强賊，彼知官勢内虚，其叛亦速。若殄盡遺類以除後患，既非仁者之情，且又不可倉卒也。夫用兵之道，攻心爲上，攻城爲下，心戰爲上，兵戰爲下。願公服其心而已。」亮納其言。謖，良之弟也。

秋七月，漢諸葛亮至南中，所在戰捷。亮由越嶲入，斬雍闓及高定。使庲降督益州李恢由益州入，門下督巴西馬忠由牂柯入，擊破諸縣，復與亮合。孟獲收閻餘衆以拒亮。獲素爲夷、漢所服，亮募生致之，既得，使觀於營陳之間，問曰：「此軍何如？」獲曰：「向者不知虛實，故敗。今蒙賜觀營陳，若秖如此，即定易勝耳。」亮笑，縱使更戰。七縱七禽，而亮猶遣獲。獲止不去，曰：「公，天威也，南人不復反矣。」亮遂至滇池。益州、永昌、牂柯、越巂四郡皆平，亮即其渠率而用之，悉收其俊傑孟獲等以爲官屬，出其金銀、丹漆、耕牛、戰馬以給軍國之用。自是，終亮之世，夷不復反。

七年春正月，漢丞相亮欲出軍漢中，前將軍李嚴當知後事，移屯江州，留護軍陳到駐永安而統屬於嚴。

明帝太和元年春三月，蜀丞相亮率諸軍北駐漢中，使長史張裔、參軍蔣琬統留府事。臨發，上疏曰：「先帝創業未半而中道崩殂，今天下三分，益州疲敝，此誠危急存亡之秋也。然侍衛之臣不懈於內，忠志之士忘身於外者，蓋追先帝之殊遇，欲報之於陛下也。誠宜開張聖聽，以光先帝遺德，恢弘志士之氣，不宜妄自菲薄，引喻失義，以塞忠諫之路也。宫中、府中，俱爲一體，陟罰臧否，不宜異同。若有作姦犯科及爲忠善者，宜付有司論其刑賞，以昭陛下平明之理，不宜偏私，使内外異法也。侍中、侍郎郭攸之、費禕、董允等，此皆良實，志慮忠純，是以先帝簡拔以遺陛下。愚以爲宫中之事，事無大小，悉以咨之，然後施行，必能裨補闕漏，有所廣益。將軍向寵，性行淑均，曉暢軍事，試用於昔日，先帝稱之曰能，是以衆議舉寵爲督。愚以爲營中之事，悉以咨之，必能使行陳和睦，優劣得所。親賢臣，遠小人，此先漢所以興隆也；親小人，遠賢臣，此後漢所以傾頽也。先帝在時，每與臣論此事，未嘗不歎息痛恨於桓、靈也。侍中、尚書、長史、參軍，此悉端良死節之臣，願陛下親之信之，則漢室之隆，可計日而待也。臣本布衣，躬耕南陽，苟全性命於亂世，不求聞達於諸侯。先帝不以臣卑鄙，猥自枉屈，三顧臣於草廬之中，諮臣以當世之事，由是感激，遂許先帝以驅馳。後值傾覆，受任於敗軍之際，奉命於危難之間，爾來二十有一年矣。先帝知臣謹慎，故臨崩寄臣以大事也。受命以來，夙夜憂歎，恐託付不效，以傷先帝之明，故五月渡瀘，深入不毛。今南方已定，兵甲已足，當奬率三軍，北定中原，庶竭駑鈍，攘除姦凶，興復漢室，還于舊都，此臣所以報先帝而忠陛下之職分也。至於斟酌損益，進盡忠言，則攸之、禕、允之任也。願陛下託臣以討賊興復之效，不效則治臣之罪，以告先帝之靈。責攸之、禕、允等之慢，以彰其咎。陛下亦宜自謀，以諮諏善道，察納雅言。深追先帝遺詔，臣不勝受恩感激。今當遠離，臨表涕零，不知所言。」遂行，屯于沔北陽平石馬。

亮辟廣漢太守姚伷爲掾，伷並進文武之士，亮稱之曰：「忠益者莫大於進人，進人者各務其所尚。今姚掾並存剛柔以廣文武之用，可謂博雅矣。願諸掾各希此事以屬其望。」

帝聞諸葛亮在漢中，欲大發兵就攻之，以問散騎常侍孫資。資曰：「昔武皇帝征南鄭，取張魯，陽平之役，危而後濟。又自往拔出夏侯淵軍，數言『南鄭直爲天獄，中斜谷道爲五百里石穴耳』，言其深險，喜出淵軍之辭也。又武皇帝聖於用兵，察蜀賊棲於山巖，視吳虜竄於江湖，皆撓而避之，不責將士之力，不爭一朝之忿，誠所謂見勝而戰，知難而退也。今若進軍就南鄭討亮，道既險阻，計用精兵及轉運鎮守南方四州，遏禦水賊，凡用十五六萬人，必當復更有所發興，天下騷動，費力廣大，此誠陛下所宜深慮。夫守戰之力，力役參倍。但以今日見兵，分命大將據諸要險，威足以震懾强寇，鎮靜疆埸，將士虎睡，百姓無事，數年之間，中國日盛，吳、蜀二虜必自罷敝。」帝乃止。

六月，以司馬懿都督荆、豫州諸軍事，率所領鎮宛。

初，孟達既爲文帝所寵，又與桓階、夏侯尚親善。及文帝殂，階、尚皆卒，達心不自安。諸葛亮聞而誘之，達數與通書，陰許歸蜀。達與魏興太守申儀有隙，儀密表告之。達聞之，惶懼，欲舉兵叛。司馬懿以書慰解之，達猶豫未決，懿乃潛軍進討。諸將言：「達與吳、漢交通，宜觀望而後動。」懿曰：「達無信義，此其相疑之時也，當及其未定促決之。」乃倍道兼行，八日到其城下。吳、漢各遣偏將向西城安橋、木闌塞以救達，懿分諸將以距之。初，達與亮書曰：「宛去洛八百里，去吾一千二百里。聞吾舉事，當表上天子，比相反覆，一月間也，則吾城已固，諸軍足辦。吾所在深險，司馬公必不自來；諸將來，吾無患矣。」及兵到，達又告亮曰：「吾舉事八日，而兵至城下，何其神速也！」

二年春正月，司馬懿攻新城，旬有六日，拔之，斬孟達。申儀久在魏興，擅承制刻印，多所假授，懿召而執之，歸於洛陽。

諸葛亮將入寇，與羣下謀之。丞相司馬魏延曰：「聞夏侯楙，主壻也，怯而無謀。今假延精兵五千，負糧五千，直從褒中出，循秦嶺而東，當子午而北，不過十日，可到長安。楙聞延奄至，必棄城逃走，長安中惟御史、京兆太守耳。橫門邸閣與散民之穀，足周食也。比東方相合聚，尚二十許日，而公從斜谷來，亦足以達。如此，則一舉而咸陽以西可定矣。」亮以爲此危計，不如安從坦道，可以平取隴右，十全必克而無虞，故不用延計。

亮揚聲由斜谷道取郿，使鎮東將軍趙雲、揚武將軍鄧芝爲疑軍，據箕谷。帝遣曹真都督關右諸軍，軍郿。亮身率大軍攻祁山，戎陳整齊，號令明肅。始，魏以漢昭烈既死，數歲寂然無聞，是以略無備豫，而卒聞亮出，朝野恐懼。於是天水、南安、安定皆叛應亮，關中響震，朝臣未知計所出。帝曰：「亮阻山爲固，今者自來，正合兵書『致人』之術，破亮必也。」乃勒兵馬步騎五萬，遣右將軍張郃督之，西拒亮。丁未，帝行如長安。

初，越巂太守馬謖，才器過人，好論軍計，諸葛亮深加器異。漢昭烈臨終謂亮曰：

「馬謖言過其實，不可大用，君其察之。」亮猶謂不然，以謖爲參軍，每引見談論，自晝達夜。及出軍祁山，亮不用舊將魏延、吳懿等爲先鋒，而以謖督諸軍在前，與張郃戰于街亭。

謖違亮節度，舉措煩擾，舍水上山，不下據城。張郃絶其汲道，擊，大破之，士卒離散。亮進無所據，乃拔西縣千餘家還漢中。收謖下獄，殺之。亮自臨祭，爲之流涕，撫其遺孤，恩若平生。蔣琬謂亮曰：「昔楚殺得臣，文公喜可知也。天下未定而戮智計之士，豈不惜乎！」亮流涕曰：「孫武所以能制勝於天下者，用法明也。是以揚干亂法，魏絳戮其僕。四海分裂，兵交方始，若復廢法，何用討賊邪！」

謖之未敗也，裨將軍巴西王平連規諫謖，謖不能用。及敗，衆盡星散，惟平所領千人鳴鼓自守，張郃疑其有伏兵，不往偪也。於是平徐徐收合諸營遺迸，率將士而還。亮既誅馬謖及將軍李盛，奪將軍黄襲等兵，平特見崇顯，加拜參軍，統五部兼當營事，進位討寇將軍，封亭侯。亮上疏請自貶三等，漢主以亮爲右將軍，行丞相事。

是時，趙雲、鄧芝兵亦敗於箕谷，雲斂衆固守，故不大傷，雲亦坐貶爲鎮軍將軍。亮問鄧芝曰：「街亭軍退，兵將不復相録，箕谷軍退，兵將初不相失，何故？」芝曰：「趙雲身自斷後，軍資什物，略無所棄，兵將無緣相失。」雲有軍資餘絹，亮使分賜將士，雲曰：「軍事無利，何爲有賜，其物請悉入赤岸庫，須十月爲冬賜。」亮大善之。

或勸亮更發兵者，亮曰：「大軍在祁山、箕谷，皆多於賊，而不破賊，乃爲賊所破，此病不在兵少也，在一人耳。今欲減兵省將，明罰思過，校變通之道於將來，若不能然者，雖兵多何益？自今已後，諸有忠慮於國，但勤攻吾之闕，則事可定，賊可死，功可蹻足而待矣。」於是考微勞，甄壯烈，引咎責躬，布所失於境内，厲兵講武，以爲後圖，戎士簡練，民忘其敗矣。

亮之出祁山也，天水參軍姜維詣亮降。亮美維膽智，辟爲倉曹掾，使典軍事。

曹真討安定等三郡，皆平。真以諸葛亮懲於祁山，後必出從陳倉，乃使將軍郝昭等守陳倉，治其城。

冬十一月，漢諸葛亮聞曹休敗，魏兵東下，關中虚弱，欲出兵擊魏，羣臣多以爲疑。亮上言於漢主曰：「先帝深慮以漢、賊不兩立，王業不偏安，故託臣以討賊。以先帝之明，量臣之才，固當知臣伐賊，才弱敵强。然不伐賊，王業亦亡，惟坐而待亡，孰與伐之？是故託臣而弗疑也。臣受命之日，寢不安席，食不甘味，思惟北征，宜先入南，故五月渡瀘，深入不毛。臣非不自惜也，顧王業不可偏全於蜀都，故冒危難以奉先帝之遺意也，而議者謂爲非計。今賊適疲於西，又務於東，兵法乘勞，此進趨之時也，謹陳其事如左：高帝明並日月，謀臣淵深，然涉險被創，危然後安。今陛下未及高帝，謀臣不如良、平，而欲以長計取勝，坐定天下，此臣之未解一也。劉繇、王朗各據州郡，論安言計，動引聖人，羣疑滿腹，衆難塞胸，今歲不戰，明年不征，使孫策坐大，遂并江東，此臣之未解二也。曹操智計殊絶於人，其用兵也，髣髴孫、吴，然困於南陽，險於烏巢，危於祁連，偪於黎陽，幾敗伯山，殆死潼關，然後僞定一時耳。況臣才弱，而欲以不危而定之，此臣之未解三也。曹操五攻昌霸不下，四越巢湖不成，任用李服而李服圖之，委夏侯而夏侯敗亡。先帝每稱操爲能，猶有此失，況臣駑下，何能必勝？此臣之未解四也。自臣到漢中，中間期年耳，然喪趙雲、陽羣、馬玉、閻芝、丁立、白壽、劉郃、鄧銅等及曲長屯將七十餘人，突將、無前、賨叟、青羌、散騎、武騎一千餘人，皆數十年之内，所糾合四方之精鋭，非一州之所有。若復數年，則損三分之二，當何以圖敵？此臣之未解五也。今民窮兵疲，而事不可息，事不可息，則住與行勞費正等，而不及虚圖之，欲以一州之地與賊支久，此臣之未解六也。夫難平者，事也。昔先帝敗軍於楚，當此時曹操拊手，謂天下已定。然後先帝東連吴、越，西取巴、蜀，舉兵北征，夏侯授首，此操之失計而漢事將成也。然後吴更違盟，關羽毁敗，秭歸蹉跌，曹丕稱帝。凡事如是，難可逆見。臣鞠躬盡力，死而後已，至於成敗利鈍，非臣之明所能逆覩也。」

十二月，亮引兵出散關，圍陳倉。陳倉已有備，亮不能克。亮使郝昭鄉人靳詳於城外遥説昭，昭於樓上應之曰：「魏家科法，卿所練也。我之爲人，卿所知也。我受國恩多而門户重，卿無可言者，但有必死耳。卿還謝諸葛，便可攻也。」詳以昭語告亮，亮又使詳重説昭，言「人兵不敵，無爲空自破滅」。昭謂詳曰：「前言已定矣，我識卿耳，箭不識也。」詳乃去。亮自以有衆數萬，而昭兵纔千餘人，又度東救未能便到，乃進兵攻昭，起雲梯、衝車以臨城。昭於是以火箭逆射其梯，梯然，梯上人皆燒死。昭又以繩連石磨壓其衝車，衝車折。亮乃更爲井闌百尺以射城中，以土丸填塹，欲直攀城，昭又於内築重牆。亮又爲地突欲踊出於城裏，昭又於城内穿地横截之。晝夜相攻拒二十餘日。曹真遣將軍費耀等救之。帝召張郃于方城，使擊亮。帝自幸河南城，置酒送郃，問郃曰：「遲將軍到，亮得無已得陳倉乎？」郃知亮深入無穀，屈指計曰：「比臣到，亮已走矣。」郃晨夜進道，未至，亮糧盡引去。將軍王雙追之，亮擊斬雙。詔賜郝昭爵關内侯。

三年春，漢諸葛亮遣其將陳戒攻武都、陰平二郡，雍州刺史郭淮引兵救之。亮自出至建威，淮退，亮遂拔二郡以歸。漢主復策拜亮爲丞相。

十二月，漢丞相亮徙府營於南山下原上，築漢城於沔陽，築樂城於成固。

四年秋七月，大司馬曹真以「漢人數入寇，請由斜谷伐之，諸將數道並進，可以大克」，帝從之。詔大將軍司馬懿泝漢水由西城入，與真會漢中，諸將或由子午谷，或由武威入。

司空陳羣諫曰：「太祖昔到陽平攻張魯，多收豆麥以益軍糧，魯未下而食猶乏。今既無所因，且斜谷阻險，難以進退，轉運必見鈔截，多留兵守要則損戰士，不可不熟慮也。」帝從羣議。真復表從子午道，羣又陳其不便，并言軍事用度之計。詔以羣議下真，真據之遂行。

八月，漢丞相亮聞魏兵至，次於成固赤坂以待之。召李嚴使將二萬人赴漢中，表嚴子豐爲江州都督，督軍典嚴後事。會天大雨三十餘日，棧道斷絕。太尉華歆上疏曰：「陛下以聖德當成、康之隆，願先留心於治道，以征伐爲後事。爲國者以民爲基，民以衣食爲本。使中國無飢寒之患，百姓無離上之心，則二賊之釁可坐而待也。」帝報曰：「賊憑恃山川，二祖勞於前世，猶不克平，朕豈敢自多，謂必滅之哉！諸將以爲不一探取，無由自敝，是以觀兵以闚其釁。若天時未至，周武還師，乃前事之鑒，朕敬不忘所戒。」

少府楊阜上疏曰：「昔武王白魚入舟，君臣變色。動得吉瑞，猶尚憂懼，況有災異而不戰竦者哉！今吳、蜀未平，而天屢降變，諸軍始進，便有天雨之患，稽閡山險，已積日矣。轉運之勞，擔負之苦，所費已多，若有不繼，必違本圖。傳曰『見可而進，知難而退，軍之善政也』。徒使六軍困於山谷之間，進無所略，退又不得，非王兵之道也。」

散騎常侍王肅上疏曰：「前志有之，『千里饋糧，士有飢色，樵蘇後爨，師不宿飽』，此謂平塗之行軍者也。又況於深入阻險，鑿路而前，則其爲勞必相百也。今又加之以霖雨，山坂峻滑，衆迫而不展，糧遠而難繼，實行軍者之大忌也。聞曹真發已踰月而行裁半谷，治道功夫，戰士悉作，是賊偏得以逸待勞，乃兵家之所憚也。言之前代，則武王伐紂，出關而復還；論之近事，則武、文征權，臨江而不濟；豈非所謂順天知時，通於權變者哉！兆民知上聖以水雨艱劇之故，休而息之，後日有釁，乘而用之，則所謂『悦以犯難，民忘其死』者矣。」肅，朗之子也。九月，詔曹真等班師。

冬十二月，丞相亮以蔣琬爲長史。亮數外出，琬常足食兵，以相供給。亮每言：「公琰託志忠雅，當與吾共贊王業者也。」

五年春二月，漢丞相亮命李嚴以中都護署府事。嚴更名平。亮率諸軍入寇，圍祁山，以木牛運。於是大司馬曹真有疾，帝命司馬懿西屯長安，督將軍張郃、費曜、戴陵、郭淮等以禦之。

三月，邵陵元侯曹真卒。

司馬懿使費曜、戴陵留精兵四千守上邽，餘衆悉出，西救祁山。張郃欲分兵駐雍、郿，懿曰：「料前軍能獨當之者，將軍言是也。若不能當，而分爲前後，此楚之三軍，所以爲黥布禽也。」遂進。亮分兵留攻祁山，自逆懿于上邽。郭淮、費曜等徼亮，亮破之，因大芟刈其麥，與懿遇于上邽之東。懿斂軍依險，兵不得交，亮引還。

懿等尋亮後至于鹵城。張郃曰：「彼遠來逆我，請戰不得，謂我利在不戰，欲以長計制之也。且祁山知大軍已在近，人情自固，可止屯於此，分爲奇兵，示出其後，不宜進前而不敢偪，坐失民望也。今亮孤軍食少，亦行去矣。」懿不從，故尋亮。既至，又登山掘營，不肯戰。賈栩、魏平數請戰，因曰：「公畏蜀如虎，奈天下笑何！」懿病之。諸將咸請戰。夏五月辛巳，懿乃使張郃攻無當監何平於南圍，自按中道向亮。亮使魏延、高翔、吴班逆戰，魏兵大敗，漢人獲甲首三千人，懿還保營。

六月，亮以糧盡退軍，司馬懿遣張郃追之。郃進至木門，與亮戰，蜀人乘高布伏，弓弩亂發，飛矢中郃右膝而卒。

丞相亮之攻祁山也，李平留後，主督運事。會天霖雨，平恐運糧不繼，遣參軍狐忠、督軍成藩喻指，呼亮來還，亮承以退軍。平聞軍退，乃更陽驚，説「軍糧饒足，何以便歸」！又欲殺督運岑述，以解己不辦之責。又表漢主，説「軍僞退，欲以誘賊與戰」。亮具出其前後手筆書疏，本末違錯。平辭窮情竭，首謝罪負。於是亮表平前後過惡，免官，削爵土，徙梓潼郡。復以平子豐爲中郎將，參軍事。

青龍元年，諸葛亮勸農講武，作木牛、流馬，運米集斜谷口，治斜谷邸閣，息民休士，三年而後用之。

二年春二月，亮悉大衆十萬由斜谷入寇，遣使約吴同時大舉。夏四月，諸葛亮至郿，軍於渭水之南。司馬懿引軍渡渭，背水爲壘以拒之，謂諸將曰：「亮若出武功，依山而東，誠爲可憂；若西上五丈原，諸將無事矣。」亮果屯五丈原。

雍州刺史郭淮言於懿曰：「亮必争北原，宜先據之。」議者多謂不然，淮曰：「若亮跨渭登原，連兵北山，隔絶隴道，摇盪民夷，此非國之利也。」懿乃使淮屯北原，塹壘未成，漢兵大至，淮逆擊，卻之。

亮以前者數出，皆以運糧不繼，使己志不伸，乃分兵屯田爲久駐之基，耕者雜於渭濱居民之間，而百姓安堵，軍無私焉。

六月，帝使征蜀護軍秦朗督步騎二萬助司馬懿禦諸葛亮，敕懿：「但堅壁拒守以挫其鋒，彼進不得志，退無與戰，久停則糧盡，虜略無所獲，則必走。走而追之，全勝之道也。」

秋八月，司馬懿與諸葛亮相守百餘日，亮數挑戰，懿不出，亮乃遺懿巾幗婦人之服。懿怒，上表請戰，帝使衛尉辛毗杖節爲軍師以制之。護軍姜維謂亮曰：「辛佐治杖節而到，賊不復出矣。」亮曰：「彼本無戰情，所以固請戰者，以示武於其衆耳。將在軍，君命有所不受，苟能制吾，豈千里而請戰邪！」

亮遣使者至懿軍，懿問其寢食及事之煩簡，不問戎事。使者對曰：「諸葛公夙興夜寐，罰二十已上皆親覽焉。所噉食，不至數升。」懿告人曰：「諸葛孔明食少事煩，其能久乎！」

亮病篤，漢主使尚書僕射李福省侍，因諮以國家大計。福至，與亮語已，别去，數日復還。亮曰：「孤知君還意，近日言語雖彌日，有所不盡，更來亦决耳。公所問者，公琰其宜也。」福謝：「前實失不諮請，如公百年後，誰可任大事者，故輒還耳。乞復請蔣琬之後，誰可任者？」亮曰：「文偉可以繼之。」又問其次，亮不答。

是月，亮卒于軍中。長史楊儀整軍而出，百姓奔告司馬懿，懿追之。姜維令儀反旗鳴鼓，若將向懿者。懿斂軍退，不敢偪。於是儀結陳而去，入谷然後發喪。百姓爲之諺曰：「死諸葛走生仲達。」懿聞之，笑曰：「吾能料生，不能料死故也。」懿按行亮之營壘處所，歎曰：「天下奇才也！」追至赤岸，不及而還。

初，漢前軍師魏延勇猛過人，善養士卒。每隨亮出，輒欲請兵萬人，與亮異道會于潼關，如韓信故事，亮制而不許。延常謂亮爲怯，歎恨己才用之不盡。楊儀爲人幹敏，亮每出軍，儀常規畫分部，籌度糧穀，不稽思慮，斯須便了，軍戎節度，取辦於儀。延性矜高，當時皆避下之，唯儀不假借延，延以爲至忿，有如水火。亮深惜二人之才，不忍有所偏廢也。

費禕使吴，吴主醉，問禕曰：「楊儀、魏延，牧豎小人也，雖嘗有鳴吠之益於時務，然既已任之，勢不得輕，若一朝無諸葛亮，必爲禍亂矣。諸君憒憒，不知防慮於此，豈所謂貽厥孫謀乎？」禕對曰：「儀、延之不協，起於私忿耳，而無黥、韓難御之心也。今方掃除强賊，混一函夏，功以才成，業由才廣，若捨此不任，防其後患，是猶備有風波而逆廢舟楫，非長計也。」

亮病困，與儀及司馬費禕、姜維等作身殁之後退軍節度，令延斷後，姜維次之；若延或不從命，軍便自發。亮卒，儀祕不發喪，令禕往揣延意指。延曰：「丞相雖亡，吾自見在。府親官屬，便可將喪還葬，吾自當率諸軍擊賊，云何以一人死廢天下之事邪？且魏延何人，當爲楊儀所部勒，作斷後將乎！」自與禕共作行留部分，令禕手書與己連名，告下諸將。禕紿延曰：「當爲君還解楊長史，長史文吏，稀更軍事，必不違命也。」禕出門，奔馬而去。延尋悔之，已不及矣。

延遣人覘儀等，欲按亮成規，諸營相次引軍還。延大怒，攙儀未發，率所領徑先南歸，所過燒絶閣道。延、儀各相表叛逆，一日之中，羽檄交至。漢主以問侍中董允、留府長史蔣琬，琬、允咸保儀而疑延。儀等令槎山通道，晝夜兼行，亦繼延後。延先至，據南谷口，遣兵逆擊儀等，儀等令將軍何平於前禦延。平叱先登曰：「公亡，身尚未寒，汝輩何敢乃爾！」延士衆知曲在延，莫爲用命，皆散。延獨與其子數人逃亡，奔漢中。儀遣將馬岱追斬之，遂夷延三族。蔣琬率宿衛諸營赴難北行，行數十里，延死問至，乃還。始延欲殺儀等，冀時論以己代諸葛輔政，故不北降魏而南還擊儀，實無反意也。

諸軍還成都，大赦，謚諸葛亮曰忠武侯。

吴侵淮南

魏明帝太和二年夏五月，吴王使鄱陽太守周魴密求山中舊族名帥爲北方所聞知者，令譎挑揚州牧曹休。魴曰：「民帥小醜，不足杖任，事或漏泄，不能致休。乞遣親人齎牋以誘休，言被譴懼誅，欲以郡降北，求兵應接。」吴王許之。時頻有郎官詣魴詰問諸事，魴因詣郡門下，下髮謝。休聞之，率步騎十萬向皖以應魴，帝又使司馬懿向江陵，賈逵向東關，三道俱進。

秋八月，吴王至皖，以陸遜爲大都督，假黄鉞，親執鞭以見之。以朱桓、全琮爲左右督，各督三萬人以擊休。休知見欺，而恃其衆，欲遂與吴戰。朱桓言於吴王曰：「休本以親戚見任，非智勇名將也。今戰必敗，敗必走，走當由夾石、挂車。此兩道皆險阸，若以萬兵柴路，則彼衆可盡而休可生虜。臣請將所部以斷之，若蒙天威，得以休自效，便可乘勝長驅，進取壽春，割有淮南，以規許、洛，此萬世一時，不可失也。」權以問陸遜，遜以爲不可，乃止。

尚書蔣濟上疏曰：「休深入虜地，與權精兵對，而朱然等在上流，乘休後，臣未見其利也。」前將軍滿寵上疏曰：「曹休雖明果而希用兵，今所從道，背湖旁江，易進難退，此兵之絓地也。若入無彊口，宜深爲之備。」寵表未報，休與陸遜戰於石亭。遜自爲中部，令朱桓、全琮爲左右翼，三道俱進，衝休伏兵，因驅走之，追亡逐北，徑至夾石，斬獲萬餘，牛馬騾驢車乘萬兩，軍資器械略盡。

初，休表求深入以應周魴，帝命賈逵引兵東與休合。逵曰：「賊無東關之備，必并軍於皖，休深入與賊戰，必敗。」乃部署諸將，水陸並進，行二百里，獲吳人，言休戰敗，吳遣兵斷夾石。諸將不知所出，或欲待後軍，逵曰：「休兵敗於外，路絶於内，進不能戰，退不得還，安危之機，不及終日。賊以軍無後繼，故至此，今疾進，出其不意，此所謂『先人以奪其心』也，賊見吾兵必走。若待後軍，賊已斷險，兵雖多何益？」乃兼道進軍，多設旗鼓爲疑兵。吳人望見逵軍，驚走，休乃得還。逵據夾石，以兵糧給休，休軍乃振。初，逵與休不善，及休敗，賴逵以免。

九月，長平壯侯曹休上書謝罪，帝以宗室，不問。休慚憤，疽發於背，庚子，卒。帝以滿寵都督揚州以代之。

四年十二月，吴主揚聲欲至合肥，征東將軍滿寵表召兖、豫諸軍，皆集。吴尋退還，詔罷其兵。寵以爲：「今賊大舉而還，非本意也，此必欲僞退以罷吾兵，而倒還乘虚，掩不備也。」表不罷兵。後十餘日，吴果更來到合肥城，不克而還。

五年冬十月，吴主使中郎將孫布詐降以誘揚州刺史王淩，吴主伏兵於阜陵以俟之。布遣人告淩云：「道遠不能自致，乞兵見迎。」淩騰布書，請兵馬迎之。征東將軍滿寵以爲必詐，不與兵，而爲淩作報書曰：「知識邪正，欲避禍就順，去暴歸道，甚相嘉尚。今欲遣兵相迎，然計兵少則不足相衛，多則事必遠聞。且先密計以成本志，臨時節度其宜。」會寵被書入朝，敕留府長史：「若淩欲往迎，勿與兵也。」淩於後索兵不得，乃單遣一督將步騎七百人往迎之，布夜掩擊，督將迸走，死傷過半。淩，允之兄子也。

先是，淩表寵年過耽酒，不可居方任。帝將召寵，給事中郭謀曰：「寵爲汝南太守、豫州刺史二十餘年，有勳方岳，及鎮淮南，吴人憚之。若不如所表，將爲所闚，可令還朝，問以東方事以察之。」帝從之。既至，體氣康强，帝慰勞遣還。

六年十二月，吴陸遜引兵向廬江，論者以爲宜速救之。滿寵曰：「廬江雖小，將勁兵精，守則經時。又賊舍船二百里來，後尾空絶，不來尚欲誘致，今宜聽其遂進，但恐走不可及耳。」乃整軍趨楊宜口。吳人聞之，夜遁。

是時吳人歲有來計。滿寵上疏曰：「合肥城南臨江、湖，北遠壽春，賊攻圍之，得據水爲勢；官兵救之，當先破賊大輩，然後圍乃得解。賊往甚易，而兵往救之甚難，宜移城内之兵，其西三十里，有奇險可依，更立城以固守，此爲引賊平地而掎其歸路，於計爲便。」護軍將軍蔣濟議以爲：「既示天下以弱，且望賊煙火而壞城，此爲未攻而自拔。一至於此，劫略無限，必淮北爲守。」帝未許。寵重表曰：「孫子言『兵者，詭道也，故能而示之不能，驕之以利，示之以懾』，此爲形實不必相應也。又曰『善動敵者形之』。今賊未至而移城卻内，所謂形而誘之也。引賊遠水，擇利而動，舉得於外，則福生於内矣。」尚書趙咨以寵策爲長，詔遂報聽。

青龍元年，吳主出兵欲圍新城，以其遠水，積二十餘日不敢下船。滿寵謂諸將曰：「孫權得吾移城，必於其衆中有自大之言，今大舉來欲要一切之功，雖不敢至，必當上岸耀兵以示有餘。」乃潛遣步騎六千伏肥水隱處以待之。吳主果上岸耀兵，寵伏軍卒起擊之，斬首數百，或有赴水死者。吳主又使全琮攻六安，亦不克。

二年五月，吳主入居巢湖口向合肥新城，衆號十萬。又遣陸遜、諸葛瑾將萬餘人入江夏、沔口，向襄陽，將軍孫韶、張承入淮，向廣陵、淮陰。六月，滿寵欲率諸軍救新城，殄夷將軍田豫曰：「賊悉衆大舉，非圖小利，欲質新城以致大軍耳。宜聽使攻城，挫其鋭氣，不當與争鋒也。城不可拔，衆必罷怠，罷怠然後擊之，可大克也。若賊見計，必不攻城，勢將自走。若便進兵，適入其計矣。」

時東方吏士皆分休，寵表請中軍兵，并召所休將士，須集擊之。散騎常侍廣平劉邵議以爲：「賊衆新至，心專氣鋭，寵以少人自戰其地，若便進擊，必不能制。寵請待兵，未有所失也，以爲可先遣步兵五千，精騎三千，先軍前發，揚聲進道，震曜形勢。騎到合肥，疏其行隊，多其旌鼓，曜兵城下，引出賊後，擬其歸路，要其糧道。賊聞大軍來，騎斷其後，必震怖遁走，不戰自破矣。」帝從之。

寵欲拔新城守，致賊壽春。帝不聽，曰：「昔漢光武遣兵據略陽，終以破隗囂。先帝東置合肥，南守襄陽，西固祁山，賊來輒破於三城之下者，地有所必争也。縱權攻新城，必不能拔。敕諸將堅守，吾將自往征之，比至，恐權走也。」秋七月壬寅，帝御龍舟東征。滿寵募壯士焚吴攻具，射殺吴主之弟子泰。又吴吏士多疾病。帝未至數百里，疑兵先至，吴主始謂帝不能出，聞大軍至，遂遁。孫韶亦退。

陸遜遣親人韓扁奉表詣吴主，邏者得之。諸葛瑾聞之甚懼，書與遜云：「大駕已還，賊得韓扁，具知吾闊狹。且水乾，宜當急去。」遜未答，方催人種葑、豆，與諸將弈棋、射戲如常。瑾曰：「伯言多智略，其必當有以。」乃自來見遜。遜曰：「賊知大駕已還，無所復憂，得專力於吾。又已守要害之處，兵將意動，且當自定以安之，施設變術，然後出耳。今便示退，賊當謂吾怖，仍來相蹙，必敗之勢也。」乃密與瑾立計，令瑾督舟船，遜悉上兵馬以向襄陽城。魏人素憚遜名，遽還赴城。瑾便引船出，遜徐整部伍，張拓聲勢，步趨船，魏人不敢逼。行到白圍，託言住獵，潛遣將軍周峻、張梁等擊江夏、新市、安陸、石陽，斬獲千餘人而還。

羣臣以爲司馬懿方與諸葛亮相守未解，車駕可西幸長安。帝曰：「權走，亮膽破，大軍足以制之，吾無憂矣。」遂進軍至壽春，録諸將功，封賞各有差。

魏平遼東

魏明帝太和二年。初，公孫康卒，子晃、淵等皆幼，官屬立其弟恭。恭劣弱，不能治國。淵既長，脅奪恭位，上書言狀。侍中劉曄曰：「公孫氏漢時所用，遂世官相承，水則由海，陸則阻山，外連胡夷，絶遠難制，而世權日久。今若不誅，後必生患。若懷貳阻兵，然後致誅，於事爲難。不如因其新立，有黨有仇，先其不意，以兵臨之，開設賞募，可不勞師而定也。」帝不從，拜淵揚烈將軍、遼東太守。

六年秋九月，公孫淵陰懷貳心，數與吴通。帝使汝南太守田豫督青州諸軍自海道，幽州刺史王雄自陸道討之。散騎常侍蔣濟諫曰：「凡非相吞之國，不侵叛之臣，不宜輕伐。伐之而不能制，是驅使爲賊也。故曰『虎狼當路，不治狐狸』。先除大害，小害自已。今海表之地，累世委質，歲選計、孝，不乏職貢，議者先之。正使一舉便克，得其民不足益國，得其財不足爲富；儻不如意，是爲結怨失信也。」帝不聽。豫等往，皆無功，詔令罷軍。

青龍元年春二月，公孫淵遣校尉宿舒、郎中令孫綜奉表稱臣於吴，吴主大悦，爲之大赦。三月，吴主遣太常張彌、執金吾許晏、將軍賀達將兵萬人，金寶珍貨，九錫備物，乘海授淵，封淵爲燕王。舉朝大臣自顧雍以下皆諫，以爲「淵未可信，而寵待太厚，但可遣吏兵護送舒、綜而已」。吴主不聽。張昭曰：「淵背魏懼討，遠來求援，非本志也。若淵改圖，欲自明於魏，兩使不反，不亦取笑於天下乎？」吴主反覆難昭，昭意彌切，吴主不能堪，按刀而怒曰：「吴國士人入宫則拜孤，出宫則拜君，孤之敬君亦爲至矣，而數於衆中折孤，孤常恐失計。」昭孰視吴主曰：「臣雖知言不用，每竭愚忠者，誠以太后臨崩，呼老臣於牀下，遺詔顧命之言故在耳。」因涕泣横流。吴主擲刀於地，與之對泣，然卒遣彌、晏往。昭忿言之不用，稱疾不朝。吴主恨之，土塞其門，昭又於内以土封之。

夏六月，公孫淵知吴遠難恃，乃斬張彌、許晏等首，傳送京師，悉没其兵資、珍寶。冬十二月，詔拜淵大司馬，封樂浪公。吴主聞之，大怒曰：「朕年六十，世事難易靡所不嘗。近爲鼠子所前卻，令人氣踊如山。不自截鼠子頭以擲于海，無顔復臨萬國。就令顛沛，不以爲恨。」

陸遜上疏曰：「陛下以神武之姿，誕膺期運，破操烏林，敗備西陵，禽羽荆州，斯三虜者，當世雄傑，皆摧其鋒。聖化所綏，萬里草偃，方蕩平華夏，總一大猷。今不忍小忿而發雷霆之怒，違垂堂之戒，輕萬乘之重，此臣之所惑也。臣聞之，行萬里者不中道而輟足，圖四海者不懷細以害大。强寇在境，荒服未庭，陛下乘桴遠征，必致闚閽，慼至而憂，悔之無及。若使大事時捷，則淵不討自服。今乃遠惜遼東衆之與馬，奈何獨欲捐江東萬安之本業而不惜乎？」

尚書僕射薛綜上疏曰：「昔漢元帝欲御樓船，薛廣德請刎頸以血染車。何則？水火之險至危，非帝王所宜涉也。今遼東戎貊小國，無城隍之固，備禦之術，器械鉄鈍，犬羊無政，往必禽克，誠如明詔。然其方土寒埆，穀稼不殖，民習鞍馬，轉徙無常。卒聞大軍之至，自度不敵，鳥驚獸駭，長驅奔竄，一人匹馬不可得見，雖獲空地，守之無益，此不可一也。加又洪流溟溔，有成山之難，海行無常，風波難免，倏忽之間，人船異勢，雖有堯、舜之德，智無所施，賁、育之勇，力不得設，此不可二也。加以鬱霧冥其上，鹹水蒸其下，善生流腫，轉相洿染，凡行海者，稀無斯患，此不可三也。天生神聖，當乘時平亂，康此民物。今逆虜將滅，海内垂定，乃違必然之圖，尋至危之阻，忽九州之固，肆一朝之忿，既非社稷之重計，又開闢以來所未嘗有，斯誠羣僚所以傾身側息，食不甘味，寢不安席者也。」

選曹尚書陸瑁上疏曰：「北寇與國，壤地連接，苟有間隙，應機而至。夫所以爲越海求馬，曲意於淵者，爲赴目前之急，除腹心之疾也。而更棄本追末，捐近治遠，忿以改規，激以動衆，斯乃猾虜所願聞，非大吴之至計也。又兵家之術，以功役相疲，勞逸相待，得失之間，所覺輒多。且沓渚去淵，道里尚遠，今到其岸，兵勢三分，使强者進取，次當守船，又次運糧，行人雖多，難得悉用。加以單步負糧，經遠深入，賊地多馬，邀截無常。若淵狙詐，與北未絕，動衆之日，脣齒相濟。若實孑然無所憑賴，其畏怖遠迸，或難卒滅，使天誅稽於朔野，山虜承間而起，恐非萬安之長慮也。」吴主未許。

瑁重上疏曰：「夫兵革者，固前代所以誅暴亂、威四夷也。然其役皆在姦雄已除，天下無事，從容廟堂之上，以餘議議之耳。至於中夏鼎沸，九域盤互之時，率須深根固本，愛力惜費，未有正於此時舍近治遠，以疲軍旅者也。昔尉佗叛逆，僭號稱帝，于時天下乂安，百姓康阜，然漢文猶以遠征不易，告喻而已。今凶桀未殄，疆埸猶警，未宜以淵爲先。願陛下抑威任計，暫寧六師，潛神默規，以爲後圖，天下幸甚。」吴主乃止。

景初元年秋七月，公孫淵數對國中賓客出惡言，帝欲討之，以荆州刺史河東毌丘儉爲幽州刺史。儉上疏曰：「陛下即位已來，未有可書。吴、蜀恃險，未可卒平，聊可以此方無用之士克定遼東。」光禄大夫衛臻曰：「儉所陳皆戰國細術，非王者之事也。吴頻歲稱兵，寇亂邊境，而猶按甲養士，未果致討者，誠以百姓疲勞故也。淵生長海表，相承三世，外撫戎夷，内脩戰射，而儉欲以偏軍長驅，朝至夕卷，知其妄矣。」帝不聽，使儉率諸軍及鮮卑、烏桓屯遼東南界，璽書徵淵。淵遂發兵反，逆儉於遼隧。會天雨十餘日，遼水大漲，儉與戰不利，引軍還右北平。淵因自立爲燕王，改元紹漢，置百官，遣使假鮮卑單于璽，封拜邊民，誘呼鮮卑以侵擾北方。

二年春正月，帝召司馬懿於長安，使將兵四萬討遼東。議臣或以爲四萬兵多，役費難供。帝曰：「四千里征伐，雖云用奇，亦當任力，不當稍計役費也。」帝謂懿曰：「公孫淵將何計以待君？」對曰：「淵棄城豫走，上計也。據遼東拒大軍，其次也。坐守襄平，此成禽耳。」帝曰：「然則三者何出？」對曰：「唯明智能審量彼我，乃豫有所割棄，此既非淵所及。」又謂：「今往孤遠，不能支久，必先拒遼水，後守襄平也。」帝曰：「還往幾日？」對曰：「往百日，攻百日，還百日，以六十日爲休息，如此一年足矣。」

公孫淵聞之，復遣使稱臣，求救於吴，吴人欲戮其使。羊衜曰：「不可。是肆匹夫之怒，而捐霸王之計也。不如因而厚之，遣奇兵潛往以要其成。若魏伐不克，而我軍遠赴，是恩結遐夷，義形萬里；若兵連不解，首尾離隔，則我虜其傍郡，驅略而歸，亦足以致天之罰，報雪曩事矣。」吴主曰：「善。」乃大勒兵，謂淵使曰：「請俟後問，當從簡書，必與弟同休戚。」又曰：「司馬懿所向無前，深爲弟憂之。」

帝問於護軍將軍蔣濟曰：「孫權其救遼東乎？」濟曰：「彼知官備已固，利不可得，深入則非力所及，淺入則勞而無獲。權雖子弟在危，猶將不動，况異域之人，兼以往者之辱乎？今所以外揚此聲者，譎其行人，疑之於我，我之不克，冀其折節事己耳。然沓渚之間，去淵尚遠，若大軍相守，事不速决，則權之淺規，或得輕兵掩襲，未可測也。」

六月，司馬懿軍至遼東，公孫淵使大將軍卑衍、楊祚將步騎數萬屯遼隧，圍塹二十餘里。諸將欲擊之，懿曰：「賊所以堅壁，欲老吾兵也，今攻之，正墮其計。且賊大衆在此，其巢窟空虛，直指襄平，破之必矣。」乃多張旗幟，欲出其南，衍等盡鋭趣之。懿潛濟水，出其北，直趣襄平。衍等恐，引兵夜走。諸軍進至首山，淵復使衍等逆戰，懿擊，大破之，遂進圍襄平。

秋七月，大霖雨，遼水暴漲，運船自遼口徑至城下。雨月餘不止，平地水數尺，三軍恐，欲移營。懿令軍中：「敢有言徙者斬！」都督令史張静犯令，斬之，軍中乃定。賊恃水樵牧自若，諸將欲取之，懿皆不聽。司馬陳珪曰：「昔攻上庸，八部並進，晝夜不息，故能一旬之半，拔堅城，斬孟達。今者遠來，而更安緩，愚竊惑焉。」懿曰：「孟達衆少而食支一年，將士四倍於達而糧不淹月，以一月圖一年，安可不速？以四擊一，正令失半而克，猶當爲之，是以不計死傷與糧競也。今賊衆我寡，賊飢我飽，水雨乃爾，功力不設，雖當促之，亦何所爲。自發京師，不憂賊攻，但恐賊走。今賊糧垂盡而圍落未合，掠其牛馬，抄其樵采，此故驅之走也。夫兵者詭道，善因事變。賊憑衆恃雨，故雖飢困，未肯束手，當示無能以安之。取小利以驚之，非計也。」朝廷聞師遇雨，咸欲罷兵，帝曰：「司馬懿臨危制變，禽淵可計日待也。」

雨霽，懿乃合圍，作土山地道，楯櫓鉤衝，晝夜攻之，矢石如雨。淵窘急糧盡，人相食，死者甚多，其將楊祚等降。八月，淵使相國王建、御史大夫柳甫請解圍卻兵，當君臣面縛。懿命斬之，檄告淵曰：「楚、鄭列國，而鄭伯猶肉袒牽羊迎之。孤，天子上公，而建等欲孤解圍退舍，豈得禮邪！二人老耄，傳言失指，已相爲斬之。若意有未已，可更遣年少有明決者來。」淵復遣侍中衛演乞克日送任，懿謂演曰：「軍事大要有五，能戰當戰，不能戰當守，不能守當走，餘二事惟有降與死耳。汝不肯面縛，此爲決就死也，不須送任。」壬午，襄平潰，淵與子脩將數百騎突圍東南走，大兵急擊之，斬淵父子於梁水之上。懿既入城，誅其公卿以下及兵民七千餘人，築爲京觀。遼東、帶方、樂浪、玄菟四郡皆平。

淵之將反也，將軍綸直、賈範等苦諫，淵皆殺之。懿乃封直等之墓，顯其遺嗣，釋淵叔父恭之囚。中國人欲還舊鄉者，恣聽之。遂班師。

初，淵兄晃爲恭任子在洛陽，先淵未反，數陳其變，欲令國家討淵。及淵謀逆，帝不忍市斬，欲就獄殺之。廷尉高柔上疏曰：「臣竊聞晃先數自歸，陳淵禍萌，雖爲凶族，原心可恕。夫仲尼亮司馬牛之憂，祁奚明叔向之過，在昔之美義也。臣以爲晃信有言，宜貸其死；苟自無言，便當市斬。今進不赦其命，退不彰其罪，閉著囹圄，使自引分，四方觀國，或疑此舉也。」帝不聽，竟遣使齎金屑飲晃及其妻子，賜以棺衣，殯斂於宅。

明帝奢靡

魏明帝青龍三年。帝好土功，既作許昌宮，又治洛陽宮，起昭陽太極殿，築總章觀，高十餘丈，力役不已，農桑失業。司空陳羣上疏曰：「昔禹承唐、虞之盛，猶卑宮室而惡衣服。況今喪亂之後，人民至少，比漢文、景之時不過一大郡。加邊境有事，將士勞苦，若有水旱之患，國家之深憂也。昔劉備自成都至白水，多作傳舍，興費人役，太祖知其疲民也。

今中國勞力，亦吳、蜀之所願。此安危之機也，惟陛下慮之。」帝答曰：「王業、宮室，亦宜並立，滅賊之後，但當罷守禦耳，豈可復興役邪？是固君之職，蕭何之大略也。」羣曰：「昔漢祖唯與項羽爭天下，羽已滅，宮室燒焚，是以蕭何建武庫、太倉，皆是要急，然高祖猶非其壯麗。今二虜未平，誠不宜與古同也。夫人之所欲，莫不有辭，況乃天王，莫之敢違。前欲壞武庫，謂不可不壞也；後欲置之，謂不可不置也。若必作之，固非臣下辭言所屈；若少留神，卓然回意，亦非臣下之所及也。漢明帝欲起德陽殿，鍾離意諫，即用其言。後乃復作之，殿成，謂羣臣曰：『鍾離尚書在，不得成此殿也。』夫王者豈憚一臣，蓋爲百姓也。今臣曾不能少凝聖聽，不及意遠矣。」帝乃爲之少有減省。

帝耽于內寵，婦官秩石擬百官之數，自貴人以下至掖庭灑掃者，凡數千人。選女子知書可付信者六人，以爲女尚書，使典省外奏事，處當畫可。廷尉高柔上疏曰：「昔漢文惜十家之資，不營小臺之娛；去病慮匈奴之害，不遑治第之事。況今所損者非惟百金之費，所憂者非徒北狄之患乎。可粗成見所營立以充朝宴之儀，訖罷作者，使得就農，二方平定，復可徐興。周禮，天子后妃以下百二十人，嬪嬙之儀，既已盛矣。竊聞後庭之數，或復過之，聖嗣不昌，殆能由此。臣愚以爲可妙簡淑媛以備內官之數，其餘盡遣還家，且以育精養神，專靜爲寶，如此則螽斯之徵可庶而致矣。」帝報曰：「輒克昌言，他復以聞。」

帝又欲平北芒，令於其上作臺觀望見孟津。衞尉辛毗諫曰：「天地之性，高高下下。今而反之，既非其理，加以損費人功，民不堪役。且若九河盈溢，洪水爲害，而丘陵皆夷，將何以禦之？」帝乃止。

少府楊阜上疏曰：「陛下奉武皇帝開拓之大業，守文皇帝克終之元緒，誠宜思齊往古聖賢之善治，總觀季世放蕩之惡政。曩使桓、靈不廢高祖之法度，文、景之恭儉，太祖雖有神武，於何所施，而陛下何由處斯尊哉？今吴、蜀未定，軍旅在外，諸所繕治，惟陛下務從約節。」帝優詔答之。阜復上疏曰：「堯尚茅茨而萬國安其居，禹卑宮室而天下樂其業；及至殷、周，或堂崇三尺，度以九筵耳。桀作璇室象廊，紂爲傾宮鹿臺，以喪其社稷；楚靈以築章華而身受禍；秦始皇作阿房，二世而滅。夫不度萬民之力，以從耳目之欲，未有不亡者也。陛下當以堯、舜、禹、湯、文、武爲法則，夏桀、殷紂、楚靈、秦皇爲深誡，而乃自暇自逸，惟宮臺是飾，必有顛覆危亡之禍矣。君作元首，臣爲股肱，存亡一體，得失同之。臣雖駑怯，敢忘争臣之義。言不切至，不足以感寤陛下。陛下不察臣言，恐皇祖烈考之祚墜于地。使臣身死有補萬一，則死之日，猶生之年也。謹叩棺沐浴，伏俟重誅。」奏御，帝感其忠言，手筆詔答。

帝嘗著帽，被縹綾半袖。阜問帝曰：「此於禮何法服也？」帝默然不答。自是不法服不以見阜。

阜又上疏，欲省宮人諸不見幸者，乃召御府吏問後宮人數。吏守舊令，對曰：「禁密，不得宣露。」阜怒，杖吏一百，數之曰：「國家不與九卿爲密，反與小吏爲密乎！」帝愈嚴憚之。散騎常侍蔣濟上疏曰：「昔句踐養胎以待用，昭王恤病以雪仇，故能以弱燕服强齊，羸越滅勁吳。今二敵强盛，當身不除，百世之責也。以陛下聖明神武之略，舍其緩者，專心討賊，臣以爲無難矣。」

中書侍郎東萊王基上疏曰：「臣聞古人以水喻民，曰『水所以載舟，亦所以覆舟』。顔淵云『東野子之御，馬力盡矣，而求進不已，殆將敗矣』。今事役勞苦，男女離曠，願陛下深察東野之敝，留意舟水之喻，息奔駟於未盡，節力役於未困。昔漢有天下，至孝文時唯有同姓諸侯，而賈誼憂之，曰『置火積薪之下而寢其上，因謂之安』。今寇賊未殄，猛將擁兵，檢之則無以應敵，久之則難以遺後，當盛明之世，不務以除患，若子孫不競，社稷之憂也。使賈誼復起，必深切於曩時矣。」帝皆不聽。

殿中監督役，擅收蘭臺令史，右僕射衛臻奏按之。詔曰：「殿舍不成，吾所留心，卿推之何也？」臻曰：「古制侵官之法，非惡其勤事也，誠以所益者小，所墮者大也。臣每察校事，類皆如此，若又縱之，懼羣司將遂越職，以至陵夷。」

尚書涿郡孫禮固請罷役，帝詔曰：「欽納讜言。」促遣民作，監作者復奏留一月，有所成訖。禮徑至作所，不復重奏，稱詔罷民，帝奇其意而不責。帝雖不能盡用羣臣直諫之言，然皆優容之。

秋七月，洛陽崇華殿災，帝問侍中領太史令泰山高堂隆曰：「此何咎也？於禮，寧有祈禳之義乎？」對曰：「易傳曰：『上不儉，下不節，孽火燒其室。』又曰：『君高其臺，天火爲災。』此人君務飾宮室，不知百姓空竭，故天應之以旱，火從高殿起也。」詔問隆：「吾聞漢武帝時柏梁災，而大起宮殿以厭之，其義云何？」對曰：「夷越之巫所爲，非聖賢之明訓也。五行志曰：『柏梁災，其後有江充巫蠱事。』如志之言，越巫建章無所厭也。今宜罷散民役。宮室之制，務從約節，清掃所災之處，不敢於此有所立作，則蓂莆、嘉禾必生此地。若乃疲民之力，竭民之財，非所以致符瑞而懷遠人也。」

秋八月，詔復立崇華殿，更名曰九龍。通引穀水過九龍殿前，爲玉井綺欄，蟾蜍含受，神龍吐出。使博士扶風馬鈞作司南車，水轉百戲。陵霄闕始構，有鵲巢其上，帝以問高堂隆，對曰：「詩曰：『惟鵲有巢，惟鳩居之。』今興宮室，起陵霄闕，而鵲巢之，此宮未成身不得居之象也。天意若曰，宮室未成，將有他姓制御之，斯乃上天之戒也。夫天道無親，惟與善人，太戊、武丁覩災竦懼，故天降之福。今若休罷百役，增崇德政，則三王可四，五帝可六，豈惟商宗轉禍爲福而已哉。」帝爲之動容。

帝性嚴急，其督脩宮室有稽限者，帝親召問，言猶在口，身首已分。散騎常侍領秘書監王肅上疏曰：「今宮室未就，見作者三四萬人，九龍可以安聖體，其內足以列六宮，惟泰極已前，功夫尚大。願陛下取常食廩之士，非急要者之用，選其丁壯，擇留萬人，使一期而更之，咸知息代有日，則莫不悦以即事，勞而不怨矣。計一歲有三百六十萬夫，亦不爲少。當一歲成者，聽且三年，分遣其餘，使皆即農，無窮之計也。夫信之於民，國家大寶也。前車駕當幸洛陽，發民爲營，有司命以營成而罷。既成，又利其功力，不以時遣。有司徒營目前之利，不顧經國之體。臣愚以爲自今已後，儻復使民，宜明其令，使必如期，以次有事，寧復更發，無或失信。凡陛下臨時之所行刑，皆有罪之吏宜死之人也。然衆庶不知，謂爲倉卒。故願陛下下之於吏而暴其罪，鈞其死也，無使汙于宮掖而爲遠近所疑。且人命至重，難生易殺，氣絶而不續者也，是以聖賢重之。昔漢文帝欲殺犯蹕者，廷尉張釋之曰：『方其時，上使誅之則已。今下廷尉，廷尉天下之平，不可傾也。』臣以爲大失其義，非忠臣所宜陳也。廷尉者，天子之吏也，猶不可以失平，而天子之身反可以惑謬乎！斯重於爲己而輕於爲君，不忠之甚也，不可不察。」

四年冬十月甲申，有星孛于大辰，又孛于東方。高堂隆上疏曰：「凡帝王徙都立邑，皆先定天地社稷之位，敬恭以奉之。將營宮室，則宗廟爲先，廄庫爲次，居室爲後。今圜丘、方澤、南北郊、明堂、社稷，神位未定，宗廟之制又未如禮，而崇飾居室，士民失業。外人咸云宮人之用，與軍國之費略齊，民不堪命，皆有怨怒。書曰『天聰明自我民聰明，天明畏自我民明威』，言天之賞罰，隨民言，順民心也。夫采椽卑宮，唐、虞、大禹之所以垂皇風也，玉臺瓊室，夏癸、商辛之所以犯昊天也。今宮室過盛，天彗章灼，斯乃慈父懇切之訓，當崇孝子祇聳之禮，不宜有忽，以重天怒。」隆數切諫，帝頗不悅。侍中盧毓進曰：「臣聞君明則臣直，古之聖王惟恐不聞其過，此乃臣等所以不及隆也。」帝乃解。毓，植之子也。

景初元年，徙長安鍾簴、橐佗、銅人、承露盤於洛陽。盤折，聲聞數十里。銅人重，不可致，留于霸城。大發銅，鑄銅人二，號曰「翁仲」，列坐於司馬門外。又鑄黃龍、鳳皇各一，龍高四丈，鳳高三丈餘，置內殿前。起土山於芳林園西北陬，使公卿羣僚皆負土，樹松、竹、雜木、善草於其上，捕山禽、雜獸致其中。司徒軍議掾董尋上疏諫曰：「臣聞古之直士，盡言於國，不避死亡，故周昌比高祖於桀、紂，劉輔譬趙后於人婢。天生忠直，雖白刃、沸湯，往而不顧者，誠爲時主愛惜天下也。建安以來，野戰死亡，或門殫户盡，雖有存者，遺孤老弱。若今宫室狹小，當廣大之，猶宜隨時，不妨農務，況乃作無益之物，黄龍、鳳皇、九龍、承露盤，此皆聖明之所不興也，其功三倍於殿舍。陛下既尊羣臣，顯以冠冕，被以文綉，載以華輿，所以異於小人；而使穿方舉土，面目垢黑，沾體塗足，衣冠了鳥，毁國之光以崇無益，甚非謂也。孔子曰『君使臣以禮，臣事君以忠』，無忠無禮，國何以立？臣知言出必死，而臣自比於牛之一毛，生既無益，死亦何損？秉筆流涕，心與世辭。臣有八子，臣死之後，累陛下矣。」將奏，沐浴以待命。帝曰：「董尋不畏死邪？」主者奏收尋，有詔勿問。

高堂隆上疏曰：「今之小人，好説秦、漢之奢靡以蕩聖心，求取亡國不度之器，勞役費損以傷德政，非所以興禮樂之和，保神明之休也。」帝不聽。

隆又上書曰：「昔洪水滔天二十二載。堯、舜君臣南面而已。今無若時之急，而使公卿大夫並與厮徒共供事役，聞之四夷，非嘉聲也，垂之竹帛，非令名也。今吳、蜀二賊，非徒白地小虜、聚邑之寇，乃僭號稱帝，欲與中國爭衡。今若有人來告『權、禪並脩德政，輕省租賦，動咨耆賢，事遵禮度』，陛下聞之，豈不惕然惡其如此，以爲難卒討滅，而爲國憂乎？若使告者曰『彼二賊並爲無道，崇侈無度，役其士民，重其賦斂，下不堪命，吁嗟日甚』，陛下聞之，豈不幸彼疲敝，而取之不難乎？苟如此，則可易心而度，事義之數亦不遠矣。亡國之主，自謂不亡，然後至於亡；賢聖之君，自謂亡，然後至於不亡。今天下凋敝，民無儋石之儲，國無終年之畜，外有强敵，六軍暴邊，内興土功，州郡騷動，若有寇警，則臣懼版築之士不能投命虜庭矣。又將吏奉禄，稍見折減，方之於昔，五分居一，諸受休者又絶廪賜，不應輸者今皆出半，此爲官入兼多於舊，其所出與參少於昔。而度支經用，更每不足，牛肉小賦，前後相繼。反而推之，凡此諸費，必有所在。且夫禄賜穀帛，人主所以惠養吏民而爲之司命者也，若今有廢，是奪其命矣。既得之而又失之，此生怨之府也。」帝覽之，謂中書監、令曰：「觀隆此奏，使朕懼哉？」

尚書衛覬上疏曰：「今議者多好悦耳，其言政治則比陛下於堯、舜，其言征伐則比二虜於貍鼠。臣以爲不然。四海之内，分而爲三，羣士陳力，各爲其主，是與六國分治無以爲異也。當今千里無煙，遺民困苦，陛下不善留意，將遂凋敝，難可復振。武皇帝之時，後宫食不過一肉，衣不用錦繡，茵蓐不緣飾，器物無丹漆，用能平定天下，遺福子孫，此皆陛下之所覽也。當今之務，宜君臣上下，計校府庫，量入爲出，猶恐不及，而工役不輟，侈靡日崇，帑藏日竭。昔漢武信神仙之道，謂當得雲表之露以餐玉屑，故立仙掌以承高露，陛下通明，每所非笑。漢武有求於露而猶尚見非，陛下無求於露而空設之，不益於好而糜費功夫，誠皆聖慮所宜裁制也。」

時有詔録奪士女，前已嫁爲吏民妻者，還以配士，聽以生口自贖。又簡選其有姿色者内之掖庭。太子舍人沛國張茂上書諫曰：「陛下，天之子也，百姓吏民，亦陛下子也，今奪彼以與此，亦無以異於奪兄之妻妻弟也，於父母之恩偏矣。又詔書聽得以生口年紀、顔色與妻相當者自代，故富者則傾家盡産，貧者舉假貸貰，貴買生口以贖其妻。縣官以配士爲名，而實内之掖庭，其醜惡乃出與士。得婦者未必喜，而失妻者必有憂，或窮或愁，皆不得志。夫君有天下而不得萬姓之懽心者，鮮不危殆。且軍師在外數十萬人，一日之費非徒千金，舉天下之賦以奉此役，猶將不給，況復有宫庭非員無録之女，椒房母后之家，賞賜横與，内外交引，其費半軍。昔漢武帝掘地爲海，封土爲山，賴是時天下爲一，莫敢與争者耳。自衰亂以來四五十載，馬不捨鞍，士不釋甲，强寇在疆，圖危魏室。陛下不戰戰業業，念崇節約，而乃奢靡是務，中尚方作玩弄之物，後園建承露之盤，斯誠快耳目之觀，然亦足以騁寇讎之心矣。惜乎，舍堯、舜之節儉，而爲漢武之侈事，臣竊爲陛下不取也。」帝不聽。

高堂隆疾篤，口占上疏曰：「曾子有言曰：『人之將死，其言也善。』臣寢疾有增無損，常恐奄忽，忠款不昭，臣之丹誠，願陛下少垂省覽。臣觀三代之有天下，聖賢相承，歷數百載，尺土莫非其有，一民莫非其臣。然癸、辛之徒，縱心極欲，皇天震怒，宗國爲墟，紂梟白旗，桀放鳴條，天子之尊，湯、武有之，豈伊異人，皆明王之胄也。黄初之際，天兆其戒，異類之鳥，育長燕巢，口爪胸赤，此魏室之大異也，宜防鷹揚之臣於蕭牆之內。可選諸王，使君國典兵，往往棋跱，鎮撫皇畿，翼亮帝室。夫『皇天無親，惟德是輔』。民詠德政，則延期過歷，下有怨歎，則輟録授能。由此觀之，天下乃天下之天下，非獨陛下之天下也。」帝手詔深慰勞之。未幾而卒。

陳壽評曰：高堂隆學業脩明，志存匡君，因變陳戒，發於懇誠，忠矣哉！及至必改正朔，俾魏祖虞，所謂意過其通者與？

司馬懿誅曹爽

魏明帝景初二年。初，太祖爲魏公，以贊令劉放、參軍事孫資皆爲秘書郎。文帝即位，更命秘書曰中書，以放爲監，資爲令，遂掌機密。帝即位，尤見寵任，皆加侍中、光禄大夫，封本縣侯。是時帝親覽萬機，數興軍旅，腹心之任，皆二人管之。每有大事，朝臣會議，常令決其是非，擇而行之。中護軍蔣濟上疏曰：「臣聞大臣太重者國危，左右太親者身蔽，古之至戒也。往者大臣秉事，外内扇動，陛下卓然自覽萬機，莫不祗肅。夫大臣非不忠也，然威權在下，則衆心慢上，勢之常也。陛下既已察之於大臣，願無忘之於左右，左右忠正遠慮，未必賢於大臣，至於便辟取合，或能工之。今外所言，輒云中書雖使恭慎，不敢外交。但有此名，猶惑世俗，況實握事要，日在目前，儻因疲倦之間有所割制，衆臣見其能推移於事，即亦因時而向之。一有此端，私招朋援，臧否毀譽，必有所興，功負賞罰，必有所易；直道而上者或壅，曲附左右者反達，因微而入，緣形而出，意所狎信，不復猜覺。此宜聖智所當早聞，外以經意，則形際自見。或恐朝臣畏言不合而受左右之怨，莫適以聞。臣竊亮陛下潛神默思，公聽並觀，若事有未盡於理，而物有未周於用，將改曲易調，遠與黃、唐角功，近昭武、文之績，豈牽近習而已哉！然人君不可悉任天下之事，必當有所付，若委之一臣，自非周公旦之忠，管夷吾之公，則有弄機敗官之敝。當今柱石之士雖少，至於行稱一州，智效一官，忠信竭命，各奉其職，可並驅策，不使聖明之朝有專吏之名也。」帝不聽。

及寢疾，深念後事，乃以武帝子燕王宇爲大將軍，與領軍將軍夏侯獻、武衛將軍曹爽、屯騎校尉曹肇、驍騎將軍秦朗等對輔政。爽，真之子；肇，休之子也。帝少與燕王宇善，故以後事屬之。

劉放、孫資久典機任，獻、肇心內不平，殿中有雞棲樹，二人相謂曰：「此亦久矣，其能復幾！」放、資懼有後害，陰圖間之。燕王性恭良，陳誠固辭。帝引放、資入卧內，問曰：「燕王正爾爲？」對曰：「燕王實自知不堪大任故耳。」帝曰：「誰可任者？」時惟曹爽獨在帝側，放、資因薦爽，且言宜召司馬懿與相參。帝曰：「爽堪其事不？」爽流汗不能對。放躡其足，耳之曰：「臣以死奉社稷。」帝從放、資言，欲用爽、懿，既而中變，敕停前命。放、資復入見說帝，帝又從之。放曰：「宜爲手詔。」帝曰：「我困篤，不能。」放即上牀，執帝手强作之，遂齎出，大言曰：「有詔免燕王宇等官，不得停省中。」皆流涕而出。甲申，以曹爽爲大將軍。帝嫌爽才弱，復拜尚書孫禮爲大將軍長史以佐之。

是時，司馬懿在汲，帝令給使辟邪齎手詔召之。先是，燕王爲帝畫計，以爲關中事重，宜遣懿便道自軹關西還長安，事已施行。懿斯須得二詔，前後相違，疑京師有變，乃疾驅入朝。

三年春正月，懿至，入見，帝執其手曰：「吾以後事屬君，君與曹爽輔少子。死乃可忍，吾忍死待君，得相見，無所復恨矣。」乃召齊、秦二王以示懿，別指齊王芳謂懿曰：「此是也，君諦視之，勿誤也。」又教齊王令前抱懿頸。懿頓首流涕。是日，立齊王爲皇太子。帝尋殂。

孫盛論曰：聞之長老，魏明帝天姿秀出，立髮垂地，口吃少言，而沈毅好斷。初，諸公受遺輔導，帝皆以方任處之，政自己出。優禮大臣，開容善直，雖犯顏極諫，無所摧戮，其君人之量如此之偉也。然不思建德垂風，不固維城之基，至使大權偏據，社稷無衛，悲夫！

太子即位，年八歲，大赦。尊皇后曰皇太后。加曹爽、司馬懿侍中，假節鉞，都督中外諸軍、録尚書事。諸所興作宫室之役，皆以遺詔罷之。

爽、懿各領兵三千人更宿殿内。爽以懿年位素高，常父事之，每事諮訪，不敢專行。

初，并州刺史東平畢軌及鄧颺、李勝、何晏、丁謐皆有才名，而急於富貴，趨時附勢，明帝惡其浮華，皆抑而不用。曹爽素與親善，及輔政，驟加引擢，以爲腹心。晏，進之孫；謐，斐之子也。晏等咸共推戴爽，以爲重權不可委之於人。丁謐爲爽畫策，使爽白天子發詔，轉司馬懿爲太傅，外以名號尊之，内欲令尚書奏事，先來由己，得制其輕重也。爽從之。二月丁丑，以司馬懿爲太傅。以爽弟羲爲中領軍，訓爲武衛將軍，彦爲散騎常侍、侍講，其餘諸弟皆以列侯侍從，出入禁闥，貴寵莫盛焉。

爽事太傅，禮貌雖存，而諸所興造，希復由之。爽徙吏部尚書盧毓爲僕射，而以何晏代之。以鄧颺、丁謐爲尚書，畢軌爲司隷校尉。晏等依勢用事，附會者升進，違忤者罷退，内外望風，莫敢忤旨。黄門侍郎傅嘏謂爽弟羲曰：「何平叔外静而内躁，銛巧好利，不念務本，吾恐必先惑子兄弟，仁人將遠而朝政廢矣。」晏等遂與嘏不平，因微事免嘏官。又出盧毓爲廷尉，畢軌復枉奏毓免官，衆論多訟之，乃復以爲光禄勳。孫禮亮直不撓，爽心不便，出爲揚州刺史。

邵陵厲公正始四年冬十一月，宗室曹冏上書曰：「古之王者必建同姓以明親親，必樹異姓以明賢賢。親親之道專用，則其漸也微弱；賢賢之道偏任，則其敝也劫奪。先聖知其然也，故博求親疏而並用之，故能保其社稷，歷紀長久。今魏尊尊之法雖明，親親之道未備，或任而不重，或釋而不任。臣竊惟此，寢不安席，謹撰合所聞，論其成敗曰：昔夏、商、周歷世數十，而秦二世而亡。何則？三代之君與天下共其民，故天下同其憂；秦王獨制其民，故傾危而莫救也。秦觀周之敝，以爲小弱見奪，於是廢五等之爵，立郡縣之官，內無宗子以自毗輔，外無諸侯以爲藩衛，譬猶芟刈股肱，獨任胸腹，觀者爲之寒心，而始皇晏然，自以爲子孫帝王萬世之業也，豈不悖哉！故漢祖奮三尺之劍，驅烏集之衆，五年之中，遂成帝業。何則？伐深根者難爲功，摧枯朽者易爲力，理勢然也。漢監秦之失，封殖子弟，及諸呂擅權，圖危劉氏，而天下所以不傾動者，徒以諸侯强大，磐石膠固故也。然高祖封建，地過古制，故賈誼以爲『欲天下之治安，莫若衆建諸侯而少其力』，文帝不從。至於孝景，猥用鼂錯之計，削黜諸侯，遂有七國之患。蓋兆發高帝，釁鍾文、景，由寬之過制，急之不漸故也。所謂『末大必折，尾大難掉』，尾同於體，猶或不從，况乎非體之尾，其可掉哉？武帝從主父之策，下推恩之令，自是之後，遂以陵夷，子孫微弱，衣食租税，不預政事。至于哀、平，王氏秉權，假周公之事，而爲田常之亂，宗室王侯，或乃爲之符命，頌莽恩德，豈不哀哉！由斯言之，非宗子獨忠孝於惠、文之間，而叛逆於哀、平之際也，徒權輕勢弱，不能有定耳。賴光武皇帝挺不世之姿，擒王莽於已成，紹漢嗣於既絶，斯豈非宗子之力也？而曾不監秦之失策，襲周之舊制，至于桓、靈，閹宦用事，君孤立於上，臣弄權於下，由是天下鼎沸，姦宄並争，宗廟焚爲灰燼，宮室變爲榛藪。太祖皇帝龍飛鳳翔，掃除凶逆。大魏之興，于今二十有四年矣。觀五代之存亡而不用其長策，覩前車之傾覆而不改於轍迹，子弟王空虚之地，君有不使之民，宗室竄於閭閻，不聞邦國之政，權均匹夫，勢齊凡庶，内無深根不拔之固，外無磐石宗盟之助，非所以安社稷，爲萬世之業也。且今之州牧、郡守，古之方伯、諸侯。皆跨有千里之土，兼軍武之任，或比國數人，或兄弟並據，而宗室子弟曾無一人間厠其間，與相維制，非所以强榦弱枝，備萬一之虞也。今之用賢，或超爲名都之主，或爲偏師之帥，而宗室有文者必限小縣之宰，有武者必致百人之上，非所以勸進賢能，褒異宗室之禮也。語曰『百足之蟲，至死不僵』，以其扶之者衆也。此言雖小，可以譬大。是以聖王安不忘危，存不忘亡，故天下有變，而無傾危之患矣。」冏冀以此論感寤曹爽，爽不能用。

八年二月，日有食之。時尚書何晏等朋附曹爽，好變改法度，太尉蔣濟上疏曰：「昔大舜佐治，戒在比周；周公輔政，慎於其朋。夫爲國法度，惟命世大才乃能張其綱維以垂于後，豈中下之吏所宜改易哉。終無益於治，適足傷民。宜使文武之臣，各守其職，率以清平，則和氣祥瑞可感而致也。」

大將軍爽用何晏、鄧颺、丁謐之謀，遷太后於永寧宮，專擅朝政，多樹親黨，屢改制度。太傅懿不能禁，與爽有隙。五月，懿始稱疾，不與政事。

九年，大將軍爽驕奢無度，飲食、衣服擬於乘輿，尚方珍玩充牣其家。又私取先帝才人以爲伎樂。作窟室，綺疏四周，數與其黨何晏等縱酒其中。弟羲深以爲憂，數涕泣諫止之，爽不聽。爽兄弟數俱出遊，司農沛國桓範謂曰：「總萬機，典禁兵，不宜並出，若有閉城門，誰復内人者？」爽曰：「誰敢爾邪！」

初，清河、平原爭界，八年不能決，冀州刺史孫禮請天府所藏烈祖封平原時圖以決之。爽信清河之訴，云圖不可用。禮上疏自辨，辭頗剛切。爽大怒，劾禮怨望，結刑五歲。久之，復爲并州刺史，往見太傅懿，有忿色而無言。懿曰：「卿得并州少邪？恚理分界失分乎？」禮曰：「何明公言之乖也？禮雖不德，豈以官位往事爲意邪。本謂明公齊蹤伊、呂，匡輔魏室，上報明帝之託，下建萬世之勳。今社稷將危，天下兇兇，此禮之所以不悦也。」因涕泣横流。懿曰：「且止，忍不可忍。」

冬，河南尹李勝出爲荆州刺史，過辭太傅懿。懿令兩婢侍，持衣，衣落；指口言渴，婢進粥，懿不持杯而飲，粥皆流出霑胸。勝曰：「衆情謂明公舊風發動，何意尊體乃爾！」懿使聲氣纔屬，説：「年老枕疾，死在旦夕。君當屈并州，并州近胡，好爲之備。恐不復相見，以子師、昭兄弟爲託。」勝曰：「當還忝本州，非并州。」懿乃錯亂其辭曰：「君方到并州？」勝復曰：「當忝荆州。」懿曰：「年老意荒，不解君言。今還爲本州，盛德壯烈，好建功勳。」勝退告爽曰：「司馬公尸居餘氣，形神已離，不足慮矣。」他日又向爽等垂泣曰：「太傅病不可復濟，令人愴然。」故爽等不復設備。

何晏聞平原管輅明於術數，請與相見。十二月丙戌，輅往詣晏，晏與之論易。時鄧颺在坐，謂輅曰：「君自謂善易，而語初不及易中辭義，何也？」輅曰：「夫善易者不言易也。」晏含笑贊之曰：「可謂要言不煩也。」因謂輅曰：「試爲作一卦，知位當至三公不？」又問：「連夢見青蠅數十來集鼻上，驅之不去，何也？」輅曰：「昔元、凱輔舜，周公佐周，皆以和惠謙恭，享有多福，此非卜筮所能明也。今君侯位尊勢重，而懷德者鮮，畏威者衆，殆非小心求福之道也。又鼻者天中之山，『高而不危，所以長守貴』。今青蠅臭惡而集之，位峻者顛，輕豪者亡，不可不深思也。願君侯裒多益寡，非禮不履，然後三公可至，青蠅可驅也。」颺曰：「此老生之常譚。」輅曰：「夫老生者見不生，常譚者見不譚。」

輅還邑舍，具以語其舅，舅責輅言太切至。輅曰：「與死人語，何所畏邪？」舅大怒，以輅爲狂。

太傅懿陰與其子中護軍師、散騎常侍昭謀誅曹爽。

嘉平元年春正月甲午，帝謁高平陵，大將軍爽與弟中領軍羲、武衛將軍訓、散騎常侍彦皆從。太傅懿以皇太后令，閉諸城門，勒兵據武庫，授兵出屯洛水浮橋。召司徒高柔假節、行大將軍事，據爽營；太僕王觀行中領軍事，據羲營。因奏爽罪惡於帝曰：「臣昔從遼東還，先帝詔陛下、秦王及臣升御牀，把臣臂，深以後事爲念。臣言『太祖、高祖亦屬臣以後事，此自陛下所見，無所憂苦。萬一有不如意，臣當以死奉明詔』。今大將軍爽背棄顧命，敗亂國典，內則僭擬，外則專權，破壞諸營，盡據禁兵，羣官要職，皆置所親，殿中宿衛，易以私人，根據槃互，縱恣日甚。又以黃門張當爲都監，伺察至尊，離間二宮，傷害骨肉。天下洶洶，人懷危懼。陛下便爲寄坐，豈得久安？此非先帝詔陛下及臣升御牀之本意也。臣雖朽邁，敢忘往言。太尉臣濟等皆以爽爲有無君之心，兄弟不宜典兵宿衛奏永寧宮，皇太后令敕臣如奏施行。臣輒敕主者及黃門令罷爽、羲、訓吏兵，以侯就第，不得逗留，以稽車駕；敢有稽留，便以軍法從事。臣輒力疾將兵屯洛水浮橋，伺察非常。」爽得懿奏事，不通，迫窘不知所爲，留車駕宿伊水南，伐木爲鹿角，發屯田兵數千人以爲衛。

懿使侍中高陽許允及尚書陳泰説爽，宜早自歸罪。又使爽所信殿中校尉尹大目謂爽，唯免官而已，以洛水爲誓。泰，羣之子也。

初，爽以桓範鄉里老宿，於九卿中特禮之，然不甚親也。及懿起兵，以太后令召範，欲使行中領軍。範欲應命，其子止之曰：「車駕在外，不如南出。」範乃出。至平昌城門，城門已閉；門候司蕃，故範舉吏也，範舉手中版以示之，矯曰：「有詔召我，卿促開門。」蕃欲求見詔書，範呵之曰：「卿非我故吏邪？何以敢爾！」乃開之。範出城，顧謂蕃曰：「太傅圖逆，卿從我去。」蕃徒行不能及，遂避側。懿謂蔣濟曰：「智囊往矣。」濟曰：「範則智矣，然駑馬戀棧豆，爽必不能用也。」

範至，勸爽兄弟以天子詣許昌，發四方兵以自輔。爽疑未決。範謂羲曰：「此事昭然，卿用讀書何爲邪？於今日卿等門户，求貧賤復可得乎？且匹夫質一人，尚欲望活。卿與天子相隨，令於天下，誰敢不應也。」俱不言。範又謂羲曰：「卿别營近在闕南，洛陽典農治在城外，呼召如意。今詣許昌，不過中宿，許昌别庫，足相被假，所憂當在穀食，而大司農印章在我身。」羲兄弟默然不從，自甲夜至五鼓，爽乃投刀於地曰：「我亦不失作富家翁。」範哭曰：「曹子丹佳人，生汝兄弟，㹠犢耳，何圖今日坐汝等族滅也！」

爽乃通懿奏事，白帝下詔免己官，奉帝還宫。爽兄弟歸家，懿發洛陽吏卒圍守之，四角作高樓，令人在樓上察視爽兄弟舉動。爽挾彈到後園中，樓上人便唱言：「故大將軍東南行。」爽愁悶不知爲計。

戊戌，有司奏「黄門張當私以所擇才人與爽，疑有姦」。收當付廷尉考實，辭云：「爽與尚書何晏、鄧颺、丁謐、司隸校尉畢軌、荆州刺史李勝等陰謀反逆，須三月中發。」於是收爽、羲、訓、晏、颺、謐、軌、勝并桓範皆下獄，劾以大逆不道，與張當俱夷三族。

初，爽之出也，司馬魯芝留在府，聞有變，將營騎斫津門出赴爽。及爽解印綬，將出，主簿楊綜止之曰：「公挾主握權，捨此以至東市乎？」有司奏收芝、綜治罪，太傅懿曰：「彼各爲其主也。」宥之。頃之，以芝爲御史中丞，綜爲尚書郎。

魯芝將出，呼參軍辛敞欲與俱去。敞，毗之子也。其姊憲英爲太常羊耽妻，敞與之謀曰：「天子在外，太傅閉城門，人云『將不利國家』，於事可得爾乎？」憲英曰：「以吾度之，太傅此舉，不過以誅曹爽耳。」敞曰：「然則事就乎？」憲英曰：「得無殆就。爽之才非太傅之偶也。」敞曰：「然則敞可以無出乎？」憲英曰：「安可以不出？職守，人之大義也。凡人在難，猶或卹之，爲人執鞭而棄其事，不祥莫大焉。且爲人任，爲人死，親昵之職也，從衆而已。」敞遂出。事定之後，敞歎曰：「吾不謀於姊，幾不獲於義。」

先是，爽辟王沈及泰山羊祜，沈勸祜應命。祜曰：「委質事人，復何容易。」沈遂行。

及爽敗，沈以故吏免，乃謂祜曰：「吾不忘卿前語。」祜曰：「此非始慮所及也。」

爽從弟文叔妻夏侯令女，早寡而無子，其父文寧欲嫁之，令女刀截兩耳以自誓，居常依爽。爽誅，其家上書絕昏，強迎以歸，復將嫁之。令女竊入寢室，引刀自斷其鼻。其家驚惋，謂之曰：「人生世間，如輕塵棲弱草耳，何至自苦乃爾？且夫家夷滅已盡，守此欲誰爲哉？」令女曰：「吾聞仁者不以盛衰改節，義者不以存亡易心。曹氏前盛之時，尚欲保終，況今衰亡，何忍棄之，此禽獸之行，吾豈爲乎！」司馬懿聞而賢之，聽使乞子字養爲曹氏後。

何晏等方用事，自以爲一時才傑，人莫能及。晏嘗爲名士品目曰：「『唯深也故能通天下之志』，夏侯泰初是也。『唯幾也故能成天下之務』，司馬子元是也。『惟神也不疾而速，不行而至』，吾聞其語，未見其人。」蓋欲以神況諸己也。

選部郎劉陶，曄之子也，少有口辯，鄧颺之徒稱之，以爲伊、呂。陶嘗謂傅玄曰：「仲尼不聖。何以知之？智者於羣愚，如弄一丸於掌中，而不能得天下，何以爲聖？」玄不復難，但語之曰：「天下之變無常也，今見卿窮。」及曹爽敗，陶退居里舍，乃謝其言之過。

管輅之舅謂輅曰：「爾前何以知何、鄧之敗？」輅曰：「鄧之行步，筋不束骨，脈不制肉，起立傾倚，若無手足，此爲鬼躁。何之視候則魂不守宅，血不華色，精爽煙浮，容若槁木，此爲鬼幽。二者，皆非遐福之象也。」

何晏性自喜，粉白不去手，行步顧影。尤好老、莊之書，與夏侯玄、荀粲及山陽王弼之徒競爲清談，祖尚虛無，謂六經爲聖人糟粕。由是天下士大夫争慕效之，遂成風流，不可復制焉。

吴易太子

魏邵陵厲公正始二年五月，吴太子登卒。

三年春正月，吴主立其子和爲太子。

八月，吴主封子霸爲魯王。霸，和母弟也，寵愛崇特，與和無殊。尚書僕射是儀領魯王傅，上疏諫曰：「臣竊以魯王天挺懿德，兼資文武，當今之宜，宜鎮四方，爲國藩輔，宣揚德美，廣耀威靈，乃國家之良規，海内所瞻望。且二宫宜有降殺，以正上下之序，明教化之本。」書三四上，吴主不聽。

六年春正月，吴太子和與魯王同宫，禮秩如一，羣臣多以爲言。吴主乃命分宫别僚，二子由是有隙。衛將軍全琮遣其子寄事魯王，以書告丞相陸遜，遜報曰：「子弟苟有才，不憂不用，不宜私出以要榮利。若其不佳，終爲取禍。且聞二宫勢敵，必有彼此，此古人之厚忌也。」寄果阿附魯王，輕爲交構。遜書與琮曰：「卿不師日磾而宿留阿寄，終爲足下門户致禍矣。」琮既不納遜言，更以致隙。

魯王曲意交結當時名士，偏將軍朱績以膽力稱，王自至其廨，就之坐，欲與結好。績下地住立，辭而不當。績，然之子也。

於是自侍御、賓客，造爲二端，仇黨疑貳，滋延大臣，舉國中分。吴主聞之，假以精學，禁斷賓客往來。督軍使者羊衜上疏曰：「聞明詔省奪二宫備衛，抑絶賓客，使四方禮敬不復得通，遠近悚然，大小失望。或謂二宫不遵典式，就如所嫌，猶宜補察，密加斟酌，不使遠近得容異言。臣懼積疑成謗，久將宣流，而西北二隅，去國不遠，將謂二宫有不順之愆，不審陛下何以解之？」

吴主長女魯班適左護軍全琮，少女小虎適票騎將軍朱據。全公主與太子母王夫人有隙，吴主欲立王夫人爲后，公主阻之，恐太子立怨己，心不自安，數譖毁太子。吴主寢疾，遣太子禱於長沙桓王廟，太子妃叔父張休居近廟，邀太子過所居。全公主使人覘視，因言「太子不在廟中，專就妃家計議」。又言「王夫人見上寢疾，有喜色」。吴主由是發怒，夫人以憂死，太子寵益衰。

魯王之黨楊竺、全寄、吴安、孫奇等共譖毁太子，吴主惑焉。陸遜上疏諫曰：「太子正統，宜有磐石之固。魯王藩臣，當使寵秩有差。彼此得所，上下獲安。」書三四上，辭情危切。又欲詣都口陳嫡庶之義，吳主不悅。

太常顧譚，遜之甥也，亦上疏曰：「臣聞有國有家者，必明嫡庶之端，異尊卑之禮，使高下有差，等級踰邈，如此，則骨肉之恩全，覬覦之望絕。昔賈誼陳治安之計，論諸侯之勢，以爲『勢重雖親，必有逆節之累，勢輕雖疏，必有保全之祚』。故淮南親弟，不終饗國，失之於勢重也；吳芮疏臣，傳祚長沙，得之於勢輕也。昔漢文帝使慎夫人與皇后同席，袁盎退夫人之位，帝有怒色。及盎辨上下之義，陳『人彘』之戒，帝既悅懌，夫人亦悟。今臣所陳，非有所偏，誠欲以安太子而便魯王也。」由是魯王與譚有隙。

芍陂之役，譚弟承及張休皆有功。全琮子端、緒與之爭功，譖承、休於吳主，吳主徙譚、承、休於交州，又追賜休死。

太子太傅吾粲請使魯王出鎮夏口，出楊竺等，不得令在京師。又數以消息語陸遜。魯王與楊竺共譖之，吳主怒，收粲下獄，誅。數遣中使責問陸遜，遜憤恚而卒。其子抗爲建武校尉，代領遜衆，送葬東還，吳主以楊竺所白遜二十事問抗，抗事事條答，吳主意乃稍解。

嘉平二年。初，會稽潘夫人有寵於吳主，生少子亮，吳主愛之。全公主既與太子和有隙，欲豫自結，數稱亮美，以其夫之兄子尚女妻之。吴主以魯王霸結朋黨以害其兄，心亦惡之，謂侍中孫峻曰：「子弟不睦，臣下分部，將有袁氏之敗，爲天下笑。若使一人立者，安得不亂乎？」遂有廢和立亮之意，然猶沈吟者歷年。峻，静之曾孫也。

秋，吴主遂幽太子和。票騎將軍朱據諫曰：「太子國之本根，加以雅性仁孝，天下歸心。昔晉獻用驪姬而申生不存，漢武信江充而戾太子冤死。臣竊懼太子不堪其憂，雖立思子之宫，無所復及矣。」吴主不聽。據與尚書僕射屈晃率諸將吏泥頭自縛，連日詣闕請和。吴主登白爵觀見，甚惡之，敕據、晃等「無事怱怱」。無難督陳正、五營督陳象各上書切諫，據、晃亦固諫不已，吴主大怒，族誅正、象。牽據、晃入殿，據、晃猶口諫，叩頭流血，辭氣不撓。吴主杖之各一百，左遷據爲新都郡丞，晃斥歸田里。羣司坐諫誅放者以十數。遂廢太子和爲庶人，徙故鄣。賜魯王霸死。殺楊竺，流其尸於江。又誅全寄、吴安、孫奇，皆以其黨霸譖和故也。初，楊竺少獲聲名，而陸遜謂之終敗，勸竺兄穆，令與之别族。及竺敗，穆以數諫戒竺，得免死。朱據未至官，中書令孫弘以詔書追賜死。

冬十一月，吴主立子亮爲太子。

三年夏四月，吴主立潘夫人爲皇后。

吴主頗寤太子和之無罪。冬十一月，吴主祀南郊，還得風疾，欲召和還，全公主及侍中孫峻、中書令孫弘固争之，乃止。

四年春正月，吳主立故太子和爲南陽王，使居長沙；仲姬子奮爲齊王，居武昌；王夫人子休爲琅邪王，居虎林。

吳潘后性剛戾，吳主疾病，后使人問孫弘以吕后稱制故事。左右不勝其虐，伺其昏睡，縊殺之，託言中惡。後事泄，坐死者六七人。

夏四月，吳主殂，太子亮即位。太傅恪不欲諸王處濱江兵馬之地，乃徙齊王奮於豫章，琅邪王休於丹陽。奮不肯徙，又數越法度，恪爲牋以遺奮曰：「帝王之尊，與天同位，是以家天下，臣父兄。仇讎有善，不得不舉，親戚有惡，不得不誅，所以承天理物，先國後身，蓋聖人立制，百代不易之道也。昔漢初興，多王子弟，至於太强，輒爲不軌，上則幾危社稷，下則骨肉相殘，其後懲戒，以爲大諱。自光武以來，諸王有制，惟得自娱於宫内，不得臨民干與政事，其與交通，皆有重禁，遂以全安，各保福祚。此則前世得失之驗也。大行皇帝覽古戒今，防芽遏萌，慮於千載，是以寢疾之日，分遣諸王各早就國，詔策勤渠，科禁嚴峻，其所戒敕，無所不至。誠欲上安宗廟，下全諸王，使百世相承，無凶國害家之悔也。大王宜上惟太伯順父之志，中念河間獻王、東海王彊恭順之節，下存前世驕恣荒亂之王以爲警戒。而聞頃至武昌以來，多違詔敕，不拘制度，擅發諸將兵治護宫室。又左右常從有罪過者，當以表聞，公付有司，而擅私殺，事不明白。中書楊融親受詔敕，所當恭肅，乃云『正自不聽禁，當如我何』？聞此之日，小大驚怪，莫不寒心。里語曰：『明鑑所以照形，古事所以知今。』大王宜深以魯王爲戒，改易其行，戰戰兢兢，盡禮朝廷。如此，則無求不得。若棄忘先帝法教，懷輕慢之心，臣下寧負大王，不敢負先帝遺詔；寧爲大王所怨疾，豈敢忘尊主之威，而令詔敕不行於藩臣邪！向使魯王早納忠直之言，懷驚懼之慮，則享祚無窮，豈有滅亡之禍哉！夫良藥苦口，唯病者能甘之；忠言逆耳，唯達者能受之。今者，恪等慺慺，欲爲大王除危殆於萌芽，廣德慶之基原，是以不自知言至，願蒙三思。」王得牋懼，遂移南昌。

五年冬十月，孫峻殺諸葛恪。齊王奮聞諸葛恪誅，下住蕪湖，欲至建業觀變。傅相謝慈等諫，奮殺之。坐廢爲庶人，徙章安。

南陽王和妃張氏，諸葛恪之甥也。先是，恪有徙都之意，使治武昌宫，民間或言恪欲迎和立之。及恪被誅，丞相峻因此奪和璽綬，徙新都，又遣使者賜死。初，和妾何氏生子皓，諸姬子德、謙、俊。和將死，與張妃别，妃曰：「吉凶當相隨，終不獨生。」亦自殺。何姬曰：「若皆從死，誰當字孤？」遂撫育皓及其三弟，皆賴以獲全。

諸葛恪寇淮南

孫綝逆節附

魏邵陵厲公嘉平三年冬十一月，吴主以太子亮幼少，議所付託，孫峻薦大將軍諸葛恪可付大事。吴主嫌恪剛很自用，峻曰：「當今朝臣之才，無及恪者。」乃召恪於武昌。恪將行，上大將軍呂岱戒之曰：「世方多難，子每事必十思。」恪曰：「昔季文子三思而後行，夫子曰『再思可矣』。今君令恪十思，明恪之劣也。」岱無以答，時咸謂之失言。

虞喜論曰：夫託以天下，至重也；以人臣行主威，至難也；兼二至而管萬機，能勝之者鮮矣。呂侯，國之元耆，志度經遠，甫以十思戒之，而便以示劣見拒，此元遜之疏，機神不俱者也。若因十思之義，廣諮當世之務，聞善速於雷動，從諫急於風移，豈得隕首殿堂，死於凶豎之刃！世人奇其英辯，造次可觀，而哂呂侯無對爲陋，不思安危終始之慮，是樂春藻之繁華而忘秋實之甘口也。昔魏人伐蜀，蜀人禦之，精嚴垂發，而費禕方與來敏對棊，意無厭倦。敏以爲必能辦賊，言其明略內定，貌無憂色也。況長寧以爲君子臨事而懼，好謀而成，蜀爲蕞爾之國，而方向大敵，所規所圖，唯守與戰，何可矜己有餘，晏然無戚。斯乃禕性之寬簡，不防細微，卒爲降人郭循所害，豈非兆見於彼而禍成於此哉？往聞長寧之甄文偉，今覩元遜之逆呂侯，二事體同，皆足以爲世鑒也。

恪至建業，見吳主於卧内，受詔牀下，以大將軍領太子太傅，孫弘領少傅，詔有司諸事一統於恪，惟殺生大事然後以聞。爲制羣官百司拜揖之儀，各有品序。又以會稽太守北海滕胤爲太常。胤，吳主壻也。

四年春二月，吳主病困，召諸葛恪、孫弘、滕胤及將軍吕據、侍中孫峻入卧内，屬以後事。夏四月，吳主殂。孫弘素與諸葛恪不平，懼爲恪所治，祕不發喪，欲矯詔誅恪。孫峻以告恪，恪請弘咨事，於坐中殺之，乃發喪。謚吳主曰大皇帝。太子亮即位，大赦，改元建興。閏月，以諸葛恪爲太傅，滕胤爲衛將軍，吕岱爲大司馬。

初，吳大帝築東興隄以遏巢湖，其後入寇淮南，敗，以内船，遂廢不復治。冬十月，太傅恪會衆於東興，更作大堤，左右結山，俠築兩城，各留千人，使將軍全端守西城，都尉留略守東城，引軍而還。

鎮東將軍諸葛誕言於大將軍師曰：「今因吳内侵，使文舒逼江陵，仲恭向武昌，以羈吳之上流，然後簡精卒攻其兩城，比救至，可大獲也。」是時征南大將軍王昶、征東將軍胡遵、鎮南將軍毌丘儉等各獻征吳之計。朝廷以三征計異，詔問尚書傅嘏。嘏對曰：「議者或欲汎舟徑濟，横行江表；或欲四道並進，攻其城壘；或欲大佃疆埸，觀釁而動；

誠皆取賊之常計也。然自治兵以來，出入三載，非掩襲之軍也。賊之爲寇，幾六十年矣，君臣相保，吉凶共患，又喪其元帥，上下憂危，設令列船津要，堅城據險，橫行之計，其殆難捷。今邊壤之守，與賊相遠，賊設羅落，又特重密，間諜不行，耳目無聞。夫軍無耳目，校察未詳，而舉大衆以臨巨險，此爲希幸徼功，先戰而後求勝，非全軍之長策也。唯有進軍大佃，最差完牢。可詔昶、遵等擇地居險，審所錯置，及令三方一時前守。奪其肥壤，使還堉土，一也。兵出民表，寇鈔不犯，二也。招懷近路，降附日至，三也。羅落遠設，間構不來，四也。賊退其守，羅落必淺，佃作易立，五也。坐食積穀，士不運輸，六也。釁隙時聞，討襲速決，七也。凡此七者，軍事之急務也。不據則賊擅便資，據之則利歸於國，不可不察也。夫屯壘相偪，形勢已交，智勇得陳，巧拙得用，策之而知得失之計，角之而知有餘不足，虜之情僞，將焉所逃？夫以小敵大則役煩力竭，以貧敵富則斂重財匱，故曰『敵逸能勞之，飽能飢之』，此之謂也。」司馬師不從。

十一月，詔王昶等三道擊吴。十二月，王昶攻南郡，毌丘儉向武昌，胡遵、諸葛誕率衆七萬攻東興。甲寅，吴太傅恪將兵四萬，晨夜兼行，救東興。胡遵等敕諸軍作浮橋以渡，陳於堤上，分兵攻兩城。城在高峻，不可卒拔。諸葛恪使冠軍將軍丁奉與吕據、留贊、唐咨爲前部，從山西上。奉謂諸將曰：「今諸軍行緩，若賊據便地，則難以争鋒，我請趨之。」乃辟諸軍使下道，奉自率麾下三千人徑進。時北風，奉舉帆二日即至東關，遂據徐塘。時天雪，寒，胡遵等方置酒高會，奉見其前部兵少，謂其下曰：「取封侯爵賞，正在今日。」乃使兵皆解鎧，去矛戟，但兜鍪刀楯，倮身緣堨。魏人望見，大笑之，不即嚴兵。吴兵得上，便鼓譟，斫破魏前屯。吕據等繼至，魏軍驚擾散走，争渡浮橋，橋壞絶，自投於水，更相蹈藉。前部督韓綜、樂安太守桓嘉等皆没，死者數萬。綜故吴叛將，數爲吴害，吴大帝常切齒恨之，諸葛恪命送其首以白大帝廟。獲車乘、牛、馬、驢、騾各以千數，資器山積，振旅而歸。

五年春正月，光禄大夫張緝言於師曰：「恪雖克捷，見誅不久。」師曰：「何故？」緝曰：「威震其主，功蓋一國，求不死，得乎？」

二月，吴軍還自東興，進封太傅恪陽都侯，加荆、揚州牧，督中外諸軍事。恪遂有輕敵之心，復欲出軍，諸大臣以爲數出罷勞，同辭諫恪，恪不聽。中散大夫蔣延固争，恪命扶出。因著論以諭衆曰：「凡敵國欲相吞，即仇讎欲相除也。有讎而長之，禍不在己則在後人，不可不爲遠慮也。昔秦但得關西耳，尚以并吞六國，今以魏比古之秦，土地數倍，以吴與蜀比古六國，不能半也。然今所以能敵之者，但以操時兵衆，於今適盡，而後生者未悉長大，正是賊衰少未盛之時。加司馬懿先誅王淩，續自隕斃，其子幼弱而專彼大任，雖有智計之士，未得施用。當今伐之，是其厄會。聖人急於趨時，誠謂今日。若順衆人之情，懷偷安之計，以爲長江之險可以傳世，不論魏之終始，而以今日遂輕其後，此吾所以長歎息者也。今聞衆人或以百姓尚貧，欲務閒息，此不知慮其大危，而愛其小勤者也。昔漢祖幸已自有三秦之地，何不閉關守險，以自娱樂，空出攻楚，身被創痍，介胄生蟣蝨，將士厭困苦，豈甘鋒刃而忘安寧哉？慮於長久，不得兩存者耳。每鑒荆邯説公孫述以進取之圖，近見家叔父表陳與賊争競之計，未嘗不喟然歎息也。夙夜反側，所慮如此，故聊疏愚言，以達二三君子之末。若一朝隕没，志畫不立，貴令來世，知我所憂，可思於後耳。」衆人雖皆心以爲不可，然莫敢復難。

丹陽太守聶友素與恪善，以書諫恪曰：「大行皇帝本有遏東關之計，計未施行。今公輔贊大業，成先帝之志，寇遠自送，將士憑賴威德，出身用命，一旦有非常之功，豈非宗廟神靈社稷之福邪！宜且按兵養鋭，觀釁而動。今乘此勢，欲復大出，天時未可，而苟任盛意，私心以爲不安。」恪題論後，爲書答友曰：「足下雖有自然之理，然未見大數，熟省此論，可以開悟矣。」

滕胤謂恪曰：「君受伊、霍之託，入安本朝，出摧强敵，名聲振於海内，天下莫不震動，萬姓之心，冀得蒙君而息。今猥以勞役之後，興師出征，民疲力屈，遠主有備。若攻城不克，野略無獲，是喪前勞而招後賞也。不如按甲息師，觀隙而動。且兵者大事，事以衆濟，衆苟不悦，君獨安之？」恪曰：「諸云不可，皆不見計算，懷居苟安者也。而子復以爲然，吾何望乎？夫以曹芳闇劣，而政在私門，彼之民臣，固有離心。今吾因國家之資，藉戰勝之威，則何往而不克哉！」三月，恪大發州郡二十萬衆復入寇，以滕胤爲都下督，掌統留事。

夏四月，吳諸葛恪入寇淮南，驅略民人。諸將或謂恪曰：「今引軍深入，疆埸之民必相率遠遁，恐兵勞而功少。不如止圍新城，新城困，救必至，至而圖之，乃可大獲。」恪從其計。五月，還軍圍新城。

詔太尉司馬孚督諸軍二十萬往赴之。大將軍師問於虞松曰：「今東西有事，二方皆急，而諸將意沮，若之何？」松曰：「昔周亞夫堅壁昌邑而吳、楚自敗，事有似弱而强，不可不察也。今恪悉其鋭衆，足以肆暴，而坐守新城，欲以致一戰耳。若攻城不拔，請戰不可，師老衆疲，勢將自走，諸將之不徑進，乃公之利也。姜維有重兵而縣軍應恪，投食我麥，非深根之寇也。且謂我并力於東，西方必虚，是以徑進。今若使關中諸軍倍道急赴，出其不意，殆將走矣。」師曰：「善。」乃使郭淮、陳泰悉關中之衆，解狄道之圍，敕毌丘儉等按兵自守，以新城委吳。陳泰進至洛門，姜維糧盡，退還。

揚州牙門將涿郡張特守新城，吴人攻之連月。城中兵合三千人，疾病戰死者過半，而恪起土山急攻，城將陷，不可護。特乃謂吴人曰：「今我無心復戰也。然魏法，被攻過百日而救不至者，雖降，家不坐。自受敵以來，已九十餘日矣，此城中本有四千餘人，戰死者已過半，城雖陷，尚有半人不欲降，我當還爲相語，條别善惡，明日早送名，且以我印綬去爲信。」乃投其印綬與之。吴人聽其辭，而不取印綬。特乃投夜徹諸屋材柵，補其缺爲二重。明日，謂吴人曰：「我但有鬭死耳。」吴人大怒，進攻之，不能拔。

會大暑，吴士疲勞，飲水，泄下、流腫，病者太半，死傷塗地。諸營吏日白病者多，恪以爲詐，欲斬之，自是莫敢言。恪内惟失計，而恥城不下，忿形於色。將軍朱異以軍事迕恪，恪立奪其兵，斥還建業。都尉蔡林數陳軍計，恪不能用，策馬來奔。諸將伺知吴兵已疲，乃進救兵。秋七月，恪引軍去，士卒傷病，流曳道路，或頓仆坑壑，或見略獲，存亡哀痛，大小嗟呼。而恪晏然自若，出住江渚一月，圖起田於潯陽，詔召相銜，徐乃旋師。由此衆庶失望，怨讟興矣。

汝南太守鄧艾言於司馬師曰：「孫權已没，大臣未附，吴名宗大族皆有部曲，阻兵仗勢，足以違命。諸葛恪新秉國政，而内無其主，不念撫恤上下，以立根基，競於外事，虐用其民，悉國之衆，頓於堅城，死者萬數，載禍而歸，此恪獲罪之日也。昔子胥、吴起、商鞅、樂毅皆見任時君，主没猶敗，况恪才非四賢，而不慮大患，其亡可待也。」

八月，吴軍還建業，諸葛恪陳兵導從，歸入府館，即召中書令孫嘿厲聲謂曰：「卿等何敢數妄作詔！」嘿惶懼辭出，因病還家。

恪征行之後，曹所奏署令長職司，一罷更選，愈治威嚴，多所罪責，當進見者無不竦息。又改易宿衛，用其親近。復敕兵嚴，欲向青、徐。

孫峻因民之多怨，衆之所嫌，構恪於吴主，云欲爲變。冬十月，孫峻與吴主謀置酒請恪。恪將入之夜，精爽擾動，通夕不寐，又家數有妖怪，恪疑之。旦日，駐車宫門，峻已伏兵於帷中，恐恪不時入事泄，乃自出見恪曰：「使君若尊體不安，自可須後，峻當具白主上。」欲以嘗知恪意。恪曰：「當自力入。」散騎常侍張約、朱恩等密書與恪曰：「今日張設非常，疑有他故。」恪以書示滕胤，胤勸恪還。恪曰：「兒輩何能爲，正恐因酒食中人耳。」恪入，劍履上殿，進謝，還坐。設酒，恪疑未飲。孫峻曰：「使君病未善平，有常服藥酒，可取之。」恪意乃安，别飲所齎酒。數行，吴主還内，峻起如厠，解長衣，著短服，出曰：「有詔收諸葛恪。」恪驚起，拔劍未得，而峻刀交下。張約從旁斫峻，裁傷左手，峻應手斫約斷右臂。武衛之士皆趨上殿，峻曰：「所取者恪也，今已死。」悉令復刃，乃除地更飲。恪二子竦、建聞難，載其母欲來奔，峻使人追殺之。以葦席裹恪尸，篾束腰，投之石子岡。又威將軍張承亦以爲恪必敗諸葛氏。陸遜嘗謂恪曰：「在我前者，吾必奉之同升，在我下者，則扶持之。今觀君氣陵其上，意蔑乎下，非安德之基也。」

……遺無難督施寬就將軍施績、孫壹軍，殺恪弟奮威將軍融於公安，及其三子。恪外甥都鄉侯張震、常侍朱恩，皆夷三族。

臨淮臧均表乞收葬恪曰：「震雷電激，不崇一朝，大風衝發，希有極日，然猶繼以雲雨，因以潤物。是則天地之威不可經日浹辰，帝王之怒不宜訖情盡意。臣以狂愚，不知忌諱，敢冒破滅之罪，以邀風雨之會。伏念故太傅諸葛恪，罪積惡盈，自致夷滅，父子三首，梟市積日，觀者數萬，詈聲成風。國之大刑，無所不震，長老孩幼，無不畢見。人情之於品物，樂極則哀生，見恪貴盛，世莫與貳，身處台輔，中間歷年，今之誅夷，無異禽獸，觀訖情反，能不憯然！且已死之人，與土壤同域，鑿掘斫刺，無所復加。願聖朝稽則乾坤，怒不極旬，使其鄉邑若故吏民，收以士伍之服，惠以三寸之棺。昔項籍受殯葬之施，韓信獲收斂之恩，斯則漢高發神明之譽也。惟陛下敦三皇之仁，垂哀矜之心，使國澤加於辜戮之骸，復受不已之恩，於以揚聲遐方，沮勸天下，豈不大哉！昔欒布矯命彭越，臣竊恨之，不先請主上而專名以肆情，其得不誅，實爲幸耳。今臣不敢章宣愚情以露天恩，謹伏手書，冒昧陳聞，乞聖明哀察。」於是吳主及孫峻聽恪故吏斂葬。

初，恪少有盛名，大帝深器重之，而恪父瑾常以爲戚，曰：「非保家之主也。」父友奮威將軍張承亦以爲恪必敗諸葛氏。陸遜嘗謂恪曰：「在我前者，吾必奉之同升，在我下者，則扶接之。今觀君氣陵其上，意蔑乎下，非安德之基也。」漢侍中諸葛瞻，亮之子也。恪再攻淮南，越嶲太守張嶷與瞻書曰：「東主初崩，帝實幼弱，太傅受寄託之重，亦何容易？親有周公之才，猶有管、蔡流言之變，霍光受任，亦有燕、蓋、上官逆亂之謀，賴成、昭之明以免斯難耳。昔每聞東主殺生賞罰不任下人，又今以垂没之命，卒召太傅，屬以後事，誠實可慮。加吴、楚剽急，乃昔所記，而太傅離少主，履敵庭，恐非良計長算也。雖云東家綱紀肅然，上下輯睦，百有一失，非明者之慮也。取古則今，今則古也，自非郎君進忠言於太傅，誰復有盡言者邪？旋軍廣農，務行德惠，數年之中，東西並舉，實爲不晚，願深採察。」恪果以此敗。

吴羣臣共議上奏，推孫峻爲太尉，滕胤爲司徒。有媚峻者言曰：「萬機宜在公族，若承嗣爲亞公，聲名素重，衆心所附，不可量也。」乃表峻爲丞相、大將軍，督中外諸軍事，又不置御史大夫。由是士人失望。滕胤女爲恪子竦妻，胤以此辭位。孫峻曰：「鯀、禹罪不相及，滕侯何爲？」峻與胤雖内不沾洽，而外相苞容，進胤爵高密侯，共事如前。

高貴鄉公正元元年，孫峻驕矜淫暴，國人側目。司馬桓慮謀殺峻，立太子登之子吴侯英，不克，皆死。

二年秋七月，吴將軍孫儀、張怡、林恂謀殺孫峻，不克，死者數十人。全公主譖朱公主於峻曰：「與儀同謀。」峻遂殺朱公主。

甘露元年秋九月，孫峻使票騎將軍呂據及車騎將軍劉纂、鎮南將軍朱異、前將軍唐咨自江都入淮、泗，以圖青、徐。峻餞之於石頭，遇暴疾，以後事付從父弟偏將軍綝。峻卒，吳以綝爲侍中、武衛將軍，都督中外諸軍事，召呂據等還。

呂據聞孫綝代孫峻輔政，大怒，與諸督將連名共表薦滕胤爲丞相，綝更以胤爲大司馬，代呂岱駐武昌。據引兵還，使人報胤，欲共廢綝。冬十月丁未，綝遣從兄憲將兵逆據於江都，使中使敕文欽、劉纂、唐咨等共擊取據，又遣侍中左將軍華融、中書丞丁晏告喻胤宜速去意。胤自以禍及，因留融、晏，勒兵自衛，召典軍楊崇、將軍孫咨，告以綝爲亂，迫融等使有書難綝；綝不聽，表言胤反，許將軍劉承以封爵，使率兵騎攻圍胤。胤又劫融等使詐爲詔發兵，融等不從，皆殺之。或勸胤引兵至蒼龍門，將士見公出，必委綝就公。時夜已半，胤恃與據期，又難舉兵向宮，乃約令部曲，説呂侯已在近道，故皆爲胤盡死，無離散者。胤顏色不變，談笑如常。時大風，比曉，據不至，綝兵大會，遂殺胤及將士數十人，夷胤三族。己酉，大赦，改元太平。或勸呂據奔魏者，據曰：「吾恥爲叛臣。」遂自殺。

十一月，吳孫綝遷大將軍。綝負貴倨傲，多行無禮。峻從弟憲嘗與誅諸葛恪，峻厚遇之，官至右將軍、無難督，平九官事。綝遇憲薄於峻時，憲怒，與將軍王惇謀殺綝。事泄，綝殺惇，憲服藥死。

二年夏四月，吴主臨正殿，大赦，始親政事。孫綝表奏，多見難問。又科兵子弟十八以下、十五以上三千餘人，選大將子弟年少有勇力者使將之，日於苑中教習，曰：「吾立此軍，欲與之俱長。」又數出中書，視大帝時舊事，問左右侍臣曰：「先帝數有特制，今大將軍問事，但令我書可邪？」

三年秋八月，吴孫綝以吴主親覽政事，多所難問，甚懼。返自鑊里，遂稱疾不朝，使弟威遠將軍據入蒼龍門宿衛，武衛將軍恩、偏將軍幹、長水校尉闓分屯諸營，欲以自固。吴主惡之，乃推朱公主死意。全公主懼曰：「我實不知，皆朱據二子熊、損所白。」是時熊爲虎林督，損爲外部督，吴主皆殺之。損妻即孫峻妹也。綝諫不從，由是益懼。

吴主陰與全公主及將軍劉承謀誅綝。全后父尚爲太常、衛將軍，吴主謂尚子黄門侍郎紀曰：「孫綝專勢，輕小於孤。孤前敕之使速上岸，爲唐咨等作援，而留湖中不上岸一步。事見淮南三叛。又委罪於朱異，擅殺功臣，不先表聞。築第橋南，不復朝見。此爲自在，無復所畏，不可久忍，今規取之。卿父作中軍都督，使密嚴整士馬，孤當自出臨橋，率宿衛虎騎、左右無難一時圍之，作版詔敕綝所領皆解散，不得舉手。正爾，自當得之。卿去，但當使密耳。卿宣詔卿父，勿令卿母知之。女人既不曉大事，且綝同堂姊，邂逅漏泄，誤孤非小也。」紀承詔，以告尚。尚無遠慮，以語紀母，母使人密語綝。

九月戊午，綝夜以兵襲尚，執之，遣弟恩殺劉承於蒼龍門外，比明，遂圍宮。吴主大怒，上馬帶鞬執弓欲出，曰：「孤大皇帝適子，在位已五年，誰敢不從者！」侍中近臣及乳母共牽攀止之，不得出，歎咤不食，罵全后曰：「爾父憒憒，敗我大事。」又遣呼紀，紀曰：「臣父奉詔不謹，負上，無面目復見。」因自殺。綝使光禄勳孟宗告太廟，廢吴主爲會稽王。召羣臣議曰：「少帝荒病昏亂，不可以處大位，承宗廟，已告先帝廢之。諸君若有不同者，下異議。」皆震怖曰：「唯將軍令！」綝遣中書郎李崇奪吴主璽綬，以吴主罪班告遠近。尚書桓彝不肯署名，綝怒，殺之。典軍施正勸綝迎立琅邪王休，綝從之。己未，綝使宗正楷與中書郎董朝迎琅邪王於會稽，遣將軍孫耽送會稽王亮之國。亮時年十六。徙全尚於零陵，尋追殺之。遷全公主於豫章。

冬十月戊午，琅邪王行至曲阿，有老公遮王叩頭曰：「事久變生，天下喁喁，願陛下速行。」王善之。是日，進及布塞亭。孫綝以琅邪王未至，欲入居宮中，召百官會議，皆惶怖失色，徒唯唯而已。選曹郎虞汜曰：「明公爲國伊、周，處將相之任，擅廢立之威，將上安宗廟，下惠百姓，大小踴躍，自以伊、霍復見。今迎王未至，而欲入宮，如是羣下搖蕩，衆聽疑惑，非所以永終忠孝，揚名後世也。」綝不懌而止。汜，翻之子也。

綝命弟恩行丞相事，率百僚以乘輿法駕迎琅邪王於永昌亭，築宮，以武帳爲便殿，設御坐。己卯，王至便殿，止東廂，孫恩奉上璽符，王三讓，乃受。羣臣以次奉引，王就乘輿，百官陪位。綝以兵千人迎於半野，拜于道側，王下車答拜。即日，御正殿，大赦，改元永安。孫綝稱「草莽臣詣闕上書，上印綬、節鉞，求避賢路」。吳主引見，慰諭。下詔以綝爲丞相、荊州牧，增邑五縣；以恩爲御史大夫、衞將軍、中軍督，封縣侯；孫據、幹、闓皆拜將軍，封侯。又以長水校尉張布爲輔義將軍，封永康侯。

先是，丹陽太守李衡數以事侵琅邪王，其妻習氏諫之，衡不聽。琅邪王上書乞徙他郡，詔徙會稽。及琅邪王即位，李衡憂懼，謂妻曰：「不用卿言，以至於此。吾欲奔魏，何如？」妻曰：「不可。君本庶民耳，先帝相拔過重，既數作無禮，而復逆自猜嫌，逃叛求活，以此北歸，何面目見中國人乎？」衡曰：「計何所出？」妻曰：「琅邪王素好善慕名，方欲自顯於天下，終不以私嫌殺君明矣。可自囚詣獄，表列前失，顯求受罪。如此，乃當逆見優饒，非但直活而已。」衡從之。吳主詔曰：「丹陽太守李衡以往事之嫌，自拘司敗。夫射鉤、斬袪，在君爲君。其遣衡還郡，勿令自疑。」又加威遠將軍，授以棨戟。

己丑，吳主封故南陽王和子皓爲烏程侯。

羣臣奏立皇后、太子。吳主曰：「朕以寡德，奉承洪業，涖事日淺，恩澤未敷，后妃之號，嗣子之位，非所急也。」有司固請，吴主不許。

孫綝奉牛酒詣吴主，吴主不受，齎詣左將軍張布。酒酣，出怨言曰：「初廢少主，時多勸吾自爲之者。吾以陛下賢明，故迎之。帝非我不立，今上禮見拒，是與凡臣無異，當復改圖耳。」布以告吴主。吴主銜之，恐其有變，數加賞賜。戊戌，吴主詔曰：「大將軍掌中外諸軍事，事統煩多，其加衛將軍、御史大夫恩侍中，與大將軍分省諸事。」或有告綝懷怨侮上欲圖反者，吴主執以付綝，綝殺之。由是益懼，因孟宗求出屯武昌，吴主許之。綝盡敕所督中營精兵萬餘人，皆令裝載。又取武庫兵器，吴主咸令給與。綝求中書兩郎典知荆州諸軍事，主者奏中書不應外出，吴主特聽之。其所請求，一無違者。

將軍魏邈説吴主曰：「綝居外，必有變。」武衛士施朔又告綝謀反。吴主將討綝，密問輔義將軍張布，布曰：「左將軍丁奉，雖不能吏書，而計略過人，能斷大事。」吴主召奉告之，且問以計畫。奉曰：「丞相兄弟支黨甚盛，恐人心不同，不可卒制，可因臘會有陛兵以誅之。」吴主從之。

十二月丁卯，建業中謡言明會有變，綝聞之，不悦。夜大風，發屋揚沙，綝益懼。戊辰，臘會，綝稱疾不至。吴主强起之，使者十餘輩，綝不得已，將入，衆止焉。綝曰：「國家屢有命，不可辭。可豫整兵，令府内起火，因是可得速還。」遂入，尋而火起，綝求出。吴主曰：「外兵自多，不足煩丞相也。」綝起離席，奉、布目左右縛之。綝叩頭曰：「願徙交州。」吴主曰：「卿何以不徙滕胤、吕據於交州乎？」綝復曰：「願没爲官奴。」吴主曰：「卿何不以胤、據爲奴乎？」遂斬之。以綝首令其衆曰：「諸與綝同謀者，皆赦之。」放仗者五千人。孫闓乘船欲降北，追殺之。夷綝三族，發孫峻棺，取其印綬，斲其木而埋之。

吴主改葬諸葛恪，朝臣有乞爲諸葛恪立碑者，吴主詔曰：「盛夏出軍，士卒傷損，無尺寸之功，不可謂能。受託孤之任，死於豎子之手，不可謂智。」遂寢。

通鑑紀事本末卷第十一

魏滅蜀

魏邵陵厲公嘉平五年，漢衛將軍姜維自以練西方風俗，兼負其才武，欲誘諸羌胡以爲羽翼，謂自隴以西可斷而有。每欲興軍大舉，大將軍費禕常裁制不從，與其兵不過萬人，曰：「吾等不如丞相亦已遠矣，丞相猶不能定中夏，況吾等乎！不如且保國治民，謹守社稷，如其功業，以俟能者。無爲希冀徼倖，決成敗於一舉；若不如志，悔之無及。」及禕死，維得行其志，乃將數萬人出石營，圍狄道。

高貴鄉公正元元年夏四月，狄道長李簡密書請降於漢。六月，姜維寇隴西。冬十月，漢姜維自狄道進拔河間、臨洮。將軍徐質與戰，殺其盪寇將軍張嶷，漢兵乃還。

二年秋七月，姜維復議出軍，征西大將軍張翼廷爭，以爲「國小民勞，不宜黷武」。維不聽，率車騎將軍夏侯霸及翼同進。八月，維將數萬人至枹罕，趨狄道。

征西將軍陳泰，敕雍州刺史王經進屯狄道，須泰軍到，東西合勢乃進。泰軍陳倉，經所統諸軍於故關，與漢人戰，不利，經輒渡洮水。泰以經不堅據狄道，必有他變，率諸軍以繼之。經已與維戰於洮西，大敗，以萬餘人還保狄道城，餘皆奔散，死者萬計。張翼謂維曰：「可以止矣，不宜復進，進或毁此大功，爲蛇畫足。」維大怒，遂進圍狄道。

辛未，詔長水校尉鄧艾行安西將軍，與陳泰并力拒維。戊辰，復以太尉孚爲後繼。泰進軍隴西，諸將皆曰：「王經新敗，蜀衆大盛，將軍以烏合之卒，繼敗軍之後，當乘勝之鋒，殆必不可。古人有言：『蝮蛇螫手，壯士解腕。』孫子曰：『兵有所不擊，地有所不守。』蓋小有所失而大有所全故也。不如據險自保，觀釁待敝，然後進救，此計之得者也。」泰曰：「姜維提輕兵深入，正欲與我争鋒原野，求一戰之利。王經當高壁深壘，挫其鋭氣，今乃與戰，使賊得計。經既破走，維若以戰克之威，進兵東向，據櫟陽積穀之實，放兵收降，招納羌胡，東争關、隴，傳檄四郡，此我之所惡也。而乃以乘勝之兵，挫峻城之下，鋭氣之卒，屈力致命，攻守勢殊，客主不同。兵書云：『修櫓轒轀，三月乃成，拒堙三月而後已。』誠非輕軍遠入之利也。今維孤軍遠僑，糧穀不繼，是我速進破賊之時，所謂疾雷不及掩耳，自然之勢也。洮水帶其表，維等在其内，今乘高據勢，臨其項領，不戰必走。寇不可縱，圍不可久，君等何言如是！」遂進軍度高城嶺，潛行，夜至狄道東南高山上，多舉烽火，鳴鼓角。狄道城中將士見救至，皆憤踊。維不意救兵卒至，緣山急來攻之，泰與交戰，維退。泰引兵揚言欲向其還路，維懼，九月甲辰，維遁走，城中將士乃得出。王經歎曰：「糧不至旬，向非救兵速至，舉城屠裂，覆喪一州矣。」泰慰勞將士，前後遣還，更差軍守，并治城壘，還屯上邽。

泰每以一方有事，輒以虚聲擾動天下，故希簡上事，驛書不過六百里。大將軍昭曰：「陳征西沈勇能斷，荷方伯之重。救將陷之城而不求益兵，又希簡上事，必能辦賊故也，都督大將不當爾邪。」

姜維退駐鍾提。

甘露元年春正月，姜維進位大將軍。夏六月，姜維在鍾提，議者多以爲維力已竭，未能更出。安西將軍鄧艾曰：「洮西之敗，非小失也，士卒凋殘，倉廩空虚，百姓流離。今以策言之，彼有乘勝之勢，我有虚弱之實，一也。彼上下相習，五兵犀利，我將易兵新，器仗未復，二也。彼以船行，吾以陸軍，勞逸不同，三也。狄道、隴西、南安、祁山各當有守，彼專爲一，我分爲四，四也。從南安、隴西因食羌穀，若趣祁山，熟麥千頃，爲之外倉，五也。賊有黠計，其來必矣。」

秋七月，姜維復率衆出祁山，聞鄧艾已有備，乃回，從董亭趣南安。艾據武城山以拒之。維與艾争險不克，其夜渡渭東行，緣山趣上邽，艾與戰於段谷，大破之。以艾爲鎮西將軍、都督隴右諸軍事。維與其鎮西大將軍胡濟期會上邽，濟失期不至，故敗，士卒星散，死者甚衆。蜀人由是怨維。維上書謝，求自貶黜，乃以衛將軍行大將軍事。

二年冬十二月，姜維聞魏分關中兵以赴淮南，欲乘虚向秦川，率數萬人出駱谷，至沈嶺。時長城積穀甚多，而守兵少，征西將軍、都督雍、涼諸軍事司馬望及安西將軍鄧艾進兵據之以拒維。維壁於芒水，數挑戰，望、艾不應。

是時，維數出兵，蜀人愁苦，中散大夫譙周作仇國論以諷之曰：「或問：『往古能以弱勝强者，其術何如？』曰：『吾聞之，處大無患者常多慢，處小有憂者常思善。多慢則生亂，思善則生治，理之常也。故周文養民以少取多，句踐卹衆以弱斃强，此其術也。』或曰：『曩者項强漢弱，相與戰争，項羽與漢約分鴻溝，各歸息民；張良以爲民志既定則難動也，率兵追羽，終斃項氏，豈必由文王之事乎？』曰：『當商、周之際，王侯世尊，君臣久固，民習所專；深根者難拔，據固者難遷。當此之時，雖漢祖安能仗劍鞭馬取天下乎？及秦罷侯置守之後，民疲秦役，天下土崩，或歲改主，或月易公，鳥驚獸駭，莫知所從，於是豪强並争，虎裂狼分，疾搏者獲多，遲後者見吞。今我與彼皆傳國易世矣，既非秦末鼎沸之時，實有六國並據之勢，故可爲文王，難爲漢祖。夫民之疲勞則騷擾之兆生，上慢下暴則瓦解之形起。諺曰「射幸數跌，不如審發」。是故智者不爲小利移目，不爲意似改步，時可而後動，數合而後舉，故湯、武之師不再戰而克，誠重民勞而度時審也。如遂極武黷征，土崩勢生，不幸遇難，雖有智者將不能謀之矣。』」

三年春二月，姜維退還成都，復拜大將軍。

初，漢昭烈留魏延鎮漢中，皆實兵諸圍以禦外敵，敵若來攻，使不得入。及興勢之役，王平捍拒曹爽，皆承此制。及姜維用事，建議以爲「錯守諸圍，適可禦敵，不獲大利，不若使聞敵至，諸圍皆斂兵聚穀，退就漢、樂二城，聽敵入平，重關頭鎮守以捍之，令游軍旁出以伺其虛。敵攻關不克，野無散穀，千里運糧，自然疲乏。引退之日，然後諸城並出，與游軍并力搏之，此殄敵之術也。」於是漢主令督漢中胡濟卻住漢壽，監軍王含守樂城，護軍蔣斌守漢城。

四年。尚書令陳祗以巧佞有寵於漢主，姜維雖位在祗上，而多率衆在外，希親朝政，權任不及祗。秋八月丙子，祗卒，漢主以僕射義陽董厥爲尚書令，尚書諸葛瞻爲僕射。

元皇帝景元二年冬十月，漢主以董厥爲輔國大將軍，諸葛瞻爲都護、衛將軍，共平尚書事，以侍中樊建爲尚書令。時中常侍黄皓用事，厥、瞻皆不能矯正，士大夫多附之，唯建不與皓往來。秘書令郤正久在內職，與皓比屋，周旋三十餘年，澹然自守，以書自娱，既不爲皓所愛，亦不爲皓所憎，故官不過六百石，而亦不罹其禍。漢主弟甘陵王永憎皓，皓譖之，使十年不得朝見。

吴主使五官中郎將薛珝聘于漢，及還，吴主問漢政得失，對曰：「主闇而不知其過，臣下容身以求免罪。入其朝不聞直言，經其野民皆菜色。臣聞燕雀處堂，子母相樂，自以爲至安也，突决棟焚，而燕雀怡然，不知禍之將及，其是之謂乎。」珝，綜之子也。

三年秋八月，大將軍姜維將出軍，右車騎將軍廖化曰：「兵不戢，必自焚，伯約之謂也。智不出敵而力少於寇，用之無厭，將何以存！」

冬十月，維入寇洮陽，鄧艾與戰於侯和，破之，維退住沓中。初，維以羈旅依漢，身受重任，興兵累年，功績不立。黄皓用事於中，與右大將軍閻宇親善，陰欲廢維樹宇。維知之，言於漢主曰：「皓姦巧專恣，將敗國家，請殺之。」漢主曰：「皓趨走小臣耳，往董允每切齒，吾常恨之，君何足介意。」維見皓枝附葉連，懼於失言，遜辭而出。漢主敕皓詣維陳謝，維由是自疑懼。返自洮陽，因求種麥沓中，不敢歸成都。

司馬昭患姜維數爲寇，官騎路遺求爲刺客入蜀。從事中郎荀勖曰：「明公爲天下宰，宜杖正義以伐違貳，而以刺客除賊，非所以刑于四海也。」昭善之。勖，爽之曾孫也。

昭欲大舉伐漢，朝臣多以爲不可，獨司隸校尉鍾會勸之。昭諭衆曰：「自定壽春以來，息役六年，治兵繕甲，以擬二虜。今吴地廣大而下濕，攻之用功差難，不如先定巴、蜀，三年之後，因順流之勢，水陸並進，此滅虢取虞之勢也。計蜀戰士九萬，居守成都及備他境不下四萬，然則餘衆不過五萬。今絆姜維於沓中，使不得東顧，直指駱谷，出其空虛之地以襲漢中，以劉禪之闇，而邊城外破，士女內震，其亡可知也。」乃以鍾會爲鎮西將軍，都督關中。征西將軍鄧艾以爲蜀未有釁，屢陳異議。昭使主簿師纂爲艾司馬以諭之，艾乃奉命。

姜維表漢主：「聞鍾會治兵關中，欲規進取，宜並遣左、右車騎張翼、廖化督諸軍，分護陽安關口及陰平之橋頭，以防未然。」黄皓信巫鬼，謂敵終不自致，啓漢主寢其事，羣臣莫知。

四年夏五月，詔諸軍大舉伐漢，遣征西將軍鄧艾督三萬餘人自狄道趣甘松、沓中，以連綴姜維，雍州刺史諸葛緒督三萬餘人自祁山趣武街、橋頭，絶維歸路；鍾會統十餘萬衆分從斜谷、駱谷、子午谷趣漢中。以廷尉衛瓘持節監艾、會軍事，行鎮西軍司。瓘，覬之子也。

會過幽州刺史王雄之孫戎，問「計將安出」？戎曰：「道家有言：『爲而不恃。』非成功難，保之難也。」或以問參相國軍事平原劉寔曰：「鍾、鄧其平蜀乎？」寔曰：「破蜀必矣，而皆不還。」客問其故，寔笑而不答。

秋八月，軍發洛陽，大賚將士，陳師誓衆。將軍鄧敦謂蜀未可討，司馬昭斬以徇。

漢人聞魏兵且至，乃遣廖化將兵詣沓中爲姜維繼援，張翼、董厥等詣陽安關口爲諸圍外助。大赦，改元炎興。敕諸圍皆不得戰，退保漢、樂二城，城中各有兵五千人。翼、厥比至陰平，聞諸葛緒將向建威，留住月餘待之。鍾會率諸軍平行至漢中。九月，鍾會使前將軍李輔統萬人圍王含於樂城，護軍荀愷圍蔣斌於漢城，會徑過西趣陽安口，遣人祭諸葛亮墓。

初，漢武興督蔣舒在事無稱，漢朝令人代之，使助將軍傅僉守關口，舒由是恨。鍾會使護軍胡烈爲前鋒攻關口。舒詭謂僉曰：「今賊至不擊，而閉城自守，非良圖也。」僉曰：「受命保城，惟全爲功。今違命出戰，若喪師負國，死無益矣。」舒曰：「子以保城獲全爲功，我以出戰克敵爲功，請各行其志。」遂率其衆出。僉謂其戰也，不設備。舒率其衆迎降胡烈，烈乘虛襲城，僉格鬬而死。僉，肜之子也。鍾會聞關口已下，長驅而前，大得庫藏、積穀。

鄧艾遣天水太守王頎直攻姜維營，隴西太守牽弘邀其前，金城太守楊欣趣甘松。維聞鍾會諸軍已入漢中，引兵還。欣等追躡於强川口，大戰，維敗走。聞諸葛緒已塞道屯橋頭，乃從孔函谷入北道，欲出緒後。緒聞之，卻還三十里。維入北道三十餘里，聞緒軍卻，尋還，從橋頭過，緒趣截維，較一日不及。維遂還至陰平，合集士衆，欲赴關城。未到，聞其已破，退趣白水，遇廖化、張翼、董厥等，合兵守劍閣以拒會。

冬十月，鄧艾進至陰平，簡選精鋭，欲與諸葛緒自江油趣成都。緒以本受節度邀姜維，西行非本詔，遂引軍向白水，與鍾會合。會欲專軍勢，密白緒畏懦不進，檻車徵還。軍悉屬會。

姜維列營守險，會攻之不能克，糧道險遠，軍食乏，欲引還。鄧艾上言：「賊已摧折，宜遂乘之。若從陰平由邪徑經漢德陽亭趣涪，出劍閣西百里，去成都三百餘里，奇兵衝其腹心。出其不意，劍閣之守必還赴涪，則會方軌而進；劍閣之軍不還，則應涪之兵寡矣。」遂自陰平行無人之地七百餘里，鑿山通道，造作橋閣。山高谷深，至爲艱險，又糧運將匱，瀕於危殆。艾以氈自裹，推轉而下。將士皆攀木緣崖，魚貫而進。先登至江油，蜀守將馬邈降。諸葛瞻督諸軍拒艾，至涪，停住不進。尚書郎黄崇，權之子也，屢勸瞻宜速行據險，無令敵得入平地。瞻猶豫未納，崇再三言之，至于流涕，瞻不能從。艾遂長驅而前，擊破瞻前鋒，瞻退住緜竹。艾以書誘瞻曰：「若降者，必表爲琅琊王。」瞻怒，斬艾使，列陳以待艾。艾遣子惠唐亭侯忠等出其右，司馬師纂等出其左。忠、纂戰不利，並引還，曰：「賊未可擊。」艾怒曰：「存亡之分，在此一舉，何不可之有？」叱忠、纂等，將斬之。

忠、纂馳還更戰，大破，斬瞻及黄崇。瞻子尚歎曰：「父子荷國重恩，不早斬黄皓，使敗國殄民，用生何爲！」策馬冒陳而死。

漢人不意魏兵卒至，不爲城守調度。聞艾已入平土，百姓擾擾，皆迸山野，不可禁制。漢主使羣臣會議，或以爲「蜀之與吴，本爲與國，宜可奔吴」。或以爲「南中七郡，阻險斗絶，易以自守，宜可奔南」。光禄大夫譙周以爲：「自古以來，無寄他國爲天子者。今若入吴國，亦當臣服。且治政不殊，則大能吞小，此數之自然也。由此言之，則魏能并吴，吴不能并魏明矣。等爲稱臣，爲小孰與爲大，再辱之耻，何與一辱。且若欲奔南，則當早爲之計，然後可往。今大敵已近，禍敗將及，羣小之心，無一可保，恐發足之日，其變不測，何至南之有乎？」或曰：「今艾已不遠，恐不受降，如之何？」周曰：「方今東吴未賓，事勢不得不受，受之不得不禮。若陛下降魏，魏不裂土以封陛下者，周請身詣京都，以古義争之。」衆人皆從周議。漢主猶欲入南，狐疑未決。周上疏曰：「南方遠夷之地，平常無所供爲，猶數反叛，自丞相亮以兵威偪之，窮乃率從。今若至南，外當拒敵，内供服御，費用張廣，他無所取，耗損諸夷，其叛必矣。」漢主乃遣侍中張紹等奉璽綬以降於艾。北地王諶怒曰：「若理窮力屈，禍敗將及，便當父子君臣背城一戰，同死社稷，以見先帝可也，奈何降乎！」漢主不聽。是日，諶哭於昭烈之廟，先殺妻、子，而後自殺。

張紹等見鄧艾於雒，艾大喜，報書褒納。漢主遣太僕蔣顯別敕姜維，使降鍾會。又遣尚書郎李虎送士民簿於艾，户二十八萬，口九十四萬，甲士十萬二千，吏四萬人。艾至成都城北，漢主率太子、諸王及羣臣六十餘人，面縛輿櫬詣軍門。艾持節解縛、焚櫬，延請相見。檢御將士，無得虜略，綏納降附，使復舊業。輒依鄧禹故事，承制拜漢主禪行驃騎將軍，太子奉車、諸王駙馬都尉；漢羣司各隨高下拜爲王官，或領艾官屬。以師纂領益州刺史，隴西太守牽弘等領蜀中諸郡。艾聞黄皓姦險，收閉，將殺之，皓賂艾左右，卒以得免。

姜維等聞諸葛瞻敗，未知漢主所嚮，乃引軍東入于巴。鍾會進軍至涪，遣胡烈等追維。維至郪，得漢主敕命，乃令兵悉放仗，送節傳於胡烈，自從東道與廖化、張翼、董厥等同詣會降。將士咸怒，拔刀斫石。於是諸郡縣圍守皆被漢主敕罷兵降。鍾會厚待姜維等，皆權還其印綬節蓋。

魏之伐蜀也，吴人或謂襄陽張悌曰：「司馬氏得政以來，大難屢作，百姓未服，今又勞力遠征，敗於不暇，何以能克？」悌曰：「不然。曹操雖功蓋中夏，民畏其威而不懷其德也。丕、叡承之，刑繁役重，東西驅馳，無有寧歲。司馬懿父子累有大功，除其煩苛而布其平惠，爲之謀主而救其疾苦，民心歸之亦已久矣，故淮南三叛而腹心不擾，曹髦之死四方不動，任賢使能，各盡其心，其本根固矣，姦計立矣。今蜀閹宦專朝，國無政令，而玩戎黷武，民勞卒敝，競於外利，不脩守備。彼强弱不同，智算亦勝，因危而伐，殆無不克。噫！彼之得志，我之憂也。」吳人笑其言，至是乃服。

十二月乙卯，以鄧艾爲太尉，鍾會爲司徒。

鄧艾在成都頗自矜伐，謂蜀士大夫曰：「諸君賴遭艾，故得有今日耳。如遇吳漢之徒，已殄滅矣。」艾以書言於晉公昭曰：「兵有先聲而後實者，今因平蜀之勢以乘吳，吳人震恐，席卷之時也。然大舉之後，將士疲勞，不可便用，且徐緩之。留隴右兵二萬人，蜀兵二萬人，煮鹽興冶，爲軍農要用，並作舟船，豫爲順流之事，然後發使告以利害，吳必歸化，可不征而定也。今宜厚劉禪以致孫休，封禪爲扶風王，錫其資財，供其左右。郡有董卓塢，爲之宫舍。爵其子爲公侯，食郡内縣，以顯歸命之寵。開廣陵、城陽以待吳人，則畏威懷德，望風而從矣。」昭使監軍衛瓘喻艾：「事當須報，不宜輒行。」艾重言曰：「銜命征行，奉指授之策，元惡既服。至於承制拜假，以安初附，謂合權宜。今蜀舉衆歸命，地盡南海，東接吳會，宜早鎮定。若待國命，往復道途，延引日月。春秋之義『大夫出疆，有可以安社稷，利國家，專之可也』。今吳未賓，勢與蜀連，不可拘常，以失事機。兵法『進不求名，退不避罪』，艾雖無古人之節，終不自嫌以損國家計也。」

鍾會内有異志，姜維知之，欲構成擾亂，乃説會曰：「聞君自淮南已來，算無遺策，晉道克昌，皆君之力。今復定蜀，威德振世，民高其功，主畏其謀，欲以此安歸乎？何不法陶朱公泛舟絶迹，全功保身邪！」會曰：「君言遠矣，我不能行。且爲今之道，或未盡於此也。」維曰：「其他則君智力之所能，無煩於老夫矣。」由是情好歡甚，出則同輿，坐則同席。會因鄧艾承制專事，乃與衛瓘密白艾有反狀。會善效人書，於劍閣要艾章表、白事，皆易其言，令辭指悖傲，多自矜伐。又毁晉公昭報書，手作以疑之。

咸熙元年春正月壬辰，詔以檻車徵鄧艾。晉公昭恐艾不從命，敕鍾會進軍成都，又遣賈充將兵入斜谷，昭自將大軍從帝幸長安。以諸王公皆在鄴，乃以山濤爲行軍司馬，鎮鄴。

初，鍾會以才能見任，昭夫人王氏言於昭曰：「會見利忘義，好爲事端，寵過必亂，不可大任。」及會將伐漢，西曹屬邵悌言於晉公曰：「今遣鍾會率十萬餘衆伐蜀，愚謂會單身無任，不若使餘人行也。」晉公笑曰：「我寧不知此邪。蜀數爲邊寇，師老民疲，我今伐之，如指掌耳，而衆言蜀不可伐。夫人心豫怯則智勇並竭，智勇並竭而强使之，適所以爲敵禽耳。惟鍾會與人意同，今遣會伐蜀，蜀必可滅。滅蜀之後，就如卿慮，何憂其不能辦邪？夫蜀已破亡，遺民震恐，不足與共圖事，中國將士各自思歸，不肯與同也。會若作惡，祇自滅族耳。卿不須憂此，慎勿使人聞也。」及晉公將之長安，悌復曰：「鍾會所統兵五六倍於鄧艾，但可敕會取艾，不須自行。」晉公曰：「卿忘前言邪，而云不須行乎？雖然，所言不可宣也。我要自當以信意待人，但人不當負我耳，我豈可先人生心哉。近日賈護軍問我：『頗疑鍾會不？』我答言：『如今遣卿行，寧可復疑卿邪？』賈亦無以易我語也。我到長安，則自了矣。」

鍾會遣衛瓘先至成都收鄧艾，會以瓘兵少，欲令艾殺瓘，因以爲艾罪。瓘知其意，然不可得距，乃夜至成都，檄艾所統諸將，稱「奉詔收艾，其餘一無所問。若來赴官軍，爵賞如先。敢有不出，誅及三族」。比至雞鳴，悉來赴瓘，唯艾帳内在焉。平旦開門，瓘乘使者車徑入至艾所居，艾尚卧未起，遂執艾父子，置艾於檻車。諸將圖欲劫艾，整仗趣瓘營，瓘輕出迎之，僞作表草，將申明艾事，諸將信之而止。

丙子，會至成都，送艾赴京師。會所憚惟艾，艾父子既禽，會獨統大衆，威震西土，遂決意謀反。會欲使姜維將五萬人出斜谷爲前驅，會自將大衆隨其後。既至長安，令騎士從陸道，步兵從水道順流浮渭入河，以爲五日可到孟津，與騎兵會洛陽，一旦天下可定也。會得晉公書云：「恐鄧艾或不就徵，今遣中護軍賈充將步騎萬人徑入斜谷屯樂城，吾自將十萬屯長安，相見在近。」會得書驚，呼所親語之曰：「但取鄧艾，相國知我獨辦之。今來大重，必覺我異矣，便當速發。事成，可得天下，不成，退保蜀、漢，不失作劉備也。」丁丑，會悉請護軍、郡守、牙門騎督以上及蜀之故官，爲太后發哀於蜀朝堂。矯太后遺詔，使會起兵廢司馬昭，皆班示坐上人，使下議訖，書版署置，更使所親信代領諸軍。所請羣官，悉閉著益州諸曹屋中，城門宫門皆閉，嚴兵圍守。衛瓘詐稱疾篤，出就外廨，會信之，無所復憚。

姜維欲使會盡殺北來諸將，己因殺會，盡坑魏兵，復立漢主。密書與劉禪曰：「願陛下忍數日之辱，臣欲使社稷危而復安，日月幽而復明。」會欲從維言誅諸將，猶豫未決。

會帳下督丘建本屬胡烈，會愛信之。建愍烈獨坐，啓會，使聽内一親兵出取飲食，諸牙門隨例各内一人。烈紿語親兵及疏與其子淵曰：「丘建密説消息，會已作大坑，白棓數千，欲悉呼外兵入，人賜白㡊，拜散將，以次棓殺内坑中。」諸牙門親兵亦咸説此語，一夜轉相告，皆徧。己卯，日中，胡淵率其父兵雷鼓出門，諸軍不期皆鼓譟而出，曾無督促之者，而争先赴城。時會方給姜維鎧杖，白外有匈匈聲，似失火者，有頃，白兵走向城。會驚，謂維曰：「兵來似欲作惡，當云何？」維曰：「但當擊之耳。」會遣兵悉殺所閉諸牙門、郡守，内人共舉机以拄門，兵斫門，不能破。斯須，城外倚梯登城，或燒城屋，蟻附亂進，矢下如雨，牙門、郡守各緣屋出，與其軍士相得。姜維率會左右戰，手殺五六人，衆格斬維，争前殺會。會將士死者數百人。殺漢太子璿及姜維妻子，軍衆鈔略，死喪狼籍。衛瓘部分諸將，數日乃定。

鄧艾本營將士追出艾於檻車，迎還。衛瓘自以與會共陷艾，恐其爲變，乃遣護軍田續等將兵襲艾，遇於緜竹西，斬艾父子。艾之入江油也，田續不進，艾欲斬續，既而捨之。及瓘遣續，謂曰：「可以報江油之辱矣。」鎮西長史杜預言於衆曰：「伯玉其不免乎！身爲名士，位望已高，既無德音，又不御下以正，將何以堪其責乎？」瓘聞之，不候駕而謝預。預，恕之子也。鄧艾餘子在洛陽者悉伏誅，徙其妻及孫於西城。

鍾會兄毓嘗密言於晉公曰：「會挾術難保，不可專任。」及會反，毓已卒，晉公思鍾繇之勳與毓之賢，特原毓子峻、辿，官爵如故。會功曹向雄收葬會尸，晉公召而責之曰：「往者王經之死，卿哭於東市而我不問。鍾會躬爲叛逆，又輒收葬，若復相容，其如王法何！」雄曰：「昔先王掩骼埋胔，仁流朽骨，當時豈先卜其功罪而後收葬哉？今王誅既加，於法已備，雄感義收葬，教亦無闕。法立於上，教弘於下，以此訓物，不亦可乎，何必使雄背死違生以立於世。明公讎對枯骨，捐之中野，豈仁賢之度哉！」晉公悦，與宴談而遣之。

三月，劉禪舉家東遷洛陽。時擾攘倉卒，禪之大臣無從行者，惟秘書令郤正及殿中督汝南張通捨妻子單身隨禪，禪賴正相導宜適，舉動無闕，乃慨然歎息，恨知正之晚。

初，漢建寧太守霍弋都督南中，聞魏兵至，欲赴成都，劉禪以備敵既定，不聽。成都不守，弋素服大臨三日。諸將咸勸弋宜速降，弋曰：「今道路隔塞，未詳主之安危，去就大故，不可苟也。若魏以禮遇主上，則保境而降不晚也。若萬一危辱，吾將以死拒之，何論遲速邪。」得禪東遷之問，始率六郡將守上表曰：「臣聞人生於三，事之如一，惟難所在，則致其命。今臣國敗主附，守死無所，是以委質，不敢有貳。」晉王善之，拜南中都尉，委以本任。

丁亥，封劉禪爲安樂公，子孫及羣臣封侯者五十餘人。晉王與禪宴，爲之作故蜀技，旁人皆爲之感愴，而禪喜笑自若。王謂賈充曰：「人之無情，乃至於是，雖使諸葛亮在，不能輔之久全，況姜維邪！」他日，王問禪曰：「頗思蜀否？」禪曰：「此間樂，不思蜀也。」郤正聞之，謂禪曰：「若王後問，宜泣而答曰：『先人墳墓遠在岷、蜀，乃心西悲，無日不思。』因閉其目。」會王復問，禪對如前。王曰：「何乃似郤正語邪？」禪驚視曰：「誠如尊命。」左右皆笑。

初，鍾會之伐漢也，辛憲英謂其夫之從子羊祜曰：「會在事縱恣，非持久處下之道，吾畏其有他志也。」會請其子郎中琇爲參軍，憲英憂曰：「他日吾爲國憂，今日難至吾家矣。」璓固請於晉王，王不聽。憲英謂璓曰：「行矣，戒之，軍旅之間可以濟者，其惟仁恕乎。」璓竟以全歸。癸巳，詔以璓嘗諫會反，賜爵關内侯。

晉武帝泰始五年春二月，濟陰太守巴西文立上言：「故蜀之名臣子孫流徙中國者，宜量才敘用，以慰巴、蜀之心，傾吴人之望。」帝從之。己未，詔曰：「諸葛亮在蜀，盡其心力，其子瞻臨難而死義，其孫京宜隨才署吏。」又詔曰：「蜀將傅僉父子死於其主，天下之善一也，豈由彼此以爲異哉。僉息著、募没入奚官，宜免爲庶人。」

七年。安樂思公劉禪卒。

九年。初，鄧艾之死，人皆冤之，而朝廷無爲之辨者。及帝即位，議郎敦煌段灼上疏曰：「鄧艾心懷至忠而荷反逆之名，平定巴、蜀而受三族之誅。艾性剛急，矜功伐善，不能協同朋類，故莫肯理之。臣竊以爲艾本屯田掌犢人，寵位已極，功名已成，七十老公，復何所求。正以劉禪初降，遠郡未附，矯令承制，權安社稷。鍾會有悖逆之心，畏艾威名，因其疑似，構成其事。艾被詔書，即遣强兵，束身就縛，不敢顧望，誠自知奉見先帝，必無當死之理也。會受誅之後，艾官屬將吏愚戇相聚，自共追艾，破壞檻車，解其囚執。艾在困地，狼狽失據，未嘗與腹心之人有平素之謀，獨受腹背之誅，豈不哀哉！陛下龍興，闡弘大度，謂可聽艾歸葬舊墓，還其田宅，以平蜀之功繼封其後，使艾闔棺定謚，死無所恨，則天下徇名之士，思立功之臣，必投湯火，樂爲陛下死矣。」帝善其言而未能從。會帝問給事中樊建以諸葛亮之治蜀，曰：「吾獨不得如亮者而臣之乎？」建稽首曰：「陛下知鄧艾之冤而不能直，雖得亮，得無如馮唐之言乎。」帝笑曰：「卿言起我意。」乃以艾孫朗爲郎中。

淮南三叛

文欽　毌丘儉　諸葛誕

魏高貴鄉公正元元年。初，揚州刺史文欽，驍果絶人，曹爽以鄉里故愛之。欽恃爽勢，多所陵傲。及爽誅，欽已内懼，又好增虜級以邀功賞，司馬師常抑之，由是怨望。鎮東將軍毌丘儉素與夏侯玄、李豐善，玄等死，儉亦不自安，乃以計厚待欽。儉子治書侍御史甸謂儉曰：「大人居方嶽重任，國家傾覆而晏然自守，將受四海之責矣。」儉然之。

二年春正月，儉、欽矯太后詔，起兵於壽春，移檄州郡，以討司馬師。又表言：「相國懿忠正，有大勳於社稷，宜宥及後世。請廢師以侯就第，以弟昭代之。太尉孚忠孝小心，護軍望忠公親事，皆宜親寵，授以要任。」望，孚之子也。儉又遣使邀鎮南將軍諸葛誕，誕斬其使。儉、欽將五六萬衆渡淮，西至項。儉堅守，使欽在外爲游兵。

司馬師問計於河南尹王肅，肅曰：「昔關羽虜于禁於漢濱，有北向争天下之志，後孫權襲取其將士家屬，羽士衆一旦瓦解。今淮南將士父母妻子皆在内州，但急往禦衛，使不得前，必有關羽土崩之勢矣。」時師新割目瘤，創甚，或以爲大將軍不宜自行，不如遣太尉孚拒之。唯王肅與尚書傅嘏、中書侍郎鍾會勸師自行。師疑未決，嘏曰：「淮、楚兵勁，而儉等負力遠鬬，其鋒未易當也。若諸將戰有利鈍，大勢一失，則公事敗矣。」師蹶然起曰：「我請輿疾而東。」戊午，師率中外諸軍以討儉、欽，以弟昭兼中領軍，留鎮洛陽，召三方兵會于陳、許。

師問計於光禄勳鄭袤，袤曰：「毌丘儉好謀而不達事情，文欽勇而無算。今大軍出其不意，江、淮之卒鋭而不能固，宜深溝高壘以挫其氣，此亞夫之長策也。」師稱善。

師以荆州刺史王基爲行監軍，假節，統許昌軍。基言於師曰：「淮南之逆，非吏民思亂也，儉等誑誘迫脅，畏目下之戮，是以尚屯聚耳。若大兵一臨，必土崩瓦解，儉、欽之首不終朝而致於軍門矣。」師從之，以基爲前軍，既而復敕基停駐。基以爲：「儉等舉軍足以深入，而久不進者，是其詐僞已露，衆心疑沮也。今不張示威形以副民望，而停軍高壘，有似畏懦，非用兵之勢也。若儉、欽虜略人民以自益，又州郡兵家爲賊所得者更懷離心，儉等所迫脅者，自顧罪重，不敢復還，此爲錯兵無用之地而成姦宄之源。吴寇因之，則淮南非國家之有，譙、沛、汝、豫危而不安，此計之大失也。軍宜速進據南頓，南頓有大邸閣，計足軍人四十日糧。保堅城，因積穀，先人有奪人之心，此平賊之要也。」基屢請，乃聽，進據㶏水。

閏月甲申，師次于㶏橋，儉將史招、李續相次來降。王基復言於師曰：「兵聞拙速，未覩巧之久也。方今外有强寇，内有叛臣，若不時决，則事之深淺未可測也。議者多言將軍持重。將軍持重是也，停軍不進非也。持重非不行之謂也，進而不可犯耳。今保壁壘，以積實資虜而遠運軍糧，甚非計也。」師猶未許，基曰：「將在軍，君令有所不受。彼得則利，我得亦利，是謂争地，南頓是也。」遂輒進據南頓。儉等從項亦欲往争，發十餘里，聞基先到，乃復還保項。

吴丞相峻率票騎將軍吕據、左將軍會稽留贊襲壽春，司馬師命諸軍皆深壁高壘，以待東軍之集。諸將請進軍攻項，師曰：「諸軍得其一，未知其二。淮南將士本無反志，儉、欽説誘與之舉事，謂遠近必應。而事起之日，淮北不從，史招、李續前後瓦解，内乖外叛，自知必敗。困獸思鬭，速戰更合其志，雖云必克，傷人亦多。且儉等欺誑將士，詭變萬端，小與持久，詐情自露，此不戰而克之術也。」乃遣諸葛誕督豫州諸軍自安風向壽春；征東將軍胡遵督青、徐諸軍出譙、宋之間，絶其歸路；師屯汝陽。毌丘儉、文欽進不得鬭，退恐壽春見襲，計窮不知所爲。淮南將士家皆在北，衆心沮散，降者相屬，惟淮南新附農民爲之用。

儉之初起，遣健步齎書至兗州，兗州刺史鄧艾斬之，將兵萬餘人兼道前進，先趨樂嘉城，作浮橋以待師。儉使文欽將兵襲之。師自汝陽潛兵就艾於樂嘉，欽猝見大軍，驚愕未知所爲。欽子鴦年十八，勇力絶人，謂欽曰：「及其未定，擊之可破也。」於是分爲二隊，夜夾攻軍，鴦率壯士先至鼓譟，軍中震擾。師驚駭，所病目突出，恐衆知之，嚙被皆破。欽失期不應，會明，鴦見兵盛，乃引還。師謂諸將曰：「賊走矣，可追之。」諸將曰：「欽父子驍猛，未有所屈，何苦而走？」師曰：「夫一鼓作氣，再而衰。鴦鼓譟失應，其勢已屈，不走何待。」欽將引而東，鴦曰：「不先折其勢，不得去也。」乃與驍騎十餘摧鋒陷陳，所向皆披靡，遂引去。師使左長史司馬班率驍騎八千翼而追之，鴦以疋馬入數千騎中，輒殺傷百餘人乃出，如此者六七，追騎莫敢逼。

殿中人尹大目少爲曹氏家奴，常在天子左右，師將與俱行。大目知師一目已出，啓云：「文欽本是明公腹心，但爲人所誤耳。又天子鄉里，素與大目相信，乞爲公追解語之，令還與公復好。」師許之。大目單身乘大馬，被鎧胄，追欽，遥相與語，大目心實欲爲曹氏，謬言：「君侯何苦不可復忍數日中也。」欲使欽解其旨。欽殊不悟，乃更厲聲罵大目曰：「汝先帝家人，不念報恩，而反與司馬師作逆，不顧上天，天不祐汝！」張弓傅矢，欲射大目。大目涕泣曰：「世事敗矣，善自努力。」

是日，毌丘儉聞欽退，恐懼，夜走，衆遂大潰。欽還至項，以孤軍無繼，不能自立，欲還壽春，壽春已潰，遂奔吴。吴孫峻至東興，聞儉等敗，壬寅，進至橐皋，文欽父子詣軍降。毌丘儉走，比至慎縣，左右人兵稍棄儉去，儉藏水邊草中。甲辰，安風津民張屬就殺儉，傳首京師，封屬爲侯。諸葛誕至壽春，壽春城中十餘萬口，懼誅，或流迸山澤，或散走入吴。詔以誕爲鎮東大將軍、儀同三司，都督揚州諸軍事。夷毌丘儉三族。儉黨七百餘人繫獄，侍御史杜友治之，惟誅首事者十人，餘皆奏免之。

吴孫峻聞諸葛誕已據壽春，乃引兵還。以文欽爲都護、鎮北大將軍，幽州牧。

甘露元年秋九月，吴孫峻卒，孫綝輔政。

二年夏四月，征東大將軍諸葛誕素與夏侯玄、鄧颺等友善，玄等死，王淩、毌丘儉相繼誅滅，誕内不自安，乃傾帑藏振施，曲赦有罪以收衆心，畜養揚州輕俠數千人以爲死士。因吴人欲向徐堨，請十萬衆以守壽春，又求臨淮築城以備吴寇。司馬昭初秉政，長史賈充請遣參佐慰勞四征，且觀其志。昭遣充至淮南，充見誕論説時事，因曰：「洛中諸賢皆願禪代，君以爲如何？」誕厲聲曰：「卿非賈豫州子乎？世受魏恩，豈可欲以社稷輸人乎！若洛中有難，吾當死之。」充默然。還，言於昭曰：「諸葛誕再在揚州，得士衆心。

今召之，必不來，然反疾而禍小；不召，則反遲而禍大，不如召之。」昭從之。甲子，昭以誕爲司空，召赴京師。誕得詔書，愈恐，疑揚州刺史樂綝間己，遂殺綝，斂淮南及淮北郡縣屯田口十餘萬官兵，揚州新附勝兵者四五萬人，聚穀足一年食，爲閉門自守之計。遣長史吴綱將小子靚至吴，稱臣請救，并請以牙門子弟爲質。

司馬昭奉帝及太后討諸葛誕。

吴綱至吴，吴人大喜，使將軍全懌、全端、唐咨、王祚將三萬衆，與文欽同救誕。以誕爲左都護、假節、大司徒、票騎將軍、青州牧，封壽春侯。懌，琮之子，端其從子也。

六月甲子，車駕次項，司馬昭督諸軍二十六萬進屯丘頭，以鎮南將軍王基行鎮東將軍，都督揚、豫諸軍事，與安東將軍陳騫等圍壽春。基始至，圍城未合，文欽、全懌等從城東北，因山乘險，得將其衆突入城。昭敕基斂軍堅壁。基累求進討。會吴朱異率三萬人進屯安豐，爲文欽外勢，詔基引諸軍轉據北山。基謂諸將曰：「今圍壘轉固，兵馬向集，但當精脩守備以待越逸，而更移兵守險，使得放縱，雖有智者不能善其後矣。」遂守便宜，上疏曰：「今與賊家對敵，當不動如山。若遷移依險，人心摇蕩，於勢大損。諸軍並據深溝高壘，衆心皆定，不可傾動，此御兵之要也。」書奏，報聽。於是基等四面合圍，表裏再重，塹壘甚峻。文欽等數出犯圍，逆擊，走之。司馬昭又使奮武將軍、監青州諸軍事石苞督兗州刺史州泰、徐州刺史胡質等，簡鋭卒爲游軍，以備外寇。泰擊破朱異於陽淵，異走，泰追之，殺傷二千人。

秋七月，吴大將軍綝大發卒出屯鑊里，復遣朱異帥將軍丁奉、黎斐等五人前解壽春之圍。異留輜重於都陸，進屯黎漿，石苞、州泰又擊破之。泰山太守胡烈以奇兵五千襲都陸，盡焚異資糧，異將餘兵食葛葉，走歸孫綝。綝使異更死戰，異以士卒乏食，不從綝命。綝怒，九月己巳，綝斬異於鑊里。辛未，引兵還建業。綝既不能拔出諸葛誕，而喪敗士衆，自戮名將，由是吴人莫不怨之。

司馬昭曰：「異不得至壽春，非其罪也，而吴人殺之，欲以謝壽春而堅誕意，使其猶望救耳。今當堅圍備其越逸，而多方以誤之。」乃縱反間，揚言「吴救方至，大軍乏食，分遣羸疾就穀淮北，勢不能久」。誕等益寬恣食，俄而城中乏糧，外救不至。將軍蔣班、焦彝皆誕腹心謀主也，言於誕曰：「朱異等以大衆來而不能進，孫綝殺異而歸江東，外以發兵爲名，内實坐須成敗。今宜及衆心尚固，士卒思用，并力決死，攻其一面，雖不能盡克，猶有可全者，空坐守死，無爲也。」文欽曰：「公今舉十餘萬之衆歸命於吴，而欽與全端等皆同居死地，父兄子弟盡在江表，就孫綝不欲來，主上及其親戚豈肯聽乎？且中國無歲無事，軍民並疲，今守我一年，内變將起，奈何捨此欲乘危徼幸乎！」班、彝固勸之，欽怒。誕欲殺班、彝，二人懼，十一月棄誕踰城來降。全懌兄子輝、儀在建業，與其家內争訟，攜其母將部曲數十家來奔。於是懌與兄子靖及全端弟翩、緝皆將兵在壽春城中，司馬昭用黄門侍郎鍾會策，密爲輝、儀作書，使輝、儀所親信齎入城告懌等，説吴中怒懌等不能拔壽春，欲盡誅諸將家，故逃來歸命。十二月，懌等率其衆數千人開門出降，城中震懼，不知所爲。詔拜懌平東將軍，封臨湘侯，端等封拜各有差。

三年春正月，文欽謂諸葛誕曰：「蔣班、焦彝謂我不能出而走，全端、全懌又率衆逆降，此敵無備之時也，可以戰矣。」誕及唐咨等皆以爲然，遂大爲攻具，晝夜五六日攻南圍，欲決圍而出。圍上諸軍臨高發石車火箭，逆燒破其攻具，矢石雨下，死傷蔽地，血流盈塹，復還城。城内食轉竭，出降者數萬口。欽欲盡出北方人，省食，與吴人堅守，誕不聽，由是争恨。欽素與誕有隙，徒以計合，事急愈相疑。欽見誕計事，誕遂殺欽。欽子鴦、虎將兵在小城中，聞欽死，勒兵赴之，衆不爲用，遂單走，踰城出，自歸於司馬昭。軍吏請誅之，昭曰：「欽之罪不容誅，其子固應就戮，然鴦、虎以窮歸命，且城未拔，殺之是堅其心也。」乃赦鴦、虎，使將數百騎巡城呼曰：「文欽之子猶不見殺，其餘何懼！」又表鴦、虎皆爲將軍，賜爵關内侯。城内皆喜，且日益飢困。司馬昭身自臨圍，見城上持弓者不發，曰：「可攻矣。」乃四面進軍，同時鼓譟登城。二月乙酉，克之。誕窘急，單馬將其麾下突小城欲出，司馬胡奮部兵擊斬之，夷其三族。誕麾下數百人皆拱手爲列，不降，每斬一人，輒降之，卒不變，以至於盡。吳將于詮曰：「大丈夫受命其主，以兵救人，既不能克，又束手於敵，吾弗取也。」乃免冑冒陳而死。唐咨、王祚等皆降。吳兵萬衆，器仗山積。

司馬昭初圍壽春，王基、石苞等皆欲急攻之，昭以爲：「壽春城固而衆多，攻之必力屈，若有外寇，表裏受敵，此危道也。今三叛相聚於孤城之中，天其或者使同就戮，吾當以全策縻之。但堅守三面，若吳賊陸道而來，軍糧必少，吾以游兵輕騎絶其轉輸，可不戰而破也。吳賊破，欽等必成擒矣。」乃命諸軍按甲以守之，卒不煩攻而破。議者又以爲「淮南仍爲叛逆，吳兵室家在江南，不可縱，宜悉坑之」。昭曰：「古之用兵，全國爲上，戮其元惡而已。吳兵就得亡還，適可以示中國之大度耳。」一無所殺，分布三河近郡以安處之。拜唐咨安遠將軍，其餘裨將咸假位號，衆皆悅服。其淮南將士、吏民爲誕所脅略者，皆赦之。聽文鴦兄弟收斂父喪，給其車牛，致葬舊墓。

昭遺王基書曰：「初議者云云，求移者甚衆，時未臨履，亦謂宜然。將軍深算利害，獨秉固志，上違詔命，下拒衆議，終至制敵禽賊，雖古人所述，不是過也。」昭欲遣諸軍輕兵深入，招迎唐咨等子弟，因釁有滅吳之勢。王基諫曰：「昔諸葛恪乘東關之勝，竭江表之兵以圍新城，城既不拔，而衆死者太半。姜維因洮西之利，輕兵深入，糧餉不繼，軍覆上邽。夫大捷之後，上下輕敵，輕敵則慮難不深。今賊新敗於外，又內患未弭，是其脩備設慮之時也。且兵出踰年，人有歸志，今俘馘十萬，罪人斯得，自歷代征伐，未有全兵獨克如今之盛者也。武皇帝克袁紹於官渡，自以所獲已多，不復追奔，懼挫威也。」昭乃止。以基爲征東將軍，都督揚州諸軍事，進封東武侯。

習鑿齒曰：君子謂司馬大將軍於是役也，可謂能以德攻矣。夫建業者異道，各有所尚而不能兼并也，故窮武之雄斃於不仁，存義之國喪於懦退。今一征而禽三叛，大虜吴衆，席卷淮浦，俘馘十萬，可謂壯矣。而未及安坐，賞王基之功；種惠吴人，結異類之情；寵鴦葬欽，忘疇昔之隙；不咎誕衆，使揚土懷愧。功高而人樂其成，業廣而敵懷其德。武昭既敷，文算又洽，推此道也，天下其孰能當之哉！

司馬氏篡魏

魏高貴鄉公正元元年春二月，殺中書令李豐。初，豐年十七八已有清名，海內翕然稱之。其父太僕恢不願其然，敕使閉門斷客。曹爽專政，司馬懿稱疾不出，豐爲尚書僕射，依違二公間，故不與爽同誅。豐子韜，以選尚齊長公主。司馬師秉政，以豐爲中書令。是時太常夏侯玄有天下重名，以曹爽親故，不得在勢任，居常快快。張緝以后父去郡家居，亦不得意。豐皆與之親善。師雖擢用豐，豐私心常在玄。豐在中書二歲，帝數獨召豐與語，不知所說。師知其議己，請豐相見以詰豐，豐不以實告，師怒，以刀鐶築殺之，送尸付廷尉，遂收豐子韜及夏侯玄、張緝等皆下廷尉。鍾毓按治云：「豐與黄門監蘇鑠、永寧署令樂敦、冗從僕射劉賢等謀曰：『拜貴人日，諸營兵皆屯門，陛下臨軒，因此同奉陛下，將羣僚人兵，就誅大將軍，陛下儻不從人，便當劫將去耳。』又云『謀以玄爲大將軍，緝爲票騎將軍』。玄、緝皆知其謀。」庚戌，誅韜、玄、緝、鑠、敦、賢，皆夷三族。

帝以李豐之死，意殊不平。安東將軍司馬昭鎮許昌，詔召之使擊姜維。九月，昭領兵入見，帝幸平樂觀以臨軍過。左右勸帝因昭辭，殺之，勒兵以退大將軍。已書詔於前，帝懼，不敢發。

昭引兵入城，大將軍師乃謀廢帝。甲戌，師以皇太后令召羣臣會議，以「帝荒淫無度，褻近倡優，不可以承天緒」。羣臣皆莫敢違，乃奏收帝璽綬，歸藩于齊。使郭芝入白太后，太后方與帝對坐，芝謂帝曰：「大將軍欲廢陛下，立彭城王據。」帝乃起去。太后不悅，芝曰：「太后有子不能教，今大將軍意已成，又勒兵于外以備非常，但當順旨，將復何言。」太后曰：「我欲見大將軍，口有所說。」芝曰：「何可見邪？但當速取璽綬。」太后意折，乃遣傍侍御取璽綬著坐側。芝出報師，師甚喜。又遣使者授帝齊王印綬，使出就西宫。帝與太后垂涕而别，遂乘王車，從太極殿南出，羣臣送者數十人，司馬孚悲不自勝，餘多流涕。

師又使使者請璽綬於太后。太后曰：「彭城王，我之季叔也，今來立，我當何之？且明皇帝當永絶嗣乎？高貴鄉公，文皇帝之長孫，明皇帝之弟子，於禮，小宗有後大宗之義，其詳議之。」丁丑，師更召羣臣，以太后令示之，乃定迎高貴鄉公髦於元城。髦者，東海定王霖之子也，時年十四，使太常王肅持節迎之。

師又使請璽綬。太后曰：「我見高貴鄉公，小時識之，我自欲以璽綬手授之。」冬十月己丑，高貴鄉公至玄武館，羣臣奏請舍前殿，公以先帝舊處，避止西廂。羣臣又請以法駕迎，公不聽。庚寅，公入于洛陽，羣臣迎拜西掖門南，公下輿答拜，儐者請曰：「儀不拜。」公曰：「吾人臣也。」遂答拜。至止車門下輿，左右曰：「舊乘輿入。」公曰：「吾被皇太后徵，未知所爲。」遂步至太極東堂，見太后。其日即皇帝位於太極前殿，百僚陪位者皆欣欣焉。大赦，改元。爲齊王築宫于河内。

二年春，文欽、毌丘儉起兵壽春，司馬師率中外諸軍討之。事見淮南三叛。舞陽忠武侯司馬師疾篤還許昌，衛將軍昭自洛陽往省師，師令昭總統諸軍。辛亥，師卒于許昌。

二月丁巳，詔以司馬昭爲大將軍、録尚書事。

甘露元年夏四月庚戌，賜大將軍昭衮冕之服，赤舄副焉。秋八月庚午，詔司馬昭加號大都督，奏事不名，假黄鉞。

二年。司馬昭奉帝討諸葛誕。事見淮南三叛。

三年夏五月，詔以司馬昭爲相國，封晋公，食邑八郡，加九錫。昭前後九讓，乃止。

四年春正月，黄龍二見寧陵井中。先是頓丘、冠軍、陽夏井中屢有龍見，羣臣以爲吉祥，帝曰：「龍者，君德也。上不在天，下不在田，而數屈於井，非嘉兆也。」作潛龍詩以自諷，司馬昭見而惡之。

元皇帝景元元年夏四月，詔有司率遵前命，復進大將軍昭位相國，封晋公，加九錫。

帝見威權日去，不勝其忿。五月己丑，召侍中王沈、尚書王經、散騎常侍王業謂曰：「司馬昭之心，路人所知也。吾不能坐受廢辱，今日當與卿自出討之。」王經曰：「昔魯昭公不忍季氏，敗走失國，爲天下笑。今權在其門，爲日久矣，朝廷四方皆爲之致死，不顧逆順之理，非一日也。且宿衛空闕，兵甲寡弱，陛下何所資用？而一旦如此，無乃欲除疾而更深之邪！禍殆不測，宜見重詳。」帝乃出懷中黄素詔投地曰：「行之決矣。正使死，何懼？況不必死邪！」於是入白太后。沈、業奔走告昭，呼經欲與俱，經不從。帝遂拔劍升輦，率殿中宿衛、蒼頭、官僮鼓譟而出。昭弟屯騎校尉伷遇帝於東止車門，左右呵之，伷衆奔走。中護軍賈充自外入，逆與帝戰於南闕下，帝自用劍。衆欲退，騎督成倅弟太子舍人濟問充曰：「事急矣，當云何？」充曰：「司馬公畜養汝等，正爲今日。今日之事，無所問也。」濟即抽戈前刺帝，殞于車下。昭聞之，大驚，自投於地。太傅孚奔往，枕帝股而哭甚哀，曰：「殺陛下者，臣之罪也。」

昭入殿中，召羣臣會議。尚書左僕射陳泰不至，昭使其舅尚書荀顗召之。泰曰：「世之論者以泰方於舅，今舅不如泰也。」子弟内外咸共逼之，乃入見昭，悲慟，昭亦對之泣，曰：「玄伯，卿何以處我？」泰曰：「獨有斬賈充，少可以謝天下耳。」昭久之曰：「卿更思其次。」泰曰：「泰言惟有進於此，不知其次。」昭乃不復更言。顗，彧之子也。

太后下令，罪狀高貴鄉公，廢爲庶人，葬以民禮。收王經及其家屬付廷尉。經謝其母，母顔色不變，笑而應曰：「人誰不死，正恐不得其所。以此并命，何恨之有！」及就誅，故吏向雄哭之，哀動一市。王沈以功封安平侯。庚寅，太傅孚等上言，請以王禮葬高貴鄉公，太后許之。使中護軍司馬炎迎燕王宇之子常道鄉公璜於鄴，以爲明帝嗣。炎，昭之子也。

癸卯，司馬昭固讓相國、晉公、九錫之命，太后詔許之。

戊申，昭上言「成濟兄弟大逆不道」，夷其族。

六月癸丑，太后詔常道鄉公更名奐。甲寅，常道鄉公入洛陽，是日即皇帝位，年十五。大赦，改元。丙辰，詔進司馬昭爵位九錫如前，昭固讓，乃止。

二年秋八月甲寅，復命司馬昭進爵位如前，不受。

四年春二月，復命司馬昭進爵位如前，又辭不受。冬十月，復命大將軍昭進位，爵賜一如前詔，昭乃受命。昭辟任城魏舒爲相國參軍。

咸熙元年春三月己卯，進晉公爵爲王，增封十郡。王祥、何曾、荀顗共詣晉王，顗謂祥曰：「相王增重，何侯與一朝之臣皆已盡敬，今日便當相率而拜，無所疑也。」祥曰：「相國雖尊，要是魏之宰相，吾等魏之三公。王公相去，一階而已，安有天子三公可輒拜人者！損魏朝之望，虧晉王之德，君子愛人以禮，我不爲也。」及入，顗遂拜，而祥獨長揖。王謂祥曰：「今日然後知君見顧之重也。」

夏五月癸未，追命舞陽文宣侯懿爲晉宣王，忠武侯師爲景王。

秋八月庚寅，命中撫軍司馬炎副貳相國事。

九月戊午，以司馬炎爲撫軍大將軍。

冬十月丙午，立炎爲世子。

晉武帝泰始元年夏五月，魏帝加文王殊禮，進王妃曰后，世子曰太子。

秋八月辛卯，文王卒，太子嗣爲相國、晉王。

戊子，以魏司徒何曾爲晉丞相。癸亥，以票騎將軍司馬望爲司徒。

冬十二月壬戌，魏帝禪位于晉，甲子，出舍于金墉城。太傅司馬孚拜辭，執帝手，流涕歔欷不自勝，曰：「臣死之日，固大魏之純臣也。」丙寅，王即皇帝位，大赦，改元。丁卯，奉魏帝爲陳留王，即宮于鄴。優崇之禮，皆倣魏初故事。魏氏諸王皆降爲侯。追尊宣王爲宣皇帝，景王爲景皇帝，文王爲文皇帝。尊王太后曰皇太后。以石苞爲大司馬，鄭沖爲太傅，王祥爲太保，何曾爲太尉，賈充爲車騎將軍，王沈爲票騎將軍，其餘文武增位、進爵有差。

詔除魏宗室禁錮。

初置諫官，以散騎常侍傅玄、皇甫陶爲之。玄，幹之子也。玄以魏末士風頹敝，上疏曰：「臣聞先王之御天下，教化隆於上，清議行於下。近者魏武好法術而天下貴刑名，魏文慕通達而天下賤守節，其後綱維不攝，放誕盈朝，遂使天下無復清議。陛下龍興受禪，弘堯、舜之化，惟未舉清遠有禮之臣以敦風節，未退虛鄙之士以懲不恪，臣是以猶敢有言。」上嘉納其言，使玄草詔進之，然亦不能革也。

二年春正月丁亥，即用魏廟祭征西府君以下，并景帝凡七室。

秋九月戊戌，有司奏：「大晉受禪於魏，宜一用前代正朔、服色，如虞遵唐故事。」從之。

八年春二月壬辰，安平獻王孚卒，年九十三。孚性忠慎，宣帝執政，孚常自退損。後逢廢立之際，未嘗預謀，景、文二帝以孚屬尊，亦不敢逼。及帝即位，恩禮尤重，元會，詔孚乘輿上殿，帝於阼階迎拜。既坐，親奉觴上壽，如家人禮。帝每拜，孚跪而止之。孚雖見尊寵，不以爲榮，常有憂色。臨終，遺令曰：「有魏貞士河内司馬孚字叔達，不伊不周，不夷不惠，立身行道，終始若一。當衣以時服，斂以素棺。」詔賜東園温明祕器，諸所施行，皆依漢東平獻王故事。其家遵孚遺旨，所給器物，一不施用。

十年，邵陵厲公曹芳卒。初，芳之廢遷金墉也，太宰中郎陳留范粲素服拜送，哀動左右，遂稱疾不出，陽狂不言，寢所乘車，足不履地。子孫有婚宦大事，輒密諮焉，合者則色無變，不合則眠寢不安，妻子以此知其旨。子喬等三人，並棄學業，絶人事，侍疾家庭，足不出邑里。及帝即位，詔以二千石禄養病，加賜帛百匹，喬以父疾篤，辭不敢受。粲不言凡三十六年，年八十四，終於所寢之車。

惠帝太安元年，陳留王薨，謚曰魏元皇帝。

晋滅吴

魏元帝景元三年冬十月，吴主以濮陽興爲丞相，廷尉丁密、光禄勳孟宗爲左右御史大夫。初，興爲會稽太守，吴主在會稽，興遇之厚。左將軍張布嘗爲會稽王左右督將。故吴主即位，二人皆貴寵用事，布典宫省，興關軍國，以佞巧更相表裏，吴人失望。

咸熙元年秋七月，吴主寢疾，口不能言，乃手書呼丞相濮陽興入，令子𩅦出拜之。休把興臂，指𩅦以託之。癸未，吴主殂，謚曰景帝。羣臣尊朱后爲皇太后。

吴人以蜀初亡，交趾攜叛，國内恐懼，欲得長君。左典軍萬彧嘗爲烏程令，與烏程侯晧相善，稱「晧才識明斷，長沙桓王之疇也，又加之好學，奉遵法度」，屢言之於丞相興、左將軍布。興、布説朱太后，欲以晧爲嗣。朱后曰：「我寡婦人，安知社稷之慮，苟吴國無隕，宗廟有賴，可矣。」於是遂迎立晧，改元元興，大赦。

冬十月丁亥，詔以壽春所獲吴相國參軍事徐紹爲散騎常侍，水曹掾孫彧爲給事黄門侍郎，以使於吴，其家人在此者悉聽自隨，不必使還，以開廣大信。晉王因致書吴主，諭以禍福。

初，吴主之立，發優詔，恤士民，開倉廩，振貧乏，科出宫女以配無妻者，禽獸養於苑中者皆放之，當時翕然稱爲明主。及既得志，粗暴驕盈，多忌諱，好酒色，大小失望。濮陽興、張布竊悔之。或譖諸吴主，十一月朔，興、布入朝，吴主執之，徙於廣州，道殺之，夷三族。

晉武帝泰始元年春三月，吴主使光禄大夫紀陟、五官中郎將洪璆與徐紹、孫彧偕來報聘。紹行至濡須，有言紹譽中國之美者，吴主怒，追還，殺之。

冬，吴西陵督步闡表請吴主徙都武昌，吴主從之，使御史大夫丁固、右將軍諸葛靚守建業。

二年春三月，吴主大會羣臣，廬江王蕃沈醉頓伏，吴主疑其詐，輿蕃出外。頃之召還，蕃行止自若。吴主大怒，斬之。

五官中郎將丁忠説吴主曰：「北方無守戰之備，弋陽可襲而取。」吴主以問羣臣，鎮西大將軍陸凱曰：「北方新并巴、蜀，遣使求和，非求援於我也，欲蓄力以俟時耳。敵勢方强，而欲徼幸求勝，未見其利也。」吴主雖不出兵，然遂與晉絶。

秋八月，吴主以陸凱爲左丞相，萬彧爲右丞相。吴主惡人視己，羣臣侍見，莫敢舉目。陸凱曰：「君臣無不相識之道，若猝有不虞，不知所赴。」吴主乃聽凱自視，而他人如故。

吴主居武昌，揚州之民泝流供給，甚苦之。又奢侈無度，公私窮匱。凱上疏曰：「今四邊無事，當務養民豐財，而更窮奢極欲，無災而民命盡，無爲而國財空，臣竊痛之。昔漢室既衰，三家鼎立，今曹、劉失道，皆爲晉有，此目前之明驗也。臣愚，但爲陛下惜國家耳。武昌土地，危險塉确，非王者之都。且童謡曰：『寧飲建業水，不食武昌魚；寧還建業死，不止武昌居。』以此觀之，足明民心與天意矣。今國無一年之蓄，民有離散之怨，國有露根之漸，而官吏務爲苛急，莫之或恤。大帝時，後宮列女及諸織絡數不滿百，景帝以來乃有千數，此耗財之甚者也。又左右之臣，率非其人，羣黨相扶，害忠隱賢，此皆蠹政病民者也。臣願陛下省息百役，罷去苛擾，科出宮女，清選百官，則天悦民附，國家永安矣。」吴主雖不悦，以其宿望，特優容之。

冬十二月，吴主使黄門徧行州郡，科取將吏家女，其二千石大臣子女，皆歲歲言名，年十五六一簡閲，簡閲不中，乃得出嫁。後宮以千數，而採擇無已。

三年夏六月，吴主作昭明宫，二千石以下皆自入山督伐木。大開苑囿，起土山、樓觀，窮極伎巧，功役之費以億萬計。陸凱諫，不聽。中書丞華覈上疏曰：「漢文之世，九州晏然，賈誼獨以爲如抱火厝於積薪之下而寢其上。今大敵據九州之地，有太半之衆，欲與國家爲相吞之計，非徒漢之淮南、濟北而已也，比於賈誼之世，孰爲緩急。今倉庫空匱，編户失業，而北方積穀養民，專心東向。又交阯淪没，嶺表動摇，胸背有嫌，首尾多難，乃國朝之厄會也。若舍此急務，盡力功作，卒有風塵不虞之變，當委版築而應烽燧，驅怨民而赴白刃，此乃大敵所因以爲資者也。」時吴俗奢侈，覈又上疏曰：「今事多而役繁，民貧而俗奢，百工作無用之器，婦人爲綺靡之飾，轉相倣效，恥獨無有。兵民之家，猶復逐俗，内無甔石之儲，而出有綾綺之服，上無尊卑等級之差，下有耗財費力之損，求其富給，庸可得乎！」吴主皆不聽。

五年春二月，帝有滅吴之志。壬寅，以尚書左僕射羊祜都督荆州諸軍事，鎮襄陽；征東大將軍衛瓘都督青州諸軍事，鎮臨淄；鎮東大將軍東莞王伷都督徐州諸軍事，鎮下邳。祜綏懷遠近，甚得江、漢之心，與吴人開布大信，降者欲去皆聽之，減戍邏之卒，以墾田八百餘頃。其始至也，軍無百日之糧，及其季年，乃有十年之積。祜在軍，常輕裘緩帶，身不被甲，鈴閤之下，侍衛不過十數人。

初，汝南何定嘗爲吴大帝給使，及吴主即位，自表先帝舊人，求還内侍。吴主以爲樓下都尉，典知酤糴事，遂專爲威福，吴主信任之，委以衆事。左丞相陸凱面責定曰：「卿見前後事主不忠，傾亂國政，寧有得以壽終者邪！何以專爲姦邪，塵穢天聽？宜自改厲。不然，方見卿有不測之禍。」定大恨之。凱竭心公家，忠懇内發，表疏皆指事不飾。及疾病，吴主遣中書令董朝問所欲言，凱陳「何定不可信用，宜授以外任。奚熙小吏，建起浦里田，亦不可聽。姚信、樓玄、賀邵、張悌、郭逴、薛瑩、滕脩及族弟喜、抗，或清白忠勤，或資才卓茂，皆社稷之良輔，願陛下重留神思，訪以時務，使各盡其忠，拾遺萬一」。邵，齊之孫。瑩，綜之子。玄，沛人。脩，南陽人也。凱尋卒。吴主素銜其切直，且日聞何定之譖，久之，竟徙凱家於建安。

六年夏四月，吴左大司馬施績卒。以鎮軍大將軍陸抗都督信陵、西陵、夷道、樂鄉、公安諸軍事，治樂鄉。抗以吴主政事多闕，上疏曰：「臣聞德均則衆者勝寡，力侔則安者制危，此六國所以并於秦，西楚所以屈於漢也。今敵之所據，非特關右之地，鴻溝以西，而國家外無連衡之援，内非西楚之强，庶政陵遲，黎民未乂，議者所恃，徒以長江、峻山限帶封域，此乃守國之末事，非智者之所先也。臣每念及此，中夜撫枕，臨餐忘食。夫事君之義，犯而勿欺，謹陳時宜十七條以聞。」吴主不納。

吴主遣監軍李勗、督軍徐存從建安海道擊交趾，勗以建安道不利，殺導將馮斐，引軍還。初，何定嘗爲子求婚於勗，勗不許，乃白勗枉殺馮斐，擅徹軍還，誅勗及徐存并其家屬，仍焚勗尸。定又使諸將各上御犬，一犬至直縑數十匹，纓紲直錢一萬，以捕兔供廚。吴人皆歸罪於定，而吴主以爲忠勤，賜爵列侯。陸抗上疏曰：「小人不明理道，所見既淺，雖使竭情盡節，猶不足任，況其姦心素篤而憎愛移易哉？」吴主不從。

冬十一月，吴主從弟前將軍秀爲夏口督，吴主惡之，民間皆言秀當見圖。會吴主遣何定將兵五千人獵夏口，秀驚，夜將妻子親兵數百人來奔。十二月，拜秀票騎將軍、開府儀同三司，封會稽公。

七年春正月，吴人刁玄詐增讖文云：「黄旗紫蓋，見於東南，終有天下者，荆、楊之君。」吴主信之。是月晦，大舉兵出華里，載太后、皇后及後宫數千人，從牛渚西上。東觀令華覈等固諫，不聽。行遇大雪，道塗陷壞，兵士被甲持仗，百人共引一車，寒凍殆死，皆曰：「若遇敵，便當倒戈。」吴主聞之，乃還。帝遣義陽王望統中軍二萬、騎三千屯壽春以備之，聞吴師退，乃罷。

八年。初，廣漢太守弘農王濬爲羊祜參軍，祜深知之。祜兄子曁白：「濬爲人志大奢侈，不可專任，宜有以裁之。」祜曰：「濬有大才，將以濟其所欲，必可用也。」更轉爲車騎從事中郎。濬在益州，明立威信，蠻夷多歸附之。俄遷大司農，時帝與羊祜陰謀伐吴，祜以爲伐吴宜藉上流之勢，密表留王濬，復爲益州刺史，使治水軍。尋加龍驤將軍，監益、梁諸軍事。

詔濬罷屯田兵，大作舟艦。别駕何攀以爲「屯田兵不過五六百人，作船不能猝辦，後者未成，前者已腐。宜召諸郡兵合萬餘人造之，歲終可成」。濬欲先上須報，攀曰：「朝廷猝聞召萬兵，必不聽。不如輒召，設當見卻，功夫已成，勢不得止。」濬從之，令攀典造船艦、器仗。於是作大艦，長百二十步，受二千餘人，以木爲城，起樓櫓，開四出門，其上皆得馳馬往來。時作船木柹，蔽江而下。吴建平太守吴郡吾彦取流柹以白吴主曰：「晋必有攻吴之計，宜增建平兵以塞其衝要。」吴主不從，彦乃爲鐵鎖横斷江路。

秋八月，吴主徵昭武將軍、西陵督步闡。闡世在西陵，猝被徵，自以失職，且懼有讒，九月，據城來降。

冬十月，吴陸抗聞步闡叛，亟遣將軍左奕、吾彦等討之。帝遣荆州刺史楊肇迎闡於西陵，車騎將軍羊祜帥步軍出江陵，巴東監軍徐胤帥水軍擊建平以救闡。陸抗敕西陵諸軍築嚴圍，自赤谿至于故市，内以圍闡，外以禦晋兵。晝夜催切，如敵已至，衆甚苦之。諸將諫曰：「今宜及三軍之鋭，急攻闡，比晋救至，必可拔也，何事於圍，以敝士民之力？」抗曰：「此城處勢既固，糧穀又足，且凡備禦之具，皆抗所宿規，今反攻之，不可猝拔。北兵至而無備，表裏受難，何以禦之？」諸將皆欲攻闡，抗欲服衆心，聽令一攻，果無利。圍備始合，而羊祜兵五萬至江陵。諸將咸以抗不宜上。抗曰：「江陵城固兵足，無可憂者。假令敵得江陵，必不能守，所損者小。若晋據西陵，則南山羣夷皆當擾動，其患不可量也。」乃自帥衆赴西陵。

初，抗以江陵之北道路平易，敕江陵督張咸作大堰遏水，漸漬平土以絶寇叛。羊祜欲因所遏水以船運糧，揚聲將破堰以通步軍。抗聞之，使咸亟破之。諸將皆惑，屢諫不聽。祜止當陽，聞堰敗，乃改船以車運糧，大費功力。

十一月，楊肇至西陵。陸抗令公安督孫遵循南岸禦羊祜，水軍督留慮拒徐胤，抗自將大軍憑圍對肇。將軍朱喬營都督俞贊亡詣肇。抗曰：「贊軍中舊吏，知吾虛實。吾常慮夷兵素不簡練，若敵攻圍，必先此處。」即夜易夷兵，皆以精兵守之。明日，肇果攻故夷兵處，抗命擊之，矢石雨下，肇衆傷死者相屬。十二月，肇計屈，夜遁。抗欲追之，而慮步闡畜力伺間，兵不足分，於是但鳴鼓戒衆，若將追者。肇衆兇懼，悉解甲挺走。抗使輕兵躡之，肇兵大敗，祜等皆引軍還。抗遂拔西陵，誅闡及同謀將吏數十人，皆夷三族，自餘所請赦者數萬口。東還樂鄉，貌無矜色，謙冲如常。吴主加抗都護。羊祜坐貶平南將軍，楊肇免爲庶人。

吴主既克西陵，自謂得天助，志益張大，使術士尚廣筮取天下，對曰：「吉。庚子歲，青蓋當入洛陽。」吴主喜，不脩德政，專爲兼并之計。

吴主之游華里也，右丞相萬彧與右大司馬丁奉、左將軍留平密謀曰：「若至華里不歸，社稷事重，不得不自還。」吴主頗聞之，以彧等舊臣，隱忍不發。是歲，吴主因會，以毒酒飲彧，傳酒人私減之。又飲留平，平覺之，服他藥以解，得不死。彧自殺，平憂懣月餘亦死，徙彧子弟於廬陵。

初，彧請選忠清之士以補近職，吴主以大司農樓玄爲宮下鎮，主殿中事。玄正身帥衆，奉法而行，應對切直，吴主浸不悅。中書令領太子太傅賀邵上疏諫曰：「自頃年以來，朝列紛錯，真僞相貿，忠良排墜，信臣被害。是以正士摧方，而庸臣苟媚，先意承指，各希時趣。人執反理之評，士吐詭道之論，遂使清流變濁，忠臣結舌。陛下處九天之上，隱百里之室，言出風靡，令行景從，親洽寵媚之臣，日聞順意之辭，將謂此輩實賢，而天下已平也。臣聞興國之君樂聞其過，荒亂之主樂聞其譽，聞其過者過日消而福臻，聞其譽者譽日損而禍至。陛下嚴刑法以禁直辭，黜善士以逆諫口，杯酒造次，死生不保，仕者以退爲幸，居者以出爲福，誠非所以保光洪緒，熙隆道化也。何定本僕隸小人，身無行能，而陛下愛其佞媚，假以威福。夫小人求入，必進姦利，定間者妄興事役，發江邊戍兵以驅麋鹿，老弱飢凍，大小怨歎。傳曰：『國之興也，視民如赤子；其亡也，以民爲草芥。』今法禁轉苛，賦調益繁，中官、近臣，所在興事，而長吏畏罪，苦民求辦，是以人力不堪，家户離散，呼嗟之聲，感傷和氣。今國無一年之儲，家無經月之畜，而後宮之中坐食者萬有餘人。又北敵注目，伺國盛衰，長江之限，不可久恃，苟我不能守，一葦可杭也。願陛下豐基强本，割情從道，則成、康之治興，聖祖之祚隆矣。」吳主深恨之。

於是左右共誣樓玄、賀邵相逢，駐共耳語大笑，謗訕政事，俱被詰責。

羊祜歸自江陵，務修德信以懷吳人。每交兵，刻日方戰，不爲掩襲之計。將帥有欲進譎計者，輒飲以醇酒，使不得言。祜出軍行吳境，刈穀爲糧，皆計所侵，送絹償之。每會衆江、沔遊獵，常止晋地，若禽獸先爲吴人所傷而爲晋兵所得者，皆送還之。於是吴邊人皆悦服。祜與陸抗對境，使命常通。抗遺祜酒，祜飲之不疑。抗疾求藥於祜，祜以成藥與之，抗即服之。人多諫抗，抗曰：「豈有酖人羊叔子哉。」抗告其邊戍曰：「彼專爲德，我專爲暴，是不戰而自服也。各保分界而已，無求細利。」吴主聞二境交和以詰抗，抗曰：「一邑一鄉，不可以無信義，況大國乎？臣不如此，正是彰其德，於祜無傷也。」

吴主用諸將之謀，數侵盜晋邊。陸抗上疏曰：「昔有夏多罪而殷湯用師，紂作淫虐而周武授鉞。苟無其時，雖復大聖，亦宜養威自保，不可輕動也。今不務力農富國，審官任能，明黜陟，慎刑賞，訓諸司以德，撫百姓以仁，而聽諸將徇名，窮兵黷武，動費萬計，士卒凋瘁，寇不爲衰，而我已大病矣。今争帝王之資，而昧十百之利，此人臣之姦便，非國家之良策也。昔齊、魯三戰，魯人再克，而亡不旋踵。何則？大小之勢異也。況今師所克獲，不補所喪哉。」吴主不從。

九年春三月，吴以陸抗爲大司馬、荆州牧。

十年秋七月，吴大司馬陸抗疾病，上疏曰：「西陵、建平，國之蕃表，既處上流，受敵二境，若敵汎舟順流，星奔電邁，非可恃援他部以救倒縣也。此乃社稷安危之機，非徒封疆侵陵小害也。臣父遜昔在西垂，上言：『西陵國之西門，雖云易守，亦復易失。若有不守，非但失一郡，荆州非吴有也。如其有虞，當傾國争之。』臣前乞屯精兵三萬，而主者循常，未肯差赴。自步闡以後，益更損耗。今臣所統千里，外禦强對，内懷百蠻，而上下見兵財有數萬，羸敝日久，難以待變。臣愚以爲諸王幼冲，無用兵馬以妨要務。又黄門宦官開立占募，兵民避役，逋逃入占。乞特詔簡閲，一切（科）〔料〕出，以補疆埸受敵常處，使臣所部足滿八萬，省息衆務，并力備禦，庶幾無虞。若其不然，深可憂也。臣死之後，乞以西方爲屬。」及卒，吴使其子晏、景、玄、機、雲分將其兵。

咸寧二年秋七月，吴人或言於吴主曰：「臨平湖自漢末薉塞，長老言：『此湖塞，天下亂；此湖開，天下平。』近無故忽更開通，此天下當太平，青蓋入洛之祥也。」吴主以問奉禁都尉歷陽陳訓，對曰：「臣止能望氣，不能達湖之開塞。」退而告其友曰：「青蓋入洛者，將有銜璧之事，非吉祥也。」

冬十月，以羊祜爲征南大將軍。祜上疏請伐吴，曰：「先帝西平巴、蜀，南和吴會，庶幾海内得以休息。而吴復背信，使邊事更興。夫期運雖天所授，而功業必因人而成，不一大舉掃滅，則兵役無時得息也。蜀平之時，天下皆謂吴當并亡，自是以來，十有三年矣。夫謀之雖多，决之欲獨。凡以險阻得全者，謂其勢均力敵耳。若輕重不齊，强弱異勢，雖有險阻，不可保也。蜀之爲國，非不險也，皆云一夫荷戟，千人莫當。及進兵之日，曾無藩籬之限，乘勝席卷，徑至成都，漢中諸城皆鳥棲而不敢出，非無戰心，誠力不足以相抗也。及劉禪請降，諸營堡索然俱散。今江、淮之險不如劍閣，孫皓之暴過於劉禪，吳人之困甚於巴、蜀，而大晉兵力盛於往時，不於此際平壹四海，而更阻兵相守，使天下困於征戍，經歷盛衰，不可長久也。今若引梁、益之兵水陸俱下，荊、楚之衆進臨江陵，平南、豫州直指夏口，徐、揚、青、兗並會秣陵。以一隅之吳，當天下之衆，勢分形散，所備皆急。巴、漢奇兵出其空虛，一處傾壞，則上下震蕩，雖有智者不能爲吳謀矣。吳緣江爲國，東西數千里，所敵者大，無有寧息。孫皓恣情任意，與下多忌，將疑於朝，士困於野，無有保世之計，一定之心；平常之日，猶懷去就，兵臨之際，必有應者，終不能齊力致死，已可知也。其俗急速不能持久，弓弩戟楯不如中國，唯有水戰是其所便，一入其境，則長江非復所保，還趣城池，去長入短，非吾敵也。官軍縣進，人有致死之志，吳人內顧，各有離散之心，如此軍不踰時，克可必矣。」帝深納之。而朝議方以秦、涼爲憂，祜復表曰：「吳平則胡自定，但當速濟大功耳。」議者多有不同，賈充、荀勗、馮紞尤以伐吳爲不可。祜歎曰：「天下不如意事十常居七八。天與不取，豈非更事者恨於後時哉！」唯度支尚書杜預、中書令張華與帝意合，贊成其計。

三年夏五月，吳將邵顗、夏祥帥衆七千餘人來降。

冬十二月，吴夏口督孫慎入江夏、汝南，略千餘家而去。詔遣侍臣詰羊祜不追討之意，并欲移荆州。祜曰：「江夏去襄陽八百里，比知賊問，賊已去經日，步軍安能追之。勞師以免責，非臣志也。昔魏武帝置都督，類皆與州相近，以兵勢好合、惡離故也。疆場之間，一彼一此，慎守而已；若輒徙州，賊出無常，亦未知州之所宜據也。」

四年夏六月，羊祜以病求入朝，既至，帝命乘輦入殿，不拜而坐。祜面陳伐吴之計，帝善之。以祜病，不宜數入，更遣張華就問籌策。祜曰：「孫皓暴虐已甚，於今可不戰而克。若皓不幸而没，吴人更立令主，雖有百萬之衆，長江未可窺也，將爲後患矣。」華深然之。祜曰：「成吾志者子也。」帝欲使祜卧護諸將，祜曰：「取吴不必臣行，但既平之後，當勞聖慮耳。功名之際，臣不敢居，若事了，當有所付授，願審擇其人也。」

冬十月，吴人大佃皖城，欲謀入寇。都督揚州諸軍事王渾遣揚州刺史應綽攻破之，斬首五千級，焚其積穀百八十餘萬斛，踐稻苗四千餘頃，毁船六百餘艘。

十一月，羊祜疾篤，舉杜預自代。辛卯，以預爲鎮南大將軍，都督荆州諸軍事。祜卒，帝哭之甚哀。南州民聞祜卒，爲之罷市，巷哭聲相接。吴守邊將士亦爲之泣。祜好遊峴山，襄陽人建碑立廟於其地，歲時祭祀，望其碑者無不流涕，因謂之「墮淚碑」。

杜預至鎮，簡精鋭襲吴西陵督張政，大破之。政，吴之名將也，恥以無備取敗，不以實告吴主。預欲間之，乃表還其所獲。吴主果召政還，遣武昌監留憲代之。

五年，吴主每宴羣臣，咸令沈醉。又置黄門郎十人爲司過，宴罷之後，各奏其闕失，迕視謬言，罔有不舉，大者即加刑戮，小者記録爲罪。或剥人面，或鑿人眼。由是上下離心，莫爲盡力。

益州刺史王濬上疏曰：「孫晧荒淫凶逆，宜速征伐，若一旦晧死更立賢主，則强敵也。臣作船七年，日有朽敗。臣年七十，死亡無日。三者一乖，則難圖也。誠願陛下無失事機。」帝於是決意伐吴。會安東將軍王渾表孫晧欲北上，邊戍皆戒嚴，朝廷乃更議明年出師。王濬參軍何攀奉使在洛，上疏稱：「晧必不敢出，宜因戒嚴，掩取甚易。」

杜預上表曰：「自閏月以來，賊但敕嚴，下無兵上。以理勢推之，賊之窮計，力不兩完，必保夏口以東，以延視息，無緣多兵西上，空其國都。而陛下過聽，便用委棄大計，縱敵患生，誠可惜也。嚮使舉而有敗，勿舉可也。今事爲之制，務從完牢，若或有成，則開太平之基；不成，不過費損日月之間，何惜而不一試之？若當須後年，天時人事，不得如常，臣恐其更難也。今有萬安之舉，無傾敗之慮，臣心實了，不敢以曖昧之見自取後累，惟陛下察之。」旬月未報，預復上表曰：「羊祜不先博謀於朝臣，而密與陛下共施此計，故益令朝臣多異同之議。凡事當以利害相校，今此舉之，利十有八九而其害一二，止於無功耳。必使朝臣言破敗之形，亦不可得，直是計不出己，功不在身，各恥其前言之失而固守之也。自頃朝廷事無大小，異意鋒起，雖人心不同，亦由恃恩不慮後患，故輕相同異也。自秋已來，討賊之形頗露，今若中止，孫晧或怖而生計，徙都武昌，更完脩江南諸城，遠其居民，城不可攻，野無所掠，則明年之計或無所及矣。」帝方與張華圍棋，預表適至，華推枰斂手曰：「陛下聖武，國富兵强，吴主淫虐，誅殺賢能，當今討之，可不勞而定，願勿以爲疑。」帝乃許之。以華爲度支尚書，量計運漕。賈充、荀勗、馮紞固争之，帝大怒，充免冠謝罪。僕射山濤退而告人曰：「『自非聖人，外寧必有内憂。』今釋吴爲外懼，豈非算乎！」

冬十一月，大舉伐吴。遣鎮軍將軍琅邪王伷出涂中，安東將軍王渾出江西，建威將軍王戎出武昌，平南將軍胡奮出夏口，鎮南大將軍杜預出江陵，龍驤將軍王濬、巴東監軍魯國唐彬下巴、蜀，東西凡二十餘萬。命賈充爲使持節、假黄鉞、大都督，以冠軍將軍楊濟副之。充固陳伐吴不利，且自言衰老，不堪元帥之任。詔曰：「君若不行，吾便自出。」充不得已，乃受節鉞，將中軍南屯襄陽，爲諸軍節度。

太康元年春正月，杜預向江陵，王渾出横江，攻吴鎮戍，所向皆克。二月戊午，王濬、唐彬擊破丹陽監盛紀。吴人於江磧要害之處，並以鐵鎖横截之，又作鐵錐，長丈餘，暗置江中，以逆拒舟艦。濬作大筏數十，方百餘步，縛草爲人，被甲持仗，令善水者以筏先行，遇鐵錐，錐輒著筏而去。又作大炬，長十餘丈，大數十圍，灌以麻油，在船前，遇鎖，然炬燒之，須臾融液斷絶，於是船無所礙。庚申，濬克西陵，殺吴都督留憲等。壬戌，克荆門、夷道二城，殺夷道監陸晏。杜預遣牙門周旨等帥奇兵八百泛舟夜渡江，襲樂鄉，多張旗幟，起火巴山。吴都督孫歆懼，與江陵督伍延書曰：「北來諸軍，乃飛渡江也。」旨等伏兵樂鄉城外，歆遣軍出拒王濬，大敗而還。旨等發伏兵隨歆軍而入，歆不覺，直至帳下，虜歆而還。乙丑，王濬擊殺吴水軍都督陸景。杜預進攻江陵，甲戌，克之，斬伍延。於是沅、湘以南，接于交、廣，州郡皆望風送印綬，預仗節稱詔而綏撫之。凡所斬獲吴都督、監軍十四，牙門、郡守百二十餘人。胡奮克江安。

乙亥，詔：「王濬、唐彬既定巴丘，與胡奮、王戎共平夏口、武昌，順流長騖，直造秣陵。杜預當鎮静零、桂，懷輯衡陽。大兵既過，荆州南境固當傳檄而定。預等各分兵以益濬、彬。太尉充移屯項。」

王戎遣參軍襄陽羅尚、南陽劉喬將兵與王濬合攻武昌，吴江夏太守劉朗、督武昌諸軍虞昺皆降。昺，翻之子也。

杜預與衆軍會議，或曰：「百年之寇，未可盡克。方春水生，難於久駐，宜俟來冬，更爲大舉。」預曰：「昔樂毅藉濟西一戰以并强齊，今兵威已振，譬如破竹，數節之後，皆迎刃而解，無復著手處也。」遂指授羣帥方略，徑造建業。

吴主聞王渾南下，使丞相張悌督丹陽太守沈瑩、護軍孫震、副軍師諸葛靚帥衆三萬渡江逆戰。至牛渚，沈瑩曰：「晉治水軍於蜀久矣，上流諸軍素無戒備，名將皆死，幼少當任，恐不能禦也。晉之水軍必至於此，宜畜衆力以待其來，與之一戰，若幸而勝之，江西自清。今渡江與晉大軍戰，不幸而敗，則大事去矣。」悌曰：「吴之將亡，賢愚所知，非今日也。吾恐蜀兵至此，衆心駭懼，不可復整。及今渡江，猶可決戰。若其敗喪，同死社稷，無所復恨。若其克捷，北敵奔走，兵勢萬倍，便當乘勝南上，逆之中道，不憂不破也。若如子計，恐士衆散盡，坐待敵到，君臣俱降，無復一人死難者，不亦辱乎！」

三月，悌等濟江，圍渾部將城陽都尉張喬於楊荷，喬衆纔七千，閉柵請降。諸葛靚欲屠之，悌曰：「强敵在前，不宜先事其小，且殺降不祥。」靚曰：「此屬以救兵未至，力少不敵，故且僞降以緩我，非真伏也。若捨之而前，必爲後患。」悌不從，撫之而進。悌與揚州刺史汝南周浚結陳相對。沈瑩帥丹陽鋭卒、刀楯五千，三衝晉兵，不動。瑩引退，其衆亂，將軍薛勝、蔣班因其亂而乘之，吴兵以次奔潰，將帥不能止，張喬自後擊之，大敗吴兵于版橋。諸葛靚帥數百人遁去，使過迎張悌，悌不肯去，靚自往牽之，曰：「存亡自有大數，非卿一人所支，奈何故自取死？」悌垂涕曰：「仲思，今日是我死日也。且我爲兒童時，便爲卿家丞相所識拔，常恐不得其死，負名賢知顧。今以身徇社稷，復何道邪！」靚再三牽之，不動，乃流涙放去，行百餘步，顧之，已爲晉兵所殺，并斬孫震、沈瑩等七千八百級，吴人大震。

初，詔書使王濬下建平受杜預節度，至建業受王渾節度。預至江陵謂諸將曰：「若濬得建平，則順流長驅，威名已著，不宜令受制於我。若不能克，則無緣得施節度。」濬至西陵，預與之書曰：「足下既摧其西藩，便當徑取建業，討累世之逋寇，釋吴人於塗炭，振旅還都，亦曠世一事也。」濬大悦，表呈預書。及張悌敗死，揚州別駕何惲謂周浚曰：「張悌舉全吴精兵殄滅於此，吴之朝野莫不震懾。今王龍驤既破武昌，乘勝東下，所向輒克，土崩之勢見矣。謂宜速引兵渡江，直指建業，大軍猝至，奪其膽氣，可不戰禽也。」浚善其謀，使白王渾。惲曰：「渾闇於事機，而欲愼己免咎，必不我從。」浚固使白之，渾果曰：「受詔但令屯江北以抗吴軍，不使輕進，貴州雖武，豈能獨平江東乎！今者違命，勝不足多，若其不勝，爲罪已重。且詔令龍驤受我節度，但當具君舟檝，一時俱濟耳。」惲曰：「龍驤克萬里之寇，以既成之功來受節度，未之聞也。且明公爲上將，見可而進，豈得一一須詔令乎？今乘此渡江，十全必克，何疑何慮而淹留不進，此鄙州上下所以恨恨也。」渾不聽。

王濬自武昌順流徑趣建業，吴主遣游擊將軍張象帥舟師萬人禦之，象衆望旗而降。濬兵甲滿江，旌旗燭天，威勢甚盛，吴人大懼。

吴主之嬖臣岑昏，以傾險諛佞致位九列，好興功役，爲衆患苦。及晉兵將至，殿中親近數百人叩頭請於吴主曰：「北軍日近而兵不舉刃，陛下將如之何？」吴主曰：「何故？」對曰：「正坐岑昏耳。」吴主獨言：「若爾，當以奴謝百姓。」衆因曰：「唯。」遂並起收昏；吴主駱繹追止，已屠之矣。

陶濬將討郭馬，至武昌，聞晉兵大入，引兵東還。至建業，吴主引見，問水軍消息，對曰：「蜀船皆小，今得二萬兵乘大船以戰，自足破之。」於是合衆，授濬節鉞。明日，當發，其夜，衆悉逃潰。

時王渾、王濬及琅邪王伷皆臨近境，吴司徒何植、建威將軍孫晏悉送印節詣渾降。吴主用光禄勳薛瑩、中書令胡沖等計，分遣使者奉書於渾、濬、伷以請降。又遺其羣臣書，深自咎責，且曰：「今大晉平治四海，是英俊展節之秋，勿以移朝改朔用損厥志。」使者先送璽綬於琅邪王伷。壬寅，王濬舟師過三山，王渾遣信要濬暫過論事，濬舉帆直指建業，報曰：「風利，不得泊也。」是日，濬戎卒八萬，方舟百里，鼓譟入于石頭，吴主皓面縛、輿櫬，詣軍門降。濬解縛焚櫬，延請相見。收其圖籍，克州四，郡四十三，户五十二萬三千，兵二十三萬。

朝廷聞吳已平，羣臣皆賀，上壽，帝執爵流涕曰：「此羊太傅之功也。」票騎將軍孫秀不賀，南向流涕曰：「昔討逆弱冠以一校尉創業，今後主舉江南而棄之，宗廟山陵，於此爲墟，悠悠蒼天，此何人哉！」

吳之未下也，大臣皆以爲未可輕進，獨張華堅執，以爲必克。賈充上表稱：「吳地未可悉定，方夏，江、淮下濕，疾疫必起，宜召諸軍還，以爲後圖。雖腰斬張華，不足以謝天下。」帝曰：「此是吾意，華但與吾同耳。」荀勗復奏「宜如充表」，帝不從。杜預聞充奏乞罷兵，馳表固爭，使至轘轅而吳已降。充慚懼，詣闕請罪，帝撫而不問。

夏四月甲申，詔賜孫皓爵歸命侯。乙酉，大赦，改元。大酺五日。遣使者分詣荆、揚撫慰，吳牧、守已下皆不更易。除其苛政，悉從簡易，吳人大悦。

滕脩討郭馬未克，聞晉伐吳，帥衆赴難，至巴丘聞吳亡，縞素流涕，還，與廣州刺史閭豐、蒼梧太守王毅各送印綬請降。孫皓遣陶璜之子融持手書諭璜，璜流涕數日，亦送印綬降。帝皆復其本職。

王濬之東下也，吳城戍皆望風款附，獨建平太守吾彦嬰城不下，聞吳亡，乃降。帝以彦爲金城太守。

初，朝廷尊寵孫秀、孫楷，欲以招來吳人。及吳亡，降秀爲伏波將軍，楷爲度遼將軍。琅邪王伷遣使送孫皓及其宗族詣洛陽。五月丁亥朔，皓至，與其太子瑾等泥頭面縛，詣東陽門。詔遣謁者解其縛，賜衣服、車乘、田三十頃，歲給錢穀綿絹甚厚。拜瑾爲中郎，諸子爲王者皆爲郎中。吳之舊望，隨才擢敘。孫氏將吏渡江者復十年，百姓復二十年。

庚寅，帝臨軒，大會文武有位及四方使者，國子學生皆預焉。引見歸命侯皓及吳降人。皓登殿稽顙，帝謂皓曰：「朕設此座以待卿久矣。」皓曰：「臣於南方亦設此座以待陛下。」賈充謂皓曰：「聞君在南方鑿人目，剥人面皮，此何等刑也？」皓曰：「人臣有弒其君及姦回不忠者，則加此刑耳。」充默然甚愧，而皓顏色無怍。

帝從容問散騎常侍薛瑩，孫皓所以亡，對曰：「皓昵近小人，刑罰放濫，大臣諸將人不自保，此其所以亡也。」他日又問吾彥，對曰：「吳主英俊，宰輔賢明。」帝笑曰：「若是何故亡？」彥曰：「天禄永終，曆數有屬，故爲陛下禽耳。」帝善之。

王濬之入建業也，其明日王渾乃濟江，以濬不待己至，先受孫皓降，意甚愧忿，將攻濬。何攀勸濬送皓與渾，由是事得解。何惲以渾與濬争功，與周浚牋曰：「書貴克讓，易大謙光。前破張悌，吳人失氣，龍驤因之，陷其區宇。論其前後，我實緩師，既失機會，不及於事，而今方競其功。彼既不吞聲，將虧雍穆之弘，興矜争之鄙，斯愚情之所不取也。」

浚得牋，即諫止渾。渾不納，表濬違詔不受節度，誣以罪狀。渾子濟尚常山公主，宗黨强盛。有司奏請檻車徵濬，帝弗許，但以詔書責讓濬以不從渾命，違制昧利。濬上書自理曰：「前被詔書，令臣直造秣陵，又令受太尉充節度。臣以十五日至三山，見渾軍在北岸，遣書邀臣。臣水軍風發，乘勢徑造賊城，無緣迴船過渾。臣以日中至秣陵，暮乃被渾所下當受節度之符，欲令臣明十六日悉將所領還圍石頭，又索蜀兵及鎮南諸軍人名定見。臣以爲皓已來降，無緣空圍石頭；又兵人定見，不可倉猝得就，皆非當今之急，不可承用，非敢忽棄明制也。皓衆叛親離，匹夫獨坐，雀鼠貪生，苟乞一活耳。而江北諸軍不知虛實，不早縛取，自爲小誤。臣至便得，更見怨恚，並云守賊百日，而令他人得之。臣愚以爲事君之道，苟利社稷，死生以之。若其顧嫌疑以避咎責，此是人臣不忠之利，實非明主社稷之福也。」渾又騰周浚書，云濬軍得吴寶物，又云濬牙門將李高放火燒皓僞宫。濬復表曰：「臣孤根獨立，結恨强宗。夫犯上干主，其罪可救，乖忤貴臣，禍在不測。僞中郎將孔攄説：『去二月武昌失守，水軍行至，皓按行石頭還，左右人皆跳刀大呼云：「要當爲陛下一死戰決之。」皓意大喜，謂必能然，便盡出金寶以賜與之。小人無狀，得便持走。皓懼，乃圖降首。降使適去，左右劫奪財物，略取妻妾，放火燒宫。皓逃身竄首，恐不脱死。』臣至，遣參軍主者救斷其火耳。周浚先入皓宫，渾又先登皓舟，臣之入觀，皆在其後。

皓宫之中，乃無席可坐，若有遺寶，則浚與渾先得之矣。浚等云臣屯聚蜀人，不時送皓，欲有反狀。又恐動吴人，言臣皆當誅殺，取其妻子，冀其作亂，得騁私忿。謀反大逆，尚以見加，其餘謗啗，故其宜耳。今年平吴，誠爲大慶，於臣之身，更受咎累。」濬至京師，有司奏「濬違詔，大不敬，請付廷尉科罪」。詔不許。又奏「濬赦後燒賊船百三十五艘，輒敕付廷尉禁推」。詔勿推。

渾、濬争功不已，帝命守廷尉廣陵劉頌校其事，以渾爲上功，濬爲中功。帝以頌折法失理，左遷京兆太守。庚辰，增賈充邑八千户，以王濬爲輔國大將軍，封襄陽縣侯；杜預爲當陽縣侯；王戎爲安豐縣侯；封琅邪王伷二子爲亭侯；增京陵侯王渾邑八千户，進爵爲公；尚書關内侯張華進封廣武縣侯，增邑萬户；荀勗以專典詔命功，封一子爲亭侯；其餘諸將及公卿以下，賞賜各有差。帝以平吴策告羊祜廟，乃封其夫人夏侯氏爲萬歲鄉君，食邑五千户。

王濬自以功大，而爲渾父子及黨與所挫抑，每進見，陳其攻伐之勞及見枉之狀，或不勝忿憤，徑出不辭，帝每容恕之。益州護軍范通謂濬曰：「卿功則美矣，然恨所以居美者未盡善也。卿旋旆之日，角巾私第，口不言平吴之事，若有問者，輒曰：『聖主之德，羣帥之力，老夫何力之有？』此藺生所以屈廉頗也，王渾能無愧乎！」濬曰：「吾始懲鄧艾之事，懼禍及身，不得無言；其終不能遣諸胸中，是吾褊也。」時人咸以濬功重報輕，爲之憤邑。博士秦秀等並上表訟濬之屈，帝乃遷濬鎮軍大將軍。王渾嘗詣濬，濬嚴設備衛，然後見之。

杜預還襄陽，以爲天下雖安，忘戰必危，乃勤於講武，申嚴戍守。又引滍、淯水以浸田萬餘頃，開楊口通零、桂之漕，公私賴之。預身不跨馬，射不穿札，而用兵制勝，諸將莫及。預在鎮，數餉遺洛中貴要，或問其故，預曰：「吾但恐爲害，不求益也。」王渾遷征東大將軍，復鎮壽陽。

諸葛靚逃竄不出。帝與靚有舊，靚姊爲琅邪王妃，帝知靚在姊間，因就見焉。靚逃于廁，帝又逼見之，謂曰：「不謂今日復得相見。」靚流涕曰：「臣不能漆身皮面，復覩聖顏，誠爲慚恨。」詔以爲侍中，固辭不拜，歸于鄉里，終身不向朝廷而坐。

羌胡之叛

樹機能　齊萬年

晉武帝泰始五年春二月，分雍、凉、梁州置秦州，以胡烈爲刺史。先是，鄧艾納鮮卑降者數萬，置於雍、凉之間，與民雜居，朝廷恐其久而爲患，以烈素著名於西方，故使鎮撫之。

六年夏六月戊午，胡烈討鮮卑禿髮樹機能於萬斛堆，兵敗被殺。都督雍、凉州諸軍事扶風王亮，遣將軍劉旂救之，旂觀望不進。亮坐貶爲平西將軍，旂當斬。亮上言：「節度之咎，由亮而出，乞丐旂死。」詔曰：「若罪不在旂，當有所在。」乃免亮官。

遣尚書樂陵石鑒行安西將軍，都督秦州諸軍事，討樹機能。樹機能兵盛，鑒使秦州刺史杜預出兵擊之，預以虜乘勝馬肥，而官軍縣乏，宜并力大運芻糧，須春進討。鑒奏預稽乏軍興，檻車徵詣廷尉，以贖論。既而鑒討樹機能，卒不能克。

七年夏四月，北地胡寇金城，涼州刺史牽弘討之。衆胡皆内叛，與樹機能共圍弘於青山，弘軍敗而死。初，大司馬陳騫言於帝曰：「胡烈、牽弘皆勇而無謀，强於自用，非綏邊之材也，將爲國耻。」時弘爲揚州刺史，多不承順騫命，帝以爲騫與弘不協而毁之。於是徵弘，既至，尋復以爲涼州刺史。騫竊歎息，以爲必敗。二人果失羌戎之和，兵敗身没，征討連年，僅而能定，帝乃悔之。

咸寧三年春三月，平虜護軍文鴦督涼、秦、雍州諸軍，討樹機能，破之，諸胡二十萬口來降。

四年春正月，司馬督東平馬隆上言：「涼州刺史楊欣失羌戎之和，必敗。」

夏六月，欣與樹機能之黨若羅拔能等戰于武威，敗死。

冬十二月，鮮卑樹機能久爲邊患，僕射李憙請發兵討之。朝議皆以爲出兵重事，虜不足憂。

五年春正月，樹機能攻陷涼州。帝甚悔之，臨朝而歎曰：「誰能爲我討此虜者？」司馬督馬隆進曰：「陛下能任臣，臣能平之。」帝曰：「必能平賊，何爲不任，顧方略何如耳。」隆曰：「臣願募勇士三千人，無問所從來，帥之以西，虜不足平也。」帝許之。乙丑，以隆爲討虜護軍、武威太守。公卿皆曰：「見兵已多，不宜横設賞募。隆小將妄言，不足信也。」帝不聽。隆募能引弓四鈞、挽弩九石者取之，立標簡試，自旦至日中，得三千五百人。隆曰：「足矣。」又請自至武庫選仗，武庫令與隆忿争，御史中丞劾奏隆。隆曰：「臣當畢命戰場，武庫令乃給以魏時朽仗，非陛下所以使臣之意也。」帝命惟隆所取，仍給三年軍資而遣之。

十一月，馬隆西渡温水，樹機能等以衆數萬據險拒之。隆以山路陿隘，乃作扁箱車，爲木屋，施於車上，轉戰而前，行千餘里，殺傷甚衆。自隆之西，音問斷絶，朝廷憂之，或謂已没。後隆使夜到，帝撫掌歡笑，詰朝，召羣臣謂曰：「若從諸卿言，無涼州矣。」乃詔假隆節，拜宣威將軍。隆至武威，鮮卑大人猝跋韓且萬能等帥萬餘落來降。十二月，隆與樹機能大戰，斬之，涼州遂平。

太康元年。漢、魏以來羌胡、鮮卑降者，多處之塞内諸郡，其後數因忿恨，殺害長吏，戎狄强獷，歷古爲患。魏初民少，西北諸郡皆爲戎居，内及京兆、魏郡、弘農往往有之。今雖服從，若百年之後，有風塵之警，胡騎自平陽、上黨不三日而至孟津，北地、西河、太原、馮翊、安定、上郡盡爲狄庭矣。宜及平吴之威，謀臣猛將之略，漸徙内郡雜胡於邊地，峻四夷出入之防，明先王荒服之制，此萬世之長策也。」帝不聽。

惠帝元康四年夏五月，匈奴郝散反，攻上黨，殺長吏。秋八月，郝散帥衆降，馮翊都尉殺之。

六年夏，郝散弟度元與馮翊、北地馬蘭羌、盧水胡俱反，殺北地太守張損，敗馮翊太守歐陽建。

征西大將軍趙王倫與雍州刺史濟南解系爭軍事，更相表奏，朝廷以梁王肜爲征西大將軍，都督雍、凉二州諸軍事。

秋八月，解系爲郝度元所敗，秦、雍、氐、羌悉反，立氐帥齊萬年爲帝，圍涇陽。御史中丞周處彈劾不避權戚，梁王肜嘗違法，處按劾之。冬十一月，詔以處爲建威將軍，與振威將軍盧播俱隸安西將軍夏侯駿，以討齊萬年。中書令陳準言於朝曰：「駿及梁王皆貴戚，非將帥之才，進不求名，退不畏罪。周處吴人，忠直勇果，有仇無援。宜詔積弩將軍孟觀，以精兵萬人爲處前鋒，必能殄寇，不然，梁王當使處先驅，而不救以陷之，其敗必也。」朝廷不從。齊萬年聞處來曰：「周府君嘗爲新平太守，有文武才，若專斷而來，不可當也；或受制於人，此成禽耳。」

七年春正月，齊萬年屯梁山，有衆七萬，梁王肜、夏侯駿使周處以五千兵擊之。處曰：「軍無後繼，必敗，不徒亡身，爲國取恥。」肜、駿不聽，逼遣之。癸丑，處與盧播、解系攻萬年於六陌。處軍士未食，肜促令速進，自旦戰至暮，斬獲甚衆。弦絕矢盡，救兵不至。左右勸處退，處按劍曰：「是吾效節致命之日也。」遂力戰而死。朝廷雖以尤肜，而亦不能罪也。

八年秋九月，張華、陳準以趙王、梁王相繼在關中，皆雍容驕貴，師老無功，乃薦孟觀沈毅有文武材用，使討齊萬年。

九年春正月，孟觀大破氐衆於中亭，獲齊萬年。觀身當矢石，大戰十數，皆破之。

太子洗馬陳留江統以爲戎狄亂華，宜早絕其原，乃作徙戎論以警朝廷，曰：

夫夷、蠻、戎、狄，地在要、荒，禹平九土，而西戎即敘。其性氣貪婪，凶悍不仁，四夷之中，戎、狄爲甚。弱則畏服，强則侵叛。當其强也，以漢之高祖困於白登，孝文軍於霸上；及其弱也，以元、成之微，而單于入朝，此其已然之效也。是以有道之君牧夷狄也，惟以待之有備，禦之有常，雖稽顙執贄，而邊城不弛固守，强暴爲寇，而兵甲不加遠征，期令境内獲安，疆埸不侵而已。

及至周室失統，諸侯專征，封疆不固，而利害異心，戎狄乘間，得入中國，或招誘安撫以爲己用，自是四夷交侵，與中國錯居。及秦始皇并天下，兵威旁達，攘胡走越，當是時，中國無復四夷也。

漢建武中，馬援領隴西太守，討叛羌，徙其餘種於關中，居馮翊、河東空地。數歲之後，族類蕃息，既恃其肥强，且苦漢人侵之。永初之元，羣羌叛亂，覆没將守，屠破城邑，鄧騭敗北，侵及河内，十年之中，夷夏俱敝，任尚、馬賢，僅乃克之。自此之後，餘燼不盡，小有際會，輒復侵叛，中世之寇，惟此爲大。魏興之初，與蜀分隔，疆埸之戎，一彼一此。武帝徙武都氐於秦川，欲以弱寇强國，扞禦蜀虜。此蓋權宜之計，非萬世之利也，今者當之，已受其敝矣。

夫關中土沃物豐，帝王所居，未聞戎狄宜在此土也。非我族類，其心必異。而因其衰敝，遷之畿服，士庶翫習，侮其輕弱，使其怨恨之氣毒於骨髓，至於蕃育衆盛，則坐生其心。以貪悍之性，挾憤怒之情，候隙乘便，輒爲横逆。而居封域之内，無障塞之隔，掩不備之人，收散野之積，故能爲禍滋蔓，暴害不測，此必然之勢，已驗之事也。當今之宜，宜及兵威方盛，衆事未罷，徙馮翊、北地、新平、安定界内諸羌，著先零、罕汧、析支之地，徙扶風、始平、京兆之氐，出還隴右，著陰平、武都之界，廪其道路之糧，令足自致，各附本種，反其舊土，使屬國、撫夷就安集之。戎晋不雜，並得其所，縱有猾夏之心，風塵之警，則絶遠中國，隔閡山河，雖爲寇暴，所害不廣矣。

難者曰：氐寇新平，關中饑疫，百姓愁苦，咸望寧息，而欲使疲悴之衆，徙自猜之寇，恐勢盡力屈，緒業不卒，前害未及弭而後變復横出矣。答曰：子以今者羣氐爲尚挾餘資，悔惡反善，懷我德惠而來柔附乎？將勢窮道盡，智力俱困，懼我兵誅以至於此乎？曰：無有餘力，勢窮道盡故也。然則我能制其短長之命，而令其進退由己矣。夫樂其業者不易事，安其居者無遷志。方其自疑危懼，畏怖促遽，故可制以兵威，使之左右無違也。迨其死亡散流，離逷未鳩，與關中之人户皆爲讎，故可遐遷遠處，令其心不懷土也。夫聖賢之謀事也，爲之於未有，治之於未亂，道不著而平，德不顯而成。其次則能轉禍爲福，因敗爲功，值困必濟，遇否能通。今子遭敝事之終，而不圖更制之始，愛易轍之勤，而遵覆車之軌，何哉？且關中之人百餘萬口，率其少多，戎狄居半，處之與遷，必須口實。若有窮乏，糝粒不繼者，故當傾關中之穀以全其生生之計，必無擠於溝壑，而不爲侵掠之害也。今我遷之，傳食而至，附其種族，自使相贍，而秦地之人得其半穀，此爲濟行者以廪糧，遺居者以積倉，寬關中之逼，去盜賊之原，除旦夕之損，建終年之益。若憚暫舉之小勞，而忘永逸之弘策，惜日月之煩苦，而遺累世之寇敵，非所謂能創業垂統，謀及子孫者也。

并州之胡，本實匈奴桀惡之寇也，建安中，使右賢王去卑誘質呼廚泉，聽其部落散居六郡。咸熙之際，以一部太强，分爲三率，泰始之初，又增爲四。於是劉猛内叛，連結外虜。近者郝散之變，發於穀遠。今五部之衆，户至數萬，人口之盛，過於西戎，其天性驍勇，弓馬便利，倍於氐、羌。若有不虞，風塵之慮，則并州之域可爲寒心。

正始中，毌丘儉討句驪，徙其餘種於滎陽。始徙之時，户落百數，子孫孳息，今以千計，數世之後，必至殷熾。今百姓失職，猶或亡叛，犬馬肥充，則有噬齧。况於夷狄，能不爲變，但顧其微弱，勢力不逮耳。夫爲邦者，憂不在寡而在不安，以四海之廣，士民之富，豈須夷虜在内然後取足哉！此等皆可申諭發遣，還其本域，慰彼羈旅懷土之思，釋我華夏纖介之憂，「惠此中國，以綏四方」，德施永世，於計爲長也。

朝廷不能用。

陳敏之叛

晋惠帝太安二年〔夏五月〕，新野莊王歆，爲政嚴急，失蠻夷心，義陽蠻張昌聚黨數千人，欲爲亂。荆州以壬午詔書發武勇赴益州討李流，號「壬午兵」。民憚遠征，皆不欲行。詔書督遣嚴急，所經之界停留五日者，二千石免官。由是郡縣官長皆親出驅逐，展轉不遠，輒復屯聚爲羣盜。時江夏大稔，民就食者數千口。張昌因之，誑惑百姓，更姓名曰李辰，募衆於安陸石巖山，諸流民及避戍役者多往從之。太守弓欽遣兵討之，不勝。昌遂攻郡，欽兵敗，與部將朱伺奔武昌。歆遣騎督靳滿討之，滿復敗走。

昌遂據江夏，造妖言云：「當有聖人出爲民主。」得山都縣吏丘沈，更其姓名曰劉尼，詐云漢後，奉以爲天子，曰：「此聖人也。」昌自爲相國。詐作鳳皇玉璽之瑞，建元神鳳，郊祀、服色悉依漢故事。有不應募者，族誅之，士民莫敢不從。又流言云：「江、淮已南皆反，官軍大起，當悉誅之。」互相扇動，人情惶懼，江、沔間所在起兵以應昌，旬月間衆至三萬，皆著絳帽，以馬尾作髯。詔遣監軍華宏討之，敗于障山。

歆上言：「妖賊犬羊萬計，絳頭毛面，挑刀走戟，其鋒不可當。請臺敕諸軍三道救助。」朝廷以屯騎校尉劉喬爲豫州刺史，寧朔將軍沛國劉弘爲荆州刺史，又詔河間王顒遣雍州刺史劉沈將州兵萬人并征西府五千人出藍田關以討昌。顒不奉詔，沈自領州兵至藍田，顒又逼奪其衆。於是劉喬屯汝南，劉弘及前將軍趙驤、平南將軍羊伊屯宛。昌遣其將黄林帥二萬人向豫州，劉喬擊卻之。昌至樊城，歆出拒之，衆潰，爲昌所殺。詔以劉弘代歆爲鎮南將軍，都督荆州諸軍事。

秋七月，張昌黨石冰寇揚州，敗刺史陳徽，諸郡盡没。又攻破江州，别將陳貞等攻武陵、零陵、豫章、武昌、長沙，皆陷之。臨淮人封雲起兵寇徐州以應冰。於是荆、江、揚、豫、徐五州之境，多爲昌所據。昌更置牧守，皆桀盜小人，專以劫掠爲務。劉弘遣陶侃等攻昌於竟陵，劉喬遣其將李楊等向江夏。侃等屢與昌戰，大破之，前後斬首數萬級，昌逃于下儁山，其衆悉降。

冬十二月，議郎周玘、前南平内史長沙王矩起兵江東以討石冰，推前吴興太守吴郡顧祕都督揚州九郡諸軍事，傳檄州郡，殺冰所署將吏。於是前侍御史賀循起兵於會稽，廬江内史廣陵華譚及丹楊葛洪、甘卓皆起兵以應祕。玘，處之子；循，邵之子；卓，寧之曾孫也。

冰遣其將羌毒帥兵數萬拒玘，玘擊斬之。冰自臨淮退趨壽春。征東將軍劉準聞冰至，惶懼不知所爲，廣陵度支廬江陳敏統衆在壽春，謂準曰：「此等本不樂遠戍，逼迫成賊，烏合之衆，其勢易離，敏請督帥運兵爲公破之。」準乃益敏兵，使擊之。

永興元年二月，陳敏與石冰戰數十合，冰衆十倍於敏，敏擊之，所嚮皆捷，遂與周玘合攻冰於建康。三月，冰北走投封雲，雲司馬張統斬冰及雲以降，揚、徐二州平。周玘、賀循皆散衆還家，不言功賞。朝廷以陳敏爲廣陵相。

秋八月，荆州兵擒斬張昌，同黨皆夷三族。

二年。初，陳敏既克石冰，自謂勇略無敵，有割據江東之志。其父怒曰：「滅我門者，必此兒也。」遂以憂卒。敏以喪去職，司空越起敏爲右將軍、前鋒都督。越爲劉祐所敗，敏請東歸收兵，遂據歷陽叛。吴王常侍甘卓棄官東歸，至歷陽，敏爲子景娶卓女，使卓假稱皇太弟令，拜敏揚州刺史。

敏使弟恢及别將錢端等南略江州，弟斌東略諸郡，江州刺史應邈、揚州刺史劉機、丹楊太守王曠皆棄官走。敏遂據有江東，以顧榮爲右將軍，賀循爲丹楊内史，周玘爲安豐太守，凡江東豪桀、名士，咸加收禮，爲將軍、郡守者四十餘人。或有老疾，就加秩命。循詐爲狂疾，得免，乃以榮領丹楊内史。玘亦稱疾，不之郡。敏疑諸名士終不爲己用，欲盡誅之。榮説敏曰：「中國喪亂，胡夷内侮，觀今日之勢，不能復振，百姓將無遺種。江南雖經石冰之亂，人物尚全，榮常憂無孫、劉之主有以存之。今將軍神武不世，勳效已著，帶甲數萬，舳艫山積。若能委信君子，使各得盡懷，散蔕芥之嫌，塞讒諂之口，則上方數州可傳檄而定，不然終不濟也。」敏乃止。敏命僚佐推己爲都督江東諸軍事、大司馬、楚公，加九錫，列上尚書，稱被中詔，自江入沔、漢，奉迎鑾駕。

太宰顒以張光爲順陽太守，帥步騎五千詣荆州討敏。劉弘遣江夏太守陶侃、武陵太守苗光屯夏口，又遣南平太守汝南應詹督水軍以繼之。

侃與敏同郡，又同歲舉吏。隨郡内史扈懷言於弘曰：「侃居大郡，統强兵，脱有異志，則荆州無東門矣。」弘曰：「侃之忠能，吾得之已久，必無是也。」侃聞之，遣子洪及兄子臻詣弘以自固，弘引爲參軍，資而遣之，曰：「賢叔征行，君祖母年高，便可歸也。匹夫之交尚不負心，況大丈夫乎！」

敏以陳恢爲荆州刺史，寇武昌，弘加侃前鋒督護以禦之。侃以運船爲戰艦，或以爲不可。侃曰：「用官船擊官賊，何爲不可？」侃與恢戰，屢破之。又與皮初、張光、苗光共破錢端於長岐。南陽太守衛展説弘曰：「張光，太宰腹心，公既與東海，宜斬光以明向背。」弘曰：「宰輔得失，豈張光之罪。危人自安，君子弗爲也。」乃表光殊勳，乞加遷擢。

懷帝永嘉元年，陳敏刑政無章，不爲英俊所附，子弟凶暴，所在爲患。顧榮、周玘等憂之。廬江内史華譚遺榮等書曰：「陳敏盜據吴會，命危朝露。諸君或剖符名郡，或列爲近臣，而更辱身姦人之朝，降節叛逆之黨，不亦羞乎？吴武烈父子皆以英傑之才，繼承大業。今以陳敏凶狡，七弟頑冗，欲躡桓王之高蹤，蹈大皇之絶軌，遠度諸賢，猶當未許也。皇輿東返，俊彦盈朝，將舉六師以清建業，諸賢何顔復見中州之士邪！」榮等素有圖敏之心，及得書，甚慚，密遣使報征東大將軍劉準，使發兵臨江，己爲内應，翦髮爲信。準遣揚州刺史劉機等出歷陽討敏。

敏使其弟廣武將軍昶將兵數萬屯烏江，歷陽太守宏屯牛渚。敏弟處知顧榮等有貳心，勸敏殺之，敏不從。昶司馬錢廣，周玘同郡人也。玘密使廣殺昶，因宣言「州下已殺敏，敢動者誅三族」。廣勒兵朱雀橋南。敏遣甘卓討廣，堅甲精兵盡委之。顧榮慮敏疑之，故往就敏。敏曰：「卿當四出鎮衛，豈得就我邪！」榮乃出，與周玘共説甘卓曰：「若江東之事可濟，當共成之。然卿觀兹事勢，當有濟理不？敏既常才，政令反覆，計無所定，其子弟各已驕矜，其敗必矣。而吾等安然受其官禄，事敗之日，使江西諸軍函首送洛，題曰『逆賊顧榮、甘卓之首』，此萬世之辱也。」卓遂詐稱疾，迎女，斷橋，收船南岸，與玘、榮及前松滋侯相丹楊紀瞻共攻敏。

敏自帥萬餘人討卓，軍人隔水語敏衆曰：「本所以戮力陳公者，正以顧丹楊、周安豐耳。今皆異矣，汝等何爲？」敏衆狐疑未決，榮以白羽扇麾之，衆皆潰去。敏單騎北走，追獲之於江乘，歎曰：「諸人誤我，以至今日！」謂弟處曰：「我負卿，卿不負我。」遂斬敏於建業，夷三族。於是會稽等郡盡殺敏諸弟。

時平東將軍周馥代劉準鎮壽春。三月己未朔，馥傳敏首至京師。詔徵顧榮爲侍中，紀瞻爲尚書郎。太傅越辟周玘爲參軍，陸玩爲掾。玩，機之從弟也。榮等至徐州，聞北方愈亂，疑不進。越與徐州刺史裴盾書曰：「若榮等顧望，以軍禮發遣。」榮等懼，逃歸。盾，楷之兄子，越妃兄也。

通鑑紀事本末卷第十二

西晉之亂　賈氏　諸王　胡羯　江左中興附

魏元帝咸熙元年。初，晉王娶王肅之女，生炎及攸，以攸繼景王後。攸性孝友，多材藝，清和平允，名聞過於炎。晉王愛之，常曰：「天下者，景王之天下也，吾攝居相位，百年之後，大業宜歸攸。」炎立髮委地，手垂過膝，嘗從容問裴秀曰：「人有相否？」因以異相示之，秀由是歸心。羊琇與炎善，爲炎畫策，察時政所宜損益，皆令炎豫記之，以備晉王訪問。晉王欲以攸爲世子，山濤曰：「廢長立少，違禮不祥。」賈充曰：「中撫軍有君人之德，不可易也。」何曾、裴秀曰：「中撫軍聰明神武，有超世之才，人望既茂，天表如此，固非人臣之相也。」晉王由是意定，丙午，立炎爲世子。

晉武帝泰始元年五月，魏帝加文王殊禮，進王妃曰后，世子曰太子。秋八月辛卯，文王卒，太子嗣爲晉王。

冬十二月壬戌，魏帝禪位于晉。丙寅，王即皇帝位。丁卯，封皇叔祖父孚爲安平王，叔父幹爲平原王，亮爲扶風王，伷爲東莞王，駿爲汝陰王，肜爲梁王，倫爲琅邪王，弟攸爲齊王，鑒爲樂安王，機爲燕王。又封羣從司徒望等十七人皆爲王。帝懲魏氏孤立之敝，故大封宗室，授以職任。又詔諸王皆得自選國中長吏。衛將軍齊王攸獨不敢，皆令上請。

三年春正月丁卯，立子衷爲皇太子。

七年。侍中、尚書令、車騎將軍賈充，自文帝時寵任用事，帝之爲太子，充頗有力，故益有寵於帝。充爲人巧諂，與太尉行太子太傅荀顗、侍中中書監荀勖、越騎校尉安平馮紞相爲黨友，朝野惡之。帝問侍中裴楷以方今得失，對曰：「陛下受命，四海承風，所以未比德於堯、舜者，但以賈充之徒尚在朝耳。宜引天下賢人，與弘政道，不宜示人以私。」侍中樂安任愷、河南尹潁川庾純皆與充不協，充欲解其近職，乃薦愷忠貞，宜在東宮；帝以愷爲太子少傅，而侍中如故。會樹機能亂秦、雍，帝以爲憂，愷曰：「宜得威望重臣有智略者以鎮撫之。」帝曰：「誰可者？」愷因薦充，純亦稱之。秋七月癸酉，以充爲都督秦、涼二州諸軍事，侍中、車騎將軍如故；充患之。

冬十一月，賈充將之鎮。公卿餞於夕陽亭。充私問計於荀勖，勖曰：「公爲宰相，乃爲一夫所制，不亦鄙乎！然是行也，辭之實難，獨有結婚太子，可不辭而自留矣。」充曰：「然。孰可寄懷？」勖曰：「勖請言之。」因謂馮紞曰：「賈公遠出，吾等失勢。太子婚尚未定，何不勸帝納賈公之女乎？」紞亦然之。初，帝將納衛瓘女爲太子妃，充妻郭槐賂楊后左右，使后説帝求納其女。帝曰：「衛公女有五可，賈公女有五不可。衛氏種賢而多子，美而長、白；賈氏種妬而少子，醜而短、黑。」后固以爲請，荀顗、荀勗、馮紞皆稱充女絶美，且有才德，帝遂從之。留充復居舊任。

八年春二月辛卯，皇太子納賈妃。妃年十五，長於太子二歲。妬忌多權詐，太子嬖而畏之。秋七月，以賈充爲司空，侍中、尚書令、領兵如故。

十年秋七月丙寅，皇后楊氏殂。初，帝以太子不慧，恐不堪爲嗣，常密以訪后。后曰：「立子以長不以賢，豈可動也！」鎮軍大將軍胡奮女爲貴嬪，有寵於帝，后疾篤，恐帝立貴嬪爲后，致太子不安，枕帝膝泣曰：「叔父駿女芷有德色，願陛下以備六宫。」帝流涕許之。

咸寧二年。初，齊王攸有寵於文帝，每見攸，輒撫牀呼其小字曰：「此桃符座也！」幾爲太子者數矣。臨終，爲帝敍漢淮南王、魏陳思王事而泣，執攸手以授帝。太后臨終，亦流涕謂帝曰：「桃符性急，而汝爲兄不慈。我若不起，必恐汝不能相容，以是屬汝，勿忘我言！」及帝疾甚，朝野皆屬意於攸。攸妃，賈充之長女也。河南尹夏侯和謂充曰：「卿二壻，親疏等耳。立人當立德。」充不答。攸素惡荀勗及左衛將軍馮紞傾諂，勗乃使紞説帝曰：「陛下前日疾若不愈，齊王爲公卿百姓所歸，太子雖欲高讓，其得免乎！宜遣還藩，以安社稷。」帝陰納之，乃徙和爲光禄勳，奪充兵權，而位遇無替。

冬十月丁卯，立皇后楊氏，大赦。后，元皇后之從妹也，美而有婦德。帝初聘后，后叔父珧上表曰：「自古一門二后，未有能全其宗者。乞藏此表於宗廟，異日如臣之言，得以免禍。」帝許之。十二月，以后父鎮軍將軍駿爲車騎將軍，封臨晉侯。尚書褚䂮、郭奕皆表「駿小器，不可任社稷之重」。帝不從。駿驕傲自得，胡奮謂駿曰：「卿恃女更益豪邪！歷觀前世，與天家婚，未有不滅門者，但早晚事耳。」駿曰：「卿女不在天家乎？」奮曰：「我女與卿女作婢耳，何能爲損益乎！」

三年秋七月，衛將軍楊珧等建議，以爲「古者封建諸侯，所以藩衛王室。今諸王公皆在京師，非扞城之義。又異姓諸將居邊，宜參以親戚」。帝乃詔諸王各以户邑多少爲三等：大國置三軍，五千人；次國二軍，三千人；小國一軍，一千一百人。諸王爲都督者，各徙其國使相近。八月癸亥，徙扶風王亮爲汝南王，出爲鎮南大將軍，都督豫州諸軍事；琅邪王倫爲趙王，督鄴城守事；勃海王輔爲太原王，監并州諸軍事。以東莞王伷在徐州，徙封琅邪王；汝陰王駿在關中，徙封扶風王。又徙太原王顒爲河間王，汝南王柬爲南陽王。輔，孚之子；顒，孚之孫也。其無官者，皆遣就國。諸王公戀京師，皆涕泣而去。又封皇子瑋爲始平王，允爲濮陽王，該爲新都王，遐爲清河王。其異姓之臣，有大功者，皆封郡公、郡侯。

四年冬十月，徵征北大將軍衞瓘爲尚書令。是時，朝野咸知太子昏愚，不堪爲嗣，瓘每欲陳啓而未敢發。會侍宴陵雲臺，瓘陽醉，跪帝牀前曰：「臣欲有所啓。」帝曰：「公所言何邪？」瓘欲言而止者三，因以手撫牀曰：「此座可惜！」帝意悟，因謬曰：「公真大醉邪？」瓘於此不復有言。帝悉召東宮官屬，爲設宴會，而密封尚書疑事，令太子決之。賈妃大懼，倩外人代對，多引古義。給使張泓曰：「太子不學，陛下所知，而答詔多引古義，必責作草主，更益譴負，不如直以意對。」妃大喜，謂泓曰：「便爲我好答，富貴與汝共之。」泓即具草，令太子自寫，帝省之甚悅。先以示瓘，瓘大踧踖，衆人乃知瓘嘗有言也。賈充密遣人語妃云：「衞瓘老奴，幾破汝家！」

太康元年。侍御史郭欽上疏，請徙內郡羌胡、鮮卑於邊地，帝不聽。事見羌胡之叛。

二年。帝既平吴，頗事遊宴，怠於政事，掖庭殆將萬人。后父楊駿及弟珧、濟始用事，交通請謁，勢傾內外，時人謂之「三楊」，舊臣多被疏退。山濤數有規諷，帝雖知而不能改。

三年春正月，帝喟然問司隸校尉劉毅曰：「朕可方漢之何帝？」對曰：「桓、靈。」帝曰：「何至於此？」對曰：「桓、靈賣官錢入官庫，陛下賣官錢入私門，以此言之，殆不如也。」帝大笑曰：「桓、靈之世，不聞此言，今朕有直臣，固爲勝之。」

尚書張華，以文學才識，名重一時，論者皆謂華宜爲三公。中書監荀勖、侍中馮紞，以伐吴之謀深疾之。會帝問華：「誰可託後事者？」華對以「明德至親，莫如齊王」。由是忤旨，勖因而譖之。甲午，以華都督幽州諸軍事。

齊王攸德望日隆，荀勖、馮紞、楊珧皆惡之。紞言於帝曰：「陛下詔諸侯之國，宜從親者始。親者莫如齊王，今獨留京師，可乎？」勖曰：「百僚内外皆歸心齊王，陛下萬歲後，太子不得立矣。陛下試詔齊王之國，必舉朝以爲不可，則臣言驗矣。」帝以爲然。冬十二月甲申，詔曰：「古者九命作伯，或入毗朝政，或出御方嶽，其揆一也。侍中、司空齊王攸，佐命立勳，劬勞王室，其以爲大司馬、都督青州諸軍事，侍中如故，仍加崇典禮，主者詳案舊制施行。」以汝南王亮爲太尉、録尚書事、領太子太傅，光禄大夫山濤爲司徒，尚書令衛瓘爲司空。

征東大將軍王渾上書，以爲：「攸至親，盛德侔於周公，宜贊皇朝，與聞政事。今出攸之國，假以都督虚號，而無典戎幹方之實，虧友于款篤之義，懼非陛下追述先帝、文明太后待攸之宿意也。若以同姓寵之太厚，則有吴、楚逆亂之謀，漢之吕、霍、王氏皆何人也！歷觀古今，苟事之輕重所在，無不爲害，唯當任正道而求忠良耳。若以智計猜物，雖親見疑，至於疏者，庸可保乎！愚以爲太子太保缺，宜留攸居之，與汝南王亮、楊珧共幹朝事。

三人齊位，足相持正，既無偏重相傾之勢，又不失親親仁覆之恩，計之盡善者也。」於是扶風王駿、光禄大夫李憙、中護軍羊琇、侍中王濟、甄德皆切諫，帝並不從。濟使其妻常山公主及德妻長廣公主俱入，稽顙涕泣，請帝留攸。帝怒，謂侍中王戎曰：「兄弟至親，今出齊王，自是朕家事，而甄德、王濟連遣婦來生哭人邪！」乃出濟爲國子祭酒，德爲大鴻臚。羊琇與北軍中候成粲謀見楊珧，手刃殺之。珧知之，辭疾不出，諷有司奏琇，左遷太僕。琇憤怨，發病卒。李憙亦以年老遜位，卒於家。

四年春正月，帝命太常議崇錫齊王之物。博士庾旉、太叔廣、劉暾、繆蔚、郭頤、秦秀、傅珍上表曰：「昔周選建明德以左右王室，周公、康叔、聃季皆入爲三公，明股肱之任重，守地之位輕也。漢諸王侯，位在丞相、三公上，其入讚朝政者乃有兼官，其出之國亦不復假台司虛名爲隆寵也。今使齊王賢邪，則不宜以母弟之親尊，居魯、衛之常職；不賢邪，不宜大啓土宇，表建東海也。古禮，三公無職，坐而論道，不聞以方任嬰之。惟宣王救急朝夕，然後命召穆公征淮夷，故其詩曰『徐方不回，王曰旋歸』，宰相不得久在外也。今天下已定，六合爲家，將數延三事，與論太平之基，而更出之去王城二千里，違舊章矣。」旉，純之子；暾，毅之子也。旉既具草，先以呈純，純不禁。事過太常鄭默、博士祭酒曹志，志愴然歎曰：「安有如此之才，如此之親，不得樹本助化，而遠出海隅！晉室之隆，其殆矣乎！」乃奏議曰：「古之夾輔王室，同姓則周公，異姓則太公，皆身居朝廷，五世反葬。及其衰也，雖有五霸代興，豈與周、召之治同日而論哉！自羲皇以來，豈一姓所能獨有？當推至公之心，與天下共其利害，乃能享國久長。是以秦、魏欲獨擅其權而纔得没身，周、漢能分其利而親疏爲用，此前事之明驗也。志以爲當如博士等議。」帝覽之大怒，曰：「曹志尚不明吾心，况四海乎！」且謂：「博士不答所問，而答所不問，横造異論。」下有司策免鄭默。於是尚書朱整、褚䂮等奏：「志等侵官離局，迷罔朝廷，崇飾惡言，假託無諱。請收志等付廷尉科罪。」詔免志官，以公還第，其餘皆付廷尉科罪。

庾純詣廷尉自首：「旉以議草見示，愚淺聽之。」詔免純罪。廷尉劉頌奏旉等大不敬，當棄市。尚書奏請報聽廷尉行刑。尚書夏侯駿曰：「官立八座，正爲此時。」乃獨爲駁議。左僕射下邳王晃亦從駿議。奏留中七日，乃詔曰：「旉是議主，應爲戮首；但旉家人自首，宜并廣等七人皆丐其死命，並除名。」

二月，詔以濟南郡益齊國。己丑，立齊王攸子長樂亭侯寔爲北海王。命攸備物典策，設軒(轅)〔縣〕之樂，六佾之舞，黄鉞朝車，乘輿之副從焉。

三月，齊獻王攸憤怨發病，乞守先后陵。帝不許，遣御醫診視，諸醫希旨，皆言無疾。

河南尹向雄諫曰：「陛下子弟雖多，然有德望者少。齊王卧居京邑，所益實深，不可不思也。」帝不納，雄憤恚而卒。攸疾轉篤，帝猶催上道。攸自强入辭，素持容儀，疾雖困，尚自整厲，舉止如常，帝益疑其無疾。辭出數日，歐血而薨。帝往臨喪，攸子冏號踊，訴父病爲醫所誣。詔即誅醫，以冏爲嗣。

初，帝愛攸甚篤，爲荀勗、馮紞等所構，欲爲身後之慮，故出之。及薨，帝哀慟不已。馮紞侍側，曰：「齊王名過其實，天下歸之，今自薨殞，社稷之福也，陛下何哀之過！」帝收淚而止。詔攸喪禮依安平獻王故事。攸舉動以禮，鮮有過事，雖帝亦敬憚之。每引之同處，必擇言而後發。

十年，帝極意聲色，遂至成疾。楊駿忌汝南王亮，排出之。冬十一月甲申，以亮爲侍中、大司馬、假黄鉞、大都督，督豫州諸軍事，鎮許昌；徙南陽王柬爲秦王，都督關中諸軍事；始平王瑋爲楚王，都督荆州諸軍事；濮陽王允爲淮南王，都督揚、江二州諸軍事；並假節之國。立皇子乂爲長沙王，穎爲成都王，晏爲吴王，熾爲豫章王，演爲代王，皇孫遹爲廣陵王。又封淮南王子迪爲漢王，楚王子儀爲毗陵王，徙扶風王暢爲順陽王，暢弟歆爲新野公。暢，駿之子也。琅邪王覲弟澹爲東武公，繇爲東安公。覲，伷之子也。

初，帝以才人謝玖賜太子，生皇孫遹。宫中嘗夜失火，帝登樓望之，遹年五歲，牽帝裾入闈中曰：「暮夜倉猝，宜備非常，不可令照見人主。」帝由是奇之。嘗對羣臣稱遹似宣帝，故天下咸歸仰之。帝知太子不才，然恃遹明慧，故無廢立之心。復用王佑之謀，以太子母弟柬、瑋、允分鎮要害。又恐楊氏之偪，復以佑爲北軍中候，典禁兵。帝爲皇孫遹高選僚佐，以散騎常侍劉寔志行清素，命爲廣陵王傅。

惠帝永熙元年春三月，帝疾篤，未有顧命。勳舊之臣多已物故，侍中、車騎將軍楊駿獨侍疾禁中，大臣皆不得在左右。駿因輒以私意改易要近，樹其心腹。會帝小間，見其新所用者，正色謂駿曰：「何得便爾！」時汝南王亮尚未發，乃令中書作詔，以亮與駿同輔政，又欲擇朝士有聞望者數人佐之。駿從中書借詔觀之，得便藏去，中書監華廙恐懼，自往索之，終不與。會帝復迷亂，皇后奏以駿輔政，帝頷之。夏四月辛丑，皇后召華廙及中書令何劭，口宣帝旨作詔，以駿爲太尉、太子太傅、都督中外諸軍事、侍中、録尚書事。詔成，后對廙、劭以呈帝，帝視而無言。廙，歆之孫；劭，曾之子也。遂趣汝南王亮赴鎮。帝尋小間，問「汝南王來未？」左右言「未至」。帝遂困篤。己酉，崩于含章殿。帝宇量弘厚，明達好謀，容納直言，未嘗失色於人。太子即皇帝位，大赦，改元。尊皇后曰皇太后，立妃賈氏爲皇后。

楊駿入居太極殿，梓宫將殯，六宫出辭，而駿不下殿，以虎賁百人自衛。詔石鑒與中護軍張劭監作山陵。汝南王亮畏駿，不敢臨喪，哭於大司馬門外。出營城外，表求過葬而行。或告亮欲舉兵討駿者，駿大懼，白太后，令帝爲手詔與石鑒、張劭，使帥陵兵討亮。劭，駿甥也，即帥所領趨鑒速發。鑒以爲不然，保持之。亮問計於廷尉何勗，勗曰：「今朝野皆歸心於公，公不討人而畏人討邪！」亮不敢發，夜馳赴許昌，乃得免。駿弟濟及甥河南尹李斌皆勸駿留亮，駿不從。濟謂尚書左丞傅咸曰：「家兄若徵大司馬，退身避之，門户庶幾可全。」咸曰：「宗室外戚，相恃爲安。但召大司馬還，共崇至公以輔政，無爲避也。」濟又使侍中石崇見駿言之，駿不從。

五月辛未，葬武帝于峻陽陵。

楊駿自知素無美望，欲依魏明帝即位故事，普進封爵，以求媚於衆。左軍將軍傅祗與駿書曰：「未有帝王始崩，臣下論功者也。」駿不從。祗，嘏之子也。丙子，詔中外羣臣皆增位一等，預喪事者增二等，二千石已上皆封關中侯，復租調一年。散騎常侍石崇、散騎侍郎何攀共上奏，以爲「帝正位東宮二十餘年，今承大業，而班賞行爵，優於泰始革命之初及諸將平吴之功，輕重不稱。且大晋卜世無窮，今之開制，當垂于後，若有爵必進，則數世之後，莫非公侯矣」。不從。

詔以太尉駿爲太傅、大都督、假黄鉞，録朝政，百官總己以聽。傅咸謂駿曰：「諒闇不行久矣。今聖上謙冲，委政於公，而天下不以爲善，懼明公未易當也。周公大聖，猶致流言，况聖上春秋非成王之年乎！竊謂山陵既畢，明公當審思進退之宜。苟有以察其忠款，言豈在多！」駿不從。咸數諫駿，駿漸不平，欲出咸爲郡守。李斌曰：「斥逐正人，將失人望。」乃止。楊濟遺咸書曰：「諺云：『生子癡，了官事。』官事未易了也。想慮破頭，故具有白。」咸復書曰：「衛公有言：『酒色殺人，甚於作直。』坐酒色死，人不爲悔，而逆畏以直致禍，此由心不能正，欲以苟且爲明哲耳。自古以直致禍者，當由矯枉過正，或不忠篤，欲以亢厲爲聲，故致忿耳，安有悾悾忠益而返見怨疾乎！」

楊駿以賈后險悍，多權略，忌之，故以其甥段廣爲散騎常侍，管機密；張劭爲中護軍，典禁兵。凡有詔命，帝省訖，入呈太后，然後行之。

駿爲政嚴碎專愎，中外多惡之。馮翊太守孫楚謂駿曰：「公以外戚居伊、霍之任，當以至公、誠信、謙順處之。今宗室强盛，而公不與共參萬機，内懷猜忌，外樹私昵，禍至無日矣！」駿不從。楚，資之孫也。

弘訓少府蒯欽，駿之姑子也，數以直言犯駿，他人皆爲之懼。欽曰：「楊文長雖闇，猶知人之無罪不可妄殺，不過疏我，我得疏，乃可以免，不然，與之俱族矣。」

駿辟匈奴東部人王彰爲司馬，彰逃避不受。其友新興張宣子怪而問之，彰曰：「自古一姓二后，未有不敗。況楊太傅昵近小人，疏遠君子，專權自恣，敗無日矣。吾踰海出塞以避之猶恐及禍，奈何應其辟乎！且武帝不惟社稷大計，嗣子既不克負荷，受遺者復非其人，天下之亂，可立待也。」

秋八月壬午，立廣陵王遹爲皇太子。以中書監何劭爲太子太師，衛尉裴楷爲少師，吏部尚書王戎爲太傅，前太常張華爲少傅，衛將軍楊濟爲太保，尚書和嶠爲少保。拜太子母謝氏爲淑媛。賈后常置謝氏於別室，不聽與太子相見。初，和嶠嘗從容言於武帝曰：「皇太子有淳古之風，而末世多僞，恐不了陛下家事。」武帝默然。後與荀勗等同侍武帝，武帝曰：「太子近入朝差長進，卿可俱詣之，粗及世事。」既還，勗等並稱太子明識雅度，誠如明詔。嶠曰：「聖質如初。」武帝不悦而起。及帝即位，嶠從太子遹入朝，賈后使帝問曰：「卿昔謂我不了家事，今日定如何？」嶠曰：「臣昔事先帝，曾有斯言。言之不效，國之福也。」

元康元年。初，賈后之爲太子妃也，嘗以妬，手殺數人，又以戟擲孕妾，子隨刃墮。武帝大怒，脩金墉城，將廢之。荀勗、馮紞、楊珧及充華趙粲共營救之，曰：「賈妃年少，妬者婦人常情，長自當差。」楊后曰：「賈公閭有大勳於社稷，妃親其女，正復妬忌，豈可遽忘其先德邪！」妃由是得不廢。

后數誡厲妃，妃不知后之助己，返以后爲構己於武帝，更恨之。及帝即位，賈后不肯以婦道事太后，又欲干預政事，而爲太傅駿所抑。殿中中郎渤海孟觀、李肇，皆駿所不禮也，陰構駿，云將危社稷。黄門董猛，素給事東宫，爲寺人監，賈后密使猛與觀、肇謀誅駿，廢太后。又使肇報汝南王亮，使舉兵討駿，亮不可。肇報都督荆州諸軍事楚王瑋，瑋欣然許之，乃求入朝。駿素憚瑋勇鋭，欲召之而未敢，因其來朝，遂聽之。二月癸酉，瑋及都督揚州諸軍事淮南王允來朝。

三月辛卯，孟觀、李肇啓帝，夜作詔，誣駿謀反，中外戒嚴，遣使奉詔廢駿，以侯就第。命東安公繇帥殿中四百人討駿，楚王瑋屯司馬門，以淮南相劉頌爲三公尚書，屯衛殿中。段廣跪言於帝曰：「楊駿孤公無子，豈有反理，願陛下審之！」帝不答。

時駿居曹爽故府，在武庫南，聞内有變，召衆官議之。太傅主簿朱振説駿曰：「今内有變，其趣可知，必是閹豎爲賈后設謀，不利於公，宜燒雲龍門以脅之，索造事者，首開萬春門，引東宫及外營兵擁皇太子入宫，取姦人，殿内振懼，必斬送之。不然，無以免難。」駿素怯懦，不決，乃曰：「雲龍門，魏明帝所造，功費甚大，奈何燒之！」侍中傅祗白駿，請與尚書武茂入宫觀察事勢，因謂羣僚曰：「宫中不宜空。」遂揖而下階。衆皆走，茂猶坐。祗顧曰：「君非天子臣邪？今内外隔絶，不知國家所在，何得安坐！」茂乃驚起。駿黨左軍將軍劉豫陳兵在門，過右軍將軍裴頠，問太傅所在，頠紿之曰：「向於西掖門遇公乘素車，從二人西出矣。」豫曰：「吾何之？」頠曰：「宜至廷尉。」豫從頠言，遂委而去。尋詔頠代豫領左軍將軍，屯萬春門。頠，秀之子也。皇太后題帛爲書射之城外，曰「救太傅者有賞」，賈后因宣言太后同反。尋而殿中兵出燒駿府，又令弩士於閣上臨駿府而射之，駿兵皆不得出。駿逃于馬廐，就殺之。孟觀等遂收駿弟珧、濟、張劭、李斌、段廣、劉豫、武茂及散騎常侍楊邈、中書令蔣駿、東夷校尉文鴦，皆夷三族，死者數千人。

珧臨刑告東安公繇曰：「表在石函，可問張華。」衆謂宜依鍾毓例爲之申理，繇不聽，而賈氏族黨趣使行刑。珧號叫不已，刑者以刀破其頭。繇，諸葛誕之外孫也，故忌文鴦，誣以爲駿黨而誅之。是夜，誅賞皆自繇出，威振内外。王戎謂繇曰：「大事之後，宜深遠權勢。」繇不從。

壬辰，赦天下，改元。

賈后矯詔，使後軍將軍荀悝送太后于永寧宫，特全太后母高都君龐氏之命，聽就太后居。尋復諷羣公有司奏曰：「皇太后陰漸姦謀，圖危社稷，飛箭繫書，要募將士，同惡相濟，自絶于天。魯侯絶文姜，春秋所許。蓋奉祖宗，任至公於天下，陛下雖懷無已之情，臣下不敢奉詔。」詔曰：「此大事，更詳之。」有司又奏：「宜廢皇太后爲峻陽庶人。」中書監張華議：「皇太后非得罪於先帝，今黨其所親，爲不母於聖世，宜依漢廢趙太后爲孝成后故事，貶皇太后之號，還稱武皇后，居異宫，以全始終之恩。」左僕射荀愷與太子少師下邳王晃等議曰：「皇太后謀危社稷，不可復配先帝，宜貶尊號，廢詣金墉城。」於是有司奏請從晃等議，廢太后爲庶人，詔可。又奏：「楊駿造亂，家屬應誅，詔原其妻龐命，以慰太后之心。今太后廢爲庶人，請以龐付廷尉行刑。」詔不許。有司復固請，乃從之。龐臨刑，太后抱持號叫，截髮稽顙，上表詣賈后稱妾，請全母命，不見省。董養遊太學，升堂歎曰：「朝廷建斯堂，將以何爲乎？每覽國家赦書，謀反大逆皆赦，至於殺祖父母、父母不赦者，以爲王法所不容故也。奈何公卿處議，文飾禮典，乃至此乎！天人之理既滅，大亂將作矣！」

有司收駿官屬，欲悉誅之。侍中傅祗啓曰：「昔魯芝爲曹爽司馬，斬關赴爽，宣帝用爲青州刺史。駿之僚佐，不可悉加罪。」詔赦之。

壬寅，徵汝南王亮爲太宰，與太保衛瓘皆録尚書事，輔政。以秦王柬爲大將軍，東平王楙爲撫軍大將軍，楚王瑋爲衛將軍、領北軍中候，下邳王晃爲尚書令，東安公繇爲尚書左僕射，進爵爲王。楙，望之子也。封董猛爲武安侯，三兄皆爲亭侯。

亮欲取悦衆心，論誅楊駿之功，督將侯者千八十一人。御史中丞傅咸遺亮書曰：

「今封賞熏赫，震動天地，自古以來，未之有也。無功而獲厚賞，則人莫不樂國之有禍，是禍原無窮也。凡作此者，由東安公。人謂殿下既至，當有以正之。正之以道，衆亦何怒？衆之所怒者，在於不平耳，而今皆更倍論，莫不失望！」亮頗專權勢，咸復諫曰：「楊駿有震主之威，委任親戚，此天下所以諠譁。今之處重，宜反此失，静默頤神，有大得失，乃維持之，自非大事，一皆抑遣。比過尊門，冠蓋車馬，填塞街衢，此之翕習，既宜弭息。又夏侯長容無功而暴擢爲少府，論者謂長容，公之姻家，故至於此。流聞四方，非所以爲益也！」亮皆不從。

賈后族兄車騎司馬模、從舅右衛將軍郭彰、女弟之子賈謐與楚王瑋、東安王繇並預國政。賈后暴戾日甚，繇密謀廢后，賈氏憚之。繇兄東武公澹素惡繇，屢譖之於太宰亮曰：「繇專行誅賞，欲擅朝政。」庚戌，詔免繇官，又坐有悖言，廢徙帶方。

於是賈謐、郭彰權勢愈盛，賓客盈門。謐雖驕奢而好學，喜延士大夫，郭彰、石崇、陸機、機弟雲、和郁及滎陽潘岳、清河崔基、勃海歐陽建、蘭陵繆徵、京兆杜斌、摯虞、琅邪諸葛詮、弘農王粹、襄城杜育、南陽鄒捷、齊國左思、沛國劉瓌、周恢、安平牽秀、潁川陳眕、高陽許猛、彭城劉訥、中山劉輿、輿弟琨皆附於謐，號曰「二十四友」。郁，嶠之弟也。崇與岳尤諂事謐，每候謐及廣城君郭槐出，皆降車路左，望塵而拜。

太宰亮、太保瓘以楚王瑋剛愎好殺，惡之，欲奪其兵權，以臨海侯裴楷代瑋爲北軍中候。瑋怒，楷聞之，不敢拜。亮復與瓘謀，遣瑋與諸王之國，瑋益忿怨。瑋長史公孫宏、舍人岐盛皆有寵於瑋，勸瑋自昵於賈后，后留瑋領太子少傅。盛素善於楊駿，衛瓘惡其反覆，將收之。盛乃與宏謀，因積弩將軍李肇矯稱瑋命，譖亮、瓘於賈后，云將謀廢立。后素怨瓘，且患二公執政，己不得專恣，夏六月，后使帝作手詔賜瑋曰：「太宰、太保欲爲伊、霍之事，王宜宣詔，令淮南、長沙、成都王屯諸宫門，免亮及瓘官。」夜，使黄門齎以授瑋。瑋欲覆奏，黄門曰：「事恐漏泄，非密詔本意也。」瑋亦欲因此復私怨，遂勒本軍，復矯詔召三十六軍，告以「二公潛圖不軌，吾今受詔都督中外諸軍，諸在直衛者皆嚴加警備，其在外營，便相帥徑詣行府，助順討逆」。又矯詔「亮、瓘官屬，一無所問，皆罷遣之；若不奉詔，便軍法從事」。遣公孫宏、李肇以兵圍亮府，侍中、清河王遐收瓘。亮帳下督李龍白「外有變，請拒之」，亮不聽。俄而兵登牆大呼，亮驚曰：「吾無貳心，何故至此！詔書其可見乎？」宏等不許，趣兵攻之。長史劉準謂亮曰：「觀此必是姦謀。府中俊乂如林，猶可力戰。」又不聽。遂爲肇所執，歎曰：「我之赤心，可破示天下也！」與世子矩俱死。

衛瓘左右亦疑遐矯詔，請拒之，須自表，得報就戮未晚。瓘不聽。初，瓘爲司空，帳下督榮晦有罪，斥遣之。至是，晦從遐收瓘，輒殺瓘及子孫共九人，遐不能禁。

岐盛説瑋：「宜因兵勢，遂誅賈、郭，以正王室，安天下。」瑋猶豫未決。會天明，太子少傅張華使董猛説賈后曰：「楚王既誅二公，則天下威權盡歸之矣，人主何以自安？宜以瑋專殺之罪誅之。」賈后亦欲因此除瑋，深然之。是時內外擾亂，朝廷恟懼，不知所出。張華白帝，遣殿中將軍王宮齎騶虞幡出麾衆曰：「楚王矯詔，勿聽也！」衆皆釋仗而走。瑋左右無復一人，窘迫不知所爲，遂執之下廷尉。乙丑，斬之。瑋出懷中青紙詔，流涕以示監刑尚書劉頌曰：「幸託體先帝，而受枉乃如此乎！」公孫宏、岐盛並夷三族。

瑋之起兵也，隴西王泰嚴兵將助瑋，祭酒丁綏諫曰：「公爲宰相，不可輕動。且夜中倉猝，宜遣人參審定問。」泰乃止。

衞瓘女與國臣書曰：「先公名謚未顯，每怪一國蔑然無言，春秋之失，其咎安在？」於是太保主簿劉繇等執黄幡，撾登聞鼓，上言曰：「初，矯詔者至，公即奉送章綬，單車從命。如矯詔之文唯免公官，而故給使榮晦輒收公父子及孫，一時斬戮。乞驗盡情僞，加以明刑。」乃詔族誅榮晦，追復亮爵位，謚曰文成。封瓘蘭陵郡公，謚曰成。

於是賈后專朝，委任親黨，以賈模爲散騎常侍，加侍中。賈謐與后謀，以張華庶姓，無逼上之嫌，而儒雅有籌略，爲衆望所依，欲委以朝政。疑未決，以問裴頠，頠贊成之。乃以華爲侍中、中書監，頠爲侍中，又以安南將軍裴楷爲中書令，加侍中，與右僕射王戎並管機要。華盡忠帝室，彌縫遺闕，賈后雖凶險，猶知敬重華。賈模與華、頠同心輔政，故數年之間，雖闇主在上，而朝野安静，華等之功也。

二年春二月己酉，故楊太后卒于金墉城。是時太后尚有侍御十餘人，賈后悉奪之，絶膳八日而卒。賈后恐太后有靈，或訴冤於先帝，乃覆而殯之，仍施諸厭劾符書、藥物等。

六年夏，趙王倫信用嬖人琅邪孫秀，與雍州刺史濟南解系争軍事，更相表奏，歐陽建亦表倫罪惡。朝廷以倫撓亂關右，徵倫爲車騎將軍。倫至洛陽，用秀計，深交賈、郭。賈后大愛信之，倫因求録尚書事，又求尚書令，張華、裴頠固執以爲不可，倫、秀由是怨之。

七年。王衍爲尚書令，南陽樂廣爲河南尹，皆善清談，宅心事外，名重當世，朝野之人，争慕效之。衍與弟澄好題品人物，舉出以爲儀準。衍神情明秀，少時山濤見之，嗟歎良久，曰：「何物老嫗，生寧馨兒！然誤天下蒼生者，未必非此人也。」

九年春正月，太子洗馬江統以爲戎狄亂華，宜早絶其原，作徙戎論以警朝廷。語在羌胡之叛。

夏六月，賈后淫虐日甚，私於太醫令程據等，又以簏箱載道上年少入宫，復恐其漏泄，往往殺之。賈模恐禍及己，甚憂之。裴頠與模及張華議，廢后，更立謝淑妃。模、華皆曰：「主上自無廢黜之意，而吾等專行之，儻上心不以爲然，將若之何！且諸王方强，朋黨各異，恐一旦禍起，身死國危，無益社稷。」頠曰：「誠如公言，然中宮逞其昏虐，亂可立待也。」華曰：「卿二人於中宮皆親戚，言或見信，宜數爲陳禍福之戒，庶無大悖，則天下尚未至於亂，吾曹得以優游卒歲而已。」頠旦夕説其從母廣城君，令戒諭賈后以親厚太子。賈模亦數爲后言禍福，后不能用，反以模爲毁己而疏之。模不得志，憂憤而卒。

秋八月，以裴頠爲尚書僕射。頠雖賈后親屬，然雅望素隆，四海唯恐其不居權位。尋詔頠專任門下事，頠上表固辭，以「賈模適亡，復以臣代之，崇外戚之望，彰偏私之舉，爲聖朝累」。不聽。或謂頠曰：「君可以言，當盡言於中宮。言而不從，當遠引而去。儻二者不立，雖有十表，難以免矣。」頠慨然久之，竟不能從。

帝爲人戇騃，嘗在華林園聞蝦蟆，謂左右曰：「此鳴者，爲官乎？爲私乎？」時天下荒饉，百姓餓死，帝聞之曰：「何不食肉糜？」由是權在羣下，政出多門，勢位之家，更相薦託，有如互市。賈、郭恣横，貨賂公行。南陽魯褒作錢神論以譏之，曰：「錢之爲體，有乾、坤之象，親之如兄，字曰孔方。無德而尊，無勢而熱，排金門，入紫闥，危可使安，死可使活，貴可使賤，生可使殺。是故忿争非錢不勝，幽滯非錢不拔，怨讎非錢不解，令聞非錢不發。洛中朱衣當塗之士，愛我家兄，皆無已已，執我之手，抱我終始。凡今之人，惟錢而已。」

裴頠薦平陽韋忠於張華，華辟之，忠辭疾不起。人問其故，忠曰：「張茂先華而不實，裴逸民慾而無厭，棄典禮而附賊后，此豈大丈夫之所爲哉！逸民每有心託我，我常恐其溺於深淵而餘波及我，況可褰裳而就之哉！」關内侯敦煌索靖，知天下將亂，指洛陽宫門銅駝歎曰：「會見汝在荆棘中耳！」

初，廣城君郭槐以賈后無子，常勸后使慈愛太子。賈謐驕縱，數無禮於太子，廣城君恒切責之。廣城君欲以韓壽女爲太子妃，太子亦欲婚韓氏以自固，壽妻賈午及后皆不聽，而爲太子聘王衍少女。太子聞衍長女美，而后爲賈謐聘之，心不能平，頗以爲言。及廣城君病，臨終執后手，令盡心於太子，言甚切至。又曰：「趙粲、賈午，必亂汝家事，我死後勿復聽入。深記吾言！」后不從，更與粲、午謀害太子。

太子幼有令名，及長不好學，惟與左右嬉戲，賈后復使黄門輩誘之爲奢靡威虐。由是名譽浸減，驕慢益彰，或廢朝侍而縱遊逸，於宫中爲市，使人屠酤，手揣斤兩，輕重不差。其母本屠家女也，故太子好之。東宫月俸錢五十萬，太子常探取二月用之，猶不足，又令西園賣葵菜、藍子、雞、麪等物而收其利。又好陰陽小數，多所拘忌。洗馬江統上書陳五事：「一曰雖有微苦，宜力疾朝侍。二曰宜勤見保傅，咨詢善道。三曰畫室之功，可且減省，後園刻鏤雜作，一皆罷遣。四曰西園賣葵、藍之屬，虧敗國體，貶損令聞。五曰繕牆正瓦，不必拘攣小忌。」太子皆不從。中舍人杜錫，恐太子不得安其位，每盡忠諫，勸太子修德業，保令名，言辭懇切。太子患之，置針著錫常所坐氈中，刺之流血。錫，預之子也。

太子性剛，知賈謐恃中宫驕貴，不能假借之。謐時爲侍中，至東宫，或捨之，於後庭游戲。詹事裴權諫曰：「謐，后所親昵，一旦交構，則事危矣。」不從。謐譖太子於后曰：「太子多畜私財以結小人者，爲賈氏故也。若宫車晏駕，彼居大位，依楊氏故事，誅臣等，廢后於金墉，如反手耳。不如早圖之，更立慈順者，可以自安。」后納其言，乃宣揚太子之短，布於遠近。又詐爲有娠，内藁物、産具，取妹夫韓壽子慰祖養之，欲以代太子。

于時朝野咸知賈后有害太子之意，中護軍趙俊請太子廢后，太子不聽。左衛率東平劉卞以賈后之謀問張華，華曰：「不聞。」卞曰：「卞自須昌小吏，受公成拔，以至今日。士感知己，是以盡言，而公更有疑於卞邪！」華曰：「假令有此，君欲如何？」卞曰：「東宫俊乂如林，四率精兵萬人；公居阿衡之任，若得公命，皇太子因朝入録尚書事，廢賈后於金墉城，兩黄門力耳。」華曰：「今天子當陽，太子人子也，吾又不受阿衡之命，忽相與行此，是無君父而以不孝示天下也。雖能有成，猶不免罪，況權戚滿朝，威柄不一，成可必乎！」賈后常使親黨微服聽察於外，頗聞卞言，乃遷卞爲雍州刺史。卞知言泄，飲藥而死。

十二月，太子長子虨病，太子爲虨求王爵，不許。虨病篤，太子爲之禱祀求福。賈后聞之，乃詐稱帝不豫，召太子入朝。既至，后不見，置于別室，遣婢陳舞以帝命賜太子酒三升，使盡飲之。太子辭以不能飲三升，舞逼之曰：「不孝邪！天賜汝酒而不飲，酒中有惡物邪！」太子不得已，强飲至盡，遂大醉。后使黄門侍郎潘岳作書草，令小婢承福以紙筆及草，因太子醉，稱詔使書之，文曰：「陛下宜自了；不自了，吾當入了之。中宫又宜速自了；不自了，吾當手了之。并與謝妃共要，刻期兩發，勿疑猶豫，以致後患。茹毛飲血於三辰之下，皇天許當掃除患害，立道文爲王，蔣氏爲内主，願成，當三牲祠北君。」太子醉迷不覺，遂依而寫之。其字半不成，后補成之，以呈帝。壬戌，帝幸式乾殿，召公卿入，使黄門令董猛以太子書及青紙詔示之，曰：「遹書如此，今賜死。」徧示諸公王，莫有言者。張華曰：「此國之大禍，自古以來，常因廢黜正嫡，以致喪亂。且國家有天下日淺，願陛下詳之！」裴頠以爲宜先檢校傳書者，又請比校太子手書，不然，恐有詐妄。賈后乃出太子啓事十餘紙，衆人比視，亦無敢言非者。賈后使董猛矯以長廣公主辭白帝曰：「事宜速決，而羣臣各不同，其不從詔者，宜以軍法從事。」議至日西不決。后見華等意堅，懼事變，乃表免太子爲庶人；詔許之。於是使尚書和郁等持節詣東宫，廢太子爲庶人。太子改服出，再拜受詔，步出承華門，乘粗犢車，東武公澹以兵仗送太子及妃王氏、三子彪、臧、尚同幽于金墉城。王衍自表離婚，許之，妃慟哭而歸。殺太子母謝淑媛及彪母保林蔣俊。

永康元年春正月，西戎校尉司馬閻纘輿棺詣闕上書，以爲：「漢戾太子稱兵拒命，言者猶曰罪當笞耳。今遹受罪之日，不敢失道，猶爲輕於戾太子。宜重選師傅，先加嚴誨，若不悛改，棄之未晚也。」書奏，不省。纘，圃之孫也。

賈后使黄門自首，欲與太子爲逆。詔以黄門首辭班示公卿，遣東武公澹以千兵防衛太子，幽于許昌宮，令治書御史劉振持節守之，詔宮臣不得辭送。洗馬江統、潘滔、舍人王敦、杜蕤、魯瑶等冒禁至伊水，拜辭涕泣。司隸校尉滿奮收縛統等送獄。其繫河南獄者，樂廣悉解遣之。繫洛陽縣獄者，猶未釋，都官從事孫琰説賈謐曰：「所以廢徙太子，以其爲惡故耳。今宮臣冒罪拜辭，而加以重辟，流聞四方，乃更彰太子之德也，不如釋之。」謐乃語洛陽令曹攄使釋之，廣亦不坐。敦，覽之孫；攄，肇之孫也。太子至許，遺王妃書，自陳誣枉，妃父衍不敢以聞。

三月，尉氏雨血，妖星見南方，太白晝見，中台星拆。張華少子韙勸華遜位，華不從，曰：「天道幽遠，不如静以待之。」

太子既廢，衆情憤怒，（有）〔右〕衛督司馬雅、常從督許超皆嘗給事東宮，與殿中郎士猗等謀廢賈后，復太子。以張華、裴頠安常保位，難與行權，右軍將軍趙王倫執兵柄，性貪冒，可假以濟事。乃説孫秀曰：「中宮凶妬無道，與賈謐等共誣廢太子。今國無嫡嗣，社稷將危，大臣將起大事。而公名奉事中宮，與賈、郭親善，太子之廢，皆云豫知，一朝事起，禍必相及，何不先謀之乎！」秀許諾，言於倫。倫納焉，遂告通事令史張林及省事張衡等，使爲内應。

事將起，孫秀言於倫曰：「太子聰明剛猛，若還東宫，必不受制於人。明公素黨於賈后，道路皆知之。今雖建大功於太子，太子謂公特逼於百姓之望，翻覆以免罪耳。雖含忍宿忿，必不能深德明公，若有瑕釁，猶不免誅。不若遷延緩期，賈后必害太子，然後廢賈后，爲太子報讎，豈徒免禍而已，乃更可以得志。」倫然之。

秀因使人行反間，言殿中人欲廢皇后迎太子，賈后數遣宫婢微服於民間聽察，聞之甚懼。倫、秀因勸謐等早除太子，以絶衆望。癸未，賈后使太醫令程據和毒藥，矯詔使黄門孫慮至許昌毒太子。太子自廢黜，恐被毒，常自煮食於前。慮以告劉振，振乃徙太子於小坊中，絶其食，宫人猶竊於牆上過食與之。慮逼太子以藥，太子不肯服，慮以藥杵椎殺之。有司請以庶人禮葬，賈后表請以廣陵王禮葬之。

夏四月，趙王倫、孫秀將討賈后，告右衛佽飛督閭和，和從之，期以癸巳丙夜一籌，以鼓聲爲應。癸巳，秀使司馬雅告張華曰：「趙王欲與公共匡社稷，爲天下除害，使雅以告。」華拒之，雅怒曰：「刃將加頸，猶爲是言邪！」不顧而出。

及期，倫矯詔敕三部司馬曰：「中宮與賈謐等殺吾太子，今使車騎入廢中宮，汝等皆當從命，事畢賜爵關中侯，不從者誅三族。」衆皆從之。又矯詔開門，夜入，陳兵道南，遣翊軍校尉齊王冏將百人排閤而入，華林令駱休爲内應。迎帝幸東堂，以詔召賈謐於殿前，將誅之，謐走入西鍾下呼曰：「阿后救我！」就斬之。賈后見齊王冏，驚曰：「卿何爲來？」冏曰：「有詔收后。」后曰：「詔當從我出，何詔也？」后至上閤遥呼帝曰：「陛下有婦，使人廢之，亦行自廢矣！」是時，梁王肜亦預其謀，后問冏曰：「起事者誰？」冏曰：「梁、趙。」后曰：「繫狗當繫頸，反繫其尾，何得不然！」遂廢后爲庶人，幽之於建始殿。收趙粲、賈午等付暴室考竟。詔尚書收捕賈氏親黨，召中書監、侍中、黄門侍郎八坐皆夜入殿。尚書始疑詔有詐，郎師景露版奏請手詔，倫等斬之以徇。

倫陰與秀謀篡位，欲先除朝望，且報宿怨，乃執張華、裴頠、解系、解結等於殿前。華謂張林曰：「卿欲害忠臣邪！」林稱詔詰之曰：「卿爲宰相，太子之廢，不能死節，何也？」華曰：「式乾之議，臣諫事具存，可覆按也。」林曰：「諫而不從，何不去位？」華無以對。遂皆斬之，仍夷三族。解結女適裴氏，明日當嫁而禍起，裴氏欲認活之，女曰：

「家既若此，我何以活爲！」亦坐死。朝廷由是議革舊制，女不從死。甲午，倫坐端門，遣尚書和郁持節送賈庶人于金墉，誅劉振、董猛、孫慮、程據等，司徒王戎及内外官坐張、裴親黨黜免者甚衆。閻纘撫張華尸慟哭曰：「早語君遜位而不肯，今果不免，命也！」

於是趙王倫稱詔赦天下，自爲使持節、都督中外諸軍事、相國，侍中，一依宣、文輔魏故事，置府兵萬人。以其世子散騎常侍荂領冗從僕射；子馥爲前將軍，封濟陽王；虔爲黄門郎，封汝陰王；詡爲散騎侍郎，封霸城侯。孫秀等皆封大郡，並據兵權，文武官封侯者數千人，百官總己以聽於倫。倫素庸愚，復受制於孫秀。秀爲中書令，威權振朝廷，天下皆事秀而無求於倫。

詔追復故太子遹位號，使尚書和郁帥東宫官屬迎太子喪於許昌。追封遹子虨爲南陽王，封虨弟臧爲臨淮王，尚爲襄陽王。有司奏：「尚書令王衍備位大臣，太子被誣，志在苟免，請禁錮終身。」從之。

相國倫欲收人望，選用海内名德之士，以前平陽太守李重、滎陽太守荀組爲左右長史，東平王堪、沛國劉謨爲左右司馬，尚書郎陽平束晳爲記室，淮南王文學荀崧、殿中郎陸機爲參軍。組，勗之子；崧，彧之玄孫也。李重知倫有異志，辭疾不就，倫逼之不已，憂憤成疾，扶曳受拜，數日而卒。

太子遹之廢也，將立淮南王允爲太弟，議者不合。會趙王倫廢賈后，乃以允爲驃騎將軍、開府儀同三司、領中護軍。己亥，相國倫矯詔遣尚書劉弘齎金屑酒賜賈后死于金墉城。

五月己巳，詔立臨淮王臧爲皇太孫，還妃王氏以母之；太子官屬即轉爲太孫官屬，相國倫行太孫太傅。

己卯，謚故太子曰愍懷。六月壬寅，葬于顯平陵。

中護軍淮南王允，性沈毅，宿衛將士皆畏服之。允知相國倫及孫秀有異志，陰養死士，謀討之。倫、秀深憚之。秋八月，轉允爲太尉，外示優崇，實奪其兵權。允稱疾不拜，秀遣御史劉機逼允，收其官屬以下，劾以「拒詔，大逆不敬」。允視詔，乃秀手書也，大怒，收御史將斬之；御史走免，斬其令史二人。厲色謂左右曰：「趙王欲破我家！」遂帥國兵及帳下七百人直出，大呼曰：「趙王反，我將討之，從我者左袒。」於是歸之者甚衆。允將赴宮，尚書左丞王輿閉掖門，允不得入，遂圍相府。允所將兵皆精鋭，倫與戰屢敗，死者千餘人。太子左率陳徽勒東宮兵，鼓譟於内以應允。允結陣於承華門前，弓弩齊發射倫，飛矢雨下。主書司馬眭祕以身蔽倫，箭中其背而死。倫官屬皆隱樹而立，每樹輒中數百箭，自辰至未。中書令陳淮，徽之兄也，欲應允，言於帝曰：「宜遣白虎幡以解鬭。」乃使司馬督護伏胤將騎四百，持幡從宮中出，侍中汝陰王虔在門下省，陰與胤誓曰：「富貴當與卿共之。」胤乃懷空板出，詐言有詔助淮南王。允不之覺，開陣内之，下車受詔，胤因殺之，并殺允子秦王郁、漢王迪，坐允夷滅者數千人。曲赦洛陽。

初，孫秀嘗爲小吏，事黄門郎潘岳，岳屢撻之。衛尉石崇之甥歐陽建，素與相國倫有隙。崇有愛妾曰緑珠，孫秀使求之，崇不與。及淮南王允敗，秀因稱石崇、潘岳、歐陽建奉允爲亂，收之。崇歎曰：「奴輩利吾財耳！」收者曰：「知財爲禍，何不早散之？」崇不能答。初，潘岳母常誚責岳曰：「汝當知足，而乾没不已乎！」及敗，岳謝母曰：「負阿母！」遂與崇、建皆族誅。籍没崇家。

相國倫收淮南王母弟吴王晏欲殺之，光禄大夫傅祗争之於朝堂，衆皆諫止倫，倫乃貶晏爲賓徒縣王。

齊王冏以功遷游擊將軍，冏意不滿，有恨色。孫秀覺之，且憚其在内，乃出爲平東將軍，鎮許昌。

孫秀議加相國倫九錫，百官莫敢異議。吏部尚書劉頌曰：「昔漢之錫魏，魏之錫晉，皆一時之用，非可通行。周勃、霍光其功至大，皆不聞有九錫之命也。」張林積忿不已，以頌爲張華之黨，將殺之。孫秀曰：「殺張、裴已傷時望，不可復殺頌。」林乃止。以頌爲光祿大夫。遂下詔加倫九錫，復加其子荂撫軍將軍，虔中軍將軍，詡爲侍中。又加孫秀侍中、輔國將軍、相國司馬，右率如故。張林等並居顯要。增相府兵爲二萬人，與宿衛同，并所隱匿之兵，數踰三萬。

九月，改司徒爲丞相，以梁王肜爲之，肜固辭不受。

倫及諸子皆頑鄙無識，秀狡黠貪淫，所與共事者皆邪佞之士，惟競榮利，無深謀遠略，志趣乖異，互相憎疾。秀子會爲射聲校尉，形貌短陋，如奴僕之下者，秀使尚帝女河東公主。

冬十一月甲子，立皇后羊氏，赦天下。后，尚書郎泰山羊玄之之女也。外祖平南將軍樂安孫旂，與孫秀善，故秀立之。拜玄之光祿大夫、特進、散騎常侍，封興晉侯。

永寧元年春正月，相國倫與孫秀使牙門趙奉詐傳宣帝神語，云「倫宜早入西宮」。散騎常侍義陽王威，望之孫也，素諂事倫，倫以威兼侍中，使威逼奪帝璽綬，作禪詔，又使尚書令滿奮持節奉璽綬禪位於倫。左衛將軍王輿、前軍將軍司馬雅等帥甲士入殿，曉諭三部司馬，示以威賞，無敢違者。張林等屯守諸門。

乙丑，倫備法駕入宮，即帝位，赦天下，改元建始。帝自華林西門出居金墉城，倫使張衡將兵守之。丙寅，尊帝爲太上皇，改金墉曰永昌宮。廢皇太孫爲濮陽王，立世子荂爲皇太子。封子馥爲京兆王，虔爲廣平王，詡爲霸城王，皆侍中、將兵。以梁王彤爲宰衡，何劭爲太宰，孫秀爲侍中、中書監、票騎將軍、儀同三司，義陽王威爲中書令，張林爲衛將軍。其餘黨與皆爲卿、將，超階越次，不可勝紀，下至奴卒，亦加爵位。每朝會，貂蟬盈坐，時人爲之諺曰：「貂不足，狗尾續。」

初，平南將軍孫旂之子弼、弟子髦、輔、琰皆附會孫秀，與之合族，旬月間致位通顯。及倫稱帝，四子皆爲將軍，封郡侯，以旂爲車騎將軍，開府。旂以弼等受倫官爵過差，必爲家禍，遣幼子回責之。弼等不從，旂不能制，慟哭而已。

癸酉，殺濮陽哀王臧。孫秀專執朝政，倫所出詔令，秀輒改更與奪，自書青紙爲詔，或朝行夕改，百官轉易如流。張林素與秀不相能，且怨不得開府，潛與太子荂牋，言：「秀專權，不合衆心，而功臣皆小人，撓亂朝廷，可悉誅之。」荂以書白倫，倫以示秀。秀勸倫收林，殺之，夷其三族。秀以齊王冏、成都王穎、河間王顒各擁强兵，據方面，惡之，乃盡用其親黨爲三王參佐，加冏鎮東大將軍，穎征北大將軍，皆開府儀同三司，以寵安之。

三月，齊王冏謀討趙王倫，遣使告成都王穎、河間王顒、常山王乂及南中郎將新野公歆，移檄征、鎮、州、郡、縣、國，稱：「逆臣孫秀，迷誤趙王，當共誅討。有不從命者，誅及三族！」

使者至鄴，成都王穎召鄴令盧志謀之。志曰：「趙王篡逆，人神共憤。殿下收英俊以從人望，杖大順以討之，百姓必不召自至，攘臂争進，蔑不克矣。」穎從之，以志爲諮議參軍，仍補左長史。志，毓之孫也。穎以兗州刺史王彦、冀州刺史李毅、督護趙驤、石超等爲前鋒，遠近響應，至朝歌，衆二十餘萬。超，苞之孫也。常山王乂在其國，與太原内史劉暾各帥衆爲穎後繼。

新野公歆得冏檄，未知所從。嬖人王綏曰：「趙親而强，齊疏而弱，公宜從趙。」參軍孫(洵)〔詢〕大言於衆曰：「趙王凶逆，天下當共誅之，何親疏、强弱之有！」歆乃從冏。

前安西參軍夏侯奭在始平，合衆數千人以應冏，遣使邀河間王顒。顒用長史隴西李含謀，遣振武將軍河間張方討擒奭及其黨，腰斬之。冏檄至，顒執冏使送於倫，遣張方將兵助倫。方至華陰，顒聞二王兵盛，復召方還，更附二王。

冏檄至揚州，州人皆欲應冏。刺史郗隆，慮之玄孫也，以兄子鑒及諸子悉在洛陽，疑未決，悉召僚吏謀之。主簿淮南趙誘、前秀才虞潭皆曰：「趙王篡逆，海内所疾，今義兵四起，其敗必矣。爲明使君計，莫若自將精兵，徑赴許昌，上策也；遣將將兵會之，中策也；量遣小軍，隨形助勝，下策也。」隆退密與别駕顧彦謀之，彦曰：「誘等下策，乃上計也。」治中留寶、主簿張褒、西曹留承聞之，請見曰：「不審明使君今當何施？」隆曰：

「我俱受二帝恩，無所偏助，欲守州而已。」承曰：「天下者，世祖之天下也。太上承代已久，今上取之，不平，齊王順時舉事，成敗可見。使君不早發兵應之，狐疑遷延，變難將生，此州豈可保也！」隆不應。潭，翻之孫也。隆停檄六日不下，將士憤怒。參軍王邃鎮石頭，將士爭往歸之。隆遣從事於牛渚禁之，不能止，將士遂奉邃攻隆，隆父子及顧彦皆死，傳首於冏。

安南將軍監沔北諸軍事孟觀，以爲紫宫帝坐無他變，倫必不敗，乃爲之固守。

倫、秀聞三王兵起，大懼，詐爲冏表，曰：「不知何賊，猝見攻圍，臣懦弱不能自固，乞中軍見救，庶得歸死。」以其表宣示内外，遣上軍將軍孫輔、折衝將軍李嚴帥兵七千自延壽關出，征虜將軍張泓、左軍將軍蔡璜、前軍將軍閭和帥兵九千自堮阪關出，鎮軍將軍司馬雅、揚威將軍莫原帥兵八千自成皋關出，以拒冏。遣孫秀子會督將軍士猗、許超帥宿衛兵三萬，以拒穎。召東平王楙爲衛將軍，都督諸軍。又遣京兆王馥、廣平王虔帥兵八千，爲三軍繼援。倫、秀日夜禱祈、厭勝以求福，使巫覡選戰日。又使人於嵩山著羽衣，詐稱仙人王喬，作書述倫祚長久，欲以惑衆。

閏月，張泓等進據陽翟，與齊王冏戰，屢破之。冏軍潁陰，夏四月，泓乘勝逼之，冏遣兵逆戰。諸軍不動，而孫輔、徐建軍夜亂，徑歸洛自首曰：「齊王兵盛不可當，泓等已没矣！」趙王倫大恐，祕之，而召其子虔及許超還。會泓破冏露布至，倫乃復遣之。泓等悉帥諸軍濟潁攻冏營，冏出兵擊其別將孫髦、司馬譚等破之，泓等乃退。孫秀詐稱已破冏營，擒得冏，令百官皆賀。

成都王穎前鋒至黃橋，爲孫會、士猗、許超所敗，殺傷萬餘人，士衆震駭。欲退保朝歌，盧志、王彥曰：「今我軍失利，敵新得志，有輕我之心。我若退縮，士氣沮衄，不可復用。且戰何能無勝負？不若更選精兵，星行倍道，出敵不意，此用兵之奇也。」穎從之。倫賞黃橋之功，士猗、許超與孫會皆持節。由是各不相從，軍政不一，且恃勝輕穎而不設備。穎帥諸軍擊之，大戰于溴水，會等大敗，棄軍南走。穎乘勝長驅濟河。

自冏等起兵，百官將士皆欲誅倫、秀，秀懼，不敢出中書省。及聞河北軍敗，憂懣不知所爲。孫會、許超、士猗等至，與秀謀，或欲收餘卒出戰，或欲焚宮室誅不附己者，挾倫南就孫旂、孟觀，或欲乘船東走入海，計未決。辛酉，左衛將軍王輿與尚書廣陵公漼帥營兵七百餘人，自南掖門入宮，三部司馬爲應於内，攻孫秀、許超、士猗於中書省，皆斬之，遂殺孫奇、孫弼及前將軍謝惔等。漼，伷之子也。王輿屯雲龍門，召八坐皆入殿中，使倫爲詔曰：「吾爲孫秀所誤，以怒三王，今已誅秀。其迎太上皇復位，吾歸老于農畝。」傳詔以騶虞幡敕將士解兵，黃門將倫自華林東門出，及太子荂皆還汶陽里第。遣甲士數千迎帝于金墉城，百姓咸稱萬歲。帝自端門入，升殿，羣臣頓首謝罪。詔送倫、荂等付金墉城。廣平王虔自河北還至九曲，聞變，棄軍，將數十人歸里第。

癸亥，赦天下，改元，大酺五日。分遣使者慰勞三王。梁王肜等表趙王倫父子凶逆，宜伏誅。丁卯，遣尚書袁敞持節，賜倫死，收其子荂、馥、虔、詡，皆誅之。凡百官爲倫所用者皆斥免，臺省府衛僅有存者。是日，成都王穎至。己巳，河間王顒至。穎使趙驤、石超助齊王討張泓等於陽翟，泓等皆降。自兵興六十餘日，戰鬭死者近十萬人。斬張衡、閭和、孫髦于東市，蔡璜自殺。五月，誅義陽王威。襄陽太守宗岱承冏檄斬孫旂，永饒冶令空桐機斬孟觀，皆傳首洛陽，夷三族。

六月乙卯，齊王冏帥衆入洛陽，頓軍通章署，甲士數十萬，威震京師。

甲戌，詔以齊王冏爲大司馬，加九錫，備物典策，如宣、景、文、武輔魏故事；成都王穎爲大將軍，都督中外諸軍事，假黄鉞，録尚書事，加九錫，入朝不趨，劍履上殿；河間王顒爲侍中、太尉，加三錫之禮；常山王乂爲撫軍大將軍，領左軍；進廣陵公漼爵爲王，領尚書，加侍中；進新野公歆爵爲王，都督荆州諸軍事，加鎮南大將軍。齊、成都、河間三府各置掾屬四十人，武號森列，文官備員而已，識者知兵之未戢也。己卯，以梁王肜爲太宰，領司徒。

光禄大夫劉蕃女爲趙世子荂妻，故蕃及二子散騎侍郎輿、冠軍將軍琨皆爲趙王倫所委任。大司馬冏以琨父子有才望，特宥之，以輿爲中書郎，琨爲尚書左丞。又以前司徒王戎爲尚書令，劉暾爲御史中丞，王衍爲河南尹。

新野王歆將之鎮，與冏同乘謁陵，因説冏曰：「成都王至親，同建大勳，今宜留之與輔政；若不能爾，當奪其兵權。」常山王乂與成都王穎俱拜陵，乂謂穎曰：「天下者，先帝之業，王宜維正之。」聞其言者莫不憂懼。盧志謂穎曰：「齊王衆號百萬，與張泓等相持不能決，大王逕前濟河，功無與貳。然今齊王欲與大王共輔朝政，志聞兩雄不俱立。宜因太妃微疾，求還定省，委重齊王，以收四海之心，此計之上也。」穎從之。帝見穎於東堂，慰勞之。穎拜謝曰：「此大司馬冏之勳，臣無豫焉。」因表稱冏功德，宜委以萬機，自陳母疾，請歸藩。即辭出，不復還營，便謁太廟，出自東陽城門，遂歸鄴。遣信與冏别，冏大驚，馳出送穎，至七里澗及之。穎住車言别，流涕滂沱，惟以太妃疾苦爲憂，不及時事。由是士民之譽皆歸穎。

冏辟新興劉殷爲軍諮祭酒，洛陽令曹攄爲記室督，尚書郎江統、陽平太守河内荀晞參軍事，吴國張翰爲東曹掾，孫惠爲户曹掾，前廷尉正顧榮及順陽王豹爲主簿。惠，賁之曾孫；榮，雍之孫也。冏以何勗爲中領軍，董艾典樞機。又封其將佐有功者葛旟、路秀、衛毅、劉真、韓泰皆爲縣公，委以心膂，號曰「五公」。成都王穎至鄴，詔遣使者就申前命；穎受大將軍，讓九錫殊禮。表論興義功臣，皆封公侯。又表稱：「大司馬前在陽翟，與賊相持既久，百姓困敝，乞運河北邸閣米十五萬斛以振陽翟饑民。」造棺八千餘枚，以成都國秩爲衣服，斂祭黄橋戰士，旌顯其家，加常戰亡二等。又命温縣瘞趙王倫戰士萬四千餘人。皆盧志之謀也。穎形美而神昏，不知書，然氣性敦厚，委事於志，故得成其美焉。詔復遣使諭穎入輔，并使受九錫。穎嬖人孟玖不欲還洛，又程太妃愛戀鄴都，故穎終辭不拜。

初，大司馬冏疑中書郎陸機爲趙王倫撰禪詔，收欲殺之，大將軍穎爲之辨理，得免死，因表爲平原内史，以其弟雲爲清河内史。機友人顧榮及廣陵戴淵，以中國多難，勸機還吴；機以受穎全濟之恩，且謂穎有時望，可與立功，遂留不去。

秋七月，復封常山王乂爲長沙王。

冬十二月，封大司馬冏子冰爲樂安王，英爲濟陽王，超爲淮南王。

太安元年。大司馬冏欲久專大政，以帝子孫俱盡，大將軍穎有次立之勢。清河王覃，遐之子也，方八歲，乃上表請立之。夏五月癸卯，立覃爲皇太子，以冏爲太子太師，東海王越爲司空、領中書監。

齊武閔王冏既得志，頗驕奢擅權，大起府第，壞公私廬舍以百數，制與西宫等，中外失望。侍中嵇紹上疏曰：「存不忘亡，易之善戒也。臣願陛下無忘金墉，大司馬無忘潁上，大將軍無忘黃橋，則禍亂之萌，無由可兆矣。」又與冏書，以爲：「唐、虞茅茨，夏禹卑宮。今大興第舍及爲三王立宅，豈今日之所急邪！」冏遜辭謝之，然不能從。

冏耽於宴樂，不入朝見，坐拜百官，符敕三臺，選舉不均，嬖寵用事。殿中御史桓豹奏事，不先經冏府，即加考竟。南陽處士鄭方上書諫冏曰：「今大王安不慮危，燕樂過度，一失也。宗室骨肉，當無纖介，今則不然，二失也。蠻夷不靜，大王謂功業已隆，不以爲念，三失也。兵革之後，百姓窮困，不聞振救，四失也。大王與義兵盟約，事定之後，賞不踰時，而今猶有有功未論者，五失也。」冏謝曰：「非子，孤不聞過。」

孫惠上書曰：「天下有五難、四不可，而明公皆居之。冒犯鋒刃，一難也。聚致英豪，二難也。與將士均勞苦，三難也。以弱勝强，四難也。興復皇業，五難也。大名不可久荷，大功不可久任，大權不可久執，大威不可久居。大王行其難而不以爲難，處其不可而謂之可，惠竊所不安也。明公宜思功成身退之道，崇親推近，委重長沙、成都二王，長揖歸藩，則太伯、子臧不專美於前矣。今乃忘高亢之可危，貪權勢以受疑，雖遨遊高臺之上，逍遥重墉之內，愚竊謂危亡之憂過於在潁、翟之時也。」冏不能用，惠辭疾去。

冏謂曹攄曰：「或勸吾委權還國，何如？」攄曰：「物禁太盛。大王誠能居高慮危，褰裳去之，斯善之善者也。」冏不聽。

張翰、顧榮皆慮及禍，翰因秋風起，思菰菜、蓴羹、鱸魚鱠，歎曰：「人生貴適志耳，富貴何爲！」即引去。榮故酣飲，不省府事，長史葛旟以其廢職，白冏，徙榮爲中書侍郎。潁川處士庾衮聞冏期年不朝，歎曰：「晉室卑矣，禍亂將興！」帥妻子逃於林慮山中。

王豹致牋於冏曰：「伏思元康已來，宰相在位，未有一人獲終者，乃事勢使然，非皆爲不善也。今公克平禍亂，安國定家，乃復尋覆車之軌，欲冀長存，不亦難乎！今河間樹根於關右，成都盤桓於舊魏，新野大封於江、漢，三王各以方剛强盛之年，並典戎馬，處要害之地；而明公以難賞之功，挾震主之威，獨據京都，專執大權，進則亢龍有悔，退則據于蒺藜，冀此求安，未見其福也！」因請悉遣王侯之國，依周、召之法，以成都王爲北州伯，治鄴，冏自爲南州伯，治宛，分河爲界，各統王侯，以夾輔天子。冏優令答之。長沙王乂見豹牋，謂冏曰：「小子離間骨肉，何不銅駝下打殺！」冏乃奏豹「讒内間外，坐生猜嫌，不忠不義」，鞭殺之。豹將死曰：「縣吾頭大司馬門，見兵之攻齊也！」

冏以河間王顒本附趙王倫，心常恨之。梁州刺史安定皇甫商與顒長史李含不平，含被徵爲翊軍校尉。時商參冏軍事，夏侯奭兄亦在冏府。含心不自安，又與冏右司馬趙驤有隙，遂單馬奔顒，詐稱受密詔使顒誅冏，因説顒曰：「成都王至親，有大功，推讓還藩，甚得衆心。齊王越親而專政，朝廷側目。今檄長沙王使討齊，齊王必誅長沙，吾因以爲齊罪而討之，必可禽也。去齊立成都，除逼建親，以安社稷，大勳也。」顒從之。是時，武帝族弟范陽王虓都督豫州諸軍事。顒上表陳冏罪狀，且言勒兵十萬，欲與成都王穎、新野王歆、范陽王虓共會洛陽，請長沙王乂廢冏還第，以穎代冏輔政。顒遂舉兵，以李含爲都督，帥張方等趨洛陽，復遣使邀穎。穎將應之，盧志諫，不聽。

十二月丁卯，顒表至，冏大懼，會百官議之，曰：「孤首唱義兵，臣子之節，信著神明。今二王信讒作難，將若之何？」尚書令王戎曰：「公勳業誠大，然賞不及勞，故人懷貳心。今二王兵盛，不可當也；若以王就第，委權崇讓，庶可求安。」冏從事中郎葛旟怒曰：「三臺納言，不恤王事，賞報稽緩，責不在府。讒言逆亂，當共誅討，奈何虚承僞書，遽令公就第乎！漢、魏以來，王侯就第，寧有得保妻子者邪！議者可斬！」百官震悚失色，戎僞藥發墮厠，得免。

李含屯陰盤，張方帥兵二萬軍新安，檄長沙王乂使討冏。冏遣董艾襲乂，乂將左右百餘人馳入宫，閉諸門，奉天子攻大司馬府，董艾陳兵宫西，縱火燒千秋神武門。冏使人執騶虞幡唱云：「長沙王矯詔。」乂又稱「大司馬謀反」。是夕，城内大戰，飛矢雨集，火光屬天。帝幸上東門，矢集御前，羣臣死者相枕。連戰三日，冏衆大敗，大司馬長史趙淵殺何勗，因執冏以降。冏至殿前，帝惻然，欲活之。乂叱左右趣牽出，斬於閶闔門外，徇首六軍，同黨皆夷三族，死者二千餘人。因冏子超、冰、英於金墉城，廢冏弟北海王寔。赦天下，改元。李含等聞冏死，引兵還長安。

長沙王乂雖在朝廷，事無巨細，皆就鄴諮大將軍穎。穎以孫惠爲參軍，陸雲爲右司馬。

二年。初，李含以長沙王乂微弱，必爲齊王冏所殺，因欲以爲冏罪而討之，遂廢帝，立大將軍穎，以河間王顒爲宰相，己得用事。既而冏爲乂所殺，穎、顒猶守藩，不如所謀。穎恃功驕奢，百度弛廢，甚於冏時。猶嫌乂在内，不得逞其欲，欲去之。時皇甫商復爲乂參軍，商兄重爲秦州刺史。含説顒曰：「商爲乂所任，重終不爲人用，宜早除之。可表遷重爲内職，因其過長安執之。」重知之，露檄上尚書，發隴上兵以討含。乂以兵方少息，遣使詔重罷兵，徵含爲河南尹。含就徵，而重不奉詔，顒遣金城太守游楷、隴西太守韓稚等合四郡兵攻之。顒密使含與侍中馮蓀、中書令卞粹謀殺乂；皇甫商以告乂，收含、蓀、粹殺之。驃騎從事琅邪諸葛玫、前司徒長史武邑牽秀皆出奔鄴。

河間王顒聞李含等死，即起兵討長沙王乂。大將軍穎上表請討張昌，許之；聞昌已平，因欲與顒共攻乂。盧志諫曰：「公前有大功而委權辭寵，時望美矣。今宜頓軍關外，文服入朝，此霸主之事也。」參軍魏郡邵續曰：「人之有兄弟，如左右手。明公欲當天下之敵，而先去其一手，可乎！」穎皆不從。八月，顒、穎共表：「乂論功不平，與右僕射羊玄之、左將軍皇甫商專擅朝政，殺害忠良。請誅玄之、商，遣乂還國。」詔曰：「顒敢舉大兵內向京輦，吾當親帥六軍以誅姦逆。其以乂爲太尉、都督中外諸軍事以禦之。」

顒以張方爲都督，將精兵七萬自函谷東趨洛陽。穎引兵屯朝歌，以平原內史陸機爲前將軍、前鋒都督，督北中郎將王粹、冠軍將軍牽秀、中護軍石超等軍二十餘萬，南向洛陽。機以羈旅事穎，一旦頓居諸將之右，王粹等心皆不服。白沙督孫惠與機親厚，勸機讓都督於粹。機曰：「彼將謂吾首鼠兩端，適所以速禍也。」遂行。穎列軍自朝歌至河橋，鼓聲聞數百里。

乙丑，帝如十三里橋。太尉乂使皇甫商將萬餘人拒張方於宜陽。己巳，帝還軍宣武場。庚午，舍于石樓。九月丁丑，屯于河橋。壬子，張方襲皇甫商，敗之。甲申，帝軍于芒山。丁亥，幸偃師。辛卯，舍于豆田。大將軍穎進屯河南，阻清水爲壘。癸巳，羊玄之憂懼而卒，帝旋軍城東。丙申，幸緱氏，擊牽秀走之。大赦。張方入京城，大掠，死者萬計。

石超進逼緱氏。冬十月壬寅，帝還宮。丁未，敗牽秀于東陽門外。大將軍穎遣將軍馬咸助陸機。戊申，太尉乂奉帝與機戰于建春門，乂司馬王瑚使數千騎繫戟於馬以突咸陳，咸軍亂，執而斬之。機軍大敗，赴七里澗死者如積，水爲之不流。斬其大將賈崇等十六人，石超遁去。

初，宦人孟玖有寵於大將軍穎，玖欲用其父爲邯鄲令，左長史盧志等皆不敢違。右司馬陸雲固執不許，曰：「此縣，公府掾資，豈有黄門父居之邪！」玖深怨之。玖弟超領萬人爲小督，未戰，縱兵大掠，陸機録其主者。超將鐵騎百餘人直入機麾下，奪之，顧謂機曰：「貉奴，能作督不！」機司馬吴郡孫拯勸機殺之，機不能用。超宣言於衆曰：「陸機將反。」又還書與玖，言機持兩端，故軍不速決。及戰，超不受機節度，輕兵獨進，敗没。玖疑機殺之，譖之於穎曰：「機有貳心於長沙。」牽秀素諂事玖，將軍王闡、郝昌、帳下督陽平公師藩皆玖所引用，相與共證之。穎大怒，使秀將兵收機。參軍事王彰諫曰：「今日之舉，强弱異勢，庸人猶知必克，况機之明達乎！但機吴人，殿下用之太過，北土舊將皆疾之耳。」穎不從。機聞秀至，釋戎服，著白帢，與秀相見，爲牋辭穎，既而歎曰：「華亭鶴唳，可復聞乎！」秀遂殺之。穎又收機弟清河内史雲、平東祭酒耽及孫拯皆下獄。記室江統、陳留蔡克、潁川棗嵩等上疏，以爲「陸機淺謀致敗，殺之可也，至於反逆，則衆共知其不然。宜先檢校機反狀，若有徵驗，誅雲等未晚也」。統等懇請不已，穎遲迴者三日。蔡克入至穎前，叩頭流血曰：「雲爲孟玖所怨，遠近莫不聞。今果見殺，竊爲明公惜之！」

僚屬隨克入者數十人，流涕固請。穎惻然有宥雲之色，孟玖扶穎入，催令殺雲、耽，夷機三族。獄吏考掠孫拯數百，兩踝骨見，終言機冤。吏知拯義烈，謂拯曰：「二陸之枉，誰不知之，君可不愛身乎？」拯仰天歎曰：「陸君兄弟，世之奇士。吾蒙知愛，今既不能救其死，忍復從而誣之乎！」玖等知拯不可屈，乃令獄吏詐爲拯辭。穎既殺機，意常悔之，及見拯辭，大喜，謂玖等曰：「非卿之忠，不能窮此姦！」遂夷拯三族。拯門人費慈、宰意二人詣獄明拯冤，拯譬遣之曰：「吾義不負二陸，死自吾分，卿何爲爾邪！」曰：「君既不負二陸，僕又安可負君！」固言拯冤，玖又殺之。

太尉乂奉帝攻張方，方兵望見乘輿皆退走，方遂大敗，死者五千餘人。方退屯十三里橋，衆懼，欲夜遁，方曰：「勝負兵家之常。善用兵者，能因敗爲成。今我更前作壘，出其不意，此奇策也。」乃夜潛進逼洛城七里，築壘數重，外引廩穀以足軍食。乂既戰勝，以爲方不足憂。聞方壘成，十一月，引兵攻之，不利。朝議以乂、穎兄弟，可辭說而釋，乃使中書令王衍等往說穎，令與乂分陝而居，穎不從。乂因致書於穎，爲陳利害，欲與之和解。穎復書請斬皇甫商等首，則引兵還鄴，乂不可。

穎進兵逼京師，張方決千金堨，水碓皆涸，乃發王公奴婢手舂給兵，一品已下不從征者，男子十三已上皆從役。又發奴助兵。公私窮踧，米石萬錢。詔命所行，一城而已。驃騎主簿范陽祖逖言於乂曰：「劉沈忠義果毅，雍州兵力足制河間，宜啓上爲詔與沈，使發兵襲顒。顒窘急，必召張方以自救。此良策也。」乂從之。沈奉詔，馳檄四境，諸郡多起兵應之。沈合七郡之衆凡萬餘人趣長安。乂又使皇甫商間行，齎帝手詔，命游楷等罷兵，敕皇甫重進軍討顒。商行至新平，遇其從甥，從甥素憎商，以告顒，顒捕商殺之。

永興元年春正月，長沙厲王乂屢與大將軍穎戰，破之，前後斬獲六七萬人。而乂未嘗虧奉上之禮。城中糧食日窘，而士卒無離心。張方以爲洛陽未可克，欲還長安。而東海王越慮事不濟，癸亥，潛與殿中諸將夜收乂送別省。甲子，越啓帝，下詔免乂官，置金墉城。大赦，改元。城既開，殿中將士見外兵不盛，悔之，更謀劫出乂以拒穎。越懼，欲殺乂以絶衆心。黄門侍郎潘滔曰：「不可，將自有静之者。」乃遣人密告張方。丙寅，方取乂於金墉城，至營，炙而殺之，方軍士亦爲之流涕。公卿皆詣鄴謝罪。大將軍穎入京師，復還鎮于鄴。詔以穎爲丞相，加東海王越守尚書令。穎遣奮武將軍石超等帥兵五萬屯十二城門，殿中宿所忌者穎皆殺之，悉代去宿衛兵。表盧志爲中書監，留鄴參署丞相府事。

河間王顒頓軍於鄭，爲東軍聲援，聞劉沈兵起，還鎮渭城，遣督護虞夔逆戰於好畤。夔兵敗，顒懼，退入長安，急召張方。方掠洛中官私奴婢萬餘人而西，軍中乏食，殺人雜牛馬肉食之。劉沈渡渭而軍，與顒戰，顒屢敗。沈使安定太守衙博、功曹皇甫澹以精甲五千襲長安，入其門，力戰，至顒帳下。沈兵來遲，馮翊太守張輔見其無繼，引兵橫擊之，殺博及濬，沈兵遂敗，收餘卒而退。張方遣其將敦偉夜擊之，沈軍驚潰，沈與麾下南走，追獲之。沈謂顒曰：「知己之惠輕，君臣之義重，沈不可以違天子之詔，量強弱以苟全。投袂之日，期之必死，葅醢之戮，其甘如薺。」顒怒，鞭之而後腰斬。新平太守江夏張光數爲沈畫計，顒執而詰之。光曰：「劉雍州不用鄙計，故令大王得有今日。」顒壯之，引與歡宴，表爲右衛司馬。

二月乙酉，丞相穎表廢皇后羊氏，幽于金墉城；廢皇太子覃爲清河王。

三月，河間王顒表請立丞相穎爲太弟。戊申，詔以穎爲皇太弟，都督中外諸軍事，丞相如故。大赦。乘輿服御皆遷于鄴，制度一如魏武帝故事。以顒爲太宰、大都督、雍州牧，前太傅劉寔爲太尉。寔以老固讓，不拜。

太弟穎僭侈日甚，嬖倖用事，大失衆望。司空東海王越與右衛將軍陳眕及長沙王故將上官巳等謀討之。秋七月丙申朔，陳眕勒兵入雲龍門，以詔召三公百僚入殿中，戒嚴討穎。石超奔鄴。戊戌，大赦，復皇后羊氏及太子覃。己亥，越奉帝北征，以越爲大都督，徵前侍中嵇紹詣行在。侍中秦準謂紹曰：「今往，安危難測，卿有佳馬乎？」紹正色曰：「臣子扈衛乘輿，死生以之，佳馬何爲！」

越檄召四方兵，赴者雲集，比至安陽，衆十餘萬。鄴中震恐。穎會羣僚問計，東安王繇曰：「天子親征，宜釋甲縞素，出迎請罪。」穎不從，遣石超帥衆五萬拒戰。折衝將軍喬智明勸穎奉迎乘輿，穎怒曰：「卿名曉事，投身事孤。今主上爲羣小所逼，卿奈何欲使孤束手就刑邪！」

陳眕二弟匡、規自鄴赴行在，云「鄴中皆已離散」，由是不甚設備。己未，石超軍奄至，乘輿敗績於蕩陰，帝傷頰，中三矢，百官侍御皆散。嵇紹朝服下馬，登輦以身衛帝，兵人引紹於轅中斫之。帝曰：「忠臣也，勿殺！」對曰：「奉太弟令，惟不犯陛下一人耳。」遂殺紹，血濺帝衣。帝墮於草中，亡六璽。石超奉帝幸其營，帝餒甚，超進水，左右奉秋桃。穎遣盧志迎帝。庚申，入鄴，大赦，改元曰建武。左右欲浣帝衣，帝曰：「嵇侍中血，勿浣也。」

陳眕、上官巳等奉太子覃守洛陽。司空越奔下邳，徐州都督東平王楙不納，越徑還東海。太弟穎以越兄弟宗室之望，下令招之，越不應命。前奮威將軍孫惠上書，勸越邀結藩方，同獎王室；越以惠爲記室參軍，與參謀議。北軍中候苟晞奔范陽王虓，虓承制以晞行兖州刺史。

初，三王之起兵討趙王倫也，安北將軍王浚擁衆挾兩端，禁所部士民不得赴三王召募。太弟穎欲討之而未能，浚心亦欲圖穎。穎以右司馬和演爲幽州刺史，密使殺浚。演與烏桓單于審登謀，與浚游薊城南清泉，因而圖之。會天暴雨，兵器霑濕，不果而還。審登以爲浚得天助，乃以演謀告浚。浚與審登密嚴兵，約并州刺史東嬴公騰共圍演，殺之，自領幽州營兵。騰，越之弟也。太弟穎稱詔徵浚，浚與鮮卑段務勿塵、烏桓羯朱及東嬴公騰同起兵討穎，穎遣北中郎將王斌及石超擊之。

太弟穎怨東安王繇前議，八月戊辰，收繇殺之。初，繇兄琅邪恭王覲薨，子睿嗣。睿沈敏有度量，爲左將軍，與東海參軍王導善。導，敦之從父弟也，識量清遠，以朝廷多故，每勸睿之國。及繇死，睿從帝在鄴，恐及禍，將逃歸。穎先敕諸關津無得出貴人，睿至河陽，爲津吏所止。從者宋典自後來，以鞭拂睿而笑曰：「舍長，官禁貴人，汝亦被拘邪？」吏乃聽過。至洛陽，迎太妃夏侯氏俱歸國。

丞相從事中郎王澄發孟玖姦利事，勸太弟穎誅之，穎從之。

司空越之討太弟穎也，太宰顒遣右將軍馮翊太守張方將兵二萬救之，聞帝已入鄴，因命方鎮洛陽。上官巳與別將苗願拒之，大敗而還。太子覃夜襲巳、願，巳、願出走。方入洛陽，覃於廣陽門迎方而拜，方下車扶止之。復廢覃及羊后。

初，太弟穎表匈奴左賢王劉淵爲冠軍將軍，使將兵在鄴，以淵子聰爲積弩將軍。右賢王宣等，謀共立淵爲大單于。事見劉淵僭漢。

王浚、東嬴公騰起兵，淵說穎曰：「今二鎮跋扈，衆十餘萬，恐非宿衛及近郡士衆所能禦也。請爲殿下還說五部以赴國難。」穎曰：「五部之衆，果可發否？就能發之，鮮卑、烏桓未易當也。吾欲奉乘輿還洛陽以避其鋒，徐傳檄天下，以逆順制之，君意何如？」淵曰：「殿下武皇帝之子，有大勳於王室，威恩遠著，四海之内孰不願爲殿下盡死力者，何難發之有！王浚豎子，東嬴疏屬，豈能與殿下争衡邪！殿下一發鄴宫，示弱於人，洛陽不可得至；雖至洛陽，威權不復在殿下也。願殿下撫勉士衆，靖以鎮之。淵請爲殿下以二部摧東嬴，三部梟王浚，二豎之首，可指日而懸也。」穎悦，拜淵爲北單于，參丞相軍事。

淵至左國城，劉宣等上「大單于」之號，二旬之間，有衆五萬，都於離石。以聰爲鹿蠡王。遣左於陸王宏帥精騎五千會穎將王粹拒東嬴公騰。粹已爲騰所敗，宏無及而歸。

王浚、東嬴公騰合兵擊王斌，大破之。浚以主簿祁弘爲前鋒，敗石超於平棘，乘勝進軍。候騎至鄴，鄴中大震，百僚奔走，士卒分散。盧志勸穎奉帝還洛陽。時甲士尚有萬五千人，志夜部分，至曉將發，而程太妃戀鄴不欲去，穎狐疑未決。俄而衆潰，穎遂將帳下數十騎，與志奉帝御犢車南奔洛陽。倉猝上下無齎，中黄門被囊中齎私錢三千，詔貸之，於道中買飯，夜則御中黄門布被，食以瓦盆。至温，將謁陵，帝喪履，納從者之履，下拜流涕。及濟河，張方自洛陽遣其子羆帥騎三千，以所乘車奉迎帝。至芒山下，方自帥萬餘騎迎帝。方將拜謁，帝下車自止之。帝還宫，奔散者稍還，百官粗備。辛巳，大赦。王浚入鄴，士衆暴掠，死者甚衆。使烏桓羯朱追太弟穎，至朝歌，不及。浚還薊，以鮮卑多掠人婦女，命：「有敢挾藏者斬！」於是沈於易水者八千人。

劉淵聞太弟穎去鄴，歎曰：「不用吾言，逆自奔潰，真奴才也！然吾與之有言矣，不可以不救。」將發兵擊鮮卑、烏桓，劉宣等諫曰：「晋人奴隸御我，今其骨肉相殘，是天棄彼而使我復呼韓邪之業也。鮮卑、烏桓，我之氣類，可以爲援，奈何擊之！」淵曰：「善。大丈夫當爲漢高、魏武，呼韓邪何足效哉！」宣等稽首曰：「非所及也。」

冬十月，帝既還洛陽，張方擁兵專制朝政，太弟穎不得復預事。豫州都督范陽王虓、徐州都督東平王楙等上言：「穎弗克負荷，宜降封一邑，特全其命。太宰宜委以關右之任，自州郡以下，選舉授任，一皆仰成，朝之大事，廢興損益，每輒疇咨。張方爲國效節而不達變通，未即西還，宜遣還郡，所加方官，請悉如舊。司徒戎、司空越，並忠國小心，宜幹機事，委以朝政。王浚有定社稷之勳，宜特崇重，遂撫幽朔，長爲北藩。臣等竭力扞城，藩屏皇家，則陛下垂拱，四海自正矣。」

張方在洛既久，兵士剽掠殆竭，衆情喧喧，無復留意。議欲奉帝遷都長安，恐帝及公卿不從，欲須帝出而劫之。乃請帝謁廟，帝不許。十一月乙未，方引兵入殿，以所乘車迎帝。帝馳避後園竹中，軍人引帝出，逼使上車，帝垂泣從之。方於馬上稽首曰：「今寇賊縱橫，宿衛單少，願陛下幸臣壘，臣盡死力以備不虞。」時羣臣皆逃匿，唯中書監盧志侍側，曰：「陛下今日之事，當一從右將軍。」帝遂幸方壘，令方具車載宮人、寶物。軍人因妻略後宮，分争府藏，割流蘇武帳爲馬帴，魏、晉以來蓄積，掃地無遺。方將焚宗廟、宮室以絶人返顧之心，盧志曰：「昔董卓無道，焚燒洛陽，怨毒之聲，百年猶存，何爲襲之？」乃止。

帝停方壘三日，方擁帝及太弟穎、豫章王熾等趨長安，王戎出奔郟。太宰顒帥官屬步騎三萬迎于霸上，顒前拜謁，帝下車止之。帝入長安，以征西府爲宮。唯尚書僕射荀藩、司隷劉暾、河南尹周馥等在洛陽，爲留臺，承制行事，號東、西臺。藩，勗之子也。丙午，留臺大赦，改元復爲永安。辛丑，復皇后羊氏。

十二月丁亥，詔太弟穎以成都王還第，更立豫章王熾爲皇太弟。帝兄弟二十五人，時存者惟穎、熾及吴王晏。晏材質庸下，熾沖素好學，故太宰顒立之。詔以司空越爲太傅，與顒夾輔帝室，王戎參録朝政。又以光禄大夫王衍爲尚書左僕射；高密王略爲鎮南將軍，領司隷校尉，權鎮洛陽；東中郎將模爲寧北將軍，都督冀州諸軍事，鎮鄴。百官各還本職。令州郡蠲除苛政，愛民務本，清通之後，當還東京。大赦，改元。略、模皆越之弟也。王浚既去鄴，越使模鎮之，顒以四方乖離，禍難不已，故下此詔和解之，冀獲少安。越辭太傅不受。又詔以太宰顒都督中外諸軍事；張方爲中領軍、録尚書事，領京兆太守。

二年夏四月，張方廢羊后。

游楷等攻皇甫重，累年不能克，重遣其養子昌求救於外。昌詣司空越，越以太宰顒新與山東連和，不肯出兵。昌乃與故殿中人楊篇詐稱越命，迎羊后於金墉城，入宫，以后令發兵討張方，奉迎大駕。事起倉猝，百官初皆從之，俄知其詐，相與誅昌。顒請遣御史宣詔喻重令降，重不奉詔。先是城中不知長沙厲王及皇甫商已死，重獲御史騶人問曰：「我弟將兵來，欲至未？」騶人曰：「已爲河間王所害。」重失色，立殺騶人。於是城中知無外救，共殺重以降。顒以馮翊太守張輔爲秦州刺史。

東海中尉劉洽以張方劫遷車駕，勸司空越起兵討之。秋七月，越傳檄山東征、鎮、州郡，云「欲糾帥義旅，奉迎天子還復舊都」。東平王楙聞之懼，長史王脩説楙曰：「東海宗室重望，今興義兵，公宜舉徐州以授之，則免於難，且有克讓之美矣。」楙從之。越乃以司空領徐州都督，楙自爲兗州刺史，詔即遣使者劉虔授之。是時越兄弟並據方任，於是范陽王虓及王浚等共推越爲盟主。越輒選置刺史以下，朝士多赴之。

成都王穎既廢，河北人多憐之。穎故將公師藩等自稱將軍，起兵於趙、魏，衆至數萬。初，上黨武鄉羯人石勒有膽力，善騎射。并州大饑，建威將軍閻粹説東嬴公騰執諸胡於山東賣充軍實，勒亦被掠，賣爲茌平人師懽奴，懽奇其狀貌而免之。懽家鄰於馬牧，勒乃與牧帥汲桑結壯士爲羣盜。及公師藩起，桑與勒帥數百騎赴之。桑始命勒以石爲姓，勒爲名。藩攻陷郡縣，殺二千石、長吏，轉前攻鄴。平昌公模甚懼。范陽王虓遣其將苟晞救鄴，與廣平太守譙國丁紹共擊藩，走之。

八月，司空越以琅琊王睿爲平東將軍，監徐州諸軍事，留守下邳。睿請王導爲司馬，委以軍事。越帥甲卒三萬，西屯蕭縣，范陽王虓自許屯于滎陽。越承制以豫州刺史劉喬爲冀州刺史，以范陽王虓領豫州刺史。喬以虓非天子命，發兵拒之。虓以劉琨爲司馬。越以劉藩爲淮北護軍，劉輿爲潁川太守。喬上尚書列輿兄弟罪惡，因引兵攻許，遣其長子祐將兵拒越於蕭縣之靈壁，越兵不能進。東平王楙在兖州，徵求不已，郡縣不堪命。范陽王虓遣苟晞還兖州，徙楙都督青州。楙不受命，背山東諸侯與劉喬合。

太宰顒聞山東兵起，甚懼。以公師藩爲成都王穎起兵，壬午，表穎爲鎮軍大將軍，都督河北諸軍事，給兵千人；以盧志爲魏郡太守，隨穎鎮鄴，欲以撫安之。又遣建武將軍吕朗屯洛陽。顒發詔，令東海王越等各就國，越等不從。會得劉喬上事，冬十月丙子，下詔稱：「劉輿迫脅范陽王虓造構凶逆。其令鎮南大將軍劉弘、平南將軍彭城王釋、征東大將軍劉準，各勒所統，與劉喬并力；以張方爲大都督，統精卒十萬與呂朗共會許昌，誅輿兄弟。」釋，宣帝弟子穆王權之孫也。

丁丑，顒使成都王穎領將軍樓褒等，前車騎將軍石超領北中郎將王闡等，據河橋爲劉喬繼援。進喬鎮東將軍，假節。

劉弘遺喬及司空越書，欲使之解怨釋兵，同奬王室，皆不聽。弘又上表曰：「自頃兵戈紛亂，猜禍鋒生，疑隙構於羣王，災難延于宗子。今夕爲忠，明旦爲逆，翩其反而，互爲戎首。載籍以來，骨肉之禍，未有如今者也，臣竊悲之！今邊陲無備豫之儲，中華有杼軸之困，而股肱之臣不惟國體，職競尋常，自相楚剥。萬一四夷乘虛爲變，此亦猛虎交鬭，自效於卞莊者矣！臣以爲宜速發明詔，詔越等令兩釋猜嫌，各保分局。自今以後，其有不被詔書擅興兵馬者，天下共伐之！」時太宰顒方拒關東，倚喬爲助，不納其言。喬乘虛襲許，破之。劉琨將兵救許不及，遂與兄輿及范陽王虓俱奔河北。琨父母爲喬所執。劉弘以張方殘暴，知顒必敗，乃遣參軍劉盤爲督護，帥諸軍受司空越節度。

十一月，立節將軍周權詐被檄，自稱平西將軍，復立羊后。洛陽令何喬攻權殺之，復廢羊后。太宰顒矯詔，以羊后屢爲姦人所立，遣尚書田淑敕留臺賜后死。詔書累至，司隸校尉劉暾等上奏，固執以爲：「羊庶人門户殘破，廢放空宫，門禁峻密，無緣得與姦人構亂，衆無愚智，皆謂其冤。今殺一枯窮之人，而令天下傷慘，何益於治！」顒怒，遣吕朗收暾，暾奔青州依高密王略。然羊后亦以是得免。

十二月，吕朗等東屯滎陽，成都王穎進據洛陽。

劉琨説冀州刺史太原温羨，使讓位於范陽王虓。虓領冀州，遣琨詣幽州乞師於王浚。浚以突騎資之，擊王闡於河上，殺之。琨遂與虓引兵濟河，斬石超於滎陽。劉喬自考城引退。虓遣琨及督護田徽東擊東平王楙於廩丘，楙走還國。琨、徽引兵東迎越，擊劉祐於譙。祐敗死，喬衆遂潰，喬奔平氏。司空越進屯陽武，王浚遣其將祁弘帥突騎鮮卑、烏桓爲越先驅。

光熙元年。初，太弟中庶子蘭陵繆播有寵於司空越，播從弟右衛率胤，太宰顒前妃之弟也。越之起兵，遣播、胤詣長安説顒，令奉帝還洛，約與顒分陝爲伯。顒素信重播兄弟，即欲從之。張方自以罪重，恐爲誅首，謂顒曰：「今據形勝之地，國富兵强，奉天子以號令，誰敢不從？奈何拱手受制於人！」顒乃止。及劉喬敗，顒懼，欲罷兵與山東和解，恐張方不從，猶豫未決。

方素與長安富人郅輔親善，以爲帳下督。顒參軍河間畢垣嘗爲方所侮，因説顒曰：

「張方久屯霸上，聞山東兵盛，盤桓不進，宜防其未萌。其親信郅輔具知其謀。」繆播、繆胤復説顒：「宜急斬方以謝，山東可不勞而定。」顒使人召輔，垣迎説輔曰：「張方欲反，人謂卿知之，王若問卿，何辭以對？」輔驚曰：「實不聞方反，爲之奈何？」垣曰：「王若問卿，但言爾爾，不然必不免禍。」輔入，顒問之曰：「張方反，卿知之乎？」輔曰：「爾。」顒曰：「遣卿取之，可乎？」又曰：「爾。」顒於是使輔送書於方，因殺之。輔既昵於方，持刀而入，守閤者不疑。方火下發函，輔斬其頭。還報，顒以輔爲安定太守。送方頭於司空越以請和，越不許。宋胄襲河橋，樓褒西走，平昌公模遣前鋒督護馮嵩會宋胄逼洛陽。成都王穎西奔長安，至華陰，聞顒已與山東和親，留不敢進。吕朗屯滎陽，劉琨以張方首示之，遂降。甲子，司空越遣祁弘、宋胄、司馬纂帥鮮卑西迎車駕，以周馥爲司隸校尉，假節，都督諸軍，屯澠池。

夏四月己巳，司空越引兵屯温。初，太宰顒以爲張方死，東方兵必可解。既而東方兵聞方死，争入關，顒悔之，乃斬郅輔，遣弘農太守彭隨、北地太守刁默將兵拒祁弘等於湖。五月壬辰，弘等擊隨、默，大破之，遂西入關，又敗顒將馬瞻、郭偉於霸水，顒單馬逃入太白山。弘等入長安，所部鮮卑大掠，殺二萬餘人，百官奔散，入山中拾橡實食之。己亥，弘等奉帝乘牛車東還，以太弟太保梁柳爲鎮西將軍，守關中。六月丙辰朔，帝至洛陽，復羊后。

辛未，大赦，改元。

馬瞻等入長安，殺梁柳，與始平太守梁邁共迎太宰顒於南山。弘農太守裴廙、秦國內史賈龕、安定太守賈疋等起兵擊顒，斬馬瞻、梁邁。疋，詡之曾孫也。司空越遣督護麋晃將兵擊顒，至鄭，顒使平北將軍牽秀屯馮翊。顒長史楊騰詐稱顒命，使秀罷兵，騰遂殺秀，關中皆服於越，顒保城而已。

八月，以司空越爲太傅，録尚書事；范陽王虓爲司空，鎮鄴；平昌公模爲鎮東大將軍，鎮許昌；王浚爲驃騎大將軍，都督東夷、河北諸軍事，領幽州刺史。越以吏部郎潁川庾敳爲軍諮祭酒，前太弟中庶子胡母輔之爲從事中郎，黄門侍郎河南郭象爲主簿，鴻臚丞阮脩爲行參軍，謝鯤爲掾。輔之薦樂安光逸於越，越亦辟之。敳等皆尚虛玄，不以世務嬰心，縱酒放誕。敳殖貨無厭，象薄行，好招權，越皆以其名重於世，故辟之。

初弘之入關也，成都王穎自武關奔新野。會新城元公劉弘卒，司馬郭勱作亂，欲迎穎爲主，治中順陽郭舒奉弘子璠以討勱，斬之。詔南中郎將劉陶收穎。穎北渡河，奔朝歌，收故將士，得數百人，欲赴公師藩。九月，頓丘太守馮嵩執之送鄴，范陽王虓不忍殺而幽之。公師藩自白馬南渡河，兖州刺史苟晞討斬之。

進東嬴公騰爵爲東燕王，平昌公模爲南陽王。

冬十月，范陽王虓薨，長史劉輿以成都王穎素爲鄴人所附，祕不發喪，僞令人爲臺使，稱詔，夜賜穎死，并殺其二子。穎官屬先皆逃散，惟盧志隨從，至死不怠，收而殯之。太傅越召志爲軍諮祭酒。越將召劉輿，或曰：「輿猶膩也，近則污人。」及至，越疏之。輿密視天下兵簿及倉庫、牛馬、器械、水陸之形，皆默識之。時軍國多事，每會議，自長史潘滔以下莫知所對，輿應機辨畫，越傾膝酬接，以爲左長史，軍國之務，悉以委之。輿説越遣其弟琨鎮并州，以爲北面之重，越表琨爲并州刺史。以東燕王騰爲車騎將軍，都督鄴城諸軍事，鎮鄴。

十一月己巳，夜，帝食餅中毒，庚午，崩于顯陽殿。羊后自以於太弟熾爲嫂，恐不得爲太后，將立清河王覃。侍中華混諫曰：「太弟在東宫已久，民望素定，今日寧可易乎！」即露版馳告太傅越，召太弟入宫。后已召覃至尚書閤，疑變，託疾而返。癸酉，太弟即皇帝位，大赦。尊皇后曰惠皇后，居弘訓宫；追尊母王才人曰皇太后，立妃梁氏爲皇后。懷帝始遵舊制，於東堂聽政，每至宴會，輒與羣官論衆務，考經籍。黄門侍郎傅宣歎曰：「今日復見武帝之世矣！」

十二月，太傅越以詔書徵河間王顒爲司徒，顒乃就徵。南陽王模遣其將梁臣邀之於新安，車上扼殺之，并殺其三子。

劉琨至上黨，東燕王騰即自井陘東下。時并州饑饉，數爲胡寇所掠，郡縣莫能自保。州將田甄、甄弟蘭、任祉、祁濟、李惲、薄盛等及吏民萬餘人，悉隨騰就穀冀州，號爲「乞活」，所餘之户不滿二萬，寇賊縱横，道路斷塞。琨募兵上黨，得五百人，轉鬬而前。至晉陽，府寺焚毀，邑野蕭條，琨撫循勞徠，流民稍集。

懷帝永嘉元年二月，東萊王彌寇青、徐二州，自稱征東大將軍，攻殺二千石。太傅越以公車令東萊鞠羡爲本郡太守以討彌，彌擊殺之。

三月，詔追復楊太后尊號，丁卯，改葬之，謚曰武悼。

庚午，立清河王覃弟豫章王詮爲皇太子。辛未，大赦。

帝親覽大政，留心庶事。太傅越不悦，固求出藩。庚辰，越出鎮許昌。以高密王略爲征南大將軍，都督荆州諸軍事，鎮襄陽；南陽王模爲征西大將軍，都督秦雍梁益四州諸軍事，鎮長安；東燕王騰爲新蔡王，都督司冀二州諸軍事，仍鎮鄴。

公師藩既死，汲桑逃還苑中，更聚衆劫掠郡縣，自稱大將軍，聲言爲成都王報仇。以石勒爲前驅，所嚮輒克，署勒掃虜將軍，遂進攻鄴。時鄴中府庫空竭，而新蔡武哀王騰資用甚饒。騰性吝嗇，無所振惠，臨急乃賜將士米各數升，帛各丈尺，以是人不爲用。夏五月，桑大破魏郡太守馮嵩，長驅入鄴，騰輕騎出奔，爲桑將李豐所殺。桑出成都王穎棺，載之車中，每事啓而後行。遂燒鄴宫，火旬日不滅，殺士民萬餘人，大掠而去。濟自延津，南擊兖州。太傅越大懼，使苟晞及將軍王讚等討之。

石勒與苟晞等相持於平原、陽平間數月，大小三十餘戰，互有勝負。秋七月己酉朔，太傅越屯官渡，爲晞聲援。

己未，以琅邪王睿爲安東將軍，都督揚州江南諸軍事，假節，鎮建業。

八月己卯朔，苟晞擊汲桑於東武陽，大破之，桑退保清淵。

九月戊申，琅邪王睿至建業。睿以安東司馬王導爲謀主，推心親信，每事咨焉。睿名論素輕，吴人不附，居久之，士大夫莫有至者，導患之。會睿出觀禊，導使睿乘肩輿，具威儀，導與諸名勝皆騎從。紀瞻、顧榮等見之驚異，相帥拜於道左。導因説睿曰：「顧榮、賀循，此土之望，宜引之以結人心。二子既至，則無不來矣。」睿乃使導躬造循、榮，二人皆應命而至。以循爲吴國内史，榮爲軍司，加散騎常侍，凡軍府政事，皆與之謀議。又以紀瞻爲軍祭酒，卞壼爲從事中郎，周玘爲倉曹屬，琅邪劉超爲舍人，張闓及魯國孔衍爲參軍。壼，粹之子；闓，昭之曾孫也。王導説睿謙以接士，儉以足用，以清静爲政，撫綏新舊，故江東歸心焉。睿初至，頗以酒廢事，導以爲言；睿命酌，引觴覆之，於此遂絶。

苟晞追擊汲桑，破其八壘，死者萬餘人。桑與石勒收餘衆將奔漢，冀州刺史丁紹邀之於赤橋，又破之，桑奔馬牧，勒奔樂平。太傅越還許昌，加苟晞撫軍將軍，都督青、兗諸軍事，丁紹寧北將軍，監冀州諸軍事，皆假節。

胡部大張㔨督、馮莫突等擁衆數千壁于上黨，石勒往從之，因說㔨督等曰：「劉單于舉兵擊晉，部大拒而不從，自度終能獨立乎？」曰：「不能。」勒曰：「然則安可不早有所屬！今部落皆已受單于賞募，往往聚議，欲叛部大而歸單于矣。」㔨督等以爲然。冬十月，㔨督等隨勒單騎歸漢，漢王淵署㔨督爲親漢王，莫突爲都督部大，以勒爲輔漢將軍、平晉王以統之。烏桓張伏利度有衆二千，壁于樂平，淵屢招不能致。勒僞獲罪於淵，往奔伏利度。伏利度喜，結爲兄弟，使勒帥諸胡寇掠，所向無前，諸胡畏服。勒知衆心之附己，乃因會執伏利度，謂諸胡曰：「今起大事，我與伏利度誰堪爲主？」諸胡咸推勒。勒於是釋伏利度，帥其衆歸漢。淵加勒督山東征討諸軍事，以伏利度之衆配之。

十一月甲寅，以尚書右僕射和郁爲征北將軍，鎮鄴。乙亥，以王衍爲司徒。

十二月戊寅，乞活田甄、田蘭、薄盛等起兵爲新蔡王騰復讎，斬汲桑于樂陵。棄成都王穎棺於故井中，穎故臣收葬之。

前北軍中候呂雍、度支校尉陳顔等謀立清河王覃爲太子，事覺，太傅越矯詔囚覃於金墉城。

初，太傅越與苟晞親善，引升堂，結爲兄弟。司馬潘滔說越曰：「兗州衝要，魏武以之創業。苟晞有大志，非純臣也，久令處之，則患生心腹矣。若遷于青州，厚其名號，晞必悅。公自牧兗州，經緯諸夏，藩衛本朝，此所謂爲之於未亂者也。」越以爲然。癸卯，越自爲丞相，領兗州牧，都督兗、豫、司、冀、幽、并諸軍事。以晞爲征東大將軍、開府儀同三司，加侍中，假節，都督青州諸軍事，領青州刺史，封東平郡公。越、晞由是有隙。

初，陽平劉靈，少貧賤，力制奔牛，走及奔馬，時人雖異之，莫能舉也。靈撫膺歎曰：「天乎，何當亂也！」及公師藩起，靈自稱將軍，寇掠趙、魏。會王彌爲苟純所敗，靈亦爲王讚所敗，遂俱遣使降漢。漢拜彌鎮東大將軍、青徐二州牧、都督緣海諸軍事，封東萊公；以靈爲平北將軍。純，晞之弟也。

二年春正月，漢王淵遣撫軍將軍聰等十將南據太行，輔漢將軍石勒等十將東下趙、魏。

二月辛卯，太傅越殺清河王覃。三月，太傅越自許昌徙鎮(甄)〔鄄〕城。

王彌收集亡散，兵復大振，分遣諸將攻掠青、徐、兗、豫四州，所過攻陷郡縣，多殺守令，有衆數萬。苟晞與之連戰，不能克。夏四月丁亥，彌入許昌。太傅越遣司馬王斌帥甲士五千人衛京師，凉州刺史張軌亦遣督護北宮純將兵衛京師。五月，彌入自轘轅，敗官軍于伊北，京師大震，宮城門晝閉。壬戌，彌至洛陽，屯于津陽門。詔以王衍都督征討諸軍事。甲子，衍與王斌等出戰，北宮純募勇士百餘人突陳，彌兵大敗。乙丑，彌燒建春門而東，衍遣左衛將軍王秉追之，戰于七里澗，又敗之。彌走渡河，與王桑自軹關如平陽。漢王淵遣侍中兼御史大夫郊迎，令曰：「孤親行將軍之館，拂席洗爵，敬待將軍。」及至，拜司隸校尉，加侍中、特進；以桑爲散騎侍郎。

北宮純等與漢劉聰戰於河東，敗之。秋七月甲辰，漢王淵寇平陽，太守宋抽棄郡走，河東太守路述戰死，淵徙都蒲子。上郡鮮卑陸逐延、氐酋單徵並降於漢。

八月丁亥，太傅越自鄄城徙屯濮陽，未幾又徙屯滎陽。

九月，漢王彌、石勒寇鄴，和郁棄城走。詔豫州刺史裴憲屯白馬以拒彌，車騎將軍王堪屯東燕以拒勒，平北將軍曹武屯大陽以備蒲子。憲，楷之子也。

石勒、劉靈帥衆三萬寇魏郡、汲郡、頓丘，百姓望風降附者五十餘壘，皆假壘主將軍、都尉印綬，簡其强壯五萬爲軍士，老弱安堵如故。己酉，勒執魏郡太守王粹于三臺，殺之。

三年春正月辛丑朔，熒惑犯紫微。漢太史令宣于脩之言於漢主淵曰：「不出三年，必克洛陽。蒲子崎嶇，難以久安，平陽氣象方昌，請徙都之。」淵從之。

三月丁巳，太傅越自滎陽入京師，中書監王敦謂所親曰：「太傅專執威權，而選用表請，尚書猶以舊制裁之；今日之來，必有所誅。」

帝之爲太弟也，與中庶子繆播親善，及即位，以播爲中書監，繆胤爲太僕卿，委以心膂。帝舅散騎常侍王延、尚書何綏、太史令高堂沖並參機密。越疑朝臣貳於己，劉輿、潘滔勸越悉誅播等。越乃誣播等欲爲亂，乙丑，遣平東將軍王秉帥甲士三千入宮，執播等十餘人於帝側，付廷尉殺之。帝歎息流涕而已。

綏，曾之孫也。初，何曾侍武帝宴，退謂諸子曰：「主上開創大業，吾每宴見，未嘗聞經國遠圖，惟說平生常事，非貽厥孫謀之道也，及身而已，後嗣其殆乎！汝輩猶可以免。」指諸孫曰：「此屬必及於難！」及綏死，兄嵩哭之曰：「我祖其殆聖乎！」

臣光曰：何曾譏武帝偷惰，取過目前，不爲遠慮；知天下將亂，子孫必與其憂；何其明也！然身爲僭侈，使子孫承流，卒以驕奢亡族，其明安在哉？且身爲宰相，知其君之過，不以告而私語於家，非忠臣也。

丁卯，詔以王衍爲太尉。太傅越解兗州牧，領司徒。越以頃來興事多由殿省，乃奏宿衛有侯爵者皆罷之。時殿中武官並封侯，由是出者略盡，皆泣涕而去。更使右衛將軍何倫、左衛將軍王秉領東海國兵數百人宿衛。

左積弩將軍朱誕奔漢，具陳洛陽孤弱，勸漢主淵攻之。淵以誕爲前鋒都督，以滅晉大將軍劉景爲大都督，將兵攻黎陽，克之。又敗王堪於延津，沈男女三萬餘人於河。淵聞之，怒曰：「景何面復見朕？且天道豈能容之！吾所欲除者司馬氏耳，細民何罪！」黜景爲平虜將軍。

夏，漢安東大將軍石勒寇鉅鹿、常山，衆至十餘萬，集衣冠人物，別爲「君子營」，以趙郡張賓爲謀主，刁膺爲股肱，夔安、孔萇、支雄、桃豹、逯明爲爪牙，并州諸胡羯多從之。

初，張賓好讀書，闊達有大志，常自比張子房。及石勒徇山東，賓謂所親曰：「吾歷觀諸將，無如此胡將軍者，可與共成大業。」乃提劍詣軍門，大呼請見，勒亦未之奇也。賓數以策干勒，已而皆如所言，勒由是奇之，署爲軍功曹，動靜咨之。

漢主淵以王彌爲侍中、都督青徐兗豫荆揚六州諸軍事、征東大將軍、青州牧，與楚王聰共攻壺關；以石勒爲前鋒都督。劉琨遣護軍黄肅、韓述救之，聰敗述於西澗，勒敗肅於封田，皆殺之。

太傅越遣淮南内史王曠、將軍施融、曹超將兵拒聰等。曠濟河，欲長驅而前，融曰：「彼乘險間出，我雖有數萬之衆，猶是一軍獨受敵也。且當阻水爲固，以量形勢，然後圖之。」曠怒曰：「君欲沮衆邪！」融退曰：「彼善用兵，曠闇於事勢，吾屬今必死矣！」曠等踰太行與聰遇戰於長平之間，曠兵大敗，融、超皆死。聰遂破屯留、長子，凡斬獲萬九千級。上黨太守龐淳以壺關降漢。劉琨以都尉張倚領上黨太守，據襄垣。

秋八月，漢主淵命楚王聰等進攻洛陽。詔平北將軍曹武等拒之，皆爲聰所敗。聰長驅至宜陽，自恃驟勝，怠不設備。九月，弘農太守垣延詐降，夜襲聰軍，聰大敗而還。

冬十月，漢主淵復遣楚王聰、王彌、始安王曜、汝陰王景帥精騎五萬寇洛陽，大司空鴈門剛穆公呼延翼帥步卒繼之。丙辰，聰等至宜陽，朝廷以漢兵新敗，不意其復至，大懼。辛酉，聰屯西明門，北宮純等夜帥勇士千餘人出攻漢壁，斬其征虜將軍呼延顥。壬戌，聰南屯洛水。乙丑，呼延翼爲其下所殺，其衆自大陽潰歸。淵敕聰等還師，聰表稱「晋兵微弱，不可以翼、顥死故還師」，固請留攻洛陽，淵許之。太傅越嬰城自守。戊寅，聰親祈嵩山，留平晋將軍安陽哀王厲、冠軍將軍呼延朗督攝留軍；太傅參軍孫詢説越乘虛出擊朗，斬之，厲赴水死。王彌謂聰曰：「今軍既失利，洛陽守備猶固，運車在陝，糧食不支數日。殿下不如與龍驤還平陽，裹糧發卒，更爲後舉，下官亦收兵穀待命於兖、豫，不亦可乎！」聰自以請留，未敢還。宣于脩之言於淵曰：「歲在辛未，乃得洛陽。今晋氣猶盛，大軍不歸，必敗。」淵乃召聰等還。

十一月甲申，漢楚王聰、始安王曜歸于平陽。王彌南出轘轅，流民之在潁川、襄城、汝南、南陽、河南者數萬家，素爲居民所苦，皆燒城邑，殺二千石、長吏以應彌。

石勒寇信都，殺冀州刺史王斌。王浚自領冀州。詔車騎將軍王堪、北中郎將裴憲將兵討勒，勒引兵還，拒之；魏郡太守劉矩以郡降勒。勒至黎陽，裴憲棄軍奔淮南，王堪退保倉垣。

十二月，漢王彌表左長史曹嶷行安東將軍，東徇青州。

四年春正月，漢鎮東大將軍石勒濟河，拔白馬，王彌以三萬衆會之，共寇徐、豫、兗州。二月，勒襲鄄城，殺兗州刺史袁孚，遂拔倉垣，殺王堪。復北濟河，攻冀州，諸郡民從之者九萬餘口。

秋七月，漢楚王聰、始安王曜、石勒及安北大將軍趙國圍河內太守裴整于懷，詔征虜將軍宋抽救懷。勒與平北大將軍王桑逆擊抽，殺之。河內人執整以降，漢主淵以整爲尚書左丞。河內督將郭默收整餘衆，自爲塢主，劉琨以默爲河內太守。

己卯，漢主淵卒。

九月，雍州流民多在南陽，詔書遣還鄉里。流民以關中荒殘，皆不願歸。征南將軍山簡、南中郎將杜蕤各遣兵送之，促期令發。京兆王如遂潛結壯士，夜襲二軍，破之。於是馮翊嚴嶷、京兆侯脱各聚衆攻城鎮，殺令長以應之，未幾衆至四五萬，自號大將軍，領司、雍二州牧，稱藩于漢。

冬十月，漢河内王粲、始安王曜及王彌帥衆四萬寇洛陽，石勒帥騎二萬會粲于大陽，敗監軍裴邈于澠池，遂長驅入洛川。粲出轘轅，掠梁、陳、汝、潁間。勒出成皋關，壬寅，圍陳留太守王讚於倉垣，爲讚所敗，退屯文石津。

京師饑困日甚，太傅越遣使以羽檄徵天下兵，使入援京師。帝謂使者曰：「爲我語諸征、鎮，今日尚可救，後則無及矣！」既而卒無至者。征南將軍山簡遣督護王萬將兵入援，軍于涅陽，爲王如所敗。如遂大掠沔、漢，進逼襄陽，簡嬰城自守。荆州刺史王澄自將欲援京師，至沶口，聞簡敗，衆散而還。朝議多欲遷都以避難，王衍以爲不可，賣車牛以安衆心。山簡爲嚴嶷所逼，自襄陽徙屯夏口。

石勒引兵濟河，將趣南陽，王如、侯脱、嚴嶷等聞之，遣衆一萬屯襄城以拒勒。勒擊之，盡俘其衆，進屯宛北。是時侯脱據宛，王如據穰。如素與脱不協，遣使重賂勒，結爲兄弟，説勒使攻脱。勒攻宛，克之，嚴嶷引兵救宛，不及而降。勒斬脱，囚嶷送于平陽，盡并其衆，遂南寇襄陽，攻拔江西壘壁三十餘所。還趣襄城，王如遣弟璃襲勒，勒迎擊滅之，復屯江西。

太傅越既殺王延等，大失衆望。又以胡寇益盛，内不自安，乃戎服入見，請討石勒，且鎮集兖、豫。帝曰：「今胡虜侵逼郊畿，人無固志，朝廷社稷倚賴於公，豈可遠出，以孤根本！」對曰：「臣出幸而破賊，則國威可振，猶愈於坐待困窮也。」十一月甲戌，越帥甲士四萬向許昌，留妃裴氏、世子毗及龍驤將軍李惲、右衛將軍何倫守衛京師，防察宮省。以潘滔爲河南尹，總留事。越表以行臺自隨，用太尉衍爲軍司，朝賢素望悉爲佐吏，名將勁卒咸入其府。於是宮省無復守衛，荒饉日甚，殿内死人交橫，盜賊公行，府寺營署，並掘塹自守。越東屯項，以馮嵩爲左司馬，自領豫州牧。竟陵王楙白帝遣兵襲何倫，不克。帝委罪於楙，楙逃竄得免。

揚州都督周馥以洛陽孤危，上書請遷都壽春。太傅越以馥不先白己而直上書，大怒，召馥及淮南太守裴碩。馥不肯行，令碩帥兵先進。碩詐稱受越密旨，襲馥，爲馥所敗，退保東城。

初，帝以王彌、石勒侵逼京畿，詔苟晞督帥州郡討之。會曹嶷破琅邪，北收齊地，兵勢甚盛，苟純閉城自守。晞還救青州，與嶷連戰，破之。

五年春正月，苟晞爲曹嶷所敗，棄城奔高平。

裴碩求救於琅邪王睿，睿（渡沔寇江夏拔之）使揚威將軍甘卓等攻周馥於壽春。馥衆潰，奔項，新蔡王確執之，馥憂憤而卒。確，騰之子。

二月，石勒攻新蔡，殺新蔡莊王確於南頓。進拔許昌，殺平東將軍王康。

東海孝獻王越既與苟晞有隙，河南尹潘滔、尚書劉望等復從而譖之。晞怒，表求滔等首，陽言：「司馬元超爲宰相不平，使天下淆亂！苟道將豈可以不義使之！」乃移檄諸州，自稱功伐，陳越罪狀。帝亦惡越專權多違詔命，所留將士何倫等抄掠公卿，逼辱公主，密賜晞手詔，使討之。晞數與帝文書往來，越疑之，使遊騎於成臯間伺之，果獲晞使及詔書。乃下檄罪狀晞，以從事中郎楊瑁爲兗州刺史，使與徐州刺史裴盾共討晞。晞遣騎收潘滔，滔夜遁得免，執尚書劉曾、侍中程延斬之。越憂憤成疾，以後事付王衍，三月丙子，薨于項，祕不發喪。衆共推衍爲元帥，衍不敢當，以讓襄陽王範，範亦不受。範，瑋之子也。於是衍等相與奉越喪還葬東海。何倫、李惲等聞越薨，奉裴妃及世子毗自洛陽東走，城中士民爭隨之。帝追貶越爲縣王，以苟晞爲大將軍、大都督，督青徐兗豫荆揚六州諸軍事。

夏四月，石勒帥輕騎追太傅越之喪，及於苦縣寧平城，大敗晉兵，縱騎圍而射之，將士十餘萬人，相踐如山，無一人得免者。執太尉衍、襄陽王範、任城王濟、武陵莊王澹、西河王喜、梁懷王禧、齊王超、吏部尚書劉望、廷尉諸葛銓、豫州刺史劉喬、太傅長史庾敳等，坐之幕下，問以晉故。衍具陳禍敗之由，云計不在己；且自言少無宦情，不豫世事，因勸勒稱尊號，冀以自免。勒曰：「君少壯登朝，名蓋四海，身居重任，何得言無宦情邪？破壞天下，非君而誰！」命左右扶出。衆人畏死，多自陳述。獨襄陽王範神色儼然，顧呵之曰：「今日之事，何復紛紜！」勒謂孔萇曰：「吾行天下多矣，未嘗見此輩人，當可存乎？」萇曰：「彼皆晉之王公，終不爲吾用。」勒曰：「雖然，要不可加以鋒刃。」夜使人排牆殺之。濟，宣帝弟子景王陵之子；禧，澹之子也。剖越柩，焚其尸，曰：「亂天下者，此人也！吾爲天下報之，故焚其骨以告天地。」

何倫等至洧倉，遇勒，戰敗，東海世子毗及宗室四十八王皆没於勒。何倫奔下邳，李惲奔廣宗。裴妃爲人所掠賣，久之渡江。初，琅邪王睿之鎮建業，裴妃意也，故睿德之，厚加存撫，以其子沖繼越後。

五月，以太子太傅傅祗爲司徒，尚書令荀藩爲司空，加王浚大司馬、侍中、大都督，督幽冀諸軍事，南陽王模爲太尉、大都督；張軌爲車騎大將軍；琅邪王睿爲鎮東大將軍，兼督揚江湘交廣五州諸軍事。

荀晞表請遷都倉垣，使從事中郎劉會將船數十艘、宿衛五百人、穀千斛迎帝。帝將從之，公卿猶豫，左右戀資財，遂不果行。既而洛陽饑困，人相食，百官流亡者什八九。帝召公卿議，將行而衛從不備。帝撫手歎曰：「如何曾無車輿！」乃使傅祗出詣河陰治舟楫，朝士數十人導從。帝步出西掖門，至銅駝街，爲盜所掠，不得進而還。度支校尉東郡魏浚帥流民數百家保河陰之硤石，時劫掠得穀麥獻之，帝以爲揚威將軍、平陽太守，度支如故。

漢主聰使前軍大將軍呼延晏將兵二萬七千寇洛陽，比及河南，晉兵前後十二敗，死者三萬餘人。始安王曜、王彌、石勒皆引兵會之，未至，晏留輜重於張方故壘，癸未，先至洛陽，甲申，攻平昌門，丙戌，克之，遂焚東陽門及諸府寺。六月丁亥朔，晏以外繼不至，俘掠而去。帝具舟於洛水，將東走，晏盡焚之。庚寅，荀藩及弟光祿大夫組奔轘轅。辛卯，王彌至宣陽門。壬辰，始安王曜至西明門。丁酉，王彌、呼延晏克宣陽門，入南宫，升太極前殿，縱兵大掠，悉收宫人、寶珍。帝出華林園門欲奔長安，漢兵追執之，幽於端門。曜自西明門入屯武庫。戊戌，曜殺太子詮、吴孝王晏、竟陵王楙、右僕射曹馥、尚書閭丘冲、河南尹劉默等，士民死者三萬餘人。遂發掘諸陵，焚宫廟、官府皆盡。曜納惠帝羊皇后，遷帝及六璽於平陽。

丁未，漢主聰大赦，改元嘉平。以帝爲特進左光祿大夫，封平阿公，以侍中庾珉、王儁爲光祿大夫。珉，敳之兄也。

初，始安王曜以王彌不待己至先入洛陽，怨之。彌説曜曰：「洛陽天下之中，山河四塞，城池、宫室不假脩營，宜白主上自平陽徙都之。」曜以天下未定，洛陽四面受敵，不可守，不用彌策而焚之。彌罵曰：「屠各子豈有帝王之意邪！」遂與曜有隙，引兵東屯項闕。前司隸校尉劉暾説彌曰：「今九州糜沸，羣雄競逐。將軍於漢建不世之功，又與始安王相失，將何以自容？不如東據本州，徐觀天下之勢，上可以混壹四海，下不失鼎峙之業，策之上者也。」彌心然之。

司徒傅祗建行臺於河陰，司空荀藩在陽城，河南尹華薈在成皋，汝陰太守平陽李矩爲之立屋，輸穀以給之。薈，歆之曾孫也。藩與弟組、族子中護軍崧，薈與弟中領軍恒，建行臺於密，傳檄四方，推琅邪王睿爲盟主。藩承制以崧爲襄城太守，矩爲滎陽太守，前冠軍將軍河南褚翜爲梁國內史。揚威將軍魏浚屯洛北石梁塢，劉琨承制假浚河南尹。浚詣荀藩諮謀軍事，藩邀李矩同會，矩夜赴之。矩官屬皆曰：「浚不可信，不宜夜往。」矩曰：「忠臣同心，何所疑乎！」遂往，相與結歡而去。浚族子該聚衆據一泉塢，藩以爲武威將軍。

豫章王端，太子詮之弟也，東奔倉垣，荀晞帥羣官奉以爲皇太子，置行臺。端承制以晞領太子太傅、都督中外諸軍、録尚書事，自倉垣徙屯蒙城。

撫軍將軍秦王業，吴孝王之子，荀藩之甥也，年十二，南奔密，藩等奉之南趣許昌。前豫州刺史天水閻鼎聚西州流民數千人於密，欲還鄉里。荀藩以鼎有才而擁衆，用鼎爲豫州刺史，以中書令李絙、司徒左長史彭城劉疇、鎮軍長史周顗、司馬李述等爲之參佐。顗，浚之子也。

時海内大亂，獨江東差安，中國士民避亂者多南渡江。鎮東司馬王導説琅邪王睿，收其賢俊，與之共事。睿從之，辟掾屬百餘人，時人謂之「百六掾」。以前潁川太守勃海刁協爲軍諮祭酒，前東海太守王承、廣陵相卞壺爲從事中郎，江寧令諸葛恢、歷陽參軍陳國陳頵爲行參軍，前太傅掾庾亮爲西曹掾。

南陽王模使牙門趙染戍蒲坂，染帥衆降漢。漢兵圍長安，模戰敗，遂降於漢。九月，河内王粲殺模。關西饑饉，白骨蔽野，士民存者百無一二。聰以始安王曜爲車騎大將軍、雍州牧，更封中山王，鎮長安。以王彌爲大將軍，封齊公。

苟晞驕奢苛暴，衆心離怨，加以疾疫、饑饉。石勒攻王讚於陽夏，擒之，遂襲蒙城，執晞及豫章王端。鎖晞頸，以爲左司馬。漢主聰拜勒幽州牧。

王彌與勒外相親而内相忌。彌聞勒擒苟晞，心惡之，以書賀勒曰：「公獲苟晞而用之，何其神也！使晞爲公左，彌爲公右，天下不足定也。」勒謂張賓曰：「王公位重而言卑，其圖我必矣。」賓因勸勒乘彌小衰，誘而取之。

冬十月，勒請彌燕于己吾，酒酣，勒手斬彌而并其衆，表漢主聰，稱彌叛逆。聰大怒，遣使讓勒專害公輔，有無君之心。然猶加勒鎮東大將軍，督并幽二州諸軍事，領并州刺史，以慰其心。苟晞、王讚潛謀叛勒，勒殺之，并晞弟純。勒引兵掠豫州諸郡，臨江而還，屯于葛陂。

初，南陽王模以從事中郎索綝爲馮翊太守。綝，靖之子也。模死，綝與安夷護軍金城麴允、頻陽令梁肅俱奔安定。時安定太守賈疋與諸氏、羌皆送任子於漢，綝等遇之於陰密，擁還臨涇，與疋謀興復晉室。疋從之，乃共推疋爲平西將軍，帥衆五萬向長安。雍州刺史麴特、新平太守竺恢皆不降於漢，聞疋起兵，與扶風太守梁綜帥衆十萬會之。綜，肅之兄也。漢河内王粲在新豐，使其將劉雅、趙染攻新平，不克。索綝救新平，大小百戰，雅等敗退。中山王曜與疋等戰於黄丘，曜衆大敗。疋遂襲漢梁州刺史彭蕩仲，殺之。麴特等擊破粲於新豐，粲還平陽。於是疋等兵勢大振，關西胡、晉翕然響應。

閻鼎欲奉秦王業入關，據長安以號令四方。河陰令傅暢，祗之子也，亦以書勸之，鼎遂行。荀藩、劉疇、周顗、李述等皆山東人，不欲西行，中塗逃散，鼎遣兵追之，不及，殺李絙等。鼎與業自宛趣武關，遇盜於上洛，士卒敗散，收其餘衆，進至藍田，使人告賈疋，疋遣兵迎之。十二月，入于雍城，使梁綜將兵衛之。

周顗奔琅邪王睿，睿以顗爲軍諮祭酒。前騎都尉譙國桓彝亦避亂過江，見睿微弱，謂顗曰：「我以中州多故，來此求全，而單弱如此，將何以濟！」既而見王導，共論世事，退謂顗曰：「向見管夷吾，無復憂矣！」諸名士相與登新亭遊宴，周顗中坐歎曰：「風景不殊，舉目有江河之異！」因相視流涕。王導愀然變色曰：「當共戮力王室，克復神州，何至作楚囚對泣邪！」衆皆收淚謝之。陳頵遺王導書曰：「中華所以傾弊者，正以取才失所，先白望而後實事，浮競驅馳，互相貢薦，言重者先顯，言輕者後敘，遂相波扇，乃至陵遲。加有莊、老之俗，傾惑朝廷，養望者爲弘雅，政事者爲俗人，王職不卹，法物墜喪。夫欲制遠，先由近始。今宜改張，明賞信罰，拔卓茂於密縣，顯朱邑於桐鄉，然後大業可舉，中興可冀耳。」導不能從。

六年春正月，漢鎮北將軍靳冲、平北將軍卜珝寇并州，辛未，圍晉陽。

二月，石勒築壘於葛陂，課農造舟，將攻建業。琅邪王睿大集江南之衆於壽春，以鎮東長史紀瞻爲揚威將軍，都督諸軍以討之。會大雨三月不止，勒軍中飢、疫，死者太半，聞晉軍將至，集將佐議之。右長史刁膺請先送款於睿，求掃平河朔以自贖，俟其軍退，徐更圖之。勒愀然長嘯。中堅將軍夔安請就高避水。勒曰：「將軍何怯邪！」孔萇等三十餘將請各將兵分道夜攻壽春，斬吴將頭，據其城，食其粟，要以今年破丹陽，定江南。勒笑曰：「是勇將之計也。」各賜鎧馬一疋。顧謂張賓曰：「於君意何如？」賓曰：「將軍攻陷京師，囚執天子，殺害王公，妻略妃主。擢將軍之髮，不足以數將軍之罪，奈何復相臣奉乎！去年既殺王彌，不當來此。今天降霖雨於數百里中，示將軍不應留此也。鄴有三臺之固，西接平陽，山河四塞，宜北徙據之，以經營河北。河北既定，天下無處將軍之右者矣。晉之保壽春，畏將軍往攻之耳。彼聞吾去，喜於自全，何暇追襲吾後，爲吾不利邪！將軍宜使輜重從北道先發，將軍引大兵向壽春。輜重既遠，大兵徐還，何憂進退無地乎！」勒攘袂鼓髯曰：「張君計是也！」責刁膺曰：「君既相輔佐，當共成大功，奈何遽勸孤降？此策應斬，然素知君怯，特相宥耳。」於是黜膺爲將軍，擢賓爲右長史，號曰「右侯」。

勒引兵發葛陂，遣石虎帥騎二千向壽春，遇晉運船，虎將士爭取之，爲紀瞻所敗。瞻追奔百里，前及勒軍，勒結陳待之，瞻不敢擊，退還壽春。

漢主聰封帝爲會稽郡公，加儀同三司。聰從容謂帝曰：「卿昔爲豫章王，朕與王武子造卿，武子稱朕於卿，卿言『聞其名久矣』，贈朕柘弓、銀研，卿頗記否？」帝曰：「臣安敢忘之！但恨爾日不早識龍顏！」聰曰：「卿家骨肉，何相殘如此？」帝曰：「大漢將應天受命，故爲陛下自相驅除。此殆天意，非人事也！且臣家若能奉武皇帝之業，九族敦睦，陛下何由得之！」聰喜，以小劉貴人妻帝，曰：「此名公之孫也，卿善遇之。」

代公猗盧遣兵救晉陽，三月乙未，漢兵敗走。卜珝之卒先奔，靳冲擅收珝斬之；聰大怒，遣使持節斬冲。

賈疋等圍長安數月，漢中山王曜連戰皆敗，驅掠士女八萬餘口奔于平陽。秦王業自雍入于長安。五月，漢主聰貶曜爲龍驤大將軍，行大司馬。聰使河内王粲攻傅祗於三渚，右將軍劉參攻郭默於懷。會祗病薨，城陷，粲遷祗子孫并其士民二萬餘户于平陽。

石勒自葛陂北行，所過皆堅壁清野，虜掠無所獲，軍中飢甚，士卒相食。至東燕，聞汲郡向冰聚衆數千壁枋頭，勒將濟河，恐冰邀之。張賓曰：「聞冰船盡在瀆中未上，宜遣輕兵間道襲取，以濟大軍，大軍既濟，冰必可擒也。」秋七月，勒使支雄、孔萇自文石津縛筏潛渡，取其船，勒引兵自棘津濟河，擊冰，大破之，盡得其資儲，軍勢復振，遂長驅至鄴。

劉演保三臺以自固，臨深、牟穆等復帥其衆降於勒。諸將欲攻三臺，張賓曰：「演雖弱，衆猶數千，三臺險固，攻之未易猝拔，捨而去之，彼將自潰。方今王彭祖、劉越石，公之大敵也，宜先取之，演不足顧也。且天下饑亂，明公雖擁大兵，遊行羈旅，人無定志，非所以保萬全制四方也。不若擇便地而據之，廣聚糧儲，西稟平陽，以圖幽并，此霸王之業也。邯鄲、襄國，形勝之地，請擇一而都之。」勒曰：「右侯之計是也。」遂進據襄國。

賓復言於勒曰：「今吾居此，彭祖、越石所深忌也。恐城塹未固，資儲未廣，二寇交至。宜亟收野穀，且遣使至平陽，具陳鎮此之意。」勒從之。分命諸將攻冀州，郡縣壁壘多降，運其穀以輸襄國，且表於漢主聰。聰以勒爲都督冀幽并營四州諸軍事、冀州牧，進封上黨公。

劉琨移檄州郡，期以十月會平陽擊漢。琨素奢豪，喜聲色，河南徐潤以音律得幸於琨，琨以爲晉陽令。潤驕恣，干預政事，護軍令狐盛數以爲言，且勸琨殺之，琨不從。潤譖盛於琨，琨收盛殺之。琨母曰：「汝不能駕御豪傑以恢遠略，而專除勝己，禍必及我！」盛子泥奔漢，具言虛實，漢主聰大喜，遣河内王粲、中山王曜將兵寇并州，以令狐泥爲鄉導。琨聞之，東出收兵於常山及中山，使其將郝詵、張喬將兵拒粲，且遣使求救於代公猗盧。詵、喬俱敗死，粲、曜乘虛襲晉陽，太原太守高喬、并州别駕郝聿以晉陽降漢。八月庚戌，琨還救晉陽，不及，帥左右數十騎奔常山。辛亥，粲、曜入晉陽。壬子，令狐泥殺琨父母。

粲、曜送尚書盧志、侍中許遐、太子右衛率崔瑋于平陽。聰復以曜爲車騎大將軍；以前將軍劉豐爲并州刺史，鎮晉陽。九月，聰以盧志爲太弟太師，崔瑋爲太傅，許遐爲太保，高喬、令狐泥皆爲武衛將軍。

辛巳，賈疋等奉秦王業爲皇太子，建行臺於長安，登壇告類，建宗廟、社稷，大赦。以閻鼎爲太子詹事，總攝百揆。加賈疋征西大將軍，以秦州刺史、南陽王保爲大司馬。命司空荀藩督攝遠近，光禄大夫荀組領司隸校尉，行豫州刺史，與藩共保開封。

冬十月，代公猗盧遣其子六脩及兄子普根、將軍衛雄、范班、箕澹帥衆數萬爲前鋒以攻晉陽，猗盧自帥衆二十萬繼之，劉琨收散卒數千爲之鄉導。六脩與漢中山王曜戰於汾東，曜兵敗，墜馬，中七創。討虜將軍傅虎以馬授曜，曜不受曰：「卿當乘以自免，吾創已重，自分死此。」虎泣曰：「虎蒙大王識拔至此，常思效命，今其時矣。且漢室初基，天下可無虎，不可無大王也。」乃扶曜上馬，驅令渡汾，自還戰死。曜入晉陽，夜與大將軍粲、鎮北大將軍豐掠晉陽之民，踰蒙山而歸。十一月，猗盧追之，戰於藍谷，漢兵大敗，擒劉豐，斬邢延等三千餘級，伏尸數百里。猗盧因大獵壽陽山，陳閱皮肉，山爲之赤。劉琨自營門步入拜謝，固請進軍。猗盧曰：「吾不早來，致卿父母見害，誠以相愧。今卿已復州境，吾遠來士馬疲弊，且待後舉，劉聰未可滅也。」遺琨馬牛羊各千餘疋，車百乘而還，留其將箕澹、段繁等戍晉陽。琨徙居陽曲，招集亡散。盧諶爲劉粲參軍，亡歸琨，漢人殺其父志及弟謐、詵；贈傅虎幽州刺史。

十二月，彭天護攻賈疋，殺之。閻鼎殺梁綜，麴允、索綝等攻鼎，鼎奔雍，爲氐所殺。

愍帝建興元年春正月丁丑朔，漢主聰宴羣臣於光極殿，使懷帝著青衣行酒。庾珉、王儁等不勝悲憤，因號哭，聰惡之。有告珉等謀以平陽應劉琨者，二月丁未，聰殺珉、儁等故晉臣十餘人，懷帝亦遇害。

荀崧曰：懷帝天姿清劭，少著英猷，若遇承平，足爲守文佳主。而繼惠帝擾亂之後，東海專政，故無幽、厲之釁，而有流亡之禍矣。

夏四月丙午，懷帝凶問至長安，皇太子舉哀，因加元服；壬申，即皇帝位，大赦，改元。以衛將軍梁芬爲司徒，雍州刺史麴允爲尚書左僕射、録尚書事，京兆太守索綝爲尚書右僕射、領吏部、京兆尹。是時長安城中户不盈百，蒿棘成林，公私有車四乘，百官無章服、印綬，唯桑版署號而已。尋以索綝爲衛將軍，領太尉，軍國之事，悉以委之。

漢中山王曜、司隸校尉喬智明寇長安，平西將軍趙染帥衆赴之，詔麴允屯黄白城以拒之。

石勒使石虎攻鄴，鄴潰，劉演奔廩丘，三臺流民皆降於勒。勒以桃豹爲魏郡太守以撫之。久之，以石虎代豹鎮鄴。

五月壬辰，以琅邪王睿爲左丞相、大都督，督陝東諸軍事；南陽王保爲右丞相、大都督，督陝西諸軍事。詔曰：「今當掃除鯨鯢，奉迎梓宫。令幽、并兩州勒卒三十萬直造平陽，右丞相宜帥秦、涼、梁、雍之師三十萬徑詣長安，左丞相帥所領精兵二十萬徑造洛陽，同赴大期，克成元勳。」

漢中山王曜屯蒲坂。

六月，劉琨與代公猗盧會于陘北，謀擊漢。秋七月，琨進據藍谷，猗盧遣拓跋普根屯于北屈。琨遣監軍韓據自西河而南，將攻西平。漢主聰遣大將軍粲等拒琨，驃騎將軍易等拒普根，蕩晉將軍蘭陽等助守西平。琨等聞之，引兵還。聰使諸軍仍屯所在，爲進取之計。

帝遣殿中都尉劉蜀詔左丞相睿以時進軍，與乘輿會（除）〔於〕中原。八月癸亥，蜀至建康，睿辭以方平定江東，未暇北伐。以鎮東長史刁協爲丞相左長史，從事中郎彭城劉隗爲司直，邵陵内史廣陵戴邈爲軍諮祭酒，參軍丹陽張闓爲從事中郎，尚書郎潁川鍾雅爲記室參軍，譙國桓宣爲舍人，豫章熊遠爲主簿，會稽孔愉爲掾。劉隗雅習文史，善伺候睿意，故睿特親愛之。

九月，漢中山王曜、趙染攻麴允于黄白城，允累戰皆敗。詔以索綝爲征東大將軍，將兵助允。

冬十月，漢趙染謂中山王曜曰：「麴允帥大衆在外，長安空虚，可襲也。」曜使染帥精騎五千襲長安，庚寅夜，入外城，帝奔射雁樓，染焚龍尾及諸營，殺掠千餘人。辛卯旦，退屯逍遥園。壬辰，將軍麴鑒自阿城帥衆五千救長安。癸巳，染引還，鑒追之，與曜遇於零武，鑒兵大敗。

漢中山王曜恃勝而不設備，十一月，麴允引兵襲之，漢兵大敗，殺其冠軍將軍喬智明，曜引歸平陽。

二年夏五月，漢中山王曜、趙染寇長安。六月，曜屯渭汭，染屯新豐，索綝將兵出拒之。染有輕綝之色，長史魯徽曰：「晉之君臣自知强弱不敵，將致死於我，不可輕也。」染曰：「以司馬模之强，吾取之如拉朽。索綝小豎，豈能汙吾馬蹄、刀刃邪！」晨帥輕騎數百逆之，曰：「要當獲綝而後食。」綝與戰于城西，染兵敗而歸，悔曰：「吾不用魯徽之言，以至此，何面目見之！」先命斬徽，徽曰：「將軍愚愎以取敗，乃復忌前害勝，誅忠良以逞忿。猶有天地，將軍其得死於枕席乎！」詔加索綝驃騎大將軍、尚書左僕射、録尚書，承制行事。曜、染復與將軍殷凱帥衆數萬向長安。麴允逆戰於馮翊，允敗，收兵，夜襲凱營，凱敗死。曜乃還攻河内太守郭默于懷，列三屯圍之。默食盡，送妻子爲質，請糴於曜；糴畢，復嬰城固守。曜怒，沈默妻子于河而攻之。默欲投李矩於新鄭，矩使其甥郭誦迎之，兵少不敢進。會劉琨遣參軍張肇帥鮮卑五百餘騎詣長安，道阻不通，還過矩營，矩説肇使擊漢兵。漢兵望見鮮卑，不戰而走，默遂帥衆歸矩。漢主聰召曜還屯蒲阪。

秋，趙染攻北地，麴允拒之，染中弩而死。

三年春二月丙子，以琅邪王睿爲丞相，大都督，督中外諸軍事；南陽王保爲相國；荀組爲太尉，領豫州牧；劉琨爲司空，都督并冀幽三州諸軍事。琨辭司空不受。

夏六月，漢大司馬曜攻上黨。秋八月癸亥，敗劉琨之衆於襄垣。曜欲進攻陽曲，漢主聰遣使謂之曰：「長安未平，宜以爲先。」曜乃還屯蒲阪。

九月，漢大司馬曜寇北地，詔以麴允爲大都督、驃騎將軍，以禦之。

冬十月，以索綝爲尚書僕射，都督宮城諸軍事。曜進拔馮翊，太守梁肅奔萬年。曜轉寇上郡，麴允去黄白城軍于靈武，以兵弱不敢進。帝屢徵兵於丞相保，保左右皆曰：「蝮虵螫手，壯士斷腕。今胡寇方盛，且宜斷隴道以觀其變。」從事中郎裴詵曰：「今虵已螫頭，頭可斷乎！」保乃以鎮軍將軍胡崧行前鋒都督，須諸軍集乃發。麴允欲奉帝往就保，索綝曰：「保得天子，必逞其私志。」乃止。於是自長安以西，不復貢奉朝廷，百官饑乏，採稆以自存。

四年秋七月，漢大司馬曜圍北地太守麴昌，大都督麴允將步騎三萬救之。曜繞城縱火，煙起蔽天，使反間紿允曰：「郡城已陷，往無及也。」衆懼而潰。曜追敗允於磻石谷，允奔還靈武，曜遂取北地。

允性仁厚，無威斷，喜以爵位悦人。新平太守竺恢、始平太守楊像、扶風太守竺爽、安定太守焦嵩，皆領征、鎮，杖節，加侍中、常侍，村塢主帥，小者猶假銀青、將軍之號。然恩不及下，故諸將驕恣，士卒離怨。關中危亂，允告急於焦嵩，嵩素侮允，曰：「須允困，當救之。」曜進至涇陽，渭北諸城悉潰。八月，漢大司馬曜逼長安。九月，焦嵩、竺恢、宋哲皆引兵救長安，散騎常侍華輯監京兆、馮翊、弘農、上洛四郡兵屯霸上，皆畏漢兵强，不敢進。相國保遣胡崧將兵入援，擊漢大司馬曜於靈臺，破之。崧恐國威復振，則麴、索勢盛，乃帥城西諸郡兵屯渭北不進，遂還槐里。曜攻陷長安外城，麴允、索綝退守小城以自固。内外斷絶，城中飢甚，米斗直金二兩，人相食，死者太半，亡逃不可制，唯涼州義衆千人守死不移。太倉有麴數十餅，麴允屑之爲粥以供帝，既而亦盡。冬十一月，帝泣謂允曰：「今窮厄如此，外無救援，當忍恥出降，以活士民。」因歎曰：「誤我事者，麴、索二公也！」使侍中宗敞送降牋於曜。索綝潛留敞，使其子説曜曰：「今城中食猶足支一年，未易克也。若許綝以車騎、儀同、萬户郡公者，請以城降。」曜斬而送之曰：「帝王之師，以義行也。孤將兵十五年，未嘗以詭計敗人，必窮兵極勢然後取之。今索綝所言如此，天下之惡一也，輒相爲戮之。若兵食審未盡者，便可勉强固守；如其糧竭兵微，亦宜早寤天命。」

甲午，宗敞至曜營。乙未，帝乘羊車，肉袒、銜璧、輿櫬，出東門降。羣臣號泣，攀車執帝手，帝亦悲不自勝。御史中丞馮翊吉朗歎曰：「吾智不能謀，勇不能死，何忍君臣相隨，北面事賊虜乎！」乃自殺。曜焚櫬受璧，使宗敞奉帝還宮。丁酉，遷帝及公卿以下於其營。辛丑，送至平陽。壬寅，漢主聰臨光極殿，帝稽首於前。麴允伏地慟哭，扶不能起。聰怒，囚之，允自殺。聰以帝爲光禄大夫，封懷安侯。以大司馬曜爲假黄鉞、大都督，督陝西諸軍事，太宰，封秦王。大赦，改元麟嘉。以麴允忠烈，贈車騎將軍，謚節愍侯。以索綝不忠，斬于都市。尚書梁允、侍中梁濬等及諸郡守皆爲曜所殺。華輯奔南山。

干寶論曰：昔高祖宣皇帝，以雄才碩量，應時而起，性深阻有若城府，而能寬綽以容納；行數術以御物，而知人善采拔。於是百姓與能，大象始構。世宗承基，太祖繼業，咸黜異圖，用融前烈。至于世祖，遂享皇極，仁以厚下，儉以足用，和而不弛，寬而能斷，掩唐、虞之舊域，班正朔於八荒，于時有「天下無窮人」之諺，雖太平未洽，亦足以明民樂其生矣。

武皇既崩，山陵未乾，而變難繼起。宗子無維城之助，師尹無具瞻之貴，朝爲伊、周，夕成桀、跖。國政迭移於亂人，禁兵外散於四方，方岳無鈞石之鎮，關門無結草之固。戎、羯稱制，二帝失尊。何哉？樹立失權，託付非才，四維不張，而苟且之政多也！

夫基廣則難傾，根深則難拔，理節則不亂，膠結則不遷。昔之有天下者，所以能長久，用此道也。周自后稷愛民，十六王而武始君之，其積基樹本，如此其固。今晋之興也，其創基立本固異於先代矣。加以朝寡純德之人，鄉乏不貳之老，風俗淫僻，耻尚失所。學者以莊、老爲宗而黜六經，談者以虚蕩爲辯而賤名檢，行身者以放濁爲通而狹節信，進仕者以苟得爲貴而鄙居正，當官者以望空爲高而笑勤恪。是以劉頌屢言治道，傅咸每糾邪正，皆謂之俗吏；其倚杖虚曠，依阿無心者，皆名重海内。若夫文王日昃不暇食，仲山甫夙夜匪懈者，蓋共嗤（點）〔黜〕以爲灰塵矣！由是毁譽亂於善惡之實，情慝奔於貨欲之塗，選者爲人擇官，官者爲身擇利，世族、貴戚之子弟，陵邁超越，不拘資次。悠悠風塵，皆奔競之士；列官千百，無讓賢之舉。子真著崇讓而莫之省，子雅制九班而不得用。其婦女不知女工，任情而動，有逆于舅姑，有殺戮妾媵，父兄弗之罪也，天下莫之非也，禮法刑政，於此大壞。「國之將亡，本必先顛」，其此之謂乎！

故觀阮籍之行而覺禮教崩弛之所由，察庾純、賈充之争而見師尹之多僻，考平吴之功而知將帥之不讓，思郭欽之謀而寤戎狄之有釁，覽傅玄、劉毅之言而得百官之邪，核傅咸之奏、錢神之論而覩寵賂之彰。民風國勢，既已如此，雖以中庸之才守文之主治之，猶懼致亂，况我惠帝以放蕩之德臨之哉！懷帝承亂得位，羈以强臣。愍帝奔播之後，徒守虛名。天下之勢既去，非命世之雄才，不能復取之矣！

十二月，丞相睿聞長安不守，出師露次，躬擐甲冑，移檄四方，刻日北征。以漕運稽期，丙寅，斬督運令史淳于伯。刑者以刀拭柱，血逆流上，至柱末二丈餘而下，觀者咸以爲冤。丞相司直劉隗上言：「伯罪不至死，請免從事中郎周莚等官。」於是右將軍王導等上疏引咎，請解職。睿曰：「政刑失中，皆吾闇塞所致。」一無所問。

元帝建武元年春正月，宋哲奔江東。二月辛巳，宋哲至建康，稱受愍帝詔，令丞相琅邪王睿統攝萬機。三月，琅邪王素服出次，舉哀三日。於是西陽王羕及官屬等共上尊號，王不許。羕等固請不已，王慨然流涕曰：「孤，罪人也。諸賢見逼不已，當歸琅邪耳。」呼私奴命駕將歸國，羕等乃請依魏、晉故事稱晉王，許之。辛卯，即晉王位，大赦，改元。始備百官，立宗廟，建社稷。

有司請立太子，王愛次子宣城公裒，欲立之，謂王導曰：「立子當以德。」導曰：「世子、宣城俱有朗儁之美，而世子年長。」王從之。丙辰，立世子紹爲王太子。封裒爲琅邪王，奉恭王後，仍以裒都督青徐兖三州諸軍事，鎮廣陵。以西陽王羕爲太保。封譙剛王遜之子承爲譙王。遜，宣帝之弟子也。又以征南大將軍王敦爲大將軍、江州牧，揚州刺史，王導爲驃騎將軍、都督中外諸軍事、領中書監、録尚書事，丞相左長史刁協爲尚書左僕射，右長史周顗爲吏部尚書，軍諮祭酒賀循爲中書令，右司馬戴淵、王邃爲尚書，司直劉隗爲御史中丞，行參軍劉超爲中書舍人，參軍事孔愉長兼中書郎，自餘參軍悉拜奉車都尉，掾屬拜駙馬都尉，行參軍舍人拜騎都尉。王敦辭州牧，王導以敦統六州，辭中外都督，賀循以老病辭中書令，王皆許之。以循爲太常。是時，承喪亂之後，江東草創，刁協久宦中朝，諳練舊事，賀循爲世儒宗，明習禮學，凡有疑議，皆取決焉。

夏六月丙寅，温嶠等至建康，王導、周顗、庾亮等皆愛嶠才，争與之交。是時太尉豫州牧荀組、冀州刺史邵續、青州刺史曹嶷、寧州刺史王遜、東夷校尉崔毖等皆上表勸進，王不許。冬十一月，漢主聰出畋，以愍帝行車騎將軍，戎服執戟前導。見者指之曰：「此故長安天子也。」聚而觀之，故老有泣者。太子粲言於聰曰：「昔周武王豈樂殺紂乎，正恐同惡相求，爲患故也。今興兵聚衆者皆以子業爲名，不如早除之。」聰曰：「吾前殺庾珉輩而民心猶如是，吾未忍復殺也。且小觀之。」十二月，聰饗羣臣于光極殿，使愍帝行酒、洗爵，已而更衣，又使之執蓋，晋臣多涕泣有失聲者。尚書郎隴西辛賓起抱帝大哭，聰命引出斬之。

趙固與河内太守郭默侵漢河東至絳，右司隸部民奔之者三萬餘人，騎兵將軍劉勳追擊之，殺萬餘人，固、默引歸。太子粲帥將軍劉雅生等步騎十萬屯小平津，固揚言曰：

「要當生縛劉粲以贖天子。」粲表於聰曰：「子業若死，民無所望，則不爲李矩、趙固之用，不攻而自滅矣。」戊戌，愍帝遇害於平陽。粲遣雅生攻洛陽，固奔陽城山。

大興元年春三月癸丑，愍帝凶問至建康，王斬縗居廬。百官請上尊號，王不許。紀瞻曰：「晉氏統絶，於今二年，陛下當承大業。顧望宗室，誰復與讓！若光踐大位，則神民有所憑依；苟爲逆天時，違人事，大勢一去，不可復還。今兩都燔蕩，宗廟無主，劉聰竊號於西北，而陛下方高讓於東南，此所謂揖讓而救火也。」王猶不許，使殿中將軍韓績徹去御坐。瞻叱績曰：「帝坐上應列星，敢動者斬！」王爲之改容。奉朝請周嵩上疏曰：「古之王者義全而後取，讓成而後得，是以享世長久，重光萬載也。今梓宮未返，舊京未清，義夫泣血，士女遑遑。宜開延嘉謀，訓卒厲兵，先雪社稷大恥，副四海之心，則神器將安適哉！」由是忤旨，出爲新安太守，又坐怨望抵罪。嵩，顗之弟也。丙辰，王即皇帝位，百官皆陪列。帝命王導升御牀共坐，導固辭曰：「若太陽下同萬物，蒼生何由仰照！」帝乃止。大赦，改元，文武增位二等。

通鑑紀事本末

〔宋〕袁樞 撰

卷第十三至卷第十六

中華書局

通鑑紀事本末卷第十三

劉淵據平陽 殺太弟乂附

漢靈帝中平五年春三月，詔發南匈奴兵配劉虞討張純，單于羌渠遣左賢王將騎詣幽州。國人恐發兵無已，於是右部醢落反，與屠各胡合，凡十餘萬人，攻殺羌渠。國人立其子右賢王於扶羅爲持至尸逐侯單于。

六年。初，南單于於扶羅既立，國人殺其父者遂叛，共立須卜骨都侯爲單于。於扶羅詣闕自訟。會靈帝崩，天下大亂，於扶羅將數千騎與白波賊合兵寇郡縣。時民皆保聚，鈔掠無利，而兵遂挫傷。復欲歸國，國人不受，乃止河東平陽。須卜骨都侯爲單于，一年而死，南庭遂虛其位，以老王行國事。

獻帝興平二年冬十二月，南單于於扶羅死，弟呼廚泉立，居于平陽。

建安二十一年秋七月，南單于呼廚泉入朝于魏，魏王操因留之於鄴，使右賢王去卑監其國。單于歲給綿、絹、錢、穀如列侯，子孫傳襲其號。分其衆爲五部，各立其貴人爲帥，選漢人爲司馬以監督之。

魏邵陵厲公嘉平三年。初，南匈奴自謂其先本漢室之甥，因冒姓劉氏。太祖留單于呼廚泉於鄴，分其衆爲五部，居并州境内。左賢王豹，單于於扶羅之子也，爲左部帥，部族最强。城陽太守鄧艾上言：「單于在内，羌夷失統，合散無主。今單于之尊日疏而外土之威日重，則胡虜不可不深備也。聞劉豹部有叛胡，可因叛割爲二國，以分其勢。去卑功顯前朝，而子不繼業，宜加其子顯號，使居雁門。離國弱寇，追録舊勳，此御邊長計也。」又陳「羌胡與民同處者，宜以漸出之，使居民表，以崇廉耻之教，塞姦宄之路」。司馬師皆從之。

晋武帝泰始六年。初，魏人居南匈奴五部於并州諸郡，與中國民雜居，自謂其先漢氏外孫，因改姓劉氏。

咸寧五年。初，南單于呼廚泉以兄於扶羅子豹爲左賢王，及魏武帝分匈奴爲五部，以豹爲左部帥。豹子淵，幼而儁異，師事上黨崔游，博習經史。嘗謂同門生上黨朱紀、雁門范隆曰：「吾常耻隨、陸無武，絳、灌無文。隨、陸遇高帝而不能建封侯之業，絳、灌遇文帝而不能興庠序之教，豈不惜哉！」於是兼學武事。及長，猿臂善射，膂力過人，姿貌魁偉。爲任子在洛陽，王渾及子濟皆重之，屢薦於帝。帝召與語，悦之。濟曰：「淵有文武長才，陛下任以東南之事，吴不足平也。」孔恂、楊珧曰：「非我族類，其心必異。淵才器誠少比，然不可重任也。」及涼州覆没，帝問將於李憙，對曰：「陛下誠能發匈奴五部之衆，假劉淵一將軍之號，使將之而西，樹機能之首可指日而梟也。」孔恂曰：「淵果梟樹機能，則涼州之患方更深耳。」帝乃止。

東萊王彌，家世二千石。彌有學術勇略，善騎射，青州人謂之「飛豹」。然喜任俠，處士陳留董養見而謂之曰：「君好亂樂禍，若天下有事，不作士大夫矣。」淵與彌友善，謂彌曰：「王、李以鄉曲見知，每相稱薦，適足爲吾患耳。」因歔欷流涕。齊王攸聞之，言於帝曰：「陛下不除劉淵，臣恐并州不得久安。」王渾曰：「大晋方以信懷殊俗，奈何以無形之疑殺人侍子乎？何德度之不弘也！」帝曰：「渾言是也。」會豹卒，以淵代爲左部帥。

太康十年冬十一月，詔以劉淵爲匈奴北部都尉。淵輕財好施，傾心接物，五部豪傑，幽、冀名儒，多往歸之。

惠帝永熙元年冬十月，以劉淵爲建威將軍、匈奴五部大都督。

永興元年。初，太弟穎表匈奴左賢王劉淵爲冠軍將軍，監五部軍事，使將兵在鄴。淵子聰驍勇絶人，博涉經史，善屬文，彎弓三百斤。弱冠游京師，名士莫不與交。穎以聰爲積弩將軍。淵從祖右賢王宣謂其族人曰：「自漢亡以來，我單于徒有虚號，無復尺土，自餘王侯，降同編户。今吾衆雖衰，猶不減二萬，奈何斂手受役，奄過百年！左賢王英武超世，天苟不欲興匈奴，必不虛生此人也。今司馬氏骨肉相殘，四海鼎沸，復呼韓邪之業此其時矣！」乃相與謀推淵爲大單于，使其黨呼延攸詣鄴告之。淵白穎，請歸會葬，穎弗許。淵令攸先歸告宣等，使招集五部及雜胡，聲言助穎，實欲叛之。王浚、東嬴公騰攻穎，淵請歸發五部兵以擊浚、騰，穎許之。淵至左國城，宣等上大單于號，二旬之間，有衆五萬，都于離石。淵聞穎去鄴，命劉景等將兵擊鮮卑，劉宣等諫而止。事並見西晉之亂。

冬十月，劉淵遷都左國城，胡、晉歸之者愈衆。淵謂羣臣曰：「昔漢有天下久長，恩結於民。吾漢氏之甥，約爲兄弟，兄亡弟紹，不亦可乎！」乃建國號曰漢。劉宣等請上尊號，淵曰：「今四方未定，且可依高祖稱漢王。」於是即漢王位，大赦，改元曰元熙。追尊安樂公禪爲孝懷皇帝，作漢三祖、五宗神主而祭之。立其妻呼延氏爲王后。以右賢王宣爲丞相，崔游爲御史大夫，左於陸王宏爲太尉，范隆爲大鴻臚，朱紀爲太常，上黨崔懿之、後部人陳元達皆爲黄門郎，族子曜爲建武將軍。游固辭不就。

元達少有志操，淵嘗招之，元達不答。及淵爲漢王，或謂元達曰：「君其懼乎？」元達笑曰：「吾知其人久矣，彼亦亮吾之心，但恐不過三二日，驛書必至。」其暮，淵果徵元達。元達事淵，屢進忠言，退而削草，雖子弟莫得知也。

曜生而眉白，目有赤光。幼聰慧，有膽量。早孤，養於淵。及長，儀觀魁偉，性拓落高亮，與衆不羣。好讀書，善屬文。鐵厚一寸，射而洞之。常自比樂毅及蕭、曹，時人莫之許也，惟劉聰重之，曰：「永明，漢世祖、魏武之流，數公何足道哉！」

懷帝永嘉二年冬十月甲戌，漢王淵即皇帝位，大赦，改元永鳳。

十一月，以其子和爲大將軍，聰爲車騎大將軍，族子曜爲龍驤大將軍。

十二月乙亥，漢主淵以大將軍和爲大司馬，封梁王；尚書令歡樂爲大司徒，封陳留王；后父御史大夫呼延翼爲大司空，封雁門郡公。宗室以親疏悉封郡縣王，異姓以功伐悉封郡縣公侯。

三年春正月，徙都平陽，大赦，改元河瑞。五月，漢主淵封子裕爲齊王，隆爲魯王。漢主淵遣楚王聰等寇洛陽，軍失利，淵召聰等還。事見西晉之亂。

十二月，漢主淵以陳留王歡樂爲太傅，楚王聰爲大司徒，江都王延年爲大司空。遣都護大將軍曲陽王賢與征北大將軍劉靈、安北將軍趙固、平北將軍王桑東屯内黄。王彌表左長史曹嶷行安東將軍，東徇青州，且迎其家，淵許之。

四年春正月，漢主淵立單徵女爲皇后，梁王和爲皇太子，大赦。封子乂爲北海王。以長樂王洋爲大司馬。

秋七月庚午，漢主淵寢疾。辛未，以陳留王歡樂爲太宰，長樂王洋爲太傅，江都王延年爲太保，楚王聰爲大司馬、大單于，並録尚書事。置單于臺於平陽西。以齊王裕爲大司徒，魯王隆爲尚書令，北海王乂爲撫軍大將軍、領司隸校尉，始安王曜爲征討大都督、領單于左輔，廷尉喬智明爲冠軍大將軍、領單于右輔，光禄大夫劉殷爲左僕射，王育爲右僕射，任顗爲吏部尚書，朱紀爲中書監，護軍馬景領左衛將軍，永安王安國領右衛將軍，安昌王盛、安邑王欽、西陽王璿皆領武衛將軍，分典禁兵。丁丑，淵召太宰歡樂等入禁中，受遺詔輔政。己卯，淵卒，太子和即位。

和性猜忌無恩。宗正呼延攸，翼之子也，淵以其無才行，終身不遷官。侍中劉乘素惡楚王聰，衛尉西昌王鋭恥不預顧命，乃相與謀，説和曰：「先帝不惟輕重之勢，使三王總强兵於内，大司馬擁十萬衆屯於近郊，陛下便爲寄坐耳。宜早爲之計！」和，攸之甥也，深信之。辛巳夜，召安昌王盛、安邑王欽等告之。盛曰：「先帝梓宮在殯，四王未有逆節，一旦自相魚肉，天下謂陛下何！且大業甫爾，陛下勿信讒夫之言以疑兄弟。兄弟尚不可信，他人誰足信哉？」攸、鋭怒之曰：「今日之議，理無有二，領軍是何言乎！」命左右刃之。盛既死，欽懼，曰：「惟陛下命。」壬午，鋭帥馬景攻楚王聰于單于臺，攸帥永安王安國攻齊王裕于司徒府，乘帥安邑王欽攻魯王隆，使尚書田密、武衛將軍劉璿攻北海王乂。密、璿挾乂斬關歸于聰，聰命貫甲以待之。鋭知聰有備，馳還，與攸、乘共攻隆、裕。攸、乘疑安國、欽有異志，殺之。是日斬裕。癸未，斬隆。甲申，聰攻西明門，克之，銳等走入南宮，前鋒隨之。乙酉，殺和於光極西室，收銳、攸、乘，梟首通衢。

羣臣請聰即帝位，聰以北海王乂，單后之子也，以位讓之。乂涕泣固請，聰久而許之，曰：「乂及羣公正以禍難尚殷，貪孤年長故耳。此家國之事，孤何敢辭！俟乂年長，當以大業歸之。」遂即位，大赦，改元光興。尊單氏曰皇太后，其母張氏曰帝太后，以乂爲皇太弟，領大單于、大司徒。立其妻呼延氏爲皇后。呼延氏，淵后之從父妹也。封其子粲爲河內王，易爲河間王，翼爲彭城王，悝爲高平王。仍以粲爲撫軍大將軍，都督中外諸軍事。以石勒爲并州刺史，封汲郡公。九月辛未，葬漢主淵于永光陵，謚曰光文皇帝，廟號高祖。漢主聰自以越次而立，忌其嫡兄恭，因恭寢，穴其壁間，刺而殺之。

漢太后單氏卒，漢主聰尊母張氏爲皇太后。單氏年少美色，聰烝焉。太弟乂屢以爲言，單氏慚恚而死。乂寵由是漸衰，然以單氏故，尚未之廢也。呼延后言於聰曰：「父死子繼，古今常道。陛下承高祖之業，太弟何爲者哉，陛下百年後，粲兄弟必無種矣！」聰曰：「然，吾當徐思之。」呼延氏曰：「事留變生。太弟見粲兄弟浸長，必有不安之志；萬一有小人交構其間，未必不禍發于今日也。」聰心然之。乂舅光祿大夫單冲泣謂乂曰：「疏不間親。主上有意於河內王矣，殿下何不避之？」乂曰：「河瑞之末，主上自惟嫡庶之分，以大位讓乂。乂以主上齒長，故相推奉。天下者，高祖之天下，兄終弟及，何爲不可？粲兄弟既壯，猶今日也。且子弟之間，親疏詎幾，主上寧可有此意乎！」

愍帝建興二年春正月，聰置丞相等七公，又置輔漢等十六大將軍，各配兵二千，以諸子爲之。又置左右司隸，各領户二十餘萬，萬户置一內史。單于左右輔各主六夷十萬落，萬落置一都尉。左右選曹尚書，並典選舉。自司隸以下，六官皆位亞僕射。以其子粲爲丞相，領大將軍，録尚書事，進封晉王。江都王延年録尚書六條事，汝陰王景爲大師，王育爲太傅，任顗爲太保，馬景爲大司徒，朱紀爲大司空，中山王曜爲大司馬。

十一月，漢主聰以晉王粲爲相國、大單于，總百揆。粲少有儁才，自爲宰相，驕奢專恣，遠賢親佞，嚴刻愎諫，國人始惡之。

三年三月，雨血於漢東宮延明殿。太弟乂惡之，以問太傅崔瑋、太保許遐。瑋、遐説乂曰：「主上往日以殿下爲太弟者，欲以安衆心耳。其志在晉王久矣，王公已下莫不希旨附之。今復以晉王爲相國，羽儀威重，踰於東宮，萬機之事，無不由之。諸王皆置營兵以爲羽翼。事勢已去，殿下非徒不得立也，朝夕且有不測之危，不如早爲之計。今四衛精兵不減五千，相國輕佻，正煩一刺客耳。大將軍無日不出其營，可襲而取。餘王並幼，固易奪也。苟殿下有意，二萬精兵指顧可得，鼓行入雲龍門，宿衛之士孰不倒戈以迎殿下者？大司馬不慮其爲異也。」乂弗從。東宮舍人荀裕告瑋、遐勸乂謀反，漢主聰收瑋、遐於詔獄，假以他事殺之。使冠威將軍卜抽將兵監守東宮，禁乂不聽朝會。乂憂懼不知所爲，上表乞爲庶人，并除諸子之封，褒美晉王，請以爲嗣；抽抑而弗通。

四年。漢中常侍王沈、宣懷、中宮僕射郭猗等皆寵幸用事。漢主聰游宴後宮，或三日不醒，或百日不出，自去冬不視朝，政事一委相國粲，唯殺生、除拜乃使沈等入白之。沈等多不白，而自以其私意決之，故勳舊或不敘，而姦佞小人有數日至二千石者。軍旅歲起，將士無錢帛之賞，而後宮之家賜及僮僕，動至數千萬。沈等車服、第舍踰於諸王，子弟中表爲守令者三十餘人，皆貪殘爲民害。靳準闔宗諂事之。

郭猗與準皆有怨於太弟乂。猗謂相國粲曰：「殿下，光文帝之世孫，主上之嫡子，四海莫不屬心，奈何欲以天下與太弟乎！且臣聞太弟與大將軍謀，因三月上巳大宴作亂，事成許以主上爲太上皇，大將軍爲皇太子，又許衛將軍爲大單于。二王處不疑之地，並握重兵，以此舉事，無不成者。然二王貪一時之利，不顧父兄，事成之後，主上豈有全理？殿下兄弟固不待言！東宮、相國、單于，當在武陵兄弟，何肯與人也！今禍期甚迫，宜早圖之。臣屢言於主上，主上篤於友愛，以臣刀鋸之餘，終不之信。願殿下勿泄，密表其狀。殿下儻不信臣言，可召大將軍從事中郎王皮、衛軍司馬劉惇，假之恩意，許其歸首以問之，

「二王逆狀，主上及相國具知之矣，卿同之乎？」二人大驚曰：「無之。」猗曰：「兹事已決，吾憐卿親舊并見族耳。」因歔欷流涕。二人大懼，叩頭求哀，猗曰：「吾爲卿計，卿能用之乎？相國問卿，卿但云『有之』；若責卿不先啓，卿即云『臣誠負死罪，然仰惟主上寬仁，殿下敦睦，苟言不見信，則陷於誣譖不測之誅，故不敢言也。』」皮、惇許諾。粲召問之，二人至不同時，而其辭若一，粲以爲信然。

靳準復説粲曰：「殿下宜自居東宫以領相國，使天下早有所繫。今道路之言，皆云『大將軍、衛將軍欲奉太弟爲變，期以季春』。若使太弟得天下，殿下無容足之地矣！」粲曰：「爲之奈何？」準曰：「人告太弟爲變，主上必不信。宜緩東宫之禁，使賓客得往來；太弟雅好待士，必不以此爲嫌，輕薄小人不能無迎合太弟之意爲之謀者。然後下官爲殿下露表其罪，殿下收其賓客與太弟交通者考問之，獄辭既具，則主上無不信之理也。」粲乃命卜抽引兵去東宫。少府陳休、左衛將軍卜崇，爲人清直，素惡沈等，雖在公座，未嘗與語，沈等深疾之。侍中卜幹謂休、崇曰：「王沈等勢力足以回天地，卿輩自料親賢孰與竇武、陳蕃？」休、崇曰：「吾輩年踰五十，職位已崇，唯欠一死耳。死於忠義，乃爲得所，安能俛首低眉以事閹豎乎！去矣卜公，勿復有言！」

二月，漢主聰出臨上秋閣，命收陳休、卜崇及特進綦毋達、太中大夫公師彧、尚書王琰、田歆、大司農朱諧，並誅之，皆宦官所惡也。卜幹泣諫曰：「陛下方側席求賢，而一旦戮卿大夫七人，皆國之忠良，無乃不可乎！藉使休等有罪，陛下不下之有司，暴明其狀，天下何從知之？詔尚在臣所，未敢宣露，願陛下熟思之。」因叩頭流血。王沈叱幹曰：「卜侍中欲拒詔乎！」聰拂衣而入，免幹爲庶人。太宰河間王易、大將軍勃海王敷、御史大夫陳元達、金紫光禄大夫西河王延等皆詣闕表諫曰：「王沈等矯弄詔旨，欺誣日月，内諂陛下，外佞相國，威權之重，侔於人主，多樹姦黨，毒流海内。知休等忠臣，爲國盡節，恐發其姦狀，故巧爲誣陷。陛下不察，遽加極刑，痛徹天地，賢愚傷懼。今遺晉未殄，巴、蜀不賓，石勒謀據趙、魏，曹嶷欲王全齊，陛下心腹四支，何處無患？乃復以沈等助亂，誅巫咸，戮扁鵲，臣恐遂成膏肓之疾，後雖救之，不可及已！請免沈等官，付有司治罪。」聰以表示沈等，笑曰：「羣兒爲元達所引，遂成癡也。」沈等頓首泣曰：「臣等小人，過蒙陛下識拔，得灑掃閨閤，而王公朝士疾臣等如讎，又深恨陛下。願以臣等膏鼎鑊，則朝廷自然雍穆矣。」聰曰：「此等狂言常然，卿何足恨乎！」聰問沈等於相國粲，粲盛稱沈等忠清，聰悦，封沈等爲列侯。太宰易又詣闕上疏極諫，聰大怒，手壞其疏。三月，易忿恚而卒。易素忠直，陳元達倚之爲援，得盡諫争。及卒，元達哭之慟，曰：「『人之云亡，邦國殄瘁！』吾既不復能言，安用默默苟生乎！」歸而自殺。

九月，漢主宴羣臣於光極殿，引見太弟乂。乂容貌憔悴，鬢髮蒼然，涕泣陳謝。聰亦爲之慟哭，乃縱酒極歡，待之如初。

元帝建武元年春三月，漢相國粲使其黨王平謂太弟乂曰：「適奉中詔，云京師將有變，宜衷甲以備非常。」乂信之，命宫臣皆衷甲以居。粲馳遣告靳準、王沈，準以白漢主聰曰：「太弟將爲亂，已衷甲矣。」聰大驚曰：「寧有是邪！」王沈等皆曰：「臣等聞之久矣，屢言之而陛下不之信也。」聰使粲以兵圍東宫，粲使準、沈收氐、羌酋長十餘人窮問之，皆懸首高格，燒鐵灼目，酋長自誣與乂謀反。聰謂沈等曰：「吾今而後知卿等之忠也。當念知無不言，勿恨往日言而不用也。」於是誅東宫官屬及乂素所親厚，準、沈等素所憎怨者大臣數十人，阬士卒萬五千餘人。夏四月，廢乂爲北部王，粲尋使準賊殺之。乂形神秀爽，寬仁有器度，故士心多附之。聰聞其死，哭之慟，曰：「吾兄弟止餘二人，而不相容，安得使天下知吾心邪！」秋七月，漢主聰立晉王粲爲皇太子，領相國、大單于，總攝朝政如故，大赦。

大興元年夏四月，漢中常侍王沈養女有美色，漢主聰立以爲左皇后。尚書令王鑒、中書監崔懿之、中書令曹恂諫曰：「臣聞王者立后，比德乾坤，生承宗廟，没配后土，必擇世德名宗，幽閑令淑，乃副四海之望，稱神祇之心。孝成帝以趙飛燕爲后，使繼嗣絶滅，社稷爲墟，此前鑑也。自麟嘉以來，中宮之位，不以德舉。借使沈之弟女，刑餘小醜，猶不可以塵汙椒房，况其家婢邪！六宮妃嬪，皆公子公孫，奈何一旦以婢主之？臣恐非國家之福也。」聰大怒，使中常侍宣懷謂太子粲曰：「鑒等小子，狂言侮慢，無復君臣上下之禮，其速考實！」於是收鑒等送市，皆斬之。金紫光禄大夫王延馳將入諫，門者弗通。鑒等臨刑，王沈以杖叩之曰：「庸奴，復能爲惡乎？乃公何與汝事！」鑒瞋目叱之曰：「豎子，滅大漢者，正坐汝鼠輩與靳準耳！要當訴汝於先帝，取汝於地下治之。」準謂鑒曰：「吾受詔收君，有何不善，君言漢滅由吾也？」鑒曰：「汝殺皇太弟，使主上獲不友之名。國家畜養汝輩，何得不滅！」懿之謂準曰：「汝心如梟鏡，必爲國患。汝既食人，人亦當食汝。」

慕容據鄴

晉武帝太康二年。初，鮮卑莫護跋始自塞外入居遼西棘城之北，號曰慕容部。莫護跋生木延，木延生涉歸，遷於遼東之北，世附中國，數從征討，有功拜大單于。冬十月，涉歸始寇昌黎。

三年三月，安北將軍嚴詢敗慕容涉歸於昌黎，斬獲萬計。

四年。鮮卑慕容涉歸卒，弟删簒立。將殺涉歸子廆，廆亡匿於遼東徐郁家。

六年。慕容删爲其下所殺，部衆復迎涉歸子廆而立之。涉歸與宇文部素有隙，廆請討之，朝廷弗許。廆怒，入寇遼西，殺略甚衆。帝遣幽州軍討廆，戰于肥如，廆衆大敗。自是每歲犯邊，又東擊扶餘。扶餘王依慮自殺，子弟走保沃沮。廆夷其國城，驅萬餘人而歸。

七年夏，慕容廆寇遼東，故扶餘王依慮子依羅求帥見人還復舊國，請援於東夷校尉何龕，龕遣督護賈沈將兵送之。廆遣其將孫丁帥騎邀之於路，沈力戰斬丁，遂復扶餘。

十年夏四月，慕容廆遣使請降。五月，詔拜廆鮮卑都督。廆謁見何龕，以士大夫禮，巾衣詣門；龕嚴兵以見之，廆乃改服戎衣而入。人問其故，廆曰：「主人不以禮待客，客何爲哉！」龕聞之甚慚，深敬異之。時鮮卑宇文氏、段氏方强，數侵掠廆，廆卑辭厚幣以事之。段國單于階以女妻廆，生皝、仁、昭。廆以遼東僻遠，徙居徒(何)〔河〕之青山。

惠帝元康四年。慕容廆徙居大棘城。

太安元年。鮮卑宇文單于莫圭部衆强盛，遣其弟屈雲攻慕容廆，廆擊其别帥素怒延，破之。素怒延恥之，復發兵十萬圍廆於棘城。廆衆皆懼，廆曰：「素怒延兵雖多而無法制，已在吾算中矣。諸君但爲力戰，無所憂也。」遂出擊，大破之，追奔百里，俘斬萬計。遼東孟暉，先没於宇文部，帥其衆數千家降於廆，廆以爲建威將軍。廆以其臣慕輿句勤恪廉靖，使掌府庫。句心計默識，不案簿書，始終無漏。以慕輿河明敏精審，使典獄訟，覆訊清允。

懷帝永嘉元年冬十二月，慕容廆自稱鮮卑大單于。拓跋猗盧與廆通好。

三年。初，遼東太守龐本襲殺東夷校尉李臻，詔以勃海封釋代之，釋收斬本。

五年。初，東夷校尉李臻之死也，遼東附塞鮮卑素喜連、木丸津託爲臻報仇，攻陷諸縣，殺掠士民，屢敗郡兵，連年爲寇。東夷校尉封釋不能討，請與連和，連、津不從。民失業，歸慕容廆者甚衆，廆稟給遣還，願留者即撫存之。

廆少子鷹揚將軍翰言於廆曰：「自古有爲之君，莫不尊天子以從民望，成大業。今連、津外以龐本爲名，内實幸災爲亂。封使君已誅本請和，而寇暴不已。中原離亂，州師不振，遼東荒散，莫之救恤。單于不若數其罪而討之，上則興復遼東，下則并吞二部，忠義彰於本朝，私利歸於我國，此霸王之基也。」廆笑曰：「孺子乃能及此乎！」遂帥衆東擊連、津，以翰爲前鋒，破斬之，盡併二部之衆。得所掠民三千餘家，及前歸廆者悉以付郡，遼東賴以復存。封釋疾病，屬其孫奕於廆。釋卒，廆召奕與語，説之，曰：「奇士也。」補小都督。釋子冀州主簿悛、幽州參軍抽來奔喪，廆見之曰：「此家抎抎千斤犢也。」以道不通，喪不得還，皆留仕廆，廆以抽爲長史，悛爲參軍。王浚以妻舅崔毖爲東夷校尉。

愍帝建興元年。初，中國士民避亂者多北依王浚，浚不能存撫，又政法不立，士民往往復去之。段氏兄弟專尚武勇，不禮士大夫。唯慕容廆政事脩明，愛重人物，故士民多歸之。廆舉其英俊，隨才授任，以河東裴嶷、北平陽耽、廬江黄泓、代郡魯昌爲謀主，廣平游邃、北海逄羨、北平西方虔、西河宋奭及封抽、裴開爲股肱，平原宋該、安定皇甫岌、岌弟真、蘭陵繆愷、昌黎劉斌及封奕、封裕典機要。裕，抽之子也。

裴嶷清方有幹略，爲昌黎太守。兄武爲玄菟太守。武卒，嶷與武子開以其喪歸，過廆，廆敬禮之，及去，厚加資送。行及遼西，道不通，嶷欲還就廆。開曰：「鄉里在南，奈何北行？且等爲流寓，段氏强，慕容氏弱，何必去此而就彼也！」嶷曰：「中國喪亂，今往就之，是相帥而入虎口也。且道遠，何由可達。若俟其清通，又非歲月可冀。今欲求託足之地，豈可不慎擇其人。汝觀諸段，豈有遠略，且能待國士乎？慕容公修仁行義，有霸王之志，加以國豐民安，今往從之，高可以立功名，下可以庇宗族，汝何疑焉！」開乃從之。既至，廆大喜。陽耽清直沈敏，爲遼西太守。慕容翰破段氏於陽樂，獲之，廆禮而用之。游邃、逄羨、宋奭皆嘗爲昌黎太守，與黄泓俱避地於薊，後歸廆。王浚屢以手書召邃兄暢，暢欲赴之。邃曰：「彭祖刑政不修，華戎離叛，以邃度之，必不能久，兄且磐桓以俟之。」

暢曰：「彭祖忍而多疑，頃者流民北來，命所在追殺之。今手書殷勤，我稽留不往，將累及卿。且亂世宗族宜分，以冀遺種。」遼從之，卒與浚俱没。宋該與平原杜羣、劉翔先依王浚，又依段氏，皆以爲不足託，帥諸流寓同歸於廆。東夷校尉崔毖請皇甫岌爲長史，卑辭説諭，終莫能致。廆招之，岌與弟真即時俱至。遼東張統據樂浪、帶方二郡，與高句麗王乙弗利相攻，連年不解。樂浪王遵説統帥其民千餘家歸廆，廆爲之置樂浪郡，以統爲太守，遵參軍事。

元帝建武元年三月，晉王以鮮卑大都督慕容廆爲都督遼左雜夷、流民諸軍事、龍驤將軍、大單于、昌黎公，廆不受。征虜將軍魯昌説廆曰：「今兩京覆没，天子蒙塵，琅邪王承制江東，爲四海所係屬。明公雖雄據一方，而諸部猶阻兵未服者，蓋以官非王命故也。謂宜通使琅邪，勸承大統，然後奉詔令以伐有罪，誰敢不從？」處士遼東高詡曰：「霸王之資，非義不濟。今晉室雖微，人心猶附之。宜遣使江東，示有所尊，然後杖大義以征諸部，不患無辭矣。」廆從之，遣長史王濟浮海詣建康勸進。

大興元年三月，帝復遣使授慕容廆龍驤將軍、大單于、昌黎公，廆辭公爵不受。廆以游邃爲龍驤長史，劉翔爲主簿，命邃創定府朝儀法。裴嶷言於廆曰：「晉室衰微，介居江表，威德不能及遠，中原之亂，非明公不能拯也。今諸部雖各擁兵，然皆頑愚相聚，宜以漸并取，以爲西討之資。」廆曰：「君言大，非孤所及也。然君中朝名德，不以孤僻陋而教誨之，是天以君賜孤而祐其國也。」乃以嶷爲長史，委以軍國之謀，諸部弱小者稍稍擊取之。

二年。平州刺史崔毖自以中州人望鎮遼東，而士民多歸慕容廆，心不平。數遣使招之，皆不至，意廆拘留之。乃陰說高句麗、段氏、宇文氏，使共攻之，約滅廆分其地。毖所親勃海高瞻力諫，毖不從。三國合兵伐廆，諸將請擊之。廆曰：「彼爲崔毖所誘，欲邀一切之利。軍勢初合，其鋒甚銳，不可與戰，當固守以挫之。彼烏合而來，既無統壹，莫相歸服，久必攜貳，一則疑吾與毖詐而覆之，二則三國自相猜忌。待其人情離貳，然後擊之，破之必矣。」三國進攻棘城，廆閉門自守，遣使獨以牛酒犒宇文氏。二國疑宇文氏與廆有謀，各引兵歸。宇文大人悉獨官曰：「二國雖歸，吾當獨取之。」

宇文氏士卒數十萬，連營四十里。廆使召其子翰於徒河，翰遣使白廆曰：「悉獨官舉國爲寇，彼衆我寡，易以計破，難以力勝。今城中之衆足以禦寇，翰請爲奇兵於外，伺其間而擊之。內外俱奮，使彼震駭，不知所備，破之必矣。今并兵爲一，彼得專意攻城，無復他虞，非策之得者也。且示衆以怯，恐士氣不戰先沮矣。」廆猶疑之，遼東韓壽言於廆曰：「悉獨官有憑陵之志，將驕卒惰，軍不堅密。若奇兵卒起，掎其無備，必破之策也。」廆乃聽翰留徒河。

悉獨官聞之曰：「翰素名驍果，今不入城，或能爲患。當先取之，城不足憂。」乃分遣數千騎襲翰。翰知之，詐爲段氏使者，逆於道曰：「慕容翰久爲吾患，聞當擊之，吾已嚴兵相待，宜速進也。」使者既去，翰即出城設伏以待之。宇文氏之騎見使者，大喜，馳行，不復設備，進入伏中。翰奮擊，盡獲之，乘勝徑進，遣間使語廆出兵大戰。廆使其子皝與長史裴嶷將精鋭爲前鋒，自將大兵繼之。悉獨官初不設備，聞廆至，驚，悉衆出戰。前鋒始交，翰將千騎從旁直入其營，縱火焚之，衆皆惶擾，不知所爲，遂大敗，悉獨官僅以身免。廆盡俘其衆，獲皇帝玉璽三紐。

崔毖聞之，懼，使其兄子燾詣棘城僞賀。會三國使者亦至請和，曰：「非我本意，崔平州教我耳。」廆以示燾，臨之以兵。燾懼，首服。廆乃遣燾歸謂毖曰：「降者上策，走者下策也。」引兵隨之。毖與數十騎棄家奔高句麗，其衆悉降於廆。廆以其子仁爲征虜將軍，鎮遼東，官府、市里案堵如故。

高句麗將如奴子據于河城，廆遣將軍張統掩擊，擒之，俘其衆千餘家。以崔燾、高瞻、韓恒、石琮歸于棘城，待以客禮。恒，安平人；琮，鑒之孫也。廆以高瞻爲將軍，瞻稱疾不就，廆數臨候之，撫其心曰：「君之疾在此，不在他也。今晋室喪亂，孤欲與諸君共清世難，翼戴帝室。君中州望族，宜同斯願，奈何以華夷之異，介然疏之哉！夫立功立事，惟問志略何如耳，華夷何足問乎！」瞻猶不起，廆頗不平。龍驤主簿宋該與瞻有隙，勸廆除之，廆不從。瞻以憂卒。

宋該勸廆獻捷江東，廆使該爲表，裴嶷奉之，并所得三璽詣建康獻之。

三年三月，裴嶷至建康，盛稱慕容廆之威德，賢儁皆爲之用，朝廷始重之。帝謂嶷曰：「卿中朝名臣，當留江東，朕别詔龍驤送卿家屬。」嶷曰：「臣少蒙國恩，出入省闥，若得復奉輦轂，臣之至榮。但以舊京淪没，山陵穿毁，雖名臣宿將，莫能雪恥，獨慕容龍驤竭忠王室，志除凶逆，故使臣萬里歸誠。今臣來而不返，必謂朝廷以其僻陋而棄之，孤其嚮義之心，使懈體於討賊，此臣之所甚惜，是以不敢徇私而忘公也！」帝曰：「卿言是也。」乃遣使隨嶷拜廆安北將軍、平州刺史。

四年十二月，以慕容廆爲都督幽平二州東夷諸軍事、車騎將軍、平州牧，封遼東公，單于如故，遣謁者即授印綬，聽承制置官司守宰。廆於是備置僚屬，以裴嶷、游邃爲長史，裴開爲司馬，韓壽爲别駕，陽耽爲軍諮祭酒，崔燾爲主簿，黄泓、鄭林參軍事。廆立子皝爲世子。作東横，以平原劉讚爲祭酒，使皝與諸生同受業，廆得暇亦親臨聽之。皝雄毅多權略，喜經術，國人稱之。廆徙慕容翰鎮遼東，慕容仁鎮平郭。翰撫安民夷，甚有威惠，仁亦次之。

成帝咸和六年冬，慕容廆遣使與太尉陶侃牋，勸以興兵北伐，共清中原。僚屬宋該等共議，以「廆立功一隅，位卑任重，等差無别，不足以鎮華夷，宜表請進廆官爵」。參軍韓恒駁曰：「夫立功者患信義不著，不患名位不高。桓、文有匡復之功，不先求禮命以令諸侯。宜繕甲兵，除羣凶，功成之後，九錫自至，比於邀君以求寵，不亦榮乎！」廆不悦，出恒爲新昌令。於是東夷校尉封抽等疏上侃府，請封廆爲燕王，行大將軍事。侃復書曰：「夫功成進爵，古之成制也。車騎雖未能爲官摧勒，然忠義竭誠。今騰牋上聽，可不、遲速，當在天臺也。」

八年夏五月甲寅，遼東武宣公慕容廆卒。六月，世子皝以平北將軍行平州刺史，督攝部内；赦繫囚。以長史裴開爲軍諮祭酒，郎中令高詡爲玄菟太守。皝以帶方太守王誕爲左長史，誕以遼東太守陽騖爲才而讓之；皝從之，以誕爲右長史。

秋七月，慕容皝遣長史勃海王濟等來告喪。

九年秋八月，王濟還遼東，詔遣侍御史王齊祭遼東公廆，又遣謁者徐孟策拜慕容皝鎮軍大將軍、平州刺史、大單于、遼東公，持節、都督、承制、封拜一如廆故事。

咸康元年秋七月，慕容皝立子儁爲世子。冬十月，王齊南還。十二月，慕容皝始受朝命。

二年秋九月，慕容皝遣長史劉斌、兼郎中令遼東陽景送徐孟等還建康。

三年秋九月，鎮軍左長史封奕等勸慕容皝稱燕王，皝從之。於是備置羣司，以封奕爲國相，韓壽爲司馬，裴開爲奉常，陽騖爲司隸，王寓爲太僕，李洪爲大理，杜羣爲納言令，宋該、劉睦、石琮爲常伯，皇甫真、陽協爲冗騎常侍，宋晃、平熙、張泓爲將軍，封裕爲記室監。洪，臻之孫；晃，奭之子也。冬十月丁卯，皝即燕王位，大赦。十一月甲寅，追尊武宣公曰武宣王，夫人段氏曰武宣后。立夫人段氏爲王后；世子儁爲王太子，如魏武、晉文輔政故事。

四年十二月，燕王皝討段遼。事見燕討段遼。

五年。燕王皝自以稱王未受晉命，冬，遣長史劉翔、參軍鞠運來獻捷論功，且言權假之意，并請刻期大舉，共平中原。

七年春正月，燕王皝使唐國內史陽裕等築城於柳城之北龍山之西，立宗廟、宮闕，命曰龍城。二月，劉翔至建康，帝引見，問慕容鎮軍平安。對曰：「臣受遣之日，朝服拜章。」翔爲燕王皝求大將軍、燕王章璽。朝議以爲「故事，大將軍不處邊，自漢、魏以來不封異姓爲王，所求不可許」。翔曰：「自劉、石構亂，長江以北翦爲戎藪，未聞中華公卿之胄，有一人能攘臂揮戈，摧破凶逆者也。獨慕容鎮軍父子竭力，心存本朝，以寡擊衆，屢殄强敵，使石虎畏懼，悉徙邊陲之民散居三魏，蹙國千里，以薊城爲北境。功烈如此，而惜海北之地，不以爲封邑，何哉？昔漢高祖不愛王爵於韓、彭，故能成其帝業；項羽（玩）〔刓〕印不忍授，卒用危亡。吾之至心，非苟欲尊其所事，竊惜聖朝疏忠義之國，使四海無所勸慕耳！」尚書諸葛恢，翔之姊夫也，獨主異議，以爲「夷狄相攻，中國之利，惟器與名，不可輕許」。乃謂翔曰：「借使慕容鎮軍能除石虎，乃是復得一石虎也，朝廷何賴焉！」翔曰：「嫠婦猶知恤宗周之隕。今晉室阽危，君位侔元、凱，曾無憂國之心邪！嚮使靡、鬲之功不立，則少康何以祀夏；桓、文之戰不捷，則周人皆爲左衽矣。慕容鎮軍枕戈待旦，志殄凶逆，而君更唱邪惑之言，忌間忠臣。四海所以未壹，良由君輩耳！」翔留建康歲餘，衆議終不决。

翔乃説中常侍彧弘曰：「石虎苞八州之地，帶甲百萬，志吞江、漢，自索頭、宇文暨諸小國，無不臣服。惟慕容鎮軍翼戴天子，精貫白日，而更不獲殊禮之命，竊恐天下移心解體，無復南向者矣！公孫淵無尺寸之益於吴，吴主封爲燕王，加以九錫。今慕容鎮軍屢摧賊鋒，威振秦、隴，虎比遣重使，甘言厚幣，欲授以曜威大將軍、遼西王，慕容鎮軍惡其非正，卻而不受。今朝廷乃矜惜虚名，沮抑忠順，豈社稷之長計乎？後雖悔之，恐無及已！」弘爲之入言於帝，帝意亦欲許之。會馴上表稱「庾氏兄弟擅權召亂，宜加斥退，以安社稷」。又與庾冰書，責其當國秉權，不能爲國雪耻。冰甚懼，以其絶遠，非所能制，乃與何充奏從其請。乙卯，以慕容皝爲使持節、大將軍、都督河北諸軍事、幽州牧、大單于、燕王，備物典策，皆從殊禮。又以其世子儁爲假節、安北將軍、東夷校尉、左賢王，賜軍資器械以千萬計。又封諸功臣百餘人，以劉翔爲代郡太守，封臨泉鄉侯，加員外散騎常侍。翔固辭不受。

翔疾江南士大夫以驕奢酣縱相尚，嘗因朝貴宴集，謂何充等曰：「四海板蕩，奄踰三紀，宗社爲墟，黎民塗炭，斯乃廟堂焦慮之時，忠臣畢命之秋也。而諸君宴安江沱，肆情縱欲，以奢靡爲榮，以傲誕爲賢，謇諤之言不聞，征伐之功不立，將何以尊主濟民乎！」充等甚慚。詔遣兼大鴻臚郭悕持節詣棘城，册命燕王，與翔等偕北。公卿餞于江上，翔謂諸公曰：「昔少康資一旅以滅有窮，句踐憑會稽以報强吴。蔓草猶宜早除，况寇讎乎，今石虎、李壽志相吞噬，王師縱未能澄清北方，且當從事巴、蜀。一旦石虎先人舉事，併壽而有之，據形便之地以臨東南，雖有智者不能善其後矣！」中護軍謝廣曰：「是吾心也。」

秋七月，郭悕、劉翔等至燕。燕王皝以翔爲東夷護軍、領大將軍長史，以唐國内史陽裕爲左司馬，典書令李洪爲右司馬，中尉鄭林爲軍諮祭酒。

八年冬十月，燕王皝遷都龍城，赦其境内。

成李據蜀

晉惠帝元康八年。初，張魯在漢中，賨人李氏自巴西宕渠往依之。魏武帝克漢中，李氏將五百餘家歸之，拜爲將軍，遷于略陽北土，號曰巴氐。其孫特、庠、流皆有材武，善騎射，性任俠，州黨多附之。

及齊萬年反，關中荐饑，略陽、天水等六郡民流移就穀入漢川者數萬家，道路有疾病窮乏者，特兄弟常營護振救之，由是得衆心。流民至漢中，上書求寄食巴、蜀，朝議不許，遣侍御史李苾持節慰勞，且監察之，不令入劍閣。苾至漢中，受流民賂，表言：「流民十萬餘口，非漢中一郡所能振贍。蜀有倉儲，人復豐稔，宜令就食。」朝廷從之。由是散在梁、益，不可禁止。李特至劍閣，太息曰：「劉禪有如此地，面縛於人，豈非庸才邪！」聞者異之。

永康元年冬十一月，詔徵益州刺史趙廞爲大長秋，以成都内史中山耿滕爲益州刺史。廞，賈后之姻親也。聞徵，甚懼，且以晉室衰亂，陰有據蜀之志，乃傾倉廩賑流民，以收衆心。以李特兄弟材武，其黨類皆巴西人，與廞同郡，厚遇之，以爲爪牙。特等憑恃廞勢，專聚衆爲盜，蜀人患之。滕數密表「流民剛剽，蜀人懦弱，主不能制客，必爲亂階，宜使還本居。若留之險地，恐秦、雍之禍更移於梁、益矣。」廞聞而惡之。

州被詔書，遣文武千餘人迎滕。是時成都治少城，益州治太城，廞猶在太城未去。滕欲入州，功曹陳恂諫曰：「今州郡構怨日深，入城必有大禍，不如留少城以觀其變，檄諸縣合村保以備秦氏，陳西夷行至，且當待之。不然，退保犍爲，西渡江源，以防非常。」滕不從。是(月)〔日〕帥衆入州，廞遣兵逆之，戰于西門，滕敗死。郡吏皆竄走，惟陳恂面縛詣廞，請滕喪；廞義而許之。

廞又遣兵逆西夷校尉陳總。總至江陽，聞廞有異志，主簿蜀郡趙模曰：「今州郡不協，必生大變，當速行赴之。府是兵要，助順討逆，誰敢動者！」總更緣道停留，比至南安魚涪津，已遇廞軍。模白總「散財募士以拒戰，若克州軍，則州可得；不克，順流而退，必無害也」。總曰：「趙益州忿耿侯，故殺之；與吾無嫌，何爲如此！」模曰：「今州起事，必當殺君以立威，雖不戰，無益也。」言至垂涕。總不聽，衆遂自潰。總逃草中，模著總服格戰。廞兵殺模，見其非是，更搜求得總，殺之。

廞自稱大都督、大將軍、益州牧，署置僚屬，改易守令，王官被召，無敢不往。李庠帥妹壻李含、天水任回、上官晶、扶風李攀、始平費他、氐苻成、隗伯等四千騎歸廞。廞以庠爲威寇將軍，封陽泉亭侯，委以心膂，使招合六郡壯勇至萬餘人，以斷北道。

永寧元年春正月，李庠驍勇得衆心，趙廞浸忌之而未言。長史蜀郡杜淑、張粲說廞曰：「將軍起兵始爾，而遽遣李庠握强兵於外。非我族類，其心必異，此倒戈授人也，宜早圖之。」會庠勸廞稱尊號，淑、粲因白廞，以庠大逆不道，引斬之，并其子姪十餘人。時李特、李流皆將兵在外，廞遣人慰撫之曰：「庠非所宜言，罪應死。兄弟罪不相及。」復以特、流爲督將。特、流怨廞，引兵歸緜竹。

廞牙門將涪陵許弇求爲巴東監軍，杜淑、張粲固執不許。弇怒，手殺淑、粲於廞閤下，淑、粲左右復殺弇。三人皆廞之腹心也，廞由是遂衰。

廞遣長史犍爲費遠、蜀郡太守李苾、督護常俊督萬餘人斷北道，屯緜竹之石亭。李特密收兵得七千餘人，夜襲遠等軍，燒之，死者什八九，遂進攻成都。費遠、李苾及軍祭酒張微夜斬關走，文武盡散。廞獨與妻子乘小船走，至廣都，爲從者所殺。特入成都，縱兵大掠。遣使詣洛陽，陳廞罪狀。

初，梁州刺史羅尚聞趙廞反，表：「廞素非雄才，蜀人不附，敗亡可計日而待。」詔拜尚平西將軍、益州刺史，督牙門將王敦、蜀郡太守徐儉、廣漢太守辛冉等七千餘人入蜀。特等聞尚來，甚懼，使其弟驤於道奉迎，并獻珍玩。尚悅，以驤爲騎督。特、流復以牛酒勞尚於緜竹。王敦、辛冉說尚曰：「特等專爲盜賊，宜因會斬之；不然，必爲後患。」尚不從。冉與特有舊，謂特曰：「故人相逢，不吉當凶矣。」特深自猜懼。三月，尚至成都。

初，朝廷符下秦、雍州，使召還流民入蜀者，又遣御史馮該、張昌督之。李特兄輔自略陽至蜀，言「中國方亂，不足復還」。特然之，累遣天水閻式詣羅尚，求權停至秋，又納賂於尚及馮該，尚、該許之。朝廷論討趙廞功，拜特宣威將軍，弟流奮威將軍，皆封侯。璽書下益州，條列六郡流民與特同討廞者，將加封賞。廣漢太守辛冉欲以滅廞爲己功，寢朝命，不以實上，衆咸怨之。

羅尚遣從事督遣流民，限七月上道。時流民布在梁、益，爲人傭力，聞州郡逼遣，人人愁怨，不知所爲。且水潦方盛，年穀未登，無以爲行資。特復遣閻式詣尚求停至冬，辛冉及犍爲太守李苾以爲不可。尚舉別駕蜀郡杜弢秀才，式爲弢説逼移利害，弢亦欲寬流民一年。尚用冉、苾之謀，不從。弢乃致秀才板，出還家。冉性貪暴，欲殺流民首領，取其資貨。乃與苾白尚，言「流民前因趙廞之亂，多所剽掠，宜因移設關以奪取之」。尚移書令梓潼太守張演於諸要施關，搜索寶貨。

特數爲流民請留，流民皆感而恃之，多相帥歸特。特乃結大營於緜竹以處流民，移辛冉求自寬。冉大怒，遣人分牓通衢，購募特兄弟，許以重賞。特見之，悉取以歸，與弟驤改其購云：「能送六郡之豪李、任、閻、趙、楊、上官及氐、叟侯王一首，賞百匹。」於是流民大懼，歸特者愈衆，旬月間過二萬人。流亦聚衆數千人。

特又遣閻式詣羅尚求申期，式見營栅衝要，謀掩流民，歎曰：「民心方危，今而速之，亂將作矣！」又知辛冉、李苾意不可回，乃辭尚還緜竹。尚謂式曰：「子且以吾意告諸流民，今聽寬矣。」式曰：「明公惑於姦説，恐無寬理。弱而不可輕者民也，今趣之不以理，衆怒難犯，恐爲禍不淺。」尚曰：「然。吾不欺子，子其行矣。」式至緜竹，言於特曰：「尚雖云爾，然未可信也。何者？尚威刑不立，冉等各擁强兵，一旦爲變，亦非尚所能制。深宜爲備。」特從之。

冬十月，特分爲二營，特居北營，流居東營，繕甲厲兵，戒嚴以待之。冉、苾相與謀曰：「羅侯貪而無斷，日復一日，令流民得展姦計。李特兄弟並有雄才，吾屬將爲所虜矣！宜爲決計，羅侯不足復問也。」乃遣廣漢都尉曾元、牙門張顯、劉並等，潛帥步騎三萬襲特營。羅尚聞之，亦遣督護田佐助元。元等至，特安卧不動，待其衆半入，發伏擊之，死者甚衆。殺田佐、曾元、張顯，傳首以示尚、冉。尚謂將佐曰：「此虜成去矣，而廣漢不用吾言，以張賊勢，今若之何！」

於是六郡流民李含等共推特行鎮北大將軍，承制封拜，以其弟流行鎮東大將軍，號東督護，以相鎮統；又以兄輔爲票騎將軍，弟驤爲驍騎將軍，進兵攻冉於廣漢。尚遣李苾、費遠帥衆救冉，畏特，不敢進。冉出戰屢敗，潰圍奔德陽。特入據廣漢，以李超爲太守，進兵攻尚於成都。尚以書諭閻式，式復書曰：「辛冉傾巧，曾元小豎，李叔平非將帥之材。式前爲節下及杜景文論留徙之宜，人懷桑梓，孰不願之？但往日初至，隨穀庸賃，一室五分，復值秋潦，乞須冬熟，而終不見聽。繩之太過，窮鹿抵虎，流民不肯延頸受刀，以致爲變。即聽式言，寬使治嚴，不過去九月盡集，十月進道，命達鄉里，何有如此也！」

特以兄輔、弟驤、子始、蕩、雄及李含、含子國、離、任回、李攀、攀弟恭、上官晶、任臧、楊褒、上官惇等爲將帥，閻式、李遠等爲僚佐。羅尚素貪殘，爲百姓患。特與蜀民約法三章，施捨振貸，禮賢拔滯，軍政肅然，蜀民大悦。尚頻爲特所敗，乃阻長圍，緣郫水作營，連延七百里，與特相拒，求救於梁州及南夷校尉。

太安元年夏五月，河間王顒遣督護衙博討李特，軍于梓潼；朝廷復以張微爲廣漢太守，軍于德陽；羅尚遣督護張龜軍于繁城。特使其子鎮軍將軍蕩等襲博，而自將擊龜，破之。蕩敗博兵於陽沔，梓潼太守張演委城走，巴西丞毛植以郡降。蕩進攻博於葭萌，博走，其衆盡降。河間王顒更以許雄爲梁州刺史。特自稱大將軍、益州牧、都督梁益二州諸軍事。

秋八月，李特攻張微，微擊破之，遂進攻特營。李蕩引兵救之，山道險狹，蕩力戰而前，遂破徵兵。特欲還涪，蕩及司馬王幸諫曰：「徵軍已敗，智勇俱竭，宜乘鋭氣遂禽之。」特復進攻徵，殺之，生禽徵子存，以徵喪還之。

特以其將蹇碩守德陽。李驤軍毗橋，羅尚遣軍擊之，屢爲驤所敗。驤遂進攻成都，燒其門。李流軍成都之北。尚遣精勇萬人攻驤，驤與流合擊，大破之，還者什一二。許雄數遣軍攻特，不勝。特勢益盛。

建寧大姓李叡、毛詵逐太守杜俊，朱提大姓李猛逐太守雍約以應特，衆各數萬。南夷校尉李毅討破之，斬詵。李猛奉牋降，而辭意不遜，毅誘而殺之。

二年春正月，李特潛渡江擊羅尚，水上軍皆散走。蜀郡太守徐儉以少城降，特入據之，惟取馬以供軍，餘無侵掠。赦其境内，改元建初。羅尚保太城，遣使求和於特。蜀民相聚爲塢者，皆送款於特。特遣使就撫之，以軍中糧少，乃分六郡流民於諸塢就食。李流言於特曰：「諸塢新附，人心未固，宜質其大姓子弟，聚兵自守，以備不虞。」又與特司馬上官惇書曰：「納降如待敵，不可易也。」前將軍雄亦以爲言。特怒曰：「大事已定，但當安民，何爲更逆加疑忌，使之離叛乎！」

朝廷遣荆州刺史宗岱、建平太守孫阜帥水軍三萬以救羅尚。岱以阜爲前鋒，進逼德陽；特遣李蕩及蜀郡太守李璜就德陽太守任臧共拒之。岱、阜軍勢甚盛，諸塢皆有貳志，益州兵曹從事蜀郡任叡言於羅尚曰：「李特散衆就食，驕怠無備，此天亡之時也。宜密約諸塢，刻期同發，内外擊之，破之必矣。」尚使叡夜縋出城，宣旨於諸塢，期以二月十日同擊特。叡因詣特詐降，特問城中虚實，叡曰：「糧儲將盡，但餘貨帛耳。」叡求出省家，特許之，遂還報尚。二月，尚遣兵掩襲特營，諸塢皆應之，特兵大敗，斬特及李輔、李遠，皆焚尸，傳首洛陽。流民大懼。李流、李蕩、李雄收餘衆還保赤祖。流自稱大將軍、大都督、益州牧，保東營，蕩、雄保北營。孫阜破德陽，獲蹇碩，任臧退屯涪陵。

三月，羅尚遣督護何冲、常深等攻李流，涪陵民藥紳等亦起兵攻流。流與李驤拒深，使李蕩、李雄拒紳。何冲乘虚攻北營，氐苻成、隗伯在營中叛應之。蕩母羅氏擐甲拒戰，伯手刃傷其目，羅氏氣益壯。營垂破，會流等破深、紳引兵還，與冲等戰，大破之。成、伯帥其黨突出詣尚。流等乘勝進抵成都，尚復閉城自守。蕩馳馬逐北，中矛而死。

朝廷遣侍中燕國劉沈假節統羅尚、許雄等軍，討李流。行至長安，河間王顒留沈爲軍師，遣席薳代之。李流以李特、李蕩繼死，宗岱、孫阜將至，甚懼。李含勸流降，流從之；李驤、李雄迭諫，不納。

夏五月，流遣其子世及含子胡爲質於阜軍。胡兄離爲梓潼太守，聞之，自郡馳還，欲諫不及，退與雄謀襲阜軍。雄曰：「爲今計，當如是，而二翁不從，奈何？」離曰：「當劫之耳！」雄大喜，乃共説流民曰：「吾屬前已殘暴蜀民，今一旦束手，便爲魚肉，惟有同心襲阜以取富貴耳。」衆皆從之。雄遂與離襲擊阜軍，大破之。會宗岱卒於墊江，荆州軍遂退。流甚慚，由是奇雄才，軍事悉以任之。六月，李雄攻殺汶山太守陳圖，遂取郫城。

秋七月，李流徙屯郫。蜀民皆保險結塢，或南入寧州，或東下荆州，城邑皆空，野無煙火。流虜掠無所得，士衆飢乏，唯涪陵千餘家，依青城山處士范長生。平西參軍涪陵徐轝説羅尚，求爲汶山太守，邀結長生與共討流。尚不許，轝怒，出降於流，流以轝爲安西將軍。轝説長生使資給流軍糧，長生從之，流軍由是復振。

九月，李流疾篤，謂諸將曰：「驍騎仁明，固足以濟大事；然前軍英武，殆天所相，可共受事於前軍。」流卒，衆推李雄爲大都督、大將軍、益州牧，治郫城。雄使武都朴泰紿羅尚，使襲郫城，云己爲内應。尚使隗伯將兵攻郫，泰約舉火爲應，李驤伏兵於道，泰出長梯於外。隗伯兵見火起，争緣梯上，驤縱兵擊，大破之。追奔，夜至城下，詐稱萬歲，曰：「已得郫城矣！」入少城，尚乃覺之，退保太城。隗伯創甚，雄生獲之，赦不殺。李驤攻犍爲，斷尚運道，獲太守龔恢，殺之。閏十二月，李雄急攻羅尚，尚軍無食，留牙門張羅守城，夜由牛鞞水東走，羅開門降。雄入成都。軍士飢甚，乃帥衆就穀於郪，掘野芋而食之。許雄坐討賊不進，徵，即罪。

永興元年春正月，羅尚逃至江陽，遣使表狀，詔尚權統巴東、巴郡、涪陵以供軍賦。尚遣別駕李興詣鎮南將軍劉弘求糧，弘綱紀以運道阻遠，且荆州自空乏，欲以零陵米五千斛與尚。弘曰：「天下一家，彼此無異，吾今給之，則無西顧之憂矣。」遂以三萬斛給之，尚賴以自存。

李雄以范長生有名德，爲蜀人所重，欲迎以爲君而臣之，長生不可。諸將固請雄即尊位。

冬十月，雄即成都王位，大赦，改元曰建興。除晉法，約法七章。以其叔父驤爲太傅，兄始爲太保，李離爲太尉，李雲爲司徒，李璜爲司空，李國爲太宰，閻式爲尚書令，楊褒爲僕射。尊母羅氏爲王太后，追尊父特爲成都景王。雄以李國、李離有智謀，凡事必咨而後行，然國、離事雄彌謹。

十一月，羅尚移屯巴郡，遣兵掠蜀中，獲李驤妻昝氏及子壽。

光熙元年春三月，范長生詣成都，成都王雄門迎，執板，拜爲丞相，尊之曰范賢。

夏六月，成都王雄即皇帝位，大赦，改元曰晏平，國號大成。追尊父特曰景皇帝，廟號始祖；尊王太后曰皇太后。以范長生爲天地太師，復其部曲，皆不豫征税。諸將恃恩，互争班位，尚書令閻式上疏，請考漢、晉故事，立百官制度，從之。

張氏據涼

晉惠帝永寧元年春正月，以散騎常侍安定張軌爲涼州刺史。軌以時方多難，陰有保據河西之志，故求爲涼州。時州境盗賊縱横，鮮卑爲寇，軌至，以宋配、氾瑗爲謀主，悉討破之，威著西土。

懷帝永嘉二年春二月，涼州刺史張軌病風，口不能言，使其子茂攝州事。隴西内史晉昌張越，涼州大族，欲逐軌而代之，與其兄酒泉太守鎮及西平太守曹袪謀，遣使詣長安告南陽王模，稱軌廢疾，請以秦州刺史賈龕代之。龕將受之，其兄讓龕曰：「張涼州一時名士，威著西州，汝何德以代之！」龕乃止。鎮、袪上疏，更請刺史，未報，遂移檄廢軌，以軍司杜耽攝州事，使耽表越爲刺史。

軌下教，欲避位歸老宜陽。長史王融、參軍孟暢蹋折鎮檄，排閤入言曰：「晉室多故，明公撫寧西夏，張鎮兄弟敢肆凶逆，當鳴鼓誅之！」遂出戒嚴。會軌長子寔自京師還，乃以寔爲中督護，將兵討鎮。遣鎮甥太府主簿令狐亞先往説鎮，爲陳利害。鎮流涕曰：「人誤我！」乃詣寔歸罪。寔南擊曹袪，走之。

朝廷得鎮、袪疏，以侍中袁瑜爲涼州刺史。治中楊澹馳詣長安，割耳盤上，訴軌之被誣。南陽王模表請停瑜，武威太守張琠亦上表留軌；詔依模所表，且命誅曹祛。軌於是命寔帥步騎三萬討祛，斬之。張越奔鄴，涼州乃定。

五月，詔封張軌西平郡公，軌辭不受。時州郡之使莫有至者，軌獨遣使貢獻，歲時不絕。

四年十一月，詔加張軌鎮西將軍、都督隴右諸軍事。光禄大夫傅祗、太常摯虞遺軌書，告以京師飢匱，軌遣參軍杜勳獻馬五百匹，毯布三萬匹。

六年春三月，涼州主簿馬魴説張軌：「宜命將出師，翼戴帝室。」軌從之，馳檄關中，共尊輔秦王。且言：「今遣前鋒督護宋配帥步騎二萬徑趨長安，西中郎將寔帥中軍三萬，武威太守張琠帥胡騎二萬，絡驛繼發。」

秋九月，秦州刺史裴苞據險以拒涼州兵，張寔、宋配等擊破之，苞奔柔凶塢。

愍帝建興二年二月壬寅，以張軌爲太尉、涼州牧，封西平郡公。朝廷以張軌老病，拜其子寔爲副刺史。

夏五月，西平武穆公張軌寢疾，遺令文武將佐務安百姓，上思報國，下以寧家。己丑，軌薨，長史張璽等表世子寔攝父位。冬十月，以張寔爲都督涼州諸軍事、涼州刺史、西平公。

三年冬十月，涼州軍士張冰得璽，文曰「皇帝行璽」，獻於張寔。僚屬皆賀，寔曰：「是非人臣所得留。」遣使歸於長安。

四年夏四月，張寔下令所部吏民，有能舉其過者，賞以布帛羊米。賊曹佐高昌隗瑾曰：「今明公爲政，事無巨細皆自決之。或興師發令，府朝不知，萬一違失，謗無所分。羣下畏威，受成而已。如此，雖賞之千金，終不敢言也。謂宜少損聰明，凡百政事皆延訪羣下，使各盡所懷，然後采而行之，則嘉言自至，何必賞也！」寔悦，從之，增瑾位三等。

寔遣將軍王該帥步騎五千入援長安，且送諸郡貢計。詔拜寔都督陜西諸軍事，以寔弟茂爲秦州刺史。

元帝建武元年春正月，黄門郎史淑、侍御史王沖自長安奔涼州，稱愍帝出降前一日，使淑等齎詔賜張寔，拜寔大都督、涼州牧、侍中、司空，承制行事。且曰：「朕已詔琅邪王時攝大位，君其協贊琅邪，共濟多難。」淑等至姑臧，寔大臨三日，辭官不受。

初，寔叔父肅爲西海太守，聞長安危逼，請爲先鋒入援。寔以其老，弗許。及聞長安不守，肅悲憤而卒。

寔遣太府司馬韓璞、撫戎將軍張閬等帥步騎一萬東擊漢，命討虜將軍陳安、〔安〕故太守賈騫、隴西太守吴紹各統郡兵爲前驅。又遣相國保書曰：「王室有事，不忘投軀。前遣賈騫瞻公舉動，中被符命敕騫還軍。俄聞寇逼長安，胡崧不進，麴允持金五百請救於崧，遂決遣騫等進軍度嶺。會聞朝廷傾覆，爲忠不遂，憤痛之深，死有餘責。今更遣璞等唯公命是從。」璞等卒不能進而還。至南安，諸羌斷路，相持百餘日，糧竭矢盡。璞殺車中牛以饗士，泣謂之曰：「汝曹念父母乎？」曰：「念。」「念妻子乎？」曰：「念。」「欲生還乎？」曰：「欲。」「從我令乎？」曰：「諾。」乃鼓譟進戰。會張閬帥金城兵繼至，夾擊，大破之，斬首數千級。

先是長安謠曰：「秦川中，血沒腕，唯有涼州倚柱觀。」及漢兵覆關中，氐、羌掠隴右，雍、秦之民死者什八九，獨涼州安全。

大興元年春三月，寔遣牙門蔡忠奉表詣建康，比至，帝已即位。寔不用江東年號，猶稱建興。

三年夏六月，京兆人劉弘客居涼州天梯山，以妖術惑衆，從受道者千餘人，西平元公張寔左右皆事之。帳下閻涉、牙門趙卬皆弘鄉人，弘謂之曰：「天與我神璽，應王涼州。」涉、卬信之，密與寔左右十餘人謀殺寔，奉弘爲主。寔弟茂知其謀，請誅弘。寔令牙門將史初收之，未至，涉等懷刃而入，殺寔於外寢。弘見史初至，謂曰：「使君已死，殺我何爲！」初怒，截其舌而囚之，轘於姑臧市，誅其黨與數百人。左司馬陰元等以寔子駿尚幼，推張茂爲涼州刺史、西平公，赦其境内，以駿爲撫軍將軍。

秋八月，西平公張茂立兄子駿爲世子。

四年春二月，張茂築靈鈞臺，基高九仞。武陵閻曾夜叩府門呼曰：「武公遣我來，言『何故勞民築臺！』」有司以爲妖，請殺之。茂曰：「吾信勞民。曾稱先君之命以規我，何謂妖乎！」乃爲之罷役。

永昌元年冬十二月，張茂使將軍韓璞帥衆取隴西、南安之地，置秦州。

明帝大寧元年八月，趙主曜自隴上西擊涼州，遣其將劉咸攻韓璞於冀城，呼延晏攻寧羌護軍陰鑒於桑壁，曜自將戎卒二十八萬軍于河上，列營百餘里，金鼓之聲動地，河水爲沸，張茂臨河諸戍皆望風奔潰。曜揚聲欲百道俱濟，直抵姑臧，涼州大震。參軍馬岌勸茂親出拒戰，長史氾禕怒，請斬之。岌曰：「氾公糟粕書生，刺舉小才，不思家國大計。明公父子欲爲朝廷誅劉曜有年矣，今曜自至，遠近之情，共觀明公此舉，當立信勇之驗，以副秦、隴之望。力雖不敵，勢不可以不出。」茂曰：「善。」乃出屯石頭。茂謂參軍陳珍曰：「劉曜舉三秦之衆，乘勝席卷而來，將若之何？」珍曰：「曜兵雖多，精卒至少，大抵皆氐、羌烏合之衆，恩信未洽，且有山東之虞，安能捨其腹心之疾，曠日持久，與我争河西之地邪！若二旬不退，珍請得弊卒數千，爲明公擒之。」茂喜，使珍將兵救韓璞。趙諸將争欲濟河，趙主曜曰：「吾軍勢雖盛，然畏威而來者三分有二，中軍疲困，其實難用。今但案甲勿動，以吾威聲震之，若出中旬張茂之表不至者，吾爲負卿矣。」茂尋遣使稱藩，獻馬牛羊珍寶不可勝紀。曜拜茂侍中、都督涼南北秦梁益巴漢隴右西域雜夷匈奴諸軍事，太師，涼州牧，封涼王，加九錫。

張茂大城姑臧，脩靈鈞臺。別駕吴紹諫曰：「明公所以脩城築臺者，蓋懲既往之患耳。愚以爲苟恩未洽於人心，雖處層臺，亦無所益，適足以疑羣下忠信之志，失士民繫託之望，示怯弱之形，啓鄰敵之謀，將何以佐天子、霸諸侯乎！願亟罷茲役，以息勞費。」茂曰：「亡兄一旦失身於物，豈無忠臣義士欲盡節者哉！顧禍生不意，雖有智勇無所施耳。王公設險，勇夫重閉，古之道也。今國家未靖，不可以太平之理責人於屯邅之世也。」卒爲之。

二年夏五月甲申，張茂疾病，執世子駿手泣曰：「吾家世以孝友忠順著稱，今雖天下大亂，汝奉承之，不可失也。」且下令曰：「吾官非王命，苟以集事，豈敢榮之！死之日，當以白帢入棺，勿以朝服斂。」是日薨。愍帝使者史淑在姑臧，左長史氾禕、右長史馬謨等使淑拜駿大將軍、涼州牧、西平公，赦其境内。前趙主曜遣使贈茂太宰，謚曰成烈王，拜駿上大將軍、涼州牧、涼王。

冬十二月，涼州將辛晏據枹罕，不服，張駿將討之。從事劉慶諫曰：「霸王之師，必須天時、人事相得，然後乃起。辛晏凶狂安忍，其亡可必，奈何以饑年大舉，盛寒攻城乎！」駿乃止。

駿遣參軍王騭聘於趙，趙主曜謂之曰：「貴州款誠和好，卿能保之乎？」騭曰：「不能。」侍中徐邈曰：「君來結好，而云不能保，何也？」騭曰：「齊桓貫澤之盟，憂心兢兢，諸侯不召自至；葵丘之會，振而矜之，叛者九國。趙國之化，常如今日可也；若政教陵遲，尚未能察邇者之變，況鄙州乎！」曜曰：「此涼州之君子也，擇使可謂得人矣！」厚禮而遣之。

三年春二月，張駿承元帝凶問，大臨三日。會黃龍見嘉泉，氾禕等請改年以章休祥，駿不許。辛晏以枹罕降駿，復收河南之地。

成帝咸和元年。張駿畏趙人之逼，是歲徙隴西、南安民二千餘家于姑臧。又遣使脩好於成，以書勸成主雄去尊號，稱藩於晉。雄復書曰：「吾過爲士大夫所推，然本無心於帝王，思爲晉室元功之臣，掃除氛埃；而晉室陵遲，德聲不振，引領東望，有年月矣。會獲來貺，情在闇至，有何已已。」自是聘使相繼。

二年夏五月，張駿聞趙兵爲後趙所敗，乃去趙官爵，復稱晉大將軍、涼州牧。遣武威太守竇濤、金城太守張閬、武興太守辛巖、揚烈將軍宋輯等帥衆數萬，東會韓璞攻掠趙秦州諸郡。趙南陽王胤將兵擊之，屯狄道。枹罕護軍辛晏告急，秋，駿使韓璞、辛巖救之。璞進度沃干嶺，巖欲速戰，璞曰：「夏末以來，日星數有變，不可輕動。且曜與石勒相攻，胤必不能久與我相守也。」與胤夾洮相持七十餘日。

冬十月，璞遣辛巖督運於金城，胤聞之曰：「韓璞之衆十倍於吾，吾糧不多，難以持久。今虜分兵運糧，天授我也。若敗辛巖，璞等自潰。」乃帥騎三千襲巖于沃干嶺，敗之，遂前逼璞營。璞衆大潰，胤乘勝追奔，濟河，攻拔令居，斬首二萬級，進據振武。河西大駭。張閬、辛晏帥其衆數萬降趙，駿遂失河南之地。

三年。張駿治兵，欲乘虛襲長安。理曹郎中索詢諫曰：「劉曜雖東征，其子胤守長安，未易輕也。借使小有所獲，彼若釋東方之圖還與我校，禍難之期，未可量也。」駿乃止。

五年夏五月，張駿因前趙之亡，復收河南地，至于狄道，置五屯護軍，與趙分境。六月，趙遣鴻臚孟毅拜駿征西大將軍、凉州牧，加九錫。駿恥爲之臣，不受，留毅不遣。

七年。凉州僚屬勸張駿稱凉王，領秦、凉二州牧，置公卿百官，如魏武、晉文故事。駿曰：「此非人臣所宜言也。敢言此者，罪不赦！」然境内皆稱之爲王。駿立次子重華爲世子。

八年。初，張駿欲假道於成以通表建康，成主雄不許。駿乃遣治中從事張淳稱藩於成以假道，雄僞許之，將使盜覆諸東峽。蜀人橋贇密以告淳，淳謂雄曰：「寡君使小臣行無迹之地，萬里通誠於建康者，以陛下嘉尚忠義，能成人之美故也。若欲殺臣者，當斬之都市，宣示衆目曰：『涼州不忘舊德，通使琅邪，主聖臣明，發覺殺之。』如此則義聲遠播，天下畏威。今使盜殺之江中，威刑不顯，何足以示天下乎！」雄大驚曰：「安有此邪？」司隸校尉景騫言於雄曰：「張淳壯士，請留之。」雄曰：「壯士安肯留！且試以卿意觀之。」騫謂淳曰：「卿體豐大，天熱，可且遣下吏，小住須涼。」淳曰：「寡君以皇輿播越，梓宮未返，生民塗炭，莫之振救，故遣淳通誠上都。所論事重，非下吏所能傳。使下吏可了，則淳亦不來矣。雖火山湯海，猶將赴之，豈寒暑之足憚哉！」雄謂淳曰：「貴主英名蓋世，土險兵强，何不亦稱帝自娱一方？」淳曰：「寡君祖考以來，世篤忠貞，以讎恥未雪，枕戈待旦，何自娱之有！」雄甚慚，曰：「我之祖考本亦晋臣，遭天下大亂，與六郡之民避難此州，爲衆所推，遂有今日。琅邪若能中興大晋於中國者，亦當帥衆輔之。」厚爲淳禮而遣之。淳卒致命於建康。

長安之失守也，敦煌計吏耿訪自漢中入江東，屢上書請遣大使慰撫涼州。朝廷以訪守持書御史，拜張駿鎮西大將軍，選隴西賈陵等十二人配之。訪至梁州，道不通，以詔書付賈陵，許爲賈客以達之。是歲，陵始至涼州，駿遣部曲督王豐等報謝。

九年春二月丁卯，詔遣耿訪、王豐齎印綬授張駿大將軍，都督陝西雍秦涼州諸軍事。自是每歲使者不絕。

咸康元年。初，張軌及二子寔、茂雖保據河右，而軍旅之事無歲無之。及張駿嗣位，境内漸平。駿勤脩庶政，總御文武，咸得其用，民富兵强，遠近稱之以爲賢君。駿遣將楊宣伐龜兹、鄯善，於是西域諸國焉耆、于寘之屬，皆詣姑臧朝貢。駿於姑臧南作五殿，官屬皆稱臣。

駿有兼秦、雍之志，遣參軍麴護上疏，以爲：「勒、雄既死，虎、期繼逆，兆庶離主，漸冉經世。先老消落，後生不識，慕戀之心，日遠日忘。乞敕司空鑒、征西亮等汎舟江、沔，首尾齊舉。」

五年九月，張駿立辟雍、明堂以行禮。十一月，以世子重華行涼州事。

六年春三月，張駿遣别駕馬詵入貢于趙，表辭蹇傲。趙王虎怒，欲斬詵。侍中石璞諫曰：「今國家所當先除者，遺晉也；河西僻陋，不足爲意。今斬馬詵，必征張駿，則兵力分而爲二，建康復延數年之命矣。」乃止。璞，苞之曾孫也。

穆帝永和元年十二月，張駿伐焉耆，降之。是歲，駿分武威等十一郡爲涼州，以世子重華爲刺史。分興晉等八郡爲河州，以寧戎校尉張瓘爲刺史。分敦煌等三郡及西域都護等三營爲沙州，以西胡校尉楊宣爲刺史。駿自稱大都督、大將軍、假涼王，督攝三州。始置祭酒、郎中、大夫、舍人、謁者等官，官號皆倣天朝，而微變其名。車服旌旗，擬於王者。

二年夏五月丙戌，西平忠成公張駿薨。官屬上世子重華爲使持節、大都督、太尉、護羌校尉、涼州牧、西平公、假涼王，赦其境內。尊嫡母嚴氏爲大王太后，母馬氏爲王太后。

趙將軍王擢擊張重華，襲武街，執護軍曹權、胡宣，徙七千餘户于雍州。涼州刺史麻秋、將軍孫伏都攻金城，太守張沖請降，涼州震動。重華悉發境內兵使征南將軍裴恒將之以禦趙。恒壁於廣武，久而不戰。涼州司馬張耽言於重華曰：「國之存亡在兵，兵之勝敗在將。今議者舉將，多推宿舊。夫韓信之舉，非舊德也。蓋明主之舉，用無常人，才之所堪，則授以大事。今强寇在境，諸將不進，人情危懼。主簿謝艾，兼資文武，可用以禦趙。」重華召艾，問以方略，艾願請兵七千人，必破趙以報。重華拜艾中堅將軍，給步騎五千使擊秋。艾引兵出振武，夜有二梟鳴于牙中，艾曰：「六博得梟者勝。今梟鳴牙中，克敵之兆也。」進與趙戰，大破之，斬首五千級。重華封艾爲福禄伯。

三年夏四月，趙涼州刺史麻秋攻枹罕。晉昌太守郎坦以城大難守，欲棄外城。武成太守張悛曰：「棄外城則動衆心，大事去矣！」寧戎校尉張璩從悛言，固守大城。秋帥衆八萬圍壍數重，雲梯地突，百道皆進。城中禦之，秋衆死傷數萬。趙王虎復遣其將劉渾等帥步騎二萬會之。郎坦恨言不用，教軍士李嘉潛引趙兵千餘人登城。璩督諸將力戰，殺二百餘人，趙兵乃退。璩燒其攻具，秋退保大夏。

虎以中書監石寧爲征西將軍，帥并、司州兵二萬餘人爲秋等後繼。張重華將宋秦等帥户二萬降于趙。重華以謝艾爲使持節、軍師將軍，帥步騎三萬進軍臨河。艾乘軺車，戴白帢，鳴鼓而行。秋望見，怒曰：「艾年少書生，冠服如此，輕我也。」命黑矟龍驤三千人馳擊之，艾左右大擾。或勸艾宜乘馬，艾不從，下車，踞胡牀，指麾處分。趙人以爲有伏兵，懼不敢進。別將張瑁自間道引兵截趙軍後，趙軍退，艾乘勢進擊，大破之，斬其將杜勳、汲魚，獲首虜一萬三千級，秋單馬奔大夏。

五月，秋與石寧復帥衆十二萬進屯河南，劉寧、王擢略地晉興、廣武、武街，至于曲柳。張重華使將軍牛旋禦之，退守枹罕，姑臧大震。重華欲親出拒之，謝艾固諫。別駕從事索遐曰：「君者一國之鎮，不可輕動。」乃以艾爲使持節、都督征討諸軍事、行衞將軍，遐爲軍正將軍，帥步騎二萬拒之。別將楊康敗劉寧于沙阜，寧退屯金城。

秋七月，趙王虎復遣征西將軍孫伏都、將軍劉渾帥步騎二萬會麻秋軍，長驅濟河，擊張重華遂城、長最。謝艾建牙誓衆，有風吹旌旗東南指，索遐曰：「風爲號令，今旌旗指敵，天所贊也。」艾軍于神鳥，王擢與艾前鋒戰，敗走還河南。八月戊午，艾進擊秋，大破之，秋遁歸金城。虎聞之，歎曰：「吾以偏師定九州，今以九州之力困於枹罕！彼有人焉，未可圖也。」艾還討叛虜斯骨真等萬餘落，皆破平之。

九月，趙麻秋又襲張重華將張瑁，敗之，斬首三千餘級。枹罕護軍李逵帥衆七千降于趙。自河以南，氐、羌皆附於趙。

冬十月乙丑，遣侍御史俞歸至涼州，授張重華侍中、大都督、督隴右關中諸軍事、大將軍、涼州刺史、西平公。歸至姑臧，重華欲稱涼王，未肯受詔，使所親沈猛私謂歸曰：「主公奕世爲晉忠臣，今曾不如鮮卑，何也？朝廷封慕容皝爲燕王，而主公纔爲大將，何以表勸忠賢乎！明臺宜移河右，共勸州主爲涼王。人臣出使，苟利社稷，專之可也。」歸曰：「吾子失言。昔三代之王也，爵之貴者莫若上公。及周之衰，吳、楚始僭號稱王，而諸侯亦不之非，蓋以蠻夷畜之也。借使齊、魯稱王，諸侯豈不四面攻之乎，漢高祖封韓、彭爲王，尋皆誅滅，蓋權時之宜，非厚之也。聖上以貴公忠賢，故爵以上公，任以方伯，寵榮極矣，豈鮮卑夷狄所可比哉！且吾聞之，功有大小，賞有重輕。今貴公始繼世而爲王，若帥河右之衆東平胡羯，修復陵廟，迎天子返洛陽，將何以加之乎？」重華乃止。

五年秋九月，涼州官屬共上張重華爲丞相、涼王、雍秦涼三州牧。重華屢以錢帛賜左右寵臣，又喜博奕，頗廢政事。徽事索振諫曰：「先王夙夜勤儉，以實府庫，正以讎恥未雪，志平海内故也。殿下嗣位之初，强寇侵逼，賴重餌之故，得戰士死力，僅保杜稷。今蓄積已虚，而寇讎尚在，豈可輕有耗散，以與無功之人乎，昔漢光武躬親萬機，章奏詣闕，報不終日，故能隆中興之業。今章奏停滯，動經時月，下情不得上通，沈冤困於囹圄，殆非明主之事也！」重華謝之。

王敦平湘漢

晉懷帝永嘉五年。巴、蜀流民布在荆、湘間，數爲土民所侵苦。蜀人李驤聚衆據樂鄉反，南平太守應詹與醴陵令杜弢共擊破之。荆州刺史王澄使成都内史王機討驤，驤請降。澄僞許而襲殺之，以其妻子爲賞，沈八千餘人於江；流民益怨忿。蜀人杜疇等復反。湘州參軍馮素與蜀人汝班有隙，言於刺史荀眺曰：「巴、蜀流民皆欲反。」眺信之，欲盡誅流民。流民大懼，四五萬家一時俱反，以杜弢州里重望，共推爲主。弢自稱梁、益二州牧，領湘州刺史。

王敦爲揚州刺史，尋加都督征討諸軍事。

夏四月，杜弢攻長沙。五月，荀眺棄城奔廣州，弢追擒之。於是弢南破零、桂，東掠武昌，殺二千石、長吏甚衆。

六年。故新野王歆牙門將胡亢聚衆於竟陵，自號楚公，寇掠荆土，以歆南蠻司馬新野杜曾爲竟陵太守。曾勇冠三軍，能被甲游於水中。

王澄在荆州，悦成都内史王機，謂爲(已)〔己〕亞，使之内綜心膂，外爲爪牙。澄屢爲杜弢所敗，望實俱損，猶傲然自得，無憂懼之意，但與機日夜縱酒博奕，由是上下離心。南平太守應詹屢諫，不聽。

澄自出軍擊杜弢，軍于作塘。故山簡參軍王冲擁衆迎應詹爲刺史，詹以冲無賴，棄之還南平，冲乃自稱刺史。澄懼，使其將杜蕤守江陵，徙治孱陵，尋又奔沓中。別駕郭舒諫曰：「使君臨州，雖無異政，然一州人心所繫。今西收華容之兵，足以擒此小醜，奈何自棄，遽爲奔亡乎！」澄不從，欲將舒東下。舒曰：「舒爲萬里紀綱，不能匡正，令使君奔亡，誠不忍渡江。」乃留屯(沔)〔沌〕口。琅邪王睿聞之，召澄爲軍諮祭酒，以軍諮祭酒周顗代之，澄乃赴召。

顗始至州，建平流民傅密等叛迎杜弢，弢別將王真襲沔陽，顗狼狽失據。征討都督王敦遣武昌太守陶侃、尋陽太守周訪、歷陽内史甘卓共擊弢，敦進屯豫章，爲諸軍繼援。

王澄過詣敦，自以名聲素出敦右，猶以舊意侮敦。敦怒，誣其與杜弢通信，遣壯士搤殺之。王機聞澄死，懼禍，以其父毅、兄矩皆嘗爲廣州刺史，就敦求廣州，敦不許。會廣州將温邵等叛刺史郭訥，迎機爲刺史，機遂將奴客門生千餘人入廣州。訥遣兵拒之，將士皆機父兄時部曲，不戰迎降；訥乃避位，以州授之。

愍帝建興元年。胡亢性猜忌，殺其驍將數人。杜曾懼，潛引王冲之兵使攻亢。亢悉精兵出拒之，城中空虚，曾因殺亢而并其衆。

周顗屯潯水城，爲杜弢所困。陶侃使明威將軍朱伺救之，弢退保泠口。侃曰：「弢必步向武昌。」乃自徑道還郡以待之，弢果來攻。侃使朱伺逆擊，大破之，弢遁歸長沙。周顗出潯水投王敦於豫章，敦留之。陶侃使參軍王貢告捷於敦，敦曰：「若無陶侯，便失荆州矣！」乃表侃爲荆州刺史，屯沔江。左丞相睿召周顗，復以爲軍諮祭酒。

〔秋九月〕，王貢自王敦所還，至竟陵，矯陶侃之命，以杜曾爲前鋒大都督，擊王冲，斬之，悉降其衆。侃召曾，曾不至。貢恐以矯命獲罪，遂與曾反擊侃。冬十月，侃兵大敗，僅以身免。敦表侃以白衣領職。侃復帥周訪等進擊杜弢，大破之，敦乃奏復侃官。

二年春三月，杜弢將王真襲陶侃於(休)〔林〕障，侃奔灄中。周訪救侃，擊弢兵破之。

三年春二月，王敦遣陶侃、甘卓等討杜弢，前後數十戰，弢將士多死，乃請降於丞相睿，睿不許。弢遣南平太守應詹書，自陳昔與詹「共討樂鄉，本同休戚。後在湘中，懼死求生，遂相結聚。儻以舊交之情，爲明枉直，使得輸誠盟府，厠列義徒，或北清中原，或西取李雄，以贖前愆，雖死之日，猶生之年也！」詹爲啓呈其書，且言：「弢，益州秀才，素有清望，爲鄉人所逼。今悔惡歸善，宜命使撫納，以息江、湘之民。」睿乃使前南海太守王運受弢降，赦其反逆之罪，以弢爲巴東監軍。弢既受命，諸將猶攻之不已。弢不勝憤怒，遂殺運復反，遣其將杜弘、張彦殺臨川内史謝擒，遂陷豫章。三月，周訪擊彦，斬之，弘奔臨賀。

秋八月，陶侃與杜弢相攻，弢使王貢出挑戰，侃遥謂之曰：「杜弢爲益州小吏，盗用庫錢，父死不奔喪。卿本佳人，何爲隨之？天下寧有白頭賊邪！」貢初横脚馬上，聞侃言，斂容下脚。侃知可動，復遣使諭之，截髮爲信，貢遂降於侃。弢衆潰，遁走，道死。侃與南平太守應詹進克長沙，湘州悉平。丞相睿承制赦其所部，進王敦鎮東大將軍，加都督江揚荆湘交廣六州諸軍事、江州刺史。敦始自選置刺史以下，寖益驕横。

初，朝廷聞張光死，以侍中第五猗爲安南將軍、監荆梁益寧四州諸軍事、荆州刺史，自武關出。杜曾迎猗於襄陽，爲兄子娶猗女，遂聚兵萬人，與猗分據漢、沔。

陶侃既破杜弢，乘勝進擊曾，有輕曾之志。司馬魯恬諫曰：「凡戰當先料其將。今使君諸將，無及曾者，未易可逼也。」侃不從，進圍曾於石城。曾軍多騎兵，密開門突侃陳，出其後反擊之，侃兵死者數百人。曾將趨順陽，下馬拜侃，告辭而去。

時荀崧都督荆州江北諸軍事，屯宛，曾引兵圍之。崧兵少食盡，欲求救於故吏襄陽太守石覽。崧小女灌，年十三，帥勇士數十人，踰城突圍夜出，且戰且前，遂達覽所。又爲崧書，求救於南中郎將周訪。訪遣子撫帥兵三千，與覽共救崧，曾乃遁去。

曾復致牋於崧，求討丹水賊以自效，崧許之。陶侃遺崧書曰：「杜曾凶狡，所謂鴟梟，食母之物。此人不死，州土未寧，足下當識吾言！」崧以宛中兵少，藉曾爲外援，不從。曾復帥流亡二千餘人圍襄陽，數日，不克而還。

王敦嬖人吴興錢鳳疾陶侃之功，屢毁之。侃將還江陵，欲詣敦自陳，朱伺及安定皇甫方回諫曰：「公入必不出。」侃不從。既至，敦留侃不遣，左轉廣州刺史，以其從弟丞相軍諮祭酒廙爲荆州刺史。荆州將吏鄭攀、馬儁等詣敦，上書留侃，敦怒，不許。攀等以侃始滅大賊，而更被黜，衆情憤惋。又以廙忌戾難事，遂帥其徒三千人屯涢口，西迎杜曾。廙爲攀等所襲，奔于江安。杜曾與攀等北迎第五猗以拒廙。廙督諸軍討曾，復爲曾所敗。敦意攀承侃風旨，被甲持矛將殺侃，出而復還者數四。侃正色曰：「使君雄斷，當裁天下，何此不決乎！」因起如廁。諮議參軍梅陶、長史陳頒言於敦曰：「周訪與侃親姻，如左右手，安有斷人左手而右手不應者乎！」敦意解，乃設盛饌以餞之。侃便夜發，敦引其子瞻爲參軍。

初，交州刺史顧祕卒，州人以祕子壽領州事。帳下督梁碩起兵攻壽，殺之，碩遂專制交州。王機自以盜據廣州，恐王敦討之，更求交州。會杜弘詣機降，敦欲因機以討碩，乃以降杜弘爲機功，轉交州刺史。機至鬱林，碩迎前刺史修則子湛行州事以拒之。機不得進，乃更與杜弘及廣州將温邵、交州秀才劉沈謀，復還據廣州。陶侃至始興，州人皆言「宜觀察形勢，不可輕進」。侃不聽，直至廣州，諸郡縣皆已迎機矣。杜弘遣使僞降，侃知其謀，進擊弘，破之，遂執劉沈於小桂。遣督護許高討王機，走之。機病死于道，高掘其尸斬之。諸將皆請乘勝擊温邵，侃笑曰：「吾威名已著，何事遣兵！但一函紙自定耳。」乃下書諭之。邵懼而走，追獲於始興。杜弘詣王敦降，廣州遂平。敦以杜弘爲將，寵任之。

元帝建武元年〔秋八月〕，鄭攀等相與拒王廙，衆心不壹，散還橫桑口，欲入杜曾。王敦遣武昌太守趙誘、襄陽太守朱軌擊之，攀等懼，請降。杜曾亦請擊第五猗於襄陽以自贖。

廙將赴荆州，留長史劉浚鎮揚口壘。竟陵内史朱伺謂廙曰：「曾猾賊也，外示屈服，欲誘官軍使西，然後兼道襲揚口耳。宜大部分，未可便西。」廙性矜厲自用，以伺爲老怯，遂西行。曾等果還趨揚口，廙乃遣伺歸，裁至壘，即爲曾所圍。劉浚自守北門，使伺守南門。馬儁從曾來攻壘，儁妻子先在壘中，或欲皮其面以示之。伺曰：「殺其妻子，未能解圍，但益其怒耳。」乃止。曾攻陷北門，伺被傷，退入船，開船底以出，沈行五十步，乃得免。曾遣人説伺曰：「馬雋德卿全其妻子，今盡以卿家内外百口付雋，雋已盡心收視，卿可來也。」伺報曰：「吾年六十餘，不能復與卿作賊。吾死亦當南歸，妻子付汝裁之。」乃就王廙於甑山，病創而卒。

戊寅，趙誘、朱軌及陵江將軍黄峻與曾戰於女觀湖，誘等皆敗死。曾乘勝徑造沔口，威震江、沔。

王使豫章太守周訪擊之。訪有衆八千，進至沌陽。曾鋭氣甚盛，訪使將軍李恒督左甄，許朝督右甄，訪自領中軍。曾先攻左右甄，訪於陣後射雉以安衆心。令其衆曰：「一甄敗，鳴三鼓；兩甄敗，鳴六鼓。」趙誘子胤，將父餘兵屬左甄，力戰，敗而復合，馳馬告訪。訪怒，叱令更進，胤號哭還戰。自旦至申，兩甄皆敗。訪選精鋭八百人，自行酒飲之，敕不得妄動，聞鼓音乃進。曾兵未至三十步，訪親鳴鼓，將士皆騰躍奔赴，曾遂大潰，殺千餘人。訪夜追之，諸將請待明日。訪曰：「曾驍勇能戰，向者彼勞我逸，故克之。宜及其衰乘之，可滅也。」乃鼓行而進，遂定漢、沔。曾走保武當，王廙始得至荆州。訪以功遷梁州刺史，屯襄陽。

大興元年冬十一月，詔以王敦爲荆州牧，加陶侃都督交州諸軍事。敦固辭州牧，乃聽爲刺史。

二年夏四月，周訪擊杜曾，大破之。馬儁等執曾以降，訪斬之，并獲第五猗送於武昌。訪以猗本中朝所署，加有時望，白王敦不宜殺，敦不聽而斬之。

石勒寇河朔

晋惠帝太安二年。安北將軍、都督幽州諸軍事王浚，以天下方亂，欲結援夷狄，乃以一女妻鮮卑段務勿塵，又表以遼西郡封務勿塵爲遼西公。

懷帝永嘉四年冬十月壬子，以劉琨爲平北大將軍，王浚爲司空，進鮮卑段務勿塵爲大單于。

五年秋七月，王浚設壇告類，立皇太子，布告天下，稱受中詔承制封拜，備置百官，列署征、鎮，以荀藩爲太尉，琅邪王睿爲大將軍。浚自領尚書令，以裴憲及其壻棗嵩爲尚書，以田徽爲兗州刺史，李惲爲青州刺史。

劉琨長於招懷，而短於撫御，一日之中，雖歸者數千，而去者亦相繼。〔冬十二月〕，琨遣子遵請兵於代公猗盧，又遣族人高陽内史希合衆於中山，幽州所統代郡、上谷、廣寧之民多歸之，衆至三萬。王浚怒，遣燕相胡矩督諸軍，與遼西公段疾陸眷共攻希，殺之，驅略三郡士女而去。疾陸眷，務勿塵之子也。

六年冬十二月，廣平游綸、張豺擁衆數萬據苑鄉，受王浚假署；石勒遣夔安、支雄等七將攻之，破其外壘。浚遣督護王昌帥諸軍及遼西公段疾陸眷、疾陸眷弟匹磾、文鴦、從弟末柸部衆五萬攻勒於襄國。

疾陸眷屯于渚陽，勒遣諸將出戰，皆爲疾陸眷所敗。疾陸眷大造攻具，將攻城。勒衆甚懼。勒召將佐謀之曰：「今城塹未固，糧儲不多，彼衆我寡，外無救援。吾欲悉衆與之決戰，何如？」諸將皆曰：「不如堅守以疲敵，待其退而擊之。」張賓、孔萇曰：「鮮卑之種，段氏最爲勇悍，而末柸尤甚，其鋭卒皆在末柸所。今聞疾陸眷刻日攻北城，其大衆遠來，戰鬬連日，謂我孤弱不敢出戰，意必懈惰。宜且勿出，示之以怯，鑿北城爲突門二十餘道，俟其來至，列守未定，出其不意，直衝末柸帳，彼必震駭，不暇爲計，破之必矣。末柸敗，則其餘不攻而潰矣。」勒從之，密爲突門。既而疾陸眷攻北城，勒登城望之，見其將士或釋仗而寢，乃命孔萇督鋭卒自突門出擊之，城上鼓譟以助其勢。萇攻末柸帳，不能克而退。末柸逐之，入其壘門，爲勒衆所獲。疾陸眷等軍皆退走。萇乘勝追擊，枕尸三十餘里，獲鎧馬五千匹。疾陸眷收其餘衆，還屯渚陽。

勒質末柸，遣使求和於疾陸眷，疾陸眷許之。文鴦諫曰：「今以末柸一人之故而縱垂亡之虜，得無爲王彭祖所怨，招後患乎！」疾陸眷不從，復以鎧馬金銀賂勒，且以末柸三弟爲質而請末柸。諸將皆勸勒殺末柸，勒曰：「遼西鮮卑健國也，與我素無仇讎，爲王浚所使耳。今殺一人而結一國之怨，非計也。歸之必深德我，不復爲浚用矣。」乃厚以金帛報之，遣石虎與疾陸眷盟于渚陽，結爲兄弟。疾陸眷引歸，王昌等不能獨留，亦引兵還薊。勒召末柸，與之燕飲，誓爲父子，遣還遼西。末柸在塗，日南嚮而拜者三，由是段氏專心附勒，王浚之勢遂衰。

游綸、張豺請降於勒。勒攻信都，殺冀州刺史王象。浚復以邵舉行冀州刺史，保信都。

愍帝建興元年夏四月，石勒使石虎攻鄴，鄴潰，劉演奔廩丘。劉琨復以劉演爲兗州刺史，鎮廩丘。

石勒攻李惲於上白，斬之。王浚復以薄盛爲青州刺史。

王浚使棗嵩督諸軍屯易水，召段疾陸眷，欲與之共擊石勒。疾陸眷不至。浚怒，以重幣賂拓跋猗盧，并檄慕容廆等共討疾陸眷。猗盧遣右賢王六脩將兵會之，爲疾陸眷所敗。

五月，石勒使孔萇擊定陵，殺田徽；薄盛帥所部降勒。山東郡縣，相繼爲勒所取。

漢主聰以勒爲侍中、征東大將軍。烏桓亦叛王浚，潛附於勒。

冬十一月，王浚以其父字處道，自謂應「當塗高」之讖，謀稱尊號。前勃海太守劉亮、北海太守王摶、司空掾高柔切諫，浚皆殺之。燕國霍原，志節清高，屢辭徵辟。浚以尊號事問之，原不答。浚誣原與羣盜通，殺而梟其首。於是士民駭怨，而浚矜豪日甚，不親政事，所任皆苛刻小人，棗嵩、朱碩貪橫尤甚。北州謡曰：「府中赫赫朱丘伯，十囊五囊入棗郎。」調發殷煩，下不堪命，多叛入鮮卑。從事韓咸監護柳城，盛稱慕容廆能接納士民，欲以諷浚；浚怒，殺之。

浚始者唯恃鮮卑、烏桓以爲强，既而皆叛之。加以蝗旱連年，兵勢益弱。石勒欲襲之，未知虚實，將遣使覘之。參佐請用羊祜、陸抗故事，致書於浚。勒以問張賓，賓曰：「浚名爲晉臣，實欲廢晉自立，但患四海英雄莫之從耳。其欲得將軍，猶項羽之欲得韓信也。將軍威振天下，今卑辭厚禮折節事之，猶懼不信，况爲羊、陸之亢敵乎！夫謀人而使人覺其情，難以得志矣。」勒曰：「善。」十二月，勒遣舍人王子春、董肇多齎珍寶，奉表於浚曰：「勒本小胡，遭世饑亂，流離屯厄，竄命冀州，竊相保聚以救性命。今晉祚淪夷，中原無主；殿下州鄉貴望，四海所宗，爲帝王者，非公復誰？勒所以捐軀起兵，誅討暴亂者，正爲殿下驅除爾。伏願殿下應天順人，早登皇祚。勒奉戴殿下如天地父母，殿下察勒微心，亦當視之如子也。」又遺棗嵩書，厚賂之。

浚以段疾陸眷新叛，士民多棄己去，聞勒欲附之，甚喜。謂子春曰：「石公一時英傑，據有趙、魏，乃欲稱藩於孤，其可信乎？」子春曰：「石將軍才力强盛，誠如聖旨。但以殿下中州貴望，威行夷夏，自古胡人爲輔佐名臣則有矣，未有爲帝王者也。石將軍非惡帝王不爲而讓於殿下，顧以帝王自有曆數，非智力之所取，雖强取之，必不爲天人之所與故也。項羽雖强，終爲漢有。石將軍之比殿下，猶陰精之與太陽，是以遠鑒前事，歸身殿下，此乃石將軍之明識，所以遠過於人也，殿下又何怪乎！」浚大悦，封子春、肇皆爲列侯，遣使報聘，以厚幣酬之。

游綸兄統爲浚司馬，鎮范陽，遣使私附於勒。勒斬其使以送浚。浚雖不罪統，益信勒爲忠誠，無復疑矣。

二年春正月壬辰，王子春等及王浚使者至襄國，石勒匿其勁卒精甲，羸師虚府以示之，北面拜使者而受書。浚遺勒麈尾，勒陽不敢執，懸之於壁，朝夕拜之，曰：「我不得見王公，見其所賜，如見公也。」復遣董肇奉表于浚，期以三月中旬親詣幽州奉上尊號，亦脩牋于棗嵩，求并州牧、廣平公。

勒問浚之政事於王子春，子春曰：「幽州去歲大水，人不粒食，浚積粟百萬，不能賑贍。刑政苛酷，賦役殷煩，忠賢内離，夷狄外叛。人皆知其將亡，而浚意氣自若，曾無懼心。方更置立臺閣，布列百官，自謂漢高、魏武不足比也。」勒撫几笑曰：「王彭祖真可擒也！」浚使者還薊，具言石勒形勢寡弱，款誠無二。浚大悦，益驕怠，不復設備。

二月，石勒纂嚴，將襲王浚，而猶豫未發。張賓曰：「夫襲人者，當出其不意。今軍嚴經日而不行，豈非畏劉琨及鮮卑、烏桓爲吾後患乎？」勒曰：「然。爲之奈何？」賓曰：「彼三方智勇無及將軍者，將軍雖遠出，彼必不敢動，且彼未謂將軍便能懸軍千里取幽州也。輕軍往返，不出二旬，藉使彼雖有心，比其謀議出師，吾已還矣。且劉琨、王浚雖同名晉臣，實爲仇敵。若脩牋于琨，送質請和，琨必喜我之服，而快浚之亡，終不救浚而襲我也。用兵貴神速，勿後時也。」勒曰：「吾所未了，右侯已了之，吾復何疑！」遂以火宵行，至柏人，殺主簿游綸，以其兄統在范陽，恐泄軍謀故也。遣使奉牋送質于劉琨，自陳罪惡，請討浚以自效。琨大喜，移檄州郡，稱：「己與猗盧方議討勒，勒走伏無地，求拔幽都以贖罪。今便當遣六脩南襲平陽，除僭僞之逆類，降知死之逋羯，順天副民，翼奉皇家，斯乃曩年積誠靈祐之所致也！」

三月，勒軍達易水，王浚督護孫緯馳遣白浚，將勒兵拒之，游統禁之。浚將佐皆曰：「胡貪而無信，必有詭計。請擊之！」浚怒曰：「石公來，正欲奉戴我耳。敢言擊者斬！」衆不敢復言。浚設饗以待之。壬申，勒晨至薊，叱門者開門。猶疑有伏兵，先驅牛羊數千頭，聲言上禮，實欲塞諸街巷。浚始懼，或坐或起。勒既入城，縱兵大掠，浚左右請禦之，浚猶不許。勒升其聽事，浚乃走出堂皇，勒衆執之。勒召浚妻，與之並坐，執浚立於前。浚罵曰：「胡奴調乃公，何凶逆如此！」勒曰：「公位冠元台，手握强兵，坐觀本朝傾覆，曾不救援，乃欲自尊爲天子，非凶逆乎？又委任姦貪，殘虐百姓，賊害忠良，毒徧燕土，此誰之罪也？」使其將王洛生以五百騎先送浚于襄國。浚自投于水，束而出之，斬于襄國市。

勒殺浚麾下精兵萬人。浚將佐等争詣軍門謝罪，饋賂交錯。前尚書裴憲、從事中郎荀綽獨不至，勒召而讓之曰：「王浚暴虐，孤討而誅之，諸人皆來慶謝，二君獨與之同惡，將何以逃其戮乎！」對曰：「憲等世仕晉朝，荷其榮禄，浚雖凶粗，猶是晉之藩臣，故憲等從之，不敢有貳。明公苟不脩德義，專事威刑，則憲等死自其分，又何逃乎！請就死。」不拜而出。勒召而謝之，待以客禮。綽，勗之孫也。勒數朱碩、棗嵩等以納賄亂政，爲幽州患，責游統以不忠所事，皆斬之。籍浚將佐親戚家貲，皆至巨萬，惟裴憲、荀綽止有書百餘袠，鹽米各十餘斛而已。勒曰：「吾不喜得幽州，喜得二子。」以憲爲從事中郎，綽爲參軍。分遣流民各還鄉里。勒停薊二日，焚浚宫殿，以故尚書燕國劉翰行幽州刺史，戍薊，置守宰而還。孫緯遮擊之，勒僅而得免。

勒至襄國，遣使奉王浚首獻捷于漢，漢以勒爲大都督、督陝東諸軍事、驃騎大將軍、東單于，增封十二郡。勒固辭，受二郡而已。

初，王浚以邵續爲樂陵太守，屯厭次。浚敗，續附於石勒，勒以續子乂爲督護。浚所署勃海太守東萊劉胤棄郡依續，謂續曰：「凡立大功，必仗大義。君晉之忠臣，奈何從賊以自汙乎！」會段匹磾以書邀續同歸左丞相睿，續從之。其人皆曰：「今棄勒歸匹磾，其如乂何？」續泣曰：「我豈得顧子而爲叛臣哉！」殺異議者數人。勒聞之，殺乂。續遣劉胤使江東，睿以胤爲參軍，以續爲平原太守。石勒遣兵圍續，匹磾使其弟文鴦救之，勒引去。

四年夏四月，石勒使石虎攻劉演于廩丘，幽州刺史段匹磾使其弟文鴦救之。虎拔廩丘，演奔文鴦軍，虎獲演弟啓以歸。

冬十一月，石勒圍樂平太守韓據于坫城，據請救於劉琨。琨新得拓跋猗盧之衆，欲因其鋭氣以討勒。箕澹、衛雄諫曰：「此雖晉民，久淪異域，未習明公之恩信，恐其難用。不若且内收鮮卑之餘穀，外抄胡賊之牛羊，閉關守險，務農息兵，待其服化感義，然後用之，則功無不濟矣。」琨不從，悉發其衆，命澹帥步騎二萬爲前驅，琨屯廣牧，爲之聲援。

石勒聞澹至，將逆擊之。或曰：「澹士馬精强，其鋒不可當。不若且引兵避之，深溝高壘，以挫其鋭，必獲萬全。」勒曰：「瀶兵雖衆，遠來疲弊，號令不齊，何精强之有，今寇敵垂至，何可捨去！大軍一動，豈易中還！若瀶乘我之退而逼之，顧逃潰不暇，焉得深溝高壘乎！此自亡之道也。」立斬言者。以孔萇爲前鋒都督，令三軍：「後出者斬！」勒據險要，設疑兵於山上，前設二伏，出輕騎與瀶戰，陽爲不勝而走。瀶縱兵追之，入伏中。勒前後夾擊，大破之，獲鎧馬萬計。瀶、雄帥騎千餘奔代郡，韓據棄城走，并土震駭。十二月，司空長史李弘以并州降石勒。劉琨進退失據，不知所爲。段匹磾遣信邀之，己未，琨帥衆從飛狐奔薊。匹磾見琨，甚相親重，與之結婚，約爲兄弟。勒分徙陽曲、樂平民于襄國，置守宰而還。

元帝建武元年春三月，劉琨、段匹磾相與歃血同盟，期以翼戴晋室。辛丑，琨檄告華夷，遣兼左長史、右司馬温嶠，匹磾遣左長史榮邵，奉表及盟文，詣建康勸進。

秋七月，段匹磾推劉琨爲大都督，檄其兄遼西公疾陸眷及叔父涉復辰、弟末柸等會于固安，共討石勒。末柸説疾陸眷、涉復辰曰：「以父兄而從子弟，恥也；且幸而有功，匹磾獨收之，吾屬何有哉！」各引兵還。琨、匹磾不能獨留，亦還薊。

大興元年春正月，遼西公疾陸眷卒，其子幼，叔父涉復辰自立。段匹磾自薊往奔喪，段末柸宣言：「匹磾之來，欲爲篡也。」匹磾至右北平，涉復辰發兵拒之。末柸乘虛襲涉復辰，殺之，并其子弟黨與，自稱單于。迎擊匹磾，敗之，匹磾走還薊。

段匹磾之奔疾陸眷喪也，劉琨使其世子羣送之。匹磾敗，羣爲段末柸所得，末柸厚禮之，許以琨爲幽州刺史，欲與之襲匹磾。密遣使齎羣書，請琨爲内應，爲匹磾邏騎所得。時琨別屯征北小城，不知也，來見匹磾。匹磾以羣書示琨曰：「意亦不疑公，是以白公耳。」琨曰：「與公同盟，庶雪國家之恥，若兒書密達，亦終不以一子之故負公而忘義也！」匹磾雅重琨，初無害琨意，將聽還屯。其弟叔軍謂匹磾曰：「我胡夷耳，所以能服晋人者，畏吾衆也。今我骨肉乖離，是其良圖之日；若有奉琨以起，吾族盡矣！」匹磾遂留琨。琨之庶長子遵懼誅，與琨左長史楊橋等閉門自守，匹磾攻拔之。代郡太守辟閭嵩、後將軍韓據復潛謀襲匹磾，事泄，匹磾執嵩、據及其徒黨悉誅之。五月癸丑，匹磾稱詔收琨，縊殺之，并殺其子姪四人。琨從事中郎盧諶、崔悦等帥琨餘衆奔遼西依段末柸，奉劉羣爲主，將佐多奔石勒。悦，林之曾孫也。朝廷以匹磾尚强，冀其能平河朔，乃不爲琨舉哀。温嶠表琨盡忠帝室，家破身亡，宜在褒恤。盧諶、崔悦因末柸使者，亦上表爲琨訟冤。後數歲，乃贈琨太尉、侍中，謚曰愍。於是夷、晋以琨死故，皆不附匹磾。

末柸遣其弟攻匹磾，匹磾帥其衆數千將奔邵續。勒將石越邀之於鹽山，大敗之，匹磾復還保薊。末柸自稱幽州刺史。

二年夏四月，石勒遣石虎擊鮮卑日六延於朔方，大破之，斬首二萬餘級，俘虜三萬餘人。孔萇攻幽州諸郡，悉取之。段匹磾士卒飢散，欲移保上谷，代王鬱律勒兵將擊之，匹磾棄妻子奔樂陵依邵續。

三年春正月，段末柸攻段匹磾，破之。匹磾謂邵續曰：「吾本夷狄，以慕義破家，君不忘久要，請相與共擊末柸。」續許之，遂相與追擊末柸，大破之。匹磾與弟文鴦攻薊，後趙王勒知續勢孤，遣中山公虎將兵圍厭次，孔萇攻續別營十一，皆下之。二月，續自出擊虎，虎伏騎斷其後，遂執續，使降其城。續呼兄子竺等謂曰：「吾志欲報國，不幸至此。汝等努力奉匹磾爲主，勿有貳心。」匹磾自薊還，未至厭次，聞續已没，衆懼而散，復爲虎所遮。文鴦以親兵數百力戰，始得入城，與續子緝、兄子存、竺等嬰城固守。虎送續於襄國，勒以爲忠，釋而禮之，以爲從事中郎。因下令：「自今克敵獲士人，毋得擅殺，必生致之。」

吏部郎劉胤聞續被攻，言於帝曰：「北方藩鎮盡矣，惟餘邵續而已；如使復爲石虎所滅，孤義士之心，阻歸本之路，愚謂宜發兵救之。」帝不能從。聞續已没，乃下詔以續位任授其子緝。

六月，後趙孔萇攻段匹磾，恃勝而不設備，段文鴦襲擊，大破之。

四年春三月，後趙中山公虎攻幽州刺史段匹磾於厭次，孔萇攻其統内諸城，悉拔之。段文鴦言於匹磾曰：「我以勇聞，故爲民所倚望。今視民被掠而不救，是怯也。民失所望，誰復爲我致死！」遂帥壯士數十騎出戰，殺後趙兵甚衆。馬乏，伏不能起。虎呼之曰：「兄與我俱夷狄，久欲與兄同爲一家。今天不違願，於此得相見，何爲復戰！請釋仗。」文鴦罵曰：「汝爲寇賊，當死日久，吾兄不用吾策，故令汝得至此。我寧鬭死，不爲汝屈！」遂下馬苦戰，槊折，執刀戰不已，自辰至申。後趙兵四面解馬羅披自鄣，前執文鴦；文鴦力竭被執，城内奪氣。

匹磾欲單騎歸朝，邵續之弟樂安内史洎勒兵不聽。洎復欲執臺使王英送於虎。匹磾正色責之曰：「卿不能遵兄之志，逼吾不得歸朝，亦已甚矣，復欲執天子使者。我雖夷狄，所未聞也！」洎與兄子緝、竺等輿櫬出降。匹磾見虎曰：「我受晉恩，志在滅汝，不幸至此，不能爲汝敬也。」後趙王勒及虎素與匹磾結爲兄弟，虎即起拜之。勒以匹磾爲冠軍將軍，文鴦爲左中郎將，散諸流民三萬餘户，復其本業，置守宰以撫之。於是幽、冀、并三州皆入於後趙。匹磾不爲勒禮，常著朝服，持晉節。久之，與文鴦、邵續皆爲後趙所殺。

前趙平秦隴

晉懷帝永嘉元年春三月，以南陽王模爲征西大將軍，都督秦雍梁益四州諸軍事，鎮長安。

五年。初，太傅越以南陽王模不能綏撫關中，表徵爲司空。將軍淳于定説模使不就徵，模從之，表遣世子保爲平西中郎將，鎮上邽。秦州刺史裴苞拒之，模使帳下都尉陳安攻苞，苞奔安定，太守賈疋納之。

秋七月，南陽王模使牙門趙染戍蒲坂，染求馮翊太守不得而怒，帥衆降漢，漢主聰以染爲平西將軍。八月，聰遣染與安西將軍劉雅帥騎二萬攻模于長安，河内王粲、始安王曜帥大衆繼之。染敗模兵於潼關，長驅至下邽。凉州將北宫純自長安帥其衆降漢。漢兵圍長安，模遣淳于定出戰而敗。模倉庫虚竭，士卒離散，遂降於漢。趙染送模於河内王粲，九月，粲殺模。

愍帝建興三年春二月丙子，以南陽王保爲相國。

南陽王模之敗也，都尉陳安往歸世子保於秦州，保命安將千餘人討叛羌，寵待甚厚。保將張春疾之，譖安，云有異志，請除之。保不許，春輒伏刺客以刺安。安被創，馳還隴城，遣使詣保，貢獻不絶。

元帝大興元年春三月，焦嵩、陳安舉兵逼上邽，相國保遣使告急於張寔，寔遣金城太守竇濤督步騎二萬赴之。軍至新陽，聞愍帝崩，保謀稱尊號。破羌都尉張詵言於寔曰：「南陽王國之疏屬，忘其大恥而亟欲自尊，必不能成功。晉王近親，且有名德，當帥天下以奉之。」寔從之，遣牙門蔡忠奉表詣建康。比至，帝已即位。寔不用江東年號，猶稱建興。

二年夏四月，南陽王保自稱晉王，改元建康，置百官。以張寔爲征西大將軍、開府儀同三司。陳安自稱秦州刺史，降于漢，又降于成。上邽大饑，士衆困迫，張春奉保之南安祁山。寔遣韓璞帥步騎五千救之，陳安退保緜諸，保歸上邽。未幾，保復爲安所逼，寔遣其將宋毅救之，安乃退。

（冬十二月），〔是歲〕，屠各路松多起兵於新平、扶風以附晉王保，保使其將楊曼、王連據陳倉，張顗、周庸據陰密，松多據草壁，秦、隴氐、羌多應之。趙主曜遣諸將攻之，不克；曜自將擊之。

三年春正月，曜攻陳倉，王連戰死，楊曼奔南氐。曜進拔草壁，路松多奔隴城。又拔陰密。晉王保懼，遷于桑城。曜還長安，以劉雅爲大司徒。張春謀奉晉王保奔涼州，張寔遣其將陰監將兵迎之，聲言翼衛，其實拒之。

閏三月，晉王保將張春、楊次與别將楊韜不協，勸保誅之，且請擊陳安，保皆不從。夏五月，春、次幽保，殺之。保體肥大，重八百斤，喜睡，好讀書，而暗弱無斷，故及於難。保無子，張春立宗室子瞻爲世子，稱大將軍。保衆散，奔涼州者萬餘人。陳安表於趙主曜，請討瞻等。曜以安爲大將軍，擊瞻，殺之，張春奔枹罕。安執楊次於保柩前斬之，因以祭保。安以天子禮葬保於上邽，謚曰元王。

永昌元年春二月，秦州刺史陳安求朝於曜，曜辭以疾。安怒，以爲曜已卒，大掠而歸。曜疾甚，乘馬輿而還，使其將呼延寔監輜重於後。安邀擊，獲之，謂寔曰：「劉曜已死，子尚誰佐？吾當與子共定大業。」寔叱之曰：「汝受人寵禄而叛之，自視智能何如主上？吾見汝不日梟首於上邽市，何謂大業！宜速殺我！」安怒，殺之，以寔長史魯憑爲參軍。安遣其弟集帥騎三萬追曜，衛將軍呼延瑜逆擊，斬之。安乃還上邽，遣將襲汧城，拔之。隴上氐、羌皆附於安，有衆十餘萬，自稱大都督、假黄鉞、大將軍、雍涼秦梁四州牧、涼王。以趙募爲相國。魯憑對安大哭曰：「吾不忍見陳安之死也！」安怒，命斬之。憑曰：「死自吾分，縣吾頭於上邽市，觀趙之斬陳安也。」遂殺之。曜聞之，慟哭曰：「賢人，民之望也。陳安於求賢之秋而多殺賢者，吾知其無能爲也！」

休屠王石武以桑城降趙，趙以武爲秦州刺史，封酒泉王。

明帝大寧元年夏六月，陳安圍趙征西將軍劉貢于南安，休屠王石武自桑城引兵趣上邽以救之，與貢合擊安，大破之。安收餘騎八千，走保隴城。

秋七月，趙主曜自將圍隴城，别遣兵圍上邽。安頻出戰，輒敗。右軍將軍劉幹攻平襄，克之，隴上諸縣悉降。安留其將楊伯支、姜冲兒守隴城，自帥精騎突圍，出奔陝中。曜遣將軍平先等追之。安左揮七尺大刀，右運丈八蛇矛，近則刀矛俱發，輒殪五六人，遠則左右馳射而走。先亦勇捷如飛，與安搏戰，三交，遂奪其蛇矛。會日暮雨甚，安棄馬與左右匿於山中，趙兵索之，不知所在。明日，安遣其將石容覘趙兵，趙輔威將軍呼延青人獲之，拷問安所在，容卒不肯言，青人殺之。雨霽，青人尋其迹，獲安於澗曲，斬之。安善撫將士，與同甘苦，及死，隴上人思之，爲作壯士之歌。楊伯支斬姜冲兒以隴城降，别將宋亭斬趙募，以上邽降。曜徙秦州大姓楊、姜諸族二千餘户于長安。氐、羌皆送任請降，以赤亭羌酋姚弋仲爲平西將軍，封平襄公。

石勒滅前趙

晉元帝大興元年夏六月，漢主聰寢疾，徵大司馬曜爲丞相，石勒爲大將軍，皆録尚書事，受遺詔輔政。曜、勒固辭。乃以曜爲丞相、領雍州牧，勒爲大將軍、領幽冀二州牧。勒辭不受。以上洛王景爲太宰，濟南王驥爲大司馬，昌國公顗爲太師，朱紀爲太傅，呼延晏爲太保，並録尚書事；范隆守尚書令、儀同三司，靳準爲大司空、領司隸校尉，皆迭決尚書奏事。癸亥，聰卒。甲子，太子粲即位，尊皇后靳氏爲皇太后，樊氏號弘道皇后，武氏號弘德皇后，王氏號弘孝皇后。立其妻靳氏爲皇后，子元公爲太子。大赦，改元漢昌。葬聰於宣光陵，謚曰昭武皇帝，廟號烈宗。靳太后等皆年未盈二十，粲多行無禮，無復哀戚。

靳準陰有異志，私謂粲曰：「如聞諸公欲行伊、霍之事，先誅太保及臣，以大司馬統萬機，陛下宜早圖之！」粲不從。準懼，復使二靳氏言之，粲乃從之。收其太宰景、大司馬驥、驥母弟車騎大將軍吴王逞、太師顗、大司徒齊王勱，皆殺之。朱紀、范隆奔長安。八月，粲治兵於上林，謀討石勒。以丞相曜爲相國、都督中外諸軍事，仍鎮長安。靳準爲大將軍、録尚書事。粲常游宴後宫，軍國之事，一決於準。準矯詔以從弟明爲車騎將軍，康爲衛將軍。

準將作亂，謀於王延。延弗從，馳將告之；遇靳康，劫延以歸。準遂勒兵升光極殿，使甲士執粲，數而殺之，謚曰隱帝。劉氏男女，無少長皆斬東市。發永光、宣光二陵，斬聰屍，焚其宗廟。準自號大將軍、漢天王，稱制，置百官。謂安定胡嵩曰：「自古無胡人爲天子者，今以傳國璽付汝，還如晉家。」嵩不敢受，準怒，殺之。遣使告司州刺史李矩曰：

「劉淵，屠各小醜，因晋之亂，矯稱天命，使二帝幽没。輒帥衆扶侍梓宮，請以上聞。」矩馳表于帝，帝遣太常韓胤等奉迎梓宮。漢尚書北宮純等招集晋人，堡於東宮，靳康攻滅之。準欲以王延爲左光禄大夫，延罵曰：「屠各逆奴，何不速殺我，以吾左目置西陽門，觀相國之入也；右目置建春門，觀大將軍之入也。」準殺之。

相國曜聞亂，自長安赴之。石勒帥精鋭五萬以討準，據襄陵北原。準數挑戰，勒堅壁以挫之。

冬十月，曜至赤壁，太保呼延晏等自平陽歸之，與太傅朱紀等共上尊號。曜即皇帝位，大赦，惟靳準一門不在赦例。改元光初。以朱紀領司徒，呼延晏領司空，太尉范隆以下悉復本位。以石勒爲大司馬、大將軍，加九錫，增封十郡，進爵爲趙公。

勒進攻準於平陽，巴及羌、羯降者十餘萬落，勒皆徙之於所部郡縣。漢主曜使征北將軍劉雅、鎮北將軍劉策屯汾陰，與勒共討準。

十一月，靳準使侍中卜泰送乘輿服御請和於石勒；勒囚泰，送於漢主曜。曜謂泰曰：「先帝末年，實亂大倫。司空行伊、霍之權，使朕及此，其功大矣。若早迎大駕者，當悉以政事相委，况免死乎，卿爲朕入城，具宣此意。」泰還平陽，準自以殺曜母兄，沈吟未從。十二月，左右車騎將軍喬泰、王騰、衛將軍靳康等相與殺準，推尚書令靳明爲主，遣卜泰奉傳國六璽降漢。石勒大怒，進軍攻明，明出戰，大敗，乃嬰城固守。

石虎帥幽、冀之兵會石勒攻平陽，靳明屢敗，遣使求救於漢。漢主曜使劉雅、劉策迎之，明帥平陽士女萬五千人奔漢。曜西屯粟邑，收靳氏男女，無少長皆斬之。曜迎其母胡氏之喪於平陽，葬于粟邑，號曰陽陵，謚曰宣明皇太后。石勒焚平陽宮室，使裴憲、石會脩永光、宣光二陵，收漢主粲已下百餘口葬之，置戍而歸。

二年春二月，石勒遣左長史王脩獻捷於漢，漢主曜遣兼司徒郭汜授勒太宰、領大將軍，進爵趙王，加殊禮，出警入蹕，如曹公輔漢故事。拜王脩及其副劉茂皆爲將軍，封(烈)〔列〕侯。脩舍人曹平樂從脩至粟邑，因留仕漢，言於曜曰：「大司馬遣脩等來，外表至誠，内覘大駕强弱。俟其復命，將襲乘輿。」時漢兵實疲弊，曜信之，乃追汜還，斬脩於市。三月，勒還至襄國，劉茂逃歸，言脩死狀。勒大怒曰：「孤事劉氏，於人臣之職有加矣。彼之基業，皆孤所爲，今既得志，還欲相圖。趙王、趙帝，孤自爲之，何待於彼邪！」乃誅曹平樂三族。漢主曜還，都長安。

夏六月，漢主曜立宗廟、社稷、南北郊於長安，詔曰：「吾之先，興於北方。光文立漢宗廟以從民望。今宜改國號，以單于爲祖。亟議以聞。」羣臣奏：「光文始封盧奴伯，陛下又王中山。中山，趙分也，請改國號爲趙。」從之。以冒頓配天，光文配上帝。

冬，石勒左右長史張敬、張賓，左右司馬張屈六、程遐等勸勒稱尊號，勒不許。十一月，將佐等復請勒稱大將軍、大單于、領冀州牧、趙王，依漢昭烈在蜀、魏武在鄴故事，以河内等二十四郡爲趙國，太守皆爲内史，準禹貢復冀州之境，以大單于鎮撫百蠻，罷并、朔、司三州，通置部司以監之；勒許之。戊寅，即趙王位，大赦，依春秋時列國稱元年。

初，勒以世亂，律令煩多，命法曹令史貫志采集其要，作辛亥制五千文，施行十餘年，乃用律令。以理曹參軍上黨續咸爲律學祭酒；咸用法詳平，國人稱之。以中壘將軍支雄、游擊將軍王陽領門臣祭酒，專主胡人辭訟。重禁胡人不得陵侮衣冠華族，號胡爲國人。遣使循行州郡，勸課農桑。朝會始用天子禮樂，衣冠、儀物從容可觀矣。加張賓大執法，專總朝政。以石虎爲單于元輔、都督禁衛諸軍事，尋加驃騎將軍、侍中、開府，賜爵中山公。自餘羣臣，授位進爵各有差。

三年春二月，趙將尹安、宋始、宋恕、趙慎四軍屯洛陽，叛降後趙。後趙將石生引兵赴之，安等復叛降司州刺史李矩。矩使潁川太守郭默將兵入洛。石生虜宋始一軍，北渡河，於是河南之民皆相帥歸矩，洛陽遂空。

明帝太寧二年春正月，後趙將兵都尉石瞻寇下邳、彭城，取東莞、東海，劉遐退保泗口。司州刺史石生擊趙河南太守尹平于新安，斬之，掠五千餘户而歸。自是二趙構隙，日相攻掠，河東、弘農之間民不聊生矣。

石生寇許、潁，俘獲萬計。攻郭誦于陽翟，誦與戰，大破之，生退守康城。後趙汲郡内史石聰聞生敗，馳救之，進攻司州刺史李矩、潁川太守郭默，皆破之。

三年春三月，北羌王盆句除附於趙，後趙將石佗自雁門出上郡襲之，俘三千餘落，獲牛馬羊百餘萬而歸。趙主曜遣中山王岳追之，曜屯于富平爲岳聲援。岳與石佗戰於河濱，斬之，後趙兵死者六千餘人，岳悉收所虜而歸。

夏五月，後趙將石生屯洛陽，寇掠河南，司州刺史李矩、潁川太守郭默軍數敗，又乏食，乃遣使附於趙。趙主曜使中山王岳將兵萬五千人趣孟津，鎮東將軍呼延謨帥荆、司之衆自崤、澠而東，欲會矩、默共攻石生。岳克孟津、石梁二戍，斬獲五千餘級，進圍石生於金墉。後趙中山公虎帥步騎四萬入自成皋關，與岳戰于洛西。岳兵敗，中流矢，退保石梁。虎作塹柵環之，遏絶内外。岳衆飢甚，殺馬食之。虎又擊呼延謨，斬之。曜自將兵救岳，虎帥騎三萬逆戰。趙前軍將軍劉黑擊虎將石聰於八特阪，大破之。曜屯于金谷，夜，軍中無故大驚，士卒奔潰，乃退屯澠池。夜，又驚潰，遂歸長安。六月，虎拔石梁，禽岳及其將佐八十餘人，氐、羌三千餘人，皆送襄國，阬其士卒九千人。遂攻王騰於并州，執騰殺之，阬其士卒七千餘人。曜還長安，素服郊次，哭七日乃入城，因憤恚成疾。郭默復爲石聰所敗，棄妻子南奔建康。李矩將士陰謀叛降後趙，矩不能討，亦帥衆南歸，衆皆道亡，惟郭誦等百餘人隨之，卒於魯陽。矩長史崔宣帥其餘衆二千降于後趙。於是司、豫、徐、兗之地，率皆入於後趙，以淮爲境矣。

成帝咸和三年秋七月，後趙中山公虎帥衆四萬自軹關西入，擊趙河東，應之者五十餘縣，遂進攻蒲阪。趙主曜遣河間王述發氐、羌之衆屯秦州以備張駿、楊難敵，自將中外精鋭水陸諸軍以救蒲阪，自衛關北濟。虎懼，引退。曜追之，八月，及於高候，與虎戰，大破之，斬石瞻，枕尸二百餘里，收其資仗億計。虎奔朝歌。曜濟自大陽，攻石生于金墉，決千金堨以灌之。分遣諸將攻汲郡、河内，後趙滎陽太守尹矩、野王太守張進等皆降之。襄國大震。

冬十一月，後趙王勒欲自將救洛陽，僚佐程遐等固諫曰：「劉曜懸軍千里，勢不支久。大王不宜親動，動無萬全。」勒大怒，按劍叱遐等出。乃赦徐光，召而謂之曰：「劉曜乘一戰之勝，圍守洛陽，庸人之情，皆謂其鋒不可當。曜帶甲十萬，攻一城而百日不克，師老卒怠，以我初鋭擊之，可一戰而禽也。若洛陽不守，曜必送死冀州，自河已北，席卷而來，吾事去矣！程遐等不欲吾行，卿以爲何如？」對曰：「劉曜乘高候之勢，不能進臨襄國，更守金墉，此其無能爲可知也。以大王威略臨之，彼必望旗奔敗。平定天下，在今一舉，不可失也。」勒笑曰：「光言是也。」乃使內外戒嚴，有諫者斬。命石堪、石聰及豫州刺史桃豹等各統見衆會滎陽，中山公虎進據石門，勒自統步騎四萬趣金墉，濟自大堨。

勒謂徐光曰：「曜盛兵成皋關，上策也，沮洛水，其次也；坐守洛陽，此成擒耳。」十二月乙亥，後趙諸軍集于成皋，步卒六萬，騎二萬七千。勒見趙無守兵，大喜，舉手指天復加額曰：「天也！」卷甲銜枚，詭道兼行，出于鞏、訾之間。

趙主曜專與嬖臣飲博，不撫士卒。左右或諫，曜怒，以爲妖言，斬之。聞勒已濟河，始議增滎陽戍，杜黄馬關。俄而洛水候者與後趙前鋒交戰，擒羯送之。曜問：「大胡自來邪？其衆幾何？」羯曰：「王自來，軍勢甚盛。」曜色變，使攝金墉之圍，陳于洛西，衆十餘萬，南北十餘里。勒望見，益喜，謂左右曰：「可以賀我矣。」勒帥步騎四萬入洛陽城。

己卯，中山公虎引步卒三萬自城北而西，攻趙中軍，石堪、石聰等各以精騎八千自城西而北，擊趙前鋒，大戰于西陽門。勒躬貫甲胄，出自閶闔門，夾擊之。曜少而嗜酒，末年尤甚，將戰，飲酒數斗。常乘赤馬無故跼頓，乃乘小馬。比出，復飲酒斗餘。至西陽門，揮陳就平。石堪因而乘之，趙兵大潰。曜昏醉退走，馬陷石渠，墜于冰上，被瘡十餘，通中者三，爲堪所執。勒遂大破趙兵，斬首五萬餘級。下令曰：「所欲擒者一人耳，今已獲之。其敕將士抑鋒止鋭，縱其歸命之路。」曜見勒曰：「石王頗憶重門之盟否？」勒使徐光謂之曰：「今日之事，天使其然，復云何邪！」乙酉，勒班師，使征東將軍石邃將兵衛送曜。邃，虎之子也。曜瘡甚，載以馬輿，使醫李永與同載。己亥，至襄國，舍曜於永豐小城，給其妓妾，嚴兵圍守。遣劉岳、劉震等從男女盛服以見之，曜曰：「吾謂卿等久爲灰土，石王仁厚，乃全宥至今邪！我殺石佗，愧之多矣！今日之禍，自其分耳。」留宴終日而去。勒使曜與其太子熙書，諭令速降。曜但敕熙「與諸大臣匡維社稷，勿以吾易意也。」勒見而惡之，久之，乃殺曜。

四年春正月，趙太子熙聞趙主曜被擒，大懼，與南陽王胤謀西保秦州。尚書胡勳曰：「今雖喪君，境土尚完，將士不叛，且當併力拒之；力不能拒，走未晚也。」胤怒，以爲沮衆，斬之。遂帥百官奔上邽，諸征、鎮亦皆棄所守從之。關中大亂，將軍蔣英、辛恕擁衆數十萬據長安，遣使降于後趙。後趙遣石生帥洛陽之衆赴之。

秋八月，趙南陽王胤帥衆數萬自上邽趨長安，隴東、武都、安定、新平、北地、扶風、始平諸郡戎夏皆起兵應之。胤軍于仲橋，石生嬰城自守，後趙中山公虎帥騎二萬救之。九月，虎大破趙兵於義渠，胤奔還上邽。虎乘勝追擊之，枕尸千里。上邽潰，虎執趙太子熙、南陽王胤及其將、王公、卿校以下三千餘人，皆殺之，徙其臺省文武、關東流民、秦、雍大族九千餘人于襄國，又阬五郡屠各五千餘人于洛陽。

五年春二月，後趙羣臣請後趙王勒即皇帝位，勒乃稱大趙天王，行皇帝事。立妃劉氏爲王后，世子弘爲太子。以其子宏爲驃騎大將軍、都督中外諸軍事、大單于，封秦王；斌爲左衞將軍，封太原王；恢爲輔國將軍，封南陽王。以中山公虎爲太尉、尚書令，進爵爲王；虎子邃爲冀州刺史，封齊王；宣爲左將軍；挺爲侍中，封梁王。又封石生爲河東王，石堪爲彭城王。以左長史郭敖爲尚書左僕射，右長史程遐爲右僕射、領吏部尚書，左司馬夔安、右司馬郭殷、從事中郎李鳳、前中郎令裴憲皆爲尚書，參軍事徐光爲中書令、領秘書監。自餘文武，封拜各有差。

趙羣臣固請正尊號，秋九月，趙王勒即皇帝位，大赦，改元建平。文武封進各有差。立其妻劉氏爲皇后，太子弘爲皇太子。

七年春正月，趙主勒大饗羣臣，謂徐光曰：「朕可方自古何等主？」對曰：「陛下神武謀略過於漢高，後世無可比者。」勒笑曰：「人豈不自知，卿言太過！朕若遇漢高祖，當北面事之，與韓、彭比肩；若遇光武，當並驅中原，未知鹿死誰手。大丈夫行事，宜礌礌落落，如日月皎然，終不效曹孟德、司馬仲達欺人孤兒寡婦，狐媚以取天下也。」羣臣皆頓首稱萬歲。勒雖不學，好使諸生讀書而聽之，時以其意論今古得失，聞者莫不悦服。嘗使人讀漢書，聞酈食其勸立六國後，驚曰：「此法當失，何以遂得天下？」及聞留侯諫，乃曰：「賴有此耳。」

氐據仇池

晉惠帝元康六年。初，略陽清水氐楊駒始居仇池。仇池方百頃，其旁平地二十餘里，四面斗絶而高，爲羊腸蟠道三十六回而上。至其孫千萬附魏，封爲百頃王。千萬孫飛龍浸强盛，徙居略陽。飛龍以其甥令狐茂搜爲子，茂搜避齊萬年之亂，十二月，自略陽帥部落四千家還保仇池，自號輔國將軍、右賢王。關中人士避亂者多依之，茂搜迎接撫納，欲去者衞護資送之。

愍帝建興元年。初，氐王楊茂搜之子難敵遣養子販易於梁州，私賣良人子一人，梁州刺史張光鞭殺之。難敵怨曰：「使君初來，大荒之後，兵民之命仰我氐活，氐有小罪，不能貰也。」及光與楊虎相攻，各求救於茂搜，茂搜遣難敵救光。難敵求貨於光，光不與。楊虎厚賂難敵，且曰：「流民珍貨，悉在光所，今伐我，不如伐光。」難敵大喜。光與虎戰，使張孟萇居前，難敵繼後。難敵與虎夾擊孟萇，大破之，孟萇及其弟援皆死。光嬰城自守。九月，光憤激成疾，僚屬勸光退據魏興。光按劍曰：「吾受國重任，不能討賊，今得死如登仙，何謂退也！」聲絶而卒。州人推其少子邁領州事，又與氐戰没，衆推始平太守胡子序領梁州。

冬十月，楊虎、楊難敵急攻梁州，胡子序棄城走，難敵自稱刺史。

二年春正月，楊虎掠漢中吏民以奔成，梁州人張咸等起兵逐楊難敵。難敵去，咸以其地歸成，於是漢嘉、涪陵、漢中之地皆爲成有。

元帝建武元年。氐王楊茂搜卒，長子難敵立，與少子堅頭分領部曲。難敵號左賢王，屯下辨；堅頭號右賢王，屯河池。

永昌元年春二月，趙主曜自將擊楊難敵，難敵逆戰不勝，退保仇池。仇池諸氐、羌及故晉王保將楊韜、隴西太守梁勛皆降於曜。曜遷隴西萬餘户於長安，進攻仇池。會軍中大疫，曜亦得疾，將引兵還，恐難敵躡其後，乃遣光國中郎將王獷説難敵，諭以禍福。難敵遣使稱藩，曜以難敵爲假黃鉞、都督益寧南秦涼梁巴六州隴上西域諸軍事、上大將軍、益寧南秦三州牧，武都王。

明帝大寧元年。楊難敵聞陳安死，大懼，與弟堅頭南奔漢中。趙鎮西將軍劉厚追擊之，大獲而還。趙主曜以大鴻臚田崧爲鎮南大將軍、益州刺史，鎮仇池。難敵送任請降於成，成安北將軍李稚受難敵賂，不送難敵於成都。趙兵退，即遣還武都，難敵遂據險不服。稚自悔失計，亟請討之。雄遣稚兄侍中、中領軍琀與稚出白水，征東將軍李壽及琀弟玝出陰平，以擊難敵。羣臣諫，不聽。難敵遣兵拒之，壽、玝不得進。而琀、稚長驅至下辨，難敵遣兵斷其歸路，四面攻之。琀、稚深入無繼，皆爲難敵所殺，死者數千人。

三年春三月，楊難敵襲仇池，克之。執田崧，立之於前，左右令崧拜。崧瞋目叱之曰：「氐狗！安有天子牧伯而向賊拜乎！」難敵字謂之曰：「子岱，吾當與子共定大業，子忠於劉氏，豈不能忠於我乎！」崧厲色大言曰：「賊氐，汝本奴才，何謂大業，我寧爲趙鬼，不爲汝臣！」顧排一人，奪其劍，前刺難敵，不中，難敵殺之。

成帝咸和二年夏五月，趙武衞將軍劉朗帥騎三萬襲楊難敵于仇池，弗克，掠三千餘户而歸。

六年秋七月，成大將軍壽攻陰平、武都，楊難敵降之。

九年春正月，仇池王楊難敵卒，子毅立，自稱龍驤將軍、左賢王、下辨公。以叔父堅頭之子盤爲冠軍將軍、右賢王、河池公。遣使來稱藩。

咸康三年。仇池氐王楊毅族兄初襲殺毅，并有其衆，自立爲仇池公，稱臣於趙。

穆帝永和三年冬十月，武都氐王楊初遣使來稱藩，詔以初爲使持節、征南將軍、雍州刺史、仇池公。

十一年春正月，故仇池公楊毅弟宋奴使其姑子梁式王刺殺楊初，初子國誅式王及宋奴，自立爲仇池公。桓温表國爲鎮北將軍、秦州刺史。

十二年。仇池公楊國從父俊殺國自立，以俊爲仇池公。國子安奔秦。

升平四年春正月，仇池公楊俊卒，子世立。

海西公太和三年。以仇池公楊世爲秦州刺史，世弟統爲武都太守。世亦稱臣於秦，秦以世爲南秦州刺史。

五年。仇池公楊世卒，子纂立，始與秦絶。叔父武都太守統與之争國，起兵相攻。

簡文帝咸安元年春三月，秦西縣侯雅、楊安、王統、徐成及羽林左監朱彤、揚武將軍姚萇帥步騎七萬伐仇池公楊纂。夏四月，秦兵至鷲峽，楊纂帥衆五萬拒之。梁州刺史弘農楊亮遣督護郭寶、卜靖帥千餘騎助纂，與秦兵戰于峽中。纂兵大敗，死者什三四，寶等亦没，纂收散兵遁還。西縣侯雅進攻仇池，楊統帥武都之衆降秦。纂懼，面縛出降，雅送纂于長安。以統爲南秦州刺史，加楊安都督南秦州諸軍事，鎮仇池。

〔孝〕武帝寧康元年秋八月，梁州刺史楊亮遣其子廣襲仇池，與秦梁州刺史楊安戰，廣兵敗，沮水諸戍皆委城奔潰。亮懼，退守磬險。九月，安進攻漢川。

冬，秦王堅使益州刺史王統、秘書監朱彤帥卒二萬出漢川，前禁將軍毛當、鷹揚將軍徐成帥卒三萬出劍門，入寇梁、益。梁州刺史楊亮帥巴獠萬餘拒之，戰于青谷。亮兵敗，奔固西城，彤遂拔漢中。徐成攻劍門，克之。楊安進攻梓潼，梓潼太守周虓固守涪城，遣步騎數千送母、妻自漢水趣江陵，朱彤邀而獲之，虓遂降於安。十一月，安克梓潼。荆州刺史桓豁遣江夏相竺瑶救梁、益，瑶聞廣漢太守趙長戰死，引兵退。益州刺史周仲孫勒兵拒朱彤于緜竹，聞毛當將至成都，仲孫帥騎五千奔于南中。秦遂取梁、益二州，邛、莋、夜郎皆附於秦。秦王堅以楊安爲益州牧，鎮成都；毛當爲梁州刺史，鎮漢中；姚萇爲寧州刺史，屯墊江；王統爲南秦州刺史，鎮仇池。

通鑑紀事本末卷第十四

祖逖北伐

晉愍帝建興元年。初，范陽祖逖少有大志，與劉琨俱爲司州主簿，同寢，中夜聞雞鳴，蹴琨覺曰：「此非惡聲也！」因起舞。及渡江，左丞相睿以爲軍諮祭酒。逖居京口，糾合驍健，言於睿曰：「晉室之亂，非上無道而下怨叛也，由宗室爭權，自相魚肉，遂使戎狄乘隙，毒流中土。今遺民既遭殘賊，人思自奮，大王誠能命將出師，使如逖者統之以復中原，郡國豪傑必有望風響應者矣。」睿素無北伐之志，以逖爲奮威將軍、豫州刺史，給千人廩，布三千疋，不給鎧仗，使自召募。〔秋八月〕，逖將其部曲百餘家渡江，中流，擊楫而誓曰：「祖逖不能清中原而復濟者，有如大江！」遂屯淮陰，起冶鑄兵，募得二千餘人而後進。

元帝建武元年。初，流民張平、樊雅各聚衆數千人在譙，爲塢主。王之爲丞相也，遣行參軍譙國桓宣往説平、雅，平、雅皆請降。及豫州刺史祖逖出屯蘆洲，遣參軍殷乂詣平、雅。乂意輕平，視其屋曰：「可作馬廄。」見大鑊曰：「可鑄鐵器。」平曰：「此乃帝王鑊，天下清平方用之，奈何毁之！」乂曰：「卿未能保其頭，而愛鑊邪！」平大怒，於坐斬乂，勒兵固守。逖攻之，歲餘不下，乃誘其部將謝浮使殺之。逖進據太丘，樊雅猶據譙城，與逖相拒。逖攻之不克，請兵於南中郎將王含。桓宣時爲含參軍，含遣宣將兵五百助逖。逖謂宣曰：「卿信義已著於彼，今復爲我説雅。」宣乃單馬從兩人詣雅曰：「祖豫州方欲平蕩劉、石，倚卿爲援，前殷乂輕薄，非豫州意也。」雅即詣逖降。逖既入譙城，石勒遣石虎圍譙，王含復遣桓宣救之，虎解去。逖表宣爲譙國内史。

六月己巳，晉王傳檄天下，稱：「石虎敢帥犬羊，渡河縱毒，今遣琅邪王裒等九軍，鋭卒三萬，水陸四道，徑造賊場，受祖逖節度。」尋復召裒還建康。

大興二年。初，蓬陂塢主陳川自稱陳留太守，祖逖之攻樊雅也，川遣其將李頭助之。頭力戰，有功，逖厚遇之。頭每嘆曰：「得此人爲主，吾死無恨。」川聞而殺之。頭黨馮寵帥其衆降逖，川益怒，大掠豫州諸郡，逖遣兵擊破之。夏四月，川以浚儀叛降石勒。

祖逖攻陳川于蓬關，石勒遣石虎將兵五萬救之。戰于浚儀，逖兵敗，退屯梁國。勒又遣桃豹將兵至蓬關，逖退屯淮南。虎徙川部衆五千户于襄國，留豹守川故城。

三年夏六月，祖逖將韓潛與後趙將桃豹分據陳川故城，豹居西臺，潛居東臺，豹由南門，潛由東門，出入相守四旬。逖以布囊盛土如米狀，使千餘人運上臺，又使數人擔米息於道。豹兵逐之，棄擔而走。豹兵久飢，得米，以爲逖士衆豐飽，益懼。後趙將劉夜堂以驢千頭運糧饋豹，逖使韓潛及别將馮鐵邀擊於汴水，盡獲之。豹宵遁，屯東燕城，逖使潛進屯封丘以逼之。馮鐵據二臺，逖鎮雍丘，數遣兵邀擊後趙兵，後趙鎮戍歸逖者甚多，境土漸蹙。

先是，趙固、上官巳、李矩、郭默互相攻擊，逖馳使和解之，示以禍福，遂皆受逖節度。秋七月，詔加逖鎮西將軍。逖在軍，與將士同甘苦，約己務施，勸課農桑，撫納新附，雖疏賤者皆結以恩禮。河上諸塢先有任子在後趙者，皆聽兩屬，時遣游軍僞抄之，明其未附。塢主皆感恩，後趙有異謀，輒密以告，由是多所克獲，自河以南多叛後趙歸于晋。

逖練兵積穀，爲取河北之計。後趙王勒患之，乃下幽州爲逖修祖、父墓，置守冢二家，因與逖書，求通使及互市。逖不報書，而聽其互市，收利十倍。逖牙門童建殺新蔡内史周密降于後趙，勒斬之，送首於逖曰：「叛臣逃吏，吾之深仇。將軍之惡，猶吾惡也。」逖深德之。自是後趙人叛歸逖者，逖皆不納，禁諸將不使侵暴後趙之民，邊境之間，稍得休息。

四年秋七月甲戌，以尚書僕射戴淵爲征西將軍、都督司兖豫并雍冀六州諸軍事、司州刺史，鎮合肥。八月，豫州刺史祖逖以戴淵吴士，雖有才望，無弘致遠識，且已翦荆棘收河南地，而淵雍容一旦來統之，意甚怏怏。又聞王敦與劉、刁構隙，將有内難。知大功不遂，感激發病。九月壬寅，卒於雍丘。豫州士女若喪父母，譙、梁間皆爲立祠。王敦久懷異志，聞逖卒，益無所憚。

冬十月壬午，以逖弟約爲平西將軍、豫州刺史，領逖之衆。約無綏御之才，不爲士卒所附。初，范陽李産避亂依逖，見約志趣異常，謂所親曰：「吾以北方鼎沸，故遠來就此，冀全宗族。今觀約所爲，有不可測之志。吾託名姻親，當早自爲計，無事復陷身於不義也，爾曹不可以目前之利而忘久長之策。」乃帥子弟十餘人間行歸鄉里。

永昌元年冬十月，祖逖既卒，後趙屢寇河南，拔襄城、城父，圍譙。豫州刺史祖約不能禦，退屯壽春，後趙遂取陳留，梁、鄭之間復騷然矣。

王敦之亂

晉元帝大興二年。初，王敦患杜曾難制，謂梁州刺史周訪曰：「若擒曾，當相論爲荆州。」及曾死而敦不用。王廙在荆州，多殺陶侃將佐，以皇甫方回爲侃所敬，責其不詣己，收斬之。士民怨怒，上下不安。帝聞之，徵廙爲散騎常侍，以周訪代廙爲荆州刺史。王敦忌訪威名，意難之。從事中郎郭舒説敦曰：「鄙州雖荒弊，乃用武之國，不可以假人，宜自領之，訪爲梁州足矣。」敦從之。六月丙子，詔加訪安南將軍，餘如故。訪大怒，敦手書譬解，并遺玉環、玉椀以申厚意。訪抵之於地曰：「吾豈賈豎，可以寶悦邪！」訪在襄陽，務農訓兵，陰有圖敦之志，守宰有缺輒補，然後言上。敦患之而不能制。

三年秋八月辛未，梁州刺史周訪卒。訪善於撫納，士衆皆爲致死。知王敦有不臣之心，私常切齒，敦由是終訪之世，未敢爲逆。敦遣從事中郎郭舒監襄陽軍，帝以湘州刺史甘卓爲梁州刺史，督沔北諸軍事，鎮襄陽。舒既還，帝徵爲右丞，敦留不遣。

〔冬十月〕，王敦殺武陵内史向碩。帝之始鎮江東也，敦與從弟導同心翼戴，帝亦推心任之。敦總征討，導專機政，羣從子弟布列顯要。時人爲之語曰：「王與馬，共天下。」後敦自恃有功，且宗族强盛，稍益驕恣，帝畏而惡之，乃引劉隗、刁協等以爲腹心，稍抑損王氏之權，導亦漸見疏外。中書郎孔愉陳導忠賢，有佐命之勳，宜加委任。帝出愉爲司徒左長史。導能任真推分，澹如也，有識皆稱其善處興廢。而敦益懷不平，遂構嫌隙。

初，敦辟吴興沈充爲參軍，充薦同郡錢鳳於敦，敦以爲鎧曹參軍。二人皆巧諂凶狡，知敦有異志，陰贊成之，爲之畫策，敦寵信之，勢傾内外。敦上疏爲導訟屈，辭語怨望。導封以還敦，敦復遣奏之。左將軍譙王承，忠厚有志行，帝親信之。夜，召承，以敦疏示之曰：「王敦以頃年之功，位任足矣，而所求不已，言至於此，將若之何？」承曰：「陛下不早裁之，以至今日，敦必爲患。」

劉隗爲帝謀，出心腹以鎮方面。會敦表以宣城内史沈充代甘卓爲湘州刺史，帝謂承曰：「王敦姦逆已著，朕爲惠皇，其勢不遠。湘州據上流之勢，控三州之會，欲以叔父居之，何如？」承曰：「臣奉承詔命，惟力是視，何敢有辭！然湘州經蜀寇之餘，民物凋弊，若得之部，比及三年，乃可即戎；苟未及此，雖復灰身，亦無益也。」十二月，詔曰：「晉室開基，方鎮之任，親賢並用，其以譙王承爲湘州刺史。」長沙鄧騫聞之，歎曰：「湘州之禍，其在斯乎！」承行至武昌，敦與之宴，謂承曰：「大王雅素佳士，恐非將帥才也。」承曰：「公未見知耳，鉛刀豈無一割之用。」敦謂錢鳳曰：「彼不知懼而學壯語，足知其不武，無能爲也。」乃聽之鎮。時湘土荒殘，公私困弊，承躬自儉約，傾心綏撫，甚有能名。

四年秋七月甲戌，以尚書僕射戴淵爲征西將軍，都督司兗豫并雍冀六州諸軍事、司州刺史，鎮合肥；丹楊尹劉隗爲鎮北將軍，都督青徐幽平四州諸軍事、青州刺史，鎮淮陰：皆假節領兵，名爲討胡，實備王敦也。

隗雖在外，而朝廷機事，進退士大夫，帝皆與之密謀。敦遺隗書曰：「頃承聖上顧眄足下，今大賊未滅，中原鼎沸，欲與足下及周生之徒戮力王室，共靜海內。若其泰也，則帝祚於是乎隆；若其否也，則天下永無望矣。」隗答曰：「『魚相忘於江湖，人相忘於道術』，『竭股肱之力，效之以忠貞』，吾之志也。」敦得書，甚怒。

壬午，以驃騎將軍王導爲侍中、司空、假節、録尚書、領中書監。帝以敦故，并疏忌導。

御史中丞周嵩上疏，以爲：「導忠素竭誠，輔成大業。不宜聽孤臣之言，惑疑似之説，放逐舊德，以佞伍賢，虧既往之恩，招將來之患。」帝頗感寤，導由是得全。

永昌元年春正月，王敦以郭璞爲記室參軍。璞善卜筮，知敦必爲亂，己預其禍，甚憂之。大將軍掾潁川陳述卒，璞哭之極哀，曰：「嗣祖，焉知非福也！」

敦既與朝廷乖離，乃羈録朝士有時望者置己幕府，以羊曼及陳國謝鯤爲長史。曼，祜之兄孫也。曼、鯤終日酣醉，故敦不委以事。敦將作亂，謂鯤曰：「劉隗姦邪，將危社稷，吾欲除君側之惡，何如？」鯤曰：「隗誠始禍，然城狐社鼠。」敦怒曰：「君庸才，豈達大體！」出爲豫章太守，又留不遣。

戊辰，敦舉兵於武昌，上疏罪狀劉隗，稱：「隗佞邪讒賊，威福自由，妄興事役，勞擾士民，賦役煩重，怨聲盈路。臣備位宰輔，不可坐視成敗，輒進軍致討，隗首朝懸，諸軍夕退。昔太甲顛覆厥度，幸納伊尹之忠，殷道復昌。願陛下深垂三思，則四海乂安，社稷永固矣。」沈充亦起兵於吴興以應敦，敦以充爲大都督、督護東吴諸軍事。敦至蕪湖，又上表罪狀刁協。帝大怒，乙亥，詔曰：「王敦憑恃寵靈，敢肆狂逆，方朕太甲，欲見幽囚。是可忍也，孰不可忍！今親帥六軍以誅大逆，有殺敦者封五千户侯。」敦兄光禄勳含乘輕舟逃歸于敦。

太子中庶子温嶠謂僕射周顗曰：「大將軍此舉似有所在，當無濫邪？」顗曰：「不然。人主自非堯、舜，何能無失，人臣安可舉兵以脅之。舉動如此，豈得云非亂乎！處仲狼抗無上，其意寧有限邪？」

敦初起兵，遣使告梁州刺史甘卓，約與之俱下，卓許之。及敦升舟而卓不赴，使參軍孫雙詣武昌諫止敦。敦驚曰：「甘侯前與吾語云何，而更有異，正當慮吾危朝廷耳。吾今但除姦凶，若事濟，當以甘侯作公。」雙還報，卓意狐疑。或說卓：「且僞許敦，待敦至都而討之。」卓曰：「昔陳敏之亂，吾先從而後圖之，論者謂吾懼逼而思變，心常愧之。今若復爾，何以自明！」

卓使人以敦旨告順陽太守魏該，該曰：「我所以起兵拒胡賊者，正欲忠於王室耳。今王公舉兵向天子，非吾所宜與也。」遂絶之。

敦遣參軍桓羆說譙王承，請承爲軍司。承歎曰：「吾其死矣！地荒民寡，勢孤援絶，將何以濟？然得死忠義，夫復何求。」承檄長沙虞悝爲長史，會悝遭母喪，承往弔之，曰：「吾欲討王敦而兵少糧乏，且新到，恩信未洽。卿兄弟湘中之豪俊，王室方危，金革之事，古人所不辭，將何以教之？」悝曰：「大王不以悝兄弟猥劣，親屈臨之，敢不致死。然鄙州荒弊，難以進討。宜且收衆固守，傳檄四方，敦勢必分，分而圖之，庶幾可捷也。」承乃囚桓羆，以悝爲長史，以其弟望爲司馬，督護諸軍，與零陵太守尹奉、建昌太守長沙王循、衡陽太守淮陵劉翼、春陵令長沙易雄同舉兵討敦。雄移檄遠近，列敦罪惡，於是一州之内皆應承。惟湘東太守鄭澹不從，承使虞望討斬之，以徇四境。澹，敦姊夫也。

承遣主簿鄧騫至襄陽説甘卓曰：「劉太連雖驕蹇失衆心，非有害於天下。大將軍以其私憾，稱兵向闕，此忠臣義士竭節之時也。公受任方伯，奉辭伐罪，乃桓、文之功也。」卓曰：「桓、文則非吾所能，然志在徇國，當共詳思之。」參軍李梁説卓曰：「昔隗囂跋扈，竇融保河西以奉光武，卒受其福。今將軍有重望於天下，但當案兵坐以待之。使大將軍事捷，當委將軍以方面；不捷，朝廷必以將軍代之。何憂不富貴，而釋此廟勝，決存亡於一戰邪？」騫謂梁曰：「光武當創業之初，故隗、竇可以文服從容顧望。今將軍之於本朝，非竇融之比也；襄陽之於大府，非河西之固也。使大將軍克劉隗，還武昌，增石城之戍，絶荆、湘之粟，將軍欲安歸乎？勢在人手，而曰我處廟勝，未之聞也。且爲人臣，國家有難，坐視不救，於義安乎！」卓尚疑之。騫曰：「今既不爲義舉，又不承大將軍檄，此必至之禍，愚智所見也。且議者之所難，以彼强而我弱也。今大將軍兵不過萬餘，其留者不能五千，而將軍見衆既倍之矣。以將軍之威名，帥此府之精鋭，杖節鳴鼓，以順討逆，豈王含所能禦哉。遡流之衆，勢不自救，將軍之舉武昌，若摧枯拉朽，尚何顧慮邪？武昌既定，據其軍實，鎮撫二州，以恩意招懷士卒，使還者如歸，此吕蒙所以克關羽也。今釋必勝之策，安坐以待危亡，不可以言智矣。」

敦恐卓於後爲變，又遣參軍丹楊樂道融往邀之，必欲與之俱東。道融雖事敦，而忿其悖逆，乃説卓曰：「主上親臨萬機，自用譙王爲湘州，非專任劉隗也。而王氏擅權日久，卒見分政，便謂失職，背恩肆逆，舉兵向闕。國家遇君至厚，今與之同，豈不違負大義，生爲逆臣，死爲愚鬼，永爲宗黨之恥，不亦惜乎！爲君之計，莫若僞許應命，而馳襲武昌，大將軍士衆聞之，必不戰自潰，大勳可就矣。」卓雅不欲從敦，聞道融之言，遂決，曰：「吾本意也。」乃與巴東監軍柳純、南平太守夏侯承、宜都太守譚該等露檄數敦逆狀，帥所統致討。遣參軍司馬讚、孫雙奉表詣臺。羅英至廣州，約陶侃同進。戴淵在江西，先得卓書，表上之，臺内皆稱萬歲。陶侃得卓信，即遣參軍高寶帥兵北下。武昌城中傳卓軍至，人皆奔散。

敦遣從母弟南蠻校尉魏乂、將軍李恒帥甲卒二萬攻長沙。長沙城池不完，資儲又闕，人情震恐。或説譙王承南投陶侃，或退據零、桂。承曰：「吾之起兵，志欲死於忠義，豈可貪生苟免，爲奔敗之將乎！事之不濟，令百姓知吾心耳。」乃嬰城固守。未幾，虞望戰死，甘卓欲留鄧騫爲參軍，騫不可，卓乃遣參軍虞冲與騫偕至長沙，遺譙王承書，勸之固守，當以兵出沔口斷敦歸路，則湘圍自解。承復書稱：「江左中興，草創始爾，豈圖惡逆萌自寵臣。吾以宗室受任，志在隕命，而至止尚淺，凡百茫然。足下能卷甲電赴，猶有所及，若其發疑，則求我於枯魚之肆矣。」卓不能從。

帝徵戴淵、劉隗入衛建康。隗至，百官迎于道，隗岸幘大言，意氣自若。及入見，與刁協勸帝盡誅王氏，帝不許，隗始有懼色。

司空導帥其從弟中領軍邃、左衛將軍廙、侍中侃、彬及諸宗族二十餘人，每旦詣臺待罪。周顗將入，導呼之曰：「伯仁，以百口累卿。」顗直入不顧。既見帝，言導忠誠，申救甚至，帝納其言。顗喜飲酒，至醉而出，導猶在門，又呼之。顗不與言，顧左右曰：「今年殺諸賊奴，取金印如斗大，繫肘後。」既出，又上表明導無罪，言甚切至。導不之知，甚恨之。帝命還導朝服，召見之。導稽首曰：「逆臣賊子，何代無之，不意今者近出臣族。」帝跣而執其手曰：「茂弘，方寄卿以百里之命，是何言邪！」

三月，以導爲前鋒大都督，加戴淵驃騎將軍。詔曰：「導以大義滅親，可以吾爲安東時節假之。」以周顗爲尚書左僕射，王邃爲右僕射。帝遣王廙往諭止敦，敦不從而留之，廙更爲敦用。征虜將軍周札素矜險好利，帝以爲右將軍、都督石頭諸軍事。敦將至，帝使劉隗軍金城，札守石頭，帝親被甲徇師於郊外。以甘卓爲鎮南大將軍、侍中、都督荆梁二州諸軍事，陶侃領江州刺史使各帥所統以躡敦後。

敦至石頭，欲攻劉隗。杜弘言於敦曰：「劉隗死士衆多，未易可克。不如攻石頭，周札少恩，兵不爲用，攻之必敗。札敗則隗自走矣。」敦從之，以弘爲前鋒，攻石頭，札果開門納弘。敦據石頭，歎曰：「吾不復得爲盛德事矣！」謝鯤曰：「何爲其然也。但使自今已往，日忘日去耳。」

帝命刁協、劉隗、戴淵帥衆攻石頭，王導、周顗、郭逸、虞潭等三道出戰，協等兵皆大敗。太子紹聞之，欲自帥將士決戰。升車將出，中庶子温嶠執鞚諫曰：「殿下國之儲副，奈何以身輕天下！」抽劍斬鞅，乃止。

敦擁兵不朝，放士卒劫掠，宫省奔散，惟安東將軍劉超案兵直衛，及侍中二人侍帝側。帝脱戎衣，著朝服，顧而言曰：「欲得我處，當早言，何至害民如此。」又遣使謂敦曰：「公若不忘本朝，於此息兵，則天下尚可共安；如其不然，朕當歸琅邪以避賢路。」

刁協、劉隗既敗，俱入宫，見帝於太極東除。帝執協、隗手，流涕嗚咽，勸令避禍。協曰：「臣當守死，不敢有貳。」帝曰：「今事逼矣，安可不行。」乃令給協、隗人馬，使自爲計。協老，不堪騎乘，素無恩紀，募從者皆委之，行至江乘，爲人所殺，送首於敦。隗奔後趙，官至太子太傅而卒。

帝令公卿百官詣石頭見敦。敦謂戴淵曰：「前日之戰，有餘力乎？」淵曰：「豈敢有餘，但力不足耳。」敦曰：「吾今此舉，天下以爲何如？」淵曰：「見形者謂之逆，體誠者謂之忠。」敦笑曰：「卿可謂能言。」又謂周顗曰：「伯仁，卿負我。」顗曰：「公戎車犯順，下官親帥六軍，不能其事，使王旅奔敗，以此負公。」

辛未，大赦。以敦爲丞相、都督中外諸軍、録尚書事、江州牧，封武昌郡公，並讓不受。

初，西都覆没，四方皆勸進於帝，敦欲專國政，忌帝年長難制，欲更議所立，王導不從。及敦克建康，謂導曰：「不用吾言，幾至覆族。」

敦以太子有勇略，爲朝野所嚮，欲誣以不孝而廢之。大會百官，問温嶠曰：「皇太子以何德稱？」聲色俱厲。嶠曰：「鉤深致遠，蓋非淺局所量。以禮觀之，可謂孝矣。」衆皆以爲信然，敦謀遂沮。

帝召周顗於廣室，謂之曰：「近日大事，二宫無恙，諸人平安，大將軍固副所望邪？」顗曰：「二宫自如明詔，臣等尚未可知。」護軍長史郝嘏等勸顗避敦，顗曰：「吾備位大臣，朝廷喪敗，寧可復草間求活，外投胡、越邪！」敦參軍吕猗嘗爲臺郎，性姦諂，戴淵爲尚書，惡之。猗説敦曰：「周顗、戴淵皆有高名，足以惑衆，近者之言，曾無怍色，公不除之，恐必有再舉之憂。」敦素忌二人之才，心頗然之，從容問王導曰：「周、戴南北之望，當登三司無疑也。」導不答。又曰：「若不三司，止應令僕邪？」又不答。敦曰：「若不爾，正當誅爾。」又不答。丙子，敦遣部將陳郡鄧岳收顗及淵。先是，敦謂謝鯤曰：「吾當以周伯仁爲尚書令，戴若思爲僕射。」是日，又問鯤：「近來人情何如？」鯤曰：「明公之舉，雖欲大存社稷，然悠悠之言實未達高義。若果能舉用周、戴，則羣情帖然矣。」敦怒曰：「君粗疏邪！二子不相當，吾已收之矣。」鯤愕然自失。參軍王嶠曰：「『濟濟多士，文王以寧』，奈何戮諸名士。」敦大怒，欲斬嶠，衆莫敢言。鯤曰：「明公舉大事，不戮一人。嶠以獻替忤旨，便以釁鼓，不亦過乎？」敦乃釋之，黜爲領軍長史。嶠，渾之族孫也。顗被收，路經太廟，大言曰：「賊臣王敦，傾覆社稷，枉殺忠臣。神祇有靈，當速殺之！」收人以戟傷其口，血流至踵，容止自若，觀者皆爲流涕，并戴淵殺之於石頭南門之外。

帝使侍中王彬勞敦。彬素與顗善，先往哭顗，然後見敦。敦怪其容慘，問之。彬曰：「向哭伯仁，情不能已。」敦怒曰：「伯仁自致刑戮，且凡人遇汝，汝何哀而哭之？」彬曰：「伯仁長者，兄之親友在朝，雖無謇愕，亦非阿黨，而赦後加之極刑，所以傷惋也。」因勃然數敦曰：「兄抗旌犯順，殺戮忠良，圖爲不軌，禍及門户矣！」辭氣慷慨，聲淚俱下。敦大怒，厲聲曰：「爾狂悖乃至此，以吾爲不能殺汝邪！」時王導在坐，爲之懼，勸彬起謝。彬曰：「脚痛不能拜，且此復何謝。」敦曰：「脚痛孰若頸痛？」彬殊無懼容，竟不肯拜。王導後料檢中書故事，乃見顗救己之表，執之流涕曰：「吾雖不殺伯仁，伯仁由我而死，幽冥之中，負此良友。」沈充拔吴國，殺内史張茂。

初，王敦聞甘卓起兵，大懼。卓兄子卬爲敦參軍，敦使卬歸説卓曰：「君此自是臣節，不相責也。吾家計急，不得不爾。想便旋軍襄陽，當更結好。」卓雖慕忠義，性多疑少決，軍于豬口，欲待諸方同出軍，稽留累旬不前。敦既得建康，乃遣臺使以騶虞幡駐卓軍。卓聞周顗、戴淵死，流涕謂卬曰：「吾之所憂，正爲今日。且使聖上元吉，太子無恙，吾臨敦上流，亦未敢遽危社稷。適吾徑據武昌，敦勢逼，必劫天子以絶四海之望，不如還襄陽，更思後圖。」即命旋軍。都尉秦康與樂道融説卓曰：「今分兵斷彭澤，使敦上下不得相赴，其衆自然離散，可一戰擒也。將軍起義兵而中止，竊爲將軍不取。且將軍之下，士卒各求其利，欲求西還，亦恐不可得也。」卓不從。道融晝夜泣諫，卓不聽，道融憂憤而卒。卓性本寬和，忽更强塞，徑還襄陽，意氣騷擾，舉動失常，識者知其將死矣。

王敦以西陽王羕爲太宰，加王導尚書令，王廙爲荆州刺史。改易百官及諸軍鎮，轉徙黜免者以百數，或朝行暮改，惟意所欲。敦將還武昌，謝鯤言於敦曰：「公至都以來，稱疾不朝，是以雖建勳而人心實有未達。今若朝天子，使君臣釋然，則物情皆悦服矣。」敦曰：「君能保無變乎？」對曰：「鯤近日入覲，主上側席，遲得見公，宫省穆然，必無虞也。公若入朝，鯤請侍從。」敦勃然曰：「正復殺君等數百人，亦復何損於時。」竟不朝而去。夏四月，敦還武昌。

初，宜都内史天門周級聞譙王承起兵，使其兄子該潛詣長沙，申款於承。魏乂等攻湘州急，承遣該及從事邵陵周崎間出求救，皆爲邏者所得。乂使崎語城中，稱「大將軍已克建康，甘卓還襄陽，外援理絶」。崎僞許之，既至城下，大呼曰：「援兵尋至，努力堅守。」乂殺之。乂考該至死，竟不言其故，周級由是獲免。

乂等攻戰日逼，敦又送所得臺中人書疏，令乂射以示承。城中知朝廷不守，莫不悵惋。相持且百日，劉翼戰死，士卒死傷相枕。癸巳，乂拔長沙，承等皆被執。乂將殺虞悝，子弟對之號泣，悝曰：「人生會當有死，今闔門爲忠義之鬼，亦復何恨。」

乂以檻車載承及易雄送武昌，佐吏皆奔散，惟主簿桓雄、西曹書佐韓階、從事武延毁服爲僮從承，不離左右。乂見桓雄姿貌舉止非凡人，憚而殺之。韓階、武延執志愈固。荆州刺史王廙承敦旨，殺承於道中，階、延送承喪至都，葬之而去。易雄至武昌，意氣忼慨，曾無懼容。敦遣人以檄示雄而數之，雄曰：「此實有之，惜雄位微力弱，不能救國難耳。今日之死，固所願也。」敦憚其辭正，釋之，遣就舍。衆人皆賀之，雄笑曰：「吾安得生。」

既而，敦遣人潛殺之。

魏乂求鄧騫甚急，鄉人皆爲之懼。騫笑曰：「此欲用我耳。彼新得州，多殺忠良，故求我以厭人望也。」乃往詣乂，乂喜曰：「君，古之解揚也。」以爲別駕。詔以陶侃領湘州刺史，王敦止侃復還廣州，加散騎常侍。

甘卓家人皆勸卓備王敦，卓不從，悉散兵佃作，聞諫，輒怒。襄陽太守周慮密承敦意，詐言湖中多魚，勸卓遣左右悉出捕魚。五月乙亥，慮引兵襲卓於寢室，殺之，傳首於敦，并殺其諸子。敦以從事中郎周撫督沔北諸軍事，代卓鎮沔中。撫，訪之子也。

敦既得志，暴慢滋甚，四方貢獻多入其府，將相岳牧皆出其門。以沈充、錢鳳爲謀主，唯二人之言是從，所譖無不死者。以諸葛瑤、鄧岳、周撫、李恒、謝雍爲爪牙。充等並凶險驕恣，大起營府，侵人田宅，剽掠市道，識者咸知其將敗焉。

〔秋七月〕，王敦自領寧、益二州都督。冬十月己丑，荆州刺史武陵康侯王廙卒。王敦以下邳内史王邃都督青徐幽平四州諸軍事，鎮淮陰；衛將軍王含都督沔南諸軍事，領荆州刺史；武昌太守丹楊王諒爲交州刺史。使諒收交州刺史修湛、新昌太守梁碩殺之。諒誘湛斬之，碩舉兵圍諒於龍編。

十一月，以臨潁元公荀組爲太尉；辛酉，薨。罷司徒，并丞相府。王敦以司徒官屬爲留府。

帝憂憤成疾，閏月己丑，崩。司空王導受遺詔輔政。帝恭儉有餘而明斷不足，故大業未復而禍亂内興。庚寅，太子即皇帝位，大赦。

明帝太寧元年。王敦謀篡位，諷朝廷徵己；帝手詔徵之。夏四月，加敦黄鉞、班劍，奏事不名，入朝不趨，劍履上殿。敦移鎮姑孰，屯于湖，以司空導爲司徒，敦自領揚州牧。敦欲爲逆，王彬諫之甚苦。敦變色，目左右，將收之。彬正色曰：「君昔歲殺兄，今又殺弟耶！」敦乃止，以彬爲豫章太守。

帝畏王敦之逼，欲以郗鑒爲外援，拜鑒兖州刺史，都督揚州江西諸軍事，鎮合肥。王敦忌之，表鑒爲尚書令。八月，詔徵鑒還，道經姑孰，敦與之論西朝人士，曰：「樂彦輔短才耳，考其實，豈勝滿武秋邪？」鑒曰：「彦輔道韻平淡，愍懷之廢，柔而能正。武秋失節之士，安得擬之！」敦曰：「當是時，危機交急。」鑒曰：「丈夫當死生以之。」敦惡其言，不復相見，久留不遣。敦黨皆勸敦殺之，敦不從。鑒還臺，遂與帝謀討敦。

王敦從子允之，方總角，敦愛其聰警，常以自隨。敦嘗夜飲，允之辭醉先卧。敦與錢鳳謀爲逆，允之悉聞其言，即於卧處大吐，衣面並污。鳳出，敦果照視，見允之卧於吐中，不復疑之。會其父舒拜廷尉，允之求歸省父，悉以敦、鳳之謀白舒。舒與王導俱啓帝，陰爲之備。敦欲强其宗族，陵弱帝室，冬十一月，徙王含爲征東將軍，都督揚州江西諸軍事，王舒爲荆州刺史，監荆州沔南諸軍事，王彬爲江州刺史。

〔是歲〕，會稽内史周札一門五侯，宗族强盛，吴士莫與爲比，王敦忌之。敦有疾，錢鳳勸敦早除周氏，敦然之。周嵩以兄顗之死，心常憤憤。敦無子，養王含子應爲嗣，嵩嘗於衆中言應不宜統兵，敦惡之。嵩與札兄子莚皆爲敦從事中郎。會道士李脱以妖術惑衆，士民頗信事之。

二年春正月，王敦誣周嵩、周莚與李脱謀爲不軌，收嵩、莚，於軍中殺之。遣參軍賀鸞就沈充於吴，盡殺周札諸兄子。進兵襲會稽，札拒戰而死。

夏五月，王敦疾甚，矯詔拜王應爲武衛將軍以自副，以王含爲驃騎大將軍、開府儀同三司。錢鳳謂敦曰：「脱有不諱，便當以後事付應邪！」敦曰：「非常之事，非常人所能爲。且應年少，豈堪大事。我死之後，莫若釋兵散衆，歸身朝廷，保全門户，上計也。退還武昌，收兵自守，貢獻不廢，中計也。及吾尚存，悉衆而下，萬一僥倖，下計也。」鳳謂其黨曰：「公之下計，乃上策也。」遂與沈充定謀，俟敦死，即作亂。又以宿衛尚多，奏令三番休二。

初，帝親任中書令温嶠，敦惡之，請嶠爲左司馬。嶠乃繆爲勤敬，綜其府事，時進密謀以附其欲。深結錢鳳，爲之聲譽，每曰「錢世儀精神滿腹」。嶠素有藻鑑之名，鳳甚悦，深與嶠結好。會丹楊尹缺，嶠言於敦曰：「京尹咽喉之地，公宜自選其才，恐朝廷用人，或不盡理。」敦然之，問嶠：「誰可者？」嶠曰：「愚謂無如錢鳳。」鳳亦推嶠，嶠僞辭之，敦不聽。六月，表嶠爲丹楊尹，且使覘伺朝廷。嶠恐既去而錢鳳於後間止之，因敦餞別，嶠起行酒，至鳳，鳳未及飲，嶠僞醉，以手版擊鳳幘墜，作色曰：「錢鳳何人，温太真行酒而敢不飲！」敦以爲醉，兩釋之。嶠臨去與敦別，涕泗横流，出閤復入者再三。行後，鳳謂敦曰：「嶠於朝廷甚密，而與庾亮深交，未可信也。」敦曰：「太真昨醉，小加聲色，何得便爾相讒。」嶠至建康，盡以敦逆謀告帝，請先爲之備，又與庾亮共畫討敦之謀。敦聞之，大怒，曰：「吾乃爲小物所欺！」與司徒導書曰：「太真別來幾日，作如此事，當募人生致之，自拔其舌。」

帝將討敦，以問光禄勳應詹，詹勸成之，帝意遂决。丁卯，加司徒導大都督、領揚州刺史，以温嶠都督東安北部諸軍事，與右將軍卞敦守石頭，應詹爲護軍將軍，都督前鋒及朱雀橋南諸軍事，郗鑒行衛將軍，都督從駕諸軍事，庾亮領左衛將軍；以吏部尚書卞壼行中軍將軍。郗鑒以爲軍號無益事實，固辭不受，請召臨淮太守蘇峻、兖州刺史劉遐同討敦。詔徵峻、遐及徐州刺史王邃、豫州刺史祖約、廣陵太守陶瞻等入衛京師。帝屯于中堂。司徒導聞敦疾篤，帥子弟爲敦發哀，衆以爲敦信死，咸有奮志。於是尚書騰詔下敦府，列敦罪惡曰：「敦輒立兄息以自承代，未有宰相繼體而不由王命者也。頑凶相獎，無所顧忌，志騁凶醜，以窺神器。天不長姦，敦以隕斃。鳳承凶宄，彌復煽逆。今遣司徒導等虎旅三萬，十道並進；平西將軍邃等精鋭三萬，水陸齊勢；朕親統諸軍，討鳳之罪。有能殺鳳送首，封五千户侯。諸文武爲敦所授用者，一無所問，無或猜嫌，以取誅滅。敦之將士，從敦彌年，違離家室，朕甚愍之。其單丁在軍，皆遣歸家，終身不調；其餘皆與假三年，休訖還臺，當與宿衛同例三番。」

敦見詔甚怒，而病轉篤，不能自將。將舉兵伐京師，使記室郭璞筮之。璞曰：「無成。」敦素疑璞助温嶠、庾亮，及聞卦凶，乃問璞曰：「卿更筮吾壽幾何？」璞曰：「思向卦，明公起事，必禍不久；若住武昌，壽不可測。」敦大怒曰：「卿壽幾何？」曰：「命盡今日日中。」敦乃收璞斬之。

敦使錢鳳及冠軍將軍鄧岳、前將軍周撫等帥衆向京師。王含謂敦曰：「此乃家事，吾當自行。」於是以含爲元帥。鳳等問曰：「事克之日，天子云何？」敦曰：「尚未南郊，何得稱天子。便盡卿兵勢，保護東海王及裴妃而已。」乃上疏，以誅姦臣温嶠等爲名。秋七月壬申朔，王含等水陸五萬奄至江寧南岸，人情恟懼。温嶠移屯水北，燒朱雀桁以挫

「今宿衞寡弱，徵兵未至，若賊豕突，危及社稷，宗廟且恐不保，何愛一橋乎！」

司徒導遺含書曰：「近承大將軍困篤，或云已有不諱。尋知錢鳳大嚴，欲肆姦逆。謂兄當抑制不逞，還藩武昌，今乃與犬羊俱下。兄之此舉，謂可得如大將軍昔年之事乎？昔年佞臣亂朝，人懷不寧，如導之徒，心思外濟。今則不然。大將軍來屯于湖，漸失人心，君子危怖，百姓勞弊。臨終之日，委重安期，安期斷乳幾日，又於時望，便可襲宰相之迹邪？自開闢以來，頗有宰相以孺子爲之者乎？諸有耳者，皆知將爲禪代，非人臣之事也。先帝中興，遺愛在民。聖主聰明，德洽朝野。兄乃欲妄萌逆節，凡在人臣，誰不憤歎。導門户小大受國厚恩，今日之事，明目張膽，爲六軍之首，寧爲忠臣而死，不爲無賴而生矣！」含不答。

或以爲「王含、錢鳳衆力百倍，苑城小而不固，宜及軍勢未成，大駕自出拒戰」。郗鑒曰：「羣逆縱逸，勢不可當，可以謀屈，難以力競。且含等號令不一，抄盜相尋，吏民懲往年暴掠，皆人自爲守。乘逆順之勢，何憂不克？且賊無經略遠圖，惟恃豕突一戰，曠日持久，必啓義士之心，令智力得展。今以此弱力敵彼强寇，決勝負於一朝，定成敗於呼吸，萬一蹉跌，雖有申胥之徒，義存投袂，何補於既往哉！」帝乃止。

帝帥諸軍出屯南皇堂。癸酉夜，募壯士，遣將軍段秀、中軍司馬曹渾等帥甲卒千人渡水，掩其未備。平旦，戰於越城，大破之，斬其前鋒將何康。秀，匹磾之弟也。

敦聞含敗，大怒曰：「我兄老婢耳。門户衰，世事去矣。」顧謂參軍吕寶曰：「我當力行。」因作勢而起，困乏，復卧。乃謂其舅少府羊鑒及王應曰：「我死，應便即位，先立朝廷百官，然後營葬事。」敦尋卒，應祕不發喪，裹尸以席，蠟塗其外，埋於廳事中。與諸葛瑶等日夜縱酒淫樂。帝使吴興沈楨説沈充，許以爲司空。充曰：「三司具瞻之重，豈吾所任。幣厚言甘，古人所畏也。且丈夫共事，終始當同，豈可中道改易，人誰容我乎！」遂舉兵趣建康。宗正卿虞潭以疾歸會稽，聞之，起兵餘姚以討充。帝以潭領會稽内史。前安東將軍劉超、宣城内史鍾雅皆起兵以討充。義興人周蹇殺王敦所署太守劉芳，平西將軍祖約逐敦所署淮南太守任台。

沈充帥衆萬餘人與王含軍合，司馬顧颺説充曰：「今舉大事，而天子已扼其咽喉，鋒摧氣沮，相持日久，必致禍敗。今若决破栅塘，因湖水以灌京邑，乘水勢，縱舟師以攻之，此上策也。藉初至之鋭，并東西軍之力，十道俱進，衆寡過倍，理必摧陷，中策也。轉禍爲福，召錢鳳計事，因斬之以降，下策也。」充皆不能用，颺逃歸于吴。

丁亥，劉遐、蘇峻等帥精卒萬人至，帝夜見，勞之，賜將士各有差。沈充、錢鳳欲因北軍初到疲困，擊之。乙未夜，充、鳳從竹格渚渡淮，護軍將軍應詹、建威將軍趙胤等拒戰，不利。充、鳳至宣陽門，拔栅，將戰，劉遐、蘇峻自南塘横擊，大破之，赴水死者三千人。遐又破沈充于青溪。尋陽太守周光聞敦舉兵，帥千餘人來赴。既至，求見敦，王應辭以疾。光退曰：「今我遠來而不得見，公其死乎？」遽見其兄撫曰：「王公已死，兄何爲與錢鳳作賊？」衆皆愕然。

丙申，王含等燒營夜遁。丁酉，帝還宫，大赦，惟敦黨不原。命庾亮督蘇峻等追沈充於吴興，温嶠督劉遐等追王含、錢鳳於江寧，分命諸將追其黨與。劉遐軍人頗縱虜掠，嶠責之曰：「天道助順，故王含勦絶，豈可因亂爲亂也！」遐惶恐拜謝。

王含欲奔荆州，王應曰：「不如江州。」含曰：「大將軍平素與江州云何而欲歸之？」應曰：「此乃所以宜歸也。江州當人强盛時，能立同異，此非常人所及；今覩困厄，必有愍惻之心。荆州守文，豈能意外行事邪！」含不從，遂奔荆州。王舒遣軍迎之，沈含父子於江。王彬聞應當來，密具舟以待之；不至，深以爲恨。錢鳳走至闔廬洲，周光斬之，詣闕自贖。沈充走失道，誤入故將吴儒家。儒誘充内重壁中，因笑謂充曰：「三千户侯矣。」充曰：「爾以義存我，我家必厚報汝。若以利殺我，我死，汝族滅矣。」儒遂殺之，傳首建康。敦黨悉平。充子勁當坐誅，鄉人錢舉匿之，得免。其後勁竟滅吴氏。

有司發王敦瘞，出尸，焚其衣冠，跽而斬之，與沈充首同懸于南桁。郗鑒言於帝曰：「前朝誅楊駿等，皆先極官刑，後聽私殯。臣以爲王誅加於上，私義行於下，宜聽敦家收葬，於義爲弘。」帝許之。司徒導等皆以討敦功，受封賞。

周撫與鄧岳俱亡，周光欲資給其兄而取岳。撫怒曰：「我與伯山同亡，何不先斬我。」會岳至，撫出門遥謂之曰：「何不速去！今骨肉尚欲相危，況他人乎！」岳迴舟而走，與撫共入西陽蠻中。明年，詔原敦黨，撫、岳出首，得免死，禁錮。

故吴内史張茂妻陸氏，傾家産，帥茂部曲爲先登以討沈充，報其夫仇。充敗，陸氏詣闕上書，爲茂謝不克之責，詔贈茂太僕。

有司奏：「王彬等敦之親族，皆當除名。」詔曰：「司徒導以大義滅親，猶將百世宥之，況彬等皆公之近親乎！」悉無所問。

有詔：「王敦綱紀除名，參佐禁錮。」温嶠上疏曰：「王敦剛愎不仁，忍行殺戮，朝廷所不能制，骨肉所不能諫。處其朝者，恒懼危亡，故人士結舌，道路以目，誠賢人君子道窮數盡，遵養時晦之辰也。原其私心，豈遑晏處。如陸玩、劉胤、郭璞之徒常與臣言，備知之矣。必其贊導凶悖，自當正以典刑；如其枉陷姦黨，謂宜施之寬貸。臣以玩等之誠聞於聖聽，當受同賊之責，苟默而不言，實負其心。惟陛下仁聖裁之。」郗鑒以爲「先王立君臣之教，貴於伏節死義。王敦佐史，雖多逼迫，然進不能止其逆謀，退不能脱身遠遁，準之前訓，宜加義責」。帝卒從嶠議。

冬十月，以司徒導爲太保，領司徒，加殊禮，西陽王羕領太尉，應詹爲江州刺史，劉遐爲徐州刺史，代王邃鎮淮陰，蘇峻爲歷陽内史，加庾亮護軍將軍，温嶠前將軍。導固辭不受。應詹至江州，吏民未安，詹撫而懷之，莫不悦服。

三年春二月，贈故譙王承、甘卓、戴淵、周顗、虞望、郭璞、王澄等官。周札故吏爲札訟冤。尚書卞壼議，以爲「札守石頭，開門延寇，不當贈謚」。司徒導以爲「往年之事，敦姦逆未彰，自臣等有識以上皆所未悟，與札無異。即悟其姦，札便以身許國，尋取梟夷。臣謂宜與周、戴同例」。郗鑒以爲「周、戴死節，周札延寇，事異賞均，何以勸沮。如司徒議，謂往年有識以上皆與札無異，則譙王、周、戴皆應受責，何贈謚之有？今三臣既褒，則札宜受貶明矣」。導曰：「札與譙王、周、戴雖所見有異同，皆人臣之節也。」鑒曰：「敦之逆謀，履霜日久，緣札開門，令王師不振。若敦前者之舉，義同桓、文，則先帝可爲幽、厲邪！」然卒用導議，贈札衛尉。

蘇峻之亂

晉成帝咸和元年。初，王導輔政，以寬和得衆。及庾亮用事，任法裁物，頗失人心。豫州刺史祖約，自以名輩不後郗、卞，而不豫顧命，又望開府復不得，及諸表請多不見許，遂懷怨望。及遺詔褒進大臣，又不及約與陶侃，二人皆疑庾亮刪之。歷陽内史蘇峻有功於國，威望漸著，有鋭卒萬人，器械甚精，朝廷以江外寄之。而峻頗懷驕溢，有輕朝廷之志，招納亡命，衆力日多，皆仰食縣官，運漕相屬，稍不如意，輒肆忿言。亮既疑峻、約，又畏侃之得衆，八月，以丹楊尹温嶠爲都督江州諸軍事、江州刺史，鎮武昌；尚書僕射王舒爲會稽内史，以廣聲援；又修石頭以備之。

丹楊尹阮孚以太后臨朝，政出舅族，謂所親曰：「今江東創業尚淺，主幼時艱，庾亮年少，德信未孚，以吾觀之，亂將作矣。」遂求出爲廣州刺史。孚，咸之子也。

冬十月，南頓王宗自以失職怨望，又素與蘇峻善，庾亮欲誅之，宗亦欲廢執政。御史中丞鍾雅劾宗謀反，亮使右衛將軍趙胤收之。宗以兵拒戰，爲胤所殺，貶其族爲馬氏，三子綽、超、演皆廢爲庶人。免太宰西陽王羕，降封弋陽縣王，大宗正虞胤左遷桂陽太守。宗，宗室近屬。羕，先帝保傅。亮一旦翦黜，由是愈失遠近之心。宗黨卞闡亡奔蘇峻，亮符峻送闡，峻保匿不與。宗之死也，帝不之知，久之，帝問亮曰：「常日白頭公何在？」亮對以謀反伏誅。帝泣曰：「舅言人作賊便殺之，人言舅作賊當如何？」亮懼，變色。

二年冬十月，庾亮以蘇峻在歷陽，終爲禍亂，欲下詔徵之，訪於司徒導。導曰：「峻猜險，必不奉詔，不若且苞容之。」亮言於朝曰：「峻狼子野心，終必爲亂。今日徵之，縱不順命，爲禍猶淺；若復經年，不可復制，猶七國之於漢也。」朝臣無敢難者，獨光禄大夫卞壼争之曰：「峻擁强兵，逼近京邑，路不終朝，一旦有變，易爲蹉跌，宜深思之。」亮不從。壼知必敗，與温嶠書曰：「元規召峻意定，此國之大事。峻已出狂意，而召之，是更速其禍也，必縱毒蠆以向朝廷。朝廷威力雖盛，不知果可擒不？王公亦同此情。吾與之争，甚懇切，不能如之何。本出足下以爲外援，而今更恨足下在外，不得相與共諫止之，或當相從耳。」嶠亦累書止亮。舉朝以爲不可，亮皆不聽。

峻聞之，遣司馬何仍詣亮曰：「討賊外任，遠近惟命，至於内輔，實非所堪。」亮不許。召北中郎將郭默爲後將軍、領屯騎校尉，司徒右長史庾冰爲吴國内史，皆將兵以備峻。冰，亮之弟也。於是下優詔徵峻爲大司農，加散騎常侍，位特進，以弟逸代領部曲。峻上表曰：「昔明皇帝親執臣手，使臣北討胡寇。今中原未靖，臣何敢即安，乞補青州界一荒郡，以展鷹犬之用。」復不許。峻嚴裝將赴召，猶豫未決。參軍任讓謂峻曰：「將軍求處荒郡而不見許，事勢如此，恐無生路，不如勒兵自守。」阜陵令匡術亦勸峻反。峻遂不應命。

温嶠聞之，即欲帥衆下衛建康，三吳亦欲起義兵。亮並不聽，而報嶠書曰：「吾憂西陲，過於歷陽，足下無過雷池一步也。」朝廷遣使諭峻，峻曰：「臺下云我欲反，豈得活邪！我寧山頭望廷尉，不能廷尉望山頭。往者國家危如累卵，非我不濟。狡兔既死，獵犬宜烹，但當死報造謀者耳。」

峻知祖約怨朝廷，乃遣參軍徐會推崇約，請共討庾亮。約大喜，其從子智、衍並勸成之。譙國内史桓宣謂智曰：「本以强胡未滅，將戮力討之。使君若欲爲雄霸，何不助國討峻，則威名自舉。今乃與峻俱反，此安得久乎！」智不從。宣詣約請見，約知其欲諫，拒而不内。宣遂絶約，不與之同。十一月，約遣兄子沛内史渙、女壻淮南太守許柳以兵會峻。逖妻，柳之姊也，固諫不從。詔復以卞壼爲尚書令、領右衛將軍，以會稽内史王舒行揚州刺史事，吳興太守虞潭督三吳等諸郡軍事。

尚書左丞孔坦、司徒司馬丹楊陶回言於王導，請「及峻未至，急斷阜陵，守江西當利諸口，彼少我衆，一戰決矣。若峻未來，可往逼其城。今不先往，峻必先至，峻至則人心危駭，難與戰矣。此時不可失也。」導然之，庾亮不從。十二月辛亥，蘇峻使其將韓晃、張健等襲陷姑孰，取鹽、米，亮方悔之。

壬子，彭城王雄、章武王休叛奔峻。雄，釋之子也。

庚申，京師戒嚴，假庾亮節，都督征討諸軍事。以左衛將軍趙胤爲歷陽太守，使左將軍司馬流將兵據慈湖以拒峻。以前射聲校尉劉超爲左衛將軍，侍中褚翜典征討軍事。亮使弟翼以白衣領數百人備石頭。

宣城内史桓彝欲起兵以赴朝廷，其長史裨惠以郡兵寡弱，山民易擾，謂宜且案甲以待之。彝厲色曰：「『見無禮於其君者，若鷹鸇之逐鳥雀。』今社稷危逼，義無宴安。」辛未，彝進屯蕪湖，韓晃擊破之，因進攻宣城。彝退保廣德，晃大掠諸縣而還。徐州刺史郗鑒欲帥所領赴難，詔以北寇，不許。

三年春正月，温嶠入救建康，軍于尋陽。韓晃襲司馬流於慈湖。流素懦怯，將戰，食炙不知口處，兵敗而死。

丁未，蘇峻帥祖渙、許柳等衆二萬人，濟自横江，登牛渚，軍于陵口。臺兵禦之，屢敗。二月庚戌，峻至蔣陵覆舟山。陶回謂庾亮曰：「峻知石頭有重戍，不敢直下，必向小丹楊，南道步來。宜伏兵邀之，可一戰擒也。」亮不從。峻果自小丹楊來，迷失道，夜行，無復部分。亮聞，乃悔之。朝士以京邑危逼，多遣家人入東避難，左衛將軍劉超獨遷妻孥入居宫内。

詔以卞壼都督大桁東諸軍事，與侍中鍾雅帥郭默、趙胤等軍及峻戰于西陵。壼等大敗，死傷以千數。丙辰，峻攻青溪柵，卞壼帥諸軍拒擊，不能禁。峻因風縱火，燒臺省及諸營寺署，一時蕩盡。壼背癰新愈，創猶未合，力疾帥左右苦戰而死；二子眕、盱隨父後亦赴敵而死。其母撫尸哭曰：「父爲忠臣，子爲孝子，夫何恨乎！」

丹楊尹羊曼勒兵守雲龍門，與黄門侍郎周導、廬江太守陶瞻皆戰死。庾亮帥衆將陳于宣陽門内，未及成列，士衆皆棄甲走，亮與弟懌、條、翼及郭默、趙胤俱奔尋陽。將行，顧謂鍾雅曰：「後事深以相委。」雅曰：「棟折榱崩，誰之咎也！」亮曰：「今日之事，不容復言。」亮乘小船，亂兵相剥掠。亮左右射賊，誤中柁工，應弦而倒。船上咸失色，欲散，亮不動，徐曰：「此手何可使著賊。」衆乃安。

峻兵入臺城，司徒導謂侍中褚翜曰：「至尊當御正殿，君可啓令速出。」翜即入上閤，躬自抱帝登太極前殿，導及光禄大夫陸曄、荀崧、尚書張闓共登御床，擁衛帝。以劉超爲右衛將軍，使與鍾雅、褚翜侍立左右，太常孔愉朝服守宗廟。時百官奔散，殿省蕭然。峻兵既入，叱褚翜令下。翜正立不動，呵之曰：「蘇冠軍來覲至尊，軍人豈得侵逼！」由是峻兵不敢上殿，突入後宫，宫人及太后左右侍人皆見掠奪。峻兵驅役百官，光禄勳王彬等皆被捶撻，令負擔登蔣山。裸剥士女，皆以壞席苦草自鄣，無草者坐地以土自覆，哀號之聲，震動内外。

初，姑孰既陷，尚書左丞孔坦謂人曰：「觀峻之勢，必破臺城，自非戰士，不須戎服。」及臺城陷，戎服者多死，白衣者無他。時官有布二十萬匹，金銀五千斤，錢億萬，絹數萬匹，他物稱是，峻盡費之，太官惟有燒餘米數石以供御膳。

或謂鍾雅曰：「君性亮直，必不容於寇讎，盍早爲之計。」雅曰：「國亂不能匡，君危不能濟，各遁逃以求免，何以爲臣！」

丁巳，峻稱詔大赦，惟庾亮兄弟不在原例。以王導有德望，猶使以本官居己之右。祖約爲侍中、太尉、尚書令，峻自爲驃騎將軍、録尚書事，許柳爲丹楊尹，馬雄爲左衛將軍，祖涣爲驍騎將軍。弋陽王羕詣峻，稱述峻功，峻復以羕爲西陽王、太宰、録尚書事。

峻遣兵攻吴國内史庾冰，冰不能禦，棄郡奔會稽，至浙江，峻購之甚急。吴鈴下卒引冰入船，以蘧蒢覆之，吟嘯鼓枻，泝流而去。每逢邏所，輒以杖叩船曰：「何處覓庾冰，庾冰正在此。」人以爲醉，不疑之，冰僅免。峻以侍中蔡謨爲吴國内史。

温嶠聞建康不守，號慟。人有候之者，悲哭相對。庾亮至尋陽，宣太后詔，以嶠爲驃騎將軍、開府儀同三司，又加徐州刺史郗鑒司空。

嶠曰：「今日當以滅賊爲急，未有功而先拜官，將何以示天下！」遂不受。嶠素重亮，亮雖奔敗，嶠愈推奉之，分兵給亮。

三月，蘇峻南屯于湖。

夏四月，庾亮、温嶠將起兵討蘇峻，而道路斷絶，不知建康聲聞。會南陽范汪至尋陽，言：「峻政令不壹，貪暴縱横，滅亡已兆，雖强易弱，朝廷有倒懸之急，宜時進討。」嶠深納之。亮辟汪參護軍事。

亮、嶠互相推爲盟主。嶠從弟充曰：「陶征西位重兵强，宜共推之。」嶠乃遣督護王愆期詣荆州，邀陶侃與之同赴國難。侃猶以不預顧命爲恨，答曰：「吾疆埸外將，不敢越局。」嶠屢説不能回，乃順侃意，遣使謂之曰：「仁公且守，僕當先下。」使者去已二日，平南參軍滎陽毛寶别使還，聞之，説嶠曰：「凡舉大事，當與天下共之。師克在和，不宜異同。假令可疑，猶當外示不覺，況自爲攜貳邪。宜急追信改書，言必應俱進，若不及前信，當更遣使。」嶠意悟，即追使者改書。侃果許之，遣督護龔登帥兵詣嶠。嶠有衆七千，於是列上尚書，陳祖約、蘇峻罪狀，移告征鎮，灑泣登舟。

陶侃復追龔登還。嶠遺侃書曰：「夫軍有進而無退，可增而不可減。近已移檄遠近，言於盟府，刻後月半大舉，諸郡軍並在路次，惟須仁公軍至，便齊進耳。仁公今召軍還，疑惑遠近，成敗之由，將在於此。僕才輕任重，實憑仁公篤愛，遠稟成規。至於首啓戎行，不敢有辭，僕與仁公，如首尾相衛，脣齒相依也。恐或者不達高旨，將謂仁公緩於討賊，此聲難追。僕與仁公並受方嶽之任，安危休戚，理既同之。且自頃之顧，綢繆往來，情深義重，一旦有急，亦望仁公悉衆見救，況社稷之難乎！今日之憂，豈惟僕一州，文武莫不翹企。假令此州不守，約、峻樹置官長於此，荆楚西逼强胡，東接逆賊，因之以饑饉，將來之危，乃當甚於此州之今日也。仁公進當爲大晉之忠臣，參桓、文之功；退當以慈父之情，雪愛子之痛。今約、峻凶逆無道，痛感天地，人心齊壹，咸皆切齒。今之進討，若以石投卵耳，苟復召兵還，是爲敗於幾成也。願深察所陳。」王愆期謂侃曰：「蘇峻豺狼也，如得遂志，四海雖廣，公寧有容足之地乎？」侃深感悟，即戎服登舟。瞻喪至不臨，晝夜兼道而進。

郗鑒在廣陵，城孤糧少，逼近胡寇，人無固志。得詔書，即流涕誓衆，入赴國難，將士爭奮。遣將軍夏侯長等間行謂温嶠曰：「或聞賊欲挾天子東入會稽，當先立營壘，屯據要害，既防其越逸，又斷賊糧運，然後清野堅壁以待賊。賊攻城不拔，野無所掠，東道既斷，糧運自絶，必自潰矣。」嶠深以爲然。

五月，陶侃帥衆至尋陽。議者咸謂侃欲誅庾亮，以謝天下。亮甚懼，用温嶠計，詣侃拜謝。侃驚止之曰：「庾元規乃拜陶士行邪！」亮引咎自責，風止可觀，侃不覺釋然曰：「君侯脩石頭以擬老子，今日反見求邪！」即與之談宴終日，遂與亮、嶠同趣建康。戊卒四萬，旌旗七百餘里，鉦鼓之聲震於遠近。

蘇峻聞西方兵起，用參軍賈寧計，自姑孰還據石頭，分兵以拒侃等。乙未，峻逼遷帝於石頭，司徒導固爭，不從。帝哀泣升車，宮中慟哭。時天大雨，道路泥濘，劉超、鍾雅步侍左右，峻給馬，不肯乘，而悲哀慷慨。峻聞而惡之，然未敢殺也。以其親信許方等補司馬督、殿中監，外託宿衛，内實防禦超等。峻以倉屋爲帝宮，日來帝前肆醜言。劉超、鍾雅與右光禄大夫荀崧、金紫光禄大夫華恒、尚書荀邃、侍中丁潭侍從，不離帝側。時饑饉米貴，峻問遺，超一無所受。繾綣朝夕，臣節愈恭，雖居幽厄之中，超猶啓帝授孝經、論語。

峻使左光禄大夫陸曄守留臺，逼迫居民，盡聚之後苑，使匡術守苑城。

尚書左丞孔坦奔陶侃，侃以爲長史。

初，蘇峻遣尚書張闓權督東軍，司徒導密令以太后詔諭三吴吏士，使起義兵救天子。會稽内史王舒以庾冰行奮武將軍，使將兵一萬西渡浙江。於是吴興太守虞潭、吴國内史蔡謨、前義興太守顧衆等，皆舉兵應之。潭母孫氏謂潭曰：「汝當捨生取義，勿以吾老爲累。」盡遣其家僮從軍，鬻其環珮以爲軍資。謨以庾冰當還舊任，即去郡以讓冰。

蘇峻聞東方兵起，遣其將管商、張健、弘徽等拒之。虞潭等與戰，互有勝負，未能得前。

陶侃、温嶠軍于茄子浦。嶠以南兵習水，蘇峻兵便步，令將士有上岸者死。會峻送米萬斛饋祖約，約遣司馬桓撫等迎之。毛寶帥千人爲嶠前鋒，告其衆曰：「兵法軍令有所不從，豈可視賊可擊，不上岸擊之邪？」乃擅往襲撫，悉獲其米，斬獲萬計，約由是飢乏。嶠表寶爲廬江太守。

陶侃表王舒監浙東軍事，虞潭監浙西軍事，郗鑒都督揚州八郡諸軍事，令舒、潭皆受鑒節度。鑒帥衆渡江，與侃等會于茄子浦，雍州刺史魏該亦以兵會之。

丙辰，侃等舟師直指石頭，至于蔡州。侃屯查浦，嶠屯沙門浦。峻登烽火樓，望見士衆之盛，有懼色，謂左右曰：「吾本知温嶠能得衆也。」

庾亮遣督護王彰擊峻黨張曜，反爲所敗。亮送節傳以謝侃，侃答曰：「古人三敗，君侯始二。當今事急，不宜數爾。」亮司馬陳郡殷融詣侃謝曰：「將軍爲此，非融等所裁。」王彰至曰：「彰自爲之，將軍不知也。」侃曰：「昔殷融爲君子，王彰爲小人；今王彰爲君子，殷融爲小人。」

宣城内史桓彝聞京城不守，慷慨流涕，進屯涇縣。時州郡多遣使降蘇峻，裨惠復勸彝如宜且與通使，以紓交至之禍。彝曰：「吾受國厚恩，義在致死，焉能忍恥與逆臣通問。其不濟，此則命也。」彝遣將軍俞縱守蘭石，峻遣其將韓晃攻之。縱將敗，左右勸縱退軍。縱曰：「吾受桓侯厚恩，當以死報。吾之不可負桓侯，猶桓侯之不負國也。」遂力戰而死。晃進軍攻彝，六月，城陷，執彝殺之。

諸軍初至石頭，即欲決戰。陶侃曰：「賊衆方盛，難與爭鋒，當以歲月，智計破之。」既而屢戰無功，監軍部將李根請築白石壘，侃從之。夜築壘，至曉而成。聞峻軍嚴聲，諸將咸懼其來攻。孔坦曰：「不然。若峻攻壘，必須東北風急，令我水軍不得往救。今天清靜，賊必不來。所以嚴者，必遣軍出江乘，掠京口以東矣。」已而果然。侃使庾亮以二千人守白石，峻帥步騎萬餘四面攻之，不克。王舒、虞潭等數與峻兵戰，不利。孔坦曰：「本不須召郗公，遂使東門無限。今宜遣還，雖晚猶勝不也。」侃乃令鑒與後將軍郭默還據京口，立大業、曲阿、庱亭三壘以分峻之兵勢，使郭默守大業。

壬辰，魏該卒。

祖約遣祖渙桓撫襲湓口，陶侃聞之，將自擊之。毛寶曰：「義軍恃公，公不可動，寶請討之。」侃從之。渙、撫過皖，因攻譙國內史桓宣，寶往救之，爲渙、撫所敗，箭貫寶髀，徹鞍，寶使人蹋鞍拔箭，血流滿鞾。還擊渙、撫，破走之，宣乃得出，歸于温嶠。寶進攻祖約軍于東關，拔合肥戍，會嶠召之，復歸石頭。

祖約諸將陰與後趙通謀，許爲内應。後趙將石聰、石堪引兵濟淮攻壽春。秋七月，約衆潰，奔歷陽，聰等虜壽春二萬餘户而歸。

蘇峻腹心路永、匡術、賈寧聞祖約敗，恐事不濟，勸峻盡誅司徒導等諸大臣，更樹腹心。峻雅敬導，不許。永等更貳於峻，導使參軍袁耽潛誘永，使歸順。九月戊申，導攜二子與永皆奔白石。耽，渙之曾孫也。

陶侃、温嶠等與蘇峻久相持不决，峻分遣諸將東西攻掠，所嚮多捷，人情恟懼。朝士之奔西軍者皆曰：「峻狡黠有膽决，其徒驍勇，所向無敵。若天討有罪，則峻終滅亡；止以人事言之，未易除也。」温嶠怒曰：「諸君怯懦，乃更譽賊！」及累戰不勝，嶠亦憚之。

嶠軍食盡，貸於陶侃。侃怒曰：「使君前云不憂無良將及兵食，惟欲得老僕爲主耳。今數戰皆北，良將安在？荆州接胡、蜀二虜，當備不虞，若復無食，僕便欲西歸，更思良算，徐來殄賊，不爲晚也。」嶠曰：「凡師克在和，古之善教也。光武之濟昆陽，曹公之拔官渡，以寡敵衆，杖義故也。峻、約小豎，凶逆滔天，何憂不滅。峻驟勝而驕，自謂無前，今挑之戰，可一鼓而擒也。奈何捨垂立之功，設進退之計乎！且天子幽逼，社稷危殆，乃四海臣子肝腦塗地之日。嶠等與公並受國恩，事若克濟，則臣主同祚，如其不捷，當灰身以謝先帝耳。今之事勢，義無旋踵，譬如騎虎，安可中下哉。公若違衆獨返，人心必沮。沮衆敗事，義旗將迴指於公矣。」毛寶言於嶠曰：「下官能留陶公。」乃往說侃曰：「公本應鎮蕪湖，爲南北勢援。前既已下，勢不可還。且軍政有進無退，非直整齊三軍，示衆必死而已，亦謂退無所據，終至滅亡。往者杜弢非不强盛，公竟滅之，何至於峻獨不可破邪？賊亦畏死，非皆勇健，公可試與寶兵，使上岸斷賊資糧，若寶不立效，然後公去，人心不恨矣。」侃然之，加寶督護而遣之。竟陵太守李陽説侃曰：「今大事若不濟，公雖有粟，安得而食諸。」侃乃分米五萬石以餉嶠軍。毛寶燒峻句容、湖孰積聚，峻軍乏食。侃遂留不去。

張健、韓晃等急攻大業，壘中乏水，人飲糞汁。郭默懼，潛突圍出外，留兵守之。郗鑒在京口，軍士聞之皆失色。參軍曹納曰：「大業，京口之扞蔽也，一旦不守，則賊兵徑至，不可當也。請還廣陵，以俟後舉。」鑒大會僚佐，責納曰：「吾受先帝顧託之重，正復捐軀九泉，不足報塞。今强寇在近，衆心危逼，君腹心之佐，而生長異端，當何以帥先義衆，鎮壹三軍邪！」將斬之，久乃得釋。

陶侃將救大業，長史殷羨曰：「吾兵不習步戰，救大業而不捷，則大事去矣。不如急攻石頭，則大業自解。」侃從之。羡，融之兄也。庚午，侃督水軍向石頭。庾亮、温嶠、趙胤帥步兵萬人從白石南上，欲挑戰。峻將八千人逆戰，遣其子碩及其將匡孝分兵先薄趙胤軍，敗之。峻方勞其將士，乘醉望見胤走，曰：「孝能破賊，我更不如邪！」因舍其衆，與數騎北下突陳，不得入，將回趨白木陂，馬躓，侃部將彭世、李千等投之以矛，峻墜馬，斬首，臠割之，焚其骨，三軍皆稱萬歲。餘衆大潰。峻司馬任讓等共立峻弟逸爲主，閉城自守。温嶠乃立行臺，布告遠近，凡故吏二千石以下皆令赴臺，於是至者雲集。韓晃聞峻死，引兵趣石頭。管商、弘徽攻庱亭壘，督護李閎、輕車長史滕含擊破之。含，脩之孫也。商走詣庾亮降，餘衆皆歸張健。

四年春正月，光禄大夫陸曄及弟尚書左僕射玩説匡術以苑城附于西軍，百官皆赴之，推曄督宫城軍事。陶侃命毛寶守南城，鄧岳守西城。

右衛將軍劉超、侍中鍾雅與建康令管旆等謀奉帝出赴西軍，事泄，蘇逸使其將任讓將兵入宫收超、雅。帝抱持悲泣曰：「還我侍中、右衛！」讓奪而殺之。初，讓少無行，太常華恒爲本州大中正，黜其品。及讓爲蘇峻將，乘勢多所誅殺，見恒輒恭敬，不敢縱暴。及鍾、劉之死，蘇逸欲并殺恒，讓盡心救衛，恒乃得免。

冠軍將軍趙胤遣部將甘苗擊祖約于歷陽。戊辰，約夜帥左右數百人奔後趙，其將牽騰帥衆出降。

蘇逸、蘇碩、韓晃并力攻臺城，焚太極東堂及祕閣，毛寶登城，射殺數千人。晃謂寶曰：「君名勇果，何不出鬬？」寶曰：「君名健將，何不入鬬？」晃笑而退。

二月丙戌，諸軍攻石頭。建威長史滕含擊蘇逸，大破之。蘇碩帥驍勇數百渡淮而戰，温嶠擊斬之。韓晃等懼，以其衆就張健於曲阿，門隘不得出，更相蹈藉，死者萬數。西軍獲蘇逸，斬之。滕含部將曹據抱帝奔温嶠船，羣臣見帝，頓首號泣請罪。殺西陽王羕，并其二子播、充、孫崧及彭城王雄。陶侃與任讓有舊，爲請其死。帝曰：「是殺吾侍中、右衛者，不可赦也。」乃殺之。司徒導入石頭，令取故節。陶侃笑曰：「蘇武節似不如是。」導有慚色。丁亥，大赦。

張健疑弘、徽等貳於己，皆殺之；帥舟師自延陵將入吳興，乙未，揚烈將軍王允之與戰，大破之，獲男女萬餘口。健復與韓晃、馬雄等輕軍西趨故鄣，郗鑒遣參軍李閎追之，及於平陵山，皆斬之。

是時宮闕灰燼，以建平園爲宮。温嶠欲遷都豫章，三吳之豪請都會稽，二論紛紜，未決。司徒導曰：「孫仲謀、劉玄德俱言『建康王者之宅』。古之帝王，不必以豐儉移都。苟務本節用，何憂彫弊；若農事不修，則樂土爲墟矣。且北寇游魂，伺我之隙，一旦示弱，竄於蠻越，求之望實，懼非良計。今特宜鎮之以靜，羣情自安。」由是不復徙都。以褚翜爲丹楊尹。時兵火之後，民物彫殘，翜收集散亡，京邑遂安。

三月壬子，論平蘇峻功，以陶侃爲侍中、太尉，封長沙郡公，加都督交廣寧州諸軍事；郗鑒爲侍中、司空、南昌縣公；温嶠爲驃騎將軍、開府儀同三司，加散騎常侍，始安郡公；陸曄進爵江陵公。自餘賜爵侯、伯、子、男者甚衆。卞壼及二子眕、盱，桓彝、劉超、鍾雅、羊曼、陶瞻皆加贈謚。路永、匡術、賈寧皆蘇峻之黨也，峻未敗，永等去峻歸朝廷。王導欲賞以官爵，温嶠曰：「永等皆峻之腹心，首爲亂階，罪莫大焉。晚雖改悟，未足以贖前罪，得全首領，爲幸多矣，豈可復褒寵之哉！」導乃止。

陶侃以江陵偏遠，移鎮巴陵。朝議欲留温嶠輔政，嶠以王導先帝所任，固辭還藩，又以京邑荒殘，資用不給，乃留資蓄具器用而後旋于武昌。

帝之出石頭也，庾亮見帝，稽顙哽咽，詔亮與大臣俱升御座。明日，亮復泥首謝罪，乞骸骨，欲闔門投竄山海。帝遣尚書、侍中手詔慰喻曰：「此社稷之難，非舅之責也。」亮上疏自陳：「祖約、蘇峻縱肆凶逆，罪由臣發，寸斬屠戮，不足以謝七廟之靈，塞四海之責。朝廷復何理齒臣於人次，臣亦何顏自次於人理。願陛下雖垂寬宥，全其首領，猶宜棄之，任其自存自没，則天下粗知勸戒之綱矣。」優詔不許。亮又欲遁逃山海，自暨陽東出，詔有司録奪舟船。亮乃求外鎮自效，出爲都督豫州揚州之江西宣城諸軍事，豫州刺史，領宣城內史，鎮蕪湖。

陶侃、温嶠之討蘇峻也，移檄征鎮，使各引兵入援。湘州刺史益陽侯卞敦擁兵不赴，又不給軍糧，遣督護將數百人隨大軍而已，朝野莫不怪歎。及峻平，陶侃奏敦阻軍顧望，不赴國難，請檻車收付廷尉。王導以喪亂之後，宜加寬宥，轉敦安南將軍、廣州刺史；病不赴，徵爲光禄大夫，領少府。敦憂愧而卒，追贈本官，加散騎常侍，謚曰敬。

臣光曰：庾亮以外戚輔政，首發禍機，國破君危，竄身苟免。卞敦位列方鎮，兵糧俱足，朝廷顛覆，坐觀勝負。人臣之罪，孰大於此。既不能明正典刑，又以寵禄報之，晉室無政，亦可知矣，任是責者，豈非王導乎！

燕討段遼 討宇文附

晉明帝太寧三年冬十一月，慕容廆與段氏方睦，爲段牙謀，使之徙都。牙從之，即去令支，國人不樂。段疾陸眷之孫遼欲奪其位，以徙都爲牙罪，十二月，帥國人攻牙，殺之，自立。段氏自務勿塵以來，日益强盛，其地西接漁陽，東界遼水，所統胡、晉三萬餘户，控弦四五萬騎。

成帝咸和八年夏五月甲寅，遼東武宣公慕容廆卒。六月，世子皝以平北將軍行平州刺史，督攝部内。

慕容皝初嗣位，用法嚴峻，國人多不自安。主簿皇甫真切諫，不聽。皝庶兄建威將軍翰、母弟征虜將軍仁，有勇略，屢立戰功，得士心，季弟昭，有才藝；皆有寵於廆，皝忌之。翰歎曰：「吾受事於先公，不敢不盡力，幸賴先公之靈，所嚮有功，此乃天贊吾國，非人力也。而人謂吾之所辦，以爲雄才難制，吾豈可坐而待禍邪。」乃與其子出奔段氏。段遼素聞其才，冀收其用，甚愛重之。

〔冬十月〕，仁自平郭來奔喪，謂昭曰：「吾等素驕，多無禮於嗣君。嗣君剛嚴，無罪猶可畏，況有罪乎！」昭曰：「吾輩皆體正嫡，於國有分。兄素得士心，我在内未爲所疑，伺其間隙，除之不難。兄趣舉兵以來，我爲内應，事成之日，與我遼東。男子舉事，不克則死，不能效建威偷生異域也。」仁曰：「善。」遂還平郭。閏月，仁舉兵而西。

或以仁、昭之謀告皝，皝未之信，遣使按驗。仁兵已至黄水，知事露，殺使者，還據平郭。皝賜昭死。遣軍祭酒封奕慰撫遼東。以高詡爲廣武將軍，將兵五千，與庶弟建武將軍幼、稚、廣威將軍軍、寧遠將軍汗、司馬遼東佟壽共討仁。與仁戰於汶城北，皝兵大敗，幼、稚軍皆爲仁所獲。壽嘗爲仁司馬，遂降於仁。前大農孫機等舉遼東城以應仁，封奕不得入，與汗俱還。東夷校尉封抽、護軍平原乙逸、遼東相太原韓矯皆棄城走，於是仁盡有遼東之地，段遼及鮮卑諸部皆與仁遥相應援。皝追思皇甫真之言，以真爲平州别駕。

九年春二月，慕容仁以司馬翟楷領東夷校尉，前平州别駕龐鑒領遼東相。

段遼遣兵襲徒河，不克，復遣其弟蘭與慕容翰共攻柳城。柳城都尉石琮、城大慕輿埿并力拒守，蘭等不克而退。遼怒，切責蘭等，必令拔之。休息二旬，復益兵來攻。士皆重袍蒙楯，作飛梯，四面俱進，晝夜不息。琮、埿拒守彌固，殺傷千餘人，卒不能拔。慕容皝遣慕容汗及司馬封奕等共救之。皝戒汗曰：「賊氣鋭，勿與争鋒。」汗性驍果，以千餘騎爲前鋒直進。封奕止之，汗不從。與蘭遇於牛尾谷，汗兵大敗，死者太半。奕整陳力戰，故得不没。

蘭欲乘勝窮追，慕容翰恐遂滅其國，止之曰：「夫爲將當務慎重，審己量敵，非萬全不可動。今雖挫其偏師，未能屈其大勢。皝多權詐，好爲潛伏，若悉國中之衆自將以拒我，我縣軍深入，衆寡不敵，此危道也。且受命之日，正求此捷。若違命貪進，萬一取敗，功名俱喪，何以返面。」蘭曰：「此已成擒，無有餘理，卿正慮遂滅卿國耳。今千年在東，若進而得志，吾將迎之以爲國嗣，終不負卿，使宗廟不祀也。」千年者，慕容仁小字也。翰曰：「吾投身相依，無復還理。國之存亡，於我何有！但欲爲大國之計，且相爲惜功名耳。」乃命所部欲獨還，蘭不得已而從之。

夏四月，慕容仁自稱平州刺史、遼東公。

冬十一月，慕容皝討遼東，甲申，至襄平。遼東人王岌密信請降。師進入城，翟楷、龐鑒單騎走，居就、新昌等縣皆降。皝欲悉阬遼東民，高詡諫曰：「遼東之叛，實非本圖，直畏仁凶威，不得不從。今元惡猶存，始克此城，遽加夷滅，則未下之城無歸善之路矣。」皝乃止。分徙遼東大姓於棘城。以杜羣爲遼東相，安輯遺民。

十二月，慕容仁遣兵襲新昌，督護新興王寓擊走之，遂徙新昌入襄平。

咸康二年春正月，慕容皝將討慕容仁，司馬高詡曰：「仁叛棄君親，民神共怒。前此海未嘗凍，自仁反以來，連年凍者三矣。且仁專備陸道，天其或者欲使吾乘海冰以襲之也。」皝從之。羣僚皆言涉冰危事，不若從陸道。皝曰：「吾計已決，敢沮者斬。」壬午，皝帥其弟軍師將軍評等自昌黎東，踐冰而進，凡三百餘里。至歷林口，捨輜重，輕兵趣平郭。去城七里，候騎以告仁，仁狼狽出戰。張英之俘二使也，仁恨不窮追。及皝至，仁以爲皝復遣偏師輕出寇抄，不知皝自來，謂左右曰：「今兹當不使其匹馬得返矣。」乙未，仁悉衆陳於城之西北。慕容軍帥所部降於皝，仁衆沮動，皝從而縱擊，大破之。仁走，其帳下皆叛，遂擒之。皝先爲斬其帳下之叛者，然後賜仁死。丁衡、游毅、孫機等皆仁所信用也，皝執而斬之。王冰自殺。慕容幼、慕容稚、佟壽、郭充、翟楷、龐鑒皆東走，幼中道而還。皝兵追及楷、鑒，斬之；壽、充奔高麗。自餘吏民爲仁所詿誤者，皝皆赦之。封高詡爲汝陽侯。

夏六月，段遼遣中軍將軍李詠襲慕容皝。詠趣武興，都尉張萌擊擒之。遼別遣段蘭將步騎數萬屯柳城西回水，宇文逸豆歸攻安晋以爲蘭聲援。皝帥步騎五萬向柳城，蘭不戰而遁。皝引兵北趣安晋，逸豆歸棄輜重走，皝遣司馬封奕帥輕騎追擊，大破之。皝謂諸將曰：「二虜恥無功，必將復至，宜於柳城左右設伏以待之。」乃遣封奕帥騎數千伏於馬兜山。三月，段遼果將數千騎來寇抄，奕縱擊，大破之，斬其將榮伯保。

三年春三月，慕容皝於乙連城東築好城以逼乙連，留折衝將軍蘭勃守之。夏四月，段遼以車數千兩輸乙連粟，蘭勃擊而取之。六月，遼又遣其從弟揚威將軍屈雲將精騎夜襲皝子遵於興國城，遵擊破之。

初，北平陽裕事段疾陸眷及遼五世，皆見尊禮。遼數與皝相攻，裕諫曰：「『親仁善鄰，國之寶也』，况慕容氏與我世婚，迭爲甥舅。皝有才德，而我與之構怨，戰無虚月，百姓彫弊，利不補害，臣恐社稷之憂將由此始。願兩追前失，通好如初，以安國息民。」遼不從，出裕爲北平相。

段遼數侵趙邊，〔冬十一月〕，燕王皝遣揚烈將軍宋回稱藩於趙，乞師以討遼，自請盡帥國中之衆以會之，并以其弟寧遠將軍汗爲質。趙王虎大悦，厚加慰答，辭其質，遣還，密期以明年。

四年春正月，燕王皝遣都尉趙槃如趙，聽師期。趙王虎將擊段遼，募驍勇者三萬人，悉拜龍騰中郎。會遼遣段屈雲襲趙幽州，幽州刺史李孟退保易京。虎乃以桃豹爲横海將軍，王華爲渡遼將軍，帥舟師十萬出漂渝津；支雄爲龍驤大將軍，姚弋仲爲冠軍將軍，帥步騎七萬爲前鋒，以伐遼。三月，趙槃還至棘城。燕王皝引兵攻掠令支以北諸城。段遼將追之，慕容翰曰：「今趙兵在南，當并力禦之，而更與燕鬭。燕王自將而來，其士卒精鋭，若萬一失利，將何以禦南敵乎！」段蘭怒曰：「吾前爲卿所誤，以成今日之患，吾不復墮卿計中矣。」乃悉將見衆追之。皝設伏以待之，大破蘭兵，斬首數千級，掠五千户及畜産萬計以歸。

趙王虎進屯金臺，支雄長驅入薊，段遼所署漁陽、上谷、代郡守相皆降，取四十餘城。北平相陽裕帥其民數千家登燕山以自固。諸將恐其爲後患，欲攻之。虎曰：「裕儒生，矜惜名節，恥於迎降耳，無能爲也。」遂過之，至徐無。段遼以弟蘭既敗，不敢復戰，帥妻子、宗族、豪大千餘家棄令支奔密雲山。將行，執慕容翰手泣曰：「不用卿言，自取敗亡。

我固甘心，令卿失所，深以爲愧。」翰北奔宇文氏。

遼左右長史劉羣、盧諶、崔悦等封府庫請降。虎遣將軍郭太、麻秋帥輕騎二萬追遼，至密雲山，獲其母妻，斬首三千級。遼單騎走險，遣其子乞特真奉表及獻名馬於趙，虎受之。

虎入令支宫，論功封賞各有差。徙段國民二萬餘户於司、雍、兖、豫四州，士大夫之有才行者皆擢敍之。陽裕詣軍門降，虎讓之曰：「卿昔爲奴虜走，今爲士人來，豈識知天命，將逃匿無地邪？」對曰：「臣昔事王公，不能匡濟；逃于段氏，復不能全。今陛下天網高張，籠絡四海，幽、冀豪傑，莫不風從，如臣比肩，無所獨愧。生死之命，惟陛下制之。」虎悦，即拜北平太守。

夏(四)〔五〕月，趙王虎以燕王皝不會趙兵攻段遼，而自專其利，欲伐之。太史令趙攬諫曰：「歲星守燕分，師必無功。」虎怒，鞭之。皝聞之，嚴兵設備，罷六卿、納言、常伯、冗騎常侍官。趙戎卒數十萬，燕人震恐。皝謂内史高詡曰：「將若之何？」對曰：「趙兵雖强，然不足憂，但堅守以拒之，無能爲也。」

虎遣使四出，招誘民夷，燕成周内史崔燾、居就令游泓、武原令常霸、東夷校尉封抽、護軍宋晃等皆應之，凡得三十六城。泓，邃之兄子也。冀陽流寓之士共殺太守宋燭以降於趙。燭，晃之從兄也。營丘内史鮮于屈亦遣使降趙，武寧令廣平孫興曉諭吏民共收屈，數其罪而殺之，閉城拒守。朝鮮令昌黎孫泳帥衆拒趙，大姓王清等密謀應趙，泳收斬之，同謀數百人惶怖請罪，泳皆釋之，與同拒守。樂浪太守鞠彭以境内皆叛，選鄉里壯士二百餘人共還棘城。

戊子，趙兵進逼棘城，燕王皝欲出亡，帳下將慕輿根諫曰：「趙强我弱，大王一舉足，則趙之氣勢遂成，使趙人收略國民，兵强穀足，不可復敵。竊意趙人正欲大王如此耳，奈何入其計中乎？今固守堅城，其勢百倍，縱其急攻，猶足枝持，觀形察變，間出求利；如事之不濟，不失於走，奈何望風委去，爲必亡之理乎！」皝乃止，然猶懼形於色。玄菟太守河間劉佩曰：「今强寇在外，衆心恟懼，事之安危，繫於一人。大王此際無所推委，當自强以厲將士，不宜示弱。事急矣，臣請出擊之，縱無大捷，足以安衆。」乃將敢死數百騎出衝趙兵，所向披靡，斬獲而還，於是士氣自倍。皝問計於封奕，對曰：「石虎凶虐已甚，民神共疾，禍敗之至，其何日之有。今空國遠來，攻守勢異，戎馬雖强，無能爲患。頓兵積日，釁隙自生，但堅守以俟之耳。」皝意乃安。或説皝降，皝曰：「孤方取天下，何謂降也！」

趙兵四面蟻附緣城，慕輿根等晝夜力戰，凡十餘日，趙兵不能克，壬辰，引退。皝遣其子恪帥二千騎追擊之，趙兵大敗，斬獲三萬餘級。趙諸軍皆棄甲逃潰，惟游擊將軍石閔一軍獨全。

趙之攻棘城也，燕右司馬李洪之弟普以爲棘城必敗，勸洪出避禍。洪曰：「天道幽遠，人事難知，且當委任，勿輕動取悔。」普固請不已，洪曰：「卿意見明審者，當自行之。吾受慕容氏大恩，義無去就，當效死於此耳。」與普流涕而訣。普遂降趙，從趙軍南歸，死於喪亂。洪由是以忠篤著名。

趙王虎遣渡遼將軍曹伏將青州之衆戍海島，運穀三百萬斛以給之，又以船三百艘運穀三十萬斛詣高句麗，使典農中郎將王典帥衆萬餘屯田海濱，又令青州造船千艘，以謀擊燕。

十二月，段遼自密雲山遣使求迎于趙，既而中悔，復遣使求迎于燕。趙王虎遣征東將軍麻秋帥衆三萬迎之，敕秋曰：「受降如受敵，不可輕也。」以尚書左丞陽裕，遼之故臣，使爲秋司馬。燕王皝自帥諸軍迎遼，遼密與燕謀覆趙軍。皝遣慕容恪伏精騎七千於密雲山，大敗麻秋於三藏口，死者什六七。秋步走得免，陽裕爲燕所執。趙將軍范陽鮮于亮失馬，步緣山不能進，因止端坐。燕兵環之，叱令起。亮曰：「身是貴人，義不爲小人所屈。汝曹能殺亟殺，不能則去。」亮儀觀豐偉，聲氣雄厲，燕兵憚之，不敢殺，以白皝。皝以馬迎之，與語，大悅，用爲左常侍，以崔毖之女妻之。皝盡得段遼之衆，待遼以上賓之禮，以陽裕爲郎中令。

五年夏四月，段遼謀反於燕，燕人殺遼及其黨與數十人，送遼首於趙。

冬，燕王皝遣長史劉翔參軍鞠運來獻捷論功。

燕王皝使其子恪、霸擊宇文別部。霸年十三，勇冠三軍。

六年。宇文逸豆歸忌慕容翰才名，翰乃陽狂酣飲，或卧自便利，或被髮歌呼，拜跪乞食。宇文舉國賤之，不復省録，以故得行來自遂，山川形便，皆默記之。燕王皝以翰初非叛亂，以猜嫌出奔，雖在他國，常潛爲燕計，乃遣商人王車通市於宇文部以窺翰。翰見車無言，撫膺頷之而已。皝曰：「翰欲來也。」復使車迎之。翰彎弓三石餘，矢尤長大，皝爲之造可手弓矢，使車埋於道旁而密告之。二月，翰竊逸豆歸名馬，攜其二子過取弓矢，逃歸。逸豆歸使驍騎百餘追之。翰曰：「吾久客思歸，既得上馬，無復還理。吾鄉日陽愚以誑汝，吾之故藝猶在，無爲相逼，自取死也。」追騎輕之，直突而前。翰曰：「吾居汝國久，恨恨，不欲殺汝。汝去我百步立汝刀，吾射之，一發中者汝可還，不中者可來前。」追騎解刀立之，一發，正中其環，追騎散走。皝聞翰至，大喜，恩遇甚厚。

八年冬十月，建威將軍翰言於皝曰：「宇文强盛日久，屢爲國患。今逸豆歸篡竊得國，羣情不附，加之性識庸闇，將帥非才，國無防衛，軍無部伍。臣久在其國，悉其地形。雖遠附强羯，聲勢不接，無益救援。今若擊之，百舉百克。然高句麗去國密邇，常有闚闓之志，彼知宇文既亡，禍將及己，必乘虛深入，掩吾不備。若少留兵則不足以守，多留兵則不足以行。此心腹之患也，宜先除之。觀其勢力，一舉可克。宇文自守之虜，必不能遠來爭利。既取高句麗，還取宇文，如返手耳。二國既平，利盡東海，國富兵强，無返顧之憂，然後中原可圖也。」皝曰：「善。」將兵擊高句麗，毀其城而還。

康帝建元元年春二月，宇文逸豆歸遣其相莫淺渾將兵擊燕。諸將爭欲擊之，燕王皝不許。莫淺渾以爲皝畏之，酣飲縱獵，不復設備。皝使慕容翰出擊之，莫淺渾大敗，僅以身免，盡俘其衆。

二年春正月，燕王皝與左司馬高詡謀伐宇文逸豆歸，詡曰：「宇文强盛，今不取，必爲國患。伐之必克，然不利於將。」出而告人曰：「吾往必不返，然忠臣不避也。」於是皝自將伐逸豆歸，以慕容翰爲前鋒將軍，劉佩副之，分命慕容軍、慕容恪、慕容霸及折衝將軍慕輿根將兵三道並進。高詡將發，不見其妻，使人語以家事而行。

逸豆歸遣南羅大涉夜干將精兵逆戰，皝遣人馳謂慕容翰曰：「涉夜干勇冠三軍，宜小避之。」翰曰：「逸豆歸掃其國内精兵以屬涉夜干，涉夜干素有勇名，一國所賴也。今我克之，其國不攻自潰矣。且吾孰知涉夜干之爲人，雖有虛名，實易與耳，不宜避之，以挫吾兵氣。」遂進戰。翰自出衝陳，涉夜干出應之，慕容霸從傍邀擊，遂斬涉夜干。宇文士卒見涉夜干死，不戰而潰。燕兵乘勝逐之，遂克其都城。逸豆歸走死漠北，宇文氏由是散亡。皝悉收其畜産、資貨，徙其部衆五千餘落於昌黎，闢地千餘里。更命涉夜干所居城曰威德城，使弟彪戍之而還。高詡、劉佩皆中流矢卒。

詡善天文，皝嘗謂曰：「卿有佳書而不見與，何以爲忠盡？」詡曰：「臣聞人君執要，人臣執職。執要者逸，執職者勞。是以后稷播種，堯不預焉。占候、天文，晨夜甚苦，非至尊之所宜親，殿下將安用之。」皝默然。

初，逸豆歸事趙甚謹，貢獻屬路。及燕人伐逸豆歸，趙王虎使右將軍白勝、并州刺史王霸自甘松出救之。比至，宇文氏已亡，因攻威德城，不克而還。慕容彪追擊，破之。

慕容翰之與宇文氏戰也，爲流矢所中，卧病積時不出。後漸差，於其家試騁馬。或告翰稱病而私習騎乘，疑欲爲變。燕王皝雖藉翰勇略，然中心終忌之，乃賜翰死。翰曰：「吾負罪出奔，既而復還，今日死已晚矣。然羯賊跨據中原，吾不自量，欲爲國家蕩壹區夏，此志不遂，没有遺恨，命矣夫！」飲藥而卒。

趙魏亂中原 冉閔滅石氏附

晋懷帝永嘉五年。初，石勒之爲人所掠賣也，與其母王氏相失，劉琨得之，遣使并其從子虎送於勒。時虎年十七，殘忍無度，爲軍中患。勒白母曰：「此兒凶暴無賴，使軍人殺之，聲名可惜，不若自除之。」母曰：「快牛爲犢，多能破車，汝小忍之。」及長，便弓馬，勇冠當時。勒以爲征虜將軍，每屠城邑，鮮有遺類。然御衆嚴而不煩，莫敢犯者，指授攻討，所向無前，勒遂寵任之。

成帝咸和五年春二月，後趙王勒以其子宏爲大單于。中山王虎怒，私謂齊王邃曰：「主上自都襄國以來，端拱仰成，以吾身當矢石，二十餘年，南擒劉岳，北走索頭，東平齊、魯，西定秦、雍，克十有三州。成大趙之業者，我也。大單于當以授我，今乃以與黄吻婢兒，念之令人氣塞，不能寢食。待主上晏駕之後，不足復留種也。」

後趙皇太子弘好屬文，親敬儒素。勒謂徐光曰：「大雅愔愔，殊不似將家子。」光曰：「漢祖以馬上取天下，孝文以玄默守之。聖人之後，必有勝殘去殺者，天之道也。」勒甚悦。光因説曰：「皇太子仁孝温恭，中山王雄暴多詐，陛下一旦不諱，臣恐社稷非太子所有也。宜漸奪中山王權，使太子早參朝政。」勒心然之，而未能從。

七年夏四月，趙右僕射程遐言於趙主勒曰：「中山王勇悍權略，羣臣莫及。觀其志，自陛下之外，視之蔑如。加以殘賊安忍，久爲將帥，威振外内，其諸子年長，皆典兵權；陛下在，自當無他，恐非少主之臣也。宜早除之，以便大計。」勒曰：「今天下未安，大雅冲幼，宜得强輔。中山王骨肉至親，有佐命之功，方當委以伊、霍之任，何至如卿所言？卿正恐不得擅帝舅之權耳，吾亦當參卿顧命，勿過憂也。」遐泣曰：「臣所慮者公家，陛下乃以私計拒之，忠言何自而入乎？中山王雖爲皇太后所養，非陛下天屬，雖有微功，陛下酬其父子恩榮亦足矣，而其志願無極，豈將來有益者乎，若不除之，臣見宗廟不血食矣。」勒不聽。遐退告徐光，光曰：「中山王常切齒於吾二人，恐非但危國，亦將爲家禍也。」他日，光承間言於勒曰：「今國家無事，而陛下神色若有不怡，何也？」勒曰：「吳、蜀未平，吾恐後世不以吾爲受命之王也。」光曰：「魏承漢運，劉備雖興於蜀，漢豈得爲不亡乎。孫權在吳，猶今之李氏也。陛下苞括二都，平蕩八州，帝王之統，不在陛下，復當在誰？且陛下不憂腹心之疾，而更憂四支乎，中山王藉陛下威略，所向輒克，而天下皆言其英武亞於陛下。且其資性不仁，見利忘義，父子並據權位，勢傾王室，而耿耿常有不滿之心。近於東宫侍宴，有輕皇太子之色。臣恐陛下萬年之後，不可復制也。」勒默然，始命太子省可尚書奏事，且以中常侍嚴震參綜可否，惟征伐、斷斬大事乃呈之。於是嚴震之權過于主相，中山王虎之門可設雀羅矣。虎愈怏怏不悦。

八年夏六月，趙主勒寢疾，中山王虎入侍禁中，矯詔羣臣、親戚皆不得入，疾之增損，外無知者。又矯詔召秦王宏、彭城王堪還襄國。勒疾小瘳，見宏，驚曰：「吾使王處藩鎮，正備今日，有召王者邪？將自來邪？有召者當按誅之。」虎懼曰：「秦王思慕暫還耳，今遣之。」仍留不遣。數日，復問之，虎曰：「受詔即遣，今已半道矣。」廣阿有蝗，虎密使其子冀州刺史邃帥騎三千遊于蝗所。

秋七月，勒疾篤，遺命曰：「大雅兄弟，宜善相保，司馬氏，汝曹之前車也。中山王宜深思周、霍，勿爲將來口實。」戊辰，勒卒。中山王虎劫太子弘使臨軒，收右光禄大夫程遐、中書令徐光下廷尉，召邃使將兵入宿衛，文武皆奔散。弘大懼，自陳劣弱，讓位於虎。虎曰：「君終，太子立，禮之常也。」弘涕泣固讓，虎怒曰：「若不堪重任，天下自有大義，何足豫論！」弘乃即位，大赦。殺程遐、徐光。夜以勒喪潛瘗山谷，莫知其處。己卯，備儀衛，虛葬于高平陵，謚曰明帝，廟號高祖。

趙將石聰及譙郡太守彭彪各遣使來降。聰本晉人，冒姓石氏。朝廷遣督護喬球將兵救之，未至，聰等爲虎所誅。

秋八月，趙主弘以中山王虎爲丞相、魏王、大單于，加九錫，以魏郡等十三郡爲國，總攝百揆。虎赦其境内，立妻鄭氏爲魏王后；子邃爲魏太子，加使持節、侍中、都督中外諸軍事、大將軍、録尚書事；次子宣爲使持節、車騎大將軍、冀州刺史，封河間王；韜爲前鋒將軍、司隸校尉，封樂安王；遵封齊王；鑒封代王；苞封樂平王。徙平原王斌爲章武王。勒文武舊臣皆補散任，虎之府寮親黨悉署臺省要職。以鎮軍將軍夔安領左僕射，尚書郭殷爲右僕射。更命太子宮曰崇訓宮，太后劉氏以下皆徙居之。選勒宫人及車馬、服玩之美者，皆入丞相府。

趙劉太后謂彭城王堪曰：「先帝甫晏駕，丞相遽相陵藉如此。帝祚之亡，殆不復久，王將若之何？」堪曰：「先帝舊臣皆被疏斥，軍旅不復由人，宫省之内，無可爲者。臣請奔兗州，挾南陽王恢爲盟主，據廩丘，宣太后詔於牧、守、征、鎮，使各舉兵以誅暴逆，庶幾猶有濟也。」劉氏曰：「事急矣，當速爲之。」九月，堪微服輕騎襲兗州，不克，南奔譙城。丞相虎遣其將郭太追之，獲堪于城父，送襄國，炙而殺之。徵南陽王恢還襄國。劉氏謀泄，虎廢而殺之，尊弘母程氏爲皇太后。堪本田氏子，數有功，趙主勒養以爲子。劉氏有膽略，勒每與之參決軍事，佐勒建功業，有吕后之風，而不妬忌更過之。

趙河東王生鎮關中，石朗鎮洛陽。冬十月，生、朗皆舉兵以討丞相虎，生自稱秦州刺史，遣使來降。氐帥蒲洪自稱雍州刺史，西附張駿。

虎留太子邃守襄國，將步騎七萬攻朗於金墉。金墉潰，獲朗，刖而斬之。進向長安，以梁王挺爲前鋒大都督。生遣將軍郭權帥鮮卑涉璝衆二萬爲前鋒以拒之，生將大軍繼發，軍于蒲阪。權與挺戰于潼關，大破之，挺及丞相左長史劉隗皆死，虎還奔澠池，枕尸三百餘里。鮮卑潛與虎通謀，反擊生。生不知挺已死，懼，單騎奔長安。權收餘衆退屯渭汭。生遂棄長安，匿於雞頭山。將軍蔣英據長安拒守，虎進兵擊英，斬之。生麾下斬生以降，權奔隴右。

虎還襄國，大赦。趙主弘命虎建魏臺，一如魏武王輔漢故事。

十二月，郭權據上邽，遣使來降，京兆、新平、扶風、馮翊、北地皆應之。

九年春三月，趙丞相虎遣其將郭敖及章武王斌帥步騎四萬西擊郭權軍于華陰。夏四月，上邽豪族殺權以降。虎徙秦州三萬餘户于青、并二州。長安人陳良夫奔黑羌，與北羌王薄句大等侵擾北地、馮翊。章武王斌、樂安王韜合擊，破之，句大奔馬蘭山。郭敖乘勝逐北，爲羌所敗，死者什七八。斌等收軍還三城。虎遣使誅郭敖。秦王宏有怨言，虎幽之。

冬十月，趙主弘自齎璽綬詣魏宮，請禪位於丞相虎。虎曰：「帝王大業，天下自當有議，何爲自論此邪！」弘流涕還宮，謂太后程氏曰：「先帝種真無復遺矣。」於是尚書奏：「魏臺請依唐、虞禪讓故事。」虎曰：「弘愚暗，居喪無禮，不可以君萬國，便當廢之，何禪讓也！」十一月，虎遣郭殷持節入宮，廢弘爲海陽王。弘安步就車，容色自若，謂羣臣曰：「庸昧不堪纂承大統，夫復何言。」羣臣莫不流涕，宮人慟哭。羣臣詣魏臺勸進，虎曰：「皇帝者，盛德之號，非所敢當，且可稱居攝趙天王。」幽弘及太后程氏、秦王宏、南陽王恢于崇訓宫，尋皆殺之。

西羌大都督姚弋仲稱疾不賀，虎累召之，乃至。正色謂虎曰：「弋仲常謂大王命世英雄，奈何把臂受託而返奪之邪？」虎曰：「吾豈樂此哉！顧海陽年少，恐不能了家事，故代之耳。」心雖不平，然察其誠實，亦不之罪。

虎以夔安爲侍中、太尉、守尚書令，郭殷爲司空，韓晞爲尚書左僕射，魏郡申鍾爲侍中，郎闓爲光禄大夫，王波爲中書令。文武封拜各有差。虎行如信都，復還襄國。

咸康元年秋九月，趙王虎遷都于鄴，大赦。奉天竺僧佛圖澄。

二年冬十一月，趙王虎作太武殿於襄國，作東、西宫於鄴，十二月皆成。太武殿基高二丈八尺，縱六十五步，廣七十五步，甃以文石。下穿伏室，置衛士五百人。以漆灌瓦，金璫、銀楹，珠簾、玉璧，窮極工巧。殿上施白玉牀，流蘇帳，爲金蓮華以冠帳頂。又作九殿于顯陽殿後，選士民之女以實之，服珠玉，被綺縠者萬餘人。教宫人占星氣、馬步射。置女太史及雜伎工巧，皆與外同。以女騎千人爲鹵簿，皆著紫綸巾，熟錦袴，金銀鏤帶，五文織成鞾，執羽儀，鳴鼓吹，遊宴以自隨。於是趙大旱，金一斤直粟二斗，百姓嗷然。而虎用兵不息，百役並興。使牙門將張彌徙洛陽鍾虡、九龍、翁仲、銅駝、飛廉於鄴，載以四輪纏輞車，轍廣四尺，深二尺。一鍾没於河，募浮没三百人入河，繫以竹絙，用牛百頭，鹿櫨引之，乃出，造萬斛之舟以濟之。既至鄴，虎大悅，爲之赦二歲刑，賚百官穀帛，賜民爵一級。又用尚方令解飛之言，於鄴南投石於河，以作飛橋，功費數千萬億，橋竟不成，役夫飢甚，乃止。使令長帥民入山澤采橡及魚以佐食，復爲權豪所奪，民無所得。

三年春正月庚辰，趙太保夔安等文武五百餘人入上尊號，庭燎油灌下盤，死者二十餘人。趙王虎惡之，腰斬成公段。辛巳，虎依殷、周之制稱大趙天王，即位于南郊，大赦。立其后鄭氏爲天王皇后，太子邃爲天王皇太子，諸子爲王者皆降爲郡公，宗室爲王者降爲縣侯。百官封署各有差。

趙太子邃素驍勇，趙王虎愛之，常謂羣臣曰：「司馬氏父子兄弟自相殘滅，故使朕得至此，如朕有殺阿鐵理否？」既而邃驕淫殘忍，好粧飾美姬，斬其首洗血置盤上，與賓客傳觀之，又烹其肉共食之。河間公宣、樂安公韜皆有寵於虎，邃疾之如讎。虎荒耽酒色，喜怒無常。使邃省可尚書事，每有所關白，虎恚曰：「此小事，何足白也。」時或不聞，又恚曰：「何以不白！」誚責笞捶，月至再三。邃私謂中庶子李顔等曰：「官家難稱，吾欲行冒頓之事，卿從我乎？」顔等伏不敢對。秋七月，邃稱疾不視事，潛帥宮臣文武五百餘騎飲於李顔別舍，因謂顔等曰：「我欲至冀州殺河間公，有不從者斬。」行數里，騎皆逃散，顔叩頭固諫，邃亦昏醉而歸。其母鄭氏聞之，私遣中人誚讓邃，邃怒殺之。佛圖澄謂虎曰：「陛下不宜數往東宮。」虎將視邃疾，思澄言而還。既而瞋目大言曰：「我爲天下主，父子不相信乎！」乃命所親信女尚書往察之，邃呼前與語，因抽劍擊之。虎怒，收李顏等詰問，顏具言其狀，殺顏等三十餘人。幽邃于東宮，既而赦之，引見太武東堂，邃朝而不謝，俄頃即出。虎使謂之曰：「太子應朝中宮，豈可遽去。」邃徑出不顧。虎大怒，廢邃爲庶人。其夜，殺邃及其妃張氏，并男女二十六人，同埋於一棺。誅其宮臣支黨二百餘人。廢鄭后爲東海太妃。立其子宣爲天王皇太子，宣母杜昭儀爲天王皇后。

五年秋七月，趙王虎以太子宣爲大單于，建天子旌旗。

六年春三月，趙王虎以秦公韜爲太尉，與太子宣迭日省可尚書奏事，專決賞刑，不復啓白。司徒申鍾諫曰：「賞刑者，人君之大柄，不可以假人，所以防微杜漸，消逆亂於未然也。太子職在視膳，不當預政。庶人邃以預政致敗，覆車未遠也。且二政分權，鮮不階禍，愛之不以道，適所以害之也。」虎不聽。中謁者令申扁以慧悟辯給有寵於虎，宣亦昵之，使典機密。虎既不省事，而宣、韜皆好酣飲畋獵，由是除拜、生殺皆決於扁，自九卿已下率皆望塵而拜。太子詹事孫珍病目，求方於侍中崔約，約戲之曰：「溺中則愈。」珍曰：「目何可溺？」約曰：「卿目睕睕，正耐溺中。」珍恨之，以白宣。宣於兄弟中最胡狀目深，聞之怒，誅約父子。於是公卿以下畏珍側目。

八年冬十二月，趙王虎作臺觀四十餘所於鄴，又營長安、洛陽二宮，作者四十餘萬人。又欲自鄴起閣道至襄國。敕河南四州治南伐之備，并、朔、秦、雍嚴西討之資，青、冀、幽州爲東征之計，皆三五發卒。諸州軍造甲者五十餘萬人，船夫十七萬人，爲水所没、虎狼所食者三分居一。加之公侯、牧宰競營私利，百姓失業愁困。貝丘人李弘因衆心之怨，自言姓名應讖，連結黨與，署置百寮。事發，誅之，連坐者數千家。

虎畋獵無度，晨出夜歸，又多微行，躬察作役。侍中京兆韋謏諫曰：「陛下忽天下之重，輕行斤斧之間，猝有狂夫之變，雖有智勇，將安所施。又興役無時，廢民耘穫，吁嗟盈路，殆非仁聖之所忍爲也。」虎賜謏穀帛，而興繕滋繁，游察自若。

秦公韜有寵於虎，太子宣惡之。右僕射張離領五兵尚書，欲求媚於宣，説之曰：「今諸侯吏兵過限，宜漸裁省，以壯本根。」宣使離爲奏：「秦、燕、義陽、樂平四公，聽置吏一百九十七人，帳下兵二百人。自是以下，三分置一，餘兵五萬，悉配東宫。」於是諸公咸怨，嫌釁益深矣。

青州上言：「濟南平陵城北石虎一夕移於城東南，有狼狐千餘迹隨之，迹皆成蹊。」虎喜曰：「石虎者，朕也。自西北徙而東南者，天意欲使朕平蕩江南也。其敕諸州兵明年悉集，朕當親董六師以奉天命。」羣臣皆賀，上皇德頌者一百七人。制：「征士五人出車一乘，牛二頭，米十五斛，絹十匹，調不辦者斬。」民至鬻子以供軍須，猶不能給，自經於道樹者相望。

康帝建元二年。初，趙領軍王朗言於趙王虎曰：「盛冬雪寒，而皇太子使人伐宫材，引於漳水，役者數萬，吁嗟滿道。陛下宜因出游罷之。」虎從之。太子宣怒。會熒惑守房，宣使太史令趙攬言於虎曰：「房爲天王，今熒惑守之，其殃不細。宜以貴臣王姓者當之。」虎曰：「誰可者？」攬曰：「無貴於王領軍。」虎意惜朗，使攬更言其次，攬無以對，因曰：「其次唯中書監王波耳。」虎乃下詔，追罪波前議楛矢事，腰斬之，及其四子，投尸漳水。既而愍其無罪，追贈司空，封其孫爲侯。

虎作橋於靈昌津，用功五百餘萬不成，斬匠而罷。

穆帝永和元年春正月，趙王虎以樂平公苞代鎮長安，發雍、洛、秦、并州十六萬人治長安未央宫。

虎好獵，晚歲體重不能跨馬，乃造獵車千乘，刻期校獵。自靈昌津南至滎陽，東極陽都爲獵場，使御史監察其中禽獸，有犯者罪至大辟。民有美女、佳牛馬，御史求之不得，皆誣以犯獸，論死者百餘人。發諸州二十六萬人修洛陽宫。發百姓牛二萬頭配朔州牧官。增置女官二十四等，東宫十二等，公侯七十餘國皆九等，大發民女三萬餘人，料爲三等以配之。太子、諸公私令采發者又將萬人。郡縣務求美色，多强奪人妻，殺其夫及夫自殺者三千餘人。至鄴，虎臨軒簡第，以使者爲能，封侯者十二人。荆楚、揚、徐之民流叛略盡，守令坐不能綏懷，下獄誅者五十餘人。金紫光禄大夫逯明因侍切諫，虎大怒，使龍騰拉殺之。

二年夏五月，趙中黄門嚴生惡尚書朱軌，會久雨，生譖軌不修道路，又謗訕朝政，趙王虎囚之。蒲洪諫曰：「陛下既有襄國鄴宫，又修長安、洛陽宫殿，將以何用？作獵車千乘，環數千里以養禽獸，奪人妻女十萬餘口以實後宫，聖帝明王之所爲，固若是乎！今又以道路不修，欲殺尚書。陛下德政不修，天降淫雨，七旬乃霽。霽方二日，雖有鬼兵百萬，亦未能去道路之塗潦，而况人乎。政刑如此，其如四海何，其如後代何！願止作徒，罷苑囿，出宫女，赦朱軌，以副衆望。」虎雖不悦，亦不之罪，爲之罷長安、洛陽作役，而竟誅朱軌。又立私論朝政之法，聽吏告其君，奴告其主。公卿以下，朝覲以目相顧，不敢復相過從談語。

三年。趙王虎據十州之地，聚斂金帛及外國所獻珍異，府庫財物，不可勝紀，猶自以爲不足，悉發前代陵墓，取其金寶。

沙門吴進言於虎曰：「胡運將衰，晋當復興，宜苦役晋人以厭其氣。」虎使尚書張羣發近郡男女十六萬人，車十萬乘，運土築華林苑及長牆于鄴北，廣袤數十里。申鍾、石璞、趙攬等上疏陳天文錯亂，百姓彫弊。虎大怒曰：「使苑、牆朝成，吾夕没，無恨矣。」促張羣使然燭夜作；暴風大雨，死者數萬人。郡國前後送蒼麟十六，白鹿七，虎命司虞張曷柱調之以駕芝蓋，大朝會列於殿庭。

九月，命太子宣出祈福于山川，因行遊獵。宣乘大輅，羽葆華蓋，建天子旌旗，十有六軍戎卒十八萬出自金明門，虎從其後宮升陵霄觀望之，笑曰：「我家父子如是，自非天崩地陷，當復何愁。但抱子弄孫，日爲樂耳。」

宣所舍，輒列人爲長圍，四面各百里，驅禽獸，至暮皆集其所。使文武跪立，重行圍守，炬火如晝。命勁騎百餘馳射其中，宣與姬妾乘輦臨觀，獸盡而止。或獸有迸逸，當圍守者，有爵則奪馬，步驅一日，無爵則鞭之一百。士卒飢凍死者萬有餘人，所過三州十五郡，資儲皆無孑遺。

虎復命秦公韜繼出，自并州至于秦、雍亦如之。宣怒其與己鈞敵，愈嫉之。宦者趙生得幸於宣，無寵於韜，微勸宣除之，於是始有殺韜之謀矣。

四年。趙秦公韜有寵於趙王虎，欲立之，以太子宣長，猶豫未決。宣嘗忤旨，虎怒曰：「悔不立韜也。」韜由是益驕，造堂於太尉府，號曰宣光殿，梁長九丈。宣見而大怒，斬匠，截梁而去。韜怒，增之至十丈。宣聞之，謂所幸楊柸、牟成、趙生曰：「凶豎傲愎敢爾，汝能殺之，吾入西宮，當盡以韜之國邑分封汝等。韜死，主上必臨喪，吾因行大事，蔑不濟矣。」柸等許諾。

秋八月，韜夜與僚屬宴於東明觀，因宿於佛精舍。宣使楊柸等緣獼猴梯而入，殺韜，置其刀箭而去。旦日，宣奏之，虎哀驚氣絶，久之方蘇。將出臨其喪，司空李農諫曰：「害秦公者未知何人，賊在京師，鑾輿不宜輕出。」虎乃止，嚴兵發哀於太武殿。宣往臨韜喪，不哭，直言「呵呵」，使舉衾觀尸，大笑而去。收大將軍記室參軍鄭靖、尹武等，將委之以罪。

虎疑宣殺韜，欲召之，恐其不入，乃詐言其母杜后哀過危惙，宣不謂見疑，入朝中宮，因留之。建興人史科知其謀，告之。虎使收楊柸、牟成，皆亡去；獲趙生，詰之，具服。虎悲怒彌甚，因宣於席庫，以鐵環穿其頷而鏁之。取殺韜刀箭舐其血，哀號震動宮殿。佛圖澄曰：「宣、韜皆陛下之子，今爲韜殺宣，是重禍也。陛下若加慈恕，福祚猶長，若必誅之，宣當爲彗星下掃鄴宮。」虎不從。積柴於鄴北，樹標其上，標末置鹿盧，穿之以繩，倚梯柴積，送宣其下，使韜所幸宦者郝稚、劉霸拔其髮，抽其舌，牽之登梯。郝稚以繩貫其頷，鹿盧絞上，劉霸斷其手足，斫眼潰腸，如韜之傷。四面縱火，煙炎際天。虎從昭儀已下數千人登中臺以觀之。火滅，取灰分置諸門交道中。殺其妻子九人。宣小子纔數歲，虎素愛之，抱之而泣，欲赦之，其大臣不聽，就抱中取而殺之。兒挽虎衣大叫，至於絶帶，虎因此發病。又廢其后杜氏爲庶人，誅其四率已下三百人，宦者五十人，皆車裂節解，棄之漳水。洿其東宫，以養豬牛。東宫衛士十餘萬人皆謫戍涼州。先是，散騎常侍趙攬言於虎曰：「宫中將有變，宜備之。」及宣殺韜，虎疑其知而不告，亦誅之。

秋九月，趙王虎議立太子。太尉張舉曰：「燕公斌有武略，彭城公遵有文德，惟陛下所擇。」虎曰：「卿言正起吾意。」戎昭將軍張豺曰：「燕公母賤，又嘗有過。彭城公母前以太子事廢，今立之，臣恐不能無微恨。陛下宜審思之。」初，虎之拔上邽也，張豺獲前趙主曜幼女安定公主，有殊色，納於虎，虎嬖之，生齊公世。豺以虎老病，欲立世爲嗣，冀劉氏爲太后，己得輔政。乃説虎曰：「陛下再立太子，其母皆出於倡賤，故禍亂相尋。今宜擇母貴子孝者立之。」虎曰：「卿勿言，吾知太子處矣。」虎再與羣臣議於東堂，虎曰：「吾欲以純灰三斛自滌其腸，何爲專生惡子，年踰二十輒欲殺父。今世方十歲，比其二十，吾已老矣。」乃與張舉、李農定議，令公卿上書請立世爲太子。大司農曹莫不肯署名，虎使張豺問其故，莫頓首曰：「天下重器，不宜立少，故不敢署。」虎曰：「莫忠臣也，然未達朕意。張舉、李農知朕意矣，可令諭之。」遂立世爲太子，以劉昭儀爲后。

五年春正月，趙王虎即皇帝位，大赦，改元太寧，諸子皆進爵爲王。

冠軍大將軍姚弋仲至鄴，求見虎。虎病，弋仲讓虎曰：「兒死愁邪？何爲而病？兒幼時不擇善人教之，使坐於爲逆，既爲逆而誅之，又何愁焉。且汝久病，所立兒幼，汝若不愈，天下必亂，當先憂此，勿憂賊也。」

夏四月乙卯，趙主虎病甚，以彭城王遵爲大將軍，鎮關右，燕王斌爲丞相，録尚書事，張豺爲鎮衛大將軍、領軍將軍、吏部尚書，並受遺詔輔政。

劉后惡斌輔政，恐不利於太子，與張豺謀去之。斌時在襄國，遣使詐謂斌曰：「主上疾已漸愈，王須獵者，可小停也。」斌素好獵、嗜酒，遂留獵，且縱酒。劉氏與豺因矯詔稱斌無忠孝之心，免官歸第，使豺弟雄帥龍騰五百人守之。

乙丑，遵自幽州至鄴，敕朝堂受拜，配禁兵三萬遣之，遵涕泣而去。是日，虎疾小瘳，問：「遵至未？」左右對曰：「去已久矣。」虎曰：「恨不見之。」虎臨西閤，龍騰中郎二百餘人列拜於前，虎問「何求？」皆曰：「聖體不安，宜令燕王入宿衛，典兵馬。」或言：「乞爲皇太子。」虎曰：「燕王不在内邪？召以來。」左右言「王酒病，不能入。」虎曰：「促持輦迎之，當付璽綬。」亦竟無行者。尋惛眩而入。張豺使張雄矯詔殺斌。

戊辰，劉氏復矯詔以豺爲太保、都督中外諸軍，録尚書事，如霍光故事。侍中徐統歎曰：「亂將作矣，吾無爲預之。」仰藥而死。

己巳，虎卒，太子世即位，尊劉氏爲皇太后。劉氏臨朝稱制，以張豺爲丞相。豺辭不受，請以彭城王遵、義陽王鑒爲左右丞相，以慰其心。劉氏從之。

豺與太尉張舉謀誅司空李農，舉素與農善，密告之。農奔廣宗，帥乞活數萬家保上白。劉氏使張舉統宿衛諸軍圍之。豺以張離爲鎮軍大將軍，監中外諸軍事，以爲己副。彭城王遵至河内，聞喪。姚弋仲、蒲洪、劉寧及征虜將軍石閔、武衛將軍王鸞等共説遵曰：「殿下長且賢，先帝亦有意以殿下爲嗣，正以末年惛惑，爲張豺所誤。今女主臨朝，姦臣用事，上白相持未下，京師宿衛空虚，殿下若聲張豺之罪，鼓行而討之，其誰不開門倒戈而迎殿下者。」遵從之。

五月，遵自李城舉兵，還趣鄴，洛州刺史劉國帥洛陽之衆往會之。檄至鄴，張豺大懼，馳召上白之軍。丙戌，遵軍于蕩陰，戎卒九萬，石閔爲前鋒。豺將出拒之，耆舊、羯士皆曰：「彭城王來奔喪，吾當出迎之，不能爲張豺守城也。」踰城而出，豺斬之，不能止。張離亦帥龍騰二千，斬關迎遵。劉氏懼，召張豺入，對之悲哭曰：「先帝梓宫未殯，而禍難至此。今嗣子冲幼，託之將軍，將軍將若之何？欲加遵重位，能弭之乎？」豺惶怖不知所出，但云「唯唯」。乃下詔，以遵爲丞相，領大司馬、大都督、督中外諸軍，録尚書事，加黄鉞、九錫。己丑，遵至安陽亭，張豺懼而出迎，遵命執之。庚寅，遵擐甲曜兵，入自鳳陽門，升太武前殿，擗踴盡哀，退如東閤。斬張豺于平樂市，夷其三族。假劉氏令曰：「嗣子幼冲，先帝私恩所授，皇業至重，非所克堪，其以遵嗣位。」於是遵即位，大赦，罷上白之圍。辛卯，封世爲譙王，廢劉氏爲太妃，尋皆殺之。

李農來歸罪，使復其位。尊母鄭氏爲皇太后，立妃張氏爲皇后，故燕王斌子衍爲皇太子。以義陽王鑒爲侍中、太傅，沛王冲爲太保，樂平王苞爲大司馬，汝陰王琨爲大將軍，武興公閔爲都督中外諸軍事、輔國大將軍。

甲午，鄴中暴風拔樹，震雷，雨雹大如盂升。太武暉華殿災，及諸門觀閣蕩然無餘，乘輿服御燒者太半，金石皆盡，火月餘乃滅。

時沛王冲鎮薊，聞遵殺世自立，謂其僚佐曰：「世受先帝之命，遵輒廢而殺之，罪莫大焉。其敕內外戒嚴，孤將親討之。」於是留寧北將軍沐堅戍幽州，帥衆五萬自薊南下，傳檄燕、趙，所在雲集。比至常山，衆十餘萬，軍于苑鄉。遇遵赦書，冲曰：「皆吾弟也。死者不可復追，何爲復相殘乎？吾將歸矣。」其將陳暹曰：「彭城篡弑自尊，爲罪大矣。王雖北旆，臣將南轅，俟平京師，擒彭城，然後奉迎大駕。」冲乃復進。遵馳遣王擢以書喻冲，冲弗聽。遵使武興公閔及李農等帥精卒十萬討之，戰于平棘，冲兵大敗。獲冲于元氏，賜死，阬其士卒三萬餘人。

燕平狄將軍慕容霸上書於燕王儁曰：「石虎窮凶極暴，天之所棄，餘燼僅存，自相魚肉。今中國倒懸，企望仁恤，若大軍一振，勢必投戈。」北平太守孫興亦表言：「石氏大亂，宜以時進取中原。」儁以新遭大喪，弗許。霸馳詣龍城，言於儁曰：「難得而易失者，時也。萬一石氏衰而復興，或有英雄據其成資，豈惟失此大利，亦恐更爲後患。」儁曰：「鄴中雖亂，鄧恒據安樂，兵强糧足。今若伐趙，東道不可由也，當由盧龍。盧龍山徑險狹，虜乘高斷要，首尾爲患，將若之何？」霸曰：「恒雖欲爲石氏拒守，其將士顧家，人懷歸志，若大軍臨之，自然瓦解。臣請爲殿下前驅，東出徒河，潛趣令支，出其不意，彼聞之勢必震駭，上不過閉門自守，下不免棄城逃潰，何暇禦我哉。然則殿下可以安步而前，無復留難矣。」儁猶豫未決，以問五材將軍封奕，對曰：「用兵之道，敵强則用智，敵弱則用勢。是故以大吞小，猶狼之食豚也；以治易亂，猶日之消雪也。大王自上世以來，積德累仁，兵强士練，石虎極其殘暴，死未瞑目，子孫爭國，上下乖亂。中國之民墜於塗炭，延頸企踵以待振拔。大王若揚兵南邁，先取薊城，次指鄴都，宣燿威德，懷撫遺民，彼孰不扶老提幼以迎大王。凶黨將望旗冰碎，安能爲害乎！」從事中郎黄泓曰：「今太白經天，歲集畢北，天下易主，陰國受命，此必然之驗也。宜速出師，以承天意。」折衝將軍慕輿根曰：「中國之民，困於石氏之亂，咸思易主，以救湯火之急，此千載一時，不可失也。自武宣王以來，招賢養民，務農訓兵，正俟今日。今時至不取，更復顧慮，豈天意未欲使海內平定邪，將大王不欲取天下也？」儁笑而從之。以慕容恪爲輔國將軍，慕容評爲輔弼將軍，左長史陽騖爲輔義將軍，謂之「三輔」。慕容霸爲前鋒都督、建鋒將軍，選精兵二十餘萬，講武戒嚴，爲進取之計。

初，趙主遵之發李城也，謂武興公閔曰：「努力，事成以爾爲太子。」既而立太子衍。閔恃功，欲專朝政，遵不聽。閔素驍勇，屢立戰功，夷夏宿將皆憚之。既爲都督，總內外兵權，乃撫循殿中將士，皆奏爲殿中員外將軍，爵關外侯，遵弗之疑，而更題名善惡以挫抑之，衆咸怨怒。中書令孟準、左衛將軍王鸞勸遵稍奪閔兵權，閔益恨望，準等咸勸誅之。

十一月，遵召義陽王鑒、樂平王苞、汝陰王琨、淮南王昭等入議於鄭太后前，曰：「閔不臣之迹漸著，今欲誅之，如何？」鑒等皆曰：「宜然。」鄭氏曰：「李城還兵，無棘奴，豈有今日。小驕縱之，何可遽殺！」鑒出，遣宦者楊環馳以告閔，閔遂劫李農及右衛將軍王基密謀廢遵，使將軍蘇彥、周成帥甲士三千人執遵於南臺。遵方與婦人彈棋，問成曰：「反者誰也？」成曰：「義陽王鑒當立。」遵曰：「我尚如是，鑒能幾時？」遂殺之於琨華殿，并殺鄭太后、張后、太子衍、孟準、王鸞及上光禄張斐。

鑒即位，大赦，以武興公閔爲大將軍，封武德王，司空李農爲大司馬，並録尚書事；

郎闓爲司空，秦州刺史劉羣爲尚書左僕射，侍中盧諶爲中書監。

趙主鑒使樂平王苞、中書令李松、殿中將軍張才夜攻石閔、李農於琨華殿，不克，禁中擾亂。鑒懼，僞若不知者，夜斬松、才於西中華門，并殺苞。

新興王祇，虎之子也，時鎮襄國，與姚弋仲、蒲洪等連兵，移檄中外，欲共誅閔、農。閔、農以汝陰王琨爲大都督，與張舉及侍中呼延盛帥步騎七萬分討祇等。

中領軍石成、侍中石啓、前河東太守石暉謀誅閔、農，閔、農皆殺之。龍驤將軍孫伏都、劉銖等結羯士三千伏於胡天，亦欲誅閔、農。鑒在中臺，伏都帥三十餘人將升臺挾鑒以攻之。鑒見伏都毁閣道，臨問其故。伏都曰：「李農等反，已在東掖門，臣欲帥衛士以討之，謹先啓知。」鑒曰：「卿是功臣，好爲官陳力，朕從臺上觀，卿勿慮無報也。」於是伏都、銖帥衆攻閔、農，不克，屯於鳳陽門。閔、農帥衆數千毁金明門而入。鑒懼閔之殺己，馳招閔、農開門内之，謂曰：「孫伏都反，卿宜速討之。」閔、農攻斬伏都等，自鳳陽至琨華，横尸相枕，流血成渠。宣令内外，六夷敢稱兵仗者斬。胡人或斬關、或踰城而出者，不可勝數。

閔使尚書王簡、少府王鬱帥衆數千守鑒於御龍觀，懸食以給之。下令城中曰：「近日孫、劉構逆，支黨伏誅，良善一無預也。今日已後，與官同心者留，不同者各任所之，敕城門不復相禁。」於是趙人百里內悉入城，胡羯去者填門。閔知胡之不爲己用，班令內外，趙人斬一胡首送鳳陽門者，文官進位三等，武官悉拜牙門。一日之中，斬首數萬。閔親帥趙人以誅胡羯，無貴賤、男女、少長皆斬之，死者二十餘萬，尸諸城外，悉爲野犬豺狼所食。其屯戍四方者，閔皆以書命趙人爲將帥者誅之，或高鼻多須，濫死者半。

六年春正月，趙大將軍閔欲滅去石氏之迹，託以讖文有「繼趙李」，更國號曰衛，易姓李氏，大赦，改元青龍。太宰趙庶、太尉張舉、中軍將軍張春、光祿大夫石岳、撫軍石寧、武衛將軍張季及公、侯、卿、校、龍騰等萬餘人出奔襄國，汝陰王琨奔冀州。撫軍將軍張沈據滏口，張賀度據石瀆，建義將軍段勤據黎陽，寧南將軍楊羣據桑壁，劉國據陽城，段龕據陳留，姚弋仲據灄頭，蒲洪據枋頭，衆各數萬，皆不附於閔。勤，末柸之子；龕，蘭之子也。

王朗、麻秋自長安赴洛陽。秋承閔書，誅朗部胡千餘人，朗奔襄國。秋帥衆歸鄴，蒲洪使其子龍驤將軍雄迎擊，獲之，以爲軍師將軍。

汝陰王琨及張舉、王朗帥衆七萬伐鄴，大將軍閔帥騎千餘與戰於城北。閔操兩刃矛，馳騎擊之，所向摧陷，斬首三千級，琨等大敗而去。閔與李農帥騎三萬討張賀度於石瀆。

閏月，衛主鑒密遣宦者齎書召張沈等，使乘虛襲鄴。宦者以告閔、農，閔、農馳還，廢鑒，殺之，并殺趙主虎三十八孫，盡滅石氏。姚弋仲子曜武將軍益、武衛將軍若，帥禁兵數千斬關奔灄頭。弋仲帥衆討閔，軍于混橋。

司徒申鍾等上尊號於閔，閔以讓李農，農固辭。閔曰：「吾屬故晉人也，今晉室猶存，請與諸君分割州郡，各稱牧守公侯，奉表迎晉天子還都洛陽，何如？」尚書胡睦進曰：「陛下聖德應天，宜登大位。晉氏衰微，遠竄江表，豈能總馭英雄，混壹四海乎！」閔曰：「胡尚書之言，可謂識機知命矣。」乃即皇帝位，大赦，改元永興，國號大魏。

二月，燕王儁使慕容霸將兵二萬自東道出徒河，慕輿于自西道出蠮螉塞，儁自中道出盧龍塞以伐趙。以慕容恪、鮮于亮爲前驅，命慕輿埿槎山通道。留世子曄守龍城，以内史劉斌爲大司農，與典書令皇甫真留統後事。

霸軍至三陘，趙征東將軍鄧恒惶怖，焚倉庫，棄安樂遁去，與幽州刺史王午共保薊。徒河南部都尉孫泳急入安樂，撲滅餘火，籍其穀帛。霸收安樂、北平兵糧，與儁會臨渠。

三月，燕兵至無終，王午留其將王佗以數千人守薊，與鄧恒走保魯口。乙巳，儁拔薊，執王佗，斬之。儁欲悉阬其士卒千餘人，慕容霸諫曰：「趙爲暴虐，王興師伐之，將以拯民於塗炭而撫有中州也。今始得薊而阬其士卒，恐不可以爲王師之先聲也。」乃釋之。儁入都於薊，中州士女降者相繼。

燕兵至范陽，范陽太守李産欲爲石氏拒燕，衆莫爲用，乃帥八城令長出降，儁復以産爲太守。産子績爲幽州别駕，棄其家從王午在魯口。鄧恒謂午曰：「績鄉里在北，父已降燕，今雖在此，恐終難相保，徒爲人累，不如去之。」午曰：「此何言也！夫以當今喪亂，而績乃能立義捐家，情節之重，雖古烈士無以過。乃欲以猜嫌害之，燕、趙之士聞之，謂我直相聚爲賊，了無意識。衆情一散，不可復集，此爲坐自屠潰也。」恒乃止。午猶慮諸將不與己同心，或致非意，乃遣績歸。績始辭午往見燕王儁，儁讓之曰：「卿不識天命，棄父邀名，今日乃始來邪！」對曰：「臣眷戀舊主，志存微節，官身所在，何事非君。殿下方以義取天下，臣未謂得見之晚也。」儁悦，善待之。

儁以弟宜爲代郡城郎，孫泳爲廣寧太守，悉置幽州郡縣守宰。甲子，儁使中部俟釐慕輿句督薊中留事，自將擊鄧恒於魯口。軍至清梁，恒將鹿勃早將數千人夜襲燕營，半已得入，先犯前鋒都督慕容霸，突入幕下，霸起奮擊，手殺十餘人，早不能進，由是燕軍得嚴。儁謂慕輿根曰：「賊鋒甚鋭，宜且避之。」根正色曰：「我衆彼寡，力不相敵，故乘夜來戰，冀萬一獲利。今求賊得賊，正當擊之，復何所疑。王但安卧，臣等自爲王破之。」儁不能自安，内史李洪從儁出營外，屯高冢上。根帥左右精勇數百人從中牙直前擊早，李洪徐整騎隊還助之，早乃退走。衆軍追擊四十餘里，早僅以身免，所從士卒死亡略盡。儁引兵還薊。

魏主閔復姓冉氏。初，閔父瞻，内黄人，本姓冉，趙主勒破陣午，獲之，命虎養以爲子。閔驍勇善戰，多策略，虎愛之，比於諸孫。尊母王氏爲皇太后，立妻董氏爲皇后，子智爲皇太子，胤、明、裕皆爲王。以李農爲太宰、領太尉、録尚書事，封齊王，其子皆封縣公。遣使者持節赦諸軍屯，皆不從。

趙新興王祗即皇帝位于襄國，改元永寧。以汝陰王琨爲相國。六夷據州郡擁兵者皆應之。祗以姚弋仲爲右丞相、親趙王，待以殊禮。

夏四月，趙主祗遣汝陰王琨將兵十萬伐魏。

魏主閔殺李農及其三子，并尚書令王謨、侍中王衍、中常侍嚴震、趙昇。閔遣使臨江告晋曰：「逆胡亂中原，今已誅之，能共討者，可遣軍來也。」朝廷不應。

六月，趙汝陰王琨進據邯鄲，鎮南將軍劉國自繁陽會之。魏衛將軍王泰擊琨，大破之，死者萬餘人。劉國還繁陽。

冬十一月，魏主閔帥步騎十萬攻襄國。署其子太原王胤爲大單于、驃騎大將軍，以降胡一千配之爲麾下。光禄大夫韋謏諫曰：「胡羯皆我之仇敵，今來歸附，苟全性命耳；萬一爲變，悔之何及。請誅屏降胡，去單于之號，以防微杜漸。」閔方欲撫納羣胡，大怒，誅謏及其子伯陽。

七年春二月，魏主閔攻圍襄國百餘日。趙主祗危急，乃去皇帝之號稱趙王，遣太尉張舉乞師於燕，許送傳國璽。中軍將軍張春乞師於姚弋仲。弋仲遣其子襄帥騎二萬八千救趙，誡之曰：「冉閔棄仁背義，屠滅石氏。我受人厚遇，當爲復讎，老病不能自行。汝才十倍於閔，若不梟擒以來，不必復見我也。」弋仲亦遣使告於燕，燕王儁遣禦難將軍悅綰將兵三萬往會之。

冉閔聞儁欲救趙，遣大司馬從事中郎廣寧常煒使於燕，儁使封裕詰之曰：「冉閔，石氏養息，負恩作逆，何敢輒稱大號？」煒曰：「湯放桀，武王伐紂，以興商、周之業。曹孟德養於宦官，莫知所出，卒立魏氏之基。苟非天命，安能成功。推此而言，何必致問。」裕曰：「人言冉閔初立，鑄金爲己像以卜成敗，而像不成，信乎？」煒曰：「不聞。」裕曰：「南來者皆云如是，何故隱之？」煒曰：「姦僞之人，欲矯天命以惑人者，乃假符瑞、託蓍龜以自重。魏主握符璽，據中州，受命何疑，而更反真爲僞，取決於金像乎！」裕曰：「傳國璽果安在？」煒曰：「在鄴。」裕曰：「張舉言在襄國。」煒曰：「殺胡之日，在鄴者殆無孑遺，時有迸漏者，皆潛伏溝瀆中耳，彼安知璽之所在乎，彼求救者爲妄誕之辭，無所不可，況一璽乎！」

儁猶以張舉之言爲信，乃積柴其旁，使裕以其私誘之曰：「君更孰思，無爲徒取灰滅。」煒正色曰：「石氏貪暴，親帥大兵攻燕國都，雖不克而返，然志在必取。故運資糧、聚器械於東北者，非以相資，乃欲相滅也。魏主誅翦石氏，雖不爲燕，臣子之心，聞仇讎之滅，義當如何？而更爲彼責我，不亦異乎！吾聞死者骨肉下于土，精魂升于天。蒙君之惠，速益薪縱火，使僕得上訴於帝足矣。」左右請殺之，儁曰：「彼不憚殺身以徇其主，忠臣也。且冉閔有罪，使臣何預焉。」使出就館。夜，使其鄉人趙瞻往勞之，且曰：「君何不以實言？王怒，欲處君於遼、碣之表，奈何？」煒曰：「吾結髮以來，尚不欺布衣，況人主乎。曲意苟合，性所不能；直情盡言，雖沈東海，不敢避也。」遂卧向壁，不復與瞻言。瞻具以白儁，儁乃囚煒於龍城。

三月，姚襄及趙汝陰王琨各引兵救襄國。冉閔遣車騎將軍胡睦拒襄於長蘆，將軍孫威拒琨於黄丘，皆敗還，士卒略盡。

閔欲自出擊之，衛將軍王泰諫曰：「今襄國未下，外救雲集，若我出戰，必覆背受敵，此危道也。不若固壘以挫其鋭，徐觀其釁而擊之。且陛下親臨行陳，如失萬全，則大事去矣。」閔將止，道士法饒進曰：「陛下圍襄國經年，無尺寸之功，今賊至又避不擊，將何以使將士乎！且太白入昴，當殺胡王。百戰百克，不可失也。」閔攘袂大言曰：「吾戰決矣，敢沮衆者斬！」乃悉衆出與襄、琨戰。悦綰適以燕兵至，去魏兵數里，疏布騎卒，曳柴揚塵，魏人望之恟懼。襄、琨、緄三面擊之，趙王祗自後衝之，魏兵大敗，閔與十餘騎走還鄴。降胡栗特康等執大單于胤及左僕射劉琦以降趙，趙王祗殺之。胡睦及司空石璞、尚書令徐機、中書監盧諶等并將士死者凡十餘萬人。閔潛還，人無知者。鄴中震恐，訛言閔已没。射聲校尉張艾請閔親郊以安衆心，閔從之，訛言乃息。閔支解法饒父子，贈韋謏大司徒。姚襄還灄頭，姚弋仲怒其不擒閔，杖之一百。

初，閔之爲趙相也，悉散倉庫以樹私恩，與羌胡相攻，無月不戰。趙所徙青、雍、幽、荆四州之民及氐、羌、胡、蠻數百萬口，以趙法禁不行，各還本土，道路交錯，互相殺掠，其能達者什有二三。中原大亂，因以饑疫，人相食，無復耕者。

趙王祗使其將劉顯帥衆七萬攻鄴，軍于明光宮，去鄴二十三里，魏主閔恐，召王泰，欲與之謀。泰恚前言之不從，辭以瘡甚。閔親臨問之，泰固稱疾篤。閔怒，還宮，謂左右曰：「巴奴，乃公豈假汝爲命邪！要將先滅羣胡，卻斬王泰。」乃悉衆出戰，大破顯軍，追奔至陽平，斬首三萬餘級。顯懼，密使請降，求殺祗以自效，閔乃引歸。會有告王泰欲叛入秦者，閔殺之，夷其三族。

夏四月，勃海人逄約因趙亂，擁衆數千家附於魏，魏以約爲勃海太守。故太守劉準，隗之兄子也；土豪封放，奕之從弟也；別聚衆自守。閔以準爲幽州刺史，與約中分勃海。

燕王儁使封奕討約，使昌黎太守高開討準、放。開，瞻之子也。奕引兵直抵約壘，遣人謂約曰：「相與鄉里，隔絶日久，會遇甚難。時事利害，人各有心，非所論也。願單出一相見，以寫佇結之情。」約素信重奕，即出見奕於門外，各屏騎卒，單馬交語。奕與論敘平生畢，因説之曰：「與君累世同鄉，情相愛重，誠欲君享祚無窮。今既獲展奉，不可不盡所懷。冉閔乘石氏之亂，奄有成資，是宜天下服其强矣，而禍亂方始，固知天命不可力争也。燕王奕世載德，奉義討亂，所征無敵，今已都薊，南臨趙、魏，遠近之民，襁負歸之。民厭荼毒，咸思有道。冉閔之亡，匪朝伊夕，成敗之形，昭然易見。且燕王肇開王業，虚心賢儁。君能翻然改圖，則功参絳、灌，慶流苗裔，孰與爲亡國將，守孤城以待必至之禍哉！」約聞之，悵然不言。奕給使張安有勇力，奕豫戒之，俟約氣下，安突前持其馬鞚因挾之而馳。至營，奕與坐，謂曰：「君計不能自決，故相爲決之，非欲取君以邀功，乃欲全君以安民也。」高開至勃海，準、放迎降。儁以放爲勃海太守，準爲右司馬，約參軍事。以約誘於人而遇獲，更其名曰釣。

劉顯弑趙王祗及其丞相樂安王炳、太宰趙庶等十餘人，傳首于鄴。驃騎將軍石寧奔柏人。魏主閔焚祗首于通衢，拜顯上大將軍、大單于、冀州牧。

秋七月，劉顯復引兵攻鄴，魏主閔擊敗之。顯還，稱帝於襄國。

八月，燕王儁遣慕容恪攻中山，慕容評攻王午于魯口。魏中山太守上谷侯龕閉城拒守。恪南徇常山，軍于九門，魏趙郡太守遼西李邽舉郡降，恪厚撫之，將邽還圍中山，侯龕乃降。恪入中山，遷其將帥、土豪數十家詣薊，餘皆安堵，軍令嚴明，秋豪不犯。慕容評至南安，王午遣其將鄭生拒戰，評擊斬之。

悦綰還自襄國，儁乃知張舉之妄而殺之。常煒有四男二女在中山，儁釋煒之囚，使諸子就見之。煒上疏謝恩，儁手令答曰：「卿本不爲生計，孤以州里相存耳。今大亂之中，諸子盡至，豈非天所念邪。天且念卿，况於孤乎。」賜妾一人，穀三百斛，使居凡城。以北平太守孫興爲中山太守，興善於綏撫，中山遂安。

冬十一月，逄鈞亡歸勃海，招集舊衆以叛燕。樂陵太守賈堅使人告諭鄉人，示以成敗，鈞部衆稍散，遂來奔。

八年春正月，劉顯攻常山，魏主閔留大將軍蔣幹使輔太子智守鄴，自將八千騎救之。顯大司馬清河王寧以棗强降魏。閔擊顯，敗之，追奔至襄國。顯大將軍曹伏駒開門納閔，閔殺顯及其公卿已下百餘人，焚襄國宮室，遷其民於鄴。趙汝陰王琨以其妻妾來奔，斬於建康市，石氏遂絶。

魏主閔既克襄國，因遊食常山、中山諸郡。趙立義將軍段勤聚胡羯萬餘人保據繹幕，自稱趙帝。夏四月甲子，燕王儁遣慕容恪等擊魏，慕容霸等擊勤。

魏主閔將與燕戰，大將軍董閏、車騎將軍張温諫曰：「鮮卑乘勝鋒鋭，且彼衆我寡，請且避之，俟其驕惰，然後益兵以擊之。」閔怒曰：「吾欲以此衆平幽州，斬慕容儁，今遇恪而避之，人謂我何！」司徒劉茂、特進郎闓相謂曰：「吾君此行，必不還矣。吾等何爲坐待戮辱！」皆自殺。

閔軍于安喜，慕容恪引兵從之。閔趣常山，恪追之，丙子，及於魏昌之廉臺。閔與燕兵十戰，燕兵皆不勝。閔素有勇名，所將兵精鋭，燕人憚之。慕容恪巡陳，謂將士曰：「冉閔勇而無謀，一夫敵耳。其士卒飢疲，甲兵雖精，其實難用，不足破也。」閔以所將多步卒，而燕皆騎兵，引兵將趣林中。恪參軍高開曰：「吾騎兵利平地，若閔得入林，不可復制。宜亟遣輕騎邀之，既合而陽走，誘致平地，然後可擊也。」恪從之。魏兵還就平地，恪分軍爲三部，謂諸將曰：「閔性輕鋭，又自以衆少，必致死於我。我厚集中軍之陳以待之，俟其合戰，卿等從旁擊之，無不克矣。」乃擇鮮卑善射者五千人，以鐵鎖連其馬，爲方陳而前。閔所乘駿馬曰朱龍，日行千里。閔左操雙刃矛，右執鉤戟，以擊燕兵，斬首三百餘級。望見大幢，知其爲中軍，直衝之。燕兩軍從旁夾擊，大破之，圍閔數重。閔潰圍東走二十餘里，朱龍忽斃，爲燕兵所執。燕人殺魏僕射劉羣，執董閔、張温及閔皆送於薊。閔子操奔魯口。高開被創而卒。慕容恪進屯常山，儁命恪鎮中山。

己卯，冉閔至薊。儁大赦。立閔而責之曰：「汝奴僕下才，何得妄稱帝！」閔曰：「天下大亂，爾曹夷狄禽獸之類猶稱帝，况我中土英雄，何爲不得稱帝邪！」儁怒，鞭之三百，送於龍城。

慕容霸軍至繹幕，段勤與弟思聰舉城降。甲申，儁遣慕容評及中尉侯龕帥精騎萬人攻鄴。癸巳，至鄴，魏蔣幹及太子智閉城拒守，城外皆降於燕。劉寧及弟崇帥胡騎三千奔晉陽。

五月，鄴中大饑，人相食，故趙時宮人被食略盡。蔣幹遣侍中繆嵩、詹事劉猗奉表請降，且求救於謝尚。庚寅，燕王儁遣廣威將軍慕容軍、殿中將軍慕輿根、右司馬皇甫真等帥步騎二萬助慕容評攻鄴。

辛卯，燕人斬冉閔於龍城。會大旱、蝗，燕王儁謂閔爲祟，遣使祀之，謚曰悼武天王。

初，謝尚使戴施據枋頭，施聞蔣幹求救，乃自倉垣徙屯棘津，止幹使者求傳國璽。劉猗使繆嵩還鄴白幹，幹疑尚不能救，沈吟未決。

六月，施帥壯士百餘人入鄴，助守三臺，紿之曰：「今燕寇在外，道路不通，璽未敢送也。卿且出以付我，我當馳白天子。天子聞璽在吾所，信卿至誠，必多發兵糧以相救餉。」幹以爲然，出璽付之。施宣言使督護何融迎糧，陰令懷璽送于枋頭。甲子，蔣幹帥鋭卒五千及晉兵出戰，慕容評大破之，斬首四千級，幹脱走入城。

秋七月，王午聞魏敗，時鄧恒已死，午自稱安國王。八月戊辰，燕王儁遣慕容恪、封奕、陽騖攻之，午閉城自守，送冉操詣燕軍，燕人掠其禾稼而還。

庚午，魏長水校尉馬願等開鄴城納燕兵，戴施、蔣幹懸縋而下，奔于倉垣。慕容評送魏后董氏、太子智、太尉申鍾、司空條攸等及乘輿、服御于薊。尚書令王簡、左僕射張乾、右僕射郎肅皆自殺。燕王儁詐云董氏得傳國璽獻之，賜號奉璽君，賜冉智爵海賓侯，以申鍾爲大將軍右長史，命慕容評鎮鄴。

謝尚自枋頭迎傳國璽至建康，百僚畢賀。

冬十月，故趙將擁兵據州郡者各遣使降燕，燕王儁以王擢爲益州刺史，夔逸爲秦州刺史，張平爲并州刺史，李歷爲兗州刺史，高昌爲安西將軍，劉寧爲車騎將軍。

慕容恪屯安平，積糧治攻具，將討王午。丙戌，中山蘇林起兵於無極，自稱天子。恪自魯口還討林。閏月戊子，燕王儁遣廣威將軍慕輿根助恪攻林，斬之。王午爲其將秦興所殺。吕護殺興，復自稱安國王。

燕羣僚共上尊號於燕王儁，儁許之。十一月丁卯，始置百官，以國相封奕爲太尉，左長史陽騖爲尚書令，右司馬皇甫真爲尚書左僕射，典書令張悕爲右僕射，其餘文武拜授有差。戊辰，儁即皇帝位，大赦。自謂獲傳國璽，改元元璽。追尊武宣王爲高祖武宣皇帝，文明王爲太祖文明皇帝。時晉使適至燕，儁謂曰：「汝還白汝天子，我承人乏，爲中國所推，已爲帝矣。」改司州爲中州，建留臺於龍都。以玄菟太守乙逸爲尚書，專委留務。

通鑑紀事本末卷第十五

江左經略中原

晉成帝咸康五年春三月，征西將軍庾亮欲開復中原，表桓宣爲都督沔北前鋒諸軍事、司州刺史，鎮襄陽。又表其弟臨川太守懌爲監梁雍二州諸軍事、梁州刺史，鎮魏興；西陽太守翼爲南蠻校尉，領南郡太守，鎮江陵；皆假節。又請解豫州，以授征虜將軍毛寶。詔以寶監揚州及江西諸軍事、豫州刺史，與西陽太守樊峻帥精兵萬人戍邾城。以建威將軍陶稱爲南中郎將、江夏相，入沔中。稱將二百人下見亮，亮素惡稱輕狡，數稱前後罪惡，收而斬之。後以魏興險遠，命庾懌徙屯半洲。更以武昌太守陳囂爲梁州刺史，趣漢中，遣參軍李松攻漢巴郡、江陽。夏四月，執漢荆州刺史李閎、巴郡太守黄植送建康。漢主壽以李奕爲鎮東將軍，代閎守巴郡。

庾亮上疏言：「蜀甚弱而胡尚强，欲帥大衆十萬移鎮石城，遣諸軍羅布江、沔，爲伐趙之規。」帝下其議。丞相導請許之。太尉鑒議，以爲「資用未備，不可大舉」。太常蔡謨議，以爲：「時有否泰，道有屈伸，苟不計强弱而輕動，則亡不終日，何功之有。爲今之計，莫若養威以俟時。時之可否繫胡之强弱，胡之强弱繫石虎之能否。自石勒舉事，虎常爲爪牙，百戰百勝，遂定中原，所據之地，同於魏世。勒死之後，虎挾嗣君，誅將相，内難既平，翦削外寇，一舉而拔金墉，再戰而禽石生，誅石聰如拾遺，取郭權如振槁，四境之内，不失尺土。以是觀之，虎爲能乎，將不能也？論者以胡前攻襄陽不能拔，謂之無能爲。夫百戰百勝之强，而以不拔一城爲劣，譬諸射者百發百中而一失，可以謂之拙乎？且石遇，偏師也，桓平北，邊將也，所争者疆埸之土，利則進，否則退，非所急也。今征西以重鎮名賢，自將大軍欲席卷河南，虎必自帥一國之衆來決勝負，豈得以襄陽爲比哉。今征西欲與之戰，何如石生？若欲城守，何如金墉？欲阻沔水，何如大江？欲拒石虎，何如蘇峻？凡此數者，宜詳校之。石生猛將，關中精兵，征西之戰，殆不能勝也。金墉險固，劉曜十萬衆不能拔，征西之守，殆不能勝也。又當是時，洛陽、關中皆舉兵擊虎，今此三鎮反爲其用，方之於前，倍半之勢也。石生不能敵其半，而征西欲當其倍，愚所疑也。蘇峻之强不及石虎，沔水之險不及大江，大江不能禦蘇峻，而欲以沔水禦石虎，又所疑也。昔祖士稚在譙，佃於城北界，胡來攻，豫置軍屯以禦其外。穀將熟，胡果至，丁夫戰於外，老弱穫於内，多持炬火，急則燒穀而走。如此數年，竟不得其利。當是時，胡唯據河北，方之於今，四分之一耳，士稚不能捍其一，而征西欲以禦其四，又所疑也。然此但論征西既至之後耳，尚未論道路之慮也。自沔以西，水急岸高，魚貫泝流，首尾百里。若胡無宋襄之義，及我未陣而擊之，將如之何？今王士與胡，水陸異勢，便習不同。胡若送死，則敵之有餘，若棄江遠進，以我所短擊彼所長，懼非廟勝之算也。」朝議多與謨同，乃詔亮，不聽移鎮。

秋八月，南昌文成公郗鑒疾篤，以府事付長史劉遐，上疏乞骸骨，且曰：「臣所統錯雜，率多北人，或逼遷徙，或是新附，百姓懷土，皆有歸本之心。臣宣國恩，示以好惡，處與田宅，漸得少安。聞臣疾篤，衆情駭動，若當北渡，必啓寇心。太常臣謨，平簡貞正，素望所歸，謂可以爲都督、徐州刺史。」詔以蔡謨爲太尉軍司，加侍中。辛酉，鑒薨，即以謨爲征北將軍、都督徐兖青三州諸軍事、領徐州刺史、假節。

時左衛將軍陳光請伐趙，詔遣光攻壽陽。謨上疏曰：「壽陽城小而固。自壽陽至琅邪，城壁相望，一城見攻，衆城必救。又王師在路五十餘日，前驅未至，聲息久聞，賊之郵驛，一日千里，河北之騎，足以來赴。夫以白起、韓信、項籍之勇，猶發梁焚舟，背水而陣。今欲停船水渚，引兵造城，前對堅敵，顧臨歸路，此兵法之所誡。若進攻未拔，胡騎猝至，懼桓子不知所爲，而舟中之指可掬也。今光所將皆殿中精兵，宜令所向有征無戰，而頓之堅城之下，以國之爪士擊寇之下邑，得之則利薄而不足損敵，失之則害重而足以益寇，懼非策之長者也。」乃止。

初，陶侃在武昌，議者以江北有邾城，宜分兵戍之。侃每不答，而言者不已。侃乃渡水獵，引將佐語之曰：「我所以設險而禦寇者，正以長江耳。邾城隔在江北，内無所倚，外接羣夷。夷中利深，晉人貪利，夷不堪命，必引虜入寇。此乃致禍之由，非禦寇也。且吴時戍此城用三萬兵，今縱有兵守之，亦無益於江南，若羯虜有可乘之會，此又非所資也。」及庾亮鎮武昌，卒使毛寶、樊峻戍邾城。趙王虎惡之，以夔安爲大都督，帥石鑒、石閔、李農、張貉、李菟等五將軍，兵五萬人，寇荆、揚北鄙，二萬騎攻邾城。毛寶求救於庾亮，亮以城固，不時遣兵。

九月，石閔敗晉兵於沔陰，殺將軍蔡懷；夔安、李農陷沔南；朱保敗晉兵於白石，殺鄭豹等五將軍；張貉陷邾城，死者六千人，毛寶、樊峻突圍出走，赴江溺死。夔安進據胡亭，寇江夏，義陽將軍黄冲、義陽太守鄭進皆降於趙。安進圍石城，竟陵太守李陽拒戰，破之，斬首五千餘級，安乃退。遂掠漢東，擁七千餘户遷于幽、冀。

是時庾亮猶上疏欲遷鎮石城，聞邾城陷，乃止。上表陳謝。自貶三等，行安西將軍。有詔復位。以輔國將軍庾懌爲豫州刺史，監宣城、廬江、歷陽、安豐四郡諸軍事、假節，鎮蕪湖。

六年春正月庚子朔，都亭文康侯庾亮薨。以護軍將軍、録尚書何充爲中書令。庚戌，以南郡太守庾翼爲都督江荆司雍梁益六州諸軍事、安西將軍、荆州刺史、假節，代亮鎮武昌。時人疑翼年少，不能繼其兄。翼悉心爲治，戎政嚴明，數年之間，公私充實，人皆稱其才。

八年〔春三月〕，庾翼在武昌，數有妖怪，欲移鎮樂鄉。征虜長史王述與庾冰牋曰：「樂鄉去武昌千有餘里，數萬之衆，一旦移徙，興立城壁，公私勞擾。又江州當泝流數千里供給軍府，力役增倍。且武昌實江東鎮戍之中，非但扞禦上流而已，緩急赴告，駿奔不難。若移樂鄉，遠在西陲，一朝江渚有虞，不相接救。方嶽重將，固當居要害之地，爲内外形勢，使闚𨵦之心不知所向。昔秦忌亡胡之讖，卒爲劉、項之資。周惡檿弧之謡，而成褒姒之亂。是以達人君子，直道而行，禳避之道，皆所不取，正當擇人事之勝理，思社稷之長計耳。」朝議亦以爲然，翼乃止。

秋七月己未，以何充爲驃騎將軍，都督徐州揚州之晉陵諸軍事、領徐州刺史，鎮京口，避諸庾也。

康帝建元元年。庾翼爲人慷慨，喜功名，不尚浮華。琅邪内史桓温，彝之子也，尚南康公主，豪爽有風概，翼與之友善，相期以寧濟海内。翼嘗薦温於成帝曰：「桓温有英雄之才，願陛下勿以常人遇之，常壻畜之，宜委以方、邵之任，必有弘濟艱難之勳。」時杜乂、殷浩並才名冠世，翼獨弗之重也，曰：「此輩宜束之高閣，俟天下太平，然後徐議其任耳。」浩累辭徵辟，屏居墓所，幾將十年，時人擬之管、葛。江夏相謝尚、長山令王濛常伺其出處，以卜江左興亡。嘗相與省之，知浩有確然之志。既返，相謂曰：「深源不起，當如蒼生何！」尚，鯤之子也。翼請浩爲司馬；詔除侍中、安西軍司，浩不應。翼遺浩書曰：「王夷甫立名非真，雖云談道，實長華競。明德君子，遇會處際，寧可然乎？」浩猶不起。

殷羡爲長沙相，在郡貪殘，庾冰與翼書屬之。翼報曰：「殷君驕豪，亦似由有佳兒，弟故小令物情容之。大較江東之政，以嫗煦豪强，常爲民蠹，時有行法，輒施之寒劣。如往年偷石頭倉米一百萬斛，皆是豪將輩，而直殺倉督監以塞責。山遐爲餘姚長，爲官出豪强所藏二千户，而衆共驅之，令遐不得安席。雖皆前宰之惛謬，江東事去，實此之由。兄弟不幸，横陷此中，自不能拔足於風塵之外，當共明目而治之。荆州所統二十餘郡，唯長沙最惡，惡而不黜，與殺督監者復何異邪！」遐，簡之子也。

翼以滅胡取蜀爲己任，遣使東約燕王皝，西約張駿，刻期大舉。朝議多以爲難，唯庾冰意與之同，而桓温、譙王無忌皆贊成之。無忌，承之子也。

秋七月，趙汝南太守戴開帥數千人詣翼降。丁巳，下詔議經略中原。翼欲悉所部之衆北伐，表桓宣爲都督司雍梁三州荆州之四郡諸軍事、梁州刺史，前趣丹水；桓温爲前鋒小督，假節，帥衆入臨淮，並發所統六州奴及車牛驢馬，百姓嗟怨。

八月，庾翼欲移鎮襄陽，恐朝廷不許，乃奏云移鎮安陸。帝及朝士皆遣使譬止翼，翼遂違詔北行，至夏口，復上表請鎮襄陽。翼時有衆四萬，詔加翼都督征討諸軍事。先是，車騎將軍、揚州刺史庾冰屢求出外，辛巳，以冰都督荆江寧益梁交廣七州豫州之四郡諸軍事、領江州刺史、假節，鎮武昌，以爲翼繼援。徵徐州刺史何充爲都督揚豫徐州之琅邪諸軍事、領揚州刺史，録尚書事，輔政。以琅邪内史桓温爲都督青徐兖三州諸軍事、徐州刺史。徵江州刺史褚裒爲衛將軍，領中書令。

二年夏四月，征西將軍庾翼使梁州刺史桓宣擊趙將李羆於丹水，爲羆所敗，翼貶宣爲建威將軍。宣慚憤成疾，秋八月庚辰，卒。翼以長子方之爲義城太守，代領宣衆。又以司馬應誕爲襄陽太守，參軍司馬勳爲梁州刺史，戍西城。

中書令褚裒固辭樞要，閏月丁巳，以裒爲左將軍、都督兖州徐州之琅邪諸軍事、兖州刺史，鎮金城。

秋九月，帝崩，穆帝即位。以裒爲侍中、衛將軍、録尚書事，持節、督、刺史如故。裒以近戚，懼獲譏嫌，上疏固請居藩，改授都督徐兖青三州揚州之二郡諸軍事、衛將軍、徐兖二州刺史，鎮京口。

冬十月，江州刺史庾冰有疾，太后徵冰輔政，冰辭，十一月庚辰，卒。庾翼以家國情事，留子方之爲建武將軍，戍襄陽。方之年少，以參軍毛穆之爲建武司馬以輔之。穆之，寶之子也。翼還鎮夏口。詔翼復督江州，又領豫州刺史。翼辭豫州，復欲移鎮樂鄉，詔不許。翼仍繕修軍器，大佃積穀，以圖後舉。

穆帝永和元年春正月，詔徵衛將軍褚裒欲以爲揚州刺史、録尚書事。吏部尚書劉遐、長史王胡之説裒曰：「會稽王令德雅望，國之周公也，足下宜以大政授之。」裒乃固辭，歸藩。壬戌，以會稽王昱爲撫軍大將軍、録尚書六條事。

都亭肅侯庾翼疽發于背，表子爰之行輔國將軍、荆州刺史，委以後任；司馬義陽朱燾爲南蠻校尉，以千人守巴陵。秋七月庚午，卒。

庾翼既卒，朝議皆以諸庾世在西藩，人情所安，宜依翼所請，以庾爰之代其任。何充曰：「荆楚，國之西門，户口百萬，北帶强胡，西鄰勁蜀，地勢險阻，周旋萬里。得人則中原可定，失人則社稷可憂，陸抗所謂『存則吴存，亡則吴亡』者也，豈可以白面少年當之哉！桓温英略過人，有文武器幹，西夏之任，無出温者。」議者又曰：「庾爰之肯避温乎？如令阻兵，恥懼不淺。」充曰：「温足以制之，諸君勿憂。」

丹楊尹劉惔每奇温才，然知其有不臣之志，謂會稽王昱曰：「温不可使居形勝之地，其位號常宜抑之。」勸昱自鎮上流，以己爲軍司，昱不聽；又請自行，亦不聽。

〔八月〕庚辰，以徐州刺史桓温爲安西將軍、持節、都督荆司雍益梁寧六州諸軍事、領護南蠻校尉、荆州刺史，爰之果不敢争。又以劉惔監沔中諸軍事，領義成太守，代庾方之。徙方之、爰之于豫章。

桓温嘗乘雪欲獵，先過劉惔，惔見其裝束甚嚴，謂之曰：「老賊欲持此何爲？」温笑曰：「我不爲此，卿安得坐談乎？」

二年春二月，褚裒薦前光禄大夫顧和、前司徒左長史殷浩。三月丙子，以和爲尚書令，浩爲建武將軍、揚州刺史。和有母喪，固辭不起，謂所親曰：「古人有釋衰經從王事者，以其才足幹時故也。如和者，正足以虧孝道，傷風俗耳。」識者美之。浩亦固辭。會稽王昱與浩書曰：「屬當厄運，危弊理極，足下沈識淹長，足以經濟。若復深存挹退，苟遂本懷，吾恐天下之事於此去矣。足下去就，即時之廢興，則家國不異，足下宜深思之。」浩乃就職。

四年（夏四月）〔秋八月〕，會稽王昱以揚州刺史殷浩有盛名，朝野推服，乃引爲心膂，與參綜朝權，欲以抗温；由是與温寖相疑貳。浩以征北長史荀羡、前江州刺史王羲之夙有令名，擢羨爲吴國内史，羲之爲護軍將軍，以爲羽翼。羡，蕤之弟；羲之，導之從子也。

義之以爲内外協和，然後國家可安，勸浩及羨不宜與温構隙，浩不從。

五年夏六月，桓温聞趙亂，出屯安陸，遣諸將經營北方。趙揚州刺史王浹舉壽春降，西中郎將陳逵進據壽春。征北大將軍褚裒上表請伐趙，即日戒嚴，直指泗口。朝議以裒事任貴重，不宜深入，宜先遣偏師。裒奏言：「前已遣前鋒督護王頤之等徑造彭城，後遣督護麋嶷進據下邳，今宜速發，以成聲勢。」

秋七月，加裒征討大都督、督徐兗青揚豫五州諸軍事。裒帥衆三萬，徑赴彭城，北方士民降附者日以千計。朝野皆以爲中原指期可復，光禄大夫蔡謨獨謂所親曰：「胡滅誠爲大慶，然恐更貽朝廷之憂。」其人曰：「何謂也？」謨曰：「夫能順天乘時濟羣生於艱難者，非上聖與英雄不能爲也，自餘則莫若度德量力。觀今日之事，殆非時賢所及，必將經營分表，疲民以逞。既而材略疏短，不能副心，財殫力竭，智勇俱困，安得不憂及朝廷乎！」

魯郡民五百餘家相與起兵附晋，求援於褚裒，裒遣部將王龕、李邁將鋭卒三千迎之。趙南討大都督李農帥騎二萬與龕等戰於代陂，龕等大敗，皆没於趙。八月，裒退屯廣陵，陳逵聞之，焚壽春積聚，毁城遁還。裒上疏乞自貶，詔不許，命裒還鎮京口，解征討都督。時河北大亂，遺民二十餘萬口渡河欲來歸附，會裒已還，威勢不接，皆不能自拔，死亡略盡。

冬十一月，都鄉元穆侯褚裒還至京口，聞哭聲甚多，以問左右。對曰：「皆代陂死者之家也。」裒慚憤發疾。十二月己酉，卒。以吳國內史荀羨爲使持節、監徐兖二州揚州之晉陵諸軍事、徐州刺史，時年二十八，中興方伯未有如羨之少者。

六年春正月，朝廷聞中原大亂，復謀進取。己丑，以揚州刺史殷浩爲中軍將軍、假節、都督揚豫徐兖青五州諸軍事，以蒲洪爲氐王、使持節、征北大將軍、都督河北諸軍事、冀州刺史、廣川郡公，蒲健爲假節、右將軍、監河北征討前鋒諸軍事、襄國公。

七年。初，桓温聞石氏亂，上疏請出師經略中原，事久不報。温知朝廷杖殷浩以抗己，甚忿之，然素知浩之爲人，亦不之憚也。以國無他釁，遂得相持彌年，雖有君臣之跡，羈縻而已，八州士衆資調殆不爲國家用。屢求北伐，詔書不聽。十二月辛未，温拜表輒行，帥衆四五萬順流而下，軍于武昌，朝廷大懼。殷浩欲去位以避温，又欲以騶虞幡駐温軍。吏部尚書王彪之言於會稽王昱曰：「此屬皆自爲計，非能保社稷，爲殿下計也。若殷浩去職，人情離駭，天子獨坐，當此之際，必有任其責者，非殿下而誰乎？」又謂浩曰：「彼若抗表問罪，卿爲之首。事任如此，猜釁已成，欲作匹夫，豈有全地邪，且當静以待之。令相王與手書，示以款誠，爲陳成敗，彼必旋師；若不從，則遣中詔；又不從，乃當以正義相裁，奈何無故忽忽，先自猖獗乎！」浩曰：「决大事正自難，頃日來欲使人悶。聞卿此謀，意始得了。」彪之，彬之子也。

撫軍司馬高崧言於昱曰：「王宜致書，諭以禍福，自當返旆。如其不爾，便六軍整駕，逆順於兹判矣。」乃於坐爲昱草書曰：「寇難宜平，時會宜接。此實爲國遠圖，經略大算，能弘斯會，非足下而誰？但以比興師動衆，要當以資實爲本。運轉之艱，古人所難，不可易之於始而不熟慮。頃所以深用爲疑，惟在此耳。然異常之舉，衆之所駭，遊聲噂嗒，想足下亦少聞之。苟患失之，無所不至，或能望風振擾，一時崩散。如此則望實並喪，社稷之事去矣。皆由吾闇弱，德信不著，不能鎮静羣庶，保固維城，所以内愧于心，外慚良友。吾與足下雖職有内外，安社稷，保家國，其致一也。天下安危，繫之明德。當先思寧國而後圖其外，使王基克隆，大義弘著。所望於足下，區區誠懷，豈可復顧嫌而不盡哉！」温即上疏，惶恐致謝，回軍還鎮。

八年春正月，尚書左丞孔嚴言於殷浩曰：「比來衆情，良可寒心，不知使君當何以鎮之？愚謂宜明受任之方，韓、彭專征伐，蕭、曹守管籥，内外之任，各有攸司。深思廉、藺屈身之義，平、勃交歡之謀，令穆然無間，然後可以保大定功也。觀頃日降附之徒，皆人面獸心，貪而無親，恐難以義感也。」浩不從。嚴，愉之從子也。

浩上疏請北出許、洛，詔許之。以安西將軍謝尚、北中郎將荀羨爲督統，進屯壽春。

謝尚不能撫慰張遇，遇怒，據許昌叛，使其將上官恩據洛陽，樂弘攻督護戴施於倉垣，浩軍不能進。三月，命荀羨鎮淮陰，尋加監青州諸軍事，又領兗州刺史，鎮下邳。

姚弋仲卒，子襄帥衆歸晉。襄單騎渡淮，見謝尚于壽春。尚聞其名，命去仗衛，幅巾待之，歡若平生。襄博學，善談論，江東人士皆重之。

夏四月，秦以張遇爲征東大將軍、豫州牧。六月，謝尚、姚襄共攻張遇于許昌。秦主健遣丞相東海王雄、衛大將軍平昌王菁略地關東，帥步騎二萬救之。丁亥，戰于潁水之誡橋，尚等大敗，死者萬五千人。尚奔還淮南，襄棄輜重，送尚于芍陂，尚悉以後事付襄。殷浩聞尚敗，退屯壽春。秋七月，秦丞相雄徙張遇及陳、潁、許、洛之民五萬餘户於關中，以右衛將軍楊羣爲豫州刺史，鎮許昌。謝尚降號建威將軍。

殷浩之北伐也，中軍將軍王羲之以書止之，不聽。既而無功，復謀再舉。〔八月〕羲之遺浩書曰：「今以區區江左，天下寒心，固已久矣，力争武功，非所當作。自頃處内外之任者，未有深謀遠慮，而疲竭根本，各從所志，竟無一功可論，遂令天下將有土崩之勢，任其事者豈得辭四海之責哉！今軍破於外，資竭於内，保淮之志，非所復及。莫若還保長江，督將各復舊鎮，自長江以外，羈縻而已。引咎責躬，更爲善治，省其賦役，與民更始，庶可以救倒懸之急也。使君起於布衣，任天下之重，當董統之任，而敗喪至此，恐闔朝羣賢未有與人分其謗者。若猶以前事爲未工，故復求之於分外，宇宙雖廣，自容何所？此愚智所不解也。」又與會稽王昱牋曰：「爲人臣者，誰不願尊其主比隆前世，况遇難得之運哉？顧力有所不及，豈可不權輕重而處之也。今雖有可喜之會，内求諸己，而所憂乃重於所喜。功未可期，遺黎殲盡，勞役無時，徵求日重，以區區吴、越，經緯天下十分之九，不亡何待？而不度德量力，不弊不已，此封内所痛心歎悼而莫敢吐誠者也。『往者不可諫，來者猶可追。』願殿下更垂三思，先爲不可勝之基，須根立勢舉，謀之未晚。若不行，恐麋鹿之游，將不止林藪而已。願殿下暫廢虚遠之懷，以救倒懸之急，可謂以亡爲存，轉禍爲福也。」不從。

九月，浩屯泗口，遣河南太守戴施據石門，滎陽太守劉遯戍倉垣。浩以軍興，罷遣太學生徒，學校由此遂廢。

冬十月，謝尚遣冠軍將軍王俠攻許昌，克之。秦豫州刺史楊羣退屯弘農。徵尚爲給事中，戍石頭。

九年秋七月，張遇叛秦，伏誅。九月，姚襄屯歷陽，以燕、秦方强，未有北伐之志，乃夾淮廣興屯田，訓厲將士。殷浩在壽春，惡其强盛，囚襄諸弟，屢遣刺客刺之，刺客皆以情告襄。安北將軍魏統卒，弟憬代領部曲。浩潛遣憬帥衆五千襲之，襄斬憬，并其衆。浩愈惡之，使龍驤將軍劉啓守譙，遷襄于梁國蠡臺，表授梁國内史。

魏憬子弟數往來壽春，襄益疑懼，遣參軍權翼使於浩。浩曰：「身與姚平北共爲王臣，休戚同之。平北每舉動自專，甚失輔車之理，豈所望也。」翼曰：「平北英姿絶世，擁兵數萬而遠歸晉室者，以朝廷有道，宰輔明哲故也。今將軍輕信讒慝之言，與平北有隙，愚謂猜嫌之端，在此不在彼也。」浩曰：「平北姿性豪邁，生殺自由，又縱小人掠奪吾馬，王臣之體，固若是乎？」翼曰：「平北歸命聖朝，豈肯妄殺無辜。姦宄之人，亦王法所不容也，殺之何害！」浩曰：「然則掠馬何也？」翼曰：「將軍謂平北雄武難制，終將討之，故取馬欲以自衛耳。」浩笑曰：「何至是也。」

初，浩陰遣人誘秦梁安、雷弱兒，使殺秦主健，許以關右之任。弱兒等僞許之，且請兵應接。浩聞張遇作亂，健兄子輔國將軍黄眉自洛陽西奔，以爲安等事已成。冬十月，浩自壽春帥衆七萬北伐，欲進據洛陽，修復園陵。吏部尚書王彪之上會稽王昱牋，以爲：「弱兒等容有詐僞，浩未應輕進。」不從。浩以姚襄爲前驅。襄引兵北行，度浩將至，詐令部衆夜遁，陰伏甲以邀之。浩聞而追襄至山桑，襄縱兵擊之，浩大敗，棄輜重走保譙城。襄俘斬萬餘，悉收其資仗，使兄益守山桑，襄復如淮南。會稽王昱謂王彪之曰：「君言無不中，張、陳無以過也。」

冬十一月，殷浩使部將劉啓、王彬之攻姚益于山桑，姚襄自淮南擊之，啓、彬之皆敗死。襄進據芍陂。十二月，姚襄濟淮，屯盱眙，招掠流民，衆至七萬，分置守宰，勸課農桑。遣使詣建康罪狀殷浩，並自陳謝。詔以謝尚都督江西、淮南諸軍事、豫州刺史，鎮歷陽。

十年。故魏降將周成反，自宛襲洛陽。

殷浩連年北伐，師徒屢敗，糧械都盡。征西將軍桓温因朝野之怨，上疏數浩之罪，請廢之。朝廷不得已，免浩爲庶人，徙東陽之信安。自此，内外大權一歸於温矣。

春二月乙丑，桓温統步騎四萬發江陵，水軍自襄陽入均口，至南鄉，步兵自淅川趣武關，命司馬勳出子午道以伐秦。

姚襄遣使降燕。三月，桓温别將攻上洛，獲秦荆州刺史郭敬，進擊青泥，破之。司馬勳掠秦西鄙，涼秦州刺史王擢攻陳倉以應温。秦主健遣太子萇、丞相雄、淮南王生、平昌王菁、北平王碩帥衆五萬，軍于嶢柳以拒温。夏四月己亥，温與秦兵戰于藍田。秦淮南王生單騎突陳，出入以十數，殺傷晉將士甚衆。温督衆力戰，秦兵大敗，將軍桓冲又敗秦丞相雄于白鹿原。冲，温之弟也。温轉戰而前，壬寅，進至灞上。秦太子萇等退屯城南，秦主健與老弱六千固守長安小城，悉發精兵三萬，遣大司馬雷弱兒等與萇合兵以拒温。三輔郡縣皆來降，温撫諭居民，使安堵復業。民爭持牛酒迎勞，男女夾路觀之，耆老有垂泣者，曰：「不圖今日復覩官軍！」

夏五月，北海王猛，少好學，倜儻有大志，不屑細務，人皆輕之。猛悠然自得，隱居華陰。聞桓温入關，披褐詣之，捫虱而談當世之務，旁若無人。温異之，問曰：「吾奉天子之命，將鋭兵十萬爲百姓除殘賊，而三秦豪傑未有至者，何也？」猛曰：「公不遠數千里，深入敵境，今長安咫尺而不度灞水，百姓未知公心，所以不至。」温嘿然無以應，徐曰：「江東無卿比也。」乃署猛軍謀祭酒。

温與秦丞相雄等戰于白鹿原，温兵不利，死者萬餘人。初，温指秦麥以爲糧，既而秦人悉芟麥，清野以待之，温軍乏食。六月丁丑，徙關中三千餘户而歸。以王猛爲高官督護，欲與俱還，猛辭不就。呼延毒帥衆一萬從温還。秦太子萇等隨温擊之，比至潼關，温軍屢敗，失亡以萬數。温之屯灞上也，順陽太守薛珍勸温徑進逼長安，温弗從。珍以偏師獨濟，頗有所獲。及温退，乃還，顯言於衆，自矜其勇而咎温之持重，温殺之。

秋九月，桓温還自伐秦，帝遣侍中黄門勞温于襄陽。

十一年夏四月，姚襄所部多勸襄北還，襄從之。五月，襄攻冠軍將軍高季於外黄，會季卒，襄進據許昌。

冬十月，以豫州刺史謝尚督并冀幽三州，鎮壽春。

十二年春二月，桓温請移都洛陽，修復園陵，章十餘上，不許。拜温征討大都督、督司、冀二州諸軍事，以討姚襄。

夏(四)〔五〕月，姚襄自許昌攻周成于洛陽。

秋七月，姚襄攻洛陽，踰月不克。長史王亮諫曰：「明公英名蓋世，兵强民附。今頓兵堅城之下，力屈威挫，或爲他寇所乘，此危亡之道也。」襄不從。

桓温自江陵北伐，遣督護高武據魯陽，輔國將軍戴施屯河上，自帥大兵繼進。與寮屬登平乘樓，望中原，歎曰：「遂使神州陸沈，百年丘墟，王夷甫諸人不得不任其責！」記室陳郡袁宏曰：「運有興廢，豈必諸人之過。」温作色曰：「昔劉景升有千斤大牛，噉芻豆十倍於常牛，負重致遠，曾不若一羸牸，魏武入荆州殺以享軍。」

八月己亥，温至伊水，姚襄撤圍拒之，匿精鋭於水北林中，遣使謂温曰：「承親帥王師以來，襄今奉身歸命，願敕三軍小卻，當拜伏路左。」温曰：「我自開復中原，展敬山陵，無預君事。欲來者便前，相見在近，何煩使人？」襄拒水而戰，温結陳而前，親被甲督戰，襄衆大敗，死者數千人。襄帥麾下數千騎奔于洛陽北山，其夜，民棄妻子隨襄者五千餘人。襄勇而愛人，雖戰屢敗，民知襄所在，輒扶老攜幼奔馳而赴之。温軍中傳言襄病創已死，許、洛士女爲温所得者，無不北望而泣。襄西走，温追之不及。弘農楊亮自襄所來奔，温問襄之爲人，亮曰：「襄神明器宇，孫策之儔，而雄武過之。」

周成帥衆出降，温屯故太極殿前，既而徙屯金墉城。己丑，謁諸陵，有毁壞者修復之，各置陵令。表鎮西將軍謝尚都督司州諸軍事，鎮洛陽。以尚未至，留潁川太守毛穆之、督護陳午、河南太守戴施以二千人戍洛陽，衛山陵。徙降民三千餘家於江、漢之間，執周成以歸。

姚襄奔平陽，秦并州刺史尹赤復以衆降襄，襄遂據襄陵。秦大將軍張平擊之，襄爲平所敗，乃與平約爲兄弟，各罷兵。

冬十一月，詔遣兼司空、散騎常侍車灌等持節如洛陽，修五陵。十二月庚戌，帝及羣臣皆服緦，臨於太極殿三日。

司州都督謝尚以疾不行，以丹楊尹王胡之代之，未行而卒。胡之，廙之子也。

桓温伐燕

晉穆帝升平二年。趙之亡也，其將高昌遣使降燕，已而降晉，又降秦，各受爵位，欲中立以自固。燕主儁使司空陽騖討昌於東燕。

三年（夏六月），高昌不能拒燕，秋七月，自白馬奔滎陽。

五年春二月，高昌卒，燕河内太守呂護并其衆，遣使來降，拜護冀州刺史。護欲引晉兵以襲鄴。三月，燕太宰恪將兵五萬，冠軍將軍皇甫真將兵萬人，共討之。燕兵至野王，護嬰城自守。護軍將軍傅顔請急攻之，以省大費。恪曰：「老賊經變多矣，觀其守備，未易猝攻。頃攻黎陽，多殺精鋭，卒不能拔，自取困辱。護内無蓄積，外無救援，我深溝高壘，坐而守之，休兵養士，離間其黨，於我不勞而賊勢日蹙，不過十旬，取之必矣，何爲多殺士卒以求旦夕之功乎？」乃築長圍守之。

夏四月，桓温以其弟黄門郎豁督沔中七郡諸軍事，兼新野、義城二郡太守，將兵取許昌，破燕將慕容塵。

燕人圍野王數月，呂護遣其將張興出戰，傅顔擊斬之，城中日蹙。皇甫真戒部將曰：「護勢窮奔突，必擇虚隙而投之。吾所部士卒多羸，器甲不精，宜深爲之備。」乃多課櫓楯，親察行夜者。〔秋七月〕，護食盡，果夜悉精鋭趨真所部，突圍，不得出。太宰恪引兵擊之，護衆死傷殆盡，棄妻子奔滎陽。恪存撫降民，給其廪食，徙士人將帥於鄴，自餘各隨所樂。以護參軍廣平梁琛爲中書著作郎。

冬十月，呂護復叛，奔燕，燕人赦之，以爲廣州刺史。

哀帝隆和元年春正月，燕豫州刺史孫興請攻洛陽，曰：「晉將陳祐弊卒千餘，介守孤城，不足取也。」燕人從其言，遣寧南將軍呂護屯河陰。

二月辛未，以吴國内史庾希爲北中郎將、徐兖二州刺史，鎮下邳，龍驤將軍袁真爲西中郎將、監護豫司并冀四州諸軍事、豫州刺史，鎮汝南，並假節。希，冰之子也。燕呂護攻洛陽。三月乙酉，河南太守戴施奔宛，陳祐告急。五月丁巳，桓温遣庾希及竟陵太守鄧遐，帥舟師三千人助祐守洛陽。遐，嶽之子也。

温上疏請遷都洛陽，自永嘉之亂播流江表者，請一切北徙，以實河南。朝廷畏温，不敢爲異，而北土蕭條，人情疑懼，雖並知不可，莫敢先諫。散騎常侍領著作郎孫綽上疏曰：「昔中宗龍飛，非惟信順協於天人，實賴萬里長江畫而守之耳。今自喪亂已來，六十餘年，河、洛丘墟，函夏蕭條。士民播流江表，已經數世，存者老子長孫，亡者丘隴成行，雖北風之思感其素心，目前之哀實爲交切。若遷都旋軫之日，中興五陵即復緬成遐域。泰山之安，既難以理保，烝烝之思，豈不纏於聖心哉。温今此舉，誠欲大覽始終，爲國遠圖，而百姓震駭，同懷危懼，豈不以反舊之樂賒，而趨死之憂促哉！何者？植根江外，數十年矣，一朝頓欲拔之，驅蹙於空荒之地，提挈萬里，踰險浮深，離墳墓，棄生業，田宅不可復售，舟車無從而得，捨安樂之國，適習亂之鄉，將頓仆道塗，飄溺江川，僅有達者。此仁者所宜哀矜，國家所宜深慮也。臣之愚計，以爲且宜遣將帥有威名資實者，先鎮洛陽，掃平梁、許，清壹河南。運漕之路既通，開墾之積已豐，豺狼遠竄，中夏小康，然後可徐議遷徙耳。奈何捨百勝之長理，舉天下而一擲哉！」綽，楚之孫也，少慕高尚，嘗著遂初賦以見志。温見綽表，不悦，曰：「致意興公，何不尋君遂初賦，而知人家國事邪。」

時朝廷憂懼，將遣侍中止温。揚州刺史王述曰：「温欲以虚聲威朝廷耳，非事實也。但從之，自無所至。」乃詔温曰：「在昔喪亂，忽涉五紀，戎狄肆暴，繼襲凶跡，眷言西顧，慨歎盈懷。知欲躬帥三軍，蕩滌氛穢，廓清中畿，光復舊京。非夫外身徇國，孰能若此？諸所處分，委之高算。但河、洛丘墟，所營者廣，經始之勤，（政）〔致〕勞懷也。」事果不行。温又議移洛陽鍾虡，述曰：「永嘉不競，暫都江左，方當蕩平區宇，旋軫舊京。若其不爾，宜改遷園陵，不應先事鍾虡。」温乃止。朝廷以交、廣遼遠，改授温都督并司冀三州，温表辭不受。

秋七月，吕護退守小平津，中流矢而卒。燕將段崇收軍北渡，屯于野王。鄧遐進屯新城。八月，西中郎將袁真進屯汝南，運米五萬斛以饋洛陽。冬十二月，庾希自下邳退屯山陽，袁真自汝南退屯壽陽。

興寧元年夏四月，燕寧東將軍慕容忠攻滎陽太守劉遠，遠奔魯陽。五月，以西中郎將袁真都督司冀并三州諸軍事，北中郎將庾希都督青州諸軍事。癸卯，燕人拔密城，劉遠奔江陵。冬十月，燕鎮南將軍慕容塵攻陳留太守袁披于長平；汝南太守朱斌乘虚襲許昌，克之。

二年春二月，燕太傅評、龍驤將軍李洪略地河南。夏四月甲辰，燕李洪攻許昌、汝南，敗晉兵於懸瓠，潁川太守李福戰死，汝南太守朱斌奔壽春，陳郡太守朱輔退保彭城。大司馬温遣西中郎將袁真等禦之，温帥舟師屯合肥。燕人遂拔許昌、汝南、陳郡，徙萬餘户于幽、冀二州，遣鎮南將軍慕容塵屯許昌。秋八月，燕太宰恪將取洛陽，先遣人招納士民，遠近諸塢皆歸之。乃使司馬悦希軍于盟津，豫州刺史孫興軍于成皋。

初，沈充之子勁，以其父死於逆亂，志欲立功以雪舊恥，年三十餘，以刑家不得仕。吴興太守王胡之爲司州刺史，上疏稱勁才行，請解禁錮，參其府事，朝廷許之。會胡之以病，不行。及燕人逼洛陽，冠軍將軍陳祐守之，衆不過二千。勁自表求配祐效力，詔以勁補冠軍長史，令自募壯士，得千餘人以行。勁屢以少擊燕衆，摧破之。而洛陽糧盡援絶，祐自度不能守，乃以救許昌爲名，九月，留勁以五百人守洛陽，祐帥衆而東。勁喜曰：「吾志欲致命，今得之矣。」祐聞許昌已没，遂奔新城。燕悦希引兵略河南諸城，盡取之。

三年春正月，大司馬温移鎮姑孰。二月乙未，以其弟右將軍豁監荆州揚州之義城雍州之京兆諸軍事、領荆州刺史，加江州刺史桓冲監江州及荆豫八郡諸軍事，並假節。

司徒昱聞陳祐棄洛陽，會大司馬温于洌洲，共議征討。丙申，帝崩于西堂，事遂寢。

燕太宰恪、吴王垂共攻洛陽。恪謂諸將曰：「卿等常患吾不攻。今洛陽城高而兵弱，易克也，勿更畏懦而怠惰。」遂攻之。三月，克之，執揚武將軍沈勁。勁神氣自若，恪將宥之。中軍將軍慕輿虔曰：「勁雖奇士，觀其志度，終不爲人用，今赦之，必爲後患。」遂殺之。恪略地至崤、澠，關中大震，秦王堅自將屯陝城以備之。燕人以左中郎將慕容筑爲洛州刺史，鎮金墉；吴王垂爲都督荆揚洛徐兖豫雍益凉秦十州諸軍事，征南大將軍，荆州牧，配兵一萬，鎮魯陽。

海西公太和元年冬十月，燕撫軍將軍下邳王厲寇兖州，拔魯、高平數郡，置守宰而還。十二月，南陽督護趙億據宛城降燕，太守桓澹走保新野。燕人遣南中郎將趙盤自魯陽戍宛。

二年夏四月，燕慕容塵寇竟陵，太守羅崇擊破之。

荆州刺史桓豁、竟陵太守羅崇攻宛，拔之，趙億走，趙盤退歸魯陽。豁追擊盤於雉城，擒之，留兵戍宛而還。秋九月，以會稽内史郗愔爲都督徐兖青幽揚州之晋陵諸軍事、徐兖二州刺史，鎮京口。

四年春三月，大司馬温請與徐兖二州刺史郗愔、江州刺史桓冲、豫州刺史袁真等伐燕。初，愔在北府，温常云「京口酒可飲，兵可用」，深不欲愔居之。而愔暗於事機，乃遺温牋，欲共奬王室，請督所部出河上。愔子超爲温參軍，取視，寸寸毁裂，乃更作愔牋，自陳非將帥才，不堪軍旅，老病，乞閒地自養，勸温并領己所統。温得牋大喜，即轉愔冠軍將軍、會稽内史，温自領徐兖二州刺史。夏四月庚戌，温帥步騎五萬發姑孰。

大司馬温自兖州伐燕。郗超曰：「道遠，汴水又淺，恐漕運難通。」温不從。六月辛丑，温至金鄉，天旱，水道絶，温使冠軍將軍毛虎生鑿鉅野三百里，引汶水會于清水。虎生，寶之子也。温引舟自清水入河，舳艫數百里。郗超曰：「清水入河，難以通運。若寇不戰，運道又絶，因敵爲資，復無所得，此危道也。不若盡舉見衆，直趨鄴城，彼畏公威名，必望風逃潰，北歸遼、碣。若能出戰，則事可立決。若欲城鄴而守之，則當此盛夏，難爲功力，百姓布野，盡爲官有，易水以南必交臂請命矣。但恐明公以此計輕鋭，勝負難必，欲務持重，則莫若頓兵河、濟，控引漕運，俟資儲充備，至來夏乃進兵，雖如賒遲，然期於成功而已。捨此二策，而連軍北上，進不速決，退必愆乏。賊因此勢以日月相引，漸及秋冬，水更澀滯。且北土早寒，三軍裘褐者少，恐於時所憂，非獨無食而已。」温又不從。

温遣建威將軍檀玄攻湖陸，拔之，獲燕寧東將軍慕容忠。燕主暐以下邳王厲爲征討大都督，帥步騎二萬逆戰于黄墟，厲兵大敗，單馬奔還。高平太守徐翻舉郡來降。前鋒鄧遐、朱序敗燕將傅顔於林渚。暐復遣樂安王臧統諸軍拒温，臧不能抗，乃遣散騎常侍李鳳求救于秦。

秋七月，温屯武陽，燕故兗州刺史孫元帥其族黨起兵應温。温至枋頭，暐及太傅評大懼，謀奔和龍。吴王垂曰：「臣請擊之，若其不捷，走未晚也。」暐乃以垂代樂安王臧爲使持節、南討大都督，帥征南將軍范陽王德等衆五萬以拒温。垂表司徒左長史申胤、黄門侍郎封孚、尚書郎悉羅騰皆從軍。胤，鍾之子；孚，放之子也。

暐又遣散騎侍郎樂嵩請救于秦，許賂以虎牢以西之地。秦王堅引羣臣議于東堂，皆曰：「昔桓温伐我，至灞上，燕不我救，今温伐燕，我何救焉？且燕不稱藩於我，我何爲救之？」王猛密言於堅曰：「燕雖强大，慕容評非温敵也。若温舉山東，進屯洛邑，收幽、冀之兵，引并、豫之粟，觀兵崤、澠，則陛下大事去矣。今不如與燕合兵以退温，温退，燕亦病矣，然後我承其弊而取之，不亦善乎？」堅從之。八月，遣將軍苟池、洛州刺史鄧羌帥步騎二萬以救燕，出自洛陽，軍至潁川。又遣散騎侍郎姜撫報使于燕。以王猛爲尚書令。

太子太傅封孚問於申胤曰：「温衆强士整，乘流直進，今大軍徒逡巡高岸，兵不接刃，未見克殄之理，事將何如？」胤曰：「以温今日聲勢，似能有爲，然在吾觀之，必無成功。何則？晉室衰弱，温專制其國，晉之朝臣，未必皆與之同心。故温之得志，衆所不願也，必將乖阻以敗其事。又溫驕而恃衆，怯於應變。大衆深入，值可乘之會，反更逍遥中流，不出赴利，欲望持久，坐取全勝。若糧廪愆懸，情見勢屈，必不戰自敗，此自然之數也。」

溫以燕降人段思爲鄉導，悉羅騰與溫戰，生擒思。溫使故趙將李述徇趙、魏，騰又與虎賁中郎將染干津共擊斬之；溫軍奪氣。初，溫使豫州刺史袁真攻譙、梁，開石門以通水運，真克譙、梁而不能開石門，水運路塞。

九月，燕范陽王德帥騎一萬、蘭臺治書侍御史劉當帥騎五千屯石門，豫州刺史李邽帥州兵五千斷溫糧道。當，佩之子也。德使將軍慕容宙帥騎一千爲前鋒，與晉兵遇，宙曰：「晉人輕剽，怯於陷敵，勇於乘退。宜設餌以釣之。」乃使二百騎挑戰，分餘騎爲三伏。挑戰者兵未交而走，晉兵追之，宙帥伏以擊之，晉兵死者甚衆。

溫戰數不利，糧儲復竭，又聞秦兵將至，丙申，焚舟，棄輜重、鎧仗，自陸道奔還。以毛虎生督東燕等四郡諸軍事，領東燕太守。

溫自東燕出倉垣，鑿井而飲，行七百餘里。燕之諸將爭欲追之，吴王垂曰：「不可。溫初退惶恐，（以）〔必〕嚴設警備，簡精鋭爲後拒，擊之未必得志，不如緩之。彼幸吾未至，必晝夜疾趨，俟其士衆力盡氣衰，然後擊之，無不克矣。」乃帥八千騎徐行躡其後。溫果兼道而進。數日，垂告諸將曰：「温可擊矣。」乃急追之，及温於襄邑。范陽王德先帥勁騎四千伏於襄邑東澗中，與垂夾擊温，大破之，斬首三萬級。秦苟池邀擊温於譙，又破之，死者復以萬計。孫元遂據武陽以拒燕，燕左衛將軍孟高討擒之。

冬十月己巳，大司馬温收散卒屯于山陽。温深恥喪敗，乃歸罪於袁真，奏免真爲庶人，又免冠軍將軍鄧遐官。真以温誣己，不服，表温罪狀；朝廷不報。真遂據壽春叛降燕，且請救，亦遣使如秦。温以毛虎生領淮南太守，守歷陽。

燕主暐遣大鴻臚温統拜袁真使持節、都督淮南諸軍事、征南大將軍、揚州刺史，封宣城公。統未踰淮而卒。

冬十一月辛丑，丞相昱與大司馬温會涂中，以謀後舉。以温世子熙爲豫州刺史、假節。十二月，大司馬温發徐、兖州民築廣陵城，徙鎮之。時征役既頻，加之疫癘，死者什四五，百姓嗟怨。秘書監太原孫盛作晉春秋，直書時事。大司馬温見之，怒，謂盛子曰：「枋頭誠爲失利，何至乃如尊君所言？若此史遂行，自是關君門户事。」其子遽拜謝，請改之。時盛年老家居，性方嚴，有軌度，子孫雖班白，待之愈峻。至是諸子乃共號泣稽顙，請爲百口切計。盛大怒，不許，諸子遂私改之。盛先已寫别本，傳之外國。及孝武帝購求異書，得之於遼東人，與見本不同，遂兩存之。

五年春二月癸酉，袁真卒。陳郡太守朱輔立真子瑾爲建威將軍、豫州刺史，以保壽春。遣其子乾之及司馬爨亮如鄴請命。燕人以瑾爲揚州刺史，輔爲荆州刺史。

夏四月，燕、秦皆遣兵助袁瑾，大司馬温遣督護竺瑶等禦之。燕兵先至，瑶等與戰於武（兵）〔丘〕，破之。南頓太守桓石虔克南城。石虔，温之弟子也。

秋（七）〔八〕月，大司馬温自廣陵帥衆二萬討袁瑾，以襄城太守劉波爲淮南内史，將五千人鎮石頭。波，隗之孫也。癸丑，温敗瑾于壽春，遂圍之。燕左衛將軍孟高將騎兵救瑾，至淮北，未渡，會秦伐燕，燕召高還。

簡文帝咸安元年春正月，袁瑾、朱輔求救於秦。秦王堅以瑾爲揚州刺史，輔爲交州刺史，遣武衛將軍武都王鑒、前將軍張蚝帥步騎二萬救之。大司馬温遣淮南太守桓伊、南頓太守桓石虔等擊鑒、蚝於石橋，大破之，秦兵退屯慎城。伊，宣之子也。丁亥，温拔壽春，擒瑾及輔，并其宗族送建康斬之。

桓温滅蜀

晋明帝太寧二年。成主雄，后任氏無子，有妾子十餘人，雄立其兄蕩之子班爲太子，使任后母之。羣臣請立諸子，雄曰：「吾兄，先帝之嫡統，有奇材大功，事垂克而早世，朕常悼之。且班仁孝好學，必能負荷先烈。」太傅驤、司徒王達諫曰：「先王立嗣必子者，所以明定分而防篡奪也。宋宣公、吴餘祭足以觀矣。」雄不聽。驤退而流涕曰：「亂自此始矣。」班爲人謙恭下士，動遵禮法，雄每有大議，輒令豫之。

成帝咸和九年夏六月，成主雄生瘍於頭。身素多金創，及病，舊痕皆膿潰，諸子皆惡而遠之，獨太子班晝夜侍側，不脱衣冠，親爲吮膿。雄召大將軍建寧王壽受遺詔輔政。丁卯，雄卒，太子班即位。以建寧王壽録尚書事，政事皆委於壽及司徒何點、尚書令王瓌，班居中行喪禮，一無所預。

秋九月，成主雄之子車騎將軍越屯江陽，奔喪至成都。以太子班非雄所生，意不服，與其弟安東將軍期謀作亂。班弟玝勸班遣越還江陽，以期爲梁州刺史，鎮葭萌。班以未葬，不忍遣，推心待之，無所疑間，遣玝出屯於涪。冬十月癸亥朔，越因班夜哭，弒之於殯宫，並殺班兄領軍將軍都，矯太后任氏令，罪狀班而廢之。

初，期母冉氏賤，任氏母養之。期多才藝，有令名。及班死，衆欲立越，越奉期而立之。甲子，期即皇帝位，謚班曰戾太子。以越爲相國，封建寧王；加大將軍壽大都督，徙封漢王；皆録尚書事。以兄霸爲中領軍、鎮南大將軍，弟保爲鎮西大將軍、汶山太守；從兄始爲征東大將軍，代越鎮江陽。丙寅，葬雄於安都陵，謚曰武皇帝，廟號太宗。

始欲與壽共攻期，壽不敢發。始怒，反譖壽於期，請殺之。期欲藉壽以討李玝，故不許，遣壽將兵向涪。壽先遣使告玝以去就利害，開其去路。玝遂來奔，詔以玝爲巴郡太守。期以壽爲梁州刺史，屯涪。

咸康元年秋九月，成太子班之舅羅演與漢王相天水上官澹謀殺成主期，立班子。事覺，期殺演、澹及班母羅氏。期自以得志，輕諸舊臣，信任尚書令景騫、尚書姚華、田褒、中常侍許涪等，刑賞大政，皆決於數人，希復關公卿。褒無他才，嘗勸成主雄立期爲太子，故有寵。由是紀綱隳紊，雄業始衰。

四年。成主期驕虐日甚，多所誅殺，而籍没其資財、婦女，由是大臣多不自安。漢王壽素貴重，有威名，期及建寧王越等皆忌之。壽懼不免，每當入朝，常詐爲邊書，辭以警急。初，巴西處士龔壯，父、叔皆爲李特所殺。壯欲報仇，積年不除喪。壽數以禮辟之，壯不應，而往見壽。壽密問壯以自安之策，壯曰：「巴、蜀之民本皆晋臣，節下若能發兵西取成都，稱藩於晋，誰不争爲節下奮臂前驅者？如此，則福流子孫，名垂不朽，豈徒脱今日之禍而已。」壽然之，陰與長史略陽羅恒、巴西解思明謀攻成都。期頗聞之，數遣許涪至壽所，伺其動静，又鴆殺壽養弟安北將軍攸。

〔夏四月〕，壽乃詐爲妹夫任調書，云期當取壽，其衆信之。遂帥步騎萬餘人自涪襲成都，許賞以城中財物；以其將李奕爲前鋒。期不意其至，初不設備。壽世子勢爲翊軍校尉，開門納之，遂克成都，屯兵宫門。期遣侍中勞壽。壽奏建寧王越、景騫、田褒、姚華、許涪及征西將軍李遐、將軍李西等懷姦亂政，皆收殺之，縱兵大掠，數日乃定。壽矯以太后任氏令，廢期爲邛都縣公，幽之别宫，追謚戾太子曰哀皇帝。

羅恒、解思明、李奕等勸壽稱鎮西將軍、益州牧、成都王，稱藩於晋，送邛都公於建康。任調及司馬蔡興、侍中李豔等勸壽自稱帝。壽命筮之，占者曰：「可數年天子。」調喜曰：「一日尚足，况數年乎？」思明曰：「數年天子，孰與百世諸侯？」壽曰：「朝聞道，夕死可矣。」遂即皇帝位，改國號曰漢，大赦，改元漢興。以安車束帛徵龔壯爲太師，壯誓不仕，壽所贈遺，一無所受。

壽改立宗廟，追尊父驤曰獻皇帝，母昝氏爲皇太后，立妃閻氏爲皇后，世子勢爲皇太子。更以舊廟爲大成廟，凡諸制度，多所改易。以董皎爲相國，羅恒爲尚書令，解思明爲廣漢太守，任調爲鎮北將軍、梁州刺史，李奕爲西夷校尉，從子權爲寧州刺史。公卿、州郡，悉用其僚佐代之。成氏舊臣、近親及六郡士人皆見疏斥。邛都縣公期歎曰：「天下主乃爲小縣公，不如死。」五月，縊而卒。壽謚曰幽公，葬以王禮。

夏六月，漢李奕從兄廣漢太守乾告大臣謀廢立。秋七月，漢主壽使其子廣與大臣盟于前殿。徙乾爲漢嘉太守；以李閎爲荆州刺史，鎮巴郡。

八月，蜀中久雨，百姓饑疫，壽命羣臣極言得失。龔壯上封事稱：「陛下起兵之初，上指星辰，昭告天地，歃血盟衆，舉國稱藩，天應人悦，大功克集，而論者未諭，權宜稱制。今淫雨百日，饑疫並臻，天其或者將以監示陛下故也。愚謂宜遵前盟，推奉建康，彼必不愛高爵重位以報大功。雖降階一等，而子孫無窮，永保福祚，不亦休哉！論者或言二州附晋則榮，六郡人事之不便。昔公孫述在蜀，羈客用事，劉備在蜀，楚士多貴。及吴、鄧西伐，舉國屠滅，寧分客主。論者不達安固之基，苟惜名位，以爲劉氏守令方仕州郡，曾不知彼乃國亡主易，豈同今日義舉，主榮臣顯哉！論者又謂臣當爲法正。臣蒙陛下大恩，恣臣所安，至於榮禄，無問漢、晋，臣皆不處，復何爲效法正乎！」壽省書内慚，祕而不宣。九月，漢僕射任顔謀反，誅。顔，任太后之弟也。漢主壽因盡誅成主雄諸子。

五年秋九月，漢主壽疾病，羅恒、解思明復議奉晋，壽不從。李演復上書言之，壽怒，殺演。壽常慕漢武、魏明之爲人，恥聞父兄時事，上書者不得言先世政教，自以爲勝之也。舍人杜襲作詩十篇，託言應璩以諷諫。壽報曰：「省詩知意。若今人所作，乃賢哲之話言；若古人所作，則死鬼之常辭耳。」

七年冬十二月，漢主壽以其太子勢領大將軍、録尚書事。初，成主雄以儉約寬惠得蜀人心。及李閎、王嘏還自鄴，盛稱鄴中繁庶，宫殿壯麗，且言趙王虎以刑殺御下，故能控制境内。壽慕之，徙旁郡民三丁以上者以實成都，大脩宫室，治器玩，人有小過，輒殺以立威。左僕射蔡興、右僕射李嶷皆坐直諫死。民疲於賦役，吁嗟滿道，思亂者衆矣。

康帝建元元年秋八月，漢主壽卒，謚曰昭文，廟號中宗。太子勢即位，大赦。

二年夏四月，漢太史令韓皓上言：「熒惑守心，乃宗廟不修之譴。」漢主勢命羣臣議之。相國董皎、侍中王嘏以爲：「景武創業，獻文承基，至親不遠，無宜疏絶。」勢乃更命祀成始祖、太宗，皆謂之漢。

穆帝永和元年秋八月，漢主勢之弟大將軍廣以勢無子，求爲太弟，勢不許。馬當、解思明諫曰：「陛下兄弟不多，若復有所廢，將益孤危。」固請許之。勢疑其與廣有謀，收當、思明斬之，夷其三族。遣太保李奕襲廣於涪城，貶廣爲臨邛侯，廣自殺。思明被收，歎曰：「國之不亡，以我數人在也。今其殆矣！」言笑自若而死。思明有智略，敢諫諍，馬當素得人心，及其死，士民無不哀之。

二年冬，漢太保李奕自晋壽舉兵反，蜀人多從之，衆至數萬。漢主勢登城拒戰，奕單騎突門，門者射而殺之，其衆皆潰。勢大赦境内，改年嘉寧。勢驕淫，不恤國事，多居禁中，罕接公卿，疏忌舊臣，信任左右，讒諂並進，刑罰苛濫，由是中外離心。蜀土先無獠，至是始從山出，自巴西至犍爲、梓潼，布滿山谷，十餘萬落，不可禁制，大爲民患。加以饑饉，四境之内，遂至蕭條。

安西將軍桓温將伐漢，將佐皆以爲不可。江夏相袁喬勸之曰：「夫經略大事，固非常情所及，智者了於胸中，不必待衆言皆合也。今爲天下之患者，胡、蜀二寇而已。蜀雖險固，比胡爲弱，將欲除之，宜先其易者。李勢無道，臣民不附，且恃其險遠，不修戰備。宜以精卒萬人輕齎疾趨，比其覺之，我已出其險要，可一戰擒也。蜀地富饒，户口繁庶，諸葛武侯用之抗衡中夏，若得而有之，國家之大利也。論者恐大軍既西，胡必闚覦，此似是而非。胡聞我萬里遠征，以爲内有重備，必不敢動。縱有侵軼，緣江諸軍足以拒守，必無憂也。」温從之。喬，瓌之子也。十一月辛未，温帥益州刺史周撫、南郡太守譙王無忌伐漢，拜表即行。委安西長史范汪以留事，加撫督梁州之四郡諸軍事，使袁喬帥二千人爲前鋒。

三年春二月，桓温軍至青衣。漢主勢大發兵，遣叔父右衛將軍福、從兄鎮南將軍權、前將軍昝堅等將之，自山陽趣合水。諸將欲設伏於江南以待晉兵，昝堅不從，引兵自江北鴛鴦碕渡向犍爲。

三月，温至彭模。議者欲分爲兩軍，異道俱進，以分漢兵之勢。袁喬曰：「今懸軍深入萬里之外，勝則大功可立，不勝則噍類無遺。當合勢齊力，以取一戰之捷；若分兩軍，則衆心不一，萬一偏敗，大事去矣。不如全軍而進，棄去釜甑，齎三日糧，以示無還心，勝可必也。」温從之。留參軍孫盛、周楚將羸兵守輜重，温自將步卒直指成都。楚，撫之子也。

李福進攻彭模，孫盛等奮擊，走之。温進，遇李權，三戰三捷，漢兵散走歸成都，鎮東將軍李位都迎詣温降。昝堅至犍爲，乃知與温異道，還，自沙頭津濟，比至，温已軍於成都之十里陌，堅衆自潰。

勢悉衆出戰于笮橋，温前鋒不利，參軍龔護戰死，矢及温馬首。衆懼，欲退，而鼓吏誤鳴進鼓，袁喬拔劍督士卒力戰，遂大破之。温乘勝長驅至成都，縱火燒其城門。漢人惶懼，無復鬭志。勢夜開東門走，至葭萌，使散騎常侍王幼送降文於温，自稱「略陽李勢叩頭死罪」。尋輿櫬面縛詣軍門，温解縛、焚櫬，送勢及宗室十餘人於建康；引漢司空譙獻之等以爲參佐，舉賢旌善，蜀人悦之。

漢故尚書僕射王誓、鎮東將軍鄧定、平南將軍王潤、將軍隗文等皆舉兵反，衆各萬餘。桓温自擊定，使袁喬擊文，皆破之。温命益州刺史周撫鎮彭模，斬王誓、王潤。温留成都三十日，振旅還江陵。李勢至建康，封歸義侯。

夏四月丁巳，鄧定、隗文等入據成都。隗文、鄧定等立故國師范長生之子賁爲帝而奉之，以妖異惑衆，蜀人多歸之。

五年夏四月，益州刺史周撫、龍驤將軍朱燾擊范賁，斬之，益州平。

桓温廢立

晉穆帝永和二年冬十一月，安西將軍桓温伐漢。朝廷以蜀道險遠，温衆少而深入，皆以爲憂，惟劉惔以爲必克。或問其故，惔曰：「以博知之。温善博者也，不必得則不爲。但恐克蜀之後，温終專制朝廷耳。」

三年。漢主勢降於温。事見桓温滅蜀。

四年秋八月，朝廷論平蜀之功，欲以豫章郡封桓温。尚書左丞荀蕤曰：「温若復平河、洛，將何以賞之？」乃加温征西大將軍、開府儀同三司，封臨賀郡公；加譙王無忌前將軍；袁喬龍驤將軍，封湘西伯。蕤，崧之子也。温既滅蜀，威名大振，朝廷憚之。

升平四年冬十一月，封桓温爲南郡公，温弟冲爲豐城縣公，子濟爲臨賀縣公。

哀帝興寧元年夏五月，加征西大將軍桓温侍中、大司馬、都督中外諸軍、領尚書事，假黄鉞。温以撫軍司馬王坦之爲長史。坦之，述之子也。又以征西掾郗超爲參軍，王珣爲主簿，每事必與二人謀之。府中爲之語曰：「髯參軍，短主簿，能令公喜，能令公怒。」温氣概高邁，罕有所推，與超言，常自謂不能測，傾身待之，超亦深自結納。珣，導之孫也，與謝玄皆爲温掾，温俱重之。曰：「謝掾年四十必擁旄杖節，王掾當作黑頭公，皆未易才也。」玄，奕之子也。

二年夏五月戊辰，加大司馬温揚州牧、録尚書事。壬申，使侍中召温入參朝政，温辭不至。

秋七月丁卯，詔復徵大司馬温入朝。八月，温至赭圻，詔尚書車灌止之。温遂城赭圻居之，固讓内録，遥領揚州牧。

三年。大司馬温移鎮姑孰。二月丙申，帝崩于西堂。帝無嗣，皇太后詔以琅邪王奕承大統。百官奉迎于琅邪第，是日即皇帝位，大赦。

海西公太和三年冬十二月，加大司馬温殊禮，位在諸侯王上。

簡文帝咸安元年。大司馬温恃其材略位望，陰蓄不臣之志，嘗撫枕歎曰：「男子不能流芳百世，亦當遺臭萬年！」術士杜炅能知人貴賤，温問炅以己禄位所至。炅曰：「明公勳格宇宙，位極人臣。」温不悦。温欲先立功河朔以收時望，還受九錫。及枋頭之敗，威名頓挫。既克壽春，謂參軍郗超曰：「足以雪枋頭之恥乎？」超曰：「未也。」久之，超就温宿，中夜，謂温曰：「明公都無所慮乎？」温曰：「卿欲有言邪？」超曰：「明公當天下重任，今以六十之年，敗於大舉，不建不世之勳，不足以鎮愜民望。」温曰：「然則奈何？」超曰：「明公不爲伊、霍之舉者，無以立大威權，鎮壓四海。」温素有心，深以爲然，遂與之定議。以帝素謹無過，而床笫易誣，乃言「帝早有痿疾，嬖人相龍、計好、朱靈寶等參侍内寢，二美人田氏、孟氏生三男，將建儲立王，傾移皇基。」密播此言於民間，時人莫能審其虚實。

十一月癸卯，温自廣陵將還姑孰，屯于白石。丁未，詣建康，諷褚太后，請廢帝立丞相會稽王昱，并作令草呈之。太后方在佛屋燒香，内侍啓云「外有急奏」，太后出，倚户視奏數行，乃曰：「我本自疑此。」至半，便止，索筆益之曰：「未亡人不幸罹此百憂，感念存没，心焉如割。」

己酉，温集百官於朝堂。廢立既曠代所無，莫有識其故典者，百官震慄。温亦色動，不知所爲。尚書僕射王彪之知事不可止，乃謂温曰：「公阿衡皇家，當倚傍先代。」乃命取霍光傳，禮度儀制，定於須臾。彪之朝服當階，神彩毅然，曾無懼容，文武儀準，莫不取定，朝廷以此服之。於是宣太后令，廢帝爲東海王，以丞相、録尚書事會稽王昱統承皇極。百官入太極前殿，温使督護竺瑶、散騎侍郎劉亨收帝璽綬。帝著白帢單衣，步下西堂，乘犢車出神虎門，羣臣拜辭，莫不歔欷。侍御史、殿中監將兵百人衞送東海第。温帥百官具乘輿法駕，迎會稽王于會稽邸。王於朝堂變服，著平巾幘、單衣，東向流涕，拜受璽綬。是日，即皇帝位，改元。温出次中堂，分兵屯衞。温有足疾，詔乘輿入殿。温撰辭，欲陳述廢立本意，帝引見，便泣下數十行，温兢懼，竟不能一言而出。

太宰武陵王晞好習武事，爲温所忌，欲廢之，以事示王彪之。彪之曰：「武陵親尊，未有顯罪，不可以猜嫌之間便相廢徙。公建立聖明，當崇獎王室，與伊、周同美。此大事，宜更深詳。」温曰：「此已成事，卿勿復言。」乙卯，温表「晞聚納輕剽，息綜矜忍。袁真叛逆，事相連染。頃日猜懼，將成亂階。請免晞官，以王歸藩。」從之，并免其世子綜、梁王𤩽等官。温使魏郡太守毛安之帥所領宿衞殿中。安之，虎生之弟也。庚戌，尊褚太后曰崇德太后。

初，殷浩卒，大司馬温使人齎書弔之。浩子涓不答，亦不詣温，而與武陵王晞遊。廣州刺史庾藴，希之弟也，素與温有隙。温惡殷、庾宗强，欲去之。辛亥，使其弟祕逼新蔡王晃詣西堂叩頭自列，稱與晞及子綜、著作郎殷涓、太宰長史庾倩、掾曹秀、舍人劉彊、散騎常侍庾柔等謀反。帝對之流涕，温皆收付廷尉。倩、柔，皆藴之弟也。癸丑，温殺東海王三子及其母。甲寅，御史中丞譙王恬承温旨，請依律誅武陵王晞。詔曰：「悲惋惶怛，非所忍聞，况言之哉！其更詳議。」恬，（承）〔丞〕之孫也。乙卯，温重表固請誅晞，詞甚酷切。帝乃賜温手詔曰：「若晋祚靈長，公便宜奉行前詔；如其大運去矣，請避賢路。」温覽之，流汗變色，乃奏廢晞及三子，家屬皆徙新安郡。丙辰，免新蔡王晃爲庶人，徙衡陽。殷涓、庾倩、曹秀、劉彊、庾柔皆族誅，庾蘊飲酖死。蘊兄東陽太守友子婦，桓豁之女也，故温特赦之。庾希聞難，與弟會稽王參軍邈及子攸之逃于海陵陂澤中。温既誅殷、庾，威勢翕赫，侍中謝安見温遥拜。温驚曰：「安石，卿何事乃爾？」安曰：「未有君拜於前，臣揖於後。」

戊午，大赦，增文武位二等。己未，温如白石，上書求歸姑孰。庚申，詔進温丞相，大司馬如故，留京師輔政。温固辭，仍請還鎮。辛酉，温自白石還姑孰。

秦王堅聞温廢立，謂羣臣曰：「温前敗灞上，後敗枋頭，不能思愆自貶以謝百姓，方更廢君以自説。六十之叟，舉動如此，將何以自容於四海乎？諺曰『怒其室而作色於父』，其桓温之謂矣。」

十二月，大司馬温奏：「廢放之人，屏之以遠，不可以臨黎元。東海王宜依昌邑故事，築第吴郡。」太后詔曰：「使爲庶人，情有不忍，可特封王。」温又奏：「可封海西縣侯。」庚寅，封海西縣公。

温威振内外，帝雖處尊位，拱默而已，常懼廢黜。先是，熒惑守太微端門，踰月而海西廢。辛卯，熒惑逆行入太微，帝甚惡之。中書侍郎郗超在直，帝謂超曰：「命之脩短，本所不計，故當無復近日事邪？」超曰：「大司馬臣温，方内固社稷，外恢經略，非常之事，臣以百口保之。」及超請急省其父，帝曰：「致意尊公，家國之事，遂至於此，由吾不能以道匡衛，愧歎之深，言何能諭。」因詠庾闡詩云：「志士痛朝危，忠臣哀主辱。」遂泣下霑襟。帝美風儀，善容止，留心典籍，凝塵滿席，湛如也。雖神識恬暢，然無濟世大略，謝安以爲惠帝之流，但清談差勝耳。

郗超以温故，朝中皆畏事之。謝安嘗與左衛將軍王坦之共詣超，日旰未得前，坦之欲去，安曰：「獨不能爲性命忍須臾邪！」

二年春三月戊午，遣侍中王坦之徵大司馬温入輔，温復辭。

夏四月，徙海西公於吴縣西柴里，敕吴國内史刁彝防衛，又遣御史顧允監察之。彝，協之子也。

六月，庾希、庾邈與故青州刺史武沈之子遵聚衆夜入京口城，晉陵太守卞眈踰城奔曲阿。希詐稱受海西公密旨誅大司馬温。建康震擾，内外戒嚴。卞眈發諸縣兵二千人擊希，希敗，閉城自守。温遣東海内史周少孫討之。秋七月壬辰，拔其城，擒希、邈及其親黨皆斬之。眈，壹之子也。

甲寅，帝不豫，急召大司馬温入輔，一日一夜發四詔，温辭不至。初，帝爲會稽王，娶王述從妹爲妃，生世子道生及弟俞生。道生疏躁無行，母子皆以幽廢死。餘三子，郁、朱生、天流，皆早夭。諸姬絶孕將十年，王使善相者視之，皆曰：「非其人。」又使視諸婢媵，有李陵容者，在織坊中，黑而長，宫人謂之「崑崙」，相者驚曰：「此其人也。」王召之侍寢，生子昌明及道子。己未，立昌明爲皇太子，生十年矣。以道子爲琅邪王，領會稽國，以奉帝母鄭太妃之祀。遺詔：「大司馬温依周公居攝故事。」又曰：「少子可輔者輔之，如不可，君自取之。」侍中王坦之自持詔入，於帝前毁之。帝曰：「天下，儻來之運，卿何所嫌！」坦之曰：「天下，宣、元之天下，陛下何得專之？」帝乃使坦之改詔曰：「家國事一稟大司馬，如諸葛武侯、王丞相故事。」是日，帝崩。

羣臣疑惑，未敢立嗣，或曰「當須大司馬處分」。尚書僕射王彪之正色曰：「天子崩，太子代立，大司馬何容得異？若先面諮，必反爲所責。」朝議乃定。太子即皇帝位，大赦。崇德太后令，以帝冲幼，加在諒闇，令温依周公居攝故事。事已施行，王彪之曰：「此異常大事，大司馬必當固讓，使萬機停滯，稽廢山陵，未敢奉命，謹具封還。」事遂不行。

温望簡文臨終禪位於己，不爾便當居攝。既不副所望，甚憤怨，與弟冲書曰：「遺詔使吾依武侯、王公故事耳。」温疑王坦之、謝安所爲，心銜之。詔謝安徵温入輔，温又辭。冬十月，彭城妖人盧悚自稱大道祭酒，事之者八百餘家。十一月，遣弟子許龍如吴，晨到海西公門，稱太后密詔，奉迎興復。公初欲從之，納保母諫而止。龍曰：「大事垂捷，焉用兒女子言乎！」公曰：「我得罪於此，幸蒙寬宥，豈敢妄動。且太后有詔，便應官屬來，何獨使汝也？汝必爲亂。」因叱左右縛之，龍懼而走。甲午，悚帥衆三百人晨攻廣莫門，詐稱海西公還，由雲龍門突入殿庭，略取武庫甲仗，門下吏士駭愕不知所爲。游擊將軍毛安之聞難，帥衆直入雲龍門，手自奮擊。左衛將軍殷康、中領軍桓祕入止車門，與安之并力討誅之，并黨與死者數百人。海西公深慮橫禍，專飲酒，恣聲色，有子不育，時人憐之。朝廷以其安於屈辱，故不復爲虞。

〔孝〕武帝寧康元年春二月，大司馬温來朝。辛巳，詔吏部尚書謝安、侍中王坦之迎于新亭。是時，都下人情恟恟，或云欲誅王、謝，因移晉室。坦之甚懼。安神色不變，曰：「晉祚存亡，決於此行。」温既至，百官拜於道側。温大陳兵衛，延見朝士，有位望者皆戰慴失色，坦之流汗沾衣，倒執手板。安從容就席，坐定，謂温曰：「安聞諸侯有道，守在四鄰，明公何須壁後置人邪？」温笑曰：「正自不能不（然）爾。」遂命左右撤之，與安笑語移日。郗超常爲温謀主，安與坦之見温，温使超卧帳中聽其言。風動帳開，安笑曰：「郗生可謂入幕之賓矣。」時天子幼弱，外有强臣，安與坦之盡忠輔衛，卒安晉室。

三月，温有疾，停建康十四日，甲午，還姑孰。

秋七月己亥，南郡宣武公桓温薨。

初，桓温疾篤，諷朝廷求九錫，屢使人趣之。謝安、王坦之故緩其事，使袁宏具草。宏以示王彪之，彪之歎其文辭之美，因曰：「卿固大才，安可以此示人！」謝安見其草，輒改之，由是歷旬不就。宏密謀於彪之，彪之曰：「聞彼病日增，亦當不復支久，自可更小遲迴。」宏從之。

温弟江州刺史冲問温以謝安、王坦之所任，温曰：「渠等不爲汝所處分。」其意以爲，己存，彼必不敢立異，死則非冲所制；若害之，無益於冲，更失時望故也。

温以世子熙才弱，使冲領其衆。於是桓祕與熙弟濟謀共殺冲。冲密知之，不敢入。俄頃，温薨，冲先遣力士拘録熙、濟而後臨喪。祕遂被廢棄，熙、濟俱徙長沙。詔葬温依漢霍光及安平獻王故事。冲稱温遺命，以少子玄爲嗣，時方五歲，襲封南郡公。

庚戌，加右將軍荆州刺史桓豁征西將軍、督荆揚雍交廣五州諸軍事。以江州刺史桓冲爲中軍將軍、都督揚豫江三州諸軍事、揚豫二州刺史，鎮姑孰。竟陵太守桓石秀爲寧遠將軍、江州刺史，鎮尋陽。石秀，豁之子也。冲既代温居任，盡忠王室。或勸冲誅除時望，專執時權，沖不從。始温在鎮，死罪皆專決不請，沖以爲生殺之重，當歸朝廷，凡大辟皆先上，須報，然後行之。

謝安以天子幼沖，新喪元輔，欲請崇德太后臨朝。王彪之曰：「前世人主幼在襁褓，母子一體，故可臨朝；太后亦不能決事，要須顧問大臣。今上年出十歲，垂及冠婚，反令從嫂臨朝，示人君幼弱，豈所以光揚聖德乎？諸公必欲行此，豈僕所制，所惜者大體耳。」安不欲委任桓沖，故使太后臨朝，己得以專獻替裁決，遂不從彪之之言。八月壬子，太后復臨朝攝政。

太元二年冬十二月，臨海太守郗超卒。初，超黨於桓氏，以父愔忠於王室，不令知之。及病甚，出一箱書授門生曰：「公年尊，我死之後，若以哀惋害寢食者，可呈此箱；不爾，即焚之。」既而愔果哀惋成疾，門生呈箱，皆與桓温往返密計。愔大怒曰：「小子死已晚矣！」遂不復哭。

十一年冬十月甲申，海西公奕薨於吴。

苻氏據長安 苻堅篡立

晉懷帝永嘉四年。略陽臨渭氐酋蒲洪，驍勇多權略，羣氐畏服之。漢主聰遣使拜洪平遠將軍，洪不受，自稱護氐校尉、秦州刺史、略陽公。

元帝大興二年。蒲洪降趙，趙主曜以洪爲率義侯。

成帝咸和四年秋八月，後趙中山公虎攻集木且羌于河西，克之。氐王蒲洪、羌酋姚弋仲俱降于虎，虎表洪監六夷軍事。

八年冬十月，氐帥蒲洪自稱雍州刺史，西附張駿。丞相虎分命諸將屯汧、隴，遣將軍麻秋討蒲洪。洪帥户二萬降於虎，虎迎拜洪光烈將軍、護氐校尉。洪至長安，説虎徙關中豪桀及氐、羌以實東方，曰：「諸氐皆洪家部曲，洪帥以從，誰敢違者？」虎從之，徙秦、雍及氐、羌十餘萬户于關東。以洪爲龍驤將軍、流民都督，使居枋頭。

咸康四年。趙王虎之攻燕，蒲洪以功拜使持節、都督六夷諸軍事、冠軍大將軍，封西平郡公。石閔言於虎曰：「蒲洪雄儁，得將士死力，諸子皆有非常之才，且握强兵五萬，屯據近畿。宜密除之，以安社稷。」虎曰：「吾方倚其父子以取吴、蜀，奈何殺之？」待之愈厚。

穆帝永和五年。高力督定陽梁犢作亂，趙王虎以車騎將軍蒲洪討滅，進封蒲洪爲侍中、車騎大將軍、開府儀同三司、都督雍秦州諸軍事、雍州刺史，進封略陽郡公。

夏四月，趙王虎病卒，太子世即位，以彭城王遵爲丞相，遵殺世自立。武興公閔言於遵曰：「蒲洪，人傑也。今以洪鎮關中，臣恐秦、雍之地非復國家之有。此雖先帝臨終之命，然陛下踐祚，自宜改圖。」遵從之，罷洪都督，餘如前制。洪怒，歸枋頭。

冬十一月，秦、雍流民相帥西歸，路由枋頭，共推蒲洪爲主，衆至十餘萬。洪子健在鄴，斬關出奔枋頭。侍中王鑒懼洪之逼，欲以計遣之，乃以洪爲都督關中諸軍事、征西大將軍、雍州牧、領秦州刺史。洪會官屬，議應受與不。主簿程朴請且與趙連和，如列國分境而治。洪怒曰：「吾不堪爲天子邪，而云列國乎？」引朴斬之。

六年春正月，姚弋仲、蒲洪各有據關右之志。弋仲遣其子襄帥衆五萬擊洪，洪迎擊，破之，斬獲三萬餘級。洪自稱大都督、大將軍、大單于、三秦王，改姓苻氏。以南安雷弱兒爲輔國將軍；安定梁楞爲前將軍，領左長史；馮翊魚遵爲後將軍，領右長史；京兆段陵爲左將軍，領左司馬；王墮爲右將軍，領右司馬；天水趙俱、隴西牛夷、北地辛牢皆爲從事中郎，氐酋毛貴爲單于輔相。

三月，麻秋説苻洪曰：「冉閔、石祇方相持，中原之亂未可平也。不如先取關中，基業已固，然後東争天下，誰能敵之。」洪深然之。既而秋因宴鴆洪，欲并其衆，世子健收秋斬之。洪謂健曰：「吾所以未入關者，以爲中州可定。今不幸爲豎子所困。中州非汝兄弟所能辦，我死，汝急入關。」言終而卒。健代統其衆，乃去大都督、大將軍、三秦王之號，稱晋官爵，遣其叔父安來告喪，且請朝命。

秋八月，京兆杜洪據長安，自稱晋征北將軍、雍州刺史，以馮翊張琚爲司馬，關西夷、夏皆應之。苻健欲取之，恐洪知之，乃受趙官爵。以趙俱爲河内太守，戍温；牛夷爲綏集將軍，戍懷。治宫室於枋頭，課民種麥，示無西意。有知而不種者，健殺之以徇。既而自稱晋征西大將軍、都督關中諸軍事、雍州刺史。以武威賈玄碩爲左長史，略陽梁安爲右長史，段純爲左司馬，辛牢爲右司馬，京兆王魚、安定程肱、胡文等爲軍諮祭酒。悉衆而西，以魚遵爲前鋒，行至盟津，爲浮梁以濟。遣弟輔國將軍雄帥衆五千自潼關入，兄子揚武將軍菁帥衆七千自軹關入。臨别，執菁手曰：「若事不捷，汝死河北，我死河南，不復相見。」既濟，焚橋，自帥大衆隨雄而進。

杜洪聞之，與健書，侮嫚之。以張琚弟先爲征虜將軍，帥衆萬三千逆戰于潼關之北，先兵大敗，走還長安。洪悉召關中之衆以拒健。洪弟郁勸洪迎健，洪不從，郁帥所部降於健。

健遣苻雄徇渭北。氐酋毛受屯高陵，徐磋屯好畤，羌酋白犢屯黄白，衆各數萬，皆斬洪使，遣子降於健。苻菁、魚遵所過城邑，無不降附。洪懼，固守長安。

九月，苻菁與張先戰於渭北，擒之，三輔郡縣堡壁皆降。冬十月，苻健長驅至長安，杜洪、張琚奔司竹。

十一月甲午，苻健入長安，以民心思晋，乃遣參軍杜山伯詣建康獻捷，并修好於桓温。於是秦、雍夷、夏皆附之。趙涼州刺史石寧獨據上邽不下，十二月，苻雄擊斬之。

七年春正月，苻健左長史賈玄碩等請依劉備稱漢中王故事，表健爲都督關中諸軍事、大將軍、大單于、秦王。健怒曰：「吾豈堪爲秦王邪！且晋使未返，我之官爵，非汝曹所知也。」既而密使梁安諷玄碩等上尊號，健辭讓再三，然後許之。丙辰，健即天王、大單于位，國號大秦，大赦，改元皇始。追尊父洪爲武惠皇帝，廟號太祖。立妻强氏爲天王后，子萇爲太子，靚爲平原公，生爲淮南公，覿爲長樂公，方爲高陽公，碩爲北平公，騰爲淮陽公，柳爲晋公，桐爲汝南公，廋爲魏公，武爲燕公，幼爲趙公。以苻雄爲都督中外諸軍事、丞相、領車騎大將軍、雍州牧、東海公，苻菁爲衛大將軍、平昌公，宿衛二宫。雷弱兒爲太尉，毛貴爲司空，略陽姜伯周爲尚書令，梁楞爲左僕射，王墮爲右僕射，魚遵爲太子太師，强平爲太傅，段純爲太保，呂婆樓爲散騎常侍。伯周，健之舅；平，王后之弟；婆樓，本略陽氏酋也。

三月，秦王健分遣使者問民疾苦，搜羅儁異。寬重斂之稅，弛離宫之禁，罷無用之器，去侈靡之服，凡趙之苛政不便於民者，皆除之。

杜洪、張琚遣使召梁州刺史司馬勳。夏四月，勳帥步騎三萬赴之，秦王健禦之於五丈原。勳屢戰皆敗，退歸南鄭。健以中書令賈玄碩始者不上尊號，銜之，使人告玄碩與司馬勳通，并其諸子皆殺之。

八年春正月，秦丞相雄等請秦王健正尊號，依漢、晉之舊，不必效石氏之初。健從之，即皇帝位，大赦。諸公皆進爵爲王。且言單于所以統壹百蠻，非天子所宜領，以授太子萇。

司馬勳既還漢中，杜洪、張琚屯宜秋。洪自以右族，輕琚，琚遂殺洪，自立爲秦王，改元建昌。夏五月，秦主健攻張琚於宜秋，斬之。

十年夏六月丙申，秦東海敬武王雄卒，秦主健哭之嘔血，曰：「天不欲吾平四海邪？何奪吾元才之速也！」贈魏王。雄以佐命元勳，位兼將相，權侔人主，而謙恭汎愛，遵奉法度，故健重之，常曰：「元才，吾之周公也。」子堅襲爵。堅性至孝，幼有志度，博學多能，交結英豪，呂婆樓、强汪及略陽梁平老皆與之善。

十一年。秦淮南王苻生，幼無一目，性粗暴。其祖父洪嘗戲之曰：「吾聞瞎兒一淚，信乎？」生怒，引佩刀自刺出血，曰：「此亦一淚也。」洪大驚，鞭之。生曰：「性耐刀槊，不堪鞭棰。」洪謂其父健曰：「此兒狂悖，宜早除之，不然必破人家。」健將殺之，健弟雄止之曰：「兒長自應改，何可遽爾！」及長，力舉千鈞，手格猛獸，走及奔馬，擊刺騎射，冠絶一時。獻哀太子卒，强后欲立少子晉王柳。秦主健以讖文有「三羊五眼」，乃立生爲太子。以司空平昌王菁爲太尉，尚書令王墮爲司空，司隸校尉梁楞爲尚書令。

夏六月丙子，秦主健寢疾。庚辰，平昌王菁勒兵入東宮，將殺太子生而自立。時生侍疾西宮，菁以爲健已卒，攻東掖門。健聞變，登端門，陳兵自衛。衆見健，惶懼，皆捨仗逃散。健執菁，數而殺之，餘無所問。

壬午，以大司馬武都王安都督中外諸軍事。甲申，健引太師魚遵、丞相雷弱兒、太傅毛貴、司空王墮、尚書令梁楞、左僕射梁安、右僕射段純、吏部尚書辛牢等受遺詔輔政。健謂太子生曰：「六夷酋帥及大臣執權者，若不從汝命，宜漸除之。」

臣光曰：顧命大臣，所以輔導嗣子，爲之羽翼也。爲之羽翼，而教使翦之，能無斃乎！知其不忠，則勿任而已矣；任以大柄，又從而猜之，鮮有不召亂者也。

乙酉，健卒，謚曰景明皇帝，廟號高祖。丙戌，太子生即位，大赦，改元壽光。羣臣奏曰：「未踰年而改元，非禮也。」生怒，窮推議主，得右僕射段純，殺之。

秋七月，秦主生尊母强氏曰皇太后，立妃梁氏爲皇后。梁氏，安之女也。以其嬖臣太子門大夫南安趙韶爲右僕射，太子舍人趙誨爲中護軍，著作郎董榮爲尚書。

八月，秦主生封衛大將軍黄眉爲廣平王，前將軍飛爲新興王，皆素所善也。徵大司馬武都王安領太尉。以晋王柳爲征東大將軍、并州牧，鎮蒲坂；魏王廋爲鎮東大將軍、豫州牧，鎮陝城。中書監胡文、中書令王魚言於生曰：「比有星孛于大角，熒惑入東井。大角帝座，東井，秦分。於占，不出三年，國有大喪，大臣戮死。願陛下脩德以禳之。」生曰：「皇后與朕對臨天下，可以應大喪矣。毛太傅、梁車騎、梁僕射受遺輔政，可以應大臣矣。」九月，生殺梁后及毛貴、梁楞、梁安。貴，后之舅也。右僕射趙韶、中護軍趙誨，皆洛州刺史俱之從弟也，有寵於生，乃以俱爲尚書令。俱固辭以疾，謂韶、誨曰：「汝等不復顧祖宗，欲爲滅門之事！毛、梁何罪，而誅之？吾何功，而代之？汝等可自爲，吾其死矣。」遂以憂卒。

冬十一月，秦以辛牢守尚書令，趙韶爲左僕射，尚書董榮爲右僕射，中護軍趙誨爲司隸校尉。

十二月，秦丞相雷弱兒性剛直，以趙韶、董榮亂政，每公言於朝，見之常切齒。韶、榮譖之於秦主生，生殺弱兒及其九子、二十七孫。於是諸羌皆有離心。

生雖在諒陰，遊飲自若。彎弓露刃以見朝臣，錘鉗鋸鑿，可以害人之具，備置左右。即位未幾，后妃公卿已下至于僕隸，凡殺五百餘人，截脛、拉脅、鋸項、刳胎者，比比有之。

十二年。秦司空王墮性剛峻，右僕射董榮、侍中强國皆以佞幸進，墮疾之如讎，每朝見榮，未嘗與之言。或謂墮曰：「董君貴幸無比，公宜小降意接之。」墮曰：「董龍是何雞狗，而令國士與之言乎？」會有天變，榮與强國言於秦主生曰：「今天譴甚重，宜以貴臣應之。」生曰：「貴臣唯有大司馬及司空耳。」榮、國曰：「大司馬國之懿親，不可殺也。」乃殺王墮。將刑，榮謂之曰：「今日復敢比董龍於雞狗乎？」墮瞋目叱之。洛州刺史杜郁，墮之甥也，左僕射趙韶惡之，譖於生，以爲貳於晋而殺之。〔春正月〕壬戌，生宴羣臣於太極殿，以尚書令辛牢爲酒監，酒酣，生怒曰：「何不强人酒而猶有坐者！」引弓射牢，殺之。羣臣懼，莫敢不醉，偃仆失冠，生乃悦。三月，秦主生發三輔民治渭橋，金紫光禄大夫程肱諫，以爲妨農，生殺之。

夏四月，長安大風，發屋拔木。秦宫中驚擾，或稱賊至，宫門晝閉，五日乃止。秦主生推告賊者，刳出其心。左光禄大夫强平諫曰：「天降災異，陛下當愛民事神，緩刑崇德以應之，乃可弭也。」生怒，鑿其頂而殺之。衛將軍廣平王黄眉、前將軍新興王飛、建節將軍鄧羌，以平，太后之弟，叩頭固諫；生弗聽，出黄眉爲左馮翊，飛爲右扶風，羌行咸陽太守，猶惜其驍勇，故皆弗殺。五月，太后强氏以憂恨卒，謚曰明德。

六月，秦主生下詔曰：「朕受皇天之命，君臨萬邦，嗣統已來，有何不善，而謗讟之音，扇滿天下。殺不過千，而謂之殘虐。行者比肩，未足爲希。方當峻刑極罰，復如朕何！」

自去春以來，潼關之西至于長安，虎狼爲暴，晝則繼道，夜則發屋，不食六畜，專務食人，凡殺七百餘人。民廢耕桑，相聚邑居，而爲害不息。秋七月，秦羣臣奏請禳災。生曰：「野獸飢則食人，飽當自止，何禳之有。且天豈不愛民哉，正以犯罪者多，故助朕殺之耳。」

冬十月，秦主生夜食棗多，旦而有疾，召太醫令程延使診之。延曰：「陛下無它疾，食棗多耳。」生怒曰：「汝非聖人，安知吾食棗？」遂斬之。

升平元年春二月，太白入東井。秦有司奏：「太白罰星，東井秦分，必有暴兵起京師。」秦主生曰：「太白入井，自爲渴耳，何所怪乎？」

夏五月，秦主生夢大魚食蒲，又長安謡曰：「東海大魚化爲龍，男皆爲王女爲公。」

生乃誅太師、録尚書事廣寧公魚遵，并其七子、十孫。金紫光禄大夫牛夷懼禍，求爲荆州，生不許，以爲中軍將軍，引見，調之曰：「牛性遲重，善持轅軛，雖無驥足，動負百石。」夷曰：「雖服大車，未經峻壁，願試重載，乃知勳績。」生笑曰：「何其快也！公嫌所載輕乎，朕將以魚公爵位處公。」夷懼，歸而自殺。

生飲酒無晝夜，或連月不出，奏事不省，往往寢落。或醉中決事，左右因以爲姦，賞罰無準。或至申酉乃出視朝，乘醉多所殺戮。自以眇目，諱言「殘、缺、偏、隻、少、無、不具」之類，誤犯而死者不可勝數。好生剥牛羊驢馬，燖雞豚鵝鴨，縱之殿前，數十爲羣。或剥人面皮，使之歌舞，臨觀以爲樂。嘗問左右曰：「自吾臨天下，汝外間何所聞？」或對曰：「聖明宰世，賞罰明當，天下唯歌太平。」怒曰：「汝媚我也。」引而斬之。他日，又問，或對曰：「陛下刑罰微過。」又怒曰：「汝謗我也。」亦斬之。勳舊親戚，誅之殆盡，羣臣得保一日，如度十年。

東海王堅，素有時譽，與故姚襄參軍薛讚、權翼善。讚、翼密説堅曰：「主上猜忍暴虐，中外離心。方今宜主秦祀者，非殿下而誰？願早爲計，勿使他姓得之。」堅以問尚書吕婆樓，婆樓曰：「僕，刀鐶上人耳，不足以辨大事。僕里舍有王猛者，其人謀略不世出，殿下宜請而咨之。」堅因婆樓以招猛，一見如舊友。語及時事，堅大悦，自謂如劉玄德之遇諸葛孔明也。

六月，太史令康權言於秦主生曰：「昨夜三月並出，孛星入太微，連東井。自去月上旬沈陰不雨以至于今，將有下人謀上之禍。」生怒，以爲妖言，撲殺之。特進、領御史中丞梁平老等謂堅曰：「主上失德，上下嗷嗷，人懷異志，燕、晋二方，伺隙而動，恐禍發之日，家國俱亡。此殿下之事也，宜早圖之。」堅心然之，畏生趫勇，未敢發。

生夜對侍婢言曰：「阿法兄弟亦不可信，明當除之。」婢以告堅及堅兄清河王法。法與梁平老及特進、光禄大夫强汪帥壯士數百潛入雲龍門，堅與吕婆樓帥麾下三百人鼓譟繼進，宿衛將士皆舍仗歸堅。生猶醉寐，堅兵至，生驚問左右曰：「此輩何人？」左右曰：「賊也。」生曰：「何不拜之？」堅兵皆笑。生又大言：「何不速拜？不拜者斬之！」堅兵引生置别室，廢爲越王，尋殺之，謚曰厲王。

堅以位讓法，法曰：「汝嫡嗣，且賢，宜立。」堅曰：「兄年長，宜立。」堅母苟氏泣謂羣臣曰：「社稷重事，小兒自知不能，他日有悔，失在諸君。」羣臣皆頓首請立堅。堅乃去皇帝之號，稱大秦天王，即位於太極殿。誅生倖臣中書監董榮、左僕射趙韶等二十餘人。大赦，改元永興。追尊父雄爲文桓皇帝。母苟氏爲皇太后，妃苟氏爲皇后，世子宏爲皇太子。以清河王法爲都督中外諸軍事、丞相、録尚書事、東海公。諸王皆降爵爲公。以從祖右光禄大夫永安公侯爲太尉，晋公柳爲車騎大將軍、尚書令。封弟融爲陽平公，雙爲河南公，子丕爲長樂公，暉爲平原公，熙爲廣平公，叡爲鉅鹿公。以漢陽李威爲左僕射，梁平老爲右僕射，强汪爲領軍將軍，吕婆樓爲司隸校尉，王猛爲中書侍郎。

融好文學，明辯過人，耳聞則誦，過目不忘。力敵百夫，善騎射擊刺，少有令譽，堅愛重之，常與共議國事。融經綜内外，刑政修明，薦才揚滯，補益弘多。丕亦有文武才幹，治民斷獄，皆亞於融。

威，苟太后之姑子也，素與魏王雄友善，生屢欲殺堅，賴威營救得免。威得幸於苟太后，堅事之如父。威知王猛之賢，常勸堅以國事任之。堅謂猛曰：「李公知君，猶鮑叔牙之知管仲也。」猛以兄事之。

秋八月，秦王堅以權翼爲給事黄門侍郎，薛讚爲中書侍郎，與王猛並掌機密。九月，追復太師魚遵等官，以禮改葬，子孫存者皆隨才擢敘。

冬十一月，秦太后苟氏遊宣明臺，見東海公法之第門車馬輻湊，恐終不利於秦王堅，乃與李威謀賜法死。堅與法訣於東堂，慟哭歐血。謚曰獻哀公，封其子陽爲東海公，敷爲清河公。

十二月，秦王堅行至尚書，以文案不治，免左丞程卓官，以王猛代之。堅舉異才，修廢職，課農桑，恤困窮，禮百神，立學校，旌節義，繼絶世，秦民大悅。

苻秦滅涼

晉穆帝永和九年冬十月，西平敬烈公張重華有疾，子曜靈纔十歲，立爲世子，赦其境內。重華庶兄長寧侯祚，有勇力吏幹，而傾巧善事內外，與重華嬖臣趙長、尉緝等結異姓兄弟。都尉常據請出之，重華曰：「吾方以祚爲周公，使輔幼子，君是何言也！」謝艾以枹罕之功，有寵於重華，左右疾之，譖艾出爲酒泉太守。艾上疏言：「權倖用事，公室將危，乞聽臣入侍。」且言：「長寧侯祚及趙長等將爲亂，宜盡逐之。」十一月己未，重華疾甚，手令徵艾爲衛將軍，監中外諸軍事，輔政。祚、長等匿而不宣。丁卯，重華卒，世子曜靈立，稱大司馬、涼州刺史、西平公。趙長等矯重華遺令，以長寧侯祚爲都督中外諸軍事、撫軍大將軍，輔政。

冬十二月，涼右長史趙長等建議，以爲「時難未夷，宜立長君。曜靈冲幼，請立長寧侯祚」。張祚先得幸於重華之母馬氏，馬氏許之，乃廢張曜靈爲涼寧侯，立祚爲大都督、大將軍、涼州牧、涼公。祚既得志，恣爲淫虐，殺重華妃裴氏及謝艾。

十年春正月，張祚自稱涼王，改建興四十二年爲和平元年。立妻辛氏爲王后，子太和爲太子。封弟天錫爲長寧侯，子庭堅爲建康侯，曜靈弟玄靚爲涼武侯。置百官，郊祀天地，用天子禮樂。尚書馬岌切諫，坐免官。郎中丁琪復諫曰：「我自武公以來，世守臣節，抱忠履謙，五十餘年，故能以一州之衆，抗舉世之虜，師徒歲起，民不告疲。殿下勳德未高於先公，而亟謀革命，臣未見其可也。彼士民所以用命，四遠所以歸響者，以吾能奉晉室故也。今而自尊，則中外離心，安能以一隅之地，拒天下之强敵乎！」祚大怒，斬之於闕下。

十一年秋七月，涼王祚淫虐無道，上下怨憤。祚惡河州刺史張瓘之强，遣張掖太守索孚代瓘守枹罕，使瓘討叛胡，又遣其將易揣、張玲帥步騎萬三千以襲瓘。張掖人王鸞知術數，言於祚曰：「此軍出，必不還，涼國將危。」并陳祚三不道。祚大怒，以鸞爲訞言，斬以徇。鸞臨刑曰：「我死，軍敗於外，王死於内，必矣。」祚族滅之。瓘聞之，斬孚，起兵擊祚，傳檄州郡，廢祚，以侯還第，復立涼寧侯曜靈。易揣、張玲軍始濟河，瓘擊破之。揣等單騎奔還，瓘軍躡之，姑臧振恐。驍騎將軍敦煌宋混兄脩與祚有隙，懼禍。八月混與弟澄西走，合衆萬餘人以應瓘，還向姑臧。祚遣楊秋胡將曜靈於東苑，拉其腰而殺之，埋於沙阬，謚曰哀公。

九月，涼宋混軍于武始大澤，爲曜靈發哀。閏月，混軍至姑臧，涼王祚收張瓘弟琚及子嵩，將殺之。琚、嵩聞之，募市人數百，揚言「張祚無道，我兄大軍已至城東，敢舉手者誅三族」。遂開西門納混兵。領軍將軍趙長等懼罪，入閤呼張重華母馬氏出殿，立凉武侯玄靚爲主。易揣等引兵入殿，收長等，殺之。祚按劍殿上，大呼，叱左右力戰。祚素失衆心，莫肯爲之鬭者，遂爲兵人所殺。混等梟其首，宣示内外，暴尸道左，城内咸稱萬歲。以庶人禮葬之，并殺其二子。混、琚上玄靚爲大將軍、凉州牧、西平公，赦境内，復稱建興四十三年。時玄靚始七歲。

張瓘至姑臧推玄靚爲凉王，自爲使持節、都督中外諸軍事、尚書令、凉州牧、張掖郡公，以宋混爲尚書僕射。隴西人李儼據郡，不受瓘命，用江東年號，衆多歸之。瓘遣其將牛霸討之，未至，西平人衛綝亦據郡叛，霸兵潰，奔還。瓘遣弟琚擊綝，敗之。酒泉太守馬基起兵以應綝，瓘遣司馬張姚、王國擊斬之。

十二年春正月，秦征東大將軍晉王柳遣參軍閻負、梁殊使於凉，以書說凉王玄靚。負、殊至姑臧，張瓘見之曰：「我晉臣也，臣無境外之交，二君何以來辱？」負、殊曰：「晉王與君鄰藩，雖山河阻絕，風通道會，故來修好，君何怪焉？」瓘曰：「吾盡忠事晉，於今六世矣。若與苻征東通使，是上違先君之志，下隳士民之節，其可乎！」負、殊曰：「晉室衰微，墜失天命，固已久矣，是以凉之先王，北面二趙，唯知機也。今大秦威德方盛，涼王若欲自帝河右，則非秦之敵，欲以小事大，則曷若捨晉事秦，長保福禄乎。」瓘曰：「中州好食言，嚮者石氏使車適返，而戎騎已至，吾不敢信也。」負、殊曰：「自古帝王居中州者，政化各殊，趙爲姦詐，秦敦信義，豈得一概待之乎？張先、楊初，皆阻兵不服，先帝討而擒之，赦其罪戾，寵以爵秩，固非石氏之比也。」瓘曰：「必如君言，秦之威德無敵，何不先取江南，則天下盡爲秦有，征東何辱命焉。」負、殊曰：「江南文身之俗，道污先叛，化隆後服。主上以爲江南必須兵服，河右可以義懷，故遣行人先申大好。若君不達天命，則江南得延數年之命，而河右恐非君之土也。」瓘曰：「我跨據三州，帶甲十萬，西苞葱嶺，東距大河，伐人有餘，況於自守，何畏於秦？」負、殊曰：「貴州山河之固，孰若崤、函？民物之饒，孰若秦、雍？杜洪、張琚因趙氏成資，兵强財富，有囊括關中，席卷四海之志。先帝戎旗西指，冰消雲散，旬月之間，不覺易主。主上若以貴州不服，赫然奮怒，控弦百萬，鼓行而西，未知貴州將何以待之？」瓘笑曰：「兹事當決之於王，非身所了。」負、殊曰：「涼王雖英睿夙成，然年在幼冲。君居伊、霍之任，國家安危，繫君一舉耳。」瓘懼，乃以玄靚之命，遣使稱藩於秦，秦因玄靚所稱官爵而授之。

升平三年。涼州牧張瓘，猜忌苛虐，專以愛憎爲賞罰。郎中殷郇諫之，瓘曰：「虎生三日，自能食肉，不須人教也。」由是人情不附。輔國將軍宋混性忠鯁，瓘憚之，欲殺混及弟澄，因廢涼王玄靚而代之，徵兵數萬集姑臧。混知之，〔夏六月〕，與澄帥壯士楊和等四十餘騎奄入南城，宣告諸營曰：「張瓘謀逆，被太后令誅之。」俄而衆至二千。瓘帥衆出戰，混擊破之。瓘麾下玄臚刺混，不能穿甲，混擒之，瓘衆悉降。瓘與弟琚皆自殺，混夷其家族。玄靚以混爲使持節、都督中外諸軍事、驃騎大將軍、酒泉郡侯，代瓘輔政。混乃請玄靚去涼王之號，復稱涼州牧。混謂玄臚曰：「卿刺我，幸而不傷，今我輔政，卿其懼乎？」臚曰：「臚受瓘恩，唯恨刺節下不深耳，竊無所懼。」混義之，任爲心膂。

五年夏四月，涼驃騎大將軍宋混疾甚，張玄靚及其祖母馬氏往省之，曰：「將軍萬一不幸，寡婦孤兒將何所託？欲以林宗繼將軍，可乎？」混曰：「臣子林宗幼弱，不堪大任。殿下儻未棄臣門，臣弟澄政事愈於臣，但恐其儒緩，機事不稱耳。殿下策勵而使之，可也。」混戒澄及諸子曰：「吾家受國大恩，當以死報，無恃勢位以驕人。」又見朝臣，皆戒之以忠貞。及卒，行路爲之揮涕。玄靚以澄爲領軍將軍，輔政。

秋九月，涼右司馬張邕惡宋澄專政，起兵攻澄，殺之，并滅其族。張玄靚以邕爲中護軍，叔父天錫爲中領軍，同輔政。

涼張邕驕矜淫縱，樹黨專權，多所刑殺，國人患之。張天錫所親敦煌劉肅謂天錫曰：「國家事欲未靜！」天錫曰：「何謂也？」肅曰：「今護軍出入，有似長寧。」天錫驚曰：

「我固疑之，未敢出口。計將安出？」肅曰：「正當速除之耳。」天錫曰：「安得其人？」肅曰：「肅即其人也。」肅時年未二十。天錫曰：「汝年少，更求其助。」肅曰：「趙白駒與肅二人足矣。」十一月，天錫與邕俱入朝，肅與白駒從天錫值邕於門下，肅斫之不中，白駒繼之又不克，二人與天錫俱入宮中。邕得逸走，帥甲士三百餘人攻宮門。天錫登屋大呼曰：「張邕凶逆無道，既滅宋氏，又欲傾覆我家。汝將士世爲涼臣，何忍以兵相向邪？今所取者止張邕耳，他無所問。」於是邕兵悉散走，邕自刎死，盡滅其族黨。玄靚以天錫爲使持節、冠軍大將軍、都督中外諸軍事，輔政。十二月，始改建興四十九年，奉升平年號。詔以玄靚爲大都督、督隴右諸軍事、涼州刺史、護羌校尉、西平公。

哀帝興寧元年秋八月，張玄靚祖母馬氏卒，尊庶母郭氏爲太妃。郭氏以張天錫專政，與大臣張欽等謀誅之。事泄，欽等皆死。玄靚懼，以位讓天錫，天錫不受。右將軍劉肅等勸天錫自立。閏月，天錫使肅等夜帥兵入宮，弑玄靚，宣言暴卒，謚曰沖公。天錫自稱使持節、大都督、大將軍、涼州牧、西平公，時年十八。尊母劉美人曰太妃。遣司馬綸騫奉章詣建康請命，并送御史俞歸東還。

二年夏六月，秦王堅遣大鴻臚拜張天錫爲大將軍、涼州牧、西平公。

海西公太和元年冬十月，張天錫遣使至秦境上，告絶於秦。

簡文帝咸安元年〔夏四月〕，秦王堅命王猛爲書諭天錫曰：「昔貴先公稱藩劉、石者，惟審於强弱也。今論涼土之力則損於往時，語大秦之德則非二趙之匹，而將軍翻然自絕，無乃非宗廟之福也歟？以秦之威，旁振無外，可以回弱水使東流，返江、河使西注。關東既平，將移兵河右，恐非六郡士民所能抗也。劉表謂漢南可保，將軍謂西河可全，吉凶在身，元龜不遠，宜深算妙慮，以求多福，無使六世之業一旦而墜地也。」天錫大懼，遣使謝罪稱藩。堅拜天錫使持節、都督河右諸軍事、驃騎大將軍、開府儀同三司、涼州刺史、西平公。

冬十二月，秦以河州刺史李辯領興晉太守，還鎮枹罕，徙涼州治金城。張天錫聞秦有兼并之志，大懼，立壇於姑臧南，刑三牲，帥其官屬，遥與晉三公盟。遣從事中郎韓博奉表送盟文，并獻書於大司馬温，期以明年夏同大舉，會于上邽。

〔孝〕武帝太元元年。初，張天錫之殺張邕也，劉肅及安定梁景皆有功，二人由是有寵，賜姓張氏，以爲己子，使預政事。天錫荒于酒色，不親庶務，黜世子大懷而立嬖妾焦氏之子大豫，以焦氏爲左夫人，人情憤怨。從弟從事中郎憲輿櫬切諫，不聽。

〔夏五月〕，秦王堅下詔曰：「張天錫雖稱藩受位，然臣道未純，可遣使持節武衛將軍武都苟萇、左將軍毛盛、中書令梁熙、步兵校尉姚萇等將兵臨西河，尚書郎閻負、梁殊奉詔徵天錫入朝，若有違王命，即進師撲討。」是時，秦步騎十三萬，軍司段鏗謂周虓曰：「以此衆戰，誰能敵之！」虓曰：「戎狄以來，未之有也。」堅又命秦州刺史苟池、河州刺史李辯、涼州刺史王統帥三州之衆爲苟萇後繼。

秋七月，閻負、梁殊至姑臧。張天錫會官屬謀之，曰：「今入朝，必不返。如其不從，秦兵必至。將若之何？」禁中録事席仂曰：「以愛子爲質，賂以重寶，以退其師，然後徐爲之計，此屈伸之術也。」衆皆怒曰：「吾世事晉朝，忠節著於海内。今一旦委身賊庭，辱及祖宗，醜莫大焉。且河西天險，百年無虞，若悉境内精兵，右招西域，北引匈奴以拒之，何遽知其不捷也。」天錫攘袂大言曰：「孤計決矣，言降者斬。」使謂閻負、梁殊曰：「君欲生歸乎？死歸乎？」殊等辭氣不屈，天錫怒，縛之軍門，命軍士交射之，曰：「射而不中，不與我同心者也。」其母嚴氏泣曰：「秦主以一州之地横制天下，東平鮮卑，南取巴、蜀，兵不留行，所向無敵。汝若降之，猶可延數年之命。今以蕞爾一隅，抗衡大國，又殺其使者，亡無日矣。」天錫使龍驤將軍馬建帥衆二萬拒秦。

秦人聞天錫殺閻負、梁殊，八月，梁熙、姚萇、王統、李辯濟自清石津，攻涼驍烈將軍梁濟於河會城，降之。甲申，苟萇濟自石城津，與梁熙等會攻纏縮城，拔之。馬建懼，自楊非退屯清塞。天錫又遣征東將軍掌據帥衆三萬軍于洪池，天錫自將餘衆五萬軍于金昌城。

安西將軍敦煌宋皓言於天錫曰：「臣晝察人事，夜觀天文，秦兵不可敵也，不如降之。」天錫怒，貶皓爲宣威護軍。廣武太守辛章曰：「馬建出於行陳，必不爲國家用。」苟萇使姚萇帥甲士三千爲前驅。庚寅，馬建帥萬人迎降，餘兵皆散走。辛卯，苟萇及掌據戰于洪池，據兵敗，馬爲亂兵所殺，其屬董儒授之以馬，據曰：「吾三督諸軍，再秉節鉞，八將禁旅，十總外兵，寵任極矣。今卒困於此，此吾之死地也，尚安之乎！」乃就帳免冑，西向稽首，伏劍而死。秦兵殺軍司席仂。癸巳，秦兵入清塞，天錫遣司兵趙充哲帥衆拒之。秦兵與充哲戰于赤岸，大破之，俘斬三萬八千級，充哲死。天錫出城自戰，城內又叛，天錫與數千騎奔還姑臧。甲午，秦兵至姑臧，天錫素車白馬，面縛輿櫬，降于軍門。苟萇釋縛、焚櫬，送于長安。涼州郡縣悉降於秦。

九月，秦王堅以梁熙爲涼州刺史，鎮姑臧。徙豪右七千餘户于關中，餘皆按堵如故。封天錫爲歸義侯，拜北部尚書。初，秦兵之出也，先爲天錫築第於長安，至則居之。以天錫晉興太守隴西彭和正爲黄門侍郎，治中從事武興蘇膺、敦煌太守張烈爲尚書郎，西平太守金城趙凝爲金城太守，高昌楊幹爲高昌太守，餘皆隨才擢敘。

苻秦滅燕

晉穆帝永和九年春二月庚子，燕王儁立其妃可足渾氏爲皇后，世子曄爲皇太子，皆自龍城遷于薊宫。

十年夏四月戊申，燕主儁命冀州刺史吳王霸徙治信都。初，燕王皝奇霸之才，故名之曰霸，將以爲世子，羣臣諫而止，然寵遇猶踰於世子。由是儁惡之，以其嘗墜馬折齒，更名曰𡙇，尋以其應讖文，更名曰垂，遷侍中，録留臺事，徙鎮龍城。垂大得東北之和，儁愈惡之，復召還。

十二年秋七月丙子，燕獻太子曄卒。

升平元年春二月癸丑，燕主儁立其子中山王暐爲太子。

二年。燕吳王垂娶段末柸女，生子令寶。段氏才高性烈，自以貴姓，不尊事可足渾后，可足渾氏銜之。燕主儁素不快於垂，中常侍涅皓因希旨告段氏及吳國典書令遼東高弼爲巫蠱，欲以連汙垂。儁收段氏及弼下大長秋、廷尉考驗，段氏及弼志氣確然，終無橈辭。掠治日急，垂愍之，私使人謂段氏曰：「人生會當一死，何堪楚毒如此，不若引服。」段氏歎曰：「吾豈愛死者邪？若自誣以惡逆，上辱祖宗，下累於王，固不爲也。」辯答益明，故垂得免禍，而段氏竟死於獄中。出垂爲平州刺史，鎮遼東。垂以段氏女弟爲繼室，可足渾氏黜之，以其妹長安君妻垂。垂不悦，由是益惡之。

三年春二月，燕主儁宴羣臣于蒲池，語及周太子晋，潸然流涕曰：「才子難得。自景先之亡，吾鬢髮中白。卿等謂景先何如？」司徒左長史李績對曰：「獻懷太子之在東宫，臣爲中庶子，太子志業，敢不知之。太子大德有八，至孝一也，聰敏二也，沈毅三也，疾諛喜直四也，好學五也，多藝六也，謙恭七也，好施八也。」儁曰：「卿譽之雖過，然此兒在，吾死無憂矣。景茂何如？」時太子暐侍側，績曰：「皇太子天資岐嶷，雖八德已聞，然二闕未補，好遊畋而樂絲竹，此其所以爲損也。」儁顧謂暐曰：「伯陽之言，藥石之惠也，汝宜誡之。」暐甚不平。

儁夢趙主虎齧其臂，乃發虎墓，求尸不獲，購以百金。鄴女子李菟知而告之，得尸於東明觀下，僵而不腐。儁蹋而罵之曰：「死胡，何敢怖生天子！」數其殘暴之罪而鞭之，投於漳水，尸倚橋柱不流。及秦滅燕，王猛爲之誅李菟，收而葬之。冬十二月辛酉，燕主儁寢疾，謂大司馬太原王恪曰：「吾病必不濟。今二方未平，景茂冲幼，國家多難，吾欲效宋宣公，以社稷屬汝，何如？」恪曰：「太子雖幼，勝殘致治之主也。臣實何人，敢干正統。」儁怒曰：「兄弟之間，豈虚飾邪！」恪曰：「陛下若以臣能荷天下之任者，豈不能輔少主乎？」儁喜曰：「汝能爲周公，吾復何憂。李績清方忠亮，汝善遇之。」召吳王垂還鄴。

四年春正月癸巳，燕主儁疾篤，召大司馬恪等受遺詔輔政。甲午，卒。戊子，太子暐即位，年十一。大赦，改元建熙。

二月，燕人尊可足渾后爲皇太后。以太原王恪爲太宰，專録朝政。上庸王評爲太傅，陽騖爲太保，慕輿根爲太師，參輔朝政。根性木强，自恃先朝勳舊，心不服恪，舉動倨傲。時太后可足渾氏頗預外事，根欲爲亂，乃言於恪曰：「今主上幼沖，母后干政，殿下宜防意外之變，思有以自全。且定天下者，殿下之功也。兄亡弟及，古今成法，俟畢山陵，宜廢主上爲王，殿下自踐尊位，以爲大燕無窮之福。」恪曰：「公醉邪？何言之悖也！吾與公受先帝遺詔，云何而遽有此議。」根愧謝而退。恪以告吳王垂，垂勸恪誅之。恪曰：「今新遭大喪，二鄰觀釁，而宰輔自相誅夷，恐乖遠近之望，且可忍之。」秘書監皇甫真言於恪曰：「根本庸豎，過蒙先帝厚恩，引參顧命。而小人無識，自國哀已來，驕很日甚，將成禍亂。明公今日居周公之地，當爲社稷深謀，早爲之所。」恪不聽。根又言於可足渾氏及燕主暐曰：「太宰、太傅將謀不軌，臣請帥禁兵以誅之。」可足渾氏將從之，暐曰：「二公，國之親賢，先帝選之，託以孤嫠，必不肯爾。安知非太師欲爲亂也。」乃止。根又思戀東土，言於可足渾氏及暐曰：「今天下蕭條，外寇非一，國大憂深，不如還東。」恪聞之，乃與太傅評謀，密奏根罪狀，使右衛將軍傅顏就内省誅根，并其妻子黨與。大赦。

哀帝興寧二年。燕侍中慕輿龍詣龍城，徙宗廟及所留百官皆詣鄴。

海西公太和二年夏四月，燕太原桓王恪言於燕主暐曰：「吴王垂將相之才，十倍於臣，先帝以長幼之次，臣得先之。臣死之後，願陛下舉國以聽吴王。」五月壬辰，恪疾病，暐親視之，問以後事。恪曰：「臣聞報恩莫大於薦賢，賢者雖在板築，猶可爲相，況至親乎？吴王文武兼資，管、蕭之亞，陛下若任以大政，國家可安；不然，秦、晉必有窺窬之計。」言終而卒。

秦王堅聞恪卒，陰有圖燕之計，欲覘其可否，命匈奴曹轂發使如燕朝貢，以西戎主簿馮翊郭辯爲之副。燕司空皇甫真兄腆及從子奮、覆皆仕秦，腆爲散騎常侍。辯至燕，歷造公卿，謂真曰：「僕本秦人，家爲秦所誅，故寄命曹王。貴兄常侍及奮、覆兄弟，並相知有素。」真怒曰：「臣無境外之交，此言何以及我？君似奸人，得無因緣假託乎！」白暐，請窮治之，太傅評不許。辯還，爲堅言：「燕朝政無綱紀，實可圖也。鑒機識變，唯皇甫真耳。」堅曰：「以六州之衆，豈不得使有智士一人哉！」曹轂尋卒，秦分其部落爲二，使其二子分統之，號東、西曹。

三年。初，燕太宰恪有疾，以燕主暐幼弱，政不在己，太傅評多猜忌，恐大司馬之任不當其人，謂暐兄樂安王臧曰：「今南有遺晉，西有强秦，二國常蓄進取之志，顧我未有隙耳。夫國之興衰，繫於輔相。大司馬總統六軍，不可任非其人，我死之後，以親疏言之，當在汝及沖。汝曹雖才識明敏，然年少，未堪多難。吳王天資英傑，智略超世，汝曹若能推大司馬以授之，必能混壹四海，况外寇，不足憚也。慎無冒利而忘害，不以國家爲意也。」又以語太傅評。及恪卒，評不能用其言。三月，以車騎將軍中山王沖爲大司馬。沖，暐之弟也。以荆州刺史吳王垂爲侍中、車騎大將軍、儀同三司。

秦鎮東將軍洛州刺史魏公廋據陝城舉兵反，以陝城降燕，請兵應接。秦人大懼，盛兵守華陰。燕魏尹范陽王德上疏，以爲：「先帝應天受命，志平六合，陛下纂統，當繼而成之。今苻氏骨肉乖離，國分爲五，投誠請援，前後相尋，是天以秦賜燕也。天與不取，反受其殃，吳、越之事，足以觀矣。宜命皇甫真引并、冀之衆徑趨蒲（陝）〔阪〕，吳王垂引許、洛之兵馳解廋圍，太傅總京師虎旅，爲二軍後繼，傳檄三輔，示以禍福，明立購賞，彼必望風響應，渾壹之期，於此乎在矣。」時燕人多請救陝，因圖關中者，太傅評曰：「秦，大國也，今雖有難，未易可圖。朝廷雖明，未如先帝，吾等智略，又非太宰之比。但能閉關保境足矣，平秦非吾事也。」

魏公庾遺吳王垂及皇甫真牋曰：「苻堅、王猛，皆人傑也，謀爲燕患久矣。今不乘機取之，恐異日燕之君臣，將有甬東之悔矣。」垂謂真曰：「方今爲人患者，必在於秦。主上富於春秋，觀太傅識度，豈能敵苻堅、王猛乎？」真曰：「然。吾雖知之，如言不用何。」

四年。晉大司馬温伐燕，下邳王厲與温戰，敗於黃墟。燕又使樂安王臧拒温，臧不能抗。温至枋頭，暐與太傅評謀奔龍城。吳王垂自請擊之，又使樂嵩請救于秦，許賂以虎牢以西之地。秦遣苟池、鄧羌帥步騎救燕，范陽王德、李邽斷温糧道。温數戰不利，糧儲復竭，聞秦兵將至，棄輜重、鎧仗奔還。吳王垂追及温於襄邑，大破之。事見桓温伐燕。

燕、秦既結好，使者數往來。燕散騎侍郎太原郝晷、給事黃門侍郎梁琛相繼如秦。晷與王猛有舊，猛接以平生，問晷東方之事。晷見燕政不脩，而秦大治，知燕將亡，陰欲自託於猛，頗泄其實。〔冬十月〕，琛至長安，秦王堅方畋於萬年，欲引見琛。琛曰：「秦使至燕，燕之君臣朝服備禮，灑掃宮庭，然後敢見。今秦主欲野見之，使臣不敢聞命。」尚書郎辛勁謂琛曰：「賓客入境，惟主人所以處之，君焉得專制其禮。且天子稱乘輿，所至曰行在所，何常居之有。又春秋亦有遇禮，何爲不可乎？」琛曰：「晉室不綱，靈祚歸德，二方承運，俱受明命。而桓温猖狂，闚我王略，燕危秦孤，勢不獨立，是以秦主同恤時患，要結好援。東朝君臣，引領西望，愧其不競，以爲鄰憂，西使之辱，敬待有加。今强寇既退，交聘方始，謂宜崇禮篤義，以固二國之歡。若忽慢使臣，是卑燕也，豈脩好之義乎？夫天子以四海爲家，故行曰乘輿，止曰行在。今海縣瓜裂，天光分曜，安得以乘輿行在爲言哉。禮，不期而見曰遇，蓋因事權行，其禮簡略，豈平居容與之所爲哉。客使單行，誠勢屈於主人，然苟不以禮，亦不敢從也。」堅乃爲之設行宮，百僚陪位，然後延客，如燕朝之儀。事畢，堅與之私宴，問「東朝名臣爲誰？」琛曰：「太傅上庸王評，明德茂親，光輔王室。車騎大將軍吳王垂，雄略冠世，折衝禦侮。其餘或以文進，或以武用，官皆稱職，野無遺賢。」

琛從兄奕爲秦尚書郎，堅使典客，館琛於奕舍，琛曰：「昔諸葛瑾爲吳聘蜀，與諸葛亮惟公朝相見，退無私面，余竊慕之。今使之即安私室，所不敢也。」乃不果館。奕數來就邸舍，與琛卧起，間問琛東國事。琛曰：「今二方分據，兄弟並蒙榮寵，論其本心，各有所在。琛欲言東國之美，恐非西國之所欲聞；欲言其惡，又非使臣之所得論也。兄何用問爲？」

堅使太子延琛相見。秦人欲使琛拜太子，先諷之曰：「鄰國之君，猶其君也；鄰國之儲君，亦何以異乎？」琛曰：「天子之子視元士，欲其由賤以登貴也。尚不敢臣其父之臣，況他國之臣乎？苟無純敬，則禮有往來，情豈忘恭，但恐降屈爲煩耳。」乃不果拜。

王猛勸堅留琛，堅不許。

吴王垂自襄邑還鄴，威名益振，太傅評愈忌之。垂奏「所募將士忘身立效，將軍孫蓋等椎鋒陷陳，應蒙殊賞」。評皆抑而不行。垂數以爲言，與評廷争，怨隙愈深。太后可足渾氏素惡垂，毁其戰功，與評密謀誅之。太宰恪之子楷及垂舅蘭建知之，以告垂曰：「先發制人，但除評及樂安王臧，餘無能爲矣。」垂曰：「骨肉相殘而首亂於國，吾有死而已，不忍爲也。」頃之，二人又以告曰：「内意已決，不可不早發。」垂曰：「必不可彌縫，吾寧避之於外，餘非所議。」

垂内以爲憂，而未敢告諸子。世子令請曰：「尊比者如有憂色，豈非以主上幼冲，太傅疾賢，功高望重，愈見猜邪？」垂曰：「然。吾竭力致命以破强寇，本欲保全家國，豈知功成之後，返令身無所容。汝既知吾心，何以爲吾謀？」令曰：「主上闇弱，委任太傅，一旦禍發，疾於駭機。今欲保族全身，不失大義，莫若逃之龍城，遜辭謝罪，以待主上之察，若周公之居東，庶幾可以感寤而得還，此幸之大者也。如其不然，則内撫燕、代，外懷羣夷，守肥如之險以自保，亦其次也。」垂曰：「善。」

十一月辛亥朔，垂請畋于大陸，因微服出鄴，將趨龍城。至邯鄲，少子麟素不爲垂所愛，逃還告狀，垂左右多亡叛。太傅評白燕主暐，遣西平公强帥精騎追之，及於范陽。世子令斷後，强不敢逼。會日暮，令謂垂曰：「本欲保東都以自全，今事已泄，謀不及設。

秦主方招延英傑，不如往歸之。」垂曰：「今日之計，舍此安之？」乃散騎滅迹，傍南山復還鄴，隱于趙之顯原陵。俄有獵者數百騎四面而來，抗之則不能敵，逃之則無路，不知所爲。會獵者鷹皆飛颺，衆騎散去，垂乃殺白馬以祭天，且盟從者。

世子令言於垂曰：「太傅忌賢疾能，構事以來，人尤忿恨。今鄴城之中，莫知尊處，如嬰兒之思母，夷、夏同之，若順衆心，襲其無備，取之如指掌耳。事定之後，革弊簡能，大匡朝政，以輔主上，安國存家，功之大者也。今日之便，誠不可失，願給騎數人，足以辦之。」垂曰：「如汝之謀，事成誠爲大福，不成悔之何及。不如西奔，可以萬全。」子馬奴潛謀逃歸，殺之而行。至河陽，爲津吏所禁，斬之而濟。遂自洛陽，與段夫人、世子令、令弟寶、農、隆、兄子楷、舅蘭建、郎中令高弼俱奔秦，留妃可足渾氏於鄴。乙泉戍主吳歸追及於閿鄉，世子令擊之而退。

初，秦王堅陰有圖燕之志，憚吳王垂，不敢發。及聞垂至，大喜，郊迎，執手與語，乃以垂爲冠軍將軍，封賓徒侯，楷爲積弩將軍。事見慕容叛秦復燕。

秦留梁琛月餘，乃遣歸。琛兼程而進，比至鄴，吳王垂已奔秦。琛言於太傅評曰：「秦人日閱軍旅，多聚糧於陝東，以琛觀之，爲和必不能久。今吳王又往歸之，秦必有窺燕之謀，宜早爲之備。」評曰：「秦豈肯受叛臣而敗和好哉！」琛曰：「今二國分據中原，常有相吞之志，桓温之入寇，彼以計相救，非愛燕也。若燕有釁，彼豈忘其本志哉？」評曰：「秦主何如人？」琛曰：「明而善斷。」問王猛，曰：「名不虛得。」評皆不以爲然。琛又以告燕主暐，暐亦不然之。以告皇甫真，真深憂之，上疏言：「苻堅雖聘問相尋，然實有窺上國之心，非能慕樂德義不忘久要也。前出兵洛川，及使者繼至，國之險易虛實，彼皆得之矣。今吳王垂又往從之，爲其謀主，伍員之禍，不可不備。洛陽、太原、壺關皆宜選將益兵，以防未然。」暐召太傅評謀之，評曰：「秦國小力弱，恃我爲援。且苻堅庶幾善道，終不肯納叛臣之言，絶二國之好。不宜輕自驚擾，以啓寇心。」卒不爲備。

秦遣黄門郎石越聘於燕，太傅評示之以奢，欲以誇燕之富盛。高泰及太傅參軍河間劉靖言於評曰：「越言誕而視遠，非求好也，乃觀釁也。宜耀兵以示之，用折其謀。今乃示之以奢，益爲其所輕矣。」評不從，泰遂謝病歸。

是時太后可足渾氏侵橈國政，太傅評貪昧無厭，貨賂上流，官非才舉，羣下怨憤。尚書左丞申紹上疏，以爲：「守宰者，致治之本。今之守宰，率非其人，或武人出於行伍，或貴戚生長綺紈，既非鄉曲之選，又不更朝廷之職。加之黜陟無法，貪惰者無刑罰之懼，清修者無旌賞之勸。是以百姓困弊，寇盗充斥，綱頹紀紊，莫相糾攝。又官吏猥多，踰於前世，公私紛然，不勝煩擾。大燕户口，數兼二寇，弓馬之勁，四方莫及。而比者戰則屢北，皆由守宰賦調不平，侵漁無已，行留俱窘，莫肯致命故也。後宮之女四千餘人，僮侍廝役尚在其外，一日之費，厥直萬金，士民承風，競爲奢靡。彼秦、吴僭僻，猶能條治所部，有兼并之心，而我上下因循，日失其序。我之不脩，彼之願也。謂宜精擇守宰，併官省職，存恤兵家，使公私兩遂，節抑浮靡，愛惜用度，賞必當功，罰必當罪。如此則温、猛可梟，二方可取，豈特保境安民而已哉。又索頭什翼犍疲病昏悖，雖乏貢御，無能爲患，而勞兵遠戍，有損無益。不若移於并土，控制西河，南堅壺關，北重晉陽，西寇來則拒守，過則斷後，猶愈於戍孤城守無用之地也。」疏奏，不省。

初，燕人許割虎牢以西賂秦。晋兵既退，燕人悔之，謂秦人曰：「行人失辭。有國有家者，分災救患，理之常也。」秦王堅大怒，遣輔國將軍王猛、建威將軍梁成、洛州刺史鄧羌帥步騎三萬伐燕。十二月，進攻洛陽。

五年春正月，秦王猛遺燕荆州刺史武威王筑書曰：「國家今已塞成皋之險，杜盟津之路，大駕虎旅百萬，自軹關取鄴都，金墉窮戍，外無救援，城下之師，將軍所監，豈三百弊卒所能支也。」筑懼，以洛陽降，猛陳師受之。燕衛大將軍樂安王臧城新樂，破秦兵于石門，執秦將楊猛。

王猛之發長安也，請慕容令參其軍事，以爲鄉導。將行，造慕容垂飲酒，從容謂垂曰：「今當遠别，卿何以贈我？使我覩物思人。」垂脱佩刀贈之。猛至洛陽，賂垂所親金熙，使詐爲垂使者，謂令曰：「吾父子來此，以逃死也。今王猛疾人如讎，讒毁日深，秦王雖外相厚善，其心難知。丈夫逃死而卒不免，將爲天下笑。吾聞東朝比來始更悔寤，主、后相尤。吾今還東，故遣告汝，吾已行矣，便可速發。」令疑之，躊躇終日，又不可審覆。乃將舊騎，詐爲出獵，遂奔樂安王臧於石門。猛表令叛狀，垂懼而出走，及藍田，爲追騎所獲。秦王堅引見東堂，勞之曰：「卿家國失和，委身投朕。賢子心不忘本，猶懷首丘，亦各其志，不足深咎。然燕之將亡，非令所能存，惜其徒入虎口耳。且父子兄弟，罪不相及，卿何爲過懼而狼狽如是乎？」待之如舊。燕人以令叛而復還，其父爲秦所厚，疑令爲反間，徙之沙城，在龍都東北六百里。

臣光曰：昔周得微子而革商命，秦得由余而霸西戎，吴得伍員而克强楚，漢得陳平而誅項籍，魏得許攸而破袁紹。彼敵國之材臣來爲己用，進取之良資也。王猛知慕容垂之心久而難信，獨不念燕尚未滅，垂以材高功盛，無罪見疑，窮困歸秦，未有異心，遽以猜忌殺之，是助燕爲無道而塞來者之門也，如何其可哉！故秦王堅禮之以收燕望，親之以盡燕情，寵之以傾燕衆，信之以結燕心，未爲過矣。猛何汲汲於殺垂，至乃爲市井鬻賣之行，有如嫉其寵而讒之者，豈雅德君子所宜爲哉！

樂安王臧進屯滎陽，王猛遣建威將軍梁成、洛州刺史鄧羌擊走之。留羌鎮金墉，以輔國司馬桓寅爲弘農太守，代羌戍陝城而還。

秦王堅以王猛爲司徒、録尚書事，封平陽郡侯。猛固辭曰：「今燕、吴未平，戎車方駕，而始得一城，即受三事之賞，若克殄二寇，將何以加之？」堅曰：「苟不暫抑朕心，何以顯卿謙光之美。已詔有司權聽所守，封爵酬庸，其勉從朕命。」

秦王堅復遣王猛督鎮南將軍楊安等十將步騎六萬以伐燕。夏六月乙卯，秦王堅送王猛於灞上，曰：「今委卿以關東之任，當先破壺關，平上黨，長驅取鄴，所謂『疾雷不及掩耳』。吾當親督萬衆繼卿星發，舟車糧運，水陸俱進，卿勿以爲後慮也。」猛曰：「臣仗威靈，奉成算，盪平殘胡，如風掃葉。願不煩鑾輿親犯塵霧，但願速敕所司部置鮮卑之所。」堅大悦。

秋七月，秦王猛攻壺關，楊安攻晉陽。八月，燕主暐命太傅上庸王評將中外精兵三十萬以拒秦。暐以秦寇爲憂，召散騎侍郎李鳳、黄門侍郎梁琛、中書侍郎樂嵩問曰：「秦兵衆寡何如？今大軍既出，秦能戰乎？」鳳曰：「秦國小兵弱，非王師之敵。景略常才，又非太傅之比。不足憂也。」琛、嵩曰：「勝敗在謀，不在衆寡。秦遠來爲寇，安肯不戰？且吾當用謀以求勝，豈可冀其不戰而已乎？」暐不悦。王猛克壺關，執上黨太守南安王越，所過郡縣皆望風降附，燕人大震。

秦楊安攻晉陽，晉陽兵多糧足，久之未下。王猛留屯騎校尉苟長戍壺關，引兵助安攻晉陽，爲地道，使虎牙將軍張蚝帥壯士數百潛入城中，大呼斬關，納秦兵。辛巳，猛、安入晉陽，執燕并州刺史東海王莊。太傅評畏猛不敢進，屯於潞川。冬十月辛亥，猛留將軍武都毛當戍晉陽，進兵潞川，與慕容評相持。壬戌，猛遣將軍徐成覘燕軍形要，期以日中，及昏而返，猛怒，將斬之。鄧羌請之曰：「今賊衆我寡，詰朝將戰，成大將也，宜且宥之。」猛曰：「若不殺成，軍法不立。」羌固請曰：「成，羌之郡將也，雖違期應斬，羌願與成效戰以贖之。」猛弗聽。羌怒，還營，嚴鼓勒兵，將攻猛。猛問其故，羌曰：「受詔討遠賊，今有近賊自相殺，欲先除之。」猛謂羌義而有勇，使語之曰：「將軍止，吾今赦之。」成既免，羌詣猛謝。猛執其手曰：「吾試將軍耳。將軍於郡將尚爾，況國家乎？吾不復憂賊矣。」

太傅評以猛懸軍深入，欲以持久制之。評爲人貪鄙，鄣固山泉，鬻樵及水，積財帛如丘陵，士卒怨憤，莫有鬬志。猛聞之笑曰：「慕容評真奴才，雖億兆之衆不足畏，況數十萬乎？吾今茲破之必矣。」乃遣游擊將軍郭慶帥騎五千，夜從間道出評營後，燒評輜重，火見鄴中。燕主暐懼，遣侍中蘭伊讓評曰：「王，高祖之子也，當以宗廟社稷爲憂，奈何不撫戰士而榷賣樵水，專以殖貨爲心乎！府庫之積，朕與王共之，何憂於貧？若賊兵遂進，家國喪亡，王持錢帛，欲安所置之？」乃命悉以其錢帛散之軍士，且趨使戰。評大懼，遣使請戰於猛。

甲子，猛陳於渭源而誓之曰：「王景略受國厚恩，任兼內外。今與諸君深入賊地，當竭力致死，有進無退，共立大功，以報國家，受爵明君之朝，稱觴父母之室，不亦美乎！」衆皆踊躍，破釜棄糧，大呼競進。猛望燕兵之衆，謂鄧羌曰：「今日之事，非將軍不能破勍敵，成敗之機，在茲一舉，將軍勉之。」羌曰：「若能以司隸見與者，公勿以爲憂。」猛曰：「此非吾所及也。必以安定太守、萬户侯相處。」羌不悦而退。俄而兵交，猛召羌，羌寢弗應。猛馳就許之，羌乃大飲帳中，與張蚝、徐成等跨馬運矛，馳赴燕陳，出入數四，旁若無人，所殺傷數百。及日中，燕兵大敗，俘斬五萬餘人，乘勝追擊，所殺及降者又十萬餘人。評單騎走還鄴。

崔鴻曰：鄧羌請郡將以撓法，徇私也。勒兵欲攻王猛，無上也。臨戰豫求司隸，邀君也。有此三者，罪孰大焉。猛能容其所短，收其所長，若馴猛虎，馭悍馬，以成大功。詩云「采葑采菲，無以下體」，猛之謂矣。

秦兵長驅而東，丁卯，圍鄴。猛上疏稱：「臣以甲子之日，大殲醜類。順陛下仁愛之志，使六州士庶，不覺易主，自非守迷違命，一無所害。」秦王堅報之曰：「將軍役不踰時，而元惡克舉，勳高前古。朕今親帥六軍，星言電赴。將軍其休養將士，以待朕至，然後取之。」

猛之未至也，鄴旁剽劫公行，及猛至，遠近帖然，號令嚴明，軍無私犯，法簡政寬，燕民各安其業，更相謂曰：「不圖今日復見太原王。」猛聞之，歎曰：「慕容玄恭信奇士也，可謂古之遺愛矣。」設太牢以祭之。

十一月，秦王堅留李威輔太子守長安，陽平公融鎮洛陽，自帥精鋭十萬赴鄴。七日而至安陽，宴祖父時故老。猛潛如安陽謁堅，堅曰：「昔周亞夫不迎漢文帝，今將軍臨敵而棄軍，何也？」猛曰：「亞夫前卻人主以求名，臣竊少之。且臣奉陛下威靈，擊垂亡之虜，譬如釜中之魚，何足慮也。監國冲幼，鑾駕遠臨，脱有不虞，悔之何及！陛下忘臣灞上之言耶？」

初，燕宜都王桓帥衆萬餘屯沙亭，爲太傅評後繼，聞評敗，引兵屯内黄。堅使鄧羌攻信都。丁丑，桓帥鮮卑五千奔龍城。戊寅，燕散騎侍郎餘蔚帥扶餘、高句麗及上黨質子五百餘人，夜開鄴北門，納秦兵。燕主暐與上庸王評、樂安王臧、定襄王淵、左衛將軍孟高、殿中將軍艾朗等奔龍城。辛巳，秦王堅入鄴宮。

燕主暐之出鄴也，衞士猶千餘騎，既出城，皆散，惟十餘騎從行。秦王堅使游擊將軍郭慶追之。時道路艱難，孟高扶侍暐，經護二王，極其勤瘁。又所在遇盜，轉鬭而前。數日，行至福禄，依冢解息，盜二十餘人猝至，皆挾弓矢，高持刀與戰，殺傷數人。高力極，自度必死，乃直前抱一賊，頓擊於地，大呼曰：「男兒窮矣！」餘賊從旁射高，殺之。艾朗見高獨戰，亦還趨賊，并死。暐失馬步走，郭慶追及於高陽。部將巨武將縛之，暐曰：「汝何小人，敢縛天子。」武曰：「我受詔追賊，何謂天子？」執以詣秦王堅。堅詰其不降而走之狀，對曰：「狐死首丘，欲歸死於先人墳墓耳。」堅哀而釋之，命還宫，帥文武出降。暐稱孟高、艾朗之忠於堅，堅命厚加斂葬，拜其子爲郎中。

郭慶進至龍城，太傅評奔高句麗，高句麗執評送於秦。宜都王桓殺鎮東將軍勃海王亮，并其衆，奔遼東。遼東太守韓稠先已降秦，桓至不得入，攻之不克。郭慶遣將軍朱嶷擊之，桓棄衆單走，嶷獲而殺之。

諸州牧守及六夷渠帥盡降於秦，凡得郡百五十七，户二百四十六萬，口九百九十九萬。以燕宫人、珍寶分賜將士。下詔大赦曰：「朕以寡薄，猥承休命，不能懷遠以德，柔服四維，至使戎車屢駕，有害斯民，雖百姓之過，然亦朕之罪也。其大赦天下，與之更始。」

初，梁琛之使秦也，以侍輦苟純爲副。琛每應對，不先告純。純恨之，歸言於燕主暐曰：「琛在長安與王猛甚親善，疑有異謀。」琛又數稱秦王堅及王猛之美，且言「秦將興師，宜爲之備」。已而秦果伐燕，皆如琛言，暐乃疑琛知其情。及慕容評敗，遂收琛繫獄。秦王堅入鄴而釋之，除中書著作郎，引見，謂之曰：「卿昔言上庸王、吴王皆將相奇材，何爲不能謀畫，自使亡國？」對曰：「天命廢興，豈二人所能移也。」堅曰：「卿不能見幾而作，虚稱燕美，忠不自防，返爲身禍，可謂智乎？」對曰：「臣聞『幾者動之微，吉凶之先見者也』。如臣愚暗，實所不及。然爲臣莫如忠，爲子莫如孝，自非有一至之心者，莫能保忠孝之始終。是以古之烈士，臨危不改，見死不避，以徇君親。彼知幾者，心達安危，身擇去就，不顧家國，臣就使知之，尚不忍爲，况非所及邪。」堅聞悦綰之忠，恨不及見，拜其子爲郎中。

堅以王猛爲使持節、都督關東六州諸軍事、車騎大將軍、開府儀同三司、冀州牧，鎮鄴，進爵清河郡侯，悉以慕容評第中之物賜之。賜楊安爵博平縣侯。以鄧羌爲持節、征虜將軍、安定太守，賜爵真定郡侯；郭慶爲持節、都督幽州諸軍事、幽州刺史，鎮薊，賜爵襄城侯。其餘將士封賞各有差。堅以京兆韋鍾爲魏郡太守，彭豹爲陽平太守，其餘州縣牧守令長，皆因舊而授之。以燕常山太守申紹爲散騎侍郎，使與散騎侍郎京兆韋儒俱爲繡衣使者，循行關東州郡，觀省風俗，勸課農桑，振恤窮困，收葬死亡，旌顯節行，燕政有不便於民者，皆變除之。

十二月，秦王堅遷慕容暐及燕后妃、王公、百官并鮮卑四萬餘户于長安。

王猛表留梁琛爲主簿，領記室督。他日，猛與僚屬宴語及燕朝使者，猛曰：「人心不同。昔梁君至長安專美本朝，樂君但言桓温軍盛，郝君微説國弊。」參軍馮誕曰：「今三子皆爲國臣，敢問取臣之道何先？」猛曰：「郝君知幾爲先。」誕曰：「然則明公賞丁公而誅季布也。」猛大笑。

秦王堅自鄴如枋頭，宴父老，改枋頭爲永昌，復之終世。甲寅，至長安，封慕容暐爲新興侯，以燕故臣慕容評爲給事中，皇甫真爲奉車都尉，李洪爲駙馬都尉，皆奉朝請；李邽爲尚書，封衡爲尚書郎，慕容德爲張掖太守，燕國平叡爲宣威將軍，悉羅騰爲三署郎；其餘封授各有差。衡，裕之子也。

簡文帝咸安二年春二月，冠軍將軍慕容垂言於秦王堅曰：「臣叔父評，燕之惡來（革）〔輩〕也，不宜復污聖朝，願陛下爲燕戮之。」堅乃出評爲范陽太守，燕之諸王悉補邊郡。

臣光曰：古之人，滅人之國而人悦，何哉？爲人除害故也。彼慕容評者，蔽君專政，忌賢疾功，愚闇貪虐，以喪其國，國亡不死，逃遁見擒。秦王堅不以爲誅首，又從而寵秩之，是愛一人而不愛一國之人也，其失人心多矣。是以施恩於人而人莫之恩，盡誠於人而人莫之誠，卒於功名不遂，容身無所，由不得其道故也。

通鑑紀事本末卷第十六

慕容叛秦復燕

肥水之役　姚萇滅秦　慕容滅西燕

晉海西公太和四年。燕車騎大將軍吳王垂奔秦。初，秦王堅聞太宰恪卒，陰有圖燕之志，憚垂威名，不敢發。及聞垂至，大喜，郊迎，執手曰：「天生賢傑，必相與共成大功，此自然之數也。要當與卿共定天下，告成岱宗，然後還卿本邦，世封幽州，使卿去國不失爲子之孝，歸朕不失事君之忠，不亦美乎！」垂謝曰：「羈旅之臣，免罪爲幸，本邦之榮，非所敢望。」堅復愛世子令及慕容楷之才，皆厚禮之，賞賜鉅萬，每進見，屬目觀之。關中士民素聞垂父子名，皆嚮慕之。王猛言於堅曰：「慕容垂父子譬如龍虎，非可馴之物，若借以風雲，將不可復制，不如早除之。」堅曰：「吾方收攬英雄以清四海，奈何殺之？且其始來，吾已推誠納之矣，匹夫猶不棄言，況萬乘乎！」乃以垂爲冠軍將軍，封賓徒侯，楷爲積弩將軍。

五年。秦王猛之克壺關也，黄門侍郎封孚問司徒長史申胤曰：「事將何如？」胤歎曰：「鄴必亡矣，吾屬今兹將爲秦虜。然越得歲而吳伐之，卒受其禍。今福德在燕，秦雖得志，而燕之復建，不過一紀耳。」

初，秦王堅入鄴宮，慕容垂見燕公卿、大夫及故時僚吏，有愠色。高弼密言於垂曰：「大王憑祖宗積累之資，負英傑高世之略，遭值迍阨，棲集外邦。今雖家國傾覆，安知其不爲興運之始邪？愚謂國之舊人，宜恢江海之量，有以慰結其心，以立覆簣之基，成九仞之功，奈何以一怒捐之，愚竊爲大王不取也。」垂悦，從之。

燕故太史黄泓歎曰：「燕必中興，其在吴王乎？恨吾老，不及見耳。」汲郡趙秋曰：「天道在燕而秦滅之，不及十五年，秦必復爲燕有。」

慕容桓之子鳳，年十一，陰有復讎之志，鮮卑、丁零有氣幹者皆傾身與之交結。權翼見而謂之曰：「兒方以才望自顯，勿效爾父不識天命。」鳳厲色曰：「先王欲建忠而不遂，此乃人臣之節。君侯之言，豈獎勸將來之義乎？」翼改容謝之，言於秦王堅曰：「慕容鳳忼慨有才器，但狼子野心，恐終不爲人用耳。」

簡文帝咸安元年春正月，秦王堅徙關東豪傑及雜夷十五萬户于關中，處烏桓于馮翊、北地，丁零翟斌于新安、澠池。

孝武帝寧康元年。有彗星出于尾、箕，長十餘丈，經太微，掃東井，自四月始見，及秋冬不滅。秦太史令張孟言於秦王堅曰：「尾、箕燕分，東井秦分也。今彗起尾、箕而掃東井，十年之後，燕當滅秦，二十年之後，代當滅燕。慕容暐父子兄弟，我之仇敵，而布列朝廷，貴盛莫二，臣竊憂之，宜翦其魁傑者以消天變。」堅不聽。

陽平公融上疏曰：「東胡跨據六州，南面稱帝，陛下勞師累年，然後得之。本非慕義而來，今陛下親而幸之，使其父子兄弟森然滿朝，執權履職，勢傾勳舊。臣愚以爲狼虎之心，終不可養，星變如此，願少留意。」堅報曰：「朕方混六合爲一家，視夷狄爲赤子，汝宜息慮，勿懷耿介。夫惟修德可以禳災，苟能內求諸己，何懼外患乎？」

二年冬十二月，有人入秦明光殿大呼曰：「甲申、乙酉，魚羊食人，悲哉無復遺！」秦王堅命執之，不獲。秘書監朱肜、秘書侍郎略陽趙整固請誅諸鮮卑，堅不聽。整，宦官也，博聞强記，能屬文，好直言，上書及面諫前後五十餘事。慕容垂夫人得幸於堅，堅與之同輦遊于後庭，整歌曰：「不見雀來入燕室，但見浮雲蔽白日。」堅改容謝之，命夫人下輦。

三年夏六月，秦清河武侯王猛寢疾，秦王堅親爲之祈南、北郊及宗廟、社稷，分遣侍臣徧禱河、嶽諸神。猛疾少瘳，爲之赦殊死以下。猛上疏曰：「不圖陛下以臣之命而虧天地之德，開闢已來，未之有也。臣聞報德莫如盡言，謹以垂没之命，竊獻遺款。伏惟陛下威烈振乎八荒，聲教光乎六合，九州百郡，十居其七，平燕、定蜀，有如拾芥，夫善作者不必善成，善始者不必善終，是以古先哲王知功業之不易，戰戰兢兢，如臨深谷。伏惟陛下追蹤前聖，天下幸甚。」堅覽之悲慟。秋七月，堅親至猛第視疾，訪以後事。猛曰：「晉雖僻處江南，然正朔相承，上下安和，臣没之後，願勿以晉爲圖。鮮卑、西羌，我之仇敵，終爲人患，宜漸除之，以便社稷。」言終而卒。堅比斂，三臨哭，謂太子宏曰：「天不欲使吾平壹六合耶，何奪吾景略之速也？」葬之如漢霍光故事。

太元元年。陽平國常侍慕容紹私謂其兄楷曰：「秦恃其强大，務勝不休，北戍雲中，南守蜀、漢，轉運萬里，道殣相望，兵疲於外，民困於内，危亡近矣。冠軍叔仁智度英拔，必能恢復燕祚，吾屬但當愛身以待時耳。」

二年春，高句麗、新羅、西南夷皆遣使入貢于秦。趙故將作功曹熊邈屢爲秦王堅言石氏宫室器玩之盛，堅以邈爲將作長史，領尚方丞，大修舟艦、兵器，飾以金銀，頗極精巧。慕容農私言於慕容垂曰：「自王猛之死，秦之法制日以頹靡，今又重之以奢侈，殃將至矣，圖讖之言，行當有驗。大王宜結納英傑以承天意，時不可失也。」垂笑曰：「天下事非爾所及。」

荆州刺史桓豁表兖州刺史朱序爲梁州刺史，鎮襄陽。

秋七月丁未，以尚書僕射謝安爲司徒，安讓不拜，復加侍中、都督揚豫徐兖青五州諸軍事。丙辰，征西大將軍荆州刺史桓豁卒。冬十月辛丑，以桓冲都督江荆梁益寧交廣七州諸軍事、領荆州刺史；以冲子嗣爲江州刺史。又以五兵尚書王藴都督江南諸軍事、假節、領徐州刺史；征西司馬領南郡相謝玄爲兗州刺史、領廣陵相、監江北諸軍事。

桓冲以秦人强盛，欲移阻江南，奏自江陵徙鎮上明，使冠軍將軍劉波守江陵，諮議參軍楊亮守江夏。

王藴固讓徐州，謝安曰：「卿居后父之重，不應妄自菲薄，以虧時遇。」藴乃受命。

初，中書郎郗超自以其父愔位遇應在謝安之右，而安入掌機權，愔優遊散地，常憤邑形於辭色，由是與謝氏有隙。是時朝廷方以秦寇爲憂，詔求文武良將可以鎮禦北方者，謝安以兄子玄應詔。超聞之，歎曰：「安之明，乃能違衆舉親；玄之才，足以不負所舉。」衆咸以爲不然。超曰：「吾嘗與玄共在桓公府，見其使才，雖履屐間未嘗不得其任，是以知之。」玄募驍勇之士，得彭城劉牢之等數人。以牢之爲參軍，常領精鋭爲前鋒，戰無不捷，時號「北府兵」，敵人畏之。

三年春二月，秦王堅遣征南大將軍都督征討諸軍事守尚書令長樂公丕、武衛將軍苟萇、尚書慕容暐帥步騎七萬寇襄陽。以荆州刺史楊安帥樊鄧之衆爲前鋒，征虜將軍始平石越帥精騎一萬出魯陽關，京兆尹慕容垂、揚武將軍姚萇帥衆五萬出南鄉，領軍將軍苟池、右將軍毛當、强弩將軍王顯帥衆四萬出武當，會攻襄陽。夏四月，秦兵至沔北，梁州刺史朱序以秦無舟檝，不以爲虞。既而石越帥騎五千浮渡漢水，序惶駭，固守中城，越克其外郭，獲船百餘艘以濟餘軍。長樂公丕督諸將攻中城。序母韓氏聞秦兵將至，自登城履行，至西北隅，以爲不固，帥百餘婢及城中女丁築邪城於其内。及秦兵至，西北隅果潰，衆移守新城，襄陽人謂之夫人城。

桓沖在上明，擁衆七萬，憚秦兵之强不敢進。丕欲急攻襄陽，苟萇曰：「吾衆十倍於敵，糗糧山積，但稍遷漢、沔之民於許、洛，塞其運道，絶其援兵，譬如網中之禽，何患不獲？而多殺將士，急求成功哉！」丕從之。慕容垂拔南陽，執太守鄭裔，與丕會襄陽。

秋七月，秦兖州刺史彭超請攻沛郡太守戴逯於彭城，且曰：「願更遣重將攻淮南諸城，爲征南棊劫之勢，東西並進，丹陽不足平也。」秦王堅從之，使都督東討諸軍事。後將軍俱難、右禁將軍毛盛、洛州刺史邵保帥步騎七萬寇淮陽、盱眙。超，越之弟；保，羌之從弟也。八月，彭超攻彭城。詔右將軍毛虎生帥衆五萬鎮姑孰以禦秦兵。秦梁州刺史韋鍾圍魏興太守吉挹於西城。

冬十二月，秦御史中丞李柔劾奏：「長樂公丕等擁衆十萬，攻圍小城，日費萬金，久而無效，請徵下廷尉。」秦王堅曰：「丕等廣費無成，實宜貶戮，但師已淹時，不可虚返，其特原之，令以成功贖罪。」使黄門侍郎韋華持節切讓丕等，賜丕劍曰：「來春不捷，汝可自裁，勿復持面見吾也。」

四年春正月，秦長樂公丕等得詔惶恐，乃命諸軍并力攻襄陽。秦王堅欲自將攻襄陽，詔陽平公融以關東六州之兵會壽春，梁熙以河西之兵爲後繼。陽平公融諫曰：「陛下欲取江南，固當博謀熟慮，不可倉猝。若止取襄陽，又豈足親勞大駕乎？未有動天下之衆而爲一城者，所謂『以隨侯之珠，彈千仞之雀』也。」梁熙諫曰：「晋主之暴，未如孫皓，江山險固，易守難攻。陛下必欲廓清江表，亦不過分命將帥，引關東之兵南臨淮、泗，下梁、益之卒東出巴、峽，又何必親屈鑾輅，遠幸沮澤乎！昔漢光武誅公孫述，晋武帝擒孫皓，未聞二帝自統六師，親執枹鼓，蒙矢石也。」堅乃止。

詔冠軍將軍南郡相劉波帥衆八千救襄陽，波畏秦，不敢進。朱序屢出戰，破秦兵，引退稍遠，序不設備。二月，襄陽督護李伯護密遣其子送款於秦，請爲内應。長樂公丕命諸軍進攻之。戊午克襄陽，執朱序送長安。秦王堅以序能守節，拜度支尚書；以李伯護爲不忠，斬之。

秦將軍慕容越拔順陽，執太守譙國丁穆。堅欲官之，穆固辭不受。堅以中壘將軍梁成爲荆州刺史，配兵一萬鎮襄陽，選其才望，禮而用之。

桓冲以襄陽陷没，上疏送章、節，請解職，不許。詔免劉波官，俄復以爲冠軍將軍。

兗州刺史謝玄帥衆萬餘救彭城，軍于泗口，欲遣間使報戴逯而不可得。部曲將田泓請没水潛行趣彭城，玄遣之。泓爲秦人所獲，厚賂之，使云南軍已敗。泓僞許之，既而告城中曰：「南軍垂至，我單行來報，爲賊所得，勉之！」秦人殺之。彭超置輜重於留城，謝玄揚聲遣後軍將軍東海何謙向留城。超聞之，釋彭城圍，引兵還保輜重。戴逯帥彭城之衆隨謙奔玄，超遂據彭城，留兗州治中徐褒守之，南攻盱眙。俱難克淮陰，留邵保戍之。

夏四月，秦毛當、王顯帥衆二萬自襄陽東會俱難、彭超攻淮南。五月乙丑，難、超拔盱眙，執高密内史毛璪之。秦兵六萬圍幽州刺史田洛于三阿，去廣陵百里。朝廷大震，臨江列戍，遣征虜將軍謝石帥舟師屯涂中。石，安之弟也。

右衛將軍毛安之等帥衆四萬屯堂邑。秦毛當、毛盛帥騎二萬襲堂邑，安之等驚潰。兗州刺史謝玄自廣陵救三阿。丙子，難、超戰敗，退保盱眙。六月戊子，玄與田洛帥衆五萬進攻盱眙，難、超又敗，退屯淮陰。玄遣何謙等帥舟師乘潮而上，夜焚淮橋，邵保戰死，難、超退屯淮北。玄與何謙、戴逯、田洛共追之，戰于君川，復大破之，難、超北走，僅以身免。謝玄還廣陵，詔進號冠軍將軍，加領徐州刺史。秦王堅聞之，大怒。秋七月，檻車徵超下廷尉，超自殺。難削爵爲民。以毛當爲徐州刺史，鎮彭城；毛盛爲兗州刺史，鎮胡陸；王顯爲揚州刺史，戍下邳。

謝安爲宰相，秦人屢入寇，邊兵失利，衆心危懼，安每鎮之以和静。其爲政，務舉大綱，不爲小察。時人比安於王導，而謂其文雅過之。

五年夏五月，朝廷以秦兵之退爲謝安、桓冲之功，拜安衛將軍，與冲皆開府儀同三司。

六月，秦王堅召陽平公融爲侍中、中書監、車騎大將軍、司隸校尉、録尚書事，以征南大將軍守尚書令長樂公丕爲都督關東諸軍事、征東大將軍、冀州牧。堅以諸氐種類繁滋，秋七月，分三原、九嵕、武都、汧、雍氐十五萬户，使諸宗親各領之，散居方鎮，如古諸侯。長樂公丕領氐三千户，以仇池氐酋射聲校尉楊膺爲征東左司馬，九嵕氐酋長水校尉齊午爲右司馬，各領一千五百户，爲長樂世卿。長樂國郎中令略陽垣敞爲録事參軍，侍講扶風韋幹爲參軍事，申紹爲别駕。膺，丕之妃兄也。午，膺之妻父也。八月，分幽州置平州，以石越爲平州刺史，鎮龍城。中書令梁讜爲幽州刺史，鎮薊城。撫軍將軍毛興爲都督河秦二州諸軍事、河州刺史，鎮枹罕。長水校尉王騰爲并州刺史，鎮晉陽。河、并二州，各配氐户三千。興、騰並苻氏婚姻，氐之崇望也。平原公暉爲都督豫洛荆南兖東豫揚六州諸軍事、鎮東大將軍、豫州牧，鎮洛陽；移洛州刺史治豐陽；以鉅鹿公叡爲雍州刺史，鎮蒲坂；各配氐户三千二百。

堅送丕至灞上，諸氏別其父兄，皆慟哭，哀感路人。趙整因侍宴，援琴而歌曰：「阿得脂，阿得脂，博勞舅父是仇綏，尾長翼短不能飛。遠徙種人留鮮卑，一旦緩急當語誰？」堅笑而不納。冬十二月，秦以左將軍都貴爲荆州刺史，鎮彭城。置東豫州，以毛當爲刺史，鎮許昌。

六年春正月丁酉，以尚書謝石爲僕射。冬十一月，秦荆州刺史都貴遣其司馬閻振、中兵參軍吴仲帥衆二萬寇竟陵。桓冲遣南平太守桓石虔、衛軍參軍桓石民等，帥水陸二萬拒之。石民，石虔之弟也。十二月甲辰，石虔襲擊振、仲，大破之，振、仲退保管城。石虔進攻之，癸亥，拔管城，獲振、仲，斬首七千級，俘虜萬人。詔封桓冲子謙爲宜陽侯，以桓石虔領河東太守。

七年夏四月，秦王堅以陽平公融爲司徒，融固辭不受。堅方謀伐晉，乃以融爲征南大將軍、開府儀同三司。

秋八月，秦王堅以諫議大夫裴元略爲巴西、梓潼二郡太守，使密具舟師。

九月，桓冲使揚威將軍朱綽擊秦荆州刺史都貴于襄陽，焚踐沔北屯田，掠六百餘户而還。

冬十月，秦王堅會羣臣于太極殿，議曰：「自吾承業垂三十載，四方略定，唯東南一隅未霑王化。今略計吾士卒，可得九十七萬，吾欲自將以討之，何如？」秘書監朱彤曰：「陛下恭行天罰，必有征無戰，晋主不銜璧軍門，則走死江海，陛下返中國士民，使復其桑梓，然後回輿東巡，告成岱宗，此千載一時也。」堅喜曰：「是吾志也。」尚書左僕射權翼曰：「昔紂爲無道，三仁在朝，武王猶爲之旋師。今晋雖微弱，未有大惡，謝安、桓沖皆江表偉人，君臣輯睦，内外同心。以臣觀之，未可圖也。」堅嘿然良久曰：「諸君各言其志。」太子左衛率石越曰：「今歲鎮守斗，福德在吴，伐之必有天殃。且彼據長江之險，民爲之用，殆未可伐也。」堅曰：「昔武王伐紂，逆歲違卜，天道幽遠，未易可知。夫差、孫晧皆保據江、湖，不免於亡。今以吾之衆，投鞭於江，足斷其流，又何險之足恃乎？」對曰：「三國之君，皆淫虐無道，故敵國取之，易於拾遺。今晋雖無德，未有大罪，願陛下且案兵積穀，以待其釁。」於是羣臣各言利害，久之不決。堅曰：「此所謂築室道旁，無時可成。吾當内斷於心耳。」

羣臣皆出，獨留陽平公融，謂之曰：「自古定大事者，不過一二臣而已。今衆言紛紛，徒亂人意，吾當與汝決之。」對曰：「今伐晋有三難：天道不順，一也；晋國無釁，二也；我數戰兵疲，民有畏敵之心，三也。羣臣言晋不可伐者，皆忠臣也，願陛下聽之。」堅作色曰：「汝亦如此，吾復何望！吾强兵百萬，資仗如山。吾雖未爲令主，亦非闇劣。

乘累捷之勢，擊垂亡之國，何患不克？豈可復留此殘寇，使長爲國家之憂哉！」融泣曰：「晉未可滅，昭然甚明。今勞師大舉，恐無萬全之功。且臣之所憂，不止於此。陛下寵育鮮卑、羌、羯，布滿畿甸，此屬皆我之深仇。太子獨與弱卒數萬留守京師，臣懼有不虞之變生於腹心肘腋，不可悔也。臣之頑愚，誠不足采，王景略一時英傑，陛下常比之諸葛武侯，獨不記其臨没之言乎？」堅不聽。於是朝臣進諫者衆，堅曰：「以吾擊晉，校其强弱之勢，猶疾風之掃秋葉，而朝廷内外皆言不可，誠吾所不解也。」太子宏曰：「今歲在吴分，又晉君無罪，若大舉不捷，恐威名外挫，財力内竭，此羣下所以疑也。」堅曰：「昔吾滅燕，亦犯歲而捷，天道固難知也。秦滅六國，六國之君豈皆暴虐乎？」

冠軍、京兆尹慕容垂言於堅曰：「弱併於强，小併於大，此理勢自然，非難知也。以陛下神武應期，威加海外，虎旅百萬，韓、白滿朝，而蕞爾江南，獨違王命，豈可復留之，以遺子孫哉！詩云『謀夫孔多，是用不集』，陛下斷自聖心足矣，何必廣詢朝衆。晉武平吴，所仗者張、杜二三臣而已，若從朝衆之言，豈有混壹之功乎？」堅大悦曰：「與吾共定天下者，獨卿而已。」賜帛五百匹。

堅鋭意欲取江東，寢不能旦。陽平公融諫曰：「『知足不辱，知止不殆』，自古窮兵極武，未有不亡者。且國家本戎狄也，正朔曾不歸之。江東雖微弱僅存，然中華正統，天意必不絕之。」堅曰：「帝王曆數，豈有常邪？惟德之所在耳。劉禪豈非漢之苗裔邪？終爲魏所滅。汝所以不如吾者，正病此不達變通耳。」

堅素信重沙門道安，羣臣使道安乘間進言。十一月，堅與道安同輦遊于東苑，堅曰：「朕將與公南遊吳、越，泛長江，臨滄海，不亦樂乎？」安曰：「陛下應天御世，居中土而制四維，自足以比隆堯、舜，何必櫛風沐雨，經略遐方乎？且東南卑濕，沴氣易構，虞舜遊而不歸，大禹往而不復，何足以上勞大駕也。」堅曰：「天生烝民而樹之君，使司牧之，朕豈敢憚勞，使彼一方獨不被澤乎！必如公言，是古之帝王皆無征伐也。」道安曰：「必不得已，陛下宜駐蹕洛陽，遣使者奉尺書於前，諸將總六師於後，彼必稽首入臣，不必親涉江、淮也。」堅不聽。

堅所幸張夫人諫曰：「妾聞天地之生萬物，聖王之治天下，皆因其自然而順之，故功無不成。是以黃帝服牛乘馬，因其性也；禹濬九川，障九澤，因其勢也；后稷播殖百穀，因其時也；湯、武帥天下而攻桀、紂，因其心也：皆有因則成，無因則敗。今朝野之人皆言晉不可伐，陛下獨決意行之，妾不知陛下何所因也。書曰『天聰明自我民聰明』，天猶因民，而況人乎！妾又聞王者出師，必上觀天道，下順人心。今人心既不然矣，請驗之天道。諺云：『雞夜鳴者不利行師，犬羣嘷者宮室將空，兵動馬驚軍敗不歸。』自秋冬以來，衆雞夜鳴，羣犬哀嘷，廄馬多驚，武庫兵器自動有聲，此皆非出師之祥也。」堅曰：「軍旅之事，非婦人所當預也。」

堅幼子中山公詵最有寵，亦諫曰：「臣聞國之興亡，繫賢人之用捨。今陽平公，國之謀主，而陛下違之，晉有謝安、桓沖，而陛下伐之，臣竊惑之。」堅曰：「天下大事，孺子安知。」

八年夏五月，桓沖帥衆十萬伐秦，攻襄陽。遣前將軍劉波等攻沔北諸城。輔國將軍楊亮攻蜀，拔五城，進攻涪城。鷹揚將軍郭銓攻武當。六月，沖別將攻萬歲、筑陽，拔之。秦王堅遣征南將軍鉅鹿公叡、冠軍將軍慕容垂等帥步騎五萬救襄陽，兗州刺史張崇救武當，後將軍張蚝、步兵校尉姚萇救涪城。叡軍于新野，垂軍于鄧城。桓沖退屯沔南。秋七月，郭銓及冠軍將軍桓石虔敗張崇于武當，掠二千户以歸。鉅鹿公叡遣慕容垂爲前鋒，進臨沔水。垂夜命軍士人持十炬繫于樹枝，光照數十里。沖懼，退還上明。張蚝出斜谷，楊亮引兵還。沖表其兄子石民領襄城太守，戍夏口。沖自求領江州刺史，詔許之。

秦王堅下詔大舉入寇，民每十丁遣一兵，其良家子年二十已下有材勇者，皆拜羽林郎。又曰：「其以司馬昌明爲尚書左僕射，謝安爲吏部尚書，桓沖爲侍中；勢還不遠，可先爲起第。」良家子至者三萬餘騎，拜秦州主簿金城趙盛之爲少年都統。是時朝臣皆不欲堅行，獨慕容垂、姚萇及良家子勸之。陽平公融言於堅曰：「鮮卑、羌虜，我之仇讎，常思風塵之變以逞其志，所陳策畫，何可從也！良家少年皆富饒子弟，不閑軍旅，苟爲諂諛之言，以會陛下之意耳。今陛下信而用之，輕舉大事，臣恐功既不成，仍有後患，悔無及也。」堅不聽。

八月戊午，堅遣陽平公融督張蚝、慕容垂等步騎二十五萬爲前鋒；以兗州刺史姚萇爲龍驤將軍，督益梁州諸軍事。堅謂萇曰：「昔朕以龍驤建業，未嘗輕以授人，卿其勉之！」左將軍竇衝曰：「王者無戲言，此不祥之徵也。」堅默然。

慕容楷、慕容紹言於慕容垂曰：「主上驕矜已甚，叔父建中興之業，在此行也。」垂曰：「然。非汝，誰與成之！」

甲子，堅發長安戎卒六十餘萬，騎二十七萬，旗鼓相望，前後千里。九月，堅至項城，涼州之兵始達咸陽，蜀、漢之兵方順流而下，幽、冀之兵至于彭城，東西萬里，水陸齊進，運漕萬艘。陽平公融等兵三十萬，先至潁口。

詔以尚書僕射謝石爲征虜將軍、征討大都督，以徐兗二州刺史謝玄爲前鋒都督，與輔國將軍謝琰、西中郎將桓伊等衆共八萬拒之，使龍驤將軍胡彬以水軍五千援壽陽。琰，安之子也。

是時秦兵既盛，都下震恐。謝玄入問計於謝安，安夷然，答曰：「已別有旨。」既而寂然。玄不敢復言，乃令張玄重請。安遂命駕出遊山墅，親朋畢集，與玄圍棊賭墅。安棊常劣於玄，是日玄懼，便爲敵手而又不勝。安遂游陟，至夜乃還。桓沖深以根本爲憂，遣精鋭三千入援京師。謝安固卻之，曰：「朝廷處分已定，兵甲無闕，西藩宜留以爲防。」沖對佐吏歎曰：「謝安石有廟堂之量，不閑將略。今大敵垂至，方遊談不暇，遣諸不經事少年拒之，衆又寡弱，天下事已可知，吾其左袵矣！」

冬十月，秦陽平公融等攻壽陽，癸酉，克之，執平虜將軍徐元喜等。融以其參軍河南郭褒爲淮南太守。慕容垂拔鄖城。胡彬聞壽陽陷，退保硤石，融進攻之。秦衛將軍梁成等帥衆五萬屯于洛澗，栅淮以遏東兵。謝石、謝玄等去洛澗二十五里而軍，憚成，不敢進。胡彬糧盡，潛遣使告石等曰：「今賊盛糧盡，恐不復見大軍。」秦人獲之，送於陽平公融。融馳使白秦王堅曰：「賊少易擒，但恐逃去，宜速赴之。」堅乃留大軍於項城，引輕騎八千兼道就融於壽陽。遣尚書朱序來説謝石等以「强弱異勢，不如速降」。序私謂石等曰：「若秦百萬之衆盡至，誠難與爲敵。今乘諸軍未集，宜速擊之。若敗其前鋒，則彼已奪氣，可遂破也。」

石聞堅在壽陽，甚懼，欲不戰以老秦師。謝琰勸石從序言。十一月，謝玄遣廣陵相劉牢之帥精兵五千趣洛澗，未至十里，梁成阻澗爲陳以待之。牢之直前渡水，擊成，大破之，斬成及弋陽太守王詠。又分兵斷其歸津，秦步騎崩潰，争赴淮水，士卒死者萬五千人，執秦揚州刺史王顯等，盡收其器械軍實。於是謝石等諸軍，水陸繼進。秦王堅與陽平公融登壽陽城望之，見晉兵部陳嚴整，又望見八公山上草木皆以爲晉兵，顧謂融曰：「此亦勍敵，何謂弱也！」憮然始有懼色。

秦兵逼肥水而陳，晉兵不得渡。謝玄遣使謂陽平公融曰：「君懸軍深入，而置陳逼水，此乃持久之計，非欲速戰者也。若移陳小卻，使晉兵得渡，以決勝負，不亦善乎？」秦諸將皆曰：「我衆彼寡，不如遏之，使不得上，可以萬全。」堅曰：「但引兵少卻，使之半渡，我以鐵騎蹙而殺之，蔑不勝矣。」融亦以爲然，遂麾兵使卻。秦兵遂退，不可復止。謝玄、謝琰、桓伊等引兵渡水擊之。融馳騎略陳，欲以帥退者，馬倒，爲晉兵所殺，秦兵遂潰。玄等乘勝追擊，至于青岡，秦兵大敗，自相蹈藉而死者，蔽野塞川。其走者聞風聲鶴唳，皆以爲晉兵且至，晝夜不敢息，草行露宿，重以飢凍，死者什七八。初，秦兵小卻，朱序在陳後呼曰：「秦兵敗矣！」衆遂大奔。序因與張天錫、徐元喜皆來奔，復取壽陽，執其淮南太守郭褒。

堅中流矢，單騎走至淮北，飢甚，民有進壺飧、豚髀者，堅食之，賜綿帛。辭曰：「陛下厭苦安樂，自取危困。臣爲陛下子，陛下爲臣父，安有子飼其父而求報乎！」弗顧而去。堅謂張夫人曰：「吾今復何面目治天下乎！」潸然流涕。

是時，諸軍皆潰，惟慕容垂所將三萬人獨全，堅以千餘騎赴之。世子寶言於垂曰：「家國傾覆，天命人心皆歸至尊，但時運未至，故晦迹自藏耳。今秦主兵敗，委身於我，是天借之便以復燕祚。此時不可失也，願不以意氣微恩忘社稷之重。」垂曰：「汝言是也。然彼以赤心投命於我，若之何害之！天苟棄之，何患不亡。不若保護其危以報德，徐俟其釁而圖之，既不負宿心，且可以義取天下。」奮威將軍慕容德曰：「秦强而并燕，秦弱而圖之，此爲報仇雪恥，非負宿心也。兄奈何得而不取，釋數萬之衆以授人乎？」垂曰：「吾昔爲太傅所不容，置身無所，逃死于秦，秦主以國士遇我，恩禮備至。後復爲王猛所賣，無以自明，秦主獨能明之。此恩何可忘也！若氐運必窮，吾當懷集關東以復先業耳，關西會非吾有也。」冠軍行參軍趙秋曰：「明公當紹復燕祚，著於圖讖。今天時已至，尚復何待？若殺秦主，據鄴都，鼓行而西，三秦亦非苻氏之有也。」垂親黨多勸垂殺堅，垂皆不從，悉以兵授堅。平南將軍慕容暐屯鄖城，聞堅敗，棄其衆遁去。至滎陽，慕容德復説暐起兵以復燕祚，暐不從。

謝安得驛書，時方與客圍棊，攝書置牀上，了無喜色，圍棊如故。客問之，徐答曰：

「小兒輩遂已破賊。」既罷，還内，過户限，不覺屐齒之折。丁亥，謝石歸建康。乙未，以張天錫爲散騎常侍，朱序爲琅邪内史。

秦王堅收集離散，比至洛陽，衆十餘萬，百官、儀物、軍容粗備。慕容農謂慕容垂曰：「尊不迫人於險，其義聲足以感動天地。農聞祕記曰『燕復興當在河陽』。夫取果於未熟與自落，不過晚旬日之間，然其難易美惡，相去遠矣。」垂心善其言，行至澠池，言於堅曰：「北鄙之民，聞王師不利，輕相扇動，臣請奉詔書以鎮慰安集之，因過謁陵廟。」堅許之。權翼諫曰：「國兵新破，四方皆有離心，宜徵集名將，置之京師，以固根本，鎮枝葉。垂勇略過人，世豪東夏，頃以避禍而來，其心豈止欲作冠軍而已哉！譬如養鷹，飢則附人，每聞風飈之起，常有陵霄之志，正宜謹其絛籠，豈可解縱，任其所欲哉！」堅曰：「卿言是也，然朕已許之，匹夫猶不食言，況萬乘乎！若天命有廢興，固非智力所能移也。」翼曰：「陛下重小信而輕社稷，臣見其往而不返，關東之亂，自此始矣。」堅不聽，遣將軍李蠻、閔亮、尹國帥衆三千送垂。又遣驍騎將軍石越帥精卒三千戍鄴，驃騎將軍張蚝帥羽林五千戍并州，鎮軍將軍毛當帥衆四千戍洛陽。權翼密遣壯士邀垂於河橋南空倉中，垂疑之，自涼馬臺結草筏以渡，使典軍程同衣己衣，乘己馬，與僮僕趣河橋。伏兵發，同馳馬獲免。

十二月，秦王堅至長安，哭陽平公融而後入，謚曰哀公。大赦，復死事者家。

庚午，大赦。以謝石爲尚書令。進謝玄號前將軍，固讓不受。

慕容垂至安陽，遣參軍田山修牋於長樂公丕。丕聞垂北來，疑其欲爲亂，然猶身自迎之。趙秋勸垂於座取丕，因據鄴起兵，垂不從。丕謀襲擊垂，侍郎天水姜讓諫曰：「垂反形未著，而明公擅殺之，非臣子之義。不如待以上賓之禮，嚴兵衞之，密表情狀，聽敕而後圖之。」丕從之，館垂於鄴西。垂潛與燕之故臣謀復燕祚。會丁零翟斌起兵叛秦，謀攻豫州牧平原公暉於洛陽，秦王堅驛書使垂將兵討之。石越言於丕曰：「王師新敗，民心未安，負罪亡匿之徒，思亂者衆，故丁零一唱，旬日之中，衆已數千，此其驗也。慕容垂燕之宿望，有興復舊業之心，今復資之以兵，此爲虎傅翼也。」丕曰：「垂在鄴，如藉虎寢蛟，常恐爲肘腋之變。今遠之於外，不猶愈乎？且翟斌凶悖，必不肯爲垂下，使兩虎相斃，吾從而制之，此卞莊子之術也。」乃以羸兵二千及鎧仗之弊者給垂，又遣廣武將軍苻飛龍帥氐騎一千爲垂之副。密戒飛龍曰：「垂爲三軍之帥，卿爲謀垂之將，行矣，勉之！」

垂請入鄴城拜廟，丕弗許，乃潛服而入。亭吏禁之，垂怒，斬吏燒亭而去。石越言於丕曰：「垂敢輕侮方鎮，殺吏燒亭，反形已露，可因此除之。」丕曰：「淮南之敗，垂侍衞乘輿，此功不可忘也。」越曰：「垂尚不忠於燕，安能盡忠於我？失今不取，必爲後患。」丕不從。越退告人曰：「公父子好爲小仁，不顧大計，終當爲人擒耳。」

垂留慕容農、慕容楷、慕容紹於鄴，行至安陽之湯池，閔亮、李毗自鄴來，以丕與苻飛龍所謀告垂。垂因激怒其衆曰：「吾盡忠於苻氏，而彼專欲圖吾父子，吾雖欲已，得乎！」乃託言兵少，停河内募兵，旬日間有衆八千。

平原公暉遣使讓垂，趣使進兵。垂謂飛龍曰：「今寇賊不遠，當晝止夜行，襲其不意。」飛龍以爲然。壬午夜，垂遣世子寶將兵居前，少子隆勒兵從己，令氐兵五人爲伍。陰與寶約，聞鼓聲，前後合擊氐兵及飛龍，盡殺之，參佐家在西者皆遣還，并以書遺秦王堅，言所以殺飛龍之故。

初，垂從堅入鄴，以其子麟屢嘗告變於燕，立殺其母，然猶不忍殺麟，置之外舍，希得侍見。及殺苻飛龍，麟屢進策畫，啓發垂意，垂更奇之，寵待與諸子均矣。

慕容鳳及燕故臣之子燕郡王騰、遼西段延等聞翟斌起兵，各帥部曲歸之。平原公暉使武平武侯毛當討斌。慕容鳳曰：「鳳今將雪先王之恥，請爲將軍斬此氐奴。」乃擐甲直進，丁零之衆隨之，大敗秦兵，斬毛當，遂進攻陵雲臺戍，克之，收萬餘人甲仗。

癸未，慕容垂濟河焚橋，有衆三萬，留遼東鮮卑可足渾譚集兵於河内之沙城。垂遣田山如鄴，密告慕容農等使起兵相應。時日已暮，農與慕容楷留宿鄴中，慕容紹先出，至蒲池，盜丕駿馬數百疋以待農、楷。甲申晦，農、楷將數十騎微服出鄴，遂同奔列人。

九年春正月乙酉朔，秦長樂公丕大會賓客，請慕容農不得，始覺有變，遣人四出求之，三日，乃知其在列人，已起兵矣。

慕容鳳、王騰、段延皆勸翟斌奉慕容垂爲盟主，斌從之。垂欲襲洛陽，且未知斌之誠僞，乃拒之曰：「吾來救豫州，不來赴君。君既建大事，成亨其福，敗受其禍，吾無預焉。」丙戌，垂至洛陽，平原公暉聞其殺苻飛龍，閉門拒之。翟斌復遣長史郭通往說垂，垂猶未許。通曰：「將軍所以拒通者，豈非以翟斌兄弟山野異類，無奇才遠略，必無所成故邪？獨不念將軍今日憑之，可以濟大業乎！」垂乃許之。於是斌帥其衆來與垂會，勸垂稱尊號。垂曰：「新興侯，吾主也，當迎歸返正耳。」

垂以洛陽四面受敵，欲取鄴而據之，乃引兵而東。故扶餘王餘蔚爲滎陽太守，及昌黎鮮卑衛駒各帥其衆降垂。垂至滎陽，羣下同請上尊號，垂乃依晉中宗故事，稱大將軍、大都督、燕王，承制行事，謂之統府。羣下稱臣，文表奏諮，封拜官爵，皆如王者。以弟德爲車騎大將軍，封范陽王；兄子楷爲征西大將軍，封太原王；翟斌爲建義大將軍，封河南王；餘蔚爲征東將軍、統府左司馬，封扶餘王；衛駒爲鷹揚將軍；慕容鳳爲建策將軍。帥衆二十餘萬，自石門濟河，長驅向鄴。

慕容農之奔列人也，止於烏桓魯利家，利爲之置饌，農笑而不食。利謂其妻曰：「惡奴，郎貴人，家貧無以饌之，奈何？」妻曰：「郎有雄才大志，今無故而至，必將有異，非爲飲食來也。君亟出遠望，以備非常。」利從之。農謂利曰：「吾欲集兵列人以圖興復，卿能從我乎？」利曰：「死生唯郎是從。」農乃詣烏桓張驤，説之曰：「家王已舉大事，翟斌等咸相推奉，遠近響應，故來相告耳。」驤再拜曰：「得舊主而奉之，敢不盡死。」於是農驅列人居民爲士卒，斬桑榆爲兵，裂襜裳爲旗。使趙秋説屠各畢聰，聰與屠各卜勝、張延、李白、郭超及東夷餘和、敕勃、易陽烏桓劉大，各帥部衆數千赴之。農假張驤輔國將軍，劉大安遠將軍，魯利建威將軍。農自將攻破館陶，收其軍資器械，遣蘭汗、段讚、趙秋、慕輿悕略取康臺牧馬數千匹。汗，燕王垂之從舅；讚，聰之子也。於是步騎雲集，衆至數萬，驤等共推農爲使持節、都督河北諸軍事、驃騎大將軍，監統諸將，隨才部署，上下肅然。農以燕王垂未至，不敢封賞將士。趙秋曰：「軍無賞，士不往。今之來者，皆欲建一時之功，規萬世之利，宜承制封拜，以廣中興之基。」農從之，於是赴者相繼，垂聞而善之。農西招庫傉官偉於上黨，東引乞特歸於東阿，北召光烈將軍平叡及叡兄汝陽太守幼於燕國，偉等皆應之。又遣蘭汗等攻頓丘，克之。農號令整肅，軍無私掠，士女喜悦。

長樂公丕使石越將步騎萬餘討之。農曰：「越有智勇之名，今不南拒大軍而來此，是畏王而陵我也，必不設備，可以計取之。」衆請治列人城，農曰：「善用兵者，結士以心，不以異物。今起義兵，唯敵是求，當以山河爲城池，何列人之足治也。」辛卯，越至列人西，農使趙秋及參軍綦毋滕擊越前鋒，破之。參軍太原趙謙言於農曰：「越甲仗雖精，人心危駭，易破也，宜急擊之。」農曰：「彼甲在外，我甲在心。晝戰，則士卒見其外貌而憚之，不如待暮擊之，可以必克。」令軍士嚴備以待，毋得妄動。越立柵自固，農笑謂諸將曰：「越兵精士衆，不乘其初至之鋭以擊我，方更立柵，吾知其無能爲也。」向暮，農鼓譟出，陳于城西。牙門劉木請先攻越柵，農笑曰：「凡人見美食，誰不欲之，何得獨請！然汝猛鋭可嘉，當以先鋒惠汝。」木乃帥壯士四百騰柵而入，秦兵披靡，農督大衆隨之，大敗秦兵，斬越，送首於垂。越與毛當，皆秦之驍將也，故秦王堅使助二子鎮守；既而相繼敗没，人情騷動，所在盜賊羣起。

庚戌，燕王垂至鄴，改秦建元二十年爲燕元年，服色朝儀皆如舊章。以前岷山公庫傉官偉爲左長史，前尚書段崇爲右長史，滎陽鄭豁等爲從事中郎。慕容農引兵會垂於鄴，垂因其所稱之官而授之。立世子寶爲太子，封從弟拔等十七人及甥宇文輸、舅子蘭審皆爲王，其餘宗族及功臣封公者三十七人，侯、伯、子、男者八十九人。可足渾譚集兵得二萬餘人，攻野王，拔之，引兵會攻鄴。平幼及弟叡、規亦帥衆數萬會垂於鄴。

長樂公丕使姜讓誚讓燕王垂，且説之曰：「過而能改，今猶未晚也。」垂曰：「孤受主上不世之恩，故欲安全長樂公，使盡衆赴京師，然後修復國家之業，與秦永爲鄰好。何故闇於機運，不以鄴城見歸？若迷而不復，當窮極兵勢，恐單馬求生亦不可得也。」讓厲色責之曰：「將軍不容於家國，投命聖朝，燕之尺土，將軍豈有分乎？主上與將軍風殊類別，一見傾心，親如宗戚，寵踰勳舊，自古君臣際遇有如是之厚者乎？一旦因王師小敗，遽有異圖。長樂公，主上元子，受分陝之任，寧可束手輸將軍以百城之地乎？將軍欲裂冠毀冕，自可極其兵勢，奚更云云。但惜將軍以七十之年，懸首白旗，高世之忠，更爲逆鬼耳。」垂默然。左右請殺之，垂曰：「彼各爲其主耳，何罪？」禮而歸之，遺丕書及上秦王堅表，陳述利害，請送丕歸長安。堅及丕怒，復書切責之。

壬子，燕王垂攻鄴，拔其外郭，長樂公丕退守中城。關東六州郡縣多送任請降於燕。癸丑，垂以陳留王紹行冀州刺史，屯廣阿。

桓沖聞謝玄等有功，自以失言，慚恨成疾而卒。

二月，燕王垂引丁零、烏桓之衆二十餘萬，爲飛梯、地道以攻鄴，不拔，乃築長圍守之，分處老弱於肥鄉，築新興城以置輜重。燕范陽王德擊秦枋頭，取之，置戍而還。東胡王晏據館陶，爲鄴中聲援，鮮卑、烏桓及郡縣民據塢壁不從燕者尚衆。燕王垂遣太原王楷與鎮南將軍陳留王紹討之。楷謂紹曰：「鮮卑、烏桓及冀州之民本皆燕臣，今大業始爾，人心未洽，所以小異。唯宜綏之以德，不可震之以威。吾當止一處，爲軍聲之本，汝巡撫民夷，示以大義，彼必當聽從。」楷乃屯于辟陽。紹帥騎數百往説王晏，爲陳禍福，晏隨紹詣楷降。於是鮮卑、烏桓及塢民降者數十萬口。楷留其老弱，置守宰以撫之，發其丁壯十餘萬，與王晏詣鄴。垂大悦曰：「汝兄弟才兼文武，足以繼先王矣。」

三月，秦北地長史慕容泓聞燕王垂攻鄴，亡奔關東，收集鮮卑，衆至數千，還屯華陰，敗秦將軍强永，其衆遂盛，自稱都督陝西諸軍事、大將軍、雍州牧、濟北王。推垂爲丞相、都督陝東諸軍事、領大司馬、冀州牧、吴王。

秦王堅謂權翼曰：「不用卿言，使鮮卑至此。關東之地，吾不復與之争，將若泓何？」乃以廣平公熙爲雍州刺史，鎮蒲坂。徵雍州牧鉅鹿公叡爲都督中外諸軍事、衛大將軍、録尚書事，配兵五萬，以左將軍竇衝爲長史，龍驤將軍姚萇爲司馬，以討泓。

平陽太守慕容冲亦起兵於平陽，有衆二萬，進攻蒲坂。堅使竇衝討之。

庫傉官偉帥營部數萬至鄴，燕王垂封偉爲安定王。

秦冀州刺史阜城侯定守信都，高城男紹在其國，高邑侯亮、重合侯謨守常山，固安侯鑒守中山。燕王垂遣前將軍樂浪王温督諸軍攻信都，不克；夏四月丙辰，遣撫軍大將軍麟益兵助之。定、鑒，秦王堅之從叔；紹、謨，從弟；亮，從子也。温，燕王之弟子也。

慕容泓聞秦兵且至，懼，帥衆將奔關東。秦鉅鹿愍公叡粗猛輕敵，欲馳兵邀之。姚萇諫曰：「鮮卑皆有思歸之志，故起而爲亂，宜驅令出關，不可遏也。夫執鼷鼠之尾，猶能反噬於人，彼自知困窮，致死於我，萬一失利，悔將何及。但可鳴鼓隨之，彼將奔敗不暇矣。」叡弗從。戰于華澤，叡兵敗，爲泓所殺。萇遣龍驤長史趙都、參軍姜協詣秦王堅謝罪，堅怒殺之。萇懼，奔渭北馬牧，於是天水尹緯、尹詳、南安龐演等糾扇羌豪，帥其户口歸萇者五萬餘家，推萇爲盟主。萇自稱大將軍、大單于、萬年秦王，大赦，改元白雀。以尹詳、龐演爲左、右長史，南安姚晃及尹緯爲左、右司馬，天水狄伯支等爲從事中郎，姜訓等爲掾屬，王據等爲參軍，王欽盧、姚方成等爲將帥。

秦竇衝擊慕容冲于河東，大破之，冲帥鮮卑騎八千奔慕容泓。泓衆至十餘萬，遣使謂秦王堅曰：「吴王已定關東，可速資備大駕，奉送家兄皇帝，泓當帥關中燕人翼衛乘輿，還返鄴都，與秦以虎牢爲界，永爲鄰好。」堅大怒，召慕容暐責之曰：「今泓書如此，卿欲去者，朕當相資。卿之宗族，可謂人面獸心，不可以國士期也。」暐叩頭流血，涕泣陳謝。堅久之曰：「此自三豎所爲，非卿之過。」復其位，待之如初。命暐以書招諭泓、冲及垂。暐密遣使謂泓曰：「吾籠中之人，必無還理，且燕室之罪人也，不足復顧。汝勉建大業，以吴王爲相國，中山王爲太宰、領大司馬，汝可爲大將軍、領司徒，承制封拜，聽吾死問，汝便即尊位。」泓於是進向長安，改元燕興。

燕王垂以鄴城猶固，會寮佐議之。右司馬封衡請引漳水灌之，從之。垂行圍，因飲於華林園，秦人密出兵掩之，矢下如雨，垂幾不得出，冠軍大將軍隆將騎衝之，垂僅而得免。

五月，秦苻定、苻紹皆降於燕。燕慕容麟引兵西攻常山。後秦王萇進屯北地，秦華陰、北地、新平、安定羌胡降之者十餘萬。

六月，秦王堅自帥步騎二萬以擊後秦軍于趙氏塢，使護軍將軍楊璧等分道攻之。後秦兵屢敗，斬後秦王萇之弟鎮軍將軍尹買。後秦軍中無井，秦人塞安公谷，堰同官水以困之。後秦人恟懼，有渴死者。會天大雨，後秦營中水三尺，繞營百步之外，寸餘而已，後秦軍復振。秦王堅歎曰：「天亦佑賊乎！」

慕容泓謀臣高蓋等以泓德望不如慕容冲，且持法苛峻，乃殺泓立冲爲皇太弟，承制行事，置百官，以高蓋爲尚書令。後秦王萇遣其子嵩爲質於冲以請和。

後秦王萇帥衆七萬擊秦。秦王堅遣楊璧等拒之，爲萇所敗，獲楊璧及右將軍徐成、鎮軍將軍毛盛等將吏數十人，萇皆禮而遣之。

燕慕容麟拔常山，秦苻亮、苻謨皆降。麟進圍中山，秋七月，克之，執苻鑒。麟威聲大振，留屯中山。

秦幽州刺史王永、平州刺史苻冲帥二州之衆以擊燕。燕王垂遣寧朔將軍平規擊永，永遣昌黎太守宋敞逆戰於范陽，敞兵敗，規進據薊南。

秦平原公暉帥洛陽、陝城之衆七萬歸于長安。

秦王堅聞慕容冲去長安浸近，乃引兵歸，遣撫軍大將軍高陽公方戍驪山，拜平原公暉爲都督中外諸軍事，配兵五萬以拒冲。冲與暉戰於鄭西，大破之。堅又遣前將軍姜宇與少子河間公琳帥衆三萬拒冲於灞上，琳、宇皆敗死。冲遂據阿房城。

燕翟斌與秦長樂公丕通謀，垂殺斌，翟真奔邯鄲。事見丁零叛燕。

八月，鄴中芻糧俱盡，削松木以飼馬。燕王垂謂諸將曰：「苻丕窮寇，必無降理。不如退屯新城，開丕西歸之路，以謝秦王疇昔之恩，且爲討翟真之計。」丙寅夜，垂解圍趨新城，遣慕容農徇清河、平原，徵督租賦。農明立約束，均適有無，軍令嚴整，無所侵暴，由是穀帛屬路，軍資豐給。

秦王永求救於振威將軍劉庫仁，庫仁遣其妻兄公孫希帥騎三千救之，大破平規於薊南，乘勝長驅，進據唐城，與慕容麟相持。九月，慕容冲進逼長安，秦王堅登城觀之，歎曰：「此虜何從出哉！」大呼責冲曰：「奴何苦來送死！」冲曰：「奴厭奴苦，欲取汝爲代耳。」冲少有寵於堅，堅遣使以錦袍稱詔遺之。冲遣詹事稱皇太弟令答之曰：「孤今心在天下，豈顧一袍小惠。苟能知命，君臣束手，早送皇帝，自當寬貸苻氏以酬曩好。」堅大怒曰：「吾不用王景略、陽平公之言，使白虜敢至於此。」

冬十月，秦長樂公丕遣宦者冗從僕射清河光祚將兵數百赴中山，與燕叛將翟真相結。又遣陽平太守邵興將數千騎招集冀州故郡縣，與光祚期會襄國。是時燕軍疲弊，秦勢復振，冀州郡縣皆觀望成敗。趙郡人趙粟等起兵柏鄉以應興。燕王垂遣冠軍大將軍隆、龍驤將軍張崇將兵邀擊興，命驃騎大將軍農自清河引兵會之。隆與興戰於襄國，大破之，興走至廣阿，遇農，執之。光祚聞之，循西山走歸鄴。隆遂擊趙粟等，皆破之，冀州郡縣復從燕。

劉庫仁聞公孫希已破平規，欲大舉兵以救長樂公丕，發雁門、上谷、代郡兵屯繁畤。燕太子太保慕輿句之子文、零陵公慕輿虔之子常時在庫仁所，知三郡兵不樂遠征，因作亂，夜攻庫仁，殺之，竊其駿馬奔燕。公孫希之衆聞亂自潰。

秦長樂公丕遣光祚及參軍封孚召驃騎將軍張蚝、并州刺史王騰於晉陽以自救，蚝、騰以衆少不能赴。丕進退路窮，謀於僚佐。司馬楊膺請自歸於晉，丕未許。會謝玄遣龍驤將軍劉牢之等據碻磝，濟陽太守郭滿據滑臺，將軍顏肱、劉襲軍于河北，丕遣將軍桑據屯黎陽以拒之。〔劉襲夜襲據，走之，遂克黎陽。〕丕懼，乃遣從弟就與參軍焦逵請救於玄，致書稱「欲假途求糧，西赴國難，須援軍既接，以鄴與之。若西路不通，長安陷没，請帥所領保守鄴城」。逵與參軍姜讓密謂楊膺曰：「今喪敗如此，長安阻絶，存亡不可知。屈節竭誠以求糧援，猶懼不獲，而公豪氣不除，方設兩端，事必無成。宜正書爲表，許以王師之至，當致身南歸；如其不從，可逼縛與之。」膺自以力能制丕，乃改書而遣之。

後秦王萇聞慕容冲攻長安，會羣僚議進止，皆曰：「大王宜先取長安，建立根本，然後經營四方。」萇曰：「不然。燕人因其衆有思歸之心以起兵，若得其志，必不久留關中，吾當移屯嶺北，廣牧資實，以待秦亡燕去，然後拱手取之耳。」乃留其長子興守北地，使寧北將軍姚穆守同官川，自將其衆攻新平。

初，新平人殺其郡將，秦王堅缺其城角以恥之，新平民望深以爲病，欲立忠義以雪之。及後秦王萇至新平，新平太守南安苟輔欲降之，郡人遼西太守馮傑、蓮勺令馮羽、尚書郎趙義、汶山太守馮苗諫曰：「昔田單以一城存齊。今秦之州鎮猶連城過百，奈何遽爲叛臣乎？」輔喜曰：「此吾志也，但恐久而無救，郡人横被無辜。諸君能爾，吾豈顧生哉！」於是憑城固守。後秦爲土山地道，輔亦於内爲之，或戰地下，或戰山上，後秦之衆死者萬餘人。輔詐降以誘萇，萇將入城，覺之而返。輔伏兵邀擊，幾獲之，又殺萬餘人。

鮮卑在長安城中者猶千餘人，慕容紹之兄肅與慕容暐陰謀結鮮卑爲亂。十二月，暐白堅以其子新昏，請堅幸其家，置酒，欲伏兵殺之。堅許之，會天大雨，不果往。事覺，堅召暐及肅，肅曰：「事必洩矣，入則俱死。今城内已嚴，不如殺使者馳出，既得出門，大衆便集。」暐不從，遂俱入。堅曰：「吾相待何如，而起此意？」暐飾辭以對。肅曰：「家國事重，何論意氣！」堅先殺肅，乃殺暐及其宗族，城内鮮卑無少長、男女皆殺之。燕王垂幼子柔養於宦者宋牙家，爲牙子，故得不坐，與太子寶之子盛乘間得出，奔慕容沖。

燕王垂以秦長樂公丕猶據鄴不去，乃更引兵圍鄴，開其西走之路。焦逵見謝玄，玄欲徵丕任子然後出兵。逵固陳丕款誠，并述楊膺之意，玄乃遣劉牢之、滕恬之等帥衆二萬救鄴。丕告飢，玄水陸運米二千斛以饋之。

十年春正月，秦王堅朝饗羣臣。時長安饑，人相食，諸將歸，吐肉以飼妻子。慕容沖即皇帝位于阿房，改元更始。沖有自得之志，賞罰任情。慕容盛年十三，謂慕容柔曰：「夫十人之長，亦須才過九人，然後得安。今中山王才不逮人，功未有成，而驕汰已甚，殆難濟乎！」

後秦王萇留諸將攻新平，自引兵擊安定，擒秦安西將軍勃海公珍，嶺北諸城悉降之。

甲寅，秦王堅與西燕主沖戰于仇班渠，大破之。乙卯，戰于雀桑，又破之。甲子，戰于白渠，秦兵大敗，西燕兵圍秦王堅，殿中將軍鄧邁等力戰卻之，堅乃得免。壬申，沖遣尚書令高蓋夜襲長安，入其南城，左將軍竇衝、前禁將軍李辯等擊破之，斬首八百級，分其屍而食之。乙亥，高蓋引兵攻渭北諸壘，太子宏與戰於成貳壁，大破之，斬首三萬。二月癸未，秦王堅與西燕主沖戰于城西，大破之，追奔至阿城，諸將請乘勝入城，堅恐爲沖所掩，引兵還。

劉牢之至枋頭，楊膺、姜讓謀泄，長樂公丕收殺之，牢之聞之，盤桓不進。

秦平原悼公暉數爲西燕主沖所敗，秦王堅讓之曰：「汝，吾之才子也，擁大衆與白虜小兒戰而屢敗，何用生爲！」三月，暉憤恚自殺。

西燕主沖攻秦高陽愍公方於驪山，殺之，執秦尚書韋鍾，以其子謙爲馮翊太守，使招集三輔之民。馮翊壘主邵安民等責謙曰：「君雍州望族，今乃從賊，與之爲不忠不義，何面目以行於世乎？」謙以告鍾，鍾自殺，謙來奔。

秦左將軍苟池、右將軍俱石子與西燕主沖戰於驪山，兵敗。西燕將軍慕容永斬苟池，俱石子奔鄴。永，廆弟運之孫；石子，難之弟也。秦王堅遣領軍將軍楊定擊沖，大破之，虜鮮卑萬餘人而還，悉阬之。

三月，燕王垂攻鄴，久不下，將北詣冀州，乃命撫軍大將軍麟屯信都，樂浪王溫屯中山，召驃騎大將軍農還鄴。於是遠近聞之，以燕爲不振，頗懷去就。農至高邑，遣從事中郎眭邃近出，違期不還。長史李攀言於農曰：「邃目下參佐，敢欺罔不還，請回軍討之。」農不應，敕備假版，以邃爲高陽太守，參佐家在趙北者，悉假署遣歸。凡舉補太守三人，長史二十餘人，退謂攀曰：「君所見殊誤，當今豈可自相魚肉。俟吾北還，邃等自當迎於道左，君但觀之。」

樂浪王温在中山，兵力甚弱，丁零四布，分據諸城。温謂諸將曰：「以吾之衆，攻則不足，守則有餘。驃騎、撫軍，首尾連兵，會須滅賊，但應聚糧厲兵以俟時耳。」於是撫舊招新，勸課農桑，民歸附者相繼，郡縣壁壘争送軍糧，倉庫充溢。翟真夜襲中山，温擊破之，自是不敢復至。温乃遣兵一萬運糧以餉垂，且營中山宫室。

劉牢之攻燕黎陽太守劉撫于孫就栅，燕王垂留慕容農守鄴圍，自引兵救之。秦長樂公丕聞之，出兵乘虚夜襲燕營，農擊敗之。劉牢之與垂戰，不勝，退屯黎陽，垂復還鄴。

夏四月，劉牢之進兵至鄴，燕王垂逆戰而敗，遂撤圍，退屯新城。乙卯，自新城北遁。牢之不告秦長樂公丕，即引兵追之。丕聞之，發兵繼進。庚申，牢之追及垂於董唐淵。垂曰：「秦、晋瓦合，相待爲强，一勝則俱豪，一失則俱潰，非同心也。今兩軍相繼，勢既未合，宜急擊之。」牢之軍疾趨二百里，至五橋澤，争燕輜重，垂邀擊，大破之，斬首數千級。牢之單馬走，會秦救至，得免。

鄴中饑甚，秦長樂公丕帥衆就晉穀於枋頭。劉牢之入屯鄴城，收集亡散，兵復少振。坐軍敗，徵還。

燕、秦相持經年，幽、冀大饑，人相食，邑落蕭條。燕之軍士多餓死，燕王垂禁民養蠶，以桑椹爲軍糧。

垂將北趣中山，以驃騎大將軍農爲前驅，前所假授吏眭邃等皆來迎候，上下如初，李攀乃服農之智略。

新平糧竭矢盡，外救不至，後秦王萇使人謂苟輔曰：「吾方以義取天下，豈讎忠臣邪！卿但帥城中之人還長安，吾正欲得此城耳。」輔以爲然，帥民五千口出城，萇圍而阬之，男女無遺。獨馮傑子終得脱，奔長安。秦王堅追贈輔等官爵，皆謚曰節愍侯，以終爲新平太守。

五月，西燕主冲攻長安，秦王堅身自督戰，飛矢滿體，流血淋漓。冲縱兵暴掠，關中士民流散，道路斷絶，千里無煙。有堡壁三十餘，推平遠將軍趙敖爲主，相與結盟，冒難遣兵糧助堅，多爲西燕兵所殺。堅謂之曰：「聞來者率不善達，此誠忠臣之義。然今寇難殷繁，非一人之力所能濟也，徒相隨入虎口，何益？汝曹宜爲國自愛，畜糧厲兵，以俟天時，庶幾善不終否，有時而泰也。」

三輔之民爲冲所略者，遣人密告堅，請遣兵攻冲，欲縱火爲內應。堅曰：「甚哀諸卿忠誠。然吾猛士如虎豹，利兵如霜雪，困於烏合之虜，豈非天乎！恐徒使諸卿坐自夷滅，吾不忍也。」其人固請不已，乃遣七百騎赴之。冲營縱火者，反爲風火所燒，其得免者什一二，堅祭而哭之。

衛將軍楊定與冲戰於城西，爲冲所擒。定，秦之驍將也。堅大懼，以讖書云「帝出五將久長得」，乃留太子宏守長安，謂之曰：「天其或者欲導予出外。汝善守城，勿與賊爭利，吾當出隴收兵、運糧以給汝。」遂帥騎數百與張夫人及中山公詵、二女寶、錦出奔五將山，宣告州郡，期以孟冬救長安。

六月，秦太子宏不能守長安，將數千騎與母、妻、宗室西奔下辨。百官逃散，司隸校尉權翼等數百人奔後秦。西燕主冲入據長安，縱兵大掠，死者不可勝計。

秋七月，秦王堅至五將山，後秦王萇遣驍騎將軍吳忠帥騎圍之。秦兵皆散走，獨侍御十數人在側，堅神色自若，坐而待之，召宰人進食。俄而忠至，執之，送詣新平，幽於別室。

太子宏至下辨，南秦州刺史楊璧拒之。璧妻，堅之女順陽公主也，棄其夫從宏。宏奔武都，投氐豪强熙，假道來奔，詔處之江州。長樂公丕帥衆自枋頭將歸鄴城，龍驤將軍檀玄擊之，玄兵敗，丕復入鄴城。

八月，後秦王萇使求傳國璽於秦王堅曰：「萇次應曆數，可以爲惠。」堅瞋目叱之曰：「小羌，敢逼天子！五胡次序，無汝羌名。璽已送晉，不可得也。」萇復遣右司馬尹緯説堅，求爲禪代。堅曰：「禪代聖賢之事，姚萇叛賊，何得爲之？」堅與緯語，問緯：「在朕朝何官？」緯曰：「尚書令史。」堅歎曰：「卿王景略之儔，宰相才也，而朕不知卿，宜其亡也。」堅自以平生遇萇有恩，尤忿之，數罵萇求死，謂張夫人曰：「豈可令羌奴辱吾兒。」乃先殺寶、錦。辛丑，萇遣人縊堅於新平佛寺，張夫人、中山公詵皆自殺。後秦將士皆爲之哀慟。萇欲隱其名，謚堅曰壯烈天王。

臣光曰：論者皆以爲秦王堅之亡，由不殺慕容垂、姚萇故也，臣獨以爲不然。許劭謂魏武帝治世之能臣，亂世之姦雄。使堅治國無失其道，則垂、萇皆秦之能臣也，烏能爲亂哉？堅之所以亡，由驟勝而驕故也。魏文侯問李克，吳之所以亡，對曰：「數戰數勝。」文侯曰：「數戰數勝，國之福也，何故亡？」對曰：「數戰則民疲，數勝則主驕，以驕主御疲民，未有不亡者也。」秦王堅似之矣。

長樂公丕在鄴，將西赴長安，幽州刺史王永在壺關，遣使招丕，丕乃帥鄴中男女六萬餘口西如潞川，驃騎將軍張蚝、并州刺史王騰迎之入晉陽。王永留平州刺史苻沖守壺關，自帥騎一萬會丕于晉陽。丕始知長安不守，堅已死，乃發喪，即皇帝位。追謚堅曰宣昭皇帝，廟號世祖。大赦，改元大安。

燕王垂以魯王和爲南中郎將，鎮鄴。

九月，秦王丕以張蚝爲侍中、司空，王永爲侍中、都督中外諸軍事、車騎大將軍、尚書令，王騰爲中軍大將軍、司隸校尉，苻沖爲尚書左僕射，封西平王。又以左長史楊輔爲右僕射，右長史王亮爲護軍將軍。立妃楊氏爲皇后，子寧爲皇太子，壽爲長樂王，鏘爲平原王，懿爲勃海王，昶爲濟北王。

秦尚書令魏昌公纂自關中奔晉陽，秦主丕拜纂太尉，封東海王。

冬十月，西燕主沖遣尚書令高蓋帥衆五萬伐後秦，戰于新平南，蓋大敗，降於後秦。苻定、苻紹、苻謨、苻亮聞秦主丕即位，皆自河北遣使謝罪。中山太守王兗，本新平氐也，固守博陵，爲秦拒燕。十一月，丕以兗爲平州刺史，定爲冀州牧，紹爲冀州都督，謨爲幽州牧，亮爲幽平二州都督，並進爵郡公。左將軍竇衝據茲川，有衆數萬，與秦州刺史王統、河州刺史毛興、益州刺史王廣、南秦州刺史楊璧、衛將軍楊定皆自隴右遣使邀丕，共擊後秦。丕以定爲雍州牧，衝爲梁州牧，加統鎮西大將軍，興車騎大將軍，璧征南大將軍，並開府儀同三司，加廣安西將軍，皆進位州牧。

慕容麟攻王兗于博陵，城中糧竭矢盡，功曹張猗踰城出，聚衆以應麟。兗臨城數之曰：「卿是秦民，吾是卿君，卿起兵應賊，自號『義兵』，何名實之相違也？古人求忠臣必於孝子之門，卿母在城，棄而不顧，吾何有焉！今人取卿一切之功則可矣，寧能忘卿不忠不孝之事乎？不意中州禮義之邦，乃有如卿者也！」十二月，麟拔博陵，執兗及苻鑑，殺之。昌黎太守宋敞帥烏桓、索頭之衆救兗，不及而還。秦主丕以敞爲平州刺史。

十二月，燕王垂北如中山，謂諸將曰：「樂浪王招流散，實倉廩，外給軍糧，内營宮室，雖蕭何何以加之！」丙申，垂始定都中山。

秦苻定據信都以拒燕，燕王垂以從弟北地王精爲冀州刺史，將兵攻之。

十一年春正月，燕王垂即皇帝位。後秦王萇如安定。秦益州牧王廣自隴右引兵攻河州牧毛興於枹罕，興遣建節將軍衛平帥其宗人一千七百夜襲廣，大破之。二月，秦州牧王統遣兵助廣攻興，興嬰城自守。

燕大赦，改元建興，置公卿尚書百官，繕宗廟、社稷。

西燕主冲樂在長安，且畏燕主垂之强，不敢東歸，課農築室，爲久安之計。鮮卑咸怨之，左將軍韓延因衆心不悦，攻冲殺之，立冲將段隨爲燕王，改元昌平。

三月，西燕左僕射慕容恒、尚書慕容永襲段隨殺之，立宜都王子顗爲燕王，改元建明，帥鮮卑男女四十餘萬口去長安而東。恒弟護軍將軍韜誘顗殺之於臨晉，恒怒，捨韜去。

永與武衛將軍刁雲帥衆攻韜，韜敗，奔恒營。恒立西燕主冲之子瑶爲帝，改元建平，謚冲曰威皇帝。衆皆去瑶奔永，永執瑶，殺之，立慕容泓子忠爲帝，改元建武。忠以永爲太尉，守尚書令，封河東公。永持法寬平，鮮卑安之。至聞喜，聞燕主垂已稱尊號，不敢進，築燕熙城而居之。

鮮卑既東，長安空虛，前滎陽太守高陵趙穀等招杏城盧水胡郝奴帥户四千入于長安，渭北皆應之，以穀爲丞相。扶風王驎有衆數千，保據馬嵬，奴遣弟多攻之。夏四月，後秦王萇自安定伐之，驎奔漢中。萇執多而進，奴懼，請降，拜鎮北將軍、六谷大都督。

毛興襲擊王廣，敗之，廣奔秦州，隴西鮮卑匹蘭執廣送於後秦。興復欲攻王統於上邽，枹罕諸氐皆厭苦兵事，乃共殺興，推衛平爲河内刺史，遣使請命于秦。

秦大赦，以衛平爲撫軍將軍、河州刺史，使者没於後秦，不能達。

後秦王萇即皇帝位于長安，大赦，改元建初，國號大秦。追尊其父弋仲爲景元皇帝。立妻蚍氏爲皇后，子興爲太子。置百官。萇與羣臣宴，酒酣，言曰：「諸卿皆與朕北面秦朝，今忽爲君臣，得無恥乎？」趙遷曰：「天不恥以陛下爲子，臣等何恥爲臣。」萇大笑。

六月，西燕刁雲等殺西燕主忠，推慕容永爲使持節、大都督中外諸軍事、大將軍、大單于、雍秦梁涼四州牧、録尚書事、河東王，稱藩于燕。

燕主垂遣太原王楷、趙王麟、陳留王紹、章武王宙攻秦苻定、苻紹、苻謨、苻亮等。楷先以書與之，爲陳禍福，定等皆降。垂封定等爲侯，曰：「以酬秦主之德。」

秦主丕以都督中外諸軍事、司徒、録尚書事王永爲左丞相，太尉東海王纂爲大司馬，司空張蚝爲太尉，尚書令咸陽徐義爲司空，司隸校尉王騰爲驃騎大將軍、儀同三司。永傳檄四方公侯、牧守、壘主、民豪，共討姚萇、慕容垂，令各帥所統，以孟冬上旬會大駕于臨晉。於是天水姜延、馮翊寇明、河東王昭、新平張晏、京兆杜敏、扶風馬朗、建忠將軍高平牧官都尉扶風王敏等，咸承檄起兵，各有衆數萬，遣使詣秦，丕皆就拜將軍、郡守，封列侯。冠軍將軍鄧景擁衆五千據彭池，與竇衝爲首尾，以擊後秦。丕以景爲京兆尹。景，羌之子也。

後秦主萇徙安定五千餘户于長安。

秋七月，秦平凉太守金熙、安定都尉没奕干與後秦左將軍姚方成戰于孫丘谷，方成兵敗。後秦主萇以其弟征虜將軍緒爲司隸校尉，鎮長安，自將至安定擊熙等，大破之。金熙本東胡之種，没奕干鮮卑多蘭部帥也。

枹罕諸氐以衛平衰老，難以成功，議廢之，而憚其宗强，累日不決。氐啖青謂諸將曰：「大事宜時定，不然變生。諸君但請衛公爲會，觀我所爲。」會七夕大宴，青抽劍而前曰：「今天下大亂，吾曹休戚同之，非賢主不可以濟大事。衛公老，宜返初服，以避賢路。狄道長苻登，雖王室疏屬，志略雄明，請共立之，以赴大駕。諸君有不同者，即下異議。」乃奮劍攘袂，將斬異己者。衆皆從之，莫敢仰視。於是推登爲使持節、都督隴右諸軍事、大將軍、雍河二州牧、略陽公，帥衆五萬，東下隴，攻南安，拔之，馳使請命于秦。登，秦主丕之族子也。

八月，秦主丕以苻登爲征西大將軍、開府儀同三司、南安王，持節、州牧、都督，皆因其所稱而授之。又以徐義爲右丞相。留王騰守晋陽，右僕射楊輔戍壺關，帥衆四萬進屯平陽。

初，後秦主萇之弟碩德統所部羌居隴上，聞萇起兵，自稱征西將軍，聚衆於冀城以應之。以兄孫詳爲安遠將軍，據隴城；從孫訓爲安西將軍，據南安之赤亭，與秦秦州刺史王統相持。萇自安定引兵會碩德攻統，天水屠各、略陽羌胡應之者二萬餘户。秦略陽太守王皮降之。

九月，王統以秦州降于後秦，後秦主萇以姚碩德爲使持節、都督隴右諸軍事、秦州刺史，鎮上邽。

冬十月，西燕慕容永遣使詣秦主丕求假道東歸，丕弗許，與永戰於襄陵，秦兵大敗，左丞相王永、衛大將軍俱石子皆死。初，東海王纂自長安來，麾下壯士三千餘人，丕忌之，既敗，懼爲纂所殺，帥騎數千南奔東垣，謀襲洛陽。揚威將軍馮該自陜邀擊之，殺丕，執其太子寧、長樂王壽送建康，詔赦不誅，以付苻宏。纂與其弟尚書永平侯師奴帥秦衆數萬走據杏城，其餘王公百官皆没於永。永遂進據長子，即皇帝位，改元中興。將以秦后楊氏爲上夫人，楊氏引劍刺永，爲永所殺。

後秦主萇還安定。

秦南安王登既克南安，夷夏歸之者三萬餘户，遂進攻姚碩德于秦州，後秦主萇自往救之。登與萇戰于胡奴阜，大破之，斬首二萬餘級。將軍啖青射萇，中之。萇創重，走保上邽，姚碩德代之統衆。

十一月，秦尚書寇遺奉勃海王懿、濟北王昶自杏城奔南安，南安王登發喪行服，謚秦主丕曰哀平皇帝。登議立懿爲主，衆曰：「勃海王雖先帝之子，然年在幼冲，未堪多難。今三虜窺覦，宜立長君，非大王不可。」登乃爲壇於隴東，即皇帝位，大赦，改元太初，置百官。

慕容柔、慕容盛及盛弟會皆在長子，盛謂柔、會曰：「主上已中興幽、冀，東西未壹，吾屬居嫌疑之地，爲智爲愚，皆將不免。不若以時東歸，無爲坐待魚肉也。」遂相與亡歸燕。後歲餘，西燕主永悉誅燕主儁及燕主垂之子孫，男女無遺。

十二月，秦主登立世祖神主於軍中，載以輜軿，建黄旗青蓋，以虎賁三百人衛之，凡所欲爲，必啓主而後行。引兵五萬，東擊後秦。將士皆刻鉾、鎧爲「死」、「休」字。每戰以劍矟爲方圓大陣，知有厚薄，從中分配，故人自爲戰，所向無前。

初，長安之將敗也，中壘將軍徐嵩、屯騎校尉胡空各聚衆五千，結壘自固。既而受後秦官爵。後秦主萇以王禮葬秦主堅於二壘之間。及登至，嵩、空以衆降之。登拜嵩雍州刺史，空京兆尹，改葬堅以天子之禮。

十二年春正月，秦主登立妃毛氏爲皇后，勃海王懿爲太弟。后，興之女也。遣使拜東海王纂爲使持節、都督中外諸軍事、太師、領大司馬，封魯王；纂弟師奴爲撫軍大將軍、并州牧，封朔方公。纂怒，謂使者曰：「勃海王先帝之子也，南安王何以不立而自立乎？」長史王旅諫曰：「南安已立，理無中改。今寇虜未滅，不可宗室之中自爲仇敵也。」纂乃受命。於是盧水胡彭沛穀、屠各董成、張龍世、新平羌雷惡地等皆附於纂，有衆十餘萬。

後秦主萇徙秦州豪傑三萬户于安定。

三月，秦主登以竇衝爲南秦州牧，楊定爲益州牧，楊璧爲司空、梁州牧。

夏四月，後秦征西將軍姚碩德爲楊定所逼，退守涇陽。定與秦魯王纂共攻之，戰于涇陽，碩德大敗。後秦主萇自陰密救之，纂退屯敷陸。

燕主垂自碻磝還中山，慕容柔、慕容盛、慕容會來自長子。庚辰，垂爲之大赦。垂問盛：「長子人情如何，爲可取乎？」盛曰：「西軍擾擾，人有東歸之志，陛下唯當脩仁政以俟之耳。若大軍一臨，必投戈而來，若孝子之歸慈父也。」垂悅。癸未，封柔爲陽平王，盛爲長樂公，會爲清河公。

秋七月，秦主登軍于瓦亭。後秦主萇攻彭沛穀堡，拔之，穀奔杏城。萇還陰密，以太子興鎮長安。

八月，秦馮翊太守蘭櫝帥衆二萬自頻陽入和寧，與魯王纂謀攻長安。纂弟師奴勸纂稱尊號，纂不從。師奴殺纂而代之，櫝遂與師奴絶。西燕主永攻櫝，櫝遣使請救於秦。後秦主萇欲自救之，尚書令姚旻、左僕射尹緯曰：「苻登近在瓦亭，將乘虚襲吾後。」萇曰：「苻登衆盛，非旦夕可制。登遲重少决，必不能輕軍深入。比兩月間，吾必破賊而返，登雖至，無能爲也。」九月，萇軍于泥源。師奴逆戰，大敗，亡奔鮮卑。後秦盡收其衆，屠各董成等皆降。

秦主登進據胡空堡，戎夏歸者十餘萬。

後秦主萇進擊西燕主永於河西，永走。蘭犢復列兵拒守，萇攻之。十二月，禽犢，遂如杏城。

後秦姚方成攻秦雍州刺史徐嵩壘，拔之，執嵩而數之。嵩駡曰：「汝姚萇罪當萬死，苻黄眉欲斬之，先帝止之。授任内外，榮寵極矣。曾不如犬馬識所養之恩，親爲大逆。汝羌輩，豈可以人理期也！何不速殺我，早見先帝，取姚萇於地下治之。」方成怒，三斬嵩，悉阬其士卒，以妻子賞軍。後秦主萇掘秦主堅尸，鞭撻無數，剥衣倮形，薦之以棘，坎土而埋之。

十三年春二月，秦主登軍朝那，後秦主萇軍武都。秋七月，秦、後秦自春相持，屢戰，互有勝負，至是各解歸。關西豪桀以後秦久無成功，多去而附秦。

八月，秦主登立子崇爲皇太子。

冬十月，後秦主萇還安定。秦主登就食新平，帥衆萬餘圍萇營，四面大哭，萇命營中哭以應之，登乃退。

十四年春正月，後秦主萇以秦戰屢勝，謂得秦王堅之神助，亦於軍中立堅像而禱之，曰：「臣兄襄敕臣復讎，新平之禍，臣行襄之命，非臣罪也。苻登陛下疏屬，猶欲復讎，況臣敢忘其兄乎？且陛下命臣以龍驤建業，臣敢違之。今爲陛下立像，陛下勿追計臣過也。」秦主登升樓遥謂萇曰：「爲臣弒君，而立像求福，庸有益乎？」因大呼曰：「弒君賊姚萇，何不自出？吾與汝決之！」萇不應。久之，以戰未有利，軍中每夜數驚，乃斬像首以送秦。

夏五月，後秦主萇與秦主登戰，數敗，乃遣中軍將軍姚崇襲大界，登邀擊之於安丘，又敗之。

秋七月，秦主登攻後秦右將軍吴忠等於平涼，克之。八月，登據苟頭原以逼安定。諸將勸後秦主萇決戰，萇曰：「與窮寇競勝，兵家之忌也，吾將以計取之。」乃留尚書令姚旻守安定，夜帥騎三萬襲秦輜重于大界，克之，殺毛后及南安王弁、北海王尚，擒名將數十人，驅掠男女五萬餘口而還。毛氏美而勇，善騎射，後秦兵入其營，毛氏猶彎弓跨馬，帥壯士數百力戰，殺七百餘人，衆寡不敵，爲後秦所執。萇將納之，毛氏罵且哭曰：「姚萇，汝先已殺天子，今又欲辱皇太后，皇天后土寧汝容乎！」萇殺之。諸將欲因秦軍駭亂擊之，萇曰：「登衆雖亂，怒氣猶盛，未可輕也。」遂止。登收餘衆屯胡空堡。萇使姚碩德鎮安定，徙安定千餘家于陰密，遣其弟征南將軍靖鎮之。

秦主登之東也，後秦主萇使姚碩德置秦州守宰，以從弟常戍隴城，邢奴戍冀城，姚詳戍略陽。楊定攻隴、冀，克之，斬常，執邢奴。詳棄略陽，奔陰密。定自稱秦州牧、隴西王，秦因其所稱而授之。

冬十月，秦主登以竇衝爲大司馬、都督隴東諸軍事、雍州牧，楊定爲左丞相、都督中外諸軍事、秦梁二州牧，楊壁爲都督隴右諸軍事、南秦益二州牧，約與共攻後秦。又約監河西諸軍事并州刺史楊政、都督河東諸軍事冀州刺史楊楷，各帥其衆會長安。政、楷皆河東人，秦主丕既敗，政、楷收集流民數萬户，政據河西，楷據湖、陝之間，遣使請命於秦，登因而授之。

十二月，後秦主萇使其東門將軍任瓫詐遣使招秦主登，許開門納之。登將從之，征東將軍雷惡地將兵在外，聞之，馳騎見登，曰：「姚萇多詐，不可信也。」登乃止。萇聞惡地詣登，謂諸將曰：「此羌見登，事不成矣。」登以惡地勇略過人，陰憚之。惡地懼，降於後秦，萇以惡地爲鎮軍將軍。

十五年春正月，西燕主永引兵向洛陽，朱序自河陰北濟河，擊敗之。

三月，後秦主萇攻秦扶風太守齊益男於新羅堡，克之，益男走。秦主登攻後秦天水太守張業生於隴東，萇救之，登引去。

秋七月，馮翊人郭質起兵於廣鄉以應秦，移檄三輔曰：「姚萇凶虐，毒被神人。吾屬世蒙先帝堯、舜之仁，非常伯、納言之子，即卿校、牧守之孫也。與其含恥而存，孰若蹈道而死。」於是三輔壁壘皆應之。獨鄭縣人苟曜不從，聚衆數千，附於後秦。秦以質爲馮翊太守，後秦以曜爲豫州刺史。冬十二月，郭質及苟曜戰于鄭東，質敗，奔洛陽。

十六年春三月，秦主登自雍攻後秦安東將軍金榮于范氏堡，克之。遂渡渭水，攻京兆太守韋範于段氏堡，不克，進據曲牢。

夏四月，燕蘭汗破賀染干於牛都。

苟曜有衆一萬，密召秦主登，許爲內應。登自曲牢向繁川，軍于馬頭原。五月，後秦主萇引兵逆戰，登擊破之，斬其右將軍吳忠。萇收衆復戰，姚碩德曰：「陛下慎於輕戰，每欲以計取之，今戰失利而更前逼賊，何也？」萇曰：「登用兵遲緩，不識虛實。今輕兵直進，遥據吾東，此必苟曜豎子與之有謀也。緩之則其謀得成，故及其交之未合，急擊之，以敗散其事耳。」遂進戰，大破之，登退屯於郿。

秦兗州刺史强金槌據新平降後秦，以其子逵爲質。後秦主萇將數百騎入金槌營，羣下諫之。萇曰：「金槌既去苻登，又欲圖我，將安所歸乎？且彼初來款附，宜推心以結之，奈何復以不信疑之乎？」既而羣氏欲取萇，金槌不從。

秋七月，秦主登攻新平，後秦主萇救之，登引去。

冬十二月，秦主登攻安定，後秦主萇如陰密以拒之。謂太子興曰：「苟曜聞吾北行，必來見汝，汝執誅之。」曜果見興於長安，興使尹緯讓而誅之。萇敗登於安定城東，登退據路承堡。萇置酒高會，諸將皆曰：「若值魏武王，不令此賊至今，陛下將牢太過耳。」萇笑曰：「吾不如亡兄有四：身長八尺五寸，臂垂過膝，人望而畏之，一也；將十萬之衆，與天下争衡，望麾而進，前無横陣，二也；温古知今，講論道藝，收羅英儁，三也；董帥大衆，上下咸悦，人盡死力，四也。所以得建立功業，驅策羣賢者，正望算略中有片長耳。」羣臣咸稱萬歲。

十七年春三月，後秦主萇寢疾，命姚碩德鎮李潤，尹緯守長安，召太子興詣行營。征南將軍姚方成言於興曰：「今寇敵未滅，上復寢疾。王統等皆有部曲，終爲人患，宜盡除之。」興從之，殺王統、王廣、苻胤、徐成、毛盛。萇怒曰：「王統兄弟，吾之州里，實無他志。徐成等皆前朝名將，吾方用之，奈何輒殺之！」

秋七月，秦主登聞後秦主萇疾病，大喜，告祠世祖神主，大赦，百官進位二等，秣馬厲兵，進逼安定，去城九十餘里。八月，萇疾小瘳，出兵拒之。登引兵出營，將逆戰，萇遣安南將軍姚熙隆别攻秦營，登懼而還。萇夜引兵旁出以躡其後，旦而候騎告曰：「賊諸營已空，不知所向。」登驚曰：「彼爲何人，去令我不知，來令我不覺，謂其將死，忽然復來。朕與此羌同世，何其厄哉！」登遂還雍，萇亦還安定。

巴、蜀人在關中者皆叛後秦，據弘農以附秦。秦主登以竇衝爲左丞相，衝徙屯華陰。郗恢遣將軍趙睦守金墉，河南太守楊佺期帥衆軍湖城，擊衝，走之。

十八年夏五月，秦右丞相竇衝矜才尚人，自請封天水王，秦主登不許。六月，衝自稱秦王，改元元光。

秋七月，秦主登攻竇衝於野人堡，衝求救於後秦。尹緯言於後秦主萇曰：「太子仁厚之稱著於遠近，而英略未著，請使擊苻登以著之。」萇從之。太子興將兵攻胡空堡，登解衝圍以赴之。興因襲平涼，大獲而歸。萇使興還鎮長安。

冬十月，後秦主萇疾甚，還長安。

燕主垂議伐西燕，諸將皆曰：「永未有釁，我連年征討，士卒疲弊，未可也。」范陽王德曰：「永既國之枝葉，又僭舉位號，惑民視聽，宜先除之，以壹民心。士卒雖疲，庸得已乎！」垂曰：「司徒意正與吾同。吾比老，叩囊底智，足以取之，終不復留此賊以累子孫也。」遂戒嚴。

十一月，垂發中山步騎七萬，遣鎮西將軍丹楊王纘、龍驤將軍張崇出井陘，攻西燕武鄉公友于晉陽，征東將軍平規攻鎮東將軍段平于沙亭。西燕主永遣其尚書令刁雲、車騎將軍慕容鍾帥衆五萬守潞川。友，永之弟也。十二月，垂至鄴。

己亥，後秦主萇召太尉姚旻、僕射尹緯、姚晃、將軍姚大目、尚書狄伯支入禁中，受遺詔輔政。萇謂太子興曰：「有毁此諸公者，慎勿受之。汝撫骨肉以恩，接大臣以禮，待物以信，遇民以仁，四者不失，吾無憂矣。」姚晃垂涕問取苻登之策，萇曰：「今大業垂成，興才智足辦，奚所復問？」庚子，萇卒。興祕不發喪，以其叔父緒鎮安定，碩德鎮陰密，弟崇守長安。或謂碩德曰：「公威名素重，部曲最强，今易世之際，必爲朝廷所疑，不如且奔秦州，觀望事勢。」碩德曰：「太子志度寬明，必無他慮。今苻登未滅，而骨肉相攻，是自亡也，吾有死而已，終不爲也。」遂往見興，興優禮而遣之。興自稱大將軍，以尹緯爲長史，狄伯支爲司馬，帥衆伐秦。

十九年春正月，秦主登聞後秦主萇卒，喜曰：「姚興小兒，吾折杖笞之耳。」乃大赦，盡衆而東，留司徒安成王廣守雍，太子崇守胡空堡。

二月，燕主垂留清河公會鎮鄴，發司、冀、青、兖兵，遣太原王楷出滏口，遼西王農出壺關，垂自出沙庭，以擊西燕，標榜所趣，軍各就頓。西燕主永聞之，嚴兵分道拒守，聚糧臺壁，遣從子征東將軍小逸豆歸、鎮東將軍王次多、右將軍勒馬駒帥衆萬餘人戍之。

夏四月，秦主登自六陌趣廢橋，後秦始平太守姚詳據馬嵬堡以拒之。太子興遣尹緯將兵救詳，緯據廢橋以待秦。秦兵争水，不能得，渴死者什二三，因急攻緯。興馳遣狄伯支謂緯曰：「苻登窮寇，宜持重以挫之。」緯曰：「先帝登遐，人情擾懼，今不因思奮之力以禽敵，大事去矣。」遂與秦戰，秦兵大敗。其夜，秦衆潰，登單騎奔雍。太子崇及安成王廣聞敗，皆棄城走。登至，無所歸，乃奔平涼，收集遺衆，入馬毛山。

燕主垂頓軍鄴西南，月餘不進。西燕王永怪之，以爲太行道寬，疑垂欲詭道取之，乃悉斂諸軍屯軹關，杜太行口，惟留臺壁一軍。甲戌，垂引大軍出滏口，入天井關。五月乙酉，燕軍至臺壁，永遣從兄太尉大逸豆歸救之，平規擊破之。小逸豆歸出戰，遼西王農又擊破之。斬勒馬駒，禽王次多，遂圍臺壁。永召太行軍還，自將精兵五萬以拒之。刁雲、慕容鍾震怖，帥衆降燕，永誅其妻子。己亥，垂陳于臺壁南，遣驍騎將軍慕容國伏千騎於澗下。庚子，與永合戰，垂僞退，永衆追之，行數里，國騎從澗中出，斷其後，諸軍四面俱進，大破之，斬首八千餘級，永走歸長子。晉陽守將聞之，棄城走。丹楊王瓚等進取晉陽。

五月，後秦太子興始發喪，即皇帝位于槐里，大赦，改元皇初。遂如安定，謚後秦主萇曰武昭皇帝，廟號太祖。

六月，燕主垂進軍圍長子，西燕主永欲奔後秦。侍中蘭英曰：「昔石虎伐龍都，太祖堅守不去，卒成大燕之基。今垂七十老翁，厭苦兵革，終不能頓兵連歲以攻我也，但當城守以疲之。」永從之。

秦主登遣其子汝陰王宗爲質於河南王乾歸以請救，進封乾歸梁王，納其妹爲梁王后。乾歸遣前軍將軍乞伏益州等帥騎一萬救之。秋七月，登引兵出迎乾歸兵，後秦主興自安定如涇陽，與登戰于山南，執登，殺之。悉散其部衆，使歸農業。徙陰密三萬户於長安。以李后賜姚晃。益州等聞之，引兵還。秦太子崇奔湟中，即帝位，改元延初，謚登曰高皇帝，廟號太宗。

八月，西燕主永困急，遣其子常山公弘等求救於雍州刺史郗恢，并獻玉璽一紐。恢上書言：「垂若并永，爲患益深，不如兩存之，可以乘機雙斃。」帝以爲然，詔青兗二州刺史王恭、豫州刺史庾楷救之。楷，亮之孫也。永恐晉兵不出，又遣其太子亮來爲質，平規追亮及於高都，獲之。永又告急於魏，魏王珪遣陳留公虔、將軍庾岳帥騎五萬東渡河，屯秀容以救之。晉、魏兵皆未至，大逸豆歸等部將伐勤等開門納燕兵，燕人執永，斬之，并斬其公卿、大將刁雲、大逸豆歸等三十餘人，得永所統八郡七萬餘户及秦乘輿、服御、妓樂、珍寶甚衆。九月，垂自長子如鄴。

十月，秦主崇爲梁王乾歸所逐，奔隴西王楊定。定留司馬邵彊守秦州，帥衆二萬，與崇共攻乾歸。乾歸遣涼州牧軻彈、秦州牧益州、立義將軍詰歸帥騎三萬拒之。益州與定戰，敗於平州，軻彈、詰歸皆引退。軻彈司馬翟瑥奮劍怒曰：「主上以雄武開基，所向無敵，威振秦、蜀。將軍以宗室居元帥之任，當竭力致命以佐國家。今秦州雖敗，二軍尚全，奈何望風退衄，將何面以見主上乎？琨雖無任，獨不能以便宜斬將軍乎！」軻彈謝曰：「向者未知衆心何如耳。果能若是，吾敢愛死。」乃帥騎進戰，益州、詰歸亦勒兵繼之，大敗定兵，殺定及崇，斬首萬七千級。乾歸於是盡有隴西之地。

定無子，其叔父佛狗之子盛先守仇池，自稱征西將軍、秦州刺史、仇池公，謚定爲武王，仍遣使來稱藩。秦太子宣奔盛，盛分氐、羌爲二十部護軍，各爲鎮戍，不置郡縣。

丁零叛燕

晉〔孝〕武帝太元八年。丁零翟斌起兵叛秦，慕容鳳及燕故臣之子燕郡王騰、遼西段延等各帥部曲歸之。初，丁零翟斌世居康居，後徙中國。

九年。慕容鳳、王騰、段延皆勸翟斌奉慕容垂爲盟主，斌從之。垂至洛陽，斌帥其衆來與垂會，勸垂稱尊號。垂至滎陽，稱大將軍、大都督、燕王。承制以翟斌爲建義大將軍，封河南王。事見慕容叛秦復燕。

燕翟斌恃功驕縱，邀求無厭。又以鄴城久不下，潛有貳心。太子寶請除之，燕王垂曰：「河南之盟，不可負也。若其爲難，罪由於斌。今事未有形而殺之，人必謂我忌憚其功能。吾方收攬豪傑以隆大業，不可示人以狹，失天下之望也。藉彼有謀，吾以智防之，無能爲也。」范陽王德、陳留王紹、驃騎大將軍農皆曰：「翟斌兄弟恃功而驕，必爲國患。」垂曰：「驕則速敗，焉能爲患！彼有大功，當聽其自斃耳。」禮遇彌重。

斌諷丁零及其黨請斌爲尚書令，垂曰：「翟王之功，宜居上輔，但臺既未建，此官不可遽置耳。」斌怒，密與前秦長樂公丕通謀，使丁零決隄潰水。事覺，垂殺斌及其弟檀、敏，餘皆赦之。

斌兄子真，夜將營衆北奔邯鄲，引兵還向鄴圍，欲與丕内外相應。太子寶與冠軍大將軍隆擊破之，真還走邯鄲。太原王楷、陳留王紹言於垂曰：「丁零非有大志，但寵過爲亂耳。今急之則屯聚爲寇，緩之則自散，散而擊之，無不克矣。」垂從之。秋八月，翟真自邯鄲北走，燕王垂遣太原王楷、驃騎大將軍農帥騎追之，甲寅，及於下邑。楷欲戰，農曰：「士卒飢倦，且視賊營不見丁壯，殆有他伏。」楷不從，進戰，燕兵大敗。真北趨中山，屯于承營。冬十月，翟真在承營，與公孫希、宋敞遥相首尾。

十一月，燕慕容農自信都西擊丁零翟遼於魯口，破之。遼退屯無極，農屯藁城以逼之。遼，真之從兄也。十二月，燕慕容麟、慕容農合兵襲翟遼，大破之，遼單騎奔翟真。

十年春二月，慕容農引兵會慕容麟於中山，與共攻翟真。麟、農先帥數千騎至承營，觀察形勢。翟真望見，陳兵而出。諸將欲退，農曰：「丁零非不勁勇，而翟真懦弱。今簡精鋭，望真所在而衝之，真走，衆必散矣，乃邀門而蹙之，可盡殺也。」使驍騎將軍慕容國帥百餘騎衝之，真走，其衆争門，自相蹈藉，死者太半，遂拔承營外郭。

夏四月，翟真自承營徙屯行唐，真司馬鮮于乞殺真及諸翟自立爲趙王。營人共殺乞，立真從弟成爲主，其衆多降於燕。

閏五月庚戌，燕王垂至常山，圍翟成於行唐。命帶方王佐鎮龍城。秋七月癸酉，翟成長史鮮于得斬成出降，垂屠行唐，盡阬成衆。

十一年。鮮于乞之殺翟真也，翟遼奔黎陽，黎陽太守滕恬之甚愛信之。恬之喜畋獵，不愛士卒，遼潛施姦惠以收衆心。恬之南攻鹿鳴城，遼於後閉門拒之，恬之東奔鄄城，遼追執之，遂據黎陽。豫州刺史朱序遣將軍秦膺、童斌與淮、泗諸郡共討之。春三月，泰山太守張願以郡叛降翟遼。秋八月，翟遼寇譙，朱序擊走之。

十二年春正月，翟遼遣其子釗寇陳、潁，朱序遣將軍秦膺擊走之。夏四月，高平人翟暢執太守徐含遠，以郡降翟遼。燕主垂謂諸將曰：「遼以一城之衆，返覆（二）〔三〕國之間，不可不討。」五月，以章武王宙監中外諸軍事，輔太子寶守中山。垂自帥諸將南攻遼，以太原王楷爲前鋒都督。遼衆皆燕、趙之人，聞楷至，皆曰：「太原王子，吾之父母也。」

相帥歸之。遼懼，遣使請降。垂以遼爲徐州牧，封河南公。前至黎陽，受降而還。井陘人賈鮑招引北山丁零翟遥等五千餘人，夜襲中山，陷其外郭。章武王宙以奇兵出其外，太子寶鼓譟於内，合擊，大破之，盡俘其衆，唯遥、鮑單馬走免。冬十月，翟遼復叛燕，遣兵與王祖、張申寇抄清河、平原。

十三年春二月，翟遼遣司馬眭瓊詣燕謝罪，燕主垂以其數反覆，斬瓊以絶之。遼乃自稱魏天王，改元建光，置百官。夏五月，翟遼徙屯滑臺。

十四年夏四月，翟遼寇滎陽，執太守張卓。冬十月，燕樂浪悼王温爲冀州刺史，翟遼遣丁零故堤詐降於温，爲温帳下。乙酉，刺温，殺之，并其長史司馬驅，帥守兵二百户奔西燕。遼西王農邀擊於襄國，盡獲之，惟堤走免。

十五年秋八月，劉牢之擊翟釗於鄄城，釗走河北。又敗翟遼於滑臺，張願來降。

十六年冬十月，翟遼卒，子釗代立，改元定鼎。攻燕鄴城，燕遼西王農卻之。

十七年春二月壬寅，燕主垂自魯口如河間、勃海、平原。翟釗遣其將翟都侵館陶，屯蘇康壘。三月，垂引兵南擊釗。燕主垂進逼蘇康壘。夏四月，翟都南走滑臺，翟釗求救於西燕。西燕主永謀於羣臣，尚書郎勃海鮑遵曰：「使兩寇相弊，吾承其後，此卞莊子之策也。」中書侍郎太原張騰曰：「垂强釗弱，何弊之承？不如速救之，以成鼎足之勢。今我引兵趨中山，晝多疑兵，夜多火炬，垂必懼而自救。我衝其前，釗躡其後，此天授之機，不可失也。」永不從。

六月，燕主垂軍黎陽，臨河欲濟，翟釗列兵南岸以拒之。辛亥，垂徙營就西津，去黎陽西四十里，爲牛皮船百餘艘，僞列兵仗，泝流而上。釗亟引兵趣西津，垂潛遣中壘將軍桂林王鎮等自黎陽津夜濟，營于河南，比明而營成。釗聞之，亟還，攻鎮等營，垂命鎮等堅壁勿戰。釗兵往來疲暍，攻營不能拔，將引去。鎮等引兵出戰，驃騎將軍農自西津濟，與鎮等夾擊，大破之。釗走還滑臺，將妻子，收遺衆，北濟河，登白鹿山，憑險自守，燕兵不得進。農曰：「釗無糧，不能久居山中。」乃引兵還，留騎候之。釗果下山，還兵掩擊，盡獲其衆，釗單騎奔長子。西燕主永以釗爲車騎大將軍、兗州牧，封東郡王。歲餘，釗謀反，永殺之。

初，郝晷、崔逞及清河崔宏、新興張卓、遼東夔騰、陽平路纂皆仕於秦，避秦亂來奔，詔以爲冀州諸郡，各將部曲營於河南。既而受翟氏官爵，翟氏敗，皆降於燕，燕主垂各隨其材而用之。釗所統七郡三萬餘户，皆按堵如故。以章武王宙爲兗豫二州刺史，鎮滑臺。徙徐州民七千餘户于黎陽，以彭城王脱爲徐州刺史，鎮黎陽。脱，垂之弟子也。垂以崔蔭爲宙司馬。

初，陳留王紹爲鎮南將軍，太原王楷爲征西將軍，樂浪王温爲征東將軍，垂皆以蔭爲之佐。蔭才幹明敏强正，善規諫，四王皆嚴憚之；所至簡刑法，輕賦役，流民歸之，户口滋息。

秋七月，以太原王楷爲冀州牧，右光禄大夫餘蔚爲左僕射。

拓跋興魏

魏元皇帝景元二年。鮮卑索頭部大人拓跋力微始遣其子沙漠汗入貢，因留爲質。力微之先，世居北荒，不交南夏。至可汗毛，始强大，統國三十六，大姓九十九。後五世至可汗推寅，南遷大澤。又七世至可汗鄰，使其兄弟七人及族人乙旃氏車焜氏分統部衆爲十族。鄰老，以位授其子詰汾，使南遷遂居匈奴故地。詰汾卒，力微立，復徙居定襄之盛樂，部衆浸盛，諸部皆畏服之。

晋武帝泰始三年。遣鮮卑拓跋沙漠汗歸其國。

咸寧元年夏六月，鮮卑拓跋力微復遣其子沙漠汗入貢，將還，幽州刺史衛瓘表請留之，又密以金賂其諸部大人離間之。

三年冬十二月，衛瓘遣拓跋沙漠汗歸國。自沙漠汗入質，力微可汗諸子在側者多有寵。及沙漠汗歸，諸部大人共譖而殺之。既而力微疾篤，烏桓王庫賢親近用事，受衛瓘賂，欲擾動諸部，乃礪斧於庭，謂諸大人曰：「可汗恨汝曹讒殺太子，欲盡收汝曹長子殺之。」諸大人懼，皆散走。力微以憂卒，時年一百。四子悉禄立，其國遂衰。初，幽、并二州皆與鮮卑接，東有務桓，西有力微，多爲邊患。衛瓘密以計間之，務桓降而力微死，朝廷嘉瓘功，封其弟爲亭侯。

太康七年。鮮卑拓跋悉鹿卒，弟綽立。

惠帝元康三年夏六月，拓跋綽卒，弟子弗立。

四年。拓跋弗卒，叔父禄官立。

五年冬十二月，拓跋禄官分其國爲三部：一居上(俗)〔谷〕之北，濡源之西，自統之；一居代郡參合陂之北，使兄沙漠汗之子猗㐌統之；一居定襄之盛樂故城，使猗㐌弟猗盧統之。猗盧善用兵，西擊匈奴、烏桓諸部，皆破之。代人衛操與從子雄及同郡箕澹往依拓跋氏，説猗㐌、猗盧招納晋人。猗㐌悦之，任以國事，晋人附者稍衆。

七年秋九月，拓跋猗㐌度漠北巡，因西略諸國，積五歲，降附者三十餘國。

永興元年秋七月，東嬴公騰乞師於拓跋猗㐌，以擊劉淵，猗㐌與弟猗盧合兵擊淵於西河，破之，與騰盟于汾東而還。

二年夏六月，漢王淵攻東嬴公騰，騰復乞師於拓跋猗㐌，衞操勸猗㐌助之。猗㐌帥輕騎數千救騰，斬漢將綦毋豚。詔假猗㐌大單于，加操右將軍。甲申，猗㐌卒，子普根代立。

懷帝永嘉元年。拓跋禄官卒，弟猗盧總攝三部。

四年冬十月，劉琨之討劉虎、白部也，遣使卑辭厚禮説鮮卑拓跋猗盧以請兵。猗盧使其弟弗之子鬱律帥騎二萬助之，遂破劉虎、白部，屠其營。琨與猗盧結爲兄弟，表猗盧爲大單于，以代郡封之爲代公。猗盧以封邑去國懸遠，民不相接，乃帥部落萬餘家自雲中入雁門，從琨求陘北之地。琨不能制，且欲倚之爲援，乃徙樓煩、馬邑、陰館、繁畤、崞五縣民於陘南，以其地與猗盧，由是猗盧益盛。

五年。劉琨遣子遵請兵於代公猗盧，猗盧遣其子六脩將兵助琨，戍新興。事見石勒寇河朔。

六年。漢靳冲等攻劉琨於晉陽，猗盧遣兵救琨，擊走之。劉粲等復攻晉陽，拔之。猗盧自將破粲等，琨復入晉陽。事並見西晋之亂。

愍帝建興元年。代公猗盧城盛樂，以爲北都，治故平城爲南都。又作新平城於灅水之陽，使右賢王六脩鎮之，統領南部。

三年春二月，詔進拓跋猗盧爵爲代王，置官屬，食代、常山二郡。猗盧請并州從事雁門莫含於劉琨，琨遣之。含不欲行，琨曰：「以并州單弱，吾之不材而能自存於胡羯之間者，代王之力也。吾傾身竭貲，以長子爲質而奉之者，庶幾爲朝廷雪大恥也。卿欲爲忠臣，奈何惜共事之小誠，而忘徇國之大節乎？往事代王，爲之腹心，乃一州之所賴也。」含遂行。猗盧甚重之，常與參大計。猗盧用法嚴，國人犯法者或舉部就誅，老幼相攜而行，人問何之，曰：「往就死。」無一人敢逃匿者。

四年。初，代王猗盧愛其少子比延，欲以爲嗣，使長子六脩出居新平城，而黜其母。六脩有駿馬，日行五百里，猗盧奪之，以與比延。六脩來朝，猗盧使拜比延，六脩不從。猗盧乃坐比延於其步輦，使人導從出遊，六脩望見，以爲猗盧，伏謁路左，至，乃比延，六脩慚怒而去。猗盧召之不至，大怒，帥衆討之，爲六脩所敗。猗盧微服逃民間，有賤婦人識之，遂爲六脩所弒。拓跋普根先守外境，聞難來赴，攻六脩，滅之。

普根代立，國中大亂，新舊猜嫌，迭相誅滅。左將軍衛雄、信義將軍箕澹，久佐猗盧，爲衆所附，謀歸劉琨，乃言於衆曰：「聞舊人忌新人悍戰，欲盡殺之，將奈何？」晉人及烏桓皆驚懼，曰：「死生隨二將軍。」乃與琨質子遵帥晉人及烏桓三萬家，馬牛羊十萬頭歸于琨。琨大喜，親詣平城撫納之，琨兵由是復振。

夏四月，普根卒，其子始生，普根母惟氏立之。十二月，拓跋普根之子又卒，國人立其從父鬱律。

元帝大興元年夏六月，劉虎自朔方侵拓跋鬱律西部。秋七月，鬱律擊虎，大破之，虎走出塞，從弟路孤帥其部落降于鬱律。於是鬱律西取烏孫故地，東兼勿吉以西，士馬精强，雄於北方。

四年。拓跋猗㐌妻惟氏忌代王鬱律之强，恐不利於其子，乃殺鬱律而立其子賀傉，大人死者數十人。鬱律之子什翼犍幼在襁褓，其母王氏匿於袴中，祝之曰：「天苟存汝，則勿啼。」久之，不啼，乃得免。惟氏專制國政，遣使聘後趙，後趙人謂之「女國使」。

明帝大寧二年。代王賀傉始親國政，以諸部多未服，乃築城於東木根山，徙居之。

三年十二月，代王賀傉卒，弟紇那立。

成帝咸和二年。代王鬱律之子翳槐居於其舅賀蘭部，紇那遣使求之，賀蘭大人藹頭擁護不遣。紇那與宇文部共擊藹頭，不克。

四年。賀蘭部及諸大人共立拓跋翳槐爲代王，代王紇那奔宇文部。翳槐遣其弟什翼犍質於趙以請和。

咸康三年。趙將李穆納拓跋翳槐于大寧，其故部落多歸之。代王紇那奔燕，國人復奉翳槐爲代王，翳槐城盛樂而居之。

四年。代王翳槐之弟什翼犍質於趙，翳槐疾病，命諸大人立之。翳槐卒，諸大人梁蓋等以新有大故，什翼犍在遠，來未可必，比其至，恐有變亂，謀更立君。而翳槐次弟屈，剛猛多詐，不如屈弟孤仁厚，乃相與殺屈而立孤。孤不可，自詣鄴迎什翼犍，請身留爲質，趙王虎義而俱遣之。十一月，什翼犍即代王位於繁畤北，改元曰建國，分國之半以與孤。

初，代王猗盧既卒，國多内難，部落離散，拓跋氏寖衰。及什翼犍立，雄勇有智略，能修祖業，國人附之。始置百官，分掌衆務。以代人燕鳳爲長史，許謙爲郎中令。始制反逆、殺人、姦盜之法，號令明白，政事清簡，無繫訊連逮之煩。百姓安之。於是東自濊貊，西及破落那，南距陰山，北盡沙漠，率皆歸服，有衆數十萬人。

五年五月，代王什翼犍會諸大人於參合陂，議都灅源川。其母王氏曰：「吾自先世以來，以遷徙爲業。今國家多難，若城郭而居，一旦寇來，無所避之。」乃止。代人謂他國之民來附者皆爲烏桓，什翼犍分之爲二部，各置大人以監之，弟孤監其北，子寔君監其南。

什翼犍求昏於燕，燕王皝以其妹妻之。

六年春三月，代王什翼犍始都雲中之盛樂宮。

七年秋九月，代王什翼犍築盛樂城於故城南八里。代王妃慕容氏卒。冬十月，匈奴劉虎寇代西部，代王什翼犍遣軍逆擊，大破之。虎卒，子務桓立，遣使求和於代，什翼犍以女妻之。務桓又朝貢於趙，趙以務桓爲平北將軍、左賢王。

康帝建元元年。代王什翼犍復求婚於燕，燕王皝使納馬千匹爲禮，什翼犍不與，又倨慢無子壻禮。八月，皝遣世子儁帥前軍師評等擊代。什翼犍帥衆避去，燕人無所見而還。

二年春正月，代王什翼犍遣其大人長孫秩迎婦於燕。

穆帝永和十二年春正月，匈奴大人劉務桓卒，弟閼頭立，將貳於代。二月，代王什翼犍引兵西巡，臨河，閼頭懼，請降。

升平二年冬十二月，匈奴劉閼頭部落多叛，懼而東走，乘冰渡河，半度而冰解，後衆盡歸劉悉勿祈，閼頭奔代。悉勿祈，務桓之子也。

三年夏四月，匈奴劉悉勿祈卒，弟衛辰殺其子而代之。

四年。匈奴劉衛辰遣使降秦，請田內地，春來秋返。秦王堅許之。夏四月，雲中護軍賈雍遣司馬徐贇帥騎襲之，大獲而還。堅怒曰：「朕方以恩信懷戎狄，而汝貪小利以敗之，何也！」黜雍以白衣領職，遣使還其所獲，慰撫之。衛辰於是入居塞內，貢獻相尋。六月，代王什翼犍妃慕容氏卒。秋七月，劉衛辰如代會葬，因求婚，什翼犍以女妻之。

五年春正月，劉衛辰掠秦邊民五十餘口爲奴婢以獻於秦，秦王堅責之，使歸所掠。衛辰由是叛秦，專附於代。

哀帝興寧三年。劉衛辰復叛代，代王什翼犍東渡河擊走之。

海西公太和元年。代王什翼犍遣左長史燕鳳入貢于秦。

二年冬十月，代王什翼犍擊劉衛辰，河冰未合，什翼犍命以葦絙約流澌。俄而冰合，然猶未堅，乃散葦於其上，冰草相結，有如浮梁，代兵乘之以渡。衛辰不意兵猝至，與宗族西走，什翼犍收其部落什六七而還。衛辰奔秦，秦王堅送衛辰還朔方，遣兵戍之。

簡文帝咸安元年春三月，代將長孫斤謀弒代王什翼犍，世子寔格之，傷脇，遂執斤殺之。夏五月，代世子寔病傷而卒。秋七月，代世子寔娶東部大人賀野干之女，有遺腹子，甲戌，生男，代王什翼犍爲之赦境内，名曰涉圭。

〔孝〕武帝寧康元年夏，代王什翼犍使燕鳳入貢于秦。

二年。代王什翼犍擊劉衛辰南走。

太元元年冬十月，劉衛辰爲代所逼，求救於秦。秦王堅以幽州刺史行唐公洛爲北討大都督，帥幽、冀兵十萬擊代，使并州刺史俱難、鎮軍將軍鄧羌、尚書趙遷、李柔、前將軍朱彤、前禁將軍張蚝、右禁將軍郭慶帥步騎二十萬東出和龍，西出上郡，皆與洛會，以衛辰爲鄉道。十一月，代王什翼犍使白部、獨孤部南禦秦兵，皆不勝，又使南部大人劉庫仁將十萬騎禦之。庫仁者，衛辰之族。什翼犍之甥也。與秦戰，戰於石子嶺，庫仁大敗。什翼犍病，不能自將，乃帥諸部奔陰山之北。高車雜種盡叛，四面寇鈔，不得芻牧，什翼犍復度漠南。聞秦兵稍退，十二月，什翼犍還雲中。

初，什翼犍分國之半以授弟孤，孤卒，子斤失職怨望。世子寔及弟翰早卒，寔子珪尚幼，慕容妃之子閼婆、壽鳩、紇根、地干、力真、窟咄皆長，繼嗣未定。時秦兵尚在君子津，諸子每夜執兵警衛。斤因説什翼犍之庶長子寔君曰：「王將立慕容妃之子，欲先殺汝，故頃來諸子每夜戎服，以兵遶廬帳，伺便將發耳。」寔君信之，遂殺諸弟，並弒什翼犍。是夜諸子婦及部人奔告秦軍，秦李柔、張蚝勒兵趨雲中，部衆逃潰，國中大亂。珪母賀氏以珪走依賀訥。訥，野干之子也。

秦王堅召代長史燕鳳，問代所以亂故，鳳具以狀對。堅曰：「天下之惡一也。」乃執寔君及斤至長安，車裂之。堅欲遷珪於長安，鳳固請曰：「代王初亡，羣下叛散，遺孫沖幼，莫相統攝。其別部大人劉庫仁勇而有智，鐵弗衛辰狡猾多變，皆不可獨任。宜分諸部爲二，令此兩人統之，兩人素有深讎，其勢莫敢先發。俟其孫稍長，引而立之，是陛下有存亡繼絶之德於代，使其子子孫孫永爲不侵不叛之臣，此安邊之良策也。」堅從之。分代民爲二部，自河以東屬庫仁，自河以西屬衛辰，各拜官爵，使統其衆。賀氏以珪歸獨孤部，與南部大人長孫嵩、元佗等皆依庫仁。行唐公洛以什翼犍子窟咄年長，遷之長安。劉庫仁招撫離散，恩信甚著，奉事拓跋珪，恩勤周備，不以廢興易意。常謂諸子曰：「此兒有高天下之志，必能恢隆祖業，汝曹當謹遇之。」秦王堅賞其功，加廣武將軍，給幢麾鼓蓋。劉衛辰恥在庫仁之下，怒殺秦五原太守而叛。庫仁擊衛辰，破之，追至陰山西北千餘里，獲其妻子。又西擊庫狄部，徙其部落，置之桑乾川。久之，堅以衛辰爲西單于，督攝河西雜類，屯代來城。

九年冬十月，燕太子太保慕輿句之子文、零陵公慕輿虔之子常攻殺劉庫仁，庫仁弟頭眷代領庫仁部衆。

十年秋八月，鮮卑劉頭眷擊破賀蘭部於善無，又破柔然於意親山。頭眷子羅辰言於頭眷曰：「比來行兵，所向無敵，然心腹之疾，願早圖之。」頭眷曰：「誰也？」羅辰曰：「從兄顯，忍人也，必將爲亂。」頭眷不聽。顯，庫仁之子也。頃之，顯果殺頭眷自立。又將殺拓跋珪，顯弟亢泥妻，珪之姑也，以告珪母賀氏。顯謀主梁六眷，代王什翼犍之甥也，亦使其部人穆崇、奚牧密告珪，且以其愛妻、駿馬付崇曰：「事泄，當以此自明。」賀氏夜飲顯酒，令醉，使珪陰與舊臣長孫犍、元佗、羅結輕騎亡去。向晨，賀氏故驚廄中羣馬，使顯起視之。賀氏哭曰：「吾子適在此，今皆不見，汝等誰殺之邪？」顯以故不急追，珪遂奔賀蘭部，依其舅賀訥。訥驚喜曰：「復國之後，當念老臣。」珪笑曰：「誠如舅言，不敢忘也。」

顯疑梁六眷泄其謀，將囚之。穆崇宣言曰：「六眷不顧恩義，助顯爲逆，我掠得其妻、馬，足以解忿。」顯乃捨之。賀氏從弟外朝大人賀悦舉所部以奉珪。顯怒，將殺賀氏，賀氏奔亢遲家，匿神車中三日，亢遲舉家爲之請，乃得免。

故南部大人長孫嵩帥所部七百餘家叛顯，將奔五原。時拓跋寔君之子渥亦聚衆自立，嵩欲歸之。烏渥謂嵩曰：「逆父之子，不足從也，不如歸珪。」嵩從之。久之，劉顯所部有亂，故中部大人庾和辰奉賀氏奔珪。

賀訥弟染干以珪得衆心，忌之，使其黨侯引七突殺珪。代人尉古真知之，以告珪，侯引七突不敢發。染干疑古真泄其謀，執而訊之，以兩車軸夾其頭，傷一目，不伏，乃免之。染干遂舉兵圍珪，賀氏出謂染干曰：「汝等欲於何置我，而殺吾子乎？」染干慚而去。

冬十二月，拓跋珪從曾祖紇羅與其弟建及諸部大人共請賀訥推珪爲主。

十一年春正月戊申，拓跋珪大會於牛川，即代王位，改元登國。以長孫嵩爲南部大人，叔孫普洛爲北部大人，分治其衆。以上谷張兖爲左長史，許謙爲右司馬，廣寧王建、代人和跋、叔孫建、庾岳等爲外朝大人，奚牧爲治民長，皆掌宿衛及參軍國謀議。長孫道生、賀毗等侍從左右，出納教命。王建娶代王什翼犍之女。岳，和辰之弟。道生，嵩之從子也。二月，代王珪徙居定襄之盛樂，務農息民，國人悦之。

三月，劉顯自善無南走馬邑，其族人奴真帥所部降於代。奴真有兄犍，先居賀蘭部，奴真言於代王珪，請召犍，而以所部讓之，珪許之。犍既領部，遣弟去斤遺賀訥金馬。賀染干謂去斤曰：「我待汝兄弟厚，汝今領部，宜來從我。」去斤許之。奴真怒曰：「我祖父以來，世爲代忠臣，故我以部讓汝等，欲爲義也。今汝等無狀，乃謀叛國，義於何在！」遂殺犍及去斤。染干聞之，引兵攻奴真，奴真奔代。珪遣使責染干，染干乃止。

夏四月，代王珪初改稱魏王。魏王珪東如陵石，護佛侯部帥侯辰、乙佛部帥代題皆叛走。諸將請追之，珪曰：「侯辰等累世服役，有罪且當忍之。方今國家草創，人情未壹，愚者固宜前卻，不足追也。」秋七月己酉，魏王珪還盛樂，代題復以部落來降，十餘日又奔劉顯。珪使其孫倍斤代領其衆。劉顯弟肺泥帥衆降魏。

初，秦滅代，遷代王什翼犍少子窟咄于長安，從慕容永東徙，（九）〔永〕以窟咄爲新興太守。劉顯遣其弟亢涅迎窟咄，以兵隨之，逼魏南境，諸部騷動。魏王珪左右于桓等與部人謀執珪以應窟咄，幢將代人莫題等亦潛與窟咄交通。桓舅穆崇告之，珪誅桓等五人，莫題等七姓悉原不問。珪懼内難，北踰陰山，復依賀蘭部，遣外朝大人遼東安同求救於燕，燕主垂遣趙王麟救之。

冬十月，燕趙王麟軍未至魏，拓拔窟咄稍前逼魏王珪，賀染干侵魏北部以應之。魏衆驚擾，北部大人叔孫普洛亡奔劉衛辰。麟聞之，遽遣安同等歸魏。人知燕軍在近，衆心少安。窟咄進屯高柳，珪引兵與麟會，擊之，窟咄大敗，奔劉衛辰，衛辰殺之。珪悉收其衆，以代人庫狄干爲北部大人。麟引兵還中山。劉衛辰居朔方，士馬甚盛。後秦主萇以衛辰爲大將軍、大單于、河西王、幽州牧，西燕主永以衛辰爲大將軍、朔州牧。十二月，燕主垂以魏王珪爲西單于，封上谷王，珪不受。

十二年。劉顯地廣兵强，雄於北方。會其兄弟乖爭，魏長史張衮言於魏王珪曰：「顯志在并吞，今不乘其内潰而取之，必爲後患。然吾不能獨克，請與燕共攻之。」珪從之，復遣安同乞師於燕。

秋七月，劉衛辰獻馬於燕，劉顯掠之。燕主垂怒，遣太原王楷將兵助趙王麟擊顯，大破之，顯奔馬邑西山。魏王珪引兵會麟擊顯於彌澤，又破之，顯奔西燕。麟悉收其部衆，獲馬牛羊以千萬數。

十三年。魏王珪破庫莫奚於弱落水南。秋七月，庫莫奚復襲魏營，珪又破之。庫莫奚者，本屬宇文部，與契丹同類而異種，其先皆爲燕王皝所破，徙居松漠之間。

十四年春正月甲寅，魏王珪襲高車，破之。二月癸巳，魏王珪擊吐突鄰部於女水，大破之，盡徙其部落而還。

十五年夏四月丙寅，魏王珪會燕趙王麟於意辛山，擊賀蘭、紇突鄰、紇奚三部，破之，紇突鄰、紇奚皆降於魏。秋七月，劉衛辰遣子直力鞮攻賀蘭部，賀訥困急，請降於魏。丙子，魏王珪引兵救之，直力鞮退。珪徙訥部落，處之東境。

十六年冬十月，劉衛辰遣子直力鞮帥衆八九萬攻魏南部。十一月己卯，魏王珪引兵五六千人拒之，壬午，大破直力鞮於鐵岐山南，直力鞮單騎走。乘勝追之，戊子，自五原金津南濟河，徑入衛辰國，衛辰部落駭亂。辛卯，珪直抵其所居悅跋城，衛辰父子出走。壬辰，分遣諸將輕騎追之，將軍伊謂禽直力鞮於木根山，衛辰爲其部下所殺。十二月，珪軍于鹽池，誅衛辰宗黨五千餘人，皆投尸于河。自河以南諸部悉降，獲馬三十餘萬匹，牛羊四百餘萬頭，國用由是遂饒。

衛辰少子勃勃亡奔薛干部，珪使人求之。薛干部帥太悉伏出勃勃以示使者曰：「勃勃國破家亡，以窮歸我，我寧與之俱亡，何忍執以與魏。」乃送勃勃於沒弈干，沒弈干以女妻之。

十八年秋七月，魏王珪以薛干太悉伏不送劉勃勃，八月，襲其城，屠之，太悉伏奔秦。

二十一年秋七月，魏羣臣勸魏王珪稱尊號，珪始建天子旌旗，出警入蹕，改元皇始。

安帝隆安二年夏六月丙子，魏王珪命羣臣議國號，皆曰：「周、秦以前，皆自諸侯升爲天子，因以其國爲天下號。漢氏以來，皆無尺土之資。我國家百世相承，開基代北，遂撫有方夏，今宜以代爲號。」黄門侍郎崔宏曰：「昔商人不常厥居，故兩稱殷、商。代雖舊邦，其命惟新，登國之初，已更曰魏。夫魏者，大名，神州之上國也，宜稱魏如故。」珪從之。

秋七月，魏王珪遷都平城，始營宫室，建宗廟，立社稷。宗廟歲五祭，用分、至及臘。

魏王珪命有司正封畿，標道里，平權衡，審度量。遣使循行郡國，舉奏守宰不法者，親考察黜陟之。

冬十一月辛亥，魏王珪命尚書吏部郎鄧淵立官制，協音律，儀曹郎清河董謐制禮儀，三公郎王德定律命，太史令鼂崇考天象，吏部尚書崔宏總而裁之，以爲永式。淵，羌之孫也。

十二月己丑，魏王珪即皇帝位，大赦，改元天興。命朝野皆束髮加帽。追尊遠祖毛以下二十七人皆爲皇帝，謚六世祖力微曰神元皇帝，廟號始祖；祖什翼犍曰昭成皇帝，廟號高祖；父寔曰獻明皇帝。魏之舊俗，孟夏祀天及東廟，季夏帥衆卻霜於陰山，孟秋祀天於西郊。至是始依倣古制，定郊廟朝饗禮樂，然惟孟夏祀天親行，其餘多有司攝事。又用崔宏議，自謂黄帝之後，以土德王。徙六州二十二郡守宰、豪傑二千家于代都，東至代郡，西及善無，南極陰館，北盡參合，皆爲畿内，其外四方、四維置八部帥以監之。

魏伐後燕

慕容德據廣固附

晉〔孝〕武帝太元十三年。魏王珪密有圖燕之志，遣九原公儀奉使至中山。燕主垂詰之曰：「魏王何以不自來？」儀曰：「先王與燕並事晉室，世爲兄弟，臣今奉使，於理未失。」垂曰：「吾今威加四海，豈得以昔日爲比？」儀曰：「燕若不脩德禮，欲以兵威自强，此乃將帥之事，非使臣所知也。」儀還言於珪曰：「燕主衰老，太子闇弱，范陽王自負材氣，非少主臣也。燕主既没，内難必作，於時乃可圖也，今則未可。」珪善之。儀，珪母弟翰之子也。

十六年春正月，賀染干謀殺其兄訥，訥知之，舉兵相攻。魏王珪告于燕，請爲鄉導以討之。二月甲戌，燕主垂遣趙王麟將兵擊訥。夏六月甲辰，燕趙王麟破賀訥於赤城，禽之，降其部落數萬。燕主垂命麟歸訥部落，徙染干於中山。麟歸，言於垂曰：「臣觀拓跋珪舉動，終爲國患，不若攝之還朝，使其弟監國事。」垂不從。秋七月，魏王珪遣其弟觚獻見於燕。燕主垂衰老，子弟用事，留觚以求良馬。魏王珪弗與，遂與燕絶，使長史張袞求好於西燕。觚逃歸，燕太子寶追獲之，垂待之如初。

二十年。魏王珪叛燕，侵逼附塞諸部。夏五月甲戌，燕主垂遣太子寶、遼西王農、趙王麟帥衆八萬自五原伐魏，范陽王德、陳留王紹别將步騎萬八千爲後繼。散騎常侍高湖諫曰：「魏與燕世爲昏姻，彼有内難，燕實存之，其施德厚矣，結好久矣。間以求馬不獲而留其弟，曲在於我，奈何遽興兵擊之？拓跋涉圭沈勇有謀，幼歷艱難，兵精馬强，未易輕也。皇太子富於春秋，志果氣鋭，今委之專征，必小魏而易之，萬一不如所欲，傷威毁重。願陛下深圖之。」言頗激切，垂怒，免湖官。湖，泰之子也。

秋七月，魏張衮聞燕軍將至，言於魏王珪曰：「燕狃於滑臺、長子之捷，竭國之資力以來，有輕我之心，宜羸形以驕之，乃可克也。」珪從之，悉徙部落畜産，西渡河千餘里以避之。燕軍至五原，降魏别部三萬餘家，收穄田百餘萬斛，置黑城，進軍臨河，造船爲濟具。珪遣右司馬許謙乞師於秦。

八月，魏王珪治兵河南，九月，進軍臨河。燕太子寶列兵將濟，暴風起，漂其船數十艘泊南岸。魏獲其甲士三百餘人，皆釋而遣之。

寶之發中山也，燕主垂已有疾，既至五原，珪使人邀中山之路，伺其使者，盡執之。寶等數月不聞垂起居，珪使所執使者臨河告之曰：「若父已死，何不早歸？」寶等憂恐，士卒駭動。

珪使陳留公虔將五萬騎屯河東，東平公儀將十萬騎屯河北，略陽公遵將七萬騎塞燕軍之南。遵，壽鳩之子也。秦主興遣楊佛嵩將兵救魏。

燕術士靳安言於太子寶曰：「天時不利，燕必大敗，速去可免。」寶不聽。安退告人曰：「吾輩皆當棄尸草野，不得歸矣。」

燕、魏相持積旬，趙王麟將慕輿嵩等以垂爲實死，謀作亂，奉麟爲主。事泄，嵩等皆死。寶、麟等内自疑。冬十月辛未，燒船夜遁。時河冰未結，寶以魏兵必不能渡，不設斥候。十一月己卯，暴風，冰合，魏王珪引兵濟河，留輜重，選精鋭二萬餘騎急追之。

燕軍至參合陂，有大風，黑氣如堤，自軍後來，臨覆軍上。沙門支曇猛言於寶曰：「風氣暴迅，魏兵將至之候，宜遣兵禦之。」寶以去魏軍已遠，笑而不應。曇猛固請不已，麟怒曰：「以殿下神武，師徒之盛，足以横行沙漠，索虜何敢遠來。而曇猛妄言驚衆，當斬以徇。」曇猛泣曰：「苻氏以百萬之師敗於淮南，正由恃衆輕敵，不信天道故也。」司徒德勸寶從曇猛言，寶乃遣麟帥騎三萬居軍後以備非常。麟以曇猛爲妄，縱騎遊獵，不肯設備。寶遣騎還詗魏兵，騎行十餘里，即解鞍寢。

魏軍晨夜兼行，乙酉暮，至參合陂西。燕軍在陂東，營於蟠羊山南水上。魏王珪夜部分諸將，掩覆燕軍，士卒銜枚束馬口潛進。丙戌，日出，魏軍登山，下臨燕營，燕軍將東引，顧見之，士卒大驚擾亂。珪縱兵擊之，燕兵走赴水，人馬相騰躡，壓溺死者以萬數。略陽公遵以兵邀擊其前，燕兵四五萬人，一時放仗斂手就禽，其遺迸去者不過數千人，太子寶等皆單騎僅免。殺燕右僕射陳留悼王紹，生禽魯陽王倭奴、桂林王道成、濟陰公尹國等文武將吏數千人，兵甲、糧貨以鉅萬計。道成，垂之弟子也。

魏王珪擇燕臣之有才用者代郡太守廣川賈閏、閏從弟驃騎長史昌黎太守彝、太史郎遼東晁崇等留之，其餘欲悉給衣糧遣還，以招懷中州之人。中部大人王建曰：「燕衆强盛，今傾國而來，我幸而大捷，不如悉殺之，則其國空虛，取之爲易。且獲寇而縱之，無乃不可乎？」乃盡阬之。十二月，珪還雲中之盛樂。

燕太子寶恥於參合之敗，請更擊魏。司徒德言於燕主垂曰：「虜以參合之捷，有輕太子之心，宜及陛下神略以服之，不然將爲後患。」垂乃以清河公會録留臺事、領幽州刺史，代高陽王隆鎮龍城，以陽城王蘭汗爲北中郎將，代長樂公盛鎮薊，命隆、盛悉引其精兵還中山，期以明年火舉擊魏。

二十一年春正月，燕高陽王隆引龍城之甲入中山，軍容精整，燕人之氣稍振。三月庚子，燕主垂留范陽王德守中山，引兵密發，踰青嶺，經天門，鑿山通道，出魏不意，直指雲中。魏陳留公虔帥部落三萬餘家鎮平城。垂至獵嶺，以遼西王農、高陽王隆爲前鋒以襲之。是時燕兵新敗，皆畏魏，惟龍城兵勇鋭争先。虔素不設備，閏月乙卯，燕軍至平城，虔乃覺之，帥麾下出戰，敗死，燕軍盡收其部落。魏王珪震怖欲走，諸部聞虔死，皆有貳心，珪不知所適。

垂之過參合陂也，見積骸如山，爲之設祭，軍士皆慟哭，聲震山谷。垂慚憤嘔血，由是發疾，乘馬輿而進，頓平城西北三十里。太子寶等聞之，皆引還。燕軍叛者奔告於魏，云「垂已死，輿尸在軍。」魏王珪欲追之，聞平城已没，乃引還陰山。

垂在平城積十日，疾轉篤，乃築燕昌城而還。夏四月癸未，卒於上谷之沮陽，祕不發喪。丙申，至中山。戊戌，發喪，謚曰成武皇帝，廟號世祖。壬寅，太子寶即位，大赦，改元永康。

五月辛亥，以范陽王德爲都督冀兖青徐荆豫六州諸軍事、車騎大將軍、冀州牧，鎮鄴；遼西王農爲都督并雍益梁秦凉六州諸軍事、并州牧，鎮晉陽。又以安定王庫傉官偉爲太師，夫餘王蔚爲太傅。甲寅，以趙王麟領尚書左僕射，高陽王隆領右僕射，長樂公盛爲司隸校尉，宜都王鳳爲冀州刺史。

初，燕主垂先段后生子令、寶，後段后生子朗、鑒，愛諸姬子麟、農、隆、柔、熙。寶初爲太子，有美稱，已而荒怠，中外失望。後段后嘗言於垂曰：「太子遭承平之世，足爲守成之主。今國步艱難，恐非濟世之才。遼西、高陽二王，陛下之賢子，宜擇一人付以大業。趙王麟姦詐强愎，異日必爲國家之患，宜早圖之。」寶善事垂左右，左右多譽之，故垂以爲賢，謂段氏曰：「汝欲使我爲晉獻公乎？」段氏泣而退，告其妹范陽王妃曰：「太子不才，天下所知。吾爲社稷言之，主上乃以吾爲驪姬，何其苦哉！觀太子必喪社稷，范陽王有非常器度，若燕祚未盡，其在王乎？」寶及麟聞而恨之。

乙丑，寶使麟謂段氏曰：「后常謂主上不能守大業，今竟能不？宜早自裁，以全段宗。」段氏怒曰：「汝兄弟不難逼殺其母，況能守先業乎！吾豈愛死，但念國亡不久耳。」遂自殺。寶議以「段后謀廢嫡統，無母后之道，不宜成喪」。羣臣咸以爲然。中書令眭邃颺言於朝曰：「子無廢母之義。漢安思閻后親廢順帝，猶得配饗太廟，況先后曖昧之言，虚實未可知乎？」乃成喪。

夏六月癸酉，魏王珪遣將軍王建等擊燕廣寧太守劉亢泥，斬之，徙其部落於平城。燕上谷太守開封公詳棄郡走。詳，皝之曾孫也。

燕主寶定士族舊籍，分辨清濁，校閲户口，罷軍營封蔭之户，悉屬郡縣。由是士民嗟怨，始有離心。

上谷張恂勸珪進取中原，珪善之。

燕遼西王農悉將部曲數萬口之并州。并州素乏儲偫，是歲早霜，民不得供其食。又遣諸部護軍分監諸胡。由是民夷俱怨，潛召魏軍。八月己亥，魏王珪大舉伐燕，步騎四十餘萬南出馬邑，踰句注，旌旗二千餘里，鼓行而進。左將軍雁門李栗將五萬騎爲前驅，別遣將軍封真等從東道出軍都，襲燕幽州。

燕征北大將軍、幽平二州牧、清河公會母賤，而年長，雄俊有器藝，燕主垂愛之。寶之伐魏也，垂命會攝東宮事、總録，禮遇一如太子。及垂伐魏，命會鎮龍城，委以東北之任，國官府佐，皆選一時才望。垂疾篤，遺言命寶以會爲嗣。而寶愛少子濮陽公策，意不在會。長樂公盛與會同年，恥爲之下，乃與趙王麟共勸寶立策，寶從之。乙亥，立妃段氏爲皇后，策爲皇太子，會、盛皆進爵爲王。策年十一，素惷弱，會聞之，心愠懟。

九月，章武王宙奉燕主垂及成哀段后之喪葬于龍城宣平陵，寶詔宙悉徙高陽王隆參佐、部曲、家屬還中山，會違詔，多留部曲不遣。宙年長屬尊，會每事陵侮之，見者皆知其有異志。

戊午，魏軍至陽曲，乘西山，臨晉陽，遣騎環城大譟而去。燕遼西王農出戰，大敗，奔還晉陽，司馬慕輿嵩閉門拒之。農將妻子帥數千騎東走，魏中領將軍長孫肥追之，及於潞川，獲農妻子。燕軍盡没，農被創，獨與三騎逃歸中山。

魏王珪遂取并州。初建臺省，置刺史、太守、尚書郎以下官，悉用儒生爲之。士大夫詣軍門者，無少長，皆引入存慰，使人人盡言，少有才用，咸加擢叙。己未，遣輔國將軍奚收略地汾川，獲燕丹楊王買得及離石護軍高秀和。以中書侍郎張恂等爲諸郡太守，招撫離散，勸課農桑。

燕主寶聞魏軍將至，議于東堂。中山尹苻謨曰：「今魏軍衆强，千里遠鬬，乘勝氣鋭，若縱之使入平土，不可敵也，宜杜險以拒之。」中書令眭邃曰：「魏多騎兵，往來剽速，馬上齎糧，不過旬日。宜令郡縣聚民千家爲一堡，深溝高壘，清野以待之，彼至無所掠，不過六旬，食盡自退。」尚書封懿曰：「今魏兵數十萬，天下之勍敵也。民雖築堡，不足以自固，是聚兵及糧以資之也。且動摇民心，示之以弱，不如阻關拒戰，計之上也。」趙王麟曰：「魏今乘勝氣鋭，其鋒不可當，宜完守中山，待其弊而乘之。」於是修城、積粟，爲持久之備。命遼西王農出屯安喜，軍事動静，悉以委麟。

冬十月，魏王珪使冠軍將軍代人于栗磾、寧朔將軍公孫蘭，帥步騎二萬，潛自晋陽開韓信故道。己酉，珪自井陘趨中山。李先降魏，珪以爲征東左長史。

魏王珪進攻常山，拔之，獲太守苟延。自常山以東守宰，或走或降，諸郡縣皆附於魏，惟中山、鄴、信都三城爲燕守。十一月，珪命東平公儀將五萬騎攻鄴，冠軍將軍王建、左將軍李栗攻信都。戊午，珪進軍中山，己未，攻之。燕高陽王隆守南郭，帥衆力戰，自旦至晡，殺傷數千人，魏兵乃退。珪謂諸將曰：「中山城固，寶必不肯出戰。急攻則傷士，久圍則費糧，不如先取鄴、信都，然後圖之。」丁卯，珪引兵而南。

章武王宙自龍城還，聞有魏寇，馳入薊，與鎮北將軍陽城王蘭乘城固守。蘭，垂之從弟也。魏別將石河頭攻之，不克，退屯漁陽。

珪軍于魯口，博陵太守申永奔河南，高陽太守崔宏奔海渚。珪素聞宏名，遣吏追求，獲之，以爲黃門侍郎，與給事黃門侍郎張衮對掌機要，創立制度。博陵令屈遵降魏，珪以爲中書令，出納號令，兼總文誥。

燕范陽王德使南安王青等夜擊魏軍於鄴下，破之，魏軍退屯新城。青等請追擊之，別駕韓諱曰：「古人先計而後戰。魏軍不可擊者四：懸軍遠客，利在野戰，一也；深入近畿，頓兵死地，二也；前鋒既敗，後陣方固，三也；彼衆我寡，四也。官軍不宜動者三：自戰其地，一也；動而不勝，衆心難固，二也；城隍未修，敵來無備，三也。今魏無資糧，不如深壘固軍以老之。」德從之，召青還。青，詳之兄也。

十二月，魏遼西公賀賴盧帥騎二萬會東平公儀攻鄴。賴盧，訥之弟也。

魏別部大人沒根有膽勇，魏王珪惡之。沒根懼誅，己丑，將親兵數十人降燕，燕主寶以爲鎮東大將軍，封雁門公。沒根效其號令，夜入魏營，至中仗，珪乃覺之，狼狽驚走。沒根以所從人少，不能壞其大衆，多獲首虜而還。

安帝隆安元年春正月，燕范陽王德求救於秦，秦兵不出，鄴中恟懼。賀賴盧自以魏王珪之舅，不受東平公儀節度，由是與儀有隙。儀司馬丁建陰與德通，從而構間之，射書入城中，言其狀。甲辰，風霾，晝晦，賴盧營有火，建言於儀曰：「賴盧燒營爲變矣。」儀以爲然，引兵退。賴盧聞之，亦退。建帥其衆詣德降，且言儀師老，可擊。德遣桂陽王鎮、南安王青帥騎七千追擊魏軍，大破之。燕主寶使左衛將軍慕輿騰攻博陵，殺魏所置守宰王建等。

攻信都六十餘日不下，士卒多死，庚申，魏王珪自攻信都。壬戌夜，燕宜都王鳳踰城奔中山。癸亥，信都降魏。

燕主寶聞魏王珪攻信都，出屯深澤，遣趙王麟攻楊城，殺守兵三百。寶悉出珍寶及宮人募郡縣羣盜以擊魏。

二月己巳朔，珪還屯楊城。沒根兄子醜提爲并州監軍，聞其叔父降燕，懼誅，帥所部兵還國作亂。珪欲北還，遣其國相涉延求和於燕，且請以其弟爲質。寶聞魏有内難，不許，使冗從僕射蘭真責珪負恩，悉發其衆步卒十二萬，騎三萬七千屯於曲陽之柏肆，營於滹沱水北以邀之。丁丑，魏軍至，營於水南，寶潛師夜濟，募勇敢萬餘人襲魏營，寶陳於營北以爲之援。募兵因風縱火，急擊魏軍，魏軍大亂，珪驚起，棄營跣走。燕將軍乞特真帥百餘人至其帳下，得珪衣韡。既而募兵無故自驚，互相斫射，珪於營外望見之，乃擊鼓收衆，左右及中軍將士稍稍來集，多布火炬於營外，縱騎衝之，募兵大敗，還赴寶陳。寶引兵復渡水北。戊寅，魏整衆而至，與燕相持，燕軍奪氣。寶引還中山，魏兵隨而擊之，燕兵屢敗。寶懼，棄大軍，帥騎二萬奔還，時大風雪，凍死者相枕。寶恐爲魏軍所及，命士卒皆棄袍仗、兵器數十萬，寸刃不返。燕之朝臣將卒降魏及爲魏所係虜者甚衆。

先是，張衮嘗爲魏王珪言燕秘書監崔逞之材，珪得之，甚喜，以逞爲尚書，使録三十六曹，任以政事。

己卯夜，燕尚書郎慕輿皓謀弑燕主寶，立趙王麟，不克，斬關出奔魏。麟由是不自安。

初，燕清河王會聞魏軍東下，表求赴難，燕主寶許之。會初無去意，使征南將軍庫傉官偉、建威將軍餘崇將兵五千爲前鋒。崇，嵩之子也。偉等頓盧龍近百日，無食，噉馬牛且盡，會不發。寶怒，累詔切責。會不得已，以治行簡練爲名，復留月餘。時道路不通，偉欲使輕軍前行通道，偵魏强弱，且張聲勢。諸將皆畏避不欲行。餘崇奮曰：「今巨寇滔天，京都危逼，匹夫猶思致命以救君父，諸君荷國寵任，而更惜生乎？若社稷傾覆，臣節不立，死有餘辱。諸君安居於此，崇請當之。」偉喜，簡給步騎數百人。崇進至漁陽，遇魏千餘騎。崇謂其衆曰：「彼衆我寡，不擊則不得免。」乃鼓譟直進，崇手殺十餘人。魏騎潰去，崇亦引還，斬首獲生，具言敵中闊狹，衆心稍振。會乃上道徐進，是月始達薊城。

魏圍中山既久，城中將士皆思出戰。征北大將軍隆言於寶曰：「涉圭雖屢獲小利，然頓兵經年，凶勢沮屈，士馬死傷太半，人心思歸，諸部離解，正是可破之時也。加之舉城思奮，若因我之銳，乘彼之衰，往無不克。如其持重不決，將卒氣喪，日益困逼，事久變生，後雖欲用之，不可得也。」寶然之。而衛大將軍麟每沮其議，隆成列而罷者，前後數四。

寶使人請於魏王珪，欲還其弟觚，割常山以西皆與魏以求和。珪許之。既而寶悔之。己酉，珪如盧奴，辛亥，復圍中山。燕將士數千人俱自請於寶曰：「今坐守窮城，終於困弊。臣等願得一出樂戰，而陛下每抑之，此爲坐自摧敗也。且受圍歷時，無他奇變，徒望積久寇賊自退。今内外之勢，强弱懸絶，彼必不自退明矣。宜從衆一决。」寶許之。隆退而勒兵，召諸參佐謂之曰：「皇威不振，寇賊内侮，臣子同耻，義不願生。今幸而破賊，吉還固善，若其不幸，亦使吾志節獲展。卿等有北見吾母者，爲吾道此情也。」乃被甲上馬，詣門俟命。麟復固止。寶衆大忿恨，隆涕泣而還。

是夜，麟以兵劫左衛將軍北地王精，使帥禁兵弑寶。精以義拒之，麟怒，殺精出奔西山，依丁零餘衆。於是城中人情震駭。

寶不知麟所之，以清河王會軍在近，恐麟奪會軍，先據龍城，乃召隆及驃騎大將軍農謀去中山，走保龍城。隆曰：「先帝櫛風沐雨以成中興之業，崩未期年而天下大壞，豈得不謂之孤負邪？今外寇方盛而内難復起，骨肉乖離，百姓疑懼，誠不可以拒敵，北遷舊都，亦事之宜然。龍川地狹民貧，若以中國之意取足其中，復朝夕望有大功，此必不可。若節用愛民，務農訓兵，數年之中，公私充實，而趙、魏之間，厭苦寇暴，民思燕德，庶幾返旆，克復故業。如其未能，則憑險自固，猶足以優遊養鋭耳。」寶曰：「卿言盡理，朕一從卿意耳。」

遼東高撫善卜筮，素爲隆所信厚，私謂隆曰：「殿下北行，終不能達，太妃亦不可得見。若使主上獨往，殿下潛留於此，必有大功。」隆曰：「國有大難，主上蒙塵，且老母在北，吾得北首而死，猶無所恨，卿是何言也！」乃遍召僚佐，問其去留，唯司馬魯恭、參軍成岌願從，餘皆欲留，隆並聽之。

農部將谷會歸説農曰：「城中之人，皆涉圭參合所殺者父兄子弟，泣血踊躍欲與魏戰而爲衛軍所抑。今聞主上當北遷，皆曰：『得慕容氏一人奉而立之，以與魏戰，死無所恨！』大王幸而留此，以副衆望，擊退魏軍，撫寧畿甸，奉迎大駕，亦不失爲忠臣也。」農欲殺歸而惜其材力，謂之曰：「必如此以望生，不如就死。」

壬子夜，寶與太子策、遼西王農、高陽王隆、長樂王盛等萬餘騎出赴會軍，河間王熙、勃海王朗、博陵王鑒皆幼，不能出城，隆還入迎之，自爲鞁乘，俱得免。燕將王沈等降魏。樂浪王惠、中書侍郎韓範、員外郎段宏、太史令劉起等帥工伎三百奔鄴。

中山城中無主，百姓惶惑，東門不閉。魏王珪欲夜入城，冠軍將軍王建志在虜掠，乃言恐士卒盜府庫物，請俟明旦，珪乃止。燕開封公詳從寶不及，城中立以爲主，閉門拒守。珪盡衆攻之，連日不拔。使人登巢車臨城諭之曰：「慕容寶已棄汝走，汝曹百姓空自取死，欲誰爲乎？」皆曰：「羣小無知，恐復如參合之衆，故苟延旬月之命耳。」珪顧王建而唾其面。使中領將軍長孫肥、左將軍李東將三千騎追寶至范陽，不及，破其新城戍而還。

燕主寶出中山，與趙王麟遇于阱城。麟不意寶至，驚駭，帥其衆奔蒲陰，復出屯望都，土人頗供給之。慕容詳遣兵掩擊麟，獲其妻子，麟脱走入山。甲寅，寶至薊，殿中親近散亡略盡，惟高陽王隆所領數百騎爲宿衞。清河王會帥騎卒二萬迎于薊南，寶怪會容止怏怏有恨色，密告隆及遼西王農。農、隆俱曰：「會年少，專任方面，習驕所致，豈有他也，臣等當以禮責之。」寶雖從之，然猶詔解會兵以屬隆。隆固辭，乃減會兵分給農、隆。又遣西河公庫傉官驥帥兵三千助守中山。

丙辰，寶盡徙薊中府庫北趣龍城。魏石河頭引兵追之，戊午，及寶於夏謙澤。寶不欲戰，清河王會曰：「臣撫教士卒，惟敵是求。今大駕蒙塵，人思效命，而虜敢自送，衆心忿憤。兵法曰『歸師勿遏』，又曰『置之死地而後生』。今我皆得之，何患不克？若其捨去，賊必乘人，或生餘變。」寶乃從之。會整陳與魏兵戰，農、隆等將南來騎衝之，魏兵大敗，追奔百餘里，斬首數千級。隆又獨追數十里而還，謂故吏留臺治書陽璆曰：「中山城中積兵數萬，不得展吾意，今日之捷，令人遺恨。」因慷慨流涕。

會既敗魏兵，矜很滋甚，隆屢訓責之，會益忿恚。會以農、隆皆嘗鎮龍城，屬尊位重，名望素出己右，恐至龍城權政不復在己，又知終無爲嗣之望，乃謀作亂。

幽、平之兵皆懷會恩，不樂屬二王，請於寶曰：「清河王勇略高世，臣等與之誓同生死，願陛下與皇太子、諸王留薊宮，臣等從王南解京師之圍，還迎大駕。」寶左右皆惡會，言於寶曰：「清河王不得爲太子，神色甚不平。且其才武過人，善收人心，陛下若從衆請，臣恐解圍之後，必有衞輒之事。」寶乃謂衆曰：「道通年少，才不及二王，豈可當專征之任！且朕方自統六師，杖會以爲羽翼，何可離左右也。」衆不悅而退。

左右勸寶殺會，侍御史仇尼歸聞之，告會曰：「大王所恃者父，父已異圖；所杖者兵，兵已去手；欲於何所自容乎？不如誅二王，廢太子，大王自處東宮，兼將相之任，以匡復社稷，此上策也。」會猶豫未許。

寶謂農、隆曰：「觀道通志趣，必反無疑，宜早除之。」農、隆曰：「今寇敵内侮，中土紛紜，社稷之危，有如累卵。會鎮撫舊都，遠赴國難，其威名之重，足以震動四鄰。逆狀未彰而遽殺之，豈徒傷父子之恩，亦恐大損威望。」寶曰：「會逆志已成，卿等慈恕，不忍早殺，恐一旦爲變，必先害諸父，然後及吾，至時勿悔自負也。」會聞之，益懼。

夏四月癸酉，寶宿廣都黄榆谷，會遣其黨仇尼歸、吴提染干帥壯士二十餘人分道襲農、隆，殺隆於帳下，農被重創，執仇尼歸逃入山中。會以仇尼歸被執，事終顯發，乃夜詣寶曰：「農、隆謀逆，臣已除之。」寶欲討會，陽爲好言以安之，曰：「吾素疑二王久矣，除之甚善。」

甲戌旦，會立仗嚴備，乃引道。會欲棄隆喪，餘崇涕泣固請，乃聽載隨軍。農出，自歸，寶呵之曰：「何以自負邪？」命執之。行十餘里，寶顧召羣臣食，且議農罪。會就坐，寶目衛軍將軍慕輿騰使斬會，傷其首，不能殺。會走赴其軍，勒兵攻寶。寶帥數百騎馳二百里，晡時，至龍城。會遣騎追至石城，不及。

乙亥，會遣仇尼歸攻龍城，寶夜遣兵襲擊，破之。會遣使請誅左右佞臣，並求爲太子，寶不許。會盡收乘輿器服，以後宫分給將帥，署置百官，自稱皇太子、録尚書事，引兵向龍城，以討慕輿騰爲名。丙子，頓兵城下。寶臨西門，會乘馬遥與寶語，寶責讓之。會命軍士向寶大譟以耀威，城中將士皆憤怒，向暮出戰，大破之。會兵死傷太半，走還營。侍御郎高雲夜帥敢死士百餘人襲會軍，會衆皆潰。會將十餘騎奔中山，開封公詳殺之。寶殺會母及其三子。丁丑，寶大赦，凡與會同謀者皆除罪，復舊職。論功行賞，拜將軍、封侯者數百人。

魏王珪以軍食不給，命東平公儀去鄴，徙屯鉅鹿，積租楊城。慕容詳出步卒六千人，伺間襲魏諸屯，珪擊破之，斬首五千，生擒七百人，皆縱之。

五月，燕庫傉官驥入中山，與開封公詳相攻。詳殺驥，盡滅庫傉官氏，又殺中山尹苻謨，夷其族。中山城無定主，民恐魏兵乘之，男女結盟，人自爲戰。

甲辰，魏王珪罷中山之圍，就穀河間，督諸郡義租。甲寅，以東平公儀爲驃騎大將軍、都督中外諸軍事、兖豫雍荆徐揚六州牧、左丞相，封衛王。

慕容詳自謂能卻魏兵，威德已振，乃即皇帝位，改元建始，置百官。以新平公可足渾潭爲車騎大將軍、尚書令。殺拓跋觚以固衆心。

鄴中官屬勸范陽王德稱尊號，會有自龍城來者，知燕主寶猶存，乃止。

秋七月，慕容詳殺可足渾潭。詳嗜酒奢淫，不恤士民，刑殺無度，所誅王公以下五百餘人，羣下離心。城中飢窘，詳不聽民出采稆，死者相枕，舉城咨謀迎趙王麟。詳遣輔國將軍張驤帥五千餘人督租於常山，麟自丁零入驤軍，潛襲中山，城門不閉，執詳，斬之。麟遂稱尊號，聽人四出采稆。人既飽，求與魏戰，麟不從，稍復窮餒。魏王珪軍魯口，遣長孫肥帥騎七千襲中山，入其郛。麟追至泒水，爲魏所敗而還。

八月丙寅朔，魏王珪徙軍常山之九門。軍中大疫，人畜多死，將士皆思歸。珪問疫於諸將，對曰：「在者纔什四五。」珪曰：「此固天命，將若之何？四海之民，皆可爲國，在吾所以御之耳，何患無民。」羣臣乃不敢言。遣撫軍大將軍略陽公遵襲中山，入其郛而還。

中山饑甚，慕容麟帥二萬餘人出據新市。九月甲子晦，魏王珪進軍攻之。太史令鼂崇曰：「不吉。昔紂以甲子亡，謂之疾日，兵家忌之。」珪曰：「紂以甲子亡，周武不以甲子興乎？」崇無以對。冬十月丙寅，麟退阻泒水。甲戌，珪與麟戰於義臺，大破之，斬首九千餘級。麟與數十騎馳取妻子入西山，遂奔鄴。

甲申，魏克中山，燕公卿、尚書、將吏、士卒降者二萬餘人。

燕人有自中山至龍城者，言拓跋涉圭衰弱，司徒德完守鄴城。會德表至，勸燕主寶南還。十二月，寶遣將軍啓崙視形勢。

乙亥，慕容麟至鄴，説范陽王德曰：「魏既克中山，將乘勝攻鄴。鄴中雖有蓄積，然城大難固，且人心恇懼，不可守也，不如南趣滑臺。」時魯陽王和鎮滑臺，亦遣使迎德。

二年春正月，范陽王德自鄴徙滑臺。魏衛王儀入鄴，追德至河，弗及。趙王麟上尊號於德，德稱燕王，以統府行帝制，置百官，以趙王麟爲司空，領尚書令。

燕啓崙還至龍城，言中山已陷，燕主寶命罷兵。遼西王農言於寶曰：「今遷都尚新，未可南征，宜因成師襲庫莫奚，取其牛馬以充軍資，更審虛實，俟明年而議之。」寶從之。己未，北行。庚申，渡澆洛水，會南燕王德遣侍郎李延詣寶，言「涉圭西上，中國空虛」，延追寶及之，寶大喜，即日引還。

燕主寶還龍城宫，詔諸軍就頓，不聽罷散，文武將士皆以家屬隨駕。遼西王農、長樂王盛切諫，以爲「兵疲力弱，魏新得志，未可與敵，宜且養兵觀釁」。寶將從之，撫軍將軍慕輿騰曰：「百姓可與樂成，難與圖始。今師衆已集，宜獨決聖心，乘機進取，不宜廣采異同，以沮大計。」寶乃曰：「吾計決矣，敢諫者斬。」二月乙亥，寶出就頓，留盛統後事。己卯，燕軍發龍城，慕輿騰爲前軍，司空農爲中軍，寶爲後軍，相去各一頓，連營百里。

壬午，寶至乙連，長上段速骨、宋赤眉等因衆心之憚征役，遂作亂。速骨等皆高陽王隆舊隊，共逼立隆子高陽王崇爲主，殺樂浪威王宙、中牟熙公段誼及宗室諸王。河間王熙素與崇善，崇擁佑之，故獨得免。燕主寶將十餘騎奔司空農營，農將出迎，左右抱其腰止之，曰：「宜小清澄，不可便出。」農引刀將斫之，遂出見寶，又馳信追慕輿騰。癸未，寶、農引兵還趣大營討速骨等。農營兵亦厭征役，皆棄仗走，騰營亦潰。寶、農奔還龍城。長樂王盛聞亂，引兵出迎，寶、農僅而得免。

燕尚書頓丘王蘭汗陰與段速骨等通謀，引兵營龍城之東。城中留守兵至少，長樂王盛徙内近城之民，得丁夫萬餘，乘城以禦之。速骨等同謀纔百餘人，餘皆爲所驅脅，莫有鬭志。三月甲午，速骨等將攻城，遼西桓烈王農恐不能守，且爲蘭汗所誘，夜潛出赴之，冀以自全。明旦，速骨等攻城，城上拒戰甚力，速骨之衆死者以百數。速骨乃將農循城，農素有忠節威名，城中之衆恃以爲强，忽見在城下，無不驚愕喪氣，遂皆逃潰。速骨入城，縱兵殺掠，死者狼藉。寶、盛與慕輿騰、餘崇、張真、李旱、趙恩等輕騎南走。速骨幽農於殿内。長上阿交羅，速骨之謀主也，以高陽王崇幼弱，更欲立農。崇親信鬷讓、出力犍等聞之，丁酉，殺羅及農。速骨即爲之誅讓等。農故吏左衛將軍宇文拔亡奔遼西。

庚子，蘭汗襲擊速骨，并其黨盡殺之，廢崇，奉太子策，承制大赦。遣使迎寶，及於薊城。寶欲還，長樂王盛等皆曰：「汗之忠詐未可知，今單騎赴之，萬一汗有異志，悔之無及。不如南就范陽王，合衆以取冀州，若其不捷，收南方之衆徐歸龍都，亦未晚也。」寶從之。

夏四月，燕主寶過鄴，鄴人請留，寶不許。南至黎陽，伏於河西，遣中黄門令趙思告北地王鍾曰：「上以二月得丞相表，即時南征，至乙連，會長上作亂，失據來此。王亟白丞相奉迎。」鍾，德之從弟也，首勸德稱尊號，聞而惡之，執思付獄，以狀白南燕主德。德謂羣下曰：「卿等以社稷大計，勸吾攝政，吾亦以嗣帝播越，民神乏主，故權順羣議，以繫衆心。今天方悔禍，嗣帝得還，吾將具法駕奉迎，謝罪行闕，何如？」黄門侍郎張華曰：「今天下大亂，非雄才無以寧濟羣生。嗣帝闇懦，不能紹隆先統。陛下若蹈匹夫之節，捨天授之業，威權一去，身首不保，況社稷其得血食乎？」慕輿護曰：「嗣帝不達時宜，委棄國都，自取敗亡，不堪多難，亦已明矣。昔蒯聵出奔，衛輒不納，春秋是之。以子拒父猶可，況以父拒子乎？今趙思之言，未明虚實，臣請爲陛下馳往詗之。」德流涕遣之。

護帥壯士數百人隨思而北，聲言迎衛，其實圖之。寶既遣思詣鍾，於後得樵者，言德已稱制，懼而北走。護至無所見，執思以還。德以思練習典故，欲留而用之，思曰：「犬馬猶知戀主，思雖刑臣，乞還就上。」德固留之，思怒曰：「周室東遷，晉、鄭是依。殿下親則叔父，位爲上公，不能帥先羣后，以匡帝室，而幸本根之傾，爲趙王倫之事，思雖不能如申包胥之存楚，猶慕龔君賓不偷生於莽世也。」德斬之。

寶遣扶風忠公慕輿騰與長樂王盛收兵冀州。盛以騰素暴橫，爲民所怨，乃殺之。行至鉅鹿、長樂，説諸豪傑，皆願起兵奉寶。寶以蘭汗祀燕宗廟，所爲似順，意欲還龍城，不肯留冀州。乃北行，至建安，抵民張曹家。曹素武健，請爲寶合衆，盛亦勸寶宜且駐留，察汗情狀。寶乃遣冗從僕射李旱先往見汗，寶留頓石城。會汗遣左將軍蘇超奉迎，陳汗忠款。寶以汗燕主垂之舅，盛之妃父也，謂必無他，不待旱返，遂行。盛流涕固諫，寶不聽，留盛在後，盛與將軍張真下道避匿。

丁亥，寶至索莫汗陘，去龍城四十里，城中皆喜。汗惶怖，欲自出請罪，兄弟共諫止之。汗乃遣弟加難帥五百騎出迎，又遣兄提閉門止仗，禁人出入。城中皆知其將爲變，而無如之何。加難見寶於陘北，拜謁已，從寶俱進。潁陰烈公餘崇密言於寶曰：「觀加難形色，禍變甚逼，宜留三思，奈何徑前？」寶不從。行數里，加難先執崇，崇大呼罵曰：「汝家幸緣肺附，蒙國寵榮，覆宗不足以報。今乃敢謀篡逆，此天地所不容，計旦暮即屠滅，但恨我不得手膾汝曹耳！」加難殺之，引寶入龍城外邸，弒之。汗謚寶曰靈帝。殺獻哀太子策及王、公、卿、士百餘人。自稱大都督、大將軍、大單于、昌黎王，改元青龍。以堤爲太尉，加難爲車騎將軍。封河間王熙爲遼東公，如杞、宋故事。

長樂王盛聞之，馳欲赴哀，張真止之。盛曰：「我今以窮歸汗，汗性愚淺，必念婚姻，不忍殺我。旬月之間，足以展吾情志。」遂往見汗。汗妻乙氏及盛妃皆泣涕請盛於汗，盛妃復頓頭於諸兄弟，汗惻然哀之，乃舍盛於宮中，以爲侍中、左光禄大夫，親待如舊。堤、加難屢請殺盛，汗不從。堤驕很荒淫，事汗多無禮，盛因而間之，由是汗兄弟浸相嫌忌。

燕太原王奇，楷之子，蘭汗之外孫也，汗亦不殺，以爲征南將軍。得入見長樂王盛，盛潛使奇逃出起兵。奇起兵於建安，衆至數千，汗遣蘭堤討之。盛謂汗曰：「善駒小兒，未能辦此，豈非有假託其名，欲爲内應者乎？太尉素驕，難信，不宜委以大衆。」汗然之，罷堤兵，更遣撫軍將軍仇尼慕將兵討奇。

於是龍城自夏不雨至于秋七月，汗日詣燕諸廟及寶神座頓首禱請，委罪於蘭加難。堤及加難聞之，怒，且懼誅，乙巳，相與帥所部襲仇尼慕軍，敗之。汗大懼，遣太子穆將兵討之。穆謂汗曰：「慕容盛我之仇讎，必與奇相表裏，此乃腹心之疾，不可養也，宜先除之。」汗欲殺盛，先引見察之，盛妃知之，密以告盛。盛稱疾不出，汗亦止不殺。

李旱、衛雙、劉忠、張豪、張真，皆盛素所厚也，而穆引以爲腹心，旱、雙得出入至盛所，潛與盛結謀。丁未，穆擊堤、加難等，破之。庚戌，饗將士，汗、穆皆醉，盛夜如厠，因踰垣入于東宮，與旱等共殺穆。時軍未解嚴，皆聚在穆舍，聞盛得出，呼躍争先，攻汗，斬之。於是汗子魯公和、陳公揚分屯令支、白狼，盛遣旱、真襲誅之。堤、加難亡匿，捕得，斬之。於是内外帖然，士女相慶。宇文拔帥壯士數百來赴，盛拜拔爲大宗正。

辛亥，告于太廟，令曰：「賴五祖之休，文武之力，宗廟社稷幽而復顯。不獨孤以眇眇之身免不同天之責，凡在臣民皆得明目當世。」因大赦，改元建平。盛謙不敢稱尊號，以長樂王攝行統制，諸王皆降稱公。以東陽公根爲尚書左僕射，衛倫、陽璆、魯恭、王騰爲尚書，悦真爲侍中，陽哲爲中書監，張通爲中領軍，自餘文武各復舊位。改謚寶曰惠閔皇帝，廟號烈宗。羣臣固請上尊號，盛不許。

八月，燕以河間公熙爲侍中、車騎大將軍、中領軍、司隸校尉，城陽公元爲衛將軍。元，寶之子也。又以劉忠爲左將軍，張豪爲後將軍，並賜姓慕容氏。

冬十月癸酉，燕羣臣復上尊號，丙子，長樂王盛始即皇帝位，大赦。尊皇后段氏曰皇太后，太妃丁氏曰獻莊皇后。

三年。初，秦主登之弟廣帥衆三千依南燕王德，德以爲冠軍將軍，處之乞活堡。會熒惑守東井，或言秦當復興，廣乃自稱秦王，擊南燕北地王鍾，破之。是時滑臺孤弱，土無十城，衆不過一萬，鍾既敗，附德者多去德而附廣。德乃留魯陽王和守滑臺，自帥衆討廣，斬之。

燕主寶之至黎陽也，魯陽王和長史李辯勸和納之，和不從。辯懼，故潛引晉軍至管城，欲因德出戰而作亂。既而德不出，辯愈不自安。及德討苻廣，辯復勸和反，和不從，辯乃殺和以滑臺降魏。魏行臺尚書和跋在鄴，帥輕騎自鄴赴之。既至，辯悔之，閉門拒守。跋使尚書郎鄧暉説之，辯乃開門内跋。跋悉收德宫人、府庫。德遣兵擊跋，跋逆擊，破之，又破德將桂陽王鎮，俘獲千餘人。陳、潁之民多附於魏。

南燕右衛將軍慕容雲斬李辯，帥將士家屬二萬餘口出滑臺赴德。德欲攻滑臺，韓範曰：「嚮也魏爲客，吾爲主人；今也吾爲客，魏爲主人。人心危懼，不可復戰，不如先據一方，自立基本，乃圖進取。」張華曰：「彭城，楚之舊都，可攻而據之。」北地王鍾等皆勸德攻滑臺。尚書潘聰曰：「滑臺四通八達之地，北有魏，南有晉，西有秦，居之未嘗一日安也。彭城土曠人稀，平夷無嶮，且晉之舊鎮，未易可取。又密邇江、淮，夏秋多水，乘舟而戰者，吴之所長，我之所短也。青州沃野二千里，精兵十餘萬，左有負海之饒，右有山河之固，廣固城曹嶷所築，地形阻峻，足爲帝王之都。三齊英傑，思得明主以立功於世久矣。辟閭渾昔爲燕臣，今宜遣辯士馳説於前，大兵繼踵於後，若其不服，取之如拾芥耳。既得其地，然後閉關養鋭，伺隙而動，此乃陛下之關中、河内也。」德猶豫未決。沙門竺朗素善占候，德使牙門蘇撫問之。朗曰：「敬覽三策，潘尚書之議，興邦之言也。且今歲之初，彗星起奎、婁，掃虚、危。彗者除舊布新之象，奎、婁爲魯，虚、危爲齊，宜先取兗州，巡撫琅邪，至秋乃北徇齊地，此天道也。」撫又密問以年世，朗以周易筮之，曰：「燕衰庚戌，年則一紀，世則及子。」撫還報德，德乃引師而南，兗州北鄙諸郡縣皆降之。德置守宰以撫之，禁軍士無得虜掠，百姓大悦，牛酒屬路。

秋七月，南燕王德遣使説幽州刺史辟閭渾，欲下之。渾不從，德遣北地王鍾帥步騎二萬擊之。德進據琅邪，徐、兗之民歸附者十餘萬。德自琅邪引兵而北，以南海王法爲兗州刺史，鎮梁父。進攻莒城，守將任安委城走，德以潘聰爲徐州刺史，鎮莒城。蘭汗之亂，燕吏部尚書封孚南奔辟閭渾，渾表爲勃海太守。及德至，孚出降，德大喜曰：「孤得青州不爲喜，喜得卿耳。」遂委以機密。北地王鍾傳檄青州諸郡，諭以禍福。辟閭渾徙八千餘家入守廣固，遣司馬崔誕戍薄荀固，平原太守張豁戍柳泉，誕、豁承檄皆降於德。渾懼，攜妻子奔魏。德遣射聲校尉劉綱追之，及於莒城，斬之。渾子道秀自詣德，請與父俱死。德曰：「父雖不忠，而子能孝。」特赦之。渾參軍張瑛爲渾作檄，辭多不遜，德執而讓之。瑛神色自若，徐曰：「渾之有臣，猶韓信之有蒯通。通遇漢祖而生，臣遭陛下而死，比之古人，竊爲不幸耳。」德殺之。遂定都廣固。

四年。南燕王德即皇帝位于廣固，大赦，改元建平。更名備德，欲使吏民易避。追謚燕主暐曰幽皇帝。以北地王鍾爲司徒，慕輿拔爲司空，封孚爲左僕射，慕輿護爲右僕射。立妃段氏爲皇后。

通鑑紀事本末

〔宋〕袁樞 撰

卷第十七至卷第二十

中華書局

通鑑紀事本末卷第十七

僞楚之亂

晉武帝太元十四年。初，帝既親政事，威權己出，有人主之量。已而溺於酒色，委事於琅邪王道子。道子亦嗜酒，日夕與帝以酣歌爲事。又崇尚浮屠，窮奢極費，所親暱者皆姏姆、僧尼。左右近習，争弄權柄，交通請託，賄賂公行，官賞濫雜，刑獄謬亂。尚書令陸納望宫闕歎曰：「好家居，纖兒欲撞壞之邪！」左衛領營將軍會稽許營上疏曰：「今臺府局吏、直衛武官及僕隸婢兒取母之姓者，本無鄉邑品第，皆得爲郡守縣令，或帶職在内，及僧尼乳母，競進親黨，又受貨賂；輒臨官領衆，政教不均，暴濫無罪，禁令不明，劫盗公行。昔年下書敕羣下盡規，而衆議兼集，無所採用。臣聞佛者清遠玄虚之神，今僧尼往往依傍法服，五誡粗法尚不能遵，况精妙乎？而流惑之徒，競加敬事，又侵漁百姓，取財爲惠，亦未合布施之道也。」疏奏，不省。

道子勢傾内外，遠近奔湊，帝漸不平，然猶外加優崇。侍中王國寶以讒佞有寵於道子，扇動朝衆，諷八座啓道子宜進位丞相、揚州牧，假黄鉞，加殊禮。護軍將軍南平車胤曰：「此乃成王所以尊周公也。今主上當陽，非成王之比；相王在位，豈得爲周公乎？」乃稱疾不署。疏奏，帝大怒，而嘉胤有守。

中書侍郎范寧、徐邈爲帝所親信，數進忠言，補正闕失，指斥姦黨。王國寶，寧之甥也，寧尤疾其阿諛，勸帝黜之。陳郡袁悅之有寵於道子，國寶使悅之因尼支妙音致書於太子母陳淑媛云：「國寶忠謹，宜見親信。」帝知之，發怒，託以他事斬悅之。國寶大懼，與道子共譖范寧，出爲豫章太守。寧臨發，上疏言：「今邊烽不舉，而倉庫空匱。古者使民歲不過三日，今之勞擾，殆無三日之休，至有生兒不復舉養，鰥寡不敢嫁娶。臣恐社稷之憂，厝火積薪，不足喻也。」

十五年。琅邪王道子恃寵驕恣，侍宴酣醉，或虧禮敬。帝浸不能平，欲選時望爲藩鎮以潛制道子，問於太子左衛率王雅曰：「吾欲用王恭、殷仲堪何如？」雅曰：「王恭風神簡貴，志氣方嚴；仲堪謹於細行，以文義著稱。然皆峻狹自是，且幹略不長，若委以方面，天下無事足以守職，若其有事必爲亂階矣。」帝不從。恭，蘊之子；仲堪，融之孫也。二月，以中書令王恭爲都督青兗幽并冀五州諸軍事、兗青二州刺史，鎮京口。九月，以侍中王國寶爲中書令，俄兼中領軍。

十六年秋九月癸未，以尚書右僕射王珣爲左僕射。珣，桓温之故吏也。

十七年冬十一月癸酉，以黄門郎殷仲堪爲都督荆益寧三州諸軍事、荆州刺史，鎮江陵。仲堪雖有英譽，資望猶淺，議者不以爲允。到官，好行小惠，綱目不舉。

南郡公桓玄負其才地，以雄豪自處，朝廷疑而不用，年二十三始拜太子洗馬。玄嘗詣琅邪王道子，值其酣醉，張目謂衆客曰：「桓温晚塗欲作賊，云何？」玄伏地流汗，不能起，由是益不自安，常切齒於道子。後出補義興太守，鬱鬱不得志，歎曰：「父爲九州伯，兒爲五湖長。」遂棄官歸國，上疏自訟曰：「先臣勤王匡復之勳，朝廷遺之，臣不復計。至於先帝龍飛，陛下繼明，請問談者，誰之由邪？」疏寢不報。

玄在江陵，仲堪甚敬憚之。桓氏累世臨荆州，玄復豪横，士民畏之，過於仲堪。嘗於仲堪聽事前戲馬，以稍擬仲堪。仲堪中兵參軍彭城劉邁謂玄曰：「馬稍有餘，精理不足。」玄不悦，仲堪爲之失色。玄出，仲堪謂邁曰：「卿狂人也。玄夜遣殺卿，我豈能相救邪？」使邁下都避之。玄使人追之，邁僅而獲免。征虜參軍豫章胡藩過江陵，見仲堪，説之曰：「桓玄志趣不常，每怏怏於失職，節下崇待太過，恐非將來之計也。」仲堪不悦。藩内弟同郡羅企生爲仲堪功曹，藩退謂企生曰：「殷侯倒戈以授人，必及於禍。君不早圖去就，後悔無及矣。」

庚寅，立皇子德文爲琅邪王，徙琅玡王道子爲會稽王。

二十年春三月，皇太子出就東宮，以丹楊尹王雅領少傅。時會稽王道子專權奢縱，嬖人趙牙本出倡優，茹千秋本錢塘捕賊吏，皆以諂賂得進。道子以牙爲魏郡太守，千秋爲驃騎諮議參軍。牙爲道子開東第，築山穿池，功用鉅萬。帝嘗幸其第，謂道子曰：「府内乃有山，甚善，然修飾太過。」道子無以對。帝去，道子謂牙曰：「上若知山是人力所爲，爾必死矣。」牙曰：「公在，牙何敢死。」營作彌甚。千秋賣官招權，聚貨累億。博平令吴興聞人奭上疏言之，帝益惡道子，而逼於太后，不忍廢黜。乃擢時望及所親幸王恭、郗恢、殷仲堪、王珣、王雅等使居内外要任，以防道子。道子亦引王國寶及國寶從弟琅邪内史緒以爲心腹。由是朋黨競起，無復曏時友愛之驩矣。太后每和解之。中書侍郎徐邈從容言於帝曰：「漢文明主，猶悔淮南；世祖聰達，負愧齊王。兄弟之際，實爲深慎。會稽王雖有酣媟之累，宜加弘貸，消散羣議，外爲國家之計，内慰太后之心。」帝納之，復委任道子如故。

二十一年。帝嗜酒，流連内殿，醒治既少，外人罕得進見。張貴人寵冠後宫，後宫皆畏之。秋九月庚申，帝與後宫宴，妓樂盡侍。時貴人年近三十，帝戲之曰：「汝以年亦當廢矣，吾意更屬少者。」貴人潛怒，向夕，帝醉，寢於清暑殿。貴人偏飲宦者酒，散遣之，使婢以被蒙帝面，弒之，重賂左右，云「因魘暴崩」。時太子闇弱，會稽王道子昏荒，遂不復推問。王國寶夜叩禁門，欲入爲遺詔，侍中王爽拒之曰：「大行晏駕，皇太子未至，敢入者斬。」國寶乃止。爽，恭之弟也。辛酉，太子即皇帝位，大赦。

癸亥，有司奏會稽王道子宜進位太傅、揚州牧，假黄鉞，詔内外衆事動静咨之。安帝幼而不慧，口不能言，至於寒暑飢飽亦不能辨，飲食寢興皆非己出。母弟琅邪王德文性恭謹，常侍左右，爲之節適，始得其宜。

初，王國寶黨附會稽王道子，驕縱不法，屢爲御史中丞褚粲所糾。國寶起齋，侔清暑殿，孝武帝甚惡之。國寶懼，遂更求媚於帝而疏道子，帝復寵昵之。道子大怒，嘗於内省面責國寶，以劍擲之，舊好盡矣。及帝崩，國寶復事道子，與王緒共爲邪諂，道子更惑之，倚爲心腹，遂參管朝權，威震内外，並爲時之所疾。

王恭入赴山陵，每正色直言，道子深憚之。恭罷朝歎曰：「榱棟雖新，便有黍離之歎。」緒説國寶，因恭入朝，勸相王伏兵殺之，國寶不許。道子欲輯和内外，乃深布腹心於恭，冀除舊惡，而恭每言及時政，輒厲聲色。道子知恭不可和協，遂有相圖之志。

或勸恭因入朝以兵誅國寶，恭以豫州刺史庾楷士馬甚盛，黨於國寶，憚之，不敢發。王珣謂恭曰：「國寶雖終爲禍亂，要之罪逆未彰，今遽先事而發，必大失朝野之望。況擁强兵竊發於京輦，誰謂非逆？國寶若遂不改，惡布天下，然後順衆心以除之，亦無憂不濟也。」恭乃止。既而謂珣曰：「比來視君一似胡廣。」珣曰：「王陵廷爭，陳平慎默，但問歲晏何如耳。」

冬十月甲申，葬孝武帝于隆平陵。王恭還鎮，將行，謂道子曰：「主上諒闇，冢宰之任，伊、周所難，願大王親萬機，納直言，放鄭聲，遠佞人。」國寶等愈懼。

安帝隆安元年春正月己亥朔，帝加元服，改元。以左僕射王珣爲尚書令；領軍將軍王國寶爲左僕射，領選，仍加後將軍、丹楊尹。會稽王道子悉以東宮兵配國寶，使領之。

夏四月，僕射王國寶、建威將軍王緒依附會稽王道子，納賄窮奢，不知紀極。惡王恭、殷仲堪，勸道子裁損其兵權，中外恟恟不安。恭等各繕甲勒兵，表請北伐。道子疑之，詔以盛夏妨農，悉使解嚴。

恭遣使與仲堪謀討國寶等。桓玄以仕不得志，欲假仲堪兵勢以作亂，乃說仲堪曰：「國寶與君諸人素已爲對，唯患相斃之不速耳。今既執大權，與王緒相表裏，其所迴易，無不如志。孝伯居元舅之地，必未敢害之。君爲先帝所拔，超居方任，人情皆以君爲雖有思致，非方伯才。彼若發詔徵君爲中書令，用殷覬爲荆州，君何以處之？」仲堪曰：「憂之久矣，計將安出？」玄曰：「孝伯疾惡深至，君宜潛與之約，興晉陽之甲以除君側之惡，東西齊舉，玄雖不肖，願帥荆、楚豪桀荷戈先驅，此桓、文之勳也。」仲堪心然之。乃外結雍州刺史郗恢，内與從兄南蠻校尉覬、南郡相陳留江績謀之。覬曰：「人臣當各守職分，朝廷是非，豈藩屏之所制也。晉陽之事，不敢預聞。」仲堪固邀之，覬怒曰：「吾進不敢同，退不敢異。」績亦極言其不可。覬恐績及禍，於坐和解之。績曰：「大丈夫何至以死相脅邪！江仲元行年六十，但未獲死所耳。」仲堪憚其堅正，以楊佺期代之。朝廷聞之，徵績爲御史中丞。覬遂稱散發，辭位。仲堪往省之，謂覬曰：「兄病殊爲可憂。」覬曰：「我病不過身死，汝病乃當滅門。宜深自愛，勿以我爲念！」郗恢亦不肯從。仲堪疑未決，會王恭使至，仲堪許之。恭大喜。甲戌，恭上表罪狀國寶，舉兵討之。

初，孝武帝倚任王珣，及帝暴崩，不及受顧命，珣一旦失勢，循默而已。丁丑，王恭表至，内外戒嚴。道子問珣曰：「二藩作逆，卿知之乎？」珣曰：「朝政得失，珣弗之預。王、殷作難，何由可知！」王國寶惶懼，不知所爲，遣數百人戍竹里，夜遇風雨，各散歸。王緒説國寶矯相王之命召王珣、車胤殺之，以除時望，因挾君相發兵以討二藩。國寶許之。珣、胤至，國寶不敢害，更問計於珣。珣曰：「王、殷與卿素無深怨，所競不過勢利之間耳。」國寶曰：「將曹爽我乎？」珣曰：「是何言歟？卿寧有爽之罪，王孝伯豈宣帝之儔邪？」又問計於胤，胤曰：「昔桓公圍壽陽，彌時乃克。今朝廷遣軍，恭必城守。若京口未拔，而上流奄至，君將何以待之？」國寶尤懼，遂上疏解職，詣闕待罪。既而悔之，詐稱詔復其本官。道子闇懦，欲求姑息，乃委罪國寶，遣驃騎諮議參軍譙王尚之收國寶付廷尉。尚之，恬之子也。甲申，賜國寶死，斬緒於市，遣使詣恭深謝愆失。恭乃罷兵還京口。戊子，大赦。

殷仲堪雖許王恭，猶豫不敢下，聞國寶等死，乃始抗表舉兵，遣楊佺期屯巴陵。道子以書止之，仲堪乃還。

會稽世子元顯，年十六，有儁才，爲侍中，說道子以王、殷終必爲患，請潛爲之備。道子乃拜元顯征虜將軍，以其衛府及徐州文武悉配之。

司徒左長史王廞，導之孫也，以母喪居吴。王恭之討王國寶也，版廞行吴國内史，使起兵於東方。廞使前吴國内史虞嘯父等入吴興、義興召募兵衆，赴者萬計。未幾，國寶死，恭罷兵，符廞去職，反喪服。廞以起兵之際，誅異己者頗多，勢不得止，遂大怒，不承恭命，使其子泰將兵伐恭，牋於會稽王道子，稱恭罪惡。道子以其牋送恭。五月，恭遣司馬劉牢之帥五千人擊泰，斬之。又與廞戰於曲阿，衆潰，廞單騎走，不知所在。收虞嘯父下廷尉，以其祖潭有功，免爲庶人。

二年。會稽王道子忌王、殷之逼，以譙王尚之及弟休之有才略，引爲腹心。尚之說道子曰：「今方鎮强盛，宰相權輕，宜密樹腹心於外以自藩衛。」道子從之，以其司馬王愉爲江州刺史，都督江州及豫州之四郡軍事，用爲形援，日夜與尚之謀議，以伺四方之隙。

秋七月，桓玄求爲廣州，會稽王道子忌玄，不欲使居荆州，因其所欲，以玄爲督交廣二州軍事、廣州刺史。玄受命而不行。豫州刺史庾楷以道子割其四郡使王愉督之，上疏言：「江州内地，而西府北帶寇戎，不應使愉分督。」朝廷不許。楷怒，遣其子鴻説王恭曰：「尚之兄弟復秉機權，過於國寶；欲假朝威削弱方鎮，懲艾前事，爲禍不測。今及其謀議未成，宜早圖之。」恭以爲然，以告殷仲堪、桓玄。仲堪、玄許之，推恭爲盟主，刻期同趣京師。

時内外疑阻，津邏嚴急，仲堪以斜絹爲書，内箭簳中，合鏑漆之，因庾楷以送恭。恭發書，絹文角戾，不復能辨仲堪手書，疑楷詐爲之，且謂仲堪去年已違期不赴，今必不動，乃先期舉兵。司馬劉牢之諫曰：「將軍，國之元舅；會稽王，天子叔父也。會稽王又當國秉政，曏爲將軍戮其所愛王國寶、王緒，又送王廞書，其深伏將軍已多矣。頃所授任，雖未允愜，亦非大失。割庾楷四郡以配王愉，於將軍何損？晉陽之甲，豈可數興乎？」恭不從，上表請討王愉、司馬尚之兄弟。

道子使人説楷曰：「昔我與卿，恩如骨肉，帳中之飲，結帶之言，可謂親矣。卿今棄舊交，結新援，忘王恭疇昔陵侮之恥乎？若欲委體而臣之，使恭得志，必以卿爲反覆之人，安肯深相親信。首身且不可保，况富貴乎？」楷怒曰：「王恭昔赴山陵，相王憂懼無計，我知事急，尋勒兵而至，恭不敢發。去年之事，我亦俟命而動。我事相王，無相負者。相王不能拒恭，反殺國寶及緒，自爾已來，誰敢復爲相王盡力者？庾楷實不能以百口助人屠滅。」時楷已應恭檄，正徵士馬。信返，朝廷憂懼，内外戒嚴。

會稽世子元顯言於道子曰：「前不討王恭，故有今日之難。今若復從其欲，則太宰之禍至矣。」道子不知所爲，悉以事委元顯，日飲醇酒而已。元顯聰警，頗涉文義，志氣果鋭，以安危爲己任。附會之者，謂元顯神武，有明帝之風。

殷仲堪聞恭舉兵，自以去歲後期，乃勒兵趣發。仲堪素不習爲將，悉以軍事委南郡相楊佺期兄弟。使佺期帥舟師五千爲前鋒，桓玄次之，仲堪帥兵二萬相繼而下。佺期自以其先漢太尉震至父亮，九世皆以才德著名，矜其門地，謂江左莫及。有以比王珣者，佺期猶恚恨。而時流以其晚過江，婚宦失類，佺期及兄廣、弟思平、從弟孜敬皆粗獷，每排抑之。佺期常慷慨切齒，欲因事際以逞其志，故亦贊成仲堪之謀。八月，佺期、玄奄至湓口，王愉無備，惶遽奔臨川，玄遣偏將軍追獲之。

秋九月辛卯，加會稽王道子黄鉞，以世子元顯爲征討都督。遣衛將軍王珣、右將軍謝琰將兵討王恭，譙王尚之將兵討庾楷。己亥，譙王尚之大破庾楷於牛渚，楷單騎奔桓玄。會稽王道子以尚之爲豫州刺史，弟恢之爲驃騎司馬、丹楊尹，允之爲吳國内史，休之爲襄城太守，各擁兵馬，以爲己援。乙巳，桓玄大破官軍於白石。玄與楊佺期進至横江，尚之退走，恢之所領水軍皆没。丙午，道子屯中堂，元顯守石頭；己酉，王珣守北郊，謝琰屯宣陽門以備之。

王恭素以才地陵物，既殺王國寶，自謂威無不行。仗劉牢之爲爪牙，而但以部曲將遇之，牢之負其才，深懷恥恨。元顯知之，遣廬江太守高素説牢之，使叛恭，許事成即以恭位號授之。又以道子書遺牢之，爲陳禍福。牢之謂其子敬宣曰：「王恭昔受先帝大恩，今爲帝舅，不能翼戴王室，數舉兵向京師。吾不能審恭之志，事捷之日，必能爲天子、相王之下乎？吾欲奉國威靈以順討逆，何如？」敬宣曰：「朝廷雖無成、康之美，亦無幽、厲之惡，而恭恃其兵威，暴蔑王室。大人親非骨肉，義非君臣，雖共事少時，意好不協，今日討之，於情義何有？」恭參軍何澹之知其謀，以告恭。

恭以澹之素與牢之有隙，不信，乃置酒請牢之，於衆中拜之爲兄，精兵堅甲，悉以配之，使帥帳下督顔延爲前鋒。牢之至竹里，斬延以降。遣敬宣及其壻東莞太守高雅之還襲恭。恭方出城曜兵，敬宣縱騎横擊之，恭兵皆潰。恭將入城，雅之已閉城門，恭單騎奔曲阿，素不習馬，髀中生瘡。曲阿人殷確，恭故吏也，以船載恭，將奔桓玄。至長塘湖，爲人所告，獲之，送京師，斬於倪塘。恭臨刑，猶理須鬢，神色自若，謂監刑者曰：「我闇於信人，所以至此。原其本心，豈不忠於社稷邪！但令百世之下，知有王恭耳。」并其子弟黨與皆死。以劉牢之爲都督兗青冀幽并徐揚州晉陵諸軍事，以代恭。

俄而楊佺期、桓玄至石頭，殷仲堪至蕪湖。元顯自竹里馳還京師，遣丹楊尹王愷等發京邑士民數萬人據石頭以拒之。佺期、玄等上表理王恭，求誅劉牢之。牢之帥北府之衆馳赴京師，軍于新亭，佺期、玄見之失色，回軍蔡洲。朝廷未知西軍虚實，仲堪等擁衆數萬充斥郊畿，内外憂逼。

左衛將軍桓脩，冲之子也，言於道子曰：「西軍可説而解也。脩知其情矣。殷、桓之下，專恃王恭，恭既破滅，西軍沮恐。今若以重利啗玄及佺期，二人必内喜，玄能制仲堪，佺期可使倒戈取仲堪矣。」道子納之，以玄爲江州刺史，召郗恢爲尚書，以佺期代恢爲都督梁雍秦三州諸軍事、雍州刺史。以脩爲荆州刺史，權領左衛文武之鎮，又令劉牢之以千人送之。黜仲堪爲廣州刺史，遣仲堪叔父太常茂宣詔，敕仲堪回軍。

冬十月，殷仲堪得詔書，大怒，趣桓玄、楊佺期進軍。玄等喜於朝命，欲受之，猶豫未決。仲堪聞之，遽自蕪湖南歸，遣使告諭蔡洲軍士曰：「汝輩不各自散歸，吾至江陵，盡誅汝餘口。」佺期部將劉系帥二千人先歸。玄等大懼，狼狽西還，追仲堪至尋陽，及之。仲堪既失職，倚玄等爲援，玄等亦資仲堪兵，雖内相疑阻，勢不得不合。乃以子弟交質，壬午，盟于尋陽，俱不受朝命，連名上疏申理王恭，求誅劉牢之及譙王尚之，并訴仲堪無罪，獨被降黜。朝廷深憚之，内外騷然。乃復罷桓脩，以荆州還仲堪，優詔慰諭，以求和解，仲堪等乃受詔。御史中丞江績劾奏桓脩專爲身計，疑誤朝廷，詔免脩官。

初，桓玄在荆州，所爲豪縱，仲堪親黨皆勸仲堪殺之，仲堪不聽。及在尋陽，資其聲地，推玄爲盟主，玄愈自矜倨。楊佺期爲人驕悍，玄每以寒士裁之，佺期甚恨，密説仲堪以玄終爲患，請於壇所襲之。仲堪忌佺期兄弟勇健，恐既殺玄，不可復制，苦禁之。於是各還所鎮。玄亦知佺期之謀，陰有取佺期之志，乃屯於夏口，引始安太守濟陽卞範之爲長史，以爲謀主。是時詔書獨不赦庾楷，玄以楷爲武昌太守。

三年夏四月，以世子元顯爲揚州刺史。元顯以廬江太守張法順爲謀主。

冬十二月，殷仲堪恐桓玄跋扈，乃與楊佺期結婚爲援。佺期屢欲攻玄，仲堪每抑止之。玄恐終爲殷、楊所滅，乃告執政，求廣其所統。執政亦欲交構，使之乖離，乃加玄都督荆州四郡軍事，又以玄兄偉代佺期兄廣爲南蠻校尉。佺期忿懼。楊廣欲拒桓偉，仲堪不聽，出廣爲宜都、建平二郡太守。楊孜敬先爲江夏相，玄以兵襲而劫之，以爲諮議參軍。

佺期勒兵建牙，聲云援洛，欲與仲堪共襲玄。仲堪雖外結佺期，而內疑其心，苦止之，猶慮弗能禁，遣從弟遹屯于北境以遏佺期。佺期既不能獨舉，又不測仲堪本意，乃解兵。仲堪多疑少決，諮議參軍羅企生謂其弟遵生曰：「殷侯仁而無斷，必及於難。吾蒙知遇，義不可去，必將死之。」

是歲，荆州大水，平地三丈，仲堪竭倉廩以賑飢民。桓玄欲乘其虚而伐之，乃發兵西上，亦聲言救洛，與仲堪書曰：「佺期受國恩而棄山陵，宜共罪之。今當入沔討除佺期，已頓兵江口。若見與無貳，可收楊廣殺之；如其不爾，便當帥兵入江。」時巴陵有積穀，玄先遣兵襲取之。梁州刺史郭銓當之官，路經夏口，玄詐稱朝廷遣銓爲己前鋒，乃授以江夏之衆，使督諸軍並進，密報兄偉令爲內應。偉遑遽不知所爲，自齎疏示仲堪。仲堪執偉爲質，令與玄書，辭甚苦至。玄曰：「仲堪爲人無決，常懷成敗之計，爲兒子作慮，我兄必無憂也。」

仲堪遣殷遹帥水軍七千至西江口，玄使郭銓、苻宏擊之，遹等敗走。玄頓巴陵，食其穀。仲堪遣楊廣及弟子道護等拒之，皆爲玄所敗。江陵震駭。城中乏食，以胡麻廩軍士。玄乘勝至零口，去江陵二十里，仲堪急召楊佺期以自救。佺期曰：「江陵無食，何以待敵？可來見就，共守襄陽。」仲堪志在全軍保境，不欲棄州逆走，乃紿之曰：「比來收集，已有儲矣。」佺期信之，帥步騎八千，精甲耀日，至江陵，仲堪唯以飯餉其軍。佺期大怒曰：「今兹敗矣！」不見仲堪，與其兄廣共擊玄。玄畏其鋭，退軍馬頭。明日，佺期引兵急擊郭銓，幾獲之。會玄兵至，佺期大敗，單騎奔襄陽。仲堪出奔酇城。玄遣將軍馮該追佺期及廣，皆獲而殺之，傳首建康。佺期弟思平、從弟尚保、孜敬逃入蠻中。仲堪聞佺期死，將數百人將奔長安，至冠軍城，該追獲之，還至柞溪，逼令自殺，并殺殷道護。仲堪奉天師道，禱請鬼神，不吝財賄，而嗇於周急。好爲小惠以悦人，病者自爲胗脈分藥。用計倚伏煩密，而短於鑒略，故至於敗。

仲堪之走也，文武無送者，惟羅企生從之。路經家門，弟遵生曰：「作如此分離，何可不一執手！」企生旋馬授手，遵生有力，因牽下之，曰：「家有老母，去將何之？」企生揮淚曰：「今日之事，我必死之，汝等奉養，不失子道。一門之中，有忠與孝，亦復何恨。」遵生抱之愈急，仲堪於路待之，見企生無脱理，策馬而去。及玄至，荆州人士無不詣玄者，企生獨不往，而營理仲堪家事。或曰：「如此，禍必至矣。」企生曰：「殷侯遇我以國士，爲弟所制，不得隨之共殄醜逆，復何面目就桓求生乎！」玄聞之怒，然待企生素厚，先遣人謂曰：「若謝我，當釋汝。」企生曰：「吾爲殷荆州吏，荆州敗不能救，尚何謝爲？」玄乃收之，復遣人問企生欲何言。企生曰：「文帝殺嵇康，嵇紹爲晋忠臣。從公乞一弟以養老母。」玄乃殺企生而赦其弟。

四年春三月，桓玄既克荆、雍，表求領荆、江二州。詔以玄爲都督荆司雍秦梁益寧七州諸軍事、荆州刺史，以中護軍桓脩爲江州刺史。玄上疏固求江州，於是進玄督八州及揚豫八郡諸軍事，復領江州刺史。玄輒以兄偉爲雍州刺史，朝廷不能違。又以從子振爲淮南太守。

五年冬十二月，桓玄表其兄偉爲江州刺史，鎮夏口；司馬刁暢爲輔國將軍，督八郡軍事，鎮襄陽。遣其將皇甫敷、馮該戍湓口。移沮、漳蠻二千户于江南，立武寧郡。更招集流民，立綏安郡。詔徵廣州刺史刁逵、豫章太守郭昶之，玄皆留不遣。

玄自謂有晉國三分之二，數使人上己符瑞，欲以惑衆。又致牋於會稽王道子曰：「賊造近郊，以風不得進，以雨不致火，食盡故去耳，非力屈也。昔國寶死後，王恭不乘此威入統朝政，足見其心非侮於明公也，而謂之不忠。今之貴要腹心，有時流清望者誰乎？豈可云無佳勝，直是不能信之耳。爾來一朝一夕，遂成今日之禍。在朝君子，皆畏禍不言，玄忝任在遠，是以披寫事實。」元顯見之，大懼。

張法順謂元顯曰：「桓玄承藉世資，素有豪氣，既并殷、楊，專有荆、楚，第下之所控引，止三吴耳。孫恩爲亂，東土塗地，公私困竭，玄必乘此縱其姦兇，竊用憂之。」元顯曰：

「爲之奈何？」法順曰：「玄始得荆州，人情未附，方務綏撫，未暇他圖。若乘此際使劉牢之爲前鋒，而第下以大軍繼進，玄可取也。」元顯以爲然。會武昌太守庾楷以玄與朝廷構怨，恐事不成，禍及於己，密使人自結於元顯，云「玄大失人情，衆不爲用。若朝廷遣軍，己當爲内應」。元顯大喜，遣張法順至京口謀於劉牢之，牢之以爲難。法順還謂元顯曰：「觀牢之言色，必貳於我，不如召入殺之；不爾，敗人大事。」元顯不從。於是大治水軍，徵兵裝艦，以謀討玄。

元興元年春正月庚午朔，下詔罪狀桓玄。以尚書令元顯爲驃騎大將軍、征討大都督，都督十八州諸軍事，加黄鉞。又以鎮北將軍劉牢之爲前鋒都督，前將軍譙王尚之爲後部。因大赦，改元，内外戒嚴。加會稽王道子太傅。

元顯欲盡誅諸桓。中護軍桓脩，驃騎長史王誕之甥也，誕有寵於元顯，固陳脩等與玄志趣不同，元顯乃止。誕，導之曾孫也。

張法順言於元顯曰：「桓謙兄弟每爲上流耳目，宜斬之以杜姦謀。且事之濟不，繫在前軍，而牢之反覆，萬一有變，則禍敗立至。可令牢之殺謙兄弟，以示無貳心，若不受命，當逆爲其所。」元顯曰：「今非牢之無以敵玄，且始事而誅大將，人情不安。」再三不可。又以桓氏世爲荆土所附，桓冲特有遺惠，而謙，冲之子也，乃自驃騎司馬除都督荆益寧梁四州諸軍事、荆州刺史，欲以結西人之心。

東土遭孫恩之亂，因以饑饉，漕運不繼。桓玄禁斷江路，商旅俱絶，公私匱乏，以秤、橡給士卒。玄謂朝廷方多憂虞，必未暇討己，可以蓄力觀釁。及大軍將發，從兄太傅長史石生密以書報之。玄大驚，欲完聚保江陵。長史卞範之曰：「明公英威振於遠近，元顯口尚乳臭，劉牢之大失物情，若兵臨近畿，示以禍福，土崩之勢，可翹足而待，何有延敵入境，自取窮蹙者乎？」玄從之，留桓偉守江陵，抗表傳檄，罪狀元顯，舉兵東下。檄至，元顯大懼。二月丙午，帝餞元顯于西池，元顯下船而不發。

桓玄發江陵，慮事不捷，常爲西還之計。及過尋陽，不見官軍，意甚喜，將士之氣亦振。庾楷謀泄，玄囚之。

丁巳，詔遣齊王柔之以騶虞幡宣告荆、江二州，使罷兵，玄前鋒殺之。柔之，宗之子也。丁卯，玄至姑孰，使其將馮該等攻歷陽，襄城太守司馬休之嬰城固守。玄軍斷洞浦，焚豫州舟艦。豫州刺史譙王尚之帥步卒九千陣於浦上，遣武都太守楊秋屯横江。秋降于玄軍。尚之衆潰，逃于涂中，玄捕獲之。司馬休之出戰而敗，棄城走。

劉牢之素惡驃騎大將軍元顯，恐桓玄既滅，元顯益驕恣，又恐己功名愈盛，不爲元顯所容。且自恃材武，擁强兵，欲假玄以除執政，復伺玄之隙而自取之，故不肯討玄。元顯日夜昏酣，以牢之爲前鋒，牢之驟詣門，不得見，及帝出餞元顯，遇之公坐而已。

牢之軍溧洲，參軍劉裕請擊玄，牢之不許。玄使牢之族舅何穆説牢之曰：「自古戴震主之威，挾不賞之功而能自全者，誰邪？越之文種，秦之白起，漢之韓信，皆事明主，爲之盡力，功成之日，猶不免誅夷，況爲凶愚者之用乎？君如今日戰勝則傾宗，戰敗則覆族，欲以此安歸乎？不若翻然改圖，則可以長保富貴矣。古人射鉤斬袪，猶不害爲輔佐，況玄與君無宿昔之怨乎。」時譙王尚之已敗，人情愈恐，牢之頗納穆言，與玄交通。東海中尉東海何無忌，牢之之甥也，與劉裕極諫，不聽。其子驃騎從事中郎敬宣諫曰：「今國家衰危，天下之重在大人與玄。玄藉父、叔之資，據有全楚，割晋國三分之二，一朝縱之，使陵朝廷，玄威望既成，恐難圖也，董卓之變，將在今矣。」牢之怒曰：「吾豈不知，今日取玄如反覆手耳，但平玄之後，令我奈驃騎何？」三月乙巳朔，牢之遣敬宣詣玄請降。玄陰欲誅牢之，乃與敬宣宴飲，陳名書畫共觀之，以安悦其意。敬宣不知覺，玄佐吏莫不相視而笑。玄板敬宣爲諮議參軍。

元顯將發，聞玄已至新亭，棄船退屯國子學。辛未，陳於宣陽門外。軍中相驚，言玄已至南桁，元顯引兵欲還宮。玄遣人拔刀隨後大呼曰：「放仗！」軍人皆崩潰，元顯乘馬走入東府，唯張法順一騎隨之。元顯問計於道子，道子但對之涕泣。玄遣太傅從事中郎毛泰收元顯送新亭，縛於舫前而數之；元顯曰：「爲王誕、張法順所誤耳。」

壬申，復隆安年號。帝遣侍中勞玄於安樂渚。玄入京師，稱詔解嚴，以玄總百揆，都督中外諸軍事、丞相、録尚書事、揚州牧、領徐荆江三州刺史，假黄鉞。玄以桓偉爲荆州刺史，桓謙爲尚書左僕射，桓脩爲徐兗二州刺史，桓石生爲江州刺史，卞範之爲丹楊尹。

初，玄之舉兵，侍中王謐奉詔詣玄，玄親禮之。及玄輔政，以謐爲中書令。謐，導之孫也。新安太守殷仲文，覬之弟也，玄姊爲仲文妻。仲文聞玄克京師，棄郡投玄，玄以爲諮議參軍。劉邁往見玄，玄曰：「汝不畏死，而敢來邪？」邁曰：「射鉤斬袪，并邁爲三。」玄悦，以爲參軍。

癸酉，有司奏：「會稽王道子酣縱不孝，當棄市。」詔徙安成郡。斬元顯及東海王彦璋、譙王尚之、庾楷、張法順、毛泰等於建康市。桓脩爲王誕固請，得流嶺南。

玄以劉牢之爲會稽内史。牢之曰：「始爾，便奪我兵，禍其至矣。」劉敬宣請歸諭牢之使受命，玄遣之。敬宣勸牢之襲玄，牢之猶豫不決，移屯班瀆，私告劉裕曰：「今當北就高雅之於廣陵，舉兵以匡社稷，卿能從我去乎？」裕曰：「將軍以勁卒數萬，望風降服，彼新得志，威震天下，朝野人情皆已去矣，廣陵豈可得至邪？裕當反服還京口耳。」何無忌謂裕曰：「我將何之？」裕曰：「吾觀鎮北必不免，卿可隨我還京口。桓玄若守臣節，當與卿事之；不然，當與卿圖之。」

於是牢之大集僚佐，議據江北以討玄。參軍劉襲曰：「事之不可者莫大於反。將軍往年反王兗州，近日反司馬郎君，今復反桓公，一人三反，何以自立？」語畢，趨出，佐吏多散走。牢之懼，使敬宣之京口迎家，失期不至。牢之以爲事已泄，爲玄所殺，乃帥部曲北走，至新洲，縊而死。敬宣至，不暇哭，即渡江奔廣陵。將吏共殯斂牢之，以其喪歸丹徒。玄令斲棺斬首，暴尸於市。

桓玄讓丞相、荆江徐三州，改授太尉、都督中外諸軍事、揚州牧、領豫州刺史，總百揆。司馬休之、劉敬宣、高雅之俱奔洛陽，求救於秦。

夏四月，太尉玄出屯姑孰，辭録尚書事，詔許之；而大政皆就諮焉，小事則決於尚書令桓謙及卞範之。自隆安以來，中外之人厭於禍亂。及玄初至，黜姦佞，擢儁賢，京師欣然，冀得少安。既而玄奢豪縱逸，政令無常，朋黨互起，陵侮朝廷，裁損乘輿供奉之具，帝幾不免飢寒，由是衆心失望。三吴大饑，户口減半，會稽減什三四，臨海、永嘉殆盡，富室皆衣羅紈，懷金玉，閉門相守餓死。

秋八月，太尉玄諷朝廷以玄平元顯功，封豫章公，平殷、楊功，封桂陽公，并本封南郡如故。玄以豫章封其子昇，桂陽封其兄子俊。

冬十月，太尉玄殺吴興太守高素、將軍竺謙之及謙之從兄朗之、劉襲并襲弟季武，皆劉牢之北府舊將也。襲兄冀州刺史軌邀司馬休之、劉敬宣、高雅之等共據山陽，欲起兵攻玄，不克而走。將軍袁虔之、劉壽、高長慶、郭恭等皆往從之，將奔魏。至陳留南，分爲二輩，軌、休之、敬宣奔南燕，虔之、壽、長慶、恭奔秦。

冬十二月，太尉玄使御史杜林防衛會稽文孝王道子至安成，林承玄旨，酖道子，殺之。袁虔之等至長安，秦王興問曰：「桓玄才略何如其父，卒能成功乎？」虔之曰：「玄乘晉室衰亂，盜據宰衡，猜忌安忍，刑賞不公，以臣觀之，不如其父遠矣。玄今已執大柄，其勢必將篡逆，正可爲他人驅除耳。」興善之，以虔之爲廣州刺史。

二年二月乙卯，以太尉玄爲大將軍。丁巳，玄殺冀州刺史孫無終。玄上表請帥諸軍掃平關、洛，既而諷朝廷下詔不許，乃云「奉詔故止」。玄初欲飭裝，先命作輕舸載服玩、書畫，或問其故。玄曰：「兵凶戰危，脱有意外，當使輕而易運。」衆皆笑之。

秋八月，荆州刺史桓偉卒，大將軍玄以桓脩代之。從事中郎曹靖之説玄曰：「謙、脩兄弟專據内外，權勢太重。」玄乃以南郡相桓石康爲荆州刺史。石康，豁之子也。

九月，侍中殷仲文、散騎常侍卞範之勸大將軍玄早受禪，陰撰九錫文及册命。以桓謙爲侍中、開府、録尚書事，王謐爲中書監、領司徒，桓胤爲中書令，加桓脩撫軍大將軍。胤，沖之孫也。丙子，册命玄爲相國，總百揆，封十郡爲楚王，加九錫，楚國置丞相以下官。

桓謙私問彭城内史劉裕曰：「楚王勳德隆重，朝廷之情，咸謂宜有揖讓，卿以爲何如？」裕曰：「楚王，宣武之子，勳德蓋世。晉室微弱，民望久移，乘運禪代，有何不可？」謙喜曰：「卿謂之可即可耳。」

新野人庾仄，殷仲堪之黨也，聞桓偉死，石康未至，乃起兵襲雍州刺史馮該於襄陽，走之。仄有衆七千，設壇祭七廟，云「欲討桓玄」，江陵震動。石康至州，發兵攻襄陽，仄敗，奔秦。

冬十月，楚王玄上表請歸藩，使帝作手詔固留之。又詐言錢塘臨平湖開，江州甘露降，使百僚集賀，用爲己受命之符。又以前世皆有隱士，恥於己時獨無，求得西朝隱士安定皇甫謐六世孫希之，給其資用，使隱居山林，徵爲著作郎，使希之固辭不就，然後下詔旌禮，號曰「高士」，時人謂之「充隱」。又欲廢錢用穀帛及復肉刑，制作紛紜，志無一定，變更回復，卒無所施行。性復貪鄙，人士有法書、好畫及佳園宅，必假蒲博而取之，尤愛珠玉，未嘗離手。

十一月，詔楚王玄行天子禮樂，妃爲王后，世子爲太子。丁丑，卞範之爲禪詔，使臨川王寶逼帝書之。寶，晞之曾孫也。庚辰，帝臨軒，遣兼太保、領司徒王謐奉璽綬禪位于楚。壬午，帝出居永安宮。癸未，遷太廟神主于琅邪國。穆章何皇后及琅邪王德文皆徙居司徒府。百官詣姑孰勸進。十二月庚寅朔，玄築壇於九井山北，壬辰，即皇帝位。册文多非薄晉室，或諫之，玄曰：「揖讓之文，正可陳之於下民耳，豈可欺上帝乎！」大赦，改元永始。以南康之平固縣封帝爲平固王，降何后爲零陵縣君，琅邪王德文爲石陽縣公，武陵王遵爲彭澤縣侯。追尊父温爲宣武皇帝，廟號太祖，南康公主爲宣皇后。封子昇爲豫章王。以會稽内史王愉爲尚書僕射，愉子相國左長史綏爲中書令。綏，桓氏之甥也。戊戌，玄入建康宮，登御坐而牀忽陷，羣下失色。殷仲文曰：「將由聖德深厚，地不能載。」玄大悦。梁王珍之國臣孔樸奉珍之奔壽陽。珍之，晞之曾孫也。辛亥，桓玄遷帝於尋陽。癸丑，納桓温神主于太廟。桓玄臨聽訟觀閲囚徒，罪無輕重，多得原放，有干輿乞者，時或卹之。其好行小惠如此。

三年春正月，桓玄立其妻劉氏爲皇后。劉氏，喬之曾孫也。玄以其祖彝以上名位不顯，不復追尊立廟。散騎常侍徐廣曰：「『敬其父則子悦。』請依故事立七廟。」玄曰：「禮，大祖東向，左昭右穆。晉立七廟，宣帝不得正東向之位，何足法也。」秘書監卞承之謂廣曰：「若宗廟之祭果不及祖，有以知楚德之不長矣。」廣，邈之弟也。

玄自即位，心常不自安。二月己丑朔，夜，濤水入石頭，流殺人甚多，讙譁震天。玄聞之懼，曰：「奴輩作矣！」

玄性苛細，好自矜伐。主者奏事，或一字不體，或片辭之謬，必加糾擿，以示聰明。尚書答詔誤書「春蒐」爲「春菟」，自左丞王納之以下，凡所關署，皆被降黜。或手注直官，或自用令史，詔令紛紜，有司奉答不暇；而紀綱不治，奏案停積，不能知也。又性好遊畋，或一日數出。遷居東宮，更繕宮室，土木並興，督迫嚴促。朝野騷然，思亂者衆。

玄遣使加益州刺史毛璩散騎常侍、左將軍。璩執留玄使，不受其命。璩，寶之孫也。玄以桓希爲梁州刺史，分命諸將戍三巴以備之。璩傳檄遠近，列玄罪狀，遣巴東太守柳約之、建平太守羅述、征虜司馬甄季之擊破希等，仍帥衆進屯白帝。

玄以桓弘爲青州刺史，鎮廣陵；刁逵爲豫州刺史，鎮歷陽。弘，脩之弟；逵，彝之子也。

初，太原王元德及弟仲德爲苻氏起兵攻燕主垂，不克，來奔，朝廷以元德爲弘農太守。仲德見桓玄稱帝，謂人曰：「自古革命誠非一族，然今之起者，恐不足以成大事。」

平昌孟昶爲青州主簿，桓弘使昶至建康，玄見而悅之，謂劉邁曰：「素士中得一尚書郎，卿與共州里，寧相識否？」邁素與昶不善，對曰：「臣在京口，不聞昶有異能，唯聞父子紛紛更相贈詩耳。」玄笑而止。昶聞而恨之。既還京口，裕謂昶曰：「草間當有英雄起，卿頗聞乎？」昶曰：「今日英雄有誰，正當是卿耳。」

於是裕、毅、無忌、元德、仲德、昶及裕弟道規、任城魏詠之、高平檀憑之、琅邪諸葛長民、河內太守隴西辛扈興、振威將軍東莞童厚之，相與合謀起兵。道規爲桓弘中兵參軍，裕使毅就道規及昶於江北，共殺弘，據廣陵。長民爲刁逵參軍，使長民殺逵，據歷陽。元德、扈興、厚之在建康，使之聚衆攻玄，爲內應。刻期齊發。

孟昶妻周氏富於財，昶謂之曰：「劉邁毀我於桓公，使我一生淪陷，我決當作賊。卿幸早離絶，脱得富貴，相迎不晚也。」周氏曰：「君父母在堂，欲建非常之謀，豈婦人所能諫。事之不成，當於奚官中奉養大家，義無歸志也。」昶愴然，久之而起。周氏追昶坐曰：「觀君舉措，非謀及婦人者，不過欲得財物耳。」因指懷中兒示之曰：「此而可賣，亦當不惜。」遂傾貲以給之。昶弟顗妻，周氏之從妹也，周氏紿之曰：「昨夜夢殊不祥，門內絳色物宜悉取以爲厭勝。」妹信而與之，遂盡縫以爲軍士袍。

何無忌夜於屏風裏草檄文，其母劉牢之姊也，登橙密窺之，泣曰：「吾不及東海吕母明矣，汝能如此，吾復何恨！」問所與同謀者，曰：「劉裕。」母尤喜，因爲言玄必敗，舉事必成之理以勸之。

乙卯，裕託以遊獵，與無忌收合徒衆，得百餘人。丙辰，詰旦，京口城開，無忌著傳詔服，稱敕使，居前，徒衆隨之齊入，即斬桓脩以徇。脩司馬刁弘帥文武佐吏來赴，裕登城謂之曰：「郭江州已奉乘輿返正於尋陽，我等並被密詔誅除逆黨，今日賊玄之首已當梟於大航矣。諸君非大晉之臣乎？今來欲何爲？」弘等信之，收衆而退。

裕問無忌曰：「今急須一府主簿，何由得之？」無忌曰：「無過劉道民。」道民者，東莞劉穆之也。裕曰：「吾亦識之。」即馳信召焉。時穆之聞京口讙譟聲，晨起出陌頭，屬與信會。穆之直視不言者久之，既而返室，壞布裳爲袴，往見裕。裕曰：「始舉大義，方造艱難，須一軍吏甚急，卿謂誰堪其選？」穆之曰：「貴府始建，軍吏實須其才，倉猝之際，略當無見踰者。」裕笑曰：「卿能自屈，吾事濟矣。」即於坐署主簿。

孟昶勸桓弘其日出獵，天未明，開門出獵人。昶與劉毅、劉道規帥壯士數十人直入，弘方噉粥，即斬之，因收衆濟江。裕使毅誅刁弘。

先是，裕遣同謀周安穆入建康報劉邁，邁雖酬許，意甚惶懼，安穆慮事泄，乃馳歸。玄以邁爲竟陵太守，邁欲亟之郡，是夜，玄與邁書曰：「北府人情云何？卿近見劉裕何所道？」邁謂玄已知其謀，晨起，白之。玄大驚，封邁爲重安侯。既而嫌邁不執安穆，使得逃去，乃殺之，悉誅元德、扈興、厚之等。

衆推劉裕爲盟主，總督徐州事。以孟昶爲長史，守京口，檀憑之爲司馬。彭城人應募者，裕悉使郡主簿劉鍾統之。丁巳，裕帥二州之衆千七百人，軍于竹里，移檄遠近，聲言益州刺史毛璩已定荆、楚，江州刺史郭昶之奉迎主上返正於尋陽，鎮北參軍王元德等並帥部曲保據石頭，揚武將軍諸葛長民已據歷陽。

玄移還上宮，召侍官皆入止省中。加揚州刺史新安王桓謙征討都督，以殷仲文代桓脩爲徐兗二州刺史。謙等請亟遣兵擊裕，玄曰：「彼兵鋭甚，計出萬死，若有蹉跌，則彼氣成而吾事去矣，不如屯大衆於覆舟山以待之。彼空行二百里，無所得，鋭氣已挫，忽見大軍，必驚愕。我案兵堅陣，勿與交鋒，彼求戰不得，自然散走，此策之上也。」謙等固請擊之，乃遣頓丘太守吳甫之、右衛將軍皇甫敷相繼北上。

玄憂懼特甚。或曰：「裕等烏合微弱，勢必無成，陛下何慮之深？」玄曰：「劉裕足爲一世之雄；劉毅家無檐石之儲，摴蒱一擲百萬；何無忌酷似其舅：共舉大事，何謂無成？」

初，袁真殺朱憲，憲弟綽逃奔桓温。温克壽陽，綽輒發真棺，戮其尸。温怒，將殺之，桓沖請而免之。綽事沖如父，沖薨，綽嘔血而卒。劉裕克京口，以綽子齡石爲建武參軍。三月戊午朔，裕軍與吳甫之遇於江乘。將戰，齡石言於裕曰：「齡石世受桓氏厚恩，不欲以兵刃相向，乞在軍後。」裕義而許之。甫之，玄驍將也，其兵甚鋭。裕手執長刀大呼以衝之，衆皆披靡，即斬甫之。進至羅落橋，皇甫敷帥數千人逆戰，寧遠將軍檀憑之敗死。裕進戰彌厲，敷圍之數重，裕倚大樹挺戰。敷曰：「汝欲作何死？」拔戟將刺之，裕瞋目叱之，敷辟易。裕黨俄至，射敷中額而踣，裕援刀直進。敷曰：「君有天命，以子孫爲託。」裕斬之，厚撫其孤。裕以檀憑之所領兵配參軍檀祗。祗，憑之之從子也。

玄聞二將死，大懼，召諸道術人推算及爲厭勝。問羣臣曰：「朕其敗乎？」吏部郎曹靖之對曰：「民怨神怒，臣實懼焉。」玄曰：「民或可怨，神何爲怒？」對曰：「晉氏宗廟飄泊江濱，大楚之祭上不及祖，此其所以怒也。」玄曰：「卿何不諫？」對曰：「輦上君子皆以爲堯、舜之世，臣何敢言。」玄默然。使桓謙及遊擊將軍何澹之屯東陵，侍中、後將軍卞範之屯覆舟山西，衆合二萬。

己未，裕軍食畢，悉棄其餘糧，進至覆舟山東，使羸弱登山，張旗幟爲疑兵，數道並前，布滿山谷。玄偵候者還，云「裕軍四塞，不知多少」。玄益憂恐，遣武衛將軍庾賾之帥精卒副援諸軍。謙等士卒多北府人，素畏伏裕，莫有鬭志。裕與劉毅等分爲數隊，進突謙陳。裕以身先之，將士皆殊死戰，無不一當百，呼聲動天地。時東北風急，因縱火焚之，煙炎熛天，鼓噪之音，震動京邑，謙等諸軍大潰。

玄时雖遣軍拒裕，而走意已决，潛使領軍將軍殷仲文具舟於石頭。聞謙等敗，帥親信數千人，聲言赴戰，遂將其子昇兄子濬出南掖門。遇前相國參軍胡藩，執馬鞚諫曰：「今羽林射手猶有八百，皆是義故。西人受累世之恩，不驅令一戰，一旦捨此，欲安之乎？」玄不對，但舉策指天，因鞭馬而走，西趨石頭，與仲文等浮江南走。經日不食，左右進粗飯，玄咽不能下，昇抱其胸而撫之，玄悲不自勝。

裕入建康，王仲德抱元德子方回出候裕，裕於馬上抱方回與仲德對哭，追贈元德給事中，以仲德爲中兵參軍。裕止桓謙故營，遣劉鍾據東府。庚申，裕屯石頭城，立留臺百官。焚桓温神主於宣陽門外，造晋新主納于太廟。遣諸將追玄，尚書王嘏帥百官奉迎乘輿。誅玄宗族在建康者。裕使臧熹入宫收圖書、器物，封閉府庫。有金飾樂器，裕問熹：「卿得無欲此乎？」熹正色曰：「皇上幽逼，播越非所，將軍首建大義，劬勞王家，雖復不肖，實無情於樂。」裕笑曰：「聊以戲卿耳。」熹，燾之弟也。

壬戌，玄司徒王謐與衆議推裕領揚州，裕固辭。乃以謐爲侍中、領司徒、揚州刺史、録尚書事，謐推裕爲使持節、都督揚徐兗豫青冀幽并八州諸軍事、徐州刺史，劉毅爲青州刺史，何無忌爲琅邪内史，孟昶爲丹楊尹，劉道規爲義昌太守。

裕始至建康，諸大處分皆委於劉穆之，倉猝立定，無不允愜。裕遂託以腹心，動止諮焉。穆之亦竭節盡誠，無所遺隱。時晉政寬弛，綱紀不立，豪族陵縱，小民窮蹙，重以司馬元顯政令違舛，桓玄雖欲釐整，而科條繁密，衆莫之從。穆之斟酌時宜，隨方矯正，裕以身範物，先以威禁内外，百官皆肅然奉職。不盈旬日，風俗頓改。

初，諸葛長民至豫州，失期，不得發。刁逵執長民，檻車送桓玄。至當利而玄敗，送人共破檻出長民，還趣歷陽。逵棄城走，爲其下所執，斬於石頭，子姪無少長皆死，唯赦其季弟給事中騁。逵故吏匿其弟子雍送洛陽，秦王興以爲太子中庶子。裕以魏詠之爲豫州刺史，鎮歷陽，諸葛長民爲宣城内史。

初，裕名微位薄，輕狡無行，盛流皆不與相知，惟王謐獨奇貴之。謂裕曰：「卿當爲一代英雄。」裕嘗與刁逵摴蒲，不時輸直，逵縛之馬(柳)〔枊〕，謐見之，責逵而釋之，代之還直。由是裕深憾逵而德謐。

蕭方等曰：夫蛟龍潛伏，魚蝦褻之，是以漢高赦雍齒，魏武免梁鵠，安可以布衣之嫌而成萬乘之隙也。今王謐爲公，刁逵亡族，醻恩報怨，何其狹哉！

丁卯，劉裕還鎮東府。

桓玄至尋陽，郭昶之給其器用、兵力。辛未，玄逼帝西上，劉毅帥何無忌、劉道規等諸軍追之。玄留龍驤將軍何澹之、前將軍郭銓與郭昶之守湓口。

丙戌，劉裕稱受帝密詔，以武陵王遵承制總百官行事，因大赦，惟桓玄一族不宥。劉敬宣、高雅之謀殺南燕主備德，推司馬休之爲主。雅之邀劉軌同謀，軌不從。謀頗泄，敬宣等南走，南燕人收軌殺之，追及雅之，又殺之。敬宣、休之至淮、泗間，聞桓玄敗，遂來歸，劉裕以敬宣爲晉陵太守。

夏四月己丑，武陵王遵入居東宮，內外畢敬。遷除百官稱制書，教稱令書。以司馬休之監荆益梁寧秦雍六州諸軍事、領荆州刺史。

庚寅，桓玄挾帝至江陵，桓石康納之。玄更署置百官，以卞範之爲尚書僕射。自以奔敗之後，恐威令不行，乃更增峻刑罰，衆益離怨。殷仲文諫，玄怒曰：「今以諸將失律，天文不利，故還都舊楚，而羣小紛紛，妄興異議。方當糾之以猛，未可施之以寬也。」荆江諸郡聞玄播越，有上表奔問起居者，玄皆不受，更令所在賀遷新都。初，王謐爲玄佐命元臣，玄之受禪，謐手解帝璽綬。及玄敗，衆謂謐宜誅，劉裕特保全之。劉毅嘗因朝會，問謐璽綬所在。謐內不自安，逃奔曲阿。裕牋白武陵王，迎還復位。

桓玄兄子歆引氐帥楊秋寇歷陽，魏詠之帥諸葛長民、劉敬宣、劉鍾共擊破之，斬楊秋於練固。

玄使武衛將軍庾稚祖、江夏太守桓道恭帥數千人就何澹之等共守湓口。何無忌、劉道規至桑落洲，庚戌，澹之等引舟師逆戰。澹之常所乘舫，羽儀旗幟甚盛。無忌曰：「賊帥必不居此，欲詐我耳，宜亟攻之。」衆曰：「澹之不在其中，得之無益。」無忌曰：「今衆寡不敵，戰無全勝，澹之既不居此舫，戰士必弱，我以勁兵攻之必得之，得之，則彼勢沮而我氣倍，因而薄之，破賊必矣。」道規曰：「善。」遂往攻而得之，因傳呼曰：「已得何澹之矣。」澹之軍中驚擾，無忌之衆亦以爲然，乘勝進攻澹之等，大破之。無忌等克湓口，進據尋陽，遣使奉送宗廟主祏還京師。加劉裕都督江州諸軍事。

桑落之戰，胡藩所乘艦爲官軍所燒，藩全鎧入水，潛行三十許步乃得登岸。時江陵路已絶，乃還豫章。劉裕素聞藩爲人忠直，引參領諸軍事。

桓玄收集荆州兵，曾未三旬，有衆二萬，樓船、器械甚盛。甲寅，玄復帥諸軍挾帝東下，以苻宏領梁州刺史，爲前鋒。又使散騎常侍徐放先行，説劉裕等曰：「若能旋軍散甲，當與之更始，各授位任，令不失分。」劉裕以諸葛長民都督淮北諸軍事，鎮山陽；以劉敬宣爲江州刺史。

劉毅、何無忌、劉道規、下邳太守平昌孟懷玉帥衆自尋陽西上，五月癸酉，與桓玄遇於峥嶸洲。毅等兵不滿萬人，而玄戰士數萬，衆憚之，欲退還尋陽。道規曰：「不可。彼衆我寡，强弱異勢，今若畏懦不進，必爲所乘，雖至尋陽，豈能自固。玄雖竊名雄豪，内實恇怯，加之已經奔敗，衆無固心。決機兩陣，將雄者克，不在衆也。」因麾衆先進，毅等從之。玄衆大潰，燒輜重夜遁。郭銓詣毅降。

玄故將劉統、馮稚等聚黨四百人襲破尋陽城，毅遣建威將軍劉懷肅討平之。懷肅，懷敬之弟也。

玄挾帝單舸西走，留永安何皇后及王皇后於巴陵。殷仲文時在玄艦，求出別船收集散卒，因叛玄，奉二后奔夏口，遂還建康。

己卯，玄與帝入江陵。馮該勸使更下戰，玄不從，欲奔漢中就桓希，而人情乖沮，號令不行。庚辰夜中，處分欲發，城内已亂，乃與親近腹心百餘人乘馬出城西走。至城門，左右於闇中斫玄，不中，其徒更相殺害，前後交横。玄僅得至船，左右分散，惟卞範之在側。

辛巳，荆州别駕王康産奉帝入南郡府舍，太守王騰之帥文武爲侍衛。

玄將之漢中，屯騎校尉毛脩之，璩之弟子也，誘玄入蜀，玄從之。寧州刺史毛璠，璩之弟也，卒於官。璩使其兄孫祐之及參軍費恬帥數百人送璠喪歸江陵，壬午，遇玄於枚回洲。祐之、恬迎擊玄，矢下如雨，玄嬖人丁仙期、萬蓋等以身蔽玄，皆死。益州督護漢嘉馮遷抽刀前欲擊玄，玄拔頭上玉導與之，曰：「汝何人，敢殺天子！」遷曰：「我殺天子之賊耳。」遂斬之，又斬桓石康、桓濬、庾頤之，執桓昇送江陵，斬於市。乘輿反正於江陵，以毛脩之爲驍騎將軍。甲申，大赦，諸以畏逼從逆者一無所問。戊寅，奉神主于太廟。劉毅等傳送玄首，梟于大桁。

毅等既戰勝，以爲大事已定，不急追躡，又遇風，船未能進，玄死幾一旬，諸軍猶未至。時桓謙匿於沮中，揚武將軍桓振匿於華容浦。玄故將王稚徽戍巴陵，遣人報振，云：「桓歆已克京邑，馮稚復克尋陽，劉毅諸軍並中路敗退。」振大喜，聚黨得二百人，襲江陵，桓謙亦聚衆應之。閏月己丑，復陷江陵，殺王康産、王騰之。振見帝於行宫，躍馬奮戈，直至階下，問桓昇所在。聞其已死，瞋目謂帝曰：「臣門户何負國家，而屠滅若是！」琅邪王德文下牀謂曰：「此豈我兄弟意邪。」振欲殺帝，謙苦禁之，乃下馬斂容，致拜而出。壬辰，振爲玄舉哀，立喪庭，謚曰武悼皇帝。

癸巳，謙等帥羣臣奉璽綬於帝曰：「主上法堯禪舜，今楚祚不終，百姓之心復歸於晋矣。」以琅邪王德文領徐州刺史，振爲都督八州諸軍事、荆州刺史，謙復爲侍中、衛將軍，加江豫二州刺史。帝侍御左右，皆振之腹心。

振少薄行，玄不以子姪齒之，至是歎曰：「公昔不早用我，遂致此敗。若使公在，我爲前鋒，天下不足定也。今獨作此，安歸乎？」遂縱意酒色，肆行誅殺。謙勸振引兵下戰，己守江陵，振素輕謙，不從其言。劉毅至巴陵，誅王稚徽。何無忌、劉道規進攻桓謙於馬頭，桓蔚於龍泉，皆破之。蔚，祕之子也。

無忌欲乘勝直趣江陵，道規曰：「兵法屈申有時，不可苟進。諸桓世居西楚，羣小皆爲竭力，振勇冠三軍，難與爭鋒。且可息兵養鋭，徐以計策縻之，不憂不克。」無忌不從。振逆戰於靈溪，馮該以兵會之，無忌等大敗，死者千餘人。退還尋陽，與劉毅等上牋請罪。劉裕以毅節度諸軍，免其青州刺史。桓振以桓蔚爲雍州刺史，鎮襄陽。

柳約之、羅述、甄季之聞桓玄死，自白帝進軍至枝江，聞何無忌等敗於靈溪，亦引兵退。俄而述、季之皆病，約之詣桓振僞降，欲謀襲振，事泄，振殺之。約之司馬時延祖、涪陵太守文處茂收其餘衆保涪陵。

六月，毛璩遣將攻漢中，斬桓希，璩自領梁州。

劉敬宣在尋陽，聚糧繕船，未嘗無備，故何無忌等雖敗退，賴以復振。〔冬十月〕，桓玄兄子亮自稱江州刺史，寇豫章，敬宣擊破之。劉毅、何無忌、劉道規復自尋陽西上，至夏口。桓振遣鎮東將軍馮該守東岸，揚武將軍孟山圖據魯山城，輔國將軍桓仙客守偃月壘，衆合萬人，水陸相援。毅攻魯山城，道規攻偃月壘，無忌遏中流，自辰至午，二城俱潰，生擒山圖、仙客，該走石城。

十二月，劉毅等進克巴陵。毅號令嚴整，所過百姓安悦。劉裕復以毅爲兖州刺史。桓振以桓放之爲益州刺史，屯西陵，文處茂擊破之，放之走還江陵。

是歲，晋民避亂，襁負之淮北者道路相屬。

義熙元年春正月，南陽太守扶風魯宗之起兵襲襄陽，桓蔚走江陵。己丑，劉毅等諸軍至馬頭。桓振挾帝出屯江津，遣使求割江、荆二州，奉送天子，毅等不許。辛卯，宗之擊破振將温楷于柞溪，進屯紀南。振留桓謙、馮該守江陵，引兵與宗之戰，大破之。劉毅等擊破馮該於豫章口，桓謙棄城走。毅等入江陵，執卞範之等斬之。桓振還，望見火起，知城已陷，其衆皆潰，振逃于涢川。

乙未，詔大處分悉委冠軍將軍劉毅。戊戌，大赦，改元，惟桓氏不原。以桓冲忠於王室，特宥其孫胤。以魯宗之爲雍州刺史，毛璩爲征西將軍、都督益梁秦凉寧五州諸軍事，璩弟瑾爲梁秦二州刺史，瑗爲寧州刺史，劉懷肅追斬馮該於石城。桓謙、桓怡、桓蔚、桓謐、何澹之、温楷皆奔秦。怡，弘之弟也。

二月丁巳，留臺備法駕迎帝於江陵，劉毅、劉道規留屯夏口，何無忌奉帝東還。

三月，桓振自鄖城襲江陵，荆州刺史司馬休之戰敗，奔襄陽，振自稱荆州刺史。建威將軍劉懷肅自雲杜引兵馳赴，與振戰於沙橋，劉毅遣廣武將軍唐興助之，臨陣斬振，復取江陵。

甲午，帝至建康。乙未，百官詣闕請罪，詔令復職。尚書殷仲文以朝廷音樂未備，言於劉裕，請治之。裕曰：「今日不暇給，且性所不解。」仲文曰：「好之自解。」裕曰：「正以解則好之，故不習耳。」

庚子，以琅邪王德文爲大司馬，武陵王遵爲太保，劉裕爲侍中、車騎將軍、都督中外諸軍事，徐青二州刺史如故，劉毅爲左將軍，何無忌爲右將軍、督豫州揚州五郡軍事、豫州刺史，劉道規爲輔國將軍、督淮北諸軍事、并州刺史，魏詠之爲征虜將軍、吴國内史。裕固讓不受，加録尚書事，又不受，屢請歸藩。詔百僚敦勸，帝親幸其第，裕惶懼，復詣闕陳請，乃聽歸藩。以魏詠之爲荆州刺史代司馬休之。

初，劉毅嘗爲劉敬宣寧朔參軍，時人或以雄傑許之。敬宣曰：「夫非常之才自有調度，豈得便謂此君爲人豪邪？此君之性，外寬而内忌，自伐而尚人，若一旦遭遇，亦當以陵上取禍耳。」毅聞而恨之。及敬宣爲江州，辭以無功，不宜授任先於毅等，裕不許。毅使人言於裕曰：「劉敬宣不豫建義。猛將勞臣，方須敘報，如敬宣之比，宜令在後。若使君不忘平生，正可爲員外常侍耳。聞已授郡，實爲過優，尋復爲江州，尤用駭惋。」敬宣愈不自安，自表解職，乃召還爲宣城内史。

桓玄餘黨桓亮、苻宏等，擁衆寇亂郡縣者以十數，劉毅、劉道規、檀祇等分兵討滅之，荆、湘、江、豫皆平。〔夏五月〕，詔以毅爲都督淮南等五郡軍事、豫州刺史，何無忌爲都督江東五郡軍事、會稽内史。

二年冬十月，尚書論建義功，奏封劉裕豫章郡公，劉毅南平郡公，何無忌安城郡公，自餘封賞有差。

盧循之亂

晋安帝隆安二年。初，琅邪人孫泰學妖術於錢唐杜子恭，士民多奉之。王珣惡之，流泰於廣州。王雅薦泰於孝武帝，云知養性之方，召還，累官至新安太守。泰知晋祚將終，因王恭之亂，以討恭爲名，收合兵衆，聚貨鉅億，三吴之人多從之。識者皆憂其爲亂，以中領軍元顯與之善，無敢言者。〔冬十二月〕，會稽内史謝輶發其謀，己酉，會稽王道子使元顯誘而斬之，并其六子。兄子恩逃入海，愚民猶以爲泰蟬蜕不死，就海中資給恩。恩乃聚合亡命，得百餘人，以謀復讎。

三年。會稽世子元顯，性苛刻，生殺任意，發東土諸郡免奴爲客者，號曰「樂屬」，移置京師，以充兵役，東土囂然苦之。〔冬十月〕，孫恩因民心騷動，自海島帥其黨殺上虞令，遂攻會稽。會稽內史王凝之，羲之之子也，世奉天師道，不出兵亦不設備，日於道室稽顙跪呪。官屬請出兵討恩，凝之曰：「我已請大道，借鬼兵守諸津要，各數萬，賊不足憂也。」及恩漸近，乃聽出兵，恩已至郡下。甲寅，恩陷會稽，凝之出走，恩執而殺之，并其諸子。凝之妻謝道蘊，奕之女也，聞寇至，舉措自若，命婢肩輿，抽刀出門，手殺數人乃被執。吳國內史桓謙、臨海太守新秦王崇、義興太守魏隱皆棄郡走。於是會稽謝鍼、吳郡陸瓌、吳興丘尫、義興許允之、臨海周冑、永嘉張永等及東陽、新安凡八郡人，一時起兵，殺長吏以應恩，旬日之中，衆數十萬。吳興太守謝邈、永嘉太守司馬逸、嘉興公顧胤、南康公謝明慧、黄門郎謝冲、張琨、中書郎孔道等皆爲恩黨所殺。邈、冲皆安之弟子也。時三吳承平日久，民不習戰，故郡縣兵皆望風奔潰。

恩據會稽，自稱征東將軍，逼人士爲官屬，號其黨曰「長生人」，民有不與之同者，戮及嬰孩，死者什七八。醢諸縣令以食其妻子，不肯食者，輒支解之。所過掠財物，燒邑屋，焚倉廩，刊木，堙井，相帥聚於會稽。婦人有嬰兒不能去者，投於水中，曰：「賀汝先登仙堂，我當尋後就汝。」恩表會稽王道子及世子元顯之罪，請誅之。

自帝即位以來，内外乖異，石頭以南皆爲荆、江所據，以西皆豫州所專，京口及江北皆劉牢之及廣陵相高雅之所制，朝政所行，惟三吴而已。及孫恩作亂，八郡皆爲恩有，畿内諸縣，盜賊處處蠭起，恩黨亦有潛伏在建康者，人情危懼，常慮竊發，於是内外戒嚴。加道子黄鉞，元顯領中軍將軍，命徐州刺史謝琰兼督吴興、義興軍事以討恩。劉牢之亦發兵討恩，拜表輒行。

冬十二月，謝琰擊斬許允之，迎魏隱還郡，進擊丘尫，破之，與劉牢之轉鬭而前，所向輒克。琰留屯烏程，遣司馬高素助牢之，進臨浙江。詔以牢之都督吴（都）〔郡〕諸軍事。牢之引劉裕爲參軍事，使將數十人覘賊。遇賊數千人，即迎擊之，從者皆死，裕墜岸下。賊臨岸欲下，裕奮長刀仰斫殺數人，乃得登岸，仍大呼逐之，賊皆走，裕所殺傷甚衆。劉敬宣怪裕久不返，引兵尋之，見裕獨驅數千人，咸共歎息。因進擊賊，大破之，斬獲千餘人。

初，恩聞八郡響應，謂其屬曰：「天下無復事矣，當與諸君朝服至建康。」既而聞牢之臨江，曰：「我割浙江以東，不失作句踐。」戊申，牢之引兵濟江，恩聞之曰：「孤不羞走。」遂驅男女二十餘萬口東走，多棄寶物、子女於道，官軍競取之，恩由是得脱，復逃入海島。高素破恩黨於山陰，斬恩所署吴郡太守陸瓌、吴興太守丘尫、餘姚令吴興沈穆夫。

東土遭亂，企望官軍之至，既而牢之等縱軍士暴掠，士民失望，郡縣城中無復人跡，月餘乃稍有還者。朝廷憂恩復至，以謝琰爲會稽太守、都督五郡軍事，帥徐州文武戍海浦。

四年夏五月，謝琰以資望鎮會稽，不能綏懷，又不爲武備。諸將咸諫曰：「賊近在海浦，伺人形便，宜開其自新之路。」琰不從，曰：「苻堅之衆百萬，尚送死淮南，孫恩小賊，敗死入海，何能復出？若其果出，是天欲殺之也。」既而恩寇浹口，入餘姚，破上虞，進及邢浦，琰遣參軍劉宣之擊破之，恩退走。少日，復寇邢浦，官軍失利，恩乘勝徑進。己卯，至會稽，琰尚未食，曰：「要當先滅此賊而後食。」因跨馬出戰，兵敗，爲帳下都督張猛所殺。吳興太守庾桓恐郡民復應恩，殺男女數千人。恩轉寇臨海。朝廷大震，遣冠軍將軍桓不才、輔國將軍孫無終、寧朔將軍高雅之拒之。

冬十一月，高雅之與孫恩戰於餘姚，雅之敗，走山陰，死者什七八。詔以劉牢之都督會稽等五郡，帥衆擊恩，恩走入海。牢之東屯上虞，使劉裕戍句章，吳國內史袁崧築滬瀆壘以備恩。

五年春二月丙子，孫恩出浹口，攻句章，不能拔。劉牢之擊之，恩復走入海。

三月，孫恩北趣海鹽，劉裕隨而拒之，築城於海鹽故治。恩日來攻城，裕屢擊破之，斬其將姚盛。城中兵少不敵，裕夜偃旗匿衆，明晨開門，使羸疾數人登城。賊遥問劉裕所在，曰：「夜已走矣。」賊信之，爭入城，裕奮擊，大破之。恩知城不可拔，乃進向滬瀆，裕復棄城追之。

海鹽令鮑陋遣子嗣之帥吳兵一千，請爲前驅。裕曰：「賊兵甚精，吳人不習戰，若前驅失利，必敗我軍，可在後爲聲勢。」嗣之不從。裕乃多伏旗鼓。前驅既交，諸伏皆出，裕舉旗鳴鼓，賊以爲四面有軍，乃退。嗣之追之，戰没。裕且戰且退，所領死傷且盡，至向戰處，令左右脱取死人衣以示閒暇。賊疑之，不敢逼。裕大呼更戰，賊懼而退，裕乃引歸。

夏五月，孫恩陷滬瀆，殺吳國内史袁崧，死者四千人。

六月甲戌，孫恩浮海奄至丹徒，戰士十餘萬，樓船千餘艘，建康震駭。乙亥，内外戒嚴，百官入居省内。冠軍將軍高素等守石頭，輔國將軍劉襲柵斷淮口，丹楊尹司馬恢之戍南岸，冠軍將軍桓謙等備白石，左衛將軍王嘏等屯中堂。徵豫州刺史譙王尚之入衛京師。

劉牢之自山陰引兵邀擊恩，未至而恩已過，乃使劉裕自海鹽入援。裕兵不滿千人，倍道兼行，與恩俱至丹徒。裕衆既少，加以涉遠疲勞，而丹徒守軍莫有鬬志。恩帥衆鼓譟，登蒜山，居民皆荷擔而立。裕帥所領奔擊，大破之，投崖赴水死者甚衆，恩狼狽僅得還船。然恩猶恃其衆，尋復整兵徑向京師。後將軍元顯帥兵拒戰，頻不利。會稽王道子無他謀略，唯日禱蔣侯廟。恩來漸近，百姓恟懼，譙王尚之帥精鋭馳至，徑屯積弩堂。恩樓船高大，泝風不得疾行，數日乃至白石。恩本以諸軍分散，欲掩不備，既而知尚之在建康，復聞劉牢之已還，至新洲，不敢進而去，浮海北走郁洲。恩別將攻陷廣陵，殺三千人。寧朔將軍高雅之擊恩於郁洲，爲恩所執。

秋八月，詔以劉裕爲下邳太守，討孫恩於郁洲，累戰，大破之。恩由是衰弱，復緣海南走，裕亦隨而邀擊之。

冬十一月，劉裕追孫恩至滬瀆、海鹽，又破之，俘斬以萬數。恩遂自浹口遠竄入海。

元興元年春三月，孫恩寇臨海，臨海太守辛景擊破之。恩所虜三吴男女，死亡殆盡，恩恐爲官軍所獲，乃赴海死，其黨及妓妾從死者以百數，謂之「水仙」。餘衆數千人復推恩妹夫盧循爲主。循，諶之曾孫也，神采清秀，雅有材藝。少時，沙門惠遠嘗謂之曰：「君雖體涉風素，而志存不軌，如何？」太尉玄欲撫安東土，乃以循爲永嘉太守。循雖受命，而寇暴不已。

夏五月，盧循自臨海入東陽，太尉桓玄遣撫軍中兵參軍劉裕將兵擊之，循敗走永嘉。

二年春正月，盧循使司馬徐道覆寇東陽。二月辛丑，建武將軍劉裕擊破之。道覆，循之姊夫也。

秋八月，劉裕破盧循於永嘉，追至晉安，屢破之，循浮海南走。

三年。盧循寇南海，攻番禺。廣州刺史濮陽吳隱之拒守百餘日，冬十月壬戌，循夜襲城而陷之，燒府舍、民室俱盡，執吳隱之。循自稱平南將軍，攝廣州事，聚燒骨爲共冢，葬於洲上，得髑髏三萬餘枚。又使徐道覆攻始興，執始興相阮腆之。

義熙元年。盧循遣使貢獻。時朝廷新定，未暇征討。夏四月壬申，以循爲廣州刺史，徐道覆爲始興相。循遺劉裕益智粽，裕報以續命湯。

循以前琅邪内史王誕爲平南長史。誕說循曰：「誕本非戎旅，在此無用。素爲劉鎮軍所厚，若得北歸，必蒙寄任，公私際會，仰答厚恩。」循甚然之。劉裕與循書，令遣吳隱之還，循不從。誕復說循曰：「將軍今留吳公，公私非計。孫伯符豈不欲留華子魚邪？但以一境不容二君耳。」於是循遣隱之與誕俱還。

六年。初，徐道覆聞劉裕北伐，勸盧循乘虚襲建康，循不從。道覆自至番禺說循曰：「本住嶺外，豈以理極於此，傳之子孫邪？正以劉裕難與爲敵故也。今裕頓兵堅城之下，未有還期，我以此思歸死士，掩擊何、劉之徒，如反掌耳。不乘此機而苟求一日之安，朝廷常以君爲腹心之疾，若裕平齊之後，息甲歲餘，以璽書徵君，裕自將屯豫章，遣諸將帥鋭師過嶺，雖復以將軍之神武，恐必不能當也。今日之機，萬不可失。若先克建康，傾其根蔕，裕雖南還，無能爲也。君若不同，便當帥始興之衆直指尋陽。」循甚不樂此舉，而無以奪其計，乃從之。

初，道覆使人伐船材於南康山，至始興，賤賣之，居人争市之，船材大積而人不疑。至是，悉取以裝艦，旬日而辦。循自始興寇長沙，道覆寇南康、廬陵、豫章，諸守相皆委任奔走。道覆順流而下，舟檝甚盛。時克燕之問未至，朝廷急徵劉裕。裕方議留鎮下邳，經營司、雍，會得詔書，乃以韓範爲都督八郡軍事、燕郡太守，封融爲勃海太守，檀韶爲琅邪太守，戊申，引兵還。韶，祗之兄也。久之，劉穆之稱範、融謀反，皆殺之。

安成忠肅公何無忌自尋陽引兵拒盧循。長史鄧潛之諫曰：「國家安危，在此一舉。聞循兵艦大盛，勢居上流，宜決南塘，守〔二〕城以待之，彼必不敢捨我遠下。蓄力養鋭，俟其疲老，然後擊之，此萬全之策也。今決成敗於一戰，萬一失利，悔將無及。」參軍殷闡曰：「循所將之衆，皆三吴舊賊，百戰餘勇，始興溪子，拳捷善鬭，未易輕也。將軍宜留屯豫章，徵兵屬城，兵至合戰，未爲晚也。若以此衆輕進，殆必有悔。」無忌不聽。三月壬申，與徐道覆遇於豫章，賊令强弩數百登西岸小山邀射之。會西風暴急，飄無忌所乘小艦向東岸，賊乘風以大艦逼之，衆遂奔潰。無忌厲聲曰：「取我蘇武節來！」節至，執以督戰。賊衆雲集，無忌辭色無撓，握節而死。於是中外震駭。朝議欲奉乘輿北走就劉裕，既而知賊未至，乃止。

劉裕至下邳，以船載輜重，自帥精銳步歸。至山陽，聞何無忌敗死，慮京邑失守，卷甲兼行，與數十人至淮上，問行人以朝廷消息。行人曰：「賊尚未至，劉公若還，便無所憂。」裕大喜。將濟江，風急，衆咸難之。裕曰：「若天命助國，風當自息。若其不然，覆溺何害？」即命登舟，舟移而風止。過江至京口，衆乃大安。夏四月癸未，裕至建康。以江州覆沒，表送章綬，詔不許。

青州刺史諸葛長民、兗州刺史劉藩、并州刺史劉道憐各將兵入衛建康。藩，豫州刺史毅之從弟也。毅聞盧循入寇，將拒之而疾作。既瘳，將行，劉裕遺毅書曰：「吾往習擊妖賊，曉其變態。賊新獲姦利，其鋒不可輕。今脩船垂畢，當與弟同舉。克平之日，上流之任，皆以相委。」又遣劉藩往諭止之。毅怒，謂藩曰：「往以一時之功相推耳，汝便謂我真不及劉裕邪！」投書於地，帥舟師二萬發姑孰。

循之初入寇也，使徐道覆向尋陽，循自將攻湘中諸郡。荆州刺史劉道規遣軍逆戰，敗於長沙。循進至巴陵，將向江陵。徐道覆聞毅將至，馳使報循曰：「毅兵甚盛，成敗之事，係之於此。宜并力摧之，若此克捷，江陵不足憂也。」循即日發巴陵，與道覆合兵而下。五月戊午，毅與循戰于桑落洲，毅兵大敗，棄船以數百人步走，餘衆皆爲循所虜，所棄輜重山積。

初，循至尋陽，聞裕已還，猶不信；既破毅，乃得審問，與其黨相視失色。循欲退還尋陽，攻取江陵，據三州以抗朝廷。道覆謂宜乘勝徑進，固爭之。循猶豫累日，乃從之。

己未，大赦。裕募人爲兵，賞之同京口赴義之科。發民治石頭城。議者謂宜分兵守諸津要，裕曰：「賊衆我寡，若分兵屯守，則測人虛實，且一處失利，則沮三軍之心。今聚衆石頭，隨宜應赴，既令彼無以測多少，又於衆力不分。若徒旅轉集，徐更論之耳。」

朝廷聞劉毅敗，人情恟懼。時北師始還，將士多創病，建康戰士不盈數千。循既克二鎮，戰士十餘萬，舟車百里不絶，樓船高十二丈，敗還者爭言其強盛。孟昶、諸葛長民欲奉乘輿過江，裕不聽。初，何無忌、劉毅之南討也，昶策其必敗，已而果然。至是，又謂裕必不能抗循，衆頗信之，（爲）〔惟〕龍驤將軍東海虞丘進廷折昶等，以爲不然。中兵參軍王仲德言於裕曰：「明公命世作輔，新建大功，威震六合，妖賊乘虛入寇，既聞凱還，自當奔潰。若先自遁逃，則勢同匹夫，號令何以威物？此謀若立，請從此辭。」裕甚悅。昶固請不已，裕曰：「今重鎮外傾，強寇内逼，人情危駭，莫有固志。若一旦遷動，便自土崩瓦解，江北亦豈可得至？設令得至，不過延日月耳。今兵士雖少，自足一戰。若其克濟，則臣主同休；苟厄運必至，我當横尸廟門，遂其由來以身許國之志，不能竄伏草間苟求存活也。我計決矣，卿勿復言。」昶恚其言不行，且以爲必敗，因請死。裕怒曰：「卿且申一戰，死復何晚？」昶知裕終不用其言，乃抗表自陳曰：「臣裕北討，衆並不同，唯臣贊裕行計，致使强賊乘間，社稷危逼，臣之罪也。謹引咎以謝天下。」封表畢，仰藥而死。

乙丑，盧循至淮口，中外戒嚴。琅邪王德文都督宫城諸軍事，屯中堂皇，劉裕屯石頭，諸將各有屯守。裕子義隆始四歲，裕使諮議參軍劉粹輔之，鎮京口。粹，毅之族弟也。

裕見民臨水望賊，怪之，以問參軍張劭。劭曰：「若節鉞未反，民奔散之不暇，亦何能觀望？今當無復恐耳。」裕謂將佐曰：「賊若於新亭直進，其鋒不可當，宜且迴避，勝負之事，未可量也。若迴泊西岸，此成禽耳。」

徐道覆請於新亭至白石焚舟而上，數道攻裕。循欲以萬全爲計，謂道覆曰：「大軍未至，孟昶便望風自裁；以大勢言之，自當計日潰亂。今決勝負於一朝，乾没求利，既非必克之道，且殺傷士卒，不如案兵待之。」道覆以循多疑少決，乃歎曰：「我終爲盧公所誤，事必無成。使我得爲英雄驅馳，天下不足定也。」

裕登石頭城望循軍，初見引向新亭，顧左右失色，既而迴泊蔡洲，乃悦。於是衆軍轉集。裕恐循侵軼，用虞丘進計，伐樹栅石頭淮口，脩治越城，築查浦、藥園、廷尉三壘，皆以兵守之。

劉毅經涉蠻、晋，僅能自免，從者飢疲，死亡什七八。丙寅，至建康，待罪。裕慰勉之，使知中外留事。毅乞自貶，詔降爲後將軍。

盧循伏兵南岸，使老弱乘舟向白石，聲言悉衆自白石步上。劉裕留參軍沈林子、徐赤特戍南岸，斷查浦，戒令堅守勿動。裕及劉毅、諸葛長民北出拒之。林子曰：「妖賊此言，未必有實，宜深爲之防。」裕曰：「石頭城險，且淮栅甚固，留卿在後，足以守之。」林子，穆夫之子也。

庚辰，盧循焚查浦，進至張侯橋。徐赤特將擊之，林子曰：「賊聲往白石而屢來挑戰，其情可知。吾衆寡不敵，不如守險，以待大軍。」赤特不從，遂出戰，伏兵發，赤特大敗，單舸奔淮北。林子及將軍劉鍾據栅力戰，朱齡石救之，賊乃退。循引精兵大上，至丹楊郡。裕帥諸軍馳還石頭，斬徐赤特，解甲久之，乃出陳於南塘。

盧循寇掠諸縣無所得，謂徐道覆曰：「師老矣，不如還尋陽，并力取荆州，據天下三分之二，徐更與建康争衡耳。」秋七月庚申，循自蔡洲南還尋陽，留其黨范崇民將五千人據南陵。甲子，裕使輔國將軍王仲德、廣川太守劉鍾、河間内史蘭陵蒯(思)〔恩〕、中軍諮議參軍孟懷玉等帥衆追循。

八月，劉裕還東府，大治水軍，遣建威將軍會稽孫處、振武將軍沈田子帥衆三千，自海道襲番禺。田子，林子之兄也。衆皆以爲「海道艱遠，必至爲難。且分撤見力，非目前之急」。裕不從，敕處曰：「大軍十二月之交必破妖虜，卿至時，先傾其巢窟，使彼走無所歸也。」

江州刺史庾悦以鄱陽太守虞丘進爲前驅，屢破盧循兵，進據豫章，絶循糧道。

九月，劉毅固求追討盧循，長史王誕密言於劉裕曰：「毅既喪敗，不宜復使立功。」裕從之。冬十月，裕帥兖州刺史劉藩、寧朔將軍檀韶、冠軍將軍劉敬宣等南擊盧循，以劉毅監太尉留府，後事皆委焉。癸巳，裕發建康。

徐道覆帥衆三萬趣江陵，奄至破冢。時魯宗之已還襄陽，追召不及，人情大震。或傳循已平京邑，遣道覆來爲刺史，江、漢士民感劉道規焚書之恩，無復貳志。道規使劉遵别爲遊軍，自拒道覆於豫章口，前驅失利。遵自外横擊，大破之，斬首萬餘級，赴水死者殆盡，道覆單舸走還湓口。初，道規使遵爲遊軍，衆咸以爲强敵在前，唯患衆少，不應分割見力，置無用之地。及破道覆，卒得遊軍之力，衆心乃服。

王仲德等聞劉裕大軍且至，進攻范崇民於南陵。崇民戰艦夾屯兩岸。十一月，劉鍾自行覘賊，大霧，賊鉤得其舸。鍾因帥左右攻艦户，賊遽閉户拒之，鍾乃徐還，與仲德共攻崇民，崇民走。

盧循兵守廣州者不以海道爲虞。庚戌，孫處乘海奄至，會大霧，四面攻之，即日拔其城。處撫其舊民，戮循親黨，勒兵謹守，分遣沈田子等擊嶺表諸郡。

劉裕軍雷池，盧循揚聲不攻雷池，當乘流徑下。裕知其欲戰，十二月己卯，進軍大雷。庚辰，盧循、徐道覆帥衆數萬塞江而下，前後莫見舳艫之際。裕悉出輕艦，帥衆軍齊力擊之，又分步騎屯於西岸，先備火具。裕以勁弩射循軍，因風水之勢以蹙之。循艦悉泊西岸，岸上軍投火焚之，烟炎張天；循兵大敗，走還尋陽。將趣豫章，乃悉力柵斷左里。丙申，裕軍至左里，不得進。裕麾兵將戰，所執麾竿折，幡沈于水，衆並怪懼。裕笑曰：「往年覆舟之戰，幡竿亦折，今者復然，賊必破矣。」即攻柵而進，循兵雖殊死戰，弗能禁。循單舸走，所殺及投水死者凡萬餘人。納其降附，宥其逼略，遣劉藩、孟懷玉輕軍追之。循收散卒，尚有數千人，徑還番禺，道覆走保始興。裕版建威將軍褚裕之行廣州刺史。裕之，裒之曾孫也。裕還建康。劉毅惡劉穆之，每從容與裕言穆之權太重，裕益親任之。

七年春正月，劉藩帥孟懷玉等諸將追盧循至嶺表。二月壬午，懷玉克始興，斬徐道覆。

三月，盧循行收兵至番禺，遂圍之，孫處拒守二十餘日。沈田子言於劉藩曰：「番禺城雖險固，本賊之巢穴，今循圍之，或有內變。且孫季高衆力寡弱，不能持久，若使賊還據廣州，凶勢復振矣。」夏四月，田子引兵救番禺，擊循破之，所殺萬餘人。循走，田子與處共追之，又破循於蒼梧、鬱林、寧浦。會處病，不能進，循奔交州。

初，九真太守李遜作亂，交州刺史交趾杜瑗討斬之。瑗卒，朝廷以其子慧度爲交州刺史。詔書未至，循襲破合浦，徑向交州，慧度帥州府文武拒循於石碕，破之。循餘衆猶三千人，李遜餘黨李脱等結集俚獠〔三〕〔五〕千餘人以應循。庚子，循晨至龍編南津，慧度悉散家財以賞軍士，與循合戰，擲雉尾炬焚其艦，以步兵夾岸射之，循衆艦俱然，兵衆大潰。循知不免，先鴆妻子，召妓妾問曰：「誰能從我死者？」多云：「雀鼠貪生，就死實難。」或云：「官尚當死，某豈願生。」乃悉殺諸辭死者，因自投于水。慧度取其尸斬之，并其父子及李脱等，函七首送建康。

譙縱之亂

晉安帝義熙元年。初，毛璩聞桓振陷江陵，帥衆三萬順流東下，將討之，使其弟西夷校尉瑾、蜀郡太守瑗出外水，參軍巴西譙縱、侯暉出涪水。蜀人不樂遠征，暉至五城水口，與巴西陽昧謀作亂。縱爲人和謹，蜀人愛之，暉、昧共逼縱爲主。縱不可，走投于水，引出，以兵逼縱登輿。縱又投地，叩頭固辭，暉縛縱於輿。還，襲毛瑾於涪城，殺之，推縱爲梁、秦二州刺史。〔春二月〕，璩至略城，聞變，奔還成都，遣參軍王瓊將兵討之，爲縱弟明子所敗，死者什八九。益州營户李騰開城納縱兵，殺璩及弟瑗，滅其家。縱稱成都王，以從弟洪爲益州刺史，以明子爲巴州刺史，屯白帝。於是蜀大亂，漢中空虚，氐王楊盛遣其兄子平南將軍撫據之。

二年春正月，益州刺史司馬榮期擊譙明子于白帝，破之。秋九月，劉裕聞譙縱反，遣龍驤將軍毛脩之將兵與司馬榮期、文處茂、時延祖共討之。脩之至宕渠，榮期爲其參軍楊承祖所殺，承祖自稱巴州刺史，脩之退還白帝。

三年秋八月，毛脩之與漢嘉太守馮遷合兵擊楊承祖，斬之。脩之欲進討譙縱，益州刺史鮑陋不可。脩之上表言：「人之所以重生，實有生理可保。臣之情地，生塗已竭，所以借命朝露者，庶憑天威誅夷讎逆。今屢有可乘之機，而陋每違期不赴，臣雖效死寇庭，而救援理絶，將何以濟？」劉裕乃表襄城太守劉敬宣帥衆五千伐蜀，以劉道規爲征蜀都督。九月，譙縱稱藩于秦。

四年夏五月，譙縱遣使稱藩於秦，又與盧循潛通。縱上表請桓謙於秦，欲與之共擊劉裕。秦王興以問謙，謙曰：「臣之累世著恩荆、楚，若得因巴、蜀之資，順流東下，士民必翕然響應。」興曰：「小水不容巨魚，若縱之才力自足辦事，亦不假君以爲鱗翼。宜自求多福。」遂遣之。謙至成都，虚懷引士，縱疑之，置於龍格，使人守之。謙泣謂諸弟曰：

「姚主之言神矣。」

秋七月，劉敬宣既入峽，遣巴東太守温祚以二千人出外水，自帥益州刺史鮑陋、輔國將軍文處茂、龍驤將軍時延祖由墊江轉戰而前。譙縱求救於秦，秦王興遣平西將軍姚賞、南梁州刺史王敏將兵二萬赴之。敬宣軍至黄虎，去成都五百里。縱輔國將軍譙道福悉衆拒嶮，相持六十餘日，敬宣不得進，食盡，軍中疾疫，死者太半，乃引軍還。敬宣坐免官，削封三分之一，荆州刺史劉道規，以督統降號建威將軍。九月，劉裕以敬宣失利，請遜位。詔降爲中軍將軍，開府如故。劉毅欲以重法繩敬宣，裕保護之。何無忌謂毅曰：「奈何以私憾傷至公？」毅乃止。

五年春正月，秦王興遣使册拜譙縱爲大都督、相國、蜀王，加九錫，承制封拜，悉如王者之儀。

六年秋八月，譙縱遣侍中譙良等入見於秦，請兵以伐晋。縱以桓謙爲荆州刺史，譙道福爲梁州刺史，帥衆二萬寇荆州，秦王興遣前將軍苟林帥騎兵會之。

江陵自盧循東下，不得建康之問，羣盗互起。荆州刺史劉道規遣司馬王鎮之帥天門太守檀道濟、廣武將軍彭城到彦之入援建康。道濟，祗之弟也。鎮之至尋陽，爲苟林所破。盧循聞之，以林爲南蠻校尉，分兵配之，使乘勝伐江陵，聲言徐道覆已克建康。桓謙於道召募義舊，民投之者二萬人。謙屯枝江，林屯江津，二寇交逼，江陵士民多懷異心。道規乃會將士告之曰：「桓謙今在近道，聞諸長者頗有去就之計。吾東來文武足以濟事，若欲去者，本不相禁。」因夜開城門，達曉不閉。衆咸憚服，莫有去者。

雍州刺史魯宗之帥衆數千自襄陽赴江陵。或謂宗之情未可測，道規單馬迎之，宗之感悅。道規使宗之居守，委以腹心，自帥諸軍攻謙。諸將佐皆曰：「今遠出討謙，其勝難必。荀林近在江津，伺人動靜，若來攻城，宗之未必能固，脱有蹉跌，大事去矣。」道規曰：「荀林愚懦，無他奇計，以吾去未遠，必不敢向城。吾今取謙，往至便克，沈疑之間，已自還返。謙敗則林破膽，豈暇得來？且宗之獨守，何爲不支數日。」乃馳往攻謙，水陸齊進。謙等大陳舟師，兼以步騎，戰於枝江。檀道濟先進陷陳，謙等大敗。謙單舸奔荀林，道規追斬之。還，至涌口討林，林走，道規遣諮議參軍臨淮劉遵帥衆追之。初，謙至枝江，江陵士民皆與謙書，言城內虛實，欲爲內應。至是檢得之，道規悉焚不視，衆於是大安。九月，劉遵斬荀林于巴陵。冬十一月癸丑，益州刺史鮑陋卒。譙道福陷巴東，殺守將温祚、時延祖。

八年冬十一月，太尉裕謀伐蜀，擇元帥而難其人。以西陽太守朱齡石既有武幹，又練吏職，欲用之。衆皆以爲「齡石資名尚輕，難當重任」，裕不從。十二月，以齡石爲益州刺史，帥寧朔將軍臧熹、河間太守蒯恩、下邳太守劉鍾等伐蜀，分大軍之半二萬人以配之。熹，裕之妻弟，位居齡石之右，亦隸焉。

裕與齡石密謀進取，曰：「劉敬宣往年出黃虎，無功而退。賊謂我今應從外水往，而料我當出其不意猶從內水來也。如此，必以重兵守涪城，以備內道。若向黃虎，正墮其計。今以大衆自外水取成都，疑兵出內水，此制敵之奇也。」而慮此聲先馳，賊審虛實，別有函書封付齡石，署函邊曰：「至白帝乃開。」諸軍雖進，未知處分所由。

毛脩之固請行，裕恐脩之至蜀必多所誅殺，土人與毛氏有嫌，亦當以死自固，不許。

九年夏六月，朱齡石等至白帝，發函書，曰：「衆軍悉從外水取成都，臧熹從中水取廣漢，老弱乘高艦十餘，從內水向黃虎。」於是諸軍倍道兼行。譙縱果命譙道福將重兵鎮涪城以備內水。

齡石至平模，去成都二百里，縱遣秦州刺史侯暉、尚書僕射譙詵帥衆萬餘屯平模，夾岸築城以拒之。齡石謂劉鍾曰：「今天時盛熱，而賊嚴兵固險，攻之未必可拔，祇增疲困。且欲養銳息兵，以伺其隙，何如？」鍾曰：「不然。前揚聲言大衆向內水，譙道福不敢捨涪城，今重軍猝至，出其不意，侯暉之徒已破膽矣。賊阻兵守險者，是其懼不敢戰也。因其兇懼，盡銳攻之，其勢必克。克平模之後，自可鼓行而進，成都必不能守矣。若緩兵相守，彼將知人虛實，涪軍忽來，并力拒我，人情既安，良將又集，此求戰不獲，軍食無資，二萬餘人悉爲蜀子虜矣。」齡石從之。

諸將以水北城地險兵多，欲先攻其南城。齡石曰：「今屠南城，不足以破北，若盡銳以拔北城，則南城不麾自散矣。」秋七月，齡石帥諸軍急攻北城，克之，斬侯暉、譙詵；引兵迴趣南城，南城自潰。齡石捨船步進，譙縱大將譙撫之屯牛脾，譙小苟塞打鼻。臧熹擊撫之，斬之，小苟聞之，亦潰。於是縱諸營屯望風相次奔潰。

戊辰，縱棄成都出走，尚書令馬耽封府庫以待晉師。壬申，齡石入成都，誅縱同祖之親，餘皆按堵，使復其業。縱出成都，先辭墓，其女曰：「走必不免，祇取辱焉。等死，死於先人之墓可也。」縱不從。譙道福聞平模不守，自涪引兵入赴，縱往投之。道福見縱怒曰：「大丈夫有如此功業而棄之，將安歸乎？人誰不死，何怯之甚也！」因投縱以劍，中其馬鞍。縱乃去，自縊死。巴西人王志斬其首以送齡石。道福謂其衆曰：「蜀之存亡，實係於我，不在譙王。今我在，猶足一戰。」衆皆許諾。道福盡散金帛以賜衆，衆受之而走。道福逃於獠中，巴民杜瑾執送之，斬于軍門。

齡石徙馬耽於越嶲，耽謂其徒曰：「朱侯不送我京師，欲滅口也，吾必不免。」乃盥洗而卧，引繩而死。須臾，齡石使至，戮其尸。詔以齡石進監梁秦州六郡諸軍事，賜爵豐城縣侯。

呂光據姑臧

晉〔孝〕武帝太元七年秋九月，車師前部王彌窴、鄯善王休密馱入朝于秦，請爲鄉導，以伐西域之不服者，因如漢法置都護以統理之。秦王堅以驍騎將軍呂光爲使持節、都督西域征討諸軍事，與凌江將軍姜飛、輕車將軍彭晃、將軍杜進、康盛等總兵十萬，鐵騎五千，以伐西域。光，略陽羌酋婆樓之子也。陽平公融諫曰：「西域荒遠，得其民不可使，得其地不可食，漢武征之，得不補失。今勞師萬里之外，以踵漢氏之過舉，臣竊惜之。」不聽。

八年春正月，秦呂光發長安，以鄯善王休密馱、車師前部王彌窴爲鄉導。冬十二月，秦呂光行越流沙三百餘里，焉耆等諸國皆降，惟龜茲王帛純拒之，嬰城固守，光進軍攻之。

九年秋七月，龜茲王帛純窘急，重賂獪胡以求救，獪胡王遣其弟吶龍、侯將馗帥騎二十餘萬，并引温宿、尉頭等諸國兵合七十餘萬以救龜茲。秦呂光與戰于城西，大破之，帛純出走，王侯降者三十餘國。光入其城，城如長安市邑，宫室甚盛。光撫寧西域，威恩甚著，遠方諸國，前世所不能服者，皆來歸附，上漢所賜節傳；光皆表而易之。立帛純弟震爲龜茲王。八月，秦王堅聞呂光平西域，以光爲都督玉門以西諸軍事、西域校尉。道絶，不通。

十年春三月，呂光以龜茲饒樂，欲留居之。天竺沙門鳩摩羅什謂光曰：「此凶亡之地，不足留也。將軍但東歸，中道自有福地可居。」光乃大饗將士，議進止，衆皆欲還。乃以駝二萬餘頭載外國珍寶、奇玩，驅駿馬萬餘匹而還。

秋九月，呂光自龜茲還至宜禾，秦涼州刺史梁熙謀閉境拒之。高昌太守楊翰言於熙曰：「呂光新破西域，兵强氣鋭，聞中原喪亂，必有異圖。河西地方萬里，帶甲十萬，足以自保。若光出流沙，其勢難敵。高梧谷口險阻之要，宜先守之，而奪其水，彼既窮渴，可以坐制。如以爲遠，伊吾關亦可拒也。度此二阨，雖有子房之策，無所施矣。」熙弗聽。美水令犍爲張統謂熙曰：「今關中大亂，京師存亡不可知。呂光之來，其志難測，將軍何以抗之？」熙曰：「憂之未知所出。」統曰：「光智略過人，今擁思歸之士，乘戰勝之氣，其鋒未易當也。將軍世受大恩，忠誠夙著，立勳王室，宜在今日。行唐公洛，上之從弟，勇冠一時，爲將軍計，（豈）〔莫〕若奉爲盟主，以收衆望，推忠義以帥羣豪，則光雖至，不敢有異心也。資其精鋭，東兼毛興，連王統、楊璧，合四州之衆，掃兇逆，寧帝室，此桓、文之舉也。」

熙又弗聽，殺洛于西海。

光聞楊翰之謀，懼不敢進。杜進曰：「梁熙文雅有餘，機鑒不足，終不能用翰之謀，不足憂也。宜及其上下離心，速進以取之。」光從之，進至高昌，楊翰以郡迎降。至玉門，熙移檄責光擅命還師，以子胤爲鷹揚將軍，與振威將軍南安姚皓、別駕衛翰帥衆五萬拒光于酒泉。敦煌太守姚靜、晉昌太守李純以郡降光。光報檄涼州，責熙無赴難之志，而遏歸國之衆。遣彭晃、杜進、姜飛爲前鋒，與胤戰于安彌，大破，擒之。於是四山胡夷皆附於光。武威太守彭濟執熙以降，光殺之。

光入姑臧，自領涼州刺史，表杜進爲武威太守，自餘將佐各受職位。涼州郡縣皆降於光，獨酒泉太守宋皓、西郡太守索泮城守不下。光攻而執之，讓泮曰：「吾受詔平西域，而梁熙絕我歸路，此朝廷之罪人，卿何爲附之？」泮曰：「將軍受詔平西域，不受詔亂涼州。梁公何罪，而將軍殺之？泮但苦力不足，不能報君父之讎耳，豈肯如逆氏彭濟之所爲乎！主滅臣死，固其常也。」光殺泮及皓。

主簿尉祐姦佞傾險，與彭濟同執梁熙，光寵信之。祐譖殺名士姚皓等十餘人，涼州人由是不悅。光以祐爲金城太守，祐至允吾，襲據其城以叛，姜飛擊破之，祐奔，據興城。

十一年。初，張天錫之南奔也，秦長水校尉王穆匿其世子大豫，與俱奔河西，依禿髮思復鞬，思復鞬送於魏安。魏安人焦松、齊肅、張濟等聚兵數千人迎大豫爲主，攻呂光昌松郡，拔之，執太守王世强。光使輔國將軍杜進擊之，進兵敗，大豫進逼姑臧。王穆諫曰：「光糧豐城固，甲兵精鋭，逼之非利。不如席卷嶺西，礪兵積粟，然後東向與之争，不及期年，光可取也。」大豫不從，自號撫軍將軍、凉州牧，改元鳳凰，以王穆爲長史，傳檄郡縣，使穆説諭嶺西諸郡，建康太守李隰、祁連都尉嚴純皆起兵應之，有衆三萬，保據楊塢。

夏四月，張大豫自楊塢進屯姑臧城西，王穆及秃髮思復鞬子奚于帥衆三萬屯于城南。呂光出擊，大破之，斬奚于等二萬餘級。秋九月，呂光得秦王堅凶問，舉軍縞素，謚曰文昭皇帝。冬十月，大赦，改元太安。十一月，張大豫自西郡入臨洮，掠民五千餘户，保據俱城。十二月，呂光自稱使持節、侍中、中外大都督、督隴右河西諸軍事、大將軍、凉州牧、酒泉公。

十二年秋七月，呂光將彭晃、徐炅攻張大豫于臨洮，破之。大豫奔廣武，王穆奔建康。八月，廣武人執大豫送姑臧，斬之。穆襲據酒泉，自稱大將軍、凉州牧。

冬十二月，呂光西平太守康寧自稱匈奴王，殺湟河太守强禧以叛。張掖太守彭晃亦叛，東結康寧，西通王穆。光欲自擊晃，諸將皆曰：「今康寧在南，伺釁而動，若晃、穆未誅，康寧復至，進退狼狽，勢必大危。」光曰：「實如卿言，然我今不往，是坐待其來也。若三寇連兵，東西交至，則城外皆非吾有，大事去矣。今晃初叛，與寧、穆情契未密，出其倉猝，取之差易耳。」乃自帥騎三萬，倍道兼行，既至，攻之二旬，拔其城，誅晃。

初，王穆起兵，遣使招敦煌處士郭瑀。瑀歎曰：「今民將左衽，吾忍不救之邪？」乃與同郡索嘏起兵應穆，運粟三萬石以餉之。穆以瑀爲太府左長史、軍師將軍，嘏爲敦煌太守。既而穆聽讒言，引兵攻嘏，瑀諫不聽，出城大哭，舉手謝城曰：「吾不復見汝矣！」還而引被覆面，不與人言，不食而卒。呂光聞之曰：「二虜相攻，此成擒也，不可以憚屢戰之勞，而失永逸之機也。」遂帥步騎二萬攻酒泉，克之。進屯凉興，穆引兵東還，未至，衆潰，穆單騎走，騂馬令郭文斬其首送之。

十三年。呂光之定凉州也，杜進功居多，光以爲武威太守，貴寵用事，羣僚莫及。光甥石聰自關中來，光問之曰：「中州人言我爲政何如？」聰曰：「但聞有杜進耳，不聞有舅。」光由是忌進而殺之。

光與羣僚宴，語及政事，參軍京兆段業曰：「明公用法太峻。」光曰：「吳起無恩而楚强，商鞅嚴刑而秦興。」業曰：「起喪其身，鞅亡其家，皆殘酷之致也。明公方開建大業，景行堯、舜，猶懼不濟，乃慕起、鞅之爲治，豈此州士女所望哉！」光改容謝之。

十四年春二月，呂光自稱三河王，大赦，改元麟嘉，置百官。光妻石氏、子紹、弟德世自仇池來至姑臧，光立石氏爲妃，紹爲世子。

十九年秋七月，三河王光以子覆爲都督玉門以西諸軍事、西域大都護，鎮高昌，命大臣子弟隨之。

二十一年夏六月，三河王呂光即天王位，國號大涼，大赦，改元龍飛，備置百官。以世子紹爲太子，封子弟爲公侯者二十人。以中書令王詳爲尚書左僕射，著作郎段業等五人爲尚書。

乞伏據金城

晉成帝咸和四年。初，隴西鮮卑乞伏述延居于苑川，侵并鄰部，士馬强盛。及趙亡，述延懼，遷于麥田。述延卒，子傉大寒立。傉大寒卒，子司繁立。

簡文帝咸安元年。秦益州刺史王統攻隴西鮮卑乞伏司繁於度堅山，司繁帥騎三萬拒統于苑川。統潛襲度堅山，司繁部落五萬餘皆降於統，其衆聞妻子已降秦，不戰而潰。司繁無所歸，亦詣統降。秦王堅以司繁爲南單于，留之長安，以司繁從叔吐雷爲勇士護軍，撫其部衆。

〔孝〕武帝寧康元年。鮮卑勃寒寇掠隴右，秦王堅使乞伏司繁討之。勃寒請降，遂使司繁鎮勇士川。

太元元年。乞伏司繁卒，子國仁立。

八年。秦王堅之入寇也，以乞伏國仁爲前將軍，領先鋒騎。會國仁叔父步頽反於隴西，堅遣國仁還討之。步頽聞之大喜，迎國仁於路。國仁置酒大言曰：「苻氏疲民逞兵，殆將亡矣，吾當與諸君共建一方之業。」及堅敗，國仁遂迫脅諸部，有不從者，擊而併之，衆至十餘萬。

十年秋九月，乞伏國仁自稱大都督、大將軍、單于、領秦河二州牧，改元建義。以乙旃童淳爲左相，屋引出支爲右相，獨孤匹蹄爲左輔，武羣勇士爲右輔，弟乾歸爲上將軍。分其地置武城等十二郡，築勇士城而都之。

十一年春正月，南安祕宜帥羌胡五萬餘人攻乞伏國仁，國仁將兵五千逆擊，大破之。祕宜奔還南安。秋七月，祕宜與莫侯悌眷帥其衆三萬餘户降于乞伏國仁，國仁拜宜東秦州刺史，悌眷梁州刺史。

十二年春三月，秦主登以乞伏國仁爲大將軍、大單于、苑川王。夏六月，苑川王國仁帥騎三萬襲鮮卑大人密貴、裕苟、提倫三部于六泉。秋七月，與没弈干金熙戰于渴渾川，没弈干金熙大敗，三部皆降。

十三年夏四月，苑川王國仁破鮮卑越質叱黎於平襄，獲其子詰歸。六月，苑川王乞伏國仁卒，謚曰宣烈，廟號烈祖。其子公府尚幼，羣下推國仁弟乾歸爲大都督、大將軍、大單于、河南王。大赦，改元太初。

秋七月，河南王乾歸立其妻邊氏爲王后。置百官，倣漢制，以南川侯出連乞都爲丞相，梁州刺史悌眷爲御史大夫，金城邊芮爲左長史，東秦州刺史祕宜爲右長史，武始翟勍爲左司馬，略陽王松壽爲主簿，從弟軻彈爲梁州牧，弟益州爲秦州牧，屈眷爲河州牧。九月，河南王遷都金城。

十四年春正月，秦主登以河南王乾歸爲大將軍、大單于、金城王。夏五月，金城王乾歸擊侯年部，大破之，於是秦、涼鮮卑、羌胡多附乾歸。冬十一月，抱罕羌彭奚念附於乾歸，以奚念爲北河州刺史。

十五年冬十二月，越質詰歸據平襄，叛金城王乾歸。

十六年春正月，金城王乾歸擊越質詰歸，詰歸降，乾歸以宗女妻之。

十八年。金城王乾歸立其子熾磐爲太子。熾磐勇略明決，過於其父。

十九年春正月，秦主登遣使拜金城王乾歸爲左丞相、河南王、領秦梁益涼沙五州牧，加九錫。夏六月，秦主登進封乾歸梁王，納其妹爲梁王后。冬十月，秦主崇爲梁王乾歸所逐，奔隴西王楊定。定與崇共攻乾歸，乾歸遣涼州牧軻彈、秦州牧益州、立義將軍詰歸帥騎三萬拒之。大敗定兵，殺定及崇，斬首萬七千級。乾歸於是盡有隴西之地。十一月，梁王乾歸自稱秦王，大赦。

二十年春正月，西秦王乾歸以太子熾磐領尚書令，左長史邊芮爲左僕射，右長史祕宜爲右僕射，置官皆如魏武、晉文故事，然猶稱大單于、大將軍，邊芮等領府佐如故。夏六月，西秦王乾歸遷于西城。

二十一年。越質詰歸帥户二萬叛西秦降于秦。

安帝隆安元年春正月，涼王光以西秦王乾歸數反覆，舉兵伐之。乾歸羣下請東奔成紀以避之，乾歸曰：「軍之勝敗，在於巧拙，不在衆寡。光兵雖衆而無法，其弟延勇而無謀，不足憚也。且其精兵盡在延所，延敗，光自走矣。」光軍于長最，遣太原公纂等帥步騎三萬攻金城，乾歸帥衆二萬救之，未至，纂等拔金城。光又遣其將梁恭等以甲卒萬餘出陽武下峽，與秦州刺史没弈干攻其東，天水公延以枹罕之衆攻臨洮、武始、河關，皆克之。乾歸使人紿延云：「乾歸衆潰，奔成紀。」延欲引輕騎追之，司馬耿稚諫，延不從。進，與乾歸遇，延戰死。稚與將軍姜顯收散卒還屯枹罕，光亦引兵還姑臧。

夏六月，西秦王乾歸徵北河州刺史彭奚念爲鎮衛將軍，以鎮西將軍屋弘破光爲河州牧，定州刺史翟瑥爲興晋太守，鎮枹罕。

三年〔秋七月〕，西秦丞相出連乞都卒。冬十月，以金城太守辛静爲右丞相。

四年春正月，西秦王乾歸遷都苑川。夏五月，秦征西大將軍隴西公碩德將兵五千伐西秦，入自南安峽，西秦王乾歸帥諸將拒之，軍于隴西。

秋七月，西秦王乾歸使武衛將軍慕兀等屯守，秦軍樵采路絶，秦王興潛引兵救之。乾歸聞之，使慕兀帥中軍二萬屯柏楊。鎮軍將軍羅敦帥外軍四萬屯侯辰谷。乾歸自將輕騎數千前候秦兵，會大風昏霧，與中軍相失，爲追騎所逼，入於外軍，旦，與秦戰，大敗，走歸苑川，其部衆三萬六千皆降於秦。興進軍枹罕。

乾歸奔金城，謂諸豪帥曰：「吾不才，叨竊名號，已踰一紀。今敗散如此，無以待敵，欲西保允吾。若舉國而去，必不得免。卿等留此，各以其衆降秦，以全宗族，勿吾隨也。」皆曰：「死生願從陛下。」乾歸曰：「吾今將寄食於人，若天未亡我，庶幾異日克復舊業，復與卿等相見，今相隨而死，無益也。」乃大哭而别。乾歸獨引數百騎奔允吾，乞降於武威王利鹿孤。利鹿孤遣廣武公傉檀迎之，寘於晋興，待以上賓之禮。鎮北將軍秃髪俱延言於利鹿孤曰：「乾歸本吾之屬國，因亂自尊，今勢窮歸命，非其誠款，若逃歸姚氏，必爲國患，不如徙置乙弗之間，使不得去。」利鹿孤曰：「彼窮來歸我，而逆疑其心，何以勸來者？」俱延，利鹿孤之弟也。

秦兵既退，南羌梁戈等密招乾歸，乾歸將應之。其臣屋引阿洛以告晉興太守陰暢，暢馳白利鹿孤，利鹿孤遣其弟吐雷帥騎三千屯捫天嶺。乾歸懼爲利鹿孤所殺，謂其太子熾磐曰：「吾父子居此，必不爲利鹿孤所容。今姚氏方强，吾將歸之，若盡室俱行，必爲追騎所及，吾以汝兄弟及汝母爲質，彼必不疑，吾在長安，彼終不敢害汝也。」乃送熾磐等於西平。八月，乾歸南奔枹罕，遂降於秦。冬十一月，乞伏乾歸至長安，秦王興以爲都督河南諸軍事、河州刺史、歸義侯。久之，乞伏熾磐欲逃詣乾歸，武威王利鹿孤追獲之。利鹿孤將殺熾磐，廣武公傉檀曰：「子而歸父，無足深貴，宜宥之以示大度。」利鹿孤從之。

五年春二月，秦王興使乞伏乾歸還鎮苑川，盡以其故部衆配之。夏四月，乞伏乾歸至苑川，以邊芮爲長史，王松壽爲司馬，公卿將帥皆降爲僚佐、偏裨。

元興元年夏四月，乞伏熾磐自西平逃歸苑川，南凉王傉檀歸其妻子。乞伏乾歸使熾磐入朝于秦，秦主興以熾磐爲興晉太守。

義熙二年十一月，乞伏乾歸入朝于秦。

三年春正月，秦主興以乞伏乾歸寖强難制，留爲主客尚書，以其世子熾磐行西夷校尉，監其部衆。

四年。乞伏熾磐以秦政寖衰，且畏秦之攻襲，冬十月，招結諸部二萬餘人，築城于嵻峎山而據之。冬十二月，乞伏熾磐攻彭奚念於枹罕，爲奚念所敗而還。

五年春二月，乞伏熾磐入見秦太原公懿於上邽，彭奚念乘虚伐之。熾磐聞之，怒，不告懿而歸，擊奚念，破之，遂圍枹罕。乞伏乾歸從秦王興如平涼，熾磐克枹罕，遣人告乾歸，乾歸逃還苑川。

夏四月，乞伏乾歸如枹罕，留世子熾磐鎮之，收其衆得二萬，徙都度堅山。秋七月，乞伏乾歸復即秦王位，大赦，改元更始，公卿以下皆復本位。冬十月，西秦王乾歸立夫人邊氏爲王后，世子熾磐爲太子，仍命熾磐都督中外諸軍，録尚書事。以屋引破光爲河州刺史，鎮枹罕；以南安焦遺爲太子太師，與參軍國大謀。

六年春三月，西秦王乾歸攻秦金城郡，拔之。秋七月乙丑，西秦王乾歸討越質屈機等十餘部，降其衆二萬五千，徙於苑川。八月，乾歸復都苑川。九月，西秦王乾歸攻秦略陽、南安、隴西諸郡，皆克之，徙民二萬五千户於苑川及枹罕。

七年春正月，秦王興以太常索稜招撫西秦。西秦王乾歸遣使送所掠守宰，謝罪請降。興遣鴻臚拜乾歸都督隴西嶺北匈奴雜胡諸軍事、征西大將軍、河州牧、單于、河南王，太子熾磐爲鎮西將軍、左賢王、平昌公。二月，河南王乾歸徙鮮卑僕渾部于度堅城，以子敕勃爲秦興太守以鎮之。夏四月，河南王乾歸徙羌句豈等部衆于疊蘭城，以兄子阿柴爲興國太守以鎮之。五月，復以子木弈干爲武威太守，鎮嵻峎城。秋八月，河南王乾歸攻秦略陽太守姚龍於柏陽堡，克之。冬十一月，進攻南平太守王憬於水洛城，又克之，徙民三千餘户於譚郊，遣乞伏審虔帥衆二萬城譚郊。十二月，西羌彭利髮襲據枹罕，乾歸討之，不克。

八年春正月，河南王乾歸復討彭利髮，利髮南走，追斬之。以乞伏審虔爲河州刺史，鎮枹罕，而還。二月，乾歸徙都譚郊，命平昌公熾磐鎮苑川。

夏六月，乞伏公府弑河南王乾歸，并殺其諸子十餘人，走保大夏。平昌公熾磐遣其弟廣武將軍智達、揚武將軍木弈干帥騎三千討之，以其弟曇達爲鎮京將軍，鎮譚郊，驍騎將軍婁機鎮苑川。熾磐帥文武及民二萬餘户遷于枹罕。

秋七月，乞伏智達等擊破乞伏公府於大夏。公府奔疊蘭城，就其弟阿柴。智達等攻拔之，斬阿柴父子五人。公府奔嵻峎南山，追獲之，并其四子，轘之於譚郊。八月，乞伏熾磐自稱大將軍、河南王，大赦，改元永康。葬乾歸於枹罕，謚曰武元王，廟號高祖。九月，河南王熾磐以尚書令武始翟勍爲相國，侍中、太子詹事趙景爲御史大夫，罷尚書令、僕射、尚書六卿、侍中等官。

十年冬十月，河南王熾磐復稱秦王，置百官。

秃髮據廣武

晉哀帝興寧三年冬十月，鮮卑秃髮椎斤卒，年一百一十，子思復鞬代統其衆。椎斤，樹機能從弟務丸之孫也。

〔孝〕武帝太元十九年。初，秃髮思復鞬卒，子烏孤立。烏孤雄勇有大志，與大將紛陁謀取凉州。紛陁曰：「公必欲得凉州，宜先務農講武，禮俊賢，修政刑，然後可也。」烏孤從之。三河王光遣使拜烏孤冠軍大將軍、河西鮮卑大都統。烏孤與其羣下謀之曰：「可受乎？」皆曰：「吾士馬衆多，何爲屬人？」石真若留不對，烏孤曰：「卿畏吕光邪？」石真若留曰：「吾本根未固，小大非敵，若光致死於我，何以待之？不如受以驕之，俟釁而動，蔑不克矣。」烏孤乃受之。

二十年秋七月，秃髮烏孤擊乙弗、折掘等諸部，皆破降之，築廉川堡而都之。廣武趙振少好奇略，聞烏孤在廉川，棄家從之。烏孤喜曰：「吾得趙生，大事濟矣。」拜左司馬。三河王光封烏孤爲廣武郡公。

二十一年夏六月，三河王吕光遣使拜秃髮烏孤爲征南大將軍、益州牧、左賢王。烏孤謂使者曰：「吕王諸子貪淫，三甥暴虐，遠近愁怨，吾安可違百姓之心，受不義之爵乎！

吾當爲帝王之事耳。」乃留其鼓吹、羽儀，謝而遣之。

安帝隆安元年春正月，秃髮烏孤自稱大都督、大將軍、大單于、西平王，大赦，改元太初。治兵廣武，攻涼金城，克之。涼王光遣將軍竇苟伐之，戰于街亭，涼兵大敗。

涼散騎常侍、太常西平郭黁，善天文數術，國人信重之。會熒惑守東井，黁謂僕射王詳曰：「涼之分野，將有大兵。主上老病，太子闇弱，太原公凶悍，一旦不諱，禍亂必起。吾二人久居内要，彼常切齒，將爲誅首矣。田胡王乞基部落最强，二苑之人，多其舊衆。吾欲與公舉大事，推乞基爲主，二苑之衆，盡我有也。得城之後，徐更議之。」詳從之。黁夜以二苑之衆燒洪範門，使詳爲内應。事泄，詳被誅，黁遂據東苑以叛。民間皆言聖人起兵，事無不成，從之者甚衆。

涼王光召太原公纂使討黁。纂司馬楊統謂其從兄桓曰：「郭黁舉事，必不虚發。吾欲殺纂，推兄爲主，西襲吕弘，據張掖，號令諸郡，此千載一時也。」桓怒曰：「吾爲吕氏臣，安享其禄，危不能救，豈可復增其難乎？吕氏若亡，吾爲弘演矣。」統至番禾，遂叛歸黁。弘，纂之弟也。

纂與西安太守石元良共擊黁，大破之。黁得光孫八人於東苑，及敗而恚，悉投於鋒上，枝分節解，飲其血以盟衆，衆皆掩目。

涼人張捷、宋生等招集戎夏三千人反於休屠城，與麐共推涼後將軍楊軌爲盟主。軌，略陽氏也。將軍程肇諫曰：「卿棄龍頭而從蛇尾，非計也。」軌不從，自稱大將軍、涼州牧、西平公。

纂擊破麐將王斐于城西，麐兵勢漸衰，遣使請救于禿髮烏孤。九月，烏孤使其弟驃騎將軍利鹿孤帥騎五千赴之。

二年春正月，楊軌以其司馬郭緯爲西平相，帥步騎三萬北赴郭麐。禿髮烏孤遣其弟車騎將軍傉檀帥騎一萬助軌，軌至姑臧，營于城北。夏四月，涼太原公纂將兵擊楊軌，郭麐救之，纂敗還。六月，楊軌自恃其衆，欲與涼王光決戰，郭麐每以天道抑止之。涼常山公弘鎮張掖，段業使沮渠男成及王德攻之，光使太原公纂將兵迎之。楊軌曰：「呂弘精兵一萬，若與光合，則姑臧益强，不可取矣。」乃與禿髮利鹿孤共邀擊纂。纂與戰，大破之，軌奔王乞基。麐性褊急殘忍，不爲士民所附，聞軌敗走，降西秦，西秦王乾歸以爲建忠將軍、散騎常侍。弘引兵棄張掖東走。

秋九月，楊軌屯廉川，收集夷夏衆至萬餘。王乞基謂軌曰：「禿髮氏才高而兵盛，且乞基之主也，不如歸之。」軌乃遣使降於西平王烏孤。軌尋爲羌酋梁飢所敗，西奔傉海，襲乙弗鮮卑而據其地。烏孤謂羣臣曰：「楊軌、王乞基歸誠於我，卿等不速救，使爲羌人所覆，孤甚愧之。」平西將軍渾屯曰：「梁飢無經遠大略，可一戰禽也。」

飢進攻西平，西平人田玄明執太守郭倖而代之，以拒飢，遣子爲質於烏孤。烏孤欲救之，羣臣憚飢兵强，多以爲疑。左司馬趙振曰：「楊軌新敗，吕氏方强，洪池以北，未可冀也，嶺南五郡，庶幾可取。大王若無開拓之志，振不敢言，若欲經營四方，此機不可失也。使羌得西平，華夷震動，非我之利也。」烏孤喜曰：「吾亦欲乘時立功，安能坐守窮谷乎！」乃謂羣臣曰：「梁飢若得西平，保據山河，不可復制。飢雖驍猛，軍令不整，易破也。」遂進擊飢，大破之。飢退屯龍支堡，烏孤進攻，拔之，飢單騎奔澆河，俘斬數萬。以田玄明爲西平内史。樂都太守田瑤、湟河太守張裯、澆河太守王稚皆以郡降，嶺南羌胡數萬落皆附於烏孤。

冬十一月，楊軌、王乞基帥户數千自歸於西平王烏孤。十二月，西平王禿髮烏孤更稱武威王。

三年春正月，武威王烏孤徙治樂都，以其弟西平公利鹿孤鎮安夷，廣武公傉檀鎮西平，叔父素渥鎮湟河，若留鎮澆河，從弟替引鎮嶺南，洛回鎮廉川，從叔吐若留鎮浩亹。夷夏俊傑，隨才授任，内居顯位，外典郡縣，咸得其宜。

烏孤謂羣臣曰：「隴右、河西本數郡之地，遭亂分裂，至十餘國。吕氏、乞伏氏、段氏最强，今欲取之，三者何先？」楊統曰：「乞伏氏本吾之部落，終當服從。段氏書生，無能爲患，且結好於我，攻之不義。呂光衰耄，嗣子微弱，纂、弘雖有才，而内相猜忌，若使浩亹、廉川乘虚迭出，彼必疲於奔命，不過二年，兵勞民困，則姑臧可圖也。姑臧舉，則二寇不待攻而服矣。」烏孤曰：「善。」

夏六月，烏孤以利鹿孤爲凉州牧，鎮西平，召車騎大將軍傉檀入録府國事。

秋八月，武威王秃髮烏孤醉，走馬傷脅而卒，遺令立長君。國人立其弟利鹿孤，謚烏孤曰武王，廟號烈祖。利鹿孤大赦，徙治西平。

四年春正月，秃髮利鹿孤大赦，改元建和。夏五月，楊軌、田玄明謀殺武威王利鹿孤，利鹿孤殺之。

五年春正月，武威王利鹿孤欲稱帝，羣臣皆勸之。安國將軍鍮勿崙曰：「吾國自上世以來，被髮左衽，無冠帶之飾，逐水草遷徙，無城郭室廬，故能雄視沙漠，抗衡中夏。今舉大號，誠順民心。然建都立邑，難以避患，儲畜倉庫，啓敵人心。不如處晋民於城郭，勸課農桑，以供資儲，帥國人以習戰射，鄰國弱則乘之，强則避之，此久長之良策也。且虚名無實，徒足爲世之質的，將安用之。」利鹿孤曰：「安國之言是也。」乃更稱河西王，以廣武公傉檀爲都督中外諸軍事、凉州牧、録尚書事。

夏六月，河西王利鹿孤命羣臣極言得失。西曹從事史暠曰：「陛下命將出征，往無不捷。然不以綏寧爲先，唯以徙民爲務，民安土重遷，故多離叛，此所以斬將拔城而地不加廣也。」利鹿孤善之。

元興元年春三月，河西王禿髮利鹿孤寢疾，遺令以國事授弟傉檀。初，禿髮思復鞬愛重傉檀，謂諸子曰：「傉檀器識，非汝曹所及也。」故諸兄不以傳子而傳於弟。利鹿孤在位，垂拱而已，軍國大事皆委於傉檀。利鹿孤卒，傉檀襲位，更稱涼王，改元弘昌，遷于樂都，謚利鹿孤曰康王。是歲，秦王興遣使拜禿髮傉檀爲車騎將軍、廣武公。

三年春二月，南涼王傉檀畏秦之强，乃去年號，罷尚書丞郎官，遣參軍關尚使于秦。秦王興曰：「車騎獻款稱藩，而擅興兵造大城，豈爲臣之道乎？」尚曰：「王公設險以守其國，先王之制也。車騎僻在遐藩，密邇勍寇，蓋爲國家重門之防，不圖陛下忽以爲嫌。」興善之。傉檀求領涼州，興不許。

義熙二年夏六月，禿髮傉檀伐沮渠蒙遜，蒙遜嬰城固守。傉檀至赤泉而還，獻馬三千匹、羊三萬口于秦。秦王興以爲忠，以傉檀爲都督河右諸軍事、車騎大將軍、涼州刺史，鎮姑臧。徵王尚還長安。涼州人申屠英等遣主簿胡威詣長安請留尚，興弗許。威見興，流涕言曰：「臣州奉戴王化，於兹五年，土宇僻遠，威靈不接，士民嘗膽拉血，共守孤城。仰恃陛下聖德，俯仗良牧仁政，克自保全，以至今日。陛下奈何乃以臣等貿馬三千匹、羊三萬口，賤人貴畜，無乃不可？若軍國須馬，直煩尚書一符，臣州三千餘户，各輸一馬，朝下夕辦，何難之有？昔漢武傾天下之資力，開拓河西，以斷匈奴右臂。今陛下無故棄五郡之地，忠良華族，以資暴虜，豈惟臣州士民墜於塗炭，恐方爲聖朝旰食之憂。」興悔之，使西平人車普馳止王尚，又遣使諭傉檀。會傉檀已帥步騎三萬軍于五澗，普先以狀告之，傉檀遽逼遣王尚。尚出自清陽門，傉檀入自涼風門。

別駕宗敞送尚還長安，傉檀謂敞曰：「吾得涼州三千餘家，情之所寄，唯卿一人，奈何捨我去乎？」敞曰：「今送舊君，所以忠於殿下也。」傉檀曰：「吾新牧貴州，懷遠安邇之略如何？」敞曰：「涼土雖弊，形勝之地。殿下惠撫其民，收其賢俊，以建功名，其何求不獲。」因薦本州文武名士十餘人，傉檀嘉納之。王尚至長安，興以爲尚書。

傉檀燕羣僚於宣德堂，仰視歎曰：「古人有言『作者不居，居者不作』，信矣。」武威孟禕曰：「昔張文王始爲此堂，於今百年，十有二主矣，惟履信思順者可以久處。」傉檀善之。

秋八月，秃髮傉檀以興城侯文支鎮姑臧，自還樂都。雖受秦爵命，然其車服、禮儀皆如王者。冬十一月，秃髮傉檀遷于姑臧。

三年秋七月，禿髮傉檀復貳於秦，遣使邀乞伏熾磐，熾磐斬其使送長安。九月，禿髮傉檀將五萬餘人伐沮渠蒙遜，蒙遜與戰於均石，大破之。十一月，夏王勃勃帥騎二萬擊傉檀于支陽，殺傷萬餘人而還。傉檀帥衆追之，勃勃逆擊於武陽下，大破之，殺傷萬計。勃勃積尸而封之，號曰「髑髏臺」。

四年夏五月，秦王興以禿髮傉檀外内多難，欲因而取之，使尚書郎韋宗往覘之。傉檀與宗論當世大略，縱橫無窮。宗退，歎曰：「奇才英器，不必華夏，明智敏識，不必讀書，吾乃今知九州之外，五經之表，復自有人也。」歸言於興曰：「凉州雖弊，傉檀權譎過人，未可圖也。」興曰：「劉勃勃以烏合之衆猶能破之，况我舉天下之兵以加之乎？」宗曰：「不然，形移勢變，返覆萬端，陵人者易敗，戒懼者難攻。傉檀之所以敗於勃勃者，輕之也。今我以大軍臨之，彼必懼而求全。臣竊觀羣臣才略，無傉檀之比者，雖以天威臨之，亦未敢保其必勝也。」興不聽，使其子中軍將軍廣平公弼、後軍將軍斂成、鎮遠將軍乞伏乾歸帥步騎三萬襲傉檀，左僕射齊難帥騎二萬討勃勃。吏部尚書尹昭諫曰：「傉檀恃其險遠，故敢違慢。不若詔沮渠蒙遜及李暠討之，使自相困斃，不必煩中國之兵也。」亦不聽。

興遺傉檀書曰：「今遣齊難討勃勃，恐其西逸，故令弼等於河西邀之。」傉檀以爲然，遂不設備。弼濟自金城，姜紀言於弼曰：「今王師聲言討勃勃，傉檀猶豫，守備未嚴，願給輕騎五千掩其城門，則山澤之民皆爲吾有，孤城無援，可坐克也。」弼不從。進至漠口，昌松太守蘇霸閉城拒之。弼遣人諭之使降，霸曰：「汝棄信誓而伐與國，吾有死而已，何降之有！」弼進攻，斬之，長驅至姑臧。傉檀嬰城固守，出奇兵擊弼，破之，弼退據西苑。城中人王鍾等謀爲内應，事泄，傉檀欲誅首謀者而赦其餘。前軍將軍伊力延侯曰：「今强寇在外，而姦人竊發於内，危孰甚焉，不悉阬之，何以懲後？」傉檀從之，殺五千餘人。命郡縣悉散牛羊於野，斂成縱兵鈔掠，傉檀遣鎮北大將軍俱延、鎮軍將軍敬歸等擊之，秦兵大敗，斬首七千餘級。姚弼固壘不出，傉檀攻之，未克。

秋七月，興遣衛大將軍常山公顯帥騎二萬爲諸軍後繼，至高平，聞弼敗，倍道赴之。顯遣善射者孟欽等五人挑戰於涼風門，弦未及發，傉檀材官將軍宋益等迎擊，斬之。顯乃委罪斂成，遣使謝傉檀，慰撫河外，引兵還。傉檀遣使者徐宿詣秦謝罪。

冬十一月，禿髮傉檀復稱涼王，大赦，改元嘉平，置百官。立夫人折掘氏爲皇后，世子武臺爲太子，録尚書事。左長史趙鼂、右長史郭倖爲尚書左、右僕射，昌松侯俱延爲太尉。

蒙遜據張掖

晉安帝隆安元年。初，張掖盧水胡沮渠羅仇，匈奴沮渠王之後也，世爲部帥。涼王光以羅仇爲尚書，從光伐西秦。及呂延敗死，羅仇弟三河太守麴粥謂羅仇曰：「主上荒耄信讒，今軍敗將死，正其猜忌智勇之時也。吾兄弟必不見容，與其死之無名，不若勒兵向西平，出苕藋，奮臂一呼，涼州不足定也。」羅仇曰：「誠如汝言，然吾家世以忠孝著於西土，寧使人負我，我不忍負人也。」光果聽讒，以敗軍之罪殺羅仇及麴粥。羅仇弟子蒙遜，雄傑有策略，涉獵書史，以羅仇、麴粥之喪歸葬，諸部多其族姻，會葬者凡萬餘人。蒙遜哭謂衆曰：「呂王昏荒無道，多殺不辜。吾之上世，虎視河西，今欲與諸部雪二父之恥，復上世之業，何如？」衆咸稱萬歲。遂結盟起兵，攻涼臨松郡，拔之，屯據金山。

夏五月，涼王光遣太原公纂將兵擊沮渠蒙遜於忽谷，破之，蒙遜逃入山中。蒙遜從兄男成爲涼將軍，聞蒙遜起兵，亦合衆數千屯樂涫。酒泉太守壘澄討男成，兵敗，澄死。男成進攻建康，遣使説建康太守段業曰：「呂氏政衰，權臣擅命，刑殺無常，人無容處。一州之地，叛者相望，瓦解之形，昭然在目，百姓嗷然，無所依附。府君奈何以蓋世之才，欲立忠於垂亡之國。男成等既唱大義，欲屈府君撫臨鄙州，使塗炭之餘，蒙來蘇之惠，何如？」業不從。相持二旬，外救不至，郡人高逵、史惠等勸業從男成之請。業素與凉侍中房晷、僕射王詳不平，懼不自安，乃許之。男成等推業爲大都督、龍驤大將軍、凉州牧、建康公，改元神璽。以男成爲輔國將軍，委以軍國之任。蒙遜帥衆歸業，業以蒙遜爲鎮西將軍。光命太原公纂將兵討業，不克。

二年夏四月，段業使沮渠蒙遜攻西郡，執太守呂純以歸。純，光之弟子也。於是晉昌太守王德、敦煌太守趙郡孟敏皆以郡降業。業封蒙遜爲臨池侯，以德爲酒泉太守，敏爲沙州刺史。

六月，凉常山公弘鎮張掖，段業使沮渠男成及王德攻之，光使太原公纂將兵迎之。弘引兵棄張掖東走，段業徙治張掖，將追擊弘。沮渠蒙遜諫曰：「歸師勿遏，窮寇勿追，此兵家之戒也。」業不從，大敗而還，賴蒙遜以免。業城安西，以其將臧莫孩爲太守。蒙遜曰：「莫孩勇而無謀，知進不知退，此乃爲之築冢，非築城也。」業不從，莫孩尋爲呂纂所破。

三年春二月，段業即凉王位，改元天璽。以沮渠蒙遜爲尚書左丞，梁中庸爲右丞。

五年夏四月，北凉王業憚沮渠蒙遜勇略，欲遠之，蒙遜亦深自晦匿。業以門下侍郎馬權代蒙遜爲張掖太守。權素豪儁，爲業所親重，常輕侮蒙遜。蒙遜譖之於業曰：「天下不足慮，惟當憂馬權耳。」業遂殺權。

蒙遜謂沮渠男成曰：「段公無鑒斷之才，非撥亂之主。曩所憚者惟索嗣、馬權，今皆已死。蒙遜欲除之以奉兄，何如？」男成曰：「業本孤客，爲吾家所立，恃吾兄弟，猶魚之有水。夫人親信我而圖之，不祥。」蒙遜乃求爲西安太守，業喜其出外，許之。

蒙遜與男成約同祭蘭門山，而陰使司馬許咸告業曰：「男成欲以取假日爲亂，若求祭蘭門山，臣言驗矣。」至期，果然。業收男成，賜死。男成曰：「蒙遜先與臣謀反，臣以兄弟之故，隱而不言。今以臣在，恐部衆不從，故約臣祭山而返誣臣，其意欲王之殺臣也。乞詐言臣死，暴臣罪惡，蒙遜必反，臣然後奉王命而討之，無不克矣。」業不聽，殺之。蒙遜泣告衆曰：「男成忠於段王，而段王無故枉殺之，諸君能爲報仇乎？且始者共立段王，欲以安衆耳，今州土紛亂，非段王所能濟也。」男成素得衆心，衆皆憤泣争奮，比至氐池，衆逾一萬，鎮軍將軍臧莫孩帥所部降之，羌胡多起兵應蒙遜者。蒙遜進壁侯塢。

業先疑右將軍田昂，囚之，至是召昂謝而赦之，使與武衛將軍梁中庸共討蒙遜。別將王豐孫言於業曰：「西平諸田，世有反者，昂貌恭而心險，不可信也。」業曰：「吾疑之久矣，但非昂無可以討蒙遜者。」昂至侯塢，帥騎五百降於蒙遜，業軍遂潰。中庸亦詣蒙遜降。

五月，蒙遜至張掖，田昂兄子承愛斬關内之，業左右皆散。蒙遜至，業謂蒙遜曰：「孤孑然一己，爲君家所推，願匄餘命，使得東還與妻子相見。」蒙遜斬之。業儒素長者，無他權略，威禁不行，羣下擅命，尤信卜筮、巫覡，故至於敗。沮渠男成之弟富占將軍俱傫，帥户五百降于河西王利鹿孤。傫，石子之子也。

夏六月，梁中庸等共推沮渠蒙遜爲大都督、大將軍、凉州牧、張掖公，赦其境内，改元永安。蒙遜署從兄伏奴爲張掖太守、和平侯，弟挐爲建忠將軍、都谷侯，田昂爲西郡太守，臧莫孩爲輔國將軍，房晷、梁中庸爲左右長史，張騭、謝正禮爲左右司馬，擢任賢才，文武咸悦。

秋九月，沮渠蒙遜所部酒泉、凉寧二郡叛降於西凉，又聞吕隆降秦，大懼，遣其弟建忠將軍挐、牧府長史張潛見秦隴西公碩德於姑臧，請帥其衆東遷。碩德喜，拜潛張掖太守，挐建康太守。潛勸蒙遜東遷。挐私謂蒙遜曰：「姑臧未拔，吕氏猶存，碩德糧盡將還，不能久也；何爲自棄土宇，受制於人乎！」臧莫孩亦以爲然。

蒙遜遣子奚念爲質於河西王利鹿孤，利鹿孤不受，曰：「奚念年小，可遣挐也。」冬十月，蒙遜復遣使上疏於利鹿孤曰：「臣前遣奚念，具披誠款，而聖旨未昭，復徵弟挐。臣竊以爲苟有誠信則子不爲輕，若其不信則弟不爲重。今寇難未夷，不獲奉詔，願陛下亮之。」利鹿孤怒，遣張松侯俱延、興城侯文支將騎一萬襲蒙遜，至萬歲臨松，執蒙遜從弟鄯善苟子，虜其民六千餘户。蒙遜從叔孔遮入朝于利鹿孤，許以挈爲質，利鹿孤乃歸其所掠，召俱延等還。文支，利鹿孤之弟也。

元興元年。

二年秋八月，秦王興遣使拜沮渠蒙遜爲鎮西將軍、沙州刺史、西海侯。蒙遜問構曰：「禿髮傉檀爲公，而身爲侯，何也？」構曰：「傉檀凶狡，款誠未著，故朝廷以重爵虚名羈縻之。將軍忠貫白日，當入贊帝室，豈可以不信相待也。聖朝爵必稱功，如尹緯、姚晃，佐命之臣，齊難、徐洛，一時猛將，爵皆不過侯伯，將軍何以先之乎？昔竇融殷勤固讓，不欲居舊臣之右，不意將軍忽有此問。」蒙遜曰：「朝廷何不即封張掖，而更遠封西海邪？」構曰：「張掖，將軍已自有之，所以遠授西海者，欲廣大將軍之國耳。」蒙遜悦，乃受命。

義熙八年冬十月，沮渠蒙遜遷于姑臧。

十一月，沮渠蒙遜即河西王位，大赦，改元玄始。置百官，如涼王光爲三河王故事。

〔十四年〕。河西王蒙遜奉表稱藩，拜涼州刺史。

秦滅後涼

晉安帝隆安三年冬十二月，涼王光疾甚，立太子紹爲天王，自號「太上皇帝」，以太原公纂爲太尉，常山公弘爲司徒。謂紹曰：「今國家多難，三鄰伺隙，吾没之後，使纂統六軍，弘管朝政，汝恭己無爲，委重二兄，庶幾可濟。若内相猜忌，則蕭牆之變，旦夕至矣。」又謂纂、弘曰：「永業才非撥亂，直以立嫡有常，猥居元首。今外有强寇，人心未寧，汝兄弟輯睦，則祚流萬世，若内自相圖，則禍不旋踵矣。」纂、弘泣曰：「不敢。」又執纂手戒之曰：「汝性粗暴，深爲吾憂，善輔永業，勿聽讒言。」是日，光卒。紹秘不發喪，纂排閤入哭，盡哀而出。紹懼，以位讓之，曰：「兄功高年長，宜承大統。」纂曰：「陛下國之冢嫡，臣敢奸之！」紹固讓，纂不許。驃騎將軍呂超謂紹曰：「纂爲將積年，威震内外，臨喪不哀，步高視遠，必有異志，宜早除之。」紹曰：「先帝言猶在耳，奈何棄之！吾以弱年負荷大任，方賴二兄以寧家國，縱其圖我，我視死如歸，終不忍有此意也。卿勿復言。」纂見紹於湛露堂，超執刀侍側，目纂請收之，紹弗許。超，光弟寶之子也。

弘密遣尚書姜紀謂纂曰：「主上闇弱，未堪多難。兄威恩素著，宜爲社稷計，不可徇小節也。」纂於是夜帥壯士數百踰北城，攻廣夏門，弘帥東苑之衆斧洪範門。左衛將軍齊從守融明觀，逆問之曰：「誰也？」衆曰：「太原公。」從曰：「國有大故，主上新立，太原公行不由道，夜入禁城，將爲亂邪？」因抽劍直前，斫纂中額，纂左右禽之。纂曰：「義士也，勿殺。」紹遣虎賁中郎將呂開帥禁兵拒戰於端門，呂超帥卒二千赴之，衆素憚纂，皆不戰而潰。纂入自青角門，升謙光殿。紹登紫閣自殺，呂超奔廣武。

纂憚弘兵强，以位讓弘。弘曰：「弘以紹弟也而承大統，衆心不順，是以違先帝遺命而廢之，慚負黄泉。今復踰兄而立，豈弘之本志乎？」纂乃使弘出告衆曰：「先帝臨終受詔如此。」羣臣皆曰：「苟社稷有主，誰敢違者。」纂遂即天王位，大赦，改元咸寧。謚光曰懿武皇帝，廟號太祖；謚紹曰隱王。以弘爲大都督、督中外諸軍事、大司馬、車騎大將軍、司隸校尉、録尚書事，改封番禾郡公。

纂謂齊從曰：「卿前斫我，一何甚也？」從泣曰：「隱王先帝所立。陛下雖應天順人，而微心未達，唯恐陛下不死，何謂甚也！」纂賞其忠，善遇之。

纂叔父征東將軍方鎮廣武，纂遣使謂方曰：「超實忠臣，義勇可嘉，但不識國家大體，權變之宜。方賴其用，以濟世難，可以此意諭之。」超上疏陳謝，纂復其爵位。

四年春三月，凉王纂以大司馬弘功高地逼，忌之。弘亦自疑，遂以東苑之兵作亂，攻纂。纂遣其將焦辨擊之，弘衆潰，出走。纂縱兵大掠，悉以東苑婦女賞軍，弘之妻子亦在中。纂笑謂羣臣曰：「今日之戰何如？」侍中房晷對曰：「天禍涼室，憂患仍臻。先帝始崩，隱王廢黜。山陵甫訖，大司馬稱兵。京師流血，昆弟接刃，雖弘自取夷滅，亦由陛下無常棣之恩，當省己責躬，以謝百姓。乃更縱兵大掠，囚辱士女，釁自弘起，百姓何罪？且弘妻，陛下之弟婦，弘女，陛下之姪也，奈何使無賴小人辱爲婢妾，天地神明豈忍見此？」遂歔欷流涕。纂改容謝之，召弘妻子寘於東宮，厚撫之。弘將奔禿髮利鹿孤，道過廣武，詣呂方，方見之，大哭曰：「天下甚寬，汝何爲至此！」乃執弘送獄，纂遣力士康龍就拉殺之。

纂立妃楊氏爲后，以后父桓爲尚書左僕射、涼都尹。

五年。涼王纂嗜酒好獵，太常楊穎諫曰：「陛下應天受命，當以道守之。今疆宇日蹙，崎嶇二嶺之間，陛下不兢兢夕惕以恢弘先業，而沈湎遊畋，不以國家爲事，臣竊危之。」纂遜辭謝之，然猶不悛。

番禾太守呂超擅擊鮮卑思盤，思盤遣其弟乞珍訴於纂，纂命超及思盤皆入朝。超懼，至姑臧，深自結於殿中監杜尚。纂見超，責之曰：「卿恃兄弟桓桓，乃敢欺吾，要當斬卿，天下乃定。」超頓首謝。纂本以恐愒超，實無意殺之。因引超、思盤及羣臣同宴於内殿。超兄中領軍隆數勸纂酒，纂醉，乘步輓車，將超等游禁中。至琨華堂東閤，車不得過，纂親將竇川、駱騰倚劍於壁，推車過閤。超取劍擊纂，纂下車禽超，超刺纂洞胸。川、騰與超格戰，超殺之。纂后楊氏命禁兵討超，杜尚止之，皆捨仗不戰。將軍魏益多入，取纂首，楊氏曰：「人已死，如土石，無所復知，何忍復殘其形骸乎！」益多罵之，遂取纂首以徇曰：「纂違先帝之命，殺太子而自立，荒淫暴虐。番禾太守超順人心而除之，以安宗廟，凡我士庶，同兹休慶。」

纂叔父巴西公佗、弟隴西公緯皆在北城。或說緯曰：「超爲逆亂，公以介弟之親，仗大義而討之，姜紀、焦辨在南城，楊桓、田誠在東苑，皆吾黨也，何患不濟？」緯嚴兵欲與佗共擊超，佗妻梁氏止之曰：「緯、超俱兄弟之子，何爲舍超助緯，自爲禍首乎？」佗乃謂緯曰：「超舉事已成，據武庫，擁精兵，圖之甚難。且吾老矣，無能爲也。」超弟邈有寵於緯，說緯曰：「纂賊殺兄弟，隆、超順人心而討之，正欲尊立明公耳。方今明公先帝之長子，當主社稷，人無異望，夫復何疑。」緯信之，乃與隆、超結盟，單馬入城，超執而殺之。讓位於隆，隆有難色。超曰：「今如乘龍上天，豈可中下！」隆遂即天王位，大赦，改元神鼎。尊母衛氏爲太后，妻楊氏爲后。以超爲都督中外諸軍事、輔國大將軍、録尚書事，封安定公。謚纂曰靈帝。

纂后楊氏將出宫，超恐其挾珍寶，命索之。楊氏曰：「爾兄弟不義，手刃相屠，我旦夕死人，安用寶爲！」超又問玉璽所在，楊氏曰：「已毀之矣。」后有美色，超將納之，謂其父右僕射桓曰：「后若自殺，禍及卿宗。」桓以告楊氏。楊氏曰：「大人賣女與氐以圖富貴，一之謂甚，其可再乎！」遂自殺。謚曰穆后。桓奔河西王利鹿孤，利鹿孤以爲左司馬。

夏五月，涼王隆多殺豪望以立威名，内外囂然，人不自保。魏安人焦朗遣使説秦隴西公碩德曰：「呂氏自武皇棄世，兄弟相攻，政綱不立，競爲威虐，百姓饑饉，死者過半。今乘其篡奪之際，取之易於反掌，不可失也。」碩德言於秦王興，帥步騎六萬伐涼，乞伏乾歸帥騎七千從之。

秋七月，秦隴西公碩德自金城濟河，直趣廣武，河西王利鹿孤攝廣武守軍以避之。秦軍至姑臧，涼王隆遣輔國大將軍超、龍驤將軍邈等逆戰，碩德大破之，生擒邈，俘斬萬計。隆嬰城固守。巴西公佗帥東苑之衆二萬五千降於秦。西涼公暠、河西王利鹿孤、沮渠蒙遜各遣使奉表入貢於秦。

初，涼將姜紀降於河西王利鹿孤，廣武公傉檀與論兵略，甚愛重之，坐則連席，出則同車，每談論，以夜繼晝。利鹿孤謂傉檀曰：「姜紀信有美才，然視候非常，必不久留於此，不如殺之。紀若入秦，必爲人患。」傉檀曰：「臣以布衣之交待紀，紀必不相負也。」八月，紀將數十騎奔秦軍，説碩德曰：「呂隆孤城無援，明公以大軍臨之，其勢必請降。然彼徒文降而已，未肯遂服也。請給紀步騎三千，與王松悤因焦朗、華純之衆，伺其釁隙，隆不足取也。不然，今禿髮在南，兵强國富，若兼姑臧而據之，威勢益盛，沮渠蒙遜、李暠不能抗也，必將歸之，如此則爲國家之大敵矣。」碩德乃表紀爲武威太守，配兵二千，屯據晏然。秦王興聞楊桓之賢而徵之，利鹿孤不敢留。

閏月，秦隴西公碩德圍姑臧累月，東方之人在城中者多謀外叛，魏益多復誘扇之，欲殺涼王隆及安定公超，事發，坐死者三百餘家。碩德撫納夷夏，分置守宰，節食聚粟，爲持久之計。涼之羣臣請與秦連和，隆不許。安定公超曰：「今資儲内竭，上下嗷嗷，雖使張、陳復生，亦無以爲策。陛下當思權變屈伸，何愛尺書、單使爲卑辭以退敵？敵去之後，修德政以息民，若卜世未窮，何憂舊業之不復。若天命去矣，亦可以保全宗族。不然，坐守窮困，終將何如？」隆乃從之。九月，遣使請降於秦。碩德表隆爲鎮西大將軍、涼州刺史、建康公。隆遣子弟及文武舊臣慕容筑、楊穎等五十餘家入質于長安。碩德軍令嚴整，秋毫不犯，祭先賢，禮名士，西土悦之。

冬十二月，呂超攻姜紀不克，遂攻焦朗。朗遣其弟子嵩爲質於河西王利鹿孤以請迎，利鹿孤遣車騎將軍傉檀赴之。比至，超已退，朗閉門拒之。傉檀怒，將攻之。鎮北將軍俱延諫曰：「安土重遷，人之常情。朗孤城無食，今年不降，後年自服，何必多殺士卒以攻之？若其不捷，彼必去從他國，棄州境士民以資鄰敵，非計也，不如以善言諭之。」傉檀乃與朗連和，遂曜兵姑臧，壁于胡阬。傉檀知呂超必來斫營，畜火以待之。超夜遣中壘將軍王集帥精兵二千斫傉檀營，傉檀徐嚴不起。集入壘中，内外皆舉火，光照如晝，縱兵擊之，斬集及甲首三百餘級。呂隆懼，僞與傉檀通好，請於苑内結盟。傉檀遣俱延入盟，俱延疑其有伏，毁苑牆而入。超伏兵擊之，俱延失馬步走，凌江將軍郭祖力戰拒之，俱延乃得免。傉檀怒，攻其昌松太守孟禕於顯美。隆遣廣武將軍荀安國、寧遠將軍石可帥騎五百救之，安國等憚傉檀之强，遁還。

元興元年春正月，秃髮傉檀克顯美，執孟禕而責之，以其不早降。禕曰：「禕受呂氏厚恩，分符守土。若明公大軍甫至，望旗歸附，恐獲罪於執事矣。」傉檀釋而禮之。徙二千餘户而歸，以禕爲左司馬。禕辭曰：「呂氏將亡，聖朝必取河右，人無愚智皆知之。但禕爲人守城不能全，復忝顯任，於心竊所未安。若蒙明公之惠，使得就戮姑臧，死且不朽。」傉檀義而歸之。

姑臧大饑，米斗直錢五千，人相食，餓死者十餘萬口。城門晝閉，樵采路絶，民請出城爲胡虜奴婢者，日有數百。呂隆惡其沮動衆心，盡阬之，積尸盈路。利鹿孤遣廣武公傉檀帥騎一萬救之，未至，隆擊破蒙遜軍。蒙遜請與隆盟，留穀萬餘斛遺之而還。傉檀至昌松，聞蒙遜已退，乃徙涼澤段冢民五百餘户而還。中散騎常侍張融言於利鹿孤曰：「焦朗兄弟據魏安，潛通姚氏，數爲反覆，今不取，後必爲朝廷憂。」利鹿孤遣傉檀討之，朗面縛出降，傉檀送于西平，徙其民于樂都。

冬十月，南涼王傉檀攻呂隆於姑臧。

二年秋七月，南涼王傉檀及沮渠蒙遜互出兵攻呂隆，隆患之。秦之謀臣言於秦王興曰：「隆藉先世之資，專制河外，今雖飢窘，尚能自支，若將來豐贍，終不爲吾有。涼州險絶，土田饒沃，不如因其危而取之。」興乃遣使徵呂超入侍。隆念姑臧終無以自存，乃因超請迎于秦。興遣尚書左僕射齊難、鎮西將軍姚詰、左賢王乞伏乾歸、鎮遠將軍趙曜帥步騎四萬迎隆于河西，南涼王傉檀攝昌松、魏安二戍以避之。八月，齊難等至姑臧，隆素車白馬迎于道旁。隆勸難擊沮渠蒙遜，蒙遜使臧莫孩拒之，敗其前軍。難乃與蒙遜結盟。蒙遜遣弟挐入貢于秦。難以司馬王尚行涼州刺史，配兵三千，鎮姑臧。以將軍閻松爲倉松太守，郭將爲番禾太守，分戍二城。徙隆宗族、僚屬及民萬户于長安。興以隆爲散騎常侍，超爲安定太守，自餘文武，隨才擢敘。

初，郭黁常言「代呂者王」，故其起兵，先推王詳，後推王乞基，及隆東遷，王尚卒代之。黁從乞伏乾歸降秦，以爲「滅秦者晉也」，遂來奔，秦人追得，殺之。

通鑑紀事本末卷第十八

馮跋滅後燕

晉安帝隆安五年。燕王盛懲其父寶以懦弱失國，務峻威刑，又自矜聰察，多所猜忌，羣臣有纖介之嫌，皆先事誅之，由是宗親、勳舊，人不自保。八月丁亥，左將軍慕容國與殿上將軍秦輿、段讚謀帥禁兵襲盛，事發，死者五百餘人。壬辰夜，前將軍段璣與秦輿之子興、段讚之子泰潛於禁中鼓譟大呼。盛聞變，帥左右出戰，賊衆逃潰。璣被創，匿廂屋間。俄有一賊從闇中擊盛，盛被傷，輦升前殿，申約禁衛，事定而卒。

中壘將軍慕容拔、冗從僕射郭仲白太后丁氏，以爲國家多難，宜立長君。時衆望在盛弟司徒、尚書令平原公元，而河間公熙素得幸於丁氏，丁氏乃廢太子定，密迎熙入宮。明旦，羣臣入朝，始知有變，因上表勸進於熙。熙以讓元，元不敢當。癸巳，熙即天王位，捕獲段璣等，皆夷三族。甲午，大赦。丙申，平原公元以嫌賜死。閏月辛酉，葬盛於興平陵，諡曰昭武皇帝，廟號中宗。丁氏送葬未還，中領軍慕容提、步軍校尉張佛等謀立故太子定，事覺，伏誅，定亦賜死。丙寅，大赦，改元光始。

元興元年。燕王熙納故中山尹苻謨二女，長曰娀娥，爲貴人，幼曰訓英，爲貴嬪，貴嬪尤有寵。丁太后怨恚，與兄子尚書信謀廢熙立章武公淵。事覺，熙逼丁太后令自殺，葬以后禮，謚曰獻幽皇后。十一月戊辰，殺淵及信。

辛未，熙畋于北原，石城令高和與尚方兵於後作亂，殺司隸校尉張顯，入掠宮殿，取庫兵，脅營署，閉門乘城。熙馳還，城上人皆投仗開門，盡誅反者，唯和走免。甲戌，大赦。

二年夏五月，燕王熙作龍騰苑，方十餘里，役徒二萬人。築景雲山於苑内，基廣五百步，峯高十七丈。冬十二月己酉，立苻貴嬪爲皇后，大赦。

三年夏四月，燕王熙於龍騰苑起逍遥宫，連房數百，鑿曲光海，盛夏，士卒不得休息，暍死者太半。秋七月，燕苻昭儀有疾，龍城人王榮自言能療之。昭儀卒，燕王熙立榮於公車門，支解而焚之。冬十一月，燕王熙與苻后遊畋，北登白鹿山，東踰青嶺，南臨滄海而還，士卒爲虎狼所殺及凍死者五千餘人。

義熙元年冬十二月，燕王熙襲契丹。

二年春正月，燕王熙至陘北，畏契丹之衆，欲還，苻后不聽。戊申，遂棄輜重，輕兵襲高句麗。二月，燕軍行三千餘里，士馬疲凍，死者屬路。攻高句麗木底城，不克而還。夕陽公雲傷於矢，且畏燕王熙之虐，遂以疾去官。

三年春二月，燕王熙爲其后苻氏起承華殿，負土於北門，土與穀同價。宿軍典軍杜靜載棺詣闕極諫，熙斬之。苻氏嘗季夏思凍魚，仲冬須生地黄，熙下有司，切責不得而斬之。夏四月癸丑，苻氏卒，熙哭之瀸絶，久而復蘇。喪之如父母，服斬衰，食粥。命百官於宮内設位而哭，使人案檢哭者，無淚則罪之，羣臣皆含辛以爲淚。高陽王妃張氏，熙之嫂也，美而有巧思，熙欲以爲殉，乃毁其襚韡中得弊氈，遂賜死。右僕射韋璆等皆恐爲殉，沐浴俟命。公卿以下至兵民，户率營陵，費殫府藏。陵周圍數里，熙謂監作者曰：「善爲之，朕將繼往。」丁酉，燕太后段氏去尊號，出居外宮。

秋七月癸亥，燕王熙葬其后苻氏于徽平陵，喪車高大，毁北門而出。熙被髮徒跣，步從二十餘里。甲子，大赦。初，中衛將軍馮跋及弟侍御郎素弗，皆得罪於熙，熙欲殺之，跋兄弟亡命山澤。熙賦役繁數，民不堪命；跋、素弗與其從弟萬泥謀曰：「吾輩還首無路，不若因民之怨，共舉大事，可以建公侯之業，事之不捷，死未晚也。」遂相與乘車，使婦人御，潛入龍城，匿於北部司馬孫護之家。及熙出送葬，跋等與左衛將軍張興及苻進餘黨作亂。跋素與慕容雲善，乃推雲爲主。雲以疾辭，跋曰：「河間淫虐，人神共怒，此天亡之時也。公高氏名家，何能爲人養子，而棄難得之運乎？」扶之而出。跋弟乳陳等帥衆攻弘光門，鼓噪而進，禁衛皆散走，遂入宮授甲，閉門拒守。中黄門趙洛生走告于熙，熙曰：

「鼠盜何能爲，朕當還誅之。」乃置后柩於南苑，收髮貫甲，馳還赴難。夜至龍城，攻北門，不克，宿於門外。乙丑，雲即天王位，大赦，改元正始。

熙退入龍騰苑，尚方兵褚頭踰城從熙，稱營兵同心效順，唯俟軍至。熙聞之，驚走而出，左右莫敢迫。熙從溝下潛遁，良久，左右怪其不還，相與尋之，唯得衣冠，不知所適。中領軍慕容拔謂中常侍張仲曰：「大事垂捷，而帝無故自驚，深可怪也。然城内企遲，至必成功，不可稽留。吾當先往趣城，卿留待帝，得帝速來；若帝未還，吾得如意安撫城中，徐迎未晚。」乃分將壯士二千餘人登北城。將士謂熙至，皆投仗請降。既而熙久不至，拔兵無後繼，衆心疑懼，復下城赴苑，遂皆潰去。拔爲城中人所殺。丙寅，熙微服匿於林中，爲人所執，送於雲，雲數而殺之，并其諸子。雲復姓高氏。

幽州刺史上庸公懿以令支降魏，魏以懿爲平州牧、昌黎王。懿，評之孫也。

秋八月，北燕王雲以馮跋爲都督中外諸軍事、開府儀同三司、録尚書事，馮萬泥爲尚書令，馮素弗爲昌黎尹，馮弘爲征東大將軍，孫護爲尚書左僕射，張興爲輔國大將軍。弘，跋之弟也。

四年春正月，北燕王雲立妻李氏爲皇后，子彭城爲太子。夏五月，北燕以尚書令馮萬泥爲幽冀二州牧，鎮肥如；中軍將軍馮乳陳爲并州牧，鎮白狼；撫軍大將軍馮素弗爲司隸校尉，務銀提爲尚書令。秋七月，北燕王雲封慕容歸爲遼東公，使主燕祀。

五年冬十月，北燕王雲自以無功德而居大位，内懷危懼，常畜養壯士以爲腹心、爪牙。寵臣離班、桃仁專典禁衛，賞賜以巨萬計，衣食起居皆與之同，而班、仁志願無厭，猶有怨憾。戊辰，雲臨東堂，班、仁懷劍執紙而入，稱有所啓。班抽劍擊雲，雲以几扞之，仁從旁擊雲，弒之。

馮跋升洪光門以觀變，帳下督張泰、李桑言於跋曰：「此豎勢何所至，請爲公斬之。」乃奮劍而下。桑斬班于西門，泰殺仁于庭中。衆推跋爲主，跋以讓其弟范陽公素弗，素弗不可。跋乃即天王位於昌黎，大赦，詔曰：「陳氏代姜，不改齊國，宜即國號曰燕。」改元太平，謚雲曰惠懿皇帝。跋尊母張氏爲太后，立妻孫氏爲王后，子永爲太子。以范陽公素弗爲車騎大將軍、録尚書事，孫護爲尚書令，張興爲左僕射，汲郡公弘爲右僕射，廣川公萬泥爲幽平二州牧，上谷公乳陳爲并青二州牧。素弗少豪俠放蕩，嘗請婚於尚書左丞韓業，業拒之。及爲宰輔，待業尤厚。好申拔舊門，謙恭儉約，以身帥下，百僚憚之，論者美其有宰相之度。

七年秋七月，燕王跋以太子永領大單于，置四輔。柔然可汗斛律遣使獻馬三千匹於跋，求娶跋女樂浪公主，跋命羣臣議之。遼西公素弗曰：「前世皆以宗女妻六夷，宜許以妃嬪之女，樂浪公主不宜下降非類。」跋曰：「朕方崇信殊俗，奈何欺之。」乃以樂浪公主妻之。跋勤於政事，勸課農桑，省徭役，薄賦斂。每遣守宰，必親引見，問爲政之要，以觀其能。燕人悦之。

十年夏五月，河間人褚匡言於燕王跋曰：「陛下龍飛遼、碣，舊邦族黨，傾首朝陽，以日爲歲，請往迎之。」跋曰：「道路數千里，復隔異國，如何可致？」匡曰：「章武臨海，舟楫可通，出於遼西臨渝，不爲難也。」跋許之，以匡爲游擊將軍、中書侍郎，厚資遣之。匡與跋從兄買、從弟睹自長樂帥五千餘户歸于和龍，契丹、庫莫奚皆降於燕。跋署其大人爲歸善王。跋弟丕避亂在高句麗，跋召之以爲左僕射，封常山公。

蒙遜滅西涼

晉安帝隆安四年。初，隴西李暠好文學，有令名。嘗與郭黁及同母弟敦煌宋繇同宿，黁起謂繇曰：「君當位極人臣，李君終當有國家，有騧馬生白額駒，此其時也。」及孟敏爲沙州刺史，以暠爲效穀令。宋繇事北涼王業，爲中散常侍。孟敏卒，敦煌護軍馮翊郭謙、沙州治中敦煌索仙等以暠温毅有惠政，推爲敦煌太守。暠初難之。會宋繇自張掖告歸，謂暠曰：「段王無遠略，終必無成。兄忘郭黁之言邪？白額駒今已生矣。」暠乃從之，遣使將命於業，業因以暠爲敦煌太守。

右衛將軍敦煌索嗣言於業曰：「李暠不可使處敦煌。」業以嗣代暠爲敦煌太守，使帥五百騎之官。嗣未至二十里，移暠迎己。暠驚疑，將出迎之，效穀令張邈及宋繇止之，曰：「段王闇弱，正是英豪有爲之日。將軍據一國成資，奈何拱手授人？嗣自恃本郡，謂人情附己，不意將軍猝能拒之，可一戰禽也。」暠從之，先遣繇見嗣，啗以甘言。繇還謂暠曰：「嗣志驕兵弱，易取也。」暠乃遣邈、繇與其二子歆、讓逆擊之，嗣敗走，還張掖。暠素與嗣善，尤恨之，表業請誅嗣。沮渠男成亦惡嗣，勸業除之。業乃殺嗣，遣使謝暠，進暠都督涼興已西諸軍事、鎮西將軍。

冬十一月，北涼晉昌太守唐瑶叛，移檄六郡，推李暠爲冠軍大將軍、沙州刺史、涼公、領敦煌太守。暠赦其境內，改元庚子。以瑶爲征虜將軍，郭謙爲軍諮祭酒，索仙爲左長史，張邈爲右長史，尹建興爲左司馬，張體順爲右司馬。遣從事中郎宋繇東伐涼興，並擊玉門已西諸城，皆下之。

酒泉太守王德亦叛北涼，自稱河州刺史。北涼王業使沮渠蒙遜討之。德焚城，將部曲奔唐瑶。蒙遜追至沙頭，大破之，虜其妻子、部落而還。

元興三年秋九月，西涼公暠立子歆爲世子。

義熙元年春正月，西涼公暠自稱大將軍、大都督、領秦、涼二州牧，大赦，改元建初。遣舍人黄始梁興間行奉表詣建康。秋九月，西涼公暠與長史張邈謀徙都酒泉以逼沮渠蒙遜。以張體順爲建康太守，鎮樂涫，以宋繇爲敦煌護軍，與其子敦煌太守讓鎮敦煌，遂遷于酒泉。

暠手令戒諸子，以爲：「從政者當審慎賞罰，勿任愛憎，近忠正，遠佞諛，勿使左右竊弄威福。毁譽之來當研覈真僞，聽訟折獄必和顔任理，慎勿逆詐億必，輕加聲色。務廣咨詢，勿自專用。吾莅事五年，雖未能息民，然含垢匿瑕，朝爲寇讎，夕委心膂，粗無負於新舊，事任公平，坦然無纇，初不容懷，有所損益。計近則如不足，經遠乃爲有餘，庶亦無愧前人也。」

二年秋九月，沮渠蒙遜襲酒泉，至安珍。暠戰敗城守，蒙遜引還。

六年秋八月，沮渠蒙遜伐西涼，敗西涼世子歆于馬廟，禽其將朱元虎而還。涼公暠以銀二千斤、金二千兩贖元虎，蒙遜歸之，遂與暠結盟而還。

七年秋八月，沮渠蒙遜帥輕騎襲西涼，西涼公暠曰：「兵有不戰而敗敵者，挫其鋭也。蒙遜新與吾盟，而遽來襲我，我閉門不與戰，待其鋭氣竭而擊之，蔑不克矣。」頃之，蒙遜糧盡而歸，暠遣世子歆帥騎七千邀擊之，蒙遜大敗，獲其將沮渠百年。

十二年夏六月，涼司馬索承明上書，勸涼公暠伐河西王蒙遜。暠引見，謂之曰：「蒙遜爲百姓患，孤豈忘之，顧勢力未能除耳。卿有必禽之策，當爲孤陳之。直唱大言，使孤東討，此與言『石虎小豎，宜肆諸市朝』者何異？」承明慚懼而退。

十三年春正月，涼公暠寢疾，遺命長史宋繇曰：「吾死之後，世子猶卿子也，善訓導之。」二月，暠卒。官屬奉世子歆爲大都督、大將軍、涼公、領涼州牧。大赦，改元嘉興。尊歆母天水尹氏爲太后。以宋繇録三府事。謚暠曰武昭王，廟號太祖。

夏四月，河西王蒙遜遣張掖太守沮渠廣宗詐降以誘涼公歆，歆發兵應之。蒙遜將兵三萬伏於蓼泉，歆覺之，引兵還。蒙遜追之，歆與戰於解支澗，大破之，斬首七千餘級。蒙遜城建康，置戍而還。

十四年秋九月，河西王蒙遜復引兵伐涼，涼公歆將拒之，左長史張體順固諫，乃止。蒙遜芟其秋稼而還。

歆遣使來告襲位，冬十月，以歆爲都督七郡諸軍事、鎮西大將軍、酒泉公。

恭帝元熙元年。涼公歆用刑過嚴，又好治宮室。從事中郎張顯上疏，以爲：「涼土三分，勢不支久，兼并之本，在於務農；懷遠之略，莫如寬簡。今入歲已來，陰陽失序，風雨乖和，是宜減膳撤懸，側身脩道，而更繁刑峻法，繕築不止，殆非所以致興隆也。昔文王以百里而興，二世以四海而滅，前車之軌，得失昭然。太祖以神聖之姿，爲西夏所推，左取酒泉，右開西域。殿下不能奉承遺志，混壹凉土，侔蹤張后，將何以下見先王乎？沮渠蒙遜，胡夷之傑，内脩政事，外禮英賢，攻戰之際，身均士卒；百姓懷之，樂爲之用。臣謂殿下非但不能平殄蒙遜，亦懼蒙遜方爲社稷之憂。」歆覽之，不悦。

主簿氾稱上疏諫曰：「天之子愛人主，殷勤至矣，故政之不脩，下災異以戒告之，改者雖危必昌，不改者雖安必亡。元年三月癸卯，敦煌謙德堂陷；八月，效穀地裂；二年元日，昏霧四塞；四月，日赤無光，二旬乃復；十一月，狐上南門；今兹春、夏，地頻五震；六月，隕星于建康。臣雖學不稽古，行年五十有九，請爲殿下略言耳目之所聞見，不復能遠論書傳之事也。乃者咸安之初，西平地裂，狐入謙光殿前。俄而秦師奄至，都城不守。梁熙既爲凉州，不撫百姓，專爲聚斂，建元十九年，姑臧南門崩，隕石於閑豫堂。明年爲吕光所殺。段業稱制此方，三年之中，地震五十餘所。既而先王龍興於瓜州，蒙遜篡弒於張掖。此皆目前之成事，殿下所明知也。效穀，先王鴻漸之地，謙德，即尊之室，基陷、地裂，大凶之徵也。日者太陽之精，中國之象，赤而無光，中國將衰。諺曰：『野獸入家，主人將去。』狐上南門，亦變異之大者也。今蠻夷益盛，中國益微。願殿下亟罷宫室之役，止遊畋之娱，延禮英俊，愛養百姓，以應天變，防未然。」歆不從。

宋（高祖）武帝初元元年秋七月甲辰，詔以涼公歆爲都督高昌等七郡諸軍事，征西大將軍、酒泉公，秦王熾磐爲安西大將軍。

河西王蒙遜欲伐涼，先引兵攻秦浩亹。既至，潛師還屯川巖。

涼公歆欲乘虛襲張掖，宋繇、張體順切諫，不聽。太后尹氏謂歆曰：「汝新造之國，地狹民希，自守猶懼不足，何暇伐人？先王臨終，殷勤戒汝深慎用兵，保境寧民，以俟天時。言猶在耳，奈何棄之！蒙遜善用兵，非汝之敵，數年以來，常有兼并之志。汝國雖小，足爲善政，脩德養民，静以待之。彼若昏暴，民將歸汝，若其休明，汝將事之，豈得輕爲舉動，僥冀非望。以吾觀之，非但喪師，殆將亡國。」亦不聽。宋繇歎曰：「今茲大事去矣！」

歆將步騎三萬東出。蒙遜聞之曰：「歆已入吾術中，然聞吾旋師，必不敢前。」乃露布西境，云已克浩亹，將進攻黄谷。歆聞之喜，進入都瀆澗。蒙遜引兵擊之，戰於懷城，歆大敗。或勸歆還保酒泉，歆曰：「吾違老母之言以取敗，不殺此胡，何面目復見我母？」遂勒兵戰於蓼泉，爲蒙遜所殺。歆弟酒泉太守翻、新城太守預、領羽林右監密、左將軍眺、右將軍亮西奔敦煌。蒙遜入酒泉，禁侵掠，士民安堵。以宋繇爲吏部郎中，委之選舉，涼之舊臣有才望者，咸禮而用之。以其子牧犍爲酒泉太守。敦煌太守李恂，翻之弟也，與翻等棄敦煌奔北山。蒙遜以索嗣之子元緒行敦煌太守。蒙遜還姑臧，見涼太后尹氏，娶其女爲牧犍婦。索元緒粗險好殺，大失人和。郡人宋承、張弘密信招李恂。冬，恂帥數千騎入敦煌，元緒東奔涼興。承等推恂爲冠軍將軍、涼州刺史。

二年春正月，河西王蒙遜帥衆二萬攻李恂于敦煌。三月，河西王蒙遜築隄壅水以灌敦煌，李恂乞降，不許。宋承舉城降，恂自殺。蒙遜屠其城，獲恂子弟寶，囚于姑臧。

乞伏滅南涼

晉安帝義熙六年。初，南涼王傉檀遣左將軍枯木等伐沮渠蒙遜，掠臨松千餘户而還。蒙遜伐南涼，至顯美，徙數千户而去。南涼太尉俱延復伐蒙遜，大敗而歸。（是）〔春三〕月，傉檀自將五萬騎伐蒙遜，戰于窮泉，傉檀大敗，單馬奔還。蒙遜乘勝進圍姑臧，姑臧人懲王鍾之誅，皆驚潰，夷夏萬餘户降于蒙遜。傉檀懼，遣司隸校尉敬歸及子佗爲質於蒙遜以請和，蒙遜許之。歸至胡阬，逃還，佗爲追兵所執，蒙遜徙其衆八千餘户而去。右衛將軍折掘奇鎮據石驢山以叛。傉檀畏蒙遜之逼，且懼嶺南爲奇鎮所據，乃遷于樂都，留大司農成公緒守姑臧。傉檀纔出城，魏安人侯諶等閉門作亂，收合三千餘家據南城，推焦朗爲大都督、龍驤大將軍，諶自稱涼州刺史，降于蒙遜。

七年。焦朗猶據姑臧，沮渠蒙遜攻拔其城，執朗而宥之，以其弟挐爲秦州刺史，鎮姑臧。遂伐南凉，圍樂都，三旬不克。南凉王傉檀以子安周爲質，乃還。南凉王傉檀欲復伐沮渠蒙遜，邯川護軍孟愷諫曰：「蒙遜新并姑臧，凶勢方盛，不可攻也。」傉檀不從，五道俱進，至番禾、苕藋，掠五千餘户而還。將軍屈右曰：「今既獲利，宜倍道旋師，早度險阨。蒙遜善用兵，若輕軍猝至，大敵外逼，徙户内叛，此危道也。」衛尉伊力延曰：「彼步我騎，勢不相及。今倍道而歸則示弱，且捐棄資財，非計也。」俄而昏霧，風雨，蒙遜兵大至，傉檀敗走。蒙遜進圍樂都，傉檀嬰城固守，以子染干爲質以請和，蒙遜乃還。

九年。南凉王傉檀伐河西王蒙遜，蒙遜敗之於若厚塢，又敗之於若凉，因進圍樂都，二旬不克。南凉湟河太守文支以郡降于蒙遜，蒙遜以文支爲廣武太守。蒙遜復伐南凉，傉檀以太尉俱延爲質，乃還。

十年。唾契汗、乙弗等部皆叛南凉，南凉王傉檀欲討之。邯川護軍孟愷諫曰：「今連年饑饉，南逼熾磐，北逼蒙遜，百姓不安。遠征雖克，必有後患。不如與熾磐結盟通糴，慰撫雜部，足食繕兵，俟時而動。」傉檀不從，謂太子虎臺曰：「蒙遜近去，不能猝來，旦夕所慮，唯在熾磐。然熾磐兵少易禦，汝謹守樂都，吾不過一月必還矣。」乃帥騎七千襲乙弗，大破之，獲馬牛羊四十餘萬。

河南王熾磐聞之，欲襲樂都，羣臣咸以爲不可。太府主簿焦襲曰：「傉檀不顧近患而貪遠利，我今伐之，絶其西路，使不得還救，則虎臺獨守窮城，可坐禽也。此天亡之時，必不可失。」熾磐從之，帥步騎二萬襲樂都。虎臺憑城拒守，熾磐四面攻之。

南涼撫軍從事中郎尉肅言於虎臺曰：「外城廣大難守，殿下不若聚國人守内城，肅等帥晋人拒戰於外，雖有不捷，猶足自存。」虎臺曰：「熾磐小賊，旦夕當走，卿何過慮之深？」虎臺疑晋人有異心，悉召豪望有謀勇者閉之於内。孟愷泣曰：「熾磐乘虚内侮，國家危於累卵。愷等進欲報恩，退顧妻子，人思效死，而殿下乃疑之如是邪！」虎臺曰：「吾豈不知君之忠篤，懼餘人脱生慮表，以君等安之耳。」

一夕，城潰，熾磐入樂都，遣平遠將軍捷虔帥騎五千追傉檀，以鎮南將軍謙屯爲都督河右諸軍事、凉州刺史，鎮樂都；禿髮赴單爲西平太守，鎮西平；以趙恢爲廣武太守，鎮廣武；曜武將軍王基爲晋興太守，鎮浩亹。徙虎臺及其文武百姓萬餘户于枹罕。赴單，烏孤之子也。

樂都之潰也，南凉安西將軍樊尼自西平奔告南凉王傉檀。傉檀謂其衆曰：「今妻子皆爲熾磐所虜，退無所歸，卿等能與吾藉乙弗之資，取契汗以贖妻子乎？」乃引兵西，衆多逃還，傉檀遣鎮北將軍段苟追之，苟亦不還。於是將士皆散，唯樊尼與中軍將軍紇勃、後軍將軍洛肱、散騎常侍陰利鹿不去。傉檀曰：「蒙遜、熾磐，昔皆委質於吾，今而歸之，不亦鄙乎！四海之廣，無所容身，何其痛也！與其聚而同死，不若分而或全。樊尼，吾長兄之子，宗部所寄。吾衆在北者户垂一萬，蒙遜方招懷士民，存亡繼絶，汝其從之。紇勃、洛肱亦與尼俱行。吾年老矣，所適不容，寧見妻子而死。」遂歸于熾磐，唯陰利鹿隨之。傉檀謂利鹿曰：「吾親屬皆散，卿何獨留？」利鹿曰：「臣老母在家，非不思歸。然委質爲臣，忠孝之道難以兩全。臣不才，不能爲陛下泣血求救於鄰國，敢離左右乎！」傉檀歎曰：「知人固未易。大臣、親戚皆棄我去，今日忠義終始不虧者，唯卿一人而已。」

傉檀諸城皆降於熾磐，獨尉賢政屯浩亹，固守不下。熾磐遣人謂之曰：「樂都已潰，卿妻子皆在吾所，獨守一城，將何爲也？」賢政曰：「受涼王厚恩，爲國藩屏。雖知樂都已陷，妻子爲禽，先歸獲賞，後順受誅。然不知主上存亡，未敢歸命，妻子小事，豈足動心。若貪一時之利，忘委付之重者，大王亦安用之？」熾磐乃遣虎臺以手書諭之，賢政曰：「汝爲儲副，不能盡節，面縛於人，棄父忘君，墮萬世之業，賢政義士，豈效汝乎？」聞傉檀至左南，乃降。

熾磐聞傉檀至，遣使郊迎，待以上賓之禮。秋七月，熾磐以傉檀爲驃騎大將軍，賜爵左南公。南涼文武，依才銓敍。歲餘，熾磐使人鴆傉檀，左右請解之，傉檀曰：「吾病豈宜療邪？」遂死，謚曰景王。虎臺亦爲熾磐所殺。傉檀子保周、賀，俱延子覆龍，利鹿孤孫副周，烏孤孫承鉢，皆奔河西王蒙遜，久之又奔魏。

宋營陽王景平元年。南涼禿髮傉檀之死也，河西王蒙遜遣人誘其故太子虎臺，許以番禾、西安二郡處之，且借之兵，使伐秦，報其父讎，復取故地。虎臺陰許之，事泄而止。秦王熾磐之后，虎臺之妹也，熾磐待之如初。后密與虎臺謀曰：「秦本我之仇讎，雖以婚姻待之，蓋時宜耳。先王之薨，又非天命，遺令不治者，欲全濟子孫故也。爲人子者，豈可臣妾於仇讎，而不思報復乎？」乃與武衛將軍越質洛城謀弒熾磐。后妹爲熾磐左夫人，有寵，知其謀而告之，熾磐殺后及虎臺等十餘人。

蒙遜伐西秦

晉安帝義熙十一年春三月，河西王蒙遜攻西秦廣武郡，拔之。西秦王熾磐遣將軍乞伏魋尼寅邀蒙遜於浩亹，蒙遜擊斬之。又遣將軍折斐等帥騎一萬據勒姐嶺，蒙遜擊禽之。夏五月，西秦王熾磐帥衆三萬襲湟河，蒙遜弟漢平遣司馬隗仁夜出擊，破之。熾磐將引去，漢平長史焦昶、將軍段景潛召熾磐，熾磐復攻之。漢平力屈，爲熾磐所禽。

十二年春正月，西秦王熾磐攻秦洮陽公彭利和於漒川，沮渠蒙遜攻石泉以救之。熾磐至沓中，引還。二月，熾磐遣襄武侯曇達救石泉，蒙遜亦引去。蒙遜遂與熾磐結和親。

宋武帝永初元年春正月，秦王熾磐立其子暮末爲太子。秋九月，秦振武將軍王基等襲河西王蒙遜胡園戍，俘二千餘人而還。

二年秋七月，河西王蒙遜遣右衛將軍沮渠鄯善、建節將軍沮渠苟生帥衆七千伐秦。秦王熾磐遣征北將軍木弈干等帥步騎五千拒之，敗鄯善等于五澗，虜苟生，斬首二千而還。

三年秋七月，河西王蒙遜遣前將軍沮渠成都帥衆一萬，耀兵嶺南，遂屯五（潤）〔澗〕。九月，秦王熾磐遣征北將軍出連虔等帥騎六千擊之。冬十月，秦出連虔與河西沮渠成都戰，擒之。

營陽王景平元年夏四月，秦王熾磐謂其羣臣曰：「今宋雖奄有江南，夏人雄據關中，皆不足與也。獨魏主奕世英武，賢能爲用，且讖云『恒代之北，當有真人』，吾將舉國而事之。」乃遣尚書郎莫者阿胡等入見于魏，貢黃金二百斤，并陳伐夏方略。

文帝元嘉元年秋七月，秦王熾磐遣太子暮末帥征北將軍木弈干等步騎三萬，出貂渠谷，攻河西白草嶺、臨松郡，皆破之，徙民二萬餘口而還。

二年夏四月，秦王熾磐遣平遠將軍叱盧犍等襲河西鎮南將軍沮渠白蹄於臨松，擒之，徙其民五千餘户于枹罕。

三年春正月，秦王熾磐復遣使如魏，請用師于夏。

秋八月，秦王熾磐伐河西，至廉川，遣太子暮末等步騎三萬攻西安，不克，又攻番禾。河西王蒙遜發兵禦之，且遣使説夏主，使乘虚襲枹罕。夏主遣征南大將軍呼盧古將騎二萬攻苑川，車騎大將軍韋伐將騎三萬攻南安。熾磐聞之，引歸。九月，徙其境内老弱畜産於澆河及莫河仍寒川，留左丞相曇達守枹罕。韋伐攻拔南安，獲秦秦州刺史翟爽、南安太守李亮。

冬十月，秦左丞相曇達與夏呼盧古戰於嵻峎山，曇達兵敗。十一月，呼盧古、韋伐進攻枹罕，秦王熾磐遷保定連。呼盧古入南城，鎮京將軍趙壽生帥死士三百人力戰，卻之。呼盧古、韋伐又攻沙州刺史出連虔于湟河，虔遣後將軍乞伏萬年擊敗之。又攻西平，執安西將軍庫洛干，阬戰士五千餘人，掠民二萬餘户而去。

四年夏六月，秦王熾磐還枹罕。秋八月，秦王熾磐遣其叔父平遠將軍渥頭等入貢于魏。

五年夏五月，秦文昭王熾磐卒，太子暮末即位，大赦，改元永弘。

六月，葬秦文昭王于武平陵，廟號太祖。秦王暮末以右丞相元基爲侍中、相國、都督中外諸軍、録尚書事，以鎮軍大將軍、河州牧謙屯爲驃騎大將軍，徵安北將軍、凉州刺史段暉爲輔國大將軍、御史大夫，叔父右禁將軍千年爲鎮北將軍、凉州牧，鎮湟河，以征北將軍木弈干爲尚書令、車騎大將軍，以征南將軍吉毗爲尚書僕射、衛大將軍。

河西王蒙遜因秦喪伐秦西平，西平太守麴承謂之曰：「殿下若先取樂都，則西平必爲殿下之有。西平苟望風請服，亦明主之所疾也。」蒙遜乃釋西平攻樂都。相國元基帥騎三千救樂都，甫入城，而河西兵至，攻其外城，克之，絶其水道，城中飢渴，死者太半。東羌乞提從元基救樂都，陰與河西通謀，下繩引内其兵，登城者百餘人，鼓譟燒門。元基帥左右奮擊，河西兵乃退。

初，文昭王疾病，謂暮末曰：「吾死之後，汝能保境則善矣。沮渠成都爲蒙遜所親重，汝宜歸之。」至是，暮末遣使詣蒙遜，許歸成都以求和。蒙遜引兵還，遣使入秦弔祭，暮末厚資送成都，遣將軍王伐送之。蒙遜猶疑之，使恢武將軍沮渠奇珍伏兵於扟天嶺，執伐并其騎士三百人以歸。既而遣尚書郎王杼送伐還秦，并遺暮末馬千匹及錦罽、銀繒。秋七月，暮末遣記室郎中馬艾如河西報聘。

冬十一月，河西王蒙遜伐秦，至磐夷，秦相國元基等將騎萬五千拒之。蒙遜還攻西平，征虜將軍出連輔政等將騎二千救之。

六年春正月，秦出連輔政等未至西平，河西王蒙遜拔西平，執太守麴承。

夏五月，河西王蒙遜伐秦，秦王暮末留相國元基守枹罕，遷保定連。南安太守翟承伯等據罕幵谷以應河西，暮末擊破之，進至治城。西安太守莫者幼眷據汧川以叛，暮末討之，爲幼眷所敗，還于定連。

蒙遜至枹罕，遣世子興國進攻定連。六月，暮末逆擊興國於治城，擒之，追擊蒙遜至譚郊。吐谷渾王慕璝遣其弟沒利延將騎五千會蒙遜伐秦，暮末遣輔國大將軍段暉等邀擊，大破之。

秋七月，河西王蒙遜遣使送穀三十萬斛以贖世子興國于秦，秦王暮末不許。蒙遜乃立興國母弟菩提爲世子。暮末以興國爲散騎常侍，以其妹平昌公主妻之。

七年〔冬十月〕，秦王暮末爲河西所逼，遣其臣王愷、烏訥闐請迎於魏。魏人許以平涼、安定封之，暮末乃焚城邑，毁寶器，帥户萬五千，東如上邽。至高田谷，給事黄門侍郎郭恒謀劫沮渠興國以叛，事覺，暮末殺之。夏主聞暮末將至，發兵拒之。暮末留保南安，其故地皆入於吐谷渾。

十一月，魏尚書庫結帥騎五千迎秦王暮末。秦衛將軍吉毗以爲不宜内徙，暮末從之，庫結引還。

南安諸羌萬餘人叛秦，推安南將軍、督八郡諸軍事、廣寧太守焦遺爲主，遺不從，乃劫遺族子長城護軍亮爲主，帥衆攻南安。暮末請救於氐王楊難當。難當遣將軍苻獻帥騎三千救之，暮末與之合擊諸羌。諸羌潰，亮奔還廣寧，暮末進軍攻之，以手令與焦遺使取亮。十二月，遺斬亮首出降，暮末進遺號鎮國將軍。秦略陽太守弘農楊顯以郡降夏。

八年〔春正月〕，夏主擊秦將姚獻，敗之，遂遣其叔父北平公韋伐帥衆一萬攻南安。城中大饑，人相食。秦侍中征虜將軍出連輔政、侍中右衛將軍乞伏延祚、吏部尚書乞伏跋跋踰城奔夏。秦王暮末窮蹙，輿櫬出降，并沮渠興國送於上邽。秦太子司直焦楷奔廣寧，泣謂其父遺曰：「大人荷國寵靈，居藩鎮重任。今本朝顛覆，豈得不帥見衆唱大義以殄寇讎。」遺曰：「今主上已陷賊庭，吾非愛死而忘義，顧以大兵追之，是趣絶其命也，不如擇王族之賢者奉以爲主而伐之，庶有濟也。」楷乃築壇誓衆，二旬之間，赴者萬餘人。會遺病卒，楷不能獨舉事，亡奔河西。

夏(五)〔六〕月，夏主殺乞伏暮末及其宗族五百人。

劉裕滅南燕

晉安帝義熙元年。初，南燕主備德仕秦，爲張掖太守，其兄納與母公孫氏居于張掖。

備德之從秦王堅寇淮南也，留金刀與其母別。備德與燕主垂舉兵於山東，張掖太守苻昌收納及備德諸子，皆誅之，公孫氏以老獲免，納妻段氏方娠，未決。獄掾呼延平，備德之故吏也，竊以公孫氏及段氏逃于羌中。段氏生子超，十歲而公孫氏病，臨卒，以金刀授超曰：「汝得東歸，當以此刀還汝叔也。」呼延平又以超母子奔涼。及呂隆降秦，超隨涼州民徙長安。平卒，段氏爲超娶其女爲婦。超恐爲秦人所録，乃陽狂行乞。秦人賤之，惟東平公紹見而異之，言於秦王興曰：「慕容超姿幹瓌偉，殆非真狂，願微加官爵以縻之。」興召見與語，超故爲謬對，或問而不答。興謂紹曰：「諺云『妍皮不裹癡骨』，徒妄語耳。」乃罷遣之。

備德聞納有遺腹子在秦，遣濟陰人吴辯往視之，辯因鄉人宗正謙賣卜在長安，以告超。超不敢告其母、妻，潛與謙變姓名逃歸南燕。行至梁父，鎮南長史悦壽以告兖州刺史慕容法，法曰：「昔漢有卜者詐稱衛太子，今安知非此類也。」不禮之。超由是與法有隙。備德聞超至，大喜，遣騎三百迎之。〔夏四月〕，超至廣固，以金刀獻於備德，備德慟哭，悲不自勝。封超爲北海王，拜侍中、驃騎大將軍、司隸校尉、開府，妙選時賢，爲之僚佐。備德無子，欲以超爲嗣。超入則侍奉盡歡，出則傾身下士，由是内外譽望翕然歸之。

秋九月，汝水竭，南燕主備德惡之，俄而寢疾，北海王超請禱之。備德曰：「人主之命，短長在天，非汝水所能制也。」固請，不許。戊午，備德引見羣臣于東陽殿，議立超爲太子，俄而地震，百僚驚恐，備德亦不自安，還宮。是夜，疾篤，瞑不能言。段后大呼：「今召中書作詔立超，可乎？」備德開目頷之，乃立超爲皇太子，大赦。備德尋卒。爲十餘棺，夜，分出四門，潛瘞山谷。己未，超即皇帝位，大赦，改元太上。尊段后爲皇太后，以北地王鍾都督中外諸軍、録尚書事，慕容法爲征南大將軍、都督徐兖揚南兖四州諸軍事，加慕容鎮開府儀同三司，以尚書令封孚爲太尉，麴仲爲司空，封嵩爲尚書左僕射。癸亥，虚葬備德於東陽陵，謚曰獻武皇帝，廟號世宗。

超引所親公孫五樓爲腹心，備德故大臣北地王鍾、段宏等皆不自安，求補外職。超以鍾爲青州牧，宏爲徐州刺史。公孫五樓爲武衛將軍，領屯騎校尉，内參政事。封孚諫曰：「臣聞親不處外，羈不處内。鍾，國之宗臣，社稷所賴；宏，外戚望懿，百姓具瞻；正應參翼百揆，不宜遠鎮外方。今鍾等出藩，五樓内輔，臣竊未安。」超不從。鍾、宏心皆不平，相謂曰：「黄犬之皮，恐終補狐裘也。」五樓聞而恨之。

二年。南燕主超猜虐日甚，政出權倖，盤于遊畋，封孚、韓諄屢諫不聽。超嘗臨軒問孚曰：「朕可方前世何主？」對曰：「桀、紂。」超慚怒，孚徐步而出，不爲改容。麴仲謂孚曰：「與天子言，何得如是？宜還謝。」孚曰：「行年七十，惟求死所耳。」竟不謝。

超以其時望，優容之。

秋九月，南燕公孫五樓欲擅朝權，譖北地王鍾於南燕主超，請誅之。南燕主備德之卒也，慕容法不奔喪，超遣使讓之。法懼，遂與鍾及段宏謀反。超聞之，徵鍾，鍾稱疾不至，超收其黨侍中慕容統等殺之。征南司馬卜珍告左僕射封嵩數與法往來，疑有姦，超收嵩下廷尉。太后懼，泣告超曰：「嵩數遣黄門令牟常説吾，云『帝非太后所生，恐依永康故事』。我婦人識淺，恐帝見殺，即以語法，法爲謀見誤，知復何言。」超乃車裂嵩。西中郎將封融奔魏。

超遣慕容鎮攻青州，慕容昱攻徐州，右僕射濟陽王凝及韓範攻兗州。昱拔莒城，段宏奔魏。封融與羣盜襲石塞城，殺鎮西大將軍餘鬱，國中振恐。濟陽王凝謀殺韓範，襲廣固，範知之，勒兵攻凝，凝奔梁父。範并將其衆，攻梁父，克之。法出奔魏，凝出奔秦。慕容鎮克青州，鍾殺其妻子，爲地道以出，與高都公始皆奔秦。秦以鍾爲始平太守，凝爲侍中。

南燕主超好變更舊制，朝野多不悦。又欲復肉刑，增置烹、轘之法，衆議不合而止。

冬十月，封孚卒。

三年。南燕主超母、妻猶在秦，超遣御史中丞封愷使於秦以請之。秦王興曰：「昔苻氏之敗，太樂諸伎悉入于燕。燕今稱藩，送伎或送吴口千人，所請乃可得也。」超與羣臣議之，左僕射段暉曰：「陛下嗣守社稷，不宜以私親之故遂降尊號。且太樂先代遺音，不可與也，不如掠吴口與之。」尚書張華曰：「侵掠鄰國，兵連禍結，此既能往，彼亦能來，非國家之福也。陛下慈親在人掌握，豈可靳惜虚名，不爲之降屈乎？中書令韓範嘗與秦王俱爲苻氏太子舍人，若使之往，必得如志。」超從之，乃使韓範聘于秦，稱藩奉表。慕容凝言於興曰：「燕王得其母、妻，不復可臣，宜先使送伎。」興乃謂範曰：「朕歸燕王家屬必矣，然今天時尚熱，當俟秋凉。」八月，秦使員外散騎常侍韋宗聘於燕，超與羣臣議見宗之禮。張華曰：「陛下前既奉表，今宜北面受詔。」封逞曰：「大燕七聖重光，奈何一旦爲豎子屈節！」超曰：「吾爲太后屈，願諸君勿復言。」遂北面受詔。

冬十月，南燕主超使左僕射張華、給事中宗正元獻太樂伎一百二十人於秦，秦王興乃還超母、妻，厚其資禮而遣之。超親帥六宫迎於馬耳關。

四年春正月，南燕主超尊其母段氏爲皇太后，妻呼延氏爲皇后。超祀南郊，有獸如鼠，而赤大如馬，來至壇側。須臾，大風晝晦，羽儀、帷幄皆毁裂。超懼，以問太史令成公綏，對曰：「陛下信用姦佞，誅戮賢良，賦斂繁多，事役殷重之所致也。」超乃大赦，黜公孫五樓等，俄而復用之。冬十一月，南燕汝水竭，河凍皆合，而澠水不冰。南燕主超惡之，問於李宣，對曰：「澠水無冰，良由逼帶京城，近日月也。」超大悦，賜朝服一具。

五年春正月庚寅朔，南燕主超朝會羣臣，歎太樂不備，議掠晋人以補伎。領軍將軍韓諄曰：「先帝以舊京傾覆，戢翼三齊。陛下不養士息民，以伺魏釁，恢復先業，而更侵掠南鄰，以廣讎敵，可乎？」超曰：「我計已定，不與卿言。」二月，南燕將慕容興宗、斛穀提、公孫歸等帥騎寇宿豫，拔之，大掠而去，簡男女二千五百付太樂教之。歸，五樓之兄也。是時，五樓爲侍中、尚書、領左衛將軍，專總朝政，宗親並居顯要，王公內外無不憚之。南燕主超論宿豫之功，封斛穀提等並爲郡、縣公。桂林王鎮諫曰：「此數人者，勤民頓兵，爲國結怨，何功而封？」超怒，不答。尚書都令史王儼諂事五樓，比歲屢遷，官至左丞。國人爲之語曰：「欲得侯，事五樓。」超又遣公孫歸等寇濟南，俘男女千餘人而去。自彭城以南，民皆堡聚以自固。詔并州刺史劉道憐鎮淮陰以備之。

三月，劉裕抗表伐南燕，朝議皆以爲不可，惟左僕射孟昶、車騎司馬謝裕、參軍臧熹以爲必克，勸裕行。裕以昶監中軍留府事。謝裕，安之兄孫也。

〔夏四月〕己巳，劉裕發建康，帥舟師自淮入泗。五月，至下邳，留船艦、輜重，步進至琅邪，所過皆築城，留兵守之。或謂裕曰：「燕人若塞大峴之險，或堅壁清野，大軍深入，不唯無功，將不能自歸，奈何？」裕曰：「吾慮之熟矣。鮮卑貪婪，不知遠計，進利虜獲，退惜禾苗，謂我孤軍遠入，不能持久，不過進據臨朐，退守廣固，必不能守險、清野，敢爲諸君保之。」

南燕主超聞有晋師，引羣臣會議。征虜將軍公孫五樓曰：「吴兵輕果，利在速戰，不可争鋒。宜據大峴，使不得入，曠日延時，沮其鋭氣。然後徐簡精騎二千，循海而南，絶其糧道，别敕段暉帥兖州之衆，緣山東下，腹背擊之，此上策也。各命守宰，依險自固，校其資儲之外，餘悉焚蕩，芟除禾苗，使敵無所資。彼僑軍無食，求戰不得，旬月之間，可以坐制，此中策也。縱賊入峴，出城逆戰，此下策也。」超曰：「今歲星居齊，以天道推之，不戰自克。客主勢殊，以人事言之，彼遠來疲弊，勢不能久。吾據五州之地，擁富庶之民，鐵騎萬羣，麥禾布野，奈何芟苗徙民，先自蹙弱乎？不如縱使入峴，以精騎蹂之，何憂不克。」輔國將軍廣寧王賀賴盧苦諫，不從，退謂五樓曰：「必若此，亡無日矣。」太尉桂林王鎮曰：「陛下必以騎兵利平地者，宜出峴逆戰，戰而不勝，猶可退守，不宜縱敵入峴，自棄險固也。」超不從。鎮出，謂韓𧨳曰：「主上既不能逆戰卻敵，又不肯徙民清野，延敵入腹，坐待攻圍，酷似劉璋矣。今年國滅，吾必死之。卿中華之士，復爲文身矣。」超聞之，大怒，收鎮下獄。乃攝莒、梁父二戍，脩城隍，簡士馬以待之。

劉裕過大峴，燕兵不出，裕舉手指天，喜形于色。左右曰：「公未見敵而先喜，何也？」裕曰：「兵已過險，士有必死之志，餘糧棲畝，人無匱乏之憂。虜已入吾掌中矣。」六月己巳，裕至東莞。超先遣公孫五樓、賀賴盧及左將軍段暉等將步騎五萬屯臨朐，聞晉兵入峴，自將步騎四萬往就之，使五樓帥騎進據巨蔑水。前鋒孟龍符與戰，破之，五樓退走。裕以車四千乘爲左右翼，方軌徐進，與燕兵戰於臨朐南，日向昃，勝負猶未決。參軍胡藩言於裕曰：「燕悉兵出戰，臨朐城中留守必寡。願以奇兵從間道取其城，此韓信所以破趙也。」裕遣藩及諮議參軍檀韶、建威將軍河内向彌潛師出燕兵之後攻臨朐，聲言輕兵自海道至矣。向彌擐甲先登，遂克之。超大驚，單騎就段暉於城南。裕因縱兵奮擊，燕衆大敗，斬段暉等大將十餘人，超遁還廣固，獲其玉璽、輦及豹尾。裕乘勝逐北至廣固，丙子，克其大城。超收衆入保小城。裕築長圍守之，圍高三丈，穿塹三重。撫納降附，采拔賢俊，華夷大悅。於是因齊地糧儲，悉停江、淮漕運。

超遣尚書郎張綱乞師於秦。赦桂林王鎮，以爲録尚書、都督中外諸軍事，引見，謝之，且問計焉。鎮曰：「百姓之心，係於一人。今陛下親董六師，奔敗而還，羣臣離心，士民喪氣。聞秦人自有内患，恐不暇分兵救人。散卒還者尚有數萬，宜悉出金帛以餌之，更決一戰。若天命助我，必能破敵，如其不然，死亦爲美，比於閉門待盡，不猶愈乎？」司徒樂浪王惠曰：「不然。晉兵乘勝，氣勢百倍，我以敗軍之卒當之，不亦難乎！秦雖與勃勃相持，不足爲患，且與我分據中原，勢如脣齒，安得不來相救。但不遣大臣則不能得重兵，尚書令韓範爲燕、秦所重，宜遣乞師。」超從之。

秋七月，加劉裕北青、冀二州刺史。

南燕尚書略陽垣尊及弟京兆太守苗踰城來降，裕以爲行參軍。尊、苗皆超所委任以爲腹心者也。

或謂裕曰：「張綱有巧思，若得綱使爲攻具，廣固必可拔也。」會綱自長安還太山，太守申宣執之送於裕。裕升綱於樓車，使周城呼曰：「劉勃勃大破秦軍，無兵相救。」城中莫不失色。江南每發兵及遣使者至廣固，裕輒潛遣兵夜迎之，明日，張旗鳴鼓而至，北方之民執兵負糧歸裕者，日以千數，圍城益急。張華、封愷皆爲裕所獲。超請割大峴以南地爲藩臣，裕不許。

秦王興遣使謂裕曰：「慕容氏相與鄰好，今晉攻之急。秦已遣鐵騎十萬屯洛陽，晉軍不還，當長驅而進。」裕呼秦使者謂曰：「語汝姚興：我克燕之後，息兵三年，當取關、洛。今能自送，便可速來。」劉穆之聞有秦使，馳入見裕，而秦使者已去。裕以所言告穆之，穆之尤之曰：「常日事無大小，必賜預謀，此宜善詳，云何遽爾答之？此語不足以威敵，適足以怒之。若廣固未下，羌寇奄至，不審何以待之？」裕笑曰：「此是兵機，非卿所解，故不相語耳。夫兵貴神速，彼若審能赴救，必畏我知，寧容先遣信命，逆設此言，是自張大之辭也。晉師不出，爲日久矣，羌見伐齊，始將内懼，自保不暇，何能救人邪！」

秋八月，封融詣劉裕降。

初，秦王興遣衛將軍姚强帥步騎一萬隨韓範往就姚紹於洛陽，并兵以救南燕，及爲勃勃所敗，追强兵還長安。韓範歎曰：「天滅燕矣！」南燕尚書張俊自長安還，降於劉裕，因說裕曰：「燕人所恃者，謂韓範必能致秦師也。今得範以示之，燕必降矣。」裕乃表範爲散騎常侍，且以書招之。長水校尉王蒲勸範奔秦，範曰：「劉裕起布衣，滅桓玄，復晉室，今興師伐燕，所向崩潰，此殆天授，非人力也。燕亡則秦爲之次矣，吾不可以再辱。」遂降於裕。裕將範循城，城中人情離沮。或勸燕主超誅範家，超以範弟諱盡忠無貳，并範家赦之。

冬十月，段宏自魏奔于裕。

張綱爲裕造攻具，盡諸奇巧。超怒，縣綱母於城上，支解之。

冬十二月乙巳，太白犯虚、危。南燕靈臺令張光勸南燕主超出降，超手殺之。

六年春正月甲寅朔，南燕主超登天門，朝羣臣於城上。乙卯，超與寵姬魏夫人登城，見晉兵之盛，握手對泣。韓諱諫曰：「陛下遭堙厄之運，正當努力自强，以壯士民之志，而更爲兒女子泣邪！」超拭目謝之。尚書令董銑勸超降，超怒，囚之。

二月，南燕賀賴盧、公孫五樓爲地道出擊晉兵，不能卻。城久閉，城中男女病脚弱者太半，出降者相繼。超輦而登城，尚書悦壽説超曰：「今天助寇爲虐，戰士凋瘁，獨守窮城，絶望外援，天時人事亦可知矣。苟曆數有終，堯、舜避位，陛下豈可不思變通之計乎？」超歎曰：「廢興，命也。吾寧奮劍而死，不能銜璧而生。」

丁亥，劉裕悉衆攻城，或曰：「今日往亡，不利行師。」裕曰：「我往彼亡，何爲不利？」四面急攻之。悦壽開門納晉師，超與左右數十騎踰城突圍出走，追獲之。裕數以不降之罪，超神色自若，一無所言，惟以母託劉敬宣而已。

裕忿廣固久不下，欲盡阬之，以妻女賞將士。韓範諫曰：「晉室南遷，中原鼎沸，士民無援，强則附之。既爲君臣，必須爲之盡力。彼皆衣冠舊族，先帝遺民，今王師弔伐而盡阬之，使安所歸乎？竊恐西北之人，無復來蘇之望矣。」裕改容謝之，然猶斬王公以下三千人，没入家口萬餘，夷其城隍。送超詣建康，斬之。

臣光曰：晉自濟江以來，威靈不競，戎狄横騖，虎噬中原。劉裕始以王師翦平東夏，不於此際旌禮賢俊，慰撫疲民，宣愷悌之風，滌殘穢之政，使羣士嚮風，遺黎企踵，而更恣行屠戮以快忿心。迹其施設，曾苻、姚之不如，宜其不能蕩壹四海，成美大之業，豈非雖有智勇而無仁義使之然哉！

劉裕滅後秦

晉安帝元興元年〔春二月〕，秦王興立子泓爲太子，大赦。泓孝友寬和，喜文學，善談詠，而懦弱多病。興欲以爲嗣，而狐疑不决，久乃立之。是歲，秦王興立昭儀張氏爲皇后，封子懿、弼、洸、宣、諶、愔、璞、質、逵、裕、國兒皆爲公。

義熙三年〔夏六月〕，秦王興以太子泓録尚書事。

七年。秦廣平公弼有寵於秦王興，爲雍州刺史，鎮安定。姜紀諂附於弼，勸弼結興左右以求入朝。興徵弼爲尚書令、侍中、大將軍，弼遂傾身結納朝士，收采名勢，以傾東宫，國人惡之。會興以西北多叛亂，欲命重將鎮撫之，隴東太守郭播請使弼出鎮，興不從。

十年夏五月，秦左將軍姚文宗有寵於太子泓，廣平公弼惡之，誣文宗有怨言；秦王興怒，賜文宗死，於是羣臣畏弼側目。弼言於興，無不從者，以所親天水尹沖爲給事黄門侍郎，唐盛爲治書侍御史。興左右掌機要者，皆其黨也。右僕射梁喜、侍中任謙、京兆尹尹昭承間言於興曰：「父子之際，人所難言，然君臣之義，不薄於父子，故臣等不得默然。廣平公弼潛有奪嫡之志，陛下寵之太過，假其威權，傾險無賴之徒，輻凑附之。道路皆言陛下將有廢立之計，信有之乎？」興曰：「豈有此邪？」喜等曰：「苟無之，則陛下愛弼適所以禍之。願去其左右，損其威權，如此非特安弼，乃所以安宗廟、社稷。」興不應。大司農竇温、司徒左長史王弼皆密疏勸興立弼爲太子，興雖不從，亦不責也。

興疾篤，弼潛聚衆數千人，謀作亂。姚裕遣使以弼逆狀告諸兄在藩鎮者，於是姚懿治兵於蒲阪，鎮東將軍、豫州牧洸治兵於洛陽，平西將軍諶治兵於雍，皆欲赴長安討弼。會興疾瘳，見羣臣，征虜將軍劉羌泣以告興。梁喜、尹昭請誅弼，且曰：「苟陛下不忍殺弼，亦當奪其權任。」興不得已，免弼尚書令，使以將軍、公還第。懿等各罷兵。

懿、洸、諶與姚宣皆入朝，使裕入白興，求見。興曰：「汝等正欲論弼事耳，吾已知之。」裕曰：「弼苟有可論，陛下所宜垂聽。若懿等言非是，便當寘之刑辟，奈何逆拒之？」於是引見懿等於諮議堂。宣流涕極言，興曰：「吾自處之，非汝曹所憂。」撫軍東曹屬姜虬上疏曰：「廣平公弼釁成逆著，道路皆知之。昔文王之化，刑于寡妻。今聖朝之亂，起自愛子，雖欲含忍掩蔽，而逆黨扇惑不已，弼之亂心何由可革。宜斥散凶徒，以絶禍端。」興以虬表示梁喜曰：「天下人皆以吾兒爲口實，將何以處之？」喜曰：「信如虬言，陛下早宜裁決。」興默然。

十一年春三月，秦廣平公弼譖姚宣於秦王興，宣司馬權丕至長安，興責以不能輔導，將誅之。丕懼，誣宣罪惡，以求自免。興怒，遣使就杏城收宣，下獄，命弼將三萬人鎮秦州。尹昭曰：「廣平公與皇太子不平，今握强兵於外，陛下一旦不諱，社稷必危。『小不忍，亂大謀』，陛下之謂也。」興不從。

秋九月，秦王興藥動。廣平公弼稱疾不朝，聚兵於第。興聞之，怒，收弼黨唐盛、孫玄等殺之。太子泓請曰：「臣不肖，不能輯諧兄弟，使至於此，皆臣之罪也。若臣死而國家安，願賜臣死。若陛下不忍殺臣，乞退就藩。」興惻然憫之，召姚讚、孫喜、尹昭、斂曼嵬與之謀，囚弼，將殺之，窮治黨與。泓流涕固請，乃并其黨赦之。泓待弼如初，無忿恨之色。

魏太史奏：「熒惑在匏瓜中，忽亡，不知所在。於法當入危亡之國，先爲童謠妖言，然後行其禍罰。」魏主嗣召名儒十餘人，使與太史議熒惑所詣。崔浩對曰：「按春秋左氏傳『神降于莘』，以其至之日推知其物。庚午之夕，辛未之朝，天有陰雲，熒惑之亡，當在二日。庚之與午，皆主於秦，辛爲西夷。今姚興據長安，熒惑必入秦矣。」衆皆怒曰：「天上失星，人間安知所詣？」浩笑而不應。後八十餘日，熒惑出東井，留守句己，久之乃去。秦大旱，昆明池竭，童謠訛言，國人不安，間一歲而秦亡。衆乃服浩之精妙。

十二年春二月，秦王興如華陰，使太子泓監國，入居西宮。興疾篤，還長安。黄門侍郎尹冲謀因泓出迎而殺之。興至，泓將出迎，宫臣諫曰：「主上疾篤，姦臣在側，殿下今出，進不得見主上，退有不測之禍。」泓曰：「臣子聞君父疾篤，而端居不出，何以自安？」對曰：「全身以安社稷，孝之大者也。」泓乃止。尚書姚沙彌謂尹冲曰：「太子不出迎，宜奉乘輿幸廣平公第，宿衛將士聞乘輿所在，自當來集，太子誰與守乎。且吾屬以廣平公之故，已陷名逆節，將何所自容？今奉乘輿以舉事，乃杖大順，不惟救廣平之禍，吾屬前罪亦盡雪矣。」冲以興死生未可知，欲隨興入宮作亂，不用沙彌之言。

興入宮，命太子泓録尚書事，東平公紹及右衛將軍胡翼度典兵禁中，防制內外。遣殿中上將軍斂曼嵬收弼第中甲仗，內之武庫。興疾轉篤，其妹南安長公主問疾，不應。幼子耕兒出，告其兄南陽公愔曰：「上已崩矣，宜速決計。」愔即與尹冲帥甲士攻端門，斂曼嵬、胡翼度等勒兵閉門拒戰。愔等遣壯士登門，緣屋而入，及于馬道。泓侍疾在諮議堂，太子右衛率姚和都帥東宮兵入屯馬道南。愔等不得進，遂燒端門。興力疾臨前殿，賜弼死。禁兵見興，喜躍，爭進赴賊，賊衆驚擾，和都以東宮兵自後擊之，愔等大敗。愔逃于驪山，其黨建康公吕隆奔雍，尹冲及弟泓來奔。興引東平公紹及姚讚、梁喜、尹昭、斂曼嵬入內寢，受遺詔輔政。明日，興卒。泓祕不發喪，捕南陽公愔及吕隆、大將軍尹元等皆誅之，乃發喪，即皇帝位，大赦，改元永和。

三月，加太尉裕中外大都督。裕戒嚴，將伐秦，詔加裕領司豫二州刺史，以其世子義符爲徐兗二州刺史。琅邪王德文請啓行戎路，脩敬山陵，詔許之。

秋八月，寧州獻琥珀枕於太尉裕。裕以琥珀治金創，得之大喜，命碎擣分賜北征將士。裕以世子義符爲中軍將軍，監太尉留府事。劉穆之爲左僕射，領監軍、中軍二府軍司，入居東府，總攝内外。以太尉左司馬東海徐羨之爲穆之之副，左將軍朱齡石守衛殿省，徐州刺史劉懷慎守衛京師，揚州別駕從事史張裕任留州事。懷慎，懷敬之弟也。

丁巳，裕發建康，遣龍驤將軍王鎮惡、冠軍將軍檀道濟將步軍自淮、淝向許、洛，新野太守朱超石、寧朔將軍胡藩趨陽城，振武將軍沈田子、建威將軍傅弘之趨武關，建武將軍沈林子、彭城内史劉遵考將水軍出石門，自汴入河，以冀州刺史王仲德督前鋒諸軍開鉅野入河。遵考，裕之族弟也。劉穆之謂王鎮惡曰：「公今委卿以伐秦之任，卿其勉之！」鎮惡曰：「吾不克關中，誓不復濟江。」

裕既行，青州刺史檀祗自廣陵帥衆至涂中掩討亡命。劉穆之恐祗爲變，議欲遣軍。時檀韶爲江州刺史，張邵曰：「今韶據中流，道濟爲軍首，若有相疑之跡，則大府立危。不如逆遣慰勞，以觀其意，必無患也。」穆之乃止。

九月，太尉裕至彭城，加領徐州刺史，以太原王玄謨爲從事史。王鎮惡、檀道濟入秦境，所向皆捷。秦將王苟生以漆丘降鎮惡，徐州刺史姚掌以項城降道濟，諸屯守皆望風款附。惟新蔡太守董遵不下，道濟攻拔其城，執遵殺之。進克許昌，獲秦潁川太守姚坦及大將楊業。沈林子自汴入河，襄邑人董神虎聚衆千餘人來降，太尉裕拔爲參軍。林子與神虎共攻倉垣，克之，秦兖州刺史韋華降。神虎擅還襄邑，林子殺之。

秦東平公紹言於秦主泓曰：「晉兵已過許昌，安定孤遠，難以救衛，宜遷其鎮户，内實京畿，可得精兵十萬，雖晉、夏交侵，猶不亡國。不然，晉攻豫州，夏攻安定，將若之何？事機已至，宜在速決。」左僕射梁喜曰：「齊公恢有威名，爲嶺北所憚，鎮人已與勃勃深仇，理應守死無貳。勃勃終不能越安定遠寇京畿。若無安定，虜馬必至於郿。今關中兵足以拒晉，無爲豫自損削也。」泓從之。吏部郎懿横密言於泓曰：「恢於廣平之難，有忠勳於陛下。自陛下龍飛紹統，未有殊賞以答其意。今外則致之死地，内則不豫朝權，安定人自以孤危逼寇，思南遷者十室而九，若恢擁精兵數萬，鼓行而向京師，得不爲社稷之累乎？宜徵還朝廷，以慰其心。」泓曰：「恢若懷不逞之心，徵之適所以速禍耳。」又不從。

王仲德水軍入河，將逼滑臺，魏兖州刺史尉建畏懦，帥衆棄城，北渡河。仲德入滑臺，宣言曰：「晉本欲以布帛七萬匹假道於魏，不謂魏之守將棄城遽去。」魏主嗣聞之，遣叔孫建、公孫表自河内向枋頭，因引兵濟河，斬尉建於城下，投尸于河。呼仲德軍人，問以侵寇之狀。仲德使司馬竺和之對曰：「劉太尉使王征虜自河入洛，清掃山陵，非敢爲寇於魏也。魏之守將自棄滑臺去，王征虜借空城以息兵，行當西引，於晉、魏之好無廢也，何必揚旗鳴鼓以曜威乎！」嗣使建以問太尉裕。裕遜辭謝之曰：「洛陽，晉之舊都，而羌據之，晉欲修復山陵久矣。諸桓宗族，司馬休之、國璠兄弟，魯宗之父子，皆晉之蠹也，而羌收之，以爲晉患。今晉將伐之，欲假道於魏，非敢爲不利也。」魏河内鎮將于栗磾有勇名，築壘於河上以備侵軼。裕以書與之，題曰「黑矟公麾下」。栗磾好操黑矟以自標，故裕以此目之。司馬休之等奔秦事，見劉裕篡晉。

冬十月，秦陽城、滎陽二城皆降，晉兵進至成皋。秦征南將軍陳留公洸鎮洛陽，遣使求救於長安。秦主泓遣越騎校尉閻生帥騎三千救之，武衛將軍姚益男將步卒一萬助守洛陽，又遣并州牧姚懿南屯陝津，爲之聲援。寧朔將軍趙玄言於洸曰：「今晉寇益深，人情駭動，衆寡不敵，若出戰不捷，則大事去矣。宜攝諸戍之兵，固守金墉，以待西師之救。金墉不下，晉必不敢越我而西，是我不戰而坐收其弊也。」司馬姚禹陰與檀道濟通，主簿閻恢、楊虔，皆禹之黨也，共嫉玄，言於洸曰：「殿下以英武之略，受任方面，今嬰城示弱，得無爲朝廷所責乎？」洸以爲然，乃遣趙玄將兵千餘南守柏谷塢，廣武將軍石無諱東戍鞏城。玄泣謂洸曰：「玄受三帝重恩，所守正有死耳。但明公不用忠臣之言，爲姦人所誤，後必悔之。」既而成皋、虎牢皆來降，檀道濟等長驅而進，無諱至石關，奔還。龍驤司馬滎陽毛德祖與玄戰於柏谷，玄兵敗，被十餘創，據地大呼。玄司馬蹇鑒冒刃抱玄而泣，玄曰：「吾創已重，君宜速去。」鑒曰：「將軍不濟，鑒去安之！」與之皆死。姚禹踰城奔道濟。甲子，道濟進逼洛陽。丙寅，洸出降。道濟獲秦人四千餘人，議者欲盡阬之，以爲京觀。道濟曰：「伐罪弔民，正在今日。」皆釋而遣之。於是夷夏感悦，歸之者甚衆。閣生、姚益男未至，聞洛陽已没，不敢進。

己丑，詔遣兼司空高密王恢之脩謁五陵，置守衛。太尉裕以冠軍將軍毛脩之爲河南、河内二郡太守，行司州事，戍洛陽。

十一月，西秦王熾磐遣使詣太尉裕，求擊秦以自效，裕拜熾磐平西將軍、河南公。秦姚懿司馬孫暢説懿，使襲長安，誅東平公紹，廢秦主泓而代之。懿以爲然，乃散穀以賜河北夷夏，欲樹私恩。左常侍張敞、侍郎左雅諫曰：「殿下以母弟居方面，安危休戚，與國同之。今吴寇内侵，四州傾没，西虜擾邊，秦、凉覆敗，朝廷之危，有如累卵。穀者，國之本也，而殿下無故散之，虚損國儲，將若之何？」懿怒，笞殺之。

泓聞之，召東平公紹密與之謀。紹曰：「懿性識鄙淺，從物推移。造此謀者必孫暢也，但馳使徵暢，遣撫軍將軍讚據陝城，臣向潼關，爲諸軍節度。若暢奉詔而至，臣當遣懿帥河東見兵共禦晋師，若不受詔命，便當聲其罪而討之。」泓曰：「叔父之言，社稷之計也。」乃遣姚讚及冠軍將軍司馬國璠、建義將軍虵玄屯陝津，武衛將軍姚驢屯潼關。

懿遂舉兵稱帝，傳檄州郡，欲運匈奴堡穀以給鎮人。寧東將軍姚成都拒之，懿卑辭誘之，送佩刀爲誓，成都不從。懿遣驍騎將軍王國帥甲士數百攻成都，成都擊禽之，遣使讓懿曰：「明公以至親當重任，國危不能救，而更圖非望，三祖之靈，其肯佑明公乎！」成都將糾合義兵，往見明公於河上耳。」於是傳檄諸城，諭以逆順，徵兵調食以討懿。懿亦發諸城兵，莫有應者，惟臨晉數千户應懿。成都引兵濟河，擊臨晉叛者，破之。鎮人安定郭純等起兵圍懿，東平公紹入蒲阪，執懿，誅孫暢等。

十三年春正月，秦主泓朝會百官於前殿，以内外危迫，君臣相泣。征北將軍齊公恢帥安定鎮户三萬八千焚廬舍，自北雍州趨長安，自稱大都督、建義大將軍，移檄州郡，欲除君側之惡；揚威將軍姜紀帥衆歸之，建節將軍彭完都棄陰密奔還長安。恢至新支，姜紀説恢曰：「國家重將大兵皆在東方，京師空虚，公亟引輕兵襲之，必克。」恢不從，南攻郿城，鎮西將軍姚諶爲恢所敗，長安大震。泓馳使徵東平公紹，遣姚裕及輔國將軍胡翼度屯澧西。扶風太守姚儁等皆降於恢。東平公紹引諸軍西還，與恢相持於靈臺，姚讚留寧朔將軍尹雅爲弘農太守，守潼關，亦引兵還。恢衆見諸軍四集，皆有懼心，其將齊黄等詣大軍降。恢進兵逼紹，讚自後擊之，恢兵大敗，殺恢及其三弟。泓哭之慟，葬以公禮。

太尉裕引水軍發彭城，留其子彭城公義隆鎮彭城，詔以義隆爲監徐兗青冀四州諸軍事、秦州刺史。

二月，王鎮惡進軍澠池，遣毛德祖襲尹雅於蠡吾城，禽之，雅殺守者而逃。鎮惡引兵徑前抵潼關。檀道濟、沈林子自陝北渡河，拔襄邑堡，秦河北太守薛帛奔河東。又攻秦并州刺史尹昭於蒲阪，不克。別將攻匈奴堡，爲姚成都所敗。

辛酉，滎陽守將傅洪以虎牢降魏。

秦主泓以東平公紹爲太宰、大將軍、都督中外諸軍事，假黄鉞，改封魯公，使督武衛將軍姚鸞等步騎五萬守潼關。又遣別將姚驢救蒲阪。沈林子謂檀道濟曰：「蒲阪城堅兵多，不可猝拔，攻之傷衆，守之引日。王鎮惡在潼關，勢孤力弱，不如與鎮惡合勢，并力以争潼關；若得之，尹昭不攻自潰矣。」道濟從之。

三月，道濟、林子至潼關，秦魯公紹引兵出戰，道濟、林子奮擊，大破之，斬獲以千數。紹退屯定城，據險拒守，謂諸將曰：「道濟等兵力不多，懸軍深入，不過堅壁以待繼援。吾分軍絶其糧道，可坐禽也。」乃遣姚鸞屯大路以絶道濟糧道。

鸞遣尹雅將兵與晉戰於關南，爲晉兵所獲。將殺之，雅曰：「雅前日已當死，幸得脱至今。死固甘心，然夷夏雖殊，君臣之義一也。晉以大義行師，獨不使秦有守節之臣乎？」乃免之。

丙子夜，沈林子將鋭卒襲鸞營，斬鸞，殺其士卒數千人。紹又遣東平公讚屯河上以斷水道，沈林子擊之，讚敗，走還定城。薛帛據河曲來降。太尉裕將水軍自淮、泗入清河，將泝河西上，先遣使假道於魏，秦主泓亦遣使請救於魏。魏主嗣使羣臣議之，皆曰：「潼關天險，劉裕以水軍攻之，甚難，若登岸北侵，其勢便易。裕聲言伐秦，其志難測。且秦，婚姻之國，不可不救也。宜發兵斷河上流，勿使得西。」博士祭酒崔浩曰：「裕圖秦久矣，今姚興死，子泓懦劣，國多内難。裕承其危而伐之，其志必取。若遏其上流，裕心忿戾，必上岸北侵，是我代秦受敵也。今柔然寇邊，民食又乏，若復與裕爲敵，發兵南赴，則北寇愈深，救北則南州復危，非良計也。不若假之水道，聽裕西上，然後屯兵以塞其東。使裕克捷，必德我之假道；不捷，吾不失救秦之名，此策之得者也。且南北異俗，借使國家棄恒山以南，裕必不能以吴、越之兵，與吾争守河北之地，安能爲吾患乎？夫爲國計者，惟社稷是利，豈顧一女子乎！」議者猶曰：「裕西入關，則恐吾斷其後，腹背受敵；北上，則姚氏必不出關助我，其勢必聲西而實北也。」嗣乃以司徒長孫嵩督山東諸軍事，又遣振威將軍娥清、冀州刺史阿薄干將步騎十萬屯河北岸。

庚辰，裕引軍入河，以左將軍向彌爲北青州刺史，留戍碻磝。

初，裕命王鎭惡等，若克洛陽，須大軍到俱進。鎭惡等乘利徑趨潼關，爲秦兵所拒，不得前。久之乏食，衆心疑懼，或欲棄輜重還赴大軍。沈林子按劍怒曰：「相公志清六合，今許、洛已定，關右將平，事之濟否，繫於前鋒。奈何沮乘勝之氣，棄垂成之功乎！且大軍尚遠，賊衆方盛，雖欲求還，豈可得乎？下官授命不顧，今日之事，當自爲將軍辦之，未知二三君子將何面以見相公之旗鼓邪！」鎭惡等遣使馳告裕，求遣糧援。裕呼使者，開舫北户，指河上魏軍以示之曰：「我語令勿進，今輕佻深入。岸上如此，何由得遣軍？」鎭惡乃親至弘農，説諭百姓，百姓競送義租，軍食復振。

魏人以數千騎緣河隨裕軍西行，軍人於南岸牽百丈，風水迅急，有漂渡北岸者，輒爲魏人所殺略。裕遣軍擊之，裁登岸則走，退則復來。夏四月，裕遣白直隊主丁旿帥仗士七百人，車百乘，渡北岸，去水百餘步，爲卻月陣，兩端抱河車，置七仗士，事畢，使豎一白毦。魏人不解其意，皆未動。裕先命寧朔將軍朱超石戒嚴，白毦既舉，超石帥二千人馳往赴之，齎大弩百張，一車益二十人，設彭排於轅上。魏人見營陣既立，乃進圍之。長孫嵩帥三萬騎助之，四面肉薄攻營，弩不能制。時超石別齎大鎚及矟千餘張，乃斷矟長三四尺，以鎚鎚之，一矟輒洞貫三四人。魏兵不能當，一時奔潰，死者相積。臨陳斬阿薄干。魏人退還畔城，超石帥寧朔將軍胡藩、寧遠將軍劉榮祖追擊，又破之，殺獲千計。魏主嗣聞之，乃恨不用崔浩之言。

秦魯公紹遣長史姚洽、寧朔將軍安鸞、護軍姚墨蠡、河東太守唐小方帥衆三千屯河北之九原，阻河爲固，欲以絶檀道濟糧援。沈林子邀擊，破之，斬洽、墨蠡、小方，殺獲殆盡。林子因啓太尉裕曰：「紹氣蓋關中，今兵屈於外，國危於内，恐其凶命先盡，不得以膏齊斧耳。」紹聞洽等敗死，憤恚，發病嘔血，以兵屬東平公讚而卒。讚既代紹，衆力猶盛，引兵襲林子，林子復擊破之。

太尉裕至洛陽，行視城塹，嘉毛脩之完葺之功，賜衣服、玩好，直二千萬。

秋七月，太尉裕至陝。沈田子、傅弘之入武關，秦戍將皆委城走。田子等進屯青泥，秦主泓使給事黄門侍郎姚和都屯嶢柳以拒之。

太尉裕至閿鄉。沈田子等將攻嶢柳，秦主泓欲自將以禦裕軍，恐田子等襲其後，欲先擊滅田子等，然後傾國東出，乃帥步騎數萬奄至青泥。田子本爲疑兵，所領裁千餘人，聞泓至，欲擊之。傅弘之以衆寡不敵止之，田子曰：「兵貴用奇，不必在衆。且今衆寡相懸，勢不兩立，若彼結圍既固，則我無所逃矣。不如乘其始至，營陳未立，先薄之，可以有功。」遂帥所領先進，弘之繼之。秦兵合圍數重。田子撫慰士卒曰：「諸君冒險遠來，正求今日之戰，死生一決，封侯之業於此在矣。」士卒皆踴躍鼓譟，執短兵奮擊，秦兵大敗，斬馘萬餘級，得其乘輿服御物，秦主泓奔還灞上。

初，裕以田子等衆少，遣沈林子將兵自秦嶺往助之。至則秦兵已敗，乃相與追之，關中郡縣多潛送款於田子。辛丑，太尉裕至潼關，以朱超石爲河東太守，使與振武將軍徐猗之會薛帛於河北，共攻蒲阪。秦平原公璞與姚和都共擊之，猗之敗死，超石奔還潼關。東平公讚遣司馬國璠引魏兵以躡裕後。

王鎮惡請帥水軍自河入渭以趨長安，裕許之。秦恢武將軍姚難自香城引兵而西，鎮惡追之。秦主泓自灞上引兵還屯石橋以爲之援，鎮北將軍姚彊與難合兵屯涇上以拒鎮惡。鎮惡使毛德祖進擊，破之，彊死，難奔長安。

東平公讚退屯鄭城，太尉裕進軍逼之。泓使姚丕守渭橋，胡翼度屯石積，東平公讚屯灞東，泓屯逍遥園。

鎮惡泝渭而上，乘蒙衝小艦，行船者皆在艦内。秦人見艦進而無行船者，皆驚以爲神。壬戌旦，鎮惡至渭橋，令軍士食畢，皆持仗登岸，後登者斬。衆既登，渭水迅急，艦皆隨流，倏忽不知所在。時泓所將尚數萬人。鎮惡諭士卒曰：「吾屬並家在江南，此爲長安北門，去家萬里，舟楫、衣糧皆已隨流。今進戰而勝則功名俱顯，不勝則骸骨不返，無他岐矣，卿等勉之！」乃身先士卒，衆騰踊争進，大破姚丕於渭橋。泓引兵救之，爲丕敗卒所蹂踐，不戰而潰。姚諶等皆死，泓單馬還宫。鎮惡入自平朔門，泓與姚裕等數百騎逃奔石橋。東平公讚聞泓敗，引兵赴之，衆皆潰去。胡翼度降於太尉裕。

泓將出降，其子佛念年十一，言於泓曰：「晋人將逞其欲，雖降必不免，不如引決。」泓憮然不應。佛念登宫牆自投而死。癸亥，泓將妻子、羣臣詣鎮惡壘門請降，鎮惡以屬吏。城中夷晋六萬餘户，鎮惡以國恩撫慰，號令嚴肅，百姓安堵。

九月，太尉裕至長安，鎮惡迎於灞上。裕勞之曰：「成吾霸業者卿也。」鎮惡再拜謝曰：「明公之威，諸將之力，鎮惡何功之有？」裕笑曰：「卿欲學馮異邪？」鎮惡性貪，秦府庫盈積，鎮惡盜取不可勝紀，裕以其功大不問。或譖諸裕曰：「鎮惡藏姚泓僞輦，將有異志。」裕使人覘之，鎮惡剔取其金銀，棄輦於垣側，裕意乃安。

裕收秦彝器、渾儀、土圭、記里鼓、指南車送詣建康，其餘金玉、繒帛、珍寶皆以頒賜將士。秦平原公璞、并州刺史尹昭以蒲阪降，東平公讚帥宗族百餘人詣裕降，裕皆殺之。送姚泓至建康，斬於市。

裕以薛辯爲平陽太守，使鎮捍北道。

裕議遷都洛陽，諮議參軍王仲德曰：「非常之事，固非常人所及，必致駭動。今暴師日久，士卒思歸，遷都之計，未可議也。」裕乃止。羌衆十餘萬口西奔隴上，沈林子追擊至槐里，俘虜萬計。

初，夏王勃勃聞太尉裕伐秦，謂羣臣曰：「姚泓非裕敵也，且其兄弟内叛，安能拒人，裕取關中必矣。然裕不能久留，必將南歸，留子弟及諸將守之，吾取之如拾芥耳。」乃秣馬礪兵，訓養士卒，進據安定，秦嶺北郡縣鎮戍皆降之。裕遣使遺勃勃書，約爲兄弟。勃勃使中書侍郎皇甫徽爲報書而陰誦之，對裕使者，口授舍人使書之。裕讀其文，歎曰：「吾不如也。」

冬十一月辛未，劉穆之卒，太尉裕聞之，驚慟哀惋者累日。始裕欲留長安經略西北，而諸將佐皆久役思歸，多不欲留。會穆之卒，裕以根本無託，遂決意東還。

穆之之卒也，朝廷恇懼，欲發詔，以太尉左司馬徐羨之代之。中軍諮議參軍張邵曰：「今誠急病，任終在徐，然世子無專命，宜須諮之。」裕欲以王弘代穆之，從事中郎謝晦曰：「休元輕易，不若羨之。」乃以羨之爲吏部尚書、建威將軍、丹陽尹，代管留任。於是朝廷大事常决於穆之者，並悉北諮。

裕以次子桂陽公義真爲都督雍梁秦三州諸軍事、安西將軍、領雍東秦二州刺史。義真時年十二。以太尉諮議參軍京兆王脩爲長史，王鎮惡爲司馬、領馮翊太守，沈田子、毛德祖皆爲中兵參軍，仍以田子領始平太守，德祖領秦州刺史、天水太守，傅弘之爲雍州治中從事史。

先是，隴上流户寓關中者，望因兵威得復本土。及置東秦州，知裕無復西略之意，皆歎息失望。

裕之克長安，王鎮惡功爲多，由是南人皆忌之。沈田子自以嶢柳之捷，與鎮惡爭功不平。裕將還，田子及傅弘之屢言於裕曰：「鎮惡家在關中，不可保信。」裕曰：「今留卿文武將士精兵萬人，彼若欲爲不善，正足自滅耳，勿復多言。」裕私謂田子曰：「鍾會不得遂其亂者，以有衛瓘故也。語曰『猛獸不如羣狐』，卿等十餘人，何懼王鎮惡？」

臣光曰：古人有言：「疑則勿任，任則勿疑。」裕既委鎮惡以關中，而復與田子有後言，是鬭之使爲亂也。惜乎百年之寇，千里之土，得之艱難，失之造次，使豐、鄗之都復輸寇手。荀子曰：「兼并易能也，堅凝之難。」信哉。

三秦父老聞裕將還，詣門流涕訴曰：「殘民不霑王化，於今百年，始覩衣冠，人人相賀。長安十陵是公家墳墓，咸陽宫殿是公家室宅，捨此欲何之乎？」裕爲之愍然，慰諭之曰：「受命朝廷，不得擅留。誠多諸君懷本之志，今以次息與文武賢才共鎮此境，勉與之居。」十二月庚子，裕發長安，自洛入河，開汴渠以歸。

閏月，夏王勃勃聞太尉裕東還，大喜，問於王買德曰：「朕欲取關中，卿試言其方略。」買德曰：「關中形勝之地，而裕以幼子守之，狼狽而歸，正欲急成篡事耳，不暇復以中原爲意。此天以關中賜我，不可失也。青泥、上洛，南北之險要，宜先遣遊軍斷之，東塞潼關，絶其水陸之路，然後傳檄三輔，施以威德，則義真在網罟之中，不足取也。」勃勃乃以其子撫軍大將軍璝都督前鋒諸軍事，帥騎二萬向長安，前將軍昌屯潼關，以買德爲撫軍右長史，屯青泥，勃勃將大軍爲後繼。

十四年春正月，夏赫連璝至渭〔陽〕，關中民降之者屬路。龍驤將軍沈田子將兵拒之，畏其衆盛，退屯劉迴堡，遣使還報王鎮惡。鎮惡謂王脩曰：「公以十歲兒付吾屬，當共思竭力，而擁兵不進，虜何由得平？」使者還以告田子，田子與鎮惡素有相圖之志，由是益忿懼。未幾，鎮惡與田子俱出北地以拒夏兵，軍中訛言：「鎮惡欲盡殺南人，以數十人送義真南還，因據關中反。」辛亥，田子請鎮惡至傅弘之營計事，田子求屏人語，使其宗人沈敬仁斬之幕下，矯稱受太尉令誅之。弘之奔告劉義真，義真與王脩被甲登横門以察其變。俄而田子帥數十人來至，言鎮惡反，脩執田子，數以專戮，斬之。以冠軍將軍毛脩之代鎮惡爲安西司馬。傅弘之大破赫連璝於池陽，又破之於寡婦渡，斬獲甚衆，夏兵乃退。

壬戌，太尉裕至彭城，解嚴。琅邪王德文先歸建康。

裕聞王鎮惡死，表言「沈田子忽發狂易，奄害忠勳」，追贈鎮惡左將軍、青州刺史。以彭城内史劉遵考爲并州刺史，領河東太守，鎮蒲阪。徵荆州刺史劉道憐爲徐兗二州刺史。裕欲以世子義符鎮荆州，以徐州刺史劉義隆爲司州刺史，鎮洛陽。中軍諮議張邵諫曰：「儲貳之重，四海所繫，不宜處外。」乃更以義隆爲都督荆益寧雍梁秦六州諸軍事、西中郎將、荆州刺史，以南郡太守到彦之爲南蠻校尉，張邵爲司馬、領南郡相，冠軍功曹王曇首爲長史，北徐州從事王華爲西中郎主簿，沈林子爲西中郎參軍。義隆尚幼，府事皆決於邵。曇首，弘之弟也。裕謂義隆曰：「王曇首沈毅有器度，宰相才也。汝每事諮之。」以南郡公劉義慶爲豫州刺史。義慶，道憐之子也。裕解司州，領徐冀二州刺史。

冬十月，劉義真年少，賜與左右無節，王脩每裁抑之。左右皆怨，譖脩於義真曰：「王鎮惡欲反，故沈田子殺之。脩殺田子，是亦欲反也。」義真信之，使左右劉乞等殺脩。脩既死，人情離駭，莫相統壹。義真悉召外軍入長安，閉門拒守。關中郡縣悉降於夏。赫連璝夜襲長安，不克。夏王勃勃進據咸陽，長安樵采路絶。

宋公裕聞之，使輔國將軍蒯恩如長安召義真東歸，以相國右司馬朱齡石爲都督關中諸軍事、右將軍、雍州刺史，代鎮長安。裕謂齡石曰：「卿至，可敕義真輕裝速發，既出關，然可徐行。若關右必不可守，可與義真俱歸。」又命中書侍郎朱超石慰勞河、洛。

十一月，齡石至長安。義真將士貪縱，大掠而東，多載寶貨、子女，方軌徐行。雍州别駕韋華奔夏。赫連璝帥衆三萬追義真，建威將軍傅弘之曰：「公處分亟進，今多將輜重，一日行不過十里，虜追騎且至，何以待之？宜棄車輕行，乃可以免。」義真不從。俄而夏兵大至，傅弘之、蒯恩斷後，力戰連日。至青泥，晋兵大敗，弘之、恩皆爲王買德所禽，司馬毛脩之與義真相失，亦爲夏兵所禽。義真行在前，會日暮，夏兵不窮追，故得免，左右盡散，獨逃草中。中兵參軍段宏單騎追尋，緣道呼之，義真識其聲，出就之曰：「君非段中兵耶？身在此，行矣！必不兩全，可刎身頭以南，使家公望絶。」宏泣曰：「死生共之，下官不忍。」乃束義真於背，單馬而歸。義真謂宏曰：「今日之事，誠無算略。然丈夫不經此，何以知艱難！」

夏王勃勃欲降傅弘之，弘之不屈。時天寒，勃勃裸之，弘之叫罵而死。勃勃積人頭爲京觀，號曰「髑髏臺」。長安百姓逐朱齡石，齡石焚其宫殿，奔潼關。勃勃入長安，大饗將士，舉觴謂王買德曰：「卿往日之言，一期而驗，可謂算無遺策。此觴所集，非卿而誰！」以買德爲都官尚書，封河陽侯。

龍驤將軍王敬先戍曹公壘，齡石往從之。朱超石至蒲阪，聞齡石所在，亦往從之。赫連昌攻敬先壘，斷其水道，衆渴不能戰，城且陷。齡石謂超石曰：「弟兄俱死異域，使老親何以爲心？爾求間道亡歸，我死此無恨矣。」超石持兄泣曰：「人誰不死，寧忍今日辭兄去乎！」遂與敬先及右軍參軍劉欽之皆被執，送長安，勃勃殺之。欽之弟秀之悲泣不歡燕者十年。欽之，穆之之從兄子也。

宋公裕聞青泥敗，未知義真存亡，怒甚，刻日北伐。侍中謝晦諫，以「士卒疲弊，請俟他年」，不從。鄭鮮之上表，以爲：「虜聞殿下親征，必併力守潼關。徑往攻之，恐未易可克，若輿駕頓洛，則不足上勞聖躬。且虜雖得志，不敢乘勝過陝者，猶懾服大威，爲將來之慮故也。若造洛而返，虜必更有揣量之心，或益生邊患。況大軍遠出，後患甚多。昔歲西征，劉、鍾狼狽；去年北討，廣州傾覆，既往之效，後來之鑒也。今諸州大水，民食寡乏，三吳羣盜攻没諸縣，皆由困於征役故也。江南士庶，引領顒顒以望殿下之返旆，聞更北出，不測淺深之謀，往還之期，臣恐返顧之憂更在腹心也。若慮西虜更爲河、洛之患者，宜結好北虜，北虜親則河南安，河南安則濟、泗静矣。」會得段宏啓，知義真得免，裕乃止，但登城北望，慨然流涕而已。降義真爲建威將軍、司州刺史，以段宏爲宋臺黄門郎、領太子右衛率。裕以天水太守毛德祖爲河東太守，代劉遵考守蒲阪。

赫連據朔方

晉安帝義熙三年。初，魏王珪滅劉衛辰，其子勃勃奔秦，秦高平公没弈干以女妻之。勃勃魁岸美風儀，性辯慧，秦王興見而奇之，與論軍國大事，寵遇踰於勳舊。興弟邕諫曰：「勃勃不可近也。」興曰：「勃勃有濟世之才，吾方與之平天下，奈何逆忌之？」乃以爲安遠將軍，使助没弈干鎮高平，以三城、朔方雜夷及衛辰部衆三萬配之，使伺魏間隙。邕固争以爲不可。興曰：「卿何以知其爲人？」邕曰：「勃勃奉上慢，御衆殘，貪猾不仁，輕爲去就。寵之踰分，恐終爲邊患。」興乃止，久之，竟以勃勃爲安北將軍、五原公，配以三交五部鮮卑及雜虜二萬餘落，鎮朔方。〔夏五月〕，魏主珪歸所虜秦將唐小方于秦。秦王興請歸賀狄干，仍送良馬千匹以贖狄伯支，珪許之。

勃勃聞秦復與魏通而怒，乃謀叛秦。柔然可汗社崙獻馬八十匹于秦，至大城，勃勃掠取之，悉集其衆三萬餘人僞畋於高平川，因襲殺没弈干而并其衆。勃勃自謂夏后氏之苗裔，六月，自稱大夏天王、大單于，大赦，改元龍升，置百官。

初，魏王珪遣北部大人賀狄干獻馬千匹求昏於秦，秦王興止狄干而絶其昏，於是秦、魏有隙。秦王興遣尚書右僕射狄伯支等伐魏，魏王珪自將大軍擊之，敗狄伯支及趙騎校尉唐小方等。冬十月，夏王勃勃破鮮卑薛干等三部，降其衆以萬數，進攻秦三城已北諸戍，斬秦將楊丕、姚石生等。諸將皆曰：「陛下欲經營關中，宜先固根本，使人心有所憑係。高平山川險固，土田饒沃，可以定都。」勃勃曰：「卿知其一，未知其二。吾大業草創，士衆未多，姚興亦一時之雄，諸將用命，關中未可圖也。我今專固一城，彼必并力於我，衆非其敵，亡可立待。不如以驍騎風馳，出其不意，救前則擊後，救後則擊前，使彼疲於奔命，我則游食自若。不及十年，嶺北、河東盡爲我有。待興既死，嗣子闇弱，徐取長安，在吾計中矣。」於是侵掠嶺北，嶺北諸城門不晝啓。興乃歎曰：「吾不用黄兒之言，以至於此。」

十一月，勃勃又敗秦將張佛生於青石原，俘斬五千餘人。

四年夏五月，秦王興使左僕射齊難帥騎二萬討勃勃。秋七月，夏王勃勃聞秦兵且至，退保河曲。齊難以勃勃既遠，縱兵野掠，勃勃潛師襲之，俘斬七千餘人。難引兵退走，勃勃追至木城，禽之，虜其將士萬三千人。於是嶺北夷夏附於勃勃者以萬數，勃勃皆置守宰以撫之。

五年春正月，秦王興遣其弟平北將軍沖、征虜將軍狄伯支等帥騎四萬，擊夏王勃勃。沖至嶺北，謀還襲長安，伯支不從而止，因酖殺伯支以滅口。

夏四月，夏王勃勃帥騎二萬攻秦，掠取平凉雜胡七千餘户，進屯依力川。

秋九月，秦王興自將擊夏王勃勃，至貳城，遣安遠將軍姚詳等分督租運。勃勃乘虚奄至，興懼，欲輕騎就詳等。右僕射韋華曰：「若鑾輿一動，衆心駭懼，必不戰自潰，詳營亦未必可至也。」興與勃勃戰，秦兵大敗，將軍姚榆生爲勃勃所禽，左將軍姚文宗等力戰，勃勃乃退，興還長安。勃勃復攻秦敕奇堡、黄石固、我羅城，皆拔之，徙七千餘家於大城，以其丞相右地代領幽州牧以鎮之。

六年春三月，夏王勃勃遣尚書胡金纂攻平凉，秦王興救平凉，擊金纂，殺之。勃勃又遣兄子左將軍羅提攻拔定陽，阬將士四千餘人。秦將曹熾、曹雲、王肆佛等各將數千户内徙，興處之湟山及陳倉。勃勃寇隴右，破白崖堡，遂趣清水，略陽太守姚壽都棄城走，勃勃徙其民萬六千户於大城。興自安定追之，至壽渠川，不及而還。

七年春正月，秦姚詳屯杏城，爲夏王勃勃所逼，南奔大蘇，勃勃遣平東將軍鹿弈干追斬之，盡俘其衆。勃勃南攻安定，破尚書楊佛嵩于青石北原，降其衆四萬五千。進攻東鄉，下之，徙三千餘户于貳城。秦鎮北參軍王買德奔夏，夏王勃勃問以滅秦之策。買德曰：「秦德雖衰，藩鎮猶固，願且蓄力以待之。」勃勃以買德爲軍師中郎將。秦王興遣衛大將軍常山公顯迎姚詳，弗及，遂屯杏城。

八年冬十月，秦王興以楊佛嵩爲雍州刺史，帥嶺北見兵以擊夏。行數日，興謂羣臣曰：「佛嵩每見敵，勇不自制，吾常節其兵不過五千人。今所將既多，遇敵必敗。行已遠，追之無及，將若之何？」佛嵩與夏王勃勃戰，果敗，爲勃勃所執，絶亢而死。

九年春三月，夏王勃勃大赦，改元鳳翔。以叱干阿利領將作大匠，發嶺北夷夏十萬人築都城於朔方水北、黑水之南。勃勃曰：「朕方統一天下，君臨萬邦，宜名新城曰統萬。」阿利性巧而殘忍，蒸土築城，錐入一寸，即殺作者而并築之。勃勃以爲忠，委任之。凡造兵器成，呈之，工人必有死者。射甲不入則斬弓人，入則斬甲匠。又鑄銅爲一大鼓，飛廉、翁仲、銅駝、龍虎之屬，飾以黄金，列於宫殿之前。凡殺工匠數千。由是器物皆精利。勃勃自謂其祖從母姓爲劉，非禮也。古人氏族無常，乃改姓赫連氏，言帝王係天爲子，其徽赫與天連也。其非正統者皆以鐵伐爲氏，言其剛鋭如鐵，皆堪伐人也。

十一年春三月，夏王勃勃攻秦杏城，拔之，執守將姚逵，阬士卒二萬人。秦王興如北地，遣廣平公弼及輔國將軍斂曼嵬向新平，興還長安。秋九月，夏赫連建將兵擊秦，執平涼太守姚周都，遂入新平，廣平公弼與戰於龍尾堡，禽之。

十二年春正月，秦王興卒，太子泓即皇帝位，大赦，改元永和。

夏六月，夏王勃勃帥騎四萬襲上邽，未至，〔上邽守將姚〕嵩與〔氐王楊〕盛戰於竹嶺，敗死。勃勃攻上邽，二旬克之，殺秦州刺史姚軍都及將士五千餘人，因毀其城。進攻陰密，又殺秦將姚良子及將士萬餘人。以其子昌爲雍州刺史，鎮陰密。征北將軍姚恢棄安定，奔還長安，安定人胡儼等帥户五萬據城降於夏。勃勃使鎮東將軍羊苟兒將鮮卑五千鎮安定，進攻秦鎮西將軍姚諶于雍城，諶委鎮奔長安。勃勃據雍，進掠郿城。秦東平公紹及征虜將軍尹昭等將步騎五萬擊之，勃勃退趨安定，胡儼閉門拒之，殺羊苟兒及所將鮮卑，復以安定降秦。紹進擊勃勃於馬鞍阪，破之，追至朝那，不及而還。勃勃歸杏城。楊盛復遣兄子倦擊秦至陳倉，秦斂曼嵬擊卻之。夏王勃勃復遣兄子提南侵泄陽，秦車騎將軍姚裕等擊卻之。

十三年。夏王勃勃聞太尉裕伐秦，乃進據安定，秦嶺北郡縣鎮戍皆降之。太尉裕克秦，東還，留次子桂陽公義真爲都督。夏王勃勃聞太尉裕東還，乃以其子撫軍大將軍璝都督前鋒諸軍事，帥騎二萬向長安。

十四年。夏赫連璝至渭〔陽〕，龍驤將軍沈田子將兵拒之。田子殺王鎮惡，王脩執田子斬之，以冠軍將軍毛脩之代鎮惡。傅弘之大破（慕容）〔赫連〕璝，夏兵乃退。劉義真召外軍入長安，關中郡縣悉降於夏。夏王勃勃進據咸陽。宋公裕召義真東歸，以相國右司馬朱齡石代鎮長安。義真將士大掠而東，赫連璝帥衆追之，傅弘之等力戰，晉兵大敗，夏兵不窮追，故得免。長安百姓逐朱齡石，齡石奔潼關。勃勃入長安。五事並見劉裕滅後秦。

〔冬十一月〕，夏王勃勃築壇於灞上，即皇帝位，改元昌武。

恭帝元熙元年春二月，夏羣臣請都長安。勃勃曰：「朕豈不知長安歷世帝王之都，沃饒險固。然晉人僻遠，終不能爲吾患。魏與我風俗略同，土壤鄰接，自統萬距魏境裁百餘里，朕在長安，統萬必危，若在統萬，魏必不敢濟河而西。諸卿適未見此耳。」皆曰：「非所及也。」乃於長安置南臺，以赫連璝領大將軍、雍州牧、録南臺尚書事。勃勃還統萬，大赦，改元真興。勃勃性驕虐，視民如草芥。常居城上，置弓劍於側，有所嫌忿，手自殺之。羣臣迕視者鑿其目，笑者决其脣，諫者先截其舌而後斬之。

魏滅北燕

晉安帝義熙十年秋八月辛丑，魏主嗣遣謁者于什門使於燕。什門至和龍，不肯入見，曰：「大魏皇帝有詔，須馮王出受，然後敢入。」燕王跋使人牽逼令入。什門見跋不拜，跋使人按其項，什門曰：「馮王拜受詔，吾自以賓主致敬，何苦見逼邪！」跋怒，留什門不遣，什門數衆辱之。左右請殺之，跋曰：「彼各爲其主耳。」乃幽執什門，欲降之，什門終不降。久之，衣冠弊壞略盡，蟣蝨流溢，跋遺之衣冠，什門皆不受。

十四年。初，和龍有赤氣四塞蔽日，自寅至申。燕太史令張穆言於燕王跋曰：「此兵氣也。今魏方强盛，而執其使者，好命不通，臣竊懼焉。」跋曰：「吾方思之。」五月，魏主嗣東巡，至濡源及甘松，遣征東將軍長孫道生、安東將軍李先、給事黄門侍郎奚觀帥精騎二萬襲燕，又命驍騎將軍延普、幽州刺史尉諾自幽州引兵趨遼西，爲之聲勢，嗣屯突門嶺以待之。道生等拔乙連城，進攻和龍，與燕單于右輔古泥戰，破之，殺其將皇甫軌。燕王跋嬰城自守，魏人攻之，不克，掠其民萬餘家而還。

宋文帝元嘉三年秋八月，燕太子永卒，立次子翼爲太子。

七年秋八月，燕太祖寢疾，召中書監申秀、侍中陽哲於内殿，屬以後事。九月，病甚，輦而臨軒，命太子翼攝國事，勒兵聽政，以備非常。

宋夫人欲立其子受居，惡翼聽政，謂翼曰：「上疾將瘳，奈何遽欲代父臨天下乎！」翼性仁弱，遂還東宫，日三往省疾。宋夫人矯詔絕内外，遣閽寺傳問而已，翼及諸子、大臣並不得見，唯中給事胡福獨得出入，專掌禁衛。

福慮宋夫人遂成其謀，乃言於司徒、録尚書事中山公弘，弘與壯士數十人被甲入禁中，宿衛皆不戰而散。宋夫人命閉東閤，弘家僮庫斗頭勁捷有勇力，踰閤而入，至于皇堂，射殺女御一人。太祖驚懼而殂，弘遂即天王位。遣人巡城告曰：「天降凶禍，大行崩背，太子不侍疾，羣公不奔喪，疑有逆謀，社稷將危。吾備介弟之親，遂攝大位，以寧國家。百官叩門入者，進階二等。」

太子翼帥東宮兵出戰而敗，兵皆潰去，弘遣使賜翼死。太祖有子百餘人，弘皆殺之。諡太祖曰文成皇帝，葬長谷陵。

九年春正月，〔燕王〕立慕容后之子王仁爲太子。

夏五月，魏主治兵於南郊，謀伐燕。六月庚寅，魏主伐燕，命太子晃録尚書事，時晃纔五歲。

秋七月己未，魏主至濡水。庚申，遣安東將軍奚斤發幽州民及密雲丁零萬餘人，運攻具，出南道，會和龍。魏主至遼西，燕王遣其侍御史崔聘奉牛酒犒師。己巳，魏主至和龍。燕石城太守李崇等十郡降于魏。魏發其民三萬穿圍塹以守和龍。崇，績之子也。

八月，燕王使數萬人出戰，魏昌黎公丘等擊破之，死者萬餘人。燕尚書高紹帥萬餘家保羌胡固，辛巳，魏主攻紹，斬之。平東將軍賀多羅攻帶方，撫軍大將軍永昌王健攻建德，驃騎大將軍樂平王丕攻冀陽，皆拔之。

九月乙卯，魏主引兵西還，徙營丘、成周、遼東、樂浪、帶方、玄菟六郡民三萬家於幽州。

燕尚書郭淵勸燕王送款獻女於魏，乞爲附庸。燕王曰：「負釁在前，結忿已深，降附取死，不如守志更圖也。」

魏主之圍和龍也，宿衛之士多在戰陳，行宮人少。雲中鎮將朱脩之謀與南人襲殺魏主。因入和龍，浮海南歸；以告冠軍將軍毛脩之，毛脩之不從，乃止。既而事泄，朱脩之逃奔燕。魏人數伐燕，燕王遣脩之南歸求救，脩之汎海至東萊，遂還建康，拜黄門侍郎。

初，燕王嫡妃王氏生長樂公崇，崇於兄弟爲最長。及即位，立慕容氏爲王后，王氏不得立，又黜崇，使鎮肥如。崇母弟廣平公朗、樂陵公邈相謂曰：「今國家將亡，人無愚智皆知之。王復受慕容后之譖，吾兄弟死無日矣。」乃相與亡奔遼西說崇使降魏，崇從之。會魏主使給事郎王德招崇，十二月己丑，崇使邈如魏請舉郡降。燕王聞之，使其將封羽圍崇於遼西。

十年春正月乙卯，魏主遣永昌王健督諸軍救遼西。二月庚午，魏主以馮崇爲都督幽平東夷諸軍事、車騎大將軍、幽平二州牧，封遼西王，録其國尚書事，食遼西十郡，承制假授尚書、刺史、征虜已下官。

夏六月，魏永昌王健、左僕射安原督諸軍擊和龍，將軍樓勃別將五千騎圍凡城，燕守將封羽以凡城降，收其三千餘家而還。秋八月，馮崇上表請説降其父，魏主不聽。

十一年春正月戊戌，燕王遣使請和於魏，魏主不許。閏三月辛巳，燕王遣尚書高顒上表稱藩，請罪于魏，乞以季女充掖庭。魏主乃許之，徵其太子王仁入朝。燕王送魏使者于什門還平城。什門在燕二十一年，不屈節。魏主下詔襃稱，以比蘇武，拜治書御史。

夏六月，燕王不遣太子質魏，散騎常侍劉滋諫曰：「昔劉禪有重山之險，孫晧有長江之阻，皆爲晉擒。何則？强弱之勢異也。今吾弱於吴、蜀，而魏强於晉，不從其欲，將有危亡之禍。願亟遣太子，而修政事，撫百姓，收離散，賑飢窮，勸農桑，省賦役，社稷猶庶幾可保。」燕王怒，殺之。辛亥，魏主遣撫軍大將軍永昌王健等伐燕，收其禾稼，徙民而還。

十二年春正月，燕王數爲魏所攻，遣使詣建康稱藩，奉貢。癸酉，詔封爲燕王，江南謂之「黄龍國」。三月癸亥，燕王遣大將湯燭入貢於魏，辭以太子王仁有疾，故未之遣。

夏六月戊申，魏主命驃騎大將軍樂平王丕、鎮東大將軍徒河屈垣等帥騎四萬伐燕。秋七月己卯，魏樂平王丕等至和龍，燕王以牛酒犒軍，獻甲三千。屈垣責其不送侍子，掠男女六千口而還。

冬十一月，魏人數伐燕，燕日危蹙，上下憂懼。太常楊岷復勸燕王速遣太子入侍。燕王曰：「吾未忍爲此。若事急，且東依高麗，以圖後舉。」岷曰：「魏舉天下以擊一隅，理無不克。高麗無信，始雖相親，終恐爲變。」燕王不聽，密遣尚書陽伊請迎於高麗。

十三年春二月戊子，燕王遣使入貢于魏，請送侍子。魏主不許，將舉兵討之；壬辰，遣使者十餘輩詣東方高麗等諸國，告諭之。

三月辛未，魏平東將軍娥清、安西將軍古弼將精騎一萬伐燕，平州刺史拓跋嬰帥遼西諸軍會之。夏四月，魏娥清、古弼攻燕白狼城，克之。高麗遣其將葛盧孟光將衆數萬隨陽伊至和龍迎燕王。高麗屯于臨川。燕尚書令郭生因民之憚遷，開城門納魏兵，魏人疑之，不入。生遂勒兵攻燕王，王引高麗兵入自東門，與生戰于闕下，生中流矢死。葛盧孟光入城，命軍士脱弊褐，取燕武庫精仗以給之，大掠城中。

五月乙卯，燕王帥龍城見户東徙，焚宫殿，火一旬不滅。令婦人被甲居中，陽伊等勒精兵居外，葛盧孟光帥騎殿後，方軌而進，前後八十餘里。古弼部將高苟子帥騎欲追之，弼醉，拔刀止之，故燕王得逃去。魏主聞之，怒，檻車徵弼及娥清至平城，皆黜爲門卒。戊午，魏主遣散騎常侍封撥使高麗，令送燕王。

秋九月，高麗不送燕王於魏，遣使奉表稱：「當與馮弘俱奉王化。」魏主以高麗違詔，議擊之，將發隴右騎卒，劉絜曰：「秦、隴新民，且當優復，俟其饒實，然後用之。」樂平王丕曰：「和龍新定，宜廣脩農桑以豐軍實，然後進取，則高麗一舉可滅也。」魏主乃止。

十五年。初，燕王弘至遼東，高麗王璉遣使勞之曰：「龍城王馮君爰適野次，士馬勞乎？」弘慚怒，稱制讓之。高麗處之平郭，尋徙北豐。弘素侮高麗，政刑賞罰，猶如其國。高麗乃奪其侍人，取其太子王仁爲質。弘怨高麗，遣使來上表求迎。上遣使者王白駒等迎之，并令高麗資遣。高麗王不欲使弘南來，遣將孫漱、高仇等殺弘于北豐，并其子孫十餘人，謚弘曰昭成皇帝。

魏滅夏

宋文帝元嘉元年。夏主將廢太子璝而立少子酒泉公倫。璝聞之，將兵七萬北伐倫，倫將騎三萬拒之，戰于高平，倫敗死。倫兄太原公昌將騎一萬襲璝，殺之，并其衆八萬五千，歸于統萬。夏主大悦，立昌爲太子。

夏主好自矜大名，其四門東曰招魏，南曰朝宋，西曰服涼，北曰平朔。

二年秋八月，夏武烈帝殂，廟號世祖。太子昌即皇帝位，大赦，改元承光。

三年夏六月，魏主詔問公卿：「今當用兵，赫連、蠕蠕二國何先？」長孫嵩、長孫翰、奚斤皆曰：「赫連土著，未能爲患，不如先伐蠕蠕。」太常崔浩曰：「赫連氏土地不過千里，政刑殘虐，人神所棄，宜先伐之。」尚書劉絜、武京侯安原請先伐燕。於是魏主自雲中西巡至五原，因畋於陰山，東至和兜山。秋八月，還平城。

秋九月，魏主聞夏世祖殂，諸子相圖，國人不安，欲伐之。長孫嵩等皆曰：「彼若城守，以逸待勞，大檀聞之，乘虛入寇，此危道也。」崔浩曰：「往年以來，熒惑再守羽林，鉤己而行，其占秦亡。今年五星并出東方，利以西伐。天人相應，不可失也。」嵩固争之，帝大怒，責嵩在官貪污，命武士頓辱之。於是遣司空奚斤帥四萬五千人襲蒲阪，宋兵將軍周幾帥萬人襲陜城，以河東太守薛謹爲鄉導。謹，辨之子也。魏主欲以中書博士平棘李順總前驅之兵，訪於崔浩。浩曰：「順誠有籌略，然臣與之婚姻，深知其爲人果於去就，不可專委。」帝乃止。冬十月丁巳，魏主發平城。

魏主行至君子津，會天暴寒，冰合。十一月戊寅，帥輕騎二萬濟河襲統萬。壬午，冬至，夏主方燕羣臣，魏師奄至，上下驚擾。魏主軍於黑水，去城三十餘里。夏主出戰而敗，退走入城。門未及閉，内三郎豆代田帥衆乘勝入西宮，焚其西門，宮門閉，代田踰宮垣而出。魏主拜代田勇武將軍。魏軍夜宿城北，癸未，分兵四掠，殺獲數萬，得牛馬十餘萬。魏主謂諸將曰：「統萬未可得也，他年當與卿等取之。」乃徙其民萬餘家而還。

夏弘農太守曹達聞周幾將至，不戰而走，魏師乘勝長驅，遂入三輔。會幾卒于軍中，蒲阪守將東平公乙斗聞奚斤將至，遣使詣統萬告急。使者至統萬，魏軍已圍其城。還告乙斗曰：「統萬已敗矣。」乙斗懼，棄城西奔長安，斤遂克蒲阪。夏主之弟助興先守長安，乙斗至，與助興棄長安，西奔安定。十二月，斤入長安。

四年春正月乙酉，魏主還平城。統萬徙民在道多死，能至平城者什纔六七。己亥，魏主如幽州。夏主遣平原公定帥衆二萬向長安。魏主聞之，伐木陰山，大造攻具，再謀伐夏。二月，魏主還平城。三月丙子，魏主遣高凉王禮鎮長安。禮，斤之孫也。又詔執金吾桓貸造橋於君子津。

夏四月，魏奚斤與夏平原公定相持於長安。魏主欲乘虛伐統萬，簡兵練士，部分諸將，命司徒長孫翰等將三萬騎爲前驅，常山王素等將步兵三萬爲後繼，南陽王伏真等將步兵三萬部送攻具，將軍賀多羅將精騎三千爲前候。素，遵之子也。五月，魏主發平城，命龍驤將軍代人陸俟督諸軍鎮大磧以備柔然。辛巳，濟君子津。

魏主至拔鄰山，築城，捨輜重，以輕騎三萬倍道先行。羣臣咸諫曰：「統萬城堅，非朝夕可拔。今輕軍討之，進不可克，退無所資，不若與步兵、攻具一時俱往。」帝曰：「用兵之術，攻城最下，必不得已，然後用之。今以步兵、攻具皆進，彼必懼而堅守。若攻不時拔，食盡兵疲，外無所掠，進退無地。不如以輕騎直抵其城，彼見步兵未至，意必寬弛，吾羸形以誘之，彼或出戰，則成擒矣。所以然者，吾之軍士去家二千餘里，又隔大河，所謂

『置之死地而後生』者也。故以之攻城則不足，決戰則有餘矣。」遂行。

六月，魏主至統萬，分軍伏於深谷，以少衆至城下。夏將狄子玉降魏，言：「夏主聞有魏師，遣使召平原公定，定曰『統萬堅峻，未易攻拔，待我擒奚斤然後徐往，內外擊之，蔑不濟矣』，故夏主堅守以待之。」魏主患之，乃退軍以示弱，遣娥清及永昌王健帥騎五千西掠居民。

魏軍士有得罪亡奔夏者，言：「魏軍糧盡，士卒食菜，輜重在後，步兵未至，宜急擊之。」夏主從之，甲辰，將步騎三萬出城。長孫翰等皆言：「夏兵步陳難陷，宜避其鋒。」魏主曰：「吾遠來求賊，惟恐不出。今既出矣，乃避而不擊，彼奮我弱，非計也。」遂收衆僞遁，引而疲之。

夏兵爲兩翼，鼓譟追之，行五六里，會有風雨從東南來，揚沙晦冥。宦者趙倪頗曉方術，言於魏主曰：「今風雨從賊上來，我向之，彼背之，天不助人。且將士飢渴，願陛下攝騎避之，更待後日。」崔浩叱之曰：「是何言也！吾千里制勝，一日之中，豈得變易。賊貪進不止，後軍已絕，宜隱軍分出，奄擊不意。風道在人，豈有常也。」魏主曰：「善。」乃分騎爲左右隊以掎之。魏主馬蹶而墜，幾爲夏兵所獲，拓跋齊以身捍蔽，決死力戰，夏兵乃退。魏主騰馬得上，刺夏尚書斛黎文，殺之，又殺騎兵十餘人，身中流矢，奮擊不輟，夏衆大潰。齊，翳槐之玄孫也。

魏人乘勝逐夏主至城北，殺夏主之弟河南公滿及兄子蒙遜，死者萬餘人。夏主不及入城，遂奔上邽。魏主微服逐奔者，入其城。拓跋齊固諫，不聽。夏人覺之，諸門悉閉。魏主因與齊等入其宮中，得婦人裙，繫之槊上，魏主乘之而上，僅乃得免。會日暮，夏尚書僕射問至奉夏主之母出走，長孫翰將八千騎追夏主至高平，不及而還。

乙巳，魏主入城，獲夏王、公、卿、校及諸母、后妃、姊妹、宮人以萬數，馬三十餘萬匹，牛羊數千萬頭，府庫珍寶、車旗、器物不可勝計，頒賜將士有差。

初，夏世祖性豪侈，築統萬城，高十仞，基厚三十步，上廣十步，宮牆高五仞，其堅可以厲刀斧。臺榭壯大，皆彫鏤圖畫，被以綺繡，窮極文采。魏主顧謂左右曰：「蕞爾國而用民如此，欲不亡得乎！」

得夏太史令張淵、徐辯，復以爲太史令。得故晉將毛脩之、秦將軍庫洛干，歸庫洛干於秦，以毛脩之善烹調，用爲太官令。魏主見夏著作郎天水趙逸所爲文，譽夏主太過，怒曰：「此豎無道，何敢如是，誰所爲邪？當速推之。」崔浩曰：「文士褒貶多過其實，蓋非得已，不足罪也。」乃止。魏主納夏世祖三女爲貴人。

奚斤與夏平原公定猶相拒於長安。魏主命宗正娥清、太僕丘堆帥騎五千略地關右。

定聞統萬已破，遂奔上邽，斤追至雍，不及而還。清、堆攻夏貳城，拔之。

魏主詔斤等班師，斤上疏言：「赫連昌亡保上邽，鳩合餘燼，未有蟠據之資，今因其危，滅之爲易。請益鎧馬，平昌而還。」魏主不許。斤固請，乃許之，給斤兵萬人，遣將軍劉拔送馬三千匹，并留娥清、丘堆使共擊夏。

辛酉，魏主自統萬東還，以常山王素爲征南大將軍、假節，與執金吾桓貸、莫雲留鎮統萬。雲，題之弟也。

五年春二月，魏平北將軍尉眷攻夏主於上邽，夏主退屯平涼。奚斤進軍安定，與丘堆、娥清軍合。斤馬多疫死，士卒乏糧，乃深壘自固。遣丘堆督租於民間，士卒暴掠，不設儆備，夏主襲之，堆兵敗，以數百騎還城。夏主乘勝，日來城下鈔掠，不得芻牧，諸將患之。監軍侍御史安頡曰：「受詔滅賊，今更爲賊所困，退守窮城。若不爲賊殺，當坐法誅，進退皆無生理，而諸王公晏然曾不爲計乎？」斤曰：「今軍士無馬，以步擊騎，必無勝理，當須京師救騎至合擊之。」頡曰：「今猛寇遊逸於外，吾兵疲食盡，不一決戰，則死在旦夕，救騎何可待乎？等於就死，死戰，不亦可乎！」斤又以馬少爲辭。頡曰：「今斂諸將所乘馬，可得二百匹，頡請募敢死之士出擊之，就不能破敵，亦可以折其鋭。且赫連昌狷而無謀，好勇而輕，每自出挑戰，衆皆識之，若伏兵掩擊，昌可禽也。」斤猶難之，頡乃陰與尉眷等謀，選騎待之。既而夏主來攻城，頡出應之。夏主自出陳前搏戰，軍士識其貌，爭赴之。會天大風揚塵，晝昏，夏主敗走。頡追之，夏主馬蹶而墜，遂擒之。頡，同之子也。

夏大將軍、領司徒平原王定收其餘衆數萬，奔還平涼，即皇帝位，大赦，改元勝光。

三月辛巳，赫連昌至平城，魏主館之於西宮，門内器用皆給乘輿之副，又以妹始平公主妻之，假常忠將軍，賜爵會稽公。以安頡爲建節將軍，賜爵西平公；尉眷爲寧北將軍，進爵漁陽公。

魏主常使赫連昌侍從左右，與之單騎共逐鹿，深入山澗。昌素有勇名，諸將咸以爲不可。魏主曰：「天命有在，亦何所懼？」親遇如初。

奚斤自以爲元帥，而昌爲偏裨所擒，深恥之。乃捨輜重，齎三日糧，追夏主於平涼。娥清欲循水而往，斤不從，自北道邀其走路。至馬髦嶺，夏軍將遁，會魏小將有罪亡歸於夏，告以魏軍食少無水。夏主乃分兵邀斤，前後夾擊之，魏兵大潰，斤及娥清、劉拔皆爲夏所擒，士卒死者六七千人。

丘堆守輜重在安定，聞斤敗，棄輜重奔長安，與高涼王禮偕奔蒲阪，夏人復取長安。魏主大怒，命安頡斬丘堆，代將其衆，鎮蒲阪以拒之。

夏四月，夏主遣使請和於魏，魏主以詔諭之使降。

六年春正月，夏酒泉公儁自平涼奔魏。

夏五月，夏主欲復取統萬，引兵東至侯尼城，不敢進而還。

夏主少凶暴無賴，不爲世祖所知。十月，畋于陰槃，登苛藍山，望統萬城，泣曰：「先帝若以朕承大業者，豈有今日之事乎！」

七年春三月壬寅，魏封赫連昌爲秦王。

秋九月己丑，夏主遣其弟謂以代伐魏鄜城，魏平西將軍始平公隗歸等擊之，殺萬餘人，謂以代遁去。夏主自將數萬人邀擊隗歸於鄜城東，留其弟上谷公社干、廣陽公度洛孤守平涼，遣使來求和，約合兵滅魏，遥分河北自恒山以東屬宋，以西屬夏。

魏主聞之，治兵將伐夏，羣臣咸曰：「劉義隆兵猶在河中，捨之西行，前寇未可必克，而義隆乘虚濟河，則失山東矣。」魏主以問崔浩，對曰：「義隆與赫連定遥相招引，以虚聲唱和，共窺大國。義隆望定進，定待義隆前，皆莫敢先入，譬如連雞，不得俱飛，無能爲害也。赫連定殘根易摧，擬之必仆。克定之後，東出潼關，席卷而前，則威震南極，江、淮以北無立草矣。聖策獨發，非愚近所及，願陛下勿疑。」甲辰，魏主如統萬，遂襲平涼，以衞兵將軍王斤鎮蒲阪。

冬十一月乙酉，魏主至平涼，夏上谷公社干等嬰城固守。魏主使赫連昌招之，不下，乃使安西將軍古弼等將兵趣安定。夏主自鄜城還安定，將步騎二萬北救平涼，與弼遇，弼僞退以誘之，夏主追之，魏主使高車馳擊之，夏兵大敗，斬首數千級。夏主還走，登鶉觚原，爲方陳以自固，魏兵就圍之。

魏軍圍夏主數日，斷其水草，人馬飢渴。丁酉，夏主引衆下鶉觚原，魏武衛將軍丘眷擊之，夏衆大潰，死者萬餘人。夏主中重創，單騎走，收其餘衆，驅民五萬，西保上邽。魏人獲夏主之弟丹楊公烏視拔、武陵公禿骨及公侯以下百餘人。是日，魏兵乘勝進攻安定，夏東平公乙斗棄城奔長安，驅略數千家，西奔上邽。己亥，魏主如安定。庚子，還臨平涼，掘塹圍之，安慰初附，赦秦、雍之民，賜復七年。夏隴西守將降魏。

十二月丁卯，夏上谷公社干、廣陽公度洛孤出降，魏克平涼。

關中侯豆代田得奚斤、娥清等獻於魏主。魏主以夏主之后賜代田，命斤膝行執酒以奉代田，謂斤曰：「全汝生者，代田也。」賜代田爵井陘侯，加散騎常侍、右衛將軍、領內都幢將。

夏長安、臨晉、武功守將皆走，關中悉入於魏。魏主留巴東公延普鎮安定，以鎮西將軍王斤鎮長安。壬申，魏主東還，以奚斤爲宰士，使負酒食以從。王斤驕矜不法，信用左右，調役百姓，民不堪命，南奔漢川者數千家。魏主案治得實，斬斤以徇。

八年夏六月，夏主畏魏人之逼，擁秦民十餘萬口，自治城濟河，欲擊河西王蒙遜而奪其地。吐谷渾王慕璝遣益州刺史慕利延、寧州刺史拾虔帥騎三萬，乘其半濟邀擊之，執夏主定以歸。秋八月，吐谷渾王慕璝遣侍郎謝太寧奉表于魏，請送赫連定。

九年春三月壬申，吐谷渾王慕璝送赫連定于魏，魏人殺之。

十一年春閏三月甲戌，赫連昌叛魏西走。丙子，河西候將格殺之，魏人并其羣弟誅之。

魏滅北涼

宋文帝元嘉七年冬十一月，河西王蒙遜遣尚書郎宗舒等入貢于魏，魏主與之宴，執崔浩之手以示舒等曰：「汝所聞崔公，此則是也。才略之美，於今無比。朕動止咨之，豫陳成敗，若合符契，未嘗失也。」

八年秋八月乙酉，河西王蒙遜遣子安周入侍于魏。九月，魏主欲選使者詣河西，崔浩薦尚書李順，乃以順爲太常，拜河西王蒙遜爲侍中、都督涼州西域羌戎諸軍事、太傅、行征西大將軍、涼州牧、涼王，王武威、張掖、敦煌、酒泉、西海、金城、西平七郡。册曰：「盛衰存亡，與魏升降。北盡窮髮，南極庸、岷，西被崐嶺，東至河曲，王實征之，以夾輔皇室。置將相、羣卿、百官，承制假授。建天子旌旗，出入警蹕，如漢初諸侯王故事。」

九年冬十二月，魏李順復奉使至涼。涼王蒙遜遣中兵校郎楊定歸謂順曰：「年衰多疾，腰髀不隨，不堪拜伏，比三五日消息小差，當相見。」順曰：「王之老疾，朝廷所知，豈得自安，不見詔使。」明日，蒙遜延順入至庭中，蒙遜箕坐隱几，無動起之狀。順正色大言曰：「不謂此叟無禮，乃至於此！今不憂覆亡而敢陵侮天地，魂魄逝矣，何用見之！」握節將出，涼王使定歸追止之，曰：「太常既雅恕衰疾，傳聞朝廷有不拜之詔，是以敢自安耳。」順曰：「齊桓公九合諸侯，一匡天下，周天子賜胙，命無下拜，桓公猶不敢失臣禮，下拜登受。今王雖功高，未如齊桓，朝廷雖相崇重未有不拜之詔，而遽自偃蹇，此豈社稷之福邪！」蒙遜乃起，拜受詔。

使還，魏主問以涼事，順曰：「蒙遜控制河右踰三十年，經涉艱難，粗識機變，綏集荒裔，羣下畏服，雖不能貽厥孫謀，猶足以終其一世。然禮者德之輿，敬者身之基也。蒙遜無禮、不敬，以臣觀之，不復年矣。」魏主曰：「易世之後，何時當滅？」順曰：「蒙遜諸子，臣略見之，皆庸才也。如聞敦煌太守牧犍，器性粗立，繼蒙遜者，必此人也。然比之於父，皆云不及。此殆天之所以資聖明也。」魏主曰：「朕方有事東方，未暇西略。如卿所言，不過數年之外，不爲晚也。」

初，罽賓沙門曇無讖，自云能使鬼治病，且有秘術。涼王蒙遜甚重之，謂之「聖人」，諸女及子婦皆往受術。魏主聞之，使李順往徵之。蒙遜留不遣，仍殺之。魏主由是怒涼。蒙遜荒淫猜虐，羣下苦之。

十年夏四月，涼王蒙遜病甚，國人共議，以世子菩提幼弱，立菩提之兄敦煌太守牧犍爲世子，加中外都督、大將軍、録尚書事。蒙遜卒，謚曰武宣王，廟號太祖。牧犍即河西王位，大赦，改元永和。立子封壇爲世子，加撫軍大將軍、録尚書事。遣使請命于魏。牧犍聰穎好學，和雅有度量，故國人立之。

先是，魏主遣李順迎武宣王女爲夫人，會卒，牧犍稱先王遺意，遣左丞宋繇送其妹興平公主于魏，拜右昭儀。

魏主謂李順曰：「卿言蒙遜死，今則驗矣。又言牧犍立，何其妙哉！朕克涼州，亦當不遠。」於是賜絹十匹，廐馬一乘，進號安西將軍，寵待彌厚，政事無巨細皆與之參議。遣順拜牧犍都督涼沙河三州西域羌戎諸軍事、車騎將軍、開府儀同三司、涼州刺史、河西王，以宋繇爲河西王右相。牧犍以無功受賞，留順，上表乞「安」、「平」一號，優詔不許。牧犍尊敦煌劉昞爲國師，親拜之，命官屬以下皆北面受業。

十一年夏四月，河西王牧犍遣使上表，告嗣位。戊寅，詔以牧犍爲都督涼秦等四州諸軍事、征西大將軍、涼州刺史、河西王。

十二年春正月，有老父投書於敦煌東門，求之，不獲。書曰：「涼王三十年若七年。」河西王牧犍以問奉常張慎，對曰：「昔虢之將亡，神降于莘。願殿下崇德脩政，以享三十〔年〕之祚。若盤于遊田，荒于酒色，臣恐七年將有大變。」牧犍不悅。

十四年冬十一月，魏主以其妹武威公主妻河西王牧犍，河西王遣宋繇奉表詣平城謝，且問其母及公主所宜稱。魏主使羣臣議之，皆曰：「母以子貴，妻從夫爵。牧犍母宜稱河西國太后，公主於其國稱王后，於京師則稱公主。」魏主從之。

牧犍遣將軍沮渠旁周入貢于魏，魏主遣侍中古弼、尚書李順賜其侍臣衣服，并徵世子封壇入侍。是歲，牧犍遣封壇如魏。李順自河西還，魏主問之曰：「卿往年言取涼州之策，朕以東方有事，未遑也。今和龍已平，吾欲即以此年西征，可乎？」對曰：「臣疇昔所言，以今觀之，私謂不謬。然國家戎車屢動，士馬疲勞，西征之議，請俟他年。」魏主乃止。

十六年春三月，河西王牧犍通於其嫂李氏，兄弟三人傳嬖之。李氏與牧犍之姊共毒魏公主，魏主遣解毒醫乘傳救之，得愈。魏主徵李氏，牧犍不遣，厚資給，使居酒泉。

魏每遣使者詣西域，常詔牧犍發導護送出流沙。使者自西域還至武威，牧犍左右有告魏使者曰：「我君承蠕蠕可汗妄言，云：『去歲魏天子自來伐我，士馬疫死，大敗而還。我擒其長弟樂平王丕。』我君大喜，宣言於國。又聞可汗遣使告西域諸國，稱『魏已削弱，今天下唯我爲强，若更有魏使，勿復供奉』。西域諸國頗有貳心。」使還，具以狀聞。魏主遣尚書賀多羅使涼州觀虛實，多羅還，亦言牧犍雖外脩臣禮，内實乖悖。

魏主欲討之，以問崔浩。對曰：「牧犍逆心已露，不可不誅。官軍往年北伐，雖不克獲，實無所損。戰馬三十萬匹，計在道死傷不滿八千，常歲羸死亦不減萬匹。而遠方乘虛，遽謂衰耗不能復振。今出其不意，大軍猝至，彼必駭擾，不知所爲，擒之必矣。」魏主曰：「善，吾意亦以爲然。」於是大集公卿，議於西堂。弘農王奚斤等三十餘人皆曰：「牧犍，西垂下國，雖心不純臣，然繼父位以來，職貢不乏。朝廷待以藩臣，妻以公主。今其罪惡未彰，宜加恕宥。國家新征蠕蠕，士馬疲弊，未可大舉。且聞其土地鹵瘠，難得水草，大軍既至，彼必嬰城固守，攻之不拔，野無所掠，此危道也。」

初，崔浩惡尚書李順，順使涼州凡十二返，魏主以爲能。涼武宣王數與順遊宴，對其羣下時爲驕慢之語，恐順泄之，隨以金寶納於順懷，順亦爲之隱。浩知之，密以白魏主，魏主未之信。及議伐涼州，順與尚書古弼皆曰：「自温圉水以西至姑臧，地皆枯石，絶無水草。彼人言『姑臧城南天梯山上，冬有積雪，深至丈餘，春夏消釋，下流成川，居民引以溉灌』。彼聞軍至，決此渠口，水必乏絶。環城百里之内，地不生草，人馬飢渴，難以久留。

斤等之議是也。」魏主乃命浩與斤等相詰難，衆無復他言，但云「彼無水草」。浩曰：「漢書地理志稱涼州之畜，爲天下饒，若無水草，畜何以蕃？又漢人終不於無水草之地築城郭，建郡縣也。且雪之消釋，僅能斂塵，何得通渠溉灌乎？此言大爲欺誣矣。」李順曰：「耳聞不如目見。吾嘗目見，何可共辯！」浩曰：「汝受人金錢，欲爲之遊說，謂我目不見，便可欺邪？」帝隱聽聞之，乃出見斤等，辭色嚴厲，羣臣不敢復言，唯唯而已。

羣臣既出，振威將軍代人伊馛言於帝曰：「涼州若果無水草，彼何以爲國？衆議皆不可用，宜從浩言。」帝善之。

夏五月丁丑，魏主治兵於西郊。六月甲辰，發平城。使侍中宜都王穆壽輔太子晃監國，决留臺事，内外聽焉。又使大將軍長樂王嵇敬、輔國大將軍建寧王崇將二萬人屯漠南以備柔然。命公卿爲書以讓河西王牧犍，數其十二罪，且曰：「若親帥羣臣委贄遠迎，謁拜馬首，上策也。六軍既臨，面縛輿櫬，其次也。若守迷窮城，不時悛悟，身死族滅，爲世大戮。宜思厥中，自求多福。」

魏主自雲中濟河，秋七月己巳，至上郡屬國城。壬午，留輜重，部分諸軍，使撫軍大將軍永昌王健、尚書令劉絜與常山王素爲前鋒，兩道並進；驃騎大將軍樂平王丕、太宰陽平王杜超爲後繼，以平西將軍源賀爲鄉導。

魏主問賀以取涼州方略。對曰：「姑臧城旁有四部鮮卑，皆臣祖父舊民，臣願處軍前，宣國威信，示以禍福，必相帥歸命。外援既(復)〔服〕，然後取其孤城，如反掌耳。」魏主曰：「善。」

八月甲午，永昌王健獲河西畜産二十餘萬。河西王牧犍聞有魏師，驚曰：「何爲乃爾！」用左丞姚定國計，不肯出迎，求救於柔然。遣其弟征南大將軍董來將兵萬餘人出戰於城南，望風奔潰。劉絜用卜者言，以爲日辰不利，斂兵不追，董來遂得入城。魏主由是怒之。

丙申，魏主至姑臧，遣使諭牧犍令出降。牧犍聞柔然欲入魏邊爲寇，冀幸魏主東還，遂嬰城固守。其兄子祖踰城出降。魏主具知其情，乃分軍圍之。源賀引兵招慰諸部下三萬餘落，故魏主得專攻姑臧，無復外慮。

魏主見姑臧城外水草豐饒，由是恨李順，謂崔浩曰：「卿之昔言，今果驗矣。」對曰：「臣之言不敢不實，類皆如此。」

魏主之伐涼州也，太子晃亦以爲疑。至是，魏主賜太子詔曰：「姑臧城東西門外，涌泉合於城北，其大如河。自餘溝渠流入漠中，其間乃無燥地。故有此敕，以釋汝疑。」

九月丙戌，河西王牧犍兄子萬年帥所領降魏。姑臧城潰，牧犍帥其文武五千人面縛請降，魏主釋其縛而禮之。收其城内户口二十餘萬，倉庫珍寶不可勝計。使張掖王禿髮保周、龍驤將軍穆羆、安遠將軍源賀分徇諸郡，雜胡降者又數十萬。

初，牧犍以其弟無諱爲沙州刺史、都督建康以西諸軍事、領酒泉太守，宜得爲秦州刺史、都督丹嶺以西諸軍事、領張掖太守，安周爲樂都太守，從弟唐兒爲敦煌太守。及姑臧破，魏主遣鎮南將軍代人奚眷擊張掖，鎮北將軍封沓擊樂都。宜得燒倉庫西奔酒泉，安周南奔吐谷渾，封沓掠數千户而還。奚眷進攻酒泉，無諱、宜得收遺民奔晋昌，遂就唐兒於敦煌。魏主使弋陽公元絜守酒泉，及武威、張掖皆置將守之。

魏主置酒姑臧，謂羣臣曰：「崔公智略有餘，吾不復以爲奇。伊馛弓馬之士，而所見乃與崔公同，此深可奇也。」

冬十月辛酉，魏主東還，留樂平王丕及征西將軍賀多羅鎮涼州，徙沮渠牧犍宗族及吏民三萬户于平城。

十二月壬午，魏主至平城，猶以妹壻待沮渠牧犍。〔牧犍〕尤喜文學，以敦煌闞駰爲姑臧太守，張湛爲兵部尚書，劉昞、索敞、陰興爲國師助教，金城宋欽爲世子洗馬，趙柔爲金部郎，廣平程駿、駿從弟弘爲世子侍講。魏主克涼州，皆禮而用之。

十七年春正月己酉，沮渠無諱寇魏酒泉，元絜輕之，出城與語。壬子，無諱執絜以圍酒泉。三月，沮渠無諱拔酒泉。夏四月庚辰，沮渠無諱寇魏張掖。丙戌，魏主遣撫軍大將軍永昌王健督諸將討之。

五月乙巳，沮渠無諱復圍張掖，不克，退保臨松。魏主不復加討，但以詔諭之。

秋八月甲申，沮渠無諱使其中尉梁偉詣魏永昌王健請降，歸酒泉郡及所虜將士元絜等。魏主使尉眷留鎮涼州。

十八年春正月癸卯，魏以沮渠無諱爲征西大將軍、涼州牧、酒泉王。

三月辛亥，魏賜沮渠萬年爲張掖王。

夏四月，沮渠唐兒叛沮渠無諱。無諱留從弟天周守酒泉，與弟宜得引兵擊唐兒，唐兒敗死。魏以無諱終爲邊患，庚辰，遣鎮南將軍奚眷擊酒泉。

冬十一月，酒泉城中食盡，萬餘口皆餓死，沮渠天周殺妻以食戰士。庚子，魏奚眷拔酒泉，獲天周送平城，殺之。沮渠無諱乏食，且畏魏兵之盛，乃謀西度流沙，遣其弟安周西擊鄯善。鄯善王欲降，會魏使者至，勸令拒守，安周不能克，退保東城。

十九年夏四月，沮渠無諱將萬餘家，棄敦煌西就沮渠安周。未至，鄯善王比龍畏之，將其衆奔且末，其世子降於安周。無諱遂據鄯善，其士卒經流沙渴死者太半。李寶自伊吾帥衆二千入據敦煌，繕脩城府，安集故民。

沮渠牧犍之亡也，涼州人闞爽據高昌，自稱太守。唐契爲柔然所逼，擁衆西趨高昌，欲奪其地。柔然遣其將阿若追擊之，契敗死。契弟和收餘衆奔車師前部王伊洛。時沮渠安周屯橫截城，和攻拔之，又拔高寧、白力二城，遣使請降於魏。

唐契之攻闞爽也，爽遣使詐降於沮渠無諱，欲與之共擊契。八月，無諱將其衆趨高昌，比至，契已死，爽閉門拒之。九月，無諱將衛興奴夜襲高昌，屠其城，爽奔柔然。無諱據高昌，遣其常侍氾儁奉表詣建康。詔以無諱爲都督涼河沙三州諸軍事、征西大將軍、涼州刺史、河西王。

二十一年秋九月甲辰，以沮渠安周爲都督涼河沙三州諸軍事、涼州刺史、河西王。

二十四年。魏師之克（敦煌）〔姑臧〕也，沮渠牧犍使人斫開府庫，取金玉及寶器，因不復閉，小民爭入盜取之，有司索盜不獲。至是，牧犍所親及守藏者告之，且言牧犍父子多蓄毒藥，潛殺人，前後以百數，姊妹皆學左道。有司索牧犍家，得所匿物。魏主大怒，賜沮渠昭儀死，并誅其宗族，唯沮渠祖以先降得免。又有告牧犍猶與故臣民交通謀反者，三月，魏主遣崔浩就第賜牧犍死，謚曰哀王。

魏平仇池

晉〔孝〕武帝太元十年冬十月，西燕主冲遣尚書令高蓋帥衆五萬伐後秦，戰于新平南，蓋大敗，降於後秦。初，蓋以楊定爲子，及蓋敗，定亡奔隴右，復收集其舊衆。定，佛奴之孫也。

十一月，衛將軍楊定徙治歷城，置儲蓄於百頃，自稱龍驤將軍、仇池公，遣使來稱藩。詔因其所號假之。其後又取天水、略陽之地，自稱秦州刺史、隴西王。

十九年冬十月，秦主崇爲梁王乾歸所逐，奔隴西王楊定。定與崇共攻乾歸，乾歸遣涼州牧軻彈等拒之，大敗定兵，殺定及崇。定無子，其叔父佛狗之子盛先守仇池，自稱征西將軍、秦州刺史、仇池公。謚定爲武王，仍遣使來稱藩。秦太子宣奔盛。

二十一年冬十二月，楊盛遣使來請命，詔拜盛鎮南將軍、仇池公。盛表苻宣爲平北將軍。

安帝隆安二年。楊盛遣使附魏，魏以盛爲仇池王。

義熙元年夏六月，秦隴西公碩德伐仇池，屢破楊盛兵。秋七月，楊盛請降于秦，秦以盛爲都督益寧二州諸軍事、征南大將軍、益州牧。

三年夏四月，氐王楊盛以平北將軍苻宣爲梁州督護，將兵入漢中，秦梁州別駕呂瑩等起兵應之。刺史王敏攻之，瑩等求援於盛。盛遣軍臨濜口，敏退屯武興。盛復通於晉，晉以盛爲都督隴右諸軍事、征西大將軍、開府儀同三司，盛因以宣行梁州刺史。

八年冬十月，仇池公楊盛叛秦，侵擾祁山。秦王興遣建威將軍趙琨爲前鋒，立節將軍姚伯壽繼之，前將軍姚恢出鷲峽，秦州刺史姚嵩出羊頭峽，右衛將軍胡翼度出汧城以討盛。興自雍赴之，與諸將會于隴口。

天水太守王松忽言於嵩曰：「先帝神略無方，徐洛生以英武佐命，再入仇池，無功而還。非楊氏智勇能全也，直地勢險固耳。今以趙琨之衆，使君之威，準之先朝，實未見成功。使君具悉形便，何不表聞？」嵩不從。盛帥衆與琨相持，伯壽畏懦不進，琨衆寡不敵，爲盛所敗。興斬伯壽而還。

十二年夏六月，氐王楊盛攻秦祁山，拔之，進逼秦州。秦後將軍姚平救之，盛引兵退。平與上邽守將姚嵩追之，嵩與盛戰於竹嶺，敗死。

宋（高祖）武帝永初三年夏四月乙亥，詔封仇池公楊盛爲武都王。

文帝元嘉二年夏六月，武都惠文王楊盛卒。初，盛聞晉亡，不改義熙年號，謂世子玄曰：「吾老矣，當終爲晉臣。汝善事宋帝。」及盛卒，玄自稱都督隴右諸軍事、征西大將軍、開府儀同三司、秦州刺史、武都王，遣使來告喪，始用元嘉年號。

三年冬十月，仇池氐楊興平求内附。梁南秦二州刺史吉翰遣始平太守龐諮據武興，氐王楊玄遣其弟難當將兵拒諮，諮擊走之。

四年秋九月，氐王楊玄遣將軍苻白作圍秦梁州刺史出連輔政于赤水，城中糧盡，民執輔政以降。輔政至駱谷，逃還。冬十月，秦以驍騎將軍吴漢爲平南將軍、梁州刺史，鎮南漒。（冬）十一月，魏主遣軍司馬公孫軌兼大鴻臚，持節策拜楊玄爲都督荆梁等四州諸軍事、梁州刺史、南秦王。及境，玄不出迎，軌責讓之，欲奉策以還，玄懼而郊迎。

六年秋七月，武都孝昭王楊玄疾病，欲以國授其弟難當。難當固辭，請立玄子保宗而輔之，玄許之。玄卒，保宗立。難當妻姚氏勸難當自立，難當乃廢保宗，自稱都督雍凉秦三州諸軍事、征西大將軍、開府儀同三司、秦州刺史、武都王。

七年夏六月己卯，以氐王楊難當爲冠軍將軍、秦州刺史、武都王。

九年夏六月，加北秦州刺史楊難當征西將軍。難當以兄子保宗爲鎮南將軍，鎮宕昌；以其子順爲秦州刺史，守上邽。保宗謀襲難當，事泄，難當囚之。

十年夏四月，帝聞梁南秦二州刺史甄法護刑政不治，失氐、羌之和，乃自徒中起蕭思話爲梁南秦二州刺史。法護，法崇之兄也。

秋九月戊午，魏主遣兼大鴻臚崔賾持節拜氐王楊難當爲征南大將軍、開府儀同三司、秦梁二州牧、南秦王。賾，逞之子也。

楊難當因蕭思話未至，甄法護將下，舉兵襲梁州，破白馬，獲晉昌太守張範，敗法護參軍魯安期等。又攻葭萌，獲晉壽太守范延朗。冬十一月丁未，法護棄城奔洋川之西城。難當遂有漢中之地，以其司馬趙温爲梁秦二州刺史。

十一年春正月，楊難當以克漢中告捷於魏，送雍州流民七千家於長安。蕭思話至襄陽，遣横野司馬蕭承之爲前驅。承之緣道收兵，得千人，進據磝頭。楊難當焚掠漢中，引衆西還，留趙温守梁州，又遣其魏興太守薛健據黄金山。思話遣陰平太守蕭坦攻鐵城戍，拔之。

二月，趙温、薛健與其馮翊太守蒲甲子合攻坦營，坦擊破之，温等退保西水。臨川王義慶遣龍驤將軍裴方明將三千人助承之，拔黄金戍而據之。温棄州城，退據小城，健、甲子退保下桃城。思話繼至，與承之共擊趙温等，屢破之。行參軍王靈濟别將出洋川，攻南城，拔之，擒其守將趙英。南城空無所資，靈濟引兵還，與承之合。

三月，楊難當遣其子和將兵與蒲甲子等共擊蕭承之，相拒四十餘日，圍承之數十重，短兵接，弓矢無所復施。氐悉衣犀甲，戈矛所不能入。承之斷矟長數尺，以大斧椎之，一稍輒貫數人，氐不能當，燒營走，據大桃。閏月，承之等追擊之，至南城，氐敗走，斬獲甚衆，悉收漢中故地，置戍於葭萌水。

初，桓希既敗，氐王楊盛據漢中，梁州刺史范元之、傅歆皆治魏興，唯得魏興、上庸、新城三郡。及索邈爲刺史，乃治南城。至是，南城爲氐所焚，不可復固，蕭思話徙鎮南鄭。

十二年。夏四月，甄法護坐委鎮，賜死於獄。楊難當遣使奉表謝罪，帝下詔赦之。

十三年春三月，楊難當釋楊保宗之囚，使鎮童亭。

十三年春三月，氐王楊難當自稱大秦王，改元建義。立妻爲王后，世子爲太子，置百官，皆如天子之制，然猶貢奉宋、魏不絕。

赫連定之西遷也，楊難當遂據上邽。秋七月，魏主遣驃騎大將軍樂平王丕、尚書令劉絜督河西高平諸軍以討之，先遣平東將軍崔賾齎詔書諭難當。

九月庚戌，魏樂平王丕等至略陽，楊難當懼，請奉詔，攝上邽守兵還仇池。諸將議，以爲：「不誅其豪帥，軍還之後，必相聚爲亂。又大衆遠出，不有所掠，無以充軍實，賞將士。」丕將從之，中書侍郎高允參丕軍事，諫曰：「如諸將之謀，是傷其向化之心，大軍既還，爲亂必速。」丕乃止。撫慰初附，秋毫不犯，秦、隴遂安。難當以其子順爲雍州刺史，守下辨。

十六年春三月，楊保宗與兄保顯自童亭奔魏。庚寅，魏主以保宗爲都督隴西諸軍事、征西大將軍、開府儀同三司、秦州牧、武都王，鎮上邽，妻以公主；保顯爲鎮西將軍、晉壽公。

冬十二月，氐王楊難當將兵數萬寇魏上邽，秦州人多應之。東平呂羅漢説鎮將拓跋意頭曰：「難當衆盛，今不出戰，示之以弱，衆情離沮，不可守也。」意頭遣羅漢將精騎千餘出衝難當陳，所向披靡，殺其左右騎八人，難當大驚。會魏主以璽書責讓難當，難當引還仇池。

十七年。大秦王楊難當復稱武都王。

十八年冬十一月，氐王楊難當傾國入寇，謀據蜀土，遣其建忠將軍苻冲出東洛以禦梁州兵。梁秦二州刺史劉真道擊冲，斬之。真道，懷敬之子也。難當攻拔葭萌，獲晉壽太守申坦，遂圍涪城。巴西、梓潼二郡太守劉道錫嬰城固守，難當攻之，十餘日不克，乃還。道錫，道產之弟也。十二月癸亥，詔龍驤將軍裴方明等帥甲士三千人，又發荆雍二州兵以討難當，皆受劉真道節度。

十九年夏五月，裴方明等至漢中，與劉真道分兵攻武興、下辨、白水，皆取之。楊難當遣建節將軍苻弘祖守蘭皋，使其子撫軍大將軍和將重兵爲後繼。方明與弘祖戰於濁水，大破之，斬弘祖，和退走，追至赤亭，又破之。難當奔上邽，獲難當兄子建節將軍保熾。難當以其子虎爲益州刺史，守陰平，聞難當走，引兵還，至下辨。方明使其子肅之邀擊之，擒虎，送建康斬之。仇池平，以輔國司馬胡崇之爲北秦州刺史，鎮其地。立楊保熾爲楊玄後，使守仇池。魏人遣中山王辰迎楊難當詣平城。秋七月，以劉真道爲雍州刺史，裴方明爲梁南秦二州刺史，方明辭不拜。

丙寅，魏主使安西將軍古弼督隴右諸軍及殿中虎賁與武都王楊保宗自祁山南入，征西將軍漁陽皮豹子與琅邪王司馬楚之督關中諸軍自散關西入，俱會仇池。又使譙王司馬文思督洛、豫諸軍南趨襄陽，征南將軍刁雍東趨廣陵，移書徐州，稱爲楊難當報仇。

二十年春正月，魏皮豹子等進擊樂鄉，將軍王奂之等敗没。魏軍進至下辨，將軍强玄明等敗死。

二月，胡崇之與魏戰於濁水，崇之爲魏所擒，餘衆走還漢中。將軍姜道祖兵敗降魏，魏遂取仇池，楊保熾走。

魏河間公齊與武都王楊保宗對鎮雒谷，保宗弟文德説保宗，令閉險自固以叛魏。或以告齊，夏四月，齊誘執保宗，送平城，殺之。前鎮東司馬苻達、征西從事中郎任朏等遂舉兵，立楊文德爲主，據白崖，分兵取諸戍，進圍仇池，自號征西將軍、秦河梁三州牧、仇池公。

（夏）五月，魏古弼發上邽、高平、汧城諸軍擊楊文德，文德退走。皮豹子督關中諸軍至下辨，聞仇池解圍，欲還，弼遣人謂豹子曰：「宋人恥敗，必將復來。軍還之後，再舉爲難，不如練兵蓄力以待之。不出秋冬，宋師必至，以逸待勞，無不克矣。」豹子從之。魏以豹子爲仇池鎮將。

楊文德遣使來求援，秋七月癸丑，詔以文德爲都督北秦雍二州諸軍事、征西大將軍、北秦州刺史、武都王。文德屯葭蘆城，以任朏爲左司馬，武都、陰平氐多歸之。

甲子，前雍州刺史劉真道，梁南秦州刺史裴方明坐破仇池減匿金寶及善馬，下獄死。

冬十一月，將軍姜道盛與楊文德合衆二萬攻魏濁水(城)〔戍〕，魏皮豹子、河間公齊救之，道盛敗死。

二十四年冬十二月，楊文德據葭蘆城，招誘氐、羌，武都等五郡氐皆應之。

二十五年春正月，魏仇池鎮將皮豹子帥諸軍擊之，文德兵敗，棄城奔漢中。豹子收其妻子、僚屬、軍資及楊保宗所尚魏公主而還。

初，保宗將叛，公主勸之，或曰：「奈何叛父母之國？」公主曰：「事成爲一國之母，豈比小縣公主哉。」魏主賜之死。

楊文德坐失守免官，削爵土。

通鑑紀事本末卷第十九

劉裕篡晋

晋安帝隆安三年。初，彭城劉裕生而母死，父翹僑居京口，家貧，將棄之。同郡劉懷敬之母，裕之從母也，生懷敬未期，走往救之，斷懷敬乳而乳之。及長，勇健有大志。僅識文字，以賣履爲業，好樗蒲，爲鄉閭所賤。劉牢之擊孫恩，引裕參軍事。劉裕擊孫恩事見盧循之亂。

元興三年。桓玄之亂，劉裕入朝。玄謂其司徒王謐曰：「裕風骨不常，蓋人傑也。」玄后劉氏有智鑒，謂玄曰：「劉裕龍行虎步，視瞻不凡，恐終不爲人下，不如早除之。」玄曰：「我方平蕩中原，非裕莫可用者，俟關、河平定，然後别議耳。」

劉裕與何無忌密謀興復，劉邁弟毅亦與無忌謀討玄，於是相與合謀起兵。劉裕克京口，玄懼，浮江南走。裕入建康，王謐推裕爲使持節、都督揚徐兖豫青冀幽并八州諸軍事、徐州刺史。玄至尋陽，逼帝西上，劉毅等追之。玄挾帝至江陵，毅等自尋陽西上，與玄遇，玄衆大潰，挾帝西走，馮遷擊斬之，乘輿返正於江陵。桓振襲陷江陵。

義熙元年春正月，劉毅等擊破桓振軍，迎帝於江陵，何無忌奉帝東還。三月，帝至建康，以劉裕爲侍中、車騎將軍、都督中外諸軍事。裕固讓不受，屢請歸藩，詔百僚敦勸，帝幸其第。裕復詣闕陳請，乃聽歸藩。並見僞楚之亂。

夏四月，劉裕旋鎮京口，改授都督荆司等十六州諸軍事，加領兗州刺史。

六月，劉裕遣使求和於秦，且求南鄉等諸郡，秦王興許之。羣臣咸以爲不可。興曰：「天下之善一也。劉裕拔起細微，能討誅桓玄，興復晉室，内釐庶政，外脩封疆，吾何惜數郡，不以成其美乎？」遂割南鄉、順陽、新野、舞陰等十二郡歸于晉。

二年冬十月，尚書論建義功，奏封劉裕豫章郡公。

四年春正月，劉毅等不欲劉裕入輔政，議以中領軍謝混爲揚州刺史；或欲令裕於丹徒領揚州，以内事付孟昶。遣尚書右丞皮沈以二議諮裕，沈先見裕記室録事參軍劉穆之，具道朝議。穆之僞起如厠，密疏白裕曰：「皮沈之言不可從。」裕既見沈，且令出外，呼穆之問之。穆之曰：「晉朝失政日久，天命已移。公興復皇祚，勳高位重，今日形勢，豈得居謙，遂爲守藩之將耶？劉、孟諸公與公俱起布衣，共立大義以取富貴，事有前後，故一時相推，非爲委體心服，宿定臣主之分也。力敵勢均，終相吞噬。揚州根本所係，不可假人。前者以授王謐，事出權道，今若復以他授，便應受制於人。一失權柄，無由可得，將來之危，難可熟念。今朝議如此，宜相酬答，必云在我，措辭又難，唯應云『神州治本，宰輔崇要，此事既大，非可懸論，便暫入朝，共盡同異』。公至京邑，彼必不敢越公更授餘人明矣。」裕從之。朝廷乃徵裕爲侍中、車騎將軍、開府儀同三司、揚州刺史、録尚書事，徐兗二州刺史如故。裕表解兗州，以諸葛長民爲青州刺史，鎮丹徒，劉道憐爲并州刺史，戍石頭。

五年春三月，劉裕伐南燕。事見劉裕平南燕。

初，苻氏之敗也，王猛之孫鎮惡來奔，以爲臨澧令。鎮惡有謀略，善果斷，喜論軍國大事。或薦鎮惡於劉裕，裕與語，説之，因留宿。明旦，謂參佐曰：「吾聞將門有將，鎮惡信然。」即以爲中軍參軍。

六年六月，以劉裕爲太尉、中書監，加黄鉞。裕受黄鉞，餘固辭。司馬國璠及弟叔璠、叔道奔秦。秦王興曰：「劉裕方誅桓玄，輔晋室，卿何爲來？」對曰：「裕削弱王室，臣宗族有自脩立，裕輒除之。方爲國患，甚於桓玄耳。」秋九月，加劉裕太尉，裕固辭。

七年春正月己未，劉裕還建康。三月，劉裕始受太尉、中書監。

八年夏四月，以後將軍豫州刺史劉毅爲衛將軍、都督荆寧秦雍四州諸軍事、荆州刺史。毅謂左衛將軍劉敬宣曰：「吾忝西任，欲屈卿爲長史南蠻，豈有見輔意乎？」敬宣懼，以告太尉裕。裕笑曰：「但令老兄平安，必無過慮。」

毅性剛愎，自謂建義之功與裕相埒，深自矜伐，雖權事推裕而心不服。及居方岳，常怏怏不得志。裕每柔而順之，毅驕縱滋甚。嘗云：「恨不遇劉、項，與之爭中原。」及敗於桑落，知物情去己，彌復憤激。裕素不學，而毅頗涉文雅，故朝士有清望者多歸之，與尚書僕射謝混、丹楊尹郗僧施深相憑結。僧施，超之從子也。毅既據上流，陰有圖裕之志，求兼督交、廣二州，裕許之。毅又奏以郗僧施爲南蠻校尉後軍司馬，毛脩之爲南郡太守，裕亦許之，以劉穆之代僧施爲丹楊尹。毅表求至京口辭墓，裕往會之於倪塘。寧遠將軍胡藩言於裕曰：「公謂劉衛軍終能爲公下乎？」裕默然，久之曰：「卿謂何如？」藩曰：「連百萬之衆，攻必取，戰必克，毅固以此服公。至於涉獵傳記，一談一詠，自許以爲雄豪，以是搢紳白面之士輻湊歸之。恐終不爲公下，不如因會取之。」裕曰：「吾與毅俱有克復之功，其過未彰，不可自相圖也。」

秋九月，劉毅至江陵，多變易守宰，輒割豫州文武、江州兵力萬餘人以自隨。會毅疾篤，郗僧施等恐毅死，其黨危，乃勸毅請從弟兖州刺史藩以自副，太尉裕僞許之。藩自廣陵入朝，己卯，裕以詔書罪狀毅，云與藩及謝混共謀不軌，收藩及混，賜死。

庚辰，詔大赦。以前會稽内史司馬休之爲都督荆雍梁秦寧益六州諸軍事、荆州刺史；北徐州刺史劉道憐爲兖青二州刺史，鎮京口。使豫州刺史諸葛長民監太尉留府事。

裕疑長民難獨任，乃加劉穆之建武將軍，置佐吏，配給資力以防之。

壬午，裕帥諸軍發建康，參軍王鎮惡請給百舸爲前驅。丙申，至姑孰，以鎮惡爲振武將軍，與龍驤將軍蒯恩將百舸前發。裕戒之曰：「若賊可擊，擊之；不可者，燒其船艦，留屯水際以待我。」於是鎮惡晝夜兼行，揚聲言劉兗州上。

冬十月己未，鎮惡至豫章口，去江陵城二十里，捨船步上。蒯恩軍居前，鎮惡次之，舸留一二人，對舸岸上立六七旗，旗下置鼓，語所留人：「計我將至城，便鼓嚴，令若後有大軍狀。」又分遣人燒江津船艦。鎮惡徑前襲城，語前軍士「有問者，但云劉兗州至」，津戍及民間皆晏然不疑。未至城五六里，逢毅要將朱顯之欲出江津，問：「劉兗州何在？」軍士曰：「在後。」顯之至軍後不見藩，而見軍人擔彭排戰具，望江津船艦已被燒，鼓嚴之聲甚盛，知非藩上，便躍馬馳去告毅，行令閉諸城門。鎮惡亦馳進，門未及下關，軍人因得入城。衛軍長史謝純入參承毅，出聞兵至，左右欲引車歸。純叱之曰：「我人吏也，逃將安之！」馳還入府。純，安兄據之孫也。鎮惡與城內兵鬭，且攻其金城，自食時至中晡，城內人敗散。鎮惡穴其金城而入，遣人以詔及赦文并裕手書示毅，毅皆燒不視，與司馬毛脩之等督士卒力戰。城内人猶未信裕自來，軍士從毅自東來者，與臺軍多中表親戚，且鬬且語，知裕自來，人情離駭。逮夜，聽事前兵皆散，斬毅勇將趙蔡，毅左右兵猶閉東西閤拒戰。鎮惡慮閭中自相傷犯，乃引軍出圍金城，開其南面。毅慮南有伏兵，夜半，帥左右三百許人，開北門突出。毛脩之謂謝純曰：「君但隨僕去。」純不從，爲人所殺。毅夜投牛牧佛寺。初，桓蔚之敗也，走投牛牧寺僧昌，昌保藏之，毅殺昌。至是，寺僧拒之曰：「昔亡師容桓蔚，爲劉衛軍所殺，今實不敢容異人。」毅歎曰：「爲法自弊，一至於此！」遂縊而死。明日，居人以告，乃斬首於市，并子姪皆伏誅。毅兄模奔襄陽，魯宗之斬送之。

初，毅季父鎮之閒居京口，不應辟召，常謂毅及藩曰：「汝輩才器，足以得志，但恐不久耳。我不就爾求財位，亦不同爾受罪累。」每見毅、藩導從到門，輒詬之。毅甚敬畏，未至宅數百步，悉屏儀衛，與白衣數人俱進。及毅死，太尉裕奏徵鎮之爲散騎常侍、光禄大夫，固辭不至。

（冬）十一月己卯，太尉裕至江陵，殺郗僧施。初，毛脩之雖爲劉毅僚佐，素自結於裕，故裕特宥之。賜王鎮惡爵漢壽子。裕問毅府諮議參軍申永曰：「今日何施而可？」永曰：「除其宿釁，倍其惠澤，貫敘門次，顯擢才能，如此而已。」裕納之，下書寬租省調，節役原刑，禮辟名士，荆人悦之。

諸葛長民驕縱貪侈，所爲多不法，爲百姓患，常懼太尉裕按之。及劉毅被誅，長民謂所親曰：「『昔年醢彭越，今年殺韓信』，禍其至矣。」乃屏人問劉穆之曰：「悠悠之言，皆云太尉與我不平，何以至此？」穆之曰：「公泝流遠征，以老母稚子委節下，若一豪不盡，豈容如此邪？」長民意乃小安。

長民弟輔國大將軍黎民説長民曰：「劉氏之亡，亦諸葛氏之懼也，宜因裕未還而圖之。」長民猶豫未發，既而歎曰：「貧賤常思富貴，富貴必履危機。今日欲爲丹徒布衣，豈可得邪？」因遺冀州刺史劉敬宣書曰：「盤龍狼戾專恣，自取夷滅。異端將盡，世路方夷，富貴之事，相與共之。」敬宣報曰：「下官自義熙以來，忝三州七郡，常懼福過災生，思避盈居損。富貴之旨，非所敢當。」且使以書呈裕，裕曰：「阿壽故爲不負我也。」

裕在江陵，輔國將軍王誕白裕求先下，裕曰：「諸葛長民似有自疑心，卿詎宜便去。」誕曰：「長民知我蒙公垂盼，今輕身單下，必當以爲無虞，乃可以少安其意耳。」裕笑曰：「卿勇過賁、育矣。」乃聽先還。

冬十二月，加太尉裕太傅、揚州牧。

九年春二月，太尉裕自江陵東還，駱驛遣輜重兼行而下，前刻至日，每淹留不進。諸葛長民與公卿頻日奉候於新亭，輒差其期。乙丑晦，裕輕舟徑進，潛入東府。三月丙寅朔旦，長民聞之，驚趨至門。裕伏壯士丁旿於幔中，引長民卻人閒語，凡平生所不盡者皆及之，長民甚悦。丁昨自幔後出，於座拉殺之，輿尸付廷尉。收其弟黎民，黎民素驍勇，格鬭而死。并殺其季弟大司馬參軍幼民、從弟寧朔將軍秀之。

三月戊寅，加裕豫州刺史，裕固讓太傅、州牧。秋九月，再命太尉裕爲太傅、揚州牧，固辭。

十年。司馬休之在江陵，頗得江、漢民心。子譙王文思在建康，性凶暴，好通輕俠，太尉裕惡之。三月，有司奏文思擅捶殺國吏，詔誅其黨而宥文思。休之上疏謝罪，請解所任，不許。裕執文思送休之，令自訓厲，意欲休之殺之。休之但表廢文思，并與裕書陳謝。裕由是不悦，以江州刺史孟懷玉兼督豫州六郡以備之。

十一年春正月，太尉裕收司馬休之次子文寶、兄子文祖，並賜死，發兵擊之。詔加裕黄鉞，領荆州刺史。庚午，大赦。辛巳，太尉裕發建康，以中軍將軍劉道憐監留府事，劉穆之兼右僕射，事無大小，皆決於穆之。又以高陽内史劉鍾領石頭戍事，屯冶亭。休之府司馬張裕、南平太守檀範之聞之，皆逃歸建康。裕，邵之兄也。雍州刺史魯宗之自疑不爲太尉裕所容，與其子竟陵太守軌起兵應休之。二月，休之上表罪狀裕，勒兵拒之。

裕密書招休之府録事參軍南陽韓延之，延之復書曰：「承親帥戎馬，遠履西畿，闔境士庶，莫不惶駭。辱疏，知以譙王前事，良增歎息。司馬平西體國忠貞，款懷待物。以公有匡復之勳，家國蒙賴，推德委誠，每事諮仰。譙王往以微事見劾，猶自表遜位，况以大過，而當嘿然邪？前已表奏廢之，所不盡者命耳。推寄相與，正當如此，而遽興兵甲，所謂『欲加之罪，其無辭乎』！」劉裕足下，海内之人，誰不見足下此心，而復欲欺誑國士。來示云『處懷期物，自有由來』，今伐人之君，啗人以利，真可謂『處懷期物，自有由來』者乎？劉藩死於閶闔之門，諸葛懿於左右之手，甘言詫方伯，襲之以輕兵，遂使席上靡款懷之士，閫外無自信諸侯，以是爲得算，良可恥也。貴府將佐及朝廷賢德，寄命過日。吾誠鄙劣，嘗聞道於君子，以平西之至德，寧可無授命之臣乎！必未能自投虎口，比迹郗僧施之徒明矣。假令天長喪亂，九流渾濁，當與臧洪遊於地下，不復多言。」裕視書歎息，以示將佐曰：「事人當如此矣。」延之以裕父名翹字顯宗，乃更其字曰顯宗，名其子曰翹，以示不臣劉氏。

太尉裕使參軍檀道濟、朱超石將步騎出襄陽。超石，齡石之弟也。江夏太守劉虔之將兵屯三連，立橋聚糧以待，道濟等積日不至。魯軌襲擊虔之，殺之。裕使其壻振威將軍東海徐逵之統參軍蒯恩、王允之、沈淵子爲前鋒，出江夏口。逵之等與魯軌戰于破冢，兵敗，逵之、允之、淵子皆死，獨蒯恩勒兵不動。軌乘勝力攻之，不能克，乃退。淵子，林子之兄也。

裕軍於馬頭，聞逵之死，怒甚；三月壬午，帥諸將濟江。魯軌、司馬文思將休之兵四萬臨峭岸置陳，軍士無能登者。裕自被甲欲登，諸將諫不從，怒愈甚。太尉主簿謝晦前抱持裕，裕抽劍指晦曰：「我斬卿！」晦曰：「天下可無晦，不可無公。」建武將軍胡藩領遊兵在江津，裕呼藩使登，藩有疑色。裕命左右録來，欲斬之。藩顧曰：「正欲擊賊，不得奉教。」乃以刀頭穿岸，劣容足指，騰之而上，隨之者稍多。既登岸，直前力戰，休之兵不能當，稍引卻。裕兵因而乘之，休之兵大潰，遂克江陵。休之、宗之俱北走，軌留石城。裕命閬中侯下邳趙倫之、太尉參軍沈林子攻之，遣武陵内史王鎮惡以舟師追休之等。

青、冀二州刺史劉敬宣參軍司馬道賜，宗室之疏屬也。聞太尉裕攻司馬休之，道賜與同府辟閭道秀、左右小將王猛子謀殺敬宣，據廣固以應休之。〔夏四月〕乙卯，敬宣召道秀屏人語，左右悉出户。猛子逡巡在後，取敬宣備身刀殺敬宣，文武佐吏即時討道賜等，皆斬之。

（夏）五月，趙倫之、沈林子破魯軌於石城，司馬休之、魯宗之救之不及，遂與軌奔襄陽，宗之參軍李應之閉門不納。甲午，休之、宗之、軌及譙王文思、新蔡王道賜、梁州刺史馬敬、南陽太守魯範俱奔秦。宗之素得士民心，争爲之衛送出境。王鎮惡等追之，盡境而還。

初，休之等求救於秦、魏，秦征虜將軍姚成王及司馬國璠引兵至南陽，魏長孫嵩至河東，聞休之等敗，皆引還。休之至長安，秦王興以爲揚州刺史，使侵擾襄陽。侍御史唐盛言於興曰：「據符讖之文，司馬氏當復得河、洛。今使休之擅兵於外，猶縱魚於淵也，不如以高爵厚禮留之京師。」興曰：「昔文王卒免羑里，高祖不斃鴻門，苟天命所在，誰能違之？脱如符讖之言，留之適足爲害。」遂遣之。

詔加太尉裕太傅、揚州牧，劍履上殿，入朝不趨，贊拜不名。

秋八月甲子，太尉裕還建康，固辭太傅、州牧，其餘受命。

十二年春正月，加太尉裕兗州刺史、都督南秦州，凡都督二十二州。

三月，加太尉裕中外大都督。裕戒嚴，將伐秦，加裕領司豫二州刺史。

夏五月癸巳，加太尉領北雍州刺史。

秋八月，太尉裕以世子義符爲中軍將軍，監太尉留府事。劉穆之爲左僕射，領監軍、中軍二府軍司，入居東府，總攝内外。丁巳，發建康。

冬十一月，太尉裕遣左長史王弘還建康，諷朝廷求九錫。時劉穆之掌留任，而旨從北來，穆之由是愧懼發病。弘，珣之子也。十二月壬申，詔以裕爲相國，總百揆，揚州牧，封十郡爲宋公，備九錫之禮，位在諸侯〔王〕上，領征西將軍、司豫北徐雍四州刺史如故。裕辭不受。

十三年春正月，太尉裕引水軍發彭城。

三月，太尉裕將水軍自淮、泗入清河，將泝河西上，先遣使假道于魏。魏人以數千騎隨裕軍西行，裕遣兵擊之，魏軍奔潰。

秋八月，太尉裕至潼關，王鎮惡大破秦兵於渭橋，姚泓將妻子羣臣詣鎮惡降。九月，裕至長安，以秦金玉、繒帛頒賜將士，送姚泓至建康，斬之。事見劉裕滅後秦。

癸酉，司馬休之、司馬文思、司馬國璠、司馬道賜、魯軌、韓延之等皆降於魏。司馬休之尋卒。魏賜國璠爵淮南公、道賜爵池陽子、魯軌爵襄陽公。

冬十月，詔進宋公爵爲王，增封十郡，辭不受。

十一月辛未，穆之卒。太尉裕以根本無託，決意東還。十二月，太尉裕發長安。

十四年春正月，太尉裕至彭城，解嚴。

夏六月，太尉裕始受相國、〔宋公〕、九錫之命，赦國中殊死以下。(宗)〔崇〕繼母蘭陵蕭氏爲太妃。以太尉軍諮祭酒孔靖爲宋國尚書令，左長史王弘爲僕射，領選，從事中郎傅亮、蔡廓皆爲侍中，謝晦爲右衞將軍，右長史鄭鮮之爲奉常，行參軍殷景仁爲秘書郎，其餘百官，悉依天朝之制。靖辭不受。亮，咸之孫。廓，謨之曾孫。鮮之，渾之玄孫。景仁，融之曾孫也。景仁學不爲文，敏有思致，口不談義，深達理體。至於國典、朝儀、舊章、記注，莫不撰録，識者知其有當世之志。

冬十二月，彗星出天津，入太微，經北斗，絡紫微，八十餘日而滅。魏主嗣復召諸儒術士問之曰：「今四海分裂，災咎之應果在何國？朕甚畏之。卿輩盡言，勿有所隱。」衆推崔浩使對，浩曰：「夫災異之興，皆象人事，人苟無釁，又何畏焉？昔王莽將篡漢，彗星出入，正與今同。國家主尊臣卑，民無異望。晉室陵夷，危亡不遠，彗之爲異，其劉裕將篡之應乎！」衆無以易其言。

宋公裕以讖云「昌明之後尚有二帝」，乃使中書侍郎王韶之與帝左右密謀酖帝，而立琅邪王德文。德文常在帝左右，飲食寢處，未嘗暫離。韶之伺之經時，不得間。會德文有疾，出居於外，戊寅，韶之以散衣縊帝於東堂。韶之，廙之曾孫也。裕因稱遺詔，奉德文即皇帝位，大赦。

恭帝元熙元年春正月甲午，徵宋公裕入朝，進爵爲王，裕辭。

初，司馬楚之奉其父榮期之喪歸建康，會宋公裕誅翦宗室之有才望者，楚之叔父宣期、兄貞之皆死，楚之亡匿竟陵蠻中。及從祖休之自江陵奔秦，楚之亡之汝、潁間，聚衆以謀復讎。楚之少有英氣，能折節下士，有衆萬餘，屯據長社。裕使刺客沐謙往刺之。楚之待謙甚厚，謙欲發，未得間。乃夜稱疾，知楚之必往問疾，因欲刺之。楚之果自齎湯藥往視之，情意勤篤，謙不忍發，乃出匕首於席下，以狀告之，曰：「將軍深爲劉裕所忌，願勿輕率以自保全。」遂委身事之，爲之防衛。

時宗室多逃亡在河南，有司馬文榮者，帥乞活千餘户屯金墉城南，又有司馬道恭自東垣帥三千人屯城西，司馬順明帥五千人屯陵雲臺，司馬楚之屯柏谷塢，皆降於魏。

秋七月，宋公裕始受進爵之命。八月，移鎮壽陽。以度支尚書劉懷慎爲督淮北諸軍事、徐州刺史，鎮彭城。

九月，宋王裕自解揚州牧。

冬十二月辛卯，宋王裕加殊禮，進王太妃爲太后，世子爲太子。

宋（高祖）〔武帝〕永初元年春正月，宋王欲受禪而難於發言，乃集朝臣宴飲，從容言曰：「桓玄篡位，鼎命已移。我首唱大義，興復帝室，南征北伐，平定四海，功成業著，遂荷九錫。今年將衰暮，崇極如此，物忌盛滿，非可久安；今欲奉還爵位，歸老京師。」羣臣惟盛稱功德，莫諭其意。日晚，坐散。中書令傅亮還外乃悟，而宫門已閉，亮叩扉請見，王即開門見之。亮入但曰：「臣暫宜還都。」王解其意，無復他言，直云：「須幾人自送？」亮曰：「數十人可也。」即時奉辭。亮出已夜，見長星竟天，拊髀歎曰：「我常不信天文，今始驗矣。」亮至建康。

夏四月，徵王入朝。王留子義康爲都督豫司雍并四州諸軍事、豫州刺史，鎮壽陽。義康尚幼，以相國參軍南陽劉湛爲長史，决府州事。湛自弱年即有宰物之情，常自比管、葛，博涉書史，不爲文章，不喜談議，王甚重之。

（夏）六月壬戌，王至建康，傅亮諷晋恭帝禪位於宋，具詔草呈帝，使書之。帝欣然操筆，謂左右曰：「桓玄之時，晋氏已無天下，重爲劉公所延，將二十載。今日之事，本所甘心。」遂書赤紙爲詔。甲子，帝遜于琅邪第，百官拜辭，秘書監徐廣流涕哀慟。

丁卯，王爲壇於南郊，即皇帝位。禮畢，自石頭備法駕入建康宮。徐廣又悲感流涕，侍中謝晦謂之曰：「徐公得無小過！」廣曰：「君爲宋朝佐命，身是晋室遺老，悲歡之事，固不可同。」廣，邈之弟也。帝臨太極殿，大赦，改元。其犯鄉論清議，一皆蕩滌，與之更始。

裴子野論曰：昔重華受終，四凶流放，武王克殷，頑民遷洛。天下之惡一也，鄉論清議，除之，過矣。

奉晋恭帝爲零陵王，優崇之禮，皆倣晋初故事，即宫于故秣陵縣，使冠軍將軍劉遵考將兵防衛。降褚后爲王妃。

追尊皇考爲孝穆皇帝，皇妣趙氏爲孝穆皇后，尊王太后蕭氏爲皇太后。上事蕭太后素謹，及即位，春秋已高，每旦入朝太后，未嘗失時刻。

詔：「晉氏封爵，當隨運改，獨置始興、廬陵、始安、長沙、康樂五公，降爵爲縣公及縣侯，以奉王導、謝安、温嶠、陶侃、謝玄之祀，其宣力義熙，豫同艱難者，一仍本秩。」

庚午，以司空道憐爲太尉，封長沙王。追封司徒道規爲臨川王，以道憐子義慶襲其爵。其餘功臣徐羡之等，增位、進爵各有差。追封劉穆之爲南康郡公，王鎮惡爲龍陽縣侯。上每歎念穆之曰：「穆之不死，當助我治天下。可謂『人之云亡，邦國殄瘁！』」又曰：「穆之死，人輕易我。」

立皇子桂陽公義真爲廬陵王，彭城公義隆爲宜都王，義康爲彭城王。

己卯，改泰始曆爲永初曆。

秋八月辛未，追謚妃臧氏爲敬皇后，立王太子義符爲皇太子。

二年。初，帝以毒酒一甖授前琅邪郎中令張偉，使酖零陵王。偉歎曰：「酖君以求生，不如死。」乃於道自飲而卒。偉，邵之兄也。太常褚秀之，侍中褚淡之，皆王之妃兄也，王每生男，帝輒令秀之兄弟方便殺之。王自遜位，深慮禍及，與（嬪）〔褚〕妃共處一室，自煮食於牀前，飲食所資，皆出褚妃，故宋人莫得伺其隙。九月，帝令淡之與兄右衛將軍叔度往視妃，妃出就別室相見。兵人踰垣而入，進藥於王。王不肯飲，曰：「佛教，自殺者不復得人身。」兵人以被掩殺之。帝帥百官臨于朝堂三日。

元魏寇宋

晉安帝義熙十三年夏五月乙未，齊郡太守王懿降於魏，上書言：「劉裕在洛，宜發兵絶其歸路，可不戰而克。」魏主嗣善之。崔浩侍講在前，嗣問之曰：「劉裕伐姚泓，果能克乎？」對曰：「克之。」嗣曰：「何故？」對曰：「昔姚興好事虚名而少實用，子泓懦而多病，兄弟乖争。裕乘其危，兵精將勇，何故不克。」嗣曰：「裕才何如慕容垂？」對曰：「勝之。垂藉父兄之資，修復舊業，國人歸之，若夜蟲之就火，少加倚仗，易以立功。劉裕奮起寒微，不階尺土，討滅桓玄，興復晉室，北禽慕容超，南梟盧循，所向無前，非其才之過人，安能如是乎？」嗣曰：「裕既入關，不能進退，我以精騎直擣彭城、壽春，裕將若之何？」對曰：「今西有屈丐，北有柔然，窺伺國隙。陛下既不可親御六師，雖有精兵，未睹良將。長孫嵩長於治國，短於用兵，非劉裕敵也。興兵遠攻，未見其利，不如且安静以待之。裕克秦而歸，必篡其主。關中華戎雜錯，風俗勁悍，裕欲以荆揚之化施之函、秦，此無異解衣包火，張羅捕虎，雖留兵守之，人情未洽，趨尚不同，適足爲寇敵之資耳。願陛下按兵息民以觀其變，秦地終爲國家之有，可坐而守也。」嗣笑曰：「卿料之審矣。」浩曰：

「臣嘗私論近世將相之臣，若王猛之治國，苻堅之管仲也；慕容恪之輔幼主，慕容暐之霍光也；劉裕之平禍亂，司馬德宗之曹操也。」嗣曰：「屈丏何如？」浩曰：「屈丏國破家覆，孤孑一身，寄食姚氏，受其封殖。不思醻恩報義，而乘時徼利，盜有一方，結怨四鄰。撅豎小人，雖能縱暴一時，終當爲人所吞食耳。」嗣大悅，語至夜半，賜浩御縹醪十觚，水精鹽一兩，曰：「朕味卿言，如此鹽、酒，故欲與卿共饗其美。」然猶命長孫嵩、叔孫建各簡精兵伺裕西過，自成皋濟河，南侵彭、沛，若不時過，則引兵隨之。

宋（高祖）〔武帝〕永初三年。初，魏主聞高祖克長安，大懼，遣使請和，自是每歲交聘不絕。及高祖殂，殿中將軍沈範等奉使在魏，還，及河，魏主遣人追執之。議發兵取洛陽、虎牢、滑臺。崔浩諫曰：「陛下不以劉裕欻起，納其使貢，裕亦敬事陛下。不幸今死，遽乘喪伐之，雖得之不足爲美。且國家今日亦未能一舉取江南也，而徒有伐喪之名，竊爲陛下不取。臣謂宜遣人弔祭，存其孤弱，恤其凶災，使義聲布於天下，則江南不攻自服矣。況裕新死，黨與未離，兵臨其境，必相帥拒戰，功不可必。不如緩之，待其强臣争權，變難必起，然後命將出師，可以兵不疲勞，坐收淮北也。」魏主曰：「劉裕乘姚興之死而滅之，今我乘裕喪而伐之，何爲不可？」浩曰：「不然。姚興死，諸子交争，故裕乘釁伐之。今江南無釁，不可比也。」魏主不從。假司空奚斤節，加晉兵大將軍、行揚州刺史，使督宋兵將軍、交州刺史周幾，吴兵將軍、廣州刺史公孫表同入寇。

冬十月，魏軍將發，公卿集議於監國之前，以先攻城與先略地。奚斤欲先攻城，崔浩曰：「南人長於守城，（若）〔昔〕苻氏攻襄陽，經年不拔。今以大兵坐攻小城，若不時克，挫傷軍勢，敵得徐嚴而來，我怠彼鋭，此危道也。不如分軍略地，至淮爲限，列置守宰，收斂租穀，則洛陽、滑臺、虎牢更在軍北，絶望南救，必沿河東走，不則爲囿中之物，何憂其不獲也。」公孫表固請攻城，魏主從之。於是奚斤等帥步騎二萬濟河，營於滑臺之東。時司州刺史毛德祖戍虎牢，東郡太守王景度告急於德祖，德祖遣司馬翟廣等將步騎三千救之。

先是，司馬楚之聚衆在陳留之境，聞魏兵濟河，遣使迎降。魏以楚之爲征南將軍、荆州刺史，使侵擾北境。德祖遣長社令王法政將五百人戍邵陵，將軍劉憐將二百騎戍雍丘以備之。楚之引兵襲憐，不克。會臺送軍資，憐出迎之，酸棗民王玉馳以告魏。丁酉，魏尚書滑稽引兵襲倉垣，兵吏悉踰城走，陳留太守馮翊嚴稜詣斤降。魏以王玉爲陳留太守，給兵守倉垣。

奚斤等攻滑臺，不拔，求益兵。魏主怒，切責之。壬辰，自將諸國兵五萬餘人南出天關，踰恒嶺，爲斤等聲援。

十一月，魏太子燾將兵出屯塞上，使安定王彌與安同居守。庚戌，奚斤等急攻滑臺，拔之。王景度出走，景度司馬陽瓚爲魏所執，不降而死。魏主以成皋侯苟兒爲兖州刺史，鎮滑臺。斤等進擊翟廣等於土樓，破之。乘勝進逼虎牢，毛德祖與戰，屢破之。魏主别遣黑矟將軍于栗磾將三千人屯河陽，謀取金墉，德祖遣振威將軍竇晃等緣河拒之。十二月丙戌，魏主至冀州，遣楚兵將軍、徐州刺史叔孫建將兵自平原濟河，徇青、兖。豫州刺史劉粹遣治中高道瑾將步騎五百據項城，徐州刺史王仲德將兵屯湖陸。于栗磾濟河，與奚斤并力攻竇晃等，破之。魏主遣中領軍代人娥清、期思侯柔然閭大肥將兵七千人會周幾、叔孫建南渡河，軍於碻磝。癸未，兖州刺史徐琰棄尹卯南走，於是泰山、高平、金鄉等郡皆没於魏。叔孫建等東入青州，司馬愛之、季之先聚衆於濟東，皆降於魏。

戊子，魏兵逼虎牢。青州刺史東莞竺夔鎮東陽城，遣使告急。己丑，詔南兖州刺史檀道濟監征討諸軍事，與王仲德共救之。廬陵王義真遣龍驤將軍沈叔貍將三千人就劉粹，量宜赴援。

營陽王景平元年春正月，魏于栗磾攻金墉。癸卯，河南太守王涓之棄城走。魏主以栗磾爲豫州刺史，鎮洛陽。

庚申，檀道濟軍于彭城。

魏叔孫建入臨淄，所向城邑皆潰，竺夔聚民保東陽城，其不入城者，使各依據山險，芟夷禾稼，魏軍至，無所得食。濟南太守垣苗帥衆依𡾊。刁雍見魏主於鄴，魏主曰：「叔孫建等入青州，民皆藏避，攻城不下。彼素服卿威信，今遣卿助之。」乃以雍爲青州刺史，給雍騎，使行募兵以取青州。魏兵濟河向青州者凡六萬騎，刁雍募兵得五千人，撫慰士民，皆送租供軍。

三月，魏奚斤、公孫表等共攻虎牢，魏主自鄴遣兵助之。毛德祖於城内穴地入七丈，分爲六道，出魏圍外，募敢死之士四百人，使參軍范道基等帥之，從穴中出，掩襲其後。魏兵驚擾，斬首數百級，焚其攻具而還。魏兵雖退散，隨復更合，攻之益急。奚斤自虎牢將步騎三千攻潁川太守李元德等於許昌，元德等敗走。魏以潁川人庾龍爲潁川太守，戍許昌。

毛德祖出兵與公孫表大戰，從朝至晡，殺魏兵數百。會奚斤自許昌還，合擊德祖，大破之，亡甲士千餘人，復嬰城自守。

魏主又遣萬餘人從白沙度河，屯濮陽南。

朝議以項城去魏不遠，非輕軍所抗，使劉粹召高道瑾還壽陽，若沈叔貍已進，亦宜且追。粹奏：「虜攻虎牢，未復南向，若遽攝軍捨項城，則淮西諸郡無所憑依。沈叔貍已頓肥口，又不宜遽退。」時李元德帥散卒二百至項，劉粹使助高道瑾戍守，請宥其奔敗之罪，朝議並許之。

乙巳，魏主畋於韓陵山，遂如汲郡，至枋頭。

初，毛德祖在北，與公孫表有舊。表有權略，德祖患之，乃與交通音問，密遣人説奚斤，云表與之連謀。每答表書，輒多所治定。表以書示斤，斤疑之，以告魏主。先是，表與太史令王亮少同營署，好輕侮亮。亮奏「表置軍虎牢東，不得便地，故令賊不時滅」。魏主素好術數，以爲然，積前後忿，使人夜就帳中縊殺之。

乙卯，魏主濟自靈昌津，遂如東郡、陳留。

叔孫建將三萬騎逼東陽城，城中文武纔一千五百人，竺夔、垣苗悉力固守，時出奇兵擊魏，破之。魏步騎繞城列陳十餘里，大治攻具。夔作四重塹，魏人填其三重，爲撞車以攻城。夔遣人從地道中出，以大麻絙挽之令折。魏人復作長圍，進攻逾急。歷時浸久，城轉墮壞，戰士多死傷，餘衆困乏，旦暮且陷。檀道濟至彭城，以司、青二州並急，而所領兵少，不足分赴，青州道近，竺夔兵弱，乃與王仲德兼行先救之。

甲子，劉粹遣李元德襲許昌，斬庾龍，元德因留綏撫，并上租糧。

魏主至盟津，于栗磾造浮橋於冶阪津。乙丑，魏主引兵北濟，西如河内。娥清、周幾、閭大肥徇地至湖陸、高平，民屯聚而射之，清等盡攻破高平諸縣，滅數千家，虜掠萬餘口。

叔孫建自滑臺西就奚斤，共攻虎牢。虎牢被圍二百日，無日不戰，勁兵戰死殆盡，而

閏四月丁未，魏主如河內，登太行，至高都。

兵已遠，還就道濟。刁雍遂留鎮尹卯，招集譙、梁、彭、沛民五千餘家，置二十七營以領之。

叔孫建自東陽趨滑臺，道濟分遣王仲德向尹卯。道濟停軍湖陸，仲德未至尹卯，聞魏

其城。

建等燒營及器械而遁。道濟至東陽，糧盡不能追。竺夔以東陽城壞，不可守，移鎮不

若相持不休，兵自死盡，何須復戰。今全軍而返，計之上也。」己巳，道濟軍于臨朐。壬申，

雍請將所募兵五千據險以邀之，破之必矣。」時天暑，魏軍多疫，建曰：「兵人疫病過半，

至，雍又謂建曰：「賊畏官軍突騎，以鎖連車爲函陳。大峴以南，處處狹隘，車不得方軌，

叔孫建攻東陽，墮其北城三十許步。刁雍請速入，建不許，遂不克。及聞檀道濟等將

陽，觀石經，遣使祀嵩高。

夏四月丁卯，魏主如成皋，絕虎牢汲河之路。停三日，自督衆攻城，竟不能下，遂如洛

零落。

魏主又遣并州刺史伊樓拔助奚斤攻虎牢，毛德祖隨方抗拒，頗殺魏兵，而將士稍

兗州刺史鄭順之戍湖陸，以兵少不敢出。

魏增兵轉多。魏人毀其外城，毛德祖於其内更築三重城以拒之，魏人又毀其二重。德祖唯保一城，晝夜相拒，將士眼皆生創，德祖撫之以恩，終無離心。時檀道濟軍湖陸，劉粹軍項城，沈叔貍軍高橋，皆畏魏兵强，不敢進。丁巳，魏人作地道以洩虎牢城中井，井深四十丈，山勢峻峭，不可得防，城中人馬渴乏，被創者不復出血，重以饑疫。魏仍急攻之，己未，城陷。將士欲扶德祖出走，德祖曰：「我誓與此城俱斃，義不使城亡而身存也。」魏主命將士「得德祖者，必生致之」。將軍代人豆代田執德祖以獻。將佐在城中者皆爲魏所虜，唯參軍范道基將二百人突圍南還，魏士卒疫死者亦什二三。奚斤等悉定司、兖、豫諸郡縣，置守宰以撫之。魏主命周幾鎮河南，河南人安之。徐羨之、傅亮、謝晦以亡失境土，上表自劾，詔勿問。

五月，魏主還平城。秋九月乙亥，魏主還宫。召奚斤還平城，留兵守虎牢。使娥清、周幾鎮枋頭。以司馬楚之所將户口置汝南南陽南頓新（置）〔蔡〕四郡，以益豫州。

冬十一月，魏周幾寇許昌，許昌潰，潁川太守李元德奔項。戊辰，魏人圍汝陽，太守王公度亦奔項。劉粹遣其將姚聳夫等將兵助守項城。魏人夷許昌城，毀鍾城，以立封疆而還。

徐傅廢立

宋（高祖）〔武帝〕永初元年秋八月癸酉，立王太子義符爲皇太子。

三年春三月，上不豫，太尉長沙王道憐、司空徐羨之、尚書僕射傅亮、領軍將軍謝晦、護軍將軍檀道濟並入侍醫藥。羣臣請祈禱神祇，上不許，唯使侍中謝方明以疾告宗廟而已。上性不信奇怪，微時多符瑞，及貴，史官審以所聞，上拒而不答。

檀道濟出爲鎮北將軍、南兗州刺史，鎮廣陵，悉監淮南諸軍。

皇太子多狎羣小，謝晦言於上曰：「陛下春秋既高，宜思存萬世，神器至重，不可使負荷非才。」上曰：「廬陵何如？」晦曰：「臣請觀焉。」出造廬陵王義真，義真盛欲與談，晦不甚答。晦還曰：「德輕於才，非人主也。」丁未，出義真爲都督南豫豫雍司秦并六州諸軍事、車騎將軍、開府儀同三司、南豫州刺史。

夏五月，帝疾甚，召太子誡之曰：「檀道濟雖有幹略而無遠志，非如兄韶有難御之氣也。徐羨之、傅亮，當無異圖，謝晦，數從征伐，頗識機變，若有同異，必此人也。」又爲手詔曰：「後世若有幼主，朝事一委宰相，母后不煩臨朝。」司空徐羨之、中書令傅亮、領軍將軍謝晦、鎮北將軍檀道濟同被顧命。癸亥，帝殂于西殿。太子即皇帝位，年十七，大赦，尊皇太后曰太皇太后，立妃司馬氏爲皇后。

文帝元嘉元年。營陽王居喪無禮，好與左右狎暱，遊戲無度。特進致仕范泰上封事曰：「伏聞陛下時在後園，頗習武備，鼓鞞在宫，聲聞于外。黷武掖庭之内，諠譁省闥之間，非徒不足以威四夷，祇生遠近之怪。陛下踐祚，委政宰臣，實同高宗諒闇之美，而更親狎小人，懼非社稷至計，經世之道也。」不聽。

南豫州刺史廬陵王義真，警悟愛文義，而性輕易，與太子左衛率謝靈運、員外常侍顏延之、慧琳道人情好款密，嘗云：「得志之日，以靈運、延之爲宰相，慧琳爲西豫州都督。」靈運性褊傲，不遵法度，自謂才能宜參權要，常懷憤邑。延之嗜酒放縱。

徐羡之等惡義真與靈運等遊。於是羡之等以爲靈運、延之構扇異同，非毁執政，出靈運爲永嘉太守，延之爲始安太守。

義真至歷陽，多所求索，執政每裁量不盡與，義真深怨之，數有不平之言。又表求還都，諮議參軍何尚之屢諫不聽。時羡之等已密謀廢帝，而次立者應在義真，乃因義真與帝有隙，先奏列其罪惡，廢爲庶人，徙新安郡。前吉陽令堂邑張約之上疏曰：「廬陵王少蒙先皇優慈之遇，長受陛下睦愛之恩，故在心必言，所懷必亮，容犯臣子之道，致招驕恣之愆。至於天姿夙成，實有卓然之美，宜在容養，録善掩瑕，訓盡義方，進退以漸。今猥加剥辱，幽徙遠郡，上傷陛下常棣之篤，下令遠近怛然失圖。臣伏思大宋開基造次，根條未繁，宜廣樹藩戚，敦睦以道。人誰無過，貴能自新。以武皇之愛子，陛下之懿弟，豈可以其一眚，長致淪棄哉。」書奏，以約之爲梁州府參軍，尋殺之。

夏四月，徐羨之等以南兖州刺史檀道濟先朝舊將，威服殿省，且有兵衆，乃召道濟及江州刺史王弘入朝。五月，皆至建康，以廢立之謀告之。

甲申，謝晦以領軍府屋敗，悉令家人出外，聚將士於府內。又使中書舍人邢安泰、潘盛爲內應。夜，邀檀道濟同宿，晦悚動不得眠，道濟就寢便熟，晦以此服之。

時帝於華林園爲列肆，親自沽賣。又與左右引船爲樂，夕游天淵池，即龍舟而寢。乙酉詰旦，道濟引兵居前，羨之等繼其後，入自雲龍門，安泰等先誡宿衛，莫有禦者。帝未興，軍士進殺二侍者，傷帝指，扶出東閤，收璽綬，羣臣拜辭，衛送故太子宫。

侍中程道惠勸羨之等立皇弟南豫州刺史義恭。羨之等以宜都王義隆素有令望，又多符瑞，乃稱皇太后令，數帝過惡，廢爲營陽王，以宜都王纂承大統，赦死罪以下。又稱皇太后令，奉還璽綬。并廢皇后爲營陽王妃，遷營陽王於吴。使檀道濟入守朝堂。王至吴，止金昌亭。六月癸丑，羨之等使邢安泰就弑之。王多力，突走出昌門，追者以門關踣而弑之。

裴子野論曰：古者人君養子，能言而師授之辭，能行而傅相之禮。宋之教誨，雅異於斯，居中則任僕妾，處外則近趨走。太子、皇子，有帥有侍，是二職者，皆臺皁也。制其行止，授其法則，導達臧否，罔弗由之，言不及於禮義，識不達於今古，謹敕者能勸之以吝嗇，狂愚者或誘之以凶慝。雖有師傅，多以耆艾大夫爲之，雖有友及文學，多以膏粱年少爲之，具位而已，亦弗與遊。幼王臨州，長史行事，宣傳教命，又有典籤，往往專恣，竊弄威權，是以本枝雖茂，而端良甚寡。嗣君冲幼，世繼姦回，雖惡物醜類，天然自出，然習則生常，其流遠矣。降及太宗，舉天下而棄之，亦昵比之爲也。烏呼，有國有家，其鑑之矣！

傅亮帥行臺百官奉法駕，迎宜都王于江陵。祠部尚書蔡廓至尋陽，遇疾不堪前。亮與之别，廓曰：「營陽在吴，宜厚加供奉，一旦不幸，卿諸人有弑主之名，欲立於世，將可得邪？」時亮已與羨之議害營陽王，乃馳信止之，不及。羨之大怒曰：「與人共計議，如何旋背即賣惡於人邪！」羨之等又遣使者殺前廬陵王義真於新安。羨之以荆州地重，恐宜都王至，或别用人，乃亟以録命除領軍將軍謝晦行都督荆湘等七州諸軍事、荆州刺史，欲令居外爲援，精兵舊將，悉以配之。

秋七月，行臺至江陵，立行門於城南，題曰「大司馬門」。傅亮帥百僚詣門上表，進璽紱，儀物甚盛。宜都王時年十八，下教曰：「猥以不德，謬降大命，顧己兢悸，何以克堪！輒當暫歸朝廷，展哀陵寢，并與賢彥申寫所懷。望體其心，勿爲辭費。」府州佐史並稱臣，請題榜諸門，一依宮省，王皆不許。教州、府、國綱紀宥其統內見刑，原逋責。

諸將佐聞營陽、廬陵王死，皆以爲疑，勸王不可東下。司馬王華曰：「先帝有大功於天下，四海所服，雖嗣主不綱，人望未改。徐羨之中才寒士，傅亮布衣諸生，非有晉宣帝、王大將軍之心明矣，受寄崇重，未容遽敢背德。畏廬陵嚴斷，將來必不自容。以殿下寬叡慈仁，遠近所知，且越次奉迎，冀以見德，悠悠之論，殆必不然。又羨之等五人同功並位，孰肯相讓？就懷不軌，勢必不行。廢主若存，慮其將來受禍，致此殺害。蓋由貪生過深，寧敢一朝頓懷逆志。不過欲握權自固，以少主仰待耳。殿下但當長驅六轡，以副天人之心。」王曰：「卿復欲爲宋昌邪？」長史王曇首、南蠻校尉到彥之皆勸王行，曇首仍陳天人符應，王乃曰：「諸公受遺，不容背義。且勞臣舊將，內外充滿，今兵力又足以制物，夫何所疑。」乃命王華總後任，留鎮荊州。王欲使到彥之將兵前驅，彥之曰：「了彼不反，便應朝服順流。若使有虞，此師既不足恃，更開嫌隙之端，非所以副遠邇之望也。」會雍州刺史褚叔度卒，乃遣彥之權鎮襄陽。

甲戌，王發江陵，引見傅亮，號泣，哀動左右。既而問義真及少帝薨廢本末，悲哭嗚咽，侍側者莫能仰視。亮流汗沾背不能對，乃布腹心於到彥之、王華等，深自結納。王以府、州文武嚴兵自衛，臺所遣百官衆力不得近部伍。中兵參軍朱容子抱刀處王所乘舟户外，不解帶者累旬。

八月丙申，宜都王至建康，羣臣迎拜於新亭。徐羨之問傅亮曰：「王可方誰？」亮曰：「晋文、景以上人。」羨之曰：「必能明我赤心。」亮曰：「不然。」

丁酉，王謁初寧陵，還止中堂，百官奉璽綬，王辭讓數四，乃受之，即皇帝位于中堂。備法駕入宮，御太極前殿，大赦，改元，文武賜位二等。

戊戌，謁太廟，詔復廬陵王先封，迎其柩及孫脩華、謝妃還建康。

庚子，以行荊州刺史謝晦爲真。晦將行，與蔡廓別，屏人問曰：「吾其免乎？」廓曰：「卿受先帝顧命，任以社稷，廢昏立明，義無不可。但殺人二兄，而以之北面，挾震主之威，據上流之重，以古推今，自免爲難。」晦始懼不得去，既發，顧望石頭城喜曰：「今得脱矣。」

癸卯，徐羨之進位司徒，王弘進位司空，傅亮加開府儀同三司，謝晦進號衛將軍，檀道濟進號征北將軍。

有司奏車駕依故事臨華林園聽訟。詔曰：「政刑多所未悉，可如先者，二公推訊。」

帝以王曇首、王華爲侍中，曇首領右衞將軍，華領驍騎將軍，朱容子爲右軍將軍。甲辰，徐羨之等欲即以到彥之爲雍州，帝不許，徵彥之爲中領軍，委以戎政。彥之自襄陽南下，謝晦已至鎮，慮彥之不過己。彥之至楊口，步往江陵，深布誠款，晦亦厚自結納。彥之留馬及利劍、名刀以與晦，晦由此大安。

二年春正月，徐羨之、傅亮上表歸政，表三上，帝乃許之。丙寅，始親萬機。羨之仍遜位還第，徐珮之、程道惠及吳興太守王韶之等並謂非宜，敦勸甚苦，乃復奉詔視事。

秋八月，王弘自以始不預定策，不受司空，表讓彌年，乃許之。

十一月，初，會稽孔甯子爲帝鎮西諮議參軍，及即位，以甯子爲步兵校尉。與侍中王華並有富貴之願，疾徐羨之、傅亮專權，日夜構之於帝。會謝晦二女當適彭城王義康、新野侯義賓，遣其妻曹氏及長子世休送女至建康。帝欲誅羨之、亮，并發兵討晦，聲言當伐魏，取河南，又言拜京陵，治行裝艦。亮與晦書曰：「薄伐河朔，事猶未已，朝野之慮，憂懼者多。」又言：「朝士多諫北征，上當遣外監萬幼宗往相諮訪。」時朝廷處分異常，其謀頗泄。

三年春正月，謝晦弟黃門侍郎㬭馳使告晦，晦猶謂不然，以傅亮書示諮議參軍何承天曰：「計幼宗一二日必至。傅公慮我好事，故先遣此書。」承天曰：「外間所聞，咸謂西討已定，幼宗豈有上理。」晦尚謂虛妄，使承天豫立答詔啓草，言「伐虜宜須明年」。江夏內史程道惠得尋陽人書，言「朝廷將有大處分，其事已審」，使其輔國府中兵參軍樂冏封以示晦。晦問承天曰：「若果爾，卿令我云何？」對曰：「蒙將軍殊顧，常思報德，事變至矣，何敢隱情。然明日戒嚴，動用軍法，區區所懷，懼不得盡。」晦懼，曰：「卿豈欲我自裁邪？」承天曰：「尚未至此。以王者之重，舉天下以攻一州，大小既殊，逆順又異，境外求全，上計也。其次，以腹心將兵屯義陽，將軍自帥大衆戰於夏口，若敗，即趨義陽，以出北境，其次也。」晦良久曰：「荆州用武之地，兵糧易給，聊且決戰，走復何晚！」乃使承天造立表檄。又與衞軍諮議參軍琅邪顏邵謀舉兵，邵飲藥而死。

晦立幡戒嚴，謂司馬庾登之曰：「今當自下，欲屈卿以三千人守城，備禦劉粹。」登之曰：「下官親老在都，又素無部衆，情計二三，不敢受此旨。」晦仍問諸將佐：「戰士三千，足守城否？」南蠻司馬周超對曰：「非徒守城而已，若有外寇，可以立功。」登之因曰：「超必能辦，下官請解司馬、南郡以授之。」晦即於坐命超爲司馬，領南義陽太守；轉登之爲長史，南郡如故。

帝以王弘、檀道濟始不預廢弒之謀，弘弟曇首又爲帝所親委，事將發，密使報弘，且召道濟，欲使討晦。王華等皆以爲不可，帝曰：「道濟止於脅從，本非創謀，殺害之事，又所不關，吾撫而使之，必將無慮。」乙丑，道濟至建康。

丙寅，下詔暴羨之、亮、晦殺營陽王、廬陵王之罪，命有司誅之。且曰：「晦據有上流，或不即罪，朕當親帥六師，爲其過防。可遣中領軍到彦之即日電發，征北將軍檀道濟駱驛繼路，符衛軍府州，以時收翦，已命雍州刺史劉粹等斷其走伏。罪止元凶，餘無所問。」

是日，詔召羨之、亮。羨之行至西明門外，謝嚼正直，遣報亮，云「殿内有異處分」。亮辭以嫂病暫還，遣信報羨之，羨之還西州，乘内人問訊車出郭，步走至新林，入陶竈中自經死。亮乘車出郭門，乘馬奔兄迪墓，屯騎校尉郭泓收之。至廣莫門，上遣中書舍人以詔書示亮，并謂曰：「以公江陵之誠，當使諸子無恙。」亮讀詔書訖，曰：「亮受先帝布衣之眷，遂蒙顧託。黜昏立明，社稷之計也，欲加之罪，其無辭乎！」於是誅亮，而徙其妻子於建安。誅羨之二子，而宥其兄子珮之。又誅晦子世休，收繫謝嚼。

帝將討謝晦，問策於檀道濟。對曰：「臣昔與晦同從北征，入關十策，晦有其九，才略明練，殆爲少敵。然未嘗孤軍決勝，戎事恐非其長。臣悉晦智，晦悉臣勇，今奉王命以討之，可未陳而擒也。」丁卯，徵王弘爲侍中、司徒、録尚書事、揚州刺史，以彭城王義康爲都督荆湘等八州諸軍事、荆州刺史。

樂冏復遣使告謝晦以徐、傅及嚼等已誅。晦先舉羨之、亮哀，次發子弟凶問，既而自出射堂勒兵。晦從高祖征討，指麾處分，莫不曲盡其宜，數日間，四遠投集，得精兵三萬人。乃奉表稱羨之、亮等忠貞，横被冤酷。且言：「臣等若志欲執權，不專爲國，初廢營陽，陛下在遠，武皇之子尚有童幼，擁以號令，誰敢非之！豈得泝流三千里，虛館七旬，仰望鸞旗者哉。故廬陵王於營陽之世積怨犯上，自貽非命。『不有所廢，將何以興。』耿弇不以賊遺君父，臣亦何負於宋室邪！此皆王弘、王曇首、王華險躁猜忌，讒構成禍。今當舉兵以除君側之惡。」

帝下詔戒嚴，大赦。諸軍相次進路，以討謝晦。晦以弟遯爲竟陵内史，將萬人總留任，帥衆二萬發江陵，列舟艦自江津至于破冢，旌旗蔽日。歎曰：「恨不得以此爲勤王之師！」

二月庚申，上發建康。命王弘與彭城王義康居守，入居中書下省；侍中殷景仁參掌留任；帝姊會稽公主留止臺内，總攝六宫。

謝晦自江陵東下，何承天留府不從。晦至江口，到彦之已至彭城洲。庾登之據巴陵，畏懦不敢進。會霖雨連日，參軍劉和之曰：「彼此共有雨耳。檀征北尋至，東軍方强，唯宜速戰。」登之恇怯，使小將陳祐作大囊，貯茅懸於帆檣，云可以焚艦，用火宜須晴，以緩戰期。晦然之，停軍十五日。乃使中兵參軍孔延秀攻將軍蕭欣於彭城洲，破之。又攻洲口栅，陷之。諸將咸欲退還夏口，到彦之不可，乃保隱圻。晦又上表自訟，且自矜其捷，曰：「陛下若梟四凶於廟庭，懸三監於絳闕，臣便勒衆旋旗，還保所任。」

初，晦與徐羨之、傅亮爲自全之計，以爲晦據上流而檀道濟鎮廣陵，各有强兵，足以制朝廷；羨之、亮居中秉權，可得持久。及聞道濟帥衆來上，惶懼無計。

道濟既至，與到彦之軍合，牽艦緣岸。晦始見艦數不多，輕之，不即出戰。至晚，因風帆上，前後連咽，西人離沮，無復鬭心。戊辰，臺軍至忌置洲尾，列艦過江，晦軍一時皆潰。晦夜出，投巴陵，得小船還江陵。

先是，帝遣雍州刺史劉粹自陸道帥步騎襲江陵，至沙橋，周超帥萬餘人逆戰，大破之，士衆傷死者過半。俄而晦敗問至。初，晦與粹善，以粹子曠之爲參軍，帝疑之，王弘曰：「粹無私，必無憂也。」及受命南討，一無所顧，帝以此嘉之。晦亦不殺曠之，遣還粹所。

丙子，帝自蕪湖東還。

晦至江陵，無他處分，唯愧謝周超而已。其夜，超捨軍單舸詣到彦之降。晦衆散略盡，乃攜其弟遯等七騎北走。遯肥壯，不能乘馬，晦每待之，行不得速。己卯，至安陸延頭，爲戍主光順之所執，檻送建康。

到彦之至馬頭，何承天自歸。彦之因監荆州府事，以周超爲參軍，劉粹以沙橋之敗告，乃執之。於是誅晦、瞬、遯及其兄弟之子，并同黨孔延秀、周超等。晦女彭城王妃，被髪徒跣，與晦訣曰：「大丈夫當横尸戰場，奈何狼籍都市！」庾登之以無任，免官禁錮。何承天及南蠻行參軍新興王玄謨等皆見原。

三月辛巳，帝還建康，徵謝靈運爲秘書監，顔延之爲中書侍郎，賞遇甚厚。

夏五月乙未，以檀道濟爲征南大將軍、開府儀同三司、江州刺史；到彦之爲南豫州刺史。

彭城王專政

宋（高祖）〔武帝〕永初元年夏六月，立皇子義康爲彭城王。

文帝元嘉五年春正月，荆州刺史彭城王義康，性聰察，在州職事修治。左光禄大夫范泰謂司徒王弘曰：「天下事重，權要難居。卿兄弟盛滿，當深存降挹。彭城王，帝之次弟，宜徵還入朝，共參朝政。」弘納其言。時大旱、疾疫，弘上表引咎遜位，帝不許。

六年春正月，王弘上表乞解州、録，以授彭城王義康，帝優詔不許。癸丑，以義康爲侍中、都督揚南徐兖三州諸軍事、司徒、録尚書事、領南徐州刺史。弘與義康二府並置佐領兵，共輔朝政。弘既多疾，且欲委遠大權，每事推讓義康，由是義康專總内外之務。

七年。彭城王義康與王弘並録尚書，義康意猶怏怏，欲得揚州，形於辭旨。以弘弟曇首居中，爲上所親委，愈不悅。弘以老病屢乞骸骨，曇首自求吴郡，上皆不許。義康謂人曰：「王公久病不起，神州詎宜卧治。」曇首勸弘減府中文武之半以授義康，上聽割二千人，義康乃悅。

九年夏六月戊寅，司徒、南徐州刺史彭城王義康改領揚州刺史。

十二年春三月，領軍將軍劉湛與僕射殷景仁素善，湛之入也，景仁實引之。湛既至，以景仁位遇本不踰己，而一旦居前，意甚憤憤。俱被時遇，以景仁專管内任，謂爲間己，猜隙漸生。知帝信仗景仁，不可移奪。時司徒義康專秉朝權，湛嘗爲義康上佐，遂委心自結，欲因宰相之力以回上意，傾黜景仁，獨當時務。

夏四月己巳，帝加景仁中書令、中護軍，即家爲府；湛加太子詹事。湛愈憤怒，使義康毁景仁於帝，帝遇之益隆。景仁對親舊歎曰：「引之令入，入便噬人。」乃稱疾解職，表疏累上，帝不許，使停家養病。

湛議遣人若劫盜者於外殺之，以爲帝雖知，當有以解之，不能傷義康至親之愛。帝微聞之，遷護軍府於西掖門外，使近宫禁，故湛謀不行。

義康僚屬及諸附麗湛者，潛相約勒，無敢歷殷氏之門。彭城王主簿沛郡劉敬文父成，未悟其機，詣景仁求郡，敬文遽往謝湛曰：「老父悖耄，遂就殷鐵干祿。由敬文闇淺，上負生成，闔門慚懼，無地自處。」唯後將軍司馬庾炳之遊二人之間，皆得其歡心，而密輸忠於朝廷。景仁臥家不朝謁，帝常使炳之銜命往來，湛不疑也。炳之，登之之弟也。

十三年春二月，司空、江州刺史永脩公檀道濟立功前朝，威名甚重，左右腹心並經百戰，諸子又有才氣，朝廷疑畏之。帝久疾不愈，劉湛說司徒義康，以爲「宮車一日晏駕，道濟不復可制」。會帝疾篤，義康言於帝，召道濟入朝。其妻向氏謂道濟曰：「高世之勳，自古所忌。今無事相召，禍其至矣。」既至，留之累月。帝稍間，將遣還，已下渚未發，會帝疾動，義康矯詔召道濟入祖道，因執之。三月己未，下詔稱「道濟潛散金貨，招誘剽猾，因朕寢疾，規肆禍心」。收付廷尉，并其子給事黃門侍郎植等十一人誅之，唯宥其孫孺。又殺司空參軍薛彤、高進之，二人皆道濟腹心，有勇力，時人比之關、張。道濟見收，憤怒，目光如炬，脫幘投地曰：「乃壞汝萬里長城！」魏人聞之，喜曰：「道濟死，吳子輩不足復憚。」庚申，大赦，以中軍將軍南譙王義宣爲江州刺史。

十六年春正月庚寅，司徒義康進位大將軍、領司徒，南兗州刺史江夏王義恭進位司空。

十七年。司徒義康專總朝權。上羸疾積年，心勞輒發，屢至危殆。義康盡心營奉，藥食非口所親嘗不進，或連夕不寐。內外衆事皆專決施行。性好吏職，糾剔文案，莫不精盡。上由是多委以事，凡所陳奏，入無不可；方伯以下，並令義康選用，生殺大事，或以録命斷之。勢傾遠近，朝野輻湊，每旦府門常有車數百乘，義康傾身引接，未嘗懈倦。復能强記，耳目所經，終身不忘，好於稠人廣席，標題所憶，以示聰明。士之幹練者，多被意遇。嘗謂劉湛曰：「王敬弘、王球之屬，竟何所堪？坐取富貴，復那可解。」然素無學術，不識大體，朝士有才用者皆引入己府，府僚無施及忤旨者乃斥爲臺官。自謂兄弟至親，不復存君臣形迹，率心而行，曾無猜防。私置僮六千餘人，不以言臺。四方獻饋，皆以上品薦義康，而以次者供御。上嘗冬月噉甘，歎其形味並劣。義康曰：「今年甘殊有佳者。」遣人還東府取甘，大供御者三寸。領軍劉湛與僕射殷景仁有隙，湛欲倚義康之重以傾之。義康權勢已盛，湛愈推崇之，無復人臣之禮，上浸不能平。湛初入朝，上恩禮甚厚。湛善論治道，諳前代故事，敘致銓理，聽者忘疲。每入雲龍門，御者即解駕，左右及羽儀隨意分散，不夕不出，以此爲常。及晚節驅煽義康，上意雖内離，而接遇不改。嘗謂所親曰：「劉班初自西還宮，與語，常視日早晚，慮其將去；比入，吾亦視日早晚，苦其不去。」

殷景仁密言於上曰：「相王權重，非社稷計，宜少加裁抑。」上陰然之。

司徒左長史劉斌，湛之宗也；大將軍從事中郎王履，謐之孫也；及主簿劉敬文、祭酒魯郡孔胤秀，皆以傾諂有寵於義康。見上多疾，皆謂「宮車一日晏駕，宜立長君」。上嘗疾篤，使義康具顧命詔，義康還省，流涕以告湛及景仁。湛曰：「天下艱難，詎是幼主所御。」義康、景仁並不答。而胤秀等輒就尚書議曹，索晉咸康末立康帝舊事，義康不知也；及上疾瘳，微聞之。而斌等密謀欲使大業終歸義康，遂邀結朋黨，伺察禁省，有不與己同者，必百方構陷之。又採拾景仁短長，或虛造異同以告湛。自是主相之勢分矣。

義康欲以劉斌爲丹楊尹，言次，啓上陳其家貧。言未卒，上曰：「以爲吳郡。」後會稽太守羊玄保求還，義康又欲以斌代之，啓上曰：「羊玄保欲還，不審以誰爲會稽？」上時未有所擬，倉猝曰：「我已用王鴻。」自去年秋，上不復往東府。

五月癸巳，劉湛遭母憂去職。湛自知罪釁已彰，無復全地，謂所親曰：「今年必敗。常日正賴口舌爭之，故得推遷耳。今既窮毒，無復此望，禍至其能久乎！」

上以司徒彭城王義康嫌隙已著，將成禍亂，冬十月戊申，收劉湛付廷尉，下詔暴其罪惡，就獄誅之，并誅其子黯、亮、儼及其黨劉斌、劉敬文、孔胤秀等八人，徙尚書庫部郎何默子等五人於廣州，因大赦。是日，敕義康入宿，留止中書省。其夕，分收湛等。青州刺史杜驥勒兵殿内，以備非常。遣人宣旨告義康以湛等罪狀。義康上表遜位，詔以義康爲江州刺史，侍中、大將軍如故，出鎮豫章。

初，殷景仁卧疾五年，雖不見上，而密函去來，日以十數，朝政大小必以咨之，影迹周密，莫有窺其際者。收湛之日，景仁使拂拭衣冠，左右皆不曉其意。其夜，上出華林園延賢堂，召景仁。景仁猶稱脚疾，以小牀輿就坐，誅討處分，一皆委之。

初，檀道濟薦吴興沈慶之忠謹曉兵，上使領隊防東掖門。劉湛爲領軍，嘗謂之曰：「卿在省歲久，比當相論。」慶之正色曰：「下官在省十年，自應得轉，不復以此仰累。」收湛之夕，上開門召慶之，慶之戎服縛袴而入。上曰：「卿何意乃爾急裝？」慶之曰：「夜半喚隊主，不容緩服。」上遣慶之收劉斌，殺之。

驍騎將軍徐湛之，逵之之子也，與義康尤親厚，上深銜之。義康敗，湛之被收，罪當死。其母會稽公主於兄弟爲長嫡，素爲上所禮，家事大小必咨而後行。高祖微時，常自於新洲伐荻，有納布衫襖，臧皇后手所作也；既貴，以付公主曰：「後世有驕奢不節者，可以此衣示之。」至是，公主入宫見上，號哭，不復施臣妾之禮，以錦囊盛納衣擲地曰：「汝家本貧賤，此是我母與汝父所作。今日得一飽餐，遽欲殺我兒邪！」上乃赦之。

吏部尚書王球，履之叔父也，以簡淡有美名，爲上所重。履性進利，深結義康及湛，球屢戒之，不從。誅湛之夕，履徒跣告球，球命左右爲取履，先温酒與之，謂曰：「常日語汝云何？」履怖懼不得答。球徐曰：「阿父在，汝亦何憂。」上以球故，履得免死，廢於家。

義康方用事，人争求親暱，唯司徒主簿江湛早能自疏，求出爲武陵内史。檀道濟嘗爲其子求婚於湛，湛固辭，道濟因義康以請之，湛拒之愈堅，故不染於二公之難。上聞而嘉之。湛，夷之子也。

彭城王義康停省十餘日，見上奉辭，便下渚，上唯對之慟哭，餘無所言。上遣沙門慧琳視之，義康曰：「弟子有還理不？」慧琳曰：「恨公不讀數百卷書。」

初，吳興太守謝述，裕之弟也，累佐義康，數有規益，早卒。義康將南，歎曰：「昔謝述唯勸吾退，劉班唯勸吾進。今班存而述死，其敗也宜哉。」上亦曰：「謝述若存，義康必不至此。」

以征虜司馬蕭斌爲義康諮議參軍，領豫章太守，事無大小，皆以委之。斌，摹之之子也。使龍驤將軍蕭承之將兵防守。義康左右愛念者，並聽隨從，資奉優厚，信賜相係，朝廷大事皆報示之。

久之，上就會稽公主宴集，甚懽，主起再拜，叩頭，悲不自勝。上不曉其意，自起扶之。主曰：「車子歲暮必不爲陛下所容，今特請其命。」因慟哭，上亦流涕，指蔣山曰：「必無此慮。若違今誓，便是負初寧陵。」即封所飲酒賜義康，并書曰：「會稽姊飲宴憶弟，所餘酒，今封送。」故終主之身，義康得無恙。

臣光曰：文帝之於義康，友愛之情，其始非不隆也，終於失兄弟之歡，虧君臣之義。迹其亂階，正由劉湛權利之心無有厭已。詩云「貪人敗類」，其是之謂乎？

徵南兗州刺史江夏王義恭爲司徒、録尚書事。戊寅，以臨川王義慶爲南兗州刺史。

冬十一月，殷景仁既拜揚州，羸疾遂篤，上爲之敕西州道上不得有車聲。癸丑，卒。

十二月癸亥，以光禄大夫王球爲僕射。戊辰，以始興王濬爲揚州刺史。時濬尚幼，州事悉委後軍長史范曄、主簿沈璞。曄，泰之子；璞，林子之子也。曄尋遷左衛將軍，以吏部郎沈演之爲右衛將軍，對掌禁旅。又以庾炳之爲吏部郎，俱參機密。演之，勁之曾孫也。

曄有儁才，而薄情淺行，數犯名教，爲士流所鄙。性躁競，自謂才用不盡，常怏怏不得志。吏部尚書何尚之言於帝曰：「范曄志趨異常，請出爲廣州刺史。若在内釁成，不得不加鈇鉞，鈇鉞亟行，非國家之美也。」帝曰：「始誅劉湛，復遷范曄，人將謂卿等不能容才，朕信受讒言。但共知其如此，無能爲害也。」

十八年春正月，彭城王義康至豫章，辭刺史，甲辰，以義康都督江交廣三州諸軍事。前龍驤參軍巴東扶令育詣闕上表稱：「昔袁盎諫漢文帝曰：『淮南王若道路遇霜露死，陛下有殺弟之名。』文帝不用，追悔無及。彭城王義康，先朝之愛子，陛下之次弟，若有迷謬之愆，正可數之以善惡，導之以義方，奈何信疑似之嫌，一旦黜削，遠送南垂。草萊黔首，皆爲陛下痛之。廬陵往事，足爲龜鑑。恐義康年窮命盡，奄忽于南，臣雖微賤，竊爲陛下羞之。陛下徒知惡枝之宜伐，豈知伐枝之傷樹。伏願亟召義康返于京甸，兄弟協和，君臣輯睦，則四海之望塞，多言之路絶矣。何必司徒公、揚州牧然後可以置彭城王哉！若臣所言於國爲非，請伏重誅，以謝陛下。」表奏，即收付建康獄，賜死。

裴子野論曰：夫在上爲善，若雲行雨施，萬物受其賜。及其惡也，若天裂地震，萬物所驚駭。其誰弗知，其誰弗見！豈戮一人之身，鉗一夫之口，所能攘逃，所能弭滅哉！是不勝其忿怒而有增於疾疹也。以太祖之含弘，尚掩耳於彭城之戮，自斯以後，誰易由言。有宋累葉，罕聞直諒，豈骨鯁之氣，俗愧前古，抑時王刑政使之然乎？張約隕於權臣，扶育斃於哲后，宋之鼎鑊，吁，可畏哉！

二十二年。初，魯國孔熙先，博學文史，兼通數術，有縱横才志。爲員外散騎侍郎，不爲時所知，憤憤不得志。父默之爲廣州刺史，以贓獲罪，大將軍彭城王義康爲救解，得免。及義康遷豫章，熙先密懷報效；且以爲天文、圖讖，帝必以非道晏駕，由骨肉相殘，江州應出天子。以范曄志意不滿，欲引與同謀，而熙先素不爲曄所重。太子中舍人謝綜，曄之甥也，熙先傾身事之，綜引熙先與曄相識。

熙先家饒於財，數與曄博，故爲拙行，以物輸之。曄既利其財，又愛其文藝，由是情好款洽。熙先乃從容説曄曰：「大將軍英斷聰敏，人神攸屬，失職南垂，天下憤怨。小人受先君遺命，以死報大將軍之德。頃人情騷動，天文舛錯，此所謂時運之至，不可推移者也。若順天人之心，結英豪之士，表裏相應，發於肘腋，然後誅除異我，崇奉明聖，號令天下，誰敢不從！小人請以七尺之軀，三寸之舌，立功立事，而歸諸君子，丈人以爲何如？」曄甚愕然。熙先曰：「昔毛玠竭節於魏武，張温畢議於孫權，彼二人者皆國之俊乂，豈言行玷缺，然後至於禍辱哉？皆以廉直勁正，不得久容。丈人之於本朝，不深於二主，人間雅譽過於兩臣，讒夫側目，爲日久矣，比肩競逐，庸可遂乎？近者殷鐵一言而劉班碎首，彼豈父兄之讎，百世之怨乎？所争不過榮名勢利，先後之間耳。及其末也，唯恐陷之不深，發之不早，戮及百口，猶曰未厭。是可爲寒心悼懼，豈書籍遠事也哉！今建大勳，奉賢哲，圖難於易，以安易危，享厚利，收鴻名，一旦苞舉而有之，豈可棄置而不取哉！」曄猶疑未決。熙先曰：「又有過於此者，愚則未敢道耳。」曄曰：「何謂也？」熙先曰：「丈人奕葉清通，而不得連姻帝室，人以犬豕相遇，而丈人曾不恥之，欲爲之死，不亦惑乎！」曄門無内行，故熙先以此激之。曄默然不應，反意乃決。

曄與沈演之並爲帝所知，曄先至，必待演之俱入，演之先至，嘗獨被引，曄以此爲怨。曄累經義康府佐，中間獲罪於義康。謝綜及父述皆爲義康所厚，綜弟約娶義康女。綜爲義康記室參軍，自豫章還，申義康意於曄，求解晚隙，復敦往好。大將軍府史仲承祖有寵於義康，聞熙先有謀，密相結納。丹楊尹徐湛之素爲義康所愛，承祖因此結事湛之，告以密計。道人法略，尼法静，皆感義康舊恩，並與熙先往來。法静妹夫許曜領隊在臺，許爲内應。法静之豫章，熙先付以牋書，陳説圖讖。於是密相署置，及素所不善者，並入死目。熙先又使弟休先作檄文，稱：「賊臣趙伯符，肆兵犯蹕，禍流儲宰。湛之、曄等投命奮戈，即日斬伯符首及其黨與。今遣護軍將軍臧質奉璽綬迎彭城王正位辰極。」熙先以爲舉大事宜須以義康之旨諭衆，曄又詐作義康與湛之書，令誅君側之惡，宣示同黨。帝之燕武帳岡也，曄等謀以其日作亂。許曜侍帝，扣刀目曄，曄不敢仰視。俄而座散，徐湛之恐事不濟，密以其謀白帝。帝使湛之具探取本末，得其檄書、選署姓名，上之。帝乃命有司收掩窮治。其夜，呼曄置客省，先於外收綜及熙先兄弟，皆款服。帝遣使詰問曄，曄猶隱拒。熙先聞之，笑曰：「凡處分、符檄、書疏，皆范所造，云何於今方作如此抵蹋邪？」帝以曄墨迹示之，乃具陳本末。

明日，仗士送付廷尉。熙先望風吐款，辭氣不橈，上奇其才，遣人慰勉之曰：「以卿之才而滯於集書省，理應有異志，此乃我負卿也。」又責前吏部尚書何尚之曰：「使孔熙先年將三十作散騎郎，那不作賊！」熙先於獄中上書謝恩，且陳圖讖，深戒上以骨肉之禍，曰：「願且勿遺棄，存之中書。若囚死之後，或可追録，庶九泉之下，少塞釁責。」

曄在獄爲詩曰：「雖無嵇生琴，庶同夏侯色。」曄本意謂入獄即死，而上窮治其獄，遂經二旬，曄更有生望。獄吏戲之曰：「外傳詹事或當長繫。」曄聞之驚喜。綜、熙先笑之曰：「詹事疇昔攘袂瞋目，躍馬顧盼，自以爲一世之雄；今擾攘紛紜，畏死乃爾。設令賜以性命，人臣圖主，何顏可以生存？」

十二月乙未，曄、綜、熙先及其子弟、黨與皆伏誅。曄母至市，涕泣責曄，以手擊曄頸，曄色不怍。妹及妓妾來別，曄悲涕流漣。綜曰：「舅殊不及夏侯色。」曄收淚而止。謝約不預逆謀，見兄綜與熙先遊，嘗諫之曰：「此人輕事好奇，不近於道，果鋭無檢，未可與狎。」綜不從而敗。綜母以子弟自蹈逆亂，獨不出視。曄語綜曰：「姊今不來，勝人多矣。」

收籍曄家，樂器、服玩，並皆珍麗，妓妾不勝珠翠。母居止單陋，唯有一廚盛樵薪，弟子冬無被，叔父單布衣。

裴子野論曰：夫有逸羣之才，必思冲天之據，蓋俗之量，則憤常均之下。其能守之以道，將之以禮，殆爲鮮乎！劉弘仁、范蔚宗皆忸志而貪權，矜才以徇逆，累葉風素，一朝而隕。嚮之所謂智能，翻爲亡身之具矣。

徐湛之所陳多不盡，爲曄等辭所連引，上赦不問。臧質，熹之子也，先爲徐兗二州刺史，與曄厚善，曄敗，以爲義興太守。有司奏削彭城王義康爵，收付廷尉治罪。丁酉，詔免義康及其男女皆爲庶人，絶屬籍，徙付安成郡，以寧朔將軍沈邵爲安成相，領兵防守。邵，璞之兄也。義康在安成，讀書，見淮南厲王長事，廢書歎曰：「自古有此，我乃不知，得罪爲宜也。」庚戌，以前豫州刺史趙伯符爲護軍將軍。伯符，孝穆皇后之弟子也。

二十四年冬十月壬午，胡藩之子誕世殺豫章太守桓隆之，據郡反，欲奉前彭城王義康爲主。前交州刺史檀和之去官歸，過豫章，擊斬之。

二十八年。胡誕世之反也，江夏王義恭等奏：「彭城王義康數有怨言，摇動民聽，故不逞之族因以生心。請徙廣州。」上將徙義康，先遣使語之。義康曰：「人生會死，吾豈愛生？必爲亂階，雖遠何益？請死於此，恥復屢遷。」竟未及往。〔春正月〕，魏師之瓜步，人情恟懼。上慮不逞之人復奉義康爲亂，太子劭及武陵王駿、尚書左僕射何尚之屢啓宜早爲之所。上乃遣中書舍人嚴龍齎藥賜義康死。義康不肯服，曰：「佛教不許自殺，願隨宜處分。」使者以被揜殺之。

宋文圖恢復

宋文帝元嘉七年。帝自踐位以來，有恢復河南之志。三月戊子，詔簡甲卒五萬給右將軍到彦之，統安北將軍王仲德、兖州刺史竺靈秀舟師入河。又使驍騎將軍段宏將精兵八千直指虎牢，豫州刺史劉德武將兵一萬繼進，後將軍長沙王義欣將兵三萬監征討諸軍事。

先遣殿中將軍田奇使於魏，告魏主曰：「河南舊是宋土，中爲彼所侵，今當脩復舊境，不關河北。」魏主大怒曰：「我生髮未燥，已聞河南是我地，此豈可得！必若進軍，今當權斂戍相避，須冬寒地净，河冰堅合，自更取之。」

甲午，以前南廣平太守尹冲爲司州刺史。長沙王義欣出鎮彭城，爲衆軍聲援。以游擊將軍胡藩戍廣陵，行府州事。

魏南邊諸將表稱：「宋人大嚴，將入寇。請兵三萬，先其未發，逆擊之，足以挫其鋭氣，使不敢深入。」因請悉誅河北流民在境上者，以絶其鄉導。魏主使公卿議之，皆以爲當然。崔浩曰：「不可。南方下濕，入夏之後，水潦方降，草木蒙密，地氣鬱蒸，易生疾癘，不可行師。且彼既嚴備，則城守必固，留屯久攻，則糧運不繼，分軍四掠，則衆力單寡，無以應敵。以今擊之，未見其利。彼若果能北來，宜待其勞倦，秋凉馬肥，因敵取食，徐往擊之，此萬全之計也。朝廷羣臣及西北守將，從陛下征伐，西平赫連，北破蠕蠕，多獲美女、珍寶，牛馬成羣。南邊諸將，聞而慕之，亦欲南鈔，以取資財，皆營私計，爲國生事，不可從也。」魏主乃止。

諸將復表：「南寇已至，所部兵少，乞簡幽州以南勁兵助己戍守，及就漳水造船嚴備以拒之。」公卿皆以宜如所請，并署司馬楚之、魯軌、韓延之等爲將帥，使招誘南人。浩曰：「非長策也。楚之等皆彼所畏忌，今聞國家悉發幽州以南精兵，大造舟艦，隨以輕騎，謂國家欲存立司馬氏，誅除劉宗；必舉國震駭，懼於滅亡，當悉發精鋭，并心竭力，以死争之，則我南邊諸將無以禦之。今公卿欲以威力卻敵，乃所以速之也。張虛聲而召實害，此之謂矣。故楚之之徒，往則彼來，止則彼息，其勢然也。且楚之等皆纖利小才，止能招合輕薄無賴而不能成大功，徒使國家兵連禍結而已。昔魯軌説姚興以取荆州，至則敗散，爲蠻人掠賣爲奴，終於禍及姚泓，此已然之效也。」魏主未以爲然。浩乃復陳天時，以爲南方舉兵必不利，曰：「今兹害氣在揚州，一也。庚午自刑，先發者傷，二也。日食晝晦，宿值斗、牛，三也。熒惑伏於翼、軫，主亂及喪，四也。太白未出，進兵者敗，五也。夫興國之君，先脩人事，次盡地利，後觀天時，故萬舉萬全。今劉義隆新造之國，人事未洽；災變屢見，天時不協；舟行水涸，地利不盡。三者無一可，而義隆行之，必敗無疑。」魏主不能違衆言，乃詔冀、定、相三州造船三千艘，簡幽州以南戍兵集河上以備之。

夏六月，魏主使平南大將軍丹楊王大毗屯河上，以司馬楚之爲安南大將軍、荆州刺史，封琅邪王，屯潁川以備宋。

到彦之自淮入泗，泗水滲，日行纔十里，自四月至秋七月，始至須昌。乃泝河西上。魏主以河南四鎮兵少，命諸軍悉收衆北渡。戊子，魏碻磝戍兵棄城去；戊戌，滑臺戍兵亦去。庚子，魏主以大鴻臚陽平公杜超爲都督冀定相三州諸軍事、太宰，進爵陽平王，鎮鄴，爲諸軍節度。庚戌，魏洛陽、虎牢戍兵皆棄城去。

到彦之留朱脩之守滑臺，尹冲守虎牢，建武將軍杜驥守金墉。諸軍進屯靈昌津，列守南岸，至于潼關。於是司、兗既平，諸軍皆喜。王仲德獨有憂色，曰：「諸賢不諳北土情僞，必墮其計。胡虜雖仁義不足，而凶狡有餘，今斂戍北歸，必并力完聚。若河冰既合，將復南來，豈可不以爲憂乎？」

八月，魏主遣冠軍將軍安頡督護諸軍擊到彦之。丙寅，彦之遣裨將吴興姚聳夫渡河攻冶坂，與頡戰，聳夫兵敗，死者甚衆。戊寅，魏主遣征西大將軍長孫道生會丹楊王大毗屯河上，禦彦之。

冬十月，到彦之、王仲德沿河置守，還保東平。乙亥，魏安頡自委粟津濟河，攻金墉。金墉城不治既久，又無糧食，杜驥欲棄城走，恐獲罪。初，高祖滅秦，遷其鍾虡於江南，有大鍾没於洛水，帝使姚聳夫將千五百人往取之。驥紿之曰：「金墉城已脩完，糧食亦足，所乏者人耳。今虜騎南渡，當相與併力禦之，大功既立，牽鍾未晚。」聳夫從之。既至，見城不可守，乃引去，驥遂南遁。丙子，安頡拔洛陽，殺將士五千餘人。杜驥歸，言於帝曰：「本欲以死固守，姚聳夫及城遽走，人情沮敗，不可復禁。」上大怒，誅聳夫於壽陽。聳夫勇健，諸偏裨莫及也。

魏河北諸軍會於七女津。到彦之恐其南渡，遣裨將王蟠龍泝流奪其船，杜超等擊斬之。安頡與龍驤將軍陸俟進攻虎牢，辛巳，拔之，尹冲及滎陽太守清(和)〔河〕崔模降魏。

十一月壬辰，加征南大將軍檀道濟都督征討諸軍事，帥衆伐魏。

甲午，魏壽光侯叔孫建、汝陰公長孫道生濟河而南。

到彦之聞洛陽、虎牢不守，諸軍相繼奔敗，欲引兵還。殿中將軍垣護之以書諫之，以爲：「宜使竺靈秀助朱脩之守滑臺，自帥大軍進擬河北。」且曰：「昔人有連年攻戰，失衆乏糧，猶張膽争前，莫肯輕退。況今青州豐穰，濟漕流通，士馬飽逸，威力無損。若空棄滑臺，坐喪成業，豈朝廷受任之旨邪！」彦之不從。護之，苗之子也。

彦之欲焚舟步走，王仲德曰：「洛陽既陷，虎牢不守，自然之勢也。今虜去我猶千里，滑臺尚有强兵，若遽捨舟南走，士卒必散。當引舟入濟，至馬耳谷口，更詳所宜。」彦之先有目疾，至是大動，且將士疾疫，乃引兵自清入濟。南至歷城，焚舟棄甲，步趨彭城。竺靈秀棄須昌南奔湖陸。青、兖大擾。長沙王義欣在彭城，將佐恐魏兵大至，勸義欣委鎮還都，義欣不從。

魏兵攻濟南，濟南太守武進蕭承之帥數百人拒之。魏衆大集，承之使偃兵，開城門。衆曰：「賊衆我寡，奈何輕敵之甚！」承之曰：「今懸守窮城，事已危急，若復示弱，必爲所屠，唯當見强以待之耳。」魏人疑有伏兵，遂引去。

戊戌，魏叔孫建攻竺靈秀於湖陸，靈秀大敗，死者五千餘人。建還屯范城。

辛丑，魏安頡督諸軍攻滑臺。魏以叔孫建都督冀青等四州諸軍事。

十二月，右將軍到彦之、安北將軍王仲德皆下獄，免官。兗州刺史竺靈秀坐棄軍，伏誅。上見垣護之書而善之，以爲北高平太守。彦之之北伐也，甲兵資實甚盛；及敗還，委棄盪盡，府藏、武庫爲之空虚。

八年春正月丙申，檀道濟等自清水救滑臺，魏叔孫建、長孫道生拒之。丁酉，道濟至壽張，遇魏安平公乙旃眷，道濟帥寧朔將軍王仲德、驍騎將軍段宏奮擊，大破之，轉戰至高梁亭，斬魏濟州刺史悉煩庫結。

二月，檀道濟等進至濟上，二十餘日間，前後與魏三十餘戰，道濟多捷。軍至歷城，叔孫建等縱輕騎邀其前後，焚燒穀草，道濟軍乏食，不能進。由是安頡、司馬楚之等得專力攻滑臺，魏主復使楚兵將軍王慧龍助之。朱脩之堅守數月，糧盡，士卒熏鼠食之。辛酉，魏克滑臺，執脩之及東郡太守申謨，虜獲萬餘人。

檀道濟等食盡，自歷城引還，軍士有亡降魏者，具告之。魏人追之，衆恟懼，將潰。道濟夜唱籌量沙，以所餘少米覆其上。及旦，魏軍見之，謂道濟資糧有餘，以降者爲妄而斬之。時道濟兵少，魏兵甚盛，騎士四合。道濟命軍士皆被甲，己白服乘輿，引兵徐出。魏人以爲有伏兵，不敢逼，稍稍引退，道濟全軍而返。

青州刺史蕭思話聞道濟南歸，欲委鎮保險，濟南太守蕭承之固諫，不從。丁丑，思話棄鎮奔平昌，參軍劉振之戍下邳，聞之，亦委城走。魏軍竟不至，而東陽積聚已爲百姓所焚，思話坐徵，繫尚方。

庚戌，魏安頡等還平城。魏主嘉朱脩之守節，拜侍中，妻以宗女。

初，帝之遣到彦之也，戒之曰：「若北國兵動，先其未至，徑前入河；若其不動，留彭城勿進。」及安頡得宋俘，魏主始聞其言，謂公卿曰：「卿輩前謂我用崔浩計爲謬，驚怖固諫。常勝之家，始皆自謂踰人，至於歸終，乃不能及。」司馬楚之上疏，以爲「諸方已平，請大舉伐宋」。魏主以兵久勞，不許。徵楚之爲散騎常侍，以王慧龍爲滎陽太守。慧龍在郡十年，農戰並脩，大著聲績，歸附者萬餘家。帝縱反間於魏，云「慧龍自以功高位下，欲引宋人入寇，因執司馬楚之以叛」。魏主聞之，賜慧龍璽書曰：「劉義隆畏將軍如虎，欲相中害，朕自知之。風塵之言，想不足介意。」帝復遣刺客呂玄伯刺之，曰：「得慧龍首，封二百户男，賞絹千匹。」玄伯詐爲降人，求屏人有所論。慧龍疑之，使人探其懷，得尺刀。玄伯叩頭請死，慧龍曰：「各爲其主耳。」釋之。左右諫曰：「宋人爲謀未已，不殺玄伯無以制將來。」慧龍曰：「死生有命，彼亦安能害我。我以仁義爲扞蔽，又何憂乎？」遂捨之。

夏閏六月，魏主遣散騎侍郎周紹來聘，且求昏，帝依違答之。

九年夏五月，帝遣使者趙道生聘于魏。六月，魏主遣散騎常侍鄧穎來聘。

十年春二月壬午，魏主如河西，遣兼散騎常侍宋宣來聘，且爲太子晃求婚，帝依違答之。

冬十二月，魏寧朔將軍盧玄來聘。

十四年春二月，帝遣散騎常侍劉熙伯如魏議納幣，會帝女亡而止。

十八年秋八月辛亥，魏遣散騎侍郎張偉來聘。

二十一年〔秋八月〕，魏主使員外散騎常侍高濟來聘。

二十二年夏六月，帝謀伐魏。

冬十一月，魏選六州驍騎二萬，使永昌王仁、高凉王那分將之，爲二道，掠淮、泗以北，徙青、徐之民以實河北。

二十三年春二月，太原顔白鹿私入魏境，爲魏人所得，將殺之，詐云「青州刺史杜驥使其歸誠」。魏人送白鹿詣平城，魏主喜曰：「我外家也。」使崔浩作書與驤，且命永昌王仁、高涼王那將兵迎驤，攻冀州刺史申恬於歷城。杜驤遣其府司馬夏侯祖歡等將兵救歷城，魏人遂寇兗、青、冀三州，至清東而還，殺掠甚衆，北邊騷動。

帝以魏寇爲憂，咨訪羣臣。御史中丞何承天上表，以爲：「凡備匈奴之策，不過二科：武夫盡征伐之謀，儒生講和親之約。今若欲追蹤衛、霍，自非大田淮、泗，内實青、徐，使民有贏儲，野有積穀，然後發精卒十萬，一舉蕩夷，則不足爲也。若但欲遣軍追討，報其侵暴，則彼必輕騎奔走，不肯會戰，徒興巨費，不損於彼，報復之役，將遂無已，斯策之最末者也。安邊固守，於計爲長。臣竊以曹、孫之霸，才均智敵，江、淮之間，不居各數百里。何者？斥候之郊，非耕牧之地，故堅壁清野以候其來，整甲繕兵以乘其弊。保民全境，不出此塗。要而歸之，其策有四：一曰移遠就近。今青、兗舊民及冀州新附，在界首者三萬餘家，可悉徙置大峴之南，以實内地。二曰多築城邑，以居新徙之家，假其經用，春夏佃牧，秋冬入保。寇至之時，一城千家，堪戰之士，不下二千，其餘羸弱，猶能登陴鼓譟，足抗羣虜三萬矣。三曰纂偶車牛，以載糧械，計千家之資，不下五百耦牛，爲車五百兩，參合鉤連，以衛其衆。設使城不可固，平行趨險，賊所不能干，有急徵發，信宿可聚。四曰計丁課仗。凡戰士二千，隨其便能，各自有仗，素所服習，銘刻由己，還保輸之於庫，出行請以自新。弓簳利鐵，民不得者，官以漸充之。數年之内，軍用粗備矣。近郡之師，遠屯清、濟，功費既重，嗟怨亦深，以臣料之，未若即用彼衆之易也。今因民所利，導而帥之，兵强而敵不戒，國富而民不勞，比於優復隊伍，坐食糧稟者，不可同年而校矣。」

二十六年。帝欲經略中原，羣臣爭獻策以迎合取寵。彭城太守王玄謨尤好進言，帝謂侍臣曰：「觀玄謨所陳，令人有封狼居須意。」御史中丞袁淑言於上曰：「陛下今當席卷趙、魏，檢玉岱宗，臣逢千載之會，願上封禪書。」上悦。淑，耽之曾孫也。秋七月辛未，以廣陵王誕爲雍州刺史。上以襄陽外接關、河，欲廣其資力，乃罷江州軍府文武，悉配雍州，湘州入臺租税，悉給襄陽。

二十七年（春正月），魏主將入寇，二月甲午，大獵於梁川。帝聞之，敕淮、泗諸郡：「若魏寇小至，則各堅守；大至，則拔民歸壽陽。」邊戍偵候不明，辛亥，魏主自將步騎十萬奄至。南頓太守鄭琨、潁川太守郭道隱並棄城走。是時，豫州刺史南平王鑠鎮壽陽，遣左軍行參軍陳憲行汝南郡事，守懸瓠，城中戰士不滿千人，魏主圍之。

三月，以軍興，減内外百官俸三分之一。

魏人晝夜攻懸瓠，多作高樓，臨城以射之，矢下如雨，城中負户以汲，施大鉤於衝車之端以牽樓堞，壞其南城。陳憲内設女牆，外立木栅以拒之。魏人填塹，肉薄登城，憲督厲將士苦戰，積尸與城等。魏人乘尸上城，短兵相接，憲鋭氣愈奮，戰士無不一當百，殺傷萬計，城中死者亦過半。

魏主遣永昌王仁將步騎萬餘，驅所掠六郡生口北屯汝陽。時徐州刺史武陵王駿鎮彭城，帝遣間使命駿發騎，齎三日糧襲之。駿發百里内馬得千五百匹，分爲五軍，遣參軍劉泰之帥安北騎兵行參軍垣謙之、田曹行參軍臧肇之、集曹行參軍尹定、武陵左常侍杜幼文、殿中將軍程天祚等將之，直趨汝陽。魏人唯慮救兵自壽陽來，不備彭城。丁酉，泰之等潛進擊之，殺三千餘人，燒其輜重，魏人奔散，諸生口悉得東走。魏人偵知泰之等兵無後繼，復引兵擊之。垣謙之先退，士卒驚亂，棄仗走。泰之爲魏人所殺，肇之溺死，天祚爲魏所擒，謙之、定、幼文及士卒免者九百餘人，馬還者四百匹。

魏主攻懸瓠四十二日，帝遣南平内史臧質詣壽陽，與安蠻司馬劉康祖共將兵救懸瓠。魏主遣殿中尚書任城公乞地真逆拒之，質等擊斬乞地真。康祖，道錫之從兄也。

夏四月，魏主引兵還，癸卯，至平城。

壬子，安北將軍武陵王駿降號鎮軍將軍，垣謙之伏誅，尹定、杜幼文付尚方。以陳憲爲龍驤將軍、汝南、新蔡二郡太守。

魏主遺帝書曰：「前蓋吴反逆，扇動關、隴。彼復使人就而誘之，丈夫遺以弓矢，婦人遺以環釧，是曹正欲譎誑取賂，豈有遠相服從之理。爲大丈夫，何不自來取之，而以貨誘我邊民？募往者復除七年，是賞姦也。我今來至此土，所得多少，孰與彼前後得我民邪？彼若欲存劉氏血食者，當割江以北輸之，攝守南度，如此當釋江南使彼居之。不然，可善敕方鎮、刺史、守宰嚴供帳之具，來秋當往取揚州。大勢已至，終不相縱。彼往日北通蠕蠕，西結赫連、沮渠、吐谷渾，東連馮弘、高麗，凡此數國，我皆滅之。以此而觀，彼豈能獨立？蠕蠕吳提、吐賀真皆已死，我今北征，先除有足之寇。彼若不從命，來秋當復往取之。以彼無足，故不先討耳。我往之日，彼作何計，爲掘塹自守，爲築垣以自障也？我當顯然往取揚州，不若彼翳行竊步也。彼來偵諜，我已擒之，復縱還。其人目所盡見，委曲善問之。彼前使裴方明取仇池，既得之，疾其勇功，已不能容。有臣如此，尚殺之，烏得與我校邪！彼非我敵也。彼常欲與我一交戰，我亦不癡，復非苻堅，何時與彼交戰？晝則遣騎圍繞，夜則離彼百里外宿，吳人正有斫營伎，彼募人以來，不過行五十里，天已明矣。彼募人之首，豈得不爲我有哉？彼公時舊臣雖老，猶有智策，知今已殺盡，豈非天資我邪？取彼亦不須我兵刃，此有善呪婆羅門，當使鬼縛以來耳。」

六月，上欲伐魏，丹楊尹徐湛之、吏部尚書江湛、彭城太守王玄謨等並勸之。左軍將軍劉康祖以爲「歲月已晚，請待明年」。上曰：「北方苦虜虐政，義徒並起。頓兵一周，沮向義之心，不可。」太子步兵校尉沈慶之諫曰：「我步彼騎，其勢不敵。檀道濟再行無功，到彦之失利而返。今料王玄謨等，未踰兩將，六軍之盛，不過往時，恐重辱王師。」上曰：「王師再屈，别自有由，道濟養寇自資，彦之中塗疾動。虜所恃者唯馬，今夏水浩汗，河道流通，泛舟北下，碻磝必走，滑臺小戍，易可覆拔。克此二城，館穀弔民，虎牢、洛陽，自然不固。比及冬初，城守相接，虜馬過河，即成擒也。」慶之又固陳不可，上使徐湛之、江湛難之。慶之曰：「治國譬如治家，耕當問奴，織當訪婢。陛下今欲伐國，而與白面書生輩謀之，事何由濟？」上大笑。太子劭及護軍將軍蕭思話亦諫，上皆不從。

魏主聞上將北伐，復與上書曰：「彼此和好日久，而彼志無厭，誘我邊民。今春南巡，聊省我民，驅之使還。今聞彼欲自來，設能至中山及桑乾川，隨意而行，來亦不迎，去亦不送。若厭其區宇者，可來平城居，我亦往揚州，相與易地。彼年已五十，未嘗出户，雖自力而來，如三歲嬰兒，與我鮮卑生長馬上者果如何哉？更無餘物可以相與，今送獵馬十二匹并氈、藥等物。彼來道遠，馬力不足，可乘，或不服水土，藥可自療也。」

秋七月庚午，詔曰：「虜近雖摧挫，獸心靡革。比得河朔、秦、雍華戎表疏，歸訴困棘，跂望綏拯，潛相糾結，以候王師。芮芮亦遣間使遠輸誠款，誓爲掎角，經略之會，實在兹日。可遣寧朔將軍王玄謨，帥太子步兵校尉沈慶之、鎮軍諮議參軍申坦水軍入河，受督於青冀二州刺史蕭斌；　太子左衛率臧質、驍騎將軍王方回徑造許、洛；　徐兗二州刺史武陵王駿、豫州刺史南平王鑠，各勒所部，東西齊舉；　梁南北秦三州刺史劉秀之震盪汧、隴；　太尉江夏王義恭出次彭城，爲衆軍節度。」坦，鍾之曾孫也。

是時軍旅大起，王公、妃主及朝士、牧守下至富民，各獻金帛、雜物以助國用。又以兵力不足，悉發青、冀、徐、豫、二兗六州三五民丁，倩使暫行，符到十日裝束，緣江五郡集廣陵，緣淮三郡集盱眙。又募中外有馬步衆藝、武力之士應科者，皆加厚賞。有司又奏軍用不充，揚、南徐、兗、江四州富民，家貲滿五十萬，僧尼滿二十萬，並四分借一，事息即還。

建武司馬申元吉引兵趣碻磝。乙亥，魏濟州刺史王買德棄城走。蕭斌遣將軍崔猛攻樂安，魏青州刺史張淮之亦棄城走。斌與沈慶之留守碻磝，使王玄謨進圍滑臺。雍州刺史隨王誕遣中兵參軍柳元景、振威將軍尹顯祖、奮武將軍曾方平、建武將軍薛安都、略陽太守龐法起將兵出弘農。後軍外兵參軍龐季明年七十餘，自以關中豪右，請入長安招合夷夏，誕許之。乃自貲谷入盧氏，盧氏民趙難納之。季明遂誘説士民，應之者甚衆，安都等因之自熊耳山出，元景引兵繼進。豫州刺史南平王鑠遣中兵參軍胡盛之出汝南，梁坦出上蔡向長社，魏荆州刺史魯爽鎮長社，棄城走。爽，軌之子也。幢主王陽兒擊魏豫州刺史僕蘭，破之，僕蘭奔虎牢。鑠又遣安蠻司馬劉康祖將兵助坦，進逼虎牢。

魏羣臣初聞有宋師，言於魏主，請遣兵救緣河穀帛。魏主曰：「馬今未肥，天時尚熱，速出必無功。若兵來不止，且還陰山避之。國人本著羊皮袴，何用綿帛？展至十月，吾無憂矣。」九月辛卯，魏主引兵南救滑臺，命太子晃屯漠南以備柔然，吴王余守平城。庚子，魏發州郡兵五萬分給諸軍。

王玄謨士衆甚盛，器械精嚴，而玄謨貪愎好殺。初圍滑臺，城中多茅屋，衆請以火箭燒之。玄謨曰：「彼，吾財也，何遽燒之。」城中即撤屋穴處。時河、洛之民競出租穀，操兵來赴者日以千數，玄謨不即其長帥而以配私暱，家付匹布，責大梨八百，由是衆心失望。攻城數月不下，聞魏救將至，衆請發車爲營，玄謨不從。

冬十月癸亥，魏主至枋頭，使關内侯代人陸真夜與數人犯圍，潛入滑臺，撫慰城中，且登城視玄謨營曲折還報。乙丑，魏主渡河，衆號百萬，鞞鼓之聲，震動天地。玄謨懼，退走。魏人追擊之，死者萬餘人，麾下散亡略盡，委棄軍資、器械山積。

先是，玄謨遣鍾離太守垣護之以百舸爲前鋒，據石濟，在滑臺西南百二十里。護之聞魏兵將至，馳書勸玄謨急攻，曰：「昔武皇攻廣固，死没者甚衆。況今事迫於曩日，豈得計士衆傷疲，願以屠城爲急。」玄謨不從。及玄謨敗退，不暇報護之。魏人以所得玄謨戰艦連以鐵鎖三重。斷河以絶護之還路。河水迅急，護之中流而下，每至鐵鎖，以長柯斧斷之，魏不能禁，唯失一舸，餘皆完備而返。

蕭斌遣沈慶之將五千人救玄謨。慶之曰：「玄謨士衆疲老，寇虜已逼，得數萬人乃可進，小軍輕往無益也。」斌固遣之。會玄謨遁還，斌將斬之，慶之固諫曰：「佛貍威震天下，控弦百萬，豈玄謨所能當。且殺戰將以自弱，非良計也。」斌乃止。

斌欲固守碻磝，慶之曰：「今青、冀虛弱，而坐守窮城，若虜衆東過，清東非國家有也。碻磝孤絶，復作朱脩之滑臺耳。」會詔使至，不聽斌等退師。斌復召諸將議之，並謂宜留。慶之曰：「閫外之事，將軍得以專之。詔從遠來，不知事勢。節下有一范增不能用，空議何施？」斌及坐者並笑曰：「沈公乃更學問。」慶之厲聲曰：「衆人雖知古今，不如下官耳學也。」斌乃使王玄謨戍碻磝，申坦、垣護之據清口，自帥諸軍還歷城。

閏月，龐法起等諸軍入盧氏，斬縣令李封，以趙難爲盧氏令，使帥其衆爲鄉導。柳元景自百丈崖從諸軍於盧氏。法起等進攻弘農，辛未，拔之，擒魏弘農太守李初古拔。薛安都留屯弘農。丙戌，龐法起進向潼關。

魏主命諸將分道並進，永昌王仁自洛陽趣壽陽，尚書長孫真趣馬頭，楚王建趣鍾離，高涼王那自青州趣下邳，魏主自東平趣鄒山。十一月辛卯，魏主至鄒山，魯郡太守崔邪利爲魏所擒。魏主見秦始皇石刻，使人排而仆之，以太牢祠孔子。

楚王建自清西進屯蕭城，步尼公自清東進屯留城。武陵王駿遣參軍馮文恭將兵向蕭城，江夏王義恭遣軍主嵇玄敬將兵向留城。文恭爲魏所敗。步尼公遇玄敬，引兵趣苞橋，欲渡清西，沛縣民燒苞橋，夜於林中擊鼓，魏以爲宋兵大至，争渡苞水，溺死者殆半。

詔以柳元景爲弘農太守。元景使薛安都、尹顯祖先引兵就龐法起等於陝，元景於後督租。陝城險固，諸軍攻之不拔。魏洛州刺史張是連提帥衆二萬度崤救陝，安都等與戰於城南，魏人縱突騎，諸軍不能敵。安都怒，脱兜鍪，解鎧，唯著絳納兩當衫，馬亦去具裝，瞋目橫矛，單騎突陳，所向無前，魏人夾射不能中。如是數四，殺傷不可勝數。會日暮，别將魯元保引兵自函谷關至，魏兵乃退。元景遣軍副柳元怙將步騎二千救安都等，夜至，魏人不之知。明日，安都等陳於城西南。曾方平謂安都曰：「今勍敵在前，堅城在後，是吾取死之日。卿若不進，我當斬卿，我若不進，卿斬我也。」安都曰：「善，卿言是也。」遂合戰。元怙引兵自南門鼓譟直出，旌旗甚盛，魏衆驚駭。安都挺身奮擊，流血凝肘，矛折，易之更入，諸軍齊奮。自旦至日昃，魏衆大潰，斬張是連提及將卒三千餘級，其餘赴河塹死者甚衆，生降二千餘人。明日，元景至，讓降者曰：「汝輩本中國民，今爲虜盡力，力屈乃降，何也？」皆曰：「虜驅民使戰，後出者滅族，以騎蹙步，未戰先死，此將軍所親見也。」諸將欲盡殺之，元景曰：「今王旗北指，當令仁聲先路。」盡釋而遣之，皆稱萬歲而去。甲午，克陜城。

龐法起等進攻潼關，魏戍主婁須棄城走，法起等據之。關中豪桀所在蠭起，及四山羌胡皆來送款。上以王玄謨敗退，魏兵深入，柳元景等不宜獨進，皆召還。元景使薛安都斷後，引兵歸襄陽。詔以元景爲襄陽太守。

魏永昌王仁攻懸瓠、項城，拔之。帝恐魏兵至壽陽，召劉康祖使還。癸卯，仁將八萬騎追及康祖於尉武。康祖有衆八千人，軍副胡盛之欲依山險間行取至，康祖怒曰：「臨河求敵，遂無所見，幸其自送，奈何避之！」乃結車營而進，下令軍中曰：「顧望者斬首，轉步者斬足。」魏人四面攻之，將士皆殊死戰，自旦至晡，殺魏兵萬餘人，流血没踝。康祖身被十創，意氣彌厲。魏分其衆爲三，且休且戰，會日暮風急，魏以騎負草燒車營，康祖隨補其闕。有流矢貫康祖頸，墜馬死，餘衆不能戰，遂潰，魏人掩殺殆盡。

南平王鑠使左軍行參軍王羅漢以三百人戍尉武。魏兵至，衆欲南依卑林以自固，羅漢以受命居此，不去。魏人攻而擒之，鎖其頸，使三郎將掌之。羅漢夜斷三郎將首，抱鎖亡奔盱眙。

魏永昌王仁進逼壽陽，焚掠馬頭、鍾離，南平王鑠嬰城固守。

魏軍在蕭城，去彭城十餘里。彭城兵雖多而食少，太尉江夏王義恭欲棄彭城南歸。

安北中兵參軍沈慶之以爲歷城兵少食多，欲爲函箱車陳，以精兵爲外翼，奉二王及妃女直趨歷城，分兵配護軍蕭思話，使留守彭城。太尉長史何勗欲席卷奔鬱洲，自海道還京師。義恭去意已判，唯二議彌日未決。安北長史沛郡太守張暢曰：「若歷城、鬱洲有可至之理，下官敢不高贊。今城中乏食，百姓咸有走志，但以關扃嚴固，欲去莫從耳。一旦動足，則各自逃散，欲至所在，何由可得？今軍食雖寡，朝夕猶未窘罄，豈有捨萬安之術，而就危亡之道。若此計必行，下官請以頸血污公馬蹄。」武陵王駿謂義恭曰：「阿父既爲總統，去留非所敢干。道民忝爲城主，而委鎮奔逃，實無顏復奉朝廷，必與此城共其存没，張長史言不可異也。」義恭乃止。

壬子，魏主至彭城，立氈屋於戲馬臺以望城中。馬文恭之敗也，隊主蒯應没於魏。魏主遣應至小市門求酒及甘蔗，武陵王駿與之，仍就求橐駝。明日，魏主使尚書李孝伯至南門餉義恭貂裘，餉駿橐駝及騾，且曰：「魏主致意安北，可暫出見我，我亦不攻此城，何爲勞苦將士，備守如此？」駿使張暢開門出見之，曰：「安北致意魏主，常遲面寫，但以人臣無境外之交，恨不暫悉。備守乃邊鎮之常，悦以使之，則勞而無怨耳。」魏主求甘橘及借博具，皆與之；復餉氈及九種鹽胡豉。又借樂器，義恭應之曰：「受任戎行，不齎樂具。」孝伯問暢：「何爲怱怱閉門絶橋？」暢曰：「二王以魏主營壘未立，將士疲勞，此精甲十萬，恐輕相陵踐，故閉城耳。待休息士馬，然後共治戰場，刻日交戲。」孝伯曰：「賓有禮，主則擇之。」暢曰：「昨見衆賓至門，未爲有禮。」魏主使人來言曰：「致意太尉、安北，何不遣人來至我所？彼此之情，雖不可盡，要須見我小大，知我老小，觀我爲人。若諸佐不可遣，亦可使僮幹來。」暢以二王命對曰：「魏主形狀才力，久爲來往所具。李尚書親自銜命，不患彼此不盡，故不復遣使。」孝伯又曰：「王玄謨亦常才耳，南國何意作如此任使，以致奔敗？自入此境七百餘里，主人竟不能一相拒逆。鄒山之險，君家所憑，前鋒始接，崔邪利遽藏入穴，諸將倒曳出之。魏主賜其餘生，今從在此。」暢曰：「王玄謨南土偏將，不謂爲才，但以之爲前驅。大軍未至，河冰向合，玄謨因夜還軍，致戎馬小亂耳。崔邪利陷没，何損於國？魏主自以數十萬衆制一崔邪利，乃足言邪？知入境七百里無相拒者，此自太尉神算，鎮軍聖略，用兵有機，不用相語。」孝伯曰：「魏主當不圍此城，自帥衆軍直造瓜步。南事若辦，彭城不待圍；若其不捷，彭城亦非所須也。我今當南飲江、湖以療渴耳。」暢曰：「去留之事，自適彼懷。若虜馬遂得飲江，便爲無復天道。」先是童謡云「虜馬飲江水，佛貍死卯年」，故暢云然。暢音容雅麗，孝伯與左右皆歎息。孝伯亦辯贍，且去，謂暢曰：「長史深自愛，相去步武，恨不執手。」暢曰：「君善自愛，冀蕩定有期，相見無遠，君若得還宋朝，今爲相識之始。」

上起楊文德爲輔國將軍，引兵自漢中西入，摇動汧、隴。

魏主攻彭城，不克。十二月丙辰朔，引兵南下，使中書郎魯秀出廣陵，高凉王那出山陽，永昌王仁出横江，所過無不殘滅，城邑皆望風奔潰。戊午，建康纂嚴。己未，魏兵至淮上。上使輔國將軍臧質將萬人救彭城，至盱眙，魏主已過淮。質使冗從僕射胡崇之、積弩將軍臧澄之營東山，建威將軍毛熙祚據前浦，質營於城南。乙丑，魏燕王譚攻崇之等，三營皆敗没，質案兵不敢救。是夕，質軍亦潰，質棄輜重、器械，單將七百人赴城。

初，盱眙太守沈璞到官，王玄謨猶在滑臺，江、淮無警。璞以郡當衝要，乃繕城浚隍，積財穀，儲矢石，爲城守之備。僚屬皆非之，朝廷亦以爲過。及魏兵南向，守宰多棄城走。或勸璞宜還建康，璞曰：「虜若以城小不顧，夫復何懼？若肉薄來攻，此乃吾報國之秋，諸君封侯之日也，奈何去之？諸君嘗見數十萬人聚於小城之下而不敗者乎？昆陽、合肥，前事之明驗也。」衆心稍定。璞收集得二千精兵，曰：「足矣。」及臧質向城，衆謂璞曰：「虜若不攻城，則無所事衆。若其攻城，則城中止可容見力耳，地狹人多，鮮不爲患。且敵衆我寡，人所共知。若以質衆能退敵完城者，則全功不在我。若避罪歸都，會資舟楫，必更相蹂踐，正足爲患，不若閉門勿受。」璞歎曰：「虜必不能登城，敢爲諸軍保之。舟楫之計，固已久息。虜之殘害，古今未有，屠剥之苦，衆所共見，其中幸者，不過得驅還北國作奴婢耳。彼雖烏合，寧不憚此邪？所謂『同舟而濟，胡、越一心』者也。今兵多則虜退速，少則退緩，吾寧可欲專功而留虜乎！」乃開門納質。質見城中豐實，大喜，衆皆稱萬歲，因與璞共守。

魏人之南寇也，不齎糧用，唯以抄掠爲資。及過淮，民多竄匿，抄掠無所得，人馬飢乏。聞盱眙有積粟，欲以爲北歸之資。既破崇之等，一攻城不拔，即留其將韓元興以數千人守盱眙，自帥大衆南向。由是盱眙得益完守備。

庚午，魏主至瓜步，壞民廬舍及伐葦爲筏，聲言欲渡江。建康震懼，民皆荷擔而立。壬午，內外戒嚴。丹楊統內盡户發丁，王公以下子弟皆從役。命領軍將軍劉遵考等將兵分守津要，遊邏上接于湖，下至蔡洲，陳艦列營，周亘江濱，自采石至于暨陽，六七百里。太子劭出鎮石頭，總統水軍，丹楊尹徐湛之守石頭倉城。吏部尚書江湛兼領軍軍事，處置悉以委焉。

上登石頭城，有憂色，謂江湛曰：「北伐之計，同議者少。今日士民勞怨，不得無慚，貽大夫之憂，予之過也。」又曰：「檀道濟若在，豈使胡馬至此！」上又登莫府山，觀望形勢。購魏主及王公首，許以封爵、金帛。又募人齎野葛酒置空村中，欲以毒魏人，竟不能傷。

魏主鑿瓜步山爲蟠道，於其上設氈屋。魏主不飲河南水，以橐駝負河北水自隨。餉上橐駝、名馬，并求和，請婚。上遣奉朝請田奇餉以珍羞、異味。魏主得黄甘即噉之，并大進酃酒。左右有附耳語者，疑食中有毒。魏主不應，舉手指天，以其孫示奇曰：「吾遠來至此，非欲爲功名，實欲繼好息民，永結姻援。宋若能以女妻此孫，我以女妻武陵王，自今匹馬不復南顧。」奇還，上召太子劭及羣臣議之。衆並謂宜許，江湛曰：「戎狄無親，許之無益。」劭怒，謂湛曰：「今三王在阨，詎宜苟執異議！」聲色甚厲。坐散俱出，劭使班劍及左右排湛，湛幾至僵仆。

劭又言於上曰：「北伐敗辱，數州淪破，獨有斬江湛、徐湛之可以謝天下。」上曰：「北伐自是我意，江、徐但不異耳。」由是太子與江、徐不平，魏亦竟不成婚。

二十八年春正月丙戌朔，魏主大會羣臣於瓜步山上，班爵行賞有差。魏人緣江舉火，太子右衛率尹弘言於上曰：「六夷如此，必走。」丁亥，魏掠居民，焚廬舍而去。

初，上聞魏將入寇，命廣陵太守劉懷之逆燒城府、船乘，盡帥其民渡江。山陽太守蕭僧珍悉斂其民入城，臺送糧仗詣盱眙及滑臺者，以路不通，皆留山陽。蓄陂水令滿，須魏人至，決以灌之。魏人過山陽，不敢留，因攻盱眙。

魏主就臧質求酒，質封溲便與之。魏主怒，築長圍，一夕而合。運東山土石以填塹，作浮橋於君山，絶水陸道。魏主遺質書曰：「吾今所遣鬬兵，盡非我國人，城東北是丁零與胡，南是氐、羌。設使丁零死，正可減常山、趙郡賊；胡死，減并州賊；氐、羌死，減關中賊。卿若殺之，無所不利。」質復書曰：「省示，具悉姦懷。爾自恃四足，屢犯邊境。王玄謨退於東，申坦散於西，爾知其所以然邪？爾獨不聞童謡之言乎？蓋卯年未至，故以二軍開飲江之路耳。冥期使然，非復人事。寡人受命相滅，期之白登，師行未遠。爾自送死，豈容復令爾生全，饗有桑乾哉！爾有幸得爲亂兵所殺，不幸則生相鎖縛，載以一驢，直送都市耳。我本不圖全，若天地無靈，力屈於爾，齏之、粉之，屠之、裂之，猶未足以謝本朝。爾智識及衆力，豈能勝苻堅邪？今春雨已降，兵方四集，爾但安意攻城，勿遽走。糧食乏者，可見語，當出廩相貽。得所送劍刀，欲令我揮之爾身邪？」魏主大怒，作鐵牀，於其上施鐵鑱，曰：「破城得質，當坐之此上。」質又與魏衆書曰：「爾語虜中諸士庶：佛貍見與書，相待如此。爾等正朔之民，何爲自取糜滅，豈可不知轉禍爲福邪？」并寫臺格以與之，云「斬佛貍首，封萬户侯，賜布絹各萬匹」。

魏人以鉤車鉤城樓，城内繫以彄絙，數百人唱呼引之，車不能退。既夜，縋桶懸卒出，截其鉤，獲之。明日，又以衝車攻城，城土堅密，每至，頹落不過數升。魏人乃肉薄登城，分番相代，墜而復升，莫有退者，殺傷萬計，尸與城平。凡攻之三旬，不拔。會魏軍中多疾疫，或告以建康遣水軍自海入淮，又敕彭城斷其歸路。二月丙辰朔，魏主燒攻具退走。盱眙人欲追之，沈璞曰：「今兵不多，雖可固守，不可出戰，但整舟楫，示若欲北渡者，以速其走，計不須實行也。」臧質以璞城主，使之上露板，璞固辭，歸功於質。上聞，益嘉之。

魏師過彭城，江夏王義恭震懼不敢擊。或告「虜驅南口萬餘，夕應宿安王陂，去城數十里，今追之，可悉得」。諸將皆請行，義恭禁不許。明日，驛使至，上敕義恭悉力急追。魏師已遠，義恭乃遣鎮軍司馬檀和之向蕭城。魏人先已聞之，盡殺所驅者而去。程天祚逃歸。

魏人凡破南兗、徐、兗、豫、青、冀六州，殺掠不可勝計，丁壯者即加斬截，嬰兒貫於槊上，盤舞以爲戲。所過郡縣，赤地無餘，春燕歸，巢於林木。魏之士馬死傷亦過半，國人皆尤之。

上每命將出師，常授以成律，交戰日時，亦待中詔，是以將帥趑趄，莫敢自決。又江南白丁，輕進易退，此其所以敗也。自是邑里蕭條，元嘉之政衰矣。

癸酉，詔賑恤郡縣民遭寇者，蠲其稅調。甲戌，降太尉義恭爲驃騎將軍、開府儀同三司。

戊寅，魏主濟河。

辛巳，降鎮軍將軍武陵王駿爲北中郎將。壬午，上如瓜步，是日解嚴。

三月乙酉，帝還宮。

己亥，魏主還平城，飲至告廟，以降民五萬餘家分置近畿。

初，魏主過彭城，遣人語城中曰：「食盡且去，須麥熟更來。」及期，江夏王義恭議欲芟麥翦苗，移民保聚。鎮軍録事參軍王孝孫曰：「虜不能復來，既自可保，如其更至，此議亦不可立。百姓閉在内城，饑饉日久，方春之月，野採自資；一入保聚，餓死立至，民知必死，何可制邪？虜若必來，芟麥無晚。」四坐默然，莫之敢對。長史張暢曰：「孝孫之議，實有可尋。」鎮軍府典籤董元嗣侍武陵王駿之側，進曰：「王録事議不可奪。」别駕王子夏曰：「此論誠然。」暢斂版白駿曰：「下官欲命孝孫彈子夏。」駿曰：「王别駕有何事邪？」暢曰：「芟麥移民，可謂大議，一方安危，事係於此。子夏親爲州端，曾無同異；及聞元嗣之言，則懽笑酬答。阿意左右，何以事君？」子夏、元嗣皆大慚，義恭之議遂寢。

初，魯宗之奔魏，其子軌爲魏荆州刺史、襄陽公，鎮長社，常思南歸，以昔殺劉康祖及徐湛之之父，故不敢來。軌卒，子爽襲父官爵。爽少有武幹，與弟秀皆有寵於魏主，秀爲中書郎。既而兄弟各有罪，魏主詰責之。爽、秀懼誅，從魏主自瓜步還，至湖陸，請曰：「奴與南有仇，每兵來，常恐禍及墳墓，乞共迎喪還葬平城。」魏主許之。爽至長社，殺魏戍兵數百人，帥部曲及願從者千餘家奔汝南。夏四月，爽遣秀詣壽陽，奉書於南平王鑠以請降。上聞之，大喜，以爽爲司州刺史，鎮義陽，秀爲潁川太守，餘弟姪並授官爵，賞賜甚厚。魏人毁其墳墓。徐湛之以爲廟算遠圖，特所奬納，不敢苟申私怨，乞屏居田里，不許。

二十九年春二月甲寅，魏侍中宗愛弑世祖。三月，上聞魏世祖殂，更謀北伐。魯爽等復勸之。上訪於羣臣，太子中庶子何偃以爲「淮、泗數州瘡痍未復，不宜輕動」。上不從。偃，尚之之子也。

夏五月丙申，詔曰：「虐虜窮凶，著於自昔，未勞資斧，已伏天誅。拯溺蕩穢，今其會也。可符驃騎、司空二府，各部分所統，東西應接。歸義建績者，隨勞酬奬。」於是遣撫軍將軍蕭思話督冀州刺史張永等向碻磝，魯爽、魯秀、程天祚將荆州甲士四萬出許、洛，雍州刺史臧質帥所領趣潼關。永，茂度之子也。沈慶之固諫北伐，上以其異議，不使行。

青州刺史劉興祖上言，以爲：「河南阻飢，野無所掠，脱諸城固守，非旬月可拔。稽留大衆，轉輸方勞，應機乘勢，事存急速。今僞帥始死，兼逼暑時，國内猜擾，不暇遠赴。愚謂宜長驅中山，據其關要。冀州以北，民人尚豐，兼麥已向熟，因資爲易，向義之徒，必應響赴。若中州震動，黄河以南自當消潰。臣請發青、冀七千兵，遣將領之，直入其心腹。若前驅克勝，張永及河南衆軍，宜一時濟河，使聲實兼舉，並建司牧，撫柔初附，西拒太行，北塞軍都，因事指麾，隨宜加授，畏威欣寵，人百其懷。若能成功，清壹可待；若不克捷，不爲大傷。並催促裝束，伏聽敕旨。」上意止存河南，亦不從。上又使員外散騎侍郎琅邪徐爰隨軍向碻磝，銜中旨授諸將方略，臨時宣示。

秋七月，張永等至碻磝，引兵圍之。諸軍攻碻磝，治三攻道，張永等當東道，濟南太守申坦等當西道，揚武司馬崔訓當南道。攻之累旬，不拔。八月辛亥夜，魏人自地道潛出，燒崔訓營及攻具。癸丑夜，又燒東圍及攻具。尋復毁崔訓攻道。張永夜撤圍退軍，不告諸將，士卒驚擾，魏人乘之，死傷塗地。蕭思話自往，增兵力攻，旬餘不拔。是時青、徐不稔，軍食乏。丁卯，思話命諸軍皆退屯歷城，斬崔訓，繫張永、申坦於獄。

魯爽至長社，魏戍主禿髮幡棄城走。臧質頓兵近郊，不以時發，獨遣冠軍司馬柳元景帥後軍行參軍薛安都等向潼關。元景等進據洪關，梁州刺史劉秀之遣司馬馬注與左軍中兵參軍蕭道成將兵向長安。道成，承之之子也。魏冠軍將軍封禮自洹津南渡，赴弘農。九月，司空高平公兒烏干屯潼關，平南將軍黎公遼屯河内。

庚寅，魯爽與魏豫州刺史拓跋僕蘭戰于大索，破之，進攻虎牢。聞碻磝敗退，與柳元景皆引兵還。蕭道成、馬汪等聞魏救兵將至，還趣仇池。己丑，詔解蕭思話徐州，更領冀州刺史，鎮歷城。

上以諸將屢出無功，不可專責張永等，賜思話詔曰：「虜既乘利，方向盛冬，若脱敢送死，兄弟父子自共當之耳。言及憯憤！可以示張、求、申坦。」又與江夏王義恭書曰：「早知諸將輩如此，恨不以白刃驅之。今者悔何所及！」義恭尋奏免恩詔官，從之。

宗愛逆節

宋文帝元嘉九年春正月丙午，魏主立子晃爲皇太子，大赦，改元。

二十八年夏六月，魏太子晃監國，頗信任左右，又營園田，收其利。高允諫曰：「天地無私，故能覆載；王者無私，故能容養。今殿下國之儲貳，萬方所則，而營立私田，畜養雞犬，乃至酤販市廛，與民爭利，謗聲流布，不可追掩。夫天下者，殿下之天下，富有四海，何求而無，乃與販夫販婦競此尺寸之利乎？昔虢之將亡，神賜之土田；漢靈帝私立府藏，皆有顛覆之禍。前鑒若此，甚可畏也。武王愛周、邵、齊、畢，所以王天下；殷紂愛飛廉、惡來，所以喪其國。今東宮儁乂不少，頃來侍御左右者，恐非在朝之選。願殿下斥去佞邪，親近忠良；所在田園，分給貧下；販賣之物，以時收散。如此則休聲日至，謗議可除矣。」不聽。

太子爲政精察，而中常侍宗愛性險暴，多不法，太子惡之。給事中仇尼道盛、侍郎任平城有寵於太子，頗用事，皆與愛不協。愛恐爲道盛等所糾，遂構告其罪。魏主怒，斬道盛等於都街，東宮官屬多坐死。帝怒甚。戊辰，太子以憂卒。壬申，葬金陵，謚曰景穆。帝徐知太子無罪，甚悔之。

冬十二月丁丑，魏主封景穆太子之子濬爲高陽王，既而以皇孫世嫡，不當爲藩王，乃止。

二十九年春正月，魏世祖追悼景穆太子不已。中常侍宗愛懼誅，二月甲寅，弒帝，尚書左僕射蘭延、侍中和疋、薛提等祕不發喪。延、疋以皇孫濬沖幼，欲立長君，徵秦王翰，置之祕室。提以濬嫡皇孫，不可廢。議久不決。宗愛知之，自以得罪於景穆太子，而素惡秦王翰，善南安王余，乃密迎余自中宮便門入禁中，矯稱赫連皇后令召延等。延等以愛素賤，不以爲疑，皆隨入。愛先使宦者三十人持兵伏於禁中，延等入，以次收縛，斬之。殺秦王翰於永巷而立余。大赦，改元承平。尊皇后爲皇太后。以愛爲大司馬、大將軍、太師、都督中外諸軍事、領中秘書，封馮翊王。

魏南安隱王余自以違次而立，厚賜羣下，欲以收衆心，旬月之間，府藏虛竭。又好酣飲及聲樂、畋獵，不恤政事。宗愛爲宰相，録三省，總宿衛，坐召公卿，專恣日甚。余患之，謀奪其權，愛憤怒。冬十月丙午朔，余夜祭東廟，愛使小黄門賈周等就弒余，而祕之，唯羽林郎中代人劉尼知之。尼勸愛立皇孫濬，愛驚曰：「君大癡人！皇孫若立，豈忘正平時事乎？」尼曰：「若爾，今當立誰？」愛曰：「待還宫，當擇諸王賢者立之。」

尼恐愛爲變，密以狀告殿中尚書源賀。賀時與尼俱典兵宿衛，乃與南部尚書陸麗謀曰：「宗愛既立南安，還復殺之。今又不立皇孫，將不利於社稷。」遂與麗定謀，共立皇孫。麗，俟之子也。

戊申，賀與尚書長孫渴侯嚴兵守衛宮禁，使尼、麗迎皇孫於苑中。麗抱皇孫於馬上，入平城，賀、渴侯開門納之。尼馳還東廟，大呼曰：「宗愛弑南安王，大逆不道。皇孫已登大位，有詔，宿衛之士皆還宮。」衆咸呼萬歲，遂執宗愛、賈周等，勒兵而入，奉皇孫即皇帝位。登永安殿，大赦，改元興安。殺愛、周，皆具五刑，夷三族。

太子劭弑逆

宋文帝元嘉三年。初，袁皇后生皇子劭，后自詳視，使馳白帝曰：「此兒形貌異常，必破國亡家，不可舉。」即欲殺之。帝狼狽至后殿户外，手撥幔禁之，乃止。以尚在諒闇，故祕之。閏正月丙戌，始言劭生。

六年春三月丁巳，立皇子劭爲太子。

十五年夏四月，納故黄門侍郎殷淳女爲太子劭妃。

十六年〔冬十二月〕乙亥，太子劭加元服，大赦。劭美鬚眉，好讀書，便弓馬，喜延賓客。意之所欲，上必從之。東宮置兵與羽林等。

二十九年。初，潘淑妃生始興王濬。元皇后性妬，以淑妃有寵於上，恚恨而殂，淑妃專總內政。由是太子劭深惡淑妃及濬。濬懼爲將來之禍，乃曲意事劭，劭更與之善。吳興巫嚴道育自言能辟穀服食，役使鬼物，因東陽公主婢王鸚鵡出入主家。道育謂主曰：「神將有符賜主。」主夜卧，見流光若螢，飛入書笥，開視，得二青珠，由是主與劭、濬皆信惑之。劭、濬並多過失，數爲上所詰責，使道育祈請，欲令過不上聞。道育曰：「我已爲上天陳請，必不泄露。」劭等敬事之，號曰「天師」。其後遂與道育、鸚鵡及東陽主奴陳天與、黄門陳慶國共爲巫蠱，琢玉爲上形像，埋於含章殿前。劭補天與爲隊主。東陽主卒，鸚鵡應出嫁，劭、濬慮語泄，濬府佐吳興沈懷遠素爲濬所厚，以鸚鵡嫁之爲妾。

上聞天與領隊，以讓劭曰：「汝所用隊主副，並是奴邪？」劭懼，以書告濬。濬復書曰：「彼人若所爲不已，正可促其餘命，或是大慶之漸耳。」劭、濬相與往來書疏，常謂上爲「彼人」，或曰「其人」，謂江夏王義恭爲「佞人」。

鸚鵡先與天與私通，既適懷遠，恐事泄，白劭，使密殺之。陳慶國懼，曰：「巫蠱事，唯我與天與宣傳往來。今天與死，我其危哉！」乃具以其事白上。上大驚，即遣收鸚鵡，封籍其家，得劭、濬書數百紙，皆呪詛巫蠱之言，又得所埋玉人，命有司窮治其事。道育亡命，捕之不獲。

先是，濬自揚州刺史出鎮京口，及廬陵王紹以疾解揚州，意謂己必復得之。既而上用南譙王義宣，濬殊不樂，乃求鎮江陵，上許之。濬入朝，遣還京口，爲行留處分，至京口數日而巫蠱事發。上惋歎彌日，謂潘淑妃曰：「太子圖富貴，更是一理，虎頭復如此，非復思慮所及。汝母子豈可一日無我邪？」遣中使切責劭、濬，劭、濬惶懼無辭，唯陳謝而已。上雖怒甚，猶未忍罪也。

三十年春正月壬午，以征北將軍始興王濬爲荆州刺史。帝怒未解，故濬久留京口，既除荆州，乃聽入朝。

嚴道育之亡命也，上分遣使者搜捕甚急。道育變服爲尼，匿於東宮，又隨始興王濬至京口，或出止民張旿家。濬入朝，復載還東宮，欲與俱往江陵。丁巳，上臨軒，濬入受拜。是日，有告道育在張旿家者，上遣掩捕，得其二婢，云「道育隨征北還都」。上謂濬與太子劭已斥遣道育，而聞其猶與往來，惆悵惋駭，乃命京口送二婢，須至檢覆，乃治劭、濬之罪。

潘淑妃抱濬泣曰：「汝前祝詛事發，猶冀能刻意思愆，何意更藏嚴道育！上怒甚，我叩頭乞恩不能解，今何用生爲！可送藥來，當先自取盡，不忍見汝禍敗也。」濬奮衣起曰：「天下事尋自當判，願小寬慮，必不上累。」

帝欲廢太子劭，賜始興王濬死，先與侍中王僧綽謀之，使僧綽尋漢、魏以來廢太子諸王典故，送尚書僕射徐湛之及吏部尚書江湛。

武陵王駿素無寵，故屢出外藩，不得留建康。南平王鑠、建平王宏皆爲帝所愛。鑠妃，江湛之妹；隨王誕妃，徐湛之之女也。湛勸帝立鑠，湛之意欲立誕。僧綽曰：「建立之事，仰由聖懷。臣謂唯宜速斷，不可稽緩。『當斷不斷，反受其亂。』願以義割恩，略小不忍；不爾，便應坦懷如初，無煩疑論。事機雖密，易致宣廣，不可使難生慮表，取笑千載。」帝曰：「卿可謂能斷大事。然此事至重，不可不慇懃三思。且彭城始亡，人將謂我無復慈愛之道。」僧綽曰：「臣恐千載之後，言陛下唯能裁弟，不能裁兒。」帝默然。江湛同侍坐，出閤，謂僧綽曰：「卿向言將不大傷切直？」僧綽曰：「弟亦恨君不直。」

鑠自壽陽入朝，既至，失旨。帝欲立宏，嫌其非次，是以議久不決。每夜與湛之屏人語，或連日累夕。常使湛之自秉燭，繞壁檢行，慮有竊聽者。帝以其謀告潘淑妃，淑妃以告濬，濬馳報劭。劭乃密與腹心隊主陳叔兒、齋帥張超之等謀爲逆。

初，帝以宗室强盛，慮有内難，特加東宫兵，使與羽林相若，至有實甲萬人。劭性黠而剛猛，帝深倚之。及將作亂，每夜饗將士，或親自行酒。王僧綽密以啓聞。會嚴道育婢將至，癸亥夜，劭詐爲帝詔，云「魯秀謀反，汝可平明守闕，帥衆入」。因使張超之等集素所畜養兵士二千餘人，皆被甲，召内外幢隊主副，豫加部勒，云有所討。夜，呼前中庶子右軍長史蕭斌、左衞率袁淑、中舍人殷仲素、左積弩將軍王正見並入宮。劭流涕謂曰：「主上信讒，將見罪廢，内省無過，不能受枉。明旦當行大事，望相與戮力。」因起徧拜之，衆驚愕，莫能對。久之，淑、斌皆曰：「自古無此，願加善思。」劭怒，變色。斌懼，與衆俱曰：「當竭身奉令。」淑叱之曰：「卿便謂殿下真有是邪？殿下幼嘗患風，或是疾動耳。」劭愈怒，因眄淑曰：「事當克不？」淑曰：「居不疑之地，何患不克。但既克之後，不爲天地所容，大禍亦旋至耳。假有此謀，猶將可息。」左右引淑出，曰：「此何事，而云可罷乎！」淑還省，繞牀行，至四更乃寢。

甲子，宮門未開，劭以朱衣加戎服上，乘畫輪車，與蕭斌同載，衞從如常入朝之儀。呼袁淑甚急，淑眠不起，劭停車奉化門催之相續。淑徐起，至車後，劭使登車，又辭不上，劭命左右殺之。守門開，從萬春門入。舊制，東宮隊不得入城，劭以僞詔示門衞曰：「受敕，有所收討。」令後隊速來。張超之等數十人馳入雲龍門及齋閤，拔刃徑上合殿。帝其夜與徐湛之屏人語，至旦，燭猶未滅，門階户席直衞兵尚寢未起。帝見超之入，舉几捍之，五指皆落，遂弑之。湛之驚起，趣北户，未及開，兵人殺之。劭進至合殿中閤，聞帝已殂，出坐東堂。蕭斌執刀侍直，呼中書舍人顧嘏，嘏震懼，不時出。既至，問曰：「欲共見廢，何不早啓？」嘏未及答，即於前斬之。江湛直上省，聞喧譟聲，歎曰：「不用王僧綽言，以至於此。」乃匿傍小屋中，劭遣兵就殺之。宿衛舊將羅訓、徐罕皆望風屈附。左細仗主、廣威將軍吳興卜天與，不暇被甲，執刀持弓，疾呼左右出戰。徐罕曰：「殿下入，汝欲何爲？」天與罵曰：「殿下常來，云何於今乃作此語！只汝是賊。」手射劭於東堂，幾中之。劭黨擊之，斷臂而死。隊將張泓之、朱道欽、陳滿與天與俱戰死。左衛將軍尹弘惶怖通啓，求受處分。劭使人從東閤入，殺潘淑妃及太祖親信左右數十人。急召始興王濬，使帥衆屯中堂。

濬時在西州，府舍人朱法瑜奔告濬曰：「臺内喧噪，宫門皆閉，道上傳太子反，未測禍變所至。」濬陽驚曰：「今當奈何？」法瑜勸入據石頭。濬未得劭信，不知事之濟不，騷擾不知所爲。將軍王慶曰：「今宫内有變，未知主上安危。凡在臣子，當投袂赴難；憑城自守，非臣節也。」濬不聽，乃從南門出，徑向石頭，文武從者千餘人。時南平王鑠戍石頭，兵士亦千餘人。俄而劭遣張超之馳馬召濬，濬屏人問狀，即戎服乘馬而去。朱法瑜固止濬，濬不從。出中門，王慶又諫曰：「太子反逆，天下怨憤。明公但當堅閉城門，坐食積粟，不過三日，凶黨自離。公情事如此，今豈宜去。」濬曰：「皇太子令，敢有復言者斬。」既入，見劭，劭謂濬曰：「潘淑妃遂爲亂兵所害。」濬曰：「此是下情，由來所願。」劭詐以太祖詔召大將軍義恭、尚書令何尚之入，拘於内。并召百官，至者纔數十人。劭遽即位，下詔曰：「徐湛之、江湛弑逆無狀，吾勒兵入殿，已無所及，號惋崩衂，肝心破裂。今罪人斯得，元凶克殄，可大赦，改元太初。」

即位畢，亟稱疾還永福省，不敢臨喪。以白刃自守，夜則列燈以防左右。以蕭斌爲尚書僕射、領軍將軍，以何尚之爲司空，前右衛率檀和之戍石頭，征虜將軍營道侯義綦鎮京口。義綦，義慶之弟也。乙丑，悉收先給諸處兵還武庫，殺江、徐親黨尚書左丞荀赤松、右丞臧凝之等。凝之，燾之孫也。以殷仲素爲黄門侍郎，王正見爲左軍將軍，張超之、陳叔兒等皆拜官、賞賜有差。輔國將軍魯秀在建康，劭謂秀曰：「徐湛之常欲相危，我已爲卿除之矣。」使秀與屯騎校尉龐秀之對掌軍隊。劭不知王僧綽之謀，以僧綽爲吏部尚書，司徒左長史何偃爲侍中。

武陵王駿屯五洲，沈慶之自巴水來，咨受軍略。三月乙亥，典籤董元嗣自建康至五洲，具言太子弑逆，駿使元嗣以告僚佐。沈慶之密謂腹心曰：「蕭斌婦人，其餘將帥皆易與耳。東宫同惡不過三十人，此外屈逼，必不爲用。今輔順討逆，不憂不濟也。」

太子劭分浙東五郡爲會州，省揚州，立司隸校尉，以其妃父殷冲爲司隸校尉。冲，融之曾孫也。以大將軍義恭爲太保，荆州刺史南譙王義宣爲太尉，始興王濬爲驃騎將軍，雍州刺史臧質爲丹楊尹，會稽太守隨王誕爲會州刺史。

劭料檢文帝巾箱及江湛家書疏，得王僧綽所啓饗士并前代故事，甲申，收僧綽，殺之。僧綽弟僧虔爲司徒左西屬，所親咸勸之逃，僧虔泣曰：「吾兄奉國以忠貞，撫我以慈愛，今日之事，苦不見及耳。若得同歸九泉，猶羽化也。」劭因誣北第諸王侯，云與僧綽謀反，殺長沙悼王瑾、瑾弟楷、臨川哀王燁、桂陽孝侯覬、新渝懷侯玠，皆劭素所惡也。瑾，義欣之子；燁，義慶之子；覬、玠，義慶之弟子也。

劭密與沈慶之手書，令殺武陵王駿。慶之求見王，王懼，辭以疾。慶之突入，以劭書示王，王泣求入內與母訣。慶之曰：「下官受先帝厚恩，今日之事，唯力是視，殿下何見疑之深？」王起再拜曰：「家國安危，皆在將軍。」慶之即命內外勒兵。府主簿顏竣曰：「今四方未知義師之舉，劭據有天府，若首尾不相應，此危道也。宜待諸鎮協謀，然後舉事。」慶之厲聲曰：「今舉大事，而黄頭小兒皆得參預，何得不敗？宜斬以徇衆！」王令竣拜謝慶之，慶之曰：「君但當知筆札事耳。」於是專委慶之處分。旬日之間，內外整辦，人以爲神兵。竣，延之之子也。

庚寅，武陵王戒嚴誓衆。以沈慶之領府司馬；襄陽太守柳元景、隨郡太守宗慤爲諮議參軍，領中兵；（將軍）〔江夏〕内史朱脩之行平東將軍；記室參軍顔竣爲諮議參軍，領録事，兼總内外。以諮議參軍劉延孫爲長史、尋陽太守，行留府事。延孫，道産之子也。

南譙王義宣及臧質皆不受劭命，與司州刺史魯爽同舉兵以應駿。質、爽俱詣江陵見義宣，且遣使勸進於王。辛卯，臧質子敦等在建康者聞質舉兵，皆逃亡。劭欲相慰悦，下詔曰：「臧質國戚勳臣，方贊翼京輦，而子弟波迸，良可怪歎。可遣宣譬令還，咸復本位。」劭尋録得敦，使大將軍義恭行訓杖三十，厚給賜之。

乙未，武陵王發西陽。丁酉，至尋陽。庚子，王命顔竣移檄四方，使共討劭。州郡承檄，翕然響應。南譙王義宣遣臧質引兵詣尋陽，與駿同下，留魯爽於江陵。

劭以兖冀二州刺史蕭思話爲徐兖二州刺史，起張永爲青州刺史。思話自歷城引部曲還彭城，起兵以應尋陽；建武將軍垣護之在歷城，亦帥所領赴之。南譙王義宣版張永爲冀州刺史。永遣司馬崔勳之等將兵赴義宣。義宣慮蕭思話與永不釋前憾，自爲書與思話，使長史張暢爲書與永，勸使相與坦懷。

隨王誕將受劭命，參軍事沈正説司馬顧琛曰：「國家此禍，開闢未聞。今以江東驍鋭之衆，唱大義於天下，其誰不響應，豈可使殿下北面凶逆，受其僞寵乎？」琛曰：「江東忘戰日久，雖逆順不同，然强弱亦異，當須四方有義舉者，然後應之，不爲晚也。」正曰：

「天下未嘗有無父無君之國，寧可自安讎恥而責義於餘方乎！今正以弒逆冤醜，義不同天，舉兵之日，豈求必全邪！馮衍有言：『大漢之貴臣，將不如荊、齊之賤士乎！』況殿下義兼臣子，事實國家者哉！」琛乃與正共入說誕，誕從之。正，田子之兄子也。

劭自謂素習武事，語朝士曰：「卿等但助我理文書，勿措意戎旅，若有寇難，吾自當之，但恐賊虜不敢動耳。」及聞四方兵起，始憂懼，戒嚴，悉召下番將吏，遷淮南岸居民於北岸，盡聚諸王及大臣於城内，移江夏王義恭處尚書下舍，分義恭諸子處侍中下省。

夏四月癸卯朔，柳元景統寧朔將軍薛安都等十二軍發湓口，司空中兵參軍徐遺寶以荊州之衆繼之。丁未，武陵王發尋陽，沈慶之總中軍以從。

劭立妃殷氏爲皇后。庚戌，武陵王檄書至建康，劭以示太常顔延之曰：「彼誰筆也？」延之曰：「竣之筆也。」劭曰：「言辭何至於是？」延之曰：「竣尚不顧老臣，安能顧陛下？」劭怒稍解。悉拘武陵王子於侍中下省，南譙王義宣子於太倉空舍。劭欲盡殺三鎮士民家口。江夏王義恭、何尚之皆曰：「凡舉大事者不顧家，且多是驅逼，今忽誅其室累，正足堅彼意耳。」劭以爲然，乃下書一無所問。

劭疑朝廷舊臣皆不爲己用，乃厚撫魯秀及右軍參軍王羅漢，悉以軍事委之。以蕭斌爲謀主，殷冲掌文符。蕭斌勸劭勒水軍自上決戰，不爾則保據梁山。江夏王義恭以南軍倉猝，船舫陋小，不利水戰，乃進策曰：「賊驍小年，未習軍旅，遠來疲弊，宜以逸待之。今遠出梁山，則京都空弱，東軍乘虛，或能爲患。若分力兩赴，則兵散勢離，不如養鋭待期，坐而觀釁。割棄南岸，栅斷石頭，此先朝舊法，不憂賊不破也。」劭善之。斌厲色曰：「南中郎二十年少，能建如此大事，豈復可量。三方同惡，勢據上流，沈慶之甚練軍事，柳元景、宗慤屢嘗立功，形勢如此，實非小敵。唯宜及人情未離，尚可決力一戰。端坐臺城，何由得久？今主、相咸無戰意，豈非天也！」劭不聽，或勸劭保石頭城。劭曰：「昔人所以固石頭城者，俟諸侯勤王耳。我若守此，誰當見救？唯應力戰決之，不然，不克。」日日自出行軍，慰勞將士，親督都水治船艦。壬子，焚淮南岸室屋、淮内船舫，悉驅民家渡水北。

立子偉之爲皇太子。以始興王濬妃父褚湛之爲丹楊尹。湛之，裕之之兄子也。濬爲侍中、中書監、司徒、録尚書六條事，加南平王鑠開府儀同三司，以南兗州刺史建平王宏爲江州刺史。太尉司馬龐秀之自石頭先衆南奔，人情由是大震。以營道侯義綦爲湘州刺史，檀和之爲雍州刺史。癸丑，武陵王軍于鵲頭。宣城太守王僧達得武陵王檄，未知所從。客説之曰：「方今釁逆滔天，古今未有。爲君計，莫若承義師之檄，移告傍郡，苟在有心，誰不響應？此上策也。如其不能，可躬帥向義之徒，詳擇水陸之便，致身南歸，亦其次也。」僧達乃自候道南奔，逢武陵王於鵲頭，王即以爲長史。僧達，弘之子也。王初發尋陽，沈慶之謂人曰：「王僧達必來赴義。」人問其故，慶之曰：「吾見其在先帝前議論開張，執意明決，以此言之，其至必也。」

柳元景以舟艦不堅，憚於水戰，乃倍道兼行，丙辰，至江寧步上，使薛安都帥鐵騎曜兵於淮上，移書朝士，爲陳逆順。

劭加吳興太守汝南周嶠冠軍將軍。隨王誕檄亦至，嶠素恇怯，回惑不知所從。府司馬丘珍孫殺之，舉郡應誕。

戊午，武陵王至南洲，降者相屬。己未，軍于溧洲。王自發尋陽，有疾不能見將佐，唯顔竣出入卧内，擁王於膝，親視起居。疾屢危篤，不任咨稟，竣皆專決。軍(正)〔政〕之外，問以文教書檄，應接遐邇，昏曉臨哭，若出一人。如是累旬，自舟中甲士亦不知王之危疾也。

癸亥，柳元景潛至新亭，依山爲壘。新降者皆勸元景速進，元景曰：「不然。理順難恃，同惡相濟，輕進無防，實啓寇心。」

元景營未立，劭龍驤將軍詹叔兒覘知之，勸劭出戰，劭不許。甲子，劭使蕭斌統步軍，褚湛之統水軍，與魯秀、王羅漢、劉簡之等精兵合萬人，攻新亭壘，劭自登朱雀門督戰。元景宿令軍中曰：「鼓繁氣易衰，叫數力易竭，但銜枚疾戰，一聽吾鼓聲。」劭將士懷劭重賞，皆殊死戰。元景水陸受敵，意氣彌强，麾下勇士，悉遣出鬭，左右唯留數人宣傳。劭兵勢垂克，魯秀擊退鼓，劭衆遽止。元景乃開壘鼓譟以乘之，劭衆大潰，墜淮死者甚多。劭更帥餘衆自來攻壘，元景復大破之，所殺傷過於前戰，士卒爭赴死馬澗，澗爲之溢，劭手斬退者，不能禁。劉簡之死，蕭斌被創，劭僅以身免，走還宮。魯秀、褚湛之、檀和之皆南奔。

丙寅，武陵王至江寧。丁卯，江夏王義恭單騎南奔，劭殺義恭十二子。

劭、濬憂迫無計，以輦迎蔣侯神像置宮中，稽顙乞恩，拜爲大司馬，封鍾山王；拜蘇侯神爲驃騎將軍。以濬爲南徐州刺史，與南平王鑠並録尚書事。

戊辰，武陵王軍于新亭，大將軍義恭上表勸進。散騎侍郎徐爰在殿中誑劭，云自追義恭，遂歸武陵王。時王軍府草創，不曉朝章；爰素所諳練，乃以爰兼太常丞，撰即位儀注。己巳，王即皇帝位，大赦。文武賜爵一等，從軍者二等。改謚大行皇帝曰文，廟號太祖。以大將軍義恭爲太尉、録尚書六條事、南徐州刺史。是日，劭亦臨軒，拜太子偉之，大赦，唯劉駿、義恭、義宣、誕不在原例。庚子，以南譙王義宣爲中書監、丞相、録尚書六條事、揚州刺史，隨王誕爲衛將軍、開府儀同三司、荆州刺史，臧質爲車騎將軍、開府儀同三司、江州刺史，沈慶之爲領軍將軍，蕭思話爲尚書左僕射。壬申，以王僧達爲右僕射，柳元景爲侍中、左衛將軍，宗慤爲右衛將軍，張暢爲吏部尚書，劉延孫、顏竣並爲侍中。

五月癸酉朔，臧質以雍州兵二萬至新亭。豫州刺史劉遵考遣其將夏侯獻之帥步騎五千軍于瓜步。

先是，世祖遣寧朔將軍顧彬之將兵東入，受隨王誕節度。誕遣參軍劉季之將兵與彬之俱向建康，誕自頓西陵爲之後繼。劭遣殿中將軍燕欽等拒之，相遇於曲阿奔牛塘，欽等大敗。劭於是緣淮樹柵以自守，又決破崗、方山埭以絕東軍。時男丁既盡，召婦女供役。

甲戌，魯秀等募勇士攻大航，克之。王羅漢聞官軍已渡，即放仗降，緣渚幢隊以次奔散，器仗鼓蓋，充塞路衢。是夜，劭閉守六門，於門内鑿塹立柵。城中沸亂，丹楊尹尹弘等文武將吏爭踰城出降。劭燒輦及衮冕服于宮庭。蕭斌宣令所統，皆使解甲，自石頭戴白幡來降。詔斬斌於軍門。濬勸劭載寶貨逃入海，劭以人情離散，不果行。

乙亥，輔國將軍朱脩之克東府。丙子，諸軍克臺城，各由諸門入，會于殿庭。獲王正見，斬之。張超之走至合殿御牀之所，爲軍士所殺，刳腸割心，諸將臠其肉，生噉之。建平等七王號哭俱出。劭穿西垣，入武庫井中，隊副高禽執之。劭曰：「天子何在？」禽曰：「近在新亭。」至殿前，臧質見之慟哭，劭曰：「天地所不覆載，丈人何爲見哭？」又謂質曰：「可得爲啓，乞遠徙不？」質曰：「主上近在航南，自當有處分。」縛劭於馬上，防送軍門。時不見傳國璽，以問劭。劭曰：「在嚴道育處。」就取，得之。斬劭及四子於牙下。濬帥左右數十人挾南平王鑠南走，遇江夏王義恭於越城。濬下馬曰：「南中郎今何所作？」義恭曰：「上已君臨萬國。」又曰：「虎頭來得無晚乎？」義恭曰：「殊當恨晚。」又曰：「故當不死邪？」義恭曰：「可詣行闕請罪。」又曰：「未審猶能賜一職自效不？」義恭又曰：「此未可量。」勒與俱歸，於道斬之，及其三子。劭、濬父子首並梟於大航，暴尸於市。劭妃殷氏及劭、濬諸女、妾媵，皆賜死於獄。汙瀦劭所居齋。殷氏且死，謂獄丞江恪曰：「汝家骨肉相殘，何以枉殺無罪人？」恪曰：「受拜皇后，非罪而何？」殷氏曰：「此權時耳，當以鸚鵡爲后。」褚湛之之南奔也，濬即與褚妃離絶，故免於誅。嚴道育、王鸚鵡並都街鞭殺，焚尸，揚灰於江。殷冲、尹弘、王羅漢及淮南太守沈璞皆伏誅。

庚辰，解嚴。辛巳，帝如東府，百官請罪，詔釋之。甲申，尊帝母路淑媛爲皇太后。太后，丹楊人也。乙酉，立妃王氏爲皇后。后父偃，導之玄孫也。戊子，以柳元景爲雍州刺史。辛卯，追贈袁淑爲太尉，謚忠憲公；徐湛之爲司空，謚忠烈公；江湛爲開府儀同三司，謚忠簡公；王僧綽爲金紫光禄大夫，謚簡侯。壬辰，以太尉義恭爲揚南徐二州刺史，進位太傅，領大司馬。

初，劭以尚書令何尚之爲司空、領尚書令，子征北長史偃爲侍中，父子並居權要。及劭敗，尚之左右皆散，自洗黄閤。殷冲等既誅，人爲之寒心。帝以尚之、偃素有令譽，且居劭朝用智將迎，時有全脱，故特免之，復以尚之爲尚書令，偃爲大司馬長史，任遇無改。

甲午，帝謁初寧、長寧陵。追贈卜天與益州刺史，謚壯侯，與袁淑等四家長給廪禄。張泓之等各贈郡守。戊戌，以南平王鑠爲司空，建平王宏爲尚書左僕射，蕭思話爲中書令、丹楊尹。六月丙午，帝還宫。

初，帝之討西陽蠻也，臧質使柳元景將兵會之。及質起兵，欲奉南譙王義宣爲主，潛使元景帥所領西還。元景即以質書呈帝，語其信曰：「臧冠軍當是未知殿下義舉耳。方應伐逆，不容西還。」質以此恨之。及元景爲雍州，質慮其爲荆、江後患，建議「元景當爲爪牙，不宜遠出」。帝重違其言。戊申，以元景爲護軍將軍，領石頭戍事。己酉，以司州刺史魯爽爲南豫州刺史。庚戌，以衛將軍司馬徐遺寶爲兗州刺史。庚申，詔有司論功行賞，封顔竣等爲公、侯。辛未，徙南譙王義宣爲南郡王，隨王誕爲竟陵王，立義宣次子宜陽侯愷爲南譙王。閏月壬申，以領軍將軍沈慶之爲南兗州刺史，鎮盱眙。癸酉，以柳元景爲領軍將軍。丞相義宣固辭内任及子愷王爵。甲午，更以義宣爲荆、湘二州刺史，愷爲宜陽縣王。將佐以下並加賞秩。以竟陵王誕爲揚州刺史。

秋七月，南平穆王鑠素負才能，意常輕上，又爲太子劭所任，出降最晚。上潛使人毒之。己巳，鑠卒，贈司徒，以商臣之謚謚之。

冬十一月丙午，以左軍將軍魯秀爲司州刺史。十二月癸未，以將置東宮，省太子率更令等官，中庶子等各減舊員之半。

〔孝〕武帝孝建元年春正月己亥，改元，大赦。甲辰，以尚書令何尚之爲左光禄大夫、護軍將軍，以左衛將軍顔竣爲吏部尚書、領驍騎將軍。丙子，立皇子業爲太子。

南郡王之叛

〔宋孝〕武帝孝建元年。初，江州刺史臧質自謂人才足爲一世英雄。太子劭之亂，質潛有異圖，以荆州刺史南郡王義宣庸闇易制，欲外相推奉，因而覆之。質於義宣爲内兄，既至江陵，即稱名拜義宣。義宣驚愕問故。質曰：「事中宜然。」時義宣已奉帝爲主，故其計不行。及至新亭，又拜江夏王義恭曰：「天下屯危，禮異常日。」劭既誅，義宣與質功皆第一，由是驕恣，事多專行，凡所求欲，無不必從。義宣在荆州十年，財富兵强，朝廷所下制度，意有不同，一不遵承。質自建康之江州，舫千餘乘，部伍前後百餘里。帝方自攬威權，而質以少主遇之，政刑慶賞，一不咨禀。擅用湓口、鉤圻米，臺符屢加檢詰，漸致猜懼。

帝淫義宣諸女，義宣由是恨怒。質乃遣密信説義宣，以爲「負不賞之功，挾震主之威，自古能全者有幾？今萬物係心於公，聲迹已著，見幾不作，將爲他人所先。若命徐遺寶、魯爽驅西北精兵來屯江上，質帥九江樓船爲公前驅，已爲得天下之半。公以八州之衆，徐進而臨之，雖韓、白更生，不能爲建康計矣。且少主失德，聞於道路，沈、柳諸將，亦我之故人，誰肯爲少主盡力者。夫不可留者年也，不可失者時也。質常恐溘先朝露，不得展其旅力，爲公掃除，於時悔之何及。」義宣腹心將佐諮議參軍蔡超、司馬竺超民等咸有富貴之望，欲倚質威名以成其業，共勸義宣從其計。質女爲義宣子採之婦，義宣謂質無復異同，遂許之。超民，夔之子也。臧敦時爲黄門侍郎，帝使敦至義宣所，道經尋陽，質更令敦説誘義宣，義宣意遂定。

豫州刺史魯爽有勇力，義宣、質素與之相結。義宣密使人報爽及兖州刺史徐遺寶，期以今秋同舉兵。使者至壽陽，爽方飲醉，失義宣指，即日舉兵。爽弟瑜在建康聞之，逃叛。爽使其衆戴黄標竊造法服，登壇，自號建平元年。疑長史韋處穆、中兵參軍楊元駒、治中庾騰之不與己同，皆殺之。遺寶亦勒兵向彭城。二月，義宣聞爽已反，狼狽舉兵。魯瑜弟弘爲質府佐，帝敕質收之，質即執臺使舉兵。

義宣與質皆上表，言爲左右所讒疾，欲誅君側之惡。義宣進爽號征北將軍，爽於是送所造輿服詣江陵，使征北府户曹版義宣等，文曰：「丞相劉，今補天子，名義宣；車騎臧，今補丞相，名質；西平朱，今補車騎，名脩之；皆版到奉行。」義宣駭愕，爽所送法物並留竟陵，不聽進。質加魯弘輔國將軍，下戍大雷。義宣遣諮議參軍劉諶之將萬人就弘，召司州刺史魯秀欲使爲諶之後繼。秀至江陵見義宣，出，拊膺曰：「吾兄誤我，乃與癡人作賊，今年敗矣！」

義宣兼荆、江、兖、豫四州之力，威震遠近。帝欲奉乘輿法物迎之，竟陵王誕固執不可，曰：「奈何持此座與人！」乃止。

己卯，以領軍將軍柳元景爲撫軍將軍。辛卯，以左衛將軍王玄謨爲豫州刺史。命元景統玄謨等諸將以討義宣。癸巳，進據梁山洲，於兩岸築偃月壘，水陸待之。義宣自稱都督中外諸軍事，命僚佐悉稱名。

丙申，以安北司馬夏侯祖歡爲兖州刺史。三月己亥，内外戒嚴。辛丑，以徐州刺史蕭思話爲江州刺史，柳元景爲雍州刺史。癸卯，以太子左衛率龐秀之爲徐州刺史。

義宣移檄州郡，加進位號，使同發兵。雍州刺史朱脩之僞許之，而遣使陳誠於帝。益州刺史劉秀之斬義宣使者，遣中兵參軍韋崧將萬人襲江陵。

戊申，義宣帥衆十萬發江津，舳艫數百里。以子慆爲輔國將軍，與左司馬竺超民留鎮江陵。檄朱脩之使發兵萬人繼進，脩之不從。義宣知脩之貳於己，乃以魯秀爲雍州刺史，使將萬餘人擊之。王玄謨聞秀不來，喜曰：「臧質易與耳。」

冀州刺史垣護之妻，徐遺寶之姊也，遺寶邀護之同反，護之不從，發兵擊之。遺寶遣兵襲徐州長史明胤於彭城，不克。胤與夏侯祖歡、垣護之共擊遺寶於湖陸，遺寶棄衆焚城，奔魯爽。

義宣至尋陽，以質爲前鋒而進，爽亦引兵直趣歷陽，與質水陸俱下。殿中將軍沈靈賜將百舸，破質前軍於南陵，擒軍主徐慶安等。質至梁山，夾陳兩岸，與官軍相拒。

夏四月戊辰，以後將軍劉義綦爲湘州刺史。甲申，以朱脩之爲荆州刺史。上遣左軍將軍薛安都、龍驤將軍南陽宗越等戍歷陽，與魯爽前鋒楊胡興等戰，斬之。爽不能進，留軍大峴，使魯瑜屯小峴。上復遣鎮軍將軍沈慶之濟江，督諸將討爽。爽食少，引兵稍退，自留斷後，慶之使薛安都帥輕騎追之。丙戌，及爽於小峴。爽將戰，飲酒過醉，安都望見爽，即躍馬大呼，直往刺之，應手而倒，左右范雙斬其首。爽衆奔散，瑜亦爲部下所殺。遂進攻壽陽，克之。徐遺寶奔東海，東海人殺之。

李延壽論曰：凶人之濟其身，非世亂莫由焉。魯爽以亂世之情，而行之於平日，其取敗也宜哉。

南郡王義宣至鵲頭，慶之送爽首示之，并與書曰：「僕荷任一方，而釁生所統。近聊帥輕師，指往翦撲，軍鋒裁及，賊爽授首。公情契異常，或欲相見，及其可識，指送相呈。」爽累世將家，驍猛善戰，號萬人敵，義宣與質聞其死，皆駭懼。

柳元景軍于采石。王玄謨以臧質衆盛，遣使來求益兵，上使元景進屯姑孰。

太傅義恭與義宣書曰：「往時仲堪假兵，靈寶尋害其族；孝伯推誠，牢之旋踵而敗。臧質少無美行，弟所具悉。今藉西楚之强力，圖濟其私，凶謀若果，恐非復池中物也。」義宣由此疑之。五月甲辰，義宣至蕪湖，質進計曰：「今以萬人取南州，則梁山中絕；萬人綴梁山，則玄謨必不敢動；下官中流鼓棹，直趣石頭，此上策也。」義宣將從之，劉諶之密言於義宣曰：「質求前驅，此志難測。不如盡鋭攻梁山，事克然後長驅，此萬安之計也。」義宣乃止。

冗從僕射胡子反等守梁山西壘，會西南風急，質遣其將尹周之攻西壘。子反方渡東岸，就玄謨計事，聞之，馳歸。周之攻壘甚急，偏將劉季之帥水軍殊死戰，求救於玄謨，玄謨不遣。大司馬參軍崔勳之固争，乃遣勳之與積弩將軍垣詢之救之。比至，城已陷，勳之、詢之皆戰死。詢之，護之之弟也。子反等奔還東岸。質又遣其將龐法起將數千兵趨南浦，欲自後掩玄謨，游擊將軍垣護之引水軍與戰，破之。朱脩之斷馬鞍山道，據險自守。

魯秀攻之不克，屢爲脩之所敗，乃還江陵，脩之引兵躡之。或勸脩之急追，脩之曰：「魯秀，驍將也，獸窮則攫，不可迫也。」

王玄謨使垣護之告急於柳元景曰：「西城不守，唯餘東城萬人。賊軍數倍，强弱不敵，退還姑孰，欲就節下協力當之，更議進取。」元景不許，曰：「賊勢方盛，不可先退，吾當卷甲赴之。」護之曰：「賊謂南州有三萬人，而將軍麾下裁十分之一，若往造賊壘，則虛實露矣。王豫州必不可來，不如分兵援之。」元景曰：「善。」乃留羸弱自守，悉遣精兵助玄謨，多張旗幟。梁山望之如數萬人，皆以爲建康兵悉至，衆心乃安。

質請自攻東城。諮議參軍顏樂之説義宣曰：「質若復克東城，則大功盡歸之矣，宜遣麾下自行。」義宣乃遣劉諶之與質俱進。甲寅，義宣至梁山，頓兵西岸，質與劉諶之進攻東城。玄謨督諸軍大戰，薛安都帥突騎先衝其陳之東南，陷之，斬諶之首，劉季之、宗越又陷其西北，質等兵大敗。垣護之燒江中舟艦，煙焰覆水，延及西岸，營壘殆盡，諸軍乘勢攻之，義宣兵亦潰。義宣單舸迸走，閉户而泣，荆州人隨之者猶百餘舸。質欲見義宣計事，而義宣已去，質不知所爲，亦走，其衆皆降散。己未，解嚴。

六月，臧質至尋陽，焚燒府舍，載妓妾西走，使嬖人何文敬領餘兵居前，至西陽。西陽太守魯方平紿文敬曰：「詔書唯捕元惡，餘無所問，不如逃之。」文敬棄衆亡去。質先以妹夫羊冲爲武昌郡，質往投之，冲已爲郡丞胡庇之所殺，質無所歸，乃逃于南湖，掇蓮實噉之。追兵至，以荷覆頭，自沈於水，出其鼻。戊辰，軍主鄭俱兒望見，射之，中心，兵刃亂至，腸胃縈水草，斬首送建康，子孫皆棄市。并誅其黨豫章太守樂安任薈之、臨川内史劉懷之、鄱陽太守杜仲儒。仲儒，驥之兄弟也。功臣柳元景等封賞各有差。

丞相義宣走至江夏，聞巴陵有軍，回向江陵，衆散且盡，與左右十許人徒步，脚痛不能前，僦民露車自載，緣道求食。至江陵郭外，遣人報竺超民，超民具羽儀兵衆迎之。時荆州帶甲尚萬餘人，左右翟靈寶誡義宣使撫慰將佐，以：「臧質違指授之宜，用致失利。今治兵繕甲，更爲後圖。昔漢高百敗，終成大業。」而義宣忘靈寶之言，誤云「項羽千敗」，衆咸掩口。魯秀、竺超民等猶欲收餘兵更圖一决，而義宣惛沮，無復神守，入内不復出，左右腹心稍稍離叛。魯秀北走，義宣不能自立，欲隨秀去，乃攜息慆及所愛妾五人，著男子服相隨。城内擾亂，白刃交横，義宣懼，墜馬，遂步進。竺超民送至城外，更以馬與之，歸而城守。義宣求秀不得，左右盡棄之，夜，復還南郡空廨。旦日，超民收送刺姦。義宣止獄户，坐地歎曰：「臧質老奴誤我！」五妾尋被遣出，義宣號泣，語獄吏曰：「常日非苦，今日分别始是苦。」魯秀衆散不能去，還向江陵，城上人射之，秀赴水死，就取其首。

詔右僕射劉延孫使荆、江二州，旌别枉直，就行誅賞。且分割二州之地，議更置新州。

初，晋氏南遷，以揚州爲京畿，穀帛所資皆出焉；以荆、江爲重鎮，甲兵所聚盡在焉，常使大將居之。三州户口居江南之半，上惡其强大，故欲分之。癸未，分揚州浙東五郡置東揚州，治會稽；分荆、湘、江、豫州之八郡置郢州，治江夏。罷南蠻校尉，遷其營於建康。太傅義恭議使郢州治巴陵，尚書令何尚之曰：「夏口在荆、江之中，正對沔口，通接雍、梁，實爲津要。由來舊鎮，根基不易，既有見城，浦大容舫，於事爲便。」上從之。既而荆、揚因此虚耗，尚之請復合二州，上不許。

上惡宗室强盛，不欲權在臣下，太傅義恭知其指，故請省之。

上使王公、八座與荆州刺史朱脩之書，令丞相義宣自爲計。書未達，庚寅，脩之入江陵，殺義宣，并誅其子十六人，及同黨竺超民、從事中郎蔡超、諮議參軍顔樂之等。超民兄弟應從誅，何尚之上言：「賊既遁走，一夫可擒。若超民反覆昧利，即當取之，非唯免愆，亦可要不義之賞。而超民曾無此意，微足觀過知仁。且爲官保全城府，謹守庫藏，端坐待縛。今戮及兄弟，則與其餘逆黨無異，於事爲重。」上乃原之。

竟陵王之叛

宋〔孝〕武帝孝建二年春二月辛巳，以尚書右僕射劉延孫爲南兖州刺史。冬十月壬午，以竟陵王誕爲司空，領南徐州刺史。

大明元年秋八月甲辰，徙司空、南徐州刺史竟陵王誕爲南兗州刺史，以太子詹事劉延孫爲南徐州刺史。初，高祖遺詔，以京口要地，去建康密邇，自非宗室近親不得居之。延孫〔之〕先雖與高祖同源，而高祖屬彭城，延孫屬莒縣，從來不序昭穆。上既命延孫鎮京口，仍詔與延孫合族，使諸王皆序長幼。

上閨門無禮，不擇親疏、尊卑，流聞民間，無所不至。誕寬而有禮，又誅太子劭、丞相義宣，皆有大功，人心竊向之。誕多聚才力之士，蓄精甲利兵，上由是畏而忌之，不欲誕居中，使出鎮京口；猶嫌其逼，更徙之廣陵。以延孫腹心之臣，故使鎮京口以防之。

三年夏四月，竟陵王誕知上意忌之，亦潛爲之備，因魏人入寇，修城浚隍，聚糧治仗。誕記室參軍江智淵知誕有異志，請假先還建康，上以爲中書侍郎。智淵，夷之弟子也，少有操行，沈懷文每稱之曰：「人所應有盡有，人所應無盡無者，其唯江智淵乎。」

是時，道路皆云誕反。會吴郡民劉成上書稱：「息道龍昔事誕，見誕在石頭城修乘輿法物，習唱警蹕。道龍憂懼，私與伴侶言之，誕殺道龍。」又豫章民陳談之上書稱：「弟詠之在誕左右，見誕疏陛下年紀、姓諱，往巫鄭師憐家祝詛。詠之密以啓聞，誕誣詠之乘酒罵詈，殺之。」上乃令有司奏誕罪惡，請收付廷尉治罪。乙卯，詔貶誕爵爲侯，遣之國。

詔書未下，先以羽林禁兵配兗州刺史垣閬，使以之鎮爲名，與給事中戴明寶襲誕。閬至廣陵，誕未悟也。明寶夜報誕典籤蔣成，使明晨開門爲内應。成以告府舍人許宗之，宗之入告誕。誕驚起，呼左右及素所畜養數百人執蔣成，勒兵自衛。天將曉，明寶與閬帥精兵數百人猝至，而門不開。誕已列兵登陴，自在門上斬蔣成，赦作徒、繫囚，開門擊閬，殺之。明寶從間道逃還。詔内外纂嚴。以始興公沈慶之爲車騎大將軍、開府儀同三司、南兗州刺史，將兵討誕。甲子，上親總禁兵頓宣武堂。司州刺史劉季之，誕故將也，素與都督宗慤有隙，聞誕反，恐爲慤所害，委官，間道欲赴朝廷。至盱眙，盱眙太守鄭瑗疑季之與誕同謀，邀殺之。沈慶之至歐陽，誕遣慶之宗人沈道愍齎書說慶之，餉以玉環刀。慶之遣道愍返，數以罪惡。誕焚郭邑，驅居民悉使入城，閉門自守，分遣書檄，邀結遠近。時山陽内史梁曠家在廣陵，誕執其妻子，遣使邀曠，曠斬使拒之。誕怒，滅其家。誕奉表投之城外，曰：「陛下信用讒言，遂令無名小人來相掩襲，不任枉酷，即加誅翦。雀鼠貪生，仰違詔敕。今親勒部曲，鎮扞徐、兗。先經何福，同生皇家？今有何愆，便成胡、越？陵鋒奮戈，萬没豈顧，戡定之期，冀在旦夕。」又曰：「陛下宫帷之醜，豈可三緘。」上大怒，凡誕左右、腹心、同籍、期親在建康者，並誅之，死者以千數，或有家人已死，方自城内出奔者。

慶之至城下，誕登樓謂之曰：「沈公垂白之年，何苦來此？」慶之曰：「朝廷以君狂愚，不足勞少壯故耳。」

上慮誕奔魏，使慶之斷其走路。慶之移營白土，去城十八里，又進軍新亭。豫州刺史宗慤、徐州刺史劉道隆並帥衆來會。兗州刺史沈僧明，慶之兄子也，亦遣兵助慶之。先是，誕誑其衆，云「宗慤助我」，慤至，繞城躍馬呼曰：「我宗慤也。」

誕見衆軍大集，欲棄城北走，留中兵參軍申靈賜守廣陵，自將步騎數百人，親信並自隨，聲云出戰，邪趨海陵道，慶之遣龍驤將軍武念追之。誕行十餘里，衆皆不欲去，互請誕還城。誕曰：「我還易耳，卿能爲我盡力乎？」衆皆許諾。誕乃復還，築壇歃血以誓衆，凡府州文武皆加秩。以主簿劉琨之爲中兵參軍。琨之，遵考之子也。辭曰：「忠孝不得並。琨之老父在，不敢承命。」誕囚之十餘日，終不受，乃殺之。

右衛將軍垣護之、虎賁中郎將殷孝祖等擊魏還，至廣陵，上並使受慶之節度。慶之進營，逼廣陵城。誕餉慶之食，提挈者百餘人，出自北門，慶之不開視，悉焚之。誕於城上授函表，請慶之爲送。慶之曰：「我受詔討賊，不得爲汝送表。汝必欲歸死朝廷，自應開門遣使，吾爲汝護送。」

六月，上命沈慶之爲三烽於桑里，若克外城舉一烽，克內城舉兩烽，擒到誕舉三烽。璽書督趣，前後相繼。慶之焚其東門，塞塹，造攻道，立行樓、土山并諸攻具，值久雨，不得攻城。上使御史中丞庾徽之奏免慶之官，詔勿問，以激之。自四月至于秋七月，雨止，城猶未拔。上怒，命太史擇日，將自濟江討誕，太宰義恭固諫，乃止。

誕初閉城拒使者，記室參軍山陰賀弼固諫，誕怒，抽刀向之，乃止。誕遣兵出戰屢敗，將佐多踰城出降。或勸弼宜早出，弼曰：「公舉兵向朝廷，此事既不可從，荷公厚恩，又義無違背，唯當以死明心耳。」乃飲藥自殺。參軍何康之等謀開門納官軍，不果，斬關出降。誕爲高樓，置康之母於其上，暴露之，不與食。母呼康之，數日而死。誕以中軍長史濟陽范義爲左司馬。義母妻子皆在城內，或謂義曰：「事必不振，子其行乎？」義曰：「吾，人吏也。子不可以棄母，吏不可以叛君。必若何康之而活，吾弗爲也。」

沈慶之帥衆攻城，身先士卒，親犯矢石，乙巳，克其外城，乘勝而進，又克小城。誕聞兵入，走趨後園，隊主沈胤之等追及之，擊傷誕，墜水，引出斬之。誕母、妻皆自殺。

上聞廣陵平，出宣陽門，敕左右皆呼萬歲。侍中蔡興宗陪輦，上顧曰：「卿何獨不呼？」興宗正色曰：「陛下今日正應涕泣行誅，豈得皆稱萬歲。」上不悅。詔貶誕姓留氏。廣陵城中士民，無小大悉命殺之。沈慶之請自五尺以下全之，其餘男子皆死，女子以爲軍賞，猶殺三千餘口。長水校尉宗越臨決，皆先刳腸抉眼，或笞面鞭腹，苦酒灌創，然後斬之，越對之，欣欣若有所得。上聚其首於石頭南岸爲京觀，侍中沈懷文諫，不聽。

初，誕自知將敗，使黄門吕曇濟與左右素所信者，將世子景粹匿於民間，謂曰：「事若不濟，思相全脱；如其不免，可深埋之。」各分以金寶齎送。既出門，並散走，唯曇濟不去，攜負景粹十餘日，捕得，斬之。臨川内史楊璿坐與誕素善，下獄死。擢梁曠爲後將軍，贈劉琨之給事黄門侍郎。

蔡興宗奉旨慰勞廣陵。興宗與范義素善，收斂其尸，送喪歸豫章。上謂曰：「卿何敢故觸王憲？」興宗抗言對曰：「陛下自殺賊，臣自葬故交，何不可之有？」上有慚色。

通鑑紀事本末卷第二十

廢帝之亂

宋〔孝〕武帝大明二年。初，上在江州，山陰戴法興、戴明寶、蔡閑爲典籤；及即位，皆以爲南臺侍御史，兼中書通事舍人。是歲，三典籤並以初舉兵預密謀，賜爵縣男。閑已卒，追賜之。時上親覽朝政，不任大臣，而腹心耳目不得無所委寄。法興頗知古今，素見親待。魯郡巢尚之，人士之末，涉獵文史，爲上所知，亦以爲中書通事舍人。凡選授、遷徙、誅賞大處分，上皆與法興、尚之參懷，内外雜事，多委明寶，三人權重當時。而法興、明寶大納貨賄，凡所薦達，言無不行，天下輻湊，門外成市，家産並累千金。

八年夏閏五月庚申，上殂於玉燭殿。是日，太子即皇帝位廢帝，年十六，大赦。吏部尚書蔡興宗親奉璽綬，太子受之，傲惰無戚容。興宗出，告人曰：「昔魯昭不哀，叔孫知其不終。家國之禍，其在此乎！」

秋七月乙卯，罷南北二馳道及孝建以來所改制度，還依元嘉。尚書蔡興宗於都座慨然謂顔師伯曰：「先帝雖非盛德之主，要以道始終。三年無改，古典所貴。今殯宮甫撤，山陵未遠，而凡諸制度興造，不論是非，一皆刊削，雖復禪代，亦不至爾。天下有識，當以此窺人。」師伯不從。

太宰義恭素畏戴法興、巢尚之等，雖受遺輔政，而引身避事，由是政歸近習。法興等專制朝權，威行近遠，詔敕皆出其手，尚書事無大小，咸取決焉，義恭與顏師伯，但守空名而已。

蔡興宗自以職管銓衡，每至上朝，輒爲義恭陳登賢進士之意，又箴規得失，博論朝政。義恭性恇撓，阿順法興，恒慮失旨，聞興宗言，輒戰懼無答。興宗每奏選事，法興、尚之等輒點定回換，僅有在者。興宗於朝堂謂義恭、師伯曰：「主上諒闇，不親萬機，而選舉密事，多被删改，復非公筆，亦不知是何天子意？」數與義恭等爭選事，往復論執，義恭、法興皆惡之。左遷興宗新昌太守；既而以其人望，復留之建康。八月，王太后疾篤，使呼廢帝。帝曰：「病人間多鬼，那可往！」太后怒，謂侍者：「取刀來，剖我腹，那得生寧馨兒！」己丑，太后殂。

明帝泰始元年。廢帝幼而猖暴。及即位，始猶難太后、大臣及戴法興等，未敢自恣。太后既殂，帝年漸長，欲有所爲，法興輒抑制之，謂帝曰：「官所爲如此，欲作營陽邪？」帝稍不能平。所幸閹人華願兒賜與無算，法興常加裁減，願兒恨之。帝使願兒於外察聽風謠，願兒言於帝曰：「道路皆言宮中有二天子，法興爲真天子，官爲贗天子。且官居深宮，與人物不接。法興與太宰、顏、柳共爲一體，往來門客恒有數百，内外士庶莫不畏服。法興是孝武左右，久在宮闈，今與他人作一家，深恐此坐席非復官有。」帝遂發詔免法興官，遣還田里，仍徙遠郡。八月辛酉，賜法興死，解巢尚之舍人。

員外散騎侍郎東海奚顯度，亦有寵於世祖。常典作役，課督苛虐，捶扑慘毒，人皆苦之。帝常戲曰：「顯度爲百姓患，比當除之。」左右因唱諾，即宣旨殺之。

尚書右僕射、領衛尉卿、丹楊尹顏師伯居權日久，海内輻凑，驕奢淫恣，爲衣冠所疾。帝欲親朝政，庚午，以師伯爲尚書左僕射，解卿、尹，以吏部尚書王彧爲右僕射，分其權任。師伯始懼。

初，世祖多猜忌，王公、大臣重足屏息，莫敢妄相過從。世祖殂，太宰義恭等皆相賀曰：「今日始免横死矣。」甫過山陵，義恭與柳元景、顏師伯等聲樂酣飲，不捨晝夜，帝内不能平。既殺戴法興，諸大臣無不震慴，各不自安。於是元景、師伯密謀廢帝，立義恭，日夜聚謀，而持疑不能決。元景以其謀告沈慶之。慶之與義恭素不厚，又師伯常專斷朝事，不與慶之參懷，謂令史曰：「沈公爪牙耳，安得預政事？」慶之恨之，乃發其事。

癸酉，帝自帥羽林兵討義恭，殺之，并其四子。斷絶義恭支體，分裂腸胃，挑取眼睛，以蜜漬之，謂之「鬼目粽」。別遣使者稱詔召柳元景，以兵隨之，左右奔告「兵刃非常」。元景知禍至，入辭其母，整朝服乘車應召。弟車騎司馬叔仁戎服，帥左右壯士欲拒命，元景苦禁之。既出巷，軍士大至，元景下車受戮，容色恬然，并其八子、六弟及諸姪。獲顏師伯於道，殺之，并其六子。又殺廷尉劉德願。改元景和，文武進位二等。遣使誅湘州刺史江夏世子伯禽。自是公卿以下皆被捶曳，如奴隸矣。

初，帝在東宮，多過失，世祖欲廢之而立新安王子鸞。侍中袁顗盛稱「太子好學，有日新之美」，世祖乃止。帝由是德之。既誅羣公，欲引進顗，任以朝政，遷爲吏部尚書，與尚書左丞徐爰皆以誅義恭等功，賜爵縣子。

徐爰便僻善事人，頗涉書傳，自元嘉初入侍左右，豫參顧問，既長於附會，又飾以典文，故爲太祖所任遇。大明之世，委寄尤重。時殿省舊人多見誅逐，唯爰巧於將迎，始終無迕，廢帝待之益厚，羣臣莫及。帝每出，常與沈慶之及山陰公主同輦，爰亦預焉。

山陰公主，帝姊也，適駙馬都尉何戢。戢，偃之子也。公主尤淫恣，嘗謂帝曰：「妾與陛下，男女雖殊，俱託體先帝。陛下六宮萬數，而妾唯駙馬一人，事太不均。」帝乃爲公主置面首，左右三十人，進爵會稽郡長公主，秩同郡王。吏部郎褚淵貌美，公主就帝請以自侍，帝許之。淵侍公主十日，備見逼迫，以死自誓，乃得免。淵，湛之之子也。

帝令太廟别畫祖考之像，帝入廟，指高祖像曰：「渠大英雄，生擒數天子。」指太祖像曰：「渠亦不惡，但末年不免兒斫去頭。」指世祖像曰：「渠大齇鼻，如何不齇？」立召畫工令齇之。

新安王子鸞有寵於世祖，帝疾之。九月辛丑，遣使賜子鸞死，又殺其母弟南海王子師及其母妹。發殷貴妃墓，又欲掘景寧陵，太史以爲不利於帝，乃止。

廢帝自即位以來，未嘗戒嚴，因民〔間〕訛言義陽王昶反而討之，昶奔魏。事見元魏寇齊。

吏部尚書袁顗始爲帝所寵任，俄而失指，待遇頓衰，使有司糾奏其罪，白衣領職。顗懼，詭辭求出。甲寅，以顗爲督雍梁等四州諸軍事、雍州刺史。顗舅蔡興宗謂之曰：「襄陽星惡，何可往？」顗曰：「白刃交前，不救流矢。今者之行，唯願生出虎口耳。且天道遼遠，何必皆驗？」

是時臨海王子頊爲都督荆湘等八州諸軍事、荆州刺史。朝廷以興宗爲子頊長史、南郡太守，行府州事，興宗辭不行。顗説興宗曰：「朝廷形勢，人所共見，在内大臣，朝不保夕。舅今出居陝西，爲八州行事，顗在襄、沔，地勝兵强，去江陵咫尺，水陸流通。若朝廷有事，可以共立桓、文之功，豈比受制凶狂，臨不測之禍乎！今得間不去，後復求出，豈可得邪？」興宗曰：「吾素門平進，與主上甚疏，未容有患。宫省内外，人不自保，會應有變。若内難得弭，外釁未必可量。汝欲在外求全，我欲居中免禍，各行其志，不亦善乎？」

顗於是狼狽上路，猶慮見追，行至尋陽，喜曰：「今始免矣。」鄧琬爲晋安王子勛鎮軍長史、尋陽内史，行江州事。顗與之款狎過常，每清閑，必盡日窮夜。顗與琬人地本殊，見者知其有異志矣。尋復以興宗爲吏部尚書。

帝舅東陽太守王藻尚世祖女臨川長公主。公主妬，譖藻於帝。冬十月己卯，藻下獄死。

會稽太守孔靈符，所至有政績，以忤犯近臣，近臣譖之，帝遣使鞭殺靈符，并誅其二子。

寧朔將軍何邁，瑀之子也，尚帝姑新蔡長公主。帝納公主於後宫，謂之謝貴嬪，詐言公主薨，殺宫婢送邁第殯葬，行喪禮。庚辰，拜貴嬪爲夫人，加鸞輅龍旂，出警入蹕。邁素豪俠，多養死士，謀因帝出遊，廢之，立晋安王子勛。事泄，十一月壬辰，帝自將兵誅邁。

初，沈慶之既發顏、柳之謀，遂自昵於帝，數盡言規諫，帝浸不悦。慶之懼禍，杜門不接賓客。嘗遣左右范羨至吏部尚書蔡興宗所。興宗使羨謂慶之曰：「公閉門絶客，以避悠悠請託者耳。如興宗，非有求於公者也，何爲見拒？」慶之使羨邀興宗。

興宗往見慶之，因說之曰：「主上比者所行，人倫道盡，率德改行，無可復望。今所忌憚，唯在於公，百姓喁喁所瞻賴者，亦在公一人而已。公威名素著，天下所服。今舉朝遑遑，人懷危怖，指麾之日，誰不響應？如猶豫不斷，欲坐觀成敗，豈惟旦暮及禍，四海重責將有所歸。僕蒙眷異常，故敢盡言，願公詳思其計。」慶之曰：「僕誠知今日憂危，不復自保，但盡忠奉國，始終以之，當委任天命耳。加老退私門，兵力頓闕，雖欲爲之，事亦無成。」興宗曰：「當今懷謀思奮者，非欲邀功賞富貴，正求脱朝夕之死耳。殿中將帥，唯聽外間消息，若一人唱首，則俯仰可定。況公統戎累朝，舊日部曲，布在宫省，受恩者多，沈攸之輩，皆公家子弟耳，何患不從？且公門徒、義附，並三吳勇士。殿中將軍陸攸之，公之鄉人，今入東討賊，大有鎧仗，在青溪未發。公取其器仗以配衣麾下，使陸攸之帥以前驅，僕在尚書中，自當帥百僚案前世故事，更簡賢明，以奉社稷，天下之事立定矣。又朝廷諸所施爲，民間傳言公悉豫之。公今不決，當有先公起事者，公亦不免附從之禍。聞車駕屢幸貴第，酣醉淹留。又聞屏左右，獨入閤内。此萬世一時，不可失也。」慶之曰：「感君至言，然此大事，非僕所能行。事至，固當抱忠以没耳。」

青州刺史沈文秀，慶之弟子也，將之鎮，帥部曲出屯白下。亦說慶之曰：「主上狂暴如此，禍亂不久，而一門受其寵任，萬物皆謂與之同心。且若人愛憎無常，猜忍特甚，不測之禍，進退難免。今因此衆力圖之，易於反掌。機會難值，不可失也。」再三言之，至於流涕。慶之終不從，文秀遂行。

及帝誅何邁，量慶之必當入諫，先閉青溪諸橋以絶之。慶之聞之，果往，不得進而還。帝乃使慶之從父兄子直閤將軍攸之賜慶之藥；慶之不肯飲，攸之以被揜殺之，時年八十。慶之子侍中文叔欲亡，恐如太宰義恭被支解，謂其弟中書郎文季曰：「我能死，爾能報。」遂飲慶之之藥而死。弟秘書郎昭明亦自經死。文季揮刀馳馬而去，追者不敢逼，遂得免。帝詐言慶之病薨，贈侍中、太尉，謚曰忠武公，葬禮甚厚。

領軍將軍王玄謨數流涕諫帝以刑殺過差，帝大怒。玄謨宿將，有威名，道路訛言玄謨已見誅。蔡興宗嘗爲東陽太守，玄謨典籤包法榮家在東陽，玄謨使法榮至興宗所。興宗謂法榮曰：「領軍殊當憂懼。」法榮曰：「領軍比日殆不復食，夜亦不眠，恒言收己在門，不保俄頃。」興宗曰：「領軍憂懼，當爲方略，那得坐待禍至？」因使法榮勸玄謨舉事。玄謨使法榮謝曰：「此亦未易可行，期當不泄君言。」

右衛將軍劉道隆，爲帝所寵任，專典禁兵。興宗嘗與之俱從帝夜出，道隆過興宗車後，興宗曰：「劉君，比日思一閒寫。」道隆解其意，掐興宗手曰：「蔡公勿多言。」

帝畏忌諸父，恐其在外爲患，皆聚之建康，拘於殿内，毆捶陵曳，無復人理。湘東王彧、建安王休仁、山陽王休祐皆肥壯，帝爲竹籠，盛而稱之，以彧尤肥，謂之「豬王」，謂休仁爲「殺王」，休祐爲「賊王」。以三王年長，尤惡之，常録以自隨，不離左右。東海王禕性凡劣，謂之「驢王」，桂陽王休範、巴陵王休若年尚少，故並得從容。嘗以木槽盛飯，并雜食攪之，掘地爲阬，實以泥水，裸彧内阬中，使以口就槽食之，用爲歡笑。前後欲殺三王以十數，休仁多智數，每以談笑佞諛説之，故得推遷。

少府劉曚妾孕臨月，帝迎入後宫，俟其生男，欲立爲太子。彧嘗忤旨，帝裸之，縛其手足，貫之以杖，使人擔付太官。曰：「今日屠豬。」休仁笑曰：「豬未應死。」帝問其故，休仁曰：「待皇太子生，殺豬取其肝肺。」帝怒乃解，曰：「且付廷尉。」一宿，釋之。丁未，曚妾生子，名曰皇子，爲之大赦，賜爲父後者爵一級。

帝又以太祖、世祖在兄弟數皆第三，江州刺史晋安王子勛亦第三，故惡之，因何邁之謀，遣左右朱景雲送藥賜子勛死。景雲至湓口，停不進。子勛典籤謝道邁、主帥潘欣之、侍書褚靈嗣聞之，馳以告長史鄧琬，泣涕請計。琬曰：「身南土寒士，蒙先帝殊恩，以愛子見託，豈得惜門户百口，期當以死報效。幼主昏暴，社稷危殆，雖曰天子，事猶獨夫。今便指帥文武，直造京邑，與羣公卿士廢昏立明耳。」戊申，琬稱子勛教，令所部戒嚴。子勛戎服出聽事，集僚佐，使潘欣之口宣旨諭之。四座未對，録事參軍陶亮首請效死前驅，衆皆奉旨。乃以亮爲諮議參軍，領中兵，總統軍事；功曹張沈爲諮議參軍，統作舟艦；南陽太守沈懷寶、岷山太守薛常寶、彭澤令陳紹宗等並爲將帥。初，帝使荊州録送前軍長史、荊州行事張悦至湓口，琬稱子勛命，釋其桎梏，迎以所乘車，以爲司馬。悦，暢之弟也。琬、悦二人共掌内外衆事，遣將軍俞伯奇帥五百人斷大雷，禁絶商旅及公私使命。遣使上諸郡民丁，收斂器械，旬日之内，得甲士五千人。出頓大雷，於兩岸築壘。又以巴東、建平二郡太守孫冲之爲諮議參軍，領中兵，與陶亮並統前軍。移檄遠近。

戊午，帝召諸妃、主列於前，强左右使辱之。南平王鑠妃江氏不從。帝怒，殺妃三子南平王敬猷、廬陵王敬先、安南侯敬淵，鞭江妃一百。

先是民間訛言湘中出天子，帝將南巡荊、湘二州以厭之。明旦，欲先誅湘東王彧然後發。

初，帝既殺諸公，恐羣下謀己，以直閤將軍宗越、譚金、童太一、沈攸之等有勇力，引爲爪牙，賞賜美人、金帛，充牣其家。越等久在殿省，衆所畏服，皆爲帝盡力。帝恃之，益無所顧憚，恣爲不道，中外騷然。左右宿衛之士皆有異志，而畏越等不敢發。時三王久幽，不知所爲。湘東王彧主衣會稽阮佃夫、内監吴興王道隆、學官令臨淮李道兒與直閤將軍柳光世及帝左右琅邪淳于文祖等陰謀弑帝。帝以立后故，假諸王閹人。彧左右錢藍生亦在中，或密使候帝動止。

先是，帝遊華林園竹林堂，使宫人倮相逐，一人不從，命斬之。夜，夢在竹林堂，有女子駡曰：「帝悖虐不道，明年不及熟矣！」帝於宫中求得一人，似所夢者，斬之。又夢所殺者駡曰：「我已訴上帝矣！」於是巫覡言竹林堂有鬼。是日晡時，帝出華林園，建安王休仁、山陽王休祐、會稽公主並從，湘東王彧獨在秘書省，不被召，益憂懼。

帝素惡主衣吳興壽寂之，見輒切齒。阮佃夫以其謀告寂之及外監典事東陽朱幼、細鎧主南彭城姜產之、細鎧將晉陵王敬則、中書舍人戴明寶，寂之等聞之，皆響應。幼豫約勒内外，使錢藍生密報休仁、休祐。時帝欲南巡，腹心宗越等並聽出外裝束，唯隊主樊僧整防華林閤。柳光世與僧整鄉人，因密邀之，僧整即受命。凡同謀十餘人。阮佃夫慮力少不濟，更欲招合，壽寂之曰：「謀廣或泄，不煩多人。」其夕，帝悉屏侍衛，與羣巫及綵女數百人射鬼於竹林堂。事畢，將奏樂，壽寂之抽刀前入，姜產之次之，淳于文祖等皆隨其後。休仁聞行聲甚疾，謂休祐曰：「事作矣。」相隨奔景陽山。帝見寂之至，引弓射之，不中。綵女皆迸走，帝亦走，大呼「寂寂」者三，寂之追而弑之。宣令宿衛曰：「湘東王受太皇太后令除狂主，今已平定。」殿省惶惑，未知所爲。

休仁就秘書省見湘東王，即稱臣，引升西堂，登御座，召見諸大臣。于時事起倉猝，王失履，跣至西堂，猶著烏帽。坐定，休仁呼主衣以白帽代之。令備羽儀，雖未即位，凡事悉稱令書施行。宣太皇太后令，數廢帝罪惡，命湘東王纂承皇極。及明，宗越等始入，湘東王撫接甚厚。廢帝母弟司徒、揚州刺史豫章王子尚，頑悖有兄風，己未，湘東王以太皇太后令，賜子尚及會稽公主死。建安王休仁等始得出居外舍。釋謝莊之囚。廢帝猶横尸太醫閤口。蔡興宗謂尚書右僕射王彧曰：「此雖凶悖，要是天下之主，宜使喪禮粗足。若直如此，四海必將乘人。」乃葬之秣陵縣南。

初，湘東王母沈婕妤早卒，路太后養之。王事太后甚謹，太后愛王亦篤。王既弑廢帝，欲慰太后心，下令以太后弟子休之爲黄門侍郎，茂之爲中書侍郎。論功行賞，壽寂之等十四人皆封縣侯、縣子。

十二月庚申朔，以東海王禕爲中書監、太尉。進鎮軍將軍、江州刺史晉安王子勛爲車騎將軍、開府儀同三司。癸亥，以建安王休仁爲司徒、尚書令、揚州刺史，以山陽王休祐爲荆州刺史，桂陽王休範爲南徐州刺史。

丙寅，湘東王即皇帝位，大赦，改元。其廢帝時昏制謬封，並皆刊削。庚午，以右衛將軍劉道隆爲中護軍。道隆曜於廢帝，嘗無禮於建安太妃，至是建安王休仁求解職，明帝乃賜道隆死。

宗越、譚金、童太一等雖爲上所撫接，内不自安，上亦不欲使居中，從容謂之曰：「卿等遭罹暴朝，勤勞日久，應得自養之地，兵馬大郡，隨卿等所擇。」越等素已自疑，聞之，皆相顧失色。因謀作亂，以告沈攸之，攸之以聞。上收越等，下獄死。攸之復入直閤。

壬申，以尚書右僕射王景文爲尚書僕射。景文即彧也，避上名，以字行。

初，豫州刺史山陽王休祐入朝，以長史、南梁郡太守陳郡殷琰行府州事，及休祐徙荆州，即以琰爲督豫、司二州諸軍事、豫州刺史。

江州佐吏得上所下令書，皆喜，共造鄧琬曰：「暴亂既除，殿下又開黄閤，實爲公私大慶。」琬以晉安王子勛次弟居三，又以尋陽起事，與世祖同符，謂事必有成。取令書投地曰：「殿下當開端門，黄閤是吾徒事耳。」衆皆駭愕。琬更與陶亮等繕治器甲，徵兵四方。袁顗既至襄陽，即與諮議參軍劉胡繕修兵械，簡集士卒，詐稱被太皇太后令，使其起兵。即建牙馳檄，奉表勸子勛即大位。

辛巳，更以山陽王休祐爲江州刺史，荆州刺史臨海王子頊即留本任。

先是，廢帝以邵陵王子元爲湘州刺史，中兵參軍沈仲玉爲道路行事，至鵲頭，聞尋陽兵起，不敢進。琬遣數百人劫迎之，令子勛建牙於桑尾，傳檄建康，稱「孤志遵前典，黜幽陟明」。又謂上：「矯害明茂，篡竊天寶，干我昭穆，寡我兄弟。藐孤同氣，猶有十三，聖靈何辜，而當乏饗。」

郢州刺史安陸王子綏承子勛初檄，欲攻廢帝，聞廢帝已隕，即解甲下標。既而聞江、雍猶治兵，郢府行事荀卞之大懼，即遣諮議、領中兵參軍鄭景玄帥軍馳下，并送軍糧。荆州行事孔道存奉刺史臨海王子頊、會稽將佐奉太守尋陽王子房，皆舉兵以應子勛。

二年春正月癸巳，徵會稽太守尋陽王子房爲撫軍將軍，以巴陵王休若代之。甲午，中外戒嚴，以司徒建安王休仁都督征討諸軍事，車騎將軍、江州刺史王玄謨副之。休仁軍於南州，以沈攸之爲尋陽太守，將兵屯虎檻。時玄謨未發，前鋒凡十軍，絡繹繼至，每夜各立姓號，不相禀受。攸之謂諸將曰：「今衆軍姓號不同，若有耕夫、漁父夜相呵叱，便致駭亂，取敗之道也。請就一軍取號。」衆咸從之。

鄧琬稱説符瑞，詐稱受路太后璽書，帥將佐上尊號於晋安王子勛。乙未，子勛即皇帝位於尋陽，改元義嘉。以安陸王子綏爲司徒、揚州刺史，尋陽王子房、臨海王子頊並加開府儀同三司，以鄧琬爲尚書右僕射，張悦爲吏部尚書，袁顗加尚書左僕射，自餘將佐及諸州郡除官、進爵號各有差。

丙申，以征虜司馬申令孫爲徐州刺史。令孫，坦之子也。置司州於義陽，以義陽内史龐孟虯爲司州刺史。

徐州刺史薛安都、冀州刺史清河崔道固皆舉兵應尋陽。上徵兵於青州刺史沈文秀，文秀遣其將平原劉彌之等將兵赴建康。會薛安都遣使邀文秀，文秀更令彌之等應安都。濟陰太守申闡據睢陵應建康，安都遣其從子直閤將軍索兒、太原太守清河傅靈越等攻之。闡，令孫之弟也。安都壻裴祖隆守下邳，劉彌之至下邳，更以所領應建康，襲擊祖隆。祖隆兵敗，與征北參軍垣崇祖奔彭城。崇祖，護之之從子也。彌之族人北海太守懷恭、從子善明皆舉兵以應彌之。薛索兒聞之，釋睢陵，引兵擊彌之。彌之戰敗，走保北海。申令孫進據淮陽，請降於索兒。龐孟虬亦不受命，舉兵應尋陽。

帝召尋陽王長史行會稽郡事孔覬爲太子詹事，以平西司馬庾業代之。又遣都水使者孔璪入東慰勞。璪説覬以「建康虚弱，不如擁五郡以應袁、鄧」。覬遂發兵，馳檄奉尋陽。吴郡太守顧琛、吴興太守王曇生、義興太守劉延熙、晋陵太守袁標皆據郡應之。上又以庾業代延熙爲義興，業至長塘湖即與延熙合。

益州刺史蕭惠開聞晋安王子勛舉兵，集將佐謂之曰：「湘東，太祖之昭；晋安，世祖之穆；其於當璧，並無不可。但景和雖昏，本是世祖之嗣，不任社稷，其次猶多。吾荷世祖之眷，當推奉九江。」乃遣巴郡太守費欣壽將五千人東下。於是湘州行事何慧文、廣州刺史袁曇遠、梁州刺史柳元怙、山陽太守程天祚皆附於子勛。元怙，元景之從兄也。

是歲，四方貢計皆歸尋陽，朝廷所保，唯丹楊、淮南等數郡，其間諸縣或應子勛。東兵已至永世，宮省危懼，上集羣臣以謀成敗。蔡興宗曰：「今普天同叛，人有異志，宜鎮之以靜，至信待人。叛者親戚布在宮省，若繩之以法，則土崩立至，宜明罪不相及之義。物情既定，人有戰心，六軍精勇，器甲犀利，以待不習之兵，其勢相萬耳。願陛下勿憂。」上善之。

建武司馬劉順說豫州刺史殷琰使應尋陽，琰以家在建康，未許。右衛將軍柳光世自省内出奔彭城，過壽陽，言建康必不能守。琰信之，且素無部曲，爲土豪前右軍參軍杜叔寶等所制，不得已而從之。琰以叔寶爲長史，内外軍事皆叔寶專之。上謂蔡興宗曰：「諸處未平，殷琰已復同逆。頃日人情云何？事當濟不？」興宗曰：「逆之與順，臣無以辨。今商旅斷絶，米甚豐賤，四方雲合，而人情更安，以此卜之，清蕩可必。但臣之所憂，更在事後，猶羊公言『既平之後，方當勞聖慮耳』。」上曰：「誠如卿言。」上知琰附尋陽非本意，乃更厚撫其家以招之。

汝南、新蔡二郡太守周矜起兵於懸瓠以應建康。袁顗誘矜司馬汝南常珍奇執矜，斬之，以珍奇代爲太守。

上使冗從僕射垣榮祖還徐州說薛安都，安都曰：「今京都無百里地，不論攻圍取勝，自可拍手笑殺。且我不欲負孝武。」榮祖曰：「孝武之行，足致餘殃。今雖天下雷同，正是速死，無能爲也。」安都不從，因留榮祖，使爲將。榮祖，崇祖之從父兄也。

兖州刺史殷孝祖之甥司法參軍潁川葛僧韶請徵孝祖入朝，上遣之。時薛索兒屯據津逕。僧韶間行得至，説孝祖曰：「景和凶狂，開闢未有，朝野危極，假命漏刻。主上夷凶翦暴，更造天地，國亂朝危，宜立長君。而羣迷相煽，構造無端，貪利幼弱，競懷希望。使天道助逆，羣凶事申，則主幼時艱，權柄不一，兵難互起，豈有自容之地？舅少有立功之志，若能控濟義勇，還奉朝廷，非唯匡主静亂，乃可以垂名竹帛。」孝祖具問朝廷消息，僧韶隨方譬譬，并陳兵甲精强，主上欲委以前驅之任。孝祖即日委妻子於瑕丘，帥文武二千人隨僧韶還建康。時四方皆附尋陽，朝廷唯保丹楊一郡，而永世令孔景宣復叛，義興兵垂至延陵，内外憂危，咸欲奔散。孝祖忽至，衆力不少，並傖楚壯士，人情大安。甲辰，進孝祖號撫軍將軍、假節、督前鋒諸軍事，遣向虎檻，寵賚甚厚。

初，上遣東平畢衆敬詣兖州募人，至彭城，薛安都以利害説之，矯上命以衆敬行兖州事，衆敬從之。殷孝祖使司馬劉文石守瑕丘，衆敬引兵擊殺之。安都素與孝祖有隙，使衆敬殺孝祖諸子。州境皆附之，唯東平太守申纂據無鹽，不從。纂，鍾之曾孫也。

丙午，上親總兵出頓中堂。辛亥，以山陽王休祐爲豫州刺史，督輔國將軍彭城劉勔、寧朔將軍廣陵呂安國等諸軍西討殷琰。巴陵王休若督建威將軍吴興沈懷明、尚書張永、輔國將軍蕭道成等諸軍東討孔覬。時將士多東方人，父兄子弟皆已附覬。上因送軍，普加宣示曰：「朕方務德簡刑，使父子兄弟罪不相及，助順同逆者，一以所從爲斷。卿等當深達此懷，勿以親戚爲慮也。」衆於是大悦。凡叛者親黨在建康者，皆使居職如故。

孔覬遣其將孫曇瓘等軍於晋陵九里，部陳甚盛。沈懷明至奔牛，所領寡弱，乃築壘自固。張永至曲阿，未知懷明安否，百姓驚擾，永退還延陵，就巴陵王休若。諸將帥咸勸休若退保破岡。其日大寒，風雪甚猛，塘埭決壞，衆無固心。休若宣令：「敢有言退者斬！」衆小定，乃築壘息甲。尋得懷明書，賊定未進，軍主劉亮又至，兵力轉盛，人情乃安。亮，懷慎之從孫也。

殿中御史吴喜以主書事世祖，稍遷至河東太守。至是，請得精兵三百，致死於東。上假喜建武將軍，簡羽林勇士配之。議者以喜刀筆主者，未嘗爲將，不可遣。中書舍人巢尚之曰：「喜昔隨沈慶之屢經軍旅，性既勇決，又習戰陳，若能任之，必有成績。諸人紛紜，皆是不别才耳。」乃遣之。喜先時數奉使東吴，性寬厚，所至人並懷之。百姓聞吴河東來，皆望風降散，故喜所至克捷。

永世人徐崇之攻孔景宣，斬之，喜版崇之領縣事。喜至國山，遇東軍，進擊，大破之。

自國山進屯吳城，劉延熙遣其將楊玄等拒戰。喜兵力甚弱，玄等衆盛，喜奮擊，斬之。進逼義興，延熙柵斷長橋，保郡自守。喜築壘與之相持。

庾業於長塘湖口夾岸築城，有衆七千人，與延熙遥相應接。沈懷明、張永與晉陵軍相持，久不決。外監朱幼舉、司徒參軍督護任農夫驍果有膽力，上以四百人配之，使助東討。農夫自延陵出長塘，庾業築城猶未合，農夫馳往攻之，力戰，大破之，庾業棄城走義興。農夫收其船仗，進向義興助吳喜。二月己未朔，喜渡水攻郡城，分兵擊諸壘，登高指麾，若令四面俱進者。義興人大懼，諸壘皆潰，延熙赴水死，遂克義興。

沈懷明、張永、蕭道成等軍於九里西，與東軍相持。東軍聞義興敗，皆震恐。上遣積射將軍濟陽江方興、御史王道隆至晉陵視東軍形勢。孔覬將孫曇瓘、程扞宗等列五城，互相連帶。扞宗城猶未固，王道隆與諸將謀曰：「扞宗城既未立，可以藉手，上副聖旨，下成衆氣。」辛酉，道隆帥所領急攻，拔之，斬扞宗首。永等因乘勝進擊曇瓘等，壬戌，曇瓘等兵敗，與袁標俱棄城走，遂克晉陵。

吳喜軍至義鄉。孔璪屯吳興南亭，太守王曇生詣璪計事。聞臺軍已近，璪大懼，墮牀，曰：「懸賞所購，唯我而已。今不遽走，將爲人擒。」遂與曇生奔錢唐。喜入吳興，任農夫引兵向吳郡，顧琛棄郡奔會稽。上以四郡既平，乃留吳喜使統沈懷明等諸將東擊會稽，召張永等北擊彭城，江方興等南擊尋陽。

丁卯，吴喜至錢唐，孔璪、王曇生奔浙東。喜遣强弩將軍任農夫等引兵向黄山浦，東軍據岸結寨，農夫等擊破之。喜自柳浦渡，取西陵，擊斬庾業。會稽人大懼，將士多奔亡，孔覬不能制。戊寅，上虞令王晏起兵攻郡，覬逃奔嵴山，車騎從事中郎張綏封府庫以待吴喜。己卯，王晏入城，殺綏，執尋陽王子房於别署，縱兵大掠，府庫皆空。獲孔璪，殺之。庚辰，嵴山民縛孔覬送晏，晏謂之曰：「此事孔璪所爲，無預卿事，可作首辭，當相爲申上。」覬曰：「江東處分，莫不由身，委罪求活，便是君輩行意耳。」晏乃斬之。顧琛、王曇生、袁標等詣吴喜歸罪，喜皆宥之。東軍主凡七十六人，於陳斬十七人，其餘皆原宥。

薛索兒攻申闡，久不下，使申令孫入睢陵説闡。闡出降，索兒并令孫殺之。山陽王休祐在歷陽，輔國將軍劉勔進軍小峴。殷琰所署南汝陰太守裴季以合肥來降。

鄧琬性鄙闇貪吝，既執大權，父子賣官鬻爵，使婢僕出市道販賣。酣歌博奕，日夜不休。大自矜遇，賓客到門，歷旬不得前。内事悉委褚靈嗣等三人，羣小横恣，競爲威福。於是士民忿怨，内外離心。

琬遣孫冲之帥龍驤將軍薛常寶、陳紹宗、焦度等兵一萬爲前鋒，據赭圻。冲之於道與晉安王子勛書曰：「舟檝已辦，器械亦整，三軍踊躍，人争效命，便欲沿流挂帆，直取白下。願速遣陶亮衆軍兼行相接，分據新亭、南州，則一麾定矣。」子勛加冲之左衛將軍，以陶亮爲右衛將軍，統郢、荆、湘、梁、雍五州兵合二萬人，一時俱下。陶亮本無幹略，聞建安王休仁自上，殷孝祖又至，不敢進，屯軍鵲洲。

殷孝祖負其誠節，陵轢諸將，臺軍有父子兄弟在南者，孝祖悉欲推治。由是人情乖離，莫樂爲用。寧朔將軍沈攸之，内撫將士，外諧羣帥，衆並賴之。孝祖每戰，常以鼓蓋自隨，軍中人相謂：「殷統軍可謂死將矣。今與賊交鋒，而以羽儀自標顯，若善射者十人共射之，欲不斃，得乎？」三月庚寅，衆軍水陸(欲)〔並〕進，攻赭圻。陶亮等引兵救之，孝祖於陳爲流矢所中，死。軍主范潛帥五百人降於亮。人情震駭，並謂沈攸之宜代孝祖爲統。

時建安王休仁屯虎檻，遣寧朔將軍江方興、龍驤將軍襄陽劉靈遺各將三千人赴赭圻。攸之以爲孝祖既死，亮等有乘勝之心，明日若不更攻，則示之以弱。方興名位相亞，必不爲己下，軍政不壹，致敗之由也。乃帥諸軍主詣方興曰：「今四方並反，國家所保，無復百里之地。唯有殷孝祖爲朝廷所委賴，鋒鏑裁交，輿尸而反，文武喪氣，朝野危心。事之濟否，唯在明旦一戰。戰若不捷，則大事去矣。詰朝之事，諸人或謂吾應統之，自卜懦薄，幹略不如卿。今輒相推爲統，但當相與戮力耳。」方興甚悦，許諾。攸之既出，諸軍主並尤之。攸之曰：「吾本以濟國活家，豈計此之升降。且我能下彼，彼必不能下我，共濟艱難，豈可自措同異也！」

孫沖之謂陶亮曰：「孝祖梟將，一戰便死，天下事定矣，不須復戰，便當直取京都。」亮不從。

辛卯，方興帥諸軍進戰，建安王休仁又遣軍主郭季之、步兵校尉杜幼文、屯騎校尉垣恭祖、龍驤將軍濟地頓生京兆段佛榮等三萬人往會戰，自寅及午，大破之，追奔至姥山而還。幼文，驥之子也。

孫沖之於湖、白口築二城，軍主竟陵張興世攻拔之。

壬辰，詔以沈攸之爲輔國將軍、假節，代殷孝祖督前鋒諸軍事。

陶亮聞湖、白二城不守，大懼，急召孫沖之還鵲尾，留薛常寶等守赭圻。先於姥山及諸岡分立營寨亦悉散還，共保濃湖。

時軍旅大起，國用不足，募民上錢穀者，賜荒縣、荒郡或五品至三品散官有差。軍中食少，建安王休仁撫循將士，均其豐儉，弔死問傷，身親隱恤，故十萬之衆，莫有離心。

鄧琬遣其豫州刺史劉胡帥衆三萬、鐵騎二千東屯鵲尾，并舊兵凡十餘萬。胡，宿將，勇健多權略，屢有戰功，將士畏之。司徒中兵參軍冠軍蔡那，子弟在襄陽，胡每戰懸之城外，那進戰不顧。吴喜既定三吴，帥所領五千人并運資實，至于赭圻。

薛索兒將馬步萬餘人自睢陵渡淮，進逼青冀二州刺史張永營。丙申，詔南徐州刺史桂陽王休範統北討諸軍事進據廣陵，又詔蕭道成將兵救永。

戊戌，尋陽王子房至建康，上宥之，貶爵爲松滋侯。

上遣寧朔將軍劉懷珍帥龍驤將軍王敬則等步騎五千助劉勔討壽陽，斬廬江太守劉道蔚。懷珍，善明之從子也。

中書舍人戴明寶啓上，遣軍主竟陵黄回募兵擊斬尋陽所署馬頭太守王廣元。

前奉朝請壽陽鄭黑起兵於淮上以應建康，東扞殷琰，西拒常珍奇。乙巳，以黑爲司州刺史。

殷琰將劉順、柳倫、皇甫道烈、龐天生等馬步八千人，東據宛唐。劉勔帥衆軍並進，去順數里立營。時琰所遣諸軍並受順節度，而以皇甫道烈土豪，柳倫臺之所遣，順本卑微，唯不使統督二軍。勔始至，塹壘未立，順欲擊之，道烈、倫不同，順不能獨進，乃止。勔營既立，不可復攻，因相持守。

沈攸之帥諸軍圍赭圻。薛常寶等糧盡，告劉胡求救。胡以囊盛米，繫流查及船腹，陽覆船，順風流下，以餉之。沈攸之疑其有異，遣人取船及流查，大得囊米。丙辰，劉胡帥步卒一萬，夜斫山開道，以布囊運米餉赭圻。平旦，至城下，猶隔小塹未能入。沈攸之帥諸軍邀之，殊死戰，胡衆大敗，捨糧、棄甲，緣山走，斬獲甚衆。胡被瘡，僅得還營。常寶等惶懼，夏四月辛酉，開城突圍，走還胡軍。攸之拔赭圻城，斬其寧朔將軍沈懷寶等，納降數千人。陳紹宗單舸奔鵲尾。建安王休仁自虎檻進屯赭圻。劉胡等兵猶盛。上欲綏慰人情，遣吏部尚書褚淵至虎檻，選用將士。時以軍功除官者衆，版不能供，始用黄紙。

鄧琬以晉安王子勛之命，徵袁顗下尋陽。顗悉雍州之衆馳下。琬以黄門侍郎劉道憲行荆州事，侍中孔道存行雍州事。上庸太守柳世隆乘虛襲襄陽，不克。世隆，元景之弟子也。

散騎侍郎明僧暠起兵，攻沈文秀以應建康。壬午，以僧暠爲青州刺史。平原、樂安二郡太守王玄默據琅邪，清河、廣川二郡太守王玄邈據盤陽城，高陽、勃海二郡太守劉乘民據臨濟城，並起兵以應建康。玄邈，玄謨之從弟；乘民，彌之之從子也。沈文秀遣軍主解彦士攻北海，拔之，殺劉彌之。乘民從弟伯宗合帥鄉黨，復取北海，因引兵向青州所治東陽城。文秀拒之，伯宗戰死。僧暠、玄默、玄邈、乘民合兵攻東陽城，每戰輒爲文秀所破，離而復合，如此者十餘，卒不能克。

杜叔寶謂臺軍住歷陽，不能遽進，及劉勔等至，上下震恐。劉順等始行，唯齎一月糧，既與勔久相持，糧盡。叔寶發車千五百乘，載米餉順，自將五千精兵送之。呂安國聞之，言於劉勔曰：「劉順精甲八千，而我衆不能居半。相持既久，强弱勢殊，更復推遷，則無以自立。所賴者，彼糧行竭，我食有餘耳。若使叔寶米至，非唯難可復圖，我亦不能持久。今唯有間道襲其米車，出彼不意，若能制之，將不戰走矣。」勔以爲然。以疲弱守營，簡精兵千人，配安國及龍驤將軍黄回，使從間道出順後，於横塘抄之。

安國始行，齎二日熟食，食盡，叔寶不至。將士欲還，安國曰：「卿等旦已一食。今晚米車不容不至，若其不至，夜去不晚。」叔寶果至，以米車爲函箱陳，叔寶於外爲遊軍。幢主楊仲懷將五百人居前，安國、回等擊斬之，及其士卒皆盡。叔寶至，回欲乘勝擊之，安國曰：「彼將自走，不假復擊。」退三十里止宿，夜遣騎參候，叔寶果棄米車走。安國復夜往，燒米車，驅牛二千餘頭而還。

五月丁亥朔夜，劉順衆潰，順走淮西就常珍奇。於是劉勔鼓行，進向壽陽。叔寶斂居民及散卒嬰城自守，勔與諸軍分營城外。

山陽王休祐與殷琰書，爲陳利害，上又遣御史王道隆齎詔宥琰罪。勔與琰書，并以琰兄瑗子邈書與之。琰與叔寶等皆有降意，而衆心不壹，復嬰城固守。

弋陽西山蠻田益之起兵應建康，詔以益之爲輔國將軍，督弋陽四山事。壬辰，以輔國將軍沈攸之爲雍州刺史。丁未，以尚書左僕射王景文爲中軍將軍。庚戌，以寧朔將軍劉乘民爲冀州刺史。

張永、蕭道成等與薛索兒戰，大破之。索兒退保石梁，食盡而潰，走向樂平，爲申令孫子孝叔所斬。薛安都子道智走向合肥，詣裴季降。傅靈越走至淮西，武衛將軍沛郡王廣之生獲之，送詣勔。勔詰其叛逆，靈越曰：「九州唱義，豈獨在我。薛公不能專任智勇，委付子姪，此其所以敗也。人生歸於一死，實無面求活。」勔送詣建康，上欲赦之，靈越辭終不改，乃殺之。

鄧琬以劉胡與沈攸之等相持久不決，乃加袁顗督征討諸軍事。六月甲戌，顗帥樓船千艘，戰士二萬，來入鵲尾。顗本無將略，性又怯橈，在軍中未嘗戎服，語不及戰陳，唯賦詩談義而已，不復撫接諸將。劉胡每論事，酬對甚簡。由此大失人情，胡常切齒恚恨。胡以南運米未至，軍士匱乏，就顗借襄陽之資。顗不許，曰：「都下兩宅未成，方應經理。」又信往來之言，云「建康米貴，斗至數百」，以爲將不攻自潰，擁甲以待之。

田益之帥蠻衆萬餘人圍義陽，鄧琬使司州刺史龐孟虯帥精兵五千救之，益之不戰潰去。

安成太守劉襲、始安内史王識之、建安内史趙道生並舉郡來降。襲，道憐之孫也。

蕭道成世子賾爲南康贛令，鄧琬遣使收繫之。門客蘭陵桓康擔賾妻裴氏及其子長懋、子良逃於山中，與賾族人蕭欣祖等結客得百餘人，攻郡，破獄出賾。南康相沈肅之帥將吏追賾，賾與戰，擒之。賾自號寧朔將軍，據郡起兵，與劉襲等相應。琬以中護軍殷孚爲豫章太守，督上流五郡以防襲等。

衡陽内史王應之起兵應建康，襲擊（襄）〔湘〕州行事何慧文於長沙。應之與慧文捨軍身戰，斫慧文八創，慧文斫應之斷足，殺之。

始興人劉嗣祖等據郡起兵應建康，廣州刺史袁曇遠遣其將李萬周等討之。嗣祖誑萬周，云尋陽已平，萬周還襲番禺，擒曇遠，斬之。上以萬周行廣州事。

諸軍與袁顗相拒於濃湖，久未決。龍驤將軍張興世建議曰：「賊據上流，兵强地勝，我雖持之有餘，而制之不足。若以奇兵數千潛出其上，因險而壁，見利而動，使其首尾周遑，進退疑阻，中流既梗，糧運自艱，此制賊之奇也。錢溪江岸最狹，去大軍不遠，下臨洄洑，船下必來泊岸，又有横浦可以藏船，千人守險，萬人不能過。衝要之地，莫出於此。」沈攸之、吴喜並贊其策。會龐孟虯引兵來助殷琰，劉勔遣使求援甚急，建安王休仁欲遣興世救之。沈攸之曰：「孟虯蟻聚，必無能爲，遣别將馬步數千，足以相制。興世之行，是安危大機，必不可輟。」乃遣段佛榮將兵救勔，而選戰士七千、輕舸二百配興世。

興世帥其衆泝流西上，尋復退歸，如是者累日。劉胡聞之，笑曰：「我尚不敢越彼下取揚州，張興世何物人，欲輕據我上。」不爲之備。一夕，四更，值便風，興世舉帆直前，渡湖、白，過鵲尾。胡既覺，乃遣其將胡靈秀將兵於東岸，翼之而進。戊戌夕，興世宿景洪浦，靈秀亦留。興世潛遣其將黃道標帥七十舸徑趣錢溪，立營寨。己亥，興世引兵進據之，靈秀不能禁。庚子，劉胡自將水步二十六軍來攻錢溪。將士欲迎擊之，興世禁之曰：「賊來尚遠，氣盛而矢驟，驟既易盡，盛亦易衰，不如待之。」令將士治城如故。俄而胡來轉近，船入洄洑，興世命壽寂之、任農夫帥壯士數百擊之，衆軍相繼並進，胡敗走，斬首數百，胡收兵而下。時興世城寨未固，建安王休仁慮袁顗并力更攻錢溪，欲分其勢。辛丑，命沈攸之、吳喜等以皮艦進攻濃湖，斬獲千數。是日，劉胡帥步卒二萬、鐵馬一千，欲更攻興世。未至錢溪數十里，袁顗以濃湖之急，遽追之，錢溪城由此得立。胡遣人傳唱「錢溪已平」，衆並懼。沈攸之曰：「不然。若錢溪實敗，萬人中應有一人逃亡得還者，必是彼戰失利，唱空聲以惑衆耳。」勒軍中不得妄動。錢溪捷報尋至。攸之以錢溪所送胡軍耳鼻示濃湖，袁顗駭懼。攸之日暮引歸。

龍驤將軍劉道符攻山陽，程天祚請降。

龐孟虬進至弋陽，劉勔遣呂安國等迎擊於蓼潭，大破之，孟虬走向義陽。王玄謨之子曇善起兵據義陽以應建康，孟虬走死蠻中。

劉胡遣輔國將軍薛道標襲合肥，殺汝陰太守裴季，劉勔遣輔國將軍垣閎擊之。閎，閬之弟；道標，安都之子也。

八月，皇甫道烈等聞龐孟虬敗，並開門出降。

淮西人鄭叔舉起兵擊常珍奇以應鄭黑。辛亥，以叔舉爲北豫州刺史。

張興世既據錢溪，濃湖軍乏食。鄧琬大送資糧，畏興世，不敢進。劉胡帥輕舸四百，由鵲頭内路欲攻錢溪，既而謂長史王念叔曰：「吾少習步戰，未閑水鬬。若步戰，恒在數萬人中，水戰在一舸之上，舸舸各進，不復相關，正在三十人中，此非萬全之計，吾不爲也。」乃託瘧疾，住鵲頭不進，遣龍驤將軍陳慶將三百舸向錢溪，戒慶「不須戰，張興世吾之所悉，自當走耳」。陳慶至錢溪，軍於梅根。

胡遣別將王起將百舸攻興世，興世擊起，大破之。胡帥其餘舸馳還，謂顗曰：「興世營寨已立，不可猝攻。昨日小戰，未足爲損。陳慶已與南陵、大雷諸軍共遏其上，大軍在此，鵲頭諸將又斷其下流，已墮圍中，不足復慮。」顗怒胡不戰，謂曰：「糧運鯁塞，當如此何？」胡曰：「彼尚得泝流越我而上，此運何以不得沿流越彼而下邪？」乃遣安北府司馬沈仲玉將千人步趣南陵迎糧。仲玉至南陵，載米三十萬斛，錢布數十舫，豎榜爲城，規欲突過。行至貴口，不敢進，遣間信報胡，令遣重軍援接。張興世遣壽寂之、任農夫等將三千人至貴口擊之，仲玉走還顗營，悉虜其資實。胡衆駭懼，胡將張喜來降。

鎮東中兵參軍劉亮進兵逼胡營，胡不能制。袁顗懼曰：「賊入人肝脾裏，何由得活！」胡陰謀遁去，己卯，誑顗，云「欲更帥步騎二萬上取錢溪，兼下大雷餘運」，令顗悉選馬配之。其日，胡委顗去，徑趣梅根。先令薛常寶辦船，悉發南陵諸軍，燒大雷諸城而走。至夜，顗方知之，大怒，罵曰：「今年爲小子所誤！」呼取常所乘善馬飛燕，謂其衆曰：「我當自出追之。」因亦走。

庚辰，建安王休仁勒兵入顗營，納降卒十萬，遣沈攸之等追顗。顗走至鵲頭，與戍主薛伯珍并所領數千人偕去，欲向尋陽。夜止山間，殺馬以勞將士，顧謂伯珍曰：「我非不能死，且欲一至尋陽，謝罪主上，然後自刎耳。」因慷慨叱左右索節，無復應者。及旦，伯珍請屏人言事，遂斬顗首，詣錢溪馬軍主襄陽俞湛之。湛之因斬伯珍，并送首以爲己功。

劉胡帥二萬人向尋陽，詐晉安王子勛，云：「袁顗已降，軍皆散，唯己帥所領獨返。宜速處分，爲一戰之資。常停據湓城，誓死不貳。」乃於江外夜趣沔口。鄧琬聞胡去，憂惶無計，呼中書舍人褚靈嗣等謀之，並不知所出。張悅詐稱疾，呼琬計事，令左右伏甲帳後，戒之：「若聞索酒，便出。」琬既至，悅曰：「卿首唱此謀，今事已急，計將安出？」琬曰：「正當斬晉安王，封府庫，以謝罪耳。」悅曰：「今日寧可賣殿下求活邪？」因呼酒，子洵提刀出，斬琬。中書舍人潘欣之聞琬死，勒兵而至。悅使人語之曰：「鄧琬謀反，今已梟戮。」欣之乃還，取琬子並殺之。悅因單舸齎琬首馳下，詣建安王休仁降。

尋陽亂。蔡那之子道淵在尋陽被繫作部，脫鎖入城，執子勛，囚之。沈攸之等諸軍至尋陽，斬晉安王子勛，傳首建康，時年十一。

初，鄧琬遣臨川內史張淹自鄱陽嶠道入三吳，軍于上饒。聞劉胡敗，軍副鄱陽太守費曄斬淹以降。淹，暢之子也。

廢帝之世，衣冠懼禍，咸欲遠出。至是流離外難，百不一存，衆乃服蔡興宗之先見。

九月壬辰，以山陽王休祐爲荆州刺史。癸巳，解嚴，大赦。

庚子，司徒休仁至尋陽，遣吳喜、張興世向荆州，沈懷明向郢州，劉亮及寧朔將軍南陽張敬兒向雍州，孫超之向湘州，沈思仁、任農夫向豫章，平定餘寇。

劉胡逃至石城，捕得，斬之。郢州行事張沈變形爲沙門，潛走，追獲，殺之。荆州行事劉道憲聞濃湖平，散兵，遣使歸罪。荆州治中宗景等勒兵入城，殺道憲，執臨海王子頊以降。孔道存知尋陽已平，遣使請降；尋聞柳世隆、劉亮當至，衆悉逃潰，道存及三子皆自殺。上以何慧文才兼將吏，使吳喜宣旨赦之。慧文曰：「既陷逆節，手害忠義，何面見天下之士！」遂自殺。安（陵）〔陸〕王子綏、臨海王子頊、邵陵王子元並賜死。劉順及餘黨在荆州者，皆伏誅。詔追贈諸死節之臣，及封賞有功者各有差。

上既誅晉安王子勛等，待世祖諸子猶如平日。司徒休仁還自尋陽，言於上曰：「松滋侯兄弟尚在，將來非社稷計，宜早爲之所。」冬十月乙卯，松滋侯子房、永嘉王子仁、始安王子真、淮南王子孟、南平王子產、廬陵王子輿、子趨、子期、東平王子嗣、子悅並賜死，及鎮北諮議參軍路休之、司徒從事中郎路茂之、兗州刺史劉祗、中書舍人嚴龍皆坐誅。世祖二十八子，於此盡矣。

劉勔圍壽陽，垣閎攻合肥，俱未下。勔患之，召諸將會議。馬隊主王廣之曰：「得將軍所乘馬，判能平合肥。」幢主皇甫肅怒曰：「廣之敢奪節下馬，可斬！」勔笑曰：「觀其意，必能立功。」即推鞍下馬與之。廣之往攻合肥，三日克之。薛道標突圍奔淮西歸常珍奇。勔擢廣之爲軍主。廣之謂肅曰：「節下若從卿言，何以平賊？卿不賞才，乃至於此。」肅有學術，及勔卒，更依廣之，廣之薦於齊世祖，爲東海太守。

徐州刺史薛安都等遣使乞降。事見宋明帝北伐。

冬十二月，劉勔圍壽陽，自首春至于末冬，內攻外禦，戰無不捷，以寬厚得將士心。尋陽既平，上使中書爲詔諭殷琰。蔡興宗曰：「天下既定，是琰思過之日，陛下宜賜手詔數行以相慰引。今直中書爲詔，彼必疑謂非真，非所以速清方難也。」不從。琰得詔，謂劉勔詐爲之，不敢降。杜叔寶閉絕尋陽敗問，有傳者即殺之，守備益固。凡有降者，上輒送壽陽城下，使與城中人語，由是衆情離沮。

琰欲請降於魏，主簿譙郡夏侯詳說琰曰：「今日之舉，本效忠節，若社稷有奉，便當歸身朝廷，何可北面左衽乎？且今魏軍近在淮次，官軍未測吾之去就，若遣使歸款，必厚相慰納，豈止免罪而已。」琰乃使詳出見劉勔。詳說勔曰：「今城中士民知困而猶固守者，畏將軍之誅，皆欲自歸於魏。願將軍緩而赦之，則莫不相帥而至矣。」勔許諾，使詳至城下，呼城中人，諭以勔意。丙寅，琰帥將佐面縛出降，勔悉加慰撫，不戮一人。入城，約勒將士，士民貲財秋毫無所失，壽陽人大悅。魏兵至師水，將救壽陽，聞琰已降，乃掠義陽數千人而去。久之，琰復仕至少府而卒。

宋明帝北伐

宋明帝泰始二年。晉安王子勛之敗於尋陽也，徐州刺史薛安都、益州刺史蕭惠開、梁州刺史柳元怙、兗州刺史畢衆敬、豫章太守殷孚、汝南太守常珍奇，並遣使乞降。上以南方已平，欲示威淮北，冬十月乙亥，命鎮軍將軍張永、中領軍沈攸之將甲士十五萬迎薛安都。蔡興宗曰：「安都歸順，此誠非虚，正須單使尺書。今以重兵迎之，勢必疑懼，或能招引北虜，爲患方深。若以叛臣罪重，不可不誅，則曏之所宥，亦已多矣。況安都外據大鎮，密邇邊陲，地險兵强，攻圍難克，考之國計，尤宜馴養。如其外叛，將爲朝廷旰食之憂。」上不從，謂征北司馬行南徐州事蕭道成曰：「吾今因此北討，卿意以爲何如？」對曰：「安都狡猾有餘，今以兵逼之，恐非國之利。」上曰：「諸軍猛鋭，何往不克？卿勿多言。」安都聞大兵北上，懼，遣使乞降於魏，常珍奇亦以懸瓠降魏，皆請兵自救。

薛安都以其子爲質於魏。魏遣鎮東大將軍代人尉元、鎮東將軍魏郡孔伯恭等帥騎一萬出東道救彭城，鎮西大將軍西河公石、都督荆豫南雍州諸軍事張窮奇出西道救懸瓠。以安都爲都督徐兗等五州諸軍事、鎮南大將軍、徐州刺史、河東公，常珍奇爲平南將軍、豫州刺史、河内公。

兗州刺史申纂詐降於魏，尉元受之，而陰爲之備。魏師至無鹽，纂閉門拒守。薛安都之召魏兵也，畢衆敬不與之同，遣使來請降，上以衆敬爲兗州刺史。衆敬子元賓在建康，先坐他罪誅。衆敬聞之，怒，拔刀斫柱曰：「吾皓首唯一子，不能全，安用獨生！」十一月壬子，魏師至瑕丘，衆敬請降於魏。尉元遣部將先據其城，衆敬悔恨，數日不食。元長驅而進，十二月己未，軍于秺。

西河公石至上蔡，常珍奇帥文武出迎。石欲頓軍汝北，未即入城，中書博士鄭羲曰：「今珍奇雖來，意未可量。不如且入其城，奪其管籥，據有府庫，制其腹心，策之全者也。」石遂策馬入城，因置酒嬉戲。羲曰：「視珍奇之色甚不平，不可不爲之備。」乃嚴兵設備。其夕，珍奇使人燒府屋，欲爲變，以石有備而止。羲，豁之曾孫也。

淮西七郡民多不願屬魏，連營南奔。魏遣建安王陸馛宣慰新附，民有陷軍爲奴婢者，馛悉免之，新民乃悦。

是歲，張永、沈攸之進兵逼彭城，軍于下礚，分遣羽林監王穆之將卒五千守輜重於武原。魏尉元至彭城，薛安都出迎。元遣李璨與安都先入城，收其管籥，别遣孔伯恭以精甲二千安撫内外，然後入。其夜，張永攻南門，不克而退。元不禮於薛安都，安都悔降，復謀叛魏。元知之，不果發。安都重賂元等，委罪於女壻裴祖隆而殺之。元使李璨與安都守彭城，自將兵擊張永，絶其糧道。又破王穆之於武原。穆之帥餘衆就永，元進攻之。

三年春正月，張永等棄城夜遁。會天大雪，泗水冰合，永等棄船步走，士卒凍死者太半，手足斷者什七八。尉元邀其前，薛安都乘其後，大破永等於呂梁之東，死者以萬數，枕尸六十餘里，委棄軍資、器械不可勝計。永足指亦墮，與沈攸之僅以身免。梁南秦二州刺史垣恭祖等爲魏所虜。上聞之，召蔡興宗以敗書示之，曰：「我愧卿甚。」永降號左將軍。攸之免官，以貞陽公領職，還屯淮陰。由是失淮北四州及豫州淮西之地。

裴子野論曰：昔齊桓矜於葵丘而九國叛，曹公不禮張松而天下分，一失豪氂，其差遠矣。太宗之初，威令所被，不滿百里，卒有離心，士無固色，而能開誠心，布款實，莫不感恩服德，致命效死，故西摧北蕩，寓内褰開。既而六軍獻捷，方隅束手，天子欲賈其餘威，師出無名，長淮以北，倏忽爲戎。惜乎！若以嚮之虚懷，不驕不伐，則三叛奚爲而起哉？高祖蟣蝨生介胄，經啓疆埸，後之子孫，日蹙百里。播穫堂構，豈云易哉。

魏尉元以彭城兵荒之後，公私困竭，請發冀、相、濟、兖四州粟，取張永所棄船九百艘，沿河運載，以賑新民，魏朝從之。

沈文秀、崔道固爲土人所攻，遣使乞降於魏，且請兵自救。

二月，魏西河公石自懸瓠引兵攻汝陰太守張超，不克；退屯陳項，議還長社，待秋擊之。鄭羲曰：「張超蟻聚窮命，糧食已盡，不降當走，可翹足而待也。今棄之遠去，超脩城浚隍，積薪儲穀，更來恐難圖矣。」石不從，遂還長社。

初，尋陽既平，帝遣沈文秀弟文炳以詔書諭文秀，又遣輔國將軍劉懷珍將馬步三千人與文炳偕行。未至，值張永等敗退，懷珍還鎮山陽。文秀攻青州刺史明僧暠，帝使懷珍帥龍驤將軍王廣之將五百騎、步卒二千人浮海救之。至東海，僧暠已退保東萊。懷珍進據朐城，衆心兇懼，欲且保郁洲。懷珍曰：「文秀欲以青州歸索虜，計齊之士民，安肯甘心左袵邪！今揚兵直前，宣布威德，諸城可飛書而下，奈何守此不進，自爲沮撓乎。」遂進至黔陬，文秀所署高密、平昌二郡太守棄城走。懷珍送致文炳，達朝廷意，文秀猶不降。百姓聞懷珍至，皆喜。文秀所署長廣太守劉桃根將數千人戍不其城。懷珍軍於洋水，衆謂且宜堅壁伺隙，懷珍曰：「今衆少糧竭，懸軍深入，正當以精兵速進，掩其不備耳。」乃遣王廣之將百騎襲不其城，拔之。文秀聞諸城皆敗，乃遣使請降，帝復以爲青州刺史。崔道固亦請降，復以爲冀州刺史。懷珍乃還。

沈攸之之自彭城還也，留長水校尉王玄載守下邳，積射將軍沈韶守宿豫，睢陵、淮陽皆留兵戍之。玄載，玄謨之從（將）〔弟〕也。時東平太守申纂守無鹽，幽州刺史劉休賓守梁鄒，并州刺史清河房崇吉守升城，輔國將軍清河張讜守團城，及兗州刺史王整、蘭陵太守桓忻、肥城、麋溝、垣苗等戍皆不附於魏。休賓，乘民之兄子也。

魏遣平東將軍長孫陵等將兵赴青州，征南大將軍慕容白曜將騎五萬爲之繼援。白曜，燕太祖之玄孫也。白曜至無鹽，欲攻之。將佐皆以爲「攻具未備，不宜遽進」。左司馬范陽酈範曰：「今輕軍遠襲，深入敵境，豈宜淹緩。且申纂必謂我軍來速，不暇攻圍，將不爲備。今若出其不意，可一鼓而克。」白曜曰：「司馬策是也。」乃引兵僞退。申纂不復設備。白曜夜中部分，三月甲寅旦攻城，食時克之。纂走，追擒，殺之。白曜欲盡以無鹽人爲軍賞，酈範曰：「齊，形勝之地，宜遠爲經略。今王師始入其境，人心未洽，連城相望，咸有拒守之志，苟非以德信懷之，未易平也。」白曜曰：「善！」皆免之。

白曜將攻肥城，酈範曰：「肥城雖小，攻之引日，勝之不能益軍勢，不勝足以挫軍威。彼見無鹽之破，死傷塗地，不敢不懼，若飛書告諭，縱使不降，亦當逃散。」白曜從之，肥城果潰，獲粟三十萬斛。白曜謂範曰：「此行得卿，三齊不足定也。」遂取垣苗、麋溝二戍。一旬中連拔四城，威震齊土。

房崇吉守升城，勝兵者不過七百人。慕容白曜築長圍以攻之，自二月至于夏四月，乃克之。白曜忿其不降，欲盡阬城中人。參軍事昌黎韓麒麟諫曰：「今勍敵在前而阬其民，自此以東，諸城人自爲守，不可克也。師老糧盡，外寇乘之，此危道也。」白曜乃慰撫其民，各使復業。崇吉脱身走。

崔道固閉門拒魏。沈文秀遣使迎降於魏，請兵援接。白曜欲遣兵赴之，酈範曰：「文秀室家墳墓皆在江南，擁兵數萬，城固甲堅，强則拒戰，屈則遁去。我師未逼其城，無朝夕之急，何所畏忌，而遽求援軍？且觀其使者，視下而色愧，語煩而志怯，此必挾詐以誘我，不可從也。不若先取歷城，克盤陽，下梁鄒，平樂陵，然後案兵徐進，不患其不服也。」白曜曰：「崔道固等兵力單弱，不敢出戰，吾通行無礙，直抵東陽，彼自知必亡，故望風求服，夫又何疑？」範曰：「歷城兵多糧足，非朝夕可拔。文秀坐據東陽，爲諸城根本。今多遣兵則無以攻歷城，少遣兵則不足以制東陽。若進爲文秀所拒，退爲諸城所邀，腹背受敵，必無全理。願更審計，無墮賊彀中。」白曜乃止，文秀果不降。

魏尉元上表稱：「彭城賊之要藩，不有重兵積粟，則不可固守。若資儲既廣，雖劉彧師徒悉起，不敢窺淮北之地。」又言：「若賊向彭城，必由清、泗過宿豫，歷下邳，趨青州亦由下邳、沂水經東安，此數者，皆爲賊用師之要。今若先定下邳，平宿豫，鎮淮陽，戍東安，則青、冀諸鎮可不攻而克。若四城不服，青、冀雖拔，百姓狼顧，猶懷僥倖之心。臣愚以爲宜釋青、冀之師，先定東南之地，斷劉彧北顧之意，絶愚民南望之心。夏水雖盛，無津途可由，冬路雖通，無高城可固。如此，則淮北自舉，暫勞永逸。兵貴神速，久則生變。若天雨既降，彼或因水通，運糧益衆，規爲進取，恐近淮之民翻然改圖，青、冀二州猝未可拔也。」

五月，沈攸之自送運米至下邳，魏人遣清、泗間人詐攸之，云「薛安都欲降，求軍迎接」。軍副吳喜請遣千人赴之，攸之不許。既而來者益多，喜固請不已，攸之乃集來者告之曰：「君諸人既有誠心，若能與薛徐州子弟俱來者，皆即假君以本鄉縣，唯意所欲。如其不爾，無爲空勞往還。」自是一去不返。攸之使軍主彭城陳顯達將千人助戍下邳而還。薛安都子伯令亡命梁、雍之間，聚黨數千人，攻陷郡縣。秋七月，雍州刺史巴陵王休若遣南陽太守張敬兒等擊斬之。

上復遣中領軍沈攸之等擊彭城。攸之以爲清、泗方涸，糧運不繼，固執以爲不可。使者七返，上怒，强遣之。八月壬寅，以攸之行南兗州刺史，將兵北出，使行徐州事蕭道成將千人鎮淮陰。

魏之入彭城也，垣崇祖將部曲奔朐山，據之，遣使來降，蕭道成以爲朐山戍主。朐山濱海孤絶，人情未安，崇祖浮舟水側，欲有急則逃入海。魏東徐州刺史成固公戍圂城，崇祖部將有罪亡降魏，成固公遣步騎二萬襲朐山，去城二十里。崇祖方出送客，城中人驚懼，皆下船欲去。崇祖還，謂腹心曰：「虜非有宿謀，承叛者之言而來耳，易誑也。今得百餘人還，事必濟矣。但人情一駭，不可斂集，卿等可亟去此二里外，大呼而來，云『艾塘義人已得破虜，須戍軍速往，相助逐之』。」舟中人果喜，爭上岸，崇祖引入，據城。遣羸弱入島，〔人〕持兩炬火，登山鼓譟。魏參騎以爲軍備甚盛，乃退。上以崇祖爲北琅邪、蘭陵二郡太守。

垣榮祖亦自彭城奔朐山，以奉使不效，畏罪不敢出，往依蕭道成於淮陰。

魏尉元遣孔伯恭帥步騎一萬拒沈攸之，又以攸之前敗所喪士卒瘃墮膝行者悉還攸之，以沮其氣。上尋悔遣攸之等，復召使還。攸之至焦墟，去下邳五十餘里，陳顯達引兵迎攸之至睢清口，伯恭擊破之。攸之引兵退，伯恭追擊之，攸之大敗，龍驤將軍姜彥之等戰沒。攸之創重，入保顯達營。丁酉夜，衆潰，攸之輕騎南走，委棄軍資、器械以萬計，還屯淮陰。

尉元以書諭徐州刺史王玄載，玄載棄下邳走，魏以隴西辛紹先爲下邳太守。紹先不尚苛察，務舉大綱，教民治生禦寇而已，由是下邳安之。

孔伯恭進攻宿豫，宿豫戍將魯僧遵亦棄城走。魏將孔太恒等將千騎南攻淮陽，淮陽太守崔武仲焚城走。

慕容白曜進屯瑕丘。崔道固之未降也，綏邊將軍房法壽爲王玄邈司馬，屢破道固軍，歷城人畏之。及道固降，皆罷兵。道固畏法壽扇動百姓，迫遣法壽使還建康。會從弟崇吉自升城來，以母妻爲魏所獲，謀於法壽。法壽雅不欲南行，怨道固迫之。時道固遣兼治中房靈賓督清河、廣川二郡事，戍磐陽，法壽乃與崇吉謀襲磐陽，據之，降於慕容白曜，以贖崇吉母妻。道固遣兵攻之，白曜自瑕丘遣將軍長孫觀救磐陽，道固兵退。白曜表冠軍將軍韓麒麟與法壽對爲冀州刺史，以法壽從弟靈民、思順、靈悅、伯憐、伯玉、叔玉、思安、幼安等八人皆爲郡守。

白曜自瑕丘引兵攻崔道固於歷城。遣平東將軍長孫陵等攻沈文秀於東陽。道固拒守不降，白曜築長圍守之。陵等至東陽，文秀請降。陵等入其西郭，縱士卒暴掠。文秀悔怒，閉城拒守，擊陵等，破之。陵等退屯清西，屢進攻城，不克。

冬十一月乙卯，分徐州置東徐州，以輔國將軍張讜爲刺史。十二月庚戌，以幽州刺史劉休賓爲兗州刺史。休賓之妻，崔邪利之女也，生子文曄，與邪利皆没於魏。慕容白曜將其妻子至梁鄒城下示之，休賓密遣主簿尹文達至歷城見白曜，且視其妻子。休賓欲降，而兄子聞慰不可。白曜使人至城下呼曰：「劉休賓數遣人來見僕射約降，何故違期不至？」由是城中皆知之，共禁制休賓不得降，魏兵圍之。

魏西河公石復攻汝陰，汝陰有備，無功而還。常珍奇雖降於魏，實懷貳心，劉勔復以書招之。會西河公石攻汝陰，珍奇乘虛燒劫懸瓠，驅掠上蔡、安成、平輿三縣民屯於灌水。

四年春正月，魏汝陽司馬趙懷仁帥衆寇武津，豫州刺史劉勔遣龍驤將軍申元德擊破之，又斬魏于都公閼于拔於汝陽臺東，獲運車千三百乘。魏復寇義陽，勔使司徒參軍孫臺瓘擊破之。

淮西民賈元友上書，陳伐魏取陳、蔡之策，上以其書示劉勔。勔上言：「元友稱『虜主幼弱，内外多難，天亡有期』。臣以爲虜自去冬蹈藉王土，磐據數郡，百姓殘亡；今春以來，連城圍逼。國家未能復境，何暇滅虜？元友所陳，率多夸誕狂謀，皆非事實，言之甚易，行之甚難。臣竊尋元嘉以來，傖荒遠人多干國議，負擔歸闕，皆勸討虜，從來信納，皆貽後悔。境上之人，唯視强弱，王師至彼，必壺漿候塗；裁見退軍，便抄截蜂起。此前後所見，明驗非一也。」上乃止。

魏尉元遣使説東徐州刺史張讜，讜以團城降魏，魏以中書侍郎高閭與讜對爲東徐州刺史，李璨與畢衆敬對爲東兖州刺史。元又説兖州刺史王整、蘭陵太守桓忻，整、忻皆降於魏。魏以元爲開府儀同三司，都督徐南北兖三州諸軍事、徐州刺史，鎮彭城。召薛安都、畢衆敬入朝，至平城，魏以上客待之，羣從皆封侯，賜第宅，資給甚厚。

慕容白曜圍歷城經年，二月庚寅，拔其東郭，癸巳，崔道固面縛出降。白曜遣道固之子景業與劉文曄同至梁鄒，劉休賓亦出降。白曜送道固、休賓及其僚屬於平城。

辛丑，以前龍驤將軍常珍奇爲都督司北豫二州諸軍事、司州刺史。魏西河公石攻之，珍奇單騎奔壽陽。

三月，魏慕容白曜進圍東陽。

上以崔道固兄子僧祐爲輔國將軍，將兵數千從海道救歷城，至不其，聞歷城已没，遂降於魏。

夏四月，劉勔敗魏兵於許昌。

秋七月，上以沈文秀之弟征北中兵參軍文静爲輔國將軍，統高密等五郡軍事，自海道救東陽。至不其城，爲魏所斷，因保城自固。魏人攻之，不克。辛卯，分青州置東青州，以文静爲刺史。冬十月，發諸州兵北伐。十二月，魏人拔不其城，殺沈文静，入東陽西郭。

五年。沈文秀守東陽，魏人圍之三年，外無救援，士卒晝夜拒戰，甲胄生蟣蝨，無離叛之志。春正月乙丑，魏人拔東陽，文秀解戎服，正衣冠，取所持節坐齋内。魏兵交至，問：「沈文秀何在？」文秀厲聲曰：「身是。」魏人執之，去其衣，縛送慕容白曜。使之拜，文秀曰：「各兩國大臣，何拜之有！」白曜還其衣，爲之設饌，鎖送平城。魏主數其罪而宥之，待爲下客，給惡衣、疏食。既而重其不屈，稍嘉禮之，拜外都下大夫。於是青、冀之地盡入於魏矣。

二月己卯，魏以慕容白曜爲都督青齊東徐三州諸軍事、征南大將軍、開府儀同三司、青州刺史，進爵濟南王。白曜撫御有方，東人安之。

魏自天安以來，比歲旱饑，重以青、徐用兵，山東之民疲於賦役。顯祖命因民貧富爲三等輸租之法，等爲三品，上三品輸平城，中輸他州，下輸本州。又魏舊制，常賦之外，有雜調十五，至是悉罷之，由是民稍贍給。

夏五月，魏徙青、齊民於平城，置升城、歷城、民望於桑乾，立平齊郡以居之；自餘悉爲奴婢，分賜百官。

魏沙門統曇曜奏：「平齊户及諸民，有能歲輸穀六十斛入僧曹者，即爲僧祇户，粟爲僧祇粟，遇凶歲，賑給飢民。」又請「民犯重罪及官奴，以爲佛圖户，以供諸寺掃灑」。魏主並許之，於是僧祇户粟及寺户徧於州鎮矣。

蕭道成篡宋

宋明帝泰始三年秋八月，以征北司馬行南徐州事蕭道成鎮淮陰。道成收養豪俊，賓客始盛。垣崇祖奔朐山，道成以爲戍主，垣榮祖亦奔朐山，往依道成於淮陰。劉僧副避魏居海島，道成亦召而撫之。

先是，中書侍郎、舍人皆以名流爲之，太祖始用寒士秋當，世祖猶雜選士庶，巢尚之、戴法興皆用事。及上即位，盡用左右細人，游擊將軍阮佃夫、中書通事舍人王道隆、員外散騎侍郎楊運長等並參預政事，權亞人主，巢、戴所不及也。佃夫尤恣横，人有順迕，禍福立至。大納貨賂，所餉減二百匹絹，則不報書。園宅飲饌，過於諸王，妓樂服飾，宫掖不如也。朝士貴賤，莫不自結。僕隸皆不次除官，捉車人至虎賁中郎將，馬士至員外郎。

(是)〔四〕年秋七月庚申，以蕭道成爲南兖州刺史。

六年。南兖州刺史蕭道成在軍中久，民間或言「道成有異相，當爲天子」。上疑之，徵爲黄門侍郎、越騎校尉。道成懼，不欲内遷，而無計得留。冠軍參軍廣陵荀伯玉勸道成遣數十騎入魏境，安置標榜，魏果遣遊騎數百履行境上。道成以聞，上使道成復本任。秋九月，命道成還鎮淮陰。

七年。初，上爲諸王，寛和有令譽，獨爲世祖所親。即位之初，義嘉之黨多蒙全宥，隨才引用，有如舊臣。及晚年，更猜忌忍虐，好鬼神，多忌諱，言語、文書有禍敗、凶喪及疑似之言應回避者數百千品，有則必加罪戮。改「騧」字爲「馬瓜」，以其似「禍」字故也。左右忤意，往往有刳斮者。時淮、泗用兵，府藏空竭，内外百官，並斷俸禄。而上奢費過度，每所造器用，必爲正御、副御、次副各三十枚。嬖倖用事，貨賂公行。

上素無子，密取諸王姬有孕者内宮中，生男則殺其母，使寵姬子之。至是寢疾，以太子幼弱，深忌諸弟。南徐州刺史晉平刺王休祐前鎮江陵，貪虐無度，上不使之鎮，留之建康，遣上佐行府州事。休祐性剛很，前後忤上非一，上積不能平，且慮將來難制，欲方便除之。春二月甲寅，休祐從上於巖山射雉，左右從者並在仗後。日欲闇，上遣左右壽寂之等數人，逼休祐令墜馬，因共毆，拉殺之，傳呼「驃騎落馬！」上陽驚，遣御醫絡繹就視，比其左右至，休祐已絶，去車輪，輿還第。追贈司空，葬之如禮。

建康民間訛言「荆州刺史巴陵王休若有至貴之相」，上以此言報之，休若憂懼。戊午，以休若代休祐爲南徐州刺史。休若腹心將佐，皆謂休若還朝，必不免禍。中兵參軍京兆王敬先説休若曰：「今主上彌留，政成省閤，羣豎恟恟，欲悉去宗支以便其私。殿下聲著海内，受詔入朝，必往而不返。荆州帶甲十餘萬，地方數千里，上可以匡天子，除姦臣，下可以保境土，全一身。孰與賜劍邸第，使臣妾飲泣而不敢葬乎！」休若素謹畏，僞許之。敬先出，使人執之，以白於上而誅之。

晉平刺王既死，建安王休仁益不自安。上與嬖臣楊運長等爲身後之計，運長等亦慮上晏駕後，休仁秉政，己輩不得專權，彌贊成之。上疾嘗暴甚，内外莫不屬意於休仁，主書以下，皆往東府訪休仁所親信，豫自結納。其或在直不得出者，皆恐懼。上聞，愈惡之。五月戊午，召休仁入見，既而謂曰：「今夕停尚書下省宿，明可早來。」其夜，遣人齎藥賜死。休仁罵曰：「上得天下，誰之力邪？孝武以誅鉏兄弟，子孫滅絶。今復爲爾，宋祚其得久乎！」上慮有變，力疾乘輿出端門，休仁死，乃入。下詔稱：「休仁規結禁兵，謀爲亂逆，朕未忍明法，申詔詰厲。休仁慚恩懼罪，遽自引決。可宥其二子，降爲始安縣王，聽其子伯融襲封。」上慮人情不悦，乃與諸大臣及方鎮詔，稱：「休仁與休祐深相親結，語休祐云：『汝但作佞，此法自足安身，我從來頗得此力。』休祐之隕，本欲爲民除患，而休仁從此日生嬈懼。吾每呼令入省，便入辭楊太妃。吾春中多與之射雉，或陰雨不出，休仁輒語左右，云：『我已復得今一日。』休仁既經南討，與宿衛將帥經習狎共事。吾前者積日失適，休仁出入殿省，無不和顔，厚相撫勞。如其意趣，人莫能測。事不獲已，反覆思惟，不得不有近日處分。恐當不必即解，故相報知。」上與休仁素厚，雖殺之，每謂人曰：「我與建安年時相鄰，少便款狎。景和、泰始之間，勳誠實重，事計交切，不得不相除，痛念之至，不能自已。」因流涕不自勝。

初，上在藩，與褚淵以風素相善，及即位，深相委仗。上寢疾，淵爲吴郡太守，急召之。既至，入見，上流涕曰：「吾近危篤，故召卿，欲使著黄纙耳。」黄纙者，乳母服也。上與淵謀誅建安王休仁，淵以爲不可。上怒曰：「卿癡人，不足與計事！」淵懼而從命。復以淵爲吏部尚書。庚午，以尚書右僕射袁粲爲尚書令，褚淵爲左僕射。

丙戌，追廢晋平王休祐爲庶人。

巴陵王休若至京口，聞建安王死，益懼。上以休若和厚，能諧緝物情，恐將來傾奪幼主。欲遣使殺之，慮不奉詔；欲徵入朝，又恐猜駭。六月丁酉，以江州刺史桂陽王休範爲南徐州刺史，以休若爲江州刺史。手書殷勤，召休若使赴七月七日宴。

秋七月，巴陵哀王休若至建康，乙丑，賜死於第，贈侍中、司空。復以桂陽王休範爲江州刺史。時上諸弟俱盡，唯休範以人才凡劣，不爲上所忌，故得全。

沈約論曰：聖人立法垂制，所以必稱先王，蓋由遺訓餘風，足以貽之來世也。太祖經國之義雖弘，隆家之道不足。彭城王照不窺古，徒見昆弟之義，未識君臣之禮，冀以家情行之國道，主猜而猶犯，恩薄而未悟，致以呵訓之微行，遂成滅親之大禍。開端樹隙，垂之後人。太宗因易隙之情，據已行之典，翦落洪枝，不待顧慮。既而本根無庇，幼主孤立，神器以勢弱傾移，靈命隨樂推回改。斯蓋履霜有漸，堅冰自至，所由來遠矣。

裴子野論曰：夫噬虎之獸知愛己子，搏狸之鳥非護異巢。太宗保字螟蛉，剿拉同氣，既迷在原之天屬，未識父子之自然。宋德告終，非天廢也。夫危亡之君，未嘗不先棄本枝，嫗煦旁孽，推誠嬖狎，疾惡父兄。前乘覆車，後來并轡。借使叔仲有國，猶不失配天，而他人入室，將七廟絶祀。曾是莫懷，甘心揃落。晉武背文明之託，而覆中州者賈后；太祖棄初寧之誓，而登合殿者元凶。禍福無門，奚其豫擇，友于兄弟，不亦安乎！

或譖蕭道成在淮陰有貳心於魏，上封銀壺酒，使吳喜自持賜道成。道成懼，欲逃，喜以情告道成，且先爲之飲，道成即飲之。喜還朝，保證道成。或密以啓上，上以喜多計數，素得人情，恐其不能事幼主。乃召喜入内殿，與共言謔甚款，既出，賜以名饌，尋賜死。

戊寅，以淮陰爲北兗州，徵蕭道成入朝。道成所親以朝廷方誅大臣，勸勿就徵。道成曰：「諸卿殊不見事。主上自以太子稚弱，翦除諸弟，何預他人？今唯應速發，淹留顧望，必將見疑。且骨肉相殘，自非靈長之祚，禍難將興，方與卿等戮力耳。」既至，拜散騎常侍，太子左衛率。

泰豫元年夏四月己亥，上大漸。以江州刺史桂陽王休範爲司空，又以尚書右僕射褚淵爲護軍將軍，加中領軍劉勔右僕射。詔淵、勔與尚書令袁粲、荆州刺史蔡興宗、郢州刺史沈攸之並受顧命。褚淵素與蕭道成善，引薦於上，詔又以道成爲右衛將軍、領衛尉，與袁粲等共掌機事。是夕，上殂。庚子，太子即皇帝位，大赦。時蒼梧王方十歲，袁粲、褚淵秉政，承太宗奢侈之後，務弘節儉，欲救其弊，而阮佃夫、王道隆等用事，貨賂公行，不能禁也。

冬十一月，中書通事舍人阮佃夫加給事中、輔國將軍，權任轉重。欲用其所親吴郡張澹爲武陵郡，袁粲等皆不同，佃夫稱敕施行，粲等不敢執。

蒼梧王元徽元年。桂陽王休範，素凡訥，少知解，不爲諸兄所齒遇，物情亦不向之，故太宗之末得免於禍。及帝即位，年在沖幼，素族秉政，近習用權。休範自謂尊親莫二，應入爲宰輔，既不如志，怨憤頗甚。典籤新蔡許公輿爲之謀主，令休範折節下士，厚相資給，於是遠近赴之，歲中萬計，收養勇士，繕治器械。朝廷知其有異志，亦陰爲之備。會夏口闕鎮，朝廷以其地居尋陽上流，欲使腹心居之。二月乙亥，以晋熙王燮爲郢州刺史。燮始四歲，以黄門郎王奂爲長史，行府州事，配以資力，使鎮夏口。復恐其過尋陽爲休範所劫留，使自太洑徑去。休範聞之，大怒，密與許公輿謀襲建康，表治城隍，多解材板而蓄之。奂，景文之兄子也。

二年夏五月壬午，桂陽王休範反。掠民船，使軍隊稱力請受，付以材板，合手裝治，數日即辦。丙戌，休範帥衆二萬、騎五百發尋陽，晝夜取道。以書與諸執政，稱：「楊運長、王道隆蠱惑先帝，使建安、巴陵二王無罪被戮，望執録二豎，以謝冤魂。」

庚寅，大雷戍主杜道欣馳下告變，朝廷惶駭。護軍褚淵、征北將軍張永、領軍劉勔、僕射劉秉、右衛將軍蕭道成、游擊將軍戴明寶、驍騎將軍阮佃夫、右軍將軍王道隆、中書舍人孫千齡、員外郎楊運長集中書省計事，莫有言者。道成曰：「昔上流謀逆，皆因淹緩至敗，休範必遠懲前失，輕兵急下，乘我無備。今應變之術，不宜遠出，若偏師失律，則大沮衆心。宜頓新亭、白下，堅守宫城、東府、石頭，以待賊至。千里孤軍，後無委積，求戰不得，自然瓦解。我請頓新亭以當其鋒，征北守白下，領軍屯宣陽門爲諸軍節度，諸貴安坐殿中，不須競出，我自破賊必矣。」因索筆下議；衆並注「同」。孫千齡陰與休範通謀，獨曰：「宜依舊遣軍據梁山。」道成正色曰：「賊今已近，梁山豈可得至！新亭既是兵衝，所欲以死報國耳。常時乃可屈曲相從，今不得也。」坐起，道成顧謂劉勔曰：「領軍已同鄙議，不可改易。」袁粲聞難，扶曳入殿。即日，内外戒嚴。

道成將前鋒兵出屯新亭，張永屯白下，前南兗州刺史沈懷古戍石頭，袁粲、褚淵入衛殿省。時倉猝不暇授甲，開南北二武庫，隨將士意所取。

蕭道成至新亭，治城壘未畢，辛卯，休範前軍已至新林。道成方解衣高卧，以安衆心，徐索白虎幡，登西垣，使寧朔將軍高道慶、羽林監陳顯達、員外郎王敬則帥舟師與休範戰，頗有殺獲。壬辰，休範自新林捨舟步上，其將丁文豪請休範直攻臺城。休範遣文豪別將兵趣臺城，自以大衆攻新亭壘。道成帥將士悉力拒戰，自巳至午，外勢愈盛，衆皆失色。道成曰：「賊雖多而亂，尋當破矣。」

休範白服乘肩輿，自登城南臨滄觀，以數十人自衛。屯騎校尉黄回與越騎校尉張敬兒謀詐降以取之，回謂敬兒曰：「卿可取之，我誓不殺諸王。」敬兒以白道成。道成曰：「卿能辨事，當以本州相賞。」乃與回出城南，放仗走，大呼稱降。休範喜，召至輿側。回陽致道成密意，休範信之，以二子德宣、德嗣付道成爲質。二子至，道成即斬之。休範（致）〔置〕回、敬兒於左右，所親李恒、鍾爽諫，不聽。時休範日飲醇酒，回見休範無備，目敬兒，敬兒奪休範防身刃，斬休範首，左右皆散走。敬兒馳馬持首歸新亭。

道成遣隊主陳靈寶送休範首還臺。靈寶道逢休範兵，棄首於水，挺身得達，唱云「已平」，而無以爲驗，衆莫之信。休範將士亦不之知，其將杜黑騾攻新亭甚急。蕭道成在射堂，司空主簿蕭惠朗帥敢死士數十人突入東門，至射堂下。道成上馬，帥麾下搏戰，惠朗乃退，道成復得保城。惠朗，惠開之弟也，其姊爲休範妃。惠朗兄黄門郎惠明時爲道成軍副，在城内，了不自疑。

道成與黑騾拒戰，自晡達旦，矢石不息。其夜，大雨，鼓叫不復相聞。將士積日不得寢食，軍中馬夜驚，城内亂走。道成秉燭正坐，厲聲呵之，如是者數四。

丁文豪破臺軍於皁莢橋，直至朱雀桁南，杜黑騾亦捨新亭北趣朱雀桁。右軍將軍王道隆將羽林精兵在朱雀門内，急召鄱陽忠昭公劉勔於石頭。勔至，命撤桁以折南軍之勢，道隆怒曰：「賊至但當急擊，寧言開桁自弱邪！」勔不敢復言。道隆趣勔進戰，勔度桁南，戰敗而死。黑騾等乘勝度淮，道隆棄衆走還臺，黑騾兵追殺之。黄門侍郎王藴重傷，踣於御溝之側，或扶之以免。藴，景文之兄子也。於是中外大震，道路皆云臺城已陷，白下、石頭之衆皆潰。張永、沈懷明逃還宫中，傳新亭亦陷。太后執帝手泣曰：「天下敗矣！」

先是，月犯右執法，太白犯上將。或勸劉勔解職，勔曰：「吾執心行己，無愧幽明，若災眚必至，避豈得免！」勔晚年頗慕高尚，立園宅，名爲東山，遺落世務，罷遣部曲。蕭道成謂勔曰：「將軍受顧命，輔幼主，當此艱難之日，而深尚從容，廢省羽翼，一朝事至，悔可追乎？」勔不從而敗。

甲午，撫軍長史褚澄開東府門納南軍，擁安成王準據東府，稱桂陽王教曰：「安成王，吾子也，勿得侵犯。」澄，淵之弟也。杜黑騾徑進至杜姥宅，中書舍人孫千齡開承明門出降。宫省恇擾。時府藏已竭，皇太后、太妃剔取宫中金銀器物以充賞，衆莫有鬬志。

俄而丁文豪之衆知休範已死，稍欲退散。文豪厲聲曰：「我獨不能定天下邪？」許公與詐稱桂陽王在新亭，士民惶惑，詣蕭道成壘投刺者以千數。道成得，皆焚之，登北城謂曰：「劉休範父子昨已就戮，尸在南岡下。身是蕭平南，諸君諦視之。名刺皆已焚，勿憂懼也。」

道成遣陳顯達、張敬兒及輔師將軍任農夫、馬軍主東平周盤龍等將兵自石頭濟淮，從承明門入衛宮省。袁粲慷慨謂諸將曰：「今寇賊已逼，而衆情離沮。孤子受先帝付託，不能綏靖國家，請與諸君同死社稷。」被甲上馬，將驅之。於是陳顯達等引兵出戰，大破杜黑騾於杜姥宅，飛矢貫顯達目。丙申，張敬兒等又破黑騾等於宣陽門，斬黑騾及丁文豪，進克東府，餘黨悉平。蕭道成振旅還建康，百姓緣道聚觀，曰：「全國家者此公也。」道成與袁粲、褚淵、劉秉皆上表引咎解職，不許。丁酉，解嚴，大赦。

六月庚子，以平南將軍蕭道成爲中領軍、南兗州刺史，留衛建康，與袁粲、褚淵、劉秉更日入直決事，號爲「四貴」。

桂陽王休範之反也，使道士陳公昭作天公書，題云「沈丞相」，付荆州刺史沈攸之門者。攸之不開視，推得公昭，送之朝廷。及休範反，攸之謂僚佐曰：「桂陽必聲言我與之同。若不顛沛勤王，必增朝野之惑。」乃與南徐州刺史建平王景素、郢州刺史晉熙王燮、湘州刺史王僧虔、雍州刺史張興世同舉兵討休範。休範留中兵參軍毛惠連等守尋陽，燮遣中兵參軍馮景祖襲之。癸卯，惠連等開門請降，殺休範二子，諸鎮皆罷兵。

三年（冬十二月）。南徐州刺史建平王景素，孝友清令，服用儉素，又好文學，禮接士大夫，由是有美譽。太宗特愛之，異其禮秩。時太祖諸子俱盡，諸孫唯景素爲長。帝凶狂失德，朝野皆屬意於景素。帝外家陳氏深惡之。楊運長、阮佃夫等欲專權勢，不利立長君，亦欲除之。其腹心將佐多勸景素舉兵，鎮軍參軍濟陽江淹獨諫之，景素不悅。是歲，防閤將軍王季符得罪於景素，單騎亡奔建康，告景素謀反。運長等即欲發兵討之，袁粲、蕭道成以爲不可，景素亦遣世子延齡詣闕自陳。乃徙季符於梁州，奪景素征北將軍、開府儀同三司。

四年夏六月乙亥，加蕭道成尚書左僕射。

楊運長、阮佃夫等忌建平王景素益甚，景素乃與録事參軍陳郡殷瀰、中兵參軍略陽垣慶延、參軍沈顒、左暄等謀爲自全之計。遣人往來建康，要結才力之士，冠軍將軍黄回、游擊將軍高道慶、輔國將軍曹欣之、前軍將軍韓道清、長水校尉郭蘭之、羽林監垣祇祖皆陰與通謀，武人不得志者無不歸之。時帝好獨出遊走郊野，欣之謀據石頭城，伺帝出作亂。道清、蘭之欲説蕭道成，因帝夜出，執帝，迎景素，道成不從者即圖之；景素每禁使緩之。

楊、阮微聞其事，遣傖人周天賜僞投景素，勸令舉兵。景素知之，斬天賜首送臺。

秋七月，祇祖帥數百人自建康奔京口，云京師已潰亂，勸令速入。景素信之，戊子，據京口起兵，士民赴之者以千數。楊、阮聞祇祖叛走，即命纂嚴。己丑，遣驍騎將軍任農夫、領軍將軍黄回、左軍將軍蘭陵李安民將步軍，右軍將軍張保將水軍，以討之。辛卯，又命南豫州刺史段佛榮爲都統。蕭道成知黄回有異志，故使安民、佛榮與之偕行。回私戒其士卒：「道逢京口兵，勿得戰。」道成屯玄武湖，冠軍將軍蕭賾鎮東府。

始安王伯融、都鄉侯伯猷，皆建安王休仁之子也，楊、阮忌其年長，悉稱詔賜死。

景素欲斷竹里以拒臺軍，垣慶延、垣祇祖、沈顒皆曰：「今天時旱熱，臺軍遠來疲困，引之使至，以逸待勞，可一戰而克。」殷瀰等固争不能得。農夫等既至，縱火燒市邑，慶延等各相顧望，莫有鬬志。景素本乏威略，恇擾不知所爲。黄回迫於段佛榮，且見京口軍弱，遂不發。

張保泊西渚，景素左右勇士數十人自相要結，進擊水軍。甲午，張保敗死，而諸將不相應赴，復爲臺軍所破。臺軍既薄城下，顒先帥衆走，祇祖次之，其餘諸軍相繼奔退，獨左暄與臺軍力戰於萬歲樓下，而所配兵力甚弱，不能敵而散。乙未，拔京口。黄回軍先入，自以有誓不殺諸王，乃以景素讓殿中將軍張倪奴。倪奴擒景素，斬之，并其三子，同黨垣祇祖等數十人皆伏誅。蕭道成釋黄回、高道慶不問，撫之如舊。是日，解嚴。丙申，大赦。

八月庚午，以給事黄門侍郎阮佃夫爲南豫州刺史，留鎮京師。

順帝昇明元年。初，蒼梧王在東宫，好緣漆帳竿，去地丈餘，喜怒乖節，主帥不能禁。太宗屢敕陳太妃痛捶之。及即帝位，内畏太后、太妃，外憚諸大臣，未敢縱逸。自加元服，内外稍無以制，數出遊行。始出宫，猶整儀衛。俄而棄車騎，帥左右數人，或出郊野，或入市廛。太妃每乘青犢車，隨相檢攝。既而輕騎遠走一二十里，太妃不復能追，儀衛亦懼禍不敢追尋，唯整部伍，别在一處瞻望而已。

初，太宗嘗以陳太妃賜嬖人李道兒，已復迎還，生帝。故帝每微行，自稱劉統，或稱李將軍。常著小袴衫，營署巷陌，無不貫穿。或夜宿客舍，或晝臥道傍，排突厮養，與之交易，或遭慢辱，悦而受之。凡諸鄙事，裁衣、作帽，過目則能；未嘗吹篪，執管便韻。及京口既平，驕恣尤甚，無日不出，夕去晨返，晨出暮歸。從者並執鋋矛，行人男女及犬馬牛驢，逢無免者。民間擾懼，商販皆息，門户晝閉，行人殆絶。鍼椎鑿鋸，不離左右，小有忤意，即加屠剖，一日不殺，則慘然不樂。殿省憂惶，食息不保。阮佃夫與直閤將軍申伯宗等，謀因帝出江乘射雉，稱太后令，唤隊仗還，閉城門，遣人執帝，廢之，立安成王準。事覺，甲戌，帝收佃夫等殺之。

太后數訓戒帝，帝不悅。會端午，太后賜帝毛扇，帝嫌其不華，令太醫煮藥，欲酖太后。左右止之曰：「若行此事，官便應作孝子，豈復得出入狡獪。」帝曰：「汝語大有理。」乃止。

六月甲戌，有告散騎常侍杜幼文、司徒左長史沈勃、游擊將軍孫超之與阮佃夫同謀者。帝登帥衛士，自掩三家，悉誅之，刳解臠割，嬰孩不免。沈勃時居喪在廬，左右未至，帝揮刀獨前。勃知不免，手搏帝耳，唾罵之曰：「汝罪踰桀、紂，屠戮無日！」遂死。是日，大赦。

帝嘗直入領軍府。時盛熱，蕭道成晝臥裸袒。帝立道成於室內，畫腹爲的，自引滿，將射之。道成斂版曰：「老臣無罪。」左右王天恩曰：「領軍腹大是佳射堋，一箭便死，後無復射，不如以骲箭射之。」帝乃更以骲箭射，正中其齊，投弓大笑，曰：「此手何如？」帝忌道成威名，嘗自磨鋋，曰：「明日殺蕭道成。」陳太妃罵之曰：「蕭道成有功於國，若害之，誰復爲汝盡力邪！」帝乃止。

道成憂懼，密與袁粲、褚淵謀廢立。粲曰：「主上幼年，微過易改。伊、霍之事，非季世所行，縱使功成，亦終無全地。」淵默然。領軍功曹丹陽紀僧真言於道成曰：「今朝廷猖狂，人不自保，天下之望，不在袁、褚。明公豈得坐受夷滅！存亡之機，仰希熟慮。」道成然之。

或勸道成奔廣陵起兵。道成世子賾，時爲晉熙王長史，行郢州事，欲使賾將郢州兵東下會京口。道成密遣所親劉僧副告其從兄行青冀二州刺史劉善明曰：「人多見勸北固廣陵，恐未爲長算。今秋風行起，卿若能與垣東海微共動虜，則我諸計可立。」亦告東海太守垣榮祖。善明曰：「宋氏將亡，愚智共知。北虜若動，反爲公患。公神武高世，唯當靜以待之，因機奮發，功業自定，不可遠去根本，自貽猖獗。」榮祖亦曰：「領府去臺百步，公走，人豈不知？若單騎輕行，廣陵人閉門不受，公欲何之？公今動足下牀，恐即有扣臺門者，公事去矣。」紀僧真曰：「主上雖無道，國家累世之基猶爲安固。公百口，北度必不得俱。縱得廣陵城，天子居深宮，施號令，目公爲逆，何以避之？此非萬全策也。」道成族弟鎮軍長史順之及次子驃騎從事中郎嶷皆以爲：「帝好單行道路，於此立計，易以成功。外州起兵，鮮有克捷，徒先人受禍耳。」道成乃止。

東中郎司馬行會稽郡事李安民，欲奉江夏王躋起兵於東方，道成止之。越騎校尉王敬則潛自結於道成，夜著青衣，扶匐道路，爲道成聽察帝之往來。道成命敬則陰結帝左右楊玉夫、楊萬年、陳奉伯等二十五人，於殿中詷伺機便。

秋七月丁亥夜，帝微行至領軍府門。左右曰：「一府皆眠，何不緣牆入？」帝曰：

「我今夕欲於一處作適，宜待明夕。」員外郎桓康等於道成門閒聽聞之。

戊子，帝乘露車，與左右於臺岡賭跳，仍往青園尼寺，晚至新安寺偷狗，就曇度道人煮之。飲酒醉，還仁壽殿寢。楊玉夫常得帝意，至是忽憎之，見輒切齒，曰：「明日當殺小子取肝肺。」是夜，令玉夫伺織女度河，曰：「見當報我，不見將殺汝。」時帝出入無常，省內諸閤夜皆不閉，廂下畏相逢值，無敢出者。宿衛並逃避，內外莫相禁攝。是夕，王敬則出外。玉夫伺帝熟寢，與楊萬年取帝防身刀刎之。敕廂下奏伎陳奉伯袖其首，依常行法，稱敕開承明門出，以首與敬則。敬則馳詣領軍府，叩門大呼，蕭道成慮蒼梧王誑之，不敢開門。敬則於牆上投其首，道成洗視，乃戎服乘馬而出，敬則、桓康等皆從。入宮，至承明門，詐爲行還。敬則恐內人覘見，以刀環塞窐孔，呼門甚急，門開而入。他夕，蒼梧王每開門，門者震懾，不敢仰視，至是弗之疑。道成入殿，殿中驚怖，既而聞蒼梧王死，咸稱萬歲。

己丑旦，道成戎服出殿庭槐樹下，以太后令召袁粲、褚淵、劉秉入會議。道成謂秉曰：「此使君家事，何以斷之？」秉未答。道成須髯盡張，目光如電。秉曰：「尚書衆事，可以見付；軍旅處分，一委領軍。」道成次讓袁粲，粲亦不敢當。王敬則拔白刃在牀側跳躍曰：「天下事皆應關蕭公，敢有開一言者，血染敬則刀！」仍手取白紗帽加道成首，令即位，曰：「今日誰敢復動？事須及熱！」道成正色呵之曰：「卿都自不解！」

粲欲有言，敬則叱之，乃止。褚淵曰：「非蕭公無以了此。」手取事授道成。道成曰：「相與不肯，我安得辭。」乃下議，備法駕詣東城，迎立安成王。於是長刀遮粲、秉等，各失色而去。秉出於路，逢從弟韞，韞開車迎問曰：「今日之事，當歸兄邪？」秉曰：「吾等已讓領軍矣。」韞拊膺曰：「兄肉中詎有血邪？今年族矣！」是日以太后令數蒼梧王罪惡，曰：「吾密令蕭領軍潛運明略。安成王準，宜臨萬國。」追封昱爲蒼梧王。儀衛至東府門，安成王令門者勿開，以待袁司徒。粲至，王乃入居朝堂。壬辰，王即皇帝位，時年十一，改元，大赦。葬蒼梧王於郊壇西。

甲午，蕭道成出鎮東府。丙申，以道成爲司空、録尚書事、驃騎大將軍，袁粲遷中書監，褚淵加開府儀同三司，劉秉遷尚書令、加中領軍。以晉熙王燮爲揚州刺史。劉秉始謂尚書萬機，本以宗室居之，則天下無變。既而蕭道成兼總軍國，布置心膂，與奪自專，褚淵素相憑附，秉與袁粲閣手仰成矣。辛丑，以尚書右僕射王僧虔爲僕射。丙午，以武陵王贊爲郢州刺史，蕭道成改領南徐州刺史。

八月癸亥，詔袁粲鎮石頭。粲性冲静，每有朝命，常固辭，逼切不得已，乃就職。至是，知蕭道成有不臣之志，陰欲圖之，即時順命。蕭道成固讓司空，庚辰，以爲驃騎大將軍、開府儀同三司。九月戊申，封楊玉夫等二十五人爲侯、伯、子、男。

初，沈攸之與蕭道成於大明、景和之間同直殿省，深相親善，道成女爲攸之子中書侍郎文和婦。攸之在荆州，直閤將軍高道慶家在華容，假還，過江陵，與攸之爭戲槊。馳還建康，言攸之反狀已成，請以三千人襲之。執政皆以爲不可，道成仍保證其不然。楊運長等惡攸之，密與道慶謀，遣刺客殺攸之，不克。會蒼梧王遇弒，主簿宗儼之、功曹臧寅勸攸之因此起兵。攸之以其長子元琰在建康爲司徒左長史，故未發。寅，凝之之子也。

時楊運長等已不在内，蕭道成遣元琰以蒼梧王刳斮之具示攸之。攸之以道成名位素出己下，一旦專制朝權，心不平。謂元琰曰：「吾寧爲王陵死，不爲賈充生。」然亦未暇舉兵，乃上表稱慶，因留元琰。

雍州刺史張敬兒素與攸之司馬劉攘兵善，疑攸之將起事，密以問攘兵。攘兵無所言，寄敬兒馬橙一隻，敬兒乃爲之備。

攸之有素書十數行，常韜在裲襠角，云是明帝與己約誓。攸之將舉兵，其妾崔氏諫曰：「官年已老，那不爲百口計。」攸之指裲襠角示之，且稱太后使至，賜攸之燭，割之得太后手令，云：「社稷之事，一以委公。」於是勒兵移檄，遣使邀張敬兒及豫州刺史劉懷珍、梁州刺史梓潼范柏年、司州刺史姚道和、湘州行事庾佩玉、巴陵内史王文和同舉兵。敬兒、懷珍、文和並斬其使，馳表以聞。文和尋棄州奔夏口。柏年、道和、佩玉皆懷兩端。

道和，後秦高祖之孫也。

〔十二月〕辛酉，攸之遣輔國將軍孫同等相繼東下。攸之遣道成書，以爲：「少帝昏狂，宜與諸公密議，共白太后，下令廢之。奈何交結左右，親行弒逆，乃至不殯，流蟲在戶。凡在臣下，誰不惋駭？又移易朝舊，布置親黨，宮閤管籥，悉關家人。吾不知子孟、孔明遺訓固如此乎？足下既有賊宋之心，吾寧敢捐包胥之節邪！」朝廷聞之，恟懼。

〔十二月〕丁卯，道成入守朝堂，命侍中蕭嶷代鎮東府，撫軍行參軍蕭映鎮京口。映，嶷之弟也。戊辰，內外纂嚴。己巳，以郢州刺史武陵王贊爲荊州刺史。庚午，以右衛將軍黃回爲郢州刺史，督前鋒諸軍以討攸之。

初，道成以世子賾爲晉熙王燮長史，行郢州事，修治器械，以備攸之。及徵燮爲揚州，以賾爲左衛將軍，與燮俱下。劉懷珍言於道成曰：「夏口衝要，宜得其人。」道成與賾書曰：「汝既入朝，當須文武兼資與汝意合者，委以後事。」賾乃薦燮司馬柳世隆自代。道成以世隆爲武(隆)〔陵〕王贊長史，行郢州事。賾將行，謂世隆曰：「攸之一旦爲變，焚夏口舟艦，沿流而東，不可制也。若得攸之留攻郢城，必未能猝拔。君爲其內，我爲其外，破之必矣。」及攸之起兵，賾行至尋陽，未得朝廷處分。衆欲倍道趨建康，賾曰：「尋陽地居中流，密邇畿甸。若留屯湓口，內藩朝廷，外援夏首，保據形勝，控制西南，今日會此，天所置也。」或以爲「湓口城小，難固」。左中郎將周山圖曰：「今據中流，爲四方勢援，不可以小事難之。苟衆心齊壹，江山皆城隍也。」庚午，賾奉鑾鎮湓口，賾悉以事委山圖。山圖斷取行旅船板以造樓櫓，立水柵，旬日皆辦。道成聞之，喜曰：「賾真我子也。」以賾爲西討都督，賾啓山圖爲軍副。時江州刺史邵陵王友鎮尋陽，賾以爲尋陽城不足固，表移友同鎮湓口，留江州别駕豫章胡諧之守尋陽。

湘州刺史王藴遭母喪罷歸，至巴陵，與沈攸之深相結。時攸之未舉兵，藴過郢州，欲因蕭賾出弔作難，據郢城。賾知之，不出。還，至東府，又欲因蕭道成出弔作難，道成又不出。藴乃與袁粲、劉秉密謀誅道成，將帥黄回、任候伯、孫曇瓘、王宜興、卜伯興等皆與通謀。伯興，天與之子也。

道成初聞攸之事起，自往詣粲，粲辭不見。通直郎袁達謂粲不宜示異同，粲曰：「彼若以主幼時艱，與桂陽時不異，劫我入臺，我何辭以拒之？一朝同止，欲異得乎！」道成乃召褚淵，與之連席，每事必引淵共之。時劉韞爲領軍將軍，入直門下省，卜伯興爲直閤，黄回等諸將皆出屯新亭。

初，褚淵爲衛將軍，遭母憂去職，朝廷敦迫，不起。粲素有重名，自往譬説，淵乃從之。及粲爲尚書令，遭母憂，淵譬説懇至，粲遂不起，淵由是恨之。及沈攸之事起，道成與淵議之。淵曰：「西夏釁難，事必無成，公當先備其內耳。」粲謀既定，將以告淵，衆謂淵與道成素善，不可告。粲曰：「淵與彼雖善，豈容大作同異。今若不告，事定便應除之。」乃以謀告淵，淵即以告道成。

道成亦先聞其謀，遣軍主蘇烈、薛淵、太原王天生將兵助粲守石頭。薛淵固辭，道成强之，淵不得已，涕泣拜辭。道成曰：「卿近在石頭，日夕去來，何悲如是？且又何辭？」淵曰：「不審公能保袁公共爲一家否？今淵往，與之同則負公，不同則立受禍，何得不悲。」道成曰：「所以遣卿，正爲能盡臨事之宜，使我無西顧之憂耳。但當努力，無所多言。」淵，安都之從子也。道成又以驍騎將軍王敬則爲直閤，與伯興共總禁兵。

粲謀矯太后令，使韞、伯興帥宿衛兵攻道成於朝堂，回等帥所領爲應。劉秉、任候伯等並赴石頭，本期壬申夜發，秉恇擾不知所爲，晡後即束裝，臨去，啜羹，寫胸上，手振不自禁。未暗，載婦女盡室奔石頭，部曲數百，赫奕滿道。既至，見粲，粲驚曰：「何事遽來？今敗矣！」秉曰：「得見公，萬死何恨。」孫曇瓘聞之，亦奔石頭。丹楊丞王遜等走告道成，事乃大露。遜，僧綽之子也。

道成密使人告王敬則。時閤已閉，敬則欲開閤出，卜伯興嚴兵爲備，敬則乃鋸所止屋壁得出，至中書省收韞。韞已戒嚴，列燭自照。見敬則猝至，驚起迎之，曰：「兄何能夜顧？」敬則呵之曰：「小子那敢作賊！」韞抱敬則，敬則拳毆其頰仆地而殺之。又殺伯興、蘇烈等，據倉城拒粲。王蘊聞秉已走，歎曰：「事不成矣！」狼狽帥部曲數百向石頭。本期開南門，時暗夜，薛淵據門射之。蘊謂粲已敗，即散走。

道成遣軍主會稽戴僧静帥數百人向石頭助烈等，自倉門得入，與之并力攻粲。孫曇瓘驍勇善戰，臺軍死者百餘人。王天生殊死戰，故得相持，自亥至丑。戴僧静分兵攻府西門，焚之。粲與秉在城東門，見火起，欲還赴府。秉與二子俣、陔踰城走。粲下城，列燭自照，謂其子最曰：「本知一木不能止大厦之崩，但以名義至此耳。」僧静乘暗踰城獨進，最覺有異人，以身衛粲，僧静直前斫之。粲謂最曰：「我不失忠臣，汝不失孝子。」遂父子俱死。百姓哀之，爲之謡曰：「可憐石頭城，寧爲袁粲死，不作褚淵生。」劉秉父子走至額檐湖，追執，斬之。任候伯等並乘船赴石頭，既至，臺軍已集，不得入，乃馳還。

黄回嚴兵，期詰旦帥所領從御道直向臺門攻道成，聞事泄，不敢發。道成撫之如舊。王蘊、孫曇瓘皆逃竄，先捕得蘊，斬之，其餘粲黨皆無所問。

粲典籤莫嗣祖爲粲、秉宣通密謀，道成召詰之曰：「袁粲謀反，何不啓聞？」嗣祖曰：「小人無識，但知報恩，何敢泄其大事。今袁公已死，義不求生。」蘊嬖人張承伯藏匿蘊。道成並赦而用之。

粲簡淡平素，而無經世之才，好飲酒，善吟諷。身居劇任，不肯當事；主事每往諮決，或高詠對之。閒居高卧，門無雜賓，物情不接，故及於敗。

裴子野論曰：袁景倩民望國華，受付託之重，智不足以除姦，權不足以處變，蕭條散落，危而不扶。及九鼎既輕，三才將換，區區斗城之裏，出萬死而不辭，蓋蹈匹夫之節，而無棟梁之具矣。

乙亥，以尚書僕射王僧虔爲左僕射，新除中書令王延之爲右僕射，度支尚書張岱爲吏部尚書，吏部尚書王奐爲丹楊尹。延之，裕之孫也。

劉秉弟遐爲吴郡太守。司徒右長史張瓌，永之子也，遭父喪在吴，家素豪盛，蕭道成使瓌伺間取遐。會遐召瓌詣府，瓌帥部曲十餘人直入齋中，執遐斬之，郡中莫敢動。道成聞之，以告瓌從父領軍冲。冲曰：「瓌以百口一擲，出手得盧矣。」道成即以瓌爲吴郡太守。

道成移屯閱武堂，猶以重兵付黄回使西上，而配以腹心。回素與王宜興不協，恐宜興反告其謀，閏月辛巳，因事收宜興，斬之。諸將皆言回握强兵必反，寧朔將軍桓康請獨往刺之。道成曰：「卿等何疑，彼無能爲也。」

沈攸之遣中兵參軍孫同等五將以三萬人爲前驅，司馬劉攘兵等五將以二萬人次之；

又遣中兵參軍王靈秀等四將分兵出夏口，據魯山。癸巳，攸之至夏口，自恃兵强，有驕色。以郢城弱小，不足攻，云欲問訊安西，暫泊黄金浦。遣人告柳世隆曰：「被太后令，當暫還都。卿既相與奉國，想得此意。」世隆曰：「東下之師，久承聲問。郢城小鎮，自守而已。」宗儼之勸攸之攻郢城，臧寅以爲：「郢城兵雖少而地險，攻守勢異，非旬日可拔。若不時舉，挫鋭損威。今順流長驅，計日可捷，既傾根本，則郢城豈能自固。」攸之從其計，欲留偏師守郢城，自將大衆東下。乙未，將發，柳世隆遣人於西渚挑戰，前軍中兵參軍焦度於城樓上肆言罵攸之，且穢辱之。攸之怒，改計攻城，令諸軍登岸燒郭邑，築長圍，晝夜攻戰。世隆隨宜拒應，攸之不能克。

道成命吴興太守沈文秀督吴錢唐軍事，文秀收攸之弟新安太守登之，誅其宗族。

乙未，以後軍將軍楊運長爲宣城太守，於是太宗嬖臣無在禁省者矣。

沈約論曰：　夫人君南面，九重奥絶，陪奉朝夕，義隔卿士，堦闥之任，宜有司存。既而恩以狎生，信由恩固，無可憚之姿，有易親之色。孝建、泰始，主威獨運，而刑政糾雜，理難遍通，耳目所寄，事歸近習。及覘歡愠，候慘舒，動中主情，舉無謬旨。人主謂其身卑位薄，以爲權不得重。曾不知鼠憑社貴，狐藉虎威，外無逼主之嫌，内有專用之效，勢傾天下，未之或悟。及太宗晚運，慮經盛衰，權倖之徒，慴憚宗戚，欲使幼主孤立，永竊國權，構造同異，興樹禍隙，帝弟宗王，相繼屠勦。竇祚夙傾，實由於此矣。

辛丑，尚書左丞濟陽江謐建議，假蕭道成黄鉞，從之。

乙巳，蕭道成出頓新亭，謂驃騎參軍江淹曰：「天下紛紛，君謂何如？」淹曰：「成敗在德，不在衆寡。公雄武有奇略，一勝也。寬容而仁恕，二勝也。賢能畢力，三勝也。民望所歸，四勝也。奉天子以伐叛逆，五勝也。彼志鋭而器小，一敗也。有威而無恩，二敗也。士卒解體，三敗也。搢紳不懷，四敗也。懸兵數千里而無同惡相濟，五敗也。雖豺狼十萬，終爲我獲。」道成笑曰：「君談過矣。」南徐州行事劉善明言於道成曰：「攸之收衆聚騎，造舟治械，苞藏禍心，於今十年。性既險躁，才非持重，而起逆累旬，遲回不進。一則暗於兵機，二則人情離怨，三則有掣肘之患，四則天奪其魄。本慮其剽勇輕速，掩襲未備，決於一戰。今六師齊奮，諸侯同舉，此籠中之鳥耳。」蕭賾問攸之於周山圖，山圖曰：「攸之相與鄰鄉，數共征伐，頗悉其爲人，性度險刻，士心不附。今頓兵堅城之下，適以爲離散之漸耳。」

二年春正月己酉朔，百官戎服入朝。

沈攸之盡鋭攻郢城，柳世隆乘間屢破之。蕭賾遣軍主桓敬等八軍據西塞，爲世隆聲援。

攸之獲郢府法曹南鄉范雲，使送書入城，餉武陵王贊犢一羫，柳世隆魚三十尾，皆去其首。城中欲殺之，雲曰：「老母弱弟，懸命沈氏，若違其命，禍必及親。今日就戮，甘心如薺。」乃赦之。

攸之遣其將皇甫仲賢向武昌，中兵參軍公孫方平向西陽。武昌太守臧渙降於攸之，西陽太守王毓奔湓城。方平據西陽，豫州刺史劉懷珍遣建寧太守張謨等將萬人擊之，辛酉，方平敗走。平西將軍黃回等軍至西陽，泝流而進。

攸之素失人情，但劫以威力。初發江陵，已有逃者。及攻郢城，三十餘日不拔，逃者稍多。攸之日夕乘馬歷營撫慰，而去者不息。攸之大怒，召諸軍主曰：「我被太后令，建義下都，大事若克，白紗帽共著耳。如其不振，朝廷自誅我百口，不關餘人。比軍人叛散，皆卿等不以爲意，我亦不能問叛身，自今軍中有叛者，軍主任其罪。」於是一人叛，遣人追之，亦去不返，莫敢發覺，咸有異計。

劉攘兵射書入城請降，柳世隆開門納之。丁卯夜，攘兵燒營而去。軍中見火起，爭棄甲走，將帥不能禁。攸之聞之，怒，銜須咀之，收攘兵兄子天賜、女壻張平虜斬之。向旦，攸之帥衆過江，至魯山，軍遂大散，諸將皆走。臧寅曰：「幸其成而棄其敗，吾不忍爲也。」乃投水死。攸之猶有數十騎自隨，宣令軍中曰：「荆州城中大有錢，可相與還取以爲資糧。」郢城未有追軍，而散軍畏蠻抄，更相聚結，可二萬人，隨攸之還江陵。

張敬兒既斬攸之使者，即勒兵，偵攸之下，遂襲江陵。攸之使子元琰與兼長史江乂、別駕傅宣共守江陵城。敬兒至沙橋，觀望未進。城中夜聞鶴唳，謂爲軍來，乂、宣開門出走，吏民崩潰。元琰奔寵洲，爲人所殺。敬兒至江陵，誅攸之二子、四孫。

攸之將至江陵百餘里，聞城已爲敬兒所據，士卒隨之者皆散。攸之無所歸，與其子文和走至華容界，皆縊于櫟林，己巳，村民斬首送江陵。敬兒擎之以楯，覆以青繖，徇諸市郭，乃送建康。敬兒誅攸之親黨，收其財物數十萬，皆以入私。

初，倉曹參軍金城邊榮爲府録事所辱，攸之爲榮鞭殺録事。及敬兒將至，榮爲留府司馬，或説之使詣敬兒降。榮曰：「受沈公厚恩，共如此大事，一朝緩急，便易本心，吾不能也。」城潰，軍士執以見敬兒。敬兒曰：「邊公何不早來？」榮曰：「沈公見留守城，不忍委去。本不祈生，何須見問。」敬兒曰：「死何難得！」命斬之。榮歡笑而去。榮客太山程邕之抱榮曰：「與邊公周遊，不忍見邊公死，乞先見殺。」兵人不得行戮，以白敬兒，敬兒曰：「求死甚易，何爲不許！」先殺邕之，然後及榮，軍人莫不垂泣。孫同、宗儼之等皆伏誅。

丙子，解嚴。以侍中柳世隆爲尚書右僕射。蕭道成還鎮東府。丁丑，以左衞將軍蕭賾爲江州刺史，侍中蕭嶷爲中領軍。二月庚辰，以尚書左僕射王僧虔爲尚書令，右僕射王延之爲左僕射。癸未，加蕭道成太尉、都督南徐等十六州諸軍事，以衞將軍褚淵爲中書監、司空。道成表送黄鉞。

夏四月，蕭道成以黄回終爲禍亂，回有部曲數千人，欲遣收，恐爲亂。辛卯，召回入東府。至，停外齋，使桓康將數十人，數回罪而殺之。

秋八月乙未，以蕭賾爲領軍將軍，蕭嶷爲江州刺史。

九月，蕭道成欲引時賢參贊大業，夜，召驃騎長史謝朏，屏人與語，久之，朏無言。唯二小兒捉燭，道成慮朏難之，仍取燭遣兒，朏又無言，道成乃呼左右。朏，莊之子也。太尉右長史王儉知其指，他日，請間言於道成曰：「功高不賞，古今非一。以公今日位地，欲終北面，可乎？」道成正色裁之，而神采内和。儉因曰：「儉蒙公殊眄，所以吐所難吐，何賜拒之深？宋氏失德，非公豈復寧濟。但人情澆薄，不能持久，公若小復推遷，則人望去矣。豈唯大業永淪，七尺亦不可得保。」道成曰：「卿言不無理。」儉曰：「公今名位，故是經常宰相，宜禮絶羣后，微示變革。當先令褚公知之，儉請銜命。」道成曰：「我當自往。」經少日，道成自造褚淵，款言移晷。乃謂曰：「我夢應得官。」淵曰：「今授始爾，恐一二年間未容便移。且吉夢未必應在旦夕。」道成還，以告儉，儉曰：「褚是未達理耳。」

儉乃唱議加道成太傅，假黃鉞，使中書舍人虞整作詔。道成所親任遐曰：「此大事，應報褚公。」道成曰：「褚公不從奈何？」遐曰：「彥回惜身保妻子，非有奇才異節，遐能制之。」淵果無違異。

丙午，詔進道成假黃鉞、大都督、中外諸軍事、太傅、領揚州牧，劍履上殿，入朝不趨，贊拜不名，使持節、太尉、驃騎大將軍、録尚書、南徐州刺史如故。道成固辭殊禮。

戊申，太傅道成以蕭映爲南兗州刺史。冬十月丁丑，以蕭晃爲豫州刺史。

齊高帝建元元年春正月甲辰，以江州刺史蕭嶷爲都督荆湘等八州諸軍事、荆州刺史。

太傅道成以謝朏有重名，必欲引參佐命，以爲左長史。嘗置酒與論魏、晉故事，因曰：「石苞不早勸晉文，死方慟哭，方之馮異，非知機也。」朏曰：「晉文世事魏室，必將身終北面；借使魏依唐、虞故事，亦當三讓彌高。」道成不悦。甲寅，以朏爲侍中，更以王儉爲左長史。

丙辰，以給事黃門侍郎蕭長懋爲雍州刺史。

二月甲午，詔申前命，命太傅贊拜不名。

〔二〕〔三〕月甲辰，以太傅爲相國，總百揆，封十郡爲齊公，加九錫，其驃騎大將軍、揚州牧、南徐州刺史如故。乙巳，詔齊國官爵禮儀並倣天朝。丙午，以世子賾領南豫州刺史。

楊運長去宣城郡還家，齊公遣人殺之。凌源令潘智與運長厚善。臨川王綽，義慶之孫也，綽遣腹心陳讚説智曰：「君先帝舊人，身是宗室近屬，如此形勢，豈得久全！若招合内外，計多有從者。臺城内人，常有此心，正苦無人建意耳。」智即以告齊公。庚戌，誅綽兄弟及其黨與。

甲寅，齊公受策命，赦其境内。以石頭爲世子宫，一如東宫。褚淵引何曾自魏司徒爲晉丞相故事，求爲齊官，齊公不許。以王儉爲齊尚書右僕射，領吏部。儉時年二十八。夏四月壬申朔，進齊公爵爲王，增封十郡。甲戌，武陵王贊卒，非疾也。丙戌，加齊王殊禮，進世子爲太子。

辛卯，宋順帝下詔禪位于齊。壬辰，帝當臨軒，不肯出，逃于佛蓋之下，王敬則勒兵殿庭，以板輿入迎帝。太后懼，自帥閹人索得之，敬則啓譬令出，引令升車。帝收淚謂敬則曰：「欲見殺乎？」敬則曰：「出居别宫耳，官先取司馬家亦如此。」帝泣而彈指曰：「願後身世世勿復生天王家！」宫中皆哭。帝拍敬則手曰：「必無過慮，當餉輔國十萬錢。」是日，百僚陪位。侍中謝朏在直，當解璽綬，陽爲不知，曰：「有何公事？」傳詔云：「解璽綬授齊王。」朏曰：「齊自應有侍中。」乃引枕卧。傳詔懼，使朏稱疾，欲取兼人，朏曰：「我無疾，何所道！」遂朝服步出東掖門，仍登車還宅。乃以王儉爲侍中，解璽綬。禮畢，帝乘畫輪車出東掖門，就東邸。問：「今日何不奏鼓吹？」左右莫有應者。右光禄大夫王琨，華之從父弟也，在晉世已爲郎中，至是，攀車獺尾慟哭，曰：「人以壽爲歡，老臣以壽爲戚。既不能先驅螻蟻，乃復頻見此事。」嗚咽不自勝，百官雨泣。

司空兼太保褚淵等奉璽綬，帥百官詣齊宮勸進。王辭讓，未受。淵從弟前成安太守炤謂淵子賁曰：「司空今日何在？」賁曰：「奉璽綬在齊大司馬門。」炤曰：「不知汝家司空將一家物與一家，亦復何謂？」甲午，王即皇帝位于南郊，還宮，大赦，改元。奉宋順帝爲汝陰王，優崇之禮，皆倣宋初。築宮丹楊，置兵守衛之。宋神主遷汝陰廟，諸王皆降爲公。自非宣力齊室，餘皆除國，獨置南康、華容、萍鄉三國，以奉劉穆之、王弘、何無忌之後，除國者凡百二十人。二臺官僚，依任攝職，名號不同、員限盈長者，别更詳議。

以褚淵爲司徒。賓客賀者滿座，褚炤歎曰：「彦回少立名行，何意披猖至此！門户不幸，乃復有今日之拜。使彦回作中書郎而死，不當爲一名士邪？名德不昌，乃復有期頤之壽。」淵固辭不拜。

奉朝請河東裴顗上表，數帝過惡，掛冠徑去。帝怒，殺之。太子賾請殺謝朏，帝曰：「殺之遂成其名，正應容之度外耳。」久之，因事廢于家。

帝問爲政於前撫軍行參軍沛國劉瓛，對曰：「政在孝經。凡宋氏所以亡，陛下所以得者，皆是也。陛下若戒前車之失，加之以寬厚，雖危可安，若循其覆轍，雖安必危矣。」帝歎曰：「儒者之言，可寶萬世。」

夏五月己未，或走馬過汝陰王之門，衛士恐。有爲亂者奔入殺王，而以疾聞，上不罪而賞之。辛酉，殺宋宗室陰安公燮等，無少長皆死。前豫州刺史劉澄之，遵考之子也，與褚淵善，淵爲之固請曰：「澄之兄弟不武，且於劉宗又疏。」故遵考之族獨得免。

丙寅，追尊皇考曰宣皇帝，皇妣陳氏曰孝皇后。丁卯，封皇子鈞爲衡陽王。六月甲子，立王太子賾爲皇太子，皇子嶷爲豫章王，映爲臨川王，晃爲長沙王，曅爲武陵王，暠爲安成王，鏘爲鄱陽王，鑠爲桂陽王，鑑爲廣陵王，皇孫長懋爲南郡王。

乙酉，葬宋順帝于遂寧陵。

魏遷洛陽

齊武帝永明十一年。魏主以平城地寒，六月雨雪，風沙常起，將遷都洛陽。恐羣臣不從，乃議大舉伐齊，欲以脅衆。齋於明堂(右)〔左〕个，使太常卿王諶筮之，遇革，帝曰：「『湯、武革命，順乎天而應乎人。』吉孰大焉。」羣臣莫敢言。尚書任城王澄曰：「陛下奕葉重光，帝有中土。今出師以征未服，而得湯、武革命之象，未爲全吉也。」帝厲聲曰：「繇云『大人虎變』，何言不吉？」澄曰：「陛下龍興已久，何得今乃虎變！」帝作色曰：「社稷我之社稷，任城欲沮衆邪！」澄曰：「社稷雖爲陛下之有，臣爲社稷之臣，安可知危而不言！」帝久之乃解，曰：「各言其志，夫亦何傷！」

既還宮，召澄入見，逆謂之曰：「嚮者革卦，今當更與卿論之。明堂之忿，恐人人競言，沮我大計，故以聲色怖文武耳，想識朕意。」因屏人謂澄曰：「今日之舉，誠爲不易。但國家興自朔土，徙居平城，此乃用武之地，非可文治。今將移風易俗，其道誠難。朕欲因此遷宅中原，卿以爲何如？」澄曰：「陛下欲卜宅中土，以經略四海，此周、漢之所以興隆也。」帝曰：「北人習常戀故，必將驚擾，奈何？」澄曰：「非常之事，故非常人之所及。陛下斷自聖心，彼亦何所能爲。」帝曰：「任城，吾之子房也。」

六月丙戌，命作河橋，欲以濟師。秘書監盧淵上表，以爲：「前世承平之主，未嘗親御六軍，決勝行陳之間，豈非勝之不足爲武，不勝有虧威重乎？昔魏武以弊卒一萬破袁紹，謝玄以步兵三千摧苻秦，勝負之變，決於須臾，不在衆寡也。」詔報曰：「承平之主所以不親戎事者，或以同軌無敵，或以懦劣偷安。今謂之同軌則未然，比之懦劣則可耻。必若王者不當親戎，則先王制革輅，何所施也？魏武之勝，蓋由仗順，苻氏之敗，亦由失政。豈寡必能勝衆，弱必能制强邪？」丁未，魏主講武，命尚書李冲典武選。

秋九月戊辰，魏主濟河，庚午，至洛陽。

魏主自發平城至洛陽，霖雨不止。丙子，詔諸軍前發。丁丑，帝戎服，執鞭乘馬而出，羣臣稽顙於馬前。帝曰：「廟算已定，大軍將進，諸公更欲何云？」尚書李冲等曰：「今者之舉，天下所不願，唯陛下欲之。臣不知陛下獨行，竟何之也？臣等有其意而無其辭，敢以死請。」帝大怒曰：「吾方經營天下，期於混壹，而卿等儒生，屢疑大計。斧鉞有常，卿勿復言。」策馬將出，於是安定王休等並慇勤泣諫。帝乃諭羣臣曰：「今者興發不小，動而無成，何以示後？朕世居幽朔，欲南遷中土。苟不南伐，當遷都於此，王公以爲何如？欲遷者左，不欲者右。」安定王休等相帥如右，南安王楨進曰：「『成大功者不謀於衆。』今陛下苟輟南伐之謀，遷都洛邑，此臣等之願，蒼生之幸也。」羣臣皆呼萬歲。時舊人雖不願内徙，而憚於南伐，無敢言者，遂定遷都之計。

李冲言於上曰：「陛下將定鼎洛邑，宗廟、宮室，非可馬上行遊以待之。願陛下暫還代都，俟羣臣經營畢功，然後備文物、鳴和鑾而臨之。」帝曰：「朕將巡省州郡，至鄴小停，

「今日眞所謂『革』也，王其勉之。」

帝以羣臣意多異同，謂衞尉卿、鎭南將軍于烈曰：「卿意如何？」烈曰：「陛下聖略淵遠，非愚淺所測。若隱心而言，樂遷之與戀舊，適中半耳。」帝曰：「卿既不唱異，即是肯同，深感不言之益。」使還鎭平城，曰：「留臺庶政，一以相委。」

冬十月戊寅朔，魏主如金墉城，徵穆亮，使與尚書李沖、將作大匠董爾經營洛都。己卯，如河南城。乙酉，如豫州。癸巳，舍于石濟。乙未，魏解嚴，設壇於滑臺城東，告行廟以遷都之意。大赦。起滑臺宮。任城王澄至平城，衆始聞遷都，莫不驚駭。澄援引古今，徐以曉之，衆乃開伏。澄還報於滑臺。魏主喜曰：「非任城，朕事不成。」

乙巳，魏主遣安定王休帥從官迎家於平城。

魏主築宮於鄴西，冬十一月癸亥，徙居之。

明帝建武元年春正月乙亥，魏主如洛陽西宮。中書侍郎韓顯宗上書陳四事。其一以爲：「竊聞輿駕今夏不巡三齊，當幸中山。往冬輿駕停鄴，當農隙之時，猶比屋供奉，不勝勞費。況今蠶麥方急，將何以堪命。且六軍涉暑，恐生癘疫。臣願早還北京，以省諸州供張之苦，成洛都營繕之役。」其二以爲：「洛陽宮殿故基，皆魏明帝所造，前世已譏其奢。今茲營繕，宜加裁損。又頃來（此）〔北〕都富室，競以第舍相尚，宜因遷徙，爲之制度。及端廣衢路，通利溝渠。」其三以爲：「陛下之還洛陽，輕將從騎。王者於闈闥之内猶施警蹕，况涉履山河而不加三思乎？」其四以爲：「陛下耳聽法音，目翫墳典，口對百辟，心虞萬機，景昃而食，夜分而寢。加以孝思之至，隨時而深，文章之業，日成篇卷。雖叡明所用，未足爲煩，然非所以嗇神養性，保無疆之祚也。伏願陛下垂拱司契，而天下治矣。」帝頗納之。顯宗，麒麟之子也。

顯宗又上言，以爲：「州郡貢察，徒有秀、孝之名，而無秀、孝之實，朝廷但檢其門望，不復彈坐。如此，則可令别貢門望以敘士人，何假冒秀、孝之名也。夫門望者，乃其父祖之遺烈，亦何益於皇家？益於時者，賢才而已。苟有其才，雖屠釣奴虜，聖王不恥以爲臣；苟非其才，雖三后之胤墜於阜隸矣。議者或云『今世等無奇才，不若取士於門』，此亦失矣。豈可以世無周、邵，遂廢宰相邪？但當校其寸長、銖重者先敘之，則賢才無遺矣。

「又，刑罰之要，在於明當，不在於重。苟不失有罪，雖捶撻之薄，人莫敢犯。若容可僥幸，雖參夷之嚴，不足懲禁。今内外之官，欲邀當時之名，争以深酷爲無私，迭相敦厲，遂成風俗。陛下居九重之内，視人如赤子，百司分萬務之任，遇下如仇讎。是則堯、舜止一人，而桀、紂以千百，和氣不至，蓋由於此。謂宜敕示百僚，以惠元元之命。

「又，昔周居洛邑，猶存宗周，漢遷東都，京兆置尹。案春秋之義，有宗廟曰都，無曰邑。況代京，宗廟、山陵所託，王業所基，其爲神鄉福地，實亦遠矣。今便同之郡國，臣竊不安。謂宜建畿置尹，一如故事，崇本重舊，光示萬葉。

「又，古者四民異居，欲其業專志定也。太祖道武皇帝創基撥亂，日不暇給，然猶分別士庶，不令雜居，工伎屠沽，各有攸處。但不設科禁，久而混殽。今聞洛邑居民之制，專以官位相從，不分族類。夫官位無常，朝榮夕悴，則是衣冠、皁隸不日同處矣。借使一里之內，或調習歌舞，或講肄詩書，縱羣兒隨其所之，則必不棄歌舞而從詩書矣。然則使工伎之家習士人風禮，百年難成，士人之子效工伎容態，一朝而就。是以仲尼稱里仁之美，孟母勤三徙之訓。此乃風俗之原，不可不察。朝廷每選人士，校其一婚一宦以爲升降，何其密也？至於度地居民，則清濁連甍，何其略也？今因遷徙之初，皆是公地，分別工伎，在於一言，有何可疑，而闕盛美。

「又，南人昔有淮北之地，自比中華，僑置郡縣。自歸附聖化，仍而不改，名實交錯，文書難辨。宜依地理舊名，一皆釐革，小者并合，大者分置。及中州郡縣，昔以户少併省，今民口既多，亦可復舊。

「又，君人者以天下爲家，不可有所私。倉庫之儲，以供軍國之用，自非有功德者，不當加賜。在朝諸貴，受禄不輕，比來頒賚，動以千計。若分以賜鰥寡孤獨之民，所濟實多。今直以與親近之臣，殆非周急不繼富之謂也。」帝覽奏，甚善之。

二月壬寅，魏主北巡。癸卯，濟河。三月壬申，至平城。使羣臣更論遷都利害，各言其志。燕州刺史穆羆曰：「今四方未定，未宜遷都。且征伐無馬，將何以克？」帝曰：「厩牧在代，何患無馬？今代在恒山之北，九州之外，非帝王之都也。」尚書于果曰：「臣非以代地爲勝伊、洛之美也。但自先帝以來，久居於此，百姓安之，一旦南遷，衆情不樂。」平陽公丕曰：「遷都大事，當訊之卜筮。」帝曰：「昔周、邵聖賢，乃能卜宅。今無其人，卜之何益？且『卜以決疑，不疑何卜？』黄帝卜而龜焦，天老曰『吉』，黄帝從之。然則至人之知未然，審於龜矣。王者以四海爲家，或南或北，何常之有。朕之遠祖，世居北荒。平文皇帝始都東木根山，昭成皇帝更營盛樂，道武皇帝遷于平城。朕幸屬勝殘之運，何爲獨不得遷乎？」羣臣不敢復言。羆，壽之孫；果，烈之弟也。癸酉，魏主臨朝堂，部分遷留。

冬十月戊申，魏主親告太廟，使高陽王雍、于烈奉遷神主于洛陽。辛亥，發平城。

十一月，魏主至洛陽。欲澄清流品，以尚書崔亮兼吏部郎。

十二月，魏主欲變易舊風，壬寅，詔禁士民胡服，國人多不悦。通直散騎常侍劉芳，纘之族弟也，與給事黄門侍郎太原郭祚皆以文學爲帝所親禮，多引與講論及密議政事。大臣、貴戚皆以爲疏己，怏怏有不平之色。帝使給事黄門侍郎陸凱私諭之曰：「至尊但欲廣知古事，詢訪前世法式耳，終不親彼而相疏也。」衆意乃稍解。戊申，詔代民遷洛者復租賦三年。

二年夏五月，魏主欲變北俗，引見羣臣，謂曰：「卿等欲朕遠追商、周，爲欲不及漢、晋邪？」咸陽王禧對曰：「羣臣願陛下度越前王耳。」帝曰：「然則當變風易俗，當因循守故邪？」對曰：「願聖政日新。」帝曰：「爲止於一身，爲欲傳之子孫邪？」對曰：「願傳之百世。」帝曰：「然則必當改作，卿等不得違也。」對曰：「上令下從，其誰敢違！」帝曰：「夫『名不正，言不順，則禮樂不可興』。今欲斷諸北語，一從正音。其年三十已上，習性已久，容不可猝革。三十已下，見在朝廷之人，語音不聽仍舊。若有故爲，當加降黜，各宜深戒。王、公、卿、士以爲然不？」對曰：「實如聖旨。」帝曰：「朕嘗與李沖論此，沖曰『四方之語，竟知誰是，帝者言之，即爲正矣』。沖之此言，其罪當死。」因顧沖曰：「卿負社稷，當令御史牽下。」沖免冠頓首謝。又責留守之官曰：「昨望見婦女猶服夾領小袖，卿等何爲不遵前詔？」皆謝罪。帝曰：「朕言非是，卿等當庭争，如何入則順旨，退則不從乎？」六月己亥，下詔：「不得爲北俗之語於朝廷，違者免所居官。」

戊午，魏改用長尺、大斗，其法依漢志爲之。

秋八月，立國子、太學、四門小學於洛陽。

九月庚午，魏六宮文武悉（還）〔遷〕于洛陽。

冬十二月甲子，魏主引見羣臣於光極堂，頒賜冠服。

三年春正月，魏主下詔，以爲「北人謂土爲拓，后爲跋。魏之先出於黄帝，以土德王，故爲拓跋氏。夫土者黄中之色，（黄）〔萬〕物之元也，宜改姓元氏。諸功臣舊族自代來者，姓或重複，皆改之」。

秋七月，魏太子恂不好學，體素肥大，苦河南地熱，常思北歸。魏主賜之衣冠，恂常私著胡服。八月戊戌，恂密謀召牧馬輕騎奔平城。尚書陸琇啓帝，帝引見恂，數其罪，杖之百餘下，囚於城西，廢爲庶人。

初，魏主南遷洛陽，所親任者多中州儒士，宗室及代人往往不樂。穆泰與陸叡謀作亂。帝召任城王澄於凝閒堂，謂之曰：「穆泰謀爲不軌，扇誘宗室。脱或必然，今遷都甫爾，北人戀舊，南北紛擾，朕洛陽不立也。此國家大事，非卿不能辦。卿雖疾，强爲我北行，審觀其勢。儻其微弱，直往擒之。若已强盛，可承制發并、肆兵擊之。」對曰：「泰等愚惑，正由戀舊，爲此計耳，非有深謀遠慮。臣雖駑怯，足以制之，願陛下勿憂。雖有犬馬之疾，何敢辭也。」帝笑曰：「任城肯行，朕復何憂。」遂授澄節、銅虎、竹使符、御仗左右，仍行恒州事。

行至雁門，雁門太守夜告云：「泰已引兵西就陽平。」澄遽令進發。右丞孟斌曰：「事未可量，宜依敕召并、肆兵然後徐進。」澄曰：「泰既謀亂，應據堅城，而更迎陽平，度其所爲，當似勢弱。泰既不相拒，無故發兵，非宜也。但速往鎮之，民心自定。」遂倍道兼行。先遣治書侍御史李焕單騎入代，出其不意，曉諭泰黨，示以禍福，皆莫爲之用。泰計無所出，帥麾下數百人攻焕，不克，走出城西，追擒之。澄亦尋至，窮治黨與，收陸叡等百餘人，皆繫獄，民間帖然。澄具狀表聞，帝喜，召公卿以表示之，曰：「任城可謂社稷臣也。觀其獄辭，正復皋陶何以過之！」顧謂咸陽王禧等曰：「汝曹當此，不能辦也。」

四年春二月癸酉，魏主至平城，引見穆泰、陸叡之黨問之，無一人稱枉者，時人皆服任城王澄之明。穆泰及其親黨皆伏誅；賜陸叡死於獄，宥其妻子，徙遼西爲民。

初，魏主遷都，變易舊俗，并州刺史新興公丕皆所不樂。帝以其宗室耆舊，亦不之逼，但誘示大理，令其不生同異而已。及朝臣皆變衣冠，朱衣滿坐，而丕獨胡服於其間，晚乃稍加冠帶，而不能修飾容儀，帝亦不强也。

太子恂自平城將遷洛陽，元隆與穆泰等密謀留恂，因舉兵斷關，規據陘北。丕在并州，隆等以其謀告之。丕外慮不成，口雖折難，心頗然之。及事覺，丕從帝至平城，帝每推問泰等，常令丕坐觀。有司奏元業、元隆、元超罪當族，丕應從坐。帝以丕（常）〔嘗〕受詔許以不死，聽免死爲民，留其後妻二子，與居于太原，殺隆、超、同産乙升，餘子徙敦煌。

初，丕、叡與僕射李冲、領軍于烈俱受不死之詔。叡既誅，帝賜冲、烈詔曰：「叡反逆之志，自負幽冥，違誓在彼，不關朕也。反逆既異，餘犯雖欲矜恕，如何可得？然猶不忘前言，聽自死別府，免其孥戮。元丕二子、一弟，首爲賊端，連坐應死，特恕爲民。朕本期始終，而彼自棄絶，違心乖念，一何可悲！故此別示，想無致怪。謀反之外，皎如白日耳。」冲、烈皆上表謝。

臣光曰：夫爵禄廢置，殺生予奪，人君所以馭臣之大柄也。是故先王之制，雖有親、故、賢、能、功、貴、勤、賓，苟有其罪，不直赦也，必議於槐棘之下，可赦則赦，可宥則宥，可刑則刑，可殺則殺，輕重視情，寬猛隨時。故君得以施恩而不失其威，臣得以免罪而不敢自恃。及魏則不然，勳貴之臣，往往豫許之以不死；使彼驕而觸罪，又從而殺之；是以不信之令誘之使陷於死地也。刑政之失，無此爲大焉。

蕭鸞篡弒

齊高帝建元二年春三月丁酉朔，以侍中、西昌侯蕭鸞爲郢州刺史。鸞，帝兄始安貞王道生之子也，早孤，爲帝所養，恩過諸子。

四年夏六月甲申朔，立南郡王長懋爲皇太子。

武帝永明十一年春正月丙子，文惠太子長懋卒。太子素惡西昌侯鸞，嘗謂竟陵王子良曰：「我意中殊不喜此人，不解其故，當由其福薄故也。」子良爲之救解。及鸞得政，太子子孫無遺焉。

夏四月甲午，立南郡王昭業爲皇太孫，東宮文武悉改爲太孫官屬，以太子妃琅邪王氏爲皇太孫太妃，南郡王妃何氏爲皇太孫妃。妃，戢之女也。

秋七月戊午，上不豫，詔竟陵王子良甲仗入延昌殿侍醫藥。子良以蕭衍、范雲等皆爲帳内軍主。子良日夜在内，太孫間日參承。

戊寅，上疾亟，暫絶，太孫未入，内外惶懼，百僚皆已變服。中書郎王融欲矯詔立子良，詔草已立。蕭衍謂范雲曰：「道路籍籍，皆云將有非常之舉。王元長非濟世才，視其敗也。」雲曰：「憂國家者，唯有王中書耳。」衍曰：「憂國，欲爲周、召，欲爲豎刁邪？」雲不敢答。及太孫來，王融戎服絳衫，於中書省閤口斷東宮仗不得進。頃之，上復蘇，問太孫所在，因召東宮器甲皆入，以朝事委尚書左僕射西昌侯鸞。俄而上殂，融處分以子良兵禁諸門。鸞聞之，急馳至雲龍門，不得進。鸞曰：「有敕召我。」排之而入，奉太孫登殿，命左右扶出子良，指麾部署，音響如鍾，殿中無不從命。融知不遂，釋服還省，歎曰：「公誤我。」由是鬱林王深怨之。

遺詔曰：「太孫進德日茂，社稷有寄。子良善相毗輔，思弘治道，内外衆事，無大小悉與鸞參懷，共下意。」

鬱林王之未立也，衆皆疑立子良，口語喧騰。武陵王曄於衆中大言曰：「若立長則應在我，立嫡則應在太孫。」由是帝深憑賴之。

初，西昌侯鸞爲太祖所愛，鸞性儉素，車服儀從，同於素士，所居官名爲嚴能，故世祖亦重之。世祖遺詔，使竟陵王子良輔政，鸞知尚書事。子良素仁厚，不樂世務，乃更推鸞，故遺詔云「事無大小，悉與鸞參懷」，子良之志也。

帝少養於子良妃袁氏，慈愛甚著。及王融有謀，遂深忌子良。大行出太極殿，子良居中書省，帝使虎賁中郎將潘敞領二百人仗屯太極西階以防之。既成服，諸王皆出，子良乞停至山陵，不許。

壬午，稱遺詔，以武陵王曄爲衛將軍，與征南大將軍陳顯達並開府儀同三司，尚書左僕射西昌侯鸞爲尚書令，太孫詹事沈文季爲護軍。癸未，以竟陵王子良爲太傅。

鬱林王性辯慧，美容止，善應對，哀樂過人，世祖由是愛之。而矯情飾詐，陰懷鄙慝，與左右羣小共衣食，同卧起。

始爲南郡王，從竟陵王子良在西州，文惠太子每禁其起居，節其用度。王密就富人求錢，無敢不與。别作鑰鉤，夜開西州後閤，與左右至諸營署中淫宴。師史仁祖、侍書胡天翼相謂曰：「若言之二宫，則其事未易；若於營署爲異人所毆及犬物所傷，豈直罪止一身，亦當盡室及禍。年各七十，餘生寧足吝邪？」數日間，二人相繼自殺，二宫不知也。所愛左右，皆逆加官爵，疏於黄紙，使囊盛帶之，許南面之日，依此施行。

侍太子疾及居喪，憂容號毁，見者嗚咽。裁還私室，即歡笑酣飲。常令女巫楊氏禱祀，速求天位。及太子卒，謂由楊氏之力，倍加敬信。既爲太孫，世祖有疾，又令楊氏禱祀。時何妃猶在西州，世祖疾稍危，太孫與何妃書，紙中央作一大喜字，而作三十六小喜字繞之。

侍世祖疾，言發淚下。世祖以爲必能負荷大業，謂曰：「五年中一委宰相，汝勿措意；五年外勿復委人。若自作無成，無所多恨。」臨終，執其手曰：「若憶翁，當好作。」遂殂。大斂始畢，悉呼世祖諸伎，備奏衆樂。即位十餘日，即收王融下廷尉，使中丞孔稚珪奏融險躁輕狡，招納不逞，誹謗朝政。融求援於竟陵王子良，子良憂懼，不敢救，遂於獄賜死。

明帝建武元年春正月，西昌侯鸞將謀廢立，引前鎮西諮議參軍蕭衍與同謀。荆州刺史隨王子隆性温和，有文才，鸞欲徵之，恐其不從。衍曰：「隨王雖有美名，其實庸劣。既無智謀之士，爪牙唯仗司馬垣歷生、武陵太守卞白龍耳。二人唯利是從，若啗以顯職，無有不來，隨王止須折簡耳。」鸞從之，徵歷生爲太子左衛率，白龍爲游擊將軍，二人並至。續召子隆爲侍中、撫軍將軍。豫州刺史崔慧景，高、武舊將，鸞疑之，以蕭衍爲寧朔將軍，戍壽陽。慧景懼，白服出迎，衍撫安之。

帝寵幸中書舍人綦毋珍之、朱隆之、直閤將軍曹道剛、周奉叔、宦者徐龍駒等。珍之所論薦，事無不允。內外要職，皆先論價，旬月之間，家累千金。擅取官物及役作，不俟詔旨。有司至相語云：「寧拒至尊敕，不可違舍人命。」帝以龍駒爲後閤舍人，常居含章殿，著黄綸帽，被貂裘，南面向案，代帝畫敕。左右侍直，與帝不異。

帝自山陵之後，即與左右微服遊走市里，好於世宗崇安陵隧中擲塗、賭跳，作諸鄙戲，極意賞賜左右，動至百數十萬。每見錢，曰：「我昔思汝一枚不得，今日得用汝未？」世祖聚錢上庫五億萬，齋庫亦出三億萬，金銀布帛不可勝計。鬱林王即位，未期歲，所用垂盡。入主衣庫，令何后及寵姬以諸寶器相投擊，破碎之，用爲笑樂。蒸於世（祖）〔宗〕幸姬霍氏，更其姓曰徐。朝事大小，皆決於西昌侯鸞。鸞數諫争，帝多不從，心忌鸞，欲除之。

以尚書右僕射鄱陽王鏘爲世（祖）〔宗〕所厚，私謂鏘曰：「公聞鸞於法身如何？」鏘素和謹，對曰：「臣鸞於宗戚最長，且受寄先帝。臣等皆年少，朝廷所賴，唯鸞一人，願陛下無以爲慮。」帝退謂徐龍駒曰：「我欲與公共計取鸞，公既不同，我不能獨辦，且復小聽。」

衛尉蕭諶，世祖之族子也，自世祖在郢州，諶已爲腹心。及即位，常典宿衛，機密之事無不預聞。征南諮議蕭坦之，諶之族人也，嘗爲東宮直閤，爲世宗所知。帝以二人祖父舊人，甚親信之。諶每請急出宿，帝通夕不寐，諶還乃安。坦之得出入後宮，帝褻狎宴遊，坦之皆在側。帝醉後，常裸袒，坦之輒扶持諫諭。西昌侯鸞欲有所諫，帝在後宮不出，唯遣諶、坦之徑進，乃得聞達。

何后亦淫泆，私於帝左右楊珉，與同寢處如伉儷。又與帝相愛狎，故帝恣之，迎后親戚入宮，以耀靈殿處之。齋閤通夜洞開，外内淆雜，無復分別。西昌侯鸞遣坦之入奏誅珉，何后流涕覆面，曰：「楊郎好年少，無罪，何可枉殺？」坦之附耳語帝曰：「外間並云楊珉與皇后有情，事彰遐邇，不可不誅。」帝不得已許之，俄敕原之，已行刑矣。鸞又啓誅徐龍駒，帝亦不能違，而心忌鸞益甚。蕭諶、蕭坦之見帝狂縱日甚，無復悛改，恐禍及己，乃更回意附鸞，勸其廢立，陰爲鸞耳目，帝不之覺也。

周奉叔恃勇挾勢，陵轢公卿。常翼單刀二十口自隨，出入禁闥，門衛不敢訶。每語人曰：「周郎刀不識君！」鸞忌之，使蕭諶、蕭坦之説帝，出奉叔爲外援，己巳，以奉叔爲青州刺史，曹道剛爲中軍司馬。奉叔就帝求千户侯，許之；鸞以爲不可，封曲江縣男，食三百户。奉叔大怒，於衆中攘刀厲色，鸞説諭之，乃受。奉叔辭畢，將之鎮，部伍已出。鸞與蕭諶稱敕，召奉叔於省中，毆殺之，啓云「奉叔慢朝廷」。帝不獲已，可其奏。

溧陽令錢塘杜文謙，嘗爲南郡王侍讀，前此説綦毋珍之曰：「天下事可知，灰盡粉滅，匪朝伊夕，不早爲計，吾徒無類矣。」珍之曰：「計將安出？」文謙曰：「先帝舊人多見擯斥，今召而使之，誰不慷慨？近聞王洪範與宿衛將萬靈會等共語，皆攘袂搥牀。君其密報周奉叔，使萬靈會等殺蕭諶，則宫内之兵皆我用也。即勒兵入尚書，斬蕭令，兩都伯力耳。今舉大事亦死，不舉事亦死；二死等耳，死社稷可乎！若遲疑不斷，復少日，録君，稱敕賜死，父母爲殉，在眼中矣。」珍之不能用，及鸞殺奉叔，并收珍之、文謙殺之。

秋七月，西昌侯鸞既誅徐龍駒、周奉叔，而尼媪外入者，頗傳異語。中書令何胤，以后之從叔，爲帝所親，使直殿省。帝與胤謀誅鸞，令胤受事。胤不敢當，依違諫説，帝意復止。乃謀出鸞於西州，中敕用事，不復關咨於鸞。

是時蕭諶、蕭坦之握兵權，左僕射王晏總尚書事。諶密召諸王典籤，約語之，不許諸王外接人物。諶親要日久，衆皆憚而從之。

鸞以其謀告王晏，晏聞之響應。又告丹楊尹徐孝嗣，孝嗣亦從之。驃騎録事南陽樂豫謂孝嗣曰：「外傳籍籍，似有伊、周之事。君蒙武帝殊常之恩，荷託附之重，恐不得同人此舉。人笑褚公，至今齒冷。」孝嗣心然之而不能從。

帝謂蕭坦之曰：「人言鎮軍與王晏、蕭諶欲共廢我，似非虚傳。卿所聞云何？」坦之曰：「天下寧當有此，誰樂無事廢天子邪？朝貴不容造此論，當是諸尼姥言耳，豈可信邪！官若無事除此三人，誰敢自保。」直閤將軍曹道剛疑外間有異，密有處分，謀未能發。

時始興内史蕭季敞、南陽太守蕭穎基皆内遷，諶欲待二人至，藉其勢力以舉事。鸞慮事變，以告坦之。坦之馳謂諶曰：「廢天子，古來大事。比聞曹道剛、朱隆之等轉已猜疑，衛尉明日若不就事，無所復及。弟有百歲母，豈能坐聽禍敗，正應作餘計耳。」諶惶遽從之。

壬辰，鸞使蕭諶先入宫，遇曹道剛及中書舍人朱隆之，皆殺之。直後徐僧亮盛怒，大言於衆曰：「吾等荷恩，今日應死報。」又殺之。鸞引兵自尚書入雲龍門，戎服加朱衣於上，比入門，三失履。王晏、徐孝嗣、蕭坦之、陳顯達、王廣之、沈文季皆隨其後。帝在壽昌殿，聞外有變，猶密爲手敕呼蕭諶，又使閉内殿諸房閤。俄而諶引兵入壽昌閤，帝走趨徐姬房，拔劍自刺，不入，以帛纏頸，輿接出延德殿。諶初入殿，宿衛將士皆操弓楯欲拒戰。

諶謂之曰：「所取自有人，卿等不須動。」宿衛素隸服於諶，皆信之。及見帝出，各欲自奮，帝竟無一言。行至西弄，殺之。輿尸出殯徐龍駒宅，葬以王禮。徐姬及諸嬖倖皆伏誅。鸞既弒帝，欲作太后令，徐孝嗣於袖中出而進之，鸞大悅。癸巳，以太后令追廢帝爲鬱林王，又廢何后爲王妃，迎立新安王昭文。

丁酉，新安王即皇帝位，時年十五。以西昌侯鸞爲驃騎大將軍、録尚書事、揚州刺史、宣城郡公。大赦，改元延興。

八月，以始安王遥光爲南郡太守，不之官。遥光，鸞之兄子也。鸞有異志，遥光贊成之，凡大誅賞，無不預謀。戊申，以中書郎蕭遥欣爲兗州刺史。遥欣，遥光之弟也。鸞欲樹置親黨，故用之。

鬱林王之廢也，鄱陽王鏘初不知謀。及宣城公鸞勢益重，中外皆知其蓄不臣之志。鏘每詣鸞，鸞常屣履至車後迎之，語及家國，言淚俱發，鏘以此信之。宫臺之内皆屬意於鏘，勸鏘入宫，發兵輔政。制局監謝粲説鏘及隨王子隆曰：「二王但乘油壁車入宫，出天子置朝堂，夾輔號令，粲等閉城門、上仗，誰敢不同？東城人正共縛送蕭令耳。」子隆欲定計，鏘以上臺兵力既悉度東府，且慮事不捷，意甚猶豫。馬隊主劉巨，世祖時舊人，詣鏘請間，叩頭勸鏘立事。鏘命駕將入，復還内，與母陸太妃别，日暮不成行。典籤知其謀，告之。九月癸酉，鸞遣兵二千人圍鏘第，殺鏘，遂殺子隆及謝粲等。於時太祖諸子，子隆最壯大，有才能，故鸞尤忌之。

江州刺史晉安王子懋聞鄱陽、隨王死，欲起兵，謂防閤吴郡陸超之曰：「事成則宗廟獲安，不成猶爲義鬼。」防閤丹陽董僧慧曰：「此州雖小，宋孝武嘗用之。若舉兵向闕以請鬱林之罪，誰能禦之！」子懋母阮氏在建康，密遣書迎之，阮氏報其同母兄于（謡）〔瑶〕之爲計。（謡）〔瑶〕之馳告宣威公鸞。乙亥，假鸞黄鉞，内外纂嚴。遣中護軍王玄邈討子懋，又遣軍主裴叔業與于（謡）瑶之先襲尋陽，聲云爲郢府司馬。子懋知之，遣三百人守湓城。叔業泝流直上，至夜，回襲湓城，城局參軍樂賁開門納之。子懋聞之，帥府州兵力據城自守。子懋部曲多雍州人，皆踴躍願奮。叔業畏之，遣于（謡）〔瑶〕之説子懋曰：「今還都必無過憂，正當作散官，不失富貴也。」子懋既不出兵攻叔業，衆情稍沮。中兵參軍于琳之，瑶之兄也，説子懋重賂叔業，可以免禍。子懋使琳之往，琳之因説叔業取子懋。叔業遣軍主徐玄慶將四百人隨琳之入州城，僚佐皆奔散。琳之從二百人，拔白刃入齋，子懋罵曰：「小人，何忍行此！」琳之以袖鄣面，使人殺之。王玄邈執董僧慧，將殺之，僧慧曰：「晉安舉義兵，僕實豫其謀，得爲主人死，不恨矣。願至大斂畢，退就鼎鑊。」玄邈義之，具以白鸞，免死配東冶。子懋子昭基，九歲，以方二寸絹爲書，參其消息，并遺錢五百，行金得達，僧慧視之曰：「郎君書也。」悲慟而卒。于琳之勸陸超之逃亡。超之曰：「人皆有死，此不足懼。吾若逃亡，非唯孤晉安之眷，亦恐田橫客笑人。」玄邈等欲囚以還都，超之端坐俟命。超之門生謂殺超之當得賞，密自後斬之，頭墜而身不僵。玄邈厚加殯斂，門生亦助舉棺，棺墜，壓其首，折頸而死。

鸞遣平西將軍王廣之襲南兗州刺史安陸王子敬。廣之至歐陽，遣部將濟陰陳伯之先驅。伯之因城開，獨入斬子敬。

鸞又遣徐玄慶西上害諸王。臨海王昭秀爲荆州刺史，西中郎長史何昌寓行州事。玄慶至江陵，欲以便宜從事。昌寓曰：「僕受朝廷意寄，翼輔外藩。殿下未有愆失，君以一介之使來，何容即以相付邪？若朝廷必須殿下，當自啓聞，更聽後旨。」昭秀由是得還建康。昌寓，尚之之弟子也。

鸞以吳興太守孔琇之行郢州事，欲使之殺晉熙王銶。琇之辭，不許，遂不食而死。琇之，靖之孫也。

裴叔業自尋陽仍進向湘州，欲殺湘州刺史南平王銳。防閤周伯玉大言於衆曰：「此非天子意。今斬叔業，舉兵匡社稷，誰敢不從！」銳典籤叱左右斬之。乙酉，殺銳。又殺郢州刺史晉熙王銶、南豫州刺史宜都王鏗。

冬十月，以宣城公鸞爲太傅、領大將軍、揚州牧、都督中外諸軍事，加殊禮，進爵爲王。宣城王謀繼大統，多引朝廷名士與參籌策。侍中謝朏心不願，乃求出爲吳興太守。至郡，致酒數斛，遺其弟吏部尚書瀹，爲書曰：「可力飲此，勿豫人事。」

臣光曰：臣聞「衣人之衣者懷人之憂，食人之食者死人之事」。二謝兄弟，比肩貴近，安享榮禄，危不預知。爲臣如此，可謂忠乎！

宣城王雖專國政，人情猶未服。王胛上有赤誌，驃騎諮議參軍考城江(祐)〔祏〕勸王出以示人。王以示晉壽太守王洪範曰：「人言此是日月相，卿幸勿泄。」洪範曰：「公日月在軀，如何可隱，當轉言之。」王母，祏之姑也。

戊戌，殺桂陽王鑠、衡陽王鈞、江夏王鋒、建安王子真、巴陵王子倫。

鑠與鄱陽王鏘齊名。鏘好文章，鑠好名理，時人稱爲「鄱、桂」。鏘死，鑠不自安，至東府見宣城王，還謂左右曰：「向録公見接慇勤，流連不能已，而面有慚色，此必欲殺我。」是夕，遇害。

宣城王每殺諸王，常夜遣兵圍其第，斬關踰垣，呼譟而入，家貲皆封籍之。江夏王鋒有才行，宣城王嘗與之言：「遥光才力可委。」鋒曰：「遥光之於殿下，猶殿下之於高皇，衛宗廟，安社稷，實有攸寄。」宣城王失色。及殺諸王，鋒遺宣城王書，誚責之。宣城王深憚之，不敢於第收鋒，使兼祠官於太廟，夜，遣兵廟中收之。鋒出登車，兵人欲上車，鋒有力，手擊數人，皆仆地，然後死。

宣城王遣典籤柯令孫殺建安王子真，子真走入牀下，令孫手牽出之，叩頭乞爲奴，不許而死。

又遣中書舍人茹法亮殺巴陵王子倫。子倫性英果，時爲南蘭陵太守，鎮琅邪，城有守兵。宣城王恐不肯就死，以問典籤華伯茂，伯茂曰：「公若以兵取之，恐不可即辦，若委伯茂，一夫力耳。」乃手自執酖逼之。子倫正衣冠，出受詔，謂法亮曰：「先朝昔滅劉氏，今日之事，理數固然。君是身家舊人，今銜此使，當由事不獲已。此酒非勸酬之爵。」因仰之而死，時年十六。法亮及左右皆流涕。

初，諸王出鎮，皆置典籤，主帥一方之事，悉以委之。時入奏事，一歲數返。時主輒與之間語，訪以州事，刺史美惡，專繫其口，自刺史以下，莫不折節奉之，恒慮弗及。於是威行州部，大爲姦利。武陵王曄爲江州，性烈直，不可干。典籤趙渥之謂人曰：「今出都易刺史。」及見世祖，盛毀之，曄遂免還。

南海王子罕戍琅邪，欲暫游東堂，典籤姜秀不許。子罕還，泣謂母曰：「兒欲移五步亦不得，與囚何異？」邵陵王子貞嘗求熊白，廚人答「典籤不在」，不敢與。

永明中，巴東王子響殺劉寅等，世祖聞之，謂羣臣曰：「子響遂反！」戴僧静大言曰：「諸王都自應反，豈唯巴東！」上問其故，對曰：「天王無罪，而一時被囚。取一挺藕、一杯漿皆諮籤帥，籤帥不在，則竟日忍渴。諸州唯聞有籤帥，不聞有刺史，何得不反！」竟陵王子良嘗問衆曰：「士大夫何意詣籤帥？」參軍范雲曰：「詣長史以下皆無益，詣籤帥立有倍本之價，不詣謂何。」子良有愧色。及宣城王誅諸王，皆令典籤殺之，竟無一人能抗拒者。孔珪聞之流涕曰：「齊之衡陽、江夏最有意，而復害之。若不立籤帥，故當不至於此。」宣城王亦深知典籤之弊，乃詔：「自今諸州有急事，當密以奏聞，勿復遣典籤入都。」自是典籤之任浸輕矣。

蕭子顯論曰：帝王之子，生長富厚，朝出閨閫，暮司方岳，防驕翦逸，積代常典。故輔以上佐，簡自帝心。勞舊左右，用爲主帥，飲食遊居，動應聞啓，處地雖重，行已莫由。威不在身，恩未下及，一朝艱難總至，望其釋位扶危，何可得矣。斯宋氏之餘風，至齊室而尤弊也。

海陵王在位，起居飲食，皆諮宣城王而後行。嘗思食蒸魚菜，太官令答無録公命，竟不與。辛亥，皇太后令曰：「嗣主沖幼，庶政多昧，且早嬰尫疾，弗克負荷。太傅宣城王胤體宣皇，鍾慈太祖，宜入承寶命。帝可降封海陵王，吾當歸老别館。」且以宣城王爲太祖第三子。癸亥，高宗即皇帝位，大赦，改元。以太尉王敬則爲大司馬，司空陳顯達爲太尉，尚書令王晏加驃騎大將軍，左僕射徐孝嗣加中軍大將軍，中領軍蕭諶爲領軍將軍。

度支尚書虞悰稱疾不陪位。帝以悰舊人，欲引參佐命，使王晏齎廢立事示悰。悰曰：「主上聖明，公卿戮力，寧假朽老以贊維新乎？不敢聞命。」因慟哭。朝議欲糾之，徐孝嗣曰：「此亦古之遺直。」乃止。

十一月，上詐稱海陵恭王有疾，數遣御師瞻視，因而殞之，葬禮並依漢東海恭王故事。

通鑑紀事本末

〔宋〕袁樞 撰

卷第二十一至卷第二十三

中華書局

通鑑紀事本末卷第二十一

元魏寇齊

齊明帝建武元年。魏主以上廢海陵王自立，謀大舉入寇。會邊將言，雍州刺史下邳曹虎遣使請降於魏，十二月辛丑朔，魏遣行征南將軍薛真度督四將向襄陽，大將軍劉昶、平南將軍王肅向義陽，徐州刺史拓跋衍向鍾離，平南將軍廣平劉藻向南鄭。真度，安都從祖弟也。以尚書盧淵爲安南將軍，督襄陽前鋒諸軍。淵辭以不習軍旅，不許。淵曰：「但恐曹虎爲周魴耳。」

魏主欲自將入寇。癸卯，中外戒嚴。戊申，詔代民遷洛者復租賦三年。相州刺史高閭上表稱：「洛陽草創，曹虎既不遣質任，必非誠心，無宜輕舉。」魏主不從。久之，虎使竟不再來。魏主引公卿議行留之計，公卿或以爲宜止，或以爲宜行。帝曰：「衆人紛紜，莫知所從。必欲盡行留之勢，宜有客主，共相起發。任城、鎮南爲留議，朕爲行論，諸公坐聽得失，長者從之。」衆皆曰：「諾。」鎮南將軍李冲曰：「臣等正以遷都草創，人思少安，爲内應者未得審諦，不宜輕動。」帝曰：「彼降款虛實，誠未可知。若其虛也，朕巡撫淮甸，訪民疾苦，使彼知君德之所在，有北向之心。若其實也，今不以時應接，則失乘時之機，孤歸義之誠，敗朕大略矣。」任城王澄曰：「虎無質任，又使不再來，其詐可知也。今代都新遷之民，皆有戀本之心。扶老攜幼，始就洛邑，居無一椽之室，食無甔石之儲。又冬月垂盡，東作將起，乃『百堵皆興』、『俶載南畝』之時，而驅之使擐甲執兵，泣當白刃，殆非歌舞之師也。且諸軍已進，非無應接。若降款有實，待既平樊、沔，然後鑾輿順動，亦何晚之有？今率然輕舉，上下疲勞，若空行空返，恐挫損天威，更成賊氣，非策之得者也。」司空穆亮以爲宜行，公卿皆同之。澄謂亮曰：「公輩在外之時，見張旗授甲，皆有憂色，平居論議，不願南征，何得對上即爲此語？面背不同，事涉欺佞，豈大臣之義，國士之體乎！萬一傾危，皆公輩所爲也。」冲曰：「任城王可謂忠於社稷。」帝曰：「任城以從朕者爲佞，不從朕者豈必皆忠。夫小忠者大忠之賊，無乃似諸。」澄曰：「臣愚闇，雖涉小忠，要是竭誠謀國，不知大忠者竟何所據。」帝不從。

辛亥，發洛陽，以北海王詳爲尚書僕射，統留臺事；李冲兼僕射，同守洛陽。給事黄門侍郎崔休爲左丞，趙郡王幹都督中外諸軍事，始平王勰將宗子軍宿衛左右。休，逞之玄孫也。戊辰，魏主至懸瓠。己巳，詔壽陽、鍾離、馬頭之師所獲男女皆放還南。曹虎果不降。

魏主命盧淵攻南陽。淵以軍中乏糧，請先攻赭陽以取葉倉，魏主許之。乃與征南大將軍城陽王鸞、安南將軍李佐、荆州刺史韋珍共攻赭陽。鸞，長壽之子；佐，寶之子也。北襄城太守成公期閉城拒守。薛真度軍於沙堨，南陽太守房伯玉、新野太守劉思忌拒之。

二年春正月壬申，遣鎮南將軍王廣之督司州，右衛將軍蕭坦之督徐州，尚書右僕射沈文季督豫州諸軍以拒魏。

癸酉，魏詔：「淮北之人不得侵掠，犯者以大辟論。」乙未，拓跋衍攻鍾離，徐州刺史蕭惠休乘城拒守，間出襲擊魏兵，破之。惠休，惠明之弟也。劉昶、王肅攻義陽，司州刺史蕭誕拒之。肅屢破誕兵，招降萬餘人。魏以肅爲豫州刺史。劉昶性褊躁，御軍嚴暴，人莫敢言。法曹行參軍北平陽固苦諫，昶怒，欲斬之，使當攻道。固志意閒雅，臨敵勇決，昶始奇之。

丁酉，中外纂嚴。以太尉陳顯達爲使持節、都督西北討諸軍事，往來新亭、白下以張聲勢。

己亥，魏主濟淮，二月，至壽陽，衆號三十萬，鐵騎彌望。甲辰，魏主登八公山，賦詩。道遇甚雨，命去蓋；見軍士病者，親撫慰之。

魏主遣使呼城中人，豐城公遥昌使參軍崔慶遠出應之。慶遠問師故，魏主曰：「固當有故。卿欲我斥言之乎，欲我含垢依違乎？」慶遠曰：「未承來命，無所含垢。」魏主曰：「武帝子孫，今皆安在？」慶遠曰：「七王同惡，已伏管、蔡之誅。其餘二十餘王，或內列清要，或外典方牧。」魏主曰：「卿主若不忘忠義，何以不立近親，如周公之輔成王，而自取之乎？」慶遠曰：「成王有亞聖之德，故周公得而相之。今近親皆非成王之比，故不可立。且霍光亦捨武帝近親而立宣帝，唯其賢也。」魏主曰：「霍光何以不自立？」慶遠曰：「非其類也。主上正可比宣帝，安得比霍光。若爾，武王伐紂，不立微子而輔之，亦爲苟貪天下乎？」魏主大笑曰：「朕來問罪。如卿之言，便可釋然。」慶遠曰：「『見可而進，知難而退』，聖人之師也。」魏主曰：「卿欲吾和親，爲不欲乎？」慶遠曰：「和親則二國交歡，生民蒙福；否則二國交惡，生民塗炭。和親與否，裁自聖衷。」魏主賜慶遠酒殽、衣服而遣之。

戊申，魏主循淮而東，民皆安堵，租運屬路。丙辰，至鍾離。

上遣左衛將軍崔慧景、寧朔將軍裴叔業救鍾離。劉昶、王肅衆號二十萬，塹柵三重，并力攻義陽，城中負楯而立。王廣之引兵救義陽，去城百餘里，畏魏强，不敢進。城中益急，黄門侍郎蕭衍請先進，廣之分麾下精兵配之。衍間道夜發，與太子右率蕭誄等徑上賢首山，去魏軍數里。魏人出不意，未測多少，不敢逼。黎明，城中望見援軍至，蕭誕遣長史王伯瑜出攻魏柵，因風縱火，衍等衆軍自外擊之，魏不能支，解圍去。己未，誕等追擊，破之。誄，諶之弟也。

先是，上以義陽危急，詔都督青冀二州諸軍事張冲出軍攻魏，以分其兵勢。冲遣軍主桑係祖攻魏建陵、驛馬、厚丘三城，又遣軍主杜僧護攻魏虎阬、馮時、即丘三城，皆拔之。青冀二州刺史王洪範遣軍主崔延襲魏紀城，據之。

魏主欲南臨江水，辛酉，發鍾離。司徒長樂元懿公馮誕病，不能從，魏主與之泣訣，行五十里，聞誕卒。時崔慧景等軍去魏主營不過百里，魏主輕將數千人夜還鍾離，拊尸而哭，達旦，聲淚不絶。壬戌，敕諸軍罷臨江之行，葬誕依晉齊獻王故事。誕與帝同年，幼同硯席，尚帝妹樂安長公主，雖無學術，而資性淳篤，故特有寵。丁卯，魏主遣使臨江，數上罪惡。

魏久攻鍾離不克，士卒多死。三月戊寅，魏主如邵陽，築城於洲上，柵斷水路，夾築二城。蕭坦之遣軍主裴叔業攻二城，拔之。魏主欲築城置戍於淮南，以撫新附之民，賜相州刺史高閭璽書，具論其狀。閭上表，以爲：「兵法『十則圍之，五則攻之』。曏者國家止爲受降之計，發兵不多，東西遼闊，難以成功。今又欲置戍淮南，招撫新附。皆世祖以回山倒海之威，步騎數十萬，南臨瓜步，諸郡盡降，而盱眙小城，攻之不克。班師之日，兵不戍一城，土不闢一廛。夫豈無人？以爲大鎮未平，不可守小故也。夫壅水者先塞其原，伐木者先斷其本。本原尚在而攻其末流，終無益也。壽陽、盱眙、淮陰，淮南之本原也，三鎮不克其一，而留守孤城，其不能自全明矣。敵之大鎮逼其外，長淮隔其內，少置兵則不足以自固，多置兵則糧運難通。大軍既還，士心孤怯，夏水盛漲，救援甚難，以新擊舊，以勞禦逸，若果如此，必爲敵擒，雖忠勇奮發，終何益哉！且安土戀本，人之常情。昔彭城之役，既克大鎮，城戍已定，而不服思叛者猶踰數萬。角城蕞爾處在淮北，去淮陽十八里。五固之役，攻圍歷時，卒不能克。以今準昔，事兼數倍。天時向熱，雨水方降，願陛下踵世祖之成規，旋轅返旆，經營洛邑，蓄力觀釁，布德行化，中國既和，遠人自服矣。」尚書令陸叡上表，以爲：「長江浩蕩，彼之巨防。又南土昏霧，暑氣鬱蒸，師人經夏，必多疾病。而遷鼎草創，庶事甫爾，臺省無論政之館，府寺靡聽治之所，百僚居止，事等行路，沈雨炎陽，自成癘疫。且兵徭並舉，聖王所難。今介胄之士，外攻寇讎，羸弱之夫，內勤土木，運給之費，日損千金。驅罷弊之兵，討堅城之虜，將何以取勝乎？陛下去冬之舉，正欲曜武江、漢耳，今自春幾夏，理宜釋甲。願且還洛邑，使根本深固，聖懷無內顧之憂，兆民休斤板之役，然後命將出師，何憂不服。」魏主納其言。

崔慧景以魏人城邵陽，患之。張欣泰曰：「彼有去志，所以築城者，外自誇大，懼我躡其後耳。今若説之以兩願罷兵，彼無不聽矣。」慧景從之，使欣泰詣城下語魏人，魏主乃還。

濟淮，餘五將未濟，齊人據渚邀斷津路。魏主募能破中渚兵者以爲直閤將軍，軍主代人奚康生應募，縛筏積柴，因風縱火，燒齊船艦，依煙直進，飛刀亂斫，中渚兵遂潰。魏主假康生直閤將軍。

魏主使前將軍楊播將步卒三千、騎五百爲殿。時春水方長，齊兵大至，戰艦塞川。播結陳於南岸以禦之，諸軍盡濟。齊兵四集圍播，播爲圓陳以禦之，身自搏戰，所殺甚衆。相拒再宿，軍中食盡，圍兵愈急。魏主在北岸望之，以水盛不能救。既而水稍減，播引精騎三百歷齊艦大呼曰：「我今欲渡，能戰者來！」遂擁衆而濟。播，椿之兄也。

魏軍既退，邵陽洲上餘兵萬人，求輸馬五百匹，假道以歸。崔慧景欲斷路攻之，張欣泰曰：「歸師勿遏，古人畏之，兵在死地，不可輕也。今勝之不足爲武，不勝徒喪前功，不如許之。」慧景從之。蕭坦之還，言於上曰：「邵陽洲有死賊萬人，慧景、欣泰縱而不取。」由是皆不加賞。甲申，解嚴。

初，上聞魏主欲飲馬於江，懼，敕廣陵太守行南兗州事蕭穎胄移居民入城，民驚恐，欲席卷南渡。穎胄以魏寇尚遠，不即施行，魏兵竟不至。穎胄，太祖之從子也。

上遣尚書右僕射沈文季助豐城公遥昌守壽陽。文季入城，止游兵不聽出，洞開城門，嚴加守備。魏兵尋退。

魏之入寇也，盧昶等猶在建康，齊人恨之，飼以蒸豆。昶怖懼，食之，淚汗交横。謁者張思寧辭氣不屈，死於館下。及還，魏主讓昶曰：「人誰不死，何至自同牛馬，屈身辱國！縱不遠慚蘇武，獨不近愧思寧乎？」乃黜爲民。

魏主之在鍾離也，仇池鎮都大將、梁州刺史拓拔英請以州兵會劉藻擊漢中，魏主許之。梁州刺史蕭懿遣部將尹紹祖、梁季羣等將兵二萬，據險，立五栅以拒之。英曰：「彼帥賤，莫相統壹。我選精卒并攻一營，彼必不相救；若克一營，四營皆走矣。」乃引兵急攻一營，拔之，四營俱潰，生擒梁季羣，斬三千餘級，俘七百餘人，乘勝長驅，進逼南鄭。懿又遣其將姜脩擊英，英掩擊，盡獲之。將還，懿别軍繼至，將士皆已疲，不意其至，大懼，欲走。英故緩轡徐行，神色自若，登高望敵，東西指麾，狀若處分，然後整列而前。懿軍疑有伏兵，遷延引退，英追擊，破之，遂圍南鄭。禁將士毋得侵暴，遠近悦附，争供租運。懿嬰城自守，軍主范絜先將三千餘人在外，還救南鄭，英掩擊，盡獲之。圍城數十日，城中恟懼。録事參軍新野庾域封題空倉數十，指示將士曰：「此中粟皆滿，足支二年，但努力堅守。」衆心乃安。會魏主召英還，英使老弱先行，自將精兵爲後拒，遣使與懿告别。懿以爲詐，英去一日，猶不開門，二日，乃遣將追之。英與士卒下馬交戰，懿兵不敢逼，行四日四夜，懿兵乃返。英入斜谷，會天大雨，士卒截竹貯米，執炬火於馬上炊之。先是，懿遣人誘說仇池諸氐，使起兵斷英運道及歸路。英勒兵奮擊，且戰且前，矢中英頰，卒全軍還仇池，討叛氐，平之。英，楨之子；懿，衍之兄也。

英之攻南鄭也，魏主詔雍、涇、岐三州發兵六千人戍南鄭，俟克城則遣之。侍中兼左僕射李冲表諫曰：「秦川險阨，地接羌夷。自西師出後，餉援連續，加氐胡叛逆，所在奔命，運糧擐甲，迄茲未已。今復豫差戍卒，懸擬山外，雖加優復，恐猶驚駭。脱終攻不克，徒動民情，連胡結夷，事或難測。輒依旨密下刺史，待軍克鄭城，然後差遣。如臣愚見，猶謂未足。何者？西道險阨，單徑千里，今欲深戍絶界之外，孤據羣賊之中，敵攻不可猝援，食盡不可運糧。古人有言，『雖鞭之長，不及馬腹』，南鄭於國，實爲馬腹也。且魏境所掩，九州過八，民人所臣，十分而九，所未民者，唯漠北之與江外耳。羈之在近，豈汲汲於今日也。宜待疆宇既廣，糧食既足，然後置邦樹將，爲吞并之舉。今鍾離、壽陽密邇未拔，赭城、新野跬步弗降。東道既未可以近力守，西藩寧可以遠兵固。若果欲置者，臣恐終以資敵也。又，建都土中，地接寇壤，方須大收死士，平蕩江會，若輕遣單寡，棄令陷没，恐後舉之日，衆以留守致懼，求其死效，未易可獲。推此而論，不戍爲上。」魏主從之。

魏城陽王鸞等攻赭陽。諸將不相統壹，圍守百餘日，諸將欲案甲不戰以疲之。李佐獨晝夜攻擊，士卒死者甚衆，帝遣太子右衛率垣歷生救之。諸將以衆寡不敵，欲退，佐獨帥騎二千逆戰而敗。盧淵等引去，歷生追擊，大破之。歷生，榮祖之從弟也。南陽太守房伯玉等又敗薛真度於沙堨。

鸞等見魏主於瑕丘。魏主責之曰：「卿等沮辱威靈，罪當大辟，朕以新遷洛邑，特從寬典。」五月己巳，降封鸞爲定襄縣王，削户五百；盧淵、李佐、韋珍皆削官爵爲民，佐仍徙瀛州。以薛真度與其從兄安都有開徐方之功，聽存其爵及荆州刺史，餘皆削奪，曰：「進足明功，退足彰罪矣。」

癸未，魏主還洛陽，告于太廟。甲申，減冗官之禄以助軍國之用。乙酉，行飲至之禮。班賞有差。

三年冬閏十月，魏主謀入寇，引見公卿於清徽堂，曰：「朕卜宅土中，綱條粗舉，唯南寇未平，安能效近世天子下帷於深宫之中乎？朕今南征決矣，但未知早晚之期。比來術者皆云，今往必克，此國之大事，宜君臣各盡所見，勿以朕先言而依違於前，同異於後也。」李沖對曰：「凡用兵之法，宜先論人事，後察天道。今卜筮雖吉，而人事未備，遷都尚新，秋穀不稔，未可以興師旅，如臣所見，宜俟來秋。」帝曰：「去十七年，朕擁兵二十萬，此人事之盛也，而天時不利。今天時既從，復云人事未備。如僕射之言，是終無征伐之期也。寇戎咫尺，異日將爲社稷之憂，朕何敢自安！若秋行不捷，諸君當盡付司寇，不可不盡懷也。」

四年六月壬戌，魏發冀、定、瀛、相、濟五州兵二十萬，將入寇。八月丙辰，魏詔中外戒嚴。甲戌，魏講武於華林園。庚辰，軍發洛陽。使吏部尚書任城王澄居守，以御史中尉李彪兼度支尚書，與僕射李冲參治留臺事。假彭城王勰中軍大將軍，勰辭曰：「親疏並用，古之道也。臣獨何人，頻煩寵授！昔陳思求而不允，愚臣不請而得，何否泰之相遠也？」魏主大笑，執勰手曰：「二曹以才名相忌，吾與汝以道德相親。」

上遣軍主、直閤將軍胡松助北襄城太守成公期戍赭陽，軍主鮑舉助西汝南北義陽二郡太守黃瑶起戍舞陰。

初，魏遷洛陽，荆州刺史薛真度勸魏主先取樊、鄧。真度引兵寇南陽，太守房伯玉擊敗之。魏主怒，以南陽小郡，志必滅之，遂引兵向襄陽，彭城王勰等三十六軍前後相繼，衆號百萬，吹脣沸地。九月辛丑，魏主留諸將攻赭陽，自引兵南下。癸卯，至宛，夜襲其郛，克之。房伯玉嬰内城拒守，魏主遣中書舍人孫延景謂伯玉曰：「我今蕩壹六合，非如鼂時冬來春去，不有所克，終不還北。卿此城當我六龍之首，無容不先攻取，遠期一年，近止一月。封侯、梟首，事在俯仰，宜善圖之！且卿有三罪，今令卿知：卿先事武帝，蒙殊常之寵，不能建忠致命而盡節於其讎，罪一也。頃年薛真度來，卿傷我偏師，罪二也。今鑾輅親臨，不面縛麾下，罪三也。」伯玉遣軍副樂稚柔對曰：「承欲攻圍，期於必克。卑微常人，得抗大威，真可謂獲其死所。外臣蒙武帝採拔，豈敢忘恩。但嗣君失德，主上光紹大宗，非唯副億兆之深望，抑亦兼武皇之遺敕，是以區區盡節，不敢失墜。往者北師深入，寇擾邊民，輒厲將士以脩職業。返己而言，不應垂責。」宛城東南隅溝上有橋，魏主引兵過之。伯玉使勇士數人，衣斑衣，戴虎頭帽，伏於竇下，突出擊之，魏主人馬俱驚，召善射者原靈度射之，應弦而斃，乃得免。

丁未，魏主發南陽，留太尉咸陽王禧等攻之。己酉，魏主至新野，新野太守劉思忌拒守。冬十月丁巳，魏軍攻之不克，築長圍守之，遣人謂城中曰：「房伯玉已降，汝何爲獨取糜碎？」思忌遣人對曰：「城中兵食猶多，未暇從汝小虜語也。」魏右軍府長史韓顯宗將別軍屯赭陽，成公期遣胡松引蠻兵攻其營，顯宗力戰，破之，斬其裨將高法援。顯宗至新野，魏主謂曰：「卿破賊斬將，殊益軍勢。朕方攻堅城，何爲不作露布？」對曰：「頃聞鎮南將軍王肅獲賊二三人，驢馬數匹，皆爲露布，臣在東觀私常哂之。近雖仰憑威靈，得摧醜虜，兵寡力弱，擒斬不多，脱復高曳長縑，虚張功烈，尤而效之，其罪彌大。臣所以不敢爲之，解上而已。」魏主益賢之。

上詔徐州刺史裴叔業引兵救雍州。叔業啓稱：「北人不樂遠行，唯樂鈔掠。若侵虜境，則司、雍之寇自然分矣。」上從之。叔業引兵攻虹城，獲男女四千餘人。

甲戌，遣太子中庶子蕭衍、右軍司馬張稷救雍州。十一月甲午，前軍將軍韓秀方等十五將降於魏。丁酉，魏敗齊兵於沔北，將軍王伏保等爲魏所獲。

新野人張賭帥萬餘家據栅拒魏。十二月庚申，魏人攻拔〔之〕。雍州刺史曹虎與房伯玉不協，故緩救之，頓軍樊城。

丁丑，詔遣度支尚書崔慧景救雍州，假慧景節，帥衆二萬、騎千匹向襄陽，雍州衆軍並受節度。

庚午，魏主南臨沔水。戊寅，還新野。

將軍王曇紛以萬餘人攻魏南青州黄郭戍，魏戍主崔僧淵破之，舉軍皆没。將軍魯康祚、趙公政將兵萬人侵魏太倉口，魏豫州刺史王肅使長史清河傅永將甲士三千擊之。康祚等軍於淮南，永軍於淮北，相去十餘里。永曰：「南人好夜斫營，必於渡淮之所置火以記淺處。」乃夜分兵爲二部，伏於營外，又以瓠貯火，密使人過淮南岸，於深處置之，戒曰：「見火起，則亦然之。」是夜，康祚等果引兵斫永營，伏兵夾擊之。康祚等走趣淮水，火既競起，不知所從，溺死及斬首數千級，生擒公政，獲康祚之尸以歸。豫州刺史裴叔業侵魏楚王戍，肅復令永擊之。永將心腹一人馳詣楚王戍，令填外塹，夜伏戰士千人於城外。曉而叔業等至城東，部分將置長圍。永伏兵擊其後軍，破之。叔業留將佐守營，自將精兵數千救之。永登門樓，望叔業南行數里，即開門奮擊，大破之，獲叔業傘扇、鼓幕、甲仗萬餘。叔業進退失據，遂走。左右欲追之，永曰：「吾弱卒不滿三千，彼精甲猶盛，非力屈而敗，自墮吾計中耳。既不測我之虛實，足使喪膽，俘此足矣，何更追之？」魏主遣謁者就拜永安遠將軍、汝南太守，封貝丘縣男。永有勇力，好學能文。魏主常歎曰：「上馬能擊賊，下馬作露版，唯傅脩期耳。」

永泰元年春正月，魏統軍李佐攻新野，丁亥，拔之。縛劉思忌，問之曰：「今欲降未？」思忌曰：「寧爲南鬼，不爲北臣！」乃殺之。於是沔北大震。戊子，湖陽戍主蔡道福，辛卯，赭陽戍主成公期、壬辰，舞陰戍主黄瑶起、南鄉太守席謙相繼南遁。瑶起爲魏所獲，魏主以賜王肅，肅臠而食之。乙巳，命太尉陳顯達救雍州。

庚戌，魏主如南陽。二月癸丑，詔左衛將軍蕭惠休救壽陽。甲子，魏人拔宛北城，房伯玉面縛出降。伯玉從父弟思安爲魏中統軍，數爲伯玉泣請，魏主乃赦之。庚午，魏主如新野。辛巳，以彭城王勰爲使持節、都督南征諸軍事、中軍大將軍、開府儀同三司。

三月壬午朔，崔慧景、蕭衍大敗於鄧城。時慧景至襄陽，五郡已没，慧景與衍及軍主劉山陽、傅法憲等帥五千餘人進行鄧城，魏數萬騎奄至，諸軍登城拒守。時將士蓐食輕行，皆有飢懼之色。衍欲出戰，慧景曰：「虜不夜圍人城，待日暮自當去。」既而魏衆轉至。慧景於南門拔軍去，諸軍不相知，相繼皆遁。魏兵自北門入，劉山陽與部曲數百人斷後死戰，且戰且卻行。慧景過鬧溝，軍人相蹈藉，橋皆斷壞。魏兵夾路射之，殺傅法憲，士卒赴溝死者相枕，山陽取襖仗填溝乘之，得免。魏主將大兵追之，晡時至沔。山陽據城苦戰，至暮，魏兵乃退。諸軍恐懼，是夕，皆下船還襄陽。庚寅，魏主將十萬衆，羽儀華蓋，以圍樊城，曹虎閉門自守。魏主臨沔水，望襄陽岸，乃去，如湖陽。辛亥，如懸瓠。

魏鎮南將軍王肅攻義陽，裴叔業將兵五萬圍渦陽以救義陽。魏南兗州刺史濟北孟表守渦陽，糧盡，食草木皮葉。叔業積所殺魏人高五丈以示城内。別遣軍主蕭璝等攻龍亢，魏廣陵王羽救之。叔業引兵擊羽，大破之，追獲其節。魏主使安遠將軍傅永、征虜將軍劉藻、假輔國將軍高聰等救渦陽，並受王肅節度。叔業進擊，大破之，聰奔懸瓠，永收散卒徐還。叔業再戰，凡斬首萬級，俘二千餘人，獲器械雜畜財物以千萬計。魏主命鎖三將詣懸瓠，劉藻、高聰免死，徙平州，傅永奪官爵，黜王肅爲平南將軍。肅表請更遣軍救渦陽，魏主報曰：「觀卿意，必以藻等新敗，故難於更往。朕今少分兵則不足制敵，多分兵則禁旅有闕，卿審圖之。義陽當止則止，當下則下；若失渦陽，卿之過也。」肅乃解義陽之圍，與統軍楊大眼、奚康生等步騎十餘萬救渦陽。叔業見魏兵盛，夜引兵退。明日，士衆奔潰，魏人追之，殺傷不可勝數。叔業還保（義陽）〔渦口〕。

夏四月庚午，魏發州郡二十萬人，期八月中旬集懸瓠。

秋七月己酉，上殂于正福殿。太子即位。

九月己亥，魏主聞高宗殂，下詔稱「禮不伐喪」，引兵還。

魏主得疾，甚篤。丙午，發懸瓠，舍于汝濱。冬十一月辛巳，魏主如鄴。

東昏侯永元元年春正月，太尉陳顯達督平北將軍崔慧景等軍四萬擊魏，欲復雍州諸郡。癸未，魏遣前將軍元英拒之。乙酉，魏主發鄴。二月。陳顯達與魏元英戰，屢破之。攻馬圈城四十日，城中食盡，噉死人肉及樹皮。癸酉，魏人突圍走，斬獲千計。顯達入城，將士競取城中絹，遂不窮追。顯達又遣軍主莊丘黑進擊南鄉，拔之。

魏主謂任城王澄曰：「顯達侵擾，朕不親行，無以制之。」三月庚辰，魏主發洛陽，命于烈居守，以右衛將軍宋弁兼祠部尚書，攝七兵事以佐之。弁精勤吏治，恩遇亞於李冲。

癸未，魏主至梁城。崔慧景攻魏順陽，順陽太守清河張烈固守。甲申，魏主遣振威將軍慕容平城將騎五千救之。丁酉，魏主至馬圈，命荆州刺史廣陽王嘉斷均口，邀齊兵歸路。

嘉，建之子也。陳顯達引兵度水西，據鷹子山築城。人情沮恐，與魏戰，屢敗。魏武衞將軍元嵩免冑陷陳，將士隨之，齊兵大敗。嵩，澄之弟也。戊戌夜，軍主崔恭祖、胡松以烏布幔盛顯達，數人擔之，間道自分磧山出均水口南走。己亥，魏收顯達軍資億計，班賜將士，追奔至漢水而還。左軍將軍張千戰死，士卒死者三萬餘人。

顯達之北伐，軍入汮均口。廣平馮道根說顯達曰：「汮均水迅急，易進難退；魏若守隘，則首尾俱急。不如悉棄船於酇城，陸道步進，列營相次，鼓行而前，破之必矣。」顯達不從。道根以私屬從軍，及顯達夜走，軍人不知山路，道根每及險要，輒停馬指示之，衆賴以全。詔以道根爲汮均口戍副。顯達素有威名，至是大損。御史中丞范岫奏免顯達官，顯達亦自表解職，皆不許，更以顯達爲江州刺史。崔慧景亦棄順陽走還。

庚子，魏主疾甚，北還。夏四月丙午，殂于穀塘原。

彭城王勰與任城王澄謀，以陳顯達去尚未遠，恐其覆相掩逼，乃祕不發喪，徙御卧輿，唯二王與左右數人知之。勰出入神色無異，奉膳進藥，可決外奏，一如平日。數日，至宛城，夜，進卧輿於郡聽事，得加棺斂，還載卧輿內，外莫有知者。遣中書舍人張儒奉詔徵太子，密以凶問告留守于烈。烈處分行留，舉止無變。太子至魯陽，遇梓宮，乃發喪。

蕭衍篡齊

齊明帝永泰元年春正月，上有疾，以近親寡弱，忌高、武子孫。時高、武子孫猶有十王，每朔望入朝，上還後宫，輒歎息曰：「我及司徒諸子皆不長，高、武子孫日益長大。」上欲盡除高、武之族，以微言問陳顯達，對曰：「此等豈足介慮！」以問揚州刺史始安王遥光，遥光以爲「當以次施行」。遥光有足疾，上常令乘輿自望賢門入，每與上屏人久語畢，上索香火，嗚咽流涕，明日必有所誅。會上疾暴甚，絶而復蘇，遥光遂行其策。丁未，殺河東王鉉、臨賀王子岳、西陽王子文、永陽王子峻、南康王子琳、衡陽王子珉、湘東王子建、南郡王子夏、桂陽王昭粲、巴陵王昭秀，於是太祖、世祖及世宗諸子皆盡矣。鉉等已死，乃使公卿奏其罪狀，請誅之，下詔不許；再奏，然後許之。南康侍讀濟陽江泌哭子琳，淚盡，繼之以血，親視殯葬畢，乃去。

大司馬會稽太守王敬則，自以高、武舊將，心不自安。上雖外禮甚厚，而内相疑備，數訪問敬則飲食，體幹堪宜。聞其衰老，且以居内地，故得少寬。上疾屢危，乃以光禄大夫張瓌爲平東將軍、吳郡太守，置兵佐以密防敬則。中外傳言，當有異處分。敬則聞之，竊曰：「東今有誰，只是欲平我耳。東亦何易可平？吾終不受金罌。」金罌，謂鴆也。〔夏四月〕丁卯，敬則舉兵反。

前吳郡太守南康侯子恪，嶷之子也，敬則起兵，以奉子恪爲名。子恪亡走，未知所在。始安王遥光勸上盡誅高、武子孫，於是悉召諸王侯入宫。晋安王寶義、江陵公寶覽等處中書省，高、武諸孫處西省，敕人各從左右兩人，過此依軍法；孩幼者與乳母俱入。其夜，令太醫煮椒二斛，都水辦棺材數十具，須三更，當盡殺之。子恪徒跣自歸，二更達建陽門，刺啓。時刻已至，而上眠不起，中書舍人沈徽孚與上所親左右單景儁共謀少留其事。須臾，上覺，景儁啓子恪已至。上驚問曰：「未邪，未邪？」景儁具以事對。上撫牀曰：「遥光幾誤人事！」乃賜王侯供饌，明日，悉遣還第。以子恪爲太子中庶子。寶覽，緬之子也。

敬則帥實甲萬人過浙江。百姓擔篙荷鍤，隨之者十餘萬衆。

五月壬午，詔前軍司馬左興盛、後軍將軍崔恭祖、輔國將軍劉山陽、龍驤將軍馬軍主胡松築壘於曲阿長岡，右僕射沈文季爲持節都督，屯湖頭，備京口路。恭祖，慧景之族也。敬則急攻興盛、山陽二壘，臺軍不能敵，欲退而圍不開，各死戰。胡松引騎兵突其後，白丁無器仗，皆驚散。敬則軍大敗，索馬再上，不能得，崔恭祖刺之仆地，興盛軍客袁文曠斬之，乙酉，傳首建康。是時上疾已篤。

秋七月己酉，上殂于正福殿。遺詔：「沈文季可左僕射，江祏可右僕射，江祀可侍中，劉暄可衛尉。軍政事委陳太尉，内外衆事無大小委徐孝嗣、遥光、坦之、江祏，其大事與沈文季、江祀、劉暄參懷。心膂之任可委劉悛、蕭惠休、崔慧景。」太子即位。

八月，葬明皇帝於興安陵，廟號高宗。東昏侯惡靈在太極殿，欲速葬，徐孝嗣固争，得踰月。帝每當哭，輒云喉痛。太中大夫羊闡入臨，無髮，號慟俯仰，幘遂脱地，帝輟哭大笑，謂左右曰：「秃鶖啼來乎！」

東昏侯永元元年（亡）。帝自在東宫，不好學，唯嬉戲無度，性重澀少言。及即位，不與朝士相接，專親信宦官及左右御刀、應敕等。

是時，揚州刺史始安王遥光、尚書令徐孝嗣、右僕射江祏、右將軍蕭坦之、侍中江祀、衛尉劉暄更直内省，分日帖敕。雍州刺史蕭衍聞之，謂從舅録事參軍范陽張弘策曰：「一國三公猶不堪，況六貴同朝，勢必相圖，亂將作矣。避禍圖福，無如此州。但諸弟在都，恐罹世患，當更與益州圖之耳。」乃密與弘策修武備，他人皆不得預謀。招聚驍勇以萬數，多伐材竹，沈之檀溪，積茅如岡阜，皆不之用。中兵參軍東平吕僧珍覺其意，亦私具櫓數百張。先是，僧珍爲羽林監，徐孝嗣欲引置其府，僧珍知孝嗣不能久，固求從衍。是時，衍兄懿罷益州刺史還，仍行郢州事，衍使弘策説懿曰：「今六貴比肩，人自畫敕，争權睚眦，理相圖滅。主上自東宮素無令譽，媟近左右，慓輕忍虐，安肯委政諸公，虛坐主諾。嫌忌積久，必大行誅戮。始安欲爲趙王倫，形迹已見，然性猜量狹，徒爲禍階。蕭坦之忌克陵人，徐孝嗣聽人穿鼻，江祏無斷，劉暄闇弱，一朝禍發，中外土崩。吾兄弟幸守外藩，宜爲身計。及今猜防未生，當悉召諸弟，恐異時拔足無路矣。郢州控帶荆、湘，雍州士馬精强，世治則竭誠本朝，世亂則足以匡濟；與時進退，此萬全之策也。若不早圖，後悔無及。」弘策又自説懿曰：「以卿兄弟英武，天下無敵，據郢、雍二州爲百姓請命，廢昏立明，易於反掌，此桓、文之業也。勿爲豎子所欺，取笑身後。雍州揣之已熟，願善圖之。」懿不從。衍乃迎其弟驃騎外兵參軍偉及西中郎外兵參軍憺至襄陽。

初，高宗雖顧命羣公，而多寄腹心在江祏兄弟。二江更直殿内，動止關之。帝稍欲行意，徐孝嗣不能奪，蕭坦之時有異同，而祏執制堅確，帝深忿之。帝左右會稽茹法珍、吴興梅蟲兒等，爲帝所委任，祏常裁折之，法珍等切齒。徐孝嗣謂祏曰：「主上稍有異同，詎可盡相乖反？」祏曰：「但以見付，必無所憂。」

帝失德寖彰，祏議廢帝，立江夏王寶玄。劉暄嘗爲寶玄郢州行事，執事過刻。有人獻馬，寶玄欲觀之，暄曰：「馬何用觀？」妃索煮肫，帳下諮暄，暄曰：「且已煮鵝，不煩復此。」寶玄恚曰：「舅殊無渭陽情。」暄由是忌寶玄，不同祏議，更欲立建安王寶寅。祏密謀於始安王遙光，遙光自以年長，意欲自取，以微旨動祏。祏弟祀亦以少主難保，勸祏立遙光。祏意回惑，以問蕭坦之。坦之時居母喪，起復爲領軍將軍，謂祏曰：「明帝立已非次，天下至今不服。若復爲此，恐四方瓦解，我期不敢言耳。」遂還宅行喪。

祏、祀密謂吏部郎謝朓曰：「江夏年少，脫不堪負荷，豈可復行廢立！始安年長，入篡不乖物望。非以此要富貴，政是求安國家耳。」遙光又遣所親丹楊丞南陽劉渢密致意於朓，欲引以爲黨，朓不答。頃之，遙光以朓兼知衞尉事，朓懼，即以祏謀告太子右衞率左興盛，興盛不敢發。朓又說劉暄曰：「始安一旦南面，則劉渢、劉晏居卿今地，但以卿爲反覆人耳。」晏者，遙光城局參軍也。暄陽驚，馳告遙光及祏。遙光欲出朓爲東陽郡，朓常輕祏，祏固請除之。遙光乃收朓付廷尉，與孝嗣、祏、暄等連名啓：「朓扇動內外，妄貶乘輿，竊論宮禁，間謗親賢，輕議朝宰。」朓遂死獄中。

暄以遙光若立，已失元舅之尊，不肯同祏議，故祏遲疑久不決。遙光大怒，遣左右黃曇慶刺暄於青溪橋。曇慶見暄部伍多，不敢發。暄覺之，遂發祏謀，帝命收祏兄弟。時祀直內殿，疑有異，遣信報祏曰：「劉暄自有異謀。今作何計？」祏曰：「政當靜以鎮之。」俄有詔召祏入見，停中書省。初，袁文曠以斬王敬則功當封，祏執不與。帝使文曠取祏，文曠以刀環築其心曰：「復能奪我封不？」并弟祀皆死。劉暄聞祏等死，眠中大驚，投出户外，問左右：「收至未？」良久，意定，還坐，大悲曰：「不念江，行自痛也！」

帝自是無所忌憚，益得自恣，日夜與近習於後堂鼓吹戲馬。常以五更就寢，至晡乃起。羣臣節、朔朝見，晡後方前，或際闇遣出。臺閣案奏，月數十日乃報，或不知所在。宦者以裹魚肉還家，並是五省黄案。帝嘗習騎致適，顧謂左右曰：「江祏常禁吾乘馬。小子若在，吾豈能得此！」因問：「祏親戚餘誰？」對曰：「江祥今在冶。」帝於馬上作敕，賜祥死。

始安王遥光素有異志，與其弟荆州刺史遥欣密謀舉兵據東府，使遥欣自江陵引兵急下，刻期將發，而遥欣病卒。江祏被誅，帝召遥光入殿，告以祏罪，遥光懼，還省，即陽狂號哭，遂稱疾不復入臺。先是，遥光弟豫州刺史遥昌卒，其部曲皆歸遥光。及遥欣喪還，停東府前渚，荆州衆力送者甚盛。帝既誅二江，慮遥光不自安，欲遷爲司徒，使還第，召入諭旨。遥光恐見殺，秋八月乙卯晡時，收集三州部曲於東府東門，召劉渢、劉晏等謀舉兵，以討劉暄爲名。夜，遣數百人破東冶出囚，於尚方取仗。又召驍騎將軍垣歷生，歷生隨信而至。蕭坦之宅在東府城東，遥光遣人掩取之，坦之露袒踰牆走向臺。道逢遊邏主顔端，執之，坦之告以遥光反，不信；自往詗問，知實，乃以馬與坦之，相隨入臺。遥光又掩取尚書左僕射沈文季於其宅，欲以爲都督，會文季已入臺。垣歷生説遥光帥城内兵夜攻臺，輂荻燒城門，曰：「公但乘輿隨後，反掌可克。」遥光狐疑不敢出。天稍曉，遥光戎服出聽事，命上仗登城行賞賜。歷生復勸出軍，遥光不肯，冀臺中自有變。及日出，臺軍稍至。臺中始聞亂，衆情惶惑。向曉，有詔召徐孝嗣，孝嗣入，人心乃安。左將軍沈約聞變，馳入西掖門，或勸戎服，約曰：「臺中方擾攘，見我戎服，或者謂同遥光。」乃朱衣而入。

丙辰，詔曲赦建康，中外戒嚴。徐孝嗣以下屯衛宮城，蕭坦之帥臺軍討遥光。孝嗣内自疑懼，與沈文季戎服共坐南掖門上，欲與之共論世事，文季輒引以他辭，終不得及。蕭坦之屯湘宮寺，左興盛屯東籬門，鎮軍司馬曹虎屯青溪大橋。衆軍圍東城，三面燒司徒府。遥光遣垣歷生從西門出戰，臺軍屢敗，殺軍主桑天愛。

遥光之起兵也，問諮議參軍蕭暢，暢正色不從。戊午，暢與撫軍長史沈昭略潛自南門出，詣臺自歸，衆情大沮。暢，衍之弟；昭略，文季之兄子也。己未，垣歷生從南門出戰，因棄矟降曹虎，虎命斬之。遥光大怒，於牀上自踊，使殺歷生子。其晚，臺軍以火箭燒東北角樓。至夜，城潰，遥光還小齋帳中，著衣(帷)〔帢〕坐，秉燭自照，令人反拒，齋閤皆重關，左右並踰屋散出。臺軍主劉國寶等先入，遥光聞外兵至，滅燭扶匐牀下。軍人排閤入，於闇中牽出，斬之。臺軍入城，焚燒屋室且盡。劉渢走還家，爲人所殺。荆州將潘紹聞遥光作亂，謀欲應之。西中郎司馬夏侯詳呼紹議事，因斬之，州府以安。

己巳，以徐孝嗣爲司空，加沈文季鎮軍將軍，侍中、僕射如故，蕭坦之爲尚書右僕射、丹楊尹，右將軍如故，劉暄爲領軍將軍，曹虎爲散騎常侍、右衞將軍，皆賞平始安之功也。

江祏等既敗，帝左右捉刀、應敕之徒皆恣横用事，時人謂之「刀敕」。蕭坦之剛狠而專，嬖倖畏而憎之。遥光死二十餘日，帝遣延明主帥黄文濟將兵圍坦之宅，殺之，并其子秘書郎賞。坦之從兄翼宗爲海陵太守，未發，坦之謂文濟曰：「從兄海陵宅故應無他。」文濟曰：「海陵宅在何處？」坦之以告。文濟白帝，帝仍遣收之。檢其家，至貧，唯有質錢帖數百，還以啓帝，原其死，繫尚方。

茹法珍等譖劉暄有異志，帝曰：「暄是我舅，豈應有此？」直閤新蔡徐世標曰：「明帝乃武帝同堂，恩遇如此，猶滅武帝之後。舅焉可信邪！」遂殺之。

曹虎善於誘納，日食荒客常數百人。晚節吝嗇，罷雍州，有錢五千萬，他物稱是。帝疑虎舊將，且利其財，遂殺之。坦之、暄、虎所新除官，皆未及拜而死。

初，高宗臨殂，以隆昌事戒帝曰：「作事不可在人後。」故帝數與近習謀誅大臣，皆發於倉猝，決意無疑。於是大臣人人莫能自保。

枝江文忠公徐孝嗣，以文士不顯同異，故名位雖重，猶得久存。虎賁中郎將許準爲孝嗣陳説事機，勸行廢立。孝嗣遲疑久之，謂必無用干戈之理，須帝出遊，閉城門，召百僚集議廢之，雖有此懷，終不能決。諸嬖倖亦稍憎之。西豐忠憲侯沈文季自託老疾，不豫朝權，侍中沈昭略謂文季曰：「叔父行年六十，爲員外僕射，欲求自免，豈可得乎？」文季笑而不應。冬十月乙未，帝召孝嗣、文季、昭略入華林省。文季登車，顧曰：「此行恐往而不反。」帝使外監茹法珍賜以藥酒。昭略怒，罵孝嗣曰：「廢昏立明，古今令典。宰相無才，致有今日！」以甌擲其面曰：「使作破面鬼！」孝嗣飲藥酒至斗餘，乃卒。孝嗣子演尚武康公主，況尚山陰公主，皆坐誅。昭略弟昭光聞收至，家人勸之逃。昭光不忍捨其母，入執母手悲泣，收者殺之。昭光兄子曇亮逃，已得免，聞昭光死，歎曰：「家門屠滅，何以生爲！」絕吭而死。

初，太尉陳顯達自以高、武舊將，當高宗之世，內懷危懼，深自貶損，常乘朽弊車，道從鹵簿止用羸小者十數人。嘗侍宴，酒酣，啓高宗借枕，高宗令與之。顯達撫枕曰：「臣年衰老，富貴已足，唯欠枕枕死，特就陛下乞之。」高宗失色曰：「公醉矣。」顯達以年禮告退，高宗不許。及王敬則反時，顯達將兵拒魏，始安王遥光疑之，啓高宗欲追軍還。會敬則平，乃止。及帝即位，顯達彌不樂在建康，得江州，甚喜。嘗有疾，不令治，既而自愈，意甚不悦。聞帝屢誅大臣，傳云「當遣兵襲江州」，十一月丙辰，顯達舉兵於尋陽，命長史庾弘遠等與朝貴書，數帝罪惡，云：「欲奉建安王爲主，須京塵一静，西迎大駕。」

乙丑，以護軍將軍崔慧景爲平南將軍，督衆軍擊顯達。後軍將軍胡松、驍騎將軍李叔獻帥水軍據梁山，左衛將軍左興盛督前鋒軍屯杜姥宅。

十二月，陳顯達發尋陽，敗胡松於采石，建康震恐。甲申，軍於新林，左興盛帥諸軍拒之。顯達多置屯火於岸側，潛軍夜渡，襲宮城。乙酉，顯達以數千人登落星岡，新亭諸軍聞之，奔還，宮城大駭，閉門設守。顯達執馬矟從步兵數百，於西州前與臺軍戰，再合，顯達大勝，手殺數人。矟折，臺軍繼至，顯達不能抗，退走，至西州後，騎官趙潭注刺顯達墜馬，斬之。諸子皆伏誅。

帝既誅顯達，益自驕恣，漸出遊走，又不欲人見之。每出，先驅斥所過人家，唯置空宅。尉司擊鼓蹋圍，鼓聲所聞，便應奔走，不暇衣履，犯禁者應手格殺。一月凡二十餘出，出輒不言定所，東西南北無處不驅。常以三四更中，鼓聲四出，火光照天，幡戟橫路，士民喧走相隨，老小震驚，啼號塞道，處處禁斷，不知所過。四民廢業，樵蘇路斷，吉凶失時，乳婦寄產，或與病棄尸，不得殯葬。巷陌懸幔爲高鄣，置仗人防守，謂之「屏除」，亦謂之「長圍」。嘗至沈公城，有一婦人臨產不去，因剖腹視其男女。又嘗至定林寺，有沙門老病不能去，藏草間；命左右射之，百箭俱發。帝有膂力，牽弓至三斛五斗。又好擔幢，白虎幢高七丈五尺，於齒上擔之，折齒不倦。自制擔幢校具，伎衣飾以金玉，侍衛滿側，逞諸變態，曾無愧色。學乘馬於東冶營兵俞靈韻，常著織成袴褶，金薄帽，執七寶矟，急裝縛袴，凌冒雨雪，不避阬穽。馳騁渴乏，輒下馬，解取腰邊蠡器，酌水飲之，復上馬馳去。又選無賴小人善走者爲逐馬，左右五百人常以自隨。或於市側過親幸家，環回宛轉，周徧城邑。或出郊射雉，置射雉場二百九十六處，奔走往來，略不暇息。

二年。豫州刺史裴叔業聞帝數誅大臣，心不自安。及除南兗州，意不樂內徙。朝廷疑叔業有異志，叔業兄子植等皆爲直閤，在殿中，懼，奔壽陽，説叔業以朝廷必相掩襲，宜早爲計。叔業遣親人馬文範至襄陽，問蕭衍以自安之計，曰：「天下大勢可知，恐無復自存之理。不若回面向北，不失作河南公。」衍報曰：「羣小用事，豈能及遠。計慮回惑，自無所成，唯應送家還都以安慰之。若意外相逼，當勒馬步二萬直出横江，以斷其後，則天下之事，一舉可定。若欲北向，彼必遣人相代，以河北一州相處，河南公寧可復得邪？如此，則南歸之望絶矣。」叔業沈疑未決，乃遣其子芬之入建康爲質，亦遣信詣魏豫州刺史薛真度，問以入魏可不之宜。真度勸其早降，曰：「若事迫而來，則功微賞薄矣。」數遣密信，往來相應和。建康人傳叔業叛者不已，芬之懼，復奔壽陽。叔業遂遣芬之及兄女壻杜陵、韋伯昕奉表降魏。

〔春正月〕庚午，下詔討叔業。己亥，叔業病卒。

三月乙卯，遣西平將軍崔慧景將水軍討壽陽，帝屏除，出琅邪城送之。帝戎服坐樓上，召慧景單騎進圍内，無一人自隨者。裁數言，拜辭而去。慧景既得出，甚喜。

崔慧景之發建康也，其子覺爲直閤將軍，密與之約。慧景至廣陵，覺走從之。慧景過廣陵數十里，召會諸軍主曰：「吾荷三帝厚恩，當顧託之重。幼主昏狂，朝廷壞亂，危而不扶，責在今日。欲與諸君共建大功以安社稷，何如？」衆皆響應。於是還軍向廣陵。司馬崔恭祖守廣陵城，開門納之。帝聞變，壬子，假右衛將軍左興盛節督建康水陸諸軍以討之。慧景停廣陵二日，即收衆濟江。

初，南徐兗二州刺史江夏王寶玄娶徐孝嗣女爲妃，孝嗣誅，詔令離昏，寶玄恨望。慧景遣使奉寶玄爲主，寶玄斬其使，因發將吏守城，帝遣馬軍主戚平、外監黄林夫助鎮京口。慧景將渡江，寶玄密與相應，殺司馬孔矜、典籤吕承緒及平、林夫，開門納慧景。使長史沈佚之、諮議柳憕分部軍衆。寶玄乘八掆輿，手執絳麾，隨慧景向建康。臺遣驍騎將軍張佛護、直閤將軍徐元稱等六將據竹里，爲數城以拒之。寶玄遣信謂佛護曰：「身自還朝，君何意苦相斷遏？」佛護對曰：「小人荷國重恩，使於此創立小戍。殿下還朝，但自直過，豈敢斷遏！」遂射慧景軍，因合戰。崔覺、崔恭祖將前鋒，皆荒傖善戰，又輕行不爨食，以數舫緣江載酒肉爲軍糧，每見臺軍城中烟火起，輒盡力攻之。臺軍不復得食，以此飢困。

元稱等議欲降，佛護不可。恭祖等進攻城，拔之，斬佛護，徐元稱降，餘四軍主皆死。

乙卯，遣中領軍王瑩都督衆軍，據湖頭築壘，上帶蔣山西巖（守）〔實〕甲數萬。瑩，誕之從曾孫也。慧景至查硎，竹塘人萬副兒説慧景曰：「今平路皆爲臺軍所斷，不可議進，唯宜從蔣山龍尾上，出其不意耳。」慧景從之，分遣千餘人，魚貫緣山，自西巖夜下，鼓叫臨城中。臺軍驚恐，即時奔散。帝又遣右衛將軍左興盛帥臺内三萬人拒慧景於北籬門，興盛望風退走。

甲子，慧景入樂遊苑，崔恭祖帥輕騎千餘突入北掖門，乃復出。宫門皆閉，慧景引衆圍之。於是東府、石頭、白下、新亭諸城皆潰。左興盛走，不得入宫，逃淮渚荻舫中，慧景擒殺之。宫中遣兵出盪，不克。慧景燒蘭臺府署爲戰場。守衛尉蕭暢屯南掖門，處分城内，隨方應拒，衆心稍安。慧景稱宣德太后令，廢帝爲吴王。

陳顯達之反也，帝復召諸王侯入宫。巴陵王昭胄懲永泰之難，與弟永新侯昭穎詐爲沙門，逃於江西。昭胄，子良之子也。及慧景舉兵，昭胄兄弟出赴之。慧景意更向昭胄，猶豫未知所立。

竹里之捷，崔覺與崔恭祖爭功，慧景不能決。恭祖勸慧景以火箭燒北掖樓。慧景以大事垂定，後若更造，費用功多，不從。慧景性好談義，兼解佛理，頓法輪寺，對客高談，恭祖深懷怨望。

時豫州刺史蕭懿將兵在小峴，帝遣密使告之。懿方食，投箸而起，帥軍主胡松、李居士等數千人自采石濟江，頓越城舉火，臺城中鼓叫稱慶。恭祖先勸慧景遣二千人斷西岸兵，令不得度。慧景以城旦夕降，外救自然應散，不從。至是，恭祖請擊懿軍，又不許，獨遣崔覺將精卒數千人渡南岸。懿軍昧旦進戰，數合，士皆致死，覺大敗，赴淮死者二千餘人。覺單馬退，開桁阻淮。恭祖掠得東宮女伎，覺逼奪之。恭祖積忿恨，其夜，與慧景驍將劉靈運詣城降，衆心離壞。

夏四月癸酉，慧景將腹心數人潛去，欲北渡江，城北諸軍不知，猶爲拒戰。城内出，盪殺數百人。懿軍渡北岸，慧景餘衆皆走。慧景圍城凡十二日而敗，從者於道稍散，單騎至蟹浦，爲漁人所斬，以頭内鰌籃，擔送建康。恭祖繫尚方，少時殺之。覺亡命爲道人，捕獲伏誅。

寶玄初至建康，軍於東城，士民多往投集。慧景敗，收得朝野投寶玄及慧景人名，帝令燒之，曰：「江夏尚爾，豈可復罪餘人！」寶玄逃亡數日乃出。帝召入後堂，以步障裹之，令左右數十人鳴鼓角馳繞其外，遣人謂寶玄曰：「汝近圍我亦如此耳。」五月己酉，江夏王寶玄伏誅。

六月乙丑，曲赦建康、南徐兗二州。先是，崔慧景既平，詔赦其黨。而嬖倖用事，不依詔書，無罪而家富者皆誣爲賊黨，殺而籍其貲，實附賊而貧者皆不問。或謂中書舍人王咺之云：「赦書無信，人情大惡。」咺之曰：「正當復有赦耳。」由是再赦。既而嬖倖誅縱亦如初。

是時，帝所寵左右凡三十一人，黄門十人。直閤、驍騎將軍徐世摽素爲帝所委任，凡有殺戮，皆在其手。及陳顯達事起，加輔國將軍，雖用護軍崔慧景爲都督，而兵權實在世摽。世摽亦知帝昏縱，密謂其黨茹法珍、梅蟲兒曰：「何世天子無要人，但儂貨主惡耳！」法珍等與之争權，以白帝。帝稍惡其凶强，遣禁兵殺之，世摽拒戰而死。自是法珍、蟲兒用事，並爲外監，口稱詔敕，王咺之專掌文翰，與相脣齒。

帝呼所幸潘貴妃父寶慶及茹法珍爲「阿丈」，梅蟲兒及俞靈韻爲「阿兄」。帝與法珍等俱詣寶慶家，躬自汲水，助厨人作膳。寶慶恃勢作姦，富人悉誣以罪，田宅貲財，莫不啓乞，一家被陷，禍及親鄰，又慮後患，盡殺其男口。帝數往諸刀敕家游宴，有吉凶輒往慶弔。

奄人王寶孫，年十三四，號爲「倀子」，最有寵，參預朝政，雖王咺之、梅蟲兒之徒亦下之。控制大臣，移易詔敕，乃至騎馬入殿，詆訶天子。公卿見之，莫不懾息焉。

八月甲辰夜，後宫火，時帝出未還，宫内人不得出，外人不敢輒開，比及開，死者相枕，燒三千餘間。時嬖倖之徒皆號爲「鬼」。有趙鬼者，能讀西京賦，言於帝曰：「柏梁既災，建章是營。」帝乃大起芳樂、玉壽等諸殿，以麝香塗壁，刻畫裝飾，窮極綺麗。役者自夜達曉，猶不副速。後宫服御，極選珍奇，府庫舊物，不復周用。貴市民間金寶，價皆數倍。建康酒租皆折使輸金，猶不能足。鑿金爲蓮華以帖地，令潘妃行其上，曰：「此步步生蓮華也。」又訂出雉頭、鶴氅、白鷺縗。嬖倖因緣爲姦利，課一輸十。又各就州縣求爲人輸，準取見直，不爲輸送，守宰皆不敢言，重加科斂。如此相仍，前後不息，百姓困盡，號泣道路。

蕭懿之入援也，蕭衍馳使所親虞安福説懿曰：「誅賊之後，則有不賞之功。當明君賢主，尚或難立，况於亂朝，何以自免？若賊滅之後，仍勒兵入宫，行伊、霍故事，此萬世一時。若不欲爾，便放表還歷陽，託以外拒爲事，則威振内外，誰敢不從！一朝放兵，受其厚爵，高而無民，必生後悔。」長史徐曜甫亦苦勸之，懿並不從。

崔慧景死，懿爲尚書令。有弟九人，敷、衍、暢、融、宏、偉、秀、憺、恢。懿以元勳居朝右，暢爲衛尉，掌管籥。時帝出入無度，或勸懿因其出門，舉兵廢之。懿不聽。嬖臣茹法珍、王咺之等憚懿威權，説帝曰：「懿將行隆昌故事，陛下命在晷刻。」帝然之。徐曜甫知之，密具舟江渚，勸懿西奔襄陽。懿曰：「自古皆有死，豈有叛走尚書令邪！」懿弟姪咸爲之備。冬十月己卯，帝賜懿藥於省中。懿且死，曰：「家弟在雍，深爲朝廷憂之。」懿弟姪皆亡匿於里巷，無人發之者，唯融捕得，誅之。

初，帝疑雍州刺史蕭衍有異志。直後滎陽鄭植弟紹叔爲衍寧蠻長史，帝使植以候紹叔爲名，往刺衍。紹叔知之，密以白衍，衍置酒紹叔家，戲植曰：「朝廷遣卿見圖，今日閒宴，是可取良會也。」賓主大笑。又令植歷觀城隍、府庫、士馬、器械、舟艦，植退，謂紹叔曰：「雍州實力，未易圖也。」紹叔曰：「兄還，具爲天子言之。若取雍州，紹叔請以此衆一戰。」送植於南峴，相持慟哭而別。

及懿死，衍聞之，夜召張弘策、呂僧珍、長史王茂、別駕劉慶遠、功曹吉士瞻等入宅定議。茂，天生之子；慶遠，元景之弟子也。十一月乙巳，衍集僚佐謂曰：「昏主暴虐，惡踰於紂，當與卿等共除之！」是日，建牙集衆，得甲士萬餘人，馬千餘匹，船三千艘。出檀溪竹木裝艦，葺之以茅，事皆立辦。諸將争艣，呂僧珍出先所具者，每船付二張，争者乃息。

是時，南康王寶融爲荆州刺史，西中郎長史蕭穎胄行府州事，帝遣輔國將軍、巴西梓潼二郡太守劉山陽將兵三千之官，就穎胄兵使襲襄陽。衍知其謀，遣參軍王天虎詣江陵，偏與州府書，聲云：「山陽西上，并襲荆、雍。」衍因謂諸將佐曰：「荆州素畏襄陽人，加以脣亡齒寒，寧不闇同邪？我合荆、雍之兵，鼓行而東，雖使韓、白復生，不能爲建康計，況以昏主役刀敕之徒哉！」穎胄等得書，疑未能決。山陽至巴陵，衍復令天虎齎書與穎胄及其弟南康王友穎達。天虎既行，衍謂張弘策曰：「用兵之道，攻心爲上。近遣天虎往荆州，人皆有書。今段乘驛甚急，止有兩函與行事兄弟，云『天虎口具』。及問天虎而口無所説，天虎是行事心膂，彼聞必謂行事與天虎共隱其事，則人人生疑。山陽惑於衆口，必相嫌貳，則行事進退無以自明，必入吾謀内。是馳兩空函定一州矣。」

山陽至江安，遲回十餘日，不上。穎胄大懼，計無所出，夜，遣呼西中郎城局參軍安定席闡文、諮議參軍柳忱，閉齋定議。闡文曰：「蕭雍州蓄養士馬，非復一日。江陵素畏襄陽人，又衆寡不敵，取之必不可制。就能制之，歲寒復不爲朝廷所容。今若殺山陽，與雍州舉事，立天子以令諸侯，則霸業成矣。山陽持疑不進，是不信我。今斬送天虎，則彼疑可釋。至而圖之，罔不濟矣。」忱曰：「朝廷狂悖日滋，京師貴人莫不重足累息。今幸在遠，得暇日自安。雍州之事，且藉以相斃耳。獨不見蕭令君乎？以精兵數千，破崔氏十萬衆，竟爲羣邪所陷，禍酷相尋。『前事之不忘，後事之師也。』且雍州士鋭糧多，蕭使君雄姿冠世，必非山陽所能敵。若破山陽，荆州復受失律之責，進退無可，宜深慮之。」蕭穎達亦勸穎胄從闡文等計。詰旦，穎胄謂天虎曰：「卿與劉輔國相識，今不得不借卿頭！」乃斬天虎送示山陽，發民車牛，聲云「起步軍征襄陽」。山陽大喜。甲寅，山陽至江津，單車白服，從左右數十人詣穎胄。〔穎胄〕使前汶陽太守劉孝慶等伏兵城内，山陽入門，即於車中斬之。副軍主李元履收餘衆請降。

柳忱，世隆之子也。穎胄慮西中郎司馬夏侯詳不同，以告忱，忱曰：「易耳。近詳求昏，未之許也。」乃以女嫁詳子夔而告之謀，詳從之。乙卯，以南康王寶融教纂嚴，又教赦囚徒，施惠澤，頒賞格。丙辰，以蕭衍爲使持節都督前鋒諸軍事。丁巳，以蕭穎胄爲都督行留諸軍事。

穎胄遣使送劉山陽首於蕭衍，且言年月未利，當須明年二月進兵。衍曰：「舉事之初，所藉者一時驍鋭之心。事事相接，猶恐疑怠，若頓兵十旬，必生悔吝。且坐甲十萬，糧用自竭，若童子立異，則大事不成。況處分已定，安可中息哉！昔武王伐紂，行逆太歲，豈復待年月乎？」

戊午，衍上表勸南康王寶融稱尊號，不許。十二月，穎胄與夏侯詳移檄建康百官及州郡牧守，數帝及梅蟲兒、茹法珍罪惡。穎胄遣冠軍將軍天水楊公則向湘州，西中郎參軍南郡鄧元起向夏口。乙亥，荆州將佐復勸寶融稱尊號，不許。夏侯詳之子驍騎將軍亶爲殿中主帥，詳密召之，亶自建康亡歸。壬辰，至江陵，稱奉宣德皇太后令：「南康王宜纂承皇祚，方俟清宮，未即大號，可封十郡爲宣城王、相國、荊州牧，加黃鉞，選百官，西中郎府、南康國如故。須軍次近路，主者備法駕奉迎。」

竟陵太守新野曹景宗遣親人說蕭衍迎南康王都襄陽，先正尊號，然後進軍，衍不從。初，陳顯達、崔慧景之亂，人心不安。或問時事於上庸太守杜陵韋叡，叡曰：「陳雖舊將，非命世才；崔頗更事，懦而不武；其赤族宜矣。定天下者，殆必在吾州將乎？」乃遣二子自結於蕭衍。及衍起兵，叡帥郡兵二千倍道赴之。華山太守藍田康絢帥郡兵三千赴衍。馮道根居母喪，聞衍起兵，帥鄉人子弟勝兵者悉往赴之。梁南秦二州刺史柳惔亦起兵應衍。惔，忱之兄也。

帝聞劉山陽死，發詔討荊、雍。戊寅，以冠軍長史劉澮爲雍州刺史，遣驍騎將軍薛元嗣、制局監暨榮伯將兵及運糧百四十餘船送郢州刺史張冲，使拒西師。元嗣等懲劉山陽之死，疑冲，不敢進，停夏口浦，聞西師將至，乃相帥入郢城。前竟陵太守房僧寄將還建康，至郢，帝敕僧寄留守魯山，除驍騎將軍。張冲與之結盟，遣軍主孫樂祖將數千人助僧寄守魯山。

蕭穎冑與武寧太守鄧元起書，招之。元起大言於衆曰：「朝廷暴虐，誅戮宰輔，羣小用事，衣冠道盡。荆、雍二州同舉大事，何患不克？且我老母在西，若事不成，正受戮昏朝，幸免不孝之罪。」即日治嚴上道，至江陵，爲西中郎中兵參軍。湘州行事張寶積發兵自守，未知所附。楊公則克巴陵，進軍白沙，寶積懼，請降，公則入長沙撫納之。

和帝中興元年春正月乙巳，南康王寶融始稱相國，大赦。以蕭穎胄爲左長史，蕭衍爲征東將軍，楊公則爲湘州刺史。戊申，蕭衍發襄陽，留弟偉總府州事，憺守壘城，府司馬莊丘黑守樊城。衍既行，州中兵及儲偫皆虚。魏興太守裴師仁、齊興太守顔僧都並不受衍命，舉兵欲襲襄陽，偉、憺遣兵邀擊於始平，大破之，雍州乃安。

二月壬午，東昏侯遣羽林兵擊雍州，中外纂嚴。甲申，蕭衍至竟陵，命王茂、曹景宗爲前軍，以中兵參軍張法安守竟陵城。茂等至漢口，諸將議欲併兵圍郢，分兵襲西陽、武昌。衍曰：「漢口不闊一里，箭道交至，房僧寄以重兵固守，與郢城爲掎角。若悉衆前進，僧寄必絶我軍後，悔無所及。不若遣王、曹諸軍濟江與荆州軍合，以逼郢城。吾自圍魯山以通沔、漢，使鄖城、竟陵之粟方舟而下，江陵、湘中之兵相繼而至，兵多食足，何憂兩城之不拔？天下之事，可以卧取之耳。」乃使茂等帥衆濟江，頓九里。張冲遣中兵參軍陳光静開門迎戰，茂等擊破之，光静死，冲嬰城自守。景宗遂據石橋浦，連軍相續，下至加湖。

荆州遣冠軍將軍鄧元起、軍主王世興、田安之將數千人會雍州兵於夏首。衍築漢口城以守魯山，命水軍王義陽、張惠紹等遊遏江中，絶郢、魯二城信使。楊公則舉湘州之衆會于夏口，蕭穎胄命荆州諸軍皆受公則節度，雖蕭穎達亦隸焉。

府朝議欲遣人行湘州事而難其人，西中郎中兵參軍劉坦謂衆曰：「湘土人情，易擾難信，用武士則侵漁百姓，用文士則威略不振。必欲鎮静一州，軍民足食，無踰老夫。」乃以坦爲輔國長史、長沙太守，行湘州事。坦先嘗在湘州，多舊恩，迎者屬路。下車，選堪事吏分詣十郡，發民運租米三十餘萬斛以助荆、雍之軍，由是資糧不乏。

三月，蕭衍使鄧元起進據南堂西渚，田安之頓城北，王世興頓曲水故城。丁酉，張沖病卒，驍騎將軍薛元嗣與沖子孜及征虜長史江夏内史程茂共守郢城。

乙巳，南康王即皇帝位於江陵，改元，大赦。立宗廟、南北郊。州府城門悉依建康宫。置尚書五省，以南郡太守爲尹。以蕭穎胄爲尚書令，蕭衍爲左僕射，晋安王寶義爲司空，廬陵王寶源爲車騎將軍、開府儀同三司，建安王寶寅爲徐州刺史，散騎常侍夏侯詳爲中領軍，冠軍將軍蕭偉爲雍州刺史。丙午，詔封庶人寶卷爲涪陵王。乙酉，以尚書令蕭穎胄行荆州刺史。加蕭衍征東大將軍、都督征討諸軍事，假黄鉞。時衍次揚口，和帝遣御史中丞宗夬勞軍。寧朔將軍新野庾域諷夬曰：「黄鉞未加，非所以總帥侯伯。」夬返西臺，遂有是命。薛元嗣遣軍主沈難當帥輕舸數千亂流來戰，張惠紹等擊擒之。

癸丑，東昏侯以豫州刺史陳伯之爲江州刺史、假節、都督前鋒諸軍事，西擊荆、雍。

夏四月，蕭衍出沔，命王茂、蕭穎達等進軍逼郢城。薛元嗣不敢出。諸將欲攻之，衍不許。

五月，東昏侯遣軍主吴子陽、陳虎牙等十三軍救郢州，進屯巴口。虎牙，伯之之子也。

六月，西臺遣衛尉席闡文勞蕭衍軍，齎蕭穎胄等議謂衍曰：「今頓兵兩岸，不併軍圍郢，定西陽、武昌，取江州，此機已失。莫若請救於魏，與北連和，猶爲上策。」衍曰：「漢口路通荆、雍，控引秦、梁，糧運資儲，仰此氣息，所以兵壓漢口，連結數州。今若併軍圍郢，又分兵前進，魯山必阻沔路，搤吾咽喉。若糧運不通，自然離散，何謂持久？鄧元起近欲以三千兵往取尋陽，彼若歡然知機，一説士足矣；脱距王師，固非三千兵所能下也。進退無據，未見其可。西陽、武昌，取之即得。然既得之後，即應鎮守，欲守兩城，不減萬人，糧儲稱是，卒無所出。脱東軍有上者，以萬人攻一城，兩城勢不得相救。若我分軍應援，則首尾俱弱；如其不遣，孤城必陷，一城既没，諸城相次土崩，天下大事去矣。若郢州既拔，席卷沿流，西陽、武昌自然風靡，何遽分兵散衆，自貽憂患乎？且丈夫舉事欲清天步，况擁數州之兵以誅羣小，懸河注火，奚有不滅，豈容北面請救戎狄，以示弱於天下。彼未必能信，徒取醜聲，此乃下計，何謂上策？卿爲我輩白鎮軍，前途攻取，但以見付，事在目中，無患不捷，但借鎮軍靖鎮之耳。」

吴子陽等進軍武口，衍命軍主梁天惠等屯漁湖城，唐脩期等屯白陽壘，夾岸待之。子陽進軍加湖，去郢三十里，傍山帶水，築壘自固。子陽舉烽，城内亦舉火應之，而内外各自保，不能相救。會房僧寄病卒，衆復推助張樂祖代守魯山。

東昏侯作芳樂苑，山石皆塗以五采。望民家有好樹美竹，則毁牆撤屋而徙之。時方盛暑，隨即枯萎，朝暮相繼。又於苑中立市，使宫人、宦者共爲裨販，以潘貴妃爲市令，東昏侯自爲市録事，小有得失，妃則與杖，乃敕虎賁不得進大荆、實中荻。又開渠立埭，身自引船。或坐而屠肉。又好巫覡，左右朱光尚詐云見鬼。東昏入樂遊苑，人馬忽驚，以問光尚，對曰：「𥅴見先帝大嗔，不許數出。」東昏大怒，拔刀與光尚尋之，既不見，乃縛菰爲高宗形，北向斬之，縣首苑門。

崔慧景之敗也，巴陵王昭冑、永新侯昭穎出投臺軍，各以王侯還第，心不自安。竟陵王子良故防閤桑偃爲梅蟲兒軍副，與前巴西太守蕭寅謀立昭冑，昭冑許事克用寅爲尚書左僕射、護軍。時軍主胡松將兵屯新亭，寅遣人説之曰：「須昏人出，寅等將兵奉昭冑入臺，閉城號令。昏人必還就將軍，但閉壘不應，則三公不足得也。」松許諾。會東昏新作芳樂苑，經月不出遊。偃等議募健兒百餘人，從萬春門入突取之，昭冑以爲不可。偃同黨王山沙慮事久無成，以事告御刀徐僧重。寅遣人殺山沙於路，吏於麝䐜中得其事，昭胄兄弟與偃等皆伏誅。

雍州刺史張欣泰與弟前始安內史欣時密謀結胡松及前南譙太守王靈秀、直閤將軍鴻選等誅諸嬖倖，廢東昏。東昏遣中書舍人馮元嗣監軍救郢。秋七月甲午，茹法珍、梅蟲兒及太子右率李居士、制局監楊明泰送之於中興堂。欣泰等使人懷刀於座斫元嗣，頭墜果柈中；又斫明泰，破其腹；蟲兒傷數瘡，手指皆墮；居士、法珍等散走還臺。靈秀詣石頭迎建（康）〔安〕王寶寅，帥城中將吏見力，去車輪，載寶寅，文武數百唱警蹕向臺城，百姓數千人皆空手隨之。欣泰聞事作，馳馬入宮，冀法珍等在外，東昏盡以城中處分見委，表裏相應。既而法珍得返，處分閉門上仗，不配欣泰兵，鴻選在殿內亦不敢發。寶寅在杜姥宅，日已暝，城門閉。城上人射外人，外人棄寶寅潰去，寶寅亦逃。三日，乃戎服詣草市尉，尉馳以啓東昏。東昏召寶寅入宮問之，寶寅涕泣稱：「爾日不知何人逼使上車，仍將去，制不自由。」東昏笑，復其爵位。張欣泰等事覺，與胡松皆伏誅。

蕭衍使征虜將軍王茂、軍主曹宗仲等乘水漲以舟師襲加湖，鼓譟攻之。丁酉，加湖潰，吳子陽等走免，將士殺溺死者萬計，俘其餘衆而還。於是郢、魯二城相視奪氣。魯山乏糧，軍人於磯頭捕細魚供食。密治輕船，將奔夏口。蕭衍遣偏軍斷其走路。

丁巳，孫樂祖窘迫，以城降。

己未，東昏侯以程茂爲郢州刺史，薛元嗣爲雍州刺史。是日，茂、元嗣以郢城降。郢城之初圍也，士民男女近十萬口；閉門二百餘日，疾疫流腫，死者什七八，積尸牀下而寢其上，比屋皆滿。茂、元嗣等議出降，使張孜爲書與衍。張冲故吏青州治中房長瑜謂孜曰：「前使君忠貫昊天，郎君但當坐守畫一以荷析薪。若天運不與，當幅巾待命，下從使君。今從諸人之計，非唯郢州士女失高山之望，亦恐彼所不取也。」孜不能用。蕭衍以韋叡爲江夏太守，行郢府事，收瘞死者而撫其生者，郢人遂安。

諸將欲頓軍夏口，衍以爲宜乘勝直指建康，車騎諮議參軍張弘策、寧遠將軍庾域亦以爲然。衍命衆軍即日上道。緣江至建康，凡磯、浦、村落，軍行宿次，立頓處所，弘策逆爲圖畫，如在目中。

汝南民胡文超起兵於灄陽以應蕭衍，求取義陽、安陸等郡以自效。衍又遣軍主唐脩期攻隨郡，皆克之。司州刺史王僧景遣子貞孫爲質於衍，司部悉平。

初，東昏侯遣陳伯之鎮江州，以爲吳子陽等聲援。子陽等既敗，蕭衍謂諸將曰：「用兵未必須實力，所聽威聲耳。今陳虎牙狼狽奔歸，尋陽人情，理當恟懼，可傳檄而定也。」乃命搜俘囚，得伯之幢主蘇隆之，厚加賜與，使說伯之，許即用爲安東將軍、江州刺史。伯之遣隆之返命，雖許歸附，而云「大軍未須遽下」。衍曰：「伯之此言，意懷首鼠。及其猶豫，急往逼之，計無所出，勢不得不降。」乃命鄧元起引兵先下，楊公則徑掩柴桑，衍與諸將以次進路。元起將至尋陽，伯之收兵退保湖口，留陳虎牙守湓城。選曹郎吴興沈瑀說伯之迎衍，伯之泣曰：「余子在都，不能不愛。」瑀曰：「不然。人情匈匈，皆思改計，若不早圖，衆散難合。」八月丙子，衍至尋陽，伯之東甲請罪。初，新蔡太守席謙父恭穆爲鎮西司馬，爲魚復侯子響所殺。謙從伯之鎮尋陽，聞衍東下，曰：「我家世忠貞，有殞不二。」伯之殺之。乙卯，以伯之爲江州刺史，虎牙爲徐州刺史。

魯休烈、蕭璝破劉孝慶等於峽口，任漾之戰死。休烈等進至上明，江陵大震。蕭穎胄恐，馳告蕭衍，令遣楊公則還援根本。衍曰：「公則今泝流上江陵，雖至，何能及事？休烈等烏合之衆，尋自退散，政須少時持重耳。良須兵力，兩弟在雍，指遣往徵，不爲難至。」穎胄乃遣軍主蔡道恭假節屯上明，以拒蕭璝。

辛巳，東昏侯以太子左率李居士總督西討諸軍事，屯新亭。

九月乙未，詔蕭衍「若定京邑，得以便宜從事」。衍留驍騎將軍鄭紹叔守尋陽，與陳伯之引兵東下。謂紹叔曰：「卿，吾之蕭何、寇恂也。前塗不捷，我當其咎；糧運不繼，卿任其責。」紹叔流涕拜辭。比克建康，紹叔督江、湘糧運，未嘗乏絕。

甲申，東昏侯以李居士爲江州刺史，冠軍將軍王珍國爲雍州刺史，建安王寶寅爲荆州刺史，輔國將軍申胄監郢州，龍驤將軍扶風馬僊琕監豫州，驍騎將軍徐元稱監徐州軍事。珍國，廣之子也。是日，蕭衍前軍至蕪湖，申胄軍二萬人棄姑孰走，衍進軍據之。戊申，東昏侯以後軍參軍蕭璝爲司州刺史，前輔國將軍魯休烈爲益州刺史。

蕭衍之克江、郢也，東昏侯遊騁如舊，謂茹法珍曰：「須來至白門前，當一決。」衍至近道，乃聚兵爲固守之計，簡二尚方二冶囚徒以配軍，其不可活者，於朱雀門内日斬百餘人。

衍遣曹景宗等進頓江寧。丙辰，李居士自新亭選精騎一千至江寧。景宗始至，營壘未立，而師行日久，器甲穿弊。居士望而輕之，鼓譟前薄之。景宗奮擊，破之，因乘勝而前，徑至皁莢橋。於是王茂、鄧元起、吕僧珍進據赤鼻邏，新亭城主江道林引兵出戰，衆軍擒之於陳。衍至新林，命王茂進據越城，鄧元起據道士墩，陳伯之據籬門，吕僧珍據白板橋。李居士覘（之）〔知〕僧珍衆少，帥鋭卒萬人直來薄壘。僧珍曰：「吾衆少，不可逆戰，可勿遥射，須至壍裏，當并力破之。」俄而皆越壍拔栅。僧珍分人上城，矢石俱發，自帥馬步三百人出其後，城上人復踰城而下，内外奮擊，居士敗走，獲其器甲不可勝計。居士請於東昏侯，燒南岸邑屋以開戰場，自大航以西，新亭以北皆盡。衍諸弟皆自建康自拔赴軍。

冬十月甲戌，東昏侯遣征虜將軍王珍國、軍主胡虎牙將精兵十萬餘人陳於朱雀航南，宦官王寶孫持白虎幡督戰，開航背水，以絶歸路。衍軍小卻，王茂下馬，單刀直前，其甥韋欣慶執鐵纏矟以翼之，衝擊東軍，應時而陷。曹景宗縱兵乘之，吕僧珍縱火焚其營，將士皆殊死戰，鼓譟震天地。珍國等衆軍不能抗，王寶孫切罵諸將、帥，直閤將軍席豪發憤突陳而死。豪，驍將也，既死，士卒土崩，赴淮死者無數，積尸與航等，後至者乘之以濟。於是東昏侯諸軍望之皆潰。衍軍長驅至宣陽門，諸將移營稍前。

陳伯之屯西明門，每城中有降人出，伯之輒呼與耳語。衍恐其復懷翻覆，密語伯之曰：「聞城中甚忿卿舉江州降，欲遣刺客中卿，宜以爲慮。」伯之未之信。會東昏侯將鄭伯倫來降，衍使伯倫過伯之，謂曰：「城中甚忿卿，欲遣信誘卿以封賞，須卿復降，當生割卿手足。卿若不降，復欲遣刺客殺卿。宜深爲備。」伯之懼，自是始無異志。

戊寅，東昏寧朔將軍徐元瑜以東府城降。青、冀二州刺史桓和入援，屯東宫。己卯，和詐東昏云出戰，因以其衆來降。光禄大夫張瓌棄石頭還宫。李居士以新亭降於衍，琅邪城主張木亦降。壬午，衍鎮石頭，命諸軍攻六門。東昏燒門内營署、官府，驅逼士民，悉入宫城，閉門自守。衍命諸軍築長圍守之。

楊公則屯領軍府，壘北樓與南掖門相對。嘗登樓望戰，城中遥見麾蓋，以神鋒弩射之，矢貫胡牀。左右失色，公則曰「幾中吾脚」，談笑如初。東昏夜選勇士攻公則栅，軍中驚擾，公則堅卧不起，徐命擊之，東昏兵乃退。公則所領皆湘州人，素號怯懦，城中輕之，每出盪，輒先犯公則壘，公則獎厲軍士，克獲更多。

先是，東昏遣軍主左僧慶屯京口，常僧景屯廣陵，李叔獻屯瓜步，及申胄自姑孰奔歸，使屯破墩，以爲東北聲援。至是，衍遣使曉諭，皆帥其衆來降。衍遣弟輔國將軍秀鎮京口，輔國將軍恢鎮破墩，從弟寧朔將軍景鎮廣陵。

巴東獻武公蕭穎胄以蕭璝與蔡道恭相持不决，憂憤成疾，十一月壬午，卒。夏侯詳秘之，使似其書者假爲教命，密報蕭衍，衍亦秘之。詳徵兵雍州，蕭偉遣蕭憺將兵赴之。璝等聞建康已危，衆懼而潰，璝及魯休烈皆降。乃發穎胄喪，贈侍中、丞相。於是衆望盡歸於衍。

崔慧景之逼建康也，東昏侯拜蔣子文神爲假黄鉞、使持節、相國、太宰、大將軍、録尚書事、揚州牧、鍾山王。及衍至，又尊子文爲靈帝，迎神像入後堂，使巫禱祀求福。及城閉，城中軍事悉委王珍國，兖州刺史張稷入衛京師，以稷爲珍國之副。稷，瓌之弟也。

時城中實甲猶七萬人，東昏素好軍陳，與黄門、刀敕及宫人於華光殿前習戰鬭，詐作被創勢，使人以板擱去，用爲厭勝。常於殿中戎服騎馬出入，以金銀爲鎧胄，具裝飾以孔翠。晝眠夜起，一如平常。聞外鼓叫聲，被大紅袍，登景陽樓屋上望之，弩幾中之。

始東昏與左右謀，以爲陳顯達一戰即敗，崔慧景圍城尋走，謂衍兵亦然，敕太官辦樵、米爲百日調而已。及大桁之敗，衆情兇懼，茹法珍等恐士民逃潰，故閉城不復出兵。既而長圍已立，塹柵嚴固，然後出盪，屢戰不捷。東昏尤惜金錢，不肯賞賜。法珍叩頭請之，東昏曰：「賊來獨取我邪？何爲就我求物？」後堂儲數百具榜，啓爲城防，東昏欲留作殿，竟不與。又督御府作三百人精仗，待圍解以擬屏除，金銀雕鏤雜物，倍急於常。衆皆怨怠，不爲致力。外圍既久，城中皆思早亡，莫敢先發。

茹法珍、梅蟲兒說東昏曰：「大臣不留意，使圍不解，宜悉誅之。」王珍國、張稷懼禍。珍國密遣所親獻明鏡於蕭衍，衍斷金以報之。兗州中兵參軍馮翊張齊，稷之腹心也，珍國因齊密與稷謀，同弑東昏。齊夜引珍國就稷，造膝定計，齊自執燭，又以計告後閤舍人錢强。十二月丙寅夜，强密令人開雲龍門，珍國、稷引兵入殿，御刀豐勇之爲内應。東昏在含德殿作笙歌，寢未熟，聞兵入，趨出北户，欲還後宫，門已閉。宦者黄泰平刀傷其膝，仆地，張齊斬之。稷召尚書右僕射王亮等列坐殿前西鍾下，令百僚署牋，以黄油裹東昏首，遣國子博士范雲等送詣石頭。右衛將軍王志歎曰：「冠雖弊，何可加足！」取庭中樹葉掇服之，僞悶，不署名。衍覽牋無志名，心嘉之。亮，瑩之從弟；志，僧虔之子也。衍與范雲有舊，即留參帷幄。王亮在東昏朝以依違取容。蕭衍至新林，百僚皆間道送款，亮獨不遣。東昏敗，亮出見衍。衍曰：「顛而不扶，安用彼相。」亮曰：「若其可扶，明公豈有今日之舉？」城中出者，或被劫剥。楊公則親帥麾下陳於東掖門，衛送公卿、士民，故出者多由公則營焉。衍使張弘策先入清宮，封府庫及圖籍。于時城内珍寶委積，弘策禁勒部曲，秋毫無犯。收潘妃及嬖臣茹法珍、梅蟲兒、王咺之等四十一人皆屬吏。

初，海陵王之廢也，王太后出居鄱陽王故第，號宣德宫。己巳，蕭衍以宣德太后令追廢涪陵王爲東昏侯，褚后及太子誦並爲庶人。以衍爲中書監、大司馬、録尚書事、驃騎大將軍、揚州刺史，封建安郡公，依晋武陵王遵承制故事，百僚致敬。以王亮爲長史。壬申，更封建安王寶寅爲鄱陽王。癸酉，以司徒、揚州刺史晋安王寶義爲太尉，領司徒。

己卯，衍入屯閱武堂，下令大赦。又下令：「凡昏制謬賦淫刑濫役外，可詳檢前原，悉皆除盪。其主守散失諸所損耗，精立科條，咸從原例。」又下令：「通檢尚書衆曹，東昏時諸諍訟失理及主者淹停不時施行者，精加訊辨，依事議奏。」又下令：「收葬義師，掩瘞逆徒之死亡者。」潘妃有國色，衍欲留之，以問侍中領軍將軍王茂。茂曰：「亡齊者此物，留之恐貽外議。」乃縊殺於獄。并誅嬖臣茹法珍等。以宫女二千分賚將士。乙酉，以輔國將軍蕭宏爲中護軍。

衍之東下也，豫州刺史馬仙琕擁兵不附衍，衍使其故人姚仲賓説之，仙琕先爲設酒，乃斬於軍門以徇。衍又遣其族叔懷遠説之，仙琕曰：「大義滅親。」又欲斬之，軍中爲請，乃得免。衍至新林，仙琕猶於江西日抄運船。衍圍宮城，州郡皆遣使請降，吴興太守袁昂獨拒境不受命。昂，顗之子也。衍使駕部郎考城江革爲書與昂曰：「根本既傾，枝葉安附？今竭力昏主，未足爲忠。家門屠滅，非所謂孝。豈若翻然改圖，自招多福。」昂復書曰：「三吴内地，非用兵之所，况以偏隅一郡，何能爲役？自承麾旆届止，莫不膝袒軍門，惟僕一人敢後至者，政以内揆庸素，文武無施，雖欲獻心，不增大師之勇；置其愚默，寧沮衆軍之威。幸藉將軍含弘之大，可得從容以禮。竊以一餐微施，尚復投殞；况食人之禄而頓忘一旦，非惟物議不可，亦恐明公鄙之。所以躊躇，未遑薦璧。」昂問時事於武康令北地傅映，映曰：「昔元嘉之末，開闢未有，故太尉殺身以明節。司徒當寄託之重，理無苟全，所以不顧夷險，以徇名義。今嗣主昏虐，曾無悛改，荆、雍協舉，乘據上流，天人之意可知。願明府深慮，無取後悔。」及建康平，衍使豫州刺史李元履巡撫東土，敕元履曰：「袁昂道素之門，世有忠節，天下須共容之，勿以兵威陵辱。」元履至吴興，宣衍旨，昂亦不請降，開門撤備而已。仙琕聞臺城不守，號泣謂將士曰：「我受人任寄，義不容降，君等皆有父母，我爲忠臣，君爲孝子，不亦可乎？」乃悉遣城内兵出降，餘壯士數十，閉門獨守。俄而兵入，圍之數十重。仙琕令士皆持滿，兵不敢近。日暮，仙琕乃投弓曰：「諸軍但來見取，我義不降。」乃檻送石頭。衍釋之，使待袁昂至俱入，曰：「今天下見二義士。」衍謂仙琕曰：「射鉤、斬袪，昔人所美，卿勿以殺使、斷運自嫌。」仙琕謝曰：「小人如失主犬，後主飼之，則復爲用矣。」衍笑，皆厚遇之。

丙戌，蕭衍入鎮殿中。

梁武帝天監元年春正月，齊和帝遣兼侍中席闡文等慰勞建康。

戊戌，迎宣德太后入宫，臨朝稱制，衍解承制。

壬寅，進大司馬衍都督中外諸軍事，劍履上殿，贊拜不名。

初，大司馬與黄門侍郎范雲、南清河太守沈約、司徒右長史任昉同在竟陵王西邸，意好敦密。至是，引雲爲大司馬諮議參軍、領録事，約爲驃騎司馬，昉爲記室參軍，與參謀議。前吴興太守謝朏、國子祭酒何胤先皆棄官家居，衍奏徵爲軍諮祭酒，朏、胤皆不至。

大司馬内有受禪之志，沈約微扣其端，大司馬不應。他日，又進曰：「今與古異，不可以淳風期物。士大夫攀龍附鳳者皆望有尺寸之功。今童兒牧豎皆知齊祚已終，明公當承其運，天文讖記，又復炳然。天心不可違，人情不可失，苟曆數所在，雖欲謙光，亦不可得已。」大司馬曰：「吾方思之。」約曰：「公初建牙樊、沔，此時應思。今王業已成，何所復思？若不早定大業，脱有一人立異，即損威德。且人非金玉，時事難保，豈可以建安之封遺之子孫！若天子還都，公卿在位，則君臣分定，無復異心。君明於上，臣忠於下，豈復有人方更同公作賊？」大司馬然之。約出，大司馬召范雲告之，雲對略向約旨。大司馬曰：「智者乃爾暗同，卿明早將休文更來。」雲出語約，約曰：「卿必待我。」雲許諾，而約先期入。大司馬命草具其事，約乃出懷中詔書并諸選置，大司馬初無所改。俄而雲自外來，至殿門，不得入，徘徊壽光閣外，但云「咄咄！」約出，問曰：「何以見處？」約舉手向左，雲笑曰：「不乖所望。」有頃，大司馬召雲入，嘆約才智縱横，且曰：「我起兵於今三年矣，功臣諸將，實有其勞，然成帝業者，卿二人也。」

甲寅，詔進大司馬位相國、總百揆、揚州牧，封十郡爲梁公，備九錫之禮，置梁百司，去録尚書之號，驃騎大將軍如故。二月辛酉，梁公始受命。

丙寅，詔梁國選諸要職，悉依天朝之制。於是以沈約爲吏部尚書兼右僕射，范雲爲侍中。

丙戌，詔梁公增封十郡，進爵爲王。癸巳，受命，赦國内及府州所統殊死以下。

齊和帝東歸，至姑孰。丙辰，下詔禪位于梁。

夏四月辛酉，宣德太后令曰：「西詔至，帝憲章前代，敬禪神器于梁，明可臨軒，遣使恭授璽紱，未亡人歸于别宫。」壬戌，發策，遣兼太保尚書令亮等奉皇帝璽綬詣梁宫。丙寅，梁王即皇帝位于南郊，大赦，改元。是日追贈兄懿爲丞相，封長沙王，謚曰宣武，葬禮依晉安平獻王故事。

丁卯，奉和帝爲巴陵王，宫于姑孰，優崇之禮，皆倣齊初。奉宣德太后爲齊文帝妃，王皇后爲巴陵王妃，齊世王、侯封爵悉從降省，唯宋汝陰王不在除例。

追尊皇考爲文皇帝，廟號太祖；皇妣爲獻皇后。追謚妃郗氏爲德皇后。封文武功臣車騎將軍夏侯詳等十五人爲公、侯。立皇弟中護軍宏爲臨川王，南徐州刺史秀爲安成王，雍州刺史偉爲建安王，左衞將軍恢爲鄱陽王，荆州刺史憺爲始興王。以宏爲揚州刺史。

戊辰，巴陵王卒。時上欲以南海郡爲巴陵國，徙王居之。沈約曰：「古今殊事，魏武所云『不可慕虚名而受實禍』。」上頷之，乃遣所親鄭伯禽詣姑孰，以生金進王。王曰：「我死不須金，醇酒足矣。」乃飲，沈醉，伯禽就摺殺之。以謝沐縣公寶義爲巴陵王，奉齊祀。寶義幼有廢疾，不能言，故獨得全。

齊南康侯子恪及弟祁陽侯子範嘗因事入見，上從容謂曰：「天下公器，非可力取，苟無期運，雖項籍之力終亦敗亡。宋孝武性猜忌，兄弟粗有令名者皆鴆之，朝臣以疑似枉死者相繼。然或疑而不能去，或不疑而卒爲患。如卿祖以材略見疑，而無如之何。湘東以庸愚不疑，而子孫皆死其手。我於時已生，彼豈知我應有今日！固知有天命者非人所害。我初平建康，人皆勸我除去卿輩以壹物心。我於時依而行之，誰謂不可？正以江左以來，代謝之際，必相屠滅，感傷和氣，所以國祚不長。又齊、梁雖云革命，事異前世，我與卿兄弟雖復絶服，宗屬未遠，齊業之初，亦共甘苦，情同一家，豈可遽如行路之人。卿兄弟果有天命，非我所殺；若無天命，何忽行此？適足示無度量耳。且建武塗炭卿門，我起義兵，非惟自雪門恥，亦爲卿兄弟報仇。卿若能在建武、永元之世，撥亂反正，我豈得不釋戈推奉邪！我自取天下於明帝家，非取之於卿家也。昔劉子輿自稱成帝子，光武言：『假使成帝更生，天下亦不復可得，況子輿乎？』曹志，魏武帝之孫，爲晉忠臣。況卿今日猶是宗室，我方坦然相期，卿無復懷自外之意。小待，自當知我寸心。」子恪兄弟凡十六人皆仕梁，子恪、子範、子質、子顯、子雲、子暉並以才能知名，歷官清顯，各以壽終。

南北交兵

齊和帝中興元年〔冬十一月〕，魏鎮南將軍元英上書曰：「蕭寶卷驕縱日甚，虐害無辜。其雍州刺史蕭衍東伐秣陵，掃土興兵，順流而下，唯有孤城，更無重衛。乃皇天授我之日，曠載一逢之秋，此而不乘，將欲何待？臣乞躬帥步騎三萬，直指沔陰，據襄陽之城，斷黑水之路。昏虐君臣，自相魚肉，我居上流，威震遐邇。長驅南出，進拔江陵，則三楚之地一朝可收，岷、蜀之道自成斷絶。又命揚、徐二州聲言俱舉，建業窮蹙，魚遊釜中，可以齊文軌而大同，混天地而爲一。伏惟陛下獨決聖心，無取疑議，此期脱爽，并吞無日。」事寢不報。

車騎大將軍源懷上言：「蕭衍内侮，寶卷孤危，廣陵、淮陰等戍皆觀望得失。斯實天啓之期，并吞之會，宜東西齊舉，以成席卷之勢。若使蕭衍克濟，上下同心，豈惟後圖之難，亦恐揚州危逼。何則？壽春之去建康纔七百里，山川水陸，皆彼所諳。彼若内外無虞，君臣分定，乘舟藉水，倏忽而至，未易當也。今寶卷都邑有土崩之憂，邊城無繼援之望，廓清江表，正在今日。」魏主乃以任城王澄爲都督淮南諸軍事、鎮南大將軍、開府儀同三司、揚州刺史，使爲經略，既而不果。懷，賀之子也。

東豫州刺史田益宗上表曰：「蕭氏亂常，君臣交争，江外州鎮，中外爲兩，東西抗峙，已淹歲時。民庶窮於轉輸，甲兵疲於戰鬭，事救於目前，力盡於麾下，無暇外維州鎮，綱紀庶方，藩城棊立，孤存而已。不乘機電掃，廓彼蠻疆，恐後之經略，未易於此。且壽春雖平，三面仍梗，鎮守之宜，實須豫設。義陽差近淮源，利涉津要，朝廷行師，必由此道。若江南一平，有事淮外，須乘夏水汎長，列舟長淮。師赴壽春，須從義陽之北，便是居我喉要，在慮彌深。義陽之滅，今實時矣。度彼不過須精卒一萬二千，然行師之法，貴張形勢，請使兩荆之衆西擬隨、雍，揚〔州〕之卒頓于建安，得捍三關之援；然後二豫之軍直據南關，對抗延頭，遣一都督總諸軍節度，季冬進師，迄于春末，不過十旬，克之必矣。」

元英又奏稱：「今寶卷骨肉相殘，藩鎮鼎立。義陽孤絶，密邇王土，内無兵儲之固，外無糧援之期。此乃欲焚之鳥，不可去薪；授首之寇，豈容緩斧。若失此不取，豈惟後舉難圖，亦恐更爲深患。今豫州刺史司馬悦已戒嚴垂發，東豫州刺史田益宗兵守三關，請遣軍司爲之節度。」魏主乃遣直寢羊靈引爲軍司。益宗遂入寇。建寧太守黄天賜與益宗戰於赤亭，天賜敗績。

梁武帝天監元年春二月辛丑，殺齊邵陵王寶攸、晋熙王寶嵩、桂陽王寶貞。梁王將殺齊諸王，防守猶未急。鄱陽王寶寅家閹人顔文智與左右麻拱等密謀，穿牆夜出寶寅，具小船於江岸，著烏布襦，腰繫千許錢，潛赴江側，躡屩徒步，足無完膚。防守者至明追之，寶寅詐爲釣者，隨流上下十餘里，追者不疑。待散，乃度西岸，投民華文榮家。文榮與其族人天龍、惠連棄家將寶寅遁匿山澗，賃驢乘之，晝伏宵行，抵壽陽之東城。魏戍主杜元倫馳告揚州刺史任城王澄，以車馬侍衛迎之。寶寅時年十六，徒步憔悴，見者以爲掠賣生口。澄待以客禮，寶寅請喪君斬衰之服，澄遣人曉示情禮，賚喪兄齊衰之服給之。澄帥官僚赴弔，寶寅居處有禮，一同極哀之節。壽陽多其故義，皆受慰唁，唯不見夏侯一族，以夏侯詳從梁王故也。澄深器重之。

三月，齊和帝下詔禪位于梁王。

二年春三月，蕭寶寅伏於魏闕之下，請兵伐梁，雖暴風大雨，終不暫移。會陳伯之降魏，亦請兵自效。魏主乃引八坐、門下入定議。夏四月癸未朔，以寶寅爲都督東揚等三州諸軍事、鎮東將軍、揚州刺史、丹楊公、齊王，禮賜甚厚，配兵一萬，令屯東城；以伯之爲都督淮南諸軍事、平南將軍、江州刺史，屯陽石，俟秋冬大舉。寶寅明當拜命，其夜慟哭至晨。魏人又聽寶寅募四方壯勇，得數千人，以顏文智、華文榮等六人皆爲將軍、軍主。寶寅志性雅重，過期猶絶酒肉，慘形悴色，蔬食粗衣，未嘗嬉笑。六月，魏揚州刺史任城王澄表稱：「蕭衍頻斷東關，欲令漅湖汎溢以灌淮南諸戍。吴、楚便水，且灌且掠，淮南之地，將非國有。壽陽去江五百餘里，衆庶惶惶，並懼水害。脱乘民之願，攻敵之虚，豫勒諸州，纂集士馬，首秋大集，應機經略，雖混壹不能必果，江西自是無虞矣。」丙戌，魏發冀、定、瀛、相、并、濟六州二萬人，馬一千五百匹，令仲秋之中畢會淮南，并壽陽先兵〔一〕〔三〕萬，委澄經略，蕭寶寅、陳伯之皆受澄節度。

秋八月庚子，魏以鎮南將軍元英都督征義陽諸軍事。司州刺史蔡道恭聞魏軍將至，遣驍騎將軍楊由帥城外居民三千餘家保賢首山，爲三柵。冬十月，元英勒諸軍圍賢首柵，柵民任馬駒斬由降魏。

任城王澄命統軍党法宗、傅豎眼、太原王神念等分兵寇東關、大峴、淮陵、九山，高祖珍將三千騎爲遊軍，澄以大軍繼其後。豎眼，靈越之子也。魏人拔關要、潁川、大峴三城，白塔、牽城、清溪皆潰。徐州刺史司馬明素將兵三千救九山，徐州長史潘伯鄰據淮陵。寧朔將軍王燮保焦城，党法宗等進拔焦城，破淮陵，十一月壬午，擒明素，斬伯鄰。

先是，南梁太守馮道根戍阜陵，初到，修城隍，遠斥候，如敵將至，衆頗笑之。道根曰：「怯防勇戰，此之謂也。」城未畢，党法宗等衆二萬奄至城下，衆皆失色。道根命大開門，緩服登城，選精鋭二百人出與魏兵戰，破之。魏人見其意思閒暇，戰又不利，遂引去。道根將百騎擊高祖珍，破之。魏諸軍糧運絶，引退。以道根爲豫州刺史。

乙酉，將軍吴子陽與魏元英戰於白沙，子陽敗績。

三年春正月，蕭寶寅行及汝陰，東城已爲梁所取，乃屯壽陽棲賢寺。二月戊子，將軍姜慶真乘魏任城王澄在外，襲壽陽，據其外郭。長史韋纘倉猝失圖，任城太妃孟氏勒兵登障，先守要便，激厲文武，安慰新舊，勸以賞罰，將士咸有奮志。太妃親巡城守，不避矢石。蕭寶寅引兵至，與州軍合擊之，自四鼓戰至下晡，慶真敗走。韋纘坐免官。

任城王澄攻鍾離，上遣冠軍將軍張惠紹等將兵五千送糧詣鍾離，澄遣平遠將軍劉思祖等邀之。丁酉，戰于邵陽，大敗梁兵，俘惠紹等十將，殺虜士卒殆盡。思祖，芳之從子也。尚書論思祖功，應封千户侯，侍中領右衛將軍元暉求二婢於思祖，不得，事遂寢。暉，素之孫也。

上遣平西將軍曹景宗、後軍王僧炳等帥步騎三萬救義陽。僧炳將二萬人據鑿峴，景宗將萬人爲後繼。元英遣冠軍將軍元逞等據樊城以拒之。三月壬申，大破僧炳於樊城，俘斬四千餘人。

魏詔任城王澄，以「四月淮水將漲，舟行無礙，南軍得時，勿昧利以取後悔。」會大雨，淮水暴漲，澄引兵還壽陽。魏軍還既狼狽，失亡四千餘人。中書侍郎齊郡賈思伯爲澄軍司，居後爲殿，澄以其儒者，謂之必死，及至，大喜曰：「『仁者必有勇』，於軍司見之矣。」思伯託以失道，不伐其功。有司奏奪澄開府，仍降三階。上以所獲魏將士請易張惠紹于魏，魏人歸之。

夏五月，魏人圍義陽，城中兵不滿五千人，食纔支半歲。魏軍攻之，晝夜不息，刺史蔡道恭隨方抗禦，皆應手摧卻，相持百餘日，前後斬獲不可勝計。魏軍憚之，將退。會道恭疾篤，乃呼從弟驍騎將軍靈恩、兄子尚書郎僧䚡及諸將佐謂曰：「吾受國厚恩，不能攘滅寇賊，今所苦轉篤，勢不支久。汝等當以死固節，無令吾没有遺恨。」衆皆流涕。道恭卒，靈恩攝行州事，代之城守。

秋七月，魏人聞蔡道恭卒，攻義陽益急，短兵日接。曹景宗頓鑿峴不進，但耀兵遊獵而已。上復遣寧朔將軍馬仙琕救義陽。仙琕轉戰而前，兵勢甚鋭。元英結壘於士雅山，分命諸將伏於四山，示之以弱。仙琕乘勝直抵長圍，掩英營，英僞北以誘之，至平地，縱兵擊之。統軍傅永擐甲執槊，單騎先入，唯軍主蔡三虎副之，突陳横過。梁兵射永，洞其左股，永拔箭復入。仙琕大敗，一子戰死，仙琕退走。英謂永曰：「公傷矣，且還營。」永曰：「昔漢祖捫足，不欲人知。下官雖微，國家一將，奈何使賊有傷將之名。」遂與諸軍追之，盡夜而返。時年七十餘矣，軍中莫不壯之。仙琕復帥萬餘人進擊英，英又破之，殺將軍陳秀之。仙琕知義陽危急，盡鋭決戰，一日三交，皆大敗而返。蔡靈恩勢窮，八月乙酉，降於魏。三關戍將聞之，辛酉，亦棄城走。

英使司馬陸希道爲露版，嫌其不精，命傅永改之。永不增文彩，直爲之陳列軍事處置形要而已。英深賞之，曰：「觀此經算，雖有金城湯池不能守矣。」初，南安惠王以預穆泰之謀，追奪爵邑，及英克義陽，乃復立英爲中山王。

御史中丞任昉奏彈曹景宗，上以其功臣，寢而不治。

衛尉鄭紹叔忠於事上，外所聞知，纖豪無隱。每爲上言事，善則推功於上，不善則引咎歸己，上以是親之。詔於南義陽置司州，移鎮關南，以紹叔爲刺史。紹叔立城隍，繕器械，廣田積穀，招集流散，百姓安之。

魏置郢州於義陽，以司馬悦爲刺史。上遣馬仙琕築竹敦、麻陽二城於三關南，司馬悦遣兵攻竹敦，拔之。

四年春二月，上謀伐魏。壬午，遣衛尉卿楊公則將宿衛兵塞洛口。八月壬寅，魏中山王英寇雍州。楊公則至洛口，與魏豫州長史石榮戰，斬之。甲寅，將軍姜慶真與魏戰於羊石，不利，公則退屯馬頭。九月己巳，楊公則等與魏揚州刺史元嵩戰，公則敗績。

冬十月丙午，上大舉伐魏，以揚州刺史臨川王宏都督北討諸軍事，尚書右僕射柳惔爲副，王公以下各上國租及田穀以助軍。宏軍于洛口。

五年夏四月庚戌，魏以中山王英爲征南將軍、都督揚徐二州諸軍事，帥衆十餘萬以拒梁軍，指授諸節度，所至以便宜從事。

江州刺史王茂將兵數萬侵魏荆州，誘魏邊民及諸蠻更立宛州，遣其所署宛州刺史雷豹狼等襲取魏河南城。魏遣平南將軍楊大眼都督諸軍擊茂，辛酉，茂戰敗，失亡二千餘人。大眼進攻河南城，茂逃還。大眼追至漢水，攻拔五城。魏征虜將軍宇文福寇司州，俘千餘口而去。

五月辛未，太子右衛率張惠紹等侵魏徐州，拔宿預，執城主馬成龍。乙亥，北徐州刺史昌義之拔梁城。豫州刺史韋叡遣長史王超等攻小峴，未拔。叡行圍栅，魏出數百人陳於門外，叡欲擊之，諸將皆曰：「向者輕來，未有戰備，徐還授甲，乃可進耳。」叡曰：「不然。魏城中二千餘人，足以固守，今無故出人於外，必其驍勇者也，苟能挫之，其城自拔。」衆猶遲疑，叡指其節曰：「朝廷授此，非以爲飾。韋叡法不可犯也。」遂進擊之，士皆殊死戰，魏兵敗走，因急攻之，中宿而拔，遂至合肥。

先是，右軍司馬胡略等攻合肥，久未下。叡按山川，夜帥衆堰肥水，頃之堰成水通，舟艦繼至。魏築東西小城夾合肥，叡先攻二城，魏將楊靈胤帥衆五萬奄至。衆懼不敵，請奏益兵。叡笑曰：「賊至城下，方求益兵，將何所及？且吾求益兵，彼亦益兵。兵貴用奇，豈在衆也。」遂擊靈胤，破之。叡使軍主王懷靜築城於岸以守堰，魏攻拔之，城中千餘人皆没。魏人乘勝至堤下，兵勢甚盛，諸將欲退還漅湖，或欲保三叉。叡怒曰：「寧有此邪！」命取繖扇麾幢，樹之堤下，示無動志。魏人來鑿堤，叡親與之争，魏兵卻，因築壘於堤以自固。叡起鬬艦，高與合肥城等，四面臨之，城中人皆哭。守將杜元倫登城督戰，中弩死，辛巳，城潰，俘斬萬餘級，獲牛馬以萬數。

叡體素羸，未嘗跨馬，每戰常乘板輿督厲將士，勇氣無敵。晝接賓旅，夜半起，算軍書，張燈達曙。撫循其衆，常如不及，故投募之士争歸之。所至頓舍館宇，藩牆皆應準繩。諸軍進至東陵，有詔班師。去魏城既近，諸將恐其追躡，叡悉遣輜重居前，身乘小輿殿後，魏人服叡威名，望之不敢逼，全軍而還。於是遷豫州治合肥。

壬午，魏遣尚書元遥南拒梁兵。丁亥，廬江太守聞喜裴邃克魏羊石城，庚寅，又克霍丘城。六月庚子，青冀二州刺史桓和克朐山城。

張惠紹與假徐州刺史宋黑水陸俱進，趣彭城，圍高塚戍。魏武衛將軍奚康生將兵救之，丁未，惠紹兵不利，黑戰死。

秋七月丙寅，桓和擊魏兗州，拔固城。戊子，徐州刺史王伯敖與魏中山王英戰於陰陵，伯敖兵敗，失亡五千餘人。

己丑，魏發定、冀、瀛、相、并、肆六州十萬人以益南行之兵。上遣將軍角念將兵一萬屯蒙山，招納兗州之民，降者甚衆。是時將軍蕭及屯固城，桓和屯孤山。魏邢巒遣統軍樊魯攻和，别將元恒攻及，統軍畢祖朽攻念。壬寅，魯大破和於孤山，恒拔固城，祖朽擊念走之。

己酉，魏詔平南將軍安樂王詮督後發諸軍赴淮南。詮，長樂之子也。將軍藍懷恭與魏邢巒戰于睢口，懷恭敗績，巒進圍宿預。懷恭復於清南築城，巒與平南將軍楊大眼合攻之，九月癸酉，拔之，斬懷恭，殺獲萬計。張惠紹棄宿預，蕭炳棄淮陽，遁還。

臨川王宏以帝弟將兵，器械精新，軍容甚盛，北人以爲百數十年所未之有。軍次洛口，前軍克梁城，諸將欲乘勝深入，宏性懦怯，部分乖方。魏詔邢巒引兵渡淮，與中山王英合攻梁城，宏聞之，懼，召諸將議旋師。吕僧珍曰：「知難而退，不亦善乎？」宏曰：「我亦以爲然。」柳惔曰：「自我大衆所臨，何城不服，何謂難乎？」裴邃曰：「是行也，固敵是求，何難之避？」馬仙琕曰：「王安得亡國之言！天子掃境内以屬王，有前死一尺，無卻生一寸。」昌義之怒，須髮盡磔，曰：「吕僧珍可斬也！豈有百萬之師出未逢敵，望風遽退，何面目得見聖主乎？」朱僧勇、胡辛生拔劍而（退）〔起〕，曰：「欲退自退，下官當前向取死。」議者罷出，僧珍謝諸將曰：「殿下昨來風動，意不在軍，深恐大致沮喪，故欲全師而返耳。」宏不敢遽違羣議，停軍不前。魏人知其不武，遺以巾幗，且歌之曰：「不畏蕭娘與吕姥，但畏合肥有韋虎。」虎謂韋叡也。僧珍歎曰：「使始興、吴平爲帥而佐之，豈有爲敵人所侮如是乎！」欲遣裴邃分軍取壽陽，大衆停洛口，宏固執不聽，令軍中曰：「人馬有前行者斬。」於是將士人懷憤怒。魏奚康生馳遣楊大眼謂中山王英曰：「梁人自克梁城已後，久不進軍，其勢可見，必畏我也。王若進據洛水，彼自奔敗。」英曰：「蕭臨川雖騃，其下有良將韋、裴之屬，未可輕也。宜且觀形勢，勿與交鋒。」

張惠紹號令嚴明，所至獨克。軍于下邳，下邳人多欲降者，惠紹諭之曰：「我若得城，諸卿皆是國人；若不能克，徒使諸卿失鄉里，非朝廷弔民之意也。今且安堵復業，勿妄自辛苦。」降人咸悅。

己丑夜，洛口暴風雨，軍中驚，臨川王宏與數騎逃去。將士求宏不得，皆散歸，棄甲投戈，填滿水陸，捐棄病者及羸老，死者近五萬人。宏乘小船濟江，夜至白石壘，叩城門求入。臨汝侯淵猷登城謂曰：「百萬之師，一朝鳥散，國之存亡，未可知也。恐姦人乘間爲變，城不可夜開。」宏無以對，乃縋食饋之。淵猷，淵藻之弟也。時昌義之軍梁城，聞洛口敗，與張惠紹皆引兵退。

魏主詔中山王英乘勝平蕩東南，逐北至馬頭，攻拔之，城中糧儲，魏悉遷之歸北。議者咸曰：「魏運米北歸，當不復南向。」上曰：「不然。此必欲進兵，爲詐計耳。」乃命脩鍾離城，敕昌義之爲戰守之備。

冬十月，英進圍鍾離，魏主詔邢巒引兵會之。巒上表，以爲：「南軍雖野戰非敵，而城守有餘。今盡銳攻鍾離，得之則所利無幾，不得則虧損甚大。且介在淮外，借使束手歸順，猶恐無糧難守，況殺士卒以攻之乎？又征南士卒，從戎二時，疲弊死傷，不問可知。雖有乘勝之資，懼無可用之力。若臣愚見，謂宜修復舊戍，撫循諸州，以俟後舉，江東之釁，不患其無。」詔曰：「濟淮掎角，事如前敕，何容猶爾盤桓，方有此請！可速進軍。」巒又表，以爲：「今中山進軍鍾離，實所未解。若爲得失之計，不顧萬全，直襲廣陵，出其不備，或未可知。若正欲以八十日糧取鍾離城者，臣未之前聞也。彼堅城自守，不與人戰，城塹水深，非可填塞，空坐至春，士卒自弊。若遣臣赴彼，從何致糧？夏來之兵，不齎冬服，脱遇冰雪，何方取濟？臣寧荷怯懦不進之責，不受敗損空行之罪。鍾離天險，朝貴所具，若有内應，則所不知，如其無也，必無克狀。若信臣言，願賜臣停。若謂臣憚行，求還臣所領兵，乞盡付中山，任其處分，臣止以單騎隨之東西。臣屢更爲將，頗知可否，臣既謂難，何容强遣。」乃召巒還，更命鎮東將軍蕭寶寅與英同圍鍾離。侍中盧昶素惡巒，與侍中領右衛將軍元暉共譖之，使御史中尉崔亮彈巒在漢中掠人爲奴婢。巒以漢中所得美女賂暉，暉言於魏主曰：「巒新有大功，不當以赦前小事案之。」魏主以爲然，遂不問。

丁酉，梁兵圍義陽者夜遁，魏郢州刺史婁悦追擊，破之。

十一月乙丑，大赦。詔右衛將軍曹景宗都督諸軍二十萬救鍾離。上敕景宗頓道人洲，俟衆軍齊集俱進。景宗固啓求先據邵陽洲尾，上不許。景宗欲專其功，違詔而進，值暴風猝起，頗有溺者，復還守先頓。上聞之曰：「景宗不進，蓋天意也。若孤軍獨往，城不時立，必致狼狽。今破賊必矣。」

六年春正月，魏中山王英與平東將軍楊大眼等衆數十萬攻鍾離。鍾離城北阻淮水，魏人於邵陽洲兩岸爲橋樹柵數百步，跨淮通道。英據南岸攻城，大眼據北岸立城，以通糧運。城中衆纔三千人，昌義之督帥將士，隨方抗禦。魏人以車載土填塹，使其衆負土隨之，嚴騎蹙其後，人有未及回者，因以土迮之，俄而塹滿。衝車所撞，城土輒頹，義之用泥補之，衝車雖入而不能壞。魏人晝夜苦攻，分番相代，墜而復升，莫有退者。一日戰數十合，前後殺傷萬計，魏人死者與城平。

二月，魏主召英使還，英表稱：「臣志殄逋寇，而月初已來，霖雨不止，若三月晴霽，城必可克。願少賜寬假。」魏主復賜詔曰：「彼土蒸濕，無宜久淹。勢雖必取，乃將軍之深計，兵久力殆，亦朝廷之所憂也。」英猶表稱必克，魏主遣步兵校尉范紹詣英議攻取形勢。紹見鍾離城堅，勸英引還，英不從。

上命豫州刺史韋叡將兵救鍾離，受曹景宗節度。叡自合肥取直道，由陰陵大澤行，值澗谷，輒飛橋以濟師。人畏魏兵盛，多勸叡緩行。叡曰：「鍾離今鑿穴而處，負户而汲，車馳卒奔，猶恐其後，而況緩乎，魏人已墮吾腹中，卿曹勿憂也。」旬日至邵陽。上豫敕曹景宗曰：「韋叡，卿之鄉望，宜善敬之。」景宗見叡，禮甚謹，上聞之曰：「二將和，師必濟矣。」景宗與叡進頓邵陽洲，叡於景宗營前二十里夜掘長塹，樹鹿角，截洲爲城，去魏城百餘步。南梁太守馮道根，能走馬步地，計馬足以賦功，比曉而營立。魏中山王英大驚，以杖擊地曰：「是何神也！」景宗等器甲精新，軍容甚盛，魏人望之奪氣。景宗慮城中危懼，募軍士言文達等潛行水底，齎敕入城，城中始知有外援，勇氣百倍。

楊大眼勇冠軍中，將萬餘騎來戰，所向皆靡。叡結車爲陳，大眼聚騎圍之，叡以强弩二千，一時俱發，洞甲穿中，殺傷甚衆。矢貫大眼右臂，大眼退走。明旦，英自帥衆來戰。叡乘素木輿，執白角如意以麾軍，一日數合，英乃退。魏師復夜來攻城，飛矢雨集，叡子黯請下城以避箭，叡不許。軍中驚，叡於城上厲聲呵之，乃定。牧人過淮北伐芻藁者，皆爲楊大眼所略。曹景宗募勇敢士千餘人，於大眼城南數里築壘，大眼來攻，景宗擊卻之。壘成，使別將趙草守之，有抄掠者，皆爲草所獲，是後始得縱芻牧。

上命景宗等豫裝高艦，使與魏橋等，爲火攻之計。令景宗與叡各攻一橋，叡攻其南，景宗攻其北。三月，淮水暴漲六七尺，叡使馮道根與廬江太守裴邃、秦郡太守李文釗等乘鬬艦競發，擊魏洲上軍盡殪。別以小船載草，灌之以膏，從而焚其橋，風怒火盛，烟塵晦冥，敢死之士，拔栅斫橋，水又漂疾，倏忽之間，橋栅俱盡。道根等皆身自搏戰，軍人奮勇，呼聲動天地，無不一當百，魏軍大潰。英見橋絶，脱身棄城走，大眼亦燒營去。諸壘相次土崩，悉棄其器甲，争投水死者十餘萬，斬首亦如之。叡遣報昌義之，義之悲喜，不暇答語，但叫曰：「更生！更生！」諸軍逐北至濊水上，英單騎入梁城。緣淮百餘里，尸相枕藉，生擒五萬人，收其資糧、器械山積，牛馬驢騾不可勝計。

義之德景宗及叡，請二人共會，設錢二十萬，官賭之。景宗擲得雉；叡徐擲得盧，遽取一子反之，曰：「異事。」遂作塞。景宗與羣帥争先告捷，叡獨居後，世尤以此賢之。詔增景宗、叡爵邑，義之等受賞各有差。

秋八月，魏有司奏：「中山王英經算失圖，齊王蕭寶寅等守橋不固，皆處以極法。」己亥，詔英、寶寅免死，除名爲民；楊大眼徙營州爲兵。以中護軍李崇爲征南將軍、揚州刺史。

七年秋九月庚子，魏郢州司馬彭珍等叛魏，潛引梁兵趨義陽，三關戍主侯登等以城來降。郢州刺史婁悦嬰城自守，魏以中山王英都督南征諸軍事，將步騎三萬出汝南以救之。

冬十月，魏懸瓠軍主白早生殺豫州刺史司馬悦，自號平北將軍，求援於司州刺史馬仙琕。時荆州刺史安成王秀爲都督，仙琕籤求應赴。參佐咸謂宜待臺報。秀曰：「彼待我以自存，援之宜速。待敕雖舊，非應急也。」即遣兵赴之。上亦詔仙琕救早生。仙琕進頓楚王城，遣副將齊苟兒以兵二千助守懸瓠。詔以早生爲司州刺史。

魏以尚書邢巒行豫州事，將兵擊白早生。魏主問之曰：「卿言早生走也？守也？何時可平？」對曰：「早生非有深謀大智，正以司馬悦暴虐，乘衆怒而作亂，民迫於凶威，不得已而從之。縱使梁兵入城，水路不通，糧運不繼，亦成禽耳。早生得梁之援，溺於利欲，必守而不走。若臨以王師，士民必翻然歸順，不出今年，當傳首京師。」魏主悦，命巒先發，使中山王英繼之。巒帥騎八百，倍道兼行，五日至鮑口。丙子，早生遣其大將胡孝智將兵七千，離城二百里逆戰。巒奮擊，大破之，乘勝長驅至懸瓠。早生出城逆戰，又破之，因渡汝水，圍其城。詔加巒都督南討諸軍事。

丁丑，魏鎮東參軍成景儁殺宿豫戍主嚴仲賢以城來降。時魏郢、豫二州自懸瓠以南至于安隆諸城皆没，唯義陽一城爲魏堅守。蠻帥田益宗帥羣蠻以附魏，魏以爲東豫州刺史。上以車騎大將軍、開府儀同三司、五千户郡公招之，益宗不從。十一月庚寅，魏遣安東將軍楊椿將兵四萬攻宿豫。魏主聞邢巒屢捷，命中山王英趣義陽。英以衆少，累表請兵，弗許。英至懸瓠，輒與巒共攻之。十二月己未，齊苟兒等開門出降，斬白早生及其黨數十人。英乃引兵前趨義陽。寧朔將軍張道凝先屯楚王城，癸亥，棄城走，英追擊，斬之。魏義陽太守狄道辛祥與婁悅共守義陽，將軍胡武城、陶平虜攻之，祥夜出襲其營，擒平虜，斬武城，由是州境獲全。論功當賞，婁悅恥功出其下，間之於執政，賞遂不行。

八年春正月，魏中山王英至義陽，將取三關，先策之曰：「三關相須如左右手，若克一關，兩關不待攻而破。攻難不如攻易，宜先攻東關。」又恐其并力於東，乃使長史李華帥五統向西關以分其兵勢，自督諸軍向東關。

先是，馬仙琕使雲騎將軍馬廣屯長薄，軍主胡文超屯松峴。丙申，英至長薄，戊戌，長薄潰，馬廣遁入武陽，英進圍之。上遣冠軍將軍彭甕生、驃騎將軍徐元季將兵援武陽，英故縱之使入城，曰：「吾觀此城形勢易取。」甕生等既入，英促兵攻之，六日而拔，虜三將及士卒七千餘人。進攻廣峴，太子左衛率李元履棄城走。又攻西關，馬仙琕亦棄城走。

上使南郡太守韋叡將兵救仙琕。叡至安陸，增築城二丈餘，更開大塹，起高樓。衆頗譏其怯，叡曰：「不然。爲將當有怯時，不可專勇。」中山王英急追馬仙琕，將復邵陽之恥，聞叡至，乃退。上亦有詔罷兵。

初，魏主遣中書舍人鮦陽董紹慰勞叛城，白早生襲而囚之，送於建康。魏主既克懸瓠，命於齊苟兒等四將之中分遣二人，敕揚州爲移，以易紹及司馬悅首。移書未至，領軍將軍呂僧珍與紹言，愛其文義，言於上，上遣主書霍靈超謂紹曰：「今聽卿還，令卿通兩家之好，彼此息民，豈不善也。」因召見，賜衣物，令舍人周捨慰勞之，且曰：「戰爭多年，民物塗炭，吾是以不恥先言，與魏朝通好。比亦有書，全無報者，卿宜備申此意。今遣傳詔霍靈秀送卿至國，遲有嘉問。」又謂紹曰：「卿知所以得不死不？今者獲卿，乃天意也。夫立君以爲民也，凡在民上，豈可不思此乎？若欲通好，今以宿豫還彼，彼當以漢中見歸。」紹還魏言之，魏主不從。

魏伐柔然

晉〔孝〕武帝太元十六年。初，柔然部人世服於代，其大人郁久閭地粟袁卒，部落分爲二，長子匹候跋繼父居東邊，次子縕紇提別居西邊。秦王堅滅代，柔然附於劉衛辰。及魏王珪即位，攻擊高車等，諸部率皆服從，獨柔然不事魏。〔冬十月〕戊戌，珪引兵擊之，柔然舉部遁走，珪追奔六百里。諸將因張袞言於珪曰：「賊遠糧盡，不如早還。」珪問諸將：「若殺副馬，爲三日食，足乎？」皆曰：「足。」乃復倍道追之，及於大(碩)〔磧〕南牀山下，大破之，虜其半部。匹候跋及別部帥屋擊各收餘衆遁走，珪遣長孫嵩、長孫肥追之。珪謂將佐曰：「卿曹知吾前問三日糧意乎？」曰：「不知也。」珪曰：「柔然驅畜產奔走數日，至水必留，我以輕騎追之，計其道里，不過三日及之矣。」皆曰：「非所及也。」嵩追斬屋擊於平望川。肥追匹候跋至涿邪山，匹候跋舉衆降。獲縕紇提之子曷多汗、兄子社崙、斛律等宗黨數百人。縕紇提將奔劉衛辰，珪追及之，縕紇提亦降。珪悉徙其部衆於雲中。

十九年冬十月，柔然曷多汗棄其父，與社崙帥衆西走。魏長孫肥追之，及於上郡跋那山，斬曷多汗。社崙收其餘衆數百奔匹候跋，匹候跋處之南鄙。社崙襲匹候跋殺之。匹候跋子啓跋、吴頡等皆奔魏。社崙掠五原以西諸部，走度漠北。

安帝元興元年春正月戊子，魏材官將軍和突攻黜弗、素古延等諸部，破之。初，魏主珪遣北部大人賀狄干獻馬千匹求昏於秦，秦王興聞珪已立慕容后，止狄干而絕其昏。没弈干、黜弗、素古延，皆秦之屬國也，而魏攻之，由是秦、魏有隙。庚寅，珪大閱士馬，命并州諸郡積穀於平陽之乾壁以備秦。

柔然社崙方睦於秦，遣將救黜弗、素古延。辛卯，和突逆擊，大破之。社崙帥其部落遠遁漠北，奪高車之地而居之。斛律部帥倍侯利擊社崙，大爲所敗，倍侯利奔魏。社崙於是西北擊匈奴遺種日拔也雞，大破之，遂吞併諸部，士馬繁盛，雄於北方。其地西至焉耆，東接朝鮮，南臨大漠，旁側小國皆羈屬焉。自號豆代可汗。始立約束，以千人爲軍，軍有將；百人爲幢，幢有帥。攻戰先登者賜以虜獲，畏懦者以石擊其首而殺之。

十二月，柔然可汗社崙聞珪伐秦，自參合陂侵魏，至豺山，及善無北澤，魏常山王遵以萬騎追之，不及而還。

三年夏四月，柔然可汗社崙從弟悦代大那謀殺社崙，不克，奔魏。

義熙二年夏四月，柔然社崙侵魏邊。

五年十二月，柔然侵魏。

六年春正月，魏長孫嵩將兵伐柔然。夏五月，魏長孫嵩至漠北而還，柔然追圍之於牛川。壬申，魏主嗣北擊柔然，柔然可汗社崙聞之，遁走，道死。其子度拔尚幼，部衆立社崙弟斛律，號藹苦蓋可汗。嗣引兵還參合陂。

十年。初，社崙之徙高車也，高車人叱洛侯爲之鄉導，以併諸部，社崙德之，以爲大人。步鹿真與社崙之子社拔共至叱洛侯家，淫其少妻，妻告步鹿真曰：「叱洛侯欲奉大檀爲主。」大檀者，社崙季父僕渾之子也，領別部鎮西境，素得衆心。步鹿真歸而發兵圍叱洛侯，叱洛侯自殺。遂引兵襲大檀，大檀逆擊，破之，執步鹿真及社拔，殺之，自立爲可汗，號牟汗紇升蓋可汗。

斛律至和龍，燕王跋賜斛律爵上谷侯，館之遼東，待以客禮，納其女爲昭儀。斛律上書請還其國，跋曰：「今棄國萬里，又無内應，若以重兵相送則饋運難繼，兵少則不足成功，如何可還。」斛律固請，曰：「不煩重兵，願給三百騎送至敕勒，國人必欣然來迎。」跋乃遣單于前輔萬陵帥騎三百送之。陵憚遠役，至黑山，殺斛律而還。大檀亦遣使獻馬三千匹、羊萬口于燕。

十二月丙戌朔，柔然可汗大檀侵魏。丙申，魏主嗣北擊之。大檀走，遣奚斤等追之，遇大雪，士卒凍死及墮指者什二三。

宋營陽王景平元年春正月，柔然寇魏邊。三月戊辰，魏築長城，自赤城西至五原，延袤二千餘里，備置戍卒，以備柔然。

八月，柔然寇河西，河西王蒙遜命世子政德擊之。政德輕騎進戰，爲柔然所殺。

文帝元嘉元年秋八月，柔然紇升蓋可汗聞魏太宗殂，將六萬騎入雲中，殺掠吏民，攻拔盛樂宫。魏世祖自將輕騎討之，三日二夜至雲中。紇升蓋引騎圍魏主五十餘重，騎逼，馬首相次如堵；將士大懼，魏主顔色自若，衆情乃安。紇升蓋以弟子於陟斤爲大將，魏人射殺之，紇升蓋懼，遁去。尚書令劉絜言於魏主曰：「大檀自恃其衆，必將復來。請俟收田畢，大發兵爲二道，東西並進以討之。」魏主然之。

十二月，魏主命安集將軍長孫翰、安北將軍尉眷北擊柔然，魏主自將屯柞山。柔然北遁，諸軍追之，大獲而還。翰，肥之子也。

二年冬十月癸卯，魏主大舉伐柔然，五道並進。長孫翰等從東道出黑漠，廷尉卿長孫道生等出白、黑二漠之間，魏主從中道，東平公娥清出栗園，奚斤等從西道出爾寒山。諸軍至漠南，舍輜重，輕騎，齎十五日糧，度漠擊之。柔然部落大驚，絶迹北走。

四年夏五月，魏主命龍驤將軍代人陸俟督諸軍鎮大磧，以備柔然。秋七月，柔然寇雲中，聞魏已克統萬，乃遁去。

五年秋八月，魏主如廣寧觀温泉。柔然紇升蓋可汗遣其子將萬餘騎寇魏邊，魏主自廣寧還，追之不及。

六年夏四月，魏主將擊柔然，治兵於南郊，先祭天，然後部勒行陳。内外羣臣皆不欲行，保太后固止之，獨崔浩勸之。尚書令劉絜等共推太史令張淵、徐辯使言於魏主曰：「今兹己巳，三陰之歲，歲星襲月，太白在西方，不可舉兵。北伐必敗，雖克，不利於上。」羣臣因共贊之曰：「淵等少時嘗諫苻堅南伐，堅不從而敗，所言無不中，不可違也。」魏主意不快，詔浩與淵、辯論難於前。

浩詰淵、辯曰：「陽爲德，陰爲刑，故日食脩德，月食脩刑。夫王者用刑，小則肆諸市朝，大則陳諸原野。今出兵以討有罪，乃所以脩刑也。臣竊觀天文，比年以來，月行掩昴，至今猶然。其占『三年，天子大破旄頭之國』。蠕蠕、高車，旄頭之衆也，願陛下勿疑。」淵、辯復曰：「蠕蠕荒外無用之物，得其地不可耕而食，得其民不可臣而使，輕疾無常，難得而制；有何汲汲而勞士馬以伐之？」浩曰：「淵、辯言天道，猶是其職，至於人事形勢，尤非其所知。此乃漢世常談，施之於今，殊不合事宜。何則？蠕蠕本國家北邊之臣，中間叛去。今誅其元惡，收其良民，令復舊役，非無用也。世人皆謂淵、辯通解數術，明決成敗，臣請試問之。屬者統萬未亡之前，有無敗徵？若其不知，是無術也；知而不言，是不忠也。」時赫連昌在坐，淵等自以未嘗有言，慚不能對。魏主大悅。

既罷，公卿或尤浩曰：「今南寇方伺國隙，而捨之北伐。若蠕蠕遠遁，前無所獲，後有强寇，將何以待之？」浩曰：「不然。今不先破蠕蠕，則無以待南寇。南人聞國家克統萬以來，内懷恐懼，故揚聲動衆以衛淮北。比吾破蠕蠕，往還之間，南寇必不動也。且彼步我騎，彼能北來，我亦南往，在彼甚困，於我未勞。况南北殊俗，水陸異宜，設使國家與之河南，彼亦不能守也。何以言之？以劉裕之雄傑，吞併關中，留其愛子，輔以良將，精兵數萬，猶不能守，全軍覆没，號哭之聲，至今未已。况義隆今日君臣，非裕時之比。主上英武，士馬精强，彼若果來，譬如以駒犢鬭虎狼也，何懼之有？蠕蠕恃其絶遠，謂國家力不能制，自寬日久；故夏則散衆放畜，秋肥乃聚，背寒向温，南來寇抄。今掩其不備，必望塵駭散。牡馬護牝，牝馬戀駒，驅馳難制，不得水草，不過數日，必聚而困弊，可一舉而滅也。暫勞永逸，時不可失，患在上無此意。今上意已決，奈何止之。」寇謙之謂浩曰：「蠕蠕果可克乎？」浩曰：「必克。但恐諸將瑣瑣，前後顧慮，不能乘勝深入，使不全舉耳。」

先是，帝因魏使者還告魏主曰：「汝趣歸我河南地，不然，將盡我將士之力。」魏主方議伐柔然，聞之大笑，謂公卿曰：「龜鼈小竪，自救不暇，夫何能爲。就使能來，若不先滅蠕蠕，乃是坐待寇至，腹背受敵，非良策也。吾行決矣。」

庚寅，魏主發平城，使北平王長孫嵩、廣陵公樓伏連居守。魏主自東道向黑山，使平陽王長孫翰自西道向大娥山，同會柔然之庭。

五月丁未，魏主至漠南，捨輜重，帥輕騎兼馬襲擊柔然，至栗水。柔然紇升蓋可汗先不設備，民畜滿野，驚怖散走，莫相收攝。紇升蓋燒廬舍，絕迹西走，莫知所之。其弟匹黎先主東部，聞有魏寇，帥衆欲就其兄，遇長孫翰，翰邀擊，大破之，殺其大人數百。

六月，柔然紇升蓋可汗既走，部落四散，竄伏山谷，雜畜布野，無人收視。魏主循栗水西行至菟園水分軍搜討，東西五千里，南北三千里，俘斬甚衆。高車諸部乘魏兵勢，鈔掠柔然。柔然種類前後降魏者三十餘萬落，獲戎馬百餘萬匹，畜産、車廬，彌漫山澤，亡慮數百萬。

魏主循弱水西行，至涿邪山，諸將慮深入有伏兵，勸魏主留止。寇謙之以崔浩之言告魏主，魏主不從。秋七月，引兵東還。至黑山，以所獲班賜將士有差。既而得降人言：「可汗先被病，聞魏兵至，不知所爲，乃焚穹廬，以車自載，將數百人入南山。民畜窘聚，方六十里，無人統領，相去百八十里，追兵不至，乃徐西遁，唯此得免。」後聞涼州賈胡言：「若復前行二日，則盡滅之矣。」魏主深悔之。

紇升蓋可汗憤悒而卒，子吳提立，號敕連可汗。

八月，魏主至漠南，聞高車東部屯巳尼陂，人畜甚衆，去魏軍千餘里，遣左僕射安原等將萬騎擊之。高車諸部迎降者數十萬落，獲馬牛千百餘萬。冬十月，魏主還平城，徙柔然、高車降附之民於漠南，東至濡源，西暨五原陰山，三千里中，使之耕牧，而收其貢賦。命長孫翰、劉絜、安原及侍中代人古弼同鎮撫之。自是魏之民間馬牛羊及氈皮爲之價賤。魏主加崔浩侍中、特進、撫軍大將軍，以賞其謀畫之功。

八年夏六月，魏之邊吏獲柔然邏者二十餘人，魏主賜衣服而遣之，柔然感悦。閏月乙未，柔然敕連可汗遣使詣魏，魏主厚禮之。

魏主如漠南。十一月丙辰，北部敕勒莫弗庫若干帥所部數萬騎，驅鹿數百萬頭，詣魏主行在。魏主大獵，以賜從官。十二月丁丑，還宫。

十一年春(正)〔二〕月，魏主以西海公主妻柔然敕連可汗，又納其妹爲夫人，遣潁川王提往逆之。丁卯，敕連遣其異母兄秃鹿傀送妹，并獻馬二千匹，魏主以其妹爲左昭儀。提，曜之子也。

十三年冬十一月，柔然與魏絶和親，犯魏邊。

十五年夏五月丙申，魏主如五原。秋七月，自五原北伐柔然，命樂平王丕督十五將出東道，永昌王健督十五將出西道，魏主自出中道。至浚稽山，復分中道爲二，陳留王崇從大澤向涿邪山，魏主從浚稽北向天山，西登白阜，不見柔然而還。時漠北大旱，無水草，人馬多死。

十六年。魏主伐河西。六月，使大將軍長樂王嵇敬、輔國大將軍建寧王崇將二萬人屯漠南，以備柔然。

十九年冬十月甲申，柔然遣使詣建康。

二十年九月辛巳，魏主如漠南。甲辰，捨輜重，以輕騎襲柔然。分軍爲四道，樂安王範、建寧王崇各統十五將出東道，樂平王丕督十五將出西道，魏主出中道，中山王辰督十五將爲後繼。魏主至鹿渾谷，遇敕連可汗。太子晃言於魏主曰：「賊不意大軍猝至，宜掩其不備，速進擊之。」尚書令劉絜固諫，以爲：「賊營中塵盛，其衆必多。出至平地，恐爲所圍，不如須諸軍大集，然後擊之。」晃曰：「塵之盛者，由軍士驚怖擾亂故也，何得營上而有此塵乎？」魏主疑之，不急擊。柔然遁去，追至石水，不及而還。既而獲柔然候騎，曰：「柔然不覺魏軍至，上下惶駭，引衆北走，經六七日，知無追者，始乃徐行。」魏主深恨之。自是軍國大事，皆與太子謀之。

司馬楚之別將兵督軍糧，鎮北將軍封沓亡降柔然，說柔然令擊楚之以絶軍食。俄而軍中有告失驢耳者，諸將莫曉其故，楚之曰：「此必賊遣姦人入營覘伺，割驢耳以爲信耳。賊至不久，宜急爲之備。」乃伐柳爲城，以水灌之令凍。城立而柔然至，冰堅滑，不可攻，乃散走。

二十一年春二月辛未，魏中山王辰、內都坐大官薛辨、尚書奚眷等八將，坐擊柔然後期，斬於都南。

初，魏尚書令劉絜久典機要，恃寵自專，魏主心惡之。及將襲柔然，絜諫曰：「蠕蠕遷徙無常，前者出師，勞而無功，不如廣農積穀，以待其來。」崔浩固勸魏主行，魏主從之。絜恥其言不用，欲敗魏師。魏主與諸將期會鹿渾谷，絜矯詔易其期。帝至鹿渾谷，欲擊柔然，絜諫止之，使待諸將。帝留鹿渾谷六日，諸將不至，柔然遂遠遁，追之不及。軍還，經漠中，糧盡，士卒多死。絜陰使人驚魏軍，勸帝委軍輕還，帝不從。絜以軍出無功，請治崔浩之罪。帝曰：「諸將失期，遇賊不擊，浩何罪也？」浩以絜矯詔事白帝，帝至五原，收絜囚之。帝之北行也，絜私謂所親曰：「若車駕不返，吾當立樂平王。」絜聞尚書右丞張嵩家有圖讖，問曰：「劉氏應王，繼國家後，吾有姓名否？」嵩曰：「有姓無名。」帝聞之，命有司窮治，索嵩家，得讖書，事連南康公狄鄰。絜、嵩、鄰皆夷三族，死者百餘人。

九月丁未，魏主如漠南，將襲柔然，柔然敕連可汗遠遁，乃止。敕連尋卒，子吐賀真立，號處羅可汗。

二十二年秋八月，魏主如陰山之北，發諸州兵三分之一，各於其州戒嚴，以須後命。徙諸種雜民五千餘家於北邊，令就北畜牧，以餌柔然。

二十五年秋八月，西域般悦國，去平城萬有餘里，遣使詣魏，請與魏東西合擊柔然。魏主許之，中外戒嚴。

十二月，魏太子朝于行宫，遂從伐柔然。至受降城，不見柔然，因積糧於城内，置戍而還。

二十六年春正月戊辰朔，魏主饗羣臣於漠南。甲戌，復伐柔然。高凉王那出東道，略陽王羯兒出西道，魏主與太子出涿邪山，行數千里。柔然處羅可汗恐懼，遠遁。

九月，魏主伐柔然，高涼王那出東道，略陽王羯兒出中道。柔然處羅可汗悉國中精兵圍那數十重，那掘塹堅守，相持數日。處羅數挑戰，輒爲那所敗。以那衆少而堅，疑大軍將至，解圍夜去。那引兵追之，九日九夜，處羅益懼，棄輜重，踰穹隆嶺遠遁。那收其輜重，引軍還，與魏主會於廣澤。略陽王羯兒收柔然民畜九百餘萬。自是柔然衰弱，屏跡不敢犯魏塞。冬十二月戊申，魏主還平城。

〔孝〕武帝大明二年冬十月甲戌，魏主北巡，欲伐柔然，至陰山，會雨雪，魏主欲還。太尉尉眷曰：「今動大衆以威北敵，去都不遠而車駕遽還，虜必疑我有内難。將士雖寒，不可不進。」魏主從之。辛卯，軍于車崙山。

十一月，魏主自將騎十萬、車十五萬兩擊柔然，度大漠，旍旗千里。柔然處羅可汗遠遁，其別部烏朱駕頽等帥數千落降于魏。魏主刻石紀功而還。

八年秋七月，柔然處羅可汗卒，子予成立，號曰受羅部真可汗，改元永康。部真帥衆侵魏，辛丑，魏北鎮遊軍擊破之。

明帝泰始六年夏六月，柔然部真可汗侵魏，魏主引羣臣議之。尚書右僕射南平公目辰曰：「若車駕親征，京師危懼，不如持重固守。虜懸軍深入，糧運無繼，不久自退，遣將追擊，破之必矣。」給事中張白澤曰：「蠢爾荒愚，輕犯王略，若鑾輿親行，必望麾崩敗，豈可坐而縱敵。以萬乘之尊，嬰城自守，非所以威服四夷也。」魏主從之。白澤，衮之孫也。魏主使京兆王子推等督諸軍出西道，任城王雲等督諸軍出東道，汝陰王賜等督諸軍爲前鋒，隴西王源賀等督諸軍爲後繼，鎮西將軍呂羅漢等掌留臺事。諸將會魏主於女水之濱，與柔然戰，柔然大敗。乘勝逐北，斬首五萬級，降者萬餘人，獲戎馬器械不可勝計。旬有九日，往返六千餘里。改女水曰武川。司徒東安王劉尼坐昏醉，軍陳不整，免官。壬申，還至平城。

（冬十月）〔是歲〕，柔然攻于闐，于闐遣使者素目伽奉表詣魏求救。魏主命公卿議之，皆曰：「于闐去京師幾萬里。蠕蠕唯習野掠，不能攻城；若其可攻，尋已亡矣，雖欲遣師，勢無所及。」魏主以議示使者，使者亦以爲然。乃詔之曰：「朕應急敕諸軍以拯汝難，但去汝遐阻，必不能救當時之急，汝宜知之。朕今練甲養士，一二歲間，當躬帥猛將，爲汝除患。汝其謹脩警候，以待大舉。」

七年冬十月，〔魏〕詔太尉源賀都督三道諸軍屯于漠南。先是，魏每歲秋、冬發軍，三道並出，以備柔然，春中乃還。賀以爲：「往來疲勞，不可支久。請募諸州鎮武健者三萬餘人，築三城以處之，使冬則講武，春則耕種。」不從。

泰豫元年春二月，柔然侵魏，上皇遣將擊之，柔然走。東部敕勒叛奔柔然，上皇自將追之，至石磧，不及而還。

秋七月，柔然部帥無盧真將三萬騎寇魏敦煌，鎮將尉多侯擊走之。多侯，眷之子也。又寇晉昌，守將薛奴擊走之。

冬十月，柔然侵魏，及五原，十一月，上皇自將討之。將度漠，柔然北走數千里，上皇乃還。

蒼梧王元徽元年十二月壬子，柔然侵魏，柔玄鎮二部敕勒應之。

二年夏五月，柔然遣使來聘。

秋七月癸巳，柔然寇魏敦煌，尉多侯擊破之。尚書奏：「敦煌僻遠，介居西、北二强寇之間，恐不能自固，請内徙就凉州。」羣臣集議皆以爲然。給事中昌黎韓秀，獨以爲：「敦煌之置，爲日已久。雖逼强寇，人習戰鬭，縱有草竊，不爲大害。循常置戍，足以自全；而能隔閡西、北二虜，使不得相通。今徙就凉州，不唯有蹙國之名，且姑臧去敦煌千有餘里，防邏甚難，二虜必有交通闚闟之志。若騷動凉州，則關中不得安枕。又士民或安土重遷，招引外寇，爲國深患，不可不慮也。」乃止。

齊高帝建元元年。上之輔宋也，遣驍騎將軍王洪範使柔然，約與共攻魏。洪範自蜀出吐谷渾，歷西域乃得達。至是柔然十餘萬騎寇魏，至塞上而還。

三年秋七月，柔然別帥他稽帥衆降魏。九月辛未，柔然主遣使來聘，與上書，謂上爲「足下」，自稱曰「吾」，遺上師子皮袴褶，約共伐魏。

武帝永明三年冬十二月，柔然犯魏塞，魏任城王澄帥衆拒之，柔然遁去。澄，雲之子也。是歲，柔然部真可汗卒，子豆崙立，號伏名敦可汗，改元太平。

四年春正月壬午，柔然寇魏邊。三月丙申，柔然遣使者牟提如魏。時敕勒叛柔然，柔然伏名敦可汗自將討之，追奔至西漠。魏左僕射穆亮等請乘虛擊之，中書監高閭曰：「秦、漢之世，海内一統，故可遠征匈奴。今南有吳寇，何可捨之深入虜庭？」魏主曰：「兵者凶器，聖人不得已而用之。先帝屢出征伐者，以有未賓之虜故也。今朕承太平之業，奈何無故動兵革乎！」厚禮其使者而歸之。冬十二月，柔然寇魏邊。

五年秋七月，柔然伏名敦可汗殘暴，其臣侯醫亜石洛候數諫止之，且勸其與魏和親。伏名敦怒，族誅之，由是部衆離心。八月，柔然寇魏邊，魏以尚書陸叡爲都督，擊柔然，大破之。叡，麗之子也。

初，高車阿伏至羅有部落十餘萬，役屬柔然。伏名敦之侵魏也，阿伏至羅諫，不聽。阿伏至羅怒，與從弟窮奇帥部落西走，至前部西北，自立爲王，國人號曰「候婁匐勒」，夏言天子也。號窮奇曰「候倍」，夏言太子也。二人甚親睦，分部而立，阿伏至羅居北，窮奇居南。伏名敦追擊之，屢爲阿伏至羅所敗，乃引衆東徙。

六年冬十二月，柔然伊吾戍主高羔子帥衆三千以城附魏。

七年冬十二月，柔然别帥叱吕(勒)〔勤〕帥衆降魏。

八年(冬十二月)。高車阿伏至羅及窮奇遣使如魏，請爲天子討除蠕蠕。魏主賜以繡袴褶及雜綵百匹。

十年秋八月乙未，魏以懷朔鎮將陽平王頤、鎮北大將軍陸叡皆爲都督，督十二將，步騎十萬，分爲三道以擊柔然。中道出黑山，東道趣士盧河，西道趣侯延河。軍過大磧，大破柔然而還。

初，柔然伏名敦可汗與其叔父那蓋分道擊高車阿伏至羅，伏名敦屢敗，那蓋屢勝。國人以那蓋爲得天助，乃殺伏名敦而立那蓋，號候其伏代庫者可汗，改元大安。

和帝中興元年秋七月乙巳，柔然犯魏邊。

梁武帝天監三年秋九月，柔然侵魏之沃野及懷朔鎮。詔車騎大將軍源懷出行北邊，指授規略，隨須徵發，皆以便宜從事。懷至雲中，柔然遁去。懷以爲用夏制夷，莫如城郭。還至恒、代，案視諸鎮左右要害之地，可以築城置戍之處，欲東西爲九城，及儲糧積仗之宜，犬牙相救之勢，凡五十八條，表上之，曰：「今定鼎成周，去北遥遠，代表諸國，頗或外叛。仍遭旱饑，戎馬甲兵十分闕八。謂宜準舊鎮，東西相望，令形勢相接，築城置戍，分兵要害，勸農積粟，警急之日，隨便翦討。彼遊騎之寇，終不敢攻城，亦不敢越城南出。如此北方無憂矣。」魏主從之。

五年冬十月，柔然庫者可汗卒，子伏圖立，號佗汗可汗，改元始平。戊申，佗汗遣使者紇奚勿六跋如魏請和。魏主不報其使，謂勿六跋曰：「蠕蠕遠祖社崙，乃魏之叛臣，往者包容，暫聽通使。今蠕蠕衰微不及疇昔，大魏之德方隆周、漢，正以江南未平，少寬北略，通和之事，未容相許。若脩藩禮，款誠昭著者，當不爾孤也。」

七年。初，顯祖之世，柔然萬餘户降魏，置之高平、薄骨律二鎮。及太和之末，叛走略盡，唯千餘户在。太中大夫王通請徙置淮北以絶其叛，詔太僕卿楊椿持節往徙之。椿上言：「先朝處之邊徼，所以招附殊俗，且别異華戎也。今新附之户甚衆，若舊者見徙，新者必不自安，是驅之使叛也。且此屬衣毛食肉，樂冬便寒，南土濕熱，往必殲盡。進失歸附之心，退無藩衛之益。置之中夏，或生後患，非良策也。」不從，遂徙於濟州緣河處之。及京兆王愉之亂，皆浮河赴愉，所在鈔掠，如椿之言。

柔然佗汗可汗復遣紇奚勿六跋獻貂裘於魏，魏主弗受，報之如前。

初，高車侯倍窮奇爲嚈噠所殺，執其子彌俄突而去，其衆分散，或奔魏，或奔柔然。魏主遣羽林監河南孟威撫納降户，置於高平鎮。高車王阿伏至羅殘暴，國人殺之，立其宗人跋利延。嚈噠奉彌俄突以伐高車，國人殺跋利延迎彌俄突而立之。彌俄突與佗汗可汗戰于蒲類海，不勝，西走三百餘里。佗汗軍於伊吾北山。會高昌王麴嘉求内徙於魏，時孟威爲龍驤將軍，魏主遣威發涼州兵三千人迎之，至伊吾，佗汗見威軍，怖而遁去。彌俄突聞其離駭，追擊，大破之，殺佗汗於蒲類海北，割其髮送於威，且遣使入貢於魏。魏主使東城子于亮報之，賜遺甚厚。高昌王嘉失期不至，威引兵還。

佗汗可汗子醜奴立，號豆羅伏跋豆伐可汗，改元建昌。

十五年。柔然伏跋可汗壯健，善用兵。是歲，西擊高車，大破之，執其王彌俄突，繫其足於駑馬，頓曳殺之，漆其頭爲飲器。鄰國先羈屬柔然後叛去者，伏跋皆擊滅之，其國復强。

十六年冬十二月，柔然伏跋可汗遣俟（近）〔斤〕尉比建等請和於魏，用敵國之禮。

十七年春二月，魏主引見柔然使者，讓之以藩禮不備，議依漢待匈奴故事，遣使報之。司農少卿張倫上表，以爲：「太祖經啓帝圖，日有不暇，遂令豎子遊魂一方，亦由中國多虞，急諸華而緩夷狄也。高祖方事南轅，未遑北伐。世宗述遵遺志，虜使之來，受而弗答。以爲大明臨御，國富兵强，抗敵之禮，何憚而爲之，何求而行之？今虜雖慕德而來，亦欲觀我强弱。若使王人銜命虜庭，與爲昆弟，恐非祖宗之意也。苟事不獲已，應爲制詔，示以上下之儀，命宰臣致書，諭以歸順之道，觀其從違，徐以恩威進退之，則王者之體正矣。豈可以戎狄兼并而遽虧典禮乎！」不從。倫，白澤之子也。

普通元年。初，柔然佗汗可汗納伏名敦之妻候吕陵氏，生伏跋可汗及阿那瓌等六子。伏跋既立，忽亡其幼子祖惠，求募不能得。有巫地萬言「祖惠今在天上，我能呼之」。乃於大澤中施帳幄，祀天神。祖惠忽在帳中自云「恒在天上」。伏跋大喜，號地萬爲聖女，納爲可賀敦。地萬既挾左道，復有姿色，伏跋敬而愛之，信用其言，干亂國政。如是積歲，祖惠浸長，語其母曰：「我常在地萬家，未嘗上天。上天者，地萬教我也。」其母具以狀告伏跋，伏跋曰：「地萬能前知未然，勿爲讒也。」既而地萬懼，譖祖惠於伏跋而殺之。候吕陵氏遣其大臣具列等絞殺地萬，伏跋怒，欲誅具列等。會阿至羅入寇，伏跋擊之，軍敗而還。候吕陵氏與大臣共殺伏跋，立其弟阿那瓌爲可汗。阿那瓌立十日，其族兄示發帥衆數萬擊之。阿那瓌戰敗，與其弟乙居伐輕騎奔魏。示發殺候吕陵氏及阿那瓌二弟。

柔然可汗阿那瓌將至魏，魏主使司空京兆王繼、侍中崔光等相次迎之，賜勞甚厚。〔冬十月〕，魏主引見阿那瓌於顯陽殿，因置宴，置阿那瓌位於親王之下。宴將罷，阿那瓌執啓立於座後，詔引至御座前，阿那瓌再拜言曰：「臣以家難，輕來詣闕，本國臣民，皆已逃散。陛下恩隆天地，乞兵送還本國，誅翦叛逆，收集亡散，臣當統帥遺民，奉事陛下。言不能盡，別有啓陳。」仍以啓授中書舍人常景以聞。景，爽之孫也。

十一月己亥，魏立阿那瓌爲朔方公、蠕蠕王，賜以衣服、軺車，禄恤儀衛，一如親王。時魏方强盛，於洛水橋南御道東作四館，道西立四里，有自江南來降者處之金陵館，三年之後賜宅於歸正里；自北夷降者處燕然館，賜宅於歸德里；自東夷降者處扶桑館，賜宅於慕化里；自西夷降者處崦嵫館，賜宅於慕義里。及阿那瓌入朝，以燕然館處之。阿那瓌屢求返國，朝議異同不決，阿那瓌以金百斤賂元乂，遂聽北歸。十二月壬子，魏敕懷朔都督簡鋭騎二千護送阿那瓌達境首，觀機招納。若彼迎候，宜賜繒帛車馬禮餞而返，如不容受，聽還闕庭。其行裝資遣，付尚書量給。

二年春正月，魏發近郡兵萬五千人，使懷朔鎮將楊鈞將之，送柔然可汗阿那瓌返國。尚書右丞張普惠上疏，以爲：「蠕蠕久爲邊患，今兹天降喪亂，荼毒其心，蓋欲使之知有道之可樂，革面稽首以奉大魏也。陛下宜安民恭己以悦服其心。阿那瓌束身歸命，撫之可也。乃更先自勞擾，興師郊甸之内，投諸荒裔之外，救累世之勍敵，資天亡之醜虜，臣愚未見其可也。此乃邊將貪竊一時之功，不思兵爲凶器，王者不得已而用之。況今旱暵方甚，聖慈降膳，乃以萬五千人使楊鈞爲將，而欲定蠕蠕，干時而動，其可濟乎？脱（其）

〔有〕顛覆之變，楊鈞之肉其足食乎！　辛輔專好小名，不圖安危大計，此微臣所以寒心者也。且阿那瓌之不還，負何信義，臣賤不及議，文書所過，不敢不陳。」弗聽。阿那瓌辭於西堂，詔賜以軍器、衣被、雜采、糧畜，事事優厚，命侍中崔光等勞遣於外郭。

阿那瓌之南奔也，其從父兄婆羅門帥衆數萬人討示發，破之。示發奔地豆干，地豆干殺之，國人推婆羅門爲彌偶可社句可汗。楊鈞表稱：「柔然已立君長，恐未肯以殺兄之人郊迎其弟。輕往虛返，徒損國威，自非廣加兵衆，無以送其入北。」二月，魏人使舊嘗奉使柔然者牒云具仁往諭婆羅門，使迎阿那瓌。

夏四月，魏牒云具仁至柔然，婆羅門殊驕慢，無遜避心，責具仁禮敬，具仁不屈。婆羅門乃遣大臣丘升頭等將兵二千隨具仁迎阿那瓌。五月，具仁還鎮，具道其狀，阿那瓌懼，不敢進，上表請還洛陽。

初，高車王彌俄突死，其衆悉歸嚈噠。後數年，嚈噠遣彌俄突弟伊匐帥餘衆還國。伊匐擊柔然可汗婆羅門，大破之。婆羅門帥十部落詣涼州，請降於魏。柔然餘衆數萬相帥迎阿那瓌，阿那瓌啓稱「本國大亂，姓姓别居，迭相鈔掠。當今北人鵠望待拯，乞依前恩，賜給精兵一萬，送臣磧北，撫定荒民」。詔付中書門下博議。涼州刺史袁翻以爲：「自國家都洛以來，蠕蠕、高車迭相吞噬，始則蠕蠕授首，既而高車被擒。今高車自奮於衰微之中，克雪讎恥，誠由種類繁多，終不能相滅。自二虜交鬬，邊境無塵數十年矣，此中國之利也。今蠕蠕兩主相繼歸誠，雖戎狄禽獸終無純固之節，然存亡繼絶，帝王本務。若棄而不受，則虧我大德；若納而撫養，則損我資儲；或全徙内地，則非直其情不順，亦恐終爲後患，劉、石是也。且蠕蠕尚存，則高車猶有内顧之憂，未暇窺窬上國；若其全滅，則高車跋扈之勢，豈易可知。今蠕蠕雖亂，而部落猶衆，處處棊布，以望舊主，高車雖强，未能盡服也。愚謂蠕蠕二主，並宜存之，居阿那瓌於東，處婆羅門於西，分其降民，各有攸屬。阿那瓌所居非所經見，不敢臆度；婆羅門請脩西海故城以處之。西海在酒泉之北，去高車所居金山千餘里，實北虜往來之衝要，土地沃衍，大宜耕稼。宜遣一良將，配以兵仗，監護婆羅門，因令屯田，以省轉輸之勞。其北則臨大磧，野獸所聚，使蠕蠕射獵，彼此相資，足以自固。外以輔蠕蠕之微弱，内亦防高車之畔（涣）〔援〕，此安邊保塞之長計也。若婆羅門能收離聚散，復興其國者，漸令北轉，徙度流沙，則是我之外藩，高車勍敵，西北之虞，可以無慮。如其姦回返覆，不過爲逋逃之寇，於我何損哉？」朝議是之。

九月，柔然可汗俟匿伐詣懷朔鎮請兵，且迎阿那瓌。俟匿伐，阿那瓌之兄也。冬十月，録尚書事高陽王雍等奏：「懷朔鎮北吐若奚泉，原野平沃，請置阿那瓌於吐若奚泉，婆羅門於故西海郡，各令帥部落，收集離散。阿那瓌所居既在境外，宜少優遣，婆羅門不得比之。其婆羅門未降以前蠕蠕歸化者，宜悉令州鎮部送懷朔鎮以付阿那瓌。」詔從之。

三年冬十二月，柔然阿那瓌求粟爲種，魏與之萬石。

婆羅門帥部落叛魏，亡歸嚈噠。魏以平西府長史代人費穆兼尚書右丞西北道行臺，將兵討之，柔然遁去。穆謂諸將曰：「戎狄之性，見敵即走，乘虛復出。若不使之破膽，終恐疲於奔命。」乃簡練精騎，伏於山谷，以步兵之羸者爲外營。柔然果至，奮擊，大破之。婆羅門爲涼州軍所擒，送洛陽。

四年春二月，柔然大饑，阿那瓌帥其衆入魏境，表求賑給。己亥，魏以尚書左丞元孚爲行臺尚書，持節撫諭柔然。孚，譚之孫也。將行，表陳便宜，以爲：「蠕蠕久來强大，昔在代京，常爲重備。今天祚大魏，使彼自亂亡，稽首請服。朝廷鳩其散亡，禮送令返，宜因此時，善思遠策。昔漢宣之世，呼韓款塞，漢遣董忠、韓昌領邊郡士馬送出朔方，因留衛助。又光武時，亦使中郎將段彬置安集掾史，隨單于所在，參察動靜。今宜略依舊事，借其閒地，聽其田牧，粗置官屬，示相慰撫。嚴戒邊兵，因令防察，使親不至矯詐，疏不容反叛，最策之得者也。」魏人不從。

柔然俟匿伐入朝于魏。

夏四月，魏元孚持白虎幡勞阿那瓌於柔玄、懷荒二鎮之間。阿那瓌衆號三十萬，陰有異志，遂拘留孚，載以轀車。每集其衆，坐孚東厢，稱爲行臺，甚加禮敬。引兵而南，所過剽掠，至平城，乃聽孚還。有司奏孚辱命，抵罪。甲申，魏遣尚書令李崇、左僕射元纂帥騎十萬擊柔然。阿那瓌聞之，驅良民二千、公私馬牛羊數十萬北遁。崇追之三千餘里，不及而還。纂使鎧曹參軍于謹帥騎二千追柔然，至郁對原，前後十七戰，屢破之。謹，忠之從曾孫也。

六年春三月，柔然王阿那瓌爲魏討破六韓拔陵，魏遣牒云具仁齎雜物勞賜之。阿那瓌勒衆十萬，自武川西向沃野，屢破拔陵兵。夏四月，魏主復遣中書舍人馮儁勞賜阿那瓌。阿那瓌部落浸强，自稱敕連頭兵豆伐可汗。

大通元年夏四月己酉，柔然頭兵可汗遣使入貢於魏，且請討羣賊。魏人畏其反覆，詔以盛暑，且俟後敕。

二年夏四月，柔然頭兵可汗數入貢于魏，魏詔頭兵贊拜不名，上書不稱臣。

大同元年（冬十二月）。柔然頭兵可汗求婚於東魏，丞相歡以常山王妹蘭陵公主妻之。柔然數侵魏，魏使中書舍人庫狄峙奉使至柔然，與約和親，由是柔然不復爲寇。

三年秋九月，柔然爲魏侵東魏三堆，丞相歡擊之，柔然退走。

四年。初，柔然頭兵可汗始得返國，事魏盡禮。及永安以後，雄據北方，禮漸驕倨，雖信使不絶，不復稱臣。頭兵嘗至洛陽，心慕中國，乃置侍中、黄門等官。後得魏汝陽王典籤淳于覃，親寵任事，以爲秘書監，使典文翰。及兩魏分裂，頭兵轉不遜，數爲邊患。魏丞相泰以新都關中，方有事山東，欲結婚以撫之，以舍人元翌女爲化政公主，妻頭兵弟塔寒。又言於魏主，請廢乙弗后納頭兵之女。二月甲辰，以乙弗后爲尼，使扶風王孚迎頭兵女爲后。頭兵遂留東魏使者元整，不報其使。

三月，柔然送悼后於魏，車七百乘，馬萬匹，駝二千頭。至黑鹽池，遇魏所遣鹵簿儀衛。柔然營幕，户席皆東向，扶風王孚請正南面，后曰：「我未見魏主，固柔然女也。魏仗南面，我自東向。」丙子，立皇后郁久閭氏。

六年。魏文后既爲尼，居别宫，悼后猶忌之，乃以其子武都王戊爲秦州刺史，使文后隨之官。魏主雖限大計，而恩好不忘，密令養髮，有追還之意。會柔然舉國渡河南侵，時頗有言柔然以悼后故興師者，帝曰：「豈有興百萬之衆，爲一女子邪？雖然，致人此言，朕亦何顔以見將帥！」乃遣中常侍曹寵齎手敕賜文后自盡。文后泣謂寵曰：「願至尊千萬歲，天下康寧，死無恨也！」遂自殺，鑿麥積崖而葬之，號曰寂陵。夏，丞相泰召諸軍屯沙苑以備柔然。右僕射周惠達發士馬守京城，塹諸街巷，召雍州刺史王羆議之，羆不應召，謂使者曰：「若蠕蠕至渭北者，王羆自帥鄉里破之，不煩國家兵馬，何爲天子城中作如此驚擾？由周家小兒恇怯致此。」柔然至夏州而退。未幾，悼后遇疾殂。

十一年夏六月，魏與柔然頭兵可汗謀連兵伐東魏，丞相歡患之，遣行臺郎中杜弼使於柔然，爲世子澄求婚。頭兵曰：「高王自娶則可。」歡猶豫未決。婁妃曰：「國家大計，願勿疑也。」世子澄、尉景亦勸之。歡乃遣鎮南將軍慕容儼聘之，號曰蠕蠕公主。秋八月，歡親迎於下館，公主至，婁妃避正室以處之。歡跪而拜謝，妃曰：「彼將覺之，願絶勿顧。」頭兵使其弟秃突佳來送女，且報娉，仍戒曰：「待見外孫乃歸。」公主性嚴毅，終身不肯華言。歡嘗病，不得往，秃突佳怨恚，歡輿疾就之。

元帝承聖元年春正月，突厥土門襲擊柔然，大破之。頭兵可汗自殺，其太子菴羅辰及阿那瓌從弟登注俟利、登注子庫提並帥衆奔齊，餘衆復立登注次子鐵伐爲主。

二年春二月，齊主送柔然可汗鐵伐之父登注及兄庫提還其國。鐵伐尋爲契丹所殺，國人立登注爲可汗。登注復爲其大人阿富提所殺，國人立庫提。三月，柔然別部又立阿那瓌叔父鄧叔子爲可汗。突厥乙息記擊破鄧叔子於沃野北木賴山。冬十一月己未，突厥復攻柔然，柔然舉國奔齊。

三年春三月，柔然可汗菴羅辰叛齊，齊主自將出擊，大破之，菴羅辰父子北走。夏四月，柔然寇齊肆州。齊主自晋陽討之，至恒州，柔然散走。帝以二千餘騎爲殿，宿黄瓜堆。柔然别部數萬騎奄至，帝安卧，平明乃起，神色自若，指畫形勢，縱兵奮擊；柔然披靡，因潰圍而出。柔然走，追擊之，伏尸二十餘里，獲菴羅辰妻子，虜三萬餘口，令都督善無高阿那肱帥騎數千塞其走路。時柔然軍猶盛，阿那肱以兵少，請益，帝更減其半。阿那肱奮擊，大破之。菴羅辰超越巖谷，僅以身免。

丁未，齊主復自擊柔然，大破之。

五月，柔然乙旃達官寇魏廣武，柱國李弼追擊，破之。

六月，柔然帥餘衆東徙，且欲南寇，齊主帥輕騎邀之於金川。柔然聞之，遠遁，營州刺史靈丘王峻設伏擊之，獲其名王數十人。

敬帝紹泰元年夏六月丁卯，齊主如晋陽。壬申，自將擊柔然。秋七月己卯，至白道，留輜重，帥輕騎五千追柔然，壬午，及之於懷朔鎮。齊主親犯矢石，頻戰，大破之，至于沃野，獲其酋長及生口二萬餘，牛羊數十萬。壬辰，還晋陽。

冬十二月，突厥木杆可汗擊柔然主鄧叔子，滅之，叔子收其餘燼奔魏。木杆恃其强，請盡誅鄧叔子等於魏，使者相繼於道。太師泰收叔子以下三千餘人付其使者，盡殺之於青門外。

通鑑紀事本末卷第二十二

肇忠用事

齊東昏侯永元元年夏六月戊辰，魏追尊皇妣高氏爲文昭皇后，配饗高祖，增脩舊冢，號終寧陵。追賜后父颺爵勃海公，謚曰敬，以其嫡孫猛襲爵。封后兄肇爲平原公，肇弟顯爲澄城公。三人同日受封。魏主素未識諸舅，始賜衣幘引見，皆惶懼失措。數日之間，富貴赫奕。

和帝中興元年。魏主時年十六，不能親決庶務，委之左右。於是倖臣茹皓、趙郡王仲興、上谷寇猛、趙郡趙脩、南陽趙邕及外戚高肇等始用事，魏政浸衰。

梁武帝天監元年冬十二月，魏陳留公主寡居，僕射高肇、秦州刺史張彝皆欲尚之。公主許彝而不許肇，肇怒，譖彝於魏主，彝坐沈廢累年。

二年冬十一月，魏主納高肇兄偃之女爲貴嬪。

三年。魏冠軍將軍茹皓，以巧思有寵於帝，常在左右，傳可門下奏事，弄權納賄，朝野憚之，北海王詳亦附焉。皓娶尚書令高肇從妹，皓妻之姊爲詳從父安定王燮之妃。詳烝於燮妃，由是與皓益相昵狎。直閤將軍劉胄本詳所引薦，殿中將軍常季賢以善養馬，陳掃靜掌櫛，皆得幸於帝，與皓相表裏，賣權勢。

高肇本出高麗，時望輕之。帝既黜六輔，誅咸陽王禧，專委事於肇。肇以在朝親族至少，乃邀結朋援，附之者旬月超擢，不附者陷以大罪。尤忌諸王，以詳位居其上，欲去之，獨執朝政，乃譖之於帝，云詳與皓、胄、季賢、掃靜謀爲逆亂。夏四月，帝夜召中尉崔亮入禁中，使彈奏詳貪淫奢縱，及皓等四人怙權貪横，收皓等繫南臺，遣虎賁百人圍守詳第。又慮詳驚懼逃逸，遣左右郭翼開金墉門馳出諭旨，示以中尉彈狀。詳曰：「審如中尉所糾，何憂也？正恐更有大罪横至耳。人與我物，我實受之。」詰朝，有司奏處皓等罪，皆賜死。

帝引高陽王雍等五王入議詳罪。詳單車防衛，送華林園，母妻隨入，給小奴弱婢數〔人〕，圍守甚嚴，内外不通。五月丁未朔，下詔宥詳死，免爲庶人。頃之，徙詳於太府寺，圍禁彌急，母妻皆還南第，五日一來視之。詳暴卒，詔有司以禮殯葬。

先是，典事史元顯獻雞雛，四翼四足，詔以問侍中崔光。光上表曰：「漢元帝初元中，丞相府史家雌雞伏子，漸化爲雄，冠距鳴將。永光中，有獻雄雞生角。劉向以爲：『雞者小畜，主司時起居人，小臣執事爲政之象也。竟寧元年，石顯伏辜，此其效也。』靈帝光和元年，南宫寺雌雞欲化爲雄，但頭冠未變，詔以問議郎蔡邕，對曰：『頭爲元首，人君之象也。今雞一身已變，未至於頭，而上知之，是將有其事而不遂成之象也。若應之不精，政無所改，頭冠或成，爲患滋大。』是後黄巾破壞四方，天下遂大亂。今之雞狀雖與漢不同，而其應頗相類，誠可畏也。臣以向、邕言推之，翼足衆多，亦羣下相扇助之象，雛而未大，足羽差小，亦其勢尚微，易制御也。臣聞災異之見，皆所以示吉凶，明君覩之而懼，乃能致福，闇主觀之而慢，所以致禍。或者今亦有自賤而貴，關預政事，如前世石顯之比者邪？願陛下進賢黜佞，則妖弭慶集矣。」後數日，皓等伏誅，帝愈重光。

高肇説帝，使宿衛隊主帥羽林虎賁守諸王第，殆同幽禁。彭城王勰切諫，不聽。

五年。魏主委任高肇，疏薄宗室，好桑門之法，不親政事。

六年。高貴嬪有寵而妬，高肇勢傾中外。后暴疾而殂，人皆歸咎高氏，宫禁事秘，莫能詳也。

七年春三月戊子，魏皇子昌卒，侍御師王顯失於療治，時人皆以爲承高肇之意也。

秋七月甲午，魏立高貴嬪爲皇后。尚書令高肇益貴重用事。肇多變更先朝舊制，減削封秩，抑黜勳人，由是怨聲盈路。羣臣宗室皆卑下之，唯度支尚書元匡與肇抗衡，先自造棺置聽事，欲輿棺詣闕論肇罪惡，自殺以切諫。肇聞而惡之。會匡與太常劉芳議權量事，肇主芳議，匡遂與肇喧競，表肇指鹿爲馬。御史中尉王顯奏彈匡誣毁宰相，有司處匡死刑，詔恕死，降爲光禄大夫。

初，魏主爲京兆王愉納于后之妹爲妃，愉不愛，愛妾李氏，生子寶月。于后召李氏入宫，捶之。愉驕奢貪縱，所爲多不法。帝召愉入禁中推案，杖愉五十，出爲冀州刺史。愉自以年長而勢位不及二弟，潛懷愧恨。又身與妾屢被頓辱，高肇數譖愉兄弟，愉不勝忿。癸亥，殺長史羊靈引、司馬李遵，詐稱得清河王懌密疏，云「高肇弒逆」。遂爲壇於信都之南，即皇帝位，大赦，改元建平，立李氏爲皇后。法曹參軍崔伯驥不從，愉殺之。在北州鎮皆疑魏朝有變，定州刺史安樂王詮具以狀告之，州鎮乃安。乙丑，魏以尚書李平爲都督北討諸軍、行冀州事，以討愉。平，崇之從父弟也。

魏高后之立也，彭城武宣王勰固諫，魏主不聽。高肇由是怨之，數譖勰於魏主，魏主不之信。勰薦其舅潘僧固爲長樂太守，京兆王愉之反，脅僧固與之同，肇因誣勰北與愉通，南招蠻賊。彭城郎中令魏偃、前防閤高祖珍希肇提擢，構成其事。肇令侍中元暉以聞，暉不從。又令左衛元珍言之。帝以問暉，暉明勰不然。又以問肇，肇引魏偃、高祖珍爲證，帝乃信之。戊戌，召勰及高陽王雍、廣陽王嘉、清河王懌、廣平王懷、高肇俱入宴。勰妃李氏方産，固辭不赴。中使相繼召之，不得已，與妃訣而登車。入東掖門，度小橋，牛不肯進，擊之良久，更有使者責勰來遲，乃去牛，人挽而進。宴於禁中，至夜，皆醉，各就别所消息。俄而元珍引武士齎毒酒而至，勰曰：「吾無罪，願一見至尊，死無恨。」元珍曰：「至尊何可復見？」勰曰：「至尊聖明，不應無事殺我，乞與告者一對曲直。」武士以刀鐶築之，勰大言曰：「冤哉，皇天！忠而見殺。」武士又築之，勰乃飲毒酒，武士就殺之。向晨，以褥裹尸，載歸其第，云「王因醉而薨」。李妃號哭，大言曰：「高肇枉理殺人，天道有靈，汝安得良死！」魏主舉哀於東堂，贈官、葬禮皆優厚加等。在朝貴賤，莫不喪氣，行路士女皆流涕曰：「高令公枉殺賢王。」由是中外惡之益甚。

京兆王愉不能守信都，癸卯，燒門，攜李氏及其四子從百餘騎突走。李平入信都，斬愉所置冀州牧韋超等，遣統軍叔孫頭追執愉，置信都，以聞。羣臣請誅愉，魏主弗許，命鎖送洛陽，申以家人之訓。行至野王，高肇密使人殺之。諸子至洛，魏主皆赦之。

魏主將屠李氏，中書令崔光諫曰：「李氏方娠，刑至刳胎，乃桀、紂所爲，酷而非法。請俟産畢，然後行刑。」從之。

李平捕愉餘黨千餘人，將盡殺之。録事參軍高顥曰：「此皆脅從，前既許之原免矣，宜爲表陳。」平從之，皆得免死。顥，祐之孫也。濟州刺史高植帥州軍擊愉有功，當封，植不受，曰：「家荷重恩，爲國致效，乃其常節，何敢求賞。」植，肇之子也。加李平散騎常侍。高肇及中尉王顯素惡平，顯彈平在冀州隱截官口，肇奏除平名。

十一年春正月丙辰，魏以車騎大將軍、尚書令高肇爲司徒，清河王懌爲司空，廣平王懷進號驃騎大將軍，加儀同三司。肇雖登三司，猶自以去要任，怏怏形於言色，見者嗤之。尚書右丞高綽、國子博士封軌，素以方直自業，及肇爲司徒，綽送迎往來，軌竟不詣肇。綽顧不見軌，乃遽歸，嘆曰：「吾平生自謂不失規矩，今日舉措，不如封生遠矣。」綽，允之孫；軌，懿之族孫也。

清河王懌有才學聞望，懲彭城之禍，因侍宴，謂肇曰：「天子兄弟詎有幾人，而翦之幾盡。昔王莽頭禿，藉渭陽之資，遂篡漢室。今君身曲，亦恐終成亂階。」會大旱，肇擅録囚徒，欲以收衆心。懌言於魏主曰：「昔季氏旅於泰山，孔子疾之，誠以君臣之分，宜防微杜漸，不可瀆也。減膳、録囚，乃陛下之事，今司徒行之，豈人臣之義乎？明君失之於上，姦臣竊之於下，禍亂之基，於此在矣。」帝笑而不應。

十四年春正月，魏世宗殂，太子詡即位。先是，高肇擅權，尤忌宗室有時望者，太子太保任城王澄數爲肇所譖，懼不自全，乃終日酣飲，所爲如狂，朝廷機要無所關豫。及世宗殂，肇擁兵於外，朝野不安。領軍將軍于忠與門下議，以「肅宗幼，未能親政，宜使太保高陽王雍入居西柏堂，省決庶政，以任城王澄爲尚書令，總攝百揆」，奏皇后，請即敕授。王顯素有寵於世宗，恃勢使威，爲世所疾，恐不爲澄等所容，與中常侍孫伏連等密謀寢門下之奏，矯皇后令，以高肇録尚書事，以顯與勃海公高猛同爲侍中。于忠等聞之，託以侍療無效，執顯於禁中，下詔削爵任。顯臨執呼冤，直閤以刀鐶撞其掖下，送右衛府，一宿而死。庚申，下詔如門下所奏，百官總己聽於二王，中外悦服。

二月庚辰，尊皇后爲皇太后。魏主稱名爲書，告哀於高肇，且召之還。肇承變憂懼，朝夕哭泣，至于羸悴。歸至瀍澗，家人迎之，不與相見。辛巳，至闕下，衰服號哭，升太極殿盡哀。高陽王雍與于忠密謀，伏直寢邢豹等十餘人於舍人省下，肇哭畢，引入西廡，清河諸王皆竊言目之。肇入省，豹等搤殺之。下詔暴其罪惡，稱肇自盡，自餘親黨悉無所問，削除職爵，葬以士禮。逮昏，於厠門出尸歸其家。

魏于忠既居門下，又總宿衛，遂專朝政，權傾一時。

魏尚書裴植，自謂人門不後王肅，以朝廷處之不高，意常怏怏，表請解官隱嵩山，世宗不許，深怪之。及爲尚書，志氣驕滿，每謂人曰：「非我須尚書，尚書亦須我。」每入參議論，好面譏毀羣官。又表征南將軍田益宗，言：「華夷異類，不應在百世衣冠之上。」于忠、元昭見之切齒。

尚書左僕射郭祚，冒進不已，自以東宫師傅，列辭尚書，望封侯、儀同。詔以祚爲都督雍岐華三州諸軍事、征西將軍、雍州刺史。

祚與植皆惡于忠專橫，密勸高陽王雍使出之。忠聞之，大怒，令有司誣奏其罪。尚書奏：「羊祉告植姑子皇甫仲達，云『受植旨，詐稱被詔，帥合部曲，欲圖于忠』。臣等窮治，辭不伏引，然衆證明昞，準律當死。衆證雖不見植，皆言『仲達爲植所使，植召仲達責問而不告列』。推論情狀，不同之理不可分明，不得同之常獄，有所降減，計同仲達處植死刑。植親帥城衆，附從王化，依律上議，乞賜裁處。」忠矯詔曰：「凶謀既爾，罪不當恕。雖有歸化之誠，無容上議，亦不須待秋分。」八月乙亥，植與郭祚及都水使者杜陵、韋儁皆賜死。儁，祚之昏家也。忠又欲殺高陽王雍，崔光固執不從，乃免雍官，以王還第。朝野冤憤，莫不切齒。

庚寅，魏以車騎大將軍于忠爲尚書令、特進，加儀同三司。

自郭祚等死，詔令生殺皆出于忠，王公畏之，重足脅息。太后既親政，乃解忠侍中、領軍、崇訓衛尉，止爲儀同三司、尚書令。後旬餘，太后引門下侍官於崇訓宮，問曰：「忠在端右，聲望何如？」咸曰：「不稱厥任。」乃出忠爲都督冀定瀛三州諸軍事、征北大將軍、冀州刺史。

初，魏于忠用事，自言世宗許其優轉，太傅雍等皆不敢違，加忠車騎大將軍。忠又自謂新故之際，有定社稷之功，諷百僚令加己賞；雍等議封忠常山郡公。忠又難於獨受，乃諷朝廷同在門下者皆加封邑。雍等不得已，復封崔光爲博平縣公，而尚書元昭等上訴不已。太后敕公卿再議，太傅懌等上言：「先帝升遐，奉迎乘輿，侍衛省闥，乃臣子常職，不容以此爲功。臣等前議，授忠茅土，正以畏其威權，苟免暴戾故也。若以功過相除，悉不應賞，請皆追奪。」崔光亦奉送章綬茅土，表十餘上，太后從之。

高陽王雍上表自劾，稱：「臣初入柏堂，見詔旨之行一由門下，臣出君行，深知不可而不能禁。于忠專權，生殺自恣，而臣不能違。忠規欲殺臣，賴在事執拒。臣欲出忠於外，在心未行，返爲忠廢。忝官尸禄，孤負恩私，請返私門，伏聽司敗。」太后以忠有保護之功，不問其罪。

十五年春二月，魏中尉元匡奏彈于忠：「幸國大災，專擅朝命，裴、郭受冤，宰輔黜辱。又自矯旨爲儀同三司、尚書令，領崇訓衛尉，原其此意，欲以無上自處。既事在恩後，宜加顯戮。請遣御史一人，就州行決。自去歲世宗晏駕以後，皇太后未親覽以前，諸不由階級，或發門下詔書，或由中書宣敕，擅相拜授者，已經恩宥，正可免罪，並宜追奪。」太后令曰：「忠已蒙特原，無宜追罪，餘如奏。」

夏四月，魏胡太后追思于忠之功，曰：「豈宜以一謬棄其餘勳。」復封忠爲靈壽縣公。

十七年春三月辛未，魏靈壽武敬公于忠卒。

邢巒寇巴西

梁武帝天監四年。初，譙國夏侯道遷以輔國將軍從裴叔業鎮壽陽，爲南譙太守，與叔業有隙，單騎奔魏。魏以道遷爲驍騎將軍，從王肅鎮壽陽，使道遷守合肥。肅卒，道遷棄戍來奔，從梁、秦二州刺史莊丘黑鎮南鄭，以道遷爲長史，領漢中太守。黑卒，詔以都官尚書王珍國爲刺史，未至，道遷陰與軍主考城江(忱)〔悦〕之等謀降魏。

先是，魏仇池鎮將楊靈珍叛魏來奔，朝廷以爲征虜將軍、假武都王，助戍漢中，有部曲六百餘人，道遷憚之。上遣左右吴公之等使南鄭，道遷遂殺使者，發兵擊靈珍父子，斬之，并使者首送於魏。白馬戍主尹天寶聞之，引兵擊道遷，敗其將龐樹，遂圍南鄭。道遷求救於氐王楊紹先、楊集起、楊集義，皆不應，集義弟集朗獨引兵救道遷，擊天寶，殺之。魏以道遷爲平南將軍、豫州刺史、豐縣侯。又以尚書邢巒爲鎮西將軍、都督征梁漢諸軍事，將兵赴之。道遷受平南，辭豫州，且求公爵，魏主不許。

春二月，魏邢巒至漢中，擊諸城戍，所向摧破。晉壽太守王景胤據石亭，巒遣統軍李義珍擊走之。魏以巒爲梁秦二州刺史。巴西太守龐景民據郡不下，郡民嚴玄思聚衆自稱巴州刺史附於魏，攻景民，斬之。楊集起、集義聞魏克漢中而懼，閏月，帥羣氐叛魏，斷漢中糧道，巒屢遣軍擊破之。

夏四月，冠軍將軍孔陵等將兵二萬戍深杭，魯方達戍南安，任僧褒等戍石同以拒魏。梁州刺史邢巒遣統軍王足將兵擊之，所至皆捷，遂入劍閣。陵等退保梓潼，足又進擊，破之。梁州十四郡地，東西七百里，南北千里，皆入于魏。

初，益州刺史當陽侯鄧元起，以母老乞歸，詔徵爲右衛將軍，以西昌侯淵藻代之。淵藻，懿之子也。夏侯道遷之叛也，尹天寶馳使報元起。及魏寇晉壽，王景胤等並遣告急。衆勸元起急救之，元起曰：「朝廷萬里，軍不猝至，若寇賊侵淫，方須撲討，董督之任，非我而誰？何事忽忽救之。」詔假元起都督征討諸軍事，救漢中，而晉壽已陷。蕭淵藻將至，元起營還裝，糧儲器械，取之無遺。淵藻入城，恨之，又求其良馬，元起曰：「年少郎子，何用馬爲？」淵藻恚，因醉，殺之。元起麾下圍城，哭，且問故，淵藻曰：「天子有詔。」衆乃散。遂誣以反，上疑焉。元起故吏廣漢羅研詣闕訟之，上曰：「果如我所量也。」使讓淵藻曰：「元起爲汝報讎，汝爲讎報讎？忠孝之道如何？」乃貶淵藻號爲冠軍將軍，贈元起征西將軍，謚曰忠侯。

李延壽論曰：元起勤乃胥附，功惟闢土，勞之不圖，禍機先陷。冠軍之貶，於罰已輕，梁之政刑，於斯爲失。私戚之端，自斯而啓，年之不永，不亦宜乎。

益州民焦僧護聚衆數萬作亂，蕭淵藻年未弱冠，集僚佐議自擊之。或陳不可，淵藻大怒，斬于階側。乃乘平肩輿巡行賊壘，賊弓亂射，矢下如雨，從者舉楯禦矢，淵藻命去之。由是人心大安，擊僧護等，皆平之。

秋八月庚戌，秦梁二州刺史魯方達與魏王足統軍紀洪雅、盧祖遷戰，敗，方達等十五將皆死。壬子，王景胤等又與祖遷戰，敗，景胤等二十四將皆死。

冬十一月，魏王足圍涪城，蜀人震恐，益州城戍降魏者什二三，民自上名籍者五萬餘户。邢巒表於魏主，請乘勝取蜀，以爲：「建康、成都相去萬里，陸行既絶，惟資水路，水軍西上，非周年不達，益州外無軍援，一可圖也。頃經劉季連反，鄧元起攻圍，資儲空竭，吏民無復固守之志，二可圖也。蕭淵藻裙屐少年，未洽治務，宿昔名將，多見囚戮，今之所任，皆左右少年，三可圖也。蜀之所恃，唯在劍閣，今既克南安，已奪其險，據彼境内，三分已一；自南安向涪，方軌無礙，前軍累敗，後衆喪魄，四可圖也。淵藻是蕭衍骨肉至親，必無死理，若克涪城，淵藻安肯城中坐而受困，必將望風逃去；若其出鬬，庸、蜀士卒駑怯，弓矢寡弱，五可圖也。臣内省文吏，不習軍旅，賴將士竭力，頻有薄捷。既克重阻，民心懷服，瞻望涪、益，旦夕可屠，正以兵少糧匱，未宜前出，今若不取，後圖便難。況益州殷實，户口十萬，比壽春、義陽，其利三倍。朝廷若欲進取，時不可失；若欲保境寧民，則臣居此無事，乞歸侍養。」魏主詔以：「平蜀之舉，當更聽後敕。寇難未夷，何得以養親爲辭！」巒又表稱：「昔鄧艾、鍾會帥十八萬衆，傾中國資儲，僅能平蜀，所以然者，鬭實力也。況臣才非古人，何宜以二萬之衆而希平蜀？所以敢者，正以據得要險，士民慕義，此往則易，彼來則難，任力而行，理有可克。今王足已逼涪城，脱得涪，則益州乃成擒之物，但得之有早晚耳。且梓潼已附，民户數萬，朝廷豈可不守？又劍閣天險，得而棄之，良可惜矣。臣誠知戰伐危事，未易可爲。自軍度劍閣以來，鬢髮中白，日夜戰懼，何可爲心。所以勉强者，既得此地而自退不守，恐負陛下之爵禄故也。且臣之意算，正欲先取涪城，以漸而進。若得涪城，則中分益州之地，斷水陸之衝，彼外無援軍，孤城自守，何能復持久哉！臣今欲使軍軍相次，聲勢連接，先爲萬全之計，然後圖功，得之則大利，不得則自全。又巴西、南鄭相距千四百里，去州迢遰，恒多擾動。昔在南之日，以其統綰勢難，曾立巴州，鎮静夷獠，梁州藉利，因而表罷。彼土民望，嚴、蒲、何、楊，非唯一族，雖率居山谷，而豪右甚多，文學風流，亦爲不少。但以去州既遠，不獲仕進，至於州綱，無由厠迹，是以鬱快，多生異圖。比道遷建義之始，嚴玄思自號巴州刺史，克城以來，仍使行事。巴西廣袤千里，户餘四萬，若於彼立州，鎮攝華獠，則大帖民情，從塾江已還，不勞征伐，自爲國有。」魏主不從。

先是，魏主以王足行益州刺史。上遣天門太守張齊將兵救益州，未至，魏主更以梁州軍司泰山羊祉爲益州刺史。王足聞之，不悦，輒引兵還，遂不能定蜀。久之，足自魏來奔。邢巒在梁州，接豪右以禮，撫小民以惠，州人悦之。巒之克巴西也，使軍主李仲遷守之。仲遷溺於酒色，費散兵儲，公事諮承，無能見者，巒忿之切齒。仲遷懼，謀叛，城人斬其首，以城來降。

五年春正月，楊集義圍魏關城，邢巒使建武將軍傅豎眼討之，集義逆戰，擊破之。乘勝逐北，壬申，克武興，執楊紹先，送洛陽。楊集起、楊集義亡走，遂滅其國，以爲武興鎮，又改爲東益州。

楊集起兄弟相率降魏。

梁魏争淮堰

梁武帝天監十二年夏五月，壽陽久雨，大水入城，廬舍皆没。魏揚州刺史李崇勒兵泊於城上，水增未已，乃乘船附於女牆，城不没者二板。將佐勸崇棄壽陽保北山，崇曰：「吾忝守藩岳，德薄致災。淮南萬里，繫于吾身，一旦動足，百姓瓦解，揚州之地，恐非國物。吾豈愛一身，取愧王尊，但憐此士民無辜同死。可結筏隨高，人規自脱，吾必與此城俱没，幸諸君勿言。」

揚州治中裴絢帥城南民數千家汎舟南走，避水高原。謂崇還北，因自稱豫州刺史，與別駕鄭祖起等送任子來請降。馬仙琕遣兵赴之。

崇聞絢叛，未測虚實，遣國侍郎韓方興單舸召之。絢聞崇在，悵然驚恨，報曰：「比因大水顛狽，爲衆所推。今大計已爾，勢不可追，恐民非公民，吏非公吏，願公早行，無犯將士。」崇遣從弟寧朔將軍神等將水軍討之，絢戰敗，神追拔其營。絢走，爲村民所執，還至尉升湖，曰：「吾何面見李公乎！」乃投水死。絢，叔業之兄孫也。鄭祖起等皆伏誅。崇上表以水災求解州任，魏主不許。

崇沈深寬厚，有方略，得士衆心。在壽春十年，常養壯士數千人，寇來無不摧破，鄰敵謂之「卧虎」。上屢設反間以疑之，又授崇車騎大將軍、開府儀同三司、萬户郡公，諸子皆爲縣侯。而魏主素知其忠篤，委信不疑。

十三年冬十月，魏降人王足陳計，求堰淮水以灌壽陽。上以爲然，使水工陳承伯、材官將軍祖暅視地形，咸謂「淮内沙土漂輕不堅實，功不可就」。上弗聽，發徐、揚民率二十户取五丁以築之，假太子右衛率康絢都督淮上諸軍事，并護堰作於鍾離。役人及戰士合二十萬，南起浮山，北抵巉石，依岸築土，合脊於中流。

十四年春三月，魏左僕射郭祚表稱：「蕭衍狂悖，謀斷川瀆，役苦民勞，危亡已兆。宜命將出師，長驅撲討。」魏詔平南將軍楊大眼督諸軍鎮荆山。夏四月，浮山堰成而復潰。或言蛟龍能乘風雨破堰，其性惡鐵，乃運東西冶鐵器數千萬斤沈之，亦不能合。乃伐樹爲井幹，填以巨石，加土其上。緣淮百里内，木石無巨細皆盡，負檐者肩上皆穿，夏日疾疫，死者相枕，蠅蟲晝夜聲合。

秋九月，左遊擊將軍趙祖悦襲魏西硤石，據之以逼壽陽；更築外城，徙緣淮之民以實城内。將軍田道龍等散攻諸戍，魏揚州刺史李崇分遣諸將拒之。癸亥，魏遣假鎮南將軍崔亮攻西硤石，又遣鎮東將軍蕭寶寅決淮堰。

冬十二月己酉，魏崔亮至硤石，趙祖悦逆戰而敗，閉城自守，亮進圍之。

是冬寒甚，淮、泗盡凍，浮山堰士卒死者什七八。

十五年春正月，魏崔亮攻硤石未下，與李崇約水陸並進，崇屢違期不至。胡太后以諸將不壹，乃以吏部尚書李平爲使持節、鎮軍大將軍兼尚書右僕射，將步騎二千赴壽陽，别爲行臺，節度諸軍，如有乖異，以軍法從事。蕭寶寅遣輕車將軍劉智文等渡淮攻破三壘。二月乙巳，又敗將軍垣孟孫等於淮北。李平至硤石，督李崇、崔亮等刻日水陸進攻，無敢乖互，戰屢有功。

上使左衛將軍昌義之將兵救浮山，未至，康絢已擊魏兵，卻之。上使義之與直閤王神念泝淮救硤石。崔亮遣將軍博陵崔延伯守下蔡，延伯與別將伊甕生夾淮爲營。延伯取車輪去輞，削銳其輻，兩兩接對，揉竹爲絙，貫連相屬，並十餘道，橫水爲橋，兩頭施大鹿盧，出沒隨意，不可燒斫。既斷趙祖悅走路，又令戰艦不通，義之、神念屯梁城不得進。李平部分水陸攻硤石，克其外城。乙丑，祖悅出降，斬之，盡俘其衆。

胡太后賜崔亮書，使乘勝深入。平部分諸將，水陸並進，攻浮山堰。亮違平節度，以疾請還，隨表輒發。平奏處亮死刑，太后令曰：「亮去留自擅，違我經略，雖有小捷，豈免大咎。但吾攝御萬機，庶幾惡殺，可特聽以功補過。」魏師遂還。

三月，魏論西硤石之功，辛未，以李崇爲驃騎將軍，加儀同三司；李平爲尚書右僕射；崔亮進號鎮北將軍。亮與平爭功於禁中，太后以亮爲殿中尚書。

魏蕭寶寅在淮堰，上爲手書誘之，使襲彭城，許送其國廟及室家諸從還北。寶寅表上其書於魏朝。

夏四月，淮堰成，長九里，下廣一百四十丈，上廣四十五丈，高二十丈，樹以杞柳，軍壘列居其上。

或謂康絢曰：「四瀆，天所以節宣其氣，不可久塞。若鑿湫東注，則游波寬緩，堰得不壞。」絢乃開梨東注。又縱反間於魏曰：「梁人所懼開梨，不畏野戰。」蕭寶寅信之，鑿山深五丈，開梨北注，水日夜分流猶不減，魏軍竟罷歸。水之所及，夾淮方數百里。李崇作浮橋於硤石戍間，又築魏昌城於八公山東南，以備壽陽城壞，居民散就岡壟。其水清澈，俯視廬舍冢墓，了然在下。

初，堰起於徐州境內，刺史張豹子宣言，謂己必掌其事；既而康絢以他官來監作，豹子甚慚。俄而敕豹子受絢節度，豹子遂譖絢與魏交通。上雖不納，猶以事畢，徵絢還。

秋八月，康絢既還，張豹子不復修淮堰。九月丁丑，淮水暴漲，堰壞，其聲如雷，聞三百里，緣淮城戍村落十餘萬口皆漂入海。初，魏人患淮堰，以任城王澄爲上將軍、大都督南討諸軍事，勒衆十萬，將出徐州來攻堰。尚書右僕射李平以爲「不假兵力，終當自壞」。及聞破，太后大喜，賞平甚厚，澄遂不行。

元乂幽后

梁武帝天監九年春三月丙戌，魏皇子詡生，大赦。詡母胡充華，臨涇人，父國珍襲武始伯。充華初選入掖庭，同列以故事祝之曰：「願生諸王、公主，勿生太子。」充華曰：「妾之志異於諸人，奈何畏一身之死而使國家無嗣乎？」及有娠，同列勸去之，充華不可，私自誓曰：「若幸而生男，次第當長，男生身死，所不憾也。」既而生詡，先是，魏主頻喪皇子，年漸長，深加慎護，擇良家宜子者以爲乳保，養於別宮，皇后、充華皆不得近。

十一年冬十月乙亥，魏立皇子詡爲太子，始不殺其母。

十二年秋八月，魏主幸東宮，以中書監崔光爲太子少傅。

十四年春正月甲寅，魏主有疾，丁巳，殂于式乾殿。侍中、中書監、太子少傅崔光，侍中領軍將軍于忠，詹事王顯，中庶子代人侯剛迎太子詡於東宮，即皇帝位。高后欲殺胡貴嬪，中給事譙郡劉騰以告侯剛，剛以告于忠。忠問計於崔光，光使置貴嬪於別所，嚴加守衛，由是貴嬪深德四人。

二月庚辰，尊皇后爲皇太后。己亥，尊胡貴嬪爲皇太妃。三月甲辰朔，以高太后爲尼，徙居金墉城瑤光寺，非大節慶，不得入宮。

秋八月丙子，魏尊胡太妃爲皇太后，居崇訓宮。于忠領崇訓衛尉，劉騰爲崇訓太僕，加侍中，侯剛爲侍中、撫軍將軍。又以太后父國珍爲光禄大夫。

魏江陽王繼之子乂娶胡太后妹，以乂爲通直散騎侍郎，乂妻爲新平郡君，仍拜女侍中。羣臣奏請皇太后臨朝稱制，九月乙未，靈太后始臨朝聽政。太后聰悟，頗好讀書屬文，射能中針孔，政事皆出手筆自決。加胡國珍侍中，封安定公。

十五年秋九月，魏胡太后數幸宗戚勳貴之家。侍中崔光表諫曰：「禮『諸侯非問疾弔喪而入諸臣之家，謂之君臣爲謔』。不言王后夫人，明無適臣家之義。夫人，父母在有歸寧，没則使卿寧。漢上官皇后將廢昌邑，霍光、外祖也，親爲宰輔，后猶御武帳以接羣臣，示男女之别也。今帝族方衍，勳貴增遷，祗請遂多，將成彝式。願陛下簡息遊幸，則率土屬賴，含生仰悦矣。」

十七年秋(七)〔八〕月，魏宦者劉騰，手不解書，而多姦謀，善揣人意。胡太后以其保護之功，累遷至侍中、右光禄大夫，遂干預政事，納賂爲人求官，無不效者。河間王琛，簡之子也，爲定州刺史，以貪縱著名。及罷州還，太后詔曰：「琛在定州，唯不將中山宫來，自餘無所不致，何可更復叙用？」遂廢于家。琛乃求爲騰養息，賂騰金寶巨萬計。騰爲之言於太后，得兼都官尚書，出爲秦州刺史。會騰疾篤，太后欲及其生而貴之，九月癸未朔，以騰爲衛將軍，加儀同三司。

普通元年。魏太傅侍中、清河文獻王懌，美風儀，胡太后逼而幸之。然素有才能，輔政多所匡益，好文學，禮敬士人，時望甚重。侍中領軍將軍元乂在門下，兼總禁兵，恃寵驕恣，志欲無極，懌每裁之以法，乂由是怨之。衛將軍、儀同三司劉騰，權傾内外，吏部希騰意，奏用騰弟爲郡，人資乖越，懌抑而不奏，騰亦怨之。龍驤府長史宋維，弁之子也，懌薦爲通直郎，浮薄無行。乂許維以富貴，使告司染都尉韓文殊父子謀作亂立懌。懌坐禁止，案驗，無反狀，得釋。維當反坐，乂言於太后曰：「今誅維，後有真反者，人莫敢告。」乃黜維爲昌平郡守。

乂恐懌終爲己害，乃與劉騰密謀，使主食中黄門胡定自列，云「懌貨定使毒魏主，若己得爲帝，許定以富貴」。帝時年十一，信之。秋七月丙子，太后在嘉福殿，未御前殿，乂奉帝御顯陽殿，騰閉永巷門，太后不得出。懌入，遇乂於含章殿後，乂厲聲不聽懌入。懌曰：「汝欲反邪？」乂曰：「乂不反，正欲縛反者耳。」命宗士及直齋執懌衣袂，將入含章東省，使人防守之。騰稱詔集公卿議，論懌大逆。衆咸畏乂，無敢異者。唯僕射新泰文貞公游肇抗言，以爲不可，終不下署。

乂、騰持公卿議入奏，俄而得可，夜中殺懌。於是詐爲太后詔，自稱有疾，還政於帝。幽太后於北宫宣光殿，宫門晝夜長閉，内外斷絶，騰自執管籥，帝亦不得省見，裁聽傳食而已。太后服膳俱廢，不免飢寒，乃歎曰：「養虎得噬，我之謂矣。」乂使中常侍酒泉賈粲侍帝書，密令防察動止。乂遂與太師高陽王雍等同輔政，帝謂乂爲姨父。乂與騰表裏擅權，乂爲外禦，騰爲内防，常直禁省，共裁刑賞，政無巨細，決於二人，威振内外，百僚重跡。朝野聞懌死，無不喪氣，胡夷爲之剺面者數百人。游肇憤邑而卒。

魏相州刺史中山文莊王熙，英之子也，與弟給事黄門侍郎略、司徒祭酒纂，皆爲清河王懌所厚，聞懌死，起兵於鄴，上表欲誅元乂、劉騰。纂亡奔鄴。後十日，長史柳元章等帥城人鼓譟而入，殺其左右，執熙、纂并諸子置於高樓。八月甲寅，元乂遣尚書左丞盧同就斬熙於鄴街，并其子弟。

熙好文學，有風義，名士多與之遊。將死，與故知書曰：「吾與弟並蒙皇太后知遇，兄據大州，弟則入侍，殷勤言色，恩同慈母。今皇太后見廢北宫，太傅清河王横受屠酷，主上幼年，獨在前殿。君親如此，無以自安，故帥兵民欲建大義於天下。但智力淺短，旋見囚執，上慚朝廷，下愧相知。本以名義干心，不得不爾，流腸碎首，復何言哉！凡百君子，各敬爾儀，爲國爲身，善勗名節。」聞者憐之。熙首至洛陽，親故莫敢視，前驍騎將軍刁整獨收其尸而藏之。

二年。魏元乂、劉騰之幽胡太后也，右衛將軍奚康生預其謀，乂以康生爲撫軍大將軍、河南尹，仍使之領左右。康生子難當娶侍中左衛將軍侯剛女，剛子，乂之妹夫也，乂以康生通姻，深相委託，三人率多俱宿禁中，時或迭出，以難當爲千牛備身。康生性粗武，言氣高下，乂稍憚之，見于顔色，康生亦微懼不安。

〔二月〕甲午，魏主朝太后于西林園，文武侍坐，酒酣迭舞。康生乃爲力士儛，及折旋之際，每顧視太后，舉手蹈足，瞋目頷首，爲執殺之勢，太后解其意而不敢言。日暮，太后欲攜帝宿宣光殿，侯剛曰：「至尊已朝訖，嬪御在南，何必留宿？」康生曰：「至尊陛下之兒，隨陛下將東西，更復訪誰！」羣臣莫敢應，太后自起，援帝臂下堂而去。康生大呼，唱萬歲。帝前入閤，左右競相排，閤不得閉。康生奪難當千牛刀，斫直後元思輔，乃得定。帝既升宣光殿，左右侍臣俱立西階下。康生乘酒勢將出處分，爲乂所執，鎖於門下。光禄勳賈粲紿太后曰：「侍官懷恐不安，陛下宜親安慰。」太后信之，適下殿，粲即扶帝出東序，前御顯陽殿，還閉太后於宣光殿。至晚，乂不出，令侍中、黄門、僕射、尚書等十餘人，就康生所訊其事，處康生斬刑，難當絞刑。乂與剛並在内，矯詔决之。康生如奏，難當恕死從流。難當哭辭父，康生慷慨不悲，曰：「我不反死，汝何哭也？」時已昏闇，有司驅康生赴市，斬之。尚食典御奚混與康生同執刀入内，亦坐絞。難當以侯剛壻，得留百餘日，竟流安州。久之，乂使行臺盧同就殺之。

以劉騰爲司空。八坐、九卿常旦造騰宅，參其顏色，然後赴省府，亦有歷日不能見者。公私屬請，唯視貨多少。舟車之利，山澤之饒，所在搉酤，刻剥六鎮，交通互市，歲入利息以巨萬萬計。逼奪鄰舍以廣其居，遠近苦之。

四年春三月，魏司空劉騰卒。宦官爲騰義息重服者四十餘人，衰絰送葬者以百數，朝貴送葬者塞路滿野。

六年。初，魏劉騰既卒，胡太后及魏主左右防衛微緩。元乂亦自寬，時出遊於外，留連不返，其所親諫，乂不納。太后察知之。去秋，太后對帝謂羣臣曰：「今隔絶我母子，不聽往來，復何用我爲？我當出家，脩道於嵩山閒居寺耳。」因欲自下髮。帝及羣臣叩頭泣涕，殷勤苦請，太后聲色愈厲。帝乃宿於嘉福殿，積數日，遂與太后密謀黜乂。然帝深匿形迹，太后有忿恚，欲得往來顯陽之言，皆以告乂。又對乂流涕，敘太后欲出家，憂怖之心日有數四。乂殊不以爲疑，乃勸帝從太后所欲。於是太后數御顯陽殿，二宮無復禁礙。乂舉元法僧爲徐州，法僧反，太后數以爲言，乂深愧悔。

丞相高陽王雍雖位居乂上，而深畏憚之。會太后與帝遊洛水，雍邀二宮幸其第。日晏，帝與太后至雍內室，從者皆不得入，遂相與定圖乂之計。於是太后謂乂曰：「元郎若忠於朝廷，無反心，何故不去領軍，以餘官輔政？」乂甚懼，免冠求解領軍。乃以乂爲驃騎大將軍、開府儀同三司、尚書令、侍中，領左右。

魏元乂雖解兵權，猶總任內外，殊不自意有廢黜之理。胡太后意猶豫未決，侍中穆紹勸太后速去之。紹，亮之子也。潘嬪有寵於魏主，宦官張景嵩説之，云「乂欲害嬪」，嬪泣訴於帝曰：「乂非獨欲殺妾，又將不利於陛下。」帝信之，因乂出宿，解乂侍中。明旦，乂將入宮，門者不納。夏四月辛卯，太后復臨朝攝政，下詔追削劉騰官爵，除乂名爲民。清河國郎中令韓子熙上書爲清河王懌訟冤，乞誅元乂等，曰：「昔趙高柄秦，令關東鼎沸。今元乂專魏，使四方雲擾。開逆之端，起於宋維，成禍之末，良由劉騰。宜梟首洿宫，斬骸沈族，以明其罪。」太后命發劉騰之墓，露散其骨，籍没家貲，盡殺其養子。以子熙爲中書舍人。子熙，麒麟之孫也。

乂之解領軍也，太后以乂黨與尚强，未可猝制，乃以侯剛代乂爲領軍以安其意。尋出剛爲冀州刺史，加儀同三司。未至州，黜爲征虜將軍，卒於家。太后欲殺賈粲，以乂黨多，恐驚動内外，乃出粲爲濟州刺史，尋追殺之，籍没其家。唯乂以妹夫，未忍行誅。

先是，給事黄門侍郎元順以剛直忤乂意，出爲齊州刺史。太后徵還，爲侍中。侍坐於太后，乂妻在太后側，順指之曰：「陛下奈何以一妹之故，不正元乂之罪，使天下不得伸其冤憤。」太后嘿然。順，澄之子也。他日，太后從容謂侍臣曰：「劉騰、元乂昔邀朕求鐵券，冀得不死，朕賴不與。」韓子熙曰：「事關生殺，豈繫鐵券？且陛下昔雖不與，何解今日不殺。」太后憮然。未幾，有告乂及弟爪謀誘六鎮降户反於定州，又招魯陽諸蠻侵擾伊闕，欲爲内應。得其手書，太后猶未忍殺之。羣臣固執不已，魏主亦以爲言，太后乃從之，賜乂及弟爪死於家，猶贈乂驃騎大將軍、儀同三司、尚書令。江陽王繼廢於家，病卒。前幽州刺史盧同坐乂黨除名。

太后頗事粧飾，數出遊幸，元順面諫曰：「禮，婦人夫没自稱未亡人，首去珠玉，衣不文采。陛下母臨天下，年垂不惑，脩飾過甚，何以儀刑後世？」太后慚而還宮，召順，責之曰：「千里相徵，豈欲衆中見辱邪！」順曰：「陛下不畏天下之笑，而恥臣之一言乎？」順與穆紹同直，順因醉入其寢所。紹擁被而起，正色讓順曰：「身二十年侍中，與卿先君亟連職事，縱卿方進用，何宜相排突也？」遂謝事還家，詔諭久之，乃起。

六鎮之叛

梁武帝普通四年夏四月甲申，魏遣尚書令李崇擊柔然阿那瓌，崇長史鉅鹿魏蘭〔根〕説崇曰：「昔緣邊初置諸鎮，地廣人稀，或徵發中原强宗子弟，或國之肺腑，寄以爪牙。中年以來，有司號爲『府户』，役同廝養，官婚班齒，致失清流。而本來族類，各居榮顯，顧瞻彼此，理當憤怨。宜改鎮立州，分置郡縣，凡是府户，悉免爲民，入仕次叙，一準其舊，文武兼用，威恩並施。此計若行，國家庶無北顧之慮矣。」崇爲之奏聞，事寢，不報。

初，元乂既幽胡太后，常入直於魏主所居殿側，曲盡佞媚，帝由是寵信之。乂出入禁中，恒令勇士持兵以自先後。時出休於千秋門外，施木欄楯，使腹心防守以備竊發，士民求見者，遥對之而已。其始執政之時，矯情自飾，以謙勤接物，時事得失，頗以關懷。既得志，遂自驕愎，嗜酒好色，貪吝寶賄，與奪任情，紀綱壞亂。父京兆王繼尤貪縱，與其妻子各受賂遺，請屬有司，莫敢違者。乃至郡縣小吏亦不得公選，牧守、令長率皆貪汙之人。由是百姓困窮，人人思亂。

武衛將軍于景，忠之弟也，謀廢乂，乂黜爲懷荒鎮將。及柔然入寇，鎮民請糧，景不肯給，鎮民不勝忿，遂反，執景殺之。未幾沃野鎮民破六韓拔陵聚衆反，殺鎮將，改元真王，諸鎮華夷之民往往響應。拔陵引兵南侵，遣別帥衛可孤圍武川鎮，又攻懷朔鎮。尖山賀拔度拔及其三子允、勝、岳皆有材勇，懷朔鎮將楊鈞擢度拔爲統軍，三子爲軍主，以拒之。

五年春三月，魏以臨淮王彧都督北討諸軍事，討破六韓拔陵。夏四月，高平鎮民赫連恩等反，推敕勒酋長胡琛爲高平王，攻高平鎮以應拔陵。魏將盧祖遷擊破之，琛北走。

衛可孤攻懷朔鎮經年，外援不至，楊鈞使賀拔勝詣臨淮王彧告急。勝募敢死少年十餘騎，夜伺隙潰圍出，賊騎追及之，勝曰：「我賀拔破胡也。」賊不敢逼。勝見彧於雲中，説之曰：「懷朔被圍，旦夕淪陷。大王今頓兵不進，懷朔若陷，則武川亦危，賊之鋭氣百倍，雖有良、平，不能爲大王計矣。」彧許爲出師。勝還，復突圍而入。鈞復遣勝出覘武川，武川已陷。勝馳還，懷朔亦潰，勝父子俱爲可孤所虜。

五月，臨淮王彧與破六韓拔陵戰於五原，兵敗，彧坐削除官爵。安北將軍隴西李叔仁又敗於白道，賊勢日盛。

魏主引丞相、令、僕、尚書、侍中、黄門於顯陽殿，問之曰：「今寇連恒、朔，逼近金陵，計將安出？」吏部尚書元脩義請遣重臣督軍鎮恒、朔以捍寇，帝曰：「去歲阿那瓌叛亂，遣李崇北征，崇上表求改鎮爲州，朕以舊章難革，不從其請。尋崇此表，開鎮户非冀之心，致有今日之患。但既往難追，聊復略論耳。然崇貴戚重望，器識英敏，意欲還遣崇行，何如？」僕射蕭寶寅等皆曰：「如此，實合羣望。」崇曰：「臣以六鎮遐僻，密邇寇戎，欲以慰悦彼心，豈敢導之爲亂？臣罪當就死，陛下赦之。今更遣臣北行，正是報恩改過之秋。但臣年七十，加之疲病，不堪軍旅，願更擇賢材。」帝不許。脩義，天賜之子也。

臣光曰：李崇之表，乃所以銷禍於未萌，制勝於無形。魏肅宗既不能用，及亂生之日，曾無愧謝之言，乃更以爲崇罪。彼不明之君，烏可與謀哉？詩云：「聽言則對，誦言如醉，匪用其良，覆俾我悖！」其是之謂矣。

（夏四月）壬申，加崇使持節、開府儀同三司、北討大都督，命撫軍將軍崔暹、鎮軍將軍廣陽王深皆受崇節度。深，嘉之子也。

六月，魏自破六韓拔陵之反，二夏、豳、凉寇盜蜂起。秦州刺史李彦，政刑殘虐，在下皆怨。是月，城内薛珍等聚黨突入州門，擒彦殺之，推其黨莫折大提爲帥，大提自稱秦王。魏遣雍州刺史元志討之。

初，南秦州豪右楊松柏兄弟數爲寇盜，刺史博陵崔遊誘之使降，引爲主簿，接以辭色，使説下羣氏，既而因宴會盡收斬之，由是所部莫不猜懼。遊聞李彦死，自知不安，欲逃去，未果。城民張長命、韓祖香、孫掩等攻遊，殺之，以城應大提。大提遣其黨卜胡襲高平，克之，殺鎮將赫連略，行臺高元榮。大提尋卒，子念生自稱天子，置百官，改元天建。

秋七月甲寅，魏遣吏部尚書元脩義兼尚書僕射，爲西道行臺，帥諸將討莫折念生。崔暹違李崇節度，與破六韓拔陵戰于白道，大敗，單騎走還。拔陵并力攻崇，崇力戰不能禦，引還雲中，與之相持。廣陽王深上言：「先朝都平城，以北邊爲重，盛簡親賢，擁麾作鎮，配以高門子弟，以死防遏，非唯不廢仕宦，乃更獨得復除，當時人物，忻慕爲之。太和中，僕射李冲用事，凉州土人悉免厮役。帝鄉舊門，仍防邊戍，自非得罪當世，莫肯與之爲伍。本鎮驅使，但爲虞候、白直，一生推遷，不過軍主。然其同族留京師者，得上品通官，在鎮者即爲清途所隔，或多逃逸。乃峻邊兵之格，鎮人不聽，浮遊在外，於是少年不得從師，長者不得遊宦，獨爲匪人，言之流涕。自定鼎伊、洛，邊任益輕，唯底滯凡才，乃出爲鎮將，轉相模習，專事聚斂。或諸方姦吏，犯罪配邊，爲之指蹤，政以賄立，邊人無不切齒。

及阿那瓌背恩縱掠，發奔命追之，十五萬衆度沙漠，不日而還。邊人見此援師，遂自意輕中國。尚書令臣崇求改鎮爲州，抑亦先覺，朝廷未許，而高闕戍主御下失和，拔陵殺之，遂相帥爲亂，攻城掠地，所過夷滅，王師屢北，賊黨日盛。此段之舉，指望銷平，而崔暹隻輪不返，臣崇與臣遂巡復路，相與還次雲中，將士之情，莫不解體。今日所慮，非止西北，將恐諸鎮尋亦如此，天下之事，何易可量！」書奏，不省。詔徵崔暹繫廷尉，暹以女妓、田園賂元乂，卒得不坐。

丁丑，莫折念生遣其都督楊伯年等攻仇鳩、河池二戍，東益州刺史魏子建遣將軍伊祥等擊破之，斬首千餘級。東益州本氐王楊紹先之國，將佐皆以城民勁勇，二秦反者皆其族類，請先收其器械。子建曰：「城民數經行陳，撫之足以爲用，急之則腹背爲患。」乃悉召城民慰諭之，既而漸分其父兄子弟外戍諸郡，內外相顧，卒無叛者。子建，蘭根之族兄也。

八月，魏員外散騎侍郎李苗上書曰：「凡食少兵精利於速戰，糧多卒衆事宜持久。今隴賊猖狂，非有素蓄，雖據兩城，本無德義。其勢在於疾攻，日有降納，遲則人情離沮，坐待崩潰。夫飇至風舉，逆者求萬一之功；高壁深壘，王師有全制之策。但天下久泰，人不曉兵，奔利不相待，逃難不相顧，將無法令，士非教習，不思長久之計，各有輕敵之心。如令隴東不守，汧軍敗散，則兩秦遂強，三輔危弱，國之右臂，於斯廢矣。宜勒大將堅壁勿戰，別命偏裨帥精兵數千出麥積崖，以襲其後，則汧岐之下，羣妖自散。」魏以苗爲統軍，與別將淳于誕俱出梁、益，隸魏子建。未至，莫折念生遣其弟高陽王天生將兵下隴。甲午，都督元志與戰於隴口，志兵敗，棄衆東保岐州。

東西部敕勒皆叛魏，附於破六韓拔陵。魏主始思李崇及廣陽王深之言。丙申，下詔：「諸州鎮軍貫非有罪配隸者，皆免爲民。」改鎮爲州，以懷朔鎮爲朔州，更命朔州曰雲州。遣兼黃門侍郎酈道元爲大使，撫慰六鎮。時六鎮已盡叛，道元不果行。先是，代人遷洛者多爲選部所抑，不得仕進。及六鎮叛，元乂乃用代來寒人爲傳詔以慰悅之。

戊戌，莫折念生遣都督竇雙攻魏盤頭郡，東益州刺史魏子建遣將軍竇念祖擊破之。

九月，魏西道行臺元脩義得風疾，不能治軍。壬申，魏以尚書左僕射齊王蕭寶寅爲西道行臺大都督，帥諸將討莫折念生。

冬十月，胡琛遣其將宿勤明達寇豳、夏、北華三州。壬午，魏遣都督北海王顥帥諸將討之。顥，詳之子也。

魏廣陽王深上言：「今六鎮盡叛，高車二部亦與之同，以此疲兵擊之，必無勝理。不若選練精兵守恒州諸要，更爲後圖。」遂與李崇引兵還平城。崇謂諸將曰：「雲中者，白道之衝，賊之咽喉，若此地不全，則并、肆危矣。當留一人鎮之，誰可者？」衆舉費穆，崇乃請穆爲朔州刺史。

賀拔度拔父子及武川宇文肱糾合鄉里豪傑，共襲衛可孤，殺之。度拔尋與鐵勒戰，死。

莫折天生進攻魏岐州，十一月戊申，陷之，執都督元志及刺史裴芬之，送莫折念生，殺之。念生又使卜胡等寇涇州，敗光禄大夫薛巒於平凉東。巒，安都之孫也。

高平人攻殺卜胡，共迎胡琛。

十二月壬辰，魏以京兆王繼爲太師、大將軍、都督西道諸軍，以討莫折念生。

魏魏子建招諭南秦諸氐，稍稍降附，遂復六郡十二戍，斬賊帥韓祖香。魏以子建兼尚書、爲行臺，刺史如故，梁、巴、二益、二秦諸州皆受節度。

莫折念生遣兵攻凉州，城民趙天安復執刺史以應之。

六年春正月，莫折天生軍於黑水，兵勢甚盛。魏以岐州刺史崔延伯爲征西將軍、西道都督，帥衆五萬討之。延伯與行臺蕭寶寅軍于馬嵬。延伯素驍勇，寶寅趣之使戰，延伯曰：「明晨爲公參賊勇怯。」乃選精兵數千，西渡黑水，整陳向天生營，寶寅軍於水東，遥爲繼援。延伯直抵天生營下，揚威脅之，徐引兵還。天生見延伯衆少，開營争逐之，其衆多於延伯十倍，蹙延伯於水次，寶寅望之失色。延伯自爲後殿，不與之戰，使其衆先渡，部伍嚴整，天生兵不敢擊。須臾，渡畢，延伯徐渡，天生之衆亦引還。寶寅喜曰：「崔君之勇，關、張不如。」延伯曰：「此賊非老奴敵也。明公但安坐，觀老奴破之。」癸亥，延伯勒兵出，寶寅舉軍繼其後。天生悉衆逆戰，延伯身先士卒，陷其前鋒，將士盡鋭競進，大破之，俘斬十餘萬，追奔至小隴，岐、雍及隴東皆平。將士稽留採掠，天生遂塞隴道，由是諸軍不能進。

寶寅破宛川，俘其民以爲奴婢，以美女十人賞岐州刺史魏蘭根。蘭根辭曰：「此縣介於强寇，不能自立，故附從以救死。官軍之至，宜矜而撫之，奈何助賊爲虐，翦以爲賤役乎？」悉求其父兄而歸之。

二月壬辰，莫折念生遣都督楊鮓等攻仇池郡，行臺魏子建擊破之。

夏四月，胡琛據高平，遣其大將万俟醜奴、宿勤明達等寇魏涇州，將軍盧祖遷、伊甕生討之，不克。蕭寶寅、崔延伯既破莫折天生，引兵會祖遷等於安定，甲卒十二萬，鐵馬八千，軍威甚盛。醜奴軍於安定西北七里，時以輕騎挑戰，大兵未交，輒委走。延伯恃其勇，且新有功，遂唱議爲先驅擊之。別造大盾，内爲鎖柱，使壯士負而趨，謂之「排城」，置輜重於中，戰士在外，自安定北緣原北上。將戰，有賊數百騎詐持文書，云是降簿，且乞緩師。寶寅、延伯未及閲視，宿勤明達引兵自東北至，降賊自西競下，覆背擊之。延伯上馬奮擊，逐北徑抵其營。賊皆輕騎，延伯軍雜步卒，戰久疲乏，賊乘間得入排城，延伯遂大敗，死傷近二萬人。寶寅收衆，退保安定。延伯自恥其敗，乃繕甲兵，募驍勇，復自安定西進，去賊七里結營。壬辰，不告寶寅，獨出襲賊，大破之，俄頃，平其數栅。賊見軍士採掠散亂，復還擊之，魏兵大敗，延伯中流矢卒，士卒死者萬餘人。時大寇未平，復失驍將，朝野爲之憂恐。於是賊勢愈盛，而羣臣自外來者，太后問之，皆言賊弱，以求悦媚，由是將帥求益兵者往往不與。

（夏）六月，破六韓拔陵圍魏廣陽王深於五原，軍主賀拔勝募二百人開東門出戰，斬首百餘級，賊稍退。深拔軍向朔州，勝常爲殿。

雲州刺史費穆招撫離散，四面拒敵。時北境州鎮皆没，唯雲中一城獨存。久之，道路阻絶，援軍不至，糧仗俱盡，穆棄城南奔爾朱榮於秀容。既而詣闕請罪，詔原之。

長流參軍于謹言於廣陽王深曰：「今寇盜蠭起，未易專用武力勝也。謹請奉大王之威命，諭以禍福，庶幾稍可離也。」深許之。謹兼通諸國語，乃單騎詣叛胡營，見其酋長，開示恩信，於是西部鐵勒酋長也列河等將三萬餘户南詣深降。深欲引兵至折敷嶺迎之，謹曰：「破六韓拔陵兵勢甚盛，聞也列河等來降，必引兵邀之，若先據險要，未易敵也。不若以也列河餌之，而伏兵以待之，必可破也。」深從之。拔陵果引兵邀擊也列河，盡俘其衆； 伏兵發，拔陵大敗，復得乜列河之衆而還。

柔然頭兵可汗大破破六韓拔陵，斬其將孔雀等。拔陵避柔然，南徙渡河。將軍李叔仁以拔陵稍逼，求援於廣陽王深，深帥衆赴之，賊前後降附者二十萬人。深與行臺元纂表「乞於恒州北別立郡縣，安置降户，隨宜賑（賫）〔貸〕，息其亂心」。魏朝不從，詔黄門侍郎楊置分處之於冀、定、瀛三州就食。深謂纂曰：「此輩復爲乞活矣。」

秋八月，魏柔玄鎮民杜洛周聚衆反於上谷，改元真王，攻没郡縣，高歡、蔡儁、尉景及段榮、安定彭樂皆從之。洛周圍魏燕州刺史博陵崔秉。九月丙辰，魏以幽州刺史常景兼尚書爲行臺，與幽州都督元譚討之。景，爽之孫也。自盧龍塞至軍都關皆置兵守險，譚屯居庸關。

初，敕勒酋長斛律金事懷朔鎮將楊鈞爲軍主，行兵用匈奴法，望塵知馬步多少，嗅地知軍遠近。及破六韓拔陵反，金擁衆歸之，拔陵署金爲王。既而知拔陵終無所成，乃詣雲州降，仍稍引其衆南出黄瓜堆，爲杜洛周所破，脱身歸爾朱榮，榮以爲別將。

七年春正月，魏安州石離、穴城、斛（鹽）〔鹽〕三戍兵反，應杜洛周，衆合二萬，洛周自松岍赴之。行臺常景使別將崔仲哲屯軍都關以邀之，仲哲戰没。元譚軍夜潰，魏以別將李琚代譚爲都督。仲哲，秉之子也。

五原降户鮮于脩禮等帥北鎮流民反於定州之左城，改元魯興。夏四月，杜洛周南出，鈔掠薊城，魏常景遣統軍梁仲禮擊破之。丁未，都督李琚與洛周戰於薊城之北，敗没。常景帥衆拒之，洛周引還上谷。

六月，杜洛周遣都督王曹紇真等將兵掠薊南，秋七月丙午，行臺常景遣都督于榮等擊之於栗園，大破之，斬曹紇真及將卒三千餘級。洛周帥衆南趣范陽，景與榮等又破之。

八月癸巳，賊帥元洪業斬鮮于脩禮，請降于魏。賊黨葛榮復殺洪業自立。

九月，葛榮既得杜洛周之衆，北趣瀛州，自稱天子，國號齊，改元廣安。甲申，魏行臺常景破杜洛周，斬其武川王賀拔文興等，捕虜四百人。

天水民吕伯度，本莫折念生之黨也，後更據顯親以拒念生；已而不勝，亡歸胡琛，琛以爲大都督、秦王，資以士馬，使擊念生。伯度屢破念生軍，復據顯親，乃叛琛，東引魏軍。念生窘迫，乞降於蕭寶寅，寶寅使行臺左丞崔士和據秦州。魏以伯度爲涇州刺史，封平秦郡公。大都督元脩義停軍隴口，久不進，念生復反，執士和送胡琛，於道殺之。久之，伯度爲万俟醜奴所殺，賊勢益盛，寶寅不能制。胡琛與莫折念生交通，事破六韓拔陵浸慢，拔陵遣其臣費律至高平，誘琛，斬之，醜奴盡并其衆。

冬十一月，杜洛周圍范陽，戊戌，民執魏幽州刺史王延年、行臺常景送洛周，開門納之。

大通元年春正月，魏分定、相二州四郡置殷州，以北道行臺博陵崔楷爲刺史。楷表稱「州今新立，尺刃斗糧，皆所未有，乞資以兵糧」。詔付外量聞，竟無所給。或勸楷留家，單騎之官，楷曰：「吾聞食人之禄者憂人之憂。若吾獨往，則將士誰肯用志哉！」遂舉家之官。葛榮逼州城，或勸減弱小以避之，楷遣幼子及一女夜出，既而悔之，曰：「人謂吾心不固，虧忠而全愛也。」遂命追還。賊至，强弱相懸，又無守禦之具。楷撫勉將士以拒之，莫不争奮，皆曰：「崔公尚不惜百口，吾屬何愛一身！」連戰不息，死者相枕，終無叛志。辛未，城陷，楷執節不屈，榮殺之，遂圍冀州。

魏蕭寶寅出兵累年，將士疲弊。秦賊擊之，寶寅大敗於涇州，收散兵萬餘人，屯逍遥園，東秦州刺史潘義淵以汧城降賊。莫折念生進逼岐州，城人執刺史魏蘭根應之。豳州刺史畢祖暉戰没，行臺羊深棄城走，北海王顥軍亦敗。賊帥胡引祖據北華州，叱干麒麟據豳州以應天生，關中大擾。雍州刺史楊椿募兵得七千餘人，帥以拒守，詔加椿侍中兼尚書右僕射，爲行臺，節度關西諸將。北地功曹毛鴻賓引賊抄掠渭北，雍州録事參軍楊侃將兵三千掩擊之，鴻賓懼，請討賊自效，遂擒送宿勤烏過仁。烏過仁者，明達之兄子也。莫折天生乘勝寇雍州，蕭寶寅部將羊侃隱身塹中射之，應弦而斃，其衆遂潰。侃，祉之子也。

魏右民郎陽平路思令上疏，以爲：「師出有功，在於將帥，得其人則六合唾掌可清，失其人則三河方爲戰地。竊以比年將帥多寵貴子孫，銜杯躍馬，志逸氣浮，軒眉攘腕，以攻戰自許。及臨大敵，憂怖交懷，雄圖銳氣，一朝頓盡。乃令羸弱在前以當寇，强壯居後以衛身，兼復器械不精，進止無節，以當負險之衆，敵數戰之虜，欲其不敗，豈可得哉！是以兵知必敗，始集而先逃；將帥畏敵，遷延而不進。國家謂官爵未滿，屢加寵命，復疑賞賚之輕，日散金帛。帑藏空竭，民財殫盡，遂使賊徒益甚，生民彫弊，凡以此也。夫德可感義夫，恩可勸死士。今若黜陟幽明，賞罰善惡，簡練士卒，繕修器械，先遣辯士曉以禍福，如其不悛，以順討逆，如此則何異勵蕭斧而伐朝菌，鼓洪爐而燎毛髮哉。」弗聽。

二月，秦賊據魏潼關。

三月甲子，魏主詔將西討，中外戒嚴。會秦賊西走，復得潼關。戊辰，詔回駕北討，其實皆不行。

葛榮久圍信都，魏以金紫光禄大夫源子邕爲北討大都督，以救之。

魏蕭寶寅之敗也，有司處以死刑，詔免爲庶人。雍州刺史楊椿有疾，求解，復以寶寅爲都督雍涇等四州諸軍事、征西將軍、雍州刺史、開府儀同三司、西討大都督，自關以西皆受節度。椿還鄉里，其子昱將適洛陽，椿謂之曰：「當今雍州刺史亦無踰寶寅者，但其上佐，朝廷應遣心膂重人，何得任其牒用？此乃聖朝百慮之一失也。且寶寅不藉刺史爲榮，吾觀其得州，喜悦特甚，至於賞罰云爲，不依常憲，恐有異心。汝今赴京師，當以吾此意啓二聖，并白宰輔，更遣長史、司馬、防城都督，欲安關中，正須三人耳，如不遣，必成深憂。」昱面啓魏主及太后，皆不聽。

秋七月，魏相州刺史樂安王鑒與北道都督裴衍共救信都。鑒幸魏多故，陰有異志，遂據鄴叛，降葛榮。

八月，魏遣都督源子邕、李神軌、裴衍攻鄴。子邕行及湯陰，樂安王鑒遣弟斌之夜襲子邕營，不克。子邕乘勝進圍鄴城，丁未，拔之，斬鑒，傳首洛陽，改姓拓跋氏。魏因遣子邕、裴衍討葛榮。

九月，秦州城民杜粲殺莫折念生闔門皆盡，粲自行州事。南秦州城民辛琛亦自行州事，遣使詣蕭寶寅請降。魏復以寶寅爲尚書令，還其舊封。

蕭寶寅之敗於涇州也，或勸之歸罪洛陽，或曰不若留關中立功自效。行臺都令史河間馮景曰：「擁兵不還，此罪將大。」寶寅不從，自念出師累年，糜費不貲，一旦覆敗，内不自安；魏朝亦疑之。

中尉酈道元素名嚴猛，司州牧汝南王悦嬖人丘念弄權縱恣，道元收念付獄。悦請之於胡太后，太后敕赦之，道元殺之，并以劾悅。

時寶寅反狀已露，悅乃奏以道元爲關右大使。寶寅聞之，謂爲取己，甚懼。長安輕薄子弟，復勸使舉兵。寶寅以問河東柳楷，楷曰：「大王，齊明帝子，天下所屬。今日之舉，實允人望。且謠言『鸞生十子九子𣪠，一子不𣪠關中亂』。亂者治也，大王當治關中，何所疑？」道元至陰盤驛，寶寅遣其將郭子恢攻殺之，收殯其尸，表言白賊所害。又上表自理，稱爲楊椿父子所譖。

寶寅行臺郎中武功蘇湛卧病在家，寶寅令湛從母弟開府屬天水姜儉説湛曰：「元略受蕭衍旨，欲見勦除，道元之來，事不可測。吾不能坐受死亡，今須爲身計，不復作魏臣矣。死生榮辱，與卿共之。」湛聞之，舉聲大哭。儉遽止之曰：「何得便爾？」湛曰：「我百口今屠滅，云何不哭？」哭數十聲，徐謂儉曰：「爲我白齊王，王本以窮鳥投人，賴朝廷假王羽翼，榮寵至此。屬國步多虞，不能竭忠報德，乃欲乘人間隙，信惑行路無識之語，欲以羸敗之兵守關問鼎。今魏德雖衰，天命未改。且王之恩義未洽於民，但見其敗，未見有成。蘇湛不能以百口爲王族滅。」寶寅復使謂曰：「我救死，不得不爾。所以不先相白者，恐沮吾計耳。」湛曰：「凡謀大事，當得天下奇才與之從事，今但與長安博徒謀之，此有成理不？湛恐荆棘必生於齋閣，願賜骸骨還鄉里，庶得病死，下見先人。」寶寅素重湛，且知其不爲己用，聽還武功。

冬十月甲寅，寶寅自稱齊帝，改元隆緒，赦其所部，置百官。都督長史毛遐，鴻賓之兄也，與鴻賓帥氐、羌起兵於馬祗栅以拒寶寅。寶寅遣大將軍盧祖遷擊之，爲遐所殺。寶寅方祀南郊，行即位禮，未畢，聞敗色變，不暇整部伍，狼狽而歸。以姜儉爲尚書左丞，委以心腹。文安周惠達爲寶寅使，在洛陽，有司欲收之，惠達逃歸長安，寶寅以惠達爲光禄勳。丹楊王蕭贊聞寶寅反，懼而出走，趣白鹿山，至河橋，爲人所獲。魏主知其不預謀，釋而慰之。行臺郎封偉伯等與關中豪桀謀舉兵誅寶寅，事泄而死。

魏以尚書僕射長孫稚爲行臺，以討寶寅。

正平民薛鳳賢（及）〔反〕，宗人薛脩義亦聚衆河東，分據鹽池，攻圍蒲坂，東西連結，以應寶寅。詔都督宗正珍孫討之。

十一月，葛榮圍魏信都，自春及冬，冀州刺史元孚帥勵將士，晝夜拒守，糧儲既竭，外無救援，己丑，城陷。榮執孚，逐出居民，凍死者什六七。孚兄祐爲防城都督，榮大集將士，議其生死。孚兄弟各自引咎，爭相爲死，都督潘紹等數百人，皆叩頭請就法以活使君。榮曰：「此皆魏之忠臣義士。」於是同禁者五百人皆得免。

魏以源子邕爲冀州刺史，將兵討榮。裴衍表請同行，詔許之。子邕上言：「衍行，臣請留，臣行，請留衍。若逼使同行，敗在旦夕。」不許。十二月戊申，行至陽平東北漳水曲，榮帥衆十萬擊之，子邕、衍俱敗死。

相州吏民聞冀州已陷，子邕等敗，人不自保。相州刺史恒農李神志氣自若，撫勉將士，大小致力，葛榮盡鋭攻之，卒不能克。

二年春正月，魏北道行臺楊津守定州城，居鮮于脩禮、杜洛周之間，迭來攻圍。津蓄薪糧，治器械，隨機拒擊，賊不能克。津潛使人以鐵券説賊黨，賊黨有應津者遺津書曰：「賊所以圍城，正爲取北人耳。城中北人宜盡殺之，不然必爲患。」津悉收北人內子城中而不殺，衆無不感其仁。及葛榮代脩禮統衆，使人説津，許以爲司徒，津斬其使，固守三年。杜洛周圍之，魏不能救。津遣其子遁突圍出，詣柔然頭兵可汗求救。遁日夜泣請，頭兵遣其從祖吐豆發帥精騎一萬南出，前鋒至廣昌，賊塞隘口，柔然遂還。己丑，津長史李裔引賊入，執津，欲烹之，既而捨之。瀛州刺史元寧以城降洛周。

蕭寶寅圍馮翊，未下。長孫稚軍至恒農，行臺左丞楊侃謂稚曰：「昔魏武與韓遂、馬超據潼關相拒，遂、超之才，非魏武敵也，然而勝負久不決者，扼其險要故也。今賊守禦已固，雖魏武復生，無以施其智勇。不如北取蒲坂，渡河而西，入其腹心，置兵死地，則華州之圍不戰自解，潼關之守必內顧而走，支節既解，長安可坐取也。若愚計可取，願爲明公前驅。」稚曰：「子之計則善矣，然今薛脩義圍河東，薛鳳賢據安邑，宗正珍孫守虞坂不得進，如何可往？」侃曰：「珍孫行陳一夫，因緣爲將，可爲人使，安能使人？河東治在蒲坂，西逼河濵，封疆多在郡東。脩義驅帥士民，西圍郡城，其父母妻子皆留舊村，一旦聞官軍來至，皆有内顧之心，必望風自潰矣。」稚乃使其子彦與侃帥騎兵自恒農北渡，據石錐壁，侃聲言：「今且停此以待步兵，且觀民情向背。命送降名者各自還村，俟臺軍舉三烽，當亦舉烽相應。其無應烽者，乃賊黨也，當進擊屠之，以所獲賞軍。」於是村民轉相告語，雖實未降者，亦詐舉烽，一宿之間，火光遍數百里。賊圍城者不測其故，各自散歸。脩義亦逃還，與鳳賢俱請降。丙子，稚克潼關，遂入河東。

蕭寶寅遣其將侯終德擊毛遐。會郭子恢等屢爲魏軍所敗，終德因其勢挫，還軍襲寶寅。至白門，寶寅始覺，丁丑，與終德戰，敗，攜其妻南陽公主及其少子，帥麾下百餘騎自後門出，奔万俟醜奴。醜奴以寶寅爲太傅。

二月，葛榮擊杜洛周，殺之，併其衆。

三月癸未，葛榮陷魏滄洲，執刺史薛慶之，居民死者什八九。

夏六月，葛榮軍乏食，遣其僕射任褒將兵南掠至沁水，魏以元天穆爲大都督東北道諸軍事，帥宗正珍孫等討之。前幽州平北府主簿河間邢杲，帥河北流民十萬餘户反於青州之北海，自稱漢王，改元天統。戊申，魏以征東將軍李叔仁爲車騎大將軍、儀同三司，帥衆討之。辛亥，魏主詔曰：「朕當親御六戎，掃静燕、代。」以大將軍爾朱榮爲左軍，上黨王天穆爲前軍，司徒楊椿爲右軍，司空穆紹爲後軍。葛榮退屯相州之北。

秋七月，万俟醜奴自稱天子，置百官。會波斯國獻師子於魏，醜奴留之，改元神獸。

八月，葛榮引兵圍鄴，衆號百萬，遊兵已過汲郡，所至殘掠。爾朱榮啓求討之。九月，爾朱榮召從子肆州刺史天光留鎮晉陽，曰：「我身不得至處，非汝無以稱我心。」自帥精騎七千，馬皆有副，倍道兼行，東出滏口，以侯景爲前驅。葛榮爲盜日久，横行河北，爾朱榮衆寡非敵，議者謂無取勝之理。葛榮聞之，喜見於色，令其衆曰：「此易與耳，諸人俱辦長繩，至則縛取。」自鄴以北，列陳數十里，箕張而進。爾朱榮潛軍山谷，爲奇兵，分督將已上三人爲一處，處有數百騎，令所在揚塵鼓譟，使賊不測多少。又以人馬逼戰，刀不如棒，勒軍士齎袖棒一枚置於馬側，至戰時慮廢騰逐，不聽斬級，以棒棒之而已。分命壯勇所向衝突，號令嚴明，戰士同奮。爾朱榮身自陷陳，出於賊後，表裏合擊，大破之，於陳擒葛榮，餘衆悉降。以賊徒既衆，若即分割，恐其疑懼，或更結聚。乃下令各從所樂，親屬相隨，任所居止。於是羣情大喜，登即四散，數十萬衆，一朝散盡。待出百里之外，乃始分道押領，隨便安置，咸得其宜。擢其渠師，量才授任，新附者咸安，時人服其處分機速。以檻車送葛榮赴洛，冀、定、滄、瀛、殷五州皆平。時上黨王天穆軍於朝歌之南，穆紹、楊椿猶未發，而葛榮已滅，乃皆罷兵。

乙亥，魏大赦，改元永安。

辛巳，以爾朱榮爲大丞相、都督河北畿外諸軍事，以楊椿爲太保，城陽王徽爲司徒。

冬十月丁亥，葛榮至洛，魏主御閶闔門引見，斬於都市。

十二月，葛榮餘黨韓樓復據幽州反，北邊被其患。爾朱榮以撫軍將軍賀拔勝爲大都督，鎮中山。樓畏勝威名，不敢南出。

中大通元年三月壬戌，魏詔上黨王天穆討邢杲。夏四月辛丑，破邢杲於濟南。杲降，送洛陽，斬之。

秋九月，爾朱榮使大都督尖山侯淵討韓樓於薊，配卒甚少，騎止七百。或以爲言，榮曰：「侯淵臨機設變，是其所長；若總大衆，未必能用。今以此衆擊此賊，必能取之。」淵遂廣張軍聲，多設供具，親帥數百騎深入樓境。去薊百餘里，值賊帥陳周馬步萬餘，淵潛伏以乘其背，大破之，虜其卒五千餘人。尋還其馬仗，縱令入城。左右諫曰：「既獲賊衆，何爲復資遣之？」淵曰：「我兵既少，不可力戰，須爲奇計以離間之，乃可克也。」淵度其已至，遂帥騎夜進，昧旦，叩其城門。韓樓果疑降卒爲淵内應，遂走，追擒之。幽州平。以淵爲平州刺史，鎮范陽。

先是，魏使征東將軍劉靈助兼尚書左僕射，慰勞幽州流民於濮陽頓丘，因帥流民北還，與侯淵共滅韓樓，仍以靈助行幽州事，加車騎將軍，又爲幽平營安四州行臺。

万俟醜奴攻魏東秦州，拔之，殺刺史高子朗。

二年春正月，万俟醜奴侵擾關中，魏爾朱榮遣武衛將軍賀拔岳討之。岳私謂其兄勝曰：「醜奴，勍敵也，今攻之不勝固有罪，勝之讒嫉將生。」勝曰：「然則奈何？」岳曰：「願得爾朱氏一人爲帥而佐之。」勝爲之言於榮，榮悦，以爾朱天光爲使持節、都督二雍二岐諸軍事、驃騎大將軍、雍州刺史，以岳爲左大都督，又以征西將軍代郡侯莫陳悦爲右大都督，並爲天光之副以討之。

天光初行，唯配軍士千人，發洛陽以西路次民馬以給之。時赤水蜀賊斷路，詔侍中楊侃先行慰諭，并税其馬，蜀持疑不下。軍至潼關，天光不敢進，岳曰：「蜀賊鼠竊，公尚遲疑，若遇大敵，將何以戰？」天光曰：「今日之事，一以相委。」岳遂進擊蜀於渭北，破之，獲馬二千匹，簡其壯健以充軍士，又税民馬合萬餘匹。以軍士尚少，淹留未進。榮怒，遣騎兵參軍劉貴乘驛至軍中責天光，杖之一百，以軍士三千人助之。

三天，醜奴自將其衆圍岐州，遣其大行臺尉遲菩薩、僕射万俟仵自武功南渡渭，攻圍菩薩帥步騎二萬至渭北，岳以輕騎數十自渭南與菩薩隔水而語，稱揚國威。菩薩令省事傳語，岳怒曰：「我與菩薩語，卿何人也？」射殺之。明日復引百餘騎隔水與賊語，稍引而東，至水淺可涉之處，岳即馳馬東出。賊以爲走，乃棄步兵，輕騎南渡渭追岳，岳依横岡設伏兵以待之。賊半渡岡東，岳還兵擊之，賊敗走。岳下令：「賊下馬者勿殺。」賊悉投馬，俄獲三千人，馬亦無遺，遂擒菩薩。仍渡渭北，降步卒萬餘，並收其輜重。醜奴聞之，棄岐州北走安定，置栅於平亭，天光方自雍至岐，與岳合。

夏四月，天光至汧、渭之間，停軍牧馬，宣言「天時將熱，未可行師，俟秋涼更圖進止」，獲醜奴覘候者縱遣之。醜奴信之，散衆耕於細川，使其太尉侯伏侯元進將兵五千，據險立栅，其餘千人已下爲栅者甚衆。天光知其勢分，晡時，密嚴諸軍，相繼俱發。黎明，圍元進大栅，拔之，所得俘囚，一皆縱遣，諸栅聞之皆降。天光晝夜徑進，抵安定城下，賊涇州刺史侯幾長貴以城降。醜奴棄平亭走，欲趣高平，天光遣賀拔岳輕騎追之。丁卯，及於平涼。賊未成列，直閣代郡侯莫陳崇單騎入賊中，於馬上生擒醜奴，因大呼，衆皆披靡，無敢當者，後騎益集，賊衆崩潰，遂大破之。天光進逼高平，城中執送蕭寶寅以降。

甲戌，魏以關中平，大赦。万俟醜奴、蕭寶寅至洛陽，置閶闔門外都街之中，士女聚觀凡三日。丹楊王蕭贊表請寶寅之命，吏部尚書李神儁、黄門侍郎高道穆素與寶寅善，欲左右之，言於魏主曰：「寶寅叛逆，事在前朝。」會應詔王道習自外至，帝問道習在外所聞，對曰：「唯聞李尚書、高黄門與蕭寶寅周款，並居得言之地，必能全之。且二人謂寶寅叛逆在前朝，寶寅爲醜奴太傅，豈非陛下時邪？賊臣不翦，法欲安施。」帝乃賜寶寅死於駝牛署，斬醜奴於都市。

（夏）六月，万俟醜奴既敗，自涇、豳以西至靈州，賊黨皆降於魏。唯所署行臺万俟道洛帥衆六千逃入山中，不降。時高平大旱，爾朱天光以馬乏草，退屯城東五十里，遣都督長孫邪利帥二百人行原州事以鎮之。道洛潛與城民通謀，掩襲邪利，并其所部皆殺之。天光帥諸軍赴之，道洛出戰而敗，帥其衆西入牽屯山，據險自守。爾朱榮以天光失邪利，不獲道洛，復遣使杖之一百，以詔書黜天光爲撫軍將軍、雍州刺史，降爵爲侯。

天光追擊道洛於牽屯，道洛敗走，入隴，歸略陽賊帥王慶雲。道洛驍果絶倫，慶雲得之，甚喜，謂大事可濟，遂稱帝於水洛城，置百官，以道洛爲大將軍。

秋七月，天光帥諸軍入隴，至水洛城，慶雲、道洛出戰，天光射道洛中臂，失弓還走，拔其東城。賊併兵趣西城，城中無水，衆渴乏。有降者言：「慶雲、道洛欲突走。」天光恐失之，乃遣人招諭慶雲，使早降，曰：「若未能自決，當聽諸人，今夜共議，明晨早報。」慶雲等冀得小緩，因待夜突出，乃報曰：「知須水，今相爲小退，任取澗水飲之。」賊衆悦，無復走心。天光密使軍士多作木槍，各長七尺，昏後繞城布列，要路加厚，又伏人槍中，備其衝突，兼令密縛長梯於城北。其夜，慶雲、道洛果馳馬突出，遇槍，馬各傷倒，伏兵起，即時擒之。軍士緣梯入城，餘衆皆出城南，遇槍而止，窮窘乞降。丙子，天光悉收其仗而阬之，死者萬七千人，分其家口。於是三秦、河、渭、瓜、涼、鄯州皆降。

天光頓軍略陽。詔復天光官爵，尋加侍中、儀同三司。以賀拔岳爲涇州刺史，侯莫陳悦爲渭州刺史。秦州城民謀殺刺史駱超，南秦州城民謀殺刺史辛顯，超、顯皆覺之，走歸天光，天光遣兵討平之。

步兵校尉宇文泰從賀拔岳入關，以功遷征西將軍，行原州事。時關、隴彫弊，泰撫以恩信，民皆感悦，曰：「早遇宇文使君，吾輩豈從亂乎？」

元顥入洛

梁武帝天監八年秋九月辛巳，魏封故北海王詳子顥爲北海王。

大通二年春正月癸亥，魏以北海王顥爲驃騎大將軍、開府儀同三司、相州刺史。

夏四月，魏北海王顥將之相州，至汲郡，聞葛榮南侵及爾朱榮縱暴，陰爲自安之計，盤桓不進。以其舅殷州刺史范遵行相州事，代前刺史李神守鄴。行臺甄密知顥有異志，相帥廢遵，復推李神攝州事，遣兵迎顥，且察其變。顥聞之，帥左右來奔。

冬十月，帝以魏北海王顥爲魏王，遣東宮直閤將軍陳慶之將兵送之還北。

元顥取魏銍城而據之。

中大通元年夏四月，魏元天穆將擊邢杲，以北海王顥方入寇，集文武議之。衆皆曰：「杲衆强盛，宜以爲先。」行臺尚書薛琡曰：「邢杲兵衆雖多，鼠竊狗偷，非有遠志。顥帝室近親，來稱義舉，其勢難測，宜先去之。」天穆以諸將多欲擊杲，又魏朝亦以顥爲孤弱不足慮，命天穆等先定齊地，還師擊顥，遂引兵東出。

顥與陳慶之乘虚自銍城進拔滎城，遂至梁國。魏丘大千有衆七萬，分築九城以拒之。慶之攻之，自旦至申，拔其三壘，大千請降。顥登壇燔燎，即帝位於睢陽城南，改元孝基。

五月丁巳，魏以東南道大都督楊昱鎮滎陽，尚書僕射爾朱世隆鎮虎牢，侍中爾朱世承鎮崿岅。乙丑，内外戒嚴。

戊辰，北海王顥克梁國。顥以陳慶之爲衛將軍、徐州刺史，引兵而西。楊昱擁衆七萬，據滎陽，慶之攻之，未拔。顥遣人説昱使降，昱不從。元天穆與驃騎將軍爾朱吐没兒將大軍前後繼至，梁士卒皆恐。慶之解鞍秣馬，諭將士曰：「吾至此以來，屠城略地，實爲不少。君等殺人父兄，掠人子女，亦無算矣。天穆之衆，皆是仇讎。我輩衆纔七千，虜衆三十餘萬，今日之事，唯有必死乃可得生耳。虜騎多，不可與之野戰，當及其未盡至，急攻取其城而據之。諸君勿或狐疑，自取屠膾。」乃鼓之，使登城，將士即相帥蟻附而入，癸酉，拔滎陽，執楊昱。諸將三百餘人伏顥帳前請曰：「陛下渡江三千里，無遺鏃之費，昨滎陽城下，一朝殺傷五百餘人。願乞楊昱以快衆意。」顥曰：「我在江東聞梁主言，初舉兵下都，袁昂爲吳郡不降，每稱其忠節。楊昱忠臣，奈何殺之？此外唯卿等所取。」於是斬昱所部統帥三十七人，皆刳其心而食之。俄而天穆等引兵圍城，慶之帥騎三千背城力戰，大破之，天穆、吐沒兒皆走。慶之進擊虎牢，爾朱世隆棄城走，獲魏東中郎將辛纂。

魏主將出避顥，未知所之。或勸之長安，中書舍人高道穆曰：「關中荒殘，何可復往？顥士衆不多，乘虛深入，由將帥不得其人，故能至此。陛下若親帥宿衛，高募重賞，背城一戰，臣等竭其死力，破顥孤軍必矣。或恐勝負難期，則車駕不若渡河，徵大將軍天穆、大丞相榮各使引兵來會，犄角進討，旬月之間，必見成功，此萬全之策也。」魏主從之。甲戌，魏主北行，夜至河內郡北，命高道穆於燭下作詔書數十紙，布告遠近，於是四方始知魏主所在。乙亥，魏主入河內。

臨淮王彧、安豐王延明帥百僚，封府庫，備法駕迎顥。丙子，顥入洛陽宫，改元建武，大赦。以陳慶之爲侍中、車騎大將軍，增邑萬户。楊椿在洛陽，椿弟順爲冀州刺史，兄子侃爲北中郎將，從魏主在河北。顥意忌椿，而以其家世顯重，恐失人望，未敢誅也。或勸椿出亡，椿曰：「吾内外百口，何所逃匿？正當坐待天命耳。」

顥後軍都督侯暄守睢陽爲後援，魏行臺崔孝芬、大都督刁宣馳往圍暄，晝夜急攻。戊寅，暄突走，擒斬之。

上黨王天穆等帥衆四萬攻拔大梁，分遣費穆將兵二萬攻虎牢，顥使陳慶之擊之。天穆畏顥，將北渡河，謂行臺郎中濟陰温子昇曰：「卿欲向洛，爲隨我北渡？」子昇曰：「主上以虎牢失守，致此狼狽。元顥新入，人情未安，今往擊之，無不克者。大王平定京邑，奉迎大駕，此桓、文之舉也。捨此北渡，竊爲大王惜之。」天穆善之而不能用，遂引兵渡河。費穆攻虎牢，將拔，聞天穆北渡，自以無後繼，遂降於慶之。慶之進擊大梁、梁國，皆下之。慶之以數千之衆，自發銍縣至洛陽，凡取三十二城，四十七戰，所向皆克。

顥使黄門郎祖瑩作書遺魏主曰：「朕泣請梁朝，誓在復恥，正欲問罪於爾朱，出卿於桎梏。卿託命豺狼，委身虎口，假獲民地，本是榮物，固非卿有。今國家隆替，在卿與我。若天道助順，則皇魏再興；脱或不然，在榮爲福，於卿爲禍。卿宜三復，富貴可保。」

顥既入洛，自河以南州郡多附之。齊州刺史、沛郡王欣集文武議所從，曰：「北海、長樂俱帝室近親，今宗祏不移，我欲受赦，諸君意何如？」在坐莫不失色。軍司崔光韶獨抗言曰：「元顥受制於梁，引寇讎之兵以覆宗國，此魏之賊臣亂子也，豈唯大王家事所宜切齒，下官等皆荷朝眷，未敢仰從。」長史崔景茂等皆曰：「軍司議是。」欣乃斬顥使。光韶，亮之從父弟也。於是襄州刺史賈思同、廣州刺史鄭先護、南兗州刺史元暹亦不受顥命。思同，思伯之弟也。顥以冀州刺史元孚爲東道行臺、彭城郡王，孚封送其書於魏主。陽平王敬先起兵於河橋以討顥，不克而死。

魏以侍中、車騎將軍、尚書右僕射爾朱世隆爲使持節、行臺、僕射、大將軍、相州刺史，鎮鄴城。

魏主之出也，單騎而去，侍衛後宫皆按堵如故。顥一旦得之，號令己出，四方人情想其風政。而顥自謂天授，遽有驕怠之志，宿昔賓客近習，咸見寵待，干擾政事，日夜縱酒，不恤軍國，所從南兵，陵暴市里，朝野失望。高道穆兄子儒自洛陽出從魏主，魏主問洛中事，子儒曰：「顥敗在旦夕，不足憂也。」

爾朱榮聞魏主北出，即時馳傳，見魏主於長子，行，且部分。魏主即日南還，榮爲前驅，旬日之間，兵衆大集，資糧器仗相繼而至。六月壬午，魏大赦。

榮既南下，并、肆不安，乃以爾朱天光爲并、肆等九州行臺，仍行并州事。天光至晉陽，部分約勒，所部皆安。

己丑，費穆至洛陽，顥引入，責以河陰之事而殺之。顥使都督宗正珍孫與河内太守元襲據河内。爾朱榮攻之，上黨王天穆引兵會之，壬寅，拔其城，斬珍孫及襲。

魏北海王顥既得志，密與臨淮王彧、安豐王延明謀叛梁。以事難未平，藉陳慶之兵力，故外同内異，言多猜忌。慶之亦密爲之備，説顥曰：「今遠來至此，未服者尚多，彼若知吾虚實，連兵四合，將何以禦之？宜啓天子，更請精兵，并敕諸州有南人没此者悉須部送。」顥欲從之，延明曰：「慶之兵不出數千，已自難制；今更增其衆，寧肯復爲人用乎？大權一去，動息由人，魏之宗廟，於斯墜矣。」顥乃不用慶之言。又慮慶之密啓，乃表於上曰：「今河北、河南一時克定，唯爾朱榮尚敢跋扈，臣與慶之自能擒討。州郡新服，正須綏撫，不宜更復加兵，摇動百姓。」上乃詔諸軍繼進者皆停於境上。

洛中南兵不滿一萬，而羌胡之衆十倍。軍副馬佛念謂慶之曰：「將軍威行河、洛，聲震中原，功高勢重，爲魏所疑，一旦變生不測，可無慮乎？不若乘其無備，殺顥據洛，此千載一時也。」慶之不從。顥先以慶之爲徐州刺史，因固求之鎮。顥心憚之，不遣，曰：「主上以洛陽之地全相任委，忽聞捨此朝寄，欲往彭城，謂君遽取富貴，不爲國計，非徒有損於君，恐僕并受其責。」慶之不敢復言。

爾朱榮與顥相持於河上。慶之守北中城，顥自據南岸。慶之三日十一戰，殺傷甚衆。有夏州義士爲顥守河中渚，陰與榮通謀，求破橋立效，榮引兵赴之。及橋破，榮應接不逮，顥悉屠之，榮悵然失望。又以安豐王延明緣河固守，而北軍無船可渡，議欲還北，更圖後舉。黄門郎楊侃曰：「大王發并州之日，已知夏州義士之謀指來應之邪？爲欲廣施經略匡復帝室乎？夫用兵者何嘗不散而更合，瘡愈更戰。況今未有所損，豈可以一事不諧，而衆謀頓廢乎？今四方顒顒，視公此舉。若未有所成，遽復引歸，民情失望，各懷去就，勝負所在，未可知也。不若徵發民材，多爲桴筏，間以舟檝，緣河布列，數百里中，皆爲渡勢，首尾既遠，使顥不知所防，一旦得渡，必立大功。」高道穆曰：「今乘輿飄蕩，主憂臣辱。大王擁百萬之衆，輔天子而令諸侯，若分兵造筏，所在散渡，指掌可克。奈何捨之北歸，使顥復得完聚，徵兵天下。此所謂養虺成蛇，悔無及矣。」榮曰：「楊黄門已陳此策，當相與議之。」劉靈助言於榮曰：「不出十日，河南必平。」伏波將軍正平楊櫆與其族居馬渚，自言有小船數艘，求爲鄉導。戊辰，榮命車騎將軍爾朱兆與大都督賀拔勝縛材爲筏，自馬渚西硤石夜渡，襲擊顥子領軍將軍冠受，擒之。安豐王延明之衆聞之，大潰。顥失據，帥麾下數百騎南走，陳慶之收步騎數千，結陳東還，顥所得諸城，一時復降於魏。爾朱榮自追陳慶之，會嵩高水漲，慶之軍士死散略盡，乃削須髮爲沙門，間行出汝陰，還建康，猶以功除右衛將軍，封永興縣侯。

中軍大都督兼領軍大將軍楊津入宿殿中，掃洒宮庭，封閉府庫，出迎魏主於北邙，流涕謝罪，帝慰勞之。庚午，帝入居華林園，大赦。以爾朱兆爲車騎大將軍、儀同三司。北來軍士及隨駕文武諸立義者加五級，河北執事之官及河南立義者加二級。壬申，加大丞相榮天柱大將軍，增封通前二十萬户。

北海王顥自轘轅南出至臨潁，從騎分散，臨潁縣卒江豐斬之，癸酉，傳首洛陽。臨淮王彧復自歸於魏主，安豐王延明攜妻子來奔。

乙亥，魏主宴勞爾朱榮、上黨王天穆及北來督將於都亭，出宮人三百、繒錦雜綵數萬匹，班賜有差，凡受元顥爵賞階復者，悉追奪之。

元魏之亂

梁武帝天監十八年春正月，魏征西將軍平陸文侯張彝之子仲瑀上封事，求銓削選格，排抑武人，不使豫清品。於是喧謗盈路，立榜大巷，克期會集，屠害其家，彝父子晏然不以爲意。二月庚午，羽林、虎賁近千人，相帥至尚書省詬罵，求仲瑀兄左民郎中始均不獲，以瓦石擊省門。上下懾懼，莫敢禁討。遂持火掠道中薪蒿，以杖石爲兵器，直造其第，曳彝堂下，捶辱極意，唱呼動地，焚其第舍。始均踰垣走，復還拜賊，請其父命，賊就毆擊，生投之火中。仲瑀重傷走免，彝僅有餘息，再宿而死。遠近震駭。胡太后收掩羽林、虎賁凶强者八人斬之，其餘不復窮治。乙亥，大赦以安之，因令武官得依資入選。識者知魏之將亂矣。

初，燕燕郡太守高湖奔魏，其子謐爲侍御史，坐法徙懷朔鎮，世居北邊，遂習鮮卑之俗。謐孫歡，沈深有大志，家貧，執役在平城，富人婁氏女見而奇之，遂嫁焉。始有馬，得給鎮爲函使。至洛陽，見張彝之死，還家，傾貲以結客。或問其故，歡曰：「宿衛相帥焚大臣之第，朝廷懼其亂而不問。爲政如此，事可知矣，財物豈可常守邪？」歡與懷朔省事雲中司馬子如、秀容劉貴、中山賈顯智、户曹史咸陽孫騰、外兵史懷朔侯景、獄掾善無尉景、廣寧蔡儁特相友善，並以任俠雄於鄉里。

普通五年。秀容酋長爾朱榮，羽健之玄孫也。榮神機明決，御衆嚴整。時四方兵起，榮陰有大志，散其畜牧資財，招合驍勇，結納豪傑，於是侯景、司馬子如、賈顯度及五原段榮、太安竇泰皆往依之。顯度，顯智之兄也。

六年。初，鄭羲之兄孫儼爲司徒胡國珍行參軍，私得幸於太后，人未之知。蕭寶寅西討，以儼爲開府屬。太后再攝政，儼請奉使還朝，太后留之，拜諫議大夫中書舍人，領尚食典御，晝夜禁中。每休沐，太后嘗遣宦者隨之，儼見其妻，唯得言家事而已。中書舍人樂安徐紇粗有文學，先以諂事趙脩，坐徙枹罕。後還，復除中書舍人，又諂事清河王懌；懌死，出爲雁門太守。還洛，復諂事元乂。乂敗，太后以紇爲懌所厚，復召爲中書舍人。紇又諂事鄭儼，儼以紇有智數，仗爲謀主。紇以儼有内寵，傾身承接，共相表裏，勢傾内外，號爲「徐、鄭」。儼累遷至中書令、車騎將軍；紇累遷至給事黄門侍郎，仍領舍人，總攝中書、門下之事，軍國詔令莫不由之。紇有機辯强力，終日治事，略無休息，不以爲勞。時有急詔，令數吏執筆，或行或臥，人别占之，造次俱成，不失事理。然無經國大體，專好小數，見人矯爲恭謹，遠近輻湊附之。給事黄門侍郎袁飜、李神軌皆領中書舍人，爲太后所信任，時人云神軌亦得幸於太后，衆莫能明也。

大通二年春二月，魏靈太后再臨朝以來，嬖倖用事，政事縱弛，威恩不立，盜賊蠭起，封疆日蹙。魏肅宗年浸長，太后自以所爲不謹，恐左右聞之於帝，凡帝所愛信者，太后輒以事去之，務爲壅蔽，不使帝知外事。通直散騎常侍昌黎谷士恢有寵於帝，使領左右，太后屢諷之，欲用爲州，士恢懷寵，不願出外，太后乃誣以罪而殺之。有蜜多道人，能胡語，帝常置左右，太后使人殺之於城南，而詐懸賞購賊。由是母子之間，嫌隙日深。

是時，車騎將軍、儀同三司、并肆汾廣恒雲六州討虜大都督爾朱榮兵勢强盛，魏朝憚之。高歡、段榮、尉景、蔡儁先在杜洛周黨中，欲圖洛周不果，逃奔葛榮，又亡歸爾朱榮。劉貴先在爾朱榮所，屢薦歡於榮，榮見其憔悴，未之奇也。歡從榮之馬厩，厩有悍馬，榮命歡翦之，歡不加羈絆而翦之，竟不蹄齧。起謂榮曰：「御惡人亦猶是矣。」榮奇其言，坐歡於牀下，屏左右，訪以時事。歡曰：「聞公有馬十二谷，色別爲羣，畜此竟何用也？」榮曰：「但言爾意。」歡曰：「今天子闇弱，太后淫亂，嬖孽擅命，朝政不行。以明公雄武，乘時奮發，討鄭儼、徐紇之罪，以清帝側，霸業可舉鞭而成，此賀六渾之意也。」榮大悦，語自日中至夜半乃出，自是每參軍謀。

并州刺史元天穆，孤之五世孫也，與榮善，榮兄事之。榮常與天穆及帳下都督賀拔岳密謀，欲舉兵入洛，内誅嬖倖，外清羣盜，二人皆勸成之。

榮上書，以「山東羣盗方熾，冀、定覆没，官軍屢敗，請遣精騎三千東援相州」。太后疑之，報以「念生梟戮，寶寅就擒，醜奴請降，關、隴已定。費穆大破羣蠻，絳、蜀漸平。又北海王顥帥衆二萬出鎮相州，不須出兵」。榮復上書，以爲：「賊勢雖衰，官軍屢敗，人情危怯，恐實難用。若不更思方略，無以萬全。臣愚以爲蠕蠕主阿那瓌荷國厚恩，未應忘報，宜遣發兵東趣下口以躡其背，北海之軍嚴加警備以當其前。臣麾下雖少，輒盡力命，自井陘以北，滏口以西，分據險要，攻其肘腋。葛榮雖并洛周，威恩未著，人類差異，形勢可分。」遂勒兵，召集義勇，北捍馬邑，東塞井陘。徐紇說太后以鐵券間榮左右，榮聞而恨之。

魏肅宗亦惡儼、紇等，逼於太后，不能去，密詔榮舉兵內向，欲以脅太后。榮以高歡爲前鋒，行至上黨，帝復以私詔止之。儼、紇恐禍及己，陰與太后謀酖帝，癸丑，帝暴殂。甲寅，太后立皇女爲帝，大赦。既而下詔稱：「潘充華本實生女。故臨洮王寶暉世子釗，體自高祖，宜膺大寶。百官文武加二階，宿衛加三階。」乙卯，釗即位。釗始生三歲，太后欲久專政，故貪其幼而立之。

爾朱榮聞之，大怒，謂元天穆曰：「主上晏駕，春秋十九，海內猶謂之幼君。況今奉未言之兒以臨天下，欲求治安，其可得乎？吾欲帥鐵騎赴哀山陵，翦誅姦佞，更立長君，何如？」天穆曰：「此伊、霍復見於今矣。」乃抗表稱：「大行皇帝背棄萬方，海內咸稱酖毒致禍。豈有天子不豫，初不召醫，貴戚大臣皆不侍側，安得不使遠近怪愕？又以皇女爲儲兩，虛行赦宥，上欺天地，下惑朝野。已乃選君於孩提之中，實使姦豎專朝，隳亂綱紀，此何異掩目捕雀，塞耳盜鍾。今羣盜沸騰，鄰敵窺窬，而欲以未言之兒鎮安天下，不亦難乎！願聽臣赴闕，參預大議，問侍臣帝崩之由，訪禁衛不知之狀，以徐、鄭之徒付之司敗，雪同天之恥，謝遠近之怨，然後更擇宗親以承寶祚。」榮從弟世隆時爲直閤，太后遣詣晉陽慰諭榮。榮欲留之，世隆曰：「朝廷疑兄，故遣世隆來。今留世隆，使朝廷得預爲之備，非計也。」乃遣之。

三月，爾朱榮與元天穆議，以彭城武宣王有忠勳，其子長樂王子攸素有令望，欲立之。又遣從子天光及親信奚毅、倉頭王相入洛，與爾朱世隆密議。天光見子攸，具論榮心，子攸許之。天光等還晉陽，榮猶疑之，乃以銅爲顯祖諸子孫各鑄像，唯長樂王像成。榮乃起兵發晉陽，世隆逃出，會榮於上黨。靈太后聞之，甚懼，悉召王公等入議，宗室大臣皆疾太后所爲，莫肯致言。徐紇獨曰：「爾朱榮小胡，敢稱兵向闕，文武宿衛足以制之。但守險要，以逸待勞，彼懸軍千里，士馬疲弊，破之必矣。」太后以爲然，以黄門侍郎李神軌爲大都督，帥衆拒之。别將鄭季明、鄭先護將兵守河橋，武衛將軍費穆屯小平津。先護，儼之從祖兄弟也。

榮至河内，復遣王相密至洛，迎長樂王子攸。夏四月丙申，子攸與兄彭城王劭、弟霸城公子正潛自高渚渡河。丁酉，會榮於河陽，將士咸稱萬歲。戊戌，濟河，子攸即帝位。以劭爲無上王，子正爲始平王。以榮爲侍中、都督中外諸軍事、大將軍、尚書令、領軍將軍，領左右，封太原王。

遁還。李神軌至河橋，聞北中不守，即還。鄭先護素與敬宗善，聞帝即位，與鄭季明開城納之。費穆棄衆先降於榮。徐紇矯詔夜開殿門，取驊騮廐御馬十匹東奔兗州，鄭儼亦走還鄉里。太后盡召肅宗後宮皆令出家，太后亦自落髮。榮召百官迎車駕，己亥，百官奉璽綬，備法駕，迎敬宗於河橋。庚子，榮遣騎執太后及幼主，送至河陰。太后對榮多所陳說，榮拂衣而起，沈太后及幼主於河。

費穆密說榮曰：「公士馬不出萬人，今長驅向洛，前無橫陳，既無戰勝之威，羣情素不厭服。以京師之衆，百官之盛，知公虛實，有輕侮之心。若不大行誅罰，更樹親黨，恐公還北之日，未度太行而內變作矣。」榮心然之，謂所親慕容紹宗曰：「洛中人士繁盛，驕侈成俗，不加芟翦，終難制馭。吾欲因百官出迎悉誅之，何如？」紹宗曰：「太后荒淫失道，嬖倖弄權，殽亂四海，故明公興義兵以清朝廷。今無故殲夷多士，不分忠佞，恐大失天下之望，非長策也。」榮不聽，乃請帝循河西至淘渚，引百官於行宮西北，云欲祭天。百官既集，列胡騎圍之，責以天下喪亂，肅宗暴崩，皆由朝臣貪虐，不能匡弼，因縱兵殺之，自丞相高陽王雍、司空元欽、儀同三司義陽王略以下死者二千餘人。前黃門郎王遵業兄弟居父喪，其母，敬宗之從母也，相帥出迎，俱死。遵業，慧龍之孫也，雋爽涉學，時人惜其才而譏其躁。有朝士百餘人後至，榮復以胡騎圍之，令曰：「有能爲禪文者免死。」侍御史趙元則出應募，遂使爲之。榮又令其軍士言「元氏既滅，爾朱氏興」，皆稱萬歲。榮又遣數十人拔刀向行宫，帝與無上王劭、始平王子正俱出帳外。榮先遣并州人郭羅刹、西部高車叱烈殺鬼侍帝側，詐言防衛，抱帝入帳，餘人即殺劭及子正，又遣數十人遷帝於河橋，置之幕下。

帝憂憤無計，使人諭旨於榮曰：「帝王迭興，盛衰無常。今四方瓦解，將軍奮袂而起，所向無前，此乃天意，非人力也。我本相投，志在全生，豈敢妄希天位？將軍見逼，以至於此。若天命有歸，將軍宜時正尊號。若推而不居，存魏社稷，亦當更擇親賢而輔之。」時都督高歡勸榮稱帝，左右多同之，榮疑未決。賀拔岳進曰：「將軍首舉義兵，志除姦逆，大勳未立，遽有此謀，正可速禍，未見其福。」榮乃自鑄金爲像，凡四鑄不成。功曹參軍燕郡劉靈助善卜筮，榮信之，靈助言「天時人事未可」。榮曰：「若我不吉，當迎天穆立之。」靈助曰：「天穆亦不吉，唯長樂王有天命耳。」榮亦精神恍惚，不自支持，久而方寤，深自愧悔，曰：「過誤若是，唯當以死謝朝廷。」賀拔岳請殺高歡以謝天下，左右皆曰：「歡雖復愚疏，言不思難。今四方多事，須藉武將，請捨之，收其後效。」榮乃止。夜四更，復迎帝還營，榮望馬首叩頭請死。

榮所從胡騎殺朝士既多，不敢入洛城，即欲向北爲遷都之計。榮狐疑甚久，武衛將軍汎禮固諫。辛丑，榮奉帝入城，帝御太極殿，下詔大赦，改元建義。從太原王將士普加五階，在京文官二階，武官三階，百姓復租役三年。時百官蕩盡，存者皆竄匿不出，唯散騎常侍山偉一人拜赦於闕下。洛中士民草草，人懷異慮，或云榮欲縱兵大掠，或云欲遷都晉陽；富者棄宅，貧者襁負，率皆逃竄，什不存一二。直衛空虛，官守曠廢。榮乃上書稱：「大兵交際，難可齊壹，諸王朝貴，横死者衆，臣今粉軀不足塞咎。乞追贈亡者，微申私責。無上王請追尊爲無上皇帝，自餘死於河陰者諸王贈三司，三品贈令、僕，五品贈刺史，七品已下及白民贈郡、鎮，死者無後聽繼，即授封爵。又遣使者循城勞問。」詔從之，於是朝士稍出，人心粗安。封無上王之子韶爲彭城王。

榮猶執遷都之議，帝亦不能違。都官尚書元諶爭之，以爲不可。榮怒曰：「何關君事，而固執也。且河陰之役，君應知之。」諶曰：「天下事當與天下論之，奈何以河陰之酷而恐元諶！諶，國之宗室，位居常伯，生既無益，死復何損，正使今日碎首流腸，亦無所懼。」榮大怒，欲抵諶罪，爾朱世隆固諫乃止。見者莫不震悚，諶顏色自若。後數日，帝與榮登高，見宮闕壯麗，列樹成行，乃歎曰：「臣昨愚闇，有北遷之意。今見皇居之盛，熟思元尚書言，深不可奪。」由是罷遷都之議。庚戌，魏賜爾朱榮子义羅爵梁郡王。

五月丁巳朔，魏加爾朱榮北道大行臺。爾朱榮入見魏主於明光殿，重謝河橋之事，誓言無復貳心。帝自起止之，因復爲榮誓，言無疑心。榮喜，因求酒飲之，熟醉。帝欲誅之，左右苦諫乃止，即以牀轝向中常侍省。榮夜半方寤，遂達旦不眠，自此不復禁中宿矣。

榮女先爲肅宗嬪，榮欲敬宗立以爲后，帝疑未決。給事黄門侍郎祖瑩曰：「昔文公在秦，懷嬴入侍。事有反經合義，陛下獨何疑焉？」帝遂從之，榮意甚悦。

榮舉止輕脱，喜馳射，每入朝見，更無所爲，唯戲上下馬。於西林園宴射，恒請皇后出觀，并召王公、妃主共在一堂。每見天子射中，輒自起舞叫，將相卿士悉皆盤旋，乃至妃主亦不免隨之舉袂。及酒酣耳熱，必自匡坐唱虜歌，日暮罷歸，與左右連手蹋地，唱回波樂而出。性甚嚴暴，喜愠無恒，刀槊弓矢，不離於手，每有瞋嫌，即行擊射，左右恒有死憂。嘗見沙彌重騎一馬，榮即令相觸，力窮不復能動，遂使傍人以頭相擊，死而後已。

辛酉，榮還晋陽，帝餞之於邙陰。榮令元天穆入洛陽，加天穆侍中、録尚書事、京畿大都督兼領軍將軍，以行臺郎中桑乾朱瑞爲黄門侍郎兼中書舍人，朝廷要官悉用其腹心爲之。

魏員外散騎常侍高乾，祐之從子也，與弟敖曹、季式皆喜輕俠，與魏主有舊。爾朱榮之向洛也，逃奔齊州，聞河陰之亂，遂集流民，起兵於河、濟之間，受葛榮官爵，頻破州軍。魏主使元欣諭旨，乾等乃降，以乾爲給事黄門侍郎兼武衛將軍，敖曹爲通直散騎侍郎。榮以乾兄弟前爲叛亂，不應復居近要，魏主乃聽解官歸鄉里。敖曹復行抄掠，榮誘執之，與薛脩義同拘於晉陽。敖曹名昂，以字行。

秋七月乙丑，魏加爾朱榮柱國大將軍、録尚書事。

初，宇文肱從鮮于脩禮攻定州，戰死於唐河。其子泰在脩禮軍中，脩禮死，從葛榮。葛榮敗，爾朱榮愛泰之才，以爲統軍。

辛巳，以爾朱榮爲大丞相、都督河北畿外諸軍事。榮子平昌公文殊、樂昌公文暢並進爵爲王。

中大通二年秋八月，魏爾朱榮雖居外藩，遥制朝政，樹置親黨，布列魏主左右，伺察動静，大小必知。魏主雖受制於榮，然性勤政事，朝夕不倦，數親覽辭訟，理冤獄。榮聞之，不悦。帝又與吏部尚書李神儁議清治選部，榮嘗關補曲陽縣令，神儁以階懸，不奏，别更擬人。榮大怒，即遣所補者往奪其任。神儁懼而辭位，榮使尚書左僕射爾朱世隆攝選。榮啓北人爲河南諸州，帝未之許。太宰天穆入見面論，帝猶不許。天穆曰：「天柱既有大功，爲國宰相，若請普代天下官，恐陛下亦不得違之，如何啓數人爲州，遽不用也。」帝正色曰：「天柱若不爲人臣，朕亦須代。如其猶存臣節，無代天下百官之理。」榮聞之，大恚恨，曰：「天子由誰得立，今乃不用我語！」

爾朱皇后性妬忌，屢致忿恚。帝遣爾朱世隆語以大理，后曰：「天子由我家置立，今便如此。我父本即自作，今亦復決。」世隆曰：「止自不爲，若本自爲之，臣今亦封王矣。」

帝既外逼於榮，内迫皇后，恒怏怏不以萬乘爲樂，唯幸寇盜未息，欲使與榮相持。及關、隴既定，告捷之日，乃不甚喜。謂尚書令臨淮王彧曰：「即今天下便是無賊。」彧見帝色不悦，曰：「臣恐賊平之後，方勞聖慮。」帝畏餘人怪之，還以他語亂之曰：「然。撫寧荒餘，彌成不易。」榮見四方無事，奏稱：「參軍許周勸臣取九錫，臣惡其言，已斥遣令去。」榮時望得殊禮，故以意諷朝廷。帝實不欲與之，因稱歎其忠。

榮好獵，不捨寒暑，列圍而進，令士卒必齊壹，雖遇險阻，不得違避，一鹿逸出，必數人坐死。有一卒見虎而走，榮謂曰：「汝畏死邪？」即斬之。自是每獵，士卒如登戰場。嘗見虎在窮谷中，榮令十餘人空手搏之，毋得損傷，死者數人，卒擒得之，以此爲樂。其下甚苦之。太宰天穆從容謂榮曰：「大王勳業已盛，四方無事，唯宜脩政養民，順時蒐狩，何必盛夏馳逐，感傷和氣？」榮攘袂曰：「靈后女主，不能自正，推奉天子，乃人臣常節。葛榮之徒，本皆奴才，乘時作亂，譬如奴走，擒獲即已。頃來受國大恩，未能混壹海内，何得遽言勳業？如聞朝士猶自寬縱，今秋欲與兄戒勒士馬，校獵嵩高，令貪汙朝貴，入圍搏虎。仍出魯陽，歷三荆，悉擁生蠻，北填六鎮，回軍之際，掃平汾胡。明年，簡練精騎，分出江、淮，蕭衍若降，乞萬户侯；如其不降，以數千騎徑渡縛取。然後與兄奉天子巡四方，乃可稱勳耳。今不頻獵，兵士懈怠，安可復用也！」

城陽王徽之妃，帝之舅女；侍中李彧，延寔之子，帝之姊壻也。徽、彧欲得權寵，惡榮爲己害，日毁榮於帝，勸帝除之。帝懲河陰之難，恐榮終難保，由是密有圖榮之意。侍中楊侃、尚書右僕射元羅亦預其謀。

會榮請入朝，欲視皇后娩乳，徽等勸帝因其入刺殺之。唯膠東侯李侃晞、濟陰王暉業言：「榮若來，必當有備，恐不可圖。」又欲殺其黨與，發兵拒之。帝疑未定，而洛陽人懷憂懼，中書侍郎邢子才之徒已避之東出，榮乃遍與朝士書，相任去留。中書舍人温子昇以書呈帝，帝恒望其不來，及見書，以榮必來，色甚不悦。子才名劭，以字行，巒之族弟也。時人多以字行者，舊史皆因之。

武衛將軍奚毅，建義初往來通命，帝每期之甚重，然猶以榮所親信，不敢與之言情。毅曰：「若必有變，臣寧死陛下，不能事契胡。」帝曰：「朕保天柱無異心，亦不忘卿忠款。」

爾朱世隆疑帝欲爲變，乃爲匿名書自牓其門，云「天子與楊侃、高道穆等爲計，欲殺天柱」，取以呈榮。榮自恃其强，不以爲意，手毁其書，唾地曰：「世隆無膽，誰敢生心？」榮妻北鄉長公主亦勸榮不行，榮不從。

是月，榮將四五千騎發并州，時人皆言榮反，又云天子必當圖榮。九月，榮至洛陽，帝即欲殺之，以太宰天穆在并州，恐爲後患，故忍未發，并召天穆。有人告榮，云帝欲圖之，榮即具奏。帝曰：「外人亦言王欲害我，豈可信之？」於是榮不自疑，每入謁帝，從人不過數十，又皆挺身不持兵仗。帝欲止，城陽王徽曰：「縱不反，亦何可耐，况不可保邪？」

先是，長星出中台，掃大角。恒州人高榮祖頗知天文，榮問之，對曰：「除舊布新之象也。」榮甚悦。榮至洛陽，行臺郎中李顯和曰：「天柱至，那無九錫，安須王自索也？亦是天子不見機。」都督郭羅察曰：「今年真可作禪文，何但九錫。」參軍褚光曰：「人言并州城上有紫氣，何慮天柱不應之。」榮下人皆陵侮帝左右，無所忌憚，故其事皆上聞。

奚毅又見帝，求問，帝即下明光殿與語，知其至誠，乃召城陽王徽及楊侃、李彧告以毅語。榮小女適帝兄子陳留王寬，榮嘗指之曰：「我終當得此壻力。」徽以白帝，曰：「榮慮陛下終爲己患，脱有東宫，必貪立孩幼，若皇后不生太子，則立陳留耳。」帝夢手把刀自割落十指，惡之，告徽及楊侃。徽曰：「蝮蛇螫手，壯士解腕，割指亦是其類，乃吉祥也。」

戊子，天穆至洛陽，帝出迎之。榮與天穆並從入西林園讌射，榮奏曰：「近來侍官皆不習武，陛下宜將五百騎出獵，因省辭訟。」先是奚毅言榮欲因獵挾天子移都，由是帝益疑之。

辛卯，帝召中書舍人温子昇告以殺榮狀，并問以殺董卓事，子昇具通本末。帝曰：「王允若即赦涼州人，必不應至此。」良久，語子昇曰：「朕之情理，卿所具知，死猶須爲，況不必死。吾寧爲高貴鄉公死，不爲常道鄉公生。」帝謂殺榮、天穆，即赦其黨，皆應不動。應詔王道習曰：「爾朱世隆、司馬子如、朱元龍特爲榮所委任，具知天下虚實，謂不宜留。」徽及楊侃皆曰：「若世隆不全，仲遠、天光豈有來理。」帝亦以爲然。徽曰：「榮腰間嘗有刀，或能狼戾傷人，臨事願陛下起避之。」乃伏侃等十餘人於明光殿東。其日，榮與天穆並入，坐食未訖，起出，侃等從東階上殿，見榮、天穆已至中庭，事不果。

壬辰，帝忌日。癸巳，榮忌日。甲午，榮暫入，即詣陳留王家飲酒，極醉，遂言病動，頻日不入。帝謀頗泄，世隆又以告榮，且勸其速發。榮輕帝，以爲無能爲，曰：「何忽忽？」預帝謀者皆懼，帝患之。城陽王徽曰：「以生太子爲辭，榮必入朝，因此斃之。」帝曰：「后懷孕始九月，可乎？」徽曰：「婦人不及期而產者多矣，彼必不疑。」帝從之。戊戌，帝伏兵於明光殿東序，聲言皇子生，遣徽馳騎至榮第告之。榮方與上黨王天穆博，徽脱榮帽，懽舞盤旋，兼殿内文武傳聲趣之，榮遂信之，與天穆俱入朝。帝聞榮來，不覺失色，中書舍人温子昇曰：「陛下色變。」帝連索酒飲之。帝令子昇作赦文，既成，執以出，遇榮自外入，問：「是何文書？」子昇顔色不變，曰：「敕。」榮不取視而入。帝在東序下西向坐，榮、天穆在御榻西北南向坐。徽入，始一拜，榮見光禄少卿魯安、典御李侃晞等抽刀從東户入，即起趨御坐。帝先横刀膝下，遂手刃之，安等亂斫，榮與天穆同時俱死。榮子菩提及車騎將軍爾朱陽覩等三十人從榮入宫，亦爲伏兵所殺。帝得榮手板，上有數牒啓，皆左右去留人名，非其腹心者悉在出限。帝曰：「豎子若過今日，遂不可制。」於是内外喜譟，聲滿洛陽城，百僚入賀。帝登閶闔門，下詔大赦。遣武衛將軍奚毅、前燕州刺史崔淵將兵鎮北中。是夜，爾朱世隆奉北鄉長公主帥榮部曲焚西陽門出屯河陰。

衛將軍賀拔勝與榮黨田怡等聞榮死，奔赴榮第。時宫殿門猶未加嚴防，怡等議即攻門，勝止之曰：「天子既行大事，必當有備，吾等衆少，何可輕爾，但得出城，更爲他計。」怡乃止。及世隆走，勝遂不從，帝甚嘉之。朱瑞雖爲榮所委，而善處朝廷之間，帝亦善遇之，故瑞從世隆走而中道逃還。

榮素厚金紫光禄大夫司馬子如，榮死，自宫中突出至榮第，棄家隨榮妻子走出城。世隆即欲還北，子如曰：「兵不厭詐。今天下恟恟，唯强是視，當此之際，不可以弱示人，若亟北走，恐變生肘腋。不如分兵守河橋，遣軍向京師，出其不意，或可成功。假使不得所欲，亦足示有餘力，使天下畏我之强，不敢叛散。」世隆從之。己亥，攻河橋，擒奚毅等，殺之，據北中城。魏朝大懼，遣前華陽太守段育慰諭之，世隆斬首以徇。

魏以雍州刺史爾朱天光爲侍中、儀同三司，以司空楊津爲都督并肆等九州諸軍事、驃騎大將軍、并州刺史兼尚書令、北道大行臺，經略河、汾。

榮之入洛也，以高敖曹自隨，禁於駝牛署。榮死，帝引見，勞勉之。兄乾自東冀州馳赴洛陽，帝以乾爲河北大使，敖曹爲直閤將軍，使歸招集鄉曲，爲表裏形援。帝親送之於河橋，舉酒指水曰：「卿兄弟冀部豪傑，能令士卒致死，京城儻有變，可爲朕河上一揚塵。」乾垂涕受詔，敖曹援劍起舞，誓以必死。

冬十月癸卯朔，世隆遣爾朱拂律歸將胡騎一千，皆白服，來至郭下，索太原王尸。帝升大夏門望之，遣主書牛法尚謂之曰：「太原王立功不終，陰圖釁逆，王法無親，已正刑書。罪止榮身，餘皆不問，卿等若降，官爵如故。」拂律歸曰：「臣等從太原王入朝，忽致冤酷，今不忍空歸。願得太原王尸，生死無恨。」因涕泣，哀不自勝，羣胡皆慟哭，聲振城邑。帝亦爲之愴然。遣侍中朱瑞齎鐵券賜世隆。世隆謂瑞曰：「太原王功格天地，赤心奉國，長樂不顧信誓，枉加屠害。今日兩行鐵字，何足可信？吾爲太原王報讎，終無降理。」瑞還白帝，帝即出庫物置城西門外，募敢死之士以討世隆，一日即得萬人，與拂律歸等戰於郭外。拂律歸等生長戎旅，洛陽之人不習戰鬭，屢戰不克。甲辰，以前車騎大將軍李叔仁爲大都督，帥衆討世隆。

戊申，皇子生，大赦。以中書令魏蘭根兼尚書左僕射，爲河北行臺，定、相、殷三州皆稟蘭根節度。

爾朱氏兵猶在城下，帝集羣臣博議，皆恇懼，不知所出。通直散騎常侍李苗奮衣起曰：「今小賊唐突如此，朝廷有不測之危，正是忠臣烈士效節之日。臣雖不武，請以一旅之衆，爲陛下徑斷河橋。」城陽王徽、高道穆皆以爲善，帝許之。乙卯，苗募人從馬渚上流，乘船夜下，去橋數里，縱火船焚河橋，倏忽而至。爾朱氏兵在南岸者，望之，争橋北渡，俄而橋絶，溺死者甚衆。苗將百許人泊於小渚以待南援，官軍不至，爾朱氏就擊之，左右皆盡，苗赴水死。帝傷惜之，贈車騎大將軍、儀同三司，封河陽侯，謚曰忠烈。世隆亦收兵北遁。丙辰，詔行臺源子恭將步騎一萬出西道，楊昱將募士八千出東道以討之。子恭仍鎮太行丹谷，築壘以防之。世隆至建州，刺史陸希質閉城拒守。世隆攻拔之，殺城中人無遺類，以肆其忿，唯希質走免。

詔以前東荆州刺史元顯恭爲晋州刺史，兼尚書左僕射、西道行臺。

魏東徐州刺史廣牧斛斯椿素依附爾朱榮，榮死，椿懼，棄州歸汝南王悦。

汾州刺史爾朱兆聞榮死，自汾州帥騎據晉陽。世隆至長子，兆來會之。壬申，共推太原太守行并州事長廣王曄即皇帝位，大赦，改元建明。曄，英之弟子也。以兆爲大將軍，進爵爲王；世隆爲尚書令，賜爵樂平王，加太傅、司州牧；又以榮從弟度律爲太尉，賜爵常山王；世隆兄天柱長史彦伯爲侍中；徐州刺史仲遠爲車騎大將軍兼尚書左僕射、三徐州大行臺。仲遠亦起兵向洛陽。

爾朱天光之克平凉也，宿勤明達請降，既而復叛北走，天光遣賀拔岳討之，明達奔東夏。岳聞爾朱榮死，不復窮追，還涇州以待天光。天光與侯莫陳悦亦下隴，與岳謀引兵向洛。魏敬宗使朱瑞慰諭天光，天光與岳謀，欲令帝外奔而更立宗室，乃頻啓云：「臣實無異心，唯欲仰奉天顔，以申宗門之罪。」又使其下僚屬啓云：「天光密有異圖，願思勝算以防之。」

范陽太守盧文偉誘平州刺史侯淵出獵，閉門拒之。淵屯於郡南，爲榮舉哀，勒兵南向，進至中山，行臺僕射魏蘭根邀擊之，爲淵所敗。

敬宗以城陽王徽兼大司馬、録尚書事，總統内外。徽意謂榮既死，枝葉自應散落，及爾朱世隆等兵四起，黨衆日盛。徽憂怖不知所出，性多忌嫉，不欲人居己前，每獨與帝謀議，羣臣有獻策者，徽輒勸帝不納。且曰：「小賊何慮不平。」又靳惜財貨，賞賜率皆薄少，或多而中減，或與而復追，故徒有糜費而恩不感物。

十一月癸酉朔，敬宗以車騎將軍鄭先護爲大都督，與行臺楊昱共討爾朱仲遠。

乙亥，以司徒長孫稚爲太尉，臨淮王彧爲司徒。

丙子，進雍州刺史廣宗公爾朱天光爵爲王。長廣王亦以天光爲隴西王。

爾朱仲遠攻西兗州，丁丑，拔之，擒刺史王衍。衍，肅之兄子也。癸未，敬宗以右衛將軍賀拔勝爲東征都督。壬辰，又以鄭先護兼尚書左僕射，爲行臺，與勝共討仲遠。戊戌，詔罷魏蘭根行臺，以定州刺史薛曇尚兼尚書，爲北道行臺。鄭先護疑賀拔勝，置之營外。庚子，勝與仲遠戰於滑臺東，兵敗，降於仲遠。

初，爾朱榮嘗從容問左右曰：「一日無我，誰可主軍？」皆稱爾朱兆。榮曰：「兆雖勇於戰鬬，然所將不過三千騎，多則亂矣。堪代我者，唯賀六渾耳。」因戒兆曰：「爾非其匹，終當爲其穿鼻。」乃以高歡爲晉州刺史。及兆引兵向洛，遣使召歡，歡遣長史孫騰詣兆，辭以「山蜀未平，今方攻討，不可委去，致有後憂。定蜀之日，當隔河爲掎角之勢」。兆不悅曰：「還白高晉州，吾得吉夢，夢與吾先人登高丘，丘旁之地耕之已熟，獨餘馬藺，先人命吾拔之，隨手而盡。以此觀之，往無不克。」騰還報，歡曰：「兆狂愚如是，而敢爲悖逆，吾勢不得久事爾朱矣。」

十二月壬寅朔，爾朱兆攻丹谷，都督崔伯鳳戰死，都督史仵龍開壁請降，源子恭退走。兆輕兵倍道兼行，從河橋西涉渡。先是，敬宗以大河深廣，謂兆未能猝濟，是日，水不沒馬腹。甲辰，暴風，黄塵漲天，兆騎叩宮門，宿衛乃覺，彎弓欲射，矢不得發，一時散走。華山王鷙，斤之玄孫也，素附爾朱氏。帝始聞兆南下，欲自帥諸軍討之，鷙説帝曰：「黄河萬仞，兆安得渡？」帝遂自安。及兆入宮，鷙復約止衛兵，不使鬭。帝步出雲龍門外，遇城陽王徽乘馬走，帝屢呼之，不顧而去。兆騎執帝，鎖於永寧寺樓上。帝寒甚，就兆求頭巾，不與。兆營於尚書省，用天子金鼓，設刻漏於庭。撲殺皇子，汙辱嬪御妃主，縱兵大掠，殺司空臨淮王彧、尚書左僕射范陽王誨、青州刺史李延寔等。

城陽王徽走至山南，抵前洛陽令寇祖仁家。祖仁一門三刺史，皆徽所引拔，以有舊恩，故投之。徽齎金百斤、馬五十匹，祖仁利其財，外雖容納，而私謂子弟曰：「如聞爾朱兆購募城陽王，得之者封千户侯。今日富貴至矣。」乃怖徽，云「官捕將至」，令其逃於他所，使人於路邀殺之，送首於兆，兆亦不加勳賞。兆夢徽謂己曰：「我有金二百斤、馬百匹在祖仁家，卿可取之。」兆既覺，意所夢爲實，即掩捕祖仁，徵其金、馬。祖仁謂人密告，望風款服，云「實得金百斤、馬五十匹」。兆疑其隱匿，依夢徵之，祖仁家舊有金三十斤、馬三十四，盡以輸兆。兆猶不信，發怒，執祖仁，懸首高樹，大石墜足，捶之至死。

爾朱世隆至洛陽，兆自以爲己功，責世隆曰：「叔父在朝日久，耳目應廣，如何令天柱受禍！」按劍瞋目，聲色甚厲。世隆遜辭拜謝，然後得已，由是深恨之。爾朱仲遠亦自滑臺至洛。

戊申，魏長廣王大赦。

爾朱榮之死也，敬宗詔河西賊帥紇豆陵步蕃使襲秀容。及兆入洛，步蕃南下，兵勢甚盛，故兆不暇久留，亟還晉陽以禦之，使爾朱世隆、度律、彦伯等留鎮洛陽。甲寅，兆遷敬宗於晉陽，兆自於河梁監閱財資。高歡聞敬宗向晉陽，帥騎東巡，（以）〔欲〕邀之，不及，因與兆書，爲陳禍福，不宜害天子，受惡名。兆怒，不納。爾朱天光輕騎入洛，見世隆等，即還雍州。

初，敬宗恐北軍不利，欲爲南走之計，託云征蠻，以高道穆爲南道大行臺。未及發而兆入洛，道穆託疾去，世隆殺之。主者請追李苗封贈，世隆曰：「當時衆議，更一二日即欲縱兵大掠，焚燒郭邑，賴苗之故，京師獲全。天下之善一也，不宜復追。」

爾朱榮之死也，世隆等徵兵於大寧太守代人房謨，謨不應，前後斬其三使，遣弟毓詣洛陽。及兆得志，其黨建州刺史是蘭安定執謨繫州獄，郡中蜀人聞之，皆叛。安定給謨弱馬，令軍前慰勞，諸賊見謨，莫不遥拜。謨先所乘馬，安定别給將士，戰敗，蜀人得之，謂謨遇害，莫不悲泣，善養其馬，不聽人乘之，兒童、婦女競投草粟，皆言「此房公馬也」。爾朱世隆聞之，捨其罪，以爲其府長史。

北道大行臺楊津，以衆少，留鄴召募，欲自滏口入并州。會爾朱兆入洛，津乃散衆，輕騎還朝。

爾朱世隆與兄弟密謀，慮長廣王母衛氏干預朝政，伺其出行，遣數十騎如劫盜者於京巷殺之，尋懸牓以千萬錢募賊。

甲子，爾朱兆縊敬宗於晉陽三級佛寺，并殺陳留王寬。

是月，紇豆陵步蕃大破爾朱兆於秀容，南逼晉陽。兆懼，使人召高歡并力。僚屬皆勸歡勿應召，歡曰：「兆方急，保無他慮。」遂行。歡所親賀拔焉過兒請緩行以弊之，歡往往逗留，辭以河無橋，不得渡。步蕃兵日盛，兆屢敗，告急於歡，歡乃往從之。兆時避步蕃南出，步蕃至平樂郡，歡與兆進兵合擊，大破之，斬步蕃於石鼓山，其衆退走。兆德歡，相與誓爲兄弟，將數十騎詣歡，通夜宴飲。

初，葛榮部衆流入并、肆者二十餘萬，爲契胡陵暴，皆不聊生，大小二十六反，誅夷者半，猶謀亂不止。兆患之，問計於歡。歡曰：「六鎮反殘，不可盡殺，宜選王腹心使統之，有犯者罪其帥，則所罪者寡矣。」兆曰：「善。誰可使者？」賀拔允時在坐，請使歡領之。歡拳毆其口，折一齒，曰：「平生天柱時，奴輩伏處分如鷹犬。今日天下事取捨在王，而阿鞠泥敢僭易妄言，請殺之。」兆以歡爲誠，遂以其衆委焉。歡以兆醉，恐醒而悔之，遂出宣言：「受委統州鎮兵，可集汾東受號令。」乃建牙陽曲川，陳部分。軍士素惡兆而樂屬歡，莫不皆至。

居無何，又使劉貴請兆，以「并、肆頻歲霜旱，降户掘田鼠而食之，面無穀色，徒汙人境内，請令就食山東，待温飽更受處分」。兆從其議。長史慕容紹宗諫曰：「不可。方今四方紛擾，人懷異望。高公雄才蓋世，復使握大兵於外，譬如借蛟龍以雲雨，將不可制矣。」兆曰：「有香火重誓，何慮邪？」紹宗曰：「親兄弟尚不可信，何論香火。」時兆左右已受歡金，因稱紹宗與歡有舊隙，兆怒，囚紹宗，趣歡發。歡自晉陽出滏口，道逢北鄉長公主自洛陽來，有馬三百匹，盡奪而易之。兆聞之，乃釋紹宗而問之。紹宗曰：「此猶是掌握中物也。」兆乃自追歡，至襄垣，會漳水暴漲，橋壞，歡隔水拜曰：「所以借公主馬，非有他故，備山東盜耳。王信公主之讒，自來賜追，今不辭渡水而死，恐此衆便叛。」兆自陳無此意，因輕馬渡水，與歡坐幕下陳謝，授歡刀，引頸使歡斫之。歡大哭曰：「自天柱之薨，賀六渾更何所仰！但願大家千萬歲，以申力用耳。今爲旁人所構間，大家何忍復出此言！」兆投刀於地，復斬白馬與歡爲誓，因留宿夜飲。尉景伏壯士欲執兆，歡齧臂止之，曰：「今殺之，其黨必奔歸聚結，兵飢馬瘦，不可與敵，若英雄乘之而起，則爲害滋甚，不如且置之。兆雖驍勇，兇悍無謀，不足圖也。」旦日，兆歸營，復召歡。歡將上馬詣之，孫騰牽歡衣，歡乃止。兆隔水肆罵，馳還晉陽。兆腹心念賢領降户家屬别爲營，歡僞與之善，觀其佩刀，因取殺之。士衆感悦，益願附從。

斛斯椿復棄汝南王悦奔魏。

三年春正月，魏右僕射鄭先護聞洛陽不守，士衆逃散，遂來奔。丙申，以先護爲征北大將軍。

魏自敬宗被囚，宫室空近百日。爾朱世隆鎮洛陽，商旅流通，盗賊不作。世隆兄弟密議，以長廣王疏遠，又無人望，欲更立近親。儀同三司廣陵王恭，羽之子也，好學有志度，正光中領給事黄門侍郎，以元乂擅權，託瘖病居龍華佛寺，無所交通。永安末，有白敬宗，言「王陽瘖，將有異志」，恭懼，逃於上洛山，洛州刺史執送之，繫治久之，以無狀獲免。關西大行臺郎中薛孝通説爾朱天光曰：「廣陵王，高祖猶子，夙有令望，沈晦不言，多歷年所，若奉以爲主，必天人允叶。」天光與世隆等謀之，疑其實瘖，使爾朱彦伯潛往敦諭，且脅之，恭乃曰：「天何言哉！」世隆等大喜。孝通，聰之子也。

二月己巳，長廣王至邙山南，世隆等爲之作禪文，使泰山太守遼西竇瑗執鞭獨入，啓長廣王曰：「天人之望皆在廣陵，願行堯、舜之事。」遂署禪文。廣陵王奉表三讓，然後即位，大赦，改元普泰。黄門侍郎邢子才爲赦文，敘敬宗枉殺太原王榮之狀，節閔帝曰：「永安手翦强臣，非爲失德，直以天未厭亂，故逢成濟之禍耳。」因顧左右取筆，自作赦文，直言：「門下：朕以寡德，運屬樂推，思與億兆，同兹大慶，肆眚之科，一依常式。」帝閉口八年，至是乃言，中外欣然以爲明主，望致太平。

庚午，詔以「三皇稱『皇』，五帝稱『帝』，三代稱『王』，蓋遞爲冲挹。自秦以來，競稱『皇帝』，予今但稱『帝』，亦已褒矣。」加爾朱世隆儀同三司，贈爾朱榮相國、晉王，加九錫。世隆使百官議榮配饗，司直劉季明曰：「若配世宗，於時無功；若配孝明，親害其母；若配莊帝，爲臣不終：以此論之，無所可配。」世隆怒曰：「汝應死。」季明曰：「下官既爲議首，依禮而言，不合聖心，翦戮唯命。」世隆亦不之罪。以榮配高祖廟廷。又爲榮立廟於首陽山，因周公舊廟而爲之，以爲榮功可比周公。廟成，尋爲火所焚。

爾朱兆以不預廢立之謀，大怒，欲攻世隆，世隆使爾朱彦伯往諭之，乃止。

初，敬宗使安東將軍史仵龍、平北將軍楊文義各領兵三千守太行嶺，侍中源子恭鎮河内。及爾朱兆南向，仵龍、文義帥衆先降，由是子恭之軍望風亦潰，兆遂乘勝直入洛陽。

至是，爾朱世隆論仵龍、文義之功，各封千户侯。魏主曰：「仵龍、文義於王有功，於國無勳。」竟不許。爾朱仲遠鎮滑臺，表用其下都督爲西兖州刺史。先用後表，詔答曰：「已能近補，何勞遠聞？」

幽、安、營、并四州行臺劉靈助自謂方術可以動人，又推算知爾朱氏將衰，乃起兵，自稱燕王、開府儀同三司、大行臺，聲言爲敬宗復讎，且妄述圖讖，云「劉氏當王」，由是幽、瀛、滄、冀之民多從之。從之者夜舉火爲號，不舉火者諸村共屠之。引兵南至博陵之安國城。

爾朱兆遣監軍孫白鷂至冀州，託言調發民馬，欲俟高乾兄弟送馬而收之。乾等知之，與前河内太守封隆之等合謀，潛部勒壯士，襲據信都，殺白鷂，執刺史元嶷。乾等欲推其父翼行州事，翼曰：「和集鄉里，我不如封皮。」乃奉隆之行州事，爲敬宗舉哀，將士皆縞素，升壇誓衆，移檄州郡，共討爾朱氏，仍受劉靈助節度。隆之，磨奴之族孫也。

殷州刺史爾朱羽生將五千人襲信都，高敖曹不暇擐甲，將十餘騎馳擊之。乾在城中縋下五百人，追救未及，敖曹已交兵，羽生敗走。敖曹馬矟絶世，左右無不一當百，時人比之項籍。

高歡屯壺關大王山，六旬，乃引兵東出，聲言討信都。信都人皆懼，高乾曰：「吾聞高晉州雄略蓋世，其志不居人下。且爾朱無道，弒君虐民，正是英雄立功之會，今日之來，必有深謀，吾當輕馬迎之，密參意旨，諸君勿懼也。」乃將十餘騎與封隆之子子繪潛謁歡於滏口，說歡曰：「爾朱酷逆，痛結人神，凡曰有知，莫不思奮。明公威德素著，天下傾心，若兵以義立，則屈强之徒不足爲明公敵矣。鄗州雖小，户口不減十萬，穀秸之税，足濟軍資，願公熟思其計。」乾辭氣慷慨，歡大悦，與之同帳寢。

初，河南太守趙郡李顯甫，喜豪俠，集諸李數千家於殷州西山，方五六十里，居之。顯甫卒，子元忠繼之。家素富，多出貸求利，元忠悉焚契免責，鄉人甚敬之。時盜賊蠭起，清河有五百人西戍，還，經趙郡，以路梗，共投元忠。元忠遣奴爲導，曰：「若逢賊，但道李元忠遣。」如言，賊皆舍避。及葛榮起，元忠帥宗黨作壘以自保，坐大槲樹下，前後斬違命者凡三百人。賊至，元忠輒擊卻之。葛榮曰：「我自中山至此，連爲趙李所破，何以能成大事。」乃悉衆攻圍，執元忠以隨軍。賊平，就拜南趙郡太守，好酒無政績。

及爾朱兆弒敬宗，元忠棄官歸，謀舉兵討之。會高歡東出，元忠乘露車，載素箏濁酒以奉迎。歡聞其酒客，未即見之。元忠下車獨坐，酌酒，擘脯食之，謂門者曰：「本言公招延儁傑，今聞國士到門，不吐哺輟洗，其人可知。還吾刺，勿通也。」門者以告，歡遽見之，引入，觴再行，元忠車上取箏鼓之，長歌慷慨。歌闋，謂歡曰：「天下形勢可見，明公猶事爾朱邪？」歡曰：「富貴皆因彼所致，安敢不盡節。」元忠曰：「非英雄也。高乾邕兄弟來未？」時乾已見歡，歡紿之曰：「從叔輩粗，何肯來。」元忠曰：「雖粗，並解事。」歡曰：「趙郡醉矣。」使人扶出，元忠不肯起。孫騰進曰：「此君天遣來，不可違也。」歡乃復留與語，元忠慷慨流涕，歡亦悲不自勝。元忠因進策曰：「殷州小，無糧仗，不足以濟大事。若向冀州，高乾邕兄弟必爲明公主人，殷州便以賜委。冀、殷既合，滄、瀛、幽、定自然弭服。唯劉誕黠胡或當乖拒，然非明公之敵。」歡急握元忠手而謝焉。

歡至山東，約勒士卒，絲毫之物不聽侵犯，每過麥地，歡輒步牽馬。遠近聞之，皆稱高儀同將兵整肅，益歸心焉。

歡求糧於相州刺史劉誕，誕不與，有車營租米，歡掠取之。進至信都，封隆之、高乾等開門納之。高敖曹時在外略地，聞之，以乾爲婦人，遺以布裙。歡使世子澄以子孫禮見之，敖曹乃與俱來。

癸酉，魏封長廣王曄爲東海王，以青州刺史魯郡王肅爲太師，淮陽王欣爲太傅，爾朱世隆爲太保，長孫稚爲太尉，趙郡王諶爲司空，徐州刺史爾朱仲遠、雍州刺史爾朱天光並爲大將軍，并州刺史爾朱兆爲天柱大將軍。賜高歡爵勃海王，徵使入朝。長孫稚固辭太傅，乃以爲驃騎大將軍、開府儀同三司。爾朱兆辭天柱，曰：「此叔父所終之官，我何敢受！」固辭不拜，尋加都督十州諸軍事，世襲并州刺史。高歡辭不就徵。爾朱仲遠徙鎮大梁，復加兗州刺史。

爾朱世隆之初爲僕射也，畏爾朱榮之威嚴，深自刻厲，留心几案，應接賓客，有開敏之名。及榮死，無所顧憚，爲尚書令，家居視事，坐符臺省，事無大小，不先白世隆，有司不敢行。使尚書郎宋遊道、邢昕在其聽事東西別坐，受納辭訟，稱命施行，公爲貪淫，生殺自恣。（及）〔又〕欲收軍士之意，汎加階級，皆爲將軍，無復員限。自是勳賞之官，大致猥濫，人不復貴。是時，天光專制關右，兆奄有并、汾，仲遠擅命徐、兗，世隆居中用事，競爲貪暴。而仲遠尤甚，所部富室大族，多誣以謀反，籍沒其婦女財物入私家，投其男子於河，如是者不可勝數。自滎陽以東，租税悉入其軍，不送洛陽。東南州郡，自牧守以下至士民，畏仲遠如豺狼。由是四方之人皆惡爾朱氏，而憚其强，莫敢違也。

己丑，魏以涇州刺史賀拔岳爲岐州刺史，渭州刺史侯莫陳悅爲秦州刺史，並加儀同三司。

魏使大都督侯淵、驃騎大將軍代人叱列延慶討劉靈助。至固城，淵畏其衆，欲引兵西入，據關拒險，以待其變。延慶曰：「靈助庸人，假妖術以惑衆，大兵一臨，彼皆恃其符厭，豈肯戮力致死與吾争勝負哉。不如出營城外，詐言西歸，靈助聞之，必自寬縱，然後潛軍擊之，往則成擒矣。」淵從之，出頓城西，聲云欲還。丙申，簡精騎一千，夜發，直抵靈助壘，靈助戰敗，斬之，傳首洛陽。初，靈助起兵，自占勝負，曰：「三月之末，我必入定州，爾朱氏不久當滅。」及靈助首函入定州，果以是月之末。

夏四月癸丑，魏以高歡爲大都督、東道大行臺、冀州刺史。

丙寅，魏以侍中、驃騎大將軍爾朱彥伯爲司徒。

魏高歡將起兵討爾朱氏，鎮南大將軍斛律金、軍主善無庫狄干與歡妻弟婁昭、妻之姊夫段榮皆勸成之。歡乃詐爲書，稱爾朱兆將以六鎮人配契胡爲部曲，衆皆憂懼。又爲并州符，徵兵討步落稽，發萬人，將遣之。孫騰與都督尉景爲請留五日，如此者再，歡親送之郊，雪涕執別，衆皆號慟，聲震郊野。歡乃諭之曰：「與爾俱爲失鄉客，義同一家，不意在上徵發乃爾！今直西向已當死，後軍期又當死，配國人又當死，奈何？」衆曰：「唯有反耳。」歡曰：「反乃急計，然當推一人爲主，誰可者？」衆共推歡。歡曰：「爾鄉里難制，不見葛榮乎？雖有百萬之衆，曾無法度，終自敗滅。今以吾爲主，當與前異，毋得陵漢人，犯軍令，生死任吾，則可；不然，不能爲天下笑。」衆皆頓顙曰：「死生唯命。」歡乃椎牛饗士，庚申，起兵於信都，亦未敢顯言叛爾朱氏也。

會李元忠舉兵逼殷州，歡令高乾帥衆救之。乾輕騎入見刺史爾朱羽生，與指畫軍計。

羽生與乾俱出，因擒斬之，持羽生首謁歡。歡撫膺曰：「今日反決矣。」乃以元忠爲殷州刺史，鎮廣阿。歡於是抗表罪狀爾朱氏，爾朱世隆匿之不通。

魏楊播及弟椿、津皆有名德。播剛毅，椿、津謙恭，家世孝友，緦服同爨，男女百口，人無間言。椿、津皆至三公，一門七郡太守，三十二州刺史。敬宗之誅爾朱榮也，播子侃預其謀，城陽王徽、李彧皆其姻戚也。爾朱兆入洛，侃逃歸華陰，爾朱天光使侃婦父韋義遠招之與盟，許貰其罪。侃曰：「彼雖食言，死者不過一人，猶冀全百口。」乃出應之，天光殺之。時椿致仕，與其子昱在華陰，椿弟冀州刺史順、司空津、順子東雍州刺史辯、正平太守仲宣皆在洛。秋七月，爾朱世隆誣奏楊氏謀反，請收治之，魏主不許。世隆苦請，帝不得已，命有司檢案以聞。壬申夜，世隆遣兵圍津第，天光亦遣兵掩椿家於華陰，東西之族，無少長皆殺之，籍沒其家。世隆奏云：「楊氏實反，與收兵相拒，皆已格殺。」帝惋悵久之，不言而已，朝野聞之，無不痛憤。津子逸爲光州刺史，爾朱仲遠遣使就殺之。唯津子愔於被收時適出在外，逃匿獲免，往見高歡於信都，泣訴家禍，因爲言討爾朱氏之策，歡甚重之，即署行臺郎中。

丙戌，魏司徒爾朱彥伯以旱遜位，戊子，以彥伯爲侍中、開府儀同三司。彥伯於兄弟中差無過惡。爾朱世隆固讓太保，魏主特置儀同三師之官，位次上公之下，庚寅，以世隆爲之。斛斯椿譖朱瑞於世隆，世隆殺之。

魏爾朱仲遠、度律等聞高歡起兵，恃其强，不以爲慮，獨爾朱世隆憂之。爾朱兆將步騎二萬出井陘，趣殷州，李元忠棄城奔信都。八月丙午，爾朱仲遠、度律將兵討高歡。九月己卯，魏以仲遠爲太宰。庚辰，以爾朱天光爲大司馬。

孫騰説高歡曰：「今朝廷隔絶，號令無所稟，不權有所立，則衆將沮散。」歡疑之，騰再三固請，乃立勃海太守元朗爲帝。朗，融之子也。冬十月壬寅，朗即位於信都城西，改元中興。以歡爲侍中、丞相、都督中外諸軍〔事〕、大將軍、録尚書事、大行臺，高乾爲侍中、司空，高敖曹爲驃騎大將軍、儀同三司、冀州刺史，孫騰爲尚書左僕射、河北行臺，魏蘭根爲右僕射。

己酉，爾朱仲遠、度律與驃騎大將軍斛斯椿、車騎大將軍儀同三司賀拔勝、車騎大將軍賈顯智軍於陽平。顯智名智，以字行，顯度之弟也。爾朱兆出井陘，軍于廣阿，衆號十萬。高歡縱反間，云「世隆兄弟謀殺兆」，復云「兆與歡同謀殺仲遠等」，由是迭相猜貳，徘徊不進。仲遠等屢使斛斯椿、賀拔勝往諭兆，兆帥輕騎三百來就仲遠，同坐幕下，意色不平，手舞馬鞭，長嘯凝望，疑仲遠等有變，遂趨出，馳還。仲遠遣椿、勝等追，曉説之，兆執椿、勝還營。仲遠、度律大懼，引兵南遁。兆數勝罪，將斬之，曰：「爾殺衛可孤，罪一也。

天柱薨，爾不與世隆等俱來，而東征仲遠，罪二也。我欲殺爾久矣，今復何言？」勝曰：「可孤爲國巨患，勝父子誅之，其功不小，反以爲罪乎？天柱被戮，以君誅臣，勝寧負王，不負朝廷。今日之事，生死在王。但寇賊密邇，骨肉構隙，自古及今，未有如是而不亡者。勝不憚死，恐王失策。」兆乃捨之。

高歡將與兆戰，而畏其衆强，以問親信都督段韶。韶曰：「所謂衆者，得衆人之死；所謂强者，得天下之心。爾朱氏上弑天子，中屠公卿，下暴百姓，王以順討逆，如湯沃雪，何衆强之有？」歡曰：「雖然，吾以小敵大，恐無天命不能濟也。」韶曰：「韶聞『小能敵大，小道大淫』。『皇天無親，唯德是輔』。爾朱氏外亂天下，內失英雄心，智者不爲謀，勇者不爲鬬，人心已去，天意安有不從者哉！」韶，榮之子也。辛亥，歡大破兆於廣阿，俘其甲卒五千餘人。

十一月庚辰，魏高歡引兵攻鄴，相州刺史劉誕嬰城固守。

四年春正月，魏高歡攻鄴，爲地道，施柱而焚之，城陷入地。壬午，拔鄴，擒劉誕，以楊愔爲行臺右丞。時軍國多事，文檄教令，皆出於愔及開府諮議參軍崔㥄。㥄，逞之五世孫也。

二月辛亥，魏安定王追謚敬宗曰武懷皇帝。甲子，以高歡爲丞相、柱國、大將軍、太師。三月丙寅，以高澄爲驃騎大將軍。丁丑，安定王帥百官入居於鄴。

爾朱兆與爾朱世隆等互相猜阻，世隆卑辭厚禮諭兆，欲使之赴洛，唯其所欲。又請節閔帝納兆女爲后。兆乃悦，并與天光、度律更立誓約，復相親睦。

斛斯椿陰謂賀拔勝曰：「天下皆怨毒爾朱，而吾等爲之用，亡無日矣，不如圖之。」勝曰：「天光與兆各據一方，欲盡去之甚難，去之不盡，必爲後患，奈何？」椿曰：「此易致耳。」乃説世隆追天光等赴洛，共討高歡。世隆屢徵天光，天光不至，使椿自往邀之，曰：「高歡作亂，非王不能定，豈可坐視宗族夷滅邪？」天光不得已，將東出，問策於雍州刺史賀拔岳。岳曰：「王家跨據三方，士馬殷盛，高歡烏合之衆，豈能爲敵。但能同心戮力，往無不捷；若骨肉相疑，則圖存之不暇，安能制人。如下官所見，莫若且鎮關中，以固根本，分遣鋭師，與衆軍合勢，進可以克敵，退可以自全。」天光不從。閏月壬寅，天光自長安，兆自晉陽，度律自洛陽，仲遠自東郡皆會於鄴，衆號二十萬，夾洹水而軍。節閔帝以長孫稚爲大行臺，總督之。

高歡令吏部尚書封隆之守鄴，癸丑，出頓紫陌，大都督高敖曹將鄉里部曲王桃湯等三千人以從。歡曰：「高都督所將皆漢兵，恐不足集事，欲割鮮卑兵千餘人相雜用之，何如？」敖曹曰：「敖曹所將，練習已久，前後格鬬，不減鮮卑。今若雜之，情不相洽，勝則争功，退則推罪，不煩更配也。」

庚申，爾朱兆帥輕騎三千夜襲鄴城，叩西門，不克而退。壬戌，歡將戰，馬不滿二千，步兵不滿三萬，衆寡不敵，乃於韓陵爲圓陳，連繫牛驢以塞歸道，於是將士皆有死志。兆望見歡，遥責歡以叛己，歡曰：「本所以戮力者，共輔帝室。今天子何在？」兆曰：「永安枉害天柱，我報讎耳。」歡曰：「我昔親聞天柱計，汝在户前立，豈得言不反邪？且以君殺臣，何報之有？今日義絶矣。」遂戰。歡將中軍，高敖曹將左軍，歡從父弟岳將右軍。歡戰不利，兆等乘之，岳以五百騎衝其前，别將斛律敦收散卒躡其後，敖曹以千騎自栗園出横擊之，兆等大敗，賀拔勝與徐州刺史杜德於陳降歡。兆對慕容紹宗撫膺曰：「不用公言，以至於此！」欲輕騎西走，紹宗反旗鳴角，收散卒成軍而去。兆還晉陽，仲遠奔東郡。爾朱彦伯聞度律等敗，欲自將兵守河橋，世隆不從。

度律、天光將之洛陽，大都督斛斯椿謂都督賈顯度、賈顯智曰：「今不先執爾朱氏，吾屬死無類矣。」乃夜於桑下盟，約倍道先還。世隆使其外兵參軍陽叔淵單騎馳赴北中，簡閲敗衆，以次内之。椿至，不得入城，乃詭説叔淵曰：「天光部下皆是西人，聞欲大掠洛邑，遷都長安，宜先内我，以爲之備。」叔淵信之。夏四月甲子朔，椿等入據河橋，盡殺爾朱氏之黨。度律、天光欲攻之，會大雨晝夜不止，士馬疲頓，弓矢不可施，遂西走，至灅波津，爲人所擒，送於椿所。椿使行臺長孫稚詣洛陽奏狀，别使賈顯智、張歡帥騎掩襲世隆，執之。彥伯時在禁直，長孫稚於神虎門啓陳：「高歡義功既振，請誅爾朱氏。」節閔帝使舍人郭崇報彥伯，彥伯狼狽走出，爲人所執，與世隆俱斬於閶闔門外，送其首并度律、天光於高歡。

節閔帝使中書舍人盧辯勞歡於鄴，歡使之見安定王，辯抗辭不從，歡不能奪，乃捨之。辯，同之兄子也。

爾朱天光之東下也，留其弟顯壽鎮長安，召秦州刺史侯莫陳悅欲與之俱東。賀拔岳知天光必敗，欲留悅共圖顯壽以應高歡，計未有所出。宇文泰謂岳曰：「今天光尚近，悅未必有貳心，若以此告之，恐其驚懼。然悅雖爲主將，不能制物，若先說其衆，必人有留心。悅進失爾朱之期，退恐人情變動，乘此說悅，事無不遂。」岳大喜，即令泰入悅軍說之，悅遂與岳共襲長安。泰帥輕騎爲前驅，顯壽棄城走，追至華陰，擒之。歡以岳爲關西大行臺，岳以泰爲行臺左丞，領府司馬，事無巨細，皆委之。

辛巳，安定王至邙山。高歡以安定王疏遠，使僕射魏蘭根慰諭洛邑，且觀節閔帝之爲人，欲復奉之。蘭根以帝神采高明，恐於後難制，與高乾兄弟及黃門侍郎崔㥄共勸歡廢之。歡集百官問所宜立，莫有應者，太僕代人綦毋儁盛稱節閔帝賢明，宜主社稷，歡欣然是之。㥄作色曰：「若言賢明，自可待我高王，徐登大位。廣陵既爲逆胡所立，何得猶爲天子！若從儁言，王師何名義舉？」歡遂幽節閔帝於崇訓佛寺。

歡入洛陽，斛斯椿謂賀拔勝曰：「今天下事，在吾與君耳。若不先制人，將爲人所制。高歡初至，圖之不難。」勝曰：「彼有功於時，害之不祥。比數夜與歡同宿，具序往昔之懷，兼荷兄恩意甚多，何苦憚之。」椿乃止。

歡以汝南王悦，高祖之子，召欲立之，聞其狂暴無常，乃止。時諸王多逃匿，尚書左僕射平陽王脩，懷之子也，匿於田舍，歡欲立之，使斛斯椿求之。椿見脩所親員外散騎侍郎太原王思政，問王所在，思政曰：「須知問意。」椿曰：「欲立爲天子。」思政乃言之。椿從思政見脩，脩色變，謂思政曰：「得無賣我邪？」曰：「不也。」曰：「敢保之乎？」曰：「變態百端，何可保也。」椿馳報歡，歡遣四百騎迎脩入氈帳，陳誠，泣下霑襟。脩讓以寡德，歡再拜，脩亦拜。歡出備服御，進湯沐，達夜嚴警。昧爽，文武執鞭以朝，使斛斯椿奉勸進表。椿入帷門，磬折延首而不敢前，脩令思政取表視之，曰：「便不得不稱朕矣。」乃爲安定王作詔策而禪位焉。

戊子，孝武帝即位於東郭之外，用代都舊制，以黑氈蒙七人，歡居其一。帝於氈上西向拜天畢，入御太極殿，羣臣朝賀，升閶闔門大赦，改元太昌。以高歡爲大丞相、天柱大將軍、太師，世襲定州刺史。庚寅，加高澄侍中、開府儀同三司。

初，歡起兵信都，爾朱世隆知司馬子如與歡有舊，自侍中、驃騎大將軍出爲南岐州刺史。歡入洛，召子如爲大行臺尚書，朝夕左右，參知軍國。廣州刺史廣寧韓賢素爲歡所善，歡入洛，凡爾朱氏所除官爵例皆削奪，唯賢如故。以前御史中尉樊子鵠兼尚書左僕射，爲東南道大行臺，與徐州刺史杜德追爾朱仲遠。仲遠已出境，遂攻元樹於譙。

丞相歡徵賀拔岳爲冀州刺史，岳畏歡，欲單馬入朝。行臺右丞薛孝通説岳曰：「高王以數千鮮卑破爾朱百萬之衆，誠亦難敵。然諸將或素居其上，或與之等夷，雖屈首從之，勢非獲已。今或在京師，或據州鎮，高王除之則失人望，留之則爲腹心之疾。且吐萬人雖復敗走，猶在并州，高王方内撫羣雄，外抗勍敵，安能去其巢穴，與公争關中之地乎？今關中豪俊皆屬心於公，願效其智力。公以華山爲城，黄河爲塹，進可以兼山東，退可以封函谷，奈何欲束手受制於人乎！」言未卒，岳執孝通手曰：「君言是也。」乃遜辭爲啓，而不就徵。

壬辰，丞相歡還鄴，送爾朱度律、天光於洛陽，斬之。

五月丙申，魏主酖節閔帝於門下外省，詔百司會喪，葬用殊禮。以沛郡王欣爲太師，趙郡王諶爲太保，南陽王寶炬爲太尉，長孫稚爲太傅。寶炬，愉之子也。丞相歡固辭天柱大將軍，戊戌，許之。己酉，清河王亶爲司徒。

侍中河南高隆之本徐氏養子，丞相歡命以爲弟，恃歡勢，驕狎公卿，南陽王寶炬毆之，曰：「鎮兵何敢爾！」魏主以歡故，六月丁卯，黜寶炬爲驃騎大將軍，歸第。魏主避廣平武穆王之諱，改謚武懷皇帝曰孝莊皇帝，廟號敬宗。

秋七月庚子，魏復以南陽王寶炬爲太尉。

壬寅，魏丞相歡引兵入滏口，大都督庫狄干入井陘，擊爾朱兆。庚戌，魏主使驃騎大將軍、儀同三司高隆之帥步騎十萬，會丞相歡於太原，因以隆之爲丞相軍司。歡軍於武鄉，爾朱兆大掠晉陽，北走秀容。并州平。歡以晉陽四塞，乃建大丞相府而居之。

冬十一月甲辰，魏殺安定王朗、東海王曄。己酉，以汝南王悦爲侍中、大司馬。魏主以汝南王悦屬近地尊，丁亥，殺之。

十二月，魏主納丞相歡女爲后，命太常卿李元忠納幣於晉陽。歡與之宴，論及舊事，元忠曰：「昔日建義，轟轟大樂，比來寂寥無人問。」歡撫掌笑曰：「此人逼我起兵。」元忠戲曰：「若不與侍中，當更求建義處。」歡曰：「建義不慮無，止畏如此老翁不可遇耳。」元忠曰：「止爲此翁難遇，所以不去。」因捋歡須大笑。歡悉其雅意，深重之。

爾朱兆既至秀容，分兵守隘，出入寇掠。魏丞相歡揚聲討之，師出復止者數四，兆意怠。歡揣其歲首當宴會，遣都督竇泰以精騎馳之，一日一夜行三百里，歡以大軍繼之。

五年春正月，魏竇泰奄至爾朱兆庭，軍人因宴休惰，忽見泰軍，驚走，追破之於赤谼嶺，衆並降散。兆逃於窮山，命左右西河張亮及蒼頭陳山提斬己首以降，皆不忍。兆乃殺所乘白馬，自縊於樹。歡親臨，厚葬之。慕容紹宗攜爾朱榮妻子及兆餘衆詣歡降，歡以義故，待之甚厚。

通鑑紀事本末卷第二十三

魏分東西

梁武帝中大通四年。魏高歡之討爾朱氏也，爾朱仲遠來奔。仲遠帳下都督喬寧、張子期自滑臺詣歡降。歡責之曰：「汝事仲遠，擅其榮利，盟契百重，許同生死。前仲遠自徐州爲逆，汝爲戎首，今仲遠南走，汝復叛之。事天子則不忠，事仲遠則無信。犬馬尚識飼之者，汝曾犬馬之不如！」遂斬之。

五年春正月，魏侍中斛斯椿聞喬寧、張子期之死，内不自安，與南陽王寶炬、武衛將軍元毗、王思政密勸魏主圖丞相歡。毗，遵之玄孫也。舍人元士弼又言歡受詔不敬，帝由是不悦。椿勸帝置閤内都督部曲，又增武直人數，自直閤已下，員别數百，皆選四方驍勇者充之。帝數出遊幸，椿自部勒，别爲行陳，由是朝政、軍謀，帝專與椿決之。帝以關中大行臺賀拔岳擁重兵，密與相結，又出侍中賀拔勝爲都督三荆等七州諸軍事、荆州刺史，欲倚勝兄弟以敵歡，歡益不悦。

侍中、司空高乾之在信都也，遭父喪，不暇終服。及孝武帝即位，表請解職行喪，詔聽解侍中，司空如故。乾雖求退，不謂遽見許，既去内侍，朝政多不關預，居常怏怏。帝既貳於歡，冀乾爲己用，嘗於華林園宴罷，獨留乾謂之曰：「司空奕世忠良，今日復建殊效，相與雖則君臣，義同兄弟，宜共立盟約，以敦情契。」殷勤逼之。乾對曰：「臣以身許國，何敢有貳。」時事出倉猝，且不謂帝有異圖，遂不固辭，亦不以啓歡。及帝置部曲，乾乃私謂所親曰：「主上不親勳賢，而招集羣小。數遣元士弼、王思政往來關西，與賀拔岳計議，又出賀拔勝爲荆州，外示疏忌，實欲樹黨，令其兄弟相近，冀據有西方。禍難將作，必及於我。」乃密啓歡。歡召乾詣并州面論時事，乾因勸歡受魏禪。歡以袖掩其口曰：「勿妄言。今令司空復爲侍中，門下之事一以相委。」歡屢啓請，帝不許。乾知變難將起，密啓歡求爲徐州。二月辛酉，以乾爲驃騎大將軍、開府儀同三司、徐州刺史。

三月，高乾將之徐州，魏主聞其漏泄機事，乃詔丞相歡曰：「乾邕與朕私有盟約，今乃反覆兩端。」歡聞其與帝盟，亦惡之，即取乾前後數啓論時事者遣使封上，帝召乾，對歡使責之。乾曰：「陛下自立異圖，乃謂臣爲反覆。人主加罪，其可辭乎！」遂賜死。帝又密敕東徐州刺史潘紹業殺其弟敖曹。敖曹先聞乾死，伏壯士於路，執紹業，得敕書於袍領，遂將十餘騎奔晋陽。歡抱其首哭曰：「天子枉害司空。」敖曹兄仲密爲光州刺史，帝敕青州斷其歸路，仲密亦間行奔晋陽。仲密名慎，以字行。

秋七月壬辰，魏以廣陵王欣爲大司馬，趙郡王諶爲太師。庚戌，以前司徒賀拔允爲太尉。

初，賀拔岳遣行臺郎馮景詣晉陽，丞相歡聞岳使至，甚喜，曰：「賀拔公詎憶吾邪！」與景歃血，約與岳爲兄弟。景還言於岳曰：「歡姦詐有餘，不可信也。」府司馬宇文泰自請使晉陽以觀歡之爲人，歡奇其狀貌曰：「此兒視瞻非常。」將留之，泰固求復命，歡既遣而悔之，發驛急追，至關不及而返。

泰至長安，謂岳曰：「高歡所以未篡者，正憚公兄弟耳，侯莫陳悅之徒，非所忌也。公但潛爲之備，圖歡不難。今費也頭控弦之騎不下一萬，夏州刺史斛拔彌俄突勝兵三千餘人，靈州刺史曹泥、河西流民紇豆陵伊利等各擁部衆，未有所屬。公若移軍近隴，扼其要害，震之以威，懷之以惠，可收其士馬，以資吾軍。西輯氐、羌，北撫沙塞，還軍長安，匡輔魏室，此桓、文之功也。」岳大悅，復遣泰詣洛陽請事，密陳其狀。魏主喜，加泰武衛將軍，使還報。八月，帝以岳爲都督雍華等二十州諸軍事、雍州刺史，又割心前血，遣使者齎以賜之。岳遂引兵西屯平涼，以牧馬爲名。斛拔彌俄突、紇豆陵伊利及費也頭万俟受洛干、鐵勒斛律沙門等皆附於岳，唯曹泥附於歡。秦、南秦、河、渭四州刺史同會平涼，受岳節度。岳以夏州被邊要重，欲求良刺史以鎮之，衆舉宇文泰，岳曰：「宇文左丞，吾左右手，何可廢也？」沈吟累日，卒表用之。

冬十二月，魏丞相歡患賀拔岳、侯莫陳悦之强，右丞翟嵩曰：「嵩能間之，使其自相屠滅。」歡遣之。歡又使長史侯景招撫紇豆陵伊利，伊利不從。

六年春正月壬辰，魏丞相歡擊伊利於河西，擒之，遷其部落於河東。魏主讓之曰：「伊利不侵不叛，爲國純臣，王忽伐之，詎有一介行人先請之乎？」

魏賀拔岳將討曹泥，使都督武川趙貴至夏州與宇文泰謀之。泰曰：「曹泥孤城阻遠，未足爲憂。侯莫陳悦貪而無信，宜先圖之。」岳不聽，召悦會於高平，與共討泥。悦既得翟嵩之言，乃謀取岳。岳數與悦宴語，長史武川雷紹諫，不聽。岳使悦前行，至河曲，悦誘岳入營，坐論軍事，悦陽稱腹痛而起，其壻元洪景拔刀斬岳。岳左右皆散走，悦遣人諭之，云「我别受旨，止取一人，諸君勿怖」。衆以爲然，皆不敢動。而悦心猶豫，不即撫納，乃還入隴，屯水洛城。岳衆散還平凉，趙貴詣悦請岳尸葬之，悦許之。岳既死，悦軍中皆相賀，行臺郎中薛憕私謂所親曰：「悦才略素寡，輒害良將，吾屬今爲人虜矣，何賀之有？」憕，真度之從孫也。

岳衆未有所屬，諸將以都督武川寇洛年最長，推使總諸軍。洛素無威略，不能齊衆，乃自請避位。趙貴曰：「宇文夏州英略冠世，遠近歸心，賞罰嚴明，士卒用命，若迎而奉之，大事濟矣。」諸將或欲南召賀拔勝，或欲東告魏朝，猶豫未決。都督盛樂杜朔周曰：「遠水不救近火，今日之事，非宇文夏州無能濟者，趙將軍議是也。朔周請輕騎告哀，且迎之。」衆乃使朔周馳至夏州召泰。

泰與將佐賓客共議去留，前太中大夫潁川韓褒曰：「此天授也，又何疑乎？侯莫陳悦井中蛙耳，使君往，必擒之。」衆以爲：「悦在水洛，去平涼不遠，若已有賀拔公之衆，則圖之實難，願且留以觀變。」泰曰：「悦既害元帥，自應乘勢直據平涼，而退屯水洛，吾知其無能爲也。夫難得易失者，時也，若不早赴，衆心將離。」

夏州首望都督彌姐元進陰謀應悦，泰知之，與帳下都督高平蔡祐謀執之。祐曰：「元進會當反噬，不如殺之。」泰曰：「汝有大決。」乃召元進等入計事，泰曰：「隴賊逆亂，當與諸人戮力討之。諸人似有不同者，何也？」祐即被甲持刀直入，瞋目謂諸將曰：「朝謀夕異，何以爲人！今日必斷姦人首！」舉坐皆叩頭曰：「願有所擇。」祐乃叱元進，斬之，并誅其黨，因與諸將同盟討悦。泰謂祐曰：「吾今以爾爲子，爾其以我爲父乎？」

泰與帳下輕騎馳赴平涼，令杜朔周帥衆先據彈箏峽。時民間惶懼，逃散者多，軍士爭欲掠之，朔周曰：「宇文公方伐罪弔民，奈何助賊爲虐乎！」撫而遣之，遠近悦附。泰聞而嘉之。朔周本姓赫連，曾祖庫多汗避難改焉，泰命復其舊姓，名之曰達。丞相歡使侯景招撫岳衆，泰至安定遇之，謂曰：「賀拔公雖死，宇文泰尚存，卿何爲者？」景失色，曰：「我猶箭耳，唯人所射。」遂還。

泰至平涼，哭岳甚慟，將士皆悲喜。

歡復使侯景與散騎常侍代郡張華原、義寧太守太安王基勞泰，泰不受，欲劫留之，曰：「留則共享富貴，不然，命在今日。」華原曰：「明公欲脅使者以死亡，此非華原所懼也。」泰乃遣之。基還，言「泰雄傑，請及其未定擊滅之」。歡曰：「卿不見賀拔、侯莫陳乎？吾當以計拱手取之。」

魏主聞岳死，遣武衛將軍元毗慰勞岳軍，召還洛陽，并召侯莫陳悦。毗至平涼，軍中已奉宇文泰爲主。悦既附丞相歡，不肯應召。泰因元毗上表稱：「臣岳忽罹非命，都督寇洛等令臣權掌軍事。奉詔召岳軍入京，今高歡之衆已至河東，侯莫陳悦猶在水洛，士卒多是西人，顧戀鄉邑，若逼令赴闕，悦躡其後，歡邀其前，恐敗國殄民，所損更甚。乞少賜停緩，徐事誘導，漸就東引。」魏主乃以泰爲大都督，即統岳兵。

初，岳以東雍州刺史李虎爲左廂大都督，岳死，虎奔荆州，説賀拔勝使收岳衆，勝不從。虎聞宇文泰代岳統衆，乃自荆州還赴之，至閿鄉，爲丞相歡別將所獲，送洛陽。魏主方謀取關中，得虎甚喜，拜衞將軍，厚賜之，使就泰。虎，歆之玄孫也。

泰與悦書，責以「賀拔公有大功於朝廷。君名微行薄，賀拔公薦君爲隴右行臺。又高氏專權，君與賀拔公同受密旨，屢結盟約，而君黨附國賊，共危宗廟，口血未乾，匕首已發。今吾與君皆受詔還闕，今日進退，唯君是視。君若下隴東邁，吾亦自北道同歸；若首鼠兩端，吾則指日相見」。

魏主問泰以安秦、隴之策，泰表言：「宜召悦授以内官，或處以瓜、凉一藩，不然，終爲後患。」

原州刺史史歸素爲賀拔岳所親任，河曲之變，反爲悦守。悦遣其黨王伯和、成次安將兵二千助歸鎮原州，泰遣都督侯莫陳崇帥輕騎一千襲之。崇乘夜將十騎直抵城下，餘衆皆伏於近路。歸見騎少，不設備；崇即入，據城門，高平令隴西李賢及弟遠穆在城中，爲崇内應。於是中外鼓譟，伏兵悉起，遂擒歸及次安、伯和等歸于平凉。泰表崇行原州事。

三月，泰引兵擊悦，至原州，衆軍畢集。

夏四月，魏南秦州刺史隴西李弼説侯莫陳悦曰：「賀拔公無罪而公害之，又不撫納其衆，今奉宇文夏州以來，聲言爲主報讎，此其勢不可敵也。宜解兵謝之，不然，必及禍。」悦不從。

宇文泰引兵上隴，留兄子導爲都督，鎮原州。泰軍令嚴肅，秋毫無犯，百姓大悦。軍出木狹關，雪深二尺，泰倍道兼行，出其不意。悦聞之，退保略陽，留萬人守水洛。泰至，水洛即降。泰遣輕騎數百趣略陽，悦退保上邽，召李弼與之拒泰。弼知悦必敗，陰遣使詣泰，請爲内應。悦棄州城，南保山險。弼謂所部曰：「侯莫陳公欲還秦州，汝輩何不裝束？」弼妻，悦之姨也，衆咸信之，争趣上邽。弼先據城門以安集之，遂舉城降泰，泰即以弼爲秦州刺史。其夜，悦出軍將戰，軍自驚潰。悦性猜忌，既敗，不聽左右近己，與其二弟并子及謀殺岳者七八人棄軍迸走，數日之中，盤桓往來，不知所趣。左右勸向靈州依曹泥，悦從之，自乘驢，令左右皆步從，欲自山中趣靈州。宇文泰使原州都督賀拔潁追之，悦望見追騎，縊死於野。

泰入上邽，引薛憕爲記室參軍。收悦府庫，財物山積，泰秋毫不取，皆以賞士卒。左右竊一銀甕以歸，泰知而罪之，即剖賜將士。

悦黨豳州刺史孫定兒據州不下，有衆數萬，泰遣都督中山劉亮襲之。定兒以大軍遠，不爲備。亮先豎一纛於近城高嶺，自將二千騎馳入城。定兒方置酒，衆猝見亮至，駭愕不知所爲，亮麾兵斬定兒，遥指城外纛，命二騎曰：「出召大軍！」城中皆懾服，莫敢動。

先是，故氐王楊紹先乘魏亂逃歸武興，復稱王。凉州刺史李叔仁爲其民所執，氐、羌、吐谷渾所在蜂起，自南岐至瓜、鄯，跨州據郡者不可勝數。宇文泰令李弼鎮原州，夏州刺史拔也惡蚝鎮南秦州，渭州刺史可朱渾〔道〕元鎮渭州，衛將軍趙貴行秦州事，徵豳、涇、東秦、岐四州之粟以給軍。楊紹先懼，稱藩，送妻子爲質。

夏州長史于謹言於泰曰：「明公據關中險固之地，將士驍勇，土地膏腴。今天子在洛，迫於羣凶；若陳明公之懇誠，算時事之利害，請都關右，挾天子以令諸侯，奉王命以討暴亂，此桓、文之業，千載一時也。」泰善之。

丞相歡聞泰定秦、隴，遣使甘言厚禮以結之。泰不受，封其書，使都督濟北張軌獻於魏主。斛斯椿問軌曰：「高歡逆謀，行路皆知之。人情所恃，唯在西方，未知宇文何如賀拔？」軌曰：「宇文公文足經國，武能定亂。」椿曰：「誠如君言，真可恃也。」

魏主命泰發二千騎鎮東雍州，助爲勢援，仍命泰稍引軍而東。泰以大都督武川梁禦爲雍州刺史，使將步騎五千前行。先是，丞相歡遣其都督太安韓軌將兵一萬據蒲坂以救侯莫陳悦，雍州刺史賈顯度以舟迎之。梁禦見顯度，説使從泰，顯度即出迎禦，禦入據長安。

魏主以泰爲侍中、驃騎大將軍、開府儀同三司、關西大都督、略陽縣公，承制封拜。泰乃以寇洛爲涇州刺史，李弼爲秦州刺史，前略陽太守張獻爲南岐州刺史。南岐州刺史盧待伯不受代，泰遣輕騎襲而擒之。

侍中封隆之言於丞相歡曰：「斛斯椿等今在京師，必構禍亂。」隆之與僕射孫騰爭尚魏主妹平原公主，公主歸隆之，騰泄其言於椿，椿以白帝。隆之懼，逃還鄉里，歡召隆之詣晉陽。會騰帶仗入省，擅殺御史，懼罪，亦逃就歡。領軍婁昭辭疾歸晉陽。帝以斛斯椿兼領軍，改置都督及河南、關西諸刺史。華山王鷙在徐州，歡使大都督邸珍奪其管鑰。建州刺史韓賢、濟州刺史蔡儁，皆歡黨也，帝省建州以去賢，使御史舉儁罪，以汝陽王叔昭代之。歡上言：「儁勳重，不可解奪。汝陽懿德，當受大藩。臣弟永寶猥任定州，宜避賢路。」帝不聽。五月丙子，魏主增置勳府庶子，厢別六百人，又增騎官，厢別二百人。

魏主欲伐晉陽，辛卯，下詔戒嚴，云欲自將伐梁。發河南諸州兵大閱於洛陽，南臨洛水，北際邙山，帝戎服，與斛斯椿臨觀之。六月丁巳，魏主密詔丞相歡，稱：「宇文黑獺、賀拔勝頗有異志，故假稱南伐，潛爲之備，王亦宜共爲形援。讀訖燔之。」歡表以爲：「荆、雍將有逆謀，臣今潛勒兵馬三萬自河東渡，又遣恒州刺史庫狄干等將兵四萬自來違津渡，領軍將軍婁昭等將兵五萬以討荆州，冀州刺史尉景等將山東兵七萬、突騎五萬以討江左，皆勒所部，伏聽處分。」帝知歡覺其變，乃出歡表，命羣臣議之，欲止歡軍。歡亦集并州僚佐共議，還以表聞，仍云：「臣爲嬖佞所間，陛下一旦賜疑，臣若敢負陛下，使身受天殃，子孫殄絶。陛下若垂信赤心，使干戈不動，佞臣一二人願斟量廢出。」

丁卯，帝使大都督源子恭守陽胡，汝陽王暹守石濟，又以儀同三司賈顯智爲濟州刺史，帥豫州刺史斛斯元壽東趣濟州。元壽，椿之弟也。蔡儁不受代，帝愈怒。辛未，帝復録洛中文武議意以答歡，且使舍人温子昇爲敕賜歡曰：「朕不勞尺刃，坐爲天子，所謂生我者父母，貴我者高王。今若無事背王，規相攻討，則使身及子孫，還如王誓。近慮宇文爲亂，賀拔應之，故戒嚴，欲與王俱爲聲援。今觀其所爲，更無異迹。東南不賓，爲日已久，今天下户口減半，未宜窮兵極武。朕既闇昧，不知佞人爲誰？頃高乾之死，豈獨朕意！王忽對昂言兄枉死，人之耳目何易可輕。如聞庫狄干語王云：『本欲取懦弱者爲主，無事立此長君，使其不可駕御。今但作十五日行，自可廢之，更立餘者。』如此議論，自是王間勳人，豈出佞人之口？去歲封隆之叛，今年孫騰逃去，不罪不送，誰不怪王！王若事君盡誠，何不斬送二首？王雖啓云西去，而四道俱進，或欲南度洛陽，或欲東臨江左，言之者猶應自怪，聞之者寧能不疑。王若晏然居北，在此雖有百萬之衆，終無圖彼之心。王若舉旗南指，縱無匹馬隻輪，猶欲奮空拳而争死。朕本寡德，王已立之，百姓無知，或謂實可。若爲他人所圖，則彰朕之惡；假令還爲王殺，幽辱虀粉，了無遺恨。本望君臣一體，若合符契，不圖今日分疏至此。」

中軍將軍王思政言於魏主曰：「高歡之心，昭然可知。洛陽非用武之地，宇文泰乃心王室，今往就之，還復舊京，何慮不克？」帝深然之，遣散騎侍郎河東柳慶見泰於高平，共論時事。泰請奉迎輿駕，慶復命，帝復私謂慶曰：「朕欲向荆州何如？」慶曰：「關中形勝，宇文泰才略可依。荆州地非要害，南迫梁寇，臣愚未見其可。」帝又問閤内都督宇文顯和，顯和亦勸帝西幸。時帝廣徵州郡兵，東郡太守河東裴俠帥所部詣洛陽，王思政問曰：「今權臣擅命，王室日卑。奈何？」俠曰：「宇文泰爲三軍所推，居百二之地，所謂己操戈矛，寧肯授人以柄；雖欲投之，恐無異避湯入火也。」思政曰：「然則如何而可？」俠曰：「圖歡有立至之憂，西巡有將來之慮，且至關右徐思其宜耳。」思政然之，乃進俠於帝，授左中郎將。

初，丞相歡以爲洛陽久經喪亂，欲遷都於鄴。帝曰：「高祖定鼎河、洛，爲萬世之基。王既功存社稷，宜遵太和舊事。」歡乃止。至是復謀遷都，遣三千騎鎮建興，益河東及濟州兵，擁諸州和糴粟，悉運入鄴城。帝又敕歡曰：「王若厭伏人情，杜絶物議，唯有歸河東之兵，罷建興之戍，送相州之粟，追濟州之軍，使蔡儁受代，邸珍出徐，止戈散馬，各事家業，脱須糧廪，别遣轉輸，則讒人結舌，疑悔不生，王高枕太原，朕垂拱京洛矣。王若馬首南向，問鼎輕重，朕雖不武，爲社稷宗廟之計，欲止不能。決在於王，非朕能定，爲山止簣，相爲惜之。」歡上表極言宇文泰、斛斯椿罪惡。

帝以廣寧太守廣寧任祥兼尚書左僕射，加開府儀同三司。祥棄官走，渡河，據郡待歡。帝乃敕文武官北來者任其去留，遂下制書數歡咎惡，召賀拔勝赴行在所。勝以問太保掾范陽盧柔，柔曰：「高歡悖逆，公席卷赴都，與決勝負，死生以之，上策也。北阻魯陽，南并舊楚，東連兗、豫，西引關中，帶甲百萬，觀釁而動，中策也。舉三荆之地，庇身於梁，功名皆去，下策也。」勝笑而不應。

帝以宇文泰兼尚書僕射，爲關西大行臺，許妻以馮翊長公主。謂泰帳内都督秦郡楊荐曰：「卿歸語行臺，遣騎迎我。」以荐爲直閤將軍。泰以前秦州刺史駱超爲大都督，將輕騎一千赴洛，又遣荐與長史宇文測出關候接。

丞相歡召其弟定州刺史琛使守晉陽，命長史崔暹佐之。暹，挺之族孫也。歡勒兵南出，告其衆曰：「孤以爾朱擅命，建大義於海内，奉戴主上，誠貫幽明。横爲斛斯椿讒構，以忠爲逆。今者南邁，誅椿而已。」以高敖曹爲前鋒。宇文泰亦移檄州郡，數歡罪惡，自將大軍發高平，前軍屯弘農。賀拔勝軍于汝水。

秋七月己丑，魏主親勒兵十餘萬屯河橋，以斛斯椿爲前驅，陳於邙山之北。椿請帥精騎二千夜渡河掩其勞弊，帝始然之。黄門侍郎楊寬説帝曰：「高歡以臣伐君，何所不至，今假兵於人，恐生他變。椿若渡河，萬一有功，是滅一高歡，生一高歡矣。」帝遂敕椿停行。

椿歎曰：「頃熒惑入南斗，今上信左右間構，不用吾計，豈天道乎！」宇文泰聞之，謂左右曰：「高歡數日行八九百里，此兵家所忌，當乘便擊之。而主上以萬乘之重，不能渡河決戰，方緣津據守。且長河萬里，扞禦爲難，若一處得渡，大事去矣。」即以大都督趙貴爲別道行臺，自蒲坂濟，趣并州，遣大都督李賢將精騎一千赴洛陽。

帝使斛斯椿與行臺長孫稚、大都督潁川王斌之鎮虎牢，行臺長孫子彦鎮陝，賈顯智、斛斯元壽鎮滑臺。斌之，鑒之弟；子彦，稚之子也。歡使相州刺史竇泰趣滑臺，建州刺史韓賢趣石濟。竇泰與顯智遇於長壽津，顯智陰約降於歡，引軍退。軍司元玄覺之，馳還，請益師，帝遣大都督侯幾紹赴之，戰於滑臺東，顯智以軍降，紹戰死。北中郎將田怙爲歡內應，歡潛軍至野王，帝知之，斬怙。歡至河北十餘里，再遣使口申誠款。帝不報。丙午，歡引軍渡河。

魏主問計於羣臣，或欲奔梁，或云南依賀拔勝，或云西就關中，或云守洛口死戰，計未決。元斌之與斛斯椿爭權，棄椿還，紿帝云：「高歡兵已至！」丁未，帝遣使召椿還，遂帥南陽王寶炬、清河王亶、廣陽王湛，以五千騎宿於瀍西，南陽王別舍沙門惠臻負璽持千牛刀以從。衆知帝將西出，其夜，亡者過半，亶、湛亦逃歸。湛，深之子也。武衛將軍雲中獨孤信單騎追帝，帝歎曰：「將軍辭父母，捐妻子而來，『世亂識忠臣』，豈虛言也！」戊申，帝西奔長安，李賢遇帝于崤中。己酉，歡入洛陽，舍於永寧寺，遣領軍婁昭等追帝，請帝東還。長孫子彦不能守陝，棄城走。高敖曹帥勁騎追帝至陝西，不及。帝鞭馬長騖，糗漿乏絶，三二日間，從官唯飲澗水。至湖城，有王思村民以麥飯壺漿獻帝，帝悦，復一村十年。至稠桑，潼關大都督毛鴻賓迎獻酒食，從官始解飢渴。

八月甲寅，丞相歡集百官謂曰：「爲臣奉主，匡救危亂，若處不諫争，出不陪從，緩則耽寵争榮，急則委之逃竄，臣節安在！」衆莫能對。兼尚書左僕射辛雄曰：「主上與近習圖事，雄等不得預聞。及乘輿西幸，若即追隨，恐跡同佞黨；留待大王，又以不從蒙責，雄等進退無所逃罪。」歡曰：「卿等備位大臣，當以身報國。羣佞用事，卿等嘗有一言諫争乎？使國家之事一朝至此，罪欲何歸！」乃收雄及開府儀同三司叱列延慶、兼吏部尚書崔孝芬、都官尚書劉廞、兼度支尚書天水楊機、散騎常侍元士弼，皆殺之。孝芬子司徒從事中郎猷間行入關，魏主使以本官奏門下事。歡推司徒清河王亶爲大司馬，承制決事，居尚書省。

宇文泰使趙貴、梁禦帥甲騎二千奉迎，帝循河西行，謂禦曰：「此水東流而朕西上，若得復見洛陽，親謁陵廟，卿等功也。」帝及左右皆流涕。泰備儀衛迎帝，謁見於東陽驛，免冠流涕曰：「臣不能式遏寇虐，使乘輿播遷，臣之罪也。」帝曰：「公之忠節，著於遐邇。朕以不德，負乘致寇，今日相見，深用厚顏。方以社稷委公，公其勉之。」將士皆呼萬歲。遂入長安，以雍州廨舍爲宮。大赦。以泰爲大將軍、雍州刺史兼尚書令，軍國之政，咸取決焉。別置二尚書，分掌機事，以行臺尚書毛遐、周惠達爲之。時軍國草創，二人積糧儲，治器械，簡士馬，魏朝賴之。泰尚馮翊長公主，拜駙馬都尉。

先是，熒惑入南斗，去而復還，留止六旬。上以諺云「熒惑入南斗，天子下殿走」，乃跣而下殿以禳之。及聞魏主西奔，慚曰：「虜亦應天象邪！」

辛酉，魏丞相歡自追迎魏主。戊辰，清河王亶下制大赦。歡至弘農，九月乙巳，使行臺僕射元子思帥侍官迎帝。己酉，攻潼關，克之，擒毛鴻賓，進屯華陰長城，龍門都督薛崇禮以城降歡。

賀拔勝使長史元穎行荊州事，守南陽，自帥所部西赴關中。至淅陽，聞歡已屯華陰，欲還，行臺左丞崔謙曰：「今帝室顛覆，主上蒙塵，公宜倍道兼行，朝於行在，然後與宇文行臺同心戮力，唱舉大義，天下孰不望風響應。今捨此而退，恐人人解體，一失事機，後悔何及？」勝不能用，遂還。

歡退屯河東，使行臺尚書長史薛瑜守潼關，大都督庫狄温守封陵。築城於蒲津西岸，以薛紹宗爲華州刺史，使守之。以高敖曹行豫州事。

歡自發晉陽，至是凡四十啓，魏主皆不報。歡乃東還，遣行臺侯景等引兵向荊州，荊州民鄧誕等執元穎以應景。賀拔勝至，景逆擊之，勝兵敗，帥數百騎來奔。

魏主之在洛陽也，密遣閤内都督河南趙剛召東荊州刺史馮景昭帥兵入援，兵未及發，魏主西入關。景昭集府中文武議所從，司馬馮道和請據州待北方處分。剛曰：「公宜勒兵赴行在所。」久之，更無言者。剛抽刀投地曰：「公若欲爲忠臣，請斬道和；如欲從賊，可速見殺。」景昭感悟，即帥衆赴關中。侯景引兵逼穰城，東荊州民楊祖歡等起兵應之，以其衆邀景昭於路，景昭戰敗，剛没蠻中。

冬十月，丞相歡至洛陽，又遣僧道榮奉表於孝武帝曰：「陛下若遠賜一制，許還京洛，臣當帥勒文武式清宮禁；若返正無日，則七廟不可無主，萬國須有所歸，臣寧負陛下，不負社稷。」帝亦不答。歡乃集百官耆老，議所立。時清河王亶出入已稱警蹕，歡醜之，乃託以「孝昌以來，昭穆失序，永安以孝文爲伯考，永熙遷孝明於夾室，業喪祚短，職此之由」。遂立清河世子善見爲帝，謂亶曰：「欲立王，不如立王之子。」亶不自安，輕騎南走，歡追還之。丙寅，孝静帝即位於城東北，時年十一，大赦，改元天平。魏宇文泰進軍攻潼關，斬薛瑜，虜其卒七千人，還長安，進位大丞相。東魏行臺薛脩義等渡河據楊氏壁。魏司空參軍河東薛端糾帥村民擊卻東魏兵，復取楊氏，丞相泰遣南汾州刺史蘇景恕鎮之。

丁卯，以信武將軍元慶和爲鎮北將軍，帥衆伐東魏。〔庚午，東魏以趙郡王諶爲大司馬，咸陽王坦爲太尉，開府儀同三司〕高盛爲司徒，高敖曹爲司空。坦，樹之弟也。

丞相歡以洛陽西逼西魏，南近梁境，乃議遷鄴，書下三日即行。丙子，東魏主發洛陽，四十萬户狼狽就道。收百官馬，尚書丞郎已上非陪從者，盡令乘驢。歡留後部分，事畢，還晉陽。改司州爲洛州，以尚書令元弼爲洛州刺史，鎮洛陽。以行臺尚書司馬子如爲尚書左僕射，與右僕射高隆之、侍中高岳、孫騰留鄴，共知朝政。詔以遷民貲産未立，出粟一百三十萬石以賑之。

十一月，兗州刺史樊子鵠據瑕丘以拒東魏，南青州刺史大野拔帥衆就之。庚寅，東魏主至鄴，居北城相州之廨，改相州刺史爲司州牧，魏郡太守爲魏尹。是時，六坊之衆從孝武帝西行者不及萬人，餘皆北徙，並給常廩，春秋賜帛以供衣服，乃於常調之外，隨豐稔之處，折絹糴粟以供國用。

十二月，魏丞相泰遣儀同李虎、李弼、趙貴擊曹泥於靈州。

魏孝武帝復與丞相泰有隙，帝飲酒遇酖而殂，泰奉太宰南陽王寶炬而立之。

東魏高敖曹、侯景兵至荆州，魏荆州刺史獨孤信兵少，不敵，與都督楊忠皆來奔。

大同元年春正月戊申朔，魏文帝即位於城西，大赦，改元大統。

魏渭州刺史可朱渾道元先附侯莫陳悦，悦死，丞相泰攻之，不能克，與盟而罷。道元世居懷朔，與東魏丞相歡善，又母兄皆在鄴，由是常與歡通。泰欲擊之，道元帥所部三千户西北渡烏蘭津抵靈州，靈州刺史曹泥資送至雲州。歡聞之，遣資糧迎候，拜車騎大將軍。

道元至晉陽，歡始聞孝武帝之喪，啓請舉哀制服。東魏主使羣臣議之，太學博士潘崇和以爲：「君遇臣不以禮，則無反服，是以湯之民不哭桀，周武之臣不服紂。」國子博士衛既隆、李同軌議，以爲：「高后於永熙離絶未彰，宜爲之服。」東魏從之。

李虎等攻靈州，凡四旬，曹泥請降。

己酉，魏進丞相略陽公泰爲都督中外諸軍、録尚書事、大行臺，封安定王。泰固辭王爵及録尚書，乃封安定公。以尚書令斛斯椿爲太保，廣平王贊爲司徒。

己巳，東魏以丞相歡爲相國，假黄鉞，殊禮，固辭。

東魏大行臺、尚書司馬子如帥大都督竇泰、太州刺史韓軌等攻潼關，魏丞相泰軍于霸上。子如與軌回軍，從蒲津宵濟，攻華州，刺史王羆合戰，破之，子如等遂引去。

夏四月，元慶和攻東魏城父。丞相歡遣高敖曹帥三萬人趣項，竇泰帥三萬人趣城父，侯景帥三萬人趣彭城，以任祥爲東南道行臺僕射，節度諸軍。

秋七月，魏下詔數高歡二十罪，且曰：「朕將親總六軍，與丞相掃除凶醜。」歡亦移檄於魏，謂宇文黑獺、斛斯椿爲逆徒，且言「今分命諸將，領兵百萬，刻期西討」。

二年春正月甲子，東魏丞相歡自將萬騎襲魏夏州，身不火食，四日而至，縛矟爲梯，夜入其城，擒刺史斛拔俄彌突，因而用之，留都督張瓊將兵鎮守，遷其部落五千户以歸。

魏靈州刺史曹泥復叛降東魏。

秋七月，魏降將賀拔勝等北還。

冬十二月丁丑，東魏丞相歡督諸軍伐魏，遣司徒高敖曹趣上洛，大都督竇泰趣潼關。

三年春正月，東魏丞相歡軍蒲坂，造三浮橋，欲渡河。魏丞相泰軍廣陽，謂諸將曰：「賊掎吾三面，作浮橋以示必渡，此欲綴吾軍，使竇泰得西入耳。歡自起兵以來，竇泰常爲前鋒，其下多鋭卒，屢勝而驕，今襲之必克，克泰，則歡不戰自走矣。」諸將皆曰：「賊在近，捨而襲遠，脱有蹉跌，悔何及也。不如分兵禦之。」丞相泰曰：「歡再攻潼關，吾軍不出灞上。今大舉而來，謂吾亦當自守，有輕我之心，乘此襲之，何患不克？賊雖作浮橋，未能徑渡，不過五日，吾取竇泰必矣。」行臺左丞蘇綽、中兵參軍代人達奚武亦以爲然。庚戌，丞相泰還長安，諸將意猶異同。丞相泰隱其計，以問族子直事郎中深。深曰：「竇不如選輕鋭潛出小關，竇泰躁急，必來決戰，歡持重未即救，我急擊，泰必可擒也。擒泰，則歡勢自沮，回師擊之，可以決勝。」丞相泰喜曰：「此吾心也。」乃聲言欲保隴右，辛亥，謁魏主而潛軍東出，癸丑旦，至小關。竇泰猝聞軍至，自風陵渡，丞相泰出馬牧澤，擊竇泰，大破之，士衆皆盡，竇泰自殺，傳首長安。丞相歡以河冰薄，不得赴救，撤浮橋而退。儀同代人薛孤延爲殿，一日之中斫十五刀，折，乃得免。丞相泰亦引軍還。

高敖曹自商山轉鬭而進，所向無前，遂攻上洛。郡人泉岳及弟猛略與順陽人杜窋等謀翻城應之，洛州刺史泉企知之，殺岳及猛略。杜窋走歸敖曹，敖曹以爲鄉導而攻之。敖曹被流矢，通中者三，殞絶良久，復上馬，免冑巡城。企固守旬餘，二子元禮、仲遵力戰拒之，仲遵傷目，不堪復戰，城遂陷。企見敖曹曰：「吾力屈，非心服也。」敖曹以杜窋爲洛州刺史。敖曹創甚，曰：「恨不見季式作刺史。」丞相歡聞之，即以高季式爲濟州刺史。

敖曹欲入藍田關，歡使人告曰：「竇泰軍没，人心恐動，宜速還。路險賊盛，拔身可也。」敖曹不忍棄衆，力戰全軍而還，以泉企、泉元禮自隨，泉仲遵以傷重不行。企私戒二子曰：「吾餘生無幾，汝曹才器足以立功，勿以吾在東，遂虧臣節。」元禮於路逃還，魏以元禮世襲洛州刺史。

夏五月，魏以賀拔勝爲太師。

秋七月，獨孤信北還，與楊忠皆至長安。

魏宇文深勸丞相泰取恒農。八月丁丑，泰帥李弼等十二將伐東魏，以北雍州刺史于謹爲前鋒，攻盤豆，拔之。戊子，至恒農，庚寅，拔之，擒東魏陝州刺史李徽伯，俘其戰士八千。

時河北諸城多附東魏，左丞楊檦自言父猛嘗爲邵郡白水令，知其豪傑，請往說之，以取邵郡。泰許之。檦乃與土豪王覆憐等舉兵，收邵郡守程保及縣令四人，斬之。表覆憐爲郡守，遣諜說諭東魏城堡，旬月之間，歸附甚衆。

閏九月，東魏丞相歡將兵二十萬自壺口趣蒲津，使高敖曹將兵三萬出河南。時關中饑，魏丞相泰所將將士不滿萬人，館穀於恒農五十餘日，聞歡將濟河，乃引兵入關，高敖曹遂圍恒農。歡右長史薛琡言於歡曰：「西賊連年饑饉，故冒死來入陝州，欲取倉粟。今敖曹已圍陝城。粟不得出，但置兵諸道，勿與野戰，比及麥秋，其民自應餓死，寶炬、黑獺何憂不降？願勿渡河。」侯景曰：「今茲舉兵，形勢極大，萬一不捷，猝難收斂。不如分爲二軍，相繼而進，前軍若勝，後軍全力；前軍若敗，後軍承之。」歡不從，自蒲津濟河。

丞相泰遣使戒華州刺史王羆，羆語使者曰：「老羆當道卧，貉子那得過。」歡至馮翊城下，謂羆曰：「何不早降？」羆大呼曰：「此城是王羆冢，死生在此。欲死者來！」歡知不可攻，乃涉洛，軍於許原西。

泰至渭南，徵諸州兵，皆未會。欲進擊歡，諸將以衆寡不敵，請待歡更西以觀其勢。泰曰：「歡若至長安，則人情大擾。今及其遠來新至，可擊也。」即造浮橋於渭，令軍士齎三日糧，輕騎渡渭，輜重自渭南夾渭而西。冬十月壬辰，泰至沙苑，距東魏軍六十里。諸將皆懼，宇文深獨賀。泰問其故，對曰：「歡鎮撫河北，甚得衆心，以此自守，未易可圖。今懸師渡河，非衆所欲，獨歡恥失竇泰，愎諫而來，所謂忿兵，可一戰擒也。事理昭然，何爲不賀？願假深一節，發王羆之兵邀其走路，使無遺類。」泰遣須昌縣公達奚武覘歡軍，武從三騎，皆效歡將士衣服，日暮，去營數百步，下馬潛聽，得其軍號，因上馬歷營，若警夜者，有不如法，往往撻之，具知敵之情狀而還。

歡聞泰至，癸巳，引兵會之。候騎告歡兵且至，泰召諸將謀之。開府儀同三司李弼曰：「彼衆我寡，不可平地置陳。此東十里有渭曲，可先據以待之。」泰從之，背水東西爲陳，李弼爲右拒，趙貴爲左拒，命將士皆偃戈於葦中，約聞鼓聲而起。晡時，東魏兵至渭曲，都督太安斛律羌舉曰：「黑獺舉國而來，欲一死決，譬如猘狗，或能噬人。且渭曲葦深土濘，無所用力，不如緩與相持，密分精鋭徑掩長安，巢穴既傾，則黑獺不戰成擒矣。」歡曰：「縱火焚之何如？」侯景曰：「當生擒黑獺以示百姓，若衆中燒死，誰復信之？」彭樂盛氣請鬬，曰：「我衆賊寡，百人擒一，何憂不克？」歡從之。東魏兵望見魏兵少，争進擊之，無復行列。兵將交，丞相泰鳴鼓，士皆奮起，于謹等六軍與之合戰，李弼等帥鐵騎横擊之，東魏兵中絶爲二，遂大破之。李弼弟檦，身小而勇，每躍馬陷陳，隱身鞍甲之中，敵見皆曰：「避此小兒。」泰歎曰：「膽决如此，何必八尺之軀！」征虜將軍武川耿令貴殺傷多，甲裳盡赤，泰曰：「觀其甲裳，足知令貴之勇，何必數級！」彭樂乘醉深入魏陳，魏人刺之腸出，内之復戰。丞相歡欲收兵更戰，使張華原以簿歷營點兵，莫有應者，還白歡曰：「衆盡去，營皆空矣。」歡猶未肯去。阜城侯斛律金曰：「衆心離散，不可復用，宜急向河東。」歡據鞍未動，金以鞭拂馬，乃馳去。夜，渡河，船去岸遠，歡跨橐駝就船，乃得渡，喪甲士八萬人，棄鎧仗十有八萬。丞相泰追歡至河上，選留甲士二萬餘人，餘悉縱歸。都督李穆曰：「高歡破膽矣，速追之，可獲。」泰不聽，還軍渭南，所徵之兵甫至，乃於戰所人種柳一株以旌武功。

侯景言於歡曰：「黑獺新勝而驕，必不爲備，願得精騎二萬，徑往取之。」歡以告婁妃，妃曰：「設如其言，景豈有還理！得黑獺而失景，何利之有？」歡乃止。

魏加丞相泰柱國、大將軍，李弼等十二將皆進爵增邑有差。

高敖曹聞歡敗，釋恒農，退保洛陽。

己酉，魏行臺宫景壽等向洛陽，東魏洛州大都督韓賢擊走之。州民韓木蘭作亂，賢擊破之。一賊匿尸間，賢自按檢收鎧仗，賊欻起斫之，斷脛而卒。

魏復遣行臺馮翊王季海與獨孤信將步騎二萬趣洛陽，洛州刺史李顯趣三荆，賀拔勝、李弼圍蒲坂。

東魏丞相歡之西伐也，蒲坂民敬珍謂其從祖兄祥曰：「高歡迫逐乘輿，天下忠義之士皆欲傳刃於其腹。今又稱兵西上，吾欲與兄起兵斷其歸路，此千載一時也。」祥從之，糾合鄉里，數日，有衆萬餘。會歡自沙苑敗歸，祥、珍帥衆邀之，斬獲甚衆。賀拔勝、李弼至河東，祥、珍帥猗氏等六縣十餘萬户歸之，丞相泰以珍爲平陽太守，祥爲行臺郎中。

東魏秦州刺史薛崇禮守蒲坂，别駕薛善，崇禮之族弟也，言於崇禮曰：「高歡有逐君之罪，善與兄忝衣冠緒餘，世荷國恩，今大軍已臨，而猶爲高氏固守，一旦城陷，函首送長安，署爲逆賊，死有餘愧。及今歸款，猶爲愈也。」崇禮猶豫不決。善與族人斬關納魏師，崇禮出走，追獲之。丞相泰進軍蒲坂，略定汾、絳，凡薛氏預開城之謀者，皆賜五等爵。善曰：「背逆歸順，臣子常節，豈容闔門大小俱叨封邑。」與其弟慎固辭不受。

東魏行晋州事封祖業棄城走，儀同三司薛脩義追至洪洞，説祖業還守，祖業不從。脩義還據晋州，安集固守。魏儀同三司長孫子彦引兵至城下，脩義開府伏甲以待之，子彦不測虚實，遂退走。丞相歡以脩義爲晋州刺史。

獨孤信至新安，高敖曹引兵北渡河。信逼洛陽，洛州刺史廣陽王湛棄城歸鄴，信遂據金墉城。孝武帝之西遷也，散騎常侍河東裴寬謂諸弟曰：「天子既西，吾不可以東附高氏。」帥家屬逃於大石嶺。獨孤信入洛，乃出見之。時洛陽荒廢，人士流散，唯河東柳虯在陽城，裴諏之在潁川，信俱徵之，以虯爲行臺郎中，諏之爲開府屬。

東魏潁州長史賀若統執刺史田迄，舉城降魏，魏都督梁迥入據其城。前通直散騎侍郎鄭偉起兵陳留，攻東魏梁州，執其刺史鹿永吉。前大司馬從事中郎崔彦穆攻滎陽，執其太守蘇淑，與廣州長史劉志皆降於魏。偉，先護之子也。丞相泰以偉爲北徐州刺史，彦穆爲滎陽太守。

十一月，東魏行臺任祥帥督將堯雄、趙育、是云寶攻潁川，丞相泰使大都督宇文貴、樂陵公遼西怡峰將步騎二千救之。軍至陽翟，雄等軍已去潁川三十里，祥帥衆四萬繼其後。諸將咸以爲「彼衆我寡，不可争鋒」。貴曰：「雄等謂吾兵少，必不敢進。彼與任祥合兵攻潁川，城必危矣。若賀若統陷没，吾輩坐此何爲？今進據潁川，有城可守，又出其不意，破之必矣。」遂疾趨據潁川，背城爲陳以待。雄等至，合戰，大破之，雄走，趙育請降，俘其士卒萬餘人，悉縱遣之。任祥聞雄敗，不敢進，貴與怡峰乘勝逼之，祥退保宛陵，貴追及，擊之，祥軍大敗。是云寶殺其陽州刺史那椿，以州降魏。魏以貴爲開府儀同三司，是云寶、趙育爲車騎大將軍。都督杜陵韋孝寬攻東魏豫州，拔之，執其行臺馮邕。孝寬名叔裕，以字行。丙子，東魏以驃騎大將軍儀同三司万俟普爲太尉。

十二月，魏行臺楊白駒與東魏陽州刺史段粲戰於蓼塢，魏師敗績。魏荆州刺史郭鸞攻東魏東荆州刺史清都慕容儼，儼晝夜拒戰，二百餘日，乘間出擊鸞，大破之。時河南諸州多失守，唯東荆獲全。河間邢磨納、范陽盧仲禮、仲禮從弟仲裕等皆起兵海隅以應魏。東魏濟州刺史高季式有部曲千餘人，馬八百匹，鎧仗皆備。濮陽民杜靈椿等爲盜，聚衆近萬人，攻城剽野，季式遣騎三百，一戰擒之，又擊陽平賊路文徒等，悉平之，於是遠近肅清。或謂季式曰：「濮陽、陽平乃畿内之郡，不奉詔命，又不侵境，何急而使私軍遠戰？萬一失利，豈不獲罪乎？」季式曰：「君何言之不忠也！我與國家同安共危，豈有見賊而不討乎？且賊知臺軍猝不能來，又不疑外州有兵擊之，乘其無備，破之必矣。以此獲罪，吾亦無恨。」

四年春二月，東魏大都督善無賀拔仁攻魏南汾州，刺史韋子粲降之，丞相泰滅子粲之族。東魏大行臺侯景等治兵於虎牢，將復河南諸州，魏梁迥、韋孝寬、趙繼宗皆棄城西歸。

侯景攻廣州，數旬未拔，聞魏救兵將至，集諸將議之，行洛州事盧勇請進觀形勢。乃帥百騎至大隗山，遇魏師。日已暮，勇多置幡旗於樹顛，夜，分騎爲十隊，鳴角直前，擒魏儀同三司程華，斬儀同三司王征蠻而還。廣州守將駱超遂以城降東魏。丞相歡以勇行廣州事。勇，辯之從弟也。於是南汾、潁、豫、廣四州復入東魏。

三月辛酉，東魏丞相歡以沙苑之敗，請解大丞相，詔許之。頃之，復故。

秋七月，東魏侯景、高敖曹等圍魏獨孤信于金墉，太師歡帥大軍繼之。景悉燒洛陽内外官寺、民居，存者什二三。魏主將如洛陽拜園陵，會信等告急，遂與丞相泰俱東，命尚書左僕射周惠達輔太子欽守長安，開府儀同三司李弼、車騎大將軍達奚武帥千騎爲前驅。八月庚寅，丞相泰至穀城，侯景等欲整陳以待其至，儀同三司太安莫多婁貸文請帥所部擊其前鋒，景等固止之。貸文勇而專，不受命，與可朱渾道元以千騎前進，夜，遇李弼、達奚武於孝水。弼命軍士鼓譟，曳柴揚塵，貸文走，弼追斬之，道元單騎獲免，悉俘其衆送恒農。

泰進軍瀍東，侯景等夜解圍去。辛卯，泰帥輕騎追景至河上，景爲陳，北據河橋，南屬邙山，與泰合戰。泰馬中流矢，驚逸，遂失所之。泰墜地，東魏兵追及之，左右皆散，都督李穆下馬以策杖泰背罵曰：「籠東軍士，爾曹主何在，而獨留此！」追者不疑其貴人，捨之而過。穆以馬授泰，與之俱逸。

魏兵復振，擊東魏兵，大破之，東魏兵北走。京兆忠武公高敖曹意輕泰，建旗蓋以陵陳，魏人盡鋭攻之，一軍皆没，敖曹單騎走投河陽南城。守將北豫州刺史高永樂，歡之從祖兄子也，與敖曹有怨，閉門不受。敖曹仰呼求繩，不得，拔刀穿闔，未徹而追兵至。敖曹伏橋下，追者見其從奴持金帶，問敖曹所在，奴指示之，敖曹知不免，奮頭曰：「來，與汝開國公！」追者斬其首去。高歡聞之，如喪肝膽，杖高永樂二百，贈敖曹太師、大司馬、太尉。泰賞殺敖曹者布絹萬段，歲歲稍與之，比及周亡，猶未能足。魏又殺東魏西兗州刺史宋顯等，虜甲士萬五千人，赴河死者以萬數。

初，歡以万俟普尊老，特禮之，嘗親扶上馬。其子洛免冠稽首曰：「願出死力以報深恩。」及邙山之戰，諸軍北渡橋，洛獨勒兵不動，謂魏人曰：「万俟受洛干在此，能來可來也！」魏人畏之而去，歡名其所營地爲回洛。

是日，東、西魏置陳既大，首尾懸遠，從旦至未，戰數十合，氛霧四塞，莫能相知。魏獨孤信、李遠居右，趙貴、怡峰居左，戰並不利。又未知魏主及丞相泰所在，皆棄其卒先歸。開府儀同三司李虎、念賢等爲後軍，見信等退，即與俱去。泰由是燒營而歸，留儀同三司長孫子彦守金墉。

王思政下馬，舉長矟左右橫擊，一舉輒踣數人。陷陳既深，從者盡死，思政被重創，悶絶，會日暮，敵亦收兵。思政每戰常著破衣弊甲，敵不知其將帥，故得免。帳下督雷五安於戰處哭求思政，會其已蘇，割衣裹創，扶思政上馬，夜久，始得還營。平東將軍蔡祐下馬步鬬，左右勸乘馬以備倉猝，祐怒曰：「丞相愛我如子，今日豈惜生乎！」帥左右十餘人合聲大呼，擊東魏兵，殺傷甚衆。東魏人圍之十餘重，祐彎弓持滿，四面拒之。東魏人募厚甲長刀者直進取之，去祐可三十步，左右勸射之，祐曰：「吾曹之命，在此一矢，豈可虚發。」將至十步，祐乃射之，應弦而倒，東魏兵稍卻，祐徐引還。魏主至恒農，守將已棄城走，所虜降卒在恒農者相與閉門拒守，丞相泰攻拔之，誅其魁首數百人。

蔡祐追及泰於恒農，夜，見泰，泰曰：「承先，爾來，吾無憂矣。」泰驚不得寢，枕祐股，然後安。祐每從泰戰，常爲士卒先，戰還，諸將皆争功，祐終無所言。泰每歎曰：「承先口不言勳。我當代其論敘。」泰留王思政鎮恒農，除侍中、東道行臺。

魏之東伐也，關中留守兵少，前後所虜東魏士卒散在民間，聞魏兵敗，謀作亂。李虎等至長安，計無所出，與太尉王盟、僕射周惠達等奉太子欽出屯渭北。百姓互相剽掠，關中大擾。於是沙苑所虜東魏都督趙青雀、雍州民于伏德等遂反。青雀據長安子城，伏德保咸陽，與咸陽太守慕容思慶各收降卒以拒還兵。長安大城民相帥以拒青雀，日與之戰。大都督侯莫陳順擊賊，屢破之，賊不敢出。順，崇之兄也。

扶風公王羆鎮河東，大開城門，悉召軍士謂曰：「今聞大軍失利，青雀作亂，諸人莫有固志。王羆受委於此，以死報恩。有能同心者可共固守。必恐城陷，任自出城。」衆感其言，皆無異志。

魏主留閿鄉。丞相泰以士馬疲弊，不可速進，且謂青雀等烏合，不能爲患。曰：「我至長安，以輕騎臨之，必當面縛。」通直散騎常侍吳郡陸通諫曰：「賊逆謀久定，必無遷善之心，蜂蠆有毒，安可輕也。且賊詐言東寇將至，今若以輕騎臨之，百姓謂爲信然，益當驚擾。今軍雖疲弊，精銳尚多，以明公之威，總大軍以臨之，何憂不克？」泰從之，引兵西入。父老見泰至，莫不悲喜，士女相賀。華州刺史宇文導引兵襲咸陽，斬思慶，擒伏德，南渡渭，與泰會，攻青雀，破之。太保梁景睿以疾留長安，與青雀通謀，泰殺之。

東魏太師歡自晉陽將七千騎至孟津，未濟，聞魏師已遁，遂濟河，遣別將追魏師，至崤，不及而還。歡攻金墉，長孫子彥棄城走，焚城中室屋俱盡，歡毀金墉而還。

東魏之遷鄴也，主客郎中裴讓之留洛陽。獨孤信之敗也，讓之弟諏之隨丞相泰入關，爲大行臺倉曹郎中。歡囚讓之兄弟五人，讓之曰：「昔諸葛亮兄弟事吳、蜀，各盡其心，況讓之老母在此，不忠不孝，必不爲也。明公推誠待物，物亦歸心；若用猜忌，去霸業遠矣。」歡皆釋之。

九月，魏主入長安，丞相泰還屯華州。

冬十月，魏歸高敖曹、竇泰、莫多婁貸文之首于東魏。

十二月，魏是云寶襲洛陽，東魏洛州刺史王元軌棄城走。都督趙剛襲廣州，拔之。於是自襄、廣以西城鎮復爲魏。

初，魏伊川土豪李長壽爲防蠻都督，積功至北華州刺史。孝武帝西遷，長壽帥其徒拒東魏，魏以長壽爲廣州刺史。侯景攻拔其壁，殺之。其子延孫復收集父兵以拒東魏。魏之貴臣廣陵王欣、録尚書長孫稚等皆攜家往依之，延孫資遣衞送，使達關中。東魏高歡患之，數遣兵攻延孫，不能克。魏以延孫爲京南行臺、節度河南諸軍事、廣州刺史。延孫以澄清伊、洛爲己任，魏以延孫兵少，更以長壽之壻京兆韋法保爲東洛州刺史，配兵數百以助之。法保名祐，以字行。既至，與延孫連兵，置栅於伏流。獨孤信之入洛陽也，欲繕脩宫室，使外兵郎中天水權景宣帥徒兵三千出採運。會東魏兵至，河南皆叛，景宣間道西走，與李延孫相會，攻孔城，拔之，洛陽以南尋亦西附。丞相泰即留景宣守張白塢，節度東南諸軍應關西者。是歲，延孫爲其長史楊伯蘭所殺，韋法保即引兵據延孫之栅。

東魏將段琛等據宜陽，遣陽州刺史牛道恒誘魏邊民。魏南兖州刺史韋孝寬患之，乃詐爲道恒與孝寬書，論歸款之意，使諜人遺之於琛營，琛果疑道恒。孝寬乘其猜阻，出兵襲之，擒道恒及琛，崤、澠遂清。東道行臺王思政以玉壁險要，請築城自恒農徙鎮之，詔加都督汾晋并州諸軍事、并州刺史，行臺如故。

六年春二月，東魏大行臺侯景出三鵶，將復荆州。魏丞相泰遣李弼、獨孤信各將五千騎出武關，景乃還。

夏五月乙酉，魏行臺宫延和、陝州刺史宫延慶降于東魏，東魏以河北馬埸爲義州以處之。

八年春三月，魏初置六軍。

秋八月，東魏丞相歡擊魏，入自汾、絳，連營四十里，丞相泰使王思政守玉壁以斷其道。歡以書招思政曰：「若降，當授以并州。」思政復書曰：「可朱渾道元降，何以不得？」冬十月己亥，歡圍玉壁，凡九日，遇大雪，士卒飢凍，多死者，遂解圍去。魏遣太子欽鎮蒲坂。丞相泰出軍蒲坂，至皂莢，聞歡退，渡汾追之，不及。十一月，東魏以可朱渾道元爲并州刺史。

九年春二月壬申，東魏御史中尉高仲密以虎牢叛，降魏，魏以仲密爲侍中、司徒。歡以仲密之叛由崔暹，將殺之，高澄匿暹，爲之固請。歡曰：「我匄其命，須與苦手。」澄乃出暹，而謂大行臺都官郎陳元康曰：「卿使崔暹得杖，勿復相見。」元康爲之言於歡曰：「大王方以天下付大將軍，大將軍有一崔暹不能免其杖，父子尚爾，况於他人！」歡乃釋之。

高季式在永安戍，仲密遣信報之，季式走告歡，歡待之如舊。

魏丞相泰帥諸軍以應仲密，以太子少傅李遠爲前驅，至洛陽，遣開府儀同三司于謹攻柏谷，拔之。三月壬申，圍河橋南城。

東魏丞相歡將兵十萬至河北，泰退軍瀍上，縱火船於上流以燒河橋。斛律金使行臺郎中張亮以小艇百餘載長鎖，伺火船將至，以釘釘之，引鎖向岸，橋遂獲全。

歡渡河，據邙山爲陳，不進者數日。泰留輜重於瀍曲，夜登邙山以襲歡，候騎白歡曰：「賊距此四十餘里，蓐食乾飯而來。」歡曰：「自當渴死。」乃正陳以待之。戊申黎明，泰軍與歡軍遇，東魏彭樂以數千騎爲右甄，衝魏軍之北垂，所向奔潰，遂馳入魏營。人告彭樂叛，歡甚怒。俄而西北塵起，樂使來告捷，虜魏侍中、開府儀同三司、大都督臨洮王柬、蜀郡王榮宗、江夏王昇、鉅鹿王闡、譙郡王亮、詹事趙善及督將僚佐四十八人。諸將乘勝擊魏，大破之，斬首三萬餘級。

歡使彭樂追泰，泰窘，謂樂曰：「汝非彭樂邪？癡男子，今日無我，明日豈有汝邪？何不急還營，收汝金寶。」樂從其言，獲泰金帶一囊以歸，言於歡曰：「黑獺漏刃，破膽矣。」歡雖喜其勝，而怒其失泰，令伏諸地，親捽其頭，連頓之，并數以沙苑之敗，舉刃將下者三，噤齘良久。樂曰：「乞五千騎，復爲王取之。」歡曰：「汝縱之何意，而言復取邪？」命取絹三千匹壓樂背，因以賜之。

明日復戰，泰爲中軍，中山公趙貴爲左軍，領軍若干惠等爲右軍。中軍、右軍合擊東魏，大破之，悉俘其步卒。歡失馬，赫連陽順下馬以授歡，歡上馬走，從者步騎七人。追兵至，親信都督尉興慶曰：「王速去，興慶腰有百箭，足殺百人。」歡曰：「事濟，以爾爲懷州刺史；若死，用爾子。」興慶曰：「兒小，願用兄。」歡許之。興慶拒戰，矢盡而死。

東魏軍士有逃奔魏者，告以歡所在，泰募勇敢三千人，皆執短兵，配大都督賀拔勝以攻之。勝識歡於行間，執槊與十三騎逐之，馳數里，槊刃垂及，因字之曰：「賀六渾，賀拔破胡必殺汝！」歡氣殆絶，河州刺史劉洪徽從傍射勝，中其二騎，武衛將軍段韶射勝馬，斃之，比副馬至，歡已逸去。勝歎曰：「今日不執弓矢，天也。」

魏南郢州刺史耿令貴大呼，獨入敵中，鋒刃亂下，人皆謂已死，俄奮刀而還，如是數四，當令貴前者死傷相繼。乃謂左右曰：「吾豈樂殺人，壯士除賊，不得不爾。若不能殺賊，又不爲賊所傷，何異逐坐人也。」

左軍趙貴等五將戰不利，東魏兵復振，泰與戰，又不利。會日暮，魏兵遂遁，東魏兵追之。獨孤信、于謹收散卒自後擊之，追兵驚擾，魏諸軍由是得全。若干惠夜引去，東魏兵追之。惠徐下馬，顧命廚人營食，食畢，謂左右曰：「長安死，此中死，有以異乎？」乃建旗鳴角，收散卒徐還。追騎疑有伏兵，不敢逼。泰送入關，屯渭上。

歡進至陝，泰使開府儀同三司達奚武等拒之。行臺郎中封子繪言於歡曰：「混壹東西，正在今日。昔魏太祖平漢中，不乘勝取巴、蜀，失在遲疑，後悔無及。願大王不以爲疑。」歡深然之。集諸將議進止，咸以爲：「野無青草，人馬疲瘦，不可遠追。」陳元康曰：「兩雄交争，歲月已久。今幸而大捷，天授我也，時不可失，當乘勝追之。」歡曰：「若遇伏兵，孤何以濟？」元康曰：「王前沙苑失利，彼尚無伏；今奔敗若此，何能遠謀？若捨而不追，必成後患。」歡不從，使劉豐生將數千騎追泰，遂東歸。

泰召王思政於玉壁，將使鎮虎牢，未至而泰敗，乃使守恒農。思政入城，令開門解衣而卧，慰勉將士，示不足畏。後數日，劉豐生至城下，憚之，不敢進，引軍還。思政乃脩城郭，起樓櫓，營農田，積芻粟，由是恒農始有守禦之備。

丞相泰求自貶，魏主不許。是役也，魏諸將皆無功，唯耿令貴與太子武衛率王胡仁、都督王文達力戰，功多。泰欲以雍、岐、北雍三州授之，以州有優劣，使探籌取之，仍賜胡仁名勇，令貴名豪，文達名傑，用彰其功。於是廣募關、隴豪右以增軍旅。

高仲密之將叛也，陰遣人扇動冀州豪傑，使爲內應。東魏遣高隆之馳驛慰撫，由是得安。高澄密書與隆之曰：「仲密枝黨與之俱西者，宜悉收其家屬，以懲將來。」隆之以爲恩旨既行，理無追改，若復收治，示民不信，脱致驚擾，所虧不細，乃啓丞相歡而罷之。

夏四月，丞相泰使諜潛入虎牢，令守將魏光固守。侯景獲之，改其書云「宜速去」，縱諜入城，光宵遁。景獲高仲密妻子送鄴，北豫、洛二州復入于東魏。五月壬辰，東魏以克復虎牢，降死罪已下囚，惟不赦高仲密家。丞相歡以高乾有義勳，高昂死王事，季式先自告，皆爲之請免。

乙未，以侯景爲司空。

中大同元年秋八月，魏徙并州刺史王思政爲荆州刺史，使之舉諸將可代鎮玉壁者。思政舉晋州刺史韋孝寬，丞相泰從之。東魏丞相歡悉舉山東之衆，將伐魏。癸巳，自鄴會兵於晋陽。九月，至玉壁，圍之，以挑西師，西師不出。

冬十月，東魏丞相歡攻玉壁，晝夜不息，魏韋孝寬隨機拒之。城中無水，汲於汾，歡使移汾，一夕而畢。歡於城南起土山，欲乘之以入。城上先有二樓，孝寬縛木接之，令常高於土山以禦之。歡使告之曰：「雖爾縛樓至天，我當穿地取爾。」乃鑿地爲十道，又用術士李業興孤虚法，聚攻其北，北，天險也。孝寬掘長塹邀其地道，選戰士屯塹上，每穿至塹，戰士輒擒殺之。又於塹外積柴貯火，敵有在地道内者，塞柴投火，以皮排吹之，一鼓皆焦爛。敵以攻車撞城，車之所及，莫不摧毁，無能禦者。孝寬縫布爲幔，隨其所向張之，布既懸空，車不能壞。敵又縛松、麻於竿，灌油加火以燒布，并欲焚樓。孝寬作長鉤，利其刃，火竿將至，以鉤遥割之，松、麻俱落。敵又於城四面穿地爲二十道，其中施梁柱，縱火燒之，柱折，城崩。孝寬隨崩處豎木栅以扞之，敵不得入。城外盡攻擊之術，而城中守禦有餘。孝寬又奪據其土山。歡無如之何，乃使倉曹參軍祖珽説之曰：「君獨守孤城，而西方無救，恐終不能全，何不降也？」孝寬報曰：「我城池嚴固，兵食有餘。攻者自勞，守者常逸，豈有旬朔之間已須救援，適憂爾衆有不返之危。孝寬關西男子，必不爲降將軍也。」珽復謂城中人曰：「韋城主受彼榮禄，或復可爾，自外軍民，何事相隨入湯火中！」乃射募格於城中，云：「能斬城主降者，拜太尉，封開國郡公，賞帛萬匹。」孝寬手題書背，返射城外，云：「能斬高歡者準此。」珽，瑩之子也。東魏苦攻凡五十日，士卒戰及病死者七萬人，共爲一家。歡智力皆困，因而發疾。有星墜歡營中，士卒驚懼。十一月庚子，解圍去。

先是，歡別使侯景將兵趣齊子嶺，魏建州刺史楊檦鎮車箱，恐其寇邵郡，帥騎禦之。景聞檦至，斫木斷路六十餘里，猶驚而不安，遂還河陽。

庚戌，歡使段韶從太原公洋鎮鄴。辛亥，徵世子澄會晉陽。

魏以韋孝寬爲驃騎大將軍、開府儀同三司，進爵建忠公。時人以王思政爲知人。

十二月己卯，歡以無功，表解都督中外諸軍，東魏主許之。

歡之自玉壁歸也，軍中訛言：「韋孝寬以定功弩射殺丞相。」魏人聞之，因下令曰：「勁弩一發，凶身自殞。」歡聞之，勉坐見諸貴，使斛律金作敕勒歌，歡自和之，哀感流涕。

太清元年春正月丙午，東魏勃海獻武王歡卒。

二年夏四月甲戌，東魏遣太尉高岳、行臺慕容紹宗、大都督劉豐生等將步騎十萬攻魏王思政於潁川。思政令卧鼓偃旗，若無人者。岳恃其衆，四面陵城。思政選驍勇開門出戰，岳兵敗走。岳更築土山，晝夜攻之，思政隨方拒守，奪其土山，置樓堞以助防守。

三年夏四月，東魏高岳等攻魏潁川，不克。大將軍澄益兵助之，道路相繼，踰年猶不下。山鹿忠武公劉豐生建策，堰洧水以灌之，城多崩頹，岳悉衆分休迭進。王思政身當矢石，與士卒同勞苦，城中泉涌，懸釜而炊。太師泰遣大將軍趙貴督東南諸州兵救之，自長社以北，皆爲陂澤，兵至穰，不得前。東魏人使善射者乘大艦臨城射之，城垂陷。燕郡景惠公慕容紹宗與劉豐生臨堰視之，見東北塵起，同入艦坐避之。俄而暴風至，遠近晦冥，纜（纖）〔斷〕飄船徑向城；城上人以長鉤牽船，弓弩亂發，紹宗赴水溺死，豐生游（水）〔上〕向土山，城上人射殺之。

五月，東魏高岳既失慕容紹宗等，志氣沮喪，不敢復逼長社城。陳元康言於大將軍澄曰：「王自輔政以來，未有殊功，雖破侯景，本非外賊。今潁川垂陷，願王自以爲功。」澄從之。戊寅，自將步騎十萬攻長社，親臨作堰，堰三決，澄怒，推負土者及囊并塞之。

六月，長社城中無鹽，人病攣腫，死者什八九。大風從西北起，吹水入城，城壞。東魏大將軍澄令城中曰：「有能生致王大將軍者封侯。若大將軍身有損傷，親近左右皆斬。」王思政帥衆據土山，告之曰：「吾力屈計窮，唯當以死謝國。」因仰天大哭，西向再拜，欲自刎。都督駱訓曰：「公常語訓等：『汝齎我頭出降，非但得富貴，亦完一城人。』今高相既有此令，公獨不哀士卒之死乎？」衆共執之，不得引決。澄遣通直散騎趙彥深就土山遺以白羽扇，執手申意，牽之以下。澄不令拜，延而禮之。思政初入潁川，將士八千人，及城陷，纔三千人，卒無叛者。澄悉散配其將卒於遠方，改潁川爲鄭州，禮遇思政甚重。西閤祭酒盧潛曰：「思政不能死節，何足可重！」澄謂左右曰：「我有盧潛，乃是更得一王思政。」潛，度世之曾孫也。

初，思政屯襄城，欲以長社爲行臺治所，遣使者魏仲啓陳於太師泰，并致書於淅州刺史崔猷。猷復書曰：「襄城控帶京洛，實當今之要地，如有動静，易相應接。潁川既鄰寇境，又無山川之固，賊若潛來，徑至城下。莫若頓兵襄城，爲行臺之所。潁川置州，遣良將鎮守，則表裏膠固，人心易安，縱有不虞，豈能爲患。」仲見泰，具以啓聞，泰令依猷策。思政固請，且約「賊水攻期年、陸攻三年之内，朝廷不煩赴救」。泰乃許之。及長社不守，泰深悔之。猷，孝芬之子也。

侯景之南叛也，丞相泰恐東魏復取景所部地，使諸將分守諸城。及潁川陷，泰以諸城道路阻絶，皆令拔軍還。

高氏篡東魏　北齊

梁武帝太清元年。東魏静帝美容儀，旅力過人，能挾石師子踰宫牆，射無不中，好文學，從容沈雅，時人以爲有孝文風烈。大將軍澄深忌之。始，獻武王自病逐君之魄，事静帝禮甚恭，事無大小必以聞，可否聽旨。每侍宴，俯伏上壽。帝設法會，乘輦行香，歡執香爐步從，鞠躬屏氣，承望顔色，故其下奉帝莫敢不恭。及澄當國，倨慢頓甚，使中書黄門郎崔季舒察帝動静，小大皆令季舒知之。澄與季舒書曰：「癡人比復何似？癡勢小差未？宜用心檢校。」帝嘗獵于鄴東，馳逐如飛，監衛都督烏那羅受工伐從後呼曰：「天子勿走馬，大將軍嗔。」澄嘗侍飲酒，舉大觴屬帝曰：「臣澄勸陛下酒。」帝不勝，忿曰：「自古無不亡之國，朕亦何用此生爲！」澄怒曰：「朕，朕，狗脚朕！」使崔季舒毆帝三拳，奮衣而出。明日，澄使季舒入勞帝，帝亦謝焉，賜季舒絹百匹。

帝不堪憂辱，詠謝靈運詩曰：「韓亡子房奮，秦帝魯連恥。本自江海人，忠義動君子。」常侍侍講潁川荀濟知帝意，乃與祠部郎中元瑾、長秋卿劉思逸、華山王大器、淮南王宣洪、濟北王徽等謀誅澄。大器，鷙之子也。帝謬爲敕問濟曰：「欲以何日開講？」乃詐於宫中作土山，開地道向北城。至千秋門，門者覺地下響，以告澄。澄勒兵入宫，見帝，不拜而坐曰：「陛下何意反？臣父子功存社稷，何負陛下邪？此必左右妃嬪輩所爲。」欲殺胡夫人及李嬪。帝正色曰：「自古唯聞臣反君，不聞君反臣。王自欲反，何乃責我？我殺王則社稷安，不殺則滅亡無日。我身且不暇惜，況於妃嬪！必欲弑逆，緩速在王。」澄乃下牀叩頭，大啼謝罪。於是酣飲，夜久乃出。居三日，幽帝於含章堂。壬辰，烹濟等於市。

初，濟少居江東，博學能文。與上有布衣之舊，知上有大志，然負氣不服，常謂人曰：「會於盾鼻上磨墨檄之。」上甚不平。及即位，或薦之於上，上曰：「人雖有才，亂俗好反，不可用也。」濟上書諫上崇信佛法，爲塔寺奢費，上大怒，欲集朝衆斬之。朱异密告之，濟逃奔東魏。澄爲中書監，欲用濟爲侍讀，獻武王曰：「我愛濟，欲全之，故不用濟。濟入宫，必敗。」澄固請，乃許之。及敗，侍中楊遵彦謂之曰：「衰暮何苦復爾？」濟曰：「壯氣在耳。」因下辨曰：「自傷年紀摧頹，功名不立，故欲挾天子，誅權臣。」澄欲宥其死，親問之曰：「荀公何意反？」濟曰：「奉詔誅高澄，何謂反？」有司以濟老病，鹿車載詣東市，并焚之。

澄疑諮議温子昇知瑾等謀，方使之作獻武王碑，既成，餓於晉陽獄，食弊襦而死。棄尸路隅，没其家口，太尉長史宋遊道收葬之。澄謂遊道曰：「吾近書與京師諸貴，論及朝士，以卿僻於朋黨，將爲一病。今乃知卿真是重故舊尚節義之人，天下人代卿怖者，是不知吾心也。」九月辛丑，澄還晉陽。

三年夏四月甲辰，東魏進大將軍勃海王澄位相國，封齊王，加殊禮。丁未，澄入朝于鄴，固辭，不許。澄召將佐密議之，皆勸澄宜膺朝命；獨散騎常侍陳元康以爲未可，澄由是嫌之，崔暹乃薦陸元規爲大行臺郎以分元康之權。

秋七月，東魏大將軍澄詣鄴，辭爵位殊禮，且請立太子。澄謂濟陰王暉業曰：「比讀何書？」暉業曰：「數尋伊、霍之傳，不讀曹、馬之書。」

八月辛卯，東魏立皇子長仁爲太子。

勃海文襄王高澄以其弟太原公洋次長，意常忌之。洋深自晦匿，言不出口，常自貶退，與澄言，無不順從。澄輕之，常曰：「此人亦得富貴，相書亦何可解。」洋爲其夫人趙郡李氏營服玩小佳，澄輒奪取之。夫人或恚未與，洋笑曰：「此物猶應可求，兄須，何容吝惜。」澄或愧不取，洋即受之，亦無飾讓。每退朝還第，輒閉閤静坐，雖對妻子，能竟日不言。或時袒跣奔躍，夫人問其故，洋曰：「爲爾漫戲。」其實蓋欲習勞也。

澄獲（衡）〔徐〕州刺史蘭欽子京，以爲膳奴，欽請贖之，不許。京屢自訴，澄杖之，曰：「更訴，當殺汝。」京與其黨六人謀作亂。澄在鄴，居北城東柏堂，嬖琅邪公主，欲其往來無間，侍衛者常遣出外。辛卯，澄與散騎常侍陳元康、吏部尚書侍中楊愔、黄門侍郎崔季舒屏左右，謀受魏禪，署擬百官。蘭京進食，澄卻之，謂諸人曰：「昨夜夢此奴斫我，當急殺之。」京聞之，置刀盤下，冒言進食，澄怒曰：「我未索食，何爲遽來！」京揮刀曰：「來殺汝！」澄自投傷足，入于床下，賊去床，弒之。愔狼狽走出，遺一靴，季舒匿于厠中。元康以身蔽澄，與賊争刀，被傷，腸出。庫（真）〔直〕王紘冒刃禦賊，紇奚舍樂鬭死。時變起倉猝，内外震駭。太原公洋在城東雙堂，聞之，神色不變，指麾部分，入討羣賊，斬而臠之。徐出，言曰：「奴反，大將軍被傷，無大苦也。」内外莫不驚異。洋秘不發喪。陳元康手書辭母，口占使功曹參軍祖珽作書陳便宜，至夜而卒。洋殯之第中，詐云出使，虛除元康中書令，以王紘爲領左右都督。紘，基之子也。

勳貴以重兵皆在并州，勸洋早如晉陽，洋從之。夜，召大將軍督護太原唐邕，使部分將士，鎮遏四方。邕支配須臾而畢，洋由是重之。

癸巳，洋諷東魏主以立太子大赦。澄死問漸露，東魏主竊謂左右曰：「大將軍今死，似是天意，威權當復歸帝室矣。」洋留太尉高岳、太保高隆之、開府儀同三司司馬子如、侍中楊愔守鄴，餘勳貴皆自隨。甲午，入謁東魏主於昭陽殿，從甲士八千人，登階者二百餘人，皆攘袂扣刃，若對嚴敵。令主者傳奏曰：「臣有家事，須詣晉陽。」再拜而出。東魏主失色，目送之曰：「此人又似不相容，朕不知死在何日！」晉陽舊臣宿將素輕洋，及至，大會文武，神彩英暢，言辭敏洽，衆皆大驚。澄政令有不便者，洋皆改之。

簡文帝大寶元年春正月戊辰，東魏進太原公高洋位丞相、都督中外諸軍、録尚書事、大行臺、齊郡王。三月庚申，東魏進丞相洋爵爲齊王。

東魏齊王洋之爲開府也，勃海高德政爲管記，由是親昵，言無不盡。金紫光禄大夫丹楊徐之才、北平太守廣宗宋景業皆善圖讖，以爲「太歲在午，當有革命」，因德政以白洋，勸之受禪。洋以告婁太妃，太妃曰：「汝父如龍，兄如虎，猶以天位不可妄據，終身北面。

汝獨何人，欲行舜、禹之事乎？」洋以告之才，之才曰：「正爲不及父兄，故宜早升尊位耳。」洋鑄像卜之而成，乃使開府儀同三司段韶問肆州刺史斛律金。金來見洋，固言不可，以宋景業首陳符命，請殺之。洋與諸貴議於太妃前，太妃曰：「吾兒懦直，必無此心，高德政樂禍教之耳。」洋以人心不壹，使高德政如鄴察公卿之意，未還。洋擁兵而東，至平都城，召諸勳貴議之，莫敢對。長史杜弼曰：「關西國之勍敵，若受魏禪，恐彼挾天子自稱義兵而東向，王何以待之？」徐之才曰：「今與王爭天下者，彼亦欲爲王所爲，縱其屈强，不過隨我稱帝耳。」弼無以應。高德政至鄴，諷公卿，莫有應者。司馬子如逆洋於遼陽，固言未可。洋欲還，倉丞李集曰：「王來爲何事，而今欲還？」洋僞使於東門殺之，而別令賜絹十匹，送還晉陽。自是居常不悅。徐之才、宋景業等日陳陰陽雜占，云宜早受命。高德政亦敦勸不已。洋使術士李密卜之，遇大横，曰：「漢文之卦也。」又使宋景業筮之，遇乾之鼎，曰：「乾，君也，鼎，五月卦也，宜以仲夏受禪。」或曰：「五月不可入官，犯之，終於其位。」景業曰：「王爲天子，無復下期，豈得不終於其位乎！」洋大悅，乃發晉陽。

高德政録在鄴諸事，條進於洋，洋令左右陳山提馳驛齎事條，并密書與楊愔。是月，山提至鄴，楊愔即召太常卿邢劭等議撰儀注，秘書監魏收草九錫、禪讓、勸進諸文，引魏宗室諸王入北宫，留於東齋。甲寅，東魏進洋位相國，總百揆，備九錫。洋行至前亭，所乘馬忽倒，意甚惡之，至平都城，不復肯進。高德政、徐之才苦請曰：「山提先去，恐其漏泄。」即命司馬子如、杜弼馳驛續入，觀察物情。子如等至鄴，衆人以事勢已決，無敢異言。洋至鄴，召夫齎築具集城南。高隆之請曰：「用此何爲？」洋作色曰：「我自有事，君何問爲，欲族滅邪！」隆之謝而退。於是作圓丘，備法物。

丙辰，司空潘樂、侍中張亮、黄門郎趙彦深等求入啓事，東魏孝静帝在昭陽殿見之。亮曰：「五行遞運，有始有終，齊王聖德欽明，萬方歸仰，願陛下遠法堯、舜。」帝斂容曰：「此事推挹已久，謹當遜避。」又曰：「若爾，須作制書。」中書郎崔劼、裴讓之曰：「制已作訖。」使侍中楊愔進之。東魏主既署，曰：「居朕何所？」愔對曰：「北城別有館宇。」乃下御坐，步就東廊，詠范蔚宗後漢書贊曰：「獻生不辰，身播國屯，終我四百，永作虞賓。」所司請發，帝曰：「古人念遺簪弊履，朕欲與六宫别，可乎？」高隆之曰：「今日天下猶陛下之天下，況在六宫。」帝步入與妃嬪已下别，舉宫皆哭。趙國李嬪誦陳思王詩云：「王其愛玉體，俱享黄髮期。」直長趙道德以故犢車一乘候於東閤，帝登車，道德超上抱之，帝叱之曰：「朕自畏天順人，何物奴敢逼人如此！」道德猶不下。出雲龍門，王公百僚拜辭，高隆之灑泣。遂入北城，居司馬子如南宅，遣太尉彭城王韶等奉璽綬，禪位于齊。

戊午，齊王即皇帝位于南郊，大赦，改元天保。自魏敬宗以來，百官絶禄，至是始復給之。己未，封東魏主爲中山王，待以不臣之禮。追尊齊獻武王爲獻武皇帝，廟號太祖，後改爲高祖；文襄王爲文襄皇帝，廟號世宗。辛酉，尊王太后婁氏爲皇太后。乙丑，降魏朝封爵有差，其宣力霸朝及西南投化者，不在降限。

夏六月，齊主封宗室高岳等十人，功臣庫狄干等七人皆爲王。癸未，封弟浚爲永安王，淹爲平陽王，溆爲彭城王，演爲常山王，涣爲上黨王，湝爲襄城王，湛爲長廣王，湝爲任城王，湜爲高陽王，濟爲博陵王，凝爲新平王，潤爲馮翊王，洽爲漢陽王。

二年。齊主每出入，常以中山王自隨，王妃太原公主恒爲之嘗飲食，護視之。冬十二月，齊主飲公主酒，使人鴆中山王，殺之，并其三子，謚王曰魏孝静皇帝，葬於鄴西漳北。其後齊主忽掘其陵，投梓宫於漳水。齊主初受禪，魏神主悉寄於七帝寺，至是亦取焚之。

彭城公元韶以高氏壻，寵遇異於諸元。開府儀同三司美陽公元暉業以位望隆重，又志氣不倫，尤爲齊主所忌，從齊主在晉陽。暉業於宫門外罵韶曰：「爾不及一老嫗。負璽與人，何不擊碎之！我出此言，知即死，爾亦詎得幾時！」齊主聞而殺之，及臨淮公元孝友，皆鑿汾水冰，沈其尸。孝友，彧之弟也。齊主嘗剃元韶鬢鬚，加之粉黛以自隨，曰「吾以彭城爲嬪御」，言其懦弱如婦人也。

宇文篡西魏　後周

梁武帝中大通六年。魏孝武帝閨門無禮，從妹不嫁者三人，皆封公主。平原公主明月，南陽王寶炬之同産也，從帝入關，丞相泰使元氏諸王取明月殺之。帝不悦，或時彎弓，或時椎案，由是復與泰有隙。冬閏十二月癸巳，帝飲酒，遇酖而殂。泰與羣臣議所立，多舉廣平王贊。贊，孝武之兄子也。侍中濮陽王順於别室垂涕謂泰曰：「高歡逼逐先帝，立幼主以專權，明公宜反其所爲。廣平冲幼，不如立長君而奉之。」泰乃奉太宰南陽王寶炬而立之。順，素之曾孫也。殯孝武帝於草堂佛寺，諫議大夫宋球慟哭嘔血，漿粒不入口者數日，泰以其名儒，不之罪也。

大同八年。魏丞相泰妻馮翊公主生子覺。

太清二年夏五月，魏以丞相泰爲太師。

元帝承聖二年春二月，魏太師泰去丞相、大行臺，爲都督中外諸軍事。冬十一月，魏尚書元烈謀殺宇文泰，事泄，泰殺之。

三年。魏主自元烈之死，有怨言，密謀誅太師泰。臨淮王育、廣平王贊垂涕切諫，不聽。泰諸子皆幼，兄子章武公導、中山公護皆出鎮，唯以諸壻爲心膂，大都督清河公李基、義城公李暉、常山公于翼俱爲武衛將軍，分掌禁兵。基，遠之子；暉，弼之子；翼，謹之子也。由是魏主謀泄，泰廢魏主，置之雍州，立其弟齊王廓，去年號，稱元年，復姓拓跋氏，九十九姓改爲單者，皆復其舊。魏初統國三十六，大姓九十九，後多滅絶。泰乃以諸將功高者爲三十六國，次者爲九十九姓，所將士卒亦改從其姓。

夏四月庚戌，魏太師泰酖殺廢帝。

敬帝紹泰元年。魏宇文泰諷淮安王育上表，請如古制，降爵爲公，於是宗室諸王皆降爲公。

太平元年春正月丁丑，魏初建六官，以宇文泰爲太師、大冢宰。

夏四月，魏太師泰尚孝武妹馮翊公主，生略陽公覺，姚夫人生寧都公毓。毓於諸子最長，娶大司馬獨孤信女。泰將立嗣，謂公卿曰：「孤欲立子以嫡，恐大司馬有疑，如何？」衆默然，未有言者。尚書左僕射李遠曰：「夫立子以嫡不以長。略陽公爲世子，公何所疑？若以信爲嫌，請先斬之。」遂拔刀而起，泰亦起曰：「何至於是？」信又自陳解，遠乃止。於是羣公並從遠議。遠出外，拜謝信曰：「臨大事，不得不爾。」信亦謝遠曰：「今日賴公決此大議。」遂立覺爲世子。

太師泰北巡。秋八月，泰北渡河。

冬十月，魏安定文公宇文泰還至牽屯山而病，驛召中山公護。護至涇州，見泰，泰謂護曰：「吾諸子皆幼，外寇方强，天下之事，屬之於汝，宜努力以成吾志。」乙亥，卒於雲陽。護還長安，發喪。泰能駕御英豪，得其力用，性好質素，不尚虛飾，明達政事，崇儒好古，凡所施設，皆依倣三代而爲之。丙子，世子覺嗣位，爲太師、柱國、大冢宰，出鎮同州，時年十五。

中山公護名位素卑，雖爲泰所屬，而羣公各圖執政，莫肯服從。護問計於大司寇于謹，謹曰：「謹早蒙先公非常之知，恩深骨肉，今日之事，必以死爭之。若對衆定策，公必不得讓。」明日，羣公會議，謹曰：「昔帝室傾危，非安定公無復今日。今公一旦違世，嗣子雖幼，中山公親其兄子，兼受顧託，軍國之事理須歸之。」辭色抗厲，衆皆悚動。護曰：「此乃家事，護雖庸昧，何敢有辭。」謹素與泰等夷，護常拜之。至是，謹起而言曰：「公若統理軍國，謹等皆有所依。」遂再拜，羣公迫於謹，亦再拜，於是衆議始定。護綱紀內外，撫循文武，人心遂安。

十二月，魏封世子覺爲周公。

魏宇文護以周公幼弱，欲早使正位，以定人心。庚子，以魏恭帝詔禪位于周，使大宗伯趙貴持節奉册，濟北公迪致皇帝璽紱；恭帝出居大司馬府。

陳高祖永定元年春正月辛丑，周公即天王位，柴燎告天，朝百官于露門，追尊王考文公爲文王，妣爲文后，大赦。封魏恭帝爲宋公。以木德承魏水，行夏之時，服色尚黑。以李弼爲太師，趙貴爲太傅，獨孤信爲太保，中山公護爲大司馬。

二月，周人殺魏恭帝。

秋八月，晉公護廢周王爲略陽公，迎立岐州刺史寧都公毓。後月餘，護弒略陽公。事見宇文護逆節。

二年秋九月甲申，周封少師元羅爲韓國公，以紹魏後。

三年秋八月，周御正中大夫崔猷建議，以爲：「聖人沿革，因時制宜。今天子稱王，不足以威天下，請遵秦、漢舊制稱皇帝，建年號。」己亥，周王始稱皇帝，追尊文王曰文皇帝，改元武成。

侯景之亂

梁武帝中大同元年。東魏司徒、河南大將軍、大行臺侯景，右足偏短，弓馬非其長，而多謀算。諸將高敖曹、彭樂等皆勇冠一時，景常輕之，曰：「此屬皆如豕突，勢何所至！」景嘗言於丞相高歡：「願得兵三萬，橫行天下，要須濟江縛取蕭衍老公，以爲太平寺主。」

歡使將兵十萬，專制河南，杖任若己之半體。

景素輕高澄，嘗謂司馬子如曰：「高王在，吾不敢有異。王没，吾不能與鮮卑小兒共事。」子如掩其口。及歡疾篤，澄詐爲歡書以召景。先是，景與歡約曰：「今握兵在遠，人易爲詐，所賜書(背)〔皆〕請加微點。」歡從之。景得書，無點，辭不至。又聞歡疾篤，用其行臺郎潁川王偉計，遂擁兵自固。

歡謂澄曰：「我雖病，汝面更有餘憂，何也？」澄未及對，歡曰：「豈非憂侯景叛邪？」對曰：「然。」歡曰：「景專制河南十四年矣，常有飛揚跋扈之志，顧我能畜養，非汝所能駕御也。今四方未定，勿遽發哀。庫狄干鮮卑老公，斛律金敕勒老公，並性遒直，終不負汝。可朱渾道元、劉豐生遠來投我，必無異心。潘相樂本作道人，心和厚，汝兄弟當得其力。韓軌少戇，宜寬借之。彭樂心腹難得，宜防護之。堪敵侯景者，唯有慕容紹宗，我故不貴之，留以遺汝。」又曰：「段孝先忠亮仁厚，智勇兼備，親戚之中，唯有此子，軍旅大事，宜共籌之。」又曰：「邙山之戰，吾不用陳元康之言，留患遺汝，死不瞑目。」相樂，廣寧人也。

太清元年春正月丙午，東魏勃海獻武王歡卒。侯景自念己與高氏有隙，内不自安。辛亥，據河南叛歸于魏，潁川刺史司馬世雲以城應之。景誘執豫州刺史高元成、襄州刺史李密、廣州刺史懷朔暴顯等。遣軍士二百人載仗暮入西兖州，欲襲取之，刺史邢子才覺之，掩捕，盡獲之，因散檄東方諸州，各爲之備，由是景不能取。

諸將皆以爲景之叛由崔暹，澄不得已，欲殺暹以謝景。陳元康諫曰：「今雖四海未清，綱紀已定。若以數將在外，苟悦其心，枉殺無辜，虧廢刑典，豈直上負天神，何以下安黎庶？鼂錯前事，願公慎之。」澄乃止。遣司空韓軌督諸軍討景。

二月，魏以開府儀同三司若干惠爲司空，侯景爲太傅、河南大行臺、上谷公。庚辰，景又遣其行臺郎中丁和來，上表言：「臣與高澄有隙，請舉函谷以東，瑕丘以西，豫、廣、潁、荆、襄、兖、南兖、濟、東豫、洛、陽、北荆、北揚等十三州内附，唯青、徐數州，僅須折簡。且黄河以南，皆臣所職，易同反掌。若齊、宋一平，徐事燕、趙。」上召羣臣廷議。尚書僕射謝舉等皆曰：「頃歲與魏通和，邊境無事，今納其叛臣，竊謂非宜。」上曰：「雖然，得景則塞北可清，機會難得，豈宜膠柱！」

是歲正月乙卯，上夢中原牧守皆以地來降，舉朝稱慶。旦，見中書舍人朱异，告之，且曰：「吾爲人少夢，若有夢必實。」异曰：「此乃宇内混壹之兆也。」及丁和至，稱景定計以正月乙卯，上愈神之。然意猶未決，嘗獨言：「我國家如金甌，無一傷缺，今忽受景地，詎是事宜？脱致紛紜，悔之何及。」朱异揣知上意，對曰：「聖明御宇，南北歸仰，正以事無機會，未達其心。今侯景分魏土之半以來，自非天誘其衷，人贊其謀，何以至此？若拒而不納，恐絕後來之望。此誠易見，願陛下無疑。」上乃定議納景。壬午，以景爲大將軍，封河南王，都督河南北諸軍事、大行臺，承制如鄧禹故事。平西諮議參軍周弘正善占候，前此謂人曰：「國家數年後當有兵起。」及聞納景，曰：「亂階在此矣。」

三月甲辰，遣司州刺史羊鴉仁督兗州刺史桓和、仁州刺史湛海珍等將兵三萬趣懸瓠，運糧食應接侯景。

夏五月，高澄遣武衛將軍元柱等將數萬衆晝夜兼行以襲侯景，遇景於潁川北，柱等大敗。景以羊鴉仁等軍猶未至，乃退保潁川。

東魏司徒韓軌等圍侯景於潁川。景懼，割東荆、北兗州、魯陽、長社四城賂魏以求救。尚書左僕射于謹曰：「景少習兵，姦詐難測，不如厚其爵位，以觀其變，未可遣兵也。」荆州刺史王思政以爲「若不因機進取，後悔無及」。即以荆州步騎萬餘從魯陽關向陽翟。丞相泰聞之，加景大將軍兼尚書令，遣太尉李弼、儀同三司趙貴將兵一萬赴潁川。景恐上責之，遣中兵參軍柳昕奉啓於上，以爲：「王旅未接，死亡交急，遂求援關中，自救目前。臣既不安於高氏，豈見容於宇文，但螫手解腕，事不得已，本圖爲國，願不賜咎。臣獲其力，不容即棄，今以四州之地，爲餌敵之資，已令宇文遣人入守。自豫州以東，齊海以西，悉臣控壓，見有之地，盡歸聖朝。懸瓠、項城、徐州、南兗，事須迎納。願陛下速敕境上，各置重兵，與臣影響，不使差互。」上報之曰：「大夫出境，尚有所專，況始創奇謀，將建大業，理須適事而行，隨方以應。卿誠心有本，何假詞費。」

六月，東魏韓軌等圍潁川，聞魏李弼、趙貴等將至，己巳，引兵還鄴。侯景欲因會，執弼與貴，奪其軍。貴疑之，不往。貴欲誘景入營而執之，弼止之。羊鴉仁遣長史鄧鴻將兵至汝水，弼引兵還長安。王思政入據潁川。景陽稱略地，引軍出屯懸瓠。

景復乞兵於魏，丞相泰使同軌防主韋法保及都督賀蘭願德等將兵助之。大行臺左丞藍田王悅言於泰曰：「侯景之於高歡，始敦鄉黨之情，終定君臣之契，任居上將，位重台司。今歡始死，景遽外叛，蓋所圖甚大，終不爲人下故也。且彼既能背德於高氏，豈肯盡節於朝廷？今益之以勢，援之以兵，竊恐朝廷貽笑將來也。」泰乃召景入朝。

景陰謀叛魏，事計未成，厚撫韋法保等，冀爲己用，外示親密無猜間。每往來諸軍間，侍從至少，魏軍中名將，皆身自造詣。同軌防長史裴寬謂法保曰：「侯景狡詐，必不肯入關，欲託款於公，恐未可信。若伏兵斬之，此亦一時之功也。如其不爾，即應深爲之防，不得信其誑誘，自貽後悔。」法保深然之，不敢圖景，但自爲備而已。尋辭還所鎮。王思政亦覺其詐，密召賀蘭願德等還，分布諸軍，據景七州、十二鎮。景果辭不入朝，遺丞相泰書曰：「吾恥與高澄雁行，安能比肩大弟！」泰乃遣行臺郎中趙士憲悉召前後所遣諸軍援景者。景遂決意來降。魏將任約以所部千餘人降於景。泰以所授景使持節、太傅、大將軍兼尚書令、河南大行臺、都督河南諸軍事回授王思政。思政並讓不受，頻使敦諭，唯受都督河南諸軍事。

秋七月庚申，羊鴉仁入懸瓠城。甲子，詔更以懸瓠爲豫州，壽春爲南豫州，改合肥爲合州。以鴉仁爲司、豫二州刺史，鎮懸瓠；西陽太守羊思達爲殷州刺史，鎮項城。

八月乙丑，下詔大舉伐東魏，遣南豫州刺史貞陽侯淵明、南兗州刺史南康王會理分督諸將。淵明，懿之子；會理，續之子也。始，上欲以鄱陽王範爲元帥，朱异取急在外，聞之，遽入曰：「鄱陽雄豪蓋世，得人死力，然所至殘暴，非弔民之材。且陛下昔登北顧亭以望，謂江右有反氣，骨肉爲戎首，今日之事，尤宜詳擇。」上默然，曰：「會理何如？」對曰：「陛下得之矣。」會理懦而無謀，所乘襻輿，施版屋，冠以牛皮。上聞，不悅。貞陽侯淵明時鎮壽陽，屢請行，上許之。會理自以皇孫，復爲都督，自淵明已下，殆不對接。淵明與諸將密告朱异，追會理還，遂以淵明爲都督。

或告東魏大將軍澄，云「侯景有北歸之志」，會景將蔡道遵北歸，言「景頗知悔過」。景母及妻子皆在鄴，澄乃以書諭之，語以闔門無恙。若還，許以豫州刺史終其身，還其寵景使王偉復書曰：「今已引二邦，揚旌北討，熊豹齊奮。克復中原，幸自取之，何勞恩賜？昔王陵附漢，母在不歸，太上囚楚，乞羹自若，矧伊妻子，而可介意！脱謂誅之有益，欲止不能，殺之無損，徒復阬戮，家累在君，何關僕也。」戊子，詔以景録行臺尚書事。

九月，上命蕭淵明堰泗水於寒山以灌彭城，俟得彭城，乃進軍與侯景掎角。癸卯，淵明軍于寒山，去彭城十八里，斷流立堰。侍中羊侃監作堰，再旬而成。東魏徐州刺史太原王則嬰城固守，侃勸淵明乘水攻彭城，不從。諸將與淵明議軍事，淵明不能對，但云「臨時制宜」。

冬十一月，東魏大將軍澄使大都督高岳救彭城，欲以金門郡公潘樂爲副。陳元康曰：「樂緩於機變，不如慕容紹宗，且先王之命也。公但推赤心於斯人，景不足憂也。」時紹宗在外，澄欲召見之，恐其驚叛。元康曰：「紹宗知元康特蒙顧待，新使人來餉金；元康欲安其意，受之而厚答其書，保無異也。」乙酉，以紹宗爲東南道行臺，與岳、樂偕行。初，景聞韓軌來，曰：「啖猪腸兒何能爲？」聞高岳來，曰：「兵精人凡。」諸將無不爲所輕者。及聞紹宗來，叩鞍有懼色，曰：「誰教鮮卑兒解遣紹宗來！若然，高王定未死邪？」

澄以廷尉卿杜弼爲軍司，攝行臺左丞，臨發，問以政事之要，可爲戒者，使録一二條。弼請口陳之，曰：「天下大務，莫過賞罰。賞一人使天下之人喜，罰一人使天下之人懼，苟二事不失，自然盡美。」澄大悦，曰：「言雖不多，於理甚要。」

紹宗帥衆十萬據橐駝峴，羊侃勸貞陽侯淵明乘其遠來擊之，不從。旦日，又勸出戰，亦不從。侃乃帥所領出屯堰上。

丙午，紹宗至城下，引步騎萬人攻潼州刺史郭鳳營，矢下如雨。淵明醉不能起，命諸將救之，皆不敢出。北兖州刺史胡貴孫謂譙州刺史趙伯超曰：「吾屬將兵而來，本欲何爲，今遇敵而不戰乎？」伯超不能對。貴孫獨帥麾下與東魏戰，斬首二百級。伯超擁衆數千不敢救，謂其下曰：「虜盛如此，與戰必敗。不如全軍早歸，可以免罪。」皆曰：「善。」遂遁還。

初，侯景常戒梁人曰：「逐北勿過二里。」紹宗將戰，以梁人輕悍，恐其衆不能支，一一引將卒謂之曰：「我當陽退，誘吴兒使前，爾擊其背。」東魏兵實敗走，梁人不用景言，乘勝深入。魏將卒以紹宗之言爲信，争共掩擊之，梁兵大敗，貞陽侯淵明及胡貴孫、趙伯超等皆爲東魏所虜，失亡士卒數萬人。羊侃結陳徐還。

上方晝寢，宦者張僧胤白朱异啓事，上駭之，遽起升輿，至文德殿閤。异曰：「韓山失律。」上聞之，悅然將墜牀，僧胤扶而就坐，乃歎曰：「吾得無復爲晉家乎！」

郭鳳退保潼州，慕容紹宗進圍之。十二月甲子朔，鳳棄城走。

東魏使軍司杜弼作檄移梁朝曰：「皇家垂統，光配彼天，唯彼吳越，獨阻聲教。元首懷止戈之心，上宰薄兵車之命，遂解縶南冠，喻以好睦。雖嘉謀長算，爰自我始，罷戰息民，彼獲其利。侯景豎子，自生猜貳，遠託關、隴，依憑姦僞，逆主定君臣之分，僞相結兄弟之親，豈曰無恩，終成難養，俄而易慮，親尋干戈。釁暴惡盈，側首無託，以金陵逋逃之藪，江南流寓之地，甘辭卑禮，進孰圖身，詭言浮說，抑可知矣。而僞朝大小，幸災忘義，主荒於上，臣蔽於下，連結姦惡，斷絕鄰好，徵兵保境，縱盜侵國。蓋物無定方，事無定勢，或乘利而受害，或因得而更失。是以吳侵齊境，遂得句踐之師，趙納韓地，終有長平之役。矧乃鞭撻疲民，侵軼徐部，築壘擁川，舍舟徼利。是以援枹秉麾之將，拔拒投石之士，含怒作色，如赴私讎。彼連營擁衆，依山傍水，舉螳蜋之斧，被蛣蜣之甲，當窮轍以待輪，坐積薪而候燎。及鋒刃暫交，埃塵且接，已亡戟棄戈，土崩瓦解，掬指舟中，衿甲鼓下，同宗異姓，縲紲相望。曲直既殊，强弱不等，獲一人而失一國，見黃雀而忘深穽，智者所不爲，仁者所不向。誠既往之難逮，猶將來之可追。侯景以鄙俚之夫，遭風雲之會，位班三事，邑啓萬家，揣身量分，久當止足。而周章向背，離披不已，夫豈徒然，意亦可見。彼乃授之以利器，誨之以慢藏，使其勢得容姦，時堪乘便。今見南風不競，天亡有徵，老賊姦謀，將復作矣。然推堅强者難爲功，摧枯朽者易爲力，計其雖非孫、吳猛將，燕、趙精兵，猶是久涉行陳，曾習軍旅，豈同剽輕之師，不比危脆之衆。拒此則作氣不足，攻彼則爲勢有餘，終恐尾大於身，踵粗於股，倔强不掉，狼戾難馴，呼之則反速而釁小，不徵則叛遲而禍大。會應遥望廷尉，不肯爲臣，自據淮南，亦欲稱帝。但恐楚國亡猨，禍延林木，城門失火，殃及池魚，横使江、淮士子，荆、揚人物，死亡矢石之下，夭折霧露之中。彼梁主操行無聞，輕險有素，射雀論功，蕩舟稱力，年既老矣，耄又及之，政散民流，禮崩樂壞。加以用舍乖方，廢立失所，矯情動俗，飾智驚愚，毒螫滿懷，妄敦戒業，躁競盈胸，謬治清浄。災異降於上，怨讟興於下，人人厭苦，家家思亂，履霜有漸，堅冰且至。傳險躁之風俗，任輕薄之子孫，朋黨路開，兵權在外。必將禍生骨肉，釁起腹心，强弩衝城，長戈指闕。徒探雀鷇，無救府藏之虚；空請熊蹯，詎延晷刻之命。外崩中潰，今實其時，鷸蚌相持，我乘其敝。方使駿騎追風，精甲輝日，四七並列，百萬爲羣，以轉石之形，爲破竹之勢。當使鍾山渡江，青蓋入洛，荆棘生於建業之宫，麋鹿遊於姑蘇之館。但恐革車之所轔轢，劍騎之所蹂踐，杞梓於焉傾折，竹箭以此摧殘。若吳之王孫，蜀之公子，歸款軍門，委命下吏，當即授客卿之秩，特加驃騎之號。凡百君子，勉求多福。」其後梁室禍敗，皆如弼言。

侯景圍譙城不下，退攻城父，拔之。壬申，遣其行臺左丞王偉等詣建康説上曰：「鄴中文武合謀，召臣共討高澄，事泄，澄幽元善見於金墉，殺諸元六十餘人。河北物情，俱念其主，請立元氏一人以從人望，如此則陛下有繼絶之名，臣景有立功之效，河之南北，爲聖朝之邾、莒，國之男女，爲大梁之臣妾。」上以爲然，乙亥下詔，以太子舍人元貞爲咸陽王，資以兵力，使還北主魏，須渡江，許即位，儀衛以乘輿之副給之。貞，樹之子也。

蕭淵明至鄴，東魏主升閶闔門受俘，讓而釋之，送於晉陽，大將軍澄待之甚厚。

慕容紹宗引軍擊侯景，景輜重數千兩，馬數千匹，士卒四萬人，退保渦陽。紹宗士卒十萬，旗甲耀日，鳴鼓長驅而進。景使謂之曰：「公等爲欲送客，爲欲定雌雄邪？」紹宗曰：「欲與公決勝負。」遂順風布陳。景閉壘，俟風過乃出。紹宗曰：「侯景多詭計，好乘人背。」使備之，果如其言。景命戰士皆被短甲，執短刀，入東魏陳，但低視，斫人脛馬足。東魏兵遂敗，紹宗墜馬，儀同三司劉豐生被傷，顯州刺史張遵業爲景所擒。紹宗、豐生俱奔譙城，裨將斛律光、張恃顯尤之，紹宗曰：「吾戰多矣，未見如景之難克者也。君輩試犯之！」光等被甲將出，紹宗戒之曰：「勿渡渦水。」二人軍於水北，光輕騎射之。景臨渦水謂光曰：「爾求勳而來，我懼死而去。我，汝之父友，何爲射我？汝豈自解不渡水南，慕容紹宗教汝也。」光無以應。景使其徒田遷射光馬，洞胸，光易馬隱樹，又中之，退入於軍。景擒侍顯，既而捨之。光走入譙城，紹宗曰：「今定何如，而尤我也？」光，金之子也。

開府儀同三司段韶夾渦而軍，潛於上風縱火，景帥騎入水，出而卻走，草濕，火不復然。

侯景與東魏慕容紹宗相持數月，景食盡，司馬世雲降於紹宗。

二年春正月己亥，慕容紹宗以鐵騎五千夾擊侯景。景誑其衆曰：「汝輩家屬已爲高澄所殺。」衆信之。紹宗遥呼曰：「汝輩家屬並完，若歸，官勳如舊。」被髮向北斗爲誓。景士卒不樂南渡，其將暴顯等各帥所部降於紹宗。景衆大潰，争赴渦水，水爲之不流。景與腹心數騎自硤石濟淮，稍收散卒，得步騎八百人，南過小城，人登陴詬之曰：「跛奴，欲何爲邪！」景怒，破城殺詬者而去。晝夜兼行，追軍不敢逼。使謂紹宗曰：「景若就禽，公復何用？」紹宗乃縱之。

甲辰，豫州刺史羊鴉仁以東魏軍漸逼，稱運糧不繼，棄懸瓠，還義陽。殷州刺史羊思達亦棄項城走，東魏人皆據之。上怒，責讓鴉仁。鴉仁懼，啓申後期，頓軍淮上。

侯景既敗，不知所適。時鄱陽王範除南豫州刺史，未至。馬頭戍主劉神茂素爲監州事韋黯所不容，聞景至，故往候之。景問曰：「壽陽去此不遠，城池險固，欲往投之，韋黯其納我乎？」神茂曰：「黯雖據城，是監州耳。王若馳至近郊，彼必出迎，因而執之，可以集事。得城之後，徐以啓聞，朝廷喜王南歸，必不責也。」景執其手曰：「天教也。」神茂請帥步騎百人先爲鄉導。壬子，景夜至壽陽城下，韋黯以爲賊也，授甲登陴。景遣其徒告曰：「河南王戰敗來投此鎮，願速開門。」黯曰：「既不奉敕，不敢聞命。」景謂神茂曰：「事不諧矣。」神茂曰：「黯懦而寡智，可説下也。」乃遣壽陽徐思玉入見黯曰：「河南王爲朝廷所重，君所知也。今失利來投，何得不受？」黯曰：「吾之受命，唯知守城。河南自敗，何預吾事。」思玉曰：「國家付君以閫外之略，今君不肯開城，若魏追兵來至，河南爲魏所殺，君豈能獨守？縱使或存，何顔以見朝廷？」黯然之。思玉出報，景大悦曰：「活我者卿也。」癸丑，黯開門納景，景遣其將分守四門，詰責黯，將斬之；既而撫手大笑，置酒極歡。黯，叡之子也。

朝廷聞景敗，未得審問；或云景與將士盡没，上下咸以爲憂。侍中太子詹事何敬容詣東宫，太子曰：「淮北始更有信，侯景定得身免，不如所傳。」敬容對曰：「得景遂死，深爲朝廷之福。」太子失色，問其故，敬容曰：「景翻覆叛臣，終當亂國。」太子於玄圃自講老、莊，敬容謂學士吴孜曰：「昔西晋祖尚玄虚，使中原淪於胡羯。今東宫復爾，江南亦將爲戎乎？」

甲寅，景遣儀同三司于子悅馳以敗聞，并自求貶削；優詔不許。景復求資給，上以景兵新破，未忍移易，乙卯，即以景爲南豫州牧，本官如故。更以鄱陽王範爲合州刺史，鎮合肥。光祿大夫蕭介上表諫曰：「竊聞侯景以渦陽敗績，隻馬歸命，陛下不悔前禍，復敕容納。臣聞凶人之性不移，天下之惡一也。昔呂布殺丁原以事董卓，終誅董而爲賊；劉牢反，王恭以歸晉還背晉以構妖。何者？狼子野心，終無馴狎之性，養虎之喻，必見飢噬之禍。侯景以凶狡之才，荷高歡卵翼之遇，位忝台司，任居方伯；然而高歡墳土未乾，即還反噬。逆力不速，乃復逃死關西；宇文不容，故復投身於我。陛下前者所以不逆細流，正欲比屬國降胡以討匈奴，冀獲一戰之效耳。今既亡師失地，直是境上之匹夫，陛下愛匹夫而棄與國，臣竊不取也。若國家猶待其更鳴之晨，歲暮之效，臣竊惟侯景必非歲暮之臣。棄鄉國如脫屣，背君親如遺芥，豈知遠慕聖德，爲江、淮之純臣乎？事迹顯然，無可致惑。臣朽老疾侵，不應干預朝政；但楚囊將死，有城郢之忠，衞魚臨亡，亦有尸諫之節。臣忝爲宗室遺老，敢忘劉向之心！」上歎息其忠，然不能用。介，思話之孫也。

二月，東魏殺其南兗州刺史石長宣，討侯景之黨也；其餘爲景所脅從者，皆赦之。

東魏既得懸瓠、項城，悉復舊境。大將軍澄數遣書移，復求通好，朝廷未之許。澄謂貞陽侯淵明曰：「先王與梁主和好十有餘年。聞彼禮佛文云『奉爲魏主，并及先王』，此乃梁主厚意。不謂一朝失信，致此紛擾，知非梁主本心，當是侯景扇動耳，宜遣使諮論。若梁主不忘舊好，吾亦不敢違先王之意。諸人並即遣歸，侯景家屬亦當同遣。」淵明乃遣省事夏侯僧辯奉啓於上，稱：「勃海王弘厚長者，若更通好，當聽淵明還。」上得啓，流涕，與朝臣議之。右衛將軍朱异、御史中丞張綰等皆曰：「静寇息民，和實爲便。」司農卿傅岐獨曰：「高澄何事須和，必是設間，故命貞陽遣使，欲令侯景自疑。景意不安，必圖禍亂。若許通好，正墮其計中。」异等固執宜和，上亦厭用兵，乃從异言，賜淵明書曰：「知高大將軍禮汝不薄，省啓，甚以慰懷。當别遣行人，重敦鄰睦。」

僧辯還，過壽陽，侯景竊訪知之，攝問，具服。乃寫答淵明之書，陳啓於上曰：「高氏心懷鴆毒，怨盈北土，人願天從，歡身殞越。子澄嗣惡，討滅待時，所以昧此一勝者，蓋天蕩澄心，以盈凶毒耳。澄苟行合天心，腹心無疾，又何急急奉璧求和？豈不以秦兵扼其喉，胡騎迫其背，故甘辭厚幣，取安大國。臣聞一日縱敵，數世之患，何惜高澄一豎，以棄億兆之心。竊以北魏安强，莫過天監之始，鍾離之役，匹馬不歸。當其强也，陛下尚伐而取之；及其弱也，反慮而和之。舍已成之功，縱垂死之虜，使其假命强梁，以遺後世，非直愚臣扼腕，實亦志士痛心。昔伍相奔吴，楚邦卒滅；陳平去項，劉氏用興。臣雖才劣古人，心同往事。誠知高澄忌賈在翟，惡會居秦，求盟請和，冀除其患。若臣死有益，萬殞無辭，唯恐千載，有穢良史。」景又致書於朱异，餉金三百兩；异納金而不通其啓。

己卯，上遣使弔澄。景又啓曰：「臣與高氏釁隙已深，仰憑威靈，期雪讎恥。今陛下復與高氏連和，使臣何地自處？乞申後戰，宣暢皇威。」上報之曰：「朕與公大義已定，豈有成而相納，敗而相棄乎！今高氏有使求和，朕亦更思偃武。進退之宜，國有常制。公但清靜自居，無勞慮也。」景又啓曰：「臣今蓄糧聚衆，秣馬潛戈，指日計期，克清趙、魏，不容軍出無名，故願以陛下爲主耳。今陛下棄臣遐外，南北復通，將恐微臣之身，不免高氏之手。」上又報曰：「朕爲萬乘之主，豈可失信於一物。想公深得此心，不勞復有啓也。」

景乃詐爲鄴中書，求以貞陽侯易景。上將許之，舍人傅岐曰：「侯景以窮歸義，棄之不祥。且百戰之餘，寧肯束手受縶！」謝舉、朱异曰：「景奔敗之將，一使之力耳。」上從之，復書曰：「貞陽旦至，侯景夕返。」景謂左右曰：「我固知吴老公薄心腸。」王偉説景曰：「今坐聽亦死，舉大事亦死，唯王圖之。」於是始爲反計，屬城居民悉召募爲軍士，輒停責市估及田租，百姓子女悉以配將士。

夏五月，上遣建康令謝挺、散騎常侍徐陵聘于東魏，復脩前好。陵，摛之子也。

秋八月，侯景自至壽陽，徵求無已，朝廷未嘗拒絕。景請娶於王、謝，上曰：「王、謝門高非偶，可於朱、張以下訪之。」景恚曰：「會將吳兒女配奴。」又啓求錦萬匹爲軍人作袍，中領軍朱异議以青布給之。又以臺所給仗多不能精，啓請東冶鍛工，欲更營造，敕並給之。景以安北將軍夏侯夔之子譒爲長史，徐思玉爲司馬，譒遂去「夏」稱「侯」，託爲族子。

上既不用景言，與東魏和親，是後景表疏稍稍悖慢。又聞徐陵等使魏，反謀益甚。元貞知景有異志，累啓還朝。景謂曰：「河北事雖不果，江南何慮失之，何不小忍？」貞懼，逃歸建康，具以事聞。上以貞爲始興內史，亦不問景。

臨賀王正德，所至貪暴不法，屢得罪於上，由是憤恨，陰養死士，儲米積貨，幸國家有變。景知之。正德在北，與徐思玉相知，景遣思玉致牋於正德曰：「今天子年尊，姦臣亂國，以景觀之，計日禍敗。大王屬當儲貳，中被廢黜，四海業業，歸心大王，景雖不敏，實思自效。願王允副蒼生，鑒斯誠款。」正德大喜曰：「侯公之意，闇與吾同，天授我也。」報之曰：「朝廷之事，如公所言。僕之有心，爲日久矣。今僕爲其內，公爲其外，何有不濟？機事在速，今其時矣。」

鄱陽王範密啓景謀反。時上以邊事專委朱异，動靜皆關之，异以爲必無此理。上報範曰：「景孤危寄命，譬如嬰兒，仰人乳哺，以此事勢，安能反乎？」範重陳之曰：「不早翦撲，禍及生民。」上曰：「朝廷自有處分，不須汝深憂也。」範復請自以合肥之衆討之，上不許。朱异謂範使曰：「鄱陽王遂不許朝廷有一客。」自是範啓，异不復爲通。

景邀羊鵶仁同反，鵶仁執其使以聞。异曰：「景數百叛虜何能爲？」敕以使者付建康獄，俄解遣之。景益無所憚，啓上曰：「若臣事是實，應罹國憲。如蒙照察，請戮鵶仁。」景又上言：「高澄狡猾，寧可全信！陛下納其詭語，求與連和，臣亦竊所笑也。臣寧堪粉骨，投命讎門，乞江西一境，受臣控督。如其不許，即帥甲騎臨江上，向閩、越，非唯朝廷自恥，亦是三公旰食。」上使朱异宣語，答景使曰：「譬如貧家，畜十客五客，尚能得意，朕唯有一客，致有忿言，亦朕之失也。」益加賞賜錦綵錢布，信使相望。

戊戌，景反於壽陽，以誅中領軍朱异、少府卿徐驎、太子右衛率陸驗、制局監周石珍爲名。异等皆以姦佞驕貪，蔽主弄權，爲時人所疾，故景託以興兵。驎、驗，吴郡人。石珍，丹楊人。驎、驗迭爲少府丞，以苛刻爲務，百賈怨之，异尤與之暱，世人謂之「三蠹」。

司農卿傅岐，梗直士也，嘗謂异曰：「卿任參國鈞，榮寵如此。比日所聞，鄙穢狼藉，若使聖主發悟，欲免得乎！」异曰：「外間謗讟，知之久矣，心苟無媿，何恤人言？」岐謂人曰：「朱彦和將死矣。恃諂以求容，肆辯以拒諫，聞難而不懼，知惡而不改，天奪其鑒，其能久乎！」

景西攻馬頭，遣其將宋子仙東攻木栅，執戍主曹璆等。上聞之，笑曰：「是何能爲，吾折箠笞之。」敕購斬景者封三千户公，除州刺史。甲辰，詔以合州刺史鄱陽王範爲南道都督，北徐州刺史封山侯正表爲北道都督，司州刺史柳仲禮爲西道都督，通直散騎常侍裴之高爲東道都督，以侍中、開府儀同三司邵陵王綸持節董督衆軍以討景。正表，宏之子；仲禮，慶遠之孫；之高，邃之兄子也。

九月，侯景聞臺軍討之，問策於王偉。偉曰：「邵陵若至，彼衆我寡，必爲所困。不如棄淮南，決志東向，帥輕騎直掩建康。臨賀反其内，大王攻其外，天下不足定也。兵貴拙速，宜即進路。」景乃留外弟中軍大都督王顯貴守壽陽，癸未，詐稱遊獵出，壽陽人不之覺。冬十月庚寅，景揚聲趣合肥，而實襲譙州，助防董紹先開城降之，執刺史豐城侯泰。泰，範之弟也，先爲中書舍人，傾財以事時要，超授譙州刺史。至州，偏發民丁，使擔腰輿、扇、繖等物，不限士庶，恥爲之者，重加杖責，多輸財者，即縱免之，由是人皆思亂。及侯景至，人無戰心，故敗。

庚子，詔遣寧遠將軍王質帥衆三千巡江防遏。景攻歷陽太守莊鐵，丁未，鐵以城降。因說景曰：「國家承平歲久，人不習戰，聞大王舉兵，内外震駭，宜乘此際，速趨建康，可兵不血刃而成大功。若使朝廷徐得爲備，内外小安，遣羸兵千人直據采石，大王雖有精甲百萬，不得濟矣。」景乃留儀同三司田英、郭駱守歷陽，以鐵爲導，引兵臨江。江上鎮戍相次啓聞。上問討景之策於都官尚書羊侃，侃請：「以二千人急據采石，令邵陵王襲取壽陽，使景進不得前，退失巢穴，烏合之衆，自然瓦解。」朱异曰：「景必無渡江之志。」遂寢其議。侃曰：「今茲敗矣！」

戊申，以臨賀王正德爲平北將軍、都督京師諸軍事，屯丹楊郡。正德遣大船數十艘，詐稱載荻，密以濟景。景將濟，慮王質爲梗，使諜視之。會臨川太守陳昕啓稱：「采石急須重鎮，王質水軍輕弱，恐不能濟。」上以昕爲雲旗將軍，代質戍采石，徵質知丹楊尹事。昕，慶之之子也。質去采石，而昕猶未下渚。諜告景云「質已退」，景使折江東樹枝爲驗，諜如言而返。景大喜曰：「吾事辦矣。」己酉，自横江濟于采石，有馬數百匹，兵八千人。是夕，朝廷始命戒嚴。

景分兵襲姑孰，執淮南太守文成侯寧。南津校尉江子一帥舟師千餘人，欲於下流邀景，其副董桃生家在江北，與其徒先潰走，子一收餘衆步還建康。子一，子四之兄也。

太子見事急，戎服入見上，禀受方略。上曰：「此自汝事，何更問爲？內外軍悉以付汝。」太子乃停中書省，指揮軍事，物情惶駭，莫有應募者。朝廷猶不知臨賀王正德之情，命正德屯朱雀門，寧國公大臨屯新亭，太府卿韋黯屯六門，繕脩宮城，爲受敵之備。大臨，大器之弟也。

己酉，景至慈湖，建康大駭，御街人更相劫掠，不復通行。赦東西冶、尚方錢署及建康繫囚，以揚州刺史宣城王大器都督城内諸軍事，以羊侃爲軍師將軍副之，南浦侯推守東府，西豐公大春守石頭，輕車長史謝禧、始興太守元貞守白下，韋黯與右衛將軍柳津等分守宫城諸門及朝堂。推，秀之子；大春，大臨之弟；津，仲禮之父也。攝諸寺庫公藏錢，聚之德陽堂，以充軍實。

庚戌，侯景至板橋，遣徐思玉來求見上，實欲觀城中虚實。上召問之，思玉詐稱叛景請間陳事。上將屏左右，舍人高善寶曰：「思玉從賊中來，情僞難測，安可使獨在殿上。」朱异侍坐，曰：「徐思玉豈刺客邪！」思玉出景啓，言「异等弄權，乞帶甲入朝，除君側之惡」。异甚慚悚。景又請遣了事舍人出相領解，上遣中書舍人賀季、主書郭寶亮隨思玉勞景于板橋。景北面受敕，季曰：「今者之舉何名？」景曰：「欲爲帝也。」王偉進曰：「朱异等亂政，除姦臣耳。」景既出惡言，遂留季，獨遣寶亮還宫。

百姓聞景至，競入城，公私混亂，無復次第。羊侃區分防擬，皆以宗室間之。軍人争入武庫，自取器甲，所司不能禁，侃命斬數人，方止。是時梁興四十七年，境内無事，公卿在位及閭里士大夫罕見甲兵，賊至猝迫，公私駭震。宿將已盡，後進少年並出在外，軍旅指撝，一決於侃。侃膽力俱壯，太子深仗之。

辛亥，景至朱雀桁南，太子以臨賀王正德守宣陽門，東宮學士新野庾信守朱雀門，帥宮中文武三千餘人營桁北。太子命信開大桁以挫其鋒，正德曰：「百姓見開桁，必大驚駭，可且安物情。」太子從之。俄而景至，信帥衆開桁，始除一舶，見景軍皆著鐵面，退隱于門。信方食甘蔗，有飛箭中門柱，信手甘蔗應弦而落，遂棄軍走。南塘遊軍沈子睦，臨賀王正德之黨也，復閉桁渡景。太子使王質將精兵三千援信，至領軍府，遇賊，未陳而走。正德帥衆於張侯橋迎景，馬上交揖，既入宣陽門，望闕而拜，歔欷流涕，隨景渡淮。景軍皆著青袍，正德軍並著絳袍碧裏，既與景合，悉反其袍。景乘勝至闕下，城中恟懼，羊侃詐稱得射書，云「邵陵王、西昌侯援兵已至近路」，衆乃少安。西豐公大春棄石頭奔京口，謝禧、元貞棄白下走，津主彭文粲等以石頭城降景，景遣其儀同三司于子悅守之。

壬子，景列兵繞臺城，旛旗皆黑，射啓於城中，曰：「朱异等蔑弄朝權，輕作威福，臣爲所陷，欲加屠戮。陛下若誅朱异等，臣則斂轡北歸。」上問太子：「有是乎？」對曰：「然。」上將誅之，太子曰：「賊以异等爲名耳，今日殺之，無救於急，適足貽笑將來。俟賊平，誅之未晚。」上乃止。

景繞城既帀，百道俱攻，鳴鼓吹脣，喧聲震地。縱火燒大司馬、東西華諸門。羊侃使鑿門上爲竅，下水沃火。太子自捧銀鞍，往賞戰士。直閤將軍朱思帥戰士數人踰城出外灑水，久之方滅。賊又以長柯斧斫東掖門，門將開，羊侃鑿扇爲孔，以槊刺殺二人，斫者乃退。景據公車府，正德據左衛府，景黨宋子仙據東宮，范桃棒據同泰寺。景取東宮妓數百分給軍士。東宮近城，景衆登其牆射城内。至夜，景於東宮置酒奏樂，太子遣人焚之，臺殿及所聚圖書皆盡。景又燒乘黄廄、士林館、太府寺。癸丑，景作木驢數百攻城，城上投石碎之。景更作尖項木驢，石不能破。羊侃使作雉尾炬，灌以膏蠟，叢擲焚之，俄盡。景又作登城樓，高十餘丈，欲臨射城中。侃曰：「車高塹虚，彼來必倒，可卧而觀之。」及車動，果倒。

景攻既不克，士卒死傷多，乃築長圍以絶内外，又啓求誅朱异等。城中亦射賞格出外曰：「有能送景首者，授以景位，并錢一億萬，布、絹各萬匹。」朱异、張綰議出兵擊之，上問羊侃。侃曰：「不可。今出人若少，不足破賊，徒挫鋭氣。若多，則一旦失利，門隘橋小，必大致失亡。」异等不從，使千餘人出戰，鋒未及交，退走，争橋赴水死者太半。

侃子鷟爲景所獲，執至城下，以示侃。侃曰：「我傾宗報主，猶恨不足，豈計一子，幸早殺之！」數日，復持來，侃謂鷟曰：「久以汝爲死矣，猶在邪？」引弓射之。景以其忠義，亦不之殺。

莊鐵慮景不克，託稱迎母，與左右數十人趣歷陽，先遣書紿田英、郭駱曰：「侯王已爲臺軍所殺，國家使我歸鎮。」駱等大懼，棄城奔壽陽。鐵入城，不敢守，奉其母奔尋陽。

十一月戊午朔，刑白馬，祀蚩尤於太極殿前。

臨賀王正德即帝位於儀賢堂，下詔稱：「普通已來，姦邪亂政，上久不豫，社稷將危。河南王景釋位來朝，猥用朕躬，紹茲寶位。可大赦，改元正平。」立其世子見理爲皇太子，以景爲丞相，妻以女，并出家之寶貨悉助軍資。

於是景營於闕前，分其兵二千人攻東府，南浦侯推拒之，三日不克。景自往攻之，矢石雨下。宣城王防閤許伯衆潛引景衆登城，辛酉，克之。殺南浦侯推及城中戰士三千人，載其尸聚於杜姥宅，遥語城中人曰：「若不早降，正當如此。」

景聲言上已晏駕，雖城中亦以爲然。壬戌，太子請上巡城，上幸大司馬門，城上聞蹕聲，皆鼓譟流涕，衆心粗安。

江子一之敗還也，上責之。子一拜謝曰：「臣以身許國，常恐不得其死，今所部皆棄臣去，臣以一夫安能擊賊？若賊遂能至此，臣誓當碎身以贖前罪，不死闕前，當死闕後。」癸亥，子一啓太子，與弟尚書左丞子四、東宫主帥子五帥所領百餘人開承明門出戰。子一徑直抵賊營，賊伏兵不動。子一呼曰：「賊輩何不速出？」久之，賊騎出，夾攻之。子一前，引槊刺賊，從者莫敢繼，賊解其肩而死。子四、子五相謂曰：「與兄俱出，何面獨旋！」皆免胄赴賊，子四中稍洞胸而死；子五傷脰，還至塹，一慟而絕。

景初至建康，謂朝夕可拔，號令嚴整，士卒不敢侵暴。及屢攻不克，人心離沮。景恐援兵四集，一旦潰去，又食石頭常平諸倉既盡，軍中乏食，乃縱士卒掠奪民米及金帛、子女。是後米一升直七八萬錢，人相食，餓死者什五六。

乙丑，景於城東西起土山，驅迫士民，不限貴賤，亂加毆捶，疲羸者因殺以填山，號哭動地。民不敢竄匿，並出從之，旬日間衆至數萬。城中亦築土山以應之，太子、宣城王以下皆親負土，執畚鍤。於山上起芙蓉層樓，高四丈，飾以錦罽，募敢死士二千人，厚衣袍鎧，謂之「僧騰客」，分配二山，晝夜交戰不息。會大雨，城内土山崩，賊乘之，垂入，苦戰不能禁。羊侃令多擲火，爲火城以斷其路，徐於内築城，賊不能進。

景募人奴降者悉免爲良，得朱异奴，以爲儀同三司，异家資産悉與之。奴乘良馬，衣錦袍，於城下仰訴异曰：「汝五十年仕宦，方得中領軍。我始事侯王，已爲儀同矣。」於是三日之中，羣奴出就景者以千數，景皆厚撫以配軍，人人感恩，爲之致死。

荆州刺史湘東王繹聞景圍臺城，丙寅，戒嚴，移檄所督湘州刺史河東王譽、雍州刺史岳陽王詧、江州刺史當陽公大心、郢州刺史南平王恪等發兵入援。大心，大器之弟；恪，偉之子也。

朱异遺景書，爲陳禍福。景報書，并告城中士民，以爲：「梁自近歲以來，權倖用事，割剥齊民，以供嗜欲。如曰不然，公等試觀今日國家池苑，王公第宅，僧尼寺塔；及在位庶僚，姬姜百室，僕從數千，不耕不織，錦衣玉食；不奪百姓，從何得之？僕所以趨赴闕庭，指誅權佞，非傾社稷。今城中指望四方入援，吾觀王侯、諸將，志在全身，誰能竭力致死，與吾争勝負哉！長江天險，二曹所歎，吾一葦航之，日明氣净。自非天人允協，何能如是？幸各三思，自求元吉。」

景又奉啓於東魏主，稱：「臣進取壽春，暫欲停憩。而蕭衍識此運終，自辭寶位。臣軍未入其國，已投同泰捨身。去月二十九日，届此建康。江海未蘇，干戈暫止，永言故鄉，人馬同戀。尋當整轡，以奉聖顔。臣之母、弟，久謂屠滅，近奉明敕，始承猶在。斯乃陛下寬仁，大將軍恩念，臣之弱劣，知何仰報。今輒齎啓迎臣母、弟、妻、兒，伏願聖慈，特賜裁放。」

己巳，湘東王繹遣司馬吴曄、天門太守樊文皎等將兵發江陵。

陳昕爲景所擒，景與之極飲，使昕收集部曲欲用之。昕不可，景使其儀同三司范桃棒囚之。昕因説桃棒，使帥所部襲殺王偉、宋子仙詣城降。桃棒從之，潛遣昕夜縋入城。上大喜，敕鐫銀券賜桃棒曰：「事定之日，封汝河南王，即有景衆，并給金帛女樂。」太子恐其詐，猶豫不決，上怒曰：「受降常理，何忽致疑！」太子召公卿會議，朱异、傅岐曰：「桃棒降，必非謬。桃棒既降，賊景必驚，乘此擊之，可大破也。」太子曰：「吾堅城自守以俟外援，援兵既至，賊豈足平，此萬全策也。今開門納桃棒，桃棒之情，何易可知？萬一爲變，悔無所及。社稷事重，須更詳之。」异曰：「殿下若以社稷之急，宜納桃棒；如其猶豫，非异所知。」太子終不能決。桃棒又使昕啓曰：「今止將所領五百人，若至城門，皆自脱甲，乞朝廷開門賜容。事濟之後，保擒侯景。」太子見其懇切，愈疑之。朱异拊膺曰：「失此，社稷事去矣！」俄而桃棒爲部下所告，景拉殺之。陳昕不知，如期而出，景邀得之，逼使射書城中曰：「桃棒且輕將數十人先入。」景欲衷甲隨之，昕不肯，期以必死，乃殺之。

景使蕭見理與儀同三司盧暉略戍東府，見理凶險，夜與羣盜剽劫於大桁，中流矢而死。

邵陵王綸行至鍾離，聞侯景已渡采石，綸晝夜兼道，旋軍入援。濟江，中流風起，人馬溺者什一二。遂帥寧遠將軍西豐公大春、新塗公大成、永安侯確、安南侯駿、前譙州刺史趙伯超、武州刺史蕭弄璋等步騎三萬，自京口西上。大成，大春之弟；確，綸之子；駿，懿之孫也。

景遣軍至江乘拒綸軍。趙伯超曰：「若從黄城大路，必與賊遇。不如徑指鍾山，突據廣莫門，出賊不意，城圍必解矣。」綸從之。夜行失道，迂二十餘里，庚辰旦，營于蔣山。景見之大駭，悉送所掠婦女、珍貨於石頭，具舟欲走。分兵三道攻綸，綸與戰，破之。時山巔寒雪，乃引軍下愛敬寺。景陳兵於覆舟山北，乙酉，綸進軍玄武湖側，與景對陳，不戰。至暮，景更約明日會戰，綸許之。安南侯駿見景軍退，以爲走，即與壯士逐之。景旋軍擊之，駿敗，走趣綸軍。趙伯超望見，亦引兵走。景乘勝追擊之；諸軍皆潰。綸收餘兵近千人，入天保寺，景追之，縱火燒寺。綸奔朱方，士卒踐冰雪，往往墮足。景悉收綸輜重，生擒西豐公大春、安前司馬莊丘慧、主帥霍俊等而還。丙戌，景陳所獲綸軍首虜鎧仗及大春等於城下，使言曰：「邵陵王已爲亂兵所殺。」霍俊獨曰：「王小失利，已全軍還京口。城中但堅守，援軍尋至。」賊以刀毆其背，俊辭色彌厲，景義而釋之，臨賀王正德殺之。

是日晚，鄱陽王範遣其世子嗣與西豫州刺史裴之高、建安太守趙鳳舉各將兵入援，軍于蔡洲，以待上流諸軍。範以之高督江右援軍事。景悉驅南岸居民於水北，焚其廬舍，大街已西，掃地俱盡。

北徐州刺史封山侯正表鎮鍾離，上召之入援，正表託以船糧未集，不進。景以正表爲南兗州刺史，封南郡王。正表乃於歐陽立栅以斷援軍，帥衆一萬，聲言入援，實欲襲廣陵。密書誘廣陵令劉詢，使燒城爲應。詢以告南兗州刺史南康王會理。十二月，會理使詢帥步騎千人夜襲正表，大破之，正表走還鍾離。詢收其兵糧，歸就會理，與之入援。

癸巳，侍中、都官尚書羊侃卒，城中益懼。侯景大造攻具，陳於闕前，大車高數丈，一車二十輪。丁酉，復進攻城，以蝦蟇車運土填塹。

湘東王繹遣世子方等將步騎一萬入援建康，庚子，發公安。繹又遣竟陵太守王僧辯將舟師萬人出自漢川，載糧東下。方等有俊才，善騎射，每戰親犯矢石，以死節自任。

壬寅，侯景以火車焚臺城東南樓。材官吴景有巧思，於城内構地爲樓，火纔滅，新樓即立，賊以爲神。景因火起，潛遣人於其下穿城，城將崩，乃覺之。吴景於城内更築迂城，狀如却月以擬之，兼擲火焚其攻具，賊乃退走。

太子遣洗馬元孟恭將千人自大司馬門出盪，孟恭與左右奔降於景。

己酉，景土山稍逼城樓，柳津命作地道以取其土，外山崩，壓賊且盡。又於城内作飛橋，懸罩二土山上。景衆見飛橋迥出，崩騰而走。城内擲雉尾炬，焚其東山，樓栅蕩盡，賊積死於城下。乃棄土山不復修，自焚其攻具。材官將軍宋嶷降於景，教之引玄武湖水以灌臺城，闕前皆爲洪流。

上徵衡州刺史韋粲爲散騎常侍，以都督長沙歐陽頠監州事。粲，放之子也。還至廬陵，聞侯景亂，粲簡閱部下，得精兵五千，倍道赴援。至豫章，聞景已出横江，粲就内史劉孝儀謀之。孝儀曰：「必如此，當有敕，豈可輕信人言，妄相驚動，或恐不然。」時孝儀置酒，粲怒，以杯抵地曰：「賊已渡江，便逼宫闕，水陸俱斷，何暇有報？假令無敕，豈得自安。韋粲今日何情飲酒！」即馳馬出部分。將發，會江州刺史當陽公大心遣使邀粲，粲乃馳往見大心曰：「上游藩鎮，江州去京最近，殿下情計誠宜在前。但中流任重，當須應接，不可闕鎮。今宜且張聲勢，移鎮湓城，遣偏將賜隨，於事便足。」大心然之，遣中兵柳昕帥兵二千人隨粲。粲至南洲，外弟司州刺史柳仲禮亦帥步騎萬餘人至横江，粲即送糧仗贍給之，并散私金帛以賞其戰士。

西豫州刺史裴之高自張公洲遣船渡仲禮，丙辰夜，粲、仲禮及宣猛將軍李孝欽、前司州刺史羊鴉仁、南陵太守陳文徹合軍屯新林王遊苑。粲議推仲禮爲大都督，報下流衆軍，裴之高自以年位恥居其下，議累日不決。粲抗言於衆曰：「今者同赴國難，義在除賊。所以推柳司州者，正以久捍邊疆，先爲侯景所憚，且士馬精鋭，無出其前。若論位次，柳在粲下，語其年齒，亦少於粲，直以社稷之計，不得復論。今日形勢，貴在將和，若人心不同，大事去矣。裴公朝之舊德，豈應復挾私情以沮大計，粲請爲諸軍解之。」乃單舸至之高營，切讓之，曰：「今二宫危逼，猾寇滔天，臣子當戮力同心，豈可自相矛楯。豫州必欲立異，鋒鏑便有所歸。」之高垂泣致謝，遂推仲禮爲大都督。

宣城内史楊白華遣其子雄將郡兵繼至，援軍大集，衆十餘萬，緣淮樹栅，景亦於北岸樹栅以應之。

裴之高與弟之横以舟師一萬屯張公洲。景囚之高弟姪子孫，臨水陳兵，連鏁列於陳前，以鼎鑊刀鋸隨其後，謂曰：「裴公不降，今即烹之。」之高召善射者使射其子，再發，皆不中。

景帥步騎萬人於後渚挑戰，仲禮欲出擊之。韋粲曰：「日晚我勞，未可戰也。」仲禮乃堅壁不出，景亦引退。

湘東王繹將鋭卒三萬發江陵，留其子綏寧侯方諸居守，諮議參軍劉之迟等三上牋請留，答教不許。鄱陽王範遣其將梅伯龍攻王顯貴於壽陽，克其羅城。攻中城，不克而退，範益其衆，使復攻之。

丙辰晦，柳仲禮夜入韋粲營，部分衆軍。旦日會戰，諸將各有據守。令粲頓青塘，粲以青塘當石頭中路，賊必争之，頗憚之。仲禮曰：「青塘要地，非兄不可，若疑兵少，當更遣軍相助。」乃使直閤將軍劉叔胤助之。

三年春正月丁巳朔，柳仲禮自新亭徙營大桁。會大霧，韋粲軍迷失道，比及青塘，夜已過半，立栅未合，侯景望見之，亟帥鋭卒攻粲。粲使軍主鄭逸逆擊之，命劉叔胤以舟師截其後。叔胤畏懦，不敢進，逸遂敗。景乘勝入粲營，左右牽粲避賊，粲不動，叱子弟力戰，遂與子尼及三弟助、警、構、從弟昂皆戰死，親戚死者數百人。仲禮方食，投箸被甲，與其麾下百騎馳往救之，與景戰於青塘，大破之，斬首數百級，沈淮水死者千餘人。仲禮矟將及景，而賊將支伯仁自後斫仲禮中肩，馬陷于淖，賊聚矟刺之，騎將郭山石救之得免。仲禮被重瘡，會稽人惠臶吮瘡斷血，故得不死。自是景不敢復濟南岸，仲禮亦氣衰，不復言戰矣。

邵陵王綸復收散卒，與東揚州刺史臨城公大連、新淦公大成等自東道並至。庚申，列營于桁南，亦推柳仲禮爲大都督。大連，大臨之弟也。

朝野以侯景之禍共尤朱异，异慙憤發疾，庚申，卒。故事，尚書官不以爲贈，上痛惜异，特贈尚書右僕射。

甲子，湘東世子方等及王僧辯軍至。

己巳，太子遷居永福省。高州刺史李遷仕、天門太守樊文皎將援兵萬餘人至城下。臺城與援軍信命久絶，有羊車兒獻策作紙鴟，繫以長繩，寫敕於内，放以從風，冀達衆軍，題云「得鵰送援軍，賞銀百兩」。太子自出太極殿前乘西北風縱之。賊怪之，以爲厭勝，射而下之。援軍募人能入城送啓者，鄱陽世子嗣左右李朗請先受鞭，詐爲得罪，叛投賊，因得入城。城中方知援兵四集，舉城鼓譟。上以朗爲直閤將軍，賜金遣之。朗緣鍾山之後，宵行晝伏，積日乃達。

癸未，鄱陽世子嗣、永安侯確、莊鐵、羊鴉仁、柳敬禮、李遷仕、樊文皎將兵渡淮，攻東府前柵，焚之，侯景退。衆軍營於青溪之東，遷仕、文皎帥鋭卒五千獨進深入，所向摧靡。至菰首橋東，景將宋子仙伏兵擊之，文皎戰死，遷仕遁還。敬禮，仲禮之弟也。

仲禮神情傲很，陵蔑諸將，邵陵王綸每日執鞭至門，亦移時弗見，由是與綸及臨城公大連深相仇怨。大連又與永安侯確有隙，諸軍互相猜阻，莫有戰心。援軍初至，建康士民扶老攜幼以候之，纔過淮，即縱兵剽掠。由是士民失望，賊中有謀應官軍者，聞之，亦止。

臨賀王記室吴郡顧野王起兵討侯景，二月己丑，引兵來至。

初，臺城之閉也，公卿以食爲念，男女貴賤並出負米，得四十萬斛，收諸府藏，錢帛五十萬億，並聚德陽堂，而不備薪芻、魚鹽。至是，壞尚書省爲薪。撤薦，剉以飼馬；薦盡，又食以飯。軍士無膎，或煮鎧、熏鼠、捕雀而食之。御甘露廚有乾苔，味酸鹹，分給戰士。軍人屠馬於殿省間，雜以人肉，食者必病。侯景衆亦飢，抄掠無所獲。東城有米，可支一年，援軍斷其路。又聞荆州兵將至，景甚患之。王偉曰：「今臺城不可猝拔，援兵日盛，吾軍乏食，若僞且求和以緩其勢，東城之米足支一年，因求和之際，運米入石頭，援軍必不得動。然後休士息馬，繕修器械，伺其懈怠擊之，一舉可取也。」景從之，遣其將任約、于子悦至城下，拜表求和，乞復先鎮。太子以城中窮困，白上，請許之。上怒曰：「和不如死！」太子固請曰：「侯景圍逼已久，援軍相仗不戰，宜且許其和，更爲後圖。」上遲回久之，乃曰：「汝自圖之，勿令取笑千載。」遂報許之。景乞割江右四州之地，并求宣城王大器出送，然後濟江。中領軍傅岐固争曰：「豈有賊舉兵圍宫闕，而更與之和乎！此特欲卻援軍耳。戎狄獸心，必不可信。且宣城嫡嗣之重，國命所繫，豈可爲質！」上乃以大器之弟石城公大款爲侍中，出質於景。又敕諸軍不得復進，下詔曰：「善兵不戰，止戈爲武。可以景爲大丞相、都督江西四州諸軍事，豫州牧、河南王如故。」己亥，設壇於西華門外，遣僕射王克、上甲侯韶、吏部郎蕭瑳與于子悦、任約、王偉登壇共盟。太子詹事柳津出西華門，景出柵門，遥相對，更殺牲歃血爲盟。既盟，而景長圍不解，專修鎧仗，託云「無船，不得即發」，又云「恐南軍見躡」，遣石城公還臺求宣城王出送，邀求稍廣，了無去志。太子知其詐言，猶羈縻不絶。韶，懿之孫也。

庚子，前南兖州刺史南康王會理、前青冀二州刺史湘潭侯退、西昌侯世子彧，衆合三萬，至于馬卬洲。景慮其自白下而上，啓云：「請敕北軍聚還南岸，不爾，妨臣濟江。」太子即勒會理自白下城移軍江潭苑。退，恢之子也。

辛丑，以邵陵王綸爲司空，鄱陽王範爲征北將軍，柳仲禮爲侍中、尚書右僕射。景以于子悅、任約、傅士悊皆爲儀同三司，夏侯譒爲豫州刺史，董紹先爲東徐州刺史，徐思玉爲北徐州刺史，王偉爲散騎常侍。上以偉爲侍中。

乙卯，景又啓曰：「適有西岸信至，高澄已得壽陽、鍾離，臣今無所投足，求借廣陵并譙州，俟得壽陽，即奉還朝廷。」又云：「援軍既在南岸，須於京口渡江」。太子並答許之。癸卯，大赦。

庚戌，景又啓曰：「永安侯確、直閤趙威方頻隔栅見詬，云『天子自與汝盟，我終當破汝』。乞召侯及威方入，即當引路。」上遣吏部尚書張綰召確，辛亥，以確爲廣州刺史，威方爲盱眙太守。確累啓固辭，不入，上不許。確先遣威方入城，因欲南奔。邵陵王綸泣謂確曰：「圍城既久，聖上憂危，臣子之情，切於湯火，故欲且盟而遣之，更申後計。成命已決，何得拒違？」時臺使周石珍、東宮主書左法生在綸所，確謂之曰：「侯景雖云欲去，而不解長圍，意可見也。今召僕入城，何益於事。」石珍曰：「敕旨如此，郎那得辭。」確意尚堅，綸大怒，謂趙伯超曰：「譙州爲我斬之，持其首去！」伯超揮刃眄確曰：「伯超識君侯，刀不識也。」確乃流涕入城。

上常蔬食，及圍城日久，上廚蔬茹皆絶，乃食雞子。綸因使者暫通，上雞子數百枚，上手自料簡，歔欷哽咽。

湘東王繹軍於郢州之武城，湘州刺史河東王譽軍於青草湖，信州刺史桂陽王慥軍於西峽口，託云「俟四方援兵」，淹留不進。中記室參軍蕭賁，骨鯁士也，以繹不早下，心非之，嘗與繹雙六，食子未下，賁曰：「殿下都無下意。」繹深銜之。及得上敕，繹欲旋師，賁曰：「景以人臣，舉兵向闕，今若放兵，未及渡江，童子能斬之矣，必不爲也。大王以十萬之衆，未見賊而退，奈何？」繹不悦，未幾，因事殺之。慥，懿之孫也。侯景運東府米入石頭，既畢，王偉聞荆州軍退，援軍雖多，不相統壹，乃説景曰：「王以人臣，舉兵圍守宫闕，逼辱妃、主，殘穢宗廟，擢王之髮，不足數罪。今日持此，欲安所容身乎？背盟而捷，自古多矣，願且觀其變。」臨賀王正德亦謂景曰：「大功垂就，豈可棄去。」景遂上啓，陳上十失，且曰：「臣方事睽違，所以冒陳讜直。陛下崇飾虚誕，惡聞實録，以妖怪爲嘉禎，以天譴爲無咎。敷演六藝，排擯前儒，王莽之法也。以鐵爲貨，使輕重無常，公孫之制也。爛羊鐫印，朝章鄙雜，更始、趙倫之化也。豫章以所天爲血讎，邵陵以父存而冠布，石虎之風也。修建浮圖，百度糜費，使四民飢餒，笮融、姚興之代也。」又言：「建康宫室崇侈，陛下唯與主書參斷萬機，政以賄成，諸閹豪盛，衆僧殷實。皇太子珠玉是好，酒色是耽，吐言止於輕薄，賦詠不出桑中。邵陵所在殘破，湘東羣下貪縱，南康、定襄之屬皆如沐猴而冠耳。親爲孫姪，位則藩屏，臣至百日，誰肯勤王？此而靈長，未之有也。昔鬻拳兵諫，王卒改善，今日之舉，復奚罪乎！伏願陛下小懲大戒，放讒納忠，使臣無再舉之憂，陛下無嬰城之辱，則萬姓幸甚。」

上覽啓，且慚且怒。三月丙辰朔，立壇於太極殿前，告天地，以景違盟，舉烽鼓譟。

初，閉城之日，男女十餘萬，擐甲者二萬餘人，被圍既久，人多身腫氣急，死者什八九，乘城者不滿四千人，率皆羸喘，横尸滿路，不可瘞埋，爛汁滿溝，而衆心猶望外援。柳仲禮唯聚妓妾置酒作樂，諸將日往請戰，仲禮不許。安南侯駿説邵陵王綸曰：「城危如此，而都督不救，若萬一不虞，殿下何顏自立於世？今宜分軍爲三道，出賊不意攻之，可以得志。」綸不從。柳津登城謂仲禮曰：「汝君父在難，不能竭力，百世之後，謂汝爲何？」仲禮亦不以爲意。上問策於津，對曰：「陛下有邵陵，臣有仲禮，不忠不孝，賊何由平！」

戊午，南康王會理與羊鴉仁、趙伯超等進營於東府城北，約夜渡軍。既而鴉仁等曉猶未至，景衆覺之，營未立，景使宋子仙擊之，趙伯超望風退走。會理等兵大敗，戰及溺死者五千人。景積其首於闕下，以示城中。

景又使于子悦求和，上使御史中丞沈浚至景所。景實無去志，謂浚曰：「今天時方熱，軍未可動，乞且留京師立效。」浚發憤責之，景不對，横刀叱之。浚曰：「負恩忘義，違棄詛盟，固天地所不容！沈浚五十之年，常恐不得死所，何爲以死相懼邪！」因徑去不顧，景以其忠直捨之。

於是景決石闕前水，百道攻城，晝夜不息。邵陵世子堅屯太陽門，終日蒱飲，不恤吏士，其書佐董勛、熊曇朗恨之。丁卯夜向曉，勛、曇朗於城西北樓引景衆登城，永安侯確力戰不能卻，乃排闥入啓上，云「城已陷」。上安卧不動，曰：「猶可一戰乎？」對曰：「不可。」上歎曰：「自我得之，自我失之，亦復何恨！」因謂確曰：「汝速去，語汝父，勿以二宫爲念。」因使慰勞在外諸軍。

俄而景遣王偉入文德殿奉謁，上命褰簾開户引偉入。偉拜呈景啓，稱：「爲姦佞所蔽，領衆入朝，驚動聖躬，今詣闕待罪。」上問：「景何在？可召來。」景入見於太極東堂，以甲士五百人自衛。景稽顙殿下，典儀引就三公榻。上神色不變，問曰：「卿在軍中日久，無乃爲勞。」景不敢仰視，汗流被面。又曰：「卿何州人，而敢至此，妻子猶在北邪？」景皆不能對。任約從旁代對曰：「臣景妻子皆爲高氏所屠，唯以一身歸陛下。」上又問：「初渡江有幾人？」景曰：「千人。」「圍臺城幾人？」曰：「十萬。」「今有幾人？」曰：「率土之内，莫非己有。」上俛首不言。

景復至永福省見太子，太子亦無懼容。侍衛皆驚散，唯中庶子徐摛、通事舍人陳郡殷不害側侍。摛謂景曰：「侯王當以禮見，何得如此！」景乃拜。太子與言，又不能對。

景退，謂其廂公王僧貴曰：「吾常跨鞍對陳，矢刃交下，而意氣安緩，了無怖心。今見蕭公，使人自慴，豈非天威難犯？吾不可以再見之。」於是悉撤兩宫侍衛，縱兵掠乘輿、服御、宫人皆盡。收朝士、王侯送永福省，使王偉守武德殿，于子悦屯太極東堂。矯詔大赦，自加大都督、中外諸軍、録尚書事。

建康士民，逃難四出。太子洗馬蕭允至京口，端居不行，曰：「死生有命，如何可逃。禍之所來，皆生於利；苟不求利，禍從何生？」

己巳，景遣石城公大款以詔命解外援軍。柳仲禮召諸將議之，邵陵王綸曰：「今日之命，委之將軍。」仲禮熟視不對。裴之高、王僧辯曰：「將軍擁衆百萬，致宫闕淪没，正當悉力決戰，何所多言！」仲禮竟無一言，諸軍乃隨方各散。南兖州刺史臨城公大連、湘東世子方等、鄱陽世子嗣、北兖州刺史湘潭侯退、吴郡太守袁君正、晋陵太守陸經等各還本鎮。君正，昂之子也。邵陵王綸奔會稽，仲禮及弟敬禮、羊鴉仁、王僧辯、趙伯超並開營降，軍士莫不歎憤。仲禮等入城，先拜景而後見上，上不與言。仲禮見父津，津慟哭曰：

「汝非我子，何勞相見！」

湘東王繹使全威將軍會稽王琳送米二十萬石以饋軍，至姑孰，聞臺城陷，沈米於江而還。

景命燒臺內積尸，病篤未絕者亦聚而焚之。

庚子，詔征鎮、牧守可復本任。景留柳敬禮、羊鴉仁，而遣柳仲禮歸司州，王僧辯歸竟陵。初，臨賀王正德與景約，平城之日，不得全二宮。及城開，正德帥衆揮刀欲入，景先使其徒守門，故正德不果入。景更以正德爲侍中、大司馬，百官皆復舊職。正德入見上，拜且泣，上曰：「『啜其泣矣，何嗟及矣！』」秦郡、陽平、盱眙三郡皆降景，景改陽平爲北滄州，改秦郡爲西兗州。

侯景以儀同三司蕭邕爲南徐州刺史，代西昌侯淵藻鎮京口。又遣其將徐相攻晉陵，陸經以郡降之。

侯景以前臨江太守董紹先爲江北行臺，使齎上手敕召南兗州刺史南康王會理。壬午，紹先至廣陵，衆不滿二百，皆積日飢疲，會理士馬甚盛。僚佐説會理曰：「景已陷京邑，欲先除諸藩，然後篡位。若四方拒絕，立當潰敗，奈何委全州之地以資寇手！不如殺紹先，發兵固守，與魏連和，以待其變。」會理素懦，即以城授之。紹先既入，衆莫敢動。會理弟通理請先還建康，謂其姊曰：「事既如此，豈可闔家受斃，前途亦思立效，但未知天命如何耳。」紹先悉收廣陵文武、部曲、鎧仗、金帛，遣會理單馬還建康。

湘潭侯退與北兗州刺史定襄侯祇出奔東魏。侯景以蕭弄璋爲北兗州刺史，州民發兵拒之。景遣直閤將軍羊海將兵助之，海以其衆降東魏，東魏遂據淮陰。祇，偉之子也。

癸未，侯景遣于子悅等將羸兵數百東略吴郡。新城戍主戴僧遏有精甲五千，説太守袁君正曰：「賊今乏食，臺中所得，不支一旬，若閉關拒守，立可餓死。」土豪陸映公等恐不能勝而資産被掠，皆勸君正迎之。君正素怯，載米及牛酒郊迎。子悅執君正，掠奪財物、子女，東人皆立堡拒之。景又以任約爲南道行臺，鎮姑孰。

夏四月，湘東世子方等至江陵，湘東王繹始知臺城不守，命於江陵四旁七里樹木爲柵，掘塹三重而守之。

上雖外爲侯景所制，而内甚不平。景欲以宋子仙爲司空，上曰：「調和陰陽，安用此物！」景又請以其黨二人爲便殿主帥，上不許。景不能强，心甚憚之。太子入，泣諫，上曰：「誰令汝來？若社稷有靈，猶當克復；如其不然，何事流涕！」景使其軍士入直省中，或驅驢馬，帶弓刀，出入宫庭。上怪而問之，直閤將軍周石珍對曰：「侯丞相甲士。」上大怒，叱石珍曰：「是侯景，何謂丞相！」左右皆懼。是後上所求多不遂志，飲膳亦爲所裁節，憂憤成疾。太子以幼子大圜屬湘東王繹，并翦爪髮以寄之。五月丙辰，上臥淨居殿，口苦，索蜜，不得，再曰：「荷！荷！」遂殂。年八十六。景秘不發喪，遷殯於昭陽殿，迎太子於永福省，使如常入朝。王偉、陳慶皆侍太子，太子嗚咽流涕，不敢泄聲，殿外文武皆莫之知。

辛巳，發高祖喪，升梓宮於太極殿。是日，太子即皇帝位，大赦。侯景出屯朝堂，分兵守衞。壬午，詔北人在南爲奴婢者皆免之，所免萬計。景或更加超擢，冀收其力。高祖之末，建康士民服食、器用争尚豪華，糧無半年之儲，常資四方委輸，自景作亂，道路斷絶，數月之間，人至相食，猶不免餓死，存者百無一二。貴戚、豪族皆自出採稆，填委溝壑，不可勝紀。

癸未，景遣儀同三司來亮入宛陵，宣城太守楊白華誘而斬之。甲申，景遣其將李賢明攻之，不克。景又遣中軍侯子鑒入吴郡，以厢公蘇單于爲吴郡太守，遣儀同宋子仙等將兵東屯錢塘，新城戍主戴僧遏據縣拒之。御史中丞沈浚避難東歸，至吴興，太守張嵊與之合謀，舉兵討景。嵊，稷之子也。東揚州刺史臨城公大連亦據州不受景命，景號令所行，唯吴郡以西，南陵以北而已。

六月丁亥，立宣城王大器爲皇太子。

壬辰，封皇子大心爲尋陽王，大款爲江陵王，大臨爲南海王，大連爲南郡王，大春爲安陸王，大成爲山陽王，大封爲宜都王。

宋子仙圍戴僧遏，不克。丙午，吴盜陸緝等起兵襲吴郡，殺蘇單于，推前淮南太守文成侯寧爲主。

臨賀王正德怨侯景賣己，密書召鄱陽王範，使以兵入。景遮得其書，癸丑，縊殺正德。景以儀同三司郭元建爲尚書僕射、北道行臺、總江北諸軍事，鎮新秦；封元羅等諸元十餘人皆爲王。景愛永安侯確之勇，常置左右。邵陵王綸潛遣人呼之，確曰：「景輕佻，一夫力耳。我欲手刃之，正恨未得其便。卿還啓家王，勿以確爲念。」景與確遊鍾山，引弓射鳥，因欲射景，弦斷不發，景覺而殺之。

侯景以趙威方爲豫章太守，江州刺史尋陽王大心遣軍拒之，擒威方，繫州獄，威方逃還建康。

陸緝等競爲暴掠，吴人不附，宋子仙自錢塘旋軍擊之。壬戌，緝棄城奔海鹽，子仙復據吴郡。戊辰，侯景置吴州於吴郡，以安陸王大春爲刺史。

鄱陽王範聞建康不守，戒嚴，欲入。僚佐或説之曰：「今魏人已據壽陽，大王移足，則虜騎必窺合肥。前賊未平，後城失守，將若之何？不如待四方兵集，使良將將精卒赴之，進不失勤王，退可固本根。」範乃止。會東魏大將軍澄遣西兖州刺史李伯穆逼合肥，又使魏收爲書諭範。範方謀討侯景，藉東魏爲援，乃帥戰士二萬出東關，以合州輸伯穆，并遣諮議劉靈護送二子勤、廣爲質于東魏以乞師。範屯濡須以待上游之軍，遣世子嗣將千餘人守安樂栅。上游〔諸〕軍皆不下，範糧乏，采菰稗菱藕以自給。勤、廣至鄴，東魏人竟不爲出師。範進退無計，乃泝流西上，軍于樅陽。景出屯姑孰，範將裴之悌以衆降之。之悌，之高之弟也。

秋八月甲申朔，侯景遣其中軍都督侯子鑒等擊吴興。

侯景以宋子仙爲司徒，郭元建爲尚書左僕射，與領軍任約等四十人並開府儀同三司，仍詔「自今開府儀同不須更加將軍」。是後開府儀同至多，不可復記矣。

鄱陽王範自樅陽遣信告江州刺史尋陽王大心，大心遣信邀之。範引兵詣江州，大心以湓城處之。

吴興兵力寡弱，張嵊書生，不閑軍旅。或勸嵊效袁君正以郡迎侯子鑒。嵊歎曰：「袁氏世濟忠貞，不意君正一旦隳之。吾豈不知吴郡既没，吴興勢難久全。但以身許國，有死無貳耳。」九月癸丑朔，子鑒軍至吴興，嵊戰敗，還府，整服安坐，子鑒執送建康。侯景嘉其守節，欲活之，嵊曰：「吾忝任專城，朝廷傾危，不能匡復，今日速死爲幸。」景猶欲存其一子，嵊曰：「吾一門已在鬼録，不就爾虜求恩！」景怒，盡殺之。并殺沈浚。

冬十月，宋子仙自吴郡趣錢塘。劉神茂自吴興趣富陽，前武州刺史富陽孫國恩以城降之。

十一月乙卯，葬武皇帝于脩陵，廟號高祖。

百濟遣使入貢，見城闕荒圮，異於曩來，哭於端門。侯景怒，録送莊嚴寺，不聽出。

壬戌，宋子仙急攻錢塘，戴僧遏降之。

宋子仙乘勝渡浙江，至會稽。邵陵王綸聞錢塘已敗，出奔鄱陽，鄱陽内史開建侯蕃以兵拒之。範進擊蕃，破之。

南郡王大連爲東揚州刺史。時會稽豐沃，勝兵數萬，糧仗山積，東人懲侯景殘虐，咸樂爲用，而大連朝夕酣飲，不恤軍事。司馬東陽留異凶狡殘暴，爲衆所患，大連悉以軍事委之。

十二月庚寅，宋子仙攻會稽，大連棄城走，異奔還鄉里，尋以其衆降於子仙。大連欲奔鄱陽，異爲子仙鄉導，追及大連於信安，執送建康，大連猶醉不之知。帝聞之，引帷自蔽，掩袂而泣。於是三吴盡没於景，公侯在會稽者俱南度嶺。景以留異爲東陽太守，收其妻子爲質。

邵陵王綸進至九江，尋陽王大心以江州讓之，綸不受，引兵西上。

簡文帝大寶元年春正月，始興太守陳霸先發兵討侯景。事見蕭勃據嶺南。

廣陵人來嶷説前廣陵太守祖皓曰：「董紹先輕而無謀，人情不附，襲而殺之，此壯士之任耳。今欲糾帥義勇，奉戴府君，若其克捷，可立桓、文之勳，必天未悔禍，猶足爲梁室忠臣。」皓曰：「此僕所願也。」乃相與糾合勇士，得百餘人。癸酉，襲廣陵，斬南兗州刺史董紹先，據城，馳檄遠近，推前太子舍人蕭勔爲刺史。乙亥，景遣郭元建帥衆奄至，皓嬰城固守。

二月，侯景遣任約、于（度）〔慶〕等帥衆二萬攻諸藩。

侯景遣侯子鑒帥舟師八千，自帥徒兵一萬攻廣陵，三日，克之。執祖皓，縛而射之，箭徧體，然後車裂以徇。城中無少長皆埋之於地，馳馬射而殺之。以子鑒爲南兗州刺史，鎮廣陵。景還建康。

宣城内史楊白華進據安吴，侯景遣于子悦等帥衆攻之，不克。

侯景納上女溧陽公主，甚愛之。三月甲申，景請上禊宴於樂遊苑，帳飲三日。上還宫，景與公主共據御牀，南面並坐，羣臣文武列坐侍宴。

鄱陽世子嗣與任約戰於三章，約敗走，嗣因徙鎮三章，謂之安樂柵。

夏四月丙午，侯景請上幸西州。上御素輦，侍衛四百餘人，景浴鐵數千，翼衛左右。上聞絲竹，悽然泣下，命景起舞，景亦請上起舞。酒闌坐散，上抱景于牀曰：「我念丞相。」景曰：「陛下如不念臣，臣何得至此。」逮夜乃罷。

時江南連年旱蝗，江、揚尤甚，百姓流亡，相與入山谷、江、湖，采草根、木葉、菱芡而食之，所在皆盡，死者蔽野。富室無食，皆鳥面鵠形，衣羅綺，懷金玉，俯伏牀帷，待命聽終。千里絶烟，人迹罕見，白骨成聚，如丘隴焉。

景性殘酷，於石頭立大碓，有犯法者擣殺之。常戒諸將曰：「破栅平城，當凈殺之，使天下知吾威名。」故諸將每戰勝，專以焚掠爲事，斬刈人如草芥，以資戲笑。由是百姓雖死，終不附之。又禁人偶語，犯者刑及外族。爲其將帥者悉稱「行臺」，來降附者悉稱「開府」，其親寄隆重者曰「左右厢公」，勇力兼人者曰「庫直都督」。

侯景召宋子仙還京口。

湘東王繹自去歲聞高祖之喪，以長沙未下，故匿之。壬寅，始發喪，刻檀爲高祖像，置於百福殿，事之甚謹，動静必咨焉。繹以爲天子制於賊臣，不肯從大寶之號，猶稱太清四年。丙午，繹下令大舉討侯景，移檄遠近。

鄱陽王範至湓城，以晉熙爲晉州，遣其世子嗣爲刺史。江州郡縣，多輒改易。尋陽王大心政令所行，不出一郡。大心遣兵擊莊鐵，嗣與鐵素善，請發兵救之，範遣侯瑱帥精甲五千助鐵。由是二鎮互相猜忌，無復討賊之志。大心使徐嗣徽帥衆二千，築壘稽亭以備範，市糴不通，範數萬之衆，無所得食，多餓死。範憤恚，疽發於背，五月乙卯，卒。其衆祕不發喪，奉範弟安南侯恬爲主，有衆數千人。

丙辰，侯景以元思虔爲東道大行臺，鎮錢塘。丁巳，以侯子鑒爲南兗州刺史。

六月，侯景以羊鵶仁爲五兵尚書。庚子，鵶仁出奔江西，將赴江陵，至東莞，盜疑其懷金，邀殺之。

湘東王繹以〔陳〕霸先爲豫州刺史，領豫章内史。

初，東魏遣儀同武威牒雲洛等迎鄱陽世子嗣，使鎮皖城。嗣未及行，任約軍至，洛等引去。嗣遂失援，出戰，敗死。約遂略地至湓城，尋陽王大心遣司馬韋質出戰而敗。帳下猶有戰士千餘人，咸勸大心走保建州，大心不能用，戊辰，以江州降約。先是，大心使前太子洗馬韋臧鎮建昌，有甲士五千，聞尋陽不守，欲帥衆奔江陵，未發，爲麾下所殺。臧，粲之子也。于慶略地至豫章，侯瑱力屈，降之，慶送瑱於建康。景以瑱同姓，待之甚厚，留其妻子及弟爲質，遣瑱隨慶徇蠡南諸郡，以瑱爲湘州刺史。

初，巴山人黄法氍有勇力，侯景之亂，合徒衆保鄉里。太守賀詡下江州，命法氍監郡事。法氍屯新淦，于慶自豫章分兵襲新淦，法氍敗之。陳霸先使周文育進軍擊慶，法氍引兵會之。

邵陵王綸聞任約將至，使司馬蔣思安將精兵五千襲之，約衆潰。思安不設備，約收兵襲之，思安敗走。

秋九月，任約進寇西陽、武昌。初，寧州刺史彭城徐文盛募兵數萬人討侯景，湘東王繹以爲秦州刺史，使將兵東下，與約遇於武昌。繹以廬陵王應爲江州刺史，以文盛爲長史，行府州事，督諸將拒之。應，續之子也。邵陵王綸引齊兵未至，移營馬柵，距西陽八十里，任約聞之，遣儀同叱羅〔子〕通等將鐵騎二百襲之，綸不爲備，策馬亡走。時湘東王繹亦與齊連和，故齊人觀望，不助綸。定州刺史田祖龍迎綸，綸以祖龍爲繹所厚，懼爲所執，復歸齊昌。行至汝南，魏所署汝南城主李素，綸之故吏也，開城納之。任約遂據西陽、武昌。又以南裴之高帥子弟部曲千餘人至夏首，湘東王繹召之，以爲新興、永寧二郡太守。又以南平王恪爲武州刺史，鎮武陵。

初，邵陵王綸以衡陽王獻爲齊州刺史，鎮齊昌，任約擊擒之，送建康，殺之。獻，暢之孫也。

乙亥，進侯景位相國，封二十郡爲漢王，加殊禮。冬十月乙未，侯景自加宇宙大將軍、都督六合諸軍事，以詔文呈上。上驚曰：「將軍乃有宇宙之號乎？」

十一月丁卯，徐文盛軍貝磯，任約帥水軍逆戰，文盛大破之，斬叱羅子通、趙威方，仍進軍大舉口。侯景遣宋子仙等將兵二萬助約，以約守西陽，久不能進，自出屯晉熙。

南康王會理以建康空虚，與太子左衛將軍柳敬禮、西鄉侯勸、東鄉侯勔謀起兵誅王偉。安樂侯乂理出奔長蘆，集衆得千餘人。建安侯賁、中宿世子子邕知其謀，以告偉。偉收會理、敬禮、勸、勔及會理弟祁陽侯通理，俱殺之。乂理爲左右所殺。錢塘褚冕以會理故舊，捶掠千計，終無異言，會理隔壁謂之曰：「褚郎，卿豈不爲我致此。卿雖忍死明我，我心實欲殺賊！」冕竟不服，景乃宥之。勸，昺之子；賁，正德之弟子；子邕，憺之孫也。

帝自即位以來，景防衛甚嚴，外人莫得進見，唯武林侯諮及僕射王克、舍人殷不害並以文弱得出入卧内，帝與之講論而已。及會理死，克、不害懼禍，稍自疏。諮獨不離帝，朝請無絶。景惡之，使其仇人刁戍刺殺諮於廣莫門外。帝之即位也，景與帝登重雲殿，禮佛爲誓，云：「自今君臣兩無猜貳，臣固不負陛下，陛下亦不得負臣。」及會理謀泄，景疑帝知之，故殺諮。帝自知不久，指所居殿謂殷不害曰：「龐涓當死此下。」

景自帥衆討楊白華于宣城，白華力屈而降，景以其北人，全之，以爲左民尚書，誅其兄子彬以報來亮之怨。十二月丙子朔，景封建安侯賁爲竟陵王，中宿世子子邕爲隨王，仍賜姓侯氏。

侯景還建康。

二年春正月，新吴余孝頃舉兵拒侯景，景遣于慶攻之，不克。

庚戌，湘東王繹遣護軍將軍尹悦、安東將軍杜幼安、巴州刺史王珣將兵二萬自江夏趣武昌，受徐文盛節度。

張彪遣其將趙稜圍錢塘，孫鳳圍富春，侯景遣儀同三司田遷、趙伯超救之，稜、鳳敗走。稜，伯超之兄子也。

侯景以王克爲太師，宋子仙爲太保，元羅爲太傅，郭元建爲太尉，張化仁爲司徒，任約爲司空，王偉爲尚書左僕射，索超世爲右僕射。景置三公官，動以十數，儀同尤多。以子仙、元建、化仁爲佐命元功，偉、超世爲謀主，于子悅、彭儁主擊斷，陳慶、呂季略、盧暉略、丁和等爲爪牙。梁人爲景用者，則故將軍趙伯超、前制局監周石珍、内監嚴亶、邵陵王記室伏知命。自餘王克、元羅及侍中殷不害、太常周弘正等，景從人望，加以尊位，非腹心之任也。

北兗州刺史蕭邕謀降魏，侯景殺之。

三月乙卯，徐文盛等克武昌，進軍蘆洲。

任約告急，侯景自帥衆西上，攜太子大器從軍以爲質，留王偉居守。閏月，景發建康，自石頭至新林，舳艫相接。約分兵襲破定州刺史田祖龍於齊安。壬寅，景軍至西陽，與徐文盛夾江築壘。癸卯，文盛擊破之，射其右丞庫狄式和墜水死，景遁走還營。

夏四月，郢州刺史蕭方諸，年十五，以行事鮑泉和弱，常侮易之，或使伏牀，騎背爲馬。恃徐文盛在近，不復設備，日以蒱酒爲樂。侯景聞江夏空虛，乙巳，使宋子仙、任約帥精騎四百，由淮内襲郢州。丙午，大風疾雨，天色晦冥，有登陴望見賊者告泉曰：「虜騎至矣。」泉曰：「徐文盛大軍在下，賊何因得至？當是王珣軍人還耳。」既而走告者稍衆，始命閉門，子仙等已入城。方諸方踞泉腹，以五色綵辮其髯。見子仙至，方諸迎拜，泉匿于牀下。子仙俯窺，見泉素髯間綵，驚愕，遂擒之，及司馬虞豫，送於景所。景因便風，中江舉帆，遂越文盛等軍，丁未，入江夏。文盛衆懼而潰，與長沙王韶等逃歸江陵。王珣、杜幼安以家在江夏，遂降於景。

湘東王繹以王僧辯爲大都督，帥巴州刺史丹楊淳于量、定州刺史杜龕、宣州刺史王綝、郴州刺史裴之横東擊景，徐文盛以下並受節度。戊申，僧辯等軍至巴陵，聞郢州已陷，因留戍之。繹遺僧辯書曰：「賊既乘勝，必將西下，不勞遠擊，但守巴丘，以逸待勞，無慮不克。」又謂僚佐曰：「景若水步兩道，直指江陵，此上策也。據夏首，積兵糧，中策也。悉力攻巴陵，下策也。巴陵城小而固，僧辯足可委任。景攻城不拔，野無所掠，暑疫時起，食盡兵疲，破之必矣。」乃命羅州刺史徐嗣徽自岳陽，武州刺史杜崱自武陵引兵會僧辯。

景使丁和將兵五千守夏首，宋子仙將兵一萬爲前驅，趣巴陵，分遣任約直指江陵，景帥大兵水步繼進。於是緣江戍邏望風請服，景拓邏至于隱磯。僧辯乘城固守，偃旗卧鼓，安若無人。壬戌，景衆濟江，遣輕騎至城下，問：「城内爲誰？」答曰：「王領軍。」騎曰：「何不早降？」僧辯曰：「大軍但向荆州，此城自當非礙。」騎去，頃之，執王珣等至城下，使説其弟琳。琳曰：「兄受命討賊，不能死難，曾不内慚，翻欲賜誘！」取弓射之，珣慚而退。景肉薄百道攻城，城中鼓譟，矢石雨下，景士卒死者甚衆，乃退。僧辯遣輕兵出戰，凡十餘返，皆捷。景被甲在城下督戰，僧辯著綬、乘輿、奏鼓吹巡城，景望之，服其膽勇。

五月，侯景晝夜攻巴陵，不克，軍中食盡，疾疫，死傷太半。湘東王繹遣晋州刺史蕭惠正將兵援巴陵，惠正辭不堪，舉胡僧祐自代。僧祐時坐謀議忤旨繫獄，繹即出之，拜武猛將軍，令赴援。戒之曰：「賊若水戰，但以大艦臨之，必克。若欲步戰，自可鼓棹直就巴丘，不須交鋒也。」僧祐至湘浦，景遣任約帥鋭卒五千據白墳以待之。僧祐由他路西上，約謂其畏己，急追之，及於芊口，呼僧祐曰：「吴兒，何不早降，走何所之？」僧祐不應，潛引兵至赤沙亭。會信州刺史陸法和至，與之合軍。法和有異術，先隱於江陵百里洲，衣食居處，一如苦行沙門，或豫言吉凶，多中，人莫能測。侯景之圍臺城也，或問之曰：「事將何如？」法和曰：「凡人取果，宜待熟時，不撩自落。」固問之，法和曰：「亦克，亦不克。」及任約向江陵，法和自請擊之，繹許之。

壬寅，約至赤亭。六月甲辰，僧祐、法和縱兵擊之，約兵大潰，殺溺死者甚衆，禽約送江陵。景聞之，乙巳，焚營宵遁。以丁和爲郢州刺史，留宋子仙等，衆號二萬，戍郢城。别將支化仁鎮魯山，范希榮行江州事，儀同三司任延和、晉州刺史夏侯威生守晉州。景與麾下兵數千順流而下。丁和以大石磕殺鮑泉及虞預，沈於黄鶴磯。任約至江陵，繹赦之。徐文盛坐怨望，下獄，死。巴州刺史余孝頃遣兄子僧重將兵救鄱陽，于慶退走。

繹以王僧辯爲征東將軍、尚書令，胡僧祐等皆進位號，使引兵東下。陸法和請還，既至，謂繹曰：「侯景自然平矣，蜀賊將至，請守險以待之。」乃引兵屯峽口。庚申，王僧辯至漢口，先攻魯山，擒支化仁，送江陵。辛酉，攻郢州，克其羅城，斬首千級。宋子仙退據金城，僧辯四面起土山攻之。

豫州刺史荀朗自巢湖出濡須邀景，破其後軍，景奔歸，船前後相失。太子船入樅陽浦，船中腹心皆勸太子因此入北，太子曰：「自國家喪敗，志不圖生，主上蒙塵，寧忍違離左右。吾今若去，乃是叛父，非避賊也。」因涕泗嗚咽，即命前進。

甲子，宋子仙等困蹙，乞輸郢城，身還就景。王僧辯僞許之，命給船百艘以安其意。子仙謂爲信然，浮舟將發，僧辯命杜龕帥精勇千人攀堞而上，鼓譟奄進，水軍主宋遥帥樓船，暗江雲合。子仙且戰且走，至白楊浦，大破之，周鐵虎生擒子仙及丁和，送江陵，殺之。

秋七月乙亥，湘東王繹以長沙王韶監郢州事。丁亥，侯景還至建康。于慶自鄱陽還豫章，侯瑱閉門拒之，慶走江州，據郭默城。繹以瑱爲兗州刺史，景悉殺瑱子弟。

辛丑，王僧辯乘勝下湓城，陳霸先帥所部三萬人將會之，屯于巴丘。西軍乏食，霸先有糧五十萬石，分三十萬以資之。八月壬寅朔，王僧辯前軍襲于慶，慶棄郭默城走。范希榮亦棄尋陽城走，晉熙王僧振等起兵圍郡城，僧辯遣沙州刺史丁道貴助之。任延和等棄城走。湘東王繹命僧辯且頓尋陽，以待諸軍之集。

初，景既克建康，常言：「吴兒怯弱，易以掩取，當須拓定中原，然後爲帝。」景尚帝女溧陽公主，嬖之，妨於政事。王偉屢諫，景以告主，主有惡言，偉恐爲所讒，因説景除帝。及景自巴陵敗歸，猛將多死，自恐不能久存，欲早登大位。王偉曰：「自古移鼎，必須廢立，既示我威權，且絶彼民望。」景從之，使前壽光殿學士謝昊爲詔書，以爲「弟姪争立，星辰失次，皆由朕非正緒，召亂致災。宜禪位於豫章王棟。」使吕季略齎入，逼帝書之。棟，歡之子也。

戊午，景遣衛尉卿彭儁等帥兵入殿，廢帝爲晉安王，幽于永福省，悉撤内外侍衛，使突騎左右守之，牆垣悉布枳棘。庚申，下詔迎豫章王棟。棟時幽拘，廩餼甚薄，仰蔬茹爲食。方與妃張氏鉏葵，法駕奄至，棟驚，不知所爲，泣而升輦。

景殺哀太子大器、尋陽王大心、西陽王大鈞、建平王大球、義安王大昕及王侯在建康者二十餘人。太子神明端嶷，於景黨未嘗屈意，所親竊問之，太子曰：「賊若於事義未須見殺，吾雖陵慢呵叱，終不敢言。若見殺時至，雖一日百拜，亦無所益。」又曰：「殿下今居困阨，而神貌怡然，不貶平日，何也？」太子曰：「吾自度死日必在賊前，若諸叔能滅賊，賊必先見殺，然後就死。若其不然，賊亦殺我以取富貴，安能以必死之命爲無益之愁乎？」及難，太子顏色不變，徐曰：「久知此事，嗟其晚耳。」刑者將以衣帶絞之，太子曰：「此不能見殺！」命取繫帳繩絞之而絕。

壬戌，棟即帝位，大赦，改元天正。太尉郭元建聞之，自秦郡馳還，謂景曰：「主上先帝太子，既無愆失，何得廢之？」景曰：「王偉勸吾，云『早除民望』，吾故從之，以安天下。」元建曰：「吾挾天子令諸侯，猶懼不濟，無故廢之，乃所以自危，何安之有！」景欲迎帝復位，以棟爲太孫，王偉曰：「廢立大事，豈可數改邪！」乃止。

乙丑，景又使使殺南海王大臨於吳郡，南郡王大連於姑孰，安陸王大春於會稽，高唐王大壯於京口。以太子妃賜郭元建，元建曰：「豈有皇太子妃乃爲人妾乎？」竟不與相見，聽使入道。丙寅，追尊昭明太子爲昭明皇帝，豫章安王爲安皇帝。以劉神茂爲司空。

王偉説侯景弒太宗以絕衆心，景從之。冬十月壬寅夜，偉與左衛將軍彭儁、王脩纂進酒於太宗。太宗極飲，既醉而寢。偉乃出，儁進土囊，脩纂坐其上而殂。偉撤户扉爲棺，遷殯于城北酒庫中，謚曰明皇帝，廟號高宗。

司空、東道行臺劉神茂聞侯景自巴丘敗還，陰謀叛景，吳中士大夫咸勸之，乃與儀同三司尹思合、劉歸義、王曄、雲麾將軍元頵等據東陽以應江陵，遣頵及別將李占下據建德江口。張彪攻永嘉，克之。新安民程靈洗起兵，據郡以應神茂。於是浙江以東皆附江陵。湘東王繹以靈洗爲譙州刺史，領新安太守。

十一月，侯景以趙伯超爲東道行臺，據錢塘；以田遷爲軍司，據富春；以李慶緒爲中軍都督，謝答仁爲右厢都督，李遵爲左厢都督，以討劉神茂。

己卯，加侯景九錫，漢國置丞相以下官。己丑，豫章王棟禪位于景，景即皇帝位于南郊。還，登太極殿，其黨數萬，皆吹脣呼譟而上。大赦，改元太始。封棟爲淮陰王，并其二弟橋、樛同鎖於密室。

王偉請立七廟，景曰：「何謂七廟？」偉曰：「天子祭七世祖考。」并請七世諱，景曰：「前世吾不復記，唯記我父名標。且彼在朔州，那得來噉此。」衆咸笑之。景黨有知景祖名乙羽周者，自外皆王偉制其名位，追尊父標爲元皇帝。

景之作相也，以西州爲府，文武無尊卑皆引接。及居禁中，非故舊不得見，由是諸將多怨望。景好獨乘小馬，彈射飛鳥，王偉每禁止之，不許輕出。景鬱鬱不樂，更成失志，曰：「吾無事爲帝，與受擯不殊。」

十二月丁未，謝答仁、李慶緒攻建德，擒元頵、李占送建康，景截其手足以徇，經日乃死。

元帝承聖元年春正月，湘東王命王僧辯等東擊侯景，二月庚子，諸軍發尋陽，舳艫數百里。陳霸先帥甲士三萬，舟艦二千，自南江出湓口，會僧辯於白茅灣，築壇歃血，共讀盟文，流涕慷慨。癸卯，僧辯使侯瑱襲南陵、鵲頭二戍，克之。戊申，僧辯等軍于大雷。丙辰，發鵲頭。戊午，侯子鑒還至戰鳥，西軍奄至，子鑒驚懼，奔還淮南。

侯景儀同三司謝答仁攻劉神茂於東陽，程靈洗、張彪皆勒兵將救之，神茂欲專其功，不許，營於下淮。或謂神茂曰：「賊長於野戰，下淮地平，四面受敵，不如據七里瀨，賊必不能進。」不從。神茂偏裨多北人，不與神茂同心，別將王曄、酈通並據外營，降於答仁，劉歸義、尹思合等棄城走。神茂孤危，辛未，亦降於答仁，答仁送之建康。

癸酉，王僧辯等至蕪湖，侯景守將張黑棄城走。景聞之，甚懼，下詔赦湘東王繹、王僧辯之罪，衆咸笑之。侯子鑒據姑孰南洲以拒西師，景遣其黨史安和等將兵二千助之。三月己巳朔，景下詔欲自至姑孰，又遣人戒子鑒曰：「西人善水戰，勿與争鋒。往年任約之敗，良爲此也。若得步騎一交，必當可破，汝但結營岸上，引船入浦以待之。」子鑒乃捨舟登岸，閉營不出。僧辯等停軍蕪湖十餘日，景黨大喜，告景曰：「西師畏吾之强，勢將遁矣，不擊且失之。」景乃復命子鑒爲水戰之備。

丁丑，僧辯至姑孰，子鑒帥步騎萬餘人渡洲，於岸挑戰，又以鵃䑠千艘載戰士。僧辯麾細船皆令退縮，留大艦夾泊兩岸。子鑒之衆謂水軍欲退，争出趨之。大艦斷其歸路，鼓譟大呼，合戰中江，子鑒大敗，士卒赴水死者數千人。子鑒僅以身免，收散卒走還建康，據東府。僧辯留虎臣將軍莊丘慧達鎮姑孰，引軍而前，歷陽戍迎降。景聞子鑒敗，大懼，涕下覆面，引衾而卧，良久方起，歎曰：「誤殺乃公！」

庚辰，僧辯督諸軍至張公洲，辛巳，乘潮入淮，進至禪靈寺前。景召石頭津主張賓，使引淮中舣艕及海艟，以石䭾之，塞淮口。緣淮作城，自石頭至于朱雀街，十餘里中樓堞相接。僧辯問計於陳霸先，霸先曰：「前柳仲禮數十萬兵隔水而坐，韋粲在青溪，竟不渡岸，賊登高望之，表裏俱盡，故能覆我師徒。今圍石頭，須渡北岸。諸將若不能當鋒，霸先請先往立栅。」壬午，霸先於石頭西落星山築栅，衆軍次連八城，直出石頭西北。景恐西州路絶，自帥侯子鑒等亦於石頭東北築五城以遏大路。景使王偉等守臺城。乙酉，景殺湘東世子方諸、前平東將軍杜幼安。

劉神茂至建康，丙戌，景命爲大剉碓，先進其足，寸寸斬之，以至於頭。留異外同神茂而潛通於景，故得免禍。

丁亥，王僧辯進軍招提寺北，侯景帥衆萬餘人，鐵騎八百餘匹，陳於西州之西。陳霸先曰：「我衆賊寡，應分其兵勢，以强制弱；何故聚其鋒鋭，令致死於我？」乃命諸將分處置兵。景衝將軍王僧志陳，僧志小縮，霸先遣將軍安陸徐度將弩手二千横截其後，景兵乃卻。霸先與王琳、杜龕等以鐵騎乘之，僧辯以大軍繼進，景兵敗，退據其栅。龕，岸之兄子也。景儀同三司盧暉略守石頭城，開北門降，僧辯入據之。景與霸先殊死戰，景帥百餘騎，棄矟執刀，左右衝陳。陳不動，衆遂大潰，諸軍逐北至西明門。

景至闕下，不敢入臺，召王偉責之曰：「爾令我爲帝，今日誤我！」偉不能對，繞闕而藏。景欲走，偉執鞚諫曰：「自古豈有叛天子邪？宫中衛士猶足一戰，棄此，將欲安之？」景曰：「我昔敗賀拔勝，破葛榮，揚名河、朔，渡江平臺城，降柳仲禮如反掌，今日天亡我也！」因仰觀石闕，歎息久之。以皮囊盛其江東所生二子，挂之鞍後，與房世貴等百餘騎東走，欲就謝答仁於吴。侯子鑒、王偉、陳慶奔朱方。

僧辯命裴之横、杜龕屯杜姥宅，杜崱入據臺城。僧辯不戢軍士，剽掠居民，男女裸露，自石頭至于東城，號泣滿道。是夜，軍士遺火，焚太極殿及東西堂，寶器、羽儀、輦輅無遺。

戊子，僧辯命侯瑱等帥精甲五千追景。王克、元羅等帥臺内舊臣迎僧辯於道，僧辯勞克曰：「甚苦，事夷狄之君。」克不能對。又問：「璽紱何在？」克良久曰：「趙平原持去。」僧辯曰：「王氏百世卿族，一朝而墜。」僧辯迎太宗梓宫升朝堂，帥百官哭踊如禮。

己丑，僧辯等上表勸進，且迎都建業。湘東王答曰：「淮海長鯨，雖云授首；襄陽短狐，未全革面。太平玉燭，爾乃議之。」

庚寅，南兖州刺史郭元建、秦郡戍主郭正買、陽平戍主魯伯和、行南徐州事郭子仲並據城降。

僧辯之發江陵也，啓湘東王曰：「平賊之後，嗣君萬福，未審何以爲禮？」王曰：「六門之内，自極兵威。」僧辯曰：「討賊之謀，臣爲己任，成濟之事，請別舉人。」王乃密諭宣猛將軍朱買臣，使爲之所。及景敗，太宗已殂。豫章王棟及二弟橋、樛相扶出於密室，逢杜崱於道，爲去其鎖。二弟曰：「今日始免横死矣。」棟曰：「倚伏難知，吾猶有懼。」辛卯，遇朱買臣，呼之就船共飲，未竟，並沈於水。

僧辯遣陳霸先將兵向廣陵受郭元建等降，又遣使者往安慰之。諸將多私使別索馬仗，會侯子鑒渡江至廣陵，謂元建等曰：「我曹，梁之深讎，何顔復見其主。不若投北，可得還鄉。」遂皆降齊。霸先至歐陽，齊行臺辛術已據廣陵。

王偉與侯子鑒相失，直瀆戍主黄公喜獲之，送建康。王僧辯問曰：「卿爲賊相，不能死節，而求活草間邪？」偉曰：「廢興，命也。使漢帝早從偉言，明公豈有今日。」尚書左丞虞騭嘗爲偉所辱，乃唾其面。偉曰：「君不讀書，不足與語。」騭慚而退。僧辯命羅州刺史徐嗣徽鎮朱方。

壬辰，侯景至晉陵，得田遷餘兵，因驅掠居民，東趨吳郡。

謝答仁討劉神茂還，至富陽，聞侯景敗走，帥萬人欲北出侯之，趙伯超據錢塘拒之。侯景進至嘉興，聞伯超叛之，乃退據吳。己酉，侯瑱追及景於松江。景猶有船二百艘，衆數千人，瑱進擊，敗之，擒彭儁、田遷、房世貴、蔡壽樂、王伯醜。瑱生剖儁腹，抽其腸，儁猶不死，手自收之，乃斬之。

景與腹心數十人單舸走，推墮二子於水，將入海，瑱遣副將焦僧度追之。景納羊侃之女爲小妻，以其兄鵾爲庫直都督，待之甚厚。鵾隨景東走，與景所親王元禮、謝葳蕤密圖之。葳蕤，答仁之弟也。景下海，欲向蒙山。己卯，景晝寢，鵾語海師：「此中何處有蒙山，汝但聽我處分。」遂直向京口。至胡豆洲，景覺，大驚，問岸上人，云「郭元建猶在廣陵」，景大喜，將依之。鵾拔刀，叱海師向京口，因謂景曰：「吾等爲王效力多矣，今至於此，終無所成，欲就乞頭以取富貴。」景未及答，白刃交下。景欲投水，鵾以刀斫之。景走入船中，以佩刀抉船底，鵾以矟刺殺之。尚書右僕射索超世在別船，葳蕤以景命召而執之。南徐州刺史徐嗣徽斬超世，以鹽納景腹中，送其尸於建康。僧辯傳首江陵，截其手，使謝葳蕤送于齊。暴景尸於市，士民爭取食之，并骨皆盡，溧陽公主亦預食焉。初，景之五子在北齊，世宗剥其長子面而烹之，幼者〔皆〕下蠶室。齊顯祖即位，夢獼猴坐其御牀，乃盡烹之。趙伯超、謝答仁皆降於侯瑱，瑱并田遷等送建康。王僧辯斬房世貴於市，送王偉、吕季略、周石珍、嚴亶、趙伯超、伏知命於江陵。

丁巳，湘東王下令解嚴。乙丑，葬簡文帝于莊陵，廟號太宗。

侯景之敗也，以傳國璽自隨，使其侍中兼平原太守趙思賢掌之，曰：「若我死，宜沈於江，勿令吴兒復得之。」思賢自京口濟江，遇盜，從者棄之草間。至廣陵，以告郭元建。元建取之，以與辛術，壬申，術送之至鄴。

五月庚午，司空南平王恪等復勸進，湘東王猶不受，遣侍中豐城侯泰等謁山陵，脩復廟、社。戊寅，侯景首至江陵，梟之於市三日，煮而漆之，以付武庫。

庚辰，以南平王恪爲揚州刺史。甲申，以王僧辯爲司徒、鎮衛將軍，封長寧公；陳霸先爲征虜將軍、開府儀同三司，封長城縣侯。

乙酉，誅侯景所署尚書僕射王偉、左民尚書吕季略、少府周石珍、舍人嚴亶於市。趙伯超、伏知命餓死於獄。以謝答仁不失禮於太宗，特宥之。王偉於獄中上五百言詩，湘東王愛其才，欲宥之。有嫉之者言於王曰：「前日偉作檄文甚佳。」王求而視之，檄云：「項羽重瞳，尚有烏江之敗；湘東一目，寧爲赤縣所歸。」王大怒，釘其舌於柱，剜腹臠肉而殺之。

丁亥，下令，以「王偉等既死，自餘衣冠舊貴，被逼偷生，猛士勳豪，和光苟免者，皆不問」。

通鑑紀事本末

〔宋〕袁樞 撰

卷第二十四至卷第二十六

中華書局

通鑑紀事本末卷第二十四

梁氏亂亡

陳霸先篡梁

梁武帝中大通三年夏四月乙巳，昭明太子統卒。五月丙申，立太子母弟晉安王綱爲皇太子。朝野多以爲不順，司議侍郎周弘正嘗爲晉安王主簿，乃奏記曰：「謙讓道廢，多歷年所。伏惟明大王殿下，天挺將聖，四海歸仁，是以皇上發德音，以大王爲儲副。意者願聞殿下抗目夷上仁之義，執子臧大賢之節，逃玉輿而弗乘，棄萬乘如脱屣，庶改澆競之俗，以大吳國之風。古有其人，今聞其語，能行之者，非殿下而誰？使無爲之化復生於遂古，讓王之道不墜於來葉，豈不盛歟！」王不能從。六月癸丑，立華容公歡爲豫章王，其弟枝江公譽爲河東王，曲阿公詧爲岳陽王。上以人言不息，故封歡兄弟以大郡，用慰其心。

中大同元年。上年高，諸子心不相下，互相猜忌。邵陵王綸爲丹楊尹，湘東王繹在江州，武陵王紀在益州，皆權侔人主。太子綱惡之，嘗選精兵以衛東宮。八月，以綸爲南徐州刺史。冬十月乙亥，以前東揚州刺史岳陽王詧爲雍州刺史。上捨詧兄弟而立太子綱，內常愧之，寵亞諸子。以會稽人物殷阜，故用詧兄弟迭爲東揚州以慰其心，詧兄弟亦內懷部稱治。

不平。詧以上衰老，朝多秕政，遂蓄聚貨財，折節下士，招募勇敢，左右至數千人。以襄陽形勝之地，梁業所基，遇亂可以圖大功；乃克己爲政，撫循士民，數施恩惠，延納規諫，所部稱治。

太清三年。初，上以河東王譽爲湘州刺史，徙湘州刺史張纘爲雍州刺史，代岳陽王詧。纘恃其才望，輕譽少年，迎候有闕。譽至，檢括州府付度事，留纘不遣。聞侯景作亂，頗陵蹙纘。纘恐爲所害，輕舟夜遁，將之雍部，復慮詧拒之。纘與湘東王繹有舊，欲因之以殺譽兄弟，乃如江陵。及臺城陷，諸王各還州鎮，譽自湖口歸湘州。桂陽王慥以荆州督府留軍江陵，欲待繹至拜謁，乃還信州。纘遺繹書曰：「河東戴檣上水，欲襲江陵，岳陽在雍，共謀不逞。」江陵遊軍主朱榮亦遣使告繹，云「桂陽留此，欲應譽、詧」。繹懼，鑿船，沈米，斬纜，自蠻中步道馳歸江陵，囚慥，殺之。

湘東王繹之入援也，令所督諸州皆發兵，雍州刺史岳陽王詧遣府司馬劉方貴將兵出漢口，繹召詧使自行，詧不從。方貴潛與繹相知，謀襲襄陽。未發，會詧以他事召方貴，方貴以爲謀泄，遂據樊城拒命，詧遣軍攻之。繹厚資遣張纘使赴鎮，纘至大堤，詧已拔樊城，斬方貴。纘至襄陽，詧推遷未去，但以城西白馬寺處之。詧猶總軍府之政，聞臺城陷，遂不受代。助防杜岸紿纘曰：「觀岳陽勢不容使君，不如且往西山以避禍。」岸既襄陽豪族，兄弟九人皆以驍勇著名。纘乃與岸結盟，著婦人衣，乘青布輿逃入西山。詧使岸將兵追擒之，纘乞爲沙門，更名法纘，詧許之。

夏五月丙辰，上殂。辛巳，太子即皇帝位。

六月，上甲侯韶自建康出奔江陵，稱受高祖密詔徵兵，以湘東王繹爲侍中、假黄鉞、大都督中外諸軍事、司徒、承制，自餘藩鎮並加位號。

湘州刺史河東王譽驍勇得士心，湘東王繹將討侯景，遣使督其糧衆，譽曰：「各自軍府，何忽隸人！」使者三返，譽不與。湘東王世子方等請討之，繹乃以少子安南侯方矩爲湘州刺史，使方等將精卒二萬送之。方等將行，謂所親曰：「是行也，吾必死之。死得其所，吾復奚恨。」

湘東世子方等軍至麻溪，河東王譽將七千人擊之，方等軍敗，溺死。安南侯方矩收餘衆還江陵，湘東王繹無戚容。

西江督護陳霸先起兵討侯景。

湘東王繹遣竟陵太守王僧辯、信州刺史東海鮑泉擊湘州，分給兵糧，刻日就道。僧辯以竟陵部下未盡至，欲俟衆集然後行，與泉入白繹，求申期日。繹疑僧辯觀望，案劍厲聲曰：「卿憚行拒命，欲同賊邪？今唯有死耳。」因斫僧辯，中其左髀，悶絶，久之方蘇，即送獄。泉震怖，不敢言。僧辯母徒行流涕入謝，自陳無訓，繹意解，賜以良藥，故得不死。丁卯，鮑泉獨將兵伐湘州。

秋八月己亥，鮑泉軍于石槨寺，河東王譽逆戰而敗。辛丑，又敗于橘洲，戰及溺死者萬餘人。譽退保長沙，泉引軍圍之。

九月，河東王譽告急於岳陽王詧，詧留諮議參軍濟陽蔡大寶守襄陽，帥衆二萬、騎二千伐江陵以救湘州。湘東王繹大懼，遣左右就獄中問計於王僧辯。僧辯具陳方略，繹乃赦之，以爲城中都督。乙卯，詧至江陵，作十三營以攻之。會大雨，平地水深四尺，詧軍氣沮。繹與新興太守杜崱有舊，密邀之。乙丑，崱與兄岌、岸、弟幼安、兄子龕各帥所部降于繹。岸請以五百騎襲襄陽，晝夜兼行，去襄陽三十里，城中覺之，蔡大寶奉詧母龔保林登城拒戰。詧聞之，夜遁，棄糧食、金帛、鎧仗於湕水，不可勝紀。張纘病足，詧載以隨軍。及敗走，守者恐爲追兵所及，殺之，棄尸而去。詧至襄陽，岸奔廣平，依其兄南陽太守巘。

湘東王繹以鮑泉圍長沙久不克，怒之，以平南將軍王僧辯代爲都督，數泉十罪，命舍人羅重懽與僧辯偕行。泉聞僧辯來，愕然曰：「得王竟陵來助我，賊不足平。」拂席待之。僧辯入，背泉而坐，曰：「鮑郎，卿有罪，令旨使我鎖卿，卿勿以故意見期。」使重懽宣令，鎖之牀側。泉爲啓自申，且謝淹緩之罪，繹怒解，遂釋之。

冬十一月，岳陽王詧使將軍薛暉攻廣平，拔之，獲杜岸，送襄陽。詧拔其舌，鞭其面，支解而烹之。又發其祖父墓，焚其骸而揚之，以其頭爲漆椀。

詧既與湘東王繹爲敵，恐不能自存，遣使求援於魏，請爲附庸。丞相泰令東閤祭酒榮權使於襄陽。繹使司州刺史柳仲禮鎮竟陵以圖詧，詧懼，遣其妃王氏及世子嶚爲質於魏。丞相泰欲經略江、漢，以開府儀同三司楊忠都督三荆等十五州諸軍事，鎮穰城。仲禮至安陸，安陸太守沈勰以城降之。仲禮留長史馬岫與其弟子禮守之，帥衆一萬趣襄陽。泰遣楊忠及行臺僕射長孫儉將兵擊仲禮以救詧。魏楊忠將至義陽，太守馬伯符以下溠城降之，忠以伯符爲鄉導。伯符，岫之子也。十二月，魏楊忠拔隨郡，執太守桓和。

簡文帝大寶元年春正月，陳霸先進軍南康，湘東王繹承制授霸先明威將軍、交州刺史。

魏楊忠圍安陸，柳仲禮馳歸救之。諸將恐仲禮至則安陸難下，請急攻之。忠曰：「攻守勢殊，未可猝拔。若引日勞師，表裏受敵，非計也。南人多習水軍，不閑野戰，仲禮師在近路，吾出其不意，以奇兵襲之，彼怠我奮，一舉可克。克仲禮則安陸不攻自拔，諸城可傳檄定也。」乃選騎二千，銜枚夜進，敗仲禮於漴頭，獲仲禮及其弟子禮，盡俘其衆。馬岫以安陸，別將王叔孫以竟陵，皆降於忠。於是漢東之地盡入于魏。

二月，魏楊忠乘勝至石城，欲進逼江陵，湘東王繹遣舍人庾恪說忠曰：「詧來伐叔而魏助之，何以使天下歸心？」忠遂停湕北。繹遣舍人王孝祀等送子方略爲質以求和，魏人許之。繹與忠盟曰：「魏以石城爲封，梁以安陸爲界，請同附庸，并送質子，貿遷有無，永敦鄰睦。」忠乃還。

邵陵王綸欲救河東王譽而兵糧不足，乃致書於湘東王繹曰：「天時地利不及人和，況乎手足肱支豈可相害！今社稷危恥，創巨痛深，唯應剖心嘗膽，泣血枕戈，其餘小忿，或宜容貰。若外難未除，家禍仍構，料今訪古，未或不亡。夫征戰之理，唯求克勝，至於骨肉之戰，愈勝愈酷，捷則非功，敗則有喪，勞兵損義，虧失多矣。侯景之軍所以未窺江外者，良爲藩屏盤固，宗鎮强密。弟若陷洞庭，不戢兵刃，雍州疑迫，何以自安，必引進魏軍以求形援。弟若不安，家國去矣。必希解湘州之圍，存社稷之計。」繹復書，陳譽過惡不赦，且曰：「詧引楊忠來相侵逼，頗遵談笑，用卻秦軍，曲直有在，不復自陳。臨湘旦平，暮便即路。」綸得書，投之於案，慷慨流涕曰：「天下之事，一至於斯！湘州若敗，吾亡無日矣。」

夏四月，邵陵王綸在郢州，以聽事爲正陽殿，內外齋閤悉加題署。其部下陵暴軍府，郢州將佐莫不怨之。諮議參軍江仲舉，南平王恪之謀主也，說恪圖綸。恪驚曰：「若我殺邵陵，寧靜一鎮，荆、益兄弟必皆内喜，海内若平，則以大義責我矣。且巨逆未梟，骨肉相殘，自亡之道也。卿且息之。」仲舉不從，部分諸將，刻日將發，謀泄，綸壓殺之。恪狼狽往謝，綸曰：「羣小所作，非由兄也。兇黨已斃，兄勿深憂。」

王僧辯急攻長沙，辛巳，克之。執河東王譽，斬之，傳首江陵，湘東王繹反其首而葬之。繹以僧辯爲左衛將軍，加侍中、鎮西長史。

六月，魏人欲令岳陽王詧發哀嗣位，詧辭不受。丞相泰使榮權册命詧爲梁王，始建臺，置百官。秋七月辛酉，梁王詧入朝于魏。

邵陵王綸大脩鎧仗，將討侯景。湘東王繹惡之。八月甲午，遣左衛將軍王僧辯、信州刺史鮑泉等帥舟師一萬，東趣江、郢，聲言拒任約，且云迎邵陵王還江陵，授以湘州。九月，王僧辯軍至鸚鵡洲，郢州司馬劉龍虎等潛送質於僧辯。邵陵王綸聞之，遣其子威正侯礩將兵擊之，龍虎敗，奔于僧辯。綸以書責僧辯曰：「將軍前年殺人之姪，今歲伐人之兄，以此求榮，恐天下不許。」僧辯送書于湘東王繹，繹命進軍。辛酉，綸集其麾下於西園，涕泣言曰：「我本無他，志在滅賊，湘東常謂與之争帝，遂爾見伐。今日欲守則交絶糧儲，欲戰則取笑千載，不容無事受縛，當於下流避之。」麾下壯士争請出戰，綸不從，與礩自倉門登舟北出。僧辯入據郢州。繹以南平王恪爲尚書令、開府儀同三司，世子方諸爲郢州刺史，王僧辯爲領軍將軍。

綸遇鎮東將軍裴之高於道，之高之子畿掠其軍器，綸與左右輕舟奔武昌澗飲寺，僧法馨匿綸於巖穴之下。綸長史韋質、司馬姜律等聞綸尚存，馳往迎之，説七栅流民以求糧仗。綸出營巴水，流民八九千人附之，稍收散卒，屯于齊昌。遣使請降于齊，齊以綸爲梁王。岳陽王詧還襄陽。

冬十一月甲子，南平王恪帥文武拜牋推湘東王繹爲相國，總百揆，繹不許。十二月，邵陵王綸在汝南，脩城池，集士卒，將圖安陸。魏安州刺史馬祐以告丞相泰，泰遣楊忠將萬人救安陸。

二年春正月，魏楊忠圍汝南，李素戰死。二月乙亥，城陷，執邵陵攜王綸，殺之，投尸江岸，岳陽王詧取而葬之。

齊遣散騎常侍曹文皎使于江陵，湘東王繹使兼散騎常侍王子敏報之。三月己未，齊以湘東王繹爲梁相國，建梁臺，總百揆，承制。

岳陽王詧聞侯景克郢州，遣蔡大寶將兵一萬進據武寧，遣使至江陵，詐稱赴援。衆議欲答以侯景已破，令其退軍。湘東王繹曰：「今語以退軍，是趣之令進也。」乃使謂大寶曰：「岳陽累啓連和，不相侵犯，卿那忽據武寧？今當遣天門太守胡僧祐精甲二萬、鐵馬五千頓湕水，待時進軍。」晉聞之，召其軍還。僧祐，南陽人也。

秋八月，侯景廢帝爲晉安王，下詔迎豫章王棟，壬戌，棟即帝位。九月己亥，湘東王繹以尚書令王僧辯爲江州刺史，江州刺史陳霸先爲東揚州刺史。冬十月壬寅，侯景弒太宗。王僧辯等聞太宗殂，丙辰，啓湘東王繹，請上尊號，繹弗許。十一月乙亥，王僧辯〔等〕復上表勸進，湘東王繹不許。己丑，豫章王棟禪位于侯景，景封棟爲淮陰王。

元帝承聖元年春三月乙丑，王僧辯等上表勸進，且迎都建業，不許。辛卯，宣猛將軍朱買臣沈豫章王棟於水。

夏四月，王僧辯啓陳霸先鎮京口。五月庚午，司空南平王恪等復勸進，湘東王猶不受。庚辰，以南平王恪爲揚州刺史。甲申，以王僧辯爲司徒、鎮衛將軍，封長寧公；陳霸先爲征虜將軍、開府儀同三司，封長城縣侯。齊主使其散騎常侍曹文皎等來聘，湘東王使散騎常侍柳暉等報之。

齊主使潘樂、郭元建將兵圍秦郡，行臺尚書辛術諫曰：「朝廷與湘東王信使不絕。陽平，侯景之土，取之可也。今王僧辯已遣嚴超達守秦郡，於義何得復争之？且水潦方降，不如班師。」弗從。陳霸先命别將徐度引兵助秦郡固守。齊衆七萬攻之甚急，王僧辯使左衛將軍杜崱救之，霸先亦自歐陽來會。與元建大戰於士林，大破之，斬首萬餘級，生擒千餘人。元建收餘衆北遁，猶以通好，不窮追也。

六月，立安南侯方矩爲王太子。

齊政煩賦重，江北之民不樂屬齊，其豪傑數請兵於王僧辯，僧辯以與齊通好，皆不許。秋七月，廣陵僑人朱盛等潛聚黨數千人，謀襲殺齊刺史温仲邕，遣使求援於陳霸先，云已克其外城。霸先使告僧辯，僧辯曰：「人之情僞，未易可測，若審克外城，亟須應援，如其不爾，無煩進軍。」使未報，霸先已濟江，僧辯乃命武州刺史杜崱等助之。會盛等謀泄，霸先因進軍圍廣陵。

九月甲戌，司空南平王恪卒。甲申，以王僧辯爲揚州刺史。齊主使告王僧辯、陳霸先曰：「請釋廣陵之圍，必歸廣陵、歷陽兩城。」霸先引兵還京口，江北之民從霸先濟江者萬餘口。湘東王以霸先爲征北大將軍、開府儀同三司、南徐州刺史，徵霸先世子昌及兄子頊詣江陵，以昌爲員外散騎常侍，頊爲領直。

公卿、藩鎮數勸進於湘東王。十一月丙子，世祖即皇帝位於江陵，改元，大赦。是日帝不升正殿，公卿陪列而已。己卯，立王太子方矩爲皇太子，更名元良。皇子方智爲晉安王，方略爲始安王，方等之子莊爲永嘉王。

侯景之亂，州郡太半入魏，自巴陵以下至建康，以長江爲限，荆州界北盡武寧，西拒硤口，嶺南復爲蕭勃所據，詔令所行，千里而近，民户著籍者，不盈三萬而已。

二年春正月，王僧辯發建康，承制使陳霸先代鎮揚州。秋八月，下詔將還建康，領軍將軍胡僧祐、太府卿黄羅漢、吏部尚書宗懍、御史中丞劉瑴諫曰：「建業王氣已盡，與虜正隔一江，若有不虞，悔無及也。且古老相承云：『荆州洲數滿百，當出天子。』今枝江生洲，百數已滿，陛下龍飛，是其應也。」上令朝臣議之。黄門侍郎周弘正、尚書右僕射王褒曰：「今百姓未見輿駕入建康，謂是列國諸王，願陛下從四海之望。」時羣臣多荆州人，皆曰：「弘正等東人也，志願東下，恐非良計。」弘正面折之曰：「東人勸東，謂非良計，君等西人欲西，豈成長策。」上笑。又議於後堂，會者五百人，上問之曰：「吾欲還建康，諸卿以爲如何？」衆莫敢先對。上曰「勸吾去者左袒」，左袒者過半。武昌太守朱買臣言於上曰：「建康舊都，山陵所在，荆鎮邊疆，非王者之宅。願陛下勿疑，以致後悔。臣家在荆州，豈不願陛下居此，但恐是臣富貴，非陛下富貴耳。」上使術士杜景豪卜之，不吉，對上曰「未去」，退而言曰：「此兆爲鬼賊所留也。」上以建康彫殘，江陵全盛，意亦安之，卒從僧祐等議。九月庚午，詔王僧辯還鎮建康，陳霸先復還京口。

齊主使郭元建治水軍二萬餘人於合肥，將襲建康，納湘潭侯退，又遣將軍邢景遠、步大汗薩帥衆繼之。陳霸先在建康聞之，白上。上詔王僧辯鎮姑孰以禦之。冬十月己酉，王僧辯至姑孰，遣婺州刺史侯瑱、吳郡太守張彪、吳興太守裴之横築壘東關，以待齊師。閏月丁丑，南豫州刺史侯瑱與郭元建戰於東關，齊師大敗，溺死者萬計。湘潭侯退復歸于鄴，王僧辯還建康。

十一月丙寅，上使侍中王琛使於魏。太師泰陰有圖江陵之志，梁王詧聞之，益重其貢獻。

三年春正月，陳霸先自丹徒濟江，圍齊廣陵，秦州刺史嚴超達自齊郡進圍涇州，南豫州刺史侯瑱、吳郡太守張彪皆出石梁，爲之聲援。三月己酉，魏侍中宇文仁恕來聘。會齊使者亦至江陵，帝接仁恕不及齊使，仁恕歸，以告太師泰。帝又請據舊圖定疆境，辭頗不遜，泰曰：「古人有言：『天之所棄，誰能興之？』其蕭繹之謂乎！」荆州刺史長孫儉屢陳攻取之策，泰徵儉入朝，問以經略，復命還鎮，密爲之備。馬伯符密使告帝，帝弗之信。夏四月丙寅，上使散騎常侍庾信等聘於魏。

癸酉，以陳霸先爲司空。

五月，散騎郎新野庾季才言於上曰：「去年八月丙申，月犯心中星，今月丙戌，赤氣干北斗。心爲天王，丙主楚分，臣恐建子之月有大兵入江陵，陛下宜留重臣鎮江陵，整旆還都，以避其患。假令魏虜侵蹙，止失荆、湘，在於社稷，猶得無慮。」上亦曉天文，知楚有災，歎曰：「禍福在天，避之何益？」

六月壬午，齊步大汗薩將兵四萬趣涇州，王僧辯使侯瑱、張彪自石梁引兵助嚴超達拒之，瑱、彪遲留不進。將軍尹令思將萬餘人謀襲盱眙。齊冀州刺史段韶將兵討東方白額於宿預，廣陵、涇州皆來告急，諸將患之。韶曰：「梁氏喪亂，國無定主，人懷去就，强者從之。霸先等外託同德，内有離心，諸君不足憂，吾揣之熟矣。」乃留儀同三司敬顯攜等圍宿預，自引兵倍道趣涇州。塗出盱眙，令思不意齊兵猝至，望風退走。韶進擊超達，破之，回趣廣陵，陳霸先解圍走。杜僧明還丹徒，侯瑱、張彪還秦郡。

秋九月乙巳，魏遣柱國常山公于謹、中山公宇文護、大將軍楊忠將兵五萬入寇，冬十月壬戌，發長安。長孫儉問謹曰：「爲蕭繹之計，將如何？」謹曰：「耀兵漢、沔，席卷渡江，直據丹楊，上策也。移郭内居民退保子城，峻其陴堞以待援軍，中策也。若難於移動，據守羅郭，下策也。」儉曰：「揣繹定出何策？」謹曰：「下策。」儉曰：「何故？」謹曰：「蕭氏保據江南，綿歷數紀，屬中原多故，未遑外略。又以我有齊氏之患，必謂力不能分。且繹懦而無謀，多疑少斷，愚民難與慮始，皆戀邑居，所以知其用下策也。」

癸亥，武寧太守宗均告魏兵且至，帝召公卿議之。領軍胡僧祐、太府卿黃羅漢曰：「二國通好，未有嫌隙，必應不爾。」侍中王琛曰：「臣揣宇文容色，必無此理。」乃復使琛使魏。丙寅，于謹至樊、鄧，梁王詧帥衆會之。丁卯，内外戒嚴。王琛至石梵，未見魏軍，馳書報黄羅漢曰：「吾至石梵，境上帖然，前言皆兒戲耳。」帝聞而疑之。

辛未，帝使主書李膺至建康，徵王僧辯爲大都督、荆州刺史，命陳霸先徙鎮揚州。僧辯遣豫州刺史侯瑱帥程靈洗等爲前軍，兗州刺史杜僧明帥吴明徹等爲後軍。甲戌，帝夜登鳳凰閣，徙倚歎息，曰：「客星入翼、軫，今必敗矣。」嬪御皆泣。

陸法和聞魏師至，自郢州入漢口，將赴江陵，帝使逆之曰：「此自能破賊，但鎮郢州，不須動也。」法和還州，堊其城門，著衰絰，坐葦席，終日，乃脱之。

十一月，帝大閲於津陽門外，遇北風暴雨，輕輦還宫。癸未，魏軍濟漢，于謹令宇文護、楊忠帥精騎先據江津，斷東路。甲申，護克武寧，執宗均。是日，帝乘馬出城行柵，插木爲之，周圍六十餘里。以領軍將軍胡僧祐都督城東諸軍事，尚書右僕射張綰爲之副；左僕射王褒都督城西諸軍事，四廂領直元景亮爲之副，王公已下各有所守。丙戌，命太子巡行城樓，令居人助運木石。夜，魏軍至黄華，去江陵四十里，丁亥，至柵下。戊子，巂州刺史裴畿、畿弟新興太守機、武昌太守朱買臣、衡陽太守謝答仁開枇杷門出戰，裴機殺魏儀同三司胡文伐。畿，之高之子也。

帝徵廣州刺史王琳爲湘州刺史，使引兵入援。丁酉，柵内火，焚數千家及城樓二十五。帝臨所焚樓，望魏軍濟江，四顧歎息。是夜，遂止宮外，宿民家。己亥，移居祇洹寺。于謹令築長圍，中外信命始絶。

庚子，信州刺史徐世譜、晉安王司馬任約等築壘於馬頭，遥爲聲援。是夜，帝巡城，猶口占爲詩，羣臣亦有和者。帝裂帛爲書，趣王僧辯，曰：「吾忍死待公，可以至矣！」壬寅，還宫。癸卯，出長沙寺。戊申，王褒、胡僧祐、朱買臣、謝答仁等開門出戰，皆敗還。己酉，帝移居天居寺。癸丑，移居長沙寺。朱買臣按劍進曰：「唯斬宗懔、黄羅漢，可以謝天下。」帝曰：「曩實吾意，宗、黄何罪？」二人退入衆中。

王琳軍至長沙，鎮南府長史裴政請間道先報江陵，至百里洲，爲魏人所獲。梁王詧謂政曰：「我，武皇帝之孫也，不可爲爾君乎？若從我計，貴及子孫；如或不然，腰領分矣。」政詭曰：「唯命。」詧鎖之至城下，使言曰：「王僧辯聞臺城被圍，已自爲帝。王琳孤弱，不復能至。」政告城中曰：「援兵大至，各思自勉，吾以間使被禽，當碎身報國！」監者擊其口，詧怒，命速殺之。西中郎參軍蔡大業諫曰：「此民望也，殺之，則荆州不可下矣。」乃釋之。政，之禮之子；大業，大寶之弟也。

時徵兵四方，皆未至。甲寅，魏人百道攻城，城中負户蒙楯，胡僧祐親當矢石，晝夜督戰，獎勵將士，明行賞罰，衆咸致死，所向摧殄，魏不得前。俄而僧祐中流矢死，内外大駭。

魏悉衆攻栅，反者開西門納魏師，帝與太子、王褒、謝答仁、朱買臣退保金城，令汝南王大封、晉熙王大圓質於于謹以請和。魏軍之初至也，衆以王僧辯子侍中顗可爲都督，帝不用，更奪其兵，使與左右十人入守殿中。及胡僧祐死，乃用爲都督城中諸軍事。裴畿、裴機、歷陽侯峻皆出降。于謹以機手殺胡文伐，并畿殺之。峻，淵猷之子也。時城南雖破，而城北諸將猶苦戰，日暝，聞城陷，乃散。

帝入東閣竹殿，命舍人高善寶焚古今圖書十四萬卷，將自赴火，宫人左右共止之。又以寶劍擊柱令折，歎曰：「文武之道，今夜盡矣！」乃使御史中丞王孝祀作降文。謝答仁、朱買臣諫曰：「城中兵衆猶强，乘闇突圍而出，賊必驚，因而薄之，可渡江就任約。」帝素不便走馬，曰：「事必無成，祇增辱耳。」答仁求自扶。帝以問王褒，褒曰：「答仁，侯景之黨，豈足可信？成彼之勳，不如降也。」答仁又請守子城，收兵可得五千人，帝然之，即授城中大都督，配以公主。既而召王褒謀之，以爲不可。答仁請入不得，歐血而去。于謹徵太子爲質，帝使王褒送之。謹子以褒善書，給之紙筆，褒乃書曰：「柱國常山公家奴王褒。」有頃，黄門郎裴政犯門而出。帝遂去羽儀、文物，白馬素衣出東門，抽劍擊闔曰：「蕭世誠一至此乎！」魏軍士度塹牽其轡，至白馬寺北，奪其所乘駿馬，以駑馬代之，遣長壯胡人手扼其背以行。逢于謹，胡人牽帝使拜。梁王詧使鐵騎擁帝入營，囚于烏幔之下，甚爲詧所詰辱。

帝性殘忍，且懲高祖寬縱之弊，故爲政尚嚴。及魏師圍城，獄中死囚且數千人，有司請釋之以充戰士。帝不許，悉令棓殺之，事未成而城陷。

十二月丙辰，徐世譜、任約退戍巴陵。于謹逼帝使爲書召王僧辯，帝不可。使者曰：「王今豈得自由？」帝曰：「我既不自由，僧辯亦不由我。」又從長孫儉求宮人王氏、荀氏及幼子犀首，儉並還之。或問：「何意焚書？」帝曰：「讀書萬卷，猶有今日，故焚之。」

辛未，帝爲魏人所殺。梁王詧遣尚書傅準監刑，以土囊隕之。詧使以布帊纏尸，斂以蒲席，束以白茅，葬於津陽門外。并殺愍懷太子元良、始安王方略、桂陽王大成等。世祖性好書，常令左右讀書，晝夜不絕，雖熟睡，卷猶不釋，或差誤及欺之，帝輒驚寤。作文章，援筆立就。常言「我韜於文士，愧於武夫」，論者以爲得言。

魏立梁王詧爲梁主，資以荆州之地，延袤三百里，仍取其雍州之地。詧居江陵東城，魏置防主將兵居西城，名曰助防，外示助詧備禦，內實防之。以前儀同三司王悅留鎮江陵。于謹收府庫珍寶及宋渾天儀、梁銅晷表、大玉徑四尺及諸法物，盡俘王、公以下及選百姓男女數萬口爲奴婢，分賞三軍，驅歸長安，小弱者皆殺之。得免者三百餘家，而人馬所踐及凍死者什二三。

魏師之在江陵也，梁王詧將尹德毅説詧曰：「魏虜貪惏，肆其殘忍，殺掠士民，不可勝紀。江東之人塗炭至此，咸謂殿下爲之。殿下既殺人父兄，孤人子弟，人盡讎也，誰與爲國？今魏之精鋭盡萃于此，若殿下爲設享會，請于謹等爲歡，預伏武士，因而斃之，分命諸將，掩其營壘，大殲羣醜，俾無遺類。收江陵百姓，撫而安之，文武羣寮，隨材銓授。魏人慴息，未敢送死，王僧辯之徒折簡可致。然後朝服濟江，入踐皇極，晷刻之間，大功可立。古人云『天與不取，反受其咎』。願殿下恢弘遠略，勿懷匹夫之行。」詧曰：「卿此策非不善也，然魏人待我厚，未可背德。若遽爲卿計，人將不食吾餘。」既而闔城長幼被虜，又失襄陽，詧乃歎曰：「恨不用尹德毅之言。」

王僧辯、陳霸先共奉江州刺史晉安王方智爲太宰，承制。

王褒、王克、劉瑴、宗懍、殷不害及尚書右丞吴興沈炯至長安，太師泰皆厚禮之。

敬帝紹泰元年春正月壬午朔，邵陵太守劉棻將兵援江陵，至三百里灘，部曲宋文徹殺之，帥其衆還據邵陵。

梁王詧即皇帝位於江陵，改元大定。追尊昭明太子爲昭明皇帝，廟號高宗，妃蔡氏爲昭德皇后，尊其母龔氏爲皇太后，立妻王氏爲皇后，子巋爲皇太子。賞刑制度，並同王者，唯上疏於魏則稱臣，奉其正朔。至於官爵，其下亦依梁氏之舊，其勳級則兼用柱國等名。

以諮議參軍蔡大寶爲侍中、尚書令，參掌選事，外兵參軍太原王操爲五兵尚書。大寶嚴整有智謀，雅達政事，文辭贍速，後梁主推心任之，以爲謀主，比之諸葛孔明，操亦亞之。追贈邵陵王綸太宰，謚曰壯武；河東王譽丞相，謚曰武桓。

齊主使清河王岳將兵攻魏安州以救江陵。岳至義陽，江陵陷，因進軍臨江，郢州刺史陸法和及儀同三司宋莅舉州降之。長史江夏太守王岷不從，殺之。甲午，齊召岳還，使儀同三司清都慕容儼戍郢州。王僧辯遣江州刺史侯瑱攻郢州，任約、徐世譜、宜豐侯循皆引兵會之。

辛丑，齊立貞陽侯淵明爲梁主，使其上黨王渙將兵送之，徐陵、湛海珍等皆聽從淵明歸。貞陽侯陷魏事，見侯景之亂。

二月癸丑，晋安王至自尋陽，入居朝堂，即梁王位，時年十三。以太尉王僧辯爲中書監、録尚書、驃騎大將軍、都督中外諸軍事，加陳霸先征西大將軍。

齊主先使殿中尚書邢子才馳傳詣建康，與王僧辯書，以爲：「嗣主冲藐，未堪負荷。彼貞陽侯，梁武猶子，長沙之胤，以年以望，堪保金陵，故置爲梁王，納於彼國。卿宜部分舟艫，迎接今主，并心一力，善建良圖。」乙卯，貞陽侯淵明亦與僧辯書求迎。僧辯復書曰：「嗣主體自宸極，受於文祖。明公儻能入朝，同奬王室，伊、吕之任，僉曰仰歸。意在主盟，不敢聞命。」甲子，齊以陸法和爲都督荆雍等十州諸軍事、太尉、大都督、西南道大行臺，又以宋莅爲郢州刺史，莅弟簉爲湘州刺史。甲戌，上黨王涣克譙郡。己卯，淵明又與僧辯書，僧辯不從。

故劉棻主帥趙朗殺宋文徹以邵陵歸于王琳。

三月，貞陽侯淵明至東關，散騎常侍裴之横禦之。丙戌，齊克東關，斬裴之横，俘數千人。王僧辯大懼，出屯姑孰，謀納淵明。

夏五月，王琳迎永嘉王莊送之建康。

王僧辯遣使奉啓於貞陽侯淵明，定君臣之禮，又遣別使奉表於齊，以子顯及顯母劉氏、弟子世珍爲質於淵明，遣左民尚書周弘正至歷陽奉迎，因求以晉安王爲皇太子，淵明許之。淵明求度衛士三千，僧辯慮其爲變，止受散卒千人。庚子，遣龍舟法駕迎之。淵明與齊上黨王涣盟於江北，辛丑，自采石濟江。於是梁輿南渡，齊師北返。僧辯疑齊，擁檝中流，不敢就西岸。齊侍中裴英起衛送淵明，與僧辯會于江寧。癸卯，淵明入建康，望朱雀門而哭，道逆者以哭對。丙午，即皇帝位，改元天成。以晉安王爲皇太子，王僧辯爲大司馬，陳霸先爲侍中。

六月，齊慕容儼始入郢州，而侯瑱等奄至城下，儼隨方備禦，瑱等不能克。乘間出擊瑱等軍，大破之。城中食盡，煮草木根葉及靴皮帶角食之，與士卒分甘共苦，堅守半歲，人無異志。貞陽侯淵明立，乃命瑱等解圍，瑱還鎮豫章。齊人以城在江外，難守，因割以還梁。儼歸，望齊主，悲不自勝。齊主呼前執其手，脱帽看髮，歎息久之。

吴興太守杜龕，王僧辯之壻也。僧辯以吴興爲震州，用龕爲刺史，又以其弟侍中僧愔爲豫章太守。

壬子，齊主以梁國稱藩，詔凡梁民悉遣南還。

初，王僧辯與陳霸先共滅侯景，情好甚篤，僧辯爲子頠娶霸先女，會僧辯有母喪，未成昏。僧辯居石頭城，霸先在京口，僧辯推心待之，頠兄顗屢諫，不聽。及僧辯納貞陽侯淵明，霸先遣使苦爭之，往返數四，僧辯不從。霸先竊歎謂所親曰：「武帝子孫甚多，唯孝元能復讎雪恥。其子何罪，而忽廢之？吾與王公並處託孤之地，而王公一旦改圖，外依戎狄，援立非次，其志欲何所爲乎！」乃密具袍數千領及錦綵金銀爲賞賜之具。會有告齊師大舉至壽春將入寇者，僧辯遣記室江旰告霸先，使爲之備。霸先因是留旰於京口，舉兵襲僧辯。九月壬寅，召部將侯安都、周文育及安陸徐度、錢塘杜稜謀之。稜以爲難，霸先懼其謀泄，以手巾絞稜，悶絶于地，因閉於别室。部分將士，分賜金帛，以弟子著作郎雲朗鎮京口，知留府事，使徐度、侯安都帥水軍趨石頭，霸先帥馬步自江乘羅落會之。是夜，皆發，召杜稜與同行。知其謀者，唯安都等四將，外人皆以爲江旰徵兵禦齊，不之怪也。

甲辰，安都引舟艦將趣石頭，霸先控馬未進。安都大懼，追霸先罵曰：「今日作賊，事勢已成，生死須決，在後欲何所望？若敗，俱死，後期得免斫頭邪！」霸先曰：「安都嗔我。」乃進。安都至石頭城北，棄舟登岸。石頭城北接岡阜，不甚危峻，安都被甲帶長刀，軍人捧之，投於女垣内，衆隨而入，進及僧辯卧室，霸先兵亦自南門入。僧辯方視事，外白有兵，俄而兵自内出。僧辯遽走，遇子頠，與俱出閤，帥左右數十人苦戰于聽事前，力不敵，走登南門樓，拜請求哀。霸先欲縱火焚之，僧辯與頠俱下就執。霸先曰：「我有何辜，公欲與齊師賜討？」且曰：「何意全無備？」僧辯曰：「委公北門，何謂無備？」是夜，霸先縊殺僧辯父子。既而竟無齊兵，亦非霸先之譎也。前青州刺史新安程靈洗帥所領救僧辯，力戰於石頭西門，軍敗，霸先遣使招諭，久之乃降。霸先深義之，以爲蘭陵太守，使助防京口。乙巳，霸先爲檄布告中外，列僧辯罪狀，且曰：「資斧所指，唯王僧辯父子兄弟，其餘親黨，一無所問。」

丙午，貞陽侯淵明遜位，出就邸，百僚上晉安王表，勸進。冬十月己酉，晉安王即皇帝位，大赦，改元，中外文武賜位一等。以貞陽侯淵明爲司徒，封建安公。告齊云：「僧辯陰圖篡逆，故誅之，仍請稱臣於齊，永爲藩國。」齊遣行臺司馬恭與梁人盟于歷陽。

壬子，加陳霸先尚書令、都督中外諸軍事、車騎將軍、揚、南徐二州刺史。杜龕恃王僧辯之勢，素不禮於陳霸先，在吳興，每以法繩其宗族，霸先深怨之。及將圖僧辯，密使兄子蒨還長城，立柵以備龕。僧辯死，龕據吳興拒霸先，義興太守韋載以郡應之。吳郡太守王僧智，僧辯之弟也，亦據城拒守。陳蒨至長城，收兵纔數百人，杜龕遣其將杜泰將精兵五千奄至，將士相視失色，蒨言笑自若，部分益明，衆心乃定。泰日夜苦攻，數旬，不克而退。霸先使周文育攻義興，義興屬縣卒皆霸先舊兵，善用弩，韋載收得數十人，繫以長鎖，命所親監之。使射文育軍，約曰「十發不兩中者死」，故每發輒斃一人，文育軍稍卻。載因於城外據水立柵，相持數旬。杜龕遣其從弟北叟將兵拒戰，北叟敗，歸于義興。霸先聞文育軍不利，辛未，自表東討，留高州刺史侯安都、石州刺史杜稜宿衛臺省。甲戌，軍至義興，丙子，拔其水柵。

譙、秦二州刺史徐嗣徽從弟嗣先，僧辯之甥也。僧辯死，嗣先亡就嗣徽，嗣徽以州入于齊。及陳霸先東討義興，嗣徽密結南豫州刺史任約，將精兵五千乘虛襲建康，是日入據石頭，游騎至闕下。侯安都閉門藏旗幟，示之以弱，令城中曰：「登陴闚賊者斬。」及夕，嗣徽等收兵還石頭。安都夜爲戰備，將旦，嗣徽等又至，安都帥甲士三百開東、西掖門出戰，大破之，嗣徽等奔還石頭，不敢復逼臺城。

陳霸先遣韋載族弟翽齎書諭載，丁丑，載及杜北叟皆降，霸先厚撫之，以翽監義興郡，引載置左右，與之謀議。霸先卷甲還建康，使周文育討杜龕，救長城。

將軍黃他攻王僧智於吳郡，不克，霸先使寧遠將軍裴忌助之。忌選所部精兵，輕行倍道，自錢塘直趣吳郡，夜至城下，鼓譟薄之。僧智以爲大軍至，輕舟奔吳興。忌入據吳郡，因以忌爲太守。

十一月己卯，齊遣兵五千渡江據姑孰，以應徐嗣徽、任約。陳霸先使合州刺史徐度立柵於冶城。庚寅，齊又遣安州刺史翟子崇、楚州刺史劉士榮、淮州刺史柳達摩將兵萬人，於胡墅度米三萬石、馬千匹入石頭。霸先問計於韋載，載曰：「齊師若分兵先據三吳之路，略地東境，則時事去矣。今可急於淮南因侯景故壘築城，以通東道轉輸，分兵絕彼之糧運，使進無所資，則齊將之首旬日可致。」霸先從之。癸未，使侯安都夜襲胡墅，燒齊船千餘艘，仁威將軍周鐵虎斷齊運輸，擒其北徐州刺史張領州。仍遣韋載於大航築侯景故壘，使杜稜守之。齊人於倉門水南立二柵，與梁兵相拒。壬辰，齊大都督蕭軌將兵屯江北。甲辰，徐嗣徽等攻冶城柵，陳霸先將精甲自西明門出擊之，嗣徽等大敗，留柳達摩等守城，自往采石迎齊援。十二月癸丑，侯安都襲秦郡，破徐嗣徽柵，俘數百人。收其家，得其琵琶及鷹，遣使送之曰：「昨至弟處得此，今以相還。」嗣徽大懼。丙辰，陳霸先對冶城立航，悉渡衆軍，攻其水南二栅。柳達摩等渡淮置陳，霸先督兵疾戰，縱火燒栅，齊兵大敗，争舟相擠，溺死者以千數，呼聲震天地，盡收其船艦。是日，嗣徽與任約引齊兵水步萬餘人還據石頭，霸先遣兵詣江寧，據要險。嗣徽等水步不敢進，頓江寧浦口，霸先遣侯安都將水軍襲破之，嗣徽等單舸脱走，盡收其軍資器械。

己未，霸先四面攻石頭，城中無水，升水直絹一匹。庚申，達摩遣使請和於霸先，且求質子。時建康虚弱，糧運不繼，朝臣皆欲與齊和，請以霸先從子曇朗爲質。霸先曰：「今在位諸賢欲息肩於齊，若違衆議，謂孤愛曇朗，不恤國家，今決遣曇朗，棄之寇庭。齊人無信，謂我微弱，必當背盟。齊寇若來，諸君須爲孤力鬭也。」乃以曇朗及永嘉王莊、丹陽尹王冲之子珉爲質，與齊人盟於城外，將士恣其南北。辛酉，霸先陳兵石頭南門，送齊人歸北，徐嗣徽、任約皆奔齊。收齊馬、仗、船、米不可勝計。齊主誅柳達摩。壬戌，齊和州長史烏丸遠自南州奔還歷陽。

江寧令陳嗣、黄門侍郎曹朗據姑孰反，霸先命侯安都等討平之。霸先恐陳曇朗亡竄，自帥步騎至京口迎之。

太平元年春正月癸未，陳霸先使從事中郎江旰説徐嗣徽使南歸，嗣徽執旰送齊。

陳蒨、周文育合軍攻杜龕於吴興。龕勇而無謀，嗜酒常醉，其將杜泰陰與蒨等通。龕與蒨等戰敗，泰因説龕使降，龕然之。其妻王氏曰：「霸先讎隙如此，何可求和！」因出私財賞募，復擊蒨等，大破之。既而杜泰降於蒨，龕尚醉未覺，蒨遣人負出，於項王寺前斬之。王僧智與其弟豫章太守僧愔俱奔齊。

東揚州刺史張彪素爲王僧辯所厚，不附霸先。二月庚戌，陳蒨、周文育輕兵襲會稽，彪兵敗，走入若邪山中，蒨遣其將吴興章昭（遠）〔達〕追斬之。東陽太守留異饋蒨糧食，霸先以異爲縉州刺史。江州刺史侯瑱本事王僧辯，亦擁兵據豫章及江州，不附霸先。霸先以周文育爲南豫州刺史，使將兵擊湓城，庚申，又遣侯安都、周鐵虎將舟師立柵於梁山，以備江州。

癸亥，徐嗣徽、任約襲采石，執戍主明州刺史張懷鈞送於齊。

三月戊戌，齊遣儀同三司蕭軌、庫狄伏連、堯難宗、東方老等與任約、徐嗣徽合兵十萬入寇，出柵口，向梁山。陳霸先帳内盟主黄叢逆擊，破之，齊師退保蕪湖。霸先遣定州刺史沈泰等就侯安都，共據梁山以禦之。周文育攻湓城，未克，召之還。夏四月丁巳，霸先如梁山巡撫諸軍。侯安都輕兵襲齊行臺司馬恭於歷陽，大破之，俘獲萬計。

五月，齊人召建安公淵明詐許退師，陳霸先具舟送之。癸未，淵明疽發背，卒。甲申，齊兵發蕪湖，庚寅，入丹楊縣，丙申，至秣陵故治。陳霸先遣周文育屯方山，徐度頓馬牧，杜稜頓大航南以禦之。

辛丑，齊人跨淮立橋栅渡兵，夜至方山，徐嗣徽等列艦於青墩，至于七磯，以斷周文育歸路。文育鼓譟而發，嗣徽等不能制。至旦，反攻嗣徽。嗣徽驍將鮑砰獨以小艦殿軍，文育乘單舴艋與戰，跳入艦中，斬砰，仍牽其艦而還。嗣徽衆大駭，因留船蕪湖，自丹楊步上。陳霸先追侯安都、徐度皆還。

癸卯，齊兵自方山進及兒塘，游騎至臺，建康震駭。帝總禁兵出頓長樂寺，内外纂嚴。霸先拒嗣徽等於白城，適與周文育會。將戰，風急，霸先曰：「兵不逆風。」文育曰：「事急矣，何用古法？」抽槊上馬先進，衆軍從之，風亦尋轉，殺傷數百人。侯安都與嗣徽等戰於耕壇南，安都帥十二騎突其陳，破之，生擒齊儀同三司乞伏無勞。霸先潛撤精卒三千配沈泰渡江，襲齊行臺趙彦深於瓜步，獲艦百餘艘，粟萬斛。

六月甲辰，齊兵潛至鍾山，侯安都與齊將王敬寶戰于龍尾，軍主張纂戰死。丁未，齊師至幕府山，霸先遣别將錢明將水軍出江乘，邀擊齊人糧運，盡獲其船米。齊軍乏食，殺馬驢食之。庚戌，齊軍踰鍾山，霸先與衆軍分頓樂遊苑東及覆舟山北，斷其衝要。壬子，齊軍至玄武湖西北，將據北郊壇，衆軍自覆舟東移頓壇北，與齊人相對。

會連日大雨，平地水丈餘，齊軍晝夜坐立泥中，足指皆爛，懸鬲以爨，而臺中及潮溝北路燥，梁軍每得番易。時四方壅隔，糧運不至，建康户口流散，徵求無所。甲寅，少霽，霸先將戰，調市人得麥飯，分給軍士，士皆飢疲。會陳蒨饋米三千斛、鴨千頭，霸先命炊米煮鴨，人人以荷葉裹飯，婫以鴨肉數臠。乙卯未明，蓐食，比曉，霸先帥麾下出莫府山。侯安都謂其部將蕭摩訶曰：「卿驍勇有名，千聞不如一見。」摩訶對曰：「今日令公見之。」及戰，安都墜馬，齊人圍之，摩訶單騎大呼，直衝齊軍，齊軍披靡，安都乃免。霸先與吴明徹、沈泰等衆軍首尾齊舉，縱兵大戰。安都自白下引兵横出其後，齊師大潰，斬獲數千人，相蹂藉而死者不可勝計，生擒徐嗣徽及弟嗣宗，斬之以徇，追奔至于臨沂。其江乘、攝山、鍾山等諸軍相次克捷，虜蕭軌、東方老、王敬寶等將帥凡四十六人。其軍士得竄至江者，縛荻筏以濟，中江而溺，流尸至京口，翳水彌岸。唯任約、王僧愔得免。丁巳，衆軍出南州，燒齊舟艦。

戊午，大赦。己未，解嚴。軍士以賞俘貿酒，一人裁得一醉。庚申，斬齊將蕭軌等，齊人聞之，亦殺陳曇朗。霸先啓解南徐州以授侯安都。

秋七月丙子，以陳霸先爲中書監、司徒、揚州刺史，進爵長城公，餘如故。九月，以陳霸先爲丞相、録尚書事、鎮衛大將軍、揚州牧、義興公。

陳高祖永定元年夏(五)〔六〕月，王琳將攻陳霸先，霸先以侯安都、周文育帥舟師會武昌以擊之。事見王琳奔齊。

秋八月甲午，進丞相霸先位太傅，加黃鉞、殊禮，贊拜不名。九月辛丑，進丞相爲相國，總百揆，封陳公，備九錫，陳國置百司。

冬十月戊辰，進陳公爵爲王。辛未，梁敬帝禪位于陳。陳王使中書舍人劉師知引宣猛將軍沈恪勒兵入宮，衞送梁主如別宮。恪排闥見王，叩頭謝曰：「恪身經事蕭氏，今日不忍見此。分受死耳，決不奉命！」王嘉其意，不復逼，更以盪主王僧志代之。乙亥，王即皇帝位于南郊，還宮，大赦，改元。奉梁敬帝爲江陰王，梁太后爲太妃，皇后爲妃。

二年春正月，王琳求援于齊，且請納梁永嘉王莊以主梁祀。三月，齊發兵援送永嘉王莊於江南，册拜王琳爲梁（王）〔丞〕相。琳奉莊即皇帝位。

〔夏四月〕乙丑，上使人害梁敬帝，立梁武林侯諮之子季卿爲江陰王。

文帝天嘉元年〔春二月〕，王琳兵敗奔齊，御史中丞劉仲威奉永嘉王莊奔齊。

六月，詔葬梁元帝於江寧，車旗禮章悉用梁典。

三年閏二月，後梁主以封疆褊隘，邑居殘毁，干戈日用，鬱鬱不得志，疽發背而殂。葬平陵，謚曰宣皇帝，廟號中宗。太子巋即皇帝位，改元天保。

宣帝太建二年冬十月，永嘉王莊卒於鄴。

十〔三〕年〔春三月丁未〕，梁主遣其弟太宰巖入賀于隋。

長城公至德元年夏五月乙巳，梁太子琮入朝于隋。

三年。梁主殂，謚曰孝明皇帝，廟號世宗。太子琮嗣位。

禎明元年秋八月，隋徵梁主入朝。梁主帥其羣臣二百餘人發江陵，庚申，至長安。九月，隋主廢梁國，遣尚書左僕射高熲安集遺民，梁中宗、世宗各給守冢十户，拜梁主琮柱國，賜爵莒公。

西魏取蜀

梁簡文帝大寶元年。侯景之亂，太尉、益州刺史武陵王紀移告征鎮，使世子圓照帥兵三萬受湘東王節度。圓照軍至巴水，繹授以信州刺史，令屯白帝，未許東下。冬十一月，武陵王紀帥諸軍發成都，湘東王繹遣使以書止之曰：「蜀人勇悍，易動難安，弟可鎮之，吾自當滅賊。」又別紙云：「地擬孫、劉，各安境界，情深魯、衛，書信恒通。」

二年。江安侯圓正爲西陽太守，寬和好施，歸附者衆，有兵一萬。〔夏六月〕，湘東王繹欲圖之，署爲平南將軍。及至，弗見，使南平王恪與之飲，醉，因囚之内省，分其部曲，使人告其罪。荆、益之釁，自此起矣。冬十一月，益州長史劉孝勝等勸武陵王紀稱帝，紀雖未許，而大造乘輿車服。

元帝承聖元年。益州刺史、太尉武陵王紀頗有武略，在蜀十七年，南開寧州、越嶲，西通資陵、吐谷渾，内脩耕桑鹽鐵之政，外通商賈遠方之利，故能殖其財用，器甲殷積，有馬八千匹。聞侯景陷臺城，湘東王將討之，謂僚佐曰：「七官文士，豈能匡濟？」内寢柏殿柱繞節生花，紀以爲己瑞。夏四月乙巳，即皇帝位，改元天正。立子圓照爲皇太子，圓正爲西陽王，圓滿爲竟陵王，圓普爲譙王，圓肅爲宜都王。以巴西、梓潼二郡太守永豐侯撝爲征西大將軍、益州刺史，封秦郡王。司馬王僧略、直兵參軍徐怦固諫，不從。僧略，僧辯之弟；怦，勉之從子也。

初，臺城之圍，怦勸紀速入援，紀意不欲行，内銜之。會蜀人費合告怦反，怦有與將帥書，云「事事往，人口具」，紀即以爲反徵。謂怦曰：「以卿舊情，當使諸子無恙。」對曰：「生兒悉如殿下，留之何益！」紀乃盡誅之，梟首於市，亦殺王僧略。永豐侯撝歎曰：「王事不成矣！善人，國之基也，今先殺之，不亡何待？」

紀徵宜封侯諮議參軍劉璠爲中書侍郎，使者八反，乃至。紀令劉孝勝深布腹心，璠苦求還。中記室韋登私謂璠曰：「殿下忍而畜憾，足下不留，將致大禍，孰若共構大厦，使身名俱美哉。」璠正色曰：「卿欲緩頰於我邪？我與府侯分義已定，豈以夷險易其心乎？殿下方布大義於天下，終不逞志於一夫。」紀知必不爲己用，乃厚禮遣之。秋八月，武陵王紀舉兵由外水東下，以永豐侯撝爲益州刺史，守成都，使其子宜都王圓肅副之。

二年春二月，上聞武陵王紀東下，使方士畫版爲紀像，親釘支體以厭之，又執侯景之俘以報紀。初，紀之舉兵，皆太子圓照之謀也。圓照時鎮巴東，執留使者，啓紀云：「侯景未平，宜急進討，已聞荆鎮爲景所破。」紀信之，趣兵東下。上甚懼，與魏書曰：「『子糾，親也，請君討之。』」太師泰曰：「取蜀制梁，在茲一舉。」諸將咸難之。大將軍代人尉遲迥，泰之甥也，獨以爲可克。泰問以方略，迥曰：「蜀與中國隔絶百有餘年，恃其險遠，不虞我至。若以鐵騎兼行襲之，無不克矣。」泰乃遣迥督開府儀同三司原珍等六軍，甲士萬二千，騎萬匹，自散關伐蜀。

夏五月，武陵王紀至巴郡，聞有魏兵，遣前梁州刺史巴西譙淹還軍救蜀。初，楊乾運求爲梁州刺史，紀以爲潼州，楊法琛求黎州刺史，以爲沙州，二人皆不悦。乾運兄子略説乾運曰：「今侯景初平，宜同心戮力，保國寧民，而兄弟尋戈，此自亡之道也。夫木朽不雕，世衰難佐，不如送款關中，可以功名兩全。」乾運然之，令略將二千人鎮劍閣，又遣其壻樂廣鎮安州，與法琛皆潛通於魏。魏太師泰密賜乾運鐵券，授驃騎大將軍、開府儀同三司、梁州刺史。尉遲迥以開府儀同三司侯呂陵始爲前軍，至劍閣，略退就樂廣，翻城應始，始入據安州。甲戌，迥至涪水，乾運以州降。迥分軍守之，進襲成都。時成都見兵不滿萬人，倉庫空竭，永豐侯撝嬰城自守，迥圍之。譙淹遣江州刺史景欣、幽州刺史趙拔扈援成都，迥使原珍等擊走之。

武陵王紀至巴東，知侯景已平，乃自悔，召太子圓照責之。對曰：「侯景雖平，江陵未服。」紀亦以既稱尊號，不可復爲人下，欲遂東進。將卒日夜思歸，其江州刺史王開業以爲宜還救根本，更思後圖，諸將皆以爲然。圓照及劉孝勝固言不可，紀從之，宣言於衆曰：「敢諫者死！」己丑，紀至西陵，軍勢甚盛，舳艫翳川。護軍陸法和築二城於硤口兩岸，運石填江，鐵鎖斷之。

帝赦任約於獄，以爲晉安王司馬，使助法和拒紀。謂之曰：「汝罪不容誅，我不殺汝，本爲今日。」因撤禁兵以配之，仍許妻以廬陵王續之女，使宣猛將軍劉棻與之俱。

夏六月壬辰，武陵王紀築連城，攻絶鐵鎖，陸法和告急相繼。上以謝答仁爲步兵校尉，配兵使助法和。武陵王紀遣將軍侯叡將衆七千築壘，與陸法和相拒。上遣使與紀書，許其還蜀，專制一方。紀不從，報書如家人禮。上復與紀書曰：「吾年爲一日之長，屬有平亂之功，膺此樂推，事歸當璧。儻遣使乎，良所遲也。如曰不然，於此投筆。友于兄弟，分形共氣，兄肥弟瘦，無復相見之期，讓棗推梨，永罷懽愉之日。心乎愛矣，書不盡言。」紀頓兵日久，頻戰不利，又聞魏寇深入成都，孤危憂懣，不知所爲。乃遣其度支尚書樂奉業詣江陵求和，請依前旨還蜀。奉業知紀必敗，啓上曰：「蜀軍乏糧，士卒多死，危亡可待。」上遂不許其和。紀以黄金一斤爲餅，餅百爲篋，至有百篋，銀五倍於金，錦罽、繒綵稱是。每戰，懸示將士，不以爲賞。寧州刺史陳智祖請散之以募勇士，弗聽，智祖哭而死。有請事者，紀辭疾不見。由是將卒解體。

秋七月辛未，巴東民苻昇等斬峽口城主公孫晃，降於王琳。謝答仁、任約進攻侯叡，破之，拔其三壘；於是兩岸十四城俱降。紀不獲退，順流東下，遊擊將軍南陽樊猛追擊之，紀衆大潰，赴水死者八千餘人，猛圍而守之。上密敕猛曰：「生還，不成功也。」猛引兵至紀所，紀在舟中繞牀而走，以金囊擲猛曰：「以此雇卿，送我一見七官。」猛曰：「天子何由可見？殺足下，金將安之。」遂斬紀及其幼子圓滿。陸法和收太子圓照兄弟三人送江陵。上絶紀屬籍，賜姓饕餮氏。下劉孝勝獄，已而釋之。上使謂江安侯圓正曰：「西軍已敗，汝父不知存亡。」意欲使其自裁。圓正聞之號哭，稱世子不絶聲。上頻使覘之，知不能死，移送廷尉獄。見圓照曰：「兄何乃亂人骨肉，使痛酷如此！」圓照唯云「計誤」。上並命絶食於獄，至齧臂啖之，十三日而死，遠近聞而悲之。

魏尉遲迥圍成都五旬，永豐侯撝屢出戰，皆敗，乃請降。諸將欲不許，迥曰：「降之則將士全，遠人悦；攻之則將士傷，遠人懼。」遂受之。八月戊戌，撝與宜都王圓肅帥文武詣軍門降，迥以禮接之，與盟於益州城北。吏民皆復其業，唯收奴婢及儲積以賞將士，軍無私焉。魏以撝及圓肅並爲開府儀同三司，以迥爲大都督益潼等十二州諸軍事、益州刺史。

三年。魏加益州刺史尉遲迥督六州，通前十八州，自劍閣以南得承制封拜及黜陟。迥明賞罰，布威恩，綏輯新民，經略未附，華夷懷之。

蕭勃據嶺南

梁武帝太清三年。西江督護陳霸先欲起兵討侯景，景使人誘廣州刺史元景仲，許奉以爲主，景仲由是附景，陰圖霸先。霸先知之，與成州刺史王懷明等集兵南海，馳檄以討景仲，曰：「元景仲與賊合從，朝廷遣曲陽侯蕭勃爲刺史，軍已頓朝亭。」景仲所部聞之，皆棄景仲而散。秋七月甲寅，景仲縊於閤下。霸先迎定州刺史蕭勃鎮廣州。

前高州刺史蘭裕，欽之弟也，與其諸弟扇誘始興等十郡，攻監衡州事歐陽頠。勃使霸先救之，悉擒裕等，勃因以霸先監始興郡事。

冬十二月，始興太守陳霸先結郡中豪傑欲討侯景，郡人侯安都、張偲等各帥衆千餘人歸之。霸先遣主帥杜僧明將二千人頓於嶺上，廣州刺史蕭勃遣人止之，曰：「侯景驍雄，天下無敵。前者援軍十萬，士馬精强，猶不能克，君以區區之衆，將何所之？如聞嶺北王侯又皆鼎沸，親尋干戈，以君疏外，詎可暗投。未若且留始興，遥張聲勢，保太山之安也。」霸先曰：「僕荷國恩，往聞侯景渡江，即欲赴援，遭值元、蘭梗我中道。今京都覆没，君辱臣死，誰敢愛命！君侯體則皇枝，任重方岳，遣僕一軍，猶賢乎已，乃更止之乎？」乃遣使間道詣江陵，受湘東王繹節度。時南康土豪蔡路養起兵據郡，勃乃以腹心譚世遠爲曲江令，與路養相結，同遏霸先。

簡文帝大寶元年春正月，陳霸先發始興，至大庾嶺，蔡路養將二萬人軍於南野以拒之。路養妻姪蘭陵蕭摩訶，年十三，單騎出戰，無敢當者。杜僧明馬被傷，陳霸先救之，授以所乘馬，僧明上馬復戰，衆軍因而乘之，路養大敗，脱身走。

元帝承聖三年。廣州刺史、曲江侯勃自以非上所授，内不自安，上亦疑之。勃啓求入朝，五月乙巳，上以王琳爲廣州刺史，勃爲晉州刺史。秋九月，曲江侯勃還居始興。

陳高祖永定元年。初，梁世祖以始興郡爲東衡州，以歐陽頠爲刺史。久之，徙頠爲郢州刺史，蕭勃留頠不遣。世祖以王琳代勃爲廣州刺史，勃遣其將孫瑒監廣州，盡帥所部屯始興以避之。頠別據一城，不往謁，閉門自守。勃怒，遣兵襲之，盡收其貲財、馬仗，尋赦之，使復其所，與之結盟。江陵陷，頠遂事勃。二月庚午，勃起兵於廣州，遣頠及其將傅泰、蕭孜爲前軍。孜，勃之從子也。南江州刺史余孝頃以兵會之。詔平西將軍周文育帥諸軍討之。

歐陽頠等出南康。頠屯豫章之苦竹灘，傅泰據蹠口城，余孝頃遣其弟孝勱守郡城，自出豫章據石頭。巴山太守熊曇朗誘頠共襲高州刺史黃法氍，又語法氍，約共破頠。且曰：「事捷，與我馬仗。」遂出軍，與頠俱進。至法氍城下，曇朗陽敗走。法氍乘之，頠失援而走，曇朗取其馬仗歸于巴山。

周文育軍少船，余孝頃有船在上牢，文育遣軍主焦僧度襲之，盡取以歸，仍於豫章立柵。軍中食盡，諸將欲退，文育不許，使人間行遺衡州刺史周迪書，約爲兄弟。迪得書甚喜，許饋以糧。於是文育分遣老弱乘故船沿流俱下，燒豫章柵，僞若遁去者。孝頃望之，大喜，不復設備。文育由間道兼行據芊韶，芊韶上流則歐陽頠、蕭孜，下流則傅泰、余孝頃營，文育據其中間，築城饗士，頠等大駭。頠退入泥溪，文育遣嚴威將軍周鐵虎等襲頠，癸巳，擒之。文育盛陳兵甲，與頠乘舟而宴，巡蹠口城下，使其將丁法洪攻泰，擒之。孜、孝頃退走。

三月庚子，周文育送歐陽頠、傅泰于建康，丞相霸先與頠有舊，釋而厚待之。曲江侯勃在南康，聞歐陽頠等敗，軍中忷懼。甲寅，德州刺史陳法武、前衡州刺史譚世遠攻勃，殺之。

夏四月，故曲江侯勃主帥蘭敱襲殺譚世遠，軍主夏侯明徹殺敱，持勃首降。勃故記室李寶藏奉懷安侯任據廣州。蕭孜、余孝頃猶據石頭，爲兩城，各居其一，多設船艦，夾水而陳。丞相霸先遣平南將軍侯安都助周文育擊之。戊戌，安都潛師夜燒其船艦，文育帥水軍，安都帥步騎，進攻之，蕭孜出降，孝頃逃歸新吴，文育等引兵還。丞相霸先以歐陽頠聲著南土，復以頠爲衡州刺史，使討嶺南。未至，其子紇已克始興。頠至嶺南，諸郡皆降，遂克廣州，嶺南悉平。五月戊辰，余孝頃遣使詣丞相府乞降。

二年。王琳之引兵東下也，衡州刺史周迪欲自據南川，乃總召所部八郡守宰結盟，齊言入赴。上恐其爲變，厚慰撫之。新吴洞主余孝頃遣沙門道林説琳曰：「周迪、黄法𣰰皆依附金陵，陰窺間隙，大軍若下，必爲後患。不如先定南川，然後東下。」孝頃請席卷所部以從下吏。琳乃遣輕車將軍樊猛、平南將軍李孝欽、平東將軍劉廣德將兵八千赴之，使孝頃總督三將，屯於臨川故郡，徵兵糧於迪，以觀其所爲。

夏五月癸巳，余孝頃等〔衆〕且二萬，軍于工塘，連八城以逼周迪。迪懼，請和，并送兵糧。樊猛等欲受盟而還。孝頃貪其利，不許，樹柵圍之。由是猛等與孝頃不協。

秋七月，高州刺史黄法㲉、吴興太守沈恪、寧州刺史周敷合兵救周迪。敷自臨川故郡斷江口，分兵攻余孝頃别城。樊猛等不救而没。劉廣德乘流先下，故獲全。孝頃等皆棄舟引兵步走，迪追擊，盡擒之，送孝頃及李孝欽於建康，歸樊猛於王琳。九月，余孝頃之弟孝勱及子公颺猶據舊柵不下，庚午，詔開府儀同三司周文育都督衆軍出豫章討之。

三年夏五月，周文育、周迪、黄法㲉共討余公颺，豫章内史熊曇朗引兵會之，衆且萬人。文育軍於金口，公颺詐降，謀執文育，文育覺之，囚送建康。文育進屯三陂，王琳遣其將曹慶帥二千人救余孝勱。慶分遣主帥常衆愛與文育相拒，自帥其衆攻周迪及安南將軍吴明徹，迪等敗，文育退據金口。熊曇朗因其失利，謀殺文育以應衆愛，監軍孫白象聞其謀，勸文育先之，文育不從。時周迪棄船走，不知所在。乙酉，文育得迪書，自齎以示曇朗，曇朗殺之於座而并其衆，因據新淦城。曇朗將兵萬人襲周敷，敷擊破之，曇朗單騎奔巴山。六月，周文育之討余孝勱也，帝令南豫州刺史侯安都繼之。文育死，安都還，遇王琳將周炅、周協南歸，與戰，擒之。孝勱弟孝猷帥所部四千家詣安都降。安都進軍至左里，擊曹慶、常衆愛，破之。衆愛奔廬山，庚寅，廬山民斬之，傳首。

文帝天嘉元年。王琳之東下也，帝徵南川兵，江州刺史周迪、高州刺史黄法㲉帥舟師將赴之。熊曇朗據城列艦，塞其中路，迪等與周敷共圍之。琳敗，曇朗部衆離心，迪攻拔其城，虜男女萬餘口。曇朗走入村中，村民斬之。傳首建康，盡滅其族。

王琳奔齊 陳伐齊附

梁元帝承聖元年冬十月戊申，湘東王執湘州刺史王琳於殿中，殺其副將殷晏。琳本會稽兵家，其姊妹皆入王宫，故琳少在王左右。琳好勇，王以爲將帥。琳傾身下士，所得賞賜，不以入家。麾下萬人，多江、淮羣盜，從王僧辯平侯景，與杜龕功居第一。在建康，恃寵縱暴，僧辯不能禁。僧辯以宫殿之燒，恐得罪，欲以琳塞責，乃密啓王，請誅琳。王以琳爲湘州，琳自疑及禍，使長史陸納帥部曲赴湘州，身詣江陵陳謝，謂納等曰：「吾若不返，子將安之？」咸曰：「請死之。」相泣而别。至江陵，王下琳吏。

辛酉，以王子方略爲湘州刺史，又以廷尉黄羅漢爲長史，使與太舟卿張載至巴陵，先據琳軍。載有寵於王，而御下峻刻，荆州人疾之如讎。羅漢等至琳軍，陸納及士卒並哭，不肯受命，執羅漢及載。王遣宦者陳旻往諭之，納對旻刳載腹，抽腸以繫馬足，使繞而走，腸盡氣絶。又臠割，出其心，向之抃舞，焚其餘骨。以黄羅漢清謹而免之。納與諸將引兵襲湘州，時州中無主，納遂據之。

十一月，湘東王即皇帝位於江陵。陸納襲擊衡州刺史丁道貴於淥口，破之，道貴奔零陵，其衆悉降於納。上聞之，遣使徵司徒王僧辯、右衛將軍杜崱、平北將軍裴之横，與宜豐侯循共討納，循軍巴陵以待之。

二年春三月，陸納遣其將吴藏、潘烏黑、李賢明等下據車輪。王僧辯至巴陵，宜豐侯循讓都督於僧辯，僧辯弗受。上乃以僧辯、循爲東、西都督。夏四月丙申，僧辯軍于車輪。陸納夾岸爲城，以拒王僧辯。納士卒皆百戰之餘，僧辯憚之，不敢輕進，稍作連城以逼之。納以僧辯爲怯，不設備。五月甲子，僧辯命諸軍水陸齊進，急攻之，僧辯親執旗鼓，宜豐侯循身受矢石，拔其二城。納衆大敗，步走，保長沙。

六月，上遣使送王琳，令説諭陸納。乙未，琳至長沙，僧辯使送示之，納衆悉拜且泣，使謂僧辯曰：「朝廷若赦王郎，乞聽入城。」僧辯不許，復送江陵。陸法和求救不已，上欲召長沙兵，恐失陸納，乃復遣琳，許其入城。琳既入，納遂降，湘州平，上復琳官爵。秋八月，以湘州刺史王琳爲衡州刺史。

三年夏五月乙巳，以王琳爲廣州刺史。上以琳部衆强盛，又得衆心，故欲遠之。琳與主書廣漢李膺厚善，私謂膺曰：「琳小人也，蒙官拔擢至此。今天下未定，遷琳嶺南，如有不虞，安得琳力。竊揆官意，不過疑琳。琳分望有限，豈與官争爲帝乎？何不以琳爲雍州刺史，鎮武寧，琳自放兵作田，爲國禦捍。」膺然其言而弗敢啓。

冬十一月，魏師圍江陵，帝徵廣州刺史王琳爲湘州刺史，使引兵入援。王琳軍至長沙，鎮南府長史裴政間道先報江陵，爲魏人所獲。（臺）城陷，帝爲魏人所殺。事見梁氏亂亡。

敬帝紹泰元年春正月，梁王詧即皇帝位於江陵，以莫勇爲武州刺史，魏永壽爲巴州刺史。

湘州刺史王琳將兵自小桂北下，至蒸城，聞江陵已陷，爲世祖發哀，三軍縞素，遣別將侯平帥舟師攻後梁。琳屯兵長沙，傳檄州郡，爲進取之計。長沙王韶及上游諸將皆推琳爲盟主。二月，侯平攻後梁巴、武二州，故劉棻主帥趙朗殺宋文徹，以邵陵歸于王琳。夏五月庚辰，侯平等擒莫勇、魏永壽。江陵之陷也，永嘉王莊生七年矣，尼法慕匿之，王琳迎莊，送之建康。秋八月辛巳，王琳自蒸城還長沙。冬十月〔癸丑〕，以王琳爲車騎將軍、開府儀同三司。十二月，以陳霸先從子曇朗及永嘉王莊爲質於齊。事見梁氏亂亡。

太平元年春二月，後梁主擊侯平於公安，平與長沙王韶引兵還長沙。王琳遣平鎮巴州。夏（五）〔六〕月侯平頻破後梁軍，以王琳兵威不接，更不受指麾。琳遣將討之，平殺巴州助防吕旬，收其衆，奔江州，侯瑱與之結爲兄弟。琳軍勢益衰，乙丑，遣使奉表詣齊，并獻馴象。江陵之陷也，琳妻蔡氏、世子毅皆没于魏，琳又獻款于魏以求妻、子，亦稱臣于梁。

秋七月，魏太師泰遣安州長史鉗耳康買使于王琳，琳遣長史席豁報之，且請歸世祖及愍懷太子之柩，泰許之。八月，魏以王琳爲大將軍、長沙郡公。九月甲子，王琳以舟師襲江夏。冬十月壬申，豐城侯泰以州降之。十一月辛丑，豐城侯泰奔齊，齊以爲永州刺史。詔徵王琳爲司空，琳辭不至，留其將潘純陀監郢州，身還長沙。魏人歸其妻子。

陳高祖永定元年春正月，詔以王琳爲司空、驃騎大將軍。三月甲辰，以司空王琳爲湘郢二州刺史。

夏五月，王琳既不就徵，大治舟艦，將攻陳霸先。六月戊寅，霸先以開府儀同三司侯安都爲西道都督，周文育爲南道都督，將舟師二萬會武昌以擊之。秋八月丁卯，周人歸梁世祖柩及諸將家屬千餘人於王琳。冬十月，梁敬帝禪位于陳。

侯安都至武昌，王琳將樊猛棄城走，周文育自豫章會之。安都聞上受禪，歎曰：「吾今茲必敗，戰無名矣。」時兩將俱行，不相統攝，部下交争，稍不相平。軍至郢州，琳將潘純陀於城中遥射官軍，安都怒，進軍圍之。未克，而王琳至弇口，安都乃釋郢州悉衆詣沌口，留沈泰一軍守漢曲。安都遇風不得進，琳據東岸，安都等據西岸，相持數日，乃合戰，安都等大敗。安都、文育及裨將徐敬成、周鐵虎、程靈洗皆爲琳所擒，沈泰引軍奔歸。琳引見諸將，與語，周鐵虎辭氣不屈，琳殺鐵虎而囚安都等，總以一長鎖繫之，置琳所坐艑下，令所親宦者王子晉掌視之。琳乃移湘州軍府就郢城，又遣其將樊猛襲據江州。

二年春正月，王琳引兵下，至湓城，屯於白水浦，帶甲十萬。琳以北江州刺史魯悉達爲鎮北將軍，上亦以悉達爲征西將軍，各送鼓吹、女樂。悉達兩受之，遷延顧望，皆不就。上遣安西將軍沈泰襲之，不克。琳欲引軍東下，而悉達制其中流，琳遣使説誘，終不從。己亥，琳遣記室宗虩求援於齊，且請納梁永嘉王莊以主梁祀。

三月，齊發兵援送梁永嘉王莊於江南，册拜王琳爲梁丞相、都督中外諸軍、録尚書事。琳遣兄子叔寶帥所部十州刺史子弟赴鄴。琳奉莊即皇帝位，改元天啓。追謚建安公淵明曰閔皇帝。莊以琳爲侍中、大將軍、中書監，餘依齊朝之命。

夏六月己巳，詔司空侯瑱、領軍將軍徐度帥舟師爲前軍以討王琳。秋七月戊戌，上幸石頭，送侯瑱等。甲辰，上遣吏部尚書謝哲往諭王琳。哲，朏之孫也。八月，謝哲返命，王琳請還湘州，詔追衆軍還。癸未，衆軍至自大雷。

冬十二月，後梁主遣其大將軍王操將兵略取王琳之長沙、武陵、南平等郡。

三年春正月，王琳召桂州刺史淳于量。量雖與琳合，而潛通於陳，二月辛酉，以量爲開府儀同三司。三月，梁永嘉王莊至郢州，遣使入貢于齊。王琳遣其將雷文策襲後梁監利太守蔡大有，殺之。

夏六月丁酉，上不豫，丙午，殂。冬十月，王琳聞高祖殂，乃以少府卿吴郡孫瑒爲郢州刺史，總留任，奉梁永嘉王莊出屯濡須口，齊揚州道行臺慕容儼帥衆臨江，爲之聲援。十一月乙卯，琳寇大雷，詔侯瑱、侯安都及儀同徐度將兵禦之。安州刺史吴明徹夜襲湓城，琳遣巴陵太守任忠擊明徹，大破之，明徹僅以身免，琳因引兵東下。

文帝天嘉元年春二月，王琳至栅口，侯瑱督諸軍出屯蕪湖，相持百餘日。東關春水稍長，舟艦得通，琳引合肥漅湖之衆，舳艫相次而下，軍勢甚盛。瑱進軍虎檻洲，琳亦出船列于江西，隔洲而泊。明日，合戰，琳軍少卻，退保西岸。及夕，東北風大起，吹其舟艦並壞，没于沙中，浪大，不得還浦。及旦風静，琳入浦治船，瑱等亦引軍退入蕪湖。

周人聞琳東下，遣都督荆襄等五十二州諸軍事、荆州刺史史寧將兵數萬，乘虚襲郢州，孫瑒嬰城自守。琳聞之，恐其衆潰，乃帥舟師東下，去蕪湖十里而泊，擊柝聞於陳軍。齊儀同三司劉伯球將兵萬餘人助琳水戰，行臺慕容恃德之子子會將鐵騎二千屯蕪湖西岸，爲之聲勢。

丙申，瑱令軍中晨炊蓐食以待之。時西南風急，琳自謂得天助，引兵直趣建康。瑱等徐出蕪湖躡其後，西南風翻爲瑱用。琳擲火炬以燒陳船，皆反燒其船。瑱發拍以擊琳艦，又以牛皮冒蒙衝小船以觸其艦，并鎔鐵灑之。琳軍大敗，軍士溺死者什二三，餘皆棄船登岸走，爲陳軍所殺殆盡。齊步騎在西岸者自相蹂踐，並陷于蘆荻泥淖中，騎皆棄馬脱走，得免者什二三。擒劉伯球、慕容子會，斬獲萬計，盡收梁、齊軍資、器械。琳乘舴艋冒陳走，至湓城，欲收合離散，衆無附者，乃與妻妾、左右十餘人奔齊。

先是，琳使侍中袁泌、御史中丞劉仲威侍衛永嘉王莊，及敗，左右皆散。泌以輕舟送莊達于齊境，拜辭而還，遂來降，仲威奉莊奔齊。泌，昂之子也。樊猛及其兄毅帥部曲來降。

周軍初至郢州，孫瑒士卒皆死戰，周人不能克。既而聞王琳敗，陳兵將至，乃解圍去。瑒遣使舉中流之地來降。

二年春正月，齊主使王琳出合肥，召募傖楚，更圖進取。合州刺史裴景徽，琳兄珉之壻也，請以私屬爲鄉導。齊主使琳與行臺左丞盧潛將兵赴之，琳沈吟不決。景徽恐事泄，挺身奔齊。齊主以琳爲驃騎大將軍、開府儀同三司、揚州刺史，鎮壽陽。

三年春閏二月，齊揚州刺史行臺王琳數欲南侵，尚書盧潛以爲時事未可。上遣移書壽陽，欲與齊和親。潛以其書奏齊朝，仍上啓且請息兵。齊主許之，遣散騎常侍崔瞻來聘，且歸南康愍王曇朗之喪。琳由是與潛有隙，更相表列。齊主徵琳赴鄴，以潛爲揚州刺史，領行臺尚書。瞻，悽之子也。秋七月，上遣使聘齊。冬十一月丁丑，齊遣兼散騎常侍封孝琰來聘。

四年夏六月乙卯，齊主使兼散騎常侍崔子武來聘。

五年夏四月辛卯，齊主使兼散騎常侍皇甫亮來聘。冬十一月戊戌，齊主使兼散騎常侍劉逖來聘。

六年夏六月己巳，齊主使兼散騎常侍王季高來聘。

天康元年夏六月，齊遣兼散騎常侍韋道儒來聘。

臨海王光大元年夏四月癸丑，齊遣散騎常侍司馬幼之來聘。

二年春正月癸亥，齊主使兼散騎常侍鄭大護來聘。

宣帝太建二年春正月戊申，齊使兼散騎常侍裴讞之來聘。冬十月，齊以梁永嘉王莊爲開府儀同三司、梁王，許以興復，竟不果。及齊亡，莊憤邑，卒於鄴。

三年春正月丁巳，齊使兼散騎常侍劉環儁來聘。夏四月，齊遣使來聘。

五年春三月，帝謀伐齊，公卿各有異同，唯鎮前將軍吴明徹決策請行。帝謂公卿曰：「朕意已決，卿可共舉元帥。」衆議以中權將軍淳于量位重，共署推之。尚書左僕射徐陵獨曰：「吴明徹家在淮左，悉彼風俗，將略人才，當今亦無過者。」都官尚書河東裴忌曰：

「臣同徐僕射。」陵應聲曰：「非但明徹良將，裴忌即良副也。」壬午，分命衆軍，以明徹都督征討諸軍事，忌監軍事，統衆十萬伐齊。明徹出秦郡，都督黄法𣰰出歷陽。

夏四月，齊人於秦郡置秦州，州前江浦通涂水，齊人以大木爲栅於水中。辛亥，吴明徹遣豫章内史程文季將驍勇拔其栅，克之。文季，靈洗之子也。

齊人議禦陳師，開府儀同三司王紘曰：「官軍比屢失利，人情騷動。若復出頓江、淮，恐北狄、西寇乘弊而來，則世事去矣。莫若薄賦省徭，息民養士，使朝廷協睦，遐邇歸心。天下皆當肅清，豈直陳氏而已。」不從。遣軍救歷陽，庚申，黄法𣰰擊破之。又遣開府儀同三司尉破胡、長孫洪略救秦州。趙彦深私問計於秘書監源文宗曰：「吴賊侏張，遂至於此。弟往爲秦涇刺史，悉江、淮間情事，今何術以禦之？」文宗曰：「朝廷精兵，必不肯多付諸將，數千已下，適足爲吴人之餌。尉破胡人品，王之所知，敗績之事，匪朝伊夕。國家待遇淮南，失之同於蒿箭。如文宗計者，不過專委王琳，招募淮南三四萬人，風俗相通，能得死力，兼令舊將將兵屯於淮北，足以固守。且琳之於頊，必不肯北面事之明矣。竊謂此計之上者。若不推赤心於琳，更遣餘人掣肘，復成速禍，彌不可爲。」彦深歎曰：「弟此策誠足制勝千里，但口舌争之十日，已不見從。時事至此，安可盡言？」因相顧流涕。文宗名彪，以字行，子恭之子也。

文宗子師爲左外兵郎中，攝祠部，嘗白高阿那肱「龍見當雩」。阿那肱驚曰：「何處龍見，其色如何？」師曰：「龍星初見，禮當雩祭，非真龍也。」阿那肱怒曰：「漢兒多事，强知星宿。」遂不祭。師出，竊歎曰：「禮既廢矣，齊能久乎！」

齊師選長大有膂力者爲前隊，號蒼頭、犀角、大力，其鋒甚鋭，又有西域胡，善射，弦無虚發，衆軍尤憚之。辛酉，戰于吕梁。將戰，吴明徹謂巴山太守蕭摩訶曰：「若殪此胡，則彼軍奪氣，君才不減關羽矣。」摩訶曰：「願示其狀，當爲公取之。」明徹乃召降人有識胡者使指示之，自酌酒以飲摩訶。摩訶飲畢，馳馬衝齊軍。胡挺身出陳前十餘步，彀弓未發，摩訶遥擲銑鋧，正中其額，應手而仆。齊軍大力十餘人出戰，摩訶又斬之。於是齊軍大敗，尉破胡走，長孫洪略戰死。

破胡之出師也，齊人使侍中王琳與之俱。琳謂破胡曰：「吴兵甚鋭，宜以長策制之，慎勿輕鬬。」破胡不從而敗。琳單騎僅免，還至彭城，齊人即使之赴壽陽召募以拒陳師，復以盧潛爲揚州道行臺尚書。

甲子，南譙太守徐槾克石梁城。五月己巳，瓦梁城降。癸酉，陽平郡降。甲戌，徐槾克盧江城。歷陽窘蹙乞降，黄法氍緩之，則又拒守。法氍怒，帥卒急攻，丙子，克之，盡殺戍卒。進軍合肥，合肥望旗請降，法氍禁侵掠，撫勞戍卒，與之盟而縱之。

己卯，齊北高唐郡降。辛巳，詔南豫州刺史黄法𣰰徙鎮歷陽。乙酉，南齊昌太守黄詠克齊昌外城。丙戌，廬陵内史任忠軍于東關，克其東西二城，進克蘄城。戊子，又克譙郡城。秦州城降。癸巳，瓜步、胡墅二城降。六月庚子，郢州刺史李綜克灄口城。乙巳，任忠克合州外城。庚戌，淮陽、沭陽郡並棄城走。癸丑，程文季攻齊涇州，拔之。乙卯，宣毅司馬湛陀克新蔡城。癸亥，黄法𣰰克合州。吳明徹進攻仁州，甲子，克之。

秋七月戊辰，齊遣尚書左丞陸騫將兵二萬救齊昌，出自巴、蘄，遇西陽太守汝南周炅。炅留羸弱設疑兵以當之，身帥精鋭由間道邀其後，大破之。己巳，征北大將軍吳明徹軍至峽口，克其北岸城，南岸守者棄城走。周炅克巴州。淮北絳城及穀陽士民並殺其戍主以城降。齊巴陵王王琳與揚州刺史王貴顯保壽陽外郭，吳明徹以琳初入，衆心未固，丙戌，乘夜攻之，城潰。齊兵退據相國城及金城。八月乙未，山陽城降。壬寅，盱眙城降。壬子，戎昭將軍徐敬辯克海安城。青州東海城降。戊午，平固侯敬泰等克晋州。九月甲子，陽平城降。壬申，高陽太守沈善慶克馬頭城。甲戌，齊安城降。丙子，左衛將軍樊毅克廣陵楚子城。

冬十月，吳明徹攻壽陽，堰肥水以灌城，城中多病腫泄，死者什六七。齊行臺右僕射琅邪皮景和等救壽陽，以尉破胡新敗，怯懦不敢前，屯於淮口。敕使屢促之，然始渡淮，衆數十萬，去壽陽三十里，頓軍不進。諸將皆懼，曰：「堅城未拔，大援在近，將若之何？」明徹曰：「兵貴神速，而彼結營不進，自挫其鋒，吾知其不敢戰，明矣。」乙巳，躬擐甲胄，四面疾攻，一鼓拔之，生擒王琳、王貴顯、盧潛及扶風王可朱渾孝裕、尚書左丞李騊駼，送建康。景和北遁，盡收其駝馬輜重。

琳體貌閑雅，喜怒不形於色。强記内敏，軍府佐吏千數，皆能識其姓名。刑罰不濫，輕財愛士，得將卒心。雖失地流寓在鄴，齊人皆重其忠義。及被擒，故麾下將卒多在明徹軍中，見者皆歔欷，不能仰視，争爲請命及致資給。明徹恐其爲變，遣使追斬之於壽陽東二十里，哭者聲如雷。有一叟以酒脯來祭，哭盡哀，收其血而去。田夫野老，知與不知，聞者莫不流涕。

齊穆提婆、韓長鸞聞壽陽陷，握槊不輟，曰：「本是彼物，從其取去。」齊主聞之，頗以爲憂。提婆等曰：「假使國家盡失黄河以南，猶可作一龜兹國。更可憐人生如寄，唯當行樂，何用愁爲？」左右嬖臣因共贊和之，帝即大喜，酣飲鼓舞，仍使於黎陽臨河築城戍。

丁未，齊遣兵萬人至潁口，樊毅擊走之。辛亥，遣兵援蒼陵，又破之。齊主以皮景和全軍而還，賞之，除尚書令。丙辰，詔以壽陽復爲豫州，以黄城爲司州。以明徹爲都督豫合等六州諸軍事、車騎大將軍、豫州刺史，遣謁者蕭淳風就壽陽册命，於城南設壇，士卒二十萬，陳旗鼓戈甲。明徹登壇拜受，成禮而退，將卒榮之。上置酒，舉杯屬徐陵曰：「賞卿知人。」陵避席曰：「定策聖衷，非臣力也。」以黄法氍爲征西大將軍、合州刺史。戊午，湛陀克齊昌城。十一月甲戌，淮陰城降。庚辰，威虜將軍劉桃枝克朐山城。辛巳，樊毅克濟陰城。己丑，魯廣達攻齊南徐州，克之，以廣達爲北徐州刺史，鎮其地。

齊北徐州民多起兵以應陳，逼其州城，祖珽命不閉城門，禁人不得出衢路，城中寂然。反者不測其故，疑人走城空，不設備。珽忽令鼓譟震天，反者皆驚走。既而復結陳向城，珽令録事參軍王君植將兵拒之，自乘馬臨陳左右射。反者先聞其盲，謂其必不能出，忽見之，大驚。穆提婆欲令城陷，不遣援兵，珽且戰且守，十餘日，反者竟散走。

詔懸王琳首於建康市。故吏梁驃騎倉曹參軍朱瑒致書徐陵求其首，曰：「竊以典午將滅，徐廣爲晉家遺老；當塗已謝，馬孚稱魏室忠臣。梁故建寧公琳，當離亂之辰，總方伯之任，天厭梁德，尚思匡繼，徒蘊包胥之志，終遘萇弘之眚，至使身没九泉，頭行千里。伏惟聖恩博厚，明詔爰發。赦王經之哭，許田横之葬。不使壽春城下，唯傳報葛之人；滄洲島上，獨有悲田之客。」陵爲之啓上。十二月壬辰朔，詔琳首皆還其親屬。瑒瘞琳於八公山側，義故會葬者數千人。瑒間道奔齊，别議迎葬，尋有壽陽人茅智勝等五人密送其柩於鄴。齊贈琳開府儀同三司、録尚書事，謚曰忠武王，給輼輬車以葬之。

齊顯祖狂暴　常山王篡立附

梁敬帝紹泰元年。初，齊平秦王歸彦幼孤，高祖令清河昭武王岳養之，岳情禮甚薄，歸彦心銜之。及顯祖即位，歸彦爲領軍大將軍，大被寵遇；岳謂其德己，更倚賴之。岳屢將兵立功，有威名，而性豪侈，好酒色，起第於城南，廳事後開巷。歸彦譖之於帝曰：「清河僭擬宮禁，制爲永巷，但無闕耳。」帝由是惡之。帝納倡婦薛氏於後宮，岳先嘗因其姊迎之至第。帝夜遊於薛氏家，其姊爲父乞司徒。帝大怒，懸其姊，鋸殺之。讓岳以姦，岳不服。帝益怒，十一月乙亥，使歸彦鴆岳。岳自訴無罪，歸彦曰：「飲之則家全。」飲之而卒，葬贈如禮。薛嬪有寵於帝，久之帝忽思其與岳通，無故斬首，藏之於懷，出東山宴飲。勸酬始合，忽探出其首，投於柈上，支解其尸，弄其髀爲琵琶，一座大驚。帝方收取，對之流涕曰：「佳人難再得！」載尸以出，被髮步哭而隨之。

太平元年。齊發丁匠三十餘萬修廣三臺宮殿。齊顯祖之初立也，留心政術，務存簡靖，坦於任使，人得盡力。又能以法馭下，或有違犯，不容勳戚，内外莫不肅然。至於軍國機策，獨決懷抱，每臨行陳，親當矢石，所向有功。數年之後，漸以功業自矜，遂嗜酒淫泆，肆行狂暴。或身自歌舞，盡日通宵。或散髮胡服，雜衣錦綵。或袒露形體，塗傅粉黛。或乘牛、驢、橐駝、白象，不施鞍勒。或令崔季舒、劉桃枝負之而行，擔胡鼓拍之。勳戚之第，朝夕臨幸，游行市里，街坐巷宿，或盛夏日中暴身，或隆冬去衣馳走，從者不堪，帝居之自若。三臺構木高二十七丈，兩棟相距二百餘尺，工匠危怯，皆繫繩自防，帝登脊疾走，殊無怖畏；時復雅儛，折旋中節，傍人見者莫不寒心。嘗於道上問婦人曰：「天子何如？」曰：「顛顛癡癡，何成天子。」帝殺之。

婁太后以帝酒狂，舉杖擊之曰：「如此父生如此兒。」帝曰：「即當嫁此老母與胡。」太后大怒，遂不言笑。帝欲太后笑，自匍匐，以身舉牀，墜太后於地，頗有所傷。既醒，大慚恨，使積柴熾火，欲入其中。太后驚懼，親自持挽，强爲之笑曰：「曏汝醉耳。」帝乃設地席，命平秦王歸彥執杖，口自責數，脱背就罰。謂歸彥曰：「杖不出血，當斬汝。」太后前自抱之，帝流涕苦請，乃笞脚五十，然後衣冠拜謝，悲不自勝。因是戒酒，一旬，又復如初。

帝幸李后家，以鳴鏑射后母崔氏，罵曰：「吾醉時尚不識太后，老婢何事！」馬鞭亂擊一百有餘。雖以楊愔爲宰相，使進厠籌，以馬鞭鞭其背，流血浹袍。嘗欲以小刀剺其腹，崔季舒託俳言曰：「老小公子惡戲。」因掣刀去之。又置愔於棺中，載以輀車。又嘗持槊走馬，以擬左丞相斛律金之胸者三，金立不動，乃賜帛千段。

高氏婦女，不問親疏，多與之亂，或以賜左右，又多方苦辱之。彭城王浟太妃爾朱氏，魏敬宗之后也，帝欲蒸之，不從，手刃殺之。故魏樂安王元昂，李后之姊壻也，其妻有色，帝數幸之，欲納爲昭儀。召昂，令伏，以鳴鏑射之百餘下，凝血垂將一石，竟至於死。后啼不食，乞讓位於姊，太后又以爲言，帝乃止。

又嘗於衆中召都督韓哲，無罪，斬之。作大鑊、長鋸、剉、碓之屬，陳之於庭，每醉，輒手殺人，以爲戲樂。所殺者多令支解，或焚之於火，或投之於水。楊愔乃簡鄴下死囚，置之仗内，謂之供御囚，帝欲殺人，輒執以應命，三月不殺則宥之。開府參軍裴謂之上書極諫，帝謂楊愔曰：「此愚人，何敢如是！」對曰：「彼欲陛下殺之，以成名於後世耳。」帝曰：「小人。我且不殺爾，焉得名！」帝與左右飲，曰：「樂哉。」都督王紘曰：「有大樂，亦有大苦。」帝曰：「何謂也？」對曰：「長夜之飲，不寤國亡身隕，所謂大苦。」帝縛紘，欲斬之，思其有救世宗之功，乃捨之。

帝遊宴東山，以關、隴未平，投盃震怒，召魏收於前，立爲詔書，宣示遠近，將事西行。魏人震恐，常爲度隴之計，然實未行。一日，泣謂羣臣曰：「黑獺不受我命，奈何？」都督劉桃枝曰：「臣得三千騎，請就長安擒之以來。」帝壯之，賜帛千匹。趙道德進曰：「東西兩國，强弱力均，彼可擒之以來，此亦可擒之以往。桃枝妄言，應誅，陛下奈何濫賞！」帝曰：「道德言是。」回絹賜之。帝乘馬欲下峻岸，入于漳，道德攬轡回之。帝怒，將斬之。道德曰：「臣死不恨，當於地下啓先帝，論此兒酣酗顛狂，不可教訓。」帝默然而止。他日，帝謂道德曰：「我飲酒過，須痛杖我。」道德扶之，帝走。道德逐之曰：「何物人，爲此舉止！」

典御丞李集面諫，比帝於桀、紂。帝令縛置流中，沈没久之，復令引出，謂曰：「吾何如桀、紂？」集曰：「向來彌不及矣。」帝又令沈之，引出，更問，如此數四，集對如初。帝大笑曰：「天下有如此癡人，方知龍逢、比干未是俊物。」遂釋之。頃之，又被引入見，似有所諫，帝令將出要斬。其或斬或赦，莫能測焉。内外憯憯，各懷怨毒，而素能默識强記，加以嚴斷，羣下戰慄，不敢爲非。又能委政楊愔，愔總攝機衡，百度修敕，故時人皆言主昏於上，政清於下。

秋八月庚申，齊主將西巡，百官辭於紫陌，帝使稍騎圍之，曰：「我舉鞭，即殺之。」日晏，帝醉不能起。黄門郎是連子暢曰：「陛下如此，羣臣不勝恐怖。」帝曰：「大怖邪？若然，勿殺。」遂如晉陽。

冬十二月，齊自西河總秦戍築長城，東至於海，前後所築東西凡三千餘里。

陳高祖永定元年秋七月，河南、北大蝗。齊主問魏郡丞崔叔瓚曰：「何故致蝗？」對曰：「五行志，土功不時，蝗蟲爲災。今外築長城，内興三臺，殆以此乎？」齊主大怒，使左右毆之，擢其髮，以溷沃其頭，曳足以出。叔瓚，季舒之兄也。

初，齊有術士言「亡高者黑衣」，故高祖每出，不欲見沙門。顯祖在晉陽，問左右：「何物最黑？」對曰：「無過於漆。」帝以上黨王渙於兄弟第七，使庫直都督破六韓伯昇之鄴徵渙。渙至紫陌橋，殺伯昇而逃，浮河南渡，至濟州，爲人所執，送鄴。

帝之爲太原公也，與永安王浚偕見世宗，帝有時洟出，浚責帝左右曰：「何不爲二兄拭鼻？」帝心銜之。及即位，浚爲青州刺史，聰明矜恕，吏民悦之。浚以帝嗜酒，私謂親近曰：「二兄因酒敗德，朝臣無敢諫者，大敵未滅，吾甚以爲憂。欲乘驛至鄴面諫，不知用吾言不？」或密以白帝，帝益銜之。浚入朝，從幸東山，帝裸裎爲樂。浚進諫曰：「此非人主所宜。」帝不悦。浚又於屏處召楊愔，譏其不諫。帝時不欲大臣與諸王交通，愔懼，奏之。帝大怒，曰：「小人由來難忍。」遂罷酒還宫。浚尋還州，又上書切諫。詔徵浚，浚懼禍，謝疾不至。帝遣馳驛收浚，老幼泣送者數千人。至鄴，與上黨王渙皆盛以鐵籠，置於北城地牢，飲食溲穢，共在一所。

二年冬十（二）月，齊三臺成，更命銅爵曰金鳳，金虎曰聖應，冰井曰崇光。〔十一月〕

甲午，齊主至鄴，大赦。齊主遊三臺，戲以槊刺都督尉子輝，應手而斃。

常山王演以帝沈湎，憂憤形於顔色。帝覺之，謂曰：「但令汝在，我何爲不縱樂。」演唯啼泣拜伏，竟無所言。帝亦大悲，抵盃於地曰：「汝似嫌我如是，自今敢進酒者斬之。」因取所御盃盡壞棄。未幾，沈湎益甚，或於諸貴戚家角力批拉，不限貴賤，唯演至，則内外肅然。演又密撰事條，將諫，其友王晞以爲不可，演不從，因間極言，遂逢大怒。演性頗嚴，尚書郎中剖斷有失，輒加捶楚，令史姦慝即考竟。帝乃立演於前，以刀鐶擬脅，召被演罰者，臨以白刃，求演之短，咸無所陳，乃釋之。晞，昕之弟也。帝疑演假辭於晞以諫，欲殺之。王私謂晞曰：「王博士，明日當作一條事，爲欲相活，亦圖自全，宜深體勿怪。」乃於衆中杖晞二十。帝尋發怒，聞晞得杖，以故不殺，髡鞭配甲坊。居三年，演又因諫争被毆撻，閉口不食。太后日夜涕泣，帝不知所爲，曰：「儻小兒死，奈我老母何！」於是數往問演疾，謂曰：「努力强食，當以王晞還汝。」乃釋晞，令詣演。演抱晞曰：「吾氣息惙然，恐不復相見。」晞流涕曰：「天道神明，豈令殿下遂斃此舍。至尊親爲人兄，尊爲人主，安可與計。殿下不食，太后亦不食，殿下縱不自惜，獨不念太后乎？」言未卒，演强坐而飯，晞由是得免徒，還爲王友。及演録尚書事，除官者皆詣演謝，去必辭。晞言於演曰：「受爵天朝，拜恩私第，自古以爲不可，宜一切約絶。」演從之。久之，演從容謂晞曰：「主上起居不恒，卿宜耳目所具，吾豈可以前逢一怒，遂爾結舌。卿宜爲撰諫草，吾當伺便極諫。」晞遂條十餘事以呈，因謂演曰：「今朝廷所恃者唯殿下，乃欲學匹夫耿介，輕一朝之命。狂藥令人不自覺，刀箭豈復議親疏，一旦禍出理外，將奈殿下家業何？奈皇太后何？」演欷歔不自勝，曰：「乃至是乎？」明日見晞曰：「吾長夜久思，今遂息意。」即命火，對晞焚之。後復承間苦諫，帝使力士反接，拔白刃注頸，罵曰：「小子何如是？誰教汝？」演曰：「天下噤口，非臣誰敢有言？」帝趣杖，亂捶之數十，會醉卧，得解。帝褻黷之遊遍於宗戚，所往留連，唯至常山第，多無適而去。尚書左僕射崔暹屢諫，演謂暹曰：「今太后不敢致言，吾兄弟杜口，僕射獨能犯顏，内外深相感愧。」

太子殷自幼温裕開朗，禮士好學，關覽時政，甚有美名。帝嘗嫌太子得漢家性質，不似我，欲廢之。帝登金鳳臺，召太子，使手刃囚。太子惻然有難色，再三不斷其首。帝大怒，親以馬鞭捶之，太子由是氣悸語吃，精神昏擾。帝因酣宴，屢云：「太子性懦，社稷事重，終當傳位常山。」太子少傅魏收謂楊愔曰：「太子國之根本，不可動揺。至尊三爵之後，每言傳位常山，令臣下疑貳。若其實也，當決行之。此言非所以爲戲，恐徒使國家不安。」愔以收言白帝，帝乃止。帝既殘忍，有司訊囚，莫不嚴酷，或燒犂耳，使立其上，或燒車釭，使以臂貫之，既不勝苦，皆至誣服。唯三公郎中武强蘇瓊，歷職中外，所至皆以寬平爲治。時趙州及清河屢有人告謀反者，前後皆付瓊推檢，事多申雪。尚書崔昂謂瓊曰：「若欲立功名，當更思餘理。數雪反逆，身命何輕？」瓊正色曰：「所雪者冤枉耳，不縱反逆也。」昂大慚。帝怒臨漳令嵇曄、舍人李文師，以賜臣下爲奴。中書侍郎彭城鄭頤私誘祠部尚書王昕曰：「自古無朝士爲奴者。」昕曰：「『箕子爲之奴。』」頤以白帝曰：「王元景比陛下於紂。」帝銜之。頃之，帝與朝臣酣飲，昕稱疾不至，帝遣騎執之，見方搖膝吟詠，遂斬於殿前，投尸漳水。

齊主北築長城，南助蕭莊，士馬死者以數十萬計。重以脩築臺殿，賜與無節，府藏之積，不足以供，乃減百官之祿，撤軍人常廩，併省州郡縣鎮戍之職，以節費用焉。

十二月，齊主如北城，因視永安簡平王浚、上黨剛肅王渙於地牢。帝臨穴謳歌，令浚等和之，浚等惶怖且悲，不覺聲顫。帝愴然爲之下泣，將赦之。長廣王湛素與浚不睦，進曰：「猛虎安可出穴！」帝默然。浚等聞之，呼湛小字曰：「步落稽，皇天見汝！」帝亦以浚與渙皆有雄略，恐爲後害，乃自刺渙，又使壯士劉桃枝就籠亂刺。槊每下，浚、渙輒以手扯折之，號哭呼天，於是薪火亂投，燒殺之，填以土石。後出之，皮髮皆盡，尸色如炭，遠近爲之痛憤。

三年春二月丙戌，齊主於甘露寺禪居深觀，唯軍國大事乃以聞。尚書右僕射崔暹卒，齊主幸其第哭之，謂其妻李氏曰：「頗思暹乎？」對曰：「思之。」帝曰：「然則自往省之。」因手斬其妻，擲首牆外。

夏閏四月，齊高德政與楊愔同爲相，愔常忌之。齊主酣飲，德政數强諫，齊主不悅，謂左右曰：「高德政恒以精神凌逼人。」德政懼，稱疾，欲自退。帝謂楊愔曰：「我大憂德政病。」對曰：「陛下若用爲冀州刺史，病當自差。」帝從之。德政見除書，即起。帝大怒，召德政謂曰：「聞爾病，我爲爾針。」親以小刀刺之，血流霑地。又使曳下，斬去其足，劉桃枝執刀不敢下，帝責桃枝曰：「爾頭即墮地。」桃枝乃斬其足之三指。帝怒不解，囚德政於門下，其夜，以氈輿送還家。明旦，德政妻出珍寶滿四牀，欲以寄人。帝奄至其宅，見之，怒曰：「我內府猶無是物。」詰其所從得，皆諸元賂之，遂曳出斬之。妻出拜，又斬之，并其子伯堅。

五月，齊太史奏：「今年當除舊布新。」齊主問於特進彭城公元韶曰：「漢光武何故中興？」對曰：「爲誅諸劉不盡。」於是齊主悉殺諸元厭之。癸未，誅始平公元世哲等二十五家，囚韶等十九家。韶幽於地牢，絕食，啗衣袖而死。

秋七月，齊顯祖將如晉陽，乃盡誅諸元，或祖父爲王，或身嘗貴顯，皆斬於東市。其嬰兒投於空中，承之以矟。前後死者凡七百二十一人，悉棄尸漳水，剖魚者往往得人爪甲，鄴下爲之久不食魚。使元黄頭與諸囚自金鳳臺各乘紙鴟以飛，黄頭獨能至紫陌乃墮，仍付御史中丞畢義雲餓殺之。唯開府儀同三司元蠻、祠部郎中元文遥等數家獲免。蠻，繼之子，常山王演之妃父。文遥，遵之五世孫也。定襄令元景安，虔之玄孫也，欲請改姓高氏，其從兄景皓曰：「安有棄其本宗而從人之姓者乎？丈夫寧可玉碎，何能瓦全。」景安以其言白帝，帝收景皓誅之，賜景安姓高氏。

齊顯祖嗜酒成疾，不復能食，自知不能久，謂李后曰：「人生必有死，何足致惜！但憐正道尚幼，人將奪之耳。」又謂常山王演曰：「奪則任汝，慎勿殺也。」尚書令開封王楊愔、領軍大將軍平秦王歸彦、侍中廣漢燕子獻、黄門侍郎鄭頤皆受遺詔輔政。冬十月甲午，殂。癸卯，發喪，羣臣號哭，無下淚者，唯楊愔涕泗嗚咽。太子殷即位，大赦。庚戌，尊皇太后爲太皇太后，皇后爲皇太后。

辛未，齊顯祖之喪至鄴。

文帝天嘉元年。齊高陽王湜以滑稽便辟有寵於顯祖，常在左右，執杖以撻諸王，太皇太后深銜之。及顯祖殂，湜有罪，太皇太后杖之百餘，正月癸亥，卒。

齊主自晋陽還至鄴。

二月己亥，齊以常山王演爲太師、録尚書事，以長廣王湛爲大司馬，并省録尚書事。

齊顯祖之喪，常山王演居禁中護喪事，婁太后欲立之而不果。太子即位，乃就朝列。以天子諒陰，詔演居東館，欲奏之事，皆先咨決。楊愔等以演與長廣王湛位地親逼，恐不利於嗣主，心忌之。居頃之，演出歸第，自是詔敕多不關預。或謂演曰：「鷙鳥離巢，必有探卵之患。今日王何宜屢出？」中山太守楊休之詣演，演不見。休之謂王友王晞曰：「昔周公朝讀百篇書，夕見七十士，猶恐不足。録王何所嫌疑，乃爾拒絶賓客。」

先是，顯祖之世，羣臣人不自保，及濟南王立，演謂王晞曰：「一人垂拱，吾曹亦保優閒。」因言：「朝廷寬仁，真守文良主。」王晞曰：「先帝時，東宫委一胡人傅之。今春秋尚富，驟覽萬機，殿下宜朝夕先後，親承音旨，而使他姓出納詔命，大權必有所歸，殿下雖欲守藩，其可得邪？借令得遂冲退，自審家祚得保靈長乎？」演默然久之，曰：「何以處我？」晞曰：「周公抱成王攝政七年，然後復子明辟，惟殿下慮之。」演曰：「我何敢自比周公！」晞曰：「殿下今日地望，欲不爲周公得邪？」演不應。顯祖常使胡人康虎兒保護太子，故晞言及之。

齊主將發晉陽，時議謂常山王必當留守根本之地。執政欲使常山王從帝之鄴，留長廣王鎮晉陽，既而又疑之，乃敕二王俱從至鄴。外朝聞之，莫不駭愕。又敕以王晞爲并州長史。演既行，晞出郊送之。演恐有覘察，命晞還城，執晞手曰：「努力自慎！」因躍馬而去。

平秦王歸彦總知禁衛，楊愔宣敕留從駕五千兵於西中，陰備非常。至鄴數日，歸彦乃知之，由是怨愔。

領軍大將軍可朱渾天和，道元之子也，尚帝姑東平公主，每曰：「若不誅二王，少主無自安之理。」燕子獻謀處太皇太后於北宮，使歸政皇太后。

又自天保八年已來，爵賞多濫，楊愔欲加澄汰，乃先自表解開府及開封王，諸叨竊恩榮者皆從黜免。由是嬖寵失職之徒，盡歸心二叔。平秦王歸彦初與楊、燕同心，既而中變，盡以疏忌之迹告二王。

侍中宋欽道，弁之孫也，顯祖使在東宮，教太子以吏事。欽道面奏帝，稱「二叔威權既重，宜速去之」。帝不許，曰：「可與令公共詳其事。」

愔等議出二王爲刺史，以帝慈仁，恐不可所奏，乃通啓皇太后，具述安危。宮人李昌儀，即高仲密之妻也，李太后以其同姓，甚相昵愛，以啓示之，昌儀密啓太皇太后。

愔等又議不可令二王俱出，乃奏以長廣王湛鎮晉陽，以常山王演録尚書事。二王既拜職，乙巳，於尚書省大會百僚。愔等將赴之，散騎常侍兼中書侍郎鄭頤止之，曰：「事未可量，不宜輕脱。」愔曰：「吾等至誠體國，豈常山拜職有不赴之理？」

長廣王湛，旦伏家僮數十人於録尚書後室，仍與席上勳貴賀拔仁、斛律金等數人相知約曰：「行酒至愔等，我各勸雙盃，彼必致辭。我一曰『執酒』，二曰『執酒』，三曰『何不執』，爾輩即執之。」及宴，如之。愔大言曰：「諸王反逆，欲殺忠良邪？尊天子，削諸侯，赤心奉國，何罪之有？」常山王演欲緩之，湛曰：「不可。」於是拳杖亂毆，愔及天和、欽道皆頭面血流，各十人持之。燕子獻多力，頭又少髮，狼狽排衆走出門，斛律光逐而擒之。子獻歎曰：「丈夫爲計遲，遂至於此。」使太子太保薛孤延等執頤於尚藥局。頤曰：「不用智者言至此，豈非命也。」

二王與平秦王歸彦、賀拔仁、斛律金擁愔等唐突入雲龍門，見都督叱利騷，招之，不進，使騎殺之。開府儀同三司成休寧抽刃呵演，演使歸彦諭之，休寧厲聲不從。歸彦久爲領軍，素爲軍士所服，皆弛仗，休寧方歎息而罷。演入至昭陽殿，湛及歸彦在朱華門外。帝與太皇太后並出，太皇太后坐殿上，皇太后及帝側立。演以塼叩頭，進言曰：「臣與陛下骨肉至親，楊遵彦等欲獨擅朝權，威福自己，自王公已下皆重足屏氣，共相唇齒，以成亂階，若不早圖，必爲宗社之害。臣與湛爲國事重，賀拔仁、斛律金惜獻武皇帝之業，共執遵彦等入宫，未敢刑戮。專輒之罪，誠當萬死。」時庭中及兩廡衛士二千餘人，皆被甲待詔，武衛娥永樂武力絶倫，素爲顯祖所厚，叩刀仰視，帝不睨之。帝素吃訥，倉猝不知所言。

太皇太后令郤仗，不退。又厲聲曰：「奴輩即今頭落。」乃退。永樂内刀而泣。太皇太后因問：「楊郎何在？」賀拔仁曰：「一眼已出。」太皇太后愴然曰：「楊郎何所能爲，留使豈不佳邪？」乃讓帝曰：「此等懷逆，欲殺我二子，次將及我，爾何爲縱之？」帝猶不能言。太皇太后怒且悲，曰：「豈可使我母子受漢老嫗斟酌！」太后拜謝。太皇太后又爲太后誓言：「演無異志，但欲去逼而已。」演叩頭不止。太后謂帝：「何不安慰爾叔？」帝乃曰：「天子亦不敢爲叔惜，况此漢輩。但匄兒命，兒自下殿去，此屬任叔父處分。」遂皆斬之。

長廣王湛以鄭頤昔嘗讒己，先拔其舌，截其手而殺之。演令平秦王歸彦引侍衛之士向華林園，以京畿軍士入守門閤，斬娥永樂於園。

太皇太后臨愔喪哭曰：「楊郎忠而獲罪。」以御金爲之一眼，親内之，曰：「以表我意。」演亦悔殺之。於是下詔罪狀愔等，且曰：「罪止一身，家屬不問。」頃之，復簿録五家，王晞固諫，乃各没一房，孩幼盡死，兄弟皆除名。以中書令趙彦深代楊愔總機務。鴻臚少卿陽休之私謂人曰：「將涉千里，殺騏驎而策蹇驢，可悲之甚也。」

戊申，演爲大丞相、都督中外諸軍、録尚書事，湛爲太傅、京畿大都督，段韶爲大將軍，平陽王淹爲太尉，平秦王歸彦爲司徒，彭城王浟爲尚書令。

齊大丞相演如晉陽，既至，謂王晞曰：「不用卿言，幾至傾覆。今君側雖清，終當何以處我？」晞曰：「殿下往時位地，猶可以名教出處。今日事勢，遂關天時，非復人理所及。」演奏趙郡王叡爲左長史，王晞爲司馬。

三月甲寅，詔「軍國之政皆申晉陽，禀大丞相規算」。

秋七月，齊丞相演以王晞儒緩，恐不允武將之意，每夜載入，晝則不與語。嘗進晞密室，謂曰：「比王侯諸貴，每見敦迫，言我違天不祥，恐當或有變起。吾欲以法繩之，何如？」晞曰：「朝廷比者疏遠親戚，殿下倉猝所行，非復人臣之事。芒刺在背，上下相疑，何由可久？殿下雖欲謙退，粃糠神器，實恐違上玄之意，墜先帝之基。」演曰：「卿何敢發此言？須致卿於法。」晞曰：「天時人事，皆無異謀，是以敢冒犯斧鉞，抑亦神明所贊耳。」演曰：「拯難匡時，方俟聖哲，吾何敢私議，幸勿多言。」丞相從事中郎陸杳將出使，握晞手，使之勸進。晞以杳言告演，演曰：「若內外咸有此意，趙彥深朝夕左右，何故初無一言？」晞乃以事隙密問彥深，彥深曰：「我比亦驚此聲論，每欲陳聞，則口噤心悸。弟既發端，吾亦當昧死一披肝膽。」因共勸演。

演遂言於太皇太后。趙道德曰：「相王不效周公輔成王，而欲骨肉相奪，不畏後世謂之篡邪？」太皇太后曰：「道德之言是也。」未幾，演又啓云：「天下人心未定，恐奄忽變生，須早定名位。」太皇太后乃從之。

八月壬午，太皇太后下令，廢齊主爲濟南王，出居別宫。以常山王演入纂大統。且戒之曰：「勿令濟南有他也。」

肅宗即皇帝位於晉陽，大赦，改元皇建。太皇太后還稱皇太后。皇太后稱文宣皇后，宫曰昭信。

乙酉，詔紹封功臣，禮賜耆老，延訪直言，褒賞死事，追贈名德。

帝謂王晞曰：「卿何爲自同外客，略不可見？自今假非局司，但有所懷，隨宜作一牒，俟少隙即徑進也。」因敕與尚書陽休之、鴻臚卿崔劼等三人，每日職務罷，並入東廊，共舉録歷代禮樂、職官及田市、徵税，或不便於時而相承施用，或自古爲利而於今廢墜，或道德高儁久在沈淪，或巧言眩俗妖邪害政者，悉令詳思，以漸條奏。朝晡給御食，畢景聽還。

帝識度沈敏，少居臺閣，明習吏事，即位尤自勤勵，大革顯祖之弊，時人服其明而譏其細。羣臣進言，帝皆從容受納。

戊子，以長廣王湛爲右丞相，平陽王淹爲太傅，彭城王浟爲大司馬。

冬十一月辛亥，立世子百年爲太子。百年時纔五歲。

二年。齊主之謀誅楊、燕也，許以長廣王湛爲太弟，既而立太子百年，湛心不平。帝帝以領軍代人庫狄伏連爲幽州刺史，以斛律光之弟羨爲領軍，以分湛權。湛留伏連，不聽羨視事。

先是，濟南閔悼王常在鄴，望氣者言鄴中有天子氣，平秦王歸彦恐濟南王復立，爲己不利，勸帝除之。帝乃使歸彦至鄴，徵濟南王如晉陽。湛内不自安，問計於高元海。元海曰：「皇太后萬福，至尊孝友異常，殿下不須異慮。」湛曰：「此豈我推誠之意邪？」元海乞還省，一夜思之，湛即留元海於後堂。元海達旦不眠，唯遶牀徐步。夜漏未盡，湛遽出，曰：「神算如何？」元海曰：「有三策，恐不堪用耳。請殿下如梁孝王故事，從數騎入晉陽，先見太后求哀，後見主上，請去兵權，以死爲限，不干朝政，必保太山之安。此上策也。不然，當具表云『威權太盛，恐取謗衆口』，請青、齊二州刺史，沈靖自居，必不招物議。此中策也。」更問下策，曰：「發言即恐族誅。」固逼之，元海曰：「濟南世嫡，主上假太后令而奪之。今集文武示以徵濟南之敕，執斛律豐樂，斬高歸彦，尊立濟南，號令天下，以順討逆，此萬世一時也。」湛大悦。然性怯，狐疑未能用，使術士鄭道謙等卜之，皆曰：「不利舉事，静則吉。」有林慮令潘子密，曉占候，潛謂湛曰：「宫車當晏駕，殿下爲天下主。」湛拘之於内以候之。又令巫覡卜之，多云「不須舉兵，自有大慶」。湛乃奉詔，令數百騎送濟南王至晉陽。九月，帝使人酖之，濟南王不從，乃扼殺之。帝尋亦悔之。

冬十月，齊肅宗出畋，有兔驚馬，墜地絶肋。婁太后視疾，問濟南所在者三，齊主不對。太后怒曰：「殺之邪？不用吾言，死其宜矣！」遂去不顧。十一月甲辰，詔以「嗣子冲眇，可遣尚書右僕射趙郡王叡諭旨，徵長廣王湛統兹大寶。」又與湛書曰：「百年無罪，汝可以樂處置之，勿效前人也。」是日，殂於晉陽宫。臨終言：「恨不見太后山陵。」

顔之推論曰：孝昭天性至孝，而不知忌諱，乃至於此，良由不學之所爲也。

趙郡王叡先使黄門侍郎王松年馳至鄴，宣肅宗遺命。湛猶疑其詐，使所親先詣殯所，發而視之，使者復命，湛喜，馳赴晉陽，使河南王孝瑜先入宫，改易禁衛。癸丑，世祖即皇帝位於南宫，大赦，改元太寧。立太子百年爲樂陵王。

三年春正月乙亥，齊主至鄴。辛巳，祀南郊。壬午，享太廟。丙戌，立妃胡氏爲皇后，子緯爲皇太子。后，魏兖州刺史安定胡延之之女也。戊子，齊大赦。己亥，以馮翊王潤爲尚書左僕射。閏二月丁未，齊以太宰平陽王淹爲青州刺史，太傅平秦王歸彦爲太宰、冀州刺史。

歸彦爲肅宗所厚，恃勢驕盈，陵侮貴戚。世祖即位，侍中、開府儀同三司高元海、御史中丞畢義雲、黄門郎高乾和數言其短，且云：「歸彦威權震主，必爲禍亂。」帝亦尋其反覆之跡，漸忌之。伺歸彦還家，召魏收於帝前作詔草，除歸彦冀州，使乾和繕寫，晝日，仍敕門司不聽歸彦輒入宫。時歸彦縱酒爲樂，經宿不知。至明，欲參，至門知之，大驚而退。及通名謝，敕令早發，别賜錢帛等物甚厚，又敕督將悉送至清陽宫。拜辭而退，莫敢與語，唯趙郡王叡與之久語，時無聞者。

秋七月，齊平秦王歸彦至冀州，内不自安，欲待齊主如晉陽，乘虚入鄴。其郎中令呂思禮告之。詔大司馬段韶、司空婁叡討之。歸彦於南境置私驛，聞大軍將至，即閉城拒守。長史宇文仲鸞等不從，皆殺之。歸彦自稱大丞相，有衆四萬。齊主以都官尚書封子繪，冀州人，祖父世爲本州刺史，得人心，使乘傳至信都，巡城，諭以禍福。吏民降者相繼，城中動静，大小皆知之。歸彦登城大呼云：「孝昭皇帝初崩，六軍百萬，悉在臣手，投身向鄴，奉迎陛下。當時不反，今日豈反邪？正恨高元海、畢義雲、高乾和誑惑聖上，疾忌忠良，但爲殺此三人，即臨城自刎。」既而城破，單騎北走，至交津，獲之，鎖送鄴。乙未，載以露車，銜木面縛，劉桃枝臨之以刃，擊鼓隨之，并其子孫十五人皆棄市。命封子繪行冀州事。齊主知歸彦前譖清河王岳，以歸彦家良賤百口賜岳家，贈岳太師。

丁酉，以段韶爲太傅，婁叡爲司徒，平陽王淹爲太宰，斛律光爲司空，趙郡王叡爲尚書令，河間王孝琬爲左僕射。

五年夏六月，齊主殺樂陵王百年。時白虹圍日再重，又横貫而不達，赤星見，齊主欲以百年厭之。會博陵人賈德胄教百年書，百年嘗作數「敕」字，德胄封以奏之。帝發怒，使召百年。百年自知不免，割帶玦留與其妃斛律氏，見帝於涼風堂。使百年書「敕」字，驗與德胄所奏相似，遣左右亂捶之，又令曳之遶堂行且捶，所過血皆遍地，氣息將盡，乃斬之，棄諸池，池水盡赤。妃把玦哀號不食，月餘亦卒，玦猶在手，拳不可開，其父光自擘之乃開。

安成王篡立 頊

陳文帝天嘉元年。江陵之陷也，長城世子昌及中書侍郎頊皆没於長安。高祖即位，屢請之於周，周人許而不遣。高祖殂，周人乃遣昌還。以王琳之難，居于安陸。琳敗，昌發安陸，將濟江，致書於上，辭甚不遜。上不懌，召侯安都從容謂曰：「太子將至，須別求一藩爲歸老之地。」安都曰：「自古豈有被代天子？臣愚，不敢奉詔。」因請自迎昌。於是羣臣上表，請加昌爵命。春二月庚戌，以昌爲驃騎將軍、湘州牧，封衡陽王。三月甲戌，衡陽獻王昌入境，詔主書、舍人緣道迎候；丙子，濟江，中流隕之，使以溺告。侯安都以功進爵清遠公。

初，高祖遣滎陽毛喜從安成王頊詣江陵，梁世祖以喜爲侍郎，没於長安，與昌俱還，因進和親之策。上乃使侍中周弘正通好於周。

二年夏六月乙酉，周主使御正殷不害來聘。冬十一月，周人許歸安成王頊，使司會上士京兆杜杲來聘。上悅，即遣使報之，并賂以黔中地及魯山郡。

三年春正月丁未，周以安成王頊爲柱國大將軍，遣杜杲送之南歸。三月丙子，安成王頊至建康，詔以爲中書監、中衞將軍。上謂杜杲曰：「家弟今蒙禮遣，實周朝之惠，然魯山不返，亦恐未能及此。」杲對曰：「安成，長安一布衣耳，而陳之介弟也，其價豈止一城而已哉。本朝敦睦九族，恕己及物，上遵太祖遺旨，下思繼好之義，是以遣之南歸。今乃云以尋常之土易骨肉之親，非使臣之所敢聞也。」上甚慚，曰：「前言戲之耳。」待杲之禮有加焉。頊妃柳氏及子叔寶猶在穰城，上復遣毛喜如周請之，周人皆歸之。

天康元年夏四月，上不豫，臺閣衆事，並令尚書僕射到仲舉、五兵尚書孔奐共決之。奐，琇之之曾孫也。疾篤，奐、仲舉與司空尚書令揚州刺史安成王頊、吏部尚書袁樞、中書舍人劉師知入侍醫藥。樞，君正之子也。太子伯宗柔弱，上憂不能守位，謂頊曰：「吾欲遵太伯之事。」頊拜伏泣涕，固辭。上又謂仲舉、奐等曰：「今三方鼎峙，四海事重，宜須長君。朕欲近則晉成，遠隆殷法，卿等宜遵此意。」孔奐流涕對曰：「陛下御膳違和，痊復非久。皇太子春秋鼎盛，聖德日躋，安成王介弟之尊，足爲周旦。若有廢立之心，臣等愚，誠不敢聞詔。」上曰：「古之遺直，復見於卿。」乃以奐爲太子詹事。

臣光曰：夫臣之事君，宜將順其美，正救其惡。孔奐在陳，處腹心之重任，決社稷之大計，苟以世祖之言爲不誠，則當如竇嬰面辨，爰盎廷争，防微杜漸，以絶覬覦之心。以爲誠邪，則當請明下詔書，宣告中外，使世祖有宋宣之美，高宗無楚靈之惡。不然，謂太子嫡嗣，不可動摇，欲保輔而安全之，則當盡忠竭節，以死繼之，如晉之荀息，趙之肥義。奈何於君之存，則逆探其情而求合焉，及其既没，則權臣移國而不能救，嗣主失位而不能死。斯乃姦諛之尤者，而世祖謂之遺直，以託六尺之孤，豈不悖哉！

癸酉，上殂，太子即位，大赦。五月庚寅，以安成王頊爲驃騎大將軍、司徒、録尚書、都督中外諸軍事。

臨海王光大元年。初，高祖爲梁(州)〔相〕，用劉師知爲中書舍人。師知涉學工文，練習儀體，歷世祖朝，雖位宦不遷，而委任甚重，與揚州刺史安成王頊、尚書僕射到仲舉同受遺詔輔政。師知、仲舉恒居禁中，參決衆事，頊與左右三百人入居尚書省。師知見頊地望權勢爲朝野所屬，心忌之，與尚書左丞王暹等謀出頊於外，衆猶豫，未敢先發。東宫通事舍人殷不佞，素以名節自任，又受委東宫，乃馳詣相府，矯敕謂頊曰：「今四方無事，王可還東府經理州務。」

頊將出，中記室毛喜馳入見頊曰：「陳有天下日淺，國禍繼臻，中外危懼。太后深惟至計，令王入省，共康庶績，今日之言，必非太后之意。宗社之重，願王三思，須更聞奏，無使姦人得肆其謀。今出外即受制於人，譬如曹爽，願作富家翁，其可得邪？」頊遣喜與領軍將軍吳明徹籌之。明徹曰：「嗣君諒闇，萬機多闕。殿下親實周、邵，當輔安社稷，願留中勿疑。」

頊乃稱疾，召劉師知，留之與語，使毛喜先入言於太后。太后曰：「今伯宗幼弱，政事並委二郎。此非我意。」喜又言於帝，帝曰：「此自師知等所爲，朕不知也。」喜出，以報頊。頊因囚師知，自入見太后及帝，(以)〔極〕陳師知之罪，仍自草敕請畫，以師知付廷尉，其夜，於獄中賜死。以到仲舉爲金紫光禄大夫。王暹伏誅。自是國政盡歸於頊。

右衛將軍會稽韓子高，鎮領軍府，在建康諸將中士馬最盛，與仲舉通謀。事未發，毛喜請簡人馬配子高，并賜鐵炭，使脩器甲。頊驚曰：「子高謀反，方欲收執，何爲更如是邪？」喜曰：「山陵始畢，邊寇尚多，而子高受委前朝，名爲杖順，若收之，恐不時授首，或能爲人患。宜推心安誘，使不自疑，伺間圖之，一壯士之力耳。」頊深然之。仲舉既廢歸私第，心不自安。子郁，尚世祖妹信(都)〔義〕長公主，除南康内史，未之官。子高亦自危，求出爲衡、廣諸鎮。郁每乘小輿，蒙婦人衣，與子高謀。會前上虞令陸昉及子高軍主告其謀反。頊在尚書省，因召文武在位議立皇太子。平旦，仲舉、子高入省，皆執之，并郁送廷尉，下詔於獄賜死，餘黨一無所問。

癸丑，以東揚州刺史始興王伯茂爲中衛大將軍、開府儀同三司。伯茂，帝之母弟也。劉師知、韓子高之謀，伯茂皆預之，司徒頊恐扇動中外，故以爲中衛，專使之居禁中，與帝遊處。

夏四月，湘州刺史華皎聞韓子高死，内不自安，繕甲聚徒，撫循所部，啓求廣州以卜朝廷之意。司徒頊僞許之，而詔書未出。皎遣使潛引周兵，又自歸於梁，以其子玄響爲質。五月癸巳，頊以丹楊尹吴明徹爲湘州刺史。

司徒頊遣吴明徹帥舟師三萬趣郢州，丙申，遣征南大將軍淳于量帥舟師五萬繼之，又遣冠武將軍楊文通從安成步道出茶陵，巴山太守黄法慧從宜陽出澧陵，共襲華皎，并與江州刺史章昭達、郢州刺史程靈洗合謀進討。六月壬寅，以司空徐度爲車騎將軍，總督建康諸軍，步道趣湘州。

華皎使者至長安，梁王亦上書言狀，且乞師。周人議出師應之，司會崔猷曰：「前歲東征，死傷過半。比雖循撫，瘡痍未復。今陳氏保境息民，共敦鄰好，豈可利其土地，納其叛臣，違盟約之信，興無名之師乎？」晉公護不從。閏六月戊寅，遣襄州總管衛公直督柱國陸通、大將軍田弘、權景宣、元定等將兵助之。

秋八月，華皎遣使誘章昭達，昭達執送建康。又誘程靈洗，靈洗斬之。皎以武州居其心腹，遣使誘都督陸子隆，子隆不從，遣兵攻之，不克。巴州刺史戴僧朔等並隸於皎，長沙太守曹慶等本隸皎下，遂爲之用。司徒頊恐上流守宰皆附之，乃曲赦湘、巴二州。九月乙巳，悉誅皎家屬。

梁以皎爲司空，遣其柱國王操將兵二萬會之。周權景宣將水軍，元定將陸軍，衛公直總之，與皎俱下。淳于量軍夏口，直軍魯山，使元定以步騎數千圍郢州。皎軍于白螺，與吳明徹等相持。徐度、楊文通由嶺路襲湘州，盡獲其所留軍士家屬。

皎自巴陵與周、梁水軍順流乘風而下，軍勢甚盛，戰于沌口。量、明徹募軍中小艦，多賞金銀，令先出當西軍大艦受其拍。西軍諸艦發拍皆盡，然後量等以大艦拍之，西軍艦皆碎，没于中流。西軍又以艦載薪，因風縱火，俄而風轉自焚，西軍大敗。皎與戴僧朔單舸走，過巴陵，不敢登岸，徑奔江陵，衛公直亦奔江陵。

元定孤軍，進退無路，斫竹開徑，且戰且引，欲趣巴陵。巴陵已爲徐度等所據，度等遣定信之，解仗就度，度執之，盡俘其衆，并擒梁大將軍李廣。定使僞與結盟，許縱之還國。定憤恚而卒。

皎黨曹慶等四十餘人並伏誅。唯以岳陽太守章昭裕，昭達之弟，杜陽太守曹宣，高祖舊臣，衡陽内史汝陰任忠，嘗有密啓，皆宥之。

吴明徹乘勝攻梁河東，拔之。

周衛公直歸罪於梁柱國殷亮，梁王知非其罪，然不敢違，遂誅之。

周與陳既交惡，周沔州刺史裴寬白襄州總管，請益戍兵，并遷城於羊蹄山以避水。總管兵未至，程靈洗舟師奄至城下。會大雨，水暴漲，靈洗引大艦臨城發拍，擊樓堞皆碎，矢石晝夜攻之三十餘日。陳人登城，寬猶帥衆執短兵拒戰，又二日，乃擒之。

二年春正月己亥，安成王頊進位太傅，領司徒，加殊禮。冬十一月，始興王伯茂以安成王頊專政，意甚不平，屢肆惡言。甲寅，以太皇太后令誣帝，云「與劉師知、華皎等通謀」。且曰：「文皇知子之鑒，事等帝堯；傳弟之懷，又符太伯。今可還申曩志，崇立賢君。」遂廢帝爲臨海王，以安成王入纂。又下令黜伯茂爲温麻侯，置諸别館，安成王使盜邀之於道，殺之車中。

宣帝太建元年春正月甲午，安成王即皇帝位，改元，大赦。復太皇太后爲皇太后，皇太后爲文皇后。立妃柳氏爲皇后，世子叔寶爲太子。封皇子叔陵爲始興王，奉昭烈王祀。乙未，上謁太廟。丁酉，以尚書僕射沈欽爲左僕射，度支尚書王勱爲右僕射。勱，份之孫也。

周陳之叛

梁敬帝紹泰元年。初，晉安民陳羽，世爲閩中豪姓，其子寶應多權詐，郡中畏服。侯景之亂，晉安太守賓化侯雲以郡讓羽，羽老，但治郡事，令寶應典兵。時東境荒饉，而晉安獨豐衍，寶應數自海道出，寇抄臨安、永嘉、會稽，或載米粟與之貿易，由是能致富强。侯景平，世祖因以羽爲晉安太守。及陳霸先輔政，羽求傳郡於寶應，霸先許之。

太平元年。初，侯景之亂，臨川民周續起兵郡中，始興王毅以郡讓之而去。續部將皆郡中豪族，多驕横，續裁制之，諸將皆怨，相與殺之。續宗人迪，勇冠軍中，衆推爲主。迪素寒微，恐郡人不服，以同郡周敷族望高顯，折節交之，敷亦事迪甚謹。迪據上塘，敷據故郡，朝廷以迪爲衡州刺史，領臨川內史。時民遭侯景之亂，皆棄農業，羣聚爲盜，唯迪所部獨務農桑，各有贏儲，政教嚴明，徵斂必至，餘郡乏絶者皆仰以取給。迪性質朴，不事威儀，居常徒跣，雖外列兵衛，内有女伎，挼繩破篾，傍若無人，訥於言語而襟懷信實，臨川人皆附之。

陳武帝永定元年。詔給事黄門侍郎蕭乾招諭閩中。時熊曇朗在豫章，周迪在臨川，留異在東陽，陳寶應在晉安，共相連結，閩中豪帥往往立砦以自保。上患之，使乾諭以禍福，豪帥皆帥衆請降，即以乾爲建安太守。乾，子範之子也。

文帝天嘉二年。初，高祖以帝女豐安公主妻留異之子貞臣，徵異爲南徐州刺史，異遷延不就。帝即位，復以異爲縉州刺史，領東陽太守。異屢遣其長史王澌入朝，澌每言朝廷虚弱。異信之，雖外示臣節，恒懷兩端，與王琳自鄱陽信安嶺潛通使往來。琳敗，上遣左衛將軍沈恪代異，實以兵襲之。異出軍下淮以拒恪。恪與戰而敗，退還錢塘，異復上表遜謝。時衆軍方事湘、郢，乃降詔書慰諭，且羈縻之。異知朝廷終將討己，乃以兵戍下淮及建德，以備江路。十二月丙午，詔司空、南徐州刺史侯安都討之。

三年春二月，帝徵江州刺史周迪出鎮湓城，又徵其子入朝。迪趑且顧望，並不至。其餘南江酋帥私署令長，多不受召，朝廷未暇致討，但羈縻之。豫章太守周敷獨先入朝，進號安西將軍，給鼓吹一部，賜以女妓、金帛，令還豫章。迪以敷素出己下，深不平之，乃陰與留異相結，遣其弟方興將兵襲敷，敷與戰，破之。又遣其兄子伏甲船中，詐爲賈人，欲襲湓城。未發，事覺，尋陽太守監江州事晉陵華皎遣兵逆擊之，盡獲其船仗。上以閩州刺史陳寶應之父爲光禄大夫，子女皆受封爵，命宗正編入屬籍。而寶應以留異女爲妻，陰與異合。

虞荔弟寄流寓閩中，荔思之成疾，上爲荔徵之，寶應留不遣。寄常從容諷以逆順，寶應輒引他語以亂之。寶應嘗使人讀漢書，卧而聽之，至蒯通説韓信曰：「相君之背，貴不可言。」蹶然起坐，曰：「可謂智士。」寄曰：「通一説殺三士，何足稱智？豈若班彪王命，識所歸乎！」寄知寶應不可諫，恐禍及己，乃著居士服，居東山寺陽稱足疾。寶應使人燒其屋，寄安卧不動。親近將扶之出，寄曰：「吾命有所懸，避將安往？」縱火者自救之。

三月丁丑，以安右將軍吴明徹爲江州刺史，督高州刺史黄法氍、豫章太守周敷共討周迪。

留異始謂臺軍必自錢塘上，既而侯安都步由諸暨出永康，異大驚，奔桃枝嶺，於巖口豎柵以拒之。安都爲流矢所中，血流至踝，乘轝指麾，容止不變。因其山勢，迮而爲堰，會潦水漲滿，安都引船入堰，起樓艦與異城等，發拍碎其樓堞。異與其子忠臣脱身奔晋安，依陳寶應。安都虜其妻及餘子，盡收鎧仗而還。

異黨向文政據新安，上以貞毅將軍程文季爲新安太守，帥精甲三百徑往攻之。文政戰敗，遂降。文季，靈洗之子也。

秋九月，吴明徹至臨川攻周迪，不能克。丁亥，詔安成王頊代之。

四年春正月甲申，周迪衆潰，脱身踰嶺奔晋安，依陳寶應。官軍克臨川，獲迪妻子。寶應以兵資迪，留異又遣子忠臣隨之。虞寄與寶應書，以十事諫之，曰：「自天厭梁德，英雄互起，人人自以爲得之，然夷凶翦亂，四海樂推者，陳氏也，豈非曆數有在，惟天所授乎？一也。以王琳之强，侯瑱之力，進足以摇蕩中原，争衡天下，退足以屈强江外，雄張偏隅。然或命一旅之師，或資一士之説，琳則瓦解冰泮，投身異域，瑱則厥角稽顙，委命闕廷。斯又天假之威而除其患。二也。今將軍以藩戚之重，東南之衆，盡忠奉上，戮力勤王，豈不勳高竇融，寵過吴芮，析珪判野，南面稱孤乎？三也。聖朝棄瑕忘過，寬厚得人，至於余孝頃、潘純陀、李孝欽、歐陽頠等，悉委以心腹，任以爪牙，胸中豁然，曾無纖芥。况將軍釁非張繡，罪異畢諶，當何慮於危亡，何失於富貴？四也。方今周、齊鄰睦，境外無虞，并兵一向，匪朝伊夕，非劉、項競逐之機，楚、趙連從之勢，何得雍容高拱，坐論西伯哉？五也。且留將軍狼顧一隅，亟經摧衂，聲實虧喪，膽氣衰沮。其將帥首鼠兩端，唯利是視，孰能被堅執鋭，長驅深入，繫馬埋輪，奮不顧命，以先士卒者乎？六也。將軍之强，孰如侯景？將軍之衆，孰如王琳？武皇滅侯景於前，今上摧王琳於後，此乃天時，非復人力。且兵革已後，民皆厭亂，其孰能棄墳墓，捐妻子，出萬死不顧之計，從將軍於白刃之難間乎？七也。歷觀前古，子陽、季孟傾覆相尋，餘善、右渠危亡繼及，天命可畏，山川難恃。況將軍欲以數郡之地，當天下之兵，以諸侯之資，拒天子之命，强弱逆順，可得侔乎？八也。且非我族類，其心必異；不愛其親，豈能及物。留將軍身縻國爵，子尚王姬，猶且棄天屬而弗顧，背明君而孤立，危急之日，豈能同憂共患，不背將軍者乎？至於師老力屈，懼誅利賞，必有韓智晉陽之謀，張陳井陘之勢。九也。北軍萬里遠鬬，鋒不可當。將軍自戰其地，人多顧後，衆寡不敵，將帥不侔。師以無名而出，事以無機而動，以此稱兵，未知其利。十也。爲將軍計，莫若絶親留氏，遣子入質，釋甲偃兵，一遵詔旨。方今藩維尚少，皇子幼冲，凡預宗枝，皆蒙寵樹；況以將軍之地，將軍之才，將軍之名，將軍之勢，而克修藩服，北面稱臣，寧與劉澤同年而語其功業哉！寄感恩懷德，不覺狂言，斧鉞之誅，其甘如薺。」寶應覽書大怒。或謂寶應曰：「虞公病勢漸篤，言多錯謬。」寶應意乃小釋，亦以寄民望，故優容之。

秋九月，周迪復越東興嶺爲寇，辛未，詔護軍章昭達將兵討之。冬十一月辛酉，章昭達大破周迪。迪脱身潛竄山谷，民相與匿之，雖加誅戮，無肯言者。十二月，章昭達進軍度嶺趣建安，討陳寶應，詔益州刺史余孝頃督會稽、東陽、臨海、永嘉諸軍自東道會之。

五年冬十月，周迪復出東興，宣城太守錢肅鎮東興，以城降迪。吴州刺史陳詳將兵擊之，詳兵大敗，迪衆復振。南豫州刺史西豐脱侯周敷帥所部擊之，至定川，與迪對壘。迪紿敷曰：「吾昔與弟戮力同心，豈規相害。今願伏罪還朝，因弟披露心腑，先乞挺身共盟。」敷許之，方登壇，爲迪所殺。

陳寶應據建安、晉安二郡，水陸爲柵，以拒章昭達。昭達與戰不利，因據上流，命軍士伐木爲筏，施拍其上。會大雨，江漲，昭達放筏衝寶應水柵，盡壞之，又出兵攻其步軍。方合戰，上遣將軍余孝頃自海道適至，并力乘之。十一月己丑，寶應大敗，逃至莆口，謂其子曰：「早從虞公計，不至今日。」昭達追擒之，并擒留異及其族黨，送建康，斬之。異子貞臣以尚主得免。寶應賓客皆死。

上聞虞寄嘗諫寶應，命昭達禮遣詣建康。既見，勞之曰：「管寧無恙。」以爲衡陽王掌書記。

六年秋七月，上遣都督程靈洗自鄱陽別道擊周迪，破之。迪與麾下十餘人竄于山穴中，日月浸久，從者亦稍苦之。後遣人潛出臨川市魚鮭，臨川太守駱牙執之，令取迪自效，因使腹心勇士隨之入山。其人誘迪出獵，勇士伏於道傍，出斬之。丙戌，傳首至建康。

宇文護逆節

陳高祖永定元年春二月，周楚公趙貴、衛公獨孤信故皆與太祖等夷，及晉公護專政，皆怏怏不服。貴謀殺護，信止之。開府儀同三司宇文盛告之，丁亥，貴入朝，護執而殺之，免信官。三月，周晉公護以趙景公、獨孤信名重，不欲顯誅之，己酉，逼令自殺。夏四月，周儀同三司齊軌謂御正中大夫薛善曰：「軍國之政，當歸天子，何得猶在權門？」善以告晉公護，護殺之，以善爲中外府司馬。

周孝愍帝性剛果，惡晉公護之專權。司會李植，自太祖時爲相府司録，參掌朝政，軍司馬孫恒亦久居權要。及護執政，植、恒恐不見容，乃與宫伯乙弗鳳、賀拔提等共譖之於周王。植、恒曰：「護自誅趙貴以來，威權日盛，謀臣宿將，争往附之，大小之政，皆決於護。以臣觀之，將不守臣節，願陛下早圖之。」王以爲然。鳳、提曰：「以先王之明，猶委植、恒以朝政，今以事付二人，何患不成？且護常自比周公，臣聞周公攝政七年，陛下安能七年邑邑如此乎？」王愈信之，數引武士於後園講習，爲執縛之勢。植等又引宫伯張光洛同謀，光洛以告護。護乃出植爲梁州刺史，恒爲潼州刺史，欲散其謀。後王思植等，每欲召之，護泣諫曰：「天下至親，無過兄弟，若兄弟尚相疑，他人誰可信者？太祖以陛下富於春秋，屬臣後事，臣情兼家國，實願竭其股肱。若陛下親覽萬機，威加四海，臣死之日，猶生之年。但恐除臣之後，姦回得志，非唯不利陛下，亦將傾覆社稷，使臣無面目見太祖於九泉。且臣既爲天子之兄，位至宰相，尚復何求？願陛下勿信讒人之言，疏棄骨肉。」王乃止不召，而心猶疑之。

鳳等益懼，密謀滋甚，刻日召羣公入讌，因執護誅之。張光洛又以告護。護乃召柱國賀蘭祥、領軍尉遲綱等謀之，祥等勸護廢立。時綱總領禁兵，（及）〔護〕遣綱入宮召鳳等議事，及至，以次執送護第，因罷散宿衞兵。王方悟，獨在內殿，令宮人執兵自守。護遣賀蘭祥逼王遜位，幽於舊第。悉召公卿會議，廢王爲略陽公，迎立岐州刺史寧都公毓。公卿皆曰：「此公之家事，敢不唯命是聽。」乃斬鳳等於門外，孫恒亦伏誅。

時李植父柱國大將軍遠鎮弘農，護召遠及植還朝。遠疑有變，沈吟久之，乃曰：「大丈夫寧爲忠鬼，安可作叛臣邪！」遂就徵。至長安，護以遠功名素重，猶欲全之，引與相見，謂之曰：「公兒遂有異謀，非止屠戮護身，乃是傾危宗社。叛臣賊子，理宜同疾，公可早爲之所。」乃以植付遠。遠素愛植，植又口辯，自陳初無此謀。遠謂爲信然，詰朝，將植謁護。護謂植已死，左右曰「植亦在門」，護大怒曰：「陽平公不信我！」乃召入，仍命遠同坐，令略陽公與植相質於遠前。植辭窮，謂略陽公曰：「本爲此謀，欲安社稷，利至尊耳。今日至此，何事云云。」遠聞之，自投於牀曰：「若爾，誠合萬死。」於是護乃害植，并逼遠令自殺。植弟叔詣、叔謙、叔讓亦死，餘子以幼得免。初，遠弟開府儀同三司穆知植非保家之主，每勸遠除之，遠不能用。及遠臨刑，泣謂穆曰：「吾不用汝言，以至此。」穆當從坐，以前言獲免，除名爲民，及其子弟亦免官。植弟浙州刺史基尚義歸公主，當從坐，穆請以二子代基命，護兩釋之。後月餘，護弒略陽公，黜王后元氏爲尼。癸亥，寧都公自岐州至長安，甲子，即天王位，大赦。

二年春正月，周以晉公護爲太師。夏四月，周以太師護爲雍州牧。

三年春正月己酉，周太師護上表歸政，周王始親萬機，軍旅之事，護猶總之。

周處士韋夐，孝寬之兄也，志尚夷簡，魏、周之際，十徵不屈。周太祖甚重之，不奪其志，世宗禮敬尤厚，號曰「逍遥公」。晉公護延之至第，訪以政事。護盛修第舍，夐仰視堂，歎曰：「酣酒嗜音，峻宇彫牆，有一于此，未或不亡。」護不悦。

文帝天嘉元年夏四月，周世宗明敏有識量，晉公護憚之，使膳部中大夫李安置毒於糖䭔而進之。帝頗覺之。庚子，大漸，口授遺詔五百餘言，且曰：「朕子年幼，未堪當國。魯公，朕之介弟，寬仁大度，海内共聞，能弘我周家，必此子也。」辛丑，殂。魯公幼有器質，特爲世宗所親愛，朝廷大事，多與之參議。性深沈，有遠識，非因顧問，終不輒言。世宗每歎曰：「夫人不言，言必有中。」壬寅，魯公即皇帝位，大赦。

二年春正月戊申，周改元保定，以大冢宰護爲都督中外諸軍事，令五府總於天官，事無巨細，皆先斷後聞。

四年春二月辛酉，周詔：「大冢宰晉國公，親則懿昆，任當元輔，自今詔誥及百司文書，並不得稱公名。」護抗表固讓。

宣帝太建四年。初，周太祖爲魏相，立左右十二軍，總屬相府。太祖殂，皆受晉公護處分，凡所徵發，非護書不行。護第屯兵侍衛，盛於宮闕。諸子、僚屬皆貪殘恣橫，士民患之。周主深知晦匿，無所關預，人不測其淺深。護問稍伯大夫庾季才曰：「比日天道何如？」季才對曰：「荷恩深厚，敢不盡言。頃上台有變，公宜歸政天子，請老私門。此則享期頤之壽，受旦、奭之美，子孫常爲藩屏。不然，非復所知。」護沈吟久之，曰：「吾本志如此，但辭未獲免耳。公既王官，可依朝例，無煩別參寡人也。」自是疏之。

衞公直，帝之母弟也，深昵於護。及沌口之敗，坐免官，由是怨護，勸帝誅之，冀得其位。帝乃密與直及右宮伯中大夫宇文神舉、內史下大夫太原王軌、右侍上士宇文孝伯謀之。神舉，顯和之子；孝伯，安化公深之子也。

帝每於禁中見護，常行家人禮，太后賜護坐，帝立侍於旁。丙辰，護自同州還長安，帝御文安殿見之。因引護入含仁殿謁太后，且謂之曰：「太后春秋高，頗好飲酒，雖屢諫，未蒙垂納。兄今入朝，願更啓請。」因出懷中酒誥授之，曰：「以此諫太后。」護既入，如帝所戒讀酒誥；未畢，帝以玉珽自後擊之，護踣於地。帝令宦者何泉以御刀斫之，泉惶懼，斫不能傷。衛公直匿於户内，躍出，斬之。時神舉等皆在外，更無知者。

帝召宫伯長孫覽等，告以護已誅，令收護子柱國譚公會、大將軍莒公至、崇業公静、正平公乾嘉及其弟乾基、乾光、乾蔚、乾祖、乾威并柱國北地侯龍恩、龍恩弟大將軍萬壽、大將軍劉勇、中外府司録尹公正、袁傑、膳部下大夫李安等，於殿中殺之。覽，稚之孫也。

初，護既殺趙貴等，諸將多不自安。侯龍恩爲護所親，其從弟開府儀同三司植謂龍恩曰：「主上春秋既富，安危繫於數公。若多所誅戮以自立威權，豈唯社稷有累卵之危，恐吾宗亦緣此而敗。兄安得知而不言。」龍恩不能從。植又承間言於護曰：「公以骨肉之親，當社稷之寄，願推誠王室，擬迹伊、周，則率土幸甚。」護曰：「我誓以身報國，卿豈謂吾有他志邪？」又聞其先與龍恩言，陰忌之。植以憂卒。及護敗，龍恩兄弟皆死，高祖以植爲忠，特免其子孫。大司馬兼小冢宰、雍州牧齊公憲，素爲護所親任，賞罰之際，皆得參預，權勢頗盛。護欲有所陳，多令憲聞奏，其間或有可不，憲慮主相嫌隙，每曲而暢之，帝亦察其心。及護死，召憲入，憲免冠拜謝，帝慰勉之，使詣護第收兵符及諸文籍。衛公直素忌憲，固請誅之，帝不許。護世子訓爲蒲州刺史，是夜，帝遣柱國越公盛乘傳徵訓，至同州，賜死。昌城公深使突厥未還，遣開府儀同三司宇文德齎璽書就殺之。護長史代郡叱羅協、司録弘農馮遷及所親任者，皆除名。

丁巳，大赦，改元。以宇文孝伯爲車騎大將軍，與王軌並加開府儀同三司。初，孝伯與帝同日生，太祖愛之，養於第中，幼與帝同學。及即位，欲引致左右，託言欲與孝伯講習舊經，故護弗之疑也，以爲右侍上士，出入卧内，預聞機務。孝伯爲人，沈正忠諒，朝政得失，外間細事，無不使帝聞之。

帝閱護書記，有假託符命妄造異謀者，皆坐誅。唯得庾季才書兩紙，盛言緯候災祥，宜返政權，帝賜季才粟三百石，帛二百段，遷太中大夫。

癸亥，以尉遲迥爲太師，柱國竇熾爲太傅，李穆爲太保，齊公憲爲大冢宰，衛公直爲大司徒，陸通爲大司馬，柱國辛威爲大司寇，趙公招爲大司空。時帝始親覽朝政，頗事威刑，雖骨肉無所寬借。齊公憲雖遷冢宰，實奪之權。又謂憲侍讀裴文舉曰：「昔魏末不綱，太祖輔政；及周室受命，晉公復執大權，積習生常，愚者謂法應如是。豈有年三十天子，而可爲人所制乎！詩云：『夙夜匪懈，以事一人。』一人，謂天子耳。卿雖陪侍齊公，不得遽同爲臣，欲死於所事。宜輔以正道，勸以義方，輯睦我君臣，協和我兄弟，勿令自致嫌疑。」文舉咸以白憲，憲指心撫几曰：「吾之夙心，公寧不知。但當盡忠竭節耳，知復何言。」衞公直性浮詭貪很，意望大冢宰，既不得，殊怏怏，更請爲大司馬，欲據兵權。帝揣知其意，曰：「汝兄弟長幼有序，豈可返居下列。」由是用爲大司徒。

夏四月庚寅，周追尊略陽公爲孝閔皇帝。

周伐齊

周齊爭宜陽附

陳文帝天嘉四年。初，周人欲與突厥木杆可汗連兵伐齊，許納其女爲后，遣御伯大夫楊荐及左武伯太原王慶往結之。齊人聞之懼，亦遣使求昏於突厥，賂遺甚厚。木杆貪齊幣重，欲執荐等送齊。荐知之，責木杆曰：「太祖昔與可汗共敦鄰好，蠕蠕部落數千來降，太祖悉以付可汗使者，以快可汗之意。如何今日遽欲背恩忘義，獨不愧鬼神乎？」木杆慘然良久，曰：「君言是也。吾意決矣，當相與共平東賊，然後送女。」荐等復命。公卿請發十萬人擊齊，柱國楊忠獨以爲得萬騎足矣。戊子，遣忠將步騎一萬，與突厥自北道伐齊。又遣大將軍達奚武帥步騎三萬自南道出平陽，期會於晉陽。

冬十二月，周楊忠拔齊二十餘城。齊人守陘嶺之隘，忠擊破之。突厥木杆、地頭、步離三可汗以十萬騎會之。己丑，自恒州三道俱入。時大雪數旬，南北千餘里，平地數尺。

齊主自鄴倍道赴之，戊午，至晉陽。斛律光將步騎三萬屯平陽。己未，周師及突厥逼晉陽，齊主畏其强，戎服帥宫人欲東走避之。趙郡王叡、河間王孝琬叩馬諫。孝琬請委叡部分，必得嚴整。帝從之，命六軍進止皆取叡節度，而使并州刺史段韶總之。

五年春正月庚申，齊主登北城，軍容甚整。突厥咎周人曰：「爾言齊亂，故來伐之。今齊人眼中亦有鐵，何可當邪！」

周人以步卒爲前鋒，從西山下，去城二里許。諸將咸欲逆擊之，段韶曰：「步卒力勢，自當有限。今積雪既厚，逆戰非便。不如陳以待之，彼勞我逸，破之必矣。」既至，齊悉其鋭兵鼓譟而出。突厥震駭，引上西山，不肯戰，周師大敗而還。突厥引兵出塞，縱兵大掠，自晉陽以往七百餘里，人畜無遺。段韶追之，不敢逼。突厥還至陘嶺，凍滑，乃鋪氈以度，胡馬寒瘦，膝已下皆無毛，比至長城，馬死且盡，截矟杖之以歸。

達奚武至平陽，未知忠退。斛律光與書曰：「鴻鵠已翔於寥廓，羅者猶視於沮澤。」武得書，亦還。光逐之入周境，獲二千餘口而還。

光見帝於晉陽，帝以新遭大寇，抱光頭而哭。任城王湝進曰：「何至於此？」乃止。

初，齊顯祖之世，周人常懼齊兵西渡，每至冬月，守河椎冰。及世祖即位，嬖幸用事，朝政漸紊，齊人椎冰以備周兵之逼。斛律光憂之曰：「國家常有吞關、隴之志，今日至此，而唯翫聲色乎！」

初，周太祖之從賀拔岳在關中也，遣人迎晉公護於晉陽。護母閻氏及周主之姑皆留晉陽，齊人以配中山宮。及護用事，遣間使入齊求之，莫知音息。齊遣使者至玉壁，求通互市。護欲訪求母、姑，使司馬下大夫尹公正至玉壁，與之言，使者甚悅。勳州刺史韋孝寬獲關東人，復縱之，因致書，爲言西朝欲通好之意。是時，周人以前攻晉陽不得志，謀與突厥再伐齊。齊主聞之，大懼，許遣護母西歸，且求通好，先遣其姑歸。

秋八月，周遣柱國楊忠將兵會突厥伐齊，至北河而還。九月，突厥寇齊幽州，衆十餘萬，入長城，大掠而還。

周皇姑之歸也，齊主遣人爲晉公護母作書，言護幼時數事，又寄其所着錦袍，以爲信驗。且曰：「吾屬千載之運，逢大齊之德，矜老開恩，許得相見。禽獸草木，母子相依，吾有何罪，與汝分離。今復何福，還望見汝。言此悲喜，死而更蘇。世間所有，求皆可得，母子異國，何處可求？假汝貴極王公，富過山海，有一老母，八十之年，飄然千里，死亡旦夕，不得一朝暫見，不得一日同處，寒不得汝衣，飢不得汝食，汝雖窮榮極盛，光耀世間，於吾何益？吾今日之前，汝既不得申其供養，事往何論。今日以後，吾之殘命，唯繫於汝爾。戴天履地，中有鬼神，勿云冥昧，而可欺負。」

護得書，悲不自勝，復書曰：「區宇分崩，遭遇災禍，違離膝下，三十五年。受形稟氣，皆知母子，誰同薩保，如此不孝。子爲公侯，母爲俘隸，暑不見母暑，寒不見母寒，衣不知有無，食不知飢飽，泯如天地之外，無由暫聞。分懷冤酷，終此一生，死若有知，冀奉見於泉下耳。不謂齊朝解網，惠以德音，磨敦、四姑，並許矜放。初聞此旨，魂爽飛越，號天叩地，不能自勝。齊朝霈然之恩，既已霑洽，有家有國，信義爲本，伏度來期，已應有日。一得奉見慈顏，永畢生願。生死肉骨，豈過今恩，負山戴岳，未足勝荷。」

齊人留護母，使更與護書，邀護重報，往返再三。時段韶拒突厥軍於塞下，齊主遣黄門徐世榮乘傳齎周書問韶。韶以：「周人反覆，本無信義，比晉陽之役，其事可知。護外託爲相，其實主也。既爲母請和，不遣一介之使。若據移書，即送其母，恐示之以弱。不如且外許之，待和親堅定，然後遣之未晚。」齊主不聽，即遣之。閻氏至周，舉朝稱慶，周主爲之大赦。

突厥自幽州還，留屯塞北，更集諸部兵，遣使告周，欲與共擊齊如前約。閏月乙巳，突厥寇齊幽州。晉公護新得其母，未欲伐齊。又恐負突厥約，更生邊患，不得已，徵二十四軍及左右廂散隸秦、隴、巴、蜀之兵并羌胡内附者凡二十萬人。冬十月甲子，周主授護斧鉞於廟廷。丁卯，親勞軍於沙苑。癸酉，還宮。護軍至潼關，遣柱國尉遲迥帥精兵十萬爲前鋒，趣洛陽，大將軍權景宣帥山南之兵趣懸瓠，少師楊檦出軹關。十一月，周晉公護進屯弘農。甲午，尉遲迥圍洛陽，雍州牧齊公憲、同州刺史達奚武、涇州總管王雄軍於邙山。

初，周楊檦爲邵州刺史，鎮捍東境二十餘年，數與齊戰，未嘗不捷，由是輕之。既出軹關，獨引兵深入，又不設備。甲辰，齊太尉婁叡將兵奄至，大破檦軍，檦遂降齊。權景宣圍懸瓠，十二月，齊豫州道行臺豫州刺史太原王士良、永州刺史蕭世怡並以城降之。景宣使開府郭彥守豫州，謝徹守永州，送士良、世怡及降卒千人於長安。

周人爲土山地道以攻洛陽，三旬不克。晉公護命諸將塹斷河陽路，遏齊救兵，然後同攻洛陽。諸將以爲齊兵必不敢出，唯張斥候而已。齊遣蘭陵王長恭、大將軍斛律光救洛陽，畏周兵之强，未敢進。齊主召并州刺史段韶謂曰：「洛陽危急，今欲遣王救之。突厥在北，復須鎮禦，如何？」對曰：「北虜侵邊，事等疥癬，今西鄰闚逼，乃腹心之病，請奉詔南行。」齊主曰：「朕意亦爾。」乃令韶督精騎一千發晉陽。丁巳，齊主亦自晉陽赴洛陽。

段韶自晉陽行，五日濟河，會連日陰霧，壬戌，韶至洛陽，帥帳下三百騎與諸將登邙阪，觀周軍形勢。至大和谷，與周軍遇，韶即馳告諸營，追集騎士，結陳以待之。韶爲左軍，蘭陵王長恭爲中軍，斛律光爲右軍。周人不意其至，皆恟懼。韶遥謂周人曰：「汝宇文護纔得其母，遽來爲寇，何也？」周人曰：「天遣我來，有何可問。」韶曰：「天道賞善罰惡，當遣汝送死來耳。」周人以步兵在前，上山逆戰。韶且戰且卻以誘之。待其力弊，然後下馬擊之。周師大敗，一時瓦解，投墜溪谷死者甚衆。

蘭陵王長恭以五百騎突入周軍，遂至金墉城下。城上人弗識，長恭免冑示之面，乃下弩手救之。周師在城下者亦解圍遁去，委棄營幕，自邙山至穀水三十里中，軍資、器械，彌滿川澤。唯齊公憲、達奚武及庸忠公王雄在後，勒兵拒戰。

王雄馳馬衝斛律光陳，光退走，雄追之。光左右皆散，惟餘一奴一矢。雄按矟不及光者丈餘，謂光曰：「吾惜爾不殺，當生將爾見天子。」光射雄中額，雄抱馬走，至營而卒。軍中益懼。

齊公憲拊循督勵，衆心小安。至夜，收軍。憲欲待明更戰，達奚武曰：「洛陽軍散，人情震駭，若不因夜速還，明日欲歸不得。武在軍久，備見形勢，公少年未經事，豈可以數營士卒委之虎口乎！」乃還。權景宣亦棄豫州走。

丁卯，齊主至洛陽。己巳，以段韶爲太宰，斛律光爲太尉，蘭陵王長恭爲尚書令。壬申，齊主如虎牢，遂自滑臺如黎陽，丙子，至鄴。

楊忠引兵出沃野，應接突厥，軍糧不給，諸軍憂之，計無所出。忠乃招誘稽胡酋長咸在坐，詐使河州刺史王傑勒兵鳴鼓而至，曰：「大冢宰已平洛陽，欲與突厥共討稽胡之不服者。」坐者皆懼，忠慰諭而遣之。於是諸胡相帥餽輸，軍糧塡積。屬周師罷歸，忠亦還。晉公護本無將略，是行也又非本心，故無功，與諸將稽首謝罪。周主慰勞罷之。

六年五月，突厥遣使至齊，始與齊通。

宣帝太建元年秋八月庚辰，盜殺周孔城防主，以其地入齊。九月辛卯，周遣齊公憲與柱國李穆將兵趣宜陽，築崇德等五城。冬十二月，周齊公憲等圍齊宜陽，絶其糧道。

二年春正月，齊太傅斛律光將步騎三萬救宜陽，屢破周軍，築統關、豐化二城以通宜陽糧道而還。周軍追之，光縱擊，又破之，獲其開府儀同三司宇文英、梁景興。二月己巳，齊以斛律光爲右丞相、并州刺史，又以任城王湝爲太師，賀拔仁録尚書事。

周、齊爭宜陽，久不決。勳州刺史韋孝寬謂其下曰：「宜陽一城之地，不足損益，兩國爭之，勞師彌年。彼豈無智謀之士，若棄崤東來圖汾北，我必失地。今宜速於華谷及長秋築城以杜其意，脱其先我，圖之實難。」乃畫地形，且陳其狀。晉公護謂使者曰：「韋公子孫雖多，數不滿百，汾北築城，遣誰守之？」事遂不行。齊斛律光果出晉州道，於汾北築華谷、龍門二城。光至汾東，與孝寬相見，光曰：「宜陽小城，久勞爭戰。今既舍彼，欲於汾北取償，幸勿怪也。」孝寬曰：「宜陽彼之要衝，汾北我之所棄，我棄彼取，其償安在？君輔翼幼主，位望隆重，不撫循百姓，而極武窮兵，苟貪尋常之地，塗炭疲弊之民，竊爲君不取也。」光進圍定陽，築南汾城以逼之。周人釋宜陽之圍以救汾北。晉公護問計於齊公憲，憲曰：「兄宜暫出同州以爲聲勢，憲請以精兵居前，隨機攻取。」護從之。

三年春正月，齊斛律光築十三城於西境，馬上以鞭指畫而成，拓地五百里，而未嘗伐功。又與周韋孝寬戰於汾北，破之。齊公憲督諸將東拒齊師。三月，周齊公憲自龍門渡河，斛律光退保華容，憲攻拔其新築五城。齊太宰段韶、蘭陵王長恭將兵禦周師，攻柏谷城，拔之而還。

夏四月，周陳公純等取齊宜陽等九城，齊斛律光將步騎五萬赴之。

五月，周晉公護使中外府參軍郭榮城於姚襄城南、定陽城西，齊段韶引兵襲周師，破之。六月，韶圍定陽城，周汾州刺史楊敷固守不下。韶急攻之，屠其外城。時韶卧病，謂蘭陵王長恭曰：「此城三面重澗，皆無走路，唯慮東南一道耳，賊必從此出，宜簡精兵專守之，此必成擒。」長恭乃令壯士千餘人伏於東南澗口。城中糧盡，齊公憲總兵救之，憚韶，不敢進。敷帥見兵突圍夜走，伏兵擊擒之，盡俘其衆。乙巳，齊取周汾州及姚襄城，唯郭榮所築城獨存。敷，愔之族子也。

齊斛律光與周師戰於宜陽城下，取周建安等四戍，捕虜千餘人而還。軍未至鄴，齊主敕使散兵，光以軍士多有功者，未得慰勞，乃密通表，請遣使宣旨，軍仍且進，齊朝發使遲留。軍還，將至紫陌，光乃駐營待使。帝聞光軍已逼，心甚惡之，亟令舍人召光入見，然後宣勞散兵。

吐谷渾盛衰

晉元帝建武元年。河南王吐谷渾卒。吐谷渾者，慕容廆之庶兄也，父涉歸，分户一千七百以隸之。及廆嗣位，二部馬鬭，廆遣使讓吐谷渾曰：「先公分建有別，奈何不相遠異，而令馬有鬭傷。」吐谷渾怒曰：「馬是六畜，鬭乃其常，何至怒及於人？欲遠別甚易，恐後會爲難耳。今當去汝萬里之外。」遂帥其衆西徙。廆悔之，遣其長史乙那婁馮追謝之。吐谷渾曰：「先公嘗稱卜筮之言，云『吾二子皆當强盛，祚流後世』。我孽子也，理無並大。今因馬而別，殆天意乎！」遂不復還，西傅陰山而居。屬永嘉之亂，因度隴而西，據洮水之西，極于白蘭，地方數千里。鮮卑謂兄爲阿干，廆追思之，爲之作阿干之歌。吐谷渾有子六十人，長子吐延嗣。吐延長大有勇力，羌胡皆畏之。

成帝咸和四年。河南王吐延，雄勇多猜忌，羌酋姜聰刺之。吐延不抽劍，召其將紇扢埿，使輔其子葉延，保于白蘭，抽劍而死。葉延孝而好學，以爲「禮，公孫之子得以王父字爲氏」，乃自號其國曰吐谷渾。

穆帝永和七年。吐谷渾葉延卒，子辟奚立。

簡文帝咸安元年。吐谷渾王辟奚聞楊纂敗，五月，遣使獻馬千匹、金銀五百斤于秦。秦以辟奚爲安遠將軍、漒川侯。辟奚，葉延之子也，好學，仁厚而無威斷，三弟專恣，國人患之。長史鍾惡地，西漒羌豪也，謂司馬乞宿雲曰：「三弟縱横，勢出王右，幾亡國矣。吾二人位爲元輔，豈得坐而視之？詰朝月望，文武並會，吾將討焉。王之左右皆吾羌子，轉目一顧，必可擒也。」宿雲請先白王，惡地曰：「王仁而無斷，白之必不從，萬一事泄，吾屬無類矣。事已出口，何可中變！」遂於坐收三弟殺之。辟奚驚怖，自投牀下，惡地、宿雲趨而扶之，曰：「臣昨夢先王（刺）〔敕〕臣，云『三弟將爲逆，不可不討』，故誅之耳。」辟奚由是發病恍惚，命世子視連曰：「吾禍及同生，何以見之於地下！國事大小，任汝治之，吾餘年殘命，寄食而已。」遂以憂卒。

視連立，不飲酒、遊畋者七年，軍國之事，委之將佐。鍾惡地諫，以爲人主當自娱樂，建威布德。視連泣曰：「孤自先世以來，以仁孝忠恕相承。先王念友愛之不終，悲憤而亡。孤雖纂業，尸存而已，聲色遊娱，豈所安也。威德之建，當付之將來耳。」

孝武帝太元十五年。吐谷渾視連遣使獻見於金城王乾歸，乾歸拜視連沙州牧、白蘭王。

秋九月，吐谷渾視連卒，子視羆立。視羆以其父祖慈仁，爲四鄰所侵侮，乃督厲將士，欲建功業。冬十月，金城王乾歸遣使拜視羆沙州牧、白蘭王，視羆不受。

安帝隆安二年九月，西秦王乾歸遣秦州牧益州、武衛將軍慕兀、冠軍將軍翟瑥帥騎二萬伐吐谷渾。〔冬十月〕，西秦乞伏益州與吐谷渾王視羆戰於度周川，視羆大敗，走保白蘭山，遣子宕豈爲質於西秦以請和，西秦王乾歸以宗女妻之。

四年夏四月，吐谷渾視羆卒，世子樹洛干方九歲，弟烏紇提立，妻樹洛干之母念氏，生慕璝、慕延。烏紇提懦弱荒淫，不能治國，念氏專制國事，有膽智，國人畏服之。

義熙元年春正月，乞伏乾歸擊吐谷渾大孩，大破之，俘萬餘口而還。大孩走死胡園。視羆世子樹洛干帥其餘衆數千家奔莫何川，自稱車騎大將軍、大單于、吐谷渾王。樹洛干輕徭薄賦，信賞必罰，吐谷渾復興，沙、漒諸戎皆附之。

八年春二月，河南王乾歸擊吐谷渾阿若干於赤水，降之。

九年夏四月，河南王熾盤遣安北將軍烏地延、冠軍將軍翟紹擊吐谷渾別統句旁于涇勒川，大破之。秋七月，河南王熾盤擊吐谷渾支旁于長柳川，虜旁及其民五千餘户而還。九月，河南王熾磐擊吐谷渾別統掘逵於渴渾川，大破之，虜男女二萬三千。冬十月，掘逵帥其餘衆降于熾磐。

十三年春二月，西秦安東將軍木弈干擊吐谷渾樹洛干，破其弟阿柴於堯杆川，俘五千餘口而還。樹洛干走保白蘭山，慚憤發疾，將卒，謂阿柴曰：「吾子拾虔幼弱，今以大事付汝。」樹洛干卒，阿柴立，自稱驃騎將軍、沙州刺史。謚樹洛干曰武王。阿柴稍用兵侵併其旁小種，地方數千里，遂爲强國。

宋武帝永初二年夏四月，吐谷渾王阿柴遣使降秦，秦王熾盤以阿柴爲征西大將軍、開府儀同三司、安州牧、白蘭王。

營陽王景平元年〔春二月〕，吐谷渾王阿柴遣使入貢。〔庚辰〕，詔以阿柴爲督塞表諸軍事、安西將軍、沙州刺史、澆河公。

文帝元嘉元年冬十月，吐谷渾威王阿柴卒。阿柴有子二十人。疾病，召諸子弟謂之曰：「先公車騎，以大業之故，捨其子拾虔而授孤，孤敢私於緯代而忘先君之志乎！我死，汝曹當奉慕璝爲主。」緯代者，阿柴之長子。慕璝者，阿柴之母弟，叔父烏紇堤之子也。

阿柴又命諸子各獻一箭，取一箭授其弟慕利延，使折之。慕利延折之。又取十九箭使折之，慕利延不能折。阿柴乃諭之曰：「汝曹知之乎？孤則易折，衆則難摧。汝曹當戮力一心，然後可以保國寧家。」言終而卒。慕璝亦有才略，撫納秦、凉失業之民及氐、羌雜種至五六百落，部衆轉盛。

三年秋九月，吐谷渾掘逵等帥部衆二萬餘落叛秦，奔昂川，附于吐谷渾王慕璝。

六年冬十二月，吐谷渾王慕璝遣使入貢。

七年春正月癸巳，以吐谷渾王慕璝爲征西將軍、沙州刺史、隴西公。夏（四）〔六〕月，吐谷渾王慕璝將其衆萬八千襲秦定連，秦輔國大將軍段暉等擊走之。

八年秋八月，吐谷渾王慕璝遣侍郎謝太寧奉表于魏，請送赫連定。己丑，魏以慕璝爲大將軍、西秦王。

九年春三月壬申，吐谷渾王慕璝送赫連定于魏，魏人殺之。慕璝上表曰：「臣俘擒僭逆，獻捷王府，爵秩雖崇而土不增廓，車旗既飾而財不周賞；願垂鑒察。」魏主下其議。公卿以爲：「慕璝所致，唯定而已，塞外之民，皆爲己有，而貪求無厭，不可許也。」魏主乃詔曰：「西秦王所得金城、枹罕、隴西之地，朕即與之，乃是裂土，何須復廓。西秦款至，綿絹隨使疏數，臨時增益，非一賜而止也。」自是慕璝貢使至魏者稍簡。〔夏六月〕，吐谷渾王慕璝遣其司馬趙敘入貢，且來告捷。乙未，以吐谷渾王慕璝爲都督西秦河沙三州諸軍事、征西大將軍、西秦河二州刺史，進爵隴西王，且命慕璝悉歸南方將士先没於夏者，得百五十餘人。

十三年冬十二月，吐谷渾惠王慕璝卒，弟慕利延立。

十四年秋九月丁酉，魏主遣使者拜吐谷渾王慕利延爲鎮西大將軍、儀同三司，改封西平王。

十五年春二月丁未，以吐谷渾王慕利延爲都督西秦河沙三州諸軍事、鎮西大將軍、西秦河二州刺史、隴西王。

十六年夏六月己酉，改封隴西王吐谷渾慕利延爲河南王。冬十二月，吐谷渾王慕利延聞魏克涼州，大懼，帥衆西遁，踰沙漠。魏主以其兄慕璝有擒赫連定之功，遣使撫諭之，慕利延乃還故地。

二十一年夏六月，吐谷渾王慕利延兄子緯世與魏使者謀降魏，慕利延殺之。是月，緯世弟叱力延等八人奔魏，魏以叱力延爲歸義王。

秋八月，吐谷渾叱力延等請師於魏以討吐谷渾王慕利延，魏主使晉王伏羅督諸軍擊之。

魏晉王伏羅至樂都，引兵從間道襲吐谷渾，至大母橋。吐谷渾王慕利延大驚，逃奔白蘭，慕利延兄子拾寅奔河西，魏軍斬首五千餘級。慕利延從弟伏念等帥萬三千部落降於魏。

二十二年夏四月庚戌，魏主遣征西大將軍高凉王那等擊吐谷渾王慕利延於白蘭，秦州刺史代人封敕文、安遠將軍乙烏頭擊慕利延兄子什歸於枹罕。〔秋七月〕，吐谷渾什歸聞魏軍將至，棄城夜遁。八月丁亥，封敕文入枹罕，分徙其民千家還上邽，留乙烏頭守枹罕。萬度歸至敦煌，留輜重，以輕騎五千度流沙，襲鄯善。壬辰，鄯善王真達面縛出降。度歸留軍屯守，與真達詣平城。西域復通。壬寅，魏高凉王那軍至寧頭城，吐谷渾王慕利延擁其部落西度流沙。吐谷渾慕璝之子被囊逆戰，那擊破之。被囊遁走，中山公杜豐帥精騎追之，度三危，至雪山，生擒被囊及吐谷渾什歸、乞伏熾磐之子成龍，皆送平城。慕利延遂西入于闐，殺其王，據其地，死者數萬人。

二十三年。吐谷渾復還舊土。

二十七年〔夏六月〕，吐谷渾王慕利延爲魏所逼，上表求入保越嶲。上許之，慕利延竟不至。

二十九年秋九月，吐谷渾王慕利延卒，樹洛干之子拾寅立，始居伏羅川，遣使來請命，〔亦請命〕于魏。丁亥，以拾寅爲安西將軍、西秦河沙三州刺史、河南王。魏以拾寅爲鎮西大將軍、沙州刺史、西平王。

〔孝〕武帝大明四年。吐谷渾王拾寅兩受宋、魏爵命，居止出入，擬於王者，魏人忿之。定陽侯曹安表：「拾寅今保白蘭，若分軍出其左右，必走保南山，不過十日，人畜乏食，可一舉而定。」六月甲午，魏遣征西大將軍陽平王新成等督統萬、高平諸軍出南道，南郡公中山李惠等督涼州諸軍出北道，以擊吐谷渾。秋七月，魏軍至西平，吐谷渾王拾寅走保南山。九月，魏軍濟河追之，會疾疫，引還，獲雜畜二十餘萬。

明帝泰始六年春二月，魏主遣征西大將軍上黨王長孫觀擊吐谷渾。夏四月戊申，魏長孫觀與吐谷渾王拾寅戰於曼頭山，拾寅敗走。遣別駕康盤龍入貢，魏主囚之。

蒼梧王元徽元年。吐谷渾王拾寅寇魏澆河。夏四月戊申，魏以司空長孫觀爲大都督，發兵討之。秋八月庚申，魏長孫觀入吐谷渾境，芻其秋稼。吐谷渾王拾寅窘急請降，遣子斤入侍。自是歲脩職貢。

齊高帝建元三年。吐谷渾王拾寅卒，世子度易侯立。冬十月戊子朔，以度易侯爲西秦河二州刺史、河南王。

武帝永明八年秋八月，河南王度易侯卒，乙酉，以其世子伏連籌爲秦河二州刺史，遣振武將軍丘冠先拜授，且弔之。伏連籌逼冠先使拜，冠先不從，伏連籌推冠先墜崖而死。上厚賜其子雄，敕以喪委絕域，不可復尋，仕進無嫌。

九年。初，魏主召吐谷渾王伏連籌入朝，伏連籌辭疾不至，輒修洮陽、泥和二城，置戍兵焉。二月乙亥，魏枹罕鎮將長孫百年請擊二戍，魏主許之。五月，魏長孫百年攻洮陽、泥和二戍，克之，俘三千餘人。

十年。魏文明太后之喪，使人告於吐谷渾。吐谷渾王伏連籌拜命不恭，羣臣請討之，魏主不許。又請還其貢物。帝曰：「貢物乃人臣之禮。今而不受，是棄絶之，彼雖欲自新，其路無由矣。」因命歸洮陽、泥和之俘。秋七月庚申，吐谷渾遣其世子賀虜頭入朝于魏。詔以伏連籌爲都督西垂諸軍事、西海公、吐谷渾王，遣兼員外散騎常侍張禮使於吐谷渾。伏連籌謂禮曰：「曩者宕昌常自稱名而見謂爲大王，今忽稱僕，又拘執使人，欲使偏師往問，何如？」禮曰：「君與宕昌皆爲魏藩，比輒興兵攻之，殊違臣節。離京師之日，宰輔有言，以爲君能自知其過，則藩業可保，若其不悛，禍難將至矣。」伏連籌默然。

東昏侯永元二年。吐谷渾王伏連籌事魏盡禮，而居其國置百官，皆如天子之制，稱制於其鄰國。魏主遣使責而宥之。

梁武帝天監三年秋九月，以吐谷渾王伏連籌爲西秦河二州刺史、河南王。

大同六年冬十一月，吐谷渾自莫折念生之亂，不通于魏。伏連籌〔卒〕，子夸吕立，始稱可汗，居伏俟城。其地東西三千里，南北千餘里。官有王、〔公〕、僕射、尚書、郎中、將軍之號。是歲，始遣使假道柔然，聘於東魏。

元帝承聖二年夏四月，吐谷渾可汗夸呂，雖通使於魏，而寇抄不息。宇文泰將騎三萬，踰隴至姑臧討之。夸呂懼，請服。既而復通使於齊。涼州刺史史寧覘知其還，襲之於赤泉，獲其僕射乞伏觸狀。

敬帝太平元年秋九月，突厥木杆可汗假道於涼州以襲吐谷渾，魏太師泰使涼州刺史史寧帥騎隨之，至番禾，吐谷渾覺之，奔南山。木杆將分兵追之，寧曰：「樹敦、賀真二城，吐谷渾之巢穴也，拔其本根，餘衆自散。」木杆從之。木杆從北道趣賀真，寧從南道趣樹敦。吐谷渾可汗夸呂在賀真，使其征南王將數千人守樹敦。木杆破賀真，獲夸呂妻子，寧破樹敦，虜征南王，還，與木杆會于青海，木杆歎寧勇決，贈遺甚厚。

陳武帝永定元年春正月，吐谷渾爲寇於周，攻涼、鄯、河三州。秦州都督遣渭州刺史于翼赴援，翼不從。僚屬咸以爲言，翼曰：「攻取之術，非夷俗所長。此寇之來，不過鈔掠邊牧耳，掠而無獲，勢將自走。勞師以往，必無所及。翼揣之已了，幸勿復言。」數日，問至，果如翼所策。

文帝天康元年夏五月，吐谷渾龍涸王莫昌帥部落附於周，以其地爲扶州。

宣帝太建八年春二月辛酉，周主命太子巡撫西土，因伐吐谷渾。秋八月，周太子伐吐谷渾，至伏俟城而還。

十三年秋八月，吐谷渾寇涼州，隋主遣行軍元帥樂安公元諧等步騎數萬擊之。諧擊破吐谷渾於豐利山，又敗其太子可博汗於青海，俘斬萬計。吐谷渾震駭，其王侯三十人，各帥所部來降。吐谷渾可汗夸呂帥親兵遠遁。隋主以其高寧王移茲裒爲河南王，使統降衆；以元諧爲寧州刺史，留行軍總管賀婁子幹鎮涼州。

長城公至德元年夏四月庚午，吐谷渾寇隋臨洮。洮州刺史皮子信出戰，敗死。汶州總管梁遠擊走之。又寇廓州，州兵擊走之。

夏六月庚辰，隋行軍總管梁遠破吐谷渾於爾汗山。

二年夏四月，隋上大將軍賀婁子幹發五州兵擊吐谷渾，殺男女萬餘口，二旬而還。帝以隴西頻被寇掠，而俗不設村塢，命子幹勒民爲堡，仍營田積穀。子幹上書曰：「隴西、河右，土曠民稀，邊境未寧，不可廣佃。比見屯田之所，獲少費多，虚役人功，卒逢踐暴，屯田疏遠者請皆廢省。但隴右之民，以畜牧爲事，若更屯聚，彌不自安。但使鎮戍連接，烽堠相望，民雖散居，必謂無虞。」帝從之。以子幹曉習邊事，丁巳，以爲榆關總管。

四年。吐谷渾可汗夸呂在位百年，屢因喜怒廢殺太子。後太子懼，謀執夸呂而降，請兵於隋邊吏。秦州總管河間王弘請以兵應之，隋主不許。太子謀洩，爲夸吕所殺，復立其少子嵬王訶爲太子。疊州刺史杜粲請因其釁而討之，隋主又不許。是歲，嵬王訶復懼誅，謀帥部落萬五千户降隋，遣使詣闕，請兵迎之。隋主曰：「渾賊風俗，特異人倫，父既不慈，子復不孝。朕以德訓人，何有成其惡逆乎！」乃謂使者曰：「父有過失，子當諫争，豈可潛謀非法，受不孝之名。溥天之下，皆朕臣妾，各爲善事，即稱朕心。嵬王既欲歸朕，唯教嵬王爲臣子之法，不可遠遣兵馬，助爲惡事。」嵬王訶乃止。

禎明二年。吐谷渾裨王拓跋木彌請以千餘家降隋。隋主曰：「溥天之下，皆是朕臣，朕之撫育，俱存仁孝。渾賊惛狂，妻子懷怖，並思歸化，自救危亡。然叛夫背父，不可收納。又其本意，正自避死，今若違拒，又復不仁。若更有音信，但宜慰撫，任其自拔，不須出兵應接。其妹夫及甥欲來，亦任其意，不勞勸誘也。」

隋文帝開皇十一年春二月戊午，吐谷渾遣使入貢。吐谷渾可汗夸吕聞陳亡，大懼，遁逃保險，不敢爲寇。夸吕卒，子世伏立，使其兄子無素奉表稱藩，并獻方物，請以女備後庭。上謂無素曰：「若依來請，他國聞之，必當相傚，何以拒之。朕情存安養，各令遂性，豈可聚斂子女以實後宫乎！」竟不許。

十六年冬十一月，帝以光化公主妻吐谷渾可汗世伏。世伏上表，請稱公主爲天后，上不許。

十七年。吐谷渾大亂，國人殺世伏，立其弟伏允爲主，遣使陳廢立之事，并謝專命之罪，且請依俗尚主。上從之，自是朝貢歲至。

煬帝大業四年秋七月，裴矩説鐵勒，使擊吐谷渾，大破之。吐谷渾可汗伏允東走，入西平境内，遣使請降求救。帝遣安德王雄出澆河，許公宇文述出西平迎之。述至臨羌城，吐谷渾畏述兵盛，不敢降，帥衆西遁。述引兵追之，拔曼頭、赤水二城，斬三千餘級，獲其王公以下二百人，虜男女四千口而還。伏允南奔雪山，其故地皆空，東西四千里，南北二千里，皆爲隋有，置郡、縣、鎮、戍，天下輕罪徙居之。

五年夏四月癸亥，上出臨津關，渡黄河，至西平，陳兵講武，將擊吐谷渾。五月，吐谷渾可汗伏允帥衆保覆袁川，帝分命内史元壽南屯金山，兵部尚書段文振北屯雪山，太僕卿楊義臣東屯琵琶峽，將軍張壽西屯泥嶺，四面圍之。伏允以數十騎遁出，遣其名王詐稱伏允，保車我真山。壬辰，詔右屯衛大將軍張定和往捕之。定和輕其衆少，不被甲，挺身登山，吐谷渾伏兵射殺之。其亞將柳武建擊吐谷渾，破之。甲午，吐谷渾仙頭王窮蹙，帥男女十餘萬口來降。六月丁酉，遣左光禄大夫梁默等追討伏允，兵敗，爲伏允所殺。衛尉卿彭城劉權出伊吾道擊吐谷渾，至青海，虜獲千餘口，乘勝追奔，至伏俟城。

初，吐谷渾伏允使其子順來朝，帝留順不遣。伏允敗走，無以自資，帥數千騎客於党項。帝立順爲可汗，送至玉門，令統其餘衆，以其大寶王尼洛周爲輔。至西平，其部下殺洛周，順不果入而還。

通鑑紀事本末卷第二十五

周滅齊

陳文帝天嘉三年。齊主之爲長廣王也，清都和士開以善握槊、彈琵琶有寵，辟爲開府行參軍，及即位，累遷給事黄門侍郎。

四年。齊侍中、開府儀同三司和士開有寵於齊主，齊主外朝視事，或在内宴賞，須臾之間，不得不與士開相見，或累日不歸，一日數入，或放還之後，俄頃即追，未至之間，連騎督趣。姦諂百端，寵愛日隆，前後賞賜，不可勝紀。每侍左右，言辭容止，極諸鄙褻，以夜繼晝，無復君臣之禮。常謂帝曰：「自古帝王，盡爲灰土，堯舜、桀紂，竟復何異？陛下宜及少壯，極意爲樂，縱横行之，一日取快，可敵千年。國事盡付大臣，何慮不辦，無爲自勤約也。」帝大悦。於是委趙彦深掌官爵，元文遥掌財用，唐邕掌外、騎兵，信都馮子琮、胡長粲掌東宫。帝三四日一視朝，書數字而已，略無所言，須臾罷入。長粲，僧敬之子也。

帝使士開與胡后握槊，河南康獻王孝瑜諫曰：「皇后天下之母，豈可與臣下接手。」孝瑜又言：「趙郡王叡，其父死於非命，不可親近。」由是叡及士開共譖之。士開言「孝帝由是忌之。孝瑜竊與爾朱御女言，帝聞之，大怒。夏六月庚申，頓飲孝瑜酒三十七盃。孝瑜體肥大，腰帶十圍，帝使左右婁子彦載以出，酖之於車，至西華門，煩躁投水而絶。贈太尉、録尚書事。諸侯在宮中者，莫敢舉聲，唯河間王孝琬大哭而出。

六年。齊著作郎祖珽有文學，多技藝，而疏率無行。嘗爲高祖中外府功曹，因宴失金叵羅，於珽髻上得之。又坐詐盗官粟三千石，鞭二百，配甲坊。顯祖時，珽爲秘書丞，盗華林遍略，及有他贓，當絞，除名爲民。顯祖雖憎其數犯法，而愛其才伎，令直中書省。世祖爲長廣王，珽爲胡桃油獻之，因言「殿下有非常骨法，孝徵夢殿下乘龍上天」。王曰：「若然，當使兄大富貴。」及即位，擢拜中書侍郎，遷散騎常侍。與和士開共爲姦諂。

珽私説士開曰：「君之寵幸，振古無比，宮車一日晚駕，欲何以克終？」士開因從問計，珽曰：「宜説主上，云文襄、文宣、孝昭之子俱不得立，今宜令皇太子早踐大位，以定君臣之分。若事成，中宮、少主必皆德君，此萬全計也。請君微説主上令粗解，珽當自外上表論之。」士開許諾。會有彗星見，太史奏云：「彗，除舊布新之象，當有易主。」珽於是上書言：「陛下雖爲天子，未爲極貴，宜傳位東宮，且以上應天道。」并上魏顯祖禪子故事。齊主從之，丙子，使太宰段韶持節奉皇帝璽綬，傳位於太子緯。太子即皇帝位於晉陽宮，大赦，改元天統。又詔以太子妃斛律氏爲皇后。於是羣公上世祖尊號爲太上皇帝，軍國大事咸以聞。使黄門侍郎馮子琮、尚書左丞胡長粲輔導少主，出入禁中，專典敷奏。子琮，胡后之妹夫也。祖珽拜秘書監，加儀同三司，大被親寵，見重二宮。

齊世祖之爲長廣王也，數爲顯祖所捶，心常銜之。顯祖每見祖珽，常呼爲賊，故珽亦怨之。且欲求媚於世祖，乃説世祖曰：「文宣狂暴，何得稱『文』？既非創業，何得稱『祖』？若文宣爲祖，陛下萬歲後當何所稱？」帝從之。己丑，改謚太祖獻武皇帝爲神武皇帝，廟號高祖，獻明皇后爲武明皇后。令有司更議文宣謚號。十二月庚午，齊改謚文宣皇帝爲景烈皇帝，廟號威宗。

天康元年冬十二月，齊河間王孝琬怨執政，爲草人而射之。和士開、祖珽譖之於上皇曰：「草人以擬聖躬也。又前突厥至并州，孝琬脱兜鍪抵地，云：『我豈老嫗，須著此物！』此言屬大家也。又魏世謡言『河南種穀河北生，白楊樹端金雞鳴』。河南、北者，河間也。孝琬將建金雞大赦耳。」上皇頗惑之。會孝琬得佛牙，置第内，夜有光。上皇聞之，使搜之，得填庫矟幡數百。上皇以爲反具，收訊。諸姬有陳氏者，無寵，誣孝琬，云「孝琬常畫陛下像而哭之」，其實世宗像也。上皇怒，使武衛赫連輔玄倒鞭撾之。孝琬呼叔。上皇曰：「何敢呼我爲叔！」孝琬曰：「臣神武皇帝嫡孫，又襄皇帝嫡子，魏孝静皇帝之甥，何爲不得呼叔？」上皇愈怒，折其兩脛而死。安德王延宗哭之，淚赤。又爲草人鞭而訊之，曰：「何故殺我兄？」奴告之，上皇覆延宗於地，馬鞭鞭之二百，幾死。

臨海王光大元年。齊秘書監祖珽與黄門侍郎劉逖友善，珽欲求宰相，乃疏趙彦深、元文遥、和士開罪狀，令逖奏之，逖不敢通。彦深等聞之，先詣上皇自陳。上皇大怒，執珽，詰之，珽因陳士開、文遥、彦深等朋黨弄權、賣官、鬻獄事。上皇曰：「爾乃誹謗我。」珽曰：「臣不敢誹謗陛下取人女。」上皇曰：「我以其飢饉，收養之耳。」珽曰：「何不開倉振給，乃買入後宫乎？」上皇益怒，以刀環築其口，鞭杖亂下，將撲殺之。珽呼曰：「陛下勿殺臣，臣爲陛下合金丹。」遂得少寬。珽曰：「陛下有一范增不能用。」上皇又怒，曰：「爾自比范增，以我爲項羽邪？」珽曰：「項羽布衣，帥烏合之衆，五年而成霸業。陛下藉父兄之資，纔得至此，臣以爲項羽未易可輕。」上皇愈怒，令以土塞其口。珽且吐且言，乃鞭二百，配甲坊，尋徙光州，敕令牢掌。别駕張奉福曰：「牢者，地牢也。」乃置地牢中，桎梏不離身，夜以蕪菁子爲燭，眼爲所熏，由是失明。

二年。齊尚書左僕射徐之才善醫，上皇有疾，之才療之，既愈，中書監和士開欲得次遷，乃出之才爲兖州刺史。夏五月癸卯，以尚書右僕射胡長仁爲左僕射，和士開爲右僕射。長仁，太上皇后之兄也。冬十月辛巳，齊以士開爲左僕射，中書監唐邕爲右僕射。

十一月，齊上皇疾作，驛追徐之才，未至。辛未，疾亟，以後事屬和士開，握其手曰：「勿負我也！」遂殂於士開之手。明日，之才至，復遣還州。士開祕喪，三日不發。黄門侍郎馮子琮問其故，士開曰：「神武、文襄之喪，皆祕不發。今至尊年少，恐王公有貳心者，意欲盡追集於涼風堂，然後與公議之。」士開素忌太尉、録尚書事趙郡王叡及領軍婁定遠，子琮恐其矯遺詔出叡於外，奪定遠禁兵，乃說之曰：「大行先已傳位於今上，羣臣富貴者，皆至尊父子之恩，但令在内貴臣一無改易，王公必無異志。世異事殊，豈得與霸朝相比？且公不出宫門已數日，升遐之事，行路皆傳，久而不舉，恐有他變。」士開乃發喪。丙子，大赦。戊寅，尊太上皇后爲皇太后。

侍中、尚書左僕射元文遥，以馮子琮胡太后之妹夫，恐其贊太后干預朝政，與趙郡王叡、和士開謀，出子琮爲鄭州刺史。

宣帝太建元年春二月，齊以司空徐顯秀爲太尉，并省尚書令婁定遠爲司空。初，侍中、尚書右僕射和士開爲世祖所親狎，出入卧内，無復期度，遂得幸於胡后。及世祖殂，齊主以士開受顧託，深委任之，威權益盛，與婁定遠及録尚書事趙彦深、侍中尚書左僕射元文遥、開府儀同三司唐邕、領軍綦連猛、高阿那肱、度支尚書胡長粲俱用事，時號「八貴」。太尉趙郡王叡、大司馬馮翊王潤、安德王延宗與婁定遠、元文遥皆言於齊主，請出士開爲外任。會胡太后觴朝貴於前殿，叡面陳士開罪失，云：「士開先帝弄臣，城狐社鼠，受納貨賂，穢亂宮掖。臣等義無杜口，冒死陳之。」太后曰：「先帝在時，王等何不言？今日欲欺孤寡邪？且飲酒，勿多言。」叡等詞色愈厲。儀同三司安吐根曰：「臣本商胡，得在諸貴行末，既受厚恩，豈敢惜死。不出士開，朝野不定。」太后曰：「異日論之，王等且散。」叡等或投冠於地，或拂衣而起。明日，叡等復詣雲龍門，令文遙入奏之，三返，太后不聽。左丞相段韶使胡長粲傳太后言曰：「梓宮在殯，事太悤悤，欲王等更思之。」叡等遂皆拜謝。長粲復命，太后曰：「成妹母子家者，兄之力也。」厚賜叡等，罷之。

太后及齊主召問士開，對曰：「先帝於羣臣之中，待臣最厚。陛下諒闇始爾，大臣皆有覬覦，今若出臣，正是翦陛下羽翼。宜謂叡等，云『文遙與臣，俱受先帝任用，豈可一去一留？並可用爲州，且出納如舊。待過山陵，然後遣之』。叡等謂臣真出，心必喜之。」帝及太后然之，告叡等如其言。乃以士開爲兗州刺史，文遙爲西兗州刺史。葬畢，叡等促士開就路。太后欲留士開過百日，叡不許。數日之內，太后數以爲言。有中人知太后密旨者，謂叡曰：「太后意既如此，殿下何宜苦違？」叡曰：「吾受委不輕。今嗣主幼沖，豈可使邪臣在側？不守之以死，何面戴天！」遂更見太后，苦言之。太后令酌酒賜叡，叡正色曰：「今論國家大事，非爲巵酒。」言訖，遽出。

士開載美女、珠簾詣婁定遠，謝曰：「諸貴欲殺士開，蒙王力，特全其命，用爲方伯。今當奉别，謹上二女子，一珠簾。」定遠喜，謂士開曰：「欲還入不？」士開曰：「在内久不自安，今得出，實遂本志，不願更入。但乞王保護，長爲大州刺史足矣。」定遠信之。送至門，士開曰：「今當遠出，願得一辭覲二宮。」定遠許之。士開由是得見太后及帝，進説曰：「先帝一旦登遐，臣媿不能自死。觀朝貴意勢，欲以陛下爲乾明。臣出之後，必有大變，臣何面目見先帝於地下！」因慟哭。帝、太后皆泣。問：「計安出？」士開曰：「臣已得入，復何所慮，正須數行詔書耳。」於是詔出定遠爲青州刺史，責趙郡王叡以不臣之罪。

旦日，叡將復入諫，妻、子咸止之。叡曰：「社稷事重，吾寧死事先皇，不忍見朝廷顛沛。」至殿門，又有人謂曰：「殿下勿入，恐有變。」叡曰：「吾上不負天，死亦無恨。」入見太后，太后復以爲言，叡執之彌固。出至永巷，遇兵，執送華林園雀離佛院，令劉桃枝拉殺之。叡久典朝政，清正自守，朝野冤惜之。復以士開爲侍中、尚書左僕射。定遠歸士開所遺，加以餘珍賂之。

齊主年少，多嬖寵。武衛將軍高阿那肱，素以諂佞爲世祖及和士開所厚，世祖多令在東宫侍齊主，由是有寵，累遷并省尚書令，封淮陰王。

世祖簡都督二十人使侍衛東宮，昌黎韓長鸞預焉。齊主獨親愛長鸞。長鸞名鳳，以字行，累遷侍中、領軍，總知内省機密。

宫婢陸令萱者，其夫漢陽駱超坐謀叛誅，令萱配掖庭，子提婆亦没爲奴。齊主之在襁褓，令萱保養之。令萱巧黠，善取媚，有寵於胡太后，宫掖之中，獨擅威福，封爲郡君，和士開、高阿那肱皆爲之養子。齊主以令萱爲女侍中。令萱引提婆入侍齊主，朝夕戲狎，累遷至開府儀同三司、武衛大將軍。宫人穆舍利者，斛律后之從婢也，有寵於齊主。令萱欲附之，乃爲之養母，薦爲弘德夫人，因令提婆冒姓穆氏。然和士開用事最久，諸幸臣皆依附之以固其寵。

齊主思祖珽，就流囚中除海州刺史。珽乃遺陸媪弟儀同三司悉達書曰：「趙彦深心腹陰沈，欲行伊、霍事，儀同姊弟豈得平安！何不早用智士邪？」和士開亦以珽有膽略，欲引爲謀主，乃棄舊怨，虚心待之，與陸媪言於帝曰：「襄、宣、昭三帝之子，皆不得立。今至尊獨在帝位者，祖孝徵之力也。人有功，不可不報。孝徵心行雖薄，奇略出人，緩急可使。且其人已盲，必無反心，請呼取，問以籌策。」齊主從之，召入，爲秘書監，加開府儀同三司。士開譖尚書令隴東王胡長仁驕恣，出爲齊州刺史。長仁怨憤，謀遣刺客殺士開。事覺，士開與珽謀之，珽引漢文帝誅薄昭故事，遂遣使就州賜死。

二年秋七月甲寅，齊以中領軍和士開爲尚書令，賜爵淮陽王。士開威權日盛，朝士不知廉恥者，或爲之假子，與富商大賈同在伯仲之列。

三年春二月壬寅，齊以蘭陵王長恭爲太尉，趙彦深爲司空，和士開録尚書事，徐之才爲尚書令，唐邕爲左僕射，吏部尚書馮子琮爲右僕射，仍攝選。子琮素諂附士開，至是，自以太后親屬，且典選，頗擅引用人，不復啓禀，由是與士開有隙。

夏四月壬午，齊以琅邪王儼爲太保。琅邪王儼以和士開、穆提婆等專横奢縱，意甚不平。二人相謂曰：「琅邪王眼光奕奕，數步射人，向者暫對，不覺汗出。吾輩見天子奏事尚不然。」由是忌之，乃出儼居北宫，五日一朝，不得無時見太后。

儼之除太保也，餘官悉解，猶帶中丞及京畿。士開等以北城有武庫，欲移儼於外，然後奪其兵權。治書侍御史王子宜與儼所親開府儀同三司高舍洛、中常侍劉辟彊説儼曰：「殿下被疏，正由士開間構，何可出北宫入民間也！」儼謂侍中馮子琮曰：「士開罪重，兒欲殺之，何如？」子琮心欲廢帝而立儼，因勸成之。

儼令子宜表彈士開罪，請禁推。子琮雜他文書奏之，齊主不審省而可之。儼誑領軍庫狄伏連曰：「奉敕，令領軍收士開。」伏連以告子琮，且請覆奏。子琮曰：「琅邪受敕，何必更奏？」伏連信之，發京畿軍士伏於神虎門外，并戒門者不聽士開入。秋七月庚午旦，士開依常早參，伏連前執士開手曰：「今有一大好事。」王子宜授以一函，云：「有敕，令王向臺。」因遣軍士護送，儼遣都督馮永洛就臺斬之。

儼本意唯殺士開，其黨因逼儼曰：「事既然，不可中止。」儼遂帥京畿軍士三千餘人屯千秋門。帝使劉桃枝將禁兵八十人召儼，桃枝遥拜，儼命反縛，將斬之，禁兵散走。帝又使馮子琮召儼，儼辭曰：「士開昔來實合萬死，謀廢至尊，剃家家髮爲尼，臣爲是矯詔誅之。尊兄若欲殺臣，不敢逃罪。若赦臣，願遣姊姊來迎，臣即入見。」姊姊，謂陸令萱也，儼欲誘出殺之，令萱執刀在帝後，聞之戰栗。

帝又使韓長鸞召儼。儼將入，劉辟彊牽衣諫曰：「若不斬穆提婆母子，殿下無由得入。」廣寧王孝珩、安德王延宗自西來，曰：「何不入？」辟彊曰：「兵少。」延宗顧衆而言曰：「孝昭帝殺楊遵彥止八十人。今有數千，何謂少？」帝泣啓太后曰：「有緣，復見家家；無緣，永别。」乃急召斛律光，儼亦召之。

光聞儼殺士開，撫掌大笑曰：「龍子所爲，固自不似凡人。」入見帝於永巷。帝帥宿衛者步騎四百，授甲，將出戰。光曰：「小兒輩弄兵，與交手即亂。鄙諺云『奴見大家心死』，至尊宜自至千秋門，琅邪必不敢動。」帝從之。

光步道，使人走出曰：「大家來。」儼徒駭散。帝駐馬橋上遥呼之，儼猶立不進，光就謂曰：「天子弟殺一夫，何所苦？」執其手，强引以前，請於帝曰：「琅邪王年少，腸肥腦滿，輕爲舉措，稍長自不復然，願寬其罪。」帝拔儼所帶刀鐶，亂築辮頭，良久，乃釋之。收庫狄伏連、高舍洛、王子宜、劉辟彊、都督翟顯貴，於後園支解，暴之都街。帝欲盡殺儼府文武職吏，光曰：「此皆勳貴子弟，誅之，恐人心不安。」趙彦深亦曰：「春秋責帥。」於是罪之各有差。

太后責問儼，儼曰：「馮子琮教兒。」太后怒，遣使就內省以弓絃絞殺子琮，使內參以庫車載尸歸其家。自是太后常置儼於宮中，每食必自嘗之。

九月，齊祖珽說陸令萱出趙彦深爲兗州刺史。齊主以珽爲侍中。陸令萱說帝曰：「人稱琅邪王聰明雄勇，當今無敵。觀其相表，殆非人臣。自專殺以來，常懷恐懼，宜早爲之計。」幸臣何洪珍等亦請殺之。帝未決，以食轝密迎珽，問之。珽稱「周公誅管叔，季友酖慶父」。帝乃攜儼之晉陽，使右衞大將軍趙元侃誘儼執之。元侃曰：「臣昔事先帝，見先帝愛王。今寧就死，不忍行此。」帝出元侃爲豫州刺史。庚午，帝啓太后曰：「明旦欲與仁威早出獵。」夜四鼓，帝召儼，儼疑之。陸令萱曰：「兄呼，兒何爲不去？」儼出至永巷，劉桃枝反接其手。儼呼曰：「乞見家家、尊兄。」桃枝以袖塞其口，反袍蒙頭，負出，至大明宮，鼻血滿面，拉殺之，時年十四。裹之以席，埋於室內。帝使啓太后，太后臨哭，十餘聲，即擁入殿。遺腹四男，皆幽死。冬十月，罷京畿府入領軍。

齊胡太后出入不節，與沙門統曇獻通，諸僧至有戲呼曇獻爲太上皇者。齊主聞太后不謹而未之信，後朝太后，見二尼，悦而召之，乃男子也。於是曇獻事亦發，皆伏誅。己亥，帝自晉陽奉太后還鄴，至紫陌，遇大風。舍人魏僧伽習風角，奏言：「即時當有暴逆事。」帝詐云「鄴中有變」，彎弓纏弰，馳入南城，遣宦者鄧長顒幽太后於北宫，仍敕内外諸親皆不得與胡太后相見。太后或爲帝設食，帝亦不敢嘗。

四年春二月庚寅，齊以侍中祖珽爲左僕射。初，胡太后既幽於北宫，珽欲以陸令萱爲太后，爲令萱言魏保太后故事。且謂人曰：「陸雖婦人，然實雄傑，自女媧以來未之有也。」令萱亦謂珽爲國師、國寶，由是得僕射。

齊尚書左僕射祖珽勢傾朝野，左丞相咸陽王斛律光惡之，遥見，輒罵曰：「多事乞索小人，欲行何計！」又嘗謂諸將曰：「邊境消息，兵馬處分，趙令恒與吾輩參論。盲人掌機密以來，全不與吾輩語，正恐誤國家事耳。」光嘗在朝堂垂簾坐，珽不知，乘馬過其前，光怒曰：「小人乃敢爾！」後珽在内省，言聲高慢，光適過，聞之，又怒。珽覺之，私賂光從奴問之。奴曰：「自公用事，相王每夜抱膝歎曰：『盲人入，國必破矣。』」

穆提婆求娶光庶女，不許。齊主賜提婆晉陽田，光言於朝曰：「此田，神武帝以來常種禾，飼馬數千匹，以擬寇敵。今賜提婆，無乃闕軍務也。」由是祖、穆皆怨之。

斛律后無寵，珽因而間之。光弟羨爲都督、幽州刺史、行臺尚書令，亦善治兵，士馬精强，鄣候嚴整，突厥畏之，謂之「南可汗」。光長子武都爲開府儀同三司、梁兗二州刺史。

光雖貴極人臣，性節儉，不好聲色，罕接賓客，杜絶饋餉，不貪權勢。每朝廷會議，常獨後言，言輒合理。或有表疏，令人執筆，口占之，務從省實。行兵，倣其父金之法，營舍未定，終不入幕。或竟日不坐，身不脱介冑，常爲士卒先。士卒有罪，唯大杖撾背，未嘗妄殺，衆皆争爲之死。自結髮從軍，未嘗敗北，深爲鄰敵所憚。周勳州刺史韋孝寬密爲謡言曰：「百升飛上天，明月照長安。」又曰：「高山不推自崩，槲木不扶自舉。」令諜人傳之於鄴，鄴中小兒歌之於路。珽因續之曰：「盲老公背受大斧，饒舌老母不得語。」使其妻兄鄭道蓋奏之。帝以問珽，珽與陸令萱皆曰：「實聞有之。」珽因解之曰：「百升者，斛也。盲老公，謂臣也，與國同憂。饒舌老母，似謂女侍中陸氏也。且斛律累世大將，明月聲震關西，豐樂威行突厥，女爲皇后，男尚公主，謡言甚可畏也。」帝以問韓長鸞，長鸞以爲不可，事遂寢。

珽又見帝，請間，唯何洪珍在側。帝曰：「前得公啓，即欲施行，長鸞以爲無此理。」珽未對，洪珍進曰：「若本無意則可，既有此意而不决行，萬一泄露，如何？」帝曰：

「洪珍言是也。」然猶未決。會丞相府佐封士讓密啓云：「光前西討還，敕令散兵，光引兵逼帝城，將行不軌，事不果而止。家藏弩甲，奴僮千數，每遣使往豐樂、武都所，陰謀往來。若不早圖，恐事不可測。」帝遂信之，謂何洪珍曰：「人心亦大靈，我前疑其欲反，果然。」帝性怯，恐即有變，令洪珍馳召祖珽告之。欲召光，恐其不從命，珽請「遣使賜以駿馬，語云『明日將遊東山，王可乘此同行』。光必入謝，因而執之。」帝如其言。

六月戊辰，光入至涼風堂，劉桃枝自後撲之，不仆。顧曰：「桃枝常爲如此事。我不負國家。」桃枝與三力士以弓弦罥其頸，拉而殺之。血流於地，剗之，迹終不滅。於是下詔稱其謀反，并殺其子開府儀同三司世雄、儀同三司恒伽。

祖珽使二千石郎邢祖信簿録光家。珽於都省問所得物，祖信曰：「得弓十五，宴射箭百，刀七，賜稍二。」珽厲聲曰：「更得何物？」曰：「得棗杖二十束，擬奴僕與人鬬者，不問曲直，即杖之一百。」珽大慚，乃下聲曰：「朝廷已加重刑，郎中何宜爲雪。」及出，人尤其抗直。祖信慨然曰：「賢宰相尚死，我何惜餘生！」齊主遣使就州斬斛律武都。又遣中領軍賀拔伏恩乘驛捕斛律羨，仍以洛州行臺僕射中山獨孤永業代羨，與大將軍鮮于桃枝發定州騎卒續進。伏恩等至幽州，門者白：「使人衷甲，馬有汗，宜閉城門。」羨曰：「敕使豈可疑拒。」出見之，伏恩執而殺之。初，羨常以盛滿爲懼，表解所職，不許。

臨刑歎曰：「富貴如此，女爲皇后，公主滿家，常使三百兵，何得不敗？」及其五子伏護、世達、世遷、世辨、世酉皆死。周主聞光死，爲之大赦。

祖珽與侍中高元海共執齊政。元海妻，陸令萱之甥也，元海數以令萱密語告珽。珽求爲領軍，齊主許之。元海密言於帝曰：「孝徵漢人，兩目又盲，豈可爲領軍！」因言珽與廣寧王孝珩交結，由是中止。珽求見，自辨，且言：「臣與元海素嫌，必元海譖臣。」帝弱顏，不能諱，以實告之。珽因言元海與司農卿尹子華等結爲朋黨。又以元海所泄密語告令萱，令萱怒，出元海爲鄭州刺史，子華等皆被黜。珽自是專主機衡，總知騎兵、外兵事，内外親戚皆得顯位。帝常令中要人扶侍出入，直至永巷，每同御榻論決政事，委任之重，羣臣莫比。

秋八月庚午，齊廢皇后斛律氏爲庶人。初，齊胡太后自愧失德，欲求悦於齊主，乃飾其兄長仁之女置宫中，令帝見之，帝果悦，納爲昭儀。又斛律后廢，陸令萱欲立穆夫人。太后欲立胡昭儀，力不能遂，乃卑辭厚禮以求令萱，結爲姊妹。令萱亦以胡昭儀寵幸方隆，不得已，與祖珽白帝立之。戊子，立皇后胡氏。

冬十月，齊陸令萱欲立穆昭儀爲皇后，每私謂齊主曰：「豈有男爲皇太子，而身爲婢妾者乎？」胡后有寵於帝，不可離間，令萱乃使人行厭蠱之術，旬朔之間，胡后精神恍惚，言笑無恒，帝漸畏而惡之。令萱一旦忽以皇后服御衣被穆昭儀，又别造寶帳，爰及枕席器玩，莫非珍奇。坐昭儀於帳中，謂帝曰：「有一聖女出，將大家看之。」及見昭儀，令萱乃曰：「如此人不作皇后，遣何物人作？」帝納其言，甲午，立穆氏爲右皇后，以胡氏爲左皇后。

十二月，齊胡后之立，非陸令萱意，令萱一旦於太后前作色而言曰：「何物親姪，作如此語。」太后問其故，令萱曰：「不可道。」固問之，乃曰：「語大家云：『太后行多非法，不可以訓。』」太后大怒，呼后出，立剃其髮，送還家。辛丑，廢胡后爲庶人。然齊主猶思之，每致物以通意。自是令萱與其子侍中穆提婆勢傾内外，賣官、鬻獄，聚斂無厭。每一賜與，動傾府藏。令萱則自太后以下皆受其指麾，提婆則唐邕之徒皆重迹屏氣，殺生與奪，唯意所欲。

五年春正月戊寅，齊以并省尚書令高阿那肱録尚書事，總知外兵及内省機密，與侍中城陽王穆提婆、領軍大將軍昌黎王韓長鸞共處衡軸，號曰「三貴」，蠹國害民，日月滋甚。長鸞弟萬歲、子寶行、寶信並開府儀同三司，萬歲仍兼侍中，寶行、寶信皆尚公主。每羣臣旦參，帝常先引長鸞顧訪，出後，方引奏事官。若不視事，内省有急事，皆附長鸞奏聞，軍國要密，無不經手。尤疾士人，朝夕宴私，唯事譖訴。常帶刀走馬，未嘗安行，瞋目張拳，有噉人之勢。朝士咨事，莫敢仰視，動致呵叱。每罵云：「漢狗大不可耐，唯須殺之！」

齊自和士開用事以來，政體隳紊。及祖珽執政，頗收舉才望，內外稱美。珽復欲增損政務，沙汰人物，官號服章，並依故事。又欲黜諸閹豎及羣小輩，爲致治之方。陸令萱、穆提婆議頗同異。珽乃諷御史中丞麗伯律，令劾主書王子沖納賂。知其事連提婆，欲使贓罪相及，望因此并坐及令萱。猶恐齊主溺於近習，欲引后黨爲援，乃請以胡后兄君瑜爲侍中、中領軍，又徵君瑜兄梁州刺史君璧，欲以爲御史中丞。令萱聞而懷怒，百方排毀，出君瑜爲金紫光禄大夫，解中領軍，君璧還鎮梁州。胡后之廢，頗亦由此。釋王子沖不問。

珽日以益疏，諸宦者更共譖之。帝以問陸令萱，令萱憫嘿不對。三問，乃下牀拜曰：「老婢應死。老婢始聞和士開言孝徵多才博學，意謂善人，故舉之。比來觀之，大是奸臣。人實難知，老婢應死。」帝令韓長鸞檢案，長鸞素惡珽，得其詐出敕受賜等十餘事。帝以嘗與之重誓，故不殺，解珽侍中、僕射，出爲北徐州刺史。珽求見帝，長鸞不許，遣人推出柏閤。珽坐，不肯行，長鸞令牽曳而出。

癸巳，齊以領軍穆提婆爲尚書左僕射，侍中、中書監段孝言爲右僕射。孝言，韶之弟也。初，祖珽執政，引孝言爲助，除吏部尚書。孝言凡所進擢，非賄則舊，求仕者或於廣會膝行跪伏，公自陳請，孝言氣色揚揚，以爲己任，隨事酬許。將作丞崔成忽於衆中抗言曰：「尚書，天下尚書，豈獨段家尚書也！」孝言無辭以應，唯厲色遣下而已。既而與韓長鸞等共構祖珽，逐而代之。

冬十月，齊國子祭酒張雕以經授齊主爲侍讀，帝甚重之。雕與寵胡何洪珍相結，穆提婆、韓長鸞等惡之。洪珍薦雕爲侍中，加開府儀同三司，奏度支事，大爲帝所委信，常呼「博士」。雕自以出於微賤，致位大臣，欲立效以報恩，論議抑揚，無所回避，省宮掖不急之費，禁約左右驕縱之臣，數譏切寵要，獻替帷幄，帝亦深倚仗之。雕遂以澄清爲己任，意氣甚高，貴倖皆側目，陰謀陷之。

尚書左丞封孝琰，隆之之弟子也，與侍中崔季舒皆爲祖珽所厚。孝琰嘗謂珽曰：「公是衣冠宰相，異於餘人。」近習聞之，大以爲恨。會齊主將如晉陽，季舒與張雕議，以爲：「壽陽被圍，大軍出拒之，信使往還，須稟節度。且道路小人，或相驚恐，以爲大駕向并州，畏避南寇。若不啓諫，恐人情駭動。」遂與從駕文官連名進諫。時貴臣趙彥深、唐邕、段孝言等意有異同，季舒與爭，未決。長鸞遽言於帝曰：「諸漢官連名總署，聲云諫幸并州，其實未必不反，宜加誅戮。」辛丑，齊主悉召已署名者集含章殿，斬季舒、雕、孝琰及散騎常侍劉逖、黄門侍郎裴澤、郭遵於殿庭，家屬皆徙北邊，婦女配奚官，幼男下蠶室，没入貲産。癸卯，遂如晉陽。

六年春正月，齊主還鄴。秋八月，齊主如晋陽。

七年春正月，齊主還鄴。

二月，齊主言語澀吶，不喜見朝士，自非寵私昵狎，未嘗交語。性懦，不堪人視，雖三公、令、録奏事，莫得仰視，皆略陳大指，驚走而出。承世祖奢泰之餘，以爲帝王當然。後宫皆寶衣玉食，一裙之費，至直萬匹，競爲新巧，朝衣夕弊。盛修宫苑，窮極壯麗，所好不常，數毁又復。百工土木，無時休息，夜則然火照作，寒則以湯爲泥。鑿晋陽西山爲大像，一夜然油萬盆，光照宫中。每有災異、寇盗，不自貶損，唯多設齋，以爲修德。好自彈琵琶，爲無愁之曲，近侍和之者以百數，民間謂之「無愁天子」。於華林園立貧兒村，帝自衣藍縷之服，行乞其間以爲樂。又寫築西鄙諸城，使人衣黑衣攻之，帝自帥内參拒鬬。寵任陸令萱、穆提婆、高阿那肱、韓長鸞等宰制朝政，宦官鄧長顒、陳德信、胡兒何洪珍等並參預機權，各引親黨，超居顯位。官由財進，獄以賄成，競爲姦諂，蠹政害民。舊蒼頭劉桃枝等皆開府、封王，其餘宦官、胡兒、歌舞人、見鬼人、官奴婢等濫得富貴者殆將萬數，庶姓封王者以百數，開府千餘人，儀同無數，領軍一時至二十人，侍中、中常侍數十人。乃至狗馬及鷹亦有儀同、郡君之號，有鬬雞號開府，皆食其幹禄。諸嬖幸朝夕娱侍左右，一戲之賞，動踰巨萬。既而府藏空竭，乃賜二三郡或六七縣，使之賣官取直。由是爲守令者，率皆富商大賈，競爲貪縱，賦繁役重，民不聊生。

周高祖謀伐齊，命邊鎮益儲偫，加戍卒。齊人聞之，亦增修守禦。柱國于翼諫曰：「疆埸相侵，互有勝負，徒損兵儲，無益大計。不如解嚴繼好，使彼懈而無備，然後乘間出其不意，一舉可取也。」周主從之。

韋孝寬上疏陳三策。其一曰：「臣在邊積年，頗見間隙，不因際會，難以成功。是以往歲出軍，徒有勞費，功績不立，由失機會。何者？長淮之南，舊爲沃土，陳氏以破亡餘燼，猶能一舉平之，齊人歷年赴救，喪敗而返。內離外叛，計盡力窮，讎敵有釁，不可失也。今大軍若出軹關，方軌而進，兼與陳氏共爲掎角，并令廣州義旅出自三鵶，又募山南驍鋭沿河而下，復遣北山稽胡，絶其并、晋之路。凡此諸軍，仍令各募關、河之外勁勇之士，厚其爵賞，使爲前驅。岳動川移，雷駭電激，百道俱進，並趨虜庭。必當望旗奔潰，所向摧殄，一戎大定，實在此機。」其二曰：「若國家更爲後圖，未即大舉，宜與陳人分其兵勢。三鵶以北，萬春以南，廣事屯田，預爲貯積，募其驍悍，立爲部伍。彼既東南有敵，戎馬相持，我出奇兵，破其疆埸。彼若興師赴援，我則堅壁清野，待其去遠，還復出師。常以邊外之軍，引其腹心之衆。我無宿舂之費，彼有奔命之勞，一二年中，必自離叛。且齊氏昏暴，政出多門，鬻獄、賣官，唯利是視，荒淫酒色，忌害忠良，闔境嗷然，不勝其弊。以此而觀，覆亡可待。然後乘間電掃，事等摧枯。」其三曰：「昔勾踐亡吴，尚期十載，武王取紂，猶煩再舉。今若更存遵養，且復相時，臣謂宜還崇鄰好，申其盟約，安民和衆，通商惠工，蓄鋭養威，觀釁而動。斯乃長策遠馭，坐自兼并也。」書奏，周主引開府儀同三司伊婁謙入内殿，從容謂曰：「朕欲用兵，何者爲先？」對曰：「齊氏沈溺倡優，耽昏麴蘖。其折衝之將斛律明月，已斃於讒口。上下離心，道路以目，此易取也。」帝大笑。三月丙辰，使謙與小司寇元衛聘於齊以觀釁。

先是，周主獨與齊王憲及内史王誼謀伐齊，又遣納言盧韞乘馹三詣安州總管于翼問策，餘人皆莫之知。秋七月丙子，始召大將軍以上於大德殿告之。丁丑，下詔伐齊，以柱國陳王純、滎陽公司馬消難、鄭公達奚震爲前三軍總管，越王盛、周昌公侯莫陳崇、趙王招爲後三軍總管。齊王憲帥衆二萬趨黎陽，隨公楊堅、廣寧公薛迥將舟師三萬自渭入河，梁公侯莫陳芮帥衆二萬守太行道，申公李穆帥衆三萬守河陽道，常山公于翼帥衆二萬出陳、汝。誼，盟之兄孫；震，武之子也。

周主將出河陽，内史上士宇文弼曰：「齊氏建國，於今累世，雖曰無道，藩鎮之位，尚有其人。今之出師，要須擇地。河陽衝要，精兵所聚，盡力攻圍，恐難得志。如臣所見，出於汾曲，戍小山平，攻之易拔，用武之地，莫過於此。」民部中大夫天水趙煚曰：「河南洛陽，四面受敵，縱得之不可以守。請從河北，直指太原，傾其巢穴，可一舉而定。」遂伯下大夫鮑宏曰：「我强齊弱，我治齊亂，何憂不克？但先帝往日屢出洛陽，彼既有備，每用不捷。如臣計者，進兵汾、潞，直掩晉陽，出其不虞，似爲上策。」周主皆不從。宏，泉之弟也。

壬午，周主帥衆六萬直指河陰，楊素請帥其父麾下先驅，周主許之。

八月，周師入齊境，禁伐樹踐稼，犯者皆斬。丁未，周主攻河陰大城，拔之。齊王憲拔武濟，進圍洛口，拔東西二城，縱火船焚浮橋，橋絶。齊永橋大都督太安傅伏自永橋夜入中潬城。周人既克南城，圍中潬，二旬不下。洛州刺史獨孤永業守金墉，周主自攻之，不克。永業通夜辦馬槽二千，周人聞之，以爲大軍且至而憚之。

九月，齊右丞相高阿那肱自晉陽將兵拒周師。至河陽，會周主有疾，辛酉夜，引兵還。水軍焚其舟艦。傅伏謂行臺乞伏貴和曰：「周師疲弊，願得精騎二千追擊之，可破也。」貴和不許。

齊王憲、于翼、李穆所向克捷，降拔三十餘城，皆棄而不守。唯以王藥城要害，令儀同三司韓正守之，正尋以城降齊。戊寅，周主還長安。

八年秋九月，周主謂羣臣曰：「朕去歲屬有疾疹，遂不得克平逋寇。前入齊境，備見其情，彼之行師，殆同兒戲。況其朝廷昏亂，政由羣小，百姓嗷然，朝不謀夕。天與不取，晉州本高歡所起之地，鎮攝要重，今往攻之，彼必來援，吾嚴軍以待，擊之必克。然後乘破竹之勢，鼓行而東，足以窮其巢穴，混同文軌。」諸將多不願行。帝曰：「機不可失。有沮吾軍者，當以軍法裁之。」

冬十月己酉，周主自將伐齊，以越王盛、杞公亮、隨公楊堅爲右三軍，譙王儉、大將軍竇泰、廣化公丘崇爲左三軍，齊王憲、陳王純爲前軍。亮，導之子也。

丙辰，齊主獵於祁連池。癸亥，還晉陽。先是，晉州行臺左丞張廷儁公直勤敏，儲偫有備，百姓安業，疆埸無虞。諸嬖倖惡而代之，由是公私煩擾。

周主至晉州，軍于汾曲，遣齊王憲將精騎二萬守雀鼠谷，陳王純步騎二萬守千里徑，鄭公達奚震步騎一萬守統軍川，大將軍韓明步騎五千守齊子嶺，焉氏公尹升步騎五千守鼓鍾鎮，涼城公辛韶步騎五千守蒲津關，趙王招步騎一萬自華谷攻齊汾州諸城，柱國宇文盛步騎一萬守汾水關。

遣內史王誼監諸軍攻平陽城，齊行臺僕射海昌王尉相貴嬰城拒守。相貴，相願之兄也。甲子，齊集兵晉祠。庚午，齊主自晉陽帥諸軍趣晉州。周主日自汾曲至城下督戰，城中窘急。庚午，行臺左丞侯子欽出降於周。壬申，晉州刺史崔景嵩守北城，夜，遣使請降於周，王軌帥衆應之。未明，周將北海段文振杖槊與數十人先登，與景嵩同至尉相貴所，拔佩刀劫之。城上鼓譟，齊兵大潰，遂克晉州，虜相貴及甲士八千人。

齊主方與馮淑妃獵於天池，晉州告急者，自旦至午，驛馬三至。右丞相高阿那肱曰：「大家正爲樂。邊鄙小小交兵，乃是常事，何急奏聞？」至暮，使更至，云「平陽已陷」，乃奏之。齊主將還，淑妃請更殺一圍，齊主從之。

周齊王憲攻拔洪洞、永安二城，更圖進取。齊人焚橋守險，軍不得進，乃屯永安。使永昌公椿屯雞栖原，伐柏爲菴以立營。椿，廣之弟也。

癸酉，齊主分軍萬人向千里徑，又分軍出汾水關，自帥大軍上雞栖原。宇文盛遣人告急，齊王憲自救之。齊師退，盛追擊，破之。俄而椿告齊師稍逼，憲復還救之，與齊對陳，至夜不戰。會周主召憲還，憲引兵夜去。齊人見柏菴在，不之覺，明日，始知之。齊主使高阿那肱將前軍先進，仍節度諸軍。

甲戌，周以上開府儀同大將軍安定梁士彥爲晉州刺史，留精兵一萬鎮之。

十一月己卯，齊主至平陽。周主以齊兵新集，聲勢甚盛，且欲西還以避其鋒。開府儀同大將軍宇文忻諫曰：「以陛下之聖武，乘敵人之荒縱，何患不克？若使齊得令主，君臣協力，雖湯、武之勢，未易平也。今主暗臣愚，士無鬭志，雖有百萬之衆，實爲陛下奉耳。」軍正京兆王韶曰：「齊失紀綱，於茲累世，天奬周室，一戰而扼其喉。取亂侮亡，正在今日。釋之而去，臣所未諭。」周主雖善其言，竟引軍還。忻，貴之子也。

周主留齊王憲爲後拒，齊師追之，憲與宇文忻各將百騎與戰，斬其驍將賀蘭豹子等，齊師乃退。憲引軍渡汾，追及周主於玉壁。

齊師遂圍平陽，晝夜攻之。城中危急，樓堞皆盡，所存之城，尋仞而已。或短兵相接，或交馬出入，外援不至，衆皆震懼。梁士彦忼慨自若，謂將士曰：「死在今日，吾爲爾先。」於是勇烈齊奮，呼聲動地，無不一當百。齊師少卻，乃令妻妾、軍民、婦女晝夜修城，三日而就。周主使齊王憲將兵六萬屯涑川，遥爲平陽聲援。齊人作地道攻平陽，城陷十餘步，將士乘勢欲入。齊主敕且止，召馮淑妃觀之。淑妃妝點，不時至，周人以木拒塞之，城遂不下。舊俗相傳，晉州城西石上有聖人跡。淑妃欲往觀之。齊主恐弩矢及橋，乃抽攻城木造遠橋。齊主與淑妃度橋，橋壞，至夜乃還。

癸巳，周主還長安。甲午，復下詔，以齊人圍晉州，更帥諸軍擊之。丙申，縱齊降人使還。丁酉，周主發長安。壬寅，濟河，與諸軍合。十二月丁未，周主至高顯，遣齊王憲帥所部先向平陽。戊申，周主至平陽。庚戌，諸軍總集，凡八萬人，稍進，逼城置陳，東西二十餘里。

先是，齊人恐周師猝至，於城南穿塹，自喬山屬於汾水。齊主大出兵，陳於塹北。周主命齊王憲馳往觀之，憲復命曰：「易與耳，請破之而後食。」周主悅，曰：「如汝言，吾無憂矣。」周主乘常御馬，從數人巡陳，所至輒呼主帥姓名慰勉之。將士喜於見知，咸思自奮。將戰，有司請換馬。周主曰：「朕獨乘良馬，欲何之？」周主欲薄齊師，礙塹而止。自旦至申，相持不決。齊主謂高阿那肱曰：「戰是邪？不戰是邪？」阿那肱曰：「吾兵雖多，堪戰者不過十萬，疾傷及繞城樵爨者復三分居一。昔攻玉壁，援軍來即退。今日將士豈勝神武時邪？不如勿戰，卻守高梁橋。」安吐根曰：「一撮許賊，馬上刺取，擲著汾水中耳。」齊主意未決。諸内參曰：「彼亦天子，我亦天子。彼尚能遠來，我何爲守塹示弱？」齊主曰：「此言是也。」於是填塹南引。周主大喜，勒諸軍擊之。

兵纔合，齊主與馮淑妃並騎觀戰。東偏小卻，淑妃怖曰：「軍敗矣！」録尚書事城陽王穆提婆曰：「大家去！大家去！」齊主即以淑妃奔高梁橋。開府儀同三司奚長諫曰：「半進半退，戰之常體。今兵衆全整，未有虧傷，陛下捨此安之？馬足一動，人情駭亂，不可復振。願速還安慰之。」武衛張常山自後至，亦曰：「軍尋收訖，甚完整，圍城兵亦不動。至尊宜回。不信臣言，乞將内參往視。」齊主將從之，穆提婆引齊主肘曰：「此言難信。」齊主遂以淑妃北走。齊師大潰，死者萬餘人，軍資器械，數百里間委棄山積。安德王延宗獨全軍而還。

齊主至洪洞，淑妃方以粉鏡自玩，後聲亂，唱賊至，於是復走。先是，齊主以淑妃爲有功勳，將立爲左皇后，遣內參詣晉陽取皇后服御禕翟等。至是，遇於中塗，齊主爲按轡，命淑妃著之，然後去。

辛亥，周主入平陽。梁士彥見周主，持周主須而泣曰：「臣幾不見陛下。」周主亦爲之流涕。

周主以將士疲倦，欲引還。士彥叩馬諫曰：「今齊師遁散，衆心皆動，因其懼而攻之，其勢必舉。」周主從之，執其手曰：「余得晉州，爲平齊之基，若不固守，則大事不成。朕無前憂，唯慮後變，汝善爲我守之。」遂帥諸將追齊師。諸將固請西還，周主曰：「縱敵患生。卿等若疑，朕將獨往。」諸將乃不敢言。癸丑，至汾水關。

齊主入晉陽，憂懼不知所之。甲寅，齊大赦。齊主問計於朝臣，皆曰：「宜省賦息役，以慰民心。收遺兵，背城死戰，以安社稷。」齊主欲留安德王延宗、廣寧王孝珩守晉陽，自向北朔州。若晉陽不守，則奔突厥。羣臣皆以爲不可，帝不從。

開府儀同三司賀拔伏恩等宿衛近臣三十餘人西奔周軍，周主封賞各有差。高阿那肱所部兵尚一萬，守高壁，餘衆保洛女砦。周主引軍向高壁，阿那肱望風退走。齊王憲攻洛女砦，拔之。有軍士告稱阿那肱遣臣招引西軍，齊主令侍中斛律孝卿檢校，孝卿以爲妄。

還，至晉陽，阿那肱腹心復告阿那肱謀反，又以爲妄，斬之。

乙卯，齊主詔安德王延宗、廣寧王孝珩募兵。延宗入見，齊主告以欲向北朔州，延宗泣諫，不從，密遣左右先送皇太后、太子於北朔州。

丙辰，周主與齊王憲會於介休。齊開府儀同三司韓建業舉城降，以爲上柱國，封郇公。

是夜，齊主欲遁去，諸將不從。丁巳，周師至晉陽。齊主復大赦，改元隆化。以安德王延宗爲相國、并州刺史，總山西兵。謂曰：「并州兄自取之，兒今去矣。」延宗曰：「陛下爲社稷勿動。臣爲陛下出死力戰，必能破之。」穆提婆曰：「至尊計已成，王不得輒沮。」齊主乃夜斬五龍門而出，欲奔突厥，從官多散。領軍梅勝郎叩馬諫，乃回向鄴。時唯高阿那肱等十餘騎從，廣寧王孝珩、襄城王彦道繼至，得數十人與俱。

穆提婆西奔周軍。陸令萱自殺，家屬皆誅没。周主以提婆爲柱國、宜州刺史。下詔諭齊羣臣曰：「若妙盡人謀，深達天命，官榮爵賞，各有加隆。或我之將卒逃逸彼朝，無問貴賤，皆從蕩滌。」自是齊臣降者相繼。

初，齊高祖爲魏丞相，以唐邕典外兵曹，太原白建典騎兵曹，皆以善書計、工簿帳受委任。及齊受禪，諸司咸歸尚書，唯二曹不廢，更名二省。邕官至録尚書事，建官至中書令，常典二省，世稱「唐、白」。邕兼領度支，與高阿那肱有隙，阿那肱譖之。齊主敕侍中斛律孝卿總知騎兵度支。孝卿事多專決，不復詢稟。邕自以宿舊習事，爲孝卿所輕，意甚鬱鬱。及齊主還鄴，邕遂留晉陽。并州將帥請於安德王延宗曰：「王不爲天子，諸人實不能爲王出死力。」延宗不得已，戊午，即皇帝位。下詔曰：「武平孱弱，政由宮豎，斬關夜遁，莫知所之。王公卿士，猥見推逼，今祗承寶位。」大赦，改元德昌。以晉昌王唐邕爲宰相，齊昌王莫多婁敬顯、沭陽王和阿干子、右衛大將軍段暢、開府儀同三司韓骨胡等爲將帥。敬顯，貸文之子也。衆聞之，不召而至者前後相屬。延宗發府藏及後宮美女以賜將士，籍沒内參十餘家。齊主聞之，謂近臣曰：「我寧使周得并州，不欲安德得之。」左右曰：「理然。」延宗見士卒，皆親執手稱名，流涕嗚咽，衆爭爲死。童兒女子，亦乘屋攘袂，投甎石以禦敵。

己未，周主至晉陽。庚申，齊主入鄴。

周軍圍晉陽，四合如黑雲。安德王延宗命莫多婁敬顯、韓骨胡拒城南，和阿干子、段暢拒城東，自帥衆拒齊王憲於城北。延宗素肥，前如偃，後如伏，人常笑之。至是，奮大矟往來督戰，勁捷若飛，所向無前。和阿干子、段暢以千騎奔周軍。周主攻東門，際昏，遂入之，進焚佛寺。延宗、敬顯自門入，夾擊之，周師大亂，爭門，相填壓，塞路不得進。齊人從後斫刺，死者二千餘人。周主左右略盡，自拔無路。承御上士張壽牽馬首，賀拔伏恩以鞭拂其後，崎嶇得出。齊人奮擊，幾中之。城東道阨曲，伏恩及降者皮子信導之，僅得免，時已四更。延宗謂周主爲亂兵所殺，使於積尸中求長鬣者，不得。時齊人既捷，入坊飲酒，盡醉臥，延宗不復能整。

周主出城，飢甚，欲遁去，諸將亦多勸之還。宇文忻勃然進曰：「陛下自克晉州，乘勝至此。今僞主奔波，關東響振，自古行兵，未有若斯之盛。昨日破城，將士輕敵，微有不利，何足爲懷。丈夫當死中求生，敗中取勝。今破竹之勢已成，奈何棄之而去？」齊王憲、柱國王誼亦以爲去必不免，段暢等又盛言城内空虚。周主乃駐馬，鳴角收兵，俄頃復振。辛酉旦，還攻東門，克之。延宗戰力屈，走至城北，周人擒之。周主下馬執其手，延宗辭曰：「死人手，何敢迫至尊。」周主曰：「兩國天子，非有怨惡，直爲百姓來耳。終不相害，勿怖也。」使復衣帽而禮之。唐邕等皆降於周。獨莫多婁敬顯奔鄴，齊主以爲司徒。延宗初稱尊號，遣使修啓於瀛州刺史任城王湝曰：「至尊出奔，宗廟事重，羣公勸迫，權主號令。事寧，終歸叔父。」湝曰：「我人臣，何容受此啓。」執使者送鄴。壬戌，周主大赦，消除齊制，收禮文武之士。

初，伊婁謙聘於齊，其參軍高遵以情輸於齊，齊人拘之於晉陽。周主既克晉陽，召謙勞之，執遵付謙，任其報復。謙頓首請赦之，周主曰：「卿可聚衆唾面，促其知愧。」謙曰：「以遵之罪，又非唾面可責。」帝善其言而止。謙待遵如初。

臣光曰：賞有功，誅有罪，此人君之任也。高遵奉使異國，漏泄大謀，斯叛臣也。周高祖不自行戮，乃以賜謙，使之復怨，失政刑矣。孔子謂以德報怨者何以報德。爲謙者，宜辭而不受，歸諸有司，以正典刑。乃請而赦之，以成其私名，美則美矣，亦非公義也。

齊主命立重賞以募戰士，而竟不出物。廣寧王孝珩請「使任城王湝將幽州道兵入土門，揚聲趣并州，獨孤永業將洛州道兵入潼關，揚聲趣長安，臣請將京畿兵出滏口，鼓行逆戰。敵聞南北有兵，自然逃潰」。又請出宮人、珍寶賞將士。齊主不悅。斛律孝卿請齊主親勞將士，爲之撰辭，且曰：「宜忼慨流涕，以感激人心。」齊主既出，臨衆，將令之，不復記所受言，遂大笑，左右亦笑。將士怒曰：「身尚如此，吾輩何急。」皆無戰心。於是自大丞相已下，太宰、三師、大司馬、大將軍、三公等官，並增員而授，或三或四，不可勝數。

朔州行臺僕射高勱將兵侍衛太后、太子，自土門道還鄴。時宦官儀同三司苟子溢猶恃寵縱暴，民間雞彘，縱鷹犬搏噬取之。勱執以徇，將斬之。太后救之，得免。或謂勱曰：「子溢之徒，言成禍福，獨不慮後患邪？」勱攘袂曰：「今西寇已據并州，達官率皆委叛，正坐此輩濁亂朝廷。若得今日斬之，明日受誅，亦無所恨。」勱，岳之子也。甲子，齊太后至鄴。

丙寅，周主出齊宮中珍寶、服玩及宮女二千人班賜將士，加立功者官爵各有差。周主問高延宗以取鄴之策，辭曰：「此非亡國之臣所及。」强問之，乃曰：「若任城王據鄴，臣不能知。若今主自守，陛下兵不血刃。」癸酉，周師趣鄴，命齊王憲先驅，以上柱國陳王純爲并州總管。

齊主引諸貴臣入朱雀門，賜酒食，問以禦周之策。人人異議，齊主不知所從。是時，人情恟懼，莫有鬭心，朝士出降，晝夜相屬。高勱曰：「今之叛者，多是貴人，至於卒伍，猶未離心。請追五品已上家屬置之三臺，因脅之以戰，若不捷，則焚臺。此曹顧惜妻子，必當死戰。且王師頻北，賊徒輕我，今背城一決，理必破之。」齊主不能用。望氣者言，當有革易。齊主引尚書令高元海等議，依天統故事，禪位皇太子。

九年春正月乙亥朔，齊太子恒即皇帝位，生八年矣，改元承光，大赦。尊齊主爲太上皇帝，皇太后爲太皇太后，皇后爲太上皇后。以廣寧王孝珩爲太宰。

司徒莫多婁敬顯、領軍大將軍尉相願謀伏兵千秋門，斬高阿那肱，立廣寧王孝珩。會阿那肱自他路入朝，不果。孝珩求拒周師，謂阿那肱等曰：「朝廷不賜遣擊賊，豈不畏孝珩反邪？孝珩若破宇文邕，遂至長安反，亦何預國家事？以今日之急，猶如此猜忌邪！」高、韓恐其爲變，出孝珩爲滄州刺史。相顧拔佩刀斫柱歎曰：「大事去矣，知復何言！」

齊主使長樂王尉世辯帥千餘騎覘周師，出滏口，登高阜西望，遥見羣烏飛起，謂是西軍旗幟，即馳還，比至紫陌橋，不敢回顧。於是黄門侍郎顔之推、中書侍郎薛道衡、侍中陳德信等勸上皇往河外募兵，更爲經略。若不濟，南投陳國。從之。丁丑，太皇太后、太上皇后自鄴先趣濟州；癸未，幼主亦自鄴東行。己丑，周師至紫陌橋。

壬辰，周師至鄴城下。癸巳，圍之，燒城西門。齊人出戰，周師奮擊，大破之。齊上皇從百騎東走，使武衛大將軍慕容三藏守鄴宫。周師入鄴，齊王公以下皆降。三藏猶拒戰，周主引見，禮之，拜儀同大將軍。三藏，紹宗之子也。領軍大將軍漁陽鮮于世榮，齊高祖舊將也。周主先以馬腦酒鍾遺之，世榮得即碎之。周師入鄴，世榮在三臺前鳴鼓不輟，周人執之。世榮不屈，乃殺之。周主執莫多婁敬顯，數之曰：「汝有死罪三：前自晉陽走鄴，攜妾棄母，不孝也；外爲僞朝勠力，内實通啓於朕，不忠也；送款之後，猶持兩端，不信也。用心如此，不死何待！」遂斬之。使將軍尉遲勤追齊主。

甲午，周主入鄴。齊國子博士長樂熊安生博通五經，聞周主入鄴，遽令掃門。家人怪而問之，安生曰：「周帝重道尊儒，必將見我。」俄而周主幸其家，不聽拜，親執其手，引與同坐，賞賜甚厚，給安車駟馬以自隨。又遣小司馬唐道和就中書侍郎李德林宅宣旨慰諭，曰：「平齊之利，唯在於爾。」引入宮，使內史宇文昂訪問齊朝風俗、政教、人物善惡，即留內省，三宿乃歸。

乙未，齊上皇渡河入濟州。是日，幼主禪位於大丞相任城王湝。又爲湝詔尊上皇爲無上皇，幼主爲(宋)〔守〕國天王。令侍中斛律孝卿送禪文及璽紱於瀛州，孝卿即詣鄴。周主詔：「去年大赦所未及之處，皆從赦例。」

齊洛州刺史獨孤永業有甲士三萬，聞晉州敗，請出兵擊周，奏寢不報，永業憤慨。又聞并州陷，乃遣子須達請降於周。周以永業爲上柱國，封應公。丙申，周以越王盛爲相州總管。

齊上皇留胡太后於濟州，使高阿那肱守濟州關，覘候周師，自與穆后、馮淑妃、幼主、韓長鸞、鄧長顒等數十人奔青州。使內參田鵬鸞西出，參伺動靜；周師獲之，問：「齊主何在？」紿云：「已去，計當出境。」周人疑其不信，捶之，每折一支，辭色愈厲，竟折四支而死。上皇至青州，即欲入陳。而高阿那肱密召周師，約生致齊主，屢啓云：「周師尚遠，已令燒斷橋路。」上皇由是淹留自寬。周師至關，阿那肱即降之。周師奄至青州，上皇囊金，繫於鞍後，與后、妃、幼主等十餘騎南走。己亥，至南鄧村，尉遲勤追及，盡擒之，并胡太后送鄴。

庚子，周主詔：「故斛律光、崔季舒等宜追加贈謚，并爲改葬，子孫各隨廕敘録，家口田宅没官者並還之。」周主指斛律光名曰：「此人在，朕安得至鄴！」辛丑，詔：「齊之東山、南園、三臺，並可毀撤。瓦木諸物可用者悉以賜民，山園之田，各還其主。」二月丙午，周主宴從官將士於齊太極殿，頒賞有差。

丁未，高緯至鄴，周主降階，以賓禮見之。齊廣寧王孝珩至滄州，以五千人會任城王湝於信都，共謀匡復，召募得四萬餘人。周主使齊王憲、柱國楊堅擊之。令高緯爲手書招湝，湝不從。憲軍至趙州，湝遣二諜覘之，候騎執以白憲。憲集齊舊將，遍示之，謂曰：「吾所争者大，不在汝曹。今縱汝還，仍充吾使。」乃與湝書曰：「足下諜者爲候騎所拘，軍中情實，具諸執事。戰非上計，無待卜疑，守乃下策，或未相許。已勒諸軍，分道並進，相望非遠，凴軾有期。『不俟終日』，所望知機也。」

憲至信都，湝陳於城南以拒之。湝所署領軍尉相願詐出略陳，遂以衆降。相願，湝心腹也，衆皆駭懼，湝殺相願妻子。明日復戰，憲擊破之，俘斬三萬人，執湝及廣寧王孝珩。憲謂湝曰：「任城王何苦至此？」湝曰：「下官神武皇帝之子，兄弟十五人，幸而獨存。逢宗社顛覆，今日得死，無愧墳陵。」憲壯之，命歸其妻子。又親爲孝珩洗瘡傅藥，禮遇甚厚。孝珩歎曰：「自神武皇帝以外，吾諸父兄弟，無一人至四十者，命也。嗣君無獨見之明，宰相非柱石之寄，恨不得握兵符，受斧鉞，展我心力耳。」齊王憲善用兵，多謀略，得將士心。齊人憚其威聲，皆望風沮潰；芻牧不擾，軍無私焉。

周主以齊降將封輔相爲北朔州總管。北朔州，齊之重鎮，士卒驍勇。前長史趙穆等謀執輔相迎任城王湝於瀛州，不果，乃迎定州刺史范陽王紹義。紹義至馬邑，自肆州以北二百八十餘城皆應之。紹義與靈州刺史袁洪猛引兵南出，欲取并州。至新興，而肆州已爲周守，前隊二儀同以所部降周。周兵擊顯州，執刺史陸瓊，復攻拔諸城。紹義還保北朔州。周東平公神舉將兵逼馬邑，紹義戰敗，北奔突厥，猶有衆三千人。紹義令曰：「欲還者從其意。」於是辭去者太半。突厥佗鉢可汗常謂齊顯祖爲英雄天子，以紹義重踝，似之，甚見愛重，凡齊人在北者悉以隸之。

於是齊之行臺、州、鎮唯東雍州行臺傅伏、營州刺史高寶寧不下，其餘皆入於周。凡得州五十，郡一百六十二，縣三百八十，户三百三萬二千五百。高寶寧者，齊之疏屬，有勇略，久鎮和龍，甚得夷夏之心。周主於河陽、幽、青、南兖、豫、徐、北朔、定置總管府，相、并二州各置宫及六府官。乙卯，周主自鄴西還。

周主之擒尉相貴也，招齊東雍州刺史傅伏，伏不從。齊人以伏爲行臺右僕射。周主既克并州，復遣韋孝寬招之，令其子以上大將軍、武鄉公告身及金、馬腦二酒鍾賜伏爲信。伏不受，謂孝寬曰：「事君有死無貳。此兒爲臣不能竭忠，爲子不能盡孝，人所讎疾，願速斬之，以令天下。」周主自鄴還，至晉州，遣高阿那肱等百餘人臨汾水，召伏。伏出軍，隔水見之，問：「至尊今何在？」阿那肱曰：「已被擒矣。」伏仰天大哭，帥衆入城，於聽事前北面哀號，良久，然後降。周主見之曰：「何不早下？」伏流涕對曰：「臣三世爲齊臣，食齊禄，不能自死，羞見天地。」周主執其手曰：「爲臣當如此。」乃以所食羊肋骨賜伏，曰：「骨親肉疏，所以相付。」遂引使宿衛，授上儀同大將軍。敕之曰：「若亟與公高官，恐歸附者心動。努力事朕，勿憂富貴。」他日，又問：「前救河陰得何賞？」對曰：「蒙一轉，授特進、永昌郡公。」周主謂高緯曰：「朕三年教戰，決取河陰。正爲傅伏善守，城不可動，遂斂軍而退。公當時賞功，何其薄也！」

夏四月乙巳，周主至長安，置高緯於前，列其王、公等於後，車輿、旗幟、器物，以次陳之。備大駕，布六軍，奏凱樂，獻俘於太廟。觀者皆稱萬歲。戊申，封高緯爲溫公，齊之諸王三十餘人皆受封爵。周主與齊君臣飲酒，令溫公起舞。高延宗悲不自持，屢欲仰藥，其傅婢禁止之。

周主以李德林爲內史上士，自是詔誥格式及用山東人物，並以委之。帝從容謂羣臣曰：「我常日唯聞李德林名，復見其爲齊朝作詔書移檄，正謂是天上人，豈言今日得其驅使。」神武公紇豆陵毅對曰：「臣聞麒麟鳳皇，爲王者瑞，可以德感，不可力致。麒麟鳳皇，得之無用，豈如德林，爲瑞且有用哉！」帝大笑曰：「誠如公言。」

五月己丑，周主祭方丘。詔以：「路寢會義、崇信、含仁、雲和、思齊諸殿，皆晋公護專政時所爲，事窮壯麗，有踰清廟，悉可毀撤。彫斵之物，並賜貧民。繕造之宜，務從卑朴。」戊戌，又詔：「并、鄴諸堂〔殿〕壯麗者準此。」

臣光曰：周高祖可謂善處勝矣。他人勝則益奢，高祖勝而愈儉。

十月，周人誣温公高緯與宜州刺史穆提婆謀反，并其宗族皆賜死。衆人多自陳無之，高延宗獨攘袂泣而不言，以椒塞口而死。唯緯弟仁英以清狂，仁雅以瘖疾得免，徙於蜀。其餘親屬，不殺者散配西土，皆死於邊裔。周主以高湝妻盧氏賜其將斛斯徵。盧氏蓬首垢面，長齋，不言笑。徵放之，乃爲尼。齊后、妃貧者，至以賣燭爲業。

十二月，高寶寧自黄龍上表勸進於高紹義，紹義遂稱皇帝，改元武平，以寶寧爲丞相。突厥佗鉢可汗舉兵助之。

十年夏六月，周高祖殂。閏月，齊范陽王紹義聞周高祖殂，以爲天助。幽州人盧昌期起兵據范陽，迎紹義，紹義引突厥兵赴之。周遣柱國東平公神舉將兵討昌期。紹義聞幽州總管出兵在外，欲乘虚襲薊，神舉遣大將軍宇文恩將四千人救之，半爲紹義所殺。會神舉克范陽，擒昌期，紹義聞之，素衣舉哀，還入突厥。高寶寧帥夷夏數萬騎救范陽，至潞水，聞昌期死，還據和龍。

十一年春二月，突厥佗鉢可汗請和於周，周主以趙王招女爲千金公主，妻之。且命執送高紹義，佗鉢不從。

十二年夏六月，周遣建威侯賀若誼賂佗鉢可汗，且説之以求高紹義。佗鉢僞與紹義獵於南境，使誼執之。誼，敦之弟也。秋七月甲申，紹義至長安，徙之蜀。久之，病死於蜀。

楊堅篡周

陳臨海王光大二年秋七月壬寅，周隨桓公楊忠卒，子堅襲爵。堅爲開府儀同三司。

宣帝太建四年夏四月癸巳，周立皇子魯公贇爲太子，大赦。

五年秋九月壬午，周太子贇納妃楊氏。妃，大將軍隨公堅之女也。太子好昵近小人，左宫正宇文孝伯言於周主曰：「皇太子四海所屬，而德聲未聞，臣忝宫官，實當其責。且春秋尚少，志業未成，請妙選正人，爲其師友，調護聖質，猶望日就月將。如或不然，悔無及矣。」帝斂容曰：「卿世載鯁直，竭誠所事。觀卿此言，有家風矣。」孝伯拜謝曰：「非言之難，受之難也。」帝曰：「正人豈復過卿。」於是以尉遲運爲右宫正。運，迥之弟子也。

帝嘗問萬年縣丞南陽樂運曰：「卿言太子何如人？」對曰：「中人。」帝顧謂齊公憲曰：「百官佞我，皆稱太子聰明睿智。唯運所言忠直耳。」因問運中人之狀，對曰：「如齊桓公是也。管仲相之則霸，豎貂輔之則亂，可與爲善，可與爲惡。」帝曰：「我知之矣。」乃妙選宫官以輔之，仍擢運爲京兆丞。太子聞之，意甚不悦。

七年。大將軍楊堅姿相奇偉。畿伯下大夫長安來和嘗謂堅曰：「公眼如曙星，無所不照，當王有天下。願忍誅殺。」

周主待堅素厚。齊王憲言於帝曰：「普六茹堅，相貌非常，臣每見之，不覺自失。恐非人下，請早除之。」帝亦疑之，以問來和。和詭對曰：「隨公止是守節人，可鎮一方，若爲將領，陳無不破。」

八年秋八月，周太子伐吐谷渾，至伏俟城而還。宫尹鄭譯、王端等，皆有寵於太子。太子在軍中多失德，譯等皆預焉。軍還，王軌等言之於周主。周主怒，杖太子及譯等，仍除譯等名，宫官親幸者咸被譴。太子復召譯，戲狎如初。譯因曰：「殿下何時可得據天下？」太子悦，益昵之。譯，儼之兄孫也。

周主遇太子甚嚴，每朝見，進止與羣臣無異，雖隆寒、盛暑，不得休息。以其嗜酒，禁酒不得至東宮。有過，輒加捶撻。嘗謂之曰：「古來太子被廢者幾人，餘兒豈不堪立邪？」乃敕東宮官屬録太子言語動作，每月奏聞。太子畏帝威嚴，矯情脩飾，由是過惡不上聞。

王軌嘗與小内史賀若弼言：「太子必不克負荷。」弼深以爲然，勸軌陳之。軌後因侍坐，言於帝曰：「皇太子仁孝無聞，恐不了陛下家事。愚臣短暗，不足可信。陛下恒以賀若弼有文武奇才，亦常以此爲憂。」帝以問弼，對曰：「皇太子養德春宮，未聞有過。」既退，軌讓弼曰：「平生言論，無所不道，今者對揚，何得乃爾反覆？」弼曰：「此公之過也。太子國之儲副，豈易發言。事有蹉跌，便至滅族。本謂公密陳臧否，何得遂至昌言？」軌默然久之，乃曰：「吾專心國家，遂不存私計。向者對衆，良實非宜。」

後軌因内宴上壽，捋帝須曰：「可愛好老公，但恨後嗣弱耳。」先是，帝問右宫伯宇文孝伯曰：「吾兒比來何如？」對曰：「太子比懼天威，更無過失。」罷酒，帝責孝伯曰：「公常語我云，太子無過，今軌有此言，公爲誑矣。」孝伯再拜曰：「臣聞父子之際，人所難言。臣知陛下不能割慈忍愛，遂爾結舌。」帝知其意，默然久之，乃曰：「朕已委公矣，公其勉之。」

王軌驟言於帝曰：「皇太子非社稷主。普六茹堅貌有反相。」帝不悦，曰：「必天命有在，將若之何？」楊堅聞之，甚懼，深自晦匿。

帝深以軌等言爲然，但漢王贊次長，又不才，餘子皆幼，故得不廢。

十年夏五月癸巳，帝不豫。六月丁酉朔，帝疾甚，還長安，是夕殂，年三十六。

戊戌，太子即位，尊皇后阿史那氏爲皇太后。宣帝始立，即逞奢欲。大行在殯，曾無戚容，捫其杖痕，大罵曰：「死晚矣！」閲視高祖宫人，逼爲淫欲。超拜吏部下大夫鄭譯爲開府儀同大將軍、内史中大夫，委以朝政。

己未，葬武皇帝於孝陵，廟號高祖。既葬，詔内外公除帝及六宫，皆議即吉。京兆郡丞樂運上疏，以爲「葬期既促，事訖即除，太爲汲汲」。帝不從。

帝以齊煬王憲屬尊望重，忌之。謂宇文孝伯曰：「公能爲朕圖齊王，當以其官相授。」孝伯叩頭曰：「先帝遺詔，不許濫誅骨肉。齊王，陛下之叔父，功高德茂，社稷重臣。陛下若無故害之，臣又順旨曲從，則臣爲不忠之臣，陛下爲不孝之子矣。」帝不懌，由是疏之。乃與開府儀同大將軍于智、鄭譯等密謀之，使智就宅候憲，因告憲有異謀。

甲子，帝遣宇文孝伯語憲，欲以憲爲太師，憲辭讓。又使孝伯召憲曰：「晚與諸王俱入。」既至殿門，憲獨被引進。帝先伏壯士於别室，至，即執之。憲自辨理，帝使于智證憲，憲目光如炬，與智相質。或謂憲曰：「以王今日事勢，何用多言？」憲曰：「死生有命，寧復圖存，但老母在堂，恐留兹恨耳。」因擲笏於地。遂縊之。帝召憲僚屬，使證成憲罪。參軍勃海李綱誓之以死，終無橈辭。有司以露車載憲尸而出，故吏皆散，唯李綱撫棺號慟，躬自瘞之，哭拜而去。

又殺上大將軍王興、上開府儀同大將軍獨孤熊、開府儀同大將軍豆盧紹，皆素與憲親善者也。帝既誅憲而無名，乃云與興等謀反，時人謂之「伴死」。以于智爲柱國，封齊公以賞之。

閏月乙亥，周主立妃楊氏爲皇后。秋七月壬戌，以亳州總管楊堅爲上柱國、大司馬。

十一年春正月癸巳，周主受朝於露門，始與羣臣服漢、魏衣冠。大赦，改元大成。置四輔官，以大冢宰越王盛爲大前疑，相州總管蜀公尉遲迥爲大右弼，申公李穆爲大左輔，大司馬隨公楊堅爲大後承。

周主之初立也，以高祖刑書要制爲太重而除之，又數行赦宥。京兆郡丞樂運上疏，以爲：「虞書所稱『眚災肆赦』，謂過誤爲害，當緩赦之。呂刑云『五刑之疑有赦』，謂刑疑從罰，罰疑從免也。謹尋經典，未有罪無輕重，溥天大赦之文。大尊豈可數施非常之惠，以肆姦宄之惡乎？」帝不納。既而民輕犯法，又自以奢淫多過失，惡人規諫，欲爲威虐，懾服羣下。乃更爲刑經聖制，用法益深，大醮於正武殿，告天而行之。密令左右伺察羣臣，小有過失，輒行誅譴。

又居喪纔踰年，即恣聲樂，魚龍百戲，常陳殿前，累日繼夜，不知休息。多聚美女以實後宫，增置位號，不可詳録。遊宴沈湎，或旬日不出，羣臣請事者，皆因宦者奏之。於是樂運輿櫬詣朝堂，陳帝八失：其一，以爲：「大尊比來事多獨斷，不參諸宰輔，與衆共之。」其二，「搜美女以實後宫，儀同以上女不許輒嫁，貴賤同怨。」其三，「大尊一入後宫，數日不出，所須聞奏，多附宦者。」其四，「下詔寬刑，未及半年，更嚴前制。」其五，「高祖斲雕爲朴，崩未踰年，而遽窮奢麗。」其六，「徭賦下民，以奉俳優、角抵。」其七，「上書字誤者即治其罪，杜獻書之路。」其八，「玄象垂誡，不能諮諏善道，脩布德政。」「若不革兹八事，臣見周廟不血食矣。」帝大怒，將殺之。朝臣恐懼，莫有救者。内史中大夫洛陽元巖歎曰：「臧洪同死，人猶願之，況比干乎？若樂運不免，吾將與之俱斃。」乃詣閤請見，曰：「樂運不顧其死，欲以求名，陛下不如勞而遣之，以廣聖度。」帝頗感悟。明日，召運謂曰：「朕昨夜思卿所奏，實爲忠臣。」賜御食而罷之。

癸卯，周立皇子闡爲魯王。戊午，周主至洛陽，立魯王闡爲皇太子。

二月，周徐州總管王軌聞鄭譯用事，自知及禍，謂所親曰：「吾昔在先朝，實申社稷至計，今日之事，斷可知矣。此州控帶淮南，鄰接强寇，欲爲身計，易如反掌。但忠義之節不可虧違，况荷先帝厚恩，豈可以獲罪於嗣主，遽忘之邪！正可於此待死，冀千載之後，知吾此心耳。」

周主從容問譯曰：「我脚杖痕，誰所爲也？」對曰：「事由烏丸軌、宇文孝伯。」因言軌捋須事。帝使内史杜慶信就州殺軌，元巖不肯署詔。御正中大夫顔之儀切諫，帝不聽，巖進繼之，脱巾頓顙，三拜三進。帝曰：「汝欲黨烏丸軌邪？」巖曰：「臣非黨軌，正恐濫誅失天下之望。」帝怒，使閹豎搏其面。軌遂死，巖亦廢于家。遠近知與不知，皆爲軌流涕。之儀，之推之弟也。

周主之爲太子也，上柱國尉遲運爲宫正，數進諫，不用。又與王軌、宇文孝伯、宇文神舉皆爲高祖所親待，太子疑其同毁己。及軌死，運懼，私謂孝伯曰：「吾徒必不免禍，爲之奈何？」孝伯曰：「今堂上有老母，地下有武帝，爲臣爲子，知欲何之？且委質事人，本徇名義，諫而不入，死焉可逃！足下若爲身計，宜且遠之。」於是運求出爲秦州總管。他日，帝託以齊王憲事讓孝伯曰：「公知齊王謀反，何以不言？」對曰：「臣（不）知齊王忠於社稷，爲羣小所譖，言必不用，所以不言。且先帝付囑微臣，唯令輔導陛下。今諫而不從，實負顧託。以此爲罪，是所甘心。」帝大慚，俛首不語，命將出，賜死于家。

時宇文神舉爲并州刺史，帝遣使就州酖殺之。尉遲運至秦州，亦以憂死。

辛巳，周宣帝傳位於太子闡，大赦，改元大象。自稱天元皇帝，所居稱天臺，冕二十四旒，車服旂鼓皆倍於前王之數。皇帝稱正陽宫，置納言、御正、諸衛等官，皆準天臺。尊皇太后爲天元皇太后。

天元既傳位，驕侈彌甚，務自尊大，無所顧憚，國之儀典，率情變更。每對臣下自稱爲「天」，用樽、彝、珪、瓚以飲食，令羣臣朝天臺者致齋三日，清身一日。既自比上帝，不欲羣臣同己，常自帶綬，及冠通天冠，加金附蟬，顧見侍臣弁上有金蟬及王公有綬者，並令去之。不聽人有「天」、「高」、「上」、「大」之稱，官名有犯，皆改之。改姓高者爲姜，九族稱「高祖」者爲「長祖」。又令天下車皆以渾木爲輪。禁天下婦人不得施粉黛，自非宫人，皆黄眉墨妝。

每召侍臣論議，唯欲興造變革，未嘗言及政事。游戲無常，出入不節，羽儀仗衛，晨出夜還，陪侍之官，皆不堪命。自公卿以下，常被楚撻。每捶人皆以百二十爲度，謂之「天杖」；其後又加至二百四十，宫人内職亦如之。后、妃、嬪、御雖被寵幸，亦多杖背。於是内外恐怖，人不自安，皆求苟免，莫有固志，重足累息，以逮於終。

夏五月辛亥，以襄國郡爲趙國，濟南郡爲陳國，武當、安富二郡爲越國，上黨郡爲代國，新野郡爲滕國，邑各萬户，令趙王招、陳王純、越王盛、代王達、滕王逌並之國。又諸藩微弱，各令就國，曾無深根固本之計，羽翮既翦，何能及遠哉！」秋七月庚寅，周以楊堅爲大前疑。

隨公楊堅私謂大將軍汝南公慶曰：「天元實無積德，視其相貌，壽亦不長。

己酉，周尊天元帝太后李氏爲天皇太后。壬子，改天元皇后朱氏爲天皇后，立妃元氏爲天右皇后，陳氏爲天左皇后，凡四后云。

十二年春二月乙丑，周天元改制爲天制，敕爲天敕。壬午，尊天元皇太后爲天元上皇太后，天皇太后爲天元聖皇太后。癸未，詔楊后與三后皆稱「太皇后」，司馬后直稱「皇后」。

行軍總管杞公亮，天元之從祖兄也。其子西陽公温妻尉遲氏，蜀公迥之孫，有美色，以宗婦入朝，天元飲之酒，逼而淫之。亮聞之，懼。三月，軍還至豫州，密謀襲韋孝寬并其衆，推諸父爲主，鼓行而西。亮國官茹寬知其謀，先告孝寬，孝寬潛設備。亮夜將數百騎襲孝寬營，不克而走。戊子，孝寬追斬之，温亦坐誅。天元即召其妻入宫，拜長貴妃。時周師寇淮南，韋孝寬爲行軍元帥。

周天元如同州，增候正、前驅、式道爲三百六十重，自應門至於赤岸澤，數十里間，幡旗相蔽，音樂俱作。又令虎賁持鈒馬上，稱警蹕。乙未，改同州宮爲成天宮。庚子，還長安。詔天臺侍衛之官，皆著五色及紅、紫、緑衣，以雜色爲緣，名曰「品色衣」，有大事，與公服間服之。壬寅，詔内外命婦皆執笏，其拜宗廟及天臺皆俛伏如男子。

天元將立五皇后，以問小宗伯狄道辛彦之。對曰：「皇后與天子敵體，不宜有五。」太學博士西城何妥曰：「昔帝嚳四妃，虞舜二妃，先代之數，何常之有。」帝大悅，免彦之官。甲辰，詔曰：「坤儀比德，土數惟五，四太皇后外，可增置天中太皇后一人。」於是以陳氏爲天中太皇后，尉遲妃爲天左太皇后。又造下帳五，使五后各居其一，實宗廟祭器於前，自讀祝版而祭之。又以五輅載婦人，自帥左右步從。又好倒懸雞及碎瓦於車上，觀其號呼以爲樂。

夏五月，周楊后性柔婉，不妬忌，四皇后及嬪、御等咸愛而仰之。天元昏暴滋甚，喜怒乖度，嘗譴后，欲加之罪。后進止詳閑，辭色不撓，天元大怒，遂賜后死，逼令引訣。后母獨孤氏詣閤陳謝，叩頭流血，然後得免。

后父前大疑堅，位望隆重，天元忌之。嘗因忿謂后曰：「必族滅爾家！」因召堅，謂左右曰：「色動，即殺之。」堅至，神色自若，乃止。内史上大夫鄭譯與堅少同學，奇堅相表，傾心相結。堅既爲帝所忌，情不自安，嘗在永巷私於譯曰：「久願出藩，公所悉也，願少留意。」譯曰：「以公德望，天下歸心。欲求多福，豈敢忘也。謹即言之。」天元將遣譯入寇，譯請元帥。天元曰：「卿意如何？」對曰：「若定江東，自非懿戚重臣，無以鎮撫。可令隨公行，且爲壽陽總管以督軍事。」天元從之。己丑，以堅爲揚州總管，使譯發兵會壽陽。將行，會堅暴有足疾，不果行。

甲午夜，天元備法駕，幸天興宮。乙未，不豫而還。小御正博陵劉昉素以狡諂得幸於天元，與御正中大夫顏之儀並見親信。天元召昉、之儀入卧内，欲屬以後事，天元瘖，不復能言。昉見静帝幼冲，以楊堅后父有重名，遂與領内史鄭譯、御飾大夫柳裘、内史大夫杜陵韋謩、御正下士朝那皇甫績謀引堅輔政。堅固辭，不敢當。昉曰：「公若爲，速爲之；不爲，昉自爲也。」堅乃從之，稱受詔居中侍疾。裘，惔之孫也。

是日，帝殂，秘不發喪。昉、譯矯詔以堅總知中外兵馬事。顏之儀知非帝旨，拒而不從。昉等草詔署訖，逼之儀連署，之儀厲聲曰：「主上升遐，嗣子冲幼，阿衡之任，宜在宗英。方今趙王最長，以親以德，合膺重寄。公等備受朝恩，當思盡忠報國，奈何一旦欲以神器假人？之儀有死而已，不能誣罔先帝。」昉等知不可屈，乃代之儀署而行之。諸衛既受敕，並受堅節度。

堅恐諸王在外生變，以千金公主將適突厥爲辭，徵趙、陳、越、代、滕五王入朝。堅索符璽，顔之儀正色曰：「此天子之物，自有主者，宰相何故索之？」堅大怒，命引出，將殺之，以其民望，出爲西邊郡守。

丁未，發喪。静帝入居天臺，罷正陽宫。大赦。停洛陽宫作。庚戌，尊阿史那太后爲太皇太后，李太后爲太帝太后，楊后爲皇太后，朱后爲帝太后，其陳后、元后、尉遲后並爲尼。以漢王贊爲上柱國、右大丞相，尊以虚名，實無所綜理。以楊堅爲假黄鉞、左大丞相，秦王贄爲上柱國。百官總己以聽於左丞相。

堅初受顧命，使邗國公楊惠謂御正下大夫李德林曰：「朝廷賜令總文武事，經國任重。今欲與公共事，必不得辭。」德林曰：「願以死奉公。」堅大喜。始，劉昉、鄭譯議以堅爲大冢宰，譯自攝大司馬，昉又求小冢宰。堅私問德林曰：「欲何以見處？」德林曰：「宜作大丞相、假黄鉞、都督中外諸軍事，不爾，無以壓衆心。」及發喪，即依此行之。以正陽宫爲丞相府。

時衆情未壹，堅引司武上士盧賁置左右。將之東宫，百官皆不知所從。堅潛令賁部伍仗衛，因召公卿謂曰：「欲求富貴者宜相隨。」往往偶語，欲有去就，賁嚴兵而至，衆莫敢動。出崇陽門，至東宫，門者拒不納。賁諭之，不去，瞋目叱之，門者遂卻，堅入。賁遂典丞相府宿衛。賁，辯之弟子也。以鄭譯爲丞相府長史，劉昉爲司馬，李德林爲府屬。二人由是怨德林。

內史下大夫勃海高熲，明敏有器局，習兵事，多計略，堅欲引之入府，遣楊惠諭意。熲承旨，欣然曰：「願受驅馳。縱令公事不成，熲亦不辭滅族。」乃以爲相府司録。

時漢王贊居禁中，每與静帝同帳而坐。劉昉飾美妓進贊，贊甚悦之。昉因説贊曰：「大王，先帝之弟，時望所歸，孺子幼冲，豈堪大事。今先帝初崩，羣情尚擾，王且歸第，待事寧後，入爲天子，此萬全計也。」贊年少，性識庸下，以爲信然，遂從之。

堅革宣帝苛酷之政，更爲寬大，删略舊律，作刑書要制，奏而行之。躬履節儉，中外悦之。

堅夜召太史中大夫庾季才，問曰：「吾以庸虚，受兹顧命。天時人事，卿以爲何如？」季才曰：「天道精微，難可意察。竊以人事卜之，符兆已定。季才縱言不可，公豈復得爲箕、潁之事乎？」堅默然久之，曰：「誠如君言。」獨孤夫人亦謂堅曰：「大事已然，騎虎之勢，必不得下，勉之。」

堅以相州總管尉遲迥位望素重，恐有異圖，使迥子魏安公惇奉詔書召之會葬。壬子，以上柱國韋孝寬爲相州總管，又以小司徒叱列長义爲相州刺史，先命赴鄴，孝寬續進。陳王純時鎮齊州，堅使門正上士崔彭徵之。彭以兩騎往止傳舍，遣人召純。純至，彭請屏左右，密有所道，遂執而鎖之，因大言曰：「陳王有罪，詔徵入朝，左右不得輒動！」其從者愕然而去。彭，楷之孫也。六月，五王皆至長安。

周尉遲迥知丞相堅將不利於帝室，謀舉兵討之。韋孝寬至朝歌，迥遣其大都督賀蘭貴齎書候韋孝寬。孝寬留貴與語以審之，疑其有變，遂稱疾徐行。又使人至相州求醫藥，密以伺之。孝寬兄子藝爲魏郡守，迥遣藝迎孝寬。孝寬問迥所爲，藝黨於迥，不以實對。孝寬怒，將斬之，藝懼，悉以迥謀語孝寬。孝寬攜藝西走，每至亭驛，盡驅傳馬而去，謂驛司曰：「蜀公將至，宜速具酒食。」迥尋遣儀同大將軍梁子康將數百騎追孝寬，追者至驛，輒逢盛饌，又無馬，遂遲留不進。孝寬與藝由是得免。

堅又令候正破六韓裒詣迥諭旨，密與總管府長史晉昶等書，令爲之備。迥聞之，殺昶及裒，集文武士民，登城北樓令之曰：「楊堅藉后父之勢，挾幼主以作威福，不臣之迹，暴於行路。吾與國舅甥，任兼將相，先帝處吾於此，本欲寄以安危。今欲與卿等糾合義勇，以匡國庇民，何如？」衆咸從命。迥乃自稱大總管，承制置官司。時趙王招入朝，留少子在國，迥奉以號令。

甲子，堅發關中兵，以韋孝寬爲行軍元帥，郕公梁士彦、樂安公元諧、化政公宇文忻、濮陽公武川宇文述、武鄉公崔弘度、清河公楊素、隴西公李詢等皆爲行軍總管，以討迥。

弘度，楷之孫；詢，穆之兄子也。

初，宣帝使計部中大夫楊尚希撫慰山東，至相州，聞宣帝殂，與尉遲迥發喪。尚希出，謂左右曰：「蜀公哭不哀而視不安，將有他計。吾不去，懼及於難。」遂夜從捷徑而遁。遲明，迥覺，追之不及，遂歸長安。堅遣尚希督宗兵三千人鎮潼關。

雍州牧畢剌王賢與五王謀殺堅，事洩，堅殺賢并其三子，掩五王之謀不問，以秦王贄爲大冢宰，杞公椿爲大司徒。庚子，以柱國梁睿爲益州總管。

周青州總管尉遲勤，迥之弟子也。初得迥書，表送之，尋亦從迥。迥所統相、衛、黎、洺、貝、趙、冀、瀛、滄，勤所統青、齊、膠、光、莒等州皆從之，衆數十萬。滎州刺史邵公胄、申州刺史李惠、東楚州刺史費也利進、潼州刺史曹孝遠各據本州，徐州總管司録席毗羅據兖州，前東平郡守畢義緒據蘭陵，皆應迥。懷縣永橋鎮將紇豆陵惠以城降迥。迥使其所署大將軍石遜攻建州，建州刺史宇文弁以州降之。又遣西道行臺韓長業攻拔潞州，執刺史趙威，署城人郭子勝爲刺史。紇豆陵惠襲陷鉅鹿，遂圍恒州。上大將軍宇文威攻汴州，莒州刺史烏丸尼等帥青、齊之衆圍沂州。大將軍檀讓攻拔曹、亳二州，屯兵梁郡。席毗羅衆號八萬，軍於蕃城，攻陷昌慮、下邑。李惠自申州攻永州，拔之。

迥遣使招大左輔并州刺史李穆，穆鎖其使，封上其書。穆子士榮以穆所居天下精兵處，陰勸穆從迥，穆深拒之。堅使内史大夫柳裘詣穆爲陳利害，又使穆子左侍上士渾往布腹心。穆使渾奉尉斗於堅曰：「願執威柄以尉安天下。」又以十三鐶金帶遺堅。十三環金帶者，天子之服也。堅大悦，遣渾詣韋孝寬述穆意。穆兄子崇爲懷州刺史，初欲應迥，後知穆附堅，慨然太息曰：「闔家富貴者數十人，值國有難，竟不能扶傾繼絶，復何面目處天地間乎！」不得已，亦附於堅。迥子誼爲朔州刺史，穆執送長安。又遣兵討郭子勝，擒之。

迥招徐州總管源雄、東郡守于仲文，皆不從。雄，賀之曾孫；仲文，謹之孫也。迥遣宇文冑自石濟，宇文威自白馬濟河，二道攻仲文。仲文棄郡走還長安，迥殺其妻子。迥遣檀讓徇地河南，丞相堅以仲文爲河南道行軍總管，使詣洛陽發兵討讓，命楊素討宇文冑。

丁未，周以丞相堅都督中外諸軍事。

鄖州總管司馬消難亦舉兵應迥。己酉，周以柱國王誼爲行軍元帥以討消難。

廣州刺史于顗，仲文之兄也，與總管趙文表不協。詐得心疾，誘文表，手殺之，因昌言文表與尉遲迥通謀。堅以迥未平，因勞勉之，即拜吴州總管。

趙僭王招謀殺堅，邀堅過其第，堅齎酒殽就之。招引入寢室，招子員、貫及妃弟魯封等皆在左右，佩刀而立，又藏刃於帷席之間，伏壯士於室後。堅左右皆不得從，唯從祖弟開府儀同大將軍弘、大將軍元胄坐於户側。胄，順之孫也。弘、胄皆有勇力，爲堅腹心。酒酣，招以佩刀刺瓜連啗堅，欲因而刺之。元胄進曰：「相府有事，不可久留。」招訶之曰：「我與丞相言，汝何爲者！」叱之使卻。胄瞋目憤氣，扣刀入衛。招賜之酒，曰：「吾豈有不善之意邪？卿何猜警如是！」招僞吐，將入後閤，胄恐其爲變，扶令上坐，如此再三。招稱喉乾，命胄就廚取飲，胄不動。會滕王逌後至，堅降階迎之。胄耳語曰：「事勢大異，可速去。」堅曰：「彼無兵馬，何能爲？」胄曰：「兵馬皆彼物，彼若先發，大事去矣。胄不辭死，恐死無益。」堅復入坐。胄聞室後有被甲聲，遽請曰：「相府事殷，公何得如此？」因扶堅下牀趨去。招將追之，胄以身蔽户，招不得出。堅及門，胄自後至。招恨不時發，彈指出血。壬子，堅誣招與越野王盛謀反，皆殺之，及其諸子。賞賜元胄，不可勝計。周室諸王數欲伺隙殺堅，都督臨涇李圓通常保護之，由是得免。

周韋孝寬軍至永橋城，諸將請先攻之，孝寬曰：「城小而固，若攻而不拔，損我兵威。今破其大軍，此何能爲？」於是引軍壁於武陟。尉遲迥遣其子魏安公惇帥衆十萬入武德，軍於沁東。會沁水漲，孝寬與迥隔水相持不進。

孝寬長史李詢密啓丞相堅云：「梁士彦、宇文忻、崔弘度並受尉遲迥饟金，軍中慅慅，人情大異。」堅深以爲憂，與内史上大夫鄭譯謀代此三人者。李德林曰：「公與諸將皆國家貴臣，未相服從，今正以挾令之威控御之耳。前所遣者疑其乖異，後所遣者安知其能盡腹心邪？又，取金之事，虛實難明。今一旦代之，或懼罪逃逸。若加縻縶，則自鄖公以下莫不驚疑。且臨敵易將，此燕、趙之所以敗也。如愚所見，但遣公一腹心，明於智略，素爲諸將所信服者，速至軍所，使觀其情僞。縱有異意，必不敢動，動亦能制之矣。」堅大悟曰：「公不發此言，幾敗大事。」乃命少内史崔仲方往監諸軍，爲之節度。仲方，猷之子也，辭以父在山東。又命劉昉、鄭譯，昉辭以未嘗爲將，譯辭以母老。堅不悅。府司録高熲請行，堅喜，遣之。熲受命亟發，遣人辭母而已。自是堅措置軍事，皆與李德林謀之。時軍書日以百數，德林口授數人，文意百端，不加治點。

司馬消難以鄖、隨、温、應、土、順、沔、儇、岳九州及魯山等八鎮來降，遣其子永爲質以求援。八月己未，詔以消難爲大都督、總督九州八鎮諸軍事、司空，賜爵隨公。庚申，詔鎮西將軍樊毅進督沔、漢諸軍事，南豫州刺史任忠帥衆趣歷陽，超武將軍陳慧紀爲前軍都督，趣南兖州。

周益州總管王謙亦不附丞相堅，起巴、蜀之兵以攻始州。梁睿至漢川不得進，堅即以睿爲行軍元帥以討謙。

梁世宗使中書舍人柳莊奉書入周，丞相堅執莊手曰：「孤昔以開府從役江陵，深蒙梁主殊眷。今主幼時艱，猥蒙顧託。梁主奕葉委誠朝廷，當相與共保歲寒。」時諸將競勸梁主舉兵，與尉遲迥連謀，以爲「進可以盡節周氏，退可以席卷山南」。梁主疑未決。會莊至，具道堅語，且曰：「昔袁紹、劉表、王凌、諸葛誕皆一時雄傑，據要地，擁强兵，然功業莫就，禍不旋踵者，良由魏、晋挾天子，保京都，仗大順以爲名故也。今尉遲迥雖曰舊將，昏耄已甚。司馬消難、王謙，常人之下者，非有匡合之才。周朝將相，多爲身計，競效節於楊氏。以臣料之，迥等終當覆滅，隨公必移周祚。未若保境息民，以觀其變。」梁主深然之，衆議遂止。

高熲至軍，爲橋於沁水。尉遲惇於上流縱火栰，熲豫爲土狗以禦之。惇布陳二十餘里，麾兵小卻，欲待孝寬軍半渡而擊之。孝寬因其卻，鳴鼓齊進。軍既渡，熲命焚橋，以絶士卒反顧之心。惇兵大敗，單騎走，孝寬乘勝進追至鄴。

庚午，迥與惇及惇弟西都公祐悉將其卒十三萬陳於城南，迥别統萬人皆緑巾錦襖，號曰「黄龍兵」。迥弟勤帥衆五萬，自青州赴迥，以三千騎先至。迥素習軍旅，老猶被甲臨陳，其麾下兵皆關中人，爲之力戰。孝寬等軍不利而卻。鄴中士民觀戰者數萬人，行軍總管宇文忻曰：「事急矣，吾當以詭道破之。」乃先射觀者，觀者皆走，轉相騰藉，聲如雷霆。忻乃傳呼曰：「賊敗矣！」衆復振，因其擾而乘之，迥軍大敗，走保鄴城。孝寬縱兵圍之，李詢及思安伯代人賀婁子幹先登。

崔弘度妹，先適迥子爲妻，及鄴城破，迥窘迫升樓，弘度直上龍尾追之。迥彎弓，將射弘度，弘度脱兜鍪謂迥曰：「頗相識不？今日各圖國事，不得顧私。以親戚之情，謹遏亂兵，不許侵辱。事勢如此，早爲身計，何所待也？」迥擲弓於地，罵左丞相極口而自殺。弘度顧其弟弘升曰：「汝可取迥頭。」弘升斬之。軍士在小城中者，孝寬盡阬之。勤、惇、祐東走青州，未至，開府儀同大將軍郭衍追獲之。丞相堅以勤初有誠款，特不之罪。李惠先自縛歸罪，堅復其官爵。

迥末年衰耄，及起兵，以小御正崔達拏爲長史。達拏，暹之子也，文士無籌略，舉措多失，凡六十八日而敗。

于仲文軍至蓼隄，去梁郡七里。檀讓擁衆數萬，仲文以羸師挑戰而僞北，讓不設備，仲文還擊，大破之，生獲五千餘人，斬首七百級。進攻梁郡，迥守將劉子寬棄城走。仲文進擊曹州，獲迥所署刺史李仲康。檀讓以餘衆屯成武，仲文襲擊，破之，遂拔成武。迥將席毗羅衆十萬，屯沛縣，將攻徐州。其妻子在金鄉，仲文遣人詐爲毗羅使者，謂金鄉城主徐善淨曰：「檀讓明日午時至金鄉，宣蜀公令，賞賜將士。」金鄉人皆喜。仲文簡精兵僞建迥旗幟，倍道而進。善淨望見，以爲檀讓，出迎謁。仲文執之，遂取金鄉。諸將多勸屠其城，仲文曰：「此城乃毗羅起兵之所，當寬其妻子，其兵自歸。如即屠之，彼望絕矣。」衆皆稱善。於是毗羅恃衆來薄官軍，仲文設伏擊之，毗羅軍大潰，爭投洙水死，水爲之不流。獲檀讓，檻送京師。斬毗羅，傳首。

韋孝寬分兵討關東叛者，悉平之。堅徙相州於安陽，毀鄴城及邑居。分相州置毛州、魏州。

梁主聞迥敗，謂柳莊曰：「若從衆人之言，社稷已不守矣。」

丞相堅之初得政也，待黃公劉昉、沛公鄭譯甚厚，賞賜不可勝計，委以心膂，言無不從，朝野傾屬，稱爲「黃、沛」。二人皆恃功驕恣，溺於財利，不親職務。及辭監軍，堅始疏之，恩禮漸薄。高熲自軍所還，寵遇日隆。時王謙、司馬消難未平，堅憂之，忘寢與食。而昉逸遊縱酒，相府事多遺落。堅乃以高熲代昉爲司馬，不忍廢譯，陰敕官屬不得白事於譯。譯猶坐聽事，無所關預，惶懼，頓首求解職，堅猶以恩禮慰勉之。

周王誼帥四總管至郢州，司馬消難擁其衆，以魯山、甑山二鎮來奔。

九月庚戌，以隨世子勇爲洛州總管、東京小冢宰，總統舊齊之地。壬子，以左丞相堅爲大丞相，罷左、右丞相之官。

冬十月，周丞相堅殺陳惑王純及其子。周梁睿將步騎二十萬討王謙。謙分命諸將據險拒守，睿奮擊，屢破之，蜀人大駭。謙遣其將達奚惎、高阿那肱、乙弗虔等帥衆十萬攻利州，堰江水以灌之。城中戰士不過二千，總管昌黎豆盧勣晝夜拒守，凡四旬，時出奇兵擊惎等，破之。會梁睿至，惎等遁去。睿自劍閣入，進逼成都。謙令達奚惎、乙弗虔城守，親帥精兵五萬，背城結陳。睿擊之，謙戰敗，將入城，惎、虔以城降。謙將麾下三十騎走新都，新都令王寶執之。戊寅，睿斬謙及高阿那肱，劍南平。

十二月甲子，周以大丞相堅爲相國，總百揆，去都督中外、大冢宰之號，進爵爲王，以安陸等二十郡爲隨國。贊拜不名，備九錫之禮。堅受王爵、十郡而已。

十三年春二月甲寅，隋王始受相國、百揆、九錫之命，建臺，置官。丙辰，詔進王妃獨孤氏爲王后，世子勇爲太子。開府儀同大將軍庾季才勸隋王宜以今月甲子應天受命。太傅李穆、開府儀同大將軍盧賁亦勸之。於是周主下詔，遜居別宮。甲子，命兼太傅杞公椿奉册，大宗伯趙煚奉皇帝璽紱，禪位于隋。隋王冠遠遊冠，受册璽，改服紗帽、黄袍，入御臨光殿，服衮冕，如元會之儀。大赦，改元開皇。命有司奉册祀于南郊。遣少冢宰元孝矩代太子勇鎮洛陽。孝矩名矩，以字行，天賜之孫也，女爲太子妃。

少内史崔仲方勸隋主除周六官，依漢、魏之舊，從之。置三師、三公及尚書、門下、内史、秘書、内侍五省，御史、都水二臺，太常等十一寺，左、右衛等十二府，以分司統職。又置上柱國至都督十一等勳官，以酬勤勞，特進至朝散大夫七等散官，以加文武官之有德聲者。改侍中爲納言。以相國司馬高熲爲尚書左僕射，兼納言，相國司録京兆虞慶則爲内史監，兼吏部尚書，相國内郎李德林爲内史令。

乙丑，追尊皇考爲武元皇帝，廟號太祖，皇妣呂氏爲元明皇后。丙寅，脩廟、社。立王后獨孤氏爲皇后，王太子勇爲皇太子。丁卯，以大將軍趙煚爲尚書右僕射。己巳，封周靜帝爲介公，周氏諸王皆降爵爲公。

初，劉、鄭矯詔以隋主輔政，楊后雖不預謀，然以嗣主幼沖，恐權在他族，聞之甚喜。後知其父有異圖，意頗不平，形於言色。及禪位，憤惋逾甚。隋主内甚愧之，改封樂平公主。久之，欲奪其志，公主誓不許，乃止。

隋主與周載下大夫北平榮建緒有舊，隋主將受禪，建緒爲息州刺史，將之官，隋主謂曰：「且躊躇，當共取富貴。」建緒正色曰：「明公此旨，非僕所聞。」及即位來朝，帝謂之曰：「卿亦悔不？」建緒稽首曰：「臣位非徐廣，情類楊彪。」帝笑曰：「朕雖不曉書語，亦知卿此言不遜。」

上柱國竇毅之女聞隋受禪，自投堂下，撫膺太息曰：「恨我不爲男子，救舅氏之患！」毅及襄陽公主掩其口，曰：「汝勿妄言，滅吾族。」毅由是奇之。及長，以適唐公李淵。淵，昞之子也。

虞慶則勸隋主盡滅宇文氏，高熲、楊惠亦依違從之。李德林固争，以爲不可。隋主作色曰：「君書生，不足與議此。」於是周太祖孫譙公乾惲、冀公絢、閔帝子紀公湜、明帝子酆公貞、宋公實、高祖子漢公贊、秦公贄、曹公允、道公充、蔡公兑、荆公元、宣帝子萊公衍、郢公術皆死。德林由是品位不進。

五月，隋主潛害周静帝，葬于恭陵，以其族人洛爲嗣。

始興王謀逆

陳宣帝太建十三年冬十二月，始興王叔陵，太子之次弟也，與太子異母，母曰彭貴人。叔陵爲江州刺史，性苛刻狡險。新安王伯固以善諧謔，有寵於上及太子，叔陵疾之，陰求其過失，欲中之以法。叔陵入爲揚州刺史，事務多關涉。省閣執事，承意順旨，即諷上進用之，微致違忤，必抵以大罪，重者至殊死。伯固懼之，乃諂求其意。叔陵好發古冢，伯固好射雉，常相從郊野，大相款狎，因密圖不軌。伯固爲侍中，每得密語，必告叔陵。

十四年春正月己酉，上不豫，太子與始興王叔陵、長沙王叔堅並入侍疾。叔陵陰有異志，命典藥吏曰：「切藥刀甚鈍，可礪之。」甲寅，上殂。倉猝之際，叔陵命左右於外取劍。

左右弗悟，取朝服、木劍以進，叔陵怒。叔堅在側，聞之，疑有變，伺其所爲。乙卯，小斂，太子哀哭俯伏。叔陵抽剉藥刀斫太子，中項，太子悶絶于地。母柳皇后走來救之，又斫后數下。乳媪吴氏自後掣其肘，太子乃得起。叔陵持太子衣，太子自奮得免。叔堅手搤叔陵，奪去其刀，仍牽就柱，以其褶袖縛之。時吴媪已扶太子避賊，叔堅求太子所在，欲受生殺之命。叔陵多力，奮袖得脱，突走出雲龍門，馳車還東府。召左右斷青溪道，赦東城囚以充戰士，散金帛賞賜，又遣人往新林追其所部兵。仍自被甲，著白布帽，登城西門，招募百姓。又召諸王將帥，莫有至者，唯新安王伯固單馬赴之，助叔陵指揮。叔陵兵可千人，欲據城自守。

時衆軍並緣江防守，臺内空虚。叔堅白柳后，使太子舍人河内司馬申以太子命召右衛將軍蕭摩訶入見，受敕，帥馬步數百趣東府，屯城西門。叔陵惶恐，遣記室韋諒送其鼓吹與摩訶，謂之曰：「事捷，必以公爲台鼎。」摩訶紿報之曰：「須王心膂節將自來，方敢從命。」叔陵遣其所親戴温、譚騏驎詣摩訶，摩訶執以送臺，斬其首，徇東城。

叔陵自知不濟，入内，沈其妃張氏及寵妾七人于井，帥步騎數百自小航渡，欲趣新林，乘舟奔隋。行至白楊路，爲臺軍所邀。伯固見兵至，旋避入巷，叔陵馳騎拔刃追之，伯固復還，叔陵部下多棄甲潰去。摩訶馬容陳智深迎刺叔陵僵仆，陳仲華就斬其首，伯固爲亂兵所殺，自寅至巳乃定。叔陵諸子並賜死，伯固諸子宥爲庶人。韋諒及前衡陽内史彭暠、諮議參軍兼記室鄭信、典籤俞公喜並伏誅。暠，叔陵舅也。信、諒有寵於叔陵，常參謀議。諒，粲之子也。丁巳，太子即皇帝位，大赦。

癸亥，以長沙王叔堅爲驃騎將軍、開府儀同三司、揚州刺史；蕭摩訶爲車騎將軍、南徐州刺史，封綏遠公；始興王叔陵家金帛累巨萬，悉以賜之。以司馬申爲中書通事舍人。

乙丑，尊皇后爲皇太后。時帝病創，臥承香殿，不能聽政。太后居柏梁殿，百司衆務，皆決於太后，帝創愈乃歸政焉。丁卯，封皇弟叔重爲始興王，奉昭烈王祀。秋九月丙午，以長沙王叔堅爲司空，將軍、刺史如故。

長城公至德元年。初，上病創，不能視事，政無大小，皆決於長沙王叔堅，權傾朝廷。叔堅頗驕縱，上由是忌之。都官尚書山陰孔範、中書舍人施文慶皆惡〔叔〕堅而有寵於上，日夕求其短，構之於上。上乃即叔堅驃騎將軍本號，用三司之儀，出爲江州刺史，以祠部尚書江總爲吏部尚書。秋八月，長沙王叔堅未之江州，復留爲司空，實奪之權。冬十二月丙辰，司空長沙王叔堅免。叔堅既失恩，心不自安，乃爲厭媚，醮日月以求福。或上書告其事，帝召叔堅，囚于西省，將殺之，令近侍宣敕數之。叔堅對曰：「臣之本心，非有他故，但欲求親媚耳。臣既犯天憲，罪當萬死。臣死之日，必見叔陵，願宣明詔，責之於九泉之下。」帝乃赦之，免官而已。

隋滅陳

陳宣帝太建十三年春，隋主既受周禪，三月戊子，以上開府儀同三司賀若弼爲吳州總管，鎮廣陵；和州刺史河南韓擒虎爲廬州總管，鎮廬江。隋主有并吞江南之志，問將帥於高熲，熲薦弼與擒虎，故置於南邊，使潛爲經略。

長城公至德二年。上於光昭殿前起臨春、結綺、望仙三閣，各高數十丈，連延數十間，其牕牖、壁帶、縣楣、欄檻皆以沉、檀爲之，飾以金玉，間以珠翠，外施珠簾，内有寶牀、寶帳，其服玩瑰麗，近古所未有。每微風暫至，香聞數里。其下積石爲山，引水爲池，雜植奇花異卉。

上自居臨春閣，張貴妃居結綺閣，龔、孔二貴嬪居望仙閣，並複道交相往來。又有王、李二美人，張、薛二淑媛，袁昭儀、何婕妤、江脩容並有寵，迭遊其上。以宮人有文學者袁大捨等爲女學士。僕射江總雖爲宰輔，不親政務，日與都官尚書孔範、散騎常侍王瑳等文士十餘人，侍上遊宴後庭，無復尊卑之序，謂之「狎客」。上每飲酒，使諸妃嬪及女學士與狎客共賦詩，互相贈答，采其尤豔麗者，被以新聲，選宮女千餘人習而歌之，分部迭進。其曲有玉樹後庭花、臨春樂等，大略皆美諸妃嬪之容色。君臣酣歌，自夕達旦，以此爲常。

張貴妃名麗華，本兵家女，爲龔貴嬪侍兒，上見而說之，得幸，生太子深。貴妃髮長七尺，其光可鑑，性敏慧，有神彩，進止閑華，每瞻視眄睞，光采溢目，照映左右。善候人主顏色，引薦諸宮女，後宮咸德之，競言其善。又有厭魅之術，常置淫祀於宮中，聚女巫鼓舞。上怠於政事，百司啓奏，並因宦者蔡脱兒、李善度進請。上倚隱囊，置張貴妃於膝上，共決之。李、蔡所不能記者，貴妃並爲條疏，無所遺脱。因參訪外事，人間有一言一事，貴妃必先知白之。由是益加寵異，冠絶後庭。宦官近習，内外連結，援引宗戚，縱横不法，賣官、鬻獄，貨賂公行。賞罰之命，不出于外。大臣有不從者，因而譖之。於是孔、張之權，熏灼四方，大臣執政，皆從風諂附。

孔範與孔貴嬪結爲兄妹。上惡聞過失，每有惡事，孔範必曲爲文飾，稱揚贊美，由是寵遇優渥，言聽計從。羣臣有諫者，輒以罪斥之。中書舍人施文慶，頗涉書史，嘗事上於東宮，聰敏强記，明閑吏職，心算口占，應時條理，由是大被親幸。又薦所善吳興沈客卿、陽惠朗、徐哲、暨慧景等，云有吏能，上皆擢用之，以客卿爲中書舍人。客卿有口辯，頗知朝廷典故，兼掌金帛局。舊制，軍人、士人並無關市之税。上盛脩宮室，窮極耳目，府庫虚空，有所興造，恒苦不給，客卿奏請不問士、庶，並責關市之征，而又增重其舊。於是以陽惠朗爲太市令，暨慧景爲尚書金、倉都令史。二人家本小吏，考校簿領，豪釐不差。然皆不達大體，督責苛碎，聚斂無厭，士民嗟怨。客卿總督之，每歲所入，過於常格數十倍。上大悦，益以施文慶爲知人，尤加親重，小大衆事，無不委任。轉相汲引，珥貂蟬者五十人。

孔範自謂文武才能，舉朝莫及，從容白上曰：「外間諸將，起自行伍，匹夫敵耳。深見遠慮，豈其所知。」上以問施文慶，文慶畏範，亦以爲然，司馬申復贊之。自是將帥微有過失，即奪其兵，分配文吏。奪任忠部曲以配範及蔡徵。由是文武解體，以至覆滅。

三年。初，北地傅縡以庶子事上於東宮，及即位，遷秘書監、右衞將軍兼中書通事舍人，負才使氣，人多怨之。施文慶、沈客卿共譖縡受高麗使金，上收縡下獄。縡於獄中上書曰：「夫君人者，恭事上帝，子愛下民，省嗜欲，遠諂佞，未明求衣，日旰忘食，是以澤被區宇，慶流子孫。陛下頃來酒色過度，不虔郊廟大神，專媚淫昏之鬼。小人在側，宦豎弄權，惡忠直若仇讎，視生民如草芥。後宮曳綺繡，廄馬餘菽粟，百姓流離，殭尸蔽野。貨賄公行，帑藏損耗，神怒民怨，衆叛親離。臣恐東南王氣，自斯而盡。」書奏，上大怒。頃之，意稍解，遣使謂縡曰：「我欲赦卿，卿能改過不？」對曰：「臣心如面。臣面可改，則臣心可改。」上益怒，令宦者李善慶窮治其事，遂賜死獄中。上每當郊祀，常稱疾不行，故縡言及之。

禎明元年。初，隋主受禪以來，與陳鄰好甚篤，每獲陳諜，皆給衣馬禮遣之，而高宗猶不禁侵掠。故太建之末，隋師入寇。會高宗殂，隋主即命班師，遣使赴弔，書稱姓名頓首。帝答之益驕，書末云：「想彼統内如宜，此宇宙清泰。」隋主不悦，以示朝臣。上柱國楊素以爲「主辱臣死」，再拜請罪。

隋主問取陳之策於高熲，對曰：「江北地寒，田收差晚，江南水田早熟。量彼收穫之際，微徵士馬，聲言掩襲，彼必屯兵守禦，足得廢其農時。彼既聚兵，我便解甲。再三若此，彼以爲常，後更集兵，彼必不信。猶豫之頃，我乃濟師，登陸而戰，兵氣益倍。又，江南土薄，舍多茅竹，所有儲積，皆非地窖。密遣行人，因風縱火，待彼修立，復更燒之，不出數年，自可財力俱盡。」隋主用其策，陳人始困。

於是楊素、賀若弼及光州刺史高勱、虢州刺史崔仲方等争獻平江南之策。仲方上書曰：「今唯須武昌以下，蘄、和、滁、方、吴、海等州，更帖精兵，密營度計。益、信、襄、荆、基、郢等州，速造舟楫，多張形勢，爲水戰之具。蜀、漢二江是其上流，水路衝要，必争之所。賊雖於流頭、荆門、延洲、公安、巴陵、隱磯、夏首、蘄口、湓城置船，然終聚漢口、峽口，以水戰大決。若賊必以上流有軍，令精兵赴援者，下流諸將即須擇便横渡。如擁衆自衛，上江水軍鼓行以前。彼雖恃九江、五湖之險，非德無以爲固，徒有三吴、百越之兵，無恩不能自立矣。」隋主以仲方爲基州刺史。

及受蕭巖等降，隋主益忿，謂高熲曰：「我爲民父母，豈可限一衣帶水不拯之乎！」命大作戰船。人請密之，隋主曰：「吾將顯行天誅，何密之有！」使投其柹於江曰：「若彼懼而能改，吾復何求？」

楊素在永安，造大船，名曰「五牙」，上起樓五層，高百餘尺，左右前後置六拍竿，並高五十尺，容戰士八百人。次曰「黄龍」，置兵百人。自餘平乘、舴艋等，各有等差。

晉州刺史皇甫績將之官，稽首言陳有三可滅。帝問其狀，對曰：「大吞小，一也。以有道伐無道，二也。納叛臣蕭巖，於我有詞，三也。陛下若命將出師，臣願展絲髮之效。」隋主勞而遣之。

時江南妖異特衆，臨平湖草久塞，忽然自開。帝惡之，乃自賣於佛寺爲奴以厭之。又於建康造大皇寺，起七級浮圖，未畢，火從中起而焚之。

吴興章華，好學，善屬文，朝臣以華素無伐閲，競排詆之，除大市令。華鬱鬱不得志，上書極諫，略曰：「昔高祖南平百越，北誅逆虜。世祖東定吴會，西破王琳。高宗克復淮南，辟地千里。三祖之功勤亦至矣。陛下即位，于今五年，不思先帝之艱難，不知天命之可畏。溺於嬖寵，惑於酒色，祠七廟而不出，拜三妃而臨軒。老臣宿將，棄之草莽，諂佞讒邪，升之朝廷。今疆埸日蹙，隋軍壓境，陛下如不改絃易張，臣見麋鹿復遊於姑蘇矣。」帝大怒，即日斬之。先是，隋徵梁主入朝，梁叔父安平王巖、弟義興王瓛來奔。

二年春正月，遣散騎常侍袁雅等聘于隋，又遣散騎常侍九江周羅睺將兵屯峽口，侵隋峽州。三月甲戌，隋遣兼散騎常侍程尚賢等來聘。戊寅，隋下詔曰：「陳叔寶據手掌之地，恣溪壑之險，劫奪閭閻，資產俱竭，驅逼內外，勞役弗已。窮奢極侈，俾晝作夜。斬直言之客，滅無罪之家。欺天造惡，祭鬼求恩。盛粉黛而執干戈，曳羅綺而呼警蹕。自古昏亂，罕或能比。君子潛逃，小人得志。天災地孽，物怪人妖。衣冠鉗口，道路以目。重以背德違言，搖蕩疆埸，晝伏夜遊，鼠竊狗盜。天之所覆，無非朕臣，每關聽覽，有懷傷惻。可出師授律，應機誅殄，在斯一舉，永清吴越。」又送璽書暴帝二十惡，仍散寫詔書三十萬紙，遍諭江外。

冬十月己未，隋置淮南行省於壽春，以晉王廣爲尚書令。帝遣兼散騎常侍王琬、兼通直散騎常侍許善心聘于隋。隋人留於客館，琬等屢請還，不聽。甲子，隋以出師，有事於太廟。命晉王廣、秦王俊、清河公楊素皆爲行軍元帥。廣出六合，俊出襄陽，素出永安，荆州刺史劉仁恩出江陵，蘄州刺史王世積出蘄春，廬州總管韓擒虎出廬州，吴州總管賀若弼出廣陵，青州總管弘農燕榮出東海。凡總管九十，兵五十一萬八千，皆受晉王節度。東接滄海，西距巴、蜀，旌旗舟楫，横亘數千里。以左僕射高熲爲晉王元帥長史，右僕射王韶爲司馬，軍中事皆取决焉。區處支度，無所凝滯。

十一月丁卯，隋主親餞將士。乙亥，至定城，陳師誓衆。十二月，隋軍臨江。高熲謂行臺吏部郎中薛道衡曰：「今兹大舉，江東必可克乎？」道衡曰：「克之。嘗聞郭璞有言『江東分王三百年，復與中國合』，今此數將周，一也。主上恭儉勤勞，叔寶荒淫驕侈，二也。國之安危，在所寄任，彼以江總爲相，唯事詩酒，拔小人施文慶，委以政事，蕭摩訶、任蠻奴爲大將，皆一夫之用耳，三也。我有道而大，彼無德而小，量其甲士不過十萬，西自巫峽，東至滄海，分之則勢懸而力弱，聚之則守此而失彼，四也。席卷之勢，事在不疑。」熲忻然曰：「得君言成敗之理，令人豁然。本以才學相期，不意籌略乃爾。」

秦王俊督諸軍屯漢口，爲上流節度。詔以散騎常侍周羅睺都督巴峽緣江諸軍事以拒之。楊素引舟師下三峽，軍至流頭灘。將軍戚昕以青龍百餘艘、兵數千人守狼尾灘，地勢險峭，隋人患之。素曰：「勝負大計，在此一舉。若晝日下船，彼見我虚實，灘流迅激，制不由人，則吾失其便。不如以夜掩之。」素親帥黄龍數千艘銜枚而下，遣開府儀同三司王長襲引步卒自南岸擊昕别栅，大將軍劉仁恩帥甲騎自北岸趣白沙，遲明而至，擊之，昕敗走。悉俘其衆，勞而遣之，秋毫不犯。素帥水軍東下，舟艫被江，旌甲曜日。素坐平乘大船，容貌雄偉，陳人望之皆懼，曰：「清河公即江神也。」江濱鎮戍聞隋軍將至，相繼奏聞，施文慶、沈客卿並抑而不言。

初，上以蕭巖、蕭瓛，梁之宗室，擁衆來奔，心忌之，故遠散其衆，以巖爲東揚州刺史，瓛爲吳州刺史，使領軍任忠出守吳興郡，以襟帶二州。使南平王嶷鎮江州，永嘉王彦鎮南徐州。尋召二王赴明年元會，命緣江諸防船艦悉從二王還都，爲威勢以示梁人之來者。由是江中無一鬭船，上流諸州兵皆阻楊素軍，不得至。

湘州刺史晉熙王叔文，在職既久，大得人和，上以其據有上流，陰忌之。自度素與羣臣少恩，恐不爲用，無可任者，乃擢施文慶爲都督、湘州刺史，配以精兵二千，欲令西上，仍徵叔文還朝。文慶深喜其事，然懼出外之後，執事者持己短長，因進其黨沈客卿以自代。

未發間，二人共掌機密。護軍將軍樊毅言於僕射袁憲曰：「京口、采石俱是要地，各須鋭兵五千，并出金翅二百，緣江上下，以爲防備。」憲及驃騎將軍蕭摩訶皆以爲然，乃與文武羣臣共議，請如毅策。施文慶恐無兵從己，廢其述職，而客卿又利文慶之任，己得專權，俱言於朝曰：「必有論議，不假面陳，但作文啓，即爲通奏。」憲等以爲然，二人齎啓入白。帝曰：「此是常事，邊城將帥足以當之。若出人船，必恐驚擾。」

及隋軍臨江，間諜驟至，憲等殷勤奏請，至于再三。文慶曰：「元會將逼，南郊之日，太子多從，今若出兵，事便廢闕。」帝曰：「今且出兵。若北邊無事，因以水軍從郊，何爲不可？」又曰：「如此則聲聞鄰境，便謂國弱。」後又以貨動江總，總內爲之遊說，帝重違其意，而迫羣官之請，乃令付外詳議。總又抑憲等，由是議久不決。帝從容謂侍臣曰：「王氣在此。齊兵三來，周師再來，無不摧敗。彼何爲者邪？」都官尚書孔範曰：「長江天塹，古以爲限隔南北，今日虜軍豈能飛渡邪？邊將欲作功勞，妄言事急。臣每患官卑，虜若渡江，臣定作太尉公矣。」或妄言北軍馬死，範曰：「此是我馬，何爲而死？」帝笑以爲然，故不爲深備，奏伎縱酒，賦詩不輟。

隋文帝開皇九年春正月乙丑朔，陳主朝會羣臣，大霧四塞，入人鼻，皆辛酸，陳主昏睡，至晡時乃寤。是日，賀若弼自廣陵引兵濟江。先是，弼以老馬多買陳船而匿之，買弊船五六十艘，置於瀆內。陳人覘之，以爲內國無船。弼又請緣江防人每交代之際，必集廣陵，於是大列旗幟，營幕被野。陳人以爲隋兵大至，急發兵爲備，既知防人交代，其衆復散。後以爲常，不復設備。又使兵緣江時獵，人馬喧譟。故弼之濟江，陳人不覺。韓擒虎將五百人自橫江宵濟采石，守者皆醉，遂克之。晋王廣帥大軍屯六合鎮桃葉山。丙寅，采石戍主徐子建馳啓告變。丁卯，召公卿入議軍旅。戊辰，陳主下詔曰：「犬羊陵縱，侵竊郊畿，蜂蠆有毒，宜時掃定。朕當親御六師，廓清八表，内外並可戒嚴。」以驃騎將軍蕭摩訶、護軍將軍樊毅、中領軍魯廣達並爲都督，司空司馬消難、湘州刺史施文慶並爲大監軍。遣南豫州刺史樊猛帥舟師出白下，散騎常侍皋文奏將兵鎮南豫州。重立賞格，僧、尼、道士盡令執役。

庚午，賀若弼攻拔京口，執南徐州刺史黄恪。弼軍令嚴肅，秋毫不犯，有軍士於民間酤酒者，弼立斬之。所俘獲六千餘人，弼皆釋之，給糧勞遣，付以勑書，令分道宣諭。於是所至風靡。

樊猛在建康，其子巡攝行南豫州事。辛未，韓擒虎進攻姑孰，半日拔之，執巡及其家口。皋文奏敗還。江南父老素聞擒虎威信，來謁軍門者晝夜不絶。

魯廣達之子世真在新蔡，與其弟世雄及所部降於擒虎，遣使致書招廣達。廣達時屯建康，自劾，詣廷尉請罪。陳主慰勞之，加賜黄金，遣還營。樊猛與左衛將軍蔣元遜將青龍八十艘於白下遊弈，以禦六合兵。陳主以猛妻子在隋軍，懼有異志，欲使鎮東大將軍任忠代之，令蕭摩訶徐諭猛，猛不悦，陳主重傷其意而止。

於是，賀若弼自北道，韓擒虎自南道並進，緣江諸戍望風盡走。弼分兵斷曲阿之衝而入。陳主命司徒豫章王叔英屯朝堂，蕭摩訶屯樂遊苑，樊毅屯耆闍寺，魯廣達屯白土岡，忠武將軍孔範屯寶田寺。己卯，任忠自吴興入赴，仍屯朱雀門。

辛未，賀若弼進據鍾山，頓白土岡之東。晋王廣遣總管杜彦與韓擒虎合軍，步騎二萬屯于新林。蘄州總管王世積以舟師出九江，破陳將紀瑱於蘄口，陳人大駭，降者相繼。晋王廣上狀，帝大悦，宴賜羣臣。

時建康甲士尚十餘萬人。陳主素怯懦，不達軍事，唯晝夜啼泣，臺内處分，一以委施文慶。文慶既知諸將疾己，恐其有功，乃奏曰：「此等怏怏，素不伏官，迫此事機，那可專信？」由是諸將凡有啓請，率皆不行。

賀若弼之攻京口也，蕭摩訶請將兵逆戰，陳主不許。及弼至鍾山，摩訶又曰：「弼懸軍深入，壘塹未堅，出兵掩襲，可以必克。」又不許。陳主召摩訶、任忠等於内殿議軍事，忠曰：「兵法，客貴速戰，主貴持重。今國家足食足兵，宜固守臺城，緣淮立栅，北軍雖來，勿與交戰。分兵斷江路，無令彼信得通。給臣精兵一萬，金翅三百艘，下江徑掩六合。彼大軍必謂其渡江將士已被俘獲，自然挫氣。淮南土人與臣舊相知悉，今聞臣往，必皆景從。臣復揚聲欲往徐州，斷彼歸路，則諸軍不擊自去。待春水既漲，上江周羅睺等衆軍必沿流赴援，此良策也。」陳主不能從。明日，欻然曰：「兵久不決，令人腹煩，可呼蕭郎一出擊之。」任忠叩頭苦請勿戰。孔範又奏：「請作一決，當爲官勒石燕然。」陳主從之，謂摩訶曰：「公可爲我一決。」摩訶曰：「從來行陣，爲國爲身，今日之事，兼爲妻子。」陳主多出金帛賦諸軍以充賞。甲申，使魯廣達陳於白土岡，居諸軍之南，任忠次之，樊毅、孔範又次之，蕭摩訶軍最在北。諸軍南北亘二十里，首尾進退不相知。

賀若弼將輕騎登山，望見衆軍，因馳下，與所部七總管楊牙、員明等甲士凡八千，勒陳以待之。陳主通於蕭摩訶之妻，故摩訶初無戰意。唯魯廣達以其徒力戰，與弼相當。隋師退走者數四，弼麾下死者二百七十三人，弼縱煙以自隱，窘而復振。陳兵得人頭，皆走獻陳主求賞。弼知其驕惰，更引兵趣孔範。範兵暫交即走，陳諸軍顧之，騎卒亂潰，不可復止，死者五千人。員明擒蕭摩訶送於弼，弼命牽斬之，摩訶顏色自若，乃釋而禮之。

任忠馳入臺，見陳主言敗狀，曰：「官好住，臣無所用力矣。」陳主與之金兩縢，使募人出戰。忠曰：「陛下唯當具舟楫，就上流衆軍，臣以死奉衛。」陳主信之，敕忠出部分，令宮人裝束以待之，怪其久不至。時韓擒虎自新林進軍，忠已帥數騎迎降於石子岡。領軍蔡徵守朱雀航，聞擒虎將至，衆懼而潰。忠引擒虎軍直入朱雀門，陳人欲戰，忠揮之曰：「老夫尚降，諸君何事？」衆皆散走。於是城內文武百司皆遁出，唯尚書僕射袁憲在殿中，尚書令江總等數人居省中。陳主謂袁憲曰：「我從來接遇卿不勝餘人，今日但以追愧。非唯朕無德，亦是江東衣冠道盡。」

陳主遑遽，將避匿，憲正色曰：「北兵之入，必無所犯。大事如此，陛下去欲安之？臣願陛下正衣冠，御正殿，依梁武帝見侯景故事。」陳主不從，下榻馳去，曰：「鋒刃之下，未可交當，吾自有計。」從宮人十餘出後堂景陽殿，將自投于井，憲苦諫，不從。後閤舍人夏侯公韻以身蔽井，陳主與爭，久之，乃得入。既而軍人窺井，呼之不應，欲下石，乃聞叫聲。以繩引之，驚其太重，及出，乃與張貴妃、孔貴嬪同束而上。沈后居處如常。太子深年十五，閉閤而坐，舍人孔伯魚侍側。軍士叩閤而入，深安坐，勞之曰：「戎旅在塗，不至勞也。」軍士咸致敬焉。時陳人宗室王侯在建康者百餘人，陳主恐其爲變，皆召入，令屯朝堂，使豫章王叔英總督之，又陰爲之備。及臺城失守，相帥出降。

賀若弼乘勝至樂遊苑，魯廣達猶督餘兵苦戰不息，所殺獲數百人。會日暮，乃解甲，面臺再拜慟哭，謂衆曰：「我身不能救國，負罪深矣。」士卒皆涕泣歔欷，遂就擒。諸門衛皆走，弼夜燒北掖門入。聞韓擒虎已得陳叔寶，呼視之，叔寶惶懼，流汗股慄，向弼再拜。弼謂之曰：「小國之君，當大國之卿，拜乃禮也。入朝不失作歸命侯，無勞恐懼。」既而恥功在韓擒虎後，與擒虎相詢，挺刃而出，欲令蔡徵爲叔寶作降箋，命乘騾車歸己，事不果。弼置叔寶於德教殿，以兵衛守。

高熲先入建康，熲子德弘爲晉王廣記室，廣使德弘馳詣熲所，令留張麗華。熲曰：

「昔太公蒙面以斬妲己，今豈可留麗華！」乃斬之於青溪。德弘還報，廣變色曰：「昔人云無德不報，我必有以報高公矣。」由是恨熲。

丙戌，晉王廣入建康，以施文慶受委不忠，曲爲諂佞以蔽耳目，沈客卿重賦厚斂以悅其上，與太市令陽慧朗、刑法監徐析、尚書都令史暨慧皆爲民害，斬於石闕下，以謝三吳。使高熲與元帥府記室裴矩收圖籍，封府庫，資財一無所取，天下皆稱廣，以爲賢。矩，讓之之弟子也。

廣以賀若弼先期決戰，違軍令，收以屬吏。上驛召之，詔廣曰：「平定江表，弼與韓擒虎之力也。」賜物萬段。又賜弼與擒虎詔，美其功。

開府儀同三司王頒，僧辯之子也，夜發陳高祖陵，焚骨取灰，投水而飲之。既而自縛歸罪於晉王廣，廣以聞，上命赦之。詔陳高祖、世祖、高宗陵，總給五户分守之。

上遣使以陳亡告許善心，善心衰服號哭於西階之下，藉草東向坐三日，敕書唁焉。明日，有詔就館，拜通直散騎常侍，賜衣一襲。善心哭盡哀，入房改服，復出北面立，垂泣，再拜受詔。明日，乃朝，伏泣於殿下，悲不能興。上顧左右曰：「我平陳國，唯獲此人。既能懷其舊君，即我之誠臣也。」敕以本官直門下省。

陳水軍都督周羅㬋與郢州刺史荀法尚守江夏，秦王俊督三十六總管水陸十餘萬屯漢口，不得進，相持踰月。陳荆州刺史陳慧紀遣南康内史吕忠肅屯岐亭，據巫峽，於北岸鑿巖，綴鐵鎖三條，横截上流，以遏隋船，忠肅竭其私財以充軍用。楊素、劉仁恩奮兵擊之，四十餘戰，忠肅守險力争，隋兵死者五千餘人，陳人盡取其鼻以求功賞。既而隋師屢捷，獲陳之士卒，三縱之。忠肅棄柵而遁，素徐去其鎖。忠肅復據荆門之延洲，素遣巴蜑千人，乘五牙四艘，以拍竿碎其十餘艦，遂大破之，俘甲士二千餘人，忠肅僅以身免。陳信州刺史顧覺屯安蜀城，棄城走。陳慧紀屯公安，悉燒其儲蓄，引兵東下。於是巴陵以東無復城守者。陳慧紀帥將士三萬人，樓船千餘艘，沿江而下，欲入援建康，爲秦王俊軍所拒，不得前。是時，陳晋熙王叔文罷湘(漢)〔州〕還，至巴州，慧紀推叔文爲盟主。而叔文已帥巴州刺史畢寶等致書請降於俊，俊遣使迎勞之。會建康平，晋王廣命陳叔寶手書招上江諸將，使樊毅詣周羅睺，陳慧紀子正業詣慧紀諭指。時諸城皆解甲，羅睺乃與諸將大臨三日，放兵散，然後詣俊降。陳慧紀亦降，上江皆平。楊素下至漢口，與俊會。王世積在蘄口，聞陳已亡，移書告諭江南諸郡，於是江州司馬黄偲棄城走，豫章等諸郡太守皆詣世積降。

癸巳，詔遣使者巡撫陳州郡。二月乙未，廢淮南行臺省。

陳吴州刺史蕭瓛能得物情，陳亡，吴人推瓛爲主。右衛大將軍武川宇文述帥行軍總落叢公燕榮以舟師自東海至，亦受述節度。陳永新侯陳君範自晉陵奔瓛，并軍拒述。述軍且至，瓛立柵於晉陵城東，留兵拒述，遣其將王褒守吴州，自義興入太湖，欲掩述後。述進破其柵，迴兵擊瓛，大破之。又遣兵別道襲吴州，王褒衣道士服棄城走。瓛以餘衆保包山，燕榮擊破之。瓛將左右數人匿民家，爲人所執。述進至奉公埭，陳東揚州刺史蕭巖以會稽降，與瓛皆送長安，斬之。

楊素之下荆門也，遣別將龐暉將兵略地，南至湘州，城中將士，莫有固志，刻日請降。刺史岳陽王叔慎，年十八，置酒會文武僚吏。酒酣，叔慎歎曰：「君臣之義，盡於此乎！」長史謝基伏而流涕。湘州助防遂興侯正理在坐，乃起曰：「主辱臣死，諸君獨非陳國之臣乎？今天下有難，實致命之秋也。縱其無成，猶見臣節，青門之外，有死不能。今日之機，不可猶豫，後應者斬！」衆咸許諾，乃刑牲結盟，仍遣人詐奉降書於龐暉。暉信之，克期而入，叔慎伏甲待之。暉至，執之以徇，并其衆皆斬之。叔慎坐于射堂，招合士衆，數日之中，得五千人。衡陽太守樊通、武州刺史鄔居業皆請舉兵助之。隋所除湘州刺史薛胄將兵適至，與行軍總管劉仁恩共擊之。叔慎遣其將陳正理與樊通拒戰，兵敗。胄乘勝入城，擒叔慎，仁恩破鄔居業於横橋，亦擒之，俱送秦王俊，斬於漢口。

嶺南未有所附，數郡共奉高凉郡太夫人洗氏爲主，號「聖母」，保境拒守。詔遣柱國韋洸等安撫嶺外，陳豫章太守徐璒據南康拒之，洸等不得進。晉王廣遣陳叔寶遺夫人書，諭以國亡，使之歸隋。夫人集首領數千人，盡日慟哭，遣其孫馮魂帥衆迎洸。洸擊斬徐璒，入至廣州，説諭嶺南，諸州皆定。表馮魂爲儀同三司，册洗氏爲宋康郡夫人。洸，敻之子也。

衡州司馬任瓌勸都督王勇據嶺南，求陳氏子孫立以爲帝。勇不能用，以所部來降，瓌棄官去。瓌，忠之弟子也。

於是陳國皆平，得州三十，郡一百，縣四百。詔建康城邑宮室，並平蕩耕墾，更於石頭城置蔣州。晉王廣班師，留王韶鎮石頭，委以後事。

三月己巳，陳叔寶與其王公百司發建康，詣長安，大小在路，五百里纍纍不絶。帝命權分長安士民宅以俟之，内外脩整，遣使迎勞，陳人至者如歸。夏四月（辛）〔己〕亥，帝幸驪山親勞旋師。乙巳，諸軍凱入，獻俘於太廟。陳叔寶及諸王、侯、將、相并乘輿服御、天文圖籍等以次行列，仍以鐵騎圍之，從晉王廣、秦王俊入，列于廟廷。拜廣爲太尉，賜輅車、乘馬、衮冕之服、玄圭、白璧。丙午，帝坐廣陽門觀，引陳叔寶於前，及太子、諸王二十八人，司空司馬消難以下至尚書郎凡二百餘人，帝使納言宣詔勞之。次使内史令宣詔，責以君臣不能相輔，乃至滅亡。叔寶及其羣臣並愧懼，伏地屏息，不能對。既而宥之。

初，武元帝迎司馬消難，與消難結爲兄弟，情好甚篤，帝每以叔父禮事之。及平陳，消難至，特免死，配爲樂户。二旬而免，猶以舊恩引見，尋卒於家。魯廣達追傷本朝淪覆，得疾不療，憤慨而卒。

庚戌，帝御廣陽門，宴將士，自門外夾道列布帛之積，達于南郭，班賜各有差，凡用三百餘萬段。故陳之境内，給復十年，餘州免其年租賦。

樂安公元諧進曰：「陛下威德遠被，臣前請以突厥可汗爲候正，陳叔寶爲令史，今可用臣言矣。」帝曰：「朕平陳國，本以除逆，非欲誇誕。公之所奏，殊非朕心。突厥不知山川，何能警候？叔寶昏醉，寧堪驅使！」諧默然而退。

辛酉，進楊素爵爲越公，以其子玄感爲儀同三司，玄獎爲清河郡公，賜物萬段，粟萬石，命賀若弼登御坐，賜物八千段，加位上柱國，進爵宋公。仍各加賜金寶及陳叔寶妹爲妾。

賀若弼、韓擒虎争功於帝前。弼曰：「臣在蔣山死戰，破其鋭卒，擒其驍將，震揚威武，遂平陳國。韓擒虎略不交陳，豈臣之比！」擒虎曰：「本奉明旨，令臣與弼同時合勢以取僞都，弼乃敢先期，逢賊遂戰，致令將士傷死甚多。臣以輕騎五百，兵不血刃，直取金陵，降任蠻奴，執陳叔寶，據其府庫，傾其巢穴。弼至夕方扣北掖門，臣啓關而納之。斯乃救罪不暇，安得與臣相比！」帝曰：「二將俱爲上勳。」於是進擒虎位上柱國，賜物八千段。有司劾擒虎放縱士卒，淫汙陳宮，坐此不加爵邑。

加高熲上柱國，進爵齊公，賜物九千段。帝勞之曰：「公伐陳後，人言公反，朕已斬之。君臣道合，非青蠅所能間也。」帝從容命熲與賀若弼論平陳事。熲曰：「賀若弼先獻十策，後於蔣山苦戰破賊。臣文吏耳，焉敢與大將論功。」帝大笑，嘉其有讓。帝之伐陳也，使高熲問方略於上儀同三司李德林，以授晉王廣。至是，帝賞其功，授柱國，封郡公，賞物三千段。已宣敕訖，或說高熲曰：「今歸功於李德林，諸將必當憤惋，且後世觀公有若虛行。」熲入言之，乃止。

以秦王俊爲揚州總管四十四州諸軍事，鎮廣陵。晉王廣還并州。

晉王廣之戮陳五佞也，未知都官尚書孔範、散騎常侍王瑳、王儀、御史中丞沈瓘之罪，故得免。及至長安，事並露。乙未，帝暴其過惡，投之邊裔，以謝吴越之人。瑳刻薄貪鄙，忌害才能，儀傾巧側媚，獻二女以求親昵，瓘險慘苛酷，發言邪諂，故同罪焉。

帝給賜陳叔寶甚厚，數得引見，班同三品。每預宴，恐致傷心，爲不奏吴音。後監守者奏言：「叔寶云『既無秩位，每預朝集，願得一官號』。」帝曰：「叔寶全無心肝！」監者又言：「叔寶常醉，罕有醒時。」帝問：「飲酒幾何？」對曰：「與其子弟日飲一石。」

帝大驚，使節其酒。既而曰：「任其性，不爾，何以過日？」帝以陳氏子弟既多，恐其在京城爲非，乃分置邊州，給田業使爲生，歲時賜衣服以安全之。

詔以陳尚書令江總爲上開府儀同三司，僕射袁憲、驃騎蕭摩訶、領軍任忠皆爲開府儀同三司，吏部尚書吳興姚察爲秘書丞。上嘉袁憲雅操，下詔，以爲江表稱首，授昌州刺史。聞陳散騎常侍袁元友數直言於陳叔寶，擢拜主爵侍郎。謂羣臣曰：「平陳之初，我悔不殺任蠻奴。受人榮禄，兼當重寄，不能横尸徇國，乃云『無所用力』，與弘演納肝，何其遠也！」

帝見周羅睺，慰諭之，許以富貴。羅睺垂泣對曰：「臣荷陳氏厚遇，本朝淪亡，無節可紀。得免於死，陛下之賜也，何富貴之敢望？」賀若弼謂羅睺曰：「聞公郢、漢捉兵，即知揚州可得。王師利涉，果如所量。」羅睺曰：「若得與公周旋，勝負未可知也。」頃之，拜上儀同三司。先是，陳裨將羊翔來降，伐陳之役，使爲鄉導，位至上開府儀同三司，班在羅睺上。韓擒虎於朝堂戲之曰：「不知機變，乃立在羊翔之下，能無愧乎？」羅睺曰：「昔在江南，久承令問，謂公天下節士。今日所言，殊非所望。」擒虎有愧色。

帝之責陳君臣也，陳叔文獨欣然有得色。既而復上表自陳：「昔在巴州，已先送款，乞知此情，望異常例。」帝雖嫌其不忠，而欲懷柔江表，乃授叔文開府儀同三司，拜宜州刺史。

初，陳散騎常侍韋鼎聘于周，遇帝而異之，謂帝曰：「公當大貴，貴則天下一家。歲一周天，老夫當委質於公。」及至德之初，鼎爲太府卿，盡賣田宅。大匠卿毛彪問其故，鼎曰：「江東王氣盡於此矣，吾與爾當葬長安。」及陳平，上召鼎爲上儀同三司。鼎，叡之孫也。

壬戌，詔曰：「今率土大同，含生遂性，太平之法，方可流行。凡我臣民，澡身浴德，家家自脩，人人克念。兵可立威，不可不戢；刑可助化，不可專行。禁衛九重之餘，鎮守四方之外，戎旅軍器，皆宜停罷。世路既夷，羣方無事，武力之子，俱可學經。民間甲仗，悉皆除毁。頒告天下，咸悉此意。」

賀若弼撰其所畫策上之，謂爲御授平陳七策。帝弗省，曰：「公欲發揚我名，我不求名。公宜自載家傳。」弼位望隆重，兄弟並封郡公，爲刺史、列將，家之珍玩，不可勝計，婢妾曳羅綺者數百，時人榮之。其後突厥來朝，上謂之曰：「汝聞江南有陳國天子乎？」對曰：「聞之。」上命左右引突厥詣韓擒虎前曰：「此是執得陳國天子者。」擒虎厲色顧之，突厥惶恐，不敢仰視。

右衛將軍龐晃等短高熲於上，上怒，皆黜之，親禮逾密。因謂熲曰：「獨孤公猶鏡也，每被磨瑩，皎然益明。」初，熲父賓爲獨孤信僚佐，賜姓獨孤氏，故上常呼爲獨孤而不名。

十四年冬閏十月甲寅，詔以齊、梁、陳宗祀廢絶，命高仁英、蕭琮、陳叔寶以時脩祭，所須器物，有司給之。陳叔寶從帝登邙山，侍飲，賦詩曰：「日月光天德，山河壯帝居。太平無以報，願上東封書。」并表請封禪。帝優詔答之。他日，復侍宴，及出，帝目之曰：「此敗豈不由酒！以作詩之功，何如思安時事。當賀若弼度京口，彼人密啓告急，叔寶飲酒，遂不之省。高熲至日，猶見啓在牀下，未開封。此誠可笑，蓋天亡之也。昔苻氏征伐所得國，皆榮貴其主。苟欲求名，不知違天；命與之官，乃違天也。」

仁壽四年冬十一月壬子，陳叔寶卒，贈大將軍、長城縣公，謚曰煬。

隋易太子

陳宣帝太建十三年春二月甲子，周禪位于隋王。隋王以太子勇爲皇太子，封子雁門公廣爲晋王，俊爲秦王，秀爲越王，諒爲漢王。

隋文帝開皇二十年。初，上使太子勇參决軍國政事，時有損益，上皆納之。勇性寬厚，率意任情，無矯飾之行。上性節儉，勇嘗文飾蜀鎧，上見而不悦，戒之曰：「自古帝王，未有好奢侈而能久長者。汝爲儲后，當以儉約爲先，乃能奉承宗廟。吾昔日衣服，各留一物，時復觀之，以自警戒。恐汝以今日皇太子之心，忘昔時之事，故賜汝以我舊所帶刀子一枚，并葅醬一合，汝昔作上士時常所食也。若存記前事，應知我心。」

後遇冬至，百官皆詣勇，勇張樂受賀。上知之，問朝臣曰：「近聞至日，內外百官相帥朝東宮，此何禮也？」太常少卿辛亶對曰：「於東宮，乃賀也，不得言朝。」上曰：「賀者正可三數十人，隨情各去，何乃有司徵召，一時普集？太子法服，設樂以待之，可乎？」因下詔曰：「禮有等差，君臣不雜。皇太子雖居上嗣，義(君)〔兼〕臣子，而諸方岳牧正冬朝賀，任土作貢，別上東宮。事非典則，宜悉停斷。」自是恩寵始衰，漸生猜阻。

勇多內寵，昭訓雲氏尤幸。其妃元氏無寵，遇心疾，二日而薨。獨孤后意有他故，甚責望勇。自是雲昭訓專內政，生長寧王儼、平原王裕、安成王筠。高良娣生安平王嶷、襄城王恪。王良媛生高陽王該、建安王韶。成姬生潁川王煚，後宮生孝實、孝範。后彌不平，頗遣人伺察，求勇過惡。

晉王廣知之，彌自矯飾，唯與蕭妃居處，後庭有子皆不育。后由是數稱廣賢。大臣用事者，廣皆傾心與交。上及后每遣左右至廣所，無貴賤，廣必與蕭妃迎門接引，爲設美饌，申以厚禮。婢僕往來者，無不稱其仁孝。上與后嘗幸其第，廣悉屏匿美姬於別室，唯留老醜者，衣以縵綵，給事左右，屏帳改用縑素，故絶樂器之絃，不令拂去塵埃。上見之，以爲不好聲色。還宮，以語侍臣，意甚喜。侍臣皆稱慶，由是愛之特異諸子。上密令善相者來和徧視諸子，對曰：「晉王眉上雙骨隆起，貴不可言。」上又問上儀同三司韋鼎：「我諸兒誰得嗣位？」對曰：「至尊、皇后所最愛者當與之，非臣敢預知也。」上笑曰：「卿不肯顯言邪？」

晉王廣美姿儀，性敏慧，沈深嚴重，好學，善屬文。敬接朝士，禮極卑屈。由是聲名籍甚，冠於諸王。

廣爲揚州總管，入朝，將還鎮，入宮辭后，伏地流涕，后亦泫然泣下。廣曰：「臣性識愚下，常守平生昆弟之意，不知何罪失愛東宮，恒蓄盛怒，欲加屠陷。每恐讒譖生於投杼，鴆毒遇於杯勺，是用勤憂積念，懼履危亡。」后忿然曰：「睍地伐漸不可耐。我爲之娶元氏女，竟不以夫婦禮待之，專寵阿雲，使有如許豚犬。前新婦遇毒而夭，我亦不能窮治，何故復於汝發如此意？我在尚爾，我死後當魚肉汝乎！每思東宮，竟無正嫡，至尊千秋萬歲之後，遣汝等兄弟向阿雲兒前再拜問訊，此是幾許苦痛邪！」廣又拜，嗚咽不能止，后亦悲不自勝。自是，后決意欲廢勇立廣矣。

廣與安州總管宇文述素善，欲述近己，奏爲壽州刺史。廣尤親任總管司馬張衡，衡爲廣畫奪宗之策。廣問計於述，述曰：「皇太子失愛已久，令德不聞於天下。大王仁孝著稱，才能蓋世，數經將領，頻有大功。主上之與內宮，咸所鍾愛，四海之望，實歸大王。然廢立者國家大事，處人父子骨肉之間，誠未易謀也。然能移主上意者，唯楊素耳。素所與謀者，唯其弟約。述雅知約，請朝京師，與約相見，共圖之。」廣大悅，多齎金寶，資述入關。

約時爲大理少卿，素凡有所爲，皆先籌於約而行之。述請約，盛陳器玩，與之酣暢，因而共博，每陽不勝，所齎金寶盡輸之。約所得既多，稍以謝述，述因曰：「此晉王之賜，令述與公爲歡樂耳。」約大驚曰：「何爲爾？」述因通廣意，說之曰：「夫守正履道，固人臣之常致；反經合義，亦達者之令圖。自古賢人君子，莫不與時消息，以避禍患。公之兄弟，功名蓋世，當塗用事有年矣，朝臣爲足下家所屈辱者，可勝數哉。又儲后以所欲不行，每切齒於執政。公雖自結於人主，而欲危公者固亦多矣。主上一旦棄羣臣，公亦何以取庇？今皇太子失愛於皇后，主上素有廢黜之心，此公所知也。今若請立晉王，在賢兄之口耳。誠能因此時建大功，王必永銘骨髓，斯則去累卵之危，成太山之安也。」約然之，因以白素。素聞之，大喜，撫掌曰：「吾之智思殊不及此，賴汝起予。」約知其計行，復謂素曰：「今皇后之言，上無不用，因機會早自結託，則長保榮禄，傳祚子孫。兄若遲疑，一旦有變，令太子用事，恐禍至無日矣。」素從之。

後數日，素入侍宴，微稱「晉王孝悌恭儉，有類至尊」，用此揣后意。后泣曰：「公言是也。吾兒大孝愛，每聞至尊及我遣内使到，必迎於境首。言及違離，未嘗不泣。又其新婦亦大可憐，我使婢去，常與之同寢共食。豈若睍地伐與阿雲對坐，終日酣宴，昵近小人，疑阻骨肉。我所以益憐阿麽者，常恐其潛殺之。」素既知后意，因盛言太子不才。后遂遺素金，使贊上廢立。

勇頗知其謀，憂懼，計無所出，使新豐人王輔賢造諸厭勝。又於後園作庶人村，室屋卑陋，勇時於中寢息，布衣草褥，冀以當之。上知勇不自安，在仁壽宮，使楊素觀勇所爲。素至東宮，偃息未入，勇束帶待之，素故久不進，以激怒勇。勇銜之，形於言色。素還言：「勇怨望，恐有他變，願深防察。」上聞素譖毁，甚疑之。后又遣人伺覘東宮，纖介事皆聞奏，因加誣飾以成其罪。

上遂疏忌勇，迺於玄武門達至德門量置候人，以伺動静，皆隨事奏聞。又東宮宿衛之人，侍官以上，名籍悉令屬諸衛府，有勇健者咸屏去之，出左衛率蘇孝慈爲淅州刺史。勇愈不悦。太史令袁充言於上曰：「臣觀天文，皇太子當廢。」上曰：「玄象久見，羣臣不敢言耳。」充，君正之子也。

晉王廣又令督王府軍事姑臧段達私賂東宮幸臣姬威，令伺太子動静，密告楊素。於是内外諠謗，過失日聞。段達因脅姬威曰：「東宮過失，主上皆知之矣。已奉密詔，定當廢立。君能告之，則大富貴。」威許諾，即上書告之。

秋九月壬子，上至自仁壽宮。翌日，御大興殿，謂侍臣曰：「我新還京師，應開懷歡樂，不知何意，翻邑然愁苦。」吏部尚書牛弘對曰：「臣等不稱職，故至尊憂勞。」上既數聞譖毁，疑朝臣悉知之，故於衆中發問，冀聞太子之過。弘對既失旨，上因作色謂東宮官屬曰：「仁壽宮去此不遠，而令我每還京師，嚴備仗衛，如入敵國。我爲下利，不解衣卧，昨夜欲近厠，故在後房，恐有警急，還移就前殿，豈非爾輩欲壞我家國邪？」於是執太子左庶子唐令則等數人付所司訊鞫，命楊素陳東宮事狀以告近臣。

素乃顯言之曰：「臣奉敕向京，令皇太子檢校劉居士餘黨。太子奉詔，作色奮厲，骨肉飛騰，語臣云：『居士黨盡伏法，遣我何處窮討？爾作右僕射，委寄不輕，自檢校之，何關我事。』又云：『昔大事不遂，我先被誅。今作天子，竟乃令我不如諸弟，一事以上，不得自遂。』因長歎回視，云『我大覺身妨』。」上曰：「此兒不堪承嗣久矣，皇后恒勸我廢之。我以布衣時所生，地復居長，望其漸改，隱忍至今。勇嘗指皇后侍兒謂人，曰『是皆我物』，此言幾許異事！其婦初亡，我深疑其遇毒，嘗責之，勇即懟曰『會殺元孝矩』，此欲害我而遷怒耳。長寧初生，朕與皇后共抱養之，自懷彼此，連遣來索。且雲定興女，在外私合而生，想此由來，何必是其體胤。昔晉太子取屠家女，其兒即好屠割。今儻非類，便亂宗祏。我雖德慚堯、舜，終不以萬姓付不肖子。我恒畏其加害，如防大敵。今欲廢之，以安天下。」

左衛大將軍五原公元旻諫曰：「廢立大事，詔旨若行，後悔無及。讒言罔極，惟陛下察之。」上不應，命姬威悉陳太子罪惡。威對曰：「太子由來與臣語，唯意在驕奢。且云：『若有諫者，正當斬之，不殺百許人，自然永息。』營起臺殿，四時不輟。前蘇孝慈解左衛率，太子奮髯揚肘曰：『大丈夫會當有一日，終不忘之，決當快意。』又宮内所須，尚書多執法不與，輒怒曰：『僕射以下，吾會戮一二人，使知慢我之禍。』每云：『至尊惡我多側庶，高緯、陳叔寶豈孽子乎？』嘗令師姥卜吉凶，語臣云：『至尊忌在十八年，此期促矣。』」上泫然曰：「誰非父母生，乃至於此！朕近覽齊書，見高歡縱其兒子，不勝忿憤，安可效尤邪？」於是禁勇及諸子，部分收其黨與。楊素舞文巧詆，鍛鍊以成其獄。

居數日，有司承素意，奏：「元旻嘗曲事於勇，情存附託。在仁壽宮，勇使所親裴弘以書與旻，題云『勿令人見』。」上曰：「朕在仁壽宮，有纖介事，東宮必知，疾於驛馬。怪之甚久，豈非此徒邪？」遣武士執旻於仗。右衛大將軍元胄時當下直，不去，因奏曰：「臣向不下直者，爲防元旻耳。」上以旻及裴弘付獄。

先是，勇見老枯槐，問：「此堪何用？」或對曰：「古槐尤宜取火。」時衞士皆佩火燧，勇命工造數千枚，欲以分賜左右，至是，獲於庫。又藥藏局貯艾數斛，索得之，大以爲怪，以問姬威。威曰：「太子此意，別有所在。至尊在仁壽宮，太子常飼馬千匹，云：『徑往守城門，自然餓死。』」素以威言詰勇，勇不服，曰：「竊聞公家馬數萬匹，勇忝備太子，馬千匹乃是反乎？」素又發東宮服玩，似加琱飾者，悉陳之於庭，以示文武羣官，爲太子之罪。上及皇后迭遣使責問勇，勇不服。

冬十月乙丑，上使人召勇，勇見使者驚曰：「得無殺我邪？」上戎服陳兵，御武德殿，集百官立於東面，諸親立於西面，引勇及諸子列於殿庭，命內史侍郎薛道衡宣詔，廢勇及其男女爲王、公主者並爲庶人。勇再拜言曰：「臣當伏尸都市，爲將來鑒戒。幸蒙哀憐，得全性命。」言畢，泣下流襟，既而舞蹈而去，左右莫不閔默。長寧王儼上表乞宿衞，辭情哀切，上覽之閔然。楊素進曰：「伏願聖心同於螫手，不宜復留意。」己巳，詔：「元旻、唐令則及太子家令鄒文騰、左衞率司馬夏侯福、典膳監元淹、前吏部侍郎蕭子寶、前主璽下士何竦並處斬，妻妾子孫皆沒官。車騎將軍榆林閻毗、東郡公崔君綽、游騎尉沈福寶、瀛州術士章仇太翼，特免死，各杖一百，身及妻子、資財、田宅皆沒官。副將作大匠高龍乂、率更令晉文建、通直散騎侍郎元衡皆處盡。」於是集羣官于廣陽門外，宣詔戮之。乃移勇於内史省，給五品料食。賜楊素物三千段，元冑、楊約並千段，賞鞫勇之功也。文林郎楊孝政上書諫曰：「皇太子爲小人所誤，宜加訓誨，不宜廢黜。」上怒，撻其胸。

初，雲昭訓父定興，出入東宫無節，數進其奇服異器以求悦媚。左庶子裴政屢諫，勇不聽。政謂定興曰：「公所爲不合法度。又元妃暴薨，道路籍籍，此於太子非令名也。公宜自引退，不然將及禍。」定興以告勇，勇益疏政，由是出爲襄州總管。唐令則爲勇所昵狎，每令以絃歌教内人。右庶子劉行本責之曰：「庶子當輔太子以正道，何有取媚於房帷之間哉？」令則甚慚，而不能改。時沛國劉臻、平原明克讓、魏郡陸爽並以文學爲勇所親，行本怒其不能調護，每謂三人曰：「卿等止解讀書耳。」夏侯福嘗於閤内與勇戲，福大笑，聲聞於外。行本聞之，待其出，數之曰：「殿下寬容，賜汝顔色。汝何物小人，敢爲褻慢！」因付執法者治之。數日，勇爲福致請，乃釋之。勇嘗得良馬，欲令行本乘而觀之。行本正色曰：「至尊置臣於庶子，欲令輔導殿下，非爲殿下作弄臣也。」勇慚而止。及勇敗，二人已卒，上歎曰：「向使裴政、劉行本在，勇不至此。」

勇嘗宴宫臣，唐令則自彈琵琶，歌《娬媚娘》。洗馬李綱起白勇曰：「令則身爲宫卿，職當調護，乃於廣座自比倡優，進淫聲，穢視聽。事若上聞，令則罪在不測，豈不爲殿下之累邪！臣請速治其罪。」勇曰：「我欲爲樂耳，君勿多事。」綱遂趨出。及勇廢，上召東宫官屬切責之，皆惶懼，無敢對者。綱獨曰：「廢立大事。今文武大臣皆知其不可而莫肯發言，臣何敢畏死，不一爲陛下正白言之乎？太子性本中人，可與爲善，可與爲惡。曏使陛下擇正人輔之，足以嗣守鴻基。今乃以唐令則爲左庶子，鄒文騰爲家令，二人唯知以絃歌、鷹犬娛悦太子，安得不至於是邪！此乃陛下之過，非太子之罪也。」因伏地流涕嗚咽。上慘然良久，曰：「李綱責我非爲無理，然徒知其一，未知其二。我擇汝爲宫臣，而勇不親任，雖更得正人何益哉？」對曰：「臣之所以不被親任者，良由姦臣在側故也。陛下但斬令則、文騰，更選賢才以輔太子，安知臣之終見疏棄也。自古國家廢立冢嫡，鮮不傾危。願陛下深留聖思，無貽後悔。」上不悦，罷朝，左右皆爲之股栗。會尚書右丞缺，有司請人，上指綱曰：「此佳右丞也。」即用之。

十一月戊子，立晋王廣爲皇太子，天下地震。太子請降章服，宫官不稱臣。十二月戊午，詔從之。以宇文述爲左衛率。始，太子之謀奪宗也，洪州總管郭衍預焉，由是徵衍爲左監門率。

帝囚故太子勇於東宫，付太子廣掌之。勇自以廢非其罪，頻請見上申寃，而廣遏之，不得聞。勇於是升樹大叫，聲聞帝所，冀得引見。楊素因言「勇情志昏亂，爲癲鬼所著，不可復收」。帝以爲然，卒不得見。

初，帝之克陳也，天下皆以爲將太平。監察御史房彦謙私謂所親曰：「主上（思）〔忌〕刻而苛酷，太子卑弱，諸王擅權。天下雖安，方憂危亂。」其子玄齡亦密言於彦謙曰：「主上本無功德，以詐取天下，諸子皆驕奢不仁，必自相誅夷。今雖承平，其亡可翹足待。」

仁壽二年。益州總管蜀王秀，容貌瓌偉，有膽氣，好武藝。帝每謂獨孤后曰：「秀必以惡終。我在，當無慮，至兄弟，必反矣。」大將軍劉噲之討西爨也，帝令上開府儀同三司楊武通將兵繼進，秀以嬖人萬智光爲武通行軍司馬。帝以秀任非其人，譴責之，因謂羣臣曰：「壞我法者，子孫也。譬如猛虎，物不能害，反爲毛間蟲所損食耳。」遂分秀所統。

自長史元巖卒後，秀漸奢僭，造渾天儀，多捕山獠充宦者，車馬被服，擬於乘輿。及太子勇以讒廢，晋王廣爲太子，秀意甚不平。太子恐秀終爲後患，陰令楊素求其罪而譖之。上遂徵秀，秀猶豫，欲謝病不行。總管司馬源師諫，秀作色曰：「此自我家事，何豫卿也？」師垂涕對曰：「師忝參府幕，敢不盡心。聖上有敕追王，已淹時月，今乃遷延未去。百姓不識王心，儻生異議，內外疑駭，發雷霆之詔，降一介之使，王何以自明？願王熟計之。」朝廷恐秀生變，七月，以原州總管獨孤楷爲益州總管，馳傳代之。楷至，秀猶未肯行。楷諷諭久之，乃就路。楷察秀有悔色，因勒兵爲備。秀行四十餘里，將還襲楷，覘知有備，乃止。

八月甲子，皇后獨孤氏崩。太子對上及宫人哀慟絶氣，若不勝喪者。其處私室，飲食言笑如平常。又每朝令進二鎰米，而私令外取肥肉脯鮓，置竹筩中，以蠟閉口，衣襆裹而納之。

冬閏十月，蜀王秀至長安，上見之，不與語。明日，使使切讓之，秀謝罪。太子、諸王流涕庭謝。上曰：「頃者秦王糜費財物，我以父道訓之。今秀蠹害生民，當以君道繩之。」於是付執法者。開府儀同三司慶整諫曰：「庶人勇既廢，秦王已薨，陛下見子無多，何至如是？蜀王性甚耿介，今被重責，恐不自全。」上大怒，欲斷其舌，因謂羣臣曰：「當斬秀於市，以謝百姓。」乃令楊素等推治之。

太子陰作偶人，縛手釘心，枷鎖杻械，書上及漢王姓名，仍云：「請西岳慈父聖母神兵收楊堅、楊諒神魂，如此形狀，勿令散蕩。」密埋之華山下，楊素發之。又云：「秀妄述圖讖，稱京師妖異，造蜀地徵祥。」并作檄文，云「指期問罪」，置秀集中，俱以聞奏。上曰：「天下寧有是邪？」十二月癸巳，廢秀爲庶人，幽之内侍省，不聽與妻子相見，唯給獠婢二人驅使，連坐者百餘人。秀上表摧謝，且曰：「伏願慈恩，賜垂矜愍，殘息未盡之間，希與瓜子相見。請賜一穴，令骸骨有所。」瓜子，其愛子也。上因下詔，數其十罪，且曰：「我今不知楊堅、楊諒是汝何親？」後乃聽與其子同處。

初，楊素嘗以少譴敕送南臺，命治書侍御史柳彧治之。素恃貴，坐彧牀。彧從外來見之，於階下端笏整容謂素曰：「奉敕治公之罪。」素遽下。彧據案而坐，立素於庭，辯詰事狀。素由是銜之。蜀王秀嘗從彧求李文博所撰治道集，彧與之，秀遺彧奴婢十口。及秀得罪，素奏彧以内臣交通諸侯，除名爲民，配戍懷遠鎮。

帝使司農卿趙仲卿往益州窮案秀事，秀之賓客經過之處，仲卿必深文致法，州縣長吏，坐者太半。上以爲能，賞賜甚厚。

久之，貝州長史裴肅遣使上書，稱：「高熲以天挺良才，元勳佐命，爲衆所疾，以至廢棄。願陛下録其大功，忘其小過。又二庶人得罪已久，寧無革心？願陛下弘君父之慈，顧天性之義，各封小國，觀其所爲。若能遷善，漸更增益，如或不悛，貶削非晚。今者自新之路永絶，愧悔之心莫見，豈不哀哉。」書奏，上謂楊素曰：「裴肅憂我家事，此亦至誠也。」於是徵肅入朝。太子聞之，謂左庶子張衡曰：「使勇自新，欲何爲也？」衡曰：「觀肅之意，欲令如吴太伯、漢東海王耳。」肅至，上面諭以勇不可復收之意而罷遣之。肅，俠之子也。

楊素弟約及從父文思、文紀、族父忌並爲尚書、列卿，諸子無汗馬之勞，位至柱國、刺史。廣營資産，自京師及諸方都會，邸店、碾磑、便利田宅，不可勝數。家僮數千，後庭妓妾曳綺羅者以千數。第宅華侈，制擬宫禁，親故吏布列清顯。既廢一太子及一王，威權愈盛。朝臣有違忤者，或至誅夷，有附會及親戚，雖無才用，必加進擢。朝廷靡然，莫不畏附。敢與素抗而不撓者，獨柳彧及尚書右丞李綱、大理卿梁毗而已。

毗見楊素專權，恐爲國患，乃上封事曰：「臣聞『臣無有作威作福，其害于而家，凶于而國』。竊見左僕射越國公素，幸遇愈重，權勢日隆。搢紳之徒，屬其視聽。忤意者嚴霜夏零，阿旨者膏雨冬澍。榮枯由其脣吻，廢興候其指麾，所私皆非忠讜，所進咸是親戚，子弟布列，兼州連縣。天下無事，容息異圖，四海有虞，必爲禍始。夫姦臣擅命，有漸而來，王莽資之於積年，桓玄基之於易世，而卒殄漢祀，終傾晋祚。陛下若以素爲阿衡，臣恐其心未必伊尹也。伏願揆鑒古今，量爲處置，俾洪基永固，率土幸甚。」書奏，上大怒，收毗繫獄，親詰之。毗極言：「素擅寵弄權，將領之處，殺戮無道。又太子及蜀王罪廢之日，百僚無不震悚，唯素揚眉奮肘，喜見容色，利國家有事以爲身幸。」上無以屈，乃釋之。其後上亦寖疏忌素，乃下敕曰：「僕射國之宰輔，不可躬親細務，但三五日一向省，評論大事。」外示優崇，實奪之權也。素由是終仁壽之末，不復通判省事。出楊約爲伊州刺史。素既被疏，吏部尚書柳述益用事，攝兵部尚書，參掌機密，素由是惡之。

四年春正月甲子，帝幸仁壽宮。乙丑，詔賞賜、支度，事無巨細，並付皇太子。夏四月乙卯，上不豫。六月庚申，赦天下。秋七月甲辰，上疾甚，卧與百僚辭訣，並握手歔欷。丁未，崩於大寶殿。

初，文獻皇后既崩，宣華夫人陳氏、容華夫人蔡氏皆有寵。陳氏，陳高宗之女；蔡氏，丹楊人也。上寢疾於仁壽宮，尚書左僕射楊素、兵部尚書柳述、黄門侍郎元巖皆入閤侍疾，召皇太子入居大寶殿。太子慮上有不諱，須預防擬，手自爲書，封出問素。素條録事狀以報太子，宫人誤送上所，上覽而大恚。陳夫人平旦出更衣，爲太子所逼，夫人拒之，得免，歸於上所。上怪其神色有異，問其故，夫人泫然曰：「太子無禮。」上恚，抵牀曰：「畜生何足付大事，獨孤誤我！」乃呼柳述、元巖曰：「召我兒！」述等將呼太子，上曰：「勇也。」述、巖出閤爲敕書。楊素聞之，以白太子，矯詔執述、巖繫大理獄。追東宫兵士帖上臺宿衛，門禁出入，並取宇文述、郭衍節度。令右庶子張衡入寢殿侍疾，盡遣後宫出就别室。俄而上崩，故中外頗有異論。陳夫人與後宫聞變，相顧戰栗失色。晡後，太子遣使者齎小金合，帖紙於際，親署封字，以賜夫人。夫人見之，惶懼，以爲鴆毒，不敢發。使者促之，乃發，合中有同心結數枚。宫人咸悦，相謂曰：「得免死矣。」陳氏恚而卻坐，不肯致謝，諸宫人共逼之，乃拜使者。其夜，太子烝焉。

乙卯，發喪，太子即皇帝位。會伊州刺史楊約來朝，太子遣約入長安，易留守者。矯稱高祖之詔，賜故太子勇死，縊殺之，然後陳兵集衆，發高祖凶問。煬帝聞之曰：「令兄之弟，果堪大任。」追封勇爲房陵王，不爲置嗣。

漢王諒有寵於高祖，爲并州總管，自山以東至于滄海，南距黄河，五十二州皆隷焉。特許以便宜從事，不拘律令。諒自以所居天下精兵處，見太子勇以讒廢，居常怏怏。及蜀王秀得罪，尤不自安，陰蓄異圖。言於高祖，以「突厥方强，宜修武備」。於是大發工役，繕治器械，招集亡命，左右私人殆將數萬。突厥嘗寇邊，高祖使諒禦之，爲突厥所敗，其所領將帥坐除解者八十餘人，皆配防嶺表。諒以其宿舊，奏請留之。高祖怒曰：「爾爲藩王，惟當敬依朝命，何得私論宿舊，廢國家憲法邪？嗟乎小子，爾一旦無我，或欲妄動，彼取爾如籠内雞鶵耳，何用腹心爲！」

王頍者，僧辯之子，倜儻好奇略，爲諒諮議參軍，蕭摩訶，陳氏舊將，二人俱不得志，每鬱鬱思亂，皆爲諒所親善，贊成其陰謀。

會熒惑守東井，儀曹鄴人傅奕曉星曆，諒問之曰：「是何祥也？」對曰：「天上東井，黄道所經，熒惑過之，乃其常理，若入地上井，則可怪耳。」諒不悦。

及高祖崩，煬帝遣車騎將軍屈突通以高祖璽書徵之。先是，高祖與諒密約，若璽書召汝，「敕」字傍别加一點，又與玉麟符合者，當就徵。及發書，無驗，諒知有變，詰通，通占對不屈，乃遣歸長安。諒遂發兵反。

總管司馬安定皇甫誕切諫，諒不納。誕流涕曰：「竊料大王兵資，非京師之敵。加以君臣位定，逆順勢殊，士馬雖精，難以取勝。一旦陷身叛逆，絓於刑書，雖欲爲布衣，不可得也。」諒怒，囚之。

嵐州刺史喬鍾葵將赴諒，其司馬京兆陶模拒之曰：「漢王所圖不軌，公荷國厚恩，位爲方伯，當竭誠效命，豈得身爲厲階乎？」鍾葵失色曰：「司馬反邪！」臨之以兵，辭氣不撓，鍾葵義而釋之。軍吏曰：「若不斬模，無以壓衆心。」乃囚之。於是從諒反者凡十九州。

王頍說諒曰：「王所部將吏，家屬盡在關西，若用此等，則宜長驅深入，直據京都，所謂『疾雷不及掩耳』。若但欲割據舊齊之地，宜任東人。」諒不能決，乃兼用二策。唱言楊素反，將誅之。

總管府兵曹聞喜裴文安說諒曰：「井陘以西，在王掌握之内，山東士馬亦爲我有，宜悉發之。分遣羸兵屯守要害，仍令隨方略地，帥其精鋭，直入蒲津。文安請爲前鋒，王以大軍繼後，風行雷擊，頓於霸上，咸陽以東，可指麾而定。京師震擾，兵不暇集，上下相疑，羣情離駭。我陳兵號令，誰敢不從？旬日之間，事可定矣。」諒大悦，於是遣所署大將軍余公理出太谷，趣河陽；大將軍綦良出滏口，趣黎陽；大將軍劉建出井陘，略燕、趙；柱國喬鍾葵出雁門。署文安爲柱國，與柱國紇單貴、王聃等直指京師。

帝以右武衛將軍洛陽丘和爲蒲州刺史，鎮蒲津。諒簡精鋭數百騎戴羃離，詐稱諒宫人還長安，門司弗覺，徑入蒲州，城中豪傑亦有應之者。丘和覺其變，踰城逃歸長安。蒲州長史勃海高義明、司馬北平榮毗皆爲反者所執。裴文安等未至蒲津百餘里，諒忽改圖，令紇單貴斷河橋，守蒲州，而召文安還。文安至，謂諒曰：「兵機詭速，本欲出其不意。王既不行，文安又返，使彼計成，大事去矣。」諒不對。以王聃爲蒲州刺史，裴文安爲晋州刺史，薛粹爲絳州刺史，梁菩薩爲潞州刺史，韋道正爲韓州刺史，張伯英爲澤州刺史。代州總管天水李景發兵拒諒，諒遣其將劉暠襲景，景擊斬之。諒復遣喬鍾葵帥勁勇三萬攻之。景戰士不過數千，加以城池不固，爲鍾葵所攻，崩毁相繼。景且戰且築，士卒皆殊死鬭，鍾葵屢敗。司馬馮孝慈、司法吕玉並驍勇善戰，儀同三司侯莫陳乂多謀畫，工拒守之術，景知三人可用，推誠任之，己無所關預，唯在閤持重，時撫循而已。

楊素將輕騎五千襲王聃、紇單貴於蒲州，夜至河際，收商賈船得數百艘，船内多置草，踐之無聲，遂銜枚而濟。遲明，擊之，紇單貴敗走，聃懼，以城降。有詔徵素還。初，素將行，計日破賊，皆如所量。於是以素爲并州道行軍總管、河北道安撫大使，帥衆數萬以討諒。

諒之初起兵也，妃兄豆盧毓爲府主簿，苦諫，不從，私謂其弟懿曰：「吾匹馬歸朝，自得免禍，此乃身計，非爲國也。不若且僞從之，徐伺其便。」毓，勳之子也。毓兄顯州刺史賢言於帝曰：「臣弟毓素懷志節，必不從亂，但逼兇威，不能自遂。臣請從軍，與毓爲表裏，諒不足圖也。」帝許之。賢密遣家人齎敕書至毓所，與之計議。諒出城將往介州，令毓與總管屬朱濤留守。毓謂濤曰：「漢王構逆，敗不旋踵，吾屬豈可坐受夷滅，孤負家國邪？當與卿出兵拒之。」濤驚曰：「王以大事相付，何得有是語？」因拂衣而去，毓追斬之。出皇甫誕於獄，與之協計，及開府儀同三司宿勤武等閉城拒諒。部分未定，有人告諒，諒襲擊之。毓見諒至，紿其衆曰：「此賊軍也。」諒攻城南門，稽胡守南城，不識諒，射之，矢下如雨。諒移攻西門，守兵識諒，即開門納之，毓、誕皆死。

綦良攻慈州刺史上官政，不克。引兵攻行相州事薛胄，又不克。遂自滏口攻黎州，塞白馬津。余公理自太行下河内。帝以右衛將軍史祥爲行軍總管，軍於河陰。祥謂軍吏曰：「余公理輕而無謀，恃衆而驕，不足破也。」公理屯河陽，祥具舟南岸，公理聚兵當之。祥簡精鋭於下流潛濟，公理聞之，引兵拒之，戰於須水。公理未成列，祥擊之，公理大敗。祥東趣黎陽，綦良軍不戰而潰。祥，寧之子也。

帝將發幽州兵，疑幽州總管竇抗有貳心，問可使取抗者於楊素。素薦前江州刺史勃海李子雄，授上大將軍，拜廣州刺史。又以左領軍將軍長孫晟爲相州刺史，發山東兵，與李子雄共經略之。晟辭以男行布在諒所部，帝曰：「公體國之深，終不以兒害義。朕今相委，公其勿辭。」李子雄馳至幽州，止傳舍，召募得千餘人。抗來詣子雄，子雄伏甲擒之。抗，榮定之子也。

子雄遂發幽州兵步騎三萬，自井陘西擊諒。時劉建圍戍將京兆張祥於井陘，子雄破建於抱犢山下，建遁去。李景被圍月餘，詔朔州刺史代人楊義臣救之。義臣帥馬步二萬，夜出西陘，喬鍾葵悉衆拒之。義臣自以兵少，悉取軍中牛驢，得數千頭，復令兵數百人，人持一鼓，潛驅之匿於澗谷間。晡後，義臣復與鍾葵戰。兵初合，命驅牛驢者疾進，一時鳴鼓，塵埃漲天，鍾葵軍不知，以爲伏兵發，因而奔潰，義臣縱擊，大破之。晉、絳、呂三州皆爲諒城守，楊素各以二千人縻之而去。諒遣其將趙子開擁衆十餘萬，柵絶徑路，屯據高壁，布陳五十里。素令諸將以兵臨之，自引奇兵潛入霍山，緣崖谷而進。素營於谷口，自坐營外，使軍司入營，簡留三百人守營，軍士憚北軍之强，不欲出戰，多願守營，因爾致遲。素責所由，軍司具對，素即召所留三百人出營悉斬之，更令簡留，人皆無願留者。素乃引軍馳進，出北軍之北，直指其營，鳴鼓縱火。北軍不知所爲，自相蹂踐，殺傷數萬。諒所署介州刺史梁脩羅屯介休，聞素至，棄城走。

諒聞趙子開敗，大懼，自將衆且十萬拒素於蒿澤。會天大雨，諒欲引軍還，王頍諫曰：「楊素懸軍深入，士馬疲弊，王以鋭卒自將擊之，其勢必克。今望敵而退，示人以怯，沮戰士之心，益西軍之氣，願王勿還。」諒不從，退守清源。王頍謂其子曰：「氣候殊不佳，兵必敗，汝可隨我。」楊素進擊諒，大破之，擒蕭摩訶。諒退保晉陽，素進兵圍之。諒窮蹙請降，餘黨悉平。帝遣楊約齎手詔勞素。王頍將奔突厥，至山中，徑路斷絶，知必不免，謂其子曰：「吾之計數不減楊素，但坐言不見從，遂至於此。不能坐受擒獲，以成豎子名。吾死之後，汝慎勿過親故。」於是自殺，瘞之石窟中。其子數日不得食，遂過其故人，竟爲所擒，并獲頍尸，梟於晉陽。

羣臣奏漢王諒當死，帝不許，除名爲民，絶其屬籍，竟以幽死。諒所部吏民坐諒死徙者二十餘萬家。初，高祖與獨孤后甚相愛重，誓無異生之子。嘗謂羣臣曰：「前世天子，溺於嬖幸，嫡庶分争，遂有廢立，或至亡國。朕旁無姬侍，五子同母，可謂真兄弟也，豈有此憂邪？」帝又懲周室諸王微弱，故使諸子分據大鎮，專制方面，權侔帝室。及其晚節，父子、兄弟迭相猜忌，五子皆不以壽終。

臣光曰：昔辛伯諗周桓公曰：「内寵並后，外寵貳政，嬖子配嫡，大都偶國，亂之本也。」人主誠能慎此四者，亂何自生哉？隋高祖徒知嫡庶之多争，孤弱之易摇，曾不知勢鈞位逼，雖同産至親，不能無相傾奪。考諸辛伯之言，得其一而失其三乎？

通鑑紀事本末卷第二十六

突厥朝隋

梁武帝大同十一年春二月，魏丞相泰遣酒泉胡安諾槃陀始通使於突厥。突厥本西方小國，姓阿史那氏，世居金山之陽，爲柔然鐵工。至其酋長土門始强大，頗侵魏西邊。安諾槃陀至，其國人皆喜曰：「大國使者至，吾國其將興矣。」

簡文帝大寶二年夏六月，土門恃其强盛，求婚於柔然。柔然頭兵可汗大怒，使人詈辱之曰：「爾，我之鍛奴也，何敢發是言！」土門亦怒，殺其使者，遂與之絶，而求婚於魏，魏丞相泰以長樂公主妻之。

元帝承聖元年春正月，突厥土門自號伊利可汗，號其妻爲「可賀敦」，子弟謂之「特勒」，別將兵者皆謂之「設」。

二年春二月，突厥伊利可汗卒，子科羅立，號乙息記可汗。三月，遣使獻馬五萬于魏。乙息記卒，捨其子攝圖而立其弟俟斤，號木杆可汗。木杆狀貌奇異，性剛勇，多智略，善用兵，鄰國畏之。

冬十一月癸亥，齊主自晉陽親追突厥於朔州，突厥請降，許之而還，自是貢獻相繼。其地東自遼海，西至西海，長萬里，南自沙漠以北，五六千里皆屬焉。

敬帝紹泰元年冬十二月，木杆西破嚈噠，東走契丹，北并契骨，威服塞外諸國。

太平元年。突厥木杆可汗襲擊吐谷渾，魏太師泰使涼州刺史史寧帥騎隨之，吐谷渾奔南山。寧說木杆使攻樹敦、賀真二城，以拔其根本，木杆從之。木杆破賀真，獲吐谷渾可汗夸吕。寧破樹敦，虜其征南王，還，與木杆會於青海。詳見吐谷渾盛衰。

陳文帝天嘉四年。初，周人與突厥木杆連兵伐齊，許納其女爲后，遣御伯大夫楊荐等往結之，齊人亦遣使求昏。木杆欲執荐等送齊，荐知而責之，木杆許共平東賊，然後送女。

冬十二月，突厥木杆、地頭、步離三可汗以十萬騎會周師於晉陽。詳見周伐齊。

五年春正月，突厥引兵出塞，縱兵大掠，自晉陽〔以往〕七百里，人畜無遺。

秋九月，突厥寇齊幽州，衆十餘萬，入長城，大掠而還。突厥自幽州還，留屯塞北。閏月，突厥寇齊幽州。

六年春二月辛丑，周遣陳公純、許公貴、神武公竇毅、南陽公楊荐等備皇后儀衛行殿，并六宫百二十人，詣突厥可汗牙帳逆女。夏五月，突厥遣使至齊，始與齊通。

臨海王光大二年春二月，突厥木杆可汗貳於周，更許齊人以昏，留陳公純等數年不返。會大雷風，壞其穹廬，旬日不止。木杆懼，以爲天譴，即備禮送其女於周，純等奉之以歸。三月癸卯，至長安，周主行親迎之禮。

宣帝太建四年。突厥木杆可汗卒，復捨其子大邏便而立其弟，是爲佗鉢可汗。佗鉢以攝圖爲爾伏可汗，統其東面，又以其弟褥但可汗之子爲步離可汗，居西面。周人與之和親，歲給繒絮錦綵十萬段。突厥在長安者，衣錦食肉，常以千數。齊人亦畏其爲寇，爭厚賂之。佗鉢益驕，謂其下曰：「但使我在南兩兒常孝，何憂於貧！」

五年。突厥求昏于齊。

九年。周師之克晉陽也，齊使開府儀同三司紇奚永安求救於突厥，比至，齊已亡。

十年夏四月庚申，突厥寇周幽州，殺掠吏民。五月己丑，周高祖帥諸軍伐突厥，遣柱國原公姬願、東平公神舉等將兵五道俱入。帝不豫，詔停諸軍。六月，帝殂。冬十一月，突厥寇周邊，圍酒泉，殺掠吏民。

十一年春二月，突厥佗鉢可汗請和於周，周主以趙王招女爲千金公主，妻之。突厥寇周并州，六月，周發山東諸民修長城。

十二年春二月戊午，突厥入貢于周，且迎千金公主。夏六月，周遣汝南公神慶、司衛上士長孫晟送千金公主於突厥。

十三年（冬十二月）。突厥佗鉢可汗病且卒，謂其子菴邏曰：「吾兄不立其子，委位於我。我死，汝當避大邏便。」及卒，國人將立大邏便。以其母賤，衆不服。菴邏母貴，突厥素重之。攝圖最後至，謂國人曰：「若立菴邏者，我當帥兄弟事之。若立大邏便，我必守境，利刃長矛以相待。」攝圖長，且雄勇，國人莫敢拒，竟立菴邏爲嗣。大邏便不得立，心不服菴邏，每遣人詈辱之，菴邏不能制，因以國讓攝圖。國中相與議曰：「四可汗子，攝圖最賢。」共迎立之，號沙鉢略可汗，居都斤山。菴邏降居獨洛水，稱第二可汗。大邏便乃謂沙鉢略曰：「我與爾俱可汗子，各承父後。爾今極尊，我獨無位，何也？」沙鉢略患之，以爲阿波可汗，還領所部。又沙鉢略從父玷厥，居西面，號達頭可汗。諸可汗各統部衆，分居四面。沙鉢略勇而得衆，北方皆畏附之。

隋主既立，待突厥禮薄，突厥大怨。千金公主傷其宗祀覆没，日夜言於沙鉢略，請爲周室復讎。沙鉢略謂其臣曰：「我，周之親也，今隋公自立而不能制，復何面目見可賀敦乎！」乃與故齊營州刺史高寶寧合兵爲寇。隋主患之，敕緣邊修保障，峻長城，命上柱國武威陰壽鎮幽州，京兆尹虞慶則鎮并州，屯兵數萬以備之。

初，奉車都尉長孫晟送千金公主入突厥，突厥可汗愛其善射，留之竟歲，命諸子弟貴人與之親友，冀得其射法。沙鉢略弟處羅侯，號突利設，尤得衆心，爲沙鉢略所忌，密託心腹，陰與晟盟。晟與之遊獵，因察山川形勢，部衆强弱，靡不知之。及突厥入寇，晟上書曰：「今諸夏雖安，戎虜尚梗，興師致討，未是其時，棄於度外，又相侵擾，故宜密運籌策，漸以攘之。玷厥之於攝圖，兵强而位下，外名相屬，内隙已彰，鼓動其情，必將自戰。又處羅侯者，攝圖之弟，姦多勢弱，曲取衆心，國人愛之，因爲攝圖所忌，其心殊不自安，迹示彌縫，實懷疑懼。又，阿波首鼠，介在其間，頗畏攝圖，受其牽率，唯强是與，未有定心。今宜遠交而近攻，離强而合弱，通使玷厥，説合阿波，則攝圖迴兵，自防右地。又引處羅，遣連奚、霫，則攝圖分衆，還備左方。首尾猜嫌，腹心離阻，十數年後，乘釁討之，必可一舉而空其國矣。」帝省表，大悦，因召與語。晟復口陳形勢，手畫山川，寫其虚實，皆如指掌。帝深嗟異，皆納用之。遣太僕元暉出伊吾道，詣達頭，賜以狼頭纛。達頭使來，引居沙鉢略使上。以晟爲車騎將軍，出黄龍道，齎幣賜奚、霫、契丹，遣爲鄉導，得至處羅侯所，深布心腹，誘之内附。反間既行，果相猜貳。

十四年夏四月庚寅，隋大將軍韓僧壽破突厥於雞頭山，上柱國李充破突厥於河北山。五月己未，高寶寧引突厥寇隋平州，突厥悉發五可汗控弦之士四十萬入長城。六月乙酉，隋上柱國李光敗突厥於馬邑。突厥又寇蘭州，涼州總管賀婁子幹敗之於可洛峐。冬十月癸酉，隋太子勇屯兵咸陽以備突厥。

十二月乙酉，隋遣沁源公虞慶則屯弘化以備突厥。行軍總管達奚長儒將兵二千，與突厥沙鉢略可汗遇於周槃，沙鉢略有衆十餘萬，軍中大懼。長儒神色慷慨，且戰且行，爲虜所衝突，散而復聚，四面抗拒。轉鬬三日，晝夜凡十四戰，五兵咸盡，士卒以拳毆之，手皆骨見，殺傷萬計。虜氣稍奪，於是解去。長儒身被五瘡，通中者二。其戰士死傷者什八九。詔以長儒爲上柱國，餘勳回授一子。

時柱國馮昱屯乙弗泊，蘭州總管叱列長叉守臨洮，上柱國李崇屯幽州，皆爲突厥所敗。於是突厥縱兵自木硤、石門兩道入寇，武威、天水、安定、金城、上郡、弘化、延安六畜咸盡。沙鉢略更欲南入，達頭不從，引兵而去。長孫晟又説沙鉢略之子染干詐告沙鉢略曰：「鐵勒等反，欲襲其牙。」沙鉢略懼，廻兵出塞。

長城公至德元年春二月，突厥寇隋北邊。

夏四月，突厥數爲隋寇，隋主下詔曰：「往者周、齊抗衡，分割諸夏，突厥之虜，俱通二國。周人東慮，恐齊好之深；齊氏西虞，懼周交之厚。謂虜意輕重，國遂安危，蓋並有大敵之憂，思減一邊之防也。朕以爲厚斂兆庶，多惠豺狼，未嘗感恩，資而爲賊。節之以禮，不爲虛費，省徭薄賦，國用有餘。因入賊之物，加賜將士，息道路之民，務爲耕織，清邊制勝，成策在心。凶醜愚暗，未知深旨，將大定之日，比戰國之時，乘昔世之驕，結今時之恨。近者盡其巢窟，俱犯北邊，蓋上天所忿，驅就齊斧。諸將今行，義兼含育，有降者納，有違者死，使其不敢南望，永服威刑。何用侍子之朝，寧勞渭橋之拜。」

於是命衛王爽等爲行軍元帥，分八道出塞擊之。爽督總管李充等四將出朔州道，己卯，與沙鉢略可汗遇於白道。李充言於爽曰：「突厥狃於驟勝，必輕我而無備，以精兵襲之，可破也。」諸將多以爲疑，唯長史李徹贊成之，遂與充帥精騎五千掩擊突厥，大破之。沙鉢〔略〕棄所服金甲，潛草中而遁。其軍中無食，粉骨爲糧，加以疾疫，死者甚衆。甲午，突厥遣使入見于隋。

五月癸卯，隋行軍總管李晃破突厥於摩那度口。隋秦州總管竇榮定帥九總管步騎三萬出涼州，與突厥阿波可汗相拒於高越原，阿波屢敗。榮定，熾之兄子也。

前上大將軍京兆史萬歲，坐事配敦煌爲戍卒，詣榮定軍門，請自效。榮定素聞其名，見而大悦。壬戌，將戰，榮定遣人謂突厥曰：「士卒何罪而殺之，但當各遣一壯士決勝負耳。」突厥許諾，因遣一騎挑戰，榮定遣萬歲出應之，萬歲馳斬其首而還。突厥大驚，不敢復戰，遂請盟，引軍而去。

長孫晟時在榮定軍中爲偏將，使謂阿波曰：「攝圖每來，戰皆大勝。阿波纔入，遽即奔敗，此乃突厥之恥也。且攝圖之與阿波，兵勢本敵。今攝圖日勝，爲衆所崇，阿波不利，爲國生辱。攝圖必當以罪歸阿波，成其宿計，滅北牙矣。願自量度，能禦之乎？」阿波使至，晟又謂之曰：「今達頭與隋連和，而攝圖不能制。可汗何不依附天子，結連達頭，相合爲强，此萬全計也。豈若喪兵負罪，歸就攝圖，受其戮辱邪？」阿波然之，遣使隨晟入朝。

沙鉢略素忌阿波驍悍，自白道敗歸，又聞阿波貳於隋，因先歸襲擊北牙，大破之，殺阿波之母。阿波還，無所歸，西奔達頭。達頭大怒，遣阿波帥兵而東，其部落歸之者將十萬騎，遂與沙鉢略相攻，屢破之，復得故地，兵勢益强。貪汗可汗素睦於阿波，沙鉢略奪其衆而廢之，貪汗亡奔達頭。沙鉢略從弟地勤察别統部落，與沙鉢略有隙，復以衆叛歸阿波。連兵不已，各遣使詣長安請和、求援，隋主皆不許。

六月，突厥寇幽州，隋幽州總管廣宗壯公李崇帥步騎三千拒之，轉戰十餘日，師人多死，遂保砂城。突厥圍之，城荒頽，不可守禦，曉夕力戰，又無所食，每夜出掠虜營，得六畜以繼軍糧。突厥畏之，厚爲其備，每夜中結陳以待之。崇軍苦飢，出輒遇敵，死亡略盡，及明，奔還城者尚百許人，然多重傷，不堪更戰。突厥意欲降之，遣使謂崇曰：「若來降者，封爲特勒。」崇知不免，令其士卒曰：「崇喪師徒，罪當萬死。今日效命，以謝國家。汝俟吾死，且可降賊，便散走，努力還鄉，若見至尊，道崇此意。」乃挺刃突陳，復殺二人，突厥亂射殺之。秋七月辛丑，以豫州刺史代人周搖爲幽州總管，命李崇子敏襲爵。

秋八月壬午，隋遣尚書左僕射高熲出寧州道，內史監虞慶則出原州道，以擊突厥。

二年春二月，突厥蘇尼部男女萬餘口降隋。突厥達頭可汗請降于隋。秋九月，突厥沙鉢略可汗數爲隋所敗，乃請和親。千金公主自請改姓楊氏，爲隋主女。隋主遣開府儀同三司徐平和使於沙鉢略，更封千金公主爲大義公主。晉王廣請因釁乘之，隋主不許。

沙鉢略遣使致書曰：「從天生大突厥天下賢聖天子伊利俱盧設莫何沙鉢略可汗致書大隋皇帝：皇帝，婦父，乃是翁比。此爲女夫，乃是兒例。兩境雖殊，情義如一。自今子子孫孫，乃至萬世，親好不絕。上天爲證，終不違負。此國羊馬，皆皇帝之畜，彼之繒綵，皆此國之物。」帝復書曰：「大隋天子貽書大突厥沙鉢略可汗：得書，知大有善意。既爲沙鉢略婦翁，今日視沙鉢略與兒子不異。時遣大臣往彼省女，復省沙鉢略也。」於是遣尚書右僕射虞慶則使於沙鉢略，車騎將軍長孫晟副之。

沙鉢略陳兵，列其珍寶，坐見慶則，稱病不能起，且曰：「我諸父以來，不向人拜。」慶則責而諭之。千金公主私謂慶則曰：「可汗豺狼性，過與爭，將齧人。」長孫晟謂沙鉢略曰：「突厥與隋俱大國天子，可汗不起，安敢違意。但可賀敦爲帝女，則可汗是大隋女壻，奈何不敬婦翁？」沙鉢略笑謂其達官曰：「須拜婦翁。」乃起拜頓顙，跪受璽書，以戴於首。既而大慚，與羣下相聚慟哭。慶則又遣稱臣，沙鉢略謂左右曰：「何謂臣？」左右曰：「隋言臣，猶此云奴耳。」沙鉢略曰：「得爲大隋天子奴，虞僕射之力也。」贈慶則馬千匹，并以從妹妻之。

三年。初，突厥阿波可汗既與沙鉢略有隙，分而爲二。阿波浸强，東距都斤，西越金山，龜茲、鐵勒、伊吾及西域諸胡悉附之，號西突厥。隋主亦遣上大將軍元契使于阿波以撫之。秋七月，突厥沙鉢略既爲達頭所困，又畏契丹，遣使告急於隋，請將部落度漠南，寄居白道川。隋主許之，命晉王廣以兵援之，給以衣食，賜之車服、鼓吹。沙鉢略因西擊阿波，破之。而阿拔國乘虚掠其妻子，官軍爲擊阿拔，敗之，所獲悉與沙鉢略。沙鉢略大喜，乃立約，以磧爲界，因上表曰：「天無二日，土無二王，大隋皇帝真皇帝也，豈敢阻兵恃險，偷竊名號。今感慕淳風，歸心有道，屈膝稽顙，永爲藩附。」遣其子庫合真入朝。

八月丙戌，庫合真至長安。隋主下詔曰：「沙鉢略往雖與和，猶是二國。今作君臣，便成一體。」因命肅告郊廟，普頒遠近，凡賜沙鉢略詔，不稱其名。宴庫合真於内殿，引見皇后，賞勞甚厚。沙鉢略大悦，自是歲時貢獻不絶。

四年春正月庚午，隋頒曆於突厥。

禎明元年夏四月，突厥沙鉢略可汗遣其子入貢于隋，因請獵於恒、代之間。隋主許之，仍遣人賜以酒食，沙鉢略帥部落再拜受賜。沙鉢略尋卒，隋爲之廢朝三日，遣太常弔祭。

初，沙鉢略以其子雍虞閭懦弱，遺令立其弟葉護處羅侯。雍虞閭遣使迎處羅侯，將立之。處羅侯曰：「我突厥自木杆可汗以來，多以弟代兄，以庶奪嫡，失先祖之法，不相敬畏。汝當嗣位，我不憚拜汝。」雍虞閭曰：「叔與我父共根連體。我，枝葉也，豈可使根本反從枝葉，叔父屈於卑幼乎！且亡父之命，何可廢也。願叔勿疑。」遣使相讓者五六，處羅侯竟立，是爲莫何可汗。以雍虞閭爲葉護。遣使上表言狀，隋使車騎將軍長孫晟持節拜之，賜以鼓吹、幡旗。

莫何勇而有謀，以隋所賜旗鼓西擊阿波。阿波之衆以爲得隋兵助之，多望風降附。遂生擒阿波，上書請其死生之命。隋主下其議，樂安公元諧請就彼梟首，武陽公李充請生取入朝，顯戮以示百姓。隋主謂長孫晟：「於卿何如？」晟對曰：「若突厥背誕，須齊之以刑。今其昆弟自相夷滅，阿波之惡，非負國家。因其困窮，取而爲戮，恐非招遠之道，不如兩存之。」左僕射高熲曰：「骨肉相殘，教之蠹也，宜存養以示寬大。」隋主從之。

二年冬十二月，突厥莫何可汗西擊鄰國，中流矢而卒。國人立雍虞閭，號頡伽施多那都藍可汗。

隋文帝開皇十三年。上之滅陳也，以陳叔寶屏風賜突厥大義公主。公主以其宗國之覆，心常不平，書屏風爲詩，敘陳亡以自寄。上聞而惡之，禮賜漸薄。彭公劉昶先尚周公主，流人楊欽亡入突厥，詐言昶欲與其妻作亂攻隋，遣欽來密告大義公主，發兵擾邊。都藍可汗信之，乃不脩職貢，頗爲邊患。上遣車騎將軍長孫晟使於突厥，微觀察之。公主見晟，言辭不遜，又遣所私胡人安遂迦與楊欽計議，扇惑都藍。晟至京師，具以狀聞。上遣晟往索欽，都藍不與，曰：「檢校客内無此色人。」晟乃賂其達官，知欽所在，夜掩獲之，以示都藍，因發公主私事，國人大以爲恥。都藍執安遂迦等，并以付晟。上大喜，加授開府儀同三司，仍遣入突厥，廢公主。內史侍郎裴矩請說都藍，使殺公主。時處羅侯之子染干號突利可汗，居北方，遣使求婚。上使裴矩謂之曰：「當殺大義公主乃許婚。」突利復譖之於都藍，都藍因發怒，殺公主，更表請婚。朝議將許之，長孫晟曰：「臣觀雍虞閭反覆無信，直以與玷厥有隙，所以欲依倚國家。雖與爲婚，終當叛去。今若得尚公主，承藉威靈，玷厥、染干必受其徵發。强而更反，後恐難圖。且染干者，處羅侯之子，素有誠款，於今兩代，前乞通婚，不如許之，招令南徙，兵少力弱，易可撫馴，使敵雍虞閭以爲邊捍。」上曰：「善。」復遣晟慰諭染干，許尚公主。

十七年秋〔七月〕戊戌，突厥突利可汗來逆女，上舍之太常，教習六禮，妻以宗女安義公主。上欲離間都藍，故特厚其禮，遣太常卿牛弘、納言蘇威、民部尚書斛律孝卿相繼爲使。突利本居北方，既尚主，長孫晟說其帥衆南徙，居度斤舊鎮，錫賚優厚。都藍怒曰：「我大可汗也，反不如染干！」於是朝貢遂絕，亟來抄掠邊鄙。突利伺知動靜，輒遣奏聞，由是邊鄙每先有備。

十九年春二月，突厥突利可汗因長孫晟奏言「都藍可汗作攻具，欲攻大同城」。詔以漢王諒爲元帥，尚書左僕射高熲出朔州道，右僕射楊素出靈州道，上柱國燕榮出幽州道以擊都藍，皆取漢王節度。然漢王竟不臨戎。都藍聞之，與達頭可汗結盟，合兵掩襲突利，大戰長城下，突利大敗。都藍盡殺其兄弟子姪，遂渡河入蔚州。突利部落散亡，夜與長孫晟以五騎南走，比旦，行百餘里，收得數百騎。突利與其下謀曰：「今兵敗入朝，一降人耳，大隋天子豈禮我乎？玷厥雖來，本無冤隙，若往投之，必相存濟。」晟知之，密遣使者入伏遠鎮，令速舉烽。突利見四烽俱發，以問晟，晟紿之曰：「城高地迥，必遙見賊來。我國家法，若賊少，舉二烽，來多，舉三烽，大逼，舉四烽。彼見賊多而又近耳。」突利大懼，謂其衆曰：「追兵已逼，且可投城。」既入鎮，晟留其達官執室領其衆，自將突利馳驛入朝。

夏四月丁酉，突利至長安。帝大喜，以晟爲左勳衛驃騎將軍，持節護突厥。上令突利與都藍使者因頭特勒相辨詰，突利辭直，上乃厚待之。都藍弟都速六棄其妻子與突利歸朝，上嘉之，使突利多遺之珍寶，以慰其心。

高熲使上柱國趙仲卿將兵三千爲前鋒，至族蠡山，與突厥遇，交戰七日，大破之。追奔至乞伏泊，復破之，虜千餘口，雜畜萬計。突厥復大舉而至，仲卿爲方陳，四面拒戰，凡五日。會高熲大兵至，合擊之，突厥敗走，追度白道，踰秦山七百餘里而還。楊素軍與達頭遇。先是，諸將與突厥戰，慮其騎兵奔突，皆以戎車步騎相參，設鹿角爲方陳，騎在其內。素曰：「此乃自固之道，未足以取勝也。」於是悉除舊法，令諸軍爲騎陳。達頭聞之大喜，曰：「天賜我也。」下馬仰天而拜，帥騎兵十餘萬直前。上儀同三司周羅睺曰：「賊陳未整，請擊之。」先帥精騎逆戰，素以大兵繼之，突厥大敗，達頭被重創而遁，殺傷不可勝計，其衆號哭而去。

冬十月甲午，以突厥突利可汗爲意利珍豆啓民可汗，華言意智健也。突厥歸啓民者男女萬餘口，上命長孫晟將五萬人於朔州築大利城以處之。時安義公主已卒，復使晟持節，送宗女義成公主以妻之。

晟奏：「染干部落歸者益衆，雖在長城之內，猶被雍虞閭抄掠，不得寧居。請徙五原，以河爲固，於夏、勝兩州之間，東西至河，南北四百里，掘爲橫塹，令處其內，使得任情畜牧。」上從之。又令上柱國趙仲卿屯兵二萬爲啓民防達頭，代州總管韓洪等將步騎一萬鎮恒安。達頭騎十萬來寇，韓洪軍大敗，仲卿自樂寧鎮邀擊，斬首虜千餘級。

帝遣越公楊素出靈州，行軍總管韓僧壽出慶州，太平公史萬歲出燕州，大將軍武威姚辯出河州以擊都藍。師未出塞，十二月乙未，都藍爲部下所殺，達頭自立爲步迦可汗，其國大亂。長孫晟言於上曰：「今官軍臨境，戰數有功，虜內自攜離，其主被殺，乘此招撫，可以盡降。請遣染干部下分道招慰。」上從之。降者甚衆。

二十年夏四月壬戌，突厥達頭可汗犯塞，詔命晉王廣、楊素出靈武道，漢王諒、史萬歲出馬邑道以擊之。長孫晟帥降人爲秦州行軍總管，受晉王節度。晟以突厥飲泉，易可行毒，因取諸藥毒水上流，突厥人畜飲之多死。於是大驚曰：「天雨惡水，其亡我乎！」因夜遁。晟追之，斬首千餘級。史萬歲出塞，至大斤山與虜相遇。達頭遣使問：「隋將爲誰？」候騎報「史萬歲也」。突厥復問：「得非敦煌戍卒乎？」候騎曰：「是也。」達頭懼而引去。萬歲馳追百餘里，縱擊，大破之，斬數千級。逐北，入磧數百里，虜遠遁而還。詔遣長孫晟復還大利城，安撫新附。

達頭復遣其弟子俟利伐從磧東攻啓民，上又發兵助啓民守要路，俟利伐退走入磧。

啓民上表陳謝曰：「大隋聖人可汗憐養百姓，如天無不覆，地無不載。染干如枯木更葉，枯骨更肉，千世萬世，常爲大隋典羊馬也。」帝又遣趙仲卿爲啓民築金河、定襄二城。

仁壽元年春正月，突厥步迦可汗犯塞，敗代州總管韓洪於恒安。夏五月，突厥男女九萬口來降。冬十一月，詔以楊素爲雲州行軍元帥，長孫晟爲受降使者，挾啓民可汗北擊步迦。

二年春三月，突厥思力俟斤等南渡河，掠啓民男女六千口，雜畜二十餘萬而去。楊素帥諸軍追擊，轉戰六十餘里，大破之。突厥北走，素復進追，夜及之。恐其越逸，令其騎稍後，親引兩騎并降突厥二人與虜並行，虜不之覺。候其頓舍未定，趣後騎掩擊，大破之，悉得人畜以歸啓民。自是突厥遠遁，磧南無復寇掠。

三年（秋九月），突厥步迦可汗所部大亂，鐵勒、僕骨等十餘部皆叛步迦降於啓民。步迦衆潰，西奔吐谷渾。長孫晟送啓民置磧口，啓民於是盡有步迦之衆。

煬帝大業三年春正月朔旦，大陳文物。時突厥啓民可汗入朝，見而慕之，請襲冠帶，帝不許。明日，又帥其屬上表固請，帝大悦，謂牛弘等曰：「今衣冠大備，致單于解辮，卿等功也。」各賜帛甚厚。

夏四月丙寅，車駕北巡。己亥，頓赤岸澤。五月丁巳，突厥啓民可汗遣其子拓特勒來朝。戊午，發河北十餘郡丁男鑿太行山，達于并州，以通馳道。丙寅，啓民遣其兄子毗黎伽特勒來朝。辛未，啓民遣使請自入塞奉迎輿駕，上不許。六月戊子，車駕頓榆林郡。帝欲出塞耀兵，徑突厥中，指于涿郡，恐啓民驚懼，先遣武衛將軍長孫晟諭旨。啓民奉詔，因召所部諸國奚、霫、室韋等酋長數十人咸集。晟見牙帳中草穢，欲令啓民親除之，示諸部落，以明威重。乃指帳前草曰：「此根大香。」啓民遽嗅之，曰「殊不香也」。晟曰：「天子行幸所在，諸侯躬自灑掃，耕除御路，以表至敬之心。今牙内蕪穢，謂是留香草耳。」啓民乃悟曰：「奴之罪也。奴之骨肉皆天子所賜，得效筋力，豈敢有辭。特以邊人不知法耳，賴將軍教之。此將軍之惠，奴之幸也。」遂拔所佩刀自芟庭草，其貴人及諸部争效之。於是發榆林北境，至其牙，東達於薊，長三千里，廣百步，舉國就役，開爲御道。帝聞晟策，益嘉之。

丁酉，啓民及義成公主來朝行宫。己亥，吐谷渾、高昌並遣使入貢。甲辰，上御北樓觀漁於河，以宴百僚。定襄太守周法尚朝于行宫，太府卿元壽言於帝曰：「漢武出關，旌旗千里。今御營之外，請分爲二十四軍，日别遣一軍發，相去三十里，旗幟相望，鉦鼓相聞，首尾相屬，千里不絶，此亦出師之盛者也。」法尚曰：「不然。兵亘千里，動間山川，猝有不虞，四分五裂。腹心有事，首尾未知，道路阻長，難以相救，雖有故事，乃取敗之道也。」帝不懌，曰：「卿意如何？」法尚曰：「結爲方陳，四面外拒，六宮及百官家屬並在其內。若有變起，所當之面，即令抗拒，內引奇兵，出外奮擊，車爲壁壘，重設鉤陳，此與據城，理亦何異。若戰而捷，抽騎追奔，萬一不捷，屯營自守，臣謂此萬全之策也。」帝曰：「善。」因拜法尚左武衛將軍。

啓民可汗復上表，以爲：「先帝可汗憐臣，賜臣安義公主，種種無乏。臣兄弟嫉妒，共欲殺臣。臣當是時，走無所適，仰視唯天，俯視唯地，奉身委命，依歸先帝。先帝憐臣且死，養而生之，以臣爲大可汗，還撫突厥之民。至尊今御天下，還如先帝養生臣及突厥之民，種種無乏。臣荷戴聖恩，言不能盡。臣今非昔日突厥可汗，乃是至尊臣民，願帥部落變改衣服，一如華夏。」帝以爲不可。秋七月辛亥，賜啓民璽書，諭以：「磧北未静，猶須征戰，但存心恭順，何必變服。」

帝欲誇示突厥，令宇文愷爲大帳，其下可坐數千人。甲寅，帝於城東御大帳，備儀衛，宴啓民及其部落，作散樂。諸胡駭悦，争獻牛、羊、駝、馬數千萬頭。帝賜啓民帛二十萬段，其下各有差。又賜啓民路車、乘馬、鼓吹、幡旗，贊拜不名，位在諸侯王上。又詔發丁男百餘萬築長城，西距榆林，東至紫河。尚書左僕射蘇威諫，帝不聽，築之二旬而畢。

八月壬午，車駕發榆林，歷雲中，泝金河。時天下承平，百物豐實，甲士五十餘萬，馬十萬匹，旌旗輜重，千里不絕。令宇文愷等造觀風行殿，上容侍衛者數百人，離合爲之，下施輪軸，倏忽推移。又作行城，周二千步，以板爲榦，衣之以布，飾以丹青，樓櫓悉備。胡人驚以爲神，每望御營，十里之外，屈膝稽顙，無敢乘馬。啓民奉廬帳以俟車駕，乙酉，帝幸其帳。啓民奉觴上壽，跪伏恭甚，王侯以下袒割於帳前，莫敢仰視。帝大悅，賦詩曰：「呼韓頓顙至，屠耆接踵來。何如漢天子，空上單于臺。」皇后亦幸義成公主帳。帝賜啓民及公主金甕各一，并衣服、被褥、錦綵，特勒以下受賜各有差。帝還，啓民從入塞，己丑，遣歸國。

四年夏四月乙卯，詔以「突厥啓民可汗，遵奉朝化，思改戎俗，宜於萬壽戍置城造屋，其帷帳牀褥以上，務從優厚。」

五年春正月，突厥啓民可汗來朝，禮賜益厚。冬十一月，突厥啓民可汗卒，上爲之廢朝三日，立其子咄吉，是爲始畢可汗。表請尚公主，詔從其俗。

八年春二月，北平襄侯段文振爲兵部尚書，上表，以爲帝「寵待突厥太厚，處之塞內，資以兵食。戎狄之性，無親而貪，異日必爲國患，宜以時諭遣，令出塞外，然後明設烽候，緣邊鎮防，務令嚴重，此萬歲之長策也」。三月辛卯，文振卒，帝甚惜之。

隋討高麗

隋文帝開皇十七年。高麗王湯聞陳亡，大懼，治兵積穀，爲拒守之策。是歲，上賜湯璽書，責以「雖稱藩附，誠節未盡」。且曰：「彼之一方，雖地狹人少，今若黜王，不可虛置，終須更選官屬，就彼安撫。王若洒心易行，率由憲章，即是朕之良臣，何勞别遣才彦。王謂遼水之廣，何如長江？高麗之人，多少陳國？朕若不存含育，責王前愆，命一將軍，何待多力！殷勤曉示，許王自新耳。」湯得書惶恐，將奉表陳謝，會病卒。子元嗣立，上使使拜元爲上開府儀同三司，襲爵遼東公。元奉表謝恩，因請封王，上許之。

十八年春二月，高麗王元帥靺鞨之衆萬餘寇遼西，營州總管韋冲擊走之。上聞而大怒，乙巳，以漢王諒、王世積並爲行軍元帥，將水陸三十萬伐高麗。以尚書左僕射高熲爲漢王長史，周羅睺爲水軍總管。夏六月丙寅，下詔黜高麗王元官爵。漢王諒軍出臨渝關，值水潦，餽運不繼，軍中乏食，復遇疾疫。周羅睺自東萊泛海趣平壤城，亦遭風，船多飄没。秋九月己丑，師還，死者什八九。高麗王元亦惶懼，遣使謝罪，上表稱「遼東糞土臣元」，上於是罷兵，待之如初。

百濟王昌遣使奉表請爲軍導，帝下詔，諭以「高麗服罪，朕已赦之，不可致伐」。厚其使而遣之。高麗頗知其事，以兵侵掠其境。

煬帝大業六年。帝之幸啓民帳也，高麗使者在啓民所，啓民不敢隱，與之見帝。黄門侍郎裴矩説帝曰：「高麗本箕子所封之地，漢、晋皆爲郡縣，今乃不臣，别爲異域。先帝欲征之久矣，但楊諒不肖，師出無功。當陛下之時，安可不取，使冠帶之境，遂爲蠻貊之鄉乎？今其使者親見啓民舉國從化，可因其恐懼，脅使入朝。」帝從之，敕牛弘宣旨曰：「朕以啓民誠心奉國，故親至其帳。明年當往涿郡，爾還日語高麗王，宜早來朝，勿自疑懼。存育之禮，當如啓民。苟或不朝，將帥啓民往巡彼土。」高麗王元懼藩禮頗闕，帝將討之，課天下富人買武馬，匹至十萬錢，簡閲器仗，務令精新，或有濫惡，則使者立斬。

七年春二月乙亥，帝自江都行幸涿郡。壬午，下詔討高麗。敕幽州總管元弘嗣往東萊海口造船三百艘。官吏督役，晝夜立水中，略不敢息，自腰以下皆生蛆，死者什三四。夏四月庚午，車駕至涿郡之臨朔宫，文武從官九品以上，並令給宅安置。先是，詔總徵天下之兵，無問遠近，俱會於涿。又發江、淮以南水手一萬人，弩手三萬人，嶺南排鑹手三萬人，於是四遠奔赴如流。五月，敕河南、淮南、江南造戎車五萬乘送高陽，供載衣甲幔幕，令兵士自挽之，發河南、北民夫以供軍須。秋七月，發江、淮以南民夫及船，運黎陽及洛口諸倉米至涿郡。舳艫相次千餘里，載兵甲及攻取之具，往還在道，常數十萬人，填咽於道，晝夜不絶，死者相枕，臭穢盈路，天下騷動。

八年春正月，四方兵皆集涿郡。帝徵合水令庾質問曰：「高麗之衆不能當我一郡，今朕以此衆伐之，卿以爲克不？」對曰：「伐之可克。然臣竊有愚見，不願陛下親行。」帝作色曰：「朕今總兵至此，豈可未見賊而先自退邪？」對曰：「戰而未克，懼損威靈。若車駕留此，命猛將勁卒，指授方略，倍道兼行，出其不意，克之必矣。事機在速，緩則無功。」帝不悦曰：「汝既憚行，自可留此。」右尚方署監事耿詢上書切諫，帝大怒，命左右斬之，何稠苦救得免。

壬午，詔左十二軍出鏤方、長岑、溟海、蓋馬、建安、南蘇、遼東、玄菟、扶餘、朝鮮、沃沮、樂浪等道，右十二軍出黏蟬、含資、渾彌、臨屯、候城、提奚、蹋頓、肅慎、碣石、東暆、帶方、襄平等道，駱驛引途，總集平壤，凡一百一十三萬三千八百人，號二百萬，其餽運者倍之。宜社於南桑乾水上，類上帝於臨朔宫南，祭馬祖於薊城北。帝親授節度，每軍大將、亞將各一人，騎兵四十隊，隊百人，十隊爲團，步卒八十隊，分爲四團，團各有偏將一人。其鎧冑、纓拂、旗旛，每團異色。受降使者一人，承詔慰撫，不受大將節制。其輜重散兵等亦爲四團，使步卒挾之而行，進止立營，皆有次敘儀法。癸未，第一軍發。日遣一軍，相去四十里，連營漸進。終四十日發乃盡，首尾相繼，鼓角相聞，旌旗亘九百六十里。御營內合十二衛，三臺、五省、九寺分隸內、外、前、後、左、右六軍，次後發，又亘八十里。近古出師之盛，未之有也。

二月，以段文振爲左候衛大將軍，出南蘇道。文振於道中疾篤，上表曰：「竊見遼東小醜，未服嚴刑，遠降六師，親勞萬乘。但夷狄多詐，深須防擬，口陳降款，毋宜遽受。水潦方降，不可淹遲。唯願嚴勒諸軍，星馳速發，水陸俱前，出其不意，則平壤孤城，勢可拔也。若傾其本根，餘城自克。如不時定，脱遇秋霖，深爲艱阻，兵糧既竭，强敵在前，靺鞨出後，遲疑不決，非上策也。」三月辛卯，文振卒，帝甚惜之。

癸巳，上始御師，進至遼水。衆軍總會，臨水爲大陳。高麗兵阻水拒守，隋兵不得濟。左屯衛大將軍麥鐵杖謂人曰：「丈夫性命自有所在，豈能然艾灸頞，瓜蔕歕鼻，治黄不差，而卧死兒女手中乎！」乃自請爲前鋒，謂其三子曰：「吾荷國恩，今爲死日。我得良殺，汝當富貴。」帝命工部尚書宇文愷造浮橋三道於遼水西岸，既成，引橋趣東岸，橋短不及岸丈餘。高麗兵大至，隋兵驍勇者争赴水接戰，高麗兵乘高擊之，隋兵不得登岸，死者甚衆。麥鐵杖躍登岸，與虎賁郎將錢士雄、孟叉等皆戰死。乃斂兵，引橋復就西岸。詔贈鐵杖宿公，使其子孟才襲爵，次子仲才、季才並拜正議大夫。更命少府監何稠接橋，二日而成。諸軍相次繼進，大戰于東岸，高麗兵大敗，死者萬計。諸軍乘勝進圍遼東城，即漢之襄平城也。車駕度遼，引曷薩那可汗及高昌王伯雅觀戰處以懾憚之。因下詔赦天下。命刑部尚書衛文昇、尚書右丞劉士龍撫遼左之民，給復十年，建置郡縣，以相統攝。

諸將之東下也，帝親戒之曰：「今者弔民伐罪，非爲功名。諸將或不識朕旨，欲輕兵掩襲，孤軍獨鬭，立一身之名以邀勳賞，非大軍行法。公等進軍，當分爲三道，有所攻擊，必三道相知，毋得輕軍獨進，以致失亡。又凡軍事進止，皆須奏聞待報，毋得專擅。」遼東數出戰不利，乃嬰城固守，帝命諸軍攻之。又敕諸將：「高麗若降，即宜撫納，不得縱兵。」遼東城將陷，城中人輒言請降，諸將奉旨，不敢赴機，先令馳奏。比報至，城中守禦亦備，隨出拒戰。如此再三，帝終不悟。既而城久不下。六月己未，帝幸遼東城南，觀其城池形勢，因召諸將詰責之曰：「公等自以官高，又恃家世，欲以暗懦待我邪？在都之日，公等皆不願我來，恐見病敗耳。我今來此，正欲觀公等所爲，斬公輩耳！公今畏死，莫肯盡力，謂我不能殺公邪？」諸將咸戰懼失色。帝因留止城西數里，御六合城。高麗諸城各堅守不下。

右翊衛大將軍來護兒帥江、淮水軍，舳艫數百里，浮海先進，入自浿水，去平壤六十里，與高麗相遇，進擊，大破之。護兒欲乘勝趣其城，副總管周法尚止之，請俟諸軍至俱進。護兒不聽，簡精甲四萬直造城下。高麗伏兵於羅郭内空寺中，出兵與護兒戰而僞敗，護兒逐之入城，縱兵俘掠，無復部伍。伏兵發，護兒大敗，僅而獲免，士卒還者不過數千人。高麗追至船所，周法尚整陳待之，高麗乃退。護兒引兵還屯海浦，不敢復留應接諸軍。

左翊衛大將軍宇文述出扶餘道，右翊衛大將軍于仲文出樂浪道，左驍衛大將軍荆元恒出遼東道，右翊衛將軍薛世雄出沃沮道，右屯衛將軍辛世雄出玄菟道，右禦衛將軍張瑾出襄平道，右武候將軍趙孝才出碣石道，涿郡太守檢校左武衛將軍崔弘昇出遂城道，檢校右禦衛虎賁郎將衛文昇出增地道，皆會於鴨绿水西。述等兵自瀘河、懷遠二鎮，人馬皆給百日糧，又給排甲、槍矟并衣資、戎具、火幕，人别三石已上，重莫能勝致。下令軍中「遺棄米粟者斬」，士卒皆於幕下掘坑埋之，纔行及中路，糧已將盡。

高麗遣大臣乙支文德詣其營詐降，實欲觀虚實。于仲文先奉密旨：「若遇高元及文德來者，必擒之。」仲文將執之，尚書右丞劉士龍爲慰撫使，固止之。仲文遂聽文德還。既而悔之，遣人紿文德曰：「更欲有言，可復來。」文德不顧，濟鴨绿水而去。仲文與述等既失文德，内不自安。述以糧盡，欲還。仲文議以精鋭追文德，可以有功。述固止之，仲文怒曰：「將軍仗十萬之衆，不能破小賊，何顔以見帝！且仲文此行，固知無功。何則？古之良將能成功者，軍中之事，決在一人。今人各有心，何以勝敵？」時帝以仲文有計畫，令諸軍諮稟節度，故有此言。由是述等不得已而從之，與諸將渡水追文德。文德見述軍士有飢色，故欲疲之，每戰輒走。述一日之中，七戰皆捷，既恃驟勝，又逼羣議，於是遂進，東濟薩水，去平壤城三十里，因山爲營。文德復遣使詐降，請於述曰：「若旋師者，當奉高元朝行在所。」述見士卒疲弊，不可復戰，又平壤城險固，度難猝拔，遂因其詐而還。述等爲方陳而行，高麗四面鈔擊，述等且戰且行。秋七月壬寅，至薩水，軍半濟，高麗自後擊其後軍，右屯衛將軍辛世雄戰死。於是諸軍俱潰，不可禁止，將士奔還，一日一夜至鴨綠水，行四百五十里。將軍天水王仁恭爲殿，擊高麗，卻之。來護兒聞述等敗，亦引還。唯衛文昇一軍獨全。

初，九軍度遼凡三十萬五千，及還至遼東城，唯二千七百人，資儲、器械巨萬計，失亡蕩盡。帝大怒，鎖繫述等。癸卯，引還。

初，百濟王璋遣使請討高麗，帝使之覘高麗動靜，璋內與高麗潛通。隋軍將出，璋使其臣國智牟來請師期，帝大悦，厚加賞賜，遣尚書起部郎席律詣百濟，告以期會。及隋軍渡遼，百濟亦嚴兵境上，聲言助隋，實持兩端。

是行也，唯於遼水西拔高麗武厲邏，置遼東郡及通定鎮而已。八月，敕運黎陽、洛口、太原等倉穀向望海頓，使民部尚書盧江樊子蓋留守涿郡。九月庚寅，車駕至東都。

宇文述素有寵於帝，且其子士及尚帝女南陽公主，故帝不忍誅。甲申，與于仲文等皆除名爲民。斬劉士龍，以謝天下。薩水之敗，高麗追圍薛世雄於白石山，世雄奮擊，破之，由是獨得免官。以衛文昇爲金紫光禄大夫。諸將皆委罪於于仲文，帝既釋諸將，獨繫仲文。仲文憂恚，發病困篤，乃出之，卒于家。

九年春正月丁丑，詔徵天下兵集涿郡。始募民爲驍果，修遼東古城以貯軍糧。二月壬午，詔：「宇文述以兵糧不繼，遂陷王師。乃軍吏失於支料，非述之罪，宜復其官爵。」尋又加開府儀同三司。帝謂侍臣曰：「高麗小虜，侮慢上國。今拔海移山，猶望克果，況此虜乎！」乃復議伐高麗。左光禄大夫郭榮諫曰：「戎狄失禮，臣下之事。千鈞之弩，不爲鼷鼠發機，奈何親辱萬乘，以敵小寇乎！」帝不聽。

夏四月庚午，車駕度遼。壬申，遣宇文述與上大將軍楊義臣趣平壤，左光禄大夫王仁恭出扶餘道。仁恭進軍至新城，高麗兵數萬拒戰，仁恭帥勁騎一千擊破之，高麗嬰城固守。帝命諸將攻遼東，聽以便宜從事。飛樓、橦、雲梯、地道四面俱進，晝夜不息，而高麗應變拒之，二十餘日不拔，主客死者甚衆。衝梯竿長十五丈，驍果吳興沈光升其端，臨城與高麗戰，短兵接，殺十數人。高麗競擊之而墜，未及地，適遇竿有垂絙，光接而復上。帝望見，壯之，即拜朝散大夫，恒置左右。

遼東城久不拔，帝遣造布囊百餘萬口，滿貯土欲積爲魚梁大道，闊三十步，高與城齊，使戰士登而攻之。又作八輪樓車，高出於城，夾魚梁道，欲俯射城内。指期將攻，城内危蹙。會楊玄感反書至，帝大懼。兵部侍郎斛斯政素與玄感善，玄感之反，政與之通謀。玄縱兄弟亡歸，政潛遣之。帝將窮治玄縱等黨與，政内不自安，〔六月〕戊辰，亡奔高麗。庚午夜二更，帝密召諸將，使引軍還，軍資、器械、攻具，積如丘山，營壘、帳幕，案堵不動，皆棄之而去。衆心恟懼，無復部分，諸道分散。高麗即時覺之，然不敢出，但於城内鼓譟。至來日午時，方漸出外，四遠覘偵，猶疑隋軍詐之。經二日，乃出數千兵追躡，畏隋軍之衆，不敢逼，常相去八九十里。將至遼水，知御營畢渡，乃敢逼後軍。時後軍猶數萬人，高麗隨而抄擊，最後羸弱數千人爲所殺略。

初，帝再征高麗，復問太史令庾質曰：「今段何如？」對曰：「臣實愚迷，猶執前見。陛下若親動萬乘，勞費實多。」帝怒曰：「我自行猶不克，直遣人去，安得有功！」及還，謂質曰：「卿前不欲我行，當爲此耳。」

十年春二月辛未，詔百僚議伐高麗，數日，無敢言者。戊子，詔復徵天下兵，百道俱進。三月壬子，帝行幸涿郡，士卒在道，亡者相繼。癸亥，至臨渝宫，禡祭黄帝，斬叛軍者以釁鼓，亡者亦不止。夏四月甲午，車駕至北平。

秋七月癸丑，車駕次懷遠鎮。時天下已亂，所徵兵多失期不至，高麗亦困弊。來護兒至卑奢城，高麗舉兵逆戰，護兒擊破之。將趣平壤，高麗王元懼，甲子，遣使乞降，囚送斛斯政。帝大悦，遣使持節召護兒還。護兒集衆曰：「大軍三出，未能平賊，此還不可復來，勞而無功，吾竊恥之。今高麗實困，以此衆擊之，不日可克。吾欲進兵徑圍平壤，取高元獻捷而歸，不亦善乎！」答表請行，不肯奉詔。長史崔君肅固争，護兒不可，曰：「賊勢破矣，獨以相任，自足辦矣。吾在閫外，事當專決，寧得高元，還而獲譴，捨此成功，所不能矣。」君肅告衆曰：「若從元帥違拒詔書，必當聞奏，皆應獲罪。」諸將懼，俱請還，乃始奉詔。

八月己巳，帝自懷遠鎮班師。邯鄲賊帥楊公卿帥其黨八千人抄駕後第八隊，得飛黄上廄馬四十二匹而去。冬十月丁卯，上至東都。己丑，還西京。以高麗使者及斛斯政告太廟。仍徵高麗王元入朝，元竟不至。敕將帥嚴裝，更圖後舉，竟不果行。

初，開皇之末，國家殷盛，朝野皆以高麗爲意，劉炫獨以爲不可，作撫夷論以刺之。至是，其言始驗。十一月丙申，殺斛斯政於金光門外。

煬帝亡隋

隋文帝仁壽四年。章仇太翼言於帝曰：「陛下木命，雍州爲破木之衝，不可久居。又讖云：『修治洛陽還晋家。』」帝深以爲然，十一月乙未，幸洛陽，留晋王昭守長安。丙申，發丁男數十萬掘塹，自龍門東接長平、汲郡，抵臨清關，渡河至浚儀、襄城，達於上洛，以置關防。癸丑，下詔於伊、洛營建東京。

煬帝大業元年春三月丁未，詔楊素與納言楊達、將作大匠宇文愷營建東京，每月役丁二百萬人，徙洛州郭内居民及諸州富商大賈數萬户以實之。廢二崤道，開葼册道。敕宇文愷與内史舍人封德彝等營顯仁宮，南接阜澗，北跨洛濱。發大江之南，五嶺以北奇材異石，輸之洛陽。又求海内嘉木異草，珍禽奇獸，以實園苑。辛亥，命尚書右丞皇甫議發河南、淮北諸郡民，前後百餘萬，開通濟渠。自西苑引穀、洛水達于河。復自板渚引河歷滎澤入汴。又自大梁之東引汴水入泗達于淮。又發淮南民十餘萬開邗溝，自山陽至楊子入江。渠廣四十步，渠旁皆築御道，樹以柳，自長安至江都置離宮四十餘所。庚申，遣黄門侍郎王弘等往江南造龍舟及雜船數萬艘。東京官吏督役嚴急，役丁死者什四五，所司以車載死丁，東至成皋，北至河陽，相望於道。又作天經宮於東京，四時祭高祖。

夏五月，築西苑，周二百里。其内爲海，周十餘里，爲方丈、蓬萊、瀛洲諸山，高出水百餘尺，臺觀、宫殿，羅絡山上，向背如神。海北有龍鱗渠，縈紆注海内。緣渠作十六院，門皆臨渠，每院以四品夫人主之，堂殿樓觀，窮極華麗。宫樹秋冬彫落，則翦綵爲花葉，綴於枝條，色渝則易以新者，常如陽春。沼内亦翦綵爲荷芰菱芡，乘輿遊幸，則去冰而布之。十六院競以殽羞精麗相高，求市恩寵。上好以月夜從宫女數千騎遊西苑，作清夜遊曲，於馬上奏之。

秋八月壬寅，上行幸江都，發顯仁宫，王弘遣龍舟奉迎。乙巳，上御小朱航，自漕渠出洛口，御龍舟。龍舟四重，高四十五尺，長二百尺，上重有正殿、内殿、東西朝堂；中二重，有百二十房，皆飾以金玉；下重内侍處之。皇后乘翔螭舟，制度差小，而裝飾無異。别有浮景九艘，三重，皆水殿也。又有漾彩、朱鳥、蒼螭、白虎、玄武、飛羽、青鳧、陵波、五樓、道場、玄壇、樓船、板艙、黄篾等數千艘，後宫、諸王、公主、百官、僧尼、道士、蕃客乘之，及載内外百司供奉之物。共用挽船士八萬餘人，其挽漾彩以上者九千餘人，謂之「殿脚」，皆以錦綵爲袍。又有平乘、青龍、艨艟、艚艓、八櫂、艇舸等數千艘，並十二衛兵乘之，并載兵器、帳幕，兵士自引，不給夫。舳艫相接二百餘里，照曜川陸，騎兵翊兩岸而行，旌旗蔽野。所過州縣，五百里内皆令獻食，多者一州至百轝，極水陸珍奇。後宫厭飫，將發之際，多棄埋之。

二年春正月辛酉，東京成，進將作大匠宇文愷位開府儀同三司。

二月丙戌，詔吏部尚書牛弘等議定輿服、儀衛制度。以開府儀同三司何稠爲太府少卿，使之營造，送江都。稠智思精巧，博覽圖籍，參會古今，多所損益。衮冕畫日月星辰，皮弁用漆紗爲之。又作黄麾三萬六千人仗，及輅輦車輿，皇后鹵簿，百官儀服，務爲華盛，以稱上意。課州縣送羽毛，民求捕之，網羅被水陸，禽獸有堪氅毦之用者，殆無遺類。烏程有高樹踰百尺，旁無附枝，上有鶴巢，民欲取之，不可上，乃伐其根。鶴恐殺其子，自拔氅毛投於地，時人或稱以爲瑞，曰：「天子造羽儀，鳥獸自獻毛羽。」所役工十萬餘人，用金銀錢帛鉅億計。帝每出遊幸，羽儀填街溢路，亘二十餘里。三月庚午，上發江都。夏四月庚戌，自伊闕陳法駕，備千乘萬騎入東京。辛亥，御端門，大赦，免天下今年租賦。制五品已上文官乘車，在朝弁服，佩玉；武官馬加珂，戴幘，服袴褶。文物之盛，近世莫及也。

秋七月甲戌，元德太子昭薨，帝哭之，數聲而止，尋奏聲伎，無異平日。八月辛卯，封皇孫倓爲燕王，侗爲越王，侑爲代王，皆昭之子也。九月乙丑，立秦孝王子浩爲秦王。

冬十月，置洛口倉於鞏東南原上，築倉城，周回二十餘里，穿三千窖，窖容八千石以還，置監官并鎮兵千人。十二月，置回洛倉於洛陽北七里，倉城周回十里，穿三百窖。

初，齊溫公之世，有魚龍、山車等戲，謂之散樂，周宣帝時，鄭譯奏徵之。高祖受禪，命牛弘定樂，非正聲、清商及九部、四舞之色，悉放遣之。帝以啓民可汗將入朝，欲以富樂誇之。太常少卿裴蘊希旨奏括天下周、齊、梁、陳樂家子弟皆爲樂户。其六品以下至庶人有善音樂者，皆直太常。帝從之。於是四方散樂，大集東京，閱之於芳華苑積翠池側。有舍利獸先來跳躍，激水滿衢，黿鼉龜鼇，水人蟲魚，徧覆于地。又有鯨魚，噴霧翳日，倏忽化成黄龍，長七八丈。又二人戴竿，上有舞者，歘然騰過，左右易處。又有神鼇負山，幻人吐火，千變萬化。伎人皆衣錦繡繒綵，舞者鳴環佩，綴花毦。課京兆、河南製其衣，兩京錦綵爲之空竭。帝多製豔篇，令樂正白明達造新聲播之，音極哀怨。帝甚悦，謂明達曰：「齊氏偏隅，樂工曹妙達猶封王。我今天下大同，方且貴汝，宜自修謹。」

三年夏四月庚辰，下詔欲安輯河北，巡省趙、魏。丙寅，車駕北巡。六月，帝過雁門。自榆林出塞，甲士五十萬，旌旗輜重千里不絶。作觀風殿及行城，周二千步。八月，幸突厥啓民帳而還。事見突厥朝隋。

西域諸胡多至張掖交市，帝使吏部侍郎裴矩掌之。矩知帝好遠略，諸商胡至者，矩誘訪諸國山川風俗，王及庶人儀形服飾，撰西域圖記三卷，合四十四國，入朝奏之。仍别造地圖，窮其要害，從西傾以去，縱横所亘將二萬里，發自敦煌，至于西海，凡爲三道，北道從伊吾，中道從高昌，南道從鄯善，總湊敦煌。且云：「以國家威德，將士驍雄，汎濛汜而越崑崙，易如反掌。但突厥、吐渾分領羌胡之國，爲其壅遏，故朝貢不通。今並因商人密送誠款，引領翹首，願爲臣妾。若服而撫之，務存安輯，皇華遣使，弗動兵車，諸蕃既從，渾、厥可滅，混壹戎夏，其在兹乎！」帝大悦，賜物五百段，日引矩至御坐，親問西域事。矩盛言「胡中多諸珍寶，吐谷渾易可并吞」。帝於是慨然慕秦皇、漢武之功，甘心將通西域，四夷經略，咸以委之。以矩爲黄門侍郎，復使至張掖，引致諸胡，啗之以利，勸令入朝。自是西域諸胡往來相繼，所經郡縣，疲於送迎，糜費以萬萬計。令中國疲弊，以至於亡，皆矩之唱導也。

四年正月乙巳，詔發河北諸軍百餘萬衆穿永濟渠，引沁水南達于河，北通涿郡。丁男不供，始役婦人。三月乙丑，車駕幸五原，因出塞，巡長城。帝無日不治宫室，兩京及江都，苑囿、亭殿雖多，久而益厭，每遊幸，左右顧矚，無可意者，不知所適。乃備責天下山川之圖，躬自歷覽，以求勝地可置宫苑者。夏四月，詔於汾州之北汾水之源營汾陽宫。秋七月辛巳，發丁男二十餘萬築長城，自榆谷而東。九月辛未，徵天下鷹師悉集東京，至者萬餘人。

五年春正月丙子，改東京爲東都。戊子，上自東都西還。二月戊申，車駕至西京。三月己巳，西巡河右。乙亥，幸扶風舊宅。夏四月癸亥，出臨津關，渡黄河，至西平，陳兵講武，將擊吐谷渾。五月乙亥，上大獵於拔延山，長圍周亘二十里。庚辰，入長寧谷，度星嶺。丙戌，至浩亹川。以橋未成，斬都水使者黄亘及督役者九人，數日，橋成，乃行。

六月辛丑，帝謂給事郎蔡徵曰：「自古天子有巡狩之禮，而江東諸帝多傅脂粉，坐深宫，不與百姓相見，此何理也？」對曰：「此其所以不能長世。」丙午，至張掖。帝之將西巡也，命裴矩説高昌王麴伯雅及伊吾吐屯設等，啗以厚利，召使入朝。壬子，帝至燕支山，伯雅、吐屯設等及西域二十七國謁於道左，皆令佩金玉，被錦罽，焚香奏樂，歌舞諠譟。帝復令武威、張掖士女盛飾縱觀，衣服車馬不鮮者，郡縣督課之。騎乘填咽，周亘數十里，以示中國之盛。吐屯設獻西域數千里之地，上大悦。癸丑，置西海、河源、鄯善、且末等郡，讁天下罪人爲戍卒以守之。命劉權鎮河源郡積石鎮，大開屯田，扞禦吐谷渾，以通西域之路。是時天下凡有郡一百九十，縣一千二百五十五，户八百九十萬有奇。東西九千三百里，南北萬四千八百一十五里。隋氏之盛，極於此矣。

帝謂裴矩有綏懷之略，進位銀青光禄大夫。自西京諸縣及西北諸郡，皆轉輸塞外，每歲鉅億萬計。經途險遠及遇寇鈔，人畜死亡不達者，郡縣皆徵破其家。由是百姓失業，西方先困矣。

丙辰，上御觀風殿，大備文物，引高昌王麴伯雅及伊吾吐屯設升殿宴飲，其餘蠻夷使者陪階庭者二十餘國，奏九部樂及魚龍戲以娛之，賜賚有差。戊午，赦天下。吐谷渾有青海，俗傳置牝馬於其上，得龍種。秋七月丁卯，置馬牧於青海，縱牝馬二千匹於川谷以求龍種，無效而止。

車駕東還，行經大斗拔谷，山路隘險，魚貫而出，風雪晦冥，文武飢餒沾濕，夜久不逮前營，士卒凍死者太半，馬驢什八九，後宮妃、主或狼狽相失，與軍士雜宿山間。九月癸未，車駕入西京。冬十一月丙子，復幸東都。

六年春正月，帝以諸蕃酋長畢集洛陽，丁丑，於端門街盛陳百戲。戲場周圍五千步，執絲竹者萬八千人，聲聞數十里。自昏達旦，燈火光燭天地。終月而罷，所費巨萬。自是歲以爲常。諸蕃請入豐都市交易，帝許之。先命整飾店肆，簷宇如一，盛設帷帳，珍貨充積，人物華盛，賣菜者亦藉以龍須席。胡客每過酒食店，悉令邀延就坐，醉飽而散，不取其直，紿之曰：「中國豐饒，酒食例不取直。」胡客皆驚歎。其黠者頗覺之，見以繒帛纏樹，曰：「中國亦有貧者，衣不蓋形，何如以此物與之，纏樹何爲？」市人慚不能答。

帝稱裴矩之能，謂羣臣曰：「裴矩大識朕意，凡所陳奏，皆朕之成算，未發之頃，矩輒以聞。自非奉國盡心，孰能若是！」是時矩與左翊衛大將軍宇文述、內史侍郎虞世基、御史大夫裴蘊、光祿大夫郭衍皆以諂諛有寵。述善於供奉，容止便辟，侍衞者咸取則焉。郭衍嘗勸帝五日一視朝，曰：「無效高祖，空自勤苦。」帝益以爲忠，曰：「唯有郭衍心與朕同。」

帝臨朝凝重，發言降詔，辭義可觀。而內存聲色，其在兩都及巡遊，常以僧、尼、道士、女官自隨，謂之「四道場」。梁公蕭鉅，琮之弟子；千牛左右宇文皛，慶之孫也；皆有寵於帝。帝每日於苑中林亭間盛陳酒饌，敕燕王倓與鉅、皛及高祖嬪御爲一席，僧、尼、道士、女官爲一席，帝與諸寵姬爲一席，略相連接，罷朝即從之。宴飲更相勸侑，酒酣殽亂，靡所不至，以是爲常。楊氏婦女之美者，往往進御。皛出入宮掖，不限門禁，至於妃嬪、公主皆有醜聲，帝亦不之罪也。

二月庚申，以所徵周、齊、梁、陳散樂悉配太常，皆置博士弟子以相傳授，樂工至三萬餘人。

三月癸亥，帝幸江都宮。初帝欲大營汾陽宮，令御史大夫張衡具圖奏之。衡承間進諫曰：「比年勞役繁多，百姓疲弊，伏願留神，稍加抑損。」帝意甚不平，後目衡謂侍臣曰：「張衡自謂由其計畫，令我有天下也。」乃録齊王暕攜皇甫詡從駕及前幸涿郡祠恒岳時父老謁見者衣冠多不整，譴衡以憲司不能舉正，出爲榆林太守。久之，衡督役築樓煩城，因帝巡幸，得謁帝。帝惡衡不損瘦，以爲不念咎，謂衡曰：「公甚肥澤，宜且還郡。」復遣之榆林。未幾，敕衡督役江都宫。禮部尚書楊玄感使至江都，衡謂玄感曰：「薛道衡真爲枉死。」玄感奏之。江都郡丞王世充又奏衡頻減頓具。帝於是發怒，鎖詣江都市，將斬之，久乃得釋，除名爲民，放還田里。以王世充領江都宫監。

冬十二月，敕穿江南河，自京口至餘杭，八百餘里，廣十餘丈，使可通龍舟，并置驛宫、草頓，欲東巡會稽。

七年春二月己未，上升釣臺，臨楊子津，大宴百僚。乙亥，帝自江都行幸涿郡，御龍舟，渡河入永濟渠，仍敕選部、門下、内史、御史四司之官於（前）船〔前〕選補，其受選者三千餘人，或徒步隨船三千餘里，不得處分，凍餒疲頓，因而致死者什一二。壬午，下詔討高麗。討高麗事見隋討高麗。

帝自去歲謀討高麗，詔山東置府，令養馬以供軍役。又發民夫運米，積於瀘河、懷遠二鎮，車牛往者皆不返，士卒死亡過半，耕稼失時，田疇多荒。加之饑饉，穀價踊貴，東北邊尤甚，斗米直數百錢。所運米或粗惡，令民糴以償之。又發鹿車夫六十餘萬，二人共推米三石，道途險遠，不足充糇糧，至鎮，無可輸，皆懼罪亡命。重以官吏貪殘，因緣侵漁，百姓困窮，財力俱竭，安居則不勝凍餒，死期交急，剽掠則猶得延生，於是始相聚爲羣盜。鄒平民王薄擁衆據長白山，剽掠齊、濟之郊，自稱知世郎，言事可知矣。又作無向遼東浪死歌以相感勸，避征役者多往歸之。平原東有豆子航，負海帶河，地形深阻，自高齊以來，羣盜多匿其中。有劉霸道者，家於其旁，累世仕宦，貲産富厚。霸道喜遊俠，食客常數百人，及羣盜起，遠近多往依之，有衆十餘萬，號「阿舅賊」。漳南人竇建德，同縣孫安祖，亦集無賴少年，入高雞泊中爲羣盜。時鄃人張金稱聚衆河曲，蓨人高士達聚衆於清河境内爲盜。事見唐平河朔。

自是所在羣盜蜂起，不可勝數，徒衆多者至萬餘人，攻陷城邑。甲子，敕都尉、鷹揚與郡縣相知追捕，隨獲斬決，然莫能禁止。

八年春三月癸巳，上始御師，進至遼水。夏六月己未，帝幸遼東城南。秋七月，進軍至薩水，高麗擊之，諸軍俱潰。初，九軍度遼，凡三十萬五千，及還至遼東城，二千七百人，資儲器械亡失蕩盡。九月庚寅，車駕至東都。

九年春正月丁丑，詔徵天下兵集涿郡。己亥，命刑部尚書衛文昇等輔代王侑留守西京。

二月，帝復議伐高麗，左光禄大夫郭榮諫，不聽。三月丙子，濟陰孟海公起爲盜，保據周橋，衆至數萬。丁丑，發丁男十萬城大興。戊寅，帝幸遼東，命民部尚書樊子蓋等輔越王伺留守東都。時所在盜起。齊郡王薄、孟讓、北海郭方預、清河張金稱、平原郝孝德、河間格謙、勃海孫宣雅各聚衆攻剽，多者十餘萬，少者數萬人，山東苦之。天下承平日久，人不習兵，郡縣吏每與賊戰，望風沮敗。夏四月庚午，車駕度遼。

禮部尚書楊玄感反於黎陽。秋七月癸未，餘杭民劉元進起兵以應玄感。元進手長尺餘，臂垂過膝，自以相表非常，陰有異志。會帝再發三吴兵征高麗，三吴兵皆相謂曰：「往歲天下全盛，吾輩父兄征高麗者猶太半不返。今已罷弊，復爲此行，吾屬無遺類矣。」由是多亡命。郡縣捕之急，聞元進舉兵，亡命者雲集，旬月間衆至數萬。

秋八月，玄感兵敗，執送行在所，磔尸東都市。

癸卯，吴郡朱燮、晉陵管崇聚衆寇掠江左。燮本還俗道人，涉獵經史，頗知兵法，形容眇小，爲崑山縣博士，與數十學生起兵，民苦役者赴之如歸。崇長大，美姿容，志氣倜儻，隱居常熟，自言有王者相，故羣盜相與奉之。時帝在涿郡，命虎牙郎將趙六兒將兵萬人屯楊子，分爲五營以備南賊。崇遣其將陸顗渡江，夜襲六兒，破其兩營，收其器械軍資而去，衆益盛，至十萬。

辛酉，帝使大理卿鄭善果、御史大夫裴蘊、刑部侍郎骨儀與留守樊子蓋推玄感黨與。儀本天竺胡人也。帝謂蘊曰：「玄感一呼而從者十萬，益知天下人不欲多，多即相聚爲盜耳，不盡加誅，無以懲後。」子蓋性既殘酷，蘊復受此旨，由是峻法治之，所殺三萬餘人，皆籍没其家，枉死者太半，流徙者六千餘人。玄感之圍東都也，開倉賑給百姓。凡受米者，皆阬之於都城之南。玄感所善文士會稽虞綽、琅邪王冑俱坐徙邊，綽、冑亡命，捕得，誅之。

帝善屬文，不欲人出其右。薛道衡死，帝曰：「更能作『空梁落燕泥』否？」王冑死，帝誦其佳句，曰：「『庭草無人隨意緑』，復能作此語邪？」帝自負才學，每驕天下之士，嘗謂侍臣曰：「天下皆謂朕承藉緒餘而有四海，設令朕與士大夫高選，亦當爲天子矣。」

帝從容謂秘書郎虞世南曰：「我性不喜人諫，若位望通顯而諫以求名者，彌所不耐。至於卑賤之士，雖少寬假，然卒不置之地上。汝其知之。」世南，世基之弟也。

九月己卯，東海民彭孝才起爲盜，有衆數萬。冬十月丁丑，賊帥吕明星圍東郡，虎賁郎將費青奴擊破之。劉元進帥其衆將渡江，會楊玄感敗，朱爕、管崇共迎元進，推以爲主，據吴郡，稱天子，爕、崇俱爲尚書僕射，署置百官，毗陵、東陽、會稽、建安豪傑多執長吏以應之。帝遣左屯衛大將軍代人吐萬緒、光禄大夫下邽魚俱羅將兵討之。十一月己酉，右候衛將軍馮孝慈討張金稱於清河，孝慈敗死。

十二月，唐縣人宋子賢，善幻術，能變佛形，自稱彌勒出世，遠近信惑，遂謀因無遮大會舉兵襲乘輿。事泄，伏誅，并誅黨與千餘家。扶風桑門向海明亦自稱彌勒出世，人有歸心者輒獲吉夢，由是三輔人翕然奉之，因舉兵反，衆至數萬。丁亥，海明自稱皇帝，改元白烏。詔太僕卿楊義臣擊破之。

劉元進攻丹陽，吐萬緒濟江擊破之，元進解圍去，緒進屯曲阿。元進結柵拒緒，相持百餘日。緒擊之，賊衆大潰，死者以萬數。元進挺身夜遁，保其壘。朱燮、管崇等屯毗陵，連營百餘里，緒乘勝進擊，復破之。賊退保黄山，緒圍之，元進、燮僅以身免，於陳斬崇及其將卒五千餘人，收其子女三萬餘口，進解會稽圍。魚俱羅與緒偕行，戰無不捷，然百姓從亂者如歸市，賊敗而復聚，其勢益盛。

元進退據建安，帝令緒進討，緒以士卒疲弊，請息甲待來春，帝不悦。俱羅亦以賊非歲月可平，諸子在洛京，潛遣家僕迎之，帝怒。有司希旨，奏緒怯懦，俱羅敗衄，俱羅坐斬，徵緒詣行在，緒憂憤，道卒。

帝更遣江都丞王世充發淮南兵數萬人討元進。世充渡江，頻戰皆捷，元進、燮敗死於吴，其餘衆或降或散。世充召先降者於通玄寺瑞像前焚香爲誓，約降者不殺。散者始欲入海爲盜，聞之，旬日之間，歸首略盡，世充悉阬之於黄亭澗，死者三萬餘人。由是餘黨復相聚爲盜，官軍不能討，以至隋亡。帝以世充有將帥才，益加寵任。

是歲，詔「爲盜者籍没其家」。時羣盜所在皆滿，郡縣官因之各專威福，生殺任情矣。章丘杜伏威與臨濟輔公祏俱亡命爲羣盜。

十年春二月，議伐高麗。丁酉，扶風賊帥唐弼立李弘芝爲天子，有衆十萬，自稱唐王。三月壬子，帝行幸涿郡，士卒在道，亡者相繼。夏四月，車駕至北平。

五月庚申，延安賊帥劉迦論自稱皇王，建元大世，有衆十萬，與稽胡相表裏爲寇。詔以左驍衛大將軍屈突通爲關内討捕大使，發兵擊之，戰於上郡，斬迦論并將卒萬餘級，虜男女數萬口而還。秋七月癸丑，車駕次懷遠鎮，〔八月己巳〕，班師。冬十月丁卯，上至東都。〔己丑，還西京〕。十一月乙卯，離石胡劉苗王反，自稱天子，衆至數萬。將軍潘長文討之，不克。汲郡賊帥王德仁，擁衆數萬，保林慮山爲盜。帝將如東都，太史令庾質諫曰：「比歲伐遼，民實勞弊，陛下宜鎮撫關内，使百姓盡力農桑，三五年間，四海稍豐實，然後巡省，於事爲宜。」帝不悦。質辭疾不從，帝怒，下質獄，竟死獄中。十二月壬申，帝如東都，赦天下。戊子，入東都。

東海賊帥彭孝才轉掠沂水，彭城留守董純討擒之。純戰雖屢捷，而盜賊日滋，或譖純怯懦，帝怒，鎖純詣東都，誅之。

孟讓自長白山寇掠諸郡，至盱眙，衆十餘萬，據都梁宫，阻淮爲固。江都丞王世充將兵拒之，爲五栅以塞險要，羸形示弱。讓笑曰：「世充文法小吏，安能將兵！吾今生縛取，鼓行入江都耳。」時民皆結堡自固，野無所掠，賊衆漸餒，乃少留兵圍五栅，分人於南方抄掠。世充伺其懈，縱兵出擊，大破之，讓以數十騎遁去，斬首萬餘級。

齊郡賊帥左孝友衆十萬屯蹲狗山，郡丞張須陀列營逼之，孝友窘迫出降。須陀威振東夏，以功遷齊郡通守，領河南道十二郡黜陟討捕大使。涿郡賊帥盧明月衆十餘萬軍祝阿，須陀將萬人邀之。相持十餘日，糧盡，將退，謂將士曰：「賊見吾退，必悉衆來追，若以千人襲據其營，可有大利。此誠危事，誰能往者？」衆莫對，唯羅士信及歷城秦叔寶請行。於是須陀委栅而遁，使二人分將千人伏葭葦中。明月悉衆追之，士信、叔寶馳至其栅，栅門閉，二人超升其樓，各殺數人，營中大亂，二人斬關以納外兵，因縱火焚其三十餘栅，煙焰漲天。明月奔還，須陀回軍奮擊，大破之，明月以數百騎遁去，所俘斬無算。叔寶名瓊，以字行。

十一年。帝以户口逃亡，盗賊繁多，二月庚午，詔民悉城居，田隨近給。郡縣驛亭、村塢皆築城。上谷賊帥王須拔自稱漫天王，國號燕。賊帥魏刀兒自稱歷山飛。衆各十餘萬，北連突厥，南寇燕、趙。

初，高祖夢洪水没都〔城〕，意惡之，故遷都大興。申明公李穆薨，高祖以渾爲穆嗣，累官至右驍衛大將軍，改封郕公。帝以其門族强盛，忌之。會有方士安伽陀言李氏當爲天子，勸帝盡誅海内凡姓李者。渾從子將作監敏小名洪兒，帝疑其名應讖，嘗面告之，冀其引決。虎賁郎將河東裴仁基告渾反，帝收渾、敏及宗族三十二人殺之。

三月己酉，帝行幸太原。夏四月，幸汾陽宫避暑。宫城迫隘，百官士卒布散山谷間，結草爲營而居之。以衛尉少卿李淵爲山西、河東撫慰大使，承制黜陟，選補郡縣文武官，仍發河東兵討捕羣盜。淵行至龍門，擊賊帥毋端兒，破之。秋八月乙丑，帝巡北塞。突厥始畢帥騎數十萬謀襲乘輿。事見太宗平突厥。

九月丁未，車駕還至太原。蘇威言於帝曰：「今盜賊不息，士馬疲弊，願陛下亟還西京，深根固本，爲社稷計。」帝初然之。宇文述曰：「從官妻子多在東都，宜便道向洛陽，自潼關而入。」帝從之。冬十月壬戌，帝至東都，顧眄街衢，謂侍臣曰：「猶大有人在。」意謂曏日平楊玄感，殺人尚少故也。楊玄感之亂，龍舟水殿皆爲所焚，詔江都更造，凡數千艘，制度仍大於舊者。

壬申，盧明月帥衆十萬寇陳、汝。東海李子通起長白山，依左才相。才相忌之，渡淮與杜伏威合，自稱將軍。

城父朱粲始爲縣佐史，從軍，遂亡命，聚衆爲盜，謂之「可達寒賊」，自稱迦樓羅王，衆至十餘萬，引兵轉掠荆、沔及山南郡縣，所過噍類無遺。十二月庚寅，詔民部尚書樊子蓋發關中兵數萬擊絳賊敬盤陁等。子蓋不分臧否，自汾水之北村塢盡焚之，賊有降者皆阬之。百姓怨憤，益相聚爲盗。詔以李淵代之。有降者，淵引置左右，由是賊衆多降，前後數萬人，餘黨散入他郡。

十二年春正月，朝集使不至者二十餘郡，始議分遣使者十二道發兵討捕盗賊。詔毗陵通守路道德集十郡兵數萬人，於郡東南起宫苑，周圍十二里内，爲十六離宫，大抵倣東都西苑之制，而奇麗過之。又欲築宫於會稽，會亂，不果成。三月上巳，帝與羣臣飲於西苑水上，命學士杜寶撰水飾圖經，采古水事七十二，使朝散大夫黄衮以木爲之，間以妓航、酒船，人物自動如生，鍾磬箏瑟，能成音曲。己丑，張金稱陷平恩，一朝殺男女萬餘口。又陷武安、鉅鹿、清河諸縣。金稱比諸賊尤殘暴，所過民無孑遺。夏四月丁巳，大業殿西院火，帝以爲盗起，驚走，入西苑，匿草間，火定乃還。帝自八年以後，每夜眠中恒驚悸，云有賊，令數婦人摇撫，乃得眠。癸亥，歷山飛别將甄翟兒衆十萬寇太原，將軍潘長文敗死。

帝問侍臣盗賊，左翊衛大將軍宇文述曰：「漸少。」帝曰：「比從來少幾何？」對曰：「不能什一。」納言蘇威引身隱柱，帝呼前問之，對曰：「臣非所司，不委多少，但患漸近。」帝曰：「何謂也？」威曰：「他日賊據長白山，今近在汜水。且往日租賦丁役，今皆何在？豈非其人皆化爲盜乎！比見奏賊皆不以實，遂使失於支計，不時翦除。又昔在雁門，許罷征遼，今復徵發，賊何由息？」帝不悦而罷。尋屬五月五日，百僚多饋珍玩，威獨獻尚書。或譖之曰：「尚書有五子之歌，威意甚不遜。」帝益怒。頃之，帝問威以伐高麗事，威欲帝知天下多盜，對曰：「今茲之役，願不發兵，但赦羣盜，自可得數十萬，遣之東征，彼喜於免罪，爭務立功，高麗可滅。」帝不懌。威出，御史大夫裴蘊奏曰：「此大不遜，天下何處有許多賊？」帝曰：「老革多姦，以賊脅我，欲批其口，且復隱忍。」蘊知帝意，遣河南白衣張行本奏：「威昔在高陽典選，濫授人官。畏怯突厥，請還京師。」帝令案驗，獄成，下詔數威罪狀，除名爲民。後月餘，復有奏威與突厥陰圖不軌者，事下裴蘊推之，蘊處威死。威無以自明，但摧謝而已。帝憫而釋之，曰：「未忍即殺。」遂并其子孫三世皆除名。

秋七月，江都新作龍舟成，送東都。宇文述勸幸江都，帝從之。右候衛大將軍酒泉趙才諫曰：「今百姓疲勞，府藏空竭，盜賊蜂起，禁令不行，願陛下還京師，安兆庶。」帝大怒，以才屬吏，旬日意解，乃出之。朝臣皆不欲行，帝意甚堅，無敢諫者。建節尉任宗上書極諫，即日於朝堂杖殺之。甲子，帝幸江都，命越王侗與光禄大夫段達、太府卿元文都、檢校民部尚書韋津、右武衛將軍皇甫無逸、右司郎盧楚等總留後事。津，孝寬之子也。帝以詩留別宮人曰：「我夢江都好，征遼亦偶然。」奉信郎崔民象以盗賊充斥，於建國門上表諫，帝大怒，先解其頤，然後斬之。

戊辰，馮翊孫華舉兵爲盗。虞世基以盗賊充斥，請發兵屯洛口倉。帝曰：「卿是書生，定猶恇怯。」戊辰，車駕至鞏。敕有司移箕山、公路二府於倉内，仍令築城，以備不虞。至汜水，奉信郎王愛仁復上表請還西京，帝斬之而行。至梁郡，郡人邀車駕上書曰：「陛下若遂幸江都，天下非陛下之有。」又斬之。是時李子通據海陵，左才相掠淮北，杜伏威屯六合，衆各數萬。帝遣光禄大夫陳稜將宿衛精兵八千討之，往往克捷。八月乙巳，賊帥趙萬海衆數十萬，自恒山寇高陽。

冬十月己丑，許恭公宇文述卒。初，述子化及、智及皆無賴。化及事帝於東宫，帝寵昵之，及即位，以爲太僕少卿。帝幸榆林，化及、智及冒禁與突厥交市，帝怒，將斬之，已解衣辮髮，既而釋之，賜述爲奴。智及弟士及以尚主之故，常輕智及，唯化及與之親昵。述卒，帝復以化及爲右屯衛將軍，智及爲將作少監。

韋城翟讓亡命於瓦崗爲羣盗，同郡單雄信往從之，聚徒至萬餘人。時又有外黄王當仁、濟（南）〔陽〕王伯當、韋城周文舉、雍丘李公逸等，皆擁衆爲盗。李密亡命，往來諸帥間，説以取天下之策。

鄱陽賊帥操師乞自稱元興王，建元始興，攻陷豫章郡，以其鄉人林士弘爲大將軍。詔治書侍御史劉子翊將兵討之。師乞中流矢死，士弘代統其衆，與子翊戰於彭蠡湖，子翊敗死。士弘兵大振，至十餘萬人。十二月壬辰，士弘自稱皇帝，國號楚，建元太平。遂取九江、臨川、南康、宜春等郡，豪傑争殺隋守令，以郡縣應之。其地北自九江，南及番禺，皆爲所有。

詔以右驍衛將軍唐公李淵爲太原留守，以虎賁郎將王威、虎牙郎將高君雅爲之副，將兵討甄翟兒，與翟兒遇於雀鼠谷。淵衆纔數千，賊圍淵數匝，李世民將精兵救之，拔淵於萬衆之中，會步兵至，合擊，大破之。

張金稱、郝孝德、孫宣雅、高士達、楊公卿等寇掠河北，屠陷郡縣。隋將帥敗亡相繼，惟虎賁郎將王辯、清河郡丞楊善會數有功。帝遣太僕楊義臣討張金稱，金稱與左右逃於清河之東，楊善會討擒之，餘衆皆歸竇建德。

内史侍郎虞世基以帝惡聞賊盜，諸將及郡縣有告敗求救者，世基皆抑損表狀，不以實聞，但云：「鼠竊狗盜，郡縣捕逐，行當殄盡，願陛下勿以介懷。」帝良以爲然，或杖其使者，以爲妄言。由是盜賊偏海内，陷没郡縣，帝皆弗之知也。楊義臣破降河北賊數十萬，列狀上聞。帝歎曰：「我初不聞賊頓如此，義臣降賊何多也？」世基對曰：「小竊雖多，未足爲慮。」義臣克之，擁兵不少，久在閫外，此最非宜。」帝曰：「卿言是也。」遽追義臣，放散其兵，賊由是復盛。治書侍御史韋雲起劾奏：「世基及御史大夫裴蘊職典樞要，維持内外，四方告變，不爲奏聞。賊數實多，裁減言少，陛下既聞賊少，發兵不多，衆寡懸殊，往皆不克，故使官軍失利，賊黨日滋。請付有司結正其罪。」大理卿鄭善果奏：「雲起詆訾名臣，所言不實，非毀朝政，妄作威權。」由是左遷雲起爲大理司直。

帝至江都，江、淮郡官謁見者專問禮餉豐薄，豐則超遷丞守，薄則率從停解。江都郡丞王世充獻銅鏡屏風，遷通守。歷陽郡丞趙元楷獻異味，遷江都郡丞。由是郡縣競務刻剥，以充貢獻。民外爲盗賊所掠，内爲郡縣所賦，生計無遺。加之饑饉無食，民始采樹皮葉，或擣藁爲末，或煮土而食之，諸物皆盡，乃自相食。而官食猶充牣，吏皆畏法，莫敢振救。王世充密爲帝簡閲江、淮民間美女獻之，由是益有寵。

河間賊帥格謙擁衆十餘萬，據豆子𠳋，自稱燕王，帝命王世充將兵討斬之。謙將勃海高開道收其餘衆，寇掠燕地，軍勢復振。

恭帝義寧元年春正月，右禦衛將軍陳稜討杜伏威，伏威奮擊，大破之。伏威乘勝破高郵，引兵據歷陽，自稱總管，以輔公祏爲長史，分遣諸將徇屬縣，所至輒下，江、淮間小盗争附之。事見唐平江淮。

丙辰，竇建德自稱長樂王。辛巳，魯郡賊帥徐圓朗攻陷東平，分兵略地，自琅邪以西，北至東平，盡有之，勝兵二萬餘人。盧明月轉掠河南，至于淮北，衆號四十萬，自稱無上王。帝命江都通守王世充討之，世充與戰於南陽，大破之，斬明月，餘衆皆散。二月壬午，朔方鷹揚郎將梁師都殺郡丞唐世宗，據郡，自稱大丞相，北連突厥。馬邑人劉武周殺太守王仁恭，自稱太守。事見唐平河東。

李密、翟讓襲興洛倉，破之。讓推密爲主，上密號爲魏公，即位，稱元年。事見唐平東都。三月，梁師都略定雕陰、弘化、延安等郡，遂即皇帝位，國號梁，改元永隆。左翊衛蒲城郭子和坐事徙榆林。會郡中大饑，子和潛結敢死士十八人攻郡門，執郡丞王才，數以不恤百姓，斬之，開倉賑施。自稱永樂王，改元丑平。尊其父爲太公，以其弟子政爲尚書令，子端、子升爲左右僕射。有二千餘騎，南連梁師都，北附突厥，各遣子爲質以自固。始畢以劉武周爲定楊天子，梁師都爲解事天子，子和爲平楊天子。子和固辭不敢當，乃更以爲屋利設。夏四月，汾陰薛舉劫金城令郝瑗發兵，自稱西秦霸王。事見唐平隴右。

李密帥衆據回洛倉，以逼東都。越王侗遣太常丞元善達間行賊中，詣江都奏稱：「李密有衆百萬，圍逼東都，據洛口倉，城内無食。若陛下速還，烏合必散。不然者，東都決没。」因歔欷嗚咽，帝爲之改容。虞世基進曰：「越王年少，此輩誑之。若如所言，善達何緣來至？」帝乃勃然怒曰：「善達小人，敢廷辱我。」因使經賊中向東陽催運，善達遂爲羣盜所殺。是後人人杜口，莫敢以賊聞。

世基容貌沈審，言多合意，特爲帝所親愛，朝臣無與爲比。親黨憑之，鬻官、賣獄，賄賂公行，其門如市。由是朝野共疾怨之。內史舍人封德彝託附世基，以世基不閑吏務，密爲指畫，宣行詔命，諂順帝意，羣臣表疏忤旨者，皆屏而不奏。鞫獄用法，多峻文深詆，論功行賞，則抑削就薄。故世基之寵日隆，而隋政益壞，皆德彝所爲也。

五月甲子，唐公李淵舉兵於晉陽。秋七月，李淵發晉陽，移檄郡縣，諭以尊立代王之意。（周）武威鷹揚府司馬李軌自稱河西大（梁）〔涼〕王，置官屬，並擬開皇故事。薛舉自稱秦帝，立子仁果爲太子。驍果從帝在江都者多逃亡，帝患之，以問裴矩，對曰：「人情非有匹偶，難以久處，請聽軍士於此納室。」帝從之。九月，悉召江都境內寡婦、處女集宮下，恣將士所取。或先與姦者聽自首，即以配之。戊午，李淵帥諸軍圍河東，屈突通嬰城自守。淵留諸將圍河東，自引兵趣長安。庚申，諸軍濟河，甲子，至朝邑，舍於長春宮。冬十月，淵至長安。羅川令蕭銑自稱梁王。十一月，淵迎代王即位，遙尊煬帝爲太上皇，進封淵爲唐王。

唐高祖武德元年。隋煬帝至江都，荒淫益甚，宮中爲百餘房，各盛供張，實以美人，日令一房爲主人。江都郡丞趙元楷掌供酒饌，帝與蕭后及幸姬歷就宴飲，酒卮不離口，從姬千餘人亦常醉。然帝見天下危亂，意亦擾擾不自安，退朝則幅巾短衣，策杖步遊，徧歷臺館，非夜不止，汲汲顧景，唯恐不足。帝自曉占候卜相，好爲吴語。常夜置酒，仰視天文，謂蕭后曰：「外間大有人圖儂，然儂不失爲長城公，卿不失爲沈后，且共樂飲耳。」因引滿沉醉。又嘗引鏡自照，顧謂蕭后曰：「好頭頸，誰當斫之？」后驚問故，帝笑曰：「貴賤苦樂，更迭爲之，亦復何傷。」

帝見中原已亂，無心北歸，欲都丹陽，保據江東，命羣臣廷議之。内史侍郎虞世基等皆以爲善。右候衛大將軍李才極陳不可，請車駕還長安，與世基忿争而出。門下録事衡水李桐客曰：「江東卑濕，土地險狹，内奉萬乘，外給三軍，民不堪命，恐亦將散亂耳。」御史劾桐客謗毁朝政。於是公卿皆阿意，言：「江東之民，望幸已久，陛下過江，撫而臨之，此大禹之事也。」乃命治丹陽宫，將徙都之。

時江都糧盡，從駕驍果多關中人，久客思鄉里，見帝無西意，多謀叛歸。郎將竇賢遂帥所部西走，帝遣騎追斬之，而亡者猶不止，帝患之。虎賁郎將扶風司馬德戡素有寵於帝，帝使領驍果屯於東城，德戡與所善虎賁郎將元禮、直閤裴虔通謀曰：「今驍果人人欲亡，我欲言之，恐先事受誅，不言，於後事發，亦不免族滅，奈何？又聞關内淪没，李孝常以華陰叛，上因其二弟，欲殺之。我輩家屬皆在西，能無此慮乎！」二人皆懼，曰：「然〔則〕計將安出？」德戡曰：「驍果若亡，不若與之俱去。」二人皆曰：「善。」因轉相招引，內史舍人元敏、虎牙郎將趙行樞、鷹揚郎將孟秉、符璽郎李覆、牛方裕、直長許弘仁、薛世良、城門郎唐奉義、醫正張愷、勳侍楊士覽等皆與之同謀，日夜相結約，於廣座明論叛計，無所畏避。有宮人白蕭后曰：「外間人人欲反。」后曰：「任汝奏之。」宮人言於帝，帝大怒，以爲非所宜言，斬之。其後宮人復白后曰：「天下事一朝至此，無可救者，何用言之，徒令帝憂耳。」自是無復言者。

趙行樞與將作少監宇文智及素厚，楊士覽，智及之甥也，二人以謀告智及，智及大喜。德戡等期以三月望日結黨西遁，智及曰：「主上雖無道，威令尚行，卿等亡去，正如竇賢取死耳。今天實喪隋，英雄並起，同心叛者已數萬人，因行大事，此帝王之業也。」德戡等然之。行樞、薛世良請以智及兄右屯衛將軍許公化及爲主，結約既定，乃告化及。化及性駑怯，聞之變色流汗，既而從之。

德戡使許弘仁、張愷入備身府，告所識者，云：「陛下聞驍果欲叛，多醞毒酒，欲因享會盡鴆殺之，獨與南人留此。」驍果皆懼，轉相告語，反謀益急。乙卯，德戡悉召驍果軍吏，諭以所爲，皆曰：「唯將軍命。」是日，風霾，晝昏。晡後，德戡盜御廄馬，潛厲兵刃。是夕，元禮、裴虔通直閤下，專主殿内。唐奉義主閉城門，與虔通相知，諸門皆不下鍵。至三更，德戡於東城集兵，得數萬人，舉火與城外相應。帝望見火，且聞外諠囂，問：「何事？」虔通對曰：「草坊失火，外人共救之耳。」時内外隔絶，帝以爲然。智及與孟秉於城外集千餘人，劫候衛虎賁馮普樂布兵分守衢巷。燕王倓覺有變，夜穿芳林門側水竇而入，至玄武門，詭奏曰：「臣猝中風，命懸俄頃，請得面辭。」裴虔通等不以聞，執囚之。丙辰，天未明，德戡授虔通兵，以代諸門衛士。虔通自門將數百騎至成象殿，宿衛者傳呼有賊，虔通乃還，閉諸門，獨開東門，驅殿内宿衛者令出，皆投仗而走。右屯衛將軍獨孤盛謂虔通曰：「何物兵，形勢太異？」虔通曰：「事勢已然，不預將軍事。將軍慎毋動。」盛大罵曰：「老賊，是何物語！」不及被甲，與左右十餘人拒戰，爲亂兵所殺。盛，楷之弟也。千牛獨孤開遠帥殿内兵數百人詣玄覽門，叩閤請曰：「兵仗尚全，猶堪破賊。陛下若出臨戰，人情自定。不然，禍今至矣。」竟無應者，軍士稍散。賊執開遠，義而釋之。先是，帝選驍健官奴數百人置玄武門，謂之「給使」，以備非常，待遇優厚，至以宫人賜之。司宫魏氏爲帝所信，化及等結之，使爲内應。是日，魏氏矯詔，悉聽給使出外，倉猝之際無一人在者。

德戡等引兵自玄武門入，帝聞亂，易服逃於西閣。虔通與元禮進兵排左閤，魏氏啓之，遂入永巷，問：「陛下安在？」有美人出，指之。校尉令狐行達拔刀直進。帝映窗扉謂行達曰：「汝欲殺我邪？」對曰：「臣不敢，但欲奉陛下西還耳。」因扶帝下閣。虔通，本帝爲晉王時親信左右也，帝見之，謂曰：「卿非我故人乎，何恨而反？」對曰：「臣不敢反，但將士思歸，欲奉陛下還京師耳。」帝曰：「朕方欲歸，正爲上江米船不至。今與汝歸耳。」虔通因勒兵守之。

至旦，孟秉以甲騎迎化及，化及戰栗不能言，人有來謁之者，但俛首據鞍稱「罪過」。化及至城門，德戡迎謁，引入朝堂，號爲丞相。裴虔通謂帝曰：「百官悉在朝堂，陛下須親出慰勞。」進其從騎，逼帝乘之。帝嫌其鞍勒弊，更易新者，乃乘之。虔通執轡，挾刀出宮門，賊徒喜譟動地。化及揚言曰：「何用持此物出，亟還與手。」帝問：「世基何在？」賊黨馬文舉曰：「已梟首矣。」於是引帝還至寢殿，虔通、德戡等拔白刃侍立。帝歎曰：「我何罪至此？」文舉曰：「陛下違棄宗廟，巡遊不息，外勤征討，内極奢淫，使丁壯盡於矢刃，女弱填於溝壑，四民喪業，盜賊蜂起，專任佞諛，飾非拒諫，何謂無罪！」帝曰：「我實負百姓。至於爾輩，榮禄兼極，何乃如是？今日之事，孰爲首邪？」德戡曰：「溥天同怨，何止一人。」化及又使封德彝數帝罪，帝曰：「卿乃士人，何爲亦爾？」德彝赧然而退。帝愛子趙王杲年十二，在帝側，號慟不已，虔通斬之，血濺御服。賊欲弑帝，帝曰：「天子死自有法，何得加以鋒刃！取鴆酒來。」文舉等不許，使令狐行達頓帝令坐。帝自解練巾授行達，縊殺之。初，帝自知必及於難，常以罌貯毒藥自隨，謂所幸諸姬曰：「若賊至，汝曹當先飲之，然後我飲。」及亂，顧索藥，左右皆逃散，竟不能得。蕭后與宮人撤漆牀板爲小棺，與趙王杲同殯於西院流珠堂。

帝每巡幸，常以蜀王秀自隨，囚於驍果營。化及弒帝，欲奉秀立之，衆議不可，乃殺秀及其七男。又殺齊王暕及其二子并燕王倓。隋氏宗室、外戚無少長皆死，唯秦王浩素與智及往來，且以計全之。齊王暕素失愛於帝，恒相猜忌。帝聞亂，顧蕭后曰：「得非阿孩邪？」化及使人就第誅暕，暕謂帝使收之，曰：「詔使且緩兒，兒不負國家。」賊曳至街中，斬之，暕竟不知殺者爲誰，父子至死不相明。又殺内史侍郎虞世基、御史大夫裴藴、左翊衞大將軍來護兒、秘書監袁充、右翊衞將軍宇文協、千牛宇文皛、梁公蕭鉅等及其子。鉅，琮之弟子也。

難將作，江陽長張惠紹馳告裴藴，與惠紹謀欲矯詔發郭下兵收化及等，扣門援帝。議定，遣報虞世基，世基疑告反者不實，抑而不許。須臾難作，藴歎曰：「謀及播郎，竟誤人事。」虞世基宗人伋謂世基子符璽郎熙曰：「事勢已然，吾將濟卿南渡，同死何益？」熙曰：「棄父背君，求生何地？感尊之懷，自此決矣。」世基弟世南抱世基號泣，請以身代，化及不許。黄門侍郎裴矩知必將有亂，雖厮役皆厚遇之，又建策爲驍果娶婦。及亂作，賊皆曰：「非裴黄門之罪。」既而化及至，矩迎拜馬首，故得免。化及以蘇威不預朝政，亦免之。威名位素重，往參化及。化及集衆而見之，曲加殊禮。百官悉詣朝堂賀，給事郎許善心獨不至。許弘仁馳告之曰：「天子已崩，宇文將軍攝政，闔朝文武咸集。天道人事，自有代終，何預於叔，而低回若此？」善心怒，不肯行，弘仁反走，上馬泣而去。化及遣人就家擒至朝堂，既而釋之，善心不舞蹈而出。化及怒曰：「此人大負氣。」復命擒還，殺之。其母范氏年九十二，撫柩不哭，曰：「能死國難，吾有子矣。」因卧不食，十餘日而卒。唐王之入關也，張季珣之弟仲琰爲上洛令，帥吏民拒守，部下殺之以降。宇文化及之亂，仲琰弟琮爲千牛左右，化及殺之。兄弟三人皆死國難，時人愧之。

化及自稱大丞相，總百揆。以皇后令立秦王浩爲帝，居別宫，令發詔畫敕書而已，仍以兵監守之。化及以弟智及爲左僕射，士及爲内史令，裴矩爲右僕射。

戊辰，隋恭帝詔以唐王爲相國，總百揆。

宇文化及以左武衛將軍陳稜爲江都太守，綜領留事。壬申，令内外戒嚴，云欲還長安。皇后六宫皆依舊式爲御營，營前別立帳，化及視事其中，仗衛部伍，皆擬乘輿。奪江都人舟檝，取彭城水路西歸。以折衝郎將沈光驍勇，使將給使營於禁内。行至顯福宫，虎賁郎將麥孟才、虎牙郎錢傑與光謀曰：「吾儕受先帝厚恩，今俛首事讎，受其驅帥，何面目視息世間哉！吾必欲殺之，死無所恨。」光泣曰：「是所望於將軍也。」孟才乃糾合恩舊，帥所將數千人，期以晨起將發時襲化及。語洩，化及夜與腹心走出營外，留人告司馬德戡等，使討之。光聞營内諠，知事覺，即襲化及營，空無所獲。值内史侍郎元敏，數而斬之。德戡引兵入圍之，殺光，其麾下數百人皆鬭死，一無降者，孟才亦死。孟才，鐵杖之子也。

宇文化及擁衆十餘萬，據有六宫，自奉養一如煬帝。每於帳中南面坐，人有白事者，嘿然不對。下牙，方取啓狀與唐奉義、牛方裕、薛世良、張愷等參决之。以少主浩付尚書省，令衛士十餘人守之，遣令史取其畫敕，百官不復朝參。至彭城，水路不通，復奪民車牛得二千兩，並載宫人、珍寶。其戈甲戎器，悉令軍士負之，道遠疲劇，軍士始怨。司馬德戡竊謂趙行樞曰：「君大謬誤我！當今撥亂，必藉英賢。化及庸暗，羣小在側，事將必敗，若之何？」行樞曰：「在我等耳，廢之何難。」初，化及既得政，賜司馬德戡爵温國公，加光禄大夫。以其專統驍果，心忌之。後數日，化及署諸將分配士卒，以德戡爲禮部尚書，外示美遷，實奪其兵柄。德戡由是憤怨，所獲賞賜，皆以賂智及。智及爲之言，乃使之將後軍萬餘人以從。於是德戡、行樞與諸將李本、尹正卿、宇文導師等謀，以後軍襲殺化及，便立德戡爲主。遣人詣孟海公，結爲外助。遷延未發，待海公報。許弘仁、張愷知之，以告化及。化及遣宇文士及陽爲遊獵，至後軍，德戡不知事露，出營迎謁，因執之。化及讓之曰：「與公戮力，共定海内，出於萬死。今始事成，方願共守富貴，公又何反也？」德戡曰：「本殺昏主，苦其淫虐，推立足下，而又甚之，逼於物情，不獲已也。」化及縊殺之，并殺其支黨十餘人。孟海公畏化及之强，帥衆具牛酒迎之。

蕭銑即皇帝位，置百官，準梁室故事。煬帝凶問至長安。五月戊午，隋恭帝禪位于唐，甲子，唐王即皇帝位。戊辰，東都留守官奉越王即皇帝位，大赦，改元皇泰。〔六月〕乙酉，唐奉隋帝爲酅國公。

宇文化及留輜重於滑臺，以王軌爲刑部尚書，使守之，引兵北趣黎陽。李密將徐世勣據黎陽，畏其軍鋒，以兵西保倉城。化及渡河，保黎陽，分兵圍世勣。密帥步騎二萬壁於清淇，與世勣以烽火相應，深溝高壘，不與化及戰。化及每攻倉城，密輒引兵以掎其後。密與化及隔水而語，密數之曰：「卿本匈奴皂隸破野頭耳，父兄子弟並受隋恩，富貴累世，舉朝莫二。主上失德，不能死諫，反行弑逆，欲規篡奪。不追諸葛瞻之忠誠，乃爲霍禹之惡逆。天地所不容，將欲何之？若速來歸我，尚可得全後嗣。」化及默然，俯視良久，瞋目大言曰：「與爾論相殺事，何須作書語邪！」密謂從者曰：「化及庸愚如此，忽欲圖爲帝王，吾當折杖驅之耳。」化及盛修攻具以逼倉城，世勣於城外掘深溝以固守，化及阻塹，不得至城下。世勣於塹中爲地道，出兵擊之，化及大敗，焚其攻具。

時李密請降，皇泰主令先平化及，賜以詔書。密受詔，東擊化及。王軌降於密。化及大懼，欲取以北諸郡，其將陳智略等皆降，化及趣魏縣。詳見唐平東都。

秋八月，隋江都太守陳稜求得煬帝之柩，備天子儀衛，改葬於江都宮西吴公臺下，其王公以下皆列瘞於帝塋之側。九月辛未，追謚隋太上皇爲煬帝。

宇文化及至魏縣，張愷等謀去之，事覺，化及殺之。腹心稍盡，兵勢日蹙，兄弟更無他計，但相聚酣宴，奏女樂。化及醉，尤智及曰：「我初不知，由汝無計，强來立我。今所向無成，士馬日散，負弑君之名，天下所不容。今者族滅，豈不由汝乎！」持其兩子而泣。智及怒曰：「事捷之日，初不賜尤，及其將敗，乃欲歸罪。何不殺我以降竇建德？」數相鬩，言無長幼，醒而復飲，以此爲恒。其衆多亡，化及自知必敗，嘆曰：「人生固當死，豈不一日爲帝乎！」於是鴆殺秦王浩，即皇帝位於魏縣，國號許，改元天壽，署置百官。冬十月丙戌，皇泰主以王世充爲太尉。

二年春正月戊午，淮安王神通擊宇文化及於魏縣，化及不能抗，東走聊城。神通拔魏縣，引兵追化及，至聊城，圍之。閏二月，宇文化及以珍貨誘海曲諸賊，賊帥王薄帥衆從之，與共守聊城。竇建德謂其羣下曰：「吾爲隋民，隋爲吾君。今宇文化及弒逆，乃吾讎也，吾不可以不討。」乃引兵趣聊城。淮安王神通攻聊城，化及糧盡請降，神通不許。安撫副使崔世幹勸神通許之，神通曰：「軍士暴露日久，賊食盡計窮，克在旦暮，吾當攻取以示國威，且散其玉帛以勞戰士，若受其降，將何以爲軍賞乎？」世幹曰：「今建德方至，若化及未平，內外受敵，吾軍必敗。夫不攻而下之，爲功甚易，奈何貪其玉帛而不受乎！」神通怒，囚世幹於軍中。既而宇文士及自濟北餽之，化及軍稍振，遂復拒戰。神通督兵攻之，貝州刺史趙君德攀堞先登，神通心害其功，收兵不戰，君德大詬而下，遂不克。建德軍且至，神通引兵退。

建德與化及連戰，大破之，化及復保聊城。建德縱兵四面急攻，王薄開門納之。建德入城，生擒化及。先謁隋蕭皇后，語皆稱臣，素服哭煬帝盡哀。收傳國璽及鹵簿儀仗，撫存隋之百官，然後執逆黨宇文智及、楊士覽、元武達、許弘仁、孟景，集隋官而斬之，梟首軍門之外。以檻車載化及并二子承基、承趾至襄國，斬之。

夏四月癸卯，王世充稱皇泰主命，禪位于鄭，遣其兄世惲幽皇泰主於含涼殿。（戊申，世充奉皇泰主爲潞國公）乙巳，王世充即皇帝位。（戊申，世充奉皇泰主爲潞國公。）五月，王世充遣兄子唐王仁則及家奴梁百年酖皇泰主，縊殺之，謚曰恭皇帝。事見唐平東都。

高祖興唐

隋恭帝義寧元年。初，唐公李淵娶於神武肅公竇毅，生四男，建成、世民、玄霸、元吉；一女，適太子千牛備身臨汾柴紹。

世民聰明勇決，識量過人，見隋室方亂，陰有安天下之志，傾身下士，散財結客，咸得其歡心。世民娶右驍衛將軍長孫晟之女。右勳衛長孫順德，晟之族弟也，與右勳侍池陽劉弘基皆避遼東之役，亡命在晉陽依淵，與世民善。左親衛竇琮，熾之孫也，亦亡命在太原，素與世民有隙，每以自疑，世民加意待之，出入卧内，琮意乃安。

晉陽宫監猗氏裴寂、晉陽令武功劉文静相與同宿，見城上烽火，寂歎曰：「貧賤如此，復逢亂離，何以自存！」文静笑曰：「時事可知，吾二人相得，何憂貧賤？」文静見李世民而異之，深自結納，謂寂曰：「此非常人。豁達類漢高，神武同魏祖，年雖少，命世才也。」寂初未然之。

文静坐與李密連昏，繫太原獄，世民就省之。文静曰：「天下大亂，非高、光之才不能定也。」世民曰：「安知其無，但人不識耳。我來相省，非兒女子之情，欲與君議大事也。計將安出？」文静曰：「今主上南巡江、淮，李密圍逼東都，羣盜殆以萬數，當此之際，有真主驅駕而用之，取天下如反掌耳。太原百姓皆避盜入城，文静爲令數年，知其豪傑，一旦收集，可得十萬人，尊公所將之兵復且數萬，一言出口，誰敢不從？以此乘虚入關，號令天下，不過半年，帝業成矣。」世民笑曰：「君言正合我意。」乃陰部署賓客，淵不之知也。世民恐淵不從，猶豫久之，不敢言。

淵與裴寂有舊，每相與宴語，或連日夜。文静欲因寂關説，乃引寂與世民交。世民出私錢數百萬，使龍山令高斌廉與寂博，稍以輸之。寂大喜，由是日從世民遊，情欵益狎。世民乃以其謀告之，寂許諾。

會突厥寇馬邑，淵遣高君雅將兵，與馬邑太守王仁恭并力拒之。仁恭、君雅戰不利，淵恐并獲罪，甚憂之。世民乘間屏人説淵曰：「今主上無道，百姓困窮，晋陽城外皆爲戰場。大人若守小節，下有寇盜，上有嚴刑，危亡無日。不若順民心，興義兵，轉禍爲福，此天授之時也。」淵大驚曰：「汝安得爲此言！吾今執汝以告縣官。」因取紙筆，欲爲表。世民徐曰：「世民覩天時人事如此，故敢發言。必欲執告，不敢辭死。」淵曰：「吾豈忍告汝，汝愼勿出口。」明日，世民復説淵曰：「今盜賊日繁，遍於天下。大人受詔討賊，賊可盡乎？要之，終不免罪。且世人皆傳李氏當應圖讖，故李金才無罪，一朝族滅。大人設能盡賊，則功高不賞，身益危矣。唯昨日之言，可以救禍，此萬全之策也，願大人勿疑。」

淵乃歎曰：「吾一夕思汝言，亦大有理。今日破家亡軀亦由汝，化家爲國亦由汝矣。」

先是裴寂私以晉陽宫人侍淵，淵從寂飲，酒酣，寂從容言曰：「二郎陰養士馬，欲舉大事，正爲寂以宫人侍公，恐事覺并誅，爲此急計耳。衆情已協，公意如何？」淵曰：「吾兒誠有此謀，事已如此，當復奈何，正須從之耳。」

帝以淵與王仁恭不能禦寇，遣使者執詣江都。淵大懼。世民與寂等復説淵曰：「今主昏國亂，盡忠無益。偏裨失律，而罪及明公。事已迫矣，宜早定計。且晉陽士馬精强，宫監蓄積巨萬，以兹舉事，何患無成？代王幼冲，關中豪桀並起，未知所附，公若鼓行而西，撫而有之，如探囊中之物耳。奈何受單使之囚，坐取夷滅乎！」淵然之，密部勒，將發。會帝繼遣使者馳驛赦淵及仁恭，使復舊任，淵謀亦緩。

淵之爲河東討捕使也，請大理司直夏侯端爲副。端，詳之孫也，善占候及相人，謂淵曰：「今玉牀摇動，帝座不安，參墟得歲，必有真人起於其分，非公而誰乎？主上猜忍，尤忌諸李，金才既死，公不思變通，必爲之次矣。」淵心然之。及留守晉陽，鷹揚府司馬太原許世緒説淵曰：「公姓在圖籙，名應歌謡，握五郡之兵，當四戰之地，舉事則帝業可成，端居則亡不旋踵，唯公圖之。」行軍司鎧文水武士彠、前太子左勳衛唐憲、憲弟儉皆勸淵起兵。儉説淵曰：「明公北招戎狄，南收豪傑，以取天下，此湯、武之舉也。」淵曰：「湯、武非所敢擬，在私則圖存，在公則拯亂，卿姑自重，吾將思之。」憲，邕之孫也。時建成、元吉尚在河東，故淵遷延未發。

劉文静謂裴寂曰：「先發制人，後發制於人。何不早勸唐公舉兵，而推遷不已。且公爲宫監，而以宫人侍客，公死可爾，何誤唐公也！」寂甚懼，屢趣淵起兵。淵乃使文静詐爲敕書，發太原、西河、雁門、馬邑民年二十已上，五十已下悉爲兵，期歲暮集涿郡擊高麗。由是人情恟恟，思亂者益衆。

及劉武周據汾陽宫，世民言於淵曰：「大人爲留守，而盜賊竊據離宫，不早建大計，禍今至矣。」淵乃集將佐謂之曰：「武周據汾陽宫，吾輩不能制，罪當族滅，若之何？」王威等皆懼，再拜請計。淵曰：「朝廷用兵，動止皆稟節度。今賊在數百里内，江都在三千里外，加以道路險要，復有他賊據之，以嬰城膠柱之兵，當巨猾豕突之勢，必不全矣。進退維谷，何爲而可？」威等皆曰：「公地兼親賢，同國休戚，若俟奏報，豈及事機？要在平賊，專之可也。」淵陽若不得已而從之者，曰：「然則先當集兵。」乃命世民與劉文静、長孫順德、劉弘基等各募兵，遠近赴集，旬日間近萬人。仍密遣使召建成、元吉於河東，柴紹於長安。

王威、高君雅見兵大集，疑淵有異志，謂武士彠曰：「順德、弘基皆背征三侍，所犯當死，安得將兵！」欲收按之。士䕶曰：「二人皆唐公客，若爾，必大致紛紜。」威等乃止。留守司兵田德平欲勸威等按募人之狀，士䕶曰：「討捕之兵，悉隸唐公，威、君雅但寄坐耳，彼何能爲。」德平亦止。

晋陽鄉長劉世龍密告淵，云：「威、君雅欲因晋祠祈雨，爲不利。」五月癸亥夜，淵使世民伏兵於晋陽宫城之外。甲子旦，淵與威、君雅共坐視事，使劉文静引開陽府司馬胙城劉政會入立庭中，稱有密狀。淵目威等取狀視之，政會不與，曰：「所告乃副留守事，唯唐公得視之。」淵陽驚曰：「豈有是邪！」視其狀，云：「威、君雅潛引突厥入寇。」君雅攘袂大詬曰：「此乃反者欲殺我耳。」時世民已布兵塞衢路，文静因與劉弘基、長孫順德等共執威、君雅繫獄。丙寅，突厥數萬衆寇晋陽，輕騎入外郭北門，出其東門。淵命裴寂等勒兵爲備，而悉開諸城門。突厥不能測，莫敢進。衆以爲威、君雅實召之也，淵於是斬威、君雅以徇。淵部將王康達將千餘人出戰，皆死，城中恟懼。淵夜遣軍潛出城，旦則張旗鳴鼓自他道來，如援軍者。突厥終疑之，留城外二日，大掠而去。

李建成、李元吉棄其弟智雲於河東而去，吏執智雲送長安，殺之。建成、元吉遇柴紹於道，與之偕行。六月己卯，李建成等至晋陽。

劉文静勸李淵與突厥相結，資其士馬以益兵勢。淵從之，自爲手啓，卑辭厚禮，遺始畢可汗云：「欲大舉義兵，遠迎主上，復與突厥和親，如開皇之時。若能與我俱南，願勿侵暴百姓。若但和親，坐受寶貨，亦唯可汗所擇。」始畢得啓，謂其大人曰：「隋主爲人，我所知也，若迎以來，必害唐公而擊我無疑矣。苟唐公自爲天子，我當不避盛暑，以兵馬助之。」即命以此意爲復書。使者七日而返，將佐皆喜，請從突厥之言，淵不可。裴寂、劉文静等皆曰：「今義兵雖集，而戎馬殊乏。胡兵非所須，而馬不可失。若復稽回，恐其有悔。」淵曰：「諸君宜更思其次。」寂等乃請尊天子爲太上皇，立代王爲帝以安隋室。移檄郡縣，改易旗幟，雜用絳白，以示突厥。淵曰：「此可謂掩耳盜鍾，然逼於時事，不得不爾。」乃許之，遣使以此議告突厥。

西河郡不從淵命。甲申，淵使建成、世民將兵擊西河。命太原令太原温大有與之偕行，曰：「吾兒年少，以卿參謀軍事，事之成敗，當以此行卜之。」時軍士新集，咸未閲習，建成、世民與之同甘苦，遇敵則以身先之。近道菜果，非買不食，軍士有竊之者，輒求其主償之，亦不詰竊者，軍士及民皆感悦。至西河城下，民有欲入城者，皆聽其入。郡丞高德儒閉城拒守，己丑，攻拔之。執德儒至軍門，世民數之曰：「汝指野鳥爲鸞，以欺人主，取高官，吾興義兵，正爲誅佞人耳。」遂斬之。自餘不戮一人，秋毫無犯，各慰撫使復業，遠近聞之大悦。建成等引兵還晉陽，往返凡九日。淵喜曰：「以此行兵，雖横行天下可也。」

遂定入關之計。

淵開倉以賑貧民，應募者日益多。淵命爲三軍，分左右，通謂之義士。裴寂等上淵號爲大將軍。癸巳，建大將軍府，以寂爲長史，劉文静爲司馬，唐儉及前長安尉温大雅爲記室，大雅仍與弟大有共掌機密，武士彠爲鎧曹，劉政會及武城崔善爲、太原張道源爲户曹，晋陽長上邽姜謩爲司功參軍，太谷長殷開山爲府掾，長孫順德、劉弘基、竇琮及鷹揚郎將高平王長諧、天水姜寶誼、陽屯爲左右統軍，自餘文武，隨才授任。又以世子建成爲隴西公、左領軍大都督，左三統軍隸焉；世民爲敦煌公、右領軍大都督，右三統軍隸焉，各置官屬。以柴紹爲右領軍府長史，諮議譙人劉贍領西河通守。道源名河，開山名嶠，皆以字行。開山，不害之孫也。

突厥遣其柱國康鞘利等送馬千匹詣李淵爲互市，許發兵送淵入關，多少隨所欲。丁酉，淵引見康鞘利等，受可汗書，禮容盡恭，贈遺康鞘利等甚厚。擇其馬之善者，止市其半。義士請以私錢市其餘，淵曰：「虜饒馬而貪利，其來將不已，恐汝不能市也。吾所以少取者，示貧，且不以爲急故也。當爲汝貰之，不足爲汝費。」

乙巳，靈壽賊帥郗士陵帥衆數千降於淵，淵以爲鎮東將軍、燕郡公，仍置鎮東府，補僚屬，以招撫山東郡縣。

己巳，康鞘利北還，淵命劉文静使於突厥以請兵。私謂文静曰：「胡騎入中國，生民之大蠹也。吾所以欲得之者，恐劉武周引之共爲邊患。又胡馬行牧，不費芻粟，聊欲藉之以爲聲勢耳，數百人之外無所用之。」

秋七月壬子，李淵以子元吉爲太原太守，留守晉陽宫，後事並委之。癸丑，淵帥甲士三萬發晉陽，立軍門誓衆，并移檄郡縣，諭以尊立代王之意。西突厥阿史那大柰亦帥其衆以從。甲寅，遣通議大夫張綸將兵徇稽胡。丙辰，淵至西河，慰勞吏民，賑贍窮乏。民年七十已上，皆除散官，其餘豪俊隨才授任，口詢功能，手注官秩，一日除千餘人。受官者皆不取告身，各分淵所書官名而去。淵入雀鼠谷，壬戌，軍賈胡堡，去霍邑五十餘里。代王侑遣虎牙郎將宋老生帥精兵二萬屯霍邑，右武候大將軍屈突通將驍果數萬屯河東以拒淵。會積雨，淵不得進，遣府佐沈叔安等將羸兵還太原，更運一月糧。乙丑，張綸克離石，殺太守楊子崇。

劉文静至突厥，見始畢可汗，請兵，且與之約曰：「若入長安，民衆土地入唐公，金玉繒帛歸突厥。」始畢大喜，丙寅，遣其大臣級失特勒先至淵軍，告以兵已上道。

淵以書招李密。密自恃兵强，欲爲盟主，己巳，使祖君彦復書曰：「與兄派流雖異，根系本同。自唯虚薄，爲四海英雄共推盟主。所望左提右挈，戮力同心，執子嬰於咸陽，殪商辛於牧野，豈不盛哉！」且欲使淵以步騎數千自至河內，面結盟約。淵得書笑曰：「密妄自矜大，非折簡可致。吾方有事關中，若遽絕之，乃是更生一敵。不如卑辭推獎以驕其志，使爲我塞成臯之道，綴東都之兵，我得專意西征。俟關中平定，據險養威，徐觀鷸蚌之勢，以收漁人之功，未爲晚也。」乃使温大雅復書曰：「吾雖庸劣，幸承餘緒，出爲八使，入典六屯，顛而不扶，通賢所責。所以大會義兵，和親北狄，共匡天下，志在尊隋。天生蒸民，必有司牧，當今爲牧，非子而誰？老夫年逾知命，願不及此。欣戴大弟，攀鱗附翼。唯弟早膺圖籙，以寧兆民，宗盟之長，屬籍見容，復封於唐，斯榮足矣。殪商辛於牧野，所不忍言；執子嬰於咸陽，未敢聞命。汾、晉左右，尚須安輯，盟津之會，未暇卜期。」密得書甚喜，以示將佐曰：「唐公見推，天下不足定矣。」自是信使往來不絕。

雨久不止，淵軍中糧乏。劉文静未返，或傳突厥與劉武周乘虛襲晉陽，淵召將佐謀北還。裴寂等皆曰：「宋老生、屈突通連兵據險，未易猝下。李密雖云連和，姦謀難測。突厥貪而無信，唯利是視。武周，事胡者也。太原一方都會，且義兵家屬在焉，不如還救根本，更圖後舉。」李世民曰：「今禾菽被野，何憂乏糧？老生輕躁，一戰可擒。李密顧戀倉粟，未遑遠略。武周與突厥外雖相附，内實相猜。武周雖遠利太原，豈可近忘馬邑。本興大義，奮不顧身，以救蒼生，當先入咸陽，號令天下。今遇小敵，遽已班師，恐從義之徒，一朝解體，還守太原，一城之地爲賊耳，何以自全！」李建成亦以爲然。淵不聽，促令引發。世民將復入諫，會日暮，淵已寢，世民不得入，號哭於外，聲聞帳中。淵召問之，世民曰：「今兵以義動，進戰則克，退還則散。衆散於前，敵乘於後，死亡無日，何得不悲？」淵乃悟曰：「軍已發，奈何？」世民曰：「右軍嚴而未發。左軍雖去，計亦未遠，請自追之。」淵笑曰：「吾之成敗皆在爾，知復何言，唯爾所爲。」世民乃與建成分道夜追，左軍復還。丙子，太原運糧亦至。

八月己卯，雨霽。庚辰，李淵命軍中曝鎧仗行裝。辛巳旦，東南由山足細道趣霍邑。淵恐宋老生不出，李建成、李世民曰：「老生勇而無謀，以輕騎挑之，理無不出。脱其固守，則誣以貳於我。彼恐爲左右所奏，安敢不出。」淵曰：「汝測之善。老生不能逆戰賈胡，吾知其無能爲也。」淵與數百騎先至霍邑城東數里以待步兵，使建成、世民將數十騎至城下，舉鞭指麾，若將圍城之狀，且詬之。老生怒，引兵三萬自東門南門分道而出。淵使殷開山趣召後軍。後軍至，淵欲使軍士先食而戰，世民曰：「時不可失。」淵乃與建成陳於城東，世民陳於城南。淵、建成戰小卻，世民與軍頭臨淄段志玄自南原引兵馳下，衝老生陳，出其背，世民手殺數十人，兩刀皆缺，流血滿袖，灑之復戰。淵兵復振，因傳呼曰：「已獲老生矣。」老生兵大敗，淵兵先趣其門，門閉，老生下馬投塹，劉弘基就斬之，僵尸數里。日已暮，淵即命登城，時無攻具，將士肉薄而登，遂克之。淵賞霍邑之功，軍吏疑奴應募者不得與良人同，淵曰：「矢石之間，不辨貴賤。論勳之際，何有等差？宜並從本勳授。」壬午，淵引見霍邑吏民，勞賞如西河，選其丁壯使從軍。關中軍士欲歸者，並授五品散官遣歸。或諫以官太濫，淵曰：「隋氏吝惜勳賞，此所以失人心也，奈何效之！且收衆以官，不勝於用兵乎！」

丙戌，淵入臨汾郡，慰撫如霍邑。庚寅，宿鼓山。絳郡通守陳叔達拒守，辛卯，進攻，克之。叔達，陳高宗之子，有才學，淵禮而用之。

癸巳，淵至龍門，劉文静、康鞘利以突厥兵五百人，馬二千匹來至。淵喜其來援，謂文静曰：「吾西行及河，突厥始至，兵少馬多，皆君將命之功也。」

汾陽薛大鼎説淵請勿攻河東，自龍門直濟河，據永豐倉，傳檄遠近，關中可坐取也。淵將從之。諸將請先攻河東，乃以大鼎爲大將軍府察非掾。

河東縣户曹任瓌説淵曰：「關中豪傑皆企踵以待義兵。瓌在馮翊積年，知其豪傑，請往諭之，必從風而靡。義師自梁山濟河，指韓城，逼郃陽，蕭造文吏，必望塵請服，孫華之徒，皆當遠迎。然後鼓行而進，直據永豐，雖未得長安，關中固已定矣。」淵悦，以瓌爲銀青光禄大夫。

時關内羣盜，孫華最强。丙申，淵至汾陰，以書招之。己亥，淵進軍壺口，河濱之民獻舟者日以百數，仍置水軍。壬寅，孫華自郃陽輕騎渡河見淵，淵握手與坐，慰奬之，以華爲左光禄大夫、武鄉縣公，領馮翊太守，其徒有功者，委華以次授官，賞賜甚厚。使之先濟，繼遣左右統軍王長諧、劉弘基及左領軍長史陳演壽、金紫光禄大夫史大柰將步騎六千自梁山濟，營於河西，以待大軍。以任瓌爲招慰大使，瓌説韓城下之。淵謂長諧等曰：「屈突通精兵不少，相去五十餘里，不敢來戰，足明其衆不爲之用。然通畏罪，不敢不出。若自濟河擊卿等，則我進攻河東，必不能守。若全軍守城，則卿等絶其河梁，前扼其喉，後拊其背，彼不走，必爲擒矣。」

九月乙卯，張綸徇龍泉、文成等郡，皆下之，獲文成太守鄭元璹。元璹，譯之子也。屈突通遣虎牙郎將桑顯和將驍果數千人夜襲王長諧等營，長諧等戰不利，孫華、史大柰以遊騎自後擊顯和，大破之。顯和脱走入城，仍自絶河梁。丙辰，馮翊太守蕭造降於李淵。造，脩之子也。

戊午，淵帥諸軍圍河東，屈突通嬰城自守。將佐復推淵領太尉，增置官屬，淵從之。時河東未下，三輔豪傑至者日以千數。淵欲引兵西趣長安，猶豫未決。裴寂曰：「屈突通擁大衆，憑堅城，吾捨之而去，若進攻長安不克，退爲河東所踵，腹背受敵，此危道也。

不若先克河東，然後西上。長安恃通爲援，通敗，長安必破矣。」李世民曰：「不然。兵貴神速，吾席累勝之威，撫歸附之衆，鼓行而西，長安之人望風震駭，智不及謀，勇不及斷，取之若振槁葉耳。若淹留自弊於堅城之下，彼得成謀脩備以待我，坐費日月，衆心離沮，則大事去矣。且關中蜂起之將，未有所屬，不可不早招懷也。屈突通自守虜耳，不足爲慮。」淵兩從之，留諸將圍河東，自引軍而西。朝邑法曹武功靳孝謨以蒲津、中潬二城降，華陰令李孝常以永豐倉降，仍應接河西諸軍。孝常，圓通之子也。京兆諸縣亦多遣使請降。

庚申，李淵帥諸軍濟河，甲子，至朝邑，舍於長春宮，關中士民歸之者如市。丙寅，淵遣世子建成、司馬劉文靜帥王長諧等諸軍數萬人屯永豐倉，守潼關以備東方兵，慰撫使竇軌等受其節度。敦煌公世民帥劉弘基等諸軍數萬人徇渭北，慰撫使殷開山等受其節度。軌，琮之兄也。

冠氏長于志寧、安養尉顏師古及世民婦兄長孫無忌謁見淵於長春宮。師古名籀，以字行；志寧，宣敏之兄子；師古，之推之孫也。皆以文學知名，無忌仍有才略。淵皆禮而用之，以志寧爲記室，師古爲朝散大夫，無忌爲渭北行軍典籤。

屈突通聞淵西入，署鷹揚郎將湯陰堯君素領河東通守，使守蒲坂，自引兵數萬趣長安，爲劉文靜所遏。將軍劉綱戍潼關，屯都尉南城，通欲往依之，王長諧先引兵襲斬綱，據城以拒通，通退保北城。淵遣其將呂紹宗等攻河東不能克。

柴紹之自長安赴太原也，謂其妻李氏曰：「尊公舉兵，今偕行則不可，留此則及禍，奈何？」李氏曰：「君第速行，我一婦人，易以潛匿，當自爲計。」紹遂行。李氏歸鄠縣別墅，散家貲，聚徒衆。淵從弟神通在長安，亡入鄠縣山中，與長安大俠史萬寶等起兵以應淵。西域商胡何潘仁入司竹園爲盜，有衆數萬，劫前尚書右丞李綱爲長史。李氏使其奴馬三寶說潘仁與之就神通，合勢攻鄠縣，下之。神通衆踰一萬，自稱關中道行軍總管，以前藥城長令狐德棻爲記室。德棻，熙之子也。李氏又使馬三寶說羣盜李仲文、向善志、丘師利等，皆帥衆從之。仲文，密之從父；師利，和之子也。西京留守屢遣兵討潘仁等，皆爲所敗。李氏徇盩厔、武功、始平，皆下之，衆至七萬。左親衛段綸，文振之子也，娶淵女，亦聚徒於藍田，得萬餘人。及淵濟河，神通、李氏、綸各遣使迎淵。淵以神通爲光祿大夫，子道彥爲朝請大夫，綸爲金紫光祿大夫。使柴紹將數百騎並南山迎李氏。何潘仁、李仲文、向善志及關中羣盜皆請降於淵，淵一一以書慰勞授官，使各居其所，受敦煌公世民節度。

刑部尚書領京兆内史衛文昇，年老，聞淵兵向長安，憂懼成疾，不復預事，獨左翊衛將軍陰世師、京兆郡丞骨儀奉代王侑乘城拒守。己巳，淵如蒲津。庚午，自臨晉濟渭，至永豐倉勞軍，開倉賑飢民。辛未，還長春宮。壬申，進屯馮翊。世民所至，吏民及羣盜歸之如流，世民收其豪俊以備僚屬，營于涇陽，勝兵九萬。李氏將精兵萬餘會世民於渭北，與柴紹各置幕府，號「娘子軍」。

先是，平涼奴賊數萬圍扶風太守竇璡，數月不下，賊中食盡。丘師利遣其弟行恭帥五百人負米麥，持牛酒，詣奴賊營。奴帥長揖，行恭手斬之，謂其衆曰：「汝輩皆良人，何故事奴爲主，使天下謂之奴賊。」衆皆俯伏曰：「願改事公。」行恭即帥其衆與師利共謁世民於渭北，世民以爲光祿大夫。璡，琮之從子也。隰城尉房玄齡謁世民於軍門，世民一見如舊識，署記室參軍，引爲謀主。玄齡亦自以遇知己，罄竭心力，知無不爲。

淵命劉弘基、殷開山分兵西略扶風，有衆六萬，南渡渭水，屯長安故城。城中出戰，弘基逆擊，破之。世民引兵趣司竹，李仲文、何潘仁、向善志皆帥衆從之，頓于阿城，勝兵十三萬，軍令嚴整，秋毫不犯。乙亥，世民自盩厔遣使白淵，請期日赴長安。淵曰：「屈突東行不能復西，不足虞矣。」乃命建成選倉上精兵自新豐趣長樂宮，世民帥新附諸軍北屯長安故城，至並聽教。延安、上郡、雕陰皆請降於淵。丙子，淵引軍西行，所過離宮、園苑皆罷之，出宮女還其親屬。冬十月辛巳，淵至長安，營於春明門之西北，諸軍皆集，合二十餘萬。淵命各依壘壁，毋得入村落侵暴。屢遣使至城下，諭衛文昇等以欲尊隋之意，不報。辛卯，命諸軍進圍城。甲午，淵遷館於安興坊。甲辰，李淵命諸軍攻城，約：「毋得犯七廟及代王宗室，違者夷三族。」孫華中流矢卒。十一月丙辰，軍頭雷永吉先登，遂克長安。代王在東宮，左右奔散，唯侍讀姚思廉侍側。軍士將登殿，思廉厲聲訶之曰：「唐公舉義兵，匡帝室，卿等毋得無禮！」衆皆愕然，布立庭下。淵迎王於東宮，遷居大興殿後，聽思廉扶王至順陽閤下，泣拜而去。思廉，察之子也。淵還舍於長樂宮，與民約法十二條，悉除隋苛禁。

淵之起兵也，留守官發其墳墓，毁其五廟。至是衛文昇已卒，戊午，執陰世師、骨儀等數以貪婪苛酷，且拒義師，俱斬之。死者十餘人，餘無所問。馬邑郡丞三原李靖，素與淵有隙，淵入城收靖，將斬之。靖大呼曰：「公興義兵，欲平暴亂，乃以私怨殺壯士乎？」世民爲之固請，乃捨之。世民因召置幕府。靖少負志氣，有文武才略，其舅韓擒虎每撫之曰：「可與言將帥之略者，獨此子耳。」

壬戌，李淵備法駕迎代王即皇帝位於天興殿，時年十三。大赦，改元，遥尊煬帝爲太上皇。甲子，淵自長樂宮入長安。以淵爲假黄鉞、使持節、大都督内外諸軍事、尚書令、大丞相，進封唐王。以武德殿爲丞相府，改教稱令，日於虔化門視事。乙丑，榆林、靈武、平涼、安定諸郡皆遣使請命。丙寅，詔軍國機務，事無大小，文武設官，位無貴賤，憲章賞罰，咸歸相府，唯郊祀天地，四時禘祫奏聞。置丞相府官屬，以裴寂爲長史，劉文静爲司馬。何潘仁使李綱入見，淵留之，以爲丞相府司録，專掌選事。又以前考功郎中竇威爲司録參軍，使定禮儀。威，熾之子也。淵傾府庫以賜勳人，國用不足，右光禄大夫劉世龍獻策，以爲：「今義師數萬，並在京師，樵蘇貴而布帛賤，請伐六街及苑中樹爲樵以易布帛，可得十數萬匹。」淵從之。己巳，以李建成爲唐世子，李世民爲京兆尹、秦公，李元吉爲齊公。

十二月癸未，追謚唐王淵大父襄公爲景王，考仁公爲元王，夫人竇氏爲穆妃。

世民破薛仁杲於扶風。事見唐平隴右。

乙未，平凉留守張隆，丁酉，河池太守蕭瑀及扶風、漢陽郡相繼來降。以竇璡爲工部尚書、燕國公，蕭瑀爲禮部尚書、宋國公。李孝恭擊破朱粲，諸將請盡殺其俘。孝恭曰：「不可。自是以往，誰復肯降矣？」皆釋之。於是自金川出巴、蜀，檄書所至，降附者三十餘州。

屈突通與劉文静相持月餘，通復使桑顯和夜襲其營。文静與左光禄大夫段志玄悉力苦戰，顯和敗走，盡俘其衆，通勢益蹙。或説通降，通泣曰：「吾歷事兩主，恩顧甚厚。食人之禄而違其難，吾不爲也。」每自摩其頸曰：「要當爲國家受一刀。」勞勉將士，未嘗不流涕，人亦以此懷之。丞相淵遣其家僮召之，通立斬之。及聞長安不守，家屬皆爲淵所虜，乃留顯和鎮潼關，引兵東出，將趣洛陽。通適去，顯和即以城降文靜。文靜遣竇〔珍〕〔琮〕等將輕騎與顯和追之，及於稠桑，通結陳自固。竇琮遣通子壽往諭之，通罵曰：「此賊何來？昔與汝爲父子，今與汝爲仇讎。」命左右射之。顯和謂其衆曰：「今京城已陷，汝輩皆關中人，去欲何之？」衆皆釋仗而降。通知不免，下馬東南再拜，號哭曰：「臣力屈至此，非敢負國，天地神祇實知之！」軍人執通送長安，淵以爲兵部尚書，賜爵蔣公，兼秦公元帥府長史。

淵遣通至河東城下招諭堯君素，君素見通，歔欷不自勝，通亦泣下霑衿。因謂君素曰：「吾軍已敗，義旗所指，莫不響應。事勢如此，卿當早降。」君素曰：「公爲國大臣，主上委公以關中，代王付公以社稷，奈何負國生降，乃更爲人作説客邪？公所乘馬，即代王所賜也，公何面目乘之哉！」通曰：「吁，君素，我力屈而來。」君素曰：「方今力猶未屈，何用多言。」通慚而退。劉文靜等引兵東略地，取弘農郡，遂定新安以西。甲辰，李淵遣雲陽令詹俊、武功縣正李仲衮徇巴、蜀，下之。

唐高祖武德元年春正月丁未朔，隋恭帝詔唐王劍履上殿，贊拜不名。唐王既克長安，以書諭諸郡縣，於是東自商、洛，南盡巴、蜀，郡縣長史及盜賊渠帥氏、羌酋長，争遣子弟入見請降，有司復書，日以百數。二月己卯，唐王遣太常卿鄭元璹將兵出商、洛，徇南陽，左領軍府司馬安陸馬元規徇安陸及荆、襄。三月己酉，以齊公元吉爲鎮北將軍、太原道行軍元帥，都督十五郡諸軍事，聽以便宜從事。乙卯，徙秦公世民爲趙公。戊辰，隋恭帝詔以十郡益唐國，仍以唐王爲相國，總百揆。唐國置丞相以下官，又加九錫。王謂僚屬曰：「此諂諛者所爲耳。孤秉大政，而自加寵錫可乎？必若循魏、晉之迹，彼皆繁文僞飾，欺天罔人。考其實不及五霸，而求名欲過三王，此孤常所非笑，竊亦恥之。」或曰：「歷代所行，亦何可廢。」王曰：「堯、舜、湯、武，各因其時，取與異道，皆推其至誠以應天順人，未聞夏、商之末必效唐、虞之禪也。若使少帝有知，必不肯爲。若其無知，孤自尊而飾讓，平生素心所不爲也。」但改丞相府爲相國府，其九錫、殊禮皆歸有司。

夏四月，煬帝凶問至長安，唐王哭之慟，曰：「吾北面事人，失道不能救，敢忘哀乎！」

五月戊午，隋恭帝禪位于唐，遜居代邸。甲子，唐王即皇帝位于太極殿，遣刑部尚書蕭造告天於南郊，大赦，改元。罷郡置州，以太守爲刺史。推五運爲土德，色尚黄。

六月甲戌朔，以趙公世民爲尚書令，黄臺公瑗爲刑部侍郎，相國府長史裴寂爲右僕射、知政事，司馬劉文静爲納言，司録竇威爲内史令，李綱爲禮部尚書、參掌選事，掾殷開山爲吏部侍郎，屬趙慈景爲兵部侍郎，韋義節爲禮部侍郎，主簿陳叔達、博陵崔民幹並爲黄門侍郎，唐儉爲内史侍郎，録事參軍裴晞爲尚書右丞。以隋民部尚書蕭瑀爲内史令，禮部尚書竇璡爲户部尚書，蔣公屈突通爲兵部尚書，長安令獨孤懷恩爲工部尚書。瑗，上之從子；懷恩，舅子也。

上待裴寂甚厚，羣臣無與爲比，賞賜服玩不可勝紀。命尚書奉御日以御膳賜寂，視朝必引與同坐，入閤則延之卧内，言無不從，稱爲裴監而不名。委蕭瑀以庶政，事無大小，莫不關掌。瑀亦孜孜盡力，繩違舉過，人皆憚之，毁之者衆，終不自理。上嘗有敕而内史不時宣行，上責其遲，瑀對曰：「大業之世，内史宣敕，或前後相違，有司不知所從，其易在前，其難在後。臣在省日久，備見其事。今王業經始，事繫安危，遠方有疑，恐失機會，故臣每受一敕，必勘審使與前敕不違，始敢宣行，稽緩之愆，實由於此。」上曰：「卿用心如是，吾復何憂。」

己卯，祔四親廟主。追尊皇高祖瀛州府君曰宣簡公；皇曾祖司空曰懿王；皇祖景王曰景皇帝，廟號太祖，祖妣曰景烈皇后；皇考元王曰元皇帝，廟號世祖，妣獨孤氏曰元貞皇后。追謚妃竇氏曰穆皇后。每歲祀昊天上帝、皇地祇、神州地祇，以景帝配，感生帝、明堂以元帝配。庚辰，立世子建成爲皇太子，趙公世民爲秦王，齊公元吉爲齊王，宗室黄瓜公白駒爲平原王，蜀公孝基爲永安王，柱國道玄爲淮陽王，長平公叔良爲長平王，鄭公神通爲永康王，安吉公神符爲襄邑王，柱國德良爲新興王，上柱國博乂爲隴西王，上柱國奉慈爲勃海王。孝基、叔良、神符、德良，帝之從父弟；博乂、奉慈，弟子；道玄，從父兄子也。乙酉，奉隋帝爲酅國公。詔曰：「近世以來，時運遷革，前代親族，莫不誅夷。興亡之效，豈伊人力。其隋蔡王智積等子孫，並付所司，量才選用。」

丁酉，萬年縣法曹武城孫伏伽上表，以爲：「隋以惡聞其過亡天下。陛下龍飛晉陽，遠近響應，未期年而登帝位，徒知得之之易，不知隋失之之不難也。臣謂宜易其覆轍，務盡下情，凡人君言動，不可不慎。竊見陛下今日即位，而明日有獻鷂鶵者，此乃少年之事，豈聖主所須哉。又百戲散樂，亡國淫聲。近太常於民間借婦女裙襦五百餘襲，以充妓衣，擬五月五日玄武門遊戲，此亦非所以爲子孫法也。凡如此類，悉宜廢罷。善惡之習，朝夕漸染，易以移人。皇太子、諸王參僚左右，宜謹擇其人。其有門風不能雍睦，爲人素無行義，專好奢靡以聲色遊獵爲事者，皆不可使之親近也。自古及今，骨肉乖離，以至敗國亡家，未有不因左右離間而然也，願陛下慎之。」上省表大悦，下詔褒稱，擢爲治書侍御史，賜帛三百匹，仍頒示遠近。

秋九月，虞州刺史韋義節攻隋河東通守堯君素，久不下，軍數不利，壬子，以工部尚書獨孤懷恩代之。〔冬〕十一月癸丑，獨孤懷恩攻堯君素於蒲阪。行軍總管趙慈景尚帝女桂陽公主，爲君素所擒，梟首城外，以示無降意。

（冬十二月）隋將堯君素守河東。上遣呂紹宗、韋義節、獨孤懷恩相繼攻之，俱不下。時外圍嚴急，君素爲木鵝，置表於頸，具論事勢，浮之於河。河陽守者得之，達於東都，皇泰主見而歎息，拜君素金紫光禄大夫。龐玉、皇甫無逸自東都來降，上悉遣詣城下，爲陳利害，君素不從。又賜金券，許以不死。其妻又至城下謂之曰：「隋室已亡，君何自苦！」君素曰：「天下名義，非婦人所知。」引弓射之，應弦而倒。君素亦自知不濟，然志在守死，每言及國家，未嘗不歔欷。謂將士曰：「吾昔事主上於藩邸，大義不得不死。必若隋祚永終，天命有屬，自當斷頭以付諸君，聽君等持取富貴。今城池甚固，倉儲豐備，大事猶未可知，不可横生心也。」〔十二月〕丙子，君素性嚴明，善御衆，下莫敢叛。久之，倉粟盡，人相食，又獲外人微知江都傾覆。〔十二月〕丙子，君素左右薛宗等殺君素以降，傳首京師。

二年秋八月丁酉，酅公薨，謚曰隋恭帝。無後，以族子行基嗣。

〔宋〕袁樞撰

通鑑紀事本末

卷第三十至
卷第三十二

中華書局

通鑑紀事本末卷第三十

武韋之禍

唐太宗貞觀二十二年。初，左武衛將軍武連縣公武安李君羡直玄武門，時太白屢晝見，太史占云「女主昌」。民間又傳祕記云：「唐三世之後，女主武王代有天下。」上惡之。會與諸武臣宴宮中，行酒令，使各言小名，君羡自言名五娘。上愕然，因笑曰：「何物女子，乃爾勇健！」又以君羡官稱、封邑皆有「武」字，深惡之，後出爲華州刺史。有布衣員道信自言能絶粒，曉佛法，君羡深敬信之，數相從，屏人語。御史奏君羡與妖人交通，謀不軌。秋七月壬辰，君羡坐誅，籍没其家。上密問太史令李淳風：「祕記所云，信有之乎？」對曰：「臣仰稽天象，俯察曆數，其人已在陛下宮中，爲親屬，自今不過三十年，當王天下，殺唐子孫殆盡，其兆既成矣。」上曰：「疑似者盡殺之，何如？」對曰：「天之所命，人不能違也。王者不死，徒多殺無辜。且自今以往三十年，其人已老，庶幾頗有慈心，爲禍或淺。今借使得而殺之，天或生壯者肆其怨毒，恐陛下子孫，無遺類矣。」上乃止。

高宗永徽三年秋七月丁巳，立陳王忠爲皇太子。

五年。初，王皇后無子，蕭淑妃有寵，王后疾之。上之爲太子也，入侍太宗，見才人武氏而悦之。太宗崩，武氏隨衆感業寺爲尼。忌日，上詣寺行香，見之，武氏泣，上亦泣。王后聞之，陰令武氏長髮，勸上内之後宫，欲以間淑妃之寵。武氏巧慧，多權數，初入宫，卑辭屈體以事后。后愛之，數稱其美於上。未幾大幸，拜爲昭儀。后及淑妃寵皆衰，更相與共譖之，上皆不納。昭儀欲追贈其父而無名，故託以褒賞功臣，徧贈屈突通等，而武士彠預焉。

王皇后、蕭淑妃與武昭儀更相譖訴，上不信后、淑妃之語，獨信昭儀。后不能曲事上左右，母魏國夫人柳氏及舅中書令柳奭入見六宫，又不爲禮。武昭儀伺后所不敬者，必傾心與相結，所得賞賜分與之。由是后及淑妃動静昭儀必知之，皆以聞於上。后寵雖衰，然上未有意廢也。會昭儀生女，后憐而弄之，后出，昭儀潛扼殺之，覆之以被。上至，昭儀陽歡笑，發被觀之，女已死矣，即驚啼。問左右，左右皆曰：「皇后適來此。」上大怒曰：「后殺吾女！」昭儀因泣數其罪。后無以自明，上由是有廢立之志。又畏大臣不從，乃與昭儀幸太尉長孫無忌第，酣飲極歡，席上拜無忌寵姬子三人皆爲朝散大夫，仍載金寶、繒錦十車以賜無忌。上因從容言皇后無子以諷無忌，無忌對以他語，竟不順旨，上及昭儀皆不悦而罷。昭儀又令母楊氏詣無忌第，屢有祈請，無忌終不許。禮部尚書許敬宗亦數勸無忌，無忌厲色折之。

六年夏六月，武昭儀誣王后與其母魏國夫人柳氏爲厭勝，敕禁后母柳氏不得入宮。秋七月戊寅，貶吏部尚書柳奭爲遂州刺史。奭行至扶風，岐州長史于承素希旨，奏奭漏洩禁中語，復貶榮州刺史。

唐因隋制，後宮有貴妃、淑妃、德妃、賢妃，皆視一品。上欲特置宸妃，以武昭儀爲之，韓瑗、來濟諫，以爲故事無之，乃止。

中書舍人饒陽李義府爲長孫無忌所惡，左遷壁州司馬。敕未至門下，義府密知之，問計於中書舍人幽州王德儉。德儉曰：「上欲立武昭儀爲后，猶豫未決者，直恐宰臣異議耳。君能建策立之，則轉禍爲福矣。」義府然之，是日，代德儉直宿，叩閤上表，請廢皇后王氏，立武昭儀，以厭兆庶之心。上說，召見與語，賜珠一斗，留居舊職。昭儀又密遣使勞勉之，尋超拜中書侍郎。於是衛尉卿許敬宗、御史大夫崔義玄、中丞袁公瑜皆潛布腹心於武昭儀矣。

秋八月，長安令裴行儉聞將立武昭儀爲后，以國家之禍必由此始，與長孫無忌、褚遂良私議其事。袁公瑜聞之，以告昭儀母楊氏，行儉坐左遷西州都督府長史。行儉，仁基之子也。

九月戊辰，以許敬宗爲禮部尚書。上一日退朝，召長孫無忌、李勣、于志寧、褚遂良入内殿。遂良曰：「今日之召，多爲中宫，上意既决，逆之必死。太尉元舅，司空功臣，不可使上有殺元舅及功臣之名。遂良起於草茅，無汗馬之勞，致位至此，且受顧託，不以死争之，何以下見先帝。」勣稱疾不入。無忌等至内殿，上顧謂無忌曰：「皇后無子，武昭儀有子，今欲立昭儀爲后，何如？」遂良對曰：「皇后名家，先帝爲陛下所娶。先帝臨崩，執陛下手謂臣曰：『朕佳兒佳婦，今以付卿。』此陛下所聞，言猶在耳。皇后未聞有過，豈可輕廢！臣不敢曲從陛下，上違先帝之命。」上不悦而罷。明日又言之，遂良曰：「陛下必欲易皇后，伏請妙擇天下令族，何必武氏。武氏經事先帝，衆所共知，天下耳目，安可蔽也。萬代之後，謂陛下爲如何，願留三思！臣今忤陛下意，罪當死。」因置笏於殿階，解巾叩頭流血曰：「還陛下笏，乞放歸田里。」上大怒，命引出。昭儀在簾中大言曰：「何不撲殺此獠！」無忌曰：「遂良受先朝顧命，有罪不可加刑。」于志寧不敢言。

韓瑗因間奏事，涕泣極諫，上不納。明日又諫，悲不自勝，上命引出。瑗又上疏諫曰：「匹夫匹婦，猶相選擇，况天子乎？皇后母儀萬國，善惡由之，故嫫母輔佐黄帝，妲己傾覆殷王，詩云：『赫赫宗周，褒姒滅之。』每覽前古，常興歎息，不謂今日塵黷聖代。作而不法，後嗣何觀，願陛下詳之，無爲後人所笑。使臣有以益國，葅醢之戮，臣之分也。昔吴王不用子胥之言而麋鹿遊於姑蘇，臣恐海内失望，棘荆生於闕庭，宗廟不血食，期有日矣。」來濟上表諫曰：「王者立后，上法乾坤，必擇禮教名家，幽閑令淑，副四海之望，稱神祇之意。是故周文造舟以迎太姒，而興關雎之化，百姓蒙祚。孝成縱欲，以婢爲后，使皇統亡絶，社稷傾淪。有周之隆既如彼，大漢之禍又如此，惟陛下詳察。」上皆不納。他日，李勣入見，上問之曰：「朕欲立武昭儀爲后，遂良固執以爲不可。遂良既顧命大臣，事當且已乎？」對曰：「此陛下家事，何必更問外人。」上意遂决。許敬宗宣言於朝曰：「田舍翁多收十斛麥，尚欲易婦，况天子立一后，何豫諸人事而妄生異議乎。」昭儀令左右以聞。庚午，貶遂良爲潭州都督。

冬十月己酉，下詔稱：「王皇后、蕭淑妃謀行鴆毒，廢爲庶人。母及兄弟並除名，流嶺南。」乙卯，百官上表請立中宮，乃下詔曰：「武氏門著勳庸，地華纓黻，往以才行選入後庭，譽重椒闈，德光蘭掖。朕昔在儲貳，特荷先慈，常得侍從，弗離朝夕，宮壼之内，恒自飭躬，嬪嬙之間，未嘗迕目，聖情鑒悉，每垂賞歎，遂以武氏賜朕，事同政君，可立爲皇后。」丁巳，赦天下。是日，皇后上表，稱：「陛下前以妾爲宸妃，韓瑗、來濟面折庭争，此既事之極難，豈非深情爲國，乞加褒賞。」上以表示瑗等，瑗等彌憂懼，屢請去位，上不許。十一月丁卯朔，臨軒命司空李勣齎璽綬册皇后武氏。是日，百官朝皇后於肅義門。

故后王氏、淑妃蕭氏，並囚於别院，上嘗念之，間行至其所，見其室封閉極密，唯竅壁以通食器，惻然傷之，呼曰：「皇后、淑妃安在？」王氏泣對曰：「妾等得罪爲宮婢，何得更有尊稱。」又曰：「至尊若念疇昔，使妾等再見日月，乞名此院爲回心院。」上曰：「朕即有處置。」武后聞之，大怒，遣人杖王氏及蕭氏各一百，斷去手足，投酒甕中，曰：「令二嫗骨醉。」數日而死，又斬之。王氏初聞宣敕，再拜曰：「願大家萬歲。昭儀承恩，死自吾分。」淑妃罵曰：「阿武妖猾，乃至於此！願他生我爲貓，阿武爲鼠，生生扼其喉。」由是宮中不畜貓。尋又改王氏姓爲蟒氏，蕭氏爲梟氏。武后數見王、蕭爲祟，被髮瀝血，如死時狀。後徙居蓬萊宮，復見之，故多在洛陽，終身不歸長安。

顯慶元年春正月辛未，以皇太子忠爲梁王，立皇后子代王弘爲皇太子。

李義府恃寵用事。洛州婦人淳于氏，美色，繫大理獄，義府屬大理寺丞畢正義枉法出之，將納爲妾，大理卿段寶玄疑而奏之。上命給事中劉仁軌等鞫之，義府恐事洩，逼正義自縊於獄中。上知之，原義府罪不問。侍御史漣水王義方欲奏彈之，先白其母曰：「義方爲御史，視姦臣不糾則不忠，糾之則身危而憂及於親爲不孝，二者不能自決，奈何？」母曰：「昔王陵之母，殺身以成子之名。汝能盡忠以事君，吾死不恨。」義方乃奏稱：「義府於輦轂之下，擅殺六品寺丞，就云正義自殺，亦由畏義府威，殺身以滅口。如此，則生殺之威，不由上出。漸不可長，請更加勘當。」於是對仗，叱義府令下，義府顧望不退。義方三叱，上既無言，義府始趨出，義方乃讀彈文。上釋義府不問，而謂義方毁辱大臣，言詞不遜，貶萊州司户。

韓瑗上疏爲褚遂良訟冤曰：「遂良體國忘家，捐身徇物，風霜其操，鐵石其心，社稷之舊臣，陛下之賢佐。無聞罪狀，斥去朝廷，内外甿黎，咸嗟舉措。臣聞晋武弘裕，不貽劉毅之誅；漢祖深仁，無恚周昌之直。而遂良被遷，已經寒暑，違忤陛下，其罰塞焉。伏願緬鑒無辜，稍寬非罪，俯矜微款，以順人情。」上謂瑗曰：「遂良之情，朕亦知之。然其悖戾好犯上，故以此責之，卿何言之深也？」對曰：「遂良社稷忠臣，爲讒諛所毁。昔微子去而殷國以亡，張華存而綱紀不亂。陛下無故棄逐舊臣，恐非國家之福。」上不納。瑗以言不用，乞歸田里，上不許。

二年春三月甲辰，以潭州都督褚遂良爲桂州都督。

癸丑，以李義府兼中書令。

秋七月，許敬宗、李義府希皇后旨，誣奏「侍中韓瑗、中書令來濟與褚遂良潛謀不軌，以桂州用武之地，授遂良桂州都督，欲以爲外援」。八月丁卯，瑗坐貶振州刺史，濟貶台州刺史，終身不聽朝覲。又貶褚遂良爲愛州刺史，榮州刺史柳奭爲象州刺史。

遂良至愛州，上表自陳：「往者濮王、承乾交争之際，臣不顧死亡，歸心陛下。時岑文本、劉洎奏稱『承乾惡狀已彰，身在別所，其於東宮，不可少時虛曠，請且遣濮王往居東宮』。臣又抗言固争，皆陛下所見。卒與無忌等四人共定大策。及先朝大漸，獨臣與無忌同受遺詔。陛下在草土之辰，不勝哀慟，臣以社稷寬譬，陛下手抱臣頸。臣與無忌區處衆事，咸無廢闕，數日之間，内外寧謐。力小任重，動罹愆過，螻蟻餘齒，乞陛下哀憐。」表奏，不省。

三年冬十一月戊戌，以許敬宗爲中書令。

是歲，愛州刺史褚遂良卒。

四年夏四月，武后以太尉趙公長孫無忌受重賜而不助己，深怨之。及議廢王后，燕公于志寧中立不言，武后亦不悦。許敬宗屢以利害説無忌，無忌每面折之，敬宗亦怨。武后既立，無忌内不自安，后令敬宗伺其隙而陷之。

會洛陽人李奉節告太子洗馬韋季方、監察御史李巢朋黨事，敕敬宗與辛茂將鞫之。敬宗按之急，季方自刺，不死。敬宗因誣奏「季方欲與無忌構陷忠臣、近戚，使權歸無忌，伺隙謀反，今事覺，故自殺」。上驚曰：「豈有此邪？舅爲小人所間，小生疑阻則有之，何至於反！」敬宗曰：「臣始末推究，反狀已露，陛下猶以爲疑，恐非社稷之福。」上泣曰：「我家不幸，親戚間屢有異志。往年高陽公主與房遺愛謀反，今元舅復然，使朕慚見天下之人。茲事若實，如之何？」對曰：「遺愛乳臭兒，與一女子謀反，勢何所成？無忌與先帝謀取天下，天下服其智，爲宰相三十年，天下畏其威，若一旦竊發，陛下遣誰當之！今賴宗廟之靈，皇天疾惡，因按小事，乃得大姦，實天下之慶也。臣竊恐無忌知季方自刺，窘急發謀，攘袂一呼，同惡雲集，必爲宗廟之憂。臣昔見宇文化及父述爲煬帝所親任，結以昏姻，委以朝政。述卒，化及復典禁兵，一夕於江都作亂，先殺不附己者，臣家亦豫其禍，於是大臣蘇威、裴矩之徒皆舞蹈馬首，惟恐不及，黎明遂傾隋室。前事不遠，願陛下速決之。」上命敬宗更加審察。明日，敬宗復奏曰：「去夜季方已承與無忌同反，臣又問季方：『無忌與國至親，累朝寵任，何恨而反？』季方答云：『韓瑗嘗語無忌云「柳奭、褚遂良勸公立梁王爲太子，今梁王既廢，上亦疑公，故出高履行於外」。自此無忌憂恐，漸爲自安之計。後見長孫祥又出，韓瑗得罪，日夜與季方等謀反。』臣參驗辭狀，咸相符合，請收捕準法。」上又泣曰：「舅若果爾，朕決不忍殺之。若殺之，天下將謂朕何，後世將謂朕何！」敬宗對曰：「薄昭，漢文帝之舅也，文帝從代來，昭亦有功，所坐止於殺人，文帝遣百官素服哭而殺之，至今天下以文帝爲明主。今無忌忘兩朝之大恩，謀移社稷，其罪與薄昭不可同年而語也。幸而姦狀自發，逆徒引服，陛下何疑，猶不早決。古人有言：『當斷不斷，反受其亂。』安危之機，間不容髮。無忌今之姦雄，王莽、司馬懿之流也。陛下少更遷延，臣恐變生肘腋，悔無及矣。」上以爲然，竟不引問無忌。夏四月戊辰，下詔削無忌太尉及封邑，以爲揚州都督，於黔州安置，準一品供給。祥，無忌之從父兄子也，前此自工部尚書出爲荆州長史，故敬宗以此誣之。

敬宗又奏「無忌謀逆，由褚遂良、柳奭、韓瑗構扇而成。奭仍潛通宫掖，謀行鴆毒，于志寧亦黨附無忌」。於是詔追削遂良官爵，除奭、瑗名，免志寧官。遣使發道，以兵援送無忌詣黔州。無忌子秘書監駙馬都尉冲等皆除名，流嶺表。遂良子彦甫、彦冲流愛州，於道殺之。益州長史高履行累貶洪州都督。

凉州刺史趙持滿，多力善射，喜任俠，其從母爲韓瑗妻，其舅駙馬都尉長孫銓，無忌之族弟也，銓坐無忌，流巂州。許敬宗恐持滿作難，誣云無忌同反，驛召至京師，下獄，訊掠備至，終無異辭，曰：「身可殺也，辭不可更。」吏無如之何，乃代爲獄辭結奏。夏五月戊戌，誅之，尸於城西，親戚莫敢視。友人王方翼歎曰：「欒布哭彭越，義也。文王葬枯骨，仁也。下不失義，上不失仁，不亦可乎？」乃收而葬之。上聞之，不罪也。方翼，廢后之從祖兄也。長孫銓至流所，縣令希旨杖殺之。

秋七月，命御史往高州追長孫恩，象州追柳奭，振州追韓瑗，並枷鎖詣京師，仍命州縣簿録其家。恩，無忌之族弟也。

壬寅，命李勣、許敬宗、辛茂將與任雅相、盧承慶更共覆按無忌事。許敬宗又遣中書舍人袁公瑜等詣黔州，再鞫無忌反狀，至則逼無忌令自縊。詔柳奭、韓瑗所至斬決。使者殺柳奭于象州。韓瑗已死，發驗而還。籍没三家，近親皆流嶺南爲奴婢。常州刺史長孫祥坐與無忌通書，處絞。長孫恩流檀州。

八月乙卯，長孫氏、柳氏緣無忌、奭貶降者十三人。高履行貶永州刺史。于志寧貶榮州刺史，于氏貶者九人。自是政歸中宫矣。

五年秋七月乙巳，廢梁王忠爲庶人，徙黔州，囚於承乾故宅。

冬十月，上初苦風眩，頭重，目不能視，百司奏事，上或使皇后决之。后性明敏，涉獵文史，處事皆稱旨。由是始委以政事，權與人主侔矣。

麟德元年。初，武后能屈身忍辱，奉順上意，故上排羣議而立之。及得志，專作威福，上欲有所爲，動爲后所制，上不勝其忿。有道士郭行真出入禁中，嘗爲厭勝之術，宦者王伏勝發之。上大怒，密召西臺侍郎、同東西臺三品上官儀議之。儀因言：「皇后專恣，海内所不與，請廢之。」上意亦以爲然，即命儀草詔。左右奔告于后，后遽詣上自訴，詔草猶在上所，上羞縮不忍，復待之如初。猶恐后怨怒，因紿之曰：「我初無此心，皆上官儀教我。」儀先爲陳王諮議，與王伏勝俱事故太子忠，后於是使許敬宗誣奏儀、伏勝與忠謀大逆。十二月丙戌，儀下獄，與其子庭芝、王伏勝皆死，籍没其家。戊子，賜忠死于流所。右相劉祥道坐與儀善，罷政事，爲司禮太常伯，左肅機鄭欽泰等朝士流貶者甚衆，皆坐與儀交通故也。

自是，上每視事，則后垂簾於後，政無大小，皆預聞之。天下大權，悉歸中宫，黜陟生殺，決於其口，天子垂拱而已，中外謂之「二聖」。

上元元年秋八月壬辰，皇帝稱天皇，皇后稱天后，以避先帝、先后之稱。改元，赦天下。

二年春三月，上苦風眩甚，議使天后攝知國政。中書侍郎同三品郝處俊曰：「天子理外，后理内，天之道也。昔魏文帝著令，雖有幼主，不許皇后臨朝，所以杜禍亂之萌也。陛下奈何以高祖、太宗之天下，不傳之子孫，而委之天后乎！」中書侍郎昌樂李義琰曰：「處俊之言至忠，陛下宜聽之。」上乃止。

天后多引文學之士著作郎元萬頃、左史劉禕之等，使之撰列女傳、臣軌、百僚新戒、樂書，凡千餘卷。朝廷奏議及百官表疏，時密令參決，以分宰相之權，時人謂之「北門學士」。禕之，子翼之子也。

初，左千牛將軍長安趙瓌尚高祖女常樂公主，生女爲周王顯妃。公主頗爲上所厚，天后惡之。夏四月辛巳，妃坐廢，幽閉於内侍省，食料給生者，防人候其突煙，而已數日煙不出，開視，死腐矣。環自定州刺史貶括州刺史，令公主隨之官，仍絶其朝謁。

太子弘仁孝謙謹，上甚愛之。禮接士大夫，中外屬心。天后方逞其志，太子奏請，數迕旨，由是失愛於天后。義陽、宣城二公主，蕭淑妃之女也，坐母得罪，幽于掖庭，年踰三十不嫁。太子見之驚惻，遽奏請出降，上許之。天后怒，即日以公主配當上翊衛權毅、王遂古。己亥，太子薨于合璧宮，時人以爲天后酖之也。六月戊寅，立雍王賢爲皇太子。

天后惡慈州刺史杞王上金，有司希旨奏其罪，秋七月，上金坐解官，澧州安置。

儀鳳元年。鄅王素節，蕭淑妃之子也，警敏好學。天后惡之，自岐州刺史左遷申州刺史。乾封初，敕曰：「素節既有舊疾，不須入朝。」而素節實無疾，自以久不得入覲，乃著忠孝論。王府倉曹參軍張柬之因使潛封其論以進。后見之，誣以贓賄，冬十月丙午，降封鄱陽王，袁州安置。

永隆元年。太子賢聞宫中竊議，以賢爲天后姊韓國夫人所生，内自疑懼。明崇儼以厭勝之術爲天后所信，嘗密稱「太子不堪承繼，英王貌類太宗」。又言「相王相最貴」。天后嘗命北門學士撰少陽正範及孝子傳以賜太子，又數作書誚讓之，太子愈不自安。

及崇儼死，賊不得，天后疑太子所爲。太子頗好聲色，與户奴趙道生等狎昵，多賜之金帛，司議郎韋承慶上書諫，不聽。天后使人告其事。詔薛元超、裴炎與御史大夫高智周等雜鞫之，於東宮馬坊搜得皂甲數百領，以爲反具。道生又款稱太子使道生殺崇儼。上素愛太子，遲回欲宥之，天后曰：「爲人子懷逆謀，天地所不容。大義滅親，何可赦也！」甲子，廢太子賢爲庶人，遣右監門中郎將令狐智通等送賢詣京師，幽於別所，黨與皆伏誅，仍焚其甲於天津橋南以示民。承慶，思謙之子也。

乙丑，立左衛大將軍、雍州牧英王哲爲皇太子，改元，赦天下。

弘道元年冬十一月，上自奉天宮疾甚，宰相皆不得見。丁未，還東都，百官見於天津橋南。

十二月丁巳，改元，赦天下。上欲御則天門樓宣赦，氣逆不能乘馬，乃召百姓入殿前宣之。是夜，召裴炎入，受遺詔輔政。上崩於貞觀殿。遺詔太子柩前即位，軍國大事有不決者，兼取天后進止。廢萬泉、芳桂、奉天等宮。

庚申，裴炎奏太子未即位，未應宣敕，有要速處分，望宣天后令於中書門下施行。甲子，中宗即位，尊天后爲皇太后，政事咸取決焉。太后以澤州刺史韓王元嘉等地尊望重，恐其爲變，並加三公等官以慰其心。

則天皇后光宅元年春正月甲申朔，改元嗣聖，赦天下。立太子妃韋氏爲皇后，擢后父玄貞自普州參軍爲豫州刺史。

中宗欲以韋玄貞爲侍中，又欲授乳母之子五品官。裴炎固争，中宗怒曰：「我以天下與韋玄貞何不可？而惜侍中邪！」炎懼，白太后，密謀廢立。二月戊午，太后集百官於乾元殿，裴炎與中書侍郎劉禕之、羽林將軍程務挺、張虔勗勒兵入宫，宣太后令，廢中宗爲廬陵王，扶下殿。中宗曰：「我何罪？」太后曰：「汝欲以天下與韋玄貞，何得無罪！」乃幽于别所。

己未，立雍州牧豫王旦爲皇帝。政事决於太后，居睿宗於别殿，不得有所預。立豫王妃劉氏爲皇后。后，德威之孫也。

有飛騎十餘人飲於坊曲，一人言「曏知别無勳賞，不若奉廬陵」。一人起出詣北門告之。座未散，皆捕得，繫羽林獄。言者斬，餘以知反不告皆絞，告者除五品官。告密之端自此興矣。

壬子，以永平郡王成器爲皇太子，睿宗之長子也。赦天下，改元文明。

庚申，廢皇太孫重照爲庶人。命劉仁軌專知西京留守事。流韋玄貞於欽州。

太后與劉仁軌書曰：「昔漢以關中之事委蕭何，今託公亦猶是矣。」仁軌上疏，辭以衰老不堪居守，因陳吕后禍敗之事以申規戒。太后使秘書監武承嗣齎璽書慰諭之，曰：

「今以皇帝諒闇不言，眇身且代親政。遠勞勸戒，復辭衰疾。又云『呂氏見嗤於後代，祿、產移禍於漢朝』，引喻良深，愧慰交集。公忠貞之操，終始不渝，勁直之風，古今罕比。初聞此語，能不罔然，静而思之，是爲龜鑑。況公先朝舊德，遐邇具瞻，願以匡救爲懷，無以暮年致請。」

辛酉，太后命左金吾將軍丘神勣詣巴州，檢校故太子賢宅以備外虞，其實風使殺之。神勣，行恭之子也。

甲子，太后御武成殿，皇帝帥王公以下上尊號。丁卯，太后臨軒，遣禮部尚書武承嗣册嗣皇帝。自是太后常御紫宸殿，施慘紫帳以視朝。

三月，丘神勣至巴州，幽故太子賢於别室，逼令自殺。太后乃歸罪於神勣，戊戌，舉哀於顯福門，貶神勣爲疊州刺史。己亥，追封賢爲雍王。神勣尋復入爲左金吾將軍。

夏閏五月，以禮部尚書武承嗣爲太常卿、同中書門下三品。

初，尚書左丞馮元常爲高宗所委，高宗晚年多疾，百司奏事，每曰：「朕體中不佳，可與元常平章以聞。」元常嘗密言「中宫威權太重，宜稍抑損」。高宗雖不能用，深以其言爲然。及太后稱制，四方争言符瑞。嵩陽令樊文獻瑞石，太后命於朝堂示百官，元常奏言「狀涉諂詐，不可誣罔天下」。太后不悦，出爲隴州刺史。元常，子琮之曾孫也。

丙午，太常卿、同中書門下三品武承嗣罷爲禮部尚書。

武承嗣請太后追王其祖，立武氏七廟，太后從之。裴炎諫曰：「太后母臨天下，當示至公，不可私於所親。獨不見呂氏之敗乎？」太后曰：「呂氏以權委生者，故及於敗。今吾追尊亡者，何傷乎？」對曰：「事當防微杜漸，不可長耳。」太后不從。己巳，追尊太后五代祖克己爲魯靖公，妣爲夫人；高祖居常爲太尉、北平恭肅王，曾祖儉爲太尉、金城義康王，祖華爲太尉、太原安成王，考士彠爲太師、魏定王；祖妣皆爲妃。裴炎由是得罪。又作五代祠室於文水。

時諸武用事，唐宗室人人自危，衆心憤惋。會眉州刺史英公李敬業及弟盩厔令敬猷、給事中唐之奇、長安主簿駱賓王、詹事司直杜求仁皆坐事，敬業貶柳州司馬，敬猷免官，之奇貶括蒼令，賓王貶臨海丞，求仁貶黟令。求仁，正倫之姪也。盩厔尉魏思温嘗爲御史，復被黜。皆會於揚州，各自以失職怨望，乃謀作亂，以匡復廬陵王爲辭。

思温爲之謀主，使其黨監察御史薛仲璋求奉使江都，令雍州人韋超詣仲璋告變，云「揚州長史陳敬之謀反」，仲璋收敬之繫獄。居數日，敬業乘傳而至，矯稱揚州司馬來之官，云「奉密旨，以高州酋長馮子猷謀反，發兵討之」。於是開府庫，令士曹參軍李宗臣就錢坊，驅囚徒、工匠數百，授以甲。斬敬之於繫所。録事參軍孫處行拒之，亦斬以徇，僚吏無敢動者。遂起一州之兵，復稱嗣聖元年。開三府，一曰匡復府，二曰英公府，三曰揚州大都督府。敬業自稱匡復府上將，領揚州大都督。以之奇、求仁爲左右長史，宗臣、仲璋爲左右司馬，思温爲軍師，賓王爲記室，旬日間得勝兵十餘萬。

移檄州縣，略曰：「僞臨朝武氏者，人非温順，地實寒微。昔充太宗下陳，嘗以更衣入侍，洎乎晚節，穢亂春宫。密隱先帝之私，陰圖後庭之嬖，踐元后於翬翟，陷吾君於聚麀。」又曰：「殺姊、屠兄，弑君、鴆母，人神之所同嫉，天地之所不容。」又曰：「包藏禍心，竊窺神器，君之愛子，幽之於别宫；賊之宗盟，委之以重任。」又曰：「一抔之土未乾，六尺之孤何在？」又曰：「試觀今日之域中，竟是誰家之天下！」太后見檄，問曰：「誰所爲？」或對曰：「駱賓王。」太后曰：「宰相之過也。人有如此才，而使之流落不偶乎！」

敬業求得人貌類故太子賢者，紿衆云：「賢不死，亡在此城中，令吾屬舉兵。」因奉以號令。

楚州司馬李崇福，帥所部三縣應敬業。盱眙人劉行舉獨據縣不從，敬業遣其將尉遲昭攻盱眙，行舉拒卻之。詔以行舉爲遊擊將軍，以其弟行實爲楚州刺史。

甲申，以左玉鈐衛大將軍李孝逸爲揚州道大總管，將兵三十萬，以將軍李知十、馬敬臣爲之副，以討李敬業。

武承嗣與從父弟右衛將軍三思，以韓王元嘉、魯王靈夔屬尊位重，屢勸太后因事誅之。太后謀於執政，劉禕之、韋思謙皆無言，内史裴炎獨固争，太后愈不悦。三思，元慶之子也。及李敬業舉兵，薛仲璋，炎之甥也，炎欲示閒暇，不汲汲議誅討。太后問計於炎，對曰：「皇帝年長，不親政事，故豎子得以爲辭。若太后返政，則不討自平矣。」監察御史藍田崔詧聞之，上言：「炎受顧託，大權在己，若無異圖，何故請太后歸政？」太后命左肅政大夫金城騫味道、侍御史櫟陽魚承曅鞫之，收炎下獄。炎被收，辭氣不屈。或勸炎遜辭以免，炎曰：「宰相下獄，安有全理。」鳳閣舍人李景諶證炎必反。劉景先及鳳閣侍郎義陽胡元範皆曰：「炎社稷元臣，有功於國，悉心奉上，天下所知，臣敢明其不反。」太后曰：「炎反有端，顧卿不知耳。」對曰：「若裴炎爲反，則臣等亦反也。」太后曰：「朕知裴炎反，知卿等不反。」文武間證炎不反者甚衆，太后皆不聽。俄并景先、元範下獄。丁亥，以騫味道檢校内史、同鳳閣鸞臺三品，李景諶同鳳閣鸞臺平章事。

魏思温説李敬業曰：「明公〔以〕匡復爲辭，宜帥大衆鼓行而進，直指洛陽，則天下知公志在勤王，四面響應矣。」薛仲璋曰：「金陵有王氣，且大江天險，足以爲固，不如先取常、潤，爲定霸之基，然後北向以圖中原，進無不利，退有所歸，此良策也。」思温曰：

「山東豪傑以武氏專制，憤惋不平，聞公舉事，皆自蒸麥飯爲糧，伸鉏爲兵，以俟南軍之至。不乘此勢以立大功，乃更蓄縮欲自謀巢穴，遠近聞之，其誰不解體！」敬業不從，使唐之奇守江都，將兵渡江攻潤州。思温謂杜求仁曰：「兵勢合則强，分則弱。敬業不并力渡淮，收山東之衆以取洛陽，敗在眼中矣。」

壬辰，陷潤州，執刺史李思文，以李宗臣代之。思文，敬業之叔父也，知敬業之謀，先遣使間道上變，爲敬業所攻，拒守久之，力屈而陷。思温請斬以徇，敬業不許，謂思文曰：「叔黨於武氏，宜改姓武。」潤州司馬劉延嗣不降，敬業將斬之，思温救之，得免，與思文皆囚於獄中。延嗣，審禮從父弟也。曲阿令河間尹元貞引兵救潤州，戰敗，爲敬業所擒，臨以白刃，不屈而死。

丙申，斬裴炎于都亭。炎將死，顧兄弟曰：「兄弟官皆自致，炎無分毫之力，今坐炎流竄，不亦悲乎！」籍没其家，無甔石之儲。劉景先貶普州刺史，又貶辰州刺史，胡元範流瓊州而死。裴炎弟子太僕寺丞伷先，年十七，上封事請見言事。太后召見，詰之曰：「汝伯父謀反，尚何言？」伷先對曰：「臣爲陛下畫計耳，安敢訴冤。陛下爲李氏婦，先帝棄天下，遽攬朝政，變易嗣子，疏斥李氏，封崇諸武。臣伯父忠於社稷，反誣以罪，戮及子孫。陛下所爲如是，臣實惜之。陛下早宜復子明辟，高枕深宫，則宗族可全。不然，天下一變，不可復救矣。」太后怒曰：「胡白，小子敢發此言！」命引出，佃先反顧曰：「今用臣言，猶未晚。」如是者三，太后命於朝堂杖之一百，長流瀼州。

炎之下獄也，郎將姜嗣宗使至長安，劉仁軌問以東都事，嗣宗曰：「嗣宗覺裴炎有異於常久矣。」仁軌曰：「使人覺之邪？」嗣宗曰：「然。」仁軌曰：「仁軌有奏事，願附使者以聞。」嗣宗曰：「諾。」明日，受仁軌表而還，表言「嗣宗知裴炎反不言」。太后覽之，命拉嗣宗於殿庭，絞於都亭。

丁酉，追削李敬業祖考官爵，發冢斲棺，復姓徐氏。

徐敬業聞李孝逸將至，自潤州回軍拒之，屯高郵之下阿溪，使徐敬猷逼淮陰，別將韋超、尉遲昭屯都梁山。李孝逸軍至臨淮，偏將雷仁智與敬業戰，不利，孝逸懼，按兵不進。監軍殿中侍御史魏元忠謂孝逸曰：「天下安危，在茲一舉。四方承平日久，忽聞狂狡，注心傾耳以俟其誅。今大軍久留不進，遠近失望，萬一朝廷更命他將以代將軍，將軍何辭以逃逗撓之罪乎！」孝逸乃引軍而前。壬寅，馬敬臣擊斬尉遲昭於都梁山。

十一月辛亥，以左鷹揚大將軍黑齒常之爲江南道大總管，討敬業。

韋超擁衆據都梁山。諸將皆曰：「超憑險自固，士無所施其勇，騎無所展其足。且窮寇死戰，攻之多殺士卒，不如分兵守之，大軍直趣江都，覆其巢穴。」支度使薛克構曰：

「超雖據險，其衆非多。今多留兵則前軍勢分，少留兵則終爲後患，不如先擊之，其勢必舉，舉都梁，則淮陰、高郵望風瓦解矣。」魏元忠請先擊徐敬猷，諸將曰：「不如先攻敬業，敬業敗則敬猷不戰自擒矣。若擊敬猷，則敬業引兵救之，是腹背受敵也。」元忠曰：「不然。賊之精兵，盡在下阿，烏合而來，利在一決，萬一失計，大事去矣。敬猷出於博徒，不習軍事，其衆單弱，人情易揺，大軍臨之，駐馬可克。敬業雖欲救之，計程必不能及。我克敬猷，乘勝而進，雖有韓、白，不能當其鋒矣。今不先取弱者而遽攻其强，非計也。」孝逸從之，引兵擊超，超夜遁，進擊敬猷，敬猷脱身走。

庚申，敬業勒兵阻溪拒守，後軍總管蘇孝祥夜將五千人，以小舟渡溪先擊之，兵敗，孝祥死，士卒赴溪溺死者過半。左豹韜衛果毅漁陽成三朗爲敬業所擒，唐之奇紿其衆曰：「此李孝逸也。」將斬之，三朗大呼曰：「我果毅成三朗，非李將軍也。官軍今大至矣，爾曹破在朝夕。我死，妻子受榮，爾死，妻子籍没，爾終不及我也。」遂斬之。

孝逸等諸軍繼至，戰數不利。孝逸懼，欲引退，魏元忠與行軍管記劉知柔言於孝逸曰：「風順荻乾，此火攻之利。」固請決戰。敬業置陳既久，士卒多疲倦顧望，陳不能整。孝逸進擊之，因風縱火，敬業大敗，斬首七千級，溺死者不可勝紀。敬業等輕騎走入江都，挈妻子奔潤州，將入海奔高麗。孝逸進屯江都，分遣諸將追之。乙丑，敬業至海陵界，阻風，其將王那相斬敬業、敬猷及駱賓王首來降。餘黨唐之奇、魏思温等皆捕得，傳首神都。揚、潤、楚三州平。

陳嶽論曰：敬業苟能用魏思温之策，直指河、洛，專以匡復爲事，縱軍敗身戮，亦忠義在焉。而妄希金陵王氣，是真爲叛逆，不敗何待。

初，裴炎下獄，單于道安撫大使、左武衛大將軍程務挺密表申理，由是忤旨。務挺素與唐之奇、杜求仁善，或譖之曰：「務挺與裴炎、徐敬業通謀。」十二月癸卯，遣左鷹揚將軍裴紹業即軍中斬之，籍没其家。突厥聞務挺死，所在宴飲相慶。又爲務挺立祠，每出師，必禱之。太后以夏州都督王方翼與務挺連職，素相親善，且廢后近屬，徵下獄，流崖州而死。

垂拱元年春正月，太后以徐思文爲忠，特免緣坐，拜司僕少卿，謂曰：「敬業改卿姓武，朕今不復奪也。」

三月辛酉，武承嗣罷。

冬十一月，太后修故白馬寺，以僧懷義爲寺主。懷義，鄠人，本姓馮，名小寶，賣藥洛陽市，因千金公主以進，得幸於太后。太后欲令出入禁中，乃度爲僧，名懷義。又以其家寒微，令與駙馬都尉薛紹合族，命紹以季父事之。出入乘御馬，宦者十餘人侍從。士民遇之皆奔避，有近之者，輒撾其首流血，委之而去，任其生死。見道士則極意毆之，仍髡其髮而去。朝貴皆匍匐禮謁，武承嗣、武三思皆執僮僕之禮以事之，爲之執轡，懷義視之若無人。多聚無賴少年，度爲僧，縱橫犯法，人莫敢言。右臺御史馮思勗屢以法繩之，懷義遇思勗於途，令從者毆之，幾死。

二年春正月，太后下詔復政於皇帝。睿宗知太后非誠心，奉表固讓，太后復臨朝稱制。辛酉，赦天下。

二月，右衛大將軍李孝逸既克徐敬業，聲望甚重，武承嗣等惡之，數譖於太后，左遷施州刺史。

三月戊申，太后命鑄銅爲匭，置之朝堂，以受天下表疏，銘其東曰「延恩」，獻賦頌、求仕進者投之；南曰「招諫」，言朝政得失者投之；西曰「伸冤」，有冤抑者投之；北曰「通玄」，言天象災變及軍機祕計者投之。命正諫、補闕、拾遺一人掌之，先責識官，乃聽投表疏。徐敬業之反也，侍御史魚承曄之子保家教敬業作刀車及弩，敬業敗，僅得免。太后欲周知人間事，保家上書，請鑄銅爲匭，以受天下密奏。其器共爲一室，中有四隔，上各有竅以受表疏，可入不可出。太后善之。未幾，其怨家投匭告保家爲敬業作兵器，殺傷官軍甚衆，遂伏誅。

太后自徐敬業之反，疑天下人多圖己，又自以久專國事，且內行不正，知宗室大臣怨望，心不服，欲大誅殺以威之。乃盛開告密之門，有告密者，臣下不得問，皆給驛馬，供五品食，使詣行在。雖農夫、樵人，皆得召見，廩於客館，所言或稱旨，則不次除官，無實者不問。於是四方告密者蜂起，人皆重足屏息。

有胡人索元禮知太后意，因告密召見，擢爲游擊將軍，令案制獄。元禮性殘忍，推一人必令引數十百人，太后數召見賞賜以張其權。於是尚書都事長安周興、萬年人來俊臣之徒效之，紛紛繼起。興累遷至秋官侍郎，俊臣累遷至御史中丞，相與私畜無賴數百人，專以告密爲事。欲陷一人，輒令數處俱告，事狀如一。俊臣與司刑評事洛陽萬國俊共撰羅織經數千言，教其徒網羅無辜，織成反狀，構造布置，皆有支節。太后得告密者，輒令元禮等推之，競爲訊囚酷法，作大枷，有「定百脈」、「突地吼」、「死豬愁」、「求破家」、「反是實」等名號。或以椽關手足而轉之，謂之「鳳皇曬翅」。或以物絆其腰，引枷向前，謂之「驢駒拔橛」。或使跪捧枷，累甓其上，謂之「仙人獻果」。或使立高木之上，引枷尾向後，謂之「玉女登梯」。或倒懸石縋其首，或以醋灌鼻，或以鐵圈轂其首而加楔，至有腦裂髓出者。每得囚，輒先陳其械具以示之，皆戰栗流汗，望風自誣。每有赦令，俊臣輒令獄卒先殺重囚，然後宣示。太后以爲忠，益寵任之。中外畏此數人，甚於虎狼。

麟臺正字陳子昂上疏，以爲：「執事者疾徐敬業首亂唱禍，將息姦源，窮其黨與，遂使陛下大開詔獄，重設嚴刑，有迹涉嫌疑，辭相逮引，莫不窮捕考案。至有姦人熒惑，乘險相誣，糾告疑似，冀圖爵賞，恐非伐罪弔人之意也。臣竊觀當今天下，百姓思安久矣，故揚州構逆，殆有五旬，而海内晏然，纖塵不動。陛下不務玄默以救疲人，而反任威刑以失其望，臣愚暗昧，竊有大惑。伏見諸方告密，囚累百千輩，及其窮竟，百無一實。陛下仁恕，又屈法容之，遂使姦惡之黨，快意相讎，睚眦之嫌，即稱有密，一人被訟，百人滿獄，使者推捕，冠蓋如市。或謂陛下愛一人而害百人，天下喁喁，莫知寧所。臣聞隋之末代，天下猶平，楊玄感作亂，不踰月而敗。天下之弊，未至土崩，蒸人之心，猶望樂業。煬帝不悟，遂使兵部尚書樊子蓋專行屠戮，大窮黨與，海内豪士，無不罹殃，遂至殺人如麻，流血成澤，天下靡然，始思爲亂，於是雄傑並起而隋族亡矣。夫大獄一起，不能無濫，冤人吁嗟，感傷和氣，羣生癘疫，水旱隨之，人既失業，則禍亂之心怵然而生矣。古者明王重慎刑罰，蓋懼此也。昔漢武帝時巫蠱獄起，使太子奔走，兵交宮闕，無辜被害者以千萬數，宗廟幾覆。賴武帝得壺關三老書，廓然感悟，夷江充三族，餘獄不論，天下以安爾。古人云：『前事之不忘，後事之師。』伏願陛下念之。」太后不聽。

夏四月，以岑長倩爲内史。六月辛未，以蘇良嗣爲左相，同鳳閣鸞臺三品韋待價爲右相，己卯，〔以〕韋思謙爲納言。

蘇良嗣遇僧懷義於朝堂，懷義偃蹇不爲禮。良嗣大怒，命左右捽曳，批其頰數十。懷義訴於太后，太后曰：「阿師當於北門出入，南牙宰相所往來，勿犯也。」

太后託言懷義有巧思，故使入禁營造。補闕長社王求禮上表，以爲：「太宗時，有羅黑黑善彈琵琶，太宗閹爲給使，使教宮人。陛下若以懷義有巧性，欲宮中驅使者，臣請閹之，庶不亂宮闈。」表寢不出。

秋九月己巳，雍州言新豐縣東南有山踊出，改新豐爲慶山縣，四方畢賀。江陵人俞文俊上書：「天氣不和而寒暑併，人氣不和而疣贅生，地氣不和而䭔阜出。今陛下以女主處陽位，反易剛柔，故地氣塞隔而山變爲災。陛下謂之『慶山』，臣以爲非慶也。臣愚以爲宜側身脩德以答天譴，不然，殃禍至矣。」太后怒，流於嶺外，後爲六道使所殺。

三年夏五月，鳳閣侍郎、同鳳閣鸞臺三品劉禕之竊謂鳳閣舍人永年賈大隱曰：「太后既廢昏立明，安用臨朝稱制，不如返政以安天下之心。」大隱密奏之，太后不悅，謂左右曰：「禕之我所引，乃復叛我。」或誣禕之受歸州都督孫萬榮金，又與許敬宗妾有私，太后命肅州刺史王本立推之。本立宣敕示之，禕之曰：「不經鳳閣鸞臺，何名爲敕！」太后大怒，以爲拒捍制使，庚午，賜死于家。禕之初下獄，睿宗爲之上疏申理，親友皆賀之。禕之曰：「此乃所以速吾死也。」臨刑，沐浴，神色自若，自草謝表，立成數紙。麟臺郎郭翰、太子文學周思鈞稱歎其文。太后聞之，左遷翰巫州司法，思鈞播州司倉。

冬十月，武承嗣又使人誣李孝逸自云：「名中有兔，兔，月中物，當有天分。」太后以孝逸有功，十一月戊寅，減死，除名，流儋州而卒。

四年春正月甲子，於神都立高祖、太宗、高宗三廟，四時享祀，如西廟之儀。又立崇先廟，以享武氏祖考。太后命有司議崇先廟室數，司禮博士周悰請爲七室，又減唐太廟爲五室。春官侍郎賈大隱奏：「禮，天子七廟，諸侯五廟，百王不易之義。今周悰別引浮議，廣述異文，直崇臨朝權儀，不依國家常度。皇太后親承顧託，光顯大猷，其崇先廟室應如諸侯之數，國家宗廟不應輒有變移。」太后乃止。

太宗、高宗之世，屢欲立明堂，諸儒議其制度，不決而止。及太后稱制，獨與北門學士議其制，不問諸儒。諸儒以爲明堂當在國陽丙己之地，三里之外，七里之內。太后以爲去宮太遠。二月庚午，毀乾元殿，於其地作明堂，以僧懷義爲之使，凡役數萬人。

夏四月戊戌，殺太子通事舍人郝象賢。象賢，處俊之孫也。初，太后有憾於處俊，會奴誣告象賢反，太后命周興鞫之，致象賢族罪。象賢家人詣朝堂，訟冤於監察御史樂安任玄殖。玄殖奏象賢無反狀，玄殖坐免官。象賢臨刑，極口罵太后，發揚宮中隱慝，奪市人柴以擊刑者，金吾兵共格殺之。太后命支解其尸，發其父、祖墳，毀棺焚尸。自是終太后之世，法官每刑人，先以木丸塞其口。

武承嗣使鑿白石爲文曰：「聖母臨人，永昌帝業。」末紫石雜藥物填之。庚午，使雍州人唐同泰奉表獻之，稱獲之於洛水。太后喜，命其石曰「寶圖」，擢同泰爲遊擊將軍。五月戊辰，詔當親拜洛，受寶圖；有事南郊，告謝昊天；禮畢，御明堂，朝羣臣。命諸州都督、刺史及宗室、外戚以拜洛前十日集神都。乙亥，太后加尊號爲聖母神皇。

六月壬寅，作神皇三璽。

東陽大長公主削封邑，并二子徙巫州。公主適高履行，太后以高氏長孫無忌之舅族，故惡之。

秋七月丁巳，赦天下，更命寶圖爲「天授聖圖」，洛水爲「永昌洛水」，封其神爲顯聖侯，加特進，禁漁釣，祭祀比四瀆。名圖所出曰「聖圖泉」，泉側置永昌縣。又改嵩山爲神嶽，封其神爲天中王，拜太師、使持節、神嶽大都督，禁芻牧。又以先於汜水得瑞石，改汜水爲「廣武」。

太后潛謀革命，稍除宗室。絳州刺史韓王元嘉、青州刺史霍王元軌、邢州刺史魯王靈夔、豫州刺史越王貞及元嘉子通州刺史黄公譔、元軌子金州刺史江都王緒、虢王鳳子申州刺史東莞公融、靈夔子范陽王藹、貞子博州刺史琅邪王沖，在宗室中皆以才行有美名，太后尤忌之。元嘉等内不自安，密有匡復之志。

譔謬爲書與貞云：「内人病浸重，當速療之，若至今冬，恐成痼疾。」及太后召宗室朝明堂，諸王因遞相驚曰：「神皇欲於大饗之際，使人告密，盡收宗室誅之，無遺類。」譔詐爲皇帝璽書與沖云：「朕遭幽縶，諸王宜各發兵救我。」沖又詐爲皇帝璽書云：「神皇欲移李氏社稷以授武氏。」八月壬寅，沖召長史蕭德琮等令募兵，分告韓、霍、魯、越及貝州刺史紀王慎，各令起兵共趣神都。太后聞之，以左金吾將軍丘神勣爲清平道行軍大總管以討之。

沖募兵得五千餘人，欲渡河取濟州，先擊武水，武水令郭務悌詣魏州求救。莘令馬玄素將兵千七百人中道邀沖，恐力不敵，入武水，閉門拒守。沖推草車塞其南門，因風縱火焚之，欲乘火突入，火作而風回，沖軍不得進，由是氣沮。堂邑董玄寂爲沖將兵擊武水，謂人曰：「琅邪王與國家交戰，此乃反也。」沖聞之，斬玄寂以徇，衆懼而散入草澤，不可禁止，惟家僮左右數十人在。沖還走博州，戊申，至城門，爲守門者所殺，凡起兵七日而敗。丘神勣至博州，官吏素服出迎，神勣揮刃盡殺之，凡破千餘家。

越王貞聞沖起，亦舉兵於豫州，遣兵陷上蔡。九月丙辰，命左豹韜大將軍麴崇裕爲中軍大總管，岑長倩爲後軍大總管，將兵十萬以討之，又命張光輔爲諸軍節度。削貞、冲屬籍，更姓虺氏。貞聞冲敗，欲自鏁詣闕謝罪，會所署新蔡令傅延慶募得勇士二千餘人，貞乃宣言於衆曰：「琅邪已破魏、相數州，有兵二十萬，朝夕至矣。」發屬縣兵共得五千，分爲五營，使汝陽縣丞裴守德等將之，署九品以上官五百餘人。所署官皆受迫脅，莫有鬬志，惟守德與之同謀，貞以其女妻之，署大將軍，委以腹心。貞使道士及僧誦經以求事成，左右及戰士皆帶辟兵符。麴崇裕等軍至豫州城東四十里，貞遣少子規及裴守德拒戰，兵潰而歸。貞大懼，閉閤自守。崇裕等至城下，左右謂貞曰：「王豈可坐待戮辱！」貞、規、守德及其妻皆自殺，與冲皆梟首東都闕下。

初，范陽王藹遣使語貞及冲曰：「若四方諸王一時並起，事無不濟。」諸王往來相約結，未定而冲先發，惟貞狼狽應之，諸王皆不敢發，故敗。

貞之將起兵也，遣使告壽州刺史趙瓌，瓌妻常樂長公主謂使者曰：「爲我語越王，昔隋楊氏將篡周室，尉遲迥，周之甥也，猶能舉兵匡救社稷，功雖不成，威震海内，足爲忠烈。況汝諸王，先帝之子，豈得不以社稷爲心！今李氏危若朝露，汝諸王不捨生取義，尚猶豫不發，欲何須邪？禍且至矣，大丈夫當爲忠義鬼，無爲徒死也。」

及貞敗，太后欲悉誅韓、魯等諸王，命監察御史藍田蘇珦按其密狀。珦訊問，皆無明驗。或告珣與韓、魯通謀，太后召珣詰之，珣抗論不回。太后曰：「卿大雅之士，朕當別有任使，此獄不必卿也。」乃命珣於河西監軍，更使周興等按之。於是收韓王元嘉、魯王靈夔、黄公譔、常樂公主於東都，迫脅皆自殺，更其姓曰虺，親黨皆誅。

以文昌左丞狄仁傑爲豫州刺史。時治越王貞黨與，當坐者六七百家，籍没者五千口，司刑趣使行刑。仁傑密奏：「彼皆詿誤，臣欲顯奏，似爲逆人申理。知而不言，恐乖陛下仁恤之旨。」太后特原之，皆流豐州。道過寧州，寧州父老迎勞之曰：「我狄使君活汝邪？」相攜哭於德政碑下，設齋三日而後行。

時張光輔尚在豫州，將士恃功，多所求取，仁傑不之從。光輔怒曰：「州將輕元帥邪？」仁傑曰：「亂河南者一越王貞耳，今一貞死，萬貞生。」光輔詰其語，仁傑曰：「明公總兵三十萬，所誅者止於越王貞。城中聞官軍至，踰城出降者四面成蹊，明公縱將士暴掠，殺已降以爲功，流血丹野，非萬貞而何！恨不得尚方斬馬劍加於明公之頸，雖死如歸耳！」光輔不能詰，歸奏仁傑不遜，左遷復州刺史。

太后之召宗室朝明堂也，東莞公融密遣使問成均助教高子貢，子貢曰：「來必死。」融乃稱疾不赴。越王貞起兵，遣使約融，融蒼猝不能應，爲官屬所逼，執使者以聞，擢拜右贊善大夫。未幾，爲支黨所引，冬十月己亥，戮於市，籍没其家。高子貢亦坐誅。

濟州刺史薛顗、顗弟緒、緒弟駙馬都尉紹，皆與琅邪王冲通謀。〔顗〕聞冲起兵，作兵器，募人。冲敗，殺録事參軍高纂以滅口。冬十一月辛酉，顗、緒伏誅，紹以太平公主故，杖一百，餓死於獄。

十二月乙酉，司徒、青州刺史霍王元軌坐與越王連謀，廢徙黔州，載以檻車，行至陳倉而死。江都王緒、殿中監郕公裴承先皆戮於市。承先，寂之孫也。

己酉，太后拜洛受圖，皇帝、皇太子皆從，内外文武百官、蠻夷酋長各依方敘立，珍禽、奇獸、雜寶列於壇前，文物鹵簿之盛，唐興以來未之有也。

辛亥，明堂成，高二百九十四尺，方三百尺。凡三層，下層法四時，各隨方色；中層法十二辰，上爲圓蓋，九龍捧之。上層法二十四氣，亦爲圓蓋，上施鐵鳳，高一丈，飾以黄金。中有巨木十圍，上下通貫，栭櫨橕棍，藉以爲本，下施鐵渠，爲辟雍之象。號曰萬象神宫。宴賜羣臣，赦天下，縱民入觀。改河南爲合宫縣。又於明堂北起天堂五級以貯大像，至三級，則俯視明堂矣。僧懷義以功拜左威衛大將軍、梁國公。侍御史王求禮上書曰：「古之明堂，茅茨不翦，采椽不斲。今者飾以珠玉，圖以丹青，鐵鷟入雲，金龍隱霧，昔殷辛瓊臺，夏癸瑶室，無以加也。」太后不報。

永昌元年春正月乙卯朔，大饗萬象神宫，太后服衮冕，搢大珪，執鎮珪爲初獻，皇帝爲亞獻，太子爲終獻。先詣昊天上帝座，次高祖、太宗、〔高宗〕，次魏國先王，次五方帝座。太后御則天門，赦天下，改元。丁巳，太后御明堂，受朝賀。戊午，布政于明堂，頒九條以訓百官。己未，御明堂，饗羣臣。

三月壬申，太后問正字陳子昂，當今爲政之要。子昂退，上疏，以爲「宜緩刑崇德，息兵革，省賦役，撫慰宗室，各使自安」。辭婉意切，其論甚美，幾三千言。

癸酉，以天官尚書武承嗣爲納言，張光輔守内史。

夏四月甲辰，殺辰州別駕汝南王煒、連州別駕鄱陽公諲等宗室十二人，徙其家於巂州。煒，惲之子；諲，元慶之子也。己酉，殺天官侍郎藍田鄧玄挺。玄挺女爲諲妻，又與煒善。諲謀迎中宗於廬陵，以問玄挺。煒又嘗謂玄挺曰：「欲爲急計，何如？」玄挺皆不應。故坐知反不告，同誅。

諸王之起兵也，貝州刺史紀王慎獨不預謀，亦坐繫獄。秋七月丁巳，檻車徙巴州，更姓虺氏，行及蒲州而卒。八男徐州刺史東平王續等，相繼被誅，家徙嶺南。

徐敬業之敗也，弟敬真流繡州，逃歸，將奔突厥。過洛陽，洛州司馬弓嗣業、洛陽令張嗣明資遣之。至定州，爲吏所獲，嗣業縊死。嗣明、敬真多引海内知識，云有異圖，冀以免死。於是朝野之士爲所連引坐死者甚衆。嗣明誣内史張光輔，云「征豫州日，私論圖讖、天文，陰懷兩端」。八月甲申，光輔與敬真、嗣明等同誅，籍没其家。

乙未，秋官尚書太原張楚金、陝州刺史郭正一、鳳閣侍郎元萬頃、洛陽令魏元忠並免死，流嶺南。楚金等皆爲敬真所引，云與敬業通謀。臨刑，太后使鳳閣舍人王隱客馳騎傳聲赦之。聲達於市，當刑者皆喜躍讙呼，宛轉不已，元忠獨安坐自如。或使之起，元忠曰：「虚實未知。」隱客至，又使起，元忠曰：「俟宣敕已。」既宣敕，乃徐起，舞蹈再拜，竟無憂喜之色。是日陰雲四塞，既釋楚金等，天氣晴霽。

初，高宗之世，周興以河陽令召見，上欲加擢用，或奏以非清流，罷之。興不知，數於明堂俟命。諸相皆無言，地官尚書、檢校納言魏玄同時同平章事，謂之曰：「周明府可去矣。」興以爲玄同沮己，銜之。玄同素與裴炎善，時人以其終始不渝，謂之「耐久朋」。周興奏，誣玄同言：「太后老矣，不若奉嗣君爲耐久。」太后怒，閏月甲午，賜死于家。監刑御史房濟謂玄同曰：「丈人何不告密，冀得召見，可以自直。」玄同歎曰：「人殺鬼殺，亦復何殊，豈能作告密人邪！」乃就死。又殺夏官侍郎崔詧於隱處，自餘内外大臣坐死及流貶甚衆。

彭州長史劉易從亦爲徐敬真所引，戊申，就州誅之。易從爲人，仁孝忠謹，將刑於市，吏民憐其無辜，遠近奔赴，競解衣投地曰：「爲長史求冥福。」有司平準，直十餘萬。

周興等誣右武衛大將軍燕公黑齒常之謀反，徵下獄。冬十月戊午，常之縊死。

己未，殺宗室鄂州刺史嗣鄭王璥等六人。庚申，嗣滕王脩琦等六人免死，流嶺南。右衛胄曹參軍陳子昂上疏，以爲：「周頌成、康，漢稱文、景，皆以能措刑故也。今陛下之政，雖盡善矣，然太平之朝，上下樂化，不宜有亂臣賊子，日犯天誅。〔比〕者大獄增多，逆徒滋廣，愚臣頑昧，初謂皆實，乃去月十五日，陛下特察繫囚李珍等無罪，百寮慶悅，皆賀聖明，臣乃知亦有無罪之人挂於疏網者。陛下務在寬典，獄官務在急刑，以傷陛下之仁，以誣太平之政，臣竊恨之。又九月二十一日敕免楚金等死，初有風雨，變爲景雲。臣聞陰慘者刑也，陽舒者德也？聖人法天，天亦助聖，天意如此，陛下豈可不承順之哉。今又陰雨，臣恐過在獄官。凡繫獄之囚，多在極法，道路之議，或是或非，陛下何不悉召見之，自詰其罪。罪有實者顯示明刑，濫者嚴懲獄吏，使天下咸服，人知政刑，豈非至德克明哉。」

天授元年十一月，鳳閣侍郎河東宗秦客改造「天」、「地」等十二字以獻，丁亥，行之。太后自名「曌」，改詔曰制。秦客，太后從父姊之子也。乙未，司刑少卿周興奏除唐親屬籍。臘月辛未，以僧懷義爲右衛大將軍，賜爵鄂國公。

春一月戊子，武承嗣遷文昌左相，岑長倩遷文昌右相、同鳳閣鸞臺三品，鳳閣侍郎武攸寧爲納言，邢文偉守內史，左肅政大夫、同鳳閣鸞臺三品王本立罷爲地官尚書。攸寧，士襲之兄孫也。時武承嗣、三思用事，宰相皆下之。地官尚書、同鳳閣鸞臺三品韋方質有疾，承嗣、三思往問之，方質據牀不爲禮。或諫之，方質曰：「死生有命，大丈夫安能曲事近戚以求苟免乎！」尋爲周興等所構，甲午，流儋州，籍沒其家。

醴泉人侯思止始以賣餅爲業，後事游擊將軍高元禮爲僕，素詭譎無賴。恒州刺史裴貞杖一判司，判司使思止告貞與舒王元名謀反，秋七月辛巳，元名坐廢，徙和州，壬午，殺其子豫章王亶，貞亦族滅。擢思止爲游擊將軍。時告密者往往得五品，思止求爲御史，太后曰：「卿不識字，豈堪御史。」對曰：「獬豸何嘗識字，但能觸邪耳。」太后悅，即以爲朝散大夫、侍御史。他日，太后以先所籍沒宅賜之，思止不受，曰：「臣惡反逆之人，不願居其宅。」太后益賞之。

衡水人王弘義，素無行，嘗從鄰舍乞瓜，不與，乃告縣官：「瓜田中有白兔。」縣官使人搜捕，蹂踐瓜田立盡。又遊趙、貝，見閭里耆老作邑齋，遂告以謀反，殺二百餘人。擢授游擊將軍，俄遷殿中侍御史。或告勝州都督王安仁謀反，敕弘義按之。安仁不服，弘義即於枷上刎其首。又捕其子，適至，亦刎其首，函之以歸。道過汾州，司馬毛公與之對食，須臾，叱毛公下階，斬之，槍揭其首入洛，見者無不震栗。時置制獄於麗景門內，入是獄者，非死不出，弘義戲呼爲「例竟門」。朝士人人自危，相見莫敢交言，道路以目。或因入朝密遭掩捕，每朝，輒與家人訣曰：「未知復相見否？」

時法官競爲深酷，唯司刑丞徐有功、杜景儉獨存平恕，被告者皆曰：「遇來、侯必死，遇徐、杜必生。」有功，文遠之孫也，名弘敏，以字行。初爲蒲州司法，以寬爲治，不施敲扑。吏相約有犯徐司法杖者，衆共斥之。迨官滿，不杖一人，職事亦修。累遷司刑丞，酷吏所誣構者，有功皆爲直之，前後所活數十百家。嘗廷爭獄事，太后厲色詰之，左右爲戰栗，有功神色不撓，争之彌切。太后雖好殺，知有功正直，甚敬憚之。景儉，武邑人也。司刑丞滎陽李日知亦尚平恕，少卿胡元禮欲殺一囚，日知以爲不可，往復數四，元禮怒曰：「元禮不離刑曹，此囚終無生理！」日知曰：「日知不離刑曹，此囚終無死法！」竟以兩狀列上，日知果直。

東魏國寺僧法明等撰大雲經四卷，表上之，言太后乃彌勒佛下生，當代唐爲閻浮提主，制頒於天下。

武承嗣使周興羅告隋州刺史澤王上金、舒州刺史許王素節謀反，徵詣行在。素節發舒州，聞遭喪哭者，歎曰：「病死何可得，乃更哭邪！」丁亥，至龍門，縊殺之。上金自殺。悉誅其諸子及支黨。

八月甲寅，殺太子少保、納言裴居道。癸亥，殺尚書左丞張行廉。辛未，殺南安王潁等宗室十二人，又鞭殺故太子賢二子，唐之宗室於是殆盡矣，其幼弱存者亦流嶺南，又誅其親黨數百家。惟千金長公主以巧媚得全，自請爲太后女，仍改姓武氏，太后愛之，更號延安大長公主。

九月丙子，侍御史汲人傅遊藝帥關中百姓九百餘人詣闕上表，請改國號曰周，賜皇帝姓武氏。太后不許，擢遊藝爲給事中。於是百官及帝室宗戚、遠近百姓、四夷酋長、沙門道士合六萬餘人，俱上表如遊藝所請，皇帝亦上表自請賜姓武氏。戊寅，羣臣上言：「有鳳皇自明堂飛入上陽宮，還集左臺梧桐之上，久之飛東南去，及赤雀數萬集朝堂。」

庚辰，太后可皇帝及羣臣之請。壬午，御則天樓，赦天下，以唐爲周，改元。乙酉，上尊號曰聖神皇帝，以皇帝爲皇嗣，賜姓武氏，以皇太子爲皇孫。丙戌，立武氏七廟于神都，追尊周文王曰始祖文皇帝，妣姒氏曰文定皇后；平王少子武曰睿祖康皇帝，妣姜氏曰康惠皇后；太原靖王曰嚴祖成皇帝，妣曰成莊皇后；趙肅恭王曰肅祖章敬皇帝，魏義康王曰烈祖昭安皇帝，周安成王曰顯祖文穆皇帝，忠孝太皇曰太祖孝明高皇帝，妣皆如考謚，稱皇后。立武承嗣爲魏王，三思爲梁王，攸寧爲建昌王，士彠兄孫攸歸、重規、載德、攸暨、懿宗、嗣宗、攸宜、攸望、攸緒、攸止皆爲郡王，諸姑姊皆爲長公主。

又以司賓卿溧陽史務滋爲納言，鳳閣侍郎宗秦客檢校内史，給事中傅遊藝爲鸞臺侍郎、平章事。遊藝與岑長倩、右玉鈐衛大將軍張虔勗、左金吾大將軍丘神勣、侍御史來子珣等並賜姓武。秦客潛勸太后革命，故首爲内史。遊藝期年之中歷衣青、緑、朱、紫，時人謂之「四時仕宦」。敕改州爲郡。或謂太后曰：「陛下始革命而廢州，不祥。」太后遽追止之。命史務滋等十人存撫諸道。癸卯，太后立兄孫延基等六人爲郡王。

冬十月甲子，檢校内史宗秦客坐贓貶遵化尉，弟楚客、晉卿亦以姦贓流嶺外。丁卯，殺流人韋方質。壬申，敕兩京諸州各置大雲寺一區，藏大雲經，使僧升高座講解，其撰疏僧雲宣等九人皆賜爵縣公，仍賜紫袈裟、銀龜袋。制天下武氏咸蠲課役。

道州刺史李行褒兄弟爲酷吏所陷，當族，秋官郎中徐有功固争不能得。秋官侍郎周興奏「有功故出反囚，當斬」，太后雖不許，亦免有功官。然太后雅重有功，久之，復起爲侍御史。有功伏地流涕固辭曰：「臣聞鹿走山林而命懸庖廚，勢使之然也。陛下以臣爲法官，臣不敢枉陛下法，必死是官矣。」太后固授之，遠近聞者相賀。

二年（春）正月癸酉朔，太后始受尊號于萬象神宫，旗幟尚赤。甲戌，改置社稷於神都。辛巳，納武氏神主于太廟。唐太廟之在長安者更命曰享德廟，四時唯享高祖已下三廟，餘四室皆閉不享。又改長安崇先廟爲崇尊廟。乙酉，日南至，大享明堂，祀昊天上帝，百神從祀，武氏祖宗配享，唐三帝亦同配。

御史中丞知大夫事李嗣真以酷吏縱横，上疏，以爲：「今告事紛紜，虛多實少，恐有凶慝陰謀離間陛下君臣。古者獄成，公卿參聽，王必三宥然後行刑。比日獄官單車奉使，推鞫既定，法家依斷，不令重推，或臨時專決，不復聞奏。如此，則權由臣下，非審慎之法，儻有冤濫，何由可知！況以九品之官，專命推覆，操生殺之柄，竊人主之威，案覆既不在秋官，省審復不由門下，國之利器，輕以假人，恐爲社稷之禍。」太后不聽。

侍御史來子珣誣尚衣奉御劉行感兄弟謀反，皆坐誅。

春一月，地官尚書武思文及朝集使二千八百人表請封中嶽。己亥，廢唐興寧永康隱陵署官，唯量置守户。左金吾大將軍丘神勣以罪誅。納言史務滋與來俊臣同鞫劉行感獄，俊臣奏「務滋與行感親密，意欲寢其反狀」。太后命俊臣并推之。庚子，務滋恐懼，自殺。

或告文昌右丞周興與丘神勣通謀，太后命來俊臣鞫之。俊臣與興方推事對食，謂興曰：「囚多不承，當爲何法？」興曰：「此甚易耳，取大甕，以炭四周炙之，令囚入中，何事不承！」俊臣乃索大甕，火圍如興法，因起謂興曰：「有内狀推兄，請兄入此甕。」興惶恐叩頭服罪。法當死，太后原之，二月，流興嶺南，在道，爲仇家所殺。

興與索元禮、來俊臣競爲暴刻，興、元禮所殺各數千人，俊臣所破千餘家。元禮殘酷尤甚，太后亦殺之，以慰人望。

徙左衛大將軍千乘王武攸暨爲定王。立故太子賢之子光順爲義豐王。

甲子，太后命始祖墓曰德陵，睿祖墓曰喬陵，嚴祖墓曰節陵，肅祖墓曰簡陵，烈祖墓曰靖陵，顯祖墓曰永陵。改章德陵爲昊陵，顯義陵爲順陵。

夏四月癸卯，制以釋教開革命之階，升於道教之上。

命建安王攸宜留守長安。

秋八月庚申，殺玉鈐衛大將軍張虔勗。來俊臣鞫虔勗獄，虔勗自訟於徐有功。俊臣怒，命衛士以刀亂斫殺之，梟首于市。

義豐王光順、嗣雍王守禮、永安王守義、長信縣主等皆賜姓武氏，與睿宗諸子皆幽閉宮中，不出門庭者十餘年。守禮、守義，光順之弟也。

或告地官尚書武思文初與徐敬業通謀。甲子，流思文於嶺南，復姓徐氏。

九月乙亥，殺岐州刺史雲弘嗣。來俊臣鞫之，不問一款，先斷其首，乃僞立文案奏之。其殺張虔勗亦然。敕旨皆依，海内鉗口。

鸞臺侍郎、同平章〔事〕傅遊藝夢登湛露殿，以語所親，所親告之。壬辰，下獄，自殺。

先是，鳳閣舍人脩武張嘉福使洛陽人王慶之等數百人上表，請立武承嗣爲皇太子。文昌右相、同鳳閣鸞臺三品岑長倩以皇嗣在東宮，不宜有此議，奏請切責上書者，告示令散。太后又問地官尚書、同平章事格輔元，輔元固稱不可。由是大忤諸武意，故斥長倩令西征吐蕃，未至，徵還，下制獄。承嗣又譖輔元。來俊臣又脅長倩子靈原，令引司禮卿兼判納言事歐陽通等數十人，皆云同反。通爲俊臣所訊，五毒備至，終無異詞，俊臣乃詐爲通款。冬十月己酉，長倩、輔元、通等皆坐誅。

王慶之見太后，太后曰：「皇嗣我子，奈何廢之？」對曰：「神不歆非類，民不祀非族。今誰有天下，而以李氏爲嗣乎？」太后諭遣之。慶之伏地，以死泣請，不去，太后乃以印紙遺之曰：「欲見我，以此示門者。」自是慶之屢求見，太后頗怒之，命鳳閣侍郎李昭德賜慶之杖。昭德引出光政門外，以示朝士曰：「此賊欲廢我皇嗣，立武承嗣。」命撲之，耳目皆血出，然後杖殺之，其黨乃散。

昭德因言於太后曰：「天皇，陛下之夫，皇嗣，陛下之子。陛下身有天下，當傳之子孫爲萬代業，豈得以姪爲嗣乎？自古未聞姪爲天子而爲姑立廟者也。且陛下受天皇顧託，若以天下與承嗣，則天皇不血食矣。」太后亦以爲然。昭德，乾祐之子也。

壬辰，殺鸞臺侍郎同平章事樂思晦、右衛將軍李安靜。安靜，綱之孫也。太后將革命，王公百官皆上表勸進，安靜獨正色拒之。及下制獄，來俊臣詰其反狀，安靜曰：「以我唐家老臣，須殺即殺，若問謀反，實無可對。」俊臣竟殺之。

長壽元年春一月丁卯，太后引見存撫使所舉人，無問賢愚，悉加擢用，高者試鳳閣舍人、給事中，次試員外郎、侍御史、補闕、拾遺、校書郎。試官自此始。時人爲之語曰：「糊心存撫使，眯目聖神皇。」爲御史紀先知所擒，劾其誹謗朝政，請杖之朝堂，然後付法。太后笑曰：「但使卿輩不濫，何恤人言！宜釋其罪。」先知大慚。太后雖濫以祿位收天下人心，然不稱職者尋亦黜之，或加刑誅。挾刑賞之柄以駕御天下，政由己出，明察善斷，故當時英賢亦競爲之用。

寧陵丞廬江郭霸以諂諛干太后，拜監察御史。中丞魏元忠病，霸往問之，因嘗其糞，喜曰：「大夫糞甘則可憂；今苦，無傷也。」元忠大惡之，遇人輒告之。

戊辰，以夏官尚書楊執柔同平章事。執柔，恭仁弟之孫也，太后以外族用之。

左臺中丞來俊臣羅告同平章事任知古、狄仁傑、裴行本、司農卿裴宣禮、前文昌左丞盧獻、御史中丞魏元忠、潞州刺史李嗣真謀反。先是，來俊臣奏請降敕，一問即承反者得減死。及知古等下獄，俊臣以此誘之。仁傑對曰：「大周革命，萬物惟新，唐室舊臣，甘從誅戮。反是實。」俊臣乃少寬之。判官王德壽謂仁傑曰：「尚書定減死矣。德壽業受驅策，欲求少階級，煩尚書引楊執柔，可乎？」仁傑曰：「皇天后土遣狄仁傑爲如此事！」以頭觸柱，血流被面，德壽懼而謝之。

侯思止鞫魏元忠，元忠辭氣不屈。思止怒，命倒曳之。元忠曰：「我薄命，譬如墜驢，足絓於鐙，爲所曳耳。」思止愈怒，更曳之。元忠曰：「侯思止，汝若須魏元忠頭則截取，何必使承反也！」

狄仁傑既承反，有司待報行刑，不復嚴備。仁傑裂衾帛書冤狀，置綿衣中，謂王德壽曰：「天時方熱，請授家人去其綿。」德壽許之。仁傑子光遠得書，持之稱變，得召見。則天覽之，以問俊臣，對曰：「仁傑等下獄，臣未嘗褫其巾帶，寢處甚安，苟無事實，安肯承反。」太后使通事舍人周綝往視之。俊臣暫假仁傑等巾帶，羅立於西，使綝視之。綝不敢視，惟東顧唯諾而已。俊臣又詐爲仁傑等謝死表，使綝奏之。

樂思晦男未十歲，没入司農，上變，得召見。太后問狀，對曰：「臣父已死，臣家已破，但惜陛下法，爲俊臣等所弄。陛下不信臣言，乞擇朝臣之忠清、陛下素所信任者，爲反狀以付俊臣，無不承反矣。」太后意稍寤，召見仁傑等問曰：「卿承反何也？」對曰：「不承則已死於拷掠矣。」太后曰：「何爲作謝死表？」對曰：「無之。」出表示之，乃知其詐，於是出此七族。庚午，貶知古江夏令，仁傑彭澤令，宣禮夷陵令，元忠涪陵令，獻西鄉令。流行本、嗣真于嶺南。俊臣與武承嗣等固請誅之，太后不許。俊臣乃獨稱行本罪

「明主有更生之恩，俊臣不能將順，虧損恩信。」

尤重，請誅之。秋官郎中徐有功駁之，以爲：

殿中侍御史貴鄉霍獻可，宣禮之甥也，言於太后曰：「陛下不殺裴宣禮，臣請隕命於前。」以頭觸殿階，血流霑地，以示爲人臣不私其親。太后皆不聽。獻可常以緑帛裹其傷，微露之於幞頭下，冀太后見之以爲忠。

來俊臣求金於左衛大將軍泉獻誠，不得，誣以謀反，下獄，乙亥，縊殺之。

夏六月辛亥，萬年主簿徐堅上疏，以爲：「書有五聽之道，令著三覆之奏。竊見比有敕推按反者，令使者得實，即行斬決。人命至重，死不再生，萬一懷枉，吞聲赤族，豈不痛哉！此不足肅姦逆而明典刑，適所以長威福而生疑懼。臣望絶此處分，依法覆奏。又，法官之任，宜加簡擇，有用法寬平，爲百姓所稱者，願親而任之；有處事深酷，不允人望者，願疏而退之。」堅，齊聃之子也。

夏官侍郎李昭德密言於太后曰：「魏王承嗣權太重。」太后曰：「吾姪也，故委以腹心。」昭德曰：「姪之於姑，其親何如子之於父？〔子〕猶有篡弑其父者，况姪乎！今承嗣既陛下之姪，爲親王，又爲宰相，權侔人主，臣恐陛下不得久安天位也。」太后矍然曰：「朕未之思。」秋七月戊寅，以文昌左相、同鳳閣鸞臺三品武承嗣爲特進，納言武攸寧爲冬官尚書，夏官尚書、同平章事楊執柔爲地官尚書，並罷政事。承嗣亦毁昭德於太后，太后曰：「吾任昭德，始得安眠，此代吾勞，汝勿言也。」

是時，酷吏恣横，百官畏之側足，昭德獨廷奏其姦。太后好祥瑞，有獻白石赤文者，執政詰其異，對曰：「以其赤心。」昭德怒曰：「此石赤心，他石盡反邪！」左右皆笑。襄州人胡慶以丹漆書龜腹，曰「天子萬萬年」，詣闕獻之。昭德以刀刮盡，奏請付法。太后曰：「此心亦無惡。」命釋之。太后習貓，使與鸚鵡共處。出示百官，傳觀未遍，貓飢，搏鸚鵡食之，太后甚慚。

太后自垂拱以來，任用酷吏，先誅唐宗室、貴戚數百人，次及大臣數百家，其刺史、郎將以下不可勝數。每除一官，户婢竊相謂曰：「鬼朴又來矣。」不旬月，輒遭掩捕，族誅。監察御史朝邑嚴善思公直敢言。時告密者不可勝數，太后亦厭其煩，命善思按問，引虚伏罪者八百五十餘人，羅織之黨爲之不振，乃相與共構陷善思，坐流驩州。太后知其枉，尋復召爲渾儀監丞。善思名譔，以字行。

右補闕新鄭朱敬則，以太后本任威刑以禁異議，今既革命，衆心已定，宜省刑尚寬，乃上疏，以爲：「李斯相秦，用刻薄變詐以屠諸侯，不知易之以寬和，卒至土崩，此不知變之禍也。漢高祖定天下，陸賈、叔孫通説之以禮義，傳世十二，此知變之善也。自文明草昧，天地屯蒙，三叔流言，四凶（稱）〔構〕難，不設鉤距，無以應天順人，不切刑名，不可摧姦息暴。故置神器，開告端，曲直之影必呈，包藏之心盡露，神道助直，無罪不除，蒼生晏然，紫宸易主。然而急趨無善迹，促柱少和聲，向時之妙策，乃當今之芻狗也。伏願覽秦、漢之得失，考時事之合宜，審糟粕之可遺，覺蘧廬之須毁，去萋菲之牙角，頓姦險之鋒芒，窒羅織之源，掃朋黨之迹，使天下蒼生坦然大悦，豈不樂哉！」太后善之，賜帛三百段。

侍御史周矩上疏曰：「推劾之吏皆相矜以虐，泥耳籠頭，枷研楔轂，摺膺籤爪，懸髮薰耳，號曰『獄持』。或累日節食，連宵緩問，晝夜摇撼，使不得眠，號曰『宿囚』。此等既非木石，且救目前，苟求賒死。臣竊聽輿議，皆稱『天下太平，何苦須反』。豈被告者盡是英雄，欲求帝王邪？但不勝楚毒自誣耳。願陛下察之。今滿朝側息不安，皆以爲陛下朝與之密，夕與之讎，不可保也。周用仁而昌，秦用刑而亡。願陛下緩刑用仁，天下幸甚。」太后頗采其言，制獄稍衰。

太后春秋雖高，善自塗澤，雖左右不覺其衰。丙戌，敕以齒落更生，九月庚子，御則天門，赦天下，改元。更以九月爲社。

二年（春）正月壬辰朔，太后享萬象神宫，以魏王承嗣爲亞獻，梁王三思爲終獻。太后自制神宫樂，用舞者九百人。

户婢團兒爲太后所寵信，有憾於皇嗣，乃譖皇嗣妃劉氏、德妃竇氏爲厭呪。癸巳，妃與德妃朝太后於嘉豫殿，既退，同時殺之，瘞於宫中，莫知所在。德妃，抗之曾孫也。皇嗣畏忤旨，不敢言，居太后前，容止自如。團兒復欲害皇嗣，有言其情於太后者，太后乃殺團兒。

是時，告密者皆誘人奴婢告其主，以求功賞。德妃父孝諶爲潤州刺史，有奴妄爲妖異以恐德妃母龐氏。龐氏懼，奴請夜祠禱解，因發其事，下監察御史龍門薛季昶按之。季昶誣奏，以爲與德妃同祝詛，先涕泣不自勝，乃言曰：「龐氏所爲，臣子所不忍道。」太后擢季昶爲給事中。龐氏當斬，其子希瑊詣侍御史徐有功訟冤，有功牒所司停刑，上奏論之，以爲無罪。季昶奏：「有功阿黨惡逆，請付法。」法司處有功罪當絞。令史以白有功，有功歎曰：「豈我獨死，諸人永不死邪！」既食，掩扇而寢。人以有功苟自强，必内憂懼，密伺之，方熟寢。太后召有功，迎謂曰：「卿比按獄，失出何多？」對曰：「失出，人臣之小過；好生，聖人之大德。」太后默然。自是龐氏得減死，與其三子皆流嶺南，孝諶貶羅州司馬，有功亦除名。

臘月丁卯，降皇孫成器爲壽春王，恒王成義爲衡陽王，楚王隆基爲臨淄王，衛王隆範爲巴陵王，趙王隆業爲彭城王，皆睿宗之子也。

春(二)〔一〕月甲寅，前尚方監裴匪躬、内常侍范雲仙坐私謁皇嗣，腰斬於市。自是公卿以下皆不得見。又有告皇嗣潛有異謀者，太后命來俊臣鞫其左右，左右不勝楚毒，皆欲自誣。太常工人京兆安金藏大呼謂俊臣曰：「公既不信金藏之言，請剖心以明皇嗣不反。」即引佩刀自剖其胸，五藏皆出，流血被地。太后聞之，令轝入宫中，使醫内五藏，以桑皮線縫之，傅以藥，經宿始蘇。太后〔親〕臨(朝)視之，歎曰：「吾有子不能自明，使汝至此！」即命俊臣停推，睿宗由是得免。

或告嶺南流人謀反，太后遣司刑評事萬國俊攝監察御史就按之。國俊至廣州，悉召流人，矯制賜自盡。流人號呼不服，國俊驅就水曲，盡斬之，一朝殺三百餘人。然後詐爲反狀，還奏，因言：「諸道流人亦必有怨望謀反者，不可不早誅。」太后喜，擢國俊爲朝散大夫，行侍御史。更遣右翊衛兵曹參軍劉光業、司刑評事王德壽、苑南面監丞鮑思恭、尚輦直長王大貞、右武威衛兵曹參軍屈貞筠皆攝監察御史，詣諸道按流人。光業等以國俊多殺蒙賞，争效之，光業殺七百人，德壽殺五百人，自餘少者不減百人，其遠年雜犯流人亦與之俱斃。太后頗知其濫，制六道流人未死者，并家屬皆聽還鄉里。國俊等亦相繼死，或得罪流竄。

來俊臣誣冬官尚書蘇幹，云在魏州與琅邪王冲通謀，夏四月乙未，殺之。

秋九月，魏王承嗣等五千人表請加尊號曰金輪聖神皇帝。乙未，太后御萬象神宫，受尊號，赦天下。作金輪等七寶，每朝會，陳之殿庭。庚子，追尊昭安皇帝曰渾元昭安皇帝，文穆皇帝曰立極文穆皇帝，孝明高皇帝曰無上孝明高皇帝，皇后從帝號。

延載元年夏五月，魏王承嗣等二萬六千餘人上尊號曰越古金輪聖神皇帝。甲午，御則天門樓，受尊號，赦天下，改元。

河内有老尼居神都麟趾寺，與嵩山人韋什方等以妖妄惑衆。尼自號淨光如來，云能知未然。什方自云吴赤烏元年生。又有老胡亦自言五百歲，云見薛師已二百年矣，容貌愈少。太后甚信重之，賜什方姓武氏。秋七月癸未，以什方爲正諫大夫、同平章事，制云「邁軒代之廣成，逾漢朝之河上」。八月，什方乞還山，制罷遣之。

武三思帥四夷酋長請鑄銅鐵爲天樞，立於端門之外，銘紀功德，黜唐頌周，以姚璹爲督作使。諸胡聚錢百萬億，買銅鐵不能足，賦民間農器以足之。

九月，殿中丞來俊臣坐贓，貶同州參軍。王弘義流瓊州，詐稱敕追還，至漢北，侍御史胡元禮遇之，按驗，得其姦狀，杖殺之。

内史李昭德恃太后委遇，頗專權使氣，人多疾之。前魯王府功曹參軍丘愔上疏攻之，其略曰：「陛下天授以前，萬機獨斷。自長壽以來，委任昭德，參奉機密，獻可替否。事有便利，不預咨謀，要待晝日將行，方乃別生駮異。揚露專擅，顯示於人，歸美引愆，義不如此。」又曰：「臣觀其膽，乃大於身，鼻息所衝，上拂雲漢。」又曰：「蟻穴壞堤，針芒寫氣，權重一去，收之極難。」長上果毅鄧注又著石論數千言，述昭德專權之狀。鳳閣舍人逄弘敏取奏之，太后由是惡昭德。壬寅，貶昭德爲南賓尉，尋又免死流竄。

天册萬歲元年（春）正月辛巳朔，太后加號慈氏越古金輪聖神皇帝，赦天下，改元證聖。周允元與司刑少卿皇甫文備奏内史豆盧欽望、同平章事韋巨源、杜景儉、蘇味道、陸元方附會李昭德，不能匡正。欽望貶趙州，巨源貶麟州，景儉貶溱州，味道貶集州，元方貶綏州刺史。

初，明堂既成，太后命僧懷義作夾紵大像，其小指中猶容數十人，於明堂北構天堂以貯之。堂始構，爲風所摧，更構之，日役萬人，采木江、嶺，數年之間，所費以萬億計，府藏爲之耗竭。懷義用財如糞土，太后一聽之，無所問。每作無遮會，用錢萬緡，士女雲集，又散錢十車，使之争拾，相蹈踐有死者。所在公私田宅，多爲僧有。懷義頗厭入宫，多居白馬寺，所度力士爲僧者滿千人。侍御史周矩疑有姦謀，固請按之。太后曰：「卿姑退，朕即令往。」矩至臺，懷義亦至，乘馬就階而下，坦腹於牀。矩召吏將按之，遽躍馬而去。矩具奏其狀，太后曰：「此道人病風，不足詰，所度僧，惟卿所處。」悉流遠州，遷矩天官員外郎。

乙未，作無遮會於朝堂，鑿地爲阬，深五丈，結綵爲宮殿，佛像皆於阬中引出之，云自地涌出。又殺牛取血，畫大像首，高二百尺，云懷義刺膝血爲之。丙申，張像於天津橋南，設齋。時御醫沈南璆亦得幸於太后，懷義心慍，是夕，密燒天堂，延及明堂，火照城中如晝，比明皆盡，暴風裂血像爲數百段。太后恥而諱之，但云內作工徒誤燒麻主，遂涉明堂。時方酺宴，左拾遺劉承慶請輟朝停酺，以答天譴。太后將從之，姚璹曰：「昔成周宣榭，卜代愈隆，漢武建章，盛德彌永。今明堂布政之所，非宗廟也，不應自貶損。」太后乃御端門，觀酺如平日。命更造明堂、天堂，仍以懷義充使。又鑄銅爲九州鼎及十二神，皆高一丈，各置其方。

先是，河內老尼晝食一麻一米，夜則烹宰宴樂，畜弟子百餘人，淫穢靡所不爲。武什方自言能合長年藥，太后遣乘驛於嶺南采藥。及明堂火，尼入唁太后，太后怒叱之曰：「汝常言能前知，何以不言明堂火？」因斥還河內，弟子及老胡等皆逃散。又有發其姦者，太后乃復召尼還麟趾寺，弟子畢集，敕給使掩捕，盡獲之，皆沒爲官婢。什方還，至偃師，聞事露，自絞死。

庚子，以明堂火告廟，下制求直言。劉承慶上疏，以爲：「火發既從麻主，後及總章所營佛舍，恐勞無益，請罷之。又，明堂所以統和天人，一旦焚毁，臣下何心猶爲酺宴！憂喜相争，傷於情性。又，陛下垂制博訪，許陳至理，而左史張鼎以爲『今既火流王屋，彌顯大周之祥』。通事舍人逢敏奏稱『彌勒成道時有天魔燒宫，七寶臺須臾散壞』。斯實諂妄之邪言，非君臣之正論。伏願陛下乾乾翼翼，無戾天人之心而興不急之役，則兆人蒙賴，福禄無窮。」

獲嘉主簿彭城劉知幾表陳四事，其一，以爲：「皇業權輿，天地開闢，嗣君即位，黎元更始，則時藉非常之慶，以申再造之恩。今六合清晏而赦令不息，近則一年再降，遠則每歲無遺，至於違法悖禮之徒，無賴不仁之輩，編户則寇攘爲業，當官則贓賄是求。而元日之朝，指期天澤，重陽之節，佇降皇恩，如其忖度，咸果釋免。或有名垂結正，罪將斷决，竊行貨賄，方便規求，故致稽延，畢霑寬宥。用使俗多頑悖，時罕廉隅，爲善者不預恩光，作惡者獨承徼幸。古語曰『小人之幸，君子之不幸』，斯之謂也。望陛下而今而後，頗節於赦，使黎氓知禁，姦宄肅清。」其二，以爲：「海内具僚九品以上，每歲逢赦，必賜階勳。至於朝野宴集，公私聚會，緋服衆於青衣，象板多於木笏。皆榮非德舉，位罕才升，不知何者爲妍蚩，何者爲美惡。臣望自今以後，稍息私恩，使有善者逾效忠勤，無才者咸知勉勵。」其三，以爲：「陛下臨朝踐極，取士太廣，六品以下職事清官，遂乃方之土芥，比之沙礫，若遂不加沙汰，臣恐有穢皇風。」其四，以爲：「今之牧伯，遷代太速，倏來忽往，蓬轉萍流，既懷苟且之謀，何暇循良之政！望自今刺史非三歲以上不可遷官，仍明察功過，尤甄賞罰。」疏奏，太后頗嘉之。是時官爵易得而法網嚴峻，故人競爲趨進而多陷刑戮，知幾乃著思慎賦以刺時見志焉。

春二月，僧懷義益驕恣，太后惡之。既焚明堂，心不自安，言多不順。太后密選宮人多力者百餘人以防之。壬子，執之於瑤光殿前樹下，使建昌王武攸寧帥壯士毆殺之，送尸白馬寺，焚之以造塔。

甲子，太后去「慈氏越古」之號。

夏四月，天樞成，高一百五尺，徑十二尺，八面，各徑五尺。下爲鐵山，周百七十尺，以銅爲蟠龍、麒麟縈繞之。上爲騰雲承銅盤，徑三丈，四龍人立捧火珠，高一丈。工人毛婆羅造模，武三思爲文，刻百官及四夷酋長名，太后自書其榜曰「大周萬國頌德天樞」。

秋九月甲寅，太后合祭天地於南郊，加號天册金輪大聖皇帝，赦天下，改元。

萬歲通天元年春一月，改長安崇尊廟爲太廟。三月丁巳，新明堂成，高二百九十四尺，方三百尺，規模率小於舊。上施金塗鐵鳳，高二丈，後爲大風所損，更爲銅火珠，羣龍捧之。號曰通天宮。赦天下，改元萬歲通天。

太后思徐有功用法平，擢拜左臺殿中侍御史，遠近聞者無不相賀。鹿城主簿宗城潘好禮著論，稱有功蹈道依仁，固守誠節，不以貴賤死生易其操履。設客問曰：「徐公於今誰與爲比？」主人曰：「四海至廣，人物至多，或匿迹韜光，僕不敢誣，若所聞見，則一人而已，當於古人中求之。」客曰：「何如張釋之？」主人曰：「釋之所行者甚易，徐公所行者甚難，難易之間，優劣見矣。張公逢漢文之時，天下無事，至如盜高廟玉環及渭橋驚馬，守法而已，豈不易哉。徐公逢革命之秋，屬惟新之運，唐朝遺老或包藏禍心，使人主有疑。如周興、來俊臣，乃堯年之四凶也，崇飾惡言以誣盛德。而徐公守死善道，深相明白，幾陷囹圄，數挂網羅。此吾子所聞，豈不難哉。」客曰：「使爲司刑卿，乃得展其才矣。」主人曰：「吾子徒見徐公用法平允，謂可置司刑。僕覩其人，方寸之地，何所不容，若其用之，何事不可，豈直司刑而已哉！」

神功元年。箕州刺史劉思禮學相人於術士張憬藏，憬藏謂思禮當歷箕州，位至太師。思禮念太師人臣極貴，非佐命無以致之，乃與洛州録事參軍綦連耀謀反，陰結朝士，託相術許人富貴，俟其意悦，因説以「綦連耀有天命，公必因之以得富貴」。鳳閣舍人王勮兼天官侍郎事，用思禮爲箕州刺史。明堂尉河南吉頊聞其謀，以告合宫尉來俊臣，使上變告之。太后使河内王武懿宗推之。懿宗令思禮廣引朝士，許免其死，凡小忤意者〔皆〕引之。

於是思禮引鳳閣侍郎同平章事李元素、夏官侍郎同平章事孫元亨、知天官侍郎事石抱忠、劉奇，給事中周譒及王勔兄涇州刺史勔、弟監察御史助等，凡三十六家，皆海内名士，窮楚毒以成其獄。壬戌，皆族誅之，親舊連坐流竄者千餘人。初，懿宗寬思禮於外，使誣引諸人。諸人既誅，然後收思禮，思禮始悔之。懿宗自天授以來，太后數使之鞫獄，喜誣陷人，時人以爲周、來之亞。

來俊臣欲擅其功，復羅告吉頊，頊上變，得召見，僅免。俊臣由是復用，而頊亦以此得進。俊臣黨人羅告司刑府史樊惎謀反，誅之。惎子訟冤於朝堂，無敢理者，乃援刀自刳其腹。秋官侍郎上邽劉如璿見之，竊嘆而泣。俊臣奏如璿黨惡逆，下獄，處以絞刑，制流瀼州。

尚乘奉御張易之，行成之族孫也，年少，美姿容，善音律。太平公主薦易之弟昌宗入侍禁中，昌宗復薦易之，兄弟皆得幸於太后，常傅朱粉，衣錦繡。昌宗累遷散騎常侍，易之爲司衛少卿。拜其母韋氏、臧氏爲太夫人，賞賜不可勝紀，仍敕鳳閣侍郎李迥秀爲臧氏私夫。迥秀，大亮之族孫也。武承嗣、三思、懿宗、宗楚客、晉卿皆候易之門庭，争執鞭轡，謂易之爲五郎，昌宗爲六郎。

右司郎中馮翊喬知之有美妾曰碧玉，知之爲之不昏。武承嗣借以教諸姬，遂留不還。

知之作緑珠怨詩以寄之，碧玉赴井死。承嗣得詩於裙帶，大怒，諷酷吏羅告，族誅之。

司僕少卿來俊臣，倚勢貪淫，士民妻妾有美者，百方取之。或使人羅告其罪，矯稱敕以取其妻，前後羅織誅人，不可勝計。自宰相以下，籍其姓名而取之。自言才比石勒。監察御史李昭德素惡俊臣，又嘗庭辱秋官侍郎皇甫文備，二人共誣昭德謀反，下獄。

俊臣欲羅告武氏諸王及太平公主，又欲誣皇嗣及廬陵王與南北牙同反，冀因此盜國權。河東人衛遂忠告之，諸武及太平公主恐懼，共發其罪，繫獄，有司處以極刑。太后欲赦之，奏上，三日不出。王及善曰：「俊臣凶狡貪暴，國之元惡，不去之，必動揺朝廷。」太后遊苑中，吉頊執轡，太后問以外事，對曰：「外人唯怪來俊臣奏不下。」太后曰：「俊臣有功於國，朕方思之。」頊曰：「于安遠告虺貞反，既而果反，今止爲成州司馬。俊臣聚結不逞，誣構良善，贓賄如山，冤魂塞路，國之賊也，何足惜哉！」太后乃下其奏。

丁卯，昭德、俊臣同棄市，時人無不痛昭德而快俊臣。仇家爭噉俊臣之肉，斯須而盡，抉眼剥面，披腹出心，騰蹋成泥。太后知天下惡之，乃下制數其罪惡，且曰：「宜加赤族之誅，以雪蒼生之憤，可準法籍没其家。」士民皆相賀於路曰：「自今眠者背始帖席矣。」

俊臣以告綦連耀功，賞奴婢十人。俊臣閲司農婢，無可者，以西突厥可汗斛瑟羅家有細婢，善歌舞，欲得以爲賞口，乃使人誣告斛瑟羅反。諸酋長詣闕割耳剺面訟冤者數千人，會俊臣誅，乃得免。

俊臣方用事，選司受其屬請不次除官者，每銓數百人。俊臣敗，侍郎皆自首。太后責之，對曰：「臣負陛下，死罪！臣亂國家法，罪止一身，違俊臣語，立見滅族。」太后乃赦之。

上林令侯敏素諂事俊臣，其妻董氏諫之曰：「俊臣國賊，指日將敗，君宜遠之。」敏從之。俊臣怒，出爲武龍令。敏欲不往，妻曰：「速去勿留。」俊臣敗，其黨皆流嶺南，敏獨得免。

太后徵于安遠爲尚食奉御，擢吉頊爲右肅政中丞。

夏六月，以檢校夏官侍郎宗楚客同平章事。

戊子，特進武承嗣、春官尚書武三思並同鳳閣鸞臺三品。

秋七月，武承嗣、武三思並罷政事。

九月甲寅，太后謂侍臣曰：「頃者周興、來俊臣按獄，多連引朝臣，云其謀反。國有常法，朕安敢違。中間疑其不實，使近臣就獄引問，得其手狀，皆自承服，〔朕〕不以爲疑。自興、俊臣死，不復聞有反者，然則前死者不有冤邪？」夏官侍郎姚元崇對曰：「自垂拱以來，坐謀反死者，率皆興等羅織，自以爲功。陛下使近臣問之，近臣亦不自保，何敢動搖！所問若有翻覆，懼遭慘毒，不若速死。賴天啓聖心，興等伏誅，臣以百口爲陛下保，自今内外之臣無復反者。若微有實狀，臣請受知而不告之罪。」太后悅曰：「曏時宰相皆順成其事，陷朕爲淫刑之主。聞卿所言，深合朕心。」賜元崇錢千緡。

時人多爲魏元忠訟冤者，太后復召爲肅政中丞。元忠前後坐棄市流竄者四。嘗侍宴，太后問曰：「卿往者數負謗，何也？」對曰：「臣猶鹿耳，羅織之徒欲得臣肉爲羹，臣安所避之。」

聖曆元年。武承嗣、三思營求爲太子，數使人說太后曰：「自古天子未有以異姓爲嗣者。」太后意未決。狄仁傑每從容於太后曰：「文皇帝櫛風沐雨，親冒鋒鏑，以定天下，傳之子孫。大帝以二子託陛下，陛下今乃欲移之他族，無乃非天意乎！且姑姪之與母子孰親？陛下立子，則千秋萬歲後配食太廟，承繼無窮；立姪，則未聞姪爲天子，而祔姑於廟者也。」太后曰：「此朕家事，卿勿預知。」仁傑曰：「王者以四海爲家，四海之内孰非臣妾，何者不爲陛下家事？君爲元首，臣爲股肱，義同一體，况臣備位宰相，豈得不預知乎。」又勸太后召還廬陵王，王方慶、王及善亦勸之，太后意稍寤。他日，又謂仁傑曰：「朕夢大鸚鵡兩翼皆折，何也？」對曰：「武者，陛下之姓，兩翼，二子也。陛下起二子，則兩翼振矣。」太后由是無立承嗣、三思之意。

孫萬榮之圍幽州也，移檄朝廷曰：「何不歸我廬陵王？」孫萬榮圍幽州事見唐平契丹。吉頊與張易之、昌宗皆爲控鶴監供奉，易之兄弟親狎之。頊從容說二人曰：「公兄弟貴寵如此，非以德業取之也，天下側目切齒多矣。不有大功於天下，將何以自全？竊爲公憂之！」二人懼，涕泣問計，頊曰：「天下士庶未忘唐德，咸復思廬陵王。主上春秋高，大業須有所付，武氏諸王非所屬意。公何不從容勸主上立廬陵王，以繫蒼生之望。如此豈徒免禍，亦可以長保富貴矣。」二人以爲然，承間屢爲太后言之。太后知謀出於頊，乃召問之，頊復爲太后具陳利害，太后意乃定。三月己巳，託言廬陵王有疾，遣職方員外郎瑕丘徐彥伯召廬陵王及其妃、諸子詣行在療疾。（春二月）戊子，廬陵王至神都。

秋八月，太子太保魏宣王武承嗣恨不得爲太子，意怏怏，戊戌病薨。九月甲子，以夏官尚書武攸寧同鳳閣鸞臺三品。皇嗣固請遜位於廬陵王，太后許之。壬申，立廬陵王哲爲皇太子，復名顯。赦天下。甲戌，命太子爲河北道元帥以討突厥。

藍田令薛訥言於太后曰：「太子雖立，外議猶疑未定；苟此命不易，醜虜不足平也。」太后深然之。王及善請太子赴外朝以慰人心，從之。

冬十月，制「都下屯兵，命河內王武懿宗、九江王武攸歸領之」。

二年（春）正月壬戌，以皇嗣爲相王，領太子右衛率。

甲子，置控鶴監丞、主簿等官，率皆嬖寵之人，頗用才能文學之士以參之。以司衛卿張易之爲控鶴監，銀青光祿大夫張昌宗、左臺中丞吉頊、殿中監田歸道、夏官侍郎李迥秀、鳳閣舍人薛稷、正諫大夫臨汾員半千皆爲控鶴監内供奉。稷，元超之從子也。半千以古無此官，且所聚多輕薄之士，上疏請罷之。由是忤旨，左遷水部郎中。臘月戊子，以左臺中丞吉頊爲天官侍郎，右臺中丞魏元忠爲鳳閣侍郎，並同平章事。

文昌左丞宗楚客與弟司農卿晉卿坐贓賄滿萬餘緡及第舍過度，楚客貶播州司馬，晉卿流峯州。太平公主觀其第，歎曰：「見其居處，吾輩乃虚生耳。」

辛亥，賜太子姓武氏，赦天下。太后生重眉，成八字，百官皆賀。春一月庚申，夏官尚書、同鳳閣鸞臺三品武攸寧罷爲冬官尚書。太后春秋高，慮身後太子與諸武不相容。（二）〔夏四〕月壬寅，命太子、相王、太平公主與武攸暨等爲誓文，告天地於明堂，銘之鐵券，藏於史館。秋七月，命建安王武攸宜留守西京，代會稽王武攸望。

内史王及善雖無學術，然清正難奪，有大臣之節。張易之兄弟每侍内宴，無復人臣禮，及善屢奏以爲不可。太后不悦，謂及善曰：「卿既高年，不宜更侍遊宴，但檢校閣中可也。」及善因稱病，謁假月餘，太后不問。及善歎曰：「豈有中書令而天子可一日不見乎！事可知矣。」乃上疏乞骸骨，太后不許。八月〔戊申〕，以武三思爲内史。冬十月，太子、相王諸子復出閤。

太后自稱制以來，多以武氏諸王及駙馬都尉爲成均祭酒，博士、助教亦多非儒士。又因郊丘，明堂，拜洛，封嵩，取弘文國子生爲齋郎，因得選補。由是學生不復習業，二十年間學校殆廢。而鄙時酷吏所誣陷者，其親友流離，未獲原宥。鳳閣舍人韋嗣立上疏，以爲：「時俗浸輕儒學，先王之道，弛廢不講。宜令王公以下子弟皆入國學，不聽以他岐仕進。又，自揚、豫以來，制獄漸繁，酷吏乘間，專欲殺人以求進。賴陛下聖明，周、丘、王、來相繼誅殛，朝野慶泰，若再覩陽和。至如仁傑、元忠，往遭按鞫，亦皆自誣，非陛下明察，則已爲菹醢矣。今陛下升而用之，昔爲良輔，何乃前非而後是哉？誠由枉陷與甄明耳！臣恐鄙之負冤得罪者甚衆，亦皆如是。伏望陛下弘天地之仁，廣雷雨之施，自垂拱以來，罪無輕重，一皆昭洗，死者追復官爵，生者聽還鄉里。如此，則天下皆知昔之枉濫，非陛下之意，皆獄吏之辜，幽明歡欣，感通和氣。」太后不能從。

久視元年（春）正月戊寅，内史武三思罷爲特進、太子少保。天官侍郎、平章事吉頊貶安固尉。太后以頊有幹略，故委以腹心。頊與武懿宗爭趙州之功於太后前，頊魁岸辯口，懿宗短小傴僂，頊視懿宗，聲氣凌厲。太后由是不悅，曰：「頊在朕前猶卑我諸武，況異時詎可倚邪！」他日，頊奏事，方援古引今，太后怒曰：「卿所言，朕飫聞之，無多言。太宗有馬名師子驄，肥逸無能調馭者。朕爲宮女侍側，言於太宗曰：『妾能制之，然須三物，一鐵鞭，二鐵檛，三匕首。鐵鞭擊之不服，則以檛檛其首，又不服，則以匕首斷其喉。』

太宗壯朕之志。今日卿豈足污朕匕首邪！」頊惶懼流汗，拜伏求生，乃止。諸武怨其附太子，共發其弟冒官事，由是坐貶。辭日，得召見，涕泣言曰：「臣今遠離闕庭，永無再見之期，願陳一言。」太后命之坐，問之。頊曰：「合水土爲泥，有爭乎？」太后曰：「無之。」又曰：「分半爲佛，半爲天尊，有爭乎？」曰：「有爭矣。」頊頓首曰：「宗室、外戚各當其分，則天下安。今太子已立而外戚猶爲王，此陛下驅之使他日必爭，兩不得安也。」太后曰：「朕亦知之，然業已如是，不可如何。」

臘月辛巳，立故太孫重潤爲邵王，其弟重茂爲北海王。

夏四月戊申，太后幸三陽宮避暑，有胡僧邀車駕觀葬舍利，太后許之。狄仁傑跪於馬前曰：「佛者戎狄之神，不足以屈天下之主。彼胡僧詭譎，直欲邀致萬乘，以惑遠近之人耳。山路險狹，不容侍衛，非萬乘所宜臨也。」太后中道而還，曰：「以成吾直臣之氣。」

五月，太后使洪州僧胡超合長生藥，三年而成，所費巨萬。太后服之，疾小瘳。癸丑，赦天下，改元久視，去「天册金輪大聖」之號。

六月，改控鶴爲奉宸府，以張易之爲奉宸令。太后每内殿曲宴，輒引諸武、易之及弟秘書監昌宗飲博嘲謔。太后欲掩其迹，乃命易之、昌宗與文學之士李嶠等修三教珠英於内殿。武三思奏昌宗乃王子晉後身。太后命昌宗衣羽衣，吹笙，乘木鶴於庭中，文士皆賦詩以美之。

太后又多選美少年爲奉宸内供奉，右補闕朱敬則諫曰：「陛下内寵有易之、昌宗，足矣。近聞左監門衛長史侯祥等明自媒衒，醜慢不恥，求爲奉宸内供奉，無禮無儀，溢于朝聽。臣職在諫諍，不敢不奏。」太后勞之曰：「非卿直言，朕不知此。」賜綵百段。易之、昌宗競以豪侈相勝。弟昌儀爲洛陽令，請屬無不從。嘗早朝，有選人姓薛，以金五十兩並狀邀其馬而賂之。昌儀受金，至朝堂，以狀授天官侍郎張錫。數日，錫失其狀，以問昌儀，昌儀罵曰：「不了事人！我亦不記，但姓薛者即與之。」錫懼，退，索在銓姓薛者六十餘人，悉留注官。錫，文瓘之兄子也。

太后信重内史梁文惠公狄仁傑，羣臣莫及，常謂之「國老」而不名。〔秋九月辛丑〕，仁傑薨，太后泣曰：「朝堂空矣！」自是朝廷有大事，衆或不能決，太后輒歎曰：「天奪吾國老何太早邪！」

太后嘗問仁傑：「朕欲得一佳士用之，誰可者？」仁傑曰：「未審陛下欲何所用之？」太后曰：「欲用爲將相。」仁傑對曰：「文學緼藉，則蘇味道、李嶠固其選矣。必欲取卓犖奇才，則有荆州長史張柬之，其人雖老，宰相才也。」太后擢柬之爲洛州司馬。數日又問，仁傑對曰：「前薦柬之，尚未用也。」太后曰：「已遷矣。」對曰：「臣所薦者可爲宰相，非司馬也。」乃遷秋官侍郎。久之，卒用爲相。仁傑又嘗薦夏官侍郎姚元崇、監察御史曲阿桓彦範、泰州刺史敬暉等數十人，率爲名臣。或謂仁傑曰：「天下桃李，悉在公門矣。」仁傑曰：「薦賢爲國，非爲私也。」

冬十一月丁巳，納言韋巨源罷，以文昌右丞韋安石爲鸞臺侍郎、同平章事。安石，津之孫也。時武三思、張易之兄弟用事，安石數面折之。嘗侍宴禁中，易之引蜀商宋霸子等數人在座同博，安石跪奏曰：「商賈賤類，不應得預此會。」顧左右逐出之，座中皆失色。太后以其言直，勞勉之，同列皆歎服。

長安元年秋八月丙寅，武邑人蘇安恒上疏曰：「陛下欽先聖之顧託，受嗣子之推讓，敬天順人，二十年矣。豈不聞帝舜褰裳，周公復辟。舜之於禹，事祇族親；旦與成王，不離叔父。族親何如子之愛，叔父何如母之恩？今太子孝敬是崇，春秋既壯，若使統臨宸極，何異陛下之身。陛下年德既尊，寶位將倦，機務繁重，浩蕩心神，何不禪位東宮，自怡聖體。自昔理天下者，不見二姓而俱王也。當今梁、定、河内、建昌諸王，承陛下之蔭覆，並得封王。臣謂千秋萬歲之後，於事非便，臣請黜爲公侯，任以閒簡。臣又聞陛下有二十餘孫，今無尺寸之封，此非長久之計也。臣請分土而王之，擇立師傅，教其孝敬之道，以夾輔周室，屏藩皇家，斯爲美矣。」疏奏，太后〔召〕見，賜食，慰諭而遣之。

太后春秋高，政事多委張易之兄弟，邵王重潤與其妹永泰郡主、主壻魏王武延基竊議其事。易之訴於太后，九月壬申，太后皆逼令自殺。延基，承嗣之子也。

二年夏五月壬申，蘇安恒復上疏曰：「臣聞天下者，神堯、文武之天下也，陛下雖居正統，實因唐氏舊基。當今太子追迴，年德俱盛，陛下貪其寶位而忘母子深恩，將何聖顔以見唐家宗廟，將何誥命以謁大帝墳陵？陛下何故日夜積憂，不知鐘鳴漏盡。臣愚以爲天意人事，還歸李家。陛下雖安天位，殊不知物極則反，器滿則傾。臣何惜一朝之命，而不安萬乘之國哉。」太后亦不之罪。

司僕卿張昌宗兄弟貴盛，勢傾朝野。八月戊午，太子、相王、太平公主上表請封昌宗爲王，制不許。壬戌，又請，乃賜爵鄴國公。

九月庚辰，以太子賓客武三思爲大谷道大總管，洛川長史敬暉爲副。辛巳，又以相王旦爲并州道元帥，三思與武攸宜、魏元忠爲之副，姚元崇爲長史，司禮少卿鄭杲爲司馬。然竟不行。

冬十一月辛未，監察御史魏靖上疏，以爲：「陛下既知來俊臣之姦，處以極法，乞詳覆俊臣等所推大獄，伸其枉濫。」太后乃命監察御史蘇頲按覆俊臣等舊獄，由是雪免者甚衆。頲，夔之曾孫也。

三年。初，左臺大夫、同鳳閣鸞臺三品魏元忠爲洛州長史，洛陽令張昌儀恃諸兄之勢，每牙，直上長史聽事，元忠到官，叱下之。張易之奴暴亂都市，元忠杖死之。及爲相，太后召易之弟岐州刺史昌期，欲以爲雍州長史，對仗，問宰相曰：「誰堪雍州者？」元忠對曰：「今之朝臣，無以易薛季昶。」太后曰：「季昶久任京府，朕欲別除一官。昌期何如？」諸相皆曰：「陛下得人矣。」元忠獨曰：「昌期不堪。」太后問其故，元忠曰：「昌期少年，不閑吏事。曏在岐州，户口逃亡且盡。雍州帝京，事務繁劇，不若季昶强幹習事。」太后默然而止。元忠又嘗面奏：「臣自先帝以來，蒙被恩渥，今承乏宰相，不能盡忠死節，使小人在側，臣之罪也。」太后不悦。由是諸張深怨之。

司禮丞高戩，太平公主之所愛也。會太后不豫，張昌宗恐太后一日晏駕，爲元忠所誅，乃譖元忠與戩私議，云：「太后老矣，不若挾太子爲久長。」太后怒，下元忠、戩獄，將使與昌宗廷辯之。昌宗密引鳳閣舍人張説，賂以美官，使證元忠，説許之。明日，太后召太子、相王及諸宰相，使元忠與昌宗參對，往復不決。昌宗曰：「張説聞元忠言，請召問之。」太后召説，説將入，鳳閣舍人南和宋璟謂説曰：「名義至重，鬼神難欺，不可黨邪陷正，以求苟免。若獲罪流竄，其榮多矣。若事有不測，璟當叩閤力争，與子同死。努力爲之，萬代瞻仰，在此舉也！」殿中侍御史濟源張廷珪曰：「朝聞道，夕死可矣。」左史劉知幾曰：「無汚青史，爲子孫累。」及入，太后問之，説未對。元忠懼，謂説曰：「張説欲與昌宗共羅織魏元忠邪？」説叱之曰：「元忠爲宰相，何乃效委巷小人之言！」昌宗從旁迫趣説，使速言。説曰：「陛下視之，在陛下前，猶逼臣如是，况在外乎！臣今對廣朝，不敢不以實對。臣實不聞元忠有是言，但昌宗逼臣，使誣證之耳。」易之、昌宗遽呼曰：「張説與魏元忠同反。」太后問其狀，對曰：「説嘗謂元忠爲伊、周。伊尹放太甲，周公攝王位，非欲反而何？」説曰：「易之兄弟小人，徒聞伊、周之語，安知伊、周之道。日者元忠初衣紫，臣以郎官往賀，元忠語客曰：『無功受寵，不勝慚懼。』臣實言曰：『明公居伊、周之任，何愧三品。』彼伊尹、周公皆爲臣至忠，古今慕仰。陛下用宰相，不使學伊、周，當使學誰邪？且臣豈不知今日附昌宗立取台衡，附元忠立致族滅，但臣畏元忠冤魂，不敢誣之耳。」太后曰：「張説反覆小人，宜并繫治之。」他日，更引問，説對如前。太后怒，命宰相與河内王武懿宗共鞫之，説所執如初。

朱敬則抗疏理之曰：「元忠素稱忠正，張説所坐無名，若令抵罪，失天下望。」蘇安恒亦上疏，以爲：「陛下革命之初，人以爲納諫之主，暮年以來，人以爲受佞之主。自元忠下獄，里巷恟恟，皆以爲陛下委信姦宄，斥逐賢良。忠臣烈士，皆撫髀於私室，而箝口於公朝，畏迕易之等意，徒取死而無益。方今賦役煩重，百姓彫弊，重以讒慝專恣，刑賞失中，竊恐人心不安，别生他變。争鋒於朱雀門内，問鼎於大明殿前，陛下將何以謝之，何以禦之？」易之等見其疏，大怒，欲殺之，賴朱敬則及鳳閣舍人桓彦範、著作郎陸澤魏知古保救得免。

九月丁酉，貶元忠爲高要尉，戩、説皆流嶺表。元忠辭日，言於太后曰：「臣老矣，今向嶺南，十死一生。陛下他日必有思臣之時。」太后問其故，時易之、昌宗皆侍側，元忠指之曰：「此二小兒，終爲亂階。」易之等下殿，叩膺自擲稱冤。太后曰：「元忠去矣。」

殿中侍御史景城王晙復奏申理元忠，宋璟謂之曰：「魏公幸已得全，今子復冒威怒，得無狼狽乎！」晙曰：「魏公以忠獲罪，晙爲義所激，顛沛無恨。」璟歎曰：「璟不能申魏公之枉，深負朝廷矣。」

太子僕崔貞慎等八人餞元忠於郊外，易之詐爲告密人柴明狀，稱貞慎等與元忠謀反。太后使監察御史丹徒馬懷素鞫之，謂懷素曰：「兹事皆實，略問，速以聞。」頃之，中使督趣者數四，曰：「反狀皎然，何稽留如此？」懷素請柴明對質，太后曰：「我自不知柴明處，但據狀鞫之，安用告者！」懷素據實以聞，太后怒曰：「卿欲縱反者邪？」對曰：「臣不敢縱反者。元忠以宰相謫官，貞慎等以親故追送，若誣以爲反，臣實不敢。昔欒布奏事彭越頭下，漢祖不以爲罪，况元忠之刑未如彭越，而陛下欲誅其送者乎？且陛下操生殺之柄，欲加之罪，取決聖衷可矣；若命臣推鞫，臣敢不以實聞。」太后曰：「汝欲全不罪邪？」對曰：「臣智識愚淺，實不見其罪。」太后意解，貞慎等由是獲免。

太后嘗命朝貴宴集，易之兄弟皆位在宋璟上。易之素憚璟，欲悦其意，虚位揖之曰：「公方今第一人，何乃下坐？」璟曰：「才劣位卑，張卿以爲第一，何也？」天官侍郎鄭杲謂璟曰：「中丞奈何卿五郎！」璟曰：「以官言之，正當爲卿。足下非張卿家奴，何郎之有？」舉坐悚惕。時自武三思以下皆謹事易之兄弟，璟獨不爲之禮，諸張積怒，常欲中傷之，太后知之，故得免。

丁未，以左武衛大將軍武攸宜充西京留守。

四年春正月丁未，毁三陽宫，以其材作興泰宫於萬安山。二宫皆武三思建議爲之，請太后每歲臨幸，功費甚廣，百姓苦之。左拾遺盧藏用上疏，以爲：「左右近臣多以順意爲忠，朝廷具僚皆以犯忤爲戒。致陛下不知百姓失業，傷陛下之仁。陛下誠能以勞人爲辭，發制罷之，則天下皆知陛下苦己而愛人也。」不從。藏用，承慶之弟孫也。

夏四月，太后復税天下僧尼，作大像於白司馬阪，令春官尚書武攸寧檢校，糜費巨億。李嶠上疏，以爲：「天下編户，貧弱者衆。造像錢見有一十七萬餘緡，若將散施，人與一千，濟得一十七萬餘户。拯饑寒之弊，省勞役之勤，順諸佛慈悲之心，霑聖君亭育之意，人神胥悅，功德無窮。方作過後因緣，豈如見在果報。」監察御史張廷珪上疏諫曰：「臣以時政論之，則宜先邊境，蓄府庫，養人力。以釋教論之，則宜救苦厄，滅諸相，崇無爲。伏願陛下察臣之愚，行佛之意，務以理爲上，不以人廢言。」太后爲之罷役，仍召見廷珪，深賞慰之。

秋七月丙戌，以神都副留守楊再思爲內史。再思爲相，專以諂媚取容。司禮少卿張同休，易之之兄也，嘗召公卿宴集，酒酣，戲再思曰：「楊內史面似高麗。」再思欣然，即翦紙帖巾，反披紫袍，爲高麗舞，舉坐大笑。時人或譽張昌宗之美曰：「六郎面似蓮花。」再思獨曰「不然」。昌宗問其故，再思曰：「乃蓮花似六郎耳。」

乙未，司禮少卿張同休、汴州刺史張昌期、尚方少監張昌儀皆坐贓下獄，命左右臺共鞫之。丙申，敕，張易之、昌宗作威作福，亦命同鞫。辛丑，司刑正賈敬言奏：「張昌宗强市人田，應徵銅二十斤。」制「可」。乙巳，御史大夫李承嘉、中丞桓彥範奏：「張同休兄弟贓共四千餘緡，張昌宗法應免官。」昌宗奏：「臣有功於國，所犯不至免官。」太后問諸宰相：「昌宗有功乎？」楊再思曰：「昌宗合神丹，聖躬服之有驗，此莫大之功。」太后悅，赦昌宗罪，復其官。左補闕戴令言作兩足狐賦以譏再思，再思出令言爲長社令。

癸丑，張同休貶岐山丞，張昌儀貶博望丞。鸞臺侍郎、知納言事、同鳳閣鸞臺三品韋安石舉奏張易之等罪，敕付安石及右庶子、同鳳閣鸞臺三品唐休璟鞫之，未竟而事變。八月甲寅，以安石兼檢校揚州長史。庚申，以休璟兼幽營都督、安東都護。休璟將行，密言於太子曰：「二張恃寵不臣，必將爲亂，殿下宜備之。」

相王府長史兼知夏官尚書事、同鳳閣鸞臺三品姚元崇上言：「臣事相王，不宜典兵馬。臣不敢愛死，恐不益於王。」辛酉，改春官尚書，餘如故。元崇字元之，以字行。九月，太后令舉外司堪爲宰相者，對曰：「張柬之沈厚有謀，能斷大事，且其人已老，惟陛下急用之。」冬十月甲戌，以秋官侍郎張柬之同平章事，時年且八十矣。

太后寢疾，居長生院，宰相不得見者累月，惟張易之、昌宗侍側。疾少間，崔玄暐奏言：「皇太子、相王仁明孝友，足侍湯藥。宮禁事重，伏願不令異姓出入。」太后曰：「德卿厚意。」易之、昌宗見太后疾篤，恐禍及己，引用黨援，陰爲之備。屢有人爲飛書及榜其事於通衢，云「易之兄弟謀反」，太后皆不問。

十二月辛未，許州人楊元嗣，告：「昌宗嘗召術士李弘泰占相，弘泰言昌宗有天子相，勸於定州造佛寺，則天下歸心。」太后命韋承慶及司刑卿崔神慶、御史中丞宋璟鞫之。神慶，神基之弟也。承慶、神慶奏言：「昌宗款稱『弘泰之語，尋已奏聞』，準法首原。弘泰妖言，請收行法。」璟與大理丞封全禎奏：「昌宗寵榮如是，復召術士占相，志欲何求？

弘泰稱筮得純乾，天子之卦。昌宗儻以弘泰爲妖妄，何不即執送有司？雖云奏聞，終是包藏禍心，法當處斬破家。請收付獄，窮理其罪。」太后久之不應，璟又曰：「儻不即收繫，恐其摇動衆心。」太后曰：「卿且停推，俟更檢詳文狀。」璟退，左拾遺江都李邕進曰：「向觀宋璟所奏，志安社稷，非爲身謀，願陛下可其奏。」太后不聽。尋敕璟揚州推按，又敕璟按幽州都督屈突仲翔贓污，又敕璟副李嶠安撫隴、蜀。璟皆不肯行，奏曰：「故事，州縣官有罪，品高則侍御史，卑則督察御史按之，中丞非軍國大事，不當出使。今隴、蜀無變，不識陛下遣臣出外，何也？臣皆不敢奉制。」

司刑少卿桓彦範上疏，以爲：「昌宗無功荷寵，而包藏禍心，自招其咎，此乃皇天降怒。陛下不忍加誅，則違天不祥。且昌宗既云奏訖，則不當更與弘泰往還，使之求福禳災。是則初無悔心，所以奏者，擬事發則云先已奏陳，不發則俟時爲逆。此乃姦臣詭計，若云可捨，誰爲可刑！况事已再發，陛下皆釋不問，使昌宗益自負得計，天下亦以爲天命不死，此乃陛下養成其亂也。苟逆臣不誅，社稷亡矣。請付鸞臺鳳閣三司，考竟其罪。」疏奏，不報。

崔玄暐亦屢以爲言，太后令法司議其罪。玄暐弟司刑少卿昪，處以大辟。宋璟復奏收昌宗下獄。太后曰：「昌宗已自奏聞。」對曰：「昌宗爲飛書所逼，窮而自陳，勢非得已。且謀反大逆，無容首免。若昌宗不伏大刑，安用國法！」太后温言解之。璟聲色逾厲，曰：「昌宗分外承恩，臣知言出禍從，然義激於心，雖死不恨。」太后不悦。楊再思恐其忤旨，遽宣敕令出，璟曰：「聖主在此，不煩宰相擅宣敕命。」太后乃可其奏，遣昌宗詣臺，璟庭立而按之。事未畢，太后遣中使召昌宗，特敕赦之。璟歎曰：「不先擊小子腦裂，負此恨矣！」太后乃使昌宗詣璟謝，璟拒不見。

左臺中丞桓彦範、右臺中丞東光袁恕己共薦詹事司直陽嶠爲御史。楊再思曰：「嶠不樂搏擊之任如何？」彦範曰：「爲官擇人，豈必待其所欲。所不欲者，尤須與之，所以長難進之風，抑躁求之路。」乃擢爲右臺侍御史。嶠，休之之玄孫也。

先是，李嶠、崔玄暐奏：「往屬革命之時，人多逆節，遂致刻薄之吏恣行酷法，其周興等所劾破家者，並請雪免。」司刑少卿桓彦範又奏陳之，表疏前後十上。太后乃從之。

中宗神龍元年春正月壬午朔，赦天下，改元。自文明以來，得罪者非揚、豫、博三州及諸反逆魁首，咸赦除之。

太后疾甚，麟臺監張易之、春官侍郎張昌宗居中用事，張柬之、崔玄暐與中臺右丞敬暉、司刑少卿桓彦範、相王府司馬袁恕己謀誅之。柬之謂右羽林衛大將軍李多祚曰：「將軍今日富貴，誰所致也？」多祚泣曰：「大帝也。」柬之曰：「今大帝之子爲二豎所危，將軍不思報大帝之德乎？」多祚曰：「苟利國家，惟相公處分，不敢顧身及妻子。」因指天地以自誓。遂與定謀。

初，柬之與荆府長史閿鄉楊元琰相代，同泛江，至中流，語及太后革命事，元琰慨然有匡復之志。及柬之爲相，引元琰爲右羽林將軍，謂曰：「君頗記江中之言乎？今日非輕授也。」柬之又用彦範、暉及右散騎侍郎李湛皆爲左、右羽林將軍，委以禁兵。易之等疑懼，乃更以其黨武攸宜爲右羽林大將軍，易之等乃安。俄而姚元之自靈武至都，柬之、彦範相謂曰：「事濟矣。」遂以其謀告之。彦範以事白其母，母曰：「忠孝不兩全，先國後家可也。」時太子於北門起居，彦範、暉謁見，密陳其策，太子許之。

癸卯，柬之、玄暐、彦範與左威衛將軍薛思行等帥左、右羽林兵五百餘人至玄武門，遣多祚、湛及内直郎駙馬都尉安陽王同皎詣東宫迎太子。太子疑，不出。同皎曰：「先帝以神器付殿下，横遭幽廢，人神同憤，二十三年矣。今天誘其衷，北門、南牙同心協力，以今日誅凶竪，復李氏社稷，願殿下暫至玄武門，以副衆望。」太子曰：「凶竪誠當夷滅，然上體不安，得無驚怛。諸公更爲後圖。」李湛曰：「諸將相不顧家族以徇社稷，殿下奈何欲納之鼎鑊乎！請殿下自出止之。」太子乃出。同皎扶抱太子上馬，從至玄武門，斬關而入。

太后在迎仙宮，柬之等斬易之、昌宗於廡下，進至太后所寢長生殿，環繞侍衛。太后驚起，問曰：「亂者誰邪？」對曰：「張易之、昌宗謀反，臣等奉太子令誅之，恐有漏洩，故不敢以聞。稱兵宮禁，罪當萬死。」太后見太子曰：「乃汝邪？小子既誅，可還東宮。」彥範進曰：「太子安得更歸。昔天皇以愛子託陛下，今年齒已長，久居東宮，天意人心，久思李氏，羣臣不忘太宗、天皇之德，故奉太子誅賊臣。願陛下傳位太子，以順天人之望。」李湛，義府之子也。太后見之，謂曰：「汝亦爲誅易之將軍邪？我於汝父子不薄，乃有今日。」湛慚不能對。又謂崔玄暐曰：「他人皆因人以進，惟卿朕所自擢，亦在此耶？」對曰：「此乃所以報陛下之大德。」

於是收張昌期、同休、昌儀等，皆斬之，與易之、昌宗梟首天津南。是日，袁恕己從相王統南牙兵以備非常，收韋承慶、房融及司禮卿崔神慶繫獄，皆易之之黨也。初，昌儀新作第，甚美，逾於王主。或夜書其門曰：「一日絲能作幾日絡！」滅去，復書之，如是六七，昌儀取筆注其下曰：「一日亦足。」乃止。

甲辰，制太子監國，赦天下。以袁恕己爲鳳閣侍郎、同平章事，分遣十使齎璽書宣慰諸州。乙巳，太后傳位於太子。

丙午，中宗即位。赦天下，惟張易之黨不原。其爲周興等所枉者，咸令清雪，子女配没者皆免之。相王加號安國相王，拜太尉、同鳳閣鸞臺三品；太平公主加號鎮國太平公主。皇族先配没者子孫皆復屬籍，仍量敘官爵。

丁未，太后徙居上陽宮，李湛留宿衛。戊申，帝帥百官詣上陽宮。上太后尊號則天大聖皇帝。

庚戌，以張柬之爲夏官尚書、同鳳閣鸞臺三品，崔玄暐爲内史，袁恕己同鳳閣鸞臺三品，敬暉、桓彦範皆爲納言，並賜爵郡公。李多祚賜爵遼陽郡王，王同皎爲右千牛將軍、琅邪郡公，李湛爲右羽林大將軍、趙國公，自餘官賞有差。

張柬之等之討張易之也，殿中監田歸道將千騎宿玄武門，敬暉遣使就索千騎，歸道先不預謀，拒而不與。事寧，暉欲誅之，歸道以理自陳，乃免歸私第。帝嘉其忠壯，召拜太僕少卿。

二月辛亥，帝帥百官詣上陽宮，問太后起居，自是每十日一往。

甲寅，復國號曰唐。郊廟、社稷、陵寢、百官、旗幟、服色、文字皆如永淳以前故事。復以神都爲東都，北都爲并州，老君爲玄元皇帝。

乙卯，鳳閣侍郎、同平章事韋承慶貶高要尉，正諫大夫、同平章事房融除名，流高州，司禮卿崔神慶流欽州。楊再思爲户部尚書、同中書門下三品、西京留守。

太后之遷上陽宮也，太僕卿、同中書門下三品姚元之獨嗚咽流涕。桓彥範、張柬之謂曰：「今日豈公涕泣時邪！恐公禍由此始。」元之曰：「元之事則天皇帝久，乍此辭違，悲不能忍。且元之前日從公誅姦逆，人臣之義也，今日別舊君，亦人臣之義也，雖獲罪，實所甘心。」是日，出爲亳州刺史。

甲子，立妃韋氏爲皇后，赦天下。追贈后父玄貞爲上洛王，母崔氏爲妃。左拾遺賈虛己上疏，以爲「異姓不王，古今通制。今中興之始，萬姓喁喁以觀陛下之政，而先王后族，非所以廣德美於天下也。且先朝贈后父太原王，殷鑒不遠，須防其漸。若以恩制已行，宜令皇后固讓，則益增謙冲之德矣。」不聽。

初，韋后生邵王重潤、長寧、安樂二公主。上之遷房陵也，安樂公主生於道中，上特愛之。上在房陵與后同幽閉，備嘗艱危，情愛甚篤。上每聞敕使至，輒惶恐欲自殺，后止之曰：「禍福無常，寧失一死，何遽如是！」上嘗與后私誓曰：「異時幸復見天日，當惟卿所欲，不相禁禦。」及再爲皇后，遂干預朝政，如武后在高宗之世。桓彥範上表，以爲：「易稱『無攸遂，在中饋，貞吉』。書稱『牝雞之晨，惟家之索』。伏見陛下每臨朝，皇后必施帷幔坐殿上，預聞政事。臣竊觀自古帝王，未有與婦人共政而不破國亡身者也。且以陰乘陽，違天也；以婦陵夫，違人也。伏願陛下覽古今之戒，以社稷、蒼生爲念，令皇后專居中宫，治陰教，勿出外朝干國政。」

先是，胡僧慧範以妖妄遊權貴之門，與張易之兄弟善，韋后亦重之。及易之誅，復稱慧範預其謀，以功加銀青光禄大夫，賜爵上庸縣公，出入宫掖，上數微行幸其舍。彦範復表言慧範執左道以亂政，請誅之。上皆不聽。

初，武后誅唐宗室，有才德者先死，惟吴王恪之子鬱林侯千里褊躁無才，又數獻符瑞，故獨得免。上即位，立爲成王，拜左金吾大將軍。武后所誅唐諸王、妃、主、駙馬等皆無人葬埋，子孫或流竄嶺表，或拘囚歷年，或逃匿民間，爲人傭保。至是，制州縣求訪其柩，以禮改葬，追復官爵，召其子孫，使之承襲，無子孫者爲擇後置之。既而宗室子孫相繼而至，皆召見，涕泣舞蹈，各以親疏襲爵拜官有差。

二張之誅也，洛州長史薛季昶謂張柬之、敬暉曰：「二凶雖除，産、禄猶在，去草不去根，終當復生。」二人曰：「大事已定，彼猶机上肉耳，夫何能爲。所誅已多，不可復益也。」季昶歎曰：「吾不知死所矣。」朝邑尉武强劉幽求亦謂桓彦範、敬暉曰：「武三思尚存，公輩終無葬地，若不早圖，噬臍無及。」不從。

上女安樂公主適三思子崇訓。上官婉兒者，儀之女孫也，儀死，没入掖庭，辯慧善屬文，明習吏事。則天愛之，自聖曆以後，百司表奏，多令參决。及上即位，又使專掌制命，益委任之，拜爲婕妤，用事於中。三思通焉，故黨於武氏，又薦三思於韋后，引入禁中，上遂與三思圖議政事，張柬之等皆受制於三思矣。上使韋后與三思雙陸，而自居旁爲之點籌，三思遂與后通，由是武氏之勢復振。

張柬之等數勸上誅諸武，上不聽。柬之等曰：「革命之際，宗室諸李誅夷略盡，今賴天地之靈，陛下返正，而武氏濫官僭爵，按堵如故，豈遠近所望邪！願頗抑損其禄位，以慰天下。」又不聽。柬之等或撫牀歎憤，或彈指出血，曰：「主上昔爲英王，時稱勇烈，吾所以不誅諸武者，欲使上自誅之，以張天子之威耳。今反如此，事勢已去，知復奈何！」

上數微服幸武三思第，監察御史清河崔皎密疏諫曰：「國命初復，則天皇帝在西宮，人心猶有附會。周之舊臣，列居朝廷，陛下奈何輕有外遊，不察豫且之禍。」上洩之，三思之黨切齒。丙寅，以太子賓客武三思爲司空、同中書門下三品。

左散騎常侍譙王重福，上之庶子也，其妃張易之之甥。韋后惡之，譖於上曰：「重潤之死，重福之爲也。」由是貶濮州員外刺史，又改均州刺史，常令州司防守之。丁卯，以右散騎常侍安定王武攸暨爲司徒、定王。丁丑，武三思、武攸暨固辭新官爵及政事，許之，並加開府儀同三司。

三月甲申，制：「文明已來破家子孫皆復舊資廕，唯徐敬業、裴炎不在免限。」丁亥，制：「酷吏周興、來俊臣等，已死者追奪官爵，存者皆流嶺南惡地。」己丑，以袁恕己爲中書令。制：「梟氏、蟒氏皆復舊姓。」

術士鄭普思、尚衣奉御葉静能皆以妖妄爲上所信重，夏四月，墨敕以普思爲秘書監，静能爲國子祭酒。桓彦範、崔玄暐固執不可，上曰：「已用之，無容遽改。」彦範曰：「陛下初即位，下制云『政令皆依貞觀故事』。貞觀中，魏徵、虞世南、顔師古爲秘書監，孔穎達爲國子祭酒，豈普思、静能之比乎！」庚戌，左拾遺李邕上疏，以爲：「『詩三百，一言以蔽之，曰思無邪』。若有神仙能令人不死，則秦始皇、漢武帝得之矣。佛能爲人福利，則梁武帝得之矣。堯、舜所以爲帝王首者，亦修人事而已。尊寵此屬，何補於國。」上皆不聽。

上即位之日，驛召魏元忠於高要。丁卯，至都，拜衛尉卿、同平章事。甲戌，以魏元忠爲兵部尚書。乙亥，以張柬之爲中書令。戊寅，追贈故邵王重潤爲懿德太子。

五月壬午，遷周廟七主於西京崇尊廟。制「武氏三代諱，奏事者皆不得犯」。以張柬之等及武攸暨、武三思、鄭普思等十六人皆爲立功之人，賜以鐵券，自非反逆，各恕十死。

癸巳，敬暉等帥百官上表，以爲：「五運迭興，事不兩大。天授革命之際，宗室誅竄殆盡，豈得與諸武並封。今天命惟新，而諸武封建如舊，並居京師，開闢以來，未有斯理。

願陛下爲社稷計，順遐邇心，降其王爵，以安内外。」上不許。敬暉等畏武三思之讒，以考功員外郎崔湜爲耳目，伺其動静。湜見上親三思而忌暉等，乃悉以暉等謀告三思，反爲三思用；三思引爲中書舍人。湜，仁師之孫也。

先是，殿中侍御史南皮鄭愔諂事二張，二張敗，貶宣州司士參軍，坐贓，亡入東都，私謁武三思。初見三思，哭甚哀，既而大笑。三思素貴重，甚怪之。愔曰：「始見大王而哭，哀大王將戮死而滅族也。後乃大笑，喜大王之得愔也。大王雖得天子之意，彼五人皆據將相之權，膽略過人，廢太后如反掌。大王自視勢位與太后孰重？彼五人日夜切齒欲噬大王之肉，非盡大王之族不足以快其志。大王不去此五人，危如朝露，而晏然尚自以爲泰山之安，此愔所以爲大王寒心也。」三思大悦，與之登樓，問自安之策，引爲中書舍人，與崔湜皆爲三思謀主。

三思與韋后日夜譖暉等，云「恃功專權，將不利於社稷」。上信之。三思等因爲上畫策：「不若封暉等爲王，罷其政事，外不失尊寵功臣，内實奪之權。」上以爲然，甲午，以侍中齊公敬暉爲平陽王，譙公桓彦範爲扶陽王，中書令漢陽公張柬之爲漢陽王，南陽公袁恕己爲南陽王，特進、同中書門下三品博陵公崔玄暐爲博陵王，罷知政事，賜金帛、鞍馬，令朝朔望。仍賜彦範姓韋氏，與皇后同籍。尋又以玄暐檢校益州長史，知都督事，又改梁州刺史。三思令百官復修則天之政，不附武氏者斥之，爲五王所逐者復之，大權盡歸三思矣。

五王之請削武氏諸王也，求人爲表，衆莫肯爲。中書舍人岑羲爲之，語甚激切；中書舍人偃師畢構次當讀表，辭色明厲。三思既得志，羲改秘書少監，出構爲潤州刺史。易州刺史趙履温，桓彦範之妻兄也，彦範之誅二張，稱履温預其謀，召爲司農少卿。履温以二婢遺彦範，及彦範罷政事，履温復奪其婢。

上嘉宋璟忠直，累遷黄門侍郎。武三思嘗以事屬璟，璟正色拒之曰：「今太后既復子明辟，王當以侯就第，何得尚干朝政！獨不見産、禄之事乎？」

以韋安石兼檢校中書令，魏元忠兼檢校侍中，又以李湛爲右散騎常侍，趙承恩爲光禄卿，楊元琰爲衛尉卿。先是，元琰知三思浸用事，請棄官爲僧，上不許。敬暉聞之，笑曰：「使我早知，勸上許之，髡去胡頭，豈不妙哉。」元琰多鬚類胡，故暉戲之。元琰曰：「功成名遂，不退將危，此乃由衷之請，非徒然也。」暉知其意，瞿然不悦。及暉等得罪，元琰獨免。

上官婕妤勸韋后襲則天故事，上表請天下士庶爲出母服喪三年。又請百姓年二十三爲丁，五十九免役，改易制度以收時望。制皆許之。

癸卯，制降諸武梁王三思爲德静王，定王攸暨爲樂壽王，河内王懿宗等十二人皆降爲公，以厭人心。

六月，以韋安石爲中書令，魏元忠爲侍中，楊再思檢校中書令。

特進漢陽王張柬之表請歸襄州養疾；〔秋七月〕乙未，以柬之爲襄州刺史，不知州事，給全俸。

冬十月辛未，以魏元忠爲中書令，楊再思爲侍中。

十一月壬寅，則天崩於上陽宫，年八十二。遺制：「去帝號，稱則天大聖皇后。王、蕭二族及褚遂良、韓瑗、柳奭親屬皆赦之。」上居諒陰，以魏元忠攝冢宰三日。元忠素負忠直之望，中外賴之。武三思憚之，矯太后遺制，慰諭元忠，賜實封百户。元忠捧制，感咽涕泗，見者曰：「事去矣。」十二月丁卯，上始御同明殿見羣臣。

二年春閏正月，武三思以敬暉、桓彦範、袁恕己尚在京師，忌之，乙卯，出爲滑、(洛)〔洺〕、豫三州刺史。

三月丙申，僧慧範等九人並加五品階，賜爵郡、縣公。道士史崇恩等三人加五品階，除國子祭酒，同正。葉静能加金紫光禄大夫。

初，少府監丞弘農宋之問及弟兖州司倉之遜皆坐附會張易之貶嶺南，逃歸東都，匿於友人光禄卿、駙馬都尉王同皎家。同皎疾武三思及韋后所爲，每與所親言之，輒切齒。之遜於簾下聞之，密遣其子曇及甥校書郎李悛告三思，欲以自贖。三思使曇、悛及撫州司倉冉祖雍上書，告同皎與洛陽人張仲之、祖延慶、武當丞壽春周憬等潛結壯士，謀殺三思，因勒兵詣闕，廢皇后。上命御史大夫李承嘉、監察御史姚紹之按其事，又命楊再思、李嶠、韋巨源參驗。仲之言三思罪狀，事連宮壼。再思、巨源陽寐不聽，嶠與紹之命反接送獄。仲之還顧，言不已，紹之命撾之，折其臂。仲之大呼曰：「吾已負汝，死當訟汝於天！」三月庚戌，同皎等皆坐斬，籍没其家。周憬亡入比干廟中，大言曰：「比干古之忠臣，知吾此心。三思與皇后淫亂，傾危國家，行當梟首都市，恨不及見耳。」遂自剄。之問、之遜、曇、悛、祖雍並除京官，加朝散大夫。

武三思與韋后日夜譖敬暉等不已，復左遷暉爲朗州刺史，崔玄暐爲均州刺史，桓彦範爲亳州刺史，袁恕己爲郢州刺史。與暉等同立功者薛思行等，皆以爲黨與坐貶。

夏四月，處士京兆韋月將上書，告武三思潛通宮掖，必爲逆亂。上大怒，命斬之。黄門侍郎宋璟奏請推按，上益怒，不及整巾，屣履出側門，謂璟曰：「朕謂已斬，乃猶未邪？」命趣斬之。璟曰：「人言中宮私於三思，陛下不問而誅之，臣恐天下必有竊議。」固請按之，上不許。璟曰：「必欲斬月將，請先斬臣。不然，臣終不敢奉詔。」上怒少解。

左御史大夫蘇珦、給事中徐堅、大理卿長安尹思貞皆以爲方夏行戮，有違時令。上乃命與杖，流嶺南。過秋分一日，平曉，廣州都督周仁軌斬之。

御史大夫李承嘉附武三思，詆尹思貞於朝。思貞曰：「公附會姦臣，將圖不軌，先除忠臣邪！」承嘉怒，劾奏思貞，出爲青州刺史。或謂思貞曰：「公平日訥於言，及廷折承嘉，何其敏邪？」思貞曰：「物不能鳴者激之則鳴，承嘉恃威權相陵，僕義不受屈，亦不知言之從何而至也。」武三思惡宋璟，出之，檢校貝州刺史。

五月，武三思使鄭愔告朗州刺史敬暉、亳州刺史韋彥範、襄州刺史張柬之、郢州刺史袁恕己、均州刺史崔玄暐與王同皎通謀。六月戊寅，貶暉崖州司馬，彥範瀧州司馬，柬之新州司馬，恕己竇州司馬，玄暐白州司馬，並員外置，仍長任，削其勳封。復彥範姓桓氏。

秋七月戊申，立衞王重俊爲皇太子。

武三思陰令人疏皇后穢行，牓於天津橋，請加廢黜。上大怒，命御史大夫李承嘉窮覈其事。承嘉奏言：「敬暉、桓彥範、張柬之、袁恕己、崔玄暐使人爲之。雖云廢后，實謀大逆。請族誅之。」三思又使安樂公主譖之於內，侍御史鄭愔言之於外，上命法司結竟。大理丞三原李朝隱奏稱：「暉等未經推鞫，不可遽就誅夷。」大理丞裴談奏稱：「暉等宜據制書處斬籍没，不應更加推鞫。」上以暉等嘗賜鐵券，許以不死，乃長流暉於瓊州，彥範於瀼州，柬之於瀧州，恕己於環州，玄暐於古州，子弟年十六以上皆流嶺外。擢承嘉爲金紫光禄大夫，進爵襄武郡公，談爲刑部尚書。出李朝隱爲聞喜令。

三思又諷太子上表請夷暉等三族，上不許。中書舍人崔湜説三思曰：「暉等異日北歸，終爲後患，不如遣使矯制殺之。」三思問：「誰可使者？」湜薦大理正周利用。利用先爲五王所惡，貶嘉州司馬。乃以利用攝右臺侍御史，奉使嶺外。比至，柬之、玄暐已死。遇彥範於貴州，命左右縛之，曳於竹槎之上，肉盡至骨，然後杖殺。得暉，冎而殺之。恕己素服黄金，利用逼之使飲野葛汁，盡數升不死，不勝毒憤，掊地，爪甲殆盡，仍捶殺之。利用還，擢拜御史中丞。薛季昶累貶儋州司馬，飲藥死。

三思既殺五王，權傾人主。常言：「我不知代間何者謂之善人，何者謂之惡人；但於我善者則爲善人，於我惡者則爲惡人耳。」時兵部尚書宗楚客、將作大匠宗晉卿、太府卿紀處訥、鴻臚卿甘元柬皆爲三思羽翼。御史中丞周利用、侍御史冉祖雍、太僕丞李俊、光禄丞宋之遜、監察御史姚紹之皆爲三思耳目，時人謂之五狗。

安樂公主恃寵驕恣，賣官、鬻獄，勢傾朝野。或自爲制敕，掩其文，令上署之，上笑而從之，竟不視也。自請爲皇太女，上雖不從，亦不譴責。

景龍元年。皇后以太子重俊非其所生，惡之。特進德静王武三思尤忌太子。上官婕好以三思故，每下制敕，推尊武氏。安樂公主與駙馬、左衛將軍武崇訓常陵侮太子，或呼爲奴。崇訓又教公主言於上，請廢太子，立己爲皇太女。太子積不能平。

秋七月辛丑，太子與左羽林大將軍李多祚、將軍李思沖、李承況、獨孤禕之、沙吒忠義等矯制發羽林千騎兵三百餘人，殺三思、崇訓于其第，并親黨十餘人。又使左金吾大將軍成王千里及其子天水王禧分兵守宮城諸門，太子與多祚引兵自肅章門斬關而入，叩閤索上官婕妤。婕妤大言曰：「觀其意欲先索婉兒，次索皇后，次及大家。」上乃與韋后、安樂公主、上官婕妤登玄武門樓以避兵鋒，使左羽林大將軍劉景仁帥飛騎百餘人屯於樓下以自衛。楊再思、蘇瓌、李嶠與兵部尚書宗楚客、左衛將軍紀處訥擁兵二千餘人屯太極殿前，閉門自守。多祚先至玄武樓下，欲升樓，宿衛拒之。多祚與太子狐疑，按兵不戰，冀上問之。宮闈令石城楊思勗在上側，請擊之。多祚壻羽林中郎將野呼利爲前鋒總管，思勗挺刃斬之，多祚軍奪氣。上據檻俯謂多祚所將千騎曰：「汝輩皆朕宿衛之士，何爲從多祚反？苟能斬反者，勿患不富貴。」於是千騎斬多祚、承況、禕之、忠義，餘衆皆潰。成王千里、天水王禧攻右延明門，將殺宗楚客、紀處訥，不克而死。

太子以百騎走終南山，至鄠西，能屬者纔數人，憩於林下，爲左右所殺。上以其首獻太廟及祭三思、崇訓之柩，然後梟之朝堂。更成王千里姓曰蝮氏，同黨皆伏誅。東宮僚屬無敢近太子尸者，唯永和縣丞甯嘉勗解衣裹太子首，號哭，貶興平丞。太子兵所經諸門守者皆坐流，韋氏之黨奏請悉誅之，上更命法司推斷。大理卿宋城鄭惟忠曰：「大獄始決，人心未安，若復有改推，則反仄者衆矣。」上乃止。

以楊思勗爲銀青光禄大夫，行内常侍。癸卯，赦天下。贈武三思太尉、梁宣王，武崇訓開府儀同三司、魯忠王。安樂公主請用永泰公主故事，以崇訓墓爲陵。給事中盧粲駮之，以爲：「永泰事出特恩，今魯王主壻，不可爲比。」上手敕曰：「安樂與永泰無異，同穴之義，今古不殊。」粲又奏，以爲：「陛下以膝下之愛施及其夫，豈可使上下無辨，君臣一貫哉。」上乃從之。公主怒，出粲爲陳州刺史。

襄邑尉襄陽席豫聞安樂公主求爲太女，歎曰：「梅福譏切王氏，獨何人哉！」乃上書請立太子，言甚深切。太平公主欲表爲諫官，豫恥之，逃去。

八月，皇后及王公已下表上尊號曰應天神龍皇帝。改玄武門爲神武門，樓爲制勝樓。宗楚客又帥百官表請加皇后尊號曰順天翊聖皇后，上並許之。

初，右臺大夫蘇珦治太子重俊之黨，囚有引相王者，珦密爲之申理，上乃不問。自是，安樂公主及兵部尚書宗楚客日夜謀譖相王，使侍御史冉祖雍等誣奏相王及太平公主，云與重俊通謀，請收付制獄。上召吏部侍郎兼御史中丞蕭至忠使鞫之，至忠泣曰：「陛下富有四海，不能容一弟一妹，而使人羅織害之乎！相王昔爲皇嗣，固請於則天，以天下讓陛下，累日不食，此海内所知。奈何以祖雍一言而疑之。」上素友愛，遂寢其事。

右補闕浚儀吴兢聞祖雍之謀，上疏，以爲：「自文明以來，國之祚胤，不絶如綫。陛下龍興，恩及九族，求之瘴海，升之闕庭。況相王同氣至親，六合無貳，而賊臣日夜連謀，乃欲陷之極法。禍亂之根，將由此始。夫任以權則雖疏必重，奪其勢則雖親必輕。自古委信異姓，猜忌骨肉，以覆國亡家者，幾何人矣。況國家枝葉無幾，陛下登極未久，而一子以弄兵受誅，一子以愆違遠竄，惟餘一弟，朝夕左右。尺布斗粟之譏，不可不慎，青蠅之詩，良可畏也。」相王寬厚恭謹，安恬好讓，故經武、韋之世，竟免於難。

初，右僕射、中書令魏元忠以武三思擅權，意常憤鬱。及太子重俊起兵，遇元忠子太僕少卿升於永安門，脅以自隨。太子死，升爲亂兵所殺。元忠揚言曰：「元惡已死，雖鼎鑊何傷，但惜太子隕没耳！」上以其有功，且爲高宗、武后所重，故釋不問。兵部尚書宗楚客、太府卿紀處訥等共證元忠，云與太子通謀，請夷其三族，制不許。元忠懼，表請解官爵，以散秩還第。丙戌，上手敕聽解僕射，以特進、齊公致仕，仍朝朔望。

九月丁卯，以吏部侍郎蕭至忠爲黄門侍郎，兵部尚書宗楚客爲左衛將軍，兼太府卿紀處訥爲太府卿，並同中書門下三品。

宗楚客等引右衛郎將姚廷筠爲御史中丞，使劾奏魏元忠，以爲：「侯君集社稷元勳，及其謀反，太宗就羣臣乞其命而不得，竟流涕斬之。其後房遺愛、薛萬徹、齊王祐等爲逆，雖復懿親，皆從國法。元忠功不逮君集，身又非國戚，與李多祚等謀反，男入逆徒，是宜赤族污宮。但有朋黨飾辭營救，以惑聖聽，陛下仁恩，欲掩其過。臣所以犯龍鱗，忤聖意者，正以事關宗社耳。」上頗然之。元忠坐繫大理，貶渠州司馬。

宗楚客令給事中冉祖雍奏言：「元忠既犯大逆，不應出佐渠州。」楊再思、李嶠亦贊之。上謂再思等曰：「元忠驅使日久，朕特矜容，制命已行，豈宜數改。輕重之權，應自朕出。卿等頻奏，殊非朕意。」再思等惶懼拜謝。

監察御史袁守一復表彈元忠曰：「重俊乃陛下之子，猶加昭憲；元忠非勳非戚，焉得獨漏嚴刑。」甲辰，又貶元忠務川尉。

頃之，楚客又令袁守一奏言：「則天昔在三陽宮不豫，狄仁傑奏請陛下監國，元忠密奏以爲不可。此則元忠懷逆日久，請加嚴誅。」上謂楊再思等曰：「以朕思之，人臣事主，必在一心，豈有主上小疾，遽請太子知事。此乃仁傑欲樹私恩，未見元忠有失。守一欲借前事以陷元忠，其可乎？」楚客乃止。元忠行至涪陵而卒。

銀青光祿大夫、上庸公、聖善中天西明三寺主慧範，於東都作聖善寺，長樂坡作大像，府庫爲之虛耗。上及韋后皆重之，勢傾內外，無敢指目者。戊申，侍御史魏傳弓發其姦贓四十餘萬，請寘極法。上欲宥之，傳弓曰：「刑賞國之大事，陛下賞已妄加，豈宜刑所不及。」上乃削黜慧範，放于家。

宦官左監門大將軍薛簡等有寵於安樂公主，縱暴不法，傳弓奏請誅之，御史大夫竇從一懼，固止之。時宦官用事，從一爲雍州刺史及御史大夫，誤見訟者無須，必曲加承接。

二年春二月庚寅，宮中言皇后衣笥裙上有五色雲起，上命圖以示百官，韋巨源請布之天下，從之，仍赦天下。

迦葉志忠奏：「昔神堯皇帝未受命，天下歌桃李子；文武皇帝未受命，天下歌秦王破陣樂；天皇大帝未受命，天下歌堂堂；則天皇后未受命，天下歌娬媚娘；應天皇帝未受命，天下歌英王石州；順天皇后未受命，天下歌桑條韋，蓋天意以順天皇后宜爲國母，主蠶桑之事，謹上桑韋歌十二篇，請編之樂府，皇后祀先蠶則奏之。」太常卿鄭愔又引而申之。上悅，皆受厚賞。

右補闕趙延禧上言：「周、唐一統，符命同歸，故高宗封陛下爲周王。則天時，唐同泰獻洛水圖。孔子曰：『其或繼周者，雖百代可知也。』陛下繼則天，子孫當百代王天下。」上悅，擢延禧爲諫議大夫。

秋七月，安樂、長寧公主及皇后妹郕國夫人、上官婕妤、婕妤母沛國夫人鄭氏、尚宮柴氏、賀婁氏、女巫第五英兒、隴西夫人趙氏皆依勢用事，請謁受賕，雖屠沽臧獲，用錢三十萬，則別降墨敕除官，斜封付中書，時人謂之斜封官。錢三萬則度爲僧尼。其員外、同正、試、攝、檢校、判、知官，凡數千人。西京、東都各置兩吏部侍郎，爲四銓，選者歲數萬人。

上官婕妤及後宮多立外第，出入無節，朝士往往從之遊處，以求進達。安樂公主尤驕橫，宰相以下多出其門。與長寧公主競起第舍，以侈麗相高，擬於宮掖，而精巧過之。安樂公主請昆明池，上以百姓蒲魚所資，不許。公主不悅，乃更奪民田作定昆池，延袤數里，累石象華山，引水象天津，欲以勝昆明，故名定昆。安樂有織成裙，直錢一億，花卉鳥獸，皆如粟粒，正視旁視，日中影中，各爲一色。

上好擊毬，由是風俗相尚，駙馬武崇訓、楊慎交灑油以築毬場。慎交，恭仁曾孫也。

上及皇后、公主多營佛寺。左拾遺京兆辛替否上疏諫，略曰：「臣聞古之建官，員不必備，士有完行，家有廉節，朝廷有餘俸，百姓有餘食。伏惟陛下百倍行賞，十倍增官，金銀不供其印，束帛不充於錫，遂使富商豪賈盡居纓冕之流，鬻伎行巫或涉膏腴之地。」又曰：「公主，陛下之愛女，然而用不合於古義，行不根於人心，將恐變愛成憎，翻福爲禍。何者？竭人之力，費人之財，奪人之家，愛數子而取三怨，使邊疆之士不盡力，朝廷之士不盡忠，人之散矣，獨持所愛，何所恃乎？君以人爲本，本固則邦寧，邦寧則陛下之夫婦母子長相保也。」又曰：「若以造寺必爲理體，養人不足經邦，則殷周已往皆暗亂，漢魏已降皆聖明，殷周已往爲不長，漢魏已降爲不短矣。陛下緩其所急，急其所緩，親未來而疏見在，失真實而冀虛無，重俗人之爲，輕天子之業，雖以陰陽爲炭，萬物爲銅，役不食之人，使不衣之士，猶尚不給，况資於天生地養，風動雨潤，而後得之乎！一旦風塵再擾，霜雹荐臻，沙彌不可操干戈，寺塔不足攘飢饉，臣竊惜之。」疏奏，不省。

時斜封官皆不由兩省而授，兩省莫敢執奏，即宣示所司。吏部員外郎李朝隱前後執破一千四百餘人，怨謗紛然，朝隱一無所顧。

冬十月己酉，修文館直學士、起居舍人武平一上表，請抑損外戚權寵，不敢斥言韋氏，但請抑損己家。上優制不許。

上以安樂公主適左衛中郎將武延秀。初，武崇訓之尚公主也，延秀數得侍宴。延秀美姿儀，善歌舞，公主悅之。及崇訓死，遂以延秀尚焉。己卯，成禮，假皇后仗，分禁兵以盛其儀衛，命安國相王障車。庚辰，赦天下。以延秀爲太常卿兼右衛將軍。辛巳，宴羣臣于兩儀殿，命公主出拜公卿，公卿皆伏地稽首。

三年。太平、安樂公主各樹朋黨，更相譖毁，上患之。〔冬〕十一月癸亥，上謂修文館直學士武平一曰：「比聞内外親貴多不輯睦，以何法和之？」平一以爲：「此由讒諂之人陰爲離間，宜深加誨諭，斥逐姦險。若猶未已，伏願捨近圖遠，抑慈存嚴，示以知禁，無令積惡。」上賜平一帛而不能用其言。

睿宗景雲元年春正月丙寅夜，中宗與韋后微行觀燈於市里，又縱宫女數千人出遊，多不歸者。

初，則天之世，長安城東隅民王純家井溢，浸成大池數十頃，號隆慶池。相王子五王列第於其北。望氣者言「常鬱鬱有帝王氣，比日尤盛」。〔夏四月〕乙未，上幸隆慶池，結綵爲樓，宴侍臣，泛舟戲象以厭之。

定州人郎岌上言：「韋后、宗楚客將爲逆亂。」韋后白上，杖殺之。

五月丁卯，許州司兵參軍偃師燕欽融復上言：「皇后淫亂，干預國政，宗族强盛。安樂公主、武延秀、宗楚客圖危宗社。」上召欽融面詰之。欽融頓首抗言，神色不撓，上默然。宗楚客矯制令飛騎撲殺之，投於殿庭石上，折頸而死，楚客大呼稱快。上雖不窮問，意頗快快不悦，由是韋后及其黨始憂懼。

散騎常侍馬秦客以醫術，光禄少卿楊(玓)〔均〕以善烹調，皆出入宫掖，得幸於韋后，恐事泄被誅。安樂公主欲韋后臨朝，自爲皇太女。乃相與合謀，於餅餤中進毒，六月壬午，中宗崩於神龍殿。韋后祕不發喪，自總庶政。癸未，召諸宰相入禁中，徵諸府兵五萬人屯京城，使駙馬都尉韋捷、韋灌、衛尉卿韋璿、左千牛中郎韋錡、長安令韋播、郎將高嵩等分領之。璿，温之族弟；播，從子；嵩，其甥也。中書舍人韋元徼巡六街。又命左監門大將軍兼内侍薛思簡等將兵五百人馳驛戍均州，以備譙王重福。以刑部尚書裴談、工部尚書張錫並同中書門下三品，仍充東都留守。吏部尚書張嘉福、中書侍郎岑羲、吏部侍郎崔湜並同平章事。羲，長倩之子也。

太平公主與上官昭容謀草遺制立温王重茂爲皇太子，皇后知政事，相王旦參謀政事。宗楚客密謂韋温曰：「相王輔政，於理非宜。且於皇后，嫂叔不通問，聽朝之際，何以爲禮？」遂帥諸宰相表請皇后臨朝，罷相王政事。蘇瓌曰：「遺詔豈可改邪！」温、楚客怒，瓌懼而從之，乃以相王爲太子太師。

甲申，梓宫遷御太極殿，集百官發喪。皇后臨朝攝政，赦天下，改元唐隆。進相王旦爲太尉，雍王守禮爲豳王，壽春王成器爲宋王，以從人望。命韋温總知内外守捉兵馬事。

丁亥，殤帝即位，時年十六。尊皇后爲皇太后，立妃陸氏爲皇后。

壬辰，命紀處訥持節巡撫關内道，岑羲河南道，張嘉福河北道。

宗楚客與太常卿武延秀、司農卿趙履温、國子祭酒葉静能及諸韋共勸韋后遵武后故事，南北衛軍，臺閣要司，皆以韋氏子弟領之，廣聚黨衆，中外連結。楚客又密上書稱引圖讖，謂韋氏宜革唐命。謀害殤帝，深忌相王及太平公主，密與韋温、安樂公主謀去之。

相王子臨淄王隆基，先罷潞州別駕，在京師，陰聚才勇之士，謀匡復社稷。初，太宗選官户及蕃口驍勇者，著虎文衣，跨豹文韉，從遊獵，於馬前射禽獸，謂之百騎；則天時稍增爲千騎，隸左、右羽林；中宗謂之萬騎，置使以領之。隆基皆厚結其豪傑。

兵部侍郎崔日用素附韋、武，與宗楚客善，知楚客謀，恐禍及己，遣寶昌寺僧普潤密詣隆基告之，勸其速發。隆基乃與太平公主及公主子衛尉卿薛崇暕、苑總監贛人鍾紹京、尚衣奉御王崇曄、前朝邑尉劉幽求、利仁府折衝麻嗣宗謀先事誅之。韋播、高嵩數榜捶萬騎，欲以立威，萬騎皆怨。果毅葛福順、陳玄禮見隆基訴之，隆基諷以誅諸韋，皆踴躍請以死自效。萬騎果毅李仙鳧亦預其謀。或謂隆基當啓相王，隆基曰：「我曹爲此以徇社稷，事成福歸於王，不成以身死之，不以累王也。今啓而見從，則王預危事；不從，將敗大計。」遂不啓。

庚子，晡時，隆基微服與幽求等入苑中，會鍾紹京廨舍。紹京悔，欲拒之，其妻許氏曰：「忘身徇國，神必助之。且同謀素定，今雖不行，庸得免乎！」紹京乃趨出拜謁，隆基執其手與坐。時羽林將士皆屯玄武門，逮夜，葛福順、李仙鳧皆至隆基所，請號而行。向二鼓，天星散落如雪，劉幽求曰：「天意如此，時不可失。」福順拔劍直入羽林營，斬韋璿、韋播、高嵩以徇。曰：「韋后酖殺先帝，謀危社稷。今夕當共誅諸韋，馬鞭以上皆斬之，立相王以安天下。敢有懷兩端助逆黨者，罪及三族。」羽林之士皆欣然聽命。乃送璿等首於隆基。隆基取火視之，遂與幽求等出苑南門，紹京帥丁匠二百餘人執斧鋸以從。使福順將左萬騎攻玄德門，仙鳬將右萬騎攻白獸門，約會於凌煙閣前，即大譟，福順等殺守門將，斬關而入。隆基勒兵玄武門外，三鼓，聞譟聲，帥總監及羽林兵而入，諸衛兵在太極殿宿衛梓宮者，聞譟聲，皆被甲應之。韋后惶惑，走入飛騎營，有飛騎斬其首獻於隆基。安樂公主方照鏡畫眉，軍士斬之。斬武延秀於肅章門外，斬内將軍賀婁氏於太極殿西。

初，上官昭容引其從母之子王昱爲左拾遺，昱說昭容母鄭氏曰：「武氏天之所廢，不可興也。今婕妤附於三思，此滅族之道也，願姨思之。」鄭氏以戒昭容，昭容弗聽。及太子重俊起兵誅三思，索昭容，昭容始懼，思昱言，自是心附帝室，與安樂公主各樹朋黨。及中宗崩，昭容草遺制立温王，以相王輔政，宗、韋改之。及隆基入宫，昭容執燭，帥宫人迎之，以制草示劉幽求。幽求爲之言，隆基不許，斬於旗下。

時少帝在太極殿，劉幽求曰：「衆約今夕共立相王，何不早定？」隆基遽止之，捕索諸韋在宫中及守諸門，並素爲韋后所親信者皆斬之。比曉，内外皆定。辛巳，隆基出見相王，叩頭謝不先啓之罪。相王抱之泣曰：「社稷、宗廟不墜於地，汝之力也。」遂迎相王入輔少帝。

閉宮門及京城門，分遣萬騎收捕諸韋親黨。斬太子少保、同中書門下三品韋温於東市之北。中書令宗楚客衣斬衰，乘青驢逃出。至通化門，門者曰：「公，宗尚書也。」去布帽，執而斬之，并斬其弟晉卿。相王奉少帝御安福門，慰諭百姓。初，趙履温傾國資以奉安樂公主，爲之起第舍，築臺穿池無休已，擫紫衫，以項挽公主犢車。公主死，履温馳詣安福樓下，舞蹈稱萬歲，聲未絕，相王命萬騎斬之。百姓怨其勞役，争割其肉立盡。秘書監汴王邕娶韋后妹崇國夫人，與御史大夫竇從一，各手斬其妻首以獻。邕，鳳之孫也。左僕射、同中書門下三品韋巨源聞亂，家人勸之逃匿，巨源曰：「吾位大臣，豈可聞難不赴。」出至都街，爲亂兵所殺，時年八十。於是梟馬秦客、楊均、葉静能等首，尸韋后於市。崔日用將兵誅諸韋於杜曲，襁褓兒無免者，諸杜濫死非一。

是日，赦天下，云「逆賊魁首已誅，自餘支黨一無所問」。以臨淄王隆基爲平王，兼知内外閑厩，押左右厢萬騎。薛崇暕賜爵立節王。以鍾紹京守中書侍郎，劉幽求守中書舍人，並參知機務。麻嗣宗行左金吾衛中郎將。武氏宗屬，誅死流竄殆盡。侍中紀處訥行至華州，吏部尚書、同平章事張嘉福行至懷州，皆收斬之。

壬寅，劉幽求在太極殿，有宮人與宦官令幽求作制書立太后，幽求曰：「國有大難，人情不安，山陵未畢，遽立太后，不可。」平王隆基曰：「此勿輕言。」遣十道使齎璽書宣撫，及詣均州宣慰譙王重福。貶竇從一爲濠州司馬，罷諸公主府官。

癸卯，太平公主傳少帝命，請讓位於相王，相王固辭。以平王隆基爲殿中監、同中書門下三品，以宋王成器爲左衛大將軍，衡陽王成義爲右衛大將軍，巴陵王隆範爲左羽林大將軍，彭城王隆業爲右羽林大將軍，光禄少卿嗣道王微檢校右金吾衛大將軍。微，元慶之孫也。以黄門侍郎李日知、中書侍郎鍾紹京並同中書門下三品。太平公主之子薛崇訓爲右千牛衛將軍。隆基有二奴王毛仲、李守德皆趫勇善騎射，常侍衛左右。隆基之入苑中也，毛仲避匿不從，事定數日方歸，隆基不之責，仍超拜將軍。毛仲，本高麗也。汴王邕貶沁州刺史，左散騎常侍、駙馬都尉楊慎交貶巴州刺史，中書令蕭至忠貶許州刺史，兵部尚書、同中書門下三品韋嗣立貶宋州刺史，中書侍郎、同平章事趙彦昭貶絳州刺史，吏部侍郎、同平章事崔湜貶華州刺史。

劉幽求言於宋王成器、平王隆基曰：「相王疇昔已居宸極，羣望所屬。今人心未安，家國事重，相王豈得尚守小節，不早即位，以鎮天下乎！」隆基曰：「王性恬淡，不以代事嬰懷，雖有天下猶讓於人，况親兄之子，安肯代之乎？」幽求曰：「衆心不可違，王雖欲高居獨善，其如社稷何。」成器、隆基入見相王，極言其事，相王乃許之。甲辰，少帝在太極殿東隅西向，相王立於梓宫旁，太平公主曰：「皇帝欲以此位讓叔父，可乎？」幽求跪曰：「國家多難，皇帝仁孝，追蹤堯、舜，誠合至公。相王代之任重，慈愛尤厚矣。」乃以少帝制傳位相王。時少帝猶在御座，太平公主進曰：「天下之心已歸相王，此非兒座。」遂提下之。睿宗即位，御承天門，赦天下。復以少帝爲温王。以鍾紹京爲中書令。

上將立太子，以宋王成器嫡長，而平王隆基有大功，疑不能决。成器辭曰：「國家安則先嫡長，國家危則先有功；苟違其宜，四海失望。臣死不敢居平王之上。」涕泣固請者累日。大臣亦多言「平王功大，宜立」。劉幽求曰：「臣聞除天下之禍者，當享天下之福。平王拯社稷之危，救君親之難，論功莫大，語德最賢，無可疑者。」上從之。丁未，立平王隆基爲太子。隆基復表讓成器，不許。則天大聖皇后復舊號爲天后。追謚雍王賢曰章懷太子。戊申，以宋王成器爲雍州牧、揚州大都督、太子太師。置温王重茂於内宅。

追削武三思、武崇訓爵謚，斲棺暴尸，平其墳墓。越州長史宋之問、饒州刺史冉祖雍坐諂附韋、武，皆流嶺表。追贈郎岌、燕欽融諫議大夫。秋七月庚戌朔，贈韋月將宣州刺史。癸丑，以兵部侍郎崔日用爲黄門侍郎，參知機務。追復故太子重俊位號。雪敬暉、桓彦範、崔玄暐、張柬之、袁恕己、成王千里、李多祚等罪，復其官爵。

丁巳，以洛州長史宋璟檢校吏部尚書、同中書門下三品，岑羲罷爲右散騎常侍兼刑部尚書。璟與姚元之協心革中宗弊政，進忠良，退不肖，賞罰盡公，請託不行，綱紀修舉，當時翕然以爲復有貞觀、永徽之風。壬戌，崔湜罷爲尚書左丞。

黄門侍郎、參知機務崔日用與中書侍郎、參知機務薛稷争於上前，稷曰：「日用傾側，曏附三思，非忠臣；賣友邀功，非義士。」日用曰：「臣往雖有過，今立大功。稷外託國姻，内附張易之、宗楚客，非傾側而何？」上由是兩罷之，戊辰，以日用爲雍州長史，稷爲左散騎常侍。

己巳，赦天下，改元。凡韋氏餘黨未施行者，咸赦之。乙亥，廢武氏崇恩廟及昊陵、順陵。追廢韋后爲庶人，安樂公主爲悖逆庶人。

韋后之臨朝也，吏部侍郎鄭愔貶江州司馬，潛過均州，與刺史譙王重福及洛陽人張靈均謀舉兵誅韋氏，未發而韋氏敗。重福遷集州刺史，未行，靈均説重福曰：「大王地居嫡長，當爲天子。相王雖有功，不當繼統。東都士庶，皆願王來。王若潛入洛陽，發左右屯營兵，襲殺留守，據東都，如從天而下也。然後西取陝州，東取河南北，天下指麾可定。」重福從之。靈均乃密與愔結謀聚徒數十人。時愔自秘書少監左遷沅州刺史，遲留洛陽以俟重福，爲重福草制，立重福爲帝，改元爲中元克復。尊上爲皇季叔，以温王爲皇太弟，愔爲左丞相、知内外文事，靈均爲右丞相、天柱大將軍、知武事，右散騎常侍嚴善思爲禮部尚書、知吏部事。重福與靈均詐乘驛〔詣〕東都，愔先供張駙馬都尉裴巽第，以待重福。

洛陽縣官微聞其謀。八月庚寅，往巽第按問，重福奄至，縣官馳出，白留守，羣官皆逃匿，洛州長史崔日知獨帥衆討之。留臺侍御史李邕遇重福於天津橋，從者已數百人。馳至屯營，告之曰：「譙王得罪先帝，今無故入都，此必爲亂。君等宜立功取富貴。」又告皇城使閉諸門。重福先趣左右屯營，營中射之，矢如雨下。乃還趣左掖門，欲取留守兵，見門閉，大怒，命焚之。火未及然，左屯營兵出逼之，重福窘迫，策馬出上東，逃匿山谷。明日，留守大出兵搜捕，重福赴漕渠溺死。日知，日用之從父兄也，以功拜東都留守。

鄭愔貌醜多須，既敗，梳髻，著婦人服，匿車中。擒獲，被鞫，股慄不能對。張靈均神氣自若，顧愔曰：「吾與此人舉事，宜其敗也。」與愔皆斬於東都市。初，愔附來俊臣得進，俊臣誅，附張易之，易之誅，附韋氏，韋氏敗，又附譙王重福，竟坐族誅。嚴善思免死，流静州。

姚元之、宋璟及御史大夫畢構上言：「先朝斜封官悉宜停廢。」上從之。癸巳，罷斜封官凡數千人。贈蘇安恒諫議大夫。

冬十月，謚故太子重俊曰節愍。太府少卿萬年韋湊上書，以爲：「賞罰所不加者，則考行立謚以褒貶之。故太子重俊與李多祚等稱兵入宮，中宗登玄武門以避之，太子據鞍督兵自若。及其徒倒戈，多祚等死，太子方逃竄。曏使宿衛不守，其爲禍也胡可忍言。明日，中宗雨泣，謂供奉官曰『幾不與卿等相見』，其危如此。今聖朝禮葬，謚爲節愍，臣竊惑之。夫臣子之禮，過廟必下，過位必趨。漢成帝之爲太子，不敢絶馳道。而重俊稱兵宮內，跨馬御前，無禮甚矣。若以其誅武三思父子而嘉之，則興兵以誅姦臣而尊君父可也。今欲自取之，是與三思競爲逆也，又足嘉乎？若以其欲廢韋氏而嘉之，則韋氏於時逆狀未彰，大義未絶，苟無中宗之命而廢之，是脅父廢母也，庸可乎？漢戾太子困於江充之讒，發憤殺充，雖興兵交戰，非圍逼君父也，兵敗而死，及其孫爲天子，始得改葬，猶謚曰戾，況重俊可謚之曰節愍乎？臣恐後之亂臣、賊子，得引以爲比，開悖逆之原，非所以彰善癉惡也。請改其謚。多祚等從重俊興兵，不爲無罪。陛下今宥之可也，名之爲雪，亦所未安。」上甚然其言，而執政以爲制命已行，不爲追改，但停多祚等贈官而已。

十一月己酉，葬孝和皇帝于定陵，廟號中宗。朝議以韋后有罪，不應祔葬。追謚故英王妃趙氏曰和思順聖皇后，求其瘞，莫有知者，乃以禕衣招魂，覆以夷衾，祔葬定陵。

太平公主謀逆

高宗開耀元年。初，太原王妃之薨也，天后請以太平公主爲女官以追福。及吐蕃求和親，請尚太平公主，上乃爲之立太平觀，以公主爲觀主以拒之。至是，始選光禄卿汾陰薛曜之子紹尚焉。紹母，太宗女城陽公主也。秋七月，公主適薛氏，自興安門南至宣陽坊西，燎炬相屬，夾路槐木多死。紹兄顗以公主寵盛，深憂之，以問族祖户部郎中克構。克構曰：「帝甥尚主，國家故事，苟以恭慎行之，亦何傷。然諺曰『娶婦得公主，無事取官府』，不得不爲之懼也。」

天后以顗妻蕭氏及顗弟緒妻成氏非貴族，欲出之，曰：「我女豈可使與田舍女爲妯娌耶！」或曰：「蕭氏，瑀之姪孫，國家舊姻。」乃止。

則天垂拱四年。琅邪王沖之敗也，濟州刺史薛顗、顗弟緒、緒與駙馬都尉紹，坐與琅邪王沖通謀。顗、緒皆伏誅，紹以太平公主故，杖一百，餓死於獄。

天授元年。太后欲以太平公主妻其伯父士讓之孫攸暨，攸暨時爲右衛中郎將，太后潛使人殺其妻而妻之。公主方額廣頤，多權略，太后以爲類己，寵愛特厚，常與密議天下事。舊制，食邑，諸王不過千户，公主不過三百五十户。太平食邑獨累加至三千户。

睿宗景雲元年。太平公主沈敏多權略，武后以爲類己，故於諸子中獨愛幸，頗得預密謀，然尚畏武后之嚴，未敢招權勢。及誅張易之，公主有力焉。中宗之世，韋后、安樂公主皆畏之。又與太子共誅韋氏。既屢立大功，益尊重，上常與之圖議大政，每入奏事，坐語移時，或時不朝謁，則宰相就第咨之。每宰相奏事，上輒問：「嘗與太平議否？」又問：「與三郎議否？」然後可之。三郎，謂太子也。公主所欲，上無不聽，自宰相以下，進退繫其一言，其餘薦士，驟歷清顯者不可勝數，權傾人主，趨附其門者如市。子薛崇行、崇敏、崇簡皆封王。田園遍於近甸，收市營造諸器玩，遠至嶺、蜀，輸送者相屬於路。居處奉養，擬於宮掖。

太平公主以太子年少，意頗易之。既而憚其英武，欲更擇闇弱者立之以久其權，數爲流言，云「太子非長，不當立」。〔冬十月〕己亥，制戒諭中外，以息浮議。公主每覘伺太子所爲，纖介〔必〕聞於上，太子左右，亦往往爲公主耳目，太子深不自安。

二年。太平公主與益州長史竇懷貞等結爲朋黨，欲以危太子，使其壻唐晙邀韋安石至其第，安石固辭不往。上嘗密召安石謂曰：「聞朝廷皆傾心東宮，卿宜察之。」對曰：「陛下安得亡國之言！此必太平之謀耳。太子有功於社稷，仁明孝友，天下所知，願陛下無惑讒言。」上瞿然曰：「朕知之矣，卿勿言。」時公主在簾下竊聽之，以飛語陷安石，欲收按之，賴郭元振救之，得免。

公主又嘗乘輦邀宰相於光範門內，諷以易置東宮，衆皆失色。宋璟抗言曰：「東宮有大功於天下，真宗廟、社稷之主，公主奈何忽有此議！」

璟與姚元之密言於上曰：「宋王陛下之元子，豳王高宗之長孫，太平公主交構其間，將使東宮不安。請出宋王及豳王皆爲刺史，罷岐、薛二王左右羽林，使爲左右率以事太子。太平公主請與武攸曁皆於東都安置。」上曰：「朕更無兄弟，惟太平一妹，豈可遠置東都。諸王惟卿所處。」乃先下制，云：「諸王、駙馬自今毋得典禁兵，見任者皆改他官。」頃之，上謂侍臣曰：「術者言五日中當有急兵入宮，卿等爲朕備之。」張說曰：「此必讒人欲離間東宮，願陛下使太子監國，則流言自息矣。」姚元之曰：「張說所言，社稷之至計也。」上說。

二月丙子朔，以宋王成器爲同州刺史，豳王守禮爲豳州刺史，左羽林大將軍岐王隆範爲左衛率，右羽林大將軍薛王隆業爲右衛率，太平公主蒲州安置。丁丑，命太子監國，六品以下除官及徒罪以下，並取太子處分。

太平公主聞姚元之、宋璟之謀，大怒，以讓太子。太子懼，奏元之、璟離間姑、兄，請從極法。甲申，貶元之爲申州刺史，璟爲楚州刺史。丙戌，宋王、豳王亦寢刺史之命。

夏四月，上召羣臣三品以上謂曰：「朕素懷澹泊，不以萬乘爲貴，曩爲皇嗣，及爲太弟，皆辭不處。今欲傳位太子，何如？」羣臣莫對。太子使右庶子李景伯固辭，不許。殿中侍御史和逢堯附太平公主，言於上曰：「陛下春秋未高，方爲四海依仰，豈得遽爾。」上乃止。戊子，制：「凡政事皆取太子處分，其軍旅死刑及五品已上除授，皆〔先〕與太子議，然後以聞。」

夏五月，太子請讓位於宋王成器，不許。請召太平公主還京師，許之。壬戌，殿中監竇懷貞爲御史大夫、同平章事。秋九月庚辰，以竇懷貞爲侍中。懷貞每退朝，必詣太平公主第。時修金仙、玉真二觀，羣臣多諫，懷貞獨勸成之，身自督役。

冬十月甲辰，上御承天門，引韋安石、郭元振、竇懷貞、李日知、張說宣制，責以：「政教多闕，水旱爲災，府庫益竭，僚吏日滋，雖朕之薄德，亦輔佐非才。安石可左僕射、東都留守，元振可吏部尚書，懷貞可左御史大夫，日知可户部尚書，說可左丞，並罷政事。」以吏部尚書劉幽求爲侍中，右散騎常侍魏知古爲左散騎常侍，太子詹事崔湜爲中書侍郎，並同中書門下三品；中書侍郎陸象先同平章事。皆太平公主之志也。

象先清净寡欲，言論高遠，爲時人所重。湜私侍太平公主，公主欲引以爲相。湜請與象先同升，公主不可。湜曰：「然則湜亦不敢當。」公主乃爲之并言於上，上不欲用湜，公主涕泣以請，乃從之。

玄宗先天元年。蒲州刺史蕭至忠自託於太平公主，公主引爲刑部尚書。華州長史蔣欽緒，其妹夫也，謂之曰：「如子之才，何憂不達？勿爲非分妄求。」至忠不應。欽緒退，歎曰：「九代卿族，一舉滅之，可哀也哉！」至忠素有雅望，嘗自公主第門出，遇宋璟，璟曰：「非所望於蕭君也。」至忠笑曰：「善乎宋生之言。」遽策馬而去。

秋七月，彗星出西方，經軒轅入太微，至于大角。太平公主使術者言於上曰：「彗所以除舊布新。又帝座及心前星皆有變，皇太子當爲天子。」上曰：「傳德避災，吾志決矣。」太平公主及其黨皆力諫，以爲不可。上曰：「中宗之時，羣姦用事，天變屢臻。朕時請中宗擇賢子立之以應災異，中宗不悅，朕憂恐，數日不食。豈可在彼則能勸之，在己則不能邪！」太子聞之，馳入見，自投於地，叩頭請曰：「臣以微功，不次爲嗣，懼不克堪，未審陛下遽以大位傳之，何也？」上曰：「社稷所以再安，吾之所以得天下，皆汝力也。今帝座有災，故以授汝，轉禍爲福，汝何疑邪？」太子固辭。上曰：「汝爲孝子，何必待柩前然後即位邪？」太子流涕而出。壬辰，制傳位於太子，太子上表固辭。太平公主勸上雖傳位，猶宜自總大政。上乃語太子曰：「汝以天下事重，欲朕兼理之邪？昔舜禪禹，猶親巡狩，朕雖傳位，豈忘家國。其軍國大事當兼省之。」

八月庚子，玄宗即位，尊睿宗爲太上皇。上皇自稱曰朕，命曰誥，五日一受朝於太極殿。皇帝自稱曰予，命曰制、敕，日受朝於武德殿。三品以上除授及大刑政決於上皇，餘皆決於皇帝。

初，河内人王琚預於王同皎之謀，亡命傭書於江都。上之爲太子也，琚還長安，選補諸暨主簿，過謝太子。琚至廷中，故徐行高視，宦者曰：「殿下在簾内。」琚曰：「何謂殿下？當今獨有太平公主耳！」太子遽召見，與語，琚曰：「韋庶人弒逆，人心不服，誅之易耳。太平公主，武后之子，凶猾無比，大臣多爲之用，琚竊憂之。」太子引與同榻坐，泣曰：「主上同氣，唯有太平，言之恐傷主上之意，不言爲患日深，爲之奈何？」琚曰：「天子之孝，異於匹夫，當以安宗廟、社稷爲事。蓋主，漢昭帝之妹，自幼供養，有罪猶誅之。爲天下者豈顧小節！」太子悦，曰：「君有何藝，可與寡人遊？」琚曰：「能飛鍊、詼嘲。」太子乃奏爲詹事府司直，日與遊處，累遷太子中舍人。及即位，以爲中書侍郎。

是時，宰相多太平公主之黨，劉幽求與右羽林將軍張暐謀以羽林兵誅之，使暐密言於上曰：「竇懷貞、崔湜、岑羲皆因公主得進，日夜爲謀不輕，若不早圖，一旦事起，太上皇何以得安？請速誅之。臣已與幽求定計，惟俟陛下之命。」上深以爲然。暐洩其謀於侍御史鄧光賓，上大懼，遽列上其狀。丙辰，幽求下獄。有司奏：「幽求等離間骨肉，罪當死。」上爲言幽求有大功，不可殺。癸亥，流幽求于封州，張暐于峯州，光賓于繡州。

初，崔湜爲襄州刺史，密與譙王重福通書，重福遺之金帶。重福敗，湜當死，張說、劉幽求營護得免。既而湜附太平公主，與公主謀罷説政事，以左丞分司東都。及幽求流封州，湜諷廣州都督周利貞，使殺之。桂州都督景城王晙知其謀，留幽求不遣，利貞屢移牒索之，晙不應，利貞以聞。湜屢逼晙使遣幽求，幽求謂晙曰：「公拒執政而保流人，勢不能全，徒仰累耳。」固請詣廣州，晙曰：「公所坐，非可絶於朋友者也。晙因公獲罪，無所恨。」竟逗遛不遣，幽求由是得免。

開元元年。太平公主依上皇之勢，擅權用事，與上有隙。宰相七人，五出其門，文武之臣，太半附之。與竇懷貞、岑羲、蕭至忠、崔湜及太子少保薛稷、雍州長史新興王晉、左羽林大將軍常元楷、知右羽林將軍李慈、左金吾將軍李欽、中書舍人李猷、右散騎常侍賈膺福、鴻臚卿唐晙及僧慧範等謀廢立，又與宮人元氏謀於赤箭粉中寘毒進於上。晉，德良之孫也。元楷、慈數往來主第，相與結謀。

王琚言於上曰：「事迫矣，不可不速發。」左丞張説自東都遣人遺上佩刀，意欲上斷割。荆州長史崔日用入奏事，言於上曰：「太平謀逆有日，陛下往在東宮，猶爲臣子，若欲討之，須用謀力。今既光臨大寶，但下一制書，誰敢不從。萬一姦宄得志，悔之何及。」

上曰：「誠如卿言，直恐驚動上皇。」日用曰：「天子之孝在於安四海。若姦人得志，則社稷爲墟，安在其爲孝乎？請先定北軍，後收逆黨，則不驚動上皇矣。」上以爲然。以日用爲吏部侍郎。

秋七月，魏知古告「公主欲以是月四日作亂，令元楷、慈以羽林兵突入武德殿，懷貞、至忠、羲等於南牙舉兵應之」。上乃與岐王範、薛王業、郭元振及龍武將軍王毛仲、殿中少監姜皎、太僕少卿李令問、尚乘奉御王守一、內給事高力士、果毅李守德等定計誅之。皎，謩之曾孫；令問，靖弟客師之孫；守一，仁皎之子；力士，潘州人也。

甲子，上因王毛仲取閑厩馬及兵三百餘人，與同謀十餘人自武德殿入虔化門，召元楷、慈，先斬之，擒膺福、猷於內客省以出，執至忠、羲於朝堂，皆斬之。懷貞逃入溝中，自縊死，戮其尸，改姓曰毒。上皇聞變，登承天門樓，郭元振奏：「皇帝前奉誥誅竇懷貞等，無他也。」上尋至樓上，上皇乃下誥罪狀懷貞等，因赦天下，惟逆人親黨不赦。薛稷賜死於萬年獄。乙丑，上皇誥：「自今軍國政刑，一皆取皇帝處分。朕方無爲養志，以遂素心。」是日，徙居百福殿。

太平公主逃入山寺，三日乃出，賜死于家。公主諸子及黨與死者數十人。薛崇簡以數諫其母被撻，特免死，賜姓李，官爵如故。籍公主家，財貨山積，珍物侔於御府，厩牧羊馬、田園息錢，收之數年不盡。慧範家産亦數十萬緡。改新興王晋之姓曰厲。

初，上謀誅竇懷貞等，召崔湜，將託以心腹。湜弟滌謂湜曰：「主上有問，勿有所隱。」湜不從。懷貞等既誅，湜與右丞盧藏用俱坐私侍太平公主，湜流竇州，藏用流瀧州。新興王晋臨刑歎曰：「本爲此謀者崔湜，今吾死湜生，不亦冤乎！」會有司鞫宫人元氏，元氏引湜同謀進毒，乃追賜死於荆州。薛稷之子伯陽以尚主免死，流嶺南，於道自殺。

初，太平公主與其黨謀廢立，竇懷貞、蕭至忠、岑羲、崔湜皆以爲然，陸象先獨以爲不可。公主曰：「廢長立少，已爲不順，且又失德，若之何不去。」象先曰：「既以功立，當以罪廢。今實無罪，象先終不敢從。」公主怒而去。上既誅懷貞等，召象先謂曰：「歲寒知松柏，信哉！」時窮治公主枝黨，當坐者衆，象先密爲申理，所全甚多。然未嘗自言，當時無知者。百官素爲公主所善及惡之者，或黜或陟，終歲不盡。丁卯，上御承天門樓，赦天下。己巳，賞功臣郭元振等官爵、第舍、金帛有差。

庚辰，中書侍郎、同平章事陸象先罷爲益州長史。

八月癸巳，以封州流人劉幽求爲左僕射、平章軍國大事。九月庚午，以劉幽求同中書門下三品。冬十一月，劉幽求兼侍中。

通鑑紀事本末卷第三十一

李林甫專政

唐玄宗開元二十二年。吏部侍郎李林甫柔佞多狡數，深結宦官及妃嬪家，伺候上動靜，無不知之，由是每奏對常稱旨，上悅之。時武惠妃寵幸傾後宮，生壽王瑁，諸子莫得爲比，太子浸疏薄。林甫乃因宦官言於惠妃，願盡力保護壽王。惠妃德之，陰爲内助，由是擢黄門侍郎。五月戊子，以裴耀卿爲侍中，張九齡爲中書令，林甫爲禮部尚書、同中書門下三品。

二十四年。初，上欲以李林甫爲相，問於中書令張九齡，九齡對曰：「宰相繫國安危，陛下相林甫，臣恐異日爲廟社之憂。」上不從。時九齡方以文學爲上所重，林甫雖恨，猶曲意事之。侍中裴耀卿與九齡善，林甫并疾之。是時，上在位歲久，漸肆奢欲，怠於政事。而九齡遇事無細大皆力争，林甫巧伺上意，日思所以中傷之。

上之爲臨淄王也，趙麗妃、皇甫德儀、劉才人皆有寵，麗妃生太子瑛，德儀生鄂王瑶，才人生光王琚。及即位，幸武惠妃，麗妃等愛皆弛。惠妃生壽王瑁，寵冠諸子。太子與瑶、琚會於内第，各以母失職，有怨望語。駙馬都尉楊洄尚咸宜公主，常伺三子過失以告惠妃。惠妃泣訴於上曰：「太子陰結黨與，將害妾母子，亦指斥至尊。」上大怒，以語宰相，欲皆廢之。九齡曰：「陛下踐阼垂三十年，太子諸王不離深宫，日受聖訓，天下之人皆慶陛下享國久長，子孫蕃昌。今三子皆已成人，不聞大過，陛下奈何一旦以無根之語，喜怒之際，盡廢之乎！且太子天下本，不可輕摇。昔晉獻公聽驪姬之讒殺申生，三世大亂。漢武帝信江充之誣罪戾太子，京城流血。晉惠帝用賈后之譖廢愍懷太子，中原塗炭。隋文帝納獨孤后之言黜太子勇，立煬帝，遂失天下。由此觀之，不可不慎。陛下必欲爲此，臣不敢奉詔。」上不悦。林甫初無所言，退而私謂宦官之貴幸者曰：「此主上家事，何必問外人。」上猶豫未决。惠妃密使官奴牛貴兒謂九齡曰：「有廢必有興，公爲之援，宰相可長處。」九齡叱之，以其語白上，上爲之動色，故訖九齡罷相，太子得無動。林甫日夜短九齡於上，上浸疏之。

林甫引蕭炅爲户部侍郎。炅素不學，嘗對中書侍郎嚴挺之讀「伏臘」爲「伏獵」，挺之言於九齡曰：「省中豈容有『伏獵』侍郎。」由是出炅爲岐州刺史，故林甫怨挺之。九齡與挺之善，欲引以爲相，嘗謂之曰：「李尚書方承恩，足下宜一造門，與之款暱。」挺之素負氣，薄林甫爲人，竟不之詣，林甫恨之益深。挺之先娶妻，出之，更嫁蔚州刺史王元琰，元琰坐贓罪下三司按鞫，挺之爲之營解。林甫因左右使於禁中白上，上謂宰相曰：「挺之爲罪人請屬所由。」九齡曰：「此乃挺之出妻，不宜有情。」上曰：「雖離乃復有私。」於是上積前事，以耀卿、九齡爲阿黨，十一月壬寅，以耀卿爲左丞相，九齡爲右丞相，並罷政事。以林甫兼中書令，仙客爲工部尚書、同中書門下三品，領朔方節度如故。嚴挺之貶洺州刺史，王元琰流嶺南。九齡既得罪，自是朝廷之士皆容身保位，無復直言。

李林甫欲蔽塞人主視聽，自專大權，明召諸諫官謂曰：「今明主在上，羣臣將順之不暇，烏用多言。諸君不見立仗馬乎？食三品料，一鳴輒斥去，悔之何及。」補闕杜璡嘗上書言事，明日，黜爲下邽令。自是諫争路絶矣。牛仙客既爲林甫所引進，專給唯諾而已。然二人皆謹守格式，百官遷除，各有常度，雖奇才異行，不免終老常調。其以巧諂邪險自進者，則超騰不次，自有他蹊矣。

林甫城府深密，人莫窺其際。好以甘言啗人，而陰中傷之，不露辭色。凡爲上所厚者，始則親結之，及位勢相逼，輒以計去之，雖老姦巨猾，無能逃其術者。

二十五年夏四月辛酉，監察御史周子諒彈牛仙客非才，引讖書爲證。上怒甚，命左右𢷎於殿庭，絶而復蘇，仍杖之朝堂，流瀼州，至藍田而死。李林甫言：「子諒，張九齡所薦也。」甲子，貶九齡荆州長史。

楊洄又譖太子瑛、鄂王瑤、光王琚，云與太子妃兄駙馬薛鏽潛構異謀。上召宰相謀之，李林甫對曰：「此陛下家事，非臣等所宜豫。」上意乃決。乙丑，使宦者宣制於宮中，廢瑛、瑤、琚爲庶人，流鏽於瀼州。瑛、瑤、琚尋賜死城東驛，鏽賜死於藍田。瑤、琚皆好學，有才識，死不以罪，人皆惜之。丙寅，瑛舅家趙氏、妃家薛氏、瑤舅家皇甫氏坐流貶者數十人，惟瑤妃家韋氏以妃賢得免。

二十六年。太子瑛既死，李林甫數勸上立壽王瑁。上以忠王璵年長，且仁孝恭謹，又好學，意欲立之，猶豫歲餘不決。自念春秋浸高，三子同日誅死，繼嗣未定，常忽忽不樂，寢膳爲之減。高力士乘間請其故。上曰：「汝，我家老奴，豈不能揣我意。」力士曰：「得非以郎君未定邪？」上曰：「然。」對曰：「大家何必如此虛勞聖心，但推長而立，誰敢復爭。」上曰：「汝言是也！汝言是也！」由是遂定。六月庚子，立璵爲太子。

二十七年夏四月己丑，以牛仙客爲兵部尚書兼侍中，李林甫爲吏部尚書兼中書令，總文武選事。秋九月（戊午），太子更名紹。

天寶元年。李林甫爲相，凡才望功業出己右，及爲上所厚，勢位將逼己者，必百計去之。尤忌文學之士，或陽與之善，啗以甘言而陰陷之。世謂「李林甫口有蜜，腹有劍」。上嘗陳樂於勤政樓下，垂簾觀之。兵部侍郎盧絢謂上已起，垂鞭按轡，橫過樓下。絢風標清粹，上目送之，深歎其藴藉。林甫常厚以金帛賂上左右，上舉動必知之，乃召絢子弟謂曰：「尊君素望清崇，今交、廣藉才，聖上欲以尊君爲之，可乎？若憚遠行，則當左遷。不然，以賓、詹分務東洛，亦優賢之命也，何如？」絢懼，以賓、詹爲請。林甫恐乖衆望，乃除華州刺史。到官未幾，誣其有疾，州事不理，除詹事、員外、同正。

上又嘗問林甫以「嚴挺之今安在？是人亦可用」。挺之時爲絳州刺史。林甫退，召挺之弟損之，諭以「上待尊兄意甚厚，盍爲見上之策，奏稱風疾，求還京師就醫」。挺之從之。林甫以其奏白上，云「挺之衰老得風疾，宜且授以散秩，使便醫藥」。上歎吒久之。夏四月壬寅，以爲詹事。又以汴州刺史、河南采訪使齊澣爲少詹事，皆員外、同正，於東京養疾。澣亦朝廷宿望，故并忌之。

秋七月辛未，左相牛仙客薨。八月丁丑，以刑部尚書李適之爲左相。

二年。上以右贊善大夫楊慎矜知御史中丞事。時李林甫專權，公卿之進，有不出其門者，必以罪去之。慎矜由是固辭，不敢受。五月辛丑，以慎矜爲諫議大夫。

三載冬十二月，户部尚書裴寬素爲上所重，李林甫恐其入相，忌之。刑部尚書裴敦復擊海賊還，受請託，廣序軍功，寬微奏其事。林甫以告敦復，敦復言「寬亦嘗以親故屬敦復」。林甫曰：「君速奏之，勿後於人。」敦復乃以五百金賂女官楊太真之姊，使言於上。

甲午，寬坐貶睢陽太守。

初，上自東都還，李林甫知上厭巡幸，乃與牛仙客謀增近道粟賦及和糴以實關中，數年，蓄積稍豐。上從容謂高力士曰：「朕不出長安近十年，天下無事，朕欲高居無爲，悉以政事委林甫，何如？」對曰：「天子巡狩，古之制也。且天下大柄，不可假人，彼威勢既成，誰敢復議之者！」上不悦。力士頓首自陳：「臣狂疾發，妄言，罪當死。」上乃爲力士置酒，左右皆呼萬歲。力士自是不敢深言天下事矣。

四載。李適之與李林甫争權，有隙。適之領兵部尚書，駙馬張垍爲侍郎，林甫亦惡之。使人發兵部銓曹姦利事，收吏六十餘人付京兆與御史對鞫之，數日，竟不得其情。京兆尹蕭炅使法曹吉温鞫之，温入院，置兵部吏於外，先於後廳取二重囚訊之，或杖或壓，號呼之聲，所不忍聞。皆曰：「苟存餘生，乞紙盡答。」兵部吏素聞温之慘酷，引入，皆自誣服，無敢違温意者。頃刻而獄成，驗囚無榜掠之迹。及林甫欲除不附己者，求治獄吏，炅薦温於林甫，林甫得之，大喜。温常曰：「若遇知己，南山白額虎不足縛也。」時又有杭州人羅希奭，爲吏深刻，林甫引之，自御史臺主簿再遷殿中侍御史。二人皆隨林甫所欲深淺，鍛鍊成獄，無能自脱者，時人謂之「羅鉗吉網」。

秋九月癸未，以陜郡太守、江淮租庸轉運使韋堅爲刑部尚書，罷其諸使，以御史中丞楊慎矜代之。堅妻姜氏，皎之女，林甫之舅子也，故林甫昵之。及堅以通漕有寵於上，遂有入相之志，又與李適之善，林甫由是惡之，故遷以美官，實奪之權也。

五載春正月乙丑，以隴右節度使皇甫惟明兼河西節度使。

李適之性疏率，李林甫嘗謂適之曰：「華山有金礦，采之可以富國，主上未之知也。」他日，適之因奏事言之。上以問林甫，對曰：「臣久知之，但華山陛下本命，王氣所在，鑿之非宜，故不敢言。」上以林甫爲愛己，薄適之慮事不熟，謂曰：「自今奏事，宜先與林甫議之，無得輕脫。」適之由是束手矣。適之既失恩，韋堅失權，益相親密，林甫愈惡之。

初，太子之立非林甫意，林甫恐異日爲己禍，常有動搖東宮之志。而堅，又太子之妃兄也。皇甫惟明嘗爲忠王友，時破吐蕃，入獻捷，見林甫專權，意頗不平。時因見上，乘間微勸上去林甫，林甫知之，使楊慎矜密伺其所爲。會正月望夜，太子出遊，與堅相見，堅又與惟明會於景龍觀道士之室。慎矜發其事，以爲堅戚里，不應與邊將狎暱。林甫因譖堅與惟明結謀，欲共立太子。堅、惟明下獄，林甫使慎矜與御史中丞王鉷、京兆府法曹吉溫共構之。上亦疑堅與惟明有謀，而不顯其罪。癸酉，下制責堅以干進不已，貶縉雲太守，惟明以離間君臣，貶播川太守，仍別下制戒百官。

夏四月，韋堅等既貶，左相李適之懼，自求散地。庚寅，以適之爲太子少保，罷政事。其子衛尉少卿霅嘗盛饌召客，客畏李林甫，竟日無一人敢往者。

以門下侍郎、崇玄館大學士陳希烈同平章事。希烈，宋州人，以講老、莊得進，專用神仙符瑞取媚於上。李林甫以希烈爲上所愛，且柔佞易制，故引以爲相。凡政事一決於林甫，希烈但給唯諾。故事，宰相午後六刻乃出，林甫奏今太平無事，巳時即還第。軍國機務，皆決於私家，主書抱成案詣希烈書名而已。

秋七月，將作少匠韋蘭、兵部員外郎韋芝爲其兄堅訟冤，且引太子爲言，上益怒。太子懼，表請與妃離婚，乞不以親廢法。丙子，再貶堅江夏別駕，蘭、芝皆貶嶺南。然上素知太子孝謹，故譴怒不及。李林甫因言堅與李適之等爲朋黨，後數日，堅長流臨封，適之貶宜春太守，太常少卿韋斌貶巴陵太守，嗣薛王琄貶夷陵別駕，睢陽太守裴寬貶安陸別駕，河南尹李齊物貶竟陵太守，凡堅親黨連坐流貶者數十人。斌，安石之子；琄，業之子，堅之甥也。琄母亦令隨琄之官。

冬十一月，贊善大夫杜有鄰女爲太子良娣，良娣之姊爲左驍衛兵曹柳勣妻。勣性狂疏，好功名，喜交結豪俊。淄川太守裴敦復薦於北海太守李邕，邕與之定交。勣至京師，與著作郎王曾等爲友，皆當時名士也。勣與妻族不協，欲陷之，爲飛語，告有鄰妄稱圖讖，交構東宮，指斥乘輿。林甫令京兆士曹吉温與御史鞫之，乃勣首謀也。温令勣連引曾等入臺。十二月甲戌，有鄰、勣及曾等皆杖死，積尸大理，妻子流遠方，中外震慄。嗣虢王巨貶義陽司馬。巨，邕之子也。别遣監察御史羅希奭往按李邕，太子亦出良娣爲庶人。

乙亥，鄴郡太守王琚坐贓貶江華司馬。琚性豪侈，與李邕皆自謂耆舊，久在外，意怏怏。李林甫惡其負材使氣，故因事除之。

六載春正月辛巳，李邕、裴敦復皆杖死。邕才藝出衆，盧藏用常語之曰：「君如干將、莫邪，難與争鋒，然終虞缺折耳。」邕不能用。

林甫又奏分遣御史即貶所賜皇甫惟明、韋堅兄弟等死。羅希奭自青州如嶺南，所過殺遷謫者，郡縣惶駭。排馬牒至宜春，李適之憂懼，仰藥自殺。至江華，王琚仰藥不死，聞希奭已至，即自縊。希奭又迂路過安陸，欲怖殺裴寬，寬向希奭叩頭祈生，希奭不宿而過，乃得免。李適之子霅迎父喪至東京，李林甫令人誣告霅，杖死於河南府。給事中房琯坐與適之善，貶宜春太守。琯，融之子也。

林甫恨韋堅不已，遣使於循河及江、淮州縣求堅罪，所在收繫綱典船夫，溢於牢獄，徵剥逋負，延及鄰伍，皆裸露死於公府，至林甫薨乃止。

李林甫以王忠嗣功名日盛，恐其入相，忌之。董延光之攻吐蕃也，過期不克，言王忠嗣沮撓軍計，上怒。李林甫因使濟陽別駕魏林告忠嗣嘗自言「我幼養宮中，與忠王相愛狎」，欲擁兵以尊奉太子。敕徵忠嗣入朝，委三司鞫之。

户部侍郎兼御史中丞楊慎矜爲上所厚，李林甫浸忌之。慎矜與王鉷父晉，中表兄弟也，少與鉷狎，鉷之入臺，頗因慎矜推引。及鉷遷中丞，慎矜與語，猶名之。鉷自恃與林甫善，意稍不平。慎矜奪鉷職田，鉷母本賤，慎矜嘗以語人，鉷深銜之。慎矜猶以故意待之，嘗與之私語讖書。

慎矜與術士史敬忠善，敬忠言天下將亂，勸慎矜於臨汝山中買莊爲避亂之所。會慎矜父墓田中草木皆流血，慎矜惡之，以問敬忠。敬忠請禳之，設道場於後園，慎矜退朝，輒躶貫桎梏坐其中。旬日血止，慎矜德之。慎矜有侍婢明珠，色美，敬忠屢目之，慎矜即以遺敬忠，車載過貴妃姊柳氏樓下，姊邀敬忠上樓，求車中美人，敬忠不敢拒。明日，姊入宮，以明珠自隨。上見而異之，問所從來，明珠具以實對。上以慎矜與術士爲妖法，惡之，含怒未發。

楊釗以告鉷，鉷心喜，因侮慢慎矜，慎矜怒。林甫知鉷與慎矜有隙，密誘使圖之。鉷乃遣人以飛語告「慎矜隋煬帝孫，與凶人往來，家有讖書，謀復祖業」。上大怒，收慎矜繫獄，命刑部、大理與侍御史楊釗、殿中侍御史盧鉉同鞫之。大府少卿張瑄，慎矜所薦也，盧鉉誣瑄嘗與慎矜論讖，栲掠百端，瑄不肯答辨。乃以木綴其足，使人張其枷柄，向前挽之，身加長數尺，腰細欲絶，眼鼻出血，瑄竟不答。

又使吉温捕史敬忠於汝州。敬忠與温父素善，温之幼也，敬忠常抱撫之。及捕獲，温不與交言，鎖其頸，以布蒙首，驅之馬前。至戲水，温使吏誘之曰：「楊慎矜已款服，惟須子一辨，若解人意則生，不然必死，前至温湯，則求首不獲矣。」敬忠顧謂温曰：「七郎，求一紙。」温陽不應。去温湯十餘里，敬忠懇請哀切，乃於桑下令答三紙，辨皆如温意。温徐謂曰：「丈人且勿怪。」因起拜之。

至會昌，始鞫慎矜，以敬忠爲證。慎矜皆引服，惟搜讖書不獲，林甫危之，使盧鉉入長安搜慎矜家。鉉袖讖書入闇中，詬而出曰：「逆賊深藏祕記。」至會昌，以示，慎矜歎曰：「吾不蓄讖書，此何從在吾家哉！吾應死而已。」十一月丁酉，賜慎矜及兄少府少監慎餘、洛陽令慎名自盡。敬忠杖一百，妻子皆流嶺南。瑄杖六十，流臨封，死於會昌。嗣號王巨雖不預謀，坐與敬忠相識，解官，南賓安置。自餘連坐者數十人。慎名聞敕，神色不變，爲書别姊。慎餘合掌指天而縊。

三司按王忠嗣，上曰：「吾兒居深宫，安得與外人通謀，此必妄也。但劾忠嗣沮撓軍功。」哥舒翰之入朝也，或勸多齎金帛以救忠嗣。翰曰：「若直道尚存，王公必不冤死，如其將喪，多賂何爲。」遂單囊而行。三司奏忠嗣罪當死。翰始遇知於上，力陳忠嗣之冤，且請以己官爵贖忠嗣罪。上起，入禁中，翰叩頭隨之，言與淚俱。上感寤，己亥，貶忠嗣漢陽太守。

李林甫屢起大獄，別置推事院於長安。以楊釗有掖廷之親，出入禁闥，所言多聽，乃引以爲援，擢爲御史。事有微涉東宮者，皆指擿使之奏劾，付羅希奭、吉温鞫之。釗因得逞其私志，所擠陷誅夷者數百家，皆釗發之。幸太子仁孝謹静，張垍、高力士常保護於上前，故林甫終不能間也。

十二月丙寅，命百官閱天下歲貢物於尚書省，既而悉以車載賜李林甫家。上或時不視朝，百司悉集林甫第門，臺省爲空。陳希烈雖坐府，無一人入謁者。林甫子岫爲將作監，頗以滿盈爲懼，嘗從林甫遊後園，指役夫言於林甫曰：「大人久處鈞軸，怨仇滿天下，一朝禍至，欲爲此得乎？」林甫不樂，曰：「勢已如此，將若之何！」

先是，宰相皆以德度自處，不事威勢，騶從不過數人，士民或不之避。林甫自以多結怨，常虞刺客，出則步騎百餘人爲左右翼，金吾静街，前驅在數百步外，公卿走避；居則重關複壁，以石甃地，牆中置板，如防大敵，一夕屢徙牀，雖家人莫知其處。宰相騶從之盛，自林甫始。

八載夏四月，咸寧太守趙奉璋告李林甫罪二十餘條；狀未達，林甫知之，諷御史逮捕，以爲妖言，杖殺之。

九載夏四月己巳，御史中丞宋渾坐贓巨萬，流潮陽。初，吉温因李林甫得進，及兵部侍郎兼御史中丞楊釗恩遇浸深，温遂去林甫而附之，爲釗畫代林甫執政之策。蕭炅及渾，皆林甫所厚也，求得其罪，使釗奏而逐之，以翦其心腹，林甫不能救也。

十載春正月丁酉，命李林甫遥領朔方節度使。

十一載。户部侍郎兼御史大夫、京兆尹王鉷弟户部郎中銲凶險不法，召術士任海川問：「我有王者之相否？」海川懼，亡匿。鉷恐事泄，捕得，託以他事杖殺之。王府司馬韋會，定安公主之子，王銲之同産也，話之私庭。鉷又使長安尉賈季鄰收會繫獄，縊殺之。銲不敢言。

銲所善邢縡，與龍武萬騎謀殺龍武將軍，以其兵作亂，殺李林甫、陳希烈、楊國忠。前期二日，有告之者。夏四月乙酉，上臨朝，以告狀面授鉷，使捕之。鉷意銲在縡所，先遣人召之，日晏，乃命賈季鄰等捕縡。縡居金城坊，季鄰等至門，縡帥其黨數十人，持弓刀格鬬突出。鉷與楊國忠引兵繼至，縡黨曰：「勿傷大夫人。」國忠之傔密謂國忠曰：「賊有號，不可戰也。」縡鬬且走，至皇城西南隅。會高力士引飛龍禁軍四百至，擊斬縡，捕其黨，皆擒之。

國忠以狀白上曰：「銲必預謀。」上以鉷任遇深，不應同逆，李林甫亦爲之辯解。上乃命特原銲不問，然意欲鉷表請罪之。使國忠諷之，鉷不忍，上怒。會陳希烈極言鉷大逆當誅，戊子，敕希烈與國忠鞫之，仍以國忠兼京兆尹。於是任海川、韋會等事皆發，獄具，鉷賜自盡，銲杖死於朝堂，鉷子準、偁流嶺南，尋殺之。有司籍其第舍，數日不能徧。鉷賓佐莫敢窺其門，獨采訪判官裴冕收其尸葬之。

初，李林甫以陳希烈易制，引爲相，政事常隨林甫左右，晚節遂與林甫爲敵，林甫懼。會李獻忠叛，林甫乃請解朔方節制，且薦河西節度使安思順自代。（夏四月）庚子，以思順爲朔方節度使。

初，李林甫以國忠爲才，且貴妃之族，故善遇之。國忠與王鉷俱爲中丞，鉷用林甫〔徵〕爲大夫，故國忠不悅，遂深探邢縡獄，令引林甫交私鉷兄弟及阿布思事狀，陳希烈、哥舒翰從而證之；上由是疏林甫。國忠貴震天下，始與林甫爲仇敵矣。

南詔數寇邊，蜀人請楊國忠赴鎮，左僕射兼右相李林甫奏遣之。國忠將行，泣辭，上言必爲林甫所害，貴妃亦爲之請。上謂國忠曰：「卿暫到蜀區處軍事，朕屈指待卿，還當入相。」林甫時已有疾，憂懣不知所爲，巫言一見上可小愈，上欲就視之，左右固諫。上乃命林甫出庭中，上登降聖閣遥望，以紅巾招之。林甫不能拜，使人代拜。國忠比至蜀，上遣中使召還，至昭應，謁林甫，拜於牀下。林甫流涕謂曰：「林甫死矣，公必爲相，以後事累公。」國忠謝不敢當，汗流覆面。十〔二〕〔一〕月丁卯，林甫薨。

上晚年自恃承平，以爲天下無復可憂，遂深居禁中，專以聲色自娱，悉委政事於林甫。林甫媚事左右，迎合上意，以固其寵；杜絶言路，掩蔽聰明，以成其姦；妬賢疾能，排抑勝己，以保其位；屢起大獄，誅逐貴臣，以張其勢。自皇太子以下，畏之側足。凡在相位十九年，養成天下之亂，而上不之寤也。

十二載。楊國忠使人説安禄山誣李林甫與阿布思謀反。禄山使阿布思部落降者詣闕，誣告林甫與阿布思約爲父子。上信之，下吏按問，林甫壻諫議大夫楊齊宣懼爲所累，附國忠意證成之。時林甫尚未葬，二月癸未，制削林甫官爵，子孫有官者除名，流嶺南及黔中，給隨身衣及糧食，自餘貲産並没官，近親及黨與坐貶者五十餘人。剖林甫棺，抉取含珠，褫金紫，更以小棺如庶人禮葬之。己亥，賜陳希烈爵許國公，楊國忠爵魏國公，賞其成林甫之獄也。

姦臣聚斂

宇文融　楊慎矜　韋堅　王鉷　楊釗

唐玄宗開元九年春正月，監察御史宇文融上言，天下户口逃移，巧僞甚衆，請加檢括。融，弼之玄孫也，源乾曜素愛其才，贊成之。二月乙酉，敕有司議招集流移按詰巧僞之法以聞。

丁亥，制：「州縣逃亡户口聽百日自首，或於所在附籍，或牒歸故鄉，各從所欲。過期不首，即加檢括，謫徙邊州。公私敢容庇者抵罪。」以宇文融充使，括逃移户口及籍外田，所獲巧僞甚衆，遷兵部員外郎兼侍御史。融奏置勸農判官十人，並攝御史，分行天下。其新附客户，免六年賦調。使者競爲刻急，州縣承風勞擾，百姓苦之。陽翟尉皇甫憬上疏言其狀。上方任融，貶憬盈川尉。州縣希旨，務於獲多，虛張其數，或以實户爲客，凡得户八十餘萬，田亦稱是。

十一年秋八月，敕：「前令檢括逃人，慮成煩擾，今所在州縣安集，遂其生業。」

十二年夏六月壬辰，制聽逃户自首，闢所在閒田，隨宜收税，毋得差科征役，租庸一皆蠲免。仍以兵部員外郎兼侍御史宇文融爲勸農使，巡行州縣，與吏民議定賦役。

秋八月己亥，以宇文融爲御史中丞，乘驛周流天下。事無大小，諸州先牒上勸農使，後申中書，省司亦待融指撝，然後處决。時上將大攘四夷，急於用度，州縣畏融，多張虚數，凡得客户八十餘萬，田亦稱是。歲終，增緡錢數百萬，悉進入宫，由是有寵。議者多言煩擾，不利百姓，上令集百寮於尚書省議之。公卿已下畏融恩勢，皆不敢立異。惟户部侍郎楊瑒獨抗議，以爲：「括客免税，不利居人。徵籍外田税，使百姓困弊，所得不補所失。」未幾，瑒出爲華州刺史。

十三年。以宇文融兼户部侍郎。制以所得客户税錢均充常平倉本錢。

十四年。中書令張説惡御史中丞宇文融之爲人，且患其權重，融所建白，多抑之。夏四月壬子，融及御史大夫崔隱甫、御史中丞李林甫共彈説「引術士占星，徇私僭侈，受納賄賂」。庚申，罷説中書令。

十五年春正月，御史大夫崔隱甫、中丞宇文融恐右丞相張説復用，數奏毁之，各爲朋黨。上惡之，二月乙巳，制説致仕，隱甫免官侍母，融出爲魏州刺史。

乙卯，制：「諸州逃户，先經勸農使括定按比後復有逃來者，隨到準白丁例輸當年租庸，有征役者免差。」

十六年春正月甲寅，以魏州刺史宇文融爲户部侍郎兼魏州刺史，充河北道宣撫使。丙寅，以魏州刺史宇文融檢校汴州刺史，充河南北溝渠堤堰决九河使。融請用禹貢九河故道開稻田，并回易陸運錢，官收其利。興役不息，事多不就。

十七年。宇文融性精敏，應對辯給，以治財賦得幸於上，始廣置諸使，競爲聚斂，由是百官浸失其職，而上心益侈，百姓皆怨苦之。爲人疏躁多言，好自矜伐，在相位，謂人曰：「使吾居此數月，則海内無事矣。」信安王禕以軍功有寵於上，融疾之。禕入朝，融使御史李寅彈之，泄於所親。禕聞之，先以白上。明日，寅奏果入。上怒，九月壬子，融坐貶汝州刺史，凡爲相百日而罷。是後言財利以取貴仕者，皆祖於融。

冬十月，宇文融既得罪，國用不足，上復思之，謂裴光庭等曰：「卿等皆言融之惡，朕既黜之矣，今國用不足，將若之何？卿等何以佐朕？」光庭等懼，不能對。會有飛狀告融贓賄事，又貶平樂尉。至嶺外歲餘，司農少卿蔣岑奏融在汴州隱没官錢鉅萬計，制窮治其事，融坐流巖州，道卒。

二十一年。太府卿楊崇禮，政道之子也，在太府二十餘年，前後爲太府者莫能及。時承平日久，財貨山積，嘗經楊卿者無不精美。每歲鉤（校）〔駮〕省便，出錢〔數〕百萬緡。是歲，以户部尚書致仕，年九十餘矣。上問宰相：「崇禮諸子誰能繼其父者？」對曰：「崇禮三子，慎餘、慎矜、慎名，皆廉勤有才，而慎矜爲優。」上乃擢慎矜自汝陽令爲監察御史，知太府出納，慎名攝監察御史，知含嘉倉出給，亦皆稱職。上甚悦之。慎矜奏諸州所輸布帛有漬污穿破者，皆下本州徵折估錢，轉市輕貨，徵調始繁矣。

天寶元年春三月，以長安令韋堅爲陝郡太守，領江、淮租庸、轉運使。初，宇文融既敗，言利者稍息。及楊慎矜得幸，於是韋堅、王鉷之徒競以利進。百司有事權者，稍稍别置使以領之，舊官充位而已。堅，太子之妃兄也，爲吏以幹敏稱。上使之督江、淮租運，歲增巨萬；上以爲能，故擢任之。王鉷，方翼之孫也，亦以善治租賦爲户部員外郎兼侍御史。

二年春三月，江、淮南租庸等使韋堅，引滻水抵苑東望春樓下爲潭，以聚江、淮運船，役夫匠通漕渠，發人丘壟，自江、淮至京城，民間蕭然愁怨。二年而成。丙寅，上幸望春樓觀新潭。堅以新船數百艘，遍榜郡名，各陳郡中珍貨於船背。陝尉崔成甫著錦半臂，缺胯緑衫而裼之，紅袙首，居前船唱得寶歌，使美婦百人盛飾而和之，連檣數里。堅跪進諸郡輕貨，仍上百牙盤食。上置宴，竟日而罷。觀者山積。夏四月，加堅左散騎常侍，其僚屬吏卒褒賞有差，名其潭曰廣運。

四載秋九月癸未，以陝郡太守、江淮租庸轉運使韋堅爲刑部尚書，罷其諸使，以御史中丞楊慎矜代之。

冬十月，上以户部郎中王鉷爲户口色役使，敕賜百姓復除。鉷奏徵其輦運之費，廣張錢數，又使市本郡輕貨，百姓所輸乃甚於不復除。舊制，戍邊者免其租庸，六歲而更。時邊將恥敗，士卒死者皆不申牒，貫籍不除。王鉷志在聚斂，以有籍無人者皆爲避課，按籍戍邊六歲之外，悉徵其租庸，有併徵三十年者，民無所訴。上在位久，用度日侈，後宮賞賜無節，不欲數於左右藏取之。鉷探知上指，歲貢額外錢帛百億萬，貯於內庫，以供宮中宴賜，曰：「此皆不出於租庸調，無預經費。」上以鉷爲能富國，益厚遇之。鉷務爲割剝以求媚，中外嗟怨。丙子，以鉷爲御史中丞、京畿采訪使。

楊釗侍宴禁中，專掌樗蒲文簿，鉤校精密。上賞其強明，曰「好度支郎」。諸楊數徵此言於上，又以屬王鉷，鉷因奏充判官。楊釗入禁中事見楊氏之寵。

七載。度支郎中兼侍御史楊釗善窺上意所愛惡而迎之，以聚斂驟遷，歲中領十五餘使。夏六月甲辰，遷給事中兼御史中丞，專判度支事，恩幸日隆。

蘇冕論曰：設官分職，各有司存。政有恒而易守，事歸本而難失，經遠之理，捨此奚據。洎姦臣廣言利以邀恩，多立使以示寵，刻下民以厚斂，張虛數以獻狀。上心蕩而益奢，人望怨而成禍。使天子有司守其位而無其事，受厚禄而虛其用。宇文融首唱其端，楊慎矜、王鉷繼遵其軌，楊國忠終成其亂。仲尼云：「寧有盜臣而無聚斂之臣。」誠哉是言。前車既覆，後轍未改，求達化本，不亦難乎！

八載春二月戊申，引百官觀左藏，賜帛有差。是時州縣殷富，倉庫積粟、帛動以萬計。楊釗奏請所在糶變爲輕貨，及徵丁租地稅皆變布帛輸京師。屢奏帑藏充牣，古今罕儔，故上帥羣臣觀之，賜釗紫衣、金魚以賞之。上以國用豐衍，故視金帛如糞壤，賞賜貴寵之家，無有限極。

楊氏之寵

唐玄宗天寶三載。初，武惠妃薨，上悼念不已，後宮數千，無當意者。或言壽王妃楊氏之美，絕世無雙。上見而悅之，乃令妃自以其意乞爲女官，號太真。更爲壽王娶左衛郎將韋昭訓女，潛内太真宮中。太真肌態豐豔，曉音律，性警穎，善承迎上意，不期歲寵遇如惠妃，宮中號曰「娘子」，凡儀體皆如皇后。

四載秋八月壬寅，册楊太真爲貴妃，贈其父玄琰兵部尚書，以其叔父玄珪爲光祿卿，從兄銛爲殿中少監，錡爲駙馬都尉。癸卯，册武惠妃女爲太華公主，命錡尚之。及貴妃三姊，皆賜第京師，寵貴赫然。

楊釗，貴妃之從祖兄也，不學無行，爲宗黨所鄙。從軍於蜀，得新都尉，考滿，家貧不能自歸，新政富民鮮于仲通常資給之。楊玄琰卒於蜀，釗往來其家，遂與其中女通。

鮮于仲通名向，以字行，頗讀書，有材智。劍南節度使章仇兼瓊引爲采訪支使，委以心腹。嘗從容謂仲通曰：「今吾獨爲上所厚，苟無内援，必爲李林甫所危。聞楊妃新得幸，人未敢附之。子能爲我至長安，與其家相結，吾無患矣。」仲通曰：「仲通蜀人，未嘗遊上國，恐敗公事。今爲公更求得一人。」因言釗本末，兼瓊引見。釗儀觀甚偉，言辭敏給，兼瓊大喜，即辟爲推官，往來浸親密，乃使之獻春綵於京師。將别，謂曰：「有少物在郫，以具一日之糧，子過，可取之。」釗至郫，兼瓊使親信大齎蜀貨精美者遺之，可直萬緡。釗大喜過望，晝夜兼行，至長安，歷抵諸妹，以蜀貨遺之，曰：「此章仇公所贈也。」時中女新寡，釗遂館於其室，中分蜀貨以與之。於是諸楊日夜譽兼瓊，且言釗善樗蒱，引之見上，得隨供奉官出入禁中，改金吾兵曹參軍。

五載夏五月乙亥，以劍南節度使章仇兼瓊爲户部尚書，諸楊引之也。

楊貴妃方有寵，每乘馬則高力士執轡授鞭，織繡之工專供貴妃院者七百人。中外争獻器服珍玩，嶺南經略使張九章、廣陵長史王翼以所獻精美，九章加三品，翼入爲户部侍郎，天下從風而靡。民間歌之曰：「生男勿喜，生女勿悲，君今看女作門楣。」妃欲得生荔枝，歲命嶺南馳驛致之，比至長安，色味不變。

至是，妃以妬悍不遜，上怒，命送歸兄銛之第。是日，上不懌，比日中，猶未食。左右動不稱旨，橫被捶撻。高力士欲嘗上意，請悉載院中儲偫送貴妃，凡百餘車，上自分御膳以賜之。及夜，力士伏奏請迎貴妃歸院，遂開禁門而入。自是恩遇愈隆，後宮莫得進矣。

七載冬十一月癸未，以楊貴妃姊適崔氏者爲韓國夫人，適裴氏者爲虢國夫人，適柳氏者爲秦國夫人。三人皆有才色，上呼之爲姨，出入宮掖，並承恩澤，勢傾天下。每命婦入見，玉真公主等皆讓不敢就位。三姊與銛、錡五家，凡有請託，府縣承迎，峻於制敕。四方賂遺，輻湊其門，惟恐居後，朝夕如市。十宅諸王及百孫院婚嫁，皆先以錢千緡賂韓、虢使請，無不如志。上所賜與及四方獻遺，五家如一。競開第舍，極其壯麗，一堂之費，動踰千萬。既成，見他人有勝己者，輒毁而改爲。虢國尤爲豪蕩，一旦，帥工徒突入韋嗣立宅，即撤去舊屋，自爲新第，但授韋氏以隙地十畝而已。中堂既成，召工圬墁，約錢二百萬。復求賞技，虢國以絳羅五百段賞之，嗤而不顧，曰：「請取螻蟻、蜥蜴，記其數置堂中，苟失一物，不敢受直。」

九載春二月，楊貴妃復忤旨，送歸私第。户部郎中吉温因宦官言於上曰：「婦人識慮不遠，違忤聖心，陛下何愛宮中一席之地，不使之就死，豈忍辱之於外舍邪！」上亦悔之，遣中使賜以御膳。妃對使者涕泣曰：「妾罪當死，陛下幸不殺而歸之。今當永離掖庭，金玉珍玩，皆陛下所賜，不足爲獻，惟髮者父母所與，敢以薦誠。」乃翦髮一繚而獻之。

上遽使高力士召還，寵待益深。

時貴戚競以進食相尚，上命宦官姚思藝爲檢校進食使，水陸珍羞數千盤，一盤費中人十家之産。中書舍人竇華嘗退朝，值公主進食，列於中衢，傳呼按轡出其間，宫苑小兒數百奮梃於前，華僅以身免。

楊釗以圖讖有「金刀」，請更名，上賜名國忠。

十載春正月庚子，楊氏五宅夜遊，與廣平公主從者争西市門。楊氏奴揮鞭及公主衣，公主墜馬，駙馬程昌裔下扶之，亦被數鞭。公主泣訴於上，上爲之杖殺楊氏奴。明日，免昌裔官，不聽朝謁。

十一載。京兆尹王鉷權寵日盛，領二十餘使。鉷得罪，敕楊國忠鞫之，仍以國忠兼京兆尹。夏五月丙辰，楊國忠加御史大夫、京畿、關内採訪使，凡王鉷所綰使務，悉歸國忠。

十一月庚申，以楊國忠爲右相，兼文部尚書，其判使並如故。國忠爲人强辯而輕躁，無威儀。既爲相，以天下爲己任，裁决機務，果敢不疑。居朝廷，攘袂扼腕，公卿以下，頤指氣使，莫不震慴。自侍御史至爲相，凡領四十餘使。臺省官有才行時名，不爲己用者皆出之。

或勸陝郡進士張彖謁國忠，曰：「見之，富貴立可圖。」彖曰：「君輩倚楊右相如泰山，吾以爲冰山耳。若皎日既出，君輩得無失所恃乎！」遂隱居嵩山。

十二月，楊國忠欲收人望，建議：「文部選人，無問賢不肖，選深者留之，依資據闕注官。」滯淹者翕然稱之。國忠凡所施置，皆曲徇時人所欲，故頗得衆譽。

十二載春正月，京兆尹鮮于仲通諷選人請爲國忠刻頌，立於省門。制仲通撰其辭，上爲改定數字，仲通以金填之。

冬十月，上幸華清宮。

楊國忠與虢國夫人居第相鄰，晝夜往來，無復期度，或並轡走馬入朝，不施障幕，道路爲之掩目。

三夫人將從車駕幸華清宮，會於國忠第，車馬僕從，充溢數坊，錦繡珠玉，鮮華奪目。國忠謂客曰：「吾本寒家，一旦緣椒房至此，未知稅駕之所，然念終不能致令名，不若且極樂耳。」楊氏五家，隊各爲一色衣以相別，五家合隊，粲若雲錦。國忠仍以劍南旌節引於其前。

國忠子暄舉明經，學業荒陋，不及格。禮部侍郎達奚珣畏國忠權勢，遣其子昭應尉撫先白之。撫伺國忠入朝上馬，趨至馬下。國忠意其子必中選，有喜色。撫曰：「大人白相公，郎君所試不中程式，然亦未敢落也。」國忠怒曰：「我子何患不富貴，乃令鼠輩相賣！」策馬不顧而去。撫惶遽，書白其父曰：「彼恃挾貴勢，令人慘嗟，安可復與論曲直。」遂置暄上第。及暄爲户部侍郎，珣始自禮部遷吏部，暄與所親言，猶歎己之淹回，珣之迅疾。

國忠既居要地，中外餉遺輻凑，積縑至三千萬匹。

十三載春二月丁丑，楊國忠進位司空。甲申，臨軒册命。

自去歲水旱相繼，關中大饑。楊國忠惡京兆尹李峴不附己，以災沴歸咎於峴，九月，貶長沙太守。峴，褘之子也。上憂雨傷稼，國忠取禾之善者獻之，曰：「雨雖多，不害稼也。」上以爲然。扶風太守房琯言所部水災，國忠使御史推之。是歲，天下無敢言災者。高力士侍側，上曰：「淫雨不已，卿可盡言。」對曰：「自陛下以權假宰相，賞罰無章，陰陽失度，臣何敢言！」上默然。

十四載。安禄山反。冬十二月，上議親征，辛丑，制太子監國，謂宰相曰：「朕在位垂五十載，倦于憂勤，去秋已欲傳位太子，值水旱相仍，不欲以餘災遺子孫，淹留俟稍豐。不意逆胡横發，朕當親征，且使之監國。事平之日，朕將高枕無爲矣。」楊國忠大懼，退謂韓、虢、秦三夫人曰：「太子素惡吾家專横久矣，若一旦得天下，吾與姊妹併命在旦暮矣。」相與聚哭，使三夫人説貴妃，銜土請命於上，事遂寢。

肅宗至德元載。楊國忠勸上幸蜀。〔夏六月丙申〕，上至馬嵬驛，將士飢疲，皆憤怒。龍武大將軍陳玄禮以禍由楊國忠，欲誅之。會吐蕃使者二十餘人遮國忠馬，訴以無食，國忠未及對，軍士追殺之，并殺其子暄及韓國、秦國夫人。

上命高力士縊貴妃於佛堂。國忠妻裴柔與其幼子晞及虢國夫人、夫人子裴徽走至陳倉，吏士追捕誅之。事見安史之亂。

安史之亂

唐玄宗開元二十四年春三月，張守珪使平盧討擊使、左驍衛將軍安禄山討奚、契丹叛者，禄山恃勇輕進，爲虜所敗。夏四月辛亥，守珪奏請斬之。禄山臨刑呼曰：「大夫不欲滅奚、契丹邪，奈何殺禄山！」守珪亦惜其驍勇，欲活之，乃更執送京師。張九齡批曰：「昔穰苴誅莊賈，孫武斬宮嬪，守珪軍令若行，禄山不宜免死。」上惜其才，敕令免官，以白衣將領。九齡固争，曰：「禄山失律喪師，於法不可不誅。且臣觀其貌有反相，不殺必爲後患。」上曰：「卿勿以王夷甫識石勒，枉害忠良。」竟赦之。

安禄山者，本營州雜胡，初名阿犖山。其母，巫也。父死，母攜之再適突厥安延偃。會其部落破散，與延偃兄子思順俱逃來，故冒姓安氏，名禄山。又有史窣干者，與禄山同里閈，先後一日生。及長，相親愛，皆爲互市牙郎，以驍勇聞。張守珪以禄山爲捉生將，禄山每與數騎出，輒擒契丹數十人而返。狡黠，善揣人情，守珪愛之，養以爲子。

窣干嘗負官債，亡入奚中，爲奚遊弈所得，欲殺之。窣干紿曰：「我，唐之和親使也，汝殺我，禍且及汝國。」遊弈信之，送詣牙帳。窣干見奚王，長揖不拜，奚王雖怒，而畏唐，不敢殺，以客禮館之，使百餘人隨窣干入朝。窣干謂奚王曰：「王所遣人雖多，觀其才，皆不足以見天子。聞王有良將琑高者，何不使之入朝？」奚王即命琑高與牙下三百人隨窣干入朝。窣干將至平盧，先使人謂軍使裴休子曰：「奚使琑高與精鋭俱來，聲云入朝，實欲襲軍城，宜謹爲之備，先事圖之。」休子乃具軍容出迎，至館，悉阬殺其從兵，執琑高送幽州。張守珪以窣干爲有功，奏爲果毅，累遷將軍。後入奏事，上與語，悦之，賜名思明。

二十九年。平盧兵馬使安禄山傾巧善事人，人多譽之。上左右至平盧，禄山皆厚賂之，由是上益以爲賢。御史中丞張利貞爲河北采訪使，至平盧，禄山曲事利貞，乃至左右皆有賂。利貞入奏，盛稱禄山之美。八月乙未，以禄山爲營州都督，充平盧軍使、兩蕃勃海黑水四府經略使。

天寶元年。分平盧别爲節度，以安禄山爲節度使。

二年春正月，安禄山入朝，上寵待甚厚，謁見無時。禄山奏言：「去秋營州蟲食苗，臣焚香祝天云，『臣若操心不正，事君不忠，願使蟲食臣心；若不負神祇，願使蟲散』。即有羣烏從北來，食蟲立盡。請宣付史官。」從之。

三載春三月己巳，以平盧節度使安禄山兼范陽節度使，以范陽節度使裴寬爲户部尚書。禮部尚書席建侯爲河北黜陟使，稱禄山公直。李林甫、裴寬皆順旨稱其美。三人皆上所信任，由是禄山之寵益固不揺矣。

四載秋九月，安禄山欲以邊功市寵，數侵掠奚、契丹。奚、契丹各殺公主以叛，禄山討破之。冬十月，安禄山奏：「臣討契丹至北平郡，夢先朝名將李靖、李勣從臣求食。」遂命立廟。又奏：「薦奠之日，廟梁産芝。」

六載春正月戊寅，以范陽、平盧節度使安禄山兼御史大夫。禄山體充肥，腹垂過膝，嘗自稱重三百斤。外若癡直，内實狡黠。常令其將劉駱谷留京師詗朝廷指趣，動静皆報之。或應有牋表者，駱谷即爲代作通之。歲獻俘虜、雜畜、奇禽、異獸、珍玩之物，不絶於路，郡縣疲於遞運。

禄山在上前，應對敏給，雜以詼諧。上嘗戲指其腹曰：「此胡腹中何所有，其大乃爾？」對曰：「更無餘物，止有赤心耳。」上悦。又嘗命見太子，禄山不拜。左右趣之拜，禄山拱立曰：「臣胡人，不習朝儀，不知太子者何官？」上曰：「此儲君也，朕千秋萬歲後，代朕君汝者也。」禄山曰：「臣愚，曏者惟知有陛下一人，不知乃更有儲君。」不得已，然後拜。上以爲信然，益愛之。上嘗宴勤政樓，百官列坐樓下，獨爲禄山於御座東間設金雞障，置榻使坐其前，仍命卷簾以示榮寵。命楊銛、楊錡、貴妃三姊皆與禄山敘兄弟。禄山得出入禁中，因請爲貴妃兒。上與貴妃共坐，禄山先拜貴妃。上問何故，對曰：「胡人先母而後父。」上悦。

李林甫以王忠嗣功名日盛，恐其入相，忌之。安禄山潛蓄異志，託以禦寇，築雄武城，大貯兵器，請忠嗣助役，因欲留其兵。忠嗣先期而往，不見禄山而還。數上言禄山必反，林甫益惡之。

唐興以來，邊帥皆用忠厚名臣，不久任，不遥領，不兼統，功名著者往往入爲宰相。其四夷之將，雖才略如阿史那社爾、契苾何力猶不專大將之任，皆以大臣爲使以制之。及開元中，天子有吞四夷之志，爲邊將者十餘年不易，始久任矣；皇子則慶、忠諸王，宰相則蕭嵩、牛仙客，始遥領矣；蓋嘉運、王忠嗣專制數道，始兼統矣。李林甫欲杜邊帥入相之路，以胡人不知書，乃奏言：「文臣爲將，怯當矢石，不若用寒族胡人。胡人則勇決習戰，寒族則孤立無黨，陛下誠以恩洽其心，彼必能爲朝廷盡死。」上悦其言，始用安禄山。至是，諸道節度使盡用胡人，精兵咸戍北邊，天下之勢偏重，卒使禄山傾覆天下，皆出於林甫專寵固位之謀也。

七載夏六月庚子，賜安禄山鐵券。

九載夏五月乙卯，賜安禄山爵東平郡王。唐將帥封王自此始。秋八月丁巳，以安禄山兼河北道采訪處置使。

安禄山屢誘奚、契丹，爲設會，飲以莨菪酒，醉而阬之，動數千人，函其酋長之首以獻，前後數四。至是，請入朝，上命有司先爲起第於昭應。禄山至戲水，楊釗兄弟姊妹皆往迎之，冠蓋蔽野，上自幸望春宫以待之。冬十月辛未，禄山獻奚俘八千人，上命考課之日書上上考。前此聽禄山於上谷鑄錢五爐，禄山乃獻錢樣千緡。

十載春正月，上命有司爲安禄山起第於親仁坊，敕令但窮壯麗，不限財力。既成，具幄帟器皿，充牣其中，有帖白檀牀二，皆長丈，闊六尺；銀平脱屏風，帳一方一丈八尺。於厨廄之物皆飾以金銀，金飯甖二，銀淘盆二，皆受五斗；織銀絲筐及笊籬各一，他物稱是。雖禁中服御之物，殆不及也。上每令中使爲禄山護役、築第及造儲偫賜物，常戒之曰：「胡眼大，勿令笑我。」

禄山入新第，置酒，乞降墨敕請宰相至第。是日，上欲於樓下擊毬，遽爲罷戲，命宰相赴之。日遣諸楊與之選勝遊宴，侑以梨園教坊樂。上每食一物稍美，或後苑校獵獲鮮禽，輒遣中使走馬賜之，絡繹於路。

甲辰，禄山生日，上及貴妃賜衣服、寶器、酒饌甚厚。後三日，召禄山入禁中，貴妃以錦繡爲大襁褓，裹禄山，使宫人以綵輿舁之。上聞後宫喧笑，問其故，左右以貴妃三日洗禄兒對。上自往觀之，喜，賜貴妃洗兒金銀錢，復厚賜禄山，盡歡而罷。自是禄山出入宫掖不禁，或與貴妃對食，或通宵不出，頗有醜聲於外，上亦不疑也。

安禄山求兼河東節度，二月丙辰，以河東節度使韓休珉爲左羽林將軍，以禄山代之。户部郎中吉温見禄山有寵，又附之，約爲兄弟。説禄山曰：「李右（丞）相雖以時事親三兄，必不肯以兄爲相，温雖蒙驅使，終不得超擢。兄若薦温於上，温即奏兄堪大任，共排林甫出之，爲相必矣。」禄山悦其言，數稱温才於上，上亦忘曩日之言。會禄山領河東，因奏温爲節度副使、知留後，以大理司直張通儒爲留後判官，河東事悉以委之。

是時，楊國忠爲御史中丞，方承恩用事。禄山登降殿階，國忠常扶掖之。

禄山與王鉷俱爲大夫，鉷權任亞於李林甫。禄山見林甫，禮貌頗倨。林甫陽以他事召王大夫，鉷至，趨拜甚謹。禄山不覺自失，容貌益恭。林甫與禄山語，每揣知其情，先言之，禄山驚服。禄山於公卿皆慢侮之，獨憚林甫，每見，雖盛冬，常汗沾衣。林甫乃引與坐於中書廳，撫以温言，自解披袍以覆之。禄山忻荷，言無不盡，謂林甫爲「十郎」。既歸范陽，劉駱谷每自長安來，必問「十郎何言」？得美言則喜；或但云「語安大夫，須好撿校」，輒反手據牀曰：「噫嘻，我死矣！」

祿山既兼領三鎮，賞刑己出，日益驕恣。自以曩時不拜太子，見上春秋高，頗内懼。又見武備墮弛，有輕中國之心。孔目官嚴莊、掌書記高尚因爲之解圖讖，勸之作亂。

祿山養同羅、奚、契丹降者八千餘人，謂之「曳落河」。曳落河者，胡言壯士也。及家僮百餘人，皆驍勇善戰，一可當百。又畜戰馬數萬匹，多聚兵仗，分遣商胡詣諸道販鬻，歲輸珍貨數百萬。私作緋紫袍、魚袋，以百萬計。以高尚、嚴莊、張通儒及將軍孫孝哲爲腹心，史思明、安守忠、李歸仁、蔡希德、牛廷玠、向潤容、李庭望、崔乾祐、尹子奇、何千年、武令珣、能元皓、田承嗣、田乾真、阿史那承慶爲爪牙。尚，雍奴人，本名不危，頗有辭學，薄遊河朔，貧困不得志，常歎曰：「高不危當舉大事而死，豈能齧草根求活邪！」祿山引置幕府，出入卧内。尚典牋奏，莊治簿書。通儒，萬歲之子；孝哲，契丹也。承嗣世爲盧龍小校，祿山以爲前鋒兵馬使，治軍嚴整。嘗大雪，祿山按行諸營，至承嗣營，寂若無人，入閲士卒，無一人不在者，祿山以是重之。

十一載冬十二月甲申，以平盧兵馬使史思明兼北平太守，充盧龍軍使。

哥舒翰素與安祿山、安思順不協，上常和解之，使爲兄弟。是冬，三人俱入朝，上使高力士宴之於城東。禄山謂翰曰：「我父胡，母突厥，公父突厥，母胡，族類頗同，何得不相親？」翰曰：「古人云『狐向窟嘷，不祥』，爲其忘本故也。兄苟見親，翰敢不盡心。」禄山以爲譏其胡也，大怒，罵翰曰：「突厥敢爾！」翰欲應之，力士目翰，翰乃止，陽醉而散。自是爲怨愈深。

十二載夏五月，阿布思爲回紇所破，安禄山誘其部落而降之，由是禄山精兵，天下莫及。

安禄山以李林甫狡猾踰己，故畏服之。及楊國忠爲相，禄山視之蔑如也，由是有隙。國忠屢言禄山有反狀，上不聽。楊國忠欲厚結翰與共排安禄山，奏以翰兼河西節度使。秋八月戊戌，賜翰爵西平郡王。

十三載春正月己亥，禄山入朝。是時楊國忠言禄山必反，且曰：「陛下試召之，必不來。」上使召之，禄山聞命即至。庚子，見上於華清宫，泣曰：「臣本胡人，陛下寵擢至此，爲國忠所疾，臣死無日矣。」上憐之，賞賜巨萬。由是益親信禄山，國忠之言不能入矣。太子亦知禄山必反，言於上，上不聽。上欲加安禄山同平章事，已令張垍草制，楊國忠諫曰：「禄山雖有軍功，目不知書，豈可爲宰相！制書若下，恐四夷輕唐。」上乃止。己巳，加禄山左僕射，賜一子三品，一子四品官。

安禄山求兼領閑廄、羣牧。庚申，以禄山爲閑廄、隴右羣牧等使。禄山又求兼總監；壬戌，兼知總監事。禄山奏以御史中丞吉温爲武部侍郎，充閑廄副使，楊國忠由是惡温。禄山密遣親信選健馬堪戰者數千匹，別飼之。

二月己丑，安禄山奏：「臣所部將士討奚、契丹、九姓同羅等，勳效甚多，乞不拘常格，超資加賞，仍好寫告身付臣軍授之。」於是除將軍者五百餘人，中郎將者二千餘人。禄山欲反，故先以此收衆心也。

三月丁酉朔，禄山辭歸范陽，上解御衣以賜之，禄山受之驚喜。恐楊國忠奏留之，疾驅出關。乘船沿河而下，令船夫執繩板立於岸側，十五里一更，晝夜兼行數百里，過郡縣不下船。自是有言禄山反者，上皆縛送之，由是人皆知其將反，無敢言者。

禄山之發長安也，上令高力士餞之長樂坡。及還，上問：「禄山慰意乎？」對曰：「觀其意怏怏，必知欲命爲相而中止故也。」上以告國忠，曰：「此議他人不知，必張垍兄弟告之也。」上怒，貶張均爲建安太守，垍爲盧溪司馬，弟給事中埱爲宜春司馬。

十四載春二月辛亥，安禄山使副將何千年入奏，請以蕃將三十二人代漢將，上命立進畫，給告身。韋見素謂楊國忠曰：「禄山久有異志，今又有此請，其反明矣。明日見素當極言；上未允，公其繼之。」國忠許諾。壬子，國忠、見素入見，上迎謂曰：「卿等有疑禄山之意邪？」見素因極言「禄山反已有迹，所請不可許」。上不悦。國忠逡巡不敢言，上竟從禄山之請。他日，國忠、見素言於上曰：「臣有策可坐消禄山之謀。今若除禄山平章事，召詣闕，以賈循爲范陽節度使，吕知誨爲平盧節度使，楊光翽爲河東節度使，則勢自分矣。」上從之。已草制，上留不發，更遣中使輔璆琳以珍果賜禄山，潛察其變。璆琳受禄山厚賂，還，盛言「禄山竭忠奉國，無有二心」。上謂國忠等曰：「禄山，朕推心待之，必無異志。東北二虜，藉其鎮遏。朕自保之，卿等勿憂也。」事遂寢。

安禄山歸至范陽，朝廷每遣使者至，皆稱疾不出迎，盛陳武備，然後見之。裴士淹至范陽，二十餘日乃得見，無復人臣禮。楊國忠日夜求禄山反狀，使京兆尹圍其第，捕禄山客李超等，送御史臺獄，潛殺之。禄山子慶宗尚宗女榮義郡主，供奉在京師，密報禄山，禄山愈懼。六月，上以其子成婚，手詔召禄山觀禮，禄山辭疾不至。秋七月，禄山表獻馬三千匹，每匹執控夫二人，遣蕃將二十二人部送。河南尹達奚珣疑有變，奏請諭禄山，以「進車馬宜俟至冬，官自給夫，無煩本軍」。於是上稍寤，始有疑禄山之意。會輔璆琳受賂事亦泄，上託以他事，撲殺之。上遣中使馮神威齎手詔諭禄山，如珣策，且曰：「朕新爲卿作一湯，十月於華清宫待卿。」神威至范陽宣旨，禄山踞牀微起，亦不拜，曰：「聖人安穩。」又曰：「馬不獻亦可，十月灼然詣京師。」即令左右引神威置館舍，不復見；數日，遣還，亦無表。神威還，見上泣曰：「臣幾不得見大家。」

安祿山專制三道，陰蓄異志，殆將十年，以上待之厚，欲俟上晏駕然後作亂。會楊國忠與祿山不相悅，屢言祿山且反，上不聽，國忠數以事激之，欲其速反以取信於上。祿山由是決意遽反，獨與孔目官太僕丞嚴莊、掌書記屯田員外郎高尚、將軍阿史那承慶密謀，自餘將佐皆莫之知，但怪其自八月以來，屢饗士卒，秣馬厲兵而已。會有奏事官自京師還，祿山詐爲敕書，悉召諸將示之曰：「有密旨，令祿山將兵入朝討楊國忠，諸君宜即從軍。」衆愕然相顧，莫敢異言。十一月甲子，祿山發所部兵及同羅、奚、契丹、室韋凡十五萬衆，號二十萬，反於范陽。命范陽節度副使賈循守范陽，平盧節度副使呂知誨守平盧，別將高秀巖守大同，諸將皆引兵夜發。

詰朝，祿山出薊城南，大閱誓衆，以討楊國忠爲名，牓軍中曰：「有異議扇動軍人者，斬及三族。」於是引兵而南。祿山乘鐵轝，步騎精鋭，煙塵千里，鼓譟震地。時海內久承平，百姓累世不識兵革，猝聞范陽兵起，遠近震駭。河北皆祿山統內，所過州縣望風瓦解，守令或開門出迎，或棄城竄匿，或爲所擒戮，無敢拒之者。祿山先遣將軍何千年、高邈將奚騎二十，聲言獻射生手，乘驛詣太原。乙丑，北京副留守楊光翽出迎，因劫之以去。太原具言其狀。東受降城亦奏祿山反。上猶以爲惡祿山者詐爲之，未之信也。

庚午，上聞禄山定反，乃召宰相謀之。楊國忠揚揚有得色，曰：「今反者獨禄山耳，將士皆不欲也，不過旬日，必傳首詣行在。」上以爲然，大臣相顧失色。上遣特進畢思琛詣東京，金吾將軍程千里詣河東，各簡募數萬人，隨便團結以拒之。辛未，安西節度使封常清入朝，上問以討賊方略，常清大言曰：「今太平積久，故人望風憚賊。然事有逆順，勢有奇變，臣請走馬詣東京，開府庫，募驍勇，挑馬箠渡河，計日取逆胡之首獻闕下。」上悦，壬申，以常清爲范陽、平盧節度使。常清即日乘驛詣東京募兵，旬日，得六萬人，乃斷河陽橋，爲守禦之備。

甲戌，禄山至博陵南，何千年等執楊光翽見，禄山責光翽以附楊國忠，斬之以徇。禄山使其將安忠志將精兵軍土門。忠志，奚人，禄山養爲假子。又以張獻誠攝博陵太守。獻誠，守珪之子也。

禄山至藁城，常山太守顏杲卿力不能拒，與長史袁履謙往迎之。禄山輒賜杲卿金紫，質其子弟，使仍守常山。又使其將李欽湊將兵數千人守井陘口，以備西來諸軍。杲卿歸途中，指其衣謂履謙曰：「何爲著此？」履謙悟其意，乃陰與杲卿謀起兵討禄山。杲卿，思魯之玄孫也。

丙子，斬太僕卿安慶宗，賜榮義郡主自盡。以朔方節度使安思順爲户部尚書，思順弟元貞爲太僕卿。以朔方右廂兵馬使、九原太守郭子儀爲朔方節度使，右羽林大將軍王承業爲太原尹。置河南節度使，領陳留等十三郡，以衛尉卿猗氏張介然爲之。以程千里爲潞州長史。諸郡當賊衝者，始置防禦使。

丁丑，以榮王琬爲元帥，右金吾大將軍高仙芝副之，統諸軍東征。出内府錢帛，於京師募兵十一萬，號曰「天武軍」，旬日而集，皆市井子弟也。

十二月丙戌，高仙芝將飛騎、彍騎及新募兵、邊兵在京師者合五萬人，發長安。上遣宦者監門將軍邊令誠監其軍，屯於陝。

丁亥，安祿山自靈昌渡河，以絙約敗船及草木橫絶河流，一夕，冰合如浮梁，遂陷靈昌郡。祿山步騎散漫，人莫知其數，所過殘滅。張介然至陳留纔數日，祿山至，授兵乘城，衆恟懼，不能守。庚寅，太守郭納以城降。祿山入北郭，聞安慶宗死，慟哭曰：「我何罪而殺我子！」時陳留將士降者夾道，近萬人，祿山皆殺之，以快其忿。斬張介然於軍門。以其將李庭望爲節度使，守陳留。

壬辰，上下制欲親征，其朔方、河西、隴右兵留守城堡之外，皆赴行營，令節度使自將之，期二十日畢集。

初，平原太守顏真卿知祿山且反，因霖雨，完城浚壕，料丁壯，實倉廩。祿山以其書生，易之。及禄山反，牒真卿以平原、博平兵七千人防河津，真卿遣平原司兵李平間道奏之。上始聞禄山反，河北郡縣皆風靡，歎曰：「二十四郡，曾無一人義士邪！」及平至，大喜曰：「朕不識顔真卿作何狀，乃能如是！」真卿使親客密懷購賊牒詣諸郡，由是諸郡多應者。真卿，杲卿之從弟也。

安禄山引兵向滎陽，太守崔無詖拒之，士卒乘城者，聞鼓角聲，自墜如雨。癸巳，禄山陷滎陽，殺無詖，以其將武令珣守之。

禄山聲勢益張，以其將田承嗣、安忠志、張孝忠爲前鋒。封常清所募兵皆白徒，未更訓練，屯武牢以拒賊，賊以鐵騎蹂之，官軍大敗。常清收餘衆戰於葵園，又敗，戰上東門内，又敗。丁酉，禄山陷東京，賊鼓譟自四門入，縱兵殺掠。常清戰於都亭驛，又敗，退守宣仁門，又敗，乃自苑西壞牆西走。

河南尹達奚珣降於禄山。留守李憕謂御史中丞盧奕曰：「吾曹荷國重任，雖知力不敵，必死之。」奕許諾。憕收殘兵數百欲戰，皆棄憕潰去，憕獨坐府中。奕先遣妻子懷印間道走長安，朝服坐臺中，左右皆散。禄山屯於閑厩，使人執憕、奕及采訪判官蔣清，皆殺之。奕駡禄山，數其罪，顧賊黨曰：「凡爲人當知逆順。我死不失節，夫復何恨。」憕，文水人；奕，懷慎之子；清，欽緒之子也。禄山以其黨張萬頃爲河南尹。

封常清帥餘衆至陝，陝郡太守竇廷芝已奔河東，吏民皆散。常清謂高仙芝曰：「常清連日血戰，賊鋒不可當。且潼關無兵，若賊豕突入關，則長安危矣。陝不可守，不如引兵先據潼關以拒之。」仙芝乃帥見兵西趣潼關。賊尋至，官軍狼狽走，無復部伍，士馬相騰踐，死者甚衆。至潼關，修完守備，賊至，不得入而去。禄山使其將崔乾祐屯陝，臨汝、弘農、濟陰、濮陽、雲中郡皆降於禄山。是時，朝廷徵兵諸道，皆未至，關中恟懼。會禄山方謀稱帝，留東京不進，故朝廷得爲之備，兵亦稍集。

禄山以張通儒之弟通晤爲睢陽太守，與陳留長史楊朝宗將胡騎千餘東略地，郡縣官多望風降走，惟東平太守嗣吴王祇、濟南太守李隨起兵拒之。祇，褘之弟也。郡縣之不從賊者，皆倚吴王爲名。單父尉賈賁帥吏民南擊睢陽，斬張通晤。李庭望引兵欲東徇地，聞之，不敢進而還。

上議親征，太子監國，楊國忠使貴妃請命，事遂寢。事見楊氏之寵。

顔真卿召募勇士，旬日，至萬餘人，諭以舉兵討安禄山，繼以涕泣，士皆感憤。禄山使其黨段子光齎李憕、盧奕、蔣清首徇河北諸郡，至平原，壬寅，真卿執子光腰斬以徇。取三人首，續以蒲身，棺斂葬之，祭哭受弔。禄山以海運使劉道玄攝景城太守，清池尉賈載、鹽山尉河内穆寧共斬道玄，得其甲仗五十餘船，攜道玄首謁長史李暐。暐收嚴莊宗族，悉誅之。是日，送道玄首至平原。真卿召載、寧及清河尉張澹詣平原計事。饒陽太守盧全誠據城不受代，河間司法李奐殺禄山所署長史王懷忠，李隨遣遊弈將訾嗣賢濟河，殺禄山所署博平太守馬冀，各有衆數千或萬人，共推真卿爲盟主，軍事皆稟焉。禄山使張獻誠將上谷、博陵、常山、趙郡、文安五郡團結兵萬人圍饒陽。

高仙芝之東征也，監軍邊令誠數以事干之，仙芝多不從。令誠入奏事，具言仙芝、常清撓敗之狀，且云：「常清以賊摇衆，而仙芝棄陝地數百里，又盜減軍士糧賜。」上大怒，癸卯，遣令誠齎敕即軍中斬仙芝及常清。初，常清既敗，三遣使奉表陳賊形勢，上皆不之見。常清乃自馳詣闕，至渭南，敕削其官爵，令還仙芝軍，白衣自效。常清草遺表曰：「臣死之後，望陛下不輕此賊，無忘臣言。」時朝議皆以爲禄山狂悖，不日授首，故常清云然。令誠至潼關，先引常清，宣敕示之，常清以表附令誠上之。常清既死，陳尸蘧除。仙芝還，至聽事，令誠索陌刀手百餘人自隨，乃謂仙芝曰：「大夫亦有恩命。」仙芝遽下，令誠宣敕。仙芝曰：「我遇敵而退，死則宜矣。今上戴天，下履地，謂我盜減糧賜則誣也。」時士卒在前皆大呼稱枉，其聲振地。遂斬之，以將軍李承光攝領其衆。

河西、隴右節度使哥舒翰病廢在家，上藉其威名，且素與禄山不協，召見，拜兵馬副元帥，將兵八萬以討禄山。仍敕天下四面進兵，會攻洛陽。翰以疾固辭，上不許，以田良丘爲御史中丞、充行軍司馬，起居郎蕭昕爲判官，蕃將火拔歸仁等各將部落以從，并仙芝舊卒，號二十萬，軍于潼關。翰病，不能治事，悉以軍政委田良丘。良丘復不敢專決，使王思禮主騎，李承光主步，二人争長，無所統壹。翰用法嚴而不恤，士卒皆解弛，無鬭志。

安禄山大同軍使高秀巖寇振武軍，朔方節度使郭子儀擊敗之。

顔杲卿將起兵，參軍馮虔、前真定令賈深、藁城尉崔安石、郡人翟萬德、内丘丞張通幽皆預其謀。又遣人語太原尹王承業，密與相應。會顔真卿自平原遣杲卿甥盧逖潛告杲卿，欲連兵斷禄山歸路，以緩其西入之謀。時禄山遣其金吾將軍高邈詣幽州徵兵，未還，杲卿以禄山命召李欽湊，使帥衆詣郡受犒賚。丙午薄暮，欽湊至，杲卿使袁履謙、馮虔等攜酒食妓樂往勞之，并其黨皆大醉，乃斷欽湊首，收其甲兵，盡縛其黨，明日，斬之，悉散井陘之衆。有頃，高邈自幽州還，且至藁城，杲卿使馮虔往擒之；南境又白何千年自東京來，崔安石與翟萬德馳詣醴泉驛迎千年，又擒之，同日致於郡下。千年謂杲卿曰：「今太守欲輸力王室，既善其始，當慎其終。此郡應募烏合，難以臨敵，宜深溝高壘，勿與争鋒。俟朔方軍至，併力齊進，傳檄趙、魏，斷燕、薊要膂，彼則成擒矣。今且宜聲云，『李光弼引步騎一萬出井陘』，因使人説張獻誠云：『足下所將多團練之人，無堅甲利兵，難以當山西勁兵，』獻誠必解圍遁去，此亦一奇也。」杲卿悦，用其策，獻誠果遁去，其團練兵皆潰。

杲卿乃使人入饒陽城，慰勞將士。命崔安石等徇諸郡云：「大軍已下井陘，朝夕當至，先平河北諸郡。先下者賞，後至者誅。」於是河北諸郡響應，凡十七郡皆歸朝廷，兵合二十餘萬。其附祿山者，唯范陽、盧龍、密雲、漁陽、汲、鄴六郡而已。

杲卿又密使人入漁陽招賈循，郟城人馬燧説循曰：「祿山負恩悖逆，雖得洛陽，終歸夷滅。公若誅諸將之不從命者，以范陽歸國，傾其根柢，此不世之功也。」循然之，猶豫不時發。別將牛潤容知之，以告祿山，祿山使其黨韓朝陽召循。朝陽至漁陽，引循屏語，使壯士縊殺之，滅其族；以別將牛廷玠知范陽軍事。史思明、李立節將蕃、漢步騎萬人擊博陵、常山。馬燧亡入西山，隱者徐遇匿之，得免。

初，祿山自將欲攻潼關，至新安，聞河北有變而還。蔡希德將兵萬人自河內北擊常山。

肅宗至德元載春正月乙卯朔，祿山自稱大燕皇帝，改元聖武，以達奚珣爲侍中，張通儒爲中書令，高尚、嚴莊爲中書侍郎。

李隨至睢陽，有衆數萬。丙辰，以隨爲河南節度使，以前高要尉許遠爲睢陽太守兼防禦使。濮陽客尚衡起兵討祿山，以郡人王栖曜爲衙前總管，攻拔濟陰，殺祿山將邢超然。

顏杲卿使其子泉明、賈深、翟萬德獻李欽湊首及何千年、高邈于京師。張通幽泣請曰：「通幽兄陷賊，乞與泉明偕行，以救宗族。」杲卿哀而許之。至太原，通幽欲自託於王承業，乃教之留泉明等，更其表，多自爲功，毁短杲卿，別遣使獻之。杲卿起兵纔八日，守備未完，史思明、蔡希德引兵皆至城下。杲卿告急於承業，承業既竊其功，利於城陷，遂擁兵不救。杲卿晝夜拒戰，糧盡矢竭，壬戌，城陷。賊縱兵殺萬餘人，執杲卿及袁履謙等送洛陽。王承業使者至京師，玄宗大喜，拜承業羽林大將軍，麾下受官爵者以百數。徵顏杲卿爲衛尉卿，朝命未至，常山已陷。

杲卿至洛陽，禄山數之曰：「汝自范陽功曹，我奏汝爲判官，不數年超至太守，何負於汝而反邪？」杲卿瞋目罵曰：「汝本營州牧羊羯奴，天子擢汝爲三道節度使，恩幸無比，何負於汝而反？我世爲唐臣，禄位皆唐有，雖爲汝所奏，豈從汝反邪！我爲國討賊，恨不斬汝，何謂反也。臊羯狗，何不速殺我。」禄山大怒，并袁履謙等縛於中橋之柱而凸之。杲卿、履謙比死，罵不虛口。顏氏一門死於刀鋸者三十餘人。

史思明、李立節、蔡希德既克常山，引兵擊諸郡之不從者，所過殘滅，於是鄴、廣平、鉅鹿、趙、上谷、博陵、文安、魏、信都等郡復爲賊守。饒陽太守盧全誠獨不從，思明等圍之。河間司法李奐將七千人，景城長史李暐遣其子祀將八千人救之，皆爲思明所敗。

上命郭子儀罷圍雲中，還朔方，益發兵進取東京。選良將一人分兵先出井陘，定河北。子儀薦李光弼，癸亥，以光弼爲河東節度使，分朔方兵萬人與之。甲子，加哥舒翰左僕射、同平章事。

乙丑，安禄山遣其子慶緒寇潼關，哥舒翰擊卻之。

己巳，加顏真卿户部侍郎兼本郡防禦使。真卿以李暐爲副。

二月丙戌，加李光弼魏郡太守、河北道采訪使。

史思明等圍饒陽，二十九日不下，李光弼將蕃、漢步騎萬餘人、太原弩手三千人出井陘。己亥，至常山，常山團練兵三千人殺胡兵，執安思義出降。光弼謂思義曰：「汝自知當死否？」思義不應。光弼曰：「汝久更陳行，視吾此衆，可敵思明否？今爲我計當如何？汝策可取，當不殺汝。」思義曰：「大夫士馬遠來疲弊，猝遇大敵，恐未易當，不如移軍入城，早爲備禦，先料勝負，然後出兵。胡騎雖鋭，不能持重，苟不獲利，氣沮心離，於時乃可圖矣。思明今在饒陽，去此不二百里，昨暮羽書已去，計其先鋒來晨必至，而大軍繼之，不可不留意也。」光弼悦，釋其縛，即移軍入城。史思明聞常山不守，立解饒陽之圍。明日未旦，先鋒已至，思明等繼之，合二萬餘騎，直抵城下。光弼遣步卒五千自東門出戰，賊守門不退。光弼命五百弩於城上齊發射之，賊稍卻。乃出弩手千人，分爲四隊，使其矢發〔發〕相繼，賊不能當，斂軍道北。光弼出兵五千，爲槍城於道南，夾滹沱水而陳。賊數以騎兵搏戰，光弼之兵射之，人馬中矢者太半，乃退小憩，以俟步兵。有村民告賊步兵五千自饒陽來，晝夜行百七十里，至九門南逄壁度，憩息。光弼遣步騎各二千，匿旗鼓，並水潛行，至逄壁，賊方飯，縱兵掩擊，殺之無遺。思明聞之，失勢，退入九門。時常山九縣，七附官軍，惟九門、藁城爲賊所據。光弼遣裨將張奉璋以兵五百戍石邑，餘皆三百人戍之。

上以吳王祗爲靈昌太守、河南都知兵馬使。賈賁前至雍丘，有衆二千。先是，譙郡太守楊萬石以郡降安禄山，逼真源令河東張巡使爲長史，西迎賊。巡至真源，帥吏民哭於玄元皇帝廟，起兵討賊，吏民樂從者數千人。巡選精兵千人，西至雍丘，與賈賁合。

初，雍丘令令狐潮以縣降賊，賊以爲將，使東擊淮陽救兵于襄邑。破之，俘百餘人，拘於雍丘，將殺之，往見李庭望。淮陽兵遂殺守者，潮棄妻子走，故賈賁得以其間入雍丘。庚子，潮引賊精兵攻雍丘，賁出戰，敗死。張巡力戰卻賊，因兼領賁衆，自稱吳王先鋒使。

三月乙卯，潮復與賊將李懷仙、楊朝宗、謝元同等四萬餘衆奄至城下，衆懼，莫有固志。巡曰：「賊兵精鋭，有輕我心。今出其不意擊之，彼必驚潰。賊勢小折，然後城可守也。」乃使千人乘城，自帥千人，分數隊，開門突出。巡身先士卒，直衝賊陳，人馬辟易，賊遂退。明日，復進攻城，設百礮環城，樓堞皆盡，巡於城上立木栅以拒之。賊蟻附而登，巡束蒲灌脂，焚而投之，賊不得上。時伺賊隙，出兵擊之，或夜縋斫營，積六十餘日，大小三百餘戰，帶甲而食，裹瘡復戰，賊遂敗走。巡乘勝追之，獲胡兵二千人而還，軍聲大振。

初，户部尚書安思順知禄山反謀，因入朝奏之。及禄山反，上以思順先奏，不之罪也。哥舒翰素與之有隙，使人詐爲禄山遺思順書，於關門擒之以獻，且數思順七罪，請誅之。丙辰，思順及弟太僕卿元貞皆坐死，家屬徙嶺外。楊國忠不能救，由是始畏翰。

郭子儀至朔方，益選精兵，戊午，進軍于代。

戊辰，吴王祗擊謝元同，走之，拜陳留太守、河南節度使。

壬午，以河東節度使李光弼爲范陽長史、河北節度使。加顔真卿河北采訪使。真卿以張澹爲支使。先是，清河客李萼，年二十餘，爲郡人乞師於真卿曰：「公首唱大義，河北諸郡恃公以爲長城。今清河，公之西鄰，國家平日聚江、淮、河南錢帛於彼以贍北軍，謂之『天下北庫』，今有布三百餘萬匹，帛八十餘萬匹，錢三十餘萬緡，糧三十餘萬斛。昔討默啜，甲兵皆貯清河庫，今有五十餘萬事。户七萬，口十餘萬。竊計財足以三平原之富，兵足以倍平原之强。公誠資以士卒，撫而有之，以二郡爲腹心，則餘郡如四支，無不隨所使矣。」真卿曰：「平原兵新集，尚未訓練，自保恐不足，何暇及鄰。雖然，借若諸子之請，則將何爲乎？」萼曰：「清河遣僕銜命於公者，非力不足而借公之師以嘗寇也，亦欲觀大賢之明義耳。今仰瞻高意，未有決辭定色，僕何敢遽言所爲哉。」真卿奇之，欲與之兵，衆以爲萼年少輕虜，徒分兵力，必無所成，真卿不得已，辭之。萼就館，復爲書說真卿，以爲：「清河去逆效順，奉粟帛器械以資軍，公乃不納而疑之。僕回轅之後，清河不能孤立，必有所繫託，將爲公西面之强敵，公能無悔乎？」真卿大驚，遽詣其館，以兵六千借之，送至境，執手别。真卿問曰：「兵已行矣，可以言子之所爲乎？」萼曰：「聞朝廷遣程千里將精兵十萬出崞口討賊，賊據險拒之，不得前。今當引兵先擊魏郡，執禄山所署太守袁知泰，納舊太守司馬垂，使爲西南主人。分兵開崞口，出千里之師，因討汲、鄴以北至于幽陵郡縣之未下者。平原、清河帥諸同盟，合兵十萬，南臨孟津，分兵循河，據守要害，制其北走之路。計官軍東討者不下二十萬，河南義兵西向者亦不減十萬，公但當表朝廷堅壁勿戰，不過月餘，賊必有内潰相圖之變矣。」真卿曰：「善。」命録事參軍李擇交及平原令范冬馥將其兵，會清河兵四千及博平兵千人軍于堂邑西南。袁知泰遣其將白嗣（恭）〔深〕等將二萬餘人來逆戰，三郡兵力戰盡日，魏兵大敗，斬首萬餘級，捕虜千餘人，得馬千匹，軍資甚衆。知泰奔汲郡，遂克魏郡，軍聲大振。

時北海太守賀蘭進明亦起兵，真卿以書召之并力。進明將步騎五千渡河，真卿陳兵逆之，相揖，哭於馬上，哀動行伍。進明屯平原城南，休養士馬，真卿每事咨之，由是軍權稍移於進明矣，真卿不以爲嫌。真卿以堂邑之功讓進明，進明奏其狀，取捨任意。敕加進明河北招討使，擇交、冬馥微進資級，清河、博平有功者皆不録。進明攻信都郡，久之不克。録事參軍長安第五琦勸進明厚以金帛募勇士，遂克之。

李光弼與史思明相守四十餘日，思明絶常山糧道。城中乏草，馬食薦藉。光弼以車五百乘之石邑取草，將車者皆衣甲，弩手千人衛之，爲方陳而行，賊不能奪。蔡希德引兵攻石邑，張奉璋拒卻之。光弼遣使告急於郭子儀，子儀引兵自井陘出，夏四月壬辰，至常山，與光弼合，蕃、漢步騎共十餘萬。甲午，子儀、光弼與史思明等戰於九門城南，思明大敗。中郎將渾瑊射李立節，殺之。瑊，釋之之子也。思明收餘衆奔趙郡，蔡希德奔鉅鹿。思明自趙郡如博陵，時博陵已降官軍，思明盡殺郡官。河朔之民苦賊殘暴，所在屯結，多至二萬人，少者萬人，各爲營以拒賊。及郭、李軍至，争出自效。庚子，攻趙郡，一日，城降。士卒多虜掠，光弼坐城門，收所獲，悉歸之，民大悦。子儀生擒四千人，皆捨之，斬禄山太守郭獻璆。光弼進圍博陵，十日不拔，引兵還恒陽就食。

安禄山使平盧節度使呂知誨誘安東副大都護馬靈詧，殺之。平盧遊弈使武陟劉客奴、先鋒使董秦及安東將王玄志同謀討誅知誨，遣使踰海與顔真卿相聞，請取范陽以自效。真卿遣判官賈載齎糧及戰士衣助之。真卿時惟一子頗，纔十餘歲，使詣客奴爲質。朝廷聞之，以客奴爲平盧節度使，賜名正臣；玄志爲安東副大都護，董秦爲平盧兵馬使。

南陽節度使魯炅立栅於滍水之南，安禄山將武令珣、畢思琛攻之。五月丁巳，炅衆潰，走保南陽，賊就圍之。太常卿張垍薦夷陵太守虢王巨有勇略，上徵吳王祗爲太僕卿，以巨爲陳留譙郡太守、河南節度使，兼統嶺南節度使何履光、黔中節度使趙國珍、南陽節度使魯炅。國珍，本牂柯夷也。戊辰，巨引兵自藍田出趣南陽，賊聞之，解圍走。

令狐潮復引兵攻雍丘。潮與張巡有舊，於城下相勞苦如平生。潮因説巡曰：「天下事去矣，足下堅守危城，欲誰爲乎？」巡曰：「足下平生以忠義自許，今日之舉，忠義何在？」潮慚而退。

郭子儀、李光弼還常山，史思明收散卒數萬踵其後。子儀選驍騎更挑戰，三日至行唐，賊疲，乃退。子儀乘之，又敗之於沙河。蔡希德至洛陽，安禄山復使將步騎二萬人北就思明。又使牛廷玠發范陽等郡兵萬餘人助思明，合五萬餘人，而同羅、曳落河居五分之一。子儀至恒陽，思明隨至，子儀深溝高壘以待之，賊來則守，去則追之，晝則耀兵，夜斫其營，賊不得休息。數日，子儀、光弼議曰：「賊倦矣，可以出戰。」壬午，戰于嘉山，大破之，斬首四萬級，捕虜千餘人。思明墜馬，露髻跣足步走，至暮，杖折鎗歸營，奔于博陵。光弼就圍之，軍聲大振，於是河北十餘郡皆殺賊守將而降。

漁陽路再絶，賊往來者皆輕騎竊過，多爲官軍所獲，將士家在漁陽者，無不摇心。禄山大懼，召高尚、嚴莊詬之曰：「汝數年教我反，以爲萬全。今守潼關，數月不能進，北路已絶，諸軍四合，吾所有者止汴、鄭數州而已，萬全何在？汝自今勿來見我。」尚、莊懼，數日不敢見。田乾真自關下來，爲尚、莊説禄山曰：「自古帝王經營大業，皆有勝敗，豈能一舉而成。今四方軍壘雖多，皆新募烏合之衆，未更行陳，豈能敵我薊北勁鋭之兵，何足深憂！尚、莊皆佐命元勳，陛下一旦絶之，使諸將聞之，誰不内懼？若上下離心，臣竊爲陛下危之。」禄山喜曰：「阿浩，汝能豁我心事。」即召尚、莊，置酒酣宴，自爲之歌以侑酒，待之如初。阿浩，乾真小字也。禄山議棄洛陽，走歸范陽，計未決。

是時天下以楊國忠驕縱召亂，莫不切齒。又禄山起兵以誅國忠爲名，王思禮密説哥舒翰，使抗表請誅國忠，翰不應。思禮又請以三十騎劫取以來，至潼關殺之。翰曰：「如此，乃翰反，非禄山也。」或説國忠：「今朝廷重兵盡在翰手，翰若援旗西指，於公豈不危哉！」國忠大懼，乃奏：「潼關大軍雖盛，而後無繼，萬一失利，京師可憂。請選監牧小兒三千於苑中訓練。」上許之，使劍南軍將李福德等領之。又募萬人屯灞上，令所親杜乾運將之，名爲禦賊，實備翰也。翰聞之，亦恐爲國忠所圖，乃表請灞上軍隸潼關。六月癸未，召杜乾運詣關白事，斬之，國忠益懼。

會有告崔乾祐在陝，兵不滿四千，皆羸弱無備，上遣使趣哥舒翰進兵復陝、洛。翰奏曰：「禄山久習用兵，今始爲逆，豈肯無備。是必羸師以誘我，若往，正墮其計中。且賊遠來，利在速戰，官軍據險以扼之，利在堅守。況賊殘虐失衆，兵勢日蹙，將有内變，因而乘之，可不戰擒也。要在成功，何必務速。今諸道徵兵尚多未集，請且待之。」郭子儀、李光弼亦上言：「請引兵北取范陽，覆其巢穴，質賊黨妻子以招之，賊必内潰。潼關大軍，惟應固守以弊之，不可輕出。」國忠疑翰謀己，言於上，以賊方無備，而翰逗留，將失機會。上以爲然，續遣中使趣之，項背相望。翰不得已，撫膺慟哭，丙戌，引兵出關。

己丑，遇崔乾祐之軍於靈寶西原。乾祐據險以待之，南薄山，北阻河，隘道七十里。庚寅，官軍與乾祐會戰，乾祐伏兵於險，翰與田良丘浮舟中流以觀軍勢，見乾祐兵少，趣諸軍使進。王思禮等將精兵五萬居前，龐忠等將餘兵十萬繼之，翰以兵三萬登河北阜望之，鳴鼓以助其勢。乾祐所出兵不過萬人，什什伍伍，散如列星，或疏或密，或前或卻，官軍望而笑之。乾祐嚴精兵，陳於其後。兵既交，賊偃旗如欲遁者，官軍懈，不爲備。須臾，伏兵發，賊乘高下木石，擊殺士卒甚衆。道隘，士卒如束，槍槊不得用。翰以氈車駕馬爲前驅，欲以衝賊。日過中，東風暴急，乾祐以草車數十乘塞氈車之前，縱火焚之。煙焰所被，官軍不能開目，妄自相殺，謂賊在煙中，聚弓弩而射之，日暮矢盡，乃知無賊。乾祐遣同羅精騎自南山過，出官軍之後擊之，官軍首尾駭亂，不知所備，於是大敗，或棄甲竄匿山谷，或相擠排入河溺死，囂聲振天地，賊乘勝蹙之。後軍見前軍敗，皆自潰，河北軍望之亦潰，瞬息間兩岸皆空。翰獨與麾下百餘騎走，自首陽山西渡河入關。關外先爲三塹，皆廣二丈，深丈，人馬墜其中，須臾而滿，餘衆踐之以度，士卒得入關者纔八千餘人。辛卯，乾祐進攻潼關，克之。

翰至關西驛，揭牓收散卒，欲復守潼關。蕃將火拔歸仁等以百餘騎圍驛，入謂翰曰：「賊至矣，請公上馬。」翰上馬出驛，歸仁帥衆叩頭曰：「公以二十萬衆一戰棄之，何面目復見天子！且公不見高仙芝、封常清乎？請公東行。」翰不可，欲下馬，歸仁以毛縻其足於馬腹，及諸將不從者，皆執之以東。會賊將田乾真已至，遂降之，俱送洛陽。安禄山問翰曰：「汝常輕我，今定何如？」翰伏地對曰：「臣肉眼，不識聖人。今天下未平，李光弼在常山，李祗在東平，魯炅在南陽，陛下留臣，使以尺書招之，不日皆下矣。」禄山大喜，以翰爲司空、同平章事。謂火拔歸仁曰：「汝叛主，不忠不義。」執而斬之。翰以書招諸將，皆復書責之。禄山知無效，乃囚諸苑中。潼關既敗，於是河東、華陰、馮翊、上洛防禦使皆棄郡走，所在守兵皆散。

是日，翰麾下來告急，上不時召見，但遣李福德等將監牧兵赴潼關。及暮，平安火不至，上始懼。壬辰，召宰相謀之。楊國忠自以身領劍南，聞安禄山反，即令副使崔圓陰具儲偫，以備有急投之。至是，首唱幸蜀之策，上然之。癸巳，國忠集百官於朝堂，惶懼流涕，問以策略，皆唯唯不對。國忠曰：「人告禄山反狀已十年，上不之信。今日之事，非宰相之過。」仗下，士民驚擾奔走，不知所之，市里蕭條。國忠使韓、虢入宫勸上入蜀。

甲午，百官朝者什無一二。上御勤政樓，下制，云欲親征，聞者皆莫之信。以京兆尹魏方進爲御史大夫兼置頓使，京兆少尹靈昌崔光遠爲京兆尹，充西京留守，將軍邊令誠掌宫闈管鑰。託以劍南節度大使潁王璬將赴鎮，令本道設儲偫。是日，上移仗北内。既夕，命龍武大將軍陳玄禮整比六軍，厚賜錢帛，選閑廐馬九百餘匹，外人皆莫之知。乙未黎明，上獨與貴妃姊妹、皇子、妃、主、皇孫、楊國忠、韋見素、魏方進、陳玄禮及親近宦官、宫人出延秋門，妃、主、皇孫之在外者，皆委之而去。上過左藏，楊國忠請焚之，曰：「無爲賊守。」上愀然曰：「賊來不得，必更斂於百姓，不如與之，無重困吾赤子。」是日，百官猶有入朝者，至宫門，猶聞漏聲，三衛立仗儼然。門既啓，則宫人亂出，中外擾攘，不知上所之。於是王公、士民四出逃竄，山谷細民爭入宫禁及王公第舍，盜取金寶，或乘驢上殿，又焚左藏大盈庫。崔光遠、邊令誠帥人救火，又募人攝府、縣官分守之，殺十餘人，乃稍定。光遠遣其子東見禄山，令誠亦以管鑰獻之。

上過便橋，楊國忠使人焚橋。上曰：「士庶各避賊求生，奈何絶其路！」留内侍監高力士，使撲滅乃來。上遣宦者王洛卿前行，告諭郡縣置頓。食時，至咸陽望賢宮，洛卿與縣令俱逃，中使徵召，吏民莫有應者。日向中，上猶未食，楊國忠自市胡餅以獻。於是，民爭獻糲飯，雜以麥豆，皇孫輩爭以手掬食之，須臾而盡，猶未能飽。上皆酬其直，慰勞之。衆皆哭，上亦掩泣。有老父郭從謹進言曰：「禄山包藏禍心，固非一日，亦有詣闕告其謀者，陛下往往誅之，使得逞其姦逆，致陛下播越。是以先王務延訪忠良以廣聰明，蓋爲此也。臣猶記宋璟爲相，數進直言，天下賴以安平。自頃以來，在廷之臣，以言爲諱，惟阿諛取容，是以闕門之外，陛下皆不得而知。草野之臣，必知有今日久矣，但九重嚴邃，區區之心，無路上達。事不至此，臣何由得睹陛下之面而訴之乎！」上曰：「此朕之不明，悔無所及。」慰諭而遣之。俄而尚食舉御膳以至，上命先賜從官，然後食之。命軍士散詣村落求食，期未時皆集而行。夜將半，乃至金城。縣令亦逃，縣民皆脱身走，飲食器皿具在，士卒得以自給。時從者多逃，内侍監袁思藝亦亡去。驛中無燈，人相枕藉而寢，貴賤無以復辨。王思禮自潼關至，始知哥舒翰被擒。以思禮爲河西、隴右節度使，即令赴鎮，收合散卒，以俟東討。

丙申，至馬嵬驛，將士飢疲，皆憤怒。陳玄禮以禍由楊國忠，欲誅之，因東宮宦者李輔國以告太子，太子未決。會吐蕃使者二十餘人遮國忠馬，訴以無食，國忠未及對，軍士呼曰：「國忠與胡虜謀反。」或射之，中鞍。國忠走至西門内，軍士追殺之，屠割支體，以槍揭其首於驛門外，并殺其子户部侍郎喧及韓國、秦國夫人。御史大夫魏方進曰：「汝曹何敢害宰相？」衆又殺之。韋見素聞亂而出，爲亂兵所檛，腦血流地。衆曰：「勿傷韋相公。」救之，得免。軍士圍驛，上聞諠譁，問外何事，左右以國忠反對。上杖屨出驛門，慰勞軍士，令收隊，軍士不應。上使高力士問之，玄禮對曰：「國忠謀反，貴妃不宜供奉，願陛下割恩正法。」上曰：「朕當自處之。」入門，倚杖頫首而立。久之，京兆司録韋諤前言曰：「今衆怒難犯，安危在晷刻，願陛下速決。」因叩頭流血。上曰：「貴妃常居深宫，安知國忠反謀。」高力士曰：「貴妃誠無罪，然將士已殺國忠，而貴妃在陛下左右，豈敢自安！願陛下審思之，將士安則陛下安矣。」上乃命力士引貴妃於佛堂，縊殺之。輿尸寘驛庭，召玄禮等入視之。玄禮等乃免冑釋甲，頓首謝罪。上慰勞之，令曉諭軍士。玄禮等皆呼萬歲，再拜而出。於是始整部伍爲行計。諤，見素之子也。國忠妻裴柔與其幼子晞及虢國夫人、夫人子裴徽皆走，至陳倉，縣令薛景仙帥吏士追捕，誅之。

丁酉，上將發馬嵬，朝臣惟韋見素一人，乃以韋諤爲御史中丞，充置頓使。將士皆曰：「國忠謀反，其將吏皆在蜀，不可往。」或請之河、隴，或請之靈武，或請之太原，或言還京師。上意在入蜀，慮違衆心，竟不言所向。韋諤曰：「還京，當有禦賊之備。今兵少，未易東向，不如且至扶風，徐圖去就。」上詢于衆，衆以爲然，乃從之。及行，父老皆遮道請留，曰：「宮闕，陛下家居，陵寢，陛下墳墓，今捨此，欲何之？」上爲之按轡久之，乃命太子於後宣慰父老。父老因曰：「至尊既不肯留，某等願帥子弟從殿下東破賊，取長安。若殿下與至尊皆入蜀，使中原百姓誰爲之主？」須臾聚至數千人。太子不可，曰：「至尊遠冒險阻，吾豈忍朝夕離左右。且吾尚未面辭，當還白至尊，更稟進止。」涕泣，跋馬欲西。建寧王倓與李輔國執鞚諫曰：「逆胡犯闕，四海分崩，不因人情，何以興復！今殿下從至尊入蜀，若賊兵燒絶棧道，則中原之地，拱手授賊矣。人情既離，不可復合，雖欲復至此，其可得乎？不如收西北守邊之兵，召郭、李於河北，與之併力，東討逆賊，克復二京，削平四海，使社稷危而復安，宗廟毁而更存，掃除宮禁以迎至尊，豈非孝之大者乎！何必區區温清，爲兒女之戀乎！」廣平王俶亦勸太子留。父老共擁太子馬，不得行。太子乃使俶馳白上。上總轡待太子，久不至，使人偵之，還白狀，上曰：「天也！」乃命分後軍二千人及飛龍廄馬從太子，且諭將士曰：「太子仁孝，可奉宗廟，汝曹善輔佐之。」又諭太子曰：「汝勉之，勿以吾爲念。西北諸胡，吾撫之素厚，汝必得其用。」太子南向號泣而已。又使送東宮内人於太子。且宣旨欲傳位，太子不受。俶、倓，皆太子之子也。

己亥，上至岐山。或言賊前鋒且至，上遽過，宿扶風郡。士卒潛懷去就，往往流言不遜，陳玄禮不能制，上患之。會成都貢春綵十餘萬匹至扶風，上命悉陳之於庭，召將士入，臨軒諭之曰：「朕比來衰耄，託任失人，致逆胡亂常，須遠避其鋒。知卿等皆蒼猝從朕，不得別父母、妻子，茇涉至此，勞苦至矣，朕甚愧之。蜀路阻長，郡縣褊小，人馬衆多，或不能供。今聽卿等各還家；朕獨與子孫、中官前行入蜀，亦足自達。今日與卿等訣別，可共分此綵，以備資糧。若歸，見父母及長安父老，爲朕致意，各好自愛也。」因泣下沾襟，衆皆哭曰：「臣等死生從陛下，不敢有貳。」上良久曰：「去留聽卿。」自是流言始息。

太子既留，未知所適。廣平王俶曰：「日漸晏，此不可駐，衆欲何之？」皆莫對。建寧王倓曰：「殿下昔嘗爲朔方節度大使，將吏歲時致啓，倓略識其姓名。今河西、隴右之衆皆敗降賊，父兄子弟多在賊中，或生異圖。朔方道近，士馬全盛，裴冕衣冠名族，必無貳心。賊入長安方虜掠，未暇徇地，乘此速往就之，徐圖大舉，此上策也。」衆皆曰：「善。」至渭濱，遇潼關敗卒，誤與之戰，死傷甚衆。已，乃收餘卒，擇渭水淺處，乘馬涉渡，無馬者涕泣而返。太子自奉天北上，比至新平，通夜馳三百餘里，士卒器械失亡過半，所存之衆不過數百。新平太守薛羽棄郡走，太子斬之。是日至安定，太守徐瑴亦走，又斬之。

辛丑，上發扶風，宿陳倉。

太子至烏氏，彭原太守李遵出迎，獻衣及糗糧。至彭原，募士，得數百人。是日至平涼，閲監牧馬，得數萬匹，又募士，得五百餘人，軍勢稍振。

壬寅，上至散關，分扈從將士爲六軍。使潁王璬先行詣劍南，壽王瑁等分將六軍以次之。丙午，上至河池郡，崔圓奉表迎車駕，具陳蜀土豐稔，甲兵全盛。上大悦，即日以圓爲中書侍郎、同平章事，蜀郡長史如故。以隴西公瑀爲漢中王、梁州都督、山南西道采訪防禦使。瑀，璡之弟也。

王思禮至平涼，聞河西諸胡亂，還，詣行在。初，河西諸胡部落聞其都護皆從哥舒翰没於潼關，故争自立，相攻擊；而都護實從翰在北岸，不死，又不與火拔歸仁俱降賊。上乃以河西兵馬使周泌爲河西節度使，隴右兵馬使彭元耀爲隴右節度使，與都護思結進明等俱之鎮，招其部落。以思禮爲行在都知兵馬使。

戊申，扶風民康景龍等自相帥擊賊所署宣慰使薛總，斬首二百餘級。庚戌，陳倉令薛景仙殺賊守將，克扶風而守之。

安禄山不意上遽西幸，遣使止崔乾祐兵留潼關，凡十日，乃遣孫孝哲將兵入長安。以張通儒爲西京留守，崔光遠爲京兆尹。使安忠順將兵屯苑中，以鎮關中。孝哲爲禄山所寵任，尤用事，常與嚴莊争權。禄山使監關中諸將，通儒等皆受制於孝哲。孝哲豪侈，果於殺戮，賊黨畏之。禄山命搜捕百官、宦者、宫女等，每獲數百人，輒以兵衛送洛陽。王、侯、將、相扈從車駕、家留長安者，誅及嬰孩。陳希烈以晚節失恩，怨上，與張均、張垍等皆降於賊。禄山以希烈、垍爲相，自餘朝士皆授以官。於是賊勢大熾，西脅汧、隴，南侵江、漢，北割河東之半。然賊將皆粗猛無遠略，既克長安，自以爲得志，日夜縱酒，專以聲色、寶賄爲事，無復西出之意，故上得安行入蜀，太子北行亦無追迫之患。

李光弼圍博陵未下，聞潼關不守，解圍而南。史思明踵其後，光弼擊卻之，與郭子儀皆引兵入井陘，留常山太守王俌將景城、河間團練兵守常山。平盧節度使劉正臣將襲范陽，未至，史思明引兵逆擊之，正臣大敗，棄妻子走，士卒死者七千餘人。初，真卿聞河北節度使李光弼出井陘，即斂軍還平原，以待光弼之命。聞郭、李西入井陘，真卿始復區處河北軍事。

太子至平涼數日，朔方留後杜鴻漸、六城水陸運使魏少遊、節度判官崔漪、支度判官盧簡金、鹽池判官李涵相與謀曰：「平涼散地，非屯兵之所。靈武兵食完富，若迎太子至此，北收諸城兵，西發河、隴勁騎，南向以定中原，此萬世一時也。」乃使涵奉牋於太子，且籍朔方士馬、甲兵、穀帛、軍須之數以獻之。涵至平涼，太子大悦。會河西司馬裴冕入爲御史中丞，至平涼，見太子，亦勸太子之朔方，太子從之。鴻漸，暹之族子；涵，道之曾孫也。鴻漸、漪使少遊居後，葺次舍，庀資儲，自迎太子於平涼北境。説太子曰：「朔方，天下勁兵處也。今吐蕃請和，回紇内附，四方郡縣，大抵堅守拒賊，以俟興復。殿下今理兵靈武，按轡長驅，移檄四方，收攬忠義，則逆賊不足屠也。」少遊盛治宫室，帷帳皆倣禁中，飲膳備水陸。秋七月辛酉，太子至靈武，悉命撤之。

甲子，上至普安，憲部侍郎房琯來謁見。上之發長安也，羣臣多不知，至咸陽，謂高力士曰：「朝臣誰當來，誰不來？」對曰：「張均、張垍父子受陛下恩最深，且連戚里，是必先來。時論皆謂房琯宜爲相，而陛下不用，又禄山嘗薦之，恐或不來。」上曰：「事未可知。」及琯至，上問均兄弟，對曰：「臣帥與偕來，逗遛不進，觀其意，似有所蓄而不能言也。」上顧力士曰：「朕固知之矣。」即日以琯爲文部侍郎、同平章事。

裴冕、杜鴻漸等上太子牋，請遵馬嵬之命，即皇帝位，太子不許。冕等言曰：「將士皆關中人，日夜思歸，所以崎嶇從殿下遠涉沙塞者，冀尺寸之功。若一朝離散，不可復集。願殿下勉徇衆心，爲社稷計。」牋五上，太子乃許之。是日，肅宗即位於靈武城南樓，羣臣舞蹈，上流涕歔欷。尊玄宗曰上皇天帝，赦天下，改元。以杜鴻漸、崔漪並知中書舍人事，裴冕爲中書侍郎、同平章事。改關内采訪使爲節度使，徙治安化，以前蒲關防禦使呂崇賁爲之。以陳倉令薛景仙爲扶風太守兼防禦使，隴右節度使郭英乂爲天水太守兼防禦使。時塞上精兵皆選入討賊，惟餘老弱守邊。文武官不滿三十人，披草萊，立朝廷，制度草創，上武人驕慢。大將管崇嗣在朝堂背闕而坐，言笑自若，監察御史李勉奏彈之，繫於有司。上特原之，歎曰：「吾有李勉，朝廷始尊。」勉，元懿之曾孫也。旬日間，歸附者漸衆。

丁卯，上皇制：「以太子亨充天下兵馬元帥，領朔方、河東、河北、平盧節度都使，南取長安、洛陽。以御史中丞裴冕兼左庶子，隴西郡司馬劉秩試守右庶子。永王璘充山南東道嶺南黔中江南西道節度都使，以少府監竇紹爲之傅，長沙太守李峴爲都副大使。盛王琦充廣陵大都督，領江南東路及淮南河南等路節度都使，以前江陵都督府長史劉彙爲之傅，廣陵郡長史李成式爲都副大使。豐王珙充武威都督，仍領河西隴右安西北庭等路節度都使，以隴西太守濟陰鄧景山爲之傅，充都副大使。應須士馬、甲仗、糧賜等，並於當路自供。其諸路本節度使虢王巨等，並依前充使。其署置官屬及本路郡縣官，並任自簡擇，署訖聞奏。」時琦、珙皆不出閤，惟璘赴鎮。置山南東道節度，領襄陽等九郡。升五府經略使爲嶺南節度，領南海等二十二郡。升五溪經略使爲黔中節度，領黔中等諸郡。分江南爲東、西二道，東道領餘杭，西道領豫章等諸郡。先是，四方聞潼關失守，莫知上所之，及是制下，始知乘輿所在。彙，秩之弟也。

安祿山使孫孝哲殺霍國長公主及王妃、駙馬等於崇仁坊，刳其心，以祭安慶宗。凡楊國忠、高力士之黨及祿山素所惡者皆殺之，凡八十三人，或以鐵棓揭其腦蓋，流血滿街。

己巳，又殺皇孫及郡、縣主二十餘人。

庚午，上皇至巴西，太守崔渙迎謁。上皇與語，悦之，房琯復薦之，即日拜門下侍郎、同平章事。以韋見素爲左相。渙，玄暐之孫也。

初，京兆李泌，幼以才敏著聞，玄宗使與忠王遊。忠王爲太子，泌已長，上書言事。玄宗欲官之，不可；使與太子爲布衣交，太子常謂之「先生」。楊國忠惡之，奏徙蘄春，後得歸，隱居潁陽。上自馬嵬北行，遣使召之，謁見於靈武。上大喜，出則聯轡，寢則對榻，如爲太子時，事無大小皆咨之，言無不從，至於進退將相亦與之議。上欲以泌爲右相，泌固辭，曰：「陛下待以賓友，則貴於宰相矣，何必屈其志。」乃止。

同羅、突厥從安禄山反者屯長安苑中，甲戌，其酋長阿史那從禮帥五千騎，竊廄馬二千匹逃歸朔方，謀邀結諸胡，盜據邊地。上遣使宣慰之，降者甚衆。

賊遣兵寇扶風，薛景仙擊卻之。

安禄山遣其將高嵩以敕書、繒綵誘河、隴將士，大震關使郭英乂擒斬之。

同羅、突厥之逃歸也，長安大擾，官吏竄匿，獄囚自出。京兆尹崔光遠以爲賊且遁矣，遣吏卒守孫孝哲宅。孝哲以狀白禄山，光遠乃與長安令蘇震帥府、縣官十餘人來奔。己卯，至靈武，上以光遠爲御史大夫兼京兆尹，使之渭北招集吏民；以震爲中丞。震，瓌之孫也。祿山以田乾真爲京兆尹。侍御史呂諲、右拾遺楊綰、奉天令安平崔器相繼詣靈武，以諲、器爲御史中丞，綰爲起居舍人、知制誥。

上命河西節度副使李嗣業將兵五千赴行在，嗣業與節度使梁宰謀，且緩師以觀變。綏德府折衝段秀實讓嗣業曰：「豈有君父告急，而臣子晏然不赴者乎！特進常自謂大丈夫，今日視之，乃兒女子耳。」嗣業大慚，即白宰，如數發兵，以秀實自副，將之詣行在。上又徵兵於安西，行軍司馬李栖筠發精兵七千人，勵以忠義而遣之。

敕改扶風爲鳳翔郡。

庚辰，上皇至成都，從官及六軍至者千三百人而已。

令狐潮圍張巡於雍丘，相守四十餘日，朝廷聲問不通。潮聞玄宗已幸蜀，復以書招巡。有大將六人，官皆開府、特進，白巡以「兵勢不敵，且上存亡不可知，不如降賊」。巡陽許諾。明日，堂上設天子畫像，帥將士朝之，人人皆泣。巡引六將於前，責以大義，斬之，士心益勸。城中矢盡，巡縛藁爲人千餘，被以黑衣，夜縋城下，潮兵爭射之，久乃知其藁人，得矢數十萬。其後復夜縋人，賊笑不設備，乃以死士五百斫潮營。潮軍大亂，焚壘而遁，追奔十餘里。潮慚，益兵圍之。巡使郎將雷萬春於城上與潮相聞，語未絕，賊弩射之，面中六矢而不動。潮疑其木人，使諜問之，乃大驚，遥謂巡曰：「向見雷將軍，方知足下軍令矣，然其如天道何！」巡謂之曰：「君未識人倫，焉知天道。」未幾出戰，擒賊將十四人，斬首百餘級。賊乃夜遁，收兵入陳留，不敢復出。頃之，賊步騎七千餘衆屯白沙渦，巡夜襲擊，大破之。還，至桃陵，遇賊救兵四百餘人，悉擒之。分別其衆，嬀、檀及胡兵悉斬之，滎陽、陳留脅從兵皆散令歸業。旬日間，民去賊來歸者萬餘戶。

河北諸郡猶爲唐守，常山太守王俌欲降賊，諸將怒，因擊毬，縱馬踐殺之。時信都太守烏承恩麾下有朔方兵三千人，諸將遣使者宗仙運帥父老詣信都，迎承恩鎮常山。承恩辭以無詔命，仙運說承恩曰：「常山地控燕、薊，路通河、洛，有井陘之險，足以扼其咽喉。頃屬車駕南遷，李大夫收軍退守晉陽，王太守權統後軍，欲舉城降賊，衆心不從，身首異處。大將軍兵精氣肅，遠近莫敵，若以家國爲念，移據常山，與大夫首尾相應，則洪勳盛烈孰與爲比。若疑而不行，又不設備，常山既陷，信都豈能獨全！」承恩不從。仙運又曰：「將軍不納鄙夫之言，必懼兵少故也。今人不聊生，咸思報國，競相結聚，屯據鄉村，若懸賞招之，不旬日十萬可致，與朔方甲士三千餘人相參用之，足成王事。若捨要害以授人，居四通而自安，譬如倒持劍戟，取敗之道也。」承恩竟疑不決。承恩，承玼之族兄也。

是月，史思明、蔡希德將兵萬人南攻九門。旬日，九門僞降，伏甲於城上。思明登城，伏兵攻之，思明墜城，鹿角傷其左脅，夜奔博陵。

　　顔真卿以蠟丸達表於靈武。以真卿爲工部尚書兼御史大夫，依前河北招討、采訪、處置使，并致赦書，亦以蠟丸達之。真卿頒下河北諸郡，又遣人頒於河南、江、淮，由是諸道始知上即位於靈武，徇國之心益堅矣。

　　郭子儀等將兵五萬自河北至靈武，靈武軍威始盛，人有興復之望矣。八月壬午朔，以子儀爲武部尚書、靈武長史，以李光弼爲户部尚書、北都留守，並同平章事，餘如故。光弼以景城、河間兵五千赴太原。

　　先是，河東節度使王承業軍政不脩，朝廷遣侍御史崔衆交其兵，尋遣中使誅之；衆侮易承業，光弼素不平。至是，敕交兵於光弼，衆見光弼不爲禮，又不時交兵，光弼怒，收斬之，軍中股栗。

　　史思明再攻九門，辛卯，克之，所殺數千人，引兵東圍藁城。

　　李庭望將蕃、漢二萬餘人東襲寧陵、襄邑，夜，去雍丘城三十里置營，張巡帥短兵三千掩襲，大破之，殺獲太半。庭望收軍夜遁。

　　癸巳，靈武使者至蜀，上皇喜曰：「吾兒應天順人，吾復何憂。」丁酉，制：「自今改制敕爲誥，表疏稱太上皇。四海軍國事，皆先取皇帝進止，仍奏朕知；俟克復上京，朕不復預事。」己亥，上皇臨軒，命韋見素、房琯、崔渙奉傳國寶、玉册詣靈武傳位。

辛丑，史思明陷藁城。

初，上皇每酺宴，先設太常雅樂坐部、立部，繼以鼓吹、胡樂、教坊、府縣散樂、雜戲，又以山車、陸船載樂往來，又出宮人舞霓裳羽衣，又教舞馬百匹銜盃上壽，又引犀象入場或拜或舞。安禄山見而悦之，既克長安，命搜捕樂工，運載樂器、舞衣，驅舞馬、犀象皆詣洛陽。

臣光曰：聖人以道德爲麗，仁義爲樂，故雖茅茨、土階，惡衣菲食，不恥其陋，惟恐奉養之過以勞民費財。明皇恃其承平，不思後患，殫耳目之玩，窮聲技之巧，自謂帝王富貴皆不我如，欲使前莫能及，後無以踰，非徒娱己，亦以誇人。豈知大盜在旁，已有窺窬之心，卒致鑾輿播越，生民塗炭。乃知人君崇華靡以示人，適足爲大盜之招也。

禄山宴其羣臣於凝碧池，盛奏衆樂，梨園弟子往往歔欷泣下，賊皆露刃睨之。樂工雷海清不勝悲憤，擲樂器於地，西向慟哭。禄山怒，縛於試馬殿前，支解之。

禄山聞嚮日百姓乘亂多盜庫物，既得長安，命大索三日，并其私財盡掠之。又令府、縣推按，銖兩之物無不窮治，連引搜捕，支蔓無窮，民間騷然，益思唐室。

自上離馬嵬北行，民間相傳太子北收兵來取長安，長安民日夜望之，或時相驚曰：

「太子大軍至矣。」則皆走，市里爲空。賊望見北方塵起，輒驚欲走。京畿豪傑往往殺賊官吏，遥應官軍，誅而復起，相繼不絕，賊不能制。其始自京畿、鄜、坊至于岐、隴皆附之，至是西門之外率爲敵壘。賊兵力所及者，南不出武關，北不過雲陽，西不過武功。江、淮奏請貢獻之蜀之靈武者，皆自襄陽取上津路抵扶風，道路無壅，皆薛景仙之功也。

九月壬子，史思明圍趙郡，丙辰，拔之。又圍常山，旬日城陷，殺數千人。

建寧王倓，性英果，有才略。從上自馬嵬北行，兵衆寡弱，屢逢寇盜，倓自選驍勇居上前後，血戰以衛上。上或過時未食，倓悲泣不自勝，軍中皆屬目向之。上欲以倓爲天下兵馬元帥，使統諸將東征。李泌曰：「建寧誠元帥才，然廣平，兄也。若建寧功成，豈可使廣平爲吳太伯乎？」上曰：「廣平，冢嗣也，何必以元帥爲重？」泌曰：「廣平未正位東宫。今天下艱難，衆心所屬，在於元帥。若建寧大功既成，陛下雖欲不以爲儲副，同立功者其肯已乎！太宗、上皇，即其事也。」上乃以廣平王俶爲天下兵馬元帥，諸將皆以屬焉。倓聞之，謝泌曰：「此固倓之心也。」

上與泌出行軍，軍士指之竊言曰：「衣黄者聖人也，衣白者山人也。」上聞之以告泌曰：「艱難之際，不敢相屈以官，且衣紫袍以絕羣疑。」泌不得已受之。服之，入謝，上笑曰：「既服此，豈可無名稱。」出懷中敕，以泌爲侍謀軍國、元帥府行軍長史。泌固辭，上曰：「朕非敢相臣，以濟艱難耳。俟賊平，任行高志。」泌乃受之。置元帥府於禁中，俶入則泌在府，泌入俶亦如之。泌又言於上曰：「諸將畏憚天威，在陛下前敷陳軍事，或不能盡所懷，萬一小差，爲害甚大。乞先令與臣及廣平熟議，臣與廣平從容奏聞，可者行之，不可者已之。」上許之。時軍旅務繁，四方奏報，自昏至曉無虛刻，上悉使送府，泌先開視，有急切者及烽火，重封，隔門通進，餘則待明。禁門鑰契，悉委俶與泌掌之。

上欲借兵於外夷以張軍勢，以豳王守禮之子承寀爲敦煌王，與僕固懷恩使于回紇以請兵。又發拔汗那兵，且使轉諭城郭諸國，許以厚賞，使從安西兵入援。李泌勸上：「且幸彭原，俟西北兵將至，進幸扶風以應之。於時庸調亦集，可以贍軍。」上從之。戊辰，發靈武。

內侍邊令誠復自賊中逃歸，上斬之。

丙子，上至順化。韋見素等至自成都，奉上寶冊，上不肯受，曰：「比以中原未靖，權總百官，豈敢乘危，遽爲傳襲。」羣臣固請，上不許，寘寶冊於別殿，朝夕事之，如定省之禮。上以韋見素本附楊國忠，意薄之；素聞房琯名，虛心待之。琯見上言時事，辭情慷慨，上爲之改容，由是軍國事多謀於琯。琯亦以天下爲己任，知無不爲，專決於胸臆，諸相拱手避之。

上嘗從容與泌語及李林甫，欲敕諸將克長安，發其冢，焚骨揚灰。泌曰：「陛下方定天下，奈何讎死者。彼枯骨何知，徒示聖德之不弘耳。且方今從賊者皆陛下之讎也，若聞此舉，恐阻其自新之心。」上不悅，曰：「此賊昔日百方危朕，當是時，朕不保朝夕。朕之全，特天幸耳！林甫亦惡卿，但未及害卿而死耳，奈何矜之！」對曰：「臣豈不知。所以言者，上皇有天下向五十年，太平娛樂，一朝失意，遠處巴、蜀。南方地惡，上皇春秋高，聞陛下此敕，意必以爲用韋妃之故，内慚不懌。萬一感憤成疾，是陛下以天下之大不能安君親。」言未畢，上流涕被面，降階，仰天拜，曰：「朕不及此，是天使先生言之也。」遂抱泌頸泣不已。

冬十月，上發順化，癸未，至彭原。第五琦見上於彭原，請以江、淮租庸市輕貨，泝江、漢而上至洋川，令漢中王瑀陸運至扶風以助軍。上從之。尋加琦山南等五道度支使。琦作榷鹽法，用以饒。

房琯上疏，請自將兵復兩京。上許之，加持節、招討西京兼防禦蒲潼兩關兵馬節度等使。琯請自選參佐，以御史中丞鄧景山爲副，户部侍郎李揖爲行軍司馬，給事中劉秩爲參謀。既行，又令兵部尚書王思禮副之。琯悉以戎務委李揖、劉秩，二人皆書生，不閑軍旅。琯謂人曰：「賊曳落河雖多，安能敵我劉秩。」琯分爲三軍，使裨將楊希文將南軍，自宜壽入；劉貴哲將中軍，自武功入；李光進將北軍，自奉天入。光進，光弼之弟也。

甲申，令狐潮、王福德復將步騎萬餘攻雍丘。張巡出擊，大破之，斬首數千級，賊遁去。

房琯以中軍、北軍爲前鋒，庚子，至便橋。辛丑，二軍遇賊將安守忠於咸陽之陳濤斜。琯效古法，用車戰，以牛車二千乘，馬步夾之。賊順風鼓譟，牛皆震駭。賊縱火焚之，人畜大亂，官軍死傷者四萬餘人，存者數千而已。癸卯，琯自以南軍戰，又敗。楊希文、劉貴哲皆降於賊。上聞琯敗，大怒，李泌爲之營救，上乃宥之，待琯如初。

敦煌王承寀至回紇牙帳，回紇可汗以女妻之，遣其貴臣與承寀及僕固懷恩偕來，見上於彭原。上厚禮其使者而歸之。

尹子奇圍河間，四十餘日不下，史思明引兵會之。顏真卿遣其將和琳將萬二千人救河間，思明逆擊，擒之，遂陷河間，執李奐，送洛陽，殺之。又陷景城，太守李暐赴湛水死。思明使兩騎齎尺書以招樂安，即時舉郡降。又使其將康沒野波將先鋒攻平原，兵未至，顏真卿知力不敵，壬寅，棄郡渡河南走。思明即以平原兵攻清河、博平，皆陷之。思明引兵圍烏承恩於信都，承恩以城降，親導思明入城，交兵馬、倉庫，馬三千匹，兵五萬人。思明送承恩詣洛陽，禄山復其官爵。

饒陽裨將束鹿張興，力舉千鈞，性復明辯。賊攻饒陽，彌年不能下。及諸郡皆陷，思明并力圍之，外救俱絶。太守李系窘迫赴火死，城遂陷。思明擒興，立於馬前，謂曰：

「將軍真壯士，能與我共富貴乎？」興曰：「興，唐之忠臣，固無降理。今數刻之人耳，願一言而死。」思明曰：「試言之。」興曰：「主上待祿山恩如父子，羣臣莫及。不知報德，乃興兵指闕，塗炭生人。大丈夫不能翦除凶逆，乃北面爲之臣乎！僕有短策，足下能聽之乎？足下所以從賊，求富貴耳，譬如燕巢于幕，豈能久安。何如乘間取賊，轉禍爲福，長享富貴，不亦美乎！」思明怒，命張於木上，鋸殺之，詈不絕口，以至於死。

賊每破一城，城中人衣服、財賄、婦人皆爲所掠。男子壯者使之負擔，羸、病、老、幼皆以刀槊戲殺之。祿山初以卒三千人授思明，使定河北，至是，河北皆下之，郡置防兵三千，雜以胡兵鎮之。思明還博陵。尹子奇將五千騎渡河，略北海，欲南取江、淮。會回紇可汗遣其臣葛邏支將兵入援，先以二千騎奄至范陽城下，子奇聞之，遽引兵歸。

十一月，令狐潮帥衆萬餘營雍丘城北，張巡邀擊，大破之，賊遂走。

十二月，安祿山遣兵攻潁川。城中兵少，無蓄積，太守薛愿、長史龐堅悉力拒守，繞城百里，廬舍、林木皆盡。期年，救兵不至，祿山使阿史那承慶益兵攻之，晝夜死鬭十五日，城陷，執愿、堅送洛陽，祿山縛於洛濱冰上，凍殺之。

上問李泌：「今敵强如此，何時可定？」對曰：「臣觀賊所獲子女金帛，皆輸之范陽，此豈有雄據四海之志邪！今獨虜將或爲之用，中國之人惟高尚等數人，自餘皆脅從耳。以臣料之，不過二年，天下無寇矣。」上曰：「何故？」對曰：「賊之驍將，不過史思明、安守忠、田乾真、張忠志、阿史那承慶等數人而已。今若令李光弼自太原出井陘，郭子儀自馮翊入河東，則思明、忠志不敢離范陽、常山，守忠、乾真不敢離長安，是以兩軍縶其四將也，從祿山者，獨承慶耳。願敕子儀勿取華陰，使兩京之道常通，陛下以所徵之兵軍於扶風，與子儀、光弼互出擊之，彼救首則擊其尾，救尾則擊其首，使賊往來數千里，疲於奔命，我常以逸待勞，賊至則避其鋒，去則乘其弊，不攻城，不遏路。來春復命建寧爲范陽節度大使，並塞北出，與光弼南北掎角以取范陽，覆其巢穴。賊退則無所歸，留則不獲安，然後大軍四合而攻之，必成擒矣。」上悅。

令狐潮、李庭望攻雍丘，數月不下，乃置杞州，築城於雍丘之北以絶其糧援。賊常數萬人，而張巡衆才千餘，每戰輒克。河南節度使虢王巨屯彭城，假巡先鋒使。是月，魯、東平、濟陰陷于賊。賊將楊朝宗帥馬步二萬將襲寧陵，斷巡後，巡遂拔雍丘，東守寧陵以待之，始與睢陽太守許遠相見。是日，楊朝宗至寧陵城西北，巡、遠與戰，晝夜數十合，大破之，斬首萬餘級，流尸塞汴而下，賊收兵夜遁。敕以巡爲河南節度副使。巡以將士有功，遣使詣虢王巨請空名告身及賜物，巨唯與折衝、果毅告身三十通，不與賜物。巡移書責巨，巨竟不應。

二載春正月，安禄山自起兵以來，目漸昏，至是不復睹物。又病疽，性益躁暴，左右使令，小不如意，動加箠撻，或時殺之。既稱帝，深居禁中，大將希得見其面，皆因嚴莊白事。莊雖貴用事，亦不免箠撻。閹豎李豬兒被撻尤多，左右人不自保。禄山嬖妾段氏生子慶恩，欲以代慶緒爲後。慶緒常懼死，不知所出。莊謂慶緒曰：「事有不得已者，時不可失。」慶緒曰：「兄有所爲，敢不敬從。」又謂豬兒曰：「汝前後受撻，寧有數乎？不行大事，死無日矣。」豬兒亦許諾。莊與慶緒夜持兵立帳外，豬兒執刀直入帳中，斫禄山腹。左右懼，不敢動。禄山捫枕旁刀，不獲，撼帳竿，曰：「必家賊也。」腸已流出數斗，遂死。掘牀下深數尺，以氈裹其尸埋之，誡宫中不得泄。乙卯旦，莊宣言於外，云禄山疾亟。立晋王慶緒爲太子，尋即帝位，尊禄山爲太上皇，然後發喪。慶緒性昏懦，言辭無序，莊恐衆不服，不令見人。慶緒日縱酒爲樂，兄事莊，以爲御史大夫、馮翊王，事無大小，皆取决焉。厚加諸將官爵，以悦其心。

史思明自博陵，蔡希德自太行，高秀巖自大同，牛廷玠自范陽，引兵共十萬寇太原。李光弼麾下精兵皆赴朔方，餘團練烏合之衆不滿萬人。思明以爲太原指掌可取，既得之，當遂長驅取朔方、河、隴。太原諸將皆懼，議修城以待之，光弼曰：「太原城周四十里，賊垂至而興役，是未見敵先自困也。」乃帥士卒及民，於城外鑿壕以自固。作墼數十萬，衆莫思明使人取攻具於山東，以胡兵三千衞送之，至廣陽，別將慕容溢、張奉璋邀擊，盡殺之。

思明圍太原，月餘不下，乃選驍鋭爲遊兵，戒之曰：「我攻其北則汝潛趣其南，攻東則趣西，有隙則乘之。」而光弼軍令嚴整，雖寇所不至，警邏未嘗少懈，賊不得入。光弼購募軍中，苟有小技，皆取之，隨能使之，人盡其用，得安邊軍錢工三，善穿地道。賊於城下仰而侮詈，光弼遣人從地道中曳其足而入，臨城斬之。自是賊行皆視地。賊爲梯衝、土山以攻城，光弼爲地道以迎之，近城輒陷。賊初逼城急，光弼作大礮，飛巨石，一發輒斃二十餘人。賊死者什二三，乃退營於數十步外，圍守益固。光弼遣人詐與賊約，刻日出降，賊喜，不爲備。光弼使穿地道周賊營中，搘之以木。至期，光弼勒兵在城上，遣裨將將數千人出，如降狀，賊皆屬目。俄而營中地陷，死者千餘人，賊衆驚亂，官軍鼓譟乘之，俘斬萬計。會安禄山死，慶緒使思明歸守范陽，留蔡希德等圍太原。

安慶緒以尹子奇爲汴州刺史、河南節度使。甲戌，子奇以歸、檀及同羅、奚兵十三萬趣睢陽。許遠告急于張巡，巡自寧陵引兵入睢陽。巡有兵三千人，與遠兵合六千八百人。賊悉衆逼城，巡督勵將士，晝夜苦戰，或一日至二十合。凡十六日，擒賊將六十餘人，殺士卒二萬餘，衆氣自倍。遠謂巡曰：「遠懦不習兵，公智勇兼濟，遠請爲公守，請公爲遠戰。」自是之後，遠但調軍糧，修戰具，居中應接而已，戰鬬籌畫，一出於巡。賊遂夜遁。

郭子儀以河東居兩京之間，扼賊要衝，得河東則兩京可圖。時賊將崔乾祐守河東，丁丑，子儀潛遣人入河東，與唐官陷賊者謀，俟官軍至，爲内應。

二月戊子，上至鳳翔。

郭子儀自洛交引兵趣河東，分兵取馮翊。己丑夜，河東司户韓旻等翻河東城迎官軍，殺賊近千人。崔乾祐踰城得免，發城北兵攻城，且拒官軍，子儀擊破之。乾祐走，子儀追擊之，斬首四千級，捕虜五千人。乾祐至安邑，安邑人開門納之，半入，閉門擊之，盡殪。乾祐未入，自白逕嶺亡去，遂平河東。

上至鳳翔旬日，隴右、河西、安西、西域之兵皆會，江、淮庸調亦至洋川、漢中。上自散關通表成都，信使駱驛。長安人聞車駕至，從賊中自拔而來者日夜不絶。西師憩息既定，李泌請遣安西及西域之衆，如前策並塞東北，自歸、檀南取范陽。上曰：「今大衆已集，庸調亦至，當乘兵鋒擣其腹心，而更引兵東北數千里，先取范陽，不亦迂乎？」對曰：「今以此衆直取兩京，必得之。然賊必再强，我必又困，非久安之策。」上曰：「何也？」對曰：「今所恃者皆西北守塞及諸胡之兵，性耐寒而畏暑，若乘其新至之鋭，攻禄山已老之師，其勢必克。兩京春氣已深，賊收其餘衆，遁歸巢穴，關東地熱，官軍必困而思歸，不可不若先用之於寒鄉，除其巢穴，則賊無所歸，根本永絶矣。」上曰：「朕切於晨昏之戀，不能待此決矣。」

關内節度使王思禮軍武功，兵馬使郭英乂軍東原，王難得軍西原。丁酉，安守忠等寇武功，郭英乂戰，不利，矢貫其頤而走。王難得望之不救，亦走，思禮退軍扶風。賊遊兵至大和關，去鳳翔五十里，鳳翔大駭，戒嚴。

李光弼將敢死士出擊蔡希德，大破之，斬首七萬餘級，希德遁去。安慶緒以史思明爲范陽節度使，兼領恒陽軍事，封嬀川王；以牛廷玠領安陽軍事；張忠志爲常山太守兼團練使，鎮井陘口；餘各令歸舊任，募兵以禦官軍。先是，安禄山得兩京，珍貨悉輸范陽。思明擁强兵，據富資，益驕横，浸不用慶緒之命；慶緒不能制。

庚子，郭子儀遣其子旰及兵馬使李韶光、大將軍王祚濟河擊潼關，破之，斬首五百級。安慶緒遣兵救潼關，郭旰等大敗，死者萬餘人，李韶光、王祚戰死，僕固懷恩抱馬首浮渡渭水，退保河東。

上皇思張九齡之先見，爲之流涕，遣中使至曲江祭之，厚恤其家。

尹子奇復引大兵攻睢陽。張巡謂將士曰：「吾受國恩，所守，正死耳。但念諸君捐軀命，膏草野，而賞不酬勳，以此痛心耳。」將士皆激勵請奮。巡遂椎牛，大饗士卒，盡軍出戰。賊望見兵少，笑之。巡執旗，帥諸將直衝賊陳，賊乃大潰，斬將三十餘人，殺士卒三千餘人，逐之數十里。明日，賊又合軍至城下，巡出戰，晝夜數十合，屢摧其鋒，而賊攻圍不輟。

辛未，安守忠將騎二萬寇河東，郭子儀擊走之，斬首八千級，捕虜五千人。

夏四月，上以郭子儀爲司空、天下兵馬副元帥，使將兵赴鳳翔。庚寅，李歸仁以鐵騎五千邀之於三原北，子儀使其將僕固懷恩、王仲昇、渾釋之、李若幽等伏兵擊之於白渠留運橋，殺傷略盡，歸仁游水而逸。若幽，神通之玄孫也。

子儀與王思禮軍合於西渭橋，進屯潏西。安守忠、李歸仁軍於京城西清渠。相守七日，官軍不進。五月癸丑，守忠僞遁，子儀悉師逐之。賊以驍騎九千爲長蛇陳，官軍擊之，首尾爲兩翼，夾擊官軍，官軍大潰。判官韓液、監軍孫知古皆爲賊所擒，軍資、器械盡棄之。子儀退保武功，中外戒嚴。是時府庫無蓄積，朝廷專以官爵賞功，諸將出征，皆給空名告身，自開府、特進、列卿、大將軍，下至中郎、郎將，聽臨事注名。其後又聽以信牒授人官爵，有至異姓王者。諸軍但以職任相統攝，不復計官爵高下。及清渠之敗，復以官爵收散卒，由是官爵輕而貨重，大將軍告身一通纔易一醉。凡應募入軍者，一切衣金紫，至有朝士僮僕衣金紫、稱大官而執賤役者。名器之濫，至是而極焉。

山南東道節度使魯炅守南陽，賊將武令珣、田承嗣相繼攻之。城中食盡，一鼠直錢數百，餓死者相枕藉。上遣宦官將軍曹日昇往宣慰，圍急，不得入。日昇請單騎入致命，襄陽太守魏仲犀不許。會顏真卿自河北至，曰：「曹將軍不顧萬死以致帝命，何爲沮之，借使不達，不過亡一使者，達則一城之心固矣。」日昇與十騎偕往，賊畏其鋭，不敢逼。城中自謂望絶，及見日昇，大喜。日昇復爲之至襄陽取糧，以千人運糧而入，賊不能遏。炅在圍中凡周歲，晝夜苦戰，力竭不能支，壬戌夜，開城帥餘兵數千突圍而出，奔襄陽。承嗣追之，轉戰二日，不能克而還。時賊欲南侵江、漢，賴炅拒其衝要，南夏得全。

司空郭子儀詣闕請自貶；甲子，以子儀爲左僕射。

尹子奇益兵圍睢陽益急，張巡於城中夜鳴鼓嚴隊，若將出擊者，賊聞之，達旦儆備。既明，巡乃寢兵絶鼓。賊以飛樓瞰城中，無所見，遂解甲休息。巡與將軍南霽雲、郎將雷萬春等十餘將各將五十騎開門突出，直衝賊營。至子奇麾下，營中大亂，斬賊將五十餘人，殺士卒五千餘人。巡欲射子奇而不識，乃剡蒿爲矢，中者喜，謂巡矢盡，走白子奇，乃得其狀。使霽雲射之，喪其左目，幾獲之。子奇乃收軍退還。

六月癸未，田乾真圍安邑。會陝郡賊將楊務欽密謀歸國，河東太守馬承光以兵應之，務欽殺城中諸將不同己者，翻城來降。乾真解安邑，遁去。

秋七月，河南節度使賀蘭進明克高密、琅邪，殺賊二萬餘人。

壬子，尹子奇復徵兵數萬，攻睢陽。先是，許遠於城中積糧至六萬石，虢王巨以其半給濮陽、濟陰二郡，遠固争之，不能得。既而濟陰得糧，遂以城叛，而睢陽城至是食盡。將士人廪米日一合，雜以茶紙、樹皮爲食，而賊糧運通，兵敗復徵。睢陽將士死不加益，諸軍饋救不至，士卒消耗至一千六百人，皆飢病不堪鬬，遂爲賊所圍，張巡乃修守具以拒之。賊爲雲梯，勢如半虹，置精卒二百於其上，推之臨城，欲令騰入。巡預於城潛鑿三穴，候梯將至，於一穴中出大木，末置鐵鉤鉤之，使不得退；一穴中出一木，拄之使不得進；一穴中出一木，木末置鐵籠，盛火焚之，其梯中折，梯上卒盡燒死。賊又以鉤車鉤城上棚閣，鉤之所及，莫不崩陷。巡以大木末置連鎖，鎖末置大鐶，搨其鉤頭，以革車拔之入城，截其鉤頭而縱車令去。賊又造木驢攻城，巡鎔金汁灌之，應投銷鑠。賊又於城西北隅以土囊積柴爲磴道，欲登城。巡不與争利，每夜，潛以松明、乾蒿投之於中，積十餘日，賊不之覺，因出軍大戰，使人順風持火焚之，賊不能救，經二十餘日，火方滅。巡之所爲，皆應機立辦，賊服其智，不敢復攻。遂於城外穿三重壕，立木栅以守巡，巡亦於其内作壕以拒之。

丁巳，賊將安武臣攻陝郡，楊務欽戰死，賊遂屠陝。

以張鎬兼河南節度、采訪等使，代賀蘭進明。

八月，靈昌太守許叔冀爲賊所圍，救兵不至，拔衆奔彭城。睢陽士卒死傷之餘，纔六百人，張巡、許遠分城而守之。巡守東北，遠守西南，與士卒同食茶紙，不復下城。賊士攻城者，巡以逆順説之，往往棄賊來降，爲巡死戰，前後二百餘人。

是時，許叔冀在譙郡，尚衡在彭城，賀蘭進明在臨淮，皆擁兵不救。城中日蹙，巡乃令南霽雲將三十騎犯圍而出，告急於臨淮。霽雲出城，賊衆數萬遮之，霽雲直衝其衆，左右馳射，賊衆披靡，止亡兩騎。既至臨淮，見進明，進明曰：「今日睢陽不知存亡，兵去何益？」霽雲曰：「睢陽若陷，霽雲請以死謝大夫。且睢陽既拔，即及臨淮，譬如皮毛相依，安得不救！」進明愛霽雲勇壯，不聽其語，强留之，具食與樂，延霽雲坐。霽雲慷慨泣且語曰：「霽雲來時，睢陽之人不食月餘矣。霽雲雖欲獨食，且不下咽。大夫坐擁强兵，觀睢陽陷没，曾無分災救患之意，豈忠臣義士之所爲乎！」因齧落一指以示進明曰：「霽雲既不能達主將之意，請留一指以示信歸報。」座中往往爲泣下。霽雲察進明終無出師意，遂去。至寧陵，與城使廉坦同將步騎三千人，閏月戊申夜，冒圍，且戰且行，至城下，大戰，壞賊營，死傷之外，僅得千人入城。城中將吏知無救，皆慟哭。賊知援絶，圍之益急。

初，房琯爲相，惡賀蘭進明，以爲河南節度使，以許叔冀爲進明都知兵馬使，俱兼御史大夫。叔冀自恃麾下精鋭，且官與進明等，不受其節制。故進明不敢分兵，非惟疾巡、遠功名，亦懼爲叔冀所襲也。

戊辰，上勞饗諸將，遣攻長安，謂郭子儀曰：「事之濟否，在此行也。」對曰：「此行不捷，臣必死之。」

辛未，御史大夫崔光遠破賊於駱谷。光遠行軍司馬王伯倫、判官李椿將二千人攻中渭橋，殺賊守橋者千人，乘勝至苑門。賊有先屯武功者聞之，奔歸，遇於苑北，合戰，殺伯倫，擒椿送洛陽。然自是賊不復屯武功矣。

賊屢攻上黨，常爲節度使程千里所敗。蔡希德復引兵圍上黨。九月丁丑，希德以輕騎至城下挑戰，千里帥百騎開門突出，欲擒之。會救至，千里收騎退還，橋壞，墜塹中，反爲希德所擒。仰謂從騎曰：「吾不幸至此，天也。歸語諸將，善爲守備，寧失帥，不可失城。」希德攻城，竟不克。送千里於洛陽，安慶緒以爲特進，囚之客省。

郭子儀以回紇兵精，勸上益徵其兵以擊賊。懷仁可汗遣其子葉護及將軍帝德等將精兵四千餘人來至鳳翔。上引見葉護，宴勞賜賚，惟其所欲。丁亥，元帥廣平王俶將朔方等軍及回紇、西域之衆十五萬，號二十萬，發鳳翔。俶見葉護，約爲兄弟，葉護大喜，謂俶爲兄。回紇至扶風，郭子儀留宴三日。葉護曰：「國家有急，遠來相助，何以食爲！」宴畢，即行。日給其軍羊二百口，牛二十頭，米四十斛。

庚子，諸軍俱發。壬寅，至長安城西，陳於香積寺北灃水之東。李嗣業爲前軍，郭子儀爲中軍，王思禮爲後軍。賊衆十萬，陳於其北。李歸仁出挑戰，官軍逐之，逼於其陳，賊軍齊進，官軍卻，爲賊所乘，軍中驚亂，賊爭趣輜重。李嗣業曰：「今日不以身餌賊，軍無孑遺矣。」乃肉袒，執長刀，立於陳前，大呼奮擊，當其刀者人馬俱碎，殺數十人，陳乃稍定。於是嗣業帥前軍，各執長刀，如牆而進，身先士卒，所向摧靡。都知兵馬使王難得救其裨將，賊射之中眉，皮垂障目。難得自拔箭，掣去其皮，血流被面，前戰不已。賊伏精騎於陳東，欲襲官軍之後，偵者知之，朔方左廂兵馬使僕固懷恩引回紇就擊之，翦滅殆盡，賊由是氣索。李嗣業又與回紇出賊陳後，與大軍夾擊，自午及酉，斬首六萬級，填溝塹死者甚衆，賊遂大潰。餘衆走入城，迨夜，囂聲不止。

僕固懷恩言於廣平王俶曰：「賊棄城走矣，請以二百騎追之，縛取安守忠、李歸仁等。」俶曰：「將軍戰亦疲矣，且休息，俟明旦圖之。」懷恩曰：「歸仁、守忠，賊之驍將，驟勝而敗，此天賜我也，奈何縱之，使復得衆，還爲我患，悔之無及。戰尚神速，何明旦也？」俶固止之，使還營。懷恩固請，往而復反，一夕四五起。遲明，諜至，守忠、歸仁與張通儒、田乾真等皆已遁矣。癸卯，大軍入西京。

初，上欲速得京師，與回紇約曰：「克城之日，土地、士庶歸唐，金帛、子女皆歸回紇。」至是，葉護欲如約。廣平王俶拜於葉護馬前曰：「今始得西京，若遽俘掠，則東京之人皆爲賊固守，不可復取矣。願至東京乃如約。」葉護驚躍下馬答拜，跪捧王足曰：「當爲殿下徑往東京。」即與僕固懷恩引回紇、西域之兵自城南過，營於滻水之東。百姓、軍士、胡虜見俶拜者，皆泣曰：「廣平王眞華、夷之主。」上聞之喜曰：「朕不及也。」俶整衆入城，百姓老幼夾道歡呼悲泣。俶留長安，鎮撫三日，引大軍東出，以太子少傅虢王巨爲西京留守。

甲辰，捷書至鳳翔，百寮入賀，上涕泗交頤。即日，遣中使啖庭瑤入蜀奏上皇，命左僕射裴冕入京師，告郊廟及宣慰百姓。

上以駿馬召李泌於長安，既至，上曰：「朕已表請上皇東歸，朕當還東宮，復修人子之職。」泌曰：「表可追乎？」上曰：「已遠矣。」泌曰：「上皇不來矣。」上驚問故。泌曰：「理勢自然。」上曰：「爲之奈何？」泌曰：「今請更爲羣臣賀表，言自馬嵬請留，靈武勸進，及今成功，聖上思戀晨昏，請速還京，以就孝養之意，則可矣。」上即使泌草表。上讀之，泣曰：「朕始以至誠願歸萬機，今聞先生之言，乃寤其失。」立命中使奉表入蜀。

郭子儀引蕃、漢兵追賊至潼關，斬首五千級，克華陰、弘農二郡。關東獻俘百餘人，敕皆斬之。監察御史李勉言於上曰：「今元惡未除，爲賊所污者半天下，聞陛下龍興，咸思洗心以承聖化，今悉誅之，是驅之使從賊也。」上遽使赦之。

冬十月丁未，啖庭瑶至蜀。

壬子，興平軍奏破賊於武關，克上洛郡。

尹子奇久圍睢陽，城中食盡，議棄城東走，張巡、許遠謀，以爲：「睢陽，江、淮之保障，若棄之去，賊必乘勝長驅，是無江、淮也。且我衆饑羸，走必不達。古者戰國諸侯尚相救恤，况密邇羣帥乎，不如堅守以待之。」茶紙既盡，遂食馬，馬盡，羅雀、掘鼠，雀鼠又盡，巡出愛妾，殺以食士，遠亦殺其奴，然後括城中婦人食之，既盡，繼以男子老弱。人知必死，莫有叛者，所餘纔四百人。癸丑，賊登城，將士病，不能戰。巡西向再拜曰：「臣力竭矣，不能全城，生既無以報陛下，死當爲厲鬼以殺賊。」城遂陷，巡、遠俱被執。尹子奇問巡曰：「聞君每戰眥裂齒碎，何也？」巡曰：「吾志吞逆賊，但力不能耳。」子奇以刀抉其口視之，所餘纔三四。子奇義其所爲，欲活之。其徒曰：「彼守節者也，終不爲吾用，且得士心，存之將爲後患。」乃并南霽雲、雷萬春等三十六人皆斬之。巡且死，顏色不亂，揚揚如常。生致許遠於洛陽。

巡初守睢陽時，卒僅萬人，城中居人亦且數萬，巡一見問姓名，其後無不識者。前後大小戰凡四百餘，殺賊卒十二萬人。巡行兵不依古法，教戰陳，令本將各以其意教之。人或問其故，巡曰：「今與胡虜戰，雲合鳥散，變態不恒，數步之間，勢有同異。臨機應猝，在於呼吸之間，而動詢大將，事不相及，非知兵之變者也。故吾使兵識將意，將識士情，投之而往，如手之使指。兵將相習，人自爲戰，不亦可乎？」自興兵，器械、甲仗皆取之於敵，未嘗自修。每戰，將士或退散，巡立於戰所，謂將士曰：「我不離此，汝爲我還決之。」將士莫敢不還，死戰，卒破敵。又推誠待人，無所疑隱。臨敵應變，出奇無窮。號令明，賞罰信，與衆共甘苦、寒暑，故下争致死力。

張鎬聞睢陽圍急，倍道亟進，檄浙東、浙西、淮南、北海諸節度及譙郡太守閭丘曉，使共救之。曉素傲很，不受鎬命。比鎬至，睢陽城已陷三日。鎬召曉，杖殺之。

張通儒等收餘衆走保陝，安慶緒悉發洛陽兵，使其御史大夫嚴莊將之，就通儒以拒官軍，并舊兵步騎猶十五萬。己未，廣平王俶至曲沃。回紇葉護使其將軍鼻施吐撥裴羅等引軍旁南山，搜伏，因駐軍嶺北。郭子儀等與賊遇於新店，賊依山而陳，子儀等初與之戰，不利，賊逐之下山。回紇自南山襲其背，於黄埃中發十餘矢。賊驚顧曰：「回紇至矣。」遂潰。官軍與回紇夾擊之，賊大敗，僵尸蔽野。嚴莊、張通儒等棄陝東走，廣平王俶、郭子儀入陝城，僕固懷恩等分道追之。嚴莊先入洛陽告安慶緒，庚申夜，慶緒帥其黨自苑門出，走河北，殺所獲唐將哥舒翰、程千里等三十餘人而去。許遠死於偃師。

壬戌，廣平王俶入東京。回紇意猶未厭，俶患之。父老請率羅錦萬匹以賂回紇，回紇乃止。

成都使還，上皇誥曰：「當與我劍南一道自奉，不復來矣。」上憂懼，不知所爲。數日後，使者至，言：「上皇初得上請歸東宮表，彷徨不能食，欲不歸。及羣臣表至，乃大喜，命食，作樂，下誥定行日。」上召李泌告之曰：「皆卿力也。」癸亥，上發鳳翔，遣太子太師韋見素入蜀，奉迎上皇。

乙丑，郭子儀遣左兵馬使張用濟、右武鋒使渾釋之將兵取河陽及河內。嚴莊來降。陳留人殺尹子奇，舉郡降。田承嗣圍來瑱於潁川，亦遣使來降；郭子儀應之緩，承嗣復叛，與武令珣皆走河北。制以瑱爲淮南節度使。

丙寅，上至望賢宮，得東京捷奏。丁卯，上入西京。百姓出國門奉迎，二十里不絕，舞躍呼萬歲，有泣者。上入居大明宮。御史中丞崔器令百官受賊官爵者皆脫巾徒跣立於含元殿前，搏膺頓首請罪，環之以兵，使百官臨視之。太廟爲賊所焚，上素服向廟哭三日。是日，上皇發蜀郡。

安慶緒走保鄴郡，改鄴郡爲安成府，改元天成。從騎不過三百，步卒不過千人，諸將阿史那承慶等散投常山、趙郡、范陽。旬日間，蔡希德自上黨，田承嗣自潁川，武令珣自南陽各帥所部兵歸之。又召募河北諸郡人，衆至六萬，軍聲復振。

廣平王俶之入東京也，百官受安禄山父子官者陳希烈等三百餘人，皆素服悲泣請罪。俶以上旨釋之，尋勒赴西京。己巳，崔器令詣朝堂請罪，如西京百官之儀，然後收繫大理、京兆獄。其府、縣所由、祗承人等受賊驅使追捕者，皆繫之。

初，汲郡甄濟有操行，隱居青巖山，安禄山爲采訪使，奏掌書記。濟察禄山有異志，詐得風疾，舁歸家。禄山反，使蔡希德引行刑者二人，封刀召之，濟引首待刀，希德以實病白禄山。後安慶緒亦使人强舁至東京，月餘，會廣平王俶平東京，濟起，詣軍門上謁。俶遣詣京師，上命館之於三司，令受賊官爵者列拜以媿其心，以濟爲秘書郎。國子司業蘇源明稱病不受禄山官，上擢爲考功郎中、知制誥。壬申，上御丹鳳樓，下制：「士庶受賊官禄爲賊用者，令三司條件聞奏；其因戰被虜，或所居密近，因與賊往來者，皆聽自首除罪；其子女爲賊所污者，勿問。」

癸酉，回紇葉護自東京還，上命百官迎之於長樂驛，上與宴於宣政殿。葉護奏以「軍中馬少，請留其兵於沙苑，自歸取馬，還爲陛下掃除范陽餘孽」。上賜而遣之。

十一月，廣平王俶、郭子儀來自東京，上勞子儀曰：「吾之家國，由卿再造。」

張鎬帥魯炅、來瑱、吳王祇、李嗣業、李奐五節度徇河南、河東郡縣，皆下之，惟能元皓據北海，高秀巖據大同未下。

己丑，以回紇葉護爲司空、忠義王。歲遺回紇絹二萬匹，使就朔方軍受之。

上之在彭原也，更以栗爲九廟主，庚寅，朝享於長樂殿。

丙申，上皇至鳳翔，從兵六百餘人，上皇命悉以甲兵輸郡庫。上發精騎三千奉迎。十二月丙午，上皇至咸陽，上備法駕迎於望賢宮。上皇在宮南樓，上釋黃袍，著紫袍，望樓下馬，趨進，拜舞於樓下。上皇降樓，撫上而泣，上捧上皇足，嗚咽不自勝。上皇索黃袍，自爲上著之，上伏地頓首固辭。上皇曰：「天數人心皆歸於汝，使朕得保養餘齒，汝之孝也。」上不得已，受之。父老在仗外，歡呼且拜。上令開仗，縱千餘人入謁上皇，曰：「臣等今日復睹二聖相見，死無恨矣。」上皇不肯居正殿，曰：「此天子之位也。」上固請，自扶上皇登殿。尚食進食，上品嘗而薦之。丁未，將發行宮，上親爲上皇習馬而進之。上皇上馬，上親執鞚，行數步，上皇止之。上乘馬前引，不敢當馳道。上皇謂左右曰：「吾爲天子五十年，未爲貴；今爲天子父，乃貴耳。」左右皆呼萬歲。上皇自開遠門入大明宮，御含元殿，慰撫百官。乃詣長樂殿謝九廟主，慟哭久之；即日幸興慶宮，遂居之。上累表請避位還東宮，上皇不許。

戊午，上御丹鳳樓，赦天下，惟與安禄山同反及李林甫、王鉷、楊國忠子孫不在免例。立廣平王俶爲楚王。加郭子儀司徒，李光弼司空，自餘蜀郡、靈武扈從立功之臣，皆進階〔賜〕爵、加食邑有差。李憕、盧奕、顔杲卿、袁履謙、許遠、張巡、張介然、蔣清、龐堅等，皆加追贈，官其子孫。戰亡之家，給復二載。郡縣來載租、庸，三分蠲一。近所改郡名、官名，一依故事。以蜀郡爲南京，鳳翔爲西京，西京爲中京。以張良娣爲淑妃，立皇子南陽王係爲趙王，新城王僅爲彭王，潁川王僩爲兗王，東陽王侹爲涇王，僙爲襄王，倕爲杞王，偲爲召王，佋爲興王，侗爲定王。議者或罪張巡以守睢陽不去，與其食人，曷若全人。其友人李翰爲之作傳，表上之，以爲：「巡以寡擊衆，以弱制强，保江、淮以待陛下之師，師至而巡死，巡之功大矣。而議者或罪巡以食人，愚巡以守死。善遏惡揚，録瑕棄功，臣竊痛之。巡所以固守者，以待諸軍之救，〔救〕不至而食盡，食既盡而及人，乖其素志。設使巡守城之初，已有食人之計，損數百之衆以全天下，臣猶曰功過相掩，况非其素志乎？今巡死大難，不覩休明，唯其令名，是其榮禄。若不時紀録，恐遠而不傳，使巡生死不遇，誠可悲焉。臣敬撰傳一卷獻上，乞編列史官。」衆議由是始息。是後赦令無不及李憕等，而程千里獨以生執賊庭，不沾褒贈。

甲子，上皇御宣政殿，以傳國寶授上，上始涕泣而受之。

安慶緒之北走也，其大將北平王李歸仁及精兵曳落河、同羅、六州胡數萬人皆潰歸范陽，所過俘掠，人物無遺。史思明厚爲之備，且遣使逆招之范陽境，曳落河、六州胡皆降。同羅不從，思明縱兵擊之，同羅大敗，悉奪其所掠，餘衆走歸其國。

慶緒忌思明之强，遣阿史那承慶、安守忠往徵兵，因密圖之。判官耿仁智説思明曰：「大夫崇重，人莫敢言，仁智願一言而死。」思明曰：「何也？」仁智曰：「大夫所以盡力於安氏者，迫於凶威耳。今唐室中興，天子仁聖，大夫誠帥所部歸之，此轉禍爲福之計也。」裨將烏承玼亦説思明曰：「今唐室再造，慶緒葉上露耳，大夫奈何與之俱亡！若歸款朝廷，以自湔洗，易於反掌耳。」思明以爲然。

承慶、守忠以五千勁騎自隨，至范陽，思明悉衆數萬迎之，相距一里所，使人謂承慶等曰：「相公及王遠至，將士不勝其喜，然邊兵怯懦，懼相公之衆，不敢進，願弛弓以安之。」承慶等從之。思明引承慶等入内廳樂飲，別遣人收其甲兵，諸郡兵皆給糧縱遣之，願留者厚賜，分隸諸營。明日，囚承慶等，遣其將竇子昂奉表，以所部十三郡及兵八萬來降，并帥其河東節度使高秀巖亦以所部來降。乙丑，子昂至京師。上大喜，以思明爲歸義王、范陽節度使，子七人皆除顯官。遣内侍李思敬與烏承恩往宣慰，使將所部兵討慶緒。

先是，慶緒以張忠志爲常山太守，思明召忠志還范陽，以其將薛萼攝恒州刺史，開井陘路。招趙郡太守陸濟，降之。命其子朝義將兵五千人攝冀州刺史，以其將令狐彰爲博州刺史。烏承恩所至宣布詔旨，滄、瀛、安、深、德、棣等州皆降，雖相州未下，河北率爲唐有矣。

郭子儀還東都，經營河北。

崔器、呂諲上言：「諸陷賊官，背國從僞，準律皆應處死。」上欲從之。李峴以爲：「賊陷兩京，天子南巡，人自逃生。此屬皆陛下親戚或勳舊子孫，今一概以叛法處死，恐乖仁恕之道。且河北未平，羣臣陷賊者尚多，若寬之足開自新之路；若盡誅之，是堅其附賊之心也。書曰：『殲厥渠魁，脅從罔理。』諲、器守文，不達大體，惟陛下圖之。」争之累日，上從峴議。以六等定罪，重者刑之於市，次賜自盡，次重杖一百，次三等流、貶。壬申，斬達奚珣等十八人於城西南獨柳樹下，陳希烈等七人賜自盡於大理寺，應受杖者於京兆府門。

上欲免張均、張垍死，上皇曰：「均、垍事賊，皆任權要。均仍爲賊毁吾家事，罪不可赦。」上叩頭再拜曰：「臣非張説父子無有今日。臣不能活均、垍，使死者有知，何面目見説於九原！」因俯伏流涕，上皇命左右扶上起，曰：「張垍爲汝長流嶺表，張均必不可活，汝更勿救。」上泣而從命。安禄山所署河南尹張萬頃獨以在賊中能保庇百姓，不坐。頃之，有自賊中來降者，言唐羣臣從安慶緒在鄴者，聞廣平王赦陳希烈等，皆自悼，恨失身賊庭；及聞希烈等誅，乃止。上甚悔之。

臣光曰：爲人臣者，策名委質，有死無貳。希烈等或貴爲卿相，或親連肺腑，於承平之日，無一言以規人主之失，救社稷之危，迎合取容以竊富貴。及四海横潰，乘輿播越，偷生苟免，顧戀妻子，媚賊稱臣，爲之陳力。此乃屠酤之所羞，犬馬之不如。儻更全其首領，復其官爵，是諂諛之臣無往而不得計也。彼顔杲卿、張巡之徒，世治則擯斥外方，沈抑下僚；世亂則委棄孤城，齏粉寇手。何爲善者之不幸，而爲惡者之幸，朝廷待忠義之薄，而保姦邪之厚邪！至於微賤之臣，巡徼之隸，謀議不預，號令不及，朝聞親征之詔，夕失警蹕之所，乃復責其不能扈從，不亦難哉！六等議刑，斯亦可矣，又何悔焉！

乾元元年。官軍既克京城，宗廟之器及府庫資財多散在民間，遣使檢括，頗有煩擾。正月乙酉，敕盡停之，乃命京兆尹李峴安撫坊市。

二月丁未，上御明鳳門，赦天下，改元。盡免百姓今載租、庸，復以載爲年。

安慶緒所署北海節度使能元皓舉所部來降，以爲鴻臚卿，充河北招討使。

庚午，以安東副大都護王玄志爲營州刺史，充平盧節度使。

安慶緒之北走也，其平原太守王暕、清河太守宇文寬皆殺其使者來降。慶緒使其將蔡希德、安太清攻拔之，生擒以歸，冎於鄴市。凡有謀歸者，皆誅及種族，乃至部曲、州縣、官屬，連坐死者甚衆。又與其羣臣歃血盟於鄴南，而人心益離。慶緒聞李嗣業在河內，夏四月，與蔡希德、崔乾祐將步騎二萬，涉沁水攻之，不勝而還。

辛卯，新主入太廟，上享太廟。

張鎬性簡澹，不事中要，聞史思明請降，上言：「思明凶險，因亂竊位，力强則衆附，勢奪則人離。彼雖人面，心如野獸，難以德懷，願勿假以威權。」又言：「滑州防禦使許叔冀，狡猾多詐，臨難必變，請徵入宿衛。」時上已寵納思明，會中使自范陽及白馬來，皆言思明、叔冀忠懇可信，上以鎬爲不切事機，五月，罷爲荆州防禦使，以禮部尚書崔光遠爲河南節度使。

贈故常山太守顏杲卿太子太保，謚曰忠節，以其子威明爲太僕丞。杲卿之死也，楊國忠用張通幽之譖，竟無褒贈。上在鳳翔，顏真卿爲御史大夫，泣訴於上，上乃出通幽爲普安太守，具奏其狀於上皇，上皇杖殺通幽。杲卿子泉明爲王承業所留，因寓居壽陽，爲史思明所虜，裹以牛革，送於范陽，會安慶緒初立，有赦，得免。思明降，乃得歸，求其父尸於東京，得之，遂并袁履謙尸棺斂以歸。杲卿姊、妹、女及泉明之子皆流落河北，真卿時爲蒲州刺史，使泉明往求之。泉明號泣求訪，哀感路人，久乃得之。泉明詣親故乞索，隨所得多少贖之，先姑姊妹而後其子。姑女爲賊所掠，泉明有錢二百緡，欲贖己女，閔其姑悲悴，先贖姑女，比更得錢，求其女，已失所在。遇羣從姊妹及父時將吏袁履謙等妻子流落者，皆與之歸，凡五十餘家，三百餘口，均減資糧，一如親戚。至蒲州，真卿悉加贍給，久之，隨其所適而資送之。袁履謙妻疑履謙衣衾儉薄，發棺視之，與杲卿無異，乃始慚服。

六月戊午，敕兩京陷賊官，三司推究未畢者皆釋之，已貶降者續處分。

初，史思明以列將事平盧軍使烏知義，知義善待之。知義子承恩爲信都太守，以郡降思明，思明思舊恩而全之。及安慶緒敗，承恩説思明降唐。李光弼以思明終當叛亂，而承恩爲思明所親信，陰使圖之。又勸上以承恩爲范陽節度副使，賜阿史那承慶鐵券，令共圖思明，上從之。承恩多以私財募部曲，又數衣婦人服詣諸將營説誘之，諸將以白思明。思明疑，未察。會承恩入京師，上使内侍李思敬與之俱至范陽宣慰。承恩既宣旨，思明留承恩，館於府中，帷其牀，伏二人於牀下。承恩少子在范陽，思明使省其父。夜中，承恩密謂其子曰：「吾受命除此逆胡，當以吾爲節度使。」二人於牀下大呼而出，思明乃執承恩，索其裝囊，得鐵券及光弼牒，牒云：「承慶事成則付鐵券，不然，不可付也。」又得簿書數百紙，皆先從思明反者將士名。思明責之曰：「我何負於汝而爲此！」承恩謝曰：「死罪，此皆李光弼之謀也。」思明乃集將佐吏民，西向大哭，曰：「臣以十三萬衆降朝廷，何負陛下，而欲殺臣！」遂榜殺承恩父子，連坐死者二百餘人。承恩弟承玼走免。思明囚思敬，表上其狀。上遣中使慰諭思明曰：「此非朝廷與光弼之意，皆承恩所爲，殺之甚善。」

會三司議陷賊官罪狀至范陽，思明謂諸將曰：「陳希烈輩皆朝廷大臣，上皇自棄之幸蜀，今猶不免於死，況吾屬本從安禄山反乎？」諸將請思明表求誅光弼，思明從之，命判官耿仁智與其僚張不矜爲表云：「陛下不爲臣誅光弼，臣當自引兵就太原誅之。」不矜草表以示思明，及將入函，仁智悉削去之。寫表者以白思明，思明命執二人斬之。仁智事思明久，思明憐欲活之，復召入謂曰：「我任使汝垂三十年，今日非我負汝。」仁智大呼曰：「人生會有一死，得盡忠義，死之善者也。今從大夫反，不過延歲月，豈若速死之愈乎！」思明怒，亂捶之，腦流于地。烏承玼奔太原，李光弼表爲昌化郡王，充石嶺軍使。

秋七月丁亥，册命回紇可汗曰英武威遠毗伽闕可汗。乙未，郭子儀入朝。八月庚戌，李光弼入朝。丙辰，以郭子儀爲中書令，光弼爲侍中。丁巳，子儀詣行營。回紇遣其臣骨啜特勒及帝德將驍騎三千助討安慶緒，上命朔方左武鋒使僕固懷恩領之。

安慶緒之初至鄴也，雖枝黨離析，猶據七郡六十餘城，甲兵、資糧豐備。慶緒不親政事，專以繕臺沼樓船、酣飲爲事。其大臣高尚、張通儒等争權不叶，無復綱紀。蔡希德有才略，部兵精鋭，而性剛，好直言，通儒譖而殺之，麾下數千人皆逃散，諸將怨怒不爲用。以崔乾祐爲天下兵馬使，總中外兵。乾祐愎戾好殺，士卒不附。

九月庚寅，命朔方郭子儀、淮西魯炅、興平李奂、滑濮許叔冀、鎮西北庭李嗣業、鄭蔡季廣琛、河南崔光遠七節度使及平盧兵馬使董秦，將步騎二十萬討慶緒。又命河東李光弼、關内澤潞王思禮二節度使將所部兵助之。上以子儀、光弼皆元勳，難相統屬，故不置元帥，但以宦官開府儀同三司魚朝恩爲觀軍容、宣慰、處置使。觀軍容之名自此始。

冬十月，郭子儀引兵自杏園濟河，東至獲嘉，破安太清，斬首四千級，捕虜五百人。太清走保衛州，子儀進圍之。丙午，遣使告捷。魯炅自陽武濟，季廣琛、崔光遠自酸棗濟，與李嗣業兵皆會子儀於衛州。慶緒悉舉鄴中之衆七萬救衛州，分三軍，以崔乾祐將上軍，田承嗣將下軍，慶緒自將中軍。子儀使善射者三千人伏于壘垣之内，令曰：「我退，賊必逐我，汝乃登壘，鼓譟而射之。」既而與慶緒戰，僞退，賊逐之，至壘下，伏兵起射之，矢如雨注，賊還走，子儀復引兵逐之，慶緒大敗，獲其弟慶和，殺之。遂拔衛州。慶緒走，子儀等追之至鄴，許叔冀、董秦、王思禮及河東兵馬使薛兼訓皆引兵繼至。慶緒收餘衆拒戰於愁思岡，又敗。前後斬首三萬級，捕虜千人。慶緒乃入城固守，子儀等圍之。李光弼引兵繼至。慶緒窘急，遣薛嵩求救於史思明，且請以位讓之。思明發范陽兵十三萬欲救鄴，觀望未敢進，先遣李歸仁將步騎一萬軍于滏陽，遥爲慶緒聲勢。

十一月，崔光遠拔魏州，丙戌，以前兵部侍郎蕭華爲魏州防禦使。會史思明分軍爲三，一出邢、洺，一出冀、貝，一自洹水趣魏州。郭子儀奏以崔光遠代華，十二月癸卯，敕以光遠領魏州刺史。史思明乘崔光遠初至，引兵大下，光遠使將軍李處崟拒之。賊勢盛，處崟連戰不利，還趣城。賊追至城下，揚言曰：「處崟召我來，何爲不出？」光遠信之，腰斬處崟。處崟，驍將，衆所恃也，既死，衆無鬭志，光遠脱身走還汴州。丁卯，思明陷魏州，所殺三萬人。

二年春正月己巳朔，史思明築壇於魏州城北，自稱大聖燕王，以周摯爲行軍司馬。李光弼曰：「思明得魏州而按兵不進，此欲使我懈惰，而〔以〕精鋭掩吾不備也。請與朔方軍同逼魏城，求與之戰，彼懲嘉山之敗，必不敢輕出，得曠日引久，則鄴城必拔矣。慶緒已死，彼則無辭以用其衆也。」魚朝恩以爲不可，乃止。

鎮西節度使李嗣業攻鄴城，爲流矢所中，丙申，薨，兵馬使茘非元禮代將其衆。初，嗣業表段秀實爲懷州長史，知留後事。時諸軍屯戍日久，財竭糧盡，秀實獨運芻粟，募兵市馬以奉鎮西行營，相繼於道。

二月，郭子儀等九節度使圍鄴城，築壘再重，穿塹三重，雍漳水灌之，城中井泉皆溢，構棧而居。自冬涉春，安慶緒堅守以待史思明，食盡，一鼠直錢四千，淘牆麲及馬屎以食（焉）〔馬〕。人皆以爲克在朝夕，而諸軍既無統帥，進退無所稟。城中人欲降者，礙水深，不得出。城久不下，上下解體。思明乃自魏州引兵趣鄴，使諸將去城各五十里爲營，每營擊鼓三百面，遥脅之。又每營選精騎五百，日於城下抄掠，官軍出，即散歸其營。諸軍人馬牛車日有所失，樵采甚艱，晝備之則夜至，夜備之則晝至。時天下饑饉，轉餉者南自江、淮，西自并、汾，舟車相繼。思明多遣壯士竊官軍裝號，督趣運者，責其稽緩，妄殺戮人，運者駭懼。舟車所聚，則密縱火焚之，往復聚散，自相辨識，而官軍邏捕不能察也。由是諸軍乏食，人思自潰。思明乃引大軍直抵城下，官軍與之刻日決戰。

三月壬申，官軍步騎六十萬陳於安陽河北，思明自將精兵五萬敵之，諸軍望之，以爲遊軍，未介意。思明直前奮擊，李光弼、王思禮、許叔冀、魯炅先與之戰，殺傷相半，魯炅中流矢。郭子儀承其後，未及布陳，大風忽起，吹沙拔木，天地晝晦，咫尺不相辨。兩軍大驚，官軍潰而南，賊潰而北，棄甲仗、輜重委積於路。子儀以朔方軍斷河陽橋保東京。戰馬萬匹，惟存三千，甲仗十萬，遺棄殆盡。東京士民驚駭，散奔山谷。留守崔圓、河南尹蘇震等官吏南奔襄、鄧，諸節度各潰歸本鎮。士卒所過剽掠，吏不能止，旬日方定。惟李光弼、王思禮整勒部伍，全軍以歸。

子儀至河陽，將謀城守，師人相驚，又奔缺門。諸將繼至，衆及數萬，議捐東京，退保蒲、陝。都虞候張用濟曰：「蒲、陝荐飢，不如守河陽，賊至，併力拒之。」子儀從之，使都遊弈使靈武韓遊瓌將五百騎前趣河陽，用濟以步卒五千繼之。周摯引兵爭河陽，後至，不得入而去。用濟役所部兵，築南、北兩城而守之。段秀實帥將士妻子及公私輜重自野戍渡河，待命於河清之南岸，荔非元禮至而軍焉。諸將各上表請罪，上皆不問，惟削崔圓階封，貶蘇震爲濟王府長史，削銀青階。

史思明審知官軍潰去，自沙河收整士衆，還屯鄴城南。安慶緒收子儀等營中糧，得六七萬石，與孫孝哲、崔乾祐謀閉門更拒思明。諸將曰：「今日豈可復背史王乎？」思明不與慶緒相聞，又不南追官軍，但日於軍中饗士。張通儒、高尚等言於慶緒曰：「史王遠來，臣等皆應迎謝。」慶緒曰：「任公暫往。」思明見之涕泣，厚禮而歸之。經三日，慶緒不至。思明密召安太清令誘之，慶緒窘蹙，不知所爲，乃遣太清上表稱臣於思明，請待解甲入城，奉上璽綬。思明省表，曰：「何至如此！」因出表徧示將士，咸稱萬歲。乃手疏唁慶緒而不稱臣，且曰：「願爲兄弟之國，更作藩籬之援。鼎足而立，猶或庶幾；北面之禮，固不敢受。」并封表還之。慶緒大悦，因請歃血同盟，思明許之。慶緒以三百騎詣思明營，思明令軍士擐甲執兵以待之，引慶緒及諸弟入至庭下。慶緒再拜稽首曰：「臣不克荷負，棄失兩都，久陷重圍，不意大王以太上皇之故，遠垂救援，使臣應死復生，摩頂至踵，無以報德。」思明忽震怒曰：「棄失兩都，亦何足言。爾爲人子，殺父奪其位，天地所不容。吾爲太上皇討賊，豈受爾佞媚乎！」即命左右牽出，并其四弟及高尚、孫孝哲、崔乾祐皆殺之，張通儒、李庭望等悉授以官。思明勒兵入鄴城，收其士馬，以府庫賞將士。慶緒先所有州、縣及兵，皆歸於思明。遣安太清將兵五千取懷州，因留鎮之。思明欲遂西略，慮根本未固，乃留其子朝義守相州，引兵還范陽。

辛卯，以荔非元禮爲懷州刺史，權知鎮西、北庭行營節度使。元禮復以段秀實爲節度判官。

丙申，以郭子儀爲東畿山東河東諸道元帥，權知東京留守。以河西節度使來瑱行陝州刺史，充陝虢華州節度使。

夏四月庚子，澤潞節度使王思禮破史思明將楊旻於潞城東。

九節度之潰於相州也，魯炅所部兵剽掠尤甚，聞郭子儀退屯河上，李光弼還太原，炅慚懼，飲藥而死。

史思明自稱大燕皇帝，改元順天，立其妻辛氏爲皇后，子朝義爲懷王，以周摯爲相，李歸仁爲將。改范陽爲燕京，諸州爲郡。

戊申，以鴻臚卿李抱玉爲鄭陳潁亳節度使。觀軍容使魚朝恩惡郭子儀，因其敗，短之於上。秋七月，上召子儀還京師，以李光弼〔代〕爲朔方節度使、兵馬元帥。光弼治軍嚴整，始至，號令一施，士卒、壁壘、旌旗、精彩皆變。八月壬戌，以李光弼爲幽州長史、河北節度等使。

九月，史思明使其子朝清守范陽，命諸郡太守各將兵三千從己向河南，分爲四道，使其將令狐彰將兵五千自黎陽濟河取滑州，思明自濮陽，史朝義自白皋，周摯自胡良濟河，會于汴州。

李光弼方巡河上諸營，聞之，還入汴州，謂汴滑節度使許叔冀曰：「大夫能守汴州十五日，我則將兵來救。」叔冀許諾。光弼還東京。思明至汴州，叔冀與戰不勝，遂與濮州刺史董秦及其將梁浦、劉從諫、田神功等降之。思明以叔冀爲中書令，與其將李詳守汴州，厚待董秦，收其妻子置長蘆爲質，使其將南德信與梁浦、劉從諫、田神功等數十人徇江、淮。神功，南宫人也，思明以爲平盧兵馬使。頃之，神功襲德信，斬之。從諫脱身走。神功將其衆來降。

思明乘勝西攻鄭州。光弼整衆徐行，至洛陽，謂留守韋陟曰：「賊乘勝而來，利在按兵，不利速戰。洛城不可守，於公計何如？」陟請「留兵於陝，退守潼關，據險以挫其鋭」。

光弼曰：「兩敵相當，貴進忌退。今無故棄五百里地，則賊勢益張矣。不若移軍河陽，北連澤潞，利則進取，不利則退守，表裏相應，使賊不敢西侵，此猿臂之勢也。夫辨朝廷之禮，光弼不如公；論軍旅之事，公不如光弼。」陟無以應。判官韋損曰：「東京帝宅，侍中奈何不守？」光弼曰：「守之，則汜水、崿嶺、龍門皆應置兵，子爲兵馬判官，能守之乎？」遂移牒留守韋陟，使帥東京官屬西入關。牒河南尹李若幽，使帥吏民出城避賊，空其城。光弼帥軍士運油、鐵諸物詣河陽爲守備，光弼以五百騎殿。時思明遊兵已至石橋，諸將請曰：「今自洛城而北乎？當石橋而進乎？」光弼曰：「當石橋而進。」及日暮，光弼秉炬徐行，部曲堅重，賊引兵躡之，不敢逼。光弼夜至河陽，有兵二萬，糧纔支十日。光弼按閱守備，部分士卒，無不嚴辦。庚寅，思明入洛陽，城空，無所得，畏光弼掎其後，不敢入宮，退屯白馬寺南，築月城於河陽南以拒光弼。於是鄭、滑等州相繼陷沒，韋陟、李若幽皆寓治於陜。

冬十月丁酉，下制親征史思明，羣臣上表諫，乃止。史思明引兵攻河陽，使驍將劉龍仙詣城下挑戰。龍仙恃勇，舉右足加馬鬛上，慢罵光弼。光弼顧諸將曰：「誰能取彼者？」僕固懷恩請行。光弼曰：「此非大將所爲。」左右言「裨將白孝德可往」。光弼召問之，孝德請行。光弼問：「須幾何兵？」對曰：「請挺身取之。」光弼壯其志，然固問所須。對曰：「願選五十騎出壘門爲後繼，兼請大軍助鼓譟以增氣。」光弼撫其背而遣之。孝德挾二矛，策馬亂流而進，半涉，懷恩賀曰：「克矣。」光弼曰：「鋒未交，何以知之？」懷恩曰：「觀其攬轡安閑，知其萬全。」龍仙見其獨來，甚易之；稍近，將動，孝德搖手示之，若非來爲敵者，龍仙不測而止。去之十步，乃與之言，龍仙慢罵如初。孝德息馬良久，因瞋目謂曰：「賊識我乎？」龍仙曰：「誰也？」曰：「我白孝德也。」龍仙曰：「是何狗彘。」孝德大呼，運矛躍馬搏之，城上鼓譟，五十騎繼進。龍仙矢不及發，環走堤上，孝德追及，斬首，攜之以歸。賊衆大駭。孝德，本安西胡人也。

思明有良馬千餘匹，每日出於河南渚浴之，循環不休以示多。光弼命索軍中牝馬，得五百匹，縶其駒於城内。俟思明馬至水際，盡出之，馬嘶不已，思明馬悉浮渡河，一時驅之入城。思明怒，列戰船數百艘，泛火船於前而隨之，欲乘流燒浮橋。光弼先貯百尺長竿數百枚，以巨木承其根，氈裹鐵叉置其首，以迎火船而叉之。船不得進，須臾自焚盡。又以叉拒戰船，於橋上發礮石擊之，中者皆沈没，賊不勝而去。

思明見兵於河清，欲絶光弼糧道，光弼軍于野水渡以備之。既夕，還河陽，留兵千人，使部將雍希顥守其柵，曰：「賊將高庭暉、李日越、喻文景，皆萬人敵也，思明必使一人來劫我。我且去之，汝待於此。若賊至，勿與之戰。降，則與之俱來。」諸將莫諭其意，皆竊笑之。既而思明果謂李日越曰：「李光弼長於憑城，今出在野，此成擒矣。汝以鐵騎宵濟，爲我取之，不得，則勿返。」日越將五百騎晨至柵下，希顥阻壕休卒，吟嘯相視。日越怪之，問曰：「司空在乎？」曰：「夜去矣。」「兵幾何？」曰：「千人。」「將誰？」曰：「雍希顥。」日越默計久之，謂其下曰：「今失李光弼，得希顥而歸，吾死必矣，不如降也。」遂請降。希顥與之俱見光弼，光弼厚待之，任以心腹。高庭暉聞之，亦降。或問光弼：「降二將，何易也？」光弼曰：「此人情耳。思明常恨不得野戰，聞我在外，以爲必可取。日越不獲我，勢不敢歸。庭暉才勇過於日越，聞日越被寵任，必思奪之矣。」庭暉時爲五臺府果毅，己亥，以庭暉爲右武衞大將軍。

思明復攻河陽，光弼謂鄭陳節度使李抱玉曰：「將軍能爲我守南城二日乎？」抱玉曰：「過期何如？」光弼曰：「過期救不至，任棄之。」抱玉許諾，勒兵拒守。城且陷，抱玉紿之曰：「吾糧盡，明旦當降。」賊喜，斂軍以待之。抱玉繕完城備，明日，復請戰。賊怒，急攻之。抱玉出奇兵，表裏夾擊，殺傷甚衆。

董秦從思明寇河陽，夜，帥其衆五百，拔柵突圍，降于光弼。時光弼自將屯中潬，城外置柵，柵外穿塹，深廣二丈。乙巳，賊將周摯捨南城，併力攻中潬。光弼命荔非元禮出勁卒於羊馬城以拒賊。光弼自於城東北隅建小朱旗以望賊。賊恃其衆，直進逼城，以車載攻具自隨，督衆填塹，三面各八道以過兵，又開栅爲門。光弼望賊逼城，使問元禮曰：「中丞視賊填塹開栅過兵，晏然不動，何也？」元禮曰：「司空欲守乎？戰乎？」光弼曰：「欲戰。」元禮曰：「欲戰，則賊爲吾填塹，何爲禁之？」光弼曰：「善，吾所不及，勉之。」元禮俟栅開，帥敢死士突出擊賊，卻走數百步。元禮度賊陳堅，未易摧陷，乃復引退，須其怠而擊之。光弼望見元禮退，怒，遣左右召，欲斬之。元禮曰：「戰正急，召何爲？」乃退入栅中，賊亦不敢逼。良久，鼓譟出栅門，奮擊破之。

周摯復收兵趣北城。光弼遽帥衆入北城，登城望賊曰：「賊兵雖多，囂而不整，不足畏也。不過日中，保爲諸君破之。」乃命諸將出戰。及期，不決，召諸將問曰：「向來賊陳，何方最堅？」曰：「西北隅。」光弼命其將郝廷玉當之。廷玉請騎兵五百，與之三百。又問其次堅者，曰：「東南隅。」光弼命其將論惟貞當之。惟貞請騎三百，與之二百。光弼令諸將曰：「爾輩望吾旗而戰，吾颭旗緩，任爾擇利而戰，吾急颭旗三至地，則萬衆齊入，死生以之，少退者斬。」又以短刀置鞾中曰：「戰，危事，吾國之三公，不可死賊手。萬一戰不利，諸君前死於敵，我自刭於此，不令諸君獨死也。」諸將出戰，頃之，廷玉奔還。光弼望之，驚曰：「廷玉退，吾事危矣。」命左右取廷玉首。廷玉曰：「馬中箭，非敢退也。」使者馳報。光弼令易馬，遣之。僕固懷恩及其子開府儀同三司瑒戰小卻，光弼又命取其首。懷恩父子顧見使者提刀馳來，更前決戰。光弼連颭其旗，諸將齊進致死，呼聲動天地，賊衆大潰，斬首千餘級，捕虜五百人，溺死者千餘人。周摯以數騎遁去，擒其大將徐璜玉、李秦授。其河南節度使安太清走保懷州。思明不知摯敗，尚攻南城，光弼驅俘囚臨河示之，乃遁。丁巳，以李日越爲右金吾大將軍。

十一月甲子，以殿中監董秦爲陝西、神策兩軍兵馬使，賜姓名李忠臣。發安西、北庭兵屯陝以備史思明。

十二月，史思明遣其將李歸仁將鐵騎五千寇陝州，神策兵馬使衛伯玉以數百騎擊破之於礓子坂，得馬六百匹，歸仁走。以伯玉爲鎮西四鎮行營節度使。李忠臣與歸仁等戰於永寧、莎栅之間，屢破之。

上元元年春正月辛巳，以李光弼爲太尉兼中書令，餘如故。二月，李光弼攻懷州，史思明救之。癸卯，光弼逆戰於沁水之上，破之，斬首三千餘級。三月庚寅，李光弼破安太清於懷州城下。夏四月壬辰，破史思明於河陽西渚，斬首千五百餘級。閏月丁卯，加河東節度使王思禮爲司空。己卯，史思明入東京。六月，平盧兵馬使田神功奏破史思明之兵於鄭州。冬十一月，李光弼攻懷州，百餘日乃拔之，生擒安太清。

史思明遣其將田承嗣將兵五千徇淮西，王同芝將兵三千人徇陳，許敬江將二千人徇兖鄆，薛鄂將五千人徇曹州。十二月，兖鄆節度使能元皓擊史思明兵，破之。

二年春正月癸卯，史思明改元應天。或言「洛中將士皆燕人，久戍思歸，上下離心，急擊之，可破也」。陝州觀軍容使魚朝恩以爲信然，屢言於上，上敕李光弼等進取東京。光弼奏稱「賊鋒尚鋭，未可輕進」。朔方節度使僕固懷恩勇而愎，麾下皆蕃、漢勁卒，恃功，多不法，郭子儀寬厚曲容之，每用兵臨敵，倚以集事。李光弼性嚴，一裁之以法，無所假貸。懷恩憚光弼而心惡之，乃附朝恩，言東都可取。由是中使相繼，督光弼使出師，光弼不得已，使鄭陳節度使李抱玉守河陽，與懷恩將兵會朝恩及神策節度使衛伯玉攻洛陽。

戊寅，陳於邙山。光弼命依險而陳，懷恩陳於平原。光弼曰：「依險則可以進，可以退；若平原，戰而不利，則盡矣。思明不可忽也。」命移於險，懷恩復止之。史思明乘其陳未定，進兵薄之，官軍大敗，死者數千人，軍資、器械盡棄之。光弼、懷恩渡河走保聞喜，朝恩、伯玉奔還陝，抱玉亦棄河陽走。河陽、懷州皆没於賊。朝廷聞之，大懼，益兵屯陝。

史思明猜忌好殺，羣下小不如意，動至族誅，人不自保。朝義，其長子也，常從思明將兵，頗謙謹，愛士卒，將士多附之，無寵於思明。思明愛少子朝清，使守范陽，常欲殺朝義，立朝清爲太子，左右頗泄其謀。思明既破李光弼，欲乘勝西入關，使朝義將兵爲前鋒，自北道襲陝城，思明自南道將大軍繼之。三月甲午，朝義兵至礓子嶺，衛伯玉逆擊，破之。

朝義數進兵，皆爲陜兵所敗。思明退屯永寧，以朝義爲怯，曰：「終不足成吾事！」欲按軍法斬朝義及諸將。戊戌，命朝義築三隅城，欲貯軍糧，期一日畢。朝義築畢，未泥，思明至，詬怒之，令左右立馬監泥，斯須而畢。思明又曰：「俟克陜州，終斬此賊。」朝義憂懼，不知所爲。

思明在鹿橋驛，令腹心曹將軍將兵宿衛。朝義宿於逆旅，其部將駱悅、蔡文景說朝義曰：「悅等與王，死無日矣。自古有廢立，請召曹將軍謀之。」朝義俛首不應。悅等曰：「王苟不許，悅等今歸李氏，王亦不全矣。」朝義泣曰：「諸君善爲之，勿驚聖人。」悅等乃令許叔冀之子季常召曹將軍，至則以其謀告之。曹將軍知諸將盡怨，恐禍及己，不敢違。是夕，悅等以朝義部兵三百被甲詣驛，宿衛兵怪之，畏曹將軍，不敢動。悅等引兵入，至思明寢所，值思明如廁，問左右，未及對，已殺數人，左右指示之。思明聞有變，踰垣至廄中，自備馬乘之，悅傔人周子俊射之，中臂，墜馬，遂擒之。思明曰：「亂者爲誰？」悅曰：「奉懷王命。」思明曰：「我朝來語失，宜其及此。然殺我太早，何不待我克長安？今事不成矣。」悅等送思明於柳泉驛，囚之，還報朝義曰：「事成矣。」朝義曰：「不驚聖人乎？」悅曰：「無。」時周摯、許叔冀將後軍在福昌，悅等使許季常往告之，摯驚倒於地，朝義引軍還，摯、叔冀來迎，悅等勸朝義執摯，殺之。軍至柳泉，悅等恐衆心未壹，遂縊殺思明，以氈裹其尸，槖駝負歸洛陽。

朝義即帝位，改元顯聖。密使人至范陽，敕散騎常侍張通儒等殺朝清及朝清母辛氏，并不附己者數十人。其黨自相攻擊，戰城中數月，死者數千人，范陽乃定。朝義以其將柳城李懷仙爲范陽尹、燕京留守。時洛陽四面數百里州、縣皆爲丘墟，而朝義所部節度使皆安禄山舊將，與思明等夷，朝義召之，多不至，略相羈縻而已，不能得其用。

李光弼上表，固求自貶，制以開府儀同三司、侍中，領河中節度使。夏四月乙亥，青密節度使向衡破史朝義兵，斬首五千餘級。丁丑，兖鄆節度使能元皓破朝義兵。五月己丑，李光弼自河中入朝。

初，史思明以其博州刺史令狐彰爲滑鄭汴節度使，將數千兵戍滑臺。彰密因中使楊萬定通表請降，徙屯杏園渡。思明疑之，遣其將薛岌圍之。彰與岌戰，大破之，因隨萬定入朝。甲午，以彰爲滑衛等六州節度使。戊戌，平盧節度使侯希逸擊史朝義范陽兵，破之。復以李光弼爲河南副元帥、太尉兼侍中，都統河南淮南東西山南東荆南江南西浙江東西八道行營節度，出鎮臨淮。六月甲寅，青密節度使能元皓敗史朝義將李元遇。秋八月己巳，李光弼赴河南行營。建子月，神策節度使衛伯玉攻史朝義。拔永寧，破澠池、福昌、長水等縣。建丑月，平盧節度使侯希逸，與范陽相攻連年，救援既絶，又爲奚所侵，乃悉舉其軍二萬餘人襲李懷仙，破之，因引兵而南。

寶應元年建寅月，李光弼拔許州，擒史朝義所署潁川太守李春；朝義將史參救之，丙午，戰于城下，又破之。戊申，平盧節度使侯希逸於青州北渡河而會田神功、能元皓於兗州。建卯月戊辰，淮西節度使王仲昇與史朝義將謝欽讓戰于申州城下，爲賊所虜，淮西震駭。會侯希逸、田神功、能元皓攻汴州，朝義召欽讓兵救之。

史朝義圍李抱玉於澤州，建巳月庚戌，李抱玉破史朝義兵於城下。甲寅，上皇崩。

史朝義自圍宋州數月，城中食盡，將陷，刺史李岑不知所爲。遂城果毅開封劉昌曰：「倉中猶有麴數千斤，請屑食之，不過二十日，李太尉必救我。城東南隅最危，昌請守之。」〔夏五月〕，李光弼至臨淮，諸將以朝義兵尚强，請南保揚州。光弼曰：「朝廷倚我以爲安危，我復退縮，朝廷何望！且吾出其不意，賊安知吾之衆寡！」遂徑趣徐州，使兗鄆節度使田神功進擊朝義，大破之。

秋九月，上遣中使劉清潭使於回紇，修舊好，且徵兵討史朝義。清潭至其廷，回紇登里可汗已爲朝義所誘，云「唐室繼有大喪，今中原無主，可汗宜速來，共收其府庫」。可汗信之。清潭致敕書曰：「先帝雖棄天下，今上繼統，乃昔日廣平王，與葉護共收兩京者也。」回紇業已起兵，至三城，見州縣皆爲丘墟，有輕唐之心，乃困辱清潭。清潭遣使言狀，且曰：「回紇舉國十萬衆至矣。」京師大駭。上遣殿中監藥子昂往勞之於忻州南。可汗請與僕固懷恩相見，懷恩時在汾州，上令往見之。懷恩爲可汗言「唐家恩信不可負」，可汗悦，遣使上表，請助國討朝義。可汗欲自蒲關入，由沙苑出潼關東向。藥子昂説之曰：「關中數遭兵荒，州縣蕭條，無以供擬，恐可汗失望。賊兵盡在洛陽，請自土門略邢、洺、懷、衛而南，得其資財以充軍裝。」可汗不從。又請「自太行南下據河陰，扼賊咽喉」，亦不從。又請「自陝州大陽津渡河，食太原倉粟，與諸道俱進」，乃從之。

冬十月，以雍王适爲天下兵馬元帥。辛酉，辭行，以兼御史中丞藥子昂、魏琚爲左、右廂兵馬使，以中書舍人韋少華爲判官，給事中李進爲行軍司馬，會諸道節度使及回紇于陝州，進討史朝義。上欲以郭子儀爲适副，程元振、魚朝恩等沮之而止。加朔方節度使僕固懷恩同平章事兼絳州刺史，領諸軍節度行營以副适。

戊辰，諸軍發陝州，僕固懷恩與回紇左殺爲前鋒，陝西節度使郭英乂、神策觀軍容使魚朝恩爲殿，自澠池入，澤潞節度使李抱玉自河陽入，河南等道副元帥李光弼自陳留入，雍王留陝州。辛未，懷恩等軍于同軌。

史朝義聞官軍將至，謀於諸將。阿史那承慶曰：「唐若獨與漢兵來，宜悉衆與戰；若與回紇俱來，其鋒不可當，宜退守河陽以避之。」朝義不從。壬申，官軍至洛陽北郊，分兵取懷州，癸酉，拔之。乙亥，官軍陳于橫水。賊衆數萬，立栅自固，懷恩陳于西原以當之。遣驍騎及回紇並南山出栅東北，表裏合擊，大破之。朝義悉其精兵十萬救之，陳於昭覺寺，官軍驟擊之，殺傷甚衆，而賊陳不動。魚朝恩遣射生五百人力戰，賊雖多死者，陳亦如初。鎮西節度使馬璘曰：「事急矣。」遂單騎奮擊，奪賊兩牌，突入萬衆中。賊左右披靡，大軍乘之而入，賊衆大敗。轉戰於石榴園、老君廟，賊又敗；人馬相蹂踐，填尚書谷，斬首六萬級，捕虜二萬人。朝義將輕騎數百東走。懷恩進克東京及河陽城。獲其中書令許叔冀、王伷等，承制釋之。懷恩留回紇可汗營於河陽，使其子右廂兵馬使瑒及朔方兵馬使高輔成帥步騎萬餘乘勝逐朝義，至鄭州，再戰皆捷。朝義至汴州，其陳留節度使張獻誠閉門拒之，朝義奔濮州，獻誠開門出降。

回紇入東京，肆行殺掠，死者萬計，火累旬不滅。朔方、神策軍亦以東京、鄭、汴、汝州皆爲賊境，所過虜掠，三月乃已。比屋蕩盡，士民皆衣紙。回紇悉置所掠寶貨於河陽，留其將安恪守之。十一月丁丑，露布至京師。

朝義自濮州北渡河，懷恩進攻滑州，拔之，追敗朝義於衛州。朝義睢陽節度使田承嗣等將兵四萬餘人與朝義合，復來拒戰；僕固瑒擊破之，長驅至昌樂東。朝義帥魏州兵來戰，又敗走。於是鄴郡節度使薛嵩以相、衛、洺、邢四州降于陳鄭澤潞節度使李抱玉，恒陽節度使張忠志以恒、趙、深、定、易五州降于河東節度使辛雲京。嵩，楚玉之子也。抱玉等已進軍入其營，按其部伍，嵩等皆受代。居無何，僕固懷恩皆令復位。由是抱玉、雲京疑懷恩有貳心，各表言之，朝廷密爲之備。懷恩亦上疏自理，上慰勉之。辛巳，制：「東京及河南北受僞官者，一切不問。」

丁酉，以張忠志爲成德軍節度使，統恒、趙、深、定、易五州，賜姓李，名寶臣。初，辛雲京引兵將出井陘、常山，裨將王武俊説寶臣曰：「今河東兵精鋭，出境遠鬭，不可敵也。且吾以寡當衆，以曲遇直，戰則必離，守則必潰，公其圖之。」寶臣乃撤守備，舉五州來降。及復爲節度使，以武俊之策爲善，擢爲先鋒兵馬使。武俊，本契丹也，初名没諾干。

郭子儀以僕固懷恩有平河朔功，請以副元帥讓之。己亥，以懷恩爲河北副元帥，加左僕射兼中書令、單于、鎮北大都護、朔方節度使。

史朝義走至貝州，與其大將薛忠義等兩節度合，僕固瑒追之至臨清。朝義自衡水引兵三萬還攻之，瑒設伏，擊走之。回紇又至，官軍益振，遂逐之，大戰于下博東南，賊大敗，積尸擁流而下；朝義奔莫州。懷恩都知兵馬使薛兼訓、兵馬使郝庭玉與田神功、辛雲京會於下博，進圍朝義於莫州，青淄節度使侯希逸繼至。

代宗廣德元年。史朝義屢出戰，皆敗，田承嗣説朝義，令親往幽州發兵，還救莫州，承嗣自請留守莫州。朝義從之，選精騎五千自北門犯圍而出。朝義既去，承嗣即以城降，送朝義母、妻、子於官軍。於是僕固瑒、侯希逸、薛兼訓等帥衆三萬追之，及於歸義，與戰，朝義敗走。

時朝義范陽節度使李懷仙已因中使駱奉仙請降，遣兵馬使李抱忠將兵三千鎮范陽縣，朝義至范陽，不得入。官軍將至，朝義遣人諭抱忠以大軍留莫州，輕騎來發兵救援之意，因責以君臣之義。抱忠對曰：「天不祚燕，唐室復興，今既歸唐矣，豈可更爲反覆，獨不愧三軍邪！大丈夫恥以詭計相圖，願早擇去就以謀自全。且田承嗣必已叛矣，不然，官軍何以得至此？」朝義大懼，曰：「吾朝來未食，獨不能以一餐相餉乎？」抱忠乃令人設食於城東。於是范陽人在朝義麾下者，並拜辭而去，朝義涕泣而已，獨與胡騎數百既食而去。東奔廣陽，廣陽不受。欲北入奚、契丹，至温泉栅，李懷仙遣兵追〔及〕之。朝義窮蹙，縊於林中，懷仙取其首以獻。僕固懷恩與諸軍皆還。甲辰，朝義首至京師。

秋七月壬寅，羣臣上尊號曰寶應元聖文武孝皇帝。壬子，赦天下，改元。諸將討史朝義者，進官階、加爵邑有差。册回紇可汗爲頡咄登蜜施合俱録英義建功毗伽可汗，可敦爲娑墨光親麗華毗伽可敦，左右殺以下皆加封賞。

通鑑紀事本末卷第三十二

劉展之叛

唐肅宗上元元年冬十一月，御史中丞李銑、宋州刺史劉展皆領淮西節度副使。銑貪暴不法，展剛强自用，故爲其上者多惡之。節度使王仲昇先奏銑罪而誅之。時有謠言曰：「手執金刀起東方。」仲昇使監軍使内左常侍邢延恩入奏：「展倔强，不受命，姓名應謠讖，請除之。」延恩因説上曰：「展與李銑一體之人，今銑誅，展不自安，苟不去之，恐其爲亂。然展方握强兵，宜以計去之。請除展江淮都統，代李峘，俟其釋兵赴鎮，中道執之，此一夫力耳。」上從之，以展爲都統淮南東江南西浙西三道節度使，密敕舊都統李峘及淮南東道節度使鄧景山圖之。

延恩以制書投展，展疑之，曰：「展自陳留參軍，數年至刺史，可謂暴貴矣。江淮租賦所出，今之重任，展無勳勞，又非親賢，一旦恩命寵擢如此，得非有讒人間之乎？」因泣下。延恩懼，曰：「公素有才望，主上以江淮爲憂，故不次用公，公反以爲疑，何哉？」展曰：「事苟不欺，印節可先得乎？」延恩曰：「可。」乃馳詣廣陵，與峘謀，解峘印節以授展。展得印節，乃上表謝恩。牒追江淮親舊，置之心膂，三道官屬，遣使迎賀，申圖籍，相望於道。展悉舉宋州兵七千趣廣陵。

延恩知展已得其情，還奔廣陵，與李峘、鄧景山發兵拒之。移檄州縣，言展反。展亦移檄言峘反，州縣莫知所從。峘引兵渡江，與副使潤州刺史韋儇、浙西節度使侯令儀屯京口，鄧景山將萬人屯徐城。展素有威名，御軍嚴整，江淮人望風畏之。展倍道先期至，使人問景山曰：「吾奉詔書赴鎮，此何兵也？」景山不應。展使人呼於陳前曰：「汝曹皆吾民也，勿干吾旗鼓。」使其將孫待封、張法雷擊之，景山衆潰，與延恩奔壽州。展引兵入廣陵，遣其將屈突孝標將兵三千徇濠、楚，王晅將兵四千略淮西。

李峘闢北固爲兵埸，插木以塞江口。展軍於白沙，設疑兵於瓜州，多張火、鼓，若將趣北固者，如是累日。峘悉鋭兵守京口以待之。展乃自上流濟，襲下蜀。峘軍聞之，自潰，峘奔宣城。

甲午，展陷潤州。昇州軍士萬五千人謀應展，攻金陵城，不克而遁。侯令儀懼，以後事授兵馬使姜昌羣，棄城走。昌羣遣其將宗犀詣展降。丙申，展陷昇州，以宗犀爲潤州司馬、丹陽軍使；使昌羣領昇州，以從子伯瑛佐之。

李峘之去潤州也，副使李藏用謂峘曰：「處人尊位，食人重禄，臨難而逃之，非忠也。

以數十州之兵食，三江、五湖之險固，不發一矢而棄之，非勇也。失忠與勇，何以事君！藏用請收餘兵，竭力以拒之。」峘乃悉以後事授藏用，藏用收散卒得七百人，東至蘇州，募壯士，得三千人，立柵以拒劉展。展遣其將傅子昂、宗犀攻宣州，宣歙節度使鄭炅之棄城走。李峘奔洪州。

李藏用與展將張景超、孫待封戰於郁墅，兵敗，奔杭州。景超遂據蘇州，待封進陷湖州。展以其將許嶧爲潤州刺史，李可封爲常州刺史，楊持璧蘇州刺史，待封領湖州事。景超進逼杭州，藏用使其將温（炅）〔晁〕屯餘杭。展以李晃爲泗州刺史，宗犀爲宣州刺史。傅子昂屯南陵，將下江州，徇江西。於是屈突孝標陷濠、楚州，王晅陷舒、和、滁、廬等州，所向無不摧靡，聚兵萬人，騎三千，横行江淮間。壽州刺史崔昭發兵拒之，由是晅不得西，止屯廬州。

初，上命平盧都知兵馬使田神功將所部精兵三千屯任城。鄧景山既敗，與邢延恩奏，乞敕神功救淮南，未報。景山遣人趣之，且許以淮南金帛子女爲賂，神功及所部皆喜，悉衆南下，及彭城，敕神功討展。展聞之，始有懼色，自廣陵將兵八千拒之，選精兵二千渡淮，擊神功於都梁山。展敗走，至天長，以五百騎據橋拒戰，又敗，展獨與一騎亡渡江。神功入廣陵及楚州，大掠，殺商胡以千數，城中地穿掘略徧。

二年春正月，張景超引兵攻杭州，敗李藏用將李彊於石夷門。孫待封自武康南出，將會景超攻杭州，温晁據險擊敗之，待封脱身奔烏程，李可封以常州降。丁未，田神功使特進楊惠元等將千五百人西擊王暅。辛亥夜，神功先遣特進范知新等將四千人自白沙濟，西趣下蜀；鄧景山等將千人自海陵濟，東趣常州；神功與邢延恩將三千人軍於瓜州，壬子，濟江。展將步騎萬餘陳於蒜山；神功以舟載兵趣金山。會大風，五舟飄抵金山下，展屠其二舟，沈其三舟，神功不得渡，還軍瓜州。而范知新等兵已至下蜀，展擊之，不勝。弟殷勸展引兵逃入海，可延歲月。展曰：「若事不濟，何用多殺人父子乎？死早晚，等耳。」遂更帥衆力戰。將軍賈隱林射展，中目而仆，遂斬之。劉殷、許嶧等皆死。隱林，滑州人也。

楊惠元等擊破王暅於淮南，暅引兵東走，至常熟，乃降。孫待封詣李藏用降。張景超聚兵至七千餘人，聞展死，悉以兵授張法雷，使攻杭州，景超逃入海。法雷至杭州，李藏用擊破之，餘黨皆平。平盧軍大掠十餘日。安、史之亂，亂兵不及江、淮，至是，其民始罹荼毒矣。

李輔國用事　張后　程元振附

唐肅宗至德元載。張良娣性巧慧，能得上意，從上來朔方。時從兵單寡，良娣每寢，常居上前。上曰：「禦寇非婦人所能。」良娣曰：「蒼猝之際，妾以身當之，殿下可從後逸去。」至靈武，産子，三日起，縫戰士衣。上止之，對曰：「此非妾自養之時。」上以是益憐之。

肅宗即位於靈武，遣使召李泌於潁陽，謁見，大喜，時事皆咨之。上以建寧王倓爲天下兵馬元帥，李泌勸上用廣平王俶，倓聞而謝之。事見安史之亂。

上皇賜張良娣七寶鞍，李泌言於上曰：「今四海分崩，當以儉約示人，良娣不宜乘此。請撤其珠玉付庫吏，以俟有戰功者賞之。」良娣自閤中言曰：「鄰里之舊，何至如是？」上曰：「先生爲社稷計也。」遽命撤之。建寧王倓泣於廊下，聲聞於上。上驚，召問之，對曰：「臣比憂禍亂未已，今陛下從諫如流，不日當見陛下迎上皇還長安，是以喜極而悲耳。」良娣由是惡泌及倓。上又謂泌曰：「良娣祖母，昭成太后之妹也，上皇所念。朕欲使正位中宮，以慰上皇心，何如？」對曰：「陛下在靈武，以羣臣望尺寸之功，故踐大位，非私己也。至於家事，宜待上皇之命，不過晚歲月之間耳。」上從之。

時張良娣與李輔國相表裏，皆惡泌。建寧王倓謂泌曰：「先生舉倓於上，得展臣子之效，無以報德，請爲先生除害。」泌曰：「何也？」倓以良娣爲言。泌曰：「此非人子所言，願王姑置之，勿以爲先。」倓不從。

二載春正月，上從容謂李泌曰：「廣平爲元帥踰年，今欲命建寧專征，又恐勢分，立廣平爲太子，何如？」對曰：「臣固嘗言之矣，戎事交切，須即區處，至於家事，當俟上皇。不然，後代何以辨陛下靈武即位之意邪！此必有人欲令臣與廣平有隙耳，臣請以語廣平，廣平亦必未敢當。」泌出，以告廣平王俶，俶曰：「此先生深知其心，欲曲成其美也。」乃入，固辭，曰：「陛下猶未奉晨昏，臣何心敢當儲副。願俟上皇還宮，臣之幸也。」上賞慰之。

李輔國本飛龍小兒，粗閑書計，給事太子宮，上委信之。輔國外恭謹寡言而內狡險，見張良娣有寵，陰附會之，與相表裏。建寧王倓數於上前，詆訐二人罪惡。二人譖之於上曰：「倓恨不得爲元帥，謀害廣平王。」上怒，賜倓死。於是廣平王俶及李泌皆內懼。俶謀去輔國及良娣，泌曰：「不可，王不見建寧之禍乎？」俶曰：「竊爲先生憂之。」泌曰：「泌與主上有約矣，俟平京師，則去還山，庶免於患。」俶曰：「先生去，則俶益危矣。」泌曰：「王但盡人子之孝，良娣婦人，王委曲順之，亦何能爲！」

上嘗就泌飲酒，同榻而寢。而李輔國請取契鑰付泌，泌請使輔國掌之，上許之。泌曰：「臣今報德足矣，復爲閒人，何樂如之。」上曰：「朕與先生累年同憂患，今方相同娱樂，奈何遽欲去乎？」泌曰：「臣有五不可留，願陛下聽臣去，免臣於死。」上曰：「何謂也？」對曰：「臣遇陛下太早，陛下任臣太重，寵臣太深，臣功太高，迹太奇，此其所以不可留也。」上曰：「且眠矣，異日議之。」對曰：「陛下今就臣榻卧，猶不得請，況異日香案之前乎？陛下不聽臣去，是殺臣也。」上曰：「不意卿疑朕如此，豈有如朕而辦殺卿邪？是直以朕爲句踐也。」對曰：「陛下不辦殺臣，故臣求歸；若其既辦，臣安得復言。且殺臣者，非陛下也，乃五不可也。陛下曏日待臣如此，臣於事猶有不敢言者，況天下既安，臣敢言乎？」上良久曰：「卿以朕不從卿北伐之謀乎？」對曰：「非也。所不敢言者，乃建寧耳。」上曰：「建寧朕之愛子，性英果，艱難時有功，朕豈不知之。但因此爲小人所教，欲害其兄，圖繼嗣，朕以社稷大計，不得已而除之。卿不細知其故邪？」對曰：「若有此心，廣平當怨之。廣平每與臣言其冤，輒流涕嗚咽。臣今必辭陛下去，始敢言之耳。」上曰：「渠嘗夜捫廣平，意欲加害。」對曰：「此皆出讒人之口，豈有建寧之孝友聰明，肯爲此乎？且陛下昔欲用建寧爲元帥，臣請用廣平。建寧若有此心，當深憾於臣，而以臣爲忠，益相親善。陛下以此，可察其心矣。」上乃泣下曰：「先生言是也。既往不咎，朕不欲聞之。」泌曰：「臣所以言之者，非咎既往，乃欲陛下慎將來耳。昔天后有四子，長曰太子弘，天后方圖稱制，惡其聰明，酖殺之，立次子雍王賢。賢内憂懼，作黄臺瓜辭，冀以感悟天后。天后不聽，賢卒死於黔中。其辭曰：『種瓜黄臺下，瓜熟子離離。一摘使瓜好，再摘使瓜稀，三摘猶爲可，四摘抱蔓歸。』今陛下已一摘矣，慎無再摘。」上愕然曰：「安有是哉！卿録是辭，朕當書紳。」對曰：「陛下但識之於心，何必形於外也。」是時廣平王有大功，良娣忌之，潛構流言，故泌言及之。泌復固請歸山，上曰：「俟將發此議之。」冬十月，李泌歸衡山。

乾元元年春二月癸卯朔，以殿中監李輔國兼太僕卿。輔國依附張淑妃，判元帥府行軍司馬，勢傾朝野。三月戊寅，立張淑妃爲皇后。張后生興王佋，纔數歲，欲以爲嗣。上疑未決，從容謂考功郎中知制誥李揆曰：「成王長，且有功，朕欲立爲太子，卿意何如？」揆再拜賀曰：「此社稷之福，臣不勝大慶。」上喜，曰：「朕意決矣。」庚寅，立成王俶爲皇太子。揆，（道）玄〔道〕之玄孫也。

二年春二月壬子，月食，既。先是，百官請加皇后尊號曰輔聖，上以問中書舍人李揆，對曰：「自古皇后無尊號，惟韋后有之，豈足爲法。」上驚曰：「庸人幾誤我。」會月食，事遂寢。后與李輔國相表裏，横於禁中，干豫政事，請託無窮，上頗不悦，而無如之何。

太子詹事李輔國，自上在靈武，判元帥行軍司馬事，侍直帷幄，宣傳詔命，四方文奏，寶印符契，晨夕軍號，一以委之。及還京師，專掌禁兵，常居內宅。制敕必經輔國押署，然後施行。宰相百司，非時奏事，皆因輔國關白、承旨。常於銀臺門決天下事，事無大小，輔國口爲制敕，寫付外施行，事畢聞奏。又置察事數十人，潛令於人間聽察細事，即行推按，有所追索，諸司無敢拒者。御史臺、大理寺重囚，或推斷未畢，輔國追詣銀臺，一時縱之。三司、府、縣鞫獄，皆先詣輔國咨禀，輕重隨意，稱制敕行之，莫敢違者。宦官不敢斥其官，皆謂之「五郎」。李揆，山東甲族，見輔國執子弟禮，謂之「五父」。

及李峴爲相，於上前叩頭，論制敕皆應由中書出，具陳輔國專權亂政之狀。上感寤，賞其正直；輔國所行事多所變更，罷其察事。輔國由是讓行軍司馬，請歸本官，上不許。〔夏四月〕壬寅，制：「比緣軍國務殷，或宣口敕處分。諸色取索及杖配囚徒，自今一切並停。如非正宣，並不得行。中外諸務，各歸有司。英武軍虞候及六軍諸使、諸司等，比來或因論競，懸自追攝，自今一切須經臺、府，如所由處斷不平，聽具狀奏聞。諸律令除十惡、殺人、姦盜、造僞外，餘煩冗一切刪除，仍委中書、門下與法官詳定聞奏。」輔國由是忌峴。

鳳翔馬坊押官爲劫，天興尉謝夷甫捕殺之，其妻訟冤。李輔國素出飛龍廄，敕監察御史孫鎣鞫之，無冤。又使御史中丞崔伯陽、刑部侍郎李曄、大理卿權獻鞫之，與鎣同。妻猶不服，又使侍御史太平毛若虛鞫之。若虛傾巧士，希輔國意，歸罪夷甫。伯陽怒，召若虛詰責，欲劾奏之。若虛先自歸於上，上匿若虛於簾下。伯陽尋至，言若虛附會中人，鞫獄不直。上怒，叱出之。伯陽貶高要尉，獻貶桂陽尉，曄與鳳翔尹嚴向皆貶嶺下尉，鎣除名，長流播州。吏部尚書同平章事李峴奏伯陽等無罪，責之太重，上以爲朋黨，五月辛巳，貶峴蜀州刺史。右散騎常侍韓擇木入對，上謂之曰：「李峴欲專權，今貶蜀州，朕自覺用法太寬。」對曰：「李峴言直，非專權。陛下寬之，祇益聖德耳。」若虛尋除御史中丞，威振朝廷。

上元元年夏六月甲申，興王佋薨。佋，張后長子也，幼曰定王侗。張后以故數欲危太子，太子常以恭遜取容。會佋薨，侗尚幼，太子位遂定。

上皇愛興慶宮，自蜀歸，即居之。上時自夾城往起居，上皇亦間至大明宮。左龍武大將軍陳玄禮、内侍監高力士久侍衛上皇。上又命玉真公主、如仙媛、内侍王承恩、魏悦及梨園弟子常娱侍左右。上皇多御長慶樓，父老過者往往瞻拜，呼萬歲，上皇常於樓下置酒食賜之；又嘗召將軍郭英乂等上樓賜宴。有劍南奏事官過樓下拜舞，上皇命玉真公主、如仙媛爲之作主人。李輔國素微賤，雖暴貴用事，上皇左右皆輕之。輔國意恨，且欲立奇功以固其寵，乃言於上曰：「上皇居興慶宮，日與外人交通。陳玄禮、高力士謀不利於陛下。今六軍將士盡靈武勳臣，皆反仄不安，臣曉諭不能解，不敢不以聞。」上泣曰：「聖皇慈仁，豈容有此？」對曰：「上皇固無此意，其如羣小何！陛下爲天下主，當爲社稷大計，消亂於未萌，豈得徇匹夫之孝。且興慶宮與閭閻相參，垣墉淺露，非至尊所宜居。大內深嚴，奉迎居之，與彼何殊？又得杜絶小人熒惑聖聽。如此，上皇享萬歲之安，陛下有三朝之樂，庸何傷乎？」上不聽。興慶宮先有馬三百匹，輔國矯敕取之，纔留十匹。上皇謂高力士曰：「吾兒爲輔國所惑，不得終孝矣。」

輔國又令六軍將士號哭叩頭，請迎上皇居西內，上泣不應。輔國懼。會上不豫，秋七月丁未，輔國矯稱上語，迎上皇遊西內。至睿武門，輔國將射生五百騎，露刃遮道，奏曰：「皇帝以興慶宮湫隘，迎上皇遷居大內。」上皇驚，幾墜。高力士曰：「李輔國何得無禮！」叱令下馬，輔國不得已而下。力士因宣上皇誥曰：「諸將士各好在？」將士皆納刃，再拜，〔呼〕萬歲。力士又叱輔國與己共執上皇馬鞚，侍衛如西內，居甘露殿。輔國帥衆而退。所留侍衛兵纔尩老數十人。陳玄禮、高力士及舊宮人皆不得留左右。上皇曰：「興慶宮吾之王地，吾數以讓皇帝，皇帝不受。今日之徙，亦吾志也。」是日，輔國與六軍大將素服見上，請罪。上又迫於諸將，乃勞之曰：「南宮、西內，亦復何殊？卿等恐小人熒惑，防微杜漸，以安社稷，何所懼也！」刑部尚書顏真卿首帥百寮上表，請問上皇起居，輔國惡之，奏貶蓬州長史。

丙辰，高力士流巫州，王承恩流播州，魏悅流溱州，陳玄禮勒致仕。置如仙媛於歸州，玉真公主出居玉真觀。上更選後宮百餘人置西內，備灑掃。令萬安、咸宜二公主視服膳。四方所獻珍異，先薦上皇。然上皇日以不懌，因不茹葷，辟穀，浸以成疾。上初猶往問安，既而上亦有疾，但遣人起居。其後上稍悔寤，惡輔國，欲誅之，畏其握兵，竟猶豫不敢決。

二年。初，李輔國與張后同謀，遷上皇於西內。是日端午，山人李唐見上，上方抱幼女，謂唐曰：「朕念之，卿勿怪也。」對曰：「太上皇思見陛下，計亦如陛下之念公主也。」上泫然泣下，然畏張后，尚不敢詣西內。

秋八月癸丑朔，加開府儀同三司李輔國兵部尚書。乙未，輔國赴上，宰相朝臣皆送之，御廚具饌，太常設樂。輔國驕縱日甚，求爲宰相，上曰：「以卿之功，何官不可爲，其如朝望未允何。」輔國乃諷僕射裴冕等使薦己。上密謂蕭華曰：「輔國求爲宰相，若公卿表來，不得不與。」華出，問冕，曰：「初無此事。吾臂可斷，宰相不可得。」華入言之，上大悅，輔國銜之。

建子月戊戌冬至，己亥，上朝上皇於（寧）西內。

寶應元年建辰月，李輔國以求宰相不得，怨蕭華。庚午，以户部侍郎元載爲京兆尹。載詣輔國固辭，輔國識其意。壬寅，以司農卿陶鋭爲京兆尹。輔國言蕭華專權，請罷其相，上不許。輔國固請不已，乃從之，仍引元載代華。戊申，華罷爲禮部尚書，以載同平章事，領度支、轉運使如故。

建巳月甲寅，上皇崩于神龍殿，年七十八。乙卯，遷坐於太極殿。上以寢疾，發哀於内殿，羣臣發哀於太極殿。蕃官勢面、割耳者四百餘人。丙辰，命苗晉卿攝冢宰。上自仲春寢疾，聞上皇登遐，哀慕，疾轉劇，乃命太子監國。甲子，制改元；復以建寅爲正月，月數皆如其舊。赦天下。

初，張后與李輔國相表裏，專權用事，晚年，更有隙。内射生使三原程元振黨於輔國。上疾篤，后召太子謂曰：「李輔國久典禁兵，制敕皆從之出，擅逼遷聖皇，其罪甚大，所忌者吾與太子。今主上彌留，輔國陰與程元振謀作亂，不可不誅。」太子泣曰：「陛下疾甚危，二人皆陛下勳舊之臣，一旦不告而誅之，必致震驚，恐不能堪也。」后曰：「然則太子姑歸，吾更徐思之。」太子出，后召越王係謂曰：「太子仁弱，不能誅賊臣，汝能之乎？」對曰：「能。」係乃命内謁者監段恒俊選宦官有勇力者二百餘人，授甲於長生殿後。乙丑，后以上命召太子。元振知其謀，密告輔國，伏兵於陵霄門以俟之。太子至，以難告。

太子曰：「必無是事。主上疾亟召我，我豈可畏死而不赴乎？」元振曰：「社稷事大，太子必不可入。」乃以兵送太子於飛龍廄，且以甲兵守之。是夜，輔國、元振勒兵三殿，收捕越王係、段恒俊及知内侍省事朱光輝等百餘人，繫之。以太子之命，遷后於别殿。時上在長生殿，使者逼后下殿，并左右數十人幽於後宫，宦官、宫人皆驚駭逃散。丁卯，上崩，輔國等殺后并係及兗王僴。是日，輔國始引太子素服於九仙門與宰相相見，敘上皇晏駕，拜哭，始行監國之令。戊辰，發大行皇帝喪於兩儀殿，宣遺詔。己巳，代宗即位。高力士遇赦還，至朗州，聞上皇崩，號慟嘔血而卒。

李輔國恃功益横，明謂上曰：「大家但居禁中，外事聽老奴處分。」上内不能平，以其方握禁兵，外尊禮之。乙亥，號輔國爲「尚父」而不名，事無大小皆咨之，羣臣出入皆先詣輔國，亦晏然處之。以内飛龍廄副使程元振爲左監門衛將軍。知内侍省事朱光輝及内常侍啖庭瑶、山人李唐等二十餘人皆流黔中。

夏五月，以李輔國爲司空兼中書令。壬辰，貶禮部尚書蕭華爲峽州司馬，元載希李輔國意以罪誣之也。

飛龍副使程元振謀奪李輔國權，密言於上，請稍加裁制。六月己未，解輔國行軍司馬及兵部尚書，餘如故。以元振代判元帥行軍司馬，仍遷輔國出居外第。於是道路相賀。

輔國始懼，上表遜位，辛酉，罷輔國兼中書令，進爵博陸王。輔國入謝，憤咽而言曰：「老奴事郎君不了，請歸地下事先帝。」上猶慰諭而遣之。秋九月乙未，加程元振驃騎大將軍兼内侍監。

上在東宫，以李輔國專横，心甚不平。及嗣位，以輔國有殺張后之功，不欲顯誅之。〔冬十月〕壬戌夜，盗入其第，竊輔國之首及一臂而去。敕有司捕盗，遣中使存問其家，爲刻木首葬之，仍贈太傅。

代宗廣德元年。（冬十月）驃騎大將軍、判元帥行軍司馬程元振專權自恣，人畏之甚於李輔國。諸將有大功者，元振皆疾忌，欲害之。吐蕃入寇，元振不以時奏，致上狼狽出幸。上發詔徵諸道兵，李光弼等皆忌元振居中，莫有至者。中外咸切齒而莫敢發言，太常博士柳伉上疏。語見吐蕃入寇。上以元振有保護功，十一月辛丑，削元振官爵，放歸田里。〔十二月〕，程元振既得罪，歸三原，聞上還宫，衣婦人服，私入長安，復規任用，京兆府擒之以聞。

二年春正月壬寅，敕稱：「程元振變服潛行，將圖不軌，長流溱州。」上念元振之功，復令於江陵安置。

僕固懷恩之叛

周智光附

唐肅宗寶應元年。初，回紇毗伽闕可汗爲登里求婚，肅宗以僕固懷恩女妻之，爲登里可敦。時徵兵回紇以討史朝義，可汗請與懷恩相見，上令懷恩往見之。懷恩爲可汗言唐家恩信不可負，可汗悦，遣使上表，請助國討朝義。

代宗廣德元年。初，僕固懷恩受詔與回紇可汗相見於太原，河東節度使辛雲京以可汗乃懷恩壻，恐其合謀襲軍府，閉門自守，亦不犒師。及史朝義既平，詔懷恩送可汗出塞，往來過太原，雲京亦閉城不與相聞。懷恩怒，具表其狀，不報。懷恩將朔方兵數萬屯汾州，使其子御史大夫瑒將萬人屯榆次，裨將李光逸等屯祁縣，李懷光等屯晉州，張維嶽等屯沁州。懷光本勃海靺鞨也，姓茹，爲朔方將，以功賜姓。中使駱奉仙至太原，雲京厚結之，爲言懷恩與回紇連謀，反狀已露。奉仙還，過懷恩，懷恩與飲於母前，母數讓奉仙曰：「汝與吾兒約爲兄弟，今又親雲京，何兩面也！」酒酣，懷恩起舞，奉仙贈以纏頭綵，懷恩欲酬之，曰：「來日端午，當更樂飲一日。」奉仙固請行，懷恩匿其馬。奉仙謂左右曰：「朝來責我，又匿我馬，將殺我也。」夜，踰垣而走。懷恩驚，遽以其馬追還之。八月癸未，奉仙至長安，奏懷恩謀反。懷恩亦具奏其狀，請誅雲京、奉仙。上兩無所問，優詔和解之。

懷恩自以兵興以來，所在力戰，一門死王事者四十六人，女嫁絶域，説諭回紇，再收兩京，平定河南北，功無與比，而爲人搆陷，憤怨殊深。上書自訟，以爲：「臣昨奉詔送可汗歸國，傾竭家貲，俾之上道。行至山北，雲京、奉仙閉城不出祇迎，仍令潛行竊盜。回紇怨怒，亟欲縱兵，臣力爲彌縫，方得出塞。雲京、奉仙恐臣先有奏論，遂復妄稱設備，與李抱玉共相組織。臣静而思之，其罪有六：昔同羅叛亂，臣爲先帝掃清河曲，一也；臣男玢爲同羅所虜，得間亡歸，臣斬之以令衆士，二也；臣有二女，遠嫁外夷，爲國和親，蕩平寇敵，三也；臣與男瑒不顧死亡，爲國效命，四也；河北新附，節度使皆握强兵，臣撫綏以安反側，五也；臣説諭回紇，使赴急難，天下既平，送之歸國，六也。臣既負六罪，誠合萬誅，惟當吞恨九泉，銜冤千古，復何訴哉！臣受恩至重，夙夜思奉天顔，但以來瑱受誅，朝廷不示其罪，諸道節度，誰不疑懼？近聞詔追數人，盡皆不至，實畏中官讒口，虚受陛下誅夷。豈唯羣臣不忠，正爲回邪在側。且臣前後所奏駱奉仙，詞情非不摭實，陛下竟無處置，寵任彌深，皆由同類比周，蒙蔽聖聽。竊聞四方遣人奏事，陛下皆云與驃騎議之，曾不委宰相可否，或稽留數月不還，遠近益加疑阻。如臣朔方將士，功效最高，爲先帝中興主人，乃陛下蒙塵故吏，曾不别加優奬，反信讒嫉之詞。子儀先已被猜，臣今又遭詆毁，弓藏鳥盡，信匪虚言。陛下信其矯誣，何殊指鹿爲馬！儻不納愚懇，且貴因循，臣實不敢保家，陛下豈能安國！忠言利行，惟陛下圖之。臣欲公然入朝，恐將士留沮。今託巡晉、絳，於彼遷延，乞陛下特遣一介至絳州問臣，臣即與之同發。」

九月壬戌，上遣裴遵慶詣懷恩諭旨，且察其去就。懷恩見遵慶，抱其足號泣訴冤。遵慶爲言聖恩優厚，諷令入朝。懷恩許諾。副將范志誠以爲不可，曰：「公信其甘言，入則爲來瑱，不復還矣。」明日，懷恩見遵慶，以懼死爲辭，請令一子入朝，志誠又以爲不可，遵慶乃還。御史大夫王翊使回紇還，懷恩先與可汗往來，恐翊泄其事，遂留之。

二年春正月丙午，遣檢校刑部尚書顏真卿宣慰朔方行營。上之在陝也，真卿請奉詔召僕固懷恩，上不許。至是，上命真卿說諭懷恩入朝。對曰：「陛下在陝，臣往以忠義責之，使之赴難，彼猶有可來之理。今陛下還宮，彼進不成勤王，退不能釋衆，召之庸肯至乎？且言懷恩反者，獨辛雲京、駱奉仙、李抱玉、魚朝恩四人耳，自外羣臣皆言其枉。陛下不若以郭子儀代懷恩，可不戰而服也。」時汾州別駕李抱真，抱玉之從父弟也，知懷恩有異志，脱身歸京師。上方以懷恩爲憂，召見抱真問計。對曰：「此不足憂也。朔方將士思郭子儀如子弟之思父兄，懷恩欺其衆，云『郭子儀已爲魚朝恩所殺』，衆信之，故爲其用耳。陛下誠以子儀領朔方，彼皆不召而來耳。」上然之。

僕固懷恩既不爲朝廷所用，遂與河東都將李竭誠潛謀取太原。辛雲京覺之，殺竭誠，乘城設備。懷恩使其子瑒將兵攻之，雲京出與戰，瑒大敗而還，遂引兵圍榆次。上謂郭子儀曰：「懷恩父子，負朕實深。聞朔方將士思公如枯旱之望雨，公爲朕鎮撫河東，汾上之師必不爲變。」戊午，以子儀爲關內河東副元帥、河中節度等使。懷恩將士聞之，皆曰：「吾輩從懷恩爲不義，何面目見汾陽王！」

丁卯，以郭子儀爲朔方節度大使。二月，子儀至河中。

僕固瑒圍榆次，旬餘不拔，遣使急發祁縣兵，李光逸盡與之。士卒未食，行不能前，十將白玉、焦暉以鳴鏑射其後者。軍士曰：「將軍何乃射人？」玉曰：「今從人反，終不免死。死一也，射之何傷？」至榆次，瑒責其遲，胡人曰：「我乘馬，乃漢卒不行耳。」瑒捶漢卒，卒皆怨怒，曰：「節度使黨胡人。」其夕，焦暉、白玉帥衆攻瑒，殺之。僕固懷恩聞之，入告其母。母曰：「吾語汝勿反，國家待汝不薄。今衆心既變，禍必及我，將如之何？」懷恩不對，再拜而出。母提刀逐之曰：「吾爲國家殺此賊，取其心以謝三軍。」懷恩疾走得免，遂與麾下三百渡河北走。

時朔方將渾釋之守靈州，懷恩檄至，云全軍歸鎮。釋之曰：「不然，此必衆潰矣。」將拒之，其甥張韶曰：「彼或翻然改圖，以衆歸鎮，何可不納也？」釋之疑未決。懷恩行速，先候者而至，釋之不得已納之。張韶以其謀告懷恩，懷恩以韶爲間，殺釋之而收其軍，使詔主之。既而曰：「釋之舅也，彼尚負之，安有忠於我哉！」他日，以事杖之，折其脛，寘於彌峩城而死。

都虞候張維嶽在沁州，聞懷恩去，乘傳至汾州，撫定其衆，殺焦暉、白玉而竊其功，以告郭子儀。子儀使牙官盧諒至汾州，維嶽賂諒，使實其言。子儀奏維嶽殺瑒，傳首詣闕。羣臣入賀，上慘然不悅，曰：「朕信不及人，致勳臣顛越，深用爲愧，又何賀焉！」命輦懷恩母至長安，給待優厚，月餘，以壽終，以禮葬之，功臣皆感歎。

戊寅，郭子儀如汾州，懷恩之衆數萬悉歸之，咸鼓舞涕泣，喜其來而悲其晚也。子儀知盧諒之詐，杖殺之。上以李抱真言有驗，遷殿中少監。

夏六月，僕固懷恩至靈武，收合散亡，其衆復振。上厚撫其家，癸未，下詔，稱其：「勳勞著於帝室，及於天下。疑隙之端，起自羣小，察其深衷，本無他志。君臣之義，情實如初。但以河北既平，朔方已有所屬，宜解河北副元帥、朔方節度等使，其太保兼中書令、大寧郡王如故。但當詣闕，更勿有疑。」懷恩竟不從。

秋八月，郭子儀自河中入朝。會涇原奏「僕固懷恩引回紇、吐蕃十萬衆將入寇」，京師震駭。詔子儀帥諸將出鎮奉天。上召問方略，對曰：「懷恩無能爲也。」上曰：「何故？」對曰：「懷恩勇而少恩，士心不附，所以能入寇者，因思歸之士耳。懷恩本臣偏裨，其麾下皆臣部曲，必不忍以鋒刃相向，以此知其無能爲也。」辛巳，子儀發，赴奉天。

九月辛亥，以郭子儀充北道邠寧涇原河西以來通和吐蕃使。僕固懷恩前軍至宜禄，郭子儀使右兵馬使李國臣將兵爲郭晞後繼。邠寧節度使白孝德敗吐蕃于宜禄。冬十月，懷恩引回紇、吐蕃至邠州，白孝德、郭晞閉城拒守。

僕固懷恩與回紇、吐蕃進逼奉天，京師戒嚴。諸將請戰，郭子儀不許，曰：「虜深入吾地，利於速戰。吾堅壁以待之，彼以吾爲怯，必不戒，乃可破也。若遽戰而不利，則衆心離矣。敢言戰者斬。」辛未夜，子儀出陳於乾陵之南。壬申未明，虜衆大至。虜始以子儀爲無備，欲襲之，忽見大軍，驚愕，遂不戰而退。子儀使裨將李懷光等將五千騎追虜，至麻亭而還。虜至邠州，丁丑，攻之，不克，乙酉，虜涉涇而遁。

懷恩之南寇也，河西節度使楊志烈發卒五千，謂監軍柏文達曰：「河西鋭卒盡於此矣，君將之以攻靈武，則懷恩有返顧之慮，此亦救京師之一奇也。」文達遂將其衆擊摧砂堡、靈武縣，皆下之，進攻靈州。懷恩聞之，自永壽遽歸，使蕃、渾二千騎夜襲文達，大破之，士卒死者殆半。文達將餘衆歸凉州，哭而入。志烈迎之，曰：「此行有安京室之功，卒死何傷？」士卒怨其言。未幾，吐蕃圍凉州，士卒不爲用，志烈奔甘州，爲沙陁所殺，凉州遂陷。

永泰元年春三月庚戌，吐蕃遣使請和，詔元載、杜鴻漸與盟於興唐寺。上問郭子儀：「吐蕃請盟，何如？」對曰：「吐蕃利我不虞，若不虞而來，國不可守矣。」乃相繼遣河中兵戍奉天，又遣兵巡涇原以覘之。

僕固懷恩誘回紇、吐蕃、吐谷渾、党項、奴剌數十萬衆俱入寇，令吐蕃大將尚結悉贊磨、馬重英等自北道趣奉天，党項帥任敷、鄭庭、郝德等自東道趣同州，吐谷渾、奴剌之衆自西道趣盩厔，回紇繼吐蕃之後，懷恩又以朔方兵繼之。

郭子儀使行軍司馬趙復入奏曰：「虜皆騎兵，其來如飛，不可易也。請使諸道節度使鳳翔李抱玉、滑濮李光庭、邠寧白孝德、鎮西馬璘、河南郝庭玉、淮西李忠臣各出兵以阨其衝要。」上從之。諸道多不時出兵。李忠臣方與諸將擊毬，得詔，亟命治行。諸將及監軍皆曰：「師行必擇日。」忠臣怒曰：「父母有急，豈可擇日而後救邪！」即日勒兵就道。

懷恩中塗遇暴疾而歸；丁酉，死於鳴沙。大將張韶代領其衆，别將徐璜玉殺之，范志誠又殺璜玉而領其衆。懷恩拒命三年，再引胡寇，爲國大患，上猶爲之隱，前後制敕未嘗言其反。及聞其死，憫然曰：「懷恩不反，爲左右所誤耳。」

吐蕃至邠州，白孝德嬰城自守。甲辰，吐蕃十萬衆至奉天，京城震恐。朔方兵馬使渾瑊、討擊使白元光先戍奉天，虜始列營，瑊帥驍騎二百直衝之，身先士卒，虜衆披靡。瑊挾虜將一人躍馬而還，從騎無中鋒鏑者。城上士卒望之，勇氣始振。乙巳，吐蕃進攻之，虜死傷甚衆，數日，斂衆還營。瑊夜引兵襲之，殺千餘人。前後與虜戰二百餘合，斬首五千級。丙午，召郭子儀於河中，使屯涇陽。己酉，命李忠臣屯東渭橋，李光進屯雲陽，馬璘、郝庭玉屯便橋，李抱玉屯鳳翔，内侍駱奉仙、將軍李日越屯盩厔，同華節度使周智光屯同州，鄜坊節度使杜冕屯坊州，上自將六軍屯苑中。

庚戌，下制親征。辛亥，魚朝恩請索城中，括士民私馬，令城中男子皆衣皂，團結爲兵，城門皆塞二開一。士民大駭，踰垣鑿竇而逃者甚衆，吏不能禁。朝恩欲奉上幸河中以避吐蕃，恐羣臣論議不一。一旦，百官入朝，立班久之，閤門不開，朝恩忽從禁軍十餘人操白刃而出，宣言：「吐蕃數犯郊畿，車駕欲幸河中，何如？」公卿皆錯愕，不知所對。有劉給事者，獨出班抗聲曰：「敕使反邪！今屯軍如雲，不戮力扞寇，而遽欲脅天子棄宗廟、社稷而去，非反而何？」朝恩驚沮而退，事遂寢。

自丙午至甲寅，大雨不止，故虜不能進。吐蕃移兵攻醴泉，党項西掠白水，東侵蒲津。丁巳，吐蕃大掠男女數萬而去，所過焚廬舍，蹂禾稼殆盡。周智光引兵邀擊，破之於澄城，因逐北至鄜州。智光素與杜冕不協，遂殺鄜州刺史張麟，阬冕家屬八十一人，焚坊州廬舍三千餘家。

冬十月，吐蕃退至邠州，遇回紇，復相與入寇，辛酉，至奉天。癸亥，党項焚同州官廨、民居而去。

丙寅，回紇、吐蕃合兵圍涇陽，子儀命諸將嚴設守備而不戰。及暮，二虜退屯北原，丁卯，復至城下。是時，回紇與吐蕃聞僕固懷恩死，已争長，不相睦，分營而居，子儀知之。回紇在城西，子儀使牙將李光瓚等往説之，欲與之共擊吐蕃。回紇不信，曰：「郭公固在此乎？汝紿我耳。若果在此，可得見乎？」光瓚還報，子儀曰：「今衆寡不敵，難以力勝。昔與回紇契約甚厚，不若挺身往説之，可不戰而下也。」諸將請選鐵騎五百爲衛從，子儀曰：「此適足爲害也。」郭晞扣馬諫曰：「彼，虎狼也，大人，國之元帥，奈何以身爲虜餌！」子儀曰：「今戰則父子俱死，而國家危。往以至誠與之言，或幸而見從，則四海之福也。不然，則身没而家全。」以鞭擊其手曰：「去。」遂與數騎開門而出，使人傳呼曰：「令公來。」回紇大驚。其大帥合胡禄都督藥葛羅，可汗之弟也，執弓注矢立於陳前。子儀免胄、釋甲、投槍而進，回紇諸酋長相顧曰：「是也。」皆下馬羅拜。子儀亦下馬，前執藥葛羅手，讓之曰：「汝回紇有大功於唐，唐之報汝亦不薄，奈何負約，深入吾地，侵逼畿縣，棄前功，結怨仇，背恩德而助叛臣，何其愚也！且懷恩叛君棄母，於汝國何有？今吾挺身而來，聽汝執我殺之，我之將士必致死與汝戰矣！」藥葛羅曰：「懷恩欺我，言天可汗已晏駕，令公亦捐館，中國無主，我是以敢與之來。今知天可汗在上都，令公復總兵於此，懷恩又爲天所殺，我曹豈肯與令公戰乎！」子儀因說之曰：「吐蕃無道，乘我國有亂，不顧舅甥之親，吞噬我邊鄙，焚蕩我畿甸，其所掠之財不可勝載，馬牛雜畜，長數百里，彌漫在野，此天以賜汝也。全師而繼好，破敵以取富，爲汝計，孰便於此？不可失也。」藥葛羅曰：「吾爲懷恩所誤，負公誠深，今請爲公盡力，擊吐蕃以謝過。然懷恩之子，可敦兄弟也，願捨之勿殺。」子儀許之。回紇觀者左右爲兩翼，稍前，子儀麾下亦進，子儀揮手卻之，因取酒與其酋長共飲。藥葛羅使子儀先執酒爲誓，子儀酹地曰：「大唐天子萬歲！回紇可汗亦萬歲！兩國將相亦萬歲！有負約者，身隕陳前，家族滅絕。」盃至藥葛羅，亦酹地曰：「如令公誓！」於是諸酋長皆大喜曰：「鄉以二巫師從軍，巫言此行甚安隱，不與唐戰，見一大人而還，今果然矣。」子儀遺之綵三千匹，酋長分以賞巫。子儀竟與定約而還。吐蕃聞之，夜引兵遁去。回紇遣其酋長石野那等六人入見天子。

藥葛羅帥衆追吐蕃，子儀使白元光帥精騎與之俱。癸酉，戰於靈臺西原，大破之，殺吐蕃萬計，得所掠士女四千人。丙子，又破之於涇州東。丁丑，僕固懷恩將張休藏等降。辛巳，詔罷親征，京城解嚴。

初，肅宗以陝西節度使郭英乂領神策軍，使内侍魚朝恩監其軍；英乂入爲僕射，朝恩專將之。及上幸陝，朝恩舉在陝兵與神策軍迎扈，悉號神策軍，天子幸其營。及京師平，朝恩遂以軍歸禁中，自將之，然尚未得與北軍齒。至是，朝恩以神策軍從上屯苑中，其勢寖盛，分爲左右廂，居北軍之右矣。

郭子儀以僕固名臣、李建忠等皆懷恩驍將，恐逃入外夷，請招之。名臣，懷恩之姪也，時在回紇營。上敕并舊將有功者皆赦其罪，令回紇送之。壬午，名臣以千餘騎來降。子儀使開府儀同三司慕容休貞以書諭党項帥鄭庭、郝德等，皆詣鳳翔降。

甲申，周智光詣闕獻捷，再宿歸鎮。智光負專殺之罪未治，上既遣而悔之。

乙酉，回紇胡禄都督等二百餘人入見，前後贈賚繒帛十萬匹，府藏空竭，稅百官俸以給之。

大曆元年春正月，周智光至華州，益驕橫，召之，不至，上命杜冕從張獻誠於山南以避之。智光遣兵於商山邀之，不獲。智光自知罪重，乃聚亡命、無賴子弟，衆至數萬，縱其剽掠，以悅其心，擅留關中所漕米二萬斛，藩鎮貢獻，往往殺其使者而奪之。

冬十二月癸卯，周智光殺陝州監軍張志斌。智光素與陝州刺史皇甫温不協，志斌入奏事，智光館之。志斌責其部下不肅，智光怒曰：「僕固懷恩不反，正由汝輩激之。我亦不反，今日爲汝反矣！」叱下斬之，臠食其肉。朝士舉選人，畏智光之暴，多自同州竊過，智光遣將將兵邀之於路，死者甚衆。戊申，詔加智光檢校左僕射，遣中使余元仙持告身授之。智光慢罵曰：「智光有大功於天下國家，不與平章事而與僕射！且同、華地狹，不足展才，若益以陝、虢、商、鄜、坊五州，庶猶可耳。」因歷數大臣過失，且曰：「此去長安百八十里，智光夜眠不敢舒足，恐踏破長安城，至於挾天子令諸侯，惟周智光能之。」元仙股栗。郭子儀屢請討智光，上不許。

二年春正月丁巳，密詔郭子儀討周智光，子儀命大將渾瑊、李懷光軍于渭上。智光麾下聞之，皆有離心。己未，智光大將李漢惠自同州帥所部降於子儀。壬戌，貶智光澧州刺史。甲子，華州牙將姚懷、李延俊殺智光，以其首來獻。

元載專權

唐肅宗上元二年建子月戊子，御史中丞元載爲户部侍郎，充勾當度支、鑄錢、鹽鐵兼江淮轉運等使。載初爲度支郎中，敏悟善奏對，上愛其才，委以江淮漕運，數月，遂代劉晏，專掌財利。

代宗廣德元年（秋九月）〔冬十月〕壬辰，詔以元載判元帥行軍司馬。冬十二月乙未，以苗晉卿爲太保，裴遵慶爲太子少傅，並罷政事；以宗正卿李峴爲黄門侍郎、同平章事。遵慶既去，元載權益盛，以貨結内侍董秀，使主書卓英倩潛與往來，上意所屬，載必先知之。承意探微，言無不合，上以是愈愛之。英倩，金州人也。

永泰元年。華原令顧繇上言：「元載子伯和等招權受賂。」十二月戊戌，繇坐流錦州。

大曆元年。元載專權，恐奏事者攻訐其私，乃請：「百官凡論事，皆先白長官，長官白宰相，然後奏聞。」仍以上旨諭百官曰：「比日諸司奏事煩多，所言多讒毁，故委長官、宰相先定其可否。」刑部尚書顏真卿上疏，以爲：「郎官、御史，陛下之耳目，今使論事者先白宰相，是自掩其耳目也。陛下患羣臣之爲讒，何不察其言之虚實！若所言果虚，宜誅之；果實，宜賞之。不務爲此，而使天下謂陛下厭聽覽之煩，託此爲辭，以塞諫争之路，臣竊爲陛下惜之。太宗著司門式，云『其無門籍人，有急奏者，皆令門司與仗家引奏，無得關礙』，所以防壅蔽也。天寶以後，李林甫爲相，深疾言者，道路以目。上意不下逮，下情不上達，蒙蔽喑嗚，卒成幸蜀之禍。陵夷至于今日，其所從來者漸矣。夫人主大開不諱之路，羣臣猶莫敢盡言，況今宰相大臣裁而抑之，則陛下所聞見者不過三數人耳。天下之士從此鉗口結舌，陛下見無復言者，以爲天下無事可論，是林甫復起於今日也。昔林甫雖擅權，羣臣有不諂宰相輒奏事者，則託以他事陰中傷之，猶不敢明令百司奏事皆先白宰相也。陛下儻不早寤，漸成孤立，後雖悔之，亦無及矣。」載聞而恨之，奏真卿誹謗。二月乙未，貶峽州別駕。

五年。觀軍容宣慰處置使、左監門衛大將軍兼神策軍使、内侍監魚朝恩，專典禁兵，寵任無比。上常與議軍國事，勢傾朝野。朝恩好於廣坐恣談時政，陵侮宰相，元載雖强辯，亦拱默不敢應。

神策都虞候劉希暹、都知兵馬使王駕鶴皆有寵於朝恩。希暹説朝恩於北軍置獄，使坊市惡少年羅告富室，誣以罪惡，捕繫地牢，訊掠取服，籍没其家貲入軍，并分賞告捕者。地在禁密，人莫敢言。朝恩每奏事，以必允爲期。朝廷政事有不豫者，輒怒曰：「天下事有不由我者邪？」上聞之，由是不懌。

朝恩養子令徽尚幼，爲内給使，衣緑，與同列忿争，歸告朝恩。朝恩明日見上曰：「臣子官卑，爲儕輩所陵，乞賜之紫衣。」上未應，有司已執紫衣在前，令徽服之，拜謝。上强笑曰：「兒服紫，大宜稱心。」愈不平。

元載測知上指，乘間奏朝恩專恣不軌，請除之。上亦知天下共怨怒，遂令載爲方略。朝恩每入殿，常使射生將周皓將百人自衛，又使其黨陝州節度使皇甫温握兵於外以爲援。

載皆以重賂結之，故朝恩陰謀密語，上一一聞之，而朝恩不之覺也。

〔春正月〕辛卯，載爲上謀，徙李抱玉爲山南西道節度使，以温爲鳳翔節度使，外重其權，實内温以自助也。載又請割郿、虢、寶雞、鄠、盩厔隸抱玉，興平、武功、天興、扶風隸神策軍。朝恩喜於得地，殊不以載爲虞，驕横如故。

劉希暹頗覺上意異，以告魚朝恩，朝恩始疑懼。然上每見之，恩禮益隆，朝恩亦以此自安。皇甫温至京師，元載留之未遣，因與温及周皓密謀誅朝恩。既定計，載白上，上曰：「善圖之，勿反受禍！」三月癸酉，寒食，上置酒宴貴近於禁中，載守中書省。宴罷，朝恩將還營，上留之議事，因責其異圖。朝恩自辨，語頗悖慢，皓與左右擒而縊殺之，外無知者。上下詔罷朝恩觀軍容等使，内侍監如故，詐云朝恩受詔乃自縊，以尸還其家，賜錢六百萬以葬。

丁丑，加劉希暹、王駕鶴御史中丞，以慰安北軍之心。丙戌，赦京城繫囚，命盡釋朝恩黨與，且曰：「北軍將士，皆朕爪牙，並宜仍舊。朕今親御禁旅，勿有憂懼。」

元載既誅魚朝恩，上寵任益厚，載遂志氣驕溢。每衆中大言，自謂有文武才略，古今莫及，弄權舞智，政以賄成，僭侈無度。吏部侍郎楊綰，典選平允，性介直，不附載。嶺南節度使徐浩，貪而佞，傾南方珍貨以賂載。辛卯，載以綰爲國子祭酒，引浩代之。浩，越州人也。載有丈人自宣州來，從載求官，載度其人不足任事，但贈河北一書而遣之。丈人不悅，行至幽州，私發書視之，書無一言，惟署名而已。丈人大怒，不得已，試謁院僚，判官聞有載書，大驚，立白節度使，遣大校以箱受書，館之上舍，留宴數日，辭去，贈絹千匹。其威權動人如此。

劉希暹內常自疑，有不遜語，王駕鶴以聞。九月辛未，賜希暹死。

上悉知元載所爲，以其任政日久，欲全始終，因獨見，深戒之。載猶不悛，上由是稍惡之。

載以李泌有寵於上，忌之，言「泌常與親故宴於北軍，與魚朝恩親善，宜知其謀」。上曰：「北軍，泌之故吏也，故朕使之就見親故。朝恩之誅，泌亦豫謀，卿勿以爲疑。」載與其黨攻之不已，會江西觀察使魏少遊求參佐，上謂泌曰：「元載不容卿，朕今匿卿於魏少遊所，俟朕決意除載，當有信報卿，可束裝來。」乃以泌爲江西判官，且屬少遊，使善待之。

六年夏四月，成都司録李少良上書，言元載姦贓陰事，上置少良於客省。少良以上語告友人韋頌，殿中侍御史陸珽以告載，載奏之。上怒，下少良、頌、珽御史臺獄。御史奏「少良、頌、珽凶險比周，離間君臣」，五月戊申，敕付京兆，皆杖死。

上益厭元載所爲，思得士大夫之不阿附者爲腹心，漸收載權。〔秋八月〕丙子，內出制書，以浙西觀察使李栖筠爲御史大夫，宰相不知，載由是稍絀。

八年春三月，吏部侍郎徐浩、薛邕，皆元載、王縉之黨。浩妾弟侯莫陳忳爲美原尉，浩屬京兆尹杜濟虚以知驛奏優，又屬邕擬長安尉。忳參臺，御史大夫李栖筠劾奏其狀，敕禮部侍郎萬年于邵等按之。邵奏邕罪在赦前，應原除。上怒，夏五月乙酉，貶浩明州別駕，邕歙州刺史，丙戌，貶濟杭州刺史，邵桂州長史，朝廷稍肅。

十二年。中書侍郎、同平章事元載專横，黄門侍郎、同平章事王縉附之，二人俱貪。載妻王氏及子伯和、仲武，縉弟、妹及尼出入者，争納賄賂。又以政事委羣吏，士之求進者，不結其子弟及主書卓英倩等，無由自達。上含容累年，載、縉不悛。

上欲誅之，恐左右漏泄，無可與言者，獨與左金吾大將軍吴湊謀之。湊，上之舅也。會有告載、縉夜醮圖爲不軌者，三月庚辰，上御延英殿，命湊收載、縉於政事堂，又收仲武及卓英倩等繫獄。命吏部尚書劉晏與御史大夫李涵等同鞫之。問端皆出禁中，仍遣中使詰以陰事，載、縉皆伏罪。是日，先杖殺左衛將軍、知内省事董秀於禁中，乃賜載自盡於萬年縣。載請主者：「願得快死。」主者曰：「相公須受少污辱，勿怪。」乃脱穢韈塞其口而殺之。王縉初亦賜自盡，劉晏謂李涵等曰：「故事，重刑覆奏，况大臣乎。且法有首從，宜更取進止。」涵等從之。上乃貶縉括州刺史。載妻王氏，忠嗣之女也，及子伯和、仲武、季能皆伏誅。有司籍載家財，胡椒至八百石，他物稱是。

夏四月癸未，貶吏部侍郎楊炎、諫議大夫韓洄、包佶、起居舍人韓會等十餘人，皆載黨也。炎，鳳翔人。載常引有文學才望者一人親厚之，異日欲以代己，故炎及於貶。洄，滉之弟；會，南陽人也。上初欲盡誅炎等，吴湊諫救百端，始貶官。

〔五月〕庚午，上遣中使發元載祖父墓，斲棺棄尸，毀其家廟，焚其木主。戊寅，卓英倩等皆杖死。英倩之用事也，弟英璘横於鄉里。及英倩下獄，英璘遂據險作亂。上發禁兵討之，乙巳，金州刺史孫道平擊擒之。

吐蕃入寇

代宗幸陝

唐玄宗開元二十五年春二月己亥，河西節度使崔希逸襲吐蕃，破之於青海西。初，希逸遣使謂吐蕃邊將乞力徐曰：「兩國通好，今爲一家，何必更置兵守捉，妨人耕牧？請皆罷之。」乞力徐曰：「常侍忠厚，言必不欺。然朝廷未必專以邊事相委，萬一有姦人交鬬其間，掩吾不備，悔之何及！」希逸固請，乃刑白狗爲盟，各去守備。於是吐蕃畜牧被野。時吐蕃西擊勃律，勃律來告急。上命吐蕃罷兵，吐蕃不奉詔，遂破勃律。上甚怒。會希逸傔人孫誨入奏事，自欲求功，奏稱吐蕃無備，請掩擊，必大獲。上命内給事趙惠琮與誨偕往，審察事宜。惠琮等至，則矯詔令希逸襲之。希逸不得已，發兵自涼州南入吐蕃境二千餘里，至青海西，與吐蕃戰，大破之，斬首二千餘級，乞力徐脱身走。惠琮、誨皆受厚賞。自是吐蕃復絶朝貢。

二十六年春三月，吐蕃寇河西，節度使崔希逸擊破之。鄯州都督知隴右留後杜希望攻吐蕃新城，拔之，以其地爲威戎軍，置兵一千戍之。

夏五月乙酉，李林甫兼河西節度使。丙申，以崔希逸爲河南尹。希逸自念失信於吐蕃，内懷愧恨，未幾而卒。

六月辛丑，以岐州刺史蕭炅爲河西節度使，總留後事，鄯州都督杜希望爲隴右節度使，太僕卿王昱爲劍南節度使，分道經略吐蕃，仍毁所立赤嶺碑。立碑事見吐蕃請和。

秋七月，杜希望將鄯州之衆奪吐蕃河橋，築鹽泉城於河左。吐蕃發兵三萬逆戰，希望衆少不敵，將卒皆懼。左威衛郎將王忠嗣帥所部先犯其陳，所向闢易，殺數百人。虜陳亂，希望縱兵乘之，虜遂大敗。置鎮西軍於鹽泉，忠嗣以功遷左金吾將軍。

初，儀鳳中，吐蕃陷安戎城而據之，其地險要，唐屢攻之不克。劍南節度使王昱築兩城於其側，頓軍蒲婆嶺下，運資糧以逼之。吐蕃大發兵救安戎城，昱衆大敗，死者數千人，昱脱身走，糧仗、軍資皆棄之。貶昱括州刺史，再貶高要尉而死。

二十七年秋八月壬午，吐蕃寇白草、安人等軍，隴右節度使蕭炅擊破之。

二十八年春三月，章仇兼瓊潛與安戎城中吐蕃翟都局及維州別駕董承晏結謀，使局開門引内唐兵，盡殺吐蕃將卒，使監察御史許遠將兵守之。遠，敬宗之曾孫也。夏六月，吐蕃圍安戎城。冬十月，吐蕃寇安戎城及維州。發關中彍騎救之，吐蕃引去。更命安戎城曰平戎。十二月，金城公主薨，吐蕃告喪，且請和，上不許。公主嫁吐蕃事，見吐蕃請和。

二十九年夏六月，吐蕃四十萬衆入寇，至安仁軍，渾崖峯騎將臧希液帥衆五千擊破之。冬十二月乙巳，吐蕃屠達化縣，陷石堡城，蓋嘉運不能禦。

天寶二年夏四月丁亥，皇甫惟明引軍出西平，擊吐蕃，行千餘里，攻洪濟城，破之。

四載秋九月，隴右節度使皇甫惟明與吐蕃戰於石堡城，爲虜所敗，副將褚詡戰死。

六載冬十月，河西、隴右節度使王忠嗣以部將哥舒翰爲大（將）〔斗〕軍副使，李光弼爲河西兵馬使，充赤水軍使。翰父祖本突騎施別部酋長，光弼，契丹王楷洛之子也，皆以勇略爲忠嗣所重。忠嗣使翰擊吐蕃，有同列爲之副，倨慢不爲用，翰檛殺之，軍中股慄，累功至隴右節度副使。每歲積石軍麥熟，吐蕃輒來穫之，無能禦者，邊人謂之「吐蕃麥莊」。翰先伏兵於其側，虜至，斷其後，夾擊之，無一人得返者，自是不敢復來。

上欲使王忠嗣攻吐蕃石堡城，忠嗣上言：「石堡險固，吐蕃舉國守之，今頓兵其下，非殺數萬人不能克。臣恐所得不如所亡，不如且厲兵秣馬，俟其有釁，然後取之。」上意不快。將軍董延光自請將兵取石堡城，上命忠嗣分兵助之。忠嗣不得已奉詔，而不盡副延光所欲，延光怨之。李光弼言於忠嗣曰：「大夫以愛士卒之故，不欲成延光之功，雖迫於制書，實奪其謀也。何以知之？今以數萬衆授之而不立重賞，士卒安肯爲之盡力乎？然此天子意也，彼無功，必歸罪於大夫。大夫軍府充牣，何愛數萬段帛，不以杜其讒口乎！」忠嗣曰：「今以數萬之衆争一城，得之未足以制敵，不得亦無害於國，故忠嗣不欲爲之。忠嗣今受責，天子不過以金吾、羽林一將軍歸宿衛，其次不過黔中上佐，忠嗣豈以數萬人之命易一官乎！李將軍，子誠愛我矣，然吾志決矣，子勿復言。」光弼曰：「曏者恐爲大夫之累，故不敢不言。今大夫能行古人之事，非光弼所及也。」遂趨出。延光過期不克，言忠嗣沮撓軍計。上怒，李林甫因使濟陽别駕魏林告忠嗣嘗自言「我幼養宫中，與忠王相愛狎」，欲擁兵以尊奉太子。敕徵忠嗣入朝，委三司鞫之。

上聞哥舒翰名，召見華清宫，與語，悦之。十一月辛卯，以翰判西平太守，充隴右節度使；以朔方節度使安思順判武威郡事，充河西節度使。

初，將軍高仙芝本高麗人，從軍安西。仙芝驍勇，善騎射，節度使夫蒙靈詧累薦至安西副都護、都知兵馬使，充四鎮節度副使。

吐蕃以女妻小勃律王，及其旁二十餘國皆附吐蕃，貢獻不入，前後節度使討之，皆不能克。制以仙芝爲行營節度使，將萬騎討之。自安西行百餘日，乃至特勒滿川，分軍爲三道，期以七月十三日會吐蕃連雲堡下。有兵近萬人，不意唐兵猝至，大驚，依山拒戰，礮櫑如雨。仙芝以郎將高陵李嗣業爲陌刀將，令之曰：「不及日中，決須破虜。」嗣業執一旗，引陌刀緣險先登，力戰，自辰至巳，大破之，斬首五千級，捕虜千餘人，餘皆逃潰。

中使邊令誠以入虜境已深，懼不敢進。仙芝乃使令誠以羸弱三千守其城，復進。三日至坦駒嶺，下峻阪四十餘里，前有阿弩越城。仙芝恐士卒憚險，不肯下，先令人胡服，詐爲阿弩越守者迎降，云：「阿弩越赤心歸唐，娑夷水藤橋已斫斷矣。」娑夷，即弱水也，其水不能勝草芥。藤橋者，通吐蕃之路也。仙芝陽喜，士卒乃下。又三日，阿弩越城迎者果至。明日，仙芝入阿弩越城，遣將軍席元慶將千騎前行，謂曰：「小勃律聞大軍至，其君臣百姓必走山谷，第呼取，出繒帛稱敕賜之，大臣至，盡縛之以待我。」元慶如其言，悉縛諸大臣。王及吐蕃公主逃入石窟，取不可得。仙芝至，斬其附吐蕃者大臣數人。藤橋去城猶六十里，仙芝急遣元慶往斫之，甫畢，吐蕃兵大至，已無及矣。藤橋闊盡一矢，力修之，期年乃成。

八月，仙芝虜小勃律王及吐蕃公主而還。九月，至連雲堡，與邊令誠俱。月末，至播密川，遣使奏狀。至河西，夫蒙靈詧怒仙芝不先言己而遽發奏，一不迎勞，罵仙芝曰：「噉狗糞高麗奴，汝官皆因誰得，而不待我處分，擅奏捷書！高麗奴，汝罪當斬，但以汝新有功，不忍耳。」仙芝但謝罪。

七載冬十二月，哥舒翰築神威軍於青海上，吐蕃至，翰擊破之。又築城於青海中龍駒島，謂之應龍城，吐蕃屏跡不敢近青海。

八載夏六月，上命隴右節度使哥舒翰帥隴右、河西及突厥阿布思兵，益以朔方、河東兵，凡六萬三千，攻吐蕃石堡城。其城三面險絕，惟一徑可上，吐蕃但以數百人守之，多貯糧食，積檑木及石，唐兵前後屢攻之，不能克。翰進攻數日，不拔，召裨將高秀巖、張守瑜欲斬之，二人請三日期可克。如期，拔之，獲吐蕃鐵刃悉諾羅等四百人，唐士卒死者數萬，果如王忠嗣之言。頃之，翰又遣兵於赤嶺西開屯田。以謫卒二千戍龍駒島，冬冰合，吐蕃大集，戍者盡沒。閏月乙丑，以石堡城爲神武軍。

九載冬十二月，關西遊弈使王難得擊吐蕃，克五橋，拔樹敦城。以難得爲白水軍使。

十四載春正月，蘇毗王子悉諾邏去吐蕃來降。夏四月癸巳，以蘇毗王子悉諾邏爲懷義王，賜姓名李忠信。〔是歲〕，吐蕃贊普乞梨蘇籠獵贊卒，子娑悉籠獵贊立。

肅宗至德元載。吐蕃陷威戎、神威、定戎、宣威、制勝、金天、天成等軍石堡城、百谷城、雕窠城。

二載冬十月，吐蕃陷西平。

乾元元年。吐蕃陷河源軍。

上元元年。吐蕃陷廓州。

寶應元年建寅月甲辰，吐蕃遣使請和。

代宗廣德元年夏四月，郭子儀數上言：「吐蕃、党項不可忽，宜早爲之備。」辛丑，遣兼御史大夫李之芳等使于吐蕃，爲虜所留，二年乃得歸。

秋七月，吐蕃入大震關，陷蘭、廓、河、鄯、洮、岷、秦、成、渭等州，盡取河西、隴右之地。唐自武德以來，開拓邊境，地連西域，皆置都督、府、州、縣。開元中，置朔方、隴右、河西、安西、北庭諸節度使以統之，歲發山東丁壯爲戍卒，繒帛爲軍資，開屯田，供糗糧，設監牧，畜馬牛，軍城戍邏，萬里相望。及安禄山反，邊兵精鋭者皆徵發入援，謂之行營，所留兵單弱，胡虜稍蠶食之。數年間，西北數十州相繼淪没，自鳳翔以西，邠州以北，皆爲左衽矣。

吐蕃之初入寇也，邊將告急，程元振皆不以聞。冬十月，吐蕃寇涇州，刺史高暉以城降之，遂爲之鄉導，引吐蕃深入。過邠州，上始聞之。辛未，寇奉天、武功，京師震駭。詔以雍王适爲關内元帥，郭子儀爲副元帥，出鎮咸陽以禦之。

子儀閒廢日久，部曲離散，至是召募，得二十騎而行。至咸陽，吐蕃帥吐谷渾、党項、氐、羌二十餘萬衆，彌漫數十里，已自司竹園渡渭，循山而東。子儀使判官中書舍人王延昌入奏，請益兵，程元振遏之，竟不召見。癸酉，渭北行營兵馬使呂月將將精卒二千破吐蕃于盩厔之西。乙亥，吐蕃寇盩厔，月將復與力戰，兵盡，爲虜所擒。

上方治兵，而吐蕃已渡便橋，倉猝不知所爲，丙子，出幸陝州，官吏藏竄，六軍逃散。郭子儀聞之，遽自咸陽歸長安，比至，車駕已去。上纔出苑門，渡滻水，射生將王獻忠擁四百騎叛還長安，脅豐王珙等十王西迎吐蕃。遇子儀於開遠門内，子儀叱之，獻忠下馬，謂子儀曰：「今主上東遷，社稷無主，令公身爲元帥，廢立在一言耳。」子儀未應。珙越次言曰：「公何不言？」子儀責讓之，以兵援送行在。丁丑，車駕至華州，官吏奔散，無復供擬，扈從將士不免凍餒。會觀軍容使魚朝恩將神策軍自陝來迎，上乃幸朝恩營。豐王珙見上於潼關，上不之責，退至幕中，有不遜語，羣臣奏請誅之，乃賜死。

戊寅，吐蕃入長安，高暉與吐蕃大將馬重英等立故邠王守禮之孫廣武王承宏爲帝，改元，置百官，以前翰林學士于可封等爲相。吐蕃剽掠府庫市里，焚閭舍，長安中蕭然一空。苗晉卿病臥家，遣人輿入，迫脅之，晉卿閉口不言，虜不敢殺。於是六軍散者所在剽掠，士民避亂，皆入山谷。

辛巳，上至陝，百官稍有至者。郭子儀引三十騎自御宿川循山而東，謂王延昌曰：「六軍將士逃潰者多在商州，今速往收之，并發武關防兵，數日間，北出藍田以向長安，吐蕃必遁。」過藍田，遇元帥都虞候臧希讓、鳳翔節度使高昇，得兵近千人。子儀與延昌謀曰：「潰兵至商州，官吏必逃匿而人亂。」使延昌自直徑入商州撫諭之。諸將方縱兵暴掠，聞子儀至，皆大喜聽命。子儀恐吐蕃逼乘輿，留軍七盤，三日乃行，比至商州，行收兵，并武關防兵合四千人，軍勢稍振。子儀乃泣諭將士以共雪國恥，取長安，皆感激受約束。子儀請太子賓客第五琦爲糧料使，給軍食。上賜子儀詔，恐吐蕃東出潼關，徵子儀詣行在。子儀表稱：「臣不收京城無以見陛下。若出兵藍田，虜必不敢東向。」上許之。鄜坊節度判官段秀實說節度使白孝德引兵赴難，孝德即日大舉，南趣京畿，與蒲、陝、商、華合勢進擊。

吐蕃既立廣武王承宏，欲掠城中士女、百工，整衆歸國。子儀使左羽林大將軍長孫全緒將二百騎出藍田觀虜勢，令第五琦攝京兆尹，與之偕行，又令寶應軍使張知節將兵繼之。全緒至韓公堆，晝則擊鼓張旗幟，夜則多然火，以疑吐蕃。前光祿卿殷仲卿聚衆近千人，保藍田，與全緒相表裏，帥二百餘騎直渡滻水。吐蕃懼，百姓又紿之曰：「郭令公自商州將大軍不知其數至矣！」虜以爲然，稍稍引軍去。全緒又使射生將王甫入城，陰結少年數百，夜擊鼓，大呼於朱雀街，吐蕃惶駭，庚寅，悉衆遁去。高暉聞之，帥麾下三百餘騎東走，至潼關，守將李日越擒而殺之。

壬辰，詔以元載判元帥行軍司馬，以第五琦爲京兆〔尹〕。癸巳，以郭子儀爲西京留守。甲午，子儀發商州。

己亥，以魚朝恩部將皇甫溫爲陝州刺史，周智光爲華州刺史。

吐蕃入寇，驃騎大將軍、判元帥行軍司馬程元振不以時奏，致上狼狽出幸。上發詔徵諸道兵，李光弼等皆忌元振居中，莫有至者，中外咸切齒而莫敢發言。太常博士柳伉上疏，以爲：「犬戎犯關度隴，不血刃而入京師，劫宮闈，焚陵寢，武士無一人力戰者，此將帥叛陛下也。陛下疏元功，委近習，日引月長，以成大禍，羣臣在廷，無一人犯顔回慮者，此公卿叛陛下也。陛下始出都，百姓填然，奪府庫，相殺戮，此三輔叛陛下也。自十月朔召諸道兵，盡四十日，無隻輪入關，此四方叛陛下也。內外離叛，陛下以今日之勢爲安邪，危邪？若以爲危，豈得高枕，不爲天下討罪人乎！臣聞良醫療疾，當病飲藥，藥不當病，猶無益也。陛下視今日之病，何繇至此乎？必欲存宗廟社稷，獨斬元振首，馳告天下，悉出內使隸諸州，持神策兵付大臣，然後削尊號，下詔引咎，曰：『天下其許朕自新改過，宜即募士西赴朝廷；若以朕惡未悛，則帝王大器，敢妨聖賢，其聽天下所往。』如此，而兵不至，人不感，天下不服，臣請闔門寸斬以謝陛下。」上以元振嘗有保護功，十一月辛丑，削元振官爵，放歸田里。

吐蕃還至鳳翔，節度使孫志直閉城拒守，吐蕃圍之數日。鎮西節度使馬璘聞車駕幸陝，將精騎千餘自河西入赴難。轉鬬至鳳翔，值吐蕃圍城，璘帥衆持滿外向，突入城中，不解甲，背城出戰，單騎先士卒奮擊，俘斬千計而歸。明日，虜復逼城請戰，璘開懸門以待之。虜引退，曰：「此將軍不惜死，宜避之。」遂去，居於原、會、成、渭之地。

十二月丁亥，車駕發陝州。左丞顏真卿請上先謁陵廟，然後還宮，元載不從。真卿怒曰：「朝廷豈堪相公再壞邪！」載由是銜之。甲午，上至長安，郭子儀帥城中百官及諸軍迎於滻水東，伏地待罪。上勞之曰：「用卿不早，故及於此。」

以魚朝恩爲天下觀軍容宣慰處置使，總禁兵，權寵無比。築城於鄠縣及中渭橋，屯兵以備吐蕃。以駱奉仙爲鄠縣築城使，遂將其兵。

吐蕃陷松、維、保三州及雲山新築二城，西川節度使高適不能救，於是劍南西山諸州亦入於吐蕃矣。

二年。僕固懷恩反。秋八月，涇原奏懷恩引回紇、吐蕃十萬衆〔將〕入寇，京師震駭。詔郭子儀帥諸將出鎮奉天。辛巳，子儀發赴奉天。九月辛亥，以郭子儀充北道邠寧、涇原、河西以來通和吐蕃使，以陳鄭、澤潞節度使李抱玉充南道通和吐蕃使。子儀聞吐蕃逼邠州，甲寅，遣其子朔方兵馬使晞將兵萬人救之。己未，劍南節度使嚴武破吐蕃七萬衆，拔當狗城。

邠寧節度使白孝德敗吐蕃于宜禄。冬十月，僕固懷恩引回紇、吐蕃至邠州。庚午，嚴武拔吐蕃鹽川城。僕固懷恩與回紇、吐蕃逼奉天，京師戒嚴。

永泰元年春三月庚戌，吐蕃遣使請和，詔元載、杜鴻漸與盟於興唐寺。秋九月，僕固懷恩誘回紇、吐蕃數十餘萬衆俱入寇。事見僕固懷恩之叛。〔閏十月〕，劍南節度使嚴武以將軍崔旰爲漢州刺史，使將兵擊吐蕃於西山，連拔其數城，攘地數百里。

大曆元年春二月己亥，命大理少卿楊濟修好於吐蕃。

二年夏四月庚子，命宰相魚朝恩與吐蕃盟于興唐寺。

九月，吐蕃衆數萬圍靈州，遊騎至潘原、宜禄。詔郭子儀自河中帥甲士三萬鎮涇陽，京師戒嚴。甲子，子儀移鎮奉天。冬十月戊寅，朔方節度使路嗣恭破吐蕃於靈州城下，斬首二千餘級，吐蕃引去。

三年八月壬戌，吐蕃十萬衆寇靈武。丁卯，吐蕃尚贊摩二萬衆寇邠州，京師戒嚴。邠寧節度使馬璘擊破之。九月壬申，命郭子儀將兵五萬屯奉天以備吐蕃。壬午，朔方騎將白元光擊吐蕃，破之。壬辰，元光又破吐蕃二萬衆於靈武。鳳翔節度使李抱玉使右軍都將臨洮李晟將兵五千擊吐蕃，晟曰：「以力則五千不足用，以謀則太多。」乃將千人兼行，出大震關，至臨洮，屠吐蕃定秦堡，焚其積聚，虜堡帥慕容谷種而還。吐蕃聞之，釋靈州之圍而去。戊戌，京師解嚴。

冬十一月，郭子儀還河中。元載以吐蕃連歲入寇，馬璘以四鎮兵屯邠寧，力不能拒，而郭子儀以朔方重兵鎮河中，深居腹中無事之地，乃與子儀及諸將議，徙璘鎮涇州，而使子儀以朔方兵鎮邠州，曰：「若以邊土荒殘，軍費不給，則以内地租稅及運金帛以助之。」諸將皆以爲然。十二月己酉，徙馬璘爲涇原節度使，以邠、寧、慶三州隸朔方。璘先往城涇州，以都虞候段秀實知邠州留後。

初，四鎮、北庭兵遠赴中原之難，久羈旅，數遷徙，四鎮歷汴、虢、鳳翔，北庭歷懷、絳、鄜然後至邠，頗積勞弊。及徙涇州，衆皆怨誹。刀斧兵馬使王童之謀作亂，期以辛酉旦警嚴而發。前夕，有告之者。秀實陽召掌漏者怒之，以其失節，令每更來白，輒延之數刻，遂四更而曙，童之不果發。秀實欲討之，而亂迹未露，恐軍中疑其冤。告者又云「今夕欲焚馬坊草，因救火謀作亂」。中夕，火果發。秀實命軍中行者皆止，坐者勿起，各整部伍，嚴守要害。童之白請救火，不許。及旦，捕童之及其黨八人，皆斬之。下令曰：「後從者族，流言者刑。」遂徙于涇。

癸亥，西川破吐蕃萬餘衆。

四年秋九月，吐蕃寇靈州，丁丑，朔方留後常謙光擊破之。冬十月，常謙光奏「吐蕃寇鳴沙，首尾四十里」。郭子儀遣兵馬使渾瑊將鋭兵五千救靈州，子儀自將進至慶州，聞吐蕃退，乃還。

五年秋九月，吐蕃寇永壽。

六年夏四月，吐蕃請和。庚辰，遣兼御史大夫吴損使于吐蕃。秋九月，吐蕃下青石嶺，軍于那城；郭子儀使人諭之，明日引退。

七年夏四月，吐蕃五千騎至靈州，尋退。

八年冬十月，靈州破吐蕃萬餘衆。吐蕃衆十萬寇涇、邠，郭子儀遣朔方兵馬使渾瑊將步騎五千拒之。庚申，戰于宜禄。瑊登黄菧原望虜，命據險布拒馬以備其馳突。宿將史抗、温儒雅等意輕瑊，不用其命。瑊召使擊虜，則已醉矣。見拒馬，曰：「野戰烏用此爲！」命撤之。叱騎兵衝虜陳，不能入而返。虜躡而乘之，官軍大敗，士卒死者什七八，居民爲吐蕃所掠千餘人。

甲子，馬璘與吐蕃戰于鹽倉，又敗。璘爲虜所隔，逮暮未還，涇原兵馬使焦令諶等與敗卒争門而入。或勸行軍司馬段秀實乘城拒守，秀實曰：「大帥未知所在，當前擊虜，豈得苟自全乎！」召令諶等讓之曰：「軍法，失大將，麾下皆死。諸君忘其死邪？」令諶等惶恐拜請命。秀實乃發城中兵未戰者悉出，陳于東原，且收散兵，爲將力戰狀。吐蕃畏之，稍卻。既夜，璘乃得還。

郭子儀召諸將謀曰：「敗軍之罪在我，不在諸將。然朔方兵精聞天下，今爲虜敗，何策可以雪恥？」莫對。渾瑊曰：「敗軍之將，不當復預議，然願一言今日之事，惟理瑊罪；不則再見任。」子儀赦其罪，使將兵趣朝那。虜既破官軍，欲掠汧、隴。鹽州刺史李國臣曰：「虜乘勝必犯郊畿，我掎其後，虜必返顧。」乃引兵趣秦原，鳴鼓而西。虜聞之，至百城，返，渾瑊邀之於隘，盡復得其所掠。馬璘亦出精兵襲虜輜重於潘原，殺數千人，虜遂遁去。

初，元載嘗爲西州刺史，知河西、隴右山川形勢。是時吐蕃數爲寇，載言於上曰：「四鎮、北庭既治涇州，無險要可守。隴山高峻，南連秦嶺，北抵大河。今國家西境盡潘原，而吐蕃戍摧沙堡，原州居其中間，當隴山之口，其西皆監牧故地，草肥水美，平凉在其東，獨耕一縣，可給軍食。故壘尚存，吐蕃棄而不居。每歲盛夏，吐蕃畜牧青海，去塞甚遠，若乘間築之，二旬可畢。移京西軍戍原州，移郭子儀軍戍涇州，爲之根本。分兵守石門、木峽，漸開隴右，進達安西，據吐蕃腹心，則朝廷可高枕矣。」并圖地形獻之，密遣人出隴山商度功用。會汴宋節度使田神功入朝，上問之，對曰：「行軍料敵，宿將所難，陛下奈何用一書生語，欲舉國從之乎？」載尋得罪，事遂寢。

九年春二月，諫議大夫吴損使吐蕃，留之累年，竟病死虜中。

兩稅之弊

唐高祖武德七年。初定均田租、庸、調法，丁中之民，給田一頃，篤疾減什之六，寡妻妾減七，皆以什之二爲世業，八爲口分。每丁歲入租，粟二石。調隨土地所宜，綾、絹、絁、布。歲役二旬；不役則收其傭，日三尺；有事而加役者，旬有五日，免其調；三旬，租、調俱免。水、旱、蟲、霜爲災，什損四以上免租，損六已上免調，損七已上課、役俱免。凡民貲業分九等。百户爲里，五里爲鄉，四家爲鄰，四鄰爲保。在城邑者爲坊，田野者爲村。食禄之家，無得與民争利。工商雜類，無預士伍。男女始生爲黄，四歲爲小，十六爲中，二十爲丁，六十爲老。歲造計帳，三年造户籍。玄宗開元九年，詔括天下逃移户口，議定賦役，事見姦臣聚斂。

肅宗寶應元年。租庸使元載以江、淮雖經兵荒，其民比諸道猶有貲産，乃按籍舉八年租、調之違負及逋逃者，計其大數而徵之。擇豪吏爲縣令而督之，不問負之有無，貲之高下，察民有粟、帛者發徒圍之，籍其所有而中分之，甚者什取八九，謂之「白著」。有不服者，嚴刑以威之。民有蓄穀十斛者，則重足以待命，或相聚山澤爲羣盜，州縣不能制。

代宗大曆十四年。舊制，天下金帛皆貯於左藏，太府四時上其數，比部覆其出入。及第五琦爲度支、鹽鐵使，時京師多豪將，求取無節，琦不能制，乃奏盡貯於大盈内庫，使宦官掌之，天子亦以取給爲便，故久不出。由是以天下公賦爲人君私藏，有司不復得窺其多少，校其贏縮，殆二十年。宦官領其事者三百餘員，皆蠶食其中，蟠結根據，牢不可動。楊炎頓首於上前曰：「財賦者，國之大本，生民之命，重輕安危，靡不由之，是以前世皆使重臣掌其事，猶或耗亂不集。今獨使中人出入盈虛，大臣皆不得知，政之蠹敝，莫甚於此。請出之以歸有司，度宫中歲用幾何，量數奉入，不敢有乏。如此，然後可以爲政。」上即日下詔：「凡財賦皆歸左藏，一用舊式，歲於數中擇精好者三五千匹，進入大盈。」炎以片言移人主意，議者稱之。

德宗建中元年春正月，始用楊炎議，命黜陟使與觀察使、刺史約百姓丁産，定等級，作兩税法。比來新舊徵科色目，一切罷之；二税外輒率一錢者，以枉法論。

唐初，賦斂之法曰租、庸、調，有田則有租，有身則有庸，有户則有調。玄宗之末，版籍浸壞，多非其實。及至德兵起，所在賦斂，追趣取辦，無復常準。賦斂之司增數而莫相統攝，各隨意徵科，自立色目，新故相仍，不知紀極。民富者丁多，率爲官、爲僧以免課役，而貧者丁多，無所伏匿，故上户優而下户勞。吏因緣蠶食，民旬輸月送，不勝困弊，率皆逃徙爲浮户，其土著百無四五。至是，炎建議作兩税法，先計州縣每歲所應費用及上供之數而賦於人，量出以制入。户無主、客，以見居爲簿；人無丁中，以貧富爲差。爲行商者，在所州縣税三十之一，使與居者均，無僥利。居人之税，秋、夏兩徵之。其租、庸、調、雜徭悉省，皆總統於度支。上用其言，因赦，令行之。

貞元三年。時關東防秋兵大集，國用不充。李泌奏：「自變兩税法以來，藩鎮州、縣多違法聚斂。繼以朱泚之亂，争榷率、徵罰以爲軍資，點募自防。泚既平，自懼違法，匿不敢言。請遣使以詔旨赦其罪，但令革正，自非於法應留使、留州之外，悉輸京師。其官典逋負，可徵者徵之，難徵者釋之，以示寬大。敢有隱没者，重設告賞之科而罪之。」上喜曰：「卿策甚長，然立法太寬，恐所得無幾。」對曰：「兹事臣固熟思之，寬則獲多而速，急則獲少而遲。蓋以寬則人喜於免罪而樂輸，急則競爲蔽匿，非推鞫不能得其實，財不足濟今日之急，而皆入於姦吏矣。」上曰：「善。」以度支員外郎元友直爲河南江淮南句勘兩稅錢帛使。

四年春正月庚戌朔，赦天下，詔兩稅等第，自今三年一定。二月，元友直運淮南錢帛二十萬至長安，李泌悉輸之大盈庫。然上猶數有宣索，仍敕諸道勿令宰相知。泌聞之，惆悵而不敢言。

臣光曰：王者以天下爲家，天下之財皆其有也。阜天下之財以養天下之民，己必豫焉；或乃更爲私藏，此匹夫之鄙志也。古人有言曰：「貧不學儉。」夫多財者，奢欲之所自求也。李泌欲弭德宗之欲而豐其私財，財豐則欲滋矣。財不稱欲，能無求乎？是猶啓其門而禁其出也。雖德宗之多僻，亦泌所以相之者非其道故也。

秋九月，元友直句檢諸道稅外物，悉輸戶部，遂爲定制。歲於稅外輸百餘萬緡、斛，民不堪命。諸道多自訴於上，上意寤，詔：「今年已入在官者輸京師，未入者悉以與民；明年以後，悉免之。」於是東南之民復安其業。

九年春正月癸卯，初稅茶。凡州縣產茶及茶山外要路，皆估其直，什稅一，從鹽鐵使張滂之請也。滂奏：「去歲水災減稅，用度不足，請稅茶以足之。自明年以往，稅茶之錢，令所在別貯，俟有水旱，以代民田稅。」自是歲收茶稅錢四十萬緡，未嘗以救水旱也。

十年夏五月，陸贄又奏請均節財賦，凡六條。其一，論兩稅之弊。其略曰：「舊制賦役之法，曰租、調、庸。丁男一人受田百畝，歲輸粟二石，謂之租。每户各隨土宜出絹，若綾、若絁共二丈，綿三兩，不蠶之土輸布二丈五尺，麻三斤，謂之調。每丁歲役，則收其庸，日準絹三尺，謂之庸。天下爲家，法制均一，雖欲轉徙，莫容其姦，故人無摇心而事有定制。及羯胡亂華，兆庶雲擾，版圖墮於避地，賦法壞於奉軍。建中之初，再造百度，執事者知弊之宜革而所作兼失其原，知簡之可從而所操不得其要。凡欲拯其弊，須窮致弊之由，時弊則但理其時，法弊則全革其法，所爲必當，其悔乃亡。兵興以來，供億無度，此乃時弊，非法弊也。而遽更租、調、庸法，分遣使者，搜擿郡邑，校驗簿書，每州取大曆中一年科率最多者以爲兩税定額。夫財之所生，必因人力，故先王之制賦入，必以丁夫爲本。不以務穡增其税，不以輟稼減其租，則播種多。不以殖産厚其征，不以流寓免其調，則地著固。不以飭勵重其役，不以窳怠蠲其庸，則功力勤。如是，故人安其居，盡其力矣。兩税之立，惟以資産爲宗，不以丁身爲本。曾不寤資産之中有藏於襟懷囊篋，物雖貴而人莫能窺，其積於場圃、囷倉，直雖輕而衆以爲富。流通蓄息之貨，數雖寡而計日收贏，有廬舍器用之資，價雖高而終歲無利。如此之比，其流實繁，一概計估算緡，宜其失平長僞。由是務輕資而樂轉徙者，恒脱於徭税。敦本業而樹居産者，每困於徵求。此乃誘之爲姦，驅之避役，力用不得不弛，賦入不得不闕。復以創制之首，不務齊平，供應有煩簡之殊，牧守有能否之異，所在徭賦，輕重相懸，所遣使臣，意見各異，計奏一定，有加無除。又大曆中供軍進奉之類，既收入兩稅，今於兩稅之外復又並存。望稍行均減，以救彫殘。」

其二，請兩稅以布帛爲額，不計錢數。其略曰：「凡國之賦稅，必量人之力，任土之宜，賦所入者唯布、麻、繒、纊與百穀而已。先王懼物之貴賤失平，而人之交易難準，又定泉布之法，以節輕重之宜，斂散弛張，必由於是。蓋御財之大柄，爲國之利權，守之在官，不以任下。然則穀帛者人之所爲也；錢貨者官之所爲也。是以國朝著令，租出穀，庸出絹，調出繒、纊、布，曷常有禁人鑄錢，而以錢爲賦者也！今之兩稅，獨異舊章，但估資産爲差，便以錢穀定稅，臨時折徵雜物，每歲色目頗殊，唯計求得之利宜，靡論供辦之難易。所徵非所業，所業非所徵，遂或增價以買其所無，減價以賣其所有，一增一減，耗損已多。望勘會諸州初納兩稅年絹、布，定估比類當今時價，加賤減貴，酌取其中，總計合稅之錢，折爲布帛之數。」又曰：「夫地力之生物有大限，取之有度，用之有節，則常足。取之無度，用之無節，則常不足。生物之豐敗由天，用物之多少由人，是以聖王立程，量入爲出，雖遇災難，下無困窮。理化既衰，則乃反是，量出爲入，不恤所無。桀用天下而不足，湯用七十里而有餘，是乃用之盈虛，在節與不節耳！」

其三，論長吏以增户、加稅、闢田爲課績。其略曰：「長人者罕能推忠恕易地之情，體至公徇國之意，迭行小惠，競誘姦甿，以傾奪鄰境爲智能，以招萃逋逃爲理化。捨彼適此者既爲新收而有復，倏往忽來者又以復業而見優。唯懷土安居，首末不遷者，則使之日重，斂之日加。是令地著之人恒代惰游賦役，則何異驅之轉徙，教之澆訛。此由牧宰不克弘通，各私所部之過也。」又曰：「立法齊人，久無不弊，理之者若不知維御損益之宜，則巧僞萌生，恒因沮勸而滋矣。請申命有司，詳定考績。若當管之内，人益阜殷，所定税額有餘，任其據户口均減，以減數多少爲考課等差。其當管税物通比，每户十分減三者爲上課，減二者次焉，減一者又次焉。如或人多流亡，加税見户，比校殿罰法亦如之。」

其四，論税限迫促。其略曰：「建官立國，所以養人也；賦人取財，所以資國也。明君不厚其所資，而害其所養，故必先人事而借其暇力，先家給而斂其餘財。」又曰：「蠶事方興，已輸縑税，農功未艾，遽斂穀租。上司之繩責既嚴，下吏之威暴愈促。有者急賣而耗其半直，無者求假而費其倍酬。望更詳定徵税期限。」

其五，請以税茶錢置義倉，以備水旱。其略曰：「古稱九年、六年之蓄者，率土臣庶通爲之計耳，固非獨豐公庾不及編甿也。近者有司奏請税茶，歲約得五十萬貫，元敕令貯户部，用救百姓凶饑。今以蓄糧，適副前旨。」

其六，論兼并之家，私斂重於公税。其略曰：「今京畿之内，每田一畝，官税五升，而私家收租，殆有畝至一石者，是二十倍於官税也。降及中等，租猶半之。夫土地王者之所有，耕稼農夫之所爲，而兼并之徒居然受利。」又曰：「望凡所占田，約爲條限，裁減租價，務利貧人。法貴必行，慎在深刻，裕其制以便俗，嚴其令以懲違，微損有餘，稍優不足，損不失富，優可賑窮。此乃古者安富恤窮之善經，不可捨也。」

裴延齡姦蠹

唐德宗貞元八年秋七月甲寅朔，户部尚書判度支班宏薨。陸贄請以前湖南觀察使李巽權判度支，上許之。既而復欲用司農少卿裴延齡，贄上言，以爲：「今之度支，準平萬貨，刻吝則生患，寬假則容姦。延齡誕妄小人，用之交駭物聽。尸禄之責，固宜及於微臣；知人之明，亦恐傷於聖鑒。」上不從，己未，以延齡判度支事。

九年秋七月癸卯，户部侍郎裴延齡奏：「自判度支以來，檢責諸州欠負錢八百餘萬緡，收諸州抽貫錢三百萬緡，呈樣物三十餘萬緡，請别置欠負耗賸季庫以掌之，染練物别置月庫以掌之。」詔從之。欠負皆貧人無可償，徒存其數者。抽貫錢給用旋盡。呈樣、染練皆左藏正物。延齡徙置别庫，虚張名數以惑上。上信之，以爲能富國而寵之，於實無所增也，虚費吏人簿書而已。

京城西污濕地生蘆葦數畝，延齡奏稱：「長安、咸陽有陂澤數百頃，可牧廄馬。」上使有司閲視，無之，亦不罪也。

左補闕權德輿上奏，以爲：「延齡取常賦支用未盡者充羨餘以爲己功。縣官先所市物，再給其直，用充別貯。邊軍自今春以來並不支糧。陛下必以延齡孤貞獨立，時人醜正流言，何不遣信臣覆視，究其本末，明行賞罰。今羣情衆口喧於朝市，豈京城士庶皆爲朋黨邪？陛下亦宜稍回聖慮而察之。」上不從。

十年秋九月，裴延齡奏稱官吏太多，自今缺員請且勿補，收其俸以實府庫。上欲修神龍寺，須五十尺松，不可得。延齡曰：「臣近見同州一谷，木數千株，皆可八十尺。」上曰：「開元、天寶間求美材於近畿，猶不可得，今安得有之？」對曰：「天生珍材，固待聖君乃出，開元、天寶何從得之？」延齡奏：「左藏庫司多有失落，近因檢閲使置簿書，乃於糞土之中得銀十三萬兩，其匹段雜貨百萬有餘。此皆已棄之物，即是羨餘，悉應移入雜庫，以供別敕支用。」太府少卿韋少華不伏，抗表稱：「此皆每月申奏見在之物，請加推驗。」執政請令三司詳覆，上不許，亦不罪少華。

延齡每奏對，恣爲詭譎，皆衆所不敢言，亦未嘗聞者，延齡處之不疑。上亦頗知其誕妄，但以其好詆毁人，冀聞外事，故親厚之。羣臣畏延齡有寵，莫敢言，惟鹽鐵轉運使張滂、京兆尹李充、司農卿李銛以職事相關，時證其妄，而陸贄獨以身當之，日陳其不可用。

冬十一月壬申，贄上書極陳延齡姦詐，數其罪惡。其略曰：「延齡以聚斂爲長策，以詭妄爲嘉謀，以掊克斂怨爲匪躬，以靖譖服讒爲盡節，總典籍之所惡以爲智術，冒聖哲之所戒以爲行能，可謂堯代之共工，魯邦之少卯也。跡其姦蠹，日長月滋，陰祕者固未盡彰，敗露者猶難悉數。」又曰：「陛下若意其負謗，則誠宜亟爲辨明。陛下若知其無良，又安可曲加容掩！」又曰：「陛下姑欲保持，曾無詰問，延齡謂能蔽惑，不復懼思，移東就西，便爲課績，取此適彼，遂號羨餘，愚弄朝廷，有同兒戲。」又曰：「矯詭之態，誣罔之辭，遇事輒行，應口便發，靡日不有，靡時不爲，又難以備陳也。」又曰：「昔趙高指鹿爲馬，臣謂鹿之與馬，物類猶同，豈若延齡，掩有爲無，指無爲有。」又曰：「延齡凶妄，流布寰區，上自公卿近臣，下逮輿臺賤品，諠諠談議，億萬爲徒，能以上言，其人有幾？臣以卑鄙，任當台衡，情激于衷，雖欲罷而不能默也。」書奏，上不悦，待延齡益厚。

十二月，中書侍郎同平章事陸贄以上知待之厚，事有不可，常力争之。所親或規其太銳，贄曰：「吾上不負天子，下不負所學，他無所恤。」裴延齡日短贄於上。趙憬之入相也，贄實引之，既而有憾於贄，密以贄所譏彈延齡事告延齡，故延齡益得以爲計，上由是信延齡而不直贄。贄與憬約至上前極論延齡姦邪，上怒形於色，憬默而無言。壬戌，贄罷爲太子賓客。

十一年春二月，陸贄既罷相，裴延齡因譖京兆尹李充、衛尉卿張滂、前司農卿李銛黨於贄。會旱，延齡奏言：「贄等失勢怨望，言於衆曰，『天下旱，百姓且流亡，度支多欠諸軍芻糧，軍中人馬無所食，其事奈何』，以動搖衆心，其意非止欲中傷臣而已。」後數日，上獵苑中，適有神策軍士訴云：「度支不給馬芻。」上意延齡言爲信，遽還宮。夏四月壬戌，貶贄爲忠州别駕，充爲涪州長史，滂爲汀州長史，銛爲邵州長史。初，陽城自處士徵爲諫議大夫，拜官不辭。未至京師，人皆想望風采，曰：「城必諫諍，死職下。」及至，諸諫官紛紛言事細碎，天子益厭苦之。而城方與二弟及客日夜痛飲，人莫能窺其際，皆以爲虚得名耳。前進士河南韓愈作争臣論以譏之，城亦不以屑意。有欲造城而問者，城揣知其意，輒强與酒。客或時先醉仆席上，城或時先醉卧客懷中，不能聽客語。及陸贄等坐貶，上怒未解，中外惴恐，以爲罪且不測，無敢救者。城聞而起曰：「不可令天子信用姦臣，殺無罪人。」即帥拾遺王仲舒、歸登、右補闕熊執易、崔邠等守延英門，上疏論延齡姦佞，贄等無罪。上大怒，欲加城等罪。太子爲之營救，上意乃解，令宰相諭遣之。於是金吾將軍張萬福聞諫官伏閤諫，趨往至延英門，大言賀曰：「朝廷有直臣，天下必太平矣。」遂遍拜城與仲舒等，已而連呼：「太平萬歲，太平萬歲！」萬福，武人，年八十餘，自此名重天下。登，崇敬之子也。時朝夕相延齡，陽城曰：「脱以延齡爲相，城當取白麻壞之，慟哭於廷。」有李繁者，泌之子也，城盡疏延齡過惡，欲密論之，以繁故人子，使之繕寫，繁徑以告延齡。延齡先詣上，一一自解，疏入，上以爲妄，不之省。

十二年春三月，以户部侍郎裴延齡爲户部尚書，使職如故。秋九月丙午，户部尚書、判度支裴延齡卒，中外相賀，上獨悼惜之。

吐蕃叛盟

唐代宗大曆十四年秋八月，代宗之世，吐蕃數遣使求和，而寇盗不息。代宗悉留其使者，前後八輩，有至老死不得歸者。俘獲其人，皆配江、嶺。上欲以德懷之，乙巳，以隨州司馬韋倫爲太常少卿，使于吐蕃，悉集其俘五百人，各賜襲衣而遣之。

德宗建中元年。吐蕃始聞韋倫歸其俘，不之信。及俘入境，各還部落，稱：「新天子出宫人，放禽獸，英威聖德，洽於中國。」吐蕃大悦，除道迎倫。贊普即發使隨倫入貢，且致賻贈。〔夏四月〕癸卯，至京師，上禮接之。既而蜀將上言：「吐蕃豺狼，所獲俘不可歸。」上曰：「戎狄犯塞則擊之，服則歸之。擊以示威，歸以示信。威信不立，何以懷遠？」悉命歸之。

五月戊辰，以韋倫爲太常卿。乙酉，復遣倫使吐蕃。倫請上自爲載書，與吐蕃盟。楊炎以爲非敵，請與郭子儀輩爲載書以聞，令上畫可而已，從之。

吐蕃見韋倫再至，益喜。十二月辛卯朔，倫還，吐蕃遣其相論欽明思等入貢。

二年春三月，遣殿中少監崔漢衡使于吐蕃。〔冬十二月〕，崔漢衡至吐蕃，贊普以敕書稱貢獻及賜，全以臣禮見處，又雲州之西，當以賀蘭山爲境，邀漢衡更請之。丁未，漢衡遣判官與吐蕃使者入奏。上爲之改敕書、境土，皆如其請。

三年夏四月庚申，吐蕃歸鄎所俘掠兵民八百人。秋九月癸卯，殿中少監崔漢衡自吐蕃歸，贊普遣其臣區頰贊隨漢衡入見，冬十月，遣都官員外郎樊澤使于吐蕃，告以結盟之期。

四年春正月丁亥，隴右節度使張鎰與吐蕃尚結贊盟于清水。二月戊申朔，命鴻臚卿崔漢衡送區頰贊還吐蕃。

夏四月，上命宰相、尚書與吐蕃區頰贊盟於豐邑里，區頰贊以清水之盟，疆埸未定，不果盟。己未，命崔漢衡入吐蕃，決於贊普。六月庚午，答蕃判官、監察御史于頔與吐蕃使者論刺没藏至自青海，言疆埸已定，請遣區頰贊歸國。

秋七月甲申，以禮部尚書李揆爲入蕃會盟使。壬辰，詔諸將相與區頰贊盟於城西。

李揆有才望，盧杞惡之，故使之入吐蕃。揆言於上曰：「臣不憚遠行，恐死於道路，不能達詔命。」上爲之惻然，謂杞曰：「揆無乃太老？」對曰：「使遠夷，非諳練朝廷故事者不可。且揆行，則自今年少於揆者，不敢辭遠使矣。」

興元元年春正月，吐蕃尚結贊請出兵助唐收京城。庚子，遣秘書監崔漢衡使吐蕃，發其兵。夏四月，吐蕃遣其將論莽羅依將兵二萬，從曹子達擊破韓旻於武〔川〕亭〔川〕。五月，吐蕃既破韓旻，大掠而去。上甚憂之，以問陸贄。贄具言吐蕃形勢事。兩事並見藩鎮連兵。

初，上發吐蕃以討朱泚，許成功以伊西、北庭之地與之。及泚誅，吐蕃來求地，上欲召兩鎮節度使郭昕、李元忠還朝，以其地與之。李泌曰：「安西、北庭，人性驍悍，控制西域五十七國及十姓突厥，又分吐蕃之勢，使不得併兵東侵，奈何拱手與之？且兩鎮之人，勢孤地遠，盡忠竭力，爲國家固守近二十年，誠可哀憐。一旦棄之以與戎狄，彼其心必深怨中國，他日從吐蕃入寇，如報私讎矣。況日者吐蕃觀望不進，陰持兩端，大掠武功，受賂而去，何功之有。」衆議亦以爲然，上遂不與。

貞元二年秋八月丙戌，吐蕃尚結贊大舉寇涇、隴、邠、寧，掠人畜，芟禾稼，西鄙騷然，州縣各城守。詔渾瑊將萬人，駱元光將八千人，屯咸陽以備之。

吐蕃遊騎及好畤。〔九月〕乙巳，京城戒嚴。復遣左金吾將軍張獻甫屯咸陽。民間傳言上復欲出幸以避吐蕃，齊映見上言曰：「外間皆言陛下已理裝，具糗糧，人情恟懼。夫大福不再，陛下奈何不與臣等熟計之？」因伏地流涕，上亦爲之動容。

李晟遣其將王佖將驍勇三千伏於汧城，戒之曰：「虜過城下，勿擊其首。首雖敗，彼全軍而至，汝弗能當也。不若俟前軍已過，見五方旗，虎豹衣，乃其中軍也，出其不意擊之，必大捷。」佖用其言，尚結贊敗走。軍士不識尚結贊，僅而獲免。

尚結贊謂其徒曰：「唐之良將，李晟、馬燧、渾瑊而已，以計去之。」入鳳翔境內，無所俘掠，以兵二萬直抵城下，曰：「李令公召我來，何不出犒我？」經宿，乃引退。

冬十月癸亥，李晟遣蕃落使野詩良輔與王佖將步騎五千襲吐蕃摧沙堡。壬申，遇吐蕃衆二萬，與戰，破之，乘勝逐北，至堡下，攻拔之，斬其將扈屈律悉蒙，焚其蓄積而還。尚結贊引兵自寧、慶北去，癸酉，軍于合水之北。邠寧節度使韓遊瓌遣其將史履程夜襲其營，殺數百人。吐蕃追之，遊瓌陳于平川，潛使人鼓於西山，虜驚，棄所掠而去。

十一月辛丑，吐蕃寇鹽州，謂刺史杜彥光曰：「我欲得城，聽爾率人去。」彥光悉衆奔鄜州，吐蕃入據之。十二月，吐蕃又寇夏州，亦令刺史托跋乾暉帥衆去，遂據其城。又寇銀州，州素無城，吏民皆潰。吐蕃亦棄之。又陷麟州。

韓遊瓌奏請發兵攻鹽州，吐蕃救之，則使河東襲其背。丙寅，詔駱元光及陳許兵馬使韓全義將步騎萬二千人會邠寧軍，趣鹽州，又命馬燧以河東軍擊吐蕃。燧至石州，河曲六胡州皆降，遷於雲朔之間。

工部侍郎張彧，李晟之壻也。晟在鳳翔，以女嫁幕客崔樞，禮重樞過於彧。彧怒，遂附於張延賞。給事中鄭雲逵嘗爲晟行軍司馬，失晟意，亦附延賞。上亦忌晟功名。會吐蕃有離間之言，延賞等騰謗於朝，無所不至。晟聞之，晝夜泣，目爲之腫。悉遣子弟詣長安，表請削髮爲僧，上慰諭，不許。辛未，入朝，見上，自陳足疾，懇辭方鎮，上不許。韓滉素與晟善，上命滉與劉玄佐諭旨於晟，使與延賞釋怨。晟奉詔，滉等引延賞詣晟第謝，結爲兄弟，因宴飲盡歡。又宴於滉、玄佐之第，亦如之。滉因使晟表薦延賞爲相。

三年春正月壬寅，以左僕射張延賞同平章事。李晟爲其子請婚於延賞，延賞不許。晟謂人曰：「武夫性快，釋怨於杯酒間，則不復貯胸中矣。非如文士難犯，外雖和解，内蓄憾如故。吾得無懼哉！」

二月壬戌，以檢校左庶子崔澣充入吐蕃使。三月丁酉，以左庶子李銛充入吐蕃使。

初，吐蕃尚結贊得鹽、夏州，各留兵千餘人戍之，退屯鳴沙。自冬入春，羊馬多死，糧運不繼，又聞李晟克摧沙，馬燧、渾瑊等各舉兵臨之，大懼，屢遣使求和，上未之許。乃遣使卑辭厚禮求和於馬燧，且請修清水之盟而歸侵地，使者相繼於路。燧信其言，留屯石州，不復濟河，爲之請於朝。李晟曰：「戎狄無信，不如擊之。」韓遊瓌曰：「吐蕃弱則求盟，强則入寇。今深入塞内而求盟，此必詐也。」韓滉曰：「今兩河無虞，若城原、鄯、洮、渭四州，使李晟、劉玄佐之徒將十萬衆戍之，河、湟二十餘州可復也。其資糧之費，臣請主辦。」上由是不聽燧計，趣使進兵。燧請與吐蕃使論頰熱俱入朝論之，會滉薨，燧、延賞皆與晟有隙，欲反其謀，爭言和親便。上亦恨回紇，欲與吐蕃和，共擊之，得二人言，正會己意，計遂定。

延賞數言晟不宜久典兵，請以鄭雲逵代之。上曰：「當令自擇代者。」乃謂晟曰：「朕以百姓之故，與吐蕃和親決矣。大臣既與吐蕃有怨，不可復之鳳翔，宜留朝廷，朝夕輔朕；自擇一人可代鳳翔者。」晟薦都虞候邢君牙。君牙，樂壽人也。丙午，以君牙爲鳳翔尹兼團練使。丁未，加晟太尉、中書令，勳封如故，餘悉罷之。

晟在鳳翔嘗謂僚佐曰：「魏徵好直諫，余竊慕之。」行軍司馬李叔度曰：「此乃儒者所爲，非勳德所宜。」晟斂容曰：「司馬失言。晟任兼將、相，知朝廷得失，不言，何以爲臣？」叔度慚而退。及在朝廷，上有所顧問，極言無隱。性沈密，未嘗泄於人。

辛亥，馬燧入朝。燧既來，諸軍皆閉壁不戰，尚結贊遽自鳴沙引歸。其衆乏馬，多徒行者。

崔澣見尚結贊，責以負約。尚結贊曰：「吐蕃破朱泚，未獲賞，是以來。而諸州各城守，無由自達。鹽、夏守者以城授我而遁，非我取之也。今明公來，欲踐修舊好，固吐蕃之願也。今吐蕃將、相以下來者二十一人，渾侍中嘗與之共事，知其忠信。靈州節度使杜希全、涇原節度使李觀皆信厚聞於異域，請使之主盟。」

夏四月丙寅，澣至長安。辛未，以澣爲鴻臚卿，復使入吐蕃語尚結贊曰：「希全守靈，不可出境，李觀已改官，今遣渾瑊盟於清水。」且令先歸鹽、夏二州。五月甲申，渾瑊自咸陽入朝，以爲清水會盟使。戊子，以兵部尚書崔漢衡爲副使，司封員外郎鄭叔矩爲判官，特進宋奉朝爲都監。己丑，瑊將二萬餘人赴盟所。

乙巳，尚結贊遣其屬論泣贊來言：「清水非吉地，請盟於原州之土梨樹。既盟而歸鹽、夏二州。」上皆許之。神策將馬有麟奏：「土梨樹多阻險，恐吐蕃設伏兵，不如平涼川坦夷。」時論泣贊已還，丁未，遣使追告之。

初，韓滉薦劉玄佐可使將兵復河、湟，上以問玄佐，玄佐亦贊成之。滉薨，玄佐奏言：「吐蕃方强，未可與争。」上遣中使勞問玄佐，玄佐卧而受命。張延賞知玄佐不可用，奏以河、湟事委李抱真，抱真亦固辭。皆由延賞罷李晟兵柄，故武臣皆憤怒解體，不肯爲用故也。

渾瑊之發長安也，李晟深戒之，以盟所爲備不可不嚴。張延賞言於上曰：「晟不欲盟好之成，故戒瑊以嚴備。我有疑彼之形，則彼亦疑我矣。盟何由成？」上乃召瑊，切戒以推誠待虜，勿自爲猜貳以阻虜情。

瑊奏吐蕃決以〔閏五月〕辛未盟，延賞集百官，以瑊表稱詔示之，曰：「李太尉謂吐蕃和好必不成，此渾侍中表也，盟日定矣。」晟聞之，泣謂所親曰：「吾生長西陲，備諳虜情，所以論奏，但恥朝廷爲犬戎所侮耳。」

上始命駱元光屯潘原，韓遊瓌屯洛口，以爲瑊援。元光謂瑊曰：「潘原距盟所且七十里，公有急，元光何從知之？請與公俱。」瑊以詔指固止之。元光不從，與瑊連營相次，距盟所三十餘里。元光壕柵深固，瑊壕柵皆可踰也。元光伏兵於營西，韓遊瓌亦遣五百騎伏於其側，曰：「若有變，則汝曹西趣柏泉，以分其勢。」

尚結贊與瑊約，各以甲士三千人列於壇之東西，常服者四百人從至壇下。辛未，將盟，尚結贊又請各遣遊騎數十更相覘索，瑊皆許之。吐蕃伏精騎數萬於壇西，遊騎貫穿唐軍，出入無禁。唐騎入虜軍，悉爲所擒，瑊等皆不知。入幕，易禮服。虜伐鼓三聲，大譟而至，殺宋奉朝等於幕中。瑊自幕後出，偶得他馬乘之，伏鬣入其銜，馳十餘里，銜方及馬口，故矢過其背而不傷。唐將卒皆東走，虜縱兵追擊，或殺、或擒之，死者數百人，擒者千餘人，崔漢衡爲虜騎所擒。渾瑊至其營，則將卒皆遁去，營空矣。駱元光發伏兵成陳以待之，虜追騎愕眙。瑊入元光營，追騎顧見邠寧軍西馳，乃還。元光以輜重資瑊，與瑊收散卒，勒兵整陳而還。

是日，上視朝，謂諸相曰：「今日和戎息兵，社稷之福。」馬燧曰：「然。」柳渾曰：「戎狄，豺狼也，非盟誓可結。今日之事，臣竊憂之。」李晟曰：「誠如渾言。」上變色曰：「柳渾書生，不知邊計；大臣亦爲此言邪！」皆伏地頓首謝，因罷朝。是夕，韓遊瓌表言：「虜劫盟者兵臨近鎮。」上大驚，街遞其表以示渾。明旦，謂渾曰：「卿書生，乃能料敵如此其審邪！」上欲出幸以避吐蕃，大臣諫而止。

李晟大安園多竹，復有爲飛語者，云：「晟伏兵大安亭，謀因倉猝爲變。」晟遂伐其竹。

癸酉，上遣中使王子恒齎詔遺尚結贊，至吐蕃境，不納而還。渾瑊留屯奉天。

甲戌，尚結贊至故原州，引見崔漢衡等曰：「吾飾金械，欲械瑊以獻贊普。今失瑊，虛致公輩。」又謂馬燧之姪弇曰：「胡以馬爲命，吾在河曲，春草未生，馬不能舉足，當是時，侍中渡河掩之，吾全軍覆沒矣！所以求和，蒙侍中力，今全軍得歸，奈何拘其子孫！」命弇與宦官俱文珍、渾瑊將馬寧俱歸，分囚崔漢衡等於河、廓、鄯州。上聞尚結贊之言，由是惡馬燧。六月丙戌，以馬燧爲司徒兼侍中，罷其副元帥、節度使。

初，吐蕃尚結贊惡李晟、馬燧、渾瑊，曰：「去三人，則唐可圖也。」於是離間李晟，因馬燧以求和，欲執渾瑊以賣燧，使并獲罪，因縱兵直犯長安，會失渾瑊而止。張延賞慚懼，謝病不視事。

吐蕃之戍鹽、夏者，饋運不繼，人多病疫思歸。尚結贊遣三千騎逆之，悉焚其廬舍，毁其城，驅其民而去。靈鹽節度使杜希全遣兵分守之。

壬寅，李泌與李晟、馬燧、柳渾俱入見，泌謂上曰：「李晟、馬燧有大功於國，聞有讒之者，雖陛下必不聽，然臣今日對二人言之，欲其不自疑耳。陛下萬一害之，則宿衛之士、方鎮之臣，無不憤惋而反仄，恐中外之變不日復生也。今晟、燧富貴已足，苟陛下坦然待之，使其自保無虞，國家有事則出從征伐，無事則入奉朝請，何樂如之？故臣願陛下勿以二臣功大而忌之，二臣勿以位高而自疑，則天下永無事矣。」上曰：「朕始聞卿言，聳然不知所謂，及聽卿剖析，乃知社稷之至計也。朕謹當書紳，二大臣亦當共保之。」晟、燧皆起，泣謝。時關東防秋兵大集，國用不充。上問李泌以復府兵之策。對曰：「今歲徵關東卒戍京西者十七萬人，計歲食粟二百四萬斛。今粟斗直錢百五十，爲錢三百六萬緡。國家比遭饑亂，經費不充，就使有錢，亦無粟可糴，未暇議復府兵也。」上曰：「然將奈何？亟減戍卒歸之，何如？」對曰：「陛下誠能用臣之言，可以不減戍卒，不擾百姓，糧食皆足，粟麥日賤，府兵亦成。」上曰：「果能如是，何爲不用！」對曰：「此須急爲之，過旬日則不及矣。今吐蕃久居原蘭之間，以牛運糧，糧盡，牛無所用。請發左藏惡繒染爲綵纈，因党項以市之，每頭不過二三匹，計十八萬匹，可致六萬餘頭。又命諸冶鑄農器，糴麥種，分賜緣邊軍鎮，募戍卒，耕荒田而種之，約明年麥熟倍償其種，其餘據時價五分增一，官爲糴之；來春種禾亦如之。關中土沃而久荒，所收必厚。戍卒獲利，耕者浸多。邊地居人至少，軍士月食官糧，粟麥無所售，其價必賤，名爲增價，實比今歲所減多矣。」上曰：「善。」即命行之。

泌又言：「邊地官多闕，請募人入粟以補之，可足今歲之糧。」上亦從之，因問曰：「卿言府兵亦集，如何？」對曰：「戍卒因屯田致富，則安於其土，不復思歸。舊制，戍卒三年而代，及其將滿，下令有願留者，即以所開田爲永業。家人願來者，本貫給長牒續食而遣之。據應募之數，移報本道，雖河朔諸帥得免更代之煩，亦喜聞矣。不過數番，則戍卒皆土著，乃悉以府兵之法理之，是變關中之疲弊爲富强也。」上喜曰：「如此，天下無復事矣。」泌曰：「未也。臣能不用中國之兵，使吐蕃自困。」上曰：「計將安出？」對曰：「臣未敢言之，俟麥禾有效，然後可議也。」上固問，不對。泌意欲結回紇、大食、雲南與共圖吐蕃，令吐蕃所備〔者〕多，知上素恨回紇，恐聞之不悦，并屯田之議不行，故不肯言。既而戍卒應募願耕屯田者什五六。

左僕射同平章事張延賞薨。

秋八月，吐蕃尚結贊遣五騎送崔漢衡歸，且上表求和。至潘原，李觀語之，以「有詔不納吐蕃使者」，受其表而卻其人。

戊申，吐蕃帥羌、渾之衆寇隴州，連營數十里，京城震恐。九月丁卯，遣神策將石季章戍武功，決勝軍使唐良臣戍百里城。丁巳，吐蕃大掠汧陽、吴山、華亭，老弱者殺之，或斷手鑿目，棄之而去。驅丁壯萬餘口悉送安化峽西，將分隸羌、渾。乃告之曰：「聽爾東向哭辭鄉國。」衆大哭，赴崖谷死傷者千餘人。未幾，吐蕃之衆復至，圍隴州，刺史韓清沔與神策副將蘇太平夜出兵擊卻之。

吐蕃寇華亭及連雲堡，皆陷之。甲戌，吐蕃驅二城之民數千人及邠、涇人畜萬計而去，寘之彈箏峽西。涇州恃連雲爲斥候，連雲既陷，西門不開，門外皆爲虜境，樵采路絶。每收穫必陳兵以扞之，多失時，得空穗而已，由是涇州常苦乏食。

冬十月甲申，吐蕃寇豐義城，前鋒至大回原，邠寧節度使韓游瓌擊卻之。乙酉，復寇長武城，又城故原州而屯之。

吐蕃以苦寒不入寇，而糧運不繼。十一月，詔渾瑊歸河中，李元諒歸華州，劉昌分其衆五千歸汴州，自餘防秋兵退屯鳳翔、京兆諸縣以就食。

四年春二月，劉昌復築連雲堡。夏五月，吐蕃三萬餘騎寇涇、邠、寧、慶、鄜等州。先是，吐蕃常以秋冬入寇，及春多病疫而退。至是得唐人，質其妻子，遣其將將之，盛夏入寇。諸州皆城守，無敢與戰者，吐蕃俘掠人畜萬計而去。

秋九月庚申，吐蕃尚（志）〔悉〕董星寇寧州，張獻甫擊卻之，吐蕃轉掠鄜、坊而去。

冬十月，吐蕃發兵十萬寇西川，分兵四萬攻兩林、驃旁，三萬攻東蠻，七千寇清溪關，五千寇銅山。韋皋遣黎州刺史韋晉等與東蠻連兵禦之，破吐蕃於清溪關外。

十一月，吐蕃恥前日之敗，復以衆二萬寇清溪關，一萬攻東蠻。韋皋命韋晉鎮要衝城，督諸軍以禦之。巂州經略使劉朝彩等出關連戰，自乙卯至癸亥，大破之。

五年冬十月，韋皋遣其將王有道將兵與東蠻、兩林蠻及吐蕃青海、臘城二節度〔戰〕于巂州臺登谷，大破之，斬首二千級，投崖及溺死者不可勝數，殺其大兵馬使乞藏遮遮。乞藏遮遮，虜之驍將也，既死，皋所攻城栅無不下，數年盡復巂州之境。

七年秋八月，吐蕃攻靈州，爲回鶻所敗，夜遁。九月，回鶻遣使來獻俘。冬十二月甲午，又遣使獻所獲吐蕃酋長尚結心。

八年夏四月壬子，吐蕃寇靈州，陷水口支渠，敗營田。詔河東、振武救之，遣神策六軍二千戍定遠、懷遠城，吐蕃乃退。六月，吐蕃千餘騎寇涇州，掠田軍千餘人而去。秋八月，韋皋攻吐蕃維州，獲其大將論贊熱。

九年。初，鹽州既陷，塞外無復保障；吐蕃常阻絶靈武，侵擾鄜、坊。〔春二月〕辛酉，詔發兵三萬五千人城鹽州，又詔涇原、山南、劍南各發兵深入吐蕃以分其勢。城之二旬而畢，命鹽州節度使杜彦光戍之。朔方都虞候楊朝晟戍木波堡。由是靈武、銀、夏、河西獲安。

夏五月，陸贄上奏論備邊六失，以爲：「措置乖方，課責虧度，財匱於兵衆，力分於將多，怨生於不均，機失於遥制。關東戍卒，不習土風，身苦邊荒，心畏戎虜。國家資奉若驕子，姑息如倩人。屈指計歸，張頤待哺，或利王師之敗，乘擾攘而東潰；或拔棄城鎮，摇遠近之心。豈惟無益，實亦有損。復有犯刑謫徙者，既是無良之類，且加懷土之情，思亂幸災，又甚戍卒，可謂措置乖方矣。自頃權移於下，柄失於朝，將之號令既鮮克行之於軍，國之典常又不能施之於將，務相遵養，苟度歲時。欲賞一有功，翻慮無功者反仄；欲罰一有罪，復慮同惡者憂虞。罪以隱忍而不彰，功以嫌疑而不賞，姑息之道，乃至於斯。故使忘身效節者獲誚於等夷，率衆先登者取怨於士卒，僨軍蹙國者不懷於愧畏，緩救失期者自以爲智能。此義士所以痛心，勇夫所以解體，可謂課責虧度矣。虜每入寇，將帥遞相推倚，無敢誰何，虛張賊勢。上聞則曰兵少不敵，朝廷莫之省察，唯務徵發益師，無裨補禦之功，重增供億之弊。閭井日耗，徵求日繁，以編户傾家破産之資，兼有司榷鹽税酒之利，總其所入，半以事邊，可謂財匱於兵衆矣。吐蕃舉國勝兵之徒，纔當中國十數大郡而已。動則中國懼其衆而不敢抗，静則中國憚其强而不敢侵，厥理何哉？良以中國之節制多門，蕃醜之統帥專一故也。夫統帥專一，則人心不分，號令不貳，進退可齊，疾徐如意，機會靡愆，氣勢自壯，斯乃以少爲衆，以弱爲强者也。開元天寶之間，控禦西北兩蕃唯朔方、河西、隴右三節度。中興以來，未遑外討，抗兩蕃者亦朔方、涇原、隴右、河東四節度而已。自頃分朔方之地，建牙擁節者凡三使焉，其餘鎮軍，數且四十，皆承特詔委寄，各降中貴監臨，人得抗衡，莫相禀屬。每俟邊書告急，方令計會用兵，既無軍法下臨，唯以客禮相待。夫兵，以氣勢爲用者也，氣聚則盛，散則消；勢合則威，析則弱。今之邊備，勢弱氣消，可謂力分於將多矣。理戎之要，在於練覈優劣之科，以爲衣食等級之制，使能者企及，否者息心，雖有薄厚之殊，而無觖望之釁。今窮邊之地，長鎮之兵，皆百戰傷夷之餘，終年勤苦之劇，然衣糧所給，唯止當身，例爲妻子所分，常有凍餒之色。而關東戍卒，怯於應敵，懈於服勞，衣糧所頒，厚踰數等。又有素非禁旅，本是邊軍，將校詭爲媚詞，因請遥隸神策，不離舊所，唯改虛名，其於廩賜之饒，遂有三倍之益。夫事業未異，而給養有殊，苟未忘懷，孰能無愠？可謂怨生於不均矣。凡欲選任將帥，必先考察行能，可者遣之，不可者退之，疑者不使，使者不疑，故將在軍，君命有所不受。自頃邊軍去就，裁斷多出宸衷，選置戎臣，先求易制，多其部以分其力，輕其任以弱其心，遂令爽於軍情亦聽命，乖於事宜亦聽命。戎虜馳突，迅如風飈，駔書上聞，旬月方報。守士者以兵寡不敢抗敵，分鎮者以無詔不肯出師，賊既縱掠退歸，此乃陳功告捷。其敗喪則減百而爲一，其捃獲則張百而成千。將帥既幸於總制在朝，不憂罪累，陛下又以爲大權由己，不究事情，可謂機失於遥制矣。臣愚請宜罷諸道將士防秋之制，令本道但供衣糧，募戍卒願留及蕃漢子弟以給之。又多開屯田，官爲收糴，寇至則人自爲戰，時至則家自力農，與夫倏來忽往者，豈可同等而論哉！又宜擇文武能臣爲隴右、朔方、河東三元帥，分統緣邊諸節度使，有非要者，隨所便近而併之。然後減姦濫虛浮之費以豐財，定衣糧等級之制以和衆，弘委任之道以宣其用，懸賞罰之典以考其成。如是，則戎狄威懷，疆埸寧謐矣。」上雖不能盡從，心甚重之。

十年。韋皋奏破吐蕃於峨和城。

韋皋遣大將董勔等將兵出西山，破吐蕃之衆，拔堡栅五十餘。

十一年冬十月，南詔攻吐蕃昆明城，取之，又虜施、順二蠻王。

十三年春正月壬寅，吐蕃遣使請和親，上以吐蕃數負約，不許。上以方渠、合道、木波皆吐蕃要路，欲城之，使問邠寧節度使楊朝晟須幾何兵？對曰：「邠寧兵足以城之，不煩他道。」上復使問之曰：「曏城鹽州，用兵七萬，僅能集事。今三城尤逼虜境，兵當倍之，事更相反，何也？」對曰：「城鹽州之衆，虜皆知之。今發本鎮兵，不旬日至塞下，出其不意而城之，虜謂吾衆亦不減七萬，其衆未集，不敢輕來犯我。不過三旬，吾城已畢，留兵戍之，虜雖至，無能爲也。城旁草盡，不能久留，虜退則運芻糧以實之，此萬全之策也。若大集諸道兵，踰月始至，虜亦集衆而來，與我争戰，勝負未可知，何暇築城哉！」上從之。二月，朝晟分軍爲三，各築一城。軍吏曰：「方渠無井，不可屯軍。」判官孟子周曰：「方渠承平之時，居人成市，無井何以聚人乎？」命浚眢井，果得甘泉。三月，三城成。夏四月庚申，楊朝晟軍還至馬嶺，吐蕃始出兵追之，相拒數日而去。朝晟遂城馬嶺而還，開地三百里，皆如其素。

吐蕃贊普乞立贊卒，子足之煎立。

六月，韋皋奏巂州刺史曹高仕破吐蕃於臺登城下。

十四年冬十月，夏州節度使韓全義奏破吐蕃於鹽州西北。

十五年夏四月，南詔異牟尋遣使與韋皋約共擊吐蕃，皋以兵糧未集，請俟他年。冬十二月，吐蕃衆五萬分擊南詔及巂州，異牟尋與韋皋各發兵禦之，吐蕃無功而還。

十六年夏五月，靈州破吐蕃於烏蘭橋。吐蕃數爲韋皋所敗，是歲，其曩貢臘城等九節度嬰、籠官馬定德帥其部落來降。定德有智略，吐蕃諸將行兵皆稟其謀策，常乘驛計事，至是以兵數不利，恐獲罪，遂來奔。

十七年秋七月戊寅，吐蕃寇鹽州。己丑，吐蕃陷麟州，殺刺史郭鋒，夷其城郭，掠居人及党項部落而去。鋒，曜之子也。

僧延素爲虜所得，虜將有徐舍人者，謂延素曰：「我，英公之五代孫也。武后時吾高祖建義不成，子孫流播異域，雖代居禄位典兵，然思本之心不忘，顧宗族大，無由自拔耳。今聽汝歸。」遂縱之。

上遣使敕韋皋出兵深入吐蕃以分其勢，紓北邊患。皋遣將將兵二萬分出九道攻吐蕃維、保、松州及棲雞、老翁城。

九月，韋皋奏大破吐蕃於雅州。

韋皋屢破吐蕃，轉戰千里，凡拔城七，軍鎮五，焚堡百五十，斬首萬餘級，捕虜六千，降户三千。遂圍維州及昆明城。冬十月庚子，加皋檢校司徒兼中書令，賜爵南康王。南詔王異牟尋虜獲尤多，上遣中使慰撫之。

十八年春正月，吐蕃遣其大相兼東鄙五道節度使論莽熱將兵十萬解維州之圍，西川兵據險設伏以待之。吐蕃至，出千人挑戰，虜悉衆追之，伏發，虜衆大敗，擒論莽熱，士卒死者太半。維州、昆明竟不下，引兵還。乙亥，皋遣使獻論莽熱，上（從）〔赦〕之。乙亥，吐蕃遣其臣論頰熱入貢。六月壬辰，遣右龍武大將軍薛伾使于吐蕃。

十九年夏四月，涇原節度使劉昌奏請徙原州治平涼，從之。

二十年。吐蕃贊普死，其弟嗣立。

憲宗元和三年春正月，臨涇鎮將郝玼以臨涇地險要，水草美，吐蕃將入寇，必屯其地，言於涇原節度使段祐，奏而城之，自是涇原獲安。冬十二月庚戌，置行原州於臨涇，以鎮將郝玼爲刺史。

四年。初，平涼之盟，副元帥判官路泌、會盟判官鄭叔矩皆没於吐蕃。其後吐蕃請和，泌子隨（之）〔三〕詣闕，號泣上表，乞從其請。德宗以吐蕃多詐，不許。至是，吐蕃復請和，隨又五上表，詣執政泣請，裴垍、李藩亦言於上，請許其和。上從之。五月，命祠部郎中徐復使吐蕃。

秋九月丙辰，振武奏吐蕃五萬餘騎至拂梯泉。辛未，豐州奏吐蕃萬騎至大石谷，掠回鶻入貢還國者。

五年夏五月庚申，吐蕃遣其臣論思邪熱入見，且歸路泌、鄭叔矩之柩。

七年。吐蕃寇涇州，及西門之外，驅掠人畜而去，上患之。李絳上言：「京西、京北皆有神策鎮兵，始置之欲以備禦吐蕃，使與節度使掎角相應也。今則鮮衣美食，坐耗縣官，每有寇至，節度使邀與俱進，則云『申取中尉處分』。比其得報，虜去遠矣。縱有果鋭之將，聞命奔赴，節度使無刑戮以（相）制之，相視如平交，左右前卻，莫肯用命，何所益乎？請據所在之地士馬及衣糧、器械皆割隸當道節度使，使號令齊壹，如臂之使指，則軍威大振，虜不敢入寇矣。」上曰：「朕不知舊事如此，當亟行之。」既而神策軍驕恣日久，不樂隸節度使，竟爲宦者所沮而止。

八年。初，吐蕃欲作烏蘭橋，先貯材於河側，朔方常潛遣人投之於河，終不能成。虜知朔方、靈鹽節度使王佖貪，先厚賂之，然後併力成橋，仍築月城守之。自是朔方禦寇不暇。

十年冬十一月己丑，吐蕃款隴州塞，請互市，許之。

十一年春二月，西川奏吐蕃贊普卒，新贊普可黎可足立。

十三年冬十一月辛巳朔，鹽州奏吐蕃寇河曲、夏州。靈武奏破吐蕃長樂州，克其外城。甲午，鹽州奏吐蕃引去。

十四年春正月，吐蕃遣使者論短立藏等來修好，未返，入寇河曲。上曰：「其國失信，其使何罪？」庚寅，遣歸國。秋八月癸酉，吐蕃寇慶州，營於方渠。（冬十月）〔是歲〕，吐蕃節度論三摩等將十五萬衆圍鹽州，党項亦發兵助之。刺史李文悦竭力拒守，凡二十七日，吐蕃不能克。靈武牙將史奉敬言於朔方節度使杜叔良，請兵三千，齎三十日糧，深入吐蕃，以解鹽州之圍。叔良以二千五百人與之。奉敬行，旬餘，無聲問，朔方人以爲俱没矣。無何，奉敬自他道出吐蕃背，吐蕃大驚，潰去。奉敬奮擊，大破，不可勝計。奉敬與鳳翔將野詩良輔、涇原將郝玼皆以勇著名於邊，吐蕃憚之。

十五年春二月，吐蕃寇靈武。三月，吐蕃寇鹽州。

冬十月，党項引吐蕃寇涇州，連營五十里。癸未，涇州奏吐蕃進營距州三十里，告急求救。以右軍中尉梁守謙爲左、右神策、京西、北行營都監，將兵四千人，并發八鎮全軍救之，賜將士裝錢二萬緡。以郯王府長史邵同爲太府少卿兼御史中丞，充答吐蕃請和好使。

初，秘書少監田洎入吐蕃爲弔祭使，吐蕃請與唐盟於長武城下，洎恐吐蕃留之不得還，唯阿而已。既而吐蕃爲党項所引入寇，因以爲辭，曰：「田洎許我將兵赴盟。」於是貶洎郴州司户。

渭州刺史郝玼數出兵襲吐蕃營，所殺甚衆。李光顔發邠寧兵救涇州。邠寧兵以神策受賞厚，皆愠曰：「人給五十緡而不識戰鬬者，彼何人邪！常額衣資不得而前冒白刃者，此何人邪！」洶洶不可止。光顔親爲開陳大義以諭之，言與涕俱，然後軍士感悦而行。將至涇州，吐蕃懼而退。丙戌，罷神策行營。

西川奏吐蕃寇雅州。辛卯，鹽州奏吐蕃營於烏、白池。尋亦皆退。十二月己巳朔，鹽州奏吐蕃千餘人圍烏、白池。庚辰，西川奏南詔二萬人入界，請討吐蕃。

穆宗長慶元年夏六月辛未，吐蕃寇青塞堡，鹽州刺史李文悦擊卻之。秋九月，吐蕃遣其禮部尚書論訥羅來求盟。庚戌，以大理卿劉元鼎爲吐蕃會盟使。冬十月癸酉，命宰相及大臣凡十七人與吐蕃論訥羅盟于城西。遣劉元鼎與訥羅入吐蕃，亦與其宰相以下盟。

二年夏六月，吐蕃寇靈武。壬（子）〔午〕，吐蕃寇鹽州。八月，劉元鼎還。

靈武節度使李進誠奏敗吐蕃三千騎於大石山下。

文宗太和五年秋九月，吐蕃維州副使悉怛謀請降，盡帥其衆奔成都，李德裕遣行維州刺史虞藏儉將兵入據其城。庚申，具奏其狀，且言：「欲遣生羌三千，燒十三橋，擣西戎腹心，可洗久恥，是韋皋没身恨不能致者也。」事下尚書省，集百官議，皆請如德裕策。牛僧孺曰：「吐蕃之境，四面各萬里，失一維州，未能損其勢。比來修好，約罷戍兵，中國禦戎，守信爲上。彼若來責，曰：『何事失信？』養馬蔚茹川，上平涼阪，萬騎綴回中，怒氣直辭，不三日至咸陽橋。此時西南數千里外，得百維州何所用之？徒棄誠信，有害無利。此匹夫所不爲，況天子乎！」上以爲然，詔德裕以其城歸吐蕃，執悉怛謀及所與偕來者悉歸之。吐蕃盡誅之於境上，極其慘酷。德裕由是怨僧孺益深。

武宗會昌三年。李德裕追論維州悉怛謀事，云：「維州據高山絶頂，三面臨江，在戎虜平川之衝，是漢地入兵之路。初，河、隴盡没，唯此獨存。吐蕃潛以婦人嫁此州門者，二十年後，兩男長成，竊開壘門，引兵夜入，遂爲所陷，號曰無憂城。從此得併力於西邊，更無虞於南路。憑陵近甸，旰食累朝。貞元中，韋皋欲經略河、湟，須此城爲始，萬旅盡鋭，急攻數年，雖擒論莽熱而還，城堅卒不可克。臣初到西(屬)〔蜀〕，外揚國威，中緝邊備。其維州熟臣信令，空壁來歸，臣始受其降，南蠻震懾，山西八國皆願内屬。其吐蕃合水、棲雞等城，既失險阨，自須抽歸，可減八處鎮兵，坐收千餘里舊地。且維州未降前一年，吐蕃猶圍魯州，豈顧盟約？臣受降之初，指天爲誓，面許奏聞，各加酬賞。當時不與臣者，望風疾臣，詔臣執送悉怛謀等令彼自戮。臣寧忍以三百餘人命棄信偷安，累表陳論，乞垂矜捨，答詔嚴切，竟令執還。體備三木，輿於竹畚，及將就路，冤叫嗚嗚，將吏對臣，無不隕涕。其部送者更爲蕃帥譏誚，云既已降彼，何須送來！復以此降人戮於漢境之上，恣行殘忍，用固攜離。至乃擲其嬰孩，承以槍槊。絶忠款之路，快兇虐之情，從古已來，未有此事！雖時更一紀，而運屬千年，乞追獎忠魂，各加褒贈。」詔贈悉怛謀右衛將軍。

臣光曰：論者多疑維州之取捨，不能決牛、李之是非。臣以爲昔荀吳圍鼓，鼓人或請以城叛，吴弗許，曰：「或以吾城叛，吾所甚惡也。人以城來，吾獨何好焉！吾不可以欲城而邇姦。」使鼓人殺叛者而繕守備。是時唐新與吐蕃修好而納其維州，以利言之，則維州小而信大，以害言之，則維州緩而關中急。然則爲唐計者，宜何先乎？悉怛謀在唐則爲向化，在吐蕃不免爲叛臣，其受誅也，又何矜焉！且德裕所言者利也，僧孺所言者義也，匹夫徇利而忘義，猶恥之，况天子乎！譬如鄰人有牛，逸而入於家，或勸其兄歸之，或勸其弟攘之。勸攘者曰：「攘之不義也，且致訟。」勸歸者曰：「彼嘗攘吾羊矣，何義之拘？牛大畜也，鬻之可以富家。」以是觀之，牛、李之是非，端有見矣。

〔宋〕袁樞 撰

通鑑紀事本末

卷第二十七至
卷第二十九

中華書局

通鑑紀事本末卷第二十七

唐平東都

李密　王世充

隋煬帝大業九年。禮部尚書楊玄感，驍勇，便騎射，好讀書，喜賓客，海内知名之士多與之遊。與蒲山公李密善。密，弼之曾孫也，少有才略，志氣雄遠，輕財好士。爲左親侍，帝見之，謂宇文述曰：「向者左仗下黑色小兒，瞻視異常，勿令宿衛。」述乃諷密，使稱病自免，密遂屏人事，專務讀書。嘗乘黄牛讀漢書，楊素遇而異之，因召至家，與語，大悦，謂其子玄感等曰：「李密識度如此，汝等不及也。」由是玄感與爲深交。時或侮之，密曰：「人言當指實，寧可面諛。若決機兩陳之間，喑嗚咄嗟，使敵人震懾，密不如公。驅策天下賢俊，各申其用，公不如密。豈可以階級稍崇，而輕天下士大夫邪？」玄感笑而服之。

素恃功驕倨，朝宴之際，或失臣禮，帝心銜而不言，素亦覺之。及素薨，帝謂近臣曰：「使素不死，終當族滅。」玄感頗知之，且自以累世貴顯，在朝文武多父之故吏，見朝政日紊，而帝多猜忌，内不自安，乃與諸弟潛謀作亂。帝方事征伐，玄感自言：「世荷國恩，願爲將領。」帝喜曰：「將門必有將，相門必有相，固不虚也。」由是寵遇日隆，頗預朝政。

帝伐高麗，命玄感於黎陽督運，遂與虎賁郎將王仲伯、汲郡贊治趙懷義等謀，故逗遛漕運，不時進發，欲令渡遼諸軍乏食。帝遣使者促之，玄感揚言水路多盜，不可前後而發。玄感弟虎賁郎將玄縱、鷹揚郎將萬石，並從幸遼東，玄感潛遣人召之，二人皆亡還。萬石至高陽，爲監事許華所執，斬於涿郡。

時右驍衛大將軍來護兒以舟師自東萊將入海趣平壤，玄感遣家奴僞爲使者從東方來，詐稱護兒反。六月乙巳，玄感入黎陽縣，閉城，大索男夫，取帆布爲牟甲，署官屬，皆準開皇之舊。移書傍郡，以討護兒爲名，各令發兵會於倉所。郡縣官有幹用者，玄感皆以運糧追集之，以趙懷義爲衛州刺史，東光尉元務本爲黎州刺史，河内郡主簿唐禕爲懷州刺史。

治書侍御史游元督運在黎陽，玄感謂曰：「獨夫肆虐，陷身絶域，此天亡之時也。我今親帥義兵以誅無道，卿意如何？」元正色曰：「尊公荷國寵靈，近古無比，公之弟兄青紫交映，當謂竭誠盡節，上答鴻恩。豈意墳土未乾，親圖反噬。僕有死而已，不敢聞命。」玄感怒而囚之，屢脅以兵，不能屈，乃殺之。元，明根之孫也。

玄感選運夫少壯者得五千餘人，丹楊、宣城篙梢三千餘人，刑三牲誓衆，且諭之曰：「主上無道，不以百姓爲念，天下騷擾，死遼東者以萬計。今與君等起兵以救兆民之弊，何如？」衆皆踴躍稱萬歲。乃勒兵部分。唐禕自玄感所逃歸河内。

先是，玄感陰遣家僮至長安，召李密及弟玄挺赴黎陽。及舉兵，密適至，玄感大喜，以爲謀主。謂密曰：「子常以濟物爲己任，今其時矣。計將安出？」密曰：「天子出征，遠在遼外，去幽州猶隔千里。南有巨海，北有强胡，中間一道，理極艱危。公擁兵出其不意，長驅入薊，據臨渝之險，扼其咽喉。歸路既絶，高麗聞之，必躡其後，不過旬月，資糧皆盡，其衆不降則潰，可不戰而擒，此上計也。」玄感曰：「更言其次。」密曰：「關中四塞，天府之國，雖有衛文昇，不足爲意。今帥衆鼓行而西，經城勿攻，直取長安，收其豪傑，撫其士民，據險而守之。天子雖還，失其根本，可徐圖也。」玄感曰：「更言其次。」密曰：「簡精鋭，晝夜倍道，襲取東都，以號令四方。但恐唐禕告之，先已固守。若引兵攻之，百日不克，天下之兵四面而至，非僕所知也。」玄感曰：「不然。今百官家口並在東都，若先取之，足以動其心。且經城不拔，何以示威？公之下計，乃上策也。」遂引兵向洛陽，遣楊玄挺將驍勇千人爲前鋒，先取河内。唐禕據城拒守，玄挺無所獲。禕又使人告東都越王侗與樊子蓋等勒兵爲備。

脩武民相帥守臨清關，玄感不得渡，乃於汲郡南渡河，從之者如市。使弟積善將兵三千自偃師南緣洛水西入，玄挺自白司馬坂逾邙山南入，玄感將三千餘人隨其後，相去十里許，自稱大軍。其兵皆執單刀柳楯，無弓矢甲冑。東都遣河南令達奚善意將精兵五千人拒積善，將作監河南贊治裴弘策將八千人拒玄挺。善意渡洛南，營於漢王寺。明日，積善兵至，不戰自潰，鎧仗皆爲積善所取。弘策出，至白司馬坂，一戰敗走，棄鎧仗者太半，玄挺亦不追。弘策退三四里，收散兵，復結陳以待之。玄挺徐至，坐息良久，忽起擊之，弘策又敗。如是五戰。丙辰，玄挺直抵太陽門，弘策將十餘騎馳入宮城，自餘無一人返者，皆歸於玄感。

玄感屯上春門，每誓衆曰：「我身爲上柱國，家累鉅萬金，至於富貴，無所求也。今不顧滅族者，但爲天下解倒懸之急耳。」衆皆悦。父老爭獻牛酒，子弟詣軍門請自效者，日以千數。

內史舍人韋福嗣，洸之兄子也，從軍出拒玄感，爲玄感所獲。玄感厚禮之，使與其黨胡師耽共掌文翰。玄感令福嗣爲書遺樊子蓋，數帝罪惡，云：「今欲廢昏立明，願勿拘小禮，自貽伊戚。」樊子蓋新自外藩入爲京官，東都舊官多慢之，至於部分軍事，未甚承禀。裴弘策與子蓋同班，前出討賊失利，子蓋更使出戰，不肯行，子蓋命引出斬之以徇。國子祭酒河東楊汪小有不恭，子蓋又將斬之，汪頓首流血乃得免。於是將吏震肅，無敢仰視，令行禁止。玄感盡鋭攻城，子蓋隨方拒守，玄感不能克。然達官子弟應募從軍者，聞弘策死，皆不敢入城。韓擒虎子世谔、觀王雄子恭道、虞世基子柔、來護兒子淵、裴藴子爽、大理卿鄭善果子儼、周羅睺子仲等四十餘人皆降於玄感，玄感悉以親要重任委之。善果，譯之兄子也。

玄感收兵得五萬餘人，分五千人守慈磵道，五千守伊闕道，遣韓世谔將三千人圍滎陽，顧覺將五千人取虎牢。虎牢降，以覺爲鄭州刺史，鎮虎牢。

代王侑使刑部尚書衛文昇帥兵四萬救東都。文昇至華陰，掘楊素冢，焚其骸骨，示士卒以必死，遂鼓行出淆、澠，直趨東都城北。玄感逆拒之，文昇且戰且行，屯於金谷。

遼東城久不拔，帝遣造布囊百餘萬口，滿貯土，欲積爲魚梁大道，闊三十步，高與城齊，使戰士登而攻之。又作八輪樓車，高出於城，夾魚梁道，欲俯射城内。指期將攻，城内危蹙。會楊玄感反書至，帝大懼，引納言蘇威入帳中，謂曰：「此兒聰明，得無爲患？」威曰：「夫識是非，審成敗，乃謂之聰明。玄感粗疏，必無所慮，但恐因此寖成亂階耳。」帝又聞達官子弟皆在玄感所，益憂之。帝問太史令庾質曰：「玄感其有成乎？」質曰：「玄感地勢雖隆，素非人望，因百姓之勞，冀幸成功。今天下一家，未易可動。」

帝遣虎賁郎將陳稜攻元務本於黎陽，又遣左翊衛大將軍宇文述、左候衛將軍屈突通乘傳發兵以討玄感。來護兒至東萊，聞玄感圍東都，召諸將議旋軍救之。諸將咸以無敕，不宜擅還，固執不從。護兒厲聲曰：「洛陽被圍，心腹之疾。高麗逆命，猶疥癬耳。公家之事，知無不爲，專擅在吾，不關諸人。有沮議者，軍法從事。」即日迴軍，令子弘整馳驛奏聞。帝時還至涿郡，已敕護兒救東都，見弘整，甚悅，賜護兒璽書曰：「公旋師之時，是朕敕公之日，君臣意合，遠同符契。」

先是，右武候大將軍李子雄坐事除名，令從軍自效，從來護兒在東萊，帝疑之，詔鎖子雄送行在所。子雄殺使者，逃奔玄感。衛文昇以步騎二萬渡瀍水與玄感戰，玄感屢破之。玄感每戰，身先士卒，所向摧陷。又善撫悅其下，皆樂爲致死。由是每戰多捷，衆益盛，至十萬人。文昇衆寡不敵，死傷太半且盡，乃更進屯邙山之陽，與玄感決戰，一日十餘合。會楊玄挺中流矢死，玄感軍乃稍卻。

秋七月癸未，餘杭民劉元進起兵以應玄感，衆至數萬。始，楊玄感至東都，自謂天下響應，功在朝夕。得韋福嗣委以心膂，不復專任李密。福嗣每畫策，皆持兩端。密揣知其意，謂玄感曰：「福嗣元非同盟，實懷觀望。明公初起大事，而姦人在側，聽其是非，必爲所誤，請斬之。」玄感曰：「何至於此？」密退謂所親曰：「楚公好反而不欲勝，吾屬今爲虜矣。」

李子雄勸玄感速稱尊號，玄感以問密。密曰：「昔陳勝自欲稱王，張耳諫而被外；

魏武將求九錫，荀彧止而見誅。今者密欲正言，還恐追蹤二子，阿諛順意，又非密之本圖。何者？兵起以來，雖復頻捷，至於郡縣，未有從者。東都守禦尚强，天下救兵益至，公當挺身力戰，早定關中，迺亟欲自尊，何示人不廣也！」玄感笑而止。

屈突通引軍屯河陽，宇文述繼之。玄感問計於李子雄，子雄曰：「通曉習兵事，若一得渡河，則勝負難決。不如分兵拒之，通不能濟，則樊、衛失援。」玄感然之，將拒通。樊子蓋知其謀，數擊其營，玄感不得往。通濟河，軍於破陵。玄感分爲兩軍，西抗文昇，東拒通。子蓋復出兵大戰，玄感軍屢敗。與其黨謀之，李子雄曰：「東都援軍益至，我軍數敗，不可久留。不如直入關中，開永豐倉以振貧乏，三輔可指麾而定，據有府庫，東面而争天下，亦霸王之業也。」李密曰：「弘化留守元弘嗣握强兵在隴右，可聲言其反，遣使迎公，因此入關，可以紿衆。」

會華陰諸楊請爲鄉導，壬辰，玄感解東都圍，引兵西趣潼關，宣言「我已破東都，取關西矣」。宇文述等諸軍躡之。至弘農宫，父老遮説玄感曰：「宫城空虚，又多積粟，攻之易下。」玄感以爲然。弘農太守蔡王智積謂官屬曰：「玄感聞大軍將至，欲西圖關中。若成其計，則難克也。當以計縻之，使不得進，不出一旬，可以成擒。」及玄感軍至城下，智積登陴詈之，玄感怒，留攻之。李密諫曰：「公今詐衆西入，軍事貴速，况乃追兵將至，安可稽留。若前不得據關，退無所守，大衆一散，何以自全？」玄感不從，遂攻之，燒其城門。智積於内益火，玄感兵不得入。三日不拔，乃引而西，至閺鄉，宇文述、衛文昇、來護兒、屈突通等軍追及之於皇天原。玄感上槃豆，布陳亘五十里，且戰且行，玄感一日三敗。八月壬寅，玄感陳於董杜原，諸軍擊之，玄感大敗，獨與十餘騎奔上洛。追騎至，玄感叱之，皆反走。至葭蘆戍，獨與弟積善徒步走。自度不免，謂積善曰：「我不能受人戮辱，汝可殺我。」積善抽刀斫殺之，因自刺，不死，爲追兵所執，與玄感首俱送行在所。磔玄感尸於東都市，三日，復臠而焚之。玄感弟玄獎爲義陽太守，將赴玄感，爲郡丞周旋玉所殺；仁行爲朝請大夫，伏誅於長安。

玄感之圍東都也，梁郡民韓相國舉兵應之，玄感以爲河南道元帥，旬月間衆十餘萬。攻剽郡縣，至襄城，聞玄感敗，衆稍散，爲吏所獲，傳首東都。

楊玄感之西也，韋福嗣亡詣東都歸首，是時如其比者皆不問。樊子蓋收玄感文簿，得其書草，封以呈帝，帝命執送行在。李密亡命，爲人所獲，亦送東都。樊子蓋鎖送福嗣、密及楊積善、王仲伯等十餘人詣高陽，密與王仲伯等竊謀亡去，悉使出其所齎金以示使者曰：「吾等死日，此金並留付公，幸用相瘞，其餘即皆報德。」使者利其金，許諾，防禁漸弛。密請通市酒食，每宴飲，諠譁竟夕，使者不以爲意。行至魏郡石梁驛，飲防守者皆醉，穿牆而逸。密呼韋福嗣同去，福嗣曰：「我無罪，天子不過一面責我耳。」至高陽，帝以書草示福嗣，收付大理。諸應刑者支體糜碎，積善、福嗣仍加車裂。

十二年。李密之亡也，往依郝孝德，孝德不禮之。又入王薄，薄亦不之奇也。密困乏，至削樹皮而食之，匿於淮陽村舍，變姓名，聚徒教授。郡縣疑而捕之，密亡去，抵其妹夫雍丘令丘君明。君明不敢舍，匿轉寄密於遊俠王秀才家，秀才以女妻之。君明從姪懷義告其事，帝令懷義自齎敕書與梁郡通守楊汪相知收捕。汪遣兵圍秀才宅，適值密出外，由是獲免。君明、秀才皆死。

韋城翟讓爲東都法曹，坐事當斬。獄吏黄君漢奇其驍勇，夜中潛謂讓曰：「翟法司，天時人事，抑亦可知，豈能守死獄中乎！」讓驚喜，叩頭曰：「讓，圈牢之豕，死生唯黄曹主所命。」君漢即破械出之。讓再拜曰：「讓蒙再生之恩則幸矣，奈黄曹主何！」因泣下。君漢怒曰：「本以公爲大丈夫，可救生民之命，故不顧其死以奉脱，奈何反效兒女子涕泣相謝乎！君但努力自免，勿憂吾也。」讓遂亡命於瓦崗，爲羣盜。同郡單雄信，驍健，善用馬槊，聚少年往從之。離狐徐世勣家於衛南，年十七，有勇略，説讓曰：「東郡於公與勣皆爲鄉里，人多相識，不宜侵掠。滎陽、梁郡，汴水所經，剽行舟商旅，足以自資。」讓然之，引衆入二郡界，掠公私船，資用豐給，附者益衆，聚徒至萬餘人。時又有外黄王當仁、濟陽王伯當、韋城周文舉、雍丘李公逸等，皆擁衆爲盜。李密自雍丘亡命，往來諸帥間，說以取天下之策。始皆不信，久之，稍以爲然。相謂曰：「斯人公卿子孫，志氣若是。今人人皆云『楊氏將滅，李氏將興』。吾聞王者不死，斯人再三獲濟，豈非其人乎？」由是漸敬密。

密察諸帥唯翟讓最强，乃因王伯當以見讓，爲讓畫策，往說諸小盜，皆下之。讓悅，稍親近密，與之計事。密因說讓曰：「劉、項皆起布衣，爲帝王。今主昏於上，民怨於下，銳兵盡於遼東，和親絕於突厥，方乃巡遊揚、越，委棄東都，此亦劉、項奮起之會也。以足下雄才大略，士馬精銳，席卷二京，誅滅暴虐，隋氏不足亡也。」讓謝曰：「吾儕羣盜，旦夕偷生草間，君之言者，非吾所及也。」

會有李玄英者，自東都逃來，經歷諸賊，求訪李密，云「斯人當代隋家」。人問其故，玄英言：「比來民間謠歌，有桃李章，曰：『桃李子，皇后繞揚州，宛轉花園裏。勿浪語，誰道許！』桃李子，謂逃亡者李氏之子也。皇與后，皆君也。宛轉花園裏，謂天子在揚州無還日，將轉於溝壑也。莫浪語，誰道許者，密也。」既與密遇，遂委身事之。前宋城尉齊郡房彥藻自負其才，恨不爲時用，預於楊玄感之謀，變姓名亡命，遇密於梁、宋之間，遂與之俱遊漢、沔，徧入諸賊，說其豪傑。還日，從者數百人，仍爲遊客，處於讓營。讓見密爲豪傑所歸，欲從其計，猶豫未決。

有賈雄者，曉陰陽占候，爲讓軍師，言無不用。密深結於雄，使之託術數以説讓。雄許諾，懷之未發。會讓召雄，告以密所言，問其可否。對曰：「吉不可言。」又曰：「公自立，恐未必成。若立斯人，事無不濟。」讓曰：「如卿言，蒲山公當自立，何來從我？」對曰：「事有相因。所以來者，將軍姓翟，翟者，澤也，蒲非澤不生，故須將軍也。」讓然之，與密情好日篤。

密因説讓曰：「今四海糜沸，不得耕耘。公士衆雖多，食無倉廩，唯資野掠，常苦不給。若曠日持久，加以大敵臨之，必涣然離散。未若先取滎陽，休兵館穀，待士馬肥充，然後與人爭利。」讓從之，於是破金隄關，攻滎陽諸縣，多下之。

滎陽太守郇王慶，弘之子也，不能討，帝徙張須陁爲滎陽通守以討之。庚戌，須陁引兵擊讓，讓顯數爲須陁所敗，聞其來，大懼，將避之。密曰：「須陁勇而無謀，兵又驟勝，既驕且很，可一戰擒也。公但列陳以待，密保爲公破之。」讓不得已，勒兵將戰，密分兵千餘人伏於大海寺北林間。須陁素輕讓，方陳而前，讓與戰，不利，須陁乘之，逐北十餘里，密發伏掩之，須陁兵敗。密與讓及徐世勣、王伯當合軍圍之，須陁潰圍出。左右不能盡出，須陁躍馬復入救之，來往數四，遂戰死。所部兵晝夜號哭，數日不止，河南郡縣爲之喪氣。鷹揚郎將河東賈務本爲須陁之副，亦被傷，帥餘衆五千餘人奔梁郡。務本尋卒，詔以光祿大夫裴仁基爲河南道討捕大使，代領其衆，徙鎮虎牢。

讓乃令密建牙，別統所部，號「蒲山公營」。密部分嚴整，凡號令士卒，雖盛夏，皆如背負霜雪。躬服儉素，所得金寶悉頒賜麾下，由是人爲之用。麾下士卒多爲讓士卒所陵辱，以威約有素，不敢報也。讓謂密曰：「今資糧粗足，意欲還向瓦崗。公若不往，唯公所適，讓從此別矣。」讓帥輜重東引，密亦西行至康城，說下數城，大獲資儲。讓尋悔，復引兵從密。

恭帝義寧元年春二月，李密說翟讓曰：「今東都空虛，兵不素練，越王沖幼，越王，太子昭之子侗，煬帝命留守東都。留守諸官政令不壹，士民離心。段達、元文都闇而無謀，以僕料之，彼非將軍之敵。若將軍能用僕計，天下可指麾而定也。」乃遣其黨裴叔方覘東都虛實。留守官司覺之，始爲守禦之備，且馳表告江都。密謂讓曰：「事勢如此，不可不發。兵法曰『先則制於己，後則制於人』。今百姓饑饉，洛口倉多積粟，去都百里有餘，將軍若親帥大衆，輕行掩襲，彼遠未能救，又先無豫備，取之如拾遺耳。比其聞知，吾已獲之。發粟以賑窮乏，遠近孰不歸附？百萬之衆，一朝可集，枕威養鋭，以逸待勞，縱彼能來，吾有備矣。然後檄召四方，引賢豪而資計策，選驍悍而授兵柄，除亡隋之社稷，布將軍之政令，豈不盛哉！」讓曰：「此英雄之略，非僕所堪。惟君之命，盡力從事，請君先發，僕爲後殿。」庚寅，密、讓將精兵七千人出陽城北，踰方山，自羅口襲興洛倉，破之。開倉恣民所取，老弱繦負，道路相屬。

朝散大夫時德叡以尉氏應密，前宿城令祖君彥自昌平往歸之。君彥，珽之子也，博學强記，文辭贍敏，著名海内。吏部侍郎薛道衡嘗薦之於高祖，高祖曰：「是歌殺斛律明月人兒邪？朕不須此輩。」煬帝即位，尤疾其名，依常調選東平郡書佐，檢校宿城令。君彥自負其才，恒鬱鬱思亂。密素聞其名，得之，大喜，引爲上客，軍中書檄，悉以委之。

越王侗遣虎賁郎將劉長恭、光禄少卿房崱帥步騎二萬五千討密。時東都人皆以密爲飢賊盜米，烏合易破，争來應募，國子三館學士及貴勝親戚皆來從軍，器械脩整，衣服鮮華，旌旗鉦鼓甚盛。長恭等當其前，使河南討捕使裴仁基等將所部兵自汜水西入以掩其後，約十一日會於倉城南。密、讓具知其計。東都兵先至，士卒未朝食，長恭等驅之渡洛水，陳於石子河西，南北十餘里。密、讓選驍雄分爲十隊，令四隊伏横嶺下以待仁基，以六隊陳於石子河東。長恭等見密兵少，輕之。讓先接戰，不利，密帥麾下横衝之。隋兵飢疲，遂大敗，長恭等解衣潛竄得免，奔還東都，士卒死者什五六。越王侗釋長恭等罪，慰撫之。密、讓盡收其輜重、器甲，威聲大振。

讓於是推密爲主，上密號爲魏公。庚子，設壇場，即位，稱元年，大赦。其文書行下稱行軍元帥府。其魏公府置三司、六衛，元帥府置長史以下官屬。拜翟讓爲上柱國、司徒、東郡公，亦置長史以下官，減元帥府之半。以單雄信爲左武候大將軍，徐世勣爲右武候大將軍，各領所部。房彦藻爲元帥左長史，東郡邴元真爲右長史，楊德方爲左司馬，鄭德韜爲右司馬，祖君彦爲記室，其餘封拜各有差。於是趙、魏以南，江、淮以北，羣盜莫不響應，孟讓、郝孝德、王德仁及濟陰房獻伯、上谷王君廓、長平李士才、淮陽魏六兒、李德謙、譙郡張遷、魏郡李文相、譙郡黑社、白社、濟北張青特、上洛周比洮、胡驢賊等皆歸密。密悉拜官爵，使各領其衆，置百營簿以領之。道路降者，不絶如流，衆至數十萬。乃命其護軍田茂廣築洛口城，周四十里而居之。密遣房彦藻將兵東略地，取安陸、汝南、淮安、濟陽，河南郡縣多陷於密。

夏四月，李密以孟讓爲總管、齊郡公。己丑夜，讓帥步騎二千入東都外郭，燒掠豐都市，比曉而去。於是東都居民悉遷入宫城，臺省府寺皆滿。鞏縣長柴孝和、監察御史鄭頲以城降密，密以孝和爲護軍，頲爲右長史。

裴仁基每破賊得軍資，悉以賞士卒，監軍御史蕭懷静不許，士卒怨之。懷静又屢求仁基長短劾奏之。倉城之戰，仁基失期不至，聞劉長恭等敗，懼不敢進，屯百花谷，固壘自守，又恐獲罪於朝。李密知其狼狽，使人説之，啗以厚利。賈務本之子閏甫在軍中，勸仁基降密。仁基曰：「如蕭御史何？」閏甫曰：「蕭君如栖上雞，若不知機變，在明公一刀耳。」仁基從之，遣閏甫詣密請降。密大喜，以閏甫爲元帥府司兵參軍兼直記室事，使之復命，遣仁基書，慰納之，仁基還屯虎牢。蕭懷静密表其事，仁基知之，遂殺懷静，帥其衆以虎牢降密。密以仁基爲上柱國、河東公。仁基子行儼驍勇善戰，密亦以爲上柱國、絳郡公。

密得秦叔寶及東阿程齩金，皆用爲驃騎。選軍中尤驍勇者八千人，分隸四驃騎以自衛，號曰「内軍」。常曰：「此八千人足當百萬。」齩金〔後〕更名知節。羅士信、趙仁基皆帥衆歸密，密署爲總管，使各統所部。

癸巳，密遣裴仁基、孟讓帥二萬餘人襲回洛東倉，破之，遂燒天津橋，縱兵大掠。東都出兵擊之，仁基等敗走，密自帥衆屯回洛倉。東都兵尚二十餘萬人，乘城擊柝，晝夜不解甲。密攻偃師、金墉，皆不克，乙未，還洛口。

東都城内乏糧，而布帛山積，至以絹爲汲綆，然布以爨。越王侗使人運回洛倉米入城，遣兵五千屯豐都市，五千屯上春門，五千屯北邙山，爲九營，首尾相應，以備密。

丁酉，房獻伯陷汝陰，淮陽太守趙陁舉郡降密。

己亥，密帥衆三萬復據回洛倉，大修營塹，以逼東都。段達等出兵七萬拒之。辛丑，戰於倉北，隋兵敗走。丁未，密使其幕府移檄郡縣，數煬帝十罪，且曰：「罄南山之竹，書罪無窮；決東海之波，流惡難盡。」祖君彦之辭也。

五月，煬帝命監門將軍涇陽龐玉、虎賁郎將霍世舉將關内兵援東都。柴孝和説李密曰：「秦地山川之固，秦、漢所憑以成王業者也。今不若使翟司徒守洛口，裴柱國守回洛，明公自簡精鋭西襲長安。既克京邑，業固兵强，然後東向，以平河、洛，傳檄而天下定矣。方今隋失其鹿，豪傑競逐，不早爲之，必有先我者，悔無及矣。」密曰：「此誠上策，吾亦思之久矣。但昏主尚存，從兵猶衆，我所部皆山東人，見洛陽未下，誰肯從我西入？諸將出於羣盜，留之各競雌雄，如此則大業隳矣。」孝和曰：「然則大軍既未可西上，僕請間行觀釁。」密許之。孝和與數十騎至陜縣，山賊歸之者萬餘人。時密兵鋒甚鋭，每入苑與隋兵連戰。會密爲流矢所中，卧營中，丁丑，越王侗使段達與龐玉等夜出兵，陳於回洛倉西北。密與裴仁基出戰，達等大破之，殺傷太半，密乃棄回洛，奔洛口。龐玉、霍世舉軍于偃師，柴孝和之衆聞密退，各散去，孝和輕騎歸密。楊德方、鄭德韜皆死。密以鄭頲爲左司馬，滎陽鄭乾象爲右司馬。

六月，李密復帥衆向東都，丙申，大戰于平樂園。密左騎右步，中列强弩，鳴千鼓以衝之，東都兵大敗，密復取回洛倉。

秋七月，煬帝遣江都通守王世充將江、淮勁卒，將軍王隆帥邛黄蠻，河北大使太常少卿韋霽、河南大使虎牙郎將王辯等各帥所領同赴東都，相知討李密。霽，世康之子也。

煬帝詔左禦衛大將軍涿郡留守薛世雄將燕地精兵三萬討李密，命王世充等諸將皆受世雄節度。軍所過，盜賊隨便誅翦。

九月，武陽郡丞元寶藏以郡降李密，甲寅，密以寶藏爲上柱國、武陽公。寶藏使其客鉅鹿魏徵爲啓謝密，且請改武陽爲魏州，又請帥所部西取魏郡，南會諸將取黎陽倉。密喜，即以寶藏爲魏州總管，召魏徵爲元帥府文學參軍，掌記室。徵少孤貧，好讀書，有大志，落拓不事生業。始爲道士，寶藏召典書記。密愛其文辭，故召之。

初，貴鄉長弘農魏德深，爲政清静，不嚴而治。遼東之役，徵税百端，使者旁午，責成郡縣，民不堪命，唯貴鄉閭里不擾，有無相通，不竭其力，所求皆給。元寶藏受詔捕賊，數調器械，動以軍法從事。其鄰城營造，皆聚於聽事，官吏遞相督責，晝夜喧囂，猶不能濟。德深聽隨便修營，官府寂然，恒若無事，唯戒吏以不須過勝餘縣，使百姓勞苦。然民各自竭心，常爲諸縣之最，縣民愛之如父母。寶藏深（喜）〔害〕其能，遣將千兵赴東都。所領兵聞寶藏降密，思其親戚，輒出都門東向慟哭而返。或勸之降密，皆泣曰：「我與魏明府同來，何忍棄去！」

河南、山東大水，餓殍滿野。煬帝詔開黎陽倉賑之，吏不時給，死者日數萬人。徐世勣言於李密曰：「天下大亂，本爲饑饉。今更得黎陽倉，大事濟矣。」密遣世勣帥麾下五千人自原武濟河，會元寶藏、郝孝德、李文相及洹水賊帥張升、清河賊帥趙君德共襲破黎陽倉，據之，開倉恣民就食，浹旬間，得勝兵二十餘萬。武安、永安、義陽、弋陽、齊郡相繼降密。竇建德、朱粲之徒亦遣使附密，密以粲爲揚州總管、鄧公。泰山道士徐洪客獻書於密，以爲：「大衆久聚，恐米盡人散，師老厭戰，難可成功。」勸密「乘進取之機，因士馬之鋭，沿流東指，直向江都，執取獨夫，號令天下」。密壯其言，以書招之，洪客竟不出，莫知所之。

王世充、韋霽、王辯及河内通守孟善誼、河陽郡尉獨孤武都各帥所領會東都，唯王隆後期不至。己未，越王侗使虎賁郎將劉長恭等帥留守兵，龐玉等帥偃師兵，與世充等合十餘萬衆，擊李密於洛口，與密夾洛水相守。煬帝詔諸軍皆受世充節度。

帝遣攝江都郡丞馮慈明向東都，爲密所獲，密素聞其名，延坐勞問，禮意甚厚。因謂曰：「隋祚已盡，公能與孤共立大功乎？」慈明曰：「公家歷事先朝，榮禄兼備。不能善守門閥，乃與玄感舉兵，偶脱罔羅，得有今日，唯圖反噬，未諭高旨。莽、卓、敦、玄，非不强盛，一朝夷滅，罪及祖宗。僕死而後已，不敢聞命。」密怒，囚之。慈明説防人席務本，使亡走。奉表江都及致書東都，論賊形勢，至雍丘，爲密將李公逸所獲，密又義而釋之，出至營門，翟讓殺之。慈明，子琮之子也。

密之克洛口也，箕山府郎將張季珣固守不下，密以其寡弱，遣人呼之。季珣駡密極口，密怒，遣兵攻之，不能克。時密衆數十萬在其城下，季珣四面阻絶，所領不過數百人，而執志彌固，誓以必死。久之，糧盡水竭，士卒羸病，季珣撫循之，一無離散，自三月至于是月，城遂陷。季珣見密不肯拜，曰：「天子爪牙，何容拜賊！」密猶欲降之，誘諭終不屈，乃殺之。季珣，祥之子也。

冬十月壬寅，王世充夜渡洛水，營於黑石，明日，分兵守營，自將精兵陳於洛北。李密聞之，引兵渡洛逆戰，密兵大敗，柴孝和溺死。密帥麾下精騎渡洛南，餘衆東走月城，世充追圍之。密自洛南策馬直趣黑石，營中懼，連舉六烽，世充釋月城之圍，狼狽自救。密還與戰，大破之，斬首三千餘級。

王世充自洛北之敗，堅壁不出。越王侗遣使勞之，世充慚懼，請戰於密。〔十一月〕丙辰，世充與密夾石子河而陳，密布陳南北十餘里。翟讓先與世充戰，不利而退。世充逐之，王伯當、裴仁基從旁横斷其後，密勒中軍擊之，世充大敗，西走。

翟讓司馬王儒信勸讓自爲大冢宰，總統衆(軍)〔務〕，以奪密權，讓不從。讓兄柱國滎陽公弘，粗愚人也，謂讓曰：「天子汝當自爲，奈何與人？汝不爲者，我當爲之。」讓但大笑，不以爲意，密聞而惡之。總管崔世樞自鄢陵初附於密，讓囚之私府，責其貨，世樞營(錢)〔求〕未辦，遽欲加刑。讓召元帥府記室邢義期博，逡巡未就，杖之八十。讓謂左長史房彥藻曰：「君前破汝南，大得寶貨，獨與魏公，全不與我。魏公我之所立，事未可知。」彥藻懼，以狀告密，因與左司馬鄭頲共説密曰：「讓貪愎不仁，有無君之心，宜早圖之。」密曰：「今安危未定，遽相誅殺，何以示遠！」頲曰：「毒蛇螫手，壯夫解腕，所全者大故也。彼先得志，悔無所及。」密乃從之，置酒召讓。戊午，讓與兄弘及兄子司徒府長史摩侯同詣密，密與讓、弘、裴仁基、郝孝德共坐，單雄信等皆立侍，房彥藻、鄭頲往來檢校。密曰：「今日與達官飲，不須多人，左右止留數人給使而已。」密左右皆引去，讓左右猶在。彥藻白密曰：「今方爲樂，天時甚寒，司徒左右請給酒食。」密曰：「聽司徒進止。」讓應曰：「甚佳。」乃引讓左右盡出，獨密下壯士蔡建德持刀立侍。食未進，密出良弓，與讓習射，讓方引滿，建德自後斫之，踣於牀前，聲若牛吼，并弘、摩侯、儒信皆殺之。徐世勣走出，門者斫之，傷頸，王伯當遥訶止之。單雄信叩頭請命，密釋之。左右驚擾，莫知所爲。密大言曰：「與君等同起義兵，本除暴亂。司徒專行貪虐，陵辱羣僚，無復上下。今所誅止其一家，諸君無預也。」命扶徐世勣置幕下，親爲傅創。讓麾下欲散，密使單雄信前往宣慰，密尋獨騎入其營，歷加撫諭，令世勣、雄信、伯當分領其衆，中外遂定。讓殘忍，摩侯猜忌，儒信貪縱，故死之日，所部無哀之者。然密之將佐，始有自疑之心矣。始，王世充知讓與密必不久睦，冀其相圖，得從而乘之。及聞讓死，大失望，歎曰：「李密天資明決，爲龍爲蛇，固不可測也！」

十二月庚子，王世充軍士有亡降李密者，密問：「世充軍中何所爲？」軍士曰：「比見益募兵，再饗將士，不知其故。」密謂裴仁基曰：「吾幾落奴度中，光禄知之乎？吾久不出兵，世充芻糧將竭，求戰不得，故募兵、饗士，欲乘月晦以襲倉城耳，宜速備之。」乃命平原公郝孝德、琅邪公王伯當、齊郡公孟讓勒兵分屯倉城之側以待之。其夕三鼓，世充兵果至，伯當先遇之，與戰不利。世充兵即陵城，總管魯儒拒卻之。伯當更收兵擊之，世充大敗，斬其驍將費青奴，士卒戰、溺死者千餘人。世充屢與密戰不勝，越王侗遣使勞之。世充訴以兵少，數戰疲弊，侗以兵七萬益之。

唐高祖武德元年春正月，王世充既得東都兵，進擊李密於洛北，敗之，遂屯鞏北。辛酉，世充命諸軍各造浮橋渡洛擊密，橋先成者先進，前後不一。虎賁郎將王辯破密外柵，密營中驚擾。將潰，世充不知，鳴角收衆，密因帥敢死士乘之，世充大敗，爭橋溺死者萬餘人。王辯死，世充僅自免，洛北諸軍皆潰。世充不敢入東都，北趣河陽。是夜，疾風寒雨，軍士涉水沾濕，道路凍死者又以萬數。世充獨與數千人至河陽，自繫獄請罪，越王侗遣使赦之，召還東都，賜金帛、美女以安其意。世充收合亡散，復得萬餘人，屯含嘉城，不敢復出。

密乘勝進據金墉城，修其門堞、廬舍而居之，鉦鼓聲聞於東都。未幾，擁兵三十餘萬，陳於北邙，南逼上春門。乙丑，金紫光禄大夫段達、民部尚書韋津出兵拒之。達望見密兵盛，懼而先還，密縱兵乘之，軍遂潰，韋津死。於是偃師、柏谷及河陽都尉獨孤武都、檢校河内郡丞柳燮、職方郎柳續等各舉所部降於密。竇建德、朱粲、孟海公、徐圓朗等並遣使奉表勸進，密官屬裴仁基等亦上表請正位號。密曰：「東都未平，不可議此。」

戊辰，唐王以世子建成爲左元帥，秦公世民爲右元帥，督諸軍十餘萬人救東都。東都乏食，太府卿元文都等募守城者不食公糧進散官二品，於是商賈執象而朝者不可勝數。

二月，李密遣房彦藻、鄭頲等東出黎陽，分道招慰州縣。以梁郡太守楊汪爲上柱國、宋州總管，又以手書與之，曰：「昔在雍丘，曾相追捕，射鉤、斬袂，不敢庶幾。」汪遣使往來通意，密亦羈縻待之。彦藻以書招竇建德，使來見密。建德復書，卑辭厚禮，託以羅藝南侵，請捍禦北垂。彦藻還，至衛州，賊帥王德仁邀殺之。德仁有衆數萬，據林慮山，四出抄掠，爲數州之患。

夏四月，世子建成等至東都，軍於芳華苑。東都閉門不出，遣人招諭，不應。李密出軍爭之，小戰，各引去。城中人多欲爲内應者，趙公世民曰：「吾新定關中，根本未固，懸軍遠來，雖得東都，不能守也。」遂不受。戊寅，引軍還。

東都號令不出四門，人無固志，朝議郎段世弘等謀應西師，會西師已還，乃遣人招李密，期以己亥夜納之。事覺，越王命王世充討誅之。密聞城中已定，乃還。

五月，王德仁既殺房彥藻，李密遣徐世勣討之。德仁兵敗，甲寅，與武安通守袁子幹皆來降，詔以德仁爲鄴郡太守。

隋煬帝凶問至東都，戊辰，留守官奉越王即皇帝位，大赦，改元皇泰。以段達爲納言、陳國公，王世充爲納言、鄭國公，元文都爲内史令、魯國公，皇甫無逸爲兵部尚書、杞國公；又以盧楚爲内史令，郭文懿爲内史侍郎，趙長文爲黄門侍郎，共掌朝政，時人號「七貴」。皇泰主眉目如畫，温厚仁愛，風格儼然。

東都聞宇文化及西來，上下震懼。有蓋琮者，上疏請説李密與之合勢拒化及。〔元〕文都謂盧楚等曰：「今讎恥未雪，而兵力不足，若赦密罪，使擊化及，兩賊自鬭，吾徐承其弊。化及既破，密兵亦疲，又其將士利吾官賞，易可離間，并密亦可擒也。」楚等皆以爲然，即以琮爲通直散騎常侍，齎敕書賜密。

時密與東都相持日久，又東拒化及，常畏東都議其後。見蓋琮至，大喜，遂上表乞降，請討滅化及以贖罪，送所獲凶黨雄武郎將于洪建，遣元帥府記室參軍李儉、上開府徐師譽等入見。皇泰主命戮洪建於左掖門外。元文都等以密降爲誠實，盛飾賓館於宣仁門東。皇泰主引見儉等，以儉爲司農卿，師譽爲尚書右丞，册拜密太尉、尚書令、東南道大行臺行軍元帥、魏國公，令先平化及，然後入朝輔政。以徐世勣爲右武候大將軍。仍下詔稱密忠款，且曰：「其用兵機略，一稟魏公節度。」

元文都等喜於和解，謂天下可定，置酒作樂。王世充作色曰：「朝廷官爵，乃以與賊，志欲何爲耶！」文都等亦疑世充，由是有隙。

秋七月，皇泰主遣大理卿張權、鴻臚卿崔善福賜李密書曰：「今日以前，咸共刷蕩，使至以後，彼此通懷。七政之重，佇公匡弼，九伐之利，委公指揮。」權等既至，密北面拜受詔書。既無西慮，悉以精兵東擊化及。密知化及軍糧且盡，因僞與和。化及大喜，恣其兵食，冀密饋之。會密下有人獲罪，亡抵化及，具言其情，化及大怒，其食又盡，乃渡永濟渠，與密戰于童山之下。自辰達酉，密爲流矢所中，墮馬悶絶，左右奔散，追兵且至，唯秦叔寶獨捍衛之，密由是獲免。叔寶復收兵與之力戰，化及乃退。化及入汲郡求軍糧，又遣使拷掠東郡吏民以責米粟。王軌等不堪其弊，遣通事舍人許敬宗詣密請降。密以軌爲滑州總管，以敬宗爲元帥府記室，與魏徵共掌文翰。房公蘇威在東都，隨衆降密。〔化及聞〕王軌叛，大懼，自汲郡引兵欲取以北諸郡。其將陳智略帥嶺南驍果萬餘人，樊文超帥江、淮排𥎞，張童兒率江東驍果數千人，皆降於密。化及猶有衆二萬，北趣魏縣。密知其無能爲，西還鞏、洛，留徐世勣以備之。

李密每戰勝，輒遣使告捷於皇泰主，隋人皆喜。王世充獨謂其麾下曰：「元文都輩，刀筆吏耳，吾觀其勢，必爲李密所擒。且吾軍士屢與密戰，殺其父兄子弟前後已多，一旦爲之下，吾屬無類矣。」欲以激怒其衆。文都聞之，大懼，與盧楚等謀因世充入朝，伏甲誅之。段達性庸懦，恐事不就，遣其壻張志以楚等謀告世充。戊午夜三鼓，世充勒兵襲含嘉門。元文都聞變，入奉皇泰主御乾陽殿，陳兵自衛，命諸將閉門拒守。將軍跋野綱將兵遇世充，下馬降之。將軍費曜、田闍戰於門外，不利。文都自將宿衛兵欲出玄武門以襲其後，長秋監段瑜稱求門鑰不獲，稽留遂久。天且曙，文都引兵復欲出太陽門逆戰，還至乾陽殿，世充已攻太陽門得入。皇甫無逸棄母及妻子，斫右掖門，西奔長安。盧楚匿於太官署，世充之黨擒之，至興教門，見世充，世充令亂斬殺之。進攻紫微宮門，皇泰主使人登紫微觀，問：「稱兵欲何爲？」世充下馬謝曰：「元文都、盧楚等横見規圖，請殺文都，甘從刑典。」段達乃令將軍黄桃樹執送文都。文都顧謂皇泰主曰：「臣今朝死，陛下夕及矣。」皇泰主慟哭遣之，出興教門，亂斬如盧楚，并殺盧、元諸子。段達又以皇泰主命開門納世充，世充悉遣人代宿衛者，然後入見皇泰主於乾陽殿。皇泰主謂世充曰：「擅相誅殺，曾不聞奏，豈爲臣之道乎？公欲肆其强力，敢及我邪！」世充拜伏流涕謝曰：「臣蒙先皇采拔，粉骨非報。文都等包藏禍心，欲召李密以危社稷，疾臣違異，深積猜嫌。臣迫於救死，不暇聞奏。若内懷不臧，違負陛下，天地日月，實所照臨，使臣闔門殄滅，無復遺類。」詞淚俱發。皇泰主以爲誠，引令升殿與語，久之，因與俱入見皇太后，世充被髮爲誓，不敢有貳心。乃以世充爲左僕射，總督内外諸軍事。比及日中，捕獲趙長文、郭文懿殺之。然後巡城，告諭以誅元、盧之意。世充自含嘉城移居尚書省，漸結黨援，恣行威福。用兄世惲爲内史令，入居禁中，子弟咸典兵馬，分政事爲十頭，悉以其黨主之，勢震内外，莫不趨附，皇泰主拱手而已。

李密將入朝，至温，聞元文都等死，乃還金墉。東都大饑，私錢濫惡，太半雜以錫鐶，其細如線，米斛直錢八九萬。

初，李密嘗受業於儒生徐文遠，文遠爲皇泰主國子祭酒，自出樵采，爲密軍所執。密令文遠南面坐，備弟子禮，北面拜之。文遠曰：「老夫既荷厚禮，敢不盡言。未審將軍之志欲爲伊、霍以繼絶扶傾乎？則老夫雖遲暮，猶願盡力。若爲莽、卓乘危邀利，則無所用老夫矣。」密頓首曰：「昨奉朝命，備位上公，冀竭庸虚，匡濟國難，此密之本志也。」文遠曰：「將軍名臣之子，失塗至此，若能不遠而復，猶不失爲忠義之臣。」及王世充殺元文都等，密復問計於文遠。文遠曰：「世充亦門人也，其爲人殘忍褊隘，既乘此勢，必有異圖，將軍前計爲不諧矣。非破世充，不可入朝也。」密曰：「始謂先生儒者，不達時事，今乃坐決大計，何其明也！」文遠，孝嗣之玄孫也。

初，李密既殺翟讓，頗自驕矜，不恤士衆。倉粟雖多，無府庫錢帛，戰士有功，無以爲賞。又厚撫初附之人，衆心頗怨。徐世勣嘗因宴會刺譏其短，密不懌，使世勣出鎮黎陽，雖名委任，實亦疏之。

密開洛口倉散米，無防守典當者，又無文券，取之者隨意多少。或離倉之後，力不能致，委棄衢路，自倉城至郭門，米厚數寸，爲車馬所轥踐。羣盜來就食者并家屬近百萬口，無甕盎，織荆筐淘米，洛水兩岸十里之間，望之皆如白沙。密喜，謂賈閏甫曰：「此可謂足食矣。」閏甫對曰：「國以民爲本，民以食爲天。今民所以襁負如流而至者，以所天在此故也。而有司曾無愛吝，屑越如此，竊恐一旦米盡民散，明公孰與成大業哉？」密謝之，即以閏甫判司倉，參軍事。

密以東都兵數敗微弱，而將相自相屠滅，謂朝夕可平。王世充既專大權，厚賞將士，繕治器械，亦陰圖取密。時隋軍乏食，密軍少衣，世充請交易，密難之。長史邴元真等各求私利，勸密許之。先是，東都人歸密者日以百數，既得食，降者益少，密悔而止。

密破宇文化及還，其勁卒良馬多死，士卒疲病。世充欲乘其弊擊之，恐人心不壹，乃詐稱左軍衛士張永通三夢周公，令宣意於世充，當勒兵相助擊賊。乃爲周公立廟，每出兵輒先祈禱。世充令巫宣言：「周公欲令僕射急討李密，當有大功，不即兵皆疫死。」世充兵多楚人，信妖言，皆請戰。世充簡練精鋭得二萬餘人，馬二千餘匹。〔九月〕壬子，出師擊密，旗幡之上，皆書「永通」字，軍容甚盛。癸丑，至偃師，營於通濟渠南，作三橋於渠上。密留王伯當守金墉，自引精兵出偃師北，阻邙山以待之。

密召諸將會議，裴仁基曰：「世充悉衆而至，洛下必虚，可分兵守其要路，令不得東。簡精兵三萬，傍河西出以逼東都。世充還，我且按甲；世充再出，我又逼之。如此，則我有餘力，彼勞奔命，破之必矣。」密曰：「公言大善。今東都兵有三不可當，兵仗精鋭，一也；決計深入，二也；食盡求戰，三也。我但乘城固守，蓄力以待之，彼欲鬭不得，求走無路，不過十日，世充之頭可致麾下。」陳智略、樊文超、單雄信皆曰：「計世充戰卒甚少，屢經摧破，悉已喪膽。兵法曰『倍則戰』，況不啻倍哉？且江、淮新附之士，望因此機展其動效，及其鋒而用之，可以得志。」於是諸將喧然，欲戰者什七八，密惑於衆議而從之。仁基苦争不得，擊地歎曰：「公後必悔之。」魏徵言於長史鄭頲曰：「魏公雖驟勝，而驍將鋭卒多死，戰士心怠，此二者難以應敵。且世充乏食，志在死戰，難與争鋒，未若深溝高壘以拒之，不過旬月，世充糧盡必自退，追而擊之，蔑不勝矣。」頲曰：「此老生之常談耳。」徵曰：「此乃奇策，何謂常談！」拂衣而起。

程知節將内馬軍與密同營在北邙山上，單雄信將外馬軍營於偃師城北。世充遣數百騎渡通濟渠攻雄信營，密遣裴行儼與知節助之。行儼先馳赴敵，中流矢墜於地。知節救之，殺數人，世充軍披靡，乃抱行儼重騎而還。爲世充騎所逐，刺槊洞過，知節迴身捩折其槊，兼斬追者，與行儼俱免。會日暮，各斂兵還營。密驍將孫長樂等十許人皆被重創。

密新破宇文化及，有輕世充之心，不設壁壘。世充夜遣二百餘騎潛入北山，伏谿谷中，命軍士皆秣馬蓐食。甲寅旦，將戰，世充誓衆曰：「今日之戰，非直争勝負，死生之分，在此一舉。若其捷也，富貴固所不論；若其不捷，必無一人獲免。所争者死，非獨爲國，各宜勉之。」遲明，引兵薄密。密出兵應之，未及成列，世充縱兵擊之。世充士卒皆江、淮剽勇，出入如飛。世充先索得一人，貌類密者，縛而匿之，戰方酣，使牽以過陳前，譟曰：「已獲李密矣。」士卒皆呼萬歲。其伏兵發，乘高而下，馳壓密營，縱火焚其廬舍。密衆大潰，其將張童仁、陳智略皆降，密與萬餘人馳向洛口。

世充夜圍偃師，鄭頲守偃師，其部下翻城納世充。初，世充家屬在江都，隨宇文化及至滑臺，又隨王軌入李密，密留於偃師，欲以招世充。及偃師破，世充得其兄世偉、子玄應、(虔)〔玄〕恕、瓊等，又獲密將佐裴仁基、鄭頲、祖君彦等數十人。世充於是整兵向洛口，得邴元真妻子、鄭虔象母及密諸將子弟，皆撫慰之，令潛呼其父兄。

初，邴元真爲縣吏，坐贓亡命，從翟讓於瓦岡。讓以其嘗爲吏，使掌書記。及密開幕府，妙選時英，讓薦元真爲長史，密不得已用之，行軍謀畫，未嘗參預。密西拒世充，留元真守洛口倉。元真性貪鄙，宇文溫謂密曰：「不殺元真，必爲公患。」密不應。元真知之，陰謀叛密。楊慶聞之以告密，密固疑焉。至是，密將入洛口城，元真已遣人潛引世充矣。密知而不發，因與衆謀，待世充兵半濟洛水，然後擊之。世充軍至，密候騎不時覺，比將出戰，世充軍悉已濟矣。單雄信等又勒兵自據，密自度不能支，帥麾下輕騎奔虎牢，元真遂以城降。

初，雄信驍捷，善用馬槊，名冠諸軍，軍中號曰「飛將」。彦藻以雄信輕於去就，勸密除之，密愛其才，不忍也。及密失利，雄信遂以所部降世充。

密將如黎陽，或曰：「殺翟讓之際，徐世勣幾死。今失利而就之，安可保乎？」時王伯當棄金墉保河陽，密自虎牢歸之。引諸將共議，密欲南阻河，北守太行，東連黎陽，以圖進取。諸將皆曰：「今兵新失利，衆心危懼，若更停留，恐叛亡不日而盡。又人情不願，難以成功。」密曰：「孤所恃者衆也，衆既不願，孤道窮矣。」欲自刎以謝衆，伯當抱密號絶，衆皆悲泣。密復曰：「諸君幸不相棄，當共歸關中。密身雖無功，諸君必保富貴。」府掾柳爕曰：「明公與唐公同族，兼有疇昔之好。雖不陪起兵，然阻東都，斷隋歸路，使唐公不戰而據長安，此亦公之功也。」衆咸曰：「然。」密又謂王伯當曰：「將軍室家重大，豈復與孤俱行哉？」伯當曰：「昔蕭何盡帥子弟以從漢王，伯當恨不兄弟俱從，豈以公今日失利，遂輕去就乎！縱分身原野，亦所甘心。」左右莫不感激，從密入關者凡二萬人。於是密之將帥、州縣多降於隋。

冬十月，李密將至，上遣使迎勞，相望於道。密大喜，謂其徒曰：「我擁衆百萬，一朝解甲歸唐，山東連城數百，知我在此，遣使招之，亦當盡至。比於竇融，功亦不細，豈不以一台司見處乎？」己卯，至長安，有司供待稍薄，所部兵累日不得食，衆心頗怨。既而以密爲光禄卿、上柱國，賜爵邢國公。密既不滿望，朝臣又多輕之，執政者或來求賄，意甚不平。獨上親禮之，常呼爲弟，以舅子獨孤氏妻之。

癸未，王世充收李密美人、珍寶及將卒十餘萬人還東都，陳於闕下。乙酉，皇泰主大赦。丙戌，以世充爲太尉、尚書令、〔總督〕內外諸軍事，仍使之開太尉府，備置官屬，妙選人物。

李密總管李育德以武陟來降，拜陟州刺史。其餘將佐劉德威、賈閏甫、高季輔等相繼來降。

上使李密迎秦王世民於豳州。密自恃智略功名，見上猶有傲色，及見世民，不覺驚服。私謂殷開山曰：「真英主也，不如是，何以定禍亂乎！」

徐世勣據李密舊境，未有所屬。魏徵隨密至長安，久不爲朝廷所知，乃自請安集山東，上以爲秘書丞，乘傳至黎陽，遺徐世勣書，勸之早降。世勣遂決計西向，謂長史陽翟郭孝恪曰：「此民衆土地皆魏公有也，吾若上表獻之，是利主之敗，自爲功以邀富貴也，吾實恥之。今宜籍郡縣户口、士馬之數以啓魏公，使自獻之。」乃遣孝恪詣長安，又運糧以餉淮安王神通。上聞世勣使者至，無表，止有啓與密，甚怪之。孝恪具言世勣意，上乃嘆曰：「徐世勣不背德，不邀功，真純臣也。」賜姓李氏。以孝恪爲宋州刺史，使與世勣經營虎牢以東，所得州郡，委之選補。

李密驕貴日久，又自負歸國之功，朝廷待之不副本望，鬱鬱不樂。嘗遇大朝會，密爲光禄卿，當進食，深以爲恥，退以告左武衛大將軍王伯當。伯當心亦怏怏，因謂密曰：

「天下事在公度内耳。今東海公在黎陽，襄陽公在羅口，河南兵馬，屈指可計，豈得久如此也！」密大喜，乃獻策於上曰：「臣虚蒙榮寵，安坐京師，曾無報效。山東之衆，皆臣故時麾下，請往收而撫之，憑藉國威，取王世充如拾地芥耳。」上聞密故將士多不附世充，亦欲遣密往收之。羣臣多諫曰：「李密狡猾好反，今遣之，如投魚於泉，放虎於山，必不反矣。」上曰：「帝王自有天命，非小子所能取。借使叛去，如以蒿箭射蒿中耳。今使二賊交鬬，吾可以坐收其弊。」〔十一月〕辛未，遣密詣山東，收其餘衆之未下者。密請與賈閏甫偕行，上許之，命密及閏甫同升御榻，賜食，傳飲卮酒，曰：「吾三人同飲是酒，以明同心，善建功名，以副朕意。丈夫一言許人，千金不易。有人確執不欲弟行，朕推赤心於弟，非他人所能間也。」密、閏甫再拜受命。上又以王伯當爲密副而遣之。

十二月，上遣李密分其麾下之半留華州，將其半出關。長史張寶德預在行中，恐密亡去，罪相及，上封事，言其必叛。上意乃中變，又恐密驚駭，乃降敕書勞來，令密留所部徐行，單騎入朝，更受節度。

密至稠桑，得敕，謂賈閏甫曰：「敕遣我去，無故復召我還，天子曏云『有人確執不許』，此譖行矣。吾今若還，無復生理，不若破桃林縣，收其兵糧，北走渡河。比信達熊州，吾已遠矣。苟得至黎陽，大事必成。公意如何？」閏甫曰：「主上待明公甚厚，况國家姓名，著在圖讖，天下終當一統。明公既已委質，復生異圖。任瓌、史萬寶據熊、穀二州，此事朝舉，彼兵夕至，雖克桃林，兵豈暇集，一稱叛逆，誰復容人？爲明公計，不若且應朝命，以明元無異心，自然浸潤不行。更欲出就山東，徐思其便可也。」密怒曰：「唐使吾與絳、灌同列，何以堪之！且讖文之應，彼我所共。今不殺我，聽使東行，足明王者不死。縱使唐遂定關中，山東終爲我有。天與不取，乃欲束手投人！公，吾之心腹，何意如是？若不同心，當斬而後行。」閆甫泣曰：「明公雖云應讖，近察天人，稍已相違。今海内分崩，人思自擅，强者爲雄。明公奔亡甫爾，誰相聽受？且自翟讓受戮之後，人皆謂明公棄恩忘本，今日誰肯復以所有之兵束手委公乎？彼必慮公見奪，逆相拒抗，一朝失勢，豈有容足之地哉！自非荷恩殊厚者，詎能深言不諱乎。願明公熟思之，但恐大福不再。苟明公有所措身，閆甫亦何辭就戮。」密大怒，揮刃欲擊之，王伯當等固請，乃釋之。閆甫奔熊州。伯當亦止密，以爲未可，密不從。伯當乃曰：「義士之志，不以存亡易心。公必不聽，伯當與公同死耳，然終恐無益也。」

密因執使者，斬之。庚子旦，密紿桃林縣官曰：「奉詔暫還京師，家人請寄縣舍。」乃簡驍勇數十人，著婦人衣，戴羃䍦，藏刀裙下，詐爲妻妾，自帥之入縣舍，須臾，變服突出，因據縣城。驅掠徒衆，直趣南山，乘險而東，遣人馳告故將伊州刺史襄城張善相，令以兵應接。

右翊衛將軍史萬寶鎮熊州，謂行軍總管盛彥師曰：「李密驍賊也，又輔以王伯當，今決策而叛，殆不可當也。」彥師笑曰：「請以數千之衆邀之，必梟其首。」萬寶曰：「公以何策能爾？」彥師曰：「兵法尚詐，不可爲公言之。」即帥衆踰熊耳山南，據要道，令弓弩夾路乘高，刀楯伏於溪谷，令之曰：「俟賊半渡，一時俱發。」或問曰：「聞李密欲向洛州，而公入山，何也？」彥師曰：「密聲言向洛，實欲出人不意，走襄城就張善相耳。若賊入谷口，我自後追之，山路險隘，無所施力，一夫殿後，必不能制。今吾先得入谷，擒之必矣。」

李密既渡陝，以爲餘不足慮，遂擁衆徐行，果踰山南出。彥師擊之，密衆首尾斷絕，不得相救，遂斬密及伯當，俱傳首長安。盛彥師以功賜爵葛國公，拜武衛將軍，仍領熊州。李世勣在黎陽，上遣使以密首示之，告以反狀。世勣北面拜伏號慟，表請收葬，詔歸其尸。世勣爲之行服，備君臣之禮，大具儀衛，舉軍縞素，葬密于黎陽山。

二年春正月壬寅，王世充悉取隋朝顯官名士爲太尉府官屬，杜淹、戴胄皆預焉。王世充專總朝政，事無大小，悉關太尉府，臺省監署，莫不闃然。世充立三牌於府門外，一求文學才識堪濟時務者，一求武勇智略能推鋒陷敵者，一求身有冤滯擁抑不申者。

於是上書陳事者日有數百，世充悉引見，躬自省覽，殷勤慰諭，人人自喜，以爲言聽計從，然終無所施行。下至士卒厮養，世充皆以甘言悦之，而實無恩施。隋馬軍總管獨孤武都爲世充所親任。其從弟司隸大夫機與虞部郎楊恭慎、前勃海郡主簿孫師孝、步兵總管劉孝元、李儉、崔孝仁謀召唐兵。使孝仁説武都曰：「王公徒爲兒女之態以悦下愚，而鄙隘貪忍，不顧親舊，豈能成大業哉！圖讖之文，應歸李氏，人皆知之。唐起晉陽，奄有關内，兵不留行，英雄景附。且坦懷待物，舉善責功，不念舊惡，據勝勢以争天下，誰能敵之！吾屬託身非所，坐待夷滅。今任管公兵近在新安，又吾之故人也，若遣間使召之，使夜造城下，吾曹共爲内應，開門納之，事無不集矣。」武都從之。事泄，世充皆殺之。恭慎，達之子也。

初，王世充既殺元、盧，慮人情未服，猶媚事皇泰主，禮甚謙敬。又請爲劉太后假子，尊號曰聖感皇太后。既而漸驕横，嘗賜食於宫中，還家大吐，疑遇毒，自是不復朝謁。皇泰主知其終不爲臣，而力不能制，唯取内庫綵物大造幡花。又出諸服玩，令僧散施貧乏以求福。世充使其黨張績、董濬守章善、顯福二門，宫内雜物，毫釐不得出。是月，世充使人獻印及劍。又言河水清，欲以耀衆，爲己符瑞云。

閏二月丁巳，驃騎將軍張孝珉以勁卒百人襲王世充汜水城，入其郛，沈米船百五十艘。

己未，世充寇穀州。世充以秦叔寶爲龍驤大將軍，程知節爲將軍，待之皆厚。然二人疾世充多詐，知節謂叔寶曰：「王公器度淺狹而多妄語，好爲呪誓，此乃老巫嫗耳，豈撥亂之主乎！」世充與唐兵戰於九曲，叔寶、知節皆將兵在陳，與其徒數十騎西馳百許步，下馬拜世充曰：「僕荷公殊禮，深思報效。公性猜忌，喜信讒言，非僕託身之所，今不能仰事，請從此辭。」遂躍馬來降，世充不敢逼。上使事秦王世民，世民素聞其名，厚禮之，以叔寶爲馬軍總管，知節爲左三統軍。時世充驍將又有驃騎武安李君羨、征南將軍臨邑田留安，亦惡世充之爲人，帥衆來降。世民引君羨置左右，以留安爲右四統軍。

王世充因李育德之兄厚德於獲嘉，厚德與其守將趙君穎逐殷州刺史段大師以城來降。以厚德爲殷州刺史。

癸亥，陟州刺史李育德攻下王世充河内堡聚三十一所。乙丑，世充遣其兄子君廓侵陟州，李育德擊走之，斬首千餘級。李厚德歸省親疾，使李育德守獲嘉，世充併兵攻之，丁卯，城陷，育德及弟三人皆戰死。

三月壬申，王世充寇穀州，刺史史萬寶戰不利。

王世充之寇新安也，外示攻取，實召文武之附己者議受禪。李世英深以爲不可，曰：

「四方所以奔馳歸附東都者，以公能中興隋室故也。今九州之地，未清其一，遽正位號，恐遠人皆思叛去矣。」世充曰：「公言是也。」長史韋節、楊續等曰：「隋氏數窮，在理昭然。夫非常之事，固不可與常人議之。」太史令樂德融曰：「昔歲長星出，乃除舊布新之徵。今歲星在角、亢，亢，鄭之分野，若不亟順天道，恐王氣衰息。」世充從之。外兵曹參軍戴胄言於世充曰：「君臣猶父子也，休戚同之。明公莫若竭忠徇國，則家國俱安矣。」世充詭辭稱善而遣之。世充議受九錫，胄復固諫，世充怒，出爲鄭州長史，使與兄子行本鎮虎牢。乃使段達等言於皇泰主，請加世充九錫。皇泰主曰：「鄭公近平李密，已拜太尉，自是以來，未有殊績，俟天下稍平，議之未晚。」段達曰：「太尉欲之。」皇泰主熟視達曰：「任公。」辛巳，達等以皇泰主之詔命世充爲相國，假黄鉞，總百揆，進爵鄭王，加九錫，鄭國置丞相以下官。甲午，王世充遣其將高毗寇義州。

東都道士桓法嗣獻孔子閉房記於王世充，言相國當代隋爲天子。世充大悦，以法嗣爲諫議大夫。世充又羅取雜鳥，書帛繫頸，自言符命而縱之。有得鳥來獻者，亦拜官爵。於是段達以皇泰主命，加世充殊禮。世充奉表三讓，百官勸進，設位於都堂。納言蘇威年老，不任朝謁，世充以威隋氏重臣，欲以眩耀士民，每勸進必冠威名。及受殊禮之日，扶威置百官之上，然後南面正坐受之。

夏四月，王世充令長史韋節、楊續等及太常博士衡水孔穎達造禪代儀，遣段達、雲定興等十餘人入奏皇泰主曰：「天命不常，鄭王功德甚盛，願陛下遵唐、虞之迹。」皇泰主斂膝據案，怒曰：「天下，高祖之天下，若隋祚未亡，此言不應輒發。必天命已改，何煩禪讓？公等或祖禰舊臣，或台鼎高位，既有斯言，朕復何望。」顔色凜冽，在廷者皆流汗。退朝，泣對太后。世充更使人謂之曰：「今海内未寧，須立長君，俟四方安集，當復子明辟，必如前誓。」癸卯，世充稱皇泰主命，禪位于鄭，遣其兄世惲幽皇泰主於含凉殿，雖有三表陳讓及敕書敦勸，皇泰主皆不知也。遣諸將引兵入清宫城，又遣術人以桃湯葦火祓除禁省。乙巳，王世充備法駕入宫，即皇帝位。丙午，大赦，改元開明。

戊申，王世充立子玄應爲太子，玄恕爲漢王，餘兄弟宗族十九人皆爲王。奉皇泰主爲潞國公。以蘇威爲太師，段達爲司徒，雲定興爲太尉，張僅爲司空，楊續爲納言，韋節爲内史，王隆爲左僕射，韋霽爲右僕射，齊王世惲爲尚書令，楊汪爲吏部尚書，杜淹爲少吏部，鄭頲爲御史大夫。世惲，世充之兄也。又以國子助教吴人陸德明爲漢王師，令玄恕就其家行束脩禮，德明恥之，故服巴豆散，卧稱病，玄恕入跪牀下，對之遺利，竟不與語。德明名朗，以字行。

世充於闕下及玄武門等數處皆設榻，坐無常所，親受章表。或輕騎遊歷衢市，亦不清道，民但避路而已。世充按轡徐行，語之曰：「昔時天子深居九重，在下事情無由聞徹。今世充非貪天位，但欲救恤時危，正如一州刺史，親覽庶務，當與士庶共評朝政，尚恐門有禁限，今於門外設坐聽朝，宜各盡情。」又令西朝堂納冤抑，東朝堂納直諫。於是獻書上策者日有數百，條流既煩，省覽難遍，數日後，不復更出。

王世充將軍丘懷義居門下内省，召越王君度、漢王玄恕、將軍郭士衡雜妓妾飲博，侍御史張藴古彈之。世充大怒，令散手執君度、玄恕批其耳數十，又命引入東上閤，杖之各四十。懷義、士衡不問，賞藴古帛百段，遷太子舍人。君度，世充之兄子也。

世充每聽朝，殷勤誨諭，言詞重複，千端萬緒，侍衛之人不勝倦弊。百司奏事，疲於聽受。御史大夫蘇良諫曰：「陛下語太多而無領要，計云爾即可，何煩許辭也。」世充默然良久，亦不罪良，然性如是，終不能改也。

王世充數攻伊州，總管張善相拒之。糧盡，援兵不至，癸亥，城陷，善相駡世充極口而死。帝聞，歎曰：「吾負善相，善相不負吾也。」賜其子爵襄城郡公。

五月，王世充陷義州，復寇西濟州。遣右驍衛大將軍劉弘基將兵救之。

癸巳，梁州總管山東道安撫副使陳政爲麾下所殺，攜其首奔王世充。政，茂之子也。

王世充以禮部尚書裴仁基、左輔大將軍裴行儼有威名，忌之。仁基父子知之，亦不自安，乃與尚書左丞宇文儒童、儒童弟尚食直長温、散騎常侍崔德本謀殺世充及其黨，復尊立皇泰主。事泄，皆夷三族。齊王世惲言於世充曰：「儒童等謀反，正爲皇泰主尚在故也，不如早除之。」世充從之，遣兄子唐王仁則及家奴梁百年酖皇泰主。皇泰主曰：「更爲請太尉，以往者之言，未應至此。」百年欲爲啓陳，世惲不許。又請與太后辭訣，亦不許。乃布席焚香禮佛：「願自今已往，不復生帝王家。」飲藥不能絶，以帛縊殺之，謚曰恭皇帝。世充以其兄楚王世偉爲太保，齊王世惲爲太傅、領尚書令。

秋七月，王世充遣其將羅士信寇穀州，士信帥其衆千餘人來降。先是，士信從李密擊世充，兵敗，爲世充所得，世充厚禮之，與同寢食。既而得邴元真等，待之如士信，士信恥之。士信有駿馬，世充兄子趙王道詢欲之，不與，世充奪之以賜道詢。士信怒，故來降。上聞其來，甚喜，遣使迎勞，賜帛五千段，廩食其所部，以士信爲陝州道行軍總管。世充左龍驤將軍臨涇席辯與同列楊虔安、李君義皆帥所部來降。丙子，王世充遣其將郭士衡寇穀州，刺史任瓌大破之，俘斬且盡。甲申，行軍總管劉弘基遣其將种如願襲王世充河陽城，毁其河橋而還。

八月丙午，將軍秦武通軍至洛陽，敗世充將葛彦璋。冬十月，王世充自將兵徇地至滑臺，臨黎陽。尉氏城主時德叡、汴州刺史王要漢、亳州刺史丁叔則遣使降之，以德叡爲尉州刺史。要漢，伯當之兄也。

王世充遣其從弟世辨以徐、亳之兵攻雍丘，李公逸遣使求救，上以隔賊境，不能救。世充謂公逸乃留其屬李善行守雍丘，身帥輕騎入朝，至襄城，爲世充伊州刺史張殷所獲。世充謂曰：「鄉越鄭臣唐，其説安在？」公逸曰：「我於天下唯知有唐，不知有鄭。」世充怒，斬之。善行亦没。上以公逸子爲襄邑公。

三年。王世充將帥、州縣來降者，時月相繼。世充乃峻其法，一人亡叛，舉家無少長就戮，父子、兄弟、夫婦許相告而免之。又使五家爲保，有舉家亡者，四鄰不覺，皆坐誅。殺人益多而亡者益甚，至於樵采之人，出入皆有限數，公私愁窘，人不聊生矣。以宮城爲大獄，意所忌者，并其家屬收繫宮中，諸將出討，亦質其家屬於宮中。禁止者常不減萬口，餒死者日有數十。世充又以臺省官爲司、鄭、管、原、伊、殷、梁、湊、嵩、谷、懷、德等十二州營田使，丞、郎得爲此行者，喜若登仙。

夏四月，羅士信圍慈澗，王世充使太子玄應拒之。士信刺玄應墜馬，人救之得免。庚申，懷州總管黄君漢擊王世充太子玄應於西濟州，大破之。熊州行軍總管史萬寶邀之於九曲，又破之。辛酉，世充陷鄧州。

五月，突厥遣阿史那揭多獻馬千匹於王世充，且求婚。世充以宗女妻之，并與之互市。顯州行臺尚書令楚王楊士林雖受唐官爵，而北結王世充，南通蕭銑。詔廬江王瑗與安撫使李弘敏討之。兵未行，長史田瓚爲士林所忌，〔六月〕甲寅，瓚殺士林降於世充，世充以瓚爲顯州總管。

上議擊世充，世充聞之，選諸州鎮驍勇皆集洛陽，置四鎮將軍，募人分守四城。秋七月壬戌，詔秦王世民督諸軍擊世充。陝東道行臺屈突通二子在洛陽，上謂通曰：「今欲使卿東征，如卿二兒何？」通曰：「臣昔爲俘囚，分當就死，陛下釋縛，加以恩禮。當是之時，臣心口相誓，期以更生餘年，爲陛下盡節，但恐不獲死所耳。今得備先驅，二兒何足顧乎！」上歎曰：「徇義之士，一至此乎！」

癸亥，突厥遣使潛詣王世充，潞州總管李襲譽邀擊，敗之，虜牛羊萬計。

壬午，秦王世民至新安。王世充遣魏王弘烈鎮襄陽，荆王行本鎮虎牢，宋王泰鎮懷州，齊王世惲檢校南城，楚王世偉守寶城，太子玄應守東城，漢王玄恕守含嘉城，魯王道徇守曜儀城，世充自將戰兵，左輔大將軍楊公卿帥左龍驤二十八府騎兵，右游擊大將軍郭善才帥內軍二十八府步兵，左游擊大將軍跋野綱帥外軍二十八府步兵，總三萬人，以備唐。弘烈、行本，世偉之子；泰，世充之兄子也。

羅士信將前鋒圍慈澗，王世充自將兵三萬救之。己丑，秦王世民將輕騎前覘世充，猝與之遇，衆寡不敵，道路險阨，爲世充所圍。世民左右馳射，皆應弦而斃，獲其左建威將軍燕琪，世充乃退。世民還營，埃塵覆面，軍不復識，欲拒之，世民免冑自言，乃得入。旦日，帥步騎五萬進軍慈澗，世充拔慈澗之戍，歸于洛陽。世民遣行軍總管史萬寶自宜陽南據龍門，將軍劉德威自太行東圍河内，上谷公王君廓自洛口斷其餉道，懷州總管黄君漢自河陰攻迴洛城，大軍屯于北邙，連營以逼之。世充洧州長史繁水張公謹與刺史崔樞以州城來降。

八月，鄧州土豪執王世充所署刺史來降。甲辰，黄君漢遣校尉張夜叉以舟師襲迴洛城，克之，獲其將達奚善定，斷河陽南橋而還，降其堡聚二十餘。世充使太子玄應帥楊公卿等攻迴洛，不克，乃築月城於其西，留兵戍之。

世充陳於青城宫，秦王世民亦置陳當之。世充隔水謂世民曰：「隋室傾覆，唐帝關中，鄭帝河南，世充未嘗西侵，王忽舉兵東來，何也？」世民使宇文士及應之曰：「四海咸仰皇風，唯公遏阻聲教，爲此而來。」世充曰：「相與息兵講好，不亦善乎？」又應之曰：「奉詔取東都，不令講好。」至暮，各引兵還。

九月癸酉，王世充顯州總管田瓚以所部二十五州來降，自是襄陽聲問與世充絶。

史萬寶進軍甘泉宫。丁丑，秦王世民遣右武衛將軍王君廓攻轘轅，拔之。王世充遣其將魏隱等擊君廓，君廓僞遁，設伏，大破之，遂東徇地，至管城而還。先是，王世充將郭士衡、許羅漢掠唐境，君廓以策擊卻之，詔勞之曰：「卿以十三人破賊一萬，自古以少制衆，未之有也。」

世充尉州刺史時德叡帥所部杞、夏、陳、隨、許、潁、尉七州來降。秦王世民以便宜命州縣官並依世充所署，無所變易，改尉州爲南汴州。於是河南州縣相繼來降。

辛巳，世民以五百騎行戰地，登魏宣武陵。王世充帥步騎萬餘猝至，圍之，單雄信引槊直趨世民，尉遲敬德躍馬大呼，横刺雄信墜馬，世充兵稍卻，敬德翼世民出圍。世民、敬德更帥騎兵還戰，出入世充陳，往返無所礙。屈突通引大兵繼至，世充兵大敗，僅以身免。擒其冠軍大將軍陳智略，斬首千餘級，獲排矟兵六千。

冬十月甲午，王世充大將軍張鎮周來降。甲辰，行軍總管羅士信襲王世充硤石堡，拔之。士信又圍千金堡，堡中人罵之。士信夜遣百餘人，抱嬰兒數十至堡下，使兒啼呼，詐云「從東都來歸羅總管。」既而相謂曰：「此千金堡也，吾屬誤矣。」即去。堡中以爲士信已去，來者洛陽亡人，出兵追之。士信伏兵於道，伺其門開，突入，屠之。

李密之敗也，楊慶歸洛陽，世充以爲管州總管，妻以兄女。秦王世民逼洛陽，慶潛遣人請降。世民遣總管李世勣將兵往據其城，慶來降，拜上柱國、郇國公。

時世充太子玄應鎮虎牢，軍于滎、汴之間，聞之，引兵趣管城，李世勣擊卻之。使郭孝恪爲書説滎州刺史魏陸，陸密請降。玄應遣大將軍張志就陸徵兵，丙辰，陸擒志等四將，舉州來降。陽城令王雄帥諸堡來降，秦王世民使李世勣引兵應之，以雄爲嵩州刺史，嵩南之路始通。魏陸使張志詐爲玄應書，停其東道之兵，令其將張慈寶且還汴州，又密告汴州刺史王要漢使圖慈寶，要漢斬慈寶以降。玄應聞諸州皆叛，大懼，奔還洛陽。詔以要漢爲汴州總管，賜爵郳國公。

十一月戊子，安撫大使李大亮取王世充沮、華二州。

唐兵逼洛陽，王世充遣使求救於竇建德，建德遣使詣世充，許以赴援。事見唐平河朔。

十二月辛卯，王世充許、亳等十一州皆請降。辛丑，王世充隨州總管徐毅舉州降。王世充遣其兄子代王琬、長孫安世詣竇建德報聘，且乞師。

四年春正月，王世充梁州總管程嘉會以所部來降。杜伏威遣其將陳正通、徐紹宗帥精兵二千來，會秦王世民擊王世充，甲申，攻梁，克之。秦王世民選精鋭千餘騎，皆皂衣玄甲，分爲左右隊，使秦叔寶、程知節、尉遲敬德、翟長孫分將之。每戰，世民親被玄甲帥之爲前鋒，乘機進擊，所向無不摧破，敵人畏之。行臺僕射屈突通、贊皇公竇軌將兵按行營屯，猝與王世充遇，戰不利。秦王世民帥玄甲救之，世充大敗，獲其騎將葛彦璋，俘斬六千餘人，世充遁歸。王世充太子玄應將兵數千人自虎牢運糧入洛陽，秦王世民遣將軍李君羨邀擊，大破之，玄應僅以身免。

世民使宇文士及奏請進圍東都，上謂士及曰：「歸語爾王，今取洛陽，止欲息兵，克城之日，乘輿、法物、圖籍、器械非私家所須者，委汝收之，其餘子女、玉帛並以分賜將士。」〔二月〕辛丑，世民移軍青城宮，壁壘未立，王世充帥衆二萬自方諸門出，憑故馬坊垣塹，臨穀水以拒唐兵，諸將皆懼。世民以精騎陳於北邙，〔登〕魏宣武陵以望之，謂左右曰：「賊勢窘矣。悉衆而出，徼幸一戰，今日破之，後不敢復出矣。」命屈突通帥步卒五千渡水擊之，戒通曰：「兵交則縱煙。」煙作，世民引騎南下，身先士卒，與通合勢力戰。世民欲知世充陳厚薄，與精騎數十衝之，直出其背，衆皆披靡，殺傷甚衆。既而限以長堤，與諸騎相失，將軍丘行恭獨從世民，世充數騎追及之，世民馬中流矢而斃。行恭回騎射追者，發無不中，追者不敢前。乃下馬以授世民，行恭於馬前步執長刀，距躍大呼，斬數人，突陳而出，得入大軍。世充亦帥衆殊死戰，散而復合者數四。自辰至午，世充兵始退。世民縱兵乘之，直抵城下，俘斬七千人，遂圍之。驃騎將軍段志玄與世充兵力戰，深入，馬倒，爲世充兵所擒，兩騎夾持其髻，將渡洛水，志玄踴身而奮，二人俱墜馬，志玄馳歸，追者數百騎，不敢逼。

初，驃騎將軍王懷文爲唐軍斥候，爲世充所獲，世充欲慰悅之，引置左右。壬寅，世充出右掖門，臨洛水爲陳，懷文忽引槊刺世充，世充衷甲，槊折不能入，左右猝出不意，皆愕眙不知所爲。懷文走趣唐軍，至寫口，追獲，殺之。世充歸，解去衷甲，袒示羣臣曰：「懷文以槊刺我，卒不能傷，豈非天所命乎？」

先是，御史大夫鄭頲不樂仕世充，多稱疾，不預事。至是謂世充曰：「臣聞佛有金剛不壞身，陛下真是也。臣實多幸，得生佛世，願棄官削髮爲沙門，服勤精進，以資陛下之神武。」世充曰：「國之大臣，聲望素重，一旦入道，將駭物聽。俟兵革休息，當從心志。」頲固請，不許。退謂其妻曰：「吾束髮從官，志慕名節，不幸遭遇亂世，流離至此，側身猜忌之朝，累足危亡之地，智力淺薄，無以自全。人生會當有死，早晚何殊，姑從吾所好，死亦無憾。」遂削髮被僧服。世充聞之，大怒曰：「爾以我爲必敗，欲苟免邪？不誅之，何以制衆！」遂斬頲於市。頲言笑自若，觀者壯之。詔贈王懷文上柱國、朔州刺史。庚戌，王泰棄河陽走，其將趙夐等以城來降。别將單雄信、裴孝達與總管王君廓相持於洛口，秦王世民帥步騎五千援之，至轘轅，雄信等遁去，君廓追敗之。乙卯，王世充懷州刺史陸善宗以城降。

秦王世民圍洛陽宮城，城中守禦甚嚴，大礮飛石重五十斤，擲二百步，八弓弩箭如車輜，鏃如巨斧，射五百步。世民四面攻之，晝夜不息，旬餘不克。城中欲翻城者凡十三輩，皆不果發而死。唐將士皆疲弊思歸，總管劉弘基等請班師。世民曰：「今大舉而來，當一勞永逸。東方諸州已望風款服，唯洛陽孤城，勢不能久，功在垂成，奈何棄之而去！」乃下令軍中曰：「洛陽未破，師必不還，敢言班師者斬。」衆乃不敢復言。上聞之，亦密敕世民使還。世民表稱洛陽必可克，又遣參謀軍事封德彝入朝面論形勢。德彝言於上曰：「世充得地雖多，率皆羈屬，號令所行，唯洛陽一城而已。智盡力窮，克在朝夕。今若旋師，賊勢復振，更相連結，後必難圖。」上乃從之。世民遺世充書，諭以禍福，世充不報。戊午，王世充鄭州司兵沈悅遣使詣左武候大將軍李世勣請降。左衞將軍王君廓夜引兵襲虎牢，悅爲內應，遂拔之，獲其荆王行本及長史戴胄。悅，君理之孫也。

唐兵圍洛陽，掘塹築壘而守之。城中乏食，絹一匹直粟三升，布十匹直鹽一斤，服飾珍玩賤如土芥。民食草根木葉皆盡，相與澄取浮泥，投米屑作餅食之，皆病身腫、脚弱，死者相枕倚於道。皇泰主之遷民入宮城也，凡三萬家，至是無三千家。雖貴爲公卿，糠覈不充，尚書郎以下，躬自負戴，往往餒死。竇建德使其將范願守曹州，悉發孟海公、徐圓朗之衆西救洛陽。至滑州，王世充行臺僕射韓洪開門納之。己卯，軍于酸棗。

秦王世民中分麾下，使屈突通副齊王元吉圍守東都，世民將驍勇三千五百人東趣武

（平）〔牢〕。事見唐平河朔。

夏四月壬寅，王世充騎將楊公卿、單雄信引兵出戰，齊王元吉擊之，不利，行軍總管盧君諤戰死。王世充平州刺史周仲隱以城來降。

五月，擒竇建德。甲子，王世充偃師、鞏縣皆降。乙丑，以太子左庶子鄭善果爲山東道撫慰大使。世充將王德仁棄故洛陽城而遁，亞將趙季卿以城降。秦王世民囚竇建德、王琬、長孫安世、郭士衡等至洛陽城下，以示世充。世充與建德語而泣。仍遣安世等入城言敗狀。世充召諸將議突圍，走襄陽，諸將皆曰：「吾所恃者夏王，夏王今已爲擒，雖得出，終必無成。」丙寅，世充素服帥其太子、羣臣二千餘人詣軍門降。世民禮接之，世充俯伏流汗。世民曰：「卿常以童子見處，今見童子，何恭之甚邪？」世充頓首謝罪。於是部分諸軍，先入洛陽，分守市肆，禁止侵掠，無敢犯者。

丁卯，世民入宮城，命記室房玄齡先入中書、門下省，收隋圖籍、制詔，已爲世充所毁，無所獲。命蕭瑀、竇軌等封庫，收其金帛，班賜將士。收世充之黨罪尤大者段達、王隆、崔洪丹、薛德音、楊汪、孟孝義、單雄信、楊公卿、郭什柱、郭士衡、董叡、張童兒、王德仁、朱粲、郭善才等十餘人，斬於洛水之上。士民疾朱粲殘忍，競投瓦礫擊其尸，須臾如冢。囚韋節、楊續、長孫安世等十餘人送長安。士民無罪爲世充所囚者，皆釋之，所殺者祭而誅之。

戊寅，王世充徐州行臺杞王世辯以徐、宋等三十八州詣河南道安撫大使任瓌請降。世充故地悉平。秋七月庚申，王世充行臺王弘烈、王泰、左僕射豆盧行褒、右僕射蘇世長以襄州來降。上與行褒、世長皆有舊，先是，屢以書招之，行褒輒殺使者。既至長安，上誅行褒而責世長。世長曰：「隋失其鹿，天下共逐之。陛下既得之矣，豈可復忿同獵之徒，問争肉之罪乎？」上笑而釋之，以爲諫議大夫。

甲子，俘王世充于太廟。上見王世充而數之，王世充曰：「臣罪固當誅，然秦王許臣不死。」丙寅，詔赦世充爲庶人，與兄弟子姪徙處蜀。王世充以防夫未備，置雍州廨舍。獨孤機之子定州刺史修德帥兄弟至其所，矯稱敕呼鄭王，世充與兄世惲趨出，修德等殺之。詔免修德官。其餘兄弟子姪等於道亦以謀反誅。

唐平河朔

竇建德

隋煬帝大業七年。漳南人竇建德少尚氣俠，膽力過人，爲鄉黨所歸附。會募人征高麗，建德以勇敢選爲二百人長。同縣孫安祖亦以驍勇選爲征士。安祖辭以家爲水所漂，妻子餒死，縣令怒，笞之。安祖刺殺令，亡抵建德，建德匿之。官司逐捕，蹤跡至建德家，建德謂安祖曰：「文皇帝時天下殷盛，發百萬之衆以伐高麗，尚爲所敗。今水潦爲災，百姓困窮，加之往歲西征，行者不歸，瘡痍未復。主上不恤，乃更發兵親擊高麗，天下必大亂。丈夫不死，當立大功，豈可但爲亡虜邪！」乃集無賴少年，得數百人，使安祖將之，入高雞泊中爲羣盜，安祖自號將軍。時鄃人張金稱聚衆河曲，蓨人高士達聚衆於清河境内爲盜，郡縣疑建德與賊通，悉收其家屬，殺之。建德帥麾下二百人亡歸士達，士達自稱東海公，以建德爲司兵。頃之，孫安祖爲張金稱所殺，其衆盡歸建德，建德兵至萬餘人。建德能傾身接物，與士卒均勞逸，由是人争附之，爲之致死。

十二年冬十二月，涿郡通守郭絢，將兵萬餘人討高士達。士達自以才略不及竇建德，乃進建德爲軍司馬，悉以兵授之。建德請士達守輜重，自簡精兵七千人拒絢，詐爲與士達有隙而叛，遣人請降於絢，願爲前驅擊士達以自效。絢信之，引兵隨建德至長河，不復設備。建德襲之，殺虜數千人，斬絢首，獻士達，張金稱餘衆皆歸建德。楊義臣乘勝至平原，欲入高雞泊討之。建德謂士達曰：「歷觀隋將，善用兵者無如義臣，今滅張金稱而來，其鋒不可當。請引兵避之，使其欲戰不得，坐費歲月，將士疲倦，然後乘間擊之，乃可破也。不然，恐非公之敵。」士達不從，留建德守營，自帥精兵逆擊義臣，戰小勝，因縱酒高宴。建德聞之曰：「東海公未能破敵，遽自矜大，禍至不久矣。」後五日，義臣大破士達，於陳斬之。乘勝逐北趣其營，營中守兵皆潰。建德與百餘騎亡去，至饒陽，乘其無備，攻陷之，收兵，得三千餘人。義臣既殺士達，以爲建德不足憂，引去。建德還平原，收士達散兵，收葬死者，爲士達發喪，軍復大振，自稱將軍。先是，羣盜得隋官及士族子弟皆殺之，獨建德善遇之。由是隋官稍以城降之，聲勢日盛，勝兵至十餘萬人。

恭帝義寧元年春正月丙辰，竇建德爲壇於樂壽，自稱長樂王，置百官，改元丁丑。

秋七月，煬帝詔左禦衛大將軍涿郡留守薛世雄將燕地精兵三萬討李密，命王世充等諸將皆受世雄節度，軍所過，盜賊隨便誅翦。世雄行至河間，軍於七里井，竇建德士衆惶懼，悉拔諸城南遁，聲言還入豆子𦨴。世雄以爲畏己，不復設備，建德謀還襲之。其處去世雄營百四十里，建德帥敢死士二百八十人先行，令餘衆續發。建德與其士衆約曰：「夜至則擊其營，已明則降之。」未至二里所，天欲明，建德惶惑，議降。會天大霧，人咫尺不相辨，建德喜曰：「天贊我也。」遂突入其營擊之，世雄士卒大亂，皆騰柵走。世雄不能禁，與左右數十騎遁歸涿郡，慚恚發病卒。建德遂圍河間。

唐高祖武德元年。隋河間郡丞王琮守郡城以拒羣盜，竇建德攻之，歲餘不下。聞煬帝凶問，帥吏士發喪，乘城者皆哭。建德遣使弔之，琮因使者請降，建德退舍具饌以待之。琮言及隋亡，俯伏流涕，建德亦爲之泣。諸將曰：「琮久拒我軍，殺傷甚衆，力盡乃降，請烹之。」建德曰：「琮忠臣也，吾方賞之以勸事君，奈何殺之？往在高雞泊爲盜，容可妄殺人。今欲安百姓，定天下，豈得害忠良乎！」乃徇軍中曰：「先與王琮有怨敢妄動者，夷三族。」以琮爲瀛州刺史。於是河北郡縣聞之，爭附於建德。

先是，建德陷景城，執户曹河東張玄素，將殺之，縣民千餘人號泣，請代其死，曰：「户曹清慎無比，大王殺之，何以勸善？」建德乃釋之，以爲治書侍御史，固辭。及江都敗，復以爲黄門侍郎，玄素乃起。饒陽令宋正本，博學有才氣，說建德以定河北之策，建德引爲謀主。建德定都樂壽，命所居曰金城宫，備置百官。

冬十一月，有大鳥五集于樂壽，羣鳥數萬從之，經日乃去。竇建德以爲己瑞，改元五鳳。宗城人有得玄圭獻於建德者，宋正本及景城丞會稽孔德紹皆曰：「此天所以賜大禹也，請改國號曰夏。」建德從之。以正本爲納言，德紹爲内史侍郎。

初，王須拔掠幽州，中流矢死，其將魏刀兒代領其衆，據深澤，掠冀、定之間，衆至十萬，自稱魏帝。建德僞與連和，刀兒弛備，建德襲擊，破之，遂圍深澤。其徒執刀兒降，建德斬之，盡并其衆。易、定等州皆降，唯冀州刺史麴稜不下。稜婿崔履行，暹之孫也，自言有奇術，可使攻者自敗，稜信之。履行命守城者皆坐，毋得妄鬭，曰：「賊雖登城，汝曹勿怖，吾將使賊自縛。」於是爲壇，夜設章醮，然後自衣衰絰，杖行登北樓慟哭，又令婦女升屋四向振裙。建德攻之急，稜將戰，履行固止之。俄而城陷，履行哭猶未已。建德見稜曰：「卿忠臣也。」厚禮之，以爲內史令。

建德既克冀州，兵威益盛，帥衆十萬寇幽州。總管羅藝將逆戰，薛萬均曰：「彼衆我寡，出戰必敗。不若使羸兵背城阻水爲陳，彼必渡水擊我。萬均請以精騎百人伏於城旁，俟其半渡擊之，蔑不勝矣。」藝從之。建德果引兵渡水，萬均邀擊，大破之。建德竟不能至其城下，乃分兵掠霍堡及雍奴等縣，藝復邀擊，敗之。凡相拒百餘日，建德不能克，乃還樂壽。萬均，世雄之子也。

二年春閏二月，宇文化及保聊城，竇建德縱兵攻之，生擒化及。建德每戰勝克城，所得資財，悉以分將士，身無所取。又不噉肉，常食蔬，茹粟飯。妻曹氏不衣紈綺，所役婢妾纔十許人。及破化及，得隋宮人千數，即時散遣之。以隋黃門侍郎裴矩爲左僕射，掌選事，兵部侍郎崔君肅爲侍中，少府令何稠爲工部尚書，右司郎中柳調爲左丞，虞世南爲黃門侍郎，歐陽詢爲太常卿。詢，紇之子也。自餘隨才授職，委以政事。其不願留欲詣關中及東都者，亦聽之，仍給資糧，以兵援之出境。隋驍果尚近萬人，亦各縱遣，任其所之。又與王世充結好，遣使奉表於隋皇泰主，皇泰主封爲夏王。建德起於羣盜，雖建國，未有文物法度，裴矩爲之定朝儀，制律令，建德甚悅，每從之諮訪典禮。

竇建德陷邢州，執總管陳君賓。

初，宇文化及以隋大理卿鄭善果爲民部尚書，從至聊城，爲化及督戰，中流矢。竇建德克聊城，王琮獲善果，責之曰：「公名臣之家，隋室大臣，奈何爲弑君之賊效命，苦戰傷痍至此乎！」善果大慚，欲自殺，宋正本馳往救止之。建德復不爲禮，乃奔相州，淮安王神通送之長安。〔三月〕庚午，善果至，上優禮之，拜左庶子、檢校内史侍郎。

夏四月，竇建德聞王世充廢皇泰主自立，乃絶之，始建天子旌旗，出警入蹕，下書稱詔，追謚隋煬帝爲閔帝。齊王暕之死也，有遺腹子政道，建德立以爲鄖公，然猶依倚突厥以壯其兵勢。隋義成公主遣使迎蕭皇后及南陽公主，建德遣千餘騎送之，又傳宇文化及首以獻義成公主。

六月庚子，竇建德陷滄州。秋八月，竇建德將兵十餘萬趣洺州，淮安王神通帥諸軍退保相州。己亥，建德兵至洺州城下。丁未，竇建德陷洺州，總管袁子幹降之。乙卯，引兵趣相州，淮安王神通聞之，帥諸軍就李世勣於黎陽。〔九月〕己巳，竇建德陷相州，殺刺史呂珉。

淮安王神通使慰撫使張道源鎮趙州。庚寅，竇建德陷趙州，執總管張志昂及道源。建德以二人及邢州刺史陳君賓不早下，欲殺之，國子祭酒凌敬諫曰：「人臣各爲其主用，彼堅守不下，乃忠臣也。今大王殺之，何以勵羣下乎？」建德怒曰：「吾至城下，彼猶不降，力屈就擒，何可捨也。」敬曰：「今大王使大將高士興拒羅藝於易水，藝纔至，興即降，大王之意以爲如何？」建德乃悟，即命釋之。

冬十月己亥，賜幽州總管燕公羅藝姓李氏，封燕郡王。辛丑，李藝破建德於衡水。竇建德引兵趣衛州。建德每行軍，常爲三道，輜重細弱居中央，步騎夾左右，相去三里許。建德以千騎前行，過黎陽三十里，李世勣遣騎將丘孝剛將二百騎偵之。孝剛驍勇，善馬槊，與建德遇，遂擊之，建德敗走，右方兵救之，擊斬孝剛。建德怒，還攻黎陽，克之，虜淮安王神通、李世勣父蓋、魏徵及帝妹同安公主。唯李世勣以數百騎走渡河，數日，以其父故，還詣建德降。衛州聞黎陽陷，亦降。建德以李世勣爲左驍衛將軍，使守黎陽，常以其父蓋自隨爲質。以魏徵爲起居舍人。滑州刺史王軌奴殺軌，攜其首詣建德降。建德曰：「奴殺主，大逆，吾何爲受之！」立命斬奴，返其首於滑州。吏民感悦，即日請降。於是其旁州縣及徐圓朗等皆望風歸附。己未，建德還洺州，築萬春宮徙都之。置淮安王神通於下博，待以客禮。

十一月，李世勣欲歸唐，恐禍及其父，謀於郭孝恪。孝恪曰：「吾新事竇氏，動則見疑，宜先立效以取信，然後可圖也。」世勣從之。襲王世充獲嘉，破之，多所俘獲，以獻建德，建德由是親之。

十二月，李世勣復遣人説竇建德曰：「曹、戴二州户口完實，孟海公竊有其地，與鄭人外合内離。若以大軍臨之，指期可取。既得海公，〔以〕臨徐、兖，河南可不戰而定也。」建德以爲然，欲自將徇河南，先遣其行臺曹旦等將兵五萬濟河，世勣引兵三千會之。

三年春正月，李世勣謀俟竇建德至河南，掩襲其營，殺之，冀得其父并建德土地以歸唐。會建德妻産，久之不至。

曹旦，建德之妻兄也，在河南，多所侵擾，諸賊羈屬者皆怨之。賊帥魏郡李文相號李商胡，聚衆五千餘人據孟津中潬。母霍氏亦善騎射，自稱霍總管。世勣結商胡爲昆弟，入拜商胡之母。母泣謂世勣曰：「竇氏無道，如何事之？」世勣曰：「母無憂，不過一月，當殺之，相與歸唐耳。」世勣辭去，母謂商胡曰：「東海公許我共圖此賊。事久變生，何必待其來？不如速決。」是夜，商胡召曹旦偏裨二十三人飲之酒，盡殺之。旦别將高雅賢、阮君明尚在河北未濟，商胡以巨舟四艘濟河北之兵三百人，至中流，悉殺之。有獸醫游水得免，至南岸告曹旦，旦嚴警爲備。商胡既舉事，始遣人告李世勣。世勣與曹旦連營，郭孝恪勸世勣襲旦，世勣未決，聞旦已有備，遂與孝恪帥數十騎來奔。商胡復引精兵二千北襲阮君明，破之。高雅賢收衆去，商胡追之，不及而還。建德羣臣請誅李蓋，建德曰：

「世勣唐臣，爲我所虜，不忘本朝，乃忠臣也。其父何罪？」遂赦之。甲午，世勣、孝恪至長安。曹旦遂取濟州，復還洺州。二月，竇建德攻李商胡，殺之。建德〔至〕洺州，勸課農桑，境内無盜，商旅野宿。

夏五月，竇建德遣高士興擊李藝於幽州，不克，退軍籠火城。藝襲擊，大破之，斬首五千級。建德大將軍王伏寶勇略冠軍中，諸將疾之，言其謀反，建德殺之，伏寶曰：「大王奈何聽讒言，自斬左右手乎！」

秋八月，竇建德共州縣令唐綱殺刺史，以州來降。上遣使與竇建德連和，建德遣同安公主隨使者俱還。

冬十月，竇建德帥衆二十萬復攻幽州。建德兵已攀堞，薛萬均、薛萬徹帥敢死士百人從地道出其背，掩擊之，建德兵潰走，斬首千餘級。李藝兵乘勝薄其營，建德陳於營中，填塹而出，奮擊，大破之，建德逐北至其城下，攻之不克而還。

十一月，竇建德濟河擊孟海公。初，王世充侵建德黎陽，建德襲破殷州以報之。自是二國交惡，信使不通。及唐兵逼洛陽，世充遣使求救於建德。建德中書侍郎劉彬説建德曰：「天下大亂，唐得關西，鄭得河南，夏得河北，共成鼎足之勢。今唐舉兵臨鄭，自秋涉冬，唐兵日增，鄭地日蹙，唐强鄭弱，勢必不支。鄭亡，則夏不能獨立矣，不如解仇除忿，發兵救之。夏擊其外，鄭攻其内，破唐必矣。唐師既退，徐觀其變，若鄭可取則取之，併二國之兵，乘唐師之老，天下可取也。」建德從之，遣使詣世充，許以赴援。又遣其禮部侍郎李大師等詣唐，請罷洛陽之兵，秦王世民留之，不答。

十二月壬辰，燕郡王李藝又擊竇建德於籠火城，破之。

張道源從竇建德在河南，密遣人詣長安請出兵攻洛州以震山東。丙午，詔劉世讓爲行軍總管，使將兵出土門趣洺州。〔是歲〕，竇建德行臺尚書令恒山胡大恩請降。

四年春二月，竇建德克周橋，虜孟海公。三月，行軍總管劉世讓攻竇建德黄州，拔之。洺州嚴備，世讓不得進。會突厥將入寇，上召世讓還。竇建德所署普樂令平恩程名振來降。

竇建德陷管州，殺刺史郭士安。又陷滎陽、陽翟等縣，水陸並進，汎舟運糧，泝河西上。王世充之弟徐州行臺世辯遣其將郭士衡將兵數千會之，合十餘萬，號三十萬，軍於成皋之東原，築宫板渚，遣使與王世充相聞。

先是，建德遺秦王世民書，請退軍潼關，返鄭侵地，復修前好。世民集將佐議之，皆請避其鋒。郭孝恪曰：「世充窮蹙，垂將面縛，建德遠來助之，此天意欲兩亡之也。宜據武牢之險以拒之，伺間而動，破之必矣。」記室薛收曰：「世充保據東都，府庫充實，所將之兵，皆江、淮精鋭，即日之患，但乏糧食耳。以是之故，爲我所持，求戰不得，守則難久。建德親帥大衆，遠來赴援，亦當極其精鋭，致死於我。若縱之至此，兩寇合從，轉河北之粟以饋洛陽，則戰争方始，偃兵無日，混一之期，殊未有涯也。今宜分兵守洛陽，深溝高壘，世充出兵，慎勿與戰。大王親帥驍鋭，先據成皋，厲兵訓士，以待其至，以逸待勞，决可克也。建德既破，世充自下，不過二旬，兩主就縛矣。」世民善之。收，道衡之子也。

蕭瑀、屈突通、封德彝皆曰：「吾兵疲老，世充憑守堅城，未易猝拔。建德席勝而來，鋒鋭氣盛，吾腹背受敵，非完策也。不若退保新安，以承其弊。」世民曰：「世充兵摧食盡，上下離心，不煩力攻，可以坐克。建德新破海公，將驕卒惰。吾據武牢，扼其咽喉，彼若冒險争鋒，吾取之甚易。若狐疑不戰，旬月之間，世充自潰。城破兵强，氣勢自倍，一舉兩克，在此行矣。若不速進，賊入武牢，諸城新附，必不能守。兩賊併力，其勢必强，何弊之承？吾計决矣。」通等又請解圍據險以觀其變，世民不許。中分麾下，使通等副齊王元吉圍守東都，世民將驍勇三千五百人東趣武牢。時正晝出兵，歷北邙，抵河陽，趨鞏而去。王世充登城望見，莫之測也，竟不敢出。

癸未，世民入武牢。甲申，將驍騎五百出武牢東二十餘里，覘建德之營。緣道分留從騎，使李世勣、程知節、秦叔寶將之，伏於道旁，纔餘四騎，與之偕進。世民謂尉遲敬德曰：「吾執弓矢，公執槊相隨，雖百萬衆，若我何！」又曰：「賊見我而還，上策也。」去建德營三里所，建德遊兵遇之，以爲斥候也。世民大呼曰：「我秦王也。」引弓射之，斃其一將。建德軍中大驚，出五六千騎逐之，從者咸失色。世民曰：「汝第前行，吾自與敬德爲殿。」於是按轡徐行，追騎將至，則引弓射之，輒斃一人。追者懼而止，止而復來，如是再三，每來必有斃者。世民前後射殺數人，敬德殺十許人，追者不敢復逼。世民逡巡稍卻以誘之，入於伏內，世勣等奮擊，大破之，斬首三百餘級，獲其驍將殷秋、石瓚以歸。乃爲書報建德，諭以「趙、魏之地，久爲我有，爲足下所侵奪。但以淮安見禮，公主得歸，故相與坦懷釋怨。世充頃與足下修好，已嘗反覆，今亡在朝夕，更飾辭相誘，足下乃以三軍之衆仰哺他人，千金之資坐供外費，良非上策。今前茅相遇，彼遽崩摧，郊勞未通，能無懷愧。故抑止鋒鋭，冀聞擇善，若不獲命，恐雖悔難追。」竇建德迫於武牢不得進，留屯累月，戰數不利，將士思歸。

夏四月丁巳，秦王世民遣王君廓將輕騎千餘抄其糧運，又破之，獲其大將軍張青特。凌敬言於建德曰：「大王悉兵濟河，攻取懷州、河陽，使重將守之，更鳴鼓建旗，踰太行，入上黨，徇汾、晉，趣蒲津，如此有三利：一則蹈無人之境，取勝可以萬全；二則拓地收衆，形勢益强；三則關中震駭，鄭圍自解。爲今之策，無以易此。」建德將從之，而王世充遣使告急，相繼於道，王琬、長孫安世朝夕涕泣，請救洛陽，又陰以金玉啗建德諸將，以撓其謀。諸將皆曰：「凌敬書生，安知戰事，其言豈可用也！」建德乃謝敬曰：「今衆心甚鋭，天贊我也，因之決戰，必將大捷，不得從公言。」敬固爭之，建德怒，令扶出。其妻曹氏謂建德曰：「祭酒之言，不可違也。今大王自滏口乘唐國之虚，連營漸進，以取山北，又因突厥西抄關中，唐必還師自救，鄭圍何憂不解？若頓兵於此，老師費財，欲求成功，在於何日？」建德曰：「此非女子所知。吾來救鄭，鄭今倒懸，亡在朝夕，吾乃捨之而去，是畏敵而棄信也，不可。」

諜者告曰：「建德伺唐軍芻盡，牧馬於河北，將襲武牢。」五月戊午，秦王世民北濟河，南臨廣武，察敵形勢，因留馬千餘匹，牧於河渚以誘之，夕還武牢。己未，建德果悉衆而至，自板渚出牛口置陳，北距大河，西薄汜水，南屬鵲山，亘二十里，鼓行而進。諸將皆懼，世民將數騎升高丘以望之，謂諸將曰：「賊起山東，未嘗見大敵。今度險而囂，是無紀律；逼城而陳，有輕我心。我按兵不出，彼勇氣自衰，陳久卒飢，勢將自退，追而擊之，無不克者。與公等約，甫過日中，必破之矣。」建德意輕唐軍，遣三百騎涉汜水，距唐營一里所止。遣使與世民相聞，曰：「請選鋭士數百與之劇。」世民遣王君廓將長槊二百以應之，相與交戰，乍進乍退，兩無勝負，各引還。王琬乘隋煬帝驄馬，鎧仗甚鮮，迥出陳前以誇衆。世民曰：「彼所乘真良馬也。」尉遲敬德請往取之，世民止之曰：「豈可以一馬喪猛士。」敬德不從，與高甑生、梁建方三騎直入其陳，擒琬，引其馬以歸，衆無敢當者。世民使召河北馬，待其至乃出戰。

建德列陳，自辰至午，士卒飢倦，皆坐列，又爭飲水，逡巡欲退。世民命宇文士及將三百騎經建德陳西，馳而南上，戒之曰：「賊若不動，爾宜引歸，動則引兵東出。」士及至陳前，陳果動，世民曰：「可擊矣。」時河渚馬亦至，乃命出戰。世民帥輕騎先進，大軍繼之，東涉汜水，直薄其陳。建德羣臣方朝謁，唐騎猝來，朝臣趨就建德。建德召騎兵使拒唐兵，騎兵阻朝臣不得過，建德揮朝臣令卻，進退之間，唐兵已至，建德窘迫，退依東陂。竇抗引兵擊之，戰小不利。世民帥騎赴之，所向皆靡。淮陽王道玄挺身陷陳，直出其後，復突陳而歸，再入再出，飛矢集其身如蝟毛，勇氣不衰，射人，皆應弦而仆。世民給以副馬，使從己。於是諸軍大戰，塵埃漲天。世民帥史大柰、程知節、秦叔寶、宇文歆等卷旆而入，出其陳後，張唐旗幟，建德將士顧見之，大潰，追奔三十里，斬首三千餘級。建德中槊，竄匿於牛口渚。車騎將軍白士讓、楊武威逐之，建德墜馬。士讓援槊欲刺之，建德曰：「勿殺我，我夏王也，能富貴汝。」武威下擒之，載以從馬，來見世民。世民讓之曰：「我自討王世充，何預汝事，而來越境，犯我兵鋒？」建德曰：「今不自來，恐煩遠取。」建德將士皆潰去，所俘獲五萬人，世民即日散遣之，使還鄉里。封德彝入賀，世民笑曰：「不用公言，得有今日。智者千慮，不免一失乎？」德彝甚慚。建德妻曹氏與左僕射齊善行將數百騎遁歸洺州。

壬申，齊善行以洺、相、魏等州來降。時建德餘衆走至洺州，欲立建德養子爲主，徵兵以拒唐。又欲剽掠〔居〕民，還向海隅爲盜。善行獨以爲不可，曰：「隋末喪亂，故吾屬相聚草野，苟求生耳。以夏王之英武，平定河朔，士馬精强，一朝爲擒，易如反掌，豈非天命有所屬，非人力所能爭邪？今喪敗如此，守亦無成，逃亦不免，等爲亡國，豈可復遺毒於民！不若委心請命於唐，必欲得繒帛者，當盡散府庫之物，勿復殘民也。」於是運府庫之帛數十萬段，置萬春宫東街，以散將卒，凡三晝夜乃畢。仍布兵守坊巷，得物者即出，無得更入人家。士卒散盡，然後與右僕射裴矩、行臺曹旦帥其百官，奉建德妻曹氏及傳國八璽并破宇文化及所得珍寶請降于唐。上以善行爲秦王左二護軍，仍厚賜之。竇建德博州刺史馮士羡復推淮安王神通爲慰撫山東使，徇下三十餘州，建德之地悉平。

秋七月甲子，秦王世民至長安。世民被黄金甲，齊王元吉、李世勣二十五將從其後，鐵騎萬匹，甲士三萬人，前後部鼓吹，俘王世充、竇建德及隋乘輿、御物獻于太廟，行飲至之禮以饗之。丙寅，斬建德于市。

唐平隴右

薛舉

隋恭帝義寧元年。汾陰薛舉僑居金城，驍勇絶倫，家貲鉅萬，交結豪傑，雄於西邊，爲金城府校尉。時隴右盜起，金城令郝瑗募兵得數千人，使舉將而討之。夏四月癸未，方授甲，置酒饗士，舉與其子仁果及同黨十三人於座劫瑗發兵，囚郡縣官，開倉賑施。自稱西秦霸王，改元秦興。以仁果爲齊公，少子仁越爲晉公，招集羣盜，掠官牧馬。賊帥宗羅睺帥衆歸之，以爲義興公。將軍皇甫綰將兵一萬屯枹罕，舉選精鋭二千人襲之，遂克枹罕。岷山羌酋鍾利俗擁衆二萬歸之，舉兵大振。更以仁果爲齊王，領東道行軍元帥，仁越爲晉王，兼河州刺史，羅睺爲興王，以副仁果，分兵略地，取西平、澆河二郡。未幾，盡有隴西之地，衆至十三萬。

秋七月，薛舉自稱秦帝，立其妻鞠氏爲皇后，子仁果爲皇太子。遣仁果將兵圍天水，克之，舉自金城徙都之。仁果多力，善騎射，軍中號萬人敵。然性貪而好殺，嘗獲庾信子立，怒其不降，磔於火上，稍割以噉軍士。及克天水，悉召富人倒懸之，以醋灌鼻，責其金寶。舉每戒之曰：「汝之才略足以辦事，然苛虐無恩，終當覆我國家。」舉遣晉王仁越將兵趨劍口，至河池郡，太守蕭瑀拒卻之。

冬十二月，薛舉遣其子仁果寇扶風，唐弼據汧源拒之。舉遣使招弼，弼乃殺李弘芝，請降於舉。仁果乘其無備，襲破之，悉并其衆。弼以數百騎走詣扶風請降，扶風太守竇璡殺之。舉勢益張，衆號三十萬，謀取長安。聞丞相淵已定長安，進圍扶風。淵使李世民將兵擊之，又使姜謩、竇軌俱出散關，安撫隴右。

癸巳，世民擊薛仁果於扶風，大破之，追奔至隴坻而還。薛舉大懼，問其羣臣曰：「自古天子有降者乎？」黄門侍郎錢唐褚亮曰：「趙佗歸漢，劉禪仕晉，近世蕭琮，至今猶貴。轉禍爲福，自古有之。」衛尉卿郝瑗趨進曰：「陛下失問，褚亮之言又何悖也！昔漢高祖屢經奔敗，蜀先主亟亡妻子，卒成大業。陛下奈何以一戰不利，遽爲亡國之計乎？」舉亦悔之，曰：「聊以此試君等耳。」乃厚賞瑗，引爲謀主。

姜謩、竇軌進至長道，爲薛舉所敗，引還。淵使通議大夫醴泉劉世讓安集唐弼餘黨，與舉相遇，戰敗，爲舉所虜。

唐高祖武德元年。郝瑗説薛舉與梁師都及突厥連兵以取長安，舉從之。突厥拒舉、師都等，不納其使。夏六月癸未，薛舉寇涇州。以秦王世民爲元帥，將八總管兵以拒之。

秋七月，薛舉進逼高墌，游兵至于豳、岐，秦王世民深溝高壘不與戰。會世民得瘧疾，委軍事於長史納言劉文静、司馬殷開山，且戒之曰：「薛舉懸軍深入，食少兵疲，若來挑戰，慎勿應也。俟吾疾愈，爲君等破之。」開山退謂文靜曰：「王慮公不能辦，故有此言耳。且賊聞王有疾，必輕我，宜曜武以威之。」乃陳於高墌西南，恃衆而不設備。舉潛師掩其後，壬子，戰於淺水原，八總管皆敗，士卒死者什五六，大將軍慕容羅睺、李安遠、劉弘基皆没。世民引兵還長安，舉遂拔高墌，收唐兵死者爲京觀。文靜等皆坐除名。

八月，薛舉遣其子仁果進圍寧州，刺史胡演擊卻之。郝瑗言於舉曰：「今唐兵新破，關中騷動，宜乘勝直取長安。」舉然之，會有疾而止。辛巳，舉卒。太子仁果立，居於折墌城，謚舉曰武帝。

己丑，以秦王世民爲元帥，擊薛仁果。九月甲寅，秦州總管竇軌擊薛仁果，不利。驃騎將軍劉感鎮涇州，仁果圍之。城中糧盡，感殺所乘馬以分將士，感一無所噉，唯煮馬骨取汁和木屑食之。城垂陷者數矣，會長平王叔良將（士）〔兵〕至涇州，仁果乃揚言食盡，引兵南去。乙卯，又遣高墌人僞以城降，叔良遣感帥衆赴之。己未，至城下，叩門，城中人曰：「賊已去，可踰城入。」感命燒其門，城上下水灌之。感知其詐，遣步兵先還，自帥精兵爲殿。俄而城上舉三烽，仁果兵自南原大下，戰於百里細川，唐軍大敗，感爲仁果所擒。仁果復圍涇州，令感語城中，云「援軍已敗，不如早降」。感許之，至城下大呼曰：「逆賊飢餒，亡在朝夕。秦王帥數十萬衆，四面俱集，城中勿憂，勉之。」仁果怒，執感於城旁，埋之至膝，馳騎射之，至死，聲色逾厲。叔良嬰城固守，僅能自全。感，豐生之孫也。

庚申，隴州刺史陝人常達擊薛仁果於宜禄川，斬首千餘級。薛仁果屢攻常達，不能克，乃遣其將仵士政以數百人詐降，達厚撫之。乙丑，士政伺隙，以其徒劫達，擁城中二千人降於仁果。達見仁果，詞色不屈，仁果壯而釋之。奴賊帥張貴謂達曰：「汝識我乎？」達曰：「汝逃死奴賊耳。」貴怒，欲殺之，人救之獲免。

薛仁果之爲太子也，與諸將多有隙，及即位，衆心猜懼。郝瑗哭舉得疾，遂不起，由是國勢寖弱。秦王世民至高墌，仁果使宗羅睺將兵拒之。羅睺數挑戰，世民堅壁不出。諸將咸請戰，世民曰：「我軍新敗，士氣沮喪，賊恃勝而驕，有輕我心，宜閉壘以待之。彼驕我奮，可一戰而克也。」乃令軍中曰：「敢言戰者斬。」相持六十餘日，仁果糧盡，其將梁胡郎等帥所部來降。世民知仁果將士離心，命行軍總管梁實營於淺水原以誘之。羅睺大喜，盡鋭攻之，梁實守險不出，營中無水，人馬不飲者數日，羅睺攻之甚急。世民度賊已疲，謂諸將曰：「可以戰矣。」遲明，使右武候大將軍龐玉陳於淺水原南。羅睺併兵擊之，玉戰，幾不能支，世民引大軍自原北出其不意，羅睺引兵還戰。世民帥驍騎數十先陷陳，唐兵表裏奮擊，呼聲動地，羅睺士卒大潰，斬首數千級。世民帥二千餘騎追之，竇軌叩馬苦諫曰：「仁果猶據堅城，雖破羅睺，未可輕進，請且按兵以觀之。」世民曰：「吾慮之久矣，破竹之勢，不可失也，舅勿復言。」遂進。仁果陳於城下，世民據涇水臨之，仁果驍將渾幹等數人臨陳來降。仁果懼，引兵入城拒守。日向暮，大軍繼至，遂圍之。夜半，守城者爭自投下。仁果計窮，己酉，出降，得其精兵萬餘人，男女五萬口。

諸將皆賀，因問曰：「大王一戰而勝，遽捨步兵，又無攻具，輕騎直造城下，衆皆以爲不克，而卒取之，何也？」世民曰：「羅睺所將皆隴外之人，將驍卒悍，吾特出其不意而破之，斬獲不多。若緩之則皆入城，仁果撫而用之，未易克也，急之，則散歸隴外。折墌虛弱，仁果破膽，不暇爲謀，此吾所以克也。」衆皆悅服。世民所得降卒，悉使仁果兄弟及宗羅睺、翟長孫等將之，與之射獵，無所疑間。賊畏威銜恩，皆願效死。世民聞褚亮名，求訪獲之，禮遇甚厚，引爲王府文學。上遣使謂世民曰：「薛舉父子，多殺我士卒，必盡誅其黨以謝冤魂。」李密諫曰：「薛舉虐殺不辜，此其所以亡也，陛下何怨焉？懷服之民，不可不撫。」乃命戮其謀首，餘皆赦之。

癸亥，秦王世民至長安，斬薛仁果於市。上賜常達帛三百段。贈劉感平原郡公，謚忠壯。撲殺仵士政於殿庭。以張貴尤淫暴，腰斬之。上享勞將士，因謂羣臣曰：「諸公共相翊戴以成帝業，若天下承平，可共保富貴。使王世充得志，公輩豈有種乎？如薛仁果君臣，豈可不以爲前鑑也！」

唐平河西

李軌

隋恭帝義寧元年。武威鷹揚府司馬李軌，家富，好任俠。薛舉作亂於金城，軌與同郡曹珍、關謹、梁碩、李贇、安脩仁等謀曰：「薛舉必來侵暴，郡官庸怯，勢不能禦，吾輩豈可束手并妻孥爲人所虜邪？不若相與并力拒之，保據河右，以待天下之變。」衆皆以爲然，欲推一人爲主，各相讓，莫肯當。曹珍曰：「久聞圖讖，李氏當王。今軌在謀中，乃天命也。」遂相與拜軌，奉以爲主。秋七月丙辰，軌令脩仁集諸胡，軌結民間豪桀共起兵，執虎賁郎將謝統師、郡丞韋士政。軌自稱河西大凉王，置官屬，並擬開皇故事。關謹等欲盡殺隋官，分其家貲。軌曰：「諸人既逼以爲主，當稟其號令。今興義兵以救生民，乃殺人取貨，此羣盜耳，將何以濟！」於是以統師爲太僕卿，士政爲太府卿。西突厥闕達度設據會寧川，自稱闕可汗，請降於軌。

薛舉選其將常仲興濟河擊李軌，與軌將李贇戰於昌松，仲興舉軍敗没。軌欲縱遣之，贇曰：「力戰獲俘，復縱以資敵，將焉用之。不如盡阬之。」軌曰：「天若祚我，當擒其主，此屬終爲我有。若其無成，留此何益？」乃縱之。未幾，攻張掖、敦煌、西平、枹罕，皆克之，盡有河西五郡之地。

唐高祖武德元年秋八月，上欲與李軌共圖秦、隴，遣使潛詣涼州招撫之，與之書，謂之從弟。軌大喜，遣其弟懋入貢，上以懋爲大將軍，命鴻臚少卿張俟德册拜軌爲涼州總管，封涼王。冬十一月乙巳，涼王李軌即皇帝位，改元安樂。

李軌吏部尚書梁碩有智略，軌常倚之，以爲謀主。碩見諸胡浸盛，陰勸軌宜加防察，由是與户部尚書安脩仁有隙。軌子仲琰嘗詣碩，碩不爲禮，乃與脩仁共譖碩於軌，誣以謀反，軌酖碩，殺之。有胡巫謂軌曰：「上帝當遣玉女自天而降。」軌信之，發民築臺，以候玉女，勞費甚廣。河右饑，人相食，軌傾家財以賑之。不足，欲發倉粟，召羣臣議之。曹珍等皆曰：「國以民爲本，豈可愛倉粟而坐視其死乎？」謝統師等皆故隋官，心終不服，密與羣胡爲黨，排軌故人，乃詬珍曰：「百姓餓者，自是羸弱，勇壯之士，終不至此。國家倉粟，以備不虞，豈可散之以飼羸弱！僕射苟悦人情，不爲國計，非忠臣也。」軌以爲然，由是士民離怨。

二年春二月，張俟德至涼，李軌召其羣臣廷議曰：「唐天子吾之從兄，今已正位京邑。一姓不可自争天下，吾欲去帝號，受其官爵，可乎？」曹珍曰：「隋失其鹿，天下共逐之，稱王稱帝者，奚啻一人！唐帝關中，涼帝河右，固不相妨。且已爲天子，奈何復自貶黜？必欲以小事大，請依蕭詧事魏故事。」軌從之。戊戌，軌遣其尚書左丞鄧曉入見，奉書稱「皇從弟大凉皇帝臣軌」，而不受官爵。帝怒，拘曉不遣，始議興師討之。上遣使與吐谷渾可汗伏允連和，使擊李軌。

李軌將安脩仁兄興貴仕長安，表請説軌，諭以禍福。上曰：「軌阻兵恃險，連結吐谷渾、突厥，吾興兵擊之，尚恐不克，豈口舌所能下乎！」興貴曰：「臣家在凉州，奕世豪望，爲民夷所附。弟脩仁爲軌所信任，子弟在機近者以十數。臣往説之，軌聽臣固善，若其不聽，圖之肘腋易矣。」上乃遣之。

興貴至武威，軌以爲左右衛大將軍。興貴乘間説軌曰：「凉地不過千里，土薄民貧。唐起太原，取函、秦，宰制中原，戰必勝，攻必取，此殆天啓，非人力也。不若舉河西歸之，則竇融之功復見於今日矣。」軌曰：「吾據山河之固，彼雖强大，若我何？汝自唐來，爲唐遊説耳。」興貴謝曰：「臣聞富貴不歸故鄉，如衣繡夜行。臣闔門受陛下榮禄，安肯附唐，但欲效其愚慮，可否在陛下耳。」於是退與脩仁陰結諸胡，起兵擊軌。軌出戰而敗，嬰城自守。興貴徇曰：「大唐遣我來誅李軌，敢助之者夷三族。」城中人争出就興貴。軌計窮，與妻子登玉女臺，置酒爲别。夏五月庚辰，興貴執之以聞，河西悉平。

鄧曉在長安，舞蹈稱慶。上曰：「汝爲人使臣，聞國亡不慼而喜，以求媚於朕，不忠於李軌，肯爲朕用乎？」遂廢之終身。

軌至長安，并其子弟皆伏誅。以安興貴爲右武候大將軍、上柱國、涼國公，賜帛萬段；安脩仁爲左武候大將軍、申國公。

唐平河東　劉武周

隋恭帝義寧元年。馬邑太守王仁恭，多受貨賂，不能振施。郡人劉武周，驍勇，喜任俠，爲鷹揚府校尉。仁恭以其土豪，甚親厚之，令帥親兵屯閤下。武周與仁恭侍兒私通，恐事泄，謀作亂。先宣言曰：「今百姓饑饉，僵尸滿道，王府君閉倉不賑䘏，豈爲民父母之意乎？」衆皆憤怒。武周稱疾卧家，豪傑來候問，武周椎牛縱酒，因大言曰：「壯士豈能坐待溝壑！今倉粟爛積，誰能與我共取之？」豪傑皆許諾。春二月己丑，仁恭坐聽事，武周上謁，其黨張萬歲等隨入，升階斬仁恭，持其首出徇，郡中無敢動者。於是開倉以賑飢民。馳檄境内屬城，皆下之，收兵得萬餘人，武周自稱太守，遣使附于突厥。

雁門郡丞河東陳孝意與虎賁郎將王智辯共討劉武周，圍其桑乾鎮。壬寅，武周與突厥合兵擊智辯，殺之，孝意奔還雁門。三月丁卯，武周襲破樓煩郡，進取汾陽宫，獲隋宫人以賂突厥始畢可汗。始畢以馬報之，兵勢益振。又攻陷定襄。突厥立武周爲定楊可汗，遺以狼頭纛。武周即皇帝位，立妻沮氏爲皇后，改元天興。以衛士楊伏念爲尚書左僕射，妹壻同縣苑君璋爲内史令。武周引兵圍雁門，陳孝意悉力拒守，乘間出擊武周，屢破之。既而外無救援，遣間使詣江都，皆不報。孝意誓以必死，旦暮向詔敕庫俯伏流涕，悲動左右。圍城百餘日，食盡，校尉張倫殺孝意以降。

唐高祖武德二年春三月辛卯，劉武周寇并州。

夏四月，劉武周引突厥之衆，軍於黄蛇嶺，兵鋒甚盛。齊王元吉使車騎將軍張達以步卒百人嘗寇，達辭以兵少，不可往，元吉强遣之，至則俱没。達忿恨，庚子，引武周襲榆次，陷之。丙辰，劉武周圍并州，齊王元吉拒卻之。戊午，詔太常卿李仲文將兵救并州。五月丙戌，劉武周陷平遥。

初，易州賊帥宋金剛有衆萬餘，與魏刀兒連結。刀兒爲竇建德所滅，金剛救之，戰敗，帥衆四千西奔劉武周。武周聞其善用兵，得之甚喜，號曰宋王，委以軍事，中分家貲以遺之。金剛亦深自結，出其故妻，納武周之妹。因説武周圖晉陽，南向争天下。武周以金剛爲西南道大行臺，使將兵二萬寇并州。丁未，武周進逼介州，沙門道澄以佛幡縋之入城，遂陷介州。詔左武衛大將軍姜寶誼、行軍總管李仲文擊之。武周將黄子英往來雀鼠谷，數以輕兵挑戰，兵纔接，子英陽不勝而走，如是再三，寶誼、仲文悉衆逐之，伏兵發，唐兵大敗，寶誼、仲文皆爲所虜。既而俱逃歸，上復使二人將兵擊武周。上以劉武周入寇爲憂，右僕射裴寂請自行。癸亥，以寂爲晉州道行軍總管，討劉武周，聽以便宜從事。

秋七月辛卯，宋金剛寇浩州，浹旬而退。九月，裴寂至介休，宋金剛據城拒之。寂軍于度索原，營中飲澗水，金剛絶之，士卒渴乏。寂欲移營就水，金剛縱兵擊之，寂軍遂潰，失亡略盡。寂一日一夜馳至晉州。先是，劉武周屢遣兵攻西河，浩州刺史劉贍拒之，李仲文引兵就之，與共守西河。及裴寂敗，自晉州以北城鎮俱没，唯西河獨存。姜寶誼復爲金剛所虜，謀逃歸，金剛殺之。裴寂上表謝罪，上慰諭之，復使鎮撫河東。

劉武周進逼并州。齊王元吉紿其司馬劉德威曰：「卿以老弱守城，吾以强兵出戰。」辛巳，元吉夜出兵，攜其妻妾棄州奔還長安。元吉始去，武周兵已至城下，晉陽土豪薛深以城納武周。上聞之大怒，謂禮部尚書李綱曰：「元吉幼弱，未習時事，故遣竇誕、宇文歆輔之。晉陽强兵數萬，食支十年，興王之基，一旦棄之！聞宇文歆首畫此策，我當斬之。」綱曰：「王年少驕逸，竇誕曾無規諫，又掩覆之，使士民憤怨。今日之敗，誕之罪也。歆諫，王不悛，尋皆聞奏，乃忠臣也，豈可殺哉。」明日，上召綱入，升御座，曰：「我得公，遂無濫刑。元吉自爲不善，非二人所能禁也。」并誕赦之。衛尉少卿劉政會在太原，爲武周所虜，政會密遣人奉表論武周形勢。

武周據太原，遣宋金剛攻晉州，拔之，虜右驍衛大將軍劉弘基。弘基逃歸，金剛進逼絳州，陷龍門。

冬十月，劉武周將宋金剛進攻澮州，陷之，軍勢甚鋭。裴寂性怯，無將帥之略，唯發使駱驛，趣虞、泰二州收民入城堡，焚其積聚。民驚擾愁怨，皆思爲盜。夏縣民呂崇茂聚衆自稱魏王，以應武周，寂討之，爲所敗。詔永安王孝基、工部尚書獨孤懷恩、陝州總管于筠、内史侍郎唐儉將兵討之。

時王行本猶據蒲反未下，亦與武周相應，關中震駭。上出手敕曰：「賊勢如此，難與争鋒，宜棄大河以東，謹守關西而已。」秦王世民上表曰：「太原，王業所基，國之根本，河東殷實，京邑所資。若舉而棄之，臣竊憤恨。願假臣精兵三萬，必冀平殄武周，克復汾、晉。」上於是悉發關中兵以益世民所統，使擊武周。乙卯，幸華陰，至長春宫以送之。十一月己卯，武周寇浩州。

秦王世民引兵自龍門乘冰堅渡河，屯柏壁，與宋金剛相持。時河東州縣俘掠之餘，未有倉廩，人情恇擾，聚入城堡，徵斂無所得，軍中乏食。世民發教諭民，民聞世民爲帥而來，莫不歸附，自近及遠，至者日多，然後漸收其糧，軍食以充。乃休兵秣馬，唯令偏裨乘間抄掠，大軍堅壁不戰，由是賊勢日衰。

世民嘗自帥輕騎覘敵，騎皆四散，世民獨與一甲士登丘而寢。俄而賊兵四合，初不之覺，會有蛇逐鼠，觸甲士之面，甲士驚寤，遽白世民，俱上馬。馳百餘步，爲賊所及，世民以大羽箭射殪其驍將，賊騎乃退。

十二月，于筠説永安王孝基急攻呂崇茂，獨孤懷恩請先成攻具，然後進，孝基從之。崇茂求救於宋金剛，金剛遣其將善陽尉遲敬德、尋相將兵奄至夏縣，孝基表裏受敵，軍遂大敗。孝基、懷恩、筠、唐儉及行軍總管劉世讓皆爲所虜。敬德名恭，以字行。上徵裴寂入朝，責其敗軍，下吏，既而釋之，寵待彌厚。

尉遲敬德、尋相將還澮州，秦王世民遣兵部尚書殷開山、總管秦叔寶等邀之於美良川，大破之，斬首二千餘級。頃之，敬德、相潛引精騎援王行本於蒲反，世民自將步騎三千從間道夜趨安邑，邀擊，大破之，敬德、相僅以身免，悉俘其衆，復歸柏壁。諸將咸請與宋金剛戰，世民曰：「金剛懸軍深入，精兵猛將咸聚於是。武周據太原，倚金剛爲扞蔽。金剛軍無蓄積，以虜掠爲資，利在速戰。我閉營養鋭，以挫其鋒，分兵汾、隰，衝其心腹，彼糧盡計窮，自當遁走，當待此機，未宜速戰。」孝基謀逃歸，武周殺之。

三年春正月，將軍秦武通攻王行本於蒲反。行本出戰而敗，開門出降。辛巳，斬行本。宋金剛圍絳州。二月，劉武周遣兵寇潞州，陷長子、壺關。潞州刺史郭子武不能禦，上以將軍河東王行敏助之。行敏與子武不叶，或言子武將叛，行敏斬子武以徇。乙巳，武周復遣兵寇潞州，行敏擊破之。三月乙丑，劉武周遣其將張萬歲寇浩州，李仲文擊走之，俘斬數千人。甲申，行軍副總管張綸敗劉武周於浩州，俘斬千餘人。劉武周數攻浩州，爲李仲文所敗。宋金剛軍中食盡，夏四月丁未，金剛北走，秦王世民追之。

秦王世民追及尋相於呂州，大破之，乘勝逐北，一晝夜行二百餘里，戰數十合。至高壁嶺，總管劉弘基執轡諫曰：「大王破賊，逐北至此，功亦足矣。深入不已，不愛身乎？且士卒飢疲，宜留壁於此，俟兵糧畢集，然後復進，未晚也。」世民曰：「金剛計窮而走，衆心離沮。功難成而易敗，機難得而易失，必乘此勢取之。若更淹留，使之計立備成，不可復攻矣。吾竭忠徇國，豈顧身乎！」遂策馬而進，將士不敢復言飢。追及金剛於雀鼠谷，一日八戰，皆破之，俘斬數萬人。夜宿於雀鼠谷西原，世民不食二日，不解甲三日矣。軍中止有一羊，世民與將士分而食之。丙辰，陝州總管于筠自金剛所逃來。世民引兵趣介休。金剛尚有衆二萬，戊午，出西門，背城布陳，南北七里。世民遣總管李世勣等與戰，小卻，爲賊所乘，世民帥精騎擊之，出其陳後，金剛大敗，斬首三千級。金剛輕騎走，世民追之數十里，至張難堡。浩州行軍總管樊伯通、張德政據堡自守，世民免胄示之，堡中喜譟且泣，左右告以王不食，獻濁酒、脱粟飯。

尉遲敬德收餘衆守介休，世民遣任城王道宗、宇文士及往諭之，敬德與尋相舉介休及永安降。世民得敬德甚喜，以爲右一府統軍，使將其舊衆八千，與諸營相參。屈突通慮其變，驟以爲言，世民不聽。

劉武周聞金剛敗，大懼，棄并州走突厥。金剛收其餘衆欲復戰，衆莫肯從，亦與百餘騎走突厥。世民至晉陽，武周所署僕射楊伏念以城降。唐儉封府庫以待世民，武周所得州縣皆入于唐。

未幾，金剛謀走上谷，突厥追獲，腰斬之。嵐州總管劉六兒從宋金剛在介休，秦王世民擒斬之。其兄季真棄石州奔劉武周將馬邑高滿政，滿政殺之。

武周之南寇也，其内史令苑君璋諫曰：「唐主舉一州之衆，直取長安，所向無敵，此乃天授，非人力也。晉陽以南，道路險隘，縣軍深入，無繼於後，若進戰不利，何以自還？不如北連突厥，南結唐朝，南面稱孤，足爲長策。」武周不聽，留君璋守朔州，及敗，泣謂君璋曰：「不用君言，以至於此。」久之，武周謀亡歸馬邑，事泄，突厥殺之。

上聞并州平，大悦，壬戌，宴羣臣，賜繒帛，使自入御府盡力取之。復唐儉官爵，仍以爲并州道安撫大使，所籍獨孤懷恩田宅資財，悉以賜之。

世民留李仲文鎮并州，劉武周數遣兵入寇，仲文輒擊破之，下城堡百餘所。詔仲文檢校并州總管。

唐平江陵

蕭銑

隋恭帝義寧元年。巴陵校尉鄱陽董景珍、雷世猛、旅帥鄭文秀、許玄徹、萬瓚、徐德基、郭華、沔陽張繡等謀據郡叛隋，推景珍爲主。景珍曰：「吾素寒賤，不爲衆所服。羅川令蕭銑，梁室之後，寬仁大度，請奉之以從衆望。」乃遣使報銑，銑喜從之。聲言討賊，召募得數千人。銑，巖之孫也。

會潁川賊帥沈柳生寇羅川，銑與戰，不利，因謂其衆曰：「今天下皆叛，隋政不行，巴陵豪傑起兵，欲奉吾爲主。若從其請，以號令江南，可以中興梁祚，以此召柳生，亦當從我矣。」衆皆悦，聽命。乃自稱梁公，改隋服色旗幟皆如梁舊。柳生即帥衆歸之，以柳生爲車騎大將軍。起兵五日，遠近歸附者至數萬人，遂帥衆向巴陵。景珍遣徐德基帥郡中豪傑數百人出迎，未及見銑，柳生與其黨謀曰：「我先奉梁公，勳居第一。今巴陵諸將皆位高兵多，我若入城，返出其下。不如殺德基，質其首領，獨挾梁公進取郡城，則無出我右者矣。」遂殺德基，入白銑。銑大驚曰：「今欲撥亂返正，忽自相殺，吾不能爲若主矣。」因步出軍門。柳生大懼，伏地請罪，銑責而赦之，陳兵入城。景珍言於銑曰：「徐德基建義功臣，而柳生無故擅殺之。此而不誅，何以爲政？且柳生爲盗日久，今雖從義，凶悖不移，共處一城，勢必爲變。失今不取，後悔無及。」銑又從之。景珍收柳生，斬之，其徒皆潰去。丙申，銑築壇燔燎，自稱梁王，改元鳴鳳。

唐高祖武德元年夏四月，蕭銑即皇帝位，置百官，準梁室故事，謚其從父琮爲孝靖皇帝，祖巖爲河間忠烈王，父璿爲文憲王。封董景珍等功臣七人皆爲王。遣宋王楊道生擊南郡，下之。徙都江陵，修復園廟。引岑文本爲中書侍郎，使典文翰，委以機密。又使魯王張繡徇嶺南，隋將張鎮周、王仁壽等拒之。既而聞煬帝遇弑，皆降於銑。欽州刺史甯長真亦以鬱林、始安之地附於銑。漢陽太守馮盎以蒼梧、高凉、珠崖、番禺之地附於林士弘。銑、士弘各遣人招交阯太守丘和，和不從，銑遣甯長真帥嶺南兵自海道攻和。和欲出迎之，司法書佐高士廉説和曰：「長真兵數雖多，懸軍遠至，不能持久，城中勝兵足以當之，奈何望風受制於人。」和從之，以士廉爲軍司馬，將水陸諸軍逆擊，破之，長真僅以身免，盡俘其衆。既而有驍果自江都至，得煬帝凶問，亦以郡附於銑。士廉，勱之子也。

始安郡丞李襲志，遷哲之孫也，隋末，散家財募士，得三千人，以保郡城。蕭銑、林士弘、曹武徹迭來攻之，皆不克。聞煬帝遇弑，帥吏民臨三日。或説襲志曰：「公中州貴族，久臨鄙郡，華夷悦服。今隋室無主，海内鼎沸，以公威惠，號令嶺表，尉佗之業可坐致也。」襲志怒曰：「吾世繼忠貞，今江都雖覆，宗社尚存，尉佗狂僭，何足慕也。」欲斬説者，衆乃不敢言。堅守二年，外無聲援，城陷，爲銑所虜，銑以爲工部尚書，檢校桂州總管。於是東自九江，西抵三峽，南盡交趾，北距漢川，銑皆有之，勝兵四十餘萬。

二年秋八月，蕭銑遣其將楊道生寇峽州，刺史許紹擊破之。銑又遣其將陳普環帥舟師上峽規取巴、蜀，紹遣其子智仁及録事參軍李弘節等追至西陵，大破之，擒普環。銑遣兵戍安蜀城及荆門城。

先是，上遣開府李靖詣夔州經略蕭銑，靖至峽州，阻銑兵久不得進。上怒其遲留，陰敕許紹斬之。紹惜其才，爲之奏請，獲免。

三年。蕭銑性褊狹，多猜忌。諸將恃功恣横，好專誅殺，銑患之，乃宣言罷兵營農，〔實〕欲奪諸將之權。大司馬董景珍弟爲將軍，怨望，謀作亂，事泄，伏誅。景珍時鎮長沙，銑下詔赦之，召還江陵。景珍懼，冬十一月甲子，以長沙來降，詔峽州刺史許紹出兵應之。十二月癸卯，峽州刺史許紹攻蕭銑荆門鎮，拔之。

蕭銑遣其齊王張繡攻長沙，董景珍謂繡曰：「『前年醢彭越，往年殺韓信』，卿不見之乎，何爲相攻？」繡不應，進兵圍之，景珍欲潰圍走，爲麾下所殺。銑以繡爲尚書令，繡恃功驕横，銑又殺之。由是功臣諸將皆有離心，兵勢益弱。

四年春正月丙戌，黔州刺史田世康攻蕭銑五州、四鎮，皆克之。李靖説趙郡王孝恭以取蕭銑十策，孝恭上之。二月辛卯，改信州爲夔州，以孝恭爲總管，使大造舟艦，習水戰。以孝恭未更軍旅，以靖爲行軍總管，兼孝恭長史，委以軍事。靖說孝恭悉召巴、蜀酋長子弟，量才授任，置之左右，外示引擢，實以爲質。夏六月，黄州總管周法明攻蕭銑安州，拔之，獲其總管馬貴遷。秋七月辛巳，（褒）〔襄〕州道安撫使郭行方攻蕭銑鄀州，拔之。

九月，詔發巴、蜀兵，以趙郡王孝恭爲荆湘道行軍總管，李靖攝行軍長史，統十二總管，自夔州順流東下，以廬江王瑗爲荆郢道行軍元帥，出襄州道，黔州刺史田世康出辰州道，黄州總管周法明出夏口道，以擊蕭銑。是月，孝恭發夔州。時峽江方漲，諸將請俟水落進軍。李靖曰：「兵貴神速。今吾兵始集，銑尚未知，若乘江漲，倏忽抵其城下，掩其不備，此必成擒，不可失也。」孝恭從之。冬十月辛卯，蕭銑鄂州刺史雷長潁以魯山來降。趙郡王孝恭帥戰艦二千餘艘東下，蕭銑以江水方漲，殊不爲備。孝恭等拔其荆門、宜都二鎮，進至夷陵。銑將文士弘將精兵數萬屯清江，癸巳，孝恭擊走之，獲戰艦三百餘艘，殺溺死者萬計，追奔至百里洲。士弘收兵復戰，又敗之，進入北江。銑江州總管蓋彦舉以五州來降。

蕭銑之罷兵營農也，纔留宿衛數千人，聞唐兵至，文士弘敗，大懼，倉猝徵兵，皆在江、嶺之外，道塗阻遠，不能遽集，乃悉見兵出拒戰。孝恭將擊之，李靖止之曰：「彼救敗之師，策非素立，勢不能久。不若且（自）〔泊〕南岸，緩之一日，彼必分其兵，或留拒我，或歸自守，兵分勢弱，我乘其懈而擊之，蔑不勝矣。今若急之，彼則併力死戰，楚兵飄鋭，未易當也。」孝恭不從，留靖守營，自帥鋭師出戰，果敗走，趣南岸。銑衆委舟收掠軍資，人皆負重，靖見其衆亂，縱兵奮擊，大破之，乘勝直抵江陵，入其外郭。又攻水城，拔之，大獲舟艦，李靖使孝恭盡散之江中。諸將皆曰：「破敵所獲，當藉其用，奈何棄以資敵？」靖曰：「蕭銑之地，南出嶺表，東距洞庭。吾懸軍深入，若攻城未拔，援兵四集，吾表裏受敵，進退不獲，雖有舟楫，將安用之？今棄舟艦，使塞江而下，援兵見之，必謂江陵已破，未敢輕進，往來覘伺，動淹旬月，吾取之必矣。」銑援兵見舟艦，果疑不進。其交州總管丘和、長史高士廉、司馬杜之松等將朝江陵，聞銑敗，悉詣孝恭降。

孝恭勒兵圍江陵，銑内外阻絶，問策於中書侍郎岑文本。文本勸銑降，銑乃謂羣下曰：「天不祚梁，不可復支矣。若必待力屈，則百姓蒙患，奈何以我一人之故，陷百姓於塗炭乎！」乙巳，銑以太牢告于太廟，下令開門出降，守城者皆哭。銑帥羣臣緦縗布幘詣軍門，曰：「當死者唯銑耳，百姓無罪，願不殺掠。」孝恭入據其城，諸將欲大掠，岑文本説孝恭曰：「江南之民，自隋末以來，困於虐政。重以羣雄虎争，今之存者，皆鋒鏑之餘，跂踵延頸，以望真主。是以蕭氏君臣、江陵父老決計歸命，庶幾有所息肩。今若縱兵俘掠，使士民失望，恐自此以南，無復向化之心矣。」孝恭稱善，遽禁止之。諸將又言：「梁之將帥與官軍拒鬬死者，其罪既深，請籍没其家，以賞將士。」李靖曰：「王者之師，宜使義聲先路。彼爲其主鬬死，乃忠臣也，豈可同叛逆之科籍其家乎！」於是城中安堵，秋毫無犯。南方州縣聞之，皆望風款附。銑降數日，援兵至者十餘萬，聞江陵不守，皆釋甲而降。孝恭送銑於長安，上數之，銑曰：「隋失其鹿，天下共逐之。銑無天命，故至此。若以爲罪，無所逃死。」竟斬於都市。

唐平江淮

杜伏威　李子通　沈法興　輔公祏

隋煬帝大業九年。章丘杜伏威與臨濟輔公祏爲刎頸交，俱亡命爲羣盜。伏威年十六，每出則居前，入則殿後，由是其徒推以爲帥。下邳苗海潮亦聚衆爲盜，伏威使公祏謂之曰：「今我與君，同苦隋政，各舉大義，力分勢弱，常恐被擒，若合而爲一，則足以敵隋矣。君能爲主，吾當敬從，自揆不堪，宜來聽命，不則一戰，以決雌雄。」海潮懼，即帥其衆降之。伏威轉掠淮南，自稱將軍。江都留守遣校尉宋顥討之，伏威與戰，陽爲不勝，引顥衆入葭葦中，因從上風縱火，顥衆皆燒死。海陵賊帥趙破陳以伏威兵少，輕之，召與并力。伏威使公祏嚴兵居外，自與左右十人齎牛酒入謁，於座殺破陳，并其衆。

十一年。東海李子通有勇力，先依長白山賊帥左才相。羣盜皆殘忍，而子通獨寬仁，由是人多歸之，未半歲，有衆萬人。才相忌之，子通引去，渡淮與杜伏威合。伏威選軍中壯士養爲假子，凡三十餘人，濟陰王雄誕、臨濟闞稜爲之冠。既而李子通謀殺伏威，遣兵襲之。伏威被重創墜馬，雄誕負之逃葭葦中，收散兵復振。將軍來整擊伏威，破之。其將西門君儀之妻王氏，勇而多力，負伏威以逃，雄誕帥壯士十餘人衛之，與隋兵力戰，由是得免。來整又擊李子通，破之，子通帥其餘衆奔海陵，復收兵得二萬人，自稱將軍。

恭帝義寧元年春正月，右禦衛將軍陳稜討杜伏威，伏威帥衆拒之。稜閉壁不戰，伏威遺以婦人之服，謂之陳姥。稜怒，出戰，伏威奮擊，大破之，稜僅以身免。伏威乘勝破高郵，引兵據歷陽，自稱總管，以輔公祏爲長史。分遣諸將徇屬縣，所至輒下，江、淮間小盜争附之。伏威常選敢死之士五千人，謂之「上募」，寵遇甚厚，有攻戰，輒令上募先擊之，戰罷閱視，有傷在背者即殺之，以其退而被擊故也。所獲資財，皆以賞軍士，有戰死者以妻妾殉葬。故人自爲戰，所向無敵。

唐高祖武德元年。武康沈法興，世爲郡著姓，宗族數千家。法興爲吴興太守，聞宇文化及弑逆，舉兵以討化及爲名。比至烏程，得精卒六萬，遂攻餘杭、毗陵、丹陽皆下之。據江表十餘郡，自稱江南道大總管，承制置百官。

宇文化及之發江都也，以杜伏威爲歷陽太守。伏威不受，仍上表於隋，皇泰主拜伏威爲東道大總管，封楚王。沈法興亦上表於皇泰主，自稱大司馬、録尚書事、天門公。

二年。沈法興既克毗陵，謂江、淮之南指撝可定，自稱梁王，都毗陵，改元延康，置百官。性殘忍，專尚威刑，將士小有過，即斬之，由是其下離怨。時杜伏威據歷陽，陳稜據江都，李子通據海陵，俱有窺江表之心。法興軍數敗。會子通圍稜於江都，稜送質求救於法興及伏威，法興使其子綸將兵數萬與伏威共救之。伏威軍清流，綸軍楊子，相去數十里。子通納言毛文深獻策，募江南人詐爲綸兵，夜襲伏威營，伏威怒，復遣兵襲綸。由是二人相疑，莫敢先進。子通得盡鋭攻江都，克之，稜奔伏威。子通入江都，因縱擊綸，大破之，伏威亦引去。子通即皇帝位，國號吴，改元明政。丹楊賊帥樂伯通帥衆萬餘降之，子通以爲左僕射。

杜伏威請降，〔秋九月〕丁丑，以伏威爲淮南安撫大使、和州總管。

三年夏六月壬辰，詔以和州總管、東南道行臺尚書令、楚王杜伏威爲使持節、總管江淮以南諸軍事、揚州刺史、東南道行臺尚書令、淮南安撫使，封吴王，賜姓李氏。以輔公祏爲行臺左僕射，封舒國公。

李子通渡江攻沈法興，取京口。法興遣其僕射蔣元超拒之，戰於庱亭，元超敗死。法興棄毗陵奔吴郡。於是丹楊、毗陵等郡皆降於子通。子通以法興府掾李伯藥爲内史侍郎、國子祭酒。

杜伏威遣行臺左僕射輔公祏將卒數千攻子通，以將軍闞稜、王雄誕爲之副。公祏渡江攻丹陽，克之，進屯溧水。子通帥衆數萬拒之。公祏簡精甲千人，執長刀爲前鋒，(及)〔又〕使千人踵其後，曰：「有退者即斬之。」自帥餘衆，復居其後。子通爲方陳而前，公祏前鋒千人殊死戰。公祏復張左右翼以擊之，子通敗走，公祏逐之，反爲所敗，還，閉壁不出。王雄誕曰：「子通無壁壘，又狃於初勝，乘其無備，擊之可破也。」公祏不從。雄誕以其私屬數百人夜出擊之，因風縱火，子通大敗，降其卒數千人。子通食盡，棄江都，保京口，江西之地盡入於伏威。伏威徙居丹楊。

子通復東走太湖，收合亡散，得二萬人，襲沈法興於吴郡，大破之。法興帥左右數百人棄城走，吴郡賊帥聞人遂安遣其將葉孝辯迎之。法興中塗而悔，欲殺孝辯，更向會稽。孝辯覺之，法興窘迫，赴江溺死。子通軍勢復振，帥其羣臣徙都餘杭，盡收法興之地，北自太湖，南至嶺，東包會稽，西距宣城皆有之。

四年冬十一月，杜伏威遣其將王雄誕擊李子通，子通以精兵守獨松嶺。雄誕遣其裨將陳當〔世〕將千餘人，乘高據險以逼之，多張旗幟，夜則縛炬火於樹，布滿山澤。子通懼，燒營走保杭州。雄誕追擊之，又敗之於城下。庚寅，子通窮蹙請降。伏威執子通，并其左僕射樂伯通送長安，上釋之。

先是，汪華據黟、歙，稱王十餘年，雄誕還軍擊之，華拒之於新安洞口，甲兵甚鋭。雄誕伏精兵於山谷，帥羸弱數千犯其陳，戰纔合，陽不勝，走還營，華進攻之，不能克。會日暮，引還，伏兵已據其洞口，華不得入，窘迫請降。聞人遂安據崑山，無所屬，伏威使雄誕擊之。雄誕以崑山險隘，難以力勝，乃單騎造其城下，陳國威靈，示以禍福，遂安感悅，帥諸將出降。於是伏威盡有淮南、江東之地，南至嶺，東距海。雄誕以功除歙州總管，賜爵宜春郡公。

五年秋七月，秦王世民擊徐圓朗，下十餘城，聲震淮、泗。杜伏威懼，請入朝。丁亥，杜伏威入朝，延升御榻，拜太子太保，仍兼行臺尚書令，留長安，位在齊王元吉上，以寵異之。以闞稜爲左領軍將軍。李子通謂樂伯通曰：「伏威既來，江東未定，我往收舊兵，可以立大功。」遂相與亡至藍田關，爲吏所獲，俱伏誅。

六年春正月庚子，以吴王杜伏威爲太保。

秋八月壬子，淮南道行臺僕射輔公祏反。初，杜伏威與公祏相友善，公祏年長，伏威兄事之，軍中謂之伯父，畏敬與伏威等。伏威浸忌之，乃署其養子闞稜爲左將軍，王雄誕爲右將軍，潛奪其兵權。公祏知之，怏怏不平，與其故人左遊仙陽爲學道、辟穀以自晦。及伏威入朝，留公祏守丹楊，令雄誕典兵爲之副，陰謂雄誕曰：「吾至長安，苟不失職，勿令公祏爲變。」伏威既行，左遊仙說公祏謀反。而雄誕握兵，公祏不得發。乃詐稱得伏威書，疑雄誕有貳心。雄誕聞之不悅，稱疾不視事。公祏因奪其兵，使其黨西門君儀諭以反計。雄誕始寤而悔之，曰：「今天下方平定，吴王又在京師，大唐兵威，所向無敵，奈何無故自求滅族乎！雄誕有死而已，不敢聞命。今從公爲逆，不過延百日之命耳，大丈夫安能愛斯須之死而自陷於不義乎？」公祏知不可屈，縊殺之。雄誕善撫士卒，得其死力，又約束嚴整，每破城邑，秋毫無犯，死之日，江南軍中及民間皆爲之流涕。公祏又詐稱伏威不得還江南，貽書令其起兵，大修鎧仗，運糧儲。尋稱帝於丹楊，國號宋，修陳故宫室而居之。署置百官，以左遊仙爲兵部尚書、東南道大使、越州總管，與張善安連兵，以善安爲西南道大行臺。五年二月，豫章賊帥張善安以虔、吉等五州來降，拜洪州總管。是歲三月，善安反，遣舒州總管張鎮周等擊之。

乙丑，詔襄州道行臺僕射趙郡王孝恭以舟師趣江州，嶺南道大使李靖以交、廣、泉、桂之衆趣宣州，懷州總管黃君漢出譙、亳，齊州總管李世勣出淮、泗，以討輔公祏。孝恭將發，與諸將宴集，命取水，忽變爲血，在坐皆失色。孝恭舉止自若，曰：「此乃公祏授首之徵也。」飲而盡之，衆皆悅服。九月戊子，輔公祏遣其將徐紹宗寇海州，陳政通寇壽陽。

冬十一月，黄州總管周法明將兵擊輔公祏，張善安據夏口拒之。法明屯荆口鎮，壬午，法明登戰艦飲酒，善安遣刺客數人詐乘漁艓而至，見者不以爲虞，遂殺法明而去。甲申，舒州總管張鎮周等擊輔公祏將陳當世於猷州之黄沙，大破之。十二月癸卯，安撫使李大亮誘張善安執之。大亮擊善安於洪州，與善安隔水而陳，遥相與語。大亮諭以禍福，善安曰：「善安初無反心，正爲將士所誤，欲降又恐不免。」大亮曰：「張總管有降心，則與我一家耳。」因單騎渡水入其陳，與善安執手共語，示無猜間。善安大悅，遂許之降。既而善安將數十騎詣大亮營，大亮止其騎於門外，引善安入，與語。久之，善安辭去，大亮命武士執之，從騎皆走。善安營中聞之，大怒，悉衆而來，將攻大亮。大亮使人諭之曰：「吾不留總管。總管赤心歸國，謂我曰『若還營，恐將士或有異同，爲其所制』，故自留不去耳。卿輩何怒於我？」其黨復大罵曰「張總管賣我以自媚於人」，遂皆潰去。大亮追擊，多所虜獲。送善安於長安，善安自稱不與輔公祏交通，上赦其罪，善遇之。及公祏敗，得所與往還書，乃殺之。

七年春正月壬午，趙郡王孝恭擊輔公祏别將於樅陽，破之。二月辛丑，輔公祏遣兵圍猷州，刺史左難當嬰城自守。安撫使李大亮引兵擊公祏，破之。趙郡王孝恭攻公祏鵲頭鎮，拔之。壬子，行軍副總管權文誕破輔公祏之黨於猷州，拔其枚洄等四鎮。

太保吴王杜伏威薨。輔公祏之反也，詐稱伏威之命以紿其衆。及公祏平，趙郡王孝恭不知其詐，以狀聞，詔追除伏威名，籍没其妻子。及太宗即位，知其冤，赦之，復其官爵。

三月丙戌，趙郡王孝恭破輔公祏於蕪湖，拔梁山等三鎮。辛卯，安撫使任瓌拔揚子城，廣陵城主龍龕降。戊戌，趙郡王孝恭克丹楊。

先是，輔公祏遣其將馮慧亮、陳當世將舟師三萬屯博望山，陳正通、徐紹宗將步騎二萬屯青林山，仍於梁山連鐵鎖以斷江路，築卻月城，延袤十餘里，又結壘江西以拒官軍。孝恭與李靖帥舟師次舒州，李世勣帥步卒一萬渡淮，拔壽陽，次硤石。慧亮等堅壁不戰，孝恭遣奇兵絶其糧道，慧亮等軍乏食，夜，遣兵薄孝恭營，孝恭安卧不動。孝恭集諸將議軍事，皆曰：「慧亮等擁强兵，據水陸之險，攻之不可猝拔。不如直指丹楊，掩其巢穴，丹陽既潰，慧亮等自降矣。」孝恭將從其議，李靖曰：「公祏精兵雖在此水陸二軍，然所自將亦爲不少，今博望諸栅尚不能拔，公祏保據石頭，豈易取哉！進攻丹楊，旬月不下，慧亮等躡吾後，腹背受敵，此危道也。慧亮、正通皆百戰餘賊，其心非不欲戰，正以公祏立計使之持重，欲以老我師耳。我今攻其城以挑之，一舉可破也。」孝恭然之，使羸兵先攻賊壘而勒精兵結陳以待之。攻壘者不勝而走，賊出兵追之，行數里，遇大軍，與戰，大破之。闞稜免冑謂賊衆曰：「汝曹不識我邪？何敢來與我戰？」賊衆多稜故部曲，皆無鬭志，或有拜者，由是遂敗。孝恭、靖乘勝逐北，轉戰百餘里，博山、青林兩戍皆潰，慧亮、正通等遁歸，殺傷及溺死者萬餘人。李靖兵先至丹楊，公祏大懼，擁兵數萬棄城東走，欲就左遊仙於會稽，李世勣追之。公祏至句容，從兵能屬者纔五百人，夜宿常州，其將吴騷等謀執之。公祏覺之，棄妻子，獨將腹心數十人斬關走。至武康，爲野人所攻，西門君儀戰死，執公祏，送丹楊，梟首，分捕餘黨，悉誅之，江南皆平。

己亥，以孝恭爲東南道行臺右僕射，李靖爲兵部尚書。頃之，廢行臺，以孝恭爲揚州大都督，靖爲府長史。上深美靖功，曰：「靖，蕭、輔之膏肓也。」闞稜功多，頗自矜伐。公祏誣稜與己通謀。會趙郡王孝恭籍没賊黨田宅，稜及杜伏威、王雄誕田宅在賊境者，孝恭并籍没之。稜自訴理，忤孝恭，孝恭怒，以謀反誅之。

唐平山東

劉黑闥

唐高祖武德二年。初，漳南人劉黑闥，少驍勇狡獪，與竇建德善，後爲羣盜，轉事郝孝德、李密、王世充。世充以爲騎將，每見世充所爲，竊笑之。世充使黑闥守新鄉，李世勣擊虜之，獻於建德，建德署爲將軍，賜爵漢東公。

四年。竇建德之敗也，其諸將多盜匿庫物，及居閭里，暴橫爲民患，唐官吏以法繩之，或加捶撻，建德故將皆驚懼不安。高雅賢、王小胡家在洺州，欲竊其家以逃，官吏捕之，雅賢等亡命至貝州。會上徵建德故將范願、董康買、曹湛及雅賢等，於是願等相謂曰：「王世充以洛陽降唐，其將相大臣段達、單雄信等皆夷滅，吾屬至長安，必不免矣。吾屬自十年以來，身經百戰，當死久矣，今何惜餘生，不以之立事。且夏王得淮安王，遇以客禮，唐得夏王即殺之。吾屬皆爲夏王所厚，今不爲之報仇，將無以見天下之士。」乃謀作亂，卜之，以劉氏爲主吉，因相與之漳南，見建德故將劉雅，以其謀告之。雅曰：「天下適安定，吾將老於耕桑，不願復起兵。」衆怒，且恐泄其謀，遂殺之。故漢東公劉黑闥時屏居漳南，諸將往詣之，告以其謀，黑闥欣然從之。黑闥方種蔬，即殺耕牛與之共飲食定計，聚衆得百人。秋七月甲戌，襲漳南縣據之。是時，諸道有事則置行臺尚書省，無事則罷之。朝廷聞黑闥作亂，乃置山東道行臺於洺州，魏、冀、定、滄並置總管府。丁丑，以淮安王神通爲山東道行臺右僕射。

八月丁酉，劉黑闥陷鄃縣，魏州刺史權威、貝州刺史戴元祥與戰，皆敗死，黑闥悉收其餘衆及器械。竇建德舊黨稍稍出歸之，衆至二千人，爲壇於漳南，祭建德，告以舉兵之意，自稱大將軍。詔發關中步騎三千，使將軍秦武通、定州總管藍田李玄通擊之。又詔幽州總管李藝引兵會擊黑闥。

丁未，劉黑闥陷歷亭，執屯衛將軍王行敏，使之拜，不可，遂殺之。初，洛陽既平，徐圓朗請降，拜兖州總管，封魯郡公。劉黑闥作亂，陰與圓朗通謀。上使葛公盛彦師安集河南，行至任城，辛亥，圓朗執彦師舉兵反。黑闥以圓朗爲大行臺元帥，兖、鄆、陳、杞、伊、洛、曹、戴等八州豪右皆應之。

〔九月〕辛酉，徐圓朗自稱魯王。

淮安王神通將關内兵至冀州，與李藝兵合。又發邢、洺、相、魏、恒、趙等州兵合五萬餘人，與劉黑闥戰於饒陽城南，布陳十餘里。黑闥衆少，依隄單行而陳以當之。會風雪，神通乘風擊之，既而風返，神通大敗，士馬、軍資失亡三分之二。李藝居西偏，擊高雅賢，破之，逐奔數里，聞大軍不利，退保藁城。黑闥就擊之，藝亦敗，薛萬均、萬徹皆爲所虜，截髮驅之。萬均兄弟亡歸，藝引兵歸幽州。黑闥兵勢大振。

〔冬十月〕庚寅，劉黑闥陷瀛州，殺刺史盧士叡。觀州人執刺史雷德備，以城降之。毛州刺史趙元愷，性嚴急，下不堪命，丁卯，州民董燈明等作亂，殺元愷以應劉黑闥。

冬十一月壬寅，劉黑闥陷定州，執總管李玄通。黑闥愛其才，欲以爲大將，玄通不可。故吏有以酒肉饋之者，玄通曰：「諸君哀吾幽辱，幸以酒肉來相開慰，當爲諸君一醉。」酒酣，謂守者曰：「吾能劍舞，願假吾刀。」守者與之，玄通舞竟，太息曰：「大丈夫受國厚恩，鎮撫方面，不能保全所守，亦何面目視息世間哉！」即引刀自刺，潰腹而死，上聞之，爲之流涕，拜其子伏護爲大將。

十二月乙卯，劉黑闥陷冀州，殺刺史麴稜。黑闥既破淮安王神通，移書趙、魏，故竇建德將卒争殺唐官吏以應黑闥。庚申，遣右屯衛大將軍義安王孝常將兵討黑闥。黑闥將兵數萬進逼宗城，黎州總管李世勣先屯宗城，棄城走保洺州。甲子，黑闥追擊世勣等，破之，殺步卒五千人，世勣僅以身免。丙寅，洺州土豪翻城應黑闥。黑闥築壇（城）於城東南，告天及祭竇建德而後入。後旬日，引兵攻拔相州，執刺史房晃，右武衛將軍張士貴潰圍走。黑闥南取黎、衛二州，半歲之間盡復建德舊境。又遣使北連突厥，頡利可汗遣俟斤宋邪那帥胡騎從之。左武衛將軍秦武通、洺州刺史陳君賓、永寧令程名振，皆自河北遁歸長安。丁卯，命秦王世民、齊王元吉討黑闥。己巳，劉黑闥陷邢州、趙州。庚午，陷魏州，殺總管潘道毅。辛未，陷莘州。

五年春正月，劉黑闥自稱漢東王，改元天造，定都洺州。以范願爲左僕射，董康買爲兵部尚書，高雅賢爲右領軍。徵王琮爲中書令，劉斌爲中書侍郎。竇建德時文武悉復本位。其設法行政，悉師建德，而攻戰勇决過之。庚寅，東鹽州治中王才藝殺刺史田華，以城應劉黑闥。

秦王世民軍至獲嘉，劉黑闥棄相州，退保洺州。丙申，世民復取相州，進軍肥鄉，列營洺水之上以逼之。

幽州總管李藝將所部兵數萬會秦王世民討劉黑闥。黑闥聞之，留兵萬人，使范願守洺州，自將兵拒藝。夜宿沙河，程名振載鼓六十具，於城西二里隄上急擊之，城中地皆震動。范願驚懼，馳告黑闥。黑闥遽還，遣其弟十善與行臺張君立將兵一萬擊藝於鼓城。壬子，戰於徐河，十善、君立大敗，所〔失〕亡八千人。

洺水人李去惑據城來降，秦王世民遣彭公王君廓將千五百騎赴之，入城共守。二月，劉黑闥引兵還攻洺水，癸亥，行至列人，秦王世民使秦叔寶邀擊，破之。己巳，秦王世民復取邢州。辛未，并州人馮伯讓以城來降。丙子，李藝取劉黑闥定、欒、廉、趙四州，獲黑闥尚書劉希道，引兵與秦王世民會洺州。

劉黑闥攻洺水甚急。城四旁皆有水，廣五十餘步，黑闥於城東北築二甬道以攻之。世民三引兵救之，黑闥拒之，不得進。世民恐王君廓不能守，召諸將謀之。李世勣曰：「若甬道達城下，城必不守。」行軍總管郯勇公羅士信請代君廓守之。世民乃登城西南高冢，以旗招君廓，君廓帥其徒力戰，潰圍而出。士信帥左右二百人乘之入城，代君廓固守。

黑闥晝夜急攻，會大雪，救兵不得往，凡八日，丁丑，城陷。黑闥素聞其勇，欲生之，士信詞色不屈，乃殺之，時年二十。

辛巳，秦王世民拔洺水。三月，世民與李藝營於洺水之南，分兵屯水北。黑闥數挑戰，世民堅壁不應，別遣奇兵絶其糧道。壬辰，黑闥以高雅賢爲左僕射，軍中高會。李世勣引兵逼其營，雅賢乘醉單騎逐之，世勣部將潘毛刺之墜馬，左右繼至扶歸，未至營而卒。甲午，諸將復往逼其營，潘毛爲王小胡所擒。黑闥運糧於冀、貝、滄、瀛諸州，水陸俱進，程名振以千餘人邀之，沈其舟，焚其車。

秦王世民與劉黑闥相持六十餘日。黑闥潛師襲李世勣營，世民引兵掩其後以救之，爲黑闥所圍。尉遲敬德帥壯士犯圍而入，世民與略陽公道宗乘之得出。道宗，帝之從子也。世民度黑闥糧盡，必來決戰，乃使人堰洺水上流，謂守吏曰：「待我與賊戰，乃決之。」丁未，黑闥帥步騎二萬南渡洺水，壓唐營而陳，世民自將精騎擊其騎兵，破之，乘勝蹂其步兵。黑闥帥衆殊死戰，自午至昏，戰數合，黑闥勢不能支。王小胡謂黑闥曰：「智力盡矣，宜早亡去。」遂與黑闥先遁，餘衆不知，猶格戰。守吏決堰，洺水大至，深丈餘，黑闥衆大潰，斬首萬餘級，溺死數千人。黑闥與范願等二百騎奔突厥，山東悉平。

徐圓朗聞劉黑闥敗，大懼，不知所出。河間人劉復禮說圓朗曰：「有劉世徹者，其人才略不世出，名高東夏，且有非常之相，真帝王之器。將軍若自立，恐終無成，若迎世徹而奉之，天下指揮可定。」圓朗然之，使復禮迎世徹於浚儀。或説圓朗曰：「將軍爲人所惑，欲迎劉世徹而奉之，世徹若得志，將軍豈有全地乎？僕不敢遠引前古，將軍獨不見翟讓之於李密乎？」圓朗復以爲然。世徹至，已有衆數千人，頓於城外，以待圓朗出迎。圓朗不出，使人召之。世徹知事變，欲亡走，恐不免，乃入謁。圓朗悉奪其兵，以爲司馬，使徇譙、杞二州，東人素聞其名，所向皆下，圓朗遂殺之。

秦王世民自河北引兵將擊圓朗，會上召之，使馳傳入朝，乃以兵屬齊王元吉。庚申，世民至長安，上迎之於長樂。世民具陳取圓朗形勢，上復遣之詣黎陽，會大軍趨濟陰。丙子，行臺民部尚書史萬寶攻徐圓朗陳州，拔之。

夏六月辛亥，劉黑闥引突厥寇山東，詔燕郡王李藝擊之。乙卯，遣淮安王神通擊徐圓朗。丁卯，劉黑闥引突厥寇定州。

秋七月甲申，秦王世民以淮、濟之間略定，使淮安王神通、行軍總管任瓌、李世勣攻圓朗，乙酉，班師。劉黑闥至定州，其故將曹湛、董康買亡命在鮮虞，復聚兵應之。甲午，以淮陽王道玄爲河北道行軍總管以討之。九月，劉黑闥陷瀛州，殺刺史馬匡武。鹽州人馬君德以城叛附黑闥。

冬十月己酉，詔齊王元吉討劉黑闥於山東。壬子，以元吉爲領軍大將軍、并州大總管。癸丑，貝州刺史許善護與黑闥弟十善戰於鄃縣，善護全軍皆没。甲寅，右武候將軍桑顯和擊黑闥於晏城，破之。觀州刺史劉會以城叛附黑闥。乙丑，行軍總管淮陽壯王道玄與劉黑闥戰於下博，軍敗，爲黑闥所殺。時道玄將兵三萬，與副將史萬寶不協。道玄帥輕騎先出犯陳，使萬寶將大軍繼之。萬寶擁兵不進，謂所親曰：「我奉手敕，云淮陽小兒，軍事皆委老夫。今王輕鋭妄進，若與之俱，必同敗没。不如以王餌賊，王敗賊必争進，我堅陳以待之，破之必矣。」由是道玄獨進，敗没。萬寶勒兵將戰，士卒皆無鬭志，軍遂大潰，萬寶逃歸。道玄數從秦王世民征伐，死時年十九，世民深惜之，謂人曰：「道玄常從吾征伐，見吾深入賊陳，心慕效之，以至於此。」爲之流涕。世民自起兵以來，前後數十戰，常身先士卒，輕騎深入，雖屢危殆，而未嘗爲矢刃所傷。

淮陽王道玄之敗也，山東震駭，洺州總管廬江王援棄城西走，州縣皆叛附於劉黑闥，旬日間，黑闥盡復故地。乙亥，進據洺州。十一月庚辰，滄州刺史程大買爲黑闥所迫，棄城走。齊王元吉畏黑闥兵强，不敢進。甲申，詔太子建成將兵討黑闥，其陝東道大行臺及山東道行軍元帥、河南河北諸州並受建成處分，得以便宜從事。己亥，齊王元吉遣兵擊劉十善於魏州，破之。劉黑闥擁兵而南，自相州以北州縣皆附之，唯魏州總管田留安勒兵拒守。黑闥攻之不下，引兵南拔元城，復還攻之。

十二月戊午，劉黑闥陷恒州，殺刺史王公政。癸亥，幽州大總管李藝復廉、定二州。

甲子，田留安擊劉黑闥，破之，獲其莘州刺史孟柱，降將卒六千人。是時，山東豪傑多殺長吏以應黑闥，上下相猜，人益離怨。留安待吏民獨坦然無疑，白事者無問親疏，皆聽直入卧内。每謂吏民曰：「吾與爾曹俱爲國禦賊，固宜同心協力，必欲棄順從逆者，但自斬吾首去。」吏民皆相戒曰：「田公推至誠以待人，當共竭死力報之，必不可負。」有苑竹林者，本黑闥之黨，潛有異志。留安知之，不發其事，引置左右，委以管鑰。竹林感激，遂更歸心，卒收其用，以功進封趙國公。

劉黑闥攻魏州，未下。太子建成、齊王元吉大軍至昌樂，黑闥引兵拒之，再陳，皆不戰而罷。魏徵言於太子曰：「前破黑闥，其將卒皆懸名處死，妻子係虜，故齊王之來，雖有詔書赦其黨與之罪，皆未之信。今宜悉解其囚俘，慰諭遣之，則可坐視其離散矣。」太子從之。黑闥食盡，衆多亡，或縛其渠帥以降。黑闥恐城中兵出，與大軍表裏擊之，遂夜遁。至館陶，永濟橋未成，不得渡。壬申，太子、齊王以大軍至，黑闥使王小胡背水而陳，自視作橋成，即過橋西，衆遂大潰，棄仗來降。大軍渡橋追黑闥，渡者纔千餘騎，橋壞，由是黑闥得與數百騎亡去。

六年春正月己卯，劉黑闥所署饒州刺史諸葛德威執黑闥舉城降。時太子遣騎將劉弘基追黑闥，黑闥爲官軍所迫，奔走不得休息，至饒陽，從者纔百餘人，餒甚。德威出迎，延黑闥入城，黑闥不可，德威涕泣固請，黑闥乃從之。至城旁市中憩止，德威饋之食，食未畢，德威勒兵執之，送詣太子，并其弟十善斬於洺州。黑闥臨刑歎曰：「我幸在家鉏菜，爲高雅賢輩所誤至此。」二月丙寅，徐圓朗窮蹙，與數騎棄城走，爲野人所殺，其地悉平。

通鑑紀事本末卷第二十八

太宗平内難

唐高祖武德五年。上之起兵晉陽也，皆秦王世民之謀。上謂世民曰：「若事成，則天下皆汝所致，當以汝爲太子。」世民拜且辭。及爲唐王，將佐亦請以世民爲世子，上將立之，世民固辭而止。太子建成性寬簡，喜酒色游畋，齊王元吉多過失，皆無寵於上。世民功名日盛，上常有意以代建成。建成内不自安，乃與元吉協謀，共傾世民，各引樹黨友。

上晚年多内寵，小王且二十人，其母競交結諸長子以自固。建成與元吉曲意事諸妃嬪，諂諛賂遺，無所不至，以求媚於上。或言蒸於張婕妤、尹德妃，宮禁深祕，莫能明也。是時，東宮、諸王公、妃主之家及後宮親戚横長安中，奪人田宅，恣爲非法，有司不敢詰。世民居承乾殿，元吉居武德殿後院，與上臺、東宮晝夜通行，無復禁限。太子、二王出入上臺，皆乘馬攜弓刀雜物，相遇如家人禮。太子令、秦、齊王教與詔敕並行，有司莫知所從，唯據得之先後爲定。世民獨不奉事諸妃嬪，諸妃嬪爭譽建成、元吉而短世民。

世民平洛陽，上使貴妃等數人詣洛陽選閱隋宮人及收府庫珍物，貴妃等私從世民求寶貨及爲其親屬求官。世民曰：「寶貨皆已籍奏，官當授賢才有功者。」皆不許，由是益怨。世民以淮安王神通有功，給田數十頃。張婕妤之父因婕妤求之於上，上手敕賜之，神通以教給在先，不與。婕妤訴於上曰：「敕賜妾父田，秦王奪之以與神通。」上遂發怒，責世民曰：「我手敕不如汝教邪！」他日，謂左僕射裴寂曰：「此兒久典兵在外，爲書生所教，非昔日子也。」尹德妃父阿鼠驕横，秦王府屬杜如晦過其門，阿鼠家僮數人曳如晦墜馬毆之，折一指，曰：「汝何人？敢過我門而不下馬！」阿鼠恐世民訴於上，先使德妃奏，云：「秦王左右陵暴妾家。」上復怒，責世民曰：「我妃嬪家猶爲汝左右所陵，况小民乎！」世民深自辯析，上終不信。

世民每侍宴宫中，對諸妃嬪，思太穆皇后早終，不得見上有天下，或歔欷流涕，上顧之不樂。諸妃嬪因密共譖世民曰：「海内幸無事，陛下春秋高，唯宜相娱樂。而秦王每獨涕泣，正是憎疾妾等。陛下萬歲後，妾母子必不爲秦王所容，無孑遺矣。」因相與泣，且曰：「皇太子仁孝，陛下以妾母子屬之，必能保全。」上爲之愴然，由是無易太子意，待世民浸疏，而建成、元吉日親矣。

太子中允王珪、洗馬魏徵説太子曰：「秦王功蓋天下，中外歸心。殿下但以年長位居東宫，無大功以鎮服海内。今劉黑闥散亡之餘，衆不滿萬，資糧匱乏，以大軍臨之，勢如拉朽。殿下宜自擊之以取功名，因結納山東豪傑，庶可自安。」太子乃請行於上，上許之。珪，頍之兄子也。

七年。初，齊王元吉勸太子建成除秦王世民，曰：「當爲兄手刃之。」世民從上幸元吉第，元吉伏護軍宇文寶於寢内，欲刺世民。建成性頗仁厚，遽止之。元吉愠曰：「爲兄計耳，於我何有？」

建成擅募長安及四方驍勇二千餘人爲東宮衛士，分屯左右長林，號「長林兵」。又密使右虞候率可達志從燕王李藝發幽州突騎三百置宮東諸坊，欲以補東宮長上。爲人所告，上召建成責之，流可達志於嶲州。

慶州都督楊文幹嘗宿衛東宮，建成與之親厚，私使募壯士送長安。上將幸仁智宮，命建成居守，世民、元吉皆從，建成使元吉就圖世民，曰：「安危之計，決在今歲。」又使郎將爾朱煥、校尉橋公山以甲遺文幹。二人至豳州，上變，告太子使文幹舉兵，欲表裏相應。又有寧州人杜鳳舉亦詣宮言狀。上怒，託他事手詔召建成，令詣行在。建成懼，不敢赴。太子舍人徐師謩勸之據城舉兵。詹事主簿趙弘智勸之貶損車服，屏從者，詣上謝罪。建成乃詣仁智宮。未至六十里，悉留官屬於毛鴻賓堡，以十餘騎往見上，叩頭謝罪，奮身自擲，幾至於絶，上怒不解。是夜，置之幕下，飼以麥飯，使殿中監陳福防守，遣司農卿宇文穎馳召文幹。穎至慶州，以情告之，文幹遂舉兵反。上遣左武衛將軍錢九隴與靈州都督楊師道擊之。夏六月甲子，上召秦王世民謀之。世民曰：「文幹豎子，敢爲狂逆，計府僚已應擒戮，若不爾，正應遣一將討之耳。」上曰：「不然。文幹事連建成，恐應之者衆。汝宜自行，還，立汝爲太子。吾不能效隋文帝自誅其子，當封建成爲蜀王。蜀兵脆弱，他日苟能事汝，汝宜全之，不能事汝，汝取之易耳。」

上以仁智宮在山中，恐盜兵猝發，夜帥宿衛南出山外，行數十里，東宮官屬將卒繼至者，皆令三十人爲隊，分兵圍守之。明日，復還仁智宮。

世民既行，元吉與妃嬪更迭爲建成請，封德彝復爲之營解於外，上意遂變，復遣建成還京師居守。惟責以兄弟不睦，歸罪於太子中允王珪、左衛率韋挺、天策兵曹參軍杜淹，並流於巂州。挺，冲之子也。初，洛陽既平，杜淹久不得調，欲求事建成。房玄齡以淹多狡數，恐其教導建成，益爲世民不利，乃言於世民，引入天策府。

秋七月，楊文幹襲陷寧州，驅掠吏民出據百家堡。秦王世民軍至寧州，其黨皆潰。癸酉，文幹爲其麾下所殺，傳首京師。獲宇文穎，誅之。

上欲徙都以避突厥，秦王世民諫止之。建成與妃嬪因共譖世民曰：「突厥雖屢爲邊患，得賂則退。秦王外託禦寇之名，內欲總兵權，成其篡奪之謀耳。」

上校獵城南，太子、秦、齊王皆從，上命三子馳射角勝。建成有胡馬，肥壯而喜蹶，以授世民曰：「此馬甚駿，能超數丈澗，弟善騎，試乘之。」世民乘以逐鹿，馬蹶，世民躍立於數步之外，馬起，復乘之，如是者三。顧謂宇文士及曰：「彼欲以此見殺，死生有命，庸何傷乎！」建成聞之，因令妃嬪譖之於上曰：「秦王自言，我有天命，方爲天下主，豈有浪死。」上大怒，先召建成、元吉，然後召世民入，責之曰：「天子自有天命，非智力可求，汝求之何急邪？」世民免冠頓首，請下法司案驗，上怒不解。會有司奏突厥入寇，上乃改容勞勉世民，命之冠帶，與謀突厥。閏月己未，詔世民、元吉將兵出豳州以禦突厥，上餞之於蘭池上。每有寇盜，輒命世民討之，事平之後，猜嫌益甚。

九年夏六月丁巳，太白經天。

秦王世民既與太子建成、齊王元吉有隙，以洛陽形勝之地，恐一朝有變，欲出保之，乃以行臺工部尚書温大雅鎮洛陽，遣秦府車騎將軍滎陽張亮將左右王保等千餘人之洛陽，陰結納山東豪傑以俟變，多出金帛，恣其所用。元吉告亮謀不軌，下吏考驗，亮終無言，乃釋之，使還洛陽。

建成夜召世民，飲酒而酖之，世民暴心痛，吐血數升，淮安王神通扶之還西宮。上幸西宮問世民疾，敕建成曰：「秦王素不能飲，自今無得復夜飲。」因謂世民曰：「首建大謀，削平海内，皆汝之功。吾欲立汝爲嗣，汝固辭。且建成年長，爲嗣日久，吾不忍奪也。觀汝兄弟，似不相容，同處京邑，必有紛競。當遣汝還行臺，居洛陽，自陝以東皆主之。仍命汝建天子旌旗，如漢梁孝王故事。」世民涕泣，辭以不欲遠離膝下。上曰：「天下一家，東西兩都，道路甚邇，吾思汝即往，毋煩悲也。」將行，建成、元吉相與謀曰：「秦王若至洛陽，有土地甲兵，不可復制。不如留之長安，則一匹夫耳，取之易矣。」乃密令數人上封事，言：「秦王左右聞往洛陽，無不喜躍，觀其志趣，恐不復來。」又遣近幸之臣以利害說上，上意遂移，事復中止。

建成、元吉與後宫日夜譖訴世民於上，上信之，將罪世民。陳叔達諫曰：「秦王有大功於天下，不可黜也。且性剛烈，若加挫抑，恐不勝憂憤，或有不測之疾，陛下悔之何及。」上乃止。元吉密請殺秦王，上曰：「彼有定天下之功，罪狀未著，何以爲辭？」元吉曰：「秦王初平東都，顧望不還，散錢帛以樹私恩，又違敕命，非反而何？但應速殺，何患無辭。」上不應。

秦府僚屬皆憂懼，不知所出。行臺考功郎中房玄齡謂比部郎中長孫無忌曰：「今嫌隙已成，一旦禍機竊發，豈惟府朝塗地，乃實社稷之憂。莫若勸王行周公之事，以安家國。存亡之機，間不容髮，正在今日。」無忌曰：「吾懷此久矣，不敢發口。今吾子所言，正合吾心，謹當白之。」乃入言世民，世民召玄齡謀之。玄齡曰：「大王功蓋天地，當承大業。今日憂危，乃天贊也，願大王勿疑。」乃與府屬杜如晦共勸世民誅建成、元吉。

建成、元吉以秦府多驍將，欲誘之使爲己用，密以金銀器一車，贈左二副護軍尉遲敬德，並以書招之曰：「願迂長者之眷，以敦布衣之交。」敬德辭曰：「敬德蓬户甕牖之人，遭隋末亂離，久淪逆地，罪不容誅。秦王賜以更生之恩，今又策名藩邸，唯當殺身以爲報。於殿下無功，不敢謬當重賜。若私交殿下，乃是貳心，徇利忘忠，殿下亦何所用？」建成怒，遂與之絶。敬德以告世民，世民曰：「公心如山嶽，雖積金至斗，知公不移。相遺但受，何所嫌也。且得以知其陰計，豈非良策。不然，禍將及公。」既而元吉使壯士夜刺敬德，敬德知之，洞開重門，安卧不動，刺客屢至其庭，終不敢入。元吉乃譖敬德於上，下詔獄訊治，將殺之，世民固請得免。又譖左一馬軍總管程知節，出爲康州刺史。知節謂世民曰：「大王股肱羽翼盡矣，身何能久！知節以死不去，願早決計。」又以金帛誘右二護軍段志玄，志玄不從。建成謂元吉曰：「秦府智略之士，可憚者獨房玄齡、杜如晦耳。」皆譖之於上而逐之。

世民腹心唯長孫無忌尚在府中，與其舅雍州治中高士廉、左侯車騎將軍三水侯君集及尉遲敬德等，日夜勸世民誅建成、元吉。世民猶豫未決，問於靈州大都督李靖，靖辭。

問於行軍總管李世勣，世勣辭。世民由是重二人。

會突厥郁射設將數萬騎屯河南，入塞圍烏城，建成薦元吉代世民督諸軍北征。上從之，命元吉督右武衛大將軍李藝、天紀將軍張瑾等救烏城。元吉請尉遲敬德、程知節、段志玄及秦府右三統軍秦叔寶等與之偕行，簡閱秦王帳下精鋭之士以益元吉軍。率更丞王晊密告世民曰：「太子語齊王：『今汝得秦王驍將精兵，擁數萬之衆，吾與秦王餞汝於昆明池，使壯士拉殺之於幕下，奏云暴卒，主上宜無不信。吾當使人進説，令授吾國事。敬德等既入汝手，宜悉坑之，孰敢不服？』」世民以晊言告長孫無忌等，無忌等勸世民先事圖之。世民歎曰：「骨肉相殘，古今大惡。吾誠知禍在朝夕，欲俟其發，然後以義討之，不亦可乎？」敬德曰：「人情誰不愛其死。今衆人以死奉王，乃天授也。禍機垂發，而王猶晏然不以爲憂，大王縱自輕，如社稷宗廟何！大王不用敬德之言，敬德將竄身草澤，不能留居大王左右，交手受戮也。」無忌曰：「不從敬德之言，事今敗矣。敬德等必不爲王有，無忌亦當相隨而去，不能復事大王矣。」世民曰：「吾所言亦未可全棄，公更圖之。」敬德曰：「王今處事有疑，非智也。臨難不決，非勇也。且大王素所畜養勇士八百餘人，在外者今已入宮，擐甲執兵，事勢已成，大王安得已乎？」

世民訪之府僚，皆曰：「齊王凶戾，終不肯事其兄。比聞護軍薛實嘗謂齊王曰：

『大王之名，合之成「唐」字，大王終主唐祀。』齊王喜曰：『但除秦王，取東宫如反掌耳。』彼與太子謀亂未成，已有取太子之心，亂心無厭，何所不爲。若使二人得志，恐天下非復唐有。以大王之賢，取二人如拾地芥耳，奈何徇匹夫之節，忘社稷之計乎！」世民猶未決，衆曰：「大王以舜爲何如人？」曰：「聖人也。」衆曰：「使舜浚井不出，則爲井中之泥，塗廩不下，則爲廩上之灰，安能澤被天下，法施後世乎？是以小杖則受，大杖則走，蓋所存者大故也。」世民命卜之，幕僚張公謹自外來見之，取龜投地曰：「卜以決疑，今事在不疑，尚何卜乎？卜而不吉，庸得已乎？」於是定計。

世民令無忌密召房玄齡等，曰：「敕旨不聽復事王。今若私謁，必坐死，不敢奉教。」世民怒，謂敬德曰：「玄齡、如晦豈叛我邪！」取所佩刀授敬德曰：「公往觀之，若無來心，可斷其首以來。」敬德往，與無忌共諭之曰：「王已決計，公宜速入共謀之。吾屬四人，不可羣行道中。」乃令玄齡、如晦著道士服，與無忌俱入，敬德自他道亦至。

己未，太白復經天。傅奕密奏：「太白見秦分，秦王當有天下。」上以其狀授世民，於是世民密奏建成、元吉淫亂後宫，且曰：「臣於兄弟無絲毫負，今欲殺臣，似爲世充、建德報讎。臣今枉死，永違君親，魂歸地下，實恥見諸賊。」上省之，愕然，報曰：「明當鞫問，汝宜早參。」

庚申，世民帥長孫無忌等入，伏兵於玄武門。張婕妤竊知世民表意，馳語建成。建成召元吉謀之，元吉曰：「宜勒宮府兵，託疾不朝，以觀形勢。」建成曰：「兵備已嚴，當與弟入參，自問消息。」乃俱入，趣玄武門。上時已召裴寂、蕭瑀、陳叔達等，欲按其事。

建成、元吉至臨湖殿，覺變，即跋馬東歸宮府。世民從而呼之，元吉張弓射世民，再三不彀，世民射建成，殺之。尉遲敬德將七十騎繼至，左右射元吉墜馬。世民馬逸入林下，爲木枝所絓，墜不能起。元吉遽至，奪弓將扼之，敬德躍馬叱之。元吉步欲趣武德殿，敬德追射，殺之。翊衛車騎將軍馮翊馮立聞建成死，歎曰：「豈有生受其恩，而死逃其難乎！」乃與副護軍薛萬徹、屈咥直府左車騎萬年謝叔方帥東宮、齊府精兵二千馳趣玄武門。張公謹多力，獨閉關以拒之，不得入。雲麾將軍敬君弘掌宿衛兵，屯玄武門，挺身出戰，所親止之曰：「事未可知，且徐觀變，俟兵集成列而戰，未晚也。」君弘不從，與中郎將呂世衡大呼而進，皆死之。君弘，顯儁之曾孫也。守門兵與萬徹等力戰良久，萬徹鼓譟欲攻秦府，將士大懼。尉遲敬德持建成、元吉首示之，宮、府兵遂潰。萬徹與數十騎亡入終南山。馮立既殺敬君弘，謂其徒曰：「亦足以少報太子矣。」遂解兵，逃於野。

上方泛舟海池，世民使尉遲敬德入宿衛，敬德擐甲持矛，直至上所。上大驚，問曰：「今日亂者誰邪？卿來此何爲？」對曰：「秦王以太子、齊王作亂，舉兵誅之，恐驚動陛下，遣臣宿衛。」上謂裴寂等曰：「不圖今日乃見此事！當如之何？」蕭瑀、陳叔達曰：「建成、元吉本不豫義謀，又無功於天下，疾秦王功高望重，共爲姦謀，今秦王已討而誅之。秦王功蓋宇宙，率土歸心，陛下若處以元良，委之國務，無復事矣。」上曰：「善，此吾之夙心也。」時宿衛及秦府兵與二宫左右戰猶未已，敬德請降手敕，令諸軍並受秦王處分，上從之。天策府司馬宇文士及自東上閤門出宣敕，衆然後定。上又使黄門侍郎裴矩至東宫，曉諭諸將卒，皆罷散。上乃召世民，撫之曰：「近日以來，幾有投杼之惑。」世民跪而吮上乳，號慟久之。

建成子安陸王承道、河東王承德、武安王承訓、汝南王承明、鉅鹿王承義，元吉子梁郡王承業、漁陽王承鸞、普安王承獎、江夏王承裕、義陽王承度皆坐誅，仍絶屬籍。

初，建成許元吉以正位之後立爲太弟，故元吉爲之盡死。諸將欲盡誅建成、元吉左右百餘人，籍没其家。尉遲敬德固争曰：「罪在二凶，既伏其誅，若及支黨，非所以求安也。」乃止。是日，下詔：「赦天下。凶逆之罪，止於建成、元吉，自餘黨與，一無所問。其僧尼、道士、女冠並宜依舊。國家庶事，皆取秦王處分。」

辛酉，馮立、謝叔方皆自出。薛萬徹亡匿，世民屢使諭之，乃出。世民曰：「此皆忠於所事，義士也。」釋之。

癸亥，立世民爲皇太子。又詔：「自今軍國庶事，無大小悉委太子處決，然後聞奏。」

臣光曰：立嫡以長，禮之正也。然高祖所以有天下，皆太宗之功。隱太子以庸劣居其右，地嫌勢逼，必不相容。曏使高祖有文王之明，隱太子有泰伯之賢，太宗有子臧之節，則亂何自而生矣？既不能然，太宗始欲俟其先發，然後應之，如此則事非獲已，猶爲愈也。既而爲羣下所迫，遂至蹀血禁門，推刃同氣，貽譏千古，惜哉！夫創業垂統之君，子孫之所儀刑也，彼中、明、肅、代之傳繼，得非有所指擬以爲口實乎！

太宗易太子

唐高祖武德九年秋八月，太宗即皇帝位。冬十月癸亥，立皇子中山王承乾爲太子，生八年矣。

太宗貞觀七年。帝謂左庶子于志寧、右庶子杜正倫曰：「朕年十八猶在民間，民之疾苦情僞，無不知之。及居大位，區處世務，猶有差失。況太子生長深宮，百姓艱難，耳目所未涉，能無驕逸乎？卿等不可不極諫。」太子好嬉戲，頗虧禮法，志寧與右庶子孔穎達數直諫，上聞而嘉之，各賜金一斤，帛五百匹。

十三年。太子承乾頗以遊畋廢學，右庶子張玄素諫，不聽。

十四年。上聞右庶子張玄素在東宮數諫争，擢爲銀青光禄大夫，行左庶子。太子嘗於禁中擊鼓，玄素叩閤切諫，太子出其鼓，對玄素毁之。太子久不出見官屬，玄素諫曰：「朝廷選俊賢以輔至德，今動經時月，不見宫臣，將何以裨益萬一。且宫中唯有婦人，不知有能如樊姬者乎？」太子不聽。

十五年。太子詹事于志寧遭母喪，尋起復就職。太子治宫室，妨農功，又好鄭、衛之樂，志寧諫，不聽。又寵昵宦官，常在左右，志寧上書，以爲：「自易牙以來，宦官覆亡國家者非一。今殿下親寵此屬，使陵易衣冠，不可長也。」太子役使司馭等，半歲不許分番，又私引突厥達哥友入宫，志寧上書切諫，太子大怒，遣刺客張師政、紇干承基殺之。二人入其第，見志寧寢處苫塊，竟不忍殺而止。

十六年春正月乙丑，魏王泰上括地志。泰好學，司馬蘇勗説泰，以古之賢王皆招士著書，故泰奏請修之。於是大開館舍，廣延時俊，人物輻凑，門庭如市。泰月給踰於太子，諫議大夫褚遂良上疏，以爲：「聖人制禮，尊嫡卑庶，世子用物不會，與王者共之。庶子雖愛，不得踰嫡，所以塞嫌疑之漸，除禍亂之源也。若當親者疏，當尊者卑，則佞巧之姦，乘機而動矣。昔漢竇太后寵梁孝王，卒以憂死，宣帝寵淮陽憲王，亦幾至於敗。今魏王新出閤，宜示以禮則，訓以謙儉，乃爲良器，此所謂『聖人之教不肅而成』者也。」上從之。

上又令泰徙居武德殿。魏徵上疏，以爲：「陛下愛魏王，常欲使之安全，宜每抑其驕奢，不處嫌疑之地。今移居此殿，乃在東宫之西，海陵昔嘗居之，時人不以爲可，雖時異事異，然亦恐魏王之心不敢安息也。」上曰：「幾致此誤。」遽遣泰歸第。

夏六月甲辰，詔：「自今皇太子出用庫物，所司勿爲限制。」於是太子發取無度，左庶子張玄素上書，以爲：「周武帝平定山東，隋文帝混一江南，勤儉愛民，皆爲令主，有子不肖，卒亡宗祀。聖上以殿下親則父子，事兼家國，所應用物，不爲節限，恩旨未踰六旬，用物已過七萬，驕奢之極，孰云過此。況宫臣正士，未嘗在側，羣邪淫巧，昵近深宫，在外瞻仰，已有此失，居中隱密，寧可勝計。苦藥利病，苦言利行，伏惟居安思危，日慎一日。」太子惡其書，令户奴伺玄素早朝，密以大馬箠擊之，幾斃。

秋八月丁酉，上曰：「當今國家何事爲急？」諫議大夫褚遂良曰：「今四方無虞，唯太子、諸王宜有定分最急。」上曰：「此言是也。」時太子承乾失德，魏王泰有寵，羣臣日有疑議，上聞而惡之，謂侍臣曰：「方今羣臣，忠直無踰魏徵，我遣傅太子，用絶天下之疑。」九月丁巳，以魏徵爲太子太師。徵疾小愈，詣朝堂表辭，上手詔諭以：「周幽、晉獻，廢嫡立庶，危國亡家。漢高祖幾廢太子，賴四皓然後安。我今賴公，即其義也。知公疾病，可卧護之。」徵乃受詔。

十七年春正月丙寅，上謂羣臣曰：「聞外間士民以太子有足疾，魏王穎悟，多從遊幸，遽生異議，徼幸之徒，已有附會者。太子雖病足，不廢步履。且禮，嫡子死，立嫡孫。太子男已五歲，朕終不以孽代宗，啓窺窬之源也。」

初，太子承乾喜聲色、畋獵，所爲奢靡，畏上知之。對宮臣常論忠孝，或至於涕泣；退歸宮中，則與羣小相褻狎。宮臣有欲諫者，太子先揣知其意，輒迎拜，斂容危坐，引咎自責，言辭辯給，宮臣拜答不暇。宮省祕密，外人莫知，故時論初皆稱賢。

太子作八尺銅鑪，六隔大鼎，募亡奴盜民間馬牛，親臨烹煮，與所幸廝役共食之。又好效突厥語及其服飾，選左右貌類突厥者五人爲一落，辮髮羊裘而牧羊，作五狼頭纛及幡旗，設穹廬，太子自處其中，斂羊而烹之，抽佩刀割肉相啗。又嘗謂左右曰：「我試作可汗死，汝曹效其喪儀。」因僵卧於地，衆悉號哭，跨馬環走，臨其身，剺面。良久，太子欻起，曰：「一朝有天下，當帥數萬騎獵於金城西，然後解髮爲突厥，委身思摩，若當一設，不居人後矣。」

左庶子于志寧、右庶子孔穎達數諫太子，上嘉之，賜二人金帛以風勵太子，仍遷志寧爲詹事。志寧與左庶子張玄素數上書切諫，太子陰使人殺之，不果。

漢王元昌所爲多不法，上數譴責之，由是怨望。太子與之親善，朝夕同遊戲，分左右爲二隊，太子與元昌各統其一，被氊甲，操竹稍，布陳大呼交戰，擊刺流血，以爲娛樂。有不用命者，披樹撾之，至有死者。且曰：「使我今日作天子，明日於苑中置萬人營，與漢王分將，觀其戰鬬，豈不樂哉。」又曰：「我爲天子，極情縱欲，有諫者輒殺之，不過殺數百人，衆自定矣。」

魏王泰多藝能，有寵於上。見太子有足疾，潛有奪嫡之志，折節下士以求聲譽。上命黄門侍郎韋挺攝泰府事，後命工部尚書杜楚客代之，二人俱爲泰要結朝士。楚客或懷金以賂權貴，因説以魏王聰明，宜爲上嗣。文武之士，各有附託，潛爲朋黨。太子畏其逼，遣人詐爲泰府典籤上封事，其中皆言泰罪惡，敕捕之，不獲。

太子私幸太常樂童稱心，與同卧起。道士秦英、韋靈符挾左道，得幸太子。上聞之，大怒，悉收稱心等殺之，連坐死者數人，誚讓太子甚至。太子意泰告之，怨怒愈甚，思念稱心不已，於宫中構室，立其像，朝夕奠祭，徘徊流涕。又於苑中作冢，私贈官，樹碑。

上意浸不懌，太子亦知之，稱疾不朝謁者動涉數月。陰養刺客紇干承基等及壯士百餘人，謀殺魏王泰。

吏部尚書侯君集之壻賀蘭楚石爲東宫千牛，太子知君集怨望，數令楚石引君集入東宮，問以自安之術。君集以太子暗劣，欲乘釁圖之，因勸之反。舉手謂太子曰：「此好手，當爲殿下用之。」又曰：「魏王爲上所愛，恐殿下有庶人勇之禍。若有敕召，宜密爲之備。」太子大然之，厚賂君集及左屯衞中郎將頓丘李安儼，使詗上意，動靜相語。安儼先事隱太子，隱太子敗，安儼爲之力戰，上以爲忠，故親任之，使典宿衞。安儼深自託於太子。

漢王元昌亦勸太子反，且曰：「比見上側有美人，善彈琵琶，事成，願以垂賜。」太子許之。洋州刺史開化公趙節，慈景之子也，母曰長廣公主，駙馬都尉杜荷，如晦之子也，尚城陽公主，皆爲太子所親暱，預其反謀。凡同謀者，皆割臂以帛拭血，燒灰和酒飲之，誓同生死。潛謀引兵入西宮，杜荷謂太子曰：「天文有變，當速發以應之。殿下但稱暴疾危篤，主上必親臨視，因茲可以得志。」太子聞齊王祐反於齊州，謂紇干承基等曰：「我宮西牆，去大內正可二十步耳，與卿爲大事，豈比齊王乎？」會治祐反事，連承基，承基坐繫大理獄，當死。

夏四月庚辰朔，承基上變，告太子謀反。敕長孫無忌、房玄齡、蕭瑀、李世勣與大理、中書、門下參鞫之。反形已具，上謂侍臣：「將何以處承乾？」羣臣莫敢對。通事舍人來濟進曰：「陛下不失爲慈父，太子得盡天年，則善矣。」上從之。濟，護兒之子也。

乙酉，詔廢太子承乾爲庶人，幽於右領軍府。上欲免漢王元昌死，羣臣固爭，乃賜自盡於家，而宥其母、妻、子。侯君集、李安儼、趙節、杜荷等皆伏誅。左庶子張玄素、右庶子趙弘智、令狐德棻等，以不能諫争，皆坐免爲庶人。餘當連坐者悉赦之。詹事于志寧，以數諫，獨蒙勞勉。以紇干承基爲祐川府折衝都尉，爵平棘縣公。

侯君集被收，賀蘭楚石復詣闕告其事。上引君集謂曰：「朕不欲令刀筆吏辱公，故自鞫公耳。」君集初不承，引楚石具陳始末，又以所與承乾往來啓示之，君集辭窮，乃服。上謂侍臣曰：「君集有功，欲乞其生，可乎？」羣臣以爲不可。上乃謂君集曰：「與公長訣矣。」因泣下。君集亦自投于地，遂斬之於市。君集臨刑，謂監刑將軍曰：「君集蹉跌至此，然事陛下於藩邸，擊取二國，乞全一子以奉祭祀。」上乃原其妻及子，徙嶺南。籍没其家，得二美人，自幼飲人乳而不食。

初，上使李靖教君集兵法。君集言於上曰：「李靖將反矣。」上問其故，對曰：「靖獨教臣以粗而匿其精，以是知之。」上以問靖，靖對曰：「此乃君集欲反耳。今諸夏已定，臣之所教，足以制四夷，而君集固求盡臣之術，非反而何？」江夏王道宗嘗從容言於上曰：「君集志大而智小，自負微功，恥在房玄齡、李靖之下，雖爲吏部尚書，未滿其志。以臣觀之，必將爲亂。」上曰：「君集材器，亦何施不可。朕豈惜重位，但次第未至耳，豈可億度，妄生猜貳耶！」及君集反誅，上乃謝道宗曰：「果如卿言。」李安儼父年九十餘，上愍之，賜奴婢以養之。

太子承乾既獲罪，魏王泰自入侍奉，上面許立爲太子。岑文本、劉洎亦勸之。長孫無忌固請立晉王治。上謂侍臣曰：「昨青雀投我懷，云：『臣今日始得爲陛下子，乃更生之日也。臣有一子，臣死之日，當爲陛下殺之，傳位晉王。』人誰不愛其子，朕見如此，甚憐之。」諫議大夫褚遂良曰：「陛下言大失，願審思，勿誤也。安有陛下萬歲後，魏王據天下，肯殺其愛子，傳位晉王者乎？陛下日者既立承乾爲太子，復寵魏王，禮秩過於承乾，以成今日之禍。前事不遠，足以爲鑒。陛下今立魏王，願先措置晉王，始得安全耳。」上流涕曰：「我不能爾。」因起入宮。魏王泰恐上立晉王治，謂之曰：「汝與元昌善，元昌今敗，得無憂乎？」治由是憂形於色。上怪，屢問其故，治乃以狀告。上憮然，始悔立泰之言矣。上面責承乾，承乾曰：「臣爲太子，復何所求？但爲泰所圖，時與朝臣謀自安之術，不逞之人遂教臣爲不軌耳。今若泰爲太子，所謂落其度内。」

承乾既廢，上御兩儀殿，羣臣俱出，獨留長孫無忌、房玄齡、李世勣、褚遂良謂曰：「我三子一弟，所爲如是，我心誠無聊賴。」因自投于牀，無忌等爭前扶抱。上又抽佩刀欲自刺，遂良奪刀以授晉王治。無忌等請上所欲，上曰：「我欲立晉王。」無忌曰：「謹奉詔。有異議者，臣請斬之。」上謂治曰：「汝舅許汝矣，宜拜謝。」治因拜之。上謂無忌等曰：「公等已同我意，未知外議如何？」對曰：「晉王仁孝，天下屬心久矣，乞陛下試召問百官，有不同者，臣負陛下萬死。」上乃御太極殿，召文武六品以上，謂曰：「承乾悖逆，泰亦凶險，皆不可立。朕欲選諸子爲嗣，誰可者？卿輩明言之。」衆皆讙呼曰：「晉王仁孝，當爲嗣。」上悦。是日，泰從百餘騎至永安門，敕門司盡辟其騎，引泰入肅章門，幽於北苑。

丙戌，詔立晉王治爲皇太子，御承天門樓，赦天下，酺三日。上謂侍臣曰：「我若立泰，則是太子之位可經營而得。自今太子失道，藩王窺伺者，兩皆棄之，傳諸子孫，永爲後法。且泰立則承乾與治皆不全，治立則承乾與泰皆無恙矣。」

臣光曰：唐太宗不以天下大器私其所愛，以杜禍亂之原，可謂能遠謀矣。

太宗平突厥

隋煬帝大業十一年秋八月，帝巡北塞。初，裴矩以突厥始畢可汗部衆漸盛，獻策分其勢，欲以宗女嫁其弟叱吉設，拜爲南面可汗，叱吉不敢受，始畢聞而漸怨。突厥之臣史蜀胡悉多謀略，爲始畢所寵任，矩詐與爲互市，誘至馬邑下，殺之。遣使詔始畢曰：「史蜀胡悉叛可汗來降，我已相爲斬之。」始畢知其狀，由是不朝。

戊辰，始畢帥騎數十萬謀襲乘輿，義成公主先遣使者告變。壬申，車駕馳入雁門，齊王暕以後軍保崞縣。癸酉，突厥圍雁門，上下惶怖，撤民屋以爲守禦之具。城中兵民十五萬口，食僅可支二旬。雁門四十一城，突厥克其三十九，唯雁門、崞不下。突厥急攻雁門，矢及御前。上大懼，抱趙王杲而泣，目盡腫。

左衛大將軍宇文述勸帝簡精鋭數千騎潰圍而出，納言蘇威曰：「城守則我有餘力，輕騎乃彼之所長。陛下萬乘之主，豈宜輕動。」民部尚書樊子蓋曰：「陛下乘危徼幸，一朝狼狽，悔之何及。不若據堅城以挫其鋭，坐徵四方兵使入援。陛下親撫循士卒，諭以不復征遼，厚爲勳格，必人人自奮，何憂不濟？」内史侍郎蕭瑀以爲：「突厥之俗，可賀敦預知軍謀。且義成公主以帝女嫁外夷，必恃大國之援，若使一介告之，借使無益，庸有何損。又將士之意，恐陛下既免突厥之患，還事高麗，若發明詔，諭以赦高麗專討突厥，則衆心皆安，人自爲戰矣。」瑀，皇后之弟也。虞世基亦勸帝重爲賞格，下詔停遼東之役，帝從之。

帝親巡將士，謂之曰：「努力擊賊，苟能保全，凡在行陳，勿憂富貴，必不使有司弄刀筆破汝勳勞。」乃下令：「守城有功者，無官直除六品，賜物百段，有(司)〔官〕以次增益。」使者慰勞，相望於道。於是衆皆踊躍，晝夜拒戰，死傷甚衆。

甲申，詔天下募兵。守令競來赴難，李淵之子世民，年十六，應募隸屯衛將軍雲定興，説定興多齎旗鼓爲疑兵，曰：「始畢敢舉兵圍天子，必謂我倉猝不能赴援故也。宜晝則引旌旗令數十里不絶，夜則鉦鼓相應，虜必謂救兵大至，望風遁去。不然，彼衆我寡，若悉軍來戰，必不能支。」定興從之。帝遣間使求救於義成公主，公主遣使告始畢，云：「北邊有急。」東都及諸郡援兵亦至忻口，九月甲辰，始畢解圍去。帝使人出偵，山谷皆空，無胡馬，乃遣二千騎追躡，至馬邑，得突厥老弱二千餘人而還。

十二年。突厥數寇北邊，詔晉陽留守李淵帥太原道兵與馬邑太守王仁恭擊之。時突厥方强，兩軍衆不滿五千，仁恭患之。淵選善騎射者二千人，使之飲食舍止一如突厥，或與突厥遇則伺便擊之，前後屢捷，突厥頗憚之。

恭帝義寧元年夏五月，突厥數萬衆寇晉陽。唐公李淵舉兵，〔六月〕，劉文静説淵結突厥爲援，告突厥以尊立代王之意。突厥使康鞘利送馬千匹爲互市。

劉文静使突厥請兵。秋八月，劉文静以突厥兵五百、馬二千匹來至。事並見高祖興唐。

唐高祖武德元年。初，五原通守櫟陽張長遜以中原大亂，舉郡附突厥，突厥以爲割利特勒。郝瑗説薛舉與梁師都及突厥連兵以取長安，舉從之。時啓民可汗之子咄苾號莫賀咄設，建牙直五原之北，舉遣使與莫賀咄設謀入寇，莫賀咄設許之。唐王使都水監宇文歆賂莫賀咄設，且爲陳利害，止其出兵。又説莫賀咄設遣張長遜入朝，以五原之地歸之中國。莫賀咄設並從之。夏四月己卯，武都、宕渠、五原等郡皆降，王即以長遜爲五原太守。長遜又詐爲詔書與莫賀咄設，示知其謀。莫賀咄設乃拒舉、師都等，不納其使。

五月辛未，突厥始畢可汗遣骨咄禄特勒來，宴之於太極殿，奏九部樂。時中國人避亂者多入突厥，突厥强盛，東自契丹、室韋，西盡吐谷渾、高昌，諸國皆臣之，控弦百餘萬。帝以初起資其兵馬，前後餉遺，不可勝紀。突厥恃功驕倨，每遣使者至長安，多暴横，帝優容之。

秋九月，上遣從子襄武公琛、太常卿鄭元璹以女妓遺突厥始畢可汗。壬戌，始畢復遣骨咄禄特勒來。冬十月戊寅，宴突厥骨咄禄，引骨咄禄升御坐以寵之。

二年閏二月，突厥始畢可汗將其衆渡河至夏州，梁師都發兵會之，以五百騎授劉武周，欲自句注入寇太原。會始畢卒，子什鉢苾幼，未可立，立其弟俟利弗設爲處羅可汗。處羅以什鉢苾爲泥步設，使居東偏，直幽州之北。先是，上遣右武候將軍高静奉幣使於始畢，至豐州，聞始畢卒，敕納於所在之庫。突厥聞之，怒，欲入寇。豐州總管張長遜遣高静以幣出塞爲朝廷致賻，突厥乃還。

夏六月己酉，突厥遣使來告始畢可汗之喪。上舉哀于長樂門，廢朝三日，詔百官就館弔其使者。又遣内史舍人鄭德挺弔處羅可汗，賻帛三萬段。

秋八月，梁師都與突厥合數千騎寇延州，行軍總管段德操兵少不敵，閉壁不戰。伺師都稍怠，九月丙寅，遣副總管梁禮將兵擊之。師都與禮戰方酣，德操以輕騎多張旗幟，掩擊其後，師都軍潰，逐北二百餘里，破其魏州，虜男女二千餘口。德操，孝先之子也。

三年秋七月，梁師都引突厥、稽胡兵入寇，行軍總管段德操擊破之，斬首千餘級。九月，突厥莫賀咄設寇涼州，總管楊恭仁擊之，爲所敗，掠男女數千人而去。

冬十一月，梁師都遣其尚書陸季覽説突厥處羅可汗曰：「比者中原喪亂，分爲數國，勢均力弱，故皆北面歸附突厥。今定楊可汗既亡，天下將悉爲唐有。師都不辭灰滅，亦恐次及可汗，不若及其未定，南取中原，如魏道武所爲，師都請爲鄉導。」處羅從之，謀使莫賀咄設入自原州，泥步設與師都入自延州，處羅入自并州，突利可汗與奚、霫、契丹、靺鞨入自幽州，會竇建德之師自滏口西入，會于晋、絳。莫賀咄者，處羅之弟咄苾也。突利者，始畢之子什鉢苾也。

處羅又欲取并州以居楊政道，其羣臣多諫，處羅曰：「我父失國，賴隋得立，此恩不可忘。」將出師而卒。義成公主以其子奥射設醜弱，廢之，更立莫賀咄設，號頡利可汗。乙酉，頡利遣使告處羅之喪，上禮之如始畢之喪。

十二月，突厥倫特勒在并州，大爲民患，并州總管劉世讓設策擒之。上聞之，甚喜。

四年春三月庚申，以靺鞨渠帥突地稽爲燕州總管。突厥頡利可汗承父兄之資，士馬雄盛，有憑陵中國之志。妻隋義成公主，公主從弟善經避亂在突厥，與王世充使者王文素共說頡利曰：「昔啓民爲兄弟所逼，脱身奔隋，賴文皇帝之力，有此土宇，子孫享之。今唐天子非文皇帝子孫，可汗宜奉楊政道以伐之，以報文皇帝之德。」頡利然之。上以中國未寧，待突厥甚厚，而頡利求請無厭，言辭驕慢。甲戌，突厥寇汾陰。壬午，突厥寇石州，刺史王集擊卻之。

夏四月己亥，突厥頡利可汗寇雁門，李大恩擊走之。戊申，突厥寇并州。初，處羅可汗與劉武周相表裏寇并州。上遣太常卿鄭元璹往諭以禍福，處羅不從。未幾，處羅遇疾卒，國人疑元璹毒之，留不遣。上又遣漢陽公瓌賂頡利可汗以金帛，頡利欲令瓌拜，瓌不從，亦留之。又留左驍衛大將軍長孫順德。上怒，亦留其使者。瓌，孝恭之弟也。

五月，突厥寇邊，長平靖王叔良督五將擊之。叔良中流矢，師旋，六月戊子，卒於道。

秋八月癸卯，突厥寇代州，總管李大恩遣行軍總管王孝基拒之，舉軍皆没。甲辰，進圍崞縣。乙巳，王孝基自突厥逃歸。李大恩衆少，據城自守，突厥不敢逼，月餘引去。九月，突厥寇并州，遣左屯衛大將軍竇琮等擊之。戊午，突厥寇原州，遣行軍總管尉遲敬德等擊之。甲申，靈州總管楊師道擊突厥，破之。師道，恭仁之弟也。〔冬十一月〕，高開道與突厥連兵，數入爲寇，恒、定、幽、易咸被其患。

五年春（二）〔三〕月，上遣使賂突厥頡利可汗，且許結昏。頡利乃遣漢陽公瓌、鄭元璹、長孫順德等還。庚子，復遣使來修好，上亦遣其使者特勒熱寒、阿史那德等還。并州總管劉世讓屯雁門，頡利與高開道、苑君璋合衆攻之，不克，月餘乃還。

夏四月壬申，代州總管定襄王李大恩爲突厥所殺。先是，大恩奏稱「突厥饑饉，馬邑可取」，詔殿内少監獨孤晟將兵與大恩共擊苑君璋，期以二月會馬邑。失期不至，大恩不能獨進，頓兵新城。頡利可汗遣數萬騎與劉黑闥共圍大恩，上遣右驍衛大將軍李高遷救之。未至，大恩糧盡，夜遁，突厥邀之，衆潰而死。上惜之。獨孤晟坐減死徙邊。五月，突厥寇忻州，李高遷擊破之。

秋八月乙卯，突厥頡利可汗寇邊，遣左武衛將軍段德操、雲州總管李子和將兵拒之。丙辰，頡利十五萬騎入雁門，己未，寇并州，别遣兵寇原州。庚申，命太子出（幽）〔豳〕州道，秦王世民出（秦）〔泰〕州道以禦之。李子和趨雲中掩擊可汗，段德操趨夏州邀其歸路。

辛酉，上謂羣臣曰：「突厥入寇而復求和，和與戰孰利？」太常卿鄭元璹曰：「戰則怨深，不如和利。」中書令封德彝曰：「突厥恃犬羊之衆，有輕中國之意，若不戰而和，示之以弱，明年將復來。臣愚以爲不如擊之，既勝而復與和，則恩威兼著矣。」上從之。己巳，并州大總管襄邑王神符破突厥於汾東。汾州刺史蕭顗破突厥，斬首五千餘級。

丙子，突厥寇廉州，戊寅，陷大震關。上遣鄭元璹詣頡利。是時突（利）〔厥〕精騎數十萬，自介休至晉州，數百里間，填溢山谷。元璹見頡利，責以負約，與相辯詰，頡利頗慚。元璹因說頡利曰：「唐與突厥風俗不同，突厥雖得唐地，不能居也。今虜掠所得皆入國人，於可汗何有？不如旋師，復修和親，可無跋涉之勞，坐受金幣，又皆入可汗府庫，孰與棄昆弟積年之歡，而結子孫無窮之怨乎？」頡利悅，引兵還。元璹自義寧以來，五使突厥，幾死者數焉。

九月癸巳，交州刺史權士通、弘州總管宇文歆、靈州總管楊師道擊突厥於三觀山，破之。乙未，太子班師。丙申，宇文歆邀突厥於崇岡鎮，大破之，斬首千餘級。壬寅，定州總管雙士洛等擊突厥於恒山之南，丙午，領軍將軍安興貴擊突厥於甘州，皆破之。

冬十一月乙酉，封略陽公道宗爲郡王。道宗爲靈州總管，梁師都遣弟洛兒引突厥數萬圍之，道宗乘間出擊，大破之。突厥與師都連結，遣其郁射設入居故五原，道宗逐出之，斥地千餘里。

六年夏五月丙申，梁師都將辛獠兒引突厥寇林川。戊戌，苑君璋將高滿政寇代州，驃騎將軍李寶言擊走之。癸卯，高開道引突厥寇幽州，突地稽將兵邀擊，破之。

六月戊午，高滿政以馬邑來降。先是，前并州總管劉世讓除廣州總管，將之官，上問以備邊之策，世讓對曰：「突厥比數爲寇，良以馬邑爲之中頓故也。請以勇將戍崞城，多貯金帛，募有降者厚賞之，數出騎兵掠其城下，蹂其禾稼，敗其生業，不出歲餘，彼無所食，必降矣。」上然其計，曰：「非公，誰爲勇將？」即命世讓戍崞城，馬邑病之。是時馬邑人多不願屬突厥，上復遣人招諭苑君璋。高滿政説君璋盡殺突厥戍兵降唐，君璋不從。滿政因衆心所欲，夜襲君璋，君璋覺之，亡奔突厥，滿政殺君璋之子及突厥戍兵二百人而降。壬戌，梁師都以突厥寇匡州。丁卯，苑君璋與突厥吐屯設寇馬邑，高滿政與戰，破之。以滿政爲朔州總管，封榮國公。

秋七月丙子，苑君璋以突厥寇馬邑，右武候大將軍李高遷及高滿政禦之，戰於臘河谷，破之。癸未，突厥寇原州，乙酉，寇朔州。李高遷爲虜所敗，行軍總管尉遲敬德將兵救之。己亥，遣太子將兵屯北邊，秦王世民屯并州以備突厥。八月甲辰，突厥寇真州，又寇馬邑。己未，突厥寇原州。辛未，突厥陷原州之善和鎮，癸酉，又寇渭州。九月庚寅，突厥寇幽州。壬寅，高開道引突厥二萬騎寇幽州。

突厥惡弘農公劉世讓爲己患，遣其臣曹般陁來，言：「世讓與可汗通謀，欲爲亂。」上信之，冬十月丙午，殺世讓，籍没其家。秦王世民猶在并州，己未，詔世民引軍還。

初，上遣右武候大將軍李高遷助朔州總管高滿政守馬邑，苑君璋引突厥萬餘騎至城下，滿政擊破之。頡利可汗怒，大發兵攻馬邑。高遷懼，帥所部二千人斬關宵遁，虜邀之，失亡者半。頡利自帥衆攻城，滿政出兵禦之，或一日戰十餘合。上命行軍總管劉世讓救之，至松子嶺，不敢進，還保崞城。會頡利遣使求婚，上曰：「釋馬邑之圍，乃可議婚。」頡利欲解兵，義成公主固請攻之。頡利以高開道善爲攻具，召開道，與之攻馬邑甚急。頡利誘滿政使降，滿政罵之。糧且盡，救兵未至，滿政欲潰圍走朔州。右虞候杜士遠以虜兵盛，恐不免，壬戌，殺滿政降於突厥。苑君璋復殺城中豪傑與滿政同謀者三十餘人。上以滿政子玄積爲上柱國，襲爵。丁卯，突厥復請和親，以馬邑歸唐，上以將軍秦武通爲朔州總管。

突厥數爲邊患，并州大總管府長史竇静表請於太原置屯田以省餽運，議者以爲煩擾，不許。静切論不已，敕徵静入朝，使與裴寂、蕭瑀、封德彝相論難於上前。寂等不能屈，乃從静議，歲收穀數千斛，上善之，命檢校并州大總管。静，抗之子也。十一月辛巳，秦王世民復請增置屯田於并州之境，從之。十二月己巳，突厥寇定州，州兵擊走之。

七年春三月丁酉，突厥寇原州。夏五月辛未，寇朔州。六月，突厥寇代州之武周城，州兵擊破之。秋七月己巳，苑君璋以突厥寇朔州，總管秦武通擊卻之。戊寅，突厥寇原州，遣寧州刺史鹿大師救之，又遣楊師道趨大木根山邀其歸路。庚辰，突厥寇隴州，遣護軍尉遲敬德擊之。癸未，突厥寇陰盤。己丑，突厥吐利設與苑君璋寇并州。

或説上曰：「突厥所以屢寇關中者，以子女玉帛皆在長安故也。若焚長安而不都，則胡寇自息矣。」上以爲然，遣中書侍郎宇文士及踰南山至樊、鄧，行可居之地，將徙都之。太子建成、齊王元吉、裴寂皆贊成其策，蕭瑀等雖知其不可而不敢諫。秦王世民諫曰：「戎狄爲患，自古有之。陛下以聖武龍興，光宅中夏，精兵百萬，所征無敵，奈何以胡寇擾邊，遽遷都以避之，貽四海之羞，爲百世之笑乎？彼霍去病漢廷一將，猶志滅匈奴，况臣忝備藩維，願假數年之期，請係頡利之頸，致之闕下。若其不效，遷都未晚。」上曰：「善。」建成曰：「昔樊噲欲以十萬衆横行匈奴中，秦王之言，得無似之。」世民曰：「形勢各異，用兵不同。樊噲小豎，何足道乎！不出十年，必定漠北，非敢虚言也。」閏月己未，詔世民、元吉將兵出豳州以禦突厥，上餞之於蘭池。苑君璋引突厥寇朔州。八月戊辰，突厥寇原州。壬申，突厥寇忻州，丙子，寇并州，京師戒嚴。戊寅，寇綏州，刺史劉大俱擊卻之。

是時，頡利、突利二可汗舉國入寇，連營南上，秦王世民引兵拒之。會關中久雨，糧運阻絶，士卒疲於征役，器械頓弊，朝廷及軍中咸以爲憂。世民與虜遇於豳州，勒兵將戰。

己卯，可汗帥萬餘騎奄至城西，陳於五隴阪，將士震恐。世民謂元吉曰：「今虜騎憑陵，不可示之以怯，當與之一戰，汝能與我俱乎？」元吉懼曰：「虜形勢如此，奈何輕出，萬一失利，悔可及乎！」世民曰：「汝不敢出，吾當獨往，汝留此觀之。」世民乃帥騎馳詣虜陳，告之曰：「國家與可汗和親，何爲負約，深入我地？我秦王也，可汗能鬬，獨出與我鬬，若以衆來，我直以此百騎相當耳。」頡利不之測，笑而不應。世民又前，遣騎告突利曰：「爾往與我盟，有急相救，今乃引兵相攻，何無香火之情也！」突利亦不應。世民又前，將渡溝水，頡利見世民輕出，又聞香火之言，疑突利與世民有謀，乃遣止世民曰：「王不須渡，我無他意，更欲與王申固盟約耳。」乃引兵稍卻。是後霖雨益甚，世民謂諸將曰：「虜所恃者弓矢耳，今積雨彌時，筋膠俱解，弓不可用，彼如飛鳥之折翼，吾屋居火食，刀槊犀利，以逸制勞，此而不乘，將何復待？」乃潛師夜出，冒雨而進，突厥大驚。世民又遣說突利以利害，突利悅，聽命。頡利欲戰，突利不可，乃遣突利與其夾畢特勒阿史那思摩來見世民，請和親，世民許之。思摩，頡利之從叔也。突利因自託於世民，請結爲兄弟，世民亦以恩意撫之，與盟而去。

庚寅，岐州刺史柴紹破突厥於杜陽〔谷〕。壬申，突厥阿史那思摩入見，上引升御榻，慰勞之。思摩貌類胡，不類突厥，故處羅疑其非阿史那種，歷處羅、頡利世，常爲夾畢特勒，終不得典兵爲設。既入朝，賜爵和順王。丁酉，遣左僕射裴寂使於突厥。九月癸卯，突厥寇綏州，都督劉大俱擊破之，獲特勒三人。冬十月己巳，突厥寇甘州。

八年。初，上以天下大定，罷十二軍。既而突厥爲寇不已，辛亥，復置十二軍，以太常卿竇誕等爲將軍，簡練士馬，議大舉擊突厥。甲寅，凉州胡睦伽陀引突厥襲都督府，入子城，長史劉君傑擊破之。

夏六月丙子，遣燕郡王李藝屯華亭縣及彈箏峽，水部郎中姜行本斷石嶺道以備突厥。丙戌，頡利可汗寇靈州。丁亥，以右衛大將軍張瑾爲行軍總管以禦之，以中書侍郎温彦博爲長史。先是，上與突厥書用敵國禮，秋七月甲辰，上謂侍臣曰：「突厥貪婪無厭，朕將征之，自今勿復爲書，皆用詔敕。」己酉，突厥頡利可汗寇相州。丙辰，代州都督藺謩與突厥戰於新城，不利，復命行軍總管張瑾屯石嶺，李高遷趨大谷以禦之。丁巳，命秦王屯蒲州以備突厥。

八月壬戌，突厥踰石嶺寇并州，癸亥，寇靈州，丁卯，寇潞、沁、韓三州。詔安州大都督李靖出潞州道，行軍總管任瓌屯太行以禦突厥。頡利可汗將兵十餘萬大掠朔州。壬申，并州道行軍總管張瑾與突厥戰於太谷，全軍皆没，瑾脱身奔李靖。行軍長史温彦博爲虜所執，虜以彦博職在機近，問以國家兵糧虚實，彦博不對，虜遷之陰山。庚辰，突厥寇靈州，甲申，靈州都督任城王道宗擊破之。丙戌，突厥寇綏州。丁亥，頡利可汗遣使請和而退。

九月癸巳，突厥没賀咄設陷并州一縣，丙申，代州都督藺謩擊破之。丙午，右領軍將軍王君廓破突厥於幽州，俘斬二千餘人。突厥寇蘭州。冬十月，突厥寇鄯州，遣霍公柴紹救之。十一月戊戌，突厥寇彭州。

九年春二月丁亥，突厥寇原州，遣折威將軍楊毛擊之。三月辛亥，突厥寇靈州。癸丑，南海公歐陽胤奉使在突厥，帥其徒五十人謀掩襲可汗牙帳，事泄，突厥囚之。丁巳，突厥寇涼州，都督長樂王幼良擊走之。

夏四月丁卯，突厥寇朔州，庚午，寇原州，癸酉，寇涇州。戊寅，安州大都督李靖與突厥頡利可汗戰於靈州之硤石，自旦至申，突厥乃退。癸未，突厥寇西會州。五月戊戌，突厥寇秦州。突厥寇蘭州。六月，突厥寇隴州，辛未，寇渭州，遣右衛大將軍柴紹擊之。秋七月己丑，柴紹破突厥於秦州，斬特勒一人，士卒首千餘級。八月丙辰，突厥遣使請和。

癸亥，詔傳位於太子。甲子，太宗即皇帝位於東宮顯德殿。

初，稽胡酋長劉仚成帥衆降梁師都，師都信讒，殺之，由是所部猜懼，多來降者。師都浸衰弱，乃朝于突厥，爲之畫策，勸令入寇。於是頡利、突利二可汗合兵十餘萬騎寇涇州，進至武功，京師戒嚴。

己卯，突厥進寇高陵。辛巳，涇州道行軍總管尉遲敬德與突厥戰於涇陽，大破之，獲其俟斤阿史德烏沒啜，斬首千餘級。癸未，頡利可汗進至渭水便橋之北，遣其腹心執失思力入見，以觀虛實。思力盛稱：「頡利、突利二可汗將兵百萬，今至矣。」上讓之曰：「吾與汝可汗面結和親，贈遺金帛，前後無算。汝可汗自負盟約，引兵深入，於我無愧。汝雖戎狄，亦有人心，何得全忘大恩，自誇强盛，我今先斬汝矣。」思力懼而請命。蕭瑀、封德彝請禮遣之，上曰：「我今遣還，虜謂我畏之，愈肆憑陵。」乃囚思力於門下省。

上自出玄武門，與高士廉、房玄齡等六騎徑詣渭水上，與頡利隔水而語，責以負約。突厥大驚，皆下馬羅拜。俄而諸軍繼至，旌甲蔽野，頡利見執失思力不返，而上挺身輕出，軍容甚盛，有懼色。上麾諸軍使卻而布陳，獨留與頡利語。蕭瑀以上輕敵，叩馬固諫。上曰：「吾籌之已孰，非卿所知。突厥所以敢傾國而來直抵郊甸者，以我國内有難，朕新即位，謂我不能抗禦故也。我若示之以弱，閉門拒守，虜必放兵大掠，不可復制。故朕輕騎獨出，示若輕之，又震曜軍容，使知必戰，出虜不意，使之失圖。虜入我地既深，必有懼心，故與戰則克，與和則固矣。制服突厥，在此一舉，卿第觀之。」是日，頡利來請和，詔許之。上即日還宮。乙酉，又幸城西，斬白馬，與頡利盟于便橋之上。突厥引兵退。

蕭瑀請於上曰：「突厥未和之時，諸軍爭〔請〕戰，陛下不許，臣等亦以爲疑。既而虜自退，其策安在？」上曰：「吾觀突厥之衆雖多而不整，君臣之志唯賄是求。當其請和之時，可汗獨在水西，達官皆來謁我，我若醉而縛之，因襲擊其衆，勢如拉朽。又命長孫無忌、李靖伏兵於幽州以待之，虜若奔歸，伏兵邀其前，大軍躡其後，覆之如反掌耳。所以不戰者，吾即位日淺，國家未安，百姓未富，且當靜以撫之。一與虜戰，所損甚多，虜結怨既深，懼而修備，則吾未可以得志矣。故卷甲韜戈，啗以金帛，彼既得所欲，固當自退，志意驕墮，不復設備，然後養威俟釁，一舉可滅也。『將欲取之，必固與之』，此之謂矣，卿知之乎？」瑀再拜曰：「非所及也。」

九月，突厥頡利獻馬三千匹，羊萬口。上不受，但詔歸所掠中國户口，徵温彦博還朝。丁未，上引諸衛將卒習射於顯德殿庭，諭之曰：「戎狄侵盜，自古有之，患在邊境小安，則人主逸遊忘戰，是以寇來莫之能禦。今朕不使汝曹穿池築苑，專習弓矢，居閒無事，則爲汝師，突厥入寇，則爲汝將，庶幾中國之民可以少安乎！」於是日引數百人教射於殿庭，上親臨試，中多者賞以弓、刀、帛，其將帥亦加上考。

太宗貞觀元年夏五月，苑君璋帥衆來降。初，君璋引突厥陷馬邑，殺高滿政，退保恒安。其衆皆中國人，多棄君璋來降。君璋懼，亦降，請捍北邊以贖罪，上皇許之。君璋請約契，上皇遺雁門人元普賜之金券。頡利可汗復遣人招之，君璋猶豫未決。恒安人郭子威說君璋，以：「恒安地險城堅，突厥方强，且當倚之以觀變，未可束手於人。」君璋乃執元普送突厥，復與之合，數與突厥入寇。至是，見頡利政亂，知其不足恃，遂帥衆來降。上以君璋爲隰州都督、芮國公。

初，突厥性淳厚，政令質略。頡利可汗得華人趙德言，委用之。德言專其威福，多變更舊俗，政令煩苛，國人始不悅。頡利又好信任諸胡而疏突厥，胡人貪冒，多反覆，兵革歲動。會大雪，深數尺，雜畜多死，連年饑饉，民皆凍餒。頡利用度不給，重斂諸部，由是內外離怨，諸部多叛，兵浸弱。言事者多請擊之，上以問蕭瑀、長孫無忌曰：「頡利君臣昏虐，危亡可必。今擊之則新與之盟，不擊恐失機會，如何而可？」瑀請擊之。無忌對曰：「虜不犯塞，而棄信勞民，非王者之師也。」上乃止。

初，西突厥曷薩那可汗方强，敕勒諸部皆臣之，曷薩那徵稅無度，敕勒相帥叛之，附于頡利。頡利政亂，薛延陀與回紇拔野古等叛之，頡利不能制。事見唐平鐵勒。

頡利益衰，國人離散。會大雪，平地數尺，羊馬多死，民大飢。頡利恐唐乘其弊，引兵入朔州境上，揚言會獵，實設備焉。鴻臚卿鄭元璹使突厥還，言於上曰：「戎狄興衰，專以羊馬爲候。今突厥民飢畜瘦，此將亡之兆也，不過三年。」上然之。羣臣多勸上乘間擊突厥，上曰：「新與人盟而背之，不信；利人之災，不仁；乘人之危以取勝，不武。縱使其種落盡叛，六畜無餘，朕終不擊，必待有罪，然後討之。」

二年。初，突厥突利可汗建牙直幽州之北，主東偏，奚、霫等數十部多叛突厥來降，頡利可汗以其失衆，責之。及薛延陀、回紇等敗欲谷設，頡利遣突利討之，突利兵又敗，輕騎奔還。頡利怒，拘之十餘日而撻之，突利由是怨，陰欲叛頡利。頡利數徵兵於突利，突利不與，表請入朝。上謂侍臣曰：「曏者突厥之强，控弦百萬，憑陵中夏，用是驕恣，以失其民。今自請入朝，非困窮肯如是乎？朕聞之，且喜且懼。何則？突厥衰則邊境安矣，故喜。然朕或失道，他日亦將如突厥，能無懼乎！卿曹宜不惜苦諫，以輔朕之不逮也。」

頡利發兵攻突利，夏四月丁亥，突利遣使來求救。上謀於大臣曰：「朕與突利爲兄弟，有急不可不救。然頡利亦與之有盟，奈何？」兵部尚書杜如晦曰：「戎狄無信，終當負約，今不因其亂而取之，後悔無及。夫取亂侮亡，古之道也。」

丙申，契丹酋長帥其部落來降。頡利遣使，請以梁師都易契丹。上謂使者曰：「契丹與突厥異類，今來歸附，何故索之？師都中國之人，盜我土地，暴我百姓，突厥受而庇之。我興兵致討，轉來救之，彼如魚游釜中，何患不爲我有。借使不得，亦終不以降附之民易之也。」先是，上知突厥政亂，不能庇梁師都，以書諭之，師都不從。上遣夏州都督長史劉旻、司馬劉蘭成圖之。旻等數遣輕騎踐其禾稼，多縱反間，離其君臣，其國漸虚，降者相屬。其名將李正寶等謀執師都，事洩來奔，由是上下益相疑。旻等知可取，上表請兵。上遣右衛大將軍柴紹、殿中少監薛萬均擊之，又遣旻等據朔方東城以逼之。師都引突厥兵至城下，劉蘭成偃旗卧鼓不出。師都宵遁，蘭成追擊，破之。突厥大發兵救師都，柴紹等未至朔方數十里，與突厥遇，奮擊，大破之，遂圍朔方。突厥不敢救，城中食盡，壬寅，師都從父弟洛仁殺師都以城降，以其地爲夏州。

秋九月己未，突厥寇邊，朝臣或請修古長城，發民乘堡鄣。上曰：「突厥災異相仍，頡利不懼而修德，暴虐滋甚，骨肉相攻，亡在朝夕。朕方爲公掃清沙漠，安用勞民遠修鄣塞乎！」

三年秋八月丙子，薛延陀毗伽可汗遣其弟統特勒入貢，上賜以寶刀及寶鞭，謂曰：「卿所部有大罪者斬之，小罪者鞭之。」夷男甚喜。突厥頡利可汗大懼，始遣使稱臣，請尚公主，修壻禮。

代州都督張公謹上言突厥可取之狀，以爲：「頡利縱欲逞暴，誅忠良，暱姦佞，一也。薛延陀等諸部皆叛，二也。突利、拓設、欲谷設皆得罪，無所自容，三也。塞北霜旱，糇糧乏絶，四也。頡利疏其俗類，親委諸胡，胡人反覆，大軍一臨，必生内亂，五也。華人入北，其衆甚多，比聞所在嘯聚，保據山險，大軍出塞，自然響應，六也。」上以頡利可汗既請和親，復援梁師都，丁亥，命兵部尚書李靖爲行軍總管討之，以張公謹爲副。九月丙午，突厥俟斤九人帥三千騎來降。戊午，拔野古、僕骨、同羅、奚酋長並帥衆來降。

冬十一月辛丑，突厥寇河西，肅州刺史公孫武達、甘州刺史成仁重與戰，破之，捕虜千餘口。庚申，以行并州都督李世勣爲通(漢)〔漠〕道行軍總管，兵部尚書李靖爲定襄道行軍總管，華州刺史柴紹爲金河道行軍總管，靈州大都督薛萬徹爲暢武道行軍總管，衆合十餘萬，皆受李靖節度，分道出擊突厥。乙丑，任城王道宗擊突厥於靈州，破之。

十二月戊辰，突利可汗入朝。上謂侍臣曰：「往者太上皇以百姓之故，稱臣於突厥，朕常痛心。今單于稽顙，庶幾可雪前恥。」壬午，靺鞨遣使入貢。上曰：「靺鞨遠來，蓋突厥已服之故也。昔人謂禦戎無上策，朕今治安中國，而四夷自服，豈非上策乎？」庚寅，突厥都射設帥所部來降。

四年春正月，李靖帥驍騎三千自馬邑進屯惡陽嶺，夜襲定襄，破之。突厥頡利可汗不意靖猝至，大驚曰：「唐不傾國而來，靖何敢孤軍至此！」其衆一日數驚，乃徙牙於磧口。靖復遣諜離其心腹，頡利所親康蘇密以隋蕭后及煬帝之孫政道來降。乙亥，至京師。先是，有降胡言中國人或潛通書啓於蕭后者，至是中書舍人楊文瓘請鞫之。上曰：「天下未定，突厥方强，愚民無知，或有斯事。今天下已安，既往之事，何須問也。」李世勣出雲中，與突厥戰於白道，大破之。

二月甲辰，李靖破突厥頡利可汗於陰山。先是，頡利既敗，竄于鐵山，餘衆尚數萬，遣執失思力入見，謝罪，請舉國内附，身自入朝。上遣鴻臚卿唐儉等慰撫之，又詔李靖將兵迎頡利。頡利外爲卑辭，内實猶豫，欲俟草青馬肥亡入漠北。靖引兵與李世勣會白道，相與謀曰：「頡利雖敗，其衆猶盛，若走度磧北，保依九姓，道阻且遠，追之難及。今詔使至彼，虜必見寬，若選精騎一萬，齎二十日糧往襲之，不戰可擒矣。」以其謀告張公謹，公謹曰：「詔書已許其降，使者在彼，奈何擊之。」靖曰：「此韓信所以破齊也。唐儉輩何足惜。」遂勒兵夜發，世勣繼之，軍至陰山，遇突厥千餘帳，俘以隨軍。頡利見使者，大喜，意自安。靖使武邑蘇定方帥二百騎爲前鋒，乘霧而行，去牙帳七里，虜乃覺之。頡利乘千里馬先走，靖軍至，虜衆遂潰。唐儉脱身得歸。靖斬首萬餘級，俘男女十餘萬，獲雜畜數十萬，殺隋義成公主，擒其子疊羅施。頡利帥萬餘人欲度磧，李世勣軍於磧口，頡利至，不得度，其大酋長皆帥衆降。世勣虜五萬餘口而還。斥地自陰山北至大漠，露布以聞。甲寅，以克突厥，赦天下。

三月戊辰，以突厥夾畢特勒阿史那思摩爲右武候大將軍。庚午，突厥思結俟斤帥衆四萬來降。丙子，以突利可汗爲右衛大將軍、北平郡王。

初，始畢可汗以啓民母弟蘇尼失爲沙鉢羅設，督部落五萬家，牙直靈州西北。及頡利政亂，蘇尼失所部獨不攜貳。突利之來奔也，頡利立之爲小可汗。及頡利敗走，往依之，將奔吐谷渾。大同道行軍總管任城王道宗引兵逼之，使蘇尼失執送頡利。頡利以數騎夜走，匿于荒谷。蘇尼失懼，馳追獲之。庚辰，行軍副總管張寶相帥衆奄至沙鉢羅營，俘頡利送京師。蘇尼失舉衆來降，漠南之地遂空。

突厥頡利可汗至長安。夏四月戊戌，上御順天樓，盛陳文物，引見頡利，數之曰：「汝藉父兄之業，縱淫虐以取亡，罪一也。數與我盟而背之，二也。恃强好戰，暴骨如莽，三也。蹂我稼穡，掠我子女，四也。我宥汝罪，存汝社稷，而遷延不來，五也。然自便橋以來，不復大入爲寇，以是得不死耳。」頡利哭謝而退，詔館於大僕，厚廩食之。

上皇聞擒頡利，歎曰：「漢高祖困白登不能報，今我子能滅突厥，吾託付得人，復何憂哉。」上皇召上與貴臣十餘人及諸王、妃主置酒凌煙閣，酒酣，上皇自彈琵琶，上起舞，公卿迭起爲壽，逮夜而罷。

突厥既亡，其部落或北附薛延陁，或西奔西域，其降唐者尚十萬口，詔羣臣議區處之宜。朝士多言：「北狄自古爲中國患，今幸而破亡，宜悉徙之河南兗、豫之間，分其種落，散居州縣，教之耕織，可以化胡虜爲農民，永空塞北之地。」中書侍郎顏師古以爲：「突厥、鐵勒皆上古所不能臣，陛下既得而臣之，請皆寘之河北，分立酋長，領其部落，則永永無患矣。」禮部侍郎李百藥以爲：「突厥雖云一國，然其種類區分，各有酋帥。今宜因其離散，各即本部署爲君長，不相臣屬。縱欲存立阿史那氏，唯可使臣其本族而已。國分則弱而易制，勢敵則難相吞滅，各自保全，必不能抗衡中國。仍請於定襄置都護府爲其節度，此安邊之長策也。」夏州都督竇靜以爲：「戎狄之性，有如禽獸，不可以刑法威，不可以仁義教。況彼首丘之情，未易忘也。置之中國，有損無益，恐一旦變生，犯我王略。莫若因其破亡之餘，施以望外之恩，假之王侯之號，妻以宗室之女，分其土地，析其部落，使其權弱勢分，易爲羈制，可使常爲藩臣，永保邊塞。」温彦博以爲：「徙於兗、豫之間則乖違物性，非所以存養之也。請準漢建武故事，置降匈奴於塞下，全其部落，順其土俗，以實空虛之地，使爲中國扞蔽，策之善者也。」魏徵以爲：「突厥世爲寇盜，百姓之讎也。今幸而破亡，陛下以其降附，不忍盡殺，宜縱之使還故土，不可留之中國。夫戎狄人面獸心，弱則請服，强則叛亂，固其常性。今降者衆近十萬，數年之後，蕃息倍多，必爲腹心之疾，不可悔也。晉初諸胡與民雜居中國，郭欽、江統皆勸武帝驅出塞外，以絶亂階。武帝不從，後二十餘年，伊、洛之間遂爲氊裘之域。此前事之明鑑也。」彦博曰：「王者之於萬物，天覆地載，靡有所遺。今突厥窮來歸我，奈何棄之而不受乎？孔子曰『有教無類』，若救其死亡，授以生業，教之禮義，數年之後，悉爲吾民。選其酋長，使入宿衞，畏威懷德，何後患之有？」上卒用彥博策，處突厥降衆東自幽州，西至靈州，分突利故所統之地置順、祐、（北）〔化〕、長四州都督府。又分頡利之地爲六州，左置定襄都督府，右置雲中都督府以統其衆。

五月辛未，以突利爲順州都督，使帥其部落之官。上戒之曰：「爾祖啓民挺身奔隋，隋立以爲大可汗，奄有北荒，爾父始畢反爲隋患。天道不容，故使爾今日亂亡如此。我所以不立爾爲可汗者，懲啓民前事故也。今命爾爲都督，爾宜善守國法，勿相侵掠，非徒欲中國久安，亦使爾宗族永全也。」

壬申，以阿史那蘇尼失爲懷德郡王，阿史那思摩爲懷化郡王。頡利之亡也，諸部落酋長皆棄頡利來降，獨思摩隨之，竟與頡利俱擒。上嘉其忠，拜右武候大將軍，尋以爲北開州都督，使統頡利舊衆。

丁丑，以右武衞大將軍史大柰爲豐州都督，其餘酋長至者皆拜將軍、中郎將，布列朝廷，五品已上百餘人，殆與朝士相半，因而入居長安者近萬家。

六月丁酉，以阿史那蘇尼失爲北寧州都督，以中郎將史善應爲北撫州都督。壬寅，以右驍衛將軍康蘇爲北安州都督。

秋八月戊午，突厥欲谷設來降。欲谷設，突利之弟也。頡利敗，欲谷設奔高昌，聞突利爲唐所禮，遂來降。

九月戊辰，伊吾城主入朝。隋末伊吾内屬，置伊吾郡，隋亂，臣於突厥。頡利既滅，舉其屬七城來降，因以其地置〔西〕伊（西）州。

五年。隋末，中國人多没於突厥，及突厥降，上遣使以金帛贖之。五月乙丑，有司奏凡得男女八萬口。

六年。突厥頡利可汗鬱鬱不得意，數與家人相對悲泣，容貌羸憊。上見而憐之，以虢州地多麋鹿，可以遊獵，乃以頡利爲虢州刺史。頡利辭，不願往。冬十月癸未，復以爲右衛大將軍。

七年冬十二月，帝從上皇置酒故漢未央宫，上皇命突厥頡利可汗起舞，又命南蠻酋長馮智戴詠詩。既而笑曰：「胡越一家，自古未有也。」帝奉觴上壽曰：「今四夷入臣，皆陛下教誨，非臣智力所及。昔漢高祖亦從太上皇置酒此宫，妄自矜大，臣所不取也。」上皇大悦，殿上皆呼萬歲。

八年春正月癸未，突厥頡利可汗卒，命國人從其俗，焚尸葬之。

十年春正月辛丑，以突厥拓設阿史那社爾爲左驍衛大將軍。社爾，處羅可汗之子也，年十一，以智略聞。可汗以爲拓設，建牙於磧北，與欲谷設分統敕勒諸部，居官十年，未嘗有所賦斂。諸設或鄙其不能爲富貴，社爾曰：「部落苟豐，於我足矣。」諸設慚服。及薛延陀叛，攻破欲谷設，社爾兵亦敗，將其餘衆走保西陲。頡利可汗既亡，西突厥亦亂，咄陸可汗兄弟爭國。社爾詐往降之，引兵襲破西突厥，取其地幾半，有衆十餘萬，自稱答布可汗。社爾乃謂諸部曰：「首爲亂破我國者，薛延陀也，我當爲先可汗報仇，擊滅之。」諸部皆諫曰：「新得西方，宜且留鎮撫。今遽捨之遠去，西突厥必來取其故地。」社爾不從，擊薛延陀於磧北，連兵百餘日。會咥利失可汗立，社爾之衆苦於久役，多棄社爾逃歸。薛延陀縱兵擊之，社爾大敗，走保高昌，其舊兵在者纔萬餘家，又畏西突厥之逼，遂帥衆來降。敕處其部落於靈州之北，留社爾於長安，尚皇妹南陽長公主，典屯兵於苑內。

十三年四月，上幸九成宮。初，突厥突利可汗之弟結社率從突利入朝，歷位中郎將。居家無賴，怨突利斥之，乃誣告其謀反，上由是薄之，久不進秩。結社率陰結故部落，得四十餘人，謀因晉王治四鼓出宮，開門辟仗，馳入宮門，直指御帳，可有大功。四月甲申，擁突利之子賀邏鶻夜伏於宮外。會大風，晉王未出，結社率恐曉，遂犯行宮，踰四重幕，弓矢亂發，衛士死者數十人。折衝孫武開等帥衆奮擊，久之乃退，馳入御廄，盜馬二十餘匹，北走渡渭，欲奔其部落。追獲，斬之。原賀邏鶻，投于嶺表。

自結社率之反，言事者多云突厥留河南不便。秋七月庚戌，詔右武候大將軍化州都督懷化郡王李思摩爲乙彌泥孰俟利苾可汗，賜之鼓纛。突厥及胡在諸州安置者，並令渡河，還其舊部，俾世作藩屏，長保邊塞。突厥咸憚薛延陁，不肯出塞。上遣司農卿郭嗣本賜薛延陁璽書，薛延陁奉詔。於是遣思摩帥所部建牙於河北，上御齊政殿餞之。思摩涕泣，奉觴上壽曰：「奴等破亡之餘，分爲灰壤，陛下存其骸骨，復立可汗，願萬世子孫恒事陛下。」又遣禮部尚書趙郡王孝恭等齎册書，就其種落，築壇於河上而立之。上謂侍臣曰：「中國，根幹也，四夷，枝葉也，割根幹以奉枝葉，木安得滋榮？朕不用魏徵言，幾致狼狽。」又以左屯衛將軍阿史那忠爲左賢王，左武衛將軍阿史那泥熟爲右賢王。忠，蘇尼失之子也，上遇之甚厚，妻以宗女。及出塞，懷慕中國，見使者必泣涕，請入侍，詔許之。

十四年春三月丙辰，置寧朔大使以護突厥。

十五年春正月乙亥，突厥俟利苾可汗始帥部落濟河，建牙於故定襄城，有户三萬，勝兵四萬，馬九萬匹，仍奏言：「臣非分蒙恩，爲部落之長，願子子孫孫爲國家一犬，守吠北門。若薛延陁侵逼，請徙家屬入長城。」詔許之。

冬十月，并州大都督長史李世勣，在州十六年，令行禁止，民夷懷服。上曰：「隋煬帝勞百姓築長城以備突厥，卒無所益。朕唯置李世勣於晉陽，而邊塵不驚，其爲長城，豈不壯哉！」十一月庚申，以世勣爲兵部尚書。

薛延陀合兵二十萬擊突厥，俟利苾可汗不能禦，帥部落入長城，保朔州，遣使告急。上命發兵與李思摩共爲掎角，唐兵縱擊薛延陀，追至漠北。事見唐平鐵勒。

十八年。初，上遣突厥俟利苾北渡河，有衆十萬，勝兵四萬人，俟利苾不能撫御，衆不愜服。十(一)〔二〕月戊午，悉棄俟利苾南渡河，請處於勝、夏之間。上許之。羣臣皆以爲：「陛下方遠征遼左，而置突厥於河南，距京師不遠，豈得不爲後慮。願留鎮洛陽，遣諸將東征。」上曰：「夷狄亦人耳，其情與中夏不殊。人主患德澤不加，不必猜忌異類。蓋德澤洽則四夷可使如一家，猜忌多則骨肉不免爲讎敵。煬帝無道，失人已久，遼東之役，人皆斷手足以避征役，玄感以運卒反於黎陽，非戎狄爲患也。朕今征高麗，皆取願行者，募十得百，募百得千，其不得從軍者皆憤歎鬱邑，豈比隋之行怨民哉！突厥貧弱，吾收而養之，計其感恩入於骨髓，豈肯爲患！且彼與薛延陀嗜欲略同，彼不北走薛延陀而南歸我，其情可見矣。」顧謂褚遂良曰：「爾知起居，爲我志之，自今十五年，保無突厥之患。」俟利苾既失衆，輕騎入朝，上以爲右武衛將軍。

二十一年冬十一月，突厥車鼻可汗遣使入貢。車鼻名斛勃，本突厥同族，世爲小可汗。頡利之敗，突厥餘衆欲奉以爲大可汗，時薛延陀方强，車鼻不敢當，帥其衆歸之。或説薛延陀：「車鼻貴種，有勇略，爲衆所附，恐爲後患，不如殺之。」車鼻知之，逃去。薛延陀遣數千騎追之，車鼻勒兵與戰，大破之，乃建牙於金山之北，自稱乙注車鼻可汗。突厥餘衆稍稍歸之，數年間，勝兵三萬人，時出抄掠薛延陀。及薛延陀敗，車鼻勢益張，遣其子沙鉢羅特勒入見，又請身自入朝。詔遣將軍郭廣敬徵之，車鼻特爲好言，初無來意，竟不至。

二十三年，上以突厥車鼻可汗不入朝，遣右驍衛郎將高侃發回紇、僕骨等兵襲擊之。兵入其境，諸部落相繼來降。拔悉密吐屯肥羅察降，以其地置新黎州。冬十月，以突厥諸部置舍利等五州隸雲中都督府，蘇農等六州隸定襄都督府。

高宗永徽元年夏六月，高侃擊突厥，至阿息山。車鼻可汗召諸部兵，皆不赴，與數百騎遁去。侃帥精騎追至金山，擒之以歸，其衆皆降。

秋九月庚子，高侃執車鼻可汗至京師，釋之，拜左武衛將軍，處其餘衆於鬱督軍山，置狼山都督府以統之，以高侃爲衛將軍。於是突厥盡爲封内之臣，分置單于、瀚海二都護府。單于領狼山、雲中、桑乾三都督、蘇農等一十四州，瀚海領瀚海、金徽、新梨等七都督、仙蕚等八州，各以其酋長爲都督、刺史。

唐平鐵勒

唐太宗貞觀元年。初，突厥既强，敕勒諸部分散，有薛延陁、回紇、都播、骨利幹、多濫葛、同羅、僕固、拔野古、思結、渾、斛薛、〔奚〕結、阿跌、契苾、白霫等十五部，皆居磧北，風俗大抵與突厥同。薛延陁於諸部爲最强。

西突厥曷薩那可汗方强，敕勒諸部皆臣之。曷薩那徵税無度，諸部皆怨。曷薩那誅其渠帥百餘人，敕勒相帥叛之，共推契苾哥楞爲易勿真莫賀可汗，居貪于山北，又以薛延陁乙失鉢爲也咥小可汗，居燕末山北。及射匱可汗兵復振，薛延陁、契苾二部並去可汗之號以臣之。

回紇等六部在鬱督軍山者，東屬始畢可汗。統葉護可汗勢衰，乙失鉢之孫夷男帥其部落七萬餘家，附于頡利可汗。頡利政亂，薛延陁與回紇、拔野古等相帥叛之。頡利遣其兄子欲谷設將十萬騎討之，回紇酋長菩薩將五千騎與戰於馬鬣山，大破之。欲谷設走，菩薩追至天山，部衆多爲所虜，回紇由是大振。薛延陁又破其四設，頡利不能制。

二年。突厥北邊諸姓多叛頡利可汗歸薛延陁，共推其俟斤夷男爲可汗，夷男不敢當。上方圖頡利，遣游擊將軍喬師望間道齎册書，拜夷男爲真珠毗伽可汗，賜以鼓纛。夷男大喜，遣使入貢，建牙於大漠之鬱督軍山，東至靺鞨，西至西突厥，南接沙磧，北至俱倫水，回紇、拔野古、阿跌、同羅、僕骨、霫諸部落皆屬焉。

三年秋八月丙子，薛延陁遣其弟〔統〕特勒入貢。事見唐平突厥。

十二年。初，突厥頡利既亡，北方空虛，薛延陁真珠可汗帥其部落建庭於都尉揵山北、獨邏水南，勝兵二十萬，立其二子拔酌、頡利苾主南、北部。上以其强盛，恐後難制，秋九月癸亥，拜其二子皆爲小可汗，各賜鼓纛，外示優崇，實分其勢。

十三年秋七月，詔李思摩爲乙彌泥孰俟利苾可汗，賜之鼓纛，突厥及胡在諸州安置者，並令渡河，還其舊部。突厥憚薛延陁，不肯出塞。上遣大農卿郭嗣本賜薛延陁璽書，言「頡利既敗，其部落咸來歸化，我略其舊過，嘉其後善，待其達官皆如吾百寮，部落皆如吾百姓。中國貴尚禮義，不滅人國。前破突厥，止爲頡利一人爲百姓害，實不貪其土地，利其人畜，恒欲更立可汗，故置所降部落於河南，任其畜牧。今户口蕃滋，吾心甚喜。既許立之，不可失信。秋中將遣突厥渡河，復其故國。爾薛延陁受册在前，突厥受册在後，後者爲小，前者爲大。爾在磧北，突厥在磧南，各守土疆，鎮撫部落。其踰分故相抄掠，我則發兵各問其罪」。薛延陁奉詔，於是遣思摩帥所部建牙於河北。

十五年。薛延陁真珠可汗聞上將東封，謂其下曰：「天子封泰山，士馬皆從，邊境必虛，我以此時取思摩，如拉朽耳。」乃命其子大度設發同羅、僕骨、回紇、靺鞨、霫等兵，合三十萬，度漠南，屯白道川，據善陽嶺，以擊突厥。俟利苾可汗不能禦，帥部落入長城，保朔州，遣使告急。十一月癸酉，上命營州都督張儉帥所部精兵及奚、霫、契丹壓其東境，以兵部尚書李世勣爲朔州道行軍總管，將兵六萬騎千二百屯朔方；右衞大將軍李大亮爲靈州道行軍總管，將兵四萬騎五千屯靈武；右屯衞大將軍張士貴將兵一萬七千，爲慶州道行軍總管，出雲中；涼州都督李襲譽爲涼州道行軍總管，出其西。諸將辭行，上戒之曰：「薛延陁負其强盛，踰漠而南，行數千里，馬已疲瘦。凡用兵之道，見利速進，不利速退。薛延陁不能掩思摩不備急擊之，思摩入長城又不速退。吾已敕思摩燒薙秋草，彼糧糗日盡，野無所獲。頃偵者來，云其馬齧林木枝皮略盡。卿等當與思摩共爲掎角，不須速戰，俟其將退，一時奮擊，破之必矣。」

十二月己亥，薛延陁遣使入見，請與突厥和親。甲辰，李世勣敗薛延陁於諸真水。初，薛延陁擊西突厥沙鉢羅及阿史那社爾，皆以步戰取勝。及將入寇，乃大教步戰，使五人爲伍，一人執馬，四人前戰，戰勝則授以馬追奔。於是大度設將三萬騎逼長城，欲擊突厥，而思摩已走，知不可得，遣人登城罵之。會李世勣引唐兵至，塵埃漲天，大度設懼，將其衆自赤柯濼北走，世勣選麾下及突厥精騎六千自直道邀之，踰白道川，追及於青山。大度設走累日，至諾真水，勒兵還戰，陳亘十里。突厥先與之戰，不勝，還走，大度設乘勝追之，遇唐兵，薛延陁萬矢俱發，唐馬多死。世勣命士卒皆下馬，執長稍，直前衝之。薛延陁衆潰，副總管薛萬徹以數千騎收其執馬者。薛延陁失馬，不知所爲，唐兵縱擊，斬首二千餘級，捕虜五萬餘人。大度設脱身走，萬徹追之，不及。其衆至漠北，值大雪，人畜凍死者什八九。

李世勣還軍定襄。突厥思結部居五臺者叛走，州兵追之。會世勣軍還，夾擊，悉誅之。

丙子，薛延陁使者辭還，上謂之曰：「吾約汝與突厥以大漠爲界，有相侵者，我則討之。汝自恃其强，踰漠攻突厥。李世勣所將纔數千騎耳，汝已狼狽如此，歸語可汗，凡舉措利害，可善擇其宜。」

十六年秋九月癸亥，薛延陁真珠可汗遣其叔父沙鉢羅泥熟俟斤來請昏，獻馬三千，貂皮三萬八千，馬腦鏡一。

冬十月，上謂侍臣曰：「薛延陁屈强漠北，今御之止有二策：苟非發兵殄滅之，則與之婚姻以撫之耳。二者何從？」房玄齡對曰：「中國新定，兵凶戰危，臣以爲和親便。」上曰：「然。朕爲民父母，苟可利之，何愛一女。」

先是，左領軍將軍契苾何力母姑臧夫人及弟賀蘭州都督沙門皆在涼州，上遣何力歸覲，且撫其部落。時薛延陁方强，契苾部落皆欲歸之，何力大驚，曰：「主上厚恩如是，奈何遽爲叛逆！」其徒曰：「夫人、都督先已詣彼，若之何不往？」何力曰：「沙門孝於親，我忠於君，必不汝從。」其徒執之詣薛延陁，置真珠牙帳前。何力箕踞，拔佩刀東向大呼曰：「豈有唐烈士而受屈虜庭，天地日月，願知我心。」因割左耳以誓。真珠欲殺之，其妻諫而止。上聞契苾叛，曰：「必非何力之意。」左右曰：「戎狄氣類相親，何力入薛延陁，猶魚趨水耳。」上曰：「不然。何力心如鐵石，必不叛我。」會有使者自薛延陁來，具言其狀，上爲之下泣，謂左右曰：「何力果如何？」即命兵部侍郎崔敦禮持節〔諭〕薛延陁，以新興公主妻之，以求何力，何力由是得還，拜右驍衛大將軍。

十七年閏六月，薛延陁真珠可汗使其姪突利設來納幣，獻馬五萬匹，牛、橐駝萬頭，羊十萬口。庚申，突利設獻饌，上御相思殿，大饗羣臣，設十部樂，突利設再拜上壽，賜賚甚厚。契苾何力上言：「薛延陁不可與昏。」上曰：「吾已許之矣，豈可爲天子而食言乎？」何力對曰：「臣非欲陛下遽絶之也，願且遷延其事。臣聞古有親迎之禮，若敕夷男使親迎，雖不至京師，亦應至靈州。彼必不敢來，則絶之有名矣。夷男性剛戾，既不成昏，其下復攜貳，不過一二年，必病死，兩子争立，則可以坐制之矣。」上從之，乃徵真珠可汗使親迎，仍發詔將幸靈州與之會。真珠大喜，欲詣靈州，其臣諫曰：「脱爲所留，悔之無及。」真珠曰：「吾聞唐天子有聖德，我得身往見之，死無所恨。且漠北必當有主，我行決矣，勿復多言。」上發使三道，受其所獻雜畜。薛延陁先無庫厩，真珠調斂諸部，往返萬里，道涉沙磧，無水草，耗死將半，失期不至。議者或以爲：「聘財未備而與爲昏，將使戎狄輕中國。」上乃下詔絶其昏，停幸靈州，追還三使。

褚遂良上疏，以爲：「薛延陁本一俟斤，陛下盪平沙塞，萬里蕭條，餘寇奔波，須有酋長，璽書鼓纛，立爲可汗。比者復降鴻私，許其婚媾，西告吐蕃，北諭思摩，中國童幼，靡不知之。御幸北門，受其獻食，羣臣四夷，宴樂終日，咸言陛下欲安百姓，不愛一女，凡在含生，孰不懷德。今一朝生進退之意，有改悔之心，臣爲國家惜兹聲聽，所顧甚少，所失殊多，嫌隙既生，必構邊患。彼國蓄見欺之怒，此民懷負約之慚，恐非所以服遠人、訓戎士也。陛下君臨天下十有七載，以仁恩結庶類，以信義撫戎夷，莫不欣然，負之無力，何惜不使有始有卒乎！夫龍沙以北，部落無算，中國誅之，終不能盡，當懷之以德，使爲惡者在夷不在華，失信者在彼不在此，則堯、舜、禹、湯不及陛下遠矣。」上不聽。

是時羣臣多言：「國家既許其昏，受其聘幣，不可失信戎狄，更生邊患。」上曰：「卿曹皆知古而不知今。昔漢初匈奴强，中國弱，故飾子女捐金絮以餌之，得事之宜。今中國强，戎狄弱，以我徒兵一千，可擊胡騎數萬，薛延陁所以匍匐稽顙，惟我所欲，不敢驕慢者，以新爲君長，雜姓非其種族，欲假中國之勢以威服之耳。彼同羅、僕骨、回紇等十餘部，兵各數萬，併力攻之，立可破滅，所以不敢發者，畏中國所立故也。今以女妻之，彼自恃大國之壻，雜姓誰敢不服？戎狄人面獸心，一旦微不得意，必反噬爲害。今吾絶其昏，殺其禮，雜姓知我棄之，不日將瓜剖之矣。卿曹第志之。」

臣光曰：孔子稱去食、去兵，不可去信。唐太宗審知薛延陁不可妻，則初勿許其昏可也。既許之矣，乃復恃强棄信而絶之，雖滅薛延陁，猶可羞也。王者發言出令，可不慎哉。

十八年。初，上遣突厥俟利苾可汗北渡河，薛延陁真珠可汗恐其部落翻動，意甚惡之，豫蓄輕騎於漠北，欲擊之。上遣使戒敕，無得相攻。真珠可汗對曰：「至尊有命，安敢不從。然突厥翻覆難期，當其未破之時，歲犯中國，殺人以千萬計。臣以爲至尊克之，當翦爲奴婢，以賜中國之人，乃反養之如子，其恩德至矣，而結社率竟反。此屬獸心，安可以人理待也。臣荷恩深厚，請爲至尊誅之。」自是數相攻。

十九年。上之將伐高麗也，薛延陁遣使入貢。上謂之曰：「語爾可汗，今我父子東征高麗，汝能爲寇，宜亟來。」真珠可汗惶恐，遣使致謝，且請發兵助軍，上不許。及高麗敗於駐蹕山，莫離支使靺鞨説真珠，啗以厚利，真珠懾服，不敢動。九月壬申，真珠卒，上爲之發哀。

初，真珠請以其庶長子曳莽爲突利失可汗，居東方，統雜種；嫡子拔灼爲肆葉護可汗，居西方，統薛延陁。詔許之，皆以禮册命。曳莽性躁擾，輕用兵，與拔灼不協。真珠卒，來會喪。既葬，曳莽恐拔灼圖己，先還所部，拔灼追襲殺之，自立爲頡利俱利薛沙多彌可汗。

上之征高麗也，使右領軍大將軍執失思力將突厥屯夏州之北以備薛延陁。薛延陁多彌可汗既立，以上出征未還，引兵寇河南，上遣左武候中郎將長安田仁會與思力合兵擊之。思力羸形僞退，誘之深入，及夏州之境，整陳以待之。薛延陁大敗，追奔六百餘里，耀威磧北而還。多彌復發兵寇夏州，十二月己未，敕禮部尚書江夏王道宗發朔、并、汾、箕、嵐、代、忻、蔚、雲九州兵鎮朔州，右衛大將軍代州都督薛萬徹、左驍衛大將軍阿史那社爾發勝、夏、銀、綏、丹、延、鄜、坊、石、隰十州兵鎮勝州，勝州都督宋君明、左武候將軍薛孤吴發靈、原、寧、鹽、慶五州兵鎮靈州，又令執失思力發靈、勝二州突厥兵與道宗等相應。薛延陁至塞下，知有備，不敢進。

二十年春正月辛未，夏州都督喬師望、右領軍大將軍執失思力等擊薛延陁，大破之，虜獲二千餘人。多彌可汗輕騎遁走，部（曲）〔内〕騷然矣。

薛延陁多彌可汗性褊急，猜忌無恩，廢棄父時貴臣，專用己所親昵，國人不附。多彌多所誅殺，人不自安。回紇酋長吐迷度與僕骨、同羅共擊之，多彌大敗。夏六月乙亥，詔以江夏王道宗、左衛大將軍阿史那社爾爲瀚海安撫大使，又遣右領衛大將軍執失思力將突厥兵，右驍衛大將軍契苾何力將涼州及胡兵，代州都督薛萬徹、營州都督張儉各將所部兵，分道並進，以擊薛延陁。

上遣校尉宇文法詣烏羅護、靺鞨，遇薛延陁阿波設之兵於東境，法帥靺鞨擊破之。薛延陁國中驚擾，曰：「唐兵至矣。」諸部大亂，多彌引數千騎奔阿史德時健部落，回紇攻而殺之，并其宗族殆盡，遂據其地。諸俟斤互相攻擊，争遣使來歸命。

薛延陁餘衆西走，猶七萬餘口，共立真珠可汗兄子咄摩支爲伊特勿失可汗，歸其故地，尋去可汗之號，遣使奉表，請居鬱督軍山之北。使兵部尚書崔敦禮就安集之。敕勒九姓酋長，以其部落素服薛延陁種，聞咄摩支來，皆恐懼。朝議恐其爲磧北之患，乃更遣李世勣與九姓敕勒共圖之。上戒世勣曰：「降則撫之，叛則討之。」己丑，上手詔以：「薛延陁破滅，其敕勒諸部或來降附，或未歸服，今不乘機，恐貽後悔，朕當自詣靈州招撫。其去歲征遼東兵皆不調發。」

李世勣至鬱督軍山，其酋長梯真達官帥衆來降。薛延陀咄摩支南奔荒谷，世勣遣通事舍人蕭嗣業往招慰，咄摩支詣嗣業降。其部落猶持兩端，世勣縱兵追擊，前後斬五千餘級，虜男女三萬餘人。秋七月，咄摩支至京師，拜右武衛大將軍。

八月己巳，上行幸靈州。江夏王道宗兵既度磧，遇薛延陀阿波達官衆數萬拒戰，道宗擊破之，斬首千餘級，追奔二百里。道宗與薛萬徹各遣使招諭敕勒諸部，其酋長皆喜，頓首請入朝。庚午，車駕至浮陽，回紇、拔野古、同羅、僕骨、多濫葛、思結、阿跌、契苾、跌結、渾、斛薛等十一姓各遣使入貢，稱：「薛延陀不事大國，暴虐無道，不能與奴等爲主，自取敗死，部落鳥散，不知所之。奴等各有分地，不從薛延陀去，歸命天子。願賜哀憐，乞置官司，養育奴等。」上大喜，辛未，詔回紇等使者宴樂，頒賚拜官，賜其酋長璽書，遣右領軍中郎將安永壽報使。壬申，上幸漢故甘泉宮，詔以：「戎狄與天地俱生，上皇並列，流殃構禍，乃自運初。朕聊命偏師，遂擒頡利，始弘廟略，已滅延陀。鐵勒百餘萬户，散處北溟，遠遣使人，委身内屬，請同編列，並同州郡。混元以降，殊未前聞，宜備禮告廟，仍頒示普天。」九月，上至靈州，敕勒諸俟斤遣使相繼詣靈州者數千人，咸云：「願得天至尊爲奴等爲可汗，子子孫孫常爲天至尊奴，死無所恨。」甲辰，上爲詩序其事曰：「雪耻酬百王，除凶報千古。」公卿請勒石於靈州，從之。

冬十二月戊寅，回紇俟利發吐迷度、僕骨俟利發歌濫拔延、多濫葛俟斤末、拔野古俟利發屈利失、同羅俟利發時健啜、思結酋長烏碎及渾、斛薛、奚結、阿跌、契苾、白霫酋長皆來朝。庚辰，上賜宴於芳蘭殿，命有司厚加給待，每五日一會。

二十一年春正月丙申，詔以回紇部爲瀚海府，僕骨爲金微府，多濫葛爲燕然府，拔野古爲幽陵府，同羅爲龜林府，思結爲盧山府，渾爲皐蘭州，斛薛爲高闕州，奚結爲雞鹿州，阿跌爲雞田州，契苾爲榆溪州，思結別部爲蹛林州，白霫爲寘顏州，各以其酋長爲都督、刺史，各賜金銀、繒帛及錦袍。敕勒大喜，捧戴歡呼拜舞，宛轉塵中。及還，上御天成殿宴，設十部樂而遣之。諸酋長奏稱：「臣等既爲唐民，往來天至尊所，如詣父母，請於回紇以南、突厥以北開一道，謂之參天可汗道，置六十八驛，各有馬及酒肉，以供過使，歲貢貂皮以充租賦，仍請能屬文人，使爲表疏。」上皆許之。於是北荒悉平，然回紇吐迷度已私自稱可汗，官號皆如突厥故事。

夏四月丙寅，置燕然都護府，統瀚海等六都督、皐蘭等七州，以揚州都督府司馬李素立爲之。素立撫以恩信，夷落懷之，共率馬牛爲獻。素立唯受其酒一盃，餘悉還之。

六月丁丑，詔以：「隋末喪亂，邊民爲戎狄所掠，今鐵勒歸化，宜遣使詣燕然等州，與都督相知，訪求没落之人，贖以貨財，給糧遞還本貫。其室韋、烏羅護、靺鞨三部人爲薛延陁所掠者，亦令贖還。」

二十二年秋八月辛未，遣左領軍大將軍執失思力出金山道擊薛延陁餘寇。回紇吐迷度兄子烏紇烝其叔母。烏紇與俱陸莫賀達官俱羅勃皆突厥車鼻可汗之壻也，相與謀殺吐迷度以歸車鼻。〔冬十月〕烏紇夜引十餘騎襲吐迷度，殺之。燕然副都護元禮臣使人誘烏紇，許奏以爲瀚海都督，烏紇輕騎詣禮臣謝，禮臣執而斬之，以聞。上恐回紇部落離散，遣兵部尚書崔敦禮往安撫之。久之，俱羅勃入見，上留之不遣。

（冬十月）甲戌，以回紇吐迷度子前左屯衞大將軍婆閏爲左驍衞大將軍、大俟利發、瀚海都督。

高宗龍朔元年冬十月，回紇酋長婆閏卒，姪比粟毒代領其衆，與同羅、僕固犯邊。詔左武衞大將軍鄭仁泰爲鐵勒道行軍大總管，燕然都護劉審禮、左武衞將軍薛仁貴爲副，鴻臚卿蕭嗣業爲仙蕚道行軍總管，右屯衞將軍孫仁師爲副，將兵討之。審禮，德威之子也。

二年春三月，鄭仁泰等敗鐵勒於天山。鐵勒九姓聞唐兵將至，合衆十餘萬以拒之，選驍健者數十人挑戰。薛仁貴發三矢殺三人，餘皆下馬請降。仁貴悉阬之，度磧北擊其餘衆，獲葉護兄弟三人而還。軍中歌之曰：「將軍三箭定天山，戰士長歌入漢關。」思結、多濫葛等部落先保天山，聞仁泰等將至，皆迎降，仁泰等縱兵擊之，掠其家以賞軍士。虜相帥遠遁，將軍楊志追之，爲虜所敗。候騎告仁泰：「虜輜重在近，往可取也。」仁泰將輕騎萬四千，倍道赴之，遂踰大磧，至仙蕚河，不見虜，糧盡而還。值大雪，士卒飢凍，棄捐甲兵，殺馬食之，馬盡，人自相食，比入塞，餘兵纔八百人。

軍還，司憲大夫楊德裔劾奏：「仁泰等誅殺已降，使虜逃散，不撫士卒，不計資糧，遂使骸骨蔽野，棄甲資寇。自聖朝開創以來，未有如今日之喪敗者。仁貴於所監臨，貪淫自恣，雖矜所得，不補所喪。並請付法司推科。」詔以功贖罪，皆釋之。

以右驍衛大將軍契苾何力爲鐵勒道安撫使，左衛將軍姜恪副之，以安輯其餘衆。何力簡精騎五百，馳入九姓中，虜大驚，何力乃謂曰：「國家知汝皆脅從，赦汝之罪，罪在酋長，得之則已。」其部落大喜，共執其葉護及設特勒等二百餘人以授何力，何力數其罪而斬之，九姓遂定。

三年春正月，左武衛將軍鄭仁泰討鐵勒叛者餘種，悉平之。二月，徙燕然都護府於回紇，更名瀚海都護，徙故瀚海都護於雲中古城，更名雲中都護，以磧爲境，磧北州府皆隸瀚海，磧南隸雲中。

總章二年秋八月甲戌，改瀚海都護府爲安北都護府。

唐平西突厥

隋煬帝大業元年。初，西突厥阿波可汗爲葉護可汗所虜，國人立鞅素特勒之子，是爲泥利可汗。泥利卒，子達漫立，號處羅可汗。其母向氏本中國人，更嫁泥利之弟婆實特勒。開皇末，婆實與向氏入朝，遇達頭之亂，遂留長安，舍於鴻臚寺。處羅多居烏孫故地，撫御失道，國人多叛，復爲鐵勒所困。鐵勒者，匈奴之遺種，族類最多，有僕骨、同羅、契苾、薛延陁等部，其酋長皆號俟斤。族姓雖殊，通謂之鐵勒。大抵與突厥同俗，以寇抄爲生，無大君長，分屬東西兩突厥。是歲，處羅引兵擊鐵勒諸部，厚稅其物，又猜忌薛延陁，恐其爲變，集其酋長數百人，盡殺之。於是鐵勒皆叛，立俟利發俟斤契苾歌楞爲莫何可汗，又立薛延陁俟斤字也咥爲小可汗，與處羅戰，屢破之。莫何勇毅絶倫，甚得衆心，爲鄰國所憚，伊吾、高昌、焉耆皆附之。

三年冬十月，鐵勒寇邊，帝遣將軍馮孝慈出敦煌擊之，不利。鐵勒尋遣使謝罪，請降，帝使裴矩慰撫之。

四年（春正月）。裴矩聞西突厥處羅可汗思其母，請遣使招懷之。〔春〕二月己卯，帝遣司朝謁者崔君肅齎詔書慰諭之。處羅見君肅甚踞，受詔不肯起，君肅謂之曰：「突厥本一國，中分爲二，每歲交兵，積數十歲而莫能相滅者，明知其勢敵耳。然啓民舉其部落百萬之衆，卑躬折節入臣天子者，其故何也？正以切恨可汗，不能獨制，欲借兵於大國，共滅可汗耳。羣臣咸欲從啓民之請，天子既許之，師出有日矣。顧可汗母向夫人懼西國之滅，旦夕守闕，哭泣哀祈，匍匐謝罪，請發使召可汗，令入内屬。天子憐之，故復遣使至此。今可汗乃踞慢如是，則向夫人爲誑天子，必伏尸都市，傳首虜庭，發大隋之兵，資東國之衆，左提右挈以擊可汗，亡無日矣。奈何愛兩拜之禮，絶慈母之命，惜一語稱臣，使社稷爲墟乎！」處羅矍然而起，流涕再拜，跪受詔書，因遣使者隨君肅貢汗血馬。

七年。初，帝西巡，遣侍御史韋節召西突厥處羅可汗，令與車駕會大斗拔谷。國人不從，處羅謝使者，辭以他故。帝大怒，無如之何。會其酋長射匱遣使來求婚，裴矩因奏曰：「處羅不朝，恃强大耳。臣請以計弱之，分裂其國，即易制也。射匱者，都六之子，達頭之孫，世爲可汗，君臨西面。今聞其失職，附屬處羅，故遣使來以結援耳。願厚禮其使，拜爲大可汗，則突厥勢分，兩從我矣。」帝曰：「公言是也。」因遣矩朝夕至館，微諷諭之。帝於仁風殿召其使者，言處羅不順之狀，稱射匱向善，吾將立爲大可汗，令發兵誅處羅，然後爲婚。帝取桃竹白羽箭一枚以賜射匱，因謂之曰：「此事宜速，使疾如箭也。」使者返，路經處羅，處羅愛箭，將留之，使者譎而得免。射匱聞而大喜，興兵襲處羅。處羅大敗，棄妻子，將左右數千騎東走，緣道被劫，寓於高昌，東保時羅漫山。高昌王麴伯雅上狀，帝遣裴矩與向氏親要左右，馳至玉門關晋昌城，曉諭處羅，使入朝。十二月己未，處羅來朝於臨朔宮，帝大悦，接以殊禮。帝與處羅宴，處羅稽首，謝入見之晚。帝以温言慰勞之，備設天下珍膳，盛陳女樂，羅綺絲竹，眩曜耳目，然處羅終有怏怏之色。

八年春正月，帝分西突厥處羅可汗之衆爲三，使其弟闕達度設將羸弱萬餘口居于會寧，又使特勒大柰别將餘衆居于樓煩，命處羅將五百騎常從車駕巡幸，賜號曷娑那可汗，賞賜甚厚。

唐高祖武德元年冬十二月癸酉，西突厥曷娑那可汗自宇文化及所來降。以西突厥曷娑那可汗爲歸義王，曷娑那獻大珠，上曰：「珠誠至寶，然朕寶王赤心，珠無所用。」竟還之。

二年秋七月乙酉，西突厥統葉護可汗遣使入貢。初，西突厥曷娑那可汗入朝于隋，隋人留之，國人立其叔父，號射匱可汗。射匱者，達頭可汗之孫也，既立，拓地東至金山，西至海，遂與北突厥爲敵，建庭於龜茲北三彌山。射匱卒，弟統葉護可汗立。統葉護勇而有謀，北并鐵勒，控弦數十萬，據烏孫故地，又移庭於石國北千泉，西域諸國皆臣之，葉護各遣吐屯監之，督其征賦。

九月，西突厥曷娑那可汗與北突厥有怨。曷娑那在長安，北突厥遣使請殺之，上不許。羣臣皆曰：「保一人而失一國，後必爲患。」秦王世民曰：「人窮來歸我，殺之不義。」上遲迴久之，不得已，丙戌，引曷娑那於内殿宴飲，既而送中書省，縱北突厥使者使殺之。

八年夏四月，西突厥統葉護可汗遣使請昏，上謂裴矩曰：「西突厥道遠，緩急不能相助，今求昏，何如？」對曰：「今北寇方强，爲國家今日計，且當遠交而近攻，臣謂宜許其昏以威頡利。俟數年之後，中國完實，足抗北夷，然後徐思其宜。」上從之。遣高平王道立至其國，統葉護大喜。道立，上之從子也。

太宗貞觀元年。西突厥統葉護可汗遣真珠統俟斤與高平王道立來，獻萬釘寶鈿金帶，馬五千匹，以迎公主。頡利不欲中國與之和親，數遣兵入寇，又遣人謂統葉護曰：「汝迎唐公主，要須經我國中過。」統葉護患之，未成昏。

二年冬十二月，西突厥統葉護可汗爲其伯父所殺，伯父自立，是爲莫賀咄侯屈利俟毗可汗。國人不服，弩矢畢部推泥孰莫賀設爲可汗，泥孰不可。統葉護之子咥力特勒避莫賀咄之禍，亡在康居，泥孰迎而立之，是爲乙毗鉢羅肆葉護可汗，與莫賀咄相攻，連兵不息，俱遣使來請昏。上不許，曰：「汝國方亂，君臣未定，何得言昏。」且諭以各守部分，勿復相攻。於是西域諸國及敕勒先没屬西突厥者皆叛之。

四年。西突厥種落散在伊吾，詔以涼州都督李大亮爲西北道安撫大使，於磧口貯糧，來者賑給，使者招慰，相望於道。〔秋七月〕，大亮上言：「欲懷遠者必先安近。中國如本根，四夷如枝葉，疲中國以奉四夷，猶拔本根以益枝葉也。臣遠考秦、漢，近觀隋室，外事戎狄，皆致疲弊。今招致西突厥，但見勞費，未見其益。況河西州縣蕭條，突厥微弱以來，始得耕穫，今又供億此役，民將不堪，不若且罷招慰爲便。伊吾之地，率皆沙磧，其人或自立君長，求稱臣内屬者，羈縻受之，使居塞外，爲中國藩蔽，此乃施虚惠而收實利也。」上從之。

西突厥肆葉護可汗既先可汗之子，爲衆所附，莫賀咄可汗所部酋長多歸之。肆葉護引兵擊莫賀咄，莫賀咄兵敗，逃於金山，爲泥孰設所殺，諸部兵推肆葉護爲大可汗。

六年秋七月，西突厥肆葉護可汗發兵擊薛延陁，爲薛延陁所敗。肆葉護性猜很信讒，有乙利可汗功最多，肆葉護以非其族類，誅滅之，由是諸部皆不自保。肆葉護又忌莫賀設之子泥孰，陰欲圖之，泥孰奔焉耆。設卑達官與弩失畢二部攻之，肆葉護輕騎奔康居，尋卒。國人迎泥孰於焉耆而立之，是爲咄陸可汗，遣使内附。丁酉，遣鴻臚少卿劉善因立咄陸爲奚利邲咄陸可汗。

八年。西突厥咄陸可汗卒，其弟同娥設立，是爲沙鉢羅咥利失可汗。

九年冬十月乙亥，處月初遣使入貢。處月、處密，皆西突厥之別部也。

十二年。初，西突厥咥利失可汗分其國爲十部，每部有酋長一人，仍各賜一箭，謂之十箭。又分左右廂，左廂號五咄陸，置五大啜，居碎葉以東；右廂號五弩失畢，置五大俟斤，居碎葉以西：通謂之十姓。咥利失失衆心，爲其臣統吐屯所襲。咥利失兵敗，與其弟步利設走保焉耆。統吐屯等將立欲谷設爲大可汗，會統吐屯爲人所殺，欲谷設兵亦敗，咥利失復得故地。至是，西部竟立欲谷設爲乙毗咄陸可汗。乙毗咄陸既立，與咥利失大戰，殺傷甚衆。因中分其地，自伊列水以西屬乙毗咄陸，以東屬咥利失。

十三年。西突厥咥利失可汗之臣俟利發與乙毗咄陸可汗通謀作亂，咥利失窮蹙，逃奔鏺汗而死。弩失畢部落迎其弟子薄布特勒立之，是爲乙毗沙鉢羅葉護可汗。沙鉢羅葉護既立，建庭於雖合水北，謂之南庭，自龜兹、鄯善、且末、吐火羅、焉耆、石、史、何、穆、康等國皆附之。咄陸建庭於鏃曷山西，謂之北庭，自厥越失、拔悉彌、駁馬、結骨、火燖、觸水昆等國皆附之，以伊列水爲境。

十四年。侯君集之討高昌也，西突厥可汗遣其葉護屯可汗浮圖城，爲高昌王文泰聲援。及君集至，可汗懼而西走千餘里，葉護以城降。

十五年。西突厥沙鉢羅葉護可汗數遣使入貢，秋七月甲戌，命左領軍將軍張大師持節，即其所號立爲可汗，賜以鼓纛。上又命使者多齎金帛，歷諸國市良馬。魏徵諫曰：「可汗位未定而先市馬，彼必以爲陛下志在市馬，以立可汗爲名耳。使可汗得立，荷德必淺；若不得立，爲怨實深。諸國聞之，亦輕中國。市或不得，得亦非美。苟能使彼安寧，則諸國之馬不求自至矣。」上欣然止之。

乙毗咄陸可汗與沙鉢羅葉護互相攻，乙毗咄陸浸强大，西域諸國多附之。未幾，乙毗咄陸使石國吐屯擊沙鉢羅葉護，擒之以歸，殺之。

十六年。西突厥乙毗咄陸可汗既殺沙鉢羅葉護，并其衆，又擊吐火羅，滅之。自恃强大，遂驕倨，拘留唐使者，侵暴西域，遣兵寇伊州，郭孝恪將輕騎二千自烏骨邀擊，敗之。乙毗咄陸又遣處月、處密二部圍天山，孝恪擊走之，乘勝進拔處月俟斤所居城，追奔至遏索山，降處密之衆而歸。

初，高昌既平，歲發兵千餘人戍守其地，褚遂良上疏，以爲：「聖王爲治，先華夏而後夷狄。陛下興兵取高昌，數郡蕭然，累年不復。歲調千餘人屯戍，遠去鄉里，破産辦裝。又謫徙罪人，皆無賴子弟，適足騷擾邊鄙，豈能有益行陳。所遣多復逃亡，徒煩追捕。加以道塗所經，沙磧千里，冬風如割，夏風如焚，行人往來，遇之多死。設使張掖、酒泉有烽燧之警，陛下豈得高昌一夫斗粟之用，終當發隴右諸州兵食以赴之耳。然則河西者，中國之心腹，高昌者，他人之手足，奈何糜弊本根以事無用之土乎！且陛下得突厥、吐谷渾，皆不有其地，爲之立君長以撫之，高昌獨不得與爲此乎？叛而執之，服而封之，刑莫威焉，德莫厚焉。願更擇高昌子弟可立者，使君其國，子子孫孫，負荷大恩，永爲唐室藩輔，内安外寧，不亦善乎？」上不聽。及西突厥入寇，上悔之曰：「魏徵、褚遂良勸我復立高昌，吾不用其言，今方自咎耳。」

乙毗咄陸西擊康居，道過米國，破之。虜獲甚多，不分與其下，其將泥孰啜輒奪取之，乙毗咄陸怒，斬泥孰啜以徇，衆皆憤怨。泥孰啜部將胡祿屋襲擊之，乙毗咄陸衆散走，保白水胡城。於是弩失畢諸部及乙毗咄陸所部屋利啜等遣使詣闕，請廢乙毗咄陸，更立可汗。上遣使齎璽書，立莫賀咄之子爲乙毗射匱可汗。乙毗射匱既立，悉禮遣乙毗咄陸所留唐使者，帥諸部擊乙毗咄陸於白水胡城。乙毗咄陸出兵擊之，乙毗射匱大敗。乙毗咄陸遣使招其故部落，故部落皆曰：「使我千人戰死，一人獨存，亦不汝從。」乙毗咄陸自知不爲衆所附，乃西奔吐火羅。

二十年夏六月丁卯，西突厥乙毗射匱可汗遣使入貢，且請昏。上許之，且使割龜茲、于闐、疏勒、朱俱波、葱嶺五國以爲聘禮。

二十二年。初，西突厥乙毗咄陸可汗以阿史那賀魯爲葉護，居多邏斯水，在西州北千五百里，統處月、處密、始蘇、歌邏禄、失畢五姓之衆。乙毗咄陸奔吐火羅，乙毗射匱可汗遣兵迫逐之，部落亡散。夏四月乙亥，賀魯帥其餘衆數千帳内屬，詔處之於庭州莫賀城，拜左驍衛將軍。賀魯聞唐兵討龜兹，請爲鄉導，仍從數十騎入朝。上以爲崑丘道行軍總管，厚宴賜而遣之。

冬十二月戊寅，以崑丘道行軍總管、左驍衛將軍阿史那賀魯爲泥伏沙鉢羅葉護，賜以鼓纛，使招討西突厥之未服者。

二十三年春二月丙戌，置瑤池都督府，隸安西都護，戊子，以左衛將軍阿史那賀魯爲瑤池都督。

高宗永徽二年。左驍衛將軍、瑤池都督阿史那賀魯招集離散，廬帳漸盛，聞太宗崩，謀襲取西、庭二州。庭州刺史駱弘義知其謀，表言之，上遣通事舍人橋寶明馳往慰撫。寶明説賀魯，令長子咥運入宿衛，授右驍衛中郎將，尋復遣歸。咥運乃説其父擁衆西走，擊破乙毗射匱可汗，併其衆，建牙于雙河及千泉，自號沙鉢羅可汗，咄陸五啜，弩失畢五俟斤皆歸之，勝兵數十萬，與乙毗咄陸可汗連兵，處月、處密及西域諸國多附之。以咥運爲莫賀咄葉護。

焉耆王婆伽利卒，國人表請復立故王突騎支。夏四月，詔加突騎支右武衛將軍，遣還國。

秋七月，西突厥沙鉢羅可汗寇庭州，攻陷金嶺城及蒲類縣，殺略數千人。詔左武候大將軍梁建方、右驍衛大將軍契苾何力爲弓月道行軍總管，右驍衛將軍高德逸、右武候將軍薛孤、吴仁爲副，發秦、成、岐、雍府兵三萬人及回紇五萬騎以討之。

冬十二月壬子，處月朱邪孤注殺招撫使單道惠，與突厥賀魯相結。

三年春正月癸亥，梁建方、契苾何力等大破處月朱邪孤注於牢山。孤注夜遁，建方使副總管高德逸輕騎追之，行五百餘里，生擒孤注，斬首九千級。

四年。西突厥乙毗咄陸可汗卒，其子頡苾達度設號真珠葉護，始與沙鉢羅可汗有隙，與五弩失畢共擊沙鉢羅，破之，斬首千餘級。

五年閏四月丙子，以處月部置金滿州。

六年夏〔六〕〔五〕月癸未，以左屯衛大將軍程知節爲葱山道行軍大總管，以討西突厥沙鉢羅可汗。

西突厥頡苾達度設數遣使請兵討沙鉢羅可汗。冬十一月甲戌，遣豐州都督元禮臣册拜頡苾達度設爲可汗。禮臣至碎葉城，沙鉢羅發兵拒之，不得前。頡苾達度設部落多爲沙鉢羅所併，餘衆寡弱，不爲諸姓所附，禮臣竟不册拜而歸。

顯慶元年秋八月辛丑，葱山道行軍總管程知節擊西突厥，與歌邏禄、處月二部戰於榆慕谷，大破之，斬首千餘級。副總管周智度攻突騎施、處木昆等部於咽城，拔之，斬首三萬級。

冬十二月，程知節引軍至鷹娑川，遇西突厥二萬騎，別部鼠尼施等二萬餘騎繼至，前軍總管蘇定方帥五百騎馳往擊之，西突厥大敗，追奔二十里，殺獲千五百餘人，獲馬及器械綿亘山野，不可勝計。副大總管王文度害其功，言於知節曰：「今兹雖云破賊，官軍亦有死傷，乘危輕脱，乃成敗之法耳，何急而爲此。自今常結方陳，置輜重在内，遇賊則戰，此萬全策也。」又矯稱别得旨，以知節恃勇輕敵，委文度爲之節制，遂收軍不許深入。士卒終日跨馬，被甲結陣，不勝疲頓，馬多瘦死。定方言於知節曰：「出師欲以討賊，今乃自守，坐自困敝，若遇賊必敗。懦怯如此，何以立功！且主上以公爲大將，豈可更遣軍副專其號令，事必不然。請囚文度，飛表以聞。」知節不從。至恒篤城，有羣胡歸附，文度曰：「此屬伺我旋師，還復爲賊，不如盡殺之，取其資財。」定方曰：「如此乃自爲賊耳，何名伐叛！」文度竟殺之，分其財，獨定方不受。師旋，文度坐矯詔當死，特除名。知節亦坐逗遛追賊不及，減死免官。

二年春閏正月庚戌，以右屯衛將軍蘇定方爲伊麗道行軍總管，帥燕然都護渭南任雅相、副都護蕭嗣業發回紇等兵，自北道討西突厥沙鉢羅可汗。嗣業，鉅之子也。初，右衛大將軍阿史那彌射及族兄左屯衛大將軍步真，皆西突厥酋長，太宗之世，帥衆來降，至是詔以彌射、步真爲流沙安撫大使，自南道招集舊衆。

冬十二月，蘇定方擊西突厥沙鉢羅可汗，至金山北，先擊處木昆部，大破之，其俟斤嬾獨祿等帥萬餘帳來降，定方撫之，發其千騎與俱。右領軍郎將薛仁貴上言：「泥孰部素不伏賀魯，爲賀魯所破，虜其妻子。今唐兵有破賀魯諸部得泥孰妻子者，宜歸之，仍加賜賚，使彼明知賀魯爲賊而大唐爲之父母，則人致其死，不遺力矣。」上從之。泥孰喜，請從軍共擊賀魯。

定方至曳咥河西，沙鉢羅帥十姓兵且十萬，來拒戰。定方將唐兵及回紇萬餘人擊之。沙鉢羅輕定方兵少，直進圍之。定方令步兵據南原，攢矟外向，自將騎兵陳於北原。沙鉢羅先攻步軍，三衝不動，定方引騎兵擊之，沙鉢羅大敗，追奔三十里，斬獲數萬人。明日，勒兵復進。於是胡祿屋等五弩失畢悉衆來降，沙鉢羅獨與處木昆屈律啜數百騎西走。時阿史那步真出南道，五咄陸部落聞沙鉢羅敗，皆詣步真降。定方乃命蕭嗣業、回紇婆閏將胡兵趨邪羅斯川，追沙鉢羅，定方與任雅相將新附之衆繼之。會大雪，平地二尺，軍中咸請俟晴而行。定方曰：「虜恃雪深，謂我不能進，必休息士馬。亟追之可及，若緩之，彼遁逃浸遠，不可復追。省日兼功，在此時矣。」乃蹋雪晝夜兼行。所過收其部衆，至雙河與彌射、步真兵合，去沙鉢羅所居二百里，布陳長驅，徑至其牙帳。沙鉢羅與其徒將獵，定方掩其不備，縱兵擊之，斬獲數萬人，得其鼓纛。沙鉢羅與其子咥運、壻閻啜等脱走，趣石國。定方於是息兵，諸部各歸所居，通道路，置郵驛，掩骸骨，問疾苦，畫疆埸，復生業，凡爲沙鉢羅所掠者，悉括還之，十姓安堵如故。乃命蕭嗣業將兵追沙鉢羅，定方引軍還。

沙鉢羅至石國西北蘇咄城，人馬飢乏，遣人齎珍寶入城市馬。城主伊沮達官詐以酒食出迎，誘之入，閉門執之，送于石國。蕭嗣業至石國，石國人以沙鉢羅授之。

乙丑，分西突厥地置濛池、崑陵二都護府。以阿史那彌射爲左衛大將軍、崑陵都護、興昔亡可汗，押五咄陸部落；阿史那步真爲右衛大將軍、濛池都護，繼往絶可汗，押五弩失畢部落。遣光禄卿盧承慶持節册命，仍命彌射、步真與承慶據諸姓降者，準其部落大小，位望高下，授刺史以下官。

三年。阿史那賀魯既被擒，謂蕭嗣業曰：「我本亡虜，爲先帝所存，先帝遇我厚而我負之，今日之敗，天所怒也。吾聞中國刑人必於市，願刑我於昭陵之前，以謝先帝。」上聞而憐之。賀魯至京師，冬十一月甲午，獻于昭陵。敕免其死，分其種落爲六都督府，其所役屬諸國皆置州府，西盡波斯，並隸安西都護府。賀魯尋死，葬於頡利墓側。

四年春三月壬午，西突厥興昔亡可汗與真珠〔葉〕護（葉）戰于雙河，斬真珠〔葉〕護（葉）。

龍朔二年冬十二月，𩙺海道總管蘇海政受詔討龜兹，敕興昔亡、繼往絶二可汗發兵與之俱。至興昔亡之境，繼往絶素與興昔亡有怨，密謂海政曰：「彌射謀反，請誅之。」時海政兵纔數千，集軍吏謀曰：「彌射若反，我輩無噍類，不如先事誅之。」乃矯稱敕令大總管齎帛數萬段賜可汗及諸酋長，興昔亡帥其徒受賜，海政悉收斬之。其鼠尼施、拔塞幹兩部亡走，海政與繼往絶追討，平之。軍還，至疏勒南，弓月部復引吐蕃之衆來，欲與唐兵戰，海政以師老不敢戰，以軍資賂吐蕃，約和而還。由是諸部落皆以興昔亡爲冤，各有離心。繼往絶尋卒，十姓無主，有阿史那都支及李遮匐收其餘衆，附於吐蕃。

咸亨二年夏四月甲申，以西突厥阿史那都支爲左驍衛大將軍兼匐延都督，以安集五咄陸之衆。

四年冬十二月丙午，弓月、疏勒二王來降。西突厥興昔亡可汗之世，諸部離散，弓月及阿悉吉皆叛。蘇定方之西討也，擒阿悉吉以歸。弓月南結吐蕃，北招咽麪，共攻疏勒，降之。上遣鴻臚卿蕭嗣業發兵討之，嗣業兵未至，弓月懼，與疏勒皆入朝。上赦其罪，遣歸國。

調露元年。初，西突厥十姓可汗阿史那都支及其別帥李遮匐與吐蕃連和，侵逼安西。〔夏六月〕朝議欲發兵討之，吏部侍郎裴行儉曰：「吐蕃爲寇，審禮覆沒，干戈未息，豈可復出師西方。今波斯王卒，其子泥洹師爲質在京師，宜遣使者送歸國，道過二虜，以便宜取之，可不血刃而擒也。」上從之，命行儉册立波斯王仍爲安撫大食使。行儉奏肅州刺史王方翼以爲己副，仍令檢校安西都護。

永淳元年春二月，西突厥阿史那車薄帥十姓反。〔三〕〔夏四〕月〔辛未〕，以裴行儉帥右金吾將軍閻懷旦等三總管分道討西突厥，師未行，行儉薨。（夏四月），阿史那車薄圍弓月城，安西都護王方翼引軍救之，破虜衆於伊麗水，斬首千餘級。俄而三姓咽麪與車薄合兵拒方翼，方翼與戰於熱海。流矢貫方翼臂，方翼以佩刀截之，左右不知。所將胡兵謀執方翼以應車薄，方翼知之，悉召會議，陽出軍資賜之，以次引出斬之。會大風，方翼振金鼓以亂其聲，誅七十餘人，其徒莫之覺。既而分遣裨將襲車薄、咽麪，大破之，擒其酋長三百人，西突厥遂平。閻懷旦等竟不行。方翼尋遷夏州都督，徵入，議邊事。上見方翼衣有血漬，問之，方翼具對熱海苦戰之狀，上視瘡歎息。竟以廢后近屬，不得用而歸。

則天皇后垂拱元年。初，西突厥興昔亡、繼往絕可汗既死，十姓無主，部落多散亡，太后乃擢興昔亡之子左豹韜衛翊府中郎將元慶爲左玉鈐衛將軍兼崑陵都護，襲興昔亡可汗，押五咄陸部落。

二年秋九月丁未，以西突厥繼往絶可汗之子斛瑟羅爲右玉鈐衛將軍，襲繼往絶可汗，押五弩失畢部落。

天授元年。西突厥十姓自垂拱以來爲東突厥所侵掠，散亡略盡。〔冬十月〕，濛池都護繼往絶可汗斛瑟羅收其餘衆六七萬人入居内地，拜左衛大將軍，改號竭忠事主可汗。

聖曆二年秋八月癸巳，突騎施烏質勒遣其子遮弩入見。遣侍御史元城解琬安撫烏質勒及十姓部落。

久視元年。以西突厥竭忠事主可汗斛瑟羅爲平西軍大總管，鎮碎葉。

長安三年。西突厥可汗斛瑟羅用刑殘酷，諸部不服。烏質勒本隸斛瑟羅，號莫賀達干，能撫其衆，諸部歸之，斛瑟羅不能制。烏質勒置都督二十員，各將兵七千人，屯碎葉西北。後攻陷碎葉，徙其牙帳居之。斛瑟羅部衆離散，因入朝，不敢復還，烏質勒悉併其地。

四年春正月，册拜阿史那懷道爲西突厥十姓可汗。懷道，斛瑟羅子也。

中宗神龍二年閏正月甲戌，以突騎〔施〕酋長烏質勒爲懷德郡王。冬十二月，安西大都護郭元振詣突騎施烏質勒牙帳議軍事，天大風雪，元振立於帳前與烏質勒語，久之，雪深，元振不移足，烏質勒老，不勝寒，會罷而卒。其子娑葛勒兵將攻元振，副使御史中丞解琬知之，勸元振夜逃去。元振曰：「吾以誠心待人，何所疑懼？且深在寇庭，逃將安適？」安卧不動。明旦，入哭，甚哀，娑葛感其義，待元振如初。戊戌，以娑葛襲嗢鹿州都督、懷德王。

景龍二年冬十一月庚申，突騎施酋長娑葛自立爲可汗，殺唐使者御史中丞馮嘉賓，遣其弟遮弩等帥衆犯塞。初，娑葛既代烏質勒統衆，父時故將闕啜忠節不服，數相攻擊。忠節衆弱不能支，金山道行軍總管郭元振奏追忠節入朝宿衛。忠節行至播仙城，經略使、右威衛將軍周以悌説之曰：「國家不愛高官顯爵以待君者，以君有部落之衆故也。今脱身入朝，一老胡耳，豈惟不保寵禄，死生亦制於人手。方今宰相宗楚客、紀處訥用事，不若厚賂二公，請留不行，發安西兵及引吐蕃以擊娑葛，求阿史那獻爲可汗以招十姓，使郭虔瓘發拔汗那兵以自助。既不失部落，又得報仇，比於入朝，豈可同日語哉。」郭虔瓘者，歷城人，時爲西邊將。忠節然其言，遣間使賂楚客、處訥請如以悌之策。

元振聞其謀，上疏，以爲：「往歲吐蕃所以犯邊，正爲求十姓、四鎮之地不獲故耳。比者息兵請和，非能慕悦中國之禮義也，直以國多内難，人畜疫癘，恐中國乘其弊，故且屈志求自昵。使其國小安，豈能忘取十姓、四鎮之地哉！今忠節不論國家大計，直欲爲吐蕃鄉導，恐四鎮危機，將從此始。頃緣默啜憑陵，所應者多，兼四鎮兵疲弊，勢未能爲忠節經略，非憐突騎施也。忠節不體國家中外之意而更求吐蕃，吐蕃得志，則忠節在其掌握，豈得復事唐也！往年吐蕃無恩於中國，猶欲求十姓、四鎮之地，今若破娑葛有功，請分于闐、疏勒，不知以何理抑之？又，其所部諸蠻及婆羅門等方不服，若借唐兵助討之，亦不知以何詞拒之？是以古之智者皆不願受夷狄之惠，蓋豫憂其求請無厭，終爲後患故也。又彼請阿史那獻者，豈非以獻爲可汗子孫，欲依之以招懷十姓乎？按獻父元慶、叔父僕羅、兄俀子及斛瑟羅、懷道等，皆可汗子孫也，往者唐及吐蕃偏曾立之以爲可汗，欲以招撫十姓，皆不能致，尋自破滅。何則？此屬非有過人之才，恩威不足以動衆，雖復可汗舊種，衆心終不親附，況獻又疏遠於其父兄乎？若使忠節兵力自能誘脅十姓，則不必求立可汗子孫也。又，欲令郭虔瓘入拔汗那，發其兵。虔瓘前此已嘗與忠節擅入拔汗那發兵，不能得其片甲匹馬，而拔汗那不勝侵擾，南引吐蕃，奉俀子，還侵四鎮。時拔汗那四旁無强寇爲援，虔瓘等恣爲侵掠，如獨行無人之境，猶引俀子爲患。今北有娑葛，急則與之并力，內則諸胡堅壁拒守，外則突厥伺隙邀遮。臣料虔瓘等此行，必不能如往年之得志，內外受敵，自陷危亡，徒與虜結隙，令四鎮不安。以臣愚揣之，實爲非計。」

楚客等不從，建議遣馮嘉賓持節安撫忠節，侍御史呂守素處置四鎮，以將軍牛師獎爲安西副都護，發甘、涼以西兵兼徵吐蕃以討娑葛。娑葛遣使娑臘獻馬在京師，聞其謀，馳還報娑葛。於是娑葛發五千騎出安西，五千騎出撥換，五千騎出焉耆，五千騎出疏勒，入寇。元振在疏勒，柵於河口，不敢出。忠節逆嘉賓於計舒河口，娑葛遣兵襲之，生擒忠節，殺嘉賓。擒吕守素於僻城，縛於驛柱，冎而殺之。

癸未，牛師獎與突騎施娑葛戰于火燒城，師獎兵敗没。娑葛遂陷安西，斷四鎮路，遣使上表求宗楚客頭。楚客又奏以周以悌代郭元振統衆，徵元振入朝。以阿史那獻爲十姓可汗，置軍焉耆以討娑葛。娑葛遺元振書，稱：「我與唐初無惡，但讎闕啜。宗尚書受闕啜金，欲枉破奴部落，馮中丞、牛都護相繼而來，奴豈得坐而待死。又聞史獻欲來，徒擾軍州，恐未有寧日。乞大使商量處置。」元振奏娑葛書。楚客怒，奏言元振有異圖，召，將罪之。元振使其子鴻間道具奏其狀，乞留定西土，不敢歸。周以悌竟坐流白州，復以元振代以悌，赦娑葛罪，册爲十四姓可汗。

三年秋七月，突騎施娑葛遣使請降，庚辰，拜欽化可汗，賜名守忠。

睿宗景雲二年冬十二月癸卯，以興昔亡可汗阿史那獻爲招慰十姓使。

玄宗開元二年。西突厥十姓酋長都擔叛。三月己亥，磧西節度使阿史那獻克碎葉等鎮，擒都擔，降其部落二萬餘帳。

突騎施可汗守忠之弟遮弩恨所分部落少於其兄，遂叛入突厥，請爲鄉導，以伐守忠。默啜遣兵二萬擊守忠，虜之而還。謂遮弩曰：「汝叛其兄，何有於我。」遂并殺之。

三年。突騎施守忠既死，默啜兵還，守忠部將蘇祿鳩集餘衆，爲之酋長。蘇祿頗善綏撫，十姓部落稍稍歸之，有衆二十萬，遂據有西方，尋遣使入見。是歲，以蘇祿爲左羽林大將軍、金方道經略大使。

四年。突騎施蘇祿復自立爲可汗。

五年。突騎施酋長左羽林大將軍蘇祿部衆浸（博）〔强〕，雖職貢不乏，陰有窺邊之志。五月，十姓可汗阿史那獻欲發葛邏祿兵擊之，上不許。

秋七月，安西副大都護湯嘉惠奏，突騎施引大食、吐蕃謀取四鎮，圍鉢換及大石城，已發三姓葛邏祿兵與阿史那獻擊之。

六年夏五月辛亥，以突騎施都督蘇祿爲左羽林大將軍、順國公，充金方道經略大使。

七年冬十月壬子，册拜突騎施蘇祿爲忠順可汗。

十年冬十二月庚子，以十姓可汗阿史那懷道女爲交河公主，嫁突騎施可汗蘇祿。

十四年。杜暹爲安西都護，突騎施交河公主遣牙官以馬千匹詣安西互市。使者宣公主教，暹怒曰：「阿史那女何得宣教於我！」杖其使者，留不遣，馬經雪死盡。突騎施可汗蘇禄大怒，發兵寇四鎮。會暹入朝，趙頤貞代爲安西都護，嬰城自守。四鎮人畜儲積，皆爲蘇禄所掠，安西僅存。既而蘇禄聞暹入相，稍引退，尋遣使入貢。

十八年。突騎施遣使入貢，上宴之於丹鳳樓，突厥使者豫焉。二使争長，突厥曰：「突騎施小國，本突厥之臣，不可居我上。」突騎施曰：「今日之宴，爲我設也，我不可以居其下。」上乃命設東西幕，突厥在東，突騎施在西。

二十三年冬十月戊申，突騎施寇北庭及安西撥换城。

二十四年春正月，北庭都護蓋嘉運擊突騎施，大破之。秋八月甲寅，突騎施遣其大臣胡禄達干（求）〔來〕請降，許之。

二十六年。突騎施可汗蘇禄素廉儉，每攻戰所得，輒與諸部分之，不留私蓄，由是衆樂爲用。既尚唐公主，又潛通突厥及吐蕃，突厥、吐蕃各以女妻之。蘇禄以三國女爲可敦，又立數子爲葉護，用度浸廣，由是攻戰所得，不復更分。晚年病風，一手攣縮，諸部離心。酋長莫賀達干、都摩度兩部最强，其部落又分爲黄姓、黑姓，互相乖阻。於是莫賀達干勒兵夜襲蘇禄，殺之。都摩度初與莫賀達干連謀，既而復與之異，立蘇禄之子骨啜爲吐火仙可汗以收其餘衆，與莫賀達干相攻。莫賀達干遣使告磧西節度使蓋嘉運，上命嘉運招集突騎施拔汗那以西諸國。吐火仙與都摩度據碎葉城，黑姓可汗爾微特勒據怛邏斯城，相與連兵以拒唐。

二十七年秋八月乙亥，磧西節度使蓋嘉運擒突騎施可汗吐火仙。嘉運攻碎葉城，吐火仙出戰，敗走，擒之於賀邏嶺。分遣疏勒鎮守使夫蒙靈詧與拔汗那王阿悉爛達干潛引兵突入怛邏斯城，擒黑姓可汗爾微，遂入曳建城，取交河公主，悉收散髮之民數萬以與拔汗那王，威震西陲。

九月戊午，處木昆、鼠尼施、弓月等諸部先隸突騎施者皆帥衆内附，仍請徙居安西管内。

二十八年春三月甲寅，蓋嘉運入獻捷。上赦吐火仙罪，以爲左金吾大將軍。嘉運請立阿史那懷道之子昕爲十姓可汗，從之。夏四月辛未，以昕妻李氏爲交河公主。冬十一月，突騎施莫賀達干聞阿史那昕爲可汗，怒曰：「首誅蘇禄，我之謀也。今立史昕，何以賞我！」遂帥諸部叛。上乃立莫賀達干爲可汗，使統突騎施之衆，命蓋嘉運招諭之。十二月乙卯，莫賀達干降。

天寶元年夏四月，上發兵納十姓可汗阿史那昕於突騎施，至俱蘭城，爲莫賀達干所殺。突騎施大纛官都摩度來降，六月乙未，册都摩度爲三姓葉護。

三載夏五月，河西節度使夫蒙靈詧討突騎施莫賀達干，斬之，更請立黑胜伊里底蜜施骨咄禄毗伽。六月甲辰，册拜骨咄禄毗伽爲十姓可汗。

八載秋七月，册突騎施移撥爲十姓可汗。

十二載秋九月甲辰，以突騎施黑姓可汗登里伊羅蜜施爲突騎施可汗。

太宗討龜兹

唐太宗貞觀二十一年冬十二月，龜兹王伐疊卒，弟訶黎布失畢立，浸失臣禮，侵漁鄰國。上怒，戊寅，詔使持節崑丘道行軍大總管左驍衛大將軍阿史那社爾、副大總管左驍衛大將軍契苾何力、安西都護郭孝恪等將兵擊之，仍命鐵勒十三州、突厥、吐蕃、吐谷渾連兵進討。

二十二年春三月甲午，上謂侍臣曰：「朕少長兵間，頗能料敵。今崑丘行師，處月、處密二部及龜兹用事者羯獵顛那利每懷首鼠，必先授首，（弩）〔布〕失畢其次也。」

秋七月庚寅，西突厥相屈利啜請帥所部從討龜兹。

〔冬十月〕，阿史那社爾引兵自焉耆之西趨龜兹北境，分兵爲五道，出其不意，焉耆王薛婆阿那支棄城奔龜兹，保其東境。社爾遣兵追擊，擒而斬之，立其從父弟先那準爲焉耆王，使修職貢。龜兹大震，守將多棄城走。社爾進屯磧口，去其都城三百里，遣伊州刺史韓威帥千餘騎爲前鋒，左衛將軍曹繼叔次之。至多褐城，龜茲王訶利布失畢、其相那利、羯獵顛帥衆五萬拒戰。鋒刃甫接，威引兵僞遁，龜茲悉衆追之，行三十里，與繼叔軍合。龜茲懼，將卻，繼叔乘之，龜茲大敗，逐北八十里。

龜茲王布失畢既敗，走保都城，阿史那社爾進軍逼之，布失畢輕騎西走。〔十二月〕，社爾拔其城，使安西都護郭孝恪守之。沙州刺史蘇海政、尚輦奉御薛萬備帥精騎追布失畢，行六百里，布失畢窘急，保撥換城。社爾進軍攻之四旬，閏月丁丑，拔之，擒布失畢及羯獵顛。那利脱身走，潛引西突厥之衆并其國兵萬餘人襲擊孝恪。孝恪營於城外，龜茲人或告之，孝恪不以爲意。那利奄至，孝恪帥所部千餘人將入城，那利之衆已登城矣，城中降胡與之相應，共擊孝恪，矢刃如雨，孝恪不能敵，將復出，死于西門。城中大擾，倉部郎中崔義超召募得二百人，衛軍資財物，與龜茲戰於城中，曹繼叔、韓威亦營於城外，自城西北隅擊之。那利經宿乃退，斬首三千餘級，城中始定。後旬餘日，那利復引山北龜茲萬餘人趣都城，繼叔逆擊，大破之，斬首八千級。那利單騎走，龜茲人執之，以詣軍門。

阿史那社爾前後破其大城五，遣左衛郎將權祗甫詣〔諸〕城開示禍福，皆相帥請降，凡得七百餘城，虜男女數萬口。社爾乃召其父老，宣國威靈，諭以伐罪之意，立其王之弟葉護爲主，龜茲人大喜。西域震駭，西突厥、于闐、安國争饋駝馬軍糧，社爾勒石紀功而還。

二十三年春正月辛亥，龜茲王布失畢及其相那利等至京師，上責讓而釋之，以布失畢爲左武衛中郎將。

高宗永徽元年。初，阿史那社爾虜龜茲王布失畢，立其弟爲王。唐兵既還，其酋長爭立，更相攻擊。秋八月壬午，詔復以布失畢爲龜茲王，遣歸國撫其衆。

顯慶元年秋八月乙巳，龜茲王布失畢入朝。

三年。初，龜茲王布失畢妻阿史那氏與其相那利私通，布失畢不能禁，由是君臣猜阻，各有黨與，互來告難。上兩召之，既至，囚那利，遣左領軍郎將雷文成送布失畢歸國。至龜茲東境泥師城，龜茲大將羯獵顛發衆拒之，仍遣使降於西突厥沙鉢羅可汗。布失畢據城自守，不敢進。詔左屯衛大將軍楊冑發兵討之。會布失畢病卒，冑與羯獵顛戰，大破之，擒羯獵顛及其黨，盡誅之，乃以其地爲龜茲都督府。春正月戊申，立布失畢之子素稽爲龜茲王，兼都督。

夏五月癸未，徙安西都護府於龜茲，以舊安西復爲西州都督府，鎮高昌故地。

太宗平高昌

唐高祖武德二年。高昌王麴伯雅遣使入貢。六年，麴伯雅卒，子文泰立。

太宗貞觀四年冬十二月甲寅，高昌王麴文泰入朝。西域諸國咸欲因文泰遣使入貢，上遣文泰之臣厭怛紇干往迎之。魏徵諫曰：「昔光武不聽西域送侍子、置都護，以爲不以蠻夷勞中國。今天下初定，前者文泰之來，所過勞費已甚，今借使十國入貢，其徒旅不減千人。邊民荒耗，將不勝其弊。若聽其商賈往來，與邊民交市，則可矣，儻以賓客遇之，非中國之利也。」時厭怛紇干已行，上遽令止之。

五年春正月癸酉，上大獵於昆明池，四夷君長咸從。甲戌，宴高昌王文泰及羣臣。丙子，還宮，親獻禽於大安宮。

六年秋七月丙辰，焉耆王突騎支遣使入貢。初，焉耆入中國由磧路，隋末閉塞，道由高昌。突騎支請復開磧路以便往來，上許之。由是高昌恨之，遣兵襲焉耆，大掠而去。

十三年。高昌王麴文泰多遏絕西域朝貢，伊吾先臣西突厥，既而內屬，文泰與西突厥共擊之。上下書切責，徵其大臣阿史那矩，欲與議事。文泰不遣，遣其長史麴雍來謝罪。頡利之亡也，中國人在突厥者或奔高昌，詔文泰歸之，文泰蔽匿不遣。又與西突厥共擊破焉耆，焉耆訴之。上遣虞部郎中李道裕往問狀，且謂其使者曰：「高昌數年以來，朝貢脫略，無藩臣禮，所置官號，皆準天朝，築城掘溝，預備攻討。我使者至彼，文泰語之云：『鷹飛于天，雉伏于蒿，貓遊于堂，鼠噍于穴，各得其所，豈不能自生邪！』又遣使謂薛延陁云：『既爲可汗，則與天子匹敵，何爲拜其使者？』事人無禮，又間鄰國爲惡，不誅，善何以勸？明年當發兵擊汝。」三月，薛延陁可汗遣使上言：「奴受恩思報，請發所部爲軍導以擊高昌。」上遣民部尚書唐儉、右領軍大將軍執失思力齎繒帛賜薛延陁，與謀進取。

上猶冀高昌王文泰悔過，復下璽書，示以禍福，徵之入朝，文泰竟稱疾不至。十二月壬申，遣交河行軍大總管、吏部尚書侯君集，副總管兼左屯衞大將軍薛萬均等將兵擊之。

十四年〔秋八月〕，高昌王文泰聞唐兵起，謂其國人曰：「唐去我七千里，沙磧居其二千里，地無水草，寒風如刀，熱風如燒，安能致大軍乎！往吾入朝，見秦、隴之北城邑蕭條，非復有隋之比。今來伐我，發兵則糧運不給，三萬已下，吾力能制之。當以逸待勞，坐收其弊。若頓兵城下，不過二十日，食盡必走，然後從而虜之，何足憂也。」及聞唐兵臨磧口，憂懼不知所爲，發疾卒。子智盛立。

軍至柳谷，詗者言文泰刻日將葬，國人咸集於彼。諸將請襲之，侯君集曰：「不可。天子以高昌無禮，故使吾討之。今襲人於墟墓之間，非問罪之師也。」於是鼓行而進，至田城，諭之不下，詰朝攻之，及午而克，虜男女七千餘口。以中郎將辛獠兒爲前鋒，夜趨其都城，高昌逆戰而敗，大軍繼至，抵其城下。

智盛致書於君集曰：「得罪於天子者，先王也。天罰所加，身已物故。智盛襲位未幾，惟尚書憐察。」君集報曰：「苟能悔過，當束手軍門。」智盛猶不出，君集命填塹攻之，飛石雨下，城中人皆室處。又爲巢車，高十丈，俯瞰城中，有行人及飛石所中，皆唱言之。先是，文泰與西突厥可汗相結，約有急相助，可汗遣其葉護屯可汗浮圖城，爲文泰聲援。及君集至，可汗懼而西走千餘里，葉護以城降。智盛窮蹙，秋八月癸酉，開門出降。君集分兵略地，下其二十二城，户八千四十六，口一萬七千七百，地東西八百里，南北五百里。

上欲以高昌爲州縣，魏徵諫曰：「陛下初即位，文泰夫婦首朝，其後稍驕倨，故王誅加之。罪止文泰可矣，宜撫其百姓，存其社稷，復立其子，則威德被於遐荒，四夷皆悦服矣。今若利其土地以爲州縣，則常須千餘人鎮守，數年一易，往來死者什有三四，供辦衣資，違離親戚，十年之後，隴右虚耗矣。陛下終不得高昌撮粟尺帛以佐中國，所謂散有用以事無用，臣未見其可。」上不從。九月，以其地爲西州，以可汗浮圖城爲庭州，各置屬縣。乙卯，置安西都護府於交河城，留兵鎮之。

君集虜高昌王智盛及其羣臣豪傑而還。於是唐地東極于海，西至焉耆，南盡林邑，北抵大漠，皆爲州縣，凡東西九千五百一十里，南北一萬九百一十八里。

侯君集之討高昌也，遣使約焉耆與之合勢，焉耆喜，聽命。及高昌王破，焉耆王詣軍門謁見君集，且言焉耆三城先爲高昌所奪，君集奏并高昌所掠焉耆民悉歸之。

冬十二月丁酉，侯君集獻俘于觀德殿，行飲至禮，大酺三日。尋以智盛爲左武衛將軍、金城郡公。上得高昌樂工，以付太常，增九部樂爲十部。

君集之破高昌也，私取其珍寶，將士知之，競爲盜竊，君集不能禁，爲有司所劾，詔下君集〔等〕獄。中書侍郎岑文本上疏，以爲：「高昌昏迷，陛下命君集等討而克之，不踰旬日，並付大理。雖君集等自挂網羅，恐海内之人疑陛下唯録其過而遺其功也。臣聞命將出師，主於克敵，苟能克敵，雖貪可賞；若其敗績，雖廉可誅。是以漢之李廣利、陳湯，晉之王濬，隋之韓擒虎，皆負罪譴，人主以其有功，咸受封賞。由是觀之，將帥之臣，廉慎者寡，貪求者衆，是以黄石公軍勢曰：『使智，使勇，使貪，使愚，故智者樂立其功，勇者好行其志，貪者急趨其利，愚者不計其死。』伏願録其微勞，忘其大過，使君集重升朝列，復備驅馳，雖非清貞之臣，猶得貪愚之將，斯則陛下雖屈法而德彌顯，君集等雖蒙宥而過更彰矣。」上乃釋之。

又有告薛萬均私通高昌婦女者，萬均不服，内出高昌婦女付大理，與萬均對辯。魏徵諫曰：「臣聞君使臣以禮，臣事君以忠。今遣大將軍與亡國婦女對辯帷箔之私，實則所得者輕，虛則所失者重。昔秦穆飲盜馬之士，楚莊赦絶纓之罪，况陛下道高堯、舜，而曾二君之不逮乎？」上遽釋之。

侯君集馬病蚛顙，行軍總管趙元楷親以指霑其膿而齅之，御史劾奏其諂，左遷括州刺史。

高昌之平也，諸將皆即受賞，行軍總管阿史那社爾以無敕旨，獨不受。及別敕既下，乃受之，所取唯老弱故弊而已。上嘉其廉慎，以高昌所得寶刀及雜綵千段賜之。

太宗平吐谷渾

唐高祖武德二年。初，隋煬帝自征吐谷渾，吐谷渾可汗伏允以數千騎奔党項，煬帝立其質子順爲主，使統餘衆，不果入而還。會中國喪亂，伏允復還收其故地。上受禪，順自江都還長安，上遣使與伏允連和，使擊李軌，〔許〕以順還之。伏允喜，起兵擊軌，數遣使入請順，上遣之。

太宗貞觀八年。初，吐谷渾可汗伏允遣使入貢，未返，大掠鄯州而去。上遣使讓之，徵伏允入朝，稱疾不至，仍爲其子尊王求昏。上許之，令其親迎，尊王又不至，乃絶昏。伏允復遣兵寇蘭、廓二州。伏允年老，信其臣天柱王之謀，數犯邊。又執唐使者趙德楷，上遣使諭之，十返。又引其使者，臨軒親諭以禍福。伏允終無悛心。六月，遣左驍衛大將軍段志玄爲西海道行軍總管，左驍衛將軍樊興爲赤水道行軍總管，將邊兵及契苾、党項之衆以擊之。

冬十月辛丑，段志玄擊吐谷渾，破之，追奔八百餘里。去青海三十餘里，吐谷渾驅牧馬而遁。

十一月丁亥，吐谷渾寇涼州。己丑，下詔大舉討吐谷渾。上欲得李靖爲將，爲其老，重勞之。靖聞之，請行。上大悦。十二月辛丑，以靖爲西海道行軍大總管，節度諸軍。兵部尚書侯君集爲積石道、刑部尚書任城王道宗爲鄯善道、涼州都督李大亮爲且末道、岷州都督李道彦爲赤水道、利州刺史高甑生爲鹽澤道行軍總管，并突厥、契苾之衆擊吐谷渾。

九年春正月，党項先内屬者，皆叛歸吐谷渾。三月庚辰，洮州羌叛入吐谷渾，殺刺史孔長秀。

夏閏四月癸酉，任城王道宗敗吐谷渾於庫山，吐谷渾可汗伏允悉燒野草，輕兵走入磧。諸將以爲：「馬無草，疲瘦，未可深入。」侯君集曰：「不然。曏者段志玄軍還，纔及鄯州，虜已至其城下。蓋虜猶完實，衆爲之用故也。今一敗之後，鼠逃鳥散，斥候亦絶，君臣攜離，父子相失，取之易於拾芥。此而不乘，後必悔之。」李靖從之，中分其軍爲兩道，靖與薛萬均、李大亮由北道，君集與任城王道宗由南道。戊子，靖部將薛孤兒敗吐谷渾於曼頭山，斬其名王，大獲雜畜以充軍食。癸巳，靖等敗吐谷渾於牛心堆，又敗諸赤水原。

侯君集、任城王道宗引兵行無人之境二千餘里，盛夏降霜，經破邏真谷，其地無水，人齕冰，馬噉雪。五月，追及伏允於烏海，與戰，大破之，獲其名王。薛萬均、薛萬徹又敗天柱王於赤海。

赤水之戰，薛萬均、薛萬徹輕騎先進，爲吐谷渾所圍，兄弟皆中槍，失馬步鬬，從騎死者什六七。左領軍將軍契苾何力將數百騎救之，竭力奮擊，所向披靡，萬均、萬徹由是得免。李大亮敗吐谷渾於蜀渾山，獲其名王二十人。將軍執失思力敗吐谷渾於合茹川。李靖督諸軍經積石山河源，至且末，窮其西境。聞伏允在突倫川，將奔于闐，契苾何力欲追襲之，薛萬均懲其前敗，固言不可。何力曰：「虜非有城郭，隨水草遷徙，若不因其聚居襲取之，一朝雲散，豈得復傾其巢穴邪？」自選驍騎千餘直趣突倫川，萬均乃引兵從之。磧中乏水，將士刺馬血飲之。襲破伏允牙帳，斬首數千級，獲雜畜二十餘萬。伏允脫身走，俘其妻子。侯君集等進逾星宿川，至柏海，還與李靖軍合。

大寧王順，隋氏之甥，伏允之嫡子也，爲侍子於隋，久不得歸，伏允立他子爲太子。及歸，意常怏怏。會李靖破其國，國人窮蹙，怨天柱王。順因衆心，斬天柱王，舉國請降。伏允帥千餘騎逃磧中，十餘日，衆散稍盡，爲左右所殺。國人立順爲可汗。壬子，李靖奏平吐谷渾。乙卯，詔復其國，以慕容順爲西平郡王、趉故呂烏甘豆可汗。上慮順未能服其衆，仍命李大亮將精兵數千爲其聲援。

吐谷渾甘豆可汗久質中國，國人不附，竟爲其下所殺，子燕王諾曷鉢立。諾曷鉢幼，大臣争權，國中大亂。十二月，詔兵部尚書侯君集等將兵援之。先遣使者諭解，有不奉詔者，隨宜討之。

十年春三月丁酉，吐谷渾王諾曷鉢遣使請頒曆行年號，遣子弟入侍，並從之。丁未，以諾曷鉢爲河源郡王、烏地也拔（勒）〔勤〕豆可汗。

十三年冬十二月己丑，吐谷渾王諾曷鉢來朝，以宗女爲弘化公主妻之。

十五年夏四月丁巳，果毅都尉席君買帥精兵百二十襲擊吐谷渾丞相宣王，破之，斬其兄弟三人。初，丞相宣王專國政，陰謀襲弘化公主，劫其王諾曷鉢奔吐蕃。諾曷鉢聞之，輕騎奔鄯善城，其臣威信王以兵逆之，故君買爲之討誅宣王。國人猶驚擾，遣户部尚書唐儉等慰撫之。

通鑑紀事本末卷第二十九

貞觀君臣論治

唐高祖武德九年秋八月甲子，太宗即皇帝位於東宮顯德殿。九月己酉，上面定勳臣長孫無忌等爵邑，命陳叔達於殿下唱名示之，且曰：「朕敘卿等勳賞或未當，宜各自言。」於是諸將爭功，紛紜不已。淮安王神通曰：「臣舉兵關西，首應義旗，今房玄齡、杜如晦等專弄刀筆，功居臣上，臣竊不服。」上曰：「義旗初起，叔父雖首唱舉兵，蓋亦自營脱禍。及竇建德吞噬山東，叔父全軍覆没；劉黑闥再合餘燼，叔父望風奔北。玄齡等運籌帷幄，坐安社稷，論功行賞，固宜居叔父之先。叔父國之至親，朕誠無所愛，但不可以私恩濫與勳臣同賞耳。」諸將乃相謂曰：「陛下至公，雖淮安王尚無所私，吾儕何敢不安其分。」遂皆悦服。房玄齡嘗言：「秦府舊人未遷官者，皆嗟怨曰：『吾屬奉事左右，幾何年矣，今除官，返出前宮、齊府人之後。』」上曰：「王者至公無私，故能服天下之心。朕與卿輩日所衣食，皆取諸民者也。故設官分職，以爲民也，當擇賢才而用之，豈以新舊爲先後哉！必也新而賢，舊而不肖，安可捨新而取舊乎？今不論其賢不肖，而直言嗟怨，豈爲政之體乎？」

冬十月甲申，民部尚書裴矩奏「民遭突厥暴踐者，請户給絹一匹」。上曰：「朕以誠信御下，不欲虚有存恤之名而無其實。户有大小，豈得雷同給賜乎？」於是計口爲率。

初，上皇欲强宗室以鎮天下，故皇再從、三從弟及兄弟之子，雖童孺皆爲王，王者數十人。上從容問羣臣：「徧封宗子，於天下利乎？」封德彝對曰：「前世唯皇子及兄弟乃爲王，自餘非有大功無爲王者。上皇敦睦九族，大封宗室，自兩漢以來未有如今之多者。爵命既崇，多給力役，恐非示天下以至公也。」上曰：「然。朕爲天子，所以養百姓也，豈可勞百姓以養己之宗族乎！」十一月庚寅，降宗室郡王皆爲縣公，惟有功者數人不降。

丙午，上與羣臣論止盜。或請重法以禁之，上哂之曰：「民之所以爲盜者，由賦繁役重，官吏貪求，飢寒切身，故不暇顧廉恥耳。朕當去奢省費，輕傜薄賦，選用廉吏，使民衣食有餘，則自不爲盜，安用重法邪！」自是數年之後，海内升平，路不拾遺，外户不閉，商旅野宿焉。上又嘗謂侍臣曰：「君依於國，國依於民。刻民以奉君，猶割肉以充腹，腹飽而身斃，君富而國亡。故人君之患不自外來，常由身出。夫欲盛則費廣，費廣則賦重，賦重則民愁，民愁則國危，國危則君喪矣。朕常以此思之，故不敢縱欲也。」

十二月己巳，益州大都督竇軌奏稱獠反，請發兵討之，上曰：「獠依阻山林，時出鼠竊，乃其常俗。牧守苟能撫以恩信，自然帥服，安可輕動干戈。漁獵其民，比之禽獸，豈爲民父母之意邪！」竟不許。

上謂裴寂曰：「比多上書言事者，朕皆粘之屋壁，得出入省覽。每思治道，或深夜方寢。公輩亦當恪勤職業，副朕此意。」

上厲精求治，數引魏徵入卧內，訪以得失。徵知無不言，上皆欣然嘉納。上遣使點兵，封德彝奏「中男雖未十八，其軀幹壯大者，亦可并點」。上從之。敕出，魏徵固執以爲不可，不肯署敕，至于數四。上怒，召而讓之曰：「中男壯大者，乃姦民詐妄，以避征役，取之何害，而卿固執至此！」對曰：「夫兵在御之得其道，不在衆多。陛下取其壯健，以道御之，足以無敵於天下，何必多取細弱以增虚數乎！且陛下每云『吾以誠信御天下，欲使臣民皆無欺詐』，今即位未幾，失信者數矣。」上愕然曰：「朕何爲失信？」對曰：「陛下初即位，下詔云：『逋負官物，悉令蠲免。』有司以爲負秦府國司者非官物，徵督如故。陛下以秦王升爲天子，國司之物，非官物而何？又曰：『關中免二年租調，關外給復一年，』既而繼有敕，云：『已役已輸者，以來年爲始。』散還之後，方復更徵，百姓固已不能無怪。今既徵得物，復點爲兵，何謂來年爲始乎？又陛下所與共治天下者在於守宰，居常簡閱，咸以委之。至於點兵，獨疑其詐，豈所謂以誠信爲治乎？」上悦，曰：「曏者朕以卿固執，疑卿不達政事，今卿論國家大體，誠盡其精要。夫號令不信則民不知所從，天下何由而治乎，朕過深矣！」乃不點中男，賜徵金甕一。

上聞景州録事參軍張玄素名，召見，問以政道。對曰：「隋主好自專庶務，不任羣臣，羣臣恐懼，唯知稟受奉行而已，莫之敢違。以一人之智決天下之務，借使得失相半，乖謬已多，下諛上蔽，不亡何待！陛下誠能謹擇羣臣而分任以事，高拱穆清而考其成敗，以施刑賞，何憂不治！又，臣觀隋末亂離，其欲争天下者不過十餘人而已，其餘皆保鄉黨全妻子，以待有道而歸之耳。乃知百姓好亂者亦鮮，但人主不能安之耳。」上善其言，擢爲侍御史。

前幽州記室直中書省張藴古上大寶箴，其略曰：「聖人受命，拯溺亨屯，故以一人治天下，不以天下奉一人。」又曰：「壯九重於内，所居不過容膝，彼昏不知，瑶其臺而瓊其室；羅八珍於前，所食不過適口，惟狂罔念，丘其糟而池其酒。」又曰：「勿没没而闇，勿察察而明，雖冕旒蔽目而視於未形，雖黈纊塞耳而聽於無聲。」上嘉之，賜以束帛，除大理丞。

上召傅奕，賜之食，謂曰：「汝前所奏，幾爲吾禍。然凡有天變，卿宜盡言皆如此，勿以前事爲懲也。」上嘗謂奕曰：「佛之爲教，玄妙可師，卿何獨不悟其理？」對曰：「佛乃胡中桀黠，誑耀彼土。中國邪僻之人，取莊、老玄談，輔以妖幻之語，用欺愚俗，無益於民，有害於國。臣非不悟，鄙不學也。」上頗然之。

上患吏多受賕，密使左右試賂之。有司門令史受絹一匹，上欲殺之，民部尚書裴矩諫曰：「爲吏受賂，罪誠當死。但陛下使人遺之而受，乃陷人於法也，恐非所謂『道之以德，齊之以禮』。」上悅，召文武五品已上告之曰：「裴矩能當官力爭，不爲面從，儻每事皆然，何憂不治？」

臣光曰：古人有言：「君明臣直。」裴矩佞於隋而忠於唐，非其性之有變也，君惡聞其過則忠化爲佞，君樂聞直言則佞化爲忠。是知君者表也，臣者景也，表動則景隨矣。

太宗貞觀元年春正月丁亥，上宴羣臣，奏秦王破陳樂。上曰：「朕昔受委專征，民間遂有此曲，雖非文德之雍容，然功業由茲而成，不敢忘本。」封德彝曰：「陛下以神武平海內，豈文德之足比。」上曰：「戡亂以武，守成以文，文武之用，各隨其時。卿謂文不及武，斯言過矣。」德彝頓首謝。

上以兵部郎中戴胄忠清公直，擢爲大理少卿。上以選人多詐冒資蔭，敕令自首，不首者死。未幾有詐冒事覺者，上欲殺之。胄奏「據法應流」。上怒曰：「卿欲守法，而使朕失信乎？」對曰：「敕者出於一時之喜怒，法者國家所以布大信於天下也。陛下忿選人之多詐，故欲殺之，而既知其不可，復斷之以法，此乃忍小忿而存大信也。」上曰：「卿能執法，朕復何憂。」胄前後犯顏執法，言如涌泉，上皆從之，天下無冤獄。

上令封德彝舉賢，久無所舉。上詰之，對曰：「非不盡心，但於今未有奇才耳！」上曰：「君子用人如器，各取所長，古之致治者，豈借才於異代乎？正患己不能知，安可誣一世之人。」德彝慚而退。

御史大夫杜淹奏：「諸司文案，恐有稽失，請令御史就司檢校。」上以問封德彝，對曰：「設官分職，各有所司。果有愆違，御史自應糾舉。若徧歷諸司，搜擿疵纇，太爲煩碎。」淹默然。上問淹：「何故不復論執？」對曰：「天下之務，當盡至公，善則從之。德彝所言，真得大體，臣誠心服，不敢遂非。」上悅，曰：「公等各能如是，朕復何憂。」

右驍衛大將軍長孫順德受人餽絹，事覺，上曰：「順德果能有益國家，朕與之共有府庫耳，何至貪冒如是乎？」猶惜其有功，不之罪，但於殿庭賜絹數十匹。大理少卿胡演曰：「順德枉法受財，罪不可赦，奈何復賜之絹！」上曰：「彼有人性，得絹之辱，甚於受刑。如不知愧，一禽獸耳，殺之何益。」

閏三月壬申，上謂太子少師蕭瑀曰：「朕少好弓矢，得良弓十數，自謂無以加。近以示弓工，乃曰『皆非良材』。朕問其故，工曰：『木心不直則脈理皆邪，弓雖勁而發矢不直。』朕始寤曏者辨之未精也。朕以弓矢定四方，識之猶未能盡，況天下之務，其能徧知乎！」乃命京官五品以上更宿中書内省，數延見，問以民間疾苦及政事得失。

夏五月，有上書請去佞臣者，上問：「佞臣爲誰？」對曰：「臣居草澤，不能的知其人。願陛下與羣臣言，或陽怒以試之，彼執理不屈者，直臣也，畏威順旨者，佞臣也。」上曰：「君，源也。臣，流也。濁其源而求其流之清，不可得矣。君自爲詐，何以責臣下之直乎？朕方以至誠治天下，見前世帝王好以權譎小數接其臣下者，常竊恥之。卿策雖善，朕不取也。」

六月戊申，上與侍臣論周、秦脩短。蕭瑀對曰：「紂爲不道，武王征之，周及六國無罪，始皇滅之。得天下雖同，人心則異。」上曰：「公知其一，未知其二。周得天下，增脩仁義，秦得天下，益尚詐力，此脩短之所以殊也。蓋取之或可以逆得，而守之不可以不順故也。」瑀謝不及。

上問公卿以享國久長之策。蕭瑀言：「三代封建而久長，秦孤立而速亡。」上以爲然，於是始有封建之議。

秋九月辛酉，中書令宇文士及罷爲殿中監，御史大夫杜淹參豫朝政。他官參豫政事自此始。淹薦刑部員外郎邸懷道，上問其行能，對曰：「煬帝將幸江都，召百官問行留之計，懷道爲吏部主事，獨言不可。臣親見之。」上曰：「卿稱懷道爲是，何爲自不正諫？」對曰：「臣爾日不居重任，又知諫不從，徒死無益。」上曰：「卿知煬帝不可諫，何爲立其朝？既立其朝，何得不諫？卿仕隋，容可云位卑，後仕王世充，尊顯矣，何得亦不諫？」對曰：「臣於世充非不諫，但不從耳。」上曰：「世充若賢而納諫，不應亡國；若暴而拒諫，卿何得免禍？」淹不能對。上曰：「今日可謂尊任矣，可以諫未？」對曰：「願盡死。」上笑。

冬十二月，或告右丞魏徵私其親戚，上使御史大夫温彦博按之，無狀。彦博言於上曰：「徵不存形迹，遠避嫌疑，心雖無私，亦有可責。」上令彦博讓徵，且曰：「自今宜存形迹。」他日，徵入見，言於上曰：「臣聞君臣同體，宜相與盡誠。若上下但存形迹，則國之興喪尚未可知，臣不敢奉詔。」上瞿然曰：「吾已悔之。」徵再拜曰：「臣幸得奉事陛下，願使臣爲良臣，勿爲忠臣。」上曰：「忠良有以異乎？」對曰：「稷、契、皋陶，君臣協心，俱享尊榮，所謂良臣。龍逢、比干，面折廷爭，身誅國亡，所謂忠臣。」上悅，賜絹五百匹。

上神采英毅，羣臣進見者皆失舉措。上知之，每見人奏事，必假以辭色，冀聞規諫。

嘗謂公卿曰：「人欲自見其形，必資明鏡。君欲自知其過，必待忠臣。苟其君愎諫自賢，其臣阿諛順旨，君既失國，臣豈能獨全。如虞世基等諂事煬帝以保富貴，煬帝既弒，世基等亦誅。公輩宜用此爲戒，事有得失，無惜盡言。」

或上言秦府舊兵宜盡除武職，追入宿衛。上謂之曰：「朕以天下爲家，惟賢是與，豈舊兵之外皆無可信者乎？汝之此意，非所以廣朕德於天下也。」上謂公卿曰：「昔禹鑿山治水而民無謗讟者，與人同利故也。秦始皇營宮室而民怨叛者，病人以利己故也。夫靡麗珍奇，固人之所欲，若縱之不已，則危亡立至。朕欲營一殿，材用已具，鑒秦而止。王公已下，宜體朕此意。」由是二十年間，風俗素僕，衣無錦繡，公私富給。

上謂黄門侍郎王珪曰：「國家本置中書、門下以相檢察，中書詔敕或有差失，則門下當行駁正。人心所見，互有不同，苟論難往來，務求至當，捨己從人，亦復何傷。比來或護己之短，遂成怨隙，或苟避私怨，知非不正，順一人之顔情，爲兆民之深患，此乃亡國之政也。煬帝之世，内外庶官務相順從，當是之時，皆自謂有智，禍不及身。及天下大亂，家國兩亡，雖其間萬一有得免者，亦爲時論所貶，終古不磨。卿曹各當徇公忘私，勿雷同也。」

上謂侍臣曰：「吾聞西域賈胡得美珠，剖身以藏之，有諸？」侍臣曰：「有之。」上曰：「人皆知笑彼之愛珠，而不愛其身也。吏受賕抵法，與帝王徇奢欲而亡國者，何以異於彼胡之可笑邪？」魏徵曰：「昔魯哀公謂孔子曰：『人有好忘者，徙宅而忘其妻。』孔子曰：『又有甚者，桀紂乃忘其身。』亦猶是也。」上曰：「然。朕與公輩宜戮力相輔，庶免爲人所笑也。」

鄃令裴仁軌私役門夫，上怒，欲斬之。殿中侍御史長安李乾祐諫曰：「法者，陛下所與天下共也，非陛下所獨有也。今仁軌坐輕罪而抵極刑，臣恐人無所措手足。」上悦，免仁軌死，以乾祐爲侍御史。

上嘗語及關中、山東人，意有同異。殿中侍御史義豐張行成跪奏曰：「天子以四海爲家，不當有東西之異，恐示人以隘。」上善其言，厚賜之。自是每有大政，常使預議。

二年春正月，上問魏徵曰：「人主何爲而明？何爲而暗？」對曰：「兼聽則明，偏信則暗。昔堯清問下民，故有苗之惡得以上聞。舜明四目，達四聰，故共、鯀、驩兜不能蔽也。秦二世偏信趙高，以成望夷之禍。梁武帝偏信朱异，以取臺城之辱。隋煬帝偏信虞世基，以致彭城閣之變。是故人君兼聽廣納，則貴臣不得壅蔽，而下情得以上通也。」上曰：「善。」上謂黄門侍郎王珪曰：「開皇十四年大旱，隋文帝不許賑給，而令百姓就食山東。比至末年，天下儲積可供五十年。煬帝恃其富饒，侈心無厭，卒亡天下。但使倉庾之積足以備凶年，其餘何用哉！」

二月，上謂侍臣曰：「人言天子至尊，無所畏憚。朕則不然，上畏皇天之監臨，下憚羣臣之瞻仰，兢兢業業，猶恐不合天意，未副人望。」魏徵曰：「此誠致治之要，願陛下慎終如始則善矣。」

上謂房玄齡等曰：「爲政莫若至公。昔諸葛亮竄廖立、李嚴於南夷，亮卒而立、嚴皆悲泣，有死者，非至公能如是乎？又高熲爲隋相，公平識治體，隋之興亡，繫熲之存沒。朕既慕前世之明君，卿等不可不法前世之賢相也。」

夏四月，太常少卿祖孝孫以爲「梁、陳之音多吳、楚，周、齊之音多胡、夷」，於是斟酌南北，考以古聲，作唐雅樂，凡八十四調，三十一曲，十二和。詔協律郎張文收與孝孫同修定。六月乙酉，孝孫等奏新樂，上曰：「禮樂者，蓋聖人緣物以設教耳，治之隆替，豈由於此？」御史大夫杜淹曰：「齊之將亡，作伴侶曲，陳之將亡，作玉樹後庭花，其聲哀思，行路聞之皆悲泣，何得言治之隆替不在樂也？」上曰：「不然。夫樂能感人，故樂者聞之則喜，憂者聞之則悲，悲喜在人心，非由樂也。將亡之政，民必愁苦，故聞樂而悲耳。今二曲具存，朕爲公奏之，公豈悲乎？」右丞魏徵曰：「古人稱『禮云，禮云，玉帛云乎哉。樂云，樂云，鐘鼓云乎哉』。樂誠在人和，不在聲音也。」

臣光曰：臣聞垂能目制方圓，心度曲直，然不能以教人，其所以教人者，必規矩而已矣。聖人不勉而中，不思而得，然不能以授人，其所以授人者，必禮樂而已矣。禮者聖人之所履也，樂者聖人之所樂也。聖人履中正而樂和平，又思與四海共之，百世傳之，於是乎作禮樂焉。故工人執垂之規矩而施之器，是亦垂之功已。王者執五帝、三王之禮樂而施之世，是亦五帝、三王之治已。五帝、三王，其違世已久，後之人見其禮知其所履，聞其樂知其所樂，炳然若猶存於世焉，此非禮樂之功邪？

夫禮樂有本有末，中和者本也，容聲者末也，二者不可偏廢。先王守禮樂之本，未嘗須臾去於心，行禮樂之文，未嘗須臾遠於身。興於閨門，著於朝廷，被於鄉遂比鄰，達於諸侯，流於四海，自祭祀軍旅至於飲食起居，未嘗不在禮樂之中。如此數十百年，然後治化周浹，鳳凰來儀也。苟無其本而徒有其末，一日行之而百日捨之，求以移風易俗，誠亦難矣。是以漢武帝置協律，歌天瑞，非不美也，不能免哀痛之詔。王莽建羲和，考律呂，非不精也，而不能救漸臺之禍。晉武帝制笛尺，調金石，非不詳也，不能弭平陽之災。梁武帝立四器，調八音，非不察也，不能免臺城之辱。然則韶、夏、濩、武之音具存於世，苟其餘不足以稱之，曾不能化一夫，況四海乎！是猶執垂之規矩而無工與材，坐而待器之成，終不可得也。況齊、陳淫昏之主，亡國之音，暫奏於庭，烏能變一世之哀樂乎？而太宗遽云治之隆替不由於樂，何發言之易，而果於非聖人也如此。

夫禮非威儀之謂也，然無威儀則禮不可得而行矣。樂非聲音之謂也，然無聲音則樂不可得而見矣。譬諸山，取其一土一石而謂之山則不可，然土石皆去，山於何在哉？故曰：「無本不立，無文不行。」奈何以齊、陳之音不驗於今世，而謂樂無益於治亂，何異睹拳石而輕泰山乎？必若所言，則是五帝、三王之作樂皆妄也。「君子於其所不知，蓋闕如也」，惜哉！

六月戊子，上謂侍臣曰：「朕觀隋煬帝集，文辭奧博，亦知是堯、舜而非桀、紂，然行事何其反也？」魏徵對曰：「人君雖聖哲，猶當虛己以受人，故智者獻其謀，勇者竭其力。煬帝恃其俊才，驕矜自用，故口誦堯、舜之言，而身爲桀、紂之行，曾不自知，以至覆亡也。」上曰：「前事不遠，吾屬之師也。」

畿内有蝗。辛卯，上入苑中，見蝗，掇數枚，祝之曰：「民以穀爲命，而汝食之，寧食吾之肺腸。」舉手欲吞之，左右諫曰：「惡物或成疾。」上曰：「朕爲民受災，何疾之避。」遂吞之。是歲，蝗不爲災。

上曰：「朕每臨朝，欲發一言，未嘗不三思，恐爲民害，是以不多言。」給事中知起居事杜正倫曰：「臣職在記言，陛下之言失，臣必書之，豈徒有害於今，亦恐貽譏於後。」上悦，賜絹二百段。

上曰：「梁武帝君臣惟談苦空，侯景之亂，百官不能乘馬。元帝爲周師所圍，猶講老子，百官戎服以聽。此深足爲戒。朕所好者，唯堯、舜、周、孔之道，以爲如鳥有翼，如魚有水，失之則死，不可暫無耳。」

秋七月，上謂侍臣曰：「古語有之：『赦者小人之幸，君子之不幸。』『一歲再赦，善人喑啞。』夫養稂莠者害嘉穀，赦有罪者賊良民。故朕即位以來，不欲數赦，恐小人恃之輕犯憲章故也。」

九月，上曰：「比見羣臣屢上表賀祥瑞。夫家給人足而無瑞，不害爲堯、舜；百姓愁怨而多瑞，不害爲桀、紂。後魏之世，吏焚連理木，煮白雉而食之，豈足爲至治乎？」丁未，詔：「自今大瑞聽表聞，自外諸瑞申所司而已。」嘗有白鵲構巢於寢殿槐上，合歡如腰鼓，左右稱賀。上曰：「我常笑隋煬帝好祥瑞。瑞在得賢，此何足賀。」命毁其巢，縱鵲於野外。

上問王珪曰：「近世爲國者益不及前古，何也？」對曰：「漢世尚儒術，宰相多用經術士，故風俗淳厚。近世重文輕儒，參以法律，此治化之所以益衰也。」上然之。

冬十二月壬午，以黄門侍郎王珪爲守侍中。上嘗閒居，與珪語，有美人侍側，上指示珪曰：「此廬江王瑗之姬也。瑗殺其夫而納之。」珪避席曰：「陛下以廬江納之爲是邪，非邪？」上曰：「殺人而取其妻，何問是非！」對曰：「昔齊桓公知郭公之所以亡，由善善而不能用，然棄其所言之人，管仲以爲無異於郭公。今此美人尚在左右，臣以爲聖心是之也。」上悦，即出之，還其親族。

上使太常少卿祖孝孫教宫人音樂，不稱旨，上責之。温彦博、王珪諫曰：「孝孫雅士，今乃使之教宫人，又從而譴之，臣竊以爲不可。」上怒曰：「朕置卿等於腹心，當竭忠直以事我，乃附下罔上，爲孝孫遊説邪！」彦博拜謝。珪不拜，曰：「陛下責臣以忠直，今臣所言豈私曲邪？此乃陛下負臣，非臣負陛下。」上默然而罷。明日，上謂房玄齡曰：「自古帝王納諫誠難。朕昨責温彦博、王珪，至今悔之。公等勿爲此不盡言也。」

上曰：「爲朕養民者，唯在都督、刺史，朕常疏其名於屏風，坐卧觀之，得其在官善惡之跡，皆注於名下，以備黜陟。縣令尤爲親民，不可不擇。」乃命内外五品已上，各舉堪爲縣令者，以名聞。

上曰：「比有奴告其主反者，此弊事。夫謀反不能獨爲，必與人共之，何患不發，何必使奴告邪？自今有奴告主者皆勿受，仍斬之。」

三年春二月戊寅，以房玄齡爲左僕射，杜如晦爲右僕射，以尚書右丞魏徵守秘書監，參預朝政。

三月丁巳，上謂房玄齡、杜如晦曰：「公爲僕射，當廣求賢人，隨才授任，此宰相之職也。比聞聽受辭訟，日不暇給，安能助朕求賢乎？」因敕尚書細務屬左右丞，唯大事應奏者乃關僕射。玄齡明達吏事，輔以文學，夙夜盡心，恐一物失所。用法寬平，聞人有善，若己有之。不以求備取人，不以己長格物。與如晦引拔士類，常如不及。至於臺閣規模，皆二人所定。上每與玄齡謀事，必曰：「非如晦不能決。」及如晦至，卒用玄齡之策。蓋玄齡善謀，如晦能斷故也。二人深相得，同心徇國，故唐世稱賢相者推房、杜焉。玄齡雖蒙寵待，或以事被譴，輒累日詣朝堂，稽顙請罪，恐懼若無所容。

玄齡監修國史，上語之曰：「比見漢書載子虛、上林賦，浮華無用。其上書論事詞理切直者，朕從與不從，皆當載之。」

夏四月乙亥，上皇徙居弘義宮，更名大安宮。甲午，上始御太極殿，謂侍臣曰：「中書、門下，機要之司，詔敕有不便者皆應論執。比來唯睹順從，不聞違異。若但行文書，則誰不可爲，何必擇才也。」房玄齡等皆頓首謝。故事，凡軍國大事，則中書舍人各執所見，雜署其名，謂之「五花判事」。中書侍郎、中書令省審之，給事中、黃門侍郎駁正之。上始申明舊制，由是鮮有敗事。

冬十二月乙酉，上問給事中孔穎達曰：「論語『以能問於不能，以多問於寡，有若無，實若虛』，何謂也？」穎達具釋其義以對，且曰：「非獨匹夫如是，帝王亦然。帝王内藴神明，外當玄默，故易稱『以蒙養正，以明夷莅衆』。若位居尊極，炫燿聰明，以才陵人，飾非拒諫，則下情不通，取亡之道也。」上深善其言。

房玄齡、王珪掌内外官考，治書侍御史萬年權萬紀奏其不平，上命侯君集推之。魏徵諫曰：「玄齡、珪皆朝廷舊臣，素以忠直爲陛下所委，所考既多，其間能無一二人不當！察其情，終非阿私。若推得其事，則皆不可信，豈得復當重任？且萬紀比來恒在考堂，曾無駁正，及身不得考，乃始陳論。此正欲激陛下之怒，非竭誠徇國也。使推之得實，未足裨益朝廷；若其本虛，徒失陛下委任大臣之意。臣所愛者治體，非敢苟私二臣。」上乃釋不問。

四年春二月（甲寅），以御史大夫温彦博爲中書令，守侍中王珪爲侍中，守户部尚書戴冑爲户部尚書，參預朝政，太常少卿蕭瑀爲御史大夫，與宰臣參議朝政。

三月甲申，蔡成公杜如晦薨。

夏六月乙卯，發卒修洛陽宮以備巡幸。給事中張玄素上書諫，以爲：「洛陽未有巡幸之期，而預修宮室，非今日之急務。昔漢高祖納婁敬之説，自洛陽遷長安，豈非洛陽之地不及關中之形勝邪？景帝用晁錯之言而七國構禍，陛下今處突厥於中國，突厥之親何如七國？豈得不先爲憂，而宮室可遽興，乘輿可輕動哉。臣見隋氏初營宮室，近山無大木，皆致之遠方，二千人曳一柱，以木爲輪，則戛摩火出，乃鑄鐵爲轂，行一二里，鐵轂輒破，別使數百人齎鐵轂隨而易之，盡日不過行二三十里。計一柱之費，已用數十萬功，則其餘可知矣。陛下初平洛陽，凡隋氏宮室之宏侈者皆令毀之，曾未十年，復加營繕，何前日惡之而今日效之也？且以今日財力，何如隋世？陛下役瘡痍之人，襲亡隋之弊，恐又甚於煬帝矣。」上謂玄素曰：「卿謂我不如煬帝，何如桀、紂？」對曰：「若此役不息，亦同歸于亂耳。」上歎曰：「吾思之不熟，乃至於是。」顧謂房玄齡曰：「朕以洛陽土中，朝貢道均，意欲便民，故使營之。今玄素所言誠有理，宜即爲之罷役。後日或以事至洛陽，雖露居亦無傷也。」仍賜玄素綵二百匹。

秋七月乙丑，上問房玄齡、蕭瑀曰：「隋文帝何如主也？」對曰：「文帝勤於爲治，每臨朝，或至日昃，五品已上引坐論事，衛士傳飧而食。雖性非仁厚，亦勵精之主也。」上曰：「公得其一，未知其二。文帝不明而喜察。不明則照有不通，喜察則多疑於物，事皆自決，不任羣臣。天下至廣，一日萬機，雖復勞神苦形，豈能一一中理？羣臣既知主意，唯取決受成，雖有愆違，莫敢諫争，此所以二世而亡也。朕則不然。擇天下賢才寘之百官，使思天下之事，關由宰相，審熟便安，然後奏聞。有功則賞，有罪則刑，誰敢不竭心力以修職業，何憂天下之不治乎！」因敕百司：「自今詔敕行下有未便者，皆應執奏，毋得阿從，不盡己意。」

冬十二月，諸宰相侍宴，上謂王珪曰：「卿識鑒精通，復善談論，玄齡以下，卿宜悉加品藻，且自謂與數子何如。」對曰：「孜孜奉國，知無不爲，臣不如玄齡。才兼文武，出將入相，臣不如李靖。敷奏詳明，出納惟允，臣不如温彦博。處繁治劇，衆務畢舉，臣不如戴胄。恥君不及堯、舜，以諫争爲己任，臣不如魏徵。至於激濁揚清，嫉惡好善，臣於數子亦有微長。」上深以爲然，衆亦服其確論。

上之初即位也，嘗與羣臣語及教化，上曰：「今承大亂之後，恐斯民未易化也。」魏徵對曰：「不然。久安之民驕佚，驕佚則難教，經亂之民愁苦，愁苦則易化。譬猶飢者易爲食，渴者易爲飲也。」上深然之。封德彝非之曰：「三代以還，人漸澆訛，故秦任法律，漢雜霸道，蓋欲化而不能，豈能之而不欲邪？魏徵書生，未識時務，若信其虚論，必敗國家。」徵曰：「五帝、三王不易民而化。昔黄帝征蚩尤，顓頊誅九黎，湯放桀，武王伐紂，皆能身致太平，豈非承大亂之後邪？若謂古人淳樸，漸致澆訛，則至于今日，當悉化爲鬼魅矣，人主安得而治之！」上卒從徵言。

元年關中饑，米斗直絹一匹。二年天下蝗，三年大水。上勤而撫之，民雖東西就食，未嘗嗟怨。是歲天下大稔，流散者咸歸鄉里，米斗不過三四錢，終歲斷死刑纔二十九人。東至于海，南及五嶺，皆外户不閉，行旅不齎糧，取給於道路焉。上謂長孫無忌曰：「貞觀之初，上書者皆云：『人主當獨運威權，不可委之臣下。』又云：『宜震耀威武，征討四夷。』唯魏徵勸朕偃武修文，中國既安，四夷自服。朕用其言。今頡利成擒，其酋長並帶刀宿衛，部落皆襲衣冠，徵之力也，但恨不使封德彝見之耳。」徵再拜謝曰：「突厥破滅，海内康寧，皆陛下威德，臣何力焉。」上曰：「朕能任公，公能稱所任，則其功豈獨在朕乎？」

房玄齡奏「閲府庫甲兵，遠勝隋世」。上曰：「甲兵武備，誠不可闕。然煬帝甲兵豈不足邪，卒亡天下。若公等盡力，使百姓乂安，此乃朕之甲兵也。」

五年秋九月，上修仁壽宫，更命曰九成宫。又將修洛陽宫，民部尚書戴冑表諫，以「亂離甫爾，百姓彫弊，帑藏空虚，若營造不已，公私勞費，殆不能堪」。上嘉之，曰：「戴冑於我非親，但以忠直體國，知無不言，故以官爵酬之耳。」久之，竟命將作大匠竇璡修洛陽宫，璡鑿池築山，雕飾華靡，上怒，遽命毁之，免璡官。

初，上令羣臣議封建。魏徵議，以爲：「若封建諸侯，則卿大夫咸資俸禄，必致厚斂。

又，京畿賦税不多，所資畿外，若盡以封國邑，經費頓闕。又，燕、秦、趙、代俱帶外夷，若有警急，追兵内地，難以奔赴。」禮部侍郎李百藥以爲：「運祚脩短，定命自天，堯、舜大聖，守之而不能固，漢、魏微賤，拒之而不能卻。今使勳戚子孫皆有民有社，易世之後，將驕淫自恣，攻戰相殘，害民尤深，不若守令之迭居也。」中書侍郎顔師古以爲：「不若分王宗子，勿令過大，間以州縣，雜錯而居，互相維持，使各守其境，協力同心，足扶京室。爲置官寮，皆省司選用，法令之外，不得擅作威刑，朝貢禮儀，具爲條式。一定此制，萬代無虞。」十一月丙辰，詔：「皇家宗室及勳賢之臣，宜令作鎮藩部，貽厥子孫，非有大故無或黜免，所司明爲條例，定等級以聞。」

冬十二月，上謂侍臣曰：「朕以死刑至重，故令三覆奏，蓋欲思之詳熟故也。而有司須臾之間，三覆已訖。又，古刑人，君爲之徹樂減膳。朕庭無常設之樂，然常爲之不啖酒肉，但未有著令。又，百司斷獄，唯據律文，雖情在可矜，而不敢違法，其間豈能盡無冤乎？」丁亥，制：「決死囚者，二日中五覆奏，下諸州者三覆奏。行刑之日，尚食勿進酒肉，内教坊及太常不舉樂。皆令門下覆視，有據法當死而情可矜者，録狀以聞。」由是全活甚衆。其五覆奏者以決前一二日，至決日又三覆奏。惟犯惡逆者一覆奏而已。

上謂執政曰：「朕常恐因喜怒妄行賞罰，故欲公等極諫。公等亦宜受人諫，不可以己之所欲，惡人違之。苟自不能受諫，安能諫人。」

康國求内附，上曰：「前代帝王好招求絶域，以求服遠之名，無益於用而糜弊百姓。今康國内附，儻有急難，於義不得不救。師行萬里，豈不疲勞。勞百姓以取虚名，朕不爲也。」遂不受。謂侍臣曰：「治國如治病，病雖愈，尤宜將護，儻遽自放縱，病復作，則不可救矣。今中國幸安，四夷俱服，誠自古所希，然朕日慎一日，唯懼不終，故欲數聞卿輩諫争也。」魏徵曰：「内外治安，臣不以爲喜，唯喜陛下居安思危耳。」

上嘗與侍臣論獄。魏徵曰：「煬帝時嘗有盜發，帝令於士澄捕之，少涉疑似，皆拷訊取服，凡二千餘人，帝悉令斬之。大理丞張元濟怪其多，試尋其狀，内五人嘗爲盜，餘皆平民。竟不敢執奏，盡殺之。」上曰：「此豈唯煬帝無道，其臣亦不盡忠。君臣如此，何得不亡？公等宜戒之。」

六年春正月，文武官請封禪，上曰：「卿輩皆以封禪爲帝王盛事，朕意不然。若天下乂安，家給人足，雖不封禪，庸何傷乎？昔秦始皇封禪，而漢文帝不封禪，後世豈以文帝之賢不及始皇邪？且事天掃地而祭，何必登泰山之巔，封數尺之土，然後可以展其誠敬乎。」羣臣猶請之不已，上亦欲從之，魏徵獨以爲不可。上曰：「公不欲朕封禪者，以功未高邪？」曰：「高矣。」「德未厚邪？」曰：「厚矣。」「中國未安邪？」曰：「安矣。」「四夷未服邪？」曰：「服矣。」「年穀未豐邪？」曰：「豐矣。」「符瑞未至邪？」曰：「至矣。」「然則何爲不可封禪？」對曰：「陛下雖有此六者，然承隋末大亂之後，户口未復，倉廩尚虚，而車駕東巡，千乘萬騎，其供頓勞費，未易任也。且陛下封禪，則萬國咸集，遠夷君長，皆當扈從。今自伊、洛以東至于海、岱，煙火尚希，灌莽極目，此乃引戎〔狄〕入腹中，示之以虚弱也。況賞賚不貲，未厭遠人之望，給復連年，不償百姓之勞，崇虚名而受實害，陛下將焉用之。」會河南北數州大水，事遂寢。

三月，長樂公主將出降，上以公主，皇后所生，特愛之，敕有司資送倍於永嘉長公主。魏徵諫曰：「昔漢明帝欲封皇子，曰：『我子豈得與先帝子比，』皆令半楚、淮陽。今資送公主倍於長主，得無異於明帝之意乎？」上然其言，入告皇后。后歎曰：「妾亟聞陛下稱重魏徵，不知其故，今觀其引禮義以抑人主之情，乃知真社稷之臣也。妾與陛下結髮爲夫婦，曲承恩禮，每言必先候顔色，不敢輕犯威嚴。況以人臣之疏遠，乃能抗言如是！陛下不可不從也。」因請遣中使齎錢四百緡、絹四百匹以賜徵，且語之曰：「聞公正直，乃今見之，故以相賞。公宜常秉此心，勿轉移也。」上嘗罷朝，怒曰：「會須殺此田舍翁！」后問爲誰，上曰：「魏徵每廷辱我。」后退，具朝服立于庭，上驚問其故，后曰：「妾聞主明臣直。今魏徵直，由陛下之明故也，妾敢不賀。」上乃悦。

秋七月辛未，宴三品已上於丹霄殿，上從容言曰：「中外乂安，皆公卿之力。然隋煬帝威加夷夏，頡利跨有北荒，統葉護雄據西域，今皆覆亡，此乃朕與公等所親見，勿矜强盛以自滿也。」

閏月乙卯，上宴近臣於丹霄殿，長孫無忌曰：「王珪、魏徵昔爲仇讎，不謂今日得同此宴。」上曰：「徵、珪盡心所事，故我用之。然徵每諫我不從，我與之言輒不應，何也？」魏徵對曰：「臣以事爲不可，故諫，若陛下不從而臣應之，則事遂施行，故不敢應。」上曰：「且應而復諫，庸何傷？」對曰：「昔舜戒羣臣：『爾無面從，退有後言。』臣心知其非而口應陛下，乃面從也，豈稷、契事舜之意邪！」上大笑曰：「人言魏徵擧止疏慢，我視之更覺嫵媚，正爲此耳。」徵起，拜謝曰：「陛下開臣使言，故臣得盡其愚。若陛下拒而不受，臣何敢數犯顏色乎！」

戊辰，秘書少監虞世南上聖德論，上賜手詔，稱：「卿論太高。朕何敢擬上古，但比近世差勝耳。然卿適覩其始，未知其終。若朕能慎終如始，則此論可傳，如或不然，恐徒使後世笑卿也。」

冬十二月癸丑，帝與侍臣論安危之本。中書令温彦博曰：「伏願陛下常如貞觀初，則善矣。」帝曰：「朕比來怠於爲政乎？」魏徵曰：「貞觀之初，陛下志在節儉，求諫不倦。比來營繕微多，諫者頗有忤旨，此其所以異耳。」帝拊掌大笑曰：「誠有是事。」

上謂侍臣曰：「朕比來決事或不能皆如律令，公輩以爲事小，不復執奏。夫事無不由小以致大，此乃危亡之端也。昔關龍逄忠諫而死，朕每痛之。煬帝驕暴而亡，公輩所親見也。公輩常宜爲朕思煬帝之亡，朕常爲公輩念關龍逄之死，何患君臣不相保乎？」

上謂魏徵曰：「爲官擇人，不可造次。用一君子則君子皆至，用一小人則小人競進矣。」對曰：「然。天下未定，則專取其才，不考其行。喪亂既平，則非才行兼備，不可用也。」

七年冬十二月，上問魏徵曰：「羣臣上書可采，及召對多失次，何也？」對曰：「臣觀百司奏（常）事，〔常〕數日思之，及至上前，三分不能道一。況諫者佛意觸忌，非陛下借之辭色，豈敢盡其情哉。」上由是接羣臣辭色愈温，嘗曰：「煬帝多猜忌，臨朝對羣臣多不語。朕則不然，與羣臣相親如一體耳。」

八年冬十二月，中牟丞皇甫德參上言：「修洛陽宮，勞人。收地租，厚斂。俗好高髻，蓋宮中所化。」上怒，謂房玄齡等曰：「德參欲國家不役一人，不收斗租，宮人皆無髮，乃可其意邪！」欲治其謗訕之罪。魏徵諫曰：「賈誼當漢文帝時上書，云『可爲痛哭者一，可爲流涕者二』。自古上書不激切，不能動人主之心，所謂狂夫之言，聖人擇焉，唯陛下裁察。」上曰：「朕罪斯人，則誰復敢言？」乃賜絹二十匹。他日，徵奏言：「陛下近日不好直言，雖勉强含容，非曩時之豁如。」上乃更加優賜，拜監察御史。

九年春三月，上謂魏徵曰：「齊後主、周天元皆重斂百姓，厚自奉養，力竭而亡。譬如饞人自噉其肉，肉盡而斃，何其愚也。然二主孰爲優劣？」對曰：「齊後主懦弱，政出多門。周天元驕暴，威福在己。雖同爲亡國，齊主尤劣也。」

十年秋八月丙子，上謂羣臣曰：「朕開直言之路，以利國也，而比來上封事者多訐人細事。自今復有爲是者，朕當以讒人罪之。」

冬十二月，魏王泰有寵於上，或言三品以上多輕魏王。上怒，引三品以上，作色讓之曰：「隋文帝時，一品以下皆爲諸王所頓躓，彼豈非天子兒邪！朕但不聽諸子縱橫耳，聞三品以上皆輕之，我若縱之，豈不能折辱公輩乎！」房玄齡等皆惶懼，流汗拜謝。魏徵獨正色曰：「臣竊計當今羣臣，必無敢輕魏王者。在禮，臣子一也。春秋，王人雖微，序於諸侯之上。三品以上皆公卿，陛下所尊禮。若紀綱大壞，固所不論。聖明在上，魏王必無頓辱羣臣之理。隋文帝驕其諸子，使多行無禮，卒皆夷滅，又足法乎！」上悅，曰：「理到之語，不得不服。朕以私愛忘公義，曏者之忿，自謂不疑，及聞徵言，方知理屈。人主發言，何得容易乎！」

上曰：「法令不可數變，數變則煩，官長不能盡記。又前後差違，吏得以爲姦。自今變法，皆宜詳慎而行之。」

治書侍御史權萬紀上言：「宣、饒二州銀大發采之，歲可得數百萬緡。」上曰：「朕貴爲天子，所乏者非財也，但恨無嘉言可以利民耳。與其多得數百萬緡，何如得一賢才。卿未嘗進一賢，退一不肖，而專言税銀之利。昔堯、舜抵璧於山，投珠於谷，漢之桓、靈乃聚錢爲私藏，卿欲以桓、靈俟我邪？」是日，黜萬紀，使還家。

十一年春正月，上作飛山宫。庚子，特進魏徵上疏，以爲：「煬帝恃其富强，不虞後患，窮奢極欲，使百姓困窮，以至身死人手，社稷爲墟。陛下撥亂反正，宜思隋之所以失，我之所以得，撤其峻宇，安於卑宫。若因基而增廣，襲舊而加飾，此則以亂易亂，殃咎必至。難得易失，可不念哉！」

上嘗問大理卿劉德威曰：「近日刑網稍密，何也？」對曰：「此在主上，不在羣臣。人主好寬則寬，好急則急。律文，失入減三等，失出減五等。今失入無辜，失出更獲大罪，是以吏各自免，競就深文，非有教使之然，畏罪故耳。陛下儻一斷以律，則此風立變矣。」上悦，從之，由是斷獄平允。

二月，上至顯仁宫，官吏以闕儲偫，有被譴者。魏徵諫曰：「陛下以儲偫譴官吏，臣恐承風相扇，異日民不聊生，殆非行幸之本意也。昔煬帝諷郡縣獻食，視其豐儉以爲賞罰，故海内叛之。此陛下所親見，奈何欲效之乎！」上驚曰：「非公，不聞此言。」因謂長孫無忌等曰：「朕昔過此，買飯而食，僦舍而宿，今供頓如此，豈得猶嫌不足乎。」

三月庚子，上宴洛陽宮西苑，泛積翠池，顧謂侍臣曰：「煬帝作此宮苑，結怨於民，今悉爲我有，正由宇文述、虞世基、裴蘊之徒内爲諂諛，外蔽聰明故也，可不戒哉！」

夏四月己卯，魏徵上疏，以爲：「人主善始者多，克終者寡，豈取之易而守之難乎？蓋以殷憂則竭誠以盡下，安逸則驕恣而輕物。盡下則胡越同心，輕物則六親離德，雖震之以威怒，亦皆貌從而心不服故也。人主誠能見可欲則思知足，將興繕則思知止，處高危則思謙降，臨滿盈則思挹損，遇逸樂則思撙節，在宴安則思後患，防擁蔽則思延納，疾讒邪則思正己，行爵賞則思因喜而僭，施刑罰則思因怒而濫，兼是十思，而選賢任能，固可以無爲而治，又何必勞神苦體，以代百司之任哉。」

五月壬申，魏徵上疏，以爲：「陛下欲善之志不及於昔時，聞過必改少虧於曩日，譴罰積多，威怒微厲。乃知貴不期驕，富不期侈，非虚言也。且以隋之府庫、倉廩、户口、甲兵之盛，考之今日，安得擬倫。然隋以富强動之而危，我以寡弱静之而安；安危之理，皎然在目。昔隋之未亂也，自謂必無亂，其未亡也，自謂必無亡。故賦役無窮，征伐不息，以至禍將及身而尚未之寤也。夫鑒形莫如止水，鑒敗莫如亡國。伏願取鑒於隋，去奢從約，親忠遠佞，以當今之無事，行疇昔之恭儉，則盡善盡美，固無得而稱焉。夫取之實難，守之甚易，陛下能得其所難，豈不能保其所易乎？」

秋七月，魏徵上疏，以爲：「文子曰：『同言而信，信在言前，同令而行，誠在令外。』自王道休明，十有餘年，然而德化未洽者，由待下之情未盡誠信故也。今立政致治，必委之君子，事有得失，或訪之小人。其待君子也敬而疏，遇小人也輕而狎。狎則言無不盡，疏則情不上通。夫中智之人，豈無小慧。然才非經國，慮不及遠，雖竭力盡誠，猶未免有敗。況内懷姦宄，其禍豈不深乎！夫雖君子不能無小過，苟不害於正道，斯可略矣。既謂之君子而復疑其不信，何異立直木而疑其影之曲乎！陛下誠能慎選君子，以禮信用之，何憂不治！不然，危亡之期，未可保也。」上賜手詔褒美曰：「昔晉武帝平吳之後，志意驕怠，何曾位極台司，不能直諫，乃私語子孫，自矜明智，此不忠之大者也。得公之諫，朕知過矣。當置之几案，以比弦韋。」

乙未，車駕還洛陽，詔：「洛陽宫爲水所毁者，少加修繕，纔令可居。自外衆材，給城中壞廬舍者。令百官各上封事，極言朕過。」壬寅，廢明德宫及飛山宫之玄圃院，給遭水者。

八月甲子，上謂侍臣曰：「上封事者，皆言朕遊獵太頻。今天下無事，武備不可忘，朕時與左右獵於後苑，無一事煩民，夫亦何傷。」魏徵曰：「先王惟恐不聞其過。陛下既使之上封事，止得恣其陳述。苟其言可取，固有益於國，若其無取，亦無所損。」上曰：「公言是也。」皆勞而遣之。

侍御史馬周上疏，以爲：「三代及漢，歷年多者八百，少者不減四百，良以恩結人心，人不能忘故也。自是以降，多者六十年，少者纔二十餘年，皆無恩於人，本根不固故也。陛下當隆禹、湯、文、武之業，爲子孫立萬代之基，豈得但持當年而已。今之户口不及隋之什一，而給役者兄去弟還，道路相繼。陛下雖加恩詔，使之裁損，然營繕不休，民安得息。故有司徒行文書，曾無事實。昔漢之文、景，恭儉養民，武帝承其豐富之資，故能窮奢極欲，而不至於亂。曏使高祖之後即傳武帝，漢室安得久存乎？又，京師及四方所造乘輿器用及諸王、妃、主服飾，議者皆不以爲儉。夫昧旦丕顯，後世猶怠。陛下少居民間，知民疾苦，尚復如此，况皇太子生長深宫，不更外事，萬歲之後，固聖慮所當憂也。臣觀自古以來，百姓愁怨，聚爲盜賊，其國未有不亡者。人主雖欲追改，不能復全。故當脩於可脩之時，不可悔之於既失之後也。蓋幽、厲嘗笑桀、紂矣，煬帝亦笑周、齊矣，不可使後之笑今，如今之笑煬帝也。貞觀之初，天下饑歉，斗米直匹絹，而百姓不怨者，知陛下憂念不忘故也。今比年豐穰，匹絹得粟十餘斛，而百姓怨咨者，知陛下不復念之，多營不急之務故也。自古以來，國之興亡，不以畜積多少，在於百姓苦樂。且以近事驗之，隋貯洛口倉而李密因之，東都積布帛而世充資之，西京府庫亦爲國家之用，至今未盡。夫畜積固不可無，要當人有餘力，然後收之，不可强斂以資寇敵也。夫儉以息人，陛下已於貞觀之初親所履行，在於今日爲之，固不難也。陛下必欲爲久長之謀，不必遠求上古，但如貞觀之初，則天下幸甚。陛下寵遇諸王，頗有過厚者，萬代之後，不可不深思也。且魏武帝愛陳思王，及文帝即位，囚禁諸王，但無縲紲耳。然則武帝愛之，適所以苦之也。又百姓所以治安，唯在刺史、縣令，苟選用得人，則陛下可以端拱無爲。今朝廷唯重内官而輕州縣之選，刺史多用武人，或京官不稱職始補外任，邊遠之處，用人更輕。所以百姓未安，殆由於此。」疏奏，上稱善久之，謂侍臣曰：「刺史朕當自選；縣令宜詔京官五品已上各舉一人。」

冬十月，上獵於洛陽苑，有羣豕突出林中，上引弓，四發殪四豕。有豕突前，及馬鐙。民部尚書唐儉投馬搏之，上拔劍斬豕，顧笑曰：「天策長史不見上將擊賊邪，何懼之甚！」對曰：「漢祖以馬上得之，不以馬上治之。陛下以神武定四方，豈復逞雄心於一獸。」上悦，爲之罷獵，尋加光禄大夫。

十二年春三月辛亥，著作佐郎鄧世隆表請集上文章。上曰：「朕之辭令，有益於民者，史皆書之，足爲不朽。若其無益，集之何用。梁武帝父子、陳後主、隋煬帝皆有文集行於世，何救於亡。爲人主患無德政，文章何爲？」遂不許。

丙子，以皇孫生，宴五品以上於東宮。上曰：「貞觀之前，從朕經營天下，玄齡之功也。貞觀以來，繩愆糾繆，魏徵之功也。」皆賜之佩刀。上謂徵曰：「朕政事何如往年？」對曰：「威德所加，比貞觀之初則遠矣，人悦服則不逮也。」上曰：「遠方畏威慕德故來服，若其不逮，何以致之？」對曰：「陛下往以未治爲憂，故德義日新。今以既治爲安，故不逮。」上曰：「今所爲猶往年也，何以異？」對曰：「陛下貞觀之初，恐人不諫，常導之使言，中間悦而從之。今則不然，雖勉從之，猶有難色。所以異也。」上曰：「其事可聞歟？」對曰：「陛下昔欲殺元律師，孫伏伽以爲法不當死，陛下賜以蘭陵公主園，直百萬。或云：『賞太厚，』陛下云：『朕即位以來，未有諫者，故賞之。』此導之使言也。司户柳雄妄訴隋資，陛下欲誅之，納戴胄之諫而止。是悦而從之也。近皇甫德參上書諫修洛陽宫，陛下恚之，雖以臣言而罷，勉從之也。」上曰：「非公不能及此，人苦不自知耳。」

秋九月甲寅，上問侍臣：「帝王創業與守成孰難？」房玄齡曰：「草昧之初，與羣雄並起，角力而後臣之，創業難矣。」魏徵曰：「自古帝王莫不得之於艱難，失之於安逸，守成難矣。」上曰：「玄齡與吾共取天下，出百死得一生，故知創業之難。徵與吾共安天下，常恐驕奢生於富貴，禍亂生於所忽，故知守成之難。然創業之難既已往矣，守成之難方當與諸公慎之。」玄齡等拜曰：「陛下及此言，四海之福也。」

十三年春二月，上既詔宗室羣臣襲封刺史，左庶子于志寧以爲古今事殊，恐非久安之道，上疏争之。侍御史馬周亦上疏，以爲：「堯、舜之父猶有朱、均之子。儻有孩童嗣職，萬一驕愚，兆庶被其殃，而國家受其敗。正欲絶之也，則子文之治猶在，正欲留之也，而欒黶之惡已彰。與其毒害於見存之百姓，則寧使割恩於已亡之一臣，明矣。然則向所謂愛之者，乃適所以傷之也。臣謂宜賦以茅土，疇其户邑，必有材行，隨器授官，使其人得奉大恩，而子孫終其福禄。」會司空、趙州刺史長孫無忌等皆不願之國，上表固讓，稱：「承恩以來，形影相弔，若履春冰，宗戚憂虞，如置湯火。緬惟三代封建，蓋由力不能制，因而利之，禮樂節文，多非己出。兩漢罷侯置守，蠲除曩弊，深協事宜。今因臣等復有變更，恐紊聖朝綱紀。且後世愚幼不肖之嗣，或抵冒邦憲，自取誅夷，更因延世之賞，致成勦絶之禍，良可哀愍。願停涣汗之旨，賜其性命之恩。」無忌又因子婦長樂公主固請於上，且言：「臣披荊棘事陛下，今海内寧一，奈何棄之外州，與遷徙何異。」上曰：「割地以封功臣，古今通義，意欲公之後嗣輔朕子孫，共傳永久。而公等乃復發言怨望，朕豈强公等以茅土邪！」庚子，詔停世封刺史。

夏五月，旱。甲寅，詔五品以上上封事。魏徵上疏，以爲：「陛下志業，比貞觀之初，漸不克終者凡十條。」其間一條，以爲：「頃年以來，輕用民力，乃云：『百姓無事則驕逸，勞役則易使。』自古未有因百姓逸而敗，勞而安者也，此恐非興邦之至言。」上深加獎歎，云：「已列諸屏障，朝夕瞻仰，并録付史官。」仍賜徵黄金十斤，廐馬二匹。

冬十一月戊辰，尚書左丞劉洎爲黄門侍郎，參知政事。

十四年冬十二月，魏徵上疏，以爲：「在朝羣臣，當樞機之寄者，任之雖重，信之未篤，是以人或自疑，心懷苟且。陛下寬於大事，急於小罪，臨時責怒，未免愛憎。夫委大臣以大體，責小臣以小事，爲治之道也。今委之以職，則重大臣而輕小臣，至於有事，則信小臣而疑大臣。信其所輕，疑其所重，將求致治，其可得乎？若任以大官，求其細過，刀筆之吏，順旨承風，舞文弄法，曲成其罪。自陳也則以爲心不伏辜，不言也則以爲所犯皆實。進退惟谷，莫能自明，則苟求免禍，矯僞成俗矣。」上納之。

上謂侍臣曰：「朕雖平定天下，其守之甚難。」魏徵對曰：「臣聞戰勝易，守勝難。陛下之及此言，宗廟社稷之福也。」

右庶子張玄素少爲刑部令史，上嘗對朝臣問之曰：「卿在隋何官？」對曰：「縣尉。」又問：「未爲尉時何官？」對曰：「流外。」又問：「何曹？」玄素恥之，出閤殆不能步，色如死灰。諫議大夫褚遂良上疏，以爲：「君能禮其臣，乃能盡其力。玄素雖出寒微，陛下重其才，擢至三品，翼贊皇儲，豈可復對羣臣窮其門户！棄宿昔之恩，成一朝之恥，使之鬱結於懷，何以責其伏節死義乎？」上曰：「朕亦悔此問，卿疏深會我心。」遂良，亮之子也。孫伏伽與玄素在隋皆爲令史，伏伽或於廣坐自陳往事，一無所隱。

言事者多請上親覽表奏，以防壅蔽。上以問魏徵，對曰：「斯人不知大體，必使陛下一一親之，豈惟朝堂，州縣之事亦當親之矣。」

十五年秋七月丙子，上指殿屋謂侍臣曰：「治天下如建此屋，營構既成，勿數改移。苟易一榱，正一瓦，踐履動摇，必有所損。若慕奇功，變法度，不恒其德，勞擾實多。」

冬十二月，上問魏徵：「比來朝臣何殊不論事？」對曰：「陛下虚心采納，必有言者。凡臣徇國者寡，愛身者多，彼畏罪，故不言耳。」上曰：「然。人臣關説忤旨，動及刑誅，與夫蹈湯火冒白刃者亦何異哉！是以禹拜昌言，良爲此也。」

房玄齡、高士廉遇少府少監竇德素於路，問：「北門近何營繕？」德素奏之。上怒，讓玄齡等曰：「君但知南牙政事。北門小營繕，何預君事？」玄齡等拜謝。魏徵進曰：「臣不知陛下何以責玄齡等，而玄齡等亦何所謝？玄齡等爲陛下股肱耳目，於中外事皆無不應知者。使所營爲是，當助陛下成之，爲非，當請陛下罷之。問於有司，理則宜然。不知何罪而責，亦何罪而謝也？」上甚愧之。

上嘗臨朝謂侍臣曰：「朕爲人主，常兼將相之事。」給事中張行成退而上書，以爲：「禹不矜伐而天下莫與之爭。陛下撥亂反正，羣臣誠不足望清光；然不必臨朝言之。以萬乘之尊，乃與羣臣校功爭能，臣竊爲陛下不取。」上甚善之。

十六年夏四月壬子，上謂諫議大夫褚遂良曰：「卿猶知起居注，所書可得觀乎？」對曰：「史官書人君言動，備記善惡，庶幾人君不敢爲非，未聞自取而觀之也。」上曰：「朕有不善，卿亦記之邪？」對曰：「臣職當載筆，不敢不記。」黄門侍郎劉洎曰：「借使遂良不記，天下亦皆記之。」上曰：「誠然。」

秋七月戊午，以長孫無忌爲司徒，房玄齡爲司空。

特進魏徵有疾，上手詔問之，且言：「不見數日，朕過多矣。今欲自往，恐益爲勞。若有聞見，可封狀進來。」徵上言：「比者弟子陵師，奴婢忽主，下多輕上，皆有爲而然，漸不可長。」又言：「陛下臨朝，嘗以至公爲言，退而行之，未免私僻。或畏人知，横加威怒，欲蓋彌彰，竟有何益。」徵宅無堂，上命輟小殿之材以構之，五日而成，仍賜以素屏風、素褥、几、杖等以遂其所尚。徵上表謝，上手詔，稱：「處卿至此，蓋爲黎元與國家，豈爲一人，何事過謝！」

冬十一月壬申，上曰：「朕爲兆民之主，皆欲使之富貴。若教以禮義，使之少敬長，婦敬夫，則皆貴矣。輕徭薄斂，使之各治生業，則皆富矣。若家給人足，朕雖不聽管絃，樂在其中矣。」

高祖之入關也，隋武勇郎將馮翊党仁弘將兵二千餘人歸高祖於蒲坂，從平京城。尋除陝州總管。大軍東討，仁弘轉餉不絕，歷南寧、戎、廣州都督。仁弘有才略，所至著聲迹，上甚器之。然性貪，罷廣州，爲人所訟，贓百餘萬，罪當死。上謂侍臣曰：「吾昨見大理五奏誅仁弘，哀其白首就戮，方晡食，遂命撤案。然爲之求生理，終不可得。今欲曲法，就公等乞之。」十二月壬午朔，上復召五品已上就太極殿前，謂曰：「法者，人君所受於天，不可以私而失信。今朕私党仁弘而欲赦之，是亂其法，上負於天，欲席藁於南郊，日一進蔬食，以謝罪於天三日。」房玄齡等皆曰：「生殺之柄，人主所得專也，何至自貶責如此？」上不許。羣臣頓首固請於庭，自旦至日昃，上乃降手詔，自稱：「朕有三罪：知人不明，一也；以私亂法，二也；善善未賞，惡惡未誅，三也。以公等固諫，且依來請。」於是黜仁弘爲庶人，徙欽州。

上問侍臣曰：「自古或君亂而臣治，或君治而臣亂，二者孰愈？」魏徵對曰：「君治則善惡賞罰當，臣安得而亂之。苟爲不治，縱暴愎諫，雖有良臣，將安所施！」上曰：「齊文宣得楊遵彦，非君亂而臣治乎？」對曰：「彼纔能救亡耳，烏足爲治哉。」

十七年春正月〔戊辰〕，鄭文貞公魏徵薨。上思徵（之）不已，謂侍臣曰：「人以銅爲鏡，可以正衣冠。以古爲鏡，可以見興替。以人爲鏡，可以知得失。魏徵没，朕亡一鏡矣。」

二月壬午，上問諫議大夫褚遂良曰：「舜造漆器，諫者十餘人。此何足諫？」對曰：「奢侈者危亡之本。漆器不已，將以金玉爲之。忠臣愛君，必防其漸，若禍亂已成，無所復諫矣。」上曰：「然。朕有過，卿亦當諫其漸。朕見前世帝王拒諫者，多云『業已爲之』，或云『業已許之』，終不爲改。如此欲無危亡，得乎？」

時皇子爲都督、刺史者多幼稺，遂良上疏，以爲：「漢宣帝云：『與我共治天下者，其惟良二千石乎？』今皇子幼稚，未知從政，不若或留京師，教以經術，俟其長而遣之。」上以爲然。

丁未，上曰：「人主惟有一心，而攻之者甚衆。或以勇力，或以辯口，或以諂諛，或以姦詐，或以嗜慾。輻湊攻之，各求自售，以取寵禄。人主少懈而受其一，則危亡隨之，此其所以難也。」

初，上謂監修國史房玄齡曰：「前世史官所記，皆不令人主見之，何也？」對曰：「史官不虛美，不隱惡，若人主見之，必怒，故不敢獻也。」上曰：「朕之爲心，異於前世帝王。欲自觀國史，知前日之惡，爲後來之戒，公可撰次以聞。」諫議大夫朱子奢上言：「陛下聖德在躬，舉無過事，史官所述，義歸盡善。陛下獨覽起居，於事無失，若以此法傳示子孫，竊恐曾玄之後，或非上智，飾非護短，史官必不免刑誅。如此，則莫不希風順旨，全身遠害，悠悠千載，何所信乎？所以前代不觀，蓋謂此也。」上不從，玄齡乃與給事中許敬宗等删爲高祖、今上實録。癸巳，書成，上之。上見書六月四日事，語多微隱，謂玄齡曰：「昔周公誅管、蔡以安周，季友鴆叔牙以存魯，朕之所爲，亦類是耳，史官何諱焉！」即命削去浮辭，直書其事。

十八年夏四月，上謂侍臣曰：「人臣順旨者多，犯顏則少。今朕欲自聞其失，諸公其直言無隱。」長孫無忌等皆曰：「陛下無失。」劉洎曰：「頃有上書不稱旨者，陛下皆面加窮詰，無不慚懼而退，恐非所以廣言路。」馬周曰：「陛下比來賞罰，微以喜怒有所高下，此外不見其失。」上皆納之。

上好文學而辯敏，羣臣言事者，上引古今以折之，多不能對。劉洎上書諫曰：「帝王之與凡庶，聖哲之與庸愚，上下相懸，擬倫斯絶。是知以至愚而對至聖，以極卑而對至尊，徒思自强，不可得也。陛下降恩旨，假慈顔，凝旒以聽其言，虚襟以納其説，猶恐羣下未敢對颺。况動神機，縱天辯，飾辭以折其理，引古以排其議，欲令凡庶何階應答。且多記則損心，多語則損氣，心氣内損，形神外勞，初雖不覺，後必爲累。須爲社稷自愛，豈爲性好自傷乎。至如秦政强辯，失人心於自矜；魏文宏才，虧衆望於虚説。此才辯之累，較然可知矣。」上飛白答之曰：「非慮無以臨下，非言無以述慮，比有談論，遂致煩多。輕物驕人，恐由兹道，形神心氣，非此爲勞。今聞讜言，虚懷以改。」

秋八月壬子，上謂司徒無忌等曰：「人苦不自知其過，卿可爲朕明言之。」對曰：「陛下武功文德，臣等將順之不暇，又何過之可言。」上曰：「朕問公以己過，公等乃曲相諛悦。朕欲面舉公等得失，以相戒而改之，何如？」皆拜謝。上曰：「長孫無忌善避嫌疑，應物敏速，決斷事理，古人不過，而總兵攻戰，非其所長。高士廉涉獵古今，心術明達，臨難不改節，當官無朋黨，所乏者骨鯁規諫耳。唐儉言辭辯捷，善和解人，事朕三十年，遂無言及於獻替。楊師道性行純和，自無愆違，而情實怯懦，緩急不可得力。岑文本性質敦厚，文章華贍，而持論恒據經遠，自當不負於物。劉洎性最堅貞，有利益，然其意尚然諾，私於朋友。馬周見事敏速，性甚貞正，論量人物，直道而言，朕比任使，多能稱意。褚遂良學問稍長，性亦堅正，每寫忠誠，親附於朕，譬如飛鳥依人，人自憐之。」

九月，以諫議大夫褚遂良爲黄門侍郎，參預朝政。

二十年秋九月，特進同中書門下三品宋公蕭瑀，性狷介，與同僚多不合。嘗言於上曰：「房玄齡與中書門下衆臣，朋黨不忠，執權膠固，陛下不詳知，但未反耳。」上曰：「卿言得無太甚。人君選賢才以爲股肱心膂，當推誠任之。人不可以求備，必捨其所短，取其所長。朕雖不能聰明，何至頓迷臧否乃至於是！」瑀内不自得，既數忤旨，上亦銜之，但以其忠言居多，未忍廢也。

上嘗謂張亮曰：「卿既事佛，何不出家？」瑀因自請出家。上曰：「亦知公雅好桑門，今不違公意。」瑀須臾復進曰：「臣適思之，不能出家。」上以瑀對羣臣發言反覆，尤不能平，會稱足疾不朝，或至朝堂而不入見。上知瑀意終怏怏，冬十月，手詔數其罪曰：「朕於佛教，非意所遵。求其道者未驗福於將來，修其教者翻受辜於既往。至若梁武窮心於釋氏，簡文鋭意於法門，傾帑藏以給僧祇，殫人力以供塔廟。及乎三淮沸浪，五嶺騰煙，假餘息於熊蹯，引殘魂於雀鷇，子孫覆亡而不暇，社稷俄頃而爲墟，報施之徵，何其謬也！瑀踐覆車之餘軌，襲亡國之遺風，棄公就私，未明隱顯之際，身俗口道，莫辨邪正之心。修累葉之殃源，祈一躬之福本，上以違忤君主，下則扇習浮華。自請出家，尋復違異。一迴一惑，在於瞬息之間；自可自否，變於帷扆之所。乖棟梁之禮，豈具瞻之量乎？朕隱忍至今，瑀全無悛改。可商州刺史，仍除其封。」

冬十二月，房玄齡嘗以微譴歸第，褚遂良上疏，以爲：「玄齡自義旗之始，翼贊聖功，武德之季，冒死決策，貞觀之初，選賢立政，人臣之勤，玄齡爲最。自非有罪在不赦，搢紳同尤，不可遐棄。陛下若以其衰老，亦當諷諭使之致仕，退之以禮。不可以淺鮮之過，棄數十年之勳舊。」上遽召出之。頃之，玄齡復避位還家。久之，上幸芙蓉園，玄齡敕子弟汛掃門庭，曰：「乘輿且至。」有頃，上果幸其第，因載玄齡還宮。

二十一年夏五月庚辰，上御翠微殿，問侍臣曰：「自古帝王雖平定中夏，不能服戎狄。朕才不逮古人，而成功過之，自不諭其故，諸公各帥意以實言之。」羣臣皆稱：「陛下功德如天地，萬物不得而名言。」上曰：「不然。朕所以能及此者，止由五事耳。自古帝王多疾勝己者，朕見人之善若己有之。人之行能不能兼備，朕常棄其所短，取其所長。人主往往進賢則欲寘諸懷，退不肖則欲推諸壑，朕見賢者則敬之，不肖者則憐之，賢不肖各得其所。人主多惡正直，陰誅顯戮，無代無之。朕踐阼以來，正直之士，比肩於朝，未嘗黜責一人。自古皆貴中華，賤夷狄，朕獨愛之如一，故其種落皆依朕如父母。此五者，朕所以成今日之功也。」顧謂褚遂良曰：「公嘗爲史官，如朕言，得其實乎？」對曰：「陛下盛德不可勝載，獨以此五者自與，蓋謙謙之志耳。」

秋八月己丑，齊州人段志冲上封事，請上致政於皇太子。太子聞之，憂形於色，發言流涕。長孫無忌等請誅志冲，上手詔曰：「五岳陵霄，四海亘地，納汙藏疾，無損高深。志冲欲以匹夫解位天子，朕若有罪，是其直也；若其無罪，是其狂也。譬如尺霧障天，不虧於大，寸雲點日，何損於明。」

二十二年春正月己丑，上作帝範十二篇以賜太子，曰君體、建親、求賢、審官、納諫、去讒、戒盈、崇儉、賞罰、務農、閱武、崇文。且曰：「修身治國，備在其中。一旦不違，更無所言矣。」又曰：「汝當更求古之哲王以爲師，如吾，不足法也。夫取法於上，僅得其中；取法於中，不免爲下。吾居位已來，不善多矣。錦繡珠玉不絶於前，宫室臺榭屢有興作，犬馬鷹隼無遠不致，行遊四方，供頓煩勞，此皆吾之深過，勿以爲是而法之。顧我弘濟蒼生，其益多；肇造區夏，其功大。益多損少，故人不怨，功大過微，故業不墮。然比之盡美盡善，固多愧矣。汝無我之功勤，而承我之富貴，竭力爲善，則國家僅安；驕惰奢縱，則一身不保。且成遲敗速者，國也；失易得難者，位也，可不惜哉！可不慎哉！」

秋七月，司空梁文昭公房玄齡留守京師，疾篤，上徵赴玉華宫，肩輿入殿，至御座側乃下，相對流涕，因留宫下。聞其小愈則喜形於色，加劇則憂悴。玄齡謂諸子曰：「吾受主上厚恩，今天下無事，惟東征未已，羣臣莫敢諫，吾知而不言，死有餘責。」乃上表諫。語見唐平遼東。玄齡子遺愛尚上女高陽公主，上謂公主曰：「彼病篤如此，尚能憂我國家。」上自臨視，握手與訣，悲不自勝。癸卯，薨。

柳芳曰：玄齡佐太宗定天下，及終相位，凡三十二年，天下號爲賢相。然無跡可尋，德亦至矣。故太宗定禍亂而房、杜不言功，王、魏善諫諍而房、杜讓其賢，英、衛善將兵而房、杜行其道，理致太平，善歸人主，爲唐宗臣，宜哉。

唐平遼東

唐高祖武德四年秋七月乙丑，高句麗王建武遣使入貢。建武，元之弟也。

五年。上以隋末戰士多没於高麗，是歲，賜高麗王建武書，使悉遣還。亦使州縣索高麗人在中土者，遣歸其國。建武奉詔，遣還中國民前後以萬數。

七年春二月丁未，高麗王建武遣使來請班曆。遣使册建武爲遼東郡王、高麗王，以百濟王夫餘璋爲帶方郡王，新羅王金真平爲樂浪郡王。

九年。新羅、百濟、高麗三國有宿仇，迭相攻擊，上遣國子助教朱子奢往諭指，三國皆上表謝罪。

太宗貞觀五年。新羅王真平卒，無嗣，國人立其女善德爲王。

十五年秋七月，上遣職方郎中陳大德使高麗。八月己亥，自高麗還。大德初入其境，欲知山川風俗，所至城邑，以綾綺遺其守者曰：「吾雅好山水，此有勝處，吾欲觀之。」守者喜，導之遊歷，無所不至。往往見中國人，自云：「家在某郡，隋末從軍，没於高麗，高麗妻以遊女，與高麗錯居，殆將半矣。」因問親戚存没，大德紿之曰「皆無恙」，咸涕泣相告。數日後，隋人望之而哭者偏於郊野。大德言於上曰：「其國聞高昌亡，大懼，館候之勤，加於常數。」上曰：「高麗本四郡地耳，吾發卒數萬攻遼東，彼必傾國救之，别遣舟師出東萊，自海道趨平壤，水陸合勢，取之不難。但山東州縣，彫瘵未復，吾不欲勞之耳。」

十六年冬十一月丁巳，營州都督張儉奏高麗東部大人泉蓋蘇文弑其王武。蓋蘇文凶暴，多不法，其王及大臣議誅之。蓋蘇文密知之，悉集部兵若校閲者，并盛陳酒饌於城南，召諸大臣共臨視，勒兵盡殺之，死者百餘人。因馳入宫，手弑其王，斷爲數段，棄溝中，立王弟子藏爲王。自爲莫離支，其官如中國吏部兼兵部尚書也。於是號令遠近，專制國事。蓋蘇文狀貌雄偉，意氣豪逸，身佩五刀，左右莫敢仰視。每上下馬，常令貴人、武將伏地而履之。出行必整隊伍，前導者長呼，則人皆奔迸，不避阬谷，路絶行者，國人甚苦之。

亳州刺史裴思莊奏請伐高麗，上曰：「高麗王武職貢不絶，爲賊臣所弑，朕哀之甚深，固不忘也。但因喪乘亂而取之，雖得之不貴。且山東彫弊，吾未忍言用兵也。」

十七年夏六月丁亥，太常丞鄧素使高麗還，請於懷遠鎮增戍兵以逼高麗。上曰：「遠人不服，則修文德以來之，未聞一二百戍兵能威絶域者也。」

上曰：「蓋蘇文弑其君而專國政，誠不可忍。以今日兵力，取之不難，但不欲勞百姓。吾欲且使契丹、靺鞨擾之，何如？」長孫無忌曰：「蓋蘇文自知罪大，畏大國之討，必嚴設守備。陛下姑爲之隱忍，彼得以自安，必更驕惰，愈肆其惡，然後討之未晚也。」上曰：「善。」戊辰，詔以高麗王藏爲上柱國、遼東郡王、高麗王，遣使持節册命。

秋九月庚辰，新羅遣使言：「百濟攻取其國四十餘城，復與高麗連兵，謀絶新羅入朝之路，乞兵救援。」上命司農丞相里玄獎齎璽書賜高麗曰：「新羅委質國家，朝貢不乏，爾與百濟各宜戢兵，若更攻之，明年發兵擊爾國矣。」

十八年春正月，相里玄獎至平壤，莫離支已將兵擊新羅，破其兩城。高麗王使召之，乃還。玄獎諭使勿攻新羅，莫離支曰：「昔隋人入寇，新羅乘釁侵我地五百里，自非歸我侵地，恐兵未能已。」玄獎曰：「既往之事，焉可追論。至於遼東諸城，本皆中國郡縣，中國尚且不言，高麗豈得必求故地。」莫離支竟不從。二月乙巳朔，玄獎還，具言其狀。上曰：「蓋蘇文弑其君，賊其大臣，殘虐其民，今又違我詔命，侵暴鄰國，不可以不討。」諫議大夫褚遂良曰：「陛下指麾則中原清晏，顧眄則四夷讋服，威望大矣。今乃渡海遠征小夷，若指期克捷猶可也，萬一蹉跌，傷威損望，更興忿兵，則安危難測矣。」李世勣曰：「間者薛延陁入寇，陛下欲發兵窮討，魏徵諫而止，使至今爲患。曏用陛下之策，北鄙安矣。」上曰：「然。此誠徵之失，朕尋悔之而不欲言，恐塞良謀故也。」

上欲自征高麗，褚遂良上疏，以爲：「天下譬猶一身，兩京，心腹也，州縣，四支也，四夷，身外之物也。高麗罪大，誠當致討，但命二三猛將，將四五萬衆，仗陛下威靈，取之如反掌耳。今太子新立，年尚幼穉，自餘藩屏，陛下所知，一旦棄金湯之全，踰遼海之險，以天下之君，輕行遠舉，皆愚臣之所甚憂也。」上不聽。時羣臣多諫征高麗者，上曰：「八堯、九舜，不能冬種，野夫、童子，春種而生，得時故也。夫天有其時，人有其功。蓋蘇文陵上虐下，民延頸待救，此正高麗可亡之時也，議者紛紜，但不見此耳。」

上將征高麗，秋七月辛卯，敕將作大匠閻立德等詣洪、饒、江三州，造船四百艘以載軍糧。甲午，下詔遣營州都督張儉等帥幽、營二都督兵及契丹、奚、靺鞨先擊遼東，以觀其勢。以太常卿韋挺爲饋運使，以民部侍郎崔仁師副之，自河北諸州皆受挺節度，聽以便宜從事。又命太僕少卿蕭鋭運河南諸州糧入海。鋭，瑀之子也。

九月乙未，鴻臚奏高麗莫離支貢白金。褚遂良曰：「莫離支弒其君，九夷所不容。今將討之，而納其金，此郜鼎之類也，臣謂不可受。」上從之。上謂高麗使者曰：「汝曹皆事高武，有官爵，莫離支弑逆，汝曾不能復讎，今更爲之遊説以欺大國，罪孰大焉！」悉以屬大理。

冬十月甲寅，車駕行幸洛陽。十一月壬申，至洛陽。前宜州刺史鄭元璹已致仕，上以其常從隋煬帝伐高麗，召詣行在，問之。對曰：「遼東道遠，糧運艱阻。東夷善守城，攻之不可猝下。」上曰：「今日非隋之比，公但聽之。」張儉等值遼水漲，久不得濟，上以爲畏懦，召儉詣洛陽。至，具陳山川險易，水草美惡，上悦。上聞洺州刺史程名振善用兵，召問方略，嘉其才敏，即日拜右驍衛將軍。

甲午，以刑部尚書張亮爲平壤道行軍大總管，帥江、淮、嶺、硤兵四萬，長安、洛陽募士三千，戰艦五百艘，自萊州泛海趨平壤，又以太子詹事、左衛率李世勣爲遼東道行軍大總管，帥步騎六萬及蘭、河二州降胡趣遼東，兩軍合勢並進。庚子，諸軍大集於幽州，遣行軍總管姜行本、少府少監丘行淹先督衆工造梯衝於安蘿山。時遠近勇士應募及獻攻城器械者不可勝數，上皆親加損益，取其便易。又手詔諭天下，以「高麗蓋蘇文弑主虐民，情何可忍？今欲巡幸幽、薊，問罪遼、碣，所過營頓，無爲勞費」。且言：「昔隋煬帝殘暴其下，高麗王仁愛其民，以思亂之軍，擊安和之衆，故不能成功。今略言必勝之道有五，一曰以大擊小，二曰以順討逆，三曰以治乘亂，四曰以逸敵勞，五曰以悦當怨，何憂不克！布告元元，勿爲疑懼。」於是凡頓舍供費之具，減者太半。

十二月辛丑，武陽懿公李大亮卒於長安，遺表請罷高麗之師。甲寅，詔諸軍及新羅、百濟、奚、契丹分道擊高麗。

十九年春二月庚戌，上自將諸軍發洛陽，以特進蕭瑀爲洛陽宮留守。乙卯，詔：「朕發定州後，宜令皇太子監國。」開府儀同三司致仕尉遲敬德上言：「陛下親征遼東，太子在定州，長安、洛陽心腹空虛，恐有玄感之變。且邊隅小夷，不足以勤萬乘，願遣偏師征之，指期可殄。」上不從，以敬德爲左一馬軍總管，使從行。癸亥，上至鄴，自爲文祭魏太祖，曰：「臨危制變，料敵設奇，一將之智有餘，萬乘之才不足。」是月，李世勣軍至幽州。

三月丁丑，車駕至定州。丁亥，上謂侍臣曰：「遼東本中國之地，隋氏四出師而不能得。朕今東征，欲爲中國報子弟之讎，高麗雪君父之恥耳。且方隅大定，惟此未平，故及朕之未老，用士大夫餘力以取之。朕自發洛陽，惟噉肉飯，雖春蔬亦不之進，懼其煩擾故也。」上見病卒，召至御榻前存慰，付州縣療之，士卒莫不感悅。有不預征名，自願以私裝從軍，動以千計，皆曰：「不求縣官勳賞，惟願效死遼東。」上不許。

上將發，太子悲泣數日，上曰：「今留汝鎮守，輔以俊賢，欲使天下識汝風采。夫爲國之要，在於進賢退不肖，賞善罰惡，至公無私，汝當努力行此，悲泣何爲？」命開府儀同三司高士廉攝太子太傅，與劉洎、馬周、少詹事張行成、右庶子高季輔同掌機務，輔太子。長孫無忌、岑文本與吏部尚書楊師道從行。壬辰，車駕發定州，親佩弓矢，手結雨衣於鞍後。命長孫無忌攝侍中，楊師道攝中書令。

李世勣軍發柳城，多張形勢，若出懷遠鎮者，而潛師北趣甬道，出高麗不意。夏四月戊戌朔，世勣自通定濟遼水，至玄菟。高麗大駭，城邑皆閉門自守。壬寅，遼東道副大總管江夏王道宗將兵數千至新城，折衝都尉曹三良引十餘騎直壓城門，城中驚擾，無敢出者。營州都督張儉將胡兵爲前鋒，進渡遼水，趨建安城，破高麗兵，斬首數千級。

丁未，車駕發幽州。上悉以軍中資糧、器械、簿書委岑文本，文本夙夜勤力，躬自料配，籌筆不去手，精神耗竭，言辭舉措，頗異平日。上見而憂之，謂左右曰：「文本與我同行，恐不與我同返。」是日，遇暴疾而薨。其夕，上聞嚴鼓聲，曰：「文本殞没，所不忍聞。」命撤之。時右庶子許敬宗在定州，與高士廉等共知機要，文本薨，上召敬宗，以本官檢校中書侍郎。

壬子，李世勣、江夏王道宗攻高麗蓋牟城。丁巳，車駕至北平。癸亥，李世勣等拔蓋牟城，獲二萬餘口，糧十餘萬石。

張亮帥舟師自東萊渡海襲卑沙城，其城四面懸絶，惟西門可上。程名振引兵夜至，副總管王大度先登，五月己巳，拔之，獲男女八千口。分遣總管丘孝忠等曜兵於鴨緑水。

李世勣進至遼東城下。庚午，車駕至遼澤，泥淖二百餘里，人馬不可通，將作大匠閻立德布土作橋，軍不留行。壬申，渡澤東。乙亥，高麗步騎四萬救遼東，江夏王道宗將四千騎逆擊之。軍中皆以爲「衆寡懸絶，不若深溝高壘，以俟車駕之至」。道宗曰：「賊恃衆有輕我心，遠來疲頓，擊之必敗。且吾屬爲前軍，當清道以待乘輿，乃更以賊遺君父乎？」李世勣以爲然。果毅都尉馬文舉曰：「不遇勍敵，何以顯壯士！」策馬趨敵，所向皆靡，衆心稍安。既合戰，行軍總管張君義退走，唐兵不利。道宗收散卒，登高而望，見高麗陣亂，與驍騎數十衝之，左右出入。李世勣引兵助之，高麗大敗，斬首千餘級。丁丑，車駕渡遼水，撤橋，以堅士卒之心，軍於馬首山。勞賜江夏王道宗，超拜馬文舉中郎將，斬張君義。上自將數百騎至遼東城下，見士卒負土填塹，上分其尤重者於馬上持之，從官爭負土致城下。李世勣攻遼東城，晝夜不息，旬有二日，上引精兵會之，圍其城數百重，鼓譟聲震天地。甲申，南風急，上遣鋭卒登衝竿之末，爇其西南樓，火延燒城中，因麾將士登城。高麗力戰，不能敵，遂克之，所殺萬餘人，得勝兵萬餘人，男女四萬口，以其城爲遼州。

乙未，進軍白巖城。丙申，右衛大將軍李思摩中弩矢，上親爲之吮血，將士聞之，莫不感動。烏骨城遣兵萬餘爲白巖聲援，將軍契苾何力以勁騎八百擊之。何力挺身陷陳，槊中其腰，尚輦奉御薛萬備單騎往救之，拔何力於萬衆之中而還。何力氣益憤，束瘡而戰，從騎奮擊，遂破高麗兵，追奔數十里，斬首千餘級，會暝而罷。萬備，萬徹之弟也。

六月丁酉，李世勣攻白巖城西南，上臨其西北。城主孫代音潛遣腹心請降，臨城投刀鉞爲信，且曰：「奴願降，城中有不從者。」上以唐幟與其使曰：「必降者，宜建之城上。」代音建幟，城中人以爲唐兵已登城，皆從之。

上之克遼東也，白巖城請降，既而中悔。上怒其反覆，令軍中曰：「得城當悉以人物賞戰士。」李世勣見上將受其降，帥甲士數十人請曰：「士卒所以争冒矢石，不顧其死者，貪虜獲耳。今城垂拔，奈何更受其降，孤戰士之心？」上下馬謝曰：「將軍言是也。然縱兵殺人而虜其妻孥，朕所不忍。將軍麾下有功者，朕以庫物賞之，庶因將軍贖此一城。」世勣乃退。得城中男女萬餘口，上臨水設幄，受其降，仍賜之食，八十以上賜帛有差。他城之兵在白巖者悉慰諭，給糧仗，任其所之。

先是，遼東城長史爲部下所殺，其省事奉其妻子奔白巖。上憐其有義，賜帛五匹。爲長史造靈輿，歸之平壤。以白巖城爲巖州，以孫代音爲刺史。

契苾何力瘡重，上自爲傅藥，推求得刺何力者高突勃，付何力使自殺之。何力奏稱：「彼爲其主冒白刃刺臣，乃忠勇之士也，與之初不相識，非有怨讎。」遂捨之。

初，莫離支遣加尸城七百人戍蓋牟城，李世勣盡虜之。其人請從軍自效，上曰：「汝家皆在加尸，汝爲我戰，莫離支必殺汝妻子。得一人之力而滅一家，吾不忍也。」戊戌，皆廩賜遣之。己亥，以蓋牟城爲蓋州。

丁未，車駕發遼東，丙辰，至安市城，進兵攻之。丁巳，高麗北部耨薩延壽、惠真帥高麗、靺鞨兵十五萬救安市。上謂侍臣曰：「今爲延壽策有三：引兵直前，連安市城爲壘，據高山之險，食城中之粟，縱靺鞨掠吾牛馬，攻之不可猝下，欲歸則泥潦爲阻，坐困吾軍，上策也；拔城中之衆，與之宵遁，中策也；不度智能，來與吾戰，下策也。卿曹觀之，彼必出下策，成擒在吾目中矣。」

高麗有對盧，年老習事，謂延壽曰：「秦王内芟羣雄，外服戎狄，獨立爲帝，此命世之材。今舉海内之衆而來，不可敵也。爲吾計者，莫若頓兵不戰，曠日持久，分遣奇兵斷其運道，糧食既盡，求戰不得，欲歸無路，乃可勝也。」延壽不從，引軍直進，去安市城四十里。上猶恐其低徊不至，命左衞大將軍阿史那社爾將突厥千騎以誘之。兵始交而僞走。高麗相謂曰：「易與耳。」競進乘之，至安市城東南八里，依山而陳。

上悉召諸將問計，長孫無忌對曰：「臣聞臨敵將戰，必先觀士卒之情。臣適行經諸營，見士卒聞高麗至，皆拔刀結旆，喜形於色，此必勝之兵也。陛下未冠，身親行陳，凡出奇制勝，皆上禀聖謀，諸將奉成算而已。今日之事，乞陛下指蹤。」上笑曰：「諸公以此見讓，朕當爲諸公商度。」乃與無忌等從數百騎乘高望之，觀山川形勢，可以伏兵及出入之所。高麗、靺鞨合兵爲陳，長四十里。江夏王道宗曰：「高麗傾國以拒王師，平壤之守必弱，願假臣精卒五千，覆其本根，則數十萬之衆，可不戰而降。」上不應。遣使紿延壽曰：「我以爾國强臣弒其主，故來問罪，至於交戰，非吾本心。入爾境，芻粟不給，故取爾數城，俟爾國修臣禮，則所失必復矣。」延壽信之，不復設備。

上夜召文武計事，命李世勣將步騎萬五千陳於西嶺；長孫無忌將精兵萬一千爲奇兵，自山北出於狹谷，以衝其後；上自將步騎四千，挾鼓角，偃旗幟，登北山上，敕諸軍聞鼓角齊出奮擊。因命有司張受降幕於朝堂之側。戊午，延壽等獨見李世勣布陳，勒兵欲戰。上望見無忌軍塵起，命作鼓角，舉旗幟，諸軍鼓譟並進。延壽等大懼，欲分兵禦之，而其陳已亂。會有雷電，龍門人薛仁貴著奇服，大呼陷陳，所向無敵。高麗兵披靡，大軍乘之，高麗兵大潰，斬首二萬餘級。上望見仁貴，召見，拜游擊將軍。仁貴，安都之六世孫，名禮，以字行。

延壽等將餘衆依山自固，上命諸軍圍之。長孫無忌悉撤橋梁，斷其歸路。己未，延壽、惠真帥其衆三萬六千八百人請降，入軍門，膝行而前，拜伏請命。上語之曰：「東夷少年，跳梁海曲，至於摧堅決勝，故當不及老人，自今復敢與天子戰乎？」皆伏地不能對。上簡耨薩已下酋長三千五百人，授以戎秩，遷之内地，餘皆縱之，使還平壤。皆雙舉手以顙頓地，歡呼聞數十里外。收靺鞨三千三百人，悉阬之。獲馬五萬匹，牛五萬頭，鐵甲萬領，他器械稱是。高麗舉國大駭，後黄城、銀城皆自拔遁去，數百里無復人煙。

上驛書報太子，仍與高士廉等書曰：「朕爲將如此，何如？」更名所幸山曰駐驆山。秋七月辛未，上徙營安市城東嶺。己卯，詔標識戰死者尸，俟軍還與之俱歸。戊子，以高延壽爲鴻臚卿，高惠真爲司農卿。

張亮軍過建安城下，壁壘未固，士卒多出樵牧，高麗兵奄至，軍中駭擾。亮素怯，踞胡床，直視不言，將士見之，更以爲勇。總管張金樹等鳴鼓勒兵擊高麗，破之。

八月甲辰，候騎獲莫離支諜者高竹離，反接詣軍門。上召見，解縛問曰：「何瘦之甚？」對曰：「竊道間行，不食數日矣。」命賜之食，謂曰：「爾爲諜，宜速反命。爲我寄語莫離支，欲知軍中消息，可遣人徑詣吾所，何必間行辛苦也。」竹離徒跣，上賜屩而遣之。

丙午，徙營於安市城南。上在遼外，凡置營，但明斥候，不爲塹壘，雖逼其城，高麗終不敢出爲寇抄，軍士單行野宿如中國焉。

上之克白巖也，謂李世勣曰：「吾聞安市城險而兵精，其城主材勇，莫離支之亂，城守不服，莫離支擊之，不能下，因而與之。建安兵弱而糧少，若出其不意，攻之必克。公可先攻建安，建安下則安市在吾腹中，此兵法所謂『城有所不攻』者也。」對曰：「建安在南，安市在北，吾軍糧皆在遼東，今踰安市而攻建安，若賊斷吾運道，將若之何？不如先攻安市，安市下則鼓行而取建安耳。」上曰：「以公爲將，安得不用公策。勿誤吾事。」世勣遂攻安市。

安市人望見上旗蓋，輒乘城鼓譟。上怒，世勣請克城之日，男子皆阬之。安市人聞之，益堅守，攻久不下。高延壽、高惠真請於上曰：「奴既委身大國，不敢不獻其誠，欲天子早成大功，奴得與妻子相見。安市人顧惜其家，人自爲戰，未易猝拔。今奴以高麗十餘萬望旗沮潰，國人膽破，烏骨城耨薩老耄，不能堅守，移兵臨之，朝至夕克，其餘當道小城，必望風奔潰。然後收其資糧，鼓行而前，平壤必不守矣。」羣臣亦言：「張亮兵在沙城，召之信宿可至，乘高麗兇懼，併力拔烏骨城，渡鴨緑水，直取平壤，在此舉矣。」上將從之，獨長孫無忌以爲：「天子親征，異於諸將，不可乘危徼幸。今建安、新城之虜，衆猶十萬，若向烏骨，皆躡吾後。不如先破安市，取建安，然後長驅而進，此萬全之策也。」上乃止。

諸軍急攻安市，上聞城中雞彘聲，謂李世勣曰：「圍城積久，城中煙火日微，今雞彘甚喧，此必饗士，欲夜出襲我，宜嚴兵備之。」是夜，高麗數百人縋城而下。上聞之，自至城下召兵急擊，斬首數十級，高麗退走。

江夏王道宗督衆築土山於城東南隅，浸逼其城，城中亦增高其城以拒之。士卒分番交戰，日六七合，衝車礮石壞其樓堞，城中隨立木柵以塞其缺。道宗傷足，上親爲之針。築山晝夜不息，凡六旬，用功五十萬，山頂去城數丈，下臨城中，道宗使果毅傅伏愛將兵屯山頂以備敵。山頹壓城，城崩，會伏愛私離所部，高麗數百人從城缺出戰，遂奪據土山，塹而守之。上怒，斬伏愛以徇，命諸將攻之，三日不能克。道宗徒跣詣旗下請罪，上曰：「汝罪當死，但朕以漢武殺王恢，不如秦穆用孟明，且有破蓋牟、遼東之功，故特赦汝耳。」

上以遼左早寒，草枯水凍，士馬難久留，且糧食將盡，癸未，敕班師。先拔遼、蓋二州户口渡遼，乃耀兵於安市城下而旋，城中皆屏跡不出。城主登城拜辭，上嘉其固守，賜縑百匹，以勵事君。命李世勣、江夏王道宗將步騎四萬爲殿。

乙酉，至遼東。丙戌，渡遼水。遼澤泥潦，車馬不通，命長孫無忌將萬人翦草填道，水深處以車爲梁，上自繫薪於馬鞘以助役。冬十月丙申朔，上至蒲溝，駐馬督填道諸軍渡渤錯水。暴風雪，士卒沾濕多死者，敕然火於道以待之。

凡征高麗，拔玄菟、横山、蓋牟、磨米、遼東、白巖、卑沙、麥谷、銀山、後黄十城，徙遼、蓋、巖三州户口入中國者七萬人。新城、建安、駐蹕三大戰，斬首四萬餘級，戰士死者幾二千人，戰馬死者什七八。上以不能成功，深悔之，歎曰：「魏徵若在，不使我有是行也！」命馳驛祀徵以少牢，復立所製碑，召其妻子詣行在，勞賜之。

丙午，至營州，詔遼東戰亡士卒骸骨並集柳城東南，命有司設太牢，上自作文以祭之，臨哭盡哀。其父母聞之曰：「吾兒死而天子哭之，死何所恨！」上謂薛仁貴曰：「朕諸將皆老，思得新進驍勇者將之，無如卿者，朕不喜得遼東，喜得卿也。」

丙辰，上聞太子奉迎將至，從飛騎三千人馳入臨渝關，道逢太子。上之發定州也，指所御褐袍謂太子曰：「俟見汝，乃易此袍耳。」在遼左，雖盛暑流汗，弗之易。及秋，穿敗，左右請易之，上曰：「軍士衣多弊，吾獨御新衣可乎！」至是太子進新衣，乃易之。

諸軍所虜高麗民萬四千口，先集幽州，將以賞軍士。上愍其父子夫婦離散，命有司平其直，悉以錢布贖爲民，歡呼之聲，三日不息。十一月辛未，車駕至幽州，高麗民迎於城東，拜舞號呼，宛轉於地，塵埃彌望。丙戌，車駕至定州。壬辰，車駕發定州。戊申，至并州。

二十年春二月乙未，上發并州。三月己巳，車駕還京師。上謂李靖曰：「吾以天下之衆，困於小夷，何也？」靖曰：「此道宗所解。」上顧問江夏王道宗，具陳在駐蹕時乘虛取平壤之言。上悵然曰：「當時怱怱，吾不憶也。」閏月戊戌，罷遼州都督府及巖州。夏五月甲寅，高麗王藏及莫離支蓋金遣使謝罪，并獻二美女，上還之。金即蘇文也。

上自高麗還，蓋蘇文益驕恣，雖遣使奉表，其言率皆詭誕，又待唐使者倨慢，常窺伺邊隙。屢敕令勿攻新羅，而侵陵不止。壬申，詔勿受其朝貢，更議討之。〔冬十月〕丙戌，車駕至京師。

二十一年。上將復伐高麗，朝議以爲：「高麗依山爲城，攻之不可猝拔。前大駕親征，國人不得耕種，所克之城，悉收其穀，繼以旱災，民太半乏食。今若數遣偏師，更迭擾其疆埸，使彼疲於奔命，釋耒入堡，數年之間，千里蕭條，則人心自離，鴨緑之北可不戰而取矣。」上從之。三月，以左武衛大將軍牛進達爲青丘道行軍大總管，右武候將軍李海岸副之，發兵萬餘人，乘樓船自萊州汎海而入。又以太子詹事李世勣爲遼東道行軍大總管，右武衛將軍孫貳朗等副之，將兵三千人，因營州都督府兵自新城道入。兩軍皆選習水善戰者配之。〔夏五月〕，李世勣軍既渡遼，歷南蘇等數城，高麗多背城拒戰，世勣擊破其兵，焚其羅郭而還。

秋七月，牛進達、〔李〕海岸入高麗境，凡百餘戰，無不捷，攻石城，拔之。進至積利城下，高麗兵萬餘人出戰，海岸擊破之，斬首二千級。（八）〔九〕月戊戌，敕宋州刺史王波利等發江南十二州工人，造大船數百艘，欲以征高麗。冬十二月，高麗王使其子莫離支任武入謝罪，上許之。

二十二年春正月，新羅王金善德卒。以善德妹真德爲柱國，封樂浪郡王，遣使册命。丙午，詔以右武衛大將軍薛萬徹爲青丘道行軍大總管，右衛將軍裴行方副之，將兵三萬餘人及樓船戰艦，自萊州泛海以擊高麗。

三月，充容長城徐惠以上東征高麗，西討龜茲，上疏諫，其略曰：「以有盡之農功，填無窮之巨浪，圖未獲之他衆，喪已成之我軍。昔秦皇并吞六國，反速危亡之基，晉武奄有三方，翻成覆敗之業。豈非矜功恃大，棄德輕邦，圖利忘危，肆情縱欲之所致乎！是知地廣非常安之術，人勞乃易亂之源也。」上善其言。

夏四月甲子，烏胡鎮將古神感將兵浮海擊高麗，遇高麗步騎五千，戰於易山，破之。其夜，高麗萬餘人襲神感船，神感設伏，又破之而還。

六月，上以高麗困弊，議以明年發三十萬衆一舉滅之。或以爲「大軍東征，須備經歲之糧，非畜乘所能載，宜具舟艦爲水運。隋末劍南獨無寇盜，屬者遼東之役，劍南復不預及，其百姓富庶，宜使之造舟艦」。上從之。秋七月，遣右領左右府長史强偉於劍南道伐木造舟艦，大者或長百尺，其廣半之。别遣使行水道，自巫峽抵江、揚，趣萊州。

司空梁文昭公房玄齡疾篤，謂諸子曰：「吾受主上厚恩，今天下無事，惟東征未已，羣臣莫敢諫，吾知而不言，死有餘責。」乃上表諫，以爲：「老子曰：『知足不辱，知止不殆。』陛下威名功德亦可足矣，拓地開疆亦可止矣。且陛下每決一重囚，必令三覆五奏，進素膳，止音樂者，重人命也。今驅無罪之士卒，委之鋒刃之下，使肝腦塗地，獨不足愍乎？向使高麗違失臣節，誅之可也；侵擾百姓，滅之可也；他日能爲中國患，除之可也。今無此三條，而坐煩中國，内爲前代雪恥，外爲新羅報讎，豈非所存者小，所損者大乎？願陛下許高麗自新，焚陵波之船，罷應募之衆，自然華夷慶賴，遠肅邇安。臣旦夕入地，儻蒙録此哀鳴，死且不朽。」玄齡子遺愛尚上女高陽公主，上謂公主曰：「彼病篤如此，尚能憂我國家。」上自臨視，握手與訣，悲不自勝。癸卯，薨。

八月丁丑，敕越州都督府及婺、洪等州造海船及雙舫千一百艘。九月己丑，新羅奏爲百濟所攻，破其十三城。冬十二月癸未，新羅相金春秋及其子文王入見。春秋，真德之弟也。上以春秋爲特進，文王爲左武衛將軍。春秋請改章服從中國，内出冬服賜之。

二十三年夏五月己巳，上崩。壬申，遺詔太子即位，罷遼東之役。

高宗永徽二年。百濟遣使入貢，上戒之，使「勿與新羅、高麗相攻，不然，吾將發兵討汝矣」。

三年春正月己未朔，吐谷渾、新羅、高麗、百濟並遣使入貢。

五年夏閏〔四〕〔五〕月壬辰，新羅女王金真德卒，詔立其弟春秋爲新羅王。

六年。高麗與百濟、靺鞨連兵侵新羅北境，取三十三城。新羅王春秋遣使求援。二月乙丑，遣營州都督程名振、左衞中郎將蘇定方發兵擊高麗。夏五月壬午，名振等渡遼水，高麗見其兵少，開門渡貴端水逆戰，名振等奮擊，大破之，殺獲千餘人，焚其外郭及村落而還。

顯慶三年夏六月，營州都督兼東夷都護程名振、右領軍中郎將薛仁貴將兵攻高麗之赤烽鎮，拔之，斬首四百餘級，捕虜百餘人。高麗遣其大將豆方婁帥衆三萬拒之，名振以契丹逆擊，大破之，斬首二千五百級。

四年冬十一月，右領軍中郎將薛仁貴等與高麗將溫沙門戰於橫山，破之。

五年。百濟恃高麗之援，數侵新羅，新羅王春秋上表求救。〔春三月〕辛亥，以左武衞大將軍蘇定方爲神丘道行軍大總管，帥左驍衞將軍劉伯英等水陸十萬以伐百濟。以春秋爲嵎夷道行軍總管，將新羅之衆，與之合勢。

秋八月，蘇定方引軍自成山濟海，百濟據熊津江口以拒之。定方進擊，破之，百濟死者數千人，餘皆潰走。定方水陸齊進，直趣其都城。未至二十餘里，百濟傾國來戰，大破之，殺萬餘人，追奔，入其郭，百濟王義慈及太子隆逃于北境。定方進圍其城，義慈次子泰自立爲王，帥衆固守。隆子文思曰：「王與太子皆在，而叔遽擁兵自王，借使能卻唐兵，我父子必不全矣。」遂帥左右踰城來降，百姓皆從之，泰不能止。定方命軍士登城立幟，泰窘迫，開門請命，於是義慈、隆及諸城主皆降。百濟故有五部，分統三十七郡，二百城，七十六萬户，詔以其地置熊津等五都督府，以其酋長爲都督、刺史。冬十一月戊戌朔，上御則天門樓，受百濟俘，自其王義慈以下皆釋之。

十二月壬午，以左驍衛大將軍契苾何力爲浿江道行軍大總管，左武衛大將軍蘇定方爲遼東道行軍大總管，左驍衛將軍劉伯英爲平壤道行軍大總管，蒲州刺史程名振爲鏤方道總管，將兵分道擊高麗。青州刺史劉仁軌坐督海運覆船，以白衣從軍自效。

龍朔元年春正月乙卯，募河南北、淮南六十七州兵，得四萬四千餘人，詣平壤、鏤方行營。戊午，以鴻臚卿蕭嗣業爲扶餘道行軍總管，帥回紇等諸部兵詣平壤。

三月丙申朔，上與羣臣及外夷宴於洛城門，觀屯營新教之舞，謂之一戎大定樂。時上欲親征高麗，以象用武之勢也。

初，蘇定方既平百濟，留郎將劉仁願鎮守百濟府城，又以左衛中郎將王文度爲熊津都督，撫其餘衆。文度濟海而卒，百濟僧道琛、故將福信聚衆據周留城，迎故王子豐於倭國而立之，引兵圍仁願於府城。詔起劉仁軌檢校帶方州刺史，將王文度之衆，便道發新羅兵以救仁願。仁軌喜曰：「天將富貴此翁矣。」於州司請唐曆及廟諱而行，曰：「吾欲掃平東夷，頒大唐正朔於海表。」仁軌御軍嚴整，轉鬬而前，所向皆下。百濟立兩柵於熊津江口，仁軌與新羅兵合擊，破之，殺、溺死者萬餘人。道琛等乃釋府城之圍，退保任存城。新羅糧盡，引還。道琛自稱領軍將軍，福信自稱霜岑將軍，招集徒衆，其勢益張。仁軌衆少，與仁願合軍，休息士卒。上詔新羅出兵，新羅王春秋奉詔，遣其將金欽將兵救仁軌等，至古泗，福信邀擊，敗之。欽自葛嶺道遁還新羅，不敢復出。福信尋殺道琛，專總國兵。

夏四月庚辰，以任雅相爲浿江道行軍總管，契苾何力爲遼東道行軍總管，蘇定方爲平壤道行軍總管，與蕭嗣業及諸胡兵凡三十五軍，水陸分道並進。上欲自將大軍繼之，癸巳，皇后抗表諫親征高麗，詔從之。

秋七月甲戌，蘇定方破高麗於浿江，屢戰皆捷，遂圍平壤城。九月癸巳朔，特進新羅王春秋卒。以其子法敏爲樂浪郡王、新羅王。高麗蓋蘇文遣其子男生以精兵數萬守鴨緑水，諸軍不得渡。契苾何力至，值冰大合，何力引衆乘冰渡水，鼓譟而進。高麗大潰，追奔數十里，斬首三萬級，餘衆悉降，男生僅以身免。會有詔班師，乃還。

二年春二月甲戌，浿江道大總管任雅相薨于軍。戊寅，左驍衛將軍白州刺史、沃沮道總管龐孝泰與高麗戰於蛇水之上，軍敗，與其子十三人皆戰死。蘇定方圍平壤，久不下，會大雪，解圍而還。

秋七月丁巳，熊津都督劉仁願、帶方州刺史劉仁軌大破百濟於熊津之東，拔真峴城。初，仁願、仁軌等屯熊津城，上與之敕書，以「平壤軍回，一城不可獨固，宜拔就新羅。若金法敏藉卿留鎮，宜且停彼；若其不須，即宜泛海還也」。將士咸欲西歸。仁軌曰：「人臣徇公家之利，有死無貳，豈得先念其私！主上欲滅高麗，故先誅百濟，留兵守之，制其心腹。雖餘寇充斥而守備甚嚴，宜礪兵秣馬，擊其不意，理無不克。既捷之後，士卒心安，然後分兵據險，開張形勢，飛表以聞，更求益兵。朝廷知其有成，必命將出師，聲援纔接，凶醜自殲。非直不棄成功，實亦永清海表。今平壤之軍既還，熊津又拔，則百濟餘燼不日更興，高麗逋寇何時可滅？且今以一城之地，居敵中央，苟或動足，即爲擒虜。縱入新羅，亦爲羈客，脱不如意，悔不可追。況福信凶悖殘虐，君臣猜離，行相屠戮。正宜堅守觀變，乘便取之，不可動也。」衆從之。時百濟王豐與福信等以仁願等孤城無援，遣使謂之曰：「大使等何時西還？當遣相送。」仁願、仁軌知其無備，忽出擊之，拔其支羅城及尹城、大山、沙并等柵，殺獲甚衆，分兵守之。福信等以真峴城險要，加兵守之。仁軌伺其稍懈，引新羅兵夜傅城下，攀草而上，比明，入據其城，遂通新羅運糧之路。仁願乃奏請益兵，詔發淄、青、萊、海之兵七千人以赴熊津。

福信專權，與百濟王豐浸相猜忌。福信稱疾，臥於窟室，欲俟豐問疾而殺之。豐知之，帥親信襲殺福信，遣使詣高麗、倭國乞師以拒唐兵。

三年秋八月戊申，上以海東累歲用兵，百姓困於征調，士卒戰溺死者甚衆，詔罷三十六州所造船，遣司元太常伯竇德玄等分詣十道，問人疾苦，黜陟官吏。德玄，毅之曾孫也。

九月戊午，熊津道行軍總管、右威衛將軍孫仁師等破百濟餘衆及倭兵於白江，拔其周留城。初，劉仁願、劉仁軌既克真峴城，詔孫仁師將兵浮海助之。百濟王豐南引倭人以拒唐兵，仁師與仁願、仁軌合軍，勢大振。諸將以加林城水陸之衝，欲先攻之。仁軌曰：「加林險固，急攻則傷士卒，緩之則曠日持久。周留城，虜之巢穴，羣兇所聚，除惡務本，宜先攻之。若克周留，諸城自下。」於是仁師、仁願與新羅王法敏將陸軍以進，仁軌與別將杜爽、扶餘隆將水軍及糧船自熊津入白江，以會陸軍，同趣周留城。遇倭兵於白江口，四戰皆捷，焚其舟四百艘，煙炎灼天，海水皆赤。百濟王豐脱身奔高麗，王子忠勝、忠志等帥衆降，百濟盡平，唯別帥遲受信據任存城不下。

初，百濟西部人黑齒常之長七尺餘，驍勇有謀略，仕百濟爲達率兼郡將，猶中國刺史也。蘇定方克百濟，常之帥所部隨衆降。定方縶其王及太子，縱兵劫掠，壯者多死。常之懼，與左右十餘人遁歸本部，收集亡散，保任存山，結柵以自固，旬日間歸附者三萬餘人。定方遣兵攻之，常之拒戰，唐兵不利。常之復取二百餘城，定方不能克而還。常之與別部將沙吒相如各據險以應福信，百濟既敗，皆帥其衆降。劉仁軌使常之、相如自將其衆取任存城，仍以糧仗助之。孫仁師曰：「此屬獸心，何可信也！」仁軌曰：「吾觀二人皆忠勇有謀，敦信重義，但曏者所託未得其人，今正是其感激立效之時，不用疑也。」遂給其糧仗，分兵隨之，攻拔任存城，遲受信棄妻子奔高麗。

詔留劉仁軌將兵鎮百濟，召孫仁師、劉仁願還。百濟兵火之餘，比屋彫殘，僵尸滿野。仁軌始命瘞骸骨，籍户口，理村聚，署官長，通道途，立橋梁，補堤堰，復陂塘，課耕桑，賑貧乏，養孤老，立唐社稷，頒正朔及廟諱，百濟大悦，闔境各安其業。然後修屯田，儲糗糧，訓士卒，以圖高麗。

劉仁願至京師，上問之曰：「卿在海東，前後奏事皆合機宜，復有文理。卿本武人，何能如是？」仁願曰：「此皆劉仁軌所爲，非臣所及也。」上悦，加仁軌六階，正除帶方州刺史，爲築第長安，厚賜其妻子，遣使齎璽書勞勉之。上官儀曰：「仁軌遭黜削而能盡忠，仁願秉節制而能推賢，皆可謂君子矣。」

麟德元年冬十月庚辰，檢校熊津都督劉仁軌上言：「臣伏覩所存戍兵，疲羸者多，勇健者少，衣服貧弊，唯思西歸，無心展效。臣問以：『往在海西，見百姓人人應募，争欲從軍，或請自辦衣糧，謂之「義征」，何爲今日士卒如此？』咸言：『今日官府與曩時不同，人心亦殊。曩時東西征役，身没王事，並蒙敕使弔祭，追贈官爵，或以死者官爵回授子弟，凡渡遼海者皆賜勳一轉。自顯慶五年以來，征人屢經渡海，官不記録，其死者亦無人誰何。州縣每發百姓爲兵，其壯而富者行錢參逐，皆亡匿得免。貧者身雖老弱，被發即行。頃者破百濟及平壤苦戰，當是時將帥號令，許以勳賞，無所不至。及達西岸，唯聞枷鎖推禁，奪賜破勳，州縣追呼，無以自存，公私困弊，不可悉言。以是昨發海西之日，已有逃亡自殘者，非獨至海外而然也。又，本因征役授勳級以爲榮寵，而比年出征，皆使勳官挽引，勞苦與白丁無殊。百姓不願從軍，率皆由此。』臣又問：『曩日士卒留鎮五年，尚得支濟，今爾等始經一年，何爲如此單露？』咸言：『初發家日，惟令備一年資裝，今已二年，未有還期。』臣檢校軍士所留衣，今冬僅可充事，來秋以往全無準擬。陛下留兵海外，欲殄滅高麗、百濟，高麗舊相黨援，倭人雖遠，亦共爲影響，若無鎮兵，還成一國。今既資戍守，又置屯田，所藉士卒，同心同德，而衆有此議，何望成功？自非有所更張，厚加慰勞，明賞重罰，以起士心。若止如今日已前處置，恐師衆疲老，立效無日。逆耳之事，或無人爲陛下盡言，故臣披露肝膽，昧死奏陳。」

上深納其言，遣右威衛將軍劉仁願將兵渡海以代舊鎮之兵，仍敕仁軌俱還。仁軌謂仁願曰：「國家懸軍海外，欲以經略高麗，其事非易。今收穫未畢，而軍吏與士卒一時代去，軍將又歸，夷人新服，衆心未安，必將生變。不如且留舊兵，漸令收穫，辦具資糧，節級遣還，軍將且留鎮撫，未可還也。」仁願曰：「吾前還海西，大遭讒謗，云吾多留兵衆，謀據海東，幾不免禍。今日惟知準敕，豈敢擅有所爲。」仁軌曰：「人臣苟利於國，知無不爲，豈恤其私。」乃上表陳便宜，自請留鎮海東，上從之。仍以扶餘隆爲熊津都尉，使招輯其餘衆。

二年。（秋七月）上命熊津都尉扶餘隆與新羅王法敏釋去舊怨，〔秋〕八月壬子，同盟于熊津城。劉仁軌以新羅、百濟、耽羅、倭國使者浮海西還，會祠泰山，高麗亦遣太子福男來侍祠。

乾封元年夏五月，高麗（王）蓋蘇文卒，長子男生代爲莫離支，初知國政，出巡諸城，使其弟男建、男産留知後事。或謂二弟曰：「男生惡二弟之逼，意欲除之，不如先爲計。」二弟初未之信。又有告男生者曰：「二弟恐兄還奪其權，欲拒兄不納。」男生潛遣所親往平壤伺之，二弟收掩得之，乃以王命召男生。男生懼，不敢歸，男建自爲莫離支，發兵討之。男生走保別城，使其子獻誠詣闕求救。六月壬寅，以右驍衛大將軍契苾何力爲遼東道安撫大使，將兵救之。以獻誠爲右武衛將軍，使爲鄉導。又以左金吾衛將軍龐同善、營州都督高侃爲行軍總管，同討高麗。秋九月，龐同善大破高麗兵，泉男生帥衆與同善合。詔以男生爲特進、遼東大都督兼平壤道安撫大使，封玄菟郡公。

冬十二月己酉，以李勣爲遼東道行軍大總管兼安撫大使，以司列少常伯安陸郝處俊副之，以擊高麗。龐同善、契苾何力並爲遼東道行軍副大總管，兼安撫大使如故。其水陸諸軍總管，并運糧使竇義積、獨孤卿雲、郭待封等，並受勣處分。河北諸州租賦悉詣遼東給軍用。

二年秋九月辛未，李勣拔高麗之新城，使契苾何力守之。勣初渡遼，謂諸將曰：「新城，高麗西邊要害，不先得之，餘城未易取也。」遂攻之，城人師夫仇等縛城主開門降。勣引兵進擊，一十六城皆下之。

龐同善、高侃尚在新城，泉男建遣兵襲其營，左武衛將軍薛仁貴擊破之。侃進至金山，與高麗戰，不利，高麗乘勝逐北，仁貴引兵橫擊之，大破高麗，斬首五萬餘級，拔南蘇、木底、蒼巖三城，與泉男生軍合。

郭待封以水軍自別道趣平壤，勣遣別將馮師本載糧仗以資之。師本船破，失期。待封軍中飢窘，欲作書與勣，恐爲虜所得，知其虛實，乃作離合詩以與勣。勣怒曰：「軍事方急，何以詩爲？必斬之！」行軍管記通事舍人河南元萬頃爲釋其義，勣乃更遣糧仗赴之。萬頃作檄高麗文，曰：「不知守鴨緑之險，」泉男建報曰：「謹聞命矣，」即移兵據鴨緑津，唐兵不得渡。上聞之，流萬頃於嶺南。郝處俊在高麗城下，未及成列，高麗奄至，軍中大駭，處俊據胡床方食乾糒，潛簡精鋭擊敗之，將士服其膽略。

總章元年春二月壬午，李勣等拔高麗扶餘城。薛仁貴既破高麗於金山，乘勝將三千人將攻扶餘城，諸將以其兵少，止之。仁貴曰：「兵不必多，顧用之何如耳。」遂爲前鋒以進，與高麗戰，大破之，殺獲萬餘人，遂拔扶餘城。扶餘川中四十餘城皆望風請服。

侍御史洛陽賈言忠奉使自遼東還，上問以軍事，言忠對曰：「高麗必平。」上曰：「卿何以知之？」對曰：「隋煬帝東征而不克者，人心離怨故也。先帝東征而不克者，高麗未有釁也。今高藏微弱，權臣擅命，蓋蘇文死，男建兄弟内相攻奪，男生傾心内附，爲我鄉導，彼之情僞，靡不知之。以陛下明聖，國家富强，將士盡力，以乘高麗之亂，其勢必克，不俟再舉矣。且高麗連年饑饉，妖異屢降，人心危駭，其亡可翹足待也。」上又問：「遼東諸將孰賢？」對曰：「薛仁貴勇冠三軍。龐同善雖不善鬭，而持軍嚴整。高侃勤儉自處，忠果有謀。契苾何力沈毅能斷，雖頗忌刻，而有統御之才，然夙夜小心，忘身憂國，皆莫及李勣也。」上深然其言。泉男建復遣兵五萬人救扶餘城，與李勣等遇於薛賀水，合戰，大破之，斬獲三萬餘人。進攻大行城，拔之。

秋九月癸巳，李勣拔平壤。勣既克大行城，諸軍出他道者皆與勣會。進至鴨緑栅，高麗發兵拒戰，勣等奮擊，大破之，追奔二百餘里，拔辱夷城，諸城遁逃及降者相繼。契苾何力先引兵至平壤城下，勣軍繼之，圍平壤月餘，高麗王藏遣泉男産帥首領九十八人，持白幡詣勣降，勣以禮接之。泉男建猶閉門拒守，頻遣兵出戰，皆敗。男建以軍事委僧信誠，信誠密遣人詣勣，請爲内應。後五日，信誠開門，勣縱兵登城鼓譟，焚城四(月)〔角〕，男建自刺，不死，遂擒之，高麗悉平。

(冬十月)，李勣將至，上命先以高藏等獻于昭陵，具軍容，奏凱歌入京師，獻于太廟。〔冬〕十二月丁巳，上受俘于含元殿，以高藏政非己出，赦以爲司平太常伯、員外同正。以泉男産爲司宰少卿，僧信誠爲銀青光禄大夫，泉男生爲右衛大將軍。李勣以下封賞有差。泉男建流黔州，扶餘豐流嶺南。分高麗五部、百七十六城、六十九萬餘户，爲九都督府、四十二州，百縣，置安東都護府於平壤以統之，擢其酋帥有功者爲都督、刺史、縣令，與華人參理。以右威衛大將軍薛仁貴檢校安東都護，總兵二萬人以鎮撫之。

丁卯，上祀南郊，告平高麗，以李勣爲亞獻。己巳，謁太廟。

二年。高麗之民多離叛者，〔夏四月〕，敕徙高麗户三萬八千二百於江淮之南及山南、京西諸州空曠之地，留其貧弱者使守安東。

咸亨元年夏四月，高麗酋長劍牟岑反，立高藏外孫安舜爲主。以左監門大將軍高侃爲東州道行軍總管，發兵討之。安舜殺劍牟岑，奔新羅。

二年秋七月乙未朔，高侃破高麗餘衆於安市城。

三年冬十二月，高侃與高麗餘衆戰于白水山，破之。新羅遣兵救高麗，侃擊破之。

四年夏閏五月，燕山道總管、右領軍大將軍李謹行大破高麗叛者於瓠蘆河之西，俘獲數千人，餘衆皆奔新羅。時謹行妻劉氏留伐奴城，高麗引靺鞨攻之，劉氏擐甲帥衆守城，久之，虜退。上嘉其功，封燕國夫人。謹行，靺鞨人，突地稽之子也，武力絶人，爲衆夷所憚。

上元元年春正月壬午，以左庶子同中書門下三品劉仁軌爲雞林道大總管，衛尉卿李弼、右領軍大將軍李謹行副之，發兵討新羅。時新羅王法敏既納高麗叛衆，又據百濟故地，使人守之。上大怒，詔削法敏官爵，其弟右驍衛員外大將軍、臨海郡公仁問在京師，立以爲新羅王，使歸國。

二年春二月，劉仁軌大破新羅之衆於七重城，又使靺鞨浮海，略新羅之南境，斬獲甚衆。仁軌引兵還，詔以李謹行爲安東鎮撫大使，屯新羅之買肖城以經略之。三戰皆捷，新羅乃遣使入貢，且謝罪。上赦之，復新羅王法敏官爵。金仁問中道而還，改封臨海郡公。

儀鳳元年春二月甲戌，徙安東都護府於遼東故城。先有華人任安東官者，悉罷之。

徙熊津都督府於建安故城，其百濟户口先徙徐、兖等州者，皆置於建安。

二年。初，劉仁軌引兵自熊津還，扶餘隆畏新羅之逼，不敢留，尋亦還朝。二月丁巳，以工部尚書高藏爲遼東州都督，封朝鮮王，遣歸遼東，安輯高麗餘衆。高麗先在諸州者，皆遣與藏俱歸。又以司農卿扶餘隆爲熊津都督，封帶方王，亦遣歸安輯百濟餘衆。仍移安東都護府於新城以統之。時百濟荒殘，命隆寓居高麗之境。藏至遼東，謀叛，潛與靺鞨通，召還，徙邛州而死，散徙其人於河南、隴右諸州，貧者留安東城傍。高麗舊城没於新羅，餘衆散入靺鞨及突厥，隆亦竟不敢還故地，高氏、扶餘氏遂亡。

開耀元年冬十月丁亥，新羅王法敏卒，遣使立其子政明。

吐蕃請和

唐太宗貞觀八年冬十一月甲申，吐蕃贊普棄宗弄讚遣使入貢，仍請婚。吐蕃在吐谷渾西南，近世浸强，蠶食他國，土宇廣大，勝兵數十萬，然未嘗通中國。其王稱贊普，俗不言姓，王族皆曰論，宦族皆曰尚。棄宗弄讚有勇略，四鄰畏之。上遣使者馮德遐往慰撫之。

十二年。初，上遣使者馮德遐撫慰吐蕃，吐蕃聞突厥、吐谷渾皆尚公主，遣使隨德遐入朝，多齎金寶，奉表求婚，上未之許。使者還，言於贊普弃宗弄讚曰：「臣初至唐，唐待我甚厚，許尚公主。會吐谷渾王入朝，相離間，唐禮遂衰，亦不許婚。」弄讚遂發兵擊吐谷渾，吐谷渾不能支，遁於青海之北，民畜多爲吐蕃所掠。

吐蕃進破党項、白蘭諸羌，帥衆二十餘萬屯松州西境，遣使貢金帛，云來迎公主。尋進攻松州，敗都督韓威。羌酋閻州刺史別叢卧施、諾州刺史把利步利並以州叛歸之。連兵不息，其大臣諫不聽而自縊者凡八輩。〔秋八月〕壬寅，以吏部尚書侯君集爲當彌道行軍大總管，甲辰，以右領軍大將軍執失思力爲白蘭道、左武衛將軍牛進達爲闊水道、左領軍將軍劉簡爲洮河道行軍總管，督步騎五萬擊之。吐蕃攻城十餘日，進達爲先鋒，九月辛亥，掩其不備，敗吐蕃於松州城下，斬首千餘級。弄讚懼，引兵退，遣使謝罪，因復請婚，上許之。

十四年冬閏十月丙辰，吐蕃贊普遣其相禄東贊獻金五千兩及珍玩數百以請婚，上許以文成公主妻之。

十五年春正月甲戌，以吐蕃禄東贊爲右衛大將軍。上嘉禄東贊善應對，以琅邪公主外孫段氏妻之。辭曰：「臣國中自有婦，父母所聘，不可棄也。且贊普未得謁公主，陪臣何敢先娶！」上益賢之，然欲撫以厚恩，竟不從其志。

丁丑，命禮部尚書江夏王道宗持節送文成公主于吐蕃。贊普大喜，見道宗，盡子壻禮，慕中國衣服儀衛之美，爲公主別築城郭宮室而處之，自服紈綺以見公主。其國人皆以赭塗面，公主惡之，贊普下令禁之。亦漸革其猜暴之性，遣子弟入國學，受詩、書。

二十三年。上以吐蕃贊普弄讚爲駙馬都尉，封西海郡王。贊普致書于長孫無忌等，云：「天子初即位，臣下有不忠者，當勒兵赴國討除之。」

高宗永徽元年夏五月壬戌，吐蕃贊普弄讚卒，其嫡子早死，立其孫爲贊普。贊普幼弱，政事皆決於國相禄東贊。禄東贊性明達嚴重，行兵有法，吐蕃所以强大，威服氐羌，皆其謀也。

顯慶三年冬十月庚申，吐蕃贊普來請婚。

五年八月，吐蕃禄東贊遣其子起政將兵擊吐谷渾，以吐谷渾內附故也。

龍朔三年夏五月，吐蕃與吐谷渾互相攻，各遣使上表論曲直，更來求援，上皆不許。吐谷渾之臣素和貴有罪，逃奔吐蕃，具言吐谷渾虛實。吐蕃發兵擊吐谷渾，大破之，吐谷渾可汗曷鉢與弘化公主帥數千帳棄國走依凉州，請徙居內地。上以凉州都督鄭仁泰爲青海道行軍大總管，帥右武衛將軍獨孤卿雲、辛文陵等分屯凉、鄯二州，以備吐蕃。六月戊申，又以左武衛大將軍蘇定方爲安集大使，節度諸軍，爲吐谷渾之援。吐蕃禄東贊屯青海，遣使者論仲琮入見，表陳吐谷渾之罪，且請和親。上不許，遣左衛郎將劉文祥使于吐蕃，降璽書責讓之。

麟德二年春〔二〕〔正〕月丁卯，吐蕃遣使入見，請復與吐谷渾和親，仍求赤水地畜牧，上不許。

咸亨元年夏四月，吐蕃陷西域十八州，又與于闐襲龜茲撥換城，陷之。罷龜茲、于闐、焉耆、疏勒四鎮。辛亥，以右衛大將軍薛仁貴爲邏娑道行軍大總管，左衛員外大將軍阿史那道真、左衛將軍郭待封副之，以討吐蕃，且援送吐谷渾還故地。

秋八月，郭待封先與薛仁貴並列，及征吐蕃，恥居其下，仁貴所言，待封多違之。軍至大非川，將趣烏海，仁貴曰：「烏海險遠，車行甚難，輜重自隨，難以趨利。宜留二萬人，爲兩柵於大非嶺上，輜重悉置柵內，吾屬帥輕鋭，倍道兼行，掩其未備，破之必矣。」仁貴帥所部前行，擊吐蕃於河口，大破之，斬獲甚衆，進屯烏海，以俟待封。待封不用仁貴策，將輜重徐進，未至烏海，遇吐蕃二十餘萬，待封軍大敗，還走，悉棄輜重。仁貴退屯大非川，吐蕃相論欽陵將兵四十餘萬就擊之。唐兵大敗，死傷略盡。仁貴、待封與阿史那道真並脱身免，與欽陵約和而還。敕大司憲樂彦瑋即軍中按其敗狀，械送京師，三人皆免死除名。欽陵，禄東贊之子也，與弟贊婆、悉多、于勃論皆有才略。禄東贊卒，欽陵代之秉政，三弟將兵居外，鄰國畏之。閏九月甲寅，以左相姜恪爲涼州道行軍大總管，以禦吐蕃。

三年夏四月，吐蕃遣其大臣仲琮入貢，上問以吐蕃風俗，對曰：「吐蕃地薄氣寒，風俗朴魯，然法令嚴整，上下一心，議事常自下而起，因人所利而行之，斯所以能持久也。」上詰以吞滅吐谷渾，敗薛仁貴，寇逼涼州事，對曰：「臣受命貢獻而已，軍旅之事非所聞也。」上厚賜而遣之。癸未，遣都水使者黄仁素使于吐蕃。

上元二年春正月辛未，吐蕃遣其大臣論吐渾彌來請和，且請與吐谷渾復修鄰好，上不許。

儀鳳元年春閏三月，吐蕃寇鄯、廓、河、芳等州，敕左監門衛中郎將令狐智通發興、鳳等州兵以禦之。己卯，詔以吐蕃犯塞，停封中嶽。乙酉，以洛州牧周王顯爲洮州道行軍元帥，將工部尚書劉審禮等十二總管，并州大都督相王輪爲涼州道行軍元帥，將左衛大將軍契苾何力等以討吐蕃，二王皆不行。秋八月乙未，吐蕃寇疊州。

二年夏五月，吐蕃寇扶州之臨河鎮，擒鎮將杜孝昇，令齎書説松州都督武居寂使降，孝昇固執不從。吐蕃軍還，捨孝昇而去，孝昇復帥餘衆拒守。詔以孝昇爲遊擊將軍。冬十二月乙卯，詔大發兵討吐蕃。

三年秋七月，李敬玄奏破吐蕃於龍支。九月丙寅，李敬玄將兵十八萬與吐蕃將論欽陵戰於青海之上，兵敗，工部尚書、左衛大將軍彭城僖公劉審禮爲吐蕃所虜。時審禮將前軍深入，頓于濠所，爲虜所攻，敬玄懦怯，按兵不救。聞審禮戰没，狼狽還走，頓于承風嶺，阻泥溝以自固，虜屯兵高崗以壓之。左領軍員外將軍黑齒常之，夜帥敢死之士五百人襲擊虜營，虜衆潰亂，其將跋地設引兵遁去，敬玄乃收餘衆還鄯州。審禮諸子自縛詣闕，請入吐蕃贖其父，敕聽次子易從詣吐蕃省之。比至，審禮已病卒，易從晝夜號哭不絶聲。吐蕃哀之，還其尸，易從徒跣負之以歸。上嘉黑齒常之之功，擢拜左武衛將軍，充河源軍副使。

李敬玄之西征也，監察御史原武婁師德應猛士詔從軍，及敗，敕師德收集散亡，軍乃復振。因命使于吐蕃，吐蕃將論贊婆迎之赤嶺。師德宣導上意，諭以禍福，贊婆甚悦，爲之數年不犯邊。師德遷殿中侍御史，充河源軍司馬，兼知營田事。

上以吐蕃爲憂，悉召侍臣謀之。或欲和親以息民，或欲嚴設守備，俟公私富實而討之，或欲亟發兵擊之。議竟不決，賜食而遣之。太學生宋城魏元忠上封事言禦吐蕃之策，以爲：「理國之要，在文與武。今言文者則以辭華爲首而不及經綸，言武者則以騎射爲先而不知方略，是皆何益於理亂哉！故陸機著辨亡之論，無救河梁之敗，養由基射穿七札，不濟鄢陵之師，此已然之明效也。古語有之：『人無常俗，政有理亂，兵無强弱，將有巧拙。』故選將當以智略爲本，勇力爲末。今朝廷用人，類取將門子弟及死事之家，彼皆庸人，豈足當閫外之任。李左車、陳湯、吕蒙、孟觀皆出貧賤而立殊功，未聞其家代爲將也。夫賞罰者，軍國之切務，苟有功不賞，有罪不誅，雖堯舜不能以致理。議者皆云：『近日征伐，虚有賞格，而無事實。』蓋由小才之吏，不知大體，徒惜勳庸，恐虚倉庫。不知士不用命，所損幾何，黔首雖微，不可欺罔。豈得懸不信之令，設虚賞之科，而望其立功乎！自蘇定方征遼東，李勣破平壤，賞絶不行，勳仍淹滯，不聞斬一臺郎，戮一令史，以謝勳人。大非川之敗，薛仁貴、郭待封等不即重誅，曏使早誅仁貴等，則自餘諸將豈敢失利於後哉！臣恐吐蕃之平，非旦夕可冀也。又，出師之要，全資馬力。臣請開畜馬之禁，使百姓皆得畜馬，若官軍大舉，委州縣長吏以官錢增價市之，則皆爲官有。彼胡虜恃馬力以爲强，若聽人間市而畜之，乃是損彼之强，爲中國之利也。」先是，禁百姓畜馬，故元忠言之。上善其言，召見，令直中書省，仗内供奉。

調露元年春二月壬戌，吐蕃贊普卒，子器弩悉弄立，生八年矣。時器弩悉弄與其舅麴薩若詣羊同發兵，有弟生六年，在論欽陵軍中。國人畏欽陵之强，欲立之，欽陵不可，與薩若共立器弩悉弄。上聞贊普卒，嗣主未定，命裴行儉乘間圖之。行儉曰：「欽陵爲政，大臣輯睦，未可圖也。」乃止。

冬十月癸亥，吐蕃文成公主遣其大臣論塞調傍來告喪，并請和親。上遣郎將宋令文詣吐蕃會贊普之葬。

永隆元年秋七月，吐蕃寇河源，左武衛將軍黑齒常之擊卻之。擢常之爲河源軍經略大使。常之以河源衝要，欲加兵戍之，而轉輸險遠，乃廣置烽戍七十餘所，開屯田五千餘頃，歲收五百餘萬石，由是戰守有備焉。

先是，劍南募兵於茂州，西南築安戎城，以斷吐蕃通蠻之路。吐蕃以生羌爲鄉導，攻陷其城，以兵據之，由是西洱諸蠻皆降于吐蕃。吐蕃盡據羊同、党項及諸羌之地，東接涼、松、茂、巂等州，南鄰天竺，西陷龜茲、疏勒等四鎮，北抵突厥，地方萬餘里，諸胡之盛，莫與爲比。冬十月丙午，文成公主薨于吐蕃。

開耀元年夏五月己丑，河源道經略大使黑齒常之將兵擊吐蕃論贊婆於良非川，破之，收其糧畜而還。常之在軍七年，吐蕃深畏之，不敢犯邊。

永淳元年秋七月，吐蕃將論欽陵寇拓、松、翼等州，詔左驍衛郎將李孝逸、右衛郎將衛蒲山發秦、渭等州兵分道禦之。（冬十月）〔是歲〕，吐蕃入寇河源軍，軍使婁師德將兵擊之於白水澗，八戰八捷。上以師德爲比部員外郎、左驍衛郎將、河源軍經略副使，曰：「卿有文武材，勿辭也。」

則天皇后垂拱元年冬十一月癸卯，命天官尚書韋待價爲燕然道行軍大總管，以討吐蕃。

三年冬十一月，太后欲遣韋待價將兵擊吐蕃，鳳閣侍郎韋方質奏，請如舊制遣御史監軍。太后曰：「古者明君遣將，閫外之事悉以委之。比聞御史監軍，軍中事無大小皆須承稟。以下制上，非令典也，且何以責其有功。」遂罷之。

永昌元年夏五月丙辰，命文昌右相韋待價爲安息道行軍大總管，擊吐蕃。韋待價軍至寅識迦河，與吐蕃戰，大敗。會大雪，糧運不繼。待價既無將領之才，狼狽失據，士卒凍餒，死亡甚衆，乃引軍還。太后大怒，丙子，待價除名，流繡州，斬副大總管安西大都護閻温古。安西副都護唐休璟收其餘衆，撫安西土，太后以休璟爲西州都督。

天授二年夏五月，以岑長倩爲武威道行軍大總管，擊吐蕃，中道召還，軍竟不出。

長壽元年春二月己亥，吐蕃、党項部落萬餘人内附，分置十州。

夏五月，吐蕃酋長曷蘇帥部落請内附，以右玉鈐衛將軍張玄遇爲安撫使，將精卒二萬迎之。六月，軍至大渡水西，曷蘇事洩，爲國人所擒。別部酋長昝捶帥羌蠻八千餘人内附，玄遇以其部落置莱川州而還。

初，新豐王孝傑從劉審禮擊吐蕃，爲副總管，與審禮皆没於吐蕃。贊普見孝傑泣曰：

「貌類吾父，」厚禮之，後竟得歸，累遷右鷹揚衞將軍。孝傑久在吐蕃，知其虚實。會西州都督唐休璟請復取龜茲、于闐、疏勒、碎葉四鎮，敕以孝傑爲武威軍總管，與左武衞大將軍阿史那忠節將兵擊吐蕃。冬十月丙戌，大破吐蕃，復取四鎮。置安西都護於龜茲，發兵戍之。

延載元年春二月，武威道總管王孝傑破吐蕃教論贊(刃)〔與〕突厥可汗俀子等於冷泉及大嶺，各三萬餘人。碎葉鎮守使韓思忠破泥熟俟斤等萬餘人。

天册萬歲元年秋七月辛酉，吐蕃寇臨洮，以王孝傑爲肅邊道行軍大總管以討之。

萬歲通天元年春(正)〔一〕月甲寅，以婁師德爲肅邊道行軍副總管，擊吐蕃。三月壬寅，王孝傑、婁師德與吐蕃將論欽陵、贊婆戰於素羅汗山，唐兵大敗。孝傑坐免爲庶人，師德貶原州員外司馬。師德因署移牒，驚曰：「官爵盡無邪！」既而曰：「亦善，亦善。」不復介意。

秋九月，吐蕃復遣使請和親，太后遣右武衞胄曹參軍貴鄉郭元振往察其宜。吐蕃將論欽陵請罷安西四鎮戍兵，并求分十姓突厥之地。元振曰：「四鎮、十姓，與吐蕃種類本殊，今請罷唐兵，豈非有兼并之志乎？」欽陵曰：「吐蕃苟貪土地，欲爲邊患，則東侵甘、涼，豈肯規利於萬里之外邪！」乃遣使者隨元振入請之。

朝廷疑未決，元振上疏，以爲：「欽陵求罷兵割地，此乃利害之機，誠不可輕舉措也。今若直拒其善意，則爲邊患必深。四鎮之利遠，甘、涼之害近，不可不深圖也。宜以計緩之，使其和望未絕則善矣。彼四鎮、十姓，吐蕃之所甚欲也，而青海、吐谷渾，亦國家之要地也。今報之宜曰：『四鎮、十姓之地，本無用於中國，所以遣兵戍之，欲以鎮撫西域，分吐蕃之勢，使不得併力東侵也。今若果無東侵之志，當歸我吐谷渾諸部及青海故地，則五俟斤部亦當以歸吐蕃。』如此則足以塞欽陵之口，而亦未與之絕也。若欽陵小有乖違，則曲在彼矣。且四鎮、十姓款附歲久，今未察其情之向背，事之利害，遥割而棄之，恐傷諸國之心，非所以御四夷也。」太后從之。

元振又上言：「吐蕃百姓疲於徭戍，早願和親。欽陵利於統兵專制，獨不欲歸款。若國家歲發和親使，而欽陵常不從命，則彼國之人怨欽陵日深，望國恩日甚，設欲大舉其徒固亦難矣。斯亦離間之漸，可使其上下猜阻，禍亂内興矣。」太后深然之。元振名震，以字行。

聖曆二年。初，吐蕃贊普器弩悉弄尚幼，論欽陵兄弟用事，皆有勇略，諸胡畏之。欽陵居中秉政，諸弟握兵分據方面，贊婆常居東邊，爲中國患者三十餘年。器弩悉弄浸長，陰與大臣論巖謀誅之。會欽陵出外，贊普詐云出畋，集兵執欽陵親黨二千餘人，殺之，遣使召欽陵兄弟，欽陵等舉兵不受命。贊普將兵討之，欽陵兵潰自殺。夏四月，贊婆帥所部千餘人來降，太后命右武衛鎧曹參軍郭元振與河源軍大使（不）〔夫〕蒙令卿將騎迎之，以贊婆爲特進、歸德王。欽陵子弓仁以所統吐谷渾七千帳來降，拜左玉鈐衛將軍、酒泉郡公。

冬十月丁亥，論贊婆至都，太后寵待賞賜甚厚，以爲右衛大將軍，使將其衆守洪源谷。

久視元年秋閏七月丁酉，吐蕃將麴莽布支寇涼州，圍昌松，隴右諸軍大使唐休璟與戰於洪源谷。麴莽布支兵甲鮮華，休璟謂諸將曰：「諸論既死，麴莽布支新爲將，不習軍事，諸貴臣子弟皆從之，望之雖如精鋭，實易與耳，請爲諸君破之。」乃被甲先陷陳，六戰皆捷，吐蕃大奔，斬首二千五百級，獲二裨將而還。庚戌，以魏元忠爲隴右諸軍大使，擊吐蕃。

長安二年秋九月己卯，吐蕃遣其臣論彌薩來求和。癸未，宴論彌薩於麟德殿。時涼州都督唐休璟入朝，亦預宴，彌薩屢窺之。太后問其故，對曰：「洪源之戰，此將軍猛厲無敵，故欲識之。」太后擢休璟爲右武威、金吾二衛大將軍。休璟練習邊事，自碣石以西踰四鎮，綿亘萬里，山川要害皆能記之。

冬十月戊申，吐蕃贊普將萬餘人寇茂州，都督陳大慈與之四戰，皆破之，斬首千餘級。

三年夏四月，吐蕃遣使獻馬千匹、金二千兩以求婚。

吐蕃南境諸部皆叛，贊普器弩悉弄自將擊之，卒於軍中。諸子争立，久之，國人立其子棄隸蹜贊爲贊普，生七年矣。

中宗景龍元年春三月庚子，吐蕃遣其大臣悉薰熱入貢。夏四月辛巳，以上所養雍王守禮女金城公主妻吐蕃贊普。

三年冬十一月乙亥，吐蕃贊普遣其大臣尚贊咄等千餘人迎金城公主。

睿宗景雲元年春正月，上命紀處訥送金城公主適吐蕃，處訥辭，又命趙彦昭，彦昭亦辭。丁丑，命左驍衛大將軍楊矩送之。己卯，上自送公主至始平，二月癸未，還宫。公主至吐蕃，贊普爲之別築城以居之。

玄宗開元元年冬十二月甲午，吐蕃遣其大臣來求和。

二年夏五月己酉，吐蕃相坌達延遺宰相書，請先遣解琬至河源正二國封疆，然後結盟。琬嘗爲朔方大總管，故吐蕃請之。前此琬以金紫光禄大夫致仕，復召拜左散騎常侍而遣之。又命宰相復坌達延書，招懷之。琬上言：「吐蕃必陰懷叛計，請預屯兵十萬於秦、渭等州以備之。」六月丙寅，吐蕃使其宰相尚(飲)〔欽〕藏來獻盟書。

秋八月乙亥，吐蕃將坌達延、乞力徐帥衆十萬寇臨洮軍蘭州，至于渭源，掠取牧馬。命薛訥白衣攝左羽林將軍，爲隴右防禦使，以右驍衛將軍常樂郭知運爲副使，與太僕少卿王晙帥兵擊之。辛巳，大募勇士詣河、隴就訥教習。初，鄯州都督楊矩以九曲之地與吐蕃，其地肥饒，吐蕃就之畜牧，因以入寇。矩悔懼自殺。

冬十月，吐蕃復寇渭源。丙辰，上下詔欲親征，發兵十餘萬人，馬四萬匹。甲子，薛訥與吐蕃戰於武街，大破之。時太僕少卿隴右羣牧使王晙帥所部二千人與訥會擊吐蕃。坌達延將吐蕃十萬屯大來谷，晙選勇士七百，衣胡服，夜襲之，多置鼓角於其後五里，前軍遇敵大呼，後人鳴鼓角以應之。虜以爲大軍至，驚懼，自相殺傷，死者萬計。訥時在武街，去大來谷二十里，虜軍塞其中間，晙復夜出兵襲之，虜大潰，始得與訥軍合。同追奔至洮水，復戰於長城堡，又敗之，前後殺獲數萬人。豐安軍使王海賓戰死。乙丑，敕罷親征。

戊辰，姚崇、盧懷慎等奏：「頃者吐蕃以河爲境，神龍中尚公主，遂踰河築城，置獨山、九曲兩軍，去積石三百里，又於河上造橋。今吐蕃既叛，宜毀橋拔城。」從之。以王海賓之子忠嗣爲朝散大夫、尚輦奉御，養之宮中。

乙酉，命左驍衛郎將〔尉遲瓌使于吐蕃，宣〕慰金城公主。吐蕃遣其大臣宗俄因（矛）〔子〕至洮水請和，用敵國禮。上不許，自是連歲犯邊。

四年春二月，吐蕃圍松州。癸酉，松州都督孫仁獻襲擊吐蕃於城下，大破之。秋（七）〔八〕月，吐蕃復請和，上許之。

五年秋七月壬寅，隴右節度使郭知運大破吐蕃於九曲。

六年冬十一月戊辰，吐蕃奉表請和，乞舅甥親署誓文，及令彼此宰相皆著名於其上。

七年夏六月戊辰，吐蕃復遣使請上親署誓文，上不許，曰：「昔歲誓約已定，苟信不由衷，亟誓何益？」

十年秋〔八〕〔九〕月癸未，吐蕃圍小勃律王沒謹忙，謹忙求救于北庭節度使張嵩曰：「勃律，唐之西門，勃律亡則西域皆爲吐蕃矣。」嵩乃遣疏勒副使張思禮將蕃、漢步騎四千人救之，晝夜倍道，與謹忙合擊吐蕃，大破之，斬獲數萬。自是累歲吐蕃不敢犯邊。

十五年春正月辛丑，涼州都督王君㚟破吐蕃於青海之西。初，吐蕃自恃其强，致書用敵國禮，辭指悖慢，上意常怒之。張說言於上曰：「吐蕃無禮，誠宜誅夷，但連兵十餘年，甘、涼、河、鄯不勝其弊，雖師屢捷，所得不償所亡。聞其悔過求和，願聽其款服，以紓邊人。」上曰：「俟吾與王君㚟議之。」說退，謂源乾曜曰：「君㚟勇而無謀，常思僥幸，若二國和親，何以爲功！吾言必不用矣。」及君㚟入朝，果請深入討之。

去冬吐蕃大將悉諾邏寇大斗谷，進攻甘州，焚掠而去。君㚟度其兵疲，勒兵躡其後，會大雪，虜凍死者甚衆，自積石軍西歸。君㚟先遣人間道入虜境，燒道旁草，悉諾邏至大非川，欲休士馬，而野草皆盡，馬死過半。君㚟與秦州都督張景順追之，及於青海之西，乘冰而渡，悉諾邏已去，破其後軍，獲其輜重羊馬萬計而還。君㚟以功遷左羽林大將軍，拜其父壽爲少府監致仕。上由是益事邊功。

秋九月丙子，吐蕃大將悉諾邏恭祿及燭龍莽布支攻陷瓜州，執刺史田元獻及河西節度使王君㚟之父，進攻玉門軍。縱所虜俘使歸涼州，謂君㚟曰：「將軍常以忠勇許國，何不一戰！」君㚟登城西望而泣，竟不敢出兵。莽布支别攻常樂縣，縣令賈師順帥衆拒守。及瓜州陷，悉諾邏悉兵會攻之，旬餘日，吐蕃力盡，不能克，使人說降之，不從。吐蕃曰：「明府既不降，宜斂城中財相贈，吾當退。」師順請脫士卒衣，悉諾邏知無財，乃引去，毁瓜州城。師順遽開門，收器械，修守備。虜果復遣精騎還，視城中，知有備，乃去。師順，岐州人也。

閏月庚子，吐蕃贊普與突騎施蘇祿圍安西城，安西副大都護趙頤貞擊破之。王君㚟帥精騎邀吐蕃使者於肅州，還至甘州南鞏筆驛，回紇司馬護輸伏兵突起，殺君㚟。辛巳，以左金吾衛大將軍信安王褘爲朔方節度等副大使。褘，恪之孫也。以朔方節度使蕭嵩爲河西節度等副大使。時王君㚟新敗，河、隴震駭。嵩引刑部員外郎裴寬爲判官，與君㚟判官牛仙客俱掌軍政，人心浸安。寬，漼之從弟也。仙客本鶉觚小吏，以才幹軍功累遷至河西節度判官，爲君㚟腹心。

嵩又奏以建康軍使河北張守珪爲瓜州刺史，帥餘衆築故城。板榦裁立，吐蕃猝至，城中相顧失色，莫有鬬志。守珪曰：「彼衆我寡，又瘡痍之餘，不可以矢刃相持，當以奇計取勝。」乃於城上置酒作樂。虜疑其有備，不敢攻而退。守珪縱兵擊之，虜敗走。守珪乃修復城市，收合流散，皆復舊業。朝廷嘉其功，以瓜州爲都督府，以守珪爲都督。悉諾邏威名甚盛，蕭嵩縱反間於吐蕃，云與中國通謀，贊普召而誅之，吐蕃由是少衰。

冬十二月戊寅，制以吐蕃爲邊患，令隴右道及諸軍團兵五萬六千人，河西道及諸軍團兵四萬人，又徵關中兵萬人集臨洮，朔方兵二萬人集會州防秋，至冬初，無寇而罷。伺虜入寇，互出兵腹背擊之。

十六年秋七月，吐蕃大將悉末朗寇瓜州，都督張守珪擊走之。乙巳，河西節度使蕭嵩、隴右節度使張忠亮大破吐蕃於渴波谷，忠亮追之，拔其大莫門城，擒獲甚衆，焚其駱駝橋而還。

八月辛卯，右金吾將軍杜賓客破吐蕃于祁連城下。時吐蕃復入寇，蕭嵩遣賓客將强弩四千擊之。戰自辰至暮，吐蕃大潰，獲其大將一人。虜散走投山，哭聲四合。

十七年春三月，瓜州都督張守珪、沙州刺史賈思順擊吐蕃大同軍，大破之。甲寅，朔方節度使信安王禕攻吐蕃石堡城，拔之。初，吐蕃陷石堡城，留兵據之，侵擾河右，上命禕與河西、隴右同議攻取。諸將咸以爲石堡據險而道遠，攻之不克，將無以自還，且宜按兵觀釁。禕不聽，引兵深入，急攻拔之，仍分兵據守要害，令虜不得前。自是河、隴諸軍遊弈，拓境千餘里。上聞，大悅，更命石堡城曰振武軍。

十八年夏五月，吐蕃遣使致書於境上求和。秋九月，吐蕃兵數敗而懼，乃求和親。忠王友皇甫惟明因奏事從容言和親之利。上曰：「贊普嘗遺吾書，悖慢，此何可捨！」對曰：「贊普當開元之初，年尚幼稺，安能爲此書？殆邊將詐爲之，欲以激怒陛下耳。夫邊境有事，則將吏得以因緣盜匿官物，妄述功狀以取勳爵，此皆姦臣之利，非國家之福也。兵連不解，日費千金，河西、隴右由茲困敝。陛下誠命一使往視公主，因與贊普面相約結，使之稽顙稱臣，永息邊患，豈非御夷狄之長策乎？」上悅，命惟明與內侍張元方使于吐蕃。贊普大喜，悉出貞觀以來所得敕書以示惟明。冬十月，遣其大臣論名悉獵，隨惟明入貢，表稱：「甥世尚公主，義同一家。中間張玄表等先興兵寇鈔，遂使二境交惡。甥深識尊卑，安敢失禮，正爲邊將交構，致獲罪於舅。屢遣使者入朝，皆爲邊將所遏。今蒙遠降使臣，來視公主，甥不勝喜荷。儻使復修舊好，死無所恨。」自是吐蕃復款附。

十九年春正月辛未，遣鴻臚卿崔琳使于吐蕃。琳，神慶之子也。吐蕃使者稱公主求毛詩、春秋、禮記。正字于休烈上疏，以爲：「東平王漢之懿親，求史記、諸子，漢猶不與。

況吐蕃，國之寇讎，今資之以書，使知用兵權略，愈生變詐，非中國之利也。」事下中書門下議之，裴光庭等奏：「吐蕃聾昧頑囂，久叛新服，因其有請，賜以詩、書，庶使之漸陶聲教，化流無外。休烈徒知書有權略變詐之語，不知忠信禮義皆從書出也。」上曰：「善。」遂與之。休烈，志寧之玄孫也。秋九月辛未，吐蕃遣其相論尚它硉入見。

二十一年春二月丁酉，金城公主請立碑於赤嶺，以分唐與吐蕃之境，許之。

突厥叛唐

唐高宗麟德元年春正月甲子，改雲中都護府爲單于大都護府，以殷王旭輪爲單于大都護。初，李靖破突厥，遷三百帳于雲中城，阿史德氏爲其長。至是，部落漸衆，阿史德氏詣闕請如胡法，立親王爲可汗以統之。上召見，謂曰：「今之可汗，古之單于也。」故更爲單于都護府，而使殷王遥領之。

調露元年冬十月，單于大都護府突厥阿史德温傅、奉職二部俱反，立阿史那泥熟匐爲可汗，二十四州酋長皆叛應之，衆數十萬。遣鴻臚卿單于大都護府長史蕭嗣業、左領軍衛將軍花大智、右千牛衛將軍李景嘉等將兵討之。嗣業等先戰屢捷，因不設備，會大雪，突厥夜襲其營，嗣業狼狽拔營走，衆遂大亂，爲虜所敗，死者不可勝數。大智、景嘉引步兵且行且戰，得入單于都護府。嗣業減死，流桂州，大智、景嘉並免官。

突厥寇定州，刺史霍王元軌命開門偃旗，虜疑有伏，懼而宵遁。州人李嘉運與虜通謀，事洩，上令元軌窮其黨與。元軌曰：「强寇在境，人心不安，若多所逮繫，是驅之使叛也。」乃獨殺嘉運，餘無所問，因自劾違制。上覽表大喜，謂使者曰：「朕亦悔之，向無王，失定州矣。」自是朝廷有大事，上多密敕問之。

壬子，遣左金吾衛將軍曹懷舜屯井陘，右武衛將軍崔獻屯龍門，以備突厥。突厥扇誘奚、契丹侵掠營州，都督周道務遣户曹始平唐休璟將兵擊破之。

十一月癸未，上宴裴行儉，謂之曰：「卿有文武兼資，今授卿二職。」乃除禮部尚書兼檢校右衛大將軍。甲辰，以行儉爲定襄道行軍大總管，將兵十八萬，并西軍檢校豐州都督程務挺、東軍幽州都督李文暕，總三十餘萬以討突厥，並受行儉節度。務挺，名振之子也。

永隆元年春三月，裴行儉大破突厥於黑山，擒其酋長奉職。可汗泥熟匐爲其下所殺，以其首來降。初，行儉行至朔川，謂其下曰：「用兵之道，撫士貴誠，制敵尚詐。前日蕭嗣業糧運爲突厥所掠，士卒凍餒，故敗。今突厥必復爲此謀，宜有以詐之。」乃詐爲糧車三百乘，每車伏壯士五人，各持陌刀勁弩，以羸兵數百爲之援，且伏精兵於險要以待之。虜果至，羸兵棄車散走，虜驅車就水草，解鞍牧馬，欲取糧，壯士自車中躍出，擊之，虜驚走，復爲伏兵所邀，殺獲殆盡。自是糧運行者，虜莫敢近。軍至單于府北，抵暮，下營，掘塹已周，行儉遽命移就高岡。諸將皆言「士卒已安堵，不可復動」。行儉不從，趣使移。是夜，風雨暴至，前所營地水深丈餘，諸將驚服。問其故，行儉笑曰：「自今但從我命，不必問其所由知也。」

奉職既就擒，餘黨走保狼山。詔户部尚書崔知悌馳傳詣定襄宣慰將士，且區處餘寇。行儉引軍還。

秋七月，突厥餘衆圍雲州，代州都督竇懷悊、右領軍中郎將程務挺將兵擊破之。

開耀元年春正月，突厥寇原、慶等州，乙亥，遣右衛將軍李知十等將兵屯涇、慶二州以備突厥。

裴行儉軍既還，突厥阿史那伏念復自立爲可汗，與阿史德温傅連兵爲寇。癸巳，以行儉爲定襄道大總管，以右武衛將軍曹懷舜、幽州都督李文暕爲副，將兵討之。

三月，曹懷舜與裨將竇義昭將前軍擊突厥。或告：「阿史那伏念與阿史德温傅在黑沙北，左右纔二十騎以下，可徑往取也。」懷舜等信之，留老弱於瓠盧泊，帥輕鋭倍道進至黑沙，無所見，人馬疲頓，乃引兵還。會薛延陁部落欲西詣伏念，遇懷舜軍，因請降。懷舜等引兵徐還，至長城北，遇温傅，小戰，各引去。至横水，遇伏念，懷舜、義昭與李文暕及裨將劉敬同四軍合爲方陳，且戰且行，經一日，伏念乘便風擊之，軍中擾亂，懷舜等棄軍走，軍遂大敗，死者不可勝數。懷舜等收散卒，斂金帛以賂伏念，與之約和，殺牛爲盟。伏念北去，懷舜等乃得還。夏五月丙戌，懷舜免死，流嶺南。

秋閏七月，裴行儉軍於代州之陘口，多縱反間，由是阿史那伏念與阿史德温傅浸相猜貳。伏念留妻子輜重於金牙山，以輕騎襲曹懷舜。行儉遣裨將何迦密自通漠道，程務挺自石地道掩取之。伏念與曹懷舜等約和而還，比至金牙山，失其妻子輜重，士卒多疾疫，乃引兵北走保細沙，行儉又使副總管劉敬同、程務挺等將單于府兵追躡之。伏念請執温傅以自效，然尚猶豫，又自恃道遠，唐兵必不能至，不復設備。敬同等軍到，伏念狼狽，不能整其衆，遂執温傅從間道詣行儉降。候騎告以煙塵漲天而至，將士皆震恐，行儉曰：「此乃伏念執温傅來降，非他盜也。然受降如受敵，不可無備。」乃命嚴備，遣單（于）使迎前勞之。少選，伏念果帥酋長縛温傅詣軍門請罪。行儉盡平突厥餘黨，以伏念、温傅歸京師。

冬十月壬戌，裴行儉等獻定襄之俘。乙丑，改元。丙寅，斬阿史那伏念、阿史德温傅等五十四人於都市。初，行儉許伏念以不死，故降。裴炎疾行儉之功，奏言：「伏念爲副將張虔勗、程務挺所逼，又回紇等自磧北南向逼之，窮窘而降耳。」遂誅之。行儉歎曰：「渾、濬争功，古今所耻，但恐殺降，無復來者。」因稱疾不出。

永淳元年。突厥餘黨阿史那骨篤禄、阿史德元珍等招集亡散，據黑沙城反，入寇并州及單于府之北境，殺嵐州刺史王德茂。右領軍衛將軍、檢校代州都督薛仁貴將兵擊元珍於雲州，虜問：「唐大將爲誰？」應之曰：「薛仁貴。」虜曰：「吾聞仁貴流象州，死久矣，何以紿我！」仁貴免胄示之面，虜相顧失色，下馬列拜，稍稍引去。仁貴因奮擊，大破之，斬首萬餘級，捕虜二萬餘人。

弘道元年春二月庚午，突厥寇定州，刺史霍王元軌擊卻之。乙亥，復寇嬀州。三月庚寅，阿史那骨篤禄、阿史德元珍圍單于都護府，執司馬張行師，殺之。遣勝州都督王本立、夏州都督李崇義將兵分道救之。

夏五月乙巳，突厥阿史那骨篤禄等寇蔚州，殺刺史李思儉。豐州都督崔智辯將兵邀之於朝那山北，兵敗，爲虜所擒。朝議欲廢豐州，遷其百姓於靈、夏。豐州司馬唐休璟上言，以爲：「豐州阻河爲固，居賊衝要，自秦、漢已來列爲郡縣，土宜耕牧。隋季喪亂，遷百姓於寧、慶二州，致胡虜深侵，以靈、夏爲邊境。貞觀之末，募人實之，西北始安。今廢之，則河濱之地復爲賊有，靈、夏等州人不安業，非國家之利也。」乃止。

六月，突厥別部寇掠嵐州，偏將楊玄基擊走之。冬十一月戊戌，以右武衛將軍程務挺爲單于道安撫大使，招討阿史那骨篤禄等。

則天皇后光宅元年秋七月，突厥阿史那骨篤祿等寇朔州。九月，以左武衞大將軍程務挺爲單于道安撫大使，以備突厥。

垂拱元年春二月，突厥阿史那骨篤祿等數寇邊，以左玉鈐衞中郎將淳于處平爲陽曲道行軍總管，擊之。夏四月癸未，突厥寇代州，淳于處平引兵救之。至忻州，爲突厥所敗，死者五千餘人。

二年秋九月，突厥入寇，左鷹揚衞大將軍黑齒常之拒之。至兩井，遇突厥三千餘人，見唐兵，皆下馬擐甲，常之以二百餘騎衝之，皆棄甲走。日暮，突厥大至，常之令營中然火，東南又有火起，虜疑有兵相應，遂夜遁。

三年春二月丙辰，突厥骨篤祿等寇昌平，命左鷹揚大將軍黑齒常之帥諸軍討之。秋七月，突厥骨篤祿、元珍寇朔州，遣燕然道大總管黑齒常之擊之，以右鷹揚大將軍李多祚爲之副，大破突厥於黄花堆，追奔四十餘里，突厥皆散走磧北。多祚世爲靺鞨酋長，以軍功得入宿衞。黑齒常之每得賞賜，皆分將士。有善馬爲軍士所損，官屬請笞之，常之曰：「奈何以私馬笞官兵乎！」卒不問。

冬十月庚子，右監門衞中郎將爨寶璧與突厥骨篤祿、元珍戰，全軍皆没，寶璧輕騎遁歸。寶璧見黑齒常之有功，表請窮追餘寇，詔與常之計議，遥爲聲援。寶璧欲專其功，不待常之，引精兵萬三千人先行，出塞二千餘里，掩擊其部落。既至，又先遣人告之，使得嚴備，與戰，遂敗。太后誅寶璧，改骨篤禄曰不卒禄。

永昌元年夏五月己巳，以僧懷義爲新平軍大總管，北討突厥。行至紫河，不見虜，於單于臺刻石紀功而還。秋九月壬子，以僧懷義爲新平道行軍大總管，將兵二十萬以討突厥骨篤禄。

延載元年（春）正月，突厥可汗骨篤禄卒，其子幼，弟默啜自立爲可汗。臘月甲戌，默啜寇靈州。〔春〕二月庚午，以僧懷義爲代北道行軍大總管，以討默啜。

三月甲申，以鳳閣舍人蘇味道爲鳳閣侍郎、同平章事，李昭德檢校内史。更以僧懷義爲朔方道行軍大總管，以李昭德爲長史，蘇味道爲司馬，帥契苾明、曹仁師、沙吒忠義等十八將軍以討默啜。未行，虜退而止。昭德嘗與懷義議事，失其旨，懷義撻之，昭德惶懼請罪。

天册萬歲元年正月丙午，以王孝傑爲朔方道行軍總管，擊突厥。冬十月，突厥默啜遣使請降，太后喜，册授左衛大將軍、歸國公。

萬歲通天元年秋九月丁巳，突厥寇涼州，執都督許欽明。欽明，紹之曾孫也，時出按部，突厥數萬奄至城下，欽明拒戰，爲所虜。

突厥默啜請爲太后子，并爲其女求婚，悉歸河西降户，帥其部衆爲國討契丹。太后遣豹韜衛大將軍閻知微、左衛郎將攝司賓卿田歸道册授默啜左衛大將軍、遷善可汗。知微，立德之孫；歸道，仁會之子也。

冬十月辛卯，契丹李盡忠卒，孫萬榮代領其衆。突厥默啜乘間襲松漠，虜盡忠、萬榮妻子而去。太后進拜默啜爲頡跌利施大單于、立功報國可汗。

神功元年（春）正月，突厥默啜寇靈州，以許欽明自隨。欽明至城下，大呼求美醬、粱米及墨，意欲城中選良將，引精兵，夜襲虜營，而城中無諭其意者。

癸亥，突厥默啜寇勝州，平狄軍副使安道買擊破之。〔春〕三月，閻知微、田歸道同使突厥，册默啜爲可汗。知微中道遇默啜使者，輒與之緋袍、銀帶，且上言：「虜使至都，宜大爲供張。」歸道上言：「突厥背誕積年，今方悔過，宜待聖恩寬宥。今知微擅與之袍、帶，使朝廷無以復加，宜令反初服以俟朝恩。又，小虜使臣，不足大爲供張。」太后然之。知微見默啜，舞蹈，吮其靴鼻。歸道長揖不拜。默啜囚歸道，將殺之，歸道辭色不撓，責其無厭，爲陳禍福。阿波達干元珍曰：「大國使者，不可殺也。」默啜怒稍解，但拘留不遣。

初，咸亨中，突厥有降者皆處之豐、勝、靈、夏、朔、代六州。至是，默啜求六州降户及單于都護府之地，并穀種、繒帛、農器、鐵，太后不許。默啜怒，言辭悖慢。姚璹、楊再思以契丹未平，請依默啜所求給之。麟臺少監、知鳳閣侍郎贊皇李嶠曰：「戎狄貪而無信，此所謂『借寇兵資盜糧』也，不如治兵以備之。」璹、再思固請與之，乃悉驅六州降户數千帳以與默啜，并給穀種四萬斛，雜綵五萬段，農器三千事，鐵數萬斤，并許其婚。默啜由是益强。田歸道始得還，與閻知微爭論於太后前。歸道以爲默啜必負約，不可恃和親，宜爲之備。知微以爲和親必可保。

冬閏十月甲寅，以幽州都督狄仁傑爲鸞臺侍郎、同平章事。仁傑上疏，以爲：「天生四夷，皆在先王封略之外，故東拒滄海，西阻流沙，北横大漠，南阻五嶺，此天所以限夷狄而隔中外也。自典籍所紀，聲教所及，三代不能至者，國家盡兼之矣。詩人矜薄伐於太原，美化行於江、漢，則三代之遠裔，皆國家之域中也。若乃用武荒外，邀功絶域，竭府庫之實，以爭不毛之地，得其人不足增賦，獲其土不可耕織，苟求冠帶遠夷之稱，不務固本安人之術，此秦皇、漢武之所行，非五帝、三王之事業也。始皇窮兵極武，務求廣地，死者如麻，致天下潰叛。漢武征伐四夷，百姓困窮，盜賊蜂起；末年悔悟，息兵罷役，故能爲天所祐。近者國家頻歲出師，所費滋廣，西戍四鎮，東戍安東，調發日加，百姓虚弊。今關東飢饉，蜀、漢逃亡，江、淮已南，徵求不息，人不復業，相率爲盜，本根一摇，憂患不淺。其所以然者，皆以爭蠻貊不毛之地，乖子養蒼生之道也。昔漢元納賈捐之之謀而罷朱崖郡，宣帝用魏相之策而棄車師之田，豈不欲慕尚虛名，蓋憚勞人力也。近貞觀年中克平九姓，立李思摩爲可汗，使統諸部者，蓋以夷狄叛則伐之，降則撫之，得推亡固存之義，無遠戍勞人之役，此近日之令典，經邊之故事也。竊謂宜立阿史那斛瑟羅爲可汗，委之四鎮，繼高氏絕國，使守安東。省軍費於遠方，并甲兵於塞上，使夷狄無侵侮之患則可矣，何必窮其窟穴，與螻蟻校長短哉！但當敕邊兵，謹守備，遠斥候，聚資糧，待其自致，然後擊之。以逸待勞則戰士力倍，以主禦客則我得其便，堅壁清野則寇無所得。自然賊深入則有顛躓之慮，淺入必無虜獲之益。如此數年，可使二虜不擊而服矣。」事雖不行，識者是之。

聖曆元年夏六月甲午，命淮陽王武延秀入突厥，納默啜女爲妃。豹韜衛大將軍閻知微攝春官尚書，右武衛郎將楊齊莊攝司賓卿，齎金帛巨億以送之。延秀，承嗣之子也。鳳閣舍人襄陽張柬之諫曰：「自古未有中國親王娶夷狄女者。」由是忤旨，出爲合州刺史。

秋八月戊子，武延秀至黑沙南庭。突厥默啜謂閻知微等曰：「我欲以女嫁李氏，安用武氏兒邪！此豈天子之子乎？我突厥世受李氏恩，聞李氏盡滅，唯兩兒在，我今將兵輔立之。」乃拘延秀於別所，以知微爲南面可汗，言欲使之主唐民也。遂發兵襲靜難、平狄、清夷等軍。靜難軍使慕容玄崱以兵五千降之。虜勢大振，進寇嬀、檀等州。前從閻知微入突厥者，默啜皆賜之五品、三品之服，太后悉奪之。

默啜移書數朝廷曰：「與我蒸穀種，種之不生，一也。金銀器皆行濫，非真物，二也。我與使者緋紫，皆奪之，三也。繒帛皆疏惡，四也。我可汗女當嫁天子兒，武氏小姓，門戶不敵，罔冒爲婚，五也。我爲此起兵，欲取河北耳。」

監察御史裴懷古從閻知微入突厥，默啜欲官之，不受，囚，將殺之，逃歸抵晉陽，形容羸瘁。突騎譟聚，以爲間諜，欲取其首以求功。有果毅嘗爲人所枉，懷古按直之，大呼曰：「裴御史也。」救之，得全。至都，引見，遷祠部員外郎。

時諸州聞突厥入寇，方秋，爭發民修城。衛州刺史太平敬暉謂僚屬曰：「吾聞金湯非粟不守，奈何捨收穫而事城郭乎！」悉罷之，使歸田，百姓大悅。

以司屬卿武重規爲天兵中道大總管，右武衛將軍沙吒忠義爲天兵西道總管，幽州都督下邽張仁愿爲天兵東道總管，將兵三十萬以討突厥默啜。又以左羽林衛大將軍閻敬容爲天兵西道後軍總管，將兵十五萬爲後援。癸丑，默啜寇飛狐。乙卯，陷定州，殺刺史孫彥高及吏民數千人。

九月，改突厥默啜爲斬啜。默啜使閻知微招諭趙州，知微與虜連手蹋萬歲樂於城下。將軍陳令英在城上謂曰：「尚書位任非輕，乃爲虜蹋歌，獨無慚乎？」知微微吟曰：「不得已，萬歲樂。」戊辰，默啜圍趙州，長史唐般若翻城應之。刺史高叡與妻秦氏仰藥詐死，虜輿之詣默啜。默啜以金師子帶紫袍示之曰：「降則拜官，不降則死。」叡顧其妻，妻曰：「酬報國恩，正在今日。」遂俱閉目不言。經再宿，虜知不可屈，乃殺之。虜退，唐殷若族誅，贈叡冬官尚書，謚曰節。叡，頲之孫也。

甲戌，命太子爲河北道元帥，以討突厥。先是，募人月餘不滿千人，及聞太子爲帥，應募者雲集，未幾，數盈五萬。戊寅，以狄仁傑爲河北道行軍副元帥，右丞宋玄爽爲長史，右臺中丞崔獻爲司馬，左臺中丞吉頊爲監軍使。時太子不行，命仁傑知元帥事，太后親送之。

癸未，突厥默啜盡殺所掠趙、定等州男女萬餘人，自五回道去，所過殺掠，不可勝紀。沙吒忠義等但引兵躡之，不敢逼。狄仁傑將兵一萬追之，無所及。默啜還漠北，擁兵四十萬，據地萬里，西北諸夷皆附之，甚有輕中國之心。

冬十月癸卯，以狄仁傑爲河北道安撫大使。時河北人爲突厥所驅逼者，虜退懼誅，往往亡匿。仁傑上疏，以爲：「朝廷議者皆罪契丹、突厥所脅從之人，言其迹雖不同，心則無別。誠以山東近緣軍機調發傷重，家道悉破，或至逃亡。重以官典侵漁，因事而起，枷杖之下，痛切肌膚。事迫情危，不循禮義，愁苦之地，不樂其生，有利則歸，且圖賒死，此乃君子之媿辱，小人之常行也。又諸城入僞，或待天兵，將士求功，皆云攻得，臣憂濫賞，亦恐非辜。以經與賊同，是爲惡地，至有污辱妻子，劫掠貨財，兵士信知不仁，簪笏未能以免，乃是賊平之後，爲惡更深。且賊務招攜，秋毫不犯，今之歸正，即是平人，翻被破傷，豈不悲痛！夫人猶水也，壅之則爲泉，疏之則爲川，通塞隨流，豈有常性！今負罪之伍，必不在家，露宿草行，潛竄山澤，赦之則出，不赦則狂，山東羣盜，緣茲聚結。臣以邊塵暫起，不足爲憂，中土不安，此爲大事。罪之則衆情恐懼，恕之則反側自安。伏願曲赦河北諸州，一無所問。」制從之。仁傑於是撫慰百姓，得突厥所驅掠者悉遞還本貫，散糧運以賑貧乏，修郵驛以濟旋師。恐諸將及使者妄求供頓，乃自食疏糲，禁其下無得侵擾百姓，犯者必斬。河北遂安。

突厥默啜離趙州，乃縱閻知微使還。太后命磔於天津橋南，使百官共射之，既乃冎其肉，剉其骨，夷其三族，疏親有先未相識而同死者。褒公段瓚，志玄之子也，先没於突厥。突厥在趙州，瓚邀楊齊莊與之俱逃，齊莊畏怯，不敢發。瓚先歸，太后賞之。齊莊尋至，敕河内王武懿宗鞫之。懿宗以爲齊莊意懷猶豫，遂與閻知微同誅。既射之如蝟，氣殜殜未死，乃決其腹，割心投於地，猶趌趌然躍不止。擢田歸道爲夏官侍郎，甚見親委。

二年臘月，河南北置武騎團，以備突厥。春二月壬辰，以魏元忠檢校并州長史，充天兵軍大總管，以備突厥。是歲，突厥默啜立其弟咄悉匐爲左廂察，骨篤禄子默矩爲右廂察，各主兵二萬餘人。其子匐俱爲小可汗，位在兩察上，主處木昆等十姓兵四萬餘人，又號爲拓西可汗。

久視元年冬十月辛亥，以魏元忠爲蕭關道大總管，以備突厥。十二月甲寅，突厥掠隴右諸監馬萬餘匹而去。

長安元年夏五月，以魏元忠爲靈武道行軍大總管，以備突厥。秋八月，突厥默啜寇邊，命安北大都護相王爲天兵道元帥，統諸軍擊之，未行而虜退。

二年春正月，突厥寇鹽、夏二州。三月庚寅，突厥破石嶺，寇并州。以雍州長史薛季昶攝右臺大夫，充山東防禦軍大使，滄、瀛、幽、易、恒、定等州諸軍皆受季昶節度。夏四月，以幽州刺史張仁愿專知幽、平、嬀、檀防禦，仍與季昶相知，以拒突厥。秋七月甲午，突厥寇代州。九月壬申，突厥寇忻州。

三年夏六月辛酉，突厥默啜遣其臣莫賀干來，請以女妻皇太子之子。冬十一月己丑，突厥遣使謝許婚。丙申，宴於宿羽臺，太子預焉。

四年。突厥默啜既和親，秋八月戊寅，始遣淮陽王武延秀還。

中宗神龍元年夏六月壬子，以左驍衛大將軍裴思説充靈武軍大總管，以備突厥。

二年冬十二月己卯，突厥默啜寇鳴沙，靈武軍大總管沙吒忠義與戰，軍敗，死者六千餘人。丁巳，突厥進寇原、會等州，掠隴右牧馬萬餘匹而去。免忠義官。

景龍元年春正月庚戌，制以突厥默啜寇邊，命内外官各進平突厥之策。右補闕盧俌上疏，以爲：「郤縠悅禮樂，敦詩、書，爲晉元帥；杜預射不穿札，建平吳之勳。是知中權制謀，不取一夫之勇。如沙吒忠義，驍將之材，本不足以當大任。又，鳴沙之役，主將先逃，宜正邦憲，賞罰既明，敵無不服。又，邊州刺史宜精擇其人，使之蒐卒乘，積資糧，來則禦之，去則備之。去歲四方旱災，未易興師。當理内以及外，綏近以來遠，俟倉廩實，士卒練，然後大舉以討之。」上善之。夏五月戊戌，以右屯衛大將軍張仁愿爲朔方道大總管，以備突厥。冬十月丁丑，命左屯衛將軍張仁愿充朔方道大總管，以擊突厥。比至，虜已退，追擊，大破之。

二年春三月丙辰，朔方道大總管張仁愿築三受降城於河上。初，朔方軍與突厥以河爲境，河北有拂雲祠，突厥將入寇，必先詣祠祈禱，牧馬料兵，而後渡河。時默啜悉衆西擊突騎施，仁愿請乘虛奪取漠南地，於河北築三受降城，首尾相應，以絶其南寇之路。太子少師唐休璟以爲：「兩漢以來皆北阻大河，今築城寇境，恐勞人費功，終爲虜有。」仁愿固請不已，上竟從之。仁愿表留歲滿鎮兵以助其功，咸陽兵二百餘人逃歸，仁愿悉擒之，斬於城下，軍中股慄，六旬而成。以拂雲祠爲中城，距東西兩城各四百餘里，皆據津要，拓地三百餘里。於牛頭朝那山北置烽候千八百所。以左玉鈴衛將軍論弓仁爲朔方軍前鋒遊弈使，戍諸真水爲邏衛。自是突厥不敢度山畋牧，朔方無復寇掠，減鎮兵數萬人。

仁愿建三城，不置壅門及備守之具。或問之，仁愿曰：「兵貴進取，不利退守。寇至此，當併力出戰，回首望城者猶應斬之，安用守備，生其退恧之心也。」其後常元楷爲朔方軍總管，始築壅門，人以是重仁愿而輕元楷。

睿宗景雲二年春正月癸丑，突厥可汗默啜遣使請和，許之。三月，以宋王成器女爲金山公主，許嫁突厥默啜。御史中丞和逢堯攝鴻臚卿，使于突厥，説默啜曰：「處密、堅昆聞可汗結婚於唐，皆當歸附。可汗何不襲唐冠帶，使諸胡知之，豈不美哉！」默啜許諾，明日，襆頭衣紫衫，南面再拜，稱臣。遣其子楊我支及國相隨逢堯入朝，十一月戊寅，至京師。逢堯以奉使功遷水部侍郎。

玄宗先天元年春正月乙未，上御安福門宴突厥楊我支，以金山公主示之。既而會上傳位，婚竟不成。

開元元年秋八月丙辰，突厥可汗默啜遣其子楊我支來求婚。丁巳，許以蜀王女南和縣主妻之。

二年春二月乙未，突厥可汗默啜遣其子同俄特勒及妹夫火拔頡利發、石阿失畢將兵圍北庭都護府，都護郭虔瓘擊敗之。同俄單騎逼城下，虔瓘伏壯士於道側，突起斬之。突厥請悉軍中資糧以贖同俄，聞其已死，慟哭而去。閏月，突厥石阿失畢既失同俄，不敢歸。癸未，與其妻來奔，以爲右衞大將軍，封燕北郡王，命其妻曰金山公主。

夏四月辛巳，突厥可汗默啜復遣使求婚，自稱「乾和永清太駙馬、天上得果報天男、突厥聖天骨咄禄可汗」。突厥可汗默啜衰老，昏虐愈甚。〔秋九月〕壬子，葛邏禄等部落詣涼州降。冬十月己巳，突厥可汗默啜又遣使求婚，上許以來歲迎公主。

突厥十姓胡禄屋等諸部詣北庭請降，命都護郭虔瓘撫存之。十一月丙申，遣左散騎常侍解琬詣北庭宣慰突厥降者，隨便宜區處。

三年。（春正月）突厥十姓降者前後萬餘帳。高麗莫離支文簡，十姓之壻也，二月，與跌跌都督思（奉）〔泰〕等亦自突厥帥衆來降，制皆以河南地處之。三月，胡禄屋酋長支匐忌等入朝。上以十姓降者浸多，夏四月庚申，以右羽林大將軍薛訥爲涼州鎮大總管，赤水等軍並受節度，居涼州；左衞大將軍郭虔瓘爲朔川鎮大總管，和戎等軍並受節度，居并州，勒兵以備默啜。默啜發兵擊葛邏禄、胡禄屋、鼠尼施等，屢破之，敕北庭都護湯嘉惠、左散騎常侍解琬等發兵救之。五月壬辰，敕嘉惠等與葛邏禄、胡禄屋、鼠尼施及定邊道大總管阿史那獻互相應援。秋七月壬戌，以涼州大總管薛訥爲朔方道行軍大總管，太僕卿呂延祚、靈州刺史杜賓客副之，以討突厥。

四年夏六月癸酉，拔曳固斬突厥可汗默啜首來獻。時默啜北擊拔曳固，大破之於獨樂水，恃勝輕歸，不復設備，遇拔曳固迸卒頡質略自柳林突出，斬之。時大武軍子將郝靈荃奉使在突厥，頡質略以其首歸之，與偕詣闕，懸其首於廣街。拔曳固、回紇、同羅、霫、僕固五部皆來降，置於大武軍北。

默啜之子小可汗立，骨咄禄之子闕特勒擊殺之，及默啜諸子、親信略盡。立其兄左賢王默棘連，是爲毗伽可汗，國人謂之小殺。毗伽以國固讓闕特勒，闕特勒不受，乃以爲左賢王，專典兵馬。

秋八月，突厥默啜既死，奚、契丹、拔曳固等諸部皆内附，突騎施蘇禄復自立爲可汗。突厥部落多離散，毗伽可汗患之，乃召默啜時牙官暾欲谷以爲謀主。暾欲谷年七十餘，多智略，國人信服之。突厥降户處河曲者，聞毗伽立，多復叛歸之。并州長史王晙上言：「此屬徒以其國喪亂，故相帥來降。若彼安寧，必復叛去。今置之河曲，此屬桀黠，實難制御，往往不受軍州約束，興兵剽掠。聞其逃者已多與虜聲問往來，通傳委曲。乃是畜養此屬使爲間諜，日月滋久，姦詐逾深，窺伺邊隙，將成大患。虜騎南牧，必爲内應，來逼軍州，表裏受敵，雖有韓、彭，不能取勝矣。願以秋冬之交，大集兵衆，諭以利害，給其資糧，徙之内地。二十年外，漸變舊俗，皆成勁兵。雖一時暫勞，然永久安靖。比者守邊將吏及出境使人，多爲諛辭，皆非事實。或云北虜破滅，或云降户妥帖，皆欲自衒其功，非能盡忠徇國。願察斯利口，勿忘遠慮。議者必曰國家曩時已嘗寘降户於河曲，皆獲安寧，今何所疑？此則事同時異，不可不察。曩者頡利既亡，降者無復異心，故得久安無變。今北虜尚存，此屬或畏其威，或懷其惠，或其親屬，豈樂南來。校之彼時，固不侔矣。以臣愚慮，徙之内地，上也。多屯士馬，大爲之備，華夷相參，人勞費廣，次也。正如今日，下也。願審兹三策，擇利而行。縱使因徙逃亡，得者皆爲唐有，若留至河冰，恐必有變。」疏奏未報。降户跌跌思泰、阿悉爛等果叛。冬十月甲辰，命朔方大總管薛訥發兵追討之。王晙引并州兵西濟河，晝夜兼行，追擊叛者，破之，斬獲三千級。

先是，單于副都護張知運悉收降户兵仗，令渡河而南，降户怨怒。御史中丞姜晦爲巡邊使，降户訴無弓矢，不得射獵，晦悉還之。降户得之，遂叛。張知運不設備，與之戰於青剛嶺，爲虜所擒，欲送突厥。至綏州境，將軍郭知運以朔方兵邀擊之，大破其衆於黑山呼延谷，虜釋張知運而去。上以張知運喪師，斬之以徇。

毗伽可汗既得思泰等，欲南入爲寇。暾欲谷曰：「唐主英武，民和年豐，未有間隙，不可動也。我衆新集，力尚疲羸，且當息養數年，始可觀變而舉。」毗伽又欲築城，并立寺觀。暾欲谷曰：「不可。突厥人徒稀少，不及唐家百分之一，所以能與爲敵者，正以隨逐水草，居處無常，射獵爲業，人皆習武，强則進兵抄掠，弱則竄伏山林，唐兵雖多，無所施用。若築城而居，變更舊俗，一朝失利，必爲所滅。釋、老之法，教人仁弱，非用武事勝之術，不可崇也。」毗伽乃止。

六年春正月辛丑，突厥毗伽可汗來請和，許之。

八年夏六月，突厥降户僕固都督勺磨及䟦跌部落散居受降城側，朔方大使王晙言其陰引突厥謀陷軍城，密奏請誅之。誘勺磨等宴於受降城，伏兵悉殺之，河曲降户殆盡。拔曳固、同羅諸部在大同、横野軍之側者，聞之皆恟懼。秋，并州長史天兵節度大使張説引二十騎，持節即其部落慰撫之，因宿其帳下。副使李憲以虜情難信，馳書止之。説復書曰：「吾肉非黄羊，必不畏食，血非野馬，必不畏刺。士見危致命，此吾效死之秋也。」拔曳固、同羅由是遂安。

冬十一月辛未，突厥寇甘、凉等州，敗河西節度使楊敬述，掠契苾部落而去。先是，朔方大總管王晙奏請西發拔悉密，東發奚、契丹，期以今秋掩毗伽牙帳於稽落水上。毗伽聞之，大懼。暾欲谷曰：「不足畏也。拔悉密在北庭，與奚、契丹相去絶遠，勢不相及，朔方兵計亦不能來此。必若能來，俟其垂至，徙牙帳北行三日，唐兵食盡自去矣。且拔悉密輕而好利，得王晙之約，必喜而先至。晙與張嘉貞不相悦，奏請多不相應，必不敢出兵。晙兵不出，拔悉密獨至，擊而取之，勢甚易耳。」既而拔悉密果發兵逼突厥牙帳，而朔方及奚、契丹兵不至，拔悉密懼，引退。毗伽欲擊之，暾欲谷曰：「此屬去家千里，將死戰，未可擊也。不如以兵躡之。」去北庭二百里，暾欲谷分兵間道先圍北庭，因縱兵擊拔悉密，大破之。拔悉密衆潰，走趨北庭，不得入，盡爲突厥所虜。

暾欲谷引兵還，出赤亭，掠涼州羊馬，楊敬述遣裨將盧公利、判官元澄將兵邀擊之。暾欲谷謂其衆曰：「吾乘勝而來，敬述出兵，破之必矣。」公利等至删丹，與暾欲谷遇，唐兵大敗，公利、澄脱身走。毗伽由是大振，盡有默啜之衆。

九年春二月丙戌，突厥毗伽復使來求和。上賜書，諭以：「曩昔國家與突厥和親，華夷安逸，甲兵休息。國家買突厥羊馬，突厥受國家繒帛，彼此豐給。自數十年來，不復如舊，正由默啜無信，口和心叛，數出盜兵，寇抄邊鄙，人怨神怒，隕身喪元，吉凶之驗，皆可汗所見。今復蹈前迹，掩襲甘、涼，隨遣使人，更來求好。國家如天之覆，如海之容，但取來情，不追往咎。可汗果有誠心，則共保遐福，不然，無煩使者徒爾往來。若其侵邊，亦有以待。可汗其審圖之。」

十二年秋七月，突厥可汗遣其臣哥解頡利發來求婚。八月丙申，突厥哥解頡利發還其國，以其使者輕，禮數不備，未許婚。

十三年。張説以大駕東巡，恐突厥乘間入寇，議加兵守邊。夏四月，召兵部郎中裴光庭謀之。光庭曰：「封禪者，告成功也。今將升中于天，而戎狄是懼，非所以昭盛德也。」説曰：「然則若之何？」光庭曰：「四夷之中，突厥爲大，比屢求和親，而朝廷羈縻，未決許也。今遣一使，徵其大臣從封泰山，彼必欣然承命。突厥來，則戎狄君長無不皆來。可以偃旗卧鼓，高枕有餘矣。」説曰：「善。説所不及。」即奏行之。光庭，行儉之子也。

上遣中書直省袁振攝鴻臚卿，諭旨於突厥。小殺與闕特勒、暾欲谷環坐帳中，置酒，謂振曰：「吐蕃狗種，奚、契丹本突厥奴也，皆得尚主。突厥前後求婚獨不許，何也？且吾亦知入蕃公主皆非天子女，今豈問真僞，但屢請不獲，愧見諸蕃耳。」振許爲之奏請，小殺乃遣其大臣阿史德頡利發入貢，因扈從東巡。冬十二月，突厥頡利發辭歸，上厚賜而遣之，竟不許婚。

十四年夏四月辛丑，於定、恒、莫、易、滄五州置軍，以備突厥。

十五年秋九月丙戌，突厥毗伽可汗遣其大臣梅録啜入貢。吐蕃之寇瓜州也，遺毗伽書，欲與之俱入寇，毗伽并獻其書。上嘉之，聽於西受降城爲互市，每歲齎縑帛數十萬匹就市戎馬，以助軍旅，且爲監牧之種，由是國馬益壯焉。

十九年春三月，突厥左賢王闕特勒卒，賜書弔之。

二十二年冬十二月，突厥毗伽可汗爲其大臣梅録啜所毒，未死，討誅梅録啜及其族黨。既卒，子伊然可汗立。尋卒，弟登利可汗立。庚戌，來告喪。

二十九年秋七月丙寅，突厥遣使來告登利可汗之喪。初，登利從叔二人分典兵馬，號左右殺。登利患兩殺之專，與其母謀，誘右殺，斬之，自將其衆。左殺判闕特勒勒兵攻登利，殺之，立毗伽可汗之子爲可汗。俄爲骨咄葉護所殺，更立其弟。尋又殺之，骨咄葉護自立爲可汗。上以突厥内亂，癸酉，命左羽林將軍孫老奴招諭回紇、葛邏禄、拔悉密等部落。

天寶元年秋八月，突厥拔悉密、回紇、葛邏禄三部共攻骨咄葉護，殺之，推拔悉密酋長爲頡跌伊施可汗，回紇、葛邏禄自爲左右葉護。突厥餘衆共立判闕特勒之子爲烏蘇米施可汗，以其子葛臘哆爲西殺。上遣使諭烏蘇令内附，烏蘇不從。朔方節度使王忠嗣盛兵磧口以威之。烏蘇懼，請降，而遷延不至。忠嗣知其詐，乃遣使説拔悉密、回紇、葛邏禄使攻之，烏蘇遁去。忠嗣因出兵擊之，取其右廂以歸。丁亥，突厥西葉護阿布思及西殺葛臘哆、默啜之孫勃德支、伊然小妻、毗伽登利之女帥部衆千餘帳，相次來降，突厥遂微。九月辛亥，上御花蕚樓宴突厥降者，賞賜甚厚。

三載秋八月，拔悉密攻斬突厥烏蘇可汗，傳首京師。國人立其弟鶻隴匐白眉特勒，是爲白眉可汗。於是突厥大亂，敕朔方節度使王忠嗣出兵乘之。至薩河内山，破其左厢阿波達干等十一部，右厢未下。會回紇、葛邏禄共攻拔悉密頡跌伊施可汗，殺之。回紇骨力裴羅自立爲骨咄禄毗伽闕可汗，遣使言狀，上册拜裴羅爲懷仁可汗。於是懷仁南據突厥故地，立牙帳於烏德犍山，舊統藥邏葛等九姓，其後又併拔悉密、葛邏禄，凡十一部，各置都督，每戰，則以二客部爲先。

四載春正月，回紇懷仁可汗擊突厥白眉可汗，殺之，傳首京師。突厥毗伽可敦帥衆來降。於是北邊晏然，烽燧無警矣。

唐平奚契丹

唐太宗貞觀二年夏四月丙申，契丹酋長帥其部落來降。

四年。突厥既亡，營州都督薛萬淑遣契丹酋長貪没折説諭東北諸夷，奚、霫、室韋等十餘部皆内附。萬淑，萬均之兄也。

二十二年夏四月己未，契丹辱紇主曲據帥衆内附，以其地置玄州，以曲據爲刺史，隸營州都督府。冬十一月庚子，契丹帥窟哥、奚帥可度者並帥所部内屬，以契丹部爲松漠以奚部爲饒樂府，以可度者爲都督。又以其別帥達稽等部爲峭落等九州，各以其辱紇主爲刺史。以奚部爲饒樂府，以可度者爲都督。又以其別帥阿會等部爲弱水等五州，亦各以其辱紇主爲刺史。辛丑，置東夷校尉官於營州。

高宗顯慶五年夏四月戊辰，以定襄都督阿史德樞賓、左武候將軍延陁梯真、居延州都督李合珠並爲冷岍道行軍總管，各將所部兵以討叛奚，仍命尚書右丞崔餘慶充使總護三部兵，奚尋遣使降。更以樞賓等爲沙磚道行軍總管，以討契丹，擒契丹松漠都督阿卜固送東都。

則天皇后萬歲通天元年夏五月壬子，營州契丹松漠都督李盡忠、歸誠州刺史孫萬榮舉兵反，攻陷營州，殺都督趙文翽。盡忠，萬榮之妹夫也，皆居於營州城側。文翽剛愎，契丹饑，不加賑給，視酋長如奴僕，故二人怨而反。乙丑，遣左鷹揚衛將軍曹仁師、右金吾衛大將軍張玄遇、左威衛大將軍李多祚、司農少卿麻仁節等二十八將討之。秋七月辛亥，以春官尚書梁王武三思爲榆關道安撫大使，姚璹副之，以備契丹。改李盡忠爲李盡滅，孫萬榮爲孫萬斬。盡忠尋自稱無上可汗，據營州，以萬榮爲前鋒，略地，所向皆下，旬日兵至數萬，進圍檀州，清邊前軍副總管張九節擊卻之。

八月丁酉，曹仁師、張玄遇、麻仁節與契丹戰于硤石谷，唐兵大敗。先是，契丹破營州，獲唐俘數百，囚之地牢，聞唐兵將至，使守牢霫紿之曰：「吾輩家屬飢寒，不能自存，唯俟官軍至即降耳。」既而契丹引出其俘，飼以糠粥，慰勞之曰：「吾養汝則無食，殺汝又不忍，今縱汝去。」遂釋之。俘至幽州，具言其狀，諸軍聞之，爭欲先入。至黄麞谷，虜又遣老弱迎降，故遺老牛瘦馬於道側。仁師等三軍棄步卒將騎兵輕進，契丹設伏橫擊之，飛索以縋玄遇、仁節，獲之，將卒死者填山谷，鮮有脱者。契丹得軍印，詐爲牒，令玄遇等署之。牒總管燕匪石、宗懷昌等云：「官軍已破賊，若至營州，軍將皆斬，兵不敘勳。」匪石等得牒，晝夜兼行，不遑寢食以赴之，士馬疲弊，契丹伏兵於中道邀之，全軍皆没。

九月，制天下繫囚及士庶家奴驍勇者官償其直，發以擊契丹。初令山東近邊諸州置武騎團兵，以同州刺史建安王武攸宜爲右武威衛大將軍，充清邊道行軍大總管，以討契丹。右拾遺陳子昂爲攸宜府參謀，上疏曰：「恩制免天下罪人及募諸色奴充兵討擊契丹，此乃捷急之計，非天子之兵。且比來刑獄久清，罪人全少，奴多怯弱，不慣征行，縱其募集，未足可用。況當今天下忠臣勇士，萬分未用其一，契丹小孽，假命待誅，何勞免罪賤奴，損國大體。臣恐此策不可威示天下。」

涼州都督許欽明之兄欽寂爲龍山軍討擊〔副〕使，與契丹戰于崇州，軍敗，被擒。虜將圍安東，令欽寂説其屬城未下者。安東都護裴玄珪在城中，欽寂謂曰：「狂賊天殃，滅在朝夕，公但勵兵謹守，以全忠節。」虜殺之。

突厥默啜請爲太〔后〕子，爲國討契丹。冊授默啜左衛將軍。冬十月辛卯，契丹李盡忠卒，孫萬榮代領其衆。突厥默啜乘間襲松漠。虜盡忠、萬榮妻子而去。萬榮收合餘衆，軍勢復振，遣別帥駱務整、何阿小爲前鋒，攻陷冀州，殺刺史陸寶積，屠吏民數千人。又攻瀛州，河北震動。制起彭澤令狄仁傑爲魏州刺史。前刺史獨孤思莊畏契丹猝至，悉驅百姓入城，繕脩守備。仁傑至，悉遣還農，曰：「賊猶在遠，何煩如是！萬一賊來，吾自當之。」百姓大悅。

時契丹入寇，軍書填委，夏官郎中硤石姚元崇剖析如流，皆有條理，太后奇之，擢爲夏官侍郎。

神功元年春三月戊申，清邊道總管王孝傑、蘇宏暉等將兵十七萬與孫萬榮戰于東硤石谷，唐兵大敗，孝傑死之。孝傑遇契丹，帥精兵爲前鋒，力戰，契丹引退。孝傑追之，行背懸崖，契丹回兵薄之，宏暉先遁，孝傑墜崖死，將士死亡殆盡。管記洛陽張說馳奏其事，太后贈孝傑官爵，遣使斬宏暉以徇。使者未至，宏暉以立功得免。武攸宜軍漁陽，聞孝傑等敗没，軍中震恐，不敢進。契丹乘勝寇幽州，攻陷城邑，剽掠吏民，攸宜遣將擊之，不克。

夏四月癸未，以右金吾衛大將軍武懿宗爲神兵道行軍大總管，與右豹韜衛將軍何迦密將兵擊契丹。五月癸卯，又以婁師德爲清邊道副大總管，右武威衛將軍沙吒忠義爲前軍總管，將兵二十萬擊契丹。

六月，武懿宗軍至趙州，聞契丹將駱務整數千騎將至冀州，懿宗懼，欲南遁。或曰：「虜無輜重，以抄掠爲資，若按兵拒守，勢必離散，從而擊之，可有大功。」懿宗不從，退據相州，委棄軍資器仗甚衆，契丹遂屠趙州。

甲午，孫萬榮爲奴所殺。萬榮之破王孝傑也，於柳城西北四百里依險築城，留其老弱婦女，所獲器仗資財使妹夫乙冤羽守之，引精兵寇幽州。恐突厥默啜襲其後，遣五人至黑沙，語默啜曰：「我已破王孝傑百萬之衆，唐人破膽，請與可汗乘勝共取幽州。」三人先至，默啜喜，賜以緋袍。二人後至，默啜怒其稽緩，將殺之。二人曰：「請一言而死。」默啜問其故，二人以契丹之情告。默啜乃殺前三人，而賜二人緋，使爲鄉導，發兵取契丹新城，殺所獲涼州都督許欽明以祭天。圍新城三日，克之，盡俘以歸。使乙冤羽馳報萬榮。時萬榮方與唐兵相持，軍中聞之，恟懼。奚人叛萬榮，神兵道總管楊玄基擊其前，奚兵擊其後，獲其將何阿小。萬榮軍大潰，帥輕騎數千東走。前軍總管張九節遣兵邀之於道，萬榮窮蹙，與其奴逃至潞水東，息於林下，嘆曰：「今欲歸唐，罪已大。歸突厥亦死，歸新羅亦死。將安之乎？」奴斬其首以降，梟之四方館門。其餘衆及奚、霫皆降於突厥。

辛卯，制以契丹初平，命河内王武懿宗、婁師德及魏州刺史狄仁傑分道安撫河北。懿宗所至殘酷，民有爲契丹所脅從復來歸者，懿宗皆以爲反，生刳取其膽。先是，何阿小嗜殺人，河北人爲之語曰：「唯此兩何，殺人最多。」

秋七月庚午，武攸宜自幽州凱旋。武懿宗奏河北百姓從賊者請盡族之，左拾遺王求禮庭折之曰：「此屬素無武備，力不勝賊，苟從之以求生，豈有叛國之心！懿宗擁强兵數十萬，望風退走，賊徒滋蔓，又欲移罪於草野詿誤之人，爲臣不忠，請先斬懿宗以謝河北。」懿宗不能對。司刑卿杜景儉亦奏：「此皆脅從之人，請悉原之。」太后從之。

久視元年。初，契丹將李楷固善用緆索及騎射、舞槊，每陷陳，如鶻入烏羣，所向披靡。黄麞之戰，張玄遇、麻仁節皆爲所緆。又有駱務整者，亦爲契丹將，屢敗唐兵。及孫萬榮死，二人來降，有司責其後至，奏請族之。狄仁傑曰：「楷固等並驍勇絶倫，能盡力於所事，必能盡力於我，若撫之以德，皆爲我用矣。」奏請赦之。所親皆止之，仁傑曰：「苟利於國，豈爲身謀！」太后用其言，赦之。又請與之官，太后以楷固爲左玉鈐衛將軍，務整爲右武威衛將軍，使將兵擊契丹餘黨，悉平之。秋七月，獻俘於含樞殿。太后以楷固爲左玉鈐衛大將軍、燕國公，賜姓武氏。召公卿合宴，舉觴屬仁傑曰：「公之功也。」將賞之，對曰：「此乃陛下威靈，將帥盡力，臣何功之有！」固辭不受。

睿宗景雲元年冬十月丁酉，以幽州鎮守經略節度大使薛訥爲左武衛大將軍兼幽州都督。節度使之名自訥始。十二月壬辰，奚、霫犯塞，掠漁陽、雍奴，出盧龍塞而去。幽州都督薛訥追擊之，弗克。

玄宗先天元年。幽州大都督薛訥鎮幽州二十餘年，吏民安之，未嘗舉兵出塞，虜亦不敢犯。與燕州刺史李璡有隙，璡毁之於劉幽求，幽求薦左羽林將軍孫佺代之。三月丁丑，以佺爲幽州大都督，徙訥爲并州長史。夏六月庚申，幽州大都督孫佺與奚酋李大酺戰于冷陘，全軍覆没。是時佺帥左驍衛將軍李楷洛、左威衛將軍周以悌，發兵二萬騎八千，分爲三軍以襲奚、契丹。將軍烏可利諫曰：「道險而天熱，懸軍遠襲，往必敗。」佺曰：「薛訥在邊積年，竟不能爲國家復營州。今乘其無備，往必有功。」使楷洛將騎四千前驅，遇奚騎八千，楷洛戰不利。佺怯懦，不敢救，引軍欲還，虜乘之，唐兵大敗。佺阻山爲方陳以自固。大酺使謂佺曰：「朝廷既與我和親，今大軍何爲而來？」佺曰：「吾奉敕來招慰耳。楷洛不禀節度，輒與汝戰，請斬以謝。」大酺曰：「若然，國信安在？」佺悉斂軍中帛，得萬餘段，并紫袍、金帶、魚袋以贈之。大酺曰：「請將軍南還，勿相驚擾。」將士懼，無復部伍，虜追擊之，士卒皆潰。佺、以悌爲虜所擒，獻於突厥，默啜皆殺之。楷洛、可利脱歸。

冬十一月乙酉，奚、契丹二萬騎寇漁陽，幽州都督宋璟閉城不出，虜大掠而去。

開元二年。初，營州都督治柳城，以鎮撫奚、契丹。則天之世，都督趙文翽失政，奚、契丹攻陷之，是後寄治於幽州東漁陽城。或言：「靺鞨、奚、霫大欲降唐，正以唐不建營州，無所依投，爲默啜所侵擾，故且附之。若唐復建營州，則相帥歸化矣。」并州長史、和戎大武等軍州節度大使薛訥信之，奏請擊契丹，復置營州。上亦以冷陘之役，欲討契丹，羣臣姚崇等多諫。甲申，以訥同紫微黄門三品，將兵擊契丹，羣臣乃不敢言。

秋七月，薛訥與左監門衞將軍杜賓客、定州刺史崔宣道等將兵六萬出檀州，擊契丹。賓客以爲：「士卒盛夏負戈甲，齎資糧，深入寇境，難以成功。」訥曰：「盛夏草肥，羔犢孳息，因糧於敵，正得天時，一舉滅虜，不可失也。」行至灤水山峽中，契丹伏兵遮其前後，從山上擊之，唐兵大敗，死者什八九。訥與數十騎突圍得免，虜中嗤之，謂之「薛婆」。崔宣道將後軍，聞訥敗，亦走。訥歸罪於宣道及胡將李思敬等八人，制悉斬之於幽州。庚子，敕免訥死，削除其官爵，獨赦杜賓客之罪。

四年秋八月辛未，契丹李失活、奚李大酺帥所部來降。制以失活爲松漠郡王行左金吾大將軍兼松漠都督，因其八部落酋長拜爲刺史，又以將軍薛泰督軍鎮撫之。大酺爲饒樂郡王行右金吾大將軍兼饒樂都督。失活，盡忠之從父弟也。突厥默啜既死，奚、契丹、拔曳固等諸部皆内附。

五年。奚、契丹既内附，貝州刺史宋慶禮建議請復營州，三月庚戌，制復置營州都督於柳城，兼平盧軍使，管内州、縣、鎮、戍皆如其舊。以太子詹事姜師度爲營田、支度使，與慶禮等築之，三旬而畢。慶禮清勤嚴肅，開屯田八十餘所，招安流散，數年之間，倉廩充實，市邑浸繁。冬十一月丙申，契丹王李失活入朝。十二月壬午，以東平王外孫楊氏爲永樂公主，妻之。

六年夏五月，契丹王李失活卒，癸巳，以其弟娑固代之。

七年冬十一月壬申，契丹王李娑固與公主入朝。

八年。契丹牙官可突干驍勇，得衆心，李娑固猜畏，欲去之。是歲，可突干舉兵擊娑固，娑固敗奔營州。營州都督許欽澹，遣安東都護薛泰帥驍勇五百與奚王李大酺奉娑固以討之。戰敗，娑固、李大酺皆爲可突干所殺，生擒薛泰，營州震恐。許欽澹移軍入渝關。可突干立娑固從父弟鬱干爲主，遣使請罪。上赦可突干之罪，以鬱干爲松漠都督，以李大酺之弟魯蘇爲饒樂都督。

十年夏閏五月壬申，張説如朔方巡邊。己丑，以餘姚縣主女慕容氏爲燕郡公主，妻契丹王鬱干。

十二年。契丹王李鬱干卒，弟吐干襲位。

十三年。先是，契丹王李吐干與可突干復相猜忌，攜公主來奔，不敢復還，更封遼陽王，留宿衛。可突干立李盡忠之弟邵固爲主。車駕東巡，邵固詣行在，因從至泰山，拜左羽林大將軍、静折軍經略大使。

十四年春正月癸未，更立契丹松漠王李邵固爲廣化王，奚饒樂王李魯蘇爲奉誠王。以上從甥陳氏爲東華公主，妻邵固；以成安公主之女韋氏爲東光公主，妻魯蘇。

十八年。初，契丹王李邵固遣可突干入貢，同平章事李元紘不禮焉。左丞相張説謂人曰：「奚、契丹必叛。可突干狡而很，專其國政久矣，人心附之。今失其心，必不來矣。」己酉，可突干弑邵固，帥其國人并脅奚衆叛降突厥。奚王李魯蘇及其妻韋氏、邵固妻陳氏皆來奔。制幽州長史趙含章討之，又命中書舍人裴寬、給事中薛侃等於關内、河東、河南、北分道募勇士。六月丙子，以單于大都護忠王浚領河北道行軍元帥，以御史大夫李朝隱、京兆尹裴伷先副之，帥十八總管以討奚、契丹。命浚與百官相見於光順門。張説退謂學士孫逖、韋述曰：「吾嘗觀太宗畫像，雅類忠王，此社稷之福也。」可突干寇平盧，先鋒使張掖烏承玼破之於捺禄山。

二十年春正月乙卯，以朔方節度副大使信安王禕爲河東、河北行軍副大總管，將兵擊奚、契丹。壬申，以户部侍郎裴耀卿爲副總管。

三月，信安王褘帥裴耀卿及幽州節度使趙含章分道擊奚、契丹。含章與虜遇，虜望風遁去。平盧先鋒將烏承玼言於含章曰：「二虜，劇賊也。前日遁去，非畏我，乃誘我也，宜按兵以觀其變。」含章不從，與虜戰於白山，果大敗。承玼别引兵出其右，擊虜破之。己巳，褘等大破奚、契丹，俘斬甚衆，可突干帥麾下遠遁，餘黨潛竄山谷。奚酋李詩瑣高帥五千餘帳來降。褘引兵還，賜李詩爵歸義王，充歸義州都督，徙其部落置幽州境内。

二十一年春閏三月癸酉，幽州道副總管郭英傑與契丹戰于都山，敗死。時節度使薛楚玉遣英傑將精騎一萬及降奚擊契丹，屯於榆關之外。可突干引突厥之衆來合戰，奚持兩端，散走保險，唐兵不利，英傑戰死。餘衆六千餘人猶力戰不已，虜以英傑首示之，竟不降，盡爲虜所殺。楚玉，訥之弟也。

二十二年夏六月壬辰，幽州節度使張守珪大破契丹，遣使獻捷。冬十二月乙巳，幽州節度使張守珪斬契丹王屈烈及可突干，傳首。時可突干連年爲邊患，趙含章、薛楚玉皆不能討，守珪到官，屢擊破之。可突干困迫，遣使詐降，守珪使管記王悔就撫之。悔至其牙帳，察契丹上下初無降意，但稍徙營帳近西北，密遣人引突厥，謀殺悔以叛，悔知之。牙官李過折與可突干分典兵馬，争權不叶，悔説過折使圖之。過折夜勒兵，斬屈烈及可突干，盡誅其黨，帥餘衆來降。守珪出師紫蒙川大閲，以鎮撫之。梟屈烈、可突干首于天津之南。

二十三年春正月，契丹知兵馬中郎李過折來獻捷，制以過折爲北平王，檢校松漠州都督。是歲，契丹王過折爲其臣涅禮所殺，并其諸子，一子刺乾奔安東得免。涅禮上言：「過折用刑殘虐，衆情不安，故殺之。」上赦其罪，因以涅禮爲松漠都督，且賜書責之曰：「卿之蕃法多無義於君長，自昔如此，朕亦知之。然過折是卿之王，有惡輒殺之，爲此王者，不亦難乎！但恐卿今爲王，後人亦爾，常不自保，誰願作王！亦應防慮後事，豈得取快目前。」突厥尋引兵東侵奚、契丹，涅禮與奚王李歸國共擊破之。

二十四年。張守珪使平盧討擊使、左驍衛將軍安禄山討奚、契丹叛者，禄山恃勇輕進，爲虜所敗。

二十五年春二月乙酉，幽州節度使張守珪破契丹於捺禄山。

二十八年秋八月甲戌，幽州奏破奚、契丹。

天寶四載。安禄山欲以邊功市寵，數侵掠奚、契丹，奚、契丹各殺公主以叛，禄山討破之。

五載夏四月癸未，立奚酋娑固爲昭信王，契丹酋楷洛爲恭仁王。

九載冬十月，安禄山屢誘奚、契丹，爲設會，飲以莨菪酒，醉而阬之，動數千人。函其酋長之首以獻，前後數四。

十載。安禄山將三道兵六萬以討契丹，以奚騎二千爲鄉導。過平盧千餘里，至土護真水，遇雨。禄山引兵晝夜兼行三百餘里，至契丹牙帳，契丹大駭。時久雨，弓弩筋膠皆弛，大將何思德言於禄山曰：「吾兵雖多，遠來疲弊，實不可用，不如按甲息兵以臨之，不過三日，虜必降。」禄山怒，欲斬之，思德請前驅效死。思德貌類禄山，虜争擊殺之，以爲已得禄山，勇氣增倍。奚復叛，與契丹合，夾擊唐兵，殺傷殆盡，射禄山，中鞍，折冠簪，失屨，獨與麾下二千騎走。會夜，追騎解，得入師州。歸罪於左賢王哥解、河東兵馬使魚承仙而斬之。平盧兵馬使史思明懼，逃入山谷近二旬，收散卒得七百人。平盧守將史定方將精兵二千救禄山，契丹引去，禄山乃得免。至平盧，麾下皆亡，不知所出。史思明出見禄山，禄山喜，起執其手曰：「吾得汝，復何憂！」思明退，謂人曰：「曏使早出，已與哥解并斬矣。」契丹圍師州，禄山使思明擊卻之。

十一載春三月，安禄山發蕃漢步騎二十萬擊契丹，欲以雪去秋之恥。初，突厥阿布思來降，上厚禮之，賜姓名李獻忠，累遷朔方節度副使，賜爵奉信王。獻忠有才略，不爲安禄山下，禄山恨之。至是，奏請獻忠帥同羅數萬騎與俱擊契丹。獻忠恐爲禄山所害，白留後張暐，請奏留不行。暐不許，獻忠乃帥所部大掠倉庫，叛歸漠北，禄山遂頓兵不進。

十三載夏四月癸巳，安禄山奏擊奚破之，虜其王李日越。

十四載夏四月，安禄山奏破奚、契丹。

通鑑紀事本末

〔宋〕袁樞 撰

卷第三十三至卷第三十六

中華書局

通鑑紀事本末卷第三十三

藩鎮連兵　涇原之變　李懷光之叛附

唐肅宗乾元元年冬十二月，平盧節度使王玄志薨，上遣中使往撫慰將士，且就察軍中所欲立者，授以旌節。高麗人李懷玉爲裨將，殺玄志之子，推侯希逸爲平盧軍使。希逸之母，懷玉姑也，故懷玉立之。朝廷因以希逸爲節度副使。節度使由軍士廢立自此始。

臣光曰：夫民生有欲，無主則亂。是故聖人制禮以治之。自天子、諸侯至於卿、大夫、士、庶人，尊卑有分，大小有倫，若綱條之相維，臂指之相使，是以民服事其上，而下無覬覦。其在周易「上天下澤，履」，象曰「君子以辨上下，定民志」，此之謂也。凡人君所以能有其臣民者，以八柄存乎己也。苟或捨之，則彼此之勢均，何以使其下哉！

肅宗遭唐中衰，幸而復國，是宜正上下之禮以綱紀四方。而偷取一時之安，不思永久之患。彼命將帥，統藩維，國之大事也，乃委一介之使，徇行伍之情，無問賢不肖，惟其所欲與者則授之。自是之後，積習爲常，君臣循守，以爲得策，謂之姑息。乃至偏裨士卒，殺逐主帥，亦不治其罪，因以其位任授之。然則爵禄廢置，殺生予奪，皆不出於上而出於下，亂之生也，庸有極乎！

且夫有國家者，賞善而誅惡，故爲善者勸，爲惡者懲。彼爲人下而殺逐其上，惡孰大焉！乃使之擁旄秉鉞，師長一方，是賞之也。賞以勸惡，惡其何所不至乎？書云：「遠乃猷。」詩云：「猷之未遠，是用大諫。」孔子曰：「人無遠慮，必有近憂。」爲天下之政而專事姑息，其憂患可勝校乎！由是爲下者常眄眄焉伺其上，苟得間則攻而族之；爲上者常惴惴焉畏其下，苟得間則掩而屠之。争務先發，以逞其志，非有相保養爲俱利久存之計也。如是而求天下之安，其可得乎？迹其厲階，肇於此矣。

蓋古者治軍必本於禮，故晉文公城濮之戰，見其師少長有禮，知其可用。今唐治軍而不顧禮，使士卒得以陵偏裨，偏裨得以陵將帥，則將帥之陵天子，自然之勢也。由是禍亂繼起，兵革不息，民墜塗炭，無所控訴，凡二百餘年，然後大宋受命。太祖始制軍法，使以階級相承，小有違犯，咸伏斧質。是以上下有敘，令行禁止，四征不庭，無思不服，宇内乂安，兆民允殖，以迄于今，皆由治軍以禮故也。豈非詒謀之遠哉！

寶應元年冬十一月，史朝義之敗於衛州也，鄴郡節度使薛嵩以相、衛、洺、邢四州降于陳鄭、澤潞節度使李抱玉，恒陽節度使張忠志以恒、趙、深、定、易五州降于河東節度使辛雲京。丁酉，以張忠志爲成德軍節度使，統恒、趙、深、定、易五州，賜姓李，名寶臣。初，寶臣裨將王武俊説寶臣來降，及復爲節度使，擢武俊爲先鋒兵馬使。武俊，本契丹也，初名沒諾干。

代宗廣德元年春正月，史朝義往幽州發兵，其將田承嗣留守莫州，以城來降。朝義范陽節度使李懷仙亦請降。事見安史之亂。

閏月癸亥，以史朝義降將薛嵩爲相、衛、邢、洺、貝、磁六州節度使，田承嗣爲魏、博、德、滄、瀛五州都防禦使，李懷仙仍故地爲幽州、盧龍節度使。時河北諸州皆已降，嵩等迎僕固懷恩，拜於馬首，乞行間自效。懷恩亦恐賊平寵衰，故奏留嵩等及李寶臣分帥河北，自爲黨援。朝廷亦厭苦兵革，苟冀無事，因而授之。

初，長安人梁崇義以羽林射生從來瑱鎮襄陽，累遷右兵馬使。崇義有勇力，能卷鐵舒鉤，沈毅寡言，得衆心。瑱之入朝也，命諸將分戍諸州，瑱死，戍者皆奔歸襄陽。行軍司馬龐充將兵二千赴河南，至汝州，聞瑱死，引兵還襲襄州，左兵馬使李昭拒之，充奔房州。崇義自鄧州引戍兵歸，與昭及副使薛南陽相讓爲長，久之不決。衆皆曰兵非梁卿主之不可，遂推崇義爲帥。崇義尋殺昭及南陽，以其狀聞。上不能討，三月甲辰，以崇義爲襄州刺史、山南東道節度留後。

夏五月丁卯，制分河北諸州，以幽、莫、嬀、檀、平、薊爲幽州管，恒、定、趙、深、易爲成德軍管，相、貝、邢、洺爲相州管，魏、博、德爲魏州管，滄、棣、冀、瀛爲青淄管，懷、衛、河陽爲澤潞管。六月庚寅，以魏博都防禦使田承嗣爲節度使。承嗣舉管内户口壯者皆籍爲兵，惟使老弱耕稼，數年間有衆十萬。又選其驍健者萬人自衛，謂之牙兵。

二年春正月，魏博節度使田承嗣奏名所管曰天雄軍，從之。

永泰元年夏五月，平盧節度使侯希逸鎮淄青，好遊畋，營塔寺，軍州苦之。兵馬使李懷玉得衆心，希逸忌之，因事解其軍職。希逸與巫宿於城外，軍士閉門不納，奉懷玉爲帥。希逸奔滑州，上表待罪，詔赦之，召還京師。秋七月壬辰，以鄭王邈爲平盧、淄青節度大使，以懷玉知留後，賜名正己。時成德節度使李寶臣、魏博節度使田承嗣、相衛節度使薛嵩、盧龍節度使李懷仙收安、史餘黨，各擁勁卒數萬，治兵完城，自署文武將吏，不供貢賦，與山南東道節度使梁崇義及正己皆結爲婚姻，互相表裏。朝廷專事姑息，不能復制，雖名藩臣，羈縻而已。

大曆三年夏六月壬辰，幽州兵馬使朱希彩、經略副使昌平朱泚、泚弟滔共殺節度使李懷仙，希彩自稱留後。閏月，成德節度使李寶臣遣將將兵討希彩，爲希彩所敗，朝廷不得已宥之。庚申，以王縉領盧龍節度使。丁卯，以希彩知幽州留後。冬十一月丁亥，以幽州留後朱希彩爲節度使。

七年。盧龍節度使朱希彩既得位，悖慢朝廷，殘虐將卒，孔目官李懷瑗因衆怒，伺間殺之。衆未知所從，經略副使朱泚營於城北，其弟滔將牙内兵，潛使百餘人於衆中大言曰：「節度使非朱副使不可。」衆皆從之。泚遂權知留後，遣使言狀。冬十月辛未，以泚爲檢校左常侍、幽州盧龍節度使。

八年春正月，昭義節度使、相州刺史薛嵩薨。子平，年十二，將士脅以爲帥，平僞許之。既而讓其叔父㟧，夜奉父喪，逃歸鄉里。壬午，制以㟧知留後。

秋八月辛未，幽州節度使朱泚遣弟滔將五千精騎詣涇州防秋。自安禄山反，幽州兵未嘗爲用，滔至，上大喜，勞賜甚厚。

九月，魏博節度使田承嗣爲安史父子立祠堂，謂之「四聖」，且求爲相，上令内侍孫知古因奉使諷令毁之。冬十月甲辰，加承嗣同平章事以褒之。

九年春三月戊申，以皇女永樂公主許妻魏博節度使田承嗣之子華，上意欲固結其心，而承嗣益驕慢。

夏六月，盧龍節度使朱泚遣弟滔奉表請入朝，且請自將步騎五千防秋。上許之，仍爲之先築大第於京師以待之。朱泚入朝，九月庚子，至京師。

冬十月，魏博節度使田承嗣誘昭義將吏使作亂。

十年春正月丁酉，昭義兵馬使裴志清逐留後薛崿，帥其衆歸承嗣。承嗣聲言救援，引兵襲相州，取之。崿奔洺州，上表請入朝，許之。

乙巳，朱泚表請留闕下，以弟滔知幽州、盧龍留後，許之。

昭義裨將薛擇爲相州刺史，薛雄爲衞州刺史，薛堅爲洺州刺史，皆薛嵩之族也。戊申，上命内侍孫知古如魏州諭田承嗣，使各守封疆，承嗣不奉詔，癸丑，遣大將盧子期取洺州，楊光朝攻衞州。二月乙丑，田承嗣誘衞州刺史薛雄，雄不從，使盜殺之，屠其家，盡據相、衞四州之地，自置長吏，掠其精兵良馬悉歸魏州。逼孫知古與共巡磁、相二州，使其將士割耳剺面，請承嗣爲帥。丙子，以華州刺史李承昭知昭義留後。三月乙巳，薛崿詣闕請罪，上釋不問。

初，成德節度使李寶臣、淄青節度使李正己皆爲田承嗣所輕。寶臣弟寶正娶承嗣女，在魏州，與承嗣子維擊毬，馬驚，誤觸維死。承嗣怒，囚寶正，以告寶臣。寶臣謝教敕不謹，封杖授承嗣，使撻之。承嗣遂杖殺寶正，由是兩鎮交惡。及承嗣拒命，寶臣、正己皆上表請討之。上亦欲因其隙討承嗣，夏四月乙未，敕貶承嗣爲永州刺史，仍命河東、成德、幽州、淄青、淮西、永平、汴宋、河陽、澤潞諸道發兵前臨魏博，若承嗣尚或稽違，即令進討。

罪止承嗣及其姪悦，自餘將士弟姪苟能自拔，一切不問。

時朱滔方恭順，與寶臣及河東節度使薛兼訓攻其北，正己與淮西節度使李忠臣等攻其南。五月乙未，承嗣將霍榮國以磁州降。丁未，李正己攻德州，拔之。李忠臣統永平、河陽、懷、澤步騎四萬進攻衞州。六月辛未，田承嗣遣其將裴志清等攻冀州，志清以其衆降李寶臣。甲戌，承嗣自將圍冀州。寶臣使高陽軍使張孝忠將精騎四千禦之，寶臣大軍繼至，承嗣燒輜重而遁。孝忠，本奚也。

田承嗣以諸道兵四合，部將多叛而懼，秋八月，遣使奉表，請束身歸朝。己丑，田承嗣遣其將盧子期寇磁州。

九月，李寶臣、李正己會于棗强，進圍貝州，田承嗣出兵救之。兩軍各饗士卒，成德賞厚，平盧賞薄。既罷，平盧士卒有怨言，正己恐其爲變，引兵退，寶臣亦退。李忠臣聞之，釋衞州，南渡河，屯陽武。寶臣與朱滔攻滄州，承嗣從父弟庭玠守之，寶臣不能克。

冬十月，盧子期攻磁州，城幾陷。李寶臣與昭義留後李承昭共救之，大破子期于清水，擒子期送京師，斬之。河南諸將又大破田悦於陳留，田承嗣懼。

初，李正己遣使至魏州，承嗣囚之，至是，禮而遣之。遣使盡籍境内户口、甲兵、穀帛之數以與之，曰：「承嗣今年八十有六，溘死無日，諸子不肖，悦亦孱弱，凡今日所有，爲公守耳，豈足以辱公之師旅乎！」立使者於廷，南向，拜而授書。又圖正己之像，焚香事之。正己悅，遂按兵不進。於是河南諸道兵皆不敢進。承嗣既無南顧之虞，得專意北方。

上嘉李寶臣之功，遣中使馬承倩齎詔勞之。將還，寶臣詣其館，遺之百縑，承倩詬詈，擲出道中，寶臣慚其左右。兵馬使王武俊說寶臣曰：「今公在軍中新立功，豎子尚爾，況寇平之後，以一幅詔書召歸闕下，一匹夫耳，不如釋承嗣以爲己資。」寶臣遂有玩寇之志。

承嗣知范陽寶臣鄉里，心常欲之，因刻石作讖，云「二帝同功勢萬全，將田爲侶入幽、燕」，密令瘞寶臣境內，使望氣者言彼有王氣，寶臣掘而得之。又令客說之曰：「公與朱滔共取滄州，得之則地歸國，非公所有。公能捨承嗣之罪，請以滄州歸公，仍願從公取范陽以自效。公以精騎前驅，承嗣以步卒繼之，蔑不克矣。」寶臣喜，謂事合符讖，遂與承嗣通謀，密圖范陽。承嗣亦陳兵境上。

寶臣謂滔使者曰：「聞朱公儀貌如神，願得畫像觀之。」滔與之。寶臣置於射堂，命諸將共觀之，曰：「真神人也。」滔軍於瓦橋，寶臣選精騎二千，通夜馳三百里襲之，戒曰：「取貌如射堂者。」時兩軍方睦，滔不虞有變，狼狽出戰而敗，會衣他服，得免。寶臣欲乘勝取范陽，滔使雄武軍使昌平劉怦守留府。寶臣知有備，不敢進。

承嗣聞幽、恒兵交，即引軍南還，使謂寶臣曰：「河內有警，不暇從公。石上讖文，吾戲爲之耳。」寶臣慚怒而退。寶臣既與朱滔有隙，以張孝忠爲易州刺史，使將精騎七千以備之。

十一月丁酉，田承嗣將吴希光以瀛州降。十二月，田承嗣請入朝，李正己屢爲之上表，乞許其自新。

十一年春二月庚辰，田承嗣復遣使上表，請入朝。上乃下詔赦承嗣罪，復其官爵，聽與家屬入朝，其所部拒朝命者，一切不問。

夏五月，汴宋留後田神玉卒。都虞候李靈曜殺兵馬使、濮州刺史孟鑒，北結田承嗣爲援。癸巳，以永平節度使李勉兼汴、宋等八州留後。乙未，以靈曜爲濮州刺史，靈曜不受詔。六月戊午，以靈曜爲汴宋留後，遣使宣慰。秋七月，田承嗣遣兵寇滑州，敗李勉。李靈曜既爲留後，益驕慢，悉以其黨爲管内八州刺史、縣令，欲效河北諸鎮。八月甲申，詔淮西節度使李忠臣、永平節度使李勉、河陽三城使馬燧討之。淮南節度使陳少遊、淄青節度使李正己皆進兵擊靈曜。

汴宋兵馬使攝節度副使李僧惠，靈曜之謀主也。宋州牙門將劉昌遣僧神表潛説僧惠，僧惠召問計，昌爲之泣陳逆順。僧惠乃與汴宋牙將高憑、石隱金遣神表奉表詣京師，請討靈曜。九月壬戌，以僧惠爲宋州刺史，憑爲曹州刺史，隱金爲鄆州刺史。

乙丑，李忠臣、馬燧軍于鄭州，靈曜引兵逆戰，兩軍不意其至，退軍滎澤，淮西軍士潰去者什五六。鄭州士民皆驚，走入東都。忠臣將歸淮西，燧固執不可，曰：「以順討逆，何憂不克，奈何自棄功名！」堅壁不動。忠臣聞之，稍收散卒，數日皆集，軍勢復振。

戊辰，李正己奏克鄆、濮二州。壬申，李僧惠敗靈曜兵於雍丘。冬十月，李忠臣、馬燧進擊靈曜，忠臣行汴南，燧行汴北，屢破靈曜兵。壬寅，與陳少遊前軍合，與靈曜大戰於汴州城西，靈曜敗，入城固守。癸卯，忠臣等圍之。

田承嗣遣田悅將兵救靈曜，敗永平、淄青兵於匡城，乘勝進軍汴州，乙巳，營於城北數里。丙午，忠臣遣裨將李重倩將輕騎數百夜入其營，縱横貫穿，斬數十人而還，營中大駭。忠臣、燧因以大軍乘之，鼓譟而入，悅衆不戰而潰。悅脱身北走，將士死者相枕藉，不可勝數。靈曜聞之，開門夜遁，汴州平。重倩，本奚也。丁未，靈曜至韋城，永平將杜如江擒之。

燧知忠臣暴戾，以己功讓之，不入汴城，引軍西屯板橋。忠臣入城，果專其功。宋州刺史李僧惠與之争功，忠臣因會擊殺之，又欲殺劉昌，昌遁逃得免。

甲寅，李勉械送李靈曜至京師，斬之。

十二月丁亥，李正己、李寶臣並加同平章事。戊戌，昭義節度使李承昭表稱疾篤，以澤潞行軍司馬李抱真兼知磁、邢兩州留後。庚戌，加淮西節度使李忠臣同平章事，仍領汴州刺史，徙治汴州。

十二年春三月乙卯，兵部尚書、同平章事、鳳翔懷澤潞秦隴節度使李抱玉薨，弟抱真仍領懷澤潞留後。

田承嗣竟不入朝，又助李靈曜，上復命討之。承嗣乃復上表謝罪，上亦無如之何，庚午，悉復承嗣官爵，仍令不必入朝。

冬十二月丙戌，朱泚自涇州還京師。庚子，以朱泚兼隴右節度使，知河西、澤潞行營。

平盧節度使李正己先有淄、青、齊、海、登、萊、沂、密、德、棣十州之地，及李靈曜之亂，諸道合兵攻之，所得之地，各爲己有，正己又得曹、濮、徐、兖、鄆五州，因自青州徙治鄆州，使其子前淄州刺史納守青州。癸卯，以納爲青州刺史。正己用刑嚴峻，所在不敢偶語，然法令齊一，賦均而輕，擁兵十萬，雄據東方，鄰藩皆畏之。是時，田承嗣據魏、博、相、衛、洺、貝、澶七州，李寶臣據恒、易、趙、定、深、冀、滄七州，各擁衆五萬，梁崇義據襄、鄧、均、房、復、郢六州，有衆二萬，相與根據蟠結，雖奉事朝廷，而不用其法令，官爵、甲兵、租賦、刑殺皆自專之。上寬仁，一聽其所爲。朝廷或完一城，增一兵，輒有怨言，以爲猜貳，常爲之罷役，而自於境內築壘、繕兵無虚日。以是雖在中國名藩臣，而實如蠻貊異域焉。

十三年秋八月乙亥，成德節度使李寶臣請復姓張，許之。

十四年春二月癸未，魏博節度使田承嗣薨。有子十一人，以其姪中軍兵馬使悦爲才，使知軍事，而諸子佐之。甲申，以悦爲魏博留後。

淮西節度使李忠臣，貪殘好色，將吏妻女美者多逼淫之。悉以軍政委妹壻節度副使張惠光，惠光挾勢暴横，軍州苦之。忠臣復以惠光子爲牙將，暴横甚於其父。左厢都虞候李希烈，忠臣之族子也，爲衆所服。希烈因衆心怨怒，三月丁未，與大將丁暠等殺惠光父子而逐忠臣。忠臣單騎奔京師，上以其有功，使以檢校司空、同平章事留京師。以希烈爲蔡州刺史、淮西留後，以永平節度使李勉兼汴州刺史，增領汴、潁二州，徙鎮汴州。

成德節度使張寶臣既請復姓，又不自安，更請賜姓；夏四月癸未，復賜姓李。

五月戊子，以淮西留後李希烈爲節度使。辛卯，以河陽鎮遏使馬燧爲河東節度使。六月庚戌，以朱泚爲鳳翔尹。秋九月甲戌，改淮西爲淮寧。

德宗建中元年。初，左僕射劉晏爲吏部尚書，楊炎爲侍郎，不相悦，元載之死，晏有力焉。及上即位，晏久典利權，衆頗疾之，多上言轉運使可罷。炎乃建言：「尚書省，國政之本，比置諸使，分奪其權，今宜復舊。」上從之。正月甲子，詔天下錢穀皆歸金、倉部，罷晏轉運、租庸、青苗、鹽鐵等使。

二月丙申朔，命黜陟使十一人分巡天下。先是，魏博節度使田悦事朝廷猶恭順，河北黜陟使洪經綸不曉時務，聞悦軍十萬人，符下，罷其四萬，令還農。悦陽順命，如符罷之。既而集應罷者，激怒之曰：「汝曹久在軍中，有父母妻子，今一旦爲黜陟使所罷，將何資以自衣食乎？」衆大哭。悦乃出家財以賜之，使各還部伍。於是軍士皆德悦而怨朝廷。

楊炎奏用元載遺策城原州，上遣中使詣涇原節度使段秀實訪以利害，秀實以爲：「今邊備尚虛，未宜興事以召寇。」炎怒，以爲沮己，徵秀實爲司農卿。丁未，邠寧節度使李懷光兼四鎮、北庭行營、涇原節度使，移軍原州，以四鎮、北庭留後劉文喜爲別駕。元載遺策語在吐蕃入寇。上用楊炎之言，託以奏事不實，己酉，貶劉晏爲忠州刺史。

癸丑，以澤潞留後李抱真爲節度使。

楊炎欲城原州以復秦、原，命李懷光居前督作，朱泚、崔寧各將萬人翼其後。詔下涇州爲城具，涇之將士怒曰：「吾屬爲國家西門之屏，十餘年矣。始居邠州，甫營耕桑，有地著之安。徙屯涇州，披荊榛，立軍府，坐席未暖，又投之塞外。吾屬何罪，而至此乎！」李懷光始爲邠寧帥，即誅温儒雅等，軍令嚴峻。及兼涇原，諸將皆懼，曰：「彼五將何罪而爲戮？今又來此，吾屬能無憂乎？」劉文喜因衆心不安，據涇州，不受詔，上疏復求段秀實爲帥，不則朱泚。癸亥，以朱泚兼四鎮、北庭行（軍）〔營〕、涇原節度使，代懷光。

劉文喜又不受詔，欲自邀旌節，夏四月乙未朔，據涇州叛，遣其子質於吐蕃以求援。上命朱泚、李懷光討之，又命神策軍使張巨濟將禁兵二千助之。

五月，朱泚等圍劉文喜於涇州，杜其出入，而閉壁不與戰，久之不拔。天方旱，徵發餽運，內外騷然，朝臣上書請赦文喜以蘇疲人者，不可勝紀。上皆不聽，曰：「微孽不除，何以令天下！」文喜使其將劉海賓入奏，海賓言於上曰：「臣乃陛下藩邸部曲，豈肯附叛人，必爲陛下梟其首以獻。但文喜今所求者節而已，願陛下姑與之，文喜必怠，則臣計得施矣。」上曰：「名器不可假人。爾能立效固善，我節不可得也。」使海賓歸以告文喜，而攻之如初。減御膳以給軍士，城中將士當受春服者，賜予如故。於是衆知上意不可移。時吐蕃方睦於唐，不爲發兵，城中勢窮。庚寅，海賓與諸將共殺文喜，傳首，而原州竟不果城。

自上即位，李正己內不自安，遣參佐入奏事。會涇州捷奏至，上使觀文喜之首而歸。正己益懼。

六月，術士桑道茂上言：「陛下不出數年，暫有離宮之厄。臣望奉天有天子氣，宜高大其城以備非常。」辛丑，命京兆發丁夫數千，雜六軍之士築奉天城。

秋七月，荆南節度使庾準希楊炎指，奏忠州刺史劉晏與朱泚書求營救，辭多怨望。又奏召補州兵，欲拒朝命，炎證成之。上密遣中使就忠州縊殺之，己丑，乃下詔賜死。天下冤之。

八月丁未，加盧龍、隴右、涇原節度使朱泚兼中書令，盧龍、隴右節度如故，以舒王謨爲四鎮、北庭行（軍）〔營〕、涇原節度大使，以涇州牙前兵馬使河中姚令言爲留後。謨，邈之子也，早孤，上子之。

二年春正月戊辰，成德節度使李寶臣薨。寶臣欲以軍府傳其子行軍司馬惟岳，以其年少闇弱，豫誅諸將之難制者深州刺史張獻誠等，至有十餘人同日死者。寶臣召易州刺史張孝忠，孝忠不往，使其弟孝節召之。孝忠使孝節謂寶臣曰：「諸將何罪，連頸受戮？孝忠懼死，不敢往，亦不敢叛，正如公不入朝之意耳。」孝節泣曰：「如此，孝節必死。」孝忠曰：「往則併命，我在此，必不敢殺汝。」遂歸，寶臣亦不之罪也。兵馬使王武俊位卑而有勇，故寶臣特親愛之，以女妻其子士真，士真復厚結其左右。故孝忠、武俊獨得全。及薨，孔目官胡震、家僮王他奴勸惟岳匿喪二十餘日，詐爲寶臣表，求令惟岳繼襲。上不許，遣給事中汲人班宏往問寶臣疾，且諭之。惟岳厚賂宏，宏不受，還報。惟岳乃發喪，自爲留後，使將佐共奏求旌節，上又不許。

初，寶臣與李正己、田承嗣、梁崇義相結，期以土地傳之子孫。故承嗣之死，寶臣力爲之請於朝，使以節授田悅，代宗從之。悅初襲位，事朝廷禮甚恭，河東節度使馬燧表其必反，請先爲備。至是悅屢爲惟岳請繼襲，上欲革前弊，不許。或諫曰：「惟岳已據父業，不因而命之，必爲亂。」上曰：「賊本無資以爲亂，皆藉我土地，假我位號，以聚其衆耳。曏日因其所欲而命之多矣，而亂益滋。是爵命不足以已亂，而適足以長亂也。然則惟岳必爲亂，命與不命，等耳。」竟不許。悅乃與李正己各遣使詣惟岳，潛謀勒兵拒命。

魏博節度副使田庭玠謂悅曰：「爾藉伯父遺業，但謹事朝廷，坐享富貴，不亦善乎！奈何無故與恒、鄆共爲叛臣！爾觀兵興以來，逆亂者誰能保其家乎？必欲行爾之志，可先殺我，無使我見田氏之族滅也。」因稱病卧家。悅自往謝之，庭玠閉門不内，竟以憂卒。

成德判官邵真聞李惟岳之謀，泣諫曰：「先相公受國厚恩，大夫衰絰之中，遽欲負國，此甚不可。」勸惟岳執李正己使者送京師，且請討之，曰：「如此，朝廷嘉大夫之忠，則旄鉞庶幾可得。」惟岳然之，使真草奏。長史畢華曰：「先公與二道結好二十餘年，奈何一旦棄之！且雖執其使，朝廷未必見信。正己忽來襲我，孤軍無援，何以待之？」惟岳又從之。

前定州刺史谷從政，惟岳之舅也，有膽略，頗讀書，王武俊等皆敬憚之，爲寶臣所忌，從政乃稱病杜門。惟岳亦忌之，不與圖事，日夜獨與胡震、王他奴等計議，多散金帛以悅將士。從政往見惟岳曰：「今海内無事，自上國來者，皆言天子聰明英武，志欲致太平，深不欲諸侯子孫專地。爾今首違詔命，天子必遣諸道致討。將士受賞之際，皆言爲大夫盡死，苟一戰不勝，各惜其生，誰不離心！大將有權者乘危伺便，咸思取爾以自爲功矣。且先相公所殺高班大將，殆以百數，撓敗之際，其子弟欲復仇者，庸可數乎！又相公與幽州有隙，朱滔兄弟常切齒於我，今天子必以爲將。滔與吾擊柝相聞，計其聞命疾驅，若虎狼之得獸也，何以當之！昔田承嗣從安、史父子同反，身經百戰，凶悍聞於天下，違詔舉兵，自謂無敵。及盧子期就擒，吴希光歸國，承嗣指天垂泣，身無所措。賴先相公按兵不進，且爲之祈請，先帝寬仁，赦而不誅，不然，田氏豈有種乎！況爾生長富貴，齒髮尚少，不更艱危，乃信左右之言，欲效承嗣所爲乎！爲爾之計，不若辭謝將佐，使惟誠攝領軍府，身自入朝，乞留宿衛，因言惟誠且令攝事。恩命決於聖志，上必悦爾忠義，縱無大位，不失榮禄，永無憂矣！不然，大禍將至，悔之何及。吾亦知爾素疏忌我，顧以舅甥之情，事急不得不言耳！」惟岳及左右見其言切，益惡之。從政乃復歸，杜門稱病。惟誠者，惟岳之庶兄也，謙厚好書，得衆心，其母妹爲李正己子婦。是日，惟岳送惟誠於正己，正己使復姓張，遂仕淄青。惟岳遣王他奴詣從政家察其起居，從政飲藥而卒。且死，曰：「吾不憚死，哀張氏今族滅矣。」

劉文喜之死也，李正己、田悅等皆不自安。劉晏死，正己等益懼。相謂曰：「我輩罪惡，豈得與劉晏比乎！」會汴州城隘，廣之，東方人訛言上欲東封，故城汴州，正己懼，發兵萬人屯曹州。田悅亦完聚爲備，與梁崇義、李惟岳遥相應助，河南士民騷然驚駭。

永平軍舊領汴、宋、滑、亳、陳、潁、泗七州，丙子，分宋、亳、潁別爲節度使，以宋州刺史劉洽爲之，以泗州隸淮南，又以東都留守路嗣恭爲懷鄭汝陝四州、河陽三城節度使。旬日，又以永平節度使李勉都統洽、嗣恭二道，仍割鄭州隸之，選嘗爲將者爲諸州刺史，以備正己等。

楊炎既殺劉晏，朝野側目。李正己累表請晏罪，譏斥朝廷。炎懼，遣腹心分詣諸道，以宣慰爲名，實使之密諭節度使云：「晏昔附姦邪，請立獨孤后，上自惡而殺之。」上聞而惡之，由是有誅炎之志，隱而未發。乙巳，遷炎中書侍郎，擢盧杞爲門下侍郎並同平章事，不專任炎矣。丙午，更汴宋軍名曰宣武。

梁崇義雖與李正己等連結，兵勢寡弱，禮數最恭。或勸其入朝，崇義曰：「來公有大功於國，上元中爲閹宦所讒，遷延稽命。及代宗嗣位，不俟駕入朝，猶不免族誅。吾歲久釁積，何可往也！」淮寧節度使李希烈屢請討之，崇義懼，益修武備。流人郭昔告崇義爲變，崇義聞之，請罪，上爲之杖昔，遠流之。使金部員外郎李舟詣襄州諭旨以安之。舟嘗奉使詣劉文喜，爲陳禍福，文喜囚之，會帳下殺文喜以降，諸道跋扈者聞之，謂舟能覆城殺將。至襄州，崇義惡之。舟又勸崇義入朝，言頗切直，崇義益不悦。及遣使宣慰諸道，舟復詣襄州，崇義拒境不内，上言「軍中疑懼，請易以他使」。時兩河諸鎮方猜阻，上欲示恩信以安之，夏四月庚寅，加崇義同平章事，妻子悉加封賞，賜以鐵券。遣御史張著齎手詔徵之，仍以其裨將藺杲爲鄧州刺史。

五月，田悦卒與李正己、李惟岳定計，連兵拒命，遣兵馬使孟祐將步騎五千北助惟岳。薛嵩之死也，田承嗣盜據洺、相二州，朝廷獨得邢、磁二州及臨洺縣。悦欲阻山爲境，曰：「邢、磁如兩眼，在吾腹中，不可不取。」乃遣兵馬使康愔將八千人圍邢州，別將楊朝光將五千人栅於邯鄲西北，以斷昭義救兵，悦自將兵數萬圍臨洺。邢州刺史李共、臨洺將張伾堅壁拒守。貝州刺史邢曹俊，田承嗣舊將也，老而有謀，悦寵信牙官扈崿而疏之。及攻臨洺，召曹俊問計，曹俊曰：「兵法十圍五攻，尚書以逆犯順，勢更不侔。今頓兵堅城之下，糧竭卒盡，自亡之道也。不若置萬兵於崞口以遏西師，則河北二十四州皆爲尚書有矣。」諸將惡其異己，共毀之，悦不用其策。

六月，張著至襄陽，梁崇義益懼，陳兵而見之。藺杲得詔不敢發，馳見崇義請命。崇義對著號泣，竟不受詔。著復命。

癸巳，進李希烈爵南平郡王，加漢南、漢北兵馬招討使，督諸道兵討之。楊炎諫曰：「希烈爲董秦養子，親任無比，卒逐秦而奪其位。爲人很戾無親，無功猶倔强不法，使平崇義，何以制之！」上不聽。炎固争之，上益不平。

荆南牙門將吴少誠以取梁崇義之策干李希烈，希烈以少誠爲前鋒。少誠，幽州潞人也。

時内自關中，西暨蜀、漢，南盡江、淮、閩、越，北至太原，所在出兵，而李正己遣兵扼徐州甬橋、渦口，梁崇義阻兵襄陽，運路皆絶，人心震恐。江、淮進奉船千餘艘，泊渦口不敢進。上以和州刺史張萬福爲濠州刺史。萬福馳至渦口，立馬岸上，發進奉船，淄青將士停岸睥睨不敢動。

壬子，以懷鄭、河陽節度副使李艽爲河陽、懷州節度使，割(京)〔東〕畿五縣隸焉。

秋七月，李希烈以久雨未進軍，上怪之。盧杞密言於上曰：「希烈遷延，以楊炎故也。陛下何愛炎一日之名而墮大功，不若暫免炎相以悦之，事平復用，無傷也。」上以爲然。庚申，以炎爲左僕射，罷政事。辛巳，以邠寧節度使李懷光兼朔方節度使。

癸未，河東節度使馬燧、昭義節度使李抱真、神策先鋒都知兵馬使李晟大破田悦於臨洺。時悦攻臨洺，累月不拔，城中食且盡，府庫竭，士卒多死傷。張伾飾其愛女，使出拜將士，曰：「諸君守戰甚苦，伾家無他物，請鬻此女爲將士一日之費。」衆皆哭曰：「願盡死力，不敢言賞。」李抱真告急於朝，詔馬燧將步騎二萬與抱真討悅，又遣李晟將神策兵與之俱。又詔幽州留後朱滔討惟岳。

燧等軍未出險，先遣使持書諭悅，爲好語。悅謂燧畏之，不設備。又與抱真合兵八萬東下壺關，軍于邯鄲，擊悅支軍，破之。悅方急攻臨洺，分李惟岳兵五千助楊朝光。明日，燧等進攻朝光柵，悅將萬餘人救之。燧命大將李自良等禦之於雙岡，令之曰：「悅得過，必斬爾。」自良等力戰，悅軍卻。燧推火車焚朝光柵，斬朝光，獲首虜五千餘級。居五日，燧等進軍至臨洺，悅悉衆力戰，凡百餘合，悅兵大敗，斬首萬餘級。悅引兵夜遁，邢州圍亦解。

時平盧節度使李正己已薨，子納祕之，擅領軍務。悅求救於納及李惟岳，納遣大將衛俊將兵萬人，惟岳遣兵三千人救之。悅收合散卒，得二萬餘人，軍于洹水；淄青軍其東，成德軍其西，首尾相應。馬燧帥諸軍進屯鄴，奏求河陽兵自助。詔河陽節度使李芃將兵會之。

八月，李納始發喪，奏請襲父位，上不許。

梁崇義發兵至江陵，至四望，大敗而歸，乃收兵襄、鄧。李希烈引軍循漢而上，與諸道兵會。崇義遣其將翟暉、杜少誠逆戰於蠻水，希烈大破之，追至疏口，又破之。二將請降，希烈使將其衆先入襄陽慰諭軍民。崇義閉城拒守，守者開門争出，不可禁。崇義與妻赴井死，傳首京師。

范陽節度使朱滔將討李惟岳，軍于莫州。張孝忠將精兵八千守易州，滔遣判官蔡雄説孝忠曰：「惟岳乳臭兒，敢拒朝命。今昭義、河東軍已破田悦，淮寧李僕射克襄陽，河南諸軍朝夕北向，恒、魏之亡可佇立而須也。使君誠能首舉易州以歸朝廷，則破惟岳之功自使君始，此轉禍爲福之策也。」孝忠然之，遣牙官程華詣滔，遣録事參軍董稹奉表詣闕，滔又上表薦之。上悦，九月辛酉，以孝忠爲成德節度使。命惟岳護喪歸朝，惟岳不從。孝忠德滔，爲子茂和娶滔女，深相結。

壬戌，加李希烈同平章事。初，李希烈請討梁崇義，上對朝士亟稱其忠。黜陟使李承自淮西還，言於上曰：「希烈必立微功，但恐有功之後，偃蹇不臣，更煩朝廷用兵耳。」上不以爲然。希烈既得襄陽，遂據之爲己有，上乃思承言。時承爲河中尹，甲子，以承爲山南東道節度使。上欲以禁兵送上，承請單騎赴鎮。至襄陽，希烈寘之外館，迫脅萬方，承誓死不屈，希烈乃大掠闔境所有而去。承治之期年，軍府稍完。希烈留牙將於襄州，守其所掠財，由是數有使者往來。承亦遣其腹心臧叔雅往來許、蔡，厚結希烈腹心周曾等，與之陰圖希烈。

冬十月，徐州刺史李洧，正己之從父兄也。李納寇宋州，彭城令太原白季庚説洧舉州歸國；洧從之，遣攝巡官崔程奉表詣闕，且使口奏，并白宰相，以徐州不能獨抗納，乞領徐、海、沂三州觀察使；況海、沂二州，今皆爲納有，洧與刺史王涉、馬萬通素有約，苟得朝廷詔書，必能成功。程自外來，以爲宰相一也，先白張鎰，鎰以告盧杞。杞怒其不先白己，不從其請。戊申，加洧御史大夫，充招諭使。

十一月辛酉，宣武節度使劉洽、神策都知兵馬使曲環、滑州刺史襄平李澄、朔方大將唐朝臣大破淄青、魏博之兵於徐州。先是，李納遣其將王溫會魏博將信都崇慶共攻徐州，李洧遣牙官溫人王智興詣闕告急。智興善走，不五日而至。上爲之發朔方兵五千人，以朝臣將之，與洽、環、澄共救之。時朔方軍資裝不至，旗服弊惡，宣武人嗤之曰：「乞子能破賊乎！」朝臣以其言激怒士卒，且曰：「都統有令，先破賊營者，營中物悉與之。」士皆憤怒爭奮。崇慶、溫攻彭城，二旬不能下，請益兵於納。納遣其將石隱金將萬人助之，與劉洽等相拒於七里溝。日向暮，洽引軍稍卻，朔方馬軍使楊朝晟言於唐朝臣曰：「公以步兵負山而陳，以待兩軍，我以騎兵伏於山曲。賊見懸軍勢孤，必搏之；我以伏兵絶其腰，必敗之。」朝臣從之。崇慶等果將騎二千踰橋而西，追擊官軍，伏兵發，橫擊之。崇慶等兵中斷，狼狽而返，阻橋以拒官軍，其兵有争橋不得，涉水而渡者。朝晟指之曰：「彼可涉，吾何爲不涉！」遂涉水擊，據橋者皆走。崇慶等兵大潰，洽等乘之，斬首八千級，溺死過半。朔方軍士盡得其輜重，旗服鮮華，乃謂宣武人曰：「乞子之功，孰與宋多？」宣武人皆慚。官軍乘勝逐之，至徐州城下，魏博、淄青軍解圍走，江、淮漕運始通。己巳，詔削李惟岳官爵，募所部降者赦而賞之。

甲申，淮南節度使陳少遊遣兵擊海州，其刺史王涉以州降。

十二月，李納（宋）〔密〕州刺史馬萬通乞降，丁酉，以爲密州刺史。加馬燧魏博招討使。

三年春正月，河陽節度使李艽引兵逼衛州，田悦守將任履虚詐降，既而復叛。馬燧等諸軍屯于漳濱，田悦遣其將王光進築月城以守長橋，諸軍不得渡。燧以鐵鎖連車數百乘，實以土囊，塞其上流，水淺，諸軍涉渡。時軍中乏糧，悦等深壁不戰。燧命諸軍持十日糧，進屯倉口，與悦夾洹水而軍。李抱真、李艽問曰：「糧少而深入，何也？」燧曰：「糧少則利速戰，今三鎮連兵不戰，欲以老我師。我若分軍擊其左右，悦必救之，則我腹背受敵，戰必不利。故進軍逼悦，所謂『攻其所必救』也。彼苟出戰，必爲諸君破之。」乃爲三橋逾洹水，日往挑戰，悦不出。燧令諸軍夜半起食，潛師循洹水直趨魏州，令曰：「賊至，則止爲陳。」留百騎擊鼓鳴角於營中，仍抱薪持火，俟諸軍畢發，則止鼓角匿其旁，伺悦軍畢渡，焚其橋。軍行十里所，悦聞之，帥淄青、成德步騎四萬踰橋，掩其後，乘風縱火，鼓譟而進。燧按兵不動，先除其前草莽百步爲戰場，結陳以待之，募勇士五千餘人爲前列。悦軍至，火止，氣衰，燧縱兵擊之，悦軍大敗。神策、昭義、河陽軍小卻，見河東軍捷，還鬬，又破之。追奔至三橋，三橋已焚，悦軍亂，赴水溺死不可勝紀，斬首二萬餘級，捕虜三千餘人，尸相枕藉三十餘里。

悦收餘兵千餘人走魏州。馬燧與李抱真不協，頓兵平邑浮圖，遷延不進。悦夜至南郭，大將李長春閉關不内，以俟官軍。久之，天且明，長春乃開門納之。悦殺長春，嬰城拒守。城中士卒不滿數千，死者親戚號哭滿街。悦憂懼，乃持佩刀乘馬立府門外，悉集軍民，流涕言曰：「悦不肖，蒙淄青、成德二丈人保薦，嗣守伯父業。今二丈人即世，其子不得承襲，悦不敢忘二丈人大恩，不量其力，輒拒朝命，喪敗至此，使士大夫肝腦塗地，皆悦之罪也。悦有老母，不能自殺，願諸公以此刀斷悦首，提出城降馬僕射，自取富貴，無爲與悦俱死也。」因從馬上自投地。將士争前抱持悦曰：「尚書舉兵徇義，非私己也。一勝一負，兵家之常。某輩累世受恩，何忍聞此。願奉尚書一戰，不勝則以死繼之。」悦曰：「諸公不以悦喪敗而棄之，悦雖死，敢忘厚意於地下。」乃與諸將各斷髮，約爲兄弟，誓同生死。

悉出府庫所有及斂富民之財，得百餘萬，以賞士卒，衆心始定。復召貝州刺史邢曹俊使之整部伍，繕守備，軍勢復振。

李納軍於濮陽，爲河南軍所逼，奔還濮州，徵援兵於魏州。田悦遣軍使符璘將三百騎送之，璘父令奇謂璘曰：「吾老矣，歷觀安史輩叛亂者，今皆安在！田氏能久乎！汝因此棄逆從順，是汝揚父名於後世也。」齧臂而別。璘遂與其副李瑶帥衆降於馬燧。悦收族其家，令奇慢罵而死。瑶父再春以博州降，悦從兄昂以洺州降，王光進以長橋降。悦入城旬餘日，馬燧等諸軍始至城下，攻之不克。

丙寅，李惟岳遣兵與孟祐守束鹿，朱滔、張孝忠攻拔之，進圍深州。惟岳憂懼，掌書記邵真復説惟岳密爲表，先遣弟惟簡入朝；然後誅諸將之不從命者，身自入朝，使妻父冀州刺史鄭詵權知節度事，以待朝命。惟簡既行，孟祐知其謀，密遣告田悦。悦大怒，使衙官扈岌往見惟岳，讓之曰：「尚書舉兵，正爲大夫求旌節耳，非爲己也。今大夫乃信邵真之言，遣弟奉表，悉以反逆之罪歸尚書，自求雪身。尚書何負於大夫而至此邪！若相爲斬邵真，則相待如初，不然，當與大夫絶矣。」判官畢華言於惟岳曰：「田尚書以大夫之故，陷身重圍，大夫一旦負之，不義甚矣。且魏博、淄青兵强食富，足抗天下，事未可知，奈何遽爲二三之計乎！」惟岳素怯，不能守前計，乃引邵真對扈岌斬之，發成德兵萬人與孟祐俱圍束鹿。丙寅，朱滔、張孝忠與戰於束鹿城下，惟岳大敗，燒營而遁。兵馬使王武俊爲左右所構，惟岳疑之，惜其才，未忍除也。束鹿之戰，使武俊爲前鋒，私自謀曰：「我破朱滔，則惟岳軍勢大振，歸，殺我必矣。」故戰不甚力而敗。

朱滔欲乘勝攻恒州，張孝忠引兵西北，軍于義豐。滔大驚，孝忠將佐皆怪之。孝忠曰：「恒州宿將尚多，未易可輕，迫之則并力死鬭，緩之則自相圖，諸君第觀之。吾軍義豐，坐待惟岳之殄滅耳。且朱司徒言大而識淺，可與共始，難與共終也。」於是滔亦屯束鹿，不敢進。

惟岳將康日知以趙州歸國，惟岳益疑王武俊，武俊甚懼。或謂惟岳曰：「先相公委腹心於武俊，使之輔佐大夫，又有骨肉之親，武俊勇冠三軍。今危難之際，復加猜阻，若無武俊，欲使誰爲大夫卻敵乎？」惟岳以爲然，乃使步軍使衛常寧與武俊共擊趙州，又使王士真將兵宿府中以自衛。

淮南節度使陳少遊拔海、密二州，李納復攻陷之。

王武俊既出恒州，謂衛常寧曰：「武俊今幸出虎口，不復歸矣，當北歸張尚書。」常寧曰：「大夫暗弱，信任左右，觀其勢終爲朱滔所滅。今天子有詔，得大夫首者，以其官爵與之。中丞素爲衆所服，與其出亡，曷若倒戈以取大夫，轉禍爲福，如反掌耳。事苟不捷，歸張尚書未晚也。」武俊深以爲然。會惟岳使要藉謝遵至趙州城下，武俊引遵同謀取惟岳。遵還，密告王士真。閏月甲辰，武俊、常寧自趙州引兵還襲惟岳。遵與士真矯惟岳命，啓城門納之。黎明，武俊帥數百騎突入府門，士真應之於内，殺十餘人。武俊令曰：「大夫叛逆，將士歸順，敢違拒者族。」衆莫敢動。遂執惟岳，收鄭詵、畢華、王他奴等，皆殺之。武俊以惟岳舊使之子，欲生送之長安。常寧曰：「彼見天子，將復以叛逆之謀歸咎於中丞。」乃縊殺之，傳首京師。深州刺史楊榮國，惟岳姊夫也，降於朱滔，滔使復其位。

二月戊午，李惟岳所署定州刺史楊政義降。時河北略定，惟魏州未下。河南諸軍攻李納於濮州，納勢日蹙。朝廷謂天下不日可平。甲子，以張孝忠爲易、定、滄三州節度使，王武俊爲恒、冀都團練觀察使，康日知爲深、趙都團練觀察使。以德、棣二州隸朱滔，令還鎮。滔固請深州，不許，由是怨望，留屯深州。王武俊素輕張孝忠，自以手誅李惟岳，功在康日知上，而孝忠爲節度，己與康日知俱爲都團練使，又失趙、定二州，亦不悦。又詔以糧三千石給朱滔，馬五百匹給馬燧。武俊以爲朝廷不欲使故人爲節度使，魏博既下，必取恒冀，故先分其糧馬以弱之，疑，未肯奉詔。田悦聞之，遣判官王侑、許士則間道至深州，説朱滔曰：「司徒奉詔討李惟岳，旬朔之間，拔束鹿，下深州，惟岳勢蹙，故王大夫因司徒勝勢得以梟惟岳之首，此皆司徒之功也。又天子明下詔書，令司徒得惟岳城邑，皆隸本鎮。

今乃割深州以與日知，是自棄其信也。且今上志欲掃清河朔，不使藩鎮承襲，將悉以文臣代武臣。魏亡則燕、趙爲之次矣，若魏存，則燕、趙無患。然則司徒果有意矜魏博之危而救之，非徒得存亡繼絶之義，亦子孫萬世之利也。」又許以貝州賂滔。滔素有異志，聞之大喜，即遣王侑歸報魏州，使將士知有外援，各自堅。又遣判官王郅與許士則俱詣恒州，説王武俊曰：「大夫出萬死之計，誅逆首，拔亂根。康日知不出趙州，豈得與大夫同日論功。而朝廷褒賞略同，誰不爲大夫憤邑者。今又聞有詔支糧馬與鄰道，朝廷之意，蓋以大夫善戰無敵，恐爲後患，先欲貧弱軍府，俟平魏之日，使馬僕射北首，朱司徒南向，共相滅耳。朱司徒亦不敢自保，使郅等效愚計，欲與大夫共救田尚書而存之。大夫自留糧馬以供軍。朱司徒不欲以深州與康日知，願以與大夫，請早定刺史以守之。三鎮連兵，若耳目手足之相救，則他日永無患矣。」武俊亦喜，許諾，即遣判官王巨源使於滔，且令知深州事，相與刻日舉兵南向。滔又遣人説張孝忠，孝忠不從。

宣武節度使劉洽攻李納于濮州，克其外城。納於城上涕泣求自新，李勉又遣人説之，癸卯，納遣其判官房説以其母弟經及子成務入見。會中使宋鳳朝稱納勢窮蹙，不可捨，上乃囚説等於禁中。納遂歸鄆州，復與田悦等合。朝廷以納勢未衰，三日乙未，始以徐州刺史李洧兼徐、海、沂都團練觀察使，海、沂已爲納所據，洧竟無所得。

李納之初反也，其所署德州刺史李西華備守甚嚴，都虞候李士真密毀西華於納，納召西華還府，以士真代之。士真又以詐召棣州刺史李長卿，長卿過德州，士真劫之，與同歸國。夏四月戊午，以士真、長卿爲二州刺史。士真求援於朱滔，滔已有異志，遣大將李濟時將三千人聲言助士真守德州，且召士真詣深州議軍事，至則留之，使濟時領州事。

上遣中使發盧龍、恒冀、易定兵萬人詣魏州討田悅。王武俊不受詔，執使者送朱滔。滔言於衆曰：「將士有功者，吾奏求官勳，皆不遂。今欲與諸君敕裝共趨魏州，擊破馬燧以取温飽，何如？」皆不應。三問，乃曰：「幽州之人，自安、史之反，從而南者無一人得還，今其遺人痛入骨髓。況太尉、司徒皆受國寵榮，將士亦各蒙官勳，誠且願保目前，不敢復有僥冀。」滔默然而罷。乃誅大將數十人，厚撫循其士卒。

康日知聞其謀，以告馬燧，燧以聞。上以魏州未下，王武俊復叛，力未能制滔，壬戌，賜滔爵通義郡王，冀以安之。滔反謀益甚，分兵營於趙州以逼康日知，以深州授王巨源。武俊以其子士真爲恒、冀、深三州留後，將兵圍趙州。

涿州刺史劉怦與滔同縣人，其母滔之姑也，滔使知幽州留後。聞滔欲救田悅，以書諫之曰：「今昌平故里，朝廷改爲太尉鄉司徒里，此亦丈夫不朽之名也。但以忠順自持，則事無不濟。竊思近日務大樂戰，不顧成敗，而家滅身屠者，安、史是也。怦忝密親，默而無告，是負重知。惟司徒圖之，無貽後悔。」滔雖不用其言，亦嘉其盡忠，卒無疑貳。

滔將起兵，恐張孝忠爲後患，復遣牙官蔡雄往説之。孝忠曰：「昔者司徒發幽州，遣人語孝忠曰：『李惟岳負恩爲逆，』謂孝忠歸國即爲忠臣。孝忠性直，用司徒之教。今既爲忠臣矣，不復助逆也。且孝忠與武俊皆出夷落，深知其心，最喜翻覆。司徒勿忘鄙言，他日必相念矣。」雄復欲以巧辭説之，孝忠怒，欲執送京師。雄懼，逃歸。滔乃使劉怦將兵屯要害以備之。孝忠完城礪兵，獨居强寇之間，莫之能屈。

滔將步騎二萬五千發深州，至束鹿，詰旦將行，吹角未畢，士卒忽大亂，諠譟曰：「天子令司徒歸幽州，奈何違敕南救田悦！」滔大懼，走入驛後堂避匿。蔡雄與兵馬使宗頊等矯謂士卒曰：「汝輩勿喧，聽司徒傳令。」衆稍止。雄又曰：「司徒將發范陽，恩旨令得李惟岳，州縣即有之。司徒以幽州少絲纊，故與汝曹竭力血戰以取深州，冀得其絲纊以寬汝曹賦率，不意國家無信，復以深州與康日知。又，朝廷以汝曹有功，賜絹人十匹，至魏州西境，盡爲馬僕射所奪。司徒但處范陽，富貴足矣，今茲南行，乃爲汝曹，非自爲也。汝曹不欲南行，任自歸北，何用諠悖，乖失軍禮。」衆聞言，不知所爲，乃曰：「敕使何得不爲軍士守護賞物！」遂入敕使院，擘裂殺之。又呼曰：「雖知司徒此行爲士卒，終不如且奉詔歸鎮。」雄曰：「然則汝曹各還部伍，詰朝復往深州，休息數日，相與歸鎮耳。」衆然後定。

滔即引軍還深州，密令諸將訪察唱率爲亂者，得二百餘人，悉斬之，餘衆股栗。乃復舉兵而南，衆莫敢前卻。進，取寧晉，留屯以待王武俊。武俊將步騎萬五千取元氏，東趣寧晉。

武俊之始誅李惟岳也，遣判官孟華入見，上問以河朔利害。華性忠直，有才略，應對慷慨。上悦，以爲恒、冀團練副使。會武俊與朱滔有異謀，上遽遣華歸諭旨。華至，武俊已出師，華諫曰：「聖意於大夫甚厚，苟盡忠義，何患官爵之不崇，土地之不廣！不日天子必移康中丞於他鎮，深、趙終爲大夫之有，何苦遽自同於逆亂乎！異日無成，悔之何及。」華慁在李寶臣幕府，以直道已爲同列所忌，至是爲副使，同列尤疾之，言於武俊曰：「華以軍中陰事奏天子，請爲内應，故得超遷。是將覆大夫之軍，大夫宜備之。」武俊以其舊人，不忍殺，奪職使歸私第。

田悦恃援兵將至，遣其將康愔將萬餘人出城西，與馬燧等戰於御河上，大敗而還。

時兩河用兵，月費百餘萬緡，府庫不支數月。太常博士韋都賓、陳京建議，以爲：「貨利所聚，皆在富商，請括富商錢出萬緡者，借其餘以供軍計。天下不過借一二千商，則數年之用足矣。」上從之。甲子，詔借商人錢，令度支條上。判度支杜佑大索長安中商賈所有貨，意其不實，輒加搒捶，人不勝苦，有縊死者。長安囂然，如被寇盜，計所得纔八十餘萬緡。又括僦櫃質錢，凡蓄積錢帛粟麥者，皆借四分之一，封其櫃窖。百姓爲之罷市，相帥遮宰相馬自訴，以千萬數。盧杞始慰諭之，勢不可遏，乃疾驅自他道歸。計并借商所得，纔二百萬緡，人已竭矣。京，叔明之五世孫也。

甲戌，以昭義節度副使、磁州刺史盧玄卿爲洺州刺史兼魏博招討副使。

初，李抱真爲澤潞節度使，馬燧領河陽三城。抱真欲殺懷州刺史楊鉥，鉥奔燧，燧納之，且奏其無罪，抱真怒。及同討田悅，數以事相恨望，二人怨隙遂深，不復相見。由是諸軍逗橈，久無成功，上數遣中使和解之。及王武俊逼趙州，抱真分麾下二千人戍邢州。燧大怒曰：「餘賊未除，宜相與勠力，乃分兵自守其地，我寧得獨戰邪！」欲引兵歸。李晟説燧曰：「李尚書以邢、趙連壤，分兵守之，誠未有害。今公遽自引去，衆謂公何？」燧悅，乃單騎造抱真壘，相與釋憾結歡。會洺州刺史田昂請入朝，燧奏以洺州隸抱真，請玄卿爲刺史兼充招討之副。李晟軍先隸抱真，又請兼隸燧以示協和。上皆從之。

盧龍節度行軍司馬蔡廷玉惡判官鄭雲逵，言於朱泚，奏貶莫州參軍。雲逵妻，朱滔之女也，滔復奏爲掌書記。雲逵深構廷玉於滔，廷玉又與檢校大理少卿朱體微言於泚曰：「滔在幽鎮，事多專擅，其性非長者，不可以兵權付之。」滔知之，大怒，數與泚書，請殺二人者，泚不從，由是兄弟頗有隙。及滔拒命，上欲歸罪於廷玉等以悅滔，甲子，貶廷玉柳州司户，體微萬州南浦尉。

宣武節度使劉洽攻李納之濮陽，降其守將高彦昭。

朱滔遣人以蠟書置髻中遺朱泚，欲與同反，馬燧獲之，并使者送長安，泚不之知。上驛召泚於鳳翔，至，以蠟書并使者示之，泚惶恐頓首請罪。上曰：「相去千里，初不同謀，非卿之罪也。」因留之長安私第，賜名園、腴田、錦綵、金銀甚厚，以安其意，其幽州、盧龍節度、太尉、中書令並如故。

上以幽州兵在鳳翔，思得重臣代之。盧杞忌張鎰忠直，爲上所重，欲出之於外，己得專總朝政，乃對曰：「朱泚名位素崇，鳳翔將校班秩已高，非宰相信臣無以鎮撫，臣請自行。」上俛首未言，杞又曰：「陛下必以臣貌寢，不爲三軍所伏，固惟陛下神算。」上乃顧鎰曰：「才兼文武，望重内外，無以易卿。」鎰知爲杞所排，而無辭以免，因再拜受命。戊寅，以鎰兼鳳翔尹、隴右節度等使。

朱滔、王武俊自寧晉南救魏州。辛卯，詔朔方節度使李懷光將朔方及神策步騎萬五千人東討田悦，且拒滔等。滔行至宗城，掌書記鄭雲逵、參謀田景仙棄滔來降。

丁酉，加河東節度使馬燧同平章事。

辛亥，置義武軍節度於定州，以易、定、滄三州隸之。

朱滔、王武俊軍至魏州，田悦具牛酒出迎，魏人懽呼動地。滔營於愜山，是日，李懷光軍亦至，馬燧等盛軍容迎之。滔以爲襲己，遽出陳。懷光勇而無謀，欲乘其營壘未就擊之。燧請且休將士，觀釁而動。懷光曰：「彼營壘既立，將爲後患，此時不可失也。」遂擊滔於愜山之西，殺步卒千餘人，滔軍崩沮。懷光按轡觀之，有喜色。士卒争入滔營取寶貨，王武俊引二千騎横衝懷光軍，軍分爲二。滔引兵繼之，官軍大敗，蹙入永濟渠溺死者不可勝數，人相蹈藉，其積如山，水爲之不流，馬燧等各收軍保壘。是夕，滔等堰永濟渠入王莽故河，絶官軍糧道及歸路。明日，水深三尺餘。馬燧懼，遣使卑辭謝滔，求與諸節度歸本道，奏天子，請以河北事委五郎處之。滔欲許之，王武俊以爲不可，滔不從。秋七月，燧與諸軍涉水而西，退保魏縣以拒滔。滔乃謝武俊，武俊由是恨滔。後數日，滔等亦引兵營魏縣東南，與官軍隔水相距。

李納求援於滔等，滔遣魏博兵馬使信都承慶將兵助之。納攻宋州，不克，遣兵馬使李克信、李欽遥戍濮陽、南華以距劉洽。

甲辰，以淮寧節度使李希烈兼平盧、淄青、兗鄆、登萊、齊州節度使，討李納。又以河東節度使馬燧兼魏博、澶相節度使。加朔方、邠寧節度使李懷光同平章事。

神策行營招討使李晟請以所將兵北解趙州之圍，與張孝忠合勢圖范陽，上許之。晟自魏州引兵趨趙州，王士真解圍去。晟留趙州三日，與孝忠合兵，北略恒州。

八月辛酉，以涇原留後姚令言爲節度使。

盧杞惡太子太師顏真卿，欲出之於外。真卿謂杞曰：「先中丞傳首至平原，真卿以舌舐面血。今相公忍不相容乎？」杞矍然起拜，然恨之益甚。

冬十一月己卯朔，加淮南節度使陳少遊同平章事。

田悅德朱滔之救，與王武俊議奉滔爲主，稱臣事之。滔不可，曰：「惬山之捷，皆大夫、二兄之力，滔何敢獨居尊位！」於是幽州判官李子千、恒冀判官鄭濡等共議：「請與鄆州李大夫爲四國，俱稱王而不改年號，如昔諸侯奉周家正朔。築壇同盟，有不如約者，衆共伐之。不然，豈得常爲叛臣，茫然無主，用兵既無名，有功無官爵爲賞，使將吏何所依歸乎！」滔等皆以爲然。滔乃自稱冀王，田悅稱魏王，王武俊稱趙王，仍請李納稱齊王。是日，滔等築壇於軍中，告天而受之。滔爲盟主，稱孤，武俊、悅、納稱寡人。所居堂曰殿，處分曰令，羣下上書曰牋。妻曰妃，長子曰世子。各以其所治州爲府，置留守兼元帥，以軍政委之。又置東西曹，視門下、中書省；左右内史，視侍中、中書令；餘官皆倣天朝而易其名。

武俊以孟華爲司禮尚書，華竟不受，嘔血死。以兵馬使衛常寧爲内史監，委以軍事。常寧謀殺武俊，武俊腰斬之。武俊遣其將張終葵寇趙州，康日知擊斬之。

李希烈帥所部兵三萬徙鎮許州，遣所親詣李納，與謀共襲汴州。遣使告李勉，云已兼領淄青，欲假道之官。勉爲之治橋、具饌以待之，而嚴爲之備。希烈竟不至，又密與朱滔等交通，納亦數遣遊兵渡汴以迎希烈。由是東南轉輸者，皆不敢由汴渠，自蔡水而上。

十二月丁丑，李希烈自稱天下都元帥、太尉、建興王。時朱滔等與官軍相拒累月，官軍有度支饋糧、諸道益兵，而滔與王武俊孤軍深入，專仰給於田悦，客主日益困弊。聞李希烈軍勢甚盛，頗怨望，乃相與謀遣使詣許州，勸希烈稱帝，希烈由是自稱天下都元帥。

四年春正月庚寅，李希烈遣其將李克誠襲陷汝州，執別駕李元平。元平本湖南判官，薄有才藝，〔性〕疏傲，敢大言，好論兵。中書侍郎關播奇之，薦於上，以爲將相之器，以汝州距許州最近，擢元平爲汝州別駕，知州事。元平至州，即募工徒治城，希烈陰使壯士往應募執役，入數百人，元平不之覺。希烈遣克誠將數百騎突至城下，應募者應之於內，縛元平馳去。元平爲人眇小，無須，見希烈恐懼，便液污地。希烈罵之曰：「盲宰相以汝當我，何相輕也。」以判官周晃爲汝州刺史。又遣別將董待名等四出抄掠，取尉氏，圍鄭州，官軍數爲所敗。邏騎西至彭婆，東都士民震駭，竄匿山谷。留守鄭叔則入保西苑。

上問計於盧杞，對曰：「希烈年少（騎）〔驍〕將，恃功驕慢，將佐莫敢諫止。誠得儒雅重臣，奉宣聖澤，爲陳逆順禍福，希烈必革心悔過，可不勞軍旅而服。顏真卿三朝舊臣，忠直剛決，名重海内，人所信服，真其人也。」上以爲然，甲午，命真卿詣許州宣慰希烈。詔下，舉朝失色。真卿乘驛至東都，鄭叔則曰：「往必不免，宜少留，須後命。」真卿曰：「君命也，將焉避之。」遂行。李勉表言：「失一元老，爲國家羞！請留之。」又使人邀真卿於道，不及。真卿與其子書，但敕以奉家廟，撫諸孤而已。至許州，欲宣詔旨，希烈使其養子千餘人環繞慢駡，拔刃擬之，爲將(割)〔剸〕啗之勢。真卿足不移，色不變。希烈遽以身蔽之，麾衆令退，館真卿而禮之。希烈欲遣真卿還，會李元平在座，真卿責之，元平慚而起，以密啓白希烈，希烈意遂變，留真卿不遣。

朱滔、王武俊、田悅、李納各遣使詣希烈，上表稱臣，勸進。使者拜舞於希烈前，說希烈曰：「朝廷誅滅功臣，失信天下。都統英武自天，功烈蓋世，已爲朝廷所猜忌，將有韓、白之禍。願亟稱尊號，使四海臣民知有所歸。」希烈召顔真卿示之曰：「今四王遣使見推，不謀而同，太師觀此事勢，豈吾獨爲朝廷所忌，無所自容邪？」真卿曰：「此乃四凶，何謂四王！相公不自保功業，爲唐忠臣，乃與亂臣賊子相從，求與之同覆滅邪？」希烈不悅，扶真卿出。他日，又與四使同宴，四使曰：「久聞太師重望，今都統將稱大號而太師適至，是天以宰相賜都統也。」真卿叱之曰：「何謂宰相？汝知有駡安禄山而死者顔杲卿乎，乃吾兄也。吾年八十，知守節而死耳，豈受汝曹誘脅乎！」四使不敢復言。希烈乃使甲士十人守真卿於館舍，掘坎於庭，云欲阬之。真卿怡然，見希烈曰：「死生已定，何必多端，亟以一劍相與，豈不快公心事邪！」希烈乃謝之。

戊戌，以左龍武大將軍哥舒曜爲東都、汝州節度使，將鳳翔、邠寧、涇原、奉天、好畤行營兵萬餘人討希烈，又詔諸道共討之。曜行至郟城，遇希烈前鋒將陳利貞，擊破之。希烈勢小沮。曜，翰之子也。

希烈使其將封有麟據鄧州，南路遂絶，貢獻、商旅皆不通。壬寅，詔治上津山路，置郵驛。

二月丙寅，以河陽三城、懷、衛州爲河陽軍。丁卯，哥舒曜克汝州，擒周晃。

三月戊寅，江西節度使曹王皋敗李希烈將韓霜露於黄梅，斬之，辛卯，拔黄州。時希烈兵柵蔡山，險不可攻。皋聲言西取蘄州，引舟師泝江而上，希烈之將引兵循江隨戰，去蔡山三百餘里，皋乃復放舟順流而下，急攻蔡山，拔之。希烈兵還救之，不及而敗。皋遂進拔蘄州，表伊慎爲蘄州刺史，王鍔爲江州刺史。

淮寧都虞候周曾、鎮遏兵馬使王玢、押牙姚憺、韋清密輸款於李勉。李希烈遣曾與十將康秀琳將兵三萬攻哥舒曜，至襄城，曾等密謀還軍襲希烈，奉顔真卿爲節度使，使玢、憺、清爲内應。希烈知之，遣别將李克誠將騾軍三千人襲曾等，殺之，并殺玢、憺及其黨。

甲午，詔贈曾等官。始，韋清與曾等約，事泄不相引，故獨得免。清恐終及禍，説希烈請詣朱滔乞師，希烈遣之，行至襄邑，逃奔劉洽。希烈聞周曾等有變，閉壁數日。其黨寇尉氏、鄭州者聞之，亦遁歸。希烈乃上表歸咎於周曾等，引兵還蔡州，外示悔過從順，實待朱滔等之援也。置顏真卿於龍興寺。

丁酉，荆南節度使張伯儀與淮寧兵戰於安州，官軍大敗，伯儀僅以身免，亡其所持節。希烈使人以其節及俘馘示顏真卿；真卿號慟投地，絶而復蘇，自是不復與人言。

夏四月，上以神策軍使白志貞爲京城召募使，募禁兵以討李希烈。志貞請諸嘗爲節度、觀察、都團練使者，不問存没，並勒其子弟帥奴馬，自備資裝從軍，授以五品官；貧者甚苦之，人心始揺。

庚申，加永平、宣武、河陽都統李勉淮西招討使，東都、汝州節度使哥舒曜爲之副。以荆南節度使張伯儀爲淮西應援招討使，山南東道節度使賈耽、江西節度使曹王皋爲之副。上督哥舒曜進兵，曜至潁橋，遇大雨，還保襄城。李希烈遣其將李光輝攻襄城，曜擊卻之。

五月乙未，以宣武節度使劉洽兼淄青招討使。

李晟謀取涿、莫二州，以絶幽、魏往來之路，與張孝忠之子升雲圍朱滔所署易州刺史鄭景濟於清苑，累月不下。滔以其司武尚書馬寔爲留守，將步騎萬餘守魏營，自將步騎萬五千救清苑。李晟軍大敗，退保易州。滔還軍瀛州，張升雲奔滿城。會晟病甚，引軍還保定州。

王武俊以滔既破李晟，留屯瀛州，未還魏橋，遣其給事中宋端趣之。端見滔，言頗不遜，滔怒，使謂武俊曰：「滔以熱疾，暫未南還，大王二兄遽有云云。滔以救魏博之故，叛君棄兄，如脱屣耳。二兄必相疑，惟二兄所爲。」端還報，武俊自辨於馬寔，寔以狀白滔，言：「趙王知宋端無禮於大王，深加責讓，實無他志。」武俊亦遣承令官鄭和隨寔使者見滔，謝之。滔乃悦，相待如初。然武俊以是益恨滔矣。

六月，李抱真使參謀賈林詣武俊壁詐降，武俊見之。林曰：「林來奉詔，非降也。」武俊色動，問其故，林曰：「天子知大夫宿著誠效，及登壇之日，撫膺顧左右曰：『我本徇忠義，天子不察。』諸將亦嘗共表大夫之志。天子語使者曰：『朕前事誠誤，悔之無及。朋友失意，尚可謝，况朕爲四海之主乎！』」武俊曰：「僕胡人也，爲將尚知愛百姓，况天子豈專以殺人爲事乎，今山東連兵，暴骨如莽，就使克捷，與誰守之。僕不憚歸國，但已與諸鎮結盟。胡人性直，不欲使曲在己，天子誠能下詔赦諸鎮之罪，僕當首唱從化。諸鎮有不從者，請奉辭伐之。如此，則上不負天子，下不負同列，不過五旬，河朔定矣。」使林還報抱真，陰相約結。

庚戌，初行税間架、除陌錢法。時河東、澤潞、河陽、朔方四軍屯魏縣，神策、永平、宣武、淮南、浙西、荆南、江沔、沔鄂、湖南、黔中、劍南、嶺南諸軍環淮寧之境。舊制，諸道軍出境，則仰給度支。上優恤士卒，每出境，加給酒肉，本道糧仍給其家，一人兼三人之給，故將士利之。各出軍纔逾境而止，月費錢百三十餘萬緡，常賦不能供。判度支趙贊乃奏行二法。所謂税間架者，每屋兩架爲間，上屋税錢二千，中税千，下税五百，吏執筆握算，入人室廬計其數。或有宅屋多而無他資者，出錢動數百緡。敢匿一間，杖六十，賞告者錢五十緡。所謂除陌錢者，公私給與及賣買，每緡官留五十錢，他物及相貿易者，約錢爲率。敢隱錢百，杖六十，罰錢二千，賞告者錢十緡，其賞錢皆出坐事之家。於是愁怨之聲，盈於遠近。

秋八月丁未，李希烈將兵三萬圍哥舒曜於襄城，詔李勉及神策將劉德信將兵救之。乙卯，希烈將曹季昌以隨州降，尋復爲其將康叔夜所殺。

初，上在東宫，聞監察御史嘉興陸贄名，即位，召爲翰林學士，數問以得失。時兩河用兵久不決，賦役日滋，贄以兵窮民困，恐别生内變，乃上奏。其略曰：「克敵之要，在乎將得其人；馭將之方，在乎操得其柄。將非其人者，兵雖衆不足恃；操失其柄者，將雖材不爲用。」又曰：「將不能使兵，國不能馭將，非止費財翫寇之弊，亦有不戢自焚之災。」

又曰：「今兩河、淮西爲叛亂之帥者，獨四五凶人而已。尚恐其中或傍遭詿誤，内蓄危疑，蒼黄失圖，勢不得止。况其餘衆，蓋並脅從，苟知全生，豈願爲惡。」又曰：「無紓目前之虞，或興意外之患。人者邦之本也，財者人之心也，其心傷則其本傷，其本傷則枝幹顛瘁矣。」又曰：「人摇不寧，事變難測，是以兵貴拙速，不尚巧遲。若不靖於本而務救於末，則救之所爲，乃禍之所起也。」又論關中形勢，以爲：「王者蓄威以昭德，偏廢則危；居重以馭輕，倒持則悖。王畿者，四方之本也。太宗列置府兵，分隸禁衛，大凡諸府八百餘所，而在關中者殆五百焉。舉天下不敵關中，則居重馭輕之意明矣。承平漸久，武備浸微，雖府衛具存，而卒乘罕習，故禄山竊倒持之柄，乘外重之資，一舉滔天，兩京不守。尚賴西邊有兵，諸厩有馬，每州有糧，故肅宗得以中興。乾元之後，繼有外虞，悉師東討，邊備既弛，禁戎亦空，吐蕃乘虚，深入爲寇，故先皇帝莫與爲禦，避之東遊。是皆失居重馭輕之權，忘深根固柢之慮。内寇則崤、函失險，外侵則汧、渭爲戎。于斯之時，雖有四方之師，寧救一朝之患。陛下追想及此，豈不爲之寒心哉！今朔方、太原之衆，遠在山東，神策六軍之兵，繼出關外。儻有賊臣啗寇，黠虜覦邊，伺隙乘虚，微犯亭障，此愚臣所竊憂也。未審陛下其何以禦之！側聞伐叛之初，議者多易其事，僉謂有征無戰，役不逾時，計兵未甚多，度費未甚廣，於事爲無擾，於人爲不勞。曾不料兵連禍拏，變故難測，日引月長，漸乖始圖。往歲爲天下所患，咸謂除之則可致升平者，李正己、李寶臣、梁崇義、田悅是也。往歲謂國家所信，咸謂任之則可除禍亂者，朱滔、李希烈是也。既而正己死，李納繼之；寶臣死，惟岳繼之；崇義卒，希烈叛；惟岳戮，朱滔攜。然則往歲之所患者，四去其三矣，而患竟不衰。往歲之所信者，今則自叛矣，而餘又難保。是知立國之安危在勢，任事之濟否在人。勢苟安則異類同心也，勢苟危則舟中敵國也。陛下豈可不追鑒往事，惟新令圖，修偏廢之柄以靖人，復倒持之權以固國；而乃孜孜汲汲，極思勞神，徇無已之求，望難必之效乎！今關、輔之間，徵發已甚，宮苑之內，備衛不全。萬一將帥之中，又如朱滔、希烈，或負固邊壘，誘致豺狼，或竊發郊畿，驚犯城闕，此亦愚臣所竊爲憂者也，未審陛下復何以備之！陛下儻過聽愚計，所遣神策六軍李晟等及節將子弟，悉可追還。明敕涇、隴、邠、寧，但令嚴備封守，仍云更不徵發，使知各保安居。又降德音，罷京城及畿縣間架等雜稅，則冀已輸者弭怨，見處者獲寧，人心不搖，邦本自固。」上不能用。

九月丙戌，神策將劉德信、宣武將唐漢臣與淮寧將李克誠戰，敗於滬澗。時李勉遣漢臣將兵萬人救襄城，上遣德信帥諸將家應募者三千人助之。勉奏：「李希烈精兵皆在襄城，許州空虛，若襲許州，則襄城圍自解。」遣二將趣許州，未至數十里，上遣中使責其違詔，二將狼狽而返，無復斥候。克誠伏兵邀之，殺傷太半。漢臣奔大梁，德信奔汝州。希烈遊兵剽掠至伊闕。勉復遣其將李堅帥四千人助守東都，希烈以兵絕其後，堅軍不得還。汴軍由是不振，襄城益危。

上以諸軍討淮寧者不相統壹，庚子，以舒王謨爲荆襄等道行營都元帥，更名誼。以户部尚書蕭復爲長史。右庶子孔巢父爲左司馬，諫議大夫樊澤爲右司馬，自餘將佐，皆選中外之望。未行，會涇師作亂而止。復，嵩之孫；巢父，孔子三十七世孫也。

上發涇原等諸道兵救襄城。冬十月丙午，涇原節度使姚令言將兵五千至京師。軍士冒雨寒甚，多攜子弟而來，冀得厚賜遺其家，既至，一無所賜。丁未，發至滻水，詔京兆尹王翃犒師，惟糲食菜餤。衆怒，蹴而覆之，因揚言曰：「吾輩將死於敵，而食且不飽，安能以微命拒白刃邪！聞瓊林、大盈二庫金帛盈溢，不如相與取之。」乃擐甲張旗鼓譟，還趣京城。令言入辭，尚在禁中，聞之，馳至長樂阪，遇之。軍士射令言，令言抱馬鬣突入亂兵，呼曰：「諸君失計。東征立功，何患不富貴，乃爲族滅之計乎！」軍士不聽，以兵擁令言而西。上遽命賜帛，人二匹；衆益怒，射中使。又命中使宣慰，賊已至通化門外，中使出門，賊殺之。又命出金帛二十車賜之；賊已入城，喧聲浩浩，不復可遏。百姓狼狽駭走，賊大呼告之曰：「汝曹勿恐，不奪汝商貨僦質矣，不税汝間架、陌錢矣。」上遣普王誼、翰林學士姜公輔出慰諭之。賊已陳於丹鳳門外，小民聚觀者以萬計。

初，神策軍使白志貞掌召募禁兵，東征死亡者志貞皆隱不以聞，但受市井富兒賂而補之，名在軍籍受給賜，而身居市廛爲販鬻。司農卿段秀實上言：「禁兵不精，其數全少，卒有患難，將何待之？」不聽。至是，上召禁兵以禦賊，竟無一人至者。賊已斬關而入，上乃與王貴妃、韋淑妃、太子、諸王、唐安公主自苑北門出，王貴妃以傳國寶繫衣中以從，後宮諸王、公主不及從者什七八。

初，魚朝恩既誅，宦官不復典兵。有竇文場、霍仙鳴者，嘗事上於東宮，至是帥宦官左右僅百人以從，使普王誼前驅，太子執兵以殿。司農卿郭曙以部曲數十人獵苑中，聞蹕，謁道左，遂以其衆從。曙，曖之弟也。右龍武軍使令狐建方教射於軍中，聞之，帥麾下四百人從，乃使建居後爲殿。

姜公輔叩馬言曰：「朱泚嘗爲涇帥，坐弟滔之故，廢處京師，心嘗怏怏。臣嘗謂陛下既不能推心待之，則不如殺之，毋貽後患。今亂兵若奉以爲主，則難制矣。請召使從行。」上倉猝不暇用其言，曰：「無及矣！」遂行。夜至咸陽，飯數匕而過。時事出非意，羣臣皆不知乘輿所之。盧杞、關播踰中書垣而出。白志貞、王翃及御史大夫于頎、中丞劉從一、户部侍郎趙贊、翰林學士陸贄、吴通微等追及上於咸陽。頎，頔之從父兄弟；從一，齊賢之從孫也。

賊入宫，登含元殿，大呼曰：「天子已出，宜人自求富。」遂讙譟，争入府庫運金帛，極力而止。小民因之，亦入宫盗庫物，出而復入，通夕不已。其不能入者，剽奪於路。諸坊居民，各相帥自守。姚令言與亂兵謀曰：「今衆無主，不能持久。朱太尉閒居私第，請相與奉之。」衆許諾，乃遣數百騎迎朱泚於晋昌里第。夜半，泚按轡列炬，傳呼入宫，居含元殿，設警嚴，自稱權知六軍。

戊申旦，泚徙居白華殿，出牓於外，稱「涇原將士，久處邊陲，不閑朝禮，輒入宫闕，致驚乘輿，西出巡幸。太尉已權臨六軍，應神策等軍士及文武百官凡有禄食者，悉詣行在。不能往者，即詣本司。若出三日，檢勘彼此無名者，皆斬。」於是百官出見泚，或勸迎乘輿，泚不悦，百官稍稍遁去。

源休以使回紇還，賞薄，怨朝廷。入見泚，屏人密語移時，爲泚陳成敗，引符命，勸之僭逆。泚喜，然猶未決。宿衛諸軍舉白幡降者，列於闕前甚衆。泚夜於苑門出兵，旦自通化門入，絡驛不絶，張弓露刃，欲以威衆。

上思桑道茂之言，自咸陽幸奉天。縣僚聞車駕猝至，欲逃匿山谷，主簿蘇（棄）〔弁〕止之。（棄）〔弁〕，良嗣之兄孫也。文武之臣稍稍繼至。己酉，左金吾大將軍渾瑊至奉天。瑊素有威望，衆心恃之稍安。

庚戌，源休勸朱泚禁十城門，毋得出朝士，朝士往往易服爲傭僕潛出。休又爲泚說誘文武之士，使之附泚。檢校司空同平章事李忠臣久失兵柄，太僕卿張光晟自負其才，皆鬱鬱不得志，泚悉起而用之。工部侍郎蔣鎮出亡，墜馬傷足，爲泚所得。先是，休以才能，光晟以節義，鎮以清素，都官員外郎彭偃以文學，大常卿敬釭以勇略，皆爲時人所重，至是皆爲泚用。

鳳翔涇原將張廷芝、段誠諫將數千人救襄城，未出潼關，聞朱泚據長安，殺其大將隴右兵馬使戴蘭，潰歸於泚。泚於是自謂衆心所歸，反謀遂定。以源休爲京兆尹，判度支李忠臣爲皇城使。百司供億，六軍宿衛，咸擬乘輿。

辛亥，以渾瑊爲京畿、渭北節度使，行在都虞候白志貞爲都知兵馬使，令狐建爲中軍鼓角使，以神策都虞候侯仲莊爲左衛將軍兼奉天防城使。

朱泚以司農卿段秀實久失兵柄，意其必怏怏，遣數十騎召之。秀實閉門拒之，騎士踰垣入，劫之以兵。秀實自度不免，乃謂子弟曰：「國家有患，吾於何避之，當以死徇社稷。汝曹宜人自求生。」乃往見泚，泚喜曰：「段公來，吾事濟矣。」延坐問計。秀實說之曰：「公本以忠義著聞天下，今涇軍以犒賜不豐，遽有披猖，使乘輿播越。夫犒賜不豐，有司之過也，天子安得知之？公宜以此開諭將士，示以禍福，奉迎乘輿，復歸宮闕，此莫大之功也。」泚默然不悦，然以秀實與己皆爲朝廷所廢，遂推心委之。左驍衛將軍劉海賓、涇原都虞候何明禮、孔目官岐靈岳皆秀實素所厚也，秀實密與之謀誅泚，迎乘輿。

上初至奉天，詔徵近道兵入援。有上言：「朱泚爲亂兵所立，且來攻城，宜早修守備。」盧杞切齒言曰：「朱泚忠貞，羣臣莫及，奈何言其從亂，傷大臣心。臣請以百口保其不反。」上亦以爲然。又聞羣臣勸泚奉迎，乃詔諸道援兵至者皆營於三十里外。姜公輔諫曰：「今宿衛單寡，防慮不可不深。若泚竭忠奉迎，何憚於兵多。如其不然，有備無患。」上乃悉召援兵入城，盧杞及白志貞言於上曰：「臣觀朱泚心迹，必不至爲逆，願擇大臣入京城宣慰以察之。」上以問從臣，皆畏憚，莫敢行。金吾將軍吳溆獨請行，上悦。溆退而告人曰：「食其禄而違其難，何以爲臣！吾幸託肺腑，非不知往必死，但舉朝無蹈難之臣，使聖情慊慊耳。」遂奉詔詣泚。泚反謀已決，雖陽爲受命，館溆於客省，尋殺之。溆，湊之兄也。

泚遣涇原兵馬使韓旻將鋭兵三千，聲言迎大駕，實襲奉天。時奉天守備單弱，段秀實謂岐靈岳曰：「事急矣。」使靈岳詐爲姚令言符，令旻且還，當與大軍俱發。竊令言印未至，秀實倒用司農印印符，募善走者追之。旻至駱驛，得符而還。秀實謂同謀曰：「旻來，吾屬無類矣。我當直搏泚殺之，不克則死，終不能爲之臣也。」乃令劉海賓、何明禮陰結軍中之士，欲使應之於外。旻兵至，泚、令言大驚；岐靈岳獨承其罪而死，不以及秀實等。

是日，泚召李忠臣、源休、姚令言及秀實等議稱帝事。秀實勃然起，奪休象笏，前唾泚面，大罵曰：「狂賊，吾恨不斬汝萬段，豈從汝反邪！」因以笏擊泚，泚舉手扞之，纔中其額，濺血灑地。泚與秀實相搏恟恟，左右猝愕，不知所爲。海賓不敢進，乘亂而逸。忠臣前助泚，泚得匍匐脱走。秀實知事不成，謂泚黨曰：「我不同汝反，何不殺我？」衆爭前殺之。泚一手承血，一手止其衆曰：「義士也，勿殺。」秀實已死，泚哭之甚哀，以三品禮葬之。海賓縗服而逃，後二日捕得，殺之，亦不引何明禮。明禮從泚攻奉天，復謀殺泚，亦死。上聞秀實死，恨委用不至，涕泗久之。

鳳翔節度使同平章事張鎰，性儒緩，好修飾邊幅，不習軍事。聞上在奉天，欲迎大駕，具服用貨財，獻于行在。後營將李楚琳，爲人剽悍，軍中畏之，嘗事朱泚，爲泚所厚。行軍司馬齊映與同幕齊抗言於鎰曰：「不去楚琳，必爲亂首。」鎰命楚琳出屯隴州，楚琳託事不時發。鎰方以迎駕爲憂，謂楚琳已去矣。楚琳夜與其黨作亂，鎰縋城而走，賊追及，殺之，判官王沼等皆死。映自水竇出，抗爲傭保負荷而逃，皆免。

始，上以奉天迫隘，欲幸鳳翔，户部尚書蕭復聞之，遽請見，曰：「陛下大誤。鳳翔將卒皆朱泚故部曲，其中必有與之同惡者。臣尚憂張鎰不能久，豈得以鑾輿蹈不測之淵乎！」上曰：「吾行計已決，試爲卿留一日。」明日，聞鳳翔亂，乃止。

齊映、齊抗皆詣奉天，以映爲御史中丞，抗爲侍御史。楚琳自爲節度使，降于朱泚。隴州刺史郝通奔于楚琳。

朱泚自白華殿入宣政殿，自稱大秦皇帝，改元應天。癸丑，泚以姚令言爲侍中、關内元帥，李忠臣爲司空兼侍中，源休爲中書侍郎、同平章事、判度支，蔣鎮爲吏部侍郎，樊系爲禮部侍郎，彭偃爲中書舍人，自餘張光晟等各拜官有差。立弟滔爲皇太弟。姚令言與源休共掌朝政，凡泚之謀畫、遷除、軍旅、資糧皆禀於休。休勸泚誅翦宗室在京城者以絶人望，殺郡王、王子、王孫凡七十七人。尋又以蔣鎮爲門下侍郎，李子平爲諫議大夫，並同平章事。鎮憂懼，每懷刀欲自殺，又欲亡竄，然性怯，竟不果。源休勸泚誅朝士之竄匿者以脅其餘，鎮力救之，賴以全者甚衆。樊系爲泚譔册文，既成，仰藥而死。大理卿膠水蔣沇詣行在，爲賊所得，逼以官，沇絶食稱病，潛竄得免。

哥舒曜食盡，棄襄城奔洛陽，李希烈陷襄城。右龍武將軍李觀將衛兵千餘人從上於奉天，上委之召募，數日，得五千餘人，列之通衢，旗鼓嚴整，城人爲之增氣。

姚令言之東出也，以兵馬使京兆馮河清爲涇原留後，判官河中姚況知涇州事。河清、況聞上幸奉天，集將士大哭，激以忠義，發甲兵器械百餘車，通夕輸行在。城中方苦無甲兵，得之，士氣大振。詔以河清爲四鎮、北庭行營、涇原節度使，況爲行軍司馬。

上至奉天數日，右僕射、同平章事崔寧始至，上喜甚，撫勞有加。寧退謂所親曰：「主上聰明英武，從善如流，但爲盧杞所惑，以至於此。」因潸然出涕。杞聞之，與王翃謀陷之。翃言於上曰：「臣與寧俱出京城，寧數下馬便液，久之不至，有顧望意。」會朱泚下詔，以左丞柳渾同平章事，寧爲中書令。渾，襄陽人也，時亡在山谷。翃使盩厔尉康湛詐爲寧遺朱泚書獻之，杞因譖寧與朱泚結盟，約爲内應，故獨後至。乙卯，上遣中使引寧就幕下，云宣密旨，二力士自後縊殺之。中外皆稱其冤，上聞之，乃赦其家。

朱泚遣使遺朱滔書，稱：「三秦之地，指日克平；大河之北，委卿除殄，當與卿會于洛陽。」滔得書，西向舞蹈，宣示軍府，移牒諸道，以自誇大。

上遣中使告難於魏縣行營，諸將相與慟哭。李懷光帥衆赴長安，馬燧、李艽各引兵歸鎮，李抱真退屯臨洺。

朱泚自將逼奉天，軍勢甚盛。以姚令言爲元帥，張光晟副之。以李忠臣爲京兆尹、皇城留守，仇敬忠爲同華等州節度使、拓東王，以扞關東之師，李日月爲西道先鋒經略使。

邠寧留後韓遊瓌、慶州刺史論惟明、監軍翟文秀受詔將兵三千拒泚於便橋，與泚遇於醴泉。遊瓌欲還趣奉天，文秀曰：「我向奉天，賊亦隨至，是引賊以迫天子也。不若留壁於此，賊必不敢越我向奉天；若不顧而過，則與奉天夾攻之。」遊瓌曰：「賊强我弱，若賊分軍以綴我，直趣奉天，奉天兵亦弱，何夾攻之有？我今急趣奉天，所以衛天子也。且吾士卒飢寒，而賊多財，彼以利誘吾卒，吾不能禁也。」遂引兵入奉天。泚亦隨至，官軍出戰，不利，泚兵争門欲入，渾瑊與遊瓌血戰竟日。門内有草車數乘，瑊使虞候高固帥甲士以長刀斫賊，皆一當百，曳車塞門，縱火焚之，衆軍乘火擊賊，賊乃退。會夜，泚營於城東三里，擊柝張火，布滿原野，使西明寺僧法堅造攻具，毁佛寺以爲梯衝。韓遊瓌曰：「寺材皆乾薪，但具火以待之。」固，侃之玄孫也。泚自是日來攻城，瑊、遊瓌等晝夜力戰。幽州兵救襄城者聞泚反，突入潼關，歸泚於奉天，普潤戍卒亦歸之，有衆數萬。

上與陸贄語及亂故，深自克責。贄曰：「致今日之患，皆羣臣之罪也。」上曰：「此亦天命，非由人事。」贄退上疏，以爲：「陛下志壹區宇，四征不庭，兇渠稽誅，逆將繼亂，兵連禍結，行及三年。徵師日滋，賦斂日重，内自京邑，外洎邊陲，行者有鋒刃之憂，居者有誅求之困。是以叛亂繼起，怨讟並興。非常之虞，億兆同慮。唯陛下穆然凝邃，獨不得聞，至使兇卒鼓行，白晝犯闕，豈不以乘我間隙，因人攜離哉！陛下有股肱之臣，有耳目之任，有諫諍之列，有備衛之司，見危不能竭其誠，臨難不能效其死。臣所謂致今日之患，羣臣之罪者，豈徒言歟？聖旨又以國家興衰，皆有天命。臣聞天所視聽，皆因於人。故祖伊責紂之辭曰：『我生不有命在天。』武王數紂之罪曰：『乃曰吾有命，罔懲其侮。』此又捨人事而推天命必不可之理也。易曰：『視履考祥。』又曰：『吉凶者失得之象。』此乃天命由人，其義明矣。然則聖哲之意，六經會通，皆謂禍福由人，不言盛衰有命。蓋人事理而天命降亂者，未之有也。人事亂而天命降康者，亦未之有也。自頃征討頗頻，刑網稍密，物力竭耗，人心驚疑，如居風濤，洶洶靡定。上自朝列，下達蒸黎，日夕族黨聚謀，咸憂必有變故，旋屬涇原叛卒，果如衆庶所虞。京師之人，動逾億計，固非悉知算術，皆曉占書，則明致寇之由，未必盡關天命。臣聞理或生亂，亂或資理，有以無難而失守，有因多難而興邦。今生亂失守之事，則既往不可復追矣，其資理興邦之業，在陛下克勵而謹脩之。何憂乎亂人，何畏乎厄運！勤勵不息，足致升平，豈止盪滌祲氛，旋復宮闕而已。」

田悅說王武俊使與馬寔共擊李抱真於臨洺。抱真復遣賈林說武俊曰：「臨洺兵精而有備，未易輕也。今戰勝得地，則利歸魏博；不勝，則恒冀大傷。易、定、滄、趙皆大夫之故地也，不如先取之。」武俊乃辭悅，與馬寔北歸。壬戌，悅送武俊於館陶，執手泣別，下至將士，贈遺甚厚。

先是，武俊召回紇兵使絶李懷光等糧道，懷光等已西去，而回紇達干將回紇千人、雜虜二千人，適至幽州北境。朱滔因說之，欲與俱詣河南，取東都，應接朱泚，許以河南子女、金帛賂之。滔娶回紇女爲側室，回紇謂之朱郎，且利其俘掠，許之。賈林復說武俊曰：「自古國家有患，未必不因之更興。况主上九葉天子，聰明英武，天下誰肯捨之共事朱泚乎！滔自爲盟主以來，輕蔑同列。河朔古無冀國，冀乃大夫之封域也。今滔稱冀王，又西倚其兄，北引回紇，其志欲盡吞河朔而王之，大夫雖欲爲之臣，不可得矣。且大夫雄勇善戰，非滔之比；又本以忠義，手誅叛臣，當時宰相，處置失宜，爲滔所誑誘，故蹉跌至此。不若與昭義併力取滔，其勢必獲。滔既亡，則泚自破矣。此不世之功，轉禍爲福之道也。今諸道輻湊攻泚，不日當平。天下已定，大夫乃悔而歸國，則已晚矣。」時武俊已與滔有隙，因攘袂作色曰：「二百年天子吾不能臣，豈能臣此田舍兒乎！」遂密與抱真及馬燧相結，約爲兄弟。然猶外事滔，禮甚謹，與田悦各遣使見滔於河間，賀朱泚稱尊號，且請馬寔之兵共攻康日知於趙州。

汝鄭應援使劉德信將子弟軍在汝州，聞難，引兵入援，與泚衆戰於見子陵，破之。以東渭橋有轉輸積粟，癸亥，進屯東渭橋。

朱泚夜攻奉天東西南三面，甲子，渾瑊力戰卻之。左龍武大將軍呂希倩戰死。乙丑，泚復攻城，將軍高重捷與泚將李日月戰於梁山之隅，破之；乘勝逐北，身先士卒，賊伏兵擒之。其麾下十餘人奮不顧死，追奪之，賊不能拒，乃斬其首，棄其身而去。麾下收之入城，上親撫而哭之盡哀，結蒲爲首而葬之，贈司空。朱泚見其首，亦哭之曰：「忠臣也。」束蒲爲身而葬之。李日月，泚之驍將也，戰死於奉天城下，泚歸其尸於長安，厚葬之。其母竟不哭，罵曰：「奚奴，國家何負於汝而反，死已晚矣！」及泚敗，賊黨皆族誅，獨日月之母不坐。己巳，加渾瑊京畿、渭南、北、金、商節度使。

壬申，王武俊與馬寔至趙州城下。

初，朱泚鎮鳳翔，遣其將牛雲光將幽州兵五百人戍隴州，以隴右營田判官韋皋領隴右留後。及郝通奔鳳翔，牛雲光詐疾，欲俟皋至，伏兵執之以應泚。事泄，帥其衆奔泚。至汧陽，遇泚遣中使蘇玉齎詔書加皋中丞。玉說雲光曰：「韋皋，書生也。君不如與我俱之隴州，皋幸而受命，乃吾人也；不受命，君以兵誅之，如取孤豘耳。」雲光從之。皋從城上問雲光曰：「曏者不告而行，今而復來，何也？」雲光曰：「曏者未知公心，今公有新命，故復來，願託腹心。」皋乃先納蘇玉，受其詔書，謂雲光曰：「大使苟無異心，請悉納甲兵，使城中無疑，衆乃可入。」雲光以皋書生，易之，乃悉以甲兵輸之而入。明日，皋宴玉、雲光及其卒於郡舍，伏甲誅之。築壇，盟將士曰：「李楚琳賊虐本使，既不事上，安能恤下，宜相與討之。」遣兄平弇詣奉天，復遣使求援於吐蕃。

十一月乙亥，以隴州爲奉義軍，擢皋爲節度使。泚又使中使劉海廣許皋鳳翔節度使，皋斬之。

靈武留後杜希全、鹽州刺史戴休顔、夏州刺史時常春會渭北節度使李建徽合兵萬人入援，將至奉天，上召將相議道所從出。關播、渾瑊曰：「漠谷道險狹，恐爲賊所邀。不若自乾陵北過，附柏城而行，營於城東北雞子堆，與城中犄角相應，且分賊勢。」盧杞曰：「漠谷路近，若爲賊所邀，則城中出兵應接可也。儻出乾陵，恐驚陵寢。」瑊曰：「自泚圍城，斬乾陵松柏，以夜繼晝，其驚多矣。今城中危急，諸道救兵未至，唯希全等來，所繫非輕，若得營據要地，則泚可破也。」杞曰：「陛下行師，豈比逆賊。若令希全等過之，是自驚陵寢。」上乃命希全等自漠谷進。丙子，希全等軍至漠谷，果爲賊所邀，乘高以大弩巨石擊之，死傷甚衆。城中出兵應接，爲賊所敗。是夕，四軍潰，退保邠州。泚閲其輜重於城下，從官相視失色。休顔，夏州人也。

泚攻城益急，穿塹環之。泚移帳於乾陵，下視城中動静皆見之，時遣使環城招誘士民，笑其不識天命。

神策、河北行營節度使李晟疾愈，聞上幸奉天，帥衆將奔命。張孝忠迫於朱滔、王武俊，倚晟爲援，不欲晟行，數沮止之。晟乃留其子憑，使娶孝忠女爲婦。又解玉帶賂孝忠親信，使説之，孝忠乃聽晟西歸，遣大將楊榮國將鋭兵六百與晟俱。晟引兵出飛狐道，晝夜兼行，至代州。丁丑，加晟神策行營節度使。

王武俊、馬寔攻趙州，不克。辛巳，寔歸瀛州，武俊送之五里，犒贈甚厚，武俊亦歸恒州。

朱泚攻圍奉天經月，城中資糧俱盡。上嘗遣健步出城覘賊，其人懇以苦寒爲辭，跪奏乞一襦袴。上爲之尋求，不獲，意憫默而遣之。時供御纔有糲米二斛，每伺賊之休息，夜縋人於城外，采蕪菁根而進之。上召公卿將吏謂曰：「朕以不德，自陷危亡，固其宜也。公輩無罪，宜早降以救室家。」羣臣皆頓首流涕，期盡死力，故將士雖困急，而鋭氣不衰。

上之幸奉天也，糧料使崔縱勸李懷光令入援，懷光從之。縱悉斂軍資與懷光偕來。懷光晝夜倍道，至河中，力疲，休兵三日。河中尹李齊運傾力犒宴，軍士尚欲遷延。崔縱先輦貨財渡河，謂衆曰：「至河西，悉以分賜。」衆利之，西屯蒲城，有衆五萬。齊運，惲之孫也。

李晟行且收兵，亦自蒲津濟，軍於東渭橋。其始有卒四千，晟善於撫御，與士卒同甘苦，人樂從之，旬月間至萬餘人。神策兵馬使尚可孤討李希烈，將三千人在襄陽，自武關入援，軍于七盤，敗泚將仇敬，遂取藍田。可孤，宇文部之別種也。鎮國軍副使駱元光，其先安息人，駱奉先養以爲子，將兵守潼關近十年，爲衆所服。朱泚遣其將何望之襲華州，刺史董晋棄州走行在。望之據其城，將聚兵以絶東道，元光引關下兵襲望之，走還長安。元光遂軍華州，召募士卒，數日，得萬餘人。泚數遣兵攻元光，元光皆擊卻之，賊由是不能東出。上即以元光爲鎮國軍節度使，元光乃將兵二千西屯昭應。馬燧遣其行軍司馬王權及其子彙將兵五千人入援，屯中渭橋。於是泚黨所據，惟長安而已，援軍遊騎時至望春樓下。李忠臣等屢出兵皆敗，求救於泚，泚恐民間乘弊抄之，所遣兵皆晝伏夜行。

泚内以長安爲憂，乃急攻奉天，使僧法堅造雲梯，高廣各數丈，裹以兕革，下旋巨輪，上容壯士五百人。城中望之恟懼。上以問羣臣，渾瑊、侯仲莊對曰：「臣觀雲梯勢甚重，重則易陷。臣請迎其所來，鑿地道，積薪蓄火以待之。」神武軍使韓澄曰：「雲梯小伎，不足上勞聖慮，臣請禦之。」乃度梯之所傃，廣城東北隅三十步，多儲膏油、松脂、薪葦於其上。丁亥，泚盛兵鼓譟，攻南城。韓遊瓌曰：「此欲分吾力也。」乃引兵嚴備東北。戊子，北風甚迅，泚推雲梯，上施濕氈，懸水囊，載壯士攻城，翼以轒轀，置人其下，抱薪負土，填塹而前，矢石火炬所不能傷。賊併兵攻城東北隅，矢石如雨，城中死傷者不可勝數，賊已有登城者。上與渾瑊對泣，羣臣惟仰首祝天。上以無名告身自御史大夫、實食五百户以下千餘通授瑊，使募敢死士禦之，仍賜御筆，使視其功之大小，書名給之，告身不足，則書其身。且曰：「今便與卿別。」瑊俯伏流涕，上拊其背，歔欷不自勝。時士卒凍餒，又乏甲胄，瑊撫諭，激以忠義，皆鼓譟力戰。瑊中流矢，進戰不輟，初不言痛。會雲梯輾地道，一輪偏陷，不能前卻，火從地中出，風勢亦回，城上人投葦炬，散松脂，沃以膏油，讙呼震地。須臾，雲梯及梯上皆爲灰燼，臭聞數里，賊乃引退。於是三門皆出兵，太子親督戰，賊徒大敗，死者數千人。將士傷者，太子親爲裹瘡。入夜，泚復來攻城，矢及御前三步而墜，上大驚。

李懷光自蒲城引兵趣涇陽，並北山而西，先遣兵馬使張韶微服間行詣行在，藏表於蠟丸。韶至奉天，值賊方攻城，見韶，以爲賤人，驅之使與民俱填塹。韶得間，踰塹抵城下，呼曰：「我朔方軍使者也。」城上人下繩引之，比登，身中數十矢，得表於衣中而進之。上大喜，舁韶以徇城，四隅歡聲如雷。癸巳，懷光敗泚兵於醴泉。泚聞之懼，引兵遁歸長安。衆以爲懷光復三日不至，則城不守矣。泚既退，從臣皆賀。汴滑行營兵馬使賈隱林進言曰：「陛下性太急，不能容物，若此性未改，雖朱泚敗亡，憂未艾也。」上不以爲忤，甚稱之。侍御史万俟著開金、商運路，重圍既解，諸道貢賦繼至，用度始振。

朱泚至長安，但爲城守之計，時遣人自城外來，周走呼曰「奉天破矣」，欲以惑衆。泚既據府庫之富，不愛金帛以悦將士，公卿家屬在城者皆給月俸。神策及六軍從車駕及哥舒曜、李晟者，泚皆給其家糧；加以繕完器械，日費甚廣。及長安平，府庫尚有餘蓄，見者皆追怨有司之暴斂焉。

或謂泚曰：「陛下既受命，唐之陵廟，不宜復存。」泚曰：「朕嘗北面事唐，豈忍爲此。」又曰：「百官多缺，請以兵脅士人補之。」泚曰：「强授之則人懼，但欲仕者則與之，何必叩户拜官邪？」泚所用者惟范陽、神策、團練兵。涇原卒驕，皆不爲用，但守其所掠資貨，不肯出戰，又密謀殺泚，不果而止。

李懷光性粗疏，自山東來赴難，數與人言盧杞、趙贊、白志貞之姦佞，且曰：「天下之亂，皆此曹所爲也。吾見上，當請誅之。」既解奉天之圍，自矜其功，謂上必接以殊禮。或說王翃、趙贊曰：「懷光緣道憤歎，以爲宰相謀議乖方，度支賦斂煩重，京尹犒賜刻薄，致乘輿播遷者，三臣之罪也。今懷光新立大功，上必披襟布誠，詢訪得失，使其言入，豈不殆哉！」翃、贊以告盧杞，杞懼，從容言於上曰：「懷光勳業，社稷是賴，賊徒破膽，皆無守心，若使之乘勝取長安，則一舉可以滅賊，此破竹之勢也。今聽其入朝，必當賜宴，留連累日，使賊入京城，得從容成備，恐難圖矣。」上以爲然。詔懷光直引軍屯便橋，與李建徽、李晟及神策兵馬使楊惠元刻期共取長安。懷光自以數千里竭誠赴難，破朱泚，解重圍，而咫尺不得見天子，意殊怏怏。曰：「吾今已爲姦臣所排，事可知矣。」遂引兵去，至魯店，留二日乃行。

淮南節度使陳少遊將兵討李希烈，屯盱眙，聞朱泚作亂，歸廣陵，修塹壘，繕甲兵。浙江東、西節度使韓滉閉關梁，禁馬牛出境，築石頭城，穿井近百所，繕館第數十，修塢壁，起建業，抵京峴，樓堞相屬，以備車駕渡江，且自固也。少遊發兵三千大閱於江北；滉亦發舟師三千曜武於京口以應之。

鹽鐵使包佶有錢帛八百萬將輸京師，陳少遊以爲賊據長安，未期收復，欲强取之。佶不可，少遊欲殺之。佶懼，匿妻子於案牘中，急濟江。少遊悉收其錢帛。佶有守財卒三千，少遊亦奪之。佶纔與數十人俱至上元，復爲韓滉所奪。

時南方藩鎮各閉境自守，惟曹王皋數遣使間道貢獻。李希烈攻逼汴、鄭，江、淮路絶，朝貢皆自宣、饒、荆、襄趣武關。皋治郵驛，平道路，由是往來之使，通行無阻。

上問陸贄以當今切務。贄以曏日致亂，由上下之情不通，勸上接下從諫，乃上疏。其略曰：「臣謂當今急務，在於審察羣情，若羣情之所甚欲者，陛下先行之，所甚惡者，陛下先去之。欲、惡與天下同，而天下不歸者，自古及今未之有也。夫理亂之本繫於人心，况乎當變故動揺之時，在危疑向背之際，人之所歸則植，人之所去則傾，陛下安可不審察羣情，同其欲、惡，使億兆歸趣，以靖邦家乎？此誠當今之所急也。」又曰：「頃者竊聞輿議，頗究羣情，四方則患於中外意乖，百辟又患於君臣道隔。郡國之志不達於朝廷，朝廷之誠不升於軒陛。上澤闕於下布，下情壅於上聞，實事不必知，知事不必實，上下否隔於其際，真僞雜糅於其間，聚怨囂囂，騰謗籍籍，欲無疑阻，其可得乎？」又曰：「總天下之智以助聰明，順天下之心以施教令，則君臣同志，何有不從？遠邇歸心，孰與爲亂？」又曰：「慮有愚而近道，事有要而似迂。」疏奏旬日，上無所施行，亦不詰問。贄又上疏，其略曰：「臣聞立國之本，在乎得衆，得衆之要，在乎見情。故仲尼以謂人情者聖王之田，言理道所生也。」又曰：「易，乾下坤上曰泰，坤下乾上曰否，損上益下曰益，損下益上曰損。夫天在下而地處上，於位乖矣，而反謂之泰者，上下交故也。君在上而臣處下，於義順矣，而反謂之否者，上下不交故也。上約己而裕於人，人必悅而奉上矣，豈不謂之益乎！上蔑人而肆諸己，人必怨而叛上矣，豈不謂之損乎！」又曰：「舟即君道，水即人情。舟順水之道乃浮，違則沒；君得人之情乃固，失則危。是以古先聖王之居人上也，必以其欲從天下之心，而不敢以天下之人從其欲。」又曰：「陛下憤習俗以妨理，任削平而在躬，以明威照臨，以嚴法制斷，流弊自久，浚恒太深。遠者驚疑而阻命，逃死之亂作；近者畏懾而偷容，避罪之態生。君臣意乖，上下情隔，君務致理而下防誅夷，臣將納忠又上慮欺誕，故睿誠不布於羣物，物情不達於睿聰。臣於往年曾任御史，獲奉朝謁，僅欲半年，陛下嚴邃高居，未嘗降旨臨問，羣臣跼蹐趨退，亦不列事奏陳。軒墀之間，且未相諭，宇宙之廣，何由自通，雖復例對使臣，别延宰輔，既殊師錫，且異公言。未行者則戒以樞密勿論，已行者又謂之遂事不諫，漸生拘礙，動涉猜嫌，由是人各隱情，以言爲諱。至於變亂將起，億兆同憂，獨陛下恬然不知，方謂太平可致。陛下以今日之所覩，驗往時之所聞，孰真孰虛？何得何失？則事之通塞備詳之矣，人之情僞盡知之矣。」

上乃遣中使諭之曰：「朕本性甚好推誠，亦能納諫。將謂君臣一體，全不隄防，緣推誠信不疑，多被姦人賣弄。今所致患害，朕思亦無他，其失反在推誠。又諫官論事，少能慎密，例自矜衒，歸過於朕以自取名。朕從即位以來，見奏對論事者甚多，大抵皆是雷同，道聽塗説，試加質問，遽即辭窮。若有奇才異能，在朕豈惜拔擢。朕見從前已來，事祗如此，所以近來不多取次對人，亦非倦於接納。卿宜深悉此意。」

贄以人君臨下，當以誠信爲本。諫者雖辭情鄙拙，亦當優容以開言路。若震之以威，折之以辯，則臣下何敢盡言？乃復上疏。其略曰：「天子之道，與天同方。天不以地有惡木而廢發生，天子不以時有小人而廢聽納。」又曰：「唯信與誠，有失無補。一不誠則心莫之保，一不信則言莫之行。陛下所謂失於誠信，以致患害者，臣竊以斯言爲過矣。」又曰：「馭之以智則人詐，示之以疑則人偷。上行之則下從之，上施之則下報之。若誠不是知誠盡於己，而望盡於人，衆必怠而不從矣。不誠於前而曰誠於後，衆必疑而不信矣。是則不可斯須而去身。願陛下慎守而行之有加，恐非所以爲悔者也。」又曰：「臣聞仲虺贊揚成湯，不稱其無過而稱其改過。吉甫歌誦周宣，不美其無闕而美其補闕。是則聖賢之意，較然著明，唯以改過爲能，不以無過爲貴。蓋爲人之行己，必有過差，上智下愚，俱所不免，智者改過而遷善，愚者恥過而遂非；遷善則其德日新，遂非則其惡彌積。」又曰：「諫官不密自矜，信非忠厚，其於聖德固亦無虧。陛下若納諫不違，則傳之適足增美；陛下若違諫不納，又安能禁之勿傳。」又曰：「侈言無驗不必用，質言當理不必違。辭拙而效速者不必愚，言甘而利重者不必智。是皆考之以實，慮之以終，其用無他，唯善所在。」又曰：「陛下所謂『比見奏對論事，皆是雷同，道聽塗説』者，臣竊以衆多之議，足見人情，必有可行，亦有可畏，恐不宜一概輕侮而莫之省納也。陛下又謂『試加質問，即便辭窮』者，臣但以陛下雖窮其辭而未窮其理，能服其口而未服其心。」又曰：「爲下者莫不願忠，爲上者莫不求理；然而下每苦上之不理，上每苦下之不忠。若是者何？兩情不通故也。下之情莫不願達於上，上之情莫不求知於下，然而下恒苦上之難達，上恒苦下之難知。若是者何？九弊不去故也。所謂九弊者，上有其六而下有其三。好勝人，恥聞過，騁辯給，眩聰明，厲威嚴，恣强愎，此六者君上之弊也。諂諛，顧望，畏愞，此三者臣下之弊也。上好勝必甘於佞辭，上恥過必忌於直諫，如是則下之諂諛者順旨，而忠實之語不聞矣。上騁辯必勦說而折人以言，上眩明必臆度而虞人以詐，如是則下之顧望者自便，而切磨之辭不盡矣。上厲威必不能降情以接物，上恣愎必不能引咎以受規，如是則下之畏愞者避辜，而情理之說不申矣。夫以區域之廣大，生靈之衆多，宮闕之重深，高卑之限隔，自黎獻而上，獲覩至尊之光景者，踰億兆而無一焉。就獲覩之中，得接言議者，又千萬不一。幸而得接者，猶有九弊居其間，則上下之情所通鮮矣。上情不通於下則人惑，下情不通於上則君疑，疑則不納其誠，惑則不從其令。誠而不見納則應之以悖，令而不見從則加之以刑；下悖上刑，不敗何待！是使亂多理少，從古以然。」又曰：「昔趙武吶吶而爲晉賢臣，絳侯木訥而爲漢元輔。然則口給者事或非信，辭屈者理或未窮。人之難知，堯、舜所病，胡可以一詶一詰而謂盡其能哉。以此察天下之情，固多失實，以此輕天下之士，必有遺才。」又曰：「諫者多，表我之能好；諫者直，示我之能賢；諫者之狂誣，明我之能恕；諫者之漏泄，彰我之能從；有一于斯，皆爲盛德。是則人君之與諫者，交相益之道也。諫者有爵賞之利，君亦有理安之利；諫者得獻替之名，君亦得采納之名。然猶諫者有失中而君無不美，唯恐讜言之不切，天下之不聞，如此則納諫之德光矣。」上頗采用其言。

李懷光頓兵不進，數上表暴揚盧杞等罪惡，衆論諠騰，亦咎杞等。上不得已，十二月壬戌，貶杞爲新州司馬，白志貞爲恩州司馬，趙贊爲播州司馬。宦官翟文秀，上所信任也，懷光又言其罪，上亦爲殺之。

乙丑，以翰林學士祠部員外郎陸贄爲考功郎中，金部員外郎吴通微爲職方郎中。贄上奏，辭以：「初到奉天，扈從將吏例加兩階，今翰林獨遷官。夫行罰先貴近而後卑遠，則令不犯；行賞先卑遠而後貴近，則功不遺。望先録大勞，次徧羣品，則臣亦不敢獨辭。」上不許。

上在奉天，使人説田悦、王武俊、李納，赦其罪，厚賂以官爵。悦等皆密歸款，而猶未敢絶朱滔，各稱王如故。滔使其虎牙將軍王郅説悦曰：「日者八郎有急，滔與趙王不敢愛其死，竭力赴救，幸而解圍。今太尉三兄受命關中，滔欲與回紇共往助之，願八郎治兵與滔渡河，共取大梁。」悦心不欲行，而未忍絶滔，乃許之。滔復遣其内史舍人李琯見悦，審其可否，悦猶豫不決，密召扈㟧等議之。司武侍郎許士則曰：「朱滔昔事李懷仙爲牙將，與兄泚及朱希彩共殺懷仙而立希彩。希彩所以寵信其兄弟至矣，滔又與判官李子瑗謀殺希彩而立泚。泚既爲帥，滔乃勸泚入朝而自爲留後，雖勸以忠義，實奪之權也。平生與之同謀共功如李子瑗之徒，負而殺之者二十餘人。今又與泚東西相應，使滔得志，泚亦不爲所容，况同盟乎！滔爲人如此，大王何從得其肺腑而信之邪？彼引幽陵、回紇十萬之兵屯於郊坰，大王出迎，則成擒矣。彼囚大王，兼魏國之兵，南向渡河，與關中相應，天下其孰能當之？大王於時悔之無及。爲大王計，不若陽許偕行，而陰爲之備，厚加迎勞，至則託以他故，遣將分兵而隨之。如此，大王外不失報德之名，而内無倉猝之憂矣。」扈崿等皆以爲然。王武俊聞李瑄適魏，遣其司刑員外郎田秀馳見悦曰：「武俊鄙以宰相處事失宜，恐禍及身，又八郎困於重圍，故與滔合兵救之。今天子方在隱憂，以德綏我，我曹何得不悔過而歸之邪？捨九葉天子不事，而事泚及滔乎？且泚未稱帝之時，滔與我曹比肩爲王，固已輕我曹矣。况使之南平汴、洛，與泚連衡，吾屬皆爲虜矣。八郎慎勿與之俱南，但閉城拒守。武俊請伺其隙，連昭義之兵擊而滅之，與八郎再清河朔，復爲節度使，共事天子，不亦善乎？」悦意遂決，紿滔云「從行，必如前約」。

丁卯，滔將范陽步騎五萬人，私從者復萬餘人，回紇三千人發河間而南，輜重首尾四十里。

李希烈攻李勉於汴州，驅民運土木，築壘道以攻城，忿其未就，并人填之，謂之「濕薪」。勉城守累月，外救不至，將其衆萬餘人奔宋州。庚午，希烈陷大梁。滑州刺史李澄以城降希烈，希烈以澄爲尚書令兼永平節度使。勉上表請罪，上謂其使者曰：「朕猶失守宗廟，勉宜自安。」待之如初。

劉洽遣其將高翼將精兵五千保襄邑，希烈攻拔之，翼赴水死。希烈乘勝攻寧陵，江、淮大震。陳少遊遣參謀溫述送款於希烈曰：「濠、壽、舒、廬已令弛備，韜戈卷甲，伏俟指麾。」又遣巡官趙詵結李納於鄆州。

以給事中孔巢父爲淄青宣慰使，國子祭酒董晉爲河北宣慰使。陸贄言於上曰：「今盜遍天下，輿駕播遷，陛下宜痛自引過以感人心。昔成湯以罪己勃興，楚昭以善言復國。陛下誠能不吝改過，以言謝天下，使書詔無所避忌，臣雖愚陋，可以仰副聖情，庶令反側之徒革心向化。」上然之，故奉天所下書詔，雖驕將悍卒，聞之無不感激揮涕。

術者上言：「國家厄運，宜有變更，以應時數。」羣臣請更加尊號一二字。上以問陸贄。贄上奏，以爲不可，其略曰：「尊號之興，本非古制。行於安泰之日，已累謙沖；襲乎喪亂之時，尤傷事體。」又曰：「嬴秦德衰，兼皇與帝，始總稱之。流及後代，昏僻之君，乃有聖劉、天元之號。是知人主輕重，不在名稱。損之有謙光稽古之善，崇之獲矜能納諂之譏。」又曰：「必也俯稽術數，須有變更，與其增美稱而失人心，不若黜舊號以祗天戒。」上納其言，但改年號而已。

上又以中書所撰赦文示贄，贄上言，以爲：「動人以言，所感已淺，言又不切，人誰肯懷！今茲德音，悔過之意不得不深，引咎之辭不得不盡。洗刷疵垢，宣暢鬱堙，使人人各得所欲，則何有不從者乎！應須改革事條，謹具別狀同進。捨此之外，尚有所虞。竊以知過非難，改過爲難；言善非難，行善爲難。假使赦文至精，止於知過言善，猶願聖慮更思所難。」上然之。

興元元年春正月癸酉朔，赦天下，改元。制曰：「致理興化，必在推誠；忘己濟人，不吝改過。朕嗣服丕構，君臨萬邦，失守宗祧，越在草莽。不念率德，誠莫追於既往；永言思咎，期有復於將來。明徵其義，以示天下。小子懼德不嗣，罔敢怠荒。然以長于深宮之中，暗於經國之務，積習易溺，居安忘危，不知稼穡之艱難，不恤征戍之勞苦。澤靡下究，情未上通，事既擁隔，人懷疑阻。猶昧省己，遂用興戎，徵師四方，轉餉千里，賦車籍馬，遠近騷然，行齎居送，衆庶勞止。或一日屢交鋒刃，或連年不解甲冑。祀奠乏主，室家靡依，死生流離，怨氣凝結。力役不息，田萊多荒。暴令峻於誅求，疲甿空於杼軸，轉死溝壑，離去鄉閭，邑里丘墟，人煙斷絶。天譴於上而朕不寤，人怨於下而朕不知，馴致亂階，變興都邑，萬品失序，九廟震驚，上累于祖宗，下負于蒸庶，痛心靦貌，罪實在予，永言愧悼，若墜泉谷。自今中外所上書奏，不得更言『聖神文武』之號。李希烈、田悅、王武俊、李納等，咸以勳舊，各守藩維，朕撫馭乖方，致其疑懼。皆由上失其道，而下罹其災，朕實不君，人則何罪！宜并所管將吏等一切待之如初。朱滔雖緣朱泚連坐，路遠必不同謀，念其舊勳，務在弘貸，如能效順，亦與惟新。朱泚反易天常，盜竊名器，暴犯陵寢，所不忍言，獲罪祖宗，朕不敢赦。其脅從將吏百姓等，但官軍未到京城以前，去逆效順，并散歸本道、本軍者，並從赦例。諸軍、諸道應赴奉天及進收京城將士，並賜名奉天定難功臣。其所加墊陌錢、稅間架、竹、木、茶、漆、榷鐵之類，悉宜停罷。」赦下，四方人心大悅。及上還長安明年，李抱真入朝，爲上言：「山東宣布赦書，士卒皆感泣，臣見人情如此，知賊不足平也。」

命兵部員外郎李充爲恒冀宣慰使。

朱泚更國號曰漢，自稱漢元天皇，改元天皇。

王武俊、田悅、李納見赦令，皆去王號，上表謝罪。惟李希烈自恃兵强財富，遂謀稱帝，遣人問儀於顏真卿，真卿曰：「老夫嘗爲禮官，所記惟諸侯朝天子禮耳。」希烈遂即皇帝位，國號大楚，改元武成。置百官，以其黨鄭賁爲侍中，孫廣爲中書令，李緩、李元平同平章事。以汴州爲大梁府，分其境内爲四節度。希烈遣其將辛景臻謂顏真卿曰：「不能屈節，當自焚。」積薪灌油於其庭。真卿趨赴火，景臻遽止之。

希烈又遣其將楊峯齎赦賜陳少遊及壽州刺史張建封。建封執峯徇於軍，腰斬於市。少遊聞之，駭懼。建封具以少遊與希烈交通之狀聞，上悦，以建封爲濠、壽、廬三州都團練使。希烈乃以其將杜少誠爲淮南節度使，使將步騎萬餘人先取壽州，後之江都。建封遣其將賀蘭元均、邵怡守霍丘秋栅，少誠竟不能過，遂南寇蘄、黄欲斷江路。時上命包佶自督江、淮財賦，泝江詣行在，至蘄口，遇少誠入寇。曹王皋遣蘄州刺史伊慎將兵七千拒之，戰於永安戍，大破之，少誠脱身走，斬首萬級，包佶乃得前。後佶入朝，具奏陳少遊奪財賦事，少遊懼，厚斂所部以償之。李希烈以夏口上流要地，使其驍將董侍募死士七千人襲鄂州，刺史李兼偃旗卧鼓閉門以待之。侍撤屋材以焚門，兼帥士卒出戰，大破之。上以兼爲鄂、岳、沔都團練使。於是希烈東畏曹王皋，西畏李兼，不敢復有窺江、淮之志矣。

朱滔引兵入趙境，王武俊大具犒享。入魏境，田悦供承倍豐，使者迎候，相望於道。丁丑，滔至永濟，遣王郅見悦約會館陶，偕行渡河。悦見郅曰：「悦固願從五兄南行，昨日將出軍，將士勒兵不聽悦出，曰：『國兵新破，戰守踰年，資儲竭矣。今將士不免凍餒，何以全軍遠征！大王日自撫循，猶不能安，若捨城邑而去，朝出，暮必有變。』悦之志非敢有貳也，如將士何！已令孟祐備步騎五千，從五兄供芻牧之役。」因遣其司禮侍郎裴抗等往謝滔。滔聞之，大怒曰：「田悦逆賊，曏在重圍，命如絲髮，使我叛君、棄兄，發兵晝夜赴之，幸而得存。許我貝州，我辭不取。尊我爲天子，我辭不受。今乃負恩，誤我遠來，飾辭不出。」即日遣馬寔攻宗城、經城，楊榮國攻冠氏，皆拔之。又縱回紇掠館陶頓幄帟、器皿、車牛以去。悦閉城自守。壬午，滔遣裴抗等還，分兵置吏，守平恩、永濟。

朱滔引兵北圍貝州，引水環之，刺史邢曹俊嬰城拒守。縱范陽及回紇兵大掠諸縣，又拔武城，通德、棣二州，使給軍食；遣馬寔將步騎五千屯冠氏以逼魏州。

上於行宮廡下貯諸道貢獻之物，榜曰瓊林、大盈庫。陸贄以爲戰守之功，賞賚未行，而遽私別庫，則士卒怨望，無復鬭志，上疏諫。其略曰：「天子與天同德，以四海爲家，何必撓廢公方，崇聚私貨。降至尊而代有司之守，辱萬乘以效匹夫之藏，虧法失人，誘姦聚怨，以斯制事，豈不過哉。」又曰：「頃者六師初降，百物無儲，外扞兇徒，内防危堞，晝夜不息，迨將五旬，凍餒交侵，死傷相枕，畢命同力，竟夷大艱。良以陛下不厚其身，不私其欲，絶甘以同卒伍，輟食以啗功勞。無猛制而人不攜，懷所感也；無厚賞而人不怨，悉所無也。今者攻圍已解，衣食已豐，而謡讟方興，軍情稍阻。豈不以勇夫恒性，嗜利矜功，其患難既與之同憂，而好樂不與之同利，苟異恬默，能無怨咨。」又曰：「陛下誠能近想重圍之殷憂，追戒平居之專欲，凡在二庫貨賄，盡令出賜有功，每獲珍華，先給軍賞。如此則亂必靖，賊必平，徐駕六龍，旋復都邑。天子之貴，豈當憂貧！是乃散其小儲而成其大儲，損其小寶而固其大寶也。」上即命去其榜。

蕭復嘗言於上曰：「宦官自艱難已來，多爲監軍，恃恩縱横。此屬但應掌宫掖之事，不宜委以兵權國政。」上不悦。又嘗言：「陛下踐阼之初，聖德光被，自用楊炎、盧杞，黷亂朝政，以致今日。陛下誠能變更睿志，臣敢不竭力。儻使臣依阿苟免，臣實不能。」又嘗與盧杞同奏事，杞順上旨，復正色曰：「盧杞言不正。」上愕然，退謂左右曰：「蕭復輕朕。」戊子，命復充山南東、西、荆湖、淮南、江西、鄂岳、浙江東、西、福建、嶺南等道宣慰安撫使，實疏之也。既而劉從一及朝士往往奏留復，上謂陸贄曰：「朕思遷幸以來，江、淮遠方，或傳聞過實，欲遣重臣宣慰。謀於宰相及朝士，僉謂宜然。今乃反覆如是，朕爲之悵恨累日。意復悔行，使之論奏邪？卿知蕭復如何人，其不欲行，意趣安在？」贄上奏，以爲：「復痛自脩勵，慕爲清貞，用雖不周，行則可保。至於輕詐如此，復必不爲。借使復欲逗留，從一安肯附會。今所言矛楯，願陛下明加辨詰。若蕭復有所請求，則從一何容爲隱？若從一自有回互，則蕭復不當受疑。陛下何憚而不辨明，乃直爲此悵恨也。夫明則罔惑，辨則罔冤。惑莫甚於逆詐而不與明，冤莫痛於見疑而不與辨。是使情僞相揉，忠邪靡分。兹實居上御下之要樞，惟陛下留意。」上亦竟不復辨也。

辛卯，以王武俊爲恒冀、深趙節度使。壬辰，加李抱真、張孝忠並同平章事。丙申，加田悦檢校右僕射。以山南東道行軍司馬樊澤爲本道節度使，前深趙觀察使康日知爲同州刺史，〔奉誠軍節度使，曹州刺史〕李納爲鄆州刺史、平盧節度使。

戊戌，加劉洽汴、滑、宋、亳都統副使，知都統事，李勉悉以其衆授之。

二月戊申，詔贈段秀實太尉，謚曰忠烈，厚恤其家。時賈隱林已卒，贈左僕射，賞其能直言也。

李希烈將兵五萬圍寧陵，引水灌之。濮州刺史劉昌以三千人守〔之〕。滑州刺史李澄密遣使請降，上許以澄爲汴滑節度使。澄猶外事希烈，希烈疑之，遣養子六百人戍白馬，召澄共攻寧陵。澄至石柱，使其衆陽驚，燒營而遁。又諷養子令剽掠，澄悉收斬之，以白希烈，希烈無以罪也。

劉昌守寧陵，凡四十五日不釋甲。韓滉遣其將王栖曜將兵助劉洽拒希烈，栖曜以强弩數千游汴水，夜入寧陵城。明日，從城上射希烈，及其坐幄，希烈驚曰：「宣潤弩手至矣。」遂解圍去。

朱泚既自奉天敗歸，李晟謀取長安。劉德信與晟俱屯東渭橋，不受晟節制。晟因德信至營中，數以滬澗之敗及所過剽掠之罪，斬之。因以數騎馳入德信軍，勞其衆，無敢動者，遂并將之，軍勢益振。

李懷光既脅朝廷逐盧杞等，内不自安，遂有異志。又惡李晟獨當一面，恐其成功，奏請與晟合軍，詔許之。晟與懷光會于咸陽西陳濤斜，築壘未畢，泚衆大至。晟謂懷光曰：「賊若固守宫苑，或曠日持久，未易攻取。今去其巢穴，敢出求戰，此天以賊賜明公，不可失也。」懷光曰：「軍適至，馬未秣，士未飯，豈可遽戰邪！」晟不得已，乃就壁。晟每與懷光同出軍，懷光軍士多掠人牛馬，晟軍秋豪不犯。懷光軍士惡其異己，分所獲與之，晟軍終不敢受。懷光屯咸陽累月，逗留不進。上屢遣中使趣之，辭以士卒疲弊，且當休息觀釁。諸將數勸之攻長安，懷光不從，密與朱泚通謀，事迹頗露。李晟屢奏，恐其有變，爲所併，請移軍東渭橋。上猶冀懷光革心，收其力用，寢晟奏不下。懷光欲緩戰期，且激怒諸軍，奏言：「諸軍糧賜薄，神策獨厚。厚薄不均，難以進戰。」上以財用方窘，若糧賜皆比神策，則無以給之。不然，又逆懷光意，恐諸軍觖望。乃遣陸贄詣懷光營宣慰，因召李晟參議其事。懷光意欲晟自乞減損，使失士心，沮敗其功。乃曰：「將士戰鬬同而糧賜異，何以使之協力？」贄未有言，數顧晟。晟曰：「公爲元帥，得專號令，晟將一軍，受指蹤而已。至於增減衣食，公當裁之。」懷光默然，又不欲自減之，遂止。

時上遣崔漢衡詣吐蕃發兵，吐蕃相尚結贊言：「蕃法發兵，以主兵大臣爲信。今制書無懷光署名，故不敢進。」上命陸贄諭懷光，懷光固執以爲不可，曰：「若克京城，吐蕃必縱兵焚掠，誰能遏之？此一害也。前有敕旨，募士卒，克城者人賞百緡，彼發兵五萬，若援敕求賞，五百萬緡何從可得？此二害也。虜騎雖來，必不先進，勒兵自固，觀我兵勢，勝則從而分功，敗則從而圖變，譎詐多端，不可親信。此三害也。」竟不肯署敕，尚結贊亦不進軍。陸贄自咸陽還，上言：「賊泚稽誅，保聚宮苑，勢窮援絕，引日偷生。懷光總仗順之師，乘制勝之氣，鼓行芟翦，易若摧枯。而乃寇奔不追，師老不用，諸帥每欲進取，懷光輒沮其謀。據茲事情，殊不可解。陛下意在全護，委曲聽從，觀其所爲，亦未知感。若不別務規略，漸思制持，唯以姑息求安，終恐變故難測。此誠事機危迫之秋也，固不可以尋常容易處之。今李晟奏請移軍，適遇臣銜命宣慰，懷光偶論此事，臣遂汎問所宜。懷光乃云：『李晟既欲別行，某亦都不要藉。』臣猶慮有翻覆，因美其軍盛强。懷光大自矜誇，轉有輕晟之意。臣又從容問云：『回日，或聖旨顧問事之可否，决定何如？』懷光已肆輕言，不可中變，遂云：『恩命許去，事亦無妨。』要約再三，非不詳審，雖欲追悔，固難爲辭。伏望即以李晟表出付中書，敕下依奏，別賜懷光手詔，示以移軍事由。其手詔大意云：『昨得李晟奏，請移軍城東以分賊勢。朕本欲委卿商量，適會陸贄迴奏，云見卿語及於此，仍言許去事亦無妨，遂敕本軍允其所請。』如此，則詞婉而直，理順而明，雖蓄異端，何由起怨。」上從之。

晟自咸陽結陳而行，歸東渭橋。時鄜坊節度使李建徽、神策行營節度使楊惠元猶與懷光聯營，陸贄復上奏曰：「懷光當管師徒，足以獨制兇寇，逗留未進，抑有他由。所患太强，不資傍助。比者又遣李晟、李建徽、楊惠元三節度之衆，附麗其營，無益成功，祇足生事。何則？四軍接壘，羣帥異心，論勢力則懸絶高卑，據職名則不相統屬。懷光輕晟等兵微位下，而忿其制不從心，晟等疑懷光養寇蓄姦，而怨其事多陵己。端居則互防飛謗，欲戰則遞恐分功，齟齬不和，嫌釁遂構，俾之同處，必不兩全。强者惡積而後亡，弱者勢危而先覆，覆亡之禍，翹足可期。舊寇未平，新患方起，憂難所切，實堪疚心！太上消慝於未萌，其次救失於始兆，况乎事情已露，禍難垂成，委而不謀，何以寧亂！李晟見機慮變，先請移軍就東，建徽、惠元勢轉孤弱，爲其吞噬，理在必然。他日雖有良圖，亦恐不能自拔，拯其危急，唯在此時。今因李晟願行，便遣合軍同往，託言晟兵素少，慮爲賊泚所邀，藉此兩軍迭爲犄角。仍先諭旨，密使促裝，詔書至營，即日進路。懷光意雖不欲，然亦計無所施。是謂先人有奪人之心，疾雷不及掩耳者也。解鬭不可以不離，救焚不可以不疾，理盡於此，惟陛下圖之。」上曰：「卿所料極善。然李晟移軍，懷光不免悵望，若更遣建徽、惠元就東，恐因此生辭，轉難調息，且更俟旬時。」

辛酉，加王武俊同平章事兼幽州、盧龍節度使。

李晟以爲：「懷光反狀已明，緩急宜有備，蜀、漢之路不可壅，請以裨將趙光銑等爲洋、利、劍三州刺史，各將兵五百以防未然。」上疑未決，欲親總禁兵幸咸陽，以慰撫爲名，趣諸將進討。或謂懷光曰：「此漢祖遊雲夢之策也。」懷光大懼，反謀益甚。

上垂欲行，懷光辭益不遜，上猶疑讒人間之。甲子，加懷光太尉，增實食，賜鐵券，遣神策右兵馬使李卞等往諭旨。懷光對使者投鐵券於地曰：「聖人疑懷光邪？人臣反，賜鐵券；懷光不反，今賜鐵券，是使之反也！」辭氣甚悖。朔方左兵馬使張名振當軍門大呼曰：「太尉視賊不許擊，待天使不敬，果欲反邪！功高太山，一旦棄之，自取族滅，富貴他人，何益哉？我今日必以死爭之。」懷光聞之，謂曰：「我不反，以賊方强，故須蓄鋭俟時耳。」懷光大言：「天子所居，必有城隍。」乃發卒城咸陽，未幾，移軍據之。張名振曰：「乃者言不反，今日拔軍此來，何也？何不攻長安，殺朱泚，取富貴，引軍還邠邪！」懷光曰：「名振病心矣。」命左右引去，拉殺之。

右武鋒兵馬使石演芬，本西域胡人，懷光養以爲子。懷光潛與朱泚通謀，演芬遣其客部成義詣行在告之，請罷其都統之權。成義至奉天，告懷光子璀，璀密白其父。懷光召演芬責之曰：「我以爾爲子，奈何欲破我家！今日負我，死甘心乎？」演芬曰：「天子以太尉爲股肱，太尉以演芬爲心腹，太尉既負天子，演芬安得不負太尉乎！演芬胡人，不能異心，惟知事一人。苟免賊名而死，死甘心矣！」懷光使左右臠食之，皆曰：「義士也，可令快死。」以刀斷其喉而去。

李卞等還，言懷光驕慢之狀，於是行在始嚴門禁，從臣皆密裝以待。

乙丑，加李晟河中、同絳節度使，上猶以爲薄，丙寅，又加同平章事。

上將幸梁州，山南節度使盬亭嚴震聞之，遣使詣奉天奉迎，又遣大將張用誠將兵五千至盩厔以來迎衞。用誠爲懷光所誘，陰與之通謀，上聞而患之。會震繼遣牙將馬勛奉表，上語之故。勛請：「亟詣梁州，取嚴震符召用誠還府；若不受召，臣請殺之。」上喜曰：「卿何時復至此？」勛刻日時而去。既得震符，請壯士五人與之俱出駱谷。用誠不知事泄，以數百騎迎之，勛與之俱入驛。時天寒，勛多然藁火於驛外，軍士皆往附火。勛乃從容出懷中符，以示用誠曰：「大夫召君。」用誠錯愕起走，壯士自後執其手擒之。用誠子在勛後，斫傷勛首。壯士格殺其子，仆用誠於地，跨其腹，以刀擬其喉曰：「出聲則死。」勛入其營，士卒已擐甲執兵矣。勛大言曰：「汝曹父母妻子皆在漢中，一朝棄之，與張用誠同反，於汝曹何利乎！大夫令我取用誠，不問汝曹，無自取族滅。」衆皆讋服。勛送用誠詣梁州，震杖殺之，命副將領其衆。勛裹其首，復命於行在，愆期半日。

李懷光夜遣人襲奪李建徽、楊惠元軍，建徽走免。惠元將奔奉天，懷光遣兵追殺之。

懷光又宣言曰：「吾今與朱泚連和，車駕且當遠避。」

懷光以韓遊瓌朔方將也，掌兵在奉天，與遊瓌書，約使爲變，遊瓌密奏之。明日，又以書趣之，遊瓌又奏之。上稱其忠義，因問：「策安出？」對曰：「懷光總諸道兵，故敢恃衆爲亂。今邠寧有張昕，靈武有甯景璿，河中有呂鳴岳，振武有杜從政，潼關有唐朝臣，渭北有竇覦，皆守將也。陛下各以其衆及地授之，尊懷光之官，罷其權，則行營諸將各受本府指麾矣。懷光獨立，安能爲亂！」上曰：「罷懷光兵權，若朱泚何！」對曰：「陛下既許將士以克城殊賞，將士奉天子之命以討賊取富貴，誰不願之！邠府兵以萬數，借使臣得而將之，足以誅泚。況諸道必有仗義之臣，泚不足憂也。」上然之。

丁卯，懷光遣其將趙昇鸞入奉天，約其夕使別將達奚小俊燒乾陵，令昇鸞爲内應以驚脅乘輿。昇鸞詣渾瑊自言，瑊遽以聞，且請決幸梁州。上命瑊戒嚴，瑊出，部勒未畢，上已出城西，命戴休顔守奉天，朝臣將士狼狽扈從。戴休顔徇於軍中曰：「懷光已反。」遂乘城拒守。

朱泚之稱帝也，兵部侍郎劉迺卧病在家，泚召之，不起。使蔣鎮自往説之，凡再往，知不可誘脅，乃歎曰：「鎮亦忝列曹，不能捨生，以至於此，豈可復以己之腥臊污漫賢者乎！」歔欷而返。迺聞上幸山南，搏膺大呼，自投于牀，不食數日而卒。

太子少師喬琳從上至盩厔，稱老疾不堪山險，削髮爲僧，匿於仙遊寺。泚聞之，召至長安，以爲吏部尚書。於是朝士之竄匿者多出仕泚矣。

懷光遣其將孟保、惠靜壽、孫福達將精騎趣南山邀車駕，遇諸軍糧料使張增於盩厔。三將曰：「彼使我爲不臣，我以追不及報之，不過不使我將耳。」因目增曰：「軍士未朝食，如何？」增紿其衆曰：「此東數里有佛祠，吾貯糧焉。」三將帥衆而東，縱之剽掠，由是百官從行者皆得入駱谷，以追不及還報，懷光皆黜之。

李晟得除官制，拜哭受命，謂將佐曰：「長安，宗廟所在，天下根本，若諸將皆從行，誰當滅賊者！」乃治城隍，繕甲兵，爲復京城之計。先是，東渭橋有粟十餘萬斛，度支給李懷光軍，幾盡。是時懷光、朱泚連兵，聲勢甚盛，車駕南幸，人情擾擾。晟以孤軍處二強寇之間，內無資糧，外無救援，徒以忠義感激將士，故其衆雖單弱而銳氣不衰。又以書遺懷光，辭禮卑遜，雖示尊崇，而諭以禍福，勸之立功補過，故懷光慚恧未忍擊之。晟曰：「畿內雖兵荒之餘，猶可賦斂。宿兵養寇，患莫大焉。」乃以判官張彧假京兆尹，擇四十餘人，假官以督渭北諸縣芻粟，不旬日，皆充羨。乃流涕誓衆，決志平賊。

田悅用兵數敗，士卒死者什六七，其下皆厭苦之。上以給事中孔巢父爲魏博宣慰使。巢父性辯博，至魏州，對其衆爲陳逆順禍福，悅及將士皆喜。兵馬使田緒，承嗣之子也，凶險多過失，悦不忍殺，杖而拘之。悦既歸國，内外撤警備。三月壬申朔，悦與孔巢父宴飲，緒對弟姪有怨言，其姪止之，緒怒，殺姪，既而悔之，曰：「僕射必殺我。」既夕，悦醉，歸寢，緒與左右密穿後垣入，殺悦及其母、妻等十餘人，即帥左右執刀立於中門之内夾道。將旦，以悦命召行軍司馬扈崿、判官許士則、都虞候蔡濟議事。府署深邃，外不知有變，士則、濟先至，召入，亂斫殺之。緒恐既明事泄，乃出門，遇悦親將劉忠信方排牙，緒疾呼謂衆曰：「劉忠信與扈崿謀反，昨夜刺殺僕射。」衆大驚諠譁，忠信未及自辯，衆分裂殺之。扈崿來，及戟門，遇亂，招諭將士，將士從之者三分之一。緒懼，登城而立，大呼謂衆曰：「緒，先相公之子，諸君受先相公恩，若能立緒兵馬使，賞緡錢二千，大將半之，下至士卒，人賞百緡，竭公私之貨，五日取辦。」於是將士回首殺扈崿，皆歸緒，軍府乃定。因請命於孔巢父，巢父命緒權知軍府。後數日，衆乃知緒殺其兄，雖悔怒，而緒已立，無如之何。緒又殺悦親將薛有倫等二十餘人。

李抱真、王武俊引兵將救貝州，聞亂，不敢進。朱滔聞悦死，喜曰：「悦負恩，天假手於緒也。」即遣其執憲大夫鄭景濟等將步騎五千助馬寔，合兵萬二千攻魏州。寔軍王莽河，縱騎兵及回紇四出剽掠。滔别遣人入城説緒，許以本道節度使。緒方危迫，遣隨軍侯臧詣貝州送款於滔，滔喜，遣臧還報，使亟定盟約。時緒部署城内已定，李抱真、王武俊又遣使詣緒，許以赴援，如悅存日之約。緒召將佐議之，幕僚曾穆、盧南史曰：「用兵雖尚威武，亦本仁義，然後有功。今幽陵之兵恣行殺掠，白骨蔽野，雖先僕射背德，其民何罪？今雖盛强，其亡可跂立而待也。況昭義、恒冀方相與攻之，奈何以目前之急，欲從人爲反逆乎！不若歸命朝廷，天子方蒙塵於外，聞魏博使至必喜，官爵旋踵而至矣。」緒從之，遣使奉表詣行在，城守以俟命。

上之發奉天也，韓遊瓌帥其麾下八百餘人還邠州。李懷光以李晟軍浸盛，惡之，欲引軍自咸陽襲東渭橋。三令其衆，衆不應，竊相謂曰：「若與我曹擊朱泚，惟力是視。若欲反，我曹有死不能從也。」懷光知衆不可强，問計於賓佐，節度巡官良鄉李景略曰：「取長安，殺朱泚，散軍還諸道，單騎詣行在，如此，臣節亦未虧，功名猶可保也。」頓首懇請，至于流涕，懷光許之。都虞候閻晏等勸懷光東保河中，徐圖去就。懷光乃說其衆曰：「今日屯涇陽，召妻孥於邠，俟至，與之俱往河中。春裝既辦，還攻長安未晚也。東方諸縣皆富實，軍發之日，聽爾曹俘掠。」衆許之。懷光乃謂景略曰：「曏者之議，軍衆不從，子宜速去，不且見害。」遣數騎送之。景略出軍門，慟哭曰：「不意此軍一旦陷於不義！」

懷光遣使詣邠州，令留後張昕悉發所留兵萬餘人及行營將士家屬會涇陽，仍遣其將劉禮等將三千餘騎脅遷之。韓遊瓌說昕曰：「李太尉功高自棄，已蹈禍機。中丞今日可以自求富貴，遊瓌請帥麾下以從。」昕曰：「昕微賤，賴李太尉得至此，不忍負也。」遊瓌乃謝病不出，陰與諸將高固、楊懷賓等相結。時崔漢衡以吐蕃兵營于邠南，高固曰：「昕以衆去，則邠城空矣。」乃詐爲渾瑊書，召吐蕃使稍逼邠城。昕等懼，竟不敢出。昕等謀殺諸將之不從者，遊瓌知之，先與高固等舉兵殺昕，遣楊懷賓奉表以聞，且遣人告崔漢衡。漢衡矯詔，以遊瓌知軍府事，軍中大喜。懷光子旻在邠，遊瓌遣之。或曰：「不殺旻，何以自明？」遊瓌曰：「殺旻則懷光怒，其衆必至，不如釋旻以走之。」時楊懷賓子朝晟在懷光軍中爲右廂兵馬使，聞之，泣白懷光曰：「父立功於國，子當誅夷，不可典兵。」懷光囚之。於是遊瓌屯邠寧，戴休顏屯奉天，駱元光屯昭應，尚可孤屯藍田，皆受李晟節度，晟軍聲大振。

始，懷光方强，朱泚畏之，與懷光書，以兄事之，約分帝關中，永爲鄰國。及懷光決反，逼乘輿南幸，其下多叛之，勢益弱。泚乃賜懷光詔書，以臣禮待之，且徵其兵。懷光慚怒，內憂麾下爲變，外恐李晟襲之，遂燒營東走，掠涇陽等十二縣，雞犬無遺。及富平，大將孟涉、段威勇將數千人奔于李晟，將士在道散亡相繼。至河中，或勸河中守將呂鳴岳焚橋拒之，鳴岳以兵少，恐不能支，遂納之。河中尹李齊運棄城走。懷光遣其將趙貴先築壘于同州，刺史李紓懼，奔行在。幕僚裴向攝州事，詣貴先，責以逆順之理。貴先感寤，遂請降，同州由是獲全。向，遵慶之子也。懷光使其將符嶠襲坊州，據之，渭北守將竇覦帥獵團七百圍之；嶠請降。詔以覦爲渭北行軍司馬。

丁亥，以李晟兼京畿、渭北、鄜坊、丹延節度使。

庚寅，車駕至城固。

上在道，民有獻瓜果者，上欲以散試官授之，訪於陸贄。贄上奏，以爲：「爵位恒宜慎惜，不可輕用。起端雖微，流弊必大。獻瓜果者，止可賜之錢帛，不當酬以官。」上曰：「試官虛名，無損於事。」贄又上奏，其略曰：「自兵興以來，財賦不足以供賜，而職官之賞興焉。青朱雜沓於胥徒，金紫普施於輿皁。當今所病，方在爵輕，設法貴之，猶恐不重，若又自棄，將何勸人！夫誘人之方，惟名與利，名近虛而於教爲重，利近實而於德爲輕。專實利而不濟之以虛，則耗匱而物力不給；專虛名而不副之以實，則誕謾而人情不趨。故國家命秩之制，有職事官，有散官，有勳官，有爵號，然掌務而授俸者，唯繫職事之一官，此所謂施實利而寓虛名者也。其勳、散、爵號三者所繫，大抵止於服色、資蔭而已，此所謂假虛名以佐實利者也。今之員外、試官，頗同勳、散、爵號，雖則授無費禄，受不占員，然而突銛鋒、排患難者，則以是賞之，竭筋力、展勤效者，又以是酬之。若獻瓜果者亦授試官，則彼必相謂曰：『吾以忘軀命而獲官，此以進瓜果而獲官，是乃國家以吾之軀命同於瓜果矣。』視人如草木，誰復爲用哉！今陛下既未有實利以敦勸，又不重虚名而濫施，人無藉焉，則後之立功者將曷用爲賞哉！」

贄在翰林，爲上所親信，居艱難中，雖有宰相，大小之事，上必與贄謀之，故當時謂之「内相」，上行止必與之俱。梁、洋道險，嘗與贄相失，經夕不至，上驚憂涕泣，募得贄者賞千金。久之，乃至，上喜甚，太子以下皆賀。然贄數直諫，迕上意。盧杞雖貶官，上心庇之。贄極言杞姦邪致亂，上雖貌從，心頗不悅，故劉從一、姜公輔皆自下陳登用，贄恩遇雖隆，未得爲相。

壬辰，車駕至梁州。山南地薄民貧，自安、史以來，盜賊攻剽，户口減耗太半，雖節制十五州，租賦不及中原數縣。及大駕駐蹕，糧用頗窘。上欲西幸成都，嚴震言於上曰：「山南地接京畿，李晟方圖收復，藉六軍以爲聲援。若幸西川，則晟未有收復之期也。」衆議未決，會李晟表至，言：「陛下駐蹕漢中，所以繫億兆之心，成滅賊之勢。若規小捨大，遷都岷、峨，則士庶失望，雖有猛將謀臣，無所施矣。」上乃止。嚴震百方以聚財賦，民不至困窮而供億無乏。牙將嚴礪，震之從祖弟也，震使掌轉餉，事甚脩辦。

初，奉天圍既解，李楚琳遣使入貢，上不得已除鳳翔節度使，而心惡之。議者言楚琳凶逆反覆，若不隄防，恐生窺伺。由是楚琳使者數輩至，上皆不引見，留之不遣。甫至漢中，欲以渾瑊代楚琳鎮鳳翔，陸贄上奏，以爲：「楚琳殺帥助賊，其罪固大，但以乘輿未復，大憝猶存，勤王之师，悉在畿内，急宣速告，晷刻是争。商嶺則道迂且遥，駱谷復爲盗所扼，僅通王命，唯在褒斜。此路若又阻艱，南北遂將敻絶。以諸鎮危疑之勢，居二逆誘脅之中，洶洶羣情，各懷向背。儻或楚琳發憾，公肆猖狂，南塞要衝，東延巨猾，則我咽喉梗而心膂分矣。今楚琳能兩端顧望，乃是天誘其衷，故通歸塗，將濟大業。陛下誠宜深以爲念，厚加撫循，得其持疑，便足集事。必欲精求素行，追抉宿疵，則是改過不足以補愆，自新不足以贖罪。凡今將吏，豈得盡無疵瑕，人皆省思，孰免疑畏！又况阻命之輩，脅從之流，自知負恩，安敢歸化！斯釁非小，所宜速圖。伏願陛下思英主大略，勿以小不忍虧撓興復之業也。」上釋然開寤，善待楚琳使者，優詔存慰之。

丁酉，加宣武節度使劉洽同平章事。

己亥，以行在都知兵馬使渾瑊同平章事兼朔方節度使，朔方、邠寧、振武、永平、奉天行營兵馬副元帥。

庚子，詔數李懷光罪惡，敘朔方將士忠順功名，猶以懷光舊勳，曲加容貸，其副元帥、太尉、中書令、河中尹并朔方等諸道節度、觀察等使，宜並罷免，授太子太保。其所管兵馬，委本軍自舉一人功高望重者便宜統領，速具奏聞，當授旌旄，以從人欲。

夏四月壬寅，以邠寧兵馬使韓遊瓌爲邠寧節度使。癸卯，以奉天行營兵馬使戴休顔爲奉天行營節度使。

靈武守將甯景璿爲李懷光治第，别將李如暹曰：「李太尉逐天子，而景璿爲之治第，是亦反也。」攻而殺之。

甲辰，加李晟鄜坊、京畿、渭北、商華副元帥。晟家百口及神策軍士家屬皆在長安，朱泚善遇之。軍中有言及家者，晟泣曰：「天子何在，敢言家乎！」泚使晟親近以家書遺晟曰：「公家無恙。」晟怒曰：「爾敢與賊爲間！」立斬之。軍士未授春衣，盛夏猶衣裘褐，終無叛志。乙巳，以陝虢防遏使唐朝臣爲河中、同絳節度使。前河中尹李齊運爲京兆尹，供晟軍糧役。

庚戌，以魏博兵馬使田緒爲魏博節度使。

渾瑊帥諸軍出斜谷，崔漢衡勸吐蕃出兵助之。尚結贊曰：「邠軍不出，將襲我後。」韓遊瓌聞之，遣其將曹子達將兵三千往會瑊軍，吐蕃遣其將論莽羅依將兵二萬從之。李楚琳遣其將石鍠將卒七百從瑊拔武功，庚戌，朱泚遣其將韓旻等攻武功，鍠以其衆迎降。瑊戰不利，收兵登西原。會曹子達以吐蕃至，擊旻，大破之於武亭川，斬首萬餘級，旻僅以身免。瑊遂引兵屯奉天，與李晟東西相應，以逼長安。

朱泚、姚令言數遣人誘涇原節度使馮河清，河清皆斬其使者。大將田希鑒密與泚通，殺河清，以軍府附於泚，泚以希鑒爲涇原節度使。

上問陸贄：「近有卑官自山北來者，率非良士。有邢建者，論説賊勢，語最張皇，察其事情，頗似窺覘，今已於一所安置。如此之類，更有數人，若不追尋，恐成姦計。卿試思之，如何爲便？」贄上奏，以爲今盜據宫闕，有冒涉險遠來赴行在者，當量加恩賞，豈得復猜慮拘囚。其略曰：「以一人之聽覽而欲窮宇宙之變態，以一人之防慮而欲勝億兆之姦欺，役智彌精，失道彌遠。項籍納秦降卒二十萬，慮其懷詐復叛，一舉而盡阬之，其於防虞亦已甚矣。漢高豁達大度，天下之士至者，納用不疑，其於備慮，可謂疏矣。然而項氏以滅，劉氏以昌，蓄疑之與推誠，其效固不同也。秦皇嚴肅雄猜，而荆軻奮其陰計。光武寬容博厚，而馬援輸其款誠。豈不以虚懷待人，人亦思附，任數御物，物終不親。情思附則感而悦之，雖寇讎化爲心膂矣。意不親則懼而阻之，雖骨肉結爲仇慝矣。」又曰：「陛下智出庶物，有輕待人臣之心；思周萬機，有獨馭區寓之意。謀吞衆略，有過慎之防；明照羣情，有先事之察。嚴束百辟，有任刑致理之規；威制四方，有以力勝殘之志。由是才能者怨於不任，忠藎者憂於見疑，著勳業者懼於不容，懷反側者迫於及討，馴致離叛，構成禍災。天子所作，天下式瞻，小猶慎之，矧又非小！願陛下以覆車之轍爲戒，實宗社無疆之休。」

韓遊瓌引兵會渾瑊於奉天。

丙寅，加平盧節度使李納同平章事。

朱滔攻貝州百餘日，馬寔攻魏州亦踰四旬，皆不能下。賈林復爲李抱真說王武俊曰：「朱滔志吞貝、魏，復值田悅被害，儻旬日不救，則魏博皆爲滔有矣。魏博既下，則張孝忠必爲之臣。滔連三道之兵，益以回紇，進臨常山，明公欲保其宗族得乎？常山不守，則昭義退保西山，河朔盡入於滔矣。不若乘貝、魏未下，與昭義合兵救之。滔既破亡，則關中喪氣，朱泚不日梟夷。鑾輿反正，諸將之功，孰有居明公之右者哉！」武俊悅，從之。

戊辰，武俊軍于南宮東南，抱真自臨洺引兵會之，與武俊營相距十里。兩軍尚相疑，明日，抱真以數騎詣武俊營。賓客共諫止之，抱真命行軍司馬盧玄卿勒兵以俟，曰：「吾之此舉，繫天下安危。若其不還，領軍事以聽朝命亦惟子，勵將士以雪讎恥亦惟子。」言終遂行。武俊嚴備以待之。抱真見武俊，敘國家禍難，天子播遷，持武俊哭，流涕縱横。武俊亦悲不自勝，左右莫能仰視。遂與武俊約爲兄弟，誓同滅賊。武俊曰：「相公十兄，名高四海，曏蒙開諭，得棄逆從順，免葅醢之罪，享王公之榮。今又不間胡虜，辱爲兄弟，武俊當何以爲報乎！滔所恃者回紇耳，不足畏也。戰日，願十兄按轡臨視，武俊決爲十兄破之。」抱真退入武俊帳中，酣寢久之。武俊感激，待之益恭，指心仰天曰：「此身已許十兄死矣！」遂連營而進。

山南地熱，上以軍士未有春服，亦自御裌衣。五月，鹽鐵判官萬年王紹以江、淮繒帛來至，上命先給將士，然後御衫。韓滉遣使獻綾羅四十擔詣行在，又運米百艘以餉李晟。時關中兵荒，米斗直錢五百，及滉米至，減五之四。

吐蕃既破韓旻等，大掠而去。朱泚使田希鑒厚以金帛賂之，吐蕃受之，韓遊瓌以聞。渾瑊又奏：「尚結贊屢遣人約，刻日共取長安，既而不至。聞其衆今春大疫，近已引兵去。」上以李晟、渾瑊兵少，欲倚吐蕃以復京城，聞其去，甚憂之，以問陸贄。贄以爲吐蕃貪狡，有害無益，得其引去，實可欣賀。乃上奏，其略曰：「吐蕃遷延觀望，翻覆多端，深入郊畿，陰受賊使，致令羣帥進退憂虞。欲捨之獨前，則慮其懷怨乘躡；欲待之合勢，則苦其失信稽延。戎若未歸，寇終不滅。」又曰：「將帥意陛下不見信任，且患蕃戎之奪其功；士卒恐陛下不恤舊勞，而畏蕃戎之專其利。賊黨懼蕃戎之勝，不死則悉遺人擒；百姓畏蕃戎之來，有財必盡爲所掠。是以順於王化者其心不得不怠，陷於寇境者其勢不得不堅。」又曰：「今懷光別保蒲、絳，吐蕃遠避封疆，形勢既分，腹背無患，瑊、晟諸帥，才力得伸。」又曰：「但願陛下慎於撫接，勤於砥礪，中興大業，旬月可期。不宜尚眷眷於犬羊之羣，以失將士之情也。」

上復使謂贄曰：「卿言吐蕃形勢甚善，然瑊、晟諸軍當議規畫，令其進取。朕欲遣使宣慰，卿宜審細條疏以聞。」贄以爲賢君選將，委任責成，故能有功。況今秦、梁千里，兵勢無常，遥爲規畫，未必合宜。彼違命則失君威，從命則害軍事，進退羈礙，難以成功。不若假以便宜之權，待以殊常之賞，則將帥感悦，智勇得伸。乃上奏，其略曰：「鋒鏑交於原野而決策於九重之中，機會變於斯須而定計於千里之外，用捨相礙，否臧皆凶。上有掣肘之譏，下無死綏之志。」又曰：「傳聞與指實不同，懸算與臨事有異。」又曰：「設使其中或有肆情干命者，陛下能於此時戮其違詔之罪乎？是則違命者既不果行罰，從命者又未必合宜，徒費空言，祇勞睿慮，匪唯無益，其損實多。」又曰：「君上之權，特異臣下，惟不自用，乃能用人。」

乙亥，李抱真、王武俊距貝州三十里而軍。朱滔聞兩軍將至，急召馬寔，寔晝夜兼行赴之。或謂滔曰：「武俊善野戰，不可當其鋒。宜徙營稍前逼之，使回紇絶其糧道。我坐食德、棣之餫，依營而陳，利則進攻，否則入保，待其飢疲，然後可制也。」滔疑未決。會馬寔軍至，滔命明日出戰，寔言：「軍士冒暑困憊，請休息數日乃戰。」常侍楊布、將軍蔡雄引回紇達干見滔，達干曰：「回紇在國與鄰國戰，常以五百騎破鄰國數千騎，如掃葉耳。今受大王金帛牛酒，前後無算，思爲大王立效，此其時矣。明日，願大王駐馬高丘，觀回紇爲大王翦武俊之騎，使匹馬不返。」布、雄曰：「大王英略蓋世，舉燕、薊全軍，將掃河南，清關中，今見小敵，猶豫不擊，失遠近之望，將何以成霸業乎？達干請戰是也。」滔喜，遂決意出戰。

丙子旦，武俊遣其兵馬使趙琳將五百騎伏於桑林，抱真列方陳於後，武俊引騎兵居前，自當回紇。回紇縱兵衝之，武俊命其騎控馬避之。回紇突出其後，將還，武俊乃縱兵擊之，趙琳自林中出横擊之，回紇敗走。武俊急追之，滔騎兵亦走，自踐其步陳，步騎皆東奔。滔不能制，遂走趣其營，抱真、武俊合兵追擊之。時滔引三萬人出戰，死者萬餘人，逃潰者亦萬餘人，滔纔與數千人入營堅守。會日暮，昏霧，兩軍不能進，抱真軍其營之西北，武俊軍其東北。滔夜焚營，引兵出南門，趣德州遁去，委棄所掠資貨山積，兩軍以霧，不能追也。

滔殺楊布、蔡雄而歸幽州，心既内慚，又恐范陽留守劉怦因敗圖己。怦悉發留守兵夾道二十里，具儀仗迎之入府，相對悲喜，時人多之。

初，張孝忠以易州歸國，詔以孝忠爲義武節度使，以易、定、滄三州隸之。滄州刺史李固烈，李惟岳之妻兄也，請歸恒州，孝忠遣押牙安喜程華交其州事。固烈悉取軍府綾、縑、珍貨數十車，將行，軍士大譟曰：「刺史掃府庫之實以行，將士於後飢寒，奈何！」遂殺固烈，屠其家。程華聞亂，自竇逃出，亂兵求得之，請知州事，華不得已，從之。孝忠聞之，即版華攝滄州刺史。華素寬厚，推心以待將士，將士安之。

會朱滔、王武俊叛，更遣人招華，華皆不從。時孝忠在定州，自滄如定，必過瀛州，瀛隸朱滔，道路阻澀。滄州録事參軍李宇説華，表陳利害，請別爲一軍，華從之，遣宇奉表詣行在。上即以華爲滄州刺史、横海軍副大使、知節度事，賜名日華，令日華歲供義武租錢十二萬緡。王武俊又使人説誘之。時軍中乏馬，日華紿使者曰：「王大夫必欲相屬，當以二百騎相助。」武俊給之。日華悉留其馬，遣其士歸。武俊怒，而方與馬燧等相距，不能攻取，日華由是獲全。及武俊歸國，日華乃遣人謝過，償其馬價，且賂之。武俊喜，復與交好。

庚寅，李晟大陳兵，諭以收復京城。先是，姚令言等屢遣諜人覘晟進軍之期，皆爲邏騎所獲。晟引示以所陳兵，謂曰：「歸語諸賊，努力固守，勿不忠於賊也。」皆飲之酒，給錢而縱之。遂引兵至通化門外，耀武而還。賊不敢出。晟召諸將，問兵所從入，皆請「先取外城，據坊市，然後北攻宫闕」。晟曰：「坊市狹隘，賊若伏兵格鬬，居人驚亂，非官軍之利也。今賊重兵皆聚苑中，不若自苑北攻之，潰其腹心，賊必奔亡。如此，則宫闕不殘，坊市無擾，策之上者也。」諸將皆曰：「善。」乃牒渾瑊及鎮國節度使駱元光、商州節度使尚可孤，刻期集於城下。

壬辰，尚可孤敗泚將仇敬忠於藍田西，斬之。乙未，李晟移軍於光泰門外米倉村。丙申，晟方自臨築壘，泚驍將張庭芝、李希倩，引兵大至。晟謂諸將曰：「始吾憂賊潛匿不出，今來送死，此天贊我，不可失也。」命副元帥兵馬使吴詵等縱兵擊之。時華州營在北，兵少，賊併力攻之，晟命牙前將李演等帥精兵救之。演等力戰，賊敗走。演等追之，乘勝入光泰門；再戰，又破之。會夜，晟斂兵還。賊餘衆走入白華門，夜聞慟哭。希倩，希烈之弟也。

丁酉，晟復出兵，諸將請待西師至夾攻之。晟曰：「賊數敗，已破膽，不乘勝取之，使其成備，非計也。」賊又出戰，官軍屢捷。駱元光敗泚衆於滻西。戊戌，晟陳兵於光泰門外，使李演及牙前兵馬使王佖將騎兵，牙前將史萬頃將步兵，直抵苑牆神麚村。晟先使人夜開苑牆二百餘步，比演等至，賊已樹柵塞之，自柵中刺射官軍，官軍不得進。晟怒，叱諸將曰：「縱賊如此，吾先斬公輩矣！」萬頃懼，帥衆先進，拔柵而入。佖、演引騎兵繼之，賊衆大潰，諸軍分道並入。姚令言等猶力戰，晟命決勝軍使唐良臣等步騎蹙之，且戰且前，凡十餘合，賊不能支。至白華門，有賊數千騎出官軍之背，晟帥百餘騎回禦之，左右呼曰：「相公來。」賊皆驚潰。

先是，泚遣張光晟將兵五千屯九曲，去東渭橋十餘里，光晟密輸款於晟。及泚敗，光晟勸泚出亡，泚乃與姚令言帥餘衆西走，猶近萬人。光晟送泚出城，還，降於晟。晟遣兵馬使田子奇以騎兵追泚。晟屯含元殿前，舍於右金吾仗，令諸軍曰：「晟賴將士之力，克清宮禁。長安士庶，久陷賊庭，若小有震驚，非弔民伐罪之意。晟與公等室家相見非晚，五日内無得通家信。」命京兆尹李齊運等安慰居人。晟大將高明曜取賊妓，尚可孤軍士擅取賊馬，晟皆斬之，軍中股栗。公私安堵，秋毫無犯，遠坊有經宿乃知官軍入城者。

是日，渾瑊、戴休顔、韓遊瓌亦克咸陽，敗賊三千餘衆，聞泚西走，分兵邀之。

己亥，晟使京西兵馬使孟涉屯白華門，尚可孤屯望仙門，駱元光屯章敬寺，晟以牙前三千人屯安國寺，以鎮京城。斬泚黨李希倩、敬釭、彭偃等八人於市。

王武俊既破朱滔，還恒州，表讓幽州、盧龍節度使，上許之。

六月癸卯，李晟遣掌書記吴人于公異作露布上行在，曰：「臣已肅清宮禁，祇謁寢園，鍾簴不移，廟貌如故。」上泣下曰：「天生李晟，以爲社稷，非爲朕也。」

晟在渭橋，熒惑守歲，久之乃退。賓佐皆賀，曰：「熒惑退舍，皇家之福也，宜速進兵。」晟曰：「天子野次，臣下知死敵而已。天象高遠，誰得知之？」既克長安，乃謂之曰：「𡙇非相拒也，吾聞五星羸縮無常，萬一復來守歲，吾軍不戰自潰矣。」皆謝曰：「非所及也。」

朱泚將奔吐蕃，其衆隨道散亡，比至涇州，纔百餘騎。田希鑒閉城拒之，泚謂之曰：「汝之節，吾所授也，奈何臨危相負！」使焚其門。希鑒取節投火中曰：「還汝節。」泚衆皆哭。涇卒遂殺姚令言，詣希鑒降。泚獨與范陽親兵及宗族、賓客北趣驛馬關，寧州刺史夏侯英拒之。至彭原西城屯，其將梁庭芬射泚墜阬中，韓旻等斬之，詣涇州降。源休、李子平奔鳳翔，李楚琳斬之，皆傳首行在。

上命陸贄草詔賜渾瑊，使訪求奉天所失裹頭内人。贄上奏，以爲：「今巨盗始平，疲瘵之民，瘡痍之卒，尚未循拊，而首訪婦人，非所以副惟新之望也。謀始盡善，克終已稀，始而不謀，終則何有，所賜瑊詔，未敢承旨。」上遂不降詔，竟遣中使求之。

乙巳，詔吏部侍郎班宏充宣慰使，勞問將士，撫諭蒸黎。丙午，李晟斬文武官受朱泚寵任者崔宣、洪經綸等十餘人，又表守節不屈者劉迺、蔣沇等。己酉，以李晟爲司徒、中書令，駱元光、尚可孤各遷官有差。以檢校御史中丞田希鑒爲涇原節度使。詔改梁州爲興元府。

甲寅，以渾瑊爲侍中，韓遊瓌、戴休顔各遷官有差。

朱泚之敗也，李忠臣奔樊川，擒獲，丙辰，斬之。

上問陸贄：「今至鳳翔，有迎駕諸軍，形勢甚盛，欲因此遣人代李楚琳，何如？」贄上奏，以爲：「如此則事同脅執，以言乎除亂則不武，以言乎務理則不誠，用是時巡，後將安入！議者或謂之權，臣竊未諭其理。夫權之爲義，取類權衡。今輦路所經，首行脅奪，易一帥而虧萬乘之義，得一方而結四海之疑，乃是重其所輕，而輕其所重，謂之權也，不亦反乎？以反道爲權，以任數爲智，君上行之必失衆，臣下用之必陷身，歷代之所以多喪亂而長姦邪，由此誤也。不如俟奠枕京邑，徵授一官，彼喜於恩宥，將奔走不暇，安敢輒有旅拒，復勞誅鉏哉。」戊午，車駕發漢中。

李晟綜理長安以備百司，自請至鳳翔迎扈，上不許。內常侍尹元貞奉使同華，輒詣河中招諭李懷光。晟奏：「元貞矯制，擅赦元惡，請理其罪。」

秋七月丙子，車駕至鳳翔，斬喬琳、蔣鎮、張光晟等。李晟以光晟雖臣賊，而滅賊亦頗有力，欲全之；上不許。副元帥判官高郢數勸李懷光歸款，懷光遣其子璀詣行在謝罪，請束身歸朝。庚辰，詔遣給事中孔巢父齎先除懷光太子太保敕詣河中宣慰，朔方將士，悉復官爵如故。

壬午，車駕至長安。渾瑊、韓遊瓌、戴休顔以其衆扈從，李晟、駱元光、尚可孤以其衆奉迎，步騎十餘萬，旌旗數十里。晟謁見上於三橋，先賀平賊，後謝收復之晚，伏路左請罪。上駐馬慰撫，爲之掩涕，命左右扶上馬。至宮，每間日輒宴勳臣，賞賜豐渥，李晟爲之首，渾瑊次之，諸將相又次之。

曹王皋遣其將伊慎、王鍔圍安州，李希烈遣其甥劉戒虛將步騎八千救之。皋遣別將李伯潛逆擊之於應山，斬首千餘級，生擒戒虛，徇於城下，安州遂降，以伊慎爲安州刺史。又擊希烈將康叔夜於厲鄉，走之。

丁亥，孔巢父至河中，李懷光素服待罪，巢父不之止。懷光左右多胡人，皆歎曰：「太尉無官矣。」巢父又宣言於衆曰：「軍中誰可代太尉領軍事者？」於是懷光左右發怒諠譟。宣詔未畢，衆殺巢父及中使啖守盈，懷光亦不之止，復治兵爲拒守之備。

初，肅宗在靈武，上爲奉節王，學文於李泌。代宗之世，泌居蓬萊書院，上爲太子，亦與之遊。及上在興元，泌爲杭州刺史，上急詔徵之，與睦州刺史杜亞俱詣行在。乙未，以泌爲左散騎常侍，亞爲刑部侍郎，命泌日直西省以候對，朝野皆屬目附之。上問泌：「河中密邇京城，朔方兵素稱精鋭，如達奚小俊等皆萬人敵，朕晝夕憂之，奈何？」對曰：「天下事，甚有可憂者，若惟河中，不足憂也。夫料敵者，料將不料兵。今懷光，將也，小俊之徒乃兵耳，何足爲意？懷光既解奉天之圍，視朱泚垂亡之虜不能取，乃與之連和，使李晟得取以爲功。今陛下已還宮闕，懷光不束身歸罪，乃虐殺使臣，鼠伏河中，如夢魘之人耳！但恐不日爲帳下所梟，使諸將無以藉手也。」

李希烈聞李希倩伏誅，忿怒，八月壬寅，遣中使至蔡州，殺顏真卿。中使曰：「有敕。」真卿再拜。中使曰：「今賜卿死。」真卿曰：「老臣無狀，罪當死。不知使者幾日發長安？」使者曰：「自大梁來，非長安也。」真卿曰：「然則賊耳，何謂敕邪！」遂縊殺之。

李晟以涇州倚邊，屢害軍師，常爲亂根，奏請往理不用命者，力田積粟以攘吐蕃。癸卯，以晟兼鳳翔、隴右節度等使及四鎮、北庭、涇原行營副元帥，進爵西平王。時李楚琳入朝，晟請與俱至鳳翔斬之，以懲逆亂。上以新復京師，務安反仄，不許。

先是，上命渾瑊、駱元光討李懷光軍于同州，懷光遣其將徐庭光以精卒六千軍于長春宮以拒之，瑊等數爲所敗，不能進。時度支用度不給，議者多請赦懷光，上不許。李懷光遣其妹壻要廷珍守晉州，牙將毛朝敭守隰州，鄭抗守慈州，馬燧皆遣人說下之。上乃加渾瑊河中絳州節度使，充河中同華陝虢行營副元帥，加馬燧奉誠軍晉慈隰節度使，充管內諸軍行營副元帥，與鎮國節度使駱元光、鄜坊節度使唐朝臣合兵討懷光。

初，王武俊急攻康日知於趙州，馬燧奏請詔武俊與李抱真同擊朱滔，以深、趙隸武俊，改日知爲晉慈隰節度使，上從之。日知未至而三州降燧，故上使燧兼領之。燧表讓三州於日知，且言因降而授，恐後有功者踵以爲常。上嘉而許之。燧遣使迎日知，既至，籍府庫而歸之。

甲辰，以鳳翔節度使李楚琳爲左金吾大將軍。丙午，加渾瑊朔方行營元帥。

李晟至鳳翔，治殺張鎰之罪，斬裨將王斌等十餘人。朱滔爲王武俊所攻，殆不能軍，上表待罪。

癸未，馬燧將步騎三萬攻絳州。

度支以李懷光所部將士數萬與懷光同反，不給冬衣。上曰：「朔方軍累代忠義，今爲懷光所制耳，將士何罪？」冬十月己亥，詔朔方及諸軍在懷光所者，冬衣及賞錢皆當別貯，俟道路稍通，即時給之。

李勉累表乞自貶，辛丑，罷勉都統、節度使，其檢校司徒、同平章事如故。

丙辰，李懷光將閻晏寇同州，官軍敗于沙苑。詔徵邠州之軍，韓遊瓌將甲士六千赴之。

乙丑，馬燧拔絳州，分兵取聞喜、萬泉、虞鄉、永樂、猗氏。

閏月丙子，以涇原節度使田希鑒爲衛尉卿。李晟初至鳳翔，希鑒遣使參候。晟謂使者曰：「涇州逼近吐蕃，萬一入寇，州兵能獨禦之乎？欲遣兵防援，又未知田尚書意。」使者歸以告希鑒，希鑒果請援兵，晟遣腹心將彭令英等戍涇州。晟尋託巡邊，詣涇州，希鑒出迎，晟與之並轡而入，道舊結歡。希鑒妻李氏，以叔父事晟，晟謂之田郎。晟命具三日食，曰：「巡撫畢即還鳳翔。」希鑒不復疑。晟置宴，希鑒與將佐俱詣晟營。晟伏甲於外廡，既食而飲，彭令英引涇州諸將下堂，晟曰：「我與汝曹久別，各宜自言姓名。」於是得爲亂者石奇等三十餘人，讓之曰：「汝曹屢爲逆亂，殘害忠良，固天地所不容！」悉引出，斬之。希鑒尚在座，晟顧之曰：「田郎亦不得無過，以親知之故，當使身首得完。」希鑒曰：「唯。」遂引出，縊殺之，并其子萼。晟入其營，諭以誅希鑒之意，衆股栗，無敢動者。

李希烈遣其將翟崇暉悉衆圍陳州，久之不克。李澄知大梁兵少，不能制滑州，遂焚希烈所授旌節，誓衆歸國。甲午，以澄爲汴滑節度使。

宋亳節度使劉洽遣馬步都虞候劉昌與隴右、幽州行營節度使曲環等將兵三萬救陳州，十一月癸卯，敗翟崇暉於州西，斬首三萬五千級，擒崇暉以獻。乘勝進攻汴州，李希烈懼，奔歸蔡州。李澄引兵趣汴州，至城北，恇怯不敢進。劉洽兵至城東，戊午，李希烈守將田懷珍開門納之。明日，澄入，舍於浚儀，兩軍之士日有忿鬩。會希烈鄭州守將孫液降於珹引兵屯鄭州。詔以都統司馬寶鼎薛珏爲汴州刺史。

李勉至長安，素服待罪。議者多以勉失守大梁，不應尚爲相。李泌言於上曰：「李勉公忠雅正，而用兵非其所長。及大梁不守，將士棄妻子而從之者殆二萬人，足以見其得衆心矣。且劉洽出勉麾下，勉至睢陽，悉舉其衆以授之，卒平大梁，亦勉之功也。」上乃命勉復其位。議者又言：「韓滉聞鑾輿在外，聚兵修石頭城，陰蓄異志。」上疑之，以問李泌。對曰：「滉公忠清儉，自車駕在外，滉貢獻不絶。且鎮撫江東十五州，盜賊不起，皆滉之力也。所以修石頭城者，滉見中原版蕩，謂陛下將有永嘉之行，爲迎扈之備耳。此乃人臣忠篤之慮，奈何更以爲罪乎！滉性剛嚴，不附權貴，故多謗毁，願陛下察之，臣敢保其無他。」上曰：「外議洶洶，章奏如麻，卿弗聞乎？」對曰：「臣固聞之。其子皋爲考功員外郎，今不敢歸省其親，正以謗語沸騰故也。」上曰：「其子猶懼如此，卿奈何保之？」對曰：「滉之用心，臣知之至熟，願上章明其無他，乞宣示中書，使朝衆皆知之。」上曰：「朕方欲用卿，人亦何易可保。慎勿違衆，恐并爲卿累也。」泌退，遂上章，請以百口保滉。他日，上謂泌曰：「卿竟上章，已爲卿留中。雖知卿與滉親舊，豈得不自愛其身乎？」對曰：「臣豈肯私於親舊以負陛下，顧滉實無異心，臣之上章，以爲朝廷，非爲身也。」上曰：「如何其爲朝廷？」對曰：「今天下旱、蝗，關中米斗千錢，倉廩耗竭，而江東豐稔。願陛下早下臣章，以解朝衆之惑，面諭韓皋使之歸覲，令滉感激無自疑之心，速運糧儲，豈非爲朝廷邪？」上曰：「善，朕深諭之矣。」即下泌章，令韓皋謁告歸覲，面賜緋衣，諭以卿父比有謗言，朕今知其所以，釋然不復信矣。因言：「關中乏糧，歸語卿父，宜速致之。」皋至潤州，滉感悅流涕，即日，自臨水濱發米百萬斛，聽皋留五日即還朝。皋別其母，啼聲聞於外。滉怒，召出，撻之，自送至江上，冒風濤而遣之。既而陳少遊聞滉貢米，亦貢二十萬斛。上謂李泌曰：「韓滉乃能化陳少遊，亦貢米矣。」對曰：「豈惟少遊，諸道將争入貢矣。」

吏部尚書同平章事蕭復奉使自江、淮還，與李勉、盧翰、劉從一俱見上。勉等退，復獨留，言於上曰：「陳少遊任兼將相，首敗臣節，韋皋幕府下僚，獨建忠義，請以皋代少遊鎮淮南，使善惡著明。」上然之。尋遣中使馬欽緒揖劉從一，附耳語而去。諸相還閤，從一詣復曰：「欽緒宣旨，令從一與公議朝來所言事，即奏行之，勿令李、盧知。敢問何事也？」復曰：「唐、虞黜陟，岳牧僉諧。爵人於朝，與士共之。使李、盧不堪爲相，則罷之；既在相位，朝廷政事安得不與之同議，而獨隱此一事乎？此最當今之大弊。朝來主上亦有斯言，復已面陳其不可，不謂聖意尚爾。復不惜與公奏行之，但恐浸以成俗，未敢以告。」竟不以事語從一。從一奏之，上愈不悅。復乃上表辭位，乙丑，罷爲左庶子。

劉洽克汴州，得李希烈起居注，云「某月日，陳少遊上表歸順」。少遊聞之，慚懼，發疾，十二月乙亥，薨，贈太尉，賻祭如常儀。

淮南大將王韶欲自爲留後，令將士推己知軍事，且欲大掠。韓滉遣使謂之曰：「汝敢爲亂，吾即日全軍渡江誅汝矣！」韶等懼而止。上聞之喜，謂李泌曰：「滉不惟安江東，又能安淮南，真大臣之器，卿可謂知人。」庚辰，加滉平章事、江淮轉運使。滉運江、淮粟帛入貢府，無虛月，朝廷賴之，使者勞問相繼，恩遇始深矣。

貞元元年春正月癸丑，贈顔真卿司徒，謚曰文忠。

新州司馬盧杞遇赦，移吉州長史，謂人曰：「吾必再入。」未幾，上果用爲饒州刺史。給事中袁高應草制，執以白盧翰、劉從一曰：「盧杞作相，致鑾輿播遷，海内瘡痍，奈何遽遷大郡！願相公執奏。」翰等不從，更命他舍人草制。乙卯，制出，高執之不下，且奏：「杞極惡窮凶，百辟疾之若讎，六軍思食其肉，何可復用！」上不聽。補闕陳京、趙需等上疏曰：「杞三年擅權，百揆失敍，天地神祇所知，華夏蠻夷同棄。儻加巨姦之寵，必失萬姓之心。」丁巳，袁高復於正牙論奏，上曰：「杞已再更赦。」高曰：「赦者止原其罪，不可爲刺史。」陳京等亦争之不已，曰：「杞之執政，百官常如兵在其頸。今復用之，則姦黨皆唾掌而起。」上大怒，左右辟易，諫者稍引卻。京顧曰：「趙需等勿退，此國大事，當以死争之。」上怒稍解。戊午，上謂宰相：「與杞小州刺史可乎？」李勉曰：「陛下欲與之，雖大州亦可，其如天下失望何！」壬戌，以杞爲澧州别駕。使謂袁高曰：「朕徐思卿言，誠爲至當。」又謂李泌曰：「朕已可袁高所奏。」泌曰：「累日外人竊議，比陛下於桓、靈。今承德音，乃堯、舜之不逮也。」上悦。杞竟卒於澧州。高，恕己之孫也。

三月，李希烈陷鄧州。戊午，以汴滑節度使李澄爲鄭滑節度使。以代宗女嘉誠公主妻田緒。

李懷光都虞候呂鳴岳密通款於馬燧，事泄，懷光殺之，屠其家。事連幕僚高郢、李鄘，懷光集將士而責之，郢、鄘抗言逆順，無所慚隱，懷光囚之。鄘，邕之姪孫也。馬燧軍于寶鼎，敗懷光兵於陶城，斬首萬餘級，分兵會渾瑊，逼河中。

夏四月丁丑，以曹王皋爲荆南節度，李希烈將李思登以隨州降之。

壬午，馬燧、渾瑊破李懷光兵於長春宫南，遂掘塹圍宫城，懷光諸將相繼來降。詔以燧、瑊爲招撫使。

五月丙申，劉洽更名玄佐。

韓遊瓌請兵於渾瑊，共取朝邑。李懷光將閻晏欲争之，士卒指邠軍曰：「彼非吾父兄，則吾子弟，奈何以白刃相向乎！」語甚囂，晏遽引兵去。懷光知衆心不從，乃詐稱欲歸國，聚貨財，飾車馬，云俟路通入貢，由是得復踰旬月。

六月辛巳，以劉玄佐兼汴州刺史。

朱滔病死，將士奉前涿州刺史劉怦知軍事。

時連年旱、蝗，度支資糧匱竭，言事者多請赦李懷光。李晟上言：「赦懷光有五不可。河中距長安纔三百里，同州當其衝，多兵則未爲示信，少兵則不足隄防，忽驚東偏，何以制之？一也。今赦懷光，必以晉、絳、慈、隰還之，渾瑊既無所詣，康日知又應遷移，土宇不安，何以獎勵？二也。陛下連兵一年，討除小醜，兵力未窮，遽赦其反逆之罪。今西有吐蕃，北有回紇，南有淮西，皆觀我强弱，不謂陛下施德澤，愛黎元，乃謂兵屈於人而自罷耳，必競起窺覦之心。三也。懷光既赦，則朔方將士皆應敘勳行賞。今府庫方虛，賞不滿望，是愈激之使叛。四也。既解河中，罷諸道兵，賞典不舉，怨言必起。五也。今河中斗米五百，芻藁且盡，牆壁之間，餓殍甚衆。且其軍中大將殺戮略盡，陛下但敕諸道圍守旬時，彼必有内潰之變。何必養腹心之疾，爲他日之悔哉！」又請發兵二萬，自備資糧，獨討懷光。秋七月甲午朔，馬燧自行營入朝，奏稱：「懷光凶逆尤甚，赦之無以令天下。願更得一月糧，必爲陛下平之。」上許之。

壬子，以劉怦爲幽州、盧龍節度使。

八月，馬燧至行營，與諸將謀曰：「長春宮不下，則懷光不可得。長春宮守備甚嚴，攻之曠日持久，我當身往諭之。」遂徑造城下，呼懷光守將徐庭光，庭光帥將士羅拜城上。燧知其心屈，徐謂之曰：「我自朝廷來，可西向受命。」庭光等復西向拜。燧曰：「汝曹自禄山已來，徇國立功四十餘年，何忽爲滅族之計！從吾言，非止免禍，富貴可圖也。」衆不對。燧披襟曰：「汝不信吾言，何不射我？」將士皆伏泣。燧曰：「此皆懷光所爲，汝曹無罪，第堅守勿出。」皆曰：「諾。」

壬申，燧與渾瑊、韓遊瓌進軍逼河中，至焦籬堡，守將尉珪以七百人降。是夕，懷光舉火，諸營不應。駱元光在長春宮下，使人招徐庭光。庭光素輕元光，遣卒罵之，又爲優胡於城上以侮之，且曰：「我降漢將耳。」元光使白燧，燧還至城下，庭光開門降。燧以數騎入城慰撫，其衆大呼曰：「吾輩復爲王人矣。」渾瑊謂僚佐曰：「始吾謂馬公用兵不吾遠也，今乃知吾不逮多矣。」詔以庭光試殿中監兼御史大夫。

甲戌，燧帥諸軍至河西，河中軍士自相驚，曰：「西城擐甲矣。」又曰：「東城捉隊矣。」須臾，軍士皆易其號爲「太平」字。懷光不知所爲，乃縊而死。

初，懷光之解奉天圍也，上以其子璀爲監察御史，寵待甚厚。及懷光屯咸陽不進，璀密言於上曰：「臣父必負陛下，願早爲之備。臣聞君父一也，但今日之勢，陛下未能誅臣父，而臣父足以危陛下。陛下待臣厚，臣胡人，性直，故不忍不言耳。」上驚曰：「知卿大臣愛子，當爲朕委曲彌縫而密奏之。」對曰：「臣父非不愛臣，臣非不愛其父與宗族也，顧臣力竭不能回耳。」上曰：「然則卿以何策自免？」對曰：「臣之進言，非苟求生也。臣父敗，則臣與之俱死矣，復有何策哉！使臣賣父求生，陛下亦安用之。」上曰：「卿勿死，爲朕更至咸陽諭卿父，使君臣父子俱全，不亦善乎！」璀至咸陽而還，曰：「無益也，願陛下備之，勿信人言。臣今往，說諭萬方，臣父言：『汝小子何知！主上無信，吾非貪富貴也，直畏死耳。汝豈可陷吾入死地邪！』」

及李泌赴陝，上謂之曰：「朕所以再三欲全懷光者，誠惜璀也。卿至陝，試爲朕招之。」對曰：「陛下未幸梁、洋，懷光猶可降也，今則不然。豈有人臣追逐其君，而可復立於其朝乎？縱彼顏厚無慚，陛下每視朝，何心見之。臣得入陝，借使懷光請降，臣不敢受，況招之乎？李璀固賢者，必與父俱死矣。若其不死，則亦無足貴也。」及懷光死，璀先刃其二弟，乃自殺。

朔方將牛名俊斷懷光首出降。河中兵猶萬六千人，燧斬其將閻晏等七人，餘皆不問。燧自辭行至河中平，凡二十七日。燧出高郢、李鄘於獄，皆奏置幕下。

韓遊瓌之攻懷光也，楊懷賓戰甚力，上命特原其子朝晟，遊瓌遂以朝晟爲都虞候。

上使問陸贄：「河中既平，復有何事所宜區處？」令悉條奏。贄以河中既平，慮必有希旨生事之人，以爲王師所向無敵，請乘勝討淮西者。李希烈必誘諭其所部及新附諸帥曰：「奉天息兵之旨，乃因窘急而言，朝廷稍安，必復誅伐。」如此則四方負罪者孰不自疑，河朔、青齊固當響應，兵連禍結，賦役繁興，建中之憂，行將復起。乃上奏，其略曰：「福不可以屢徼，幸不可以常覬。臣姑以生禍爲憂，而未敢以獲福爲賀。」又曰：「陛下懷悔過之深誠，降非常之大號，所在宣歟之際，聞者莫不涕流。假王叛換之夫，削僞號以請罪；觀釁首鼠之將，一純誠以效勤。」又曰：「曩討之而愈叛，今釋之而畢來。曩以百萬之師而力殫，今以咫尺之詔而化洽。是則聖王之敷理道，服暴人，任德而不任兵，明矣。羣帥之悖臣禮，拒天誅，圖活而不圖王，又明矣。是則好生以及物者乃自生之方，施安以及物者乃自安之術。擠彼於死地而求此之久生也，措彼於危地而求此之久安也，從古及今，未之有焉。」又曰：「一夫不率，闔境罹殃；一境不寧，普天致擾。」又曰：「億兆汙人，四三叛帥，感陛下自新之旨，悅陛下盛德之言，革面易辭，且脩臣禮，其於深言密議固亦未盡坦然，必當聚心而謀，傾耳而聽，觀陛下所行之事，考陛下所誓之言。若言與事符，則遷善之心漸固；儻事與言背，則慮禍之態復興。」又曰：「朱泚滅而懷光戮，懷光戮而希烈征，希烈儻平，禍將次及，則彼之蓄素疑而懷宿負者，能不爲之動心哉！」又曰：「今皇運中興，天禍將悔，以逆泚之偷居上國，以懷光之竊保中畿，歲未再周，相次梟殄，實衆慝驚心之日，羣生改觀之時。威則已行，惠猶未洽。誠宜上副天眷，下收物情，布恤人之惠以濟威，乘滅賊之威以行惠。」又曰：「臣所未敢保其必從，唯希烈一人而已。揆其私心，非不願從也；想其潛慮，非不追悔也。但以猖狂失計，已竊大名，雖荷陛下全宥之恩，然不能不自醜於天地之間耳。縱未順命，斯爲獨夫，內則無辭以起兵，外則無類以求助，其計不過厚撫部曲，偷容歲時，心雖陸梁，勢必不致。陛下但敕諸鎮各守封疆，彼既氣奪算窮，是乃狴牢之類，不有人禍，則當鬼誅。古所謂不戰而屈人之兵者，斯之謂歟。」

丁卯，詔以：「李懷光嘗有功，宥其一男，使續其後，賜之田宅，歸其首及尸使收葬。加馬燧兼侍中，渾瑊檢校司空，餘將卒賞賚各有差。諸道與淮西連接者，宜各守封疆，非彼侵軼，不須進討。李希烈若降，當待以不死，自餘將士、百姓，一無所問。」

駱元光殺徐庭光。渾瑊鎮河中，盡得李懷光之衆，朔方軍自是分矣。

盧龍節度使劉怦疾病，九月己亥，詔以其子行軍司馬濟權知節度事，怦尋薨。

二年。（春正月）李希烈將杜文朝寇襄州，二月癸亥，山南東道節度使樊澤擊擒之。三月，李希烈別將寇鄭州，義成節度使李澄擊破之。希烈兵勢日蹙，會有疾，夏四月丙寅，大將陳仙奇使醫陳山甫毒殺之，因以兵悉誅其兄弟妻子，舉衆來降。甲申，以仙奇爲淮西節度使。

關中倉廩竭，禁軍或自脱巾呼於道曰：「拘吾於軍而不給糧，吾罪人也。」上憂之甚。會韓滉運米三萬斛至陝，李泌即奏之。上喜，遽至東宫謂太子曰：「米已至陝，吾父子得生矣。」時禁中不釀，命於坊市取酒爲樂。又遣中使諭神策六軍，軍士皆呼萬歲。時比歲饑饉，兵民率皆瘦黑，至是麥始熟，市有醉人，當時以爲嘉瑞。人乍飽食，死者復伍之一。數月，人膚色乃復故。

初，上與常侍李泌議復府兵，泌因爲上歷敘府兵自西魏以來興廢之由，且言：「府兵平日能安居田畝，每府有折衝領之，折衝以農隙教習戰陳。國家有事徵發，則以符契下其州及府，參驗發之，至所期處。將帥按閱，有教習不精者罪其折衝，甚者罪及刺史。軍還，則賜勳加賞，便道罷之。行者近不踰時，遠不經歲。高宗以劉仁軌爲洮河鎮守使以圖吐蕃，於是始有久戍之役。武后以來，承平日久，府兵浸墮，爲人所賤，百姓恥之，至蒸熨手足以避其役。又，牛仙客以積財得宰相，邊將效之。山東戍卒多齎繒帛自隨，邊將誘之寄於府庫，晝則苦役，夜縶地牢，利其死而没入其財。故自天寶以後，山東戍卒還者什無二三，其殘虐如此。然未嘗有外叛、内侮、殺帥自擅者，誠以顧戀田園，恐累宗族故也。自開元之末，張說始募長征兵，謂之『彍騎』，其後益爲六軍。及李林甫爲相，奏請軍皆募人爲之，兵不土著，又無宗族，不自重惜，忘身徇利，禍亂遂生，至今爲梗。嚮使府兵之法常存不廢，安有如此下陵上替之患哉！陛下思復府兵，此乃社稷之福，太平有日矣。」上曰：「俟平河中，當與卿議之。」

三年春二月戊寅，鎮海節度使韓滉薨。夏六月，以陝虢觀察使李泌爲中書侍郎、同平章事。

四年春二月，李泌自陳衰老，獨任宰相，精力耗竭，既未聽其去，乞更除一相。上曰：「朕深知卿勞苦，但未得其人耳。」上從容與泌論即位以來宰相曰：「盧杞忠清强介，人言杞姦邪，朕殊不覺其然。」泌曰：「人言杞姦邪而陛下獨不覺其姦邪，此乃杞之所以爲姦邪也。儻陛下覺之，豈有建中之亂乎！杞以私隙殺楊炎，擠顏真卿於死地，激李懷光使叛，賴陛下聖明竄逐之，人心頓喜，天亦悔禍。不然，亂何由弭！」上曰：「楊炎以童子視朕，每論事，朕可其奏則悅，與之往復問難，即怒而辭位。觀其意，以朕爲不足與言故也。以是交不可忍，非由杞也。建中之亂，術士豫請城奉天，此蓋天命，非杞所能致也。」泌曰：「天命，他人皆可以言之，惟君相不可言。蓋君相所以造命也，若言命，則禮樂政刑皆無所用矣。紂曰『我生不有命在天』，此商之所以亡也。」上曰：「朕好與人較量理體，崔祐甫性褊躁，朕難之，則應對失次，朕常知其短而護之。楊炎論事亦有可采，而氣色粗傲，難之輒勃然怒，無復君臣之禮，所以每見令人忿發。餘人則不敢復言。盧杞小心，朕所言無不從；又無學，不能與朕往復，故朕所懷常不盡也。」對曰：「杞言無不從，豈忠臣乎？夫『言而莫予違』，此孔子所謂一言喪邦者也。」上曰：「惟卿則異彼三人者。朕言當，卿常有喜色；不當，常有憂色。雖時有逆耳之言，如鄉來紂及喪邦之類。朕細思之，皆卿先事而言，如此則理安，如彼則危亂，言雖深切而氣色和順，無楊炎之陵傲。朕問難往復，卿辭理不屈，又無好勝之志，直使朕中懷已盡（而）屈服〔而〕不能不從，此朕所以私喜於得卿也。」泌曰：「陛下所用相尚多，今皆不論，何也？」上曰：「彼皆非所謂相也。凡相者，必委以政事，如玄宗時牛仙客、陳希烈可以謂之相乎？如肅宗、代宗之任卿，雖不受其名，乃真相耳。必以官至平章事爲相，則王武俊之徒皆相也。」

五年。初，上思李懷光之功，欲宥其一子，而子孫皆已伏誅。戊辰，詔以懷光外孫燕八八爲懷光後，賜姓名李承緒，除左衛率胄曹參軍，賜錢千緡，使養懷光妻王氏及守其墓祀。

七年春（二）〔三〕月癸未，易定節度使張孝忠薨。

八年春三月丁丑，山南東道節度使曹成王皋薨。

宣武節度使劉玄佐有威略，其母雖貴，日織絹一匹，謂玄佐曰：「汝本寒微，天子富貴汝至此，必以死報之。」故玄佐始終不失臣節。庚午，玄佐薨。

夏〔六〕〔五〕月癸酉，平盧節度使李納薨，軍中推其子師古知留後。

十二年春三月，魏博節度使田緒尚嘉誠公主，有庶子三人，季安最幼，公主子之，以爲副大使。夏四月庚午，緒暴薨；左右匿之，使季安領軍事，年十五。乙亥，發喪，推季安爲留後。

十七年夏五月丁巳，成德節度使王武俊薨。秋七月辛巳，以成德節度副使王士真爲節度使。

通鑑紀事本末卷第三十四

伾文用事

唐德宗貞元十九年。初，翰林待詔王伾善書，山陰王叔文善棋，俱出入東宮，娛侍太子。伾，杭州人也。叔文譎詭多計，自言讀書知治道，乘間常爲太子言民間疾苦。太子嘗與諸侍讀及叔文等論及宮市事。太子曰：「寡人方欲極言之。」衆皆稱贊，獨叔文無言。既退，太子自留叔文，謂曰：「向者君獨無言，豈有意邪？」叔文曰：「叔文蒙幸太子，有所見，敢不以聞。太子職當視膳、問安，不宜言外事。陛下在位久，如疑太子收人心，何以自解？」太子大驚，因泣曰：「非先生，寡人無以知此。」遂大愛幸，與王伾相依附。

叔文因爲太子言某可爲相，某可爲將，幸異日用之。密結翰林學士韋執誼及當時朝士有名而求速進者陸淳、呂溫、李景儉、韓曄、韓泰、陳諫、柳宗元、劉禹錫等，定爲死友。而凌準、程异等又因其黨以進，日與遊處，蹤跡詭祕，莫有知其端者。藩鎮或陰進資幣，與之相結。淳，吴人，嘗爲左司郎中。温，渭之子，時爲左拾遺。景儉，瑀之孫，進士及第。曄，滉之族子。諫，嘗爲侍御史。宗元、禹錫，時爲監察御史。

左補闕張正一上書，得召見。正一與吏部員外郎王仲舒、主客員外郎劉伯芻等相親善，叔文之黨疑正一言己陰事，令韋執誼反譖正一等於上，云其朋黨，遊宴無度。九月甲寅，正一等皆坐遠貶，人莫知其由。伯芻，迺之子也。

十二月庚申，以太常卿高郢爲中書侍郎，吏部侍郎鄭珣瑜爲門下侍郎，並同平章事。珣瑜，餘慶之從父兄弟也。

二十年秋九月，太子始得風疾，不能言。

順宗永貞元年春正月辛未朔，諸王親戚入賀德宗，太子獨以疾不能來，德宗涕泣悲歎，由是得疾，日益甚。凡二十餘日，中外不通，莫知兩宮安否。癸巳，德宗崩。蒼猝召翰林學士鄭絪、衛次公等至金鑾殿草遺詔。宦官或曰：「禁中議所立尚未定。」衆莫敢對。次公遽言曰：「太子雖有疾，地居冢嫡，中外屬心。必不得已，猶應立廣陵王，不然必大亂。」絪等從而和之，議始定。次公，河東人也。太子知人情憂疑，紫衣麻鞋，力疾出九仙門，召見諸軍使，京師粗安。甲午，宣遺詔於宣政殿，太子縗服見百官。丙申，即皇帝位於太極殿。衛士尚疑之，企足引領而望之，曰：「真太子也。」乃喜而泣。

時順宗失音，不能決事，常居深宮，施簾帷，獨宦官李忠言、昭容牛氏侍左右。百官奏事，自帷中可其奏。自德宗大漸，王伾先入，稱詔召王叔文，坐翰林中使決事。伾以叔文意入言於忠言，稱詔行下，外初無知者。以杜佑攝冢宰。二月癸卯，上始朝百官於紫宸門。辛亥，以吏部郎中韋執誼爲尚書左丞、同平章事。王叔文欲專國政，首引執誼爲相，己用事於中，與相唱和。

壬戌，以殿中丞王伾爲左散騎常侍，依前翰林待詔。蘇州司功王叔文爲起居舍人、翰林學士。伾寢陋，吴語，上所褻狎。而叔文頗任事自許，微知文義，好言事，上以故稍敬之，不得如伾出入無阻。叔文入至翰林，而伾入至柿林院，見李忠言、牛昭容計事。大抵叔文依伾，伾依忠言，忠言依牛昭容，轉相交結。每事先下翰林，使叔文可否，然後宣于中書，韋執誼承而行之。外黨則韓泰、柳宗元、劉禹錫等主采聽外事。謀議唱和，日夜汲汲如狂，互相推獎，曰伊，曰周，曰管，曰葛，僴然自得，謂天下無人。榮辱進退，生於造次，惟其所欲，不拘程式。士大夫畏之，道路以目。素與往還者，相次拔擢，至日除數人。其黨或言曰某可爲某官，不過一二日，輒已得之。於是叔文及其黨十餘家之門，晝夜車馬如市。候見叔文、伾者，至宿其坊中餅肆、酒壚下，一人得千錢，乃容之。伾尤闒茸，專以納賄爲事，作大匱貯金帛，夫婦寢其上。

三月辛未，以王伾爲翰林學士。

以王叔文爲度支、鹽鐵轉運副使。先是，叔文與其黨謀，得國賦在手，則可以結諸用事人，取軍士心，以固其權。又懼驟使重權，人心不服，藉杜佑雅有會計之名，位重而務自全，易可制，故先令佑主其名，而自除爲副以專之。叔文雖判兩使，不以簿書爲意，日夜與其黨屏人竊語，人莫測其所爲。

以御史中丞武元衡爲左庶子。德宗之末，叔文之黨多爲御史，元衡薄其爲人，待之莽鹵。元衡爲山陵儀仗使，劉禹錫求爲判官，不許。叔文以元衡在風憲，欲使附己，使其黨誘以權利，元衡不從，由是左遷。元衡，平一之孫也。

侍御史竇羣奏屯田員外郎劉禹錫挾邪亂政，不宜在朝。又嘗謁叔文，揖之曰：「事固有不可知者。」叔文曰：「何謂也？」羣曰：「去歲李實怙恩挾貴，氣蓋一時，公當此時，逡巡路旁，乃江南一吏耳。今公一旦復據其地，安知路旁無如公者乎？」其黨欲逐之，韋執誼以羣素有强直名，止之。

上疾久不愈，時扶御殿，羣臣瞻望而已，莫有親奏對者。中外危懼，思早立太子，而王叔文之黨欲專大權，惡聞之。宦官俱文珍、劉光琦、薛盈珍等皆先朝任使舊人，疾叔文、忠言等朋黨專恣，乃啓上召翰林學士鄭絪、衛次公、李程、王涯入金鑾殿，草立太子制。時牛昭容輩以廣陵王淳英睿，惡之；絪不復請，書紙爲「立嫡以長」字呈上，上頷之。癸巳，立淳爲太子，更名純。程，神符五世孫也。

賈耽以王叔文黨用事，心惡之，稱疾不出，屢乞骸骨。丁酉，諸宰相會食中書。故事，丞相方食，百寮無敢謁見者。叔文至中書，欲與執誼計事，令直省通之。直省以舊事告，叔文怒，叱直省。直省懼，入白執誼，執誼逡巡慚赧，竟起迎叔文，就其閤語良久。杜佑、高郢、鄭珣瑜皆停筯以待。有報者云：「叔文索飯，韋相公已與之同食閤中矣。」佑、郢心知不可，畏叔文、執誼，莫敢出言。珣瑜獨歎曰：「吾豈可復居此位。」顧左右取馬，徑歸，遂不起。二相皆天下重望，相次歸卧，叔文、執誼等益無所顧忌，遠近大懼。

夏四月乙巳，上御宣政殿，册太子。百官睹太子儀表，退，皆相賀，至有感泣者，中外大喜。而叔文獨有憂色，口不敢言，但吟杜甫題諸葛亮祠堂詩曰：「出師未捷身先死，長使英雄淚滿襟。」聞者哂之。

先是，太常卿杜黄裳爲裴延齡所惡，留滯臺閣，十年不遷。及其壻韋執誼爲相，始遷太常卿。黄裳勸執誼帥羣臣請太子監國，執誼驚曰：「丈人甫得一官，奈何啓口議禁中事！」黄裳勃然曰：「黄裳受恩三朝，豈得以一官相買乎？」拂衣起出。

戊申，以給事中陸淳爲太子侍讀，仍更名質。韋執誼自以專權，恐太子不悦，故以質爲侍讀，使潛伺太子意，且解之。及質發言，太子怒曰：「陛下令先生爲寡人講經義耳，何爲預他事！」質惶懼而出。

五月辛未，以右金吾大將軍范希朝爲左右神策、京西諸城鎮行營節度使。甲戌，以度支郎中韓泰爲其行軍司馬。王叔文自知爲内外所憎疾，欲奪取宦官兵權以自固，籍希朝老將，使主其名，而實以泰專其事。人情不測其所爲，益疑懼。

辛卯，以王叔文爲户部侍郎，依前充度支、鹽鐵轉運副使。俱文珍等惡其專權，削去翰林之職。叔文見制書，大驚，謂人曰：「叔文日時至此商量公事，若不得此院職事，則無因而至矣。」王伾即爲疏請，不從；再疏，乃許三五日一入翰林，去學士名。叔文始懼。

六月己亥，貶宣歙巡官羊士諤爲汀州寧化尉。士諤以公事至長安，遇叔文用事，公言其非。叔文聞之，怒，欲下詔斬之，執誼不可；則令杖殺之，執誼又以爲不可，遂貶焉。由是叔文始大惡執誼，往來二人門下者皆懼。

先時劉闢以劍南支度副使將韋皋之意于叔文，求都領劍南、三川，謂叔文曰：「太尉使闢致微誠於公，若與某三川，當以死相助；若不與，亦當有以相酬。」叔文怒，亦將斬之，執誼固執不可。闢尚遊長安未去，聞貶士諤，遂逃歸。執誼初爲叔文所引用，深附之，既得位，欲掩其迹，且迫於公議，故時時爲異同。輒使人謝叔文曰：「非敢負約，乃欲曲成兄事耳。」叔文詬怒，不之信，遂成仇怨。

癸丑，韋皋上表，以爲：「陛下哀毁成疾，重勞萬機，故久而未安，請權令皇太子親監庶政，俟皇躬痊愈，復歸春宮。臣位兼將相，今之所陳，乃其職分。」又上太子牋，以爲：「聖上遠法高宗亮陰不言，委政臣下而所付非人。王叔文、王伾、李忠言之徒，輒當重任，賞罰縱情，墮紀紊綱。散庫之積以賂權門，樹置心腹徧於貴位，潛結左右，憂在蕭牆。竊恐傾太宗盛業，危殿下家邦。願殿下即日奏聞，斥逐羣小，使政出人主，則四方獲安。」皋自恃重臣，遠處西蜀，度王叔文不能動搖，遂極言其姦。俄而荆南節度使裴均、河東節度使嚴綬牋表繼至，意與皋同，中外皆倚以爲援，而邪黨震懼。均，光庭之曾孫也。

王叔文既以范希朝、韓泰主京西、神策軍，諸宦者尚未寤。會邊上諸將各以狀辭中尉，且言方屬希朝。宦者始寤兵柄爲叔文等所奪，乃大怒曰：「從其謀，吾屬必死其手。」密令其使歸告諸將曰：「無以兵屬人。」希朝至奉天，諸將無至者。韓泰馳歸白之，叔文計無所出，唯曰：「奈何！奈何！」無幾，其母病甚。丙辰，叔文盛具酒饌，與諸學士及李忠信、俱文珍、劉元琦等飲於翰林。叔文言曰：「叔文母病，以身任國事之故，不得親醫藥，今將求假歸侍。叔文比竭心力，不避危難，皆爲朝廷之恩。一旦去歸，百謗交至，誰肯見察，以一言相助乎？」文珍隨其語輒折之，叔文不能對，但引滿相勸，酒數行而罷。丁巳，叔文以母喪去位。

秋七月，王叔文既有母喪，韋執誼益不用其語。叔文怒，與其黨日夜謀起復，必先斬執誼而盡誅不附己者，聞者悩懼。

自叔文歸第，王伾失據，日詣宦官及杜佑請起叔文爲相，且總北軍；既不獲，則請以爲威遠軍使、平章事，又不得。其黨皆憂悸不自保。是日，伾坐翰林中，疏三上，不報。知事不濟，行且卧，至夜，忽叫曰：「伾中風矣。」明日，遂輿歸，不出。己丑，以倉部郎中、判度支案陳諫爲河中少尹。伾、叔文之黨至是始去。

乙未，制以「積疹未復，其軍國政事權令皇太子純勾當」。時内外共疾王叔文黨與專恣，上亦惡之。俱文珍等屢啓上請令太子監國，上固厭倦萬機，遂許之。又以太常卿杜黄裳爲門下侍郎，左金吾大將軍袁滋爲中書侍郎，並同平章事。俱文珍等以其舊臣，故引用之。又以鄭珣瑜爲吏部尚書，高郢爲刑部尚書，並罷政事。太子見百官於東朝堂，百官拜賀，太子涕泣，不答拜。

八月庚子，制：「令太子即皇帝位，朕稱太上皇，制敕稱誥。」辛丑，太上皇徙居興慶宫，誥改元永貞，立良娣王氏爲太上皇后。后，憲宗之母也。

壬寅，貶王伾開州司馬，王叔文渝州司户。伾尋病死貶所。明年，賜叔文死。

乙巳，憲宗即位於宣政殿。

九月己卯，貶神策行軍司馬韓泰爲撫州刺史，司封郎中韓曄爲池州刺史，禮部員外郎柳宗元爲邵州刺史，屯田員外郎劉禹錫爲連州刺史。

冬十一月壬申，貶中書侍郎、同平章事韋執誼爲崖州司馬。執誼以嘗與王叔文異同，且杜黄裳婿，故獨後貶。然叔文敗，執誼亦自失形勢，知禍且至，雖尚爲相，常不自得，奄奄無氣，聞人行聲，輒惶悸失色，以至於貶。

朝議謂王叔文之黨或自員外郎出爲刺史，貶之太輕。己卯，再貶韓泰爲虔州司馬，韓曄爲饒州司馬，柳宗元爲永州司馬，劉禹錫爲朗州司馬。又貶河中少尹陳諫爲台州司馬，和州刺史凌準爲連州司馬，岳州刺史程异爲郴州司馬。

憲宗元和四年。初，王叔文之黨既貶，有詔，雖遇赦，無得量移。

十年。王叔文之黨坐謫官者，凡十年不量移，執政有憐其才欲漸進之者，悉召至京師。諫官争言其不可，上與武元衡亦惡之，三月乙酉，皆以爲遠州刺史，官雖進而地益遠。永州司馬柳宗元爲柳州刺史，朗州司馬劉禹錫爲播州刺史。宗元曰：「播州非人所居，而夢得親在堂，萬無母子俱往理。」欲請於朝，願以柳易播。會中丞裴度亦爲禹錫言曰：「禹錫誠有罪，然母老，與其子死别，良可傷。」上曰：「爲人子尤當自謹，勿貽親憂，此則禹錫重可責也。」度曰：「陛下方侍太后，恐禹錫在所宜矜。」上良久乃曰：「朕所言以責爲人子者耳，然不欲傷其親心。」退謂左右曰：「裴度愛我終切。」明日，禹錫改連州刺史。

憲宗平蜀

劉闢

唐順宗永貞元年秋（七）〔八〕月癸丑，西川節度使南康武王韋皋薨。皋在蜀二十一年，重加賦斂，豐貢獻以結主恩，厚給賜以撫士卒，士卒婚嫁死喪皆供其資費，以是得久安其位，而士卒樂爲之用。服南詔，摧吐蕃。幕僚歲久官崇者則爲刺史，已復還幕府，終不使還朝，恐泄其所爲故也。府庫既實，時寬其民，三年復租賦，蜀人服其智謀而畏其威，至今畫像以爲土神，家家祀之。

（度）支〔度〕副使劉闢自爲留後。劉闢使諸將表求節鉞，朝廷不許。己未，以袁滋爲劍南、東、西川、山南西道安撫大使。冬十月戊戌，以中書侍郎、同平章事袁滋同平章事，充西川節度使。徵劉闢爲給事中。十一月，劉闢不受徵，阻兵自守。袁滋畏其强，不敢進。上怒，貶滋爲吉州刺史。十二月己酉，以給事中劉闢爲西川節度副使，知節度事。上以初嗣位，力未能討故也。右諫議大夫韋丹上疏，以爲：「今釋闢不誅，則朝廷可以指臂而使者，惟兩京耳。此外誰不爲叛！」上善其言。壬子，以丹爲東川節度使。丹，津之五世孫也。

憲宗元和元年。劉闢既得旌節，志益驕，求兼領三川，上不許。闢遂發兵圍東川節度使李康於梓州，欲以同幕盧文若爲東川節度使。推官莆田林蘊力諫闢舉兵，闢怒，械繫於獄，引出，將斬之，陰戒行刑者使不殺，但數礪刃於其頸，欲使屈服而赦之。蘊叱之曰：「豎子，當斬即斬，我頸豈汝砥石邪！」闢顧左右曰：「真忠烈之士也。」乃黜爲唐昌尉。

上欲討闢而重於用兵，公卿議者亦以爲蜀險固難取，杜黄裳獨曰：「闢狂戇書生，取之如拾芥耳。臣知神策軍使高崇文勇略可用，願陛下專以軍事委之，勿置監軍，闢必可擒。」上從之。翰林學士李吉甫亦勸上討蜀，上由是器之。戊子，命左神策行營節度使高崇文將步騎五千爲前軍，神策、京西行營兵馬使李元奕將步騎二千爲次軍，與山南西道節度使嚴礪同討劉闢。時宿將名位素重者甚衆，皆自謂當征蜀之選，及詔用崇文，皆大驚。

上與杜黄裳論及藩鎮，黄裳曰：「德宗自經憂患，務爲姑息，不生除節帥，有物故者，先遣中使察軍情所與則授之。中使或私受大將賂，歸而譽之，即降旄鉞，未嘗有出朝廷之意者。陛下必欲振舉綱紀，宜稍以法度裁制藩鎮，然後天下可得而理也。」上深以爲然。於是始用兵討蜀，以至威行兩河，皆黄裳啓之也。

高崇文屯長武城，練卒五千，常如寇至，卯時受詔，辰時即行，器械糗糧，一無所闕。甲午，崇文出斜谷，李元奕出駱谷，同趣梓州。崇文軍至興元，軍士有食於逆旅，折人匕筯者，崇文斬之以徇。

劉闢陷梓州，執李康。二月，嚴礪拔劍州，斬其刺史文德昭。

三月，高崇文引兵自閬州趣梓州，劉闢將邢泚引兵遁去，崇文入屯梓州。闢歸李康於崇文以求自雪，崇文以康敗軍失守，斬之。丙子，嚴礪奏克梓州，丁丑，制削奪劉闢官爵。

東川節度使韋丹至漢中，表言：「高崇文客軍遠鬭，無所資，若與梓州，綴其士心，必能有功。」夏四月丁酉，以崇文爲東川節度副使，知節度事。

夏五月，劉闢城鹿頭關，連八柵，屯兵萬餘人，以拒高崇文。六月丁酉，崇文擊敗之。闢置柵於關東萬勝堆。戊戌，崇文遣驍將范陽高霞寓攻奪之，下瞰關城，凡八戰皆捷。庚子，高崇文破劉闢於德陽；癸卯，又破之於漢州。嚴礪遣其將嚴秦破闢衆萬餘人於綿州石碑谷。秋七月癸丑，高崇文破劉闢之衆萬人於玄武。甲午，詔凡西川繼援之兵，悉取崇文處分。

九月壬寅，高崇文又敗劉闢之衆於鹿頭關，嚴秦敗劉闢之衆於神泉。河東將阿跌光顏將兵會高崇文於行營，愆期一日，懼誅，欲深入自贖，軍于鹿頭之西，斷其糧道，城中憂懼。於是闢綿江柵將李文悅、鹿頭守將仇良輔皆以城降於崇文，獲闢壻蘇彊，士卒降者萬計。崇文遂長驅直指成都，所向崩潰，軍不留行。辛亥，克成都。劉闢、盧文若帥數十騎西奔吐蕃，崇文使高霞寓等追之，及於羊灌田。闢赴江不死，擒之。文若先殺妻子，乃繫石自沈。崇文入成都，屯於通衢，休息士卒，市肆不驚，珍寶山積，秋毫不犯。檻劉闢送京師。斬闢大將邢泚、館驛巡官沈衍，餘無所問。軍府事無巨細，命一遵韋南康故事，從容指撝，一境皆平。

初，韋皋以西山運糧使崔從知邛州事，劉闢反，從以書諫闢。闢發兵攻之，從嬰城固守，闢敗，乃得免。從，融之曾孫也。

韋皋參佐房式、韋乾度、獨孤密、符載、郗士美、段文昌等素服麻屨，銜土請罪。崇文皆釋而禮之，草表薦式等，厚贐而遣之。目段文昌曰：「君必爲將相，未敢奉薦。」載，廬山人；式，琯之從子；文昌，志玄之玄孫也。

闢有二妾，皆殊色，監軍請獻之。崇文曰：「天子命我討平凶豎，當以撫百姓爲先，遽獻婦人以求媚，豈天子之意邪？崇文義不爲此。」乃以配將吏之無妻者。

杜黄裳建議征蜀及指授高崇文方略，皆懸合事宜。崇文素憚劉澭，黄裳使謂之曰：「若無功，當以劉澭相代。」故能得其死力。及蜀平，宰相入賀，上目黄裳曰：「卿之功也。」

冬十月，制割資、簡、陵、榮、昌、瀘六州隸東川。房式等未至京師，皆除省寺官。丙寅，以高崇文爲西川節度使。戊辰，以嚴礪爲東川節度使。

庚午，以將作監柳晟爲山南西道節度使。晟至漢中，府兵討劉闢還，未至城，詔復遣戍梓州。軍士怨怒，脅監軍，謀作亂。晟聞之，疾驅入城慰勞之，既而問曰：「汝曹何以得成功？」對曰：「誅反者劉闢耳。」晟曰：「闢以不受詔命，故汝曹得以立功，豈可復使他人誅汝以爲功邪！」衆皆拜謝，請詣戍所，如詔書。軍府由是獲安。

戊子，劉闢至長安，并族黨誅之。

憲宗平吴　李錡

唐德宗貞元十五年春二月，以常州刺史李錡爲浙西觀察使、諸道鹽鐵轉運使。錡，國貞之子也。閑廄宫苑使李齊運受其賂數十萬，薦之於上，故用之。錡刻剥以事進奉，上由是悦之。

十七年。李錡既執天下利權，以貢獻固主恩，又以饋遺結權貴，恃此驕縱，無所忌憚，盗取縣官財，所部官屬無罪受戮者相繼。浙西布衣崔善貞詣闕上封事，言宫市、進奉及鹽鐵之弊，因言錡不法事。上覽之，不悦，命械送錡。錡聞其將至，先鑿阬於道旁；〔夏六月〕己亥，善貞至，并鎖械内阬中，生瘞之。遠近聞之，不寒而慄。錡復欲爲自全計，增廣兵衆，選有材力善射者謂之「挽强」，胡、奚雜類謂之「蕃落」，給賜十倍他卒。轉運判官盧坦屢諫不悛，與幕僚李約等皆去之。約，勉之子也。

順宗永貞元年春三月丙戌，加杜佑度支及諸道鹽鐵轉運使。以浙西觀察使李錡爲鎮海節度使，解其鹽鐵轉運使。錡雖失利權而得節旄，故反謀亦未發。

冬十二月，以刑部郎中杜兼爲蘇州刺史。兼辭行，上書稱：「李錡且反，必奏族臣。」上然之，留爲吏部郎中。

憲宗元和二年。夏，蜀既平，藩鎮惕息，多求入朝。鎮海節度使李錡亦不自安，求入朝，上許之，遣中使至京口慰撫，且勞其將士。錡雖署判官王澹爲留後，實無行意，屢遷行期。澹與敕使數勸諭之。錡不悦，上表稱疾，請至歲暮入朝。上以問宰相武元衡，曰：「陛下初即政，錡求朝得朝，求止得止，可否在錡，將何以令四海？」上以爲然，下詔徵之。錡詐窮，遂謀反。

王澹既掌留務，於軍府頗有制置，錡益不平，密諭親兵使殺之。會頒冬服，錡嚴兵坐幄中，澹與敕使入謁，有軍士數百譟於庭曰：「王澹何人，擅主軍務！」曳下，臠食之。大將趙琦出慰止，又臠食之。注刃於敕使之頸，詬詈，將殺之。錡陽驚，起救之。

冬十月己未，詔徵錡爲左僕射，以御史大夫李元素爲鎮海節度使。庚申，錡表言軍變，殺留後、大將。先是，錡選腹心五人爲所部五州鎮將，姚志安處蘇州，李深處常州，趙惟忠處湖州，丘自昌處杭州，高肅處睦州，各有兵數千，伺察刺史動静。至是，錡各使殺其刺史，遣牙將庾伯良將兵三千治石頭城。常州刺史顏防用客李雲計，矯制稱招討副使，斬李深，傳檄蘇、杭、湖、睦，請同進討。湖州刺史辛祕潛募鄉閭子弟數百，夜襲趙惟忠營，斬之。蘇州刺史李素爲姚志安所敗，生致於錡，具桎梏釘於船舷，未及京口，會錡敗〔得〕免。

乙丑，制削李錡官爵及屬籍。以淮南節度使王鍔統諸道兵爲招討處置使，徵宣武、(義)〔武〕寧、武昌兵并淮南、宣歙兵俱出宣州，江西兵出信州，浙東兵出杭州以討之。

李錡以宣州富饒，欲先取之，遣兵馬使張子良、李奉仙、田少卿將兵三千襲之。三人知錡必敗，與牙將裴行立同謀討之。行立，錡之甥也，故悉知錡之密謀。三將營於城外，將發，召士卒諭之曰：「僕射反逆，官軍四集，常、湖二將繼死，其勢已蹙。今乃欲使吾輩遠取宣城，吾輩何爲隨之族滅！豈若棄逆效順，轉禍爲福乎！」衆悦，許諾，即夜還趨城。行立舉火鼓譟，應之於内，引兵趨牙門。錡聞子良等舉兵，怒，聞行立應之，撫膺曰：「吾何望矣！」跣足，匿樓下。親將李鈞引挽强三百趨山亭，欲戰，行立伏兵邀斬之。錡舉家皆哭，左右執錡，裹之以幕，縋於城下，械送京師。挽强、蕃落争自殺，尸相枕藉。癸酉，本軍以聞。乙亥，羣臣賀於紫宸殿，上愀然曰：「朕之不德，致宇内數有干紀者，朕之愧也，何賀之爲！」

宰相議誅錡大功以上親，兵部郎中蔣乂曰：「錡大功親，皆淮安靖王之後也。淮安有佐命之功，陪陵、享廟，豈可以末孫爲惡而累之乎！」又欲誅其兄弟，乂曰：「錡兄弟，故都統國貞之子也。國貞死王事，豈可使之不祀乎！」宰相以爲然。辛巳，錡從父弟宋州刺史銛等皆貶官流放。

十一月甲申朔，錡至長安，上御興安門，面詰之。對曰：「臣初不反，張子良等教臣耳。」上曰：「卿爲元帥，子良等謀反，何不斬之，然後入朝？」錡無以對，乃并其子師回腰斬之。

有司請毁錡祖考(家)〔冢〕廟，中丞盧坦上言：「李錡父子受誅，罪已塞矣。昔漢誅霍禹，不罪霍光。先朝誅房遺愛，不及房玄齡。康誥曰：『父子兄弟，罪不相及。』況以錡爲不善，而罪及五代祖乎？」乃不毁。

有司籍錡家財輸京師。翰林學士裴垍、李絳上言，以爲：「李錡僭侈，割剥六州之人以富其家，或枉殺其身而取其財，陛下閔百姓無告，故討而誅之。今輦金帛以輸上京，恐遠近失望。願以逆人資財賜浙西百姓，代今年租賦。」上嘉歎久之，即從其言。

魏博歸朝

田弘正

唐憲宗元和七年秋八月戊戌，魏博節度使田季安薨。初，季安娶洺州刺史元誼女，生子懷諫，爲節度副使。牙内兵馬使田興，庭玠之子也，有勇力，頗讀書，性恭遜。季安淫虐，興數規諫，軍中賴之。季安以爲收衆心，出爲臨清鎮將，欲殺之。興陽爲風痺，灸灼滿身，乃得免。季安病風，殺戮無度，軍政廢亂。夫人元氏召諸將立懷諫爲副大使，知軍務，時年十一。遷季安於别寢，月餘而薨。召田興爲步射都知兵馬使。

辛亥，以左龍武大將軍薛平爲鄭滑節度使，欲以控制魏博。上與宰相議魏博事，李吉甫請興兵討之，李絳以爲魏博不必用兵，當自歸朝廷。吉甫盛陳不可不用兵之狀，上曰：「朕意亦以爲然。」絳曰：「臣竊觀兩河藩鎮之跋扈者，皆分兵以隸諸將，不使專在一人，恐其權任太重，乘間而謀己故也。諸將勢均力敵，莫能相制，欲廣相連結，則衆心不同，其謀必泄；欲獨起爲變，則兵少力微，勢必不成。加以購賞既重，刑誅又峻，是以諸將互相顧忌，莫敢先發，跋扈者恃此以爲長策。然臣竊思之，若常得嚴明主帥能制諸將之死命者以臨之，則粗能自固矣。今懷諫乳臭子，不能自聽斷，軍府大權，必有所歸，諸將厚薄不均，怨怒必起，不相服從，然則曏日分兵之策，適足爲今日禍亂之階也。田氏不爲屠肆，則悉爲俘囚矣，何煩天兵哉！彼自列將起代主帥，鄰道所惡，莫甚於此。彼不倚朝廷之援以自存，則立爲鄰道所齏粉矣。故臣以爲不必用兵，可坐待魏博之自歸也。但願陛下按兵養威，嚴敕諸道選練士馬以須後敕。使賊中知之，不過數月，必有自效於軍中者矣。至時，惟在朝廷應之敏速，中其機會，不愛爵禄以賞其人，使兩河藩鎮聞之，恐其麾下效之以取朝廷之賞，必皆恐懼，争爲恭順矣。此所謂不戰而屈人兵者也。」上曰：「善。」

他日，吉甫復於延英盛陳用兵之利，且言芻糧金帛皆已有備。上顧問絳，絳對曰：「兵不可輕動。前年討恒州，四面發兵近二十萬，又發兩神策兵自京師赴之，天下騷動，所費七百餘萬緡，訖無成功，爲天下笑。今瘡痍未復，人皆憚戰。若又以敕命驅之，臣恐非直無功，或生他變。况魏博不必用兵，事勢明白，願陛下勿疑。」上奮身撫案曰：「朕不用兵決矣。」絳曰：「陛下雖有是言，恐退朝之後，復有熒惑聖聽者。」上正色厲聲曰：「朕志已決，誰能惑之！」絳乃拜賀曰：「此社稷之福也。」

既而田懷諫幼弱，軍政皆決於家僮蔣士則，數以愛憎移易諸將，衆皆憤怒。朝命久未至，軍中不安。田興晨入府，士卒數千人大譟，環興而拜，請爲留後。興驚仆於地，衆不散。久之，興度不免，乃謂衆曰：「汝肯聽吾言乎？」皆曰：「惟命。」興曰：「勿犯副大使，守朝廷法令，申版籍，請官吏，然後可。」皆曰：「諾。」興乃殺蔣士則等十餘人，遷懷諫於外。

冬十月乙未，魏博監軍以狀聞。上亟召宰相，謂李絳曰：「卿揣魏博若符契。」李吉甫請遣中使宣慰以觀其變，李絳曰：「不可。今田興奉其土地兵衆，坐待詔命，不乘此際推心撫納，結以大恩，必待敕使至彼，持將士表來爲請節鉞，然後與之，則是恩出於下，非出於上，將士爲重，朝廷爲輕，其感戴之心亦非今日之比也。機會一失，悔之無及。」吉甫素與樞密使梁守謙相結，守謙亦爲之言於上曰：「故事，皆遣中使宣勞，今此鎮獨無，恐更不諭。」上竟遣中使張忠順如魏博宣慰，欲俟其還而議之。癸卯，李絳復上言：「朝廷恩威得失，在此一舉，時機可惜，奈何棄之！利害甚明，願聖心勿疑。計忠順之行，甫應過陝，乞明旦即降白麻除興節度使，猶可及也。」上欲且除留後，絳曰：「興恭順如此，自非恩出不次，則無以使之感激殊常。」上從之。甲辰，以興爲魏博節度使。忠順未還，制命已至魏州，興感恩流涕，士衆無不鼓舞。

李絳又言：「魏博五十餘年不霑皇化，一旦舉六州之地來歸，刳河朔之腹心，傾叛亂之巢穴，不有重賞過其所望，則無以慰士卒之心，使四鄰勸慕。請發内庫錢百五十萬緡以賜之。」左右宦官以爲：「所與太多，後有此比，將何以給之？」上以語絳，絳曰：「田興不貪專地之利，不顧四鄰之患，歸命聖朝，陛下奈何愛小費而遺大計，不以收一道人心！

錢用盡更來，機事一失，不可復追。借使國家發十五萬兵以取六州，期年而克之，其費豈止百五十萬緡而已乎？」上悅，曰：「朕所以惡衣菲食，蓄聚貨財，正爲欲平定四方，不然，徒貯之府庫何爲！」十一月辛酉，遣知制誥裴度至魏博宣慰，以錢百五十萬緡賞軍士，六州百姓給復一年。軍士受賜，歡聲如雷。成德、兗鄆使者數輩，見之，相顧失色。歎曰：「倔强者果何益乎！」

度爲興陳君臣上下之義，興聽之，終夕不倦，待度禮極厚，請度徧至所部州縣，宣布朝命。奏乞除節度副使於朝廷，詔以户部郎中河東胡証爲之。興又奏所部缺官九十員，請有司注擬，行朝廷法令，輸賦稅。田承嗣以來室屋僭侈者，皆避不居。

鄆、蔡、恒遣遊客間說百方，興終不聽。李師道使人謂宣武節度使韓弘曰：「我世與田氏約相保援，今興非其族，又首變兩河事，亦公之所惡也。我將與成德合軍討之。」弘曰：「我不知利害，知奉詔行事耳。若兵北渡河，我則以兵東取曹州。」師道懼，不敢動。田興既葬田季安，送田懷諫于京師。辛巳，以懷諫爲右監門衛將軍。

八年春正月辛卯，賜魏博節度使田興名弘正。

十四年秋八月己未，田弘正入朝，上待之尤厚。甲辰，以田弘正兼侍中，魏博節度使如故。弘正三表請留，上不許。弘正常恐一旦物故，魏人猶以故事繼襲，故兄弟子姪皆仕諸朝，上皆擢居顯列，朱紫盈庭，時人榮之。

憲宗討成德

王承宗

唐德宗貞元二十年夏六月，昭義節度使李長榮薨，上遣中使以手詔授本軍大將，但軍士所附者即授之。時大將來希皓爲衆所服，中使將以手詔付之。希皓言於衆曰：「此軍取人，合是希皓，但作節度使不得。若朝廷以一束草來，希皓亦必敬事。」中使言：「面奉進止，只令此軍取大將拔與節鉞，朝廷不別除人。」希皓固辭。兵馬使盧從史其位居四，潛與監軍相結，起出伍曰：「若來大夫不肯受詔，從史請且勾當此軍。」監軍曰：「盧中丞若如此，此亦固合聖旨。」中使因探懷取詔以授之。從史捧詔，再拜舞蹈。希皓亟回，揮同列北面稱賀。軍士畢集，更無一言。秋八月己未，詔以從史爲節度使。

憲宗元和二年冬十一月，昭義節度使盧從史內與王士真、劉濟潛通，而外獻策請圖山東，擅引兵東出。上召令還上黨，從史託言就食邢、洺，不時奉詔。久之，乃還。

四年春三月，成德節度使王士真薨，其子副大使承宗自爲留後。河北三鎮，相承各置副大使，以嫡長爲之，父没則代領軍務。

王承宗叔父士則以承宗擅自立，恐禍及宗，與幕客劉栖楚俱自歸京師，詔以士則爲神策大將軍。

上欲革河北諸鎮世襲之弊，乘王士真死，欲自朝廷除人；不從則興師討之。中書侍郎、同平章事裴垍曰：「李納跋扈不恭，王武俊有功於國。陛下前許師道，今奪承宗，沮勸違理，彼必不服。」由是議久不決。上以問諸學士，李絳等對曰：「河北不遵聲教，誰不憤歎，然今日取之，或恐未能。成德軍自武俊以來，父子相承，四十餘年，人情貫習，不以爲非。況承宗已總軍務，一旦易之，恐未即奉詔。又范陽、魏博、易定、淄青以地相傳，與成德同體，彼聞成德除人，必内不自安，陰相黨助，雖茂昭有請，亦恐非誠。所以然者，今國家除人代承宗，彼鄰道勸成，進退有利。若所除之人得入，彼則自以爲功。若詔令有所不行，彼因潛相交結，在於國體，豈可遽休！須應興師四面攻討，彼將帥則加官爵，士卒則給衣糧，按兵玩寇，坐觀勝負，而勞費之病咸歸國家矣。今江、淮水，公私困竭，軍旅之事，殆未可輕議也。」左軍中尉吐突承璀欲希上意，奪裴垍權，自請將兵討之。上疑未決，宗正少卿李拭奏稱：「承宗不可不討。承璀親近信臣，宜委以禁兵，使統諸軍，誰敢不服！」上以拭狀示諸學士曰：「此姦臣也。知朕欲將承璀，故上此奏。卿曹記之，自今勿令得進用。」

昭義節度使盧從史遭父喪，朝廷久未起復。從史懼，因承璀說上，請發本軍討承宗。

壬辰，起復從史左金吾大將軍，餘如故。

秋七月，上密問諸學士曰：「今欲用王承宗爲成德留後，割其德、棣二州更爲一鎮，以離其勢，并使承宗輸二稅，請官吏，一如師道，何如？」李絳等對曰：「德、棣之隸成德，爲日已久，今一旦割之，恐承宗及其將士憂疑怨望，得以爲辭。況其鄰道情狀一同，各慮他日分割，或潛相構扇。萬一旅拒，倍難處置，願更三思所是。二稅、官吏，願因弔祭使至彼，自以其意諭承宗，令上表陳乞如師道例，勿令知出陛下意。如此則幸而聽命，於理固順，若其不聽，體亦無損。」上又問：「今劉濟、田季安皆有疾，若其物故，豈可盡如成德付授其子，天下何時當平？議者皆言『宜乘此際代之，不受則發兵討之，時不可失』，如何？」對曰：「羣臣見陛下西取蜀，東取吳，易於反掌，故諂諛躁競之人争獻策畫，勸開河北，不爲國家深謀遠慮，陛下亦以前日成功之易而信其言。臣等夙夜思之，河北之勢與二方異。何則？西川、浙西皆非反側之地，其四鄰皆國家臂指之臣。劉闢、李錡獨生狂謀，其下皆莫之與，闢、錡徒以貨財啗之，大軍一臨，則渙然離耳。故臣等當時亦勸陛下誅之，以其萬全故也。成德則不然，內則膠固歲深，外則蔓連勢廣，其將士、百姓懷其累代煦嫗之恩，不知君臣逆順之理，諭之不從，威之不服，將爲朝廷羞。又，鄰道平居或相猜恨，及聞代易，必合爲一心，蓋各爲子孫之謀，亦慮他日及此故也。萬一餘道或相表裏，兵連禍結，財盡力竭，西戎北狄，乘間窺窬，其爲憂患，可勝道哉！濟、季安與承宗事體不殊，若物故之際，有間可乘，當臨事圖之。於今用兵，則恐未可。太平之業，非朝夕可致，願陛下審處之。」

時吳少誠病甚，絳等復上言：「少誠病必不起。淮西事體與河北不同，四旁皆國家州縣，不與賊鄰，無黨援相助。朝廷命帥，今正其時，萬一不從，可議征討。臣願捨恒冀難致之策，就申蔡易成之謀。脱或恒冀連兵，事未如意，蔡州有釁，勢可興師。南北之役俱興，財力之用不足，儻事不得已，須赦承宗，則恩德虛施，威令頓廢。不如早賜處分，以收鎮冀之心，坐待機宜，必獲申蔡之利。」既而承宗久未得朝命，頗懼，累表自訴。八月壬午，上乃遣京兆少尹裴武詣真定宣慰，承宗受詔甚恭，曰：「三軍見迫，不暇俟朝旨，請獻德、棣二州以明懇款。」

九月甲辰朔，裴武復命。庚戌，以承宗爲成德軍節度、恒冀深趙州觀察使，德州刺史薛昌朝爲保信軍節度、德棣二州觀察使。昌朝，嵩之子，王氏之壻也，故就用之。田季安得飛報，先知之，使謂承宗曰：「昌朝陰與朝廷通，故受節鉞。」承宗遽遣數百騎馳入德州，執昌朝至真定，囚之。中使送昌朝節過魏州，季安陽爲宴勞，留使者累日，比至德州，已不及矣。

上以裴武爲欺罔，又有譖之者曰：「武使還，先宿裴垍家，明旦乃入見。」上怒甚，以語李絳，欲貶武於嶺南。絳曰：「武昔陷李懷光軍中，守節不屈，豈容今日遽爲姦回。蓋賊多變詐，人未易盡其情。承宗始懼朝廷誅討，故請獻二州。既蒙恩貸，而鄰道皆不欲成德開分割之端，計必有陰行間説誘而脅之，使不得守其初心者，非武之罪也。今陛下選武使入逆亂之地，使還，一語不相應，遽竄之遐荒，臣恐自今奉使賊廷者以武爲戒，苟求便身，率爲依阿兩可之言，莫肯盡誠具陳利害，如此，非國家之利也。且垍、武久處朝廷，諳練事體，豈有使還未見天子而先宿宰相家乎？臣敢爲陛下必保其不然，此殆有讒人欲傷武及垍者，願陛下察之。」上良久曰：「理或有此。」遂不問。

上遣中使諭王承宗，使遣薛昌朝還鎮。承宗不奉詔。冬十月癸未，制削奪承宗官爵，以左神策中尉吐突承璀爲左右神策河中河陽浙西宣歙等道行營兵馬使、招討、處置等使。翰林學士白居易上奏，以爲：「國家征伐，當責成將帥，近歲始以中使爲監軍。自古及今，未有徵天下之兵，專令中使統領者也。今神策軍既不置行營節度使，即承璀乃制將也。又充諸軍招討、處置使，即承璀乃都統也。臣恐四方聞之，必輕朝廷，四夷聞之，必笑中國。陛下忍令後代相傳，云以中官爲制將、都統自陛下始乎？臣又恐劉濟、茂昭及希朝、從史乃至諸道將校皆恥受承璀指麾，心既不齊，功何由立！此是資承宗之計，而挫諸將之勢也。陛下念承璀勤勞，貴之可也。憐其忠赤，富之可也。至於軍國權柄，動關理亂，朝廷制度，出自祖宗，陛下寧忍徇下之情而自隳法制，從人之欲而自損聖明，何不思於一時之間，而取笑於萬代之後乎！」時諫官、御史論承璀職名太重者相屬，上皆不聽。戊子，上御延英殿，度支使李元素、鹽鐵使李鄘、京兆尹許孟容、御史中丞李夷簡、諫議大夫孟簡、給事中呂元膺、穆質、右補闕獨孤郁等極言其不可。上不得已，明日，削承璀四道兵馬使，改處置爲宣慰而已。

李絳嘗極言宦官驕橫，侵害政事，讒毁忠貞。上曰：「此屬安敢爲讒！就使爲之，朕亦不聽。」絳曰：「此屬大抵不知仁義，不分枉直，惟利是嗜，得賂則譽跖、蹻爲廉良，怫意則毁龔、黄爲貪暴，能用傾巧之智，構成疑似之端，朝夕左右浸潤以入之，陛下必有時而信之矣。自古宦官敗國者備載方册，陛下豈得不防其漸乎！」

己亥，吐突承璀將神策兵發長安，命恒州四面藩鎮各進兵招討。

田季安聞吐突承璀將兵討王承宗，聚其徒曰：「師不跨河二十五年矣，今一旦越魏伐趙，趙虜，魏亦虜矣，計爲之奈何？」其將有超伍而言者曰：「願借騎五千以除君憂。」季安大呼曰：「壯哉！兵決出，格沮者斬。」

幽州牙將絳人譚忠爲劉濟使魏，知其謀，入謂季安曰：「如某之謀，是引天下之兵也。何者？今王師越魏伐趙，不使耆臣宿將而專付中臣，不輸天下之甲而多出秦甲，君知誰爲之謀？此乃天子自爲之謀，欲將夸服於臣下也。若師未叩趙而先碎於魏，是上之謀反不如下，其能不恥於天下乎！既恥且怒，必任智士畫長策，仗猛將練精兵，畢力再舉涉河，鑑前之敗，必不越魏而伐趙，校罪輕重，必不先趙而後魏，是上不上，下不下，當魏而來也。」季安曰：「然則若之何？」忠曰：「王師入魏，君厚犒之。於是悉甲壓境，號曰伐趙，則可陰遺趙人書，曰：『魏若伐趙則河北義士謂魏賣友，魏若與趙則河南忠臣謂魏反君，賣友反君之名魏不忍受。執事若能陰解障障，遺魏一城，魏得持之奏捷天子，以爲符信，此乃使魏北得以奉趙，西得以爲臣，於趙有角尖之耗，於魏獲不世之利，執事豈能無意於魏乎？』趙人脱不拒君，是魏霸基安矣。」季安曰：「善。先生之來，是天眷魏也。」遂用忠之謀，與趙陰計，得其堂陽。

忠歸幽州，謀欲激劉濟討王承宗。會濟合諸將言曰：「天子知我怨趙，今命我伐之，趙亦必大備我。伐與不伐，孰利？」忠疾對曰：「天子終不使我伐趙，趙亦不備燕。」濟怒曰：「爾何不直言濟與承宗反乎！」命繫忠獄。使人視成德之境，果不爲備。後一日，詔果來，令濟「專護北疆，勿使朕復挂胡憂，而得專心於承宗」。濟乃解獄召忠曰：「信如子斷矣。何以知之？」忠曰：「盧從史外親燕，内實忌之。外絶趙，内實與之。此爲趙畫，曰：『燕以趙爲障，雖怨趙必不殘趙，不必爲備。』一旦示趙不敢抗燕，二且使燕獲疑天子。趙人既不備燕，潞人則走告于天子，曰：『燕厚怨趙，趙見伐而不備燕，是燕反與趙也。』此所以知天子終不使君伐趙，趙亦不備燕也。」濟曰：「今則奈何？」忠曰：「燕、趙爲怨，天下無不知。今天子伐趙，君坐全燕之甲，一人未濟易水，此正使潞人以燕賣恩於趙，敗忠於上，兩皆售也。是燕貯忠義之心，卒染私趙之口，不見德於趙人，惡聲徒嘈嘈於天下耳。惟君熟思之。」濟曰：「吾知之矣。」乃下令軍中曰：「五日畢出，後者醢以徇。」

五年春正月，劉濟自將兵七萬人擊王承宗。時諸軍皆未進，濟獨前奮擊，拔饒陽、束鹿。河東、河中、振武、義武四軍爲恒州北道招討，會于定州。會望夜，軍吏以有外軍，請罷張燈。張茂昭曰：「三鎮，官軍也，何謂外軍？」命張燈，不禁行人，不閉里門，三夜如平日，亦無敢喧譁者。

丁卯，河東將王榮拔王承宗洄湟鎮。吐突承璀至行營，威令不振，與承宗戰，屢敗。左神策大將軍酈定進戰死。定進，驍將也，軍中奪氣。

諸軍討王承宗者久無功，白居易上言，以爲：「河北本不當用兵，今既出師，承璀未嘗苦戰，已失大將，與從史兩軍入賊境，遷延進退，不惟意在逗遛，亦是力難支敵。希朝、茂昭至新市鎮，竟不能過。劉濟引全軍攻圍樂壽，久不能下。師道、季安元不可保，察其情狀，似相計會，各收一縣，遂不進軍。陛下觀此事勢，成功有何所望？以臣愚見，速須罷兵，若又遲疑，其害有四，可爲痛惜者二，可爲深憂者二。何則？若保有成，即不論用度多少，既的知不可，即不合虛費貲糧。悟而後行，事亦非晚。今遲校一日有一日之費，更延旬月，所費滋多，終須罷兵，何如早罷。以府庫錢帛，百姓脂膏，資助河北諸侯，轉令强大。此臣爲陛下痛惜者一也。臣又恐河北諸將見吳少陽已受制命，必引事例輕重，同詞請雪。承宗若章表繼來，即義無不許。請而後捨，體勢可知，轉令承宗膠固同類。如此則與奪皆由鄰道，恩信不出朝廷，實恐威權盡歸河北。此爲陛下痛惜者二也。今天時已熱，兵氣相蒸，至於飢渴疲勞，疾疫暴露，驅以就戰，人何以堪！縱不惜身，亦難忍苦。況神策烏雜城市之人，例皆不慣，如此忽思生路，或有奔逃，一人若逃，百人相扇，一軍若散，諸軍必摇，事忽至此，悔將何及，此爲陛下深憂者一也。臣聞回鶻、吐蕃皆有細作，中國之事大小盡知。今聚天下之兵，唯討承宗一賊，自冬及夏，都未立功，則兵力之强弱，資費之多少，豈宜使西戎北虜一一知之。忽見利生心，承虛入寇，以今日之勢力，可能救其首尾哉！兵連禍生，何事不有，萬一及此，實關安危。此其爲陛下深憂者二也。」

盧從史首建伐王承宗之謀，及朝廷興師，從史逗留不進，陰與承宗通謀，令軍士潛懷承宗號。又高芻粟之價以敗度支，諷朝廷求平章事，誣奏諸道與賊通，不可進兵。上甚患之。會從史遣牙將王翊元入奏事，裴垍引與語，爲言爲臣之義，微動其心。翊元遂輸誠，言從史陰謀及可取之狀。垍令翊元還本軍經營，復來京師，遂得其都知兵馬使烏重胤等款要。垍言於上曰：「從史狡猾驕很，必且爲亂。今聞其與承璀對營，視承璀如嬰兒，往來殊不設備。失今不取，後雖興大兵，未可以歲月平也。」上初愕然，熟思良久，乃許之。

從史性貪，承璀盛陳奇玩，視其所欲，稍以遺之。從史喜，益相昵狎。甲申，承璀與行營兵馬使李聽謀，召從史入營博，伏壯士於幕下，突出，擒詣帳後縛之，內車中，馳詣京師。左右驚亂，承璀斬十餘人，諭以詔旨。從史營中士卒聞之，皆甲以出，操兵趨譁。烏重胤當軍門叱之曰：「天子有詔，從者賞，敢違者斬！」士卒皆斂兵還部伍。會夜，車疾驅，未明，已出境。重胤，承洽之子；聽，晟之子也。

丁亥，范希朝、張茂昭大破承宗之衆於木刀溝。

上嘉烏重胤之功，欲即授以昭義節度使。李絳以爲不可，請授重胤河陽，以河陽節度使孟元陽鎮昭義。會吐突承璀奏，已牒重胤句當昭義留後。絳上言：「昭義五州據山東要害，魏博、恒、幽諸鎮蟠結，朝廷惟恃此以制之。磁、邢、洺入其腹內，誠國之寶地，安危所繫也。曏爲從史所據，使朝廷旰食，今幸而得之，承璀復以與重胤，臣聞之驚歎，實所痛心。昨國家誘執從史，雖爲長策，已失大體。今承璀又以文牒差人爲重鎮留後，爲之求旌節，無君之心，孰甚於此！陛下昨日得昭義，人神同慶，威令再立；今日忽以授本軍牙將，物情頓沮，紀綱大紊。校計利害，更不若從史爲之。何則？從史雖蓄姦謀，已是朝廷牧伯。重胤出於列校，以承璀一牒代之，竊恐河南、北諸侯聞之，無不憤怒，恥與爲伍。且謂承璀誘重胤使逐從史而代其位，彼人人麾下各有將校，能無自危乎！儻劉濟、茂昭、季安、執恭、韓弘、師道繼有章表陳其情狀，并指承璀專命之罪，不知陛下何以處之？若皆不報，則衆怒益甚。若爲之改除，則朝廷之威重去矣。」上復使樞密使梁守謙密謀於絳曰：「今重胤已總軍務，事不得已，須應與節。」對曰：「從史爲帥不由朝廷，故啓其邪心，終成逆節。今以重胤典兵，即授之節，威福之柄，不在朝廷，何以異於從史乎？重胤之得河陽，已爲望外之福，豈敢更爲旅拒。況重胤所以能執從史，本以仗順成功。一旦自逆詔命，安知同列不襲其跡而動乎？重胤軍中等夷甚多，必不願重胤獨爲主帥。移之他鎮，乃愜衆心，何憂其致亂乎？」上悅，皆如其請。壬辰，以重胤爲河陽節度使。戊戌，貶盧從史驩州司馬。

夏六月甲申，白居易復上奏，以爲：「臣比請罷兵，今之事勢，又不如前，不知陛下復何所待。」是時，上每有軍國大事，必與諸學士謀之。嘗踰月不見學士，李絳等上言：「臣等飽食不言，其自爲計則得矣，如陛下何！ 陛下詢訪理道，開納直言，實天下之幸，豈臣等之幸。」上遽令「明日三殿對來」。

白居易嘗因論事，言「陛下錯」，上色莊而罷，密召承旨李絳謂曰：「居易小臣不遜，須令出院。」絳曰：「陛下容納直言，故羣臣敢竭誠無隱。居易言雖少思，志在納忠。陛下今日罪之，臣恐天下各思箝口，非所以廣聰明昭聖德也。」上悅，待居易如初。

秋七月庚子，王承宗遣使自陳爲盧從史所離間，乞輸貢賦，請官吏，許其自新。李師道等數上表請雪承宗，朝廷亦以師久無功，丁未，制洗雪承宗，以爲成德軍節度使，復以德、棣二州與之。悉罷諸道行營將士，共賜布帛二十八萬端匹。加劉濟中書令。

秋九月己亥，吐突承璀自行營還，辛亥，復爲左衛上將軍，充左軍中尉。裴垍曰：「承璀首唱用兵，疲弊天下，卒無成功，陛下縱以舊恩不加顯戮，豈得全不貶黜以謝天下乎？」給事中段平仲、呂元膺言承璀可斬。李絳奏稱：「陛下不責承璀，他日復有敗軍之將，何以處之？若或誅之，則同罪異罰，彼必不服；若或釋之，則誰不保身而玩寇乎！願陛下割不忍之恩，行不易之典，使將帥有所懲勸。」間二日，上罷承璀中尉，降爲軍器使，中外相賀。

中書侍郎、同平章事裴垍數以疾辭位，冬十一月庚申，罷爲兵部尚書。

十二月，翰林學士、司勳郎中李絳面陳吐突承璀專横，語極懇切。上作色曰：「卿言大過。」絳泣曰：「陛下置臣於腹心耳目之地，若臣畏避左右，愛身不言，是臣負陛下；言之而陛下惡聞，乃陛下負臣也。」上怒解，曰：「卿所言皆人所不能言，使朕聞所不聞，真忠臣也。他日盡言，皆應如是。」己丑，以絳爲中書舍人，學士如故。絳嘗從容諫上聚財，上曰：「今兩河數十州，皆國家政令所不及，河、湟數千里，淪於左衽，朕日夜思雪祖宗之耻，而財力不贍，故不得不蓄聚耳。不然，朕宫中用度極儉薄，多藏何用邪！」

六年冬十一月己丑，以户部侍郎李絳爲中書侍郎、同平章事。

七年春三月丙戌，上御延英殿，李吉甫言：「天下已太平，陛下宜爲樂。」李絳曰：「漢文帝時兵木無刃，家給人足，賈誼猶以爲厝火積薪之下，不可謂安。今法令所不能制者，河南北五十餘州，犬戎腥羶，近接涇、隴，烽火屢驚。加之水、旱時作，倉廩空虚，此正陛下宵衣旰食之時，〔豈得〕謂之太平，遽爲樂哉！」上欣然曰：「卿言正合朕意。」退，謂左右曰：「吉甫專爲悦媚，如李絳，真宰相也。」

九年。李絳屢以足疾辭位，正月癸卯，罷爲禮部尚書。初，上欲相絳，先出吐突承璀爲淮南監軍，至是召還承璀，先罷絳相。

十年夏六月，賊殺武元衡，詔中外搜捕。成德〔軍〕進奏院有恒州卒張晏等行止無狀。

神策將軍王士則等告王承宗遣晏等殺元衡，吏捕得晏，鞫之。詔以王承宗前後三表出示百寮，議其罪。事見憲宗平淮西。

乙丑，以裴度爲中書侍郎、同平章事。

秋七月甲戌，詔數王承宗罪惡，絶其朝貢，曰：「冀其翻然改過，束身自歸。攻討之期，更俟後命。」

上雖絶王承宗朝貢，未有詔討之。魏博節度使田弘正屯兵於其境，承宗屢敗之。弘正忿，表請擊之，上不許。表十上，乃聽至貝州。〔冬十月〕丙午，弘正軍于貝州。

冬十一月，詔發振武兵二千，會義武軍以討王承宗。十二月，王承宗縱兵四掠，幽、滄、定三鎮皆苦之，爭上表請討承宗。上欲許之，中書侍郎、同平章事張弘靖以爲兩役並興，恐國力所不支，請併力平淮西，乃征恒冀。上不爲之止，弘靖乃求罷。

十一年春正月乙亥，幽州節度使劉總奏敗成德兵，拔武强，斬首千餘級。

癸未，制削王承宗官爵，命河東、幽州、義武、横海、魏博、昭義六道進討。韋貫之屢請先取吴元濟後討承宗，曰：「陛下不見建中之事乎？始於討魏及齊，而蔡、燕、趙皆應之，卒致朱泚之亂。由德宗不能忍數年之憤邑，欲太平之功速成故也。」上不聽。

二月乙卯，昭義節度使郗士美奏破成德兵，斬首千餘級。己未，劉總破成德兵，斬首千餘級。辛酉，魏博奏敗成德兵，拔其固城。乙丑，又奏拔其鵶城。

三月，幽州節度使劉總圍樂壽。四月，劉總奏破成德兵於深州，斬首二千五百級。乙丑，義武節度使渾鎬奏破成德兵於九門，殺千餘人。鎬，瑊之子也。

秋七月，田弘正奏破成德兵於南宮，殺二千餘人。

諸軍討王承宗者互相觀望，獨昭義節度使郗士美引精兵壓其境。己未，士美奏大破承宗之衆於柏鄉，殺千餘人，降者亦如之，爲三壘以環柏鄉。

冬十二月壬寅，程執恭奏敗成德兵於長河，斬首千餘級。

義武節度使渾鎬與王承宗戰，屢勝，遂引全師壓其境，距恒州三十里而軍。承宗懼，潛遣兵入鎬境，焚掠城邑，人心始内顧而揺。會中使督其戰，鎬引兵進薄恒州，與承宗戰，大敗，奔還定州。丙午，詔以易州刺史陳楚爲義武節度使。軍中聞之，掠鎬及家人衣，至於倮露。陳楚馳入定州，鎮遏亂者，斂軍中衣以歸鎬，以兵衞送還朝。楚，定州人，張茂昭之甥也。

十二年春三月，郗士美敗於柏鄉，拔營而歸，士卒死者千餘人。戊辰，賜程執恭名權。戊寅，王承宗遣兵二萬入東光，斷白橋路。程權不能禦，以衆歸滄州。

六鎮討王承宗者兵十餘萬，回環數千里，既無統帥，又相去遠，期約難壹，由是歷二年無功，千里饋運，牛驢死者什四五。劉總既得武强，引兵出境纔五里，留屯不進，月給度支錢十五萬緡。李逢吉及朝士多言「宜併力先取淮西，俟淮西平，乘其勝勢，回取恒冀，如拾芥耳」。上猶豫，久乃從之。丙子，罷河北行營，各使還鎮。

十三年。裴度之在淮西也，布衣柏耆以策干韓愈曰：「吴元濟既就擒，王承宗破膽矣，願得奉丞相書往説之，可不煩兵而服。」愈白度，爲書遣之。承宗懼，求哀於田弘正，請以二子爲質，及獻德、棣二州，輸租稅，請官吏。弘正爲之奏請，上初不許。弘正上表相繼，上重違弘正意，乃許之。夏四月甲寅朔，魏博遣使送承宗子知感、知信及德、棣二州圖印至京師。庚辰，詔洗雪王承宗及成德將士，復其官爵。

十五年冬十月，王承宗薨，其下祕不發喪。子知感、知信皆在朝，諸將欲取帥於屬内諸〔州〕。（軍）參謀崔燧以承宗祖母凉國夫人命，告諭諸將及親兵，立承宗之弟觀察支使承元。承元時年二十，將士拜之，承元不受，泣且拜。諸將固請不已，承元曰：「天子遣中使監軍，有事當與之議。」及監軍至，亦勸之。承元曰：「諸公未忘先德，不以承元年少，欲使之攝軍務。承元請盡節天子，以遵忠烈王之志，諸公肯從之乎？」衆許諾。承元乃視事於都將聽事，令左右不得謂己爲留後，委事於參佐，密表請朝廷除帥。庚辰，監軍奏承宗疾亟，弟承元權知留後，并以承元表聞。

成德軍始奏王承宗薨，乙酉，徙田弘正爲成德節度使，以王承元爲義成節度使。

十一月癸卯，遣諫議大夫鄭覃詣鎮州宣慰，賜錢一百萬緡以賞將士。王承元既請朝命，諸將及鄰道争以故事勸之，承元皆不聽。及移鎮義成，將士諠譁不受命，承元與柏耆召諸將以詔旨諭之，諸將號泣不從。承元出家財以散之，擇其勞者擢之，謂曰：「諸公以先代之故，不欲承元去，此意甚厚。然使承元違天子之詔，其罪大矣。昔李師道之未敗也，朝廷嘗赦其罪，師道欲行，諸將固留之，其後殺師道者亦諸將也。諸將勿使承元爲師道，則幸矣。」因涕泣不自勝，且拜之。十將李寂等十餘人固留承元，承元斬以徇，軍中乃定。丁未，承元赴滑州，將吏或以鎮州器用、財貨行，承元悉命留之。

憲宗平淮蔡

吴元濟　德宗討吴少誠附

唐德宗貞元二年。淮西兵馬使吴少誠殺陳仙奇，自爲留後。少誠素狡險，爲李希烈所寵任，故爲之報仇。七月己酉，以虔王諒爲申光隨蔡節度大使，以少誠爲留後。

三年。初，李希烈據淮西，選騎兵尤精者爲左右門槍、奉國四將，步兵尤精者爲左右克平十將。淮西少馬，精兵皆乘騾，謂之「騾軍」。陳仙奇舉淮西降纔數月，詔發其兵於京西防秋，仙奇遣都知兵馬使蘇浦悉將淮西精兵五千人以行。會仙奇爲吴少誠所殺，少誠密遣人召門槍兵馬使吴法超等使引兵歸，浦不之知。法超等引步騎四千自鄜州叛歸。上急遣中使敕陝虢觀察使李泌發兵防遏，勿令濟河。泌遣押牙唐英岸將兵邀擊之，賊衆大敗，擒其騾軍兵馬使張崇獻。英岸追至永寧東，賊皆潰入山谷。吴法超帥其衆趣長水，都將燕子楚擊之，斬法超，殺其士卒三分之二。上命汴州刺史劉玄佐以詔書緣道誘之，得百三十餘人，至汴州，盡殺之。其潰兵在道，復爲村民所殺，得至蔡者纔四十七人。吴少誠以其少，悉斬之以聞。且遣使以幣謝李泌，爲其破叛卒也。泌執張崇獻等六十餘人送京師，詔悉腰斬於鄜州軍門，以令防秋之衆。

夏五月，申蔡留後吴少誠繕兵完城，欲拒朝命。判官鄭常、大將楊冀謀逐之，詐爲手詔賜諸將申州刺史張伯元等。事泄，少誠殺常、冀、伯元。大將(朱)〔宋〕旻、曹濟奔長安。

十三年冬十月，淮西節度使吴少誠擅開刀溝入汝，上遣中使諭止之，不從。命兵部郎中盧羣往詰之，少誠曰：「開此水，大利於人。」羣曰：「君令臣行，雖利，人臣敢專乎？公承天子之令而不從，何以使下吏從公之令乎？」少誠遽爲之罷役。

十四年秋九月，彰(武)〔義〕節度使吴少誠遣兵掠壽州霍山，殺鎮遏使謝詳，侵地二十餘里，置兵鎮守。

十五年春三月甲寅，吴少誠遣兵襲唐州，殺監軍邵國朝、鎮遏使張嘉瑜，掠百姓千餘人而去。

秋八月丙申，陳許節度使曲環薨。乙未，吴少誠遣兵掠臨潁，陳州刺史上官涚知陳許留後，遣大將王令忠將兵三千救之，皆爲少誠所虜。〔九月〕丙午，以涚爲陳許節度使，少誠遂圍許州。涚欲棄城走，營田副使劉昌裔止之曰：「城中兵足以辦賊，但閉城勿與戰，不過數日，賊氣自衰，吾以全制其弊，蔑不克矣。」少誠晝夜急攻，昌裔募勇士千人鑿城出擊少誠，大破之，城由是全。昌裔，兖州人也。少誠又寇西華，陳許大將孟元陽拒卻之。陳許都知兵馬使安國寧與上官涚不叶，謀翻城應少誠；劉昌裔以計斬之。召其麾下人給二縑，伏兵要巷，見持縑者悉斬之，無得脱者。

丙辰，詔削奪吴少誠官爵，令諸道進兵討之。

辛酉，以韓弘爲宣武節度使。先是，少誠遣使與宣武節度使劉全諒約共攻陳許，以陳州歸宣武。使者數輩猶在館，弘悉驅出斬之。選卒三千，會諸軍擊少誠於許下。少誠由是失勢。

山南東道節度使于頔、安黄節度使伊慎、知壽州事王宗與上官涚、韓弘進擊吴少誠，屢破之。十一月壬子，于頔奏拔吴房、朗山。

諸軍討吴少誠者既無統帥，每出兵，人自規利，進退不壹。乙未，諸軍自潰於小溵水，委棄器械、資糧，皆爲少誠所有。於是始議置招討使。

十六年春正月乙巳，恒冀、易定、陳許、河陽四軍與吳少誠戰，皆不利而退。二月乙酉，以全義爲蔡州四面行營招討使，十七道兵皆受全義節度。夏綏節度使韓全義，本出神策軍，中尉竇文場愛厚之，薦於上，使統諸軍討吳少誠。

韓全義素無勇略，專以巧佞貨賂結宦官得爲大帥，每議軍事，宦官爲監軍者數十人坐帳中，爭論紛然，莫能決而罷。天漸暑，士卒久屯沮洳之地，多病疫，全義不存撫，人有離心。五月庚戌，與吳少誠將吳秀、吳少陽等戰于溵南廣利原，鋒鏑未交，諸軍大潰，秀等乘之，全義退保五樓。少陽，滄州清池人也。

秋七月，吳少誠進擊韓全義於五樓，諸軍復大敗，全義夜遁，保溵水縣城。九月癸丑，吳少誠進逼溵水，數里置營，韓全義復帥諸軍退保陳州。宣武、河陽兵私歸本道，獨陳許將孟元陽、神策將蘇光榮帥所部留軍溵水。全義以詐誘昭義將夏侯仲宣、義成將時昂、河陽將權文變、河中將郭湘等斬之，欲以威衆。全義至陳州，刺史劉昌裔登城謂之曰：「天子命公討蔡州，今乃來此，昌裔不敢納，請舍于城外。」既而昌裔齎牛酒入全義營犒師，全義驚喜，心服之。己未，孟元陽等與少誠戰，殺二千餘人。

冬十月，吳少誠引兵還蔡州。先是，韋皋聞諸軍討少誠無功，上言「請以渾瑊、賈耽爲元帥，統諸軍。若重煩元老，則臣請以精鋭萬人下巴峽，出荆楚以翦凶逆。不然，因其請罪而赦之，罷兩河諸軍以休息公私，亦策之次也。若少誠一旦罪盈惡稔，爲麾下所殺，則又當以其爵位授之，是除一少誠，生一少誠，爲患無窮矣。」賈耽言於上曰：「賊意蓋亦望恩貸，恐須開其生路。」上然之。會少誠致書幣於監官軍者求昭洗，監軍奏之。戊子，詔赦少誠及彰義將士，復其官爵。

十七年春正月甲寅，韓全義至長安，竇文場爲掩其敗迹，上禮遇甚厚。全義稱足疾，不任朝謁，遣司馬崔放入對。放爲全義引咎，謝無功。上曰：「全義爲招討使，能招來少誠，其功大矣，何必殺人然後爲功邪！」閏月甲戌，歸夏州。

順宗永貞元年春三月，加彰義節度使吴少誠同平章事。

憲宗元和四年。初，吴少誠寵其大將吴少陽，名以從弟，署爲軍職；出入少誠家如至親，累遷申州刺史。少誠病，不知人，家僮鮮于熊兒詐以少誠命召少陽攝副使，知軍州事。少誠有子元慶，少陽殺之。十一月己巳，少誠薨，少陽自爲留後。

五年。上以河朔方用兵，不能討吴少陽，三月己未，以少陽爲淮西留後。

六年春正月甲辰，以彰義留後吴少陽爲節度使。

九年閏八月丙辰，彰義節度使吴少陽薨。少陽在蔡州，陰聚亡命，牧養馬騾，時抄掠壽州茶山以實其軍。其子攝蔡州刺史元濟，匿喪，以病聞，自領軍務。

上自平蜀，即欲取淮西。淮南節度使李吉甫上言：「少陽軍中上下攜離，請徙理壽州以經營之。」會朝廷方討王承宗，未暇也。及吉甫入相，田弘正以魏博歸附。吉甫以爲汝州扞蔽東都，河陽宿兵本以制魏博，今弘正歸順則河陽爲內鎮，不應屯重兵以示猜阻。辛酉，以河陽節度使烏重胤爲汝州刺史，充河陽懷汝節度使，徙理汝州。己巳，弘正檢校右僕射，賜其軍錢二十萬緡，弘正曰：「吾未若移河陽軍之爲喜也。」

九月庚辰，以洺州刺史李光顏爲陳州刺史，充忠武軍都知兵馬使。以泗州刺史令狐通爲壽州防禦使。通，彰之子也。丙戌，以山南東道節度使袁滋爲荊南節度使，以荊南節度使嚴綬爲山南東道節度使。

吳少陽判官蘇兆、楊元卿、大將侯惟清皆勸少陽入朝。元濟惡之，殺兆，囚惟清。元卿先奏事在長安，具以淮西虛實及取元濟之策告李吉甫，請討之。時元濟猶匿喪，元卿勸吉甫凡蔡使入奏者，所在止之。少陽死近四十日，不爲輟朝，但易環蔡諸鎮將帥，益兵爲備。元濟殺元卿妻及四男以圬射堋。淮西宿將董重質，吳少誠之壻也，元濟以爲謀主。

李吉甫言於上曰：「淮西非如河北，四無黨援，國家常宿數十萬兵以備之，勞費不可支也。失今不取，後難圖矣。」上將討之，張弘靖請先爲少陽輟朝、贈官，遣使弔贈，待其有不順之迹然後加兵。」上從之，遣工部員外郎李君何弔祭。元濟不迎敕使，發兵四出，屠舞陽，焚葉，掠魯山、襄城，關東震駭，君何不得入而還。

冬十月壬戌，以忠武節度副使李光顔爲節度使。甲子，以嚴綬爲申光蔡招撫使，督諸道兵招討吳元濟。

十年。吳元濟縱兵侵掠，及於東畿，正月己亥，制削元濟官爵，命宣武等十六道進軍討之。嚴綬擊淮西兵，小勝，不設備，淮西兵夜還襲之。二月甲辰，綬敗于磁丘，卻五十餘里，馳入唐州而守之。壽州團練使令狐通爲淮西兵所敗，走保州城，境上諸柵盡爲淮西所屠。癸丑，以左金吾大將軍李文通代之，貶通昭州司户。

詔鄂岳觀察使柳公綽以兵五千授安州刺史李聽，使討吳元濟。公綽曰：「朝廷以吾書生不知兵邪？」即奏請自行，許之。公綽至安州，李聽屬櫜鞬迎之。公綽以鄂岳都知兵馬使、先鋒行營兵馬都虞候二牒授之，選卒六千以屬聽，戒其部校曰：「行營之事，一決都將。」聽感恩畏威，如出麾下。公綽號令整肅，區處軍事，諸將無不服。士卒在行營者，其家疾病、死喪，厚給之，妻淫泆者沉之於江。士卒皆喜曰：「中丞爲我治家，我何得不前死！」故每戰皆捷。公綽所乘馬踶殺圉人，公綽命殺馬以祭之。或曰：「圉人自不備耳，此良馬，可惜。」公綽曰：「材良性駑，何足惜也！」竟殺之。

三月庚子，李光顏奏破淮西兵於臨潁。田弘正遣其子布將兵三千助嚴綬討吳元濟。甲辰，李光顏又奏破淮西兵於南頓。吳元濟遣使求救於恒、鄆。王承宗、李師道數上表請赦元濟，上不從。是時發諸道兵討元濟而不及淄青，師道使大將將三千人趣壽春，聲言助官軍討元濟，實欲爲元濟之援也。

師道素養刺客奸人數十人，厚資給之，其徒説師道曰：「用兵所急，莫先糧儲，今河陰院積江、淮租税，請潛往焚之。募東都惡少年數百，劫都市，焚宫闕，則朝廷未暇討蔡，先自救腹心，此亦救蔡一奇也。」師道從之。自是所在盜賊竊發。辛亥，募盜數十人攻河陰轉運院，殺傷十餘人，燒錢帛三十餘萬緡匹，穀二萬餘斛，於是人情恇懼。羣臣多請罷兵，上不許。

諸軍討淮西久未有功，五月，上遣中丞裴度詣行營宣慰，察用兵形勢。度還，言淮西必可取之狀，且曰：「觀諸將，惟李光顏勇而知義，必能立功。」上悦。考功郎中、知制誥韓愈上言，以爲：「淮西三小州，殘弊困劇之餘，而當天下之全力，其破敗可立而待。然所未可知者，在陛下斷與不斷耳。」因條陳用兵利害，以爲：「今諸道發兵各二三千人，勢力單弱，羈旅異鄉，與賊不相諳委，望風懾懼。將帥以其客兵，待之既薄，使之又苦，或分割隊伍，兵將相失，心孤意怯，難以有功。又其本軍各須資遣，道路遼遠，勞費倍多。聞陳、許、安、唐、汝、壽等州與賊連接處，村落百姓悉有兵器，習於戰鬬，識賊深淺，比來未有處分，猶有自備衣糧，保護鄉里。若令召募，立可成軍。賊平之後，易使歸農。乞悉罷諸道軍，募土人以代之。」又言：「蔡州士卒皆國家百姓，若勢力窮不能爲惡者，不須過有殺戮。」

丙申，李光顏奏敗淮西兵於時曲。淮西兵晨壓其壘而陳，光顏不得出，乃自毁其柵之左右，出騎以擊之。光顏自將數騎衝其陳，出入數四，賊皆識之，矢集其身如蝟毛。其子攬轡止之，光顏舉刃叱去。於是人爭致死，淮西兵大潰，殺數千人。上以裴度爲知人。

上自李吉甫薨，悉以用兵事委武元衡。李師道所養客説師道曰：「天子所以鋭意誅蔡者，元衡贊之也，請密往刺之。元衡死，則他相不敢主其謀，爭勸天子罷兵矣。」師道以爲然，即資給遣之。

王承宗遣牙將尹少卿奏事，爲吴元濟遊説。少卿至中書，辭指不遜，元衡叱出之。承宗又上書詆毁元衡。六月癸卯，天未明，元衡入朝，出所居靖安坊東門，有賊自暗中突出射之，從者皆散走，賊執元衡馬行十餘步而殺之，取其顱骨而去。又入通化坊擊裴度，傷其首，墜溝中。度氈帽厚，得不死。傔人王義自後抱賊大呼，賊斷義臂而去。京城大駭，於是詔宰相出入，加金吾騎士，張弦露刃以衞之，所過坊門，呵索甚嚴。朝士未曉不敢出門，上或御殿久之，朝班猶未齊。

賊遺紙於金吾及府縣曰：「毋急捕我，我先殺汝。」故捕賊者不敢甚急。兵部侍郎許孟容見上言：「自古未有宰相橫尸路隅而盜不獲者，此朝廷之辱也。」因涕泣。又詣中書揮涕言：「請奏起裴中丞爲相，大索賊黨，窮其姦源。」戊申，詔中外所在搜捕，獲賊者賞錢萬緡，官五品；敢庇匿者，舉族誅之。於是京城大索，公卿家有複壁重橑者皆索之。成德軍進奏院有恒州卒張晏等數人，行止無狀，衆多疑之。庚戌，神策將軍王士則等告王承宗遣晏等殺元衡，吏捕得晏等八人，命京兆尹裴武、監察御史陳中師鞫之。癸亥，詔以王承宗前後三表出示百寮，議其罪。

裴度病瘡，卧二旬，詔以衞兵宿其第，中使問訊不絕。或請罷度官以安恒、鄆之心，上怒曰：「若罷度官，是奸謀得成，朝廷無復綱紀。吾用度一人，足破二賊。」甲子，上召度入對。乙丑，以度爲中書侍郎、同平章事。度上言：「淮西，腹心之疾，不得不除。且朝廷業已討之，兩河藩鎮跋扈者，將視此爲高下，不可中止。」上以爲然，悉以用兵事委度，討賊愈急。初，德宗多猜忌，朝士有相過從者，金吾皆伺察以聞，宰相不敢私第見客。度奏：「今寇盜未平，宰相宜招延四方賢才與參謀議。」始請於私第見客，許之。陳中師按張晏等，具服殺武元衡。張弘靖疑其不實，屢言於上，上不聽。戊辰，斬晏等五人，殺其黨十四人。李師道客竟潛匿亡去。呂元膺捕賊，獲中岳寺僧圓淨，按驗其黨，始知殺武元衡者乃是李師道，事見憲宗討淄青。

秋八月乙丑，李光顔敗於時曲。

初，上以嚴綬在河東，所遣裨將多立功，故使鎮襄陽，且督諸軍討吴元濟。綬無他材能，到軍之日，傾府庫賫士卒，累年之積，一朝而盡。又厚賂宦官以結聲援，擁八州之衆萬餘人屯境上，閉壁經年，無尺寸功。裴度屢言其軍無政。

九月癸酉，以韓弘爲淮西諸軍都統。弘樂於自擅，欲倚賊以自重，不願淮西速平。李光顔在諸將中戰最力，弘欲結其歡心，舉大梁城索得一美婦人，教之歌舞絲竹，飾以珠玉金翠，直數百萬錢，遣使遺之。使者先致書，光顔乃大饗將士，使者進妓，容色絶世，一座盡驚。光顔謂使者曰：「相公愍光顔羈旅，賜以美妓，荷德誠深。然戰士數萬，皆棄家遠來，冒犯白刃，光顔何忍獨以聲色自娱悦乎！」因流涕，座者皆泣。即於席上厚以繒帛贈使者，并妓返之，曰：「爲光顔多謝相公，光顔以身許國，誓不與逆賊同戴日月，死無貳矣。」

冬十月，以户部侍郎李遜爲襄、復、郢、均、房節度使，右羽林大將軍高霞寓爲唐、隨、鄧節度使。朝議以唐與蔡接，故使霞寓專事攻戰，而遜調五州之賦以餉之。

十一月，壽州刺史李文通奏敗淮西兵。壬申，韓弘請命衆軍合攻淮西，從之。李光顔、烏重胤敗淮西兵於小溵水，拔其城。乙亥，以嚴綬爲太子少保。盜焚襄州佛寺軍儲。盡徙京城積草於四郊以備火。丁丑，李文通敗淮西兵於固始。戊寅，盜焚獻陵寢宫、永巷。

初，吴少陽聞信州人吴武陵名，邀以爲賓友，武陵不答。及元濟反，武陵以書諭之曰：「足下勿謂部曲不我欺，人情與足下一也。足下反天子，人亦反足下。易地而論，則其情可知矣。」

十一年春三月，壽州團練使李文通奏敗淮西兵於固始，拔鏉山。己卯，唐鄧節度使高霞寓奏敗淮西兵於朗山，斬首千餘級，焚二栅。夏四月庚子，李光顔、烏重胤奏敗淮西兵於陵雲栅，斬首二千餘級。五月壬申，李光顔、烏重胤奏敗淮西兵於陵雲栅，斬首五千級。

六月甲辰，高霞寓大敗於鐵城，僅以身免。時諸將討淮西者，勝則虚張殺獲，敗則匿之。至是，大敗不可掩，始上聞，中外駭愕。宰相入見，將勸上罷兵，上曰：「勝負兵家之常。今但當論用兵方略，察將帥之不勝任者易之，兵食不足者助之耳。豈得以一將失利，遽議罷兵邪！」於是獨用裴度之言，他人言罷兵者亦稍息矣。己酉，霞寓退保唐州。

上責高霞寓之敗，霞寓稱李遜應接不至。秋七月丁丑，貶霞寓爲歸州刺史，遜亦左遷恩王傅。以河南尹鄭權爲山南東道節度使，袁滋爲彰義節度、申光蔡唐隋鄧觀察使，以唐州爲理所。壬午，宣武軍奏破郾城之衆二萬，殺二千餘人，捕虜千餘人。

九月乙酉，李光顔、烏重胤奏拔吴元濟陵雲栅。丁亥，光顔又奏拔石、越二栅。壽州奏敗殷城之衆，拔六栅。

討淮西諸軍近九萬，上怒諸將久無功，冬十一月辛巳，命知樞密梁守謙宣慰，因留監其軍，授以空名告身五百通及金帛以勸死士。庚寅，先加李光顔等檢校官，而詔書切責，示以無功必罰。辛卯，李文通奏敗淮西兵於固始，斬首千餘級。

十二月，袁滋至唐州，去斥候，止其兵不使犯吴元濟境。元濟圍其新興栅，滋卑辭以請之，元濟由是不復以滋爲意。朝廷知之，甲寅，以太子詹事李愬爲唐隋鄧節度使。愬，聽之兄也。

初置淮、潁水運使，楊子院米自淮陰泝淮入潁，至項城入溵，輸于郾城，以饋討淮西諸軍，省汴運之費七萬餘緡。

十二年春正月甲申，貶袁滋爲撫州刺史。李愬至唐州，軍中承喪敗之餘，士卒皆憚戰，愬知之，有出迓者，愬謂之曰：「天子知愬柔懦，能忍恥，故使來拊循爾曹。至於戰攻進取，非吾事也。」衆信而安之。愬親行視士卒，傷病者存恤之，不事威嚴。或以軍政不肅爲言，愬曰：「吾非不知也。袁尚書專以恩惠懷賊，賊易之，聞吾至，必增備，吾故示之以不肅。彼必以吾爲懦而懈惰，然後可圖也。」淮西人自以嘗敗高、袁二帥，輕愬名位素微，遂不爲備。

二月，李愬謀襲蔡州，表請益兵，詔以昭義、河中、鄜坊步騎二千給之。丁酉，愬遣十將馬少良將十餘騎巡邏，遇吴元濟捉生虞候丁士良，與戰，擒之。士良，元濟驍將，常爲東邊患。衆請刳其心，愬許之。既而召詰之，士良無懼色。愬曰：「真丈夫也。」命釋其縛。士良乃自言：「本非淮西士，貞元中隸安州，與吴氏戰，爲其所擒，自分死矣，吴氏釋我而用之，我因吴氏而再生，故爲吴氏父子竭力。昨日力屈，復爲公所擒，亦分死矣，今公又生之，請盡死以報德。」愬乃給其衣服、器械，署爲捉生將。

己亥，淮西行營奏克蔡州古葛伯城。

丁士良言於李愬曰：「吴秀琳擁三千之衆據文城柵，爲賊左臂，官軍不敢近者，有陳光洽爲之謀主也。光洽勇而輕，好自出戰，請爲公先擒光洽，則秀琳自降矣。」戊申，士良擒光洽以歸。

淮西被兵數年，竭倉廩以奉戰士，民多無食，采菱芡、魚鼈、鳥獸食之，亦盡，相帥歸官軍者前後五千餘户。賊亦患其耗糧食，不復禁。庚申，敕置行縣以處之，爲擇縣令，使之撫養，并置兵以衛之。

三月乙丑，李愬自唐州徙屯宜陽柵。

吳秀琳以文城柵降于李愬。戊子，愬引兵至文城西五里，遣唐州刺史李進誠將甲士八千至城下，召秀琳，城中矢石如雨，衆不得前。進誠還報：「賊僞降，未可信也。」愬曰：「此待我至耳。」即前至城下，秀琳束兵投身馬足下，愬撫其背慰勞之，降其衆三千人。秀琳將李憲有材勇，愬更其名曰忠義而用之。悉遷婦女於唐州，入據其城。於是唐鄧軍氣復振，人有欲戰之志。賊中降者相繼於道，隨其所便而置之。聞有父母者，給粟帛遣之，曰：「汝曹皆王人，勿棄親戚。」衆皆感泣。

官軍與淮西兵夾溵水而軍，諸軍相顧望，無敢渡溵水者。陳許兵馬使王沛先引兵五千渡溵水，據要地爲城，於是河陽、宣武、河東、魏博等軍相繼皆渡，進逼郾城。丁亥，李光顏敗淮西兵三萬於郾城，走其將張伯良，殺士卒什二三。

己丑，李愬遣山河十將董少玢等分兵攻諸柵；其日，少玢下馬鞍山，拔路口柵。夏四月辛卯，山河十將馬少良下嵖岈山，擒淮西將柳子野。

吴元濟以蔡人董昌齡爲郾城令，質其母楊氏。楊氏謂昌齡曰：「順死賢於逆生。汝去逆而吾死，乃孝子也；從逆而吾生，是戮吾也。」會官軍圍青陵，絶郾城歸路，郾城守將鄧懷金謀於昌齡，昌齡勸之歸國。懷金乃請降於李光顔曰：「城人之父母妻子皆在蔡州，請公來攻城，吾舉烽求救，兵至，公逆擊之，蔡兵必敗，然後吾降，則父母、妻子庶免矣。」光顔從之。乙未，昌齡、懷金舉城降，光顔引兵入據之。吴元濟聞郾城不守，甚懼。時董重質將騾軍守洄曲，元濟悉發親近及守城卒詣重質以拒之。

李愬山河十將嬀雅、田智榮下冶爐城。丙申，十將閻士榮下白狗、汶港二栅。癸卯，嬀雅、田智榮破西平。丙午，遊弈兵馬使王義破楚城。

五月辛酉，李愬遣柳子野、李忠義襲朗山，擒其將梁希果。丁丑，李愬遣方城鎮遏使李榮宗擊青喜城，拔之。愬每得降卒，必親引問委曲，由是賊中險易、遠近、虚實盡知之。愬厚待吴秀琳，與之謀取蔡。秀琳曰：「公欲取蔡，非得李祐不可，如秀琳，無能爲也。」祐者，淮西騎將，有勇略，守興橋栅，常陵暴官軍。庚辰，祐帥士卒刈麥於張柴村，愬召廂虞候史用誠戒之曰：「爾以三百騎伏彼林中，又使人摇幟於前，若將焚其麥積者。祐素易官軍，必輕騎來逐之，爾乃發騎掩之，必擒之。」用誠如言而往，生擒祐以歸。將士以祐曏日多殺官軍，争請殺之。愬不許，釋縛，待以客禮。

時愬欲襲蔡而更密其謀，獨召祐及李忠義屏人語，或至夜分，他人莫得預聞。諸將恐祐爲變，多諫愬，愬待祐益厚，士卒亦不悦。諸軍日有牒稱祐爲賊内應，且言得賊諜者具言其事。愬恐謗先達於上，已不及救，乃持祐泣曰：「豈天不欲平此賊邪？何吾二人相知之深，而不能勝衆口也！」因謂衆曰：「諸君既以祐爲疑，請令歸死於天子。」乃械祐送京師，先密表其狀，且曰：「若殺祐，則無以成功。」詔釋之，以還愬。愬見之喜，執其手曰：「爾之得全，社稷之靈也。」乃署散兵馬使，令佩刀巡警，出入帳中，或與之同宿，密語不寐達曙。有竊聽於帳外者，但聞祐感泣聲。時唐隨牙隊三千人，號「六院兵馬」，皆山南東道之精鋭也，愬又以祐爲六院兵馬使。

舊軍令，舍賊諜者屠其家。〔愬〕除其令，使厚待之，諜反以情告愬，愬益知賊中虚實。乙酉，愬遣兵攻朗山，淮西兵救之，官軍不利。衆皆悵恨，愬獨歡然曰：「此吾計也。」乃募敢死士三千人，號曰「突將」，朝夕自教習之，使常爲行備，欲以襲蔡。會久雨，所在積水，未果。

吴元濟見其下數叛，兵勢日蹙，六月壬戌，上表謝罪，願束身自歸。上遣中使賜詔，許以不死，而爲左右及大將董重質所制，不得出。

諸軍討淮西，四年不克，饋運疲弊，民至有以驢耕者。上亦病之，以問宰相。李逢吉等競言師老財竭，意欲罷兵。裴度獨無言，上問之，對曰：「臣請自往督戰。」秋七月乙卯，上復謂度曰：「卿真能爲朕行乎？」對曰：「臣誓不與此賊俱生。臣比觀吴元濟表，勢實窘蹙，但諸將心不壹，不併力迫之，故未降耳。若臣自詣行營，諸將恐臣奪其功，必爭進破賊矣。」上悦，丙戌，以度爲門下侍郎、同平章事、兼彰義節度使，仍充淮西宣慰、招討、處置使。又以户部侍郎崔羣爲中書侍郎、同平章事。制下，度以韓弘已爲都統，不欲更爲招討，請但稱宣慰、處置使。乃奏刑部侍郎馬總爲宣慰副使，右庶子韓愈爲彰義行軍司馬，判官、書記，皆朝廷之選，上皆從之。度將行，言於上曰：「臣若滅賊，則朝天有期；賊在，則歸闕無日。」上爲之流涕。

八月庚申，度赴淮西，上御通化門送之。右神武將軍張茂和，茂昭弟也，嘗以膽略自衒於度，度表爲都押牙。茂和辭以疾，度奏請斬之。上曰：「此忠順之門，爲卿遠貶。」辛酉，貶茂和永州司馬。以嘉王傅高承簡爲都押牙。承簡，崇文之子也。

李逢吉不欲討蔡，翰林學士令狐楚與逢吉善，度恐其合中外之勢以沮軍事，乃請改制書數字，且言其草制失辭，壬戌，罷楚爲中書舍人。

李光顔、烏重胤與淮西戰，癸亥，敗于賈店。

裴度過襄城南白草原，淮西人以驍騎七百邀之；鎮將楚丘曹華知而爲備，擊卻之。

度雖辭招討名，實行元帥事，以郾城爲治所。甲申，至郾城。先是諸道皆有中使監陳，進退不由主將，勝則先使獻捷，不利則陵挫百端。度悉奏去之，諸將始得專其軍事，戰多有功。

九月庚子，淮西兵寇溵水鎮，殺三將，焚芻藁而去。

甲寅，李愬將攻吴房，諸將曰：「今日往亡。」愬曰：「吾兵少，不足戰，宜出其不意。彼以往亡不吾虞，正可擊也。」遂往，克其外城，斬首千餘級。餘衆保子城，不敢出，愬引兵還以誘之，淮西將孫獻忠果以驍騎五百追擊其背。衆驚，將走，愬下馬，據胡牀，令曰：「敢退者斬。」返旆力戰，獻忠死，淮西兵乃退。或勸愬「乘勝攻其子城，可拔也」。愬曰：「非吾計也。」引兵還營。

李祐言於李愬曰：「蔡之精兵皆在洄曲，及四境拒守州城者皆羸老之卒，可以乘虛直抵其城。比賊將聞之，元濟已成擒矣。」愬然之。冬十月甲子，遣掌書記鄭澥至郾城，密白裴度，度曰：「兵非出奇不勝，常侍良圖也。」

裴度帥僚佐觀築城於沱口，董重質帥騎出五溝邀之，大呼而進，注弩挺刃，勢將及度。李光顔與田布力戰，拒之，度僅得入城。賊退，布扼其溝中歸路，賊下馬踰溝，墜壓死者千餘人。

辛未，李愬命馬步都虞候隨州刺史史旻等留鎮文城，命李祐、李忠義帥突將三千爲前驅，自與監軍將三千人爲中軍，命李進誠將三千人殿其後。軍出，不知所之。愬曰：「但東行。」行六十里，夜，至張柴村，盡殺其戍卒及烽子，據其柵。命士卒少休，食乾糒，整羈靮，留義成軍五百人鎮之，以斷朗山救兵。命丁士良將五百人斷洄曲及諸道橋梁，復夜引兵出門。諸將請所之，愬曰：「入蔡州取吳元濟。」諸將皆失色。監軍哭曰：「果落李祐姦計。」時大風雪，旌旗裂，人馬凍，死者相望。天陰黑，自張柴村以東道路皆官軍所未嘗行，人人自以爲必死；然畏愬，莫敢違。夜半，雪愈甚，行七十里，至州城。近城有鵝鴨池，愬令驚之以混軍聲。

自吳少誠拒命，官軍不至蔡州城下三十餘年，故蔡人不爲備。壬申四鼓，愬至城下，無一人知者。李祐、李忠義钁其城爲坎以先登，壯士從之。守門卒方熟寐，盡殺之，而留擊柝者，使擊柝如故，遂開門納衆。及裏城，亦然，城中皆不之覺。雞鳴雪止，愬入居元濟外宅。或告元濟曰：「官軍至矣。」元濟尚寢，笑曰：「俘囚爲盜耳，曉當盡戮之。」又有告者曰：「城陷矣。」元濟曰：「此必洄曲子弟就吾求寒衣也。」起，聽於廷，聞愬軍號令曰：「常侍傳語。」應者近萬人。元濟始懼，曰：「何等常侍，能至於此！」乃帥左右登牙城拒戰。

時董重質擁精兵萬餘人據洄曲，愬曰：「元濟所望者，重質之救耳。」乃訪重質家，厚撫之，遣其子傳道持書諭重質；重質遂單騎詣愬降。愬遣李進誠攻牙城，毀其外門，得甲庫，取其器械。癸酉，復攻之，燒其南門。民爭負薪芻助之，城上矢如蝟毛。餔時，門壞，元濟於城上請罪，進誠梯而下之。甲戌，愬以檻車送元濟詣京師，且告于裴度。是日，申、光二州及諸鎮兵二萬餘人相繼來降。

自元濟就擒，愬不戮一人。凡元濟官吏、帳下廚廄之卒，皆復其職，使之不疑，然後屯於鞠場，以待裴度。

己卯，淮西行營奏獲吳元濟，光祿少卿楊元卿言於上曰：「淮西大有珍寶，臣能知之，往取必得。」上曰：「朕討淮西，爲人除害，珍寶非所求也。」

董重質之去洄曲軍也，李光顏馳入其壁，悉降其衆。

庚辰，裴度遣馬總〔先〕（北）入蔡州慰撫。辛巳，度建彰義軍節，將降卒萬餘人入城，李愬具櫜鞬出迎，拜於路左。度將避之，愬曰：「蔡人頑悖，不識上下之分，數十年矣，願公因而示之，使知朝廷之尊。」度乃受之。

李愬還軍文城，諸將請曰：「始公敗於朗山而不憂，勝於吳房而不取，冒大風甚雪而不止，孤軍深入而不懼，然卒以成功，皆衆人所不諭也，敢問其故？」愬曰：「朗山不利，則賊輕我，不爲備矣。取吴房，則其衆奔蔡，併力固守，故存之以分其兵。風雪陰晦，則烽火不接，不知吾至。孤軍深入，則人皆致死，戰自倍矣。夫視遠者不顧近，慮大者不計細，若矜小勝，恤小敗，先自撓矣，何暇立功乎！」衆皆服。愬儉於奉己而豐於待士，知賢不疑，見可能斷，此其所以成功也。

裴度以蔡卒爲牙兵，或諫曰：「蔡人反仄者尚多，不可不備。」度笑曰：「吾爲彰義節度使，元惡既擒，蔡人則吾人也，又何疑焉？」蔡人聞之感泣。先是，吴氏父子阻兵，禁人偶語於塗，夜不然燭，有以酒食相過從者罪死。度既視事，下令惟禁盜賊、鬬殺，餘皆不問，往來者不限晝夜，蔡人始知有生民之樂。

甲申，詔韓弘、裴度條列平蔡將士功狀及蔡之將士降者，皆差第以聞。淮西州縣百姓，給復二年。近賊四州，免來年夏稅。官軍戰亡者皆爲收葬，給其家衣糧五年；其因戰傷殘廢者，勿停衣糧。十一月丙戌朔，上御興安門受俘，遂以吴元濟獻廟、社，斬于獨柳之下。

初，淮西之人劫於李希烈、吴少誠之威虐，不能自拔，久而老者衰，幼者壯，安於悖逆，不復知有朝廷矣。自少誠以來，遣諸將出兵，皆不束以法制，聽各以便宜自戰，故人人得盡其才。韓全義之敗于溵水也，於其帳中得朝貴所與問訊書，少誠束而示衆曰：「此皆公卿屬全義書，云：『破蔡州日，乞一將士妻女爲婢妾。』」由是衆皆憤怒，以死爲賊用。雖居中土，其風俗獷戾，過於夷貊。故以三州之衆，舉天下之兵環而攻之，四年然後克之。

戊子，以李愬爲山南東道節度使，賜爵涼國公。加韓弘兼侍中，李光顔、烏重胤等各遷官有差。辛丑，以唐隨兵馬使李祐爲神武將軍，知軍事。

裴度以馬總爲彰義留後。癸丑，發蔡州。上封二劍以授梁守謙，使誅吴元濟舊將。度至郾城遇之，復與俱入蔡州，量罪施刑，不盡如詔旨，仍上疏言之。

十二月壬戌，賜裴度爵晋國公，復入知政事。以馬總爲淮西節度使。

庚辰，貶淮西降將董重質爲春州司户。重質爲吴元濟謀主，屢破官軍，上欲殺之，李愬奏先許重質以不死。

憲宗討淄青

李師道

唐憲宗元和元年。初，李師古有異母弟曰師道，常疏斥在外，不免貧窶。師古私謂所親曰：「吾非不友於師道也，吾年十五擁節旄，自恨不知稼穡之艱難，况師道復減吾數歲。吾欲使之知衣食之所自來，且以州縣之務付之，計諸公必不察也。」及師古疾篤，師道時知密州事，好畫及觱篥。師古謂判官高沐、李公度曰：「迨吾之未亂也，欲有問於子。

我死，子欲奉誰爲帥乎？」二人相顧未對。師古曰：「豈非師道乎？人情誰肯薄骨肉而厚他人，顧置帥不善，則非徒敗軍政也，且覆吾族。師道爲公侯子孫，不務訓兵理人，專習小人賤事以爲己能，果堪爲帥乎？幸諸公審圖之。」閏六月壬戌朔，師古薨。沐、公度祕不發喪，潛逆師道于密州，奉以爲節度副使。

秋八月，李師道總軍務，久之，朝命未至。師道謀於將佐，或請出兵掠四境。高沐固止之，請輸兩稅，申官吏，行鹽法，遣使相繼奉表詣京師。杜黄裳請乘其未定而分之。上以劉闢未平，己巳，以師道爲平盧留後，知鄆州事。

冬十月壬午，以平盧留後李師道爲節度使。

十年。官軍之討吴元濟也，李師道使大將將二千〔人〕趣壽春，欲爲元濟之援。又使盜攻河陰轉運院，燒錢、帛三十餘萬緡、匹，穀二萬餘斛。事見憲宗平淮蔡。

夏六月癸卯，盜殺武元衡。

秋八月，李師道置留後院於東都，本道人雜沓往來，吏不敢詰。時淮西兵犯東畿，防禦兵悉屯伊闕。師道潛内兵於院中，至數十百人，謀焚宫闕，縱兵殺掠。已烹牛饗士，明日將發，其小卒詣留守吕元膺告變。元膺亟追伊闕兵圍之，賊衆突出。防禦兵踵其後，不敢迫，賊出長夏門，望山而遁。是時都城震駭，留守兵寡弱，元膺坐皇城門，指使部分，意氣自若，都人賴以安。

東都西南接鄧、虢，皆高山深林，民不耕種，專以射獵爲生，人皆趫勇，謂之「山棚」。元膺設重購以捕賊。數日，有山棚鬻鹿，賊遇而奪之，山棚走召其儕類，且引官軍共圍之谷中，盡獲之。按驗，得其魁，乃中岳寺僧圓淨，故嘗爲史思明將，勇悍過人，爲師道謀，多買田於伊闕、陸渾之間，以舍山棚而衣食之。有訾嘉珍、門察者，潛部分以屬圓淨。圓淨以師道錢千萬，陽爲治佛光寺，結黨定謀，約令嘉珍等竊發城中，圓淨舉火於山中，集二縣山棚入城助之。圓淨時年八十餘，捕者既得之，奮鎚擊其脛，不能折。圓淨罵曰：「鼠子，折人脛且不能，敢稱健兒！」乃自置其脛，教使折之。臨刑，歎曰：「誤我事，不得使洛城流血！」黨與死者凡數千人。留守、防禦將二人及驛卒八人，皆受其職名，爲之耳目。

元膺鞫訾嘉珍、門察，始知殺武元衡者乃師道也。元膺密以聞，以檻車送二人詣京師。上業已討王承宗，不復窮治。元膺上言：「近日藩鎮跋扈不臣，有可容貸者。至於師道，謀屠都城，燒宮闕，悖逆尤甚，不可不誅。」上以爲然，而方討吴元濟，絶王承宗，故未暇治師道也。

冬十一月丁酉，武寧節度使李愿奏敗李師道之衆。時師道數遣兵攻徐州，敗蕭、沛數縣，愿悉以步騎委都押牙温人王智興，擊破之。十二月甲辰，智興又破師道之衆，斬首二千餘級，逐北至平陰而還。愿，晟之子也。

十一年冬十一月，李師道聞李光顔等拔吴元濟陵雲栅而懼，詐請輸款。上以力未能討，加師道檢校司空。

十二年。官軍之攻吴元濟也，李師道募人通使於蔡，察其形勢。牙前虞候劉晏平應募出汴、宋間，潛行至蔡。元濟大喜，厚禮而遣之。晏平還至鄆，師道屏人而問之。晏平曰：「元濟暴兵數萬於外，阽危如此，而日與僕妾遊戲博弈於内，晏然曾無憂色。以愚觀之，殆必亡，不久矣。」師道素倚淮西爲援，聞之驚怒，尋誣以他過，杖殺之。

十三年。初，李師道謀逆命，判官高沐與同僚郭昈、李公度屢諫之。判官李文會、孔目官林英，素爲師道所親信，涕泣言於師道曰：「文會等盡誠爲尚書憂家事，反爲高沐等所疾。尚書奈何不憂十二州之土地，以成沐等之功名乎！」師道由是疏沐等，出沐知萊州。會林英入奏事，令進奏吏密申師道，云沐潛輸款於朝廷。文會從而構之，師道殺沐，并囚郭昈。凡軍中勸師道效順者，文會皆指爲高沐之黨而囚之。

及淮西平，師道憂懼，不知所爲。李公度及牙將李英曇因其懼而説之，使納質獻地以自贖。師道從之，遣使奉表，請使長子入侍，并獻沂、密、海三州。上許之，春正月，遣左常侍李遜詣鄆州宣慰。

李師道暗弱，軍府大事獨與妻魏氏、奴胡惟堪、楊自温、婢蒲氏、袁氏及孔目官王再升謀之，大將及幕僚莫得預焉。魏氏不欲其子入質，與蒲氏、袁氏言於師道曰：「自先司徒以來，有此十二州，奈何無故割而獻之！今計境内之兵不下數十萬，不獻三州，不過以兵相加。若力戰不勝，獻之未晚。」師道乃大悔，欲殺李公度。幕僚賈直言謂其用事奴曰：「今大禍將至，豈非高沐冤氣所爲！若又殺公度，軍府其危哉！」乃囚之。遷李英曇於萊州，未至，縊殺之。

李遜至鄆州，師道大陳兵迎之。遜盛氣正色，爲陳禍福，責其決語，欲白天子。師道退與其黨謀之，皆曰：「第許之，他日正煩一表解紛耳。」師道乃謝曰：「曏以父子之私，且迫於將士之情，故遷延未遣。今重煩朝使，豈敢復有二三！」遜察師道非實誠，歸言於上曰：「師道頑愚反覆，恐必須用兵。」既而師道表言軍情，不聽納質割地，上怒，決意討之。

賈直言冒刃諫師道者二，輿櫬諫者一，又畫縛載檻車妻子係纍者以獻。師道怒，囚之。

五月丙申，以忠武節度使李光顔爲義成節度使，謀討師道也。以河陽都知兵馬使曹華爲棣州刺史，詔加横海節度副使。六月丁丑，復以烏重胤領懷州刺史，鎮河陽。秋七月癸未朔，徙李愬爲武寧節度使。乙酉，下制罪狀李師道，令宣武、魏博、義成、武寧、横海兵共討之。吴元濟既平，韓弘懼，九月，自將兵擊李師道，圍曹州。

冬十一月壬寅，以河陽節度使烏重胤爲横海節度使。丁未，以華州刺史令狐楚爲河陽節度使。重胤以河陽精兵三千赴鎮，河陽兵不樂去鄉里，中道潰歸，又不敢入城，屯于城北。將大掠，令狐楚適至，單騎出，慰撫之，與俱歸。

先是，田弘正請自黎陽渡河，會義成節度使李光顔討李師道。裴度曰：「魏博軍既渡河，不可復退，立須進擊，方有成功。既至滑州，即仰給度支，徒有供餉之勞，更生觀望之勢。又或與李光顔互相疑阻，益致遷延。與其渡河而不進，不若養威於河北。宜且使之秣馬厲兵，俟霜降水落，自楊劉渡河，直指鄆州，得至陽穀置營，則兵勢自盛，賊衆摇心矣。」上從之。是月，弘正將魏博全師自楊劉渡河，距鄆州四十里築壘，賊中大震。

十二月戊寅，魏博、義成軍送所獲李師道都知兵馬使夏侯澄等四十七人。上皆釋弗誅，各付所獲行營驅使，曰：「若有父母欲歸者，優給遺之。朕所誅者，師道而已。」於是賊中聞之，降者相繼。

初，李文會與兄元規皆在李師古幕下。師古薨，師道立，元規辭去，文會屬師道親黨請留。元規將行，謂文會曰：「我去身退而安全，汝留必驟貴而受禍。」及官軍四臨，平盧兵勢日蹙，將士喧然，皆曰：「高沐、郭昈、李存爲司空忠謀，李文會奸佞，殺沐，囚昈、存，以致此禍。」師道不得已，出文會攝登州刺史，召昈、存還幕府。

武寧節度使李愬與平盧兵十一戰皆捷，己卯晦，進攻金鄉，克之。李師道性懦怯，自官軍致討，聞小敗及失城邑，輒憂悸成疾。由是左右皆蔽匿，不以實告。金鄉，兗州之要地，既失之，其刺史遣驛騎告急，左右不爲通，師道至死竟不知也。

十四年春正月辛巳，韓弘拔考城，殺二千餘人。丙戌，師道所署沭陽令梁洞以縣降于楚州刺史李聽。壬辰，武寧節度使李愬拔魚臺。丙申，田弘正奏敗淄青兵於東阿，殺萬餘人。丙午，田弘正奏敗平盧兵於陽穀。二月，李聽襲海州，克東海、朐山、懷仁等縣。李愬敗平盧兵於沂州，拔丞縣。

李師道聞官軍侵逼，發民治鄆州城塹，修守備，役及婦人，民益懼且怨。都知兵馬使劉悟，正臣之孫也，師道使之將兵萬餘人屯陽穀以拒官軍。悟務爲寬惠，使士卒人人自便，軍中號曰「劉父」。及田弘正渡河，悟軍無備，戰又數敗。或謂師道曰：「劉悟不修軍法，專收衆心，恐有他志，宜早圖之。」師道召悟計事，欲殺之。或諫曰：「今官軍四合，悟無逆狀，用一人言殺之，諸將誰肯爲用？是自脱其爪牙也。」師道留悟旬日，復遣之，厚贈金帛以安其意。悟知之，還營，陰爲之備。師道以悟將兵在外，署悟子從諫門下別奏。

從諫與師道諸奴日遊戲，頗得其陰謀，密疏以白父。

又有謂師道者曰：「劉悟終爲患，不如早除之。」丙辰，師道潛遣二使齎帖授行營兵馬副使張暹，令斬悟首獻之，勒暹權領行營。時悟方據高丘張幕置酒，去營二三里。二使至營，密以帖授暹。暹素與悟善，陽與使者謀曰：「悟自使府還，頗爲備，不可忽忽。暹請先往白之，云：『司空遣使存問將士，兼有賜物，請都頭速歸，同受傳語。』如此，則彼不疑，乃可圖也。」使者然之。暹懷帖走詣悟，屏人示之。悟潛遣人先執二使，殺之。

時已向暮，悟按轡徐行，還營坐帳下，嚴兵自衛。召諸將，厲色謂之曰：「悟與公等不顧死亡以抗官軍，誠無負於司空。今司空信讒言，來取悟首。悟死，諸公其次矣。且天子所欲誅者獨司空一人，今軍勢日蹙，吾曹何爲隨之族滅！欲與諸公卷旗束甲，還入鄆州，奉行天子之命，豈徒免危亡，富貴可圖也。諸公以爲何如？」兵馬使趙垂棘立於衆首，良久，對曰：「如此，事果濟否？」悟應聲罵曰：「汝與司空合謀邪！」立斬之。徧問其次，有遲疑未言者，悉斬之，并斬軍中素爲衆所惡者凡三十餘，尸於帳前。餘皆股栗，曰：「惟都頭命，願盡死。」乃令士卒曰：「入鄆，人賞錢百緡，惟不得近軍帑。其使宅及逆黨家財，任自掠取。有仇者報之。」使士卒皆飽食執兵，夜半聽鼓三聲絕即行，人銜枚，馬縛口，遇行人執留之，人無知者。距城數里，天未明，悟駐軍，使聽城上柝聲絕，使十人前行，宣言劉都頭奉帖追入城。門者請俟寫簡白使，十人拔刃擬之，皆竄匿。悟引大軍繼至，城中譟譁動地。比至，子城已洞開，惟牙城拒守，尋縱火斧其門而入。牙中兵不過數百，始猶有發弓矢者，俄知不支，皆投於地。

悟勒兵升聽事，使捕索師道。師道與二子伏廁牀下，索得之。悟命置牙門外隙地，使人謂曰：「悟奉密詔送司空歸闕，然司空亦何顏復見天子？」師道猶有幸生之意，其子弘方仰曰：「事已至此，速死爲幸。」尋皆斬之。自卯至午，悟乃命兩都虞候巡坊市，禁掠者，即時皆定。大集兵民於毬場，親乘馬巡繞，慰安之。斬贊師道逆謀者二十餘家，文武將吏且懼且喜，皆入賀。悟見李公度，執手歔欷。出賈直言於獄，置之幕府。

悟之自陽穀還兵趨鄆也，潛使人以其謀告田弘正，曰：「事成，當舉烽相白。萬一城中有備不能入，願公引兵爲助。功成之日，皆歸於公，悟何敢有之。」且使弘正進據己營。弘正見烽，知得城，遣使往賀。悟函師道父子三首，遣使送弘正營，弘正大喜，露布以聞。淄、青等十二州皆平。

弘正初得師道首，疑其非真，召夏侯澄使識之。澄熟視其面，長號隕絶，久之，乃抱其首，舐其目中塵垢，復慟哭。弘正爲之改容，義而不責。

壬戌，田弘正捷奏至。乙丑，命户部侍郎楊於陵爲淄青宣撫使。己巳，李師道首函至。自廣德以來，垂六十年，藩鎮跋扈河南北三十餘州，自除官吏，不供貢賦，至是盡遵朝廷約束。

上命楊於陵分李師道地。於陵按圖籍，視土地遠邇，計士馬衆寡，校倉庫虛實，分爲三道，使之適均，以鄆、曹、濮爲一道，淄、青、齊、登、萊爲一道，兗、海、沂、密爲一道。上從之。

劉悟以初討李師道詔云：「部將有能殺師道以衆降者，師道官爵悉以與之。」意謂盡得十二州之地，遂補署文武將佐，更易州縣長吏。謂其下曰：「軍府之政，一切循舊。自今但與諸公抱子弄孫，夫復何憂！」上欲移悟他鎮，恐悟不受代，復須用兵，密詔田弘正察之。弘正日遣使者詣悟，託言修好，實觀其所爲。悟多力，好手搏，得鄆州三日，則教軍中壯士手搏，與魏博使者庭觀之，自搖肩攘臂，離坐以助其勢。弘正聞之，笑曰：「是聞除改，登即行矣，何能爲哉！」庚午，以悟爲義成節度使。悟聞制下，手足失墜，明日，遂行。弘正將數道兵，已至城西二里，與悟相見於客亭，即受旌節，馳詣滑州，辟李公度、李存、郭盱、賈直言以自隨。悟素與李文會善，既得鄆州，使召之，未至。聞將移鎮，盱、存謀曰：「文會佞人，敗亂淄青一道，滅李司空之族，萬人所共讎也。不乘此際誅之，田相公至，務施寬大，將何以雪三齊之憤怨乎！」乃詐爲悟帖，遣使即文會所至，取其首以來。使者遇文會於豐齊驛，斬之。比還，悟及旴、存已去，無所復命矣。文會二子，一亡去，一死於獄，家貲悉爲人所掠，田宅没官。

詔以淄青行營副使張暹爲戎州刺史。癸酉，加田弘正檢校司徒、同平章事。先是，李師道將敗數月，聞風動鳥飛，皆疑有變，禁鄆人親識宴聚及道路偶語，犯者有刑。弘正既入鄆，悉除苛禁，縱人遊樂，寒食七晝夜不禁行人。或諫曰：「鄆人久爲寇敵，今雖平，人心未安，不可不備。」弘正曰：「今爲暴者既除，宜施以寬惠，若復爲嚴察，是以桀易桀也，庸何愈焉。」

先是，賊數遣人入關，截陵戟，焚倉場，流矢飛書，以震駭京師，沮撓官軍。有司督察甚嚴，潼關吏至發人囊篋以索之，然終不能絶。及田弘正入鄆，閱李師道簿書，有賞殺武元衡人王士元等及賞潼關、蒲津吏卒案，乃知鄉者皆吏卒受賂於賊，容其姦也。

裴度纂述蔡、鄆用兵以來，上之憂勤機略，因侍宴獻之，請内印出付史官。上曰：「如此似出朕志，非所欲也。」弗許。

三月戊子，以華州刺史馬總爲鄆曹濮等州節度使。己丑，以義成節度使薛平爲平盧節度、淄青齊登萊等州觀察使。以淄青西面行營供軍使王遂爲沂海兗密等州觀察使。

横海節度使烏重胤奏：「河朔藩鎮所以能旅拒朝命六十餘年者，由諸州縣各置鎮將領事，收刺史縣令之權，自作威福。歸使刺史各得行其職，則雖有奸雄如安、史，必不能以一州獨反也。臣所領德、棣、景三州，已舉牒各還刺史職事，應在州兵並令刺史領之。」夏四月丙寅，詔諸道節度、都團練、都防禦、經略等使所統支郡兵馬並令刺史領之。自至德以來，節度使權重，所統諸州各置鎮兵，以大將主之，暴横爲患，故重胤論之。其後河北諸鎮，惟横海最爲順命，由重胤處之得宜故也。

秋七月丁丑朔，田弘正送殺武元衡賊王士元等十六人，詔付内、京兆府、御史臺徧鞫之，皆款服。京兆尹崔元略以元衡物色詢之，則多異同。元略問其故，對曰：「恒、鄆同謀遣客刺元衡，而士元等後期，聞恒人事成，遂竊以爲己功，還報受賞耳。今自度爲罪均，終不免死，故承之。」上亦不欲復辨正，悉殺之。

戊寅，宣武節度使韓弘始入朝，上待之甚厚。弘獻馬三千，絹五千，雜繒三萬，金銀器千，而汴之庫廄尚有錢百餘萬緡，絹百餘萬匹，馬七千匹，糧三百萬斛。

沂、海、兖、密觀察使王遂，本錢穀吏，性狷急，無遠識。時軍府草創，人情未安，遂專以嚴酷爲治，所用杖絶大於常行者。每詈將卒，輒曰「反虜」。又盛夏役士卒營府舍，督責峻急，將卒憤怨。辛卯，役卒王弁與其徒四人浴於沂水，密謀作亂，曰：「今服役觸罪亦死，奮命立事亦死，死於立事，不猶愈乎！明日，常侍與監軍副使有宴，軍將皆在告，直兵多休息，吾屬乘此際，出其不意取之，可以萬全。」四人皆以爲然，約事成推弁爲留後。壬辰，遂方宴飲，日過中，弁等五人突入，於直房前取弓刀，徑前射副使張敦實，殺之。遂與監軍狼狽起走，弁執遂，數之以盛暑興役，用刑刻暴，立斬之。傳聲勿驚監軍，弁即自稱留後。朝廷聞沂州軍亂，甲辰，以棣州刺史曹華爲沂海兖密觀察使。

八月，朝廷議興兵討王弁，恐青、鄆相扇繼變，乃除弁開州刺史，遣中使賜以告身。中使紿之曰：「開州計已有人迎候道路，留後宜速發。」弁即日發沂州，導從尚百餘人，入徐州境，所在減之，其衆亦稍逃散。遂加以杻械，乘驢入關。九月戊寅，腰斬東市。先是，三分鄆兵以隸三鎮，及王遂死，朝廷以爲師道餘黨凶態未除，命曹華引棣州兵赴鎮以討之。沂州將士迎候者，華皆以好言撫之，使先入城，慰安其餘，衆皆不疑。華視事三日，大饗將士，伏甲士千人於幕下，乃集衆而諭之曰：「天子以鄆人有遷徙之勞，特加優給，宜令鄆人處右，沂人處左。」既定，令沂人皆出，因闔門，謂鄆人曰：「王常侍以天子之命爲帥於此，將士何得輒害之？」語未畢，伏者出圍而殺之，死者千二百人，無一得脱者。門屏間赤霧高丈餘，久之方散。

臣光曰：春秋書楚子虔誘蔡侯般殺之于申。彼列國也，孔子猶深貶之，惡其誘討也，况爲天子而誘匹夫乎？王遂以聚斂之才，殿新造之邦，用苛虐致亂。王弁庸夫，乘釁竊發，苟沂帥得人，戮之易於犬豕耳，何必以天子詔書爲誘人之餌乎！且作亂者五人耳，乃使曹華設詐屠千餘人，不亦濫乎！然則自今士卒孰不猜其將帥，將帥何以令其士卒，上下眄眄，如寇讎聚處，得間則更相魚肉，惟先發者爲雄耳，禍亂何時而弭哉！惜夫，憲宗削平僭亂，幾致治平，其美業所以不終，由苟徇近功，不敦大信故也。

河朔再叛

唐憲宗元和五年。劉濟之討王承宗也，以長子緄爲副大使，掌幽州留務。濟軍瀛州，次子總爲瀛州刺史，濟署行營都知兵馬使，使屯饒陽。濟有疾，總與判官張玘、孔目官成國寶謀，詐使人從長安來，曰：「朝廷以相公逗留無功，已除副大使爲節度使矣。」明日，又使人來告曰：「副大使旌節已至太原。」又使人走而呼曰：「旌節已過代州。」舉軍驚駭。濟憤怒，不知所爲，殺大將素與緄厚者數十人，追緄詣行營，以張玘兄臯代知留務。濟自朝至日昃不食，渴索飲，總因寘毒而進之。乙卯，濟薨。緄行至涿州，總矯以父命杖殺之，遂領軍務。

十三年夏四月，幽州大將譚忠說劉總曰：「自元和以來，劉闢、李錡、田季安、盧從史、吴元濟阻兵馮險，自以爲深根固蔕，天下莫能危也。然顧眄之間，身死家覆，皆不自知。此非人力所能及，殆天誅也。況今天子神聖威武，苦身焦思，縮衣節食，以養戰士，此志豈須臾忘天下哉！今國兵駸駸北來，趙人已獻城十二，忠深爲公憂之。」總泣且拜曰：「聞先生言，吾心定矣。」遂專意歸朝廷。

穆宗長慶元年。盧龍節度使劉總既殺其父兄，心常自疑，數見父兄爲祟。常於府舍飯僧數百，使晝夜爲佛事，每視事退則處其中，或處他室則驚悸不能寐。晚年，恐懼尤甚。亦見河南北皆從化，春正月己卯，奏乞棄官爲僧，仍乞賜錢百萬緡以賞將士。

三月癸丑，以劉總兼侍中，充天平節度使，以宣武節度使張弘靖爲盧龍節度使。乙卯，以權知京兆尹盧士玫爲瀛莫觀察使。丁巳，詔劉總兄弟子姪皆除官，大將僚佐亦宜超擢，百姓給復一年，軍士賜錢一百萬緡。

劉總奏懇乞爲僧，且以其私第爲佛寺。詔賜總名大覺，寺名報恩，遣中使以紫僧服及天平節鉞、侍中告身并賜之，惟其所擇。詔未至，總已削髮爲僧。將士欲遮留之，總殺其唱帥者十餘人，夜以印節授留後張玘，遁去。及明，軍中始知之。玘奏總不知所在，癸亥，卒于定州之境。

初，劉總奏分所屬爲三道，以幽、涿、營爲一道，請除張弘靖爲節度使；平、薊、嬀、檀爲一道，請除平盧節度使薛平爲節度使；瀛、莫爲一道，請除權知京兆尹盧士玫爲觀察使。弘靖先在河東，以寬簡得衆，總與之鄰境，聞其風望，以燕人桀驁日久，故舉弘靖自代以安輯之。平，嵩之子，知河朔風俗而盡誠於國，故舉之。士玫，則總妻族之親也。總又盡擇麾下宿將有功伉健難制者都知兵馬使朱克融等送之京師，乞加奬拔，使燕人有慕羨朝廷祿位之志。又獻征馬萬五千匹，然後削髮委去。克融，滔之孫也。

是時上方酣宴，不留意天下之務，崔植、杜元穎無遠略，不知安危大體，苟欲崇重弘靖，惟割瀛、莫二州以士玫領之，自餘皆統於弘靖。朱克融輩久羈旅京師，至假匄衣食，日詣中書求官，植、元穎不之省。及除弘靖幽州，勒克融輩歸本軍驅使，克融輩皆憤怨。

先是，河北節度使皆親冒寒暑，與士卒均勞逸。及弘靖至，雍容驕貴，肩輿於萬衆之中，燕人訝之。弘靖莊默自尊，涉旬乃一出坐決事，賓客將吏罕得聞其言，情意不接，政事多委之幕僚。而所辟判官韋雍輩多年少輕薄之士，嗜尚豪縱，出入傳呼甚盛，或夜歸燭火滿街，皆燕人所不習也。詔以錢百萬緡賜將士，弘靖留其二十萬緡充軍府雜用，雍輩復裁刻軍士糧賜，繩之以法，數以反虜詬責吏卒，謂軍士曰：「今天下太平，汝曹能挽兩石弓，不若識一丁字。」由是軍中人人怨怒。

秋七月甲辰，韋雍出，逢小將策馬衝其前導，雍命曳下，欲於街中杖之。河朔軍士不貫受杖，不服。雍以白弘靖，弘靖命軍虞候繫治之。是夕，士卒連營呼譟作亂，將校不能制，遂入府舍，掠弘靖貨財、婦女，囚弘靖於薊門館，殺幕僚韋雍、張宗元、崔仲卿、鄭塤，都虞候劉操、押牙張抱元。明日，軍士稍稍自悔，悉詣館謝弘靖，請改心事之。凡三請，弘靖不應。軍士乃相謂曰：「相公無言，是不赦吾曹。軍中豈可一日無帥。」乃相與迎舊將朱洄，奉以爲留後。洄，克融之父也，時以疾廢卧家，自辭老病，請使克融爲之，衆從之。衆以判官張徹長者，不殺。徹罵曰：「汝何敢反，行且族滅！」衆共殺之。

甲寅，幽州監軍奏軍亂，丁巳，貶張弘靖爲賓客分司，己未，再貶吉州刺史。庚申，以昭義節度使劉悟爲盧龍節度使。悟以朱克融方强，奏請且授克融節鉞，徐圖之。乃復以悟爲昭義節度使。

初，田弘正受詔鎮成德，自以久與鎮人戰，有父兄之仇，乃以魏兵二千從赴鎮，因留以自衛，奏請度支供其糧賜。户部侍郎判度支崔倰性剛褊，無遠慮，以爲魏、鎮各自有兵，恐開事例，不肯給。弘正四上表，不報，不得已，遣魏兵歸。倰，沔之孫也。

弘正厚於骨肉，兄弟子姪在兩都者數十人，競爲侈靡，日費約二十萬。弘正輦魏、鎮之貨以供之，相屬於道，河北將士頗不平。詔以錢百萬緡賜成德軍，度支輦運不時至，軍士益不悦。

都知兵馬使王庭凑，本回鶻阿布思之種也，性果悍陰狡，潛謀作亂，每抉其細故以激怒之，尚以魏兵故，不敢發。及魏兵去，壬戌，庭凑結牙兵譟於府署，殺弘正及僚佐、元從將吏并家屬三百餘人。庭凑自稱留後，逼監軍宋惟澄奏求節鉞。八月癸巳，惟澄以聞，朝廷震駭。崔倰於崔植爲再從兄，故時人莫敢言其罪。

初，朝廷易置魏、鎮帥臣，左金吾將軍楊元卿上言，以爲非便，又詣宰相深陳利害。及鎮州亂，上賜元卿白玉帶。辛未，以元卿爲涇原節度使。

瀛莫將士家屬多在幽州，壬申，莫州都虞候張良佐潛引朱克融兵入城，刺史吳暉不知所在。

癸酉，王庭凑遣人殺冀州刺史王進岌，分兵據其州。

魏博節度使李愬聞田弘正遇害，素服令將士曰：「魏人所以得通聖化，至今安寧富樂者，田公之力也。今鎮人不道，輒敢害之，是輕魏以爲無人也。諸君受田公恩，宜如何報之？」衆皆慟哭。深州刺史牛元翼，成德良將也，愬使以寶劍、玉帶遺之，曰：「昔吾先人以此劍立大勳，吾又以之平蔡州，今以授公，努力翦庭凑。」元翼以劍帶徇于軍，報曰：「願盡死。」愬將出兵，會疾作，不果。元翼，趙州人也。

乙亥，起復前涇原節度使田布爲魏博節度使，令乘驛之鎮。布固辭不獲，與妻子、賓客訣曰：「吾不還矣！」悉屏去旌節導從而行。未至魏州三十里，被髮徒跣，號哭而入，居于堊室。月俸千緡，一無所取，賣舊産得錢十餘萬緡，皆以頒士卒，舊將老者兄事之。

丙子，瀛州軍亂，執觀察使盧士玫及監軍、僚佐送幽州，囚於客館。

王庭凑遣其將王立攻深州，不克。

丁丑，詔魏博、横海、昭義、河東、義武諸軍各出兵臨成德之境，若王庭凑執迷不復，宜即進討。成德大將王儉等五人謀殺王庭凑，事泄，并部兵三千人皆死。

己卯，以深州刺史牛元翼爲深冀節度使。

丁亥，以殿中侍御史温造爲起居舍人，充鎮州四面諸軍宣慰使，歷澤潞、河東、魏博、横海、深冀、易定等道，諭以軍期。造，大雅之五世孫也。己丑，以裴度爲幽、鎮兩道招撫使。癸巳，王庭凑引幽州兵圍深州。

九月壬子，朱克融焚掠易州、淶水、遂城、滿城。

冬十月，以裴度爲鎮州四面行營都招討使。左領軍大將軍杜叔良以善事權倖得進，時幽、鎮兵勢方盛，諸道兵未敢進，上欲功速成，宦官薦叔良，以爲深州諸道行營節度使。以牛元翼爲成德節度使。丁丑，裴度自將兵出承天軍故關以討王庭凑。朱克融遣兵寇蔚州。戊寅，王庭凑遣兵寇貝州。己卯，易州刺史柳公濟敗幽州兵於白石嶺，殺千餘人。庚辰，橫海節度使烏重胤奏敗成德兵於饒陽。辛巳，魏博節度使田布將全軍三萬人討王庭湊，屯於南宮之南，拔其二栅。

翰林學士元稹與知樞密魏弘簡深相結，求爲宰相，由是有寵於上，每事咨訪焉。稹無怨於裴度，但以度先達重望，恐其復有功大用，妨己進取，故度所奏畫軍事，多與弘簡從中沮壞之。度乃上表極陳其朋比奸蠹之狀，以爲：「逆豎構亂，震驚山東，姦臣作朋，撓敗國政。陛下欲掃蕩幽、鎮，先宜肅清朝廷。何者？爲患有大小，議事有先後。河朔逆賊祇亂山東，禁闈姦臣必亂天下，是則河朔患小，禁闈患大。小者臣與諸將必能翦滅，大者非陛下覺寤制斷，無以驅除。今文武百僚，中外萬品，有心者無不憤忿，有口者無不咨嗟，直以獎用方深，不敢抵觸，恐事未行而禍已及，不爲國計，且爲身謀。臣自兵興以來，所陳章疏，事皆要切，所奉書詔，多有參差。蒙陛下委付之意不輕，遭姦臣抑損之事不少。臣素與佞倖亦無讎嫌，正以臣前請乘傳詣闕，面陳軍事，姦臣最所畏憚，恐臣發其過惡，百計止臣。臣又請與諸軍齊進，隨便攻討，姦臣恐臣或有成功，曲加阻礙，逗遛日時，進退皆受羈牽，意見悉遭蔽塞。但欲令臣失所，臣無成，則天下理亂，山東勝負，悉不顧矣。爲臣事君，一至於此！若朝中姦臣盡去，則河朔逆賊不討自平。若朝中姦臣尚存，則逆賊縱平無益。陛下儻未信臣言，乞出臣表，使百官集議，彼不受責，臣當伏辜。」表三上，上雖不悦，以度大臣，不得已，癸未，以弘簡爲弓箭庫使，稹爲工部侍郎。稹雖解翰林，恩遇如故。

横海節度使烏重胤將全軍救深州，諸軍倚重胤獨當幽、鎮東南。重胤宿將，知賊未可破，按兵觀釁。上怒，丙戌，以杜叔良爲横海節度使，徙重胤爲山南西道節度使。

十一月辛酉，淄青節度使薛平奏突將馬廷崟作亂，伏誅。時幽、鎮兵攻棣州，平遣大將李叔佐將兵救之。刺史王稷供饋稍薄，軍士怨怒，宵潰，推廷崟爲主，行且收兵至七千餘人，徑逼青州。城中兵少不敵，平悉發府庫及家財召募，得精兵二千人，逆戰，大破之，斬廷崟，其黨死者數千人。

横海節度使杜叔良將諸道兵與鎮人戰，遇敵輒北。鎮人知其無勇，常先犯之。十二月庚午，監軍謝良通奏叔良大敗於博野，失亡七千餘人。叔良脱身還營，喪其旌節。

丁丑，義武節度使陳楚奏敗朱克融兵於望都及北平，斬獲萬餘人。

戊寅，以鳳翔節度使李光顏爲忠武節度使兼深州行營節度使，代杜叔良。

自憲宗征伐四方，國用已虚，上即位，賞賜左右及宿衛諸軍無節，及幽、鎮用兵久無功，府藏空竭，勢不能支。執政乃議：「王庭凑殺田弘正，而朱克融全張弘靖，罪有重輕。請赦克融，專討庭凑。」上從之，乙酉，以朱克融爲平盧節度使。

戊子，義武奏破莫州清源等三柵，斬獲千餘人。

二年春正月丁酉，幽州兵陷弓高。先是，弓高守備甚嚴，有中使夜至，守將不内，旦，乃得入，中使大詬怒。賊諜知之，他日僞遣人爲中使，投夜至城下，守將遽内之，賊衆隨之，遂陷弓高，又圍下博。中書舍人白居易上言，以爲：「自幽、鎮逆命，朝廷徵諸道兵計十七八萬，四面攻圍，已逾半年，王師無功，賊勢猶盛。弓高既陷，糧道不通，下博、深州，飢窮日急。蓋由節將太衆，其心不齊，莫肯率先，遞相顧望。又，朝廷賞罰，近日不行，未立功者或已拜官，已敗衄者不聞得罪。既無懲勸，以至遷延，若不改張，必無所望。請令李光顔將諸道勁兵約三四萬人從東速進，開弓高糧路，合下博諸軍解深、邢重圍，與元翼合勢。令裴度將太原全軍兼招討舊職，西面壓境，觀釁而動。若乘虚得便，即令同力翦除；若戰勝賊窮，亦許受降納款。如此，則夾攻以分其力，招諭以動其心，必未及誅夷，自生變故。又請詔光顔選諸道兵精鋭者留之，其餘不可用者悉遣歸本道，自守土疆。蓋兵多而不精，豈惟虚費資糧，兼恐撓敗軍陳故也。今既祇留東西二帥，請各置都監一人，諸道監軍一時停罷。如此則衆齊令一，必有成功。又，朝廷本用田布，令報父讎，今領全師出界，供給度支，數月已來，都不進討。非田布固欲如此，抑有其由。聞魏博一軍，累經優賞，兵驕將富，莫肯爲用。況其軍一月之費，計實錢近二十八萬緡，若更遷延，將何供給？此尤宜早令退軍者也。若兩道止共留兵六萬，所費無多，既易支持，自然豐足。今事宜日急，其間變故遠不可知。苟兵數不抽，軍費不減，食既不足，衆何以安？不安之中，何事不有？况有司迫於供軍，百端斂率，不許即用度交闕，盡許則人心無憀。自古安危，皆繫於此，伏乞聖慮，察而念之。」疏奏，不省。

己亥，度支饋滄州糧車六百乘至下博，盡爲成德兵所掠。時諸軍匱乏，供軍院所運衣糧，往往不得至院，在塗爲諸軍邀奪，其懸軍深入者，皆凍餒無所得。

初，田布從其父弘正在魏，善視牙將史憲誠，屢稱薦，至右職。及爲節度使，遂寄以腹心，以爲先鋒兵馬使，軍中精鋭，悉以委之。憲誠之先，奚人也，世爲魏將。魏與幽、鎮本相表裏，及幽、鎮叛，魏人固摇心。布以魏兵討鎮，軍于南宫，上屢遣中使督戰，而將士驕惰，無鬭志，又屬大雪，度支饋運不繼。布發六州租賦以供軍，將士不悦，曰：「故事，軍出境，皆給朝廷。今尚書刮六州肌肉以奉軍，雖尚書瘠己肥國，六州之人何罪乎！」憲誠陰蓄異志，因衆心不悦，離間鼓扇之。〔會〕有詔分魏博軍與李光顔，使救深州，庚子，布軍大潰，多歸憲誠，布獨與中軍八千人還魏。壬寅，至魏州。

癸卯，布召諸將議出兵，諸將益偃蹇，曰：「尚書能行河朔舊事，則死生以之，若使復戰，則不能也。」布無如之何，歎曰：「功不成矣！」即日作遺表具其狀，略曰：「臣觀衆意，終負國恩。臣既無功，敢忘即死。伏願陛下速救光顔、元翼，不然者，義士忠臣皆爲河朔屠害矣！」奉表號哭，拜授幕僚李石，乃入啓父靈，抽刀而言曰：「上以謝君父，下以示三軍。」遂刺心而死。憲誠聞布已死，乃諭其衆，遵河北舊事。衆悦，擁憲誠還魏，奉爲留後。戊申，魏州奏布自殺。己酉，以憲誠爲魏博節度使。憲誠雖喜得旄鉞，外奉朝廷，然内實與幽、鎮連結。

庚戌，以德州刺史王日簡爲横海節度使。日簡，乃成德牙將也。壬子，貶杜叔良爲歸州刺史。

王庭凑圍牛元翼於深州，官軍三面救之，皆以乏糧不能進，雖李光顔亦閉壁自守而已。軍士自采薪芻，日給不過陳米一勺。深州圍益急，朝廷不得已，二月甲子，以庭凑爲成德節度使，軍中將士官爵皆復其舊，以兵部侍郎韓愈爲宣慰使。

上之初即位也，兩河略定，蕭俛、段文昌以爲天下已太平，漸宜消兵，請密詔天下軍鎮有兵處，每歲百人之中限八人逃、死。上方荒宴，不以國事爲意，遂可其奏。軍士落籍者衆，皆聚山澤爲盜。及朱克融、王庭凑作亂，一呼而亡卒皆集，詔徵諸道兵討之。諸道兵既少，皆臨時召募，烏合之衆。又，諸節度既有監軍，其領偏師者亦置中使監陳，主將不得專號令，戰小勝則飛驛奏捷，自以爲功，不勝則迫脅主將，以罪歸之。悉擇軍中驍勇以自衛，遣羸懦者就戰，故每戰多敗。又凡用兵，舉動皆自禁中授以方略，朝令夕改，不知所從，不度可否，惟督令速戰。中使道路如織。驛馬不足，掠行人馬以繼之，人不敢由驛路行。故雖以諸道十五萬之衆，裴度元臣宿望，烏重胤、李光顔皆當時名將，討幽、鎮萬餘之衆，屯守踰年，竟無成功，財竭力盡。

崔植、杜元穎、王播爲相，皆庸才，無遠略。史憲誠既逼殺田布，朝廷不能討，遂并朱克融、王庭凑以節鉞授之，由是再失河朔，訖于唐亡，不能復取。

朱克融既得旌節，乃出張弘靖及盧士玫。

丙寅，以牛元翼爲山南東道節度使，以左神策行營樂壽鎮兵馬使清河傅良弼爲沂州刺史，以瀛州博野鎮遏使李寰爲忻州刺史。良弼、寰所戍在幽、鎮之間，朱克融、王庭凑互加誘脅，良弼、寰不從，各以其衆堅壁，賊竟不能取，故賞之。

丙子，賜横海節度使王日簡姓名爲李全略。

癸未，加李光顔横海節度使滄景觀察使，其忠武深州行營節度如故。以横海節度使李全略爲德棣節度使。時朝廷以光顔懸軍深入，饋運難通，故割滄景以隸之。王庭凑雖受旌節，不解深州之圍。丙戌，以知制誥東陽馮宿爲山南東道節度副使，權知留後，仍遣中使入深州督牛元翼赴鎮。裴度亦與幽、鎮書，責以大義。朱克融即解圍去，王庭凑雖引兵少退，猶守之不去。

元稹怨裴度，欲解其兵柄，故勸上雪王庭湊而罷兵。丁亥，以度爲司空、東都留守，平章事如故。諫官争上言：「時未偃兵，度有將相全才，不宜置之散地。」上乃命度入朝，然後赴東都。

以靈武節度使李聽爲河東節度使。

三月丙午，加朱克融、王庭湊檢校工部尚書。上聞其解深州之圍，故褒之，然庭湊之兵實猶在深州城下。

韓愈既行，衆皆危之。詔愈至境更觀事勢，勿遽入。愈曰：「止，君之仁。死，臣之義。」遂往。至鎮，庭湊拔刃弦弓以逆之，及館，甲士羅於庭。庭湊言曰：「所以紛紛者，乃此曹所爲，非庭湊心。」愈厲聲曰：「天子以尚書有將帥材，故賜之節鉞，不知尚書乃不能與健兒語邪！」甲士前曰：「先太師爲國擊走朱滔，血衣猶在，此軍何負朝廷，乃以爲賊乎！」愈曰：「汝曹尚能記先太師則善矣。夫逆順之爲禍福豈遠邪！自禄山、思明以來，至元濟、師道，其子孫有今尚存仕宦者乎！田令公以魏博歸朝廷，子孫雖在孩提，皆爲美官。王承元以此軍歸朝廷，弱冠爲節度使。劉悟、李祐今皆爲節度使，汝曹亦聞之乎！」庭湊恐衆心動，麾之使出，謂愈曰：「侍郎來，欲使庭湊何爲？」愈曰：「神策六軍之將，如牛元翼者不少，但朝廷顧大體，不可棄之耳。尚書何爲圍之不置？」庭湊曰：

「即當出之。」因與愈宴，禮而歸之。未幾，牛元翼將十騎突圍出，深州大將臧平等舉城降，庭凑責其久堅守，殺平等將吏百八十餘人。

戊申，裴度至長安，見上，謝討賊無功。

李光顔所將兵聞當留滄景，皆大呼西走，光顔不能制，因驚懼成疾。己酉，上表固辭横海節，乞歸許州，許之。

壬子，以裴度爲淮南節度使，餘如故。言事者皆謂裴度不宜出外，上亦自重之。戊午，制留度輔政。以中書侍郎、同平章事王播同平章事，代度鎮淮南，仍兼諸道鹽鐵轉運使。

李寰帥其衆三千出博野，王庭凑遣兵追之。寰與戰，殺三百餘人，庭凑兵乃還，餘衆二千猶固守博野。

復以德棣節度使李全略爲横海節度使。夏四月甲戌，以傅良弼、李寰爲神策都知兵馬使。

王庭凑之圍牛元翼也，和王傅于方欲以奇策干進，言於元稹，請遣客王昭、于友明間説賊黨，使出元翼。仍賂兵、吏部令史僞出告身二十通，令以便宜給賜。稹皆然之。有李賞者知其謀，乃告裴度，云方爲稹結客刺度，度隱而不發。賞詣左神策告其事，五月丁巳，詔左僕射韓皋等鞫之。

戊午，幽州節度使朱克融進馬萬匹、羊十萬口，而表云先請其直充犒賞。

三司按于方刺裴度事皆無驗，六月甲子，度及元稹皆罷相，度爲右僕射，稹爲同州刺史，以兵部尚書李逢吉爲門下侍郎、同平章事。諫官上言：「裴度無罪，不當免相。元稹與于方爲邪謀，責之太輕。」上不得已，壬申，削稹長春宫使。

三年夏五月丙子，以晉、慈二州爲保義軍，以觀察使李寰爲節度使。秋八月，以左僕射裴度爲司空、山南西道節度使，不兼平章事。李逢吉惡度，右補闕張又新等附逢吉，競流謗毀傷度，竟出之。

四年。初，牛元翼在襄陽，數賂王庭湊以請其家，庭湊不與。聞元翼薨，甲子，盡殺之。夏六月，上聞王庭湊屠牛元翼家，歎宰輔非才，使凶賊縱暴。翰林學士韋處厚因上疏言：「裴度勳高中夏，聲播外夷，若置之巖廊，委其參決，河北、山東必稟朝算。管仲曰：『人離而聽之則愚，合而聽之則聖。』理亂之本，非有他術，順人則理，違人則亂。伏承陛下當食歎息，恨無蕭、曹，今有一裴度尚不能留，此馮唐所以謂漢文得廉頗、李牧不能用也。夫御宰相，當委之，信之，親之，禮之，於事不效，於國無勞，則置之散寮，黜之遠郡。如此則在位者不敢不厲，將進者不敢苟求。臣與逢吉素無私嫌，嘗爲裴度無辜貶官。今之所陳，上答聖明，下達羣議耳。」上見度奏狀無平章事，以問處厚。處厚具言李逢吉排沮之狀。上曰：「何至是邪！」李程亦勸上加禮於度，丙申，加度同平章事。

冬十二月庚寅，加天平節度使烏重胤同平章事。

敬宗寶曆二年春正月壬辰，裴度自興元入朝，李逢吉之黨百計毀之。上雖年少，悉察其誣謗，待度益厚。二月丁未，以度爲司空、同平章事。

上自即位以來，欲幸東都，令度支員外郎盧貞按視，修東都宫闕。會朱克融、王庭湊皆請以兵匠助修東都，三月丁亥，敕以修東都煩擾，罷之，召盧貞還。

先是，朝廷遣中使賜朱克融時服，克融以爲疏惡，執留敕使。又奏當道今歲將士春衣不足，乞度支給三十萬端匹。又奏欲將兵馬及丁匠五千助修宫闕。上患之，以問宰相，欲遣重臣宣慰，仍索敕使。裴度對曰：「克融無禮已甚，殆將斃矣。譬如猛獸，自於山林中咆哮跳踉，久當自困，必不敢輒離巢穴。願陛下勿遣宣慰，亦勿索敕使。旬日之後，徐賜詔書，云：『聞中官至彼，稍失去就，俟還，朕自有處分。時服有司製造不謹，朕甚欲知之，已令區處。其將士春衣，從來非朝廷徵發，皆本道自備。朕不愛數十萬匹物，但素無此例，不可獨與范陽。』所稱助修宫闕，皆是虚語，若欲直挫其姦，宜云：『丁匠宜速遣來，已令所在排比供擬。』彼得此詔，必蒼黄失圖。若且示含容，則云：『修宫闕事在有司，不假丁匠遠來。』如是而已，不足勞聖慮也。」上悅，從之。

橫海節度使李全略薨，其子副大使同捷擅領留後，重賂鄰道，以求承繼。夏五月，幽州軍亂，殺朱克融及其子延齡，軍中立其少子延嗣主軍務。秋八月，朱延嗣既得幽州，虐用其人。都知兵馬使李載義與弟牙內兵馬使載寧共殺延嗣，并屠其家三百餘人。載義權知留後，九月，數延嗣之罪以聞。載義，承乾之後也。庚申，魏博節度使史憲誠妄奏：「李同捷爲軍士所逐，走歸本道，請束身歸朝。」尋奏「同捷復歸滄州」。冬十月(己)〔乙〕亥，以李載義爲盧龍節度使。

文宗太和元年。(春二月)李同捷擅據滄景，朝廷經歲不問。同捷冀易世之後或加恩貸，三月壬戌朔，遣掌書記崔從長奉表與其弟同志、同巽俱入見，請遵朝旨。

夏五月丙子，以天平節度使烏重胤爲橫海節度使，以前橫海節度副使李同捷爲兗海節度使。朝廷猶慮河南北節度使構扇同捷使拒命，乃加魏博史憲誠同平章事。丁丑，加盧龍李載義、平盧康志睦、成德王庭湊檢校官。

秋七月，李同捷託爲將士所留，不受詔。乙酉，武寧節度使王智興奏請將本軍三萬人，自備五月糧以討同捷，許之。八月庚子，削同捷官爵，命烏重胤、王智興、康志睦、史憲誠、李載義與義成節度使李聽、義武節度使張播各帥本軍討之。同捷遣其子弟以珍玩、女妓賂河北諸鎮。戊午，李載義執其姪，并所賂獻之。

史憲誠與李全略爲婚姻，及同捷叛，密以糧助之。裴度不知其所爲，謂憲誠無貳心。憲誠遣親吏至中書請事，韋處厚謂曰：「晋公於上前以百口保爾使主；處厚則不然，但仰俟所爲，自有朝典耳。」憲誠懼，不敢復與同捷通。

王庭凑爲同捷求節鉞不獲，乃助之爲亂，出兵境上以撓魏師。又遣使厚賂沙陀酋長朱邪執宜，欲與之連兵，執宜拒不受。

冬十月，天平、横海節度使烏重胤擊同捷，屢破之。十一月丙寅，重胤薨。庚辰，以保義節度使李寰爲横海節度使，從王智興之請也。十二月庚戌，加王智興同平章事。

二年春三月己卯，王智興攻棣州，焚其三門。

閏月丙戌朔，史憲誠奏遣其子副大使唐、都知兵馬使亓志紹將兵二萬五千趣德州討李同捷。時憲誠欲助同捷，唐泣諫，且請發兵討之，憲誠不能違。

（夏六月）王庭凑陰以兵及鹽糧助李同捷，上欲討之，秋七月甲辰，詔中書集百官議其事。宰相以下莫敢違，衛尉卿殷侑獨以爲：「庭凑雖附凶徒，事未甚露，宜且含容，專討同捷。」己巳，下詔罪狀庭凑，命鄰道各嚴兵守備，聽其自新。

九月丁亥，王智興奏拔棣州。

李寰自晉州引兵赴鎮，不戢士卒，所過殘暴，至則擁兵不進，但坐索供饋。庚寅，以寰爲夏綏節度使。

甲午，詔削奪王庭凑官爵，命諸軍四面進討。

加王智興守司徒。以前夏綏節度使傅良弼爲横海節度使。

冬十月，魏博敗横海兵於平原，遂拔之。

十一月癸未朔，易定節度使柳公濟奏攻李同捷堅固寨，拔之，又破其兵於寨東。時河南北諸軍討同捷久未成功，每有小勝，則虚張首虜以邀厚賞，朝廷竭力奉之，江、淮爲之耗弊。

傅良弼至陜而薨，乙酉，以左金吾大將軍李祐爲横海節度使。

十二月丁巳，王智興奏兵馬使李君謀將兵濟河，破無棣。壬申，中書侍郎、同平章事韋處厚薨。

李同捷軍勢日蹙，王庭凑不能救，乃遣人説魏博大將亓志紹，使殺史憲誠父子取魏博。志紹遂作亂，引所部兵二萬人還逼魏州。丁丑，命諫議大夫柏耆宣慰魏博，且發義成、河陽兵以討志紹。辛巳，史憲誠奏亓志紹兵屯永濟，告急求援。詔義成節度使李聽帥滄州行營諸軍以討志紹。

三年春正月，亓志紹與成德合兵掠貝州。義成行營兵三千人先屯齊州，使之禹城，中道潰叛，橫海節度使李祐討誅之。李聽、史唐合兵擊亓志紹，破之，志紹將其衆五千奔鎮州。李載義奏攻滄州、長蘆，拔之。甲辰，昭義奏亓志紹餘衆萬五千人詣本道降，寘之洺州。二月，橫海節度使李祐帥諸道行營兵擊李同捷，破之，進攻德州。憲誠聞滄景將平而懼，其子唐勸之入朝。丙寅，憲誠使唐奉表請入朝，且請以所管聽命。

夏四月戊辰，李載義奏攻滄州，破其羅城。李祐拔德州，城中將三千餘人奔鎮州。李同捷與祐書請降，祐并奏其書。諫議大夫柏耆受詔宣慰行營，好張大聲勢以威制諸將，諸將已惡之矣。及李同捷請降於祐，祐遣大將萬洪代守滄州。耆疑同捷之詐，自將數百騎馳入滄州，以事誅洪，取同捷及其家屬詣京師。乙亥，至將陵，或言王庭湊欲以奇兵篡同捷，乃斬同捷，傳首，滄景悉平。

五月庚寅，加李載義同平章事。諸道兵攻李同捷，三年，僅能下之，而柏耆徑入城取爲己功，諸將疾之，争上表論列。辛卯，貶耆爲循州司户。李祐尋薨。

壬寅，攝魏博副使史唐奏改名孝章。

六月丙辰，詔：「鎮州四面行營各歸本道休息，但務保境，勿相往來。惟庭湊或效順，爲達表章，餘皆勿受。」

辛酉，以史憲誠爲兼侍中、河中節度使；以李聽兼魏博節度使。分相、衛、澶三州，以史孝章爲節度使。

初，李祐聞柏耆殺萬洪，大驚，疾遂劇。上曰：「祐若死，是耆殺之也。」癸酉，賜耆自盡。

河東節度使李程奏得王庭湊書，請納景州，又奏亓志紹自縊。

上遣中使賜史憲誠旌節，癸酉，至魏州。時李聽自貝州還軍館陶，遷延未進。憲誠竭府庫以治行，將士怒，甲戌，軍亂，殺憲誠，奉牙内都知兵馬使靈武何進滔知留後。李聽進至魏州，進滔拒之，不得入。秋七月，進滔出兵擊李聽，聽不爲備，大敗，潰走，晝夜兼行趣淺口，失亡過半，輜重、兵械盡棄之。昭義兵救之，聽僅而得免，歸于滑臺。河北久用兵，餽運不給，朝廷厭苦之。八月壬子，以進滔爲魏博節度使，復以相、衛、澶三州歸之。

滄州承喪亂之餘，骸骨蔽地，城空野曠，户口存者什無三四。癸丑，以衛尉卿殷侑爲齊、德、滄、景節度使。侑至鎮，與士卒同甘苦，招撫百姓，勸之耕桑，流散者稍稍復業。先是，本軍三萬人皆仰度支，侑至一年，租税自能贍其半，二年請悉罷度支給賜，三年之後，户口滋殖，倉廩充盈。

王庭湊因鄰道微露請服之意，壬申，赦庭湊及將士，復其官爵。

四年。（夏四月）裴度以高年多疾，懇辭機政。六月丁未，以度爲司徒、平章軍國重事，俟疾損，三五日一入中書。

五年春正月庚申，盧龍監軍奏李載義與敕使宴於毬場後院，副兵馬使楊志誠與其徒呼譟作亂，載義與子正元奔易州，志誠又殺莫州刺史張慶初。上召宰相謀之，牛僧孺曰：「范陽自安、史以來，非國所有，劉總暫獻其地，朝廷費錢八十萬緡，而無絲毫所獲。今日志誠得之，猶前日載義得之也。因而撫之，使捍北狄，不必計其逆順。」上從之。載義自易州赴京師，上以載義有平滄景之功，且事朝廷恭順，二月壬辰，以載義爲太保，同平章事如故。以楊志誠爲盧龍留後。

臣光曰：昔者聖人順天理，察人情，知齊民之莫能相治也，故置師長以正之；知羣臣之莫能相使也，故建諸侯以制之；知列國之莫能相服也，故立天子以統之。天子之於萬國，能褒善而黜惡，抑强而輔弱，撫服而懲違，禁暴而誅亂，然後發號施令，而四海之内莫不率從也。詩云：「勉勉我王，綱紀四方。」載義藩屏大臣，有功於國，無罪而志誠逐之，此天子所宜治也。若一無所問，因以其土田爵位授之，則是將帥之廢置殺生皆出於士卒之手，天子雖在上，奚爲哉！國家之有方鎮，豈專利其財賦而已乎！如僧孺之言，姑息偷安之術耳，豈宰相佐天子御天下之道哉！

夏四月己丑，以李載義爲山南西道節度使，楊志誠爲幽州節度使。

七年春二月癸亥，加盧龍節度使、檢校工部尚書楊志誠檢校吏部尚書。進奏官徐迪詣宰相言：「軍中不識朝廷之制，唯知尚書改僕射爲遷，不知工部改吏部爲美，敕使往，恐不得出。」辭氣甚慢，宰相不以爲意。

三月，楊志誠怒不得僕射，留官告使魏寶義并春衣使焦奉鸞、送奚、契丹使尹士恭。甲午，遣牙將王文潁來謝恩，并讓官。丙申，復以告身并批答賜之，文潁不受而去。

夏六月乙巳，以山南西道節度使李載義爲河東節度使。

秋八月壬寅，加幽州節度使楊志誠檢校右僕射，仍別遣使慰諭之。

杜牧憤河朔三鎮之桀驁，而朝廷議者專事姑息，乃作書，名曰罪言，大略以爲：「國家自天寶盜起，河北百餘城不得尺寸，人望之若回鶻、吐蕃，無敢窺者。齊、梁、蔡被其風流，因亦爲寇。未嘗五年間不戰，焦焦然七十餘年矣。今上策莫如先自治，中策莫如取魏，最下策爲浪戰，不計地勢，不審攻守是也。」

又傷府兵廢壞，作原十六衛，以爲：「國家始踵隋制，開十六衛，自今觀之，設官言無謂者，其十六衛乎？本原事迹，其實天下之大命也。貞觀中，內以十六衛蓄養戎臣，外開折衝果毅府五百七十四以儲兵伍，有事則戎臣提兵居外，無事則放兵居內。其居內也，富貴恩澤以奉養其身，所部之兵散舍諸府。上府不越千二百人，三時耕稼，一時治武，藉藏將府，伍散田畝，力解勢破，人人自愛，雖有蚩尤爲帥，亦不可使爲亂耳。及其居外也，緣部之兵被檄乃來，斧鉞在前，爵賞在後，飄暴交捽，豈暇異略，雖有蚩尤爲帥，亦無能爲叛也。自貞觀至于開元百三十年間，戎臣兵伍，未始逆篡，此大聖人所以能柄統輕重，制鄣表裏，聖算神術也。至于開元末，愚儒奏章曰：『天下文勝矣，請罷府兵。』武夫奏章曰：『天下力强矣，請搏四夷。』於是府兵內剷，邊兵外作，戎臣兵伍，湍奔矢往，內無一人矣。尾大中乾，成燕偏重，而天下掀然，根萌燼燃，七聖旰食，求欲除之且不能也。由此觀之，戎臣兵伍，豈可一日使出落鈐鍵哉。然爲國者不能無兵，居外則叛，居內則篡。使外不叛，內不篡，古今已還，法術最長，其置府立衛乎。近代已來，於其將也，弊復爲甚，率皆市兒輩多齎金玉，負倚幽陰，折券交貨所能致也。絶不識父兄禮義之教，復無慷慨感概之氣。百城千里，一朝得之，其强傑愎勃者則撓削法制，不使縛己，斬族忠良，不使違己，力壹勢便，罔不爲寇。其陰泥巧狡者，亦能家算口斂，委於邪倖，由卿市公，去郡得都，四履所治，指爲别館。或一夫不幸而壽，則戛割生人，略市天下。是以天下兵亂不息，齊人乾耗，靡不由是矣。嗚呼，文皇帝十六衛之旨，其誰原而復之乎！」

又作戰論，以爲：「河北視天下猶珠璣也，天下視河北猶四支也。河北氣俗渾厚，果於戰耕，加以土息健馬，便於馳敵，是以出則勝，處則饒。不窺天下之産，自可封殖，亦猶大農之家，不待珠璣然後以爲富也。國家無河北，則精甲、鋭卒、利刃、良弓、健馬無有也，是一支，兵去矣。河東、盟津、滑臺、大梁、彭城、東平，盡宿厚兵以塞虜衝，不可他使，是二支，兵去矣。六鎮之師，厥數三億，低首仰給，横拱不爲，則沿淮已北，循河之南，東盡海，西叩洛，赤地盡取，才能應費，是三支，財去矣。咸陽西北，戎夷大屯，盡剷吴越荆楚之饒，以啖兵戍，是四支，財去矣。天下四支盡解，頭腹兀然，其能以是久爲安乎！今者誠能治其五敗，則一戰可定，四支可生。夫天下無事之時，殿寄大臣偷安奉私，戰士離落，兵甲鈍弊，是不蒐練之過，其敗一也。百人荷戈，仰食縣官，則挾千夫之名，大將小裨，操其餘嬴，以虜壯爲幸，以師老爲娱，是執兵者常少，糜食者常多，此不責實料食之過，其敗二也。戰小勝則張皇其功，奔走獻狀，以邀上賞，或一日再賜，一月累封，凱還未歌，書品已崇，爵命極矣，田宫廣矣，金繒溢矣，子孫官矣，焉肯搜奇出死，勤於我矣，此厚賞之過，其敗三也。多喪兵士，顛翻大都，則跳身而來，刺邦而去，回視刀鋸，氣色甚安，一歲未更，旋已立於壇墀之上矣，此輕罰之過，其敗四也。大將兵柄不得專，恩臣、敕使迭來揮之，堂然將陳，殷然將鼓，一則曰必爲偃月，一則曰必爲魚麗，三軍萬夫，環旋翔羊愰駭之間，虜騎乘之，遂取吾之鼓旗，此不專任責成之過，其敗五也。今者誠欲調持干戈，洒掃垢汙，以爲萬世安，而乃踵前非，是不可爲也。」

又作守論，以爲：「今之議者咸曰，『夫倔强之徒，吾以良將勁兵爲銜策，高位美爵充飽其腸，安而不撓，外而不拘，亦猶豢擾虎狼而不拂其心，則忿氣不萌。此大曆、貞元所以守邦也，亦何必疾戰，焚煎吾民，然後以爲快也』。愚曰：『大曆、貞元之間，適以此爲禍也。當是之時，有城數十，千百卒夫，則朝廷别待之，貸以法度。於是乎闊視大言，自樹一家，破制削法，角爲尊奢。天子養威而不問，有司守恬而不呵。王侯通爵，越録受之；覲聘不來，几杖扶之；逆息虜胤，皇子嬪之；裝緣采飾，無不備之。是以地益廣，兵益强，僭擬益甚，侈心益昌。於是土田名器，分劃殆盡，而賊夫貪心，未及畔岸，遂有淫名越號，或帝或王，盟詛自立，恬淡不畏，走兵四略以飽其志者也。是以趙、魏、燕、齊卓起大唱，梁、蔡、吴、蜀躡而和之，其餘混傾軒囂，欲相效者往往而是。運遭孝武，宵旰不忘，前英後傑，夕思朝議，故能大者誅鋤，小者惠來。不然，周、秦之郊，幾爲犯獵哉！大抵生人油然多欲，欲而不得則怒，怒則争亂隨之。是以教笞於家，刑罰於國，征伐於天下，此所以裁其欲而塞其争也。大曆、貞元之間，盡反此道，提區區之有而塞無涯之争，是以首尾指支幾不能相運掉也。今者不知非此，而反用以爲經，愚見爲盗者非止於河北而已。嗚呼，大曆、貞元守邦之術，永戒之哉！』」

又注孫子，爲之序，以爲：「兵者，刑也。刑者，政事也。爲夫子之徒，實仲由、冉有之事也。不知自何代何人，分爲二道，曰文、武，離而俱行，因使搢紳之士不敢言兵，或耻言之。苟有言者，世以爲粗暴異人，人不比數。嗚呼，亡失根本，斯最爲甚。禮曰：『四郊多壘，此卿大夫之辱也。』歷觀自古，樹立其國，滅亡其國，未始不由兵也。主兵者必聖賢、材能、多聞博識之士，乃能有功，議於廊廟之上，兵形已成，然後付之於將。漢祖言『指縱者人也，獲兎者犬也』，此其是也。彼爲相者曰，『兵非吾事，吾不當知』。君子曰：『（叨）〔勿〕居其位可也。』」

八年冬十月辛巳，幽州軍亂，逐節度使楊志誠及監軍李懷仵，推兵馬使史元忠主留務。

楊志誠過太原，李載義自毆擊，欲殺之，幕僚諫救得免，殺其妻子及從行將卒。朝廷以載義有功，不問。載義母、兄葬幽州，志誠發取其財。載義奏乞取志誠心以祭母，不許。

十一月，史元忠獻楊志誠所造衮衣及諸僭物。丁卯，流志誠於嶺南，道殺之。

十二月癸未，以史元忠爲盧龍留後。

九年春正月乙卯，以王元逵爲成德節度使。三月丙辰，以史元忠爲盧龍節度使。

通鑑紀事本末卷第三十五

南詔歸附

唐玄宗開元二十六年秋九月戊午，册南詔蒙歸義爲雲南王。歸義之先本哀牢夷，地居姚州之西，東南接交趾，西北接吐蕃。蠻語謂王曰詔。先有六詔，曰蒙舍，曰蒙越，曰越(折)〔析〕，曰浪穹，曰樣備，曰越澹，兵力相埒，莫能相壹，歷代因之，以分其勢。蒙舍最在南，故謂之南詔。高宗時，蒙舍細奴邏初入朝。細奴邏生邏盛，邏盛生盛邏皮，盛邏皮生皮邏閣。皮邏閣浸强大，而五詔微弱。會有破洱河蠻之功，乃賂王昱，求合六詔爲一。昱爲之奏請，朝廷許之，仍賜名歸義。於是以兵威脅服羣蠻，不從者滅之，遂擊破吐蕃，徙居大和城。其後卒爲邊患。

天寶七載。雲南王歸義卒，子閤羅鳳嗣，以其子鳳迦異爲陽瓜州刺史。

九載。楊國忠德鮮于仲通，薦爲劍南節度使。仲通性褊急，失蠻夷心。故事，南詔常與妻子俱謁都督，過雲南，雲南太守張虔陀皆私之。又多所徵求，南詔王閤羅鳳不應，虔陀遣人詈辱之，仍密奏其罪。閤羅鳳忿怨，是歲，發兵反，攻陷雲南，殺虔陀，取夷州三十二。

十載夏四月壬午，劍南節度使鮮于仲通討南詔蠻，大敗於瀘南。時仲通將兵八萬，分二道出戎、巂州，至曲州、靖州。南詔王閤羅鳳遣使謝罪，請還所俘掠，城雲南而去。且曰：「今吐蕃大兵壓境，若不許我，我將歸命吐蕃，雲南非唐有也。」仲通不許，囚其使。進軍至西洱河，與閤羅鳳戰，軍大敗，士卒死者六萬人，仲通僅以身免。楊國忠掩其敗狀，仍敍其戰功。閤羅鳳斂戰尸築爲京觀，遂北臣於吐蕃。蠻語謂弟爲(鐘)〔鍾〕，吐蕃命閤羅鳳爲贊普鍾，號曰東帝，給以金印。閤羅鳳刻碑於國門，言己不得已而叛唐，且曰：「我世世事唐，受其封賞，後世容復歸唐，當指碑以示唐使者，知吾之叛非本心也。」

制大募兩京及河南、北兵以擊南詔。人聞雲南多瘴癘，未戰士卒死者什八九，莫肯應募。楊國忠遣御史分道捕人，連枷送詣軍所。舊制，百姓有勳者免征役。時調兵既多，國忠奏先取高勳。於是行者愁怨，父母妻子送之，所在哭聲振野。

十一載夏六月甲子，楊國忠奏吐蕃兵六十萬救南詔，劍南兵擊破之於雲南，克故隰州等三城，捕虜六千三百，以道遠，簡壯者千餘人及酋長降者獻之。

十三載夏六月，侍御史、劍南留後李宓將兵七萬擊南詔。閤羅鳳誘之深入，至(太)〔大〕和城，閉壁不戰。宓糧盡，士卒罹瘴疫及飢死什七八，乃引還，蠻追擊之，宓被擒，全軍皆没。楊國忠隱其敗，更以捷聞。益發中國兵討之，前後死者幾二十萬人，無敢言者。上嘗謂高力士曰：「朕今老矣，朝事付之宰相，邊事付之諸將，夫復何憂。」力士對曰：「臣聞雲南數喪師，又邊將擁兵太盛，陛下將何以制之？臣恐一旦禍發，不可復救，何謂無憂也？」上曰：「卿勿言，朕徐思之。」

肅宗至德元載。南詔乘亂陷越巂會同軍，據清溪關，尋傳、驃國皆降之。

代宗大曆十四年。（秋九月）南詔王閤羅鳳卒，子鳳迦異前死，孫異牟尋立。冬十月丁西朔，吐蕃與南詔合兵十萬，三道入寇，一出茂州，一出扶、文，一出黎、雅。曰：「吾欲取蜀以爲東府。」西川節度使崔寧在京師，所留諸將不能禦，虜連陷州縣，刺史棄城走，士民竄匿山谷。上憂之，趣寧歸鎮。寧已辭，楊炎言於上曰：「蜀地富饒，寧據有之，朝廷失其外府十四年矣。寧雖入朝，全師尚守其後，貢賦不入，與無蜀同。且寧本與諸將等夷，因亂得位，威令不行。今雖遣之，必恐無功。若其有功，則義不可奪，是蜀地敗固失之，勝亦不得也。願陛下熟察。」上曰：「然則奈何？」對曰：「請留寧，發朱泚所領范陽戍兵數千人雜禁兵往擊之，何憂不克？因而得内親兵於其腹中，蜀將必不敢動，然後更授他帥，使千里沃壤復爲國有，是因小害而收大利也。」上曰：「善。」遂留寧。

初，馬璘忌涇原都知兵馬使李晟功名，遣入宿衛，爲右神策都將。上發禁兵四千人，使晟將之，發邠、隴、范陽兵五千，使金吾大將軍安邑曲環將之，以救蜀。東川出軍，自江油趣白壩，與山南兵合擊吐蕃、南詔，破之。范陽兵追及於七盤，又破之，遂克維、茂二州。李晟追擊於大渡河外，又破之。吐蕃、南詔飢寒，隕於崖谷死者八九萬人。吐蕃悔怒，殺誘導使之來者。異牟尋懼，築苴咩城，延袤十五里，徙居之。吐蕃封之爲日東王。

德宗貞元三年。初，雲南王閤羅鳳陷嶲州，獲西瀘令鄭回。回，相州人，通經術，閤羅鳳愛重之。其子鳳迦異及孫異牟尋、曾孫尋夢湊皆師事之，每授學，回得撻之。及異牟尋爲王，以回爲清平官。清平官者，蠻相也，凡有六人，而國事專決於回。五人者事回甚卑謹，有過則回撻之。

雲南有衆數十萬，吐蕃每入寇，常以雲南爲前鋒，賦斂重數，又奪其險要地立城堡，歲徵兵助防，雲南苦之。回因説異牟尋復自歸於唐，曰：「中國尚禮義，有惠澤，無賦役。」異牟尋以爲然，而無路自致，凡十餘年。及西川節度使韋皋至鎮，招撫境上羣蠻，異牟尋潛遣人因諸蠻求内附。皋奏：「今吐蕃棄好，暴亂鹽、夏，宜因雲南及八國生羌有歸化之心招納之，以離吐蕃之黨，分其勢。」上命皋先作邊將書以諭之，微觀其趣。閏五月己未，韋皋復與東蠻和義王苴那時書，使詗伺導達雲南。六月，韋皋以雲南頗知書，壬辰，自以書招諭之，令趣遣使入見。

四年夏四月，雲南王異牟尋欲内附，未敢自遣使，先遣其東蠻鬼主驃旁、苴夢衝、苴烏星入見。五月乙卯，宴之於麟德殿，賜賚甚厚，封王給印而遣之。

冬十月，吐蕃發兵十萬將寇西川，亦發雲南兵。雲南内雖附唐，外未敢叛吐蕃，亦發兵數萬屯於瀘北。韋皋知雲南計方猶豫，乃爲書遺雲南王，敘其叛吐蕃歸化之誠，貯以銀函，使東蠻轉致吐蕃。吐蕃始疑雲南，遣兵二萬屯會川，以塞雲南趣蜀之路。雲南怒，引兵歸國。由是雲南與吐蕃大相猜阻，歸唐之志益堅。吐蕃失雲南之助，兵勢始弱矣。然吐蕃業已入寇，遂分兵四萬攻兩林、驃旁，三萬攻東蠻，七千寇清溪關，五千寇銅山。皋遣黎州刺史韋晋等與東蠻連兵禦之，破吐蕃於清溪關外。

十一月，吐蕃屢遣人誘脅雲南。

五年春二月丁亥，韋皋遺異牟尋書，稱：「回鶻屢請佐天子共滅吐蕃，王不早定計，一旦爲回鶻所先，則王累代功名虚棄矣。且雲南久爲吐蕃屈辱，今不乘此時依大國之勢以復怨雪恥，後悔無及矣。」雲南雖貳於吐蕃，亦未敢顯與之絶。冬十二月壬辰，韋皋復以書招諭之。

七年。韋皋比年致書招雲南王異牟尋，終未獲報。然吐蕃屢發雲南兵，雲南與之益少。皋知異牟尋心附於唐。討擊副使段忠義，本閤羅鳳使者也，六月丙申，皋遣忠義還雲南，并致書敦諭之。冬十二月，吐蕃知韋皋使者在雲南，遣使讓之。雲南王異牟尋紿之曰：「唐使，本蠻也，皋聽其歸耳，無他謀也。」因執以送吐蕃。吐蕃多取其大臣之子爲質，雲南愈怨。

勿鄧酋長苴夢衝潛通吐蕃，扇誘羣蠻，隔絶雲南使者。韋皋遣三部落總管蘇（危）〔峞〕將兵至琵琶川。

八年春二月壬寅，執夢衝，數其罪而斬之，雲南之路始通。

冬十一月，吐蕃、雲南日益相猜，每雲南兵至境上，吐蕃輒亦發兵，聲言相應，實爲之備。辛酉，韋皋復遺雲南王書，欲與共襲吐蕃，驅之雲嶺之外，悉平吐蕃城堡，獨與雲南築大城於境上，置戍相保，永同一家。

九年夏五月，雲南王異牟尋遣使者三輩，一出戎州，一出黔州，一出安南，各齎生金、丹砂詣韋皋，金以示堅，丹砂以示赤心，三分皋所與書爲信，皆達成都。異牟尋上表請棄吐蕃歸唐，并遺皋帛書，自稱「唐故雲南王孫吐蕃贊普義弟日東王」。皋遣其使者詣長安，并上表賀。上賜異牟尋詔書，令皋遣使慰撫之。冬十月甲子，韋皋遣其節度巡官崔佐時齎詔書詣雲南，并自爲帛書答之。

十年春正月，崔佐時至雲南所都羊苴咩城，吐蕃使者數百人先在其國。雲南王異牟尋尚不欲吐蕃知之，令佐時衣牂柯服而入。佐時不可，曰：「我大唐使者，豈得衣小夷之服！」異牟尋不得已，夜迎之。佐時大宣詔書，異牟尋恐懼，顧左右失色，業已歸唐，乃歔欷流涕，俯伏受詔。鄭回密見佐時教之，故佐時盡得其情，因勸異牟尋悉斬吐蕃使者，去吐蕃所立之號，獻其金印，復南詔舊名。異牟尋皆從之，仍刻金契以獻。異牟尋帥其子尋夢湊等與佐時盟於點蒼山神祠。

先是，吐蕃與回鶻爭北庭，大戰，死傷頗衆，徵兵萬人於雲南。異牟尋辭以國小，請發三千人，吐蕃少之，益至五千，乃許之。異牟尋遣五千人前行，自將數萬人踵其後，晝夜兼行，襲擊吐蕃，戰於神川，大破之，取鐵橋等十六城，虜其五王，降其衆十餘萬。戊戌，遣使來獻捷。

夏六月，雲南王異牟尋遣其弟湊羅棟獻地圖、土貢及吐蕃所給金印，請復號南詔。癸丑，以祠部郎中袁滋爲册南詔使，賜銀窠金印，文曰「貞元册南詔印」。滋至其國，異牟尋北面跪受册印，稽首再拜，因與使者宴，出玄宗所賜銀平脱馬頭盤二以示滋。又指老笛工歌女曰：「皇帝所賜龜茲樂，惟二人在耳。」滋曰：「南詔當深思祖考，子子孫孫盡忠於唐。」異牟尋拜曰：「敢不謹承使者之命。」

十一年秋九月丁巳，加韋皋雲南安撫使。南詔攻吐蕃昆明城，取之，又虜施、順二蠻王。

十五年夏四月，南紹異牟尋遣使與韋皋約，共擊吐蕃。皋以兵糧未集，請俟他年。冬十二月，吐蕃衆五萬分擊南詔及巂州，異牟尋與韋皋各發兵禦之，吐蕃無功而還。

憲宗元和三年冬十二月，南詔異牟尋卒，子尋閤勸立。

四年。雲南王尋閤勸卒，子勸龍晟立。

十一年春二月，南詔勸龍晟淫虐不道，上下怨疾，弄棟節度王嵯巔弒之，立其弟勸利。勸利德嵯巔，賜姓蒙氏，謂之大容。容，蠻言兄也。

穆宗長慶三年秋七月，南詔勸利卒，國人請立其弟豐祐。豐祐勇敢，善用其衆，始慕中國，不與父連名。

文宗太和三年冬十一月丙申，西川節度使杜元穎奏南詔入寇。元穎以舊相，文雅自高，不曉軍事，專務蓄積，減削士卒衣糧。西南戍邊之卒，衣食不足，皆入蠻境鈔盜以自給，蠻人反以衣食資之。由是蜀中虛實動静，蠻皆知之。南詔自嵯巔謀大舉入寇，邊州屢以告，元穎不之信。嵯巔兵至邊城，一無備禦。蠻以蜀卒爲鄉導，襲陷巂、戎二州。甲辰，元穎遣兵與戰於邛州南，蜀兵大敗，蠻遂陷邛州。詔發東川、興元、荆南兵以救西川。十二月丁未朔，又發鄂岳、襄鄧、陳許等兵繼之。己酉，以東川節度使郭釗爲西川節度使，兼權東川節度事。

嵯巔自邛州引兵徑抵成都，庚戌，陷其外郭。杜元穎帥衆保牙城以拒之，欲遁去者數四。壬子，貶元穎爲邵州刺史。己未，以右領軍大將軍董重質爲神策諸道西川行營節度使，又發太原、鳳翔兵赴西川。南詔寇東川，入梓州西郭，釗兵寡弱，不能戰，以書責嵯巔。嵯巔復書曰：「杜元穎侵擾我，故興兵報之耳。」與釗修好而退。

蠻留成都西郭十日，其始慰撫蜀人，市肆安堵。將行，乃大掠子女、百工數萬人及珍貨而去。蜀人恐懼，往往赴江，流尸塞江而下。嵯巔自爲軍殿，及大渡水，嵯巔謂蜀人曰：「此南吾境也，聽汝哭別鄉國。」衆皆慟哭，赴水死者以千計。自是南詔工巧埒於蜀中。嵯巔遣使上表，稱：「蠻比修職貢，豈敢犯邊，正以杜元穎不恤軍士，怨苦元穎，競爲鄉導，祈我此行，以誅虐帥。誅之不遂，無以慰蜀士之心，願陛下誅之。」丁卯，再貶元穎循州司馬。詔董重質及諸道兵皆引還。郭釗至成都，與南詔立約，不相侵擾。詔遣中使以國信賜嵯巔。

四年。（秋九月）西川節度使郭釗以疾求代，冬十月戊申，以義成節度使李德裕爲西川節度使。蜀自南詔入寇，一方殘弊，郭釗多病，未暇完補。德裕至鎮，作籌邊樓，圖蜀地形，南入南詔，西達吐蕃。日召老於軍旅、習邊事者，雖走卒、蠻夷無所間，（詔）〔訪〕以山川、城邑，道路險易，廣狹遠近，未踰月，皆若身嘗涉歷。

上命德裕修塞清溪關以斷南詔入寇之路，或無土，則以石壘之。德裕上言：「通蠻細路至多，不可塞，惟重兵鎮守，可保無虞。但黎、雅以來得萬人，成都得二萬人，精加訓練，則蠻不敢動矣。邊兵又不宜多，須力可臨制。崔旰之殺郭英乂，張朏之逐張延賞，皆鎮兵也。」時北兵皆歸本道，惟河中、陳許三千人在成都，有詔來年三月亦歸，蜀人恟懼。德裕奏乞鄭滑五百人，陳許千人以鎮蜀。且言：「蜀兵脆弱，新爲蠻寇所困，皆破膽，不堪征戍。若北兵盡歸，則與杜元穎時無異，蜀不可保。恐議者云蜀經蠻寇以來，已自增兵。曏者蠻寇已逼，元穎始捕市人爲兵，得三千餘人，徒有其數，實不可用。郭釗募北兵僅得百餘人，臣復召募得二百餘人，此外皆元穎舊兵也。恐議者又聞一夫當關之説，以爲清溪可塞。臣訪之蜀中老將，清溪之旁大路有三，自餘小徑無數，皆東蠻臨時爲之開通，若言可塞，則是欺罔朝廷。要須大渡水北更築一城，迤邐接黎州，以大兵守之方可。況聞南詔以所掠蜀人二千及金帛賂遺吐蕃，若使二虜知蜀虛實，連兵入寇，誠可深憂。其朝臣建言者，蓋由禍不在身，望人責一狀，留入堂案，他日敗事，不可令臣獨當國憲。」朝廷皆從其請。德裕乃練士卒，葺堡鄣，積糧儲以備邊，蜀人粗安。

五年夏五月丙辰，西川節度使李德裕奏遣使詣南詔索所掠百姓，得四千人而還。

宦官弑逆 甘露之變附

唐憲宗元和十三年。淮西既平，上浸驕侈。户部侍郎、判度支皇甫鎛、衛尉卿鹽鐵轉運使程异曉其意，數進羡餘，以供其費，由是有寵。鎛又以厚賂結吐突承璀。〔秋九月〕甲辰，鎛以本官、异以工部侍郎並同平章事，判使如故。制下，朝野駭愕，至於市道負販者亦嗤之。

裴度、崔羣極陳其不可，上不聽。度恥與小人同列，表求自退，不許。度復上疏，以爲：「鎛、异皆錢穀吏，佞巧小人，陛下一旦置之相位，中外無不駭笑。況鎛在度支，專以豐取刻與爲務，凡中外仰給度支之人無不思食其肉。比者裁損淮西糧料，軍士怨怒。會臣至行營曉諭慰勉，僅無潰亂。今舊將舊兵悉向淄青，聞鎛入相，必盡驚憂，知無可訴之地矣。程异雖人品庸下，然心事和平，可處煩劇，不宜爲相。至如鎛，資性狡詐，天下共知，唯能上惑聖聰，足見姦邪之極。臣若不退，天下謂臣不知廉恥。臣若不言，天下謂臣有負恩寵。今退既不許，言又不聽，臣如烈火燒心，衆鏑叢體。所可惜者，淮西盪定，河北底寧，承宗斂手削地，韓弘輿疾討賊，豈朝廷之力能制其命哉！直以處置得宜，能服其心耳。陛下建升平之業，十已八九，何忍還自墮壞，使四方解體乎！」上以度爲朋黨，不之省。

鎛自知不爲衆所與，益爲巧諂以自固，奏減内外官俸以助國用。給事中崔植封還敕書，極論之，乃止。植，祐甫之弟子也。

上晚節好神仙，詔天下求方士。宗正卿李道古先爲鄂岳觀察使，以貪暴聞，恐終獲罪，思所以自媚於上，乃因皇甫鎛薦山人柳泌，云能合長生藥。〔冬十月〕甲戌，詔泌居興唐觀煉藥。十一月，柳泌言於上曰：「天台山神仙所聚，多靈草，臣雖知之，力不能致，誠得爲彼長吏，庶幾可求。」上信之。丁亥，以泌權知台州刺史，仍賜服金紫。諫官争論奏，以爲「人主喜方士，未有使之臨民賦政者」。上曰：「煩一州之力，而能爲人主致長生，臣子亦何愛焉？」由是羣臣莫敢言。

十四年。（冬十月）柳泌至台州，驅吏民采藥，歲餘，無所得而懼，舉家逃入山中。浙東觀察使捕送京師，皇甫鎛、李道古保護之，上復使待詔翰林。服其藥，日加躁渴。起居舍人裴潾上言，以爲：「除天下之害者受天下之利，同天下之樂者饗天下之福，自黄帝至於文、武，享國壽考，皆用此道也。自去歲以來，所在多薦方士，轉相汲引，其數浸繁。借令天下真有神仙，彼必深潛巖壑，惟畏人知。凡候伺權貴之門，以大言自衒奇伎驚衆者，皆不軌徇利之人，豈可信其説而餌其藥邪？夫藥以愈疾，非朝夕常餌之物，况金石酷烈有毒，又益以火氣，殆非人五藏所能勝也。古者君飲藥，臣先嘗之，乞令獻藥者先自餌一年，則真僞自可辯矣。」上怒，十一月己亥，貶潾江陵令。

十五年。初，左軍中尉吐突承璀謀立澧王惲爲太子，上不許。及上寢疾，承璀謀尚未息。太子聞而憂之，密遣人問計於司農卿郭釗。釗曰：「殿下但盡孝謹以俟之，勿恤其他。」釗，太子之舅也。上服金丹，多躁怒，左右宦官往往獲罪，有死者，人人自危。〔春正月〕庚子，暴崩於中和殿。時人皆言内常侍陳弘志弒逆，其黨類諱之，不敢討賊，但云藥發，外人莫能明也。

中尉梁守謙與諸宦官馬進潭、劉承偕、韋元素、王守澄等共立太子，殺吐突承璀及澧王惲，賜左右神策軍士錢人五十緡，六軍、威遠人三十緡，左右金吾人十五緡。閏月丙午，穆宗即位于太極殿東序。丁未，輟西宫朝臨，集羣臣於月華門外。貶皇甫鎛爲崖州司户，市井皆相賀。壬子，杖殺柳泌及僧大通，自餘方士皆流嶺表，貶左金吾將軍李道古循州司馬。

二月丁丑，上御丹鳳門樓，赦天下。事畢，盛陳倡優、雜戲於門内而觀之。丁亥，上幸左神策軍觀手搏、雜戲。庚寅，監察御史楊虞卿上疏，以爲：「陛下宜延對羣臣，周偏顧問，惠以氣色，使進忠若趨利，論政若訴冤，如此而不致升平者未之有也。」衡山人趙知微亦上疏諫上遊畋無節。上雖不能用，亦不罪也。

秋八月，上甫過公除，即事遊畋聲色，賜與無節。九月，欲以重陽大宴，拾遺李珏帥其同僚上疏曰：「伏以元朔未改，園陵尚新，雖陛下就易月之期，俯從人欲；而禮經著三年之制，猶服心喪。遵同軌之會始離京，告遠夷之使未復命。遏密弛禁，蓋爲齊人，合讌內庭，事將未可。」上不聽。

冬十月壬午，羣臣入閤，（退）諫議大夫鄭覃、崔郾等五人進言：「陛下宴樂過多，畋遊無度。今胡寇壓境，忽有急奏，不知乘輿所在。又晨夕與近習倡優狎暱，賜與過厚。夫金帛皆百姓膏血，非有功不可與。雖內藏有餘，願陛下愛之，萬一四方有事，不復使有司重斂百姓。」時久無閤中論事者，上始甚訝之，謂宰相曰：「此輩何人？」對曰：「諫官。」上乃使人慰勞之曰：「當依卿言。」宰相皆賀，然實不能用也。覃，珣瑜之子也。

上嘗謂給事中丁公著曰：「聞外間人多宴樂，此乃時和人安，足用爲慰。」公著對曰：「此非佳事，恐漸勞聖慮。」上曰：「何故？」對曰：「自天寶以來，公卿大夫競爲遊宴，沈酣晝夜，優雜子女，不愧左右。如此不已，則百職皆廢，陛下能無獨憂勞乎？願少加禁止，乃天下之福也。」

十一月，上將幸華清宮，戊午，宰相帥兩省供奉官詣延英門，三上表切諫，且言「如此，臣輩當扈從」。求面對，皆不聽。諫官伏門下，至暮乃退。己未，未明，上自複道出城，幸華清宮，獨公主、駙馬、中尉、神策六軍使帥禁兵千餘人扈從，晡時還宮。

穆宗長慶二年冬十一月庚辰，上與宦官擊毬於禁中，有宦者墜馬，上驚，因得風疾，不能履地，自是人不聞上起居。宰相屢乞入見，不報。裴度三上疏請立太子，且請入見。十二月辛卯，上見羣臣於紫宸殿，御大繩牀，悉去左右衛官，獨宦者十餘人侍側，人情稍安。李逢吉進言：「景王已長，請立爲太子。」裴度請速下詔，副天下望。上無言。既而兩省官亦繼有請立太子者。癸巳，詔立景王湛爲皇太子。上疾浸瘳。

三年春正月癸未，賜兩軍中尉以下錢。二月辛卯，賜統軍軍使等錦綵、銀器各有差。

初，翼城人鄭注，眇小，目下視，而巧譎傾諂，善揣人意，以醫遊四方，羈貧甚。嘗以藥術干徐州牙將，牙將悅之，薦於節度使李愬。愬餌其藥頗驗，遂有寵，署爲牙推，浸預軍政，妄作威福，軍府患之。監軍王守澄以衆情白愬，請去之。愬曰：「注雖如是，然奇才也。將軍試與之語，苟無可取，去之未晚。」乃使注往謁守澄，守澄初有難色，不得已見之。坐語未久，守澄大喜，延之中堂，促膝笑語，恨相見之晚。明日，謂愬曰：「鄭生誠如公言。」自是又有寵於守澄，權勢益張。愬署爲巡官，列於賓席。注既用事，恐牙將薦己者泄其本末，密以他罪譖之於愬，愬殺之。及守澄入知樞密，挈注以西，爲立居宅，贍給之。遂薦於上，上亦厚遇之。

自上有疾，守澄專制國事，勢傾中外。注日夜出入其家，與之謀議，語必通夕，關通賂遺，人莫能窺其迹。始則有微賤巧宦之士，或因以求進，數年之後，達官車馬滿其門矣。

四年。初，柳泌等既誅，方士稍復因左右以進，上餌其金石之藥。有處士張臯者上疏，以爲：「神慮澹則血氣和，嗜欲勝則疾疹作。藥以攻疾，無疾不可餌也。昔孫思邈有言，『藥勢有所偏助，令人藏氣不平，借使有疾，用藥猶須重慎』。庶人尚爾，況於天子！先帝信方士妄言，餌藥致疾，此陛下所詳知也，豈得復循其覆轍乎？今朝野之人紛紜竊議，但畏忤旨，莫敢進書。臣生長蓬艾，麋鹿與遊，無所邀求，但粗知忠義，欲裨萬一耳。」上甚善其言，使求之，不獲。

〔春正月〕庚午，上疾復作。壬申，大漸，命太子監國。宦官欲請郭太后臨朝稱制，太后曰：「昔武后稱制，幾傾社稷。我家世守忠義，非武氏之比也。太子雖少，但得賢宰相輔之，卿輩勿預朝政，何患國家不安！自古豈有女子爲天下主，而能致唐、虞之理乎！」取制書手裂之。太后兄太常卿釗聞有是議，密上牋曰：「若果徇其請，臣請先帥諸子納官爵，歸田里。」太后泣曰：「祖考之慶，鍾於吾兄。」是夕，上崩于寢殿。癸酉，以李逢吉攝冢宰。丙子，敬宗即位于太極東序。

自戊寅至庚辰，上賜宦官服色及錦綵、金銀甚衆，或今日賜緑，明日賜緋。

二月丁未，上幸中和殿擊毬。自是數遊宴、擊毬、奏樂，賞賜宦官、樂人，不可悉紀。

三月，上視朝每晏，戊辰，日絶高尚未坐，百官班於紫宸門外，老病者幾至僵踣。諫議大夫李渤白宰相曰：「昨日疏論坐晚，今晨愈甚，請出閤待罪於金吾仗。」既坐班退，左拾遺劉栖楚獨留，進言曰：「憲宗及先帝皆長君，四方猶多叛亂。陛下富於春秋，嗣位之初，當宵衣求理。而嗜寢樂色，日晏方起。梓宮在殯，鼓吹日喧，令聞未彰，惡聲遐布。臣恐福祚之不長，請碎首玉階，以謝諫職之曠。」遂以額叩龍墀，見血不已，響聞閤外。李逢吉宣曰：「劉栖楚休叩頭，俟進止。」栖楚捧首而起，更論宦官事，上連揮令出。栖楚曰：「不用臣言，請繼以死。」牛僧孺宣曰：「所奏知，門外俟進止。」栖楚乃出，待罪金吾仗。於是宰相贊成其言。上命中使就仗，并李渤宣慰令歸。尋擢栖楚爲起居舍人，仍賜緋。栖楚辭疾不拜，歸東都。

夏四月。卜者蘇玄明與染坊供人張韶善，玄明謂韶曰：「我爲子卜，當外殿坐，與我共食。今主上晝夜毬獵，多不在宫中，大事可圖也。」韶以爲然，乃與玄明謀結染工無賴者百餘人，丙申，匿兵於紫草車，載以入銀臺門，伺夜作亂。未達所詣，有疑其重載而詰之者，韶急，即殺詰者，與其徒易服揮兵，大呼趣禁庭。

上時在清思殿擊毬，諸宦者見之，驚駭，急入閉門，走白上，盜尋斬關而入。先是，右神策中尉梁守謙有寵於上，每兩軍角伎藝，上常佑右軍。至是，上狼狽欲幸右軍，左右曰：「右軍遠，恐遇盜，不若幸左軍近。」上從之。左神策中尉河中馬存亮聞上至，走出迎，捧上足涕泣，自負上入軍中，遣大將康藝全將騎卒入宮討賊。上憂二太后隔絶，存亮復以五百騎迎二太后至軍。

張韶升清思殿，坐御榻，與蘇玄明同食。曰：「果如子言。」玄明驚曰：「事止此邪！」韶懼而走。會康藝全與右軍兵馬使尚國忠引兵至，合擊之，殺韶、玄明及其黨，死者狼藉，逮夜始定。餘黨猶散匿禁苑中，明日，悉擒獲之。

時宮門皆閉，上宿於左軍，中外不知上所在，人情恇駭。丁酉，上還宮，宰相帥百官詣延英門賀，來者不過數十人。盜所歷諸門，監門宦者三十五人法當死，己亥，詔並杖之，仍不改職任。壬寅，厚賞兩軍立功將士。

冬十月戊戌，翰林學士韋處厚諫上宴遊，曰：「先帝以酒色致疾損壽，臣是時不死諫者，以陛下年已十五故也。今皇子纔一歲，臣安敢畏死而不諫乎！」上感其言，賜錦綵百匹，銀器四。

敬宗寶曆元年。上遊幸無常，昵比羣小，視朝月不再三，大臣罕得進見。二月壬午，浙西觀察使李德裕獻丹扆六箴。一曰宵衣，以諷視朝稀晚。二曰正服，以諷服御乖異。三曰罷獻，以諷徵求玩好。四曰納誨，以諷侮棄讜言。五曰辨邪，以諷信任羣小。六曰防微，以諷輕出遊幸。其納誨箴略曰：「漢鶩流湎，舉白浮鍾。魏叡侈汰，陵霄作宮。忠雖不忤，善亦不從。以規爲瑱，是謂塞聰。」防微箴略曰：「亂臣猖蹶，非可遽數。玄服莫辨，觸瑟始仆。柏谷微行，豺豕塞路。覩貌獻餐，斯可戒懼。」上優詔答之。

冬十月，上欲幸驪山温湯，左僕射李絳、諫議大夫張仲方等屢諫，不聽。拾遺張權輿伏紫宸殿下叩頭諫曰：「昔周幽王幸驪山，爲犬戎所殺；秦始皇葬驪山，國亡；玄宗宫驪山而禄山亂；先帝幸驪山而享年不長。」上曰：「驪山若此之凶邪？我宜一往以驗彼言。」十一月庚寅，幸温湯，即日還宫，謂左右曰：「彼叩頭者之言，安足信哉！」

二年夏六月甲子，上御三殿，令左右軍、教坊、内園爲擊毬、手搏、雜戲。戲酣，有斷臂碎首者，夜漏數刻乃罷。壬辰，宣索左藏見在銀十萬兩，金七千兩，悉貯内藏，以便賜與。

道士趙歸真説上以神仙，僧惟貞、齊賢、正簡説上以禱祠求福，皆出入宫禁，上信用其言。山人杜景先請徧歷江、嶺，求訪異人。有潤州人周息元，自言壽數百歲，上遣中使迎之。八月乙巳，息元至京師，上館之禁中山亭。

上遊戲無度，狎暱羣小，善擊毬，好手搏，禁軍及諸道爭獻力士，又以錢萬緡付内園令召募力士，晝夜不離側。又好深夜自捕狐狸。性復褊急，力士或恃恩不遜，輒配流、籍沒。宦官小過，動遭捶撻，皆怨且懼。十二月辛丑，上夜獵還宮，與宦官劉克明、田務澄、許文端及擊毬軍將蘇佐明、王嘉憲、石從寬、閻惟直等二十八人飲酒。上酒酣，入室更衣，殿上燭忽滅，蘇佐明等弒上於室内。劉克明等矯稱上旨，命翰林學士路隋草遺制，以絳王悟權句當軍國事。壬寅，宣遺制，絳王見宰相百官於紫宸外廡。

克明等欲易置内侍之執權者，於是樞密使王守澄、楊承和、中尉魏從簡、梁守謙定議，以衛兵迎江王涵入宮，發左右神策、飛龍兵進討賊黨，盡斬之。克明赴井，出而斬之。絳王爲亂兵所害。

時事起蒼猝，守澄等以翰林學士韋處厚博通古今，一夕處置，皆與之共議。守澄等欲號令中外，而疑所以爲辭。處厚曰：「正名討罪，於義何嫌？安可依違，有所諱避！」又問：「江王當如何踐阼？」處厚曰：「詰朝當以王教布告中外，以已平内難，然後羣臣三表勸進，以太皇太后令册命即皇帝位。」當時皆從其言，時不暇復問有司，凡百儀法，皆出於處厚，無不叶宜。

癸卯，以裴度攝冢宰。百官謁見江王於紫宸外廡，王素服涕泣。甲辰，見諸軍使於少陽院。趙歸真等諸術士及敬宗時佞幸者皆流嶺南或邊地。

乙巳，文宗即位。上自爲諸王，深知兩朝之弊，及即位，勵精求治，去奢從儉。詔宫女非有職掌者皆出之，出三千餘人。五坊鷹犬，準元和故事，量留校獵外，悉放之。有司供宫禁年支物，並準貞元故事。省教坊、翰林、總監冗食千二百餘員，停諸司新加衣糧。御馬坊場及近歲别貯錢穀，所占陂田，悉歸之有司。先宣索組繡、彫鏤之物，悉罷之。敬宗之世，每月視朝不過一二，上始復舊制，每奇日未嘗不視朝，對宰相羣臣延訪政事，久之方罷。待制官舊雖設之，未嘗召對，至是屢蒙延問。其輟朝、放朝皆用偶日，中外翕然相賀，以爲太平可冀。

文宗太和二年。自元和之末，宦官益横，建置天子在其掌握，威權出人主之右，人莫敢言。〔春三月〕辛巳，上親策制舉人，賢良方正昌平劉蕡對策，極言其禍。其略曰：「陛下宜先憂者，宫闈將變，社稷將危，天下將傾，海内將亂。」又曰：「陛下將杜篡弑之漸，則居正位而近正人，遠刀鋸之賤，親骨鯁之直，輔相得以專其任，庶職得以守其官，奈何以褻近五六人總天下大政？禍稔蕭牆，姦生帷幄，臣恐曹節、侯覽復生於今日。」又曰：「忠賢無腹心之寄，閽寺恃廢立之權，陷先君不得正其終，致陛下不得正其始。」又曰：「威柄陵夷，藩臣跋扈。或有不達人臣之節，首亂者以安君爲名，不究春秋之微，稱兵者以逐惡爲義；則政刑不由乎天子，征伐必自於諸侯。」又曰：「陛下何不塞陰邪之路，屏褻狎之臣，制侵陵迫脅之心，復門户掃除之役，戒其所宜戒，憂其所宜憂。既不能治於前，當治於後，既不能正其始，當正其終；則可以虔奉典謨，克承丕構矣。昔秦之亡也失於强暴，漢之亡也失於微弱。强暴則賊臣畏死而害上，微弱則姦臣竊權而震主。伏見敬宗皇帝不虞亡秦之禍，不翦其萌。伏惟陛下深軫亡漢之憂，以杜其漸，則祖宗之鴻業可紹，三五之遐軌可追矣。」又曰：「臣聞昔漢元帝即位之初，更制七十餘事，其心甚誠，其稱甚美。然而紀綱日紊，國祚日衰，姦宄日强，黎元日困者，以其不能擇賢明而任之，失其操柄也。」又曰：「陛下誠能揭國權以歸相，持兵柄以歸將，則心無不達，行無不孚矣。」又曰：「法宜畫一，官宜正名。今分外官中官之員，立南司北司之局，或犯禁于南則亡命于北，或正刑于外則破律於中，法出多門，人無所措，實由兵農勢異，而中外法殊也。」又曰：「今夏官不知兵籍，止於奉朝請；六軍不主兵事，止於養勳階。軍容合中官之政，戎律附内臣之職。首一戴武弁，疾文吏如仇讎。足一蹈軍門，視農夫如草芥。謀不足以翦除兇逆，而詐足以抑揚威福，勇不足以鎮衛社稷，而暴足以侵軼里閭。羈紲藩臣，干陵宰輔，隳裂王度，汩亂朝經。張武夫之威，上以制君父，假天子之命，下以御英豪。有藏姦觀釁之心，無伏節死難之義，豈先王經文緯武之旨邪？」又曰：「臣非不知言發而禍應，計行而身戮，蓋痛社稷之危，哀生人之困，豈忍姑息時忌，竊陛下一命之寵哉！」

〔閏月〕甲午，賢良方正裴休、李郃、李甘、杜牧、馬植、崔璵、王式、崔慎由等二十二人中第，皆除官。考官左散騎常侍馮宿等見劉蕡策，皆歎服，而畏宦官，不敢取。詔下，物論囂然稱屈。諫官御史欲論奏，執政抑之。李郃曰：「劉蕡下第，我輩登科，能無厚顏！」乃上疏，以爲：「蕡所對策，漢、魏以來無與爲比。今有司以蕡指切左右，不敢以聞，恐忠良道窮，綱紀遂絶。況臣所對不及蕡遠甚，乞回臣所授以旌蕡直。」不報。蕡由是不得仕於朝，終於使府御史。牧，佑之孫；植，勛之子；式，起之子；慎由，融之玄孫也。

四年。上患宦官强盛，憲宗、敬宗弑逆之黨猶有在左右者。中尉王守澄尤專橫，招權納賄，上不能制。嘗密與翰林學士宋申錫言之，申錫請漸除其偪。上以申錫沈厚忠謹，可倚以事，擢爲尚書右丞。秋七月癸未，以申錫同平章事。

五年春二月，上與宋申錫謀誅宦官，申錫引吏部侍郎王璠爲京兆尹，以密旨諭之。璠泄其謀，鄭注、王守澄知之，陰爲之備。

上弟漳王湊賢，有人望，注令神策都虞候豆盧著誣告申錫謀立漳王。戊戌，守澄奏之，上以爲信然，甚怒。守澄欲即遣二百騎屠申錫家，飛龍使馬存亮固争曰：「如此，則京城自亂矣，宜召他相與議其事。」守澄乃止。

是日旬休，遣中使悉召宰相至中書東門，中使曰：「所召無宋公名。」申錫知獲罪，望延英，以笏叩額而退。宰相至延英，上示以守澄所奏，相顧愕眙。上命守澄捕豆盧著所告十六宅宮市品官晏敬則及申錫親事王師文等於禁中鞫之，師文亡命。三月庚子，申錫罷爲右庶子。自宰相大臣無敢顯言其冤者，獨京兆尹崔琯、大理卿王正雅連上疏，請出内獄付外庭覈實，由是獄稍緩。正雅，翃之子也。晏敬則等自誣服，稱申錫遣王師文達意於王，豫結異日之知。

獄成，壬寅，上悉召師保以下及臺省府寺大臣面詢之。午際，左常侍崔玄亮、給事中李固言、諫議大夫王質、補闕盧鈞、舒元褒、蔣係、裴休、韋温等復請對於延英，乞以獄事付外覆按。上曰：「吾已與大臣議之矣。」屢遣之出，不退。玄亮叩頭流涕曰：「殺一匹夫猶不可不重慎，況宰相乎？」上意稍解，曰：「當更與宰相議之。」乃復召宰相入。牛僧孺曰：「人臣不過宰相，今申錫已爲宰相，假使如所謀，復欲何求？申錫殆不至此。」鄭注恐覆按詐覺，乃勸守澄請止行貶黜。癸卯，貶漳王湊爲巢縣公，宋申錫爲開州司馬。存亮即日請致仕。玄亮，磁州人；質，通五世孫；係，乂之子；元褒，江州人也。晏敬則等坐死及流竄者數十百人，申錫竟卒於貶所。

七年。前邠寧行軍司馬鄭注依倚王守澄，權勢熏灼，上深惡之。九月丙寅，侍御史李款閤内奏彈注：「内通敕使，外連朝士，兩地往來，卜射財賄，晝伏夜動，干竊化權，人不敢言，道路以目。請付法司。」旬日之間，章數十上。守澄匿注於右軍，左軍中尉韋元素、樞密使楊承和、王踐言皆惡注。左軍將李弘楚説元素曰：「鄭注姦猾無雙，卵㲉不除，使成羽翼，必爲國患。今因御史所劾，匿軍中，弘楚請以中尉意詐爲有疾，召使治之，來則中尉延與坐，弘楚侍側，伺中尉舉目，擒出杖殺之。中尉因見上叩頭請罪，具言其姦，楊、王必助中尉進言。況中尉有翼戴之功，豈以除奸而獲罪乎？」元素以爲然，召之。注至，蠖屈鼠伏，佞辭泉湧。元素不覺執手款曲，諦聽忘倦。弘楚詗伺，往復再三，元素不顧，以金帛厚遺注而遣之。弘楚怒曰：「中尉失今日之斷，必不免他日之禍矣。」因解軍職去。頃之，疽發背卒。王涯之爲相，注有力焉，且畏王守澄，遂寢李款之奏。守澄言注於上而釋之；尋奏爲侍御史，充右神策判官，朝野駭歎。

冬十二月庚子，上始得風疾，不能言。於是王守澄薦昭義行軍司馬鄭注善醫。上徵注至京師，飲其藥，頗有驗，遂有寵。

八年夏六月，上以久旱，詔求致雨之方。司門員外郎李中敏上表，以爲：「仍歲大旱，非聖德不至，直以宋申錫之冤濫，鄭注之姦邪。今致雨之方，莫若斬注而雪申錫。」表留中，中敏謝病歸東都。

李仲言遇赦還東都，鄭注引仲言見王守澄，守澄薦於上，以仲言爲四門助教。（給事中）

事見朋黨之禍。

秋九月辛亥，徵昭義節度副使鄭注至京師。

冬十月庚寅，以李仲言爲翰林侍(讀)〔講〕學士。十一月丙子，李仲言請改名訓。

十二月己卯，以昭義節度副使鄭注爲太僕卿。郭承嘏累上疏言其不可，上不聽。於是注詐上表固辭，上遣中使再以告身賜之，不受。

初，宋申錫與御史中丞宇文鼎受密詔誅鄭注，使京兆尹王璠掩捕之。璠密以堂帖示王守澄，注由是得免，深德璠。璠又與李訓善，於是訓、注共薦之，自浙西觀察使徵爲尚書左丞。

九年夏四月癸巳，以鄭注守太僕卿，兼御史大夫，注始受之，仍舉倉部員外郎李款自代，曰：「加臣之罪，雖於理而無辜；在款之誠，乃事君而盡節。」時人皆哂之。

初，宋申錫獲罪，宦官益横，上外雖包容，内不能堪。李訓、鄭注既得幸，揣知上意，訓因進講，數以微言動上。上見其才辯，意訓可與謀大事，且以訓、注皆因王守澄以進，冀宦官不之疑，遂密以誠告之。訓、注遂以誅宦官爲己任，二人相挾，朝夕計議，所言於上無不從，聲勢烜赫。注多在禁中，或時休沐，賓客填門，賂遺山積。外人但知訓、注倚宦官擅作威福，不知其與上有密謀也。上之立也，右領軍將軍興寧仇士良有功，王守澄抑之，由是有隙。訓、注爲上謀，進擢士良以分守澄之權。五月乙丑，以士良爲左神策中尉，守澄不悅。

〔秋七月〕，李訓、鄭注爲上畫太平之策，以爲當先除宦官，次復河、湟，次清河北，開陳方略，如指諸掌。上以爲信然，寵任日隆。

時人皆言鄭注朝夕且爲相，侍御史李甘揚言於朝曰：「白麻出，我必壞之於庭。」癸亥，貶甘封州司馬。然李訓亦忌注，不欲使爲相，事竟寢。

甲子，以國子博士李訓爲兵部郎中、知制誥，依前侍（讀）〔講〕學士。

八月丁丑，以太僕卿鄭注爲工部尚書，充翰林侍講學士。注好服鹿裘，以隱淪自處，上以師友待之。注之初得幸，上嘗問翰林學士戶部侍郎李珏曰：「卿知有鄭注乎？亦嘗與之言乎？」對曰：「臣豈特知其姓名，兼深知其爲人。其人奸邪，陛下寵之，恐無益聖德。臣忝在近密，安敢與此人交通！」戊寅，貶珏江州刺史。

憲宗之崩也，人皆言宦官陳弘志所爲。時弘志爲山南東道監軍，李訓爲上謀召之，至青泥驛，〔九月〕癸亥，封杖殺之。

鄭注求爲鳳翔節度使，門下侍郎、同平章事李固言不可。丁卯，以固言爲山南西道節度使，注爲鳳翔節度使。李訓雖因注得進，及勢位俱盛，心頗忌注，謀欲中外協勢以誅宦官，故出注於鳳翔。其實俟既誅宦官并圖注也。

注欲取名家才望之士爲參佐，請禮部員外郎韋温爲副使，温不可。或曰：「拒之必爲患。」温曰：「擇禍莫若輕。拒之止於遠貶，從之有不測之禍。」卒辭之。

戊辰，以右神策中尉、行右衛上將軍、知内侍省事王守澄爲左右神策觀軍容使，兼十二衛統軍。李訓、鄭注爲上謀，以虚名尊守澄，實奪之權也。

己巳，以御史中丞兼刑部侍郎舒元輿爲刑部侍郎，兵部郎中、知制誥、充翰林侍講學士李訓爲禮部侍郎，並同平章事。仍命訓三二日一入翰林講易。元輿爲中丞，凡訓、注所惡者，則爲之彈擊，由是得爲相。又上懲李宗閔、李德裕多朋黨，以賈餗及元輿皆孤寒新進，故擢爲相，庶其無黨耳。

訓起流人，期年致位宰相，天子傾意任之。訓或在中書，或在翰林，天下事皆決於訓。王涯輩承順其風指，惟恐不逮。自中尉、樞密、禁衛諸將，見訓皆震慴，迎拜叩首。

壬申，以刑部郎中兼御史知雜李孝本權知御史中丞。孝本，宗室之子，依訓、注得進。

冬十月，李訓、鄭注密言於上，請除王守澄。辛巳，遣中使李好古就第賜酖，殺之，贈揚州大都督。訓、注本因守澄進，卒謀而殺之，人皆快守澄之受佞，而疾訓、注之陰狡，於是元和之逆黨略盡矣。乙酉，鄭注赴鎮。

庚子，以東都留守、司徒兼侍中裴度兼中書令，餘如故。李訓所獎拔，率皆狂險之士，然亦時取天下重望以順人心，如裴度、令狐楚、鄭覃皆累朝耆俊，久爲當路所軋，置之散地，訓皆引居崇秩。由是士大夫亦有望其真能致太平者，不惟天子惑之也。然識者見其横甚，知將敗矣。

十一月丙午，以大理卿郭行餘爲邠寧節度使。癸丑，以河東節度使、同平章事李載義兼侍中。丁巳，以户部尚書、判度支王璠爲河東節度使。戊午，以京兆尹李石爲户部侍郎、判度支，以京兆少尹羅立言權知府事。石，神符之五世孫也。己未，以太府卿韓約爲左金吾衛大將軍。

始，鄭注與李訓謀，至鎮，選壯士數百，皆持白梃，懷其斧，以爲親兵。是月戊辰，王守澄葬於滻水，注奏請入護葬事，因以親兵自隨。仍奏令内臣中尉以下盡集滻水送葬，注因闔門，令親兵斧之，使無遺類。約既定，訓與其黨謀：「如此事成，則注專有其功，不若使行餘、璠以赴鎮爲名，多募壯士爲部曲，并用金吾、臺府吏卒，先期誅宦者，已而并注去之。」行餘、璠、立言、約及中丞李孝本，皆訓素所厚也，故列置要地，獨與是數人及舒元輿謀之，他人皆莫之知也。

壬戌，上御紫宸殿。百官班定，韓約不報平安，奏稱「左金吾聽事後石榴夜有甘露，臣遞門奏訖」。因蹈舞再拜，宰相亦帥百官稱賀。訓、元輿勸上親往觀之，以承天貺，上許之。百官退，班於含元殿。日加辰，上乘軟輿出紫宸門，升含元殿。先命宰相及兩省官詣左仗視之，良久而還。訓奏：「臣與衆人驗之，殆非真甘露，未可遽宣布，恐天下稱賀。」上曰：「豈有是邪？」顧左右中尉仇士良、魚志弘帥諸宦者往視之。宦者既去，訓遽召郭行餘、王璠曰：「來受敕旨。」璠股栗不敢前，獨行餘拜殿下。時二人部曲數百，皆執兵立丹鳳門外，訓已先使人召之，令入受敕，獨東兵入，邠寧兵竟不至。

仇士良等至左仗視甘露，韓約變色流汗，士良怪之，曰：「將軍何爲如是？」俄風吹幕起，見執兵者甚衆，又聞兵仗聲。士良等驚駭走出，門者欲閉之，士良叱之，關不得上。士良等奔詣上告變。訓見之，遽呼金吾衛士曰：「來上殿衛乘輿者，人賞錢百緡。」宦者曰：「事急矣，請陛下還宮。」即舉軟輿，迎上扶升輿，決殿後罘罳，疾趨北出。訓攀輿呼曰：「臣奏事未竟，陛下不可入宮。」金吾兵已登殿，羅立言帥京兆邏卒三百餘自東來，李孝本帥御史臺從人二百餘自西來，皆登殿縱擊，宦官流血呼冤，死傷者十餘人。乘輿迤邐入宣政門，訓攀輿呼益急，上叱之，宦官郗志榮奮拳毆其胸，偃於地。乘輿既入，門隨闔，宦者皆呼萬歲，百官駭愕散出。訓知事不濟，脱從吏緑衫衣之，走馬而出，揚言於道曰：「我何罪而竄謫！」人不之疑。王涯、賈餗、舒元輿還中書，相謂曰：「上且開延英，召吾屬議之。」兩省官（諸）〔詣〕宰相請其故，皆曰：「不知何事，諸公各自便。」士良等知上豫其謀，怨憤，出不遜語，上慚懼，不復言。

士良等命左右神策副使劉泰倫、魏仲卿等各帥禁兵五百人，露刃出閤門討賊。王涯等將會食，吏白「有兵自内出，逢人輒殺」。涯等狼狽步走，兩省及金吾吏卒千餘人塡門爭出，門尋闔。其不得出者六百餘人皆死。士良等分兵閉宫門，索諸司，討賊黨。諸司吏卒及民酤販在中者皆死，死者又千餘人，横尸流血，狼籍塗地，諸司印及圖籍、帷幕、器皿俱盡。又遣騎各千餘出城追亡者，又遣兵大索城中。舒元輿易服單騎出安化門，禁兵追擒之。王涯徒步至永昌里茶肆，禁兵擒入左軍。涯時年七十餘，被以桎梏，掠治不勝苦，自誣服，稱與李訓謀行大逆，尊立鄭注。王璠歸長興坊私第，閉門，以其兵自防。神策將至門呼曰：「王涯等謀反，欲起尚書爲相，魚護軍令致意。」璠喜，出見之。將趨賀再三，璠知見紿，涕泣而行。至左軍，見王涯曰：「二十兄自反，胡爲見引？」涯曰：「五弟昔爲京兆尹，不漏言於王守澄，豈有今日邪？」璠俛首不言。又收羅立言於太平里，及涯等親屬、奴婢，皆入兩軍繫之。户部員外郎李元皋，訓之再從弟也，訓實與之無恩，亦執而殺之。故嶺南節度使胡証，家鉅富，禁兵利其財，託以搜賈餗，入其家，執其子溵，殺之。又入左常侍羅讓、詹事渾鐬、翰林學士黎埴等家，掠其貨財，掃地無遺。鐬，瑊之子也。坊市惡少年因之報私仇，殺人，剽掠百貨，互相攻劫，塵埃蔽天。

癸亥，百官入朝。日出，始開建福門，惟聽以從者一人自隨，禁兵露刃夾道。至宣政門，尚未開。時無宰相御史知班，百官無復班列。上御紫宸殿，問：「宰相何爲不來？」仇士良曰：「王涯等謀反繫獄。」因以涯手狀呈上，召左僕射令狐楚、右僕射鄭覃等升殿示之。上悲憤不自勝，謂楚等曰：「是涯手書乎？」對曰：「是也。」「誠如此，罪不容誅。」因命楚、覃留宿中書，參決機務。使楚草制宣告中外，楚敘王涯、賈餗反事浮汎，仇士良等不悦，由是不得爲相。

時坊市剽掠者猶未止，命左右神策將楊鎮、靳遂良等各將五百人分屯通衢，擊鼓以警之，斬十餘人，然後定。

賈餗變服潛民間經宿，自知無所逃，素服乘驢詣興安門，自言：「我宰相賈餗也，爲奸人所汙，可送我詣兩軍。」門者執送西軍。李孝本改衣緑，猶服金帶，以帽障面，單騎奔鳳翔，至咸陽西，追擒之。

甲子，以右僕射鄭覃同平章事。

李訓素與終南僧宗密善，往投之。宗密欲剃其髮而匿之，其徒不可。訓出山，將奔鳳翔，爲盩厔鎮遏使宋楚所擒，械送京師。至昆明池，訓恐至軍中更受酷辱，謂送者曰：

「得我者則富貴矣。聞禁兵所在搜捕，汝必爲所奪，不若取我首送之。」送者從之，斬其首以來。乙丑，以户部侍郎、判度支李石同平章事，仍判度支。前河東節度使李載義復舊任。左神策出兵三百人，以李訓首引王涯、王璠、羅立言、郭行餘，右神策出兵三百人，擁賈餗、舒元輿、李孝本獻于廟社，徇于兩市。命百官臨視，腰斬于獨柳之下，梟其首於興安門外。親屬無問親疏皆死，孩穉無遺，妻女不死者没爲官婢。百姓觀者，怨王涯榷茶，或詬詈，或投瓦礫擊之。

臣光曰：論者皆謂涯、餗有文學名聲，初不知訓、注之謀，横罹覆族之禍，憤歎其冤。臣獨以爲不然。夫顛危不扶，焉用彼相？涯、餗安高位，飽重禄。訓、注小人，窮奸究險，力取將相。涯、餗與之比肩，不以爲恥。國家危殆，不以爲憂。偷合苟容，日復一日，自謂得保身之良策，莫我如也。若使人人如此而無禍，則奸臣孰不願之哉？一旦禍生不虞，足折刑剭，蓋天誅之也，士良安能族之哉！

王涯有再從弟沐，家於江南，老且貧。聞涯爲相，跨驢詣之，欲求一簿尉。留長安二歲餘，始得一見，涯待之殊落莫。久之，沐因嬖奴以道所欲，涯許以微官，自是旦夕造涯之門以俟命。及涯家被收，沐適在其第，與涯俱腰斬。

舒元輿有族子守謙，愿而敏，元輿愛之，從元輿者十年。一旦忽以非罪怒之，日加譴責，奴婢輩亦薄之。守謙不自安，求歸江南，元輿亦不留，守謙悲歎而去，夕至昭應，聞元輿收族，守謙獨免。

是日，以令狐楚爲鹽鐵轉運使，左散騎常侍張仲方權知京兆尹。時數日之間，殺生除拜，皆決於兩中尉，上不豫知。

初，王守澄惡宦者田全操、劉行深、周元稹、薛士幹、似先義逸、劉英誗等，李訓、鄭注因之遣分詣鹽州、靈武、涇原、夏州、振武、鳳翔巡邊，命翰林學士顧師邕爲詔書賜六道，使殺之。會訓敗，六道得詔，皆廢不行。丙寅，以師邕爲矯詔，下御史獄。

先是，鄭注將親兵五百，已發鳳翔，至扶風。扶風令韓遼知其謀，不供具，攜印及吏卒奔武功。注知訓已敗，復還鳳翔。仇士良等使人齎密敕授鳳翔監軍張仲清，令取注。仲清惶惑，不知所爲。押牙李叔和說仲清曰：「叔和爲公以好召注，屏其從兵，於坐取之，事立定矣。」仲清從之，伏甲以待注。注恃其兵衛，遂詣仲清。叔和稍引其從兵，享之於外，注獨與數人入。既啜茶，叔和抽刀斬注，因閉外門，悉誅其親兵。乃出密敕，宣示將士，遂滅注家，并殺副使錢可復、節度判官盧簡能、觀察判官蕭傑、掌書記盧弘茂等及其支黨，死者千餘人。可復，徽之子；簡能，綸之子；傑，俛之弟也。朝廷未知注死，丁卯，詔削奪注官爵，令鄰道按兵觀變。以左神策大將軍陳君奕爲鳳翔節度使。戊辰夜，張仲清遣李叔和等以注首入獻，梟於興安門，人情稍安，京師諸軍始各還營。

詔將士討賊有功及娖隊者，官爵、賜賚各有差。右神策軍獲韓約於崇義坊，己巳，斬之。仇士良等各進階遷官有差。自是天下事皆決於北司，宰相行文書而已。宦官氣益盛，迫脅天子，下視宰相，陵暴朝士如草芥。每延英議事，士良等動引訓、注折宰相。鄭覃、李石曰：「訓、注誠爲亂首，但不知訓、注始因何人得進？」宦者稍屈，搢紳賴之。時中書惟有空垣破屋，百物皆闕。江西、湖南獻衣糧百二十分，充宰相召募從人。辛未，李石上言：「宰相若忠正無邪，神靈所祐，縱遇盜賊，亦不能傷。若内懷奸罔，雖兵衛甚設，鬼得而誅之。臣願竭赤心以報國，止循故事，以金吾卒導從足矣，其兩道所獻衣糧，並乞停寢。」從之。

十二月壬申朔，顧師邕流儋州，至商山，賜死。

度支奏籍鄭注家貲，得絹百餘萬匹，他物稱是。

庚辰，上問宰相：「坊市安未？」李石對曰：「漸安。然比日寒冽特甚，蓋刑殺太過所致。」鄭覃曰：「罪人周親前已皆死，其餘殆不足問。」時宦者深怨李訓等，凡與之有瓜葛親，或暫蒙奬引者，誅貶不已，故二相言之。

李訓、鄭注既誅，召六道巡邊使。田全操等怨訓、注之謀，在道揚言：「我入城，凡儒服者，無貴賤當盡殺之。」癸未，全操等乘驛疾驅入金光門，京城訛言有寇至，士民驚譟縱横走，塵埃四起。兩省諸司官聞之，皆奔散，有不及束帶韈而乘馬者。鄭覃、李石在中書，顧吏卒稍稍逃去，覃謂石曰：「耳目頗異，宜且出避之。」石曰：「宰相位尊望重，人心所屬，不可輕也。今事虚實未可知，堅坐鎮之，庶幾可定。若宰相亦走，則中外亂矣。且果有禍亂，避亦不免。」覃然之。石坐視文案，沛然自若。敕使相繼傳呼：「閉皇城諸司門。」左金吾大將軍陳君賞帥其衆立望仙門下，謂敕使曰：「賊至閉門未晚，請徐觀其變，不宜示弱。」至晡後，乃定。是日，坊市惡少年皆衣緋皁，執弓刀北望，見皇城閉，即欲剽掠，非石與君賞鎮之，京城幾再亂矣。時兩省官應入直者，皆與其家人辭訣。

丁亥，詔：「逆人親黨，自非前已就戮及指名收捕者，餘一切不問。諸司官吏雖爲所脅從，涉於詿誤，皆赦之。他人毋得妄相告言及相恐愒。見亡匿者，勿復追捕，三日内各聽自歸本司。」

時禁軍暴横，京兆尹張仲方不敢詰，宰相以其不勝任，出爲華州刺史，以司農卿薛元賞代之。元賞嘗詣李石第，聞石方坐聽事與一人争辯甚喧，元賞使覘之，云有神策軍將訴事。元賞趨入，責石曰：「相公輔佐天子，紀綱四海。今近不能制一軍將，使無禮如此，何以鎮服四夷！」即趨出上馬，命左右擒軍將，俟於下馬橋，元賞至，則已解衣跽之矣。其黨訴於仇士良，士良遣宦者召之，曰：「中尉屈大尹。」元賞曰：「屬有公事，行當繼至。」遂杖殺之。乃白服見士良，士良曰：「癡書生，何敢杖殺禁軍大將！」元賞曰：「中尉大臣也，宰相亦大臣也，宰相之人若無禮於中尉，如之何？中尉之人無禮於宰相，庸可恕乎？中尉與國同體，當爲國惜法。元賞已（凶）〔囚〕服而來，惟中尉死生之。」士良知軍將已死，無可如何，乃呼酒，與元賞歡飲而罷。

開成元年春正月辛丑朔，上御宣政殿，赦天下，改元。仇士良請以神策仗衛殿門，諫議大夫馮定言其不可，乃止。定，宿之弟也。

二月，昭義節度使劉從諫上表請王涯等罪名，且言：「涯等儒生，荷國榮寵，咸欲保身全族，安肯構逆。訓等實欲討除内臣兩中尉，自爲救死之謀，遂致相殺。誣以反逆，誠恐非辜。設若宰相實有異圖，當委之有司，正其刑典，豈有内臣擅領甲兵，恣行剽劫，延及士庶，橫被殺傷！流血千門，僵尸萬計，搜羅枝蔓，中外恫疑。臣欲身詣闕廷，面陳臧否，恐并陷孥戮，事亦無成。謹當修飾封疆，訓練士卒，内爲陛下心腹，外爲陛下藩垣。如奸臣難制，誓以死清君側！」丙申，加從諫檢校司徒。

三月，左僕射令狐楚從容奏：「王涯等既伏辜，其家夷滅，遺骸棄捐。請官爲收瘞，以順陽和之氣。」上慘然久之，命京兆收葬涯等十一人於城西，各賜衣一襲。仇士良潛使人發之，棄骨於渭水。

丁未，皇城留守郭皎奏：「諸司儀仗有鋒刃者，請皆輸軍器使，遇立仗別給儀刀。」從之。

劉從諫復遣牙將焦楚長上表讓官，稱：「臣之所陳，繫國大體。可聽則涯等宜蒙湔洗，不可聽則賞典不宜妄加，安有死冤不申而生者荷禄！」因暴揚仇士良等罪惡。辛酉，上召見楚長，慰諭遣之。時士良等恣横，朝臣日憂破家。及從諫表至，士良等憚之。由是鄭覃、李石粗能秉政，天子倚之亦差以自强。

夏四月己酉，上御紫宸殿，宰相因奏事拜謝，外間因訛言：「天子欲令宰相掌禁兵，已拜恩矣。」由是中外復有猜阻，人情恟恟，士民不敢解衣寢者數日。乙丑，李石奏請召仇士良等面釋其疑。上爲召士良等出，上及石等共諭釋之，使毋疑懼，然後事解。

秋九月丁丑，李石爲上言「宋申錫忠直，爲讒人所誣，竄死遐荒，未蒙昭雪」。上俛首久之，既而流涕泫然曰：「兹事朕久知其誤，奸人逼我，以社稷大計，兄弟幾不能保，况申錫，僅全腰領耳。非獨内臣，外廷亦有助之者。皆由朕之不明，曏使遇漢昭帝，必無此冤矣！」鄭覃、李固言亦共言其冤，上深痛恨，有慚色。庚辰，詔悉復申錫官爵，以其子慎微爲成固尉。

上自甘露之變，意忽忽不樂，兩軍毬鞠之會什減六七，雖宴享音伎雜遝盈庭，未嘗解顔。閒居，或徘徊眺望，或獨語歎息。壬午，上於延英謂宰相曰：「朕每與卿等論天下事，則不免愁。」對曰：「爲理者不可以速成。」上曰：「朕每讀書，恥爲凡主。」李石曰：「方今内外之臣，其間小人尚多疑阻，願陛下更以寬御之，彼有公清奉法如劉弘逸、薛季稜者，陛下亦宜褒賞以勸爲善。」甲申，上復謂宰相曰：「我與卿等論天下事，有勢未得行者，退飲醇酒求醉耳！」對曰：「此皆臣等之罪也。」

三年春正月甲子，李石入朝，中途有盜射之，微傷，左右奔散，石馬驚，馳歸第。又有盜邀擊於坊門，斷其馬尾，僅而得免。上聞之大驚，命神策六軍遣兵防衛，敕中外捕盜甚急，竟無所獲。乙丑，百官入朝者九人而已。京城數日方安。

中書侍郎、同平章事李石，承甘露之亂，人情危懼，宦官恣横，忘身徇國，故紀綱粗立。仇士良深惡之，潛遣盜殺之，不果。石懼，累表稱疾辭位；上深知其故而無如之何。丙子，以石同平章事，充荆南節度使。

太子永之母王德妃無寵，爲楊賢妃所譖而死。太子頗好遊宴，昵近小人，賢妃日夜毁之。九月壬戌，上開延英，召宰相及兩省、御史、郎官，疏太子過惡，議廢之，曰：「是宜爲天子乎？」羣臣皆言：「太子年少，容有改過。國本至重，豈可輕動！」御史中丞狄兼謩論之尤切，至於涕泣。給事中韋温曰：「陛下惟一子，不教，陷之至是，豈獨太子之過乎！」癸亥，翰林學士六人、神策六軍軍使十六人復上表論之，上意稍解。是夕，太子始得歸少陽院。如京使王少華等及宦官宮人坐流死者數十人。

冬十月，太子永猶不悛，庚子，暴薨，謚曰莊恪。

四年冬十月，楊妃請立皇弟安王溶爲嗣，上謀於宰相，李珏非之。丙寅，立敬宗少子陳王成美爲皇太子。丁卯，上幸會寧殿作樂，有童子緣橦，一夫來往走其下如狂。上怪之，左右曰：「其父也。」上泫然流涕曰：「朕貴爲天子，不能全一子！」召教坊劉楚材等四人，宮人張十十等責之曰：「構害太子，皆爾曹也，今更立太子，復欲爾邪？」執以付吏，己巳，皆殺之。上因是感傷，舊疾遂增。

十一月乙亥，上疾少間，坐思政殿，召當直學士周墀，賜之酒，因問曰：「朕可方前代何主？」對曰：「陛下堯、舜之主也。」上曰：「朕豈敢比堯、舜，所以問卿者，何如周赧、漢獻耳。」墀驚曰：「彼亡國之主，豈可比聖德！」上曰：「赧、獻受制於强諸侯，今朕受制於家奴，以此言之，朕殆不如。」因泣下霑襟，墀伏地流涕，自是不復視朝。

五年春正月己卯，詔立潁王瀍爲皇太弟，應軍國事權令句當。且言太子成美年尚冲幼，未漸師資，可復封陳王。時上疾甚，命知樞密劉弘逸、薛季稜引楊嗣復、李珏至禁中，欲奉太子監國。中尉仇士良、魚弘志以太子之立，功不在己，乃言「太子幼，且有疾，更議所立」。李珏曰：「太子位已定，豈得中變。」士良、弘志遂矯詔立瀍爲太弟。是日，士良、弘志將兵詣十六宅，迎潁王至少陽院，百官謁見於思賢殿。瀍沈毅有斷，喜愠不形於色，與安王溶皆素爲上所厚，異於諸王。

辛巳，上崩於太和殿。以楊嗣復攝冢宰。

癸未，仇士良説太弟賜楊賢妃、安王溶、陳王成美死。敕大行以十四日殯，成服。諫議大夫裴夷直上言期日太遠，不聽。時仇士良等追怨文宗，凡樂工及内侍得幸於文宗者，誅貶相繼。夷直復上言：「陛下自藩維繼統，是宜儼然在疚，以哀慕爲心，遠行喪禮，早議大政，以慰天下。而未及數日，屢誅戮先帝近臣，驚率土之視聽，傷先帝之神靈，人情何瞻？國體至重，若使此輩無罪，固不可刑；若其有罪，彼已在天網之内，無所逃伏，旬日之外，行之何晚。」不聽。辛卯，文宗始大斂，武宗即位。

冬十一月，開府儀同三司、左衛上將軍兼内謁者監仇士良請以開府蔭其子爲千牛，給事中李中敏判云：「開府階誠宜蔭子，謁者監何由有兒？」士良慚恚。

武宗會昌元年。初，知樞密劉弘逸、薛季稜有寵於文宗，仇士良惡之。上之立，非二人及宰相意，故楊嗣復出爲湖南觀察使，李珏出爲桂管觀察使。士良屢譖弘逸等於上，勸上除之。乙未，賜弘逸、季稜死，遣中使就潭、桂州誅嗣復及珏。户部尚書杜悰奔馬見李德裕曰：「天子年少，新即位，兹事不宜手滑。」丙申，德裕與崔珙、崔鄲、陳夷行三上奏，又邀樞密使至中書，使入奏。以爲：「德宗疑劉晏動摇東宫而殺之，中外咸以爲冤，兩河不臣者由兹恐懼，得以爲辭。德宗後悔，録其子孫。文宗疑宋申錫交通藩邸，竄謫至死，既而追悔，爲之出涕。嗣復、珏等若有罪惡，乞更加重貶；必不可容，亦當先行訊鞫，俟罪狀著白，誅之未晚。今不謀於臣等，遽遣使誅之，人情莫不震駭。願開延英賜對。」至晡時，開延英，召德裕等入。德裕等泣涕極言：「陛下宜重慎此舉，毋致後悔。」上曰：「朕不悔。」三命之坐，德裕等曰：「臣等願陛下免二人於死，勿使既死而衆以爲冤。今未奉聖旨，臣等不敢坐。」久之，上乃曰：「特爲卿等釋之。」德裕等躍下階舞蹈。上召升坐，歎曰：「朕嗣位之際，宰相何嘗比數。李珏、季稜志在陳王，嗣復、弘逸志在安王。陳王猶是文宗遺意，安王則專附楊妃。嗣復仍與妃書，云：『姑何不效則天臨朝？』嚮使安王得志，朕那復有今日？」德裕等曰：「兹事曖昧，虚實難知。」上曰：「楊妃嘗有疾，文宗聽其弟玄思入侍月餘，以此得通意指。朕細詢内人，情狀皎然，非虚也。」遂追還二使，更貶嗣復爲潮州刺史，李珏爲昭州刺史，裴夷直爲驩州司户。

秋八月，加仇士良觀軍容使。

二年夏四月，上信任李德裕，觀軍容使仇士良惡之。會上將受尊號，御丹鳳樓宣赦。或告士良，宰相與度支議草制減禁軍衣糧及馬芻粟。士良揚言於衆曰：「如此，至日，軍士必於樓前諠譁。」德裕聞之，乙酉，乞開延英自訴。上怒，遽遣中使宣諭兩軍：「赦書初無此事。且赦書皆出朕意，非由宰相，爾安得此言！」士良乃惶愧稱謝。

三年夏四月，上雖外尊寵仇士良，内實忌惡之。士良頗覺之，遂以老病求散秩，詔以左衛上將軍兼内侍監、知省事。

六月癸酉，仇士良以左衛上將軍、内侍監致仕。其黨送歸私第，士良教以固權寵之術曰：「天子不可令閒，常宜以奢靡娱其耳目，使日新月盛，無暇更及他事，然後吾輩可以得志。慎勿使之讀書，親近儒生，彼見前代興亡，心知憂懼，則吾輩疏斥矣。」其黨拜謝而去。

四年。宦官發仇士良宿惡，於其家得兵仗數千。詔削其官爵，籍没家貲。

宣宗大中八年。上自即位以來，治弑憲宗之黨，誅竄甚衆。慮人情不安，詔：「長慶之初，亂臣、賊子頃流竄已盡，其餘族從疏遠者一切不問。」

十月，上以甘露之變，惟李訓、鄭注當死，自餘王涯、賈餗等無罪，詔皆雪其冤。

朋黨之禍

唐穆宗長慶元年。翰林學士李德裕，吉甫之子也，以中書舍人李宗閔嘗對策譏切其父，恨之。宗閔又與翰林學士元稹争進取有隙。右補闕楊汝士與禮部侍郎錢徽掌貢舉，西川節度使段文昌、翰林學士李紳各以書屬所善進士於徽。及榜出，文昌、紳所屬皆不預焉，及第者鄭朗，覃之弟；裴譔，度之子；蘇巢，宗閔之壻；楊殷士，汝士之弟也。文昌言於上曰：「今歲禮部殊不公，所取進士皆子弟無藝，以關節得之。」上以問諸學士，德裕、稹、紳皆曰：「誠如文昌言。」上乃命中書舍人王起等覆試。夏四月丁丑，詔黜朗等十人，貶徽江州刺史，宗閔劍州刺史，汝士開江令。或勸徽奏文昌、紳屬書，上必寤。徽曰：「苟無愧心，得喪一致，奈何奏人私書，豈士君子所爲邪？」取而焚之，時人多之。紳，敬玄之曾孫；起，播之弟也。自是德裕、宗閔各分朋黨，更相傾軋，垂四十年。

二年夏六月甲子，裴度、元稹皆罷相，以兵部尚書李逢吉爲門下侍郎、同平章事。

三年。户部侍郎牛僧孺，素爲上所厚。初，韓弘之子右驍衛將軍公武爲其父謀，以財結中外。及公武卒，弘繼薨，穉孫昭宗嗣，主藏奴與吏訟於御史府。上憐之，盡取弘財簿自閲視，凡中外主權，多納弘貨，獨朱句細字曰「某年月日，送户部牛侍郎錢千萬，不納」。

上大喜，以示左右曰：「果然，吾不繆知人。」三月壬戌，以僧孺爲中書侍郎、同平章事。時僧孺與李德裕皆有入相之望。德裕出爲浙西觀察使，八年不遷，以爲李逢吉排己引僧孺爲相，由是牛、李之怨愈深。

李逢吉爲相，内結知樞密王守澄，勢傾朝野。惟翰林學士李紳每承顧問，常排抑之，擬狀至内庭，紳多所臧否。逢吉患之，而上待遇方厚，不能遠也。會御史中丞缺，逢吉薦紳清直，宜居風憲之地。上以中丞亦次對官，不疑而可之。會紳與京兆尹兼御史大夫韓愈爭臺參及他職事，文移往來，辭語不遜。逢吉奏二人不協，冬十月丙戌，以愈爲兵部侍郎，紳爲江西觀察使。韓愈、李紳入謝，上各令自敘其事，乃深寤。壬辰，復以愈爲吏部侍郎，紳爲户部侍郎。

四年。初，穆宗既留李紳，李逢吉愈忌之。紳族子虞頗以文學知名，自言不樂仕進，隱居華陽川。及從父耆爲左拾遺，虞與耆書求薦，誤達於紳。紳以書誚之，且以語於衆人。虞深怨之，乃詣逢吉，悉以紳平日密論逢吉之語告之。逢吉益怒，使虞與補闕張又新及從子前河陽掌書記仲言等伺求紳短，揚之於士大夫間。且言「紳潛察士大夫有羣居議論者，輒指爲朋黨，白之於上」。由是士大夫多忌之。

及敬宗即位，逢吉與其黨快紳失勢，又恐上復用之，日夜謀議，思所以害紳者。楚州刺史蘇遇謂逢吉之黨曰：「主上初聽政，必開延英，有次對官，惟此可防。」其黨以爲然，亟白逢吉曰：「事迫矣，若俟聽政，悔不可追。」逢吉乃令王守澄言於上曰：「陛下所以爲儲貳，臣備知之，皆逢吉之力也。如杜元穎、李紳輩皆欲立深王。」度支員外郎李續之等繼上章言之。上時年十六，疑未信。會逢吉亦有奏，言紳謀不利於上，請加貶謫。上猶再三覆問，然後從之。二月癸未，貶紳爲端州司馬。逢吉仍帥百官表賀，既退，百官復詣中書賀。逢吉方與張又新語，門者弗内。良久，又新揮汗而出，旅揖百官曰：「端溪之事，又新不敢多讓。」衆駭愕辟易，憚之。右拾遺、内供奉吴思獨不賀，逢吉怒，以思爲吐蕃告哀使。丙戌，貶翰林學士龐嚴爲信州刺史，蔣防爲汀州刺史。嚴，壽州人，與防皆紳所引也。給事中于敖，素與嚴善，封還敕書。人爲之懼，曰：「于給事爲龐、蔣直冤，犯宰相怒，誠所難也。」及奏下，乃言貶之太輕，逢吉由是獎之。

張又新等猶忌紳，日上書言貶紳太輕，上許爲殺之。朝臣莫敢言，獨翰林侍讀學士韋處厚上疏，指述：「紳爲逢吉之黨所讒，人情歎駭。紳蒙先朝獎用，借使有罪，猶宜容假，以成三年無改之孝，況無罪乎？」於是上稍開寤，會閲禁中文書，有穆宗所封一篋，發之，得裴度、杜元穎、李紳疏請立上爲太子，上乃嗟歎，悉焚人所上譖紳書，雖未即召還，後有言者，不復聽矣。

夏四月乙未，以布衣姜洽爲補闕，試大理評事陸洿、布衣李虞、劉堅爲拾遺。時李逢吉用事，所親厚者張又新、李仲言、李續之、李虞、劉栖楚、姜洽及拾遺張權輿、程昔範，又有從而附麗之者，時人惡逢吉者，目之爲八關、十六子。

敬宗寶曆元年春正月，中書侍郎、同平章事牛僧孺，以上荒淫，嬖幸用事，又畏罪不敢言，但累表求出。乙卯，升鄂岳爲武昌軍，以僧孺同平章事，充武昌節度使。

夏四月癸巳，羣臣上尊號曰文武大聖廣孝皇帝，赦天下。赦文但云「左降官已經量移者，宜與量移」，不言未量移者。翰林學士韋處厚上言：「逢吉恐李紳量移，故有此處置。如此，則應近年流貶官，因李紳一人皆不得量移也。」上即追赦文改之，紳由是得移江州長史。

冬十月，前河陽掌書記李仲言坐陳留武昭之獄，流象州。

十二月，言事者多稱裴度賢，不宜棄之藩鎮。上數遣使至興元勞問度，密示以還期，度因求入朝。逢吉之黨大懼。

二年春正月壬辰，裴度自興元入朝，李逢吉之黨百計毀之。先是，民間謡云「緋衣小兒坦其腹，天上有口被驅逐」。又長安城中有横亘六岡，如乾象，度宅偶居第五岡。張權輿上言：「度名應圖讖，宅占岡原，不召而來，其旨可見。」上雖年少，悉察其誣謗，待度益厚。

冬十一月甲申，以門下侍郎、同平章事李逢吉同平章事，充山南東道節度使。

文宗太和三年秋八月，徵浙西觀察使李德裕爲兵部侍郎，裴度薦以爲相。會吏部侍郎李宗閔有宦官之助，甲戌，以宗閔同平章事。〔九月〕壬辰，以李德裕爲義成節度使。李宗閔惡其逼己，故出之。

四年春正月辛巳，武昌節度使牛僧孺入朝。李宗閔引薦牛僧孺。辛卯，以僧孺爲兵部尚書、同平章事。於是二人相與排擯李德裕之黨，稍稍逐之。

裴度以高年多疾，懇辭機政。六月丁未，以度爲司徒、平章軍國重事，俟疾損，三五日一入中書。初，裴度征淮西，奏李宗閔爲觀察判官，由是漸獲進用。至是，怨度薦李德裕，因其謝病，九月壬午，以度兼侍中，充山南東道節度使。

冬十月戊申，以義成節度使李德裕爲西川節度使。

五年秋九月，吐蕃維州副使悉怛謀請降，李德裕遣行維州刺史虞藏儉將兵入據其城，具奏其狀。牛僧孺曰：「吐蕃之境，四面各萬里，失一維州，未能損其勢。徒棄誠信，有害無益。」上以爲然，詔德裕以城歸吐蕃，執悉怛謀歸之，吐蕃誅之於境上。德裕由是怨僧孺益深。事見吐蕃叛盟。

六年冬十一月乙卯，以荆南節度使段文昌爲西川節度使。西川監軍王踐言入知樞密，數爲上言：「縛送悉怛謀以快虜心，絶後來降者，非計也。」上亦悔之，尤中書侍郎、同平章事牛僧孺失策。附李德裕者因言「僧孺與德裕有隙，害其功」。上益疏之。僧孺内不自安，會上御延英，謂宰相曰：「天下何時當太平，卿等亦有意於此乎？」僧孺對曰：「太平無象。今四夷不至交侵，百姓不至流散，雖非至理，亦謂小康。陛下若别求太平，非臣等所及。」退，謂同列曰：「主上責望如此，吾曹豈得久居此地乎！」因累表請罷。十二月乙丑，以僧孺同平章事，〔充〕淮南節度使。

臣光曰：君明臣忠，上令下從，俊良在位，佞邪黜遠，禮修樂舉，刑清政平，奸宄消伏，兵革偃戢，諸侯順附，四夷懷服，時和年豐，家給人足，此太平之象也。于斯之時，閽寺專權，脅君於内，弗能遠也；藩鎮阻兵，陵慢於外，弗能制也；士卒殺逐主帥，拒命自立，弗能詰也；軍旅歲興，賦斂日急，骨血縱横於原野，杼軸空竭於里閭，而僧孺謂之太平，不亦誣乎？當文宗求治之時，僧孺任居承弼，進則偷安取容以竊位，退則欺君誣世以盜名，罪孰大焉！

丁未，以前西川節度使李德裕爲兵部尚書。初，李宗閔與德裕有隙，及德裕還自西川，上注意甚厚，朝夕且爲相，宗閔百方沮之，不能。京兆尹杜悰，宗閔黨也，嘗詣宗閔，見其有憂色，曰：「得非以大戎乎？」宗閔曰：「然。何以相救？」悰曰：「悰有一策，可平宿憾，恐公不能用。」宗閔曰：「何如？」悰曰：「德裕有文學而不由科第，常用此爲慊慊，若使之知舉，必喜矣。」宗閔默然有間，曰：「更思其次。」悰曰：「不則用爲御史大夫。」宗閔曰：「此則可矣。」悰再三與約，乃詣德裕。德裕迎揖曰：「公何爲訪此寂寥？」悰曰：「靖安相公令悰達意。」即以大夫之命告之。德裕驚喜泣下，曰：「此大門官，小子何足以當之！」寄謝重沓。宗閔復與給事中楊虞卿謀之，事遂中止。虞卿，汝士之從弟也。

七年春二月丙戌，以兵部尚書李德裕同平章事。德裕入謝，上與之論朋黨事，對曰：「方今朝士三分之一爲朋黨。」時給事中楊虞卿與從兄中書舍人汝士、弟户部郎中漢公、中書舍人張元夫、給事中蕭澣等善交結，依附權要，上干執政，下撓有司，爲士人求官及科第，無不如志。上聞而惡之，故與德裕言首及之，德裕因得以排其所不悦者。初，左散騎常侍張仲方嘗駁李吉甫謚，及德裕爲相，仲方稱疾不出。三月壬辰，以仲方爲賓客分司。

庚戌，以楊虞卿爲常州刺史，張元夫爲汝州刺史。他日，上復言及朋黨，李宗閔曰：「臣素知之，故虞卿輩臣皆不與美官。」李德裕曰：「給舍非美官而何？」宗閔失色。丁巳，以蕭澣爲鄭州刺史。

夏六月壬申，以工部尚書鄭覃爲御史大夫。初，李宗閔惡覃在禁中數言事，奏罷其侍講。上從容謂宰相曰：「殷侑經術頗似鄭覃。」宗閔對曰：「覃、侑經術誠可尚，然議論不足聽。」李德裕曰：「覃、侑議論，他人不欲聞，惟陛下欲聞之。」後旬日，宣出，除覃御史大夫。宗閔謂樞密使崔潭峻曰：「事一切宣出，安用中書？」潭峻曰：「八年天子，聽其自行事亦可矣。」宗閔愀然而止。

乙亥，以中書侍郎、同平章事李宗閔同平章事，充山南西道節度使。

八年。初，李仲言流象州，遇赦，還東都。會留守李逢吉思復入相，仲言自言與鄭注善，逢吉使仲言厚賂之。注引仲言見王守澄，守澄薦於上，云仲言善易，上召見之。時仲言有母服，難入禁中，乃使衣民服，號王山人。仲言儀狀秀偉，倜儻尚氣，頗工文辭，有口辯，多權數。上見之，大悦，以爲奇士，待遇日隆。仲言既除服，秋八月辛卯，上欲以仲言爲諫官，置之翰林。李德裕曰：「仲言曏所爲，計陛下必盡知之，豈宜置之近侍！」上曰：「然，豈不容其改過。」對曰：「臣聞惟顔回能不貳過。彼聖賢之過，但思慮不至，或失中道耳。至於仲言之惡，著於心本，安能悛改邪？」上曰：「李逢吉薦之，朕不欲食言。」對曰：「逢吉身爲宰相，乃薦奸邪以誤國，亦罪人也。」上曰：「然則別除一官。」對曰：「亦不可。」上顧王涯，涯對曰：「可。」德裕揮手止之，上回顧，適見，色殊不懌而罷。始，涯聞上欲用仲言，草諫疏極憤激，既而見上意堅，且畏其黨盛，遂中變。尋以仲言爲四門助教，給事中鄭肅、韓佽封還敕書。德裕將出中書，謂涯曰：「且喜給事中封敕。」涯即召肅、佽謂曰：「李公適留語，令二閣老不用封敕。」二人即行下。明日，以白德裕，德裕驚曰：「德裕不欲封還，當面聞，何必使人傳言。且有司封駁，豈復稟宰相意邪？」二人悵恨而去。

九月辛亥，徵昭義節度副使鄭注至京師。王守澄、李仲言、鄭注皆惡李德裕，以山南西道節度使李宗閔與德裕不相悅，引宗閔以敵之。壬戌，詔徵宗閔於興元。

冬十月庚寅，以李宗閔爲中書侍郎、同平章事。甲午，以中書侍郎、同平章事李德裕同平章事，充山南西道節度使。是日，以李仲言爲翰林侍（讀）〔講〕學士。給事中高鉌、鄭肅、韓佽、諫議大夫郭承嘏、中書舍人權璩等争之，不能得。承嘏，晞之孫；璩，德輿之子也。

李德裕見上自陳，請留京師，丙午，以德裕爲兵部尚書。十一月，李宗閔言李德裕制命已行，不宜自便。乙亥，復以德裕爲鎮海節度使，不復兼平章事。時德裕、宗閔各有朋黨，互相擠援。上患之，每歎曰：「去河北賊易，去朝中朋黨難。」

臣光曰：夫君子小人之不相容，猶冰炭之不可同器而處也。故君子得位則斥小人，小人得勢則排君子，此自然之理也。然君子進賢退不肖，其處心也公，其指事也實。小人譽其所好，毁其所惡，其處心也私，其指事也誣。公且實者謂之正直，私且誣者謂之朋黨，在人主所以辨之耳。是以明主在上，度德而敘位，量能而授官，有功者賞，有罪者刑，奸不能惑，佞不能移。夫如是則朋黨何自而生哉。彼昏主則不然。明不能燭，强不能斷，邪正並進，毁譽交至，取捨不在於己，威福潛移於人。於是讒慝得志，而朋黨之議興矣。夫木腐而蠹生，醯酸而蜹集，故朝廷有朋黨，則人主當自咎而不當以咎羣臣也。文宗苟患羣臣之朋黨，何不察其所毁譽者爲實爲誣，所進退者爲賢爲不肖，其心爲公爲私，其人爲君子爲小人？苟實也，賢也，公也，君子也，匪徒用其言，又當進之；誣也，不肖也，私也，小人也，匪徒棄其言，又當刑之。如是雖使之爲朋黨，孰敢哉！釋是不爲，乃怨羣臣之難治，是猶不種不芸，而怨田之蕪也。朝中之黨且不能去，况河北賊乎？

九年。初，李德裕爲浙西觀察使，漳王傅母杜仲陽坐宋申錫事放歸金陵，詔德裕存處之。會德裕已離浙西，牒留後李蟾使如詔旨。至是，左丞王璠、户部侍郎李漢奏德裕厚賂仲陽，陰結漳王，圖爲不軌。上怒甚，召宰相及璠、漢、鄭注等面質之。璠、漢等極口誣之，路隋曰：「德裕不至此。果如所言，臣亦應得罪。」言者稍息。夏四月，以德裕爲賓客分司。丙申，以門下侍郎、同平章事路隋同平章事，充鎮海節度使，趣之赴鎮，不得面辭，坐救李德裕故也。

初，京兆尹河南賈餗，性褊躁輕率，與李德裕有隙，而善於李宗閔、鄭注。上巳，賜百官宴於曲江。故事，尹於外門下馬，揖御史。餗恃其貴勢，乘馬直入，殿中侍御史楊儉、蘇特與之争。餗駡曰：「黄面兒敢爾！」坐罰俸。餗恥之，求出，詔以爲浙西觀察使。尚未行，戊戌，以餗爲中書侍郎、同平章事。

庚子，制以鄜日上初得疾，王涯呼李德裕奔問起居，德裕竟不至，又在西蜀徵逋懸錢三十萬緡，百姓愁困，貶德裕袁州長史。

京城訛言鄭注爲上合金丹，須小兒心肝，民間驚懼，上聞而惡之。鄭注素恨京兆尹楊虞卿，與李訓共構之，云「此語出於虞卿家人」。上怒，六月，下虞卿御史獄。注求爲兩省官，中書侍郎、同平章事李宗閔不許，注毁之於上。會宗閔救楊虞卿，上怒，叱出之。壬寅，貶明州刺史。

左神策中尉韋元素、樞密使楊承和、王踐言久居中用事，與王守澄争權不叶，李訓、鄭注因之出承和於西川，元素於淮南，踐言於河東，皆爲監軍。秋七月甲辰朔，貶楊虞卿虔州司馬。

初，李宗閔爲吏部侍郎，因駙馬都尉沈𥡴結女學士宋若憲、知樞密楊承和得爲相。及貶明州，鄭注發其事，壬子，再貶處州長史。著作郎、分司舒元輿與李訓善，訓用事，召爲右司郎中，兼侍御史知雜，鞫楊虞卿獄。癸丑，擢爲御史中丞。元輿，元褒之兄也。貶吏部侍郎李漢爲汾州刺史，刑部侍郎蕭澣爲遂州刺史，皆坐李宗閔之黨。

是時李訓、鄭注連逐三相，威震天下，於是平生絲恩髮怨無不報者。又貶左金吾大將軍沈𥡴爲邵州刺史。八月丙子，又貶李宗閔潮州司户。賜宋若憲死。戊寅，再貶沈𥡴柳州司户。

丙申，詔以楊承和庇護宋申錫，韋元素、王踐言與李宗閔、李德裕中外連結，受其賂遺。承和可驩州安置，元素可象州安置，踐言可恩州安置，令所在錮送。楊虞卿、李漢、蕭澣爲朋黨之首，貶虞卿虔州司户，漢汾州司馬，澣遂州司馬。尋遣使追賜承和、元素、踐言死。時崔潭峻已卒，亦剖棺鞭尸。

己亥，以前廬州刺史羅立言爲司農少卿。立言贓吏，以賂結鄭注而得之。鄭注之入翰林也，中書舍人高元裕草制，言以醫藥奉君親，注銜之。奏元裕嘗出郊送李宗閔，壬寅，貶元裕閬州刺史。元裕，士廉之六世孫也。

時注與李訓所惡朝士，皆指目爲二李之黨，貶逐無虚日，班列殆空，廷中忷忷，上亦知之。訓、注恐爲人所摇，九月癸卯朔，勸上下詔：「應與德裕、宗閔親舊及門生、故吏，今日以前貶黜之外，餘皆不問。」人情稍安。

冬十一月，李訓等謀誅宦官，敗死。事見宦官弑逆。

開成元年春三月壬寅，以袁州長史李德裕爲滁州刺史。夏四月乙卯，以潮州司户李宗閔爲衡州司馬。凡李訓所指爲李德裕、宗閔黨者，稍稍收復之。

三年春正月，楊嗣復欲援進李宗閔，恐爲鄭覃所沮，乃先令宦官諷上。上臨朝，謂宰相曰：「宗閔積年在外，宜與一官。」鄭覃曰：「陛下若憐宗閔之遠，止可移近北數百里，不宜再用。用之，臣請先避位。」陳夷行曰：「宗閔曏以朋黨亂政，陛下何愛此纖人？」楊嗣復曰：「事貴得中，不可但徇愛憎。」上曰：「可與一州。」覃曰：「與州太優，止可洪州司馬耳。」因與嗣復互相詆訐以爲黨。上曰：「與一州無傷。」覃等退，上謂起居郎周敬復、舍人魏謩曰：「宰相諠争如此，可乎！」對曰：「誠爲不可。然覃等盡忠憤激，不自覺耳。」丁酉，以衡州司馬李宗閔爲杭州刺史。李固言與楊嗣復、李珏善，故引居大政以排鄭覃、陳夷行，每議政之際，是非鋒起，上不能決也。

五年春正月，文宗崩，武宗即位。夏五月己卯，門下侍郎、同平章事楊嗣復罷爲吏部尚書。秋八月庚午，門下侍郎、同平章事李珏罷爲太常卿。

初，上之立非宰相意，故楊嗣復、李珏相繼罷去。召淮南節度使李德裕入朝。九月甲戌朔，至京師，丁丑，以德裕爲門下侍郎、同平章事。

庚辰，德裕入謝，言於上曰：「致理之要，在於辨羣臣之邪正。夫邪正二者，勢不相容，正人指邪人爲邪，邪人亦指正人爲邪，人主辨之甚難。臣以爲正人如松柏，特立不倚，邪人如藤蘿，非附他物不能自起。故正人一心事君，而邪人競爲朋黨。先帝深知朋黨之患，然所用卒皆朋黨之人，良由執心不定，故奸邪得乘間而入也。夫宰相不能人人忠良，或爲欺罔，主心始疑，於是旁詢小臣，以察執政。如德宗末年，所聽任者惟裴延齡輩，宰相署敕而已，此政事所以日亂也。陛下誠能慎擇賢才以爲宰相，有奸罔者立黜去之，常令政事皆出中書，推心委任，堅定不移，則天下何憂不理哉！」又曰：「先帝於大臣好爲形迹，小過皆含容不言，日累月積，以致禍敗。玆事大誤，願陛下以爲戒。臣等有罪，陛下當面詰之。事苟無實，得以辨明；若其有實，辭理自窮。小過則容其悛改，大罪則加之誅譴。如此，君臣之際無疑間矣。」上嘉納之。

初，德裕在淮南，敕召監軍楊欽義，人皆言必知樞密，德裕待之無加禮，欽義心銜之。一旦，獨延欽義，置酒中堂，情禮極厚，陳珍玩數牀，罷酒，皆以贈之，欽義大喜過望。行至汴州，敕復還淮南，欽義盡以所餉歸之。德裕曰：「此何直！」卒以與之。其後欽義竟知樞密。德裕柄用，欽義頗有力焉。

武宗會昌元年秋八月，以前山南東道節度使、同平章事牛僧孺爲太子太師。先是，漢水溢，壞襄州民居，故李德裕以爲僧孺罪而廢之。

二年春二月，淮南節度使李紳入朝。丁丑，以紳爲中書侍郎、同平章事。

三年夏五月，李德裕言太子賓客分司李宗閔與劉從諫交通，不宜置之東都。戊戌，以宗閔爲湖州刺史。

四年秋閏七月壬戌，以中書侍郎李紳同平章事，充淮南節度使。

九月，李德裕怨太子太傅東都留守牛僧孺、湖州刺史李宗閔，言於上曰：「劉從諫據上黨十年，太和中入朝，僧孺、宗閔執政，不留之，加宰相縱去，以成今日之患，竭天下力乃能取之，皆二人之罪也。」德裕又使人於潞州求僧孺、宗閔與從諫交通書疏，無所得，乃令孔目官鄭慶言從諫每得僧孺、宗閔書疏，皆自焚毁。詔追慶下御史臺按問，中丞李回、知雜鄭亞以爲信然。河南少尹吕述與德裕書，言稹破報至，僧孺出聲歎恨。德裕奏述書，上大怒，以僧孺爲太子少保分司，宗閔爲漳州刺史。戊子，再貶僧孺汀州刺史，宗閔漳州長史。冬十一月，復貶牛僧孺循州長史，李宗閔長流封州。

五年春正月，淮南節度使李紳按江都令吴湘盗用程糧錢，强娶所部百姓顏悦女，估其資裝爲贓，罪當死。湘，武陵之兄子也。李德裕素惡武陵。議者多言其冤，諫官請覆按，詔遣監察御史崔元藻、李稠覆之。還言「湘盜程糧錢有實。顔悦本衢州人，嘗爲青州牙推，妻亦士族，與前獄異」。德裕以爲無與奪，二月，貶元藻端州司户，稠汀州司户。不復更推，亦不付法司詳斷，即如紳奏，處湘死。諫議大夫柳仲郢、敬晦皆上疏争之，不納。稠，晋江人；晦，昕之弟也。

李德裕以柳仲郢爲京兆尹；素與牛僧孺善，謝德裕曰：「不意太尉恩奬及此，仰報厚德，敢不如奇章公門館。」德裕不以爲嫌。

（冬十月）李德裕秉政日久，好徇愛憎，人多怨之。自杜悰、崔鉉罷相，宦者左右言其太專，上亦不悦。給事中韋弘質上疏，言宰相權重，不應更領三司錢穀。德裕奏稱：「制置職業，人主之柄。弘質受人教導，所謂賤人圖柄臣，非所宜言。」十二月，弘質坐貶官，由是衆怒愈甚。

六年春三月甲子，上崩，以李德裕攝冢宰。丁卯，宣宗即位。宣宗素惡德裕之專，即位之日，德裕奉册。既罷，謂左右曰：「適近我者，非太尉耶？每顧我，使我毛髮洒淅。」夏四月辛未朔，上始聽政。壬申，以門下侍郎、同平章事李德裕同平章事，充荆南節度使。德裕秉權日久，位重有功，衆不謂其遽罷，聞之莫不驚駭。甲戌，貶工部尚書、判鹽鐵轉運使薛元賞爲忠州刺史，弟京兆少尹權知府事元龜爲崖州司户，皆德裕之黨也。

秋七月壬寅，淮南節度使李紳薨。八月，以循州司馬牛僧孺爲衡州長史，封州流人李宗閔爲郴州司馬。宗閔未離封州而卒。九月，以荆南節度使李德裕爲東都留守，解平章事。

宣宗大中元年。初，李德裕執政，引白敏中爲翰林學士。及武宗崩，德裕失勢，敏中乘上下之怒，竭力排之，使其黨李咸訟德裕罪，德裕由是自東都留守以太子少保分司。

秋九月乙酉，前永寧尉吴汝納訟其弟湘罪不至死，「李紳、李德裕相表裏，欺罔武宗，枉殺臣弟，乞召江州司户崔元藻等對辯。」丁亥，敕御史臺鞫實以聞。冬十二月庚戌，御史臺奏：「據崔元藻所列吴湘冤狀，如吴汝納之言。」戊午，貶太子少保分司李德裕爲潮州司馬。

二年秋九月甲子，再貶潮州司馬李德裕爲崖州司户。

三年冬閏十一月己未，崖州司户李德裕卒。

武宗平澤潞

穆宗長慶二年春三月，昭義監軍劉承偕恃恩，陵轢節度使劉悟，數衆辱之，又縱其下亂法。陰與磁州刺史張汶謀縛悟送闕下，以汶代之，悟知之，諷其軍士作亂，殺汶。圍承偕，欲殺之。幕僚賈直言入責悟曰：「公所爲如是，欲效李司空邪？此軍中安知無如公者，使李司空有知，得無笑公於地下乎！」悟遂謝直言，救免承偕，因之府舍。

三月，上詔劉悟送劉承偕詣京師，悟託以軍情，不時奉詔。上問裴度：「宜如何處置？」度對曰：「承偕在昭義，驕縱不法，臣盡知之。悟在行營與臣書，具論其事。時有中使趙弘亮在臣軍中，持悟書去，云欲自奏之，不知嘗奏不？」上曰：「朕殊不知也。且悟大臣，何不自奏？」對曰：「悟武臣，不知事體。然今事狀籍籍如此，臣等面論，陛下猶不能決，況悟當日單辭，豈能動聖聽哉！」上曰：「前事勿論，直言此時如何處置。」對曰：「陛下必欲收天下心，止應下半紙詔書，具陳承偕驕縱之罪，令悟集將士斬之，則藩鎮之臣，孰不思爲陛下效死，非獨悟也。」上俛首良久曰：「朕不惜承偕，然太后以爲養子。今茲囚縶，太后尚未知之，況殺之乎？卿更思其次。」度乃與王播等奏請流承偕於遠州，必得出，上從之。後月餘，悟乃釋承偕。加劉悟檢校司徒，餘如故。自是悟浸驕，欲效河北三鎮，招聚不逞，章表多不遜。

敬宗寶曆元年。昭義節度使劉悟之去鄆州也，以鄆兵二千自隨爲親兵。八月庚戌，悟暴疾薨，子將作監主簿從諫匿其喪，與大將劉武德及親兵謀，以悟遺表求知留後。司馬賈直言入責從諫曰：「爾父提十二州地歸朝廷，其功非細，祇以張汶之故，自謂不潔淋頭，竟至羞死。爾孺子，何敢如此！父死不哭，何以爲人？」從諫恐悚不能對，乃發喪。

冬十一月，朝廷得劉悟遺表，議者多言上黨内鎮，與河朔異，不可許。左僕射李絳上疏，以爲：「兵機尚速，威斷貴定，人情未一，乃可伐謀。劉悟死已數月，朝廷尚未處分，中外人意，共惜事機。今昭義兵衆，必不盡與從諫同謀，縱使其半叶同，尚有其半效順。從諫未嘗久典兵馬，威惠未加於人。又此道素貧，非時必無優賞。今朝廷但速除近澤潞一將充昭義節度使，令兼程赴鎮，從諫未及布置，新使已至潞州，所謂先人奪人之心也。新使既至，軍心自有所繫。從諫無位，何名主張，設使謀撓朝命，其將士必不肯從。今朝廷久無處分，彼軍不曉朝廷之意，欲效順則恐忽授從諫，欲同惡則恐别更除人，猶豫之間，若有姦人爲之畫策，虚張賞設錢數，軍士覬望，尤難指揮。伏望速賜裁斷，仍先下明敕，宣示軍衆，奬其從來忠節，賜新使繒五十萬匹，使之賞設。續除劉從諫一刺史。從諫既粗有所得，必且擇利而行，萬無違拒。設不從命，臣亦以爲不假攻討。何則？臣聞從諫已禁山東三州軍士不許自畜兵刀，足明羣心殊未得一，帳下之事亦在不疑。熟計利害，決無即授從諫之理。」時李逢吉、王守澄計議已定，竟不用絳等謀。十二月辛丑，以從諫爲昭義留後。劉悟煩苛，從諫濟以寬厚，衆頗附之。

二年夏四月戊申，以昭義留後劉從諫爲節度使。

文宗太和六年冬十一月乙亥，昭義節度使劉從諫入朝。

七年春正月甲午，加昭義節度使劉從諫同平章事，遣歸鎮。初，從諫以忠義自任，入朝，欲請他鎮。既至，見朝廷事柄不一，又士大夫多請託，心輕朝廷，故歸而益驕。

開成元年春二月，昭義節度使劉從諫上表請王涯等罪名。語見宦官弑逆。

丙申，加從諫檢校司徒。三月，劉從諫復遣（衙）〔牙〕將焦楚長上表讓官，因暴揚仇士良等罪惡。語見宦官弑逆。

武宗會昌三年。初，昭義節度使劉從諫累表言仇士良罪惡，士良亦言從諫窺伺朝廷。及上即位，從諫有馬高九尺，獻之，上不受。從諫以爲士良所爲，怒殺其馬，由是與朝廷相猜恨。遂招納亡命，繕完兵械，鄰境皆潛爲之備。從諫榷馬牧及商旅，歲入錢五萬緡，又賣鐵、煮鹽亦數萬緡。大商皆假以牙職，使通好諸道，因爲販易。商人倚從諫勢，所至多陵轢將吏，諸道皆惡之。從諫疾病，謂妻裴氏曰：「吾以忠直事朝廷，而朝廷不明我志，諸道皆不我與。我死，他人立此軍，則吾家無炊火矣。」乃與幕客張谷、陳揚庭謀效河北諸鎮，以弟右驍衛將軍從素之子稹爲牙内都知兵馬使，從子匡周爲中軍兵馬使，孔目官王協爲押牙親事兵馬使，以奴李士貴爲使宅十將兵馬使，劉守義、劉守忠、董可武、崔玄度分將牙兵。谷，鄆州人；揚庭，洪州人也。

從諫尋薨，稹祕不發喪。王協爲稹謀曰：「正當如寶曆年樣爲之，不出百日，旌節自至。但嚴奉監軍，厚遺敕使，四境勿出兵，城中暗爲備而已。」使押牙姜崟奏求國醫，上遣中使解朝政以醫往問疾。稹又逼監軍崔士康奏稱從諫疾病，請命其子稹爲留後。上遣供奉官薛士幹往諭指，云：「恐從諫疾未平，宜且就東都療之。俟稍瘳，別有任使。仍遣稹入朝，必厚加官爵。」

上以澤潞事謀於宰相，宰相多以爲回鶻餘燼未滅，邊鄙猶須警備，復討澤潞，國力不支，請以劉稹權知軍事。諫官及羣臣上言者亦然。李德裕獨曰：「澤潞事體與河朔三鎮不同。河朔習亂已久，人心難化，是故累朝以來，置之度外。澤潞近處腹心，一軍素稱忠義，嘗破走朱滔，擒盧從史。頃時多用儒臣爲帥，如李抱真成立此軍，德宗猶不許承襲，使李緘護喪歸東都。敬宗不恤國務，宰相又無遠略，劉悟之死，因循以授從諫。從諫跋扈難制，累上表迫脅朝廷，今垂死之際，復以兵權擅付豎子。朝廷若又因而授之，則四方諸鎮誰不思效其所爲，天子威令不復行矣。」上曰：「卿以何術制之？果可克否？」對曰：「稹所恃者河朔三鎮，但得鎮、魏不與之同，則稹無能爲也。若遣重臣往諭王元逵、何弘敬，以河朔自艱難以來，列聖許其傳襲，已成故事，與澤潞不同。今朝廷將加兵澤潞，不欲更出禁軍至山東。其山東三州隸昭義者委兩鎮攻之。兼令徧諭將士，以賊平之日，厚加官賞。苟兩鎮聽命，不從旁沮橈官軍，則稹必成擒矣。」上喜曰：「吾與德裕同之，保無後悔。」遂決意討稹，羣臣言者不復入矣。

上命德裕草詔賜成德節度使王元逵、魏博節度使何弘敬，其略曰：「澤潞一鎮，與卿事體不同，勿爲子孫之謀，欲存輔車之勢。但能顯立功效，自然福及後昆。」丁丑，上臨朝，稱其語要切，曰：「當如此直告之是也。」又賜張仲武詔，以「回鶻餘燼未滅，塞上多虞，專委卿禦侮」。元逵、弘敬得詔，悚息聽命。

解朝政至上黨，劉稹見朝政曰：「相公危困，不任拜詔。」朝政欲突入，兵馬使劉武德、董可武躡簾而立，朝政恐有他變，遽走出。稹贈賫直數千緡，復遣牙將梁叔文入謝。薛士幹入境，俱不問從諫之疾，直爲已知其死之意。都押牙郭誼等乃大出軍，至龍泉驛迎候敕使，請用河朔事體。又見監軍言之，崔士康懦怯，不敢違。於是將吏扶稹出見士衆，發喪。士幹竟不得入牙門，稹亦不受敕命。誼，兖州人也。解朝政復命，上怒，杖之，配恭陵，囚姜崟、梁叔文。

辛巳，始爲從諫輟朝，贈太傅。詔劉稹護喪歸東都。又召見劉從素，令以書諭稹，稹不從。丁亥，以忠武節度使王茂元爲河陽節度使，邠寧節度使王宰爲忠武節度使。茂元，栖曜之子；宰，智興之子也。

黄州刺史杜牧上李德裕書，自言：「嘗問淮西將董重質以三州之衆四歲不破之由，重質以爲由朝廷徵兵太雜，客軍數少，既不能自成一軍，事須帖付地主。勢羸力弱，心志不一，多致敗亡。故初戰二年以來，戰則必勝，是多殺客軍。及二年已後，客軍殫少，止與陳許、河陽全軍相搏，縱使唐州兵不能因虚取城，蔡州事力亦不支矣。其時朝廷若使鄂州、壽州、唐州只保境，不用進戰，但用陳許、鄭滑兩道全軍，帖以宣、潤弩手，令其守隘，即不出一歲，無蔡州矣。今者上黨之叛，復與淮西不同。淮西爲寇僅五十歲，其人味爲寇之腴，見爲寇之利，風俗益固，氣燄已成，自以爲天下之兵莫我與敵，根深源闊，取之固難。夫上黨則不然。自安、史南下，不甚附隸，建中之後，每奮忠義。是以郳公抱真能窘田悦，走朱滔，常以孤窮寒苦之軍，横折河朔强梁之衆。以此證驗，人心忠赤，習尚專一，可以盡見。劉悟卒，從諫求繼，與扶同者，只鄆州隨來中軍二千耳。值寶曆多故，因以授之。今纔二十餘歲，風俗未改，故老尚存，雖欲劫之，必不用命。今成德、魏博雖盡節效順，亦不過圍一城，攻一堡，係纍稺老而已。若使河陽萬人爲壘，窒天井之口，高壁深塹，勿與之戰。只以忠武、武寧兩軍，帖以青州五千精甲，宣、潤二千弩手，徑擣上黨，不過數月，必覆其巢穴矣。」時德裕制置澤潞，亦頗采牧言。

李德裕言於上曰：「議者皆云劉悟有功，稹未可亟誅，宜全恩禮。請下百官議，以盡人情。」上曰：「悟亦何功？當時迫於救死耳，非素心徇國也。藉使有功，父子爲將相二十餘年，國家報之足矣，稹何得復自立。朕以爲凡有功當顯賞，有罪亦不可苟免也。」德裕曰：「陛下之言，誠得理國之要。」

夏五月，河陽節度使王茂元以步騎三千守萬善；河東節度使劉沔〔以〕步騎二千守芒車關，步兵一千五百軍榆社；成德節度使王元逵以步騎三千守臨洺，掠堯山；河中節度使陳夷行以步騎一千守翼城，步兵五百（益）〔掠〕冀氏。辛丑，制削奪劉從諫及子稹官爵，以元逵爲澤潞北面招討使，何弘敬爲南面招討使，與夷行、劉沔、茂元合力攻討。

先是，河北諸鎮有自立者，朝廷必先有弔祭使，次册贈使，宣慰使繼往商度軍情。必不可與節，則別除一官，俟軍中不聽出，然後始用兵。故常及半歲，軍中得繕完爲備。至是，宰相亦欲且遣使開諭，上即命下詔討之。王元逵受詔之日，出師屯趙州。

六月，王茂元遣兵馬使馬繼等將步騎二千軍於天井關南科斗店，劉稹遣衙內十將薛茂卿將親軍二千拒之。

丙子，詔王元逵、李彦佐、劉沔、王茂元、何弘敬以七月中旬五道齊進，劉稹求降皆不得受。又詔劉沔自將兵取仰車關路以臨賊境。秋七月，上遣刑部侍郎兼御史中丞李回宣尉河北三鎮，令幽州乘秋早平回鶻，鎮、魏早平澤潞。回，太祖之八世孫也。

甲辰，李德裕言於上曰：「臣見鄉日河朔用兵，諸道利於出境仰給度支。或陰與賊通，借一縣、一柵據之，自以爲功，坐食轉輸，延引歲時。今請賜諸軍詔指，令王元逵取邢州，何弘敬取洺州，王茂元取澤州，李彥佐、劉沔取潞州，毋得取縣。」上從之。

晉絳行營節度使李彥佐自發徐州，行甚緩，又請休兵於絳州，兼請益兵。李德裕言於上曰：「彥佐逗遛顧望，殊無討賊之意，所請皆不可許，宜賜詔切責，令進軍翼城。」上從之。德裕因請以天德防禦使石雄爲彥佐之副，俟至軍中，令代之。乙巳，以雄爲晉絳行營節度副使，仍詔彥佐進屯翼城。

劉稹上表自陳：「亡父從諫爲李訓雪冤，言仇士良罪惡，由此爲權倖所疾，謂臣父潛懷異志，臣所以不敢舉族歸朝。乞陛下稍垂寬察，活臣一方。」何弘敬亦爲之奏雪，皆不報。

李回至河朔，何弘敬、王元逵、張仲武皆具櫜鞬郊迎，立於道左，不敢令人控馬，讓制使先行，自兵興以來未之有也。回明辯有膽氣，三鎮無不奉詔。

王元逵奏拔宣務柵，擊堯山。劉稹遣兵救堯山，元逵擊敗之。詔切責李彥佐、劉沔、王茂元，使速進兵逼賊境，且稱元逵之功以激厲之，加元逵同平章事。

八月乙丑，昭義大將李丕來降。議者或謂賊故遣丕降，欲以疑誤官軍。李德裕言於上曰：「自用兵半年，未有降者，今安問誠之與詐，且須厚賞以勸將來，但不可置之要地耳。」丁卯，王元逵前鋒入邢州境已踰月，何弘敬猶未出師，元逵屢有密表稱弘敬懷兩端。李德裕上言：「忠武累戰有功，軍聲頗振。王宰年力方壯，謀略可稱。請賜弘敬詔，以『河陽、河東皆闕山險，未能進軍，賊屢出兵焚掠晉、絳。今遣王宰將忠武全軍徑魏博，直抵磁州，以分賊勢』。弘敬必懼，此攻心伐謀之術也。」從之。詔宰悉選步騎精兵自相、魏趣磁州。

甲戌，薛茂卿破科斗寨，擒河陽大將馬繼等，焚掠小寨一十七，距懷州纔十餘里。茂卿以無劉稹之命，故不敢入。時議者鼎沸，以爲「劉悟有功，不可絕其嗣。又從諫養精兵十萬，糧支十年，如何可取」。上亦疑之，以問李德裕，對曰：「小小進退，兵家之常。願陛下勿聽外議，則成功必矣。」上乃謂宰相曰：「爲我語朝士，有上疏沮議者，我必於賊境上斬之。」議者乃止。

何弘敬聞王宰將至，恐忠武兵入魏境，軍中有變，蒼黃出師。丙子，弘敬奏已自將全軍渡漳水趣磁州。

庚辰，李德裕上言：「河陽兵力寡弱，自科斗店之敗，賊勢愈熾。王茂元復有疾，人情危怯，欲退保懷州。臣竊見元和以來諸賊，常視官軍寡弱之處併力攻之，一軍不支，然後更攻他處。今魏博未與賊戰，西軍閡險不進，故賊得併力南下。若河陽退縮，不惟虧沮軍聲，兼恐震驚洛師。望詔王宰更不之磁州，亟以忠武軍應援河陽，不惟扞蔽東都，兼可臨制魏博。若慮全軍供餉難給，且令發先鋒五千人赴河陽，亦足張聲勢。」甲申，又奏請敕王宰以全軍繼進，仍急以器械繒帛助河陽窘乏。上皆從之。

王茂元軍萬善，劉稹遣牙將張巨、劉公直等會薛茂卿共攻之，期以九月朔圍萬善。乙酉，公直等潛師先過萬善南五里，焚雍店。巨引兵繼之，過萬善，覘知城中守備單弱，欲專有功，遂攻之。日昃，城且拔，乃使人告公直等。時義成軍適至，茂元困急，欲帥衆棄城走。都虞候孟章遮馬諫曰：「賊衆自有前卻，半在雍店，半在此，乃亂兵耳。今義成軍纔至，尚未食，聞僕射走，則自潰矣。願且強留。」茂元乃止。會日暮，公直等不至，巨引兵退，始登山，微雨晦黑，自相驚曰：「追兵近矣！」皆走，人馬相踐，墜崖谷死者甚衆。

上以王茂元、王宰兩節度使共處河陽非宜。庚寅，李德裕等奏「茂元習吏事而非將才，請以宰爲河陽行營攻討使。茂元病愈，止令鎮河陽，病困亦免他虞」。九月辛卯，以宰兼河陽行營攻討使。

何弘敬奏拔肥鄉、平恩，殺傷甚衆。得劉稹牓帖，皆謂官軍爲賊，云遇之即須痛殺。

癸巳，上謂宰相：「何弘敬已克兩縣，可釋前疑。既有殺傷，雖欲持兩端，不可得已。」乃加弘敬檢校左僕射。

丙午，河陽奏王茂元薨。李德裕奏：「王宰止可令以忠武節度使將萬善營兵，不可使兼領河陽，恐其不愛河陽州縣，恣爲侵擾。又，河陽節度先領懷州刺史，常以判官攝事，割河南五縣租賦隸河陽。不若遂以五縣置孟州，其懷州別置刺史。俟昭義平日，仍割澤州隸河陽節度，則太行之險不在昭義，而河陽遂爲重鎮，東都無復憂矣。」上采其言。戊申，以河南尹敬昕爲河陽節度、懷孟觀察使，王宰將行營以扞敵，昕供饋餉而已。

庚戌，以石雄代李彥佐爲晉絳行營節度使，令自冀氏取潞州，仍分兵屯翼城以備侵軼。石雄代李彥佐之明日，即引兵踰烏嶺，破五寨，殺獲千計。時王宰軍萬善，劉沔軍石會，皆顧望未進。上得雄捷書，喜甚。冬十月庚申，臨朝謂宰相曰：「雄真良將。」李德裕因言：「比年前潞州市有男子磬折唱曰：『石雄七千人至矣。』劉從諫以爲妖言，斬之。破潞州者，必雄也。」詔賜雄帛爲優賞，雄悉置軍門，自依士卒例先取一匹，餘悉分將士，故士卒樂爲之致死。

初，劉沔破回鶻，得太和公主，張仲武疾之，由是有隙。上使李回至幽州和解之，仲武意終不平。朝廷恐其以私憾敗事，辛未，徙沔爲義成節度使，以前荊南節度使李石爲河東節度使。

忠武軍素號精勇，王宰治軍嚴整，昭義人甚憚之。薛茂卿以科斗寨之功，意望超遷。或謂劉稹曰：「留後所求者節耳。茂卿太深入，多殺官軍，激怒朝廷，此節所以來益遲也。」由是無賞。茂卿愠懟，密與王宰通謀。十(一)〔二〕月丁巳，宰引兵攻天井關，茂卿小戰，遽引兵走，宰遂克天井關守之。關東西寨聞茂卿不守，皆退走，宰遂焚大小箕村。茂卿入澤州，密使諜召宰進攻澤州，當爲内應。宰疑，不敢進，失期不至，茂卿拊膺頓足而已。稹知之，誘茂卿至潞州，殺之，并其族。以兵馬使劉公直代茂卿，安全慶守烏嶺，李佐堯守雕黄嶺，郭僚守石會，康良佺守武鄉。僚，誼之姪也。

戊辰，王宰進攻澤州，與劉公直戰，不利，公直乘勝復天井關。甲戌，宰進擊公直，大破之，遂圍陵川，克之。河東奏克石會關。

洺州刺史李恬，石之從兄也。石至太原，劉稹遣軍將賈羣詣石，以恬書與石，云「稹願舉族歸命相公，奉從諫喪歸葬東都」。石囚羣，以其書聞。李德裕上言：「今官軍四合，捷書日至，賊勢窮蹙，故僞輸誠款，冀以緩師，稍得自完，復來侵軼。望詔石答恬書，云：『前書未敢聞奏。若郎君誠能悔過，舉族面縛，待罪境上，則石當親往受降，護送歸闕。若虚爲誠款，先求解兵，次望洗雪，則石必不敢以百口保人。』仍望詔諸道乘其上下離心，速進兵攻討，不過旬朔，必內自生變。」上從之。右拾遺崔碣上疏請受其降，上怒，貶碣鄧城令。

初，劉沔破回鶻，留兵三千戍橫水柵。河東行營都知兵馬使王逢奏乞益榆社兵，詔河東以兵二千赴之。時河東無兵，守倉庫者及工匠皆出從軍，李石召橫水戍卒千五百人，使都將楊弁將之詣逢，壬午，戍卒至太原。先是，軍士出征，人給絹二匹。劉沔之去，竭府庫自隨，石初至，軍用乏，以己絹益之，人纔得一匹。時已歲盡，軍士求過正旦而行，監軍呂義忠累牒趣之。楊弁因衆心之怒，又知城中空虛，遂作亂。

四年春正月乙酉朔，楊弁帥其衆剽掠城市，殺都頭梁季叶，李石奔汾州。弁據軍府，釋賈羣之囚，使其姪與之俱詣劉稹，約爲兄弟。稹大喜。石會關守將楊珍聞太原亂，復以關降於稹。

戊子，呂義忠遣使言狀，朝議喧然。或言兩地皆應罷兵，王宰又上言：「遊弈將得劉稹表，臣近遣人至澤潞，賊有意歸附。若許招納，乞降詔命。」李德裕上言：「宰擅受稹表，遣人入賊中，曾不聞奏，觀宰意似欲擅招撫之功。昔韓信破田榮，李靖擒頡利，皆因其請降，潛兵掩襲。止可令王宰失信，豈得損朝廷威命。建立奇功，實在今日，必不可以太原小擾，失此事機。望即遣供奉官至行營，督其進兵，掩其無備，必須劉稹與諸將皆舉族面縛，方可受納。兼遣供奉官至晉絳行營，密諭石雄以王宰若納劉稹，則雄無功可紀。雄於垂成之際，須自取奇功，勿失此便。」又爲相府與宰書，言：「昔王承宗雖逆命，猶遣弟承恭奉表詣張相祈哀，又遣其子知感、知信入朝，憲宗猶未之許。今劉稹不詣尚書面縛，又不遣血屬祈哀，置章表於衢路之間，遊弈將不即毀除，實恐非是。況稹與楊弁通姦，逆狀如此，而將帥大臣容受其詐，是私惠歸於臣下，不赦在於朝廷，事體之間，交恐不可。自今更有章表，宜即所在焚之。惟面縛而來，始可容受。」德裕又上言：「太原人心從來忠順，止是貧虛，賞犒不足。況千五百人何能爲事！必不可姑息寬縱。且用兵未罷，深慮所在動心。頃張延賞爲張朏所逐，逃奔漢州，還入成都。望詔李石、義忠還赴太原行營，召旁近之兵討除亂者。」上皆從之。

是時李石已至晉州，詔復還太原。辛卯，詔王逢悉留太原兵守榆社，以易定千騎，宣武、兖海步兵三千討楊弁。又詔王元逵以步騎五千自土門入，應接逢軍。忻州刺史李丕奏：「楊弁遣人來爲遊說，臣已斬之，兼斷其北出之路，發兵討之。」

辛丑，上與宰相議太原事，李德裕曰：「今太原兵皆在外，爲亂者止千餘人，諸州鎮必無應者。計不日誅翦，惟應速詔王逢進軍，至城下必自有變。」上曰：「仲武見鎮、魏討澤潞有功，必有慕羨之心，使之討太原何如？」德裕對曰：「鎮州趣太原路最便近。仲武去年討回鶻，與太原争功，恐其不戢士卒，平人受害。」乃止。

上遣中使馬元實至太原，曉諭亂兵，且覘其强弱。楊弁與之酣飲三日，且賂之。戊申，元實自太原還，上遣詣宰相議之。元實於衆中大言：「相公須早與之節。」李德裕曰：「何故？」元實曰：「自牙門至柳子列，十五里曳地光明甲，若之何取之。」德裕曰：「李相正以太原無兵，故發横水兵赴榆社，庫中之甲盡在行營，弁何能遽致如此之衆乎？」元實曰：「太原人勁悍，皆可爲兵，弁召募所致耳。」德裕曰：「召募須有貨財，李相止以欠軍士絹一匹無從可得，故致此亂，弁何從得之？」元實辭屈。德裕曰：「從其有十五里光明甲，必須殺此賊。」因奏稱：「楊弁微賊，决不可恕。如國力不及，寧捨劉稹。」河東兵戍榆社者聞朝廷令客軍取太原，恐妻孥爲所屠滅，乃擁監軍呂義忠自取太原。壬子，克之，生擒楊弁，盡誅亂卒。

三月乙卯，呂義忠奏克太原。丙辰，李德裕言於上曰：「王宰久應取澤州，今已遷延兩月。蓋宰與石雄素不叶，今得澤州，距上黨猶二百里，而石雄所屯距上黨纔百五十里。宰恐攻澤州綴昭義大軍，而雄得乘虚入上黨獨有其功耳。又宰生子晏實，其父智興愛而子之，晏實今爲磁州刺史，爲劉稹所質。宰之顧望不敢進，或爲此也。」上命德裕草詔賜宰，督其進兵，且曰：「朕顧兹小寇，終不貸刑。亦知晏實是卿愛弟，將申大義，在抑私懷。」

丁巳，以李石爲太子少傅分司，以河中節度使崔元式爲河東節度使，石雄爲河中節度使。

己未，石雄拔良馬等三寨一堡。辛酉，太原獻楊弁及其黨五十四人，皆斬於狗脊嶺。

壬申，李德裕言於上曰：「事固有激發而成功者。陛下命王宰趣磁州，而何弘敬出師。遣客軍討太原，而戍兵先取楊弁。今王宰久不進軍，請徙劉沔鎮河陽，仍令以義成精兵二千直抵萬善，處宰肘腋之下。若宰識朝廷此意，必不敢淹留。若宰進軍，沔以重兵在南，聲勢亦壯。」上曰：「善。」戊寅，以義成節度使劉沔爲河陽節度使。

夏四月，王宰進攻澤州。

王逢擊昭義將康良佺，敗之，良佺棄石會關退屯鼓腰嶺。

秋七月辛卯，上與李德裕議以王逢將兵屯翼城，上曰：「聞逢用法太嚴，有諸？」對曰：「臣亦嘗以此詰之，逢言前有白刃，法不嚴，其誰肯進！」上曰：「言亦有理，卿更召而戒之。」德裕因言劉稹不可赦。上曰：「固然。」德裕曰：「昔李懷光未平，京師蝗、旱，米斗千錢，太倉米供天子及六宮無數旬之儲。德宗集百官，遣中使馬欽緒詢之。左散騎常侍李泌取桐葉搏破，以授欽緒獻之。德宗召問其故，對曰：『陛下與懷光君臣之分如此葉，不可復合矣。』由是德宗意定。既破懷光，遂用爲相，獨任數年。」上曰：「亦大是奇士。」

閏月，李德裕奏：「鎮州奏事官高迪密陳意見二事。其一，以爲賊中好爲偷兵術，潛抽諸處兵聚於一壘，官軍多就迫逐，以致失利，經一兩月又偷兵詣他處。官軍須知此情，自非來攻城柵，慎勿與戰。彼淹留不過三日，須散歸舊屯，如此數四空歸，自然喪氣。官軍密遣諜者詗其抽兵之處，乘虛襲之，無不捷矣。其二，鎮、魏屯兵雖多，終不能分賊勢。何則？下營不離故處，每三兩月一深入，燒掠而去。賊但固守城柵，城外百姓賊亦不惜。宜令進營據其要害，以漸逼之。若止如今日，賊中殊不以爲懼。望詔諸將各使知之。」

劉稹腹心將高文端降，言賊中乏食，令婦人挼穗舂之以給軍。德裕訪文端破賊之策，文端以爲：「官軍今直攻澤州，恐多殺士卒，城未易得。澤州兵約萬五千人，賊常分兵太半，潛伏山谷，伺官軍攻城疲弊，則四集救之，官軍必失利。今請令陳許軍過乾河立寨，自寨城連延築爲夾城，環繞澤州，日遣大軍布陳於外以扞救兵。賊見圍城將合，必出大戰。待其敗北，然後乘勢可取。」德裕奏請詔示王宰。

文端又言：「固鎮寨四崖懸絶，勢不可攻。然寨中無水，皆飲澗水，在寨東南約一里許。宜令王逢進兵逼之，絶其水道，不過三日，賊必棄寨遁去，官軍即可追躡。前十五里至青龍寨，亦四崖懸絶，水在寨外，可以前法取也。其東十五里則沁州城。」德裕奏請詔示王逢。

文端又言：「都頭王釗將萬兵戍洺州，劉稹既族薛茂卿，又誅邢洺救援兵馬使談朝議兄弟三人，釗自是疑懼。稹遣使召之，釗不肯入，士卒皆譁譟，釗必不爲稹用。但釗及士卒家屬皆在潞州，又士卒恐已降爲官軍所殺，招之必不肯來。惟有諭意於釗，使引兵入潞州取稹，事成之日，許除别道節度使，仍厚有賜與，庶幾肯從。」德裕奏請詔何弘敬潛遣人諭以此意。

劉稹年少懦弱，押牙王協、宅内兵馬使李士貴用事，專聚貨財，府庫充溢，而將士有功無賞，由是人心離怨。劉從諫妻裴氏，冕之支孫也，憂稹將敗，其弟問，典兵在山東，欲召之使掌軍政。士貴恐問至奪己權，且泄其奸狀，乃曰：「山東之事，仰成於五舅，若召之，是無三州也。」乃止。

王協薦王釗爲洺州都知兵馬使。釗得衆心，而多不遵使府約束，同列高元武、安玉言其有貳心。稹召之，釗辭以「到洺州未立少功，實所慚恨，乞留數月，然後詣府」。許之。

王協請税商人，每州遣軍將一人主之，名爲税商，實籍編户家貲，至於什器無所遺，皆估爲絹匹，十分取其二。率高其估，民竭浮財及糗糧輸之，不能充，皆忷忷不安。

軍將劉溪尤貪殘，劉從諫棄不用。溪厚賂王協，協以邢州富商最多，命溪主之。裴問所將兵號「夜飛」，多富商子弟，溪至，悉拘其父兄。軍士訴於問，問爲之請，溪不許，以不遜語答之。問怒，密與麾下謀殺溪歸國，并告刺史崔嘏，嘏從之。丙子，嘏、問閉城，斬城中大將四人，請降於王元逵。時高元武在党山，聞之，亦降。

先是使府賜洺州軍士布，人一端，尋有帖以折冬賜。會稅商軍將至洺州，王釗因人不安，謂軍士曰：「留後年少，政非己出。今倉庫充實，足支十年，豈可不少散之，以慰勞苦之士。使帖不可用也。」乃擅開倉庫，給士卒人絹一匹，穀十二石，士卒大喜。釗遂閉城，請降於何弘敬。安玉在磁州，聞二州降，亦降於弘敬。堯山都知兵馬使魏元談等降於王元逵，元逵以其久不下，皆殺之。

八月辛卯，鎮、魏奏邢、洺、磁三州降，宰相入賀。李德裕曰：「昭義根本盡在山東，三州降則上黨不日有變矣。」上曰：「郭誼必梟劉稹以自贖。」德裕曰：「誠如聖料。」上曰：「於今所宜先處者何事？」德裕請以給事中盧弘正爲三州留後，曰：「萬一鎮、魏請占三州，朝廷難於可否。」上從之，詔山南東道兼昭義節度使盧鈞乘驛赴鎮。

潞人聞三州降，大懼。郭誼、王協謀殺劉稹以自贖。稹再從兄中軍使匡周兼押牙，誼患之，言於稹曰：「十三郎在牙院，諸將皆莫敢言事，恐爲十三郎所疑而獲罪，以此失山東。今誠得十三郎不入，則諸將始敢盡言，采於衆人，必獲長策。」稹召匡周諭之，使稱疾不入。匡周怒曰：「我在院中，故諸將不敢有異圖，我出院，家必滅矣。」稹固請之，匡周不得已，彈指而出。

誼令稹所親董可武説稹曰：「山東之叛，事由五舅，城中人人誰敢相保。留後今欲何如？」稹曰：「今城中尚有五萬人，且當閉門自守耳。」可武曰：「非良策也。留後不若束身歸朝，如張元益，不失作刺史。且以郭誼爲留後，俟得節之日，徐奉太夫人及室家、金帛歸之東都，不亦善乎？」稹曰：「誼安肯如是？」可武曰：「可武已與之重誓，必不負也。」乃引誼入。稹與之密約既定，乃白其母，母曰：「歸朝誠爲佳事，但恨已晚。吾有弟不能保，安能保郭誼！汝自圖之。」稹乃素服出門，以母命署誼都知兵馬使。王協已戒諸將列於外廳，誼拜謝稹已，出見諸將，稹治裝於内廳。李士貴聞之，帥後院兵數千攻誼。誼叱之曰：「何不自取賞物，乃欲與李士貴同死乎？」軍士乃退，共殺士貴。誼易置將吏，部署軍士，一夕俱定。

明日，使董可武入謁稹曰：「請議公事。」稹曰：「何不言之？」可武曰：「恐驚太夫人。」乃引稹步出牙門，至北宅，置酒作樂。酒酣，乃言：「今日之事，欲全太尉一家，須留後自圖去就，則朝廷必垂矜閔。」稹曰：「如所言，稹之心也。」可武遂前執其手，崔玄度自後斬之，因收稹宗族，匡周以下至襁褓中子盡殺之。又殺劉從諫父子所厚善者張谷、陳揚庭、李仲京、郭台、王羽、韓茂章、茂實、王渥、賈庠等凡十二家，并其子、姪、甥、壻無遺。仲京，訓之兄；台，行餘之子；羽，涯之從孫；茂章、茂實，約之子；渥，璠之子；庠，餗之子也。甘露之亂，仲京等亡歸從諫，從諫撫養之。凡軍中有小嫌者，誼日有所誅，流血成泥。乃函稹首，遣使奉表及書降於王宰。首過澤州，劉公直舉營慟哭，亦降於宰。

乙未，宰以狀聞。丙申，宰相入賀。李德裕奏：「今不須復置邢、洺、磁留後，但遣盧弘正宣慰三州及成德、魏博兩道。」上曰：「郭誼宜如何處之？」德裕對曰：「劉稹騃孺子耳，阻兵拒命，皆誼爲之謀主。及勢孤力屈，又賣稹以求賞。此而不誅，何以懲惡？宜及諸軍在境，并誼等誅之。」上曰：「朕意亦以爲然。」乃詔石雄將七千人入潞州，以應謡言。杜悰以饋運不給，謂誼等可赦，上熟視不應。德裕曰：「今春澤潞未平，太原復擾，自非聖斷堅定，二寇何由可平。外議以爲若在先朝，赦之久矣。」上曰：「卿不知文宗心地不與卿合，安能議乎！」罷盧鈞山南東道，專爲昭義節度使。

戊戌，劉稹傳首至京師。詔：「昭義五州給復一年，軍行所過州縣免今年秋税。昭義自劉從諫以來，横增賦斂，悉從蠲免。所籍土團，並縱遣歸農。諸道將士有功者，等級加賞。」

郭誼既殺劉稹，日望旌節。既久不聞問，乃曰：「必移他鎮。」於是閱鞍馬，治行裝。

及聞石雄將至，懼失色。雄至，誼等參賀畢，敕使張仲清曰：「郭都知告身來日當至。諸高班告身在此，晚牙來受之。」乃以河中兵環毬場，晚牙，誼等至，唱名引入，凡諸將桀黠拒官軍者，悉執送京師。

加何弘敬同平章事。

丁未，詔發劉從諫尸，暴於潞州市三日，石雄取其尸置毬場，斬剉之。

戊申，加李德裕太尉、趙國公。德裕固辭，上曰：「恨無官賞卿耳。卿若不應得，朕必不與卿。」

初，李德裕以韓全義以來，將帥出征屢敗，其弊有三。一者，詔令下軍前者日有三四，宰相多不預聞。二者，監軍各以意見指揮軍事，將帥不得專進退。三者，每軍各有宦者爲監使，悉選軍中驍勇數百爲牙隊，其在陳戰鬬者皆怯弱之士。每戰，監使自有信旗，乘高立馬，以牙隊自衛，視軍勢小卻，輒引旗先走，陳從而潰。德裕乃與樞密使楊欽義、劉行深議，約敕監軍不得預軍政，每兵千人聽監使取十人自衛，有功隨例霑賞。二樞密皆以爲然，白上行之。自禦回鶻至澤潞罷兵，皆守此制。自非中書進詔意，更無他詔自中出者。號令既簡，將帥得以施其謀略，故所向有功。

自用兵以來，河北三鎮每遣使者至京師，李德裕常面諭之曰：「河朔兵力雖强，不能自立，須藉朝廷官爵、威命以安軍情。歸語汝使，與其使大將邀宣慰敕使以求官爵，何如自奮忠義，立功立事，結知明主，使恩出朝廷，不亦榮乎！且以耳目所及者言之，李載義在幽州，爲國家盡忠，平滄景，及爲軍中所逐，不失作節度使，後鎮太原，位至宰相。楊志誠遣大將遮敕使馬求官，及爲軍中所逐，朝廷竟不赦其罪。此二人禍福足以觀矣。」德裕復以其言白上，上曰：「要當如此明告之。」由是三鎮不敢有異志。

九月，詔以澤州隸河陽節度。

丁巳，盧鈞入潞州。鈞素寬厚愛人，劉稹未平，鈞已領昭義節度，襄州士卒在行營者，與潞人戰，常對陳揚鈞之美。及赴鎮，入天井關，昭義散卒歸之者，鈞皆厚撫之，人情大洽，昭義遂安。

劉稹將郭誼、王協、劉公直、安全慶、李道德、李佐堯、劉武德、董可武等至京師，皆斬之。

臣光曰：董重質之在淮西，郭誼之在昭義，吴元濟、劉稹，如木偶人在伎兒之手耳。彼二人者，始則勸人爲亂，終則賣主規利，其死固有餘罪。然憲宗用之於前，武宗誅之於後，臣愚以爲皆失之。何則？賞奸非義也，殺降非信也，失義與信，何以爲國！昔漢光武待王郎、劉盆子止於不死，知其非力竭則不降故也。樊崇、徐宣、王元、牛邯之徒，豈非助亂之人乎？而光武弗殺。蓋以既受其降，則不可復誅故也。若既赦而復逃亡叛亂，則其死固無辭矣。如誼等，免死流之遠方，没齒不還可矣，殺之，非也。

王羽、賈庠等已爲誼所殺，李德裕復下詔稱逆賊王涯、賈餗等已就昭義誅其子孫，宣告中外，識者非之。劉從諫妻裴氏亦賜死。又令昭義降將李丕、高文端、王釗等疏昭義將士與劉稹同惡者，悉誅之，死者甚衆。盧鈞疑其枉濫，奏請寬之，不從。

昭義屬城有嘗無禮於王元逵者，元逵推求得二十餘人，斬之，餘衆懼，復閉城自守。戊辰，李德裕等奏：「寇孽既平，盡爲國家城鎮，豈可令元逵窮兵攻討。望遣中使賜城內將士敕，招安之，仍詔元逵引兵歸鎮，并詔盧鈞自遣使安撫。」從之。

裘甫寇浙東

唐宣宗大中十三年冬十二月，浙東賊帥裘甫攻陷象山，官軍屢敗，明州城門晝閉，進逼剡縣，有衆百人，浙東騷動。觀察使鄭祗德遣討擊副使劉勍、副將范居植將兵三百，合台州軍共討之。

懿宗咸通元年春正月乙卯，浙東軍與裘甫戰於桐柏觀前，范居植死，劉勍僅以身免。

乙丑，甫帥其徒千餘人陷剡縣，開府庫，募壯士，衆至數千人，越州大恐。

時二浙久安，人不習戰，甲兵朽鈍，見卒不滿三百。鄭祗德更募新卒以益之，軍吏受賂，率皆得孱弱者。祗德遣(正)〔子〕將沈君縱、副將張公署、望海鎮將李珪將新卒五百擊裘甫。二月辛卯，與甫戰於剡西。賊設伏於三溪之南，而陳於三溪之北，壅溪上流，使可涉。既戰，陽敗走，官軍追之，半涉，決壅，水大至，官軍大敗，三將皆死，官軍幾盡。

於是山海諸盜及他道無賴亡命之徒，四面雲集，衆至三萬，分爲三十二隊。其小帥有謀略者推劉暀，勇力推劉慶、劉從簡。羣盜皆遥通書幣，求屬麾下。甫自稱天下都知兵馬使，改元羅平，鑄印曰天平。大聚資糧，購良工，治器械，聲震中原。

鄭祗德累表告急，且求救於鄰道。浙西遣牙將凌茂貞將四百人，宣歙遣牙將白琮將三百人赴之。祗德始令屯郭門及東小江，尋復召還府中以自衛。祗德饋之，比度支常饋多十三倍，而宣、潤將士猶以爲不足。宣、潤將士請土軍爲導，以與賊戰。諸將或稱病，或陽墜馬，其肯行者必先邀職級，竟不果遣。賊遊騎至平水東小江，城中士民儲舟裹糧，夜坐待旦，各謀逃潰。

朝廷知祗德懦怯，議選武將代之。夏侯孜曰：「浙東山海幽阻，可以計取，難以力攻。西班中無可語者。前安南都護王式，雖儒家子，在安南威服華、夷，名聞遠近，可任也。」諸(將)〔相〕皆以爲然，遂以式爲浙東觀察使，徵祇德爲賓客。

三月辛亥朔，式入對，上問以討賊方略。對曰：「但得兵，賊必可破。」有宦者侍側，曰：「發兵，所費甚大。」式曰：「臣爲國家惜費則不然。兵多賊速破，其費省矣，若兵少不能勝賊，延引歲月，賊勢益張，則江、淮羣盜將蜂起應之。國家用度盡仰江、淮，若阻絶不通，則上自九廟，下及十軍，皆無以供給，其費豈可勝計哉！」上顧宦官曰：「當與之兵。」乃詔發忠武、義成、淮南等諸道兵授之。

裘甫分兵掠衢、婺州，婺州押牙房郅、散將樓曾、衢州十將方景深將兵拒險，賊不得入。又分兵掠明州，明州之民相與謀曰：「賊若入城，妻子皆爲葅醢，況貨財能保之乎！」乃自相帥出財募勇士，治器械，樹柵，浚溝，斷橋，爲固守之備。賊又遣兵掠台州，破唐興。己巳，甫自將萬餘人掠上虞，焚之。癸酉，入餘姚，殺丞、尉。東破慈溪，入奉化，抵寧海，殺其令而據之。分兵圍象山。所過俘其少壯，餘老弱者蹂踐殺之。

及王式除書下，浙東人心稍安。裘甫方與其徒飲酒，聞之不樂。劉晊歎曰：「有如此之衆，而策畫未定，良可惜也。今朝廷遣王中丞將兵來，聞其人智勇無敵，不四十日必至。兵馬使宜急引兵取越州，憑城郭，據府庫，遣兵五千守西陵，循浙江築壘以拒之。大集舟艦，得間則長驅進取浙西，過大江，掠揚州貨財以自實；還修石頭城而守之，宣歙、江西必有響應者。遣劉從簡以萬人循海而南，襲取福建。如此，則國家貢賦之地盡入於我矣，但恐子孫不能守耳，終吾身保無憂也。」甫曰：「醉矣，明日議之。」暀以甫不用其言，怒，陽醉而出。有進士王輅在賊中，賊客之。輅說甫曰：「如劉副使之謀，乃孫權所爲也。彼乘天下大亂，故能據有江東；今中國無事，此功未易成也。不如擁衆據險自守，陸耕海漁，急則逃入海島，此萬全策也。」甫畏式，猶豫未決。

夏四月，式行至柿口，義成軍不整，式欲斬其將，久乃釋之，自是，軍所過若無人。至西陵，裘甫遣使請降，式曰：「是必無降心，直欲窺吾所爲，且欲使吾驕怠耳。」乃謂使者曰：「甫面縛以來，當免而死。」

乙未，式入越州，既交政，爲鄭祇德置酒，曰：「式主軍政，不可以飲，監軍但與衆賓盡醉。」迨夜，繼以燭，曰：「式在此，賊安能妨人樂飲。」丙申，餞祇德于遠郊，復樂飲而歸。於是始修軍令，告饋餉不足者息矣，稱疾卧家者起矣，先求遷職者默矣。

賊別帥洪師簡、許會能帥所部降，式曰：「汝降是也，當立效以自異。」使帥其徒爲前鋒，與賊戰有功，乃奏以官。

先是，賊諜入越州，軍吏匿而飲食之。文武將吏往往潛與賊通，求城破之日免死及全妻子。或詐引賊將來降，實窺虛實，城中密謀屏語，賊皆知之。式陰察知，悉捕索斬之。

刑將吏尤橫猾者。嚴門禁，無驗者不得出入，警夜周密，賊始不知我所爲矣。

式命諸縣開倉廩以賑貧乏，或曰：「賊未滅，軍食方急，不可散也。」式曰：「非汝所知。」官軍少騎卒，式曰：「吐蕃、回鶻比配江、淮者，其人習險阻，便鞍馬，可用也。」舉籍府中，得驍健者百餘人。虜久羈旅，所部遇之無狀，困餒甚。式既犒飲，又賙其父母妻子，皆泣拜讙呼，願效死，悉以爲騎卒，使騎將石宗本將之。凡在管内者，皆視此籍之。又奏得龍陂監馬二百匹，於是騎兵足矣。或請爲烽燧以詗賊遠近衆寡，式笑而不應。選懦卒，使乘健馬，少給之兵，以爲候騎。衆怪之，不敢問。

於是閱諸營見卒及土團子弟，得四千人，使導軍分路討賊。府下無守兵，更籍土團千人以補之。乃命宣歙將白琮、浙西將凌茂貞帥本軍，北來將韓宗政等帥土團，合千人，石宗本帥騎兵爲前鋒，自上虞趨奉化，解象山之圍，號東路軍。又以義成將白宗建、忠〔武〕將游君楚、淮南將萬璘帥本軍與台州唐興軍合，號南路軍。令之曰：「毋爭險易，毋焚廬舍，毋殺平民以增首級，平民脅從者募降之。得賊金帛，官無所問。俘獲者，皆越人也，釋之。」癸卯，南路軍拔賊沃洲寨，甲辰，拔新昌寨，破賊將毛應天，進抵唐興。

五月辛亥，浙東東路軍破賊將孫馬騎於寧海。戊午，南路軍大破賊將劉暀、毛應天於唐興南谷，斬應天。

先是，王式以兵少，奏更發忠武、義成軍及請昭義軍，詔從之。三道軍至越州，式命忠武將張茵將三百人屯唐興，斷賊南出之道；義成將高羅鋭將三百人，益以台州土軍，徑趨寧海，攻賊巢穴；昭義將跌跌戣將四百人，益東路軍，斷賊入明州之道。庚申，南路軍大破賊於海遊鎮，賊入甬溪洞。戊辰，官軍屯於洞口，賊出洞戰，又破之。己巳，高羅鋭襲賊別帥劉平天寨，破之。自是諸軍與賊十九戰，賊連敗。劉暀謂裘甫曰：「郾從吾謀入越州，寧有此困邪！」王輅等進士數人在賊中，皆衣綠，暀悉收斬之，曰：「亂我謀者，此青蟲也。」

高羅鋭克寧海，收其逃散之民，得七千餘人。王式曰：「賊窘且飢，必逃入海，入海則歲月間未可擒也。」命羅鋭軍海口以拒之，又命望海鎮將雲思益、浙西將王克容將水軍巡海澨。思益等遇賊將劉從簡於寧海東，賊不虞水軍遽至，皆棄船走山谷，得其船十七，盡焚之。式曰：「賊無所逃矣，惟黄罕嶺可入剡，恨無兵以守之。雖然，亦成擒矣。」裘甫既失寧海，乃帥其徒屯南陳館下，衆尚萬餘人。辛未，東路軍破賊將孫馬騎於上𣋡村，賊將王皋懼，請降。

戊寅，浙東東路軍大破裘甫於南陳館，斬首數千級，賊委棄繒帛盈路以緩追者，跌跌戣令士卒「敢顧者斬」，毋敢犯者。賊果自黄罕嶺遁去，六月甲申，復入剡。諸軍失甫，不知所在，義成將張茵在唐興獲俘，將苦之，俘曰：「賊入剡矣。苟捨我，我請爲軍導。」從之。茵後甫一日至剡，壁其東南。府中聞甫入剡，復大恐，王式曰：「賊來就擒耳。」命趣東南兩路軍會於剡，辛卯，圍之。賊城守甚堅，攻之不能拔。諸將議絶溪水以渴之。賊知之，乃出戰。三日，凡八十三戰，賊雖敗，官軍亦疲。賊請降，諸將以白式，式曰：「賊欲少休耳，益謹備之，功垂成矣。」賊果復出，又三戰。庚子夜，裘甫、劉晅、劉慶從百餘人出降，遥與諸將語，離城數十步，官軍疾趨斷其後，遂擒之。壬寅，甫等至越州，式腰斬晅、慶等二十餘人，械甫送京師。

剡城猶未下，諸將已擒甫，不復設備。劉從簡帥壯士五百突圍走。諸將追至大蘭山，從簡據險自守，秋七月丁巳，諸將共攻克之。台州刺史李師望募賊相捕斬之以自贖，所降數百人，得從簡首，獻之。

諸將還越，式大置酒。諸將乃請曰：「某等生長軍中，久更行陣，今年得從公破賊，然私有所不諭者，敢問公之始至，軍食方急，而遽散以賑貧乏，何也？」式曰：「此易知耳。賊聚穀以誘飢人，吾給之食，則彼不爲盗矣。且諸縣無守兵，賊至則倉穀適足資之耳。」又問：「不置烽燧，何也？」式曰：「烽燧所以趣救兵耳，兵盡行，城中無兵以繼之，徒驚士民，使自潰亂耳。」又問：「使懦卒爲候騎而少給兵，何也？」式曰：「彼勇卒操利兵，遇敵且不量力而鬬，鬬死則賊至不知矣。」皆拜曰：「非所及也。」

八月，裘甫至京師，斬于東市。加王式檢校右散騎常侍，諸將官賞各有差。先是，上每以越盜爲憂，夏侯孜曰：「王式才有餘，不日告捷矣。」孜與式書曰：「公專以執裘甫爲事，軍須細大，此期悉力。」故式所奏求無不從，由是能成其功。

通鑑紀事本末卷第三十六

龐勛之亂

唐懿宗咸通三年秋七月，徐州軍亂，逐節度使温璋。初，王智興既得徐州，募勇悍之士二千人，號銀刀、雕旗、門槍、挾馬等七軍，常以三百餘人自衛，露刃坐於兩廡夾幕之下，每月一更。其後節度使多儒臣，其兵浸驕，小不如意，一夫大呼，其衆和之，節度使輒自後門逃去。前節度使田牟至，與之雜坐飲酒，把臂拊背，或爲之執板唱歌。犒賜之費，日以萬計，風雨寒暑，復加勞來，猶時喧譁，邀求不已。牟薨，璋代之。驕兵素聞璋性嚴，憚之。璋開帳慰撫，而驕兵終懷猜忌，賜酒食皆不歷口，一旦竟聚譟而逐之。朝廷知璋無辜，乙亥，以璋爲邠寧節度使，以浙東觀察使王式爲武寧節度使。

忠武、義成兩軍從王式討裘甫者猶在浙東，詔式帥以赴徐州，驕兵聞之，甚懼。八月，式至大彭館，始出迎謁。式視事三日，饗兩鎮將士，遣還既，擐甲執兵，命圍驕兵，盡殺之，銀刀都將邵澤等數千人皆死。甲子，敕以徐州先隸淄青道，李洧自歸，始置徐海使額。及張建封以威名寵任，特帖濠、泗二州，當時本以控扼淄青、光蔡。自寇孽消弭，而武寧一道職爲亂階。今改爲徐州團練使，隸兗海節度。復以濠州歸淮南道，更於宿州置宿泗都團練觀察使。留將士三千人守徐州，餘皆分隸兗、宿。且以王式爲武寧節度使，兼徐泗濠宿制置使。委式與監軍楊玄質分配將士赴諸道訖，然後將忠武、義成兩道兵至汴滑，各遣歸本道，身詣京師。其銀刀等軍逃匿將士，聽一月内自首，一切勿問。

四年冬十一月辛巳，廢宿泗觀察使，復以徐州爲觀察府，以濠、泗隸焉。

五年夏五月，敕：「徐州土風雄勁，甲士精强，比因罷節，頗多逃匿。宜令徐泗團練使選募軍士三千人赴邕州防戍，待嶺外事寧，即與代歸。」

九年。初，南詔陷安南，敕徐泗募兵二千赴援，分八百人别戍桂州，初約三年一代。徐泗觀察使(徐)〔崔〕彦曾，慎由之從子也，性嚴刻；朝廷以徐兵驕，命鎮之。都押牙尹戡、教練使杜璋、兵馬使徐行儉用事，軍中怨之。戍桂州者已六年，屢求代還，戡言於彦曾，以軍帑空虚，發兵所費頗多，請更留舊戍卒一年。彦曾從之。戍卒聞之，怒。都虞候許佶、軍校趙可立、姚周、張行實皆故徐州羣盗，州縣不能討，招出之，補牙職。會桂管觀察使李叢移湖南，新使未至，秋七月，佶等作亂，殺都將王仲甫，推糧料判官龐勛爲主，劫庫兵北還，所過剽掠，州縣莫能禦。朝廷聞之，八月，遣高品張敬思赦其罪，部送歸徐州，戍卒乃止剽掠。

九月，龐勛等至湖南，監軍以計誘之，使悉輸其甲兵。山南東道節度使崔鉉嚴兵守要害，徐卒不敢入境，泛舟沿江東下。許佶等相與謀曰：「吾輩罪大於銀刀，朝廷所以赦之者，慮緣道攻劫，或潰散爲患耳。若至徐州，必葅醢矣。」乃各以私財造甲兵、旗幟。過浙西，入淮南。淮南節度使令狐綯遣使慰勞，給芻米。都押牙李湘言於綯曰：「徐卒擅歸，勢必爲亂，雖無敕令誅討，藩鎮大臣當臨事制宜。高郵岸峻而水深狹，請將奇兵伏於其側，焚荻舟以塞其前，以勁兵蹙其後，可盡擒也。不然，縱之使得渡淮，至徐州，與怨憤之衆合，爲患必大。」綯素懦怯，且以無敕書，乃曰：「彼在淮南不爲暴，聽其自過，餘非吾事也。」

勛招集銀刀等都竄匿者及諸亡命匿於舟中，衆至千人。丁巳，至泗州。刺史杜慆饗之於毬場，優人致辭。徐卒以爲玩己，擒優人，欲斬之，坐者驚散。慆素爲之備，徐卒不敢爲亂而止。慆，悰之弟也。

先是，朝廷屢敕崔彥曾慰撫戍卒擅歸者，勿使憂疑。彥曾遣使以敕意諭之，道路相望，勛亦申狀相繼，辭禮甚恭。戊午，行及徐城，勛與許佶等乃言於衆曰：「吾輩擅歸，思見妻子耳。今聞已有密敕下本軍，至則支分滅族矣。丈夫與其自投網羅，爲天下笑，曷若相與戮力同心，赴蹈湯火，豈徒脱禍，兼富貴可求。況城中將士皆吾輩父兄子弟，吾輩一唱於外，彼必響應於内矣。然後遵王侍中故事，五十萬賞錢翹足可待也。」衆皆呼躍稱善。將士趙武等十二人獨憂懼，欲逃去，勛悉斬之，遣使致其首於彦曾，且爲申狀，稱：「勛等遠戍六年，實懷鄉里。而武等因衆心不安，輒萌姦計。將士誠知詿誤，敢避誅夷。今既蒙恩全宥，輒共誅首惡，以補愆尤。」冬十月甲子，使者至彭城，彦曾執而訊之，具得其情，乃囚之。丁卯，勛復於遞中申狀，稱：「將士自負罪戾，各懷憂疑，今已及符離，尚未釋甲。蓋以軍將尹戡、杜璋、徐行儉等狡詐多疑，心生釁隙，乞且停此三人職任，以安衆心。仍乞戍還將士别置二營，共爲一將。」

時戍卒距彭城止四驛，闔城恟懼。彦曾召諸將謀之，皆泣曰：「比以銀刀凶悍，使一軍皆蒙惡名，殲夷流竄，不無枉濫。今冤痛之聲未已，而桂州戍卒復爾猖狂，若縱使入城，必爲逆亂，如此則闔境塗地矣。不若乘其遠來疲弊，發兵擊之，我逸彼勞，往無不捷。」彦曾猶豫未決。團練判官温庭皓復言於彦曾曰：「安危之兆，已在目前，得失之機，決於今日。今擊之有三難，而捨之有五害。詔釋其罪，而擅誅之，一難也。帥其父兄，討其子弟，二難也。枝黨鉤連，刑戮必多，三難也。然當道戍卒若擅歸不誅，則諸道戍邊者皆效之，無以制禦，一害也。將者一軍之首，而輒敢害之，則凡爲將者何以號令士卒，二害也。所過剽掠，自爲甲兵，招納亡命，此而不討，何以懲惡，三害也。軍中將士皆其親屬，銀刀餘黨潛匿山澤，一旦内外俱發，何以支吾，四害也。逼脅軍府，誅所忌三將，又欲自爲一營，從之則銀刀之患復起，違之則託此爲作亂之端，五害也。惟明公去其三難，絶其五害，早定大計，以副衆望。」

時城中有兵四千三百，彦曾乃命都虞候元密等將兵三千人討勛，數勛之罪以令士衆，且曰：「凡彼親屬，無用憂疑，罪止一身，必無連坐。」仍命宿州出兵符離，泗州出兵於虹以邀之，且奏其狀。彦曾戒元密無傷敕使。戊辰，元密發彭城，軍容甚盛。諸將至任山北數里，頓兵不進，共思所以奪敕使之計，欲俟賊入館，乃縱兵擊之，遣人變服負薪以詗賊。日暮，賊至任山，館中空無人，又無供給，疑之，見負薪者執而榜之，果得其情。乃爲偶人執旗幟，列於山下而潛遁。比夜，官軍始覺之，恐賊潛伏山谷及間道來襲。復引兵退宿於城南，明旦乃進追之。

時賊已至符離，宿州戍卒五百人出戰於濉水上，望風奔潰，賊遂抵宿州。時宿州闕刺史，觀察副使焦璐攝州事，城中無復餘兵，庚午，賊攻陷之，璐走免。賊悉聚城中貨財，令百姓來取之，一日之中，四遠雲集，然後選募爲兵，有不願者立斬之，自旦至暮，得數千人。於是勒兵乘城，龐勛自稱兵馬留後。再宿，官軍始至，賊守備已嚴，不可復攻。先是，焦璐聞符離敗，決汴水以斷北路，賊至，水尚淺可涉，比官軍至，已深矣。

壬申，元密引兵渡水。將圍城，會大風，賊以火箭射城外茅舍，延及官軍營，士卒進則冒矢石，退則限水火，賊急擊之，死者近三百人。元密等以爲賊必固守，但爲攻取之計。賊夜使婦人持更，掠城中大船三百艘，備載資糧，順流而下，欲入江湖爲盜。以千縑贈張敬思，遣騎送至汴之東境，縱使西歸。明旦，官軍知賊已去，狼狽追之。士卒皆未食，比追及，已飢乏。賊艤舟隄下而陳於隄外，伏千人於舟中，官軍將至，陳者皆走入陂中。密以爲畏己，縱兵追之，賊自舟中出，夾攻之，自午及申，官軍大敗。密引兵走，陷於荷涫，賊追及之，密等諸將及監陳敕使皆死，士卒死者殆千人，其餘皆降於賊，無一人還徐者。

賊問降卒以彭城人情計謀，知其無備，始有攻彭城之志。乙亥，龐勛引兵北渡濉水，踰山趣彭城。其夕，崔彦曾始知元密敗，移牒鄰道求救。明日，塞門，選城中丁壯爲守備。内外震恐，無復固志。或勸彦曾奔兖州，彦曾怒曰：「吾爲元帥，城陷而死，職也。」立斬言者。丁丑，賊至城下，衆六七千人，鼓譟動地，民居在城外者，賊皆慰撫，無所侵擾，由是人争歸之，不移時，克羅城。彦曾退保子城，民助賊攻之，推草車塞門而焚之，城陷。賊囚彦曾於〔大〕彭（城）館，執尹戡、杜璋、徐行儉，刳而剉之，盡滅其族。勛坐聽事，盛陳兵衛，文武將吏伏謁，莫敢仰視。即日，城中願附從者萬餘人。

戊寅，勛召温庭皓，使草表求節鉞。庭皓曰：「此事甚大，非頃刻可成，請還家徐草之。」勛許之。明旦，勛使趣之，庭皓來見勛曰：「昨日所以不即拒者，欲一見妻子耳。今已與妻子別，謹來就死。」勛熟視，笑曰：「書生敢爾，不畏死邪！龐勛能取徐州，何患無人草表。」遂釋之。有周重者，每以才略自負，勛迎爲上客，重爲勛草表，稱：「臣之一軍，乃漢室興王之地。頃因節度使刻削軍府，刑賞失中，遂致迫逐。陛下奪其節制，翦滅一軍，或死或流，冤横無數。今聞本道復欲誅夷，將士不勝痛憤，推臣權兵馬留後，彈壓十萬之師，撫有四州之地。臣聞見利乘時，帝王之資也。臣見利不失，遇時不疑。伏乞聖慈，復賜旌節。不然揮戈曳戟，詣闕非遲。」庚辰，遣押牙張琯奉表詣京師。

勛以許佶爲都虞候，趙可立爲都遊奕使，黨與各補耳職，分將諸軍。又遣舊將劉行及將千五百人屯濠州，李圓將二千人屯泗州，梁丕將千人屯宿州，自餘要害縣鎮悉繕完戍守。徐人謂旌節之至不過旬月，願效力獻策者遠近輻湊，乃至光、蔡、淮、浙、兖、鄆、沂、密羣盗皆倍道歸之，闐溢郛郭，旬日間米斗直錢二百。勛詐爲崔彦曾請翦滅徐州表，其略曰：「一軍暴卒，盡可翦除，五縣愚民，各宜配隸。」又作詔書，依其所請，傳布境内。徐人信之，皆歸怨朝廷，曰：「微桂州將士回戈，吾徒悉爲魚肉矣。」

劉行及引兵至渦口，道路附從者增倍，濠州兵纔數百，刺史盧望回素不設備，不知所爲，乃開門具牛酒迎之。行及入城，因望回，自行刺史事。泗州刺史杜慆聞勛作亂，完守備以待之，且求救於江淮。李圓遣精卒百人先入泗州，（慆）封府庫，〔慆〕遣人迎勞，誘之入城，悉誅之。明日，圓至，即引兵圍城。城上矢石雨下，賊死者數百，乃斂兵屯城西。勛以泗州當江淮之衝，益發兵助圓攻之，衆至萬餘，終不能克。

初，朝廷聞龐勛自任山還趣宿州，遣高品康道偉齎敕書撫慰之。十一月，道偉至彭城。勛出郊迎，自任山至子城三十里，大陳甲兵，號令金鼓響震山谷，城中丁壯悉驅使乘城。宴道偉於毬場，使人詐爲羣盜降者數千人，諸寨告捷者數十輩。復作求節鉞表，附道偉以聞。

初，辛雲京之孫讜，寓居廣陵，喜任俠，年五十不仕，與杜慆有舊，聞龐勛作亂，詣泗州，勸慆挈家避之。慆曰：「安平享其禄位，危難棄其城池，吾不爲也。且人各有家，誰不愛之？我獨求生，何以安衆，誓與將士共死此城耳。」讜曰：「公能如是，僕與公同死。」乃還廣陵，與其家訣，壬辰，復如泗州。時民避亂，扶老攜幼，塞塗而來，見讜，皆止之曰：「人皆南走，子獨北行，取死何爲！」讜不應。至泗州，賊已至城下，讜急棹小舟得入，慆即署團練判官。城中危懼，都押牙李雅有勇略，爲慆設守備，帥衆鼓譟，四出擊賊，賊退屯徐城。衆心稍安。

龐勛募人爲兵，人利於剽掠，爭赴之，至父遣其子，妻勉其夫，皆斷鉏首而鋭之，執以應募。鄰道聞勛據徐州，各遣兵戍守要害。而官軍尚少，賊衆日滋，官軍數不利；賊遂破魚臺等近十縣。宋州東有磨山，民逃匿其上，勛遣其將張玄稔圍之。會旱，山泉竭，數萬口皆渴死。或説勛曰：「留後止欲求節鉞，當恭順盡禮以事天子，外戢士卒，内撫百姓，庶幾可得。」勛雖不能用，然國忌猶行香，饗士卒必先西向拜謝。癸卯，勛聞敕使入境，以爲必賜旌節，衆皆賀。明日，敕使至，但責崔彦曾及監軍張道謹，貶其官。勛大失望，遂囚敕使，不聽歸。

詔以右金吾大將軍康承訓爲義成節度使、徐州行營都招討使，神武大將軍王晏權爲徐州北面行營招討使，羽林將軍戴可師爲徐州南面行營招討使，大發諸道兵以隸三帥。承訓奏乞沙陀三部落，使朱邪赤心及吐谷渾、達靼、契苾酋長各帥其衆以自隨，詔許之。

龐勛以李圓攻泗州久不克，遣其將吴迥代之。丙午，復進攻泗州，晝夜不息。時敕使郭厚本將淮南兵千五百人救泗州，至洪澤，畏賊强，不敢進。辛讜請往求救，杜慆許之。丁未夜，乘小舟潛渡淮，至洪澤説厚本，厚本不聽，比明復還。己酉，賊攻城益急，欲焚水門，城中幾不能禦，讜請復往求救。慆曰：「前往徒還，今往何益？」讜曰：「此行得兵則生返，不得則死之。」慆與之泣别。讜復乘小舟負户突圍出，見厚本，爲陳利害。厚本將從之，淮南都將袁公弁曰：「賊勢如此，自保恐不足，何暇救人！」讜拔劍瞋目謂公弁曰：「賊百道攻城，陷在朝夕。公受詔救援而逗留不進，豈惟上負國恩。若泗州不守，則淮南遂爲寇場，公詎能獨存邪！我當殺公而後死耳！」起，欲擊之，厚本趨抱止之，公弁僅免。讜乃回望泗州，慟哭終日，士卒皆爲之流涕。厚本乃許分五百人與之，仍問將士，將士皆願行。讜舉身自擲，叩頭以謝將士，遂帥之抵淮南岸，望賊方攻城，有軍吏言曰：「賊勢似已入城，還去則便。」讜逐之，攬得其髻，舉劍擊之，士卒共救之曰：「千五百人判官，不可殺也。」讜曰：「臨陳妄言惑衆，必不可捨！」衆請不能得，乃共奪之。讜素多力，衆不能奪。讜曰：「將士但登舟，我則捨此人。」衆競登舟，乃捨之。士卒有回顧者，則斫之。驅至淮北，勒兵擊賊。慆於城上布兵與之相應，賊遂敗走，鼓譟逐之，至晡而還。

龐勛遣其將許佶將精兵數千助吳迥攻泗州，劉行及自濠州遣其將王弘立引兵會之。戊午，鎮海節度使杜審權遣都頭翟行約將四千人救泗州。己未，行約引兵至泗州，賊逆擊於淮南，圍之。城中兵少，不能救，行約及士卒盡死。先是，令狐綯遣李湘將兵數千救泗州，與郭厚本、袁公弁合兵屯都梁城，與泗州隔淮相望。賊既破翟行約，乘勝遂圍之。十二月甲子，李湘等引兵出戰，大敗，賊遂陷都梁城，執湘及郭厚本送徐州，據淮口，漕驛路絕。

康承訓軍於新興，賊將姚周屯柳子，出兵拒之。時諸道兵集者纔萬人，承訓以衆寡不敵，退屯宋州。龐勛以爲官軍不足畏，乃分遣其將丁從實等各將數千人，南寇舒、廬，北侵沂、海，破沭陽、下蔡、烏江、巢縣，攻陷滁州，殺刺史高錫望。又寇和州，刺史崔雍遣人以牛酒犒之，引賊登樓共飲，命軍士皆釋甲，指所愛二人爲子弟，乞全之，其餘惟賊所處。賊遂大掠城中，殺士卒八百餘人。

泗州援兵既絶，糧且盡，人食薄粥。閏月己亥，辛讜言於杜慆，請出求救於淮、浙，夜帥敢死士十人，執長柯斧，乘小舟，潛往斫賊水寨而出。明旦，賊乃覺之，以五舟遮其前，以五千人夾岸追之。賊舟重行遲，讜舟輕行疾，力鬭三十餘里，乃得免。癸卯，至揚州，見令狐綯。甲辰，至潤州，見杜審權。時泗州久無聲問，或傳已陷。讜既至，審權乃遣押牙趙翼將甲士二千人，與淮南共輸米五千斛，鹽五百斛以救泗州。

戴可師將兵三萬渡淮，轉戰而前，賊盡棄淮南之守。可師欲先奪淮口，後救泗州，壬申，圍都梁城。城中賊少，拜於城上曰：「方與都頭議出降。」可師爲之退五里。賊夜遁，明旦，惟空城。可師恃勝不設備，是日大霧，濠州賊將王弘立引兵數萬疾徑掩至，縱擊官軍，官軍不及成列，遂大敗，將士觸兵及溺淮死，得免者纔數百人，亡器械、資糧、車馬以萬計。賊傳可師及監軍、將校首於彭城。

龐勛自謂無敵於天下，作露布散示諸寨及鄉村，於是淮南士民震恐，往往避地江左。令狐綯畏其侵軼，遣使詣勛説諭，許爲奏請節鉞，勛乃息兵俟命。由是淮南稍得收散卒，修守備。

時汴路既絶，江、淮往來者皆出壽州。賊既破戴可師，乘勝圍壽州，掠諸道貢獻及商人貨，其路復絶。

勛益自驕，日事遊宴，周重諫曰：「自古驕滿奢逸，得而復失，成而復敗，多矣，況未得未成而爲之者乎！」諸道兵大集於宋州，徐州始懼，應募者益少，而諸寨求益兵者相繼。勛乃使其黨散入鄉村，驅人爲兵。又見兵已及數萬人，資糧匱竭，乃斂富室及商旅財，什取其七八，坐匿財夷宗者數百家。又，與勛同舉兵於桂州者，尤〔驅〕〔驕〕暴，奪人資財，掠人婦女，勛不能制。由是境内之民皆厭苦之，不聊生矣。

王晏權兵數退衂，朝廷命泰寧節度使曹翔代晏權爲徐州北面招討使。前天雄節度使何全皡遣其將薛尤將兵萬三千人討龐勛，翔軍於藤、沛，尤軍於豐、蕭。

十年春正月，康承訓將諸道軍七萬餘人屯柳子之西，自新興至鹿塘三十里，壁壘相屬。徐兵分戍四境，城中不及數千人，龐勛始懼。民多穴地匿其中，勛遣人搜掘爲兵，日不過得三二十人。

勛將孟敬文守豐縣，狡悍而兵多，謀貳於勛，自爲符讖。勛聞之。會魏博攻豐，勛遣腹心將將三千助敬文守豐，敬文與之約共擊魏博軍，且譽其勇，使爲前鋒。新軍既與魏博戰，敬文引兵退走，新軍盡没。勛乃遣使紿之曰：「王弘立已克淮南，留後欲自往鎮之，悉召諸將，欲選一人可守徐州者。」敬文喜，即馳詣彭城，未至城數里，勛伏兵擒之，辛酉，殺之。

徐賊寇海州。時諸道兵戍海州者已數千人，斷賊所過橋柱而弗殊，仍伏兵要害以待之。賊過，橋崩，蒼黄散亂，伏兵發，盡殪之。其攻壽州者復爲南道軍所破，斬獲數千人。

辛讜以浙西之軍至楚州，敕使張存誠以舟助之。徐賊水陸布兵，鎖斷淮流，浙西軍憚其强，不敢進。讜曰：「我請爲前鋒，勝則繼之，敗則汝走。」猶不可。讜乃募選軍中敢死士數十人，牒補職名，先以米舟三艘，鹽舟一艘，乘風逆流直進，賊夾攻之，矢著舟板如急雨。及鎖，讜帥衆死戰，斧斷其鎖，乃得過。城上人喧呼動地，杜慆及將佐皆泣迎之。乙酉，城上望見舟師張帆自東來，識其旗，浙西軍也；去城十餘里，賊列火船拒之，帆止不進。慆令讜帥死士出迎之，乘戰艦衝賊陳而過，見張存誠帥米舟九艘，曰：「將士在道前卻，存誠屢欲自殺，僅得至此，今又不進。」讜揚言：「賊不多，甚易與耳。」帥衆揚旗鼓譟而前，賊見其勢猛鋭，避之，遂得入城。

二月，康承訓使朱邪赤心將沙陀三千騎爲前鋒，陷陳卻敵，十鎮之兵伏其驍勇。承訓嘗引麾下千人濟渙水，賊伏兵圍之，赤心帥五百騎奮檛衝圍，拔出承訓，賊勢披靡，因合擊，敗之。承訓數與賊戰，賊軍屢敗。

王弘立自矜淮口之捷，請獨將所部三萬人破承訓，龐勛許之。己亥，弘立引兵渡濉水，夜襲鹿塘寨，黎明圍之。弘立與諸將臨望，自謂功在漏刻。沙陀左右突圍，出入如飛，賊紛擾移避，沙陀縱騎蹂之，寨中諸軍争出奮擊，賊大敗。官軍蹙之於濉水，溺死者不可勝紀，自鹿塘至襄城，伏尸五十里，斬首二萬餘級。弘立單騎走免，所驅掠平民皆散走山谷，不復還營，委棄資糧、器械山積。時有敕，諸軍破賊，得農民，皆釋之，自是賊每與官軍遇，其驅掠之民先自潰。龐勛、許佶以弘立驕惰致敗，欲斬之，周重爲之説勛曰：「弘立再勝未賞，一敗而誅之，棄功録過，爲敵報讎，諸將咸懼矣。不若赦之，責其後效。」勛乃釋之。弘立收散卒，纔得數百人，請取泗州以補過，勛益其兵而遣之。

三月，康承訓既破王弘立，進逼柳子，與姚周一月之間數十戰。丁亥，周引兵渡水，官軍急擊之，周退走，官軍追之，遂圍柳子。會大風，四面縱火，賊棄寨走，沙陀以精騎邀之，屠殺殆盡，自柳子至芳城，死者相枕，斬其將劉豐。周將麾下數十人奔宿州，宿州守將梁丕素與之有隙，開城聽入，執而斬之。

龐勛聞之，大懼，與許佶議自將出戰。周重泣言於勛曰：「柳子地要兵精，姚周勇敢有謀，今一旦覆没，危如累卵，不若遂建大號，悉兵四出，決死力戰。」又勸殺崔彦曾，以絶人望。術士曹君長亦言：「徐州山川不容兩帥，今觀察使尚在，故留後未興。」賊黨皆以爲然。夏四月壬辰，勛殺彦曾及監軍張道謹、宣慰使仇大夫、僚佐焦璐、温庭皓等，并其親屬、賓客、僕妾皆死。斷淮南監軍郭厚本、都押衙李湘手足以示康承訓軍。勛乃集衆揚言曰：「勛始望國恩，庶全臣節。今日之事，前志已乖。自此，勛與諸軍真反者也，當掃境内之兵，戮力同心，轉敗爲功耳。」衆皆稱善。於是命城中男子悉集毬場，仍分遣諸將比屋大索，敢匿一男子者族其家。選丁壯，得三萬人，更造旗幟，給以精兵。許佶等共推勛爲天册將軍、大會明王。勛辭王爵。

先是，辛讜復自泗州引驍勇四百人迎糧於揚、潤，賊夾岸攻之，轉戰百里乃得出。至廣陵，止于公館，不敢歸家，舟載鹽米二萬石，錢萬三千緡，乙未，還至斗山。賊將王弘芝帥衆萬餘拒之於盱眙，密布戰艦百五十艘以塞淮流，又縱火船逆之。讜命以長叉托過，自卯戰及未，衆寡不敵，官軍不利。賊縛木於戰艦，旁出四五尺爲戰棚，讜命勇士乘小舟入其下，矢刃所不能及，以槍揭火牛焚之，戰艦既然，賊皆潰走，官軍乃得過入城。

龐勛以父舉直爲大司馬，與許佶等留守徐州。或曰：「將軍方耀兵威，不可以父子之親，失上下之節。」乃令舉直趨拜於庭，勛據桉而受之。時魏博屢圍豐縣，龐勛欲先擊之，丙申，引兵發徐州。

龐勛夜至豐縣，潛入城，魏博軍皆不之知。魏博分爲五寨，其近城者屯數千人，勛縱兵圍之，諸寨救之。勛伏兵要路，殺官軍二千人，餘皆返走。賊攻寨不克，至夜，解圍去。官軍畏其衆，且聞勛自來，諸寨皆宵潰。曹翔方圍滕縣，聞魏博敗，引兵退保兖州。賊悉毁其城栅，運其資糧，傳檄徐州，盛自誇大，謂官軍爲國賊云。

馬舉將精兵三萬救泗州，乙巳，分軍三道渡淮，至中流，大譟，聲聞數里。賊大驚，不測衆寡，斂兵屯城西寨。舉就圍之，縱火焚栅，賊衆大敗，斬首數千級。王弘立死，吴迥退保徐城，泗州之圍始解。泗州被圍凡七月，守城者不得寐，面目皆生瘡。

龐勛留豐縣數日，欲引兵西擊康承訓。或曰：「天時向暑，蠶麥方急，不若且休兵聚食，然後圖之。」或曰：「將軍出師數日，摧七萬之衆，西軍震恐，乘此聲勢，彼破走必矣，時不可失。」龐舉直以書勸勛乘勝進軍，勛意遂决。丁未，發豐縣，庚戌，至蕭，約襄城、留武、小睢諸寨兵合五六萬人，以二十九日遲明攻柳子。淮南敗卒在賊中者逃詣康承訓，告以其期，承訓得先爲之備，秣馬整衆，設伏以待之。丙辰，襄城等兵先至柳子，遇伏，敗走。龐勛既自失期，遽引兵自三十里外赴之，比至，諸寨已敗，勛所將皆市井白徒，覩官軍勢盛，皆不戰而潰。承訓命諸將急追之，以騎兵邀其前，步卒躡其後，賊狼狽不知所之，自相蹈藉，僵尸數十里，死者數萬人。勛解甲，服布襦而遁，收散卒，纔及三千人，歸彭城，使其將張實分諸寨兵屯第城驛。

勛初起下邳，土豪鄭鎰聚衆三千，自備資糧、器械以應之，勛以爲將，謂之義軍。五月，沂州遣軍圍下邳，勛命鎰救之，鎰帥所部來降。

六月，馬舉自泗州引兵攻濠州，拔招義、鍾離、定遠。劉行及設寨於城外以拒守，舉先遣輕騎挑戰，賊見其衆少，争出寨西擊之，舉引大軍數萬自他道擊其東南，遂焚其寨。賊入固守，舉塹其三面而圍之。北面臨淮，賊猶得與徐州通。龐勛遣吴迥助行及守濠州，屯兵北津以相應。舉遣别將渡淮擊之，斬獲數千人，平其寨。

曹翔之退屯兖州也，留滄州卒四千人戍魯橋。卒擅還，翔曰：「以龐勛作亂，故討之。今滄卒不從約束，是自亂也。」勒兵迎之，圍於兖州城外，擇違命者二千人悉誅之。朝廷聞魏博軍敗，以將軍宋威爲徐州西北面招討使，將兵三萬屯於豐、蕭之間，翔復引兵會之。

秋七月，康承訓克臨渙，殺獲萬人，遂拔襄城、留武、小睢等寨。曹翔拔滕縣，進擊豐、沛。賊諸寨戍兵多相帥逃匿，保據山林，賊抄掠者過之，輒爲所殺，而五八村尤甚。有陳全裕者爲之帥，凡叛勛者皆歸之，衆至數千人，戰守之具皆備，環地數十里，賊莫敢近。康承訓遣人招之，遂舉衆來降，賊黨益離。蘄縣土豪李袞，殺賊守將，舉城降於承訓。沛縣守將李直詣彭城計事，裨將朱玫舉城降於曹翔。直自彭城還，玫逆擊，走之。翔發兵戍沛。玫，邠州人也。勛遣其將孫章、許佶各將數千人攻陳全裕、朱玫，皆不克而還。康承訓乘勝長驅，拔第城，進抵宿州之西，築城而守之。龐勛憂懣，不知所爲，但禱神飯僧而已。

初，龐勛怒梁丕專殺姚周，黜之，使徐州舊將張玄稔代之治州事，以其黨張儒、張實等將城中兵數萬拒官軍。儒等列寨數重於城外，環水自固。康承訓圍之，張實夜遣人潛出，以書白勛曰：「今國兵盡在城下，西方必虛，將軍宜引兵出其不意，掠宋、亳之郊，彼必解圍而西。將軍設伏要害，迎擊其前，實等出城中兵躡其後，破之必矣。」時曹翔使朱玫擊豐，破之，乘勝攻徐城、下邳，皆拔之，斬獲萬計。勛方憂懼，欲走，得實書，即從其策，使龐舉直、許佶守徐州，引兵而西。

八月壬子，康承訓焚外寨，張儒等入保羅城，官軍攻之，死者數千人，不能克，承訓患之，遣辯士於城下招諭之。張玄稔嘗戍邊有功，雖脅從於賊，心常憂憤。時將所部兵守子城，夜召所親數十人謀歸國，因稍令布諭，協同者衆，乃遣腹心張皋夜出，以狀白承訓，約期殺賊將舉城降。至日，請立青旌爲應，使衆心無疑。承訓大喜，從之。九月丁巳，張儒等飲酒於柳溪亭，玄稔使部將董厚等勒兵於亭西，玄稔先躍馬而前，大呼曰：「龐勛已梟首於僕射寨中，此輩何得尚存！」士卒競進，遂斬張儒等數十人。城中大擾，玄稔諭以歸國之計，及暮而定。戊午，開門出降。玄稔見承訓，肉袒膝行，涕泣謝罪。承訓慰勞，即宣敕，拜御史中丞，賜遺甚厚。

玄稔復進言：「今舉城歸國，四遠未知，請詐爲城陷，引衆趨符離及徐州，賊黨不疑，可盡擒也。」承訓許之。宿州舊兵三萬，承訓益以數百騎，皆賞勞而遣之。玄稔復入城，暮發平安火如常日。己未向晨，玄稔積薪數千束，縱火焚之，如城陷軍潰之狀，直趨符離，符離納之。既入，斬其守將，號令城中，皆聽命，收其兵，復得萬人，北趨徐州。龐舉直、許佶聞之，嬰城拒守。辛酉，玄稔至彭城，引兵圍之，按兵未攻，先諭城上人曰：「朝廷惟誅逆黨，不傷良人。汝曹奈何爲賊城守？若尚狐疑，須臾之間同爲魚肉矣。」於是守城者稍稍棄甲投兵而下。崔彥曾故吏路審中開門納官軍，龐舉直、許佶帥其黨保子城。日昃，賊黨自北門出，玄稔遣兵追之，斬舉直、佶首，餘黨多赴水死，悉捕戍桂州者親族斬之，死者數千人，徐州遂平。

龐勛將兵二萬自石山西出，所過焚掠無遺。庚申，承訓始知之，引步騎八萬西擊之，使朱邪赤心將數千騎爲前鋒。勛襲宋州，陷其南城，刺史鄭處冲守其北城，賊知有備，捨去，渡汴，南掠亳州，沙陀追及之。勛引兵循渙水而東，將歸彭城，爲沙陀所逼，不暇飲食，至蘄，將濟水，李袞發橋，勒兵拒之。賊惶惑，不知所之，至故縣西，官軍大集，縱擊，殺賊近萬人，餘皆溺死，降者纔及千人。勛亦死，而人莫之識，數日乃獲其尸。賊宿遷等諸寨皆殺其守將而降。宋威亦取蕭縣，吴迥獨守濠州，不下。冬十月，以張玄稔爲右驍衛大將軍、御史大夫。

馬舉攻濠州，自夏及冬不克，城中糧盡，殺人而食之，守軍深塹重圍以守之。辛丑夜，吴迥突圍走，舉勒兵追之，殺獲殆盡，迥死於招義。

以康承訓爲河東節度使、同平章事，以杜慆爲義成節度使。上嘉朱邪赤心之功，置大同軍於雲州，以赤心爲節度使，召見，留爲左金吾上將軍，賜姓名李國昌，賞賚甚厚。以辛讜爲亳州刺史。讜在泗州，犯圍出迎兵糧，往返凡十二。及除亳州，上表言：「臣之功，非杜慆不能成也。」賜和州刺史崔雍自盡，家屬流康州，兄弟五人皆遠貶。

十一年夏四月，徐賊餘黨猶相聚閭里爲羣盗，散居兖、鄆、青、齊之間，詔徐州觀察使夏侯瞳招諭之。

五月，上令百官議處置徐州之宜。六月丙午，太子少傅李膠等狀，以爲：「徐州雖屢構禍亂，未必比屋頑凶，蓋由統御失人，是致姦回乘釁。今使名雖降，兵額尚存，以爲支郡則糧餉不給，分隸別藩則人心未服，或舊惡相濟，更成披猖。惟泗州鼎因攻守，結釁已深，宜有更張，庶爲兩便。」詔從之。徐州依舊爲觀察使，統徐、濠、宿三州，〔泗州〕爲團練使，割隸淮南。冬十一月丁卯，復以徐州爲感化軍節度。

回鶻叛服

唐玄宗開元四年。突厥默啜北擊拔曳固，大破之於獨樂水，默啜恃勝不設備，拔曳固迸卒頡質略斬之。默啜之子小可汗立，骨咄禄之子闕特勒擊殺之，立其兄左賢王默棘連，是爲毗伽可汗。

二十二年冬十二月，突厥毗伽可汗爲其大臣梅録啜所毒而死，其弟登利可汗立。

二十九年秋七月，登利從叔判闕特勒攻殺登利，立毗伽可汗之子爲可汗。俄爲骨咄葉護所殺，骨咄葉護自立爲可汗。上以突厥内亂，命左羽林將軍孫老奴招諭回紇、葛邏禄、拔悉密等部落。

天寶元年。突厥拔悉密、回紇、葛邏禄三部共攻骨咄葉護，殺之，推拔悉密酋長爲頡跌伊施可汗，回紇、葛邏禄自爲左右葉護。突厥餘衆共立判闕特勒之子爲烏蘇米施可汗。

回紇葉護骨力裴羅遣使入貢，賜爵奉義王。

三載秋八月，拔悉密攻斬突厥烏蘇可汗，傳首京師。國人立其弟鶻隴匐白眉特勒，是爲白眉可汗。於是突厥大亂，敕朔方節度使王忠嗣出兵乘之。會回紇、葛邏禄共攻拔悉密頡跌伊施可汗，殺之。回紇骨力裴羅自立爲骨咄禄毗伽闕可汗，遣使言狀，上册拜裴羅爲懷仁可汗。於是懷仁南據突厥故地，立牙帳於烏德犍山，舊統藥邏葛等九姓，其後又併拔悉蜜、葛邏禄凡十一部，各置都督，每戰則以二客部爲先。

四載。回紇懷仁可汗擊突厥白眉可汗，殺之。回紇斥地愈廣，東際室韋，西抵金山，南跨大漠，盡有突厥故地。懷仁卒，子磨延啜立，號葛勒可汗。

肅宗至德元載。安禄山之反也，回紇可汗遣使請助國討賊，宴賜而遣之。

上欲借兵於外夷以張軍勢，以豳王守禮之子承寀爲敦煌王，與僕固懷恩使于回紇以請兵。敦煌王承寀至回紇牙帳，回紇可汗以女妻之，遣其貴臣與承寀及僕固懷恩偕來，見上於彭原。上厚禮其使者而歸之，賜回紇女號毗伽公主。回紇可汗遣其臣葛邏支將兵入援，先以二千騎奄至范陽城下。十一月戊午，回紇至帶汗谷，與郭子儀軍合；辛酉，與同羅及叛胡戰於榆林河北，大破之，斬首三萬，捕虜一萬，河曲皆平。

二載。懷仁可汗遣其子葉護將精兵四千餘人來至鳳翔。上引見，宴賜勞予，惟其所欲。初，上欲速得京師，與回紇約曰：「克城之日，土地士庶歸唐，金帛子女皆歸回紇。」大軍入西京，葉護欲如約，廣平王俶拜於葉護馬前曰：「今始得西京，若遽俘掠，則東京之人皆爲賊固守。願至東京如約。」葉護下馬答拜，跪捧王足，曰：「當爲殿下徑往東京。」胡虜見俶拜者皆泣曰：「廣平王真華夷主。」二事詳見安史之亂。

冬十月壬戌，廣平王俶入東京，回紇意猶未厭，俶患之。父老請率羅錦萬匹以賂回紇，回紇乃止。十一月己丑，以回紇葉護爲司空、忠義王，歲遺回紇絹二萬匹，使就朔方軍受之。

乾元元年秋七月丁亥，册命回紇可汗曰英武威遠毗伽闕可汗，以上幼女寧國公主妻之。以殿中監漢中王瑀爲册禮使，右司郎中李巽副之，命左僕射裴冕送公主至境上。戊子，又以司勳員外郎鮮于叔明爲瑀副。叔明，仲通之弟也。甲子，上送寧國公主至咸陽，公主辭訣曰：「國家事重，死且無恨。」上流涕而還。瑀等至回紇牙帳，可汗衣赭袍、胡帽坐帳中榻上，儀衛甚盛，引瑀等立於帳外。瑀不拜而立，可汗曰：「我與天可汗兩國之君，君臣有禮，何得不拜？」瑀與叔明對曰：「曏者唐與諸國爲婚，皆以宗室女爲公主。今天子以可汗有功，自以所生女妻可汗，恩禮至重，可汗奈何以子壻傲婦翁，坐榻上受册命邪！」可汗改容，起受册命。明日，立公主爲可敦，舉國皆喜。

八月，回紇遣其臣骨啜特勒及帝德將驍騎三千助討安慶緒，上命朔方左武鋒使僕固懷恩領之。

二年春三月甲申，回紇骨啜特勒、帝德等十五人自相州奔還西京，上宴之於紫宸殿，賞賜有差。庚寅，骨啜特勒等辭還行營。

夏四月，回紇毗伽闕可汗卒，長子葉護先遇殺，國人立其少子，是爲登里可汗。回紇欲以寧國公主爲殉。公主曰：「回紇慕中國之俗，故娶中國女爲婦。若欲從其本俗，何必結婚萬里之外邪！」然亦爲之剺面而哭。秋八月，回紇以寧國公主無子，聽歸，丙辰，至京師。

寶應元年秋九月，上遣中使劉清潭使於回紇，且徵兵討史朝義。回紇已爲朝義所誘，有輕唐之志。上遣僕固懷恩往見之，可汗悦，遣使上表，請助國討賊。詳見安史之亂。

冬十月，以雍王适爲天下兵馬元帥。丙寅，上命僕固懷恩與母、妻俱詣行營。雍王适至陝州，回紇可汗屯於河北，适與僚屬從數十騎往見之。可汗責适不拜舞，藥子昂對以禮不當然。回紇將車鼻曰：「唐天子與可汗約爲兄弟，可汗於雍王，叔父也，何得不拜舞？」子昂曰：「雍王，天子長子，今爲元帥。安有中國儲君向外國可汗拜舞乎？且兩宮在殯，不應舞蹈。」力争久之，車鼻遂引子昂、魏琚、韋少華、李進各鞭一百，以适年少未諳事，遣歸營。琚、少華一夕而死。

戊辰，諸軍發陝州，僕固懷恩與回紇左殺爲前鋒。回紇入東京，肆行殺掠。詳見安史之亂。

代宗廣德元年春閏正月己酉夜，有回紇十五人犯含光門，突入鴻臚寺，門司不敢遏。回紇登里可汗歸國，其部衆所過抄掠，廩給小不如意，輒殺人，無所忌憚。陳鄭、澤潞節度使李抱玉欲遣官屬置頓，人人辭憚，趙城尉馬燧獨請行。比回紇將至，燧先遣人賂其渠帥，約毋暴掠，帥遣之旗曰：「有犯令者，君自戮之。」燧取死囚爲左右，小有違令，立斬之。回紇相顧失色，涉其境者，皆拱手遵約束。抱玉奇之。

七月，册回紇可汗爲頡咄登密施合俱録英義建功毗伽可汗，可敦爲娑墨光親麗華毗伽可敦，左右殺以下，皆加封賞。

僕固懷恩誘回紇、吐蕃俱入寇。事見僕固懷恩之叛。

大曆三年。回紇可敦卒，秋七月庚辰，以右散騎常侍蕭昕爲弔祭使。回紇庭詰昕曰：「我於唐有大功，唐奈何失信，市我馬，不時歸其直？」昕曰：「回紇之功、唐已報久矣。僕固懷恩之叛，回紇助之，與吐蕃入寇，逼我郊畿。及懷恩死，吐蕃走，然後回紇懼而請和，我唐不忘前功，加惠而縱之。不然，匹馬不歸矣。乃回紇負約，豈唐失信邪！」回紇慚，厚禮而歸之。

四年。初，僕固懷恩死，上憐其有功，置其女宮中，養以爲女。回紇請以爲可敦，夏五月辛卯，册爲崇徽公主，嫁回紇可汗。壬辰，遣兵部侍郎李涵送之，涵奏祠部郎中虞鄉董晋爲判官。六月丁酉，公主辭行，至回紇牙帳。回紇來言曰：「唐約我爲市馬，既入，而歸我賄不足，我於使人乎取之。」涵懼，不敢對，視晋。晋曰：「吾非無馬而與爾爲市，爲爾賜不既多乎？爾之馬歲至，吾數皮而歸資，邊吏請致詰也。天子念爾有勞，故下詔禁侵犯。諸戎畏我大國之爾與也，莫敢校焉。爾之父子寧而畜馬蕃者，非我誰使之？」於是其衆皆環晋拜。既又相帥南面序拜，皆舉兩手曰：「不敢有意大國。」

七年春正月甲辰，回紇使者擅出鴻臚寺，掠人子女，所司禁之，毆擊所司，以三百騎犯金光、朱雀門。是日，宮門皆閉，上遣中使劉清潭諭之，乃止。秋七月癸巳，回紇使擅出鴻臚寺，逐長安令邵説至含光門街，奪其馬，説乘他馬而去，弗敢爭。

八年。回紇自乾元以來歲求和市，每一馬易四十縑，動至數萬匹，馬皆駑瘠無用，朝廷苦之，所市多不能盡其數，回紇待遣繼至者常不絕於鴻臚。至是，上欲悦其意，命盡市之。秋七月辛丑，回紇辭歸，載賜遺及馬價，共用車千餘乘。八月壬申，回紇復遣使者赤心以馬萬匹來求互市。

有司以回紇赤心馬多，請市千匹。郭子儀以爲如此逆其意太甚，自請輸一歲俸爲國市之，上不許。十一月戊子，命市六千匹。

十年冬十二月，回紇千騎寇夏州，州將梁榮宗破之於烏水。郭子儀遣兵三千救夏州，回紇遁去。

十一年春二月辛巳，增朔方五城戍兵，以備回紇。

十三年春三月甲戌，回紇使還，過河中，朔方軍士掠其輜重，因大掠坊市。秋七月戊午，郭子儀奏以回紇猶在塞上，邊人恐懼，請遣邠州刺史渾瑊將兵鎮振武軍，從之。回紇始去。

十四年秋七月庚辰，詔回紇諸胡在京師者，各服其服，無得效華人。先是，回紇留京師者常千人，商胡僞服而雜居者又倍之，縣官日給饔餼，殖貲産，開第舍、市肆，美利皆歸之，日縱暴横，吏不敢問。或衣華服，誘取妻妾，故禁之。

德宗建中元年。初，回紇風俗朴厚，君臣之等不甚異，故衆志專一，勁健無敵。及有功於唐，唐賜遺甚厚，登里可汗始自尊大，築宫殿以居，婦人有粉黛文繡之飾。中國爲之虚耗，而虜俗亦壞。及代宗崩，上遣中使梁文秀往告哀，登里驕不爲禮。九姓胡附回紇者説登里，以中國富饒，今乘喪伐之，可有大利。登里從之，欲舉國入寇。其相頓莫賀達干，登里之從父兄也，諫曰：「唐，大國也，無負於我。吾前年侵太原，獲羊馬數萬，可謂大捷，而道遠糧乏，比歸，士卒多徒行者。今舉國深入，萬一不捷，將安歸乎？」登里不聽。頓莫賀乘人心之不欲南寇也，舉兵擊殺之，并九姓胡二千人，自立爲合骨咄禄毗伽可汗，遣其臣聿達干與梁文秀俱入見，願爲藩臣，垂髮不剪，以待册命。乙卯，命京兆少尹臨漳源休册頓莫賀爲武義成功可汗。

秋八月甲午，振武留後張光晟殺回紇使者突董等九百餘人。突董者，武義可汗之叔父也。代宗之世，九姓胡常冒回紇之名，雜居京師，殖貨縱暴，與回紇共爲公私之患。上即位，命突董盡帥其徒歸國，輜重甚盛。至振武，留數月，厚求資給，日食肉千斤，他物稱是，縱樵牧者暴踐禾稼，振武人苦之。光晟欲殺回紇，取其輜重，而畏其衆强，未敢發。九姓胡聞其種族爲新可汗所誅，多道亡，突董防之甚急。九姓胡不得亡，又不敢歸，乃密獻策於光晟，請殺回紇。光晟喜其黨類自離，許之。上以陝州之辱，寶應元年，德宗爲元帥時，見回紇於陝州。心恨回紇。光晟知上旨，乃奏稱：「回紇本種非多，所輔以强者，羣胡耳。今聞其自相魚肉，頓莫賀新立，移地健有孽子，及國相、梅録各擁兵數千人相攻，國未定。彼無財則不能使其衆，陛下不乘此際除之，乃歸其人與之財，正所謂『借寇兵齎盜糧』者也，請殺之。」三奏，上不許。光晟乃使副將過其館門，故不爲禮。突董怒，執而鞭之數十。光晟勒兵掩擊，并羣胡盡殺之，聚爲京觀。獨留二胡使歸國爲證，曰：「回紇鞭辱大將，且謀襲據振武，故先事誅之。」上徵光晟爲右金吾將軍，遣中使王嘉祥往致信幣。回紇請得專殺者以復讎，上爲之貶光晟爲睦王傅，以慰其意。

三年。張光晟之殺突董也，上欲遂絶回紇，召册可汗使源休還太原。久之，乃復遣休送突董及翳密施、大小梅録等四喪還其國，可汗遣其宰相頡子思迦等迎之。頡子思迦坐大帳，立休等於帳前雪中，詰以殺突董之狀，欲殺者數四，供待甚薄，留五十餘日乃得歸。可汗使人謂之曰：「國人皆欲殺汝以償怨，我意則不然。汝國已殺突董等，我又殺汝，如以血洗血，污益甚耳。今吾以水洗血，不亦善乎！唐負我馬直絹百八十萬匹，當速歸之。」遣其散支將軍康赤心隨休入見，休竟不得見可汗而還。〔夏六月〕己卯，至長安，詔以帛十萬匹，金銀十萬兩償其馬直。休有口辯，盧杞恐其見上得幸，乘其未至，先除光禄卿。

四年。兩河之用兵也，王武俊召回紇兵，使絶李懷光等糧道。懷光等已西去，而回紇達干將回紇千人，雜虜二千人適至幽州北境。朱滔因説之，欲與俱詣河南取東都，應接朱泚，許以河南子女、金帛賂之。滔娶回紇女爲側室，回紇謂之朱郎，且利其俘掠，許之。

興元元年夏五月乙亥，李抱真、王武俊距貝州三十里而軍。回紇達干見朱滔請戰，回紇敗走。事見藩鎮連兵。

貞元三年。回紇合骨咄禄可汗屢求和親，且請婚，上未之許。會邊將告乏馬，無以給之，李泌言於上曰：「陛下誠用臣策，數年之後，馬賤於今十倍矣。」上曰：「何故？」對曰：「願陛下推至公之心，屈己徇人，爲社稷大計，臣乃敢言。」上曰：「卿何自疑若是！」對曰：「臣願陛下北和回紇，南通雲南，西結大食、天竺，如此，則吐蕃自困，馬亦易致矣。」上曰：「三國當如卿言，至於回紇，則不可。」泌曰：「臣固知陛下如此，所以不敢早言。爲今之計，當以回紇爲先，三國差緩耳。」上曰：「唯回紇卿勿言。」泌曰：「臣備位宰相，事有可否在陛下，何至不許臣言。」上曰：「朕於卿言皆聽之矣，至於和回紇，宜待子孫；於朕之時，則固不可。」泌曰：「豈非以陝州之恥邪？」上曰：「然。韋少華等以朕之故受辱而死，朕豈能忘之！屬國家多難，未暇報之，和則決不可，卿勿更言。」泌曰：「害少華等乃牟羽可汗，陛下即位，舉兵入寇，未出其境，今合骨咄禄可汗殺之。然則今可汗乃有功於陛下，宜受封賞，又何怨邪！其後張光晟殺突董等九百餘人，合骨咄禄竟不敢殺朝廷使者，然則合骨咄禄固無罪矣。」上曰：「卿以和回紇爲是，則朕固非邪？」對曰：「臣爲社稷計而言，若苟合取容，何以見肅宗、代宗於天上。」上曰：「容朕徐思之。」自是泌凡十五餘對，未嘗不論回紇事，上終不許。泌曰：「陛下既不許回紇和親，願賜臣骸骨。」上曰：「朕非拒諫，但欲與卿較理耳，何至遽欲去朕邪！」對曰：「陛下許臣言理，此固天下之福也。」上曰：「朕不惜屈己與之和，但不能負少華輩。」對曰：「以臣觀之，少華輩負陛下，非陛下負之也。」上曰：「何故？」對曰：「昔回紇葉護將兵助討安慶緒，肅宗但令臣宴勞之於元帥府，先帝未嘗見也。葉護固邀臣至其營，肅宗猶不許。及大軍將發，先帝始與相見。所以然者，彼戎狄豺狼也，舉兵入中國之腹，不得不過爲之防也。陛下在陝，富於春秋，少華輩不能深慮，以萬乘元子徑造其營，又不先與之議相見之儀，使彼得肆其桀驁，豈非少華輩負陛下邪？死不足償責矣。且香積之捷，葉護欲引兵掠長安，先帝親拜之於馬前以止之，葉護遂不敢入城。當時觀者十萬餘人，皆歎息曰：『廣平王真華夷主也。』然則先帝所屈者少，所伸者多矣。葉護乃牟羽之叔父也。牟羽身爲可汗，舉全國之兵赴中原之難，故其志意驕矜，敢責禮於陛下。陛下天資神武，不爲之屈。當是之時，臣不敢言其他，若可汗留陛下於營中，歡飲十日，天下豈得不寒心哉！而天威所臨，豺狼馴擾，可汗母捧陛下於貂裘，叱退左右，親送陛下乘馬而歸。陛下以香積之事觀之，則屈己爲是乎？不屈爲是乎？陛下屈於牟羽乎？牟羽屈於陛下乎？」上謂李晟、馬燧曰：「故舊不宜相逢。朕素怨回紇，今聞泌言香積之事，朕自覺少理。卿二人以爲何如？」對曰：「果如泌所言，則回紇似可恕。」上曰：「卿二人復不與朕，朕當奈何？」泌曰：「臣以爲回紇不足怨，曏來宰相乃可怨耳。今回紇可汗殺牟羽，其國人有再復京城之勳，夫何罪乎？吐蕃幸國之災，陷河、隴數千里之地，又引兵入京城，使先帝蒙塵於陝，此乃百代必報之讎，况其贊普至今尚存，宰相不爲陛下別白言此，乃欲和吐蕃以攻回紇，此爲可怨耳。」上曰：「朕與之爲怨已久，又聞吐蕃劫盟，今往與之和，得無復拒我，爲夷狄之笑乎？」對曰：「不然。臣曩在彭原，今可汗爲胡禄都督，與今國相白婆帝皆從葉護而來，臣待之頗親厚，故聞臣爲相而求和，安有復相拒乎！臣今請以書與之約，稱臣，爲陛下子，每使來不過二百人，印馬不過千匹，無得攜中國人及商胡出塞。五者皆能如約，則主上必許和親。如此，威加北荒，旁讋吐蕃，足以快陛下平昔之心矣。」上曰：「自至德以來，與爲兄弟之國，今一旦欲臣之，彼安肯和乎？」對曰：「彼思與中國和親久矣，其可汗、國相素信臣言，若其未諧，但應再發一書耳。」上從之。

既而回紇可汗遣使上表稱兒及臣，凡泌所與約五事，一皆聽命。上大喜，謂泌曰：「回紇何畏服卿如此？」對曰：「此乃陛下威靈，臣何力焉。」上曰：「回紇則既和矣，所以招雲南、大食、天竺奈何？」對曰：「回紇和，則吐蕃已不敢輕犯塞矣。次招雲南，則是斷吐蕃之右臂也。雲南自漢以來臣屬中國，楊國忠無故擾之使叛，臣于吐蕃，苦於吐蕃賦役重，未嘗一日不思復爲唐臣也。大食在西域爲最强，自葱嶺盡西海，地幾半天下，與天竺皆慕中國，代與吐蕃爲仇，臣故知其可招也。」癸亥，遣回紇使者合闕將軍歸，許以咸安公主妻可汗，歸其馬價絹五萬疋。

四年。回紇合骨咄禄可汗得唐許婚，甚喜，遣其妹骨咄禄毗伽公主及大臣妻并國相跌跌都督以下千餘人來迎可敦，辭禮甚恭，曰：「昔爲兄弟，今爲子壻，半子也。若吐蕃爲患，子當爲父除之。」因詈辱吐蕃使者以絶之。冬十月戊子，回紇至長安，可汗仍表請改回紇爲回鶻，許之。

庚子，册命咸安公主，加回鶻可汗號長壽天親可汗。十一月，以刑部尚書關播爲送咸安公主兼册回鶻可汗使。

五年冬十二月庚午，聞回鶻天親可汗薨，戊寅，遣鴻臚卿郭鋒册命其子爲登里羅没密施俱禄忠貞毗伽可汗。先是，安西、北庭皆假道於回鶻以奏事，故與之連和。北庭去回鶻尤近，回鶻誅求無厭，又有沙陀六千餘帳與北庭相依。及三葛禄、白服突厥皆附於回鶻，回鶻數侵掠之。吐蕃因葛禄、白服之衆以攻北庭，回鶻大相頡干迦斯將兵救之。

六年。回鶻忠貞可汗之弟弑忠貞而自立，其大相頡干迦斯西擊吐蕃未還。夏四月，次相帥國人殺篡者，而立忠貞之子阿啜爲可汗，年十五。

回鶻頡干迦斯與吐蕃戰不利，吐蕃急攻北庭。北庭人苦於回鶻誅求，與沙陀酋長朱邪盡忠皆降於吐蕃，節度使楊襲古帥麾下二千人奔西州。六月，頡干迦斯引兵還國，次相恐其有廢立，與可汗皆出郊迎，俯伏自陳擅立之狀，曰：「今日惟大相死生之。」盛陳郭鋒所齎國信，悉以遺之。可汗拜且泣曰：「兒愚幼，若幸而得立，惟仰食於阿多，國政不敢豫也。」虜謂父爲阿多。頡干迦斯感其卑屈，持之而哭，遂執臣禮，悉以所遺頒從行者，己無所受。國中由是稍安。

秋，頡干迦斯悉舉國兵數萬召楊襲古將復北庭，又爲吐蕃所敗，死者太半。襲古收餘衆數百將還西州，頡干迦斯紿之曰：「且與我同至牙帳，當送君還朝。」既而留不遣，竟殺之。安西由是遂絶，莫知存亡，而西州猶爲唐固守。

葛禄乘勝取回鶻之浮圖川，回鶻震恐，悉遷西北部落於牙帳之南以避之。遣達北特勒梅録隨郭鋒偕來，告忠貞可汗之喪，且求册命。先是，回鶻使者入中國，禮容驕慢，刺史皆與之鈞禮。梅録至豐州，刺史李景略欲以氣加之，謂梅録曰：「聞可汗新没，欲申弔禮。」景略先據高壟而坐，梅録俯僂前哭。景略撫之曰：「可汗棄代，助爾哀慕。」梅録驕容猛氣，索然俱盡。自是，回鶻使至，皆拜景略於庭，威名聞塞外。冬十月辛亥，郭鋒始自回鶻還。

七年春二月癸卯，遣鴻臚少卿庾鋌册回鶻奉誠可汗。

十一年夏四月，回鶻奉誠可汗卒，無子，國人立其相骨咄禄爲可汗。骨咄禄本姓跌跌氏，辯慧有勇略，自天親時典兵馬用事，大臣、諸酋長皆畏服之。既爲可汗，冒姓藥羅葛氏，遣使來告喪。自天親可汗以上子孫幼稺者，皆内之闕庭。

五月庚寅，遣秘書監張薦册拜回鶻可汗骨咄禄爲騰里邏羽録没密施合胡禄毗伽懷信可汗。

順宗永貞元年。回鶻懷信可汗卒，遣鴻臚少卿孫杲臨弔，册其嗣爲騰里野合俱録毗伽可汗。

憲宗元和元年。回鶻入貢，始以摩尼偕來，於中國置寺處之。其法日晏乃食，食葷而不食湩酪。回鶻信奉之，可汗或與議國事。

三年春二月戊寅，咸安大長公主薨于回鶻。三月，回鶻騰里可汗卒。夏五月丙午，册回鶻新可汗爲愛登里囉汨密施合毗伽保義可汗。

八年冬十月，回鶻發兵度磧南，自柳谷西擊吐蕃。壬寅，振武、天德軍奏回鶻數千騎至鸊鵜泉，邊軍戒嚴。

九年春二月，李吉甫奏請復置宥州，以備回鶻，上從之。先是，回鶻屢請婚，朝廷以公主出降，其費甚廣，故未之許。禮部尚書李絳上言，以爲：「回鶻凶强，不可無備，淮西窮璧，事要經營。今江、淮大縣，歲所入賦有二十萬緡者，足以備降主之費，陛下何愛一縣之賦，不以羈縻勁虜。回鶻若得許婚，必喜而無猜，然後可以脩城塹，蓄甲兵，邊備既完，得專意淮西，功必萬全。今既未降公主而虚弱西城，磧路無備，更脩天德以疑虜心。萬一北邊有警，則淮西遺醜復延歲月之命矣。儻虜騎南牧，國家非（走）〔步〕兵三萬，騎五千，則不足以抗禦。借使一歲而勝之，其費豈特降主之比哉！」上不聽。

十二年。回鶻屢請尚公主，有司計其費近五百萬緡，時中原方用兵，故上未之許。二月辛卯朔，遣回鶻摩尼僧等歸國，命宗正少卿李誠使回鶻諭意，以緩其期。

十五年。憲宗之末，回鶻遣合達干來求婚尤切，憲宗許之。三月癸卯朔，遣合達干歸國。

穆宗長慶元年夏四月丙戌，册回鶻嗣君爲登囉羽録没蜜施句主毗伽崇德可汗。五月丙申朔，回鶻遣都督、宰相等五百餘人來迎公主。癸亥，以太和長公主嫁回鶻。公主，上之妹也。吐蕃聞唐與回鶻婚，六月辛未，寇青塞堡，鹽州刺史李文悦擊卻之。戊寅，回鶻奏以萬騎出北庭，萬騎出安西，拒吐蕃，以迎公主。

二年。裴度之討幽、鎮也，回鶻以兵從。朝議以爲不可，遣中使止之。回鶻遣其臣李義節將三千人已至豐州北，卻之，不從。詔發繒帛七萬匹以賜之，〔春三月〕甲寅，始還。

四年。回鶻崇德可汗卒，弟曷薩特勒立。

敬宗寶曆元年春三月辛酉，遣司門郎中于人文册回鶻曷薩特勒爲愛登里囉汨没密施合毗伽昭禮可汗。

文宗大和六年春三月，回鶻昭禮可汗爲其下所殺，從子胡特勒立。

七年夏四月丙戌，册回鶻新可汗爲愛登里囉汨没蜜施合句禄毗伽彰信可汗。

開成四年。回鶻相安允合、特勒柴革謀作亂，彰信可汗殺之。相掘羅勿將兵在外，以馬三百賂沙陀朱邪赤心，借其兵共攻可汗。可汗兵敗，自殺，國人立㕎馺特勒爲可汗。會歲疫，大雪，羊馬多死，回鶻遂衰。赤心，執宜之子也。

五年。初，伊吾之西，焉耆之北，有黠戛斯部落，即古之堅昆，唐初結骨也，後更號黠戛斯。乾元中爲回鶻所破，自是隔閡，不通中國。其君長曰阿熱，建牙青山，去回鶻牙橐駝行四十日。其人悍勇，吐蕃、回鶻常賂遺之，假以官號。回鶻既衰，阿熱始自稱可汗。回鶻遣相國將兵擊之，連兵二十餘年，數爲黠戛斯所敗，詈回鶻曰：「汝運盡矣，我必取汝金帳。」金帳者，回鶻可汗所居帳也。及掘羅勿殺彰信可汗，立㕎馺，回鶻别將句録莫賀引黠戛斯十萬騎攻回鶻，大破之，殺㕎馺及掘羅勿，焚其牙帳蕩盡。回鶻諸部逃散。其相馺職、特勒厖等十五部西奔葛邏禄，一支奔吐蕃，一支奔安西。可汗兄弟嗢没斯等及其相赤心、僕固、特勒那頡啜各帥其衆抵天德塞下，就雜虜貿易穀食，且求内附。冬十月丙辰，天德軍使温德彝奏：「回鶻潰兵侵逼西城，亘六十里，不見其後。邊人以回鶻猥至，恐懼不安。」詔振武軍節度使劉沔屯雲迦關以備之。

武宗會昌元年春二月，回鶻十三部近牙帳者立烏希特勒爲烏介可汗，南保錯子山。秋八月，天德軍使田牟、監軍韋仲平欲擊回鶻以求功，奏稱：「回鶻叛將嗢没斯等侵逼塞下，吐谷渾、沙陀、党項皆世與爲仇，請自出兵驅逐。」上命朝臣議之，議者皆以爲嗢没斯等叛可汗而來，不可受，宜如牟等所請，擊之便。上以問宰相，李德裕以爲：「窮鳥入懷，猶當活之。況回鶻屢建大功，今爲鄰國所破，部落離散，窮無所歸，遠依天子，無秋毫犯塞，奈何乘其困而擊之！宜遣使者鎮撫，運糧食以賜之，此漢宣帝所以服呼韓邪也。」陳夷行曰：「此所謂借寇兵資盜糧也，不如擊之。」德裕曰：「彼吐谷渾等各有部落，見利則鋭敏争進，不利則鳥驚魚散，各走巢穴，安肯守死爲國家用！今天德城兵纔千餘，若戰不利，城陷必矣。不若以恩義撫而安之，必不爲患。縱使侵暴邊境，亦須俟徵諸道大兵討之，豈可獨使天德擊之乎！」

時詔以鴻臚卿張賈爲巡邊使，使察回鶻情僞，未還。上問德裕曰：「嗢没斯等請降，可保信乎？」對曰：「朝中之人臣不敢保，況敢保數千里外戎狄之心乎！然謂之叛將，則恐不可。若可汗在國，嗢没斯等帥衆而來，則於體固不可受。今聞其國敗亂無主，將相逃散，或奔吐蕃，或奔葛邏禄，惟此一支遠依大國。觀其表辭，危迫懇切，豈可謂之叛將乎！况嗢没斯等自去年九月至天德，今年二月始立烏介，自無君臣之分。願且詔河東、振武嚴兵保境以備之，俟其攻犯城鎮，然後以武力驅除。或於吐谷渾等部中小有鈔掠，聽自讎報，亦未可助以官軍。仍詔田牟、仲平毋得邀功生事，常令不失大信，懷柔得宜，彼雖戎狄，必知感恩。」辛酉，詔田牟約勒將士及雜虜，毋得先犯回鶻。九月戊辰朔，詔河東、振武嚴兵以備之。牟，布之弟也。

李德裕請遣使慰撫回鶻，且運糧三萬斛以賜之。上以爲疑，閏月己亥，開延英，召宰相議之。陳夷行於候對之所，屢言資盜糧不可。德裕曰：「今徵兵未集，天德孤危。儻不以此糧啗飢虜，且使安静，萬一天德陷没，咎將誰歸？」夷行至上前，遂不敢言。上乃許以穀二萬斛賑之。

冬十一月，李德裕上言：「今回鶻破亡，太和公主未知所在。若不遣使訪問，則戎狄必謂國家降主虜庭，本非愛惜，既負公主，又傷虜情。請遣通事舍人苗縝齎詔詣嗢没斯，令轉達公主，兼可卜嗢没斯逆順之情。」從之。

初，黠戛斯既破回鶻，得太和公主，自謂李陵之後，與唐同姓，遣達干十人奉公主歸之於唐。回鶻烏介可汗引兵邀擊達干，盡殺之，質公主，南度磧，屯天德軍境上。公主遣使上表，言可汗已立，求册命。烏介又使其相頡干伽斯等上表，借振武一城以居公主、可汗。十二月庚辰，制遣右金吾大將軍王會等慰問回鶻，仍賑米二萬斛。又賜烏介可汗敕書，諭以：「宜帥部衆，漸復舊疆，漂寓塞垣，殊非良計。」又云：「欲借振武一城，前代未有此比。或欲別遷善地，求大國聲援，亦須且於漠南駐止。朕當許公主入覲，親問事宜。儻須應接，必無所吝。」

二年春正月，朝廷以回鶻屯天德、振武北境，以兵部郎中李拭爲巡邊使，察將帥能否。拭，鄘之子也。二月，河東節度使苻澈脩杷頭烽舊戍，以備回鶻。李德裕奏請增兵鎮守，及脩東、中二受降城以壯天德形勢，從之。

回鶻復奏求糧，及尋勘吐谷渾、党項所掠，又借振武城。詔遣内使楊觀賜可汗書，諭以城不可借，餘當應接處置。

三月戊申，李拭巡邊還，稱振武節度使劉沔有威略，可任大事。時河東節度使苻澈疾病，庚申，以沔代之，以金吾上將軍李忠順爲振武節度使。遣將作少監苗縝册命烏介可汗，使徐行，駐於河東，俟可汗位定然後進。既而可汗屢侵擾邊境，縝竟不行。

回鶻嗢没斯以赤心桀黠難知，先告田牟，云赤心謀犯塞。乃誘赤心并僕固殺之。那頡啜收赤心之衆七千帳東走。河東奏：「回鶻兵至横水，殺掠兵民，今退屯釋迦泊東。」李德裕上言：「釋迦泊西距可汗帳三百里，未知此兵爲那頡所部？爲可汗遣來？宜且指此兵云不受可汗指揮，擅掠邊鄙。密詔劉沔、武仲先經略此兵，如可以討逐，事亦有名。摧此一支，可汗必自知懼。」

夏四月庚辰，天德都防禦使田牟奏回鶻侵擾不已，不俟朝旨，已出兵三千拒之。壬午，李德裕奏：「田牟殊不知兵。戎狄長於野戰，短於攻城，牟但應堅守以待諸道兵集，今全軍出戰，萬一失利，城中空虚，何以自固？望亟遣中使止之。如已交鋒，即詔雲、朔、天德以來羌、渾各出兵奮擊回鶻，凡所虜獲，並令自取。回鶻羈旅二年，糧食乏絶，人心易動，宜詔田牟招誘降者，給糧轉致太原，不可留於天德。嗢没斯誠僞雖未可知，然要早加官賞。縱使不誠，亦足爲反間。且欲奬其忠義，爲討伐之名，令遠近諸蕃知但責可汗犯順，非欲盡滅回鶻。石雄善戰無敵，請以爲天德都團練副使，佐田牟用兵。」上皆從其言。

初，大和中，河西党項擾邊，文宗召石雄於白州，隸振武軍爲裨將，屢立戰功，以王智興故，未甚進擢。至是，德裕舉用之。

甲申，嗢没斯帥其國特勒、宰相等二千二百餘人來降。

五月戊申，遣鴻臚卿張賈安撫嗢没斯等，以嗢没斯爲左金吾大將軍、懷化郡王，其次酋長官賞有差。賜其部衆米五千斛、絹三千匹。

那頡啜帥其衆自振武、大同，東因室韋、黑沙，南趣雄武軍，窺幽州。盧龍節度使張仲武遣其弟仲至將兵三萬迎擊，大破之，斬首捕虜不可勝計，悉收降其七千帳，分配諸道。那頡啜走，烏介可汗獲而殺之。

時烏介衆雖衰減，尚號十萬，駐牙於大同軍北閭門山。楊觀自回鶻還，可汗表求糧食、牛羊，且請執送嗢没斯等。詔報以：「糧食聽自以馬價於振武糴三千石。牛，稼穡之資，中國禁人屠宰。羊，中國所鮮，出於北邊雜虜，國家未嘗科調。嗢没斯自本國初破，先投塞下，不隨可汗已及二年，慮彼猜嫌，窮迫歸命。前可汗正以猜虐無親，致内離外叛。今可汗失地遠客，尤宜深矯前非。若復骨肉相殘，則可汗左右信臣誰敢自保！朕務在兼愛，已受其降。於可汗不失恩慈，於朝廷免虧信義，豈不兩全事體，深叶良圖。」

嗢没斯入朝。六月甲申，以嗢没斯所部爲歸義軍，以嗢没斯爲左金吾大將軍，充軍使。秋七月，嗢没斯請置家太原，與諸弟竭力扞邊。詔劉沔存撫其家。

烏介可汗復遣其相上表，借兵助復國，又借天德城，詔不許。初，可汗往來天德、振武之間，剽掠羌、渾，又屯杷頭烽北。朝廷屢遣使諭之，使還漠南，可汗不奉詔。李德裕以爲：「那頡啜屯於山北，烏介恐其與奚、契丹連謀邀遮，故不敢遠離塞下。望敕張仲武諭奚、契丹與回鶻共滅那頡啜，使得北還。」及那頡啜死，可汗猶不去。議者又以爲回鶻待馬價；詔盡以馬價給之，又不去。八月，可汗帥衆過杷頭烽南，突入大同川，驅掠河東雜虜、牛馬數萬，轉鬬至雲州城門。刺史張獻節閉城自守，吐谷渾、党項皆挈家入山避之。庚午，詔發陳、許、徐、汝、襄陽等兵屯太原及振武、天德，俟來春驅逐回鶻。

丁丑，賜嗢没斯與其弟阿歷支、習勿啜、烏羅思皆姓李氏，名思忠、思貞、思義、思禮。國相愛邪勿姓愛，名弘順，仍以弘順爲歸義軍副使。

上遣回鶻石戒直還其國，賜可汗書，諭以：「自彼國爲紇吃斯所破，來投邊境，撫納無所不至。今可汗尚此近塞，未議還蕃，或侵掠雲、朔等州，或鈔擊羌、渾諸部。遥揣深意，似恃姻好之情。每觀蹤由，實懷馳突之計。中外將相咸請誅翦，朕情深屈己，未忍幸災。可汗宜速擇良圖，無貽後悔。」

上又命李德裕代劉沔答回鶻相頡干迦斯書，以爲：「回鶻遠來依投，當效呼韓邪遣子入侍，身自入朝，及令太和公主入謁太皇太后，求哀乞憐，則我之救卹無所愧懷。而乃睥睨邊城，桀驁自若，邀求過望，如在本蕃，又深入邊境，侵暴不已，求援繼好，豈宜如是！來書又云胡人易動難安，若令忿怒，不可復制。回鶻爲紇吃斯所破，舉國將相遺骸棄於草莽，累代可汗墳墓隔在天涯。回鶻忿怒之心不施於彼，而蔑棄仁義，逞志中華，天地神祇，豈容如此！（事）昔郅支不事大漢，竟自夷滅，往事之戒，得不在懷！」

戊子，李德裕等上言：「若如前詔，河東等三道嚴兵守備，俟來春驅逐，乘回鶻人困馬羸之時，又官軍免盛寒之苦，則幽州兵宜令止屯本道，以俟詔命。若慮河冰既合，回鶻復有馳突，須早驅逐，則當及天時未寒，決策於數日之間。以河朔兵益河東兵，必令收功於兩月之内。今聞外議紛紜，互有異同，儻不一詢羣情，終爲浮辭所撓。望令公卿集議。」詔從之。時議者多以爲宜俟來春。

九月，以劉沔兼招撫回鶻使，如須驅逐，其諸道行營兵權令指揮。以張仲武爲東面招撫回鶻使，其當道行營兵及奚、契丹、室韋等並自指揮。以李思忠爲河西党項都將、回鶻西南面招討使。皆會軍于太原，令沔屯雁門關。

初，奚、契丹羈屬回鶻，各有監使歲督其貢賦，且詗唐事。張仲武遣牙將石公緒統二部，盡殺回鶻監使等八百餘人。仲武破那頡啜，得室韋酋長妻子。室韋以金帛、羊馬贖之，仲武不受，曰：「但殺回鶻監使則歸之。」

癸卯，李德裕等奏：「河東奏事官孫儔適至，云回鶻移營近南四十里。劉沔以爲此必契丹不與之同，恐爲其掩襲故也。據此事勢，正堪驅除。臣等問孫儔，若與幽州合勢，迫逐回鶻，更須益幾兵？儔言不須多益兵，惟大同兵少，得易定千人助之足矣。」上皆從之。詔河東、幽州、振武、天德各出大兵，移營稍前，以追回鶻。

李思忠請與契苾、沙陀、吐谷渾六千騎合勢擊回鶻。乙巳，以銀州刺史何清朝、蔚州刺史契苾通分將河東蕃兵詣振武，受李思忠指揮。通，何力之五世孫。

冬十月，黠戛斯遣將軍踏布合祖等至天德軍，言：「先遣都呂施合等奉公主歸之大唐，至今無聲問，不知得達，或爲奸人所隔？今出兵求索，上天入地，期於必得。」又言：「將徙就合羅川，居回鶻故國，兼已得安西、北庭達靼等五部落。」十一月辛卯朔，昭義節度使劉從諫上言，請出步兵五千討回鶻，詔不許。

上遣使賜太和公主冬衣，命李德裕爲書賜公主，略曰：「先朝割愛降婚，義寧家國，謂回鶻必能禦侮，安靜塞垣。今回鶻所爲，甚不循理。每馬首南向，姑得不畏高祖、太宗之威靈！欲侵擾邊疆，豈不思太皇太后之慈愛！爲其國母，足得指揮。若回鶻不能稟命，則是棄絶姻好。今日已後，不得以姑爲詞。」

十二月，李忠順奏擊回鶻，破之。

三年春正月，回鶻烏介可汗帥衆侵逼振武，劉沔遣麟州刺史石雄、都知兵馬使王逢帥沙陀朱邪赤心三部及契苾、拓跋三千騎襲其牙帳，沔自以大軍繼之。雄至振武，登城望回鶻之衆寡，見氈車數十乘，從者皆衣朱碧，類華人。使諜問之，曰：「公主帳也。」雄使諜告之曰：「公主至此，家也，當求歸路。今將出兵擊可汗，請公主潛與侍從相保，駐車勿動。」雄乃鑿城爲十餘穴，引兵夜出，直攻可汗牙帳。至其帳下，虜乃覺之。可汗大驚，不知所爲，棄輜重走，雄追擊之。庚子，大破回鶻於殺胡山，可汗被瘡，與數百騎遁去。雄迎太和公主以歸。斬首萬級，降其部落二萬餘人。丙午，劉沔捷奏至。

李思忠入朝，自以回鶻降將，懼邊將猜忌，乞并弟思貞等及愛弘順皆歸闕庭，上從之。烏介可汗走保黑車子族，其潰兵多詣幽州降。

二月辛未，黠戛斯遣使者注吾合索獻名馬二，詔太僕卿趙蕃飲勞之。甲戌，上引對，班在勃海使之上。

上欲令趙蕃就黠戛斯求安西、北庭，李德裕等上言：「安西去京師七千餘里，北庭五千餘里，借使得之，當復置都護，以唐兵萬人戍之。不知此兵於何處追發，饋運從何道得通？此乃用實費以易虛名，非計也。」上乃止。

黠戛斯求册命，李德裕奏宜與之結歡，令自將兵求殺使者罪人及討黑車子。上恐加可汗之名即不脩臣禮，踵回鶻故事求歲遺及賣馬，猶豫未決。德裕奏：「黠戛斯已自稱可汗，今欲藉其力，恐不可吝此名。回鶻有平安、史之功，故歲賜絹二萬匹，且與之和市。黠戛斯未嘗有功於中國，豈敢遽求賂遺乎！若慮其不臣，當與之約，必如回鶻稱臣，乃行册命。又當敘同姓以親之，使執子孫之禮。」上從之。

庚寅，太和公主至京師，改封安定大長公主，詔宰相帥百官迎謁於章敬寺前。公主詣光順門，去盛服，脱簪珥，謝回鶻負恩和親無狀之罪。上遣中使慰諭，然後入宫。陽安等六公主不來慰問安定公主，各罰俸物及封絹。

三月，以太僕卿趙蕃爲安撫黠戛斯使。上命李德裕草賜黠戛斯可汗書，諭以：「貞觀二十一年黠戛斯先君身自入朝，授左屯衛將軍、堅昆都督，迄于天寶，朝貢不絶。比爲回鶻所隔，回鶻陵虐諸蕃，可汗能復讎雪怨，茂功壯節，近古無儔。今回鶻殘兵不滿千人，散投山谷，可汗既與爲怨，須盡殲夷，儻留餘燼，必生後患。又聞可汗受氏之原，與我同族，國家承北平太守之後，可汗乃都尉苗裔。以此合族，尊卑可知。今欲册命可汗，特加美號，緣未知可汗之意，且遣諭懷。待趙蕃回日，别命使展禮。」自回鶻至塞上及黠戛斯入貢，每有詔敕，上多命德裕草之。德裕請委翰林學士，上曰：「學士不能盡人意，須卿自爲之。」

劉沔奏：「歸義軍回鶻三千餘人及酋長四十三人準詔分隸諸道，皆大呼，連營據滹沱河，不肯從命，已盡誅之。回鶻降幽州者前後三萬餘人，皆散隸諸道。」

六月，黠戛斯可汗遣將軍温仵合入貢。上賜之書，諭以速平回鶻、黑車子，乃遣使行册命。秋七月，上遣刑部侍郎兼御史中丞李回宣慰河北三鎮，令幽州乘秋早平回鶻。

四年春三月，黠戛斯遣將軍諦德伊斯難珠等入貢，言欲徙居回鶻牙帳，請發兵之期集會之地。上賜詔，諭以：「今秋可汗擊回鶻、黑車子之時，當令幽州、太原、振武、天德四鎮出兵要路，邀其亡逸，便申册命，並依回鶻故事。」

朝廷以回鶻衰微，吐蕃内亂，議復河、湟四鎮十八州。乃以給事中劉濛爲巡邊使，使之先備器械糗糧及詗吐蕃守兵衆寡。又令天德、振武、河東訓卒礪兵，以俟今秋黠戛斯擊回鶻，邀其潰敗之衆南來者，皆委濛與節度團練使詳議以聞。濛，晏之孫也。

秋九月，李德裕奏：「幽州奏事官言，詗知回鶻上下離心，可汗欲之安西，其部落言親戚皆在唐，不如歸唐。又與室韋已相失，計其不日來降，或自相殘滅。望遣識事中使賜仲武詔，諭以鎮、魏已平昭義，惟回鶻未滅，仲武猶帶北面招討使，宜早思立功。」

五年夏四月壬寅，以陝虢觀察使李拭爲册黠戛斯可汗使。五月，册黠戛斯可汗爲宗英雄武誠明可汗。

六年。烏介可汗之衆稍稍降散，國相逸隱啜殺烏介於金山，立其弟特勒遏捻爲可汗。

册黠戛斯可汗使者以國喪未行，或以爲僻遠小國，不足與之抗衡；回鶻未平，不應遽有建置。詔百官集議，事遂寢。

宣宗大中元年春二月庚午，加盧龍節度使張仲武同平章事，賞其屢破回鶻也。夏五月，幽州節度使張仲武大破諸奚。六月，以鴻臚卿李業爲册黠戛斯英武誠明可汗使。

二年。回鶻遏捻可汗仰給於奚王石舍朗，及張仲武大破奚衆，回鶻無所得食，日益耗散，至是所存貴臣以下不滿五百人，依於室韋。使者入賀正，過幽州，張仲武使歸取遏捻等。遏捻聞之，夜與妻葛禄、子特勒毒斯等九騎西走，餘衆追之不及，相與大哭。室韋分回鶻衆爲七，七姓共分之。居三日，黠戛斯遣其相阿播帥諸胡兵號七萬來取回鶻，大破室韋，悉收回鶻餘衆歸磧北。猶有數帳潛竄山林，鈔盜諸胡。其别部厖勒先在安西，亦自稱可汗，居甘州，總磧西諸城，種落微弱，時入獻見。

十年春三月辛亥，詔以：「回鶻有功於國，世爲婚姻，稱臣奉貢，北邊無警。會昌中虜廷喪亂，可汗奔亡，屬奸臣當軸，遽加殄滅。近有降者，云已厖歷今爲可汗，尚寓安西，俟其歸復牙帳，當加册命。」

冬十月，上遣使詣安西鎮撫回鶻。使者至靈武，會回鶻可汗遣使入貢，十一月辛亥，册拜爲嗢禄登里羅日没密施合俱録毗伽懷建可汗，以衛尉少卿王端章充使。

十一年冬十月，王端章册立回鶻可汗，道爲黑車子所塞，不至而還。辛卯，貶端章賀州司馬。

懿宗咸通四年秋八月，黠戛斯遣其臣合伊難支表求經籍及每年遣使走馬請曆，又欲討回鶻，使安西以來悉歸唐，不許。

七年冬十二月，黠戛斯遣將軍乙支連幾入貢，奏遣鞍馬迎册立使及請亥年曆日。

僖宗乾符元年。初，回鶻屢求册命，詔遣册立使郗宗莒詣其國。會回鶻爲吐谷渾、嗢末所破，逃遁不知所之，詔宗莒以玉册、國信授靈鹽節度使唐弘夫掌之，還京師。

吐蕃衰亂　唐復河湟附

唐文宗開成三年。吐蕃彝泰贊普卒，弟達磨立。彝泰多病，委政大臣，由是僅能自守，久不爲邊患。達磨荒淫殘虐，國人不附，災異相繼，吐蕃益衰。

武宗會昌二年冬十二月丁卯，吐蕃遣其臣論普熱來告達磨贊普之喪，命將作少監李璟爲弔祭使。劉沔奏移軍雲州。

初，吐蕃達磨贊普有佞幸之臣，以爲相。達磨卒，無子，佞相立其妃綝氏兄尚延力之子乞離胡爲贊普，纔三歲，佞相與妃共制國事，吐蕃老臣數十人皆不得豫政事。首相結都那見乞離胡不拜，曰：「贊普宗族甚多，而立綝氏子，國人誰服其令，鬼神誰饗其祀，國必亡矣。比年災異之多，乃爲此也。老夫無權，不得正其亂以報先贊普之德，有死而已。」拔刀剺面，慟哭而出。佞相殺之，滅其族，國人憤怒。又不遣使詣唐求册立。

洛門川討擊使論恐熱性悍忍，多詐謀，乃屬其徒告之曰：「賊捨國族立綝氏，專害忠良，以脅衆臣。且無大唐册命，何名贊普？吾當與汝屬舉義兵，入誅綝妃及用事者，以正國家。天道助順，功無不成。」遂説三部落，得萬騎。是歲，與青海節度使同盟舉兵，自稱國相。

至渭州，遇國相尚思羅屯薄寒山，恐熱擊之，思羅棄輜重西奔松州，恐熱遂屠渭州。思羅發蘇毗、吐谷渾、羊同等兵合八萬，保洮水，焚橋拒之。恐熱至，隔水語蘇毗等曰：「賊臣亂國，天遣我來誅之，汝曹奈何助逆。我今已爲宰相，國内兵我皆得制之，汝不從，將滅汝部落。」蘇毗等疑，不戰，恐熱引驍騎涉水，蘇毗等皆降。思羅西走，追獲，殺之，恐熱盡併其衆，合十餘萬。自渭州至松州，所過殘滅，尸相枕籍。

三年。吐蕃鄯州節度使尚婢婢世爲吐蕃相，婢婢好讀書，不樂仕進，國人敬之。年四十餘，彝泰贊普强起之，使鎮鄯州。婢婢寬厚，沈勇有謀略，訓練士卒多精勇。論恐熱雖名義兵，實謀篡國，忌婢婢，恐襲其後，欲先滅之。六月，大舉兵擊婢婢，旌旗雜畜千里不絶。至鎮西，大風震電，天火燒殺裨將十餘人，雜畜以百數。恐熱惡之，盤桓不進。婢婢謂其下曰：「恐熱之來，視我如螻蟻，以爲不足屠也。今遇天災，猶豫不進，吾不如迎伏以卻之，使其志益驕而不爲備，然後可圖也。」乃遣使以金帛牛酒犒師，且致書言：「相公舉義兵以匡國難，闔境之内孰不向風。苟遣一介，賜之折簡，敢不承命，何必遠辱士衆，親臨下藩。婢婢資性愚僻，惟嗜讀書，先贊普授以藩維，誠爲非據，夙夜慚惕，惟求退居。相公若賜以骸骨，聽歸田里，乃愜平生之素願也。」恐熱得書喜，徧示諸將曰：「婢婢惟把書卷，安知用兵。待吾得國，當位以宰相，坐之於家，亦無所用也。」乃復爲書，勤厚答之，引兵歸。婢婢聞之，撫髀笑曰：「我國無主，則歸大唐，豈能事此犬鼠乎！」

秋九月，吐蕃論恐熱屯大夏川，尚婢婢遣其將厖結心及莽羅薛呂將精兵五萬擊之。至河州南，莽羅薛呂伏兵四萬於險阻，厖結心伏萬人於柳林中，以千騎登山，飛矢繫書罵之。恐熱怒，將兵數萬追之。厖結心陽敗走，時爲馬乏不進之狀。恐熱追之益急，不覺行數十里，伏兵發，斷其歸路，夾擊之。會大風飛沙，溪谷皆溢，恐熱大敗，伏尸五十里，溺死者不可勝數，恐熱單騎遁歸。

四年。朝廷以吐蕃内亂，議復河、湟，乃以給事中劉濛爲巡邊使，使先備器械糗糧，詗吐蕃衆寡以聞。

吐蕃論恐熱之將岌藏豐贊惡恐熱殘忍，降於尚婢婢。恐熱發兵擊婢婢於鄯州，婢婢分兵爲五道拒之。恐熱退保東谷，婢婢爲木柵圍之。恐熱突圍走保薄寒山，餘衆皆降於婢婢。

五年。吐蕃論恐熱復糾合諸部擊尚婢婢，婢婢遣厖結藏將兵五千拒之，恐熱大敗，與數十騎遁去。婢婢傳檄河、湟，數恐熱殘虐之罪曰：「汝輩本唐人，吐蕃無主，則相與歸唐，毋爲恐熱所獵如狐兔也。」於是諸部從恐熱者稍稍引去。

宣宗大中元年夏五月，吐蕃論恐熱乘武宗之喪，誘党項及回鶻餘衆寇河西。詔河東節度使王宰將代北諸軍擊之。宰以沙陀朱邪赤心爲前鋒，自麟州濟河，與恐熱戰於鹽州，破走之。

二年冬十二月，鳳翔節度使崔珙奏破吐蕃，克清水。清水先隸秦州，詔以本州未復，權隸鳳翔。吐蕃論恐熱遣其將莽羅急藏將兵二萬略地西鄙，尚婢婢遣其將拓跋懷光擊之於南谷，大破之，急藏降。

三年春二月，吐蕃論恐熱軍于河州，尚婢婢軍于河源軍。婢婢諸將欲擊恐熱，婢婢曰：「不可，我軍驟勝而輕敵，彼窮困而致死，戰必不利。」諸將不從。婢婢知其必敗，據河橋以待之，諸將果敗。婢婢收餘衆，焚橋歸鄯州。

吐蕃秦、原、安樂三州及石門等七關來降，以太僕卿陸耽爲宣諭使，詔涇原、靈武、鳳翔、邠寧、振武皆出兵應接。夏六月，涇原節度使康季榮取原州及石門、驛藏、木峽、制勝、六磐、石峽六關。秋七月丁巳，靈武節度使朱叔明取長樂州。甲子，邠寧節度使張君緒取蕭關。甲戌，鳳翔節度使李玭取秦州。詔邠寧節度權移軍於寧州，以應接河西。八月乙酉，改長樂州爲威州。

河、隴老幼千餘人詣闕，己丑，上御延喜門樓見之，歡呼舞躍，解胡服，襲冠帶，觀者皆呼萬歲。詔：「募百姓墾闢三州、七關土田，五年不租税。自今京城罪人應配流者皆配十處。四道將吏能於鎮戍之地爲營田者，官給牛及種糧。温池鹽利可贍邊陲，委度支制置。其三州、七關鎮戍之卒皆倍給衣糧，仍二年一代。道路建置堡栅，有商旅往來販易及戍卒子弟通傳家信，關鎮毋得留難。其山南、劍南邊境有没蕃州縣，亦令量力收復。」

冬閏十一月丁酉，宰相以克復河、湟，請上尊號。上曰：「憲宗常有志復河、湟，以中原方用兵，未遂而崩。今乃克成先志耳，其議加順、憲二廟尊謚以昭功烈。」禄山之亂，河右暨鄯、武、疊、宕等郡皆没于吐蕃，代宗寶應元年又陷秦、渭、臨洮，廣德元年復陷河、蘭、岷、廓，德宗（正）〔貞〕元二年陷安西，北庭、隴右州縣盡矣。

四年春二月，以秦州隸鳳翔。

秋九月，吐蕃論恐熱遣僧莽羅藺真將兵於雞項關南造橋，以擊尚婢婢軍於白土嶺。婢婢遣其將尚鐸羅榻藏將兵據臨蕃軍以拒之，不利，復遣磨離羆子、燭盧鞏力將兵據氂牛峽以禦之。羣力請「按兵拒險，勿與戰，以奇兵絶其糧道，使進不得戰，退不得還，不過旬月，其衆必潰」。羆子不從。羣力曰：「吾寧爲不用之人，不爲敗軍之將。」稱疾，歸鄯州。羆子逆戰，敗死。婢婢糧乏，留拓跋懷光守鄯州，帥部落三千餘人就水草於甘州西。恐熱聞婢婢棄鄯州，自將輕騎五千追之。至瓜州，聞懷光守鄯州，遂大掠河西鄯、廓等八州，殺其丁壯，劓刖其羸老及婦人，以槊貫嬰兒爲戲，焚其室廬，五千里間，赤地殆盡。

五年春二月壬戌，天德軍奏攝沙州刺史張義潮遣使來降。義潮，沙州人也。時吐蕃大亂，義潮陰結豪傑，謀自拔歸唐。一旦，帥衆被甲譟於州門，唐人皆應之，吐蕃守者驚走，義潮遂攝州事，奉表來降。以義潮爲沙州防禦使。

吐蕃論恐熱殘虐，所部多叛。拓跋懷光使人説誘之，其衆或散歸部落，或降於懷光。恐熱勢孤，乃揚言於衆曰：「吾今入朝於唐，借兵五十萬來誅不服者，然後以渭州爲國城，請唐册我爲贊普，誰敢不從！」五月，恐熱入朝，上遣左丞李景讓就禮賓院問所欲。恐熱氣色驕倨，語言荒誕，求爲河渭節度使。上不許，召對三殿，如常日胡客，勞賜遣還。恐熱怏怏而去，復歸落門川，聚其舊衆，欲爲邊患。會久雨，乏食，衆稍散，纔有三百餘人，奔于廓州。

冬十月，張義潮發兵略定其旁瓜、伊、西、甘、肅、蘭、鄯、河、岷、廓十州，遣其兄義澤奉十一州圖籍入見，於是河、湟之地盡入于唐。十一月，置歸義軍於沙州，以義潮爲節度使、十一州觀察使；又以義潮判官曹義金爲歸義軍長史。

七年。度支奏：「自河、湟平，每歲天下所納錢九百二十五萬餘緡，内五百五十萬餘緡租税，八十二萬餘緡榷酤，二百七十八萬餘緡鹽利。」

十一年冬十月己巳，以秦成防禦使李承勛爲涇原節度使。承勛，光弼之孫也。先是，吐蕃酋長尚延心以河、渭二州部落來降，拜武衛將軍。承勛利其羊馬之富，誘之入鳳林關，居秦州之西。承勛與諸將謀執延心，誣云謀叛，盡掠其財，徙其衆於荒遼。延心知之，因承勛軍宴，坐中謂承勛曰：「河、渭二州，土曠人稀，因以饑疫。唐人多内徙三川，吐蕃皆遠遁於疊、宕之西，二千里間寂無人煙。延心欲入見天子，請盡帥部衆分徙内地，爲唐百姓，使西邊永無揚塵之警，其功亦不愧於張義潮矣。」承勛欲自有其功，猶豫未許。延心復曰：「延心既入朝，部落内徙，但惜秦州無所復恃耳。」承勛與諸將相顧默然。明日，諸將言於承勛曰：「明公首開營田，置使府，擁萬兵，仰給度支，將士無戰守之勞，有耕市之利。若從延心之謀，則西陲無事，朝廷必罷使府，省戍兵，還以秦州隸鳳翔，吾屬無所復望矣。」承勛以爲然，即奏延心爲河、渭都遊弈使，統其衆居之。

懿宗咸通三年。嗢末始入貢。嗢末者，吐蕃之奴號也。吐蕃每發兵，其富室多以奴從，往往一家至十數人，由是吐蕃之衆多。及論恐熱作亂，奴多無主，遂相糾合爲部落，散在甘、肅、瓜、沙、河、渭、岷、廓、疊、宕之間，吐蕃微弱者反依附之。

四年春二月，置天雄軍於秦州，以成、河、渭三州隸焉，以前左金吾將軍王晏實爲天雄觀察使。

三月，歸義節度使張義潮奏，自將蕃、漢兵七千克服涼州。

七年春二月，歸義節度使張義潮奏，論恐熱寓居廓州，糾合旁側諸部，欲爲邊患，皆不從。所向盡爲仇敵，無所自容。仇人以告拓跋懷光於鄯州，懷光引兵擊破之。閏三月，吐蕃寇邠寧，節度使薛弘宗拒卻之。

冬十月，拓跋懷光以五百騎入廓州，生擒論恐熱，先刖其足，數而斬之，傳首京師。其部衆東奔秦州，尚延心邀擊破之，悉奏遷於嶺南。吐蕃自是衰絶，乞離胡君臣不知所終。

蠻導南詔入寇

唐宣宗大中十二年。初，安南都護李涿爲政貪暴，强市蠻中馬牛，一頭止與鹽一斗。又殺蠻酋杜存誠，羣蠻怨怒，導南詔侵盜邊境。峯州有林西原，舊有防冬兵六千，其旁七綰洞蠻，其酋長曰李由獨，常助中國戍守，輸租賦。知峯州者言於涿，請罷戍兵，專委由獨防遏。於是由獨勢孤，不能自立。南詔拓東節度使以書誘之，以甥妻其子，補拓東押牙，由獨遂帥其衆臣於南詔。自是安南始有蠻患。六月，蠻寇安南。

十三年。初，韋皋在西川，開青溪道以通羣蠻，使由蜀入貢。又選羣蠻子弟聚之成都，教以書數，欲以慰悦羈縻之，業成則去，復以他子弟繼之。如是五十年，羣蠻子弟學於成都者殆以千數，軍府頗厭於稟給。又蠻使入貢，利於賜與，所從傔人浸多，杜悰爲西川節度使，奏請節減其數，詔從之。南詔豐祐怒，其賀冬使者留表付嶲州而還。又索習學子弟，移牒不遜，自是入貢不時，頗擾邊境。

會宣宗崩，遣中使告哀。時南詔豐祐適卒，子酋龍立，怒曰：「我國亦有喪，朝廷不弔祭；又詔書乃賜故王。」遂置使者於外館，禮遇甚薄。使者還，具以狀聞。上以酋龍不遣使來告喪，又名近玄宗諱，遂不行册禮。酋龍乃自稱皇帝，國號大禮，改元建極，遣兵陷播州。

懿宗咸通元年冬十月，安南都護李鄠復取播州。十二月戊申，安南土蠻引南詔兵合三萬餘人乘虛攻交趾，陷之。都護李鄠與監軍奔武州。

二年春正月，詔發邕管及鄰道兵救安南，擊南蠻。夏六月癸丑，以鹽州防禦使王寬爲安南經略使。時李鄠自武州收集土軍，攻羣蠻，復取安南。朝廷責其失守，貶儋州司户。

鄠初至安南，殺蠻酋杜守澄，其宗黨遂誘道羣蠻陷交趾。朝廷以杜氏强盛，務在姑息，冀收其力用，乃贈守澄父存誠金吾將軍，再舉鄠殺守澄之罪，長流崖州。

秋七月，南蠻攻邕州，陷之。先是，廣、桂、容三道共發兵三千人戍邕州，三年一代。經略使段文楚請以三道衣糧自募土軍以代之，朝廷許之，所募纔得五百許人。文楚入爲金吾將軍，經略使李蒙利其闕額衣糧以自入，悉罷遣三道戍卒，止於所募兵戍守左、右江，比舊什減七八，故蠻人乘虛入寇。時蒙已卒，經略使李弘源至鎮纔十日，無兵以禦之，城陷，弘源與監軍脱身奔巒州。二十餘日，蠻去乃還，弘源坐貶建州司户。文楚時爲殿中監，復以爲邕管經略使，至鎮，城邑居人什不存一。文楚，秀實之孫也。

杜悰上言：「南詔向化七十年，蜀中寢兵無事，羣蠻率服。今西川兵食單寡，未可輕與之絶，且應遣使弔祭，曉諭清平官等以新王名犯廟諱，故未行册命，待其更名謝恩，然後遣使册命，庶全大體。」上從之，命左司郎中孟穆爲弔祭使。未發，會南詔寇巂州，攻邛崍關，穆遂不行。

三年春二月，南詔復寇安南，經略使王寬數來告急，朝廷以前湖南觀察使蔡襲代之，仍發許滑、徐汴、荆襄、潭鄂等道兵合三萬人授襲以禦之。兵勢既盛，蠻遂引去。邕管經略使段文楚坐變更舊制，左遷威衛將軍分司。

嶺南舊分五管，廣、桂、邕、容、安南皆隸嶺南節度使。蔡京奏請分嶺南爲兩道節度，從之。五月，敕以廣州爲東道，邕州爲西道，又割桂管龔、象二州，容管藤、巖二州隸邕管。尋以嶺南節度使韋宙爲東道節度使，以蔡京爲西道節度使。

蔡襲將諸道軍在安南，蔡京忌之，恐其立功，奏稱：「南蠻遠遁，邊徼無虞，武夫邀功，妄占戍兵，虚費餽運。蓋以荒陬路遠，難於覆驗，故得肆其奸詐。請罷戍兵，各從本道。」朝廷從之。襲累奏稱羣蠻伺隙日久，不可無備，乞留戍兵五千人；不聽。襲以蠻寇必至，交趾兵食皆闕，謀力兩窮，作十必死狀申中書。時相信京之言，終不之省。

秋八月，嶺南西道節度使蔡京爲政苛慘，設炮烙之刑，闔境怨之，遂爲邕州軍士所逐，奔藤州。詐爲敕書及攻討使印，募鄉丁及旁側土軍以攻邕州。衆既烏合，動輒潰敗，往依桂州，桂州人怨其分裂，不納。京無所自容，敕貶崖州司户，不肯之官，還至零陵，敕賜自盡。以桂管觀察使鄭愚爲嶺南西道節度使。

冬十一月，南詔帥羣蠻五萬寇安南，都護蔡襲告急。敕發荆南、湖南兩道兵二千，桂管義征子弟三千詣邕州，受鄭愚節度。

嶺南東道節度使韋宙奏：「蠻寇必向邕州，若不先保護，遽欲遠征，恐蠻於後乘虚扼絶餉道。」乃敕蔡襲屯海門，鄭愚分兵備禦。十二月，襲又求益兵，敕山南東道發弩手千人赴之。時南詔已圍交趾，襲嬰城固守，救兵不得至。

四年春正月，南詔陷交趾，蔡襲左右皆盡，徒步力戰，身集十矢，欲趣監軍船，船已離岸，遂溺海死。幕僚樊綽攜其印浮渡江。荆南、江西、鄂岳、襄州將士四百餘人，走至城東水際，荆南虞候元惟德等謂衆曰：「吾輩無船，入水則死，不若還向城，與蠻鬬。人以一身易二蠻，亦爲有利。」遂還向城，入東羅門，蠻不爲備，惟德等縱兵殺蠻二千餘人。逮夜，蠻將楊思縉始自子城出救之，惟德等皆死。

南詔兩〔陷〕交趾所殺虜且十五萬人。留兵二萬，使思縉據交趾城，谿洞夷、獠無遠近皆降之。詔諸道兵赴安南者悉召還，分保嶺南東、西道。

三月，南蠻寇左、右江，浸逼邕州。鄭愚懼，自言儒臣無將略，請任武臣。朝廷召義武節度使康承訓詣闕，欲使之代愚，仍詔選軍校數人，士卒數百人自隨。夏四月，康承訓至京師，以爲嶺南西道節度使，發荆、襄、洪、鄂四道兵萬人與之俱。

五月乙亥，廢容管，隸嶺南西道以供軍食，復以龔、象二州隸桂管。六月，廢安南都護府，置行交州於海門鎮，以右監門將軍宋戎爲行交州刺史，以康承訓兼領安南及諸軍行營。秋七月，復置安南都護府於行交州，以宋戎爲經略使，發山東兵萬人鎮之。

時諸道兵援安南者屯聚嶺南。（江西湖南）江西、湖南餽運者皆泝湘江入澪渠、灕水，勞費艱澀，諸軍乏食。潤州人陳磻石上言，請造千斛大舟，自福建運米泛海，不一月至廣州。從之，軍食以足。然有司以和雇爲名，奪商人舟，委其貨於岸側，舟入海或遇風濤没溺，有司囚繫綱吏、舟人，使償其米，人頗苦之。

八月，嶺南東道節度使韋宙奏，蠻寇必向邕州，請分兵屯容、藤州。冬十二月，南詔寇西川。

五年春正月丙午，西川奏，南詔寇巂州，刺史喻士珍破之，獲千餘人。詔發右神策兵五千及諸道兵戍之。忠武大將顏慶復請築新安、遏戎二城，從之。

以容管經略使張茵兼句當交州事。益海門鎮兵滿二萬五千人，令茵進取安南。

二月己巳，以刑部尚書、鹽鐵轉運使李福同平章事，充西川節度使。

三月，康承訓至邕州，蠻寇益熾，詔發許、滑、青、汴、兖、鄆、宣、潤八道兵以授之。承訓不設斥候。南詔帥羣蠻近六萬寇邕州，將入境，承訓乃遣六道兵凡萬人拒之，以獠爲導，紿之。敵至，不設備，五道兵八千人皆没，惟天平軍後一日至，得免。承訓聞之，惶怖不知所爲。節度副使李行素帥衆治壕柵，甫畢，蠻軍已合圍。留四日，治攻具，將就，諸將請夜分道斫蠻營，承訓不許。有天（水）〔平〕小校再三力争，乃許之。小校將勇士三百，夜，縋而出，散燒蠻營，斬五百餘級。蠻大驚，間一日，解圍去。承訓乃遣諸軍數千追之，所殺虜不滿三百級，皆溪獠脅從者。承訓騰奏告捷，云大破蠻賊，中外皆賀。夏四月，加康承訓檢校右僕射，賞破蠻之功也。自餘奏功受賞者，皆承訓子弟、親暱，〔燒〕營小校不遷一級，由是軍中怨怒，聲流道路。

秋七月，西川奏，兩林鬼主邀南詔蠻，敗之，殺獲甚衆。保塞城使杜守連不從南詔，帥衆詣黎州降。

嶺南東道節度使韋宙具知康承訓所爲，以書白宰相。承訓亦自疑懼，累表辭疾，乃以承訓爲右武衛大將軍、分司，以容管經略使張茵爲嶺南西道節度使，復以容管四州別爲經略使。時南詔知邕州空竭，不復入寇，茵久之不敢進軍取安南。夏侯孜薦驍衛將軍高駢代之，乃以駢爲安南都護、本管經略招討使，茵所將兵悉以授之。駢，崇文之孫也。

六年夏四月，楊收建議，以蠻寇積年未平，兩河兵戍嶺南，冒瘴霧物故者什六七，請於江西積粟，募强弩三萬人，以應接嶺南，道近便，仍建節以重其權。從之。五月辛丑，置鎮南軍於洪州。巂州刺史喻士珍貪獪，掠兩林蠻以易金。南詔復寇巂州，兩林蠻開門納之，南詔盡殺戍卒，士珍降之。壬寅，以桂管觀察使嚴譔爲鎮南節度使。譔，震之〔從〕孫也。

秋七月，高駢治兵於海門，未進。監軍李維周惡駢，欲去之，屢趣駢使進軍。駢以五千人先濟，約維周發兵應援。駢既行，維周擁餘衆，不發一卒以繼之。九月，駢至南定，峯州蠻衆近五萬，方穫田，駢掩擊，大破之，收其所穫以食軍。

七年春三月戊寅，以河東節度使劉潼爲西川節度使。初，南詔圍巂州，東蠻浪稽部竭力助之，遂屠其城。卑籠部怨南詔殺其父兄，導忠武戍兵襲浪稽，滅之。南詔由是怨唐。南詔遣清平官董成等詣成都，節度使李福盛儀衛以見之。故事，南詔使見節度使，拜伏於庭。成等曰：「驃信已應天順人，我見節度使當抗禮。」傳言往返，自旦至日中不決。將士皆憤怒，福乃命捽而毆之，因械繫於獄。劉潼至鎮，釋之，奏遣還國。詔召成等至京師，見於別殿，厚賜勞而遣之。

夏六月，南詔酋龍遣善闡節度使楊緝思助安南節度使段酋遷守交趾，以范昵些爲安南都統，趙諾眉爲扶邪都統。監〔陳〕敕使韋仲宰將七千人至峯州，高駢得以益其軍，進擊南詔，屢破之。捷奏至海門，李維周皆匿之，數月無聲問。上怪之，以問維周，維周奏駢駐軍峯州，玩軍不進。上怒，以右武衛將軍王晏權代駢鎮安南，召駢詣闕，欲重貶之。是月，駢大破南詔蠻於交趾，殺獲甚衆，遂圍交趾城。

高駢圍交趾十餘日，蠻困蹙甚。城且下，會得王晏權牒，已與李維周將大軍發海門，駢即以軍事授韋仲宰，與麾下百餘人北歸。先是，仲宰遣小使王惠贊，駢遣小校曾衮入告交趾之捷，至海中，望見旌旗東來，問遊船，云新經略使與監軍也。二人謀曰：「維周必奪表留我。」乃匿於島間，維周過，即馳詣京師。上得奏，大喜，即加駢檢校工部尚書，復鎮安南。駢至海門而還。

王晏權暗懦，動稟維周之命。維周凶貪，諸將不爲之用，遂解重圍，蠻遁去者太半。駢至，復督勵將士攻城，遂克之，殺段酋遷及土蠻爲南詔鄉導者朱道古，斬首三萬餘級，南詔遁去。駢又破土蠻附南詔者二洞，誅其酋長，土蠻帥衆歸附者萬七千人。

冬十一月，壬子，赦天下。詔安南、邕州、西川諸軍各保疆域，勿復進攻南詔。委劉潼曉諭，如能更修舊好，一切不問。

置靜海軍於安南，以高駢爲節度使。自李琢侵擾羣蠻爲安南患，殆將十年，至是始平。駢築安南城，周三千步，造屋四十餘萬間。

八年春二月，自安南至邕、廣，海路多潛石覆舟，靜海節度使高駢募工鑿之，漕運無滯。

西川近邊六姓蠻，常持兩端，無寇則稱效順，有寇必爲前鋒。卑籠部獨盡心於唐，與羣蠻爲讎，朝廷賜姓李，除爲刺史。節度使劉潼遣將將兵助之，討六姓蠻，焚其部落，斬首五千餘級。

冬十二月，加嶺南東道節度使韋宙同平章事。

九年夏六月，鳳翔少尹李師望上言：「巂州控扼南詔，爲其要衝，成都道遠，難以節制。請建定邊軍，屯重兵於巂州，以邛州爲理所。」朝廷以爲信然，以師望爲巂州刺史，充定邊軍節度，眉蜀邛雅嘉黎等州觀察，統押諸蠻，并統領諸道行營、制置等使。師望利於專制方面，故建此策。其實邛距成都纔百六十里，巂距邛千里，其欺罔如此。

秋九月戊戌，以山南東道節度使盧耽爲西川節度使，以有定邊軍之故，不領統押諸蠻、安撫等使。

十年。初，南詔遣使者楊酋慶來謝釋董成之囚，定邊節度使李師望欲激怒南詔以求功，遂殺酋慶。西川大將恨師望分裂巡屬，陰遣人致意南詔，使入寇。師望貪殘，聚私貨以百萬計，戍卒怨怒，欲生食之，師望以計免。朝廷徵還，以太府少卿竇滂代之。滂貪殘又甚於師望，故蠻寇未至而定邊固已困矣。

十月，南詔驃信酋龍傾國入寇，引數萬衆擊董春烏部，破之。十一月，蠻進寇巂州，定邊都頭安再榮守清溪關，蠻攻之，再榮退屯大渡河北，與之隔水相射九日八夜。蠻密分軍伐木開道，逾雪坡，奄至沐源川，滂遣兗海將黄卓帥五百人拒之，舉軍覆没。十二月丁酉，蠻衣兗海之衣，詐爲敗卒，至江岸呼船，已濟，衆乃覺之，遂陷犍爲，縱兵焚掠陵、榮二州之境。後數日，蠻軍大集於陵雲寺，與嘉州對岸，刺史楊忞與定邊監軍張允瓊勒兵拒之。蠻潛遣奇兵自東津濟，夾擊官軍，殺忠武都將顔慶師，餘衆皆潰，忞、允瓊脱身走。壬子，陷嘉州。慶師，慶復之弟也。

竇滂自將兵拒蠻於大渡河，驃信詐遣清平官數人詣滂約和，滂與語，未畢，蠻乘船栰争渡，忠武、徐宿兩軍結陳抗之。滂懼，自經於帳中。徐州將苗全緒解之，曰：「都統何至於是！」全緒與安再榮及忠武將勒兵出戰，滂遂單騎宵遁。三將謀曰：「今衆寡不敵，明旦復戰，吾屬盡矣。不若乘夜攻之，使之驚亂，然後解去。」於是夜入蠻軍，弓弩亂發，蠻大驚，三將乃全軍引去。蠻遂進陷黎、雅，民竄匿山谷，敗軍所在焚掠，滂奔導江。邛州軍資儲偫皆散於亂兵之手，蠻至，城已空，通行無礙矣。詔左神武將軍顔慶復將兵赴援。

十一年春正月，西川之民聞蠻寇將至，争走入成都。時成都但有子城，亦無壕，人所占地各不過一席許，雨則戴箕盎以自庇。又乏水，取摩訶池泥汁澄而飲之。將士不習武備，節度使盧耽召彭州刺史吴行魯使攝參謀，與前瀘州刺史楊慶復共脩守備，選將校，分職事，立戰棚，具礮檑，造器備，嚴警邏。先是，西川將士多虚職名，亦無稟給。至是，揭榜募驍勇之士，補以實職，厚給糧賜，應募者雲集。慶復乃諭之曰：「汝曹皆軍中子弟，年少材勇，平居無由自進。今蠻寇憑陵，乃汝曹取富貴之秋也，可不勉乎！」皆歡呼踊躍。於是列兵械於庭，使之各試所能，兩兩角勝，察其勇怯而進退之，得選兵三千人，號曰「突將」。行魯，彭州人也。

戊午，蠻至眉州，耽遣同節度副使王偃等齎書見其用事之臣杜元忠，與之約和。蠻報曰：「我輩行止，只繫雅懷。」

南詔進軍新津，定邊之北境也。盧耽遣同節度副使譚奉祀致書于杜元忠，問其所以來之意，蠻留之不還。耽遣使告急於朝，且請遣使與和，以紓一時之患。朝廷命知四方館事、太僕卿支詳爲宣諭通和使。蠻以耽待之恭，亦爲之盤桓，而成都守備由是粗完。

甲子，蠻長驅而北，陷雙流。庚午，耽遣節度副使柳槃往見之，杜元忠授槃書一通，曰：「此通和之後，驃信與軍府相見之儀也。」其儀皆以王者自處，語極驕慢。又遣人負綵幕至城南，云欲張陳蜀王廳以居驃信。

癸酉，廢定邊軍，復以七州歸西川。是日，蠻軍抵成都城下。前一日，盧耽遣先鋒遊弈使王晝至漢州詗援軍，且趣之。時興元六千人，鳳翔四千人已至漢州，會竇滂以忠武、義成、徐宿四千人自導江奔漢州，就援軍以自存。丁丑，王晝以興元、資、簡兵三千餘人軍於毗橋，遇蠻前鋒，與戰，不利，退保漢州。時成都日望援軍之至，而竇滂自以失地，欲西川相繼陷没以分其責。每援軍自北至，輒說之曰：「蠻衆多於官軍數十倍，官軍遠來疲弱，未易遽前。」諸將信之，皆狐疑不進。成都十將李自孝陰與蠻通，欲焚城東倉爲内應，城中執而殺之。後數日，蠻果攻城，久之，城中無應而止。

二月癸未朔，蠻合梯衝四面攻成都，城上以鉤繯挽之使近，投火沃油焚之，攻者皆死。盧耽以楊慶復、攝左都押牙李驤各帥突將出戰，殺傷蠻二千餘人。會暮，焚其攻具三千餘物而還。蜀人素怯，其突將新爲慶復所獎拔，且利於厚賞，勇氣自倍，其不得出者皆憤鬱求奮。後數日，賊取民籬，重沓濕而屈之，以爲篷，置人其下，舉以抵城而劚之，矢石不能入，火不能然。慶復鎔鐵汁以灌之，攻者又死。

乙酉，支詳遣使與蠻約和。丁亥，蠻斂兵請和。戊子，遣使迎支詳。時顏慶復以援軍將至，詳謂蠻使曰：「受詔詣定邊約和，今雲南乃圍成都，則與曏日詔旨異矣。且朝廷所以和者，冀其不犯成都也，今矢石晝夜相交，何謂和乎？」蠻見和使不至，庚寅，復進攻城。辛卯，城中出兵擊之，乃退。

初，韋皋招南詔以破吐蕃，既而蠻訴以無甲弩，皋使匠往教之，數歲，蠻中甲弩皆精利。又，東蠻苴那時、勿鄧、夢衝三部助皋破吐蕃有功，其後邊吏遇之無狀，東蠻怨唐深，自附於南詔，每從南詔入寇，爲之盡力，得唐人，皆虐殺之。

朝廷貶竇滂爲康州司户，以顏慶復爲東川節度使，凡援蜀諸軍皆受慶復節制。癸巳，慶復至新都，蠻分兵往拒之。甲午，與慶復遇，慶復大破蠻軍，殺二千餘人，蜀民數千人爭操芟刀、白棓以助官軍，呼聲震野。乙未，蠻步騎數萬復至。會右武衛上將軍宋威以忠武軍二千人至，即與諸軍會戰，蠻軍大敗，死者五千餘人，退保星宿山。威進軍沱江驛，距成都三十里。蠻遣其臣楊定保詣支詳請和，詳曰：「宜先解圍退軍。」定保還，蠻圍城如故。城中不知援軍之至，但見其數來請和，知援軍必勝矣。戊戌，蠻復請和，使者十返，城中亦依違答之。蠻以援軍在近，攻城尤急，驃信以下，親立矢石之間。庚子，官軍至城下，與蠻戰，奪其升遷橋。是夕，蠻自燒攻具遁去，比明，官軍乃覺之。

初，朝廷使顏慶復救成都，命宋威屯綿、漢爲後繼。威乘勝先至城下，破蠻軍，功居多，慶復疾之。威飯士欲追蠻軍，城中戰士亦欲與北軍合勢俱進，慶復牒威，奪其軍，勒歸漢州。蠻至雙流，阻新穿水，造橋未能成，狼狽失度。三日橋成，乃得過，斷橋而去。甲兵、服物遺棄於路，蜀人甚恨之。黎州刺史嚴師本收散卒數千保邛州，蠻圍之二日，不克，亦捨去。

顏慶復始教蜀人築壅門城，穿塹引水滿之，植鹿角，分營鋪，蠻知有備，自是不復犯成都矣。

十二年夏四月，以門下侍郎、同平章事路巖爲西川節度使。

十四年。南詔寇西川，又寇黔南，黔中經略使秦匡謀兵少不敵，棄城奔荆南，荆南節度使杜悰囚而奏之。六月乙未，敕斬匡謀，籍没其家貲。

西川節度使路巖，喜聲色遊宴，委軍府政事於親吏邊咸、郭籌，皆先行後申，上下畏之。嘗大閱，二人議事，默書紙相示而焚之，軍中以爲有異圖，驚懼不安。朝廷聞之，十一月戊辰，徙巖荆南節度使。

僖宗乾符元年冬十一月，南詔寇西川，作浮梁，濟大渡河。防河都知兵馬使、黎州刺史黄景復俟其半濟擊之，蠻敗走，斷其浮梁。蠻以中軍多張旗幟當其前，而分兵潛出上下流各二十里，夜作浮梁，詰朝俱濟，襲破諸城栅，夾攻景復。力戰三日，景復陽敗走，蠻盡鋭追之，景復設三伏以待之，蠻過三分之二，乃發伏擊之，蠻兵大敗，殺二千餘人，追至大渡河南而還，復修完城栅而守之。蠻歸，至之羅谷，遇國中發兵繼至，新舊相合，鉦鼓聲聞數十里。復寇大渡河，與唐夾水而軍。詐云求和，又自上下流潛濟，與景復戰連日。西川援兵不至，而蠻衆日益，景復不能支，軍遂潰。

十二月，南詔乘勝陷黎州，入邛崍關，攻雅州。大渡河潰兵奔入邛州，成都驚擾，民爭入城，或北奔他州。城中大爲守備，而塹壘比鄉時嚴固。驃信使其坦綽遺節度使牛叢書云：「非敢爲寇也，欲入見天子，面訴數十年爲讒人離間冤抑之事。儻蒙聖恩矜恤，當還與尚書永敦鄰好。今假道貴府，欲借蜀王廳留止數日，即東上。」叢素懦怯，欲許之，楊慶復以爲不可，斬其使者，留二人，授以書，遣還。書辭極數其罪，詈辱之，蠻兵及新津而還。

叢恐蠻至，豫焚城外民居蕩盡，蜀人尤之。詔發河東、山南西道、東川兵援之，仍命天平節度使高駢詣西川制置蠻事。

二年春正月丙戌，以高駢爲西川節度使。高駢至劍州，先遣使走馬開成都門。或諫曰：「蠻寇逼近成都，相公尚遠，萬一豨突，奈何？」駢曰：「吾在交趾破蠻三十萬衆，蠻聞我來，逃竄不暇，何敢輒犯成都！今春氣向暖，數十萬人蘊積城中，生死共處，污穢鬱蒸，將成癘疫，不可緩也。」使者至成都，開門縱民出，各復常業，乘城者皆下城解甲，民大悦。蠻方攻雅州，聞之，遣使請和，引兵去。駢又奏：「南蠻小醜，易以枝梧。今西川新舊兵已多，所發長武、鄜坊、河東兵，徒有勞費，並乞勒還。」敕止河東兵而已。

高駢至成都，明日，發步騎五千追南詔，至大渡河，殺獲甚衆，擒其酋長數十人，至成都，斬之。修復邛崍關、大渡河諸城栅，又築城於戎州馬湖鎮，號平夷軍，又築城於沐源川，皆蠻入蜀之要道也，各置兵數千戍之。自是蠻不復入寇。駢召黄景復責以大渡河失守，腰斬之。駢又奏請自將本管及天平、昭義、義成等軍共六萬擊南詔，詔不許。

先是，南詔督爽屢牒中書，辭語怨望，中書不答。盧攜奏稱：「如此，則蠻益驕，謂唐無以答，宜數其十代受恩以責之。然自中書發牒，則嫌於體敵，請賜高駢及嶺南節度使辛讜詔，使録詔白，牒與之。」從之。

三年春三月，南詔遣使者詣高駢求和，而盜邊不息，駢斬其使者。蠻之陷交趾也，虜安南經略判官杜驤妻李瑤。瑤，宗室之疏屬也。蠻遣瑤還，遞木夾以遺駢，稱「督爽牒西川節度使」，辭極驕慢。駢送瑤京師。甲辰，復牒南詔，數其負累聖恩德，暴犯邊境，殘賊欺詐之罪，安南、大渡覆敗之狀，折辱之。

冬十月，西川節度使高駢築成都羅城，使僧景仙規度，周二十五里，悉召縣令庀徒賦役，吏受百錢以上皆死。蜀土疏惡，以甓甃之，（還）〔環〕城十里內取土，皆劃丘垤平之，無得爲坎陷以害耕種。役者不過十日而代，衆樂其均，不費扑撻而功辦。自八月癸丑築之，至十一月戊子畢工。役之始作也，駢恐南詔揚聲入寇，雖不敢決來，役者必驚擾，乃奏遣景仙遊行入南詔，說諭驃信使歸附中國，仍許妻以公主，因與議二國禮儀，久之不決。駢又聲言欲巡邊，朝夕通烽火，至大渡河而實不行，蠻中惴恐。由是訖於城成，邊候無風塵之警。先是，西川將吏入南詔，驃信皆坐受其拜。駢以其俗尚浮屠，故遣景仙往，驃信果帥其大臣迎拜，信用其言。

四年。南詔酋龍嗣立以來，爲邊患殆二十年，中國爲之虛耗，而其國中亦疲弊。酋龍卒，謚曰景莊皇帝。子法立，改元貞明承智大同，國號鶴拓，亦號大封人。法好田獵、酣飲，委國事於大臣。

閏二月，嶺南西道節度使辛讜奏，南詔遣陁西段嵯寶等來請和，且言「諸道兵戍邕州歲久，饋餉之費，疲弊中國，請許其和，使羸瘵息肩」，詔許之。讜遣大將杜弘等齎書幣，送嵯寶還南詔，但留荆南、宣歙數軍戍邕州，自餘諸道兵什減其七。

五年夏四月，南詔遣其酋望趙宗政來請和親，無表，但令督爽牒中書，請爲弟而不稱臣。詔百官議之，禮部侍郎崔澹等以爲：「南詔驕僭無禮，高駢不達大體，反因一僧咕囁卑辭誘致其使，若從其請，恐垂笑後代。」高駢聞之，上表與澹争〔辨〕。詔諭解之。

五月，邕州大將杜弘送段嵯寶至南詔，踰年而還。甲辰，辛讜復遣攝巡官賈宏、大將左瑜、曹朗使於南詔。

冬十二月，南詔使者趙宗政還其國。中書不答督爽牒，但作西川節度使崔安潛書意，使安潛答之。

六年春正月，賈宏等未至南詔，相繼卒於道中，從者死亦太半。時辛讜已病風痺，召攝巡官徐雲虔，執其手曰：「讜已奏朝廷發使入南詔，而使者相繼物故，奈何？吾子既仕則思徇國，能爲此行乎？讜恨風痺，不能拜耳。」因嗚咽流涕。雲虔曰：「士爲知己死。明公見辟，恨無以報德，敢不承命。」讜喜，厚具資裝而遣之。

二月丙寅，雲虔至善闡城，驃信見大使抗禮，受副使以下拜。己巳，驃信使慈雙羽、楊宗就館謂雲虔曰：「貴府牒欲使驃信稱臣，〔奉〕表貢方物。驃信已遣人自西川入唐，與唐約爲兄弟，不則舅甥。夫兄弟、舅甥，書幣而已，何表貢之有！」雲虔曰：「驃信既欲爲弟、爲甥，驃信景莊之子，景莊豈無兄弟，於驃信爲諸父，驃信爲君，則諸父皆稱臣，况弟與甥乎！且驃信之先，由大唐之命，得合六詔爲一，恩德深厚，中間小忿，罪在邊鄙。今驃信欲修舊好，豈可違祖考之故事乎！順祖考，孝也；事大國，義也；息戰爭，仁也；審名分，禮也。四者皆合，德也，可不勉乎！」驃信待雲虔甚厚，以木夾二授雲虔，其一上中書門下，其一牒嶺南西道，然猶未肯奉表稱貢。

廣明元年春三月庚午，以左金吾大將軍陳敬瑄爲西川節度使，代崔安潛。安南軍亂，節度使曾衮出城避之，諸道兵戍邕管者往往自歸。

趙宗政之還南詔也，西川節度使崔安潛表以崔澹之議爲是，且曰：「南詔小蠻，本雲南一郡之地，今遣使與和，彼謂中國爲怯，復來尚主，何以拒之？」上命宰相議之，盧攜、豆盧瑑上言：「大中之末，府庫充實。自咸通以來，蠻兩陷安南、邕管，一入黔中，四犯西川，徵兵運糧，天下疲弊，踰十五年，租賦太半不入京師，三使、内庫由茲虚竭，戰士死於瘴癘，百姓困爲盜賊，致中原榛杞，皆蠻故也。前歲冬，蠻不爲寇，由趙宗政未歸。去歲冬，蠻不爲寇，由徐雲虔復命，蠻尚有冀望。今安南子城爲叛卒所據，節度使攻之未下，自餘戍卒多已自歸，邕管客軍又減其半。冬期且至，儻蠻寇侵軼，何以支梧？不若且遣使臣報復，縱未得其稱臣奉貢，且不使之懷怨益深，堅決犯邊，則可矣。」乃作詔賜陳敬瑄，許其和親，不稱臣。令敬瑄録詔白，并移書與之，仍增賜金帛。以嗣曹王龜年爲宗正少卿充使，以徐雲虔爲副使，别遣内使，共齎詣南詔。

中和元年秋八月，宗正少卿嗣曹王龜年自南詔還，驃信上表款附，請悉遵詔旨。

二年秋七月，南詔上書請早降公主，詔報以方議禮儀。

三年秋七月，南詔遣布燮楊奇肱來迎公主。詔陳敬瑄以書辭以「鑾輿巡幸，儀物未備，俟還京邑，然後出降」。奇肱不從，直前至成都。冬十月，以宗女爲安化長公主妻南詔。

李克用歸唐

唐僖宗乾符五年。振武（軍）節度使李國昌之子克用爲沙陀副兵馬使，戍蔚州。時河南盗賊蠭起，雲州沙陀兵馬使李盡忠與牙將康君立、薛志勤、程懷信、李存璋等謀曰：「今天下大亂，朝廷號令不復行於四方，此乃英雄立功名富貴之秋也。吾屬雖各擁兵衆，然李振武功大官高，名聞天下，其子勇冠諸軍，若輔以舉事，代北不足平也。」衆以爲然。

君立，興唐人；存璋，雲州人；志勤，奉誠人也。

會大同防禦使段文楚兼水陸發運使，代北荐饑，漕運不繼，文楚頗減軍士衣、米，又用法稍峻，軍士怨怒。盡忠遣君立潛詣蔚州說克用起兵，除文楚而代之。克用曰：「吾父在振武，俟我禀之。」君立曰：「今機事已泄，緩則生變，何暇千里禀命乎！」於是盡忠夜帥牙兵攻牙城，執文楚及判官柳漢璋等繫獄，自知軍州事，遣召克用。克用帥其衆趣雲州，行收兵，二月庚午，至城下，衆且萬人，屯於鬬雞臺下。壬申，盡忠遣使送符印，請克用爲防禦留後。癸酉，盡忠械文楚等五人送鬬雞臺下，克用令軍士冎而食之，以騎踐其骸。甲戌，克用入府舍視事。令將士表求敕命，朝廷不許。

李國昌上言：「乞朝廷速除大同防禦使；若克用違命，臣請帥本道兵討之，終不愛一子以負國家！」朝廷方欲使國昌諭克用，會得其奏，乃以司農卿支詳爲大同軍宣慰使，詔國昌語克用，令迎候如常儀，除克用官，必令稱愜。又以太僕卿盧簡方爲大同防禦使。

朝廷以李克用據雲中，夏四月，以前大同軍防禦使盧簡方爲振武節度使，以振武節度使李國昌爲大同節度使，以爲克用必無以拒也。

李國昌欲父子并據兩鎮，得大同制書，毀之，殺監軍，不受代，與李克用合兵陷遮虜軍，進擊寧武及岢嵐軍。盧簡方赴振武，至嵐州而薨。

丁巳，河東節度使竇澣發民塹晉陽。己未，以都押衙康傳圭爲代州刺史，又發土團千人戍代州。土團至城北，娖隊不發，求優賞。時府庫空竭，澣遣馬步都虞候鄧虔往慰諭之，土團冎虔，牀舁其尸入府。澣與監軍自出慰諭，人給錢三百、布一端，衆乃定。押牙田公鍔給亂軍錢布，衆遂劫之以爲都將，赴代州，澣借商人錢五萬緡以助軍。朝廷以澣爲不才，六月，以前昭義節度使曹翔爲河東節度使。

沙陀焚唐林、崞縣，入忻州境。

冬十月，詔昭義節度使李鈞、幽州節度使李可舉與吐谷渾酋長赫連鐸、白義誠、沙陀酋長安慶、薩葛酋長米海萬合兵討李國昌父子於蔚州。十一月甲午，岢嵐軍翻城應沙陀。丁未，以河東宣慰使崔季康爲河東節度、代北行營招討使。沙陀攻石州，庚戌，崔季康救之。

十二月，崔季康及昭義節度使李鈞與李克用戰於洪谷，兩鎮兵敗，鈞戰死。昭義兵還至代州，士卒剽掠，代州民殺之殆盡，餘衆自鴉鳴谷走歸上黨。

廣明元年春正月，沙陀入雁門關，寇忻、代。二月庚戌，沙陀二萬餘人逼晉陽。辛亥，陷太谷。遣汝州防禦使博昌諸葛爽帥東都防禦兵救河東。

夏四月丁酉，以太僕卿李琢爲蔚、朔等州招討都統、行營節度使。琢，聽之子也。以李琢爲蔚朔節度使，仍充都統。六月庚子，李琢奏沙陀二千來降。琢將兵萬人屯代州，與盧龍節度使李可舉、吐谷渾都督赫連鐸共討沙陀。李克用遣大將高文集守朔州，自將其衆拒可舉於雄武軍。鐸遣人説文集歸國，文集執克用將傅文達與沙陀酋長李友金、薩葛都督米海萬、安慶都督史敬存皆降於琢，開門迎官軍。友金，克用之族父也。

秋七月，李克用自雄武軍引兵還擊高文集於朔州，李可舉遣行軍司馬韓玄紹邀之於藥兒嶺，大破之，殺七千餘人，李盡忠、程懷信皆死。又敗之於雄武軍之境，殺萬人。李琢、赫連鐸進攻蔚州，李國昌戰敗，部衆皆潰，獨與克用及宗族北入達靼。詔以鐸爲雲州刺史、大同軍防禦使，吐谷渾白義成爲蔚州刺史，薩葛米海萬爲朔州刺史，加李可舉兼侍中。

達靼，本靺鞨之別部也，居于陰山。後數月，赫連鐸陰賂達靼，使取李國昌父子。李克用知之。時與其豪帥遊獵，置馬鞭木葉或懸針，射之無不中，豪帥心服。又置酒與飲，酒酣，克用言曰：「吾得罪天子，願效忠而不得。今聞黄巢北來，必爲中原患，一旦天子若赦吾罪，得與公輩南向，共立大功，不亦快乎？人生幾何，誰能老死沙磧邪！」達靼知無留意，乃止。

中和元年。代北監軍陳景思帥沙陀酋長李友金及薩葛安慶、吐谷渾諸部入援京師。瞿稹、李友金說陳景思召李克用。事見黄巢之亂。

李克用牒河東，稱奉詔將兵五萬討黄巢，令具頓遞，招討使鄭從讜閉城以備之。克用屯於汾東，從讜犒勞，給其資糧，累日不發。李克用自至城下大呼，求與從讜相見，從讜登城謝之。癸亥，復求發軍賞給，從讜以錢千緡、米千斛遺之。甲子，克用縱沙陀剽掠居民，城中大駭。從讜求救於振武節度使契苾璋，璋引突厥、吐谷渾救之，破沙陀兩寨，克用追戰至晉陽城南，璋引兵入城，沙陀掠陽曲、榆次而去。夏六月，李克用遇大雨，己亥，引兵北還，陷忻、代二州，因留居代州。鄭從讜遣教練使論安等軍百井以備之。秋七月，論安自百井擅還，鄭從讜不解韡衫，斬之，滅其族。更遣都頭温漢臣將兵屯百井。契苾璋引兵還振武。

二年。李克用寇蔚州，三月，振武節度使契苾璋奏與天德、大同共討克用。詔鄭從讜與相知應接。

李克用雖累表請降，而據忻、代州，數侵掠并、汾，爭樓煩監。義武節度使王處存與克用世爲婚姻，〔冬十月〕，詔處存諭克用：「若誠心款附，宜且歸朔州俟朝命；若暴横如故，當與河東、大同共討之。」

行營都監楊復光説王重榮，使以朝旨諭鄭從讜召克用使平黄巢。王鐸以墨敕召李克用，諭鄭從讜。十一月，克用將沙陀萬七千自嵐、石路趣河中。十二月，以忻、代等州留後李克用爲雁門節度使。李克用將兵四萬至河中，討黄巢。餘事並見黄巢之亂。

〔宋〕袁樞 撰

通鑑紀事本末

卷第三十七至卷第三十九

中華書局

通鑑紀事本末卷第三十七

黄巢之亂

唐僖宗乾符元年春正月丁亥，翰林學士盧攜上言，以爲：「陛下初臨大寶，宜深念黎元。國家之有百姓，如草木之有根柢，若秋冬培溉，則春夏滋榮。臣竊見關東去年旱災，自虢至海，麥纔半收，秋稼幾無，冬菜至少，貧者磑蓬實爲麪，蓄槐葉爲齏。或更衰羸，亦難采拾。常年不稔，則散之鄰境。今所在皆饑，無所依投，坐守鄉閭，待盡溝壑。其蠲免餘稅，實無可徵。而州縣以有上供及三司錢，督趣甚急，動加捶撻，雖撤屋伐木，雇妻鬻子，止可供所由酒食之費，未得至於府庫也。或租稅之外，更有他徭。朝廷儻不撫存，百姓實無生計。乞敕州縣，應所欠殘稅，並一切停徵，以俟蠶麥。仍發所在義倉，亟加賑給，行之不可稽緩。」敕從其言，而有司竟不能行，徒爲空文而已。冬十月，以吏部侍郎鄭畋、户部侍郎盧攜並守本官，同平章事。

上年少，政在臣下，南牙北司互相矛楯。自懿宗以來，奢侈日甚，用兵不息，賦斂愈急。關東連年水旱，州縣不以實聞，上下相蒙，百姓流殍，無所控訴，相聚爲盜，所在蜂起。

州縣兵少，加以承平日久，人不習戰，每與盜遇，官軍多敗。是歲濮州人王仙芝始聚衆數千，起於長垣。

二年。初，上之爲普王也，小馬坊使田令孜有寵，及即位，使知樞密，遂擢爲中尉。上時年十四，專事遊戲，政事一委令孜，呼爲「阿父」。令孜頗讀書，多巧數，招權納賄，除官及賜緋紫皆不關白於上。每見，常自備果食兩盤，與上相對飲啗，從容良久而退。上與內園小兒狎昵，賞賜樂工、伎兒，所費動以萬計，府藏空竭。令孜説上籍兩市商旅寶貨悉輸內庫，有陳訴者付京兆杖殺之，宰相以下，鉗口莫敢言。

夏六月，王仙芝及其黨尚君長攻陷濮州、曹州，衆至數萬。天平節度使薛崇出兵擊之，爲仙芝所敗。

冤句人黃巢亦聚衆數千人應仙芝。巢少與仙芝皆以販私鹽爲事，巢善騎射，喜任俠，粗涉書傳，屢舉進士不第，遂爲盜，與仙芝攻剽州縣，横行山東，民之困於重斂者爭歸之，數月之間，衆至數萬。

羣盜侵淫，剽掠十餘州，至于淮南，多者千餘人，少者數百人。詔淮南、忠武、宣武、義成、天平五軍節度使、監軍亟加討捕及招懷。十二月，王仙芝寇沂州，平盧節度使宋威表請以步騎五千别爲一使，兼帥本道兵所在討賊。乃以威爲諸道行營招討草賊使，仍給禁兵三千，甲騎五百。因詔河南方鎮所遣討賊都頭並取威處分。

三年春二月，敕福建、江西、湖南諸道觀察、刺史皆訓練士卒；又令天下鄉村各置刀弓鼓板以備羣盜。三月，以左僕射王鐸兼門下侍郎、同平章事。

秋七月，宋威擊王仙芝於沂州城下，大破之，仙芝亡去。威奏仙芝已死，縱遣諸道兵，身還青州。百官皆入賀。居三日，州縣奏仙芝尚在，攻剽如故。時兵始休，詔復發之，士皆忿怨思亂。八月，仙芝陷陽翟、郟城，詔忠武節度使崔安潛發兵擊之。安潛，慎由之弟也。又命昭義節度使曹翔將步騎五千及義成兵衛東都宮，以左散騎常侍曾元裕爲招討副使，守東都。又詔山南東道節度使李福選步騎二千守汝、鄧要路。仙芝進逼汝州，詔邠寧節度使李侃、鳳翔節度使令狐綯選步兵一千、騎兵五百守陝州、潼關。九月丙子，王仙芝陷汝州，執刺史王鐐。鐐，鐸之從父兄弟也。東都大震，士民挈家逃出城。乙酉，敕赦王仙芝、尚君長罪，除官以詔諭之。仙芝陷陽武，攻鄭州，昭義監軍判官雷殷符屯中牟，擊仙芝，破走之。

冬十月，仙芝南攻唐、鄧。十一月，王仙芝攻郢、復二州，陷之。十二月，王仙芝攻申、光、廬、壽、舒、通等州。淮南節度使劉鄴奏求益兵，敕感化節度使薛能選精兵數千助之。

鄭畋以言計不行，稱疾遜位，不許；乃上言：「自沂州奏捷之後，仙芝愈肆猖狂，屠陷五六州，瘡痍數千里。宋威衰老多病，自妄奏以來，諸道尤所不服，今淹留亳州，殊無進討之意。曾元裕擁兵蘄、黄，專欲望風退縮。若使賊陷揚州，則江南亦非國有。崔安潛威望過人，張自勉驍雄良將，宫苑使李瑑西平王晟之孫，嚴而有勇。請以安潛爲行營都統，瑑爲招討使代威，自勉爲副使代元裕。」上頗采其言。招討副使、都監楊復光奏尚君長弟讓據查牙山，官軍退保鄧州。

王仙芝攻蘄州。蘄州刺史裴渥，王鐸知舉時所擢進士也。王鐐在賊中，爲仙芝以書説渥。渥與仙芝約，斂兵不戰，許爲之奏官，鐐亦説仙芝，許以如約。渥乃開城延仙芝及黄巢輩三十餘人入城，置酒，大陳貨賄以贈之，表陳其狀。諸宰相多言：「先帝不赦龐勛，期年卒誅之。今仙芝小賊，非龐勛之比，赦罪除官，益長姦宄。」王鐸固請，許之，乃以仙芝爲左神策軍押牙兼監察御史，遣中使以告身即蘄州授之。仙芝得之甚喜，鐐、渥皆賀。未退，黄巢以官不及己，大怒曰：「始者共立大誓，横行天下，今獨取官赴左軍，使此五千餘衆安所歸乎！」因毆仙芝，傷首，其衆諠譟不已。仙芝畏衆怒，遂不受命，大掠蘄州，城中之人，半驅半殺，焚其廬舍。渥奔鄂州，敕使奔襄州，鐐爲賊所拘。賊乃分其軍三千餘人從仙芝及尚君長，二千餘人從巢，各分道而去。

四年春二月，王仙芝陷鄂州。黄巢陷鄆州，殺節度使薛崇。三月，黄巢陷沂州。夏四月，黃巢與尚讓合軍保查牙山。

（六月）〔秋七月〕庚申，王仙芝、黃巢攻宋州，三道兵與戰，不利，賊遂圍宋威於宋州。甲寅，右威衛上將軍張自勉將忠武兵七千救宋州，殺賊二千餘人，賊解圍遁去。王鐸、盧攜欲使張自勉以所將兵受宋威節度，鄭畋以爲威與自勉已有疑忿，若在麾下，必爲所殺，不肯署奏。八月辛未，鐸、攜訴於上，求罷免；庚辰，畋請歸滻川養疾，上皆不許。王仙芝陷安州。

乙卯，王仙芝陷隨州，執刺史崔休徵。山南東道節度使李福遣其子將兵救隨州，戰死。福奏求援兵，遣左武衛大將軍李昌言將鳳翔五百騎赴之，仙芝遂轉掠復、郢。忠武大將張貫等四千人與宣武兵援襄州，自申、蔡間道逃歸。詔忠武節度使崔安潛、宣武節度使穆仁裕遣人約還。

冬十月，鄭畋與王鐸、盧攜爭論用兵於上前，畋不勝，退復上奏，以爲：「自王仙芝俶擾，崔安潛首請會兵討之，繼發士卒，罄供資糧。賊往來千里，塗炭諸州，獨不敢犯其境。又以本道兵授張自勉，解宋州圍，使江、淮漕運流通，不輸寇手。今蒙盡以自勉所將七千兵令張貫將之隸宋威。自勉獨歸許州，威復奏加誣毀。因功爲辱，臣竊痛之。安潛出師，前後克捷非一，一旦强兵盡付他人，良將空還，若勍寇忽至，何以枝梧？臣請以忠武四千人授威，餘三千人使自勉將之，守衛其境，既不侵宋威之功，又免使安潛愧恥。」時盧攜不以爲然，上不能决。畋復上言：「宋威欺罔朝廷，敗衄狼籍。又聞王仙芝七狀請降，威不爲聞奏，朝野切齒，以爲宜正軍法。迹狀如此，不應復典兵權。願與内大臣參酌，早行罷黜。」不從。

黄巢寇掠蘄、黄，曾元裕擊破之，斬首四千餘級，巢遁去。

十一月，招討副都監楊復光遣人説諭王仙芝，仙芝遣尚君長等請降於復光，宋威遣兵於道中劫取君長等。十二月，威奏與君長等戰於潁州西南，生擒以獻。復光奏君長等實降，非威所擒。詔侍御史歸仁紹等鞫之，竟不能明。斬君長等於狗脊嶺。

黄巢陷匡城，遂陷濮州，詔潁州刺史張自勉將諸道兵擊之。

王仙芝寇荆南。節度使楊知温，知至之兄也，以文學進，不知兵。或告賊至，知温以爲妄，不設備。時漢水淺狹，賊自賈塹渡。

五年春正月丁酉朔，大雪，知温方受賀，賊已至城下，遂陷羅城，將佐共治子城而守之。及暮，知温猶不出。將佐請知温出撫士卒，知温紗帽皁裘而行，將佐請知温擐甲，以備流矢。知温見士卒拒戰，猶賦詩示幕僚。遣使告急於山南東道節度使李福，福悉其衆自將救之。時有沙陀五百在襄陽，福與之俱，至荆門，遇賊，沙陀縱騎奮擊，破之。仙芝聞之，焚掠江陵而去。江陵城下舊三十萬户，至是死者什三四。

壬寅，招討副使曾元裕大破王仙芝於申州東，所殺萬人，招降散遣者亦萬人。敕以宋威久病，罷招討使，還青州；以曾元裕爲招討使，潁州刺史張自勉爲副使。

二月，貶楊知温爲郴州司馬。

曾元裕奏大破王仙芝於黄梅，殺五萬餘人，追斬仙芝，傳首，餘黨散去。黄巢方攻亳州未下，尚讓帥仙芝餘衆歸之，推巢爲王，號衝天大將軍，改元王霸，署官屬。巢襲陷沂州、濮州。既而屢爲官軍所敗，乃遣天平節度使張裼書，請奏之。詔以巢爲右衛將軍，令就鄆州解甲，巢竟不至。

加山南東道節度使李福同平章事，賞救荆南之功也。

三月，羣盜陷朗州、岳州。招討使曾元裕屯荆、襄，黄巢自濮州掠宋、汴，乃以副使張自勉充東南面行營招討使。黄巢攻衛南，遂攻葉、陽翟。詔發河陽兵千人赴東都，與宣武、昭義兵二千人共衛宫闕。以左神武大將軍劉景仁充東都應援防遏使，并將三鎮兵，仍聽於東都募兵二千人。景仁，昌之孫也。又詔曾元裕將兵徑還東都，發義成兵三千守轘轅、伊闕、河陰、武牢。

王仙芝餘黨王重隱陷洪州，江西觀察使高湘奔湖口。賊轉掠湖南，别將曹師雄掠宣、潤。詔曾元裕、楊復光引兵救宣、潤。黃巢引兵渡江，攻陷虔、吉、饒、信等州。

夏四月，詔以東都軍儲不足，貸商旅富人錢穀以供數月之費，仍賜空名殿中侍御史告身五通，監察御史告身十通，有能出家財助國稍多者賜之。時連歲旱、蝗，寇盜充斥，耕桑半廢，租賦不足，内藏虚竭，無所佽助。兵部侍郎、判度支楊嚴三表自陳才短，不能濟辦，乞解使務，辭極哀切，詔不許。

五月丁酉，鄭畋、盧攜皆罷爲太子賓客分司。

六月，王仙芝餘黨剽掠浙西。朝廷以荆南節度使高駢先在天平，有威名，仙芝黨多鄆人，乃徙駢爲鎮海節度使。

秋八月，黃巢寇宣州，宣歙觀察使王凝拒之，敗於南陵。巢攻宣州不克，乃引兵入浙東，開山路七百里，攻剽福建諸州。

九月，平盧軍奏節度使宋威薨。辛丑，以諸道行營招討使曾元裕領平盧節度使。

冬十二月甲戌，黃巢陷福州，觀察使韋岫棄城走。

六年春正月，鎮海節度使高駢遣其將張璘、梁纘分道擊黃巢，屢破之，降其將秦彦、畢師鐸、李罕之、許勍等數十人。巢遂趣廣南。彦，徐州人；師鐸，冤句人；罕之，項城人也。

上以羣盜爲憂，王鐸曰：「臣爲宰相之長，在朝不足分陛下之憂，請自督諸將討之。」乃以鐸守司徒兼侍中，充荆南節度使、南面行營招討都統。

泰寧節度使李係，晟之曾孫也，有口才而實無勇略，王鐸以其家世良將，奏爲行營副都統兼湖南觀察使，使將精兵五萬并土團屯潭州，以塞嶺北之路，拒黄巢。

五月，黄巢與浙東觀察使崔璆、嶺南東道節度使李迢書，求天平節度使。二人爲之奏聞，朝廷不許。巢復上表求廣州節度使，上命大臣議之。左僕射于琮以爲：「廣州市舶寶貨所聚，豈可令賊得之。」亦不許。乃議别除官。六月，宰相請除巢率府率，從之。

秋九月，黄巢得率府率告身，大怒，詬執政，急攻廣州，即日陷之，執節度使李迢，轉掠嶺南州縣。巢使迢草表述其所懷，迢曰：「予代受國恩，親戚滿朝，腕可斷，表不可草。」巢殺之。

黄巢在嶺南，士卒罹瘴疫死者什三四，其徒勸之北還，以圖大事，巢從之。至桂州編大栰數千，乘暴水沿湘江而下，歷衡、永州，十月癸未，抵潭州城下。李係嬰城不敢出戰，巢急攻，一日陷之，係奔朗州。巢盡殺戍兵，流尸蔽江而下。尚讓乘勝進逼江陵，衆號五十萬。時諸道兵未集，江陵兵不滿萬人。王鐸留其將劉漢宏守江陵，自帥衆趣襄陽，云欲會劉巨容之師。鐸既去，漢宏大掠江陵，焚蕩殆盡，士民逃竄山谷；會大雪，僵尸滿野。

後旬餘，賊乃至。漢宏，兖州人也，帥其衆北歸爲羣盜。

十一月，黄巢北趣襄陽，劉巨容與江西招討使、淄州刺史曹全晸合兵屯荆門以拒之。賊至，巨容伏兵林中，全晸以輕騎逆戰，陽不勝而走，賊追之，伏發，大破賊衆，乘勝逐北，比至江陵，俘斬其什七八，巢與尚讓收餘衆渡江東走。或勸巨容曰：「窮追，賊可盡也。」巨容曰：「國家喜負人，有急則撫存將士，不愛官賞，事寧則棄之，或更得罪。不若留賊，以爲富貴之資。」衆乃止。全晸渡江追賊，會朝廷以泰寧都將段彦謨代爲招討使，全晸亦止。由是賊勢復振，攻鄂州，陷其外郭，轉掠饒、信、池、宣、歙、杭等十五州，衆至二十萬。

十二月，以王鐸爲太子賓客分司。

初，兵部尚書盧攜嘗薦高駢可爲都統，至是駢將張璘等屢破黄巢，乃復以攜爲門下侍郎、平章事，凡關東節度使王鐸、鄭畋所除者多易置之。

廣明元年春二月，左拾遺侯昌業以盗賊滿關東，而上不親政事，專務遊戲，賞賜無度，田令孜專權無上，天文變異，社稷將危，上疏極諫。上大怒，召昌業至内侍省，賜死。

上善騎射、劍槊、法算，至於音律、蒱博，無不精妙。好蹴鞠、鬭雞，與諸王賭鵝，鵝一頭至直五十緡。尤善擊毬，嘗謂優人石野猪曰：「朕若應擊毬進士舉，須爲狀元。」對曰：「若遇堯、舜作禮部侍郎，恐陛下不免駮放。」上笑而已。

度支以用度不足，奏借富户及胡商貨財，敕借其半。鹽鐵轉運使高駢上言：「天下盜賊蜂起，皆出於飢寒，獨富户、胡商未耳。」乃止。高駢奏改楊子院爲發運使。

三月，淮南節度使高駢遣其將張璘擊黄巢，屢捷，盧攜奏以駢爲諸道行營兵馬都統。駢乃傳檄徵天下兵，且廣召募，得土客之兵共七萬，威望大振，朝廷深倚之。夏四月，張璘渡江擊賊帥王重霸，降之。屢破黄巢軍，巢退保饒州，别將常宏以其衆數萬降。璘攻饒州，克之，巢走。

以諸葛爽爲北面行營副招討。五月，以汝州防禦使諸葛爽爲振武節度使。

黄巢屯信州，遇疾疫，卒徒多死。張璘急擊之，巢以金啗璘，且致書請降於高駢，求駢保奏。駢欲誘致之，許爲之求節鉞。時昭義、感化、義武等軍皆至淮南，駢恐分其功，乃奏賊不日當平，不煩諸道兵，請悉遣歸，朝廷許之。賊詗知諸道兵已北渡淮，乃告絶於駢，且請戰。駢怒，令璘擊之，兵敗，璘死，巢勢復振。六月，黄巢别將陷睦州、婺州。庚戌，黄巢攻宣州，陷之。

秋七月，黄巢自采石渡江，圍天長、六合，兵勢甚盛。淮南將畢師鐸言於高駢曰：「朝廷倚公爲安危，今賊數十萬衆乘勝長驅，若涉無人之境，不據險要之地以擊之，使踰長淮，不可復制，必爲中原大患。」駢以諸道兵已散，張璘復死，自度力不能制，畏怯不敢出兵，但命諸將嚴備自保而已。且上表告急，稱：「賊六十餘萬屯天長，去臣城無五十里。」先是，盧攜謂駢有文武長才，若悉委以兵柄，黄巢不足平。朝野雖有謂駢不足恃者，然猶庶幾望之。及駢表至，上下失望，人情大駭。詔書責駢散遣諸道兵，致賊乘無備渡江。駢上表言：「臣奏聞遣歸，亦非自專。今臣竭力保衛一方，必能濟辦。但恐賊迤邐過淮，宜急敕東道將士善爲禦備。」遂稱風痺，不復出戰。

詔河南諸道發兵屯溵水，泰寧節度使齊克讓屯汝州，以備黄巢。

辛酉，以淄州刺史曹全晸爲天平節度使兼東面副都統。

九月，黄巢衆號十五萬，曹全晸以其衆六千與之戰，頗有殺獲。以衆寡不敵，退屯泗上，以俟諸軍至併力擊之，而高駢竟不之救，賊遂擊全晸，破之。

徐州遣兵三千赴溵水，過許昌。徐卒素名凶悖，節度使薛能自謂前鎮彭城，有恩信於徐人，館之毬場。及暮，徐卒大譟，能登子城樓問之，對以供備疏闕，慰勞久之方定，許人大懼。時忠武亦遣大將周岌詣溵水，行未遠，聞之，夜引兵還，比明，入城，襲擊徐卒，盡殺之。且怨能之厚徐卒也，遂逐之。能將奔襄陽，亂兵追殺之，并其家，岌自稱留後。汝鄭把截制置使齊克讓恐爲岌所襲，引兵還兖州。於是諸道兵屯溵水者皆散。黄巢遂悉衆渡淮，所過不虜掠，惟取丁壯以益兵。

冬十月，以諸葛爽爲夏綏節度使。黄巢陷申州，遂入潁、宋、徐、兖之境。

十一月，詔河東節度使鄭從讜以本道兵授諸葛爽及代州刺史朱玫，使南討黄巢。乙卯，以代北都統李琢爲河陽節度使。

初，黄巢將渡淮，豆盧瑑請以天平節鉞授巢，俟其到鎮討之。盧攜曰：「盜賊無厭，雖與之節，不能止其剽掠，不若急發諸道兵扼泗州，汴州節度使爲都統，賊既前不能入關，必還掠淮、浙，偷生海渚耳！」從之。既而淮北相繼告急，攜稱疾不出，京師大恐。庚申，東都奏黄巢入汝州境。辛酉，以河中都虞候王重榮權知留後。

汝鄭把截制置都指揮使齊克讓奏黄巢自稱天補大將軍，轉牒諸軍云：「各宜守壘，勿犯吾鋒。吾將入東都，即至京邑，自欲問罪，無預衆人。」上召宰相議之。豆盧瑑、崔沆請發關内諸鎮及兩神策軍守潼關。壬戌，日南至，上開延英，對宰相泣下。觀軍容使田令孜奏：「請選左右神策軍弓弩手守潼關，臣自爲都指揮制置把截使。」上曰：「侍衛將士不習征戰，恐未足用。」令孜曰：「昔安禄山構逆，玄宗幸蜀以避之。」崔沆曰：「禄山衆纔五萬，比之黄巢，不足言矣。」豆盧瑑曰：「哥舒翰以十五萬衆不能守潼關，今黄巢衆六十萬，而潼關又無哥舒之兵。若令孜爲社稷計，三川帥臣皆令孜腹心，比於玄宗則有備矣。」上不懌，謂令孜曰：「卿且爲朕發兵守潼關。」是日，上幸左神策軍，親閲將士。令孜薦左軍馬軍將軍張承範、右軍步軍將軍王師會、左軍兵馬使趙珂。上召見三人，以承範爲兵馬先鋒使兼把截潼關制置使，師會爲制置關塞糧料使，珂爲句當寨柵使，令孜爲左右神策軍、內外八鎮及諸道兵馬都指揮制置招討等使，飛龍使楊復恭爲副使。

癸亥，齊克讓奏：「黄巢已入東都境，臣收軍退保潼關，於關外置寨。將士屢經戰鬬，久乏資儲，州縣殘破，人煙殆絶，東西南北不見王人，凍餒交逼，兵械刓弊，各思鄉閭。恐一旦潰去，乞早遣資糧及援軍。」上命選兩神策弩手得二千八百人，令張承範等將以赴之。丁卯，黄巢陷東都，留守劉允章帥百官迎謁。巢入城，勞問而已，閭里晏然。允章，迺之曾孫也。田令孜奏募坊市人數千以補兩軍。辛未，陝州奏東都已陷。壬申，以田令孜爲汝、洛、晉、絳、同、華都統，將左右軍東討。是日，賊陷虢州。以神策將羅元杲爲河陽節度使。

乙亥，張承範等將神策弩手發京師。神策軍士皆長安富家子，賂宦官竄名軍籍，厚得稟賜，但華衣怒馬，憑勢使氣，未嘗更戰陳。聞當出征，父子聚泣，多以金帛雇病坊貧人代行，往往不能操兵。是日，上御章信門樓臨遣之。承範進言：「聞黄巢擁數十萬之衆，鼓行而西，齊克讓以飢卒萬人依托關外，復遣臣以二千餘人屯於關上，又未聞饋餉之計，以此拒賊，臣竊寒心。願陛下趣諸道精兵，早爲繼援。」上曰：「卿輩第行，兵尋至矣。」丁丑，承範等至華州。會刺史裴虔餘徙宣歙觀察使，軍民皆逃入華山，城中索然，州庫唯塵埃鼠迹，顧倉中猶有米千餘斛，軍士裹三日糧而行。

十二月庚辰朔，承範等至潼關，搜菁中，得村民百許，使運石汲水，爲守禦之備。與齊克讓軍皆絶糧，士卒莫有鬭志。是日，黄巢前鋒軍抵關下，白旗滿野，不見其際。克讓與戰，賊小卻。俄而巢至，舉軍大呼，聲振河、華。克讓力戰，自午至酉始解，士卒飢甚，遂諠譟，燒營而潰，克讓走入關。關左有谷，平日禁人往來，以榷征税，謂之「禁阬」。賊至倉猝，官軍忘守之，潰兵自谷而入，谷中灌木壽藤茂密如織，一夕踐爲坦塗。承範盡散其緇囊以給士卒，遣使上表告急，稱：「臣離京六日，甲卒未增一人，饋餉未聞影響。到關之日，巨寇已來，以二千餘人拒六十萬衆，外軍飢潰，蹋開禁阬。臣之失守，鼎鑊甘心；朝廷謀臣，愧顔何寄！或聞陛下已議西巡，苟鑾輿一動，則上下土崩。臣敢以猶生之軀，奮冒死之語，願與近密及宰臣熟議，未可輕動。急徵兵以救關防，則高祖、太宗之業庶幾猶可扶持，使黄巢繼安禄山之亡，微臣勝哥舒翰之死。」

辛巳，賊急攻潼關，承範悉力拒之，自寅及申，關上矢盡，投石以擊之。關外有天塹，賊驅民千餘人入其中，掘土填之，須臾即平，引兵而度。夜，縱火焚關樓俱盡。承範分兵八百人，使王師會守禁阬，比至，賊已入矣。壬午旦，賊夾攻潼關，關上兵皆潰，師會自殺。

承範變服，帥餘衆脱走。至野狐泉，遇奉天援兵二千繼至，承範曰：「汝來晚矣！」博野、鳳翔軍還至渭橋，見所募新軍衣裘温鮮，怒曰：「此輩何功而然，我曹反凍餒！」遂掠之，更爲賊鄉導以趣長安。

賊之攻潼關也，朝廷以前京兆尹蕭廩爲東道轉運糧料使，廩稱疾，請休官，貶賀州司户。

黄巢入華州，留其將喬鈐守之，河中留後王重榮請降於賊。癸未，制以巢爲天平節度使。甲申，以翰林學士承旨、尚書左丞王徽爲户部侍郎，翰林學士、户部侍郎裴澈爲工部侍郎，並同平章事。以盧攜爲太子賓客分司。田令孜聞黄巢已入關，恐天子責己，乃歸罪於攜而貶之，薦徽、澈爲相。是夕，攜飲藥死。澈，休之從子也。

百官退朝，聞亂兵入城，布路竄匿。田令孜帥神策兵五百奉帝自金光門出，惟福、穆、澤、壽四王及妃嬪數人從行，百官皆莫知之。上奔馳晝夜不息，從官多不能及。車駕既去，軍士及坊市民競入府庫盜金帛。

晡時，黄巢前鋒將柴存入長安，金吾大將軍張直方帥文武數十人迎巢於霸上。巢乘金裝肩輿，其徒皆被髮，約以紅繒，衣錦繡，執兵以從，甲騎如流，輜重塞塗，千里絡繹不絶。民夾道聚觀，尚讓歷諭之曰：「黄王起兵，本爲百姓，非如李氏不愛汝曹，汝但安居毋恐。」巢館于田令孜第。其徒爲盜久，不勝富，見貧者，往往施與之。居數日，各出大掠，焚市肆，殺人滿街，巢不能禁。尤憎官吏，得者皆殺之。

上趣駱谷，鳳翔節度使鄭畋謁上於道次，請車駕留鳳翔。上曰：「朕不欲密邇巨寇，且幸興元，徵兵以圖收復。卿東扞賊鋒，西撫諸蕃，糾合鄰道，勉建大勳。」畋曰：「道路梗澀，奏報難通，請得便宜從事。」許之。戊子，上至壻水，詔牛勗、楊師立、陳敬瑄，諭以京城不守，且幸興元，若賊勢猶盛，將幸成都，宜豫爲備擬。

庚寅，黄巢殺唐宗室在長安者無遺類。

辛卯，巢始入宮。壬辰，巢即皇帝位于含元殿，畫皁繒爲袞衣，擊戰鼓數百以代金石之樂。登丹鳳樓，下赦書。國號大齊，改元金統。謂廣明之號，去唐下體而著黄家日月，以爲己符瑞。唐官三品已上悉停任，四品以下位如故。以妻曹氏爲皇后。以尚讓爲太尉兼中書令，趙璋兼侍中，崔璆、楊希古並同平章事，孟楷、蓋洪爲左右僕射、知左右軍事，費傳古爲樞密使。以太常博士皮日休爲翰林學士。璆，邠之子也，時罷浙東觀察使在長安，巢得而相之。

諸葛爽以代北行營屯櫟陽，黄巢將碭山朱温屯東渭橋，巢使温誘説之，爽遂降於巢。巢以諸葛爽爲河陽節度使。爽赴鎮，羅元杲發兵拒之，士卒皆棄甲迎爽，元杲逃奔行在。

鄭畋還鳳翔，召將佐議拒賊。皆曰：「賊勢方熾，且宜從容以俟兵集，乃圖收復。」畋曰：「諸君勸畋臣賊乎？」因悶絶仆地，甃傷其面，自午至明旦，尚未能言。會巢使者以赦書至，監軍袁敬柔與將佐序立宣示，代畋草表署名以謝巢。監軍與巢使者宴，樂奏，將佐以下皆哭。使者怪之，幕客孫儲曰：「以相公風痺不能來，故悲耳。」民間聞者無不泣。畋聞之曰：「吾固知人心尚未厭唐，賊授首無日矣。」乃刺指血爲表，遣所親間道詣行在。召將佐諭以逆順，皆聽命，復刺血與盟。然後完城塹，繕器械，訓士卒，密約鄰道合兵討賊，鄰道皆許諾，發兵會於鳳翔。時禁軍分鎮關中者尚數萬，聞天子幸蜀，無所歸，畋使人招之，皆往從畋，畋分財以結其心，軍勢大振。

丁酉，車駕至興元，詔諸道各出全軍收復京師。

己亥，黄巢下令，百官詣趙璋第投名銜者復其官。豆盧瑑、崔沆及左僕射于琮、右僕射劉鄴、太子少師裴諗、御史中丞趙濛、刑部侍郎李溥、京兆尹李湯扈從不及，匿民間，巢搜獲，皆殺之。廣德公主曰：「我唐室之女，誓與于僕射俱死。」執賊刃不置，賊并殺之。發盧攜尸，戮之於市。將作監鄭綦、庫部郎中鄭係義不臣賊，舉家自殺。左金吾大將軍張直方雖臣於巢，多納亡命，匿公卿於複壁，巢殺之。

初，樞密使楊復恭薦處士河間張濬，拜太常博士，遷度支員外郎。黄巢逼潼關，濬避亂商山。上幸興元，道中無供頓，漢陰令李康以騾負糗糧數百馱獻之，從行軍士始得食。上問康：「卿爲縣令，何能如是？」對曰：「臣不及此，乃張濬員外教臣。」上召濬詣行在，拜兵部郎中。

義(成)〔武〕節度使王處存聞長安失守，號哭累日，不俟詔命，舉軍入援，遣二千人間道詣興元衛車駕。

黄巢遣使調發河中，前後數百人，吏民不勝其苦。王重榮謂衆曰：「始吾屈節以紓軍府之患，今調財不已，又將徵兵，吾亡無日矣，不如發兵拒之。」衆皆以爲然，乃悉驅巢使者殺之。巢遣其將朱温自同州，弟黄鄴自華州合兵擊河中。重榮與戰，大破之，獲糧仗四十餘船，遣使與王處存結盟，引兵營於渭北。陳敬瑄聞車駕出幸，遣步騎三千奉迎，表請幸成都。時從兵浸多，興元儲偫不豐，田令孜亦勸上，上從之。

中和元年春正月，車駕發興元。辛未，上至綿州，東川節度使楊師立謁見。

壬申，以工部侍郎、判度支蕭遘同平章事。

鄭畋約前朔方節度使(田)〔唐〕弘夫、涇原節度使程宗楚同討黄巢。巢遣其將王暉齎詔召畋，畋斬之，遣其子凝績詣行在，凝績追及上於漢州。丁丑，車駕至成都，館於府舍。

上遣中使趣高駢討黄巢，道路相望，駢終不出兵。上至蜀，猶冀駢立功，詔駢巡内刺史及諸將有功者，自監察至常侍，聽以墨敕除訖奏聞。

二月(乙)〔己〕卯朔，以太子少師王鐸守司徒兼門下侍郎、同平章事。丙申，加鄭畋同平章事。加淮南節度使高駢東面都統。加河東節度使鄭從讜兼侍中，依前行營招討使。

代北監軍陳景思帥沙陀酋長李友金及薩葛、安慶、吐谷渾諸部入援京師。至絳州，將濟河，絳州刺史瞿稹，亦沙陀也，謂景思曰：「賊勢方盛，未可輕進，不若且還代北募兵。」遂與景思俱還鴈門。

以樞密使楊復光爲京城西南面行營都監。

黄巢以朱温爲東南面行營都虞候，將兵攻鄧州，三月辛亥，陷之，執刺史趙戎，因戍鄧州以扼荆、襄。

壬子，加陳敬瑄同平章事。甲寅，敬瑄奏遣左黄頭軍使李鋋將兵擊黄巢。

辛酉，以鄭畋爲京城四面諸軍行營都統，賜畋詔：「凡蕃、漢將士赴難有功者，並聽以墨敕除官。」畋奏以涇原節度使程宗楚爲副都統，前朔方節度使唐弘夫爲行軍司馬。黄巢遣其將尚讓、王播帥衆五萬寇鳳翔，畋使弘夫伏兵要害，自以兵數千，多張旗幟，疏陳於高岡。賊以畋書生，輕之，鼓行而前，無復行伍。伏發，賊大敗於龍尾陂，斬首二萬餘級，伏尸數十里。

有書尚書省門爲詩以嘲賊者，尚讓怒，應在省官及門卒，悉抉目倒懸之，大索城中能爲詩者盡殺之，識字者給賤役，凡殺三千餘人。

瞿稹、李友金至代州募兵，踰旬得三萬人，皆北方雜胡，屯於崞西，獷悍暴横，稹與友金不能制。友金乃說陳景思曰：「今雖有衆數萬，苟無威望之將以統之，終無成功。吾兄司徒父子，勇略過人，爲衆所服，驃騎誠奏天子，赦其罪，召以爲帥，則代北之人一麾響應，狂賊不足平也。」景思以爲然，遣使詣行在言之，詔如所請。友金以五百騎齎詔詣達靼迎之，李克用帥達靼諸部萬人赴之。

羣臣追從車駕者稍稍集成都，南、北司朝者近二百人，諸道及四夷貢獻不絶，蜀中府庫充實，與京師無異，賞賜不乏，士卒欣悦。

黄巢得王徽，逼以官，徽陽瘖不從。月餘，逃奔河中，遣人間道奉絹表詣行在。詔以徽爲兵部尚書。前夏綏節度使諸葛爽復自河陽奉表自歸，即以爲河陽節度使。宥州刺史拓跋思恭，本党項羌也，糾合夷夏兵會鄜延節度使李孝昌於鄜州，同盟討賊。

奉天鎮使齊克儉遣使詣鄭畋求自效。甲子，畋傳檄天下藩鎮，合兵討賊。時天子在蜀，詔令不通，天下謂朝廷不能復振，及得畋檄，争發兵應之。賊懼，不敢復窺京西。

夏四月戊寅朔，加王鐸兼侍中。以拓跋思恭權知夏綏節度使。

黄巢以其將王玫爲邠寧節度使，邠州通塞鎮將朱玫起兵誅之，讓别將李重古爲節度使，自將兵討巢。是時唐弘夫屯渭北，王重榮屯沙苑，王處存屯渭橋，拓跋思恭屯武功，鄭畋屯盩厔。弘夫乘龍尾之捷，進薄長安。

壬午，黄巢帥衆東走，程宗楚先自延秋門入，弘夫繼至，處存帥鋭卒五千夜入城。坊市民喜，争讙呼出迎官軍，或以瓦礫擊賊，或拾箭以供官軍。宗楚等〔恐〕諸將分其功，不報鳳翔、鄜、夏。軍士釋兵入第舍，掠金帛、妓妾。處存令軍士首繫白𦈢爲號，坊市少年或竊其號以掠人。賊露宿霸上，詗知官軍不整，且諸軍不相繼，引兵還襲之，自諸門分入，大戰長安中，宗楚、弘夫死。軍士重負不能走，是以甚敗，死者什八九。處存收餘衆還營。

丁亥，巢復入長安，怒民之助官軍，縱兵屠殺，流血成川，謂之「洗城」。於是諸軍皆退，賊勢愈熾。賊所署同州刺史王溥、華州刺史喬謙、商州刺史宋巖，聞巢棄長安，皆帥衆奔鄧州，朱温斬溥、謙，釋巖使還商州。

庚寅，拓跋思恭、李孝昌與賊戰於王橋，不利。

詔以河中留後王重榮爲節度使。

賊衆上黄巢尊號曰承天應運啓聖睿文宣武皇帝。

有雙雉集廣陵府舍，占者以爲野鳥來集，城邑將空之兆。高駢惡之，乃移檄四方，云將入討黃巢，悉發巡内兵八萬，舟二千艘，旌旗甲兵甚盛。五月己未，出屯東塘。諸將數請行期，輒託風濤爲阻，或云時日不利，竟不發。

黃巢之克長安也，忠武節度使周岌降之。岌嘗夜宴，急召監軍楊復光，左右曰：「周公臣賊，將不利於内侍，不可往。」復光曰：「事已如此，義不圖全。」即詣之。酒酣，岌言及本朝，復光泣下，良久曰：「丈夫所感者恩義耳。公自匹夫爲公侯，奈何捨十八葉天子而臣賊乎！」岌亦流涕，曰：「吾不能獨拒賊，故貌奉而心圖之。今日召公，正爲此耳。」因瀝酒爲盟。是夕，復光遣其養子守亮殺賊使者於驛。時秦宗權據蔡州，不從岌命，復光將忠武兵三千詣蔡州，説宗權同舉兵討巢。宗權遣其將王淑將兵三千從復光擊鄧州，逗留不進，復光斬之，併其軍。分忠武八千人爲八都，遣牙將鹿晏弘、晉暉、王建、韓建、張造、李師泰、龐從等八人將之。王建，舞陽人；韓建，長社人；晏弘、暉、造、師泰，皆許州人也。復光帥八都與朱温戰，敗之，遂克鄧州，逐北至藍橋而還。

昭義節度使高潯會王重榮攻華州，克之。

六月戊戌，以鄭畋爲司空兼門下侍郎、同平章事，都統如故。

邠寧節度副使朱玫屯興平，黃巢將王播圍興平，玫退屯奉天及龍尾陂。

西川黃頭軍使李鋋將萬人，鞏咸將五千人屯興平，爲二寨，與黃巢戰，屢捷；陳敬瑄遣神機營使高仁厚將二千人益之。

初，車駕至成都，蜀軍賞錢人三緡。田令孜爲行在都指揮處置使，每四方貢金帛，輒頒賜從駕諸軍無虚月，不復及蜀軍，蜀軍頗有怨言。秋七月丙寅，令孜宴土客都頭，以金杯行酒，因賜之，諸都頭皆拜而受。西川黄頭軍使郭琪獨不受，起言曰：「諸將月受俸料，豐贍有餘，常思難報，豈敢無厭。顧蜀軍與諸軍同宿衛，而賞賚懸殊，頗有觖望，恐萬一致變。願軍容減諸將之賜以均蜀軍，使土客如一，則上下幸甚。」令孜默然有間，曰：「汝嘗有何功？」對曰：「琪生長山東，征戍邊鄙，嘗與党項十七戰，契丹十餘戰，金創滿身。又嘗征吐谷渾，傷脅腸出，線縫復戰。」令孜乃自酌酒於别樽以賜琪。琪知其毒，不得已，再拜飲之。歸，殺一婢，吮其血以解毒，吐黑汁數升。遂帥所部作亂，丁卯，焚掠坊市。令孜奉天子保東城，閉門登樓，命諸軍擊之。琪引兵還營，陳敬瑄命都押牙安金山將兵攻之，琪夜突圍出，奔廣都。

上日夕專與宦官同處，議天下事，待外臣殊疏薄。庚午，左拾遺孟昭圖上疏，以爲：「治安之代，遐邇猶應同心；多難之時，中外尤當一體。去冬車駕西幸，不告南司，遂使宰相、僕射以下悉爲賊所屠，獨北司平善。况今朝臣至者，皆冒死崎嶇，遠奉君親，所宜自兹同休等戚。伏見前夕黄頭軍作亂，陛下獨與令孜、敬瑄及諸内臣閉城登樓，並不召王鐸已下及收朝臣入城。翌日，又不對宰相，亦不宣慰朝臣。臣備位諫官，至今未知聖躬安否，況疏冗乎？儻羣臣不顧君上，罪固當誅；若陛下不恤羣臣，於義安在！夫天下者，高祖、太宗之天下，非北司之天下。天子者，四海九州之天子，非北司之天子。北司未必盡可信，南司未必盡無用。豈天子與宰相了無關涉，朝臣皆若路人。如此，恐收復之期，尚勞宸慮，尸祿之士，得以宴安。臣躬被寵榮，職在裨益，雖遂事不諫，而來者可追。」疏入，令孜屏不奏。辛未，矯詔貶昭圖嘉州司户，遣人沈於蟇頤津，聞者氣塞而莫敢言。

鄜延節度使李孝昌、權夏州節度使拓跋思恭屯東渭橋，黄巢遣朱温拒之。

以義武節度使王處存爲東南面行營招討使，以邠寧節度副使朱玫爲節度使。

秋八月，高潯與黄巢將李詳戰于石橋，潯敗，奔河中，詳乘勝復取華州。巢以詳爲華州刺史。

以權知夏綏節度使拓跋思恭爲節度使。

九月，李孝昌、拓跋思恭與尚讓、朱温戰于東渭橋，不利，引去。

初，高駢與鎮海節度使周寶俱出神策軍，駢以兄事寶。及駢先貴，有功，浸輕之。既而封壤相鄰，數争細故，遂有隙。駢檄寶入援京師，寶治舟師以俟之，怪其久不行。訪諸幕客，或曰：「高公幸朝廷多故，有併吞江東之志，聲云入援，其實未必非圖我也，宜爲備。」竇未之信，使人覘駢，殊無北上意。會駢使人約竇面會瓜洲議軍事，竇遂以言者爲然，辭疾不往。且謂使者曰：「吾非李康，高公復欲作家門功勳以欺朝廷邪！」駢怒，復遣使責竇：「何敢輕侮大臣？」竇詬之曰：「彼此夾江爲節度使，汝爲大臣，我豈坊門卒邪？」由是遂爲深仇。駢留東塘百餘日，詔屢趣之，駢上表託以竇及浙東觀察使劉漢宏將爲後患。辛亥，復罷兵還府，其實無赴難心，但欲禳雉集之異耳。

忠武監軍楊復光屯武功。鳳翔行軍司馬李昌言將本軍屯興平。時鳳翔倉庫虛竭，犒賞稍薄，糧饋不繼。昌言知府中兵少，因激怒其衆，冬十月，引軍還襲府城。鄭畋登城與士卒言，其衆皆下馬羅拜曰：「相公誠無負我曹。」畋曰：「行軍苟能戢兵愛人，爲國滅賊，亦可以順守矣。」乃以留務委之，即日西赴行在。

天平節度使曹全晸與賊戰死，軍中立其兄子存實爲留後。

十一月，孟楷、朱温襲鄜、夏二軍於富平，二軍敗，奔歸本道。

鄭畋至鳳州，累表辭位。詔以畋爲太子少傅分司，以李昌言爲鳳翔節度行營招討使。

十二月，以感化留後時溥爲節度使。賜夏州號定難軍。

王鐸以高駢爲諸道都統無心討賊，自以身爲首相，發憤請行，懇款流涕，至于再三，上許之。

二年春正月辛亥，以王鐸兼中書令，充諸道行營都都統，權知義成節度使，俟罷兵復還政府。高駢但領鹽鐵轉運使，罷其都統及諸使。聽王鐸自辟將佐，以太子少師崔安潛爲副都統。辛未，以周岌、王重榮爲都都統左右司馬，諸葛爽及宣武節度使康實爲左右先鋒使，時溥爲催遣綱運租賦防遏使。以右神策觀軍容使西門思恭爲諸道行營都都監。又以王處存、李孝昌、拓跋思恭爲京城東北西面都統，以楊復光爲南面行營都監使。又以中書舍人鄭昌圖爲義成節度行軍司馬，給事中鄭畯爲判官，直弘文館王摶爲推官，司勳員外郎裴贄爲掌書記。昌圖，從讜之從祖兄弟；畯，畋之弟；摶，璵之曾孫；贄，坦之子也。又以陝虢觀察使王重盈爲東面都供軍使。重盈，重榮之兄也。

黄巢以朱温爲同州刺史，令温自取之。二月，同州刺史米誠奔河中，温遂據之。

己卯，以太子少傅分司鄭畋爲司空兼門下侍郎、同平章事，召詣行在，軍務一以咨之。

以王鐸兼判户部事。

朱温寇河中，王重榮擊敗之。

以李昌言爲京城西面都統，朱玫爲河南都統。

以右神策將軍齊克儉爲左右神策軍、内外八鎮兼博野奉天節度使。賜鄜坊軍號保大。

夏四月，王鐸將兩川、興元之軍屯靈感寺，涇原屯京西，易定、河中屯渭北，邠寧、鳳翔屯興平，保大、定難屯渭橋，忠武屯武功，官軍四集。黄巢勢已蹙，號令所行，不出同、華。民避亂，皆入深山築柵自保，農事俱廢，長安城中斗米直三十緡。賊買人於官軍以爲糧，官軍或執山柵之民鬻之，直數百緡，以肥瘠論價。

五月，加淮南節度使高駢兼侍中，罷其鹽鐵轉運使。駢既失兵柄，又解利權，攘袂大詬，遣幕僚顧雲草表自訴，言辭不遜。其略曰：「是陛下不用微臣，固非微臣有負陛下。」又曰：「姦臣未悟，陛下猶迷，不思宗廟之焚燒，不痛園陵之開毁。」又曰：「王鐸僨軍之將，崔安潛在蜀貪黷，豈二儒生能戢强兵？」又曰：「今之所用，上至帥臣，下及裨將，以臣所料，悉可坐擒。」又曰：「無使百代有抱恨之臣，千古留刮席之恥。臣但慮寇生東土，劉氏復興，即軹道之災，豈獨往日。」又曰：「今賢才在野，憸人滿朝，致陛下爲亡國之君，此子等計將安出！」上命鄭畋草詔切責之。其略曰：「綰利則牢盆在手，主兵則都統當權；直至京北、京西、神策諸鎮，悉在指揮之下，可知董制之權；而又貴作司徒，榮爲太尉，以爲不用，如何爲用乎？」又曰：「朕緣久付卿兵柄，不能翦蕩元凶，自天長漏網過淮，不出一兵襲逐，奄殘京國，首尾三年。廣陵之師，未離封部，忠臣積望，勇士興譏，所以擢用元臣，誅夷巨寇。」又曰：「從來倚仗之意，一旦控告無門，凝睇東南，惟增悽惻。」又曰：「謝玄破苻堅於淝水，裴度平元濟於淮西，未必儒臣不如武將。」又曰：「宗廟焚燒，園陵開毁，龜玉毁櫝，誰之過與！」又曰：「姦臣未悟之言，何人肯認？陛下猶迷之語，朕不敢當。」又曰：「卿尚不能縛黄巢於天長，安能坐擒諸將！」又曰：「卿云劉氏復興，不知誰爲魁首？比朕於劉玄、子嬰，何太誣罔！」又曰：「况天步未傾，皇綱尚整，三靈不昧，百度俱存，君臣之禮儀，上下之名分，所宜遵守，未可墮陵。朕雖冲人，安得輕侮！」駢臣節既虧，自是貢賦遂絶。

黄巢攻興平，興平諸軍退屯奉天。

秋七月，以保大留後東方逵爲節度使，充京城東面行營招討使。

八月，黄巢所署同州防禦使朱温屢請益兵以扞河中，知右軍事孟楷抑之，不報。温見巢兵勢日蹙，知其將亡，親將胡真、謝瞳勸温歸國。九月丙戌，温殺其監軍嚴實，舉州降王重榮。温以舅事重榮，王鐸承制以温爲同華節度使，使瞳奉表詣行在。瞳，福州人也。李詳以重榮待温厚，亦欲歸之，爲監軍所告，黄巢殺之，以其弟思鄴爲華州刺史。

〔冬十月〕，以朱温爲右金吾大將軍、河中行營招討使，賜名全忠。（冬十月）以平盧大將王敬武爲留後。時諸道兵皆會關中討黄巢，獨平盧不至，王鐸遣都統判官、諫議大夫張濬往説之。敬武已受黄巢官爵，不出迎，濬見敬武責之曰：「公爲天子藩臣，侮慢詔使；

不能事上，何以使下！」敬武愕然，謝之。既宣詔，將士皆不應，濬徐諭之曰：「人生當先曉逆順，次知利害。黄巢前日販鹽虜耳，公等捨累葉天子而臣之，果何利哉？今天下勤王之師皆集京畿，而淄青獨不至。一旦賊平，天子返正，公等何面見天下之人乎！不亟往分功名，取富貴，後悔無及矣。」將士皆改容引咎，顧謂敬武曰：「諫議之言是也。」敬武即發兵從濬而西。

黄巢兵勢尚强，王重榮患之，謂行營都監楊復光曰：「臣賊則負國，討賊則力不足，奈何？」復光曰：「雁門李僕射驍勇，有强兵，其家尊與吾先人嘗共事相善，彼亦有徇國之志，所以不至者，以與河東結隙耳。誠以朝旨諭鄭公而召之，必來，來則賊不足平矣。」東面宣慰使王徽亦以爲然。時王鐸在河中，乃以墨敕召李克用，諭鄭從讜。十一月，克用將沙陀萬七千自嵐、石路趣河中。

李詳舊卒共逐黄思鄴，推華陰鎮使王遇爲主，以華州降王重榮。王鐸承制以遇爲刺史。

十二月，以忻、代等州留後李克用爲雁門節度使。李克用將兵四萬至河中，遣從父弟克脩先將兵五百濟河嘗賊。初，克用弟克讓爲南山寺僧所殺，其僕渾進通歸于黄巢。自高潯之敗，諸軍皆畏賊，莫敢進。及克用軍至，賊憚之曰：「鵶軍至矣，當避其鋒。」克用同州。

皆衣黑，故謂之鴉軍。巢乃捕南山寺僧十餘人，遣使齎詔書及重賂，因渾進通詣克用以求和。克用殺僧，哭克讓，受其賂以分諸將，焚其詔書，歸其使者，引兵自夏陽渡河，軍于同州。

三年春正月，李克用將李存貞敗黄揆于沙苑。己巳，克用進屯沙苑。揆，巢之弟也。王鐸承制以克用爲東北面行營都統，以楊復光爲東面都統監軍使，陳景思爲北面都統監軍使。乙亥，制以中書令充諸道行營都統王鐸爲義成節度使，令赴鎮。田令孜欲歸重北司，稱鐸討黄巢久無功，卒用楊復光策，召沙陀而破之，故罷鐸兵柄以悦復光。又以副都統崔安潛爲東都留守，以都都監西門思恭爲右神策中尉，充諸道租庸兼催促諸道進軍等使。令孜自以建議幸蜀，收傳國寶、列聖真容，散家財犒軍爲己功，令宰相、藩鎮共請加賞。上以令孜爲十軍兼十二衛觀軍容使。

二月壬子，李克用進軍乾阬，與河中、易定、忠武軍合。尚讓將十五萬衆屯于梁田陂，明日，大戰，自午至晡，賊大敗，俘斬數萬，伏尸三十里。巢將王璠、黄揆襲華州，據之，王遇亡去。甲子，李克用進圍華州，黄思鄴、黄揆嬰城固守，克用分騎屯渭北。

加鳳翔節度使李昌言同平章事。

黄巢兵數敗，食復盡，陰爲遁計，發兵三萬搤藍田道。三月壬申，遣尚讓將兵救華州。

李克用、王重榮引兵逆戰于零口，破之。克用進軍渭橋，騎軍在渭北，克用每夜令其將薛志勤、康君立潛入長安，燔積聚，斬虜而還，賊中大驚。

己丑，以河中行營招討副使朱全忠爲宣武節度使，俟克復長安，令赴鎮。癸巳，李克用等拔華州，黄揆棄城走。

夏四月，李克用與忠武將龐從、河中將白志遷等引兵先進，與黄巢軍戰于渭南，一日三戰，皆捷。義成、義武等諸軍繼之，賊衆大奔。甲辰，克用等自光泰門入京師，黄巢力戰不勝，焚宫室遁去。賊死及降者甚衆，官軍暴掠，無異於賊，長安室屋及民所存無幾。巢自藍田入商山，多遺珍寶於路，官軍争取之，不急追，賊遂逸去。

楊復光遣使告捷，百官入賀。詔留忠武等軍二萬人，委大明宫留守王徽及京畿制置使田從異部分，守衛長安。五月，加朱玫、李克用、東方逵同平章事。升陜州爲節度，以王重盈爲節度使。又建延州爲保塞軍，以保大行軍司馬、延州刺史李孝恭爲節度使。克用時年二十八，於諸將最少，而破黄巢復長安，功第一，兵勢最强，諸將皆畏之。克用一目微眇，時人謂之「獨眼龍」。

詔以崔璆家貴身顯，爲黄巢相，首尾三載，不逃不隱，於所在斬之。

黄巢使其驍將孟楷將萬人爲前鋒，擊蔡州，節度使秦宗權逆戰而敗。〔賊〕進攻其城，宗權遂稱臣於巢，與之連兵。

初，巢在長安，陳州刺史宛丘趙犨謂將佐曰：「巢不死長安，必東走，陳其衝也。且巢素與忠武爲仇，不可不爲之備。」乃完城塹，繕甲兵，積芻粟，六十里之內民有資糧者，悉徙之入城。多募勇士，使其弟昶珝、子麓林分將之。孟楷既下蔡州，移兵擊陳，軍于項城。犨先示之弱，伺其無備襲擊之，殺獲殆盡，生擒楷，斬之。巢聞楷死，驚怒，悉衆屯溵水。六月，與秦宗權合兵圍陳州，掘塹五重，百道攻之。陳人大恐，犨諭之曰：「忠武素著義勇，陳州號爲勁兵，况吾家久食陳禄，誓與此州存亡。男子當求生於死中，且徇國而死，不愈於臣賊而生乎！有異議者斬。」數引鋭兵開門出擊賊，破之。巢益怒，營於州北，立宮室、百司，爲持久之計。時民間無積聚，賊掠人爲糧，生投於碓磑，并骨食之，號給糧之處曰「舂磨寨」。縱兵四掠，自河南、許、汝、唐、鄧、孟、鄭、汴、曹、濮、徐、兖等數十州，咸被其毒。

宣武節度使朱全忠帥所部數百〔人〕赴鎮，秋七月丁卯，至汴州。時汴宋荐饑，公私窮竭，内外驕軍難制，外爲大敵所攻，無日不戰，衆心危懼，而全忠勇氣益振。詔以黄巢未平，加全忠東北面都招討使。

以李克用爲河東節度使，召鄭從讜詣行在。克用乃自東道過榆次，詣雁門省其父。

司徒、門下、同平章事鄭畋罷爲太子太保。

九月，感化節度使時溥營於溵水，加溥東面兵馬都統。

十二月，趙犨遣人間道求救於鄰道，於是周岌、時溥、朱全忠皆引兵救之。全忠與黄巢之黨戰於鹿邑，敗之，斬首二千餘級，遂引兵入亳州而據之。

四年。（春正月）黄巢兵尚强，周岌、時溥、朱全忠不能支，共求救於河東節度使李克用。

二月，克用將蕃、漢兵五萬出天井關。河陽節度使諸葛爽辭以河橋不全，屯兵萬善以拒之。克用乃還兵自陝、河中渡河而東。

三月，朱全忠擊黄巢瓦子寨，拔之。巢將陝人李唐賓、楚丘王虔裕降于全忠。

黄巢圍陳州幾三百日，趙犨兄弟與之大小數百戰，雖兵食將盡，而衆心益固。李克用會許、汴、徐、兖之軍于陳州。時尚讓屯太康，夏四月癸巳，諸軍進拔太康。黄思鄴屯西華，諸軍復攻之，思鄴走。黄巢聞之懼，退軍故陽里，陳州圍始解。

朱全忠聞巢將至，引軍還大梁。五月癸亥，大雨，平地三尺，黄巢營爲水所漂，且聞李克用至，遂引兵東北趣汴州，屠尉氏。尚讓以驍騎五千進逼大梁，至于繁臺；宣武將豐人朱珍、南華龐師古擊卻之。全忠復告急於李克用。丙寅，克用與忠武都監使田從異發許州，戊辰，追及黄巢於中牟北王滿渡，乘其半濟，奮擊，大破之，殺萬餘人，賊遂潰。尚讓帥其衆降時溥，別將臨晉李讜、曲周霍存、甄城葛從周、冤句張歸霸及從弟歸厚帥其衆降朱全忠。巢踰汴而北，己巳，克用追擊之於封丘，又破之。庚午夜，復大雨，賊驚懼東走，克用追之，過胙城、匡城。巢收餘衆近千人，東奔兗州。辛未，克用追至冤句，騎能屬者纔數百人，晝夜行二百餘里，人馬疲乏，糧盡，乃還汴州欲裹糧復追之，獲巢幼子及乘輿、器服、符印，得所掠男女萬人，悉縱遣之。

庚辰，時溥遣其將李師悅將兵萬人追黃巢。

六月甲辰，武寧將李師悅與尚讓追黃巢至瑕丘，敗之。巢衆殆盡，走至狼虎谷，丙午，巢甥林言斬巢兄弟、妻子首，將詣時溥，遇沙陀博野軍，奪之，并斬言首以獻于溥。

秋七月壬午，時溥遣使獻黃巢及家人首并姬妾，上御大玄樓受之。宣問姬妾：「汝曹皆勳貴子女，世受國恩，何爲從賊？」其居首者對曰：「狂賊凶逆，國家以百萬之衆，失守宗祧，播遷巴、蜀。今陛下以不能拒賊責一女子，置公卿將相於何地乎！」上不復問，皆戮之於市。人争與之酒，其餘皆悲怖昏醉，居首者獨不飲不泣，至於就刑，神色肅然。

上以長安宮室焚毁，故久留蜀未歸。王徽知京兆尹事，招撫流散，户口稍歸，復繕治宮室，百司粗有緒。冬十月，關東藩鎮表請車駕還京師。

十二月，鳳翔節度使李昌言病，表弟昌符知留後。昌言薨，制以昌符爲鳳翔節度使。

時黄巢雖平，秦宗權復熾，命將出兵，寇掠鄰道，陳彦侵淮南，秦賢侵江南，秦誥陷襄、唐、鄧，孫儒陷東都、孟、陝、虢，張晊陷汝、鄭，盧瑭攻汴、宋，所至屠翦焚蕩，殆無孑遺。其殘暴又甚於巢，軍行未始轉糧，車載鹽尸以從。北至衛、滑，西及關、輔，東盡青、齊，南出江、淮，州鎮存者僅保一城，極目千里，無復煙火。上將還長安，畏宗權爲患。

光啓元年春正月戊午，下詔招撫之。己卯，車駕發成都，陳敬瑄送至漢川而還。二月丙申，至鳳翔，三月丁卯，至京師。荆棘滿城，狐兔縱横，上淒然不樂。己巳，赦天下，改元。時朝廷號令所在，惟河西、山南、劍南、嶺南數十州而已。

藩鎮之亂

唐僖宗光啓元年。初，田令孜在蜀募新軍五十四都，每都千人，分隸兩神策，爲十軍以統之，又南牙、北司官共萬餘員。是時藩鎮各專租稅，河南北、江淮無復上供，三司轉運無調發之所，度支惟收京畿、同、華、鳳翔等數州租稅，不能贍，賞賚不時，士卒有怨言。令孜患之，不知所出。先是，安邑、解縣兩池鹽皆隸鹽鐵，置官榷之。中和以來，河中節度使王重榮專之，歲獻三千車以供國用。令孜奏復如舊制隸鹽鐵。夏四月，令孜自兼兩池榷鹽鐵使，收其利以贍軍。重榮上章論訴不已。遣中使往諭之，重榮不可。時令孜多遣親信覘藩鎮，有不附己者，輒圖之。令孜養子匡祐使河中，重榮待之甚厚，而匡祐傲甚，舉軍皆憤怒。重榮乃數令孜罪惡，責其無禮，監軍爲講解，僅得脱去。匡祐歸以告令孜，勸圖之。五月，令孜徙重榮爲泰寧節度使，以泰寧節度使齊克讓爲義武節度使，以義武節度使王處存爲河中節度使，仍詔李克用以河東軍援處存赴鎮。

王重榮自以有復京城功，爲田令孜所擯，不肯之兗州，累表論令孜離間君臣，數令孜十罪；令孜結邠寧節度使朱玫、鳳翔節度使李昌符以抗之。王處存亦上言：「幽、鎮兵新退，臣未敢離易、定。且王重榮無罪，有大功於國，不宜輕有改易，搖藩鎮心。」詔趣其上道。八月，處存引軍至晉州，刺史冀君武閉城不内而還。

冬十月，王重榮求救於李克用，克用方怨朝廷不罪朱全忠，克用怨全忠事見諸鎮相攻。選兵市馬，聚結諸胡，議攻汴州。報曰：「待吾先滅全忠，還掃鼠輩如秋葉耳。」重榮曰：「待公自關東還，吾爲虜矣。不若先除君側之惡，退擒全忠易矣。」時朱玫、李昌符亦陰附朱全忠，克用乃上言：「玫、昌符與全忠相表裏，欲共滅臣。臣不得不自救，已集蕃、漢兵十五萬，決以來年濟河，自渭北討二鎮。不近京城，保無驚擾。既誅二鎮，乃旋師滅全忠，以雪讎恥。」上遣使者諭釋，冠蓋相望。

朱玫欲朝廷討克用，數遣人潛入京城，燒積聚，或刺殺近侍，聲云克用所爲，於是京師震恐，日有訛言。令孜遣玫、昌符將本軍及神策、鄜延、靈夏等軍合三萬人屯沙苑，以討王重榮。重榮發兵拒之，告急於克用，克用引兵赴之。十一月，重榮遣兵攻同州，刺史郭璋出戰，敗死。重榮與玫等相守月餘，克用兵至，與重榮俱壁沙苑，表請誅令孜及玫、昌符。詔和解之，克用不聽。十二月癸酉，合戰，玫、昌符大敗，各走還本鎮，潰軍所過焚掠。克用進逼京城，乙亥夜，令孜奉天子自開遠門出幸鳳翔。初，黄巢焚長安宫室而去，諸道兵入城縱掠，焚府寺、民居什六七，王徽累年補葺，僅完一二，至是復爲亂兵焚掠，無孑遺矣。

二年春正月，李克用還軍河中，與王重榮同表請大駕還宫，因罪狀田令孜，請誅之。上復以飛龍使楊復恭爲樞密使。戊子，令孜請上幸興元，上不從。是夜，令孜引兵入宫，劫上幸寶雞，黄門衛士從者纔數百人，宰相朝臣皆不知。翰林學士承旨杜讓能宿直禁中，聞之，步追乘輿，出城十餘里，得人所遺馬，無羈勒，解帶繫頸而乘之，獨追及上於寶雞。明日，乃有太子少保孔緯等數人繼至。讓能，審權之子；緯，戣之孫也。宗正奉太廟神主，至鄠，遇盜，皆失之。朝士追乘輿者至盩厔，爲亂兵所掠，衣裝殆盡。庚寅，上以孔緯爲御史大夫，使還召百官，上留寶雞以待之。

時田令孜弄權，再致播遷，天下共忿疾之。朱玫、李昌符亦恥爲之用，且憚李克用、王重榮之强，更與之合。蕭遘因邠寧奏事判官李松年至鳳翔，遣召朱玫亟迎車駕，癸巳，玫引步騎五千至鳳翔。孔緯詣宰相，欲宣詔召之；蕭遘、裴澈以令孜在上側，不欲往，辭疾不見。緯令臺吏趣百官詣行在，皆辭以無袍笏。緯召三院御史，泣謂：「布衣親舊有急，猶當赴之，豈有天子蒙塵，爲人臣子累召而不往者邪！」御史請辦裝數日而行，緯拂衣起曰：「吾妻病垂死且不顧，諸君善自爲謀，請從此辭。」乃詣李昌符請騎衛送至行在，昌符義之，贈裝錢，遣騎送之。

邠寧、鳳翔兵追逼乘輿，敗神策指揮使楊晟於潘氏，鉦鼓之聲聞於行宮。田令孜奉上發寶雞，留禁軍守石鼻爲後拒。置感義軍於興、鳳二州，以楊晟爲節度使，守散關。時軍民雜糅，鋒鏑縱横，以神策軍使王建、晉暉爲清道斬斫使。建以長劍五百前驅奮擊，乘輿乃得前。上以傳國寶授建，使負之以從，登大散嶺。李昌符焚閣道丈餘，將摧折，王建扶掖上自煙焰中躍過。夜宿板下，上枕建膝而寢。既覺，始進食，解御袍賜建曰：「以其有淚痕故也。」車駕纔入散關，朱玫已圍寶雞。石鼻軍潰，玫長驅攻散關，不克。嗣襄王煴，肅宗之玄孫也，有疾，從上不及，留遵塗驛，爲玫所得，與之俱還鳳翔。庚戌，李克用還太原。

二月，王重榮、朱玫、李昌符復上表請誅田令孜。朱玫、李昌符使山南西道節度使石君涉柵絶險要，燒郵驛，上由他道以進，山谷崎嶇，邠軍迫其後，危殆者數四，僅得達山南。

三月壬午，石君涉棄鎮逃歸朱玫。癸未，鳳翔百官蕭遘等罪狀田令孜及其黨韋昭度，請誅之。初，昭度因供奉僧澈結宦官，得爲相。澈師知玄鄙澈所爲，昭度每與同列詣知玄，皆拜之，知玄揖使詣澈啜茶。山南西道監軍馮翊嚴遵美迎上于西縣，丙申，車駕至興元。

戊戌，以御史大夫孔緯、翰林學士承旨兵部尚書杜讓能並爲兵部侍郎、同平章事。保鑾都將李鋋等敗邠軍於鳳州。詔加王重榮應接糧料使，使調本道穀十五萬斛以繼國用。重榮表稱令孜未誅，不奉詔。以尚書左丞盧渥爲户部尚書，充山南西道留後。以嚴遵美爲内樞密使。遣王建帥部兵戍三泉，晉暉及神策軍使張造帥四都兵屯黑水，修棧道以通往來。以建遥領壁州刺史。將帥遥領州鎮自此始。

朱玫以田令孜在天子左右，終不可去，言於蕭遘曰：「主上播遷六年，中原將士冒矢石，百姓供餽餉，戰死餓死，什減七八，僅能復京城。天下方喜車駕還宫，主上更以勤王之功爲敕使之榮，委以大權，使墮綱紀，騷擾藩鎮，召亂生禍。玫昨奉尊命來迎大駕，不蒙信察，反類脅君。吾輩報國之心極矣，戰賊之力殫矣，安能垂頭弭耳，受制於閹寺之手哉！李氏孫尚多，相公盍改圖以利社稷乎？」遘曰：「主上踐阼十餘年，無大過惡，正以令孜專權肘腋，致坐不安席，上每言之，流涕不已。近日上初無行意，令孜陳兵帳前，迫脅以行，不容俟旦。罪皆在令孜，人誰不知。足下盡心王室，正有引兵還鎮，拜表迎鑾。廢立重事，伊、霍所難，遘不敢聞命。」玫出，宣言曰：「我立李氏一王，敢異議者斬！」

夏四月壬子，玫逼鳳翔，百官奉襄王熅權監軍國事，承制封拜、指揮，仍遣大臣入蜀迎駕，盟百官于石鼻驛。玫使蕭遘爲册文，遘辭以文思荒落，乃使兵部侍郎、判户部鄭昌圖爲之。乙卯，熅受册。玫自兼左右神策十軍使，帥百官奉熅還京師，以鄭昌圖同平章事、判度支鹽鐵户部，各置副使，三司之事一以委焉。河中百官崔安潛等上襄王牋，賀受册。

田令孜自知不爲天下所容，乃薦樞密使楊復恭爲左神策中尉、觀軍容使，自除西川監軍使，往依陳敬瑄。復恭斥令孜之黨，出王建爲利州刺史，晋暉爲集州刺史，張造爲萬州刺史，李師泰爲忠州刺史。

五月，朱玫以中書侍郎、同平章事蕭遘爲太子太保，自加侍中、諸道鹽鐵轉運等使。加裴澈判度支，鄭昌圖判户部。以淮南節度使高駢兼中書令，充江淮鹽鐵轉運等使、諸道行營兵馬都統，淮南右都押牙、和州刺史吕用之爲嶺南東道節度使。大行封拜，以悦藩鎮。遣吏部侍郎夏侯潭宣諭河北，户部侍郎楊陟宣諭江淮諸藩鎮，受其命者什六七，高駢仍奉牋勸進。

初，鳳翔節度使李昌符與朱玫同謀立襄王，既而玫自爲宰相，專權，昌符怒，不受其官，更通表興元。詔加昌符檢校司徒。

朱玫遣其將王行瑜將邠寧、河西兵五萬追乘輿，感義節度使楊晟戰數卻，棄散關走，行瑜進屯鳳州。

是時諸道貢賦多之長安，不之興元，從官衛士皆乏食，上涕泣，不知爲計。杜讓能言於上曰：「楊復光與王重榮同破黄巢，復京城，相親善，復恭其兄也。若遣重臣往諭以大義，且致復恭之意，宜有回慮歸國之理。」上從之，遣右諫議大夫劉崇望使于河中，齎詔諭重榮。重榮即聽命，遣使表獻絹十萬匹，且請討朱玫以自贖。

戊戌，襄王熅遣使者至晉陽，賜李克用詔，言：「上至半塗，六軍變擾，蒼黄晏駕，吾爲藩鎮所推，今已受册。」朱玫亦與克用書，克用聞其謀皆出於玫，大怒。大將蓋寓説克用曰：「鑾輿播遷，天下皆歸咎於我。今不誅玫黜李熅，無以自湔洗。」克用從之，燔詔書，囚使者，移檄鄰道，稱：「玫敢欺藩方，明言晏駕。當道已發蕃、漢三萬兵進討凶逆，當共立大功。」寓，蔚州人也。

六月，以扈蹕都將楊守亮爲金商節度、京畿制置使，將兵二萬出金州，與王重榮、克用共討朱玫。守亮本姓訾，名亮，曹州人，與弟信皆爲楊復光假子，更名守亮、守信。

李克用遣使奉表，稱：「方發兵濟河，除逆黨，迎車駕，願詔諸道與臣協力。」先是，山南之人皆言克用與朱玫合，人情恟懼。表至，上出示從官，并諭山南諸鎮，由是帖然。然克用表猶以朱全忠爲言，上使楊復恭以書諭之，云「俟三輔事寧，別有進止」。

秋七月，王行瑜進攻興州，感義節度使楊晟棄鎮走，據文州，詔保鑾都將李鋋、扈蹕都將李茂貞、陳佩屯大唐峯以拒之。茂貞，博野人，本姓宋，名文通，以功賜姓名。

九月，朱玫將張行實攻大唐峯，李鋋等擊卻之。金吾將軍滿存與邠軍戰，破之，復取興州，進守萬仞寨。

長安百官太子太師裴璩等勸進於襄王熅，冬十月，熅即皇帝位，改元建貞，遙尊上爲太上元皇聖帝。

十一月，田令孜至成都請尋醫，許之。

十二月戊寅，諸軍拔鳳州，以滿存爲鳳州防禦使。

楊復恭傳檄關中，稱：「得朱玫首者，以靜難節度使賞之。」王行瑜戰數敗，恐獲罪於朱玫，與其下謀曰：「今無功，歸亦死，曷若與汝曹斬玫首，定京城，迎大駕，取邠寧節鉞乎？」衆從之。甲寅，行瑜自鳳州擅引兵歸京師。玫方視事，聞之怒，召行瑜責之曰：「汝擅歸，欲反邪？」行瑜曰：「吾不反，欲誅反者朱玫耳。」遂擒斬之，并殺其黨數百人。諸軍大亂，焚掠京城，士民無衣，凍死者蔽地。裴澈、鄭昌圖帥百官二百餘人奉襄王奔河中，王重榮詐爲迎奉，執熅殺之，囚澈、昌圖，百官死者殆半。

王重榮函襄王煴首送行在，刑部請御興元城南門獻馘，百官畢賀。太常博士殷盈孫議，以爲：「煴爲賊臣所逼，正以不能死節爲罪耳。禮，公族罪在大辟，君爲之素服不舉。今煴已就誅，宜廢爲庶人，令所在葬其首。其獻馘稱賀之禮，請俟朱玫首至而行之。」從之。盈孫，侑之孫也。

三年春正月，以邠州都將王行瑜爲静難軍節度使，扈蹕都頭李茂貞領武定節度使，扈蹕都頭楊守宗爲金商節度使，右衛大將軍顧彦朗爲東川節度使，金商節度使楊守亮爲山南西道節度使。二月戊辰，削奪三川都監田令孜官爵，長流端州。然令孜依陳敬瑄，竟不行。

三月癸未，詔僞宰相蕭遘、鄭昌圖、裴澈，於所在集衆斬之，皆死於岐山。時朝士受煴官甚衆，法司皆處以極法。杜讓能力争之，免者什七八。

壬辰，車駕至鳳翔，節度使李昌符恐車駕還京，雖不治前過，恩賞必疏，乃以宫室未完，固請駐蹕府舍，從之。

夏六月戊申，天威都頭楊守立與鳳翔節度使李昌符争道，麾下相毆，帝命中使諭之，不止。是夕，宿衛皆嚴兵爲備。己酉，昌符擁兵燒行宫，庚戌，復攻大安門。守立與昌符戰於通衢，昌符兵敗，帥麾下走保隴州。杜讓能聞難，挺身步入侍上。韋昭度質其家於軍中，誓誅反賊，故軍士力戰而勝之。守立，復恭之假子也。壬子，以扈駕都將武定節度使李茂貞爲隴州招討使，以討昌符。

秋八月壬寅朔，李茂貞奏隴州刺史薛知籌以城降，斬李昌符，滅其族。丙子，以李茂貞同平章事，充鳳翔節度使。以韋昭度守太保兼侍中。

文德元年春二月乙亥，上不豫，壬午，發鳳翔，己丑，至長安。庚寅，赦天下，改元。以韋昭度兼中書令。三月己亥，上疾復作，壬寅，大漸。皇弟吉王保長而賢，羣臣屬望。十軍觀軍容使楊復恭請立其弟壽王傑。是日下詔，立傑爲皇太弟，監軍國事。右軍中尉劉季述遣兵迎傑於六王宅，入居少陽院，宰相以下就見之。癸卯，上崩于靈符殿。遺制，太弟傑更名敏，以韋昭度攝冢宰。昭宗即位，體貌明粹，有英氣，喜文學，以僖宗威令不振，朝廷日卑，有恢復前烈之志，尊禮大臣，夢想賢豪，踐阼之始，中外忻忻焉。冬十月辛卯，葬惠聖恭定孝皇帝于靖陵，廟號僖宗。

昭宗龍紀元年。上將祀圓丘。故事，中尉、樞密皆襆衫侍從。僖宗之世已具襴笏，至是，又令有司制法服。孔緯及諫官、禮官皆以爲不可，上出手札諭之曰：「卿等所論至當。事有從權，勿以小瑕遂妨大禮。」於是宦官始服劍佩侍祠。〔冬十一月〕己酉，祀圓丘，赦天下。

上在藩邸，素疾宦官。及即位，楊復恭恃援立功，所爲多不法，上意不平，政事多謀於宰相，孔緯、張濬勸上舉大中故事抑宦者權。復恭常乘肩輿至太極殿。他日，上與宰相言及四方反者，孔緯曰：「陛下左右有將反者，况四方乎！」上矍然問之，緯指復恭曰：「復恭陛下家奴，乃肩輿造前殿，多養壯士爲假子，使典禁兵，或爲方鎮，非反而何？」復恭曰：「子壯士欲以收士心，衞國家，豈反耶？」上曰：「卿欲衞國家，何不使姓李而姓楊乎？」復恭無以對。

復恭假子天威軍使楊守立本姓胡，名弘立，勇冠六軍，人皆畏之。上欲討復恭，恐守立作亂，謂復恭曰：「朕欲得卿胡子在左右。」復恭見守立於上，上賜姓名李順節，使掌六軍管鑰，不期年，擢至天武都頭，領鎮海節度使，俄加〔同〕平章事。及謝日，臺吏申請班見百僚，孔緯判不集；順節至中書，色不悦。他日，語微及之，緯曰：「宰相師長百僚，故有班見。相公職爲都頭，而於政事堂班見百僚，於意安乎？」順節不敢復言。朱全忠求領鹽鐵，孔緯獨執以爲不可，謂進奏吏曰：「朱公須此職，非興兵不可。」全忠乃止。

大順二年秋八月，六軍十二衞觀軍容使、左軍中尉楊復恭總宿衞兵，專制朝政，諸假子皆爲節度使、刺史，又養宦官子六百人，皆爲監軍。假子龍劍節度使守貞、武定節度使守忠不輸貢賦，上表訕薄朝廷。上舅王瓌求節度使，上訪於復恭，復恭以爲不可。瓌怒，

〔詬〕之。瓌出入禁中，頗用事，復恭惡之，奏以爲黔南節度使。至吉柏津，令山南西道節度使楊守亮覆諸江中，宗族、賓客皆死，以舟敗聞。上知復恭所爲，深恨之。

李順節既寵貴，與復恭爭權，盡以復恭陰事告上，上乃出復恭爲鳳翔監軍。復恭慍懟，不肯行，稱疾，求致仕。九月乙卯，以復恭爲上將軍，致仕，賜以几杖。使者致詔命還，復恭潛遣腹心張綰刺殺之。

冬十月，楊復恭居第近玉山營，假子守信爲玉山軍使，數往省之。或告復恭與守信謀反，乙酉，上御安喜門，陳兵自衛，命天威都將李順節、神策軍使李守節將兵攻其第。張綰帥家衆拒戰，守信引兵助之，順節等不能克。丙戌，禁軍守含光門，俟其開，欲出掠兩市，遇劉崇望，立馬諭之曰：「天子親在街東督戰，汝曹皆宿衛之士，當於樓前殺賊立功，勿貪小利，自取惡名。」衆皆曰：「諾。」遂從崇望而東。守信之衆望見兵來，遂潰走。守信與復恭挈其族自通化門出，趣興元，永安都頭權安追之，擒張綰，斬之。復恭至興元，楊守亮、楊守忠、楊守貞及綿州刺史楊守厚同舉兵拒朝廷，以討李順節爲名。守厚，亦復恭假子也。

十二月，天威都將李順節恃恩驕横，出入常以兵自隨。兩軍中尉劉景宣、西門君遂惡之，白上，恐其作亂。戊子，二人以詔召順節，順節入至銀臺門，二人邀順節於仗舍坐語，供奉官似先知自後斬其首，從者大譟而出。於是天威、捧日、登封三都大掠永寧坊，至暮乃定。百官表賀。

楊守亮欲自金商襲京師，昭信防禦使馮行襲逆擊，大破之。

景福元年春正月，鳳翔李茂貞、靜難王行瑜、鎮國韓建、同州王行約、秦州李茂莊五節度使上言：「楊守亮容匿叛臣楊復恭，請出軍討之，乞加茂貞山南西道招討使。」朝議以茂貞得山南不可復制，下詔和解之，皆不聽。

二月，李茂貞、王行瑜擅舉兵擊興元。茂貞表求招討使不已，遺杜讓能、西門（重）〔君〕遂書，陵蔑朝廷。上意不能容，御延英，召宰相、諫官議之。時宦者有陰與二鎮相表裏者，宰相相顧不敢言，上不悦。給事中牛徽曰：「先朝多難，茂貞誠有翼衛之功。諸楊阻兵，亟出攻討，其志亦在疾惡，但不當不俟詔命耳。比聞兵過山南，殺傷至多。陛下儻不以招討使授之，使用國法約束，則山南之民盡矣。」上曰：「此言是也。」乃以茂貞爲山南西道招討使。

夏四月，天威軍使賈德晟以李順節之死，頗怨憤，西門（重）〔君〕遂惡之，奏而殺之。德晟麾下千餘騎奔鳳翔，李茂貞由是益强。

五月，加邠寧節度使王行瑜兼中書令。

秋七月己巳，李茂貞克鳳州，感義節度使滿存奔興元。茂貞又取興、洋二州，皆表其子弟鎮之。

八月辛丑，李茂貞攻拔興元，楊復恭、楊守亮、楊守信、楊守貞、楊守忠、滿存奔閬州。茂貞表其子繼密權知興元府事。

二年春正月，鳳翔節度使李茂貞自請鎮興元。詔以茂貞爲山南西道兼武定節度使，以中書侍郎、同平章事徐彦若同平章事，充鳳翔節度使，又割果、閬二州隸武定軍。茂貞欲兼得鳳翔，不奉詔。

秋七月，李茂貞恃功驕横，上表及遺杜讓能書，辭語不遜。上怒，欲討之。茂貞又上表，略曰：「陛下貴爲萬乘，不能庇元舅之一身，尊極九州，不能戮復恭之一豎。」又曰：「今朝廷但觀强弱，不計是非。」又曰：「約衰殘而行法，隨盛壯以加恩，體物錙銖，看人衡纊。」又曰：「軍情易變，戎馬難羈，唯慮甸服生靈，因兹受禍，未審乘輿播越，自此何之！」上益怒，決討茂貞，命杜讓能專掌其事。讓能諫曰：「陛下初臨大寶，國步未夷，茂貞近在國門，臣愚以爲未宜與之構怨，萬一不克，悔之無及。」上曰：「王室日卑，號令不出國門，此乃志士憤痛之秋。藥弗瞑眩，厥疾弗瘳。朕不能甘心爲孱懦之主，愔愔度日，坐視陵夷。卿但爲朕調兵食，朕自委諸王用兵，成敗不以責卿。」讓能曰：「陛下必欲行之，則中外大臣共宜協力以成聖志，不當獨以任臣。」上曰：「卿位居元輔，與朕同休戚，無宜避事。」讓能泣曰：「臣豈敢避事。況陛下所欲行者，憲宗之志也，顧時有所未可，勢有所不能耳。但恐他日臣徒受晁錯之誅，不能弭七國之禍也。敢不奉詔，以死繼之！」上乃命讓能留中書，計畫調度，月餘不歸。崔昭緯陰結邠、岐，爲之耳目，讓能朝發一言，二鎮夕必知之。李茂貞使其黨糾合市人數百千人，擁觀軍容使西門君遂馬訴曰：「岐帥無罪，不宜致討，使百姓塗炭。」君遂曰：「此宰相事，非吾所及。」市人又邀崔昭緯、鄭延昌肩輿訴之，二相曰：「兹事主上專委杜太尉，吾曹不預知。」市人因亂投瓦石，二相下輿走匿民家，僅自免，喪堂印及朝報。上命捕其唱帥者誅之，用兵之意益堅。京師民或亡匿山谷，嚴刑所不能禁。八月，以嗣覃王嗣周爲京西招討使，神策大將軍李鐬副之。

九月乙亥，覃王嗣周帥禁軍三萬送鳳翔節度使徐彦若赴鎮，軍于興平。李茂貞、王行瑜合兵近六萬，軍于盩厔以拒之。禁軍皆新募市井少年，茂貞、行瑜所將皆邊兵百戰之餘，壬午，茂貞等進逼興平，禁軍皆望風逃潰。茂貞等乘勝進攻三橋，京師大震，士民奔散，市人復守闕請誅首議用兵者。崔昭緯心害太尉、門下侍郎、同平章事杜讓能，密遺茂貞書曰：「用兵非主上意，皆出於杜太尉耳。」甲申，茂貞陳於臨皋驛，表讓能罪，請誅之。讓能言於上曰：「臣固先言之矣，請以臣爲解。」上涕下不自禁，曰：「與卿訣矣。」是日，貶讓能梧州刺史，制辭略曰：「棄卿士之臧謀，構藩垣之深釁，咨詢之際，證執彌堅。」又流觀軍容使西門君遂于儋州，内樞密使李周潼于崖州，段詡于驩州。乙酉，上御安福門斬君遂、周潼、詡，再貶讓能雷州司户。遣使謂茂貞曰：「惑朕舉兵者三人也，非讓能之罪。」以内侍駱全瓘、劉景宣爲左右軍中尉。

壬辰，以東都留守韋昭度爲司徒、門下侍郎、同平章事，御史中丞崔胤爲户部侍郎、同平章事。胤，慎由之子也，外寬弘而内巧險，與崔昭緯深相結，故得爲相。季父安潛謂所親曰：「吾父兄刻苦以立門户，終爲緇郎所壞！」緇郎，胤小字也。

李茂貞勒兵不解，請誅杜讓能然後還鎮，崔昭緯復從而擠之。冬十月，賜讓能及其弟户部侍郎弘徽自盡。復下詔布告中外，稱：「讓能舉枉錯直，愛憎繫於一時；鬻獄賣官，聚斂踰於巨萬。」自是朝廷動息皆禀於邠、岐，南北司往往依附二鎮，以邀恩澤。有崔鋋、王超者，爲二鎮判官，凡天子有所可否，其不逞者，輒訴於鋋、超，二人則教茂貞、行瑜上章論之，朝廷小有依違，其辭語已不遜。

制復以茂貞爲鳳翔節度使兼山南西道節度使、守中書令，於是茂貞盡有鳳翔、興元、洋、隴、秦等十五州之地。以徐彦若爲御史大夫。

邠寧節度使、守侍中兼中書令王行瑜求爲尚書令。韋昭度密奏稱：「太宗以尚書令執政，遂登大位，自是不以授人臣。惟郭子儀以大功拜尚書令，終身避讓。行瑜安可輕議！」十一月，以行瑜爲太師，賜號尚父，仍賜鐵券。

乾寧元年春正月，李茂貞入朝，大陳兵自衛，數日歸鎮。

六月戊午，以翰林學士承旨、禮部尚書李谿同平章事。方宣制，水部郎中、知制誥劉崇魯出班掠麻慟哭。上召崇魯問其故，對言：「谿姦邪，依附楊復恭、西門君遂得在翰林，無相業，恐危社稷。」谿竟罷爲太子少傅。谿，鄘之孫也。上師谿爲文，崔昭緯恐谿爲相，分己權，故使崇魯沮之。谿十表自訟，醜詆崇魯「父符受贓枉法，事覺自殺。弟崇望與楊復恭深交。崇魯庭拜田令孜，爲朱玫作勸進表，乃云臣交結內臣，何異抱贓唱賊！且故事，絁巾縿帶，不入禁庭。臣果不才，崇魯自應上章論列，豈於正殿慟哭。爲國不祥，無人臣禮，乞正其罪」。詔停崇魯見任，谿猶上表不已，乞行誅竄，表數千言，詬詈無所不至。

秋七月，李茂貞遣兵攻閬州，拔之，楊復恭、楊守亮、楊守信帥其族黨犯圍走。楊復恭、守亮、守信將自商山奔河東，至乾元，遇華州兵，獲之。八月，韓建獻于闕下，斬于獨柳。李茂貞獻復恭遺守亮書，訴致仕之由云：「承天門乃隋家舊業，大姪但積粟訓兵，勿貢獻。吾於荆榛中立壽王，纔得尊位。廢定策國老，有如此負心門生天子！」

二年。崔昭緯與李茂貞、王行瑜深相結，得天子過失，朝廷機事，悉以告之。邠寧節度副使崔鋋，昭緯之族也，李谿再入相，昭緯使鋋告行瑜曰：「曏者尚書令之命已行矣，而韋昭度沮之。今又引李谿爲同列，相與熒惑聖聽，恐復有杜太尉之事。」行瑜乃與茂貞表稱谿姦邪，昭度無相業，宜罷居散秩。上報曰：「軍旅之事，朕則與藩鎮圖之。至於命相，當出朕懷。」行瑜等論列不已，三月，谿復罷爲太子少師。

王珂，李克用之壻也。克用表重榮有功於國，請賜其子珂節鉞。王珙厚結王行瑜、李茂貞、韓建三帥，更上表稱珂非王氏子，請以珂爲陝州，珙爲河中。上諭以先已允克用之奏，不許。

初，王行瑜求尚書令不獲，由是怨朝廷。畿内有八鎮兵，隸左右軍。郃陽鎮近華州，韓建求之；良原鎮近邠州，王行瑜求之。宦官曰：「此天子禁軍，何可得也。」王珂、王珙爭河中，行瑜、建及茂貞皆爲珙請，不能得，恥之。珙使人語三帥曰：「珂不受代，而與河東婚姻，必爲諸公不利，請討之。」行瑜使其弟匡國節度使行約攻河中，珂求救於李克用。行瑜乃與茂貞、建各將精兵數千入朝。五月，至京師，坊市皆竄匿，上御安福門以待之，三帥盛陳甲兵，拜伏舞蹈於門下。上臨軒，親詰之曰：「卿輩不奏請俟報，輒稱兵入京城，其志欲何爲乎？若不能事朕，今日請避賢路。」行瑜、茂貞流汗不能言，獨韓建粗述入朝之由。上與三帥宴，三帥奏稱：「南北司互有朋黨，墮紊朝政。韋昭度討西川失策，李谿作相不合衆心，請誅之。」上未之許。是日，行瑜等殺昭度、谿於都亭驛，又殺樞密使康尚弼及宦官數人。又言：「王珂、王珙嫡庶不分，請除王珙河中，徙王行約於陝，王珂於同州。」上皆許之。始，三帥謀廢上，立吉王保。至是聞李克用已起兵於河東，行瑜、茂貞各留兵二千宿衛京師，與建皆辭還鎮。李克用聞三鎮兵犯闕，即日遣使十三輩發北部兵，期以來月渡河入關。

六月辛卯，以前均州刺史孔緯、繡州司户張濬並爲太子賓客。壬辰，以緯爲吏部尚書，復其階爵，癸巳，拜司空兼門下侍郎、同平章事；以張濬爲兵部尚書、諸道租庸使。時緯居華州，濬居長水，上以崔昭緯等外交藩鎮，朋黨相傾，思得骨鯁之士，故驟用緯、濬。緯以有疾，扶輿至京師，見上，涕泣固辭，上不許。張濬、孔緯謫徙事見諸鎮相攻。

李克用大舉蕃、漢兵南下，上表稱王行瑜、李茂貞、韓建稱兵犯闕，賊害大臣，請討之，又移檄三鎮，行瑜等大懼。克用軍至絳州，刺史王瑤閉城拒之。克用進攻，旬日拔之，斬瑤於軍門，殺城中違拒者千餘人。秋七月丙辰朔，克用至河中，王珂迎謁于路。

匡國節度使王行約敗於朝邑，戊午，行約棄同州走，己未，至京師。行約弟行實時爲左軍指揮使，帥衆與行約大掠西市。行實奏稱同、華已没，沙陀將至，請車駕幸邠州。庚申，樞密使駱全瓘奏請車駕幸鳳翔，上曰：「朕得克用表，尚駐軍河中。就使沙陀至此，朕自有以枝梧，卿等但各撫本軍，勿令摇動。」

右軍指揮使李繼鵬，茂貞假子也，本姓名閻珪，與駱全瓘謀劫上幸鳳翔。中尉劉景宣與王行實知之，欲劫上幸邠州。孔緯面折景宣，以爲不可輕離宫闕。向晚，繼鵬連奏請車駕出幸，於是王行約引左軍攻右軍，鼓譟震地。上聞亂，登承天樓欲諭止之，捧日都頭李筠將本軍於樓前侍衛。李繼鵬以鳳翔兵攻筠，矢拂御衣，著于樓桷，左右扶上下樓。繼鵬復縱火焚宫門，煙炎蔽天。時有鹽州六都兵屯京師，素爲兩軍所憚，上急召令入衛；既至，兩軍退走，各歸邠州及鳳翔。城中大亂，互相剽掠，上與諸王及親近幸李筠營，護蹕都頭李居實帥衆繼至。

或傳王行瑜、李茂貞欲自來迎車駕，上懼爲所迫，辛酉，以筠、居實兩都兵自衛，出啓夏門趣南山，宿莎城鎮。士民追從車駕者數十萬人，比至谷口，暍死者三之一，夜復爲盜所掠，哭聲震山谷。時百官多扈從不及，户部尚書、判度支及鹽鐵轉運使薛王知柔獨先至，上命權知中書事及置頓使。

壬戌，李克用入同州。崔昭緯、徐彦若、王摶至莎城。甲子，上徙幸石門鎮，命薛王知柔與知樞密院劉光裕還京城，制置守衛宫禁。丙寅，李克用遣節度判官王瓌奉表問起居。丁卯，上遣内侍郗廷昱齎詔詣李克用軍，令與王珂各發萬騎同赴新平，又詔彰義節度使張鐇以涇原兵控扼鳳翔。

李克用遣兵攻華州，韓建登城呼曰：「僕於李公未嘗失禮，何爲見攻？」克用使謂之曰：「公爲人臣，逼逐天子。公爲有禮，孰爲無禮者乎！」會郗廷昱至，言李茂貞將兵三萬至盩厔，王行瑜將兵至興平，皆欲迎車駕。克用乃釋華州之圍，移兵營渭橋。以薛王知柔爲清海節度使、同平章事，仍權知京兆尹、判度支、充鹽鐵轉運使，俟反正日赴鎮。

上在南山旬餘，士民從車駕避亂者日相驚曰：「邠、岐兵至矣。」上遣延王戒丕詣河中趣李克用令進兵。壬午，克用發河中。八月，上遣供奉官張承業詣克用軍。承業，同州人，屢奉使於克用，因留監其軍。己丑，克用進軍渭橋，遣其將李存貞爲前鋒。辛卯，拔永壽，又遣史儼將三千騎詣石門侍衛。癸巳，遣李存信、存審會保大節度使李思孝攻王行瑜梨園寨，擒其將王令陶等獻於行在。思孝本姓拓跋，思恭之弟也。李茂貞懼，斬李繼鵬，傳首行在。上表請罪，且遣使求和於克用。上復遣延王戒丕、丹王允諭克用，令且赦茂貞，併力討行瑜，俟其殄平，當更與卿議之。且命二王拜克用爲兄。

戊戌，削奪王行瑜官爵。癸卯，以李克用爲邠寧四面行營都招討使，保大節度使李思孝爲北面招討使，定難節度使李思諫爲東面招討使，彰義節度使張鐇爲西面招討使。克用遣其子存勗詣行在，年十一，上奇其狀貌，撫之曰：「兒方爲國之棟梁，他日宜盡忠於吾家。」克用表請上還京，上許之。令克用遣騎三千駐三橋爲備禦。辛亥，車駕還京師。壬子，司空兼門下侍郎、平章事崔昭緯罷爲右僕射。以護國留後王珂、盧龍留守劉仁恭各爲本鎮節度使。

時宮室焚毀，未暇完葺，上寓居尚書省，百官往往無袍笏僕馬。以李克用爲行營都統。

九月癸亥，孔緯薨。

李克用急攻梨園，王行瑜求救於李茂貞，茂貞遣兵萬人屯龍泉鎮，自將兵三萬屯咸陽之旁。克用請詔茂貞歸鎮，仍削奪其官爵，欲分兵討之。上以茂貞自誅繼鵬，前已赦宥，不可復削奪誅討，但詔歸鎮，仍令克用與之和解。以昭義節度使李罕之檢校侍中，充邠寧四面行營副都統。史儼敗邠寧兵於雲陽，擒雲陽鎮使王令誨等，獻之。

冬十月丙戌，河東將李存貞敗邠寧軍於梨園北，殺千餘人。自是梨園閉壁不敢出。

貶右僕射崔昭緯爲梧州司馬。

魏國夫人陳氏，才色冠後宮，上以賜李克用。

克用令李罕之、李存信等急攻梨園；城中食盡，棄城走。罕之等邀擊之，所殺萬餘人，克梨園等三寨，獲王行瑜子知進及大將李元福等。克用進屯梨園。庚寅，王行約、王行實燒寧州遁去。克用奏請以匡國節度使蘇文建爲静難節度使，趣令赴鎮，且理寧州，招撫降人。

上還居大内。

王行瑜以精甲五千守龍泉寨，李克用攻之。李茂貞以兵五千救之，營於鎮西。李罕之擊鳳翔兵，走之，十一月丁巳，拔龍泉寨。行瑜走入邠州，遣使請降於克用。李克用引兵逼邠州，王行瑜登城號哭，謂克用曰：「行瑜無罪，迫脅乘輿，皆李茂貞及李繼鵬所爲，請移兵問鳳翔，行瑜願束身歸朝。」克用曰：「王尚父，何恭之甚？僕受詔討三賊臣，公預其一，束身歸朝，非僕所得專也。」丁卯，行瑜挈族棄城走。克用入邠州，封府庫，撫居人，命指揮使高爽權巡撫軍城，奏趣蘇文建赴鎮。行瑜走至慶州境，部下斬行瑜，傳首。

李克用旋軍渭北。

加静難節度使蘇文建同平章事。

十二月乙酉，李克用軍于雲陽。乙未，進克用爵晋王，加李罕之兼侍中，以河東大將蓋寓領容管觀察使，自餘克用將佐子孫並進官爵。

李克用遣掌書記李襲吉入謝恩，密言於上曰：「比年以來，關輔不寧，乘此勝勢，遂取鳳翔，一勞永逸，時不可失。臣屯軍渭北，專俟進止。」上謀於貴近，或曰：「茂貞復滅，則沙陀大盛，朝廷危矣。」上乃賜克用詔，褒其忠款，而言：「不臣之狀，行瑜爲甚。自朕出幸以來，茂貞、韓建自知其罪，不忘國恩，職貢相繼，且當休兵息民。」克用奉詔而止。既而私於詔使曰：「觀朝廷之意，似疑克用有異心也。然不去茂貞，關中無安寧之日。」又詔免克用入朝，將佐或言：「今密邇闕廷，豈可不入見天子。」克用猶豫未決，蓋寓言於克用曰：「曏者王行瑜輩縱兵狂悖，致鑾輿播越，百姓奔散。今天子還未安席，人心尚危，大王若引兵渡渭，竊恐復驚駭都邑。人臣盡忠，在於勤王，不在入覲，願熟圖之。」克用笑曰：「蓋寓尚不欲吾入朝，況天下之人乎！」乃表稱：「臣總帥大軍，不敢徑入朝覲，且懼部落士卒侵擾渭北居人。」辛亥，引兵東歸。表至京師，上下始安，詔賜河東士卒錢三十萬緡。克用既去，李茂貞驕橫如故，河西州縣多爲茂貞所據，以其將胡敬璋爲河西節度使。

三年夏五月戊子，遣中使賜崔昭緯死，行至荆南追及，斬之，中外咸以爲快。

初，李克用屯渭北，李茂貞、韓建憚之，事朝廷禮甚恭。克用去，二鎮貢獻漸疏，表章驕慢。上自石門還，於神策兩軍之外，更置安聖、捧宸、保寧、宣化等軍，選補數萬人，使諸王將之。嗣延王戒丕、嗣覃王嗣周又自募麾下數千人。茂貞以爲欲討己，語多怨望，嫌隙日構。茂貞亦勒兵，揚言欲詣闕訟冤，京師士民爭亡匿山谷。上命通王滋及嗣周、戒丕分將諸軍以衛近畿，戒丕屯三橋。茂貞遂表言：「延王無故稱兵討臣，臣今勒兵入朝請罪。」上遽遣使告急於河東。六月，茂貞引兵逼京畿，覃王與戰於婁館，官軍敗績。

秋七月，茂貞進逼京師。延王戒丕曰：「今關中藩鎮無可依者，不若自鄜州濟河，幸太原，臣請先往告之。」辛卯，詔幸鄜州。壬辰，上出至渭北；韓建遣其子從允表請幸華州，上不許。以建爲京畿都指揮、安撫制置及開通四面道路催促諸道綱運等使。而建奉表相繼，上及從官亦憚遠去，癸巳，至富平，遣宣徽使元公訊召建，面議去留。甲午，建詣富平見上，頓首涕泣言：「方今藩臣跋扈者非止茂貞。陛下若去宗廟園陵，遠巡邊鄙，臣恐車駕濟河，無復還期。今華州兵力雖微，控帶關輔，亦足自固。臣積聚訓厲十五年矣，西距長安不遠，願陛下臨之，以圖興復。」上乃從之。乙未，宿下邽，丙申，至華州，以府署爲行宮。建視事於龍興寺。茂貞遂入長安，自中和以來所葺宮室市肆，燔燒俱盡。

乙巳，以中書侍郎、同平章事崔胤同平章事，充武安節度使。上以胤，崔昭緯之黨也，故出之。

丙午，以翰林學士承旨、尚書左丞陸扆爲户部侍郎、同平章事。扆，陝人也。

宰相畏韓建，不敢專決政事。八月丙辰，詔建關議朝政；建上表固辭，乃止。韓建移檄諸道，令共輸資糧詣行在。李克用聞之，歎曰：「去歲從余言，豈有今日之患！」又曰：「韓建天下癡物，爲賊臣，弱帝室，是不爲李茂貞所擒，則爲朱全忠所虜耳。」因奏將與鄰道發兵入援。

上憤天下之亂，思得奇傑之士不次用之。國子博士朱朴自言得爲宰相，月餘可致太平。上以爲然，乙丑，以朴爲左諫議大夫、同平章事。朴爲人庸鄙迂僻，無他長，制出，中外大驚。丙寅，加韓建兼中書令。

九月，崔胤出鎮湖南，韓建之志也。胤密求援於朱全忠，且教之營東都宮闕，表迎車駕。全忠與河南尹張全義表請上遷都洛陽。全忠仍請以兵二萬迎車駕，且言崔胤忠臣，不宜出外。韓建懼，復奏召胤爲相，遣使諭全忠以且宜安静，全忠乃止。乙未，復以胤爲中書侍郎、同平章事。以翰林學士承旨、兵部侍郎崔遠同平章事。遠，珙弟璵之孫也。

丁酉，貶中書侍郎、同平章事陸扆爲硤州刺史。崔胤恨扆代己，誣扆，云黨於李茂貞而貶之。己亥，以朱朴兼户部，凡軍旅財賦之事，上一以委之。以孫偓爲鳳翔四面行營都統，又以前定難節度使李思諫爲静難節度使兼副都統。冬十月壬子，加孫偓行營節度招討處置等使。丁巳，以韓建知京兆尹兼把截使。戊午，李茂貞上表請罪，願得自新，仍獻助修宮室錢，韓建復佐佑之，竟不出師。

四年春正月甲申，韓建奏：「防城將張行思等告睦、濟、韶、通、彭、韓、儀、陳八王謀殺臣，劫車駕幸河中。」建惡諸王典兵，故使行思等告之。上大驚，召建諭之，建稱疾不入，令諸王詣建自陳。建表稱：「諸王忽詣臣理所，不測事端。臣詳酌事體，不應與諸王相見。」又稱：「諸王當自避嫌疑，不可輕爲舉錯。陛下若以友愛含容，請依舊制，令歸十六宅，妙選師傅，教以詩書，不令典兵預政。」且曰：「乞散彼烏合之兵，用光麟趾之化。」建慮上不從，仍引麾下精兵圍行宮，表疏連上。上不得已，是夕，詔諸王所領軍士並縱歸田里，諸王勒歸十六宅，其甲兵並委韓建收掌。建又奏：「陛下選賢任能，足清禍亂，何必別置殿後四軍，顯有厚有薄之恩，乖無偏無黨之道！且所聚皆坊市無賴姦猾之徒，平居猶思禍變，臨難必不爲用，而使之張弓挾刃，密邇皇輿，臣竊寒心。乞皆罷遣。」詔亦從之。於是殿後四軍二萬餘人悉散，天子之親軍盡矣。捧日都頭李筠，石門扈從功第一，建復奏斬於大雲橋。建又奏：「玄宗之末，永王璘暫出江南，遽謀不軌。代宗時吐蕃入寇，光啓中朱玫亂常，皆援立宗支以繫人望。今諸王銜命四方者，乞皆召還。」又奏：「諸方士出入禁庭，眩惑聖聽，宜皆禁止，無得入宮。」詔悉從之。建既幽諸王於別第，知上意不悅，乃奏請立德王爲太子，欲以解之。丁亥，詔立德王祐爲皇太子，仍改名裕。

己亥，罷孫偓鳳翔四面行營節度等使，以副都統李思諫爲寧塞節度使。

二月乙亥，門下侍郎、同平章事孫偓罷守本官，中書侍郎、同平章事朱朴罷爲秘書監。朴既秉政，所言皆不效，外議沸騰。太子詹事馬道殷以天文，將作監許巖士以醫得幸於上，韓建誣二人以罪而殺之，且言偓、朴與二人交通，故罷相。

夏六月，李茂貞表王建攻東川，連兵累歲，不聽詔命。甲寅，貶建南州刺史。乙卯，以茂貞爲西川節度使；以覃王嗣周爲鳳翔節度使。覃王赴鎮，李茂貞不受代，圍覃王於奉天。秋七月，韓建移書李茂貞，茂貞解奉天之圍，覃王歸華州。

八月，上欲幸奉天親討李茂貞，令宰相議之，宰相切諫，乃止。

延王戒丕還〔自〕晉陽，韓建奏：「自陛下即位以來，與近輔交惡，皆因諸王典兵，凶徒樂禍，致鑾輿不安。比者臣奏罷兵權，實慮不測之變。今聞延王、覃王尚苞陰計，願陛下聖斷不疑，制於未亂，則社稷之福。」上曰：「何至於是！」數日不報。建乃與知樞密劉季述矯制發兵圍十六宅，諸王被髮，或緣垣，或登屋，或升木，呼曰：「宅家救兒！」建擁通、儀、睦、濟、韶、彭、韓、陳、覃、延、丹十一王至石隄谷，盡殺之，以謀反聞。

貶禮部尚書孫偓爲南州司馬。秘書監朱朴先貶夔州司馬，再貶郴州司户。

九月，以彰義節度使張璉爲鳳翔西北行營招討使，以討李茂貞。復以王建爲西川節度使、同平章事。削奪新西川節度使李茂貞官爵，復姓名宋文通。

右拾遺張道古上疏，稱：「國家有五危、二亂。昔漢文帝即位未幾，明習國家事。今陛下登極已十年，而曾不知爲君馭臣之道。太宗内安中原，外開四夷，海表之國，莫不入臣。今先朝封域日蹙幾盡。臣雖微賤，竊傷陛下朝廷社稷，始爲姦臣所弄，終爲賊臣所有也。」上怒，貶道古施州司户，仍下詔罪狀道古，宣示諫官。道古，青州人也。

光化元年春正月，上下詔罪己息兵，復李茂貞姓名、官爵，應諸道討鳳翔兵皆罷之。

李茂貞、韓建皆致書於李克用，言大駕出幸累年，乞修和好，同奬王室，兼乞丁匠助修宮室。克用許之。

初，王建攻東川，顧彦暉求救於李茂貞，茂貞命將出兵救之，不暇東逼乘輿，詐稱改過，與韓建共翼戴天子。又聞朱全忠營洛陽宮，累表迎車駕，茂貞、韓建懼，請修復宮闕，奉上歸長安。詔以韓建爲修宮闕使，諸道皆助錢及工材，建使都將蔡敬思督其役。既成，

二月，建自往視之。

復以李茂貞爲鳳翔節度使。

秋八月庚戌，改華州爲興德府。己未，車駕發華州，壬戌，至長安。甲子，赦天下，改元。

楊行密據淮南

唐僖宗中和二年。初，淮南節度使高駢好神仙，有方士呂用之坐妖黨亡命歸駢，駢厚待之，補以軍職。用之，鄱陽茶商之子也，久客廣陵，熟其人情，爐鼎之暇，頗言公私利病，駢益奇之，稍加信任。駢舊將梁纘、陳珙、馮綬、董瑾、俞公楚、姚歸禮素爲駢所厚，用之欲專權，浸以計去之，駢遂奪纘兵，族珙家，綬、瑾、公楚、歸禮咸見疏。

用之又引其黨張守一、諸葛殷共蠱惑駢。守一本滄、景村民，以術干駢，無所遇，貧困甚，用之謂曰：「但與吾同心，勿憂不富貴。」遂薦於駢，駢寵待埒於用之。殷始自鄱陽來，用之先言於駢曰：「玉皇以公職事繁重，輟左右尊神一人佐公爲理，公善遇之。欲其久留，亦可縻以人間重職。」明日，殷謁見，詭辯風生，駢以爲神，補鹽鐵劇職。駢嚴潔，甥姪輩未嘗得接坐。殷病風疽，搔捫不替手，膿血滿爪，駢獨與之同席促膝，傳杯器而食。左右以爲言，駢曰：「神仙以此試人耳。」駢有畜犬，聞其腥穢，多來近之。駢怪之。殷笑曰：「殷嘗於玉皇前見之，別來數百年猶相識。」駢與鄭畋有隙，用之謂駢曰：「宰相有遣劍客來刺公者，今夕至矣。」駢大懼，問計安出？用之曰：「張先生嘗學斯術，可以禦之。」駢請於守一，守一許諾。乃使駢衣婦人之服，潛於他室，而守一代居駢寢榻中，夜擲銅器於階，令鏗然有聲，又密以囊盛彘血灑於庭宇，如格鬬之狀。及旦，笑謂駢曰：「幾落奴手。」駢泣謝曰：「先生於駢，乃更生之惠也。」厚酬以金寶。有蕭勝者，賂用之求鹽城監，駢有難色。用之曰：「用之非爲勝也，近得上仙書，云有寶劍在鹽城井中，須一靈官取之。以勝上仙左右之人，欲使取劍耳。」駢乃許之。勝至監數月，函一銅匕首以獻，用之見，稽首曰：「此北帝所佩，得之則百里之内五兵不能犯。」駢乃飾以珠玉，常置座隅。用之自謂磻溪真君，謂守一乃赤松子，殷乃葛將軍，勝乃秦穆公之壻也。

用之又刻青石爲奇字，云「玉皇授白雲先生高駢」，密令左右置道院香案。駢得之，驚喜。用之曰：「玉皇以公焚修功著，將補真官，計鸞鶴不日當降此際。用之等謫限亦滿，必得陪幢節同歸上清耳。」是後，駢於道院庭中刻木鶴，時著羽服跨之，日夕齋醮，鍊金燒丹，費以巨萬計。

用之微時，依止江陽后土廟，舉動禱祈。及得志，白駢崇大其廟，〔極〕江南工材之選，每軍旅大事，以少牢禱之。用之又言神仙好樓居，説駢作迎仙樓，費十五萬緡，又作延和閣，高八丈。

用之每對駢呵叱風雨，仰揖空際，云有神仙過雲表，駢輒隨而拜之。然常厚賂駢左右，使伺駢動静，共爲欺罔，駢不之寤。左右小有異議者，輒爲用之陷死不旋踵，但潛撫膺嗚指，口不敢言。駢倚用之如左右手，公私大小之事皆決於用之，退賢進不肖，淫刑濫賞，駢之政事於是大壞矣。

用之知上下怨憤，恐有竊發，請置巡察使。駢即以用之領之，募險獪者百餘人，縱横閭巷間，謂之「察子」，民間呵妻詈子，靡不知之。用之欲奪人貲財，掠人婦女，輒誣以叛逆，搒掠取服，殺其人而取之，所破滅者數百家，道路以目。將吏士民雖家居，皆重足屏氣。

用之又欲以兵威脅制諸將，請選募諸軍驍勇之士二萬人，號左右莫邪都。駢即以張守一及用之爲左右莫邪軍使，署置將吏如帥府，器械精利，衣裝華潔，每出入，導從近千人。

用之侍妾百餘人，自奉奢靡，用度不足，輒留三司綱輸其家。用之猶慮人泄其奸謀，乃言於駢曰：「神仙不難致，但恨學道者不能絶俗累，故不肯降臨耳。」駢乃悉去姬妾，謝絶人事，賓客、將吏皆不得見。有不得已見之者，皆先令沐浴齋祓，然後見，拜起纔畢，已復引出。由是用之得專行威福，無所忌憚，境内不復知有駢矣。

三年春三月，以淮南押牙合肥楊行愍爲廬州刺史。行愍本廬州牙將，勇敢，屢有戰功，都將忌之，白刺史郎幼復遣使出戍於外。行愍過辭，都將以甘言悦之。問其所須，行愍曰：「正須汝頭耳！」遂起斬之，并將諸營，自稱八營都知兵馬使。幼復不能制，薦於高駢，請以自代。駢以行愍爲淮南押牙，知廬州事，朝廷因而命之。

初，呂用之因左驍雄軍使俞公楚得見高駢。用之横甚，或以咎公楚，公楚數戒用之少自斂，無相累；用之銜之。右驍雄軍使姚歸禮氣直敢言，尤疾用之所爲，時面數其罪，常欲手刃之。癸未夜，用之與其黨會倡家，歸禮潛使人爇其室，殺貌類者數人，用之易服得免。明旦，窮治其事，獲縱火者，皆驍雄之卒。用之於是日夜譖二將於駢。未幾，駢使二將將驍雄卒三千襲賊於慎縣，用之密以語行愍，云公楚、歸禮欲襲廬州。行愍發兵掩之，二將不爲備，舉軍盡殪。以二將謀亂告駢，駢不知用之謀，厚賞行愍。

四年春三月，高駢從子左驍衛大將軍澞疏呂用之罪狀二十餘幅，密以呈駢，且泣曰：「用之内則假神仙之説蠱惑尊聽，外則盗節制之權殘賊百姓。將佐懼死，莫之敢言。歲月浸深，羽翼將成，苟不除之，恐高氏奕代勳庸，一朝掃地矣。」因嗚咽不自勝。駢曰：「汝醉邪！」命扶出。明日，以澞狀示用之，用之曰：「四十郎嘗以空乏見告，未獲遵命，故有此憾。」因出澞手書數幅呈之。駢甚慚，遂禁澞出入。後月餘，以澞知舒州事。

羣盗陳儒攻舒州，澞求救於廬州。楊行愍力不能救，謀於其將李神福。神福請不用寸刃而逐之。乃多齎旗幟，間道入舒州。頃之，引舒州兵建廬州旗幟而出，指畫地形，若布大陳狀，賊懼，宵遁。神福，洺州人也。久之，羣盜吴迥、李本復攻舒州，濩不能守，棄城走，駢使人就殺之。楊行愍遣其將合肥陶雅、清流張訓等將兵擊吴迥、李本，擒斬之，以雅攝舒州刺史。秦宗權遣其弟將兵寇廬州，據舒城，楊行愍遣其將合肥田頵擊走之。

光啓二年夏四月壬子，朱玫奉襄王煴權監軍國事，承制封拜。五月，以和州刺史吕用之爲嶺南東道節度使。用之建牙開幕，一與駢同，凡駢之腹心及將校能任事者，皆逼以從己，諸所施爲，不復咨稟。駢頗疑之，陰欲奪其權，而根蔕已固，無如之何。用之知之，甚懼，訪於其黨前度支巡官鄭杞、前知廬州事董瑾。杞曰：「此固爲晚矣。」用之問策安出？杞曰：「曹孟德有言：『寧我負人，無人負我。』」明日與瑾共爲書一緘授用之，其語祕，人莫有知者。

冬十二月，壽州刺史張翺遣其將魏虔將萬人寇廬州，廬州刺史楊行愍遣其將田頵、李神福、張訓拒之，敗虔于褚城。滁州刺史許勍襲舒州，刺史陶雅奔廬州。高駢命行愍更名行密。

三年夏四月，高駢聞秦宗權將寇淮南，遣左廂都知兵馬使畢師鐸將百騎屯高郵。時吕用之用事，宿將多爲所誅，師鐸自以黄巢降將，常自危。師鐸有美妾，用之欲見之，師鐸不許。用之因師鐸出，竊往見之，師鐸慚怒，出其妾，由是有隙。師鐸將如高郵，用之待之加厚，師鐸益疑懼，謂禍在旦夕。師鐸子娶高郵鎮遏使張神劍女，師鐸密與之謀，神劍以爲無是事。神劍名雄，人以其善用劍，故謂之「神劍」。時府中藉藉，亦以爲師鐸且受誅，其母使人語之曰：「設有是事，汝自努力前去，勿以老母、弱子爲累。」師鐸疑未決。

會駢子四十三郎者素惡用之，欲使師鐸帥外鎮將吏共疏用之罪惡，聞於其父，密使人紿之曰：「用之比來頻啓令公，欲因此相圖，已有委曲在張尚書所，宜備之。」師鐸問神劍曰：「昨夜使司有文書，翁胡不言？」神劍不寤，曰：「無之。」師鐸内不自安，歸營，謀於腹心，皆勸師鐸起兵誅用之。師鐸曰：「用之數年以來，人怨鬼怒，安知天不假手於我誅之邪？淮寧軍使鄭漢章，我鄉人，昔歸順時副將也，素切齒於用之，聞吾謀，必喜。」乃夜與百騎潛詣漢章，漢章大喜，悉發鎮兵及驅居民合千餘人從師鐸至高郵。師鐸詰張神劍以所得委曲，神劍驚曰：「無有。」師鐸聲色浸厲，神劍奮曰：「公何見事之暗！用之姦惡，天地所不容。況近者重賂權貴得嶺南節度，復不行，或云謀竊據此土。使其得志，吾輩豈能握刀頭事此妖物邪！要丹此數賊以謝淮海，何必多言！」漢章喜，遽命取酒，割臂血瀝酒共飲之。乙巳，衆推師鐸爲行營使，爲文告天地，移書淮南境内，言誅用之及張守一、諸葛殷之意。以漢章爲行營副使，神劍爲都指揮使。

神劍以師鐸成敗未可知，請以所部留高郵，曰：「一則爲公聲援，二則供給糧餉。」師鐸不悦。漢章曰：「張尚書謀亦善，苟終始同心，事捷之日，子女玉帛相與共之，今日豈可復相違！」師鐸乃許之。戊申，師鐸、漢章發高郵。庚戌，詗騎以白高駢，呂用之匿之。

畢師鐸兵奄至廣陵城下，城中驚擾。壬子，呂用之引麾下勁兵，誘以重賞，出城力戰。師鐸兵少卻，用之始得斷橋塞門爲守備。是日，駢登延和閣，聞喧噪聲，左右以師鐸之變告。駢驚，急召用之詰之，用之徐對曰：「師鐸之衆思歸，爲門衛所遏，適已隨宜區處，計尋退散。儻或不已，正煩玄女一力士耳，願令公勿憂。」駢曰：「近者覺君之妄多矣，君善爲之，勿使吾爲周侍中。」言畢慘沮久之，用之慚懅而退。

師鐸退屯山光寺，以廣陵城堅兵多，甚有悔色。癸丑，遣其屬孫約與其子詣宣州，乞師於觀察使秦彦，且許以克城之日迎彦爲帥。會師鐸館客畢慕顔自城中逃出，言：「衆心離散，用之憂窘，若堅守之，不日當潰。」師鐸乃悦。是日未明，駢召用之，問以事本末，用之始以實對。駢曰：「吾不欲復出兵相攻，君可選一温信大將，以我手札諭之，若其未從，當別處分。」用之退，念諸將皆仇敵，往必不利於己，甲寅，遣其所部討擊副使許戡齎駢之委曲及用之誓狀并酒殽出勞師鐸。師鐸始亦望駢舊將勞問，得以具陳用之姦惡，披泄積憤，見戡至，大罵曰：「梁纘、韓問何在？乃使此穢物來！」戡未及發言，已牽出斬之。乙卯，師鐸射書入城，用之不發，即焚之。

丁巳，用之以甲士百人入見駢於延和閣下，駢大驚，匿于寢室，久而後出，曰：「節度使所居，無故以兵入，欲反邪？」命左右驅出。用之大懼，出子城南門，舉策指之曰：「吾不可復入此。」自是高、吕始判矣。

是夜，駢召其從子前左金吾衛將軍傑密議軍事。戊午，署傑都牢城使，泣而勉之，以親信五百人給之。用之命諸將大索城中丁壯，無問朝士、書生，悉以白刃驅縛登城，令分立城上，自旦至暮，不得休息。又恐其與外寇通，數易其地，家人餉之，莫知所在。由是城中人亦恨師鐸入城之晚也。

駢遣大將石鍔以師鐸幼子及其母書并駢委曲至揚子諭師鐸，師鐸遽遣其子還，曰：「令公但斬吕、張以示師鐸，師鐸不敢負恩，願以妻子爲質。」駢恐用之屠其家，收師鐸母妻子置使院。

辛酉，秦彦遣其將秦稠將兵三千至揚子助師鐸。壬戌，宣州軍攻南門，不克。癸亥，又攻羅城東南隅，城幾陷者數四。甲子，羅城西南隅守者焚戰格以應師鐸，師鐸入城以内其衆。用之帥其衆千人力戰于三橋北，師鐸垂敗，會高傑以牢城兵自子城出，欲擒用之以授師鐸，用之乃開參佐門北走。駢召梁纘以昭義軍百餘人保子城。乙丑，師鐸縱兵大掠。駢不得已，命徹備，與師鐸相見於延和閣下，交拜如賓主之儀，署師鐸節度副使、行軍司馬，仍承制加左僕射，鄭漢章等各遷官有差。

左莫邪都虞候申及，本徐州健將，入見駢，説之曰：「師鐸逆黨不多，諸門尚未有守者，請令公及此選元從三十人，夜自教場門出，比師鐸覺之，追不及矣。然後發諸鎮兵還取府城，此轉禍爲福也。若一二日事定，浸恐艱難，及亦不得在左右矣。」言之且泣，駢猶豫不聽。及恐語泄，遂竄匿，會張雄至東塘，及往歸之。

丙寅，師鐸果分兵守諸門，搜捕用之親黨，悉誅之。師鐸入居使院，秦稠以宣軍千人分守使宅及諸倉庫。（丙寅）〔丁卯〕，駢牒請解所任，以師鐸兼判府事。

師鐸遣孫約至宣城，趣秦彥過江。或説師鐸曰：「僕射曏者舉兵，蓋以用之輩姦邪暴横，高令公坐自聾瞽，不能區理，故順衆心爲一方去害。今用之既敗，軍府廓然，僕射宜復奉高公而佐之，但總其兵權以號令，誰敢不服？用之乃淮南一叛將耳，移書所在，立可梟擒。如此則外有推奉之名，内得兼并之實，雖朝廷聞之，亦無虧臣節。使高公聰明，必知内愧；如其不悛，乃机上肉耳。奈何以此功業付之他人，豈惟受制於人，終恐自相魚肉。前日秦稠先守倉庫，其相疑已可見。且秦司空爲節度使，廬州、壽州其肯爲之下乎？僕見戰攻之端未有窮已，豈惟淮南之人肝腦塗地，竊恐僕射功名成敗未可知也。不若及今亟止秦司空，勿使過江，彼若粗識安危，必未敢輕進。就使他日責我以負約，猶不失爲高氏忠臣也。」師鐸大以爲不然，明日，以告鄭漢章。漢章曰：「此智士也。」散求之，其人畏禍，竟不復出。

戊辰，駢還家出居南第，師鐸以甲士百人爲衛，其實囚之也。是日，宣軍以所求未獲，焚進奉兩樓數十間，寶貨悉爲煨燼。己巳，師鐸於府廳視事，凡官吏非有兵權者皆如故，復遷駢於東第。自城陷，諸軍大掠，晝夜不已。至是，師鐸始以先鋒使唐宏爲靜街使，禁止之。

駢先爲鹽鐵使，積年不貢奉，貨財在揚州者，填委如山。駢作郊天、御樓六軍立仗儀服，及大殿元會、内署行幸供張器用，皆刻鏤金玉、蟠龍蹙鳳數十萬事，悉爲亂兵所掠，歸于閭閻，張陳寢處其中。

庚午，獲諸葛殷，杖殺之，棄尸道旁，怨家抉其目，斷其舌，衆以瓦石投之，須臾成冢。吕用之之敗也，其黨鄭杞首歸師鐸，師鐸署杞知海陵監事。杞至海陵，陰記高霸得失，聞於師鐸。霸獲其書，杖杞背，斷手足，刳目截舌，然後斬之。

辛未，高駢密以金遺守者，畢師鐸聞之，壬午，復迎駢入道院，收高氏子弟甥姪十餘人同幽之。

畢師鐸之攻廣陵也，吕用之詐爲高駢牒，署廬州刺史楊行密行軍司馬，追兵入援。廬江人袁襲説行密曰：「高公昏惑，用之姦邪，師鐸悖逆，凶德參會，而求兵於我，此天以淮南授明公也，趣赴之。」行密乃悉發廬州兵，復借兵於和州刺史孫端，合數千人赴之。五月，至天長。鄭漢章之從師鐸也，留其妻守淮口，用之帥衆攻之，旬日不克，漢章引兵救之。用之聞行密至天長，引兵歸之。張神劍求貨於畢師鐸，師鐸報以俟秦司空之命，神劍怒，亦以其衆歸楊行密。及海陵鎮遏使高霸、曲溪人劉金、盱眙人賈令威，悉以其衆屬焉，行密衆至萬七千人。張神劍運高郵糧以給之。

甲午，秦彦將宣歙兵三萬餘人，乘竹筏沿江而下，趙暉邀擊於上元，殺溺殆半。丙申，彦入廣陵，自稱權知淮南節度事，仍以畢師鐸爲行軍司馬，補池州刺史趙鍠爲宣歙觀察使。戊戌，楊行密帥諸軍抵廣陵城下，爲八寨以守之，秦彦閉城自守。

六月戊午，秦彦遣畢師鐸、秦稠將兵八千出城西擊楊行密，稠敗死，士卒死者什七八。城中乏食，樵採路絶，宣州軍始食人。

秋八月，秦彦以前蘇州刺史張雄兵强，冀得其用，以僕射告身授雄，以尚書告身三通授裨將馮弘鐸等。廣陵人競以金玉珠繒詣雄軍貿食，通犀帶一得米五升，錦衾一得糠五升。雄軍既富，不復肯戰，未幾，復助楊行密。

丁卯，彦悉出城中兵萬二千人，遣畢師鐸、鄭漢章將之，陳於城西，延袤數里，軍勢甚盛。行密安卧帳中，曰：「賊近告我。」牙將李宗禮曰：「衆寡不敵，宜堅壁自守，徐圖還師。」李濤怒曰：「吾以順討逆，何論衆寡？大軍至此，去將安歸！濤願將所部爲前鋒，保爲公破之。」濤，趙州人也。行密乃積金帛麴米於一寨，使羸弱守之，多伏精兵於其旁，自將千餘人衝其陳。兵始交，行密陽不勝而走，廣陵兵追之，入空寨，争取金帛麴米，伏兵四起，廣陵衆亂，行密縱兵擊之，俘斬殆盡，積尸十里，溝瀆皆滿，師鐸、漢章單騎僅免。自是秦彦不復言出師矣。

九月，高駢在道院，秦彦供給甚薄，左右無食，至然木像煮革帶食之，有相啗者。彦與畢師鐸出師屢敗，疑駢爲厭勝，外圍益急，恐駢黨有爲内應者。有妖尼王奉仙言於彦曰：「揚州分野極災，必有一大人死，自此喜矣。」甲戌，命其將劉匡時殺駢，并子弟甥姪無少長皆死，同坎瘞之。乙亥，楊行密聞之，帥士卒縞素向城大哭三日。

冬十月，秦彦遣鄭漢章將步騎五千出擊張神劍、高霸寨，破之，神劍奔高郵，霸奔海陵。

楊行密圍廣陵且半年，秦彦、畢師鐸大小數十戰，多不利。城中無食，米斗直錢五十緡，草根木實皆盡，以堇泥爲餅食之，餓死者太半。宣軍掠人詣肆賣之，驅縛屠割如羊豕，訖無一聲，積骸流血，滿於坊市。彥、師鐸無如之何，嚬蹙而已。外圍益急，彥、師鐸憂懣，殆無生意，相對抱膝，終日悄然。行密亦以城久不下，欲引還。己巳夜，大風雨，呂用之部將張審威帥麾下士三百，晨伏於西壕，俟守者易代，潛登城，啓關納其衆，守者皆不鬭而潰。先是，彥、師鐸信重尼奉仙，雖戰陳日時，賞罰輕重，皆取決焉。至是復咨於奉仙曰：「何以取濟？」奉仙曰：「走爲上策。」乃自開化門出，奔東塘。行密帥諸軍合萬五千人入城，以梁纘不盡節於高氏，爲秦、畢用，斬於戟門之外。韓問聞之，赴井死。以高駢從孫愈攝副使，使改殯駢及其族。城中遺民纔數百家，飢羸非復人狀，行密輦西寨米以賑之。行密自稱淮南留後。

秦宗權遣其弟宗衡將兵萬人渡淮，與楊行密爭揚州，以孫儒爲副，張佶、劉建鋒、馬殷及宗權族弟彥暉皆從。十一月辛未，抵廣陵城西，據行密故寨，行密輜重之未入城者爲蔡人所得。秦彥、畢師鐸至東塘，張雄不納，將渡江趣宣州。宗衡召之，乃引兵還，與宗衡合。

未幾，宗權召宗衡還蔡，拒朱全忠。孫儒知宗權勢不能久，稱疾不行。宗衡屢促之，儒怒，甲戌，與宗衡飲酒，座中手刃之，傳首於全忠。宗衡將安仁義降於行密。仁義，本沙陀將也，行密悉以騎兵委之，列於田頵之上。儒分兵掠鄰州，未幾，衆至數萬，以城下乏食，與彦、師鐸襲高郵。

辛巳，高郵鎮遏使張神劍帥麾下二百人逃歸揚州。丙戌，孫儒屠高郵。戊子，高郵殘兵七百人潰圍而至，楊行密慮其爲變，分隸諸將，一夕盡阬之。明日，殺神劍於其第。楊行密恐孫儒乘勝取海陵，壬寅，命鎮遏使高霸帥其兵民悉歸府城，曰：「有違命者，族之。」於是數萬户棄資産，焚廬舍，挈老幼遷于廣陵。戊戌，霸與弟晊、部將余繞山、前常州刺史丁從實至廣陵，行密出郭迎之，與霸、晊約爲兄弟，置其將卒於法雲寺。

朝廷以淮南久亂，閏月，以朱全忠兼淮南節度使、東南面招討使。

楊行密欲遣高霸屯天長以拒孫儒，袁襲曰：「霸，高氏舊將，常挾兩端，我勝則來，不勝則叛。今處之天長，是自絶其歸路也，不如殺之。」己酉，行密伏甲，執霸及丁從實、余繞山皆殺之。又遣千騎掩殺其黨於法雲寺，死者數千人。是日大雪，寺外數坊地皆赤。高晊出走，明日獲而殺之。

吕用之之在天長也，紿楊行密曰：「用之有銀五萬鋌，埋於所居，克城之日，願備麾下一醉之資。」庚戌，行密閲士卒，顧用之曰：「僕射許此曹銀，何食言邪？」因牽下，械繫，命田頵鞫之，云與鄭杞、董瑾謀，因中元夜邀高駢至其第建黄籙齋，乘其入静，縊殺之，聲言上升。因令莫邪都帥諸軍推用之爲節度使。是日，腰斬用之，怨家刳裂立盡，并誅其族黨。軍士發其中堂，得桐人，書駢姓名於胸，桎梏而釘之。袁襲言於行密曰：「廣陵飢弊已甚，蔡賊復來，民必重困，不如避之。」甲寅，行密遣和州將延陵宗以其衆二千人歸和州。乙卯，又命指揮使蔡儔將兵千人，輜重數千兩，歸于廬州。

朱全忠遣内（容）〔客〕將張廷範致朝命於楊行密，以行密爲淮南節度副使，又以宣武行軍司馬李璠爲淮南留後，遣牙將郭言將兵千人送之。

文德元年春正月甲寅，孫儒殺秦彦、畢師鐸、鄭漢章。彦等之歸秦宗衡也，其衆猶二千餘人，其後稍稍爲儒所奪。裨將唐宏知其必及禍，恐并死，乃誣告彦等潛召汴軍。儒殺彦等，以宏爲馬軍使。

張守一與吕用之同歸楊行密，復爲諸將合仙丹，又欲干軍府之政，行密怒而殺之。

張廷範至廣陵，楊行密厚禮之。及聞李璠來爲留後，怒，有不受之色。廷範密使人白全忠，宜自以大軍赴鎮，全忠從之。至宋州，廷範自廣陵逃來，曰：「行密未可圖也。」甲子，李璠至，言徐軍遮道，全忠乃止。二月，朱全忠奏以楊行密爲淮南留後。

夏四月壬午，孫儒襲揚州，克之。楊行密出走，儒自稱淮南節度使。行密將奔海陵，袁襲勸歸廬州，再爲進取之計，從之。

秋八月，楊行密畏孫儒之逼，欲輕兵襲洪州。袁襲曰：「鍾傳定江西已久，兵强食足，未易圖也。趙鍠新得宣州，怙亂殘暴，衆心不附。公宜卑辭厚幣説和州孫端、上元張雄，使自採石濟江侵其境，彼必來逆戰，公自銅官濟江會之，破鍠必矣。」行密從之，使蔡儔守廬州，帥諸將濟自糝潭。

孫端、張雄爲趙鍠所敗。鍠將蘇塘、漆朗將兵二萬屯曷山。袁襲曰：「公引兵急趨曷山，堅壁自守，彼求戰不得，謂我畏怯，因其怠，可破也。」行密從之。塘等大敗，遂圍宣州。鍠兄乾之自池州帥衆救宣州，行密使其將陶雅擊乾之于九華，破之。乾之奔江西，以雅爲池州制置使。

昭宗龍紀元年夏五月甲辰，潤州制置使阮結卒，錢鏐以静江都將成及代之。

六月，楊行密圍宣州，城中食盡，人相啗。指揮使周進思據城逐趙鍠，鍠將奔廣陵，田頵追擒之。未幾，城中執進思以降。行密入宣州，諸將争取金帛，徐温獨據米囷，爲粥以食餓者。温，朐山人也。鍠將宿松周本，勇冠軍中，行密獲而釋之，以爲裨將。鍠既敗，左右皆散，惟李德誠從鍠不去，行密以宗女妻之。德誠，西華人也。行密表言於朝，詔以行密爲宣歙觀察使。

朱全忠與趙鍠有舊，遣使求之。行密謀於袁襲，襲曰：「不若斬首以遺之。」行密從之。未幾，襲卒，行密哭之曰：「天不欲成吾大功邪？何爲折吾股肱也！吾好寬，而襲每勸我以殺，此其所以不壽與？」孫儒遣兵攻廬州，蔡儔以州降之。

冬十月，以給事中杜儒休爲蘇州刺史。錢鏐不悦，以知州事沈粲爲制置指揮使。楊行密遣馬步都虞候田頵等攻常州。十一月，田頵攻常州，爲地道入城。中宵，旌旗甲兵出於制置使杜稜之寢室，遂虜之，以兵三萬戍常州。

十二月戊寅，孫儒自廣陵引兵渡江。壬午，逐田頵，取常州，以劉建鋒守之。儒還廣陵，建鋒又逐成及，取潤州。

大順元年春正月，汴將龐師古等衆號十萬，渡淮，聲言救行密，攻下天長，壬子，下高郵。二月，龐師古引兵深入淮南，己巳，與孫儒戰於陵亭，師古兵敗而還。

楊行密遣其將馬敬言將兵五千，乘虚襲據潤州。李友將兵二萬屯青城，將攻常州。安仁義、劉威、田頵敗劉建鋒於武進，敬言、仁義、頵屯潤州。友，合肥人；威，慎縣人也。

三月，賜宣歙軍號寧國，以楊行密爲節度使。

夏六月，孫儒求好於朱全忠，全忠表爲淮南節度使。未幾，全忠殺其使者，復爲仇敵。

秋八月丙寅，孫儒攻潤州。

蘇州刺史杜儒休到官，錢鏐使沈粲害之。會楊行密將李友拔蘇州，粲奔孫儒。

九月，楊行密以其將張行周爲常州制置使。閏月，孫儒遣劉建鋒攻拔常州，殺行周，遂圍蘇州。冬十二月己丑，孫儒拔蘇州，殺李友。安仁義等聞之，焚潤州廬舍，夜遁。儒使沈粲守蘇州，又遣其將歸傳道守潤州。

二年春正月，孫儒盡舉淮、蔡之兵濟江，癸酉，自潤州轉戰而南，田頵、安仁義屢敗退，楊行密城戍皆望風奔潰。儒將李從立奄至宣州東溪，行密守備尚未固，衆心危懼。夜，使其將合肥臺濛將五百人屯溪西，濛使士卒傳呼，往返數四，從立以爲大衆繼至，遽引去。儒前軍至溧水，行密使都指揮使李神福拒之。神福陽退以示怯，儒軍不設備，神福夜帥精兵襲之，俘斬千人。

夏四月，楊行密遣其將劉威、朱延壽將兵三萬擊孫儒于黄池，威等大敗。延壽，舒城人也。

孫儒軍于黄池，五月，大水，諸營皆没，乃還揚州，使其將康暀據和州，安景思據滁州。楊行密遣其將李神福攻和、滁，康暀降，安景思走。

秋七月，朱全忠遣使與楊行密約共攻孫儒。儒恃其兵强，欲先滅行密，後敵全忠，移牒藩鎮，數行密、全忠之罪，且曰：「俟平宣、汴，當引兵入朝，除君側之惡。」於是悉焚揚州廬舍，盡驅丁壯及婦女渡江，殺老弱以充食。行密將張訓、李德誠潛入揚州，滅餘火，得穀數十萬斛以賑飢民。泗州刺史張諫貸數萬斛以給軍，訓以行密之命饋之，諫由是德行密。乙未，孫儒自蘇州出屯廣德，楊行密引兵拒之。儒圍其寨，行密將上蔡李簡帥百餘人力戰，破寨，拔行密出之。

冬十二月，孫儒焚掠蘇、常，引兵逼宣州。錢鏐復遣兵據蘇州。儒屢破楊行密之兵，旌旗輜重亘百餘里。行密求救於錢鏐，鏐以兵食助之。

景福元年春正月，楊行密謂諸將曰：「孫儒之衆十倍於我，吾戰數不利，欲退保銅官，如何？」劉威、李神福曰：「儒掃地遠來，利在速戰。宜屯據險要，堅壁清野以老其師，時出輕騎抄其饋餉，奪其俘掠。彼前不得戰，退無資糧，可坐擒也。」戴友規曰：「儒與我相持數年，勝負略相當。今悉衆致死於我，我若望風棄城，正墮其計。淮南士民從公渡江及自儒軍來降者甚衆，公宜遣將先護送歸淮南，使復生業。儒軍聞淮南安堵，皆有思歸之心，人心既摇，安得不敗。」行密悦，從之。友規，廬州人也。

二月，孫儒圍宣州。初，劉建鋒爲孫儒守常州，將兵從儒擊楊行密甘露鎮，使陳可言帥部兵千人據常州。行密將張訓引兵奄至城下，可言倉猝出迎，訓手刃殺之，遂取常州。行密别將又取潤州。

夏五月，楊行密屢敗孫儒兵，破其廣德營，張訓屯安吉，斷其糧道。儒食盡，士卒大疫，遣其將劉建鋒、馬殷分兵掠諸縣。六月，行密聞儒疾瘧，戊寅，縱兵擊之。會大雨，晦冥，儒軍大敗，安仁義破儒五十餘寨，田頵擒儒於陳，斬之，傳首京師，儒衆多降於行密。

丁酉，楊行密帥衆歸揚州。秋七月丙辰，至廣陵，表田頵守宣州，安仁義守潤州。先是，揚州富庶甲天下，時人稱「揚一益二」，及經秦、畢、孫、楊兵火之餘，江、淮之間，東西千里掃地盡矣。

秋八月，以楊行密爲淮南節度使、同平章事，以田頵知宣州留後，安仁義爲潤州刺史。孫儒降兵多蔡人，行密選其尤勇健者五千人，厚其稟賜，以皁衣蒙甲，號「黑雲都」，每戰，使之先登陷陳，四鄰畏之。

行密以用度不足，欲以茶鹽易民布帛。掌書記舒城高勖曰：「兵火之餘，十室九空，又漁利以困之，將復離叛。不若悉我所有，易鄰道所無，足以給軍。選賢守令，勸課農桑，數年之間，倉庫自實。」行密從之。田頵聞之曰：「賢者之言，其利遠哉！」行密馳射武伎皆非所長，而寬簡有智略，善撫御將士，與同甘苦，推心待物，無所猜忌。嘗早出，從者斷馬鞦，取其金，行密知而不問，他日復早出如故，人服其度量。

淮南被兵六年，士民轉徙幾盡。行密初至，賜與將吏，帛不過數尺，錢不過數百，而能以勤儉足用。非公宴，未嘗舉樂。招撫流散，輕徭薄斂，未及數年，公私富庶，幾復承平之舊。

冬十一月，廬州刺史蔡儔發楊行密父祖墓，與舒州刺史倪章連兵，遣使送印於朱全忠以求救。全忠惡其反覆，納其印，不救，且牒報行密，行密謝之。行密遣行營都指揮使李神福將兵討儔。

二年夏四月，李神福圍廬州，甲午，楊行密自將詣廬州，田頵自宣州引兵會之。秋七月丁亥，楊行密克廬州，斬蔡儔。左右請發儔父母冢，行密曰：「儔以此得罪，吾何爲效之！」八月丙辰，楊行密遣田頵將宣州兵二萬攻歙州，歙州刺史裴樞城守，久不下。時諸將爲刺史者多貪暴，獨池州團練使陶雅寬厚得民，歙人曰：「得陶雅爲刺史，請聽命。」行密即以雅爲歙州刺史，歙人納之。雅盡禮見樞，送之還朝。樞，遵慶之曾孫也。冬十月，舒州刺史倪章棄城走，楊行密以李神福爲舒州刺史。

乾寧元年春三月，黃州刺史吳討舉州降楊行密。夏五月，武昌節度使杜洪攻黃州，楊行密遣行營都指揮使朱延壽等救之。冬十二月，吳討畏杜洪之逼，納印請代于楊行密，行密以先鋒指揮使瞿章權知黃州。

二年春(二)〔正〕月，楊行密表朱全忠罪惡，請會易定、兖、鄆、河東兵討之。

三月，楊行密浮淮至泗州，防禦使臺濛盛飾供帳，行密不悅。既行，濛於卧内得補綻衣，馳使歸之。行密笑曰：「吾少貧賤，不敢忘本。」濛甚慚。行密攻濠州，拔之，執刺史張璲。丁亥，行密圍壽州。夏四月，楊行密圍壽州，不克，將還。庚寅，其將朱延壽請試往更攻，一鼓拔之，執刺史江從勗。行密以延壽權知壽州團練使。未幾，汴兵數萬攻壽州，州兵少，吏民恟懼。延壽制，軍中每旗二十五騎。命黑雲隊長李厚將十旗擊汴兵，不勝。延壽將斬之，厚稱衆寡不敵，願益兵更往，不勝則死。都押牙汝陽柴再用亦爲之請，乃益以五旗。厚殊死戰，再用助之，延壽悉衆乘之，汴兵敗走。厚，蔡州人也。行密又遣兵襲漣水，拔之。

三年夏五月，淮南將朱延壽奄至蘄州，圍其城。大將賈公鐸方獵，不得還，伏兵林中，命勇士二人衣羊皮，夜入延壽所掠羊羣，潛入城，約夜半開門，舉火爲應，復衣皮返命。公鐸如期引兵至城南，門中火舉，力戰，突圍而入。延壽驚曰：「吾常恐其潰圍而出，反潰圍而入，如此，城安可猝拔！」乃白行密，求軍中與公鐸有舊者持誓書金帛往説之，許以婚。壽州團練副使柴再用請行，臨城與語，爲陳利害。數日，公鐸及刺史(馬)〔馮〕敬章請降。以敬章爲左都押牙，公鐸爲右監門衛將軍。延壽進拔光州，殺刺史劉存。

四年春二月，詔以楊行密爲江南諸道行營都統，以討武昌節度使杜洪。夏四月，杜洪爲楊行密所攻，求救於朱全忠。全忠遣其將聶金掠泗州，朱友恭攻黄州。行密遣右黑雲都指揮使馬珣等救黄州。黄州刺史瞿章聞友恭至，棄城擁衆南保武昌寨。五月辛巳，朱友恭爲浮梁於樊港，進攻武昌寨，壬午，拔之，執瞿章，遂取黄州。馬珣等皆敗走。

朱全忠既得兗、鄆，甲兵益盛，秋九月，乃大舉擊楊行密，遣龐師古以徐、宿、宋、滑之兵七萬壁清口，將趣揚州，葛從周以兗、鄆、曹、濮之兵壁安豐，將趣壽州，全忠自將屯宿州；淮南震恐。

楊行密與朱瑾將兵三萬拒汴軍於楚州，别將張訓自漣水引兵會之，行密以爲前鋒。龐師古營於清口，或曰：「營地汙下，不可久處。」不聽。師古恃衆輕敵，居常弈棋。朱瑾壅淮上流，欲灌之。或以告師古，師古以爲惑衆，斬之。十一月癸酉，瑾與淮南將侯瓚將五千騎潛渡淮，用汴人旗幟，自北來趣其中軍。張訓踰柵而入，士卒蒼黄拒戰，淮水大至，汴軍駭亂。行密引大軍濟淮，與瑾等夾攻之，汴軍大敗，斬師古及將士首萬餘級，餘衆皆潰。葛從周屯於壽州西北，壽州團練使朱延壽擊破之，退屯濠州，聞師古敗，奔還。行密、瑾、延壽乘勝追之，及於渒水。從周半濟，淮南兵擊之，殺溺殆盡，從周走免。遏後都指揮使牛存節棄馬步鬬，諸軍稍得濟淮，凡四日不食，會大雪，汴卒緣道凍餒死，還者不滿千人。全忠聞敗，亦奔還。行密遺全忠書曰：「龐師古、葛從周非敵也，公宜自來淮上決戰。」

行密大會諸將，謂行軍副使李承嗣曰：「始吾欲先趣壽州，副使云不如先向清口，師古敗，從周自走，今果如所料。」賞之錢萬緡，表承嗣領鎮海節度使。行密待承嗣及史儼甚厚，第舍、姬妾，咸選其尤者賜之，故二人爲行密盡力，屢立功，竟卒於淮南。行密由是遂保據江、淮之間，全忠不能與之争。

光化元年春正月，兩浙、江西、武昌、淄青各遣使詣闕，請以朱全忠爲都統，討楊行密。詔不許。

二年春正月，楊行密與朱瑾將兵數萬攻徐州，軍于吕梁，朱全忠遣騎將張歸厚救之。朱全忠自將救徐州，楊行密聞之，引兵去。汴人追及之於下邳，殺千餘人。全忠行至輝州，淮南兵已退，乃還。

三年。加楊行密兼侍中。

天復二年春三月，上以左金吾將軍李儼爲江、淮宣諭使，書御（衣）〔札〕賜楊行密，拜行密東面行營都統、中書令、吴王，以討朱全忠。以朱瑾爲平盧節度使，馮弘鐸爲武寧節度使，朱延壽爲奉國節度使。加武安節度使馬殷同平章事。淮南、宣歙、湖南等道立功將士，聽用都統牒承制遷補，然後表聞。儼，張濬之子也，賜姓李。

武寧節度使馮弘鐸介居宣、揚之間，常不自安；然恃樓船之强，不事兩道。寧國節度使田頵欲圖之，募弘鐸人造戰艦。工人曰：「馮公遠求堅木，故其船堪久用，今此無之。」顒曰：「第爲之，吾止須一用耳。」弘鐸將馮暉、顏建說弘鐸先擊顒，弘鐸從之，（師）〔帥〕衆南上，聲言攻洪州，實襲宣州也。楊行密使人止之，不從。六月辛巳，顒帥舟師逆擊于葛山，大破之。

馮弘鐸收餘衆沿江將入海，楊行密恐其爲後患，遣使犒軍，且說之曰：「公徒衆猶盛，胡爲自棄於滄海之外。吾府雖小，足以容公之衆，使將吏各得其所，如何？」弘鐸左右皆慟哭聽命。弘鐸至東塘，行密自乘輕舟迎之，從者十餘人，常服，不持兵，升弘鐸舟慰諭之，舉軍感悅。署弘鐸淮南節度副使，館給甚厚。

初，弘鐸遣牙將丹徒尚公迺詣行密求潤州，行密不許。公迺大言曰：「公不見聽，但恐不敵樓船耳。」至是，行密謂公迺曰：「頗記求潤州時否？」公迺謝曰：「將吏各爲其主，但恨無成耳。」行密笑曰：「爾事楊叟如馮公，無憂矣。」行密以李神福爲昇州刺史。

楊行密發兵討朱全忠，以副使李承嗣權知淮南軍府事。軍吏欲以巨艦運糧，都知兵馬使徐溫曰：「運路久不行，葭葦堙塞，請用小艇，庶幾易通。」軍至宿州，會久雨，重載不能進，士有飢色，而小艇先至，行密由是奇溫，始與議軍事。行密攻宿州，久不克，竟以糧運不繼引還。

冬十月，李儼至揚州，楊行密始建制敕院，每有封拜，輒以告儼，於紫極宮玄宗像前陳制書，再拜然後下。

三年春正月，楊行密承制加朱瑾東面諸道行營副都統、同平章事，以昇州刺史李神福爲淮南行軍司馬、鄂岳行營招討使，舒州團練使劉存副之，將兵擊杜洪。洪將駱殷戍永興，棄城走，縣民方詔據城降。神福曰：「永興大縣，饋運所仰，已得鄂之半矣。」

三月，淮南將李神福圍鄂州，望城中積荻，謂監軍尹建峯曰：「今夕爲公焚之。」建峯未之信。時杜洪求救於朱全忠，神福遣部將秦皋乘輕舟至灄口，舉火炬於樹杪。洪以爲救兵至，果焚荻以應之。

夏四月，杜洪求救於朱全忠，全忠遣其將韓勍將萬人屯灄口，遣使語荆南節度使成汭、武安節度使馬殷、武貞節度使雷彦威，令出兵救洪。汭畏全忠之强，且欲侵〔江〕淮之地以自廣，發舟師十萬沿江東下。汭作巨艦，三年而成，制度如府署，謂之「和州載」，其餘謂之「齊山」、「截海」、「劈浪」之類甚衆。掌書記李珽諫曰：「今每艦載甲士千人，稻米倍之，緩急不可動也。吴兵剽輕，難與角逐。武陵、長沙皆吾讎也，豈得不爲反顧之慮乎！不若遣驍將屯巴陵，大軍與之對岸，堅壁勿戰，不過一月，吴兵食盡自遁，鄂圍解矣。」汭不聽。珽，憕之五世孫也。

五月，成汭行未至鄂州，馬殷遣大將許德勳將舟師萬餘人，雷彦威遣其將歐陽思將舟師三千餘人會於荆江口，乘虛襲江陵，庚戌，陷之，盡掠其人及貨財而去。將士亡其家，皆無鬭志。李神福聞其將至，自乘輕舟前覘之，謂諸將曰：「彼戰艦雖多而不相屬，易制也，當急擊之。」壬子，神福遣其將秦裴、楊戎將衆數千逆擊汭於君山，大破之。因風縱火，焚其艦，士卒皆潰，汭赴水死，獲其戰艦二百艘。韓勍聞之，亦引兵去。

初，寧國節度使田頵破馮弘鐸，詣廣陵謝楊行密，因求池、歙爲巡屬，行密不許。行密左右下及獄吏皆求賂於頵，頵怒曰：「吏知吾將下獄邪！」及還，指廣陵南門曰：「吾不可復入此矣！」頵兵强財富，好攻取。行密既定淮南，欲保境息民，每抑止之，頵不從。及解釋錢鏐，頵尤恨之，陰有叛志。李神福言於行密曰：「頵必反，宜早圖之。」行密曰：「頵有大功，反狀未露，今殺之，諸將人人自危矣。」頵有良將曰康儒，與頵謀議多不合，行密知之，擢儒爲廬州刺史。頵以儒爲貳於己，族之。儒曰：「吾死，田公亡無日矣。」頵遂與潤州團練使安仁義同舉兵，仁義悉焚東塘戰艦。

頵遣二使詐爲商人，詣壽州約奉國節度使朱延壽，行密將尚公迺遇之，曰：「非商人也。」殺一人，得其書，以告行密。行密召李神福於鄂州，神福恐杜洪邀之，宣言奉命攻荆南，勒兵具舟楫，及暮，遂沿江東下，始告將士以討田頵。

己丑，安仁義襲常州，常州刺史李遇逆戰，極口駡仁義。仁義曰：「彼敢辱我，必有備。」乃引去。壬辰，行密以王茂章爲潤州行營招討使，擊仁義，不克，使徐温將兵會之。温易其衣服、旗幟皆如茂章兵，仁義不知益兵，復出戰，温奮擊，破之。

行密夫人，朱延壽之姊也。行密狎侮延壽，延壽怨怒，陰與田頵通謀。頵遣前進士杜荀鶴至壽州，與延壽相結；又遣至大梁告朱全忠。全忠大喜，遣兵屯宿州以應之。荀鶴，池州人也。

九月，朱延壽謀頗泄，楊行密詐爲目疾，對延壽使者多錯亂所見，或觸柱仆地。謂夫人曰：「吾不幸失明，諸子皆幼，軍府事當悉以授三舅。」夫人屢以書報延壽，行密又自遣召之，陰令徐温爲之備。延壽至廣陵，行密迎及寢門，執而殺之。部兵驚擾，徐温諭之，皆聽命。遂斬延壽兄弟，黜朱夫人。

初，延壽赴召，其妻王氏謂曰：「君此行吉凶未可知，願日發一使以安我。」一日，使不至，王氏曰：「事可知矣。」部分僮僕，授兵闔門，捕騎至，乃集家人，聚寶貨，發百燎焚府舍，曰：「妾誓不以皎然之軀爲讎人所辱。」赴火而死。延壽用法嚴，好以寡擊衆，嘗遣二百人與汴兵戰，有一人應留者，請行，延壽以違命，立斬之。

田頵襲昇州，得李神福妻子，善遇之。神福自鄂州東下，頵遣使謂之曰：「公見機，與公分地而王，不然，妻子無遺。」神福曰：「吾以卒伍事吴王，今爲上將，義不以妻子易其志。頵有老母，不顧而反，三綱且不知，烏足與言乎！」斬使者而進，士卒皆感勵。頵遣其將王(檀)〔壇〕、汪建將水軍逆戰。丁未，神福至吉陽磯，與壇、建遇，壇、建執其子承鼎示之，神福命左右射之。神福謂諸將曰：「彼衆我寡，當以奇取勝。」及暮，合戰，神福陽敗，引舟泝流而上。壇、建追之，神福復還，順流擊之。壇、建樓船大列火炬，神福令軍中曰：「望火炬輒擊之。」壇、建軍皆滅火，旗幟交雜，神福因風縱火，焚其艦。壇、建大敗，士卒焚溺死者甚衆。戊申，又戰于皖口，壇、建僅以身免。獲徐綰，行密以檻車載之，遺錢鏐。鏐剖其心以祭(周)〔高〕渭。

頵聞壇、建敗，自將水軍逆戰。神福曰：「賊棄城來，此天亡也。」臨江堅壁不戰，遣使告行密，請發步兵斷其歸路。行密遣漣水制置使臺濛將兵應之。王茂章攻潤州，久未下，行密命茂章引兵會濛擊頵。

田頵聞臺濛將至，自將步騎逆戰，留其將郭行悰以精兵二萬及王壇、汪建水軍屯蕪湖，以拒李神福。覘者言濛營寨褊小，纔容二千人。頵易之，不召外兵。濛入頵境，番陳而進，軍中笑其怯。濛曰：「頵宿將，多謀，不可不備。」冬十月戊辰，與頵遇於廣德，濛先以楊行密書徧賜頵將，皆下馬拜受。濛因其挫伏，縱兵擊之，頵兵遂敗。又戰于黄池，兵交，濛僞走，頵追之，遇伏大敗，奔還宣州城守，濛引兵圍之。頵亟召蕪湖兵還，不得入。

郭行悰、王壇、汪建及當塗、廣德諸戍皆帥其衆降。行密以臺濛已破田頵，命王茂章復引兵攻潤州。

十一月乙亥，田頵帥死士數百出戰，臺濛陽退以示弱。頵兵踰濠而鬭，濛急擊之。頵不勝，還走城，橋陷墜馬，斬之。其衆猶戰，以頵首示之，乃潰，濛遂克宣州。

初，行密與頵同閭里，少相善，約爲兄弟。及頵首至廣陵，行密視之泣下，赦其母殷氏，行密與諸子皆以子孫禮事之。

行密以李神福爲寧國節度使，神福以杜洪未平，固讓不拜。宣州長史合肥駱知祥善治金穀，觀察牙推沈文昌爲文精敏，嘗爲頵草檄罵行密，行密以知祥爲淮南支計官，文昌爲節度牙推。文昌，湖州人也。

初，頵每戰不勝，輒欲殺錢傳瓘，其母及宣州都虞候郭師從常保護之。師從，合肥人，頵之婦弟也。頵敗，傳瓘歸杭州，錢鏐以師從爲鎮東都虞候。

天祐元年春三月，以淮南行軍司馬李神福爲鄂岳招討使，復將兵擊杜洪。朱全忠遣使請捨鄂岳，復修舊好，行密報曰：「俟天子還長安，然後罷兵修好。」

秋八月，淮南將李神福攻鄂州未下，會疾病，還廣陵，楊行密以舒州團練使泌陽劉存代爲招討使。神福尋卒。宣州觀察使臺濛卒，以其子渥爲宣州觀察使。

昭宣帝天祐二年。潤州團練使安仁義勇決得士心，故淮南將王茂章攻之，踰年不克。楊行密使謂之曰：「汝之功，吾不忘也。能束身自歸，當以汝爲行軍副使，但不掌兵耳。」仁義不從。茂章爲地道入城，遂克之。仁義舉族登樓，衆不敢逼。先是，攻城諸將見仁義輒罵之，惟李德誠不然，至是仁義召德誠登樓，謂曰：「汝有禮，吾今以爲汝功。」且以愛妾贈之。乃擲弓於地。德誠掖之而下，并其子斬於廣陵市。

二月，朱全忠遣其將曹延祚將兵與杜洪共守鄂州，庚子，淮南將劉存攻拔之，執洪、延祚及汴兵千餘人送廣陵，悉誅之。行密以存爲鄂岳觀察使。

冬十一月庚辰，吴武忠王楊行密薨，將佐共請宣諭使李儼承制授楊渥淮南節度使、東南諸道行營都統，兼侍中、弘農郡王。

王建據蜀

唐僖宗廣明元年春三月庚午，以左金吾大將軍陳敬瑄爲西川節度使。敬瑄，許州人，田令孜之兄也。初，崔安潛鎮許昌，令孜爲敬瑄求兵馬使，安潛不許。敬瑄因令孜得隸左神策軍，數歲，累遷至大將軍。令孜見關東羣盜日熾，陰爲幸蜀之計，奏以敬瑄及其腹心左神策大將軍楊師立、牛勖、羅元杲鎮三川。上令四人擊毬賭三川，敬瑄得第一籌，即以爲西川節度使，代安潛。夏六月庚寅，陳敬瑄至成都。

中和三年秋七月，左驍衛上將軍楊復光卒于河中。八都將鹿晏弘等各以其衆散去，王建、韓建、張造、晋暉、李師泰各帥其衆與之俱。田令孜密遣人以厚利誘之，二建帥衆數千逃奔行在。令孜皆養爲假子，賜與巨萬，拜諸衛將軍，使各將其衆，號隨駕五都。

光啓元年秋九月戊申，以陳敬瑄爲三川及峽内諸軍都指揮制置等使。

二年夏四月，田令孜薦樞密使楊復恭爲左神策中尉觀軍容使，自除西川監軍使，往依陳敬瑄。復恭斥令孜之黨，出王建爲利州刺史。

三年春三月，山南西道節度使楊守亮忌利州刺史王建驍勇，屢召之；建懼，不往。前龍州司倉周庠説建曰：「唐祚將終，藩鎮互相吞噬，皆無雄才遠略，不能戡濟多難。公勇而有謀，得士卒心，立大功者，非公而誰？然葭萌四戰之地，難以久安。閬州地僻人富，楊茂實，陳、田之腹心，不修職貢，若表其罪，興兵討之，可一戰而擒也。」建從之，召募溪洞酋豪，有衆八千，沿嘉陵江而下，襲閬州，逐其刺史楊茂實而據之。自稱防禦使，招納亡命，軍勢益盛，守亮不能制。部將張虔裕説建曰：「公乘天子微弱，專據方州，若唐室復興，公無種矣。宜遣使奉表天子，仗大義以行師，蔑不濟矣。」部將綦毋諫復説建養士愛民，以觀天下之變，建皆從之。

初，建與東川節度使顧彦朗俱在神策軍同討賊。建既據閬州，彦朗畏其侵暴，數遣使問遺，饋以軍食，建由是不犯東川。

陳敬瑄惡顧彦朗與王建相親，恐其合兵圖己，冬十一月，謀於田令孜。令孜曰：「建，吾子也，不爲楊興元所容，故作賊耳。今折簡召之，可致麾下。」乃遣使以書召之，建大喜，詣梓州見彦朗曰：「十軍阿父見召，當往省之。因見陳太師，求一大州，若得之，私願足矣。」乃留其家於梓州，帥麾下精兵二千，與從子宗鐬、假子宗瑶、宗弼、宗侃、宗弁俱西。

建至鹿頭關，西川參謀李乂謂敬瑄曰：「王建，虎也，奈何延之入室？彼安肯爲公下乎！」敬瑄悔，亟遣人止之，且增修守備。建怒，破關而進，敗漢州刺史張頊於綿竹，遂拔漢州，進軍學射山，又敗西川將句惟立於蠶此，又拔德陽。敬瑄遣使讓之，對曰：「十軍阿父召我來，及門而拒之，重爲顧公所疑，退無歸矣。」田令孜登樓慰諭之，建與諸將於清遠橋上髡髮羅拜，曰：「今既無歸，且辭阿父作賊矣。」顧彦朗以其弟彦暉爲漢州刺史，發兵助建急攻成都，三日不克而退，還屯漢州。敬瑄告難於朝，詔遣中使和解之。又令李茂貞以書諭之，皆不從。

文德元年春三月，王建攻彭州，陳敬瑄救之，乃去。建大掠西川，十二州皆被其患。

夏五月，陳敬瑄方與王建相攻，貢賦中絶。建以成都尚强，退無所掠，欲罷兵，周庠、綦毋諫以爲不可。庠曰：「邛州城塹完固，食支數年，可據之，以爲根本。」建曰：「吾在軍中久，觀用兵者不倚天子之重則衆心易離。不若疏敬瑄之罪，表請朝廷，命大臣爲帥而佐之，則功庶可成。」乃使庠草表，請討敬瑄以贖罪，因求邛州。顧彦朗亦表請赦建罪，移敬瑄他鎮以靖兩川。

初，黄巢之亂，上爲壽王，從僖宗幸蜀。時事出倉猝，諸王多徒行，至山谷中，壽王疲乏不能前，卧磻石上。田令孜自後至，趣之。王曰：「足痛，幸軍容給一馬。」令孜曰：「此深山，安得馬。」以鞭抶王使前，王顧而不言，心銜之。及即位，遣人監西川軍，令孜不奉詔。上方憤藩鎮跋扈，欲以威制之。會得彦朗、建表，以令孜所恃者敬瑄耳，六月，以韋昭度兼中書令，充西川節度使兼兩川招撫制置等使，徵敬瑄爲龍武統軍。

王建軍新都，時綿竹土豪何義陽、安仁費師懃等所在擁兵自保，衆或萬人，少者千人。建遣王宗瑶説之，皆率衆附於建，給其資糧，建軍復振。

〔冬十月〕，陳敬瑄、田令孜聞韋昭度將至，治兵完城以拒之。

初，感義節度使楊晟既失興、鳳，走據文、龍、成、茂四州。王建攻西川，田令孜以晟己之故將，假威戎軍節度使，使守彭州。王建攻彭州，陳敬瑄遣眉州刺史山行章將兵五萬壁新繁以救之。

十二月丁亥，以韋昭度爲行營招討使，山南西道節度使楊守亮副之，東川節度使顧彦朗爲行軍司馬。割邛、蜀、黎、雅置永平軍，以王建爲節度使，治邛州，充行營諸軍都指揮使。戊子，削陳敬瑄官爵。

昭宗龍紀元年春正月戊申，王建大破山行章於新繁，殺獲近萬人，行章僅以身免。楊晟懼，徙屯三交。行章屯濛陽，與建相持。冬十二月甲子，王建敗山行章及西川騎將宋行能於廣都。行能奔還成都，行章退守眉州。壬申，行章請降於建。

大順元年春正月壬寅，王建攻邛州，陳敬瑄遣其大將彭城楊儒將兵三千助刺史毛湘守之。湘出戰，屢敗。楊儒登城，見建兵盛，歎曰：「唐祚盡矣。王公治衆嚴而不殘，殆可以庇民乎？」遂帥所部出降。建養以爲子，更其姓名曰王宗儒。乙巳，建留永平節度判官張琳爲邛南招安使，引兵還成都。琳，許州人也。陳敬瑄分兵布寨於犀浦、郫、導江等縣，發城中民户一丁，晝則穿重壕，採竹木，運塼石，夜則登城，擊柝巡警，無休息。韋昭度營於唐橋，王建營於東閶門外。建事昭度甚謹。辛亥，簡州將杜有遷執刺史員虔嵩降於建，建以有遷知州事。

夏四月乙丑，陳敬瑄遣蜀州刺史任從海將兵二萬救邛州，戰敗，欲以蜀州降王建。敬瑄殺之，以徐公鉥代爲蜀州刺史。丙寅，嘉州刺史朱實舉州降于建。丙子，僰道土豪文武堅執戎州刺史謝承恩降于建。

六月丁巳，茂州刺史李繼昌帥衆救成都，己未，王建擊斬之。辛酉，資、簡都制置應援使謝從本殺雅州刺史張承簡，舉城降建。秋八月，王建退屯漢州。陳敬瑄括富民財以供軍，置徵督院，逼以桎梏箠楚，使各自占。凡有財者如匿贓、虚占、急徵，咸不聊生。

九月，邛州刺史毛湘本田令孜親吏，王建攻之急，食盡，救兵不至。壬戌，湘謂都知兵馬使任可知曰：「吾不忍負田軍容，吏民何罪！爾可持吾頭歸王建。」乃沐浴以俟刃。可知斬湘及二子降於建，士民皆泣。甲戌，建持永平旌節入邛州，以節度判官張琳知留後。繕完城隍，撫安夷獠，經營蜀、雅。冬十月癸未朔，建引兵還成都，蜀州將李行周逐(李)〔徐〕公鉥舉城降建。

二年。(春二月)韋昭度將諸道兵十餘萬討陳敬瑄，三年不能克，饋運不繼。朝議欲息兵，〔春〕三月乙亥，制復敬瑄官爵，令顧彦朗、王建各帥衆歸鎮。

夏四月，成都城中乏食，棄兒滿路。民有潛入行營販米入城者，邏者得之，以白韋昭度，昭度曰：「滿城飢甚，忍不救之！」釋勿問。亦有白陳敬瑄者，敬瑄曰：「吾恨無術以救餓者，彼能如是，勿禁也。」由是販者浸多，然所致不過斗升。截筒，徑寸半，深五分，量米而鬻之，每筒百餘錢，餓殍狼籍。軍民强弱相陵，將吏斬之不能禁。乃更爲酷法，或斷腰，或斜劈，死者相繼，而爲者不止，人耳目既熟，不以爲懼。吏民日窘，多謀出降，敬瑄悉捕其族黨殺之，慘毒備至。内外都指揮使、眉州刺史成都徐耕性仁恕，所全活數千人。田令孜曰：「公掌生殺而不刑一人，有異志邪？」耕懼，夜取俘囚戮於市。

王建見罷兵制書，曰：「大功垂成，奈何棄之！」謀於周庠，庠勸建請韋公還朝，獨攻成都，克而有之。建表稱：「陳敬瑄、田令孜罪不可赦，願畢命以圖成功。」昭度無如之何，由是未能東還。建説昭度曰：「今關東藩鎮迭相吞噬，此腹心之疾也。相公宜早歸廟堂，與天子謀之。敬瑄，疥癬耳，當以日月制之，責建可辦也。」昭度猶豫未决。庚子，建陰令東川將唐友通等擒昭度親吏駱保於行府門，臠食之，云其盗軍糧。昭度大懼，遽稱疾，以印節授建，牒建知三使留後兼行營招討使，即日東還。建送至新都，跪觴馬前，泣拜而别。昭度甫出劍門，即以兵守之，不復内東軍。昭度至京師，除東都留守。

建急攻成都，環城烽塹亘五十里。有狗屠王鷂請詐得罪亡入城説之，使上下離心，建遣之。鷂入見陳敬瑄、田令孜，則言建兵疲食盡將遁矣。出則鬻茶於市，陰爲吏民稱建英武，軍勢强盛。由是敬瑄等懈於守備，而衆心危懼。建又遣其將京兆鄭渥詐降以覘之，敬瑄以爲將，使乘城，既而復以詐得歸。建由是悉知城中虚實，以渥爲親從都指揮使，更姓名曰王宗渥。

秋八月，王建攻陳敬瑄益急，敬瑄出戰輒敗，巡内州縣率爲建所取。威戎節度使楊晟時饋之食，建以兵據新都，彭州道絶。敬瑄出慰勉士卒，皆不應。辛丑，田令孜登城謂建曰：「老夫與公甚厚，何見困如是？」建曰：「父子之恩豈敢忘。但朝廷命建討不受代者，不得不然。儻太師改圖，建復何求！」是夕，令孜自攜西川印節詣建營授之，將士皆呼萬歲。建泣謝，請爲父子如初。壬寅，敬瑄開城迎建。癸卯，建入城，自稱西川留後。

初，陳敬瑄之拒朝命也，田令孜欲盜其軍政，謂敬瑄曰：「三兄尊重，軍務煩勞，不若盡以相付，日具記事咨呈，兄但高居自逸而已。」敬瑄素無智能，忻然許之。自是軍事皆不由己，以至於亡。建表敬瑄子陶爲雅州刺史，使隨陶之官，明年罷歸，寓居新津，以一縣租賦贍之。

癸丑，建分遣士卒就食諸州。更文武堅姓名曰王宗阮，謝從本曰王宗本。陳敬瑄將佐有器幹者，建皆禮而用之。

九月，東川節度使顧彦朗薨，軍中推其弟彦暉知留後。

冬十月癸未，以永平節度使王建爲西川節度使。甲申，廢永平軍。建既得西川，留心政事，容納直言，好施樂士，用人各盡其才，謙恭儉素。然多忌好殺，諸將有功名者，多因事誅之。

十二月，以顧彥暉爲東川節度使，遣中使宋道弼賜旌節。楊守亮使楊守厚因道弼，奪其旌節，發兵攻梓州。癸卯，彥暉求救於王建。甲辰，建遣其將華洪、李簡、王宗侃、王宗弼救東川。建密謂諸將曰：「爾等破賊，彥暉必犒師，汝曹於行營報宴，因而執之，無煩再舉。」宗侃破守厚七砦，守厚走歸綿州。彥暉具犒禮，諸將報宴，宗弼以建謀告之，彥暉乃以疾辭。

景福元年。威（武）〔戎〕節度使楊晟與楊守亮等約攻王建，二月丁丑，晟出兵掠新繁、漢州之境，使其將呂蕘將兵二千會楊守厚攻梓州。建遣行營都指揮使李簡擊蕘，斬之。辛丑，王建遣族子嘉州刺史宗裕、雅州刺史王宗侃、威信都指揮使華洪、茂州刺史王宗瑤將兵五萬攻彭州，楊晟逆戰而敗，宗裕等圍之。楊守亮遣其將符昭救晟，徑趨成都，營三學山。建亟召華洪還。洪疾驅而至，後軍尚未集，以數百人夜去昭營數里多擊更鼓；昭以爲蜀軍大至，引兵宵遁。

三月，左神策勇勝三都都指揮使楊子實、子遷、子釗，皆守亮之假子也，自渠州引兵救楊晟，知守亮必敗，壬子，帥其衆二萬降於王建。

楊晟遺楊守貞、楊守忠、楊守厚書，使攻東川，以解彭州之圍，守貞等從之。神策督將竇行實戍梓州，守厚密誘之爲内應。守厚至涪城，行實事泄，顧彦暉斬之。守厚遁去。守貞、守忠軍至，無所歸，盤桓綿、劍間，王建遣其將吉諫襲守厚，破之。癸亥，西川將李簡邀守忠於鍾陽，斬獲三千餘人。夏四月，簡又破守厚於銅鉼，斬獲三千餘人，降萬五千人；守忠、守厚皆走。

秋七月，王建圍彭州，久不下，民皆竄匿山谷。諸寨日出俘掠，謂之「淘虜」，都將先擇其善者，餘則士卒分之，以是爲常。有軍士王先成者，新津人，本書生也，世亂，爲兵，度諸將惟北寨王宗侃最賢，乃往説之曰：「彭州本西川之巡屬也，陳、田召楊晟割四州以授之，僞署觀察使，與之共拒朝命。今陳、田已平，而晟猶據之。州民皆知西川乃其大府，而司徒乃其主也，故大軍始至，民不入城而入山谷避之，以俟招安。今軍至累月，未聞招安之命，軍士復從而掠之，與盜賊無異，奪其貲財，驅其畜産，分其老弱婦女以爲奴婢，使父子兄弟流離愁怨。其在山中者，暴露於暑雨，殘傷於蛇虎，孤危飢渴，無所歸訴。彼始以楊晟非其主而不從，今司徒不加存恤，彼更思楊氏矣。」宗侃惻然，不覺屢移其牀，前問之。先成曰：「又有甚於是者。今諸寨每旦出六七百人，入山淘虜，薄暮而返，曾無守備之意。賴城中無人耳，萬一有智者爲之畫策，〔使〕乘虚奔突，先伏精兵千人於門内，登城望淘虜者稍遠，出弓弩手破礮〔手〕各百人，攻寨之一面，隨以役卒五百，負薪土塡壕爲道，然後出精兵奮擊，且焚其寨；又於三面城下各出耀兵，諸寨咸自備禦，無暇相救，城中得以益兵繼出，如此能無敗乎？」宗侃矍然曰：「此誠有之，將若之何？」先成請條列爲狀以白王建，宗侃即命先成草之，大指言：「今所白之事，須四面通共，宗侃所司止於北面，或所白可從，乞以牙舉施行。」事凡七條：「其一，乞招安山中百姓。其二，乞禁諸寨軍士及子弟，無得一人輒出淘虜，仍表諸寨之旁七里内聽樵牧，敢越表者斬。其三，乞置招安寨，中容數千人，以處所招百姓。宗侃請選所部將校謹幹者爲招安將，使將三十人，晝夜執兵巡衛。其四，招安之事，須委一人總領。今牓帖既下，諸寨必各遣軍士入山招安，百姓見之，無不驚疑，如鼠見貍，誰肯來者？欲招之必有其術，願降帖付宗侃專掌其事。其五，乞嚴勒四寨指揮使，悉索前日所虜彭州男女老幼，集於營場，有父子、兄弟、夫婦自相認者，即使相從，牒具人數，部送招安寨，有敢私匿一人者斬。仍乞勒府中諸營，亦令嚴索，有自軍前先寄歸者，量給資糧，悉部送歸招安寨。其六，乞置九隴行縣於招安寨中，以前南鄭令王丕攝縣令，設置曹局，撫理百姓，擇其子弟之壯者，給帖使自入山，招其親戚。彼知司徒嚴禁侵掠，前日爲軍士所虜者皆獲安堵，必歡呼踴躍，相帥下山，如子歸母，不日盡出。其七，彭州土地宜麻，百姓未入山時多漚藏者，宜令縣令曉諭，各歸田里，出所漚麻鬻之，以爲資糧，必漸復業。」建得之大喜，即行之，悉如所申。明日，牓帖至，威令赫然，無敢犯者。三日，山中民競出，赴招安寨如歸市，寨不能容，斥而廣之。浸有市井，又出麻鬻之。民見村落無抄暴之患，稍稍辭縣令，復故業。月餘，招安寨皆空。

秋八月辛丑，李茂貞攻拔興元，楊復恭、楊守亮、楊守信、楊守貞、楊守忠、滿存奔閬州。

冬十二月壬午，王建遣其將華洪擊楊守亮於閬州，破之。建遣節度押牙延陵鄭頊使於朱全忠，全忠問劍閣，頊極言其險。全忠不信，頊曰：「苟不以聞，恐誤公軍機。」全忠大笑。

二年春正月，東川留後顧彦暉既與王建有隙，李茂貞欲撫之使從己，奏請更賜彦暉節，詔以彦暉爲東川節度使。茂貞又奏遣知興元府事李繼密救梓州，未幾，建遣兵敗東川、鳳翔之兵於利州。彦暉求和，請與茂貞絶，乃許之。

二月甲戌，加西川節度使王建同平章事。王建屢請殺陳敬瑄、田令孜，朝廷不許。夏四月乙亥，建使人告敬瑄謀作亂，殺之新津。又告田令孜通鳳翔書，下獄死。建使節度判官馮涓草表奏之，曰：「開匣出虎，孔宣父不責他人；當路斬蛇，孫叔敖蓋非利己。專殺不行於閫外，先機恐失於彀中。」涓，宿之孫也。

乾寧元年夏五月，王建攻彭州，城中人相食，彭州内外都指揮使趙章出降。王先成請築龍尾道，屬于女牆。丙子，西川兵登城，楊晟猶帥衆力戰，刀子都虞候王茂權斬之。獲彭州馬步使安師建，建欲使爲將，師建泣謝曰：「師建誓與楊司徒同生死，不忍復戴日月，惟速死爲惠。」再三諭之，不從，乃殺之，禮葬而祭之。更趙章姓名曰王宗勉，王茂權名曰宗訓，又更王釗名曰宗謹，李綰姓名曰王宗綰。

秋七月，綿州刺史楊守厚卒，其將常再榮舉城降王建。

二年秋九月，王建遣簡州刺史王宗瑶等將兵赴難，甲戌，軍于綿州。時王鎮犯闕。

冬十一月，雅州刺史王宗侃攻拔利州，執刺史李繼顒，斬之。

十二月甲申，閬州防禦使李繼雍、蓬州刺史費存、渠州刺史陳璠各帥所部兵奔王建。王建奏東川節度使顧彦暉不發兵赴難，而掠奪輜重，遣瀘州刺史馬敬儒斷峽路，請興兵討之。戊子，華洪大破東川兵於楸林，俘斬數萬，拔楸林寨。

丙申，王建攻東川，别將王宗弼爲東川兵所擒，顧彦暉畜以爲子。戊戌，通州刺史李彦昭將部兵二千降於建。

三年春正月，西川將王宗夔攻拔龍州，殺刺史田昉。閏月丁亥，果州刺史張雄降于王建。

夏五月丙戌，上遣中使詣梓州和解兩川，王建雖奉詔還成都，然猶連兵未解。荆南節度使成汭與其將許存泝江略地，盡取濱江州縣。武泰節度使王建肇棄黔州，收餘衆保豐都。存又引兵西取渝、涪二州。汭以其將趙武爲黔州留後，存爲萬州刺史。趙武數攻豐都，王建肇不能守，與存皆降于王建。建忌存勇略，欲殺之，掌書記高燭曰：「公方總攬英雄以圖霸業，彼窮來歸我，柰何殺之！」建使戍蜀州，陰使知蜀州王宗綰察之。宗綰密言存忠勇謙厚，有良將才，建乃捨之，更其姓名曰王宗播。

秋八月癸丑，以王建爲鳳翔西面行營招討使。

四年春二月戊午，王建遣邛州刺史華洪、彭州刺史王宗祐將兵五萬攻東川，以戎州刺史王宗謹爲鳳翔西面行營先鋒使，敗鳳翔將李繼徽等於玄武。繼徽本姓楊，名崇本，茂貞之假子也。

庚申，王建以決雲都知兵馬使王宗侃爲應援開峽都指揮使，將兵八千趨渝州，決勝都知兵馬使王宗阮爲開江防送進奉使，將兵七千趨瀘州。辛未，宗侃取渝州，降刺史牟崇厚。癸酉，宗阮拔瀘州，斬刺史馬敬儒，峽路始通。鳳翔將李繼昭救梓州，留偏將守劍門，西川將王宗播擊擒之。

夏四月，以右諫議大夫李洵爲兩川宣諭使，和解王建及顧彥暉。

五月丙戌，王建以節度副使張琳守成都，自將兵五萬攻東川。更華洪姓名曰王宗滌。

六月，李茂貞表王建攻東川，連兵累歲，不聽詔命，甲寅，貶建南州刺史。乙卯，以茂貞爲西川節度使。癸亥，王建克梓州南寨，執其將李繼寧。丙寅，宣諭使李洵至梓州，己巳，見建于張杷砦，建指執旗者曰：「戰士之情，不可奪也。」

王建與顧彦暉五十餘戰，九月癸酉朔，圍梓州。蜀州刺史周德權言於建曰：「公與彦暉争東川三年，士卒疲於矢石，百姓困於輸輓。東川羣盜多據州縣，彦暉懦而無謀，欲爲偷安之計，皆啗以厚利，恃其救援，故堅守不下。今若遣人諭賊帥以禍福，來者賞之以官，不服者威之以兵，則彼之所恃，反爲我用矣。」建從之，彦暉勢益孤。德權，許州人也。

復以王建爲西川節度使、同平章事。

冬十月壬子，知遂州侯紹帥衆二萬，乙卯，知合州王仁威帥衆千人，戊午，鳳翔將李繼溥以援兵二千，皆降於王建。建攻梓州益急。庚申，顧彦暉聚其宗族及假子共飲，遣王宗弼自歸于建。酒酣，命其假子瑶殺己及同飲者，然後自殺。建入梓州，城中兵尚七萬人，建命王宗綰分兵徇昌、普等州，以王宗滌爲東（州）〔川〕留後。

十二月壬戌，王建自梓州還，戊辰，至成都。

光化元年春正月，以兵部尚書劉崇望同平章事，充東川節度使。夏五月，朝廷聞王建已用王宗滌爲東川留後，乃召劉崇望還，爲兵部尚書，仍以宗滌爲留後。秋九月己丑，東川留後王宗滌言於王建，以東川封疆五千里，文移往還，動踰數月，請分遂、合、瀘、渝、昌五州別爲一鎮，建表言之。冬十月丁巳，以東川留後王宗滌爲節度使。

三年春二月庚申，以西川節度使王建兼中書令。夏六月癸亥，加東川節度使王宗滌同平章事。秋七月甲寅，以西川節度使王建兼東川信武軍兩道都指揮制置等使。

天復元年春三月，東川節度使王宗滌以疾求代，王建表馬步使王宗裕爲留後。閏六月，道士杜從法以妖妄誘昌、普、合三州民作亂，王建遣王宗黯將兵會東川、武信兵討之。龍臺鎮使王宗侃等討杜從法，平之。

二年春二月，西川兵至利州，昭武節度使李繼忠棄鎮奔鳳翔，王建以劍州刺史王宗偉爲利州制置使。

秋八月，西川軍請假道於興元，山南西道節度使李繼密遣兵戍三泉以拒之。辛丑，西川前鋒將王宗播攻之，不克，退保山寨。親吏柳脩業謂宗播曰：「公舉族歸人，不爲之死戰，何以自保？」宗播令其衆曰：「吾與汝曹決戰，取功名，不爾，死於此。」遂破金牛、黑水、西縣、褒城四寨。軍校秦承厚攻西縣，矢貫左目，達于右目，鏃不出。王建自舐其創，膿潰鏃出。王宗播（屯）〔攻〕馬盤寨，繼密戰敗，奔還漢中。西川軍乘勝至城下，王宗滌帥衆先登，遂克之，繼密請降，遷于成都；得兵三萬，騎五千。宗滌入屯漢中。王建曰：

「繼密殘賊三輔，以其降，不忍殺。」復其姓名曰王萬弘，不時召見。諸將陵易之，萬弘終日縱酒，俳優輩亦加戲誚。萬弘不勝憂憤，醉投池水而卒。

詔以王宗滌爲山南西道節度使。宗滌有勇略，得衆心，王建忌之。建作府門，繪以朱丹，蜀人謂之「畫紅樓」，建以爲宗滌姓名應之，王宗佶等疾其功，復構以飛語。建召宗滌至成都，詰責之，宗滌曰：「三蜀略平，大王聽讒，殺功臣可矣！」建命親隨馬軍都指揮使唐道襲夜飲之酒，縊殺之，成都爲之罷市，連營涕泣，如喪親戚。建以指揮使王宗賀權興元留後。道襲，閬州人也，始以舞童事建，後浸預謀畫。

九月戊申，武定節度使李思敬以洋州降王建。冬十月，王建攻拔興州，以軍使王宗浩爲興州刺史。

三年夏四月，王建出兵秦、隴，乘李茂貞之弱也。遣判官韋莊入貢，亦修好於朱全忠。全忠遣押牙王殷報聘，建與之宴。殷言：「蜀甲兵誠多，但乏馬耳。」建作色曰：「當道江山險阻，騎兵無所施。然馬亦不乏，押牙少留，當共閲之。」乃集諸州馬，大閲於星宿山，官馬八千，私馬四千，部隊甚整。殷歎服。建本騎將，故得蜀之後，於文、黎、維、茂州市胡馬，十年之間，遂及兹數。

秋八月庚辰，加西川節度使西平王王建守司徒，進爵蜀王。

天祐元年春二月，上遣間使以御札告難于王建。時朱全忠劫車駕還洛陽。至興平，遇汴兵，不得進而還。建以邛州刺史王宗祐爲北路行營指揮使，將兵會鳳翔兵迎車駕。建始自用墨制除官，云：「俟車駕還長安表聞。」

王建賦斂重，人莫敢言。馮涓因建生日獻頌，先美功德，後言生民之苦。建愧謝曰：「如君忠諫，功業何憂！」賜之金帛。自是賦斂稍損。

二年冬十一月，昭宗之喪，朝廷遣告哀使司馬卿宣諭王建，至是始入蜀境。西川掌書記韋莊爲建謀，使武定節度使王宗綰諭卿曰：「蜀之將士，世受唐恩，去歲聞乘輿東遷，凡上二十表，皆不報。尋有亡卒自汴來，聞先帝已罹朱全忠弒逆。蜀之將士方日夕枕戈，思爲先帝報仇。不知今茲使來，以何事宣諭？舍人宜自圖進退。」卿乃還。

三年冬十月丙戌，王建始立行臺於蜀，建東向舞蹈，號慟，稱：「自大駕東遷，制命不通，請權立行臺，用李晟、鄭畋故事，承制封拜。」仍以牓帖告諭所部藩鎮州縣。

後梁(武帝)〔太祖〕開平元年秋九月，蜀王會將佐議稱帝，皆曰：「大王雖忠於唐，唐已亡矣，此所謂『天與不取』者也。」馮涓獨獻議請以蜀王稱制，曰：「朝興則未爽稱臣，賊在則不同爲惡。」王不從，涓杜門不出。王用安撫副使、掌書記韋莊之謀，帥吏民哭三日；己亥，即皇帝位，國號大蜀。辛丑，以前東川節度使兼侍中王宗佶爲中書令，韋莊爲左散騎常侍、判中書門下事，閬州防禦使唐道襲爲内樞密使。莊，見素之孫也。

蜀主雖目不知書，好與書生談論，粗曉其理。是時唐衣冠之族多避亂在蜀，蜀主禮而用之，使修舉故事，故其典章文物有唐之遺風。

蜀主長子校書郎宗仁幼以疾廢，立其次子秘書少監宗懿爲遂王。

通鑑紀事本末卷第三十八

諸鎮相攻

唐僖宗廣明元年冬十一月，以忠武大將周岌爲忠武節度使。初，薛能遣牙將上蔡秦宗權調發至蔡州，聞許州亂，託云赴難，選募蔡兵，遂逐刺史，據其城。及周岌爲節度使，即以宗權爲蔡州刺史。先是，秋九月，周岌逐節度使薛能自稱留後，至是遂授以節度使。

中和元年秋八月，武寧節度使支詳遣牙將時溥、陳璠將兵五千人入關討黄巢。溥至東都，自知留後。溥送詳歸朝，璠殺之。詔以溥爲武寧留後。溥表璠爲宿州刺史。

忠武監軍楊復光奏升蔡州爲奉國軍，以秦宗權爲防禦使。

秋九月，昭義十將成麟殺節度使高潯，引兵還據潞州。天井關戍將孟方立起兵攻麟，殺之。方立，邢州人也。

冬十二月，以感化留後時溥爲節度使。

二年秋八月，魏博節度使韓簡亦有兼并之志，自將兵三萬攻河陽，敗節度使諸葛爽於脩武。爽棄城走，簡留兵戍之，因掠邢、洺而還。

九月，黄巢所署同州防禦使朱温殺其監軍嚴實，舉州降王重榮。王鐸承制以温爲同華節度使。

冬十月，韓簡復引兵擊鄆州，節度使曹存實逆戰，敗死。天平都將下邑朱瑄收餘衆，嬰城拒守，簡攻之不下。詔以瑄權知天平留後。

以朱温爲右金吾大將軍、河中行營招討副使，賜名全忠。

十二月，以忻、代等州留後李克用爲雁門節度使。事見李克用歸唐。

孟方立既殺成麟，引兵歸邢州，潞人請監軍吴全勖知留後。是歲，王鐸墨制以方立知邢州事，方立不受，遂遷昭義軍於邢州，自稱留後，表其將李殷鋭爲潞州刺史。

三年春正月，成德節度使常山忠穆王王景崇薨，軍中立其子節度副使鎔知留後事，時鎔生十年矣。

以天平留後朱瑄爲節度使。

初，光州刺史李罕之爲秦宗權所攻，棄州奔項城，〔帥〕餘衆歸諸葛爽，爽以爲懷州刺史。韓簡攻鄆州，半年不能下。爽復襲取河陽，朱瑄請和，簡乃捨之，引兵擊河陽。爽遣罕之逆戰於武陟，魏軍大敗而還。大將澶州刺史樂行達先歸，據魏州，軍中共立行達爲留後，簡爲部下所殺。己未，以行達爲魏博留後。

以王鎔爲成德留後。

三月己丑，以河中行營招討副使朱全忠爲宣武節度使，俟克復長安令赴鎮。夏六月，宣武節度使朱全忠帥所部數百人赴鎮，秋七月丁卯，至汴州。

以成德留後王鎔、魏博留後樂行達、天平留後朱瑄爲本道節度使。

昭義節度使孟方立，以潞州地險人勁，屢篡主帥，欲漸弱之，九月，乃遷治所於邢州，大將家及富室皆徙山東，潞人不悅。監軍祁審誨因人心不安，使武鄉鎮使安居受潛以蠟丸乞師於李克用，請復軍府於潞州。冬十月，克用遣其將賀公雅等赴之，爲方立所敗；又遣李克脩擊之。克脩，克用弟也。辛亥，取潞州，殺其刺史李殷銳。是後克用每歲出兵爭山東，三州之人半爲俘馘，野無稼穡矣。

四年春正月，賜魏博節度使樂行達名彦禎。

周岌、時溥、朱全忠以黄巢兵尚强，共求救於河東節度使李克用。夏(四)[五]月甲戌，李克用至汴州，營於城外。朱全忠固請入城，館於上源驛。全忠就置酒，聲樂、饌具皆精豐，禮貌甚恭。克用乘酒使氣，語頗侵之，全忠不平。薄暮，罷酒，從者皆霑醉，宣武將楊彦洪密與全忠謀，連車樹柵以塞衢路，發兵圍驛而攻之，呼聲動地。克用醉，不之聞。親兵薛志勤、史敬思等十餘人格鬬，侍者郭景銖滅燭，扶克用匿牀下，以水沃其面，徐告以難，克用始張目援弓而起。志勤射汴人，死者數十。須臾，煙火四合，會大雨，震電，天地晦冥，志勤扶克用帥左右數人踰垣突圍，乘電光而行，汴人把橋，力戰得度，史敬思爲後拒，戰死。克用登尉氏門，縋城得出，監軍陳景思等三百餘人，皆爲汴人所殺。楊彦洪謂全忠曰：「胡人急則乘馬，見乘馬者則射之。」是夕，彦洪乘馬適在全忠前，全忠射之，殪。

克用妻劉氏多智略，左右先脱歸者以汴人爲變告。劉氏神色不動，立斬之，陰召大將約束，謀保軍以還。比明，克用至，欲勒兵攻全忠。劉氏曰：「公比爲國討賊，救東諸侯之急，今汴人不道，乃謀害公，自當訴之朝廷。若擅舉兵相攻，則天下孰能辨其曲直？且彼得以有辭矣。」克用從之，引兵去，但移書責全忠。全忠復書曰：「前夕之變，僕不之知。朝廷自遣使者與楊彦洪爲謀，彦洪既伏其辜，惟公諒察。」

克用養子嗣源年十七，從克用自上源出矢石之間，獨無所傷。嗣源本胡人，名邈佶烈，無姓。克用擇軍中驍勇者多養爲子，名回鶻張政之子曰存信，振武孫重進曰存進，許州王賢曰存賢，安敬思曰存孝，皆冒姓李氏。丙子，克用至許州故寨，求糧於周岌，岌辭以糧乏，乃自陝濟河還晉陽。

夏六月，蔡州節度使秦宗權縱兵四出，侵噬鄰道。天平節度使朱瑄有衆三萬，從父弟瑾勇冠軍中。宣武節度使朱全忠爲宗權所攻，勢甚窘，求救於瑄，瑄遣瑾將兵救之，敗宗權於合鄉。全忠德之，與瑄約爲兄弟。

秋七月，朱全忠擊秦宗權，敗宗權于溵水。

李克用至晉陽，大治甲兵，遣榆次鎮將雁門李承嗣奉表詣行在，自陳：「有破黄巢大功，爲朱全忠所圖，僅能自免，將佐以下從行者三百餘人，并牌印皆没不返。全忠仍牓東都、陝、孟，云臣已死，行營兵潰，令所在邀遮屠翦，勿令漏失，將士皆號泣冤訴，請復仇讎。臣以朝廷至公，當俟詔命，拊循抑止，復歸本道。乞遣使按問，發兵誅討，臣遣弟克勤將萬騎在河中俟命。」時朝廷以大寇初平，方務姑息，得克用表，大恐，但遣中使賜優詔和解之。克用前後凡八表，稱：「全忠妬功疾能，陰狡禍賊，異日必爲國患。惟乞下詔削其官爵，臣自帥本道兵討之，不用度支糧餉。」上累遣楊復恭等諭指，稱：「吾深知卿冤，方事之殷，姑存大體。」克用終鬱鬱不平。時藩鎮相攻者，朝廷不復爲之辨曲直。由是互相吞噬，惟力是視，皆無所稟畏矣。

八月，李克用奏請割麟州隸河東，又奏請以弟克脩爲昭義節度使，皆許之。由是昭義分爲二鎮，進克用爵隴西郡王。克用奏罷雲蔚防禦使，依舊隸河東，從之。

冬十二月，義昌節度使兼中書令王鐸過魏州，魏博節度使樂彦禎之子從訓，伏卒數百人於漳南高雞泊，圍而殺之，彦禎奏云「爲盜所殺」，朝廷不能詰。

光啓元年春正月，秦宗權寇潁、亳，朱全忠敗之於焦夷。

三月，秦宗權稱帝，置百官。詔以武寧節度使時溥爲蔡州四面行營兵馬都統以討之。

盧龍節度使李可舉、成德節度使王鎔，惡李克用之强，而義武節度使王處存與克用親善，爲姪鄴娶克用女。又，河北諸鎮惟義武尚屬朝廷，可舉等恐其窺伺山東，終爲己患，乃相與謀曰：「易、定，燕、趙之餘也。」約共滅處存而分其地。又説雲中節度使赫連鐸使攻克用之背。可舉遣其將李全忠將兵六萬攻易州，鎔遣將將兵攻無極。處存告急於克用，克用遣其將康君立等將兵救之。

夏五月，盧龍兵攻易州，裨將劉仁恭穴地入城，遂克之。仁恭，深州人也。李克用自將救無極，敗成德兵。成德兵退保新城，克用復進擊，大破之，拔新城。成德兵走，追至九門，斬首萬餘級。

盧龍兵既得易州，驕怠，王處存夜遣卒三千蒙羊皮造城下，盧龍兵以爲羊也，争出掠之，處存奮擊，大破之，復取易州，李全忠走。李全忠既喪師，恐獲罪，收餘衆還襲幽州。

六月，李可舉窘急，舉族登樓自焚死，全忠自爲留後。

秦宗權陷東都。

秋七月，以李全忠爲盧龍留後。

乙巳，右補闕常濬上疏，以爲：「陛下姑息藩鎮太甚，是非功過，駢首並足，致天下紛紛若此，猶未之寤，豈可不念駱谷之艱危，復懷西顧之計乎？宜復振典刑，以威四方。」田令孜之黨言於上曰：「此疏傳於藩鎮，豈不致其猜忿。」庚戌，貶濬萬州司户，尋賜死。

秦宗權攻鄭（州）道二十餘州，陷之。唯陳州距蔡百餘里，兵力甚弱，刺史趙犨日與宗權戰，宗權不能屈。詔以犨爲蔡州節度使。犨德朱全忠之援，與全忠結婚，凡全忠所調發，無不立至。

冬十月癸丑，秦宗權敗朱全忠于八角。

二年秋七月，秦宗權陷許州。

八月，盧龍節度使李全忠薨，以其子匡威爲留後。

九月，李克脩攻孟方立，甲午，擒其將吕臻於焦岡，拔故鎮、武安、臨洺、邯鄲、沙河；以大將安金俊爲邢州刺史。冬十月，李克脩攻邢州，不克而還。

十二月，秦宗權遣孫儒將兵攻陷鄭州，進陷河陽，儒自稱留後。

天平牙將朱瑾逐泰寧節度使齊克讓，自稱留後，朝廷因以瑾爲泰寧節度使。

三年。秦宗權自以兵力十倍於朱全忠，而數爲全忠所敗，恥之，欲悉力以攻汴州。全忠患兵少，二月，以諸軍都指揮使朱珍爲淄州刺史，募兵於東道，期以初夏而還。

夏四月，朱珍至淄青旬日，應募者萬餘人，又襲青州，獲馬千匹。辛亥，還至大梁，朱全忠喜曰：「吾事濟矣。」時蔡人方寇汴州，其將張晊屯北郊，秦賢屯板橋，各有衆數萬，列三十六寨，連延二十餘里。全忠謂諸將曰：「彼蓄鋭休兵，方來擊我，未知朱珍之至，謂吾兵少畏怯，自守而已。宜出其不意，先擊之。」乃自引兵攻秦賢寨，士卒踊躍争先。賢不爲備，連拔四寨，斬萬餘級，蔡人大驚，以爲神。

全忠又使牙將新野郭言募兵於河陽、陜、虢，得萬餘人而還。

蔡將盧瑭屯於萬勝，夾汴水而軍，以絶汴州運路，朱全忠乘霧襲之，掩殺殆盡。於是蔡兵皆徙就張晊，屯於赤崗。全忠復就擊之，殺二萬餘人。蔡人大懼，或軍中自相驚。全忠乃還大梁，養兵休士。

五月丙子，朱全忠出擊張晊，大破之。秦宗權聞之，自鄭州引精兵會之。

朱全忠求救於兖、鄆，朱瑄、朱瑾皆引兵赴之，義成軍亦至。辛巳，全忠以四鎮兵攻秦宗權於邊孝村，大破之，斬首二萬餘級。宗權宵遁，全忠追之，至陽武橋而還。全忠深德朱瑄，兄事之。蔡人之守東都、河陽、許、汝、懷、鄭、陜、虢者，聞宗權敗，皆棄去。宗權發鄭州，孫儒發河陽，皆屠滅其人，焚其廬舍而去。宗權之勢，自是稍衰。

秋八月，朱全忠欲兼兖、鄆，而以朱瑄兄弟有功於己，攻之無名，乃誣瑄招誘宣武軍士，移書誚讓。瑄復書不遜，全忠遣其將朱珍、葛從周襲曹州，壬子，拔之，殺刺史丘弘禮。又攻濮州，與兗、鄆兵戰於劉橋，殺數萬人，朱瑄、朱瑾僅以身免。全忠與兗、鄆始有隙。

九月，朱珍攻濮州，朱瑄遣其弟罕將步騎萬人救之。辛卯，朱全忠逆擊罕於范，擒斬之。冬十月丁未，朱珍拔濮州，刺史朱裕奔鄆。珍進兵攻鄆，瑄使裕詐遺珍書，約爲內應。珍夜引兵赴之，瑄開門納汴軍，閉而殺之，死者數千人，汴軍乃退。瑄乘勝復取曹州，以其屬郭詞爲刺史。

初，宣武都指揮使朱珍與排陳斬斫使李唐賓勇略、功名略相當，全忠每戰，使二人偕往，無不捷，然二人素不相下。珍使迎其妻於大梁，不白全忠，全忠怒，追還其妻，殺守門者，使親吏蔣玄暉召珍，以（漢）〔唐〕賓代總其衆。館驛巡官馮翊敬翔諫曰：「朱珍未易輕取，恐其猜懼生變。」全忠悔，使人追止之。珍果自疑，〔十一月〕丙子夜，珍置酒召諸將。唐賓疑其有異圖，斬關奔大梁，珍亦棄軍單騎繼至。全忠兩惜其才，皆不罪，遣還濮州，因引兵歸。全忠多權數，將佐莫測其所爲，惟敬翔能逆知之，往往助其所不及。全忠大悅，自恨得翔晚，凡軍機、民政悉以咨之。

己亥，秦宗權陷鄭州。

朝廷以淮南久亂，閏月，以朱全忠兼淮南節度使、東南面招討使。

朱全忠以宣武行軍司馬李璠爲淮南留後，遣牙將郭言將兵千人送之，感化節度使時溥自以於全忠爲先進，官爲都統，顧不得淮南，而全忠得之，意甚恨望。全忠以書假道於溥，溥不許。璠至泗州，溥以兵襲之，郭言力戰，得免而還。徐、汴始構怨。

十二月癸巳，秦宗權所署山南東道留後趙德諲陷荆南，節度使張瓌留其將王建肇守城而去，遺民纔數百家。

文德元年春正月，蔡將石璠將萬餘人寇陳、亳，朱全忠遣朱珍、葛從周將數千騎擊擒之。癸亥，以全忠爲蔡州四面行營都統，代時溥，諸鎮兵皆受全忠節度。

二月，魏博節度使樂彦禎驕泰不法，發六州民築羅城，方八十里，人苦其役。其子從訓尤凶險，既殺王鐸，魏人皆惡之。從訓聚亡命五百餘人爲親兵，謂之子將，牙兵疑之，藉藉不安。從訓懼，易服逃出，止於近縣，彦禎因以爲相州刺史。從訓遣人至魏運甲兵、金帛，交錯於路，牙兵益疑。彦禎懼，請避位，居龍興寺爲僧，衆推都將趙文玢知留後事。從訓引兵三萬至城下，文玢不出戰，衆復殺之，推牙將貴鄉羅弘信知留後事。弘信引兵出與從訓戰，敗之。從訓收餘衆保内黄，魏人圍之。先是，朱全忠將討蔡州，遣押牙雷鄴以銀萬兩請糴於魏。牙兵既逐彦禎，殺鄴於館。從訓既敗，乃求救於全忠。

初，河陽節度使李罕之與河南尹張全義刻臂爲盟，相得歡甚。罕之勇而無謀，性復貪暴，意輕全義，聞其勤儉力穡，笑曰：「此田舍一夫耳。」全義聞之，不以爲忤。罕之屢求穀帛，全義皆與之；而罕之徵求無厭，河南不能給，小不如所欲，輒械河南主吏至河陽杖之，河南將佐皆憤怒。全義曰：「李太傅所求，奈何不與！」竭力奉之，狀若畏之者，罕之益驕。罕之所部不耕稼，專以剽掠爲資，啗人爲糧。至是悉其衆攻絳州，絳州刺史王友遇降之。進攻晉州，護國節度使王重盈密結全義以圖之。全義潛發屯兵，夜乘虛襲河陽，黎明，入三城，罕之踰垣步走，全義盡俘其家，遂兼領河陽節度使。罕之奔澤州，求救於李克用。

三月，朱全忠裹糧於宋州，將討秦宗權。會樂從訓來告急，乃移軍屯滑州，遣都押牙李唐賓等將步騎三萬攻蔡州，遣都指揮使朱珍等分兵救樂從訓。自白馬濟河，下黎陽、臨河、李固三鎭，進至内黄，敗魏軍萬餘人，獲其將周儒等十人。

李克用以其將康君立爲南面招討使，督李存孝、薛阿檀、史儼、安金俊、安休休五將，騎七千，助李罕之攻河陽。張全義嬰城自守，城中食盡，求救於朱全忠，以妻子爲質。夏四月，朱全忠遣其將丁會、葛從周、牛存節將兵數萬救河陽。李存孝令李罕之以步兵攻城，自帥騎兵逆戰於温，河東軍敗，安休休懼罪，奔蔡州。汴人分兵欲斷太行路，康君立等懼，引兵還。全忠表丁會爲河陽留後，復以張全義爲河南尹。會，壽春人；存節，博昌人也。全義德全忠出己，由是盡心附之，全忠每出戰，全義主給其糧（使）〔仗〕無乏。

李罕之爲澤州刺史，領河陽節度使。罕之留其子頎事克用，身還澤州，專以寇鈔爲事，自懷、孟、晉、絳數百里間，州無刺史，縣無令長，田無麥禾，邑無煙火者，殆將十年。河中、絳州之間有摩雲山，絶高，民保聚其上，寇盜莫能近，罕之攻拔之，時人謂之李摩雲。

樂從訓移軍洹水，羅弘信遣其將程公信擊從訓，斬之，與父彦禎皆梟首軍門。癸巳，遣使以厚幣犒全忠軍，請修好，全忠乃召軍還。詔以羅弘信權知魏博留後。

加李克用兼侍中。五月己亥，加朱全忠兼侍中。

趙德諲既失荆南，且度秦宗權必敗，壬寅，舉山南東道來降，且自託於朱全忠。全忠表請以德諲自副，制以山南東道爲忠義軍，以德諲爲節度使，充蔡州四面行營副都統。

朱全忠既得洛、孟，無西顧之憂，乃大發兵擊秦宗權，大破宗權於蔡州之南，克北關門。宗權退守中州，全忠分諸將爲二十八寨以環之。

六月，置佑國軍於河南府，以張全義爲節度使。

秋七月，李罕之引河東兵寇河陽，丁會擊卻之。

以權知魏博留後羅弘信爲節度使。

八月戊辰，朱全忠拔蔡州南城。九月，朱全忠以饋運不繼，且秦宗權殘破不足憂，引兵還。丙申，遣朱珍將兵五千送楚州刺史劉瓚之官。冬十月，徐兵邀朱珍、劉瓚不聽前，珍等擊之，取沛、滕二縣，斬獲萬計。

孟方立遣其將奚忠信將兵襲遼州，李克脩邀擊，擒之。

十一月，時溥自將步騎七萬屯吳(旌)〔康〕鎮，朱珍與戰，大破之。朱全忠又遣別將攻宿州，刺史張友降之。

丙申，秦宗權別將攻陷許州，執忠武留後王蘊，復取許州。

十二月，蔡將申叢執宗權，折其足而囚之，降於全忠。全忠表叢爲蔡州留後。

昭宗龍紀元年春正月，汴將龐師古拔宿遷，軍于呂梁，時溥逆戰，大敗，還保彭城。

壬子，蔡將郭璠殺申叢，送秦宗權於汴，告朱全忠，云叢謀復立宗權。全忠以璠爲淮西留後。

二月，朱全忠送秦宗權至京師，斬于獨柳。京兆尹孫揆監刑，宗權於檻車中引首謂揆曰：「尚書察宗權豈反者邪？但輸忠不效耳。」觀者皆笑。揆，逖之族孫也。

三月，加朱全忠兼中書令，進爵東平郡王。全忠既克蔡州，軍勢益盛。加奉國節度使趙德諲中書令。加蔡州節度使趙犨同平章事，充忠武節度使，以陳州爲治所。

夏五月，李克用大發兵，遣李罕之、李存孝攻孟方立，六月，拔磁、洺二州。方立遣大將馬溉、袁奉韜將兵數萬拒之，戰於琉璃陂，方立兵大敗，二將皆爲所擒，克用乘勝進攻邢州。方立性猜忌，諸將多怨，至是皆不爲方立用。方立慚懼，飲藥死。弟攝洺州刺史遷素得士心，衆奉之爲留後，求援於朱全忠。全忠假道於魏博，羅弘信不許，全忠乃遣大將王虔裕將精甲數百，間道入邢州共守。

朱珍拔蕭縣，據之，與時溥相拒，朱全忠欲自往臨之。珍命諸軍皆葺馬廄，李唐賓部將嚴郊獨惰慢，軍吏責之，唐賓怒，見珍訴之。珍亦怒，以唐賓爲無禮，拔劍斬之，遣騎白全忠，云唐賓謀叛。淮南左司馬敬翔恐全忠乘怒，倉猝處置違宜，故留使者，逮夜，然後從容白之，全忠果大驚。翔因爲畫策，詐收唐賓妻子繫獄，遣騎往慰撫，全忠從之，軍中始安。秋七月，全忠如蕭縣，未至，珍出迎，命武士執之，責以專殺而誅之。諸將霍存等數十人叩頭爲之請，全忠怒，以牀擲之，乃退。丁未，至蕭縣，以龐師古代珍爲都指揮使。八月丙子，全忠進攻時溥壁，會大雨，引兵還。

大順元年春正月，李克用急攻邢州，孟遷食竭力盡，執王虔裕及汴兵以降。克用以安金俊爲邢洺團練使。

二月，李克用將兵攻雲州防禦使赫連鐸，克其東城。鐸求救於盧龍節度使李匡威，匡威將兵三萬赴之。丙子，邢洺團練使安金俊中流矢死，河東萬勝軍申信叛降於鐸。會幽州軍至，克用引還。

時溥求救於河東，李克用遣其將石君和將五百騎赴之。李克用巡潞州，以供具不厚，怒昭義節度使李克脩，詬而笞之。克脩慚憤成疾，三月，薨。克用表其弟決勝軍使克恭爲昭義留後。

夏四月，宿州將張筠逐刺史張紹光，附于時溥，朱全忠帥諸軍討之。溥出兵掠碭山，全忠遣牙内都指揮使朱友裕擊之，殺三千餘人，擒石君和。友裕，全忠之子也。

赫連鐸、李匡威請討李克用。朱全忠亦上言：「克用終爲國患，今因其敗，臣請帥汴、滑、孟三軍與河北三鎮共除之。乞朝廷命大臣爲統帥。」

初，張濬因楊復恭以進，復恭中廢，更附田令孜而薄復恭。及復恭再用事，深恨之。上知濬與復恭有隙，特親倚之。濬亦以功名爲己任，每自比謝安、裴度。克用之討黃巢屯河中也，濬爲都統判官。克用薄其爲人，聞其作相，私謂詔使曰：「張公好虛談而無實用，傾覆之士也。主上采其名而用之，他日交亂天下，必是人也。」濬聞而銜之。上從容與濬論古今治亂，濬曰：「陛下英睿如此，而中外制於強臣，此臣日夜所痛心疾首也。」上問以當今所急，對曰：「莫若強兵以服天下。」上於是廣募兵於京師，至十萬人。

及全忠等請討克用，上命三省、御史臺四品以上議之，以爲不可者什七六，杜讓能、劉崇望亦以爲不可。濬欲倚外勢以擠楊復恭，乃曰：「先帝再幸山南，沙陀所爲也。臣常慮其與河朔相表裏，致朝廷不能制。今兩河藩鎮共請討之，此千載一時。但乞陛下付臣兵柄，旬月可平。失今不取，後悔無及。」孔緯曰：「濬言是也。」復恭曰：「先朝播遷，雖藩鎮跋扈，亦由居中之臣措置未得其宜。今宗廟甫安，不宜更造兵端。」上曰：「克用有興復大功，今乘其危而攻之，天下其謂我何？」緯曰：「陛下所言，一時之體也；張濬所言，萬世之利也。昨計用兵饋運、犒賞之費，一二年間未至匱乏，在陛下斷志行之耳。」上以二相言叶，僶俛從之，曰：「茲事今付卿二人，無貽朕羞！」

五月，詔削奪克用官爵、屬籍，以濬爲河東行營都招討、制置、宣慰使，京兆尹孫揆副之。以鎮國節度使韓建爲都虞候兼供軍糧料使，以朱全忠爲南面招討使，王鎔爲東面招討使，李匡威爲北面招討使，赫連鐸副之。

濬奏給事中牛徽爲行營判官。徽曰：「國家以喪亂之餘，欲爲英武之舉，橫挑强寇，離諸侯心，吾見其顛沛也。」遂以衰疾固辭。徽，僧孺之孫也。

李克恭驕恣，不曉軍事。潞人素樂李克脩之簡儉，且死非其罪，潞人憐之，由是將士離心。初，潞人叛孟氏，牙將安居受等召河東兵以取潞州。及孟遷以邢、洺、磁州歸李克用，克用寵任之，以遷爲軍城都虞候，羣從皆補右職，居受等咸怨且懼。

昭義有精兵號「後院將」。克用既得三州，將圖河朔，令李克恭選後院將尤驍勇者五百人送晉陽，潞人惜之。克恭遣牙將李元審及小校馮霸部送晉陽，至銅鞮，霸劫其衆以叛，循山而南，至于沁水，衆已三千人。李元審擊之，爲霸所傷，歸于潞。庚子，克恭就元審所館視之，安居受帥其黨作亂，攻而焚之，克恭、元審皆死。衆推居受爲留後，附于朱全忠。居受使召馮霸，不至。居受懼，出走，爲野人所殺。霸引兵入潞，自爲留後。時朝廷方討克用，聞克恭死，朝臣皆賀。全忠遣河陽留後朱崇節將兵入潞州，權知留後。克用遣康君立、李存孝將兵圍之。

壬子，張濬帥諸軍五十二都及邠、寧、鄜、夏雜虜合五萬人發京師，上御安喜樓餞之。濬屏左右言於上曰：「俟臣先除外憂，然後爲陛下除内患。」楊復恭竊聽，聞之。兩軍中尉餞濬於長樂坂，復恭屬濬酒，濬辭以醉，復恭戲之曰：「相公杖鉞專征，作態邪？」濬曰：「俟平賊還，方見作態耳！」復恭益忌之。

癸丑，削奪李罕之官爵。六月，以孫揆爲昭義節度使，充招討副使。

張濬會宣武、鎮國、静難、鳳翔、保大、定難諸軍於晉州。

秋七月，官軍至陰地關，朱全忠遣驍將葛從周將千騎潛自壺關夜抵潞州，犯圍入城。又遣別將李讜、李重胤、鄧季筠將兵攻李罕之於澤州，又遣張全義、朱友裕軍於澤州之北，爲從周應援。季筠，下邑人也。全忠奏「臣已遣兵守潞州，請孫揆赴鎮」。張濬亦恐昭義遂爲汴人所據，分兵二千，使揆將之趣潞州。

八月乙丑，揆發晉州，李存孝聞之，以三百騎伏於長子西谷中。揆建牙杖節，褒衣大蓋，擁衆而行。存孝突出，擒揆及賜旌節中使韓歸範、牙兵五百餘人，追擊餘衆於（刀）〔刁〕黄嶺，盡殺之。存孝械揆及歸範，係以素練，徇於潞州城下曰：「朝廷以孫尚書爲潞帥，命韓天使賜旌節，葛僕射可速歸大梁，令尚書視事。」遂係以獻於克用。克用囚之，既而使人誘之，欲以爲河東副使。揆曰：「吾天子大臣，兵敗而死，分也，豈能復事鎮使邪！」克用怒，命以鋸鋸之，鋸不能入。揆罵曰：「死狗奴，鋸人當用板夾，汝豈知邪？」乃以板夾之，至死，罵不絕聲。

李罕之告急於李克用，克用遣存孝將五千騎救之。

九月壬寅，朱全忠軍于河陽。汴軍之初圍澤州也，呼李罕之曰：「相公每恃河東，輕絕當道。今張相公圍太原，葛僕射入潞府，旬日之間，沙陀無穴自藏，相公何路求生邪？」及李存孝至，選精騎五百，繞汴寨呼曰：「我沙陀之求穴者也，欲得爾肉以飽士卒，可令肥者出鬭。」汴將鄧季筠，亦驍將也，引兵出戰，存孝生擒之。是夕，李讜、李重胤收衆遁去，存孝、罕之隨而擊之，至馬牢山，大破之，斬獲萬計，追至懷州而還。存孝復引兵攻潞州，葛從周、朱崇節棄潞州而歸。戊申，全忠庭責諸將撓敗之罪，斬李讜、李重胤而還。

李克用以康君立爲昭義留後，李存孝爲汾州刺史。存孝自謂擒孫揆功大，當鎮昭義，而君立得之，憤恚不食者數日，縱意刑殺，始有叛克用之志。

李匡威攻蔚州，虜其刺史邢善益。赫連鐸引吐蕃黠戛斯衆數萬攻遮虜平，殺其軍使劉胡子。克用遣其將李存信擊之，不勝。更命李嗣源爲存信之副，遂破之。克用以大軍繼其後，匡威、鐸皆敗走，獲匡威之子武州刺史仁宗及鐸之壻，俘斬萬計。李嗣源性謹重廉儉，諸將相會，各自詫勇略，嗣源獨默然，徐曰：「諸君喜以口擊賊，嗣源但以手擊賊耳。」衆慚而止。

冬十月乙酉，朱全忠自河陽如滑州視事，遣使者請糧馬及假道于魏以伐河東，羅弘信不許。又請於鎮，鎮人亦不許。全忠乃自黎陽濟河擊魏。

官軍出陰地關，遊兵至于汾州。李克用遣薛志勤、李承嗣將騎三千營于洪洞，李存孝將兵五千營于趙城。鎮國節度使韓建以壯士三百夜襲存孝營，存孝知之，設伏以待之。建兵不利，静難、鳳翔之兵不戰而走，禁軍自潰。河東兵乘勝逐北，抵晋州西門，張濬出戰，又敗，官軍死者近三千人。静難、鳳翔、保大、定難之軍先渡河西歸，濬獨有禁軍及宣武軍合萬人，與韓建閉城拒守，自是不敢復出。存孝引兵攻絳州，十一月，刺史張行恭棄城走。存孝進攻晉州，三日，與其衆謀曰：「張濬宰相，俘之無益；天子禁兵，不宜加害。」乃退五十里而軍。濬、建自含口遁去。存孝取晉、絳二州，大掠慈、隰之境。

先是，克用遣韓歸範歸朝，附表訟冤，言：「臣父子三代，受恩四朝，破龐勛，翦黄巢，黜襄王，存易定，致陛下今日冠通天之冠，佩白玉之璽，未必非臣之力也。若以攻雲州爲臣罪，則拓跋思恭之取鄜、延，朱全忠之侵徐、鄆，何獨不討？賞彼誅此，臣豈無辭！且朝廷當阽危之時，則譽臣爲韓、彭、伊、吕；及既安之後，則罵臣爲戎、羯、胡、夷。今天下握兵立功之臣，獨不懼陛下他日之罵乎？况臣果有大罪，六師征之，自有典刑，何必幸臣之弱而後取之邪？今張濬既出師，則固難束手，已集蕃、漢兵五十萬，欲直抵蒲、潼，與濬格鬭。若其不勝，甘從削奪。不然，方且輕騎叫閽，頓首丹陛，訴姦回於陛下之扆座，納制敕於先帝之廟庭，然後自拘司敗，恭俟鈇質。」表至，濬已敗，朝廷震恐。濬與韓建踰王屋至河陽，撤民屋爲栰以濟河，師徒失亡殆盡。

是役也，朝廷倚朱全忠及河朔三鎮，及濬至晉州，全忠方連兵徐、鄆，雖遣將攻澤州而身不至。行營乃求兵糧於鎮、魏，鎮、魏倚河東爲扞蔽，皆不出兵。惟華、邠、鳳翔、鄜、夏之兵會之，兵未交而孫揆被擒，幽、雲俱敗，楊復恭復從中沮之，故濬軍望風自潰。

十二月辛丑，汴將丁會、葛從周擊魏，渡河，取黎陽、臨河，龐師古、霍存下淇門、衛縣，朱全忠自以大軍繼之。

二年春正月，羅弘信軍于内黄。丙辰，朱全忠擊之，五戰皆捷，至永定橋，斬首萬餘級。弘信懼，遣使厚幣請和。全忠命止焚掠，歸其俘，還軍河上。魏博自是服於汴。

庚申，制以太保、門下侍郎、同平章事孔緯爲荆南節度使，中書侍郎、同平章事張濬爲鄂岳觀察使。以翰林學士承旨、兵部侍郎崔昭緯同平章事，御史中丞徐彦若爲户部侍郎、同平章事。昭緯，慎由從子；彦若，商之子也。楊復恭使人劫孔緯於長樂坡，斬其旌節，資裝俱盡，緯僅能自免。李克用復遣使上表曰：「張濬以陛下萬代之業，邀自己一時之功，知臣與朱温深仇，私相連結。臣今身無官爵，名是罪人，不敢歸陛下藩方，且欲於河中寄寓，進退行止，伏俟指麾。」詔再貶孔緯均州刺史，張濬連州刺史。賜克用詔，悉復其官爵，使歸晋陽。二月，加李克用守中書令，復李罕之官爵，再貶張濬繡州司户。

三月，張濬至藍田，逃奔華州依韓建，與孔緯密求救於朱全忠。全忠上表爲緯、濬訟冤，朝廷不得已，並聽自便。緯至商州而還，亦寓居華州。

夏四月，李克用大舉擊赫連鐸，敗其兵於河上，進圍雲州。秋七月，李克用急攻雲州，赫連鐸食盡，奔吐谷渾部，既而歸於幽州。克用表大將石善友爲大同防禦使。

邢洺節度使李存孝勸李克用攻鎮州，克用從之。八月，克用南巡澤潞，遂涉懷孟之境。

朱全忠遣其將丁會攻宿州，克其外城。冬十月壬午，宿州刺史張筠降于丁會。李克用攻王鎔，大破鎮兵於龍尾崗，斬獲萬計，遂拔臨城，攻元氏、柏鄉，李匡威引幽州兵救之。克用大掠而還，軍于邢州。

十一月，曹州都將郭銖殺刺史郭詞，降於朱全忠。泰寧節度使朱瑾將萬餘人攻單州。乙丑，時溥將劉知俊帥衆二千降於全忠。知俊，沛人，徐之驍將也，溥軍自是不振。全忠以知俊爲左右開道指揮使。

十二月乙酉，汴將丁會、張歸霸與朱瑾戰金鄉，大破之，殺獲殆盡，瑾單騎走免。

景福元年春正月，王鎔、李匡威合兵十餘萬攻堯山，李克用遣其將李嗣勳擊之，大破幽、鎮兵，斬獲三萬。

二月戊寅，朱全忠出兵擊朱瑄，遣其子友裕將兵前行，軍于斗門。甲申，朱全忠至衛南，朱瑄將步騎萬人襲斗門，朱友裕棄營走，瑄據其營。全忠不知，乙酉，引兵趣斗門，至者皆爲鄆人所殺。全忠退軍瓠河，丁亥，瑄擊全忠，大破之，全忠走。張歸厚於後力戰，全忠僅免，副使李璠等皆死。朱全忠奏貶河陽節度使趙克裕，以佑國節度使張全義兼河陽節度使。朱全忠連年攻時溥，徐、泗、濠三州民不得耕穫，兖、鄆、河東兵救之皆無功，復值水災，人死者什六七。溥困甚，請和於全忠，全忠曰：「必移鎮乃可。」溥許之。全忠乃奏請移溥他鎮，仍命大臣鎮徐州。詔以門下侍郎、同平章事劉崇望同平章事，充感化節度使，以溥爲太子太師。溥恐全忠詐而殺之，據城不奉詔，崇望及華陰而還。

忠義節度使趙德諲薨，子匡凝代之。

三月，李克用、王處存合兵攻王鎔，癸丑，拔天長鎮。戊午，鎔與戰於新市，大破之，殺獲二萬餘人。辛酉，克用退屯欒城。詔和解河東及鎮、定、幽四鎮。

夏四月，李匡威出兵侵雲、代，壬寅，李克用始引兵還。

秋八月，李克用北巡至天寧軍，聞李匡威、赫連鐸將兵八萬寇雲州，遣其將李君慶發兵於晉陽。克用潛入新城，伏兵於神堆，擒吐谷渾邏騎三百，匡威等大驚。丙申，君慶以大軍至，克用遷入雲州。丁酉，出擊匡威等，大破之。己亥，匡威等燒營而遁，追至天成軍，斬獲不可勝計。

九月，時溥迫監軍奏稱將士留己，冬十月，復以溥爲侍中、感化節度。朱全忠奏請追溥新命，詔諭解之。

初，邢、洺、磁州留後李存孝與李存信俱爲李克用假子，不相睦。存信有寵於克用，存孝在邢州，欲立大功以勝之，乃建議取鎮冀，存信從中沮之，不時聽許。及王鎔圍堯山，存孝救之，不克。克用以存信爲蕃、漢馬步都指揮使，與存孝共擊之。二人互相猜忌，逗留不進。克用更遣李嗣勳等擊破之。存信還，譖存孝無心擊賊，疑與之有私約。存孝聞之，自以有功於克用，而信任顧不及存信，憤怨，且懼及禍，乃潛結王鎔及朱全忠，上表以三州自歸於朝廷，乞賜旌節及會諸道兵討克用。詔以存孝爲邢洺磁節度使，不許會兵。

十一月，時溥濠州刺史張璲、泗州刺史張諫以州附于朱全忠。

乙未，朱全忠遣其子友裕將兵十萬攻濮州，拔之，執其刺史邵倫，遂令友裕移兵擊時溥。

二年春正月，時溥遣兵攻宿州，刺史郭言戰死。

二月，李克用引兵圍邢州，王鎔遣牙將王藏海致書解之。克用怒，斬藏海，進兵擊鎔，敗鎮兵於平山。辛巳，攻天長鎮，旬日不下。鎔出兵三萬救之，克用逆戰於叱日嶺下，大破之，斬首萬餘級，餘衆潰去。河東軍無食，脯其尸而啗之。

時溥求救於朱瑾，朱全忠遣其將霍存將騎兵三千軍曹州以備之。瑾將兵二萬救徐州，存引兵赴之，與朱友裕合擊徐、兗兵於石佛山下，大破之，瑾遁歸兗州。辛卯，徐兵復出，存戰死。

李克用進下井陘，李存孝將兵救王鎔，遂入鎮州，與鎔計事。鎔又乞師於朱全忠，全忠方與時溥相攻，不能救，但遣克用書，言「鄆下有十萬精兵，抑而未進」。克用復書，言「儻實屯軍鄆下，顒望降臨。必欲真決雌雄，願角逐於常山之尾」。甲午，李匡威引兵救鎔，敗河東兵於元氏，克用引還邢州。鎔犒匡威於藁城，輦金帛二十萬以酬之。

朱友裕圍彭城，時溥數出兵，友裕閉壁不戰。朱瑾宵遁，友裕不追，都虞候朱友恭以書譖友裕於全忠，全忠怒，驛書下都指揮使龐師古，使代之將，且按其事。書誤達於友裕，友裕大懼，以二千騎逃入山中，潛詣碭山，匿於伯父全昱之所。全忠夫人張氏聞之，使友裕單騎詣汴州見全忠，泣涕拜伏於庭，全忠命左右捽抑，將斬之，夫人趨就抱之，泣曰：「汝捨兵衆束身歸罪，無異志明矣。」全忠悟而捨之，使權知許州。友恭，壽春人李彥威也，幼爲全忠家僮，全忠養以爲子。張夫人，碭山人，多智略，全忠敬憚之，雖軍府事，時與之謀議。或將兵出，至中塗，夫人以爲不可，遣一介召之，全忠立爲之返。龐師古攻佛山寨，拔之，自是徐兵不敢出。

李匡威之救王鎔也，將發幽州，家人會別，弟匡籌之妻美，匡威醉而淫之。三月，匡威自鎮州還，至博野，匡籌據軍府自稱留後，以符追行營兵。匡威衆潰歸，但與親近留深州，進退無所之，遣判官李抱真入奏，請歸京師。京師屢更大亂，聞匡威來，坊市大恐，曰：「金頭王來圖社稷。」士民或竄匿山谷。王鎔德其以己故致失地，迎歸鎮州，爲築第，父事之。

夏四月，汴軍攻徐州，累月不克。通事官張濤以書白朱全忠，云：「進兵時日非良，故無功。」全忠以爲然。敬翔曰：「今攻城累月，所費甚多，徐人已困，旦夕且下，使將士聞此言，則懈於攻取矣。」全忠乃焚其書。癸未，全忠自將如徐州。戊子，龐師古拔彭城，時溥舉族登燕子樓自焚死。己丑，全忠入彭城，以宋州刺史張廷範知感化留後，奏乞朝廷除文臣爲節度使。

李匡威在鎮州，爲王鎔完城塹，繕甲兵，訓士卒，視之如子。匡威以鎔年少，且樂真定土風，潛謀奪之。李抱真自京師還，爲之畫策，陰以恩施悅其將士。王氏在鎮久，鎮人愛之，不徇匡威。匡威忌日，鎔就第弔之，匡威素服衷甲，伏兵劫之。鎔趨抱匡威曰：「鎔爲晋人所困，幾亡矣，賴公以有今日。公欲得四州，此固鎔之願也。不若與公共歸府，以位讓公，則將士莫之拒矣。」匡威以爲然，與鎔駢馬，陳兵入府。會大風，雷雨，屋瓦皆震。匡威入東偏門，鎮之親軍閉之，有屠者墨君和自缺垣躍出，拳毆匡威甲士，挾鎔於馬上，負之登屋。鎮人既得鎔，攻匡威，殺之，并其族黨。鎔時年十七，體疏瘦，爲君和所挾，頸痛頭偏者累日。李匡籌奏鎔殺其兄，請舉兵復冤，詔不許。

幽州將劉仁恭將兵戍蔚州，過期未代，士卒思歸。會李匡籌立，戍卒奉仁恭爲帥，還攻幽州，至居庸關，爲府兵所敗。仁恭奔河東，李克用厚待之。

六月，李匡籌出兵攻王鎔之樂壽、武强，以報殺匡威之恥。

秋七月，王鎔遣兵救邢州；李克用敗之於平山，壬申，進擊鎮州。鎔懼，請以兵糧二十萬助攻邢州，克用許之。克用治兵於欒城，合鎔兵三萬進屯任縣，李存信屯琉璃陂。

八月，朱全忠命龐師古移兵攻兗州，與朱瑾戰，屢破之。

九月，李存孝夜犯李存信營，虜奉誠軍使孫考老。李克用自引兵攻邢州，掘塹築壘環之。存孝時出兵突擊塹壘，不能成。河東牙將袁奉韜密使人謂存孝曰：「大王惟俟塹成即歸晉陽，尚書所憚者獨大王耳，諸將非尚書敵也。大王若歸，咫尺之塹安能沮尚書之鋒鋭邪！」存孝以爲然，按兵不出。旬日塹壘成，飛走不能越，存孝由是遂窮。汴將鄧季筠從克用攻邢州，輕騎逃歸。朱全忠大喜，使將親軍。

十二月，汴將葛從周攻齊州刺史朱威，朱瑄、朱瑾引兵救之。

乾寧元年春正月，以李匡籌爲盧龍節度使。

二月，朱全忠自將擊朱瑄，軍于魚山，瑄與朱瑾合兵攻之，兗、鄆兵大敗，死者萬餘人。

三月，邢州城中食盡，甲申，李存孝登城謂李克用曰：「兒蒙王恩得富貴，苟非困於讒慝，安肯捨父子而從仇讎乎！願一見王，死不恨。」克用使劉夫人視之。夫人引存孝出見克用，存孝泥首謝罪曰：「兒粗立微勞，存信逼兒，失圖至此。」克用叱之曰：「汝遺朱全忠、王鎔書，毁我萬端，亦存信教汝乎？」囚之，歸于晉陽，車裂於牙門。存孝驍勇，克用軍中皆莫及。常將騎兵爲先鋒，所向無敵，身被重鎧，腰弓髀槊，獨舞鐵檛陷陣，萬人辟易。每以二馬自隨，馬稍乏，就陳中易之，出入如飛。克用惜其才，意臨刑，諸將必爲之請，因而釋之。既而諸將疾其能，竟無一人言者。既死，克用爲之不視事者旬日，私恨諸將，而於李存信竟無所譴。又有薛阿檀者，其勇與存孝相侔，諸將疾之，常不得志，密與存孝通。存孝誅，恐事泄，遂自殺。自是克用兵勢浸弱，而朱全忠獨盛矣。克用表馬師素爲邢洺節度使。

夏五月，朱瑄、朱瑾求救於河東，李克用遣騎將安福順及弟福慶、福遷督精騎五百假道於魏，渡河應之。

六月，李克用大破吐谷渾，殺赫連鐸，擒白義誠。

秋八月，昭義節度使康君立詣晉陽謁李克用，克用會諸將飲博，酒酣，克用語及李存孝，流涕不已。君立素與李存信善，一言忤旨，克用拔劍斫之，囚於馬步司。九月庚申朔，出之，君立已死。克用表雲州刺史薛志誠爲昭義留後。

冬十月，劉仁恭數因蓋寓獻策於李克用，願得兵萬人取幽州。克用方攻邢州，分兵數千，欲納仁恭於幽州，不克。李匡籌益驕，數侵河東之境。克用怒，十一月，大舉兵攻匡籌，拔武州，進圍新州。

十二月，李匡籌遣大將將步騎數萬救新州，李克用選精兵逆戰於段莊，大破之，斬首萬餘級，生擒將校三百人，以練紤之，徇於城下。是夕，新州降。辛亥，進攻嬀州。壬子，匡籌復發兵出居庸關，克用使精騎當其前以疲之，遣步將李存審自他道出其背，夾擊之，幽州兵大敗，殺獲萬計。甲寅，李匡籌挈其族奔滄州，義昌節度使盧彥威利其輜重、妓妾，遣兵攻之於景城，殺之，盡俘其衆。存審本姓符，宛丘人，克用養以爲子。丙辰，克用進軍幽州，其大將請降。匡籌素暗懦，初據軍府，兄匡威聞之，謂諸將曰：「兄失弟得，不出吾家，亦復何恨。但惜匡籌才短，不能保守，得及二年，幸矣。」

二年春正月，幽州軍民數萬，以麾蓋歌鼓迎李克用入府舍。克用命（符）〔李〕存審、劉仁恭將兵略定巡屬。

癸未，朱全忠遣其將朱友恭圍兖州，朱瑄自鄆以兵、糧救之，友恭設伏，敗之於高梧，盡奪其餉，擒河東將安福順、安福慶。

二月，李克用表劉仁恭爲盧龍留後，留兵戍之；壬子，還晉陽。嬀州人高思繼兄弟有武幹，爲燕人所服，克用皆以爲都將，分掌幽州兵。部下士卒皆山北之豪也，仁恭憚之。

久之，河東兵戍幽州者暴横，思繼兄弟以法裁之，所誅殺甚多。克用怒，以讓仁恭，仁恭訴稱高氏兄弟所爲，克用俱殺之。仁恭欲收燕人心，復引其諸子置帳下，厚撫之。

三月，加王鎔兼侍中。

夏六月辛卯，以前均州刺史孔緯、繡州司户張濬並爲太子賓客。壬辰，以緯爲吏部尚書，復其階爵。癸巳，以張濬爲兵部尚書、諸道租庸使。

九月，朱全忠自將擊朱瑄，戰於梁山，瑄敗，走還鄆。

冬十月，朱全忠遣都將葛從周擊兗州，自以大軍繼之，癸卯，圍兗州。

義武節度使王處存薨，軍中推其子節度副使郜爲留後。

十一月，齊州刺史朱瓊舉州降於朱全忠。瓊，瑾之從父兄也。

朱瑄遣其將賀瓌、柳存及河東將何懷寶將兵萬餘人襲曹州，以解兗州之圍。瓌，濮陽人也。丁卯，全忠自中都引兵夜追之，比明，至鉅野南，及之，屠殺殆盡，生擒瓌、存、懷寶，俘士卒三千餘人。是日晡後，大風，沙塵晦冥，全忠曰：「此殺人未足耳。」下令所得之俘盡殺之。庚午，縛瓌等徇於兗州城下，謂朱瑾曰：「卿兄已敗，何不早降？」朱瑾僞遣使請降於朱全忠，全忠自就延壽門下與瑾語。瑾曰：「欲送符印，願使兄瓊來領之。」辛巳，全忠使瓊往，瑾立馬橋上，伏驍果董懷進於橋下，瓊至，懷進突出，擒之以入，須臾，擲首城外。全忠乃引兵還，以瓊弟玭爲齊州防禦使，殺柳存、何懷寶，聞賀瓌名，釋而用之。

朱全忠之去兗州也，留葛從周將兵守之，朱瑾閉城不復出。從周將還，乃揚言「天平、河東救兵至，引兵西北邀之」，夜半潛歸故寨。瑾以從周精兵悉出，果出兵攻寨。從周突出奮擊，殺千餘人，擒其都將孫漢筠而還。

朱瑄、朱瑾屢爲朱全忠所攻，民失耕稼，財力俱弊，告急於河東。李克用遣其大將史儼、李承嗣將數千騎，假道于魏以救之。

三年春閏正月，李克用遣蕃、漢都指揮使李存信將萬騎假道于魏以救兗、鄆，軍于莘縣。朱全忠使人謂羅弘信曰：「克用志吞河朔，師還之日，貴道可憂。」存信戢衆不嚴，侵暴魏人；弘信怒，發兵三萬夜襲之。存信軍潰，退保洺州，喪士卒什二三，委棄資糧、兵械萬數。史儼、李承嗣之軍隔絕，不得還。弘信自是與河東絕，專志於汴。全忠方圖兗、鄆，畏弘信議其後，弘信每有贈遺，全忠必對使者北向拜授之，曰：「六兄於予，倍年以長，固非諸鄰之比。」弘信信之，全忠以是得專意東方。

二月，朱全忠薦兵部尚書張濬，上欲復相之。李克用表請發兵擊全忠，且言：「濬朝爲相，臣則夕至闕廷。」京師震懼，上下詔和解之。

三月，朱全忠遣龐師古將兵伐鄆州，敗鄆兵於馬頰，遂抵其城下。

夏四月，李克用擊羅弘信，攻洹水，殺魏兵萬餘，進攻魏州。

五月，李克用攻魏博，侵掠徧六州。朱全忠召葛從周於鄆州，使將兵營洹水以救魏博，留龐師古攻鄆州。六月，克用引兵擊從周，汴人多鑿坎於陳前，戰方酣，克用之子鐵林指揮使落落馬遇坎而躓，汴人生擒之。克用自往救之，馬亦躓，幾爲汴人所獲。克用顧射汴將一人，斃之，乃得免。克用請修好以贖落落，全忠不許，以與羅弘信，使殺之。克用引軍還。

葛從周自洹水引兵濟河，屯于楊劉，復擊鄆，及兗、鄆、河東之兵戰于故欒亭，破之。兗、鄆屬城皆爲汴人所據，屢求救於李克用，克用發兵赴之，爲羅弘信所拒，不得前，兗、鄆由是不振。

秋九月，河東將李存信攻臨清，敗汴將葛從周於宗城北，乘勝至魏州北門。冬十月，李克用自將攻魏州，敗魏兵於白龍潭，追至觀音門。朱全忠復遣葛從周救之，屯於洹水，全忠以大軍繼之，克用乃還。十一月，朱全忠還大梁，復遣葛從周東會龐師古攻鄆州。

四年春正月，龐師古、葛從周併兵攻鄆州，朱瑄兵少食盡，不復出戰，但引水爲深壕以自固。辛卯，師古等營於水西南，命爲浮梁。辛巳，潛決壕水。丙申，浮梁成，師古夜以中軍先濟。瑄聞之，棄城奔中都，葛從周逐之，野人執瑄及妻子以獻。朱全忠入鄆州，以龐師古爲天平留後。

朱瑾留大將康懷貞守兖州，與河東將史儼、李承嗣掠徐州之境以給軍食。全忠聞之，遣葛從周將兵襲兖州。懷貞聞鄆州已失守，汴兵奄至，遂降。二月戊申，從周入兖州，獲瑾妻子。朱瑾還，無所歸，帥其衆趨（汴）〔沂〕州，刺史尹處賓不納，走保海州，爲汴兵所逼，與史儼、李承嗣擁州民渡淮，奔楊行密。行密逆之於高郵，表瑾領武寧節度使。全忠納瑾之妻，引兵還，張夫人逆於封丘，全忠以得瑾妻告之。夫人請見之，瑾妻拜，夫人答拜，且泣曰：「兖、鄆與司空同姓，約爲兄弟，以小故恨望，起兵相攻，使吾姒辱於此。他日汴州失守，吾亦如吾姒之今日乎！」全忠乃送瑾妻於佛寺爲尼。斬朱瑄於汴橋。於是鄆、齊、曹、棣、兖、沂、密、徐、宿、陳、許、鄭、滑、濮皆入于全忠。惟王師範保淄青一道，亦服於全忠。李存信在魏州，聞兖、鄆皆陷，引兵還。

淮南舊善水戰，不知騎射，及得河東、兖、鄆兵，軍聲大振。史儼、李承嗣皆河東驍將，李克用深惜之，遣使間道詣楊行密請之。行密許之，亦遣使詣克用修好。

初，李克用取幽州，表劉仁恭爲節度使，留戍兵及腹心將十人典其機要，租賦供軍之外，悉輸晋陽。及上幸華州，克用徵兵於仁恭，又遣成德節度使王鎔、義武節度使王郜書，欲與之共定關中，奉天子還長安。仁恭辭以契丹入寇，須兵扞禦，俟虜退然後承命。克用屢趣之，使者相繼，數月，兵不出。克用移書責之，仁恭抵書於地慢駡，囚其使者，欲殺河東戍將，戍將遁逃獲免。克用大怒，八月，自將擊仁恭。

秋九月丁丑，李克用至安塞軍，辛巳，攻之。幽州將單可及引騎兵至，克用方飲酒，前鋒白：「賊至矣！」克用醉，曰：「仁恭何在？」對曰：「但見可及輩。」克用瞋目曰：「可及輩何足爲敵！」亟命擊之。是日大霧，不辨人物，幽州將楊師侃伏兵於木瓜澗，河東兵大敗，失亡太半。會大風雨震電，幽州兵解去。克用醒而後知敗，責大將李存信等曰：「吾以醉廢事，汝曹何不力争！」

冬十月，劉仁恭奏稱：「李克用無故稱兵見討，本道大破其黨于木瓜澗，請自爲統帥以討克用。」詔不許。又遺朱全忠書，全忠奏加仁恭同平章事，朝廷從之。仁恭又遣使謝克用，陳去就不自安之意。克用復書略曰：「今公仗鉞控兵，理民立法，擢士則欲其報德，選將則望彼酬恩。己尚不然，人何足信？僕料猜防出於骨肉，嫌忌生於屏帷，持干將而不敢授人，捧盟盤而何詞著誓！」

光化元年春三月，義昌節度使盧彦威性殘虐，又不禮於鄰道。與盧龍節度使劉仁恭争鹽利，仁恭遣其子守文將兵襲滄州，彦威棄城挈家奔魏州，羅弘信不納，乃奔汴州。仁恭遂取滄、景、德三州，以守文爲義昌留後。仁恭兵勢益盛，自謂得天助，有併吞河朔之志。爲守文請旌節，朝廷未許。會中使至范陽，仁恭語之曰：「旌節吾自有之，但欲得長安本色耳，何爲累章見拒？爲吾言之。」其悖慢如此。

朱全忠與劉仁恭修好，會魏博兵擊李克用。夏四月丁未，全忠至鉅鹿城下，敗河東兵萬餘人，逐北至青山口。

丁（未）〔卯〕，朱全忠遣葛從周分兵攻洺州，戊辰，拔之，斬刺史邢善益。（夏）五月，葛從周攻邢州，刺史馬師素棄城走。辛未，磁州刺史袁奉滔自剄。全忠以從周爲昭義留後，守邢、洺、磁三州而還。

秋八月，上欲藩鎮相與輯睦，以太子賓客張有孚爲河東、汴州宣慰使，賜李克用、朱全忠詔，又令宰相與之書，使之和解。克用欲奉詔，而恥於先自屈，乃致書王鎔，使通於全忠，全忠不從。

九月，魏博節度使羅弘信薨，軍中推其子節度副使紹威知留後。

冬十月，李克用遣其將李嗣昭、周德威將步騎三萬出青山，將復山東三州。壬寅，進攻邢州。葛從周出戰，大破之。嗣昭等引兵退入青山，從周追之，將扼其歸路，步兵自潰，嗣昭不能制。會横衝都將李嗣源以所部兵至，謂嗣昭曰：「吾輩亦去，則勢不可支矣，我試爲公擊之。」嗣昭曰：「善。我請從公後。」嗣源乃解鞍厲鏃，臨高布陳，左右指畫，邢人莫之測。嗣源直前奮擊，嗣昭繼之，從周乃退。德威，馬邑人也。以羅紹威知魏博留後。十一月，以魏博留後羅紹威爲節度使。

十二月，昭義節度使薛志勤薨，旬日無帥，李罕之擅引澤州兵夜入潞州，據之。以狀白克用曰：「薛鐵山死，州民無主，慮不逞者爲變，故罕之專命鎮撫，取王裁旨。」克用怒，遣人讓之。罕之遂遣其子顥請降于朱全忠，克用遣李嗣昭將兵討之。

二年春正月，朱全忠表李罕之爲昭義節度使。

劉仁恭發幽、滄等十二州兵十萬，欲兼河朔，攻貝州，拔之，城中萬餘户盡屠之，投尸清水。由是諸城各堅守不下。仁恭進（于）〔攻〕魏州，營于城北。魏博節度使羅紹威求救於朱全忠。三月，朱全忠遣其將李思安、張存敬將兵救魏博，屯于内黄。癸卯，全忠以中軍軍于滑州。劉仁恭謂其子守文曰：「汝勇十倍於思安，當先虜鼠輩，後擒紹威耳。」乃遣守文及其妹壻單可及將精兵五萬，擊思安於内黄。丁未，思安使其將袁象先伏兵於清水之右，思安逆戰於繁陽，陽不勝而卻。守文逐之，及内黄之北，思安勒兵還戰，伏兵發，夾擊之，幽州兵大敗，斬可及，殺獲三萬人，守文僅以身免。可及，幽州驍將，號「單無敵」，燕軍失之喪氣。思安，陳留人也。

時葛從周自邢州將精騎八百已入魏州。戊申，仁恭攻上水關、館陶門，從周與宣義牙將賀德倫出戰，顧門者曰：「前有大敵，不可返顧。」命闔其扉。從周等殊死戰，仁恭復大敗，擒其將薛突厥、王鄶郎。明日，汴、魏乘勝合兵擊仁恭，破其八寨，仁恭父子燒營而遁。汴、魏之人長驅追之，至臨清，擁其衆入永濟渠，殺溺不可勝紀。鎮人亦出兵邀擊於東境，自魏至滄，五百里間僵尸相枕。仁恭自是不振，而全忠益横矣。德倫，河西胡人也。

劉仁恭之攻魏州也，羅紹威遣使修好於河東，且求救。壬午，李克用遣李嗣昭將兵救之。會仁恭已爲汴兵所敗，紹威復與河東絶，嗣昭引還。

葛從周乘破幽州之勢，自土門攻河東，拔承天軍。別將(尉)氏叔琮自馬嶺入，拔遼州樂平，進軍榆次。李克用遣内牙軍副周德威擊之。叔琮有驍將陳章，號「陳夜叉」，爲前鋒，請於叔琮曰：「河東所恃者周楊五，請擒之，求一州爲賞。」克用聞之，以戒德威，德威曰：「彼大言耳。」戰于洞渦，德威微服往挑戰，謂其屬曰：「汝見陳夜叉即走。」章果逐之，德威奮鐵檛擊之，墜馬，生擒以獻。因擊叔琮，大破之，斬首三千級。叔琮棄營走，德威追之，出石會關，又斬千餘級。從周亦引還。

丁巳，朱全忠遣河陽節度使丁會攻澤州，下之。

夏五月，李克用遣蕃、漢馬步都指揮使李君慶將兵攻李罕之，己亥，圍潞州。朱全忠出屯河陽，辛丑，遣其將張存敬救之，壬寅，又遣丁會將兵繼之。大破河東兵，君慶解圍去。克用誅君慶及其裨將伊審、李弘襲，以李嗣昭爲蕃、漢馬步都指揮使，代之攻潞州。六月乙丑，李罕之疾亟。丁卯，全忠表罕之爲河陽節度使，以丁會爲昭義節度使。未幾，又以其將張歸霸守邢州，遣葛從周代會守潞州。

丁丑，李罕之薨于懷州。

秋七月，朱全忠召葛從周於潞州，使賀德倫守之。八月丙寅，李嗣昭引兵至潞州城下，分兵攻澤州。己巳，汴將劉玘棄澤州走，河東兵進拔天井關，以李存璋爲澤州刺史。賀德倫閉城不出，李嗣昭日以鐵騎環其城，捕芻牧者，附城三十里禾黍皆刈之。乙酉，德倫等棄城宵遁，趣壺關，河東將李存審伏兵邀擊之，殺獲甚衆。葛從周以援兵至，聞德倫等已敗，乃還。

三年夏四月，朱全忠遣葛從周帥兗、鄆、滑、魏四鎮兵十萬擊劉仁恭。五月，仁恭遣使卑辭厚禮求救於河東，李克用遣周德威將五千騎出黄澤攻邢、洺以救之。

六月，劉仁恭將幽州兵五萬救滄州，營於乾寧軍，葛從周將精兵逆戰於老鵶隄，大破仁恭，斬首三萬級，仁恭走保瓦橋。秋七月，李克用復遣都指揮使李嗣昭將兵五萬攻邢、洺以救仁恭，敗汴軍於内丘。王鎔遣使和解幽、汴，會久雨，朱全忠召從周還。

八月，李嗣昭又敗汴軍于沙門河，攻洺州。乙丑，朱全忠引兵救之，未至，嗣昭拔洺州，擒刺史朱紹宗。全忠命葛從周將兵擊嗣昭。朱全忠自將中軍三萬，涉洺水置營。李嗣昭棄城走，從周設伏於青山口，邀擊，大破之。

九月，葛從周自鄴縣渡漳水，營於黄龍鎮。

朱全忠以王鎔與李克用交通，移兵伐之，下臨城，踰滹沱，攻鎮州南門，焚其關城。全忠自至元氏，鎔懼，遣判官周式詣全忠請和。全忠盛怒，謂式曰：「僕屢以書諭王公，竟不之聽。今兵已至此，期於無捨！」式曰：「鎮州密邇太原，困於侵暴，四鄰各自保，莫相救恤，王公與之連和，乃爲百姓故也。今明公果能爲人除害，則天下誰不聽命？豈惟鎮州。明公爲唐桓、文，當崇禮義以成霸業，若但窮威武，則鎮州雖小，城堅食足，明公雖有十萬之衆，未易攻也。况王氏秉旄五代，時推忠孝，人人欲爲之死，庸可冀乎？」全忠笑攬式袂，延之帳中曰：「與公戲耳。」乃遣客將開封劉捍入見鎔，鎔以其子節度副使昭祚及大將子弟爲質，以文繒二十萬犒軍。全忠引還，以女妻昭祚。

成德判官張澤言於王鎔曰：「河東，勍敵也，今雖有朱氏之援，譬如火發於家，安能俟遠水乎？彼幽、滄、易定猶附河東，不若説朱公乘勝兼服之，使河北諸鎮合而爲一，則可以制河東矣。」鎔復遣周式往説全忠。全忠喜，遣張存敬會魏博兵擊劉仁恭。甲寅，拔瀛州。冬十月丙辰，拔景州，執刺史劉仁霸。辛酉，拔莫州。

張存敬攻劉仁恭，下二十城，將自瓦橋趣幽州，道濘不能進，乃引兵西攻易定。辛巳，拔祁州，殺刺史楊約。

張存敬攻定州，義武節度使王郜遣後院都知兵馬使王處直將兵數萬拒之。處直請依城爲柵，俟其師老而擊之。孔目官梁汶曰：「昔幽、鎮合兵三十萬攻我，于時我軍不滿五千，一戰敗之。今存敬兵不過三萬，我軍十倍於昔，奈何示怯，欲依城自固乎！」郜乃遣處直逆戰于沙河，易定兵大敗，死者過半，餘衆擁處直奔還。甲申，王郜棄城奔晉陽，軍中推處直爲留後。存敬進圍定州，丙申，朱全忠至城下，處直登城呼曰：「本道事朝廷盡忠，於公未嘗相犯，何爲見攻？」全忠曰：「何故附河東？」對曰：「吾兄與晉王同時立勳，封疆密邇，且昏姻也，修好往來，乃常理耳。請從兹改圖。」全忠許之，乃歸罪於梁汶而族之，以謝全忠，以繒帛十萬犒師。全忠乃還，仍爲處直表求節鉞。處直，處存之母弟也。

劉仁恭遣其子守光將兵救定州，軍於易水之上。全忠遣張存敬襲之，殺六萬餘人。由是河北諸鎮皆服於全忠。

先是，王郜告急於河東，李克用遣李嗣昭將步騎三萬下太行，攻懷州，拔之，進攻河陽。河陽留後侯言不意其至，狼狽失據，嗣昭壞其羊馬城。會佑國軍將閻寶引兵救之，力戰於壕外，河東兵乃退。寶，鄆州人也。

天復元年春正月，朱全忠既服河北，欲先取河中以制河東，己亥，召諸將謂曰：「王珂駑材，恃太原自驕汰。吾今〔繼〕〔斷〕長蛇之腰，諸君爲我以一繩縛之。」庚子，遣張存敬將兵三萬自汜水渡河出含山路以襲之，全忠以中軍繼其後。戊申，存敬至絳州。晉、絳不意其至，皆無守備，庚戌，絳州刺史陶建釗降之。壬子，晉州刺史張漢瑜降之。全忠遣其將侯言守晉州，何絪守絳州，屯兵二萬，以扼河東援兵之路。朝廷恐全忠西入關，急賜詔和解之，全忠不從。

珂遣間使告急於李克用，道路相繼。克用以汴人先據晉、絳，兵不得進。珂妻遺克用書曰：「兒旦暮爲俘虜，大人何忍不救！」克用報曰：「今賊兵塞晉、絳，衆寡不敵，進則與汝兩亡，不若與王郎舉族歸朝。」珂又遺李茂貞書，言：「天子新返正，詔藩鎮無得相攻，同獎王室。今朱公不顧詔命，首興兵相加，其心可見。河中若亡，則同華、邠、岐俱不自保。天子神器拱手授人，其勢必然矣。公宜亟帥關中諸鎮兵，固守潼關，赴救河中。僕自知不武，願於公西偏授一小鎮，此地請公有之。關中安危，國祚脩短，繫公此舉，願審思之。」茂貞素無遠圖，不報。

二月甲寅朔，河東將李嗣昭攻澤州，拔之。

乙卯，張存敬引兵發晉州，己未，至河中，遂圍之。王珂勢窮，將奔京師，而人心離貳，會浮梁壞，流澌塞河，舟行甚難，珂挈其族數百人欲夜登舟，親諭守城者，皆不應。牙將劉訓曰：「今人情擾擾，若夜出涉河，必爭舟紛亂，一夫作難，事不可知。不若且送款存敬，徐圖向背。」珂從之。壬戌，珂植白幡於城隅，遣使以牌印請降於存敬。存敬請開城，珂曰：「吾於朱公有家世事分，請公退舍，俟朱公至，吾自以城授之。」存敬從之，且〔使〕走白全忠。

乙丑，全忠至洛陽，聞之喜，馳往赴之。戊辰，至虞鄉，先哭於重榮之墓，盡哀，河中人皆悅。珂欲面縛牽羊出迎，全忠遽使止之曰：「太師舅之恩何可忘，若郎君如此，使僕異日何以見舅於九泉！」乃以常禮出迎，握手歔欷，聯轡入城。全忠表張存敬爲護國軍留後。王珂舉族遷于大梁，其後全忠遣珂入朝，遣人殺之於華州。全忠聞張夫人疾亟，遽自河中東歸。李克用遣使以重幣請修好於全忠，全忠雖遣使報之，而忿其書辭蹇傲，決欲攻之。

加幽州節度使劉仁恭、魏博節度使羅紹威並兼侍中。

三月癸未朔，朱全忠至大梁。癸卯，遣宿州刺史氏叔琮等將兵五萬攻李克用，入自太行，魏博都將張文恭入自磁州新口，葛從周以兗、鄆兵會成德兵入自土門，洺州刺史張歸厚入自馬嶺，義武節度使王處直入自飛狐，權知晉州侯言以慈、隰、晉、絳兵入自陰地。叔琮入天井關，進軍昂車。辛亥，沁州刺史蔡訓以城降，河東都將蓋璋詣侯言降，即令權知沁州。壬子，叔琮拔澤州，刺史李存璋棄城走。叔琮進攻潞州，昭義節度使孟遷降之。河東屯將李審建、王周將步軍一萬、騎二千詣叔琮降，叔琮進趣晉陽。夏四月乙卯，叔琮出石會關，營於洞渦驛。張歸厚引兵至遼州，丁巳，遼州刺史張鄂降。別將白奉國會成德兵自井陘入，己未，拔承天軍，與叔琮烽火相應。

氏叔琮等引兵抵晉陽城下，數挑戰，城中大恐。李克用登城備禦，不遑飲食。時大雨積旬，城多頹壞，隨加完補。河東將李嗣昭、李嗣源鑿暗門，夜出攻汴壘，屢有殺獲。李存進敗汴軍於洞渦。時汴軍既衆，芻糧不給，久雨，士卒瘧利，全忠乃召兵還。五月，叔琮等自石會關歸，諸道軍亦退。河東將周德威、李嗣昭以精騎五千躡之，殺獲甚衆。先是，汾州刺史李瑭舉州降於汴軍，克用遣其將李存審攻之，三日而拔，執瑭斬之。氏叔琮過上黨，孟遷挈族隨之南徙。朱全忠遣丁會代守潞州。

六月，李克用遣其將李嗣昭、周德威將兵出陰地關攻隰州，刺史唐禮降之；進攻慈州，刺史張瓌降之。

二年春正月，河東將李嗣昭、周德威攻慈、隰。朱全忠聞有河東兵，二月戊寅朔，旋軍河中。李嗣昭等攻慈、隰，下之，進逼晉、絳。己丑，全忠遣兄子友寧將兵會晉州刺史氏叔晉州。

琮擊之。李嗣昭等襲取絳州，汴將康懷英復取之。嗣昭等屯蒲縣，乙未，汴軍十萬營于蒲南，叔琮夜帥衆斷其歸路而攻其壘，破之，殺獲萬餘人。己亥，全忠自河中赴之，乙巳，至晉州。

三月戊午，氏叔琮、朱友寧進攻李嗣昭、周德威營。時汴軍横陳十里，而河東軍不過數萬，深入敵境，衆心忷懼。德威出戰而敗，密令嗣昭以後軍先去，德威尋引騎兵亦退。叔琮、友寧長驅乘之，河東〔軍〕驚潰，擒克用子廷鸞，兵仗輜重委棄殆盡。朱全忠令叔琮、友寧乘勝遂攻河東。

李克用聞嗣昭等敗，遣李存信以親兵逆之，至清源，遇汴軍，存信走還晉陽。汴軍取慈、隰、汾三州。辛酉，汴軍圍晉陽，營于晉祠，攻其西門。周德威、李嗣昭收餘衆依西山得還。城中兵未集，叔琮攻城甚急，每行圍，褒衣博帶，以示閒暇。

克用晝夜乘城，不得寢食。召諸將議走保雲州，李嗣昭、李嗣源、周德威曰：「兒輩在此，必能固守。王勿爲此謀摇人心。」李存信曰：「關東、河北皆受制於朱温，我兵寡地蹙，守此孤城，彼築壘穿塹環之，以積久制我，我飛走無路，坐待困斃耳。今事勢已急，不若且入北虜，徐圖進取。」嗣昭力争之，克用不能決。劉夫人言於克用曰：「存信北川牧羊兒耳，安知遠慮。王常笑王行瑜輕去其城，死於人手，今日反效之耶？且王昔居達靼，幾不自免，賴朝廷多事，乃得復歸。今一足出城，則禍變不測，塞外可得至耶？」克用乃止。居數日，潰兵復集，軍府浸安。克用弟克寧爲忻州刺史，聞汴寇至，中塗復還晉陽，曰：「此城吾死所也，去將何之！」衆心乃定。

壬戌，朱全忠還河中，遣朱友寧將兵西擊李茂貞軍于興平、武功之間。李嗣昭、李嗣源數將敢死士夜入氏叔琮營，斬首捕虜，汴軍驚擾，備禦不暇。會大疫，丁卯，叔琮引兵還。嗣昭與周德威將兵追之，及石會關，叔琮留數馬及旌旗於高崗之巔。嗣昭等以爲有伏兵，乃引去，復取慈、隰、汾三州。自是，克用不敢與全忠爭者累年。

克用以使引咨幕府曰：「不貯軍食，何以聚衆？不置兵甲，何以克敵？不修城池，何以扞禦？利害之間，請垂議度。」掌書記李襲吉獻議，略曰：「國富不在倉儲，兵强不由衆寡，人歸有德，神固害盈。聚斂寧有盜臣，苛政如有猛虎，所以鹿臺將散，周武以興；齊庫既焚，晏嬰入賀。」又曰：「伏以變法不若養人，改作寧如舊貫。韓建蓄財無數，首事朱溫；王珂變法如麻，一朝降賊。中山城非不峻，蔡上兵非不多，前事甚明，可以爲戒。且霸國無貧主，强將無弱兵。伏願大王崇德愛人，去奢省役，設險固境，訓兵務農。定亂者選武臣，制理者選文吏，錢穀有句，刑法有律。誅賞由我，則下無威福之弊；迎密多正，則人無讒謗之憂。順天時而絶欺誣，敬鬼神而禁淫祀，則不求富而國富，不求安而自安。外破元凶，内康疲俗，名高五霸，道冠八元。至於（索）〔率〕閭閻，定間架，增麴蘖，檢田疇，開國建邦，恐未爲切。」

克用親軍皆沙陀雜虜，喜侵暴良民，河東甚苦之。其子存勗以爲言，克用曰：「此輩從吾攻戰數十年，比者帑藏空虚，諸軍賣馬以自給。今四方諸侯皆重賞以募士，我若急之，則彼皆散去矣，吾安與同保此乎！俟天下稍平，當更清治之耳。」存勗幼警敏，有勇略。克用爲朱全忠所困，封疆日蹙，憂形於色。存勗進言曰：「物不極則不返，惡不極則不亡。朱氏恃其詐力，窮凶極暴，吞滅四鄰，人怨神怒。今又攻逼乘輿，窺覦神器，此其極也，殆將斃矣。吾家代襲忠貞，勢窮力屈，無所愧心。大人當遵養時晦，以待其衰，奈何輕爲沮喪，使羣下失望乎！」克用悦，即命酒奏樂而罷。

朱温取淄青

唐昭宗天復三年春正月，平盧節度使王師範，頗好學，以忠義自許，爲治有聲迹。朱全忠圍鳳翔，韓全誨以詔書徵藩鎮兵入援乘輿，師範見之，泣下霑衿，曰：「吾屬爲帝室藩屏，豈得坐視天子困辱如此，各擁强兵，但自衛乎！」會張濬自長水亦遺之書，勸舉義兵。師範曰：「張公言正會吾意，夫復何疑。雖力不足，當死生以之！」

時關東兵多從全忠在鳳翔，師範分遣諸將詐爲貢獻及商販，包束兵仗，載以小車，入汴、徐、兗、鄆、齊、沂、河南、孟、滑、河中、陝、虢、華等州，期以同日俱發，討全忠。適諸州者多事泄被擒，獨行軍司馬劉鄩取兗州。時泰寧節度使葛從周悉將其兵屯邢州，鄩先遣人爲販油者入城，詗其虛實及兵所從入。丙午，鄩將精兵五百夜自水竇入，比明，軍城悉定，市人皆不知。鄩據府舍，拜從周母，每旦省謁；待其妻子，甚有恩禮；子弟職掌，供億如故。

是日，青州牙將張居厚帥壯士二百將小車至華州東城，知州事婁敬思疑其有異，剖視之。其徒大呼，殺敬思，攻西城。崔胤在華州，帥衆拒之，不克，走至商州，追獲之。

全忠留節度判官裴迪守大梁，師範遣走卒齎書至大梁，迪問以東方事，走卒色動。迪察其有變，屏人問之，走卒具以實告。迪不暇白全忠，亟請馬步都指揮使朱友寧將兵萬餘人東巡兗、鄆。友寧召葛從周於邢州，共攻師範。全忠聞變，亦分兵先歸，使友寧并將之。王師範遣使以起兵告李克用，克用貽書褒賞之。河東監軍張承業亦勸克用發兵救鳳翔。克用攻晉州，聞車駕東歸，乃罷。

三月戊午，朱全忠至大梁。王師範弟師魯圍齊州，朱友寧引兵擊走之。師範遣兵益劉鄩軍，友寧擊取之。由是兗州援絶，葛從周引兵圍之。友寧進攻青州，戊辰，全忠引四鎮及魏博兵十萬繼之。

夏四月，王師範求救於淮南。乙未，楊行密遣其將王茂章以步騎七千救之，又遣別將將兵數萬攻宿州。全忠遣其將康懷英救宿州，淮南兵遁去。

五月，朱友寧攻博昌，月餘不拔。朱全忠怒，遣客將劉捍往督之。捍至，友寧驅民丁十餘萬，負木石，牽牛驢，詣城南築土山，既至，并人畜、木石排而築之，冤號聲聞數十里，俄而城陷，盡屠之。進拔臨淄，抵青州城下，遣別將攻登、萊。

淮南將王茂章會王師範弟萊州刺史師誨攻密州，拔之，斬其刺史劉康乂，以淮海都遊弈使張訓爲刺史。

六月乙亥，汴兵拔登州。師範帥登、萊兵拒朱友寧於石樓，爲兩栅。丙子夜，友寧擊登州栅，栅中告急，師範趣茂章出戰，茂章按兵不動。友寧破登州栅，進攻萊州栅。比明，茂章度其兵已疲，乃與師範合兵出戰，大破之。友寧旁自峻阜馳騎赴敵，馬仆，青州將張土梟斬之，傳首淮南。兩鎮兵逐北至米河，俘斬萬計，魏博之兵殆盡。

全忠聞友寧死，自將兵二十萬，晝夜兼行赴之。秋七月壬子，至臨朐，命諸將攻青州。王師範出戰，汴兵大破之。王茂章閉壘示怯，伺汴兵稍懈，毁栅而出，驅馳疾戰，戰酣退坐，召諸將飲酒，已而復戰。全忠登高望見之，問降者，知爲茂章，歎曰：「使吾得此人爲將，天下不足平也。」至晡，汴兵乃退。茂章度衆寡不敵，是夕，引軍還。全忠遣曹州刺史楊師厚追之，及於輔唐。茂章命先鋒指揮使李虔裕將五百騎爲殿，虔裕殊死戰，師厚擒而殺之。師厚，潁州人也。

張訓聞茂章去，謂諸將曰：「汴人將至，何以禦之？」諸將請焚城大掠而歸。訓曰：「不可。」封府庫，植旗幟於城上，遣羸弱居前，自以精兵殿其後而去。全忠遣左踏白指揮使王檀攻密州，既至，望旗幟，數日乃敢入城，見府庫城邑皆完，遂不復追。訓全軍而還。全忠以檀爲密州刺史。

八月戊辰朔，朱全忠留齊州刺史楊師厚攻青州，身歸大梁。

楊師厚屯臨朐，聲言將之密州，留輜重於臨朐。九月癸卯，王師範出兵攻臨朐，師厚伏兵奮擊，大破之，殺萬餘人，獲師範弟師克。明日，萊州兵五千救青州，師厚邀擊之，殺獲殆盡，遂徙寨抵其城下。

戊午，王師範遣副使李嗣業及弟師悦請降於楊師厚，曰：「師範非敢背德，韓全誨、李茂貞以朱書御札使之舉兵，師範不敢違。」仍請以其弟師魯爲質。時朱全忠聞李茂貞、楊崇本將起兵逼京畿，恐其復劫天子西去，欲迎車駕都洛陽，乃受師範降，選諸將使守登、萊、淄、棣等州，即以師範權淄青留後。師範仍言先遣行軍司馬劉鄩將兵五千據兖州，非其自專，願釋其罪。亦遣使語鄩。

葛從周攻兗州，劉鄩使從周母乘板輿登城，謂從周曰：「劉將軍事我不異於汝，新婦輩皆安居。人各爲其主，汝可察之。」從周歔欷而退，攻城爲之緩。鄩悉簡婦人及民之老疾不足當敵者出之，獨與少壯者同辛苦，分衣食，堅守以扞敵。號令整肅，兵不爲暴，民皆安堵。久之，外援既絶，節度副使王彥温踰城出降，城上卒多從之，不可遏。鄩遣人從容語彥温曰：「軍士非素遣者，勿多與之俱。」又遣人徇於城上曰：「軍士非素遣從副使而敢擅往者，族之。」士卒皆惶惑不敢出。敵人果疑彥温，斬之城下，由是衆心益固。及王師範力屈，從周以禍福諭之，鄩曰：「受王公命守此城，一旦見王公失勢，不俟其命而降，非所以事上也。」及師範使者至，〔冬十月〕丁丑，始出降。從周爲具齎裝，送鄩詣大梁。鄩曰：「降將未受梁王寬釋之命，安敢乘馬衣裘乎！」乃素服乘驢至大梁。全忠賜之冠帶，辭，請囚服入見，不許。全忠慰勞，飲之酒，辭以量小。全忠曰：「取兗州量何大邪？」以爲元從都押牙。是時四鎮將吏皆功臣舊人，鄩一旦以降將居其上，諸將具軍禮拜於庭，鄩坐受自如，全忠益奇之。未幾，表爲保大留後。葛從周久病，全忠以康懷英爲泰寧節度使代之。

昭宣帝天祐二年春正月庚午，朱全忠命李振知青州事，代王師範。

二月，李振至青州，王師範舉族西遷，至濮陽，素服乘驢而進。至大梁，全忠客之。表李振爲青州留後。

三月庚午，以王師範爲河陽節度使。

朱温篡唐 崔胤誅宦官附

唐昭宗光化三年春二月，以吏部尚書崔胤同平章事，充清海節度使。

司空、門下侍郎、同平章事王摶明達有度量，時稱良相。上素疾宦官樞密使宋道弼、景務脩專横，崔胤日與上謀去宦官，宦官知之。由是南北司益相憎疾，各結藩鎮爲援以相傾奪。摶恐其致亂，從容言於上曰：「人君當務明大體，無所偏私。宦官擅權之弊，誰不知之？顧其勢未可猝除，宜俟多難漸平，以道消息。願陛下言勿輕泄以速姦變。」胤聞之，譖摶於上曰：「王摶姦邪，已爲道弼輩外應。」上疑之。及胤罷相，意摶排己，愈恨之。及出鎮廣州，遺朱全忠書，具道摶語，令全忠表論之。全忠上言：「胤不可離輔弼之地，摶與敕使相表裏，同危社稷。」表連上不已，上雖察其情，迫於全忠，不得已，胤至湖南復召還。六月，以胤爲司空、門下侍郎、同平章事，摶罷爲工部侍郎。以道弼監荆南軍，務脩監青州軍。戊辰，貶摶溪州刺史，己巳，又貶崖州司户；道弼長流驩州，務脩長流愛州。是日，皆賜自盡。搏死於藍田驛，道弼、務脩死於霸橋驛。於是胤專制朝政，勢震中外，宦官皆側目，不勝其憤。

初，崔胤與上密謀盡誅宦官，及宋道弼、景務脩死，宦官益懼。上自華州還，忽忽不樂，多縱酒，喜怒不常，左右尤自危。於是左軍中尉劉季述、右軍中尉王仲先、樞密使王彦範、薛齊偓等陰相與謀曰：「主上輕佻多變詐，難奉事，專聽任南司，吾輩終罹其禍。不若奉太子立之，尊主上爲太上皇，引岐、華兵爲援，控制諸藩，誰能害我哉！」

十一月，上獵苑中，因置酒，夜醉歸，手殺黄門、侍女數人。明旦，日加辰巳，宫門不開。季述詣中書白崔胤曰：「宫中必有變。我内臣也，得以便宜從事，請入視之。」乃帥禁軍千人破門而入，訪問，具得其狀。出謂胤曰：「主上所爲如是，豈可理天下。廢昏立明，自古有之，爲社稷大計，非不順也。」胤畏死，不敢違。庚寅，季述召百官，陳兵殿庭，作胤等連名狀，請太子監國，以示之，使署名。胤及百官不得已，皆署之。上在乞巧樓，季述、仲先伏將士千人於門外，與宣武進（奉）〔奏〕官（陳）〔程〕巖等十餘人入請對。季述、仲先甫登殿，將士大呼，突入宣化門，至思政殿前，逢宫人，輒殺之。上見兵入，驚墮牀下，起，將走，季述、仲先掖之令坐。宫人走白皇后，后趨至，拜請曰：「軍容勿驚宅家，有事取軍容商量。」季述等乃出百官狀白上，曰：「陛下厭倦大寶，中外羣情，願太子監國，請陛下保頤東宮。」上曰：「昨與卿曹樂飲，不覺太過，何至於是？」對曰：「此非臣等所爲，皆南司衆情，不可遏也。願陛下且之東宮，待事小定，復迎歸大內耳。」后曰：「宅家趣依軍容語。」即取傳國寶以授季述，宦官扶上與后同輦，嬪御侍從者纔十餘人，適少陽院。季述以銀檛畫地數上曰：「某時某事，汝不從我言，其罪一也。」如此數十不止。乃手鎖其門，鎔鐵錮之，遣左軍副使李師虔將兵圍之，上動靜輒白季述，穴牆以通飲食，凡兵器針刀皆不得入。上求錢帛，俱不得，求紙筆亦不與。時大寒，嬪御公主無衣衾，號哭聞於外。季述等矯詔令太子監國，迎太子入宮。辛卯，矯詔令太子嗣位，更名縝，以上爲太上皇，皇后爲太上皇后。甲午，太子即皇帝位，更名少陽院曰問安宮。

季述加百官爵秩，與將士皆受優賞，欲以求媚於衆。殺睦王倚，凡宮人、左右、方士、僧、道爲上所寵信者皆榜殺之。每夜殺人，晝以十車載尸出，一車或止一兩尸，欲以立威。將殺司天監胡秀林，秀林曰：「軍容幽囚君父，更欲多殺無辜乎！」季述憚其言正而止。季述等欲殺崔胤，而憚朱全忠，但解其度支、鹽鐵、轉運使而已。

崔胤密致書全忠，使興兵圖返正。左僕射致仕張濬在長水，見張全義於洛陽，勸之匡復；又與諸藩鎮書勸之。

進士無棣李愚客遊華州，上韓建書，略曰：「僕每讀書，見君臣父子之際，有傷教害義者，恨不得肆之市朝。明公居近關重鎮，君父幽辱月餘，坐視凶逆而忘勤王之舉，僕所未諭也。僕竊計中朝輔弼，雖有志而無權，外鎮諸侯，雖有權而無志。惟明公忠義，社稷是依。往年車輅播遷，號泣奉迎，累歲供饋，再復廟朝，義感人心，至今歌詠。此時事勢，尤異前日。明公地處要衝，位兼將相。自宫闈變故，已涉旬時，若不號令率先以圖反正，遲疑未決，一朝山東侯伯唱義連衡，鼓行而西，明公求欲自安，其可得乎？此必然之勢也。不如馳檄四方，諭以逆順，軍聲一振，則元凶破膽，旬浹之間，二豎之首傳於天下，計無便於此者。」建雖不能用，厚待之。愚堅辭而去。

朱全忠在定州行營，聞亂，丁未，南還。十二月戊辰，至大梁。季述遣其養子希度詣全忠，許以唐社稷輸之。又遣供奉官李奉本以太上皇誥示全忠。全忠猶豫未決，會僚佐議之。或曰：「朝廷大事，非藩鎮所宜預知。」天平節度副使李振獨曰：「王室有難，此霸者之資也。今公爲唐桓、文，安危所屬。季述一宦豎耳，乃敢囚廢天子，公不能討，何以復令諸侯！且幼立位定，則天下之權盡歸宦官矣，是以太阿之柄授人也。」全忠大悟，即囚希度、奉本，遣振如京師詗事。既還，又遣親吏蔣玄暉如京師，與崔胤謀之，又召程巖赴大梁。

太子即位累旬，藩鎮牋表多不至。王仲先性苛察，素知左右軍多積弊，及爲中尉，鉤校軍中財穀，得隱没爲姦者，痛捶之，急徵所負，將士頗不安。有鹽州雄毅軍使孫德昭爲左神策指揮使，自劉季述等廢立，常憤惋不平。崔胤聞之，遣判官石戩與之遊。德昭每酒酣必泣，戩知其誠，乃密以胤意説之曰：「自上皇幽閉，中外大臣至於行間士卒，孰不切齒？今反者獨季述、仲先耳，公誠能誅此二人，迎上皇復位，則富貴窮一時，忠義流千古。苟狐疑不決，則功落他人之手矣。」德昭謝曰：「德昭小校，國家大事，安敢專之。苟相公有命，不敢愛死。」戩以白胤，胤割衣帶手書以授之。德昭復結右軍清遠都將董彦弼、周承誨，謀以除夜伏兵安福門外以俟之。

天復元年春正月乙酉朔，王仲先入朝，至安福門，孫德昭擒斬之，馳詣少陽院叩門呼曰：「逆賊已誅，請陛下出勞將士。」何后不信，曰：「果爾，以其首來。」德昭獻其首，上乃與后毁扉而出。崔胤迎上御長樂門樓，帥百官稱賀。周承誨擒劉季述、王彦範繼至，方詰責，已爲亂梃所斃。薛齊偓赴井死，出而斬之。滅四人之族，并誅其黨二十餘人。宦官奉太子匿於左軍，獻傳國寶。上曰：「裕幼弱，爲凶豎所立，非其罪也。」命還東宫，黜爲德王，復名裕。丙戌，以孫德昭同平章事，充静海節度使，賜姓名李繼昭。

丁亥，崔胤進位司徒，胤固辭，上寵待胤益厚。

己丑，朱全忠聞季述等誅，折程巖足，械送京師，并劉希度、李奉本等皆斬於都市。由是益重李振。

庚寅，以周承誨爲嶺南西道節度使，賜姓名李繼誨，董彥弼爲寧遠節度使，賜姓李，並同平章事，與李繼昭俱留宿衛，十日乃出還家，賞賜傾府庫，時人謂之「三使相」。癸巳，進朱全忠爵東平王。

丙午，敕：「近年宰臣延英奏事，樞密使侍側，争論紛然；既出，又稱上旨未允，復有改易，撓權亂政。自今並依大中舊制，俟宰臣奏事畢，方得升殿承受公事。」賜兩軍副使李師虔、徐彥孫自盡，皆劉季述之黨也。

鳳翔、彰義節度使李茂貞來朝。加茂貞守尚書令，兼侍中，進爵岐王。

劉季述、王仲先既死，崔胤、陸扆上言：「禍亂之興，皆由中官典兵。乞令胤主左軍，扆主右軍，則諸侯不敢侵陵，王室尊矣。」上猶豫兩日未決。李茂貞聞之，怒曰：「崔胤奪軍權未得，已欲翦滅諸侯。」上召李繼昭、李繼誨、李彥弼謀之，皆曰：「臣等累世在軍中，未聞書生爲軍主。若屬南司，必多所變更，不若歸之北司爲便。」上乃謂胤、扆曰：「將士意不欲屬文臣，卿曹勿堅求。」於是以樞密使韓全誨、鳳翔監軍使張彥弘爲左右中尉。全誨，亦前鳳翔監軍也。又徵前樞密使致仕嚴遵美爲兩軍中尉、觀軍容處置使。遵美曰：「一軍猶不可爲，況兩軍乎！」固辭不起。以袁易簡、周敬容爲樞密使。

李茂貞辭還鎮，崔胤以宦官典兵終爲肘腋之患，欲以外兵制之，諷茂貞留兵三千於京師，充宿衛，以茂貞假子繼筠將之。左諫議大夫萬年韓偓以爲不可，胤曰：「兵自不肯去，非留之也。」偓曰：「始者何爲召之邪？」胤無以應。偓曰：「留此兵則家國兩危，不留則家國兩安。」胤不從。

夏四月甲戌，上謁太廟。丁丑，赦天下，改元。

初，楊復恭爲中尉，借度支賣麴之利一年以贍兩軍，自是不肯復歸。至是，崔胤草赦，欲抑宦官，聽酤者自造麴，但月輸榷酤錢。兩軍先所造麴，趣令減價賣之，過七月無得復賣。崔胤之罷兩軍賣麴也，并近鎮亦禁之。李茂貞惜其利，表乞入朝論奏。韓全誨請許之。茂貞至京師，全誨深與相結；崔胤始懼，陰厚朱全忠益甚，與茂貞爲仇敵矣。

上之返正也，中書舍人令狐渙、給事中韓偓皆預其謀，故擢爲翰林學士，數召對，訪以機密。渙，綯之子也。時上悉以軍國事委崔胤，每奏事，上與之從容，或至然燭。宦官畏之側目，事無大小，皆咨胤而後行。胤志欲盡除之，韓偓屢諫曰：「事禁大甚。此輩亦不可全無，恐其黨迫切，更生他變。」胤不從。六月丁卯，上獨召偓問曰：「敕使中爲惡者如林，何以處之？」對曰：「東内之難，敕使誰非同惡。處之當在正旦，今已失其時矣。」上曰：「當是時，卿何不爲崔胤言之？」對曰：「臣見陛下詔書，云『自劉季述等四家之外，其餘一無所問』。夫人主所重，莫大於信，既下此詔，則守之宜堅，若復戮一人，則人人懼死矣。然後來所去者已爲不少，此其所以忷忷不安也。陛下不若擇其尤無良者數人，明示其罪，置之於法，然後撫諭其餘，曰：『吾恐爾曹謂吾心有所貯，自今可無疑矣。』乃擇其忠厚者使爲之長，其徒有善則獎之，有罪則懲之，咸自安矣。今此曹在公私者以萬數，豈可盡誅邪！夫帝王之道，當以重厚鎮之，公正御之，至於瑣細機巧，此機生則彼機應矣，終不能成大功，所謂理絲而棼之者也。況今朝廷之權散在四方，苟能先收此權，則事無不可爲者矣。」上深以爲然，曰：「此事終以屬卿。」

閏六月，崔胤請上盡誅宦官，但以宫人掌内諸司事。宦官屬耳，頗聞之。韓全誨等涕泣求哀於上，上乃令胤，有事封疏以聞，勿口奏。宦官求美女知書者數人，内之宫中，陰令詗察其事，盡得胤密謀，上不之覺也。全誨等大懼，每宴聚，流涕相訣别，日夜謀所以去胤之術。胤時領三司使，全誨等教禁軍對上諠譟，訴胤減損冬衣。上不得已，解胤鹽鐵使。

時朱全忠、李茂貞各有挾天子令諸侯之意，全忠欲上幸東都，茂貞欲上幸鳳翔。胤知謀泄事急，遺朱全忠書，稱被密詔，令全忠以兵迎車駕，且言：「昨者返正，皆令公良圖，而鳳翔先入朝，抄取其功。今不速來，必成罪人，豈惟功爲他人所有，且見征討矣。」全忠得書，秋七月甲寅，遽歸大梁發兵。

八月甲申，上問韓偓曰：「聞陸扆不樂吾返正，正旦易服，乘小馬出啓夏門，有諸？」對曰：「返正之謀，獨臣與崔胤輩數人知之，扆不知也。一旦忽聞宫中有變，人情能不驚駭，易服逃避，何妨有之？陛下責其爲宰相無死難之志則可也，至於不樂返正，恐出於讒人之口，願陛下察之。」上乃止。

韓全誨等懼誅，謀以兵制上，乃與李繼昭、李繼誨、李彦弼、李繼筠深相結，繼昭獨不肯從。他日，上問韓偓：「外間何所聞？」對曰：「惟聞敕使憂懼，與功臣及繼筠交結，將致不安，亦未知其果然不耳。」上曰：「是不虚矣。比日繼誨、彦弼輩語漸倔强，令人難耐。令狐渙欲令朕召崔胤及全誨等於内殿置酒和解之，何如？」對曰：「如此則彼凶悖益甚。」上曰：「爲之奈何？」對曰：「獨有顯罪數人，速加竄逐，餘者許其自新，庶幾可息。若一無所問，彼必知陛下心有所貯，益不自安，事終未了耳。」上曰：「善。」既而宦官恃黨援已成，稍不遵敕旨。上或出之使監軍，或黜守諸陵，皆不行，上無如之何。

九月癸丑，上急召韓偓，謂曰：「聞全忠欲來除君側之惡，大是盡忠，然須令與茂貞共其功。若兩帥交争，則事危矣。卿爲我語崔胤，速飛書兩鎮，使相與合謀，則善矣。」壬戌，上又謂偓曰：「繼誨、彦弼輩驕横益甚，累日前與繼筠同入，輒於殿東令小兒歌以侑酒，令人驚駭。」對曰：「臣必知其然，兹事失之於初。當正旦立功之時，但應以官爵、田宅、金帛酬之，不應聽其恣出入禁中。此輩素無知識，數求入對，或妄論朝政，或僭易薦人，稍有不從，則生怨望。况惟知嗜利，爲敕使以厚利雇之，令其如此耳。崔胤本留衛兵，欲以制敕使也，今敕使衛兵相與爲一，將若之何？汴兵若來，必與岐兵鬬於闕下，臣竊寒心。」上但愀然憂沮而已。

冬十月戊戌，朱全忠大舉兵發大梁。

韓全誨聞朱全忠將至，丁酉，令李繼誨、李彦弼等勒兵劫上，請幸鳳翔，宫禁諸門皆增兵防守，人及文書出入搜閲甚嚴。上遣人密賜崔胤御札，言皆悽愴，末云：「我爲宗社大計，勢須西行，卿等但東行也。惆悵！惆悵！」

戊戌，上遣趙國夫人出語韓偓：「朝來彦弼輩無禮極甚，欲召卿對，其勢未可。」且言：「上與皇后但涕泣相向。」自是，學士不復得對矣。

癸卯，全誨等令上入閤召百官，追寢正月丙午敕書，悉如咸通以來近例。是日，開延英，全誨等即侍側，同議政事。

丁未，神策都指揮使李繼筠遣部兵掠内庫寶貨、帳帷、法物，韓全誨遣人密送諸王、宫人先之鳳翔。

戊申，朱全忠至河中，表請車駕幸東都，京城大駭，士民亡竄山谷。是日，百官皆不入朝，闕前寂無人。

十一月己酉朔，李繼筠等勒兵闕下，禁人出入，諸軍大掠。士民衣紙及布襦者，滿街極目。韓建以幕僚司馬鄴知匡國留後。朱全忠引四鎮兵七萬趣同州，鄴迎降。

韓全誨等以李繼昭不與之同，遏絶不令見上。時崔胤居第在開化坊，繼昭帥所部六千餘人及關東諸道兵在京師者共守衛之，百官及士民避亂者皆往依之。庚戌，上遣供奉官張紹孫召百官，崔胤等皆表辭不至。

壬子，韓全誨等陳兵殿前，言於上曰：「全忠以大兵逼京師，欲劫天子幸洛陽，求傳禪。臣等請奉陛下幸鳳翔，收兵拒之。」上不許，杖劍登乞巧樓。全誨等逼上下樓，上行纔及壽春殿，李彥弼已於御院縱火。是日冬至，上獨坐思政殿，翹一足，一足蹋闌干，庭無羣臣，旁無侍者。頃之，不得已，與皇后、妃嬪、諸王百餘人皆上馬，慟哭聲不絶，出門，回顧禁中，火已赫然。是夕，宿鄠縣。

朱全忠遣司馬鄴入華州謂韓建曰：「公不早知過自歸，又煩此軍少留城下矣。」是日，全忠自故市引兵南渡渭，韓建遣節度副使李巨川請降，獻銀三萬兩助軍，全忠乃西南趣赤水。

癸丑，李茂貞迎車駕於田家磑，上下馬慰接之。甲寅，車駕至盩厔，乙卯，留一日。

朱全忠至零口西，聞車駕西幸，與僚佐議，復引兵還赤水。左僕射致仕張濬說全忠曰：「韓建，茂貞之黨，不先取之，必爲後患。」全忠聞建有表勸天子幸鳳翔，乃引兵逼其城。建單騎迎謁，全忠責之，對曰：「建目不知書，凡表章書檄，皆李巨川所爲。」全忠以巨川常爲建畫策，斬之軍門。謂建曰：「公許人，可即往衣錦。」丁巳，以建爲忠武節度使，理陳州，以兵援送之。以前商州刺史李存權知華州，徙忠武節度使趙珝爲匡國節度使。車駕之在華州也，商賈輻湊，韓建重征之，二年，得錢九百萬緡。至是，全忠盡取之。

是時京師無天子，行在無宰相，崔胤使太子太師盧渥等二百餘人列狀，請朱全忠西迎車駕，又使王溥至赤水見全忠計事。全忠復書曰：「進則懼脅君之謗，退則懷負國之慚，然不敢不勉。」戊午，全忠發赤水。辛酉，以兵部侍郎盧光啓權句當中書事。車駕留岐山三日，壬戌，至鳳翔。

朱全忠至長安，宰相帥百官班迎於長樂坡。明日行，復班辭於臨皋驛。全忠賞李繼昭之功，初令權知匡國留後，復留爲兩街制置使，賜與甚厚。繼昭盡獻其兵八千人。

全忠使判官李擇、裴鑄入奏事，稱奉密詔及得崔胤書，令臣將兵入朝。韓全誨等矯詔答以：「朕避災至此，非宦官所劫，密詔皆崔胤詐爲之，卿宜斂兵歸保土宇。」茂貞遣其將符道昭屯武功以拒全忠，癸亥，全忠將康懷貞擊破之。

丁卯，以盧光啓爲右諫議大夫，參知機務。

戊辰，朱全忠至鳳翔，軍於城東。李茂貞登城謂曰：「天子避災，非臣下無禮；讒人誤公至此。」全忠報曰：「韓全誨劫遷天子，今來問罪，迎扈還宮。岐王苟不預謀，何煩陳諭！」上屢詔全忠還鎮，全忠乃拜表奉辭。辛未，移兵北趣邠州。

甲戌，制守司空兼門下侍郎、同平章事崔胤責授工部尚書，户部侍郎、同平章事裴樞罷守本官。

乙亥，朱全忠攻邠州。丁丑，静難節度使李繼徽請降，復姓名楊崇本。全忠質其妻於河中，令崇本鎮邠州。

全忠之西入關也，韓全誨、李茂貞以詔命徵兵河東，茂貞仍以書求援於李克用。克用遣李嗣昭將五千騎自沁州趣晋州，與汴兵戰於平陽北，破之。乙亥，全忠發邠州，戊寅，次三原。十二月癸未，崔胤至三原見全忠，趣之迎駕。己丑，全忠遣朱友寧攻盩厔，不下。戊戌，全忠自往督戰，盩厔降，屠之。全忠令崔胤帥百官及京城居民悉遷于華州。

朱全忠之入關也，戎昭節度使馮行襲遣副使魯崇矩聽命於全忠。韓全誨遣中使二十餘人分道徵江、淮兵屯金州以脅全忠，行襲盡殺中使，收其詔敕送全忠。又遣中使徵兵於王建，朱全忠亦遣使乞師於建。建外修好於全忠，罪狀李茂貞，而陰勸茂貞堅守，許之救援。以武信節度使王宗佶、前東川節度使王宗滌等爲扈駕指揮使，將兵五萬，聲言迎車駕，其實襲茂貞山南諸州。

二年春正月，朱全忠復屯三原，又移軍武功。河東將攻慈、隰，以分全忠兵勢。

丁卯，以給事中韋貽範爲工部侍郎、同平章事。

丙子，以給事中嚴龜充岐、汴和協使，賜朱全忠姓李，與李茂貞爲兄弟，全忠不從。

三月庚戌，上與李茂貞及宰相、學士、中尉、樞密宴，酒酣，茂貞及韓全誨亡去。上問韋貽範曰：「朕何以巡幸至此？」對曰：「臣在外不知。」固問之，不對。上曰：「卿何得於朕前妄語云不知？」又曰：「卿既以非道取宰相，當於公事如法。若有不可，必準故事。」怒目視之，微言曰：「此賊兼須杖之二十。」顧謂韓偓曰：「此輩亦稱宰相！」貽範屢以大盃勸上，上不即持，貽範舉盃直及上頤。

夏四月丁酉，崔胤自華州詣河中，泣訴於朱全忠，恐李茂貞劫天子幸蜀，宜以時迎奉，勢不可緩。全忠與之宴，胤親執板爲全忠歌以侑酒。

五月，鳳翔人聞朱全忠且來，皆懼。癸丑，城外居民皆遷入城。己未，全忠將精兵五萬發河中，至東渭橋，遇霖雨，留旬日。

庚午，工部侍郎、平章事韋貽範遭母喪，宦官薦翰林學士姚洎爲相。洎謀於韓偓，偓曰：「若圖永久之利，則莫若未就爲善。儻出上意，固無不可。且汴軍旦夕合圍，孤城難保，家族在東，可不慮乎？」洎乃移疾，上亦自不許。六月丙子，以中書舍人蘇檢爲工部侍郎、同平章事。時韋貽範在草土，薦檢及姚洎於李茂貞，上既不用洎，茂貞及宦官恐上自用人，協力薦檢，遂用之。

丁丑，朱全忠軍于虢縣。甲申，李茂貞大出兵，自將之，與朱全忠戰于虢縣之北，大敗而還，死者萬餘人。丙戌，全忠遣其將孔勍出散關攻鳳州，拔之。丁亥，全忠進軍鳳翔城下。全忠朝服嚮城而泣曰：「臣但欲迎車駕還宮耳，不與岐王角勝也。」遂爲五寨環之。

秋七月。韋貽範之爲相也，多受人賂，許以官。既而以母喪罷去，日爲債家所譟。親吏劉延美所負尤多，故汲汲於起復，日遣人詣兩中尉、樞密及李茂貞求之。甲戌，命韓偓草貽範起復制，偓曰：「吾腕可斷，此制不可草！」即上疏論「貽範遭憂未數月，遽令起復，實駭物聽，傷國體」。學士院二中使怒曰：「學士勿以死爲戲！」偓以疏授之，解衣而寢，二使不得已奏之。上即命罷草，仍賜敕褒賞之。八月乙亥朔，班定，無白麻可宣。宦官喧言韓侍郎不肯草麻，聞者大駭。茂貞入見上曰：「陛下命相而學士不肯草麻，與反何異？」上曰：「卿輩薦貽範，朕不之違，學士不草麻，朕亦不之違。況彼所陳，事理明白，若之何不從。」茂貞不悅而出，至中書，見蘇檢曰：「姦邪朋黨，宛然如舊。」扼腕者久之。貽範猶經營不已，茂貞語人曰：「我實不知書生禮數，爲貽範所誤，會當於邠州安置。」貽範乃止，劉延美赴井死。

保大節度使李茂勳將兵屯三原救李茂貞，朱全忠遣其將康懷英、孔勍擊之，茂勳遁去。茂勳，茂貞之從弟也。

庚戌，李茂貞出兵夜擊奉天，虜汴將倪章、邵棠以歸。乙未，茂貞大出兵與全忠戰，不勝；暮歸，汴兵追之，幾入西門。

己亥，再起復前户部侍郎、同平章事韋貽範，使姚洎草制。貽範不讓，即表謝，明日視事。

九月乙巳，朱全忠以久雨，士卒病，召諸將議引兵歸河中。親從指揮使高季昌、左開道指揮使劉知俊曰：「天下英雄，窺此舉一歲矣。今茂貞已困，奈何捨之去！」全忠患李茂貞堅壁不出，季昌請以譎計誘致之，募有能入城爲諜者。騎士馬景請行，曰：「此行必死，願大王録其妻子。」全忠惻然止之，景不可。時全忠遣朱友倫發兵於大梁，明日將至，景請因此時給駿馬雜衆騎而出，全忠從之，命諸軍皆秣馬飽士。丁未旦，偃旗幟潛伏，無得妄出，營中寂如無人。景與衆騎偕出，忽躍馬西去，詐爲逃亡，入城告茂貞曰：「全忠舉軍遁矣，獨留傷病者近萬人守營，今夕亦去矣，請速擊之。」於是茂貞開門，悉衆攻全忠營。全忠鼓於中軍，百營俱出，縱兵擊之，又遣數百騎據其城門，鳳翔軍進退失據，自蹈藉，殺傷殆盡。茂貞自是喪氣，始議與全忠連和，奉車駕還京，不復以詔書勒全忠還鎮矣。全忠表季昌爲宋州團練使。

辛亥，李茂貞盡出騎兵於鄜州就芻糧。壬子，朱全忠穿蚰蜒壕圍鳳翔，設大鋪、鈴架以絶内外。

冬十月戊寅夜，李茂貞假子彦詢帥三團步兵奔于汴軍，己卯，李彦韜繼之。庚辰，朱全忠遣幕僚司馬鄴奉表入城。甲申，又遣使獻熊白。自是獻食物、繒帛相繼。上皆先以示李茂貞，使啓視之，茂貞亦不敢啓。丙戌，復遣使請與茂貞議連和，民出城樵采者皆不抄掠。丁亥，全忠表請脩宫闕及迎車駕。己丑，遣國子司業薛昌祚、内使王延績齎詔賜全忠。

癸巳，茂貞復出兵擊汴軍城西寨，敗還。全忠以絳袍衣降者，使招呼城中人，鳳翔軍夜縋去及因樵采去不返者甚衆。是後茂貞或遣兵出擊汴軍，多不爲用，散還。茂貞疑上與全忠有密約，壬寅，更於御院北垣外增兵防衛。

十一月癸卯朔，保大節度使李茂勳帥其衆萬餘人救鳳翔，屯於城北阪上，與城中舉烽相應。

甲辰，上使趙國夫人詗學士院二使皆不在，亟召韓偓、姚洎，竊見之於土門外，執手相泣。洎請上速還，恐爲他人所見，上遽去。

朱全忠遣其將孔勍、李暉將兵乘虛襲鄜、坊。壬子，拔坊州。甲寅，大雪，汴軍冒之夕進，五鼓抵鄜州城下。鄜人不爲備，汴軍入城，城中兵尚八千人，格鬬至午，鄜人始敗，擒留後李繼璙。勍撫存李茂勳及將士之家，按堵無擾。命李暉權知軍府事，茂勳聞之，引兵遁去。

汴軍每夜鳴鼓角，城中地如動。攻城者詬城上人云「劫天子賊」，乘城者詬城下人云「奪天子賊」。是冬，大雪，城中食盡，凍餒死者不可勝計。或臥未死，肉已爲人所冎。市中賣人肉斤直錢百，犬肉直五百。茂貞儲偫亦竭，以犬彘供御膳。上鬻御衣及小皇子衣於市以充用，削漬松柹以飼御馬。

丙子，户部侍郎、同平章事韋貽範薨。

癸亥，朱全忠遣人薙城外草以困城中。甲子，李茂貞增兵守宫門，諸宦官自度不免，互相尤怨。

蘇檢數爲韓偓經營入相，言於茂貞及中尉、樞密，且遣親吏告偓。偓怒曰：「公與韋公自貶所召歸，旬月致位宰相，訖不能有所爲。今朝夕不濟，乃欲以此相污邪！」

十二月，李茂勳遣使請降於朱全忠，更名周彝。於是茂貞山南州鎮皆入王建，關中州鎮皆入全忠，坐守孤城，乃密謀誅宦官以自贖。遺全忠書曰：「禍亂之興，皆由全誨。僕迎駕至此，以備他盜。公既志匡社稷，請公迎扈還宮，僕以弊甲彫兵，從公陳力。」全忠復書曰：「僕舉兵至此，正以乘輿播遷；公能協力，固所願也。」

丁酉，上召李茂貞、蘇檢、李繼誨、李彦弼、李繼岌、李繼遠、李繼忠食，議與朱全忠和。上曰：「十六宅諸王以下，凍餒死者日有數人。在内諸王及公主、妃嬪，一日食粥，一日食湯餅，今亦竭矣。卿等意如何？」皆不對。上曰：「速當和解耳。」鳳翔兵十餘人遮韓全誨於左銀臺門，諠罵曰：「闔境塗炭，闔城餒死，正爲軍容輩數人耳。」全誨叩頭訴於茂貞，茂貞曰：「卒輩何知！」命酌酒兩盃，對飲而罷。又訴於上，上亦諭解之。李繼昭謂全誨曰：「昔楊軍容破楊守亮一族，今軍容亦破繼昭一族邪！」慢駡之，遂出降於全忠，復姓符，名道昭。

三年春正月甲辰，遣殿中侍御史崔構、供奉官郭遵誨詣朱全忠營。丙午，李茂貞亦遣牙將郭啓期往議和解。

戊申，李茂貞獨見上，中尉韓全誨、張彦弘、樞密使袁易簡、周敬容皆不得對。茂貞請誅全誨等與朱全忠和解，奉車駕還京。上喜，即遣内養帥鳳翔卒四十人收全誨等，斬之。

以御食使第五可範爲左軍中尉，宣徽南院使仇承坦爲右軍中尉，王知古爲上院樞密使，楊虔朗爲下院樞密使。是夕，又斬李繼筠、李繼誨、李彦弼及内諸司使韋處廷等十六人。己酉，遣韓偓及趙國夫人詣全忠營，又遣使囊全誨等二十餘人首以示全忠，曰：「曏來脅留車駕，懼罪離間，不欲協和，皆此曹也。今朕與茂貞決意誅之，卿可曉諭諸軍，以豁衆憤。」辛亥，全忠遣觀察判官李振奉表入謝。

全誨等已誅，而全忠圍猶未解。茂貞疑崔胤教全忠欲必取鳳翔，白上急召胤，令帥百官赴行在。凡四降詔，三賜朱書御札，言甚切至，悉復故官爵，胤竟稱疾不至。茂貞懼，自致書於胤，辭甚卑遜。全忠亦以書召胤，且戲之曰：「吾未識天子，須公來辨其是非。」胤始來。

甲寅，鳳翔始啓城門。丙辰，全忠巡諸寨，至城北，有鳳翔兵自北山下，全忠疑其逼己，遣兵擊之，擒其將李繼欽。上遣趙國夫人、馮翊夫人詣全忠營詰其故，全忠遣親吏蔣玄暉奉表入奏。

李茂貞請以其子侃尚平原公主，又欲以蘇檢女爲景王祕妃以自固。平原，何后之女也，后意難之。上曰：「且令我得出，何憂爾女。」后乃從之。壬戌，平原公主嫁李侃，納景王妃蘇氏。

時鳳翔所誅宦官已七十二人，朱全忠又密令京兆搜捕致仕不從行者誅九十人。甲子，車駕出鳳翔，幸全忠營。全忠素服待罪，命客省使宣釋罪，去三仗，止報平安，以公服入謝。全忠見上，頓首流涕；上命韓偓扶起之。上亦泣，曰：「宗廟、社稷，賴卿再安；朕與宗族，賴卿再生。」親解玉帶以賜之。少休，即行。全忠單騎前導十許里，上辭之。全忠乃令朱友倫將兵扈從，自留部分後隊，焚撤諸寨。友倫，存之子也。是夕，車駕宿岐山。丁卯，至興平，崔胤始帥百官迎謁。復以胤爲司空、門下侍郎、同平章事，領三司如故。己巳，入長安。

庚午，全忠、崔胤同對。胤奏：「國初承平之時，宦官不典兵豫政。天寶以來，宦官浸盛。貞元之末，〔分〕羽林衛爲左、右神策軍以便衛從，始令宦官主之，以二千人爲定制。自是參掌機密，奪百司權，上下彌縫，共爲不法。大則構扇藩鎮，傾危國家；小則賣官鬻獄，蠹害朝政。王室衰亂，職此之由，不剪其根，禍終不已。請悉罷内諸司使，其事務盡歸之省寺，諸道監軍俱召還闕下。」上從之。是日，全忠以兵驅宦官第五可範已下數百人於内侍省，盡殺之，寃號之聲，徹於内外。其出使外方者，詔所在收捕誅之。止留黄衣幼弱者三十人，以備洒掃。又詔成德節度使王鎔選進五十人充敕使，取其土風深厚，人性謹樸也。上愍可範等或無罪，爲文祭之。自是宣傳詔命皆令宫人出入。其兩軍内外八鎮兵悉屬六軍，以崔胤兼判六軍十二衛事。

臣光曰：宦者用權，爲國家患，其來久矣。蓋以出入宮禁，人主自幼及長與之親狎，非如三公六卿，進見有時，可嚴憚也。其間復有性識儇利，語言辯給，善伺候顔色，承迎志趣，受命則無違迕之患，使令則有稱愜之效。自非上智之主，燭知物情，慮患深遠，侍奉之外，不任以事，則近者日親，遠者日疏。甘言悲辭之請有時而從，浸潤膚受之愬有時而聽。於是黜陟刑賞之政，潛移於近習而不自知，如飲醇酒，嗜其味而忘其醉也。黜陟刑賞之柄移，而國家不危亂者，未之有也。

東漢之衰，宦官最名驕横，然皆假人主之權，依憑城社，以濁亂天下，未有能劫脅天子如制嬰兒，廢置在手，東西出其意，使天子畏之若乘虎狼而挾蛇虺，如唐世者也。所以然者非他，漢不握兵，唐握兵故也。

太宗鑒前世之弊，深抑宦官，無得過四品。明皇始隳舊章，是崇是長，晚節令高力士省决章奏，乃至進退將相，時與之議，自太子、王公皆畏事之，宦官自此熾矣。及中原板蕩，肅宗收兵靈武，李輔國以東宫舊隷參豫軍謀，寵過而驕，不復能制，遂至愛子、慈父皆不能庇，以憂悖終。代宗踐阼，仍遵覆轍，程元振、魚朝恩相繼用事，竊弄刑賞，壅蔽聰明，視天子如委裘，陵宰相如奴虜。是以來瑱入朝，遇讒賜死；吐蕃深侵郊甸，匿不以聞，致狼狽幸陝。李光弼危疑憤鬱，以隕其生；郭子儀擯廢家居，不保丘壟；僕固懷恩冤抑無訴，遂棄勳庸，更爲叛亂。德宗初立，頗振紀綱，宦官稍絀。而返自興元，猜忌諸將，以李晟、渾瑊爲不可信，悉奪其兵，而以竇文場、霍仙鳴爲中尉，使典宿衛，自是太阿之柄落其掌握矣。憲宗末年，吐突承璀欲廢嫡立庶，以成陳洪志之變。寶曆狎暱羣小，劉克明與蘇佐明爲逆，其後絳王及文、武、宣、懿、僖、昭六世，皆爲宦官所立，勢益驕橫。王守澄、仇士良、田令孜、楊復恭、劉季述、韓全誨爲之魁傑，自稱「定策國老」，目天子爲門生，根深蔕固，疾成膏肓，不可救藥矣。文宗深憤其然，志欲除之，以宋申錫之賢，猶不能有所爲，反受其殃。況李訓、鄭注反覆小人，欲以一朝譎詐之謀，翦累世膠固之黨，遂至涉血禁塗，積尸省户，公卿大臣，連頸就誅，闔門屠滅，天子陽瘖縱酒，飲泣吞氣，自比赧、獻，不亦悲乎！以宣宗之嚴毅明察，猶閉目摇首，自謂畏之。況懿、僖之驕侈，苟聲色毬獵足充其欲，則政事一以付之，呼之以父，固無怪矣。賊污宫闕，兩幸梁、益，皆令孜所爲也。昭宗不勝其恥，力欲清滌，而所任不得其人，所行不由其道。始則張濬覆軍於平陽，增李克用跋扈之勢；復恭亡命於山南，啓宋文通不臣之心，終則兵交闕庭，矢及御衣，漂泊莎城，流寓華陰，幽辱東内，劫遷岐陽。崔昌遐無如之何，更召朱全忠以討之。連兵圍城，再罹寒暑，御膳不足於糗糒，王侯斃踣於飢寒。然後全誨就誅，乘輿東出，翦滅其黨，靡有孑遺，而唐之廟社因以丘墟矣。然則宦者之禍，始於明皇，盛於肅、代，成於德宗，極於昭宗。易曰：「履霜堅冰至。」爲國家者，防微杜漸，可不慎其始哉！此其爲患章章尤著者也，自餘傷賢害能，召亂致禍，賣官鬻獄，沮敗師徒，蠹害烝民，不可徧舉。

夫寺人之官，自三王之世，載於詩、禮，所以謹閨闥之禁，通内外之言，安可無也。如巷伯之疾惡，寺人披之事君，鄭衆之辭賞，呂彊之直諫，曹日昇之救患，馬存亮之弭亂，楊復光之討賊，嚴遵美之避權，張承業之竭忠，其中豈無賢才乎？顧人主不當與之謀議政事，進退士大夫，使有威福足以動人耳。果或有罪，小則刑之，大則誅之，無所寬赦，如此雖使之專横，孰敢哉！豈可不察臧否，不擇是非，欲草薙而禽獮之，能無亂乎？是以袁紹行之於前而董卓弱漢，崔昌遐襲之於後而朱氏篡唐，雖快一時之忿，而國隨以亡。是猶惡衣之垢而焚之，患木之蠹而伐之，其爲害豈不益多哉！孔子曰：「人而不仁，疾之已甚，亂也。」斯之謂矣。

三年春二月壬申朔，詔：「比在鳳翔所除官，一切停。」時宦官盡死，惟河東監軍張承業、幽州監軍張居翰、清海監軍程匡柔、西川監軍魚全禋及致仕嚴遵美，爲李克用、劉仁恭、楊行密、王建所匿得全，斬他囚以應詔。

甲戌，門下侍郎、同平章事陸扆責授沂王傅分司。車駕還京師，賜諸道詔書，獨鳳翔無之。扆曰：「茂貞罪雖大，然朝廷未與之絶。今獨無詔書，示人不廣。」崔胤怒，奏貶之。宫人宋柔等十一人皆韓全誨所獻，及僧、道士與宦官親厚者二十餘人，並送京兆杖殺。

上謂韓偓曰：「崔胤雖盡忠，然比卿頗用機數。」對曰：「凡爲天下者，萬國皆屬之耳目，安可以機數欺之。莫若推誠直致，雖日計之不足，而歲計之有餘也。」

丙子，工部侍郎、同平章事蘇檢，吏部侍郎盧光啓，並賜自盡。丁丑，以中書侍郎、同平章事王溥爲太子賓客分司，皆崔胤所惡也。

戊寅，賜朱全忠號回天再造竭忠守正功臣，賜其僚佐敬翔等號迎鑾協贊功臣，諸將朱友寧等號迎鑾果毅功臣，都頭以下號四鎮静難功臣。

上議褒崇全忠，欲以皇子爲諸道兵馬元帥，以全忠副之。崔胤請以輝王祚爲之。上曰：「濮王長。」胤承全忠密旨，利祚冲幼，固請之。己卯，以祚爲諸道兵馬元帥。庚辰，加全忠守太尉，充副元帥，進爵梁王，以胤爲司徒兼侍中。胤恃全忠之勢，專權自恣，天子動静皆禀之。朝臣從上幸鳳翔者，凡貶逐三十餘人。刑賞繫其愛憎，中外畏之，重足一迹。

以敬翔守太府卿，朱友寧領寧遠節度使。全忠表符道昭同平章事，充天雄節度使，遣兵援送之秦州，不得至而還。

初，翰林學士承旨韓偓之登進士第也，御史大夫趙崇知貢舉。上返自鳳翔，欲用偓爲相，偓薦崇及兵部侍郎王贊自代。上欲從之，崔胤惡其分己權，使朱全忠入爭之。全忠見上曰：「趙崇輕薄之魁，王贊無才用，韓偓何得妄薦爲相。」上見全忠怒甚，不得已，癸未，貶偓濮州司馬。上密與偓泣別，偓曰：「是人非復前來之比，臣得遠貶及死，乃幸耳，不忍見篡弑之辱。」

己丑，上令朱全忠與李茂貞書，取平原公主，茂貞不敢違，遽歸之。

壬辰，以朱友裕爲鎮國節度使。乙未，全忠奏留步騎萬人於故兩軍，以朱友倫爲左軍宿衛都指揮使；又以汴將張廷範爲宮苑使，王殷爲皇城使，蔣玄暉充街使。於是全忠之黨布列徧於禁衛及京輔。

戊戌，全忠辭歸鎮，留宴壽春殿，又餞之於延喜樓。上臨軒泣別，令於樓前上馬。上又賜全忠詩，全忠亦和進；又賜楊柳枝辭五首。百官班辭於長樂驛。崔胤獨送至霸橋，自置餞席，夜二鼓，胤始還入城。上復召對，問以全忠安否？置酒奏樂，至四鼓乃罷。

李克用使者還晉陽，言崔胤之横。克用曰：「胤爲人臣，外倚賊勢，内脅其君，既執朝政，又握兵權。權重則怨多，勢侔則釁生，破家亡國，在眼中矣。」

夏五月，崔胤奏：「左右龍武、羽林、神策等軍名存實亡，侍衛單寡。請每軍募步兵四將，每將二百五十人，騎兵一將百人，合六千六百人，選其壯健者分番侍衛。」從之，令六軍諸衛副使京兆尹鄭元規立格召募於市。

冬十月辛巳，宿衛都指揮使朱友倫與客擊毬於左軍，墜馬而卒。全忠悲怒，疑崔胤故爲之，凡與同戲者十餘人盡殺之，遣其兄子友諒代典宿衛。

初，崔胤假朱全忠兵力以誅宦官，全忠既破李茂貞，併吞關中，威震天下，遂有篡奪之志。胤懼，與全忠外雖親厚，私心漸異，乃謂全忠曰：「長安密邇茂貞，不可不爲守禦之備。六軍十二衛，但有空名，請召募以實之，使公無西顧之憂。」全忠知其意，曲從之，陰使麾下壯士應募以察其變。胤不之知，與鄭元規等繕治兵仗，日夜不息。及朱友倫死，全忠益疑胤，且欲遷天子都洛，恐胤立異。

天祐元年春正月，全忠密表司徒兼侍中、判六軍十二衛事、充鹽鐵、轉運使、判度支崔胤，專權亂國，離間君臣，并其黨刑部尚書兼京兆尹、六軍諸衛副使鄭元規，威遠軍使陳班等，皆請誅之。乙巳，詔責授胤太子少傅分司，貶元規循州司户，班溱州司户。丙午，下詔罪狀胤等。以裴樞判左三軍事，充鹽鐵、轉運使，獨孤損判右三軍事兼判度支。胤所募兵並縱遣之。以兵部尚書崔遠爲中書侍郎，翰林學士、左拾遺柳璨爲右諫議大夫，並同平章事。璨，公綽之從孫也。戊申，朱全忠密令宿衛都指揮使朱友諒以兵圍崔胤第，殺胤及鄭元規、陳班并胤所親厚者數人。

初，上在華州，朱全忠屢表請上遷都洛陽，上雖不許，全忠常令東都留守佑國節度使張全義繕修宮室。全忠之克邠州也，質靜難軍節度使楊崇本妻子於河中，崇本妻美，全忠私焉，既而歸之。崇本怒，使謂李茂貞曰：「唐室將滅，父何忍坐視之乎！」遂相與連兵，侵逼京畿，復姓名爲李繼徽。

己酉，全忠引兵屯河中。丁巳，上御延喜樓，朱全忠遣牙將寇彥卿奉表，稱「邠、岐兵逼畿甸，請上遷都洛陽」。及下樓，裴樞已得全忠移書，促百官東行。戊午，驅徙士民，號哭滿路，罵曰：「賊臣崔胤召朱温來傾覆社稷，使我曹流離至此！」老幼繦屬，月餘不絕。

壬戌，車駕發長安，全忠以其將張廷範爲御營使，毀長安宮室、百司及民間廬舍，取其材，浮渭沿河而下，長安自是遂丘墟矣。

全忠發河南北諸鎮丁匠數萬，令張全義治東都宮室，江、浙、湖、嶺諸鎮附全忠者皆輸貨財以助之。

甲子，車駕至華州，民夾道呼萬歲。上泣謂曰：「勿呼萬歲，朕不復爲汝主矣！」館於興德宮，謂侍臣曰：「鄙語云：『紇干山頭凍殺雀，何不飛去生處樂？』朕今漂泊，不知竟落何所！」因泣下沾襟，左右莫能仰視。

二月乙亥，車駕至陝，以東都宮室未成，駐留於陝。丙子，全忠自河中來朝，上延全忠入寢室，見何后，后泣曰：「自今大家夫婦委身全忠矣。」

三月丁未，以朱全忠兼判左、右神策及六軍諸衛事。癸丑，全忠置酒私第，邀上臨幸。乙卯，全忠辭上，先赴洛陽督修宮室。上與之宴，羣臣既罷，上獨留全忠及忠武節度使韓建飲，皇后出，自捧玉巵以飲全忠，晉國夫人可證附上耳語。建躡全忠足，全忠以爲圖己，不飲，陽醉而出。全忠奏以長安爲佑國軍，以韓建爲佑國節度使，以鄭州刺史劉知俊爲匡國節度使。丁巳，上復遣間使以絹詔告急於王建、楊行密、李克用等，令糾帥藩鎮以圖匡復，曰：「朕至洛陽則爲所幽閉，詔敕皆出其手，朕意不得復通。」

夏四月辛巳，朱全忠奏洛陽宮室已成，請車駕早發，表章相繼。上累遣宮人諭以皇后新產，未任就路，請俟十月東行。全忠疑上徘徊俟變，怒甚，謂牙將寇彥卿曰：「汝速至陝，即日促(百)官〔家〕發來。」閏月丁酉，車駕發陝，壬寅，全忠逆於新安。上之在陝也，司天監奏：「星氣有變，期在今秋，不利東行。」故上欲以十月幸洛。至是，全忠令醫官許昭遠告醫官使閻祐之、司天監王墀、内都知韋周、晋國夫人可證等謀害元帥，悉收殺之。

癸卯，上憩於穀水。自崔胤之死，六軍散亡俱盡，所餘擊毬供奉、内園小兒共二百餘人，從上而東。全忠猶忌之，爲設食於幄，盡縊殺之，豫選二百餘人，大小相類者，衣其衣服，代之侍衛。上初不覺，累日乃寤。自是上之左右職掌使令皆全忠之人矣。

甲辰，車駕發穀水，入宫，御正殿，受朝賀。乙巳，御光政門，赦天下，改元。更命陝州曰興唐府。詔討李茂貞、楊崇本。戊(寅)〔申〕，敕内諸司惟留宣徽等九使外，餘皆停廢，仍不以内夫人充使。以蔣玄暉爲宣徽南院使兼樞密使，王殷爲宣徽北院使兼皇城使，張廷範爲金吾將軍、充街使，以韋震爲河南尹兼六軍諸衛副使，又徵武寧留後朱友恭爲左龍武統軍，保大節度使氏叔琮爲右龍武統軍，典宿衛，皆全忠之腹心也。

癸丑，以張全義爲天平節度使。

乙卯，以全忠爲護國、宣武、宣義、忠武四鎮節度使。

五月，帝宴朱全忠及百官於崇勳殿，既罷，復召全忠宴於内殿。全忠疑，不入。帝曰：「全忠不欲來，可令敬翔來。」全忠擿翔使去，曰：「翔亦醉矣。」辛未，全忠東還；乙亥，至大梁。

初，朱全忠自鳳翔迎車駕還，見德王裕眉目疏秀，且年齒已壯，惡之，私謂崔胤曰：

「德王嘗奸帝位，豈可復留！公何不言之？」胤言於帝。帝問全忠，全忠曰：「陛下父子之間，臣安敢竊議，此崔胤賣臣耳。」帝自離長安，日憂不測，與皇后終日沈飲，或相對涕泣。全忠使樞密使蔣玄暉伺察帝，動静皆知之。帝從容謂玄暉曰：「德王朕之愛子，全忠何故堅欲殺之？」因泣下，齧中指血流。玄暉具以語全忠，全忠愈不自安。

時李茂貞、楊崇本、李克用、劉仁恭、王建、楊行密、趙匡凝移檄往來，皆以興復爲辭。全忠方引兵西討，以帝有英氣，恐變生於中，欲立幼君，易謀禪代。乃遣判官李振至洛陽，與玄暉及左龍武統軍朱友恭、右龍武統軍氏叔琮等圖之。

八月壬寅，帝在椒殿，玄暉選龍武牙官史太等百人夜叩宫門，言軍前有急奏，欲面見帝。夫人裴貞一開門見兵，曰：「急奏何以兵爲？」史太殺之。玄暉問：「至尊安在？」昭儀李漸榮臨軒呼曰：「寧殺我曹，勿傷大家。」帝方醉，遽起，單衣繞柱走，史太追而弑之。漸榮以身蔽帝，太亦殺之。又欲殺何后，后求哀於玄暉，乃釋之。

癸卯，蔣玄暉矯詔稱李漸榮、裴貞一弑逆，宜立輝王祚爲皇太子，更名柷，監軍國事。又矯皇后令，太子於柩前即位。宫中恐懼，不敢出聲哭。丙午，昭宣帝即位，時年十三。

冬十月，朱全忠聞朱友恭等弑昭宗，陽驚，號哭，自投於地曰：「奴輩負我，令我受惡名於萬代。」癸巳，至東都，伏梓宫，慟哭流涕。又見帝自陳非己志，請討賊。先是，護駕軍士有掠米於市者，甲午，全忠奏朱友恭、氏叔琮不戢士卒，侵擾市肆，友恭貶崖州司户，復姓名李彥威，叔琮貶白州司户，尋皆賜自盡。彥威臨刑大呼曰：「賣我以塞天下之謗，如鬼神何！行事如此，望有後乎！」

丙申，天平節度使張全義來朝。丁酉，復以全忠爲宣武、護國、宣義、天平節度使。以全義爲河南尹兼忠武節度使，判六軍諸衛事。乙巳，全忠辭赴鎮，庚戌，至大梁。

昭宣帝天祐二年春二月戊戌，全忠使蔣玄暉邀昭宗諸子德王裕、棣王祤、虔王禊、沂王禋、遂王禕、景王祕、祁王祺、雅王禛、瓊王祥，置酒九曲池，酒酣，悉縊殺之，投尸池中。

三月戊寅，以門下侍郎、同平章事獨孤損同平章事，充静海節度使；以禮部侍郎河間張文蔚同平章事。甲申，以門下侍郎、同平章事裴樞爲左僕射，崔遠爲右僕射，並罷政事。初，柳璨及第，不四年爲宰相，性傾巧輕佻。時天子左右皆朱全忠腹心，璨曲意事之。同列裴樞、崔遠、獨孤損皆朝廷宿望，意輕之，璨以爲憾。和王傅張廷範本優人，有寵於全忠，奏以爲太常卿。樞曰：「廷範勳臣，幸有方鎮，何籍樂卿？恐非元帥之旨。」持之不下。全忠聞之，謂賓佐曰：「吾常以裴十四器識真純，不入浮薄之黨；觀此議論，本態露矣。」璨因此并遠、損譖於全忠，故三人皆罷。

夏五月乙丑，彗星長竟天。柳璨恃朱全忠之勢，恣爲威福。會有星變，占者曰：「君臣俱災，宜誅殺以應之。」璨因疏其素所不快者於全忠曰：「此曹皆聚徒横議，怨望腹非，宜以之塞災異。」李振亦言於全忠曰：「朝廷所以不理，良由衣冠浮薄之徒，紊亂綱紀。且王欲圖大事，此曹皆朝廷之難制者也，不若盡去之。」全忠以爲然。癸酉，貶獨孤損爲棣州刺史，裴樞爲登州刺史，崔遠爲萊州刺史。乙亥，貶吏部尚書陸扆爲濮州司户，工部尚書王溥爲淄州司户。庚辰，貶太子太保致仕趙崇爲曹州司户，兵部侍郎王贊爲濰州司户。自餘或門胄高華，或科第自進，居三省臺閣，以名檢自處，聲迹稍著者，皆指以爲浮薄，貶逐無虚日，縉紳爲之一空。辛巳，再貶裴樞爲瀧州司户，獨孤損爲瓊州司户，崔遠爲白州司户。

六月戊子朔，敕裴樞、獨孤損、崔遠、陸扆、王溥、趙崇、王贊等並所在賜自盡。時全忠聚樞等及朝士貶官者三十餘人於白馬驛，一夕盡殺之，投尸于河。初，李振屢舉進士，竟不中第，故深疾搢紳之士，言於全忠曰：「此輩常自謂清流，宜投之黄河，使爲濁流。」全忠笑而從之。振每自汴至洛，朝臣必有竄逐者，時人謂之鴟梟。見朝士皆頤指氣使，旁若無人。

全忠嘗與僚佐及遊客坐於大柳之下，全忠獨言曰：「此木宜爲車轂。」衆莫應。有遊客數人起應曰：「宜爲車轂。」全忠勃然厲聲曰：「書生輩好順口玩人，皆此類也。車轂須用夾榆，柳木豈可爲之。」顧左右曰：「尚何待？」左右數十人，捽言「宜爲車轂」者，悉撲殺之。

冬十月丙戌朔，以朱全忠爲諸道兵馬元帥，別開幕府。是日，全忠部署將士，將歸大梁，忽變計，欲乘勝擊淮南。敬翔諫曰：「今出師未踰月，平兩大鎮，闢地數千里，遠近聞之，莫不震懾。此威望可惜，不若且歸息兵，俟釁而動。」不聽。

辛卯，朱全忠發襄州。壬辰，至棗陽，遇大雨。自申州抵光州，道險狹塗潦，人馬疲乏，士卒尚未冬服，多逃亡。全忠使人謂光州刺史柴再用曰：「下，我以汝爲蔡州刺史，不下，且屠城。」再用嚴設守備，戎服登城，見全忠，拜伏甚恭，曰：「光州城小兵弱，不足以辱王之威怒。王苟先下壽州，敢不從命。」全忠留其城東旬日而去。

戊申，朱全忠發光州，迷失道百餘里，又遇雨，比及壽州，壽人堅壁清野以待之。全忠欲圍之，無林木可爲柵，乃退屯正陽。

十一月丙辰，朱全忠渡淮而北，柴再用抄其後軍，斬首三千級，獲輜重萬計。全忠悔之，躁忿尤甚。丁卯，至大梁。

先是，全忠急於傳禪，密使蔣玄暉等謀之。玄暉與柳璨等議，以魏、晋以來，皆先封大國，加九錫、殊禮，然後受禪，當次第行之。乃先除全忠諸道元帥，以示有漸，仍以刑部尚書裴迪爲送告使。全忠大怒。宣徽副使王殷、趙殷衡疾玄暉權寵，欲得其處，因譖之於全忠曰：「玄暉、璨等欲延唐祚，故逗留其事以須變。」玄暉聞之，懼，自至壽春，具言其狀。全忠曰：「汝曹巧述閒事以沮我，借使我不受九錫，豈不能作天子邪？」玄暉曰：「唐祚已盡，天命歸王，愚智皆知之。玄暉與柳璨等非敢有背德，但以今兹晋、燕、岐、蜀皆吾勍敵，王遽受禪，彼心未服，不可不曲盡義理，然後取之，欲爲王創萬代之業耳。」全忠叱曰：「奴果反矣！」玄暉惶遽辭歸，與璨議行九錫。時天子將郊祀，百官既習儀，裴迪自大梁還，言全忠怒曰：「柳璨、蔣玄暉等欲延唐祚，乃郊天也。」璨等懼，庚午，敕改用來年正月上辛。

柳璨、蔣玄暉等議加朱全忠九錫，朝士多竊懷憤邑，禮部尚書蘇循獨揚言曰：「梁王功業顯大，曆數有歸，朝廷速宜揖讓。」朝士無敢違者。辛巳，以全忠爲相國，總百揆，以宣武、宣義、天平、護國、天雄、武順、佑國、河陽、義武、昭義、保義、戎昭、武定、泰寧、平盧、忠武、匡國、鎮國、武寧、忠義、荆南等二十一道爲魏國，進封魏王，仍加九錫。全忠怒其稽緩，讓不受。十二月戊子，命樞密使蔣玄暉齎手詔詣全忠諭指。癸巳，玄暉自大梁還，言全忠怒不解。甲午，柳璨奏稱：「人望歸梁王，陛下釋重負，今其時也。」即日遣璨詣大梁達傳禪之意，全忠拒之。

初，璨陷害朝士過多，全忠亦惡之。璨與蔣玄暉、張廷範朝夕宴聚，深相結，爲全忠謀禪代事。何太后泣遣宫人阿秋、阿虔達意玄暉，語以他日傳禪之後，求子母生全。王殷、趙殷衡譖玄暉，云「與柳璨、張廷範於積善宫夜宴，對太后焚香爲誓，期興復唐祚」。全忠信之，乙未，收玄暉及豐德庫使應頊、御廚使朱建武繫河南獄，以王殷權知樞密，趙殷衡權判宣徽院事。全忠三表辭魏王、九錫之命，丁酉，詔許之，更以爲天下兵馬元帥，然全忠已修大梁府舍爲宫闕矣。是日，斬蔣玄暉，杖殺應頊、朱建武。庚子，省樞密使及宣徽南院使，獨置宣徽使一員，以王殷爲之，趙殷衡爲副使。辛丑，敕罷宫人宣傳詔命及參隨視朝。追削蔣玄暉爲凶逆百姓，令河南揭尸於都門外，聚衆焚之。

玄暉既死，王殷與趙殷衡又誣玄暉私侍何太后，令阿秋、阿虔通導往來。己酉，全忠密令殷、殷衡害太后于積善宫，敕追廢太后爲庶人，阿秋、阿虔皆於殿前撲殺。庚戌，以皇太后喪，廢朝三日。辛亥，敕以宫禁内亂，罷來年正月上辛謁郊廟禮。

癸丑，守司空兼門下侍郎、同平章事柳璨貶登州刺史，太常卿張廷範貶萊州司户。甲寅，斬璨於上東門外，車裂廷範於都市。璨臨刑呼曰：「負國賊柳璨，死其宜矣！」

後梁太祖開平元年。初，梁王以河北諸鎮皆服，惟幽、滄未下，故大舉伐之，欲以堅諸鎮之心。既而潞州内叛，王燒營而還，威望大沮，恐中外因此離心，欲速受禪以鎮之。丁亥，王入館于魏，有疾，卧府中。魏博節度使羅紹威恐王襲之，入見王曰：「今四方稱兵爲王患者，皆以翼戴唐室爲名，王不如早滅唐以絶人望。」王雖不許而心德之，乃亟歸。壬寅，至大梁。甲辰，唐昭宣帝遣御史大夫薛貽矩至大梁勞王，貽矩請以臣禮見，王揖之升階。貽矩曰：「殿下功德在人，三靈改卜，皇帝方行舜、禹之事，臣安敢違。」乃北面拜舞於庭，王側身避之。貽矩還，言於帝曰：「元帥有受禪之意矣。」帝乃下詔，以二月禪位于梁。又遣宰相以書諭王，王辭。

二月，唐大臣共奏請昭宣帝遜位。壬子，詔宰相帥百官詣元帥府勸進，王遣使卻之。於是朝臣、藩鎮乃至湖南、嶺南，上牋勸進者相繼。

三月庚寅，唐昭宣帝詔薛貽矩再詣大梁諭禪位之意，又詔禮部尚書蘇循齎百官牋詣大梁。

甲辰，唐昭宣帝降御札禪位于梁，以攝中書令張文蔚爲册（禮）使，禮部尚書蘇循副之；攝侍中楊涉爲押傳國寶使，翰林學士張策副之；御史大夫薛貽矩爲押金寶使，尚書左丞趙光逢副之；帥百官，備法駕詣大梁。楊涉子直史館凝式言於涉曰：「大人爲唐宰相，而國家至此，不可謂之無過。況手持天子璽綬與人，雖保富貴，奈千載何！盍辭之。」涉大駭曰：「汝滅吾族！」神色爲之不寧者數日。

夏四月〔庚戌〕，梁王始御金祥殿，受百官稱臣，下書稱教令，自稱曰寡人。辛亥，令諸牋表簿籍皆去唐年號，但稱月日。丙辰，張文蔚等至大梁。

壬戌，梁王更名晃。王兄全昱聞王將即帝位，謂王曰：「朱三，爾可作天子乎！」甲子，張文蔚、楊涉乘輅自上源驛從册寶，諸司各備儀衛鹵簿前導，百官從其後，至金祥殿前陳之。王被袞冕，即皇帝位。張文蔚、蘇循奉册升殿進讀，楊涉、張策、薛貽矩、趙光逢以次奉寶升殿，讀已，降，帥百官舞蹈稱賀。帝遂與文蔚等宴於玄德殿。帝舉酒曰：「朕輔政未久，此皆諸公推戴之力。」文蔚等皆慚懼，俯伏不能對，獨蘇循、薛貽矩及刑部尚書張禕盛稱帝功德，宜應天順人。帝復與宗戚飲博於宮中，酒酣，朱全昱忽以投瓊擊盆中迸散，睨帝曰：「朱三，汝本碭山一民也，從黃巢爲盜，天子用汝爲四鎮節度使，富貴極矣，奈何一旦滅唐家三百年社稷，自稱帝王！行當滅族，奚以博爲！」帝不懌而罷。

乙丑，命有司告天地、宗廟、社稷。丁卯，遣使宣諭州鎮。戊辰，大赦，改元，國號大梁。奉唐昭宣帝爲濟陰王，皆如前代故事。唐中外舊臣官爵並如故。以汴州爲開封府，命曰東都；以故東都爲西都；廢故西京，以京兆府爲大安府，置佑國軍於大安府；更名魏博曰天雄軍。遷濟陰王于曹州，栫之以棘，使甲士守之。

二年春二月癸亥，酖殺濟陰王於曹州，追謚曰唐哀皇帝。

郢王篡弑

後梁太祖乾化二年。帝長子郴王友裕早卒。次假子博王友文，帝特愛之，常留守東都，兼建昌宮使。次郢王友珪，其母亳州營倡也，爲左右控鶴都指揮使，無寵。次均王友貞爲東都馬步都指揮使。

初，元貞張皇后嚴整多智，帝敬憚之。后殂，帝縱意聲色，諸子雖在外，常徵其婦入侍，帝往往亂之。友文婦王氏色美，帝尤寵之，雖未以友文爲太子，帝意常屬之。友珪心不平。友珪嘗有過，帝撻之，友珪益不自安。帝疾甚，命王氏召友文於東都，欲與之訣，且付以後事。友珪婦張氏亦朝夕侍帝側，知之，密告友珪曰：「大家以傳國寶付王氏懷往東都，吾屬死無日矣。」夫婦相泣。左右或説之曰：「事急計生，何不改圖，時不可失。」

六月丁丑朔，帝命敬翔出友珪爲萊州刺史，即令之官。已宣旨，未行敕。時左遷者多追賜死，友珪益恐。戊寅，友珪易服微行入左龍虎軍，見統軍韓勍，以情告之。勍亦見功臣宿將多以小過被誅，懼不自保，遂相與合謀。勍以牙兵五百人從友珪雜控鶴士入，伏於禁中。中夜斬關，入至寢殿，侍疾者皆散走。帝驚起，問：「反者爲誰？」友珪曰：「非他人也。」帝曰：「我固疑此賊，恨不早殺之！汝悖逆如此，天地豈容汝乎？」友珪曰：「老賊萬段！」友珪僕夫馮廷諤刺帝腹，刃出於背，友珪自以敗氈裹之，瘞於寢殿，祕不發喪。遣供奉官丁昭溥馳詣東都，命均王友貞殺友文。

己卯，矯詔稱：「博王友文謀逆，遣兵突入殿中，賴郢王友珪忠孝，將兵誅之，保全朕躬。然疾因震驚，彌致危殆，宜令友珪權主軍國之務。」韓勍爲友珪謀，多出府庫金帛賜諸軍及百官以取悦。辛巳，丁昭溥還，聞友文已死，乃發喪，宣遺制，友珪即皇帝位。

秋八月。郢王友珪既簒立，諸宿將多憤怒，雖曲加恩禮，終不悦。告哀使至河中，護國節度使冀王朱友謙泣曰：「先帝數十年開創基業，前日變起宫掖，聲聞甚惡，吾備位藩鎮，心竊恥之。」友珪加友謙侍中、中書令，以詔書自辨，且徵之。友謙謂使者曰：「所立者爲誰？先帝晏駕不以理，吾且至洛陽問罪，何以徵爲！」戊戌，以侍衛諸軍使韓勍爲西面行營招討使，督諸軍討之。友謙以河中附於晋以求救。九月丁未，以感化節度使康懷貞爲河（西）〔中〕都招討使，更以韓勍副之。

友珪以兵部尚書知崇政院事敬翔，太祖腹心，恐其不利於己，欲解其内職，恐失人望，庚午，以翔爲中書侍郎、同平章事。壬申，以户部尚書李振充崇政院使。翔多稱疾不預事。

康懷貞等與忠武節度使牛存節合兵五萬屯河中城西，攻之甚急。晋王遣其將李存審、李嗣肱、李嗣恩將兵救之，敗梁軍于胡壁。嗣恩，本駱氏子也。

朱友謙復告急于晉，冬十月，晉王自將自澤潞而西，遇康懷貞於解縣，大破之，斬首千級，追至白徑嶺而還。梁兵解圍，退保陝州。

均王乾化三年春正月癸亥，郢王友珪朝享太廟。甲子，祀圜丘，大赦，改元鳳曆。

郢王友珪既得志，遽爲荒淫，内外憤怒，友珪雖啗以金繒，終莫之附。駙馬都尉趙巖，犨之子，太祖之壻也。左龍虎統軍、侍衛親軍都指揮使袁象先，太祖之甥也。巖奉使至大梁，均王友貞密與之謀誅友珪，巖曰：「此事成敗，在招討楊令公耳。得其一言諭禁軍，吾事立辦。」均王乃遣腹心馬慎交之魏州説楊師厚曰：「郢王篡弑，人望屬在大梁，公若因而成之，此不世之功也。」且許事成之日，賜犒軍錢五十萬緡。師厚與將佐謀之曰：「方郢王弑逆，吾不能即討。今君臣之分已定，無故改圖，可乎？」或曰：「郢王親弑君父，賊也。均王舉兵復讎，義也。奉義討賊，何君臣之有？彼若一朝破賊，公將何以自處乎！」師厚驚曰：「吾幾誤計。」乃遣其將王舜賢至洛陽，陰與袁象先謀，遣招討馬步都虞候譙人朱漢賓將兵屯滑州爲外應。趙巖歸洛陽，亦與象先密定計。

友珪治龍驤軍潰亂者，搜捕其黨，獲者族之，經年不已。時龍驤軍有戍大梁者，友珪徵之，均王因使人激怒其衆曰：「天子以懷州屯兵叛，追汝輩欲盡阬之。」其衆皆懼，莫知所爲。丙戌，均王奏龍驤軍疑懼，未肯前發。戊子，龍驤將校見均王，泣請可生之路，王曰：「先帝與汝輩三十餘年征戰，經營王業。今先帝尚爲人所弒，汝輩安所逃死乎！」因出太祖像示之而泣曰：「汝能自趣洛陽雪讎恥，則轉禍爲福矣。」衆皆踊躍呼萬歲，請兵仗，王給之。

庚寅旦，袁象先等帥禁兵數千人突入宫中。友珪聞變，與妻張氏及馮廷諤趨北垣樓下，將踰城，自度不免，令廷諤先殺妻，次殺己，廷諤亦自剄。諸軍十餘萬大掠都市，百司逃散，中書侍郎、同平章事杜曉、侍講學士李珽皆爲亂兵所殺，門下侍郎、同平章事于兢、宣政使李振被傷，至晡乃定。

象先、巖齎傳國寶詣大梁迎均王，王曰：「大梁國家創業之地，何必洛陽。」乃即帝位於大梁，復稱乾化三年。追廢友珪爲庶人，復博王友文官爵。

三月，帝遣使招撫朱友謙，友謙復稱藩，奉梁年號。

李氏據鳳翔 岐蜀相攻附

唐僖宗光啓三年春正月，以扈蹕都頭李茂貞領武定節度使。茂貞，博野人，本姓宋，名文通，以功賜姓名。秋八月丙子，以李茂貞同平章事，充鳳翔節度使。

文德元年夏五月，加鳳翔節度使李茂貞檢校侍中。

昭宗景福元年春正月，鳳翔李茂貞等五節度請出軍討楊守亮。並見藩鎮之亂。

光化二年秋九月，以鳳翔節度使李茂貞爲鳳翔、彰義節度使。

天復元年春正月，鳳翔、彰義節度使李茂貞來朝；加茂貞守尚書令，兼侍中，進爵岐王。

冬十一月，韓全誨等劫車駕幸鳳翔，朱全忠西迎車駕，李茂貞出兵拒之。事見朱温篡唐。

二年秋九月癸亥，以茂貞爲鳳翔、静難、武定、昭武四鎮節度使。

三年春正月，李茂貞請誅韓全誨等與朱全忠和解，迎車駕還京。事見朱温篡唐。

夏五月，李茂貞畏朱全忠，自以官爲尚書令，在全忠上，累表乞解去。詔復以茂貞爲中書令。

天祐元年夏六月，朱全忠之遷車駕於洛陽也，李茂貞、王建、李繼徽傳檄合兵以討朱全忠。全忠以鎮國節度使朱友裕爲行營都統，將步騎數萬擊之。命保大節度使劉鄩棄鄜州，引兵屯同州。癸丑，全忠引兵自大梁西討茂貞等。秋七月甲子，過東都入見，壬申，至河中。

西川諸將勸王建乘李茂貞之衰，攻取鳳翔。建以問節度判官馮涓，涓曰：「兵者凶器，殘民耗財，不可窮也。今梁、晉虎争，勢不兩立，若併而爲一，舉兵向蜀，雖諸葛亮復生，不能敵矣。鳳翔，蜀之藩蔽，不若與之和親，結爲婚姻，無事則務農訓兵，保固疆埸，有事則覘其機事，觀釁而動，可以萬全。」建曰：「善。茂貞雖庸才，然有强悍之名，遠近畏之，與全忠力争則不足，自守則有餘，使爲吾藩蔽，所利多矣。」乃與茂貞修好。丙子，茂貞遣判官趙鍠如西川，爲其姪天雄節度使繼崇求婚，建以女妻之。茂貞數求貨及甲兵於建，建皆與之。

昭宣帝天祐三年秋八月乙酉，李茂貞遣其子侃爲質於西川。王建以侃知彭州。

後梁太祖開平元年春三月，唐昭宣帝禪位于梁。是時，惟河東、鳳翔、淮南稱天祐，西川稱天復年號。餘皆禀梁正朔，稱臣奉貢。蜀王與弘農王移檄諸道，云欲與晉王、岐王會兵興復唐室，卒無應者。蜀王乃謀稱帝，下教諭統内吏民。又遺晉王書，云「請各帝一方，俟朱温既平，乃（詔）〔訪〕唐宗室立之，退歸藩服。」晉王復書不許，曰：「誓於此生，靡敢失節。」

岐王治軍甚寬，待士卒簡易。有告部將符昭反者，岐王直詣其家，悉去左右，熟寢經宿而還。由是衆心悦服，然御軍無紀律。及聞唐亡，以兵羸地蹙，不敢稱帝，但開岐王府，置百官，名其所居爲宫殿，妻稱皇后，將吏上書稱牋表，鞭、扇、號令多擬帝者。

二年夏五月，蜀主遣將將兵會岐兵五萬攻雍州，晉張承業亦將兵應之。六月壬寅，以劉知俊爲西路行營都招討使以拒之。丙辰，劉知俊及佑國節度使王重師大破岐兵于幕谷，晉、蜀兵皆引歸。

秋九月戊子，岐王所署延州節度使胡敬璋寇上平關，劉知俊擊破之。

冬十一月，保塞節度使胡敬璋卒，静難節度使李繼徽以其將劉萬子代鎮延州。

三年春二月，保塞節度使劉萬子暴虐失衆心，且謀貳於梁，李繼徽使延州牙將李延實圖之。延實因萬子葬胡敬璋攻而殺之，遂據延州。馬軍都指揮使河西高萬興與弟萬金聞變，以其衆數千人詣劉知俊降。岐王置翟州於鄜城，其守將亦降。

夏四月丙申朔，劉知俊移軍攻延州，李延實嬰城自守。知俊遣白水鎮使劉儒分兵圍坊州。劉知俊克延州，李延實降。岐王所署保大節度使李彦博、坊州刺史李彦昱皆棄城奔鳳翔，鄜州都將嚴弘倚舉城降。己未，以高萬興爲保塞節度使，以絳州刺史牛存節爲保大節度使。

五月丁卯，帝命劉知俊乘勝取邠州。知俊難之，辭以闕食，乃召還。

帝將伐河東，急徵知俊入朝，欲以爲河東西面行營都統，且以知俊有丹、延之功，厚賜之。知俊弟右保勝指揮使知浣從帝在洛陽，密使人語知俊，云「入必死」。又白帝，請帥弟姪往迎知俊，帝許之。六月乙未朔，知俊奏稱爲軍民所留，遂以同州附於岐。執監軍及將佐之不從者，皆械送於岐。遣兵襲華州，逐刺史蔡敬思，以兵守潼關。

帝遣近臣諭劉知俊，知俊不報。詔削知俊官爵，以山南東道節度使楊師厚爲西路行營招討使，帥侍衛馬步軍都指揮使劉鄩等討之。鄩至潼關，遂克之。

帝遣劉知俊姪嗣業持詔詣同州招諭知俊。知俊欲輕騎詣行在謝罪，弟知偃止之。楊師厚等至華州，知俊將聶賞開門降。知俊聞潼關不守，官軍繼至，蒼皇失圖，乙卯夜，舉族奔岐。楊師厚至長安，岐兵已據城，師厚以奇兵並南山急趨，自西門入，遂克之。庚申，以劉鄩權佑國留後。岐王厚禮劉知俊，以爲中書令。地狹，無藩鎮處之，但厚給俸禄而已。

岐王欲取靈州以處劉知俊，且以爲牧馬之地，使知俊自將兵攻之。朔方節度使韓遜遣使告急，詔鎮國節度使康懷貞、感化節度使寇彦卿將兵攻邠、寧以救之。懷貞等所向皆捷，克寧、衍二州，拔慶州南城，刺史李彦廣出降。遊兵侵掠及涇州之境，劉知俊聞之，十二月己丑，解靈州圍，引兵還。帝急召懷貞等還，遣兵迎援於三原青谷。懷貞等還，至三水，知俊遣兵據險邀之，左龍驤軍使壽張王彦璋力戰，懷貞等乃得過。懷貞與裨將李德遇、許從實、王審權分道而行，皆與援兵不相值。至昇平，劉知俊伏兵山口，懷貞大敗，僅以身免，德遇等軍皆没。岐王以知俊爲彰義節度使，鎮涇州。

四年。岐王屢求貨於蜀，蜀主皆與之。又求巴、劍二州，蜀主曰：「吾奉茂貞，勤亦至矣。若與之地，是棄民也，寧多與之貨。」乃復以絲、茶、布、帛七萬遺之。

乾化元年春正月，蜀主之女普慈公主嫁岐王從子秦州節度使繼崇，公主遣宦者宋光嗣以絹書遺蜀主，言繼崇驕矜嗜酒，求歸成都。蜀主召公主歸寧。辛亥，公主至成都，蜀主留之，以宋光嗣爲閤門南院使。岐王怒，始與蜀絶。光嗣，福州人也。

三月，岐王聚兵臨蜀東鄙，蜀主謂羣臣曰：「自茂貞爲朱温所困，吾常振其乏絶，今乃負恩爲寇，誰爲吾擊之？」兼中書令王宗侃請行，蜀主以宗侃爲北路行營都統。司天少監趙温珪諫曰：「茂貞未犯邊，諸將貪功深入，糧道阻遠，恐非國家之利。」蜀主不聽，以兼侍中王宗祐、太子少師王宗賀、山南節度使唐道襲爲三招討使，左金吾大將軍王宗紹爲宗祐之副，帥步騎十二萬伐岐。壬辰，宗侃等發成都，旌旗數百里。夏四月乙卯朔，岐兵寇蜀興元，道襲擊卻之。蜀主如利州。蜀諸將擊岐兵，屢破之。秋七月，蜀主西還，留御營使昌王宗鐬屯利州。

岐王使彰義節度使劉知俊、秦州節度使李繼崇將兵擊蜀，〔八月〕乙亥，王宗侃、王宗賀、唐道襲、王宗紹與之戰於青泥嶺，蜀兵大敗，馬步使王宗浩奔興州，溺死於江，道襲奔興元。先是，步軍都揮使王宗綰城西縣，號安遠軍，宗侃、宗賀等收散兵走保之，知俊、繼崇追圍之。衆議欲棄興元，道襲曰：「無興元則無安遠，利州遂爲敵境矣，吾必以死守之。」蜀主以昌王宗鐬爲應援招討使，定戎團練使王宗播爲四招討馬步都指揮使，將兵救安遠軍，壁於廉、讓之間，與唐道襲合擊岐兵，大破之於明珠曲。明日又戰於臯口，斬其成州刺史李彥琛。

冬十月，蜀主如利州，命太子監國。決雲軍虞候王琮敗岐兵，執其將李彥太，俘斬三千五百級。乙卯，捉生將彭君集破岐二寨，俘斬三千級。王宗侃遣裨將林思諤自中巴間行至泥溪，見蜀主告急，蜀主命開道都指揮使王宗弼將兵救安遠，及劉知俊戰于斜谷，破之。

十一月，蜀王宗弼敗岐兵於金牛，拔十六寨，俘斬六千餘級，擒其將郭存等。丙申，王宗鐬、王宗播敗岐兵於黄牛川，擒其將蘇厚等。丁酉，蜀主自利州如興元。援軍既集，安遠軍望其旗，王宗侃等鼓譟而出，與援軍夾攻岐兵，大破之，拔二十一寨，斬其將李廷志等。己亥，岐兵解圍遁去。唐道襲先伏兵於斜谷邀擊，又破之。庚子，蜀主西還。

二年冬十二月戊寅，蜀行營都指揮使王宗汾攻岐文州，拔之，守將李繼䕫走。

均王貞明元年夏五月，岐王遣彰義節度使劉知俊圍邠州，霍彥威固守拒之。

秋八月乙未，蜀主以兼中書令王宗綰爲北路行營都制置使，兼中書令王宗播爲招討使，攻秦州；兼中書令王宗瑤爲東北面招討使，同平章事王宗翰爲副使，攻鳳州。

冬十一月己巳，蜀王宗翰引兵出青泥嶺，克固鎮，與秦州將郭守謙戰於泥陽川，蜀兵敗，退保鹿臺山。辛未，王宗綰等敗秦州兵於金沙谷，擒其將李彥巢等，乘勝趣秦州。興州刺史王宗鐸克階州，降其刺史李彥安。甲戌，王宗綰克成州，擒其刺史李彥德。蜀軍至上染坊，秦州節度使李繼崇遣其子彥秀奉牌印迎降。宗（絳）〔綰〕入秦州，表排陳使王宗儔爲留後。劉知俊攻霍彥威於邠州，半歲不克，聞秦州降蜀，知俊妻子皆遷成都。知俊解圍還鳳翔，終懼及禍，夜帥親兵七十人斬關而出，庚辰，奔于蜀軍。王宗綰自河池、兩當進兵，會王宗瑤攻鳳州，癸未，克之。

蜀置武興軍於鳳州，割文、興二州隸之，以前利州團練使王宗魯爲節度使。

〔岐義勝節度使李彥韜〕知岐王衰弱，十二月，舉耀、鼎二州降。

二年秋八月丙午，蜀主以王宗綰爲東北面都招討，集王宗翰、嘉王宗壽爲第一、第二招討，將兵十萬出鳳州；以王宗播爲西北面都招討，武信節度使劉知俊、天雄節度使王宗儔、匡國軍使唐文裔爲第一、第二、第三招討，將兵十二萬出秦州，以伐岐。

冬十月甲申，蜀王宗綰等出大散關，大破岐兵，俘斬萬計，遂取寶雞。己丑，王宗播等出故關，至隴州。丙寅，保勝節度使兼侍中李繼岌畏岐王猜忌，帥其衆二萬，棄隴州奔于蜀軍。蜀兵進攻隴州，以繼岌爲西北面行營第四招討。劉知俊會王宗紹等圍鳳翔，岐兵不出。會大雪，蜀主召軍還。復李繼岌姓名曰桑弘志。

三年秋七月，蜀主以桑弘志爲西北面第一招討，王宗宏爲東北面第二招討，以兼中書令王宗侃爲東北面都招討，武信節度使劉知俊爲西北面都招討。

四年夏四月，岐王復遣使求好于蜀。

五年春三月丙戌，蜀北路行營都招討、武德節度使王宗播等自散關擊岐，渡渭水，破岐將孟鐵山；會大雨而還，分兵戍興元、鳳州及威武城。戊子，天雄節度使、同平章事王宗昱攻隴州，不克。

六年冬十一月戊子朔，蜀主以兼侍中王宗儔爲山南節度使、西北面都招討、行營安撫使，天雄節度使同平章事王宗昱、永寧軍使王宗晏、左神勇軍使王宗信爲三招討以副之，將兵伐岐，出故關，壁於咸宜，入良原。丁酉，王宗儔攻隴州，岐王自將萬五千人屯汧陽。癸卯，蜀將陳彥威出散關，敗岐兵于箭筈嶺。蜀兵食盡，引還。宗昱屯秦州，宗儔屯上邽，宗晏、宗信屯威武城。

後唐莊宗同光元年冬十一月壬寅，岐王遣使致書，賀帝滅梁，以季父自居，辭禮甚倨。

二年春正月，岐王聞帝入洛，内不自安，遣其子行軍司馬、彰義節度使兼侍中繼曮入貢，始上表稱臣。帝以其前朝耆舊，與太祖比肩，特加優禮，每賜詔，但稱岐王而不名。庚戌，加繼曮兼中書令，遣還。

李繼曮見唐甲兵之盛，歸語岐王，岐王益懼，癸丑，表請正藩臣之禮，優詔不許。

二月辛巳，進岐王爵爲秦王，仍不名不拜。

夏四月，秦忠敬王李茂貞卒，遺奏以其子繼曮權知鳳翔軍府事。五月，以李繼曮爲鳳翔節度使。

明宗天成元年春二月戊戌，李繼曮至鳳翔，監軍使柴重厚不以符印與之，促令詣闕。

夏六月，李繼曮至華州，聞洛中亂，復歸鳳翔，帝爲之誅柴重厚。

秋九月壬午，賜李繼曮名從曮。

長興元年春二月乙卯，上祀圓丘，大赦，改元。鳳翔節度使兼中書令李從曮入朝陪祀。

三月壬申，制徙從曮爲宣武節度使。

潞王清泰元年夏五月。帝之起鳳翔也，悉取天平節度使李從曮家財甲兵以供軍。將行，鳳翔之民遮道請復以從曮鎮鳳翔，帝許之。至是，徙從曮爲鳳翔節度使。

後晉高祖天福三年。鳳翔節度使李從曮厚文士而薄武人，愛農民而嚴士卒，由是將士怨之。會發兵戍西邊，既出郊，作亂，突門入城，剽掠於市。從曮發帳下兵擊之，亂兵敗，東走，欲自訴於朝廷，至華州，鎮國節度使太原張彥澤邀擊，盡誅之。

通鑑紀事本末卷第三十九

錢氏據吴越 董昌僭逆附

唐僖宗乾符五年。王郢之亂，臨安人董昌以土團討賊有功，補石鏡鎮將。是歲曹師雄寇掠二浙，杭州募諸縣鄉兵各千人以討之，昌與錢塘劉孟安、阮結、富陽聞人宇、鹽官徐及、新城杜稜、餘杭凌文舉、臨平曹信各爲之都將，號杭州八都，昌爲之長。其後宇卒，錢塘人成及代之。臨安人錢鏐以驍勇事昌，以功爲石鏡都知兵馬使。乾符二年，浙西狼山鎮遏使王郢等六十九人有戰功，節度使趙隱賞以職名而不給衣糧，郢等論訴不獲，遂劫庫兵作亂。

六年冬十月，黄巢之抵潭州也，荆南節度使王鐸留其將守江陵，自帥衆趣襄陽。鐸既去，劉漢宏大掠江陵，帥其衆北歸爲羣盗。漢宏，兖州人也。事見黄巢之亂。

廣明元年夏五月，劉漢宏之黨浸盛，侵掠宋、兖。甲子，徵東方諸道兵討之。六月，劉漢宏南掠申州。秋七月辛酉，劉漢宏請降。戊辰，以爲宿州刺史。冬十一月，宿州刺史劉漢宏怨朝廷賞薄，甲寅，以漢宏爲浙東觀察使。

中和元年秋九月，淮南節度使高駢召石鏡將董昌至廣陵，欲與之俱擊黄巢。昌將錢鏐説昌曰：「觀高公無討賊心，不若以扞禦鄉里爲辭而去之。」昌從之，駢聽昌還。會杭州刺史路審中將之官，行至嘉興，昌自石鏡引兵入據杭州，審中懼而還。昌自稱杭州都押牙，知州事，遣將吏請於鎮海節度使周寶。寶不能制，表爲杭州刺史。

二年秋八月，浙東觀察使劉漢宏遣弟漢宥及馬步軍都虞候辛約將兵二萬營于西陵，謀兼并浙西，杭州刺史董昌遣都知兵馬使錢鏐拒之。壬子，鏐乘霧夜濟江，襲其營，大破之，所殺殆盡，漢宥、辛約皆走。

冬十月，劉漢宏又遣登高〔鎮〕將王鎮將兵七萬屯西陵，錢鏐復夜濟江襲擊，大破之，斬獲萬計，得漢宏補諸將官僞敕二百餘通。鎮奔諸暨。

三年。劉漢宏分兵屯黄嶺、巖下、貞女三鎮，錢鏐將八都兵自富春擊之，破黄嶺，擒巖下鎮將史弁、貞女鎮將楊元宗。漢宏以精兵屯諸暨，鏐又擊破之，漢宏走。

冬十月，劉漢宏將十餘萬衆出西陵將擊董昌，戊午，錢鏐濟江逆戰，大破之，漢宏易服持鱠刀而遁。己未，漢宏收餘衆四萬復戰，鏐又破之，斬其弟漢容及將辛約。

四年春三月，婺州人王鎮執刺史黄碣，降于錢鏐。劉漢宏遣其將婁賚殺鎮而代之。浦陽鎮將蔣瓌召鏐兵共攻婺州，擒賚而還。碣，閩人也。

光啓二年冬十月，董昌謂錢鏐曰：「汝能取越州，吾以杭州授汝。」鏐曰：「然，不取終爲後患。」遂將兵自諸暨趨平水，鑿山開道五百里，出曹娥埭，浙東將鮑君福帥衆降之。鏐與浙東軍戰，屢破之，進屯豐山。十一月丙戌，錢鏐克越州，劉漢宏奔台州。十二月，台州刺史杜雄誘劉漢宏，執送董昌，斬之。昌徙鎮越州，自稱知浙東軍府事，以錢鏐知杭州事。

三年春正月辛巳，以董昌爲浙東觀察使，錢鏐爲杭州刺史。

三月，鎮海節度使周寶募親軍千人，號後樓兵，稟給倍於鎮海軍。鎮海軍皆怨，而後樓兵浸驕，不可制。寶溺於聲色，不親政事，築羅城二十餘里，建東第，人苦其役。寶與僚屬宴後樓，有言鎮海軍怨望者，寶曰：「亂則殺之。」度支催勘使薛朗以其言告所善鎮海軍將劉浩，戒之使戢士卒。浩曰：「惟反可以免死耳。」是夕，寶醉，方寢，浩帥其黨作亂，攻府舍而焚之。寶驚起，徒跣叩芙蓉門，呼後樓兵，後樓兵亦反矣。寶帥家人步走出青陽門，遂奔常州，依刺史丁從實。浩殺諸僚佐，癸巳，迎薛朗入府，推爲留後。

初，周寶聞淮南六合鎮遏使徐約兵精，誘之使擊蘇州。夏四月甲辰朔，約逐蘇州刺史張雄，雄帥其衆逃入海。

五月，錢鏐遣東安都將杜稜、浙江都將阮結、静江都將成及將兵討薛朗。六月，杜稜等敗薛朗將李君暀于陽羨。冬十月，杜稜等拔常州，丁從實奔海陵。

錢鏐奉周寶歸杭州，屬櫜鞬具部將禮郊迎之。十二月乙未，周寶卒於杭州。

錢鏐以杜稜爲常州制置使。命阮結等進攻潤州，丙申，克之，劉浩走，擒薛朗以歸。

文德元年春正月丙寅，錢鏐斬薛朗，剖其心以祭周寶。以阮結爲潤州制置使。

秋九月，錢鏐遣其從弟銶將兵攻徐約于蘇州。

昭宗龍紀元年春三月丙申，錢銶拔蘇州，徐約亡入海而死。錢鏐以海昌都將沈粲權知蘇州。

夏五月，潤州刺史阮結卒，錢鏐〔以〕成及〔代〕之。錢鏐與楊行密爭蘇、潤事見楊行密據淮南。

景福元年夏四月乙酉，置武勝軍於杭州，以錢鏐爲防禦使。

二年閏五月，以武勝軍防禦使錢鏐爲蘇、杭觀察使。秋七月，錢鏐發民夫二十萬及十三都軍士築杭州羅城，周七十里。九月丁卯，以錢鏐爲鎮海節度使。

乾寧元年夏五月，加鎮海節度使錢鏐同平章事。

（冬十二月）（義）〔威〕勝節度使董昌爲政苛虐，於常賦之外，加斂數倍，以充貢獻及中外饋遺，每旬發一綱，金萬兩，銀五千鋌，越綾萬五千匹，他物稱是，用卒五百人，或遇雨雪風水違程則皆死。貢奉爲天下最，由是朝廷以爲忠，寵命相繼，官至司徒、同平章事，爵隴西郡王。

昌建生祠於越州，制度悉如禹廟，命民間禱賽者，無得之禹廟，皆之生祠。昌求爲越王，朝廷未之許，昌不悅曰：「朝廷欲負我矣。我累年貢獻無算，而惜一越王邪！」有諂之者曰：「王爲越王，曷若爲越帝。」於是民間訛言時世將變，競相帥填門喧譟，請昌爲帝。昌大喜，遣人謝之曰：「天時未至，時至我自爲之。」其僚佐吳瑤、都虞候李暢之等皆勸成之，吏民獻謠、讖、符瑞者不可勝紀，其始賞之以錢數百緡，既而獻者日多，稍減至五百、三百而已。昌曰：「讖云『兔子上金牀』，此謂我也。我生太歲在卯，明年復在卯，二月卯日卯時，吾稱帝之秋也。」

二年春正月，董昌將稱帝，集將佐議之。節度副使黃碣曰：「今唐室雖微，天人未厭。齊桓、晉文皆翼戴周室以成霸業。大王興於畎畝，受朝廷厚恩，位至將相，富貴極矣，奈何一旦忽爲滅族之計乎！碣寧死爲忠臣，不生爲叛逆。」昌怒，以爲惑衆，斬之，投其首於廁中，罵之曰：「奴賊負我！好聖明時三公不能待，而先求死也。」并殺其家八十口，同坎瘞之。又問會稽令吳鐐，對曰：「大王不爲真諸侯以傳子孫，乃欲假天子以取滅亡邪！」昌亦族誅之。又謂山陰令張遜曰：「汝有能政，吾深知之，俟吾爲帝，命汝知御史臺。」遜曰：「大王起石鏡鎮，建節浙東，榮貴近二十年，何苦效李錡、劉闢之所爲乎！浙東僻處海隅，巡屬雖有六州，大王若稱帝，彼必不從，徒守孤城，爲天下笑耳。」昌又殺之。

謂人曰：「無此三人者，則人莫我違矣。」

二月辛卯，昌被衮冕登子城門樓，即皇帝位，悉陳瑞物於庭以示衆。先是，咸通末，吴、越間訛言山中有大鳥，四目三足，聲云「羅平天册」，見者有殃，民間多畫像以祀之。及昌將僭號，曰「此吾鸑鷟也」，乃自稱大越羅平國，改元順天，署城樓曰天册之樓，〔令〕羣下謂己曰「聖人」。以前杭州刺史李邈、前婺州刺史蔣瓌、兩浙鹽鐵副使杜郢、前屯田郎中李瑜爲相，又以吴瑶等皆爲翰林學士，李暢之等皆爲大將軍。

昌移書錢鏐，告以權即羅平國位，以鏐爲兩浙都指揮使。鏐遺昌書曰：「與其閉門作天子，與九族、百姓俱陷塗炭，豈若開門作節度使，終身富貴邪？及今悛悔，尚可及也。」昌不聽。鏐乃將兵三萬詣越州城下，至迎恩門見昌，再拜言曰：「大王位兼將相，奈何捨安就危？鏐將兵此來，以俟大王改過耳。若天子命將出師，縱大王不自惜，鄉里士民何罪，隨大王滅族乎！」昌懼，致犒軍錢二百萬，執首謀者吴瑶及巫覡數人送於鏐，且請待罪天子。鏐引兵還，以狀聞。

夏四月，朝廷以董昌有貢輸之勤，今日所爲，類得心疾，詔釋其罪，縱歸田里。錢鏐表董昌僭逆，不可赦，請以本道兵討之。楊行密遣使詣錢鏐，言董昌已改過，宜釋之。亦遣使詣昌，使趣朝貢。五月，詔削董昌官爵，委錢鏐討之。六月庚寅，以錢鏐爲浙東招討使。

鏐復發兵擊董昌。

秋九月，董昌求救於楊行密，行密遣泗州防禦使臺濛攻蘇州以救之，且表昌引咎，願修職貢，請復官爵。又遺錢鏐書，稱：「昌狂疾自立，已畏兵諫，執送同惡，不當復伐之。」

冬十月，楊行密遣寧國節度使田頵、潤州團練使安仁義攻杭州鎮戍以救董昌，昌使湖州將徐淑會淮南將魏約共圍嘉興。錢鏐遣武勇都指揮使顧全武救嘉興，破烏墩、光福二寨。淮南將柯厚破蘇州水栅。全武，餘姚人也。

十二月，加鎮海節度使錢鏐兼侍中。

三年春正月辛未，安仁義以舟師至湖州，欲渡江應董昌，錢鏐遣武勇都指揮使顧全武、都知兵馬使許再思守西陵，仁義不能渡。昌遣其將湯臼守石城，袁邠守餘姚。

二月戊辰，顧全武、許再思敗湯臼於石城。上用楊行密之請，赦董昌，復其官爵，錢鏐不從。

三月己酉，顧全武等攻餘姚，明州刺史黄晟遣兵助之。董昌遣其將徐章救餘姚，全武擊擒之。

夏四月，淮南兵與鎮海兵戰于皇天蕩，鎮海兵不利，楊行密遂圍蘇州。

董昌使人覘錢鏐兵，有言其强盛者輒怒斬之，言兵疲食盡則賞之。戊寅，袁邠以餘姚降於鏐。顧全武、許再思進兵至越州城下，五月，昌出戰而敗，嬰城自守，全武等圍之。昌始懼，去帝號，復稱節度使。

癸未，蘇州常熟鎮使陸郢以州城應楊行密，虜刺史成及。錢鏐聞蘇州陷，急召顧全武使趨西陵備行密。全武曰：「越州，賊之根本，奈何垂克而棄之？請先取越州，後復蘇州。」鏐從之。

甲午夜，顧全武急攻越州，乙未旦，克其外郭，董昌猶據牙城拒之。戊戌，鏐遣昌故將駱團紿〔昌〕云：「奉詔，令大王致仕歸臨安。」昌乃送牌印，出居清道坊。己亥，全武遣武勇都監使吴璋以舟載昌如杭州，至小江南，斬之，并其家三百餘人，宰相李邈、蔣瓌以下百餘人。昌在圍城中，貪吝益甚，口率民間錢帛，減戰士糧。及城破，庫有金帛雜貨五百間，倉有糧三百萬斛。錢鏐傳昌首於京師，散金帛以賞將士，開倉以賑貧乏。

八月，加錢鏐兼中書令。甲寅，以門下侍郎王摶充威勝節度使。冬十月，錢鏐令兩浙吏民上表請以鏐兼領浙東。朝廷不得已，復以王摶爲吏部尚書、同平章事，以鏐爲鎮海、威勝兩軍節度使。丙子，更名威勝，曰鎮東軍。

十一月，淮南將安仁義攻婺州。

四年春正月，錢鏐使行軍司馬杜稜救婺州，安仁義移兵攻睦州，不克而還。

夏四月辛亥，錢鏐遣顧全武等將兵三千自海道救嘉興，己未，至城下，擊淮南兵，大破之。癸亥，兩浙將顧全武等破淮南十八營，虜淮南將士魏約等三千人。淮南將田頵屯驛亭埭，兩浙兵乘勝逐之。甲戌，頵自湖州奔還，兩浙兵追敗之，頵衆死者千餘人。六月己酉，錢鏐如越州，受鎮東節鉞。秋七月庚戌，錢鏐還杭州，遣顧全武取蘇州。乙未，拔松江，戊戌，拔無錫，辛丑，拔常熟、華亭。

九月，湖州刺史李彥徽欲以州附於楊行密，其衆不從。彥徽奔廣陵，都指揮使沈攸以州歸錢鏐。

光化元年春正月，錢鏐請徙鎮海軍於杭州，從之。

三月，淮南將周本救蘇州，兩浙將顧全武擊破之。淮南將秦裴以兵三千人拔崑山而戍之。秋九月，顧全武攻蘇州，城中及援兵食皆盡，甲申，淮南所署蘇州刺史臺濛棄城走，援兵亦遁。全武克蘇州，追敗周本等于望亭。獨秦裴守崑山不下，全武帥萬餘人攻之。裴屢出戰，使病者被甲執矛，壯者彀弓弩，全武每爲之卻。全武檄裴令降，全武嘗爲僧，裴封函納款，全武喜，召諸將發函，乃佛經一卷。全武大慚曰：「裴不憂死，何暇戲予！」益兵攻城，引水灌之，城壞食盡，裴乃降。錢鏐設千人饌以待之，(乃)〔及〕出，羸兵不滿百人。鏐怒曰：「單弱如此，何敢久爲旅拒？」對曰：「裴義不負楊公，今力屈而降耳，非心降也。」鏐善其言。顧全武亦勸鏐宥之，鏐從之。時人稱全武長者。

冬閏十月，錢鏐以其將曹圭爲蘇州制置使，遣王球攻婺州。

十一月，衢州刺史陳岌請降于楊行密，錢鏐使顧全武討之。十二月，楊行密遣成及等歸兩浙以易魏約等，錢鏐許之。

二年。（春三月）婺州刺史王壇爲兩浙所圍，求救於宣歙觀察使田頵，夏四月，頵遣行營都指揮使康儒等救之。五月庚戌，康儒等敗兩浙兵於龍丘，擒其將王球，遂取婺州。

三年春正月，宣州將康儒攻睦州，錢鏐使其從弟銶拒之。秋八月，宣州將康儒食盡，自清溪遁歸。

天復元年夏五月己酉，加鎮海、鎮東節度使錢鏐守侍中。

秋八月，或告楊行密，云：「錢鏐爲盜所殺。」行密遣步軍都指揮使李神福等將兵取杭州，兩浙將顧全武等列八寨以拒之。〔冬十月〕，李神福與顧全武相拒久之，神福獲杭俘，使出入卧内。神福謂諸將曰：「杭兵尚强，我師且當夜還。」杭俘走告全武，神福命勿追。暮遣羸兵先行，神福爲殿，使行營都將吕師造伏兵青山下。全武素輕神福，出兵追之。神福、師造夾擊，大破之，斬首五千級，生擒全武。錢鏐聞之，驚泣曰：「喪我良將！」神福進攻臨安，兩浙將秦昶帥衆三千降之。

十二月，李神福知錢鏐定不死，而臨安城堅，久攻不拔，欲歸，恐爲鏐所邀，乃遣人守衛鏐祖考丘壠，禁樵采，又使顧全武通家信，鏐遣使謝之。神福於要路多張旗幟爲虛寨，鏐以爲淮南兵大至，遂請和。神福受其犒賂而還。

二年夏四月，楊行密遣顧全武歸杭州以易秦裴，錢鏐大喜，遣〔裴〕還。

五月，鎮海、鎮東節度使、彭城王錢鏐進爵越王。

初，孫儒死，其士卒多奔浙西，錢鏐愛其驍悍，以爲中軍，號武勇都。行軍司馬杜稜諫曰：「狼子野心，他日必爲深患，請以土人代之。」不從。鏐如衣錦軍，命武勇右都指揮使徐綰帥衆治溝洫。鎮海節度副使成及聞士卒怨言，白鏐，請罷役，不從。〔秋八月〕丙戌，鏐臨饗諸將，綰謀殺鏐於座，不果，稱疾先出。鏐怪之，丁亥，命綰將所部先還杭州。及外城，縱兵焚掠。武勇左都指揮使許再思以迎候兵與之合，進逼牙城，鏐子傳瑛與三城都指揮使馬綽等閉門拒之。牙將潘長擊綰，綰退屯龍興寺。鏐還，及龍泉，聞變，疾驅至城北，使成及建鏐旗鼓與綰戰。鏐微服乘小舟夜抵牙城東北隅，踰城而入。直更卒憑鼓而寐，鏐親斬之，城中始知鏐至。武安都指揮使杜建徽自新城入援，徐綰聚木將焚北門，建徽悉焚之。建徽，稜之子也。湖州刺史高彥聞難，遣其子渭將兵入援，至靈隱山，綰伏兵擊殺之。

初，鏐築杭州羅城，謂僚佐曰：「十步一樓，可以爲固矣。」掌書記餘杭羅隱曰：「樓不若皆内向。」至是，人以隱言爲驗。

九月，或勸錢鏐渡江東保越州，以避徐、許之難。杜建徽按劍叱之曰：「事或不濟，同死於此，豈可復東渡乎！」

鏐恐徐綰等據越州，遣大將顧全武將兵戍之。全武曰：「越州不足往，不若之廣陵。」鏐曰：「何故？」對曰：「聞綰等謀召田頵，田頵至，淮南助之，不可敵也。」建徽曰：「孫儒之難，王嘗有德於楊公，今往告之，宜有以相報。」鏐命全武告急於楊行密，全武曰：「徒往無益，請得王子爲質。」鏐命其子傳璙微服爲全武僕，與偕之廣陵，且求婚於行密。過潤州，團練使安仁義愛傳璙清麗，將以十僕易之，全武夜半賂閽者逃去。

綰等果召田頵，頵引兵赴之，先遣親吏何饒謂鏐曰：「請大王東如越州，空府廨以相待，無爲殺士卒。」鏐報曰：「軍中叛亂，何方無之。公爲節帥，乃助賊爲逆！戰則亟戰，又何大言！」頵築壘絶往來之道，鏐患之，募能奪其地者賞以州。衢州制置使陳璋將卒三百出城奮擊，遂奪其地，鏐即以爲衢州刺史。

顧全武至廣陵，説楊行密曰：「使田頵得志，必爲王患。王召頵還，錢王請以其子傳璙爲質，且求婚。」行密許之，以女妻傳璙。

冬十一月，田頵急攻杭州，仍具舟將自西陵渡江。錢鏐遣其將盛造、朱郁拒破之。

十二月，楊行密使人召田頵曰：「不還，吾且使人代鎮宣州。」庚辰，頵將還，徵犒軍錢二十萬緡於錢鏐，且求鏐子爲質，將妻以女。鏐謂諸子：「孰能爲田氏壻者？」莫對。鏐欲遣幼子傳球，傳球不可，鏐怒，將殺之。次子傳瓘請行，吴夫人泣曰：「奈何置兒虎口！」傳瓘曰：「紓國家之難，安敢愛身。」再拜而出，鏐泣送之。傳瓘從數人縋北門而下，頵與徐綰、許再思同歸宣州。鏐奪傳球内牙兵印。

越州客軍指揮使張洪以徐綰之黨自疑，帥步兵三百奔衢州，刺史陳璋納之。温州將丁章逐刺史朱敖，敖奔福州。章據温州，田頵遣使招之，道出衢州，陳璋聽其往還，錢鏐由是恨璋。

三年秋七月，睦州刺史陳詢叛錢鏐，舉兵攻蘭溪，鏐遣指揮使方永珍擊之。武安都指揮使杜建徽與詢連姻，鏐疑之，建徽不言。會詢親吏來奔，得建徽與詢書，皆勸戒之辭，鏐乃悦。建徽從兄建思譖建徽私蓄兵仗，謀作亂。鏐使人索之，建徽方食，使者直入卧内，建徽不顧，鏐以是益親重之。

冬十月，田頵叛楊行密，行密求兵於錢鏐。鏐遣方永珍屯潤州，從弟鎰屯宣州，又遣指揮使楊習攻睦州。田頵之叛事見楊行密據淮南。

十一月，田頵敗，錢傳瓘歸杭州。

天祐元年春三月，楊行密遣錢傳璙及其婦并顧全武歸錢塘。

夏四月，鎮海、鎮東節度使越王錢鏐求封吴越王，朝廷不許。朱全忠爲之言於執政，乃更封吴王。

冬十一月，錢鏐潛遣衢州羅城使葉讓殺刺史陳璋，事泄，十二月，璋斬讓而叛，降于楊行密。

昭宣帝天祐二年春正月，兩浙兵圍陳詢于睦州，楊行密遣西南招討使陶雅將兵救之。軍中夜驚，士卒多踰壘亡去，左右及裨將韓球奔告之，雅安卧不應，須臾自定，亡者皆還。錢鏐遣其從弟鎰及指揮使顧全武、王球禦之，爲雅所敗，虜鎰及球以歸。

夏四月，淮南將陶雅會衢、睦兵攻婺州，錢鏐遣其弟鏢將兵救之。秋八月，錢鏐遣方永珍救婺州。九月，淮南將陶雅、陳璋拔婺州，執刺史沈夏以歸。楊行密以雅爲江南都招討使，歙婺衢睦觀察使，以璋爲衢婺副招討使。璋攻暨陽，兩浙將方習敗之。習進攻婺州。十二月，陳詢不能守睦州，奔于廣陵，淮南招討使陶雅入據其城。

三年春正月，陶雅引兵還歙州，錢鏐復取睦州。庚辰，錢鏐如睦州。陳璋聞陶雅歸歙，自婺州退保衢州。兩浙將方永珍等取婺州，進攻衢州。秋八月，兩浙圍衢州，衢州刺史陳璋告急於淮南，楊渥遣左廂馬步都虞候周本將兵迎璋。本至衢州，浙人解圍，陳於城下，璋帥衆歸于本，兩浙兵取衢州。吕師造曰：「浙人近我而不動，輕我也，請擊之。」本曰：「吾受命迎陳使君，今至矣，何爲復戰？彼必有以待我也。」遂引兵還。本爲之殿，浙人躡之，本中道設伏，大破之。

冬十二月乙酉，錢鏐表薦行軍司馬王景仁，詔以景仁領寧國節度使。是歲，吴楊渥怒宣州觀察使王茂章，以兵襲之，茂章奔兩浙，更名景仁。

後梁武帝開平元年春三月，鎮海、鎮東節度使吴王錢鏐遣其子傳璙、傳瓘討盧佶於温州。夏四月，盧佶聞錢傳璙等將至，將水軍拒之於青澳。錢傳瓘曰：「佶之精兵盡在於此，不可與戰。」乃自安固捨舟，間道襲温州。戊午，温州潰，擒佶斬之。吴王鏐以都監使吴璋爲温州制置使，命傳璙等移兵討盧約於處州。

鎮海節度判官羅隱説吴王鏐舉兵討梁，曰：「縱無成功，猶可退保杭、越，自爲東帝，奈何交臂事賊，爲終古之羞乎！」鏐始以隱爲不遇於唐，必有怨心，及聞其言，雖不能用，心甚義之。

五月己卯，以吴王錢鏐爲吴越王。

盧約以處州降吴越。

秋八月辛亥，以吴越王鏐兼淮南節度使，充本道招討制置使。

二年秋八月，吴越王錢鏐遣寧國節度使王景仁奉表詣大梁，陳取淮南之策。淮南遣周本、吕師造擊吴越，九月，圍蘇州。吴越將張仁保攻常州之東洲，拔之。淮南陳璋帥柴再用等復取東洲。

三年夏四月，淮南兵圍蘇州，推洞屋攻城，吴越將臨海孫琰置輪於竿首，垂絙投錐以揭之，攻者盡露，礮至則張網以拒之，淮南人不能克。吴越王鏐遣牙内指揮使錢鏢、行軍副使杜建徽等將兵救之。蘇州有水通城中，淮南張網綴鈴懸水中，魚鼈過皆知之。吴越遊弈都虞候司馬福欲潛行入城，故以竿觸網，敵聞鈴聲舉網，福因得過，凡居水中三日，乃得入城。由是城中號令與援兵相應，敵以爲神。

吴越王鏐嘗遊府園，見園卒陸仁章樹藝有智而志之。及蘇州被圍，使仁章通信入城，果得報而返。鏐以諸孫畜之，累遷兩府軍糧都監使，卒獲其用。仁章，睦州人也。

辛亥，吴越兵内外合擊淮南兵，大破之，擒其將何朗等三十餘人，奪戰艦二百艘。周本夜遁，又追敗之於皇天蕩。鍾泰章將精兵二百爲殿，多樹旗幟於菰蔣中，追兵不敢進而還。

冬十月，湖州刺史高澧叛附淮南，舉兵焚義和臨平鎮，吴越王鏐命指揮使錢鏢討之。

四年春二月，高澧求救於吴，吴常州刺史李簡等將兵應之，湖州將盛師友、沈行思閉城不内。澧帥麾下五千人奔吴。三月癸巳，吴越王鏐巡湖州，以錢鏢爲刺史。

秋八月，吴越王鏐築捍海石塘，廣杭州城，大修臺館。由是錢塘富庶盛於東南。

乾化元年。湖州刺史錢鏢酗酒殺人，恐吴越王鏐罪之，冬十月辛亥朔，殺都監潘長、推官鍾安德奔于吴。

二年秋七月甲寅，加吴越王鏐尚父。

均王乾化三年春三月，吴行營招討使李濤帥衆二萬出千秋嶺攻吴越衣錦軍，吴越王鏐以其子湖州刺史傳瓘爲北面應援都指揮使以救之。睦州刺史傳璙爲招討收復都指揮使，將水軍攻吴東洲，以分其兵勢。夏四月，千秋嶺道險狹，錢傳瓘使人伐木以斷吴軍之後而擊之，吴軍大敗，虜李濤及士卒三千餘人以歸。

五月，吴遣宣州副指揮使花虔將兵會廣德鎮遏使渦信屯廣德，將復寇衣錦軍，吴越錢傳瓘就攻之。六月，吴越錢傳瓘拔廣德，虜花虔、渦信以歸。

九月，吴越王鏐遣其子傳瓘、傳璙及大同節度使傳瑛攻吴常州，營於潘葑。徐温曰：「浙人輕而怯。」帥諸將倍道赴之。至無錫，黑雲都將陳祐言於温曰：「彼謂吾遠來罷倦，未能戰，請以所部乘其無備擊之。」乃自他道出敵後，温以大軍當其前夾攻之，吴越大敗，斬獲甚衆。

貞明二年夏五月，吴越王鏐遣浙西安撫判官皮光業自建、汀、虔、郴、潭、岳、荆南道入貢。秋七月，上嘉吴越王鏐貢獻之勤，壬戌，加鏐諸道兵馬元帥。朝議多言「鏐之入貢利於市易，不宜過以名器假之」，翰林學士竇夢徵執麻以泣，坐貶蓬萊尉。

三年冬十月己亥，加吴越王鏐天下兵馬元帥。

四年春三月，吴越王鏐初立元帥府，置官屬。

五年春三月，詔吴越王鏐大舉討淮南。鏐以節度副大使傳瓘爲諸軍都指揮使，帥戰艦五百艘自東洲擊吴，吴遣舒州刺史彭彦章及裨將陳汾拒之。四月，錢傳瓘與彭彦章遇，傳瓘命每船皆載灰、豆及沙，乙巳，戰于(浪)〔狼〕山江。吴船乘風而進，傳瓘引舟避之，既過，自後隨之。吴回船與戰，傳瓘使順風揚灰，吴人不能開目。及船舷相接，傳瓘使散沙於己船，而散豆於吴船，豆爲戰血所漬，吴人踐之皆僵仆。傳瓘因縱火焚吴船，吴兵大敗。彦章戰甚力，兵盡，繼之以木，身被數十創。陳汾按兵不救，彦章知不免，遂自殺。傳瓘俘吴裨將七十人，斬首千餘級，焚戰艦四百艘。吴人誅汾，籍没家貲，以其半賜彦章家，禀其妻子終身。

秋七月，吴越王鏐遣錢傳瓘將兵三萬攻吴常州，吴都招討使徐温帥諸將拒之，右雄武統軍陳璋以水軍下海門出其後。壬申，戰于無錫。會温病熱，不能治軍，吳越攻中軍，飛矢雨集，鎮海節度判官陳彦謙遷中軍旗鼓于左，取貌類温者擐甲冑，號令軍事，温得少息。俄頃，疾稍間，出拒之。時久旱草枯，吳人乘風縱火，吳越兵亂，遂大敗，殺其將何逢、吳建，斬首萬級。傳瓘遁去，追至山南，復敗之。陳璋敗吳越于香灣。

温募生獲叛將陳紹者賞錢百萬，指揮使崔彦章獲之。紹勇而多謀，温復使之典兵。

初，（錦）衣〔錦〕之役，吳馬軍指揮曹筠叛奔吳越，徐温赦其妻子，厚遇之，遣間使告之曰：「使汝不得志而去，吾之過也。汝無以妻子爲念。」及是役，筠復奔吳，温自數昔日不用筠言者三，而不問筠去來之罪，歸其田宅，復其軍職。筠内愧而卒。

知誥請帥步卒二千，易吳越旗幟、鎧仗，躡敗卒而東襲取蘇州。温曰：「爾策固善，然吾且求息兵，未暇如汝言也。」諸將皆以爲吳越所恃者舟楫，今大旱，水道涸，此天亡之時也，宜盡步騎之勢一舉滅之。温歎曰：「天下離亂久矣，民困已甚，錢公亦未易可輕。若連兵不解，方爲諸君之憂。今戰勝以懼之，戢兵以懷之，使兩地之民各安其業，君臣高枕，豈不樂哉！多殺何爲！」遂引還。

吳越王鏐見何逢馬，悲不自勝，故將士心附之。寵姬鄭氏父犯法當死，左右爲之請，鏐曰：「豈可以一婦人亂我法！」出其女而斬之。鏐自少在軍中，夜未嘗寐，倦極則就圜木小枕，或枕大鈴，寐熟輒欹而寤，名曰「警枕」。置粉盤于臥内，有所記則書盤中，比老不倦。或寢方酣，外有白事者，令侍女振紙即寤。時彈銅丸于樓牆之外，以警直更者。嘗微行，夜叩北城門，吏不肯啓關，曰：「雖大王來，亦不可啓。」乃自他門入，明日，召北門吏厚賜之。

秋八月，吴徐温遣使以吴王書解歸無錫之俘於吴越，吴越王鏐亦遣使請和於吴。自是吴國休兵息民，三十餘州民樂業者二十餘年。吴王及徐温屢遺吴越王鏐書，勸鏐自王其國，鏐不從。

龍德元年春三月，吴人歸吴越王鏐從弟龍武統軍鎰于錢塘，鏐亦歸吴將李濤于廣陵。徐温以濤爲右雄武統軍，鏐以鎰爲鎮海節度副使。

後唐莊宗同光元年春二月，梁主遣兵部侍郎崔協等册命吴越王鏐爲吴越國王。丁卯，鏐始建國，儀衛、名稱多如天子之制，謂所居曰宫殿，府署曰朝廷，教令下統内曰制敕，將吏皆稱臣，惟不改元，表疏首稱吴越國而不言軍。以清海節度使兼侍中傳瓘爲鎮海、鎮東留後，總軍府事。置百官，有丞相、侍郎、郎中、員外郎、客省等使。

冬十二月，吴越王鏐以行軍司馬杜建徽爲左丞相。

二年冬十月，吴越王鏐復修本朝職貢，壬午，帝因梁官爵而命之。鏐厚貢獻，并賂權要，求金印、玉册、賜詔不名、稱國王。有司言：「故事惟天子用玉册，王公皆用竹册。又非四夷，無封國王者。」帝皆曲從鏐意。

三年秋八月丁亥，遣吏部侍郎李德休等賜吴越國王玉册、金印、紅袍御衣。

閏十二月，吴越王鏐遣使者沈瑫致書，以受玉册、封吴越國王告於吴。吴人以其國名與己同，不受書，遣瑫還。仍戒境上無得通吴越使者及商旅。

明宗天成元年春三月，吴越王鏐有疾，如衣錦軍，命鎮海、鎮東節度使留後傳瓘監國。吴徐温遣使來問疾，左右勸鏐勿見。鏐曰：「温陰狡，此名問疾，實使之覘我也。」强出見之。温果聚兵欲襲吴越，聞鏐疾瘳而止。鏐尋還錢塘。是歲，吴越王鏐以中國喪亂，朝命不通，改元寶正。其後復通中國，乃諱而不稱。

三年秋八月，吴越王鏐欲立中子傳瓘爲嗣，謂諸子曰：「各言汝功，吾擇多者而立之。」傳瓘兄傳璹、傳璙、傳璟皆推傳瓘，乃奏請以兩鎮授傳瓘。閏月丁未，詔以傳瓘爲鎮海、鎮東節度使。

四年。吴越王鏐居其國，好自大，朝廷使者曲意奉之則贈遺豐厚，不然則禮遇疏薄。嘗遺安重誨書，辭禮頗倨。帝遣供奉官烏昭遇、韓玫使吴越，昭遇與玫有隙，使還，玫奏：「昭遇見鏐稱臣拜舞，謂鏐爲殿下，及私以國事告鏐。」安重誨奏賜昭遇死。〔秋九月〕癸已，制鏐以太師致仕，自餘官爵皆削之，凡吳越進奏官、使者、綱吏，令所在繫治之。鏐令子傳瓘等上表訟冤，皆不省。

長興元年冬十月，錢鏐因朝廷册閩王使者裴羽還，附表引咎，其子傳瓘及將佐屢爲鏐上表自訴。癸卯，敕聽兩浙綱吏自便。

二年春三月乙酉，復以錢鏐爲天下兵馬都元帥、尚父、吳越國王，遣監門上將軍張籛往諭旨，以鄜日致仕，安重誨矯制也。

三年春三月，吳越武肅王錢鏐寢疾，謂將吏曰：「吾疾必不起，諸兒愚懦，誰可爲帥者？」衆泣曰：「兩鎮令公仁孝有功，孰不愛戴！」鏐乃悉出印鑰授傳瓘曰：「將吏推爾，宜善守之。」又曰：「子孫善事中國，勿以易姓廢事大之禮。」庚戌卒，年八十一。

傳瓘與兄弟同幄行喪，内牙指揮使陸仁章曰：「令公嗣先王霸業，將吏旦暮趨謁，當與諸公子異處。」乃命主者更設一幄，扶傳瓘居之，告將吏曰：「自今惟謁令公，禁諸公子從者無得妄入。」晝夜警衛，未嘗休息。鏐末年左右皆附傳瓘，獨仁章數以事犯之。至是傳瓘勞之，仁章曰：「先王在位，仁章不知事令公，今日盡節，猶事先王也。」傳瓘嘉歎久之。

傳瓘既襲位，更名元瓘，兄弟名「傳」者皆更爲「元」。以遺命去國儀，用藩鎮法，除民田荒絶者租税。命處州刺史曹仲達權知政事。置擇能院，掌選舉殿最，以浙西營田副使沈崧領之。

内牙指揮使富陽劉仁杞及陸仁章久用事，仁章性剛，仁杞好毁短人，皆爲衆所惡。一日，諸將共詣府門請誅之，元瓘使從子仁俊諭之曰：「二將事先王久，吾方圖其功，汝曹乃欲逞私憾而殺之，可乎？吾爲汝主，汝當禀吾命；不然，吾當歸臨安以避賢路。」衆懼而退。乃以仁章爲衢州刺史，仁杞爲湖州刺史。中外有上書告訐者，元瓘皆置不問，由是將吏輯睦。

秋七月己丑，加鎮海、鎮東節度使錢元瓘守中書令。

四年秋七月丁亥，賜錢元瓘爵吴王。元瓘於兄弟甚厚，其兄中吴、建武節度使元璙自蘇州入見，元瓘以家人禮事之，奉觴爲壽曰：「此兄之位也，而小子居之，兄之賜也。」元璙曰：「先王擇賢而立之，君臣位定，元璙知忠順而已。」因相與對泣。

潞王清泰元年春正月甲午，以鎮海、鎮東節度使吴王元瓘爲吴越王。

後晋高祖天福二年春二月，吴越王元瓘之弟順化節度使、同平章事元珦獲罪於元瓘，廢爲庶人。初，吴越王鏐少子元球數有軍功，鏐賜之兵仗。及吴越王元瓘立，元球爲土客馬步軍都指揮使、静江節度使兼中書令，恃恩驕横，增置兵仗至數千，國人多附之。元瓘忌之，使人諷元球請輸兵仗，出判温州，元球不從。銅官廟吏告元球遣親信禱神，求主吳越江山，又爲蠟丸從水竇出入，與兄元珦謀議。三月戊午，元瓘遣使者召元球宴宮中，既至，左右稱元球有刃墜於懷袖，即格殺之，并殺元珦。元瓘欲按諸將吏與元珦、元球交通者，其子仁俊諫曰：「昔光武克王郎，曹公破袁紹，皆焚其書疏以安反側，今宜效之。」元瓘從之。

夏四月，吳越王元瓘復建國，如同光故事。丙申，赦境内，立其子弘僔爲世子。以曹仲達、沈崧、皮光業爲丞相，鎮海節度判官(休)〔林〕鼎掌教令。

十一月戊辰，詔加吳越王元瓘天下兵馬副元帥，進封吳越國王。

四年秋八月己酉，以吳越王元瓘爲天下兵馬元帥。

冬十月，吳越恭穆夫人馬氏卒。夫人，雄武軍節度使綽之女也。初，武肅王鏐禁中外畜聲妓，文穆王元瓘年三十餘無子，夫人爲之請於鏐，鏐喜曰：「吾家祭祀，汝實主之。」乃聽元瓘納妾鹿氏，生弘僔、弘倧；許氏，生弘佐；吳氏，生弘俶；衆妾，生弘偡、弘億、弘儀、弘偓、弘仰、弘信：夫人撫視，慈愛如一。常置銀鹿於帳前，坐諸兒於上而弄之。

五年夏四月甲子，吳越孝獻世子弘僔卒。

冬十月丁酉，加吴越王元瓘天下兵馬都元帥、尚書令。

六年秋七月，吴越府署火，宫室、府庫幾盡。吴越王元瓘驚懼，發狂〔疾〕。

八月，吴越文穆王元瓘寢疾，察内都監使章德安忠厚，能斷大事，欲屬以後事，語之曰：「弘佐尚少，當擇宗人長者立之。」德安曰：「弘佐雖少，羣下伏其英敏，願王勿以爲念。」王曰：「汝善輔之，吾無憂矣。」德安，處州人也。辛亥，元瓘卒。

初，内牙指揮使戴惲爲元瓘所親任，悉以軍事委之。〔元〕瓘養子弘侑乳母，惲妻之親也，或告惲謀立弘侑。德安祕不發喪，與諸將謀，伏甲士於幕下。壬子，惲入府，執而殺之，廢弘侑爲庶人，復姓孫，幽之明州。是日，將吏以元瓘遺命，承制以鎮海、鎮東節度副大使弘佐爲節度使，時年十四。九月庚申，弘佐即王位，命丞相曹仲達攝政。軍中言賜與不均，舉仗不受，諸將不能制。仲達親諭之，皆釋仗而拜。

弘佐温恭，好書，禮士，躬勤政務，發摘姦伏，人不能欺。民有獻嘉禾者，弘佐問倉吏：「今蓄積幾何？」對曰：「十年。」王曰：「然則軍食足矣，可以寬吾民。」乃命復其境内税三年。

齊王開運二年冬十一月乙卯，吴越王弘佐誅内都監使杜昭達，己未，誅内牙上統軍使、明州刺史闞璠。昭達，建徽之孫也，與璠皆好貨。錢塘富人程昭悦以貨結二人，得侍弘佐左右。昭悦爲人狡佞，王悦之，寵待踰於舊將，璠不能平。昭悦知之，詣璠頓首謝罪，璠責讓久之，乃曰：「吾始者決欲殺汝，今既悔過，吾亦釋然。」昭悦懼，謀去璠。璠專而愎，國人惡之者衆，王亦惡之。昭悦欲出璠於外，恐璠覺之，私謂右統軍使胡進思曰：「今欲除公及璠各爲本州，使璠不疑，可乎？」進思許之，乃以璠爲明州刺史，進思爲湖州刺史。璠怒曰：「出我於外，是棄我也。」進思曰：「老兵得大州，幸矣，不行何爲？」璠乃受命。既而復以他故留進思。内外馬步都統軍使錢仁俊母，杜昭達之姑也。昭悦因譖璠、昭達謀奉仁俊作亂，下獄，鍛鍊成之。璠、昭達既誅，奪仁俊官，幽于東府。於是昭悦治闞、杜之黨，凡權位與己侔，意所忌者，誅放百餘人，國人畏之側目。胡進思重厚寡言，昭悦以爲戇，故獨存之。昭悦收仁俊故吏慎温其，使證仁俊之罪，拷掠備至，温其堅守不屈。弘佐嘉之，擢爲國官。温其，衢州人也。

十二月，加弘佐東南面兵馬都元帥。

後漢高祖天福十二年。吴越内都監程昭悦多聚賓客，畜兵器，二月〔己卯〕，吴越王弘佐斬之，釋錢仁俊之囚。

夏六月，忠獻王弘佐卒，遺令以弘倧爲〔鎮海〕、鎮東節度使。丙寅，弘倧襲位。秋七月，吴越王弘倧以其弟弘俶同參相府事。八月，制以錢弘倧爲鎮海鎮東節度使兼中書令、吴越王。

十一月，吴越王弘倧大閲水軍，賞賜倍於舊。胡進思固諫，弘倧怒，投筆水中曰：「吾之財與士卒共之，奚多少之限邪！」

吴越王弘倧性剛嚴，憤忠獻王弘佐時容養諸將，政非己出，及襲位，誅杭、越侮法吏三人。

内牙統軍使胡進思恃迎立功，干預政事，弘倧惡之，欲授以一州，進思不可。進思有所謀議，弘倧數面折之。進思還家，設忠獻王位，被髮慟哭。民有殺牛者，吏按之，引人所市肉近千斤。弘倧問進思：「牛大者肉幾何？」對曰：「不過三百斤。」弘倧曰：「然則吏妄也。」命按其罪，進思拜賀其明。弘倧曰：「公何能知其詳？」進思踧踖對曰：「臣昔未從軍，亦嘗從事於此。」進思以弘倧爲知其素業，故辱之，益恨怒。進思建議遣李孺贇歸福州，及孺贇叛，弘倧責之，進思愈不自安。

弘倧與内牙指揮使何承訓謀逐進思，又謀於内都監使水丘昭券。昭券以爲進思黨盛難制，不如容之，弘倧猶豫未決。承訓恐事洩，反以謀告進思。

十二月庚戌晦，弘倧夜宴將吏，進思疑其圖己，與其黨謀作亂，帥親兵百人，戎服執兵入見於天策堂曰：「老奴無罪，王何故圖之？」弘倧叱之不退，左右持兵者皆憤怒。弘倧猝愕不暇發言，趨入義和院。進思鎖其門，矯稱王命，告中外，云：「猝得風疾，傳位於同參相府事弘俶。」進思因帥諸將迎弘俶于私第，且召丞相元德昭。德昭至，立於簾外不拜，曰：「俟見新君。」進思亟出褰簾，德昭乃拜。

進思稱弘倧之命，承制授弘俶鎮海、鎮東節度使兼侍中。弘俶曰：「能全吾兄，乃敢承命，不然當避賢路。」進思許之，弘俶始視事。進思殺水丘昭券及進侍鹿光鉉。光鉉，弘倧之舅也。進思之妻曰：「他人猶可殺，昭券君子也，奈何害之！」

乾祐元年春正月壬戌，吴越王弘俶遷故王弘倧於衣錦軍私第，遣匡武都頭薛温將親兵衛之，潛戒之曰：「若有非常處分，皆非吾意，當以死拒之。」

二月，吴越内牙指揮使何承訓復請誅胡進思及其黨。吴越王弘俶惡其反覆，且懼召禍，乙未，執承訓斬之。進思屢請殺廢王弘倧以絶後患，弘俶不許。進思詐以王命，密令薛温害之。温曰：「僕受命之日不聞此言，不敢妄發。」進思乃夜遣其黨方安等二人踰垣而入，弘倧闔户拒之，大呼求救。温聞之，率衆而入，斃安等于庭中，入告弘俶。弘俶大驚曰：「全吾兄，汝之力也。」弘俶畏忌進思，曲意下之。進思亦内憂懼，未幾疽發背卒，弘倧由是獲全。

八月乙未，以錢弘俶爲吴越國王。

隱帝乾祐二年夏五月，吴越内牙都指揮使鈄滔，胡進思之黨也，或告其謀叛，辭連丞相弘億。吴越王弘俶不欲窮治，貶滔于處州。秋七月，吴越王弘俶以丞相弘億判明州。冬十月壬午，加吴越王弘俶尚書令。吴越王弘俶募民能墾荒田者，勿收其稅，由是境内無棄田。或請糾民遺丁以增賦，仍自掌其事，弘俶杖之國門，國人皆悦。

三年冬十月丁未，以吴越王弘俶爲諸道兵馬元帥。

後周太祖廣順元年夏四月，吴越王弘俶徙廢王弘倧居東府，爲築宫室，治園圃娱悦之，歲時供饋甚厚。

顯德元年秋七月丁丑，加吴越王錢弘俶天下兵馬都元帥。

世宗顯德二年十二月，吴越王弘俶遣元帥府判官陳彦禧入貢，帝以詔諭弘俶，使出兵擊唐。

三年春二月，吴越王弘俶遣兵屯境上以俟周命。蘇州營田指揮使陳滿言於丞相吴程曰：「周師南征，唐舉國驚擾，常州無備，易取也。」會唐主有詔撫安江陰吏民，滿告程云：「周詔書已至。」程爲之言於弘俶，請亟發兵從其策。丞相元德昭曰：「唐大國，未可輕也。若我入唐境而周師不至，誰與并力，能無危乎？請姑俟之。」程固争，以爲時不可失，弘俶卒從程議。癸未，遣程督衢州刺史鮑修讓、中直都指揮使羅晟趣常州。程謂將士曰：「元丞相不欲出師。」將士怒，流言欲擊德昭。弘俶匿德昭於府中，令捕言者，歎曰：「方出師而士卒欲擊丞相，不祥甚哉！」

癸巳，吴越王弘俶遣上直都指揮使路彦銖攻宣州，羅晟帥戰艦屯江陰。唐静海制置使姚彦洪帥兵民萬人奔吴越。

王氏據閩中

唐僖宗中和元年秋八月，壽州屠者王緒與妹夫劉行全聚衆五百，盜據本州，月餘，復陷光州，自稱將軍，有衆萬餘人。蔡州節度使秦宗權表爲光州刺史。固始縣佐王潮及弟審邽、審知皆以材氣知名，緒以潮爲軍正，使典資糧，閲士卒，信用之。

四年。初，黄巢轉掠福建，建州人陳巖聚衆數千保鄉里，號「九龍軍」，福建觀察使鄭鎰奏爲團練副使。泉州刺史、左厢都虞候李連有罪，亡入溪洞，合衆攻福州，巖擊敗之。鎰畏巖之逼，表巖自代，〔冬十二月〕壬寅，以巖爲福建觀察使。巖爲治有威惠，閩人安之。

光啓元年春正月，秦宗權責租賦於光州刺史王緒，緒不能給。宗權怒，發兵擊之。緒懼，悉舉光、壽二州兵五千人，驅吏民渡江，以劉行全爲前鋒，轉掠江、洪、虔州，是月陷汀、漳二州，然皆不能守也。

秋八月，王緒至漳州，以道險糧少，令軍中「無得以老弱自隨，犯者斬」。唯王潮兄弟扶其母董氏崎嶇從軍，緒召潮等責之曰：「軍皆有法，未有無法之軍。汝違吾令而不誅，是無法也。」三子曰：「人皆有母，未有無母之人。將軍奈何使人棄其母！」緒怒，命斬其母。三子曰：「潮等事母如事將軍，既殺其母，安用其子？請先母死。」將士皆爲之請，乃捨之。

有望氣者謂緒曰：「軍中有王者氣。」於是緒見將卒有勇略踰己及氣質魁岸（者）皆殺之。劉行全亦死，衆皆自危，曰：「行全親也，且軍鋒之冠，猶不免，况吾屬乎！」行至南安，王潮説其前鋒將曰：「吾屬違墳墓，捐妻子，羈旅外鄉，爲羣盜，豈所欲哉，乃爲緒所迫脅故也。今緒猜刻不仁，妄殺無辜，軍中孑孑者受誅且盡。子須眉若神，騎射絶倫，又爲前鋒，吾竊爲子危之。」前鋒將執潮手泣，問計安出？潮爲之謀，伏壯士數十人於篁竹中，伺緒至，挺劍大呼躍出，就馬上擒之，反縛以徇，軍中皆呼萬歲。潮推前鋒將爲主，前鋒將曰：「吾屬今日不爲魚肉，皆王君力也。天以王君爲主，誰敢先之！」相推讓數四，卒奉潮爲將軍。緒歎曰：「此子在吾網中不能殺，豈非天哉！」

潮引兵將還光州，約其屬，所過秋豪無犯。行及沙縣，泉州人張延魯等以刺史廖彥若貪暴，帥耆老奉牛酒遮道，請潮留爲州將，潮乃引兵圍泉州。

二年秋八月，王潮拔泉州，殺廖彦若。潮聞福建觀察使陳巖威名，不敢犯福州境，遣使降之，巖表潮爲泉州刺史。潮沈勇有智略，既得泉州，招懷離散，均賦繕兵，吏民悦服。幽王緒於别館，緒慚，自殺。

昭宗大順二年。福建觀察使陳巖疾病，遣使以書召泉州刺史王潮，欲授以軍政，未至而巖卒。巖妻弟都將范暉諷將士推己爲留後，發兵拒潮。

景福元年。范暉驕侈失衆心，王潮以從弟彦復爲都統，弟審知爲都監，將兵攻福州。民自請輸米餉軍，平湖洞及濱海蠻夷皆以兵船助之。

二年。王彦復、王審知攻福州，久不下。范暉求救於威勝節度董昌，昌與陳巖婚姻，發温、台、婺州兵五千救之。彦復、審知以城堅，援兵且至，士卒死傷多，白王潮，欲罷兵更圖後舉，潮不許。請潮自臨行營，潮報曰：「兵盡添兵，將盡添將，兵將俱盡，吾當自來。」彦復、審知懼，親犯矢石急攻之。五月，城中食盡，暉知不能守，夜以印授監軍，棄城走，援兵亦還。庚子，彦復等入城。辛丑，暉亡抵沿海都，爲將士所殺。潮入福州，自稱留後，素服葬陳巖，以女妻其子延晦，厚撫其家。汀、建二州降，嶺、海間羣盗二十餘輩皆降潰。

冬十月戊戌，以泉州刺史王潮爲福建觀察使。

乾寧三年秋九月庚辰，升福州爲威武軍，以觀察使王潮爲節度使。

四年。（冬十一月）威武節度使王潮弟審知爲觀察副使，有過，潮猶加捶撻，審知無怨色。潮寢疾，捨其子延興、延虹、延豐、延休，命審知知軍府事。十二月丁未，潮薨，審知以讓其兄泉州刺史審邽，審邽以審知有功，辭不受。審知自稱福建留後，表于朝廷。

光化元年春三月己丑，以王審知充威武留後。冬十月癸卯，以威武留後王審知爲節度使。

三年春二月壬申，加威武節度使王審知同平章事。

後梁太祖開平元年夏五月己卯，以王審知兼侍中。

三年夏四月庚子，以王審知爲閩王。

均王貞明六年。初，閩王審知承制加其從子泉州刺史延彬領平盧節度使。延彬治泉州十七年，吏民安之。會得白鹿及紫芝，僧浩源以爲王者之符，延彬由是驕縱，密遣使浮海入貢，求爲泉州節度使。事覺，審知誅浩源及其黨，黜延彬歸私第。

後唐莊宗同光三年夏五月，閩王審知寢疾，命其子節度副使延翰權知軍府事。冬十二月辛未，閩忠懿王審知卒，子延翰自稱威武留後。汀州民陳本聚衆三萬圍汀州，延翰遣右軍都監柳邕等將兵二萬討之。

明宗天成元年春正月，閩人破陳本，斬之。

三月辛酉，以威武節度副使王延翰爲威武節度使。夏五月甲戌，加王延翰同平章事。冬十月，(昭)〔威〕武節度使、同平章事王延翰驕淫殘暴，己丑，自稱大閩國王，立宫殿，置百官，威儀、文物皆倣天子之制，羣下稱之曰殿下。赦境内，追尊其父審知曰昭武王。

閩王延翰蔑棄兄弟，襲位纔踰月，出其弟延鈞爲泉州刺史。延翰多取民女以充後庭，采擇不已。延鈞上書極諫，延翰怒，由是有隙。父審知養子延稟爲建州刺史，延翰與書，使之采擇，延稟復書不遜，亦有隙。十二月，延稟、延鈞合兵襲福州。延稟順流先至，福州指揮使陳陶帥衆拒之，兵敗，陶自殺。是夜，延稟帥壯士百餘人趣西門，梯城而入，執守門者，發庫取兵仗。及寢門，延翰驚匿別室。辛卯旦，延稟執之，暴其罪惡，且稱延翰與妻崔氏共弒先王，告諭吏民，斬于紫宸門外。是日，延鈞至城南，延稟開門納之，推延鈞爲威武留後。

二年春正月戊辰，王延稟還建州，王延鈞送之，將別，謂延鈞曰：「善守先人基業，勿煩老兄再下。」延鈞遜謝甚恭而色變。

夏五月癸丑，以威武留後王延鈞爲本道節度使、守中書令、琅邪王。

三年秋七月戊辰，以威武節度使王延鈞爲閩王。

冬十二月，閩王延鈞度民二萬爲僧，由是閩中多僧。

四年冬十二月，奉國節度使、知建州王延稟稱疾，退居里第，請以建州授其子繼雄。庚子，詔以繼雄爲建州刺史。

長興二年夏四月，閩奉國節度使兼中書令王延稟聞閩王延鈞有疾，以次子繼昇知建州留後，帥建州刺史繼雄將水軍襲福州。癸卯，延稟攻西門，繼雄攻東門，延鈞遣樓船指揮使王仁達將水軍拒之。仁達伏甲舟中，僞立白幟請降，繼雄喜，屏左右，登仁達舟慰撫之。仁達斬繼雄，梟首於西門。延稟方縱火攻城，見之慟哭，仁達因縱兵擊之，衆潰，左右以斛昇延稟而走，甲辰，追擒之。延鈞見之曰「果煩老兄再下」，延稟慚不能對。延鈞囚于別室，遣使者如建州招撫其黨。其黨殺使者，奉繼昇及弟繼倫奔吴越。仁達，延鈞從子也。

五月，閩王延鈞斬王延稟於市，復其姓名曰周彦琛。遣其弟都教練使延政如建州撫慰吏民。

六月，閩王延鈞好神仙之術，道士陳守元、巫者徐彦林與盛韜共誘之作寶皇宫，極土木之盛，以守元爲宫主。

冬十二月，閩陳守元等稱寶皇之命，謂閩王延鈞曰：「苟能避位受道，當爲天子六十年。」延鈞信之，丙子，命其子節度副使繼鵬權軍府事。延鈞避位受籙，道名玄錫。

三年春三月甲辰，閩王延鈞復位。

夏六月，閩王延鈞謂陳守元曰：「爲我問寶皇，既爲六十年天子，後當何如？」明日，守元入白：「昨夕奏章，得寶皇旨，當爲大羅仙主。」徐彦等亦曰：「北廟崇順王嘗見寶皇，其言與守元同。」延鈞益自負，始謀稱帝。表朝廷，云：「錢鏐卒，請以臣爲吳越王。馬殷卒，請以臣爲尚書令。」朝廷不報，自是職貢遂絶。

四年春正月，閩人有言真封宅龍見者，閩王延鈞更命其宅曰龍躍宫。遂詣寶皇宫受册，備儀衛，入府，即皇帝位，國號大閩，大赦，改元龍啓，更名璘。追尊父、祖，立五廟。以其僚屬李敏爲左僕射、門下侍郎，其子節度副使繼鵬爲右僕射、中書侍郎，並同平章事；以親吏吳勗爲樞密使。唐册禮使裴傑、程侃適至海門，閩主以傑爲如京使，侃固求北還，不許。閩主自以國小地僻，常謹事四鄰，由是境内差安。

夏四月，閩主璘立子繼鵬爲福王，充寶皇宫使。五月，閩地震，閩主璘避位脩道，命福王繼鵬權總萬機。初，閩王審知性節儉，府舍皆庳陋。至是大作宫殿，極土木之盛。

秋七月戊子，閩主璘復位。初，福建中軍使薛文傑性巧佞，璘喜奢侈，文傑以聚斂求媚，璘以爲國計使，親任之。文傑陰求富民之罪，籍没其財，被榜捶者胸背分受，仍以銅斗火熨之。建州土豪吴光入朝，文傑利其財，求其罪，將治之。光怨怒，帥其衆且萬人叛奔吴。

九月，閩内樞密使薛文傑説閩主抑挫諸宗室。從子繼圖不勝忿，謀反，坐誅，連坐者千餘人。

閩主好鬼神，巫盛韜等皆有寵。薛文傑言於閩主曰：「陛下左右多姦臣，非質諸鬼神，不能知也。盛韜善視鬼，宜使察之。」閩主從之。文傑惡樞密吴勗，勗有疾，文傑省之，曰：「主上以公久疾，欲罷公近密，僕言公但小苦頭痛耳，將愈矣。主上或遣使來問，慎勿以他疾對也。」勗許諾。明日，文傑使韜言於閩主曰：「適見北廟崇順王訊吴勗謀反，以銅釘釘其腦，金椎擊之。」閩主以告文傑，文傑曰：「未可信也，宜遣使問之。」果以頭痛對，即收下獄，遣文傑及獄吏雜治之，勗自誣服，并其妻子誅之。由是國人益怒。吴光請兵於吴，吴信州刺史蔣延徽不俟朝命，引兵會光攻建州。閩主遣使求救於吴越。

十一月，閩主尊魯〔國〕夫人黄氏爲皇太后。

十二月，閩主改福州爲長樂府。親從都指揮使王仁達有擒王延稟之功，性慷慨，言事無所避，閩主惡之。嘗私謂左右曰：「仁達智有餘，吾猶能御之，非少主臣也。」至是，竟誣〔以〕叛，族誅之。

潞王清泰元年春正月，吴蔣延徽敗閩兵於浦城，遂圍建州。閩主璘遣上軍使張彦柔、驃騎大將軍王延宗將兵萬人救建州。延宗軍及中塗，士卒不進，曰：「不得薛文傑，不能討賊。」延宗馳使以聞，國人震恐。太后及福王繼鵬泣謂璘曰：「文傑盜弄國權，枉害無辜，上下怨怒久矣。今吴兵深入，士卒不進，社稷一旦傾覆，留文傑何益？」文傑亦在側，互陳利害。璘曰：「吾無如卿何，卿自爲謀。」文傑出，繼鵬伺之於啓聖門外，以笏擊之仆地，檻車送軍前，市人争持瓦礫擊之。文傑善術數，自云過三日則無患。部送者聞之，倍道兼行，二日而至。士卒見之踴躍，臠食之。閩主亟遣赦之，不及。初，文傑以古制檻車疏闊，更爲之，形如木匱，攢以鐵鋩，内向，動輒觸之。車成，文傑首自入焉。并誅盛韜。

蔣延徽攻建州垂克，徐知誥以延徽吴太祖之壻，與臨川王濛素善，恐其克建州奉濛以圖興復，遣使召之。延徽亦聞閩兵及吴越兵將至，引兵歸。閩人追擊，敗之，士卒死亡甚衆，歸罪於都虞候張重進，斬之。知誥貶延徽爲右威衛將軍，遣使求好于閩。

二年春正月，閩主立淑妃陳氏爲皇后。初，閩主兩娶劉氏，皆士族，美而無寵。陳后，本閩太祖侍婢金鳳也，陋而淫，閩主嬖之，以其族人守恩、匡勝爲殿使。

夏六月，閩福王繼鵬私於宫人李春燕，繼鵬請之於陳后，后白閩主而賜之。

初，閩主有幸臣曰歸守明，出入卧内。閩主晚年得風疾，陳后與守明及百工院使李可殷私通，國人皆惡之，莫敢言。可殷嘗譖皇城使李倣於閩主，后族陳匡勝無禮於福王繼鵬，倣及繼鵬皆恨之。閩主疾甚，繼鵬有喜色。倣以閩主爲必不起，冬十月己卯，使壯士數人持白挺擊李可殷，殺之，中外震驚。庚辰，閩主疾少間，陳后訴之。閩主力疾視朝，詰可殷死狀，倣懼而出，俄頃，引部兵鼓譟入宫。閩主聞變，匿於九龍帳下，亂兵刺之而出。閩主宛轉未絶，宫人不忍其苦，爲絶之。倣與繼鵬殺陳后、陳守恩、陳匡勝、歸守明及繼鵬弟繼韜，繼韜素與繼鵬相惡故也。辛巳，繼鵬稱皇太后令監國，是日，即皇帝位，更名昶。謚其父曰齊肅明孝皇帝，廟號惠宗。既而自稱權知福建節度事，遣使奉表於唐。大赦境内。立李春燕爲賢妃。

初，閩惠宗娶漢主女清遠公主，使宦者閩清林延遇置邸於番禺，專掌國信。漢主賜以大第，稟賜甚厚，數問以閩事。延遇不對，退謂人曰：「去閩語閩，去越語越，處人宫禁，可如是乎！」漢主聞而賢之，以爲内常侍，使鉤校諸司事。延遇聞惠宗遇弒，求歸，不許，素服向其國三日哭。

閩皇城使、判六軍諸衛李倣專制朝政，陰養死士，閩主昶與拱宸指揮使林延皓等圖之。延皓等詐親附倣，倣待之不疑。十一月壬子，倣入朝，延皓等伏衛士數百於内殿，執斬之，梟首朝門。倣部兵千餘持白挺攻應天門，不克，焚啓聖門，奪倣首奔吴越。詔暴倣弑君及殺繼韜等罪，告諭中外。以建王繼嚴權判六軍諸衛，以六軍判官永泰葉翹爲内宣徽使參政事。

翹博學質直，閩惠宗擢爲福王友，昶以師傅禮待之，多所裨益，宫中謂之「國翁」。昶既嗣位，驕縱，不與翹議國事。一旦，昶方視事，翹衣道士服過庭中趨出，昶召還，拜之，曰：「軍國事殷，久不接對，孤之過也。」翹頓首曰：「老臣輔導無狀，致陛下即位以來，無一善可稱。願乞骸骨。」昶曰：「先帝以孤屬公，政令不善，公當極言，奈何棄孤去？」厚賜金帛，慰諭令復位。昶元妃梁國夫人李氏，同平章事敏之女，昶嬖李春燕，待夫人甚薄。翹諫曰：「夫人先帝之甥，聘之以禮，奈何以新愛而棄之！」昶不從，由是疏之。未幾復上書言事，昶批其紙尾曰「一葉隨風落御溝」，遂放歸永泰，以壽終。

十二月，閩主賜洞真先生陳守元號「天師」，信重之，乃至更易將相、刑罰、選舉皆與之議。守元受賂請託，言無不從，其門如市。

後晉高祖天福元年春三月，閩主昶改元通文，立賢妃李氏爲皇后，尊皇太后曰太皇太后。

二年夏四月，閩主作紫微宫，飾以水晶，土木之盛，倍於寶皇宫。又遣使散詣諸州，伺人隱匿。

夏六月，方士言於閩主，云有白龍夜見螺峯，閩主作白龍寺。時百役繁興，用度不足，閩主謂吏部侍郎判三司候官蔡守蒙曰：「聞有司除官皆受賂，有諸？」對曰：「浮言無足信也。」閩主曰：「朕知之久矣。今以委卿，擇賢而授，不肖及罔冒者勿拒，第令納賂，籍而獻之。」守蒙素廉，以爲不可。閩主怒，守蒙懼而從之，自是除官但以貨多寡爲差。閩主又以空名堂牒使醫工陳究賣官於外，專務聚斂，無有盈厭。又詔民有隱年者杖背，隱口者死，逃亡者族。果、菜、雞、豚，皆重征之。

冬十月，閩主命其弟威武節度使繼恭上表告嗣位于晋，且請置邸于都下。

三年冬十一月丙午，以閩主昶爲閩國王，以左散騎常侍盧損爲册禮使，賜昶赭袍。戊申，以威武節度使王繼恭爲臨海郡王。閩主聞之，遣進奏官林恩白執政，以既襲帝號，辭册命及使者。閩諫議大夫黄諷以閩主淫暴，與妻子辭訣入諫。閩主欲杖之，諷曰：「臣若迷國不忠，死亦無怨，直諫被杖，臣不受也。」閩主怒，黜爲民。

四年春二月，盧損至福州，閩主稱疾不見，命弟繼恭主之。遣其禮部員外郎鄭元弼奉繼恭表，隨損入貢。閩主不禮於損，有士人林省鄒私謂損曰：「吾主不事其君，不愛其親，不恤其民，不敬其神，不睦其鄰，不禮其賓，其能久乎？余將僧服而北逃，會當相見上國耳。」

閩主忌其叔父前建州刺史延武、户部尚書延望才名，巫者林興與延武有怨，託鬼神語，云：「延武、延望將爲變。」閩主不復詰，使興帥壯士就第殺之，并其五子。

閩主用陳守元言，作三清殿於禁中，以黄金數千斤鑄寶皇大帝、天尊、老君像，晝夜作樂，焚香禱祀，求神丹。政無大小，皆林興傳寶皇命決之。

閩判六軍諸衛建王繼嚴得士心，閩主忌之，六月，罷其兵柄，更名繼裕。以弟繼鏞判六軍，去「諸衛」字。

林興詐覺，流泉州。望氣者言宫中有災，乙未，閩主徙居長春宫。

初，閩惠宗以太祖元從爲拱宸、控鶴都，及康宗立，更募壯士二千人爲腹心，號「宸衛都」，禄賜皆厚於二都。或言二都怨望，將作亂，閩主欲分隸漳、泉二州，二都益怒。閩主〔好〕爲長夜之飲，强羣臣酒，醉則令左右伺其過失。從弟繼隆醉失禮，斬之。屢以猜怒誅宗室，叔父左僕射、同平章事延羲陽爲狂愚以避禍，閩主賜以道士服，置武夷山中，尋復召還，幽於私第。

閩主數侮拱宸、控鶴軍使永泰朱文進、光山連重遇，二人怨之。會北宫火，求賊不獲，閩主命重遇將内外營兵埽除餘燼，日役萬人，士卒甚苦之。又疑重遇知縱火之謀，欲誅之；內學士陳郯私告重遇。辛巳夜，重遇入直，帥二都兵焚長春宮以攻閩主，使人迎延羲於瓦礫中，呼萬歲，復召外營兵共攻閩主。獨宸衛都拒戰，閩主乃與李后如宸衛都。比明，亂兵焚宸衛都，宸衛都戰敗，餘衆千餘人，奉閩主及李后出北關，至梧桐嶺，衆稍逃散。延羲使兄子前汀州刺史繼業將兵追之，及於村舍。閩主素善射，引弓殺數人。俄而追兵雲集，閩主知不免，投弓謂繼業曰：「卿臣節安在？」繼業曰：「君無君德，臣安得有臣節！新君叔父也，舊君昆弟也，孰親孰疏？」閩主不復言。繼業與之俱還，至陀莊，飲以酒，醉而縊之，并李后及諸子王繼恭皆死。宸衛餘衆奔吳越。

延羲自稱威武節度使、閩國王，更名曦，改元永隆，赦繫囚，頒賚中外。以宸衛弒閩主赴於鄰國，謚閩主曰「聖神英睿文明廣武應道大弘孝皇帝」，廟號康宗。遣商人間道奉表稱藩于晉，然其在國置百官皆如天子之制，以太子太傅致仕李真爲司空兼中書侍郎、同平章事。

連重遇之攻康宗也，陳守元在宮中，易服色將逃，兵人殺之。重遇執蔡守蒙，數以賣官之罪而斬之。閩王曦既立，遣使誅林興於泉州。

冬十月庚戌，閩主康宗所遣使者鄭元弼至大梁。康宗遺執政書曰：「閩國一從興運，久歷年華，見北辰之帝座頻移，致東海之風帆多阻。」又求用敵國禮致書往來。帝怒其不遜，壬子，詔卻其貢物及福建諸州綱運，並令元弼及進奏官林恩部送速歸。兵部員外郎李知損上言：「王昶僭慢，宜執留使者，籍沒其貨。」乃下元弼、恩獄。

十二月，閩王作新宮，徙居之。

五年春正月，帝引見閩使鄭元弼等。元弼曰：「王昶蠻夷之君，不知禮義，陛下得其善言不足喜，惡言不足怒。臣將命無狀，願伏鈇鑕以贖昶罪。」帝憐之，辛未，詔釋元弼等。

閩王曦既立，驕淫苛虐，猜忌宗族，多尋舊怨。其弟建州刺史延政數以書諫之，曦怒，復書罵之。遣親吏業翹監建州軍，教練使杜漢崇監南鎮軍，二人争捃延政陰事告於曦，由是兄弟積相猜恨。一日，翹與延政議事不叶，翹訶之曰：「公反邪！」延政怒，欲斬翹，翹奔南鎮。延政發兵就攻之，敗其戍兵，翹、漢崇奔福州西鄙，戍兵皆潰。

二月，曦遣統軍使潘師逵、吴行真將兵四萬擊延政。師逵軍於建州城西，行真軍於城南，皆阻水置營，焚城外廬舍。延政求救於吴越，壬戌，吴越王元瓘遣寧國節度使、同平章事仰仁詮、内都監使薛萬忠將兵四萬救之。丞相林鼎諫，不聽。三月戊辰，師逵分兵三千，遣都軍使蔡弘裔將之出戰，延政遣其將林漢徹等敗之於茶山，斬首千餘級。

丁丑，王延政募敢死士千餘人，夜涉水，潛入潘師逵壘，因風縱火，城上鼓譟以應之，戰棹都頭建安陳誨殺師逵，其衆皆潰。戊寅，引兵欲攻吴行真寨，建人未涉水，行真及將士棄營走，死者萬人。延政乘勝取永平、順昌二城。自是建州之兵始盛。

夏四月，吴越仰仁詮等兵至建州，王延政以福州兵已敗去，奉牛酒犒之，請班師。仁詮等不從，營于城之西北。延政懼，復遣使乞師於閩王，閩王以泉州刺史王繼業爲行營都統，將兵二萬救之。且移書責吴越，遣輕兵絶吴越糧道。會久雨，吴越軍食盡，五月，延政遣兵出擊，大破之，俘斬以萬計。癸未，仁詮等夜遁。

唐主遣客省使尚全恭如閩，和閩王曦及王延政。六月，延政遣牙將及女奴持誓書及香爐至福州，與曦盟于宣陵，然兄弟相猜恨猶如故。

閩王曦因商人奉表自理，十一月甲申，以曦爲威武節度使兼中書令，封閩國王。

六年春正月，王延政城建州，周二十里，請於閩王曦，欲以建州爲威武軍，自爲節度使。曦以威武軍福州也，乃以建州爲鎮安軍，以延政爲節度使，封富沙王。延政改鎮安曰鎮武而稱之。

夏四月，閩王曦以其子亞澄同平章事、判六軍諸衛。曦疑其弟汀州刺史延喜與延政通謀，遣將軍許仁欽以兵三千如汀州，執延喜以歸。

夏六月，閩王曦聞王延政以書招泉州刺史王繼業，〔召繼業〕還，賜死於郊外，殺其子於泉州。初，繼業爲汀州刺史，司徒兼門下侍郎、同平章事楊沂豐爲士曹參軍，與之親善。

或告沂豐與繼業通謀，沂豐(以)〔方〕侍宴，即收下獄，明日斬之，夷其族。沂豐，涉之從弟也，時年八十餘，國人哀之。自是宗族、勳舊相繼被誅，人不自保。諫議大夫黄峻舁櫬詣朝堂極諫，曦曰：「老物狂發矣。」貶漳州司户。

曦淫侈無度，資用不給，謀於國計使南安陳匡範，匡範請日進萬金。曦悦，加匡範禮部侍郎，匡範增算商賈數倍。曦宴羣臣，舉酒屬匡範曰：「明珠美玉，求之可得，如匡範人中之寶，不可得也。」未幾，商賈之算不能足日進，貸諸省務錢以足之，恐事覺，憂悸而卒，曦祭贈甚厚。諸省務以匡範貸帖聞，曦大怒，斲棺，斷其尸棄水中。以連江人黄紹頗代爲國計使。紹頗請：「令欲仕者，自非蔭補，皆聽輸錢即授之，以資望高下及州縣户口多寡定其直，自百緡至千緡。」從之。

秋七月，閩主曦自稱大閩皇，領威武節度使，與王延政治兵相攻，互有勝負。福、建之間，暴骨如莽。鎮武節度判官晋江潘承祐屢請息兵修好，延政不從。閩主使者至，延政大陳甲卒以示之，對使者語甚悖慢。承祐長跪切諫，延政怒，顧左右曰：「判官之肉可食乎？」承祐不顧，聲色愈厲。

閩主曦惡泉州刺史王繼嚴得衆心，罷歸，酖殺之。

九月，閩主曦以其子琅邪王亞澄爲威武節度使兼中書令，改號長樂王。

冬十月，閩主曦即皇帝位，王延政自稱兵馬元帥。閩同平章事李敏卒。

七年春正月，閩主曦立皇后李氏，同平章事真之女也，嗜酒剛愎，曦寵而憚之。

三月，閩主曦立長樂王亞澄爲閩王。

夏六月，閩富沙王延政圍汀州。閩主曦發漳、泉兵五千救之。又遣其將林守亮入尤溪，大明宮使黄敬忠屯尤口，欲乘虚襲建州，國計使黄紹頗將步卒八千，爲二軍聲援。秋七月，閩富沙王延政攻汀州，四十二戰，不克而歸。其將包洪實、陳望將水軍以禦福州之師。丁酉，遇於尤口。黄敬忠將戰，占者言時刻未利，按兵不動。洪實等引兵登岸，水陸夾攻之，殺敬忠，俘斬二千級，林守亮、黄紹頗皆遁歸。

八月，閩主曦遣使以手詔及金器九百、錢萬緡、將吏敕告六百四十通，求和於富沙王延政，延政不受。

丙寅，閩主曦宴羣臣於九龍殿。從子繼柔不能飲，强之。繼柔私減其酒，曦怒，并客將斬之。

閩主曦以同平章事候官余廷英爲泉州刺史。廷英貪穢，掠人女子，詐稱受詔采擇以備後宫。事覺，曦遣御史按之。廷英懼，詣福州自歸，曦詰責，將以屬吏。廷英退，獻買宴錢萬緡。曦悦，明日召見，謂曰：「宴已買矣，皇后貢物安在？」廷英復獻錢於李后，乃遣歸泉州。自是諸州皆別貢皇后物。未幾，復召廷英爲相。

閩鹽鐵使、右僕射李仁遇，敏之子，閩主曦之甥也，年少，美姿容，得幸於曦。十二月，以仁遇爲左僕射兼中書侍郎，翰林學士、吏部侍郎李光準爲中書侍郎兼户部尚書，並同平章事。

曦荒淫無度，嘗夜宴，光準醉忤旨，命執送都市斬之。吏不敢殺，繫獄中。明日，視朝，召復其位。是夕，又宴，收翰林學士周維岳下獄。吏拂榻待之，曰：「相公昨夜宿此，尚書勿憂。」醒而釋之。他日，又宴，侍臣皆以醉去，獨維岳在。曦曰：「維岳身甚小，何飲酒之多？」左右或曰：「酒有別腸，不必長大。」曦欣然，命捽維岳下殿，欲剖視其酒腸。或曰：「殺維岳，無人復能侍陛下劇飲者。」乃捨之。

齊王天福八年春二月，閩富沙王延政稱帝於建州，國號大殷，大赦，改元天德。以將樂縣爲鏞州，延平鎮爲鐔州。立皇后張氏。以節度判官潘承祐爲吏部尚書，節度巡官建陽楊思恭爲兵部尚書。未幾，以承祐同平章事，思恭遷僕射、録軍國事。延政服赭袍視事，然牙參及接鄰國使者，猶如藩鎮禮。殷國小民貧，軍旅不息。楊思恭以善聚斂得幸，增田畝山澤之税，至於魚、鹽、蔬、果無不倍征，國人謂之「楊剥皮」。

三月，閩主曦納金吾使尚保殷之女，立爲賢妃。妃有殊色，曦嬖之。醉中，妃所欲殺則殺之，所欲宥則宥之。

殷將陳望等攻閩福州，入其西郛，既而敗歸。

夏五月，殷吏部尚書、同平章事潘承祐上書陳十事，大指言：「兄弟相攻，逆傷天理，一也。賦斂煩重，力役無節，二也。發民爲兵，羈旅愁怨，三也。楊思恭奪人衣食，使歸怨於上，羣臣莫敢言，四也。疆土狹隘，多置州縣，增吏困民，五也。除道裹糧，將攻臨汀，曾不憂金陵、錢塘承虛相襲，六也。括高貲户，財多者補官，逋負者被刑，七也。延平諸津，征〔果〕、菜、魚、米，獲利至微，斂怨甚大，八也。與唐、吴越爲鄰，即位以來，未嘗通使，九也。宮室臺榭，崇飾無度，十也。」殷王延政大怒，削承祐官爵，勒歸私第。

初，閩主曦侍康宗宴，會新羅獻寶劍，康宗舉以示同平章事王倓曰：「此何所施？」倓對曰：「斬爲臣不忠者。」時曦已蓄異志，凜然變色。至是，宴羣臣，復有獻劍者，曦命發倓冢，斬其尸。校書郎陳光逸謂其友曰：「主上失德，亡無日矣，吾欲死諫。」其友止之，不從，上書陳曦大惡五十事。曦怒，命衛士鞭之數百，不死，以繩繫其頸，懸諸庭樹，久之乃絶。

閩主曦嫁其女，取班簿閲視之，朝士有不賀者十二人，皆杖之於朝堂。以御史中丞劉贊不舉劾，亦將杖之，贊義不受辱，欲自殺。諫議大夫鄭元弼諫曰：「古者刑不上大夫。」

中丞儀刑百僚，豈宜加之箠楚！」曦正色曰：「卿欲效魏徵邪？」元弼曰：「臣以陛下爲唐太宗，故敢效魏徵。」曦怒稍解，乃釋贊，贊竟以憂卒。

開運元年春正月，唐主遺使遺閩主曦及殷主延政書，責以兄弟尋戈。曦復書，引周公誅管、蔡，唐太宗誅建成、元吉〔爲比〕。延政復書，斥唐主奪楊氏國。唐主怒，遂與殷絕。

閩拱宸都指揮使朱文進、閤門使連重遇既弑康宗，常懼國人之討，相與結婚以自固。閩主曦果於誅殺，嘗遊西園，因醉殺控鶴指揮使魏從朗。從朗，朱、連之黨也。又嘗酒酣，誦白居易詩「惟有人心相對間，咫尺之情不能料」，因舉酒屬二人。二人起，流涕再拜，曰：「臣子事君父，安有他志。」曦不應，二人大懼。

李后妬尚賢妃之寵，欲殺曦而立其子亞澄，使人告二人曰：「主上殊不平於二公，奈何？」會后父李真有疾，乙酉，曦如真第問疾。文進、重遇使拱宸馬步使錢達弑曦於馬上，召百官集朝堂，告之曰：「太祖昭武皇帝光啓閩國，今子孫淫虐，荒墜厥緒。天厭王氏，宜更擇有德者立之。」衆莫敢言，重遇乃推文進升殿，被衮冕，帥羣臣北面再拜稱臣。文進自稱閩主，悉收王氏宗族延喜以下少長五十餘人，皆殺之。葬閩主曦，謚曰睿文廣武明聖元德隆道大孝皇帝，廟號景宗。以重遇總六軍。禮部尚書、判三司鄭元弼抗辭不屈，黜歸田里，將奔建州，文進殺之。文進下令，出宮人，罷營造，以反曦之政。

殷主延政統軍使吴成義將兵討文進，不克。文進加樞密使鮑思潤同平章事，以羽林統軍使黄紹頗爲泉州刺史，左軍使程文緯爲漳州刺史。汀州刺史同安許文稹舉郡降之。

夏四月，朱文進遣使如唐，唐主囚其使，將伐之，會天暑疾疫而止。

秋八月，朱文進自稱威武留後、權知閩國事，遣使奉表稱藩于晋。癸丑，以文進爲威武節度使，知閩國事。

冬十月，殷主延政遣其將陳敬佺以兵三千屯尤溪及古田，盧進以兵二千屯長溪。泉州散員指揮使(姚)〔桃〕林留從效謂同列王忠順、董思安、張漢思曰：「朱文進屠滅王氏，遣腹心分據諸州。吾屬世受王氏恩，而交臂事賊，一旦富沙王克福州，吾屬死有餘愧。」衆以爲然。十一月，從效等各引軍中所善壯士，夜飲於從效之家，從效紿之曰：「富沙王已平福州，密旨令吾屬討黄紹頗。吾觀諸君狀貌，皆非久處貧賤者。從吾言，富貴可圖；不然，禍且至矣。」衆皆踊躍，操白挺，踰垣而入，執紹頗，斬之。從效持州印詣王繼勳第，請主軍府。從效自稱平賊統軍使，函紹頗首，遣副兵馬使臨淮陳洪進齎詣建州。

洪進至尤溪，福州戍兵數千遮道。洪進紿之曰：「義師已誅朱福州，吾倍道逆嗣君於建州，爾輩尚守此何爲乎？」以紹頗首示之，衆遂潰，大將數人從洪進詣建州。延政以繼勳爲侍中、泉州刺史，從效、忠順、思安、洪進皆爲都指揮使。漳州將程謨聞之，〔亡〕〔立〕殺刺史程文緯，立王繼成權州事。繼勳、繼成，皆延政從子也，朱文進之滅王氏，二人以疏遠獲全。

汀州刺史許文稹，奉表請降於殷。

十二月癸丑，加朱文進同平章事，封閩國王。

朱文進聞黃紹頗死，大懼，以重賞募兵二萬，遣統軍使林守諒、內客省使李廷鍔將之攻泉州，鉦鼓相聞五百里。殷主延政遣大將軍杜進將兵二萬救泉州，留從效開門與福州兵戰，大破之，斬守諒，執廷鍔。延政遣統軍使吳成義帥戰艦千艘攻福州，朱文進遣子弟爲質於吳越以求救。

初，唐翰林待詔臧循與樞密副使查文徽同鄉里，循常爲賈人，習福建山川，爲文徽畫取建州之策。文徽表請用兵擊王延政，國人多以爲不可。唐主以文徽爲江西安撫使，循行境上，覘其可否。文徽至信州，奏言攻之必克。唐主以洪州營屯都虞候邊鎬爲行營招討諸軍都虞候，將兵從文徽伐殷。文徽自建陽進屯蓋竹，聞泉、漳、汀三州皆降于殷。殷將張漢真自鏞州將兵八千將至，文徽懼，退保建陽。臧循屯邵武，邵武民導殷兵襲破循軍，執循送建州，斬之。

閏月，殷吴成義聞有唐兵，詐使人告福州吏民曰：「唐助我討賊臣，大兵今至矣。」福人益懼。乙未，朱文進遣同平章事李光準等奉國寶于殷。

丁酉，福州南廊承旨林仁翰謂其徒曰：「吾曹世事王氏，今受制賊臣，富沙王至，何面見之？」帥其徒三十人被甲趣連重遇第，重遇方嚴兵自衛，三十人者望之，稍稍遁去。仁翰執槊直前刺重遇，殺之，斬其首以示衆曰：「富沙王且至，汝輩族矣！今重遇已死，何不亟取文進以贖罪？」衆踴躍從之，遂斬文進，迎吴成義入城，函二首送建州。

二年春正月，閩之故臣共迎殷主延政，請歸福州，改國號曰閩。延政以方有唐兵，未暇徙都，以從子門下侍郎、同平章事繼昌都督南都內外諸軍事，鎮福州；以飛捷指揮使黄仁諷爲鎮遏使，將兵衛之。

林仁翰至福州，閩主賞之甚薄，仁翰未嘗自言其功。

發南都侍衛及兩軍甲士萬五千人詣建州以拒唐。

二月，唐查文徽表求益兵，唐主以天威都虞候何敬洙爲建州行營招討馬步都指揮使，將軍祖全恩爲應援使，姚鳳爲都監，將兵數千會攻建州，自崇安進屯赤嶺。閩主延政遣僕射楊思恭、統軍使陳望將兵萬人拒之，列栅水南，旬餘不戰，唐人不敢逼。思恭以延政之命督望戰，望曰：「江、淮兵精，其將習武事。國之安危，繫此一舉，不可不萬全而後動。」思恭怒曰：「唐兵深侵，陛下寢不交睫，委之將軍。今唐兵不出數千，將軍擁衆萬餘，不乘其未定而擊之，有如唐兵懼而自退，將軍何面目見陛下乎？」望不得已，引兵涉水與唐戰，全恩等以大軍當其前，使奇兵出其後，大破之。望死，思恭僅以身免。延政大懼，嬰城自守，召董思安、王忠順使將泉州兵五千詣建州，分守要害。

初，光州人李仁達仕閩爲元從指揮使，十五年不遷職。閩主曦之世，叛奔建州，閩主延政以爲將。及朱文進弒曦，復叛奔福州，陳取建州之策。文進惡其反覆，黜居福清。浦城人陳繼珣亦叛閩主延政奔福州，爲曦畫策取建州，曦以爲著作郎。及延政得福州，二人皆不自安。

王繼昌暗弱嗜酒，不恤將士，將士多怨。仁達潛入福州，與繼珣說黄仁諷曰：「今唐兵乘勝，建州孤危。富沙王不能保建州，安能保福州。昔王潮兄弟，光山布衣耳，取福建如反掌。況吾輩乘此機會，自圖富貴，何患不如彼乎？」仁諷然之。是夕，仁達等引甲士突入府舍，殺繼昌及吴成義。

仁達欲自立，恐衆心未服，以雪峯寺僧卓巖明素爲衆所重，乃言：「此僧目重瞳子，手垂過膝，真天子也。」相與迎之。三月己亥，立以爲帝，解去衲衣，被以衮冕，帥將吏北面拜之。然猶稱天福十年，遣使奉表稱藩于晉。

延政聞之，族黄仁諷家，命統軍使張漢真將水軍五千，會漳、泉兵討巖明。

夏四月，閩張漢真至福州，攻其東關。黄仁諷聞其家夷滅，開門力戰，大破閩兵，執漢真，入城，斬之。

卓巖明無他方略，但於殿上噀水散豆，作諸法事而已。又遣使迎其父於莆田，尊爲太上皇。

李仁達既立巖明，自判六軍諸衞事，使黄仁諷屯西門，陳繼珣屯北門。仁諷從容謂繼珣曰：「人之所以爲人，以有忠信仁義也。吾頃嘗有功於富沙，中間叛之，非忠也。人以從子託我，而與人殺之，非信也。屬者與建兵戰，所殺皆鄉曲故人，非仁也。棄妻子，使人魚肉之，非義也。此身十沈九浮，死有餘愧！」因拊膺慟哭。繼珣曰：「大丈夫徇功名，何顧妻子？宜置此事，勿以取禍。」仁達聞之，使人告仁諷、繼珣謀反，皆殺之。由是兵權盡歸仁達。

五月丁巳，李仁達大閱戰士，請卓巖明臨視，仁達陰教軍士突前登階，刺殺巖明。仁達陽驚，狼狽而走，軍士共執仁達，使居巖明之坐，仁達乃自稱威武留後，用保大年號，奏表稱藩于唐，亦遣使入貢于晉；并殺巖明之父。唐以仁達爲威武節度使、同平章事，賜名弘義，編之屬籍。弘義又遣使修好於吴越。

唐兵圍建州，屢破泉州兵。許文稹敗唐兵于汀州，執其將時厚卿。

秋七月，閩人或告福州援兵謀叛，閩主延政收其鎧仗，遣還，伏兵於隘，盡殺之，死者八千餘人，脯其肉以歸爲食。

唐邊鎬拔鐔州，查文徽之黨魏岑、馮延己、延魯以師出有功，皆踴躍贊成之。徵求供億，府庫爲之耗竭，洪、饒、撫、信之民尤苦之。

延政遣使奉表稱臣於吴越，請爲附庸以求救。

八月，唐兵圍建州既久，建人離心。或謂董思安「盍早擇去就」。思安曰：「吾世事王氏，危而叛之，天下其誰容我？」衆感其言，無叛者。丁亥，唐先鋒橋道使上元王建封先登，遂克建州，閩主延政降。王忠順戰死，董思安整衆奔泉州。

初，唐兵之來，建人苦王氏之亂與楊思恭之重斂，争伐木開道以迎之。及破建州，縱兵大掠，焚宫室、廬舍俱盡。是夕寒雨，凍死者相枕，建人失望。唐主以其有功，皆不問。

九月，許文稹以汀州，王繼勳以泉州，王繼成以漳州皆降於唐。唐置永安軍於建州。

冬十月，王延政至金陵，唐主以爲羽林大將軍，斬楊思恭以謝建人。以百勝節度使王崇文爲永安節度使。崇文治以寬簡，建人遂安。

三年春三月，唐泉州刺史王繼勳致書修好於威武節度使李弘義。弘義以泉州故隸威武軍，怒其抗禮，夏四月，遣弟弘通將兵萬人伐之。

泉州都指揮使留從效謂刺史王繼勳曰：「李弘通兵勢甚盛，士卒以使君賞罰不當，莫肯力戰，使君宜避位自省。」乃廢繼勳歸私第，代領軍府事，勒兵擊李弘通，大破之。表聞于唐，唐主以從效爲泉州刺史，召繼勳還金陵，遣將將兵戍泉州。徙漳州刺史王繼成爲和州刺史，汀州刺史許文稹爲蘄州刺史。

初，唐人既克建州，欲乘勝取福州，唐主不許。樞密使陳覺請自往説李弘義，必令入朝。宋齊丘薦覺才辯，可不煩寸刃，坐致弘義。唐主乃拜弘義母、妻皆爲國夫人，四弟皆遷官，以覺爲福州宣諭使，厚賜弘義金帛。弘義知其謀，見覺，辭色甚倨，待之疏薄。覺不敢言入朝事而還。

秋八月，唐陳覺自福州還，至劍州，恥無功，矯詔使侍衛官顧忠召弘義入朝，自稱權福州軍府事，擅發汀、建、撫、信州兵及戍卒，命建州監軍使馮延魯將之趣福州迎弘義。延魯先遺弘義書，諭以禍福。弘義復書請戰，遣樓船指揮使楊崇保將州師拒之。覺以劍州刺史陳誨爲緣江戰棹指揮使，表：「福州孤危，旦夕可克。」唐主以覺專命，甚怒。羣臣多言兵已傳城下，不可中止，當發兵助之。丁丑，覺、延魯敗楊崇保於候官，戊寅，乘勝進攻福州西關。弘義出擊，大破之，執唐左神威指揮使楊匡鄴。唐主以永安節度使王崇文爲東南面都招討使，以漳、泉安撫使、諫議大夫魏岑爲東面監軍使，延魯爲南面監軍使，會兵攻福州，克其外郭。弘義固守第二城。

九月，李弘義自稱威武留後，權知閩國事，更名弘達，奉表請命于晉。甲午，以弘達爲威武節度使、同平章事，知閩國事。

辛丑，福州排陣使馬捷引唐兵自馬牧山拔寨而入，至善化門橋，都指揮使丁彦貞以兵百人拒之。弘（義）〔達〕退保善化門，外城再重皆爲唐兵所據。弘達更名達，遣使奉表稱臣，乞師於吴越。

冬十月，唐漳州將林贊堯作亂，殺監軍使周承義、劍州刺史陳誨。泉州刺史留從效舉兵逐贊堯，以泉州裨將董思安權知漳州。唐主以思安爲漳州刺史，思安辭以父名章，唐主改漳州爲南州。命思安及留從效將州兵會攻福州，庚辰，圍之。

福州使者至錢塘，吴越王弘佐召諸將謀之，皆曰：「道險遠，難救。」惟内都監使臨安水丘昭券以爲當救。弘佐曰：「脣亡齒寒，吾爲天下元帥，曾不能救鄰道，將安用之？諸君但樂飽食安坐邪！」壬午，遣統軍使張筠、趙承泰將兵三萬水陸救福州。先是，募兵久無應者，弘佐命糾之，曰：「糾而爲兵者，糧賜減半。」明日，應募者雲集。弘佐命昭券專掌用兵，昭券憚程昭悦，以用兵事讓之。弘佐命昭悦掌應援饋運事，而以軍謀委元德昭。德昭，元仔倡之子也。

弘佐議鑄鐵錢以益將士禄賜，其弟牙内都虞候弘億諫曰：「鑄鐵錢有八害：新錢既行，舊錢皆流入鄰國，一也。可用於吾國，而不可用於他國，則商賈不行，百貨不通，二也。銅禁至嚴，民猶盜鑄，況家有鐺釜，野有鏵犂，犯法必多，三也。閩人鑄鐵錢而亂亡，不足爲法，四也。國用幸豐，而自示空乏，五也。禄賜有常，而無故益之，以啓無厭之心，六也。法變而弊，不可遽復，七也。錢者國姓，易之不祥，八也。」弘佐乃止。

十一月己酉，吴越兵至福州，自罾浦南潛入州城。唐兵進據東武門，李達與吴越兵共禦之，不利。自是内外斷絶，城中益危。

唐主遣信州刺史王建封助攻福州。時王崇文雖爲元帥，而陳覺、馮延魯、魏岑争用事，留從效、王建封倔强不用命，各争功，進退不相應。由是將士皆解體，故攻城不克。

唐主以江州觀察使杜昌業爲吏部尚書，判省事。先是，昌業自兵部尚書判省事，出江州，及還，閲簿籍，撫案歎曰：「未數年而府庫所耗者半，其能久乎！」

後漢高祖天福十二年春三月，吴越復發水軍，遣其將余安將之，自海道救福州。己亥，至白蝦浦。海岸泥淖，須布竹簀乃可行，唐之諸軍在城南者聚而射之，簀不得施。馮延魯曰：「城所以不降，恃此救也。今相持不戰，徒老我師，不若縱其登岸，盡殺之，則城不攻自降矣。」裨將孟堅曰：「浙兵至此已久，不能進退，求一戰而死不可得，若聽其登岸，彼必致死於我，其鋒不可當，安能盡殺乎！」延魯不聽，曰：「吾自擊之。」吳越兵既登岸，大呼奮擊，延魯不能禦，棄衆而走，孟堅戰死。吳越兵乘勝而進，城中兵亦出，夾擊唐兵，大破之。唐城南諸軍皆遁，吳越兵追之。王崇文以牙兵三百拒之，諸軍陳於崇文之後，追者乃還。

或言「浙兵欲棄福州，拔李達之衆歸錢塘」。東南守將劉洪進等白王建封，請縱其盡出而取其城。留從效不欲福州之平，建封亦忿陳覺等專横，乃曰：「吾軍敗矣，安能與人爭城？」是夕，燒營而遁，城北諸軍亦相顧而潰。馮延魯引佩刀自刺，親吏救之，不死。唐兵死者二萬餘人，委棄軍資、器械數十萬，府庫爲之耗竭。

余安引兵入福州，李達舉所部授之。

留從效引兵還泉州，謂唐戍將曰：「泉州與福州世爲仇敵，南接嶺海瘴癘之鄉，地險土瘠，比年軍旅屢興，農桑廢業，冬徵夏斂，僅能自贍，豈勞大軍久戍於此。」置酒餞之，戍將不得已，引兵歸。唐主不能制，加從效檢校太傅。

張筠、余安皆還錢塘，吳越王弘佐遣東南安撫使鮑脩讓將兵戍福州。

唐主以矯詔敗軍皆陳覺、馮延魯之罪，夏四月壬申，詔赦諸將，議斬二人以謝中外。御史中丞江文蔚對仗彈馮延己、魏岑曰：「陛下踐阼以來，所信任者延己、延魯、岑、覺四人而已，皆陰狡弄權，壅蔽聰明，排斥忠良，引用羣小，諫争者逐，竊議者刑，上下相蒙，道路以目。今覺、延魯雖伏辜，而延己、岑猶在。本根未殄，枝幹復生，同罪異誅，人心疑惑。」又曰：「上之視聽，惟在數人，雖日接羣臣，終成孤立。」又曰：「在外者握兵，居中者當國。」又曰：「岑、覺、延魯更相違戾，彼前則我卻，彼東則我西。天生五材，國之利器，一旦爲小人忿争妄動之具。」又曰：「征討之柄，在岑折簡，帑藏取與，繫岑一言。」唐主以文蔚所言爲太過，怒，貶江州司士參軍。械送覺、延魯至金陵。宋齊丘以嘗薦覺使福州，上表待罪。

詔流覺於蘄州，延魯於舒州。知制誥會稽徐鉉、史館修撰韓熙載上疏曰：「覺、延魯罪不容誅，但齊丘、延己爲之陳請，故陛下赦之。擅興者不罪，則疆埸有生事者矣；喪師者獲存，則行陳無效死者矣。請行顯戮，以重軍威。」不從。

中書侍郎、同平章事馮延己罷爲太弟少保，貶魏岑爲太子洗馬。

韓熙載屢言宋齊丘黨與必爲禍亂。齊丘奏熙載嗜酒猖狂，貶和州司士參軍。

秋七月，李達以其弟通知福州留後，自詣錢塘見吳越王弘倧，弘倧承制加達兼侍中，更其名曰孺贇。既而孺贇悔懼，以金筍二十株及雜寶賂内牙統軍使胡進思，求歸福州。進思爲之請，弘倧從之。

冬十二月，威武節度使李孺贇與吴越戍將鮑脩讓不協，謀襲殺脩讓，復以福州降唐。脩讓覺之，引兵攻府第，是日殺孺贇，夷其族。

己酉，鮑脩讓傳李孺贇首至錢塘，吴越王弘倧以丞相山陰吴程知威武節度事。

是歲，唐主以羽林大將軍王延政爲安化節度使、鄱陽王，鎮饒州。

劉氏據廣州

唐昭宗乾寧元年冬十二月，封州刺史劉謙卒，子隱居喪於賀江，土民百餘人謀亂，隱一夕盡誅之。嶺南節度使劉崇龜召補右都押牙兼賀水鎮使，未幾，表爲封州刺史。

二年秋七月，以薛王知柔爲清海軍節度使。

三年冬十二月，清海節度使薛王知柔行至湖南，廣州牙將盧琚、譚弘玘據境拒之，使弘玘守端州。弘玘結封州刺史劉隱，許妻以女。隱僞許之，託言親迎，伏甲舟中，夜入端州，斬弘玘，遂襲廣州，斬琚，具軍容迎知柔入視事。知柔表隱爲行軍司馬。

光化元年冬十二月，韶州刺史曾衮舉兵攻廣州，州將王瓌帥戰艦應之，清海行軍司馬劉隱一戰破之。韶州將劉潼復據湞洽，隱討斬之。

三年秋九月，以太保、門下侍郎徐彦若充清海軍節度使，代薛王知柔。

天復元年冬十二月，清海節度使徐彦若薨，遺表薦行軍司馬劉隱權留後。

二年。虔州刺史盧光稠攻嶺南，陷韶州，使其子延昌守之，進圍潮州。清海留後劉隱發兵擊走之，乘勝進攻韶州。隱弟陟以爲延昌有虔州之援，未可遽取。隱不從，遂圍韶州。會江漲，餽運不繼，光稠自虔州引兵救之。其將譚全播伏精兵萬人於山谷，以羸弱挑戰，大破隱于城南，隱奔還。全播悉以功讓諸將，光稠益賢之。

天祐元年。初，清海節度使徐彦若遺表薦副使劉隱權留後，朝廷以兵部尚書崔遠爲清海節度使。遠至江陵，聞嶺南多盜，且畏隱不受代，不敢前，朝廷召遠還。隱遣使以重賂結朱全忠，乃奏以隱爲清海節度使。

昭宣帝天祐二年春三月，加清海節度使劉隱同平章事。

後梁太祖開平元年夏五月己卯，加劉隱兼侍中，仍以隱爲大彭王。

二年冬十月辛酉，以劉隱爲清海、静海節度使，以膳部郎中趙光裔、右補闕李殷衡充官告使，隱皆留之。光裔，光逢之弟；殷衡，德裕之孫也。

三年夏四月庚子，以劉隱爲南平王。

乾化元年春三月，清海、静海節度使兼中書令、南平襄王劉隱病亟，表其弟節度副使巖權知留後。丁亥，卒，巖襲位。

夏〔四〕〔五〕月甲辰，以清海留後劉巖爲節度使。巖多延中國士人置於幕府，出爲刺史，刺史無武人。

冬十二月癸亥，以静江行軍司馬姚彦章爲寧遠節度副使，權知容州，從楚王殷之請也。劉巖遣兵攻容州，殷遣都指揮使許德勳以桂州兵救之。彦章不能守，乃遷容州士民及其府藏奔長沙，巖遂取容管及高州。

均王乾化三年冬十月，嶺南節度使劉巖求婚于楚，楚王許以女妻之。

貞明元年秋八月，劉巖逆婦于楚，楚王殷遣永順節度使存送之。

是歲，清海、建武節度使兼中書令劉巖以吴越王鏐爲國王，而己獨爲南平王，表求封南越王及加都統，帝不許。巖謂僚屬曰：「今中國紛紛，孰爲天子？安能梯航萬里，遠事僞庭乎！」自是貢使遂絶。

三年秋八月癸巳，清海、建武節度使劉巖即皇帝位於番禺，國號大越，大赦，改元乾亨。以梁使趙光裔爲兵部尚書，節度副使楊洞潛爲兵部侍郎，節度判官李殷衡爲禮部侍郎，並同平章事。建三廟，追尊祖安仁曰太祖文皇帝，父謙曰代祖聖武皇帝，兄隱曰烈宗襄皇帝。以廣州爲興王府。冬十月，越主巖遣客省使劉瑭使於吴，告即位，且勸吴王稱帝。

四年冬十一月，越主巖祀南郊，大赦，改國號曰漢。

五年春正月，漢主巖立越國夫人馬氏爲皇后，殷之女也。秋九月丙寅，詔削劉巖官爵，命吴越王鏐討之。鏐雖受命，竟不行。

六年冬十二月，漢主巖遣使通好于蜀。

後唐莊宗同光三年。漢主聞帝滅梁而懼，遣宫苑使何詞入貢，且覘中國强弱。二月甲申，詞至魏。及還，言帝驕淫無政，不足畏也。漢主大悦，自是不復通中國。

冬十二月，有白龍見於漢宫，漢主改元白龍，更名曰龔。

明宗天成三年春三月，楚大舉水軍擊漢，圍封州。漢主以周易筮之，遇大有，於是大赦，改元大有。命左右街使蘇章將神弩三千、戰艦百艘救封州。章至賀江，沈鐵絙於水，兩岸作巨輪挽絙，築長堤以隱之，伏壯士於堤中。章以輕舟逆戰，陽不利，楚人逐之，入堤中，挽輪舉絙，楚艦不能進退，以强弩夾水射之，楚兵大敗，解圍遁去。漢主以章爲封州團練使。

長興元年秋九月，漢主遣其將梁克貞、李守鄘攻交州，拔之，執静海節度使曲承美以歸，以其將李進守交州。

二年。愛州將楊廷藝養假子三千人，圖復交州。漢交州守將李進知之，受其賂，不以聞。是歲，廷藝舉兵圍交州，漢主遣承旨程寶將兵救之，未至，城陷。進逃歸，漢主殺之。寶圍交州，廷藝出戰，寶敗死。

三年。漢主立其子耀樞爲雍王，龜圖爲康王，弘度爲賓王，弘熙爲晉王，弘昌爲越王，弘弼爲齊王，弘雅爲韶王，弘澤爲鎮王，弘操爲萬王，弘杲爲循王，弘暐爲思王，弘邈爲高王，弘簡爲同王，弘建爲益王，弘濟爲辯王，弘道爲貴王，弘昭爲宜王，弘政爲通王，弘益爲定王。未幾，徙弘度爲秦王。

潞王清泰元年。漢主命判六軍秦王弘度募宿衛兵千人，皆市井無賴子弟，弘度昵之。同平章事楊洞潛諫曰：「秦王，國之冢嫡，宜親端士。使之治軍已過矣，况昵羣小乎？」漢主曰：「小兒教以戎事，過煩公憂。」終不戒弘度。洞潛出，見衛士掠商人金帛，商人不敢訴，歎曰：「政亂如此，安用宰相！」因謝病歸第。久之不召，遂卒。

後晉高祖天福二年春三月，漢主以疾愈，大赦。

四年。漢門下侍郎、同平章事趙光裔言於漢主曰：「自馬后崩，未嘗通使於楚，親鄰舊好，不可忘也。」因薦諫議大夫李紓可以將命，漢主從之。楚亦遣使報聘。光裔相漢二十餘年，府庫完實，邊境無虞。及卒，漢主復以其子翰林學士承旨、尚書左丞損爲門下侍郎、同平章事。

五年。漢門下侍郎、同平章事趙損卒。以寧遠節度使南昌王定保爲中書侍郎、同平章事，不踰年亦卒。

六年冬十二月，漢主寢疾，有胡僧謂漢主名龑不利，漢主自造「龑」字名之，義取「飛龍在天」，讀若儼。

七年。（春三月）漢高祖寢疾，以其子秦王弘度、晋王弘熙皆驕恣，少子越王弘昌孝謹有智識，與右僕射兼西御院使王翷謀，出弘度鎮邕州，弘熙鎮容州，而立弘昌。制命將行，會崇文使蕭益入問疾，以其事訪之。益曰：「立嫡以長，違之必亂。」乃止。（夏四月）丁丑，高祖殂。高祖爲人辨察，多權數，好自矜大，常謂中國天子爲「洛州刺史」。嶺南珍異所聚，每窮奢極麗，宮殿悉以金玉珠翠爲飾。用刑慘酷，有灌鼻、割舌、支解、刳剔、炮炙、烹蒸之法。或聚毒蛇水中，以罪人投之，謂之「水獄」。同平章事楊洞潛諫，不聽。末年尤猜忌。以士人多爲子孫計，故專任宦者，由是其國中宦者大盛。秦王弘度即皇帝位，更名玢。以弘熙輔政，改元光天。尊母趙昭儀曰皇太妃。

秋八月，漢葬天皇大帝于康陵，廟號高祖。

齊王天福八年。漢殤帝驕奢，不親政事。高祖在殯，作樂酣飲，夜與倡婦微行，倮男女而觀之。左右忤意輒死，無敢諫者。惟越王弘昌及内常侍番禺吴懷恩屢諫，不聽。常猜忌諸弟，每宴集，令宦者守門，羣臣、宗室皆露索然後入。晉王弘熙欲圖之，乃盛飾聲伎，娱悦其意，以成其惡。漢主好手搏，弘熙令指揮使陳道庠引力士劉思潮、譚令禋、林少强、林少良、何昌廷等五人習手搏於晉府，漢主聞而悦之。

〔春三月〕丙戌，與諸王宴于長春宫，觀手搏，至夕罷宴，漢主大醉。弘熙使道庠、思潮等掖漢主，因拉殺之，盡殺其左右。明旦，百官諸王莫敢入宫，越王弘昌帥諸弟臨於寢殿，迎弘熙即皇帝位，更名晟，改元應乾。以弘昌爲太尉兼中書令、諸道兵馬都元帥，知政事，循王弘杲爲副元帥，參預政事。陳道庠及劉思潮等皆受賞賜甚厚。

漢中宗既立，國中議論詾詾。循王弘杲請斬劉思潮等以謝中外，漢主不從。思潮等聞之，譖弘杲謀反，漢主令思潮等伺之。弘杲方宴客，思潮與譚令禋帥衛兵突入，斬弘杲。於是漢主謀盡誅諸弟，以越王弘昌賢而得衆，尤忌之。雄武節度使齊王弘弼自以居大鎮，懼禍，求入朝，許之。

冬十月，漢主命韶王弘雅致仕。十一月丁亥，漢主祀南郊，大赦，改元乾和。

開運元年春三月，漢主命中書令、都元帥越王弘昌謁烈宗陵於海曲，至昌華宫，使盜殺之。漢以户部侍郎陳偓同平章事。夏六月乙巳，漢主幽齊王弘弼于私第。冬十月丙午，漢主毒殺鎮王弘澤于邕州。

二年秋八月，漢主殺韶王弘雅。九月，漢主殺劉思潮、林少强、林少良、何昌（延）〔廷〕。以左僕射王翻嘗與高祖謀立弘昌，出爲英州刺史，未至，賜死。内外皆懼不自保。

三年。漢劉思潮等既死，陳道庠内不自安。秋九月，特進鄧伸遺之漢紀，道庠問其故。伸曰：「憨獠，此書有誅韓信、醢彭越事，宜審讀之。」漢主聞之，族道庠及伸。

後漢高祖天福十二年。南漢主恐諸弟與其子争國，殺齊王弘弼、貴王弘道、定王弘益、辯王弘濟、同王弘簡、益王弘建、恩王弘偉、宜王弘昭，盡殺其男，納其女充後宫。作離宫千餘間，飾以珠寶。設鑊湯、鐵牀、刳剔等刑，號「生地獄」。嘗醉，戲以瓜置樂工之頸試劍，遂斷其頭。

乾祐元年秋八月，南漢主遣知制誥宣化鍾允章求婚於楚，楚王希廣不許。南漢主怒，問允章：「馬公復能經略南土乎？」對曰：「馬氏兄弟方争亡於不暇，安能害我。」南漢主曰：「然。希廣懦而吝嗇，其士卒忘戰日久，此乃吾進取之秋也。」

冬十二月辛巳，南漢主以内常侍吴懷恩爲開府儀同三司、西北面招討使，將兵擊楚，攻賀州。楚王希廣遣決勝指揮使徐知新等將兵五千救之。未至，南漢人已拔賀州，鑿大穽於城外，覆以竹箔，加土，下施機軸，自塹中穿穴通穽中。知新等至，引兵攻城，南漢遣人自穴中發機，楚兵悉陷。南漢出兵從而擊之，楚兵死者以千數。知新等遁歸，希廣斬之。南漢兵復陷昭州。

隱帝乾祐三年。南漢主以宫人盧瓊仙、黄瓊芝爲女侍中，朝服冠帶，參決政事。宗室勳舊，誅戮殆盡，惟宦官林延遇等用事。

後周太祖廣順元年冬十二月，南漢主遣内侍省丞潘崇徹、將軍謝貫將兵攻郴州，唐邊鎬發兵救之。崇徹敗唐兵於義章，遂取郴州。

三年秋九月，南漢主立其子繼興爲衛王，璇興爲桂王，慶興爲荆王，保興爲禎王，崇興爲梅王。

南漢大赦。

顯德元年夏四月，南漢主以高王弘邈爲雄武節度使，鎮邕州。弘邈以齊、鎮二王相繼死於邕州，固辭，求宿衛，不許。至鎮，委政僚佐，日飲酒，禱鬼神。或上書誣弘邈謀作亂，戊午，南漢主遣甘泉宫使林延遇賜酖殺之。

世宗顯德二年夏六月戊午，南漢主殺禎州節度使通王弘政。於是高祖之諸子盡矣。

三年春三月，南漢甘泉宫使林延遇陰險多計數，南漢主倚信之，誅滅諸弟，皆延遇之謀也。乙未卒，國人相賀。延遇病甚，薦内給事龔澄樞自代，南漢主即日擢澄樞知承宣院及内侍省。澄樞，番禺人也。

四年。南漢主聞唐屢敗，憂形於色，遣使入貢于周，爲湖南所閉，乃治戰艦，修武備。既而縱酒酣飲，曰：「吾身得免，幸矣，何暇慮後世哉！」時世宗取淮南。

五年秋八月辛巳，南漢中宗殂，長子衛王繼興即帝位，更名鋹，改元大寶。鋹年十六，國事皆決於宦官玉清宫使龔澄樞及女侍中盧瓊仙等，臺省官備位而已。冬十一月，南漢葬文武光明孝皇帝于昭陵，廟號中宗。

六年冬十〔二〕月，南漢主以中書舍人鍾允章藩府舊僚，擢爲尚書右丞，參政事，甚委任之。允章請誅亂法者數人以正綱紀，南漢主不能從，宦官聞而惡之。南漢主將祀圜丘，前三日，允章帥禮官登壇，四顧指揮，設神位。内侍監許彦真望之曰：「此謀反也。」即帶劍登壇，允章叱之。彦真馳入宫，告允章欲於郊祀日作亂。南漢主曰：「朕待允章厚，豈有此邪？」玉清宫使龔澄樞、内侍監李托等共證之，以彦真言爲然，乃收允章繫含章樓下，命宦者與禮部尚書薛用丕雜治之。用丕素與允章善，告以必不免。允章執用丕手泣曰：「老夫今日猶几上肉耳，分爲仇人所烹。但恨邕、昌幼，不知吾冤，及其長也，公爲我語之。」彦真聞之，罵曰：「反賊，欲使其子報仇邪！」復白南漢主：「允章與二子共登壇，潛有所禱。」俱斬之。自是，宦官益横。李托，封州人也。

辛亥，南漢主祀圜丘，大赦。未幾，以龔澄樞爲左龍虎觀軍容使、内太師，軍國之事皆取決焉。凡羣臣有才能及進士狀頭，或僧道可與談者，皆先下蠶室，然後得進，亦有自宫以求進者，亦有免死而宫者，由是宦者近二萬人。貴顯用事之人，大抵皆宦者也，謂士人爲「門外人」，不得預事，卒以此亡國。

高氏據荆南

唐昭宗天復二年秋九月，朱全忠表親從指揮使高季昌爲宋州團練使。季昌，硤石人，本朱友恭之僕夫也。

〔昭宣帝〕天祐三年冬十月，武貞節度使雷彦恭屢寇荆南，留後賀瓌閉城自守。朱全忠以爲怯，以潁州防禦使高季昌代之。又遣駕前指揮使倪可福將兵五千戍荆南以備吳、蜀，朗兵引去。

後梁太祖開平元年夏五月癸未，以權〔知〕荆南留後高季昌爲節度使。荆南舊統八州，乾符以來，寇亂相繼，諸州皆爲鄰道所據，獨餘江陵。季昌到官，城邑殘毀，户口彫耗。季昌安集流散，民皆復業。

六月，武貞節度使雷彦恭會楚兵攻江陵。事見馬氏據湖南。

二年夏四月，淮南遣其將李厚將水軍萬五千趣荆南，高季昌逆戰，敗之於馬頭。

冬十月，依政進士梁震，唐末登第，至是歸蜀。過江陵，高季昌愛其才識，留之，欲奏爲判官。震恥之，欲去，恐及禍，乃曰：「震素不慕榮宦，明公不以震爲愚，必欲使之參謀議，但以白衣侍樽俎可也，何必在幕府。」季昌許之。震終身止稱前進士，不受高氏辟署。季昌甚重之，以爲謀主，呼曰先輩。

乾化二年〔閏五月〕，高季昌潛有據荆南之志，乃奏築江陵外郭，增廣之。

是歲，高季昌出兵，聲言助梁伐晋，進攻襄州，山南東道節度使孔勍擊敗之。自是朝貢路絶。勍，兖州人也。

均王乾化三年秋八月，賜高季昌爵勃海王。九月，高季昌造戰艦五百艘，治城塹，繕器械，爲攻守之具。招聚亡命，交通吴、蜀，朝廷浸不能制。

四年春正月，高季昌以蜀夔、萬、忠、涪四州舊隸荆南，興兵取之，先以水軍攻夔州。時鎮江節度使兼侍中嘉王宗壽鎮忠州，夔州刺史王成先請甲，宗壽但以白布袍給之。成先帥之逆戰，季昌縱火船焚蜀浮橋，招討副使張武舉鐵緪拒之，船不得進。會風反，荆南兵焚溺死者甚衆。季昌乘戰艦，蒙以牛革，飛石中之，折其尾，季昌易小舟以遁。荆南兵大敗，俘斬五千級。成先密遣人奏宗壽不給甲之狀，宗壽獲之，召成先，斬之。

貞明三年。高季昌與孔勍修好，復通貢獻。

五年夏五月，楚人攻荆南，高季昌求救于吳。吳命鎮南節度使劉信等帥洪、吉、撫、信步兵自瀏陽趣潭州，武昌節度使李簡等帥水軍攻復州。信等至潭州東境，楚兵釋荆南引歸。簡等入復州，執其知州鮑唐。

龍德元年冬十二月，高季昌遣都指揮使倪可福以卒萬人修江陵外郭，季昌行視，責功程之慢，杖之。季昌女爲可福子知進婦，季昌謂其女曰：「歸語汝舅，吾欲威衆辦事耳。」以白金數百兩遺之。

後唐莊宗同光元年。荆南節度使高季昌聞帝滅梁，避唐廟諱，更名季興，欲自入朝。梁震曰：「唐有吞天下之志，嚴兵守險，猶恐不自保，况數千里入朝乎？且公朱氏舊將，安知彼不以仇敵相遇乎？」季興不從。

十一月己未，加高季興守中書令。時高季興入朝，上待之甚厚。高季興在洛陽，帝左右伶官求貨無厭，季興忿之。帝欲留季興，郭崇韜諫曰：「陛下新得天下，諸侯不過遣子弟將佐入貢，惟高季興身自入朝，當褒賞以勸來者。乃羈留不遣，棄信虧義，沮四海之心，非計也。」乃遣之。季興倍道而去，至許州，謂左右曰：「此行有二失：來朝一失，縱我去一失。」過襄州，節度使孔勍留宴，中夜斬關而去。十二月丁酉，至江陵，握梁震手曰：「不用君言，幾不免虎口。」

二年春三月丙午，加高季興兼尚書令，進封南平王。

三年冬十月，高季興常欲取三峽，畏蜀峽路招討使張武威名，不敢進。至是，乘唐兵勢，使其子行軍司馬從誨權軍府事，自將水軍上峽取施州。張武以鐵鎖斷江路，季興遣勇士乘舟斫之。會風大起，舟絓於鎖，不能進退，矢石交下，壞其戰艦，季興輕舟遁去。既而聞北路陷敗，〔以〕夔、忠、萬三州遣使詣魏王降。是歲，莊宗滅蜀。

明宗天成元年夏四月，梁震薦前陵州判官貴平孫光憲於季興，使掌書記。季興大治戰艦，欲攻楚。光憲諫曰：「荆南亂離之後，賴公休息士民，始有生意。若又與楚國交惡，他國乘吾之弊，良可憂也。」季興乃止。

六月，高季興表求夔、忠、萬三州爲屬郡，詔許之。

二年春二月，高季興既得三州，請朝廷不除刺史，自以子弟爲之，不許。及夔州刺史潘炕罷官，季興輒遣兵突入州城，殺戍兵而據之。朝廷除奉聖指揮使西方鄴爲刺史，不受。又遣兵襲涪州，不克。魏王繼岌遣押牙韓珙等部送蜀珍貨金帛四十萬，浮江而下，季興殺珙等於峽口，盡掠取之。朝廷詰之，對曰：「珙等舟行下峽，涉數千里，欲知覆溺之故，自宜按問水神。」帝怒，壬寅，制削奪季興官爵，以山南東道節度使劉訓爲南面招討使、知荆南行府事，忠武節度使夏魯奇爲副招討使，將步騎四萬討之。東川節度使董璋充東南面招討使，新夔州刺史西方鄴副之，將蜀兵下峽；仍會湖南軍三面進攻。

三月，劉訓兵至荆南，楚王殷遣都指揮使許德勳等將水軍屯岳州。高季興堅壁不戰，求救於吳，吳人遣水軍援之。

江陵卑濕，復值久雨，糧道不繼，將士疾疫，劉訓亦寢疾。四月癸卯，帝遣樞密使孔循往視之，且審攻戰之宜。五月，孔循至江陵，攻之不克。遣人入城説高季興，季興不遜。丙寅，遣使賜湖南行營夏衣萬襲。丁卯，又遣使賜楚王殷鞍馬玉帶，督饋糧於行營，竟不能得。庚午，詔劉訓等引兵還。

楚王殷遣中軍使史光憲入貢，帝賜之駿馬十，美女二。過江陵，高季興執光憲而奪之，且請舉鎮自附於吳。徐温曰：「爲國者當務實效而去虚名。高氏事唐久矣，洛陽去江陵不遠，唐人步騎襲之甚易，我以舟師泝流救之甚難。夫臣人而弗能救，使之危亡，能無愧乎？」乃受其貢物，辭其稱臣，聽其自附於唐。

六月，西方鄴敗荆南水軍於峽中，復取夔、忠、萬三州。秋七月丙寅，升夔州爲寧江軍，以西方鄴爲節度使。

癸酉，以與高季興夔、忠、萬三州爲豆盧革、韋說之罪，皆賜死。

三年春三月，楚王殷如岳州，遣六軍使袁詮、副使王環、監軍馬希瞻將水軍擊荆南，高季興以水軍逆戰。至劉郎洑，希瞻夜匿戰艦數十艘於港中。詰旦，兩軍合戰，希瞻出戰艦横擊之，季興大敗，俘斬以千數，進逼江陵。季興請和，歸史光憲于楚。軍還，楚王殷讓環不遂取荆南，環曰：「江陵在中朝及吴、蜀之間，四戰之地也，宜存之以爲吾扞蔽。」殷悦。

夏六月辛巳，高季興復請稱藩于吴，吴進季興爵秦王，帝詔楚王殷討之。殷遣許德勳將兵攻荆南，以其子希範爲監軍，次沙頭。季興從子雲猛指揮使從嗣單騎造楚壁，請與希範挑戰決勝，副指揮使廖匡齊出與之鬭，拉殺之。季興懼，明日，請和，德勳還。匡齊，贛人也。

秋九月辛巳，荆南敗楚兵于白田，執楚岳州刺史李廷規，歸于吴。

己亥，以武寧節度使房知温兼荆南行營招討使，知荆南行府事；分遣中使發諸道兵赴襄陽，以討高季興。

冬十二月，荆南節度使高季興寢疾，命其子行軍司馬、忠義節度使、同平章事從誨權知軍府事。丙辰，季興卒。吴主以從誨爲荆南節度使兼侍中。

四年夏四月丙午，楚六軍副使王環敗荆南兵于石首。

高季興之叛也，其子從誨切諫，不聽。從誨既襲位，謂僚佐曰：「唐近而吴遠，捨近臣遠，非計也。」乃因楚王殷以謝罪於唐。又遺山南東道節度使安元信書，求保奏，復修職貢。丙申，元信以從誨書聞，帝許之。

六月庚申，高從誨自稱前荆南行軍司馬、歸州刺史，上表求内附。秋七月甲申，以從誨爲荆南節度使兼侍中。己丑，罷荆南招討使。

長興元年春三月，高從誨遣使奉表詣吴，告以墳墓在中國，恐爲唐所討，吴兵援之不及，謝絶之。吴遣兵擊之，不克。

三年春二月，賜高從誨爵勃海王。

潞王清泰元年春正月壬辰，以荆南節度使高從誨爲南平王。

二年。荆南節度使高從誨，性明達，親禮賢士，委任梁震，以兄事之。震常謂從誨爲郎君。楚王希範好奢靡，游談者共誇其盛。從誨謂僚佐曰：「如馬王，可謂大丈夫矣。」孫光憲對曰：「天子諸侯，禮有等差。彼乳臭子驕侈僭忲，取快一時，不爲遠慮，危亡無日，又足慕乎！」從誨久而悟曰：「公言是也。」他日，謂梁震曰：「吾自念平生奉養，固已過矣。」乃捐去玩好，以經史自娱，省刑薄賦，境内以安。

梁震曰：「先王待我如布衣交，以嗣王屬我。今嗣王能自立，不墜其業，吾老矣，不復事人矣。」遂固請退居。從誨不能留，乃爲之築室於土洲。震披鶴氅，自稱荆臺隱士，每詣府，跨黄牛至聽事。從誨時過其家，四時賜與甚厚。自是悉以政事屬孫光憲。

臣光曰：孫光憲見微而能諫，高從誨聞善而能徙，梁震成功而能退，自古有國家者能如是，夫何亡國敗家喪身之有。

後晋高祖天福六年。山南東道節度使安從進謀反，求援於荆南，高從誨遺從進書，諭以禍福。從進怒，反誣奏從誨。荆南行軍司馬王保義勸從誨具奏其狀，且請發兵助朝廷討之，從誨從之。

後漢高祖天福十二年春正月，荆南節度使高從誨遣使入貢於契丹，契丹遣使以馬賜之。從誨亦遣使詣河東勸進。

夏六月，帝遣使告諭荆南。高從誨上表賀，且求郢州，帝不許。及加恩使至，拒而不受。

秋（九）〔八〕月，高從誨聞杜重威叛，發水軍數千襲襄州，山南東道節度使安審琦擊卻之。又寇郢州，刺史尹實大破之。乃絶漢，附于唐、蜀。

初，荆南介居湖南、嶺南、福建之間，地狹兵弱，自武信王季興時，諸道入貢過其境者，多掠奪其貨幣。及諸道移書詰讓，或加以兵，不得已，復歸之，曾不爲愧。及從誨立，唐、晉、契丹、漢更據中原，南漢、閩、吴、蜀皆稱帝，從誨利其賜予，所向稱臣。諸國賤之，謂之「高無賴」。

乾祐元年夏六月，高從誨既與漢絶，北方商旅不至，境内貧乏，乃遣使上表謝罪，乞修職貢。詔遣使慰撫之。

冬十(一)月，荆南節度使兼中書令、南平文獻王高從誨寢疾，以其子節度副使高保融判内外兵馬事。癸卯，從誨卒，保融知留後。

十二月丁丑，以高保融爲荆南節度使、同平章事。

隱帝乾祐二年冬十月丙戌，加荆南節度使高保融兼侍中。

徐氏篡吴

唐昭宗乾寧二年。楊行密之拔濠州也，軍士掠得徐州人李氏之子，生八年矣，行密養以爲子，行密長子渥憎之。行密謂其將徐温曰：「此兒質狀性識頗異於人，吾度渥必不能容，今賜汝爲子。」温名之曰知誥，知誥事温勤孝過於諸子。嘗得罪於温，温笞而逐之，及歸，知誥迎拜於門，温問：「何故猶在此？」知誥泣對曰：「人子捨父母將何之？父怒而歸母，人情之常也。」温以是益愛之，使掌家事，家人無違言。及長，喜書，善射，識度英偉。行密常謂温曰：「知誥俊傑，諸將子皆不及也。」

天祐元年。楊行密以其子牙内諸軍使渥爲宣州觀察使，右牙都指揮使徐温謂渥曰：「王寢疾而嫡嗣出藩，此必姦臣之謀。他日相召，非温使者及王令書，慎無亟來。」渥泣謝而行。

昭宣帝天祐二年。楊行密長子宣州觀察使渥素無令譽，軍府輕之。行密寢疾，命節度判官周隱召渥。隱性惷直，對曰：「宣州司徒輕易信讒，喜擊毬飲酒，非保家之主。餘子皆幼，未能駕馭諸將。廬州刺史劉威，從王起細微，必不負王，不若使之權領軍府，俟諸子長以授之。」行密不應。左、右牙指揮使徐温、張顥言於行密曰：「王平生出萬死，冒矢石，爲子孫立基業，安可使他人有之。」行密曰：「吾死瞑目矣。」隱，舒州人也。

他日，將佐問疾，行密目留幕僚嚴可求。衆出，可求曰：「王若不諱，如軍府何？」行密曰：「吾命周隱召渥，今忍死待之。」可求與徐温詣隱，隱未出，見牒猶在案上，可求即與温取牒，遣使者如宣州召之。可求，同州人也。

冬十月，楊渥至廣陵，辛丑，楊行密承制以渥爲淮南留後。

十一月庚辰，吴武忠王楊行密薨，將佐共請宣諭使李儼承制授楊渥淮南節度使、東南諸道行營都統兼侍中、弘農郡王。

三年夏四月，鎮南節度使鍾傳以養子延規爲江州刺史。傳薨，軍中立其子匡時爲留後。延規恨不得立，遣使降淮南。楊渥以昇州刺史秦裴爲西南行營都招討使，將兵擊鍾匡時於江西。秋七月，秦裴至洪州，軍于蓼洲。諸將請阻水立寨，裴不從，鍾匡時果遣其將劉楚據之。諸將以咎裴，裴曰：「匡時驍將，獨楚一人耳。若帥衆守城，不可猝拔，吾故以要害誘致之耳。」未幾，裴破寨執楚，遂圍洪州。饒州刺史唐寶請降。

九月，秦裴拔洪州，虜鍾匡時等五千人以歸。楊渥自兼鎮南節度使，以裴爲洪州制置使。

後梁太祖開平元年春正月，淮南節度使兼侍中、東面諸道行營都統、弘農王楊渥既得江西，驕侈益甚。謂節度判官周隱曰：「君賣人國家，何面復相見？」遂殺之。由是將佐皆不自安。

黑雲都指揮使呂師周與副指揮使綦章將兵屯上高，師周與湖南戰，屢有功，渥忌之。師周懼，謀於綦章曰：「馬公寬厚，吾欲逃死焉，可乎？」章曰：「兹事君自圖之，吾舌可斷，不敢泄。」師周遂奔湖南，章縱其孥使逸去。師周，楊州人也。

渥居喪，晝夜酣飲作樂，然十圍之燭以擊毬，一燭費錢數萬。或單騎出遊，從者奔走道路，不知所之。左右牙指揮使張顥、徐温泣諫，渥怒曰：「汝謂我不才，何不殺我自爲之？」二人懼。渥選壯士，號「東院馬軍」，廣署親信爲將吏。所署者恃勢驕横，陵蔑勳舊。顥、温潛謀作亂。渥父行密之世，有親軍數千營於牙城之内，渥遷出於外，以其地爲射場，顥、温由是無所憚。

渥之鎮宣州也，命指揮使朱思勍、范思從、陳璠將親兵三千。及嗣位，召歸廣陵。顥、温使三將從秦裴擊江西，因戍洪州，誣以謀叛，命别將陳祐往誅之。祐間道兼行，六日至洪州，微服懷短兵徑入秦裴帳中。裴大驚，祐告之故，乃召思勍等飲酒，祐數思勍等罪，執而斬之。渥聞三將死，益忌顥、温，欲誅之。丙戌，渥晨視事，顥、温帥牙兵二百，露刃直入庭中，渥曰：「爾果欲殺我邪？」對曰：「非敢然也，欲誅王左右亂政者耳。」因數渥所親信十餘人之罪，曳下，以鐵檛擊殺之，謂之「兵諫」。諸將不與之同者，顥、温稍以法誅之，於是軍政悉歸二人，渥不能制。

二年夏五月，淮南左牙指揮使張顥、右牙指揮使徐温專制軍政，弘農威王心不能平，欲去之而未能。二人不自安，共謀弑王，分其地以臣於梁。戊寅，顥遣其黨紀祥等弑王於寢室，詐云暴薨。

己卯，顥集將吏於府廷，夾道及庭中堂上皆列白刃，令諸將悉去衛從然後入。顥厲聲問曰：「嗣王已薨，軍府誰當主之？」三問，莫應，顥氣色益怒。幕僚嚴可求前密啓曰：

「軍府至大，四境多虞，非公主之不可。然今日則恐太速。」顥曰：「何謂速也？」可求曰：「劉威、陶雅、李遇、李簡皆先王之等夷，公今自立，此曹肯爲公下乎？不若立幼主輔之，諸將孰敢不從。」顥默然久之。可求因屏左右，急書一紙置袖中，麾同列詣使宅賀，衆莫測其所爲。既至，可求跪讀之，乃太夫人史氏教也。大要言：「先王創業艱難，嗣王不幸早世，隆演次當立，諸將宜無負楊氏，善輔導之。」辭旨明切。顥氣色皆沮，以其義正，不敢奪，遂奉威王弟隆演稱淮南留後、東面諸道行營都統。既罷，副都統朱瑾詣可求所居曰：「瑾年十六七即横戈躍馬，衝犯大敵，未嘗畏懾，今日對顥，不覺流汗。公面折之如無人，乃知瑾匹夫之勇，不及公遠矣。」因以兄事之。

張顥以徐温爲浙西觀察使，鎮潤州。嚴可求説温曰：「公捨牙兵而出外藩，顥必以弑君之罪歸公。」温驚曰：「然則奈何？」可求曰：「顥剛愎而暗於事，公能見聽，請爲公圖之。」時副使李承嗣參預軍府之政，可求又説承嗣曰：「顥凶威如此，今出徐於外，意不徒然，恐亦非公之利。」承嗣深然之。可求往見顥曰：「公出徐公於外，人皆言公欲奪其兵權而殺之，多言亦可畏也。」顥曰：「右牙欲之，非吾意也。業已行矣，奈何？」可求曰：「止之易耳。」明日，可求邀顥及承嗣俱詣温，可求瞋目責温曰：「古人不忘一飯之恩，况公楊氏宿將！今幼嗣初立，多事之時，乃求自安於外，可乎？」温謝曰：「苟諸公見容，温何敢自專。」由是不行。

顥知可求陰附温，夜遣盜刺之。可求知不免，請爲書辭府主。盜執刀臨之，可求操筆無懼色。盜能辨字，見其辭旨忠壯，曰：「公長者，吾不忍殺。」掠其財以復命，曰：「捕之不獲。」顥怒曰：「吾欲得可求首，何用財爲！」

温與可求謀誅顥，可求曰：「非鍾泰章不可。」泰章者，合肥人，時爲左監門衛將軍。温使親將彭城翟虔告之。泰章聞之喜，密結壯士三十人，夜刺血相飲爲誓。丁亥旦，直入斬顥於牙堂，并其親近。温始暴顥弒君之罪，轘紀祥等於市。詣西宮白太夫人。太夫人恐懼，大泣曰：「吾兒冲幼，禍難如此，願保百口歸廬州，公之惠也。」温曰：「張顥弒逆，不可不誅，夫人宜自安。」初，顥與温謀弒威王，温曰：「參用左右牙兵，〔心〕必不一，不若獨用吾兵。」顥不可，温曰：「然則獨用公兵。」顥從之。至是，窮治逆黨，皆左牙兵也，由是人以温爲實不知謀也。隆演以温爲左右牙都指揮使，軍府事咸取決焉。以嚴可求爲揚州司馬。

温性沈毅，自奉簡儉，雖不知書，使人讀獄訟之辭而決之，皆中情理。先是，張顥用事，刑戮酷濫，縱親兵剽奪市里。温謂嚴可求曰：「大事已定，吾與公輩當力行善政，使人解衣而寢耳。」乃立法度，禁强暴，政舉大綱，軍民安之。温以軍旅委可求，以財賦委支計官駱知祥，皆稱其職，淮南謂之「嚴、駱」。

秋七月壬申，淮南將吏請於李儼，承制授楊隆演淮南節度使、東面諸道行營都統、同平章事、弘農王。

鍾泰章賞薄，泰章未嘗自言。後踰年，因醉與諸將争言而及之。或告徐温以泰章怨望，請誅之，温曰：「是吾過也。」擢爲滁州刺史。

是歲，弘農〔王〕遣軍將萬全感齎書間道詣晋及岐，告以嗣位。

三年春三月，徐温以金陵形勝，戰艦所聚，乃自以淮南行軍副使領昇州刺史，留廣陵，以其假子元從指揮使知誥爲昇州防遏兼樓船副使往治之。

四年春二月，萬全感自岐歸廣陵，岐王承制加弘農王兼中書令，嗣吴王。

乾化二年春三月，吴鎮南節度使劉威、歙州觀察使陶雅、宣州觀察使李遇、常州刺史李簡，皆武忠王舊將，有大功，以徐温自牙將秉政，内不能平。李遇尤甚，常言：「徐温何人？吾未嘗識面，一旦乃當國邪！」館驛使徐玠使於吴越，道過宣州，温使玠説遇入見新王，遇初許之。玠曰：「公不爾，人謂公反。」遇怒曰：「君言遇反，殺侍中者非反邪？」侍中，謂威王也。温怒，以淮南節度副使王檀爲宣州制置使，數遇不入朝之罪，遣都指揮使柴再用帥昇、潤、池、歙兵納檀于宣州，昇州副使徐知誥爲之副。遇不受代，再用攻宣州，踰月不克。

夏五月，李遇少子爲淮南牙將，遇最愛之，徐温執之，至宣州城下示之，其子啼號求生，遇由是不忍戰。温使典客何蕘入城，以吴王命説之曰：「公本志果反，請斬蕘以徇。不然，隨蕘納款。」遇乃開門請降，温使柴再用斬之，夷其族。於是諸將始畏温，莫敢違其命。

徐知誥以功遷昇州刺史。知誥事温甚謹，安於勞辱，或通夕不解帶，温以是特愛之。每謂諸子曰：「汝輩事我能如知誥乎？」時諸州長吏多武夫，專以軍旅爲務，不恤民事。知誥在昇州，獨選用廉吏，修明政教，招延四方士大夫，傾家貲無所愛。洪州進士宋齊丘，好縱横之術，謁知誥，知誥奇之，辟爲推官，與判官王令謀、參軍王翃專主謀議，以牙吏馬仁裕、周宗、曹悰爲腹心。仁裕，彭城人；宗，漣水人也。

吴武忠王之疾病也，周隱請召劉威，威由是爲帥府所忌。或譖之於徐温，温將討之。陶威幕客黄訥説威曰：「公受謗雖深，反本無狀，若輕舟入覲，則嫌疑皆亡矣。」威從之。陶雅聞李遇敗，亦懼，與威偕詣廣陵。温待之甚恭，如事武忠王之禮，優加官爵，雅等悦服，由是人皆重温。訥，蘇州人也。温與威、雅帥將吏請於李儼，承制加嗣吴王隆演太師、吴王，以温領鎮海節度使、同平章事，淮南行軍司馬如故。温遣威、雅還鎮。

均王貞明元年夏四月，吴徐温以其子牙内都指揮使知訓爲淮南行軍副使、内外馬步諸軍副使。秋八月庚戌，吴以鎮海節度使徐温爲管内水陸馬步諸軍都指揮使、兩浙都招討使、守侍中、齊國公，鎮潤州，以昇、潤、常、宣、歙、池六州爲巡屬，軍國庶務參决如故。留徐知訓居廣陵秉政。

四年夏六月，吴内外馬步都軍使、昌化節度使、同平章事徐知訓驕倨淫暴。威武節度使、知撫州李德誠有家妓數十，知訓求之，德誠遣使謝曰：「家之所有皆長年，或有子，不足以侍貴人，當更爲公求少而美者。」知訓怒，謂使者曰：「會當殺德誠，并其妻取之。」知訓狎侮吴王，無復君臣之禮。嘗與王爲優，自爲參軍，使王爲蒼鶻，總角弊衣執帽以從。又嘗泛舟濁河，王先起，知訓以彈彈之。又嘗賞花於禪智寺，知訓使酒悖慢，王懼而泣，四座股栗。左右扶王登舟，知訓乘輕舟逐之，不及，以鐵撾殺王親吏。將佐無敢言者，父温皆不之知。

知訓及弟知詢皆不禮於徐知誥，獨季弟知諫以兄事禮之。知訓嘗召兄弟飲，知誥不至，知訓怒曰：「乞子不欲酒，欲劍乎！」又嘗與知誥飲，伏甲欲殺之，知諫躡知誥足，知誥陽起如厠，遁去。知訓以劍授左右刁彦能使追殺之。彦能馳騎及於中塗，舉劍示知誥而還，以不及告。

平盧節度使、同平章事、諸道副都統朱瑾遣家妓通候問於知訓，知訓强欲私之，瑾已不平。知訓惡瑾位加己上，置靜淮軍於泗州，出瑾爲靜淮節度使，瑾益恨之，然外事知訓愈謹。瑾有所愛馬，冬貯於幄，夏貯於幬；寵妓有絶色。知訓過别瑾，瑾置酒自捧觴，出寵妓使歌，以所愛馬爲壽，知訓大喜。瑾因延之中堂，伏壯士於户内，出妻陶氏拜之。知訓答拜，瑾以笏自後擊之踣地，呼壯士出斬之。瑾先繫二悍馬於廡下，將圖知訓，密令人解縱之，馬相蹄齧，聲甚厲，以是外人莫之聞。瑾提知訓首出，知訓從者數百人皆散走。瑾馳入府，以首示吴王曰：「僕已爲大王除害。」王懼，以衣障面，走入内，曰：「舅自爲之，我不敢知。」瑾曰：「婢子不足與成大事！」以知訓首擊柱，挺劍將出，子城使翟虔等已闔府門，勒兵討之，乃自後踰城，墜而折足，顧追者曰：「吾爲萬人除害，以一身任患。」遂自剄。

徐知誥在潤州聞難，用宋齊丘策，即日引兵濟江。瑾已死，因撫定軍府。時徐温諸子皆弱，温乃以知誥代知訓執吴政，沈朱瑾尸於雷塘而滅其族。

瑾之殺知訓也，泰寧節度使米志誠從十餘騎問瑾所向，聞其已死，乃歸。宣諭使李儼貧困，寓居海陵，温疑其與瑾通謀，皆殺之。嚴可求恐志誠不受命，詐稱袁州大破楚兵，將吏皆入賀，伏壯士於戟門，擒志誠斬之，并其諸子。

秋七月，吴徐温入朝于廣陵，疑諸將皆預朱瑾之謀，欲大行誅戮。徐知誥、嚴可求具陳徐知訓過惡，所以致禍之由，温怒稍解，乃命綱瑾骨於雷塘而葬之，責知訓將佐不能匡救，皆抵罪。獨刁彦能屢有諫書，温賞之。戊戌，以知誥爲淮南節度行軍副使、内外馬步都軍副使、通判府事，兼江州團練使。以徐知諫權潤州團練事。温還鎮金陵，總吴朝大綱，自餘庶政皆決於知誥。

知誥悉反知訓所爲，事吴王盡恭，接士大夫以謙，御衆以寬，約身以儉。以吴王之命，悉蠲天祐十三年以前逋税，餘俟豐年乃輸之。求賢才，納規諫，除奸猾，杜請託，於是士民翕然歸心，雖宿將悍夫無不悦服。以宋齊丘爲謀主。先是，吴有丁口錢，又計畝輸錢，錢重物輕，民甚苦之。齊丘説知誥，以爲：「錢非耕桑所得，今使民輸錢，是教民棄本逐末也。請蠲丁口錢，自餘税悉輸穀、帛，紬、絹匹直千錢者當税三千。」或曰：「如此，縣官歲失錢億萬計。」齊丘曰：「安有民富而國家貧者邪？」知誥從之。由是江、淮間曠土盡闢，桑柘滿野，國以富强。

知誥欲進用齊丘而徐温惡之，以爲殿直軍判官。知誥每夜引齊丘於水亭屏語，常至夜分，或居高堂，悉去屏障，獨置大爐，相向坐，不言，以鐵筯畫灰爲字，隨以匙滅去之，故其所謀，人莫得而知也。

初，吴徐温自以權重而位卑，説吴王曰：「今大王與諸將皆爲節度使，雖有都統之名，不足相臨制。請建吴國，稱帝而治。」王不許。嚴可求屢勸温以次子知詢代徐知誥知吴政，知誥與駱知祥謀，出可求爲楚州刺史。可求既受命，至金陵，見温，説之曰：「吾奉唐正朔，常以興復爲辭。今朱、李方争，朱氏日衰，李氏日熾。一旦李氏有天下，吾能北面爲之臣乎？不若先建吴國以繫民望。」温大悦，復留可求參總庶政，使草具禮儀。知誥知可求不可去，乃以女妻其子續。

五年。吴徐温帥將吏藩鎮請吴王稱帝，吴王不許。夏四月戊戌朔，即吴國王位，大赦，改元武義。建宗廟、社稷，置百官，宫殿、文物皆用天子禮。以金繼土，臘用丑。改謚武忠王曰孝武王，廟號太祖，威王曰景王，尊母爲太妃。以徐温爲大丞相、都督中外諸軍事、諸道都統、鎮海寧國節度使，守太尉兼中書令、東海郡王。以徐知誥爲左僕射，參政事兼知内外諸軍事，仍領江州團練使。以揚府左司馬王令謀爲内樞使，營田副使嚴可求爲門下侍郎，鹽鐵判官駱知祥爲中書侍郎，前中書舍人盧擇爲吏部尚書兼太常卿，掌書記殷文圭爲翰林學士，館驛巡官游恭爲知制誥，前駕部員外郎楊迢爲給事中。擇，醴泉人；迢，敬之之孫也。

秋七月丙戌，吴王立其弟濛爲廬江郡公，溥爲丹陽郡公，潯爲新安郡公，澈爲鄱陽郡公，子繼明爲廬陵郡公。吴廬江公濛有材氣，常嘆曰：「我國家而爲他人所有，可乎？」徐温聞而惡之。冬十月，出濛爲楚州團練使。

六年夏四月，吴宣王重厚恭恪，徐温父子專政，王未嘗有不平之意形於言色，温以是安之。及建國稱制，尤非所樂，多沈飲，鮮食，遂成寢疾。五月，温自金陵入朝，議當爲嗣者。或希温意言曰：「蜀先主謂武侯：『嗣子不才，君宜自取。』」温正色曰：「吾果有意取之，當在誅張顥之初，豈至今日邪！使楊氏無男，有女亦當立之。敢妄言者斬。」乃以王命迎丹楊公溥監國，徙溥兄濛爲舒州團練使。己丑，宣王殂。六月戊申，溥即吴王位，尊母王氏曰太妃。

龍德元年冬十月，吴徐温勸吴王祀南郊。或曰：「禮樂未備。且唐祀南郊，其費巨萬，今未能辦也。」温曰：「安有王者而不事天乎？吾聞事天貴誠，多費何爲！唐每郊祀，啓南門，灌其樞用脂百斛，此乃季世奢泰之弊，又安足法乎。」甲子，吴王祀南郊，配以太祖。（秋七月）乙丑，大赦。加徐知誥同平章事，領江州觀察使。尋以江州爲奉化軍，以知誥領節度使。

徐温聞壽州團練使崔太初苛察，失民心，欲徵之。徐知誥曰：「壽州邊隅大鎮，徵之恐爲變，不若使其入朝，因留之。」温怒曰：「一崔太初不能制，如他人何？」徵爲右雄武大將軍。

後唐莊宗同光二年冬十月，吳王如白沙觀樓船，更命白沙曰迎鑾鎮。徐溫自金陵來朝。先是，溫以親吏翟虔爲閤門、宫城、武備等使，使察王起居，虔防制王甚急。至是，王對溫名雨爲水，溫請其故。王曰：「翟虔父名，吾諱之熟矣。」因謂溫曰：「公之忠誠，我所知也，然翟虔無禮，宫中及宗室所須多不獲。」溫頓首謝罪，請斬之。王曰：「斬則太過，遠徙可也。」乃徙撫州。

三年夏六月，吳鎮海節度判官、楚州團練使陳彦謙有疾，徐知誥恐其遺言及繼嗣事，遺之醫藥、金帛，相屬於道。彦謙臨終，密留書遺徐溫，請以所生子爲嗣。

明宗天成元年春三月，吳以左僕射、同平章事徐知誥爲侍中，右僕射嚴可求兼門下侍郎、同平章事。

二年冬十月辛丑，吳大丞相、都督中外諸軍事、諸道都統、鎮海寧國節度使兼中書令東海王徐溫卒。初，溫子行軍司馬、忠義節度使、同平章事知詢以其兄知誥非徐氏子，數請代之執吳政，溫曰：「汝曹皆不如也。」嚴可求及行軍副使徐玠屢勸溫以知詢代知誥，溫以知誥孝謹，不忍也。陳夫人曰：「知誥自我家貧賤時養之，奈何富貴而棄之！」可求等言之不已。溫欲帥諸藩鎮入朝，勸吳王稱帝，將行，有疾，乃遣知詢奉表勸進，因留代知誥執政。知誥草表欲求洪州節度使，俟旦上之，是夕，温凶問至，乃止。知詢亟歸金陵。吴王贈温齊王，謚曰忠武。

十一月庚戌，吴王即皇帝位，追尊孝武王曰武皇帝，景王曰景皇帝，宣王曰宣皇帝。丙子，吴主尊太妃王氏曰皇太后。以徐知詢爲諸道副都統、鎮海寧國節度使兼侍中，加徐知誥都督中外諸軍事。

十二月，吴主立兄廬江公濛爲常山王，弟鄱陽公澈爲平原王，兄子南昌公珙爲建安王。

三年春正月，吴主立子璉爲江都王，璘爲江夏王，璆爲宜春王，宣帝子廬陵公玢爲南陽王。夏四月戊戌，吴徙常山王濛爲臨川王。

四年秋八月，吴武昌節度使兼侍中李簡以疾求還江都，癸丑，卒于采石。徐知詢，簡壻也，擅留簡親兵二千人于金陵，表薦簡子彦忠代父鎮鄂州，徐知誥以龍武統軍柴再用爲武昌節度使。知詢怒曰：「劉崇俊，兄之親，三世爲濠州；彦忠，吾妻族，獨不得邪？」

冬十月，吴諸道副都統、鎮海寧國節度使兼侍中徐知詢，自以握兵據上流，意輕徐知誥，數與知誥争權，内相猜忌，知誥患之。内樞密使王令謀曰：「公輔政日久，挾天子以令境内，誰敢不從？知詢年少，恩信未洽於人，無能爲也。」知詢待諸弟薄，諸弟皆怨之。

徐玠知知詢不可輔，反持其短以附知誥。吴越王鏐遺知詢金玉鞍勒、器皿，皆飾以龍鳳。知詢不以爲嫌，乘用之。知詢典客周廷望説知詢曰：「公誠能捐寶貨以結朝中勳舊，使皆歸心於公，則彼誰與處？」知詢從之，使廷望如江都諭意。廷望與知誥親吏周宗善，密輸款於知誥，亦以知誥陰謀告知詢。知詢召知誥詣金陵除父温喪，知誥稱吴主之命不許。周宗謂廷望曰：「人言侍中有不臣七事，宜亟入謝。」廷望還，以告知詢。十一月，知詢入朝，知誥留知詢爲統軍，領鎮海節度使，遣右雄武都指揮使柯厚徵金陵兵還江都，知誥自是始專吴政。知詢責知誥曰：「先王違世，兄爲人子，初不臨喪，可乎？」知誥曰：「爾挺劍待我，我何敢往！爾爲人臣，畜乘輿物，亦可乎？」知詢又以廷望所言詰知誥，知誥曰：「以爾所爲告我者，亦廷望也。」遂斬廷望。

壬辰，吴主加尊號曰睿聖文明光孝皇帝，大赦，改元大和。

十二月，吴加徐知誥兼中書令，領寧國節度使。知誥召知詢飲，以金鍾酌酒賜之，曰：「願弟壽千歲。」知詢疑有毒，引他器均之，跽獻知誥曰：「願與兄各享五百歲。」知誥變色，左右顧，不肯受，知詢捧酒不退。左右莫知所爲，伶人申漸高徑前爲詼諧語，掠二酒合飲之，懷金鍾趨出，知誥密遣人以良藥解之，已腦潰而卒。

長興元年春三月，吴主立江都王璉爲太子。

冬十月丙辰，吴左僕射、同平章事嚴可求卒。徐知誥以其長子大將軍景通爲兵部尚書，參政事，知誥將出鎮金陵故也。

二年春二月，吴徐知誥欲以中書侍郎、内樞使宋齊丘爲相，齊丘自以資望素淺，欲以退讓爲高，謁歸洪州葬父，因入九華山，止于應天寺，啓求隱居。吴主下詔徵之，知誥亦以書招之，皆不至。知誥遣其子景通自入山敦諭，齊丘始還朝，除右僕射致仕，更命應天寺曰徵賢寺。

秋九月，吴鎮南節度使、同平章事徐知諫卒。以諸道副都統、鎮海節度使、守中書令徐知詢代之，賜爵東海郡王。徐知誥之召知詢入朝也，知諫豫其謀。知詢遇其喪於塗，撫棺泣曰：「弟用心如此，我亦無憾，然何面見先王於地下乎！」

十一月，吴中書令徐知誥表稱「輔政歲久，請歸老金陵」。乃以知誥爲鎮海寧國節度使，鎮金陵，餘官如故，總録朝政如徐温故事。以其子兵部尚書參政事景通爲司徒、同平章事、知中外左右諸軍事，留江都輔政。以内樞使、同平章事王令謀爲左僕射兼門下侍郎，以宋齊丘爲右僕射兼中書侍郎，並同平章事兼内樞使，以佐景通。

十二月癸亥，徐知誥至金陵。

三年春二月，吴徐知誥作禮賢院於府舍，聚圖書，延士大夫，與孫晟及海陵陳覺談議時事。秋八月，吴徐知誥廣金陵城，周圍二十里。冬十一月，吴以諸道都統徐知誥爲大丞相、太師，加領得勝節度使。知誥辭丞相、太師。

四年夏五月，吴宋齊丘勸徐知誥徙吴主都金陵，知誥乃營宫城於金陵。

潞王清泰元年春正月，吴徐知誥别治私第於金陵，乙未，遷居私第，虚府舍以待吴主。吴人多不欲遷都者，都押牙周宗言於徐知誥曰：「主上西遷，公復須東行，不惟勞費甚大，且違衆心。」二月丙子，吴主遣宋齊丘如金陵諭知誥罷遷都。先是，知誥久有傳禪之志，以吴主無失德，恐衆心不悦，欲待嗣君；宋齊丘亦以爲然。一旦，知誥臨鏡鑷白髭，歎曰：「國家安而吾老矣，奈何！」周宗知其意，請如江都，微以傳禪諷吴主，且告齊丘。齊丘以宗先己，心疾之，遣使馳詣金陵，手書切諫，以爲天時、人事未可。知誥愕然。後數日，齊丘至，請斬宗以謝吴主，乃黜宗爲池州副使。久之，節度副使李建勳、行軍司馬徐玠等屢陳知誥功業，宜早從民望，召宗復爲都押牙。知誥由是疏齊丘。吴主詔徐知誥還府舍。甲申，金陵大火，乙酉，又火。知誥疑有變，勒兵自衛，己丑，復入府舍。

東海康王徐知詢卒。

夏六月，吴徐知誥將受禪，忌昭武節度使兼中書令臨川王濛，遣人告濛藏匿亡命，擅造兵器，丙子，降封歷陽公，幽于和州，命控鶴軍使王宏將兵二百衛之。

秋七月，吴徐知誥召右僕射兼中書侍郎、同平章事宋齊丘還金陵，以爲諸道都統判官，加司空，於是皆無所關預。齊丘屢請退居，知誥以南園給之。

冬十月，吴主加徐知誥大丞相、尚父、嗣齊王、九錫。辭不受。

十一月，徐知誥召其子司徒、同平章事景通還金陵，爲鎮海寧國節度副大使、諸道副都統、判中外諸軍事；以次子牙内馬步都指揮使、海州團練使景遷爲左右軍都軍使、左僕射，參政事，留江都輔政。

二年春三月，吴加徐景遷同平章事，知左右軍事。徐知誥令尚書郎陳覺輔之，謂覺曰：「吾少時與宋子嵩論議，好相詰難，或吾捨子嵩還家，或子嵩拂衣而起。子嵩攜衣笥望秦淮門欲去者數矣，吾常戒門者止之。吾今老矣，猶未徧達時事，況景遷年少當國，故屈吾子以誨之耳。」

秋七月，吴潤州團練使徐知諤狎昵小人，游燕廢務，作列肆於牙城西，躬自貿易。徐知誥聞之，怒，召知諤左右詰責，知諤懼。或謂知誥曰：「忠武王最愛知諤，而以後事傳於公。往年知詢失守，論議至今未息。借使知諤治有能名，訓兵養民，於公何利？」知誥感悟，待之加厚。

冬十月，吴加中書令徐知誥尚父、太師、大丞相、大元帥，進封齊王，備殊禮，以昇、潤、宣、池、歙、常、江、饒、信、海十州爲齊國。知誥辭尚父、丞相，殊禮不受。

後晋高祖天福元年春正月，吴徐知誥始建大元帥府，以幕職分判吏、户、禮、兵、刑、工部及鹽鐵。三月，吴徐知誥以其子副都〔統〕景通爲太尉、副元帥，都統判官宋齊丘、行軍司馬徐玠爲元帥府左右司馬。夏四月，高從誨遣使奉牋於徐知誥，勸即帝位。冬十一月癸巳，吴主詔齊王徐知誥置百官，以金陵府爲西都。

十二月，徐知誥以鎮南節度使太尉兼中書令李德誠、德勝節度使兼中書令周本位望隆重，欲使之帥衆推戴。本曰：「我受先王大恩，自徐温父子用事，恨不能救楊氏之危，又使我爲此，可乎？」其子弘祚强之，不得已，與德誠帥諸將詣江都表吴主，陳知誥功德，請行册命，又詣金陵勸進。宋齊丘謂德誠之子建勳曰：「尊公，太祖元勳，今日掃地矣。」於是吴宫多妖，吴主曰：「吴祚其終乎！」左右曰：「此乃天意，非人事也。」

二年春正月，吴太子璉納齊王知誥女爲妃。知誥始建太廟、社稷，改金陵爲江寧府，牙城曰宫城，廳堂曰殿。以左右司馬宋齊丘、徐玠爲左右丞相，馬步判官周宗、内樞判官黟人周廷玉爲内樞使，自餘百官皆如吴朝之制。置騎兵八軍，步兵九軍。

二月戊子，吴主使宜陽王璪如西都，册命齊王。王受册，赦境内。册王妃曰王后。三月，吳徐知誥立子景通爲王太子，固辭不受。追尊考忠武王溫曰太祖武王，妣明德太妃李氏曰王太后。壬申，更名誥。夏六月，吳諸道副都統徐景遷卒。秋七月，吳同平章事王令謀如金陵勸徐誥受禪，誥讓不受。

八月，吳歷陽公濛知吳將亡，甲午，殺守衛軍使王宏。宏子勒兵攻濛，濛射殺之。以德勝節度使周本，吳之勳舊，引二騎詣廬州，欲依之。本聞濛至，將見之。其子弘祚固諫，本怒曰：「我家郎君來，何爲不使我見？」弘祚合扉不聽本出，使人執濛于外，送江都。徐誥遣使稱詔殺濛於采石，追廢爲悖逆庶人，絕屬籍。侍衛軍使郭悰殺濛妻子於和州，誥歸罪於悰，貶池州。

吳司徒、門下侍郎、同平章事、内樞使、忠武節度使王令謀老病無齒，或勸之致仕，令謀曰：「齊王大事未畢，吾何敢自安。」疾亟，力勸徐誥受禪。是月，吳主下詔禪位于齊。李德誠等復詣金陵帥百官勸進，宋齊丘不署表。九月癸丑，令謀卒。

丙寅，吳主命江夏王璘奉璽綬于齊。冬十月甲申，齊王誥即皇帝位于金陵，大赦，改元昇元，國號唐。追尊太祖武王曰武皇帝。乙酉，遣右丞相玠奉册詣吳主，稱：「受禪老臣誥，謹拜稽首，上皇帝尊號曰高尚思玄弘古讓皇，宮室、乘輿、服御皆如故，宗廟、正朔、徽章、服色悉從吳制。」丁亥，立徐知證爲江王，徐知諤爲饒王。以吳太子璉領平盧節度使兼中書令，封弘農公。

唐主宴羣臣於天泉閣，李德誠曰：「陛下應天順人，惟宋齊丘不樂。」因出齊丘止德誠勸進書，唐主執書不視，曰：「子嵩三十年舊交，必不相負。」齊丘頓首謝。

己丑，唐主表讓皇改東都宫殿名，皆取於仙經。讓皇常服羽衣，習辟穀術。辛卯，吴宗室建安王珙等十二人皆降爵爲公，而加官增邑。丙申，以吴同平章事張延翰及門下侍郎張居詠、中書侍郎李建勳並同平章事。讓皇以唐主上表，致書辭之。唐主表謝而不改。

丁酉，加宋齊丘大司徒。齊丘雖爲左丞相，不預政事，心愠懟，聞制詞云「布衣之交」，抗聲曰：「臣爲布衣時，陛下爲刺史。今日爲天子，可不用老臣矣。」還家請罪，唐主手詔謝之，亦不改命。久之，齊丘不知所出，乃更上書，請遷讓皇於他州及斥遠吴太子璉，絶其婚，唐主不從。

乙巳，立王后宋氏爲皇后。戊申，以諸道都統判元帥府事景通爲諸道副元帥、判六軍諸衛事、太尉、尚書令、吴王。

十一月乙卯，唐吴王景通更名璟。唐主賜楊璉妃號永興公主，妃聞人呼公主則流涕而辭。戊午，唐主立其子景遂爲吉王，景達爲壽陽公。以景遂爲侍中、東都留守、江都尹，帥留司百官赴東都。

三年春正月，唐德勝節度使兼中書令西平恭烈王周本以不能存吴，愧恨而卒。丙寅，唐以侍中吉王景遂參判尚書都省。夏四月甲申，唐宋齊丘自陳丞相不應不豫政事，唐主答以省署未備。

吴讓皇固辭舊宫，屢請徙居，李德誠等亦亟以爲言。五月戊午，唐主改潤州牙城爲丹楊宫，以李建勳爲迎奉讓皇使。壬戌，唐主以左宣威副統軍王輿爲鎮海留後，客省使公孫圭爲監軍使，親吏馬思讓爲丹楊宫使，徙讓皇居丹楊宫。

宋齊丘復自陳爲左右所間，唐主大怒。齊丘歸第，白衣待罪。或曰：「齊丘舊臣，不宜以小過棄之。」唐主曰：「齊丘有才，不識大體。」乃命吴王璟持手詔召之。

六月壬午，或獻毒酒方於唐主，唐主曰：「犯吾法者自有常刑，安用此爲！」羣臣争請改府寺州縣名有「吴」及「楊」者，留守判官楊嗣請更姓羊。徐玠曰：「陛下自應天順人，事非逆取，而諂邪之人專事改更，咸非急務，不可從也。」唐主然之。

冬十一月辛丑，吴讓皇卒。唐主廢朝二十七日，追謚曰睿皇帝。

是歲，唐主徙吴王璟爲齊王。

四年春正月，唐羣臣江王知證等累表請唐主復姓李，立唐宗廟，乙丑，唐主許之。羣臣又請上尊號，唐主曰：「尊號虚美，且非古。」遂不受。其後子孫皆踵其法，不受尊號，又不以外戚輔政，宦者不得預事，皆他國所不及也。

二月乙亥，改太祖廟號曰義祖。己卯，唐主爲李氏考妣發哀，與皇后斬衰居廬，如初喪禮，朝夕臨，凡五十四日。江王知證、饒王知諤請亦服斬衰，不許。李建勳之妻廣德長公主假衰絰入哭盡哀，如父母之喪。辛巳，詔：「國事委齊王璟詳決，惟軍旅以聞。」

庚寅，唐主更名昪。

詔百官議二祚合享禮。辛卯，宋齊丘等議以義祖居七室之東。唐主命：「居高祖於西室，太宗次之，義祖又次之，皆爲不祧之主。」羣臣言：「義祖諸侯，不宜與高祖、太宗同享，請於太廟正殿後別建廟祀之。」帝曰：「吾自幼託身義祖，曏非義祖有功於吳，朕安能啓此中興之業！」羣臣乃不敢言。

唐主欲祖吳王恪，或曰：「恪誅死，不若祖鄭王元懿。」唐主命有司考二王苗裔，以吳王孫禕有功，禕子峴爲宰相，遂祖吳王，云「自峴五世至父榮」，其名率皆有司所撰。唐主又以歷十九帝，三百年，疑十世太少。有司曰：「三十年爲世，陛下生於文德，已五十年矣。」遂從之。三月庚戌，唐主追尊吳王恪爲定宗孝靜皇帝，自曾祖以下皆追〔尊〕廟號及謚。

夏四月辛巳，唐主祀南郊。癸未，大赦。

通鑑紀事本末

〔宋〕袁樞撰

卷第四十至
卷第四十二

中華書局

通鑑紀事本末卷第四十

馬氏據湖南

唐僖宗光啓二年。初，忠武決勝指揮使孫儒與龍驤指揮使朗山劉建鋒戍蔡州，拒黄巢，扶溝馬殷隸軍中，以材勇聞。及秦宗權叛，儒等皆屬焉。

三年。秦宗權與楊行密爭揚州，以孫儒爲副，張佶、劉建鋒、馬殷皆從。

昭宗景福元年夏五月，楊行密屢敗孫儒兵，破其廣德營，張訓屯安吉，斷其糧道。儒食盡，士卒大疫，遣其將劉建鋒、馬殷分兵掠諸縣。行密縱兵擊儒，斬之，儒衆多降於行密。劉建鋒、馬殷收餘衆七千，南走洪州，推建鋒爲帥，殷爲先鋒指揮使，以行軍司馬張佶爲謀主，比至江西，衆十餘萬。

乾寧元年五月，劉建鋒、馬殷引兵至澧陵，武安節度使鄧處訥遣邵州指揮使蔣勛、鄧繼崇將步騎三千守龍回關。殷先至關下，遣使詣勛，勛等以牛酒犒師。殷使説勛曰：「劉龍驤智勇兼人，術家言當興翼、軫間。今將十萬衆，精鋭無敵，而君以鄉兵數千拒之，難矣。不如先下之，取富貴，還鄉里，不亦善乎？」勛等然之，謂衆曰：「東軍許吾屬還。」士卒皆歡呼，棄旗幟鎧仗遁去。建鋒令前鋒衣其甲，張其旗，趨潭州。潭人以爲邵州兵還，不爲備。建鋒徑入府，處訥方宴，擒斬之。戊辰，建鋒入潭州，自稱留後。

二年。以劉建鋒爲武安節度使。建鋒以馬殷爲內外馬步軍都指揮使。蔣勛求爲邵州刺史，劉建鋒不許，勛據邵州，使其將屯定勝鎮以扼潭人。

三年春正月丁巳，劉建鋒遣都指揮使馬殷將兵討蔣勛，攻定勝寨，破之。

夏四月，武安節度使劉建鋒既得志，嗜酒，不親政事。長直兵陳贍妻美，建鋒私之，贍袖鐵撾擊殺建鋒。諸將殺贍，迎行軍司馬張佶爲留後。佶將入府，馬忽踶齧，傷左髀。時馬殷攻邵州未下，佶謝諸將曰：「馬公勇而有謀，寬厚樂善，吾所不及，真乃主也。」乃以牒召之。殷猶豫未行，聽直軍將汝南姚彦章説殷曰：「公與劉龍驤、張司馬，一體人也，今龍驤遇禍，司馬傷髀，天命人望，捨公尚誰屬哉！」殷乃使親從都副指揮使李瓊留攻邵州，徑詣長沙。五月，馬殷至長沙，張佶肩輿入府，坐受殷拜謁，已，乃命殷升聽事，以留後讓之，即趨下，帥將吏拜賀，復爲行軍司馬，代殷將兵攻邵州。

秋九月，以湖南軍留後馬殷判湖南軍府事。殷以高郁爲謀主。郁，揚州人也。殷畏楊行密、成汭之强，議以金帛結之。高郁曰：「成汭不足畏也。行密公之讎，雖以萬金賂之，安肯爲吾援乎？不若上奉天子，下撫士民，訓卒厲兵，以修霸業，則誰與爲敵矣。」殷從之。

光化元年春三月，以潭州刺史、判湖南軍府事馬殷知武安留後。時湖南管内七州，賊帥楊師遠據衡州，唐世旻據永州，蔡結據道州，陳彦謙據郴州，魯景仁據連州，殷所得惟潭、邵二州而已。

夏五月，湖南將姚彦章言於馬殷，請取衡、永、道、連、郴五州，仍薦李瓊爲將。殷以瓊及秦彦暉爲嶺北七州游弈使，張圖英、李唐副之，將兵攻衡州，斬楊師遠，引兵趣永州，圍之月餘，唐世旻走死。殷以李唐爲永州刺史。

二年秋七月，馬殷遣其將李唐攻道州，蔡結聚羣蠻，伏兵于隘以擊之，大破唐兵。唐曰：「蠻所恃者山林耳，若戰平地，安能敗我。」乃命因風燔林，光燭天地，羣蠻驚遁，遂拔道州，擒結，斬之。

冬十一月，馬殷遣其將李瓊攻郴州，執陳彦謙，斬之。進攻連州，魯景仁自殺。湖南皆平。

三年冬十月，静江節度使劉士政聞馬殷悉平嶺北，大懼，遣副使陳可璠屯全義嶺以備之。殷遣使修好於士政，可璠拒之，殷遣其將秦彦暉、李瓊等將兵七千擊士政。湖南軍至全義，士政又遣指揮使王建武屯秦城。可璠掠縣民耕牛以犒軍，縣民怨之，請爲湖南鄉導，曰：「此西南有小徑，距秦城纔五十里，僅通單騎。」彥暉遣李瓊將騎六十、步兵三百襲秦城，中宵，踰垣而入，擒王建武，比明復還，紲之以練，造可璠壁下示之，可璠猶未之信。斬其首，投壁中，桂人震恐。瓊因勒兵擊之，擒可璠，降其將士二千，皆殺之。引兵趣桂州，自秦城以南二十餘壁皆望風奔潰，遂圍桂州。數日，士政出降，桂、宜、巖、柳、象五州皆降於湖南。馬殷以李瓊爲桂州刺史。未幾，表爲靜江節度使。

天復三年夏四月，楊行密遣使詣馬殷，言朱全忠跋扈，請殷絶之，約爲兄弟。湖南大將許德勳曰：「全忠雖無道，然挾天子以令諸侯，明公素奉王室，不可輕絶也。」殷從之。

天祐元年。初，馬殷弟賨性沈勇，事孫儒，爲百勝指揮使。儒死，事楊行密，屢有功，遷黑雲指揮使。行密嘗從容問其兄弟，乃知爲殷之弟，大驚曰：「吾常怪汝器度瓌偉，果非常人。當遣汝歸。」賨泣辭曰：「賨淮西殘兵，大王不殺而寵任之。湖南地近，常得兄聲問；賨事大王久，不願歸也。」行密固遣之。是歲，賨歸長沙，行密親餞之郊。賨至長沙，殷表賨爲節度副使。他日，殷議入貢天子，賨曰：「楊王地廣兵强，與吾鄰接，不若與之結好，大可以爲緩急之援，小可通商旅之利。」殷作色曰：「楊王不事天子，一旦朝廷致討，罪將及吾。汝置此論，勿爲吾禍。」

昭宣帝天祐三年。吉州刺史彭玕遣使請降於湖南。玕本赤石洞蠻酋，鎮南節度使鍾傳用爲吉州刺史。

後梁太祖開平元年夏四月辛未，以武安節度使馬殷爲楚王。

五月，弘農王以鄂岳觀察使劉存爲西南面都招討使，岳州刺史陳知新爲岳州團練使，廬州觀察使劉威爲應援使，别將許玄應爲監軍，將水軍三萬以擊楚。楚王馬殷甚懼，静江軍使楊定真賀曰：「我軍勝矣。」殷問其故，定真曰：「夫戰懼則勝，驕則敗。今淮南兵直趨吾城，是驕而輕敵也，而王有懼色，吾是以知其必勝也。」

殷命在城都指揮使秦彦暉將水軍三萬浮江而下，水軍副指揮使黄璠帥戰艦三百屯瀏陽口。六月，存等遇大雨，引兵還，至越堤北，彦暉追之。存數戰不利，乃遺殷書詐降。彦暉使謂殷曰：「此必詐也，勿受。」存與彦暉夾水而陳，存遥呼曰：「殺降不祥，公獨不爲子孫計耶？」彦暉曰：「賊入吾境而不擊，奚顧子孫！」鼓譟而進。存等走，黄璠自瀏陽引兵絶江，與彦暉合擊，大破之，執存及知新，裨將死者百餘人，士卒死者以萬數，獲戰艦八百艘。威以餘衆遁歸，彦暉遂拔岳州。殷釋存、知新之縛，慰諭之。二人皆罵曰：「丈夫以死報主，肯事賊乎！」遂斬之。許玄應，弘農王之腹心也，常預政事，張顥、徐温因其敗，收斬之。

楚王殷遣兵會吉州刺史彭玗攻洪州，不克。

武貞節度使雷彦恭會楚兵攻江陵，荆南節度使高季昌引兵屯公安，絶其糧道。彦恭敗，楚兵亦走。

秋七月，雷彦恭攻岳州，不克。

八月辛亥，〔以〕楚王殷兼武昌節度使，充本道招討、制置使。

九月，雷彦恭攻涔陽、公安，高季昌擊敗之。彦恭貪殘類其父，專以焚掠爲事，荆、湖間常被其患；又附於淮南。丙申，詔削彦恭官爵，命季昌與楚王殷討之。

冬十月，高季昌遣其將倪可福會楚將秦彦暉攻朗州，雷彦恭遣使乞降於淮南，且告急。弘農王遣將泠業將水軍屯平江，李饒將步騎屯瀏陽以救之。楚王殷遣岳州刺史許德勳將兵拒之。泠業進屯朗口，德勳使善游者五十人，以木枝葉覆其首，持長刀浮江而下，夜犯其營，且舉火，業軍中驚擾。德勳以大軍進擊，大破之，追至鹿角鎮，擒業；又破瀏陽寨，擒李饒，掠上高、唐年而歸。斬業、饒於長沙市。

二年夏五月，静江節度使、同平章事李瓊卒，楚王殷以其弟永州刺史存知桂州事。

乙亥，楚兵寇鄂州，淮南所署知州秦裴擊破之。

雷彦恭引沅江環朗州以自守，秦彦暉頓兵月餘不戰，彦恭守備稍懈。彦暉使裨將曹德昌帥壯士夜入自水竇，内外舉火相應，城中驚亂，彦暉鼓譟壞門而入，彦恭輕舟奔廣陵。

彦暉虜其弟彦雄，送于大梁。淮南以彦恭爲節度副使。先是，澧州刺史向瓌與彦恭相表裏，至是亦降於楚，楚始得澧、朗二州。

湖南判官高郁請聽民自采茶賣於北客，收其征以贍軍，楚王殷從之。秋七月，殷奏於汴、荆、襄、唐、郢、復州置回圖務，運茶於河南北，賣之以易繒、纊、戰馬而歸，仍歲貢茶二十五萬斤，詔許之。湖南由是富贍。

九月，荆南節度使高季昌遣兵屯漢口，絶楚朝貢之路。楚王殷遣其將許德勳將水軍擊之，至沙頭，季昌懼而請和。殷又遣步軍都指揮使吕師周將兵擊嶺南，與清海節度使劉隱十餘戰，取昭、賀、梧、蒙、龔、富六州。殷土宇既廣，乃養士息民，湖南遂安。

三年夏六月，撫州刺史危全諷自稱鎮南節度使，帥撫、信、袁、吉之兵號十萬，攻洪州。淮南守兵纔千人，將吏皆懼，節度使劉威密遣使告急於廣陵，日召僚佐宴飲。全諷聞之，屯象牙潭，不敢進。袁州刺史彭彦章圍高安，以助全諷。徐温以周本爲西南面行營招討應援使，將兵七千救高安。本曰：「楚人爲全諷聲援耳，非欲取高安也。吾敗全諷，援兵必還。」乃疾趣象牙潭。過洪州，劉威欲犒軍，本不肯留，或曰：「全諷兵强，君宜觀形勢然後進。」本曰：「賊衆十倍於我，我軍聞之必懼，不若乘其鋭而用之。」

秋七月，危全諷在象牙潭，營栅臨溪，亘數十里。庚辰，周本隔溪布陳，先使羸兵嘗敵。全諷兵涉溪追之，本乘其半濟，縱兵擊之。全諷兵大潰，自相蹂藉，溺水死者甚衆。本分兵斷其歸路，擒全諷及將士五千人，乘勝克袁州，執刺史彭〔彦〕章，進攻吉州。歙州刺史陶雅使其子敬昭及都指揮使徐章將兵襲饒、信，信州刺史危仔倡請降，饒州刺史唐寶棄城走。行營都指揮使米志誠、都尉吕師造等敗苑玫於上高。吉州刺史彭玕帥衆數千人奔楚，楚王殷表玕爲郴州刺史，爲子希範娶其女。

四年夏六月，楚王殷求爲天策上將，詔加天策上將軍。殷始開天策府，以弟賓爲左相，存爲右相。殷遣將侵荆南，軍于油口。高季昌擊破之，斬首五千級，逐北至白田而還。

冬十二月，辰州蠻酋宋鄴、（破）溆州蠻酋潘金盛恃其所居深險，數擾楚邊。至是，鄴寇湘鄉，金盛寇武岡。楚王殷遣昭州刺史吕師周將衡山兵五千討之。

乾化元年春正月，吕師周引兵攀藤緣崖入飛山洞，襲潘金盛，擒送武岡斬之，移兵擊宋鄴。冬十二月乙卯，以朗州留後馬賓爲永順節度使、同平章事。

二年春二月，辰州蠻酋宋鄴、昌師益皆帥衆降於楚，楚王殷以鄴爲辰州刺史，師益爲溆州刺史。

夏四月癸丑，以楚王殷爲武安武昌静江寧遠節度使、洪鄂四面行營都統。

冬十一月，吴淮南節度副使陳璋等將水軍襲楚岳州，執刺史苑玫，楚王殷遣水軍都指揮使楊定真救岳州。璋等進攻荆南，高季昌遣其將倪可福拒之。吴恐楚人救荆南，遣撫州刺史劉信帥江、撫、袁、吉、信五州兵屯吉州，爲璋聲援。

均王乾化三年春正月，吴陳璋攻荆南，不克而還，荆南兵與楚兵會於江口以邀之。璋知之，舟二百艘駢爲一列，夜過，二鎮兵遽出追之，不能及。

秋八月，楚寧遠節度使姚彦章將水軍侵吴鄂州，吴以池州團練使吕師造爲水陸行營應援使，未至，楚兵引去。

四年夏四月，吴袁州刺史劉崇景叛，附于楚。崇景，威之子也。楚將許貞將萬人援之，吴都指揮使柴再用、米志誠帥諸將討之。

楚岳州刺史許德勳將水軍巡邊，夜分，南風暴起，都指揮使王環乘風趣黄州，以繩梯登城，徑趣州署，執吴刺史馬鄴，大掠而還。德勳曰：「鄂州將邀我，宜備之。」環曰：「我軍入黄州，鄂人不知，奄過其城，彼自救不暇，安敢邀我。」乃展旗鳴鼓而行，鄂人不敢逼。

五月，吴柴再用等與劉崇景、許貞戰於萬勝岡，大破之，崇景、貞棄袁州遁去。

貞明三年春三月，楚王殷遣其弟存攻吴上高，俘獲而還。

龍德元年。辰、溆州蠻侵楚，楚寧遠節度副使姚彦章討平之。

後唐莊宗同光元年。楚王殷遣其子牙内馬步都指揮使希範入見，納洪、鄂行營都統印，上本道將吏籍。

二年夏四月乙亥，加楚王殷兼尚書令。

三年。初，楚王殷既得湖南，不征商旅，由是四方商旅輻湊。湖南地多鉛鐵，殷用軍都判官高郁策，鑄鉛鐵爲錢，商旅出境無所用之，皆易他貨而去，故能以境内所餘之物，易天下百貨，國以富饒。湖南民不事桑蠶，郁命民輸税者皆以帛代錢，未幾，民間機杼大盛。

明宗天成元年秋九月，加楚王殷守尚書令。

二年夏五月，楚王殷遣中使史光憲入貢。〔還〕，過〔江陵〕，荆南高季興執史光憲而奪其（貢）〔賜〕物。事見高氏據荆南。

六月丙申，封楚王殷爲楚國王。

三年春二月，楚王殷遣六軍使袁詮、副使王環等將水軍擊荆南高季興。事見高氏據荆南。

夏四月，吴右雄武軍使苗璘、静江統軍王彦章將水軍萬人攻楚岳州，至君山，楚王殷遣右丞相許德勳將戰艦千艘禦之。德勳曰：「吴人掩吾不備，見大軍，必懼而走。」乃潛軍角子湖，使王環夜帥戰艦三百，屯楊林浦絶吴歸路。遲明，吴人進軍荆江口，將會荆南兵攻岳州，丁亥，至道人磯。德勳命戰棹都虞候詹信以輕舟三百出吴軍後，德勳以大軍當其前，夾擊之，吴軍大敗，虜璘及彦章以歸。吴遣使求和於楚，請苗璘、王彦章。楚王殷歸之，使許德勳餞之。德勳謂二人曰：「楚國雖小，舊臣宿將猶在，願吴朝勿以措懷。必俟衆駒争皁棧，然後可圖也。」時殷多内寵，嫡庶無别，諸子驕奢，故德勳語及之。

六月，帝詔楚王殷討高季興。

四年春三月，楚王殷命其子武安節度副使、判長沙府希聲知政事，總録内外諸軍事，自是國政先歷希聲，乃聞於殷。

初，楚王殷用都軍判官高郁爲謀主，國賴以富强，鄰國皆疾之。莊宗入洛，殷遣其子希範入貢。莊宗愛其警敏，曰：「比聞馬氏當爲高郁所奪，今有子如此，郁安能得之。」高季興亦屢以流言間郁於殷，殷不聽，乃遣使遺節度副使、知政事希聲書，盛稱郁功名，願爲兄弟。使者言於希聲曰：「高公常云『馬氏政事皆出高郁』，此子孫之憂也。」希聲信之。行軍司馬楊昭遂，希聲之妻族也，謀代郁任，日譖之於希聲。希聲屢言於殷，稱郁奢僭，且外交鄰藩，請誅之。殷曰：「成吾功業，皆郁力也。汝勿爲此言。」希聲固請罷其兵柄，乃左遷郁行軍司馬。郁謂所親曰：「亟營西山，吾將歸老。猘子漸大，能咋人矣。」希聲聞之，益怒，明日，矯以殷命殺郁於府舍，牓諭中外，誣郁謀叛，并誅其族黨。至暮，殷尚未知。是日大霧，殷謂左右曰：「吾昔從孫儒渡淮，每殺不辜，多致兹異。馬步院豈有冤死者乎？」明日，吏以郁死告，殷拊膺大慟曰：「吾老耄，政非己出，使我勳舊横罹冤酷！」既而顧左右曰：「吾亦何可久處此乎！」

長興元年冬十月，楚王殷寢疾，遣使詣闕請傳位於其子希聲。朝廷疑殷已死，辛亥，以希聲爲起復武安節度使兼侍中。

十一月己巳，楚王殷卒，遺命諸子兄弟相繼。置劍於祠堂曰：「違吾命者，戮之！」諸將議遣兵守四境，然後發喪。兵部侍郎黄損曰：「吾喪君有君，何備之有？宜遣使詣鄰道告終稱嗣而已。」

丙戌，馬希聲襲位，稱遺命去建國之制，復藩鎮之舊。

十二月庚戌，以武安節度使馬希聲爲武安、静江節度使，加兼中書令。

二年冬十二月，武安、静江節度使馬希聲聞梁太祖嗜食雞，慕之，既襲位，日殺五十雞爲膳，居喪無戚容。庚申，葬武穆王于衡陽，將發引，頓食雞臛數盤。前吏部侍郎潘起譏之曰：「昔阮籍居喪食蒸豚，何代無賢！」

三年秋七月，武安、静江節度使馬希聲以湖南比年大旱，命閉南嶽及境内諸神祠門，竟不雨。辛卯，希聲卒，六軍使袁詮、潘約等迎鎮南節度使希範於朗州而立之。八月〔庚申〕，馬希範至長沙。辛酉，襲位。九月，以鎮南節度使馬希範爲武安節度使兼侍中。

四年春二月乙卯，以馬希範爲武安、武平節度使，兼中書令。初，馬希聲、希範同日生，希聲母曰袁德妃，希範母曰陳氏。希範怨希聲先立不讓，及嗣位，不禮於袁德妃。希聲母弟希旺爲親從都指揮使，希範多譴責之。袁德妃請納希旺官爲道士，不許，解其軍職，使居竹屋草門，不得預兄弟燕集。德妃卒，希旺憂憤而卒。

潞王清泰元年春正月壬辰，以武安、武平節度使馬希範爲楚王。

後晋高祖天福元年。静江節度使、同平章事馬希杲有善政，監軍裴仁煦譖之於楚王希範，言其收衆心，希範疑之。夏四月，漢將孫德威侵蒙、桂二州，希範命其弟武安節度副使希廣權知軍府事，自將步騎五千如桂州。希杲懼，其母華夫人逆希範於全義嶺，謝曰：「希杲爲治無狀，致寇戎入境，煩殿下親涉險阻，皆妾之罪也。願削封邑，灑掃掖廷，以贖希杲罪。」希範曰：「吾久不見希杲，聞其治行尤異，故來省之，無他也。」漢兵自蒙州引去，徙希杲知朗州。秋七月庚寅，楚王希範自桂州北還。

二年冬十二月，詔加馬希範江南諸道都統，制置武平、静江等軍事。

三年冬十月，楚順賢夫人彭氏卒。彭夫人貌陋而治家有法，楚王希範憚之。既卒，希範始縱聲色，爲長夜之飲，内外無别。〔有〕商人妻美，希範殺其夫而奪之，妻誓不辱，自經死。

四年夏四月戊申，加楚王希範天策上將軍，賜印，聽開府置官屬。黔南巡内溪州刺史彭士愁引(蔣)〔奬〕、錦州蠻萬餘人寇辰、澧州。九月辛未，楚王希範命左静江指揮使劉勍、决勝指揮使廖匡齊帥衡山兵五千討之。

冬十一月，楚王希範始開天策府，置護軍都尉、領軍司馬等官，以諸弟及將校爲之。又以幕僚拓跋恒、李弘皋、廖匡圖、徐仲雅等十八人爲學士。

劉勍等進攻溪州，彭士愁兵敗，棄州走保山寨。石崖四絶，勍爲梯棧上圍之。廖匡齊戰死，楚王希範遣弔其母，其母不哭，謂使者曰：「廖氏三百口受王温飽之賜，舉族效死，未足以報，況一子乎，願王無以爲念。」王以其母爲賢，厚恤其家。

五年春正月，楚劉勍等因大風，以火箭焚彭士愁寨而攻之，士愁帥麾下逃入奬、錦深山。乙未，遣其子師暠帥諸酋長納溪、錦、奬三州印，請降於楚。二月，劉勍引兵還長沙，楚王希範徙溪州於便地，表彭士愁爲溪州刺史，以劉勍爲錦州刺史。自是羣蠻服於楚。希範自謂伏波之後，以銅五千斤鑄柱，高丈二尺，入地六尺，銘誓狀於上，立之溪州。

七年冬十月，楚王希範作天策府，極棟宇之盛。户牖欄檻皆飾以金玉，塗壁用丹砂數十萬斤；　地衣春夏用角簟，秋冬用木綿。與子弟僚屬遊宴其間。

齊王天福八年。楚地多産金銀，茶利尤厚，由是財貨豐殖。而楚王希範奢欲無厭，喜自誇大。爲長槍大槊，飾之以金，可執而不可用。募富民年少肥澤者八千人，爲銀槍都。宮室、園囿、服用之物，務窮侈靡。作九龍殿，刻沈香爲八龍，飾以金寶，長十餘丈，抱柱相向。希範居其中，自爲一龍，其幞頭脚長丈餘，以象龍角。用度不足，重爲賦斂。每遣使者行田，專以增頃畝爲功，民不勝租賦而逃。王曰：「但令田在，何憂無穀。」命營田使鄧懿文籍逃田，募民耕藝出租。民捨故從新，僅能自存，自西徂東，各失其業。又聽人入財拜官，以財多少爲官高卑之差，富商大賈，布在列位。外官還者，必責貢獻。民有罪，則富者輸財，强者爲兵，惟貧弱受刑。又置函，使人投匿名書相告訐，至有滅族者。

是歲，用孔目官周陟議，令常稅之外，大縣貢米二千斛，中千斛，小七百斛，無米者輸布帛。天策學士拓跋恒上書曰：「殿下長深宮之中，藉已成之業，身不知稼穡之勞，耳不聞鼓鼙之音，馳騁遨遊，雕牆玉食。府庫盡矣，而浮費益甚，百姓困矣，而厚斂不息。今淮南爲仇讎之國，番禺懷吞噬之志，荆渚日圖窺伺，溪洞待我姑息。諺曰：『足寒傷心，民怨傷國。』願罷輸米之令，誅周陟以謝郡縣。去不急之務，減興作之役，無令一旦禍敗，爲四方所笑。」王大怒。他日，恒請見，辭以晝寢。恒謂客將區弘練曰：「王逞欲而愎諫，吾見其千口飄零無日矣。」王益怒，遂終身不復見之。

開運二年秋七月，楚王希範疑静江節度使兼侍中、知朗州希杲得人心，遣人伺之。希杲懼，稱疾求歸，不許；遣醫往視疾，因毒殺之。

冬十二月，楚湘陰處士戴偃爲詩多譏刺，楚王希範囚之。天策副都軍使丁思瑾上書切諫，希範削其官爵。

三年秋九月，楚王希範知帝好奢靡，以珍玩爲獻，求都元帥。甲辰，以希範爲諸道兵馬都元帥。

後漢高祖天福十二年夏五月，武安節度副使、天策府都尉、領鎮南節度使馬希廣，楚文昭王希範之母弟也，性謹順，希範愛之，使判内外諸司事。壬辰夜，希範卒，將佐議所立。都指揮使張少敵、都押牙袁友恭以武平節度使、知永州事希萼，於希範諸弟爲最長，請立之。長直都指揮使劉彦瑫、天策府學士李弘臯、鄧懿文、小門使楊滌皆欲立希廣。張少敵曰：「永州齒長而性剛，必不爲都尉之下明矣。必立都尉，當思長策以制永州，使帖然不動則可。不然，社稷危矣。」彦瑫等不從。天策府學士拓跋恒曰：「三十五郎雖判軍府之政，然三十郎居長，請遣使以讓之；不然，必起爭端。」彦瑫等皆曰：「今日軍政在手，天與不取，使他人得之，異日吾輩安所自容乎？」希廣懦弱，不能自決。乙未，彦瑫等稱希範遺命共立之。張少敵退而歎曰：「禍其始此乎？」與拓跋恒皆稱疾不出。

秋七月甲午，以馬希廣爲天策上將軍、武安節度使、江南諸道都統兼中書令，封楚王。

（冬十）〔八〕月，楚王希廣庶弟天策左司馬希崇，性狡險，陰遺兄希蕚書，言劉彦瑫等違先王之命，廢長立少，以激怒之。

希蕚自永州來奔喪，乙巳，至趺石。彦瑫白希廣遣侍從都指揮使周廷誨等將水軍逆之，命永州將士皆釋甲而入，館希蕚於碧湘宮，成服於其次，不聽入與希廣相見。希蕚求還朗州，周廷誨勸希廣殺之。希廣曰：「吾何忍殺兄，寧分潭、朗而治之。」乃厚贈希蕚，遣還朗州。希崇常爲希蕚詗希廣，語言動作，悉以告之，約爲内應。

乾祐元年秋八月，武平節度使馬希蕚請與楚王希廣各修職貢，求朝廷別加官爵。希廣用天策府内都押牙歐弘練、進奏官張仲荀謀，厚賂執政，使拒其請。九月壬子，賜希蕚及楚王希廣詔書，諭以「兄弟宜相輯睦，凡希蕚所貢，當附希廣以聞」。希蕚不從。

隱帝乾祐二年秋八月，馬希蕚悉調朗州丁壯爲鄉兵，造號靜江軍，作戰艦七百艘，將攻潭州。其妻苑氏諫曰：「兄弟相攻，勝負爲人所笑。」不聽，引兵趣長沙。馬希廣聞之曰：「朗州吾兄也，不可與爭，當以國讓之而已。」劉彦瑫、李弘臯等固爭，以爲不可，乃以岳州刺史王贇爲都部署戰棹指揮使，以彦瑫監其軍。己丑，大破希蕚於僕射洲，獲其戰艦三百艘。贇追希蕚，將及之，希廣遣使召之曰：「勿傷吾兄。」贇引兵還。贇，環之子也。希蕚自赤沙湖乘輕舟遁歸，苑氏泣曰：「禍將至矣，余不忍見也！」赴井而死。

冬十月壬午，加楚王希廣太尉。

楚靜江節度使馬希瞻以兄希萼、希廣交争，屢遣使諫止，不從。知終覆族，疽發于背，丁亥卒。

三年夏六月，馬希萼既敗歸，乃以書誘辰、漵州及梅山蠻，欲與共擊湖南。蠻素聞長沙帑藏之富，大喜，争出兵赴之，遂攻益陽。楚王希廣遣指揮使陳璠拒之，戰于淹溪，璠敗死。馬希萼又遣羣蠻攻迪田，秋八月戊戌，破之，殺其鎮將張延嗣。楚王希廣遣指揮使黄處超救之，處超敗死。潭人震恐，復遣牙内指揮使崔洪璉將兵七千屯玉潭。

馬希萼表請别置進奏務於京師。九月辛巳，詔以湖南已有進奏務，不許。亦賜楚王希廣詔，勸以敦睦。馬希萼以朝廷意佑楚王希廣，怒，遣使稱藩于唐，乞師攻楚。唐加希萼同平章事，以鄂州今年租稅賜之，命楚州刺史何敬洙將兵助希萼。冬十月丙午，希廣遣使上表告急，言：「荆南、嶺南、江南連謀，欲分湖南之地，乞發兵屯澧州以扼江南、荆南援朗州之路。」

楚王希廣以朗州與山蠻入寇，諸將屢敗，憂形於色。劉彦瑫言於希廣曰：「朗州兵不滿萬，馬不滿千，都府精兵十萬，何憂不勝！願假臣兵萬餘人，戰艦百五十艘，徑入朗州縛取希萼，以解大王之憂。」王悦，以彦瑫爲戰棹都指揮使、朗州行營都統。彦瑫入朗州境，父老争以牛酒犒軍，曰：「百姓不願從亂，望都府之兵久矣。」彦瑫厚賞之。戰艦過，則運竹木以斷其後。是日，馬希萼遣朗兵及蠻兵六千，戰艦百艘逆戰於湄州，彦瑫乘風縱火以焚其艦，頃之，風回，反自焚。彦瑫還走。江路已斷，士卒戰及溺死者數千人。希廣聞之，涕泣不知所爲。希廣平日罕頒賜，至是大出金帛以取悦於士卒。

或告「天策左司馬希崇流言惑衆，反狀已明，請殺之」。希廣曰：「吾自害其弟，何以見先王於地下！」

馬軍指揮使張暉將兵自他道擊朗州，至龍陽，聞彦瑫敗，退屯益陽。希萼又遣指揮使朱進忠等將兵三千急攻益陽。張暉紿其衆曰：「我以麾下出賊後，汝輩留城中待我，相與合勢擊之。」既出，遂自竹頭市遁歸長沙。朗兵知城中無主，急擊之，士卒九千餘人皆死。

十一月，楚王希廣遣其僚屬孟駢説馬希萼曰：「公忘父兄之讎，北面事唐，何異袁譚求救於曹公邪？」希萼將斬之，駢曰：「古者兵交，使在其間。駢若愛死，安肯此來。駢之言非私於潭人，實爲公謀也。」乃釋之，使還報曰：「大義絶矣，非地下不相見也。」

朱進忠請希萼自將兵取潭州。辛未，希萼留其子光贊守朗州，悉發境内之兵趣長沙，自稱順天王。

先是，馬希萼遣蠻兵圍玉潭，朱進忠引兵會之。崔洪璉兵敗，奔還長沙。希萼引兵繼攻岳州，刺史王贇拒之，五日不克。希萼使人謂贇曰：「公非馬氏之臣乎？不事我欲事異國乎？爲人臣而懷貳心，豈不辱其先人。」贇曰：「亡父爲先王將，六破淮南兵。今大王兄弟不相容，贇常恐淮南坐收其弊，一旦以遺體臣淮南，誠辱先人耳。大王苟能釋憾罷兵，兄弟雍睦如初，贇敢不盡死以事大王兄弟，豈有二心乎！」希萼慚，引兵去。辛卯，至湘陰，焚掠而過。至長沙，軍于湘西，步兵及蠻兵軍于嶽麓，朱進忠自玉潭引兵會之。馬希廣遣劉彦瑫召水軍指揮使許可瓊帥戰艦五百艘屯城北津，屬于南津，以馬希崇爲監軍。又遣馬軍指揮使李彦温將騎兵屯駝口，扼湘陰路，步軍指揮使韓禮將二千人屯楊柳橋，扼柵路。可瓊，德勳之子也。

初，蠻酋彭師暠降於楚，楚人惡其獷直。楚王希廣獨憐之，以爲强弩指揮使，領辰州刺史，師暠常欲爲希廣死。及朱進忠與蠻兵合七千餘人至長沙，營於江西，師暠登城望之，言於希廣曰：「朗人驟勝而驕，雜以蠻兵，攻之易破也。願假臣步卒三千，自巴溪渡江出嶽麓之後，至水西，令許可瓊以戰艦渡江，腹背合擊，必破之。前軍敗，則其大軍自不敢輕進矣。」希廣將從之。時馬希萼已遣間使以厚利啖許可瓊，許分湖南而治。可瓊有貳心，乃謂希廣曰：「師暠與梅山諸蠻皆族類，安可信也。可瓊世爲楚將，必不負大王，希萼竟何能爲！」希廣乃止。

希萼尋以戰艦四百餘艘泊江西。希廣命諸將皆受可瓊節度，日賜可瓊銀五百兩，希廣屢造其營計事。可瓊常閉壘，不使士卒知朗軍進退。希廣歎曰：「真將軍也，吾何憂哉！」可瓊或夜乘單舸詐稱巡江，與希萼會水西，約爲内應。一旦，彭師暠見可瓊，瞋目叱之，拂衣入見希廣曰：「可瓊將叛，國人皆知之，請速除之，無貽後患。」希廣曰：「可瓊，許侍中之子，豈有是邪？」師暠退，歎曰：「王仁而不斷，敗亡可翹足俟也。」

潭州大雪，平地四尺，潭、朗兩軍久不得戰。希廣信巫覡及僧語，塑鬼於江上，舉手以卻朗兵。又作大像于高樓，手指水西，怒目視之。命衆僧日夜誦經，希廣自衣僧服膜拜求福。

甲辰，朗州步軍指揮使武陵何敬真等以蠻兵三千陳于楊柳橋，敬真望韓禮營旌旗紛錯，曰：「彼衆已懼，擊之易破也。」朗人雷暉衣潭卒之服，潛入禮寨，手劍擊禮，不中，軍中驚擾。敬真等乘其亂擊之，禮軍大潰，禮被創走，至家而卒。於是朗兵水陸急攻長沙，步軍指揮使吴宏、小門使楊滌相謂曰：「以死報國，此其時矣。」各引兵出戰。宏出清泰門，戰不利。滌出長樂，戰自辰至午，朗兵小卻，許可瓊、劉彦瑫按兵不救。滌士卒飢疲，退就食。彭師暠戰於城東北隅。蠻兵自城東縱火，城上人招許可瓊軍使救城，可瓊舉全軍降希萼，長沙遂陷。朗兵及蠻兵大掠三日，殺吏民，焚廬舍，自武穆王以來所營宮室皆爲灰燼，所積寶貨皆入蠻落。李彦温望見城中火起，自駝口引兵救之，朗人已據城拒戰。彦温攻清泰門，不克，與劉彦瑫各將千餘人奉文昭王及希廣諸子趣袁州，遂奔唐。張暉降於希萼。左司馬希崇帥將吏詣希萼勸進。吴宏戰血滿袖，見希萼曰：「不幸爲許可瓊所誤，今日死，不愧先王矣。」彭師暠投槊於地，大呼請死。希萼歎曰：「鐵石人也。」皆不殺。

乙巳，希崇迎希萼入府視事，閉城分捕希廣及掌書記李弘皋、弟弘節、都軍判官唐昭胤及（邵）〔鄧〕懿文、楊滌等，皆獲之。希萼謂希廣曰：「承父兄之業，豈無長幼乎？」希廣曰：「將吏見推，朝廷見命耳。」希萼皆囚之。丙午，希萼命内外巡檢侍衛指揮使劉賓禁止焚掠。

丁未，希萼自稱天策上將軍、武安武平静江寧遠等軍節度使、楚王。以希崇爲節度副使、判軍府事。湖南要職，悉以朗人爲之。臠食李弘皋、弘節、唐昭胤、楊滌，斬鄧懿文於市。戊申，希萼謂將吏曰：「希廣懦夫，爲左右所制耳，吾欲生之，可乎？」諸將皆不對。朱進忠嘗爲希廣所笞，對曰：「大王三年血戰，始得長沙，一國不容二主，他日必悔之。」戊申，賜希廣死。希廣臨刑，猶誦佛書。彭師暠葬之於瀏陽門外。

楚王希萼以子光贊爲武平留後，以何敬真爲朗州牙内都指揮使，將兵戍之。希萼召拓跋恒欲用之，恒稱疾不起。

後周太祖廣順元年春二月甲辰，楚王希萼遣掌書記劉光輔入貢于唐。三月，唐以楚王希萼爲天策上將軍、武安武平静江寧遠節度使兼中書令、楚王，以右僕射孫忌、客省使姚鳳爲册禮使。

楚王希萼既得志，多思舊怨，殺戮無度，晝夜縱酒荒淫，悉以軍府事委馬希崇。希崇復多私曲，政刑紊亂。府庫既盡於亂兵，籍民財以賞賚士卒，或封其門而取之，士卒猶以不均怨望。雖朗州舊將佐從希萼來者，亦皆不悦，有離心。

劉光輔之入貢于唐也，唐主待之厚。光輔密言：「湖南民疲主驕，可取也。」唐主乃以營屯都虞候邊鎬爲信州刺史，將兵屯袁州，潛圖進取。

小門使謝彦顒，本希萼家奴，以首面有寵於希萼，至與妻妾雜坐，恃恩專横。常肩隨希崇，或拊其背，希崇銜之。故事，府宴，小門使執兵在門外。希萼使彦顒預坐，或居諸將之上，諸將皆恥之。

希萼以府舍焚蕩，命朗州静江指揮使王逵、副使周行逢帥所部兵千餘人治之，執役甚勞，又無犒賜，士卒皆怨。竊言曰：「囚免死則役作之。我輩從大王出萬死取湖南，何罪而囚役之？且大王終日酣歌，豈知我輩之勞苦乎！」逵、行逢聞之，相謂曰：「衆怨深矣，不早爲計，禍及吾曹。」壬申旦，帥其衆各執長柯斧、白梃，逃歸朗州。時希萼醉未醒，左右不敢白；癸酉，始白之。希萼遣湖南指揮使唐師翥將千餘人追之，不及，直抵朗州。逵等乘其疲乏，伏兵縱擊，士卒死傷殆盡，師翥脱歸。逵等黜留後馬光贊，更以希萼兄子光惠知州事。光惠，希振之子也。尋奉光惠爲節度使，逵等與何敬真及諸軍指揮使張倣參決軍府事。希萼具以狀言於唐，唐主遣使以厚賞招諭之。逵等納其賞，縱其使，不答其詔，唐亦不敢詰也。

武平節度使馬光惠，愚懦嗜酒，不能服諸將。王逵、周行逢、何敬真謀以辰州刺史廬陵劉言驍勇得蠻夷心，欲迎以爲副使。言知逵等難制，曰：「不往，將攻我。」乃單騎赴之。既至，衆廢光惠，送于唐，推言權武平留後，表求旄節於唐，唐人未許；亦稱藩于周。

秋九月，楚王希萼既克長沙，不賞許可瓊，疑可瓊怨望，出爲蒙州刺史。遣馬步都指揮使徐威、左右軍馬步使陳敬遷、水軍都指揮使魯公綰、牙内侍衛指揮使陸孟俊帥部兵立寨于城西北隅，以備朗兵，不存撫役者，將卒皆怨怒，謀作亂。希崇知其謀，戊寅，希萼宴將吏，徐威等不預，希崇亦辭疾不至。威等使人先驅踶齧馬十餘入府，自帥其徒執斧斤、白梃，聲言縶馬，奄至座上，縱横擊人，顛踣滿地。希萼踰垣走，威等執囚之。執謝彦顒，自頂及踵剉之。立希崇爲武安留後，縱兵大掠。幽希萼於衡山縣。

劉言聞希崇立，遣兵趣潭州，聲言討其簒奪之罪。壬午，軍于益陽之西。希崇懼，癸未，發兵二千拒之。又遣使如朗州求和，請爲鄰藩。掌書記桂林李觀象説言曰：「希萼舊將佐猶在長沙，此必不欲與公爲鄰。不若先檄希崇取其首，然後圖湖南，可兼有也。」言從之。希崇畏言，即斷都軍判官楊仲敏、掌書記劉光輔、牙内指揮使魏師進、都押牙黄勍等十餘人首，遣前辰陽縣令李翊齎送朗州。至則腐敗，言與王逵等皆以爲非仲敏等首，怒責翊，翊惶恐自殺。希崇既襲位，亦縱酒荒淫，爲政不公，語多矯妄，國人不附。

初，馬希萼入長沙，彭師暠雖免死，猶杖背黜爲民。希崇以爲師暠必怨之，使送希萼于衡山，實欲師暠殺之。師暠曰：「欲使我爲弑君之人乎！」奉事逾謹。丙戌，至衡山。衡山指揮使廖偃，匡圖之子也，與其季父節度巡官匡凝謀曰：「吾家世受馬氏恩，今希萼長而被黜，必不免禍，盍相與輔之。」於是帥莊户及鄉人悉爲兵，與師暠共立希萼爲衡山王。以縣爲行府，斷江爲栅，編竹爲戰艦，以師暠爲武清節度使，召募徒衆，數日，至萬餘人，州縣多應之。遣判官劉虚己求援于唐。

徐威等見希崇所爲，知必無成，又畏朗州、衡山之逼，恐一朝喪敗俱及禍，欲殺希崇以自解。希崇微覺之，大懼，密遣客將范守牧奉表請兵于唐。唐主命邊鎬自袁州將兵萬人西趣長沙。

冬十月，唐邊鎬引兵入醴陵。癸巳，楚王希崇遣使犒軍。壬寅，遣天策府學士拓跋恒奉牋詣鎬請降。恒歎曰：「吾久不死，乃爲小兒送降狀！」癸卯，希崇帥弟姪迎鎬，望塵而拜，鎬下馬稱詔勞之。甲辰，希崇等從鎬入城，鎬舍於瀏陽門樓，湖南將吏畢賀，鎬皆厚賜之。時湖南饑饉，鎬大發馬氏倉粟賑之，楚人大悦。

癸丑，唐武昌節度使劉仁贍帥戰艦二百取岳州，撫納降附，人忘其亡。仁贍，金之子也。

唐百官共賀湖南平，起居郎高遠曰：「我乘楚亂，取之甚易。觀諸將之才，但恐守之甚難耳。」遠，幽州人也。司徒致仕李建勳曰：「禍其始於此乎？」

唐主自即位以來，未嘗親祠郊廟，禮官以爲請，唐主曰：「俟天下一家，然後告謝。」及一舉取楚，謂諸國指麾可定。魏岑侍宴，言「臣少遊元城，樂其風土，俟陛下定中原，乞魏博節度使」。唐主許之，岑趨下拜謝。其主驕臣佞如此。

馬希萼望唐人立己爲潭帥，而潭人惡希萼，共請邊鎬爲帥，唐主乃以鎬爲武安節度使。

唐邊鎬趣馬希崇帥其族入朝，馬氏聚族相泣，欲重賂鎬，奏乞留居長沙。鎬微哂曰：

「國家與公家世爲仇敵，殆六十年，然未嘗敢有意窺公之國。今公兄弟鬭鬩，困窮自歸，若復二三，恐有不測之憂。」希崇無以應，十一月辛酉，與宗族及將佐千餘人號慟登舟，送者皆哭，響振川谷。

楚静江節度副使、知桂州馬希隱，武穆王殷之少子也。楚王希廣、希蕚兄弟争國，南漢主以内侍使吴懷恩爲西北招討使，將兵屯境上，伺間密謀進取。希廣遣指揮使彭彦暉將兵屯龍峒以備之。希蕚自衡山遣使以彦暉爲桂州都監、在城外内巡檢使、判軍府事，希隱惡之，潛遣人告蒙州刺史許可瓊。可瓊方畏南漢之逼，即棄蒙州，引兵趣桂州，與彦暉戰於城中。彦暉敗，奔衡山，可瓊留屯桂州。吴懷恩據蒙州，進兵侵掠，桂管大擾，希隱、可瓊不知所爲，但相與飲酒對泣。

南漢主遺希隱書，言：「武穆王奄有全楚，富强安靖五十餘年。正由三十五舅、三十舅兄弟尋戈，自相魚肉，舉先人基業，北面仇讎。今聞唐兵已據長沙，竊計桂林繼爲所取。當朝世爲與國，重以婚姻，覩兹傾危，忍不赴救！已發大軍水陸俱進，當令相公舅永擁節旄，常居方面。」希隱得書，與僚佐議降之，支使潘玄珪以爲不可。丙寅，吴懷恩引兵奄至城下，希隱、可瓊帥其衆夜斬關奔全州，桂州遂潰。懷恩因以兵略定宜、連、梧、嚴、富、昭、柳、象、龔等州，南漢始盡有嶺南之地。

辛未，唐邊鎬遣先鋒指揮使李承戬將兵如衡山，趣馬希萼入朝。庚辰，希萼與將佐士卒萬餘人自潭州東下。

十二月，唐主以鎮南節度使兼中書令宋齊丘爲太傅；以馬希萼爲江南西道觀察使、守中書令，鎮洪州，仍賜爵楚王；以馬希崇爲永泰節度使兼侍中，鎮舒州。湖南將吏，位高者拜刺史、將軍、卿監，卑者以次拜官。唐主嘉廖偃、彭師暠之忠，以偃爲左殿直軍使、萊州刺史，師暠爲殿直都虞候，賜予甚厚。湖南刺史皆入朝于唐，永州刺史王贇獨後至，唐主毒殺之。

南漢主遣内侍省丞潘崇徹、將軍謝貫將兵攻郴州，唐邊鎬發兵救之。崇徹敗唐兵於義章，遂取郴州。邊鎬請除全、道二州刺史以備南漢。丙辰，唐主以廖偃爲道州刺史，以黑雲指揮使張巒知全州。

初，蒙城鎮將咸師朗將部兵降唐，唐主以其兵爲奉節都，從邊鎬平湖南。唐悉收湖南金帛、珍玩、倉粟，乃至舟艦、亭館、花果之美者，皆徙於金陵，遣都官郎中楊繼勳等收湖南租賦以贍戍兵。繼勳等務爲苛刻，湖南人失望。行營糧料使王紹顔減士卒糧賜，奉節指揮使孫朗、曹進怒曰：「昔吾從咸公降唐，唐待我豈如今日湖南將士之厚哉。今有功不增禄賜，又減之，不如殺紹顔及鎬，據湖南，歸中原，富貴可圖也。」

二年春正月庚申夜，孫朗、曹進帥其徒作亂，束藁潛燒府門，火不然。邊鎬覺之，出兵格鬭，且命鳴鼓角，朗、進等以爲將曉，斬關奔朗州。王逵問朗曰：「吾昔從武穆王與淮南戰屢捷，淮南兵易與耳。今欲以朗州之衆復取湖南，可乎？」朗曰：「朗在金陵數年，備見其政事，朝無賢臣，軍無良將，忠佞無別，賞罰不當，如此，得國存幸矣，何暇兼人。朗請爲公前驅，取湖南如拾芥耳。」逵悅，厚遇之。

唐主既克湖南，遣其將李建期屯益陽以圖朗州，以知全州張巒兼桂州招討使以圖桂州，久之，未有功。唐主謂馮延己、孫晟曰：「楚人求息肩於我，我未有以撫其瘡痍而虐用其力，非所以副來蘇之望。吾欲罷桂林之役，斂益陽之戍，以旌節授劉言，何如？」晟以爲宜然。延己曰：「吾出偏將舉湖南，遠近震驚，一旦三分喪二，人將輕我。請委邊將察其形勢。」唐主乃遣統軍使侯訓將兵五千自吉州路趣全州，與張巒合兵攻桂州。南漢伏兵於山谷，巒等始至城下，罷乏，伏兵四起，城中出兵夾擊之，唐兵大敗，訓死，巒收散卒數百奔歸全州。

唐武安節度使邊鎬，昏懦無斷，在湖南，政出多門，不合衆心。吉水人歐陽廣上書，言「鎬非將帥才，必喪湖南，宜別擇良帥，益兵以救其敗」。不報。

唐主使鎬經略朗州，有自朗州來者，多言劉言忠順，鎬由是不爲備。唐主召劉言入朝，言不行，謂王逵曰：「唐必伐我，奈何？」逵曰：「武陵負江、湖之險，帶甲數萬，安能拱手受制於人！邊鎬撫馭無方，士民不附，可一戰擒也。」言猶豫未決，周行逢曰：「機事貴速，緩則彼爲之備，不可圖也。」言乃以逵、行逢及牙將何敬真、張倣、蒲公益、朱全琇、宇文瓊、彭萬和、潘叔嗣、張文表十人皆爲指揮使，部分發兵。叔嗣、文表，皆朗州人也。行逢能謀，文表善戰，叔嗣果敢，三人多相須成功，情款甚昵。

諸將欲召溆州酋長苻彦通爲援，行逢曰：「蠻貪而無義，前年從馬希萼入潭州，焚掠無遺。吾兵以義舉，往無不克，烏用此物，暴殄百姓哉！」乃止。然亦畏彦通爲後患，以蠻酋土團都指揮使劉瑫爲羣蠻所憚，補西境鎮遏使以備之。

冬十月，逵等將兵分道趣長沙，以孫朗、曹進爲先鋒使，邊鎬遣指揮使郭再誠等將兵屯益陽以拒之。戊子，逵等克沅江，執都監劉承遇，裨將李師德帥衆五百降之。壬辰，逵等命軍士舉小舟自蔽，直造益陽，四面斧寨而入，遂克之，殺戍兵二千人。邊鎬告急於唐。甲午，逵等克橋口及湘陰，乙未，至潭州。邊鎬嬰城自守，救兵未至，城中兵少，丙申夜，鎬棄城走，吏民俱潰。醴陵門橋折，死者萬餘人，道州刺史廖偃爲亂兵所殺。丁酉旦，王逵入城，自稱武平節度副使、權知軍府事，以何敬真爲行軍司馬。遣敬真等追鎬，不及，斬首五百級。蒲公益攻岳州，唐岳州刺史宋德權走，劉言以公益權知岳州。唐將守湖南諸州者聞長沙陷，相繼遁去。劉言盡復馬氏嶺北故地，惟郴、連入于南漢。劉言遣使奉表來告，稱：「湖南世事朝廷，不幸爲鄰寇所陷，臣雖不奉詔，輒糾合義兵，削平舊國。」

唐主削邊鎬官爵，流饒州。

十二月，王逵將兵及洞蠻五萬攻郴州，南漢將潘崇徹救之，遇于蠔石。崇徹登高望湖南兵，曰：「疲而不整，可破也。」縱擊，大破之，伏尸八十里。

劉言表稱潭州殘破，乞移使府治朗州，且請貢獻、賣茶，悉如馬氏故事；許之。

三年春正月丙辰，以武平留後劉言爲武平節度使、制置武安靜江等軍事、同平章事，以王逵爲武安節度使，何敬真爲靜江節度使，周行逢爲武安行軍司馬。

唐江西觀察使楚王馬希萼入朝，唐主留之，後數年卒於金陵，謚曰恭孝。

初，王逵既克潭州，以指揮使何敬真爲靜江節度副使，朱全琇爲武安節度副使，張文表爲武平節度副使，周行逢爲武安行軍司馬。敬真、全琇各置牙兵，與逵分廳視事，吏民莫知所從。每宴集，諸將使酒，紛拏如市，無復上下之分，惟行逢、文表事逵盡禮，逵親愛之。敬真與逵不協，辭歸朗州，又不能事劉言，與全琇謀作亂。言素忌逵之强，疑逵使敬真伺己，將討之。逵聞之，甚懼。行逢曰：「劉言素不與吾輩同心，何敬真、朱全琇恥在公下，公宜早圖之。」逵喜曰：「與公共除凶黨，同治潭、朗，夫復何憂？」會南漢寇全、道、永州，行逢請身至朗州説言遣敬真、全琇南討，俟至長沙，以計取之，如掌中物耳；逵從之。行逢至朗州，言以敬真爲南面行營招討使，全琇爲先鋒使，將牙兵百餘人會潭州兵以禦南漢。二人至長沙，逵出郊迎，相見甚歡，宴飲連日，多以美妓餌之，敬真因淹留不進。朗州指揮使李仲遷部兵三千人久戍潭州，敬真使之先發，趣嶺北，都頭符會等因士卒思歸，劫仲遷擅還朗州。逵乘敬真醉，使人詐爲言使者，責敬真以南寇深侵，不亟捍禦，而專務荒宴，太師命械公歸西府，因收繫獄。全琇逃去，遣兵追捕之。二月辛亥朔，斬敬真以徇。未幾，獲全琇及其黨十餘人，皆斬之。王逵遣使以斬何敬真告劉言，言不得已，庚申，斬符會等數人。周行逢惡武平節度副使張倣，言於王逵曰：「何敬真，倣之親戚，臨刑以後事屬倣，公宜備之。」夏四月庚申，逵召倣飲，醉而殺之。（夏）六月，王逵以周行逢知潭州，自將兵襲朗州，克之，殺指揮使鄭珓，執武安節度使、同平章事劉言，幽于別館。秋八月，王逵遣使上表，誣劉言謀以朗州降唐，又欲攻潭州，其衆不從，廢而囚之，臣已至朗州撫安軍府訖，且請復移使府治潭州。甲戌，遣通事舍人翟光裔詣湖南宣撫，從其所請。逵還長沙，以周行逢知朗州事，又遣潘叔嗣殺劉言於朗州。

顯德元年夏四月，王逵表請復徙使府治朗州。五月甲戌朔，王逵自潭州遷于朗州，以周行逢知潭州事，以潘叔嗣爲岳州團練使。

是歲，湖南大饑，民食草木實，武清節度使、知潭州事周行逢開倉以賑之，全活甚衆。行逢起於微賤，知民間疾苦，勵精爲治，嚴而無私，辟署僚屬，皆取廉介之士，約束簡要，吏民便之。其自奉甚薄，或譏其太儉，行逢曰：「馬氏父子窮奢極靡，不恤百姓，今子孫乞食於人，又足效乎！」

晋王滅燕

後梁太祖開平元年春三月，梁王以亳州刺史李思安爲北路行軍都統，將兵擊幽州。盧龍節度使劉仁恭驕侈貪暴，常慮幽州城不固，築館於大安山，曰：「此山四面懸絕，可以少制衆。」其棟宇壯麗，擬於帝者，選美女實其中。與方士鍊丹藥，求不死。悉斂境内錢，瘞於山顛，令民間用墐泥爲錢。又禁江南茶商無得入境，自採山中草木爲茶鬻之。

仁恭有愛妾羅氏，其子守光通焉。仁恭杖守光而斥之，不以爲子數。李思安引兵入其境，所過焚蕩無餘，夏四月己酉，直抵幽州城下。仁恭猶在大安山，城中無備，幾至不守。守光自外引兵入，登城拒守。又出兵與思安戰，思安敗退。守光遂自稱節度使，令部將李小喜、元行欽將兵攻大安山。仁恭遣兵拒戰，爲小喜所敗。虜仁恭以歸，囚於別室。仁恭將佐及左右，凡守光素所惡者，皆殺之。

甲子，梁王即皇帝位。

劉守光既囚其父，自稱盧龍留後，遣使請命，秋七月甲午，以守光爲盧龍節度使、同平章事。

冬十一月，義昌節度使劉守文聞其弟守光幽其父，集將吏大哭曰：「不意吾家生此梟獍，吾生不如死，誓與諸君討之！」乃發兵擊守光，互有勝負。天雄節度使鄴王羅紹威謂其下曰：「守光以窘急歸國，守文孤立無援，滄州可不戰服也。」乃遺守文書，諭以禍福。守文亦恐梁乘虛襲其後，戊子，遣使請降，以子延祐爲質。帝拊手曰：「紹威折簡，勝十萬兵。」加守文中書令，撫納之。

二年冬十一月，劉守文舉滄德兵攻幽州，劉守光求救於晉，晉王遣兵五千助之。丁亥，守文兵至蘆臺軍，爲守光所敗；又戰玉田，亦敗。守文乃還。

三年夏五月，劉守文頻年攻劉守光不克，乃大發兵，以重賂招契丹、吐谷渾之衆，合四萬屯薊州。守光逆戰於雞蘇，爲守文所敗。守文單馬立於陳前，泣謂其衆曰：「勿殺吾弟。」守光將元行欽識之，直前擒之，滄德兵皆潰。守光囚之別室，棜以蒺棘。乘勝進攻滄州，滄州節度判官呂兗、孫鶴推守文子延祚爲帥，乘城拒守。兗，安次人也。

六月，劉守光遣使上表告捷，且言俟滄德事畢，爲陛下掃除并寇。亦致書晉王，云欲與之同破僞梁。

秋七月甲子，以劉守光爲燕王。

九月，劉守光奏遣其子中軍兵馬繼威安撫滄州吏民。戊申，以繼威爲義昌留後。

冬十二月，劉守光圍滄州久不下，執劉守文至城下示之，猶固守。城中食盡，民食堇泥，軍士食人，驢馬相噉騣尾。呂兗選男女羸弱者，飼以麴麪而烹之，以給軍食，謂之「宰殺務」。

四年春正月乙未，劉延祚力盡出降。時劉繼威尚幼，守光使大將張萬進、周知裕輔之，鎮滄州。以延祚及其將佐歸幽州，族呂兗而釋孫鶴。劉守光爲其父仁恭請致仕，丙午，以仁恭爲太師致仕。守光尋使人潛殺其兄守文，歸罪於殺者而誅之。秋八月，以劉守光兼義昌節度使。

乾化元年春二月，盧龍、義昌節度使兼中書令燕王守光既克滄州，自謂得天助，淫虐滋甚。每刑人，必置諸鐵籠，以火逼之；又爲鐵刷刷人面。聞梁兵敗於柏鄉，使人謂趙王鎔及王處直曰：「聞二鎮與晉王破梁兵，舉軍南下，僕亦有精騎三萬，欲自將之爲諸公啓行。然四鎮連兵，必有盟主，僕若至彼，何以處之？」鎔患之，遣使告于晉王。晉王笑曰：「趙人告急，守光不能出一卒以救之。及吾成功，乃復欲以兵威離間二鎮，愚莫甚焉！」諸將曰：「雲、代與燕接境，彼若擾我城戍，動摇人情，吾千里出征，緩急難應，此亦腹心之患也。不若先取守光，然後可以專意南討。」王曰：「善。」

夏六月，燕王守光嘗衣赭袍，顧謂將吏曰：「今天下大亂，英雄角逐，吾兵强地險，亦欲自帝，何如？」孫鶴曰：「今内難新平，公私困竭，太原窺吾西，契丹伺吾北，遽謀自帝，未見其可。大王但養士愛民，訓兵積穀，德政既修，四方自服矣。」守光不悦。又使人諷鎮、定求尊己爲尚父，趙王鎔以告晉王。晉王怒，欲伐之，諸將皆曰：「是爲惡極矣，行當族滅，不若陽爲推尊以稔之。」乃與鎔及義武王處直、昭義李嗣昭、振武周德威、天德宋瑶六節度使共奉册推守光爲尚書令、尚父。守光不寤，以爲六鎮實畏己，益驕，乃具表其狀曰：「晉王等推臣，臣荷陛下厚恩，未之敢受。竊思其宜，不若陛下授臣河北都統，則并、鎮不足平矣。」上亦知其狂愚，乃以守光爲河北道采訪使，遣閤門使王瞳、受旨史彦羣册命之。守光命僚屬草尚父、采訪使受册儀。乙卯，僚屬取唐册太尉儀獻之，守光視之，問：「何得無郊天、改元之事？」對曰：「尚父雖貴，人臣也，安有郊天、改元者乎？」守光怒，投之於地曰：「我地方二千里，帶甲三十萬，直作河北天子，誰能禁我？尚父何足爲哉！」命趣具即帝位之儀，械繫瞳、彥羣及諸道使者於獄，既而皆釋之。

秋八月，燕王守光將稱帝，將佐多竊議，以爲不可。守光乃置斧質於庭，曰：「敢諫者斬。」孫鶴曰：「滄州之破，鶴分當死，蒙王生全，以至今日，敢愛死而忘恩乎？竊以爲今日之帝，未可也。」守光怒，伏諸質上，令軍士冎而噉之。鶴呼曰：「百日之外，必有急兵。」守光命以土窒其口，寸斬之。甲子，守光即皇帝位，國號大燕，改元應天。以梁使王瞳爲左相，盧龍判官齊涉爲右相，史彥羣爲御史大夫。受册之日，契丹陷平州，燕人驚擾。

冬十月，晉王聞燕主守光稱帝，大笑曰：「俟彼卜年，吾當問其鼎矣。」張承業請遣使致賀以驕之，晉王遣太原少尹李承勳往。承勳至幽州，用鄰藩通使之禮。燕之典客者曰：「吾王帝矣，公當稱臣庭見。」承勳曰：「吾受命於唐朝爲太原少尹，燕王自可臣其境內，豈可臣他國之使乎！」守光怒，囚之，數日，出而問之曰：「臣我乎？」承勳曰：「燕王能臣我王，則我請爲臣；不然，有死而已。」守光竟不能屈。

冬十一月，燕主守光集將吏謀攻易定，幽州參軍景城馮道以爲未可。守光怒，繫獄，或救之得免。道亡奔晉。戊申，燕主守光將兵二萬寇易定，攻容城，王處直告急于晉。十二月甲子，晉王遣蕃、漢馬步總管周德威將兵三萬攻燕，以救易定。

二年春正月，德威東出飛狐，與趙王將王德明、義武將程巖會于易水。丙戌，三鎮兵進攻燕祁溝關，下之。戊子，圍涿州，刺史劉知温遂降。先是，燕主守光籍境内丁壯，悉文面爲兵，雖士人亦不免。〔趙〕鳳詐爲僧奔晉，〔劉〕守奇客之。丁酉，德威至幽州城下，守光來求救。二月，帝議自將擊鎮、定以救之。三月，周德威遣裨將李存暉等攻瓦橋〔關〕，其將吏及莫州刺史李嚴皆降。嚴，幽州人也。夏四月，周德威白晉王，以兵少不足以攻城，晉王遣李存審將吐谷渾、契苾騎兵會之。李嗣源攻瀛州，刺史趙敬降。

五月，燕主守光遣其將單廷珪將精兵萬人出戰，與周德威遇於龍頭岡。廷珪曰：「今日必擒周楊五以獻。」楊五，德威小名也。既戰，見德威於陳，援槍單騎逐之，槍及德威背，德威側身避之，奮檛反擊，廷珪墜馬，生擒，置於軍門。燕兵退走，德威引騎乘之，燕兵大敗，斬首三千級。廷珪，燕驍將也，燕人失之，奪氣。

均王乾化三年春正月丁巳，晉周德威拔燕順州。晉周德威拔燕安遠軍，薊州將成行言等降于晉。二月丙申，晉李存暉等攻燕檀州，刺史陳確以城降。三月甲辰朔，晉周德威拔燕蘆臺軍。乙丑，晉將劉光濬克古北口，燕居庸關使胡令圭等奔晉。

燕主守光命大將元行欽將騎七千，牧馬於山北，募山北兵以應契丹。又以騎將高行珪爲武州刺史，以爲外援。晉李嗣源分兵徇山後八軍，皆下之。晉王以其弟存矩爲新州刺史，使總之；以燕納降軍使盧文進爲裨將。李嗣源進攻武州，高行珪以城降。元行欽聞之，引兵攻行珪。行珪使其弟行周爲質於晋軍以求救，李嗣源引兵救之，行欽解圍去。嗣源與行周追至廣邊軍，凡八戰，行欽力屈而降。嗣源愛其驍勇，養以爲子。嗣源進攻儒州，拔之，以行珪爲代州刺史。行周留事嗣源，常與嗣源假子從珂分將牙兵以從。

夏四月，晋周德威進軍逼幽州南門。壬辰，燕主守光遣使致書於德威以請和，語甚卑而哀。德威曰：「大燕皇帝尚未郊天，何雌伏如是邪？予受命討有罪者，結盟繼好，非所聞也。」不答書。守光懼，復遣人祈哀，德威乃以聞於晋王。

己亥，晋劉光濬拔燕平州，執刺史張在吉。五月，光濬攻營州，刺史楊靖降。

六月壬申朔，晋王遣張承業詣幽州與周德威議軍事。辛卯，燕主守光遣使詣張承業請以城降，承業以其無信，不許。秋七月甲子，晋五院軍使李信拔莫州，擒燕將畢元福。八月乙亥，李信拔瀛州。晋王與趙王鎔會于天長。

九月，燕主守光引兵夜出，復取順州。

冬十月己巳朔，燕主守光帥衆五千夜出，將入檀州。庚午，周德威自涿州引兵邀擊，大破之。守光以百餘騎逃歸幽州，其將卒降者相繼。

盧龍巡屬皆入于晋，燕主守光獨守幽州城，求援於契丹。契丹以其無信，竟不救。守光屢請降於晋，晋人疑其詐，終不許。至是，守光登城謂周德威曰：「俟晋王至，吾則開門泥首聽命。」德威使白晋王。十一月甲辰，晋王以監軍張承業權知軍府事，自詣幽州。辛酉，單騎抵城下，謂守光曰：「朱温篡逆，余本欲與公合河朔五鎮之兵興復唐祚。公謀之不臧，乃效彼狂僭。鎮、定二帥皆俛首事公，而公曾不之恤，是以有今日之役。丈夫成敗須决所向，公將何如？」守光曰：「今日俎上肉耳，惟王所裁。」王憫之，與折弓矢爲誓，曰：「但出相見，保無他也。」守光辭以他日。

先是，守光愛將李小喜多贊成守光之惡，言聽計從，權傾境内。至是，守光將出降，小喜止之。是夕，小喜踰城詣晋軍降，且言城中力竭。壬戌，晋王督諸軍四面攻城，克之，擒劉仁恭及其妻妾，守光帥妻子亡去。癸亥，晋王入幽州。冬十二月庚午，晋王以周德威爲盧龍節度使兼侍中，以李嗣本爲振武節度〔使〕。

燕主守光將奔滄州就劉守奇，涉寒足腫，且迷失道，至燕樂之境，晝匿阬谷，數日不食，令妻祝氏乞食於田父張師造家。師造怪婦人異狀，詰知守光處，并其三子擒之。癸酉，晋王方宴，將吏擒守光適至，王語之曰：「主人何避客之深邪？」并仁恭置之館舍，以器服、膳飲賜之。王命掌書記王緘草露布，緘不知故事，書之於布，遣人曳之。

晋王欲自雲、代歸，趙王鎔及王處直請由中山、真定趣井陘，王從之。庚辰，晋王發幽州，劉仁恭父子皆荷校於露布之下。守光父母唾其面而罵之曰：「逆賊，破我家至此！」

守光俛首而已。甲申，至定州，舍于關城。丙戌，晉王與王處直謁北嶽廟，是日，至行唐，趙王鎔迎謁于路。

四年春正月戊戌朔，趙王鎔詣晉王行帳上壽置酒。鎔願識劉太師面，晉王命吏脫劉仁恭及守光械，引就席同宴。鎔答其拜，又以衣服、鞍馬、酒饌贈之。己亥，晉王與鎔畋于行唐之西，鎔送至境上而別。

壬子，晉王以練紖劉仁恭父子，凱歌入于晉陽，丙辰，獻于太廟，自臨斬劉守光。守光呼曰：「守光死不恨，然教守光不降者，李小喜也。」王召小喜證之，小喜瞋目叱守光曰：「汝内亂禽獸行，亦我教邪？」王怒其無禮，先斬之。守光曰：「守光善騎射，王欲成霸業，何不留之使自效？」其二妻李氏、祝氏讓之曰：「皇帝，事已如此，生亦何益？妾請先死。」即伸頸就戮。守光至死號泣哀祈不已。王命節度副使盧汝弼等械仁恭至代州，刺其心血以祭先王墓，然後斬之。

後唐滅梁

唐昭宗天祐元年夏閏四月，更命魏博曰天雄軍。進天雄節度使長沙郡王羅紹威爵鄴王。

昭宣帝天祐二年七月庚午夜，天雄牙將李公佺與牙軍謀亂，羅紹威覺之；公佺焚府舍，剽掠，奔滄州。

三年。初，田承嗣鎮魏博，選募六州驍勇之士五千人爲牙軍，厚其給賜以自衛，爲腹心。自是父子相繼，親黨膠固，歲久益驕横；小不如意，輒族舊帥而易之，自史憲誠以來皆立於其手。天雄節度使羅紹威心惡之，力不能制。朱全忠之圍鳳翔也，紹威遣軍將楊利言密以情告全忠，欲借其兵以誅之。全忠以事方急，未暇如其請，陰許之。及李公佺作亂，紹威益懼，復遣牙將臧延範趣全忠。全忠乃發河南諸鎮兵七萬，遣其將李思安將之，會魏、鎮兵屯深州樂城，聲言擊滄州，討其納李公佺也。會全忠女適紹威子廷規者卒，全忠遣客將馬嗣勳實甲兵於橐中，選長直兵千人爲擔夫，帥之入魏，詐云會葬。全忠自以大軍繼其後，云赴行營，牙軍皆不之疑。正月庚午，紹威潛遣人入庫斷弓弦、甲襻，是夕，紹威帥其奴客數百，與嗣勳合擊牙軍，牙軍欲戰而弓甲皆不可用，遂闔營殪之，凡八千家，嬰孺無遺。詰旦，全忠引兵入城。

羅紹威既誅牙軍，魏之諸軍皆懼，紹威雖數撫諭之，而猜怨益甚。朱全忠營於魏州城東數旬，將北巡行營，會天雄牙將史仁遇作亂，聚衆數萬據高唐，自稱留後，天雄巡内州縣多應之。全忠移軍入城，遣使召行營兵還攻高唐，至歷亭，魏兵在行營者作亂，與仁遇相應。元帥府左司馬李周彝、右司馬符道昭擊之，所殺殆半，進攻高唐，克之，城中兵民無少長皆死。擒史仁遇，鋸殺之。

先是，仁遇求救於河東及滄州，李克用遣其將李嗣昭將三千騎攻邢州以救之。時邢州兵纔二百，團練使牛存節守之，嗣昭攻七日，不克。全忠遣右長直都將張筠將數千騎助存節守城，筠伏兵於馬嶺，擊嗣昭，敗之，嗣昭遁去。

義昌節度使劉守文遣兵萬人攻貝州，又攻冀州，拔蓨縣，進攻阜城。時鎮州大將王釗攻魏州叛將李重霸於宗城。全忠遣歸救冀州，滄州兵去。四月丙午，重霸棄城走，汴將胡規追斬之。

五月丁巳，朱全忠如洺州，遂巡北邊，視戎備，還，入于魏。

秋七月，朱全忠克相州。時魏之亂兵散據貝、博、澶、相、衛州及魏之諸縣，全忠分命諸將攻討，至是悉平之，引兵南還。

全忠留魏半歲，羅紹威供億，所殺牛、羊、豕近七十萬，資糧稱是，所賂遺又近百萬，比去，蓄積爲之一空。紹威雖去其逼，而魏兵自是衰弱。紹威悔之，謂人曰：「合六州四十三縣鐵，不能爲此錯也！」壬申，全忠至大梁。

八月，朱全忠以幽、滄相首尾爲魏患，欲先取滄州，甲辰，引兵發大梁。九月辛亥朔，朱全忠自白馬渡河，丁卯，至滄州，軍於長蘆，滄人不出。羅紹威饋運，自魏至長蘆五百里，不絕於路。又建元帥府舍於魏，所過驛亭供酒饌、幄幕、什器，上下數十萬人，無一不備。

劉仁恭救滄州，戰屢敗。乃下令境内男子十五以上，七十以下，悉自備兵糧詣行營，軍發之後，有一人在閭里，刑無赦。或諫曰：「今老弱悉行，婦人不能轉餉，此令必行，濫刑者衆矣。」乃命勝執兵者盡行，文其面曰「定霸都」，士人則文其腕或臂曰「一心事主」，於是境内士民，稚孺之外身無不文者。得兵十萬，軍于瓦橋。

時汴軍築壘圍滄州，鳥鼠不能通。仁恭畏其强，不敢戰。城中食盡，丸土而食，或互相掠啖。朱全忠使人説劉守文曰：「援兵勢不相及，何不早降？」守文登城應之曰：「僕於幽州，父子也。梁王方以大義服天下，若子叛父而來，將安用之！」全忠愧其辭直，爲之緩攻。

冬十月，劉仁恭求救於河東，前後百餘輩。李克用恨仁恭返覆，竟未之許。其子存勗諫曰：「今天下之勢，歸朱温者什七八，雖强大如魏博、鎮、定莫不附之。自河以北，能爲温患者獨我與幽、滄耳。今幽、滄爲温所困，我不與之併力拒之，非我之利也。夫爲天下者不顧小怨，且彼嘗困我而我救其急，以德懷之，乃一舉而名實附也。此乃吾復振之時，不可失也。」克用以爲然，與將佐謀召幽州兵與攻潞州，曰：「於彼則可以解圍，於我則可以拓境。」乃許仁恭和，召其兵。仁恭遣都指揮使李溥將兵三萬詣晉陽，克用遣其將周德威、李嗣昭將兵與之共攻潞州。

十二月，朱全忠分步騎數萬，遣行軍司馬李周彝將之，自河陽救潞州。

初，昭宗凶訃至潞州，昭義節度使丁會帥將士縞素流涕久之。及李嗣昭攻潞州，會舉軍降於河東。李克用以嗣昭爲昭義留後。會見克用，泣曰：「會非力不能守也。梁王陵虐唐室，會雖受其舉拔之恩，誠不忍其所爲，故來歸命耳。」克用厚待之，位於諸將之上。

己巳，朱全忠命諸軍治攻具，將攻滄州。壬申，聞潞州不守，甲戌，引兵還。先是，調河南北芻糧，水陸輸軍前，諸營山積，全忠將還，命悉焚之，煙炎數里，在舟中者鑿而沈之。劉守文使遺全忠書曰：「王以百姓之故，赦僕之罪，解圍而去，王之惠也。城中數萬口，不食數月矣，與其焚之爲煙，沈之爲泥，願乞其所餘以救之。」全忠爲之留數囷以遺之，滄人賴以濟。

河東兵進攻澤州，不克而退。

後梁太祖開平元年春正月辛巳，梁王休兵于貝州。河東兵猶屯長子，欲窺澤州。王命保平節度使康懷貞悉發京兆、同、華之兵屯晉州以備之。

三月甲辰，唐昭宣帝禪位于梁。夏四月(壬戌)〔甲子〕梁王即皇帝位。乙亥，下制削奪李克用官爵。

五月壬辰，命保平節度使康懷貞將兵八萬會魏博兵攻潞州。六月，康懷貞至潞州，晉昭義節度使李嗣昭、副使李嗣弼閉城拒守。懷貞晝夜攻之，半月不克，乃築壘穿蚰蜒塹而守之，内外斷絶。晉王以蕃漢都指揮使周德威爲行營都指揮使，帥馬軍都指揮使李嗣本、馬步都虞候李存璋、先鋒指揮使史建瑭、鐵林都指揮使安元信、橫衝指揮使李嗣源、騎將安金全救潞州。嗣弼，克脩之子；嗣本，本姓張；建瑭，敬思之子；金全，代北人也。

晉兵攻澤州，帝遣左神勇軍使范居實將兵救之。

秋八月，晉周德威壁于高河，康懷貞遣親騎都頭秦武將兵擊之，武敗。丁巳，帝以亳州刺史李思安代懷貞爲潞州行營都統，黜懷貞爲行營都虞候。思安將河北兵西上，至潞州城下，更築重城，内以防奔突，外以拒援兵，謂之「夾寨」。調山東民饋軍糧，德威日以輕騎抄之，思安乃自東南山口築甬道，屬於夾寨。德威與諸將互往攻之，排牆填塹，一晝夜間數十發，梁兵疲於奔命。夾寨中出芻牧者，德威輒抄之，於是梁兵閉壁不出。

冬十一月，晉王命李存璋攻晉州，以分上黨兵勢。十二月壬戌，詔河中、陝州發兵救之。

丁卯，晉兵寇洺州。

二年春正月，晉王疽發於首，病篤。周德威等退屯亂柳，晉王命其弟內外蕃漢都知兵馬使振武節度使克寧、監軍張承業、大將李存璋、吳珙、掌書記盧質立其子晉州刺史存勗爲嗣，曰：「此子志氣遠大，必能成吾事，爾曹善教導之。」辛卯，晉王謂存勗曰：「嗣昭厄於重圍，吾不及見矣。俟葬畢，汝與德威輩速竭力救之。」又謂克寧等曰：「以亞子累汝。」亞子，存勗小名也。言終而卒。克寧綱紀軍府，中外無敢諠譁。

克寧久總兵柄，有次立之勢。時上黨圍未解，軍中(外)以存勗年少，多竊議者，人情恟恟。存勗懼，以位讓克寧。克寧曰：「汝冢嗣也，且有先王之命，誰敢違之！」將吏欲謁見存勗，存勗方哀哭，久未出。張承業入謂存勗曰：「大孝在不墜基業，多哭何爲？」因扶存勗出，襲位爲河東節度使、晉王。李克寧首帥諸將拜賀，王悉以軍府事委之。以李存璋爲河東軍城使、馬步都虞候。先王之時，多寵借胡人及軍士，侵擾市肆，存璋既領職，執其尤暴橫者戮之，旬月間城中肅然。

李思安等攻潞州，久不下，士卒疲弊，多逃亡。晉兵猶屯余吾寨，帝疑晉王克用詐死，欲召兵還，恐晉人躡之，乃議自至澤州應接歸師，且召匡國節度使劉知俊將兵趣澤州。三月壬申朔，帝發大梁，丁丑，次澤州。辛巳，劉知俊至，壬午，以知俊爲潞州行營招討使。

帝以李思安久無功，亡將校四十餘人，士卒以萬計，更閉壁自守，遣使召詣行在。甲午，削思安官爵，勒歸本貫充役，斬監押楊敏貞。

晉李嗣昭固守踰年，城中資用將竭，嗣昭登城宴諸將作樂。流矢中嗣昭足，嗣昭密拔之，座中皆不覺。帝數遣使賜嗣昭詔，諭降之，嗣昭焚詔書，斬使者。

帝留澤州旬餘，欲召上黨兵還，遣使就與諸將議之。諸將以爲李克用死，余吾兵且退，上黨孤城無援，請更留旬月以俟之。帝從之，命增運芻糧以饋其軍。劉知俊將精兵萬餘人擊晉軍，斬獲甚衆，表請自留攻上黨，車駕宜還京師。帝以關中空虛，慮岐人侵同、華，命知俊休兵長子旬日，退屯晉州，俟五月歸鎮。

初，晉王克用卒，周德威握重兵在外，國人皆疑之。晉王存勗召德威使引兵還。夏四月辛丑朔，德威至晉陽，留兵城外，獨徒步而入，伏先王柩，哭極哀。退，謁嗣王，禮甚恭。衆心由是釋然。

夾寨奏余吾晉兵已引去，帝以爲援兵不能復來，潞州必可取，丙午，自澤州南還；壬子，至大梁。梁兵在夾寨者亦不復設備。晉王與諸將謀曰：「上黨，河東之藩蔽，無上黨是無河東也。且朱温所憚者獨先王耳，聞吾新立，以爲童子未閑軍旅，必有驕怠之心。若簡精兵倍道趣之，出其不意，破之必矣。取威定霸，在此一舉，不可失也。」張承業亦勸之行。乃遣承業及判官王緘乞師於鳳翔，又遣使賂契丹王阿保機求騎兵。岐王衰老，兵弱財竭，竟不能應。晉王大閲士卒，以前昭義節度使丁會爲都招討使。甲子，帥周德威(王)〔等〕發晉陽。

己巳，晉王軍于黄碾，距上黨四十五里。五月辛未朔，晉王伏兵三垂岡下，詰旦，大霧，進兵直抵夾寨。梁軍無斥候，不意晉兵之至，將士尚未起，軍中驚擾。晉王命周德威、李嗣源分兵爲二道，德威攻西北隅，嗣源攻東北隅，填塹燒寨，鼓譟而入。梁兵大潰，南走，招討使符道昭馬倒，爲晉人所殺，失亡將校士卒以萬計，委棄資糧器械山積。

周德威等至城下，呼李嗣昭曰：「先王已薨，今王自來，破賊夾寨，賊已去矣，可開門。」嗣昭不信，曰：「此必爲賊所得，使來誑我耳。」欲射之，左右止之。嗣昭曰：「王果來，可見乎？」王自往呼之。嗣昭見王白服，大慟幾絶，城中皆哭，遂開門。

初，德威與嗣昭有隙，晉王克用臨終謂晉王存勗曰：「進通忠孝，吾愛之深。今不出重圍，豈德威不忘舊怨邪？汝爲吾以此意諭之。若潞圍不解，吾死不瞑目。」進通，嗣昭小名也。晉王存勗以告德威，德威感泣，由是戰夾寨甚力。既與嗣昭相見，遂歡好如初。

康懷貞以百餘騎自天井關遁歸。帝聞夾寨不守，大驚，既而歎曰：「生子當如李亞子，克用爲不亡矣。至如吾兒，豚犬耳！」詔所在安集散兵。

周德威、李存璋乘勝進趣澤州，刺史王班素失人心，衆不爲用。龍虎統軍牛存節自西都將兵應接夾寨潰兵，至天井關，謂其衆曰：「澤州要害地，不可失也。雖無詔旨，當救之。」衆皆不欲，曰：「晉人勝氣方鋭，且衆寡不敵。」存節曰：「見危不救，非義也。畏敵强而避之，非勇也。」遂舉策引衆而前。至澤州，城中人已縱火諠譟，欲應晉王，班閉牙城自守，存節至，乃定。晉兵尋至，緣城穿地道攻之，存節晝夜拒戰，凡旬有三日。劉知俊自晉州引兵救之，德威焚攻具，退保高平。

晉王歸晉陽，休兵行賞，以周德威爲振武節度使、同平章事。命州縣舉賢才，黜貪殘，寬租賦，撫孤窮，伸冤濫，禁姦盜，境内大治。以河東地狹兵少，乃訓練士卒。令騎兵不見敵無得乘馬；部分已定，無得相踰越及留絶以避險；分道並進，期會無得差晷刻，犯者必斬。故能兼山東，取河南，由士卒精整故也。

潞州圍守歷年，士民凍餓，死者太半，市里蕭條。李嗣昭勸課農桑，寬租、緩刑，數年之間，軍城完復。

壬辰，夾寨諸將詣闕待罪，皆赦之。帝賞牛存節全澤州之功，以爲六軍馬步都指揮使。

六月，帝欲自將擊潞州，丁卯，詔會諸道兵。

秋九月，晉周德威、李嗣昭將兵三萬出陰地關，攻晉州，刺史徐懷玉拒守；帝自將救之。丁丑，發大梁，乙酉，至陝州。周德威等聞帝將至，乙未，退保隰州。冬十月丁巳，帝還大梁。

三年春三月，以山南東道節度使楊師厚兼潞州行營四面招討使。

秋八月，岐王約晉王使攻晉、絳。晉王引兵南下，先遣周德威等將兵出陰地關攻晉州，刺史邊繼威悉力固守。晉兵穿地道，陷城二十餘步，城中血戰拒之，一夕城復成。詔楊師厚將兵救晉州，周德威以騎扼蒙阬之險，師厚擊破之，進抵晉州，晉兵解圍遁去。

四年。鎮、定自帝踐阼以來，雖不輸常賦，而貢獻甚勤。會趙王鎔母何氏卒，〔秋八月〕庚申，遣使弔之，且授起復官。時鄰道弔客皆在館，使者見晉使，歸言於帝曰：「鎔潛與晉通，鎮、定勢强，終恐難制。」帝深然之。

冬十月，遣鎮國節度使楊師厚、相州刺史李思安將兵屯澤州，以圖上黨。十一月己丑，以寧國節度使、同平章事王景仁充北面行營都指揮招討使，潞州副招討使韓勍副之，以李思安爲先鋒將，趣上黨。尋遣景仁等屯魏州，楊師厚還陝。

上疑趙王鎔貳於晉，且欲因鄴王紹威卒除移鎮、定。會燕王守光發兵屯淶水，欲侵定州，上遣供奉官杜廷隱、丁延徽監魏博兵三千分屯深、冀，聲言恐燕兵南寇，助趙守禦，又云分兵就食。趙將石公立戍深州，白趙王鎔，請拒之。鎔遽命開門，移公立於外以避之。公立出門，指城而泣曰：「朱氏滅唐社稷，三尺童子知其爲人。而我王猶恃姻好，以長者期之，此所謂開門揖盜者也。惜乎，此城之人今爲虜矣！」

梁人有亡奔真定，以其謀告鎔者，鎔大懼，又不敢先自絶，但遣使詣洛陽，訴稱「燕兵已還，與定州講和如故。深、冀民見魏博兵入，奔走驚駭，乞召兵還」。上遣使詣真定慰諭之。未幾，廷隱等閉門盡殺趙戍兵，乘城拒守。鎔始命石公立攻之，不克，乃遣使求援於燕、晉。

鎔使者至晉陽，義武節度使王處直使者亦至，欲共推晉王爲盟主，合兵攻梁。晉王會將佐謀之，皆曰：「鎔久臣朱温，歲輸重賂，結以婚姻，其交深矣。此必詐也，宜徐觀之。」王曰：「彼亦擇利害而爲之耳。王氏在唐世猶或臣或叛，況肯終爲朱氏之臣乎？彼朱温之女，何如壽安公主？今救死不贍，何顧婚姻！我若疑而不救，正墮朱氏計中。宜趣發兵赴之，晉、趙叶力，破梁必矣。」乃發兵，遣周德威將之，出井陘，屯趙州。

鎔使者至幽州，燕王守光方獵，幕僚孫鶴馳詣野謂守光曰：「趙人來乞師，此天欲成王之功業也。」守光曰：「何故？」對曰：「比常患其與朱温膠固。温之志非盡吞河朔不已，今彼自爲讎敵，王若與之併力破梁，則鎮、定皆斂衽而朝燕矣。王不早出師，但恐晉人先我矣。」守光曰：「王鎔數負約，今使之與梁自相弊，吾可以坐承其利，又何救焉？」趙使者交錯於路，守光竟不爲出兵。自是鎮、定復稱唐天祐年號，復以武順爲成德軍。

司天言：「來月太陰虧，不利宿兵於外。」上召王景仁等還洛陽。十二月己未，上聞趙與晉合，晉兵已屯趙州，乃命王景仁等將兵擊之。庚申，景仁等自河陽渡河，會羅周翰兵，合四萬，軍于邢、洺。

丁丑，王景仁等進軍柏鄉。趙王鎔復告急於晉，晉王以蕃漢副總管李存審守晉陽，自將兵自贊皇東下，王處直遣將將兵五千以從。辛巳，晉王至趙州，與周德威合，獲梁芻蕘者二百人，問之曰：「初發洛陽，梁主有何號令？」對曰：「梁主戒上將云：『鎮州反覆，終爲子孫之患。今悉以精兵付汝，鎮州雖以鐵爲城，必爲我取之。』」晉王命送於趙。

壬午，晉王進軍，距柏鄉三十里，遣周德威等以胡騎迫梁營挑戰，梁兵不出。癸未，復進，距柏鄉五里，營於野河之北，又遣胡騎迫梁營馳射，且詬之。梁將韓勍等將步騎三萬，分三道追之，鎧冑皆被繒綺，鏤金銀，光彩炫曜，晉人望之奪氣。周德威謂李存璋曰：「梁人志不在戰，徒欲曜兵耳。不挫其鋭，則吾軍不振。」乃徇於軍曰：「彼皆汴州天武軍，屠酤傭販之徒耳，衣鎧雖鮮，十不能當汝一。擒獲一夫，足以自富，此乃奇貨，不可失也。」德威自帥精騎千餘擊其兩端，左馳右突，出入數四，俘獲百餘人，且戰且卻，距野河而止，梁兵亦退。

德威言於晉王曰：「賊勢甚盛，宜按兵以待其衰。」王曰：「吾孤軍遠來，救人之急，三鎮烏合，利於速戰，公乃欲按兵持重，何也？」德威曰：「鎮、定之兵，長於守城，短於野戰。且吾所恃者騎兵，利於平原廣野，可以馳突。今壓賊壘門，騎無所展其足。且衆寡不敵，使彼知吾虛實，則事危矣。」王不悅，退卧帳中，諸將莫敢言。德威往見張承業曰：「大王驟勝而輕敵，不量力而務速戰。今去賊咫尺，所限者一水耳，彼若造橋以薄我，我衆立盡矣。不若退軍高邑，誘賊離營，彼出則歸，彼歸則出，別以輕騎掠其饋餉，不過踰月，破之必矣。」承業入，褰帳撫王曰：「此豈王安寢時邪？周德威老將知兵，其言不可忽也。」王蹶然而興，曰：「予方思之。」時梁兵閉壘不出，有降者，詰之，曰：「景仁方多造浮橋。」王謂德威曰：「果如公言。」是日拔營，退保高邑。

乾化元年。柏鄉比不儲芻，梁兵刈芻自給，晉人以遊軍抄之，梁兵不出。周德威使胡騎環營馳射而詬之，梁兵疑有伏，愈不敢出，剉屋茅坐席以飼馬，馬多死。春正月丁亥，周德威與別將史建瑭、李嗣源將精騎三千壓梁壘門而詬之，王景仁、韓勍怒，悉衆而出。德威等轉戰而北，至高邑南。李存璋以步兵陳於野河之上，梁兵橫亘數里，競前奪橋，鎮、定步兵禦之，勢不能支。晉王謂匡衛都指揮使李建及曰：「賊過橋則不可復制矣。」建及選卒二百，援槍大譟，力戰卻之。建及，許州人，姓王，李罕之之假子也。晉王登高丘以望曰：「梁兵争進而囂，我兵整而静，我必勝。」戰自巳至午，勝負未決。晉王謂周德威曰：「兩軍已合，勢不可離，我之興亡，在此一舉。我爲公先登，公可繼之。」德威叩馬而諫曰：「觀梁兵之勢，可以勞逸制之，未易以力勝也。彼去營三十餘里，雖挾糗糧，亦不暇食，日昳之後，飢渴内迫，矢刃外交，士卒勞倦，必有退志。當是時，我以精騎乘之，必大捷。於今未可也。」王乃止。

時魏、滑之兵陳於東，宋、汴之兵陳於西。至晡，梁軍未食，士無鬬志，景仁等引兵稍卻，周德威疾呼曰：「梁兵走矣。」晉兵大譟争進，魏、滑兵先退，李嗣源帥衆譟於西陳之前曰：「東陳已走，爾何久留？」梁兵互相驚怖，遂大潰。李存璋引步兵乘之，呼曰：「梁人亦吾人也，父兄子弟餉軍者勿殺。」於是戰士悉解甲投兵而棄之，囂聲動天地。趙人以深、冀之憾，不顧剽掠，但奮白刃追之，梁之龍驤、神捷精兵殆盡，自野河至柏鄉，僵尸蔽地。王景仁、韓勍、李思安以數十騎走。晉兵夜至柏鄉，梁軍已去，棄糧食、資財、器械不可勝計。凡斬首二萬級。李嗣源等追奔至邢州，河朔大震。保義節度使王檀嚴備，然後開城納敗卒，給以資糧，散遣歸本道。晉王收兵屯趙州。

杜廷隱等聞梁兵敗，棄深、冀而去，悉驅二州丁壯爲奴婢，老弱者坑之，城中存者壞垣而已。

癸巳，復以楊師厚爲北面都招討使，將兵屯河陽，收集散兵，旬餘得萬人。己亥，晉王遣周德威、史建瑭將三千騎趣澶、魏，張承業、李存璋以步兵攻邢州，自以大軍繼之，移檄河北州縣，諭以利害。帝遣别將徐仁溥將兵千人自西山夜入邢州，助王檀城守。己酉，罷王景仁招討使，落平章事。

二月己未，晉王至魏州，攻之不克。上以羅周翰年少，且忌其舊將佐，庚申，以户部尚書李振爲天雄節度副使，命杜廷隱將兵千人衛之，自楊劉濟河，間道夜入魏州，助周翰城守。癸亥，晉王觀河於黎陽，梁兵萬餘將渡河，聞晉王至，皆棄舟而去。

乙丑，周德威自臨清攻貝州，拔夏津、高唐；攻博州，拔東武、朝城。攻澶州，刺史張可臻棄城走，帝斬之。德威進攻黎陽，拔臨河、淇門；逼衛州，掠新鄉、共城。庚午，帝帥親軍屯白司馬阪以備之。

楊師厚自磁、相引兵救邢、魏，壬申，晉解圍去。師厚追之，逾漳水而還，邢州圍亦解。師厚留屯魏州。趙王鎔自來謁晉王於趙州，大犒將士，自是遣其養子德明將三十七都常從晉王征討。德明本姓張，名文禮，燕人也。壬午，晉王發趙州，歸晉陽，留周德威等將三千人戍趙州。

夏六月，帝命楊師厚將兵三萬屯邢州。秋七月，趙王鎔以楊師厚在邢州，甚懼，會晉王于承天軍。晉王謂鎔父友也，事之甚恭。鎔以梁寇爲憂，晉王曰：「朱温之惡極矣，天將誅之，雖有師厚輩，不能救也。脱有侵軼，僕自帥衆當之，叔父勿以爲憂。」鎔捧卮爲壽，謂晉王爲四十六舅。鎔幼子昭誨從行，晉王斷衿爲盟，許妻以女。由是晉、趙之交遂固。

九月，帝聞晉、趙謀入寇，自將拒之。戊戌，以張宗奭爲西都留守。庚子，帝發洛陽。甲辰，至衛州，方食，軍前奏晉軍已出井陘，帝遽命輦北趣邢、洺，晝夜倍道兼行。丙午，至相州，聞晉兵不出，乃止。冬十月甲寅夜，帝發相州，乙卯，至洹水。是夜，邊吏言晉、趙兵南下，帝即時進軍，丙辰，至魏縣。或告云「沙陀至矣」，士卒忷懼，多逃亡，嚴刑不能禁。既而復告云「無寇」，上下始定。戊午，貝州奏晉兵寇東武，尋引去。帝以夾寨、柏鄉屢失利，故力疾北巡，思一雪其恥。意鬱鬱，多躁忿，功臣、宿將往往以小過被誅，衆心益懼。既而晉、趙兵竟不出。十一月壬午，帝南還。

二年春二月甲子，帝發洛陽，從官以帝誅戮無常，多憚行。帝聞之，益怒。是日，至白馬頓，賜從官食，多未至，遣騎趣之於路。左散騎常侍孫隲、右諫議大夫張衍、兵部郎中張儁最後至，帝命撲殺之。衍，宗奭之姪也。丙寅，帝至武陟。段明遠供饋有加於前。丁卯，至獲嘉，帝追思李思安去歲供饋有闕，貶柳州司户，告辭稱明遠之能，曰：「觀明遠之忠勤如此，見思安之悖慢何如。」尋長流思安於崖州，賜死。明遠後更名凝。乙亥，帝至魏州，命都招討使宣義節度使楊師厚、副使前河陽節度使李周彝圍棗强，招討應接使平盧節度使賀德倫、副使天平留後袁象先圍蓨縣。德倫，河西胡人；象先，下邑人也。戊寅，帝至貝州。

帝晝夜兼行，三月辛巳，至下博南，登觀津冢。趙將符習引數百騎出巡邏，不知是帝，遽前逼之。或告曰：「晉兵大至矣！」帝棄行幄，亟引兵趣棗强，與楊師厚軍合。習，趙州人也。

棗强城小而堅，趙人(取)〔聚〕精兵數千守之，師厚急攻之，數日不下，城壞復修，死傷者以萬數。城中矢石將竭，謀出降，有一卒奮曰：「賊自柏鄉喪敗以來，視我鎮人裂眦，(命)今往歸之，如自投虎狼之口耳。困窮如此，何用身爲！我請獨往試之。」夜，縋城出，詣梁軍詐降。李周彝召問城中之備，對曰：「非半月未易下也。」因(謀)〔請〕曰：「某既歸命，願得一劍，效死先登，取守城將首。」周彝不許，使荷擔從軍。卒得間舉擔擊周彝首，踣地，左右救至，得免。帝聞之，愈怒，命師厚晝夜急攻，丙戌，拔之，無問老幼盡殺之，流血盈城。

初，帝引兵渡河，聲言五十萬。晉忻州刺史李存審屯趙州，患兵少，裨將趙行實請入土門避之，存審不可。及賀德倫攻蓨縣，存審謂史建瑭、李嗣肱曰：「吾王方有事幽、薊，無兵此來，南方之事，委吾輩數人。今蓨縣方急，吾輩安得坐而視之。使賊得蓨縣，必西侵深、冀，患益深矣。當與公等以奇計破之。」存審乃引兵扼下博橋，使建瑭、嗣肱分道擒生。建瑭分其麾下爲五隊，隊各百人，一之衡水，一之南宮，一之信都，一之阜城，自將一隊深入，與嗣肱遇梁軍之樵芻者，皆執之，獲數百人。明日，會於下博橋，皆殺之，留數人斷臂縱去，曰：「爲我語朱公，晉王大軍至矣。」時蓨縣未下，帝引楊師厚兵五萬就賀德倫共攻之。丁亥，始至縣西，未及置營，建瑭、嗣肱各將三百騎，效梁軍旗幟、服色，與樵芻者雜行。日且暮，至德倫營門，殺門者，縱火大譟，弓矢亂發，左右馳突，既暝，各斬馘執俘而去。營中大擾，不知所爲。斷臂者復來曰：「晉軍大至矣！」帝大駭，燒營夜遁，迷失道，委曲行百五十里，戊子旦乃至冀州。蓨之耕者皆荷鉏奮梃逐之，委棄軍資、器械不可勝計。既而復遣騎覘之，曰：「晉軍實未來，此乃史先鋒遊騎耳。」帝不勝慚憤，由是病增劇，不能乘肩輿。留貝州旬餘，諸軍始集。

乙巳，帝發貝州，丁未，至魏州。夏四月乙卯，博王友文來朝，請帝還東都。丁巳，發魏州。己未，至黎陽，以疾淹留。乙丑，至滑州。己巳，帝至大梁。戊寅，帝發大梁。

五月甲申，帝至洛陽，疾甚。閏月壬戌，帝疾增甚，謂近臣曰：「我經營天下三十年，不意太原餘孽更昌熾如此。吾觀其志不小，天復奪我年，我死，諸兒非彼敵也，吾無葬地矣！」因哽咽，絶而復蘇。六月戊寅，郢王友珪弒帝。

冬十一月，趙將王德明將兵三萬掠武城，至于臨清，攻宗城，下之。癸丑，楊師厚伏兵唐店，邀擊，大破之，斬首五千餘級。

均王乾化三年春二月，均王即位于大梁。三月庚戌，加楊師厚兼中書令，賜爵鄴王，賜詔不名，事無巨細，必咨而後行。夏五月，楊師厚與博州刺史劉守奇將汴、滑、徐、兗、魏、博、邢、洺之兵十萬，大掠趙境。師厚自柏鄉入攻土門，趣趙州，守奇自貝州入趣冀州，所過焚掠。庚戌，師厚至鎮州，營於南門外，燔其關城。壬子，師厚自九門退軍下博，守奇引兵與師厚會攻下博，拔之。晉將李存審、史建瑭戍趙州，兵少，趙王告急於周德威，德威遣騎將李紹衡會趙將王德明同拒梁軍。師厚、守奇自弓高渡御河而東，逼滄州，張萬進懼，請遷于河南。師厚表徙萬進鎮青州，以守奇爲順化節度使。

四年。晉王既克幽州，乃謀入寇。克幽州事見晉王滅燕。秋七月，會趙王鎔及周德威於趙州，南寇邢州，李嗣昭引昭義兵會之。楊師厚引兵救邢州，軍於漳水之東。晉軍至張公橋，裨將曹進金來奔。晉軍退，諸鎮兵皆引歸。八月，晉王還晉陽。

貞明元年春三月，天雄節度使兼中書令鄴王楊師厚卒。師厚晚年矜功恃衆，擅割財賦，選軍中驍勇，置銀槍效節都數千人，給賜優厚，欲以復故時牙兵之盛。帝雖外加尊禮，內實忌之，及卒，私於宮中受賀。租庸使趙巖、判官邵贊言於帝曰：「魏博爲唐腹心之蠹，二百餘年不能除去者，以其地廣兵强之故也。羅紹威、楊師厚據之，朝廷皆不能制。陛下不乘此時爲之計，所謂『彈疽不嚴，必將復聚』，安知來者不爲師厚乎？宜分六州爲兩鎮，以弱其權。」帝以爲然，以平盧節度使賀德倫爲天雄節度使，置昭德軍於相州，割澶、衛二州隸焉，以宣徽使張筠爲昭德節度使，仍分魏州將士、府庫之半於相州。筠，海州人也。二人既赴鎮，朝廷恐魏人不服，遣開封尹劉鄩將兵六萬自白馬濟河，以討鎮、定爲名，實張形勢以脅之。

魏兵皆父子相承，數百年族姻磐結，不願分徙。德倫屢趣之，應行者皆嗟怨，連營聚哭。己丑，劉鄩屯南樂，先遣澶州刺史王彥章將龍驤五百騎入魏州，屯金波亭。魏兵相與謀曰：「朝廷忌吾軍府强盛，欲設策使之殘破耳。吾六州歷代藩鎮，兵未嘗遠出河門，一旦骨肉流離，生不如死。」是夕，軍亂，縱火大掠，圍金波亭，王彥章斬關而走。詰旦，亂兵入牙城，殺賀德倫之親兵五百人，劫德倫置樓上。有效節軍校張彥者，自帥其黨，拔白刃，止剽掠。

夏四月，帝遣供奉官扈異撫諭魏軍，許張彥以刺史。彥請復相、澶、衛三州如舊制。

異還，言張彦易與，但遣劉鄩加兵，立當傳首。帝由是不許，但以優詔答之。使者再返，彦裂詔書抵於地，戟手南向詬朝廷，謂德倫曰：「天子愚暗，聽人穿鼻。今我兵甲雖强，苟無外援，不能獨立，宜投款於晉。」遂逼德倫以書求援於晉。

晉王得賀德倫書，命馬步副總管李存審自趙州引兵進據臨清。五月，存審至臨清，劉鄩屯洹水。賀德倫復遣使告急于晉，晉王引大軍自黄澤嶺東下，與存審會於臨清，猶疑魏人之詐，按兵不進。德倫遣判官司空頲犒軍，密言於晉王曰：「除亂當除根。」因言張彦凶狡之狀，勸晉王先除之，則無虞矣。王默然。頲，貝州人也。

晉王進屯永濟，張彦選銀槍效節五百人，皆執兵自衛，詣永濟謁見，王登驛樓語之曰：「汝陵脅主帥，殘虐百姓，數日中迎馬訴冤者百餘輩。我今舉兵而來，以安百姓，非貪人土地。汝雖有功於我，不得不誅以謝魏人。」遂斬彦及其黨七人，餘衆股栗。王召諭之曰：「罪止八人，餘無所問。自今當竭力爲吾爪牙。」衆皆拜伏，呼萬歲。明日，王緩帶輕裘而進，命張彦之卒擐甲執兵，翼馬而從，仍以爲帳前銀槍都，衆心由是大服。

劉鄩聞晉軍至，選兵萬餘人，自洹水趣魏縣。晉王留李存審屯臨清，遣史建瑭屯魏縣以拒之，王自引親軍至魏縣，與鄩夾河爲營。

帝聞魏博叛，大悔懼，遣天平節度使牛存節將兵屯楊劉，爲鄩聲援。會存節病卒，以匡國節度使王檀代之。

六月庚寅朔，賀德倫帥將吏請晉王入府城慰勞。既入，德倫上印節，請王兼領天雄軍。王固辭，曰：「比聞汴寇侵逼貴道，故親董師徒，遠來相救。又聞城中新罹塗炭，故暫入存撫。明公不垂鑒信，乃以印節見推，誠非素懷。」德倫再拜曰：「今寇敵密邇，軍城新有大變，人心未安。德倫腹心紀綱爲張彥所殺殆盡，形孤勢弱，安能統衆！一旦生事，恐負大恩。」王乃受之。德倫帥將吏拜賀，王承制以德倫爲大同節度使，遣之官。德倫至晉陽，張承業留之。時銀槍效節都在魏城猶驕橫，晉王下令：「自今有朋黨流言及暴掠百姓者，殺無赦。」以沁州刺史李存進爲天雄都巡按使，有訛言摇衆及强取人一錢已上者，存進皆梟首磔尸於市。旬日，城中肅然，無敢諠譁者。

張彥之以魏博歸晉也，貝州刺史張源德不從，北結滄德，南連劉鄩以拒晉，數斷鎮、定糧道。或説晉王「請先發兵萬人取源德，然後東兼滄景，則海隅之地皆爲我有」。晉王曰：「不然。貝州城堅兵多，未易猝攻。德州隸於滄州而無備，若得而戍之，則滄、貝不得往來，二壘既孤，然後可取。」乃遣騎兵五百，晝夜兼行，襲德州。刺史不意晉兵至，踰城走，遂克之，以遼州守捉將馬通爲刺史。

秋七月，晉人夜襲澶州，陷之。刺史王彥章在劉鄩營，晉人獲其妻子，待之甚厚，遣間使誘彦章，彦章斬其使者，晋人盡滅其家。晋王以魏州〔將〕李巖爲澶州刺史。

晋王勞軍於魏縣，因帥百餘騎循河而上，覘劉鄩營。會天陰晦，鄩伏兵五千於河曲叢林間，鼓譟而出，圍王數重。王躍馬大呼，帥騎馳突，所向披靡。裨將夏魯奇等操短兵力戰，自午至申乃得出，亡其七騎。魯奇手殺百餘人，傷痍遍體，會李存審救兵至，乃得免。王顧謂從騎曰：「幾爲虜嗤。」皆曰：「適足使敵人見大王之英武耳。」魯奇，青州人也，王以是益愛之，賜姓名曰李紹奇。

劉鄩以晋兵盡在魏州，晋陽必虚，欲以奇計襲取之，乃潛引兵自黄澤西去。晋人怪鄩軍數日不出，寂無聲迹，遣騎覘之，城中無煙火，但時見旗幟循堞往來。晋王曰：「吾聞劉鄩用兵，一步百計，此必詐也。」更使覘之，乃縛芻爲人，執旗乘驢在城上耳。得城中老弱者詰之，云軍去已二日矣。晋王曰：「劉鄩長於襲人，短於決戰，計彼行纔及山下。」亟發騎兵追之。會陰雨積旬，黄澤道險，堇泥深尺餘，士卒援藤葛而進，皆腹疾足腫，或墜崖谷，死者什二三。晋將李嗣恩倍道先入晋陽，城中知之，勒兵爲備。鄩至樂平，糗糧且盡。又聞晋有備，追兵在後，衆懼，將潰，鄩諭之曰：「今去家千里，深入敵境，腹背有兵，山谷高深，如墜井中，去將何之？惟力戰庶幾可免，不則以死報君親耳。」衆泣而止。周德威聞鄩西上，自幽州引千騎救晋陽，至土門，鄩已整衆下山，自邢州陳宋口踰漳水而東，屯於宗城。鄩軍往還，馬死殆半。時晉軍乏食，鄩知臨清有蓄積，欲據之以絶晉糧道。德威急追鄩，再宿，至南宫，遣騎擒其斥候者數十人，斷腕而縱之，使言曰：「周侍中已據臨清矣。」鄩軍大駭。詰朝，德威略鄩營而過，入臨清，鄩引軍趨貝州。時晉王出師屯博州，劉鄩軍堂邑，周德威攻之，不克。翌日，鄩軍于莘縣，晉軍踵之。鄩治莘城，塹而守之，自莘及河築甬道以通饋餉。晉王營於莘西三十里，煙火相望，一日數戰。

絳州刺史尹皓攻晉之隰州，八月，又攻慈州，皆不克。王檀與(昭)〔宣〕義留後賀瓌攻澶州，拔之，執李巖，送東都。帝以楊師厚故將楊延直爲澶州刺史，使將兵萬人助劉鄩，且招誘魏人。

晉王遣李存審將兵五千擊貝州。張源德有卒三千，每夕分出剽掠，州民苦之，請塹其城以安耕耘。存審乃發八縣丁夫塹而圍之。

劉鄩在莘久，饋運不給，晉人數抵其寨下挑戰，鄩不出。晉人乃攻絶其甬道，以千餘斧斬寨木，梁人驚擾而出，因俘獲而還。

帝以詔書讓鄩老師費糧，失亡多，不速戰。鄩奏稱：「臣比欲以奇兵擣其腹心，還取鎮、定，期以旬時再清河朔。無何天未厭亂，淫雨積旬，糧竭士病。又欲據臨清斷其饋餉，而周楊五奄至，馳突如神。臣今退保莘縣，享士訓兵以俟進取。觀其兵數甚多，便習騎射，誠爲勍敵，未易輕也。苟有隙可乘，臣豈敢偷安養寇。」帝復問鄩決勝之策，鄩曰：「臣今無策，惟願人給十斛糧，賊可破矣。」帝怒，責鄩曰：「將軍蓄米，欲破賊邪？欲療飢邪？」乃遣中使往督戰。

鄩集諸將問曰：「主上深居禁中，不知軍旅，徒與少年新進輩謀之。夫兵在臨機制變，不可預度。今敵尚强，與戰必不利，奈何？」諸將皆曰：「勝負須一決，曠日何待？」鄩默然不悦，退謂所親曰：「主暗臣諛，將驕卒惰，吾未知死所矣。」他日，復集諸將於軍門，人置河水一器於前，令飲之，衆莫之測。鄩諭之曰：「一器猶難，滔滔之河，可勝盡乎？」衆失色。後數日，鄩將萬餘人薄鎮、定營，鎮、定人驚擾。晋李存審以騎兵二千横擊之，李建及以銀槍千人助之，鄩大敗，奔還。晋人逐之，及寨下，俘斬千計。

冬十月，劉鄩遣卒詐降於晋，謀賂膳夫以毒晋王。事泄，晋王殺之，并其黨五人。

二年春二月，帝屢趣劉鄩戰，鄩閉壁不出。晋王乃留副總管李存審守營，自勞軍於貝州，聲言歸晋陽。鄩聞之，奏請襲魏州，帝報曰：「今掃境内以屬將軍，社稷存亡，繫兹一舉，將軍勉之。」鄩令澶州刺史楊延直引兵萬人會於魏州，延直夜半至城南，城中選壯士五百潛出擊之，延直不爲備，潰亂而走。詰旦，鄩自莘縣悉衆至城東，與延直餘衆合，李存審引營中兵踵其後，李嗣源以城中兵出戰，晋王亦自貝州至，與嗣源當其前。鄩見之，驚曰：「晉王邪！」引兵稍卻，晉王躡之，至故元城西，與李存審遇。晉王爲方陳於西北，存審爲方陳於東南；鄩爲圓陳於其中間，四面受敵。合戰良久，梁兵大敗，鄩引數十騎突圍走。梁步卒凡七萬，晉兵環而擊之，敗卒登木，木枝爲之折，追至河上，殺、溺殆盡。鄩收散卒，自黎陽渡河，保滑州。

匡國節度使王檀密疏請發關西兵襲晉陽，帝從之，發河中、陝、同、華諸鎮兵合三萬，出陰地關，奄至晉陽城下，晝夜急攻。城中無備，發諸司丁匠及驅市人乘城拒守，城幾陷者數四，張承業大懼。代北故將安金全退居太原，往見承業曰：「晉陽根本之地，若失之，則大事去矣。僕雖老病，憂兼家國，請以庫甲見授，爲公擊之。」承業即與之。金全帥其子弟及退將之家得數百人，夜出北門，擊梁兵於羊馬城内。梁兵大驚，引卻。昭義節度使李嗣昭聞晉陽有寇，遣牙將石君立將五百騎救之。君立朝發上黨，夕至晉陽。梁兵扼汾橋，君立擊破之，徑至城下大呼曰：「昭義侍中大軍至矣！」遂入城。夜，與安金全等分出諸門擊梁兵，梁兵死傷什二三。詰朝，王檀引兵大掠而還。晉王性矜伐，以策非己出，故金全等賞皆不行。

梁兵之在晉陽城下也，大同節度使賀德倫部兵多逃入梁軍，張承業恐其爲變，收德倫，斬之。帝聞劉鄩敗，又聞王檀無功，歎曰：「吾事去矣！」

三月乙卯朔，晉王攻衛州，壬戌，刺史米昭降之。又攻惠州，刺史靳紹走，擒斬之，復以惠州爲磁州。晉王還魏州。

上屢召劉鄩不至，己巳，即以鄩爲宣義節度使，使將兵屯黎陽。

夏四月，晉人拔洺州，以魏州都巡檢使袁建豐爲洺州刺史。劉鄩既敗，河南大恐，鄩復不應召，由是將卒皆摇心。

六月，晉人攻邢州，保義節度使閻寶拒守，帝遣捉生都指揮使張温將兵五百救之，温以其衆降晉。

秋七月甲寅朔，晉王至魏州。

八月，晉王自將攻邢州，昭德節度使張筠棄相州走。晉人復以相州隸天雄軍，以李嗣源爲刺史。晉王遣人告閻寶以相州已拔，又遣張温帥援兵至城下諭之，寶舉城降。晉王以寶爲東南面招討使、領天平節度使、同平章事，以李存審爲安國節度使，鎮邢州。

九月，晉王還晉陽。晉人以兵逼滄州，順化節度使戴思遠棄城奔東都。滄州將毛璋據城降晉，晉王命李嗣源將兵鎮撫之，嗣源遣璋詣晉陽。晉王徙李存審爲横海節度使，鎮滄州，以嗣源爲安國節度使。嗣源以安重誨爲中門使，委以心腹，重誨亦爲嗣源盡力。重誨，應州胡人也。

晉人圍貝州踰年，張源德聞河北諸州皆爲晉有，欲降。謀於其衆，衆以窮而後降，恐不免死，不從，共殺源德，嬰城固守。城中食盡，噉人爲糧，乃謂晉將曰：「出降懼死，請擐甲執兵而降，事定而釋之。」晉將許之，其衆三千人出降，既釋甲，圍而殺之，盡殪。晉王以毛璋爲貝州刺史。於是河北皆入于晉，惟黎陽爲梁守。

晉王如魏州。

冬十月，晉王遣使如吴，會兵以擊梁。十一月，吴以行軍副使徐知訓爲淮北行營都招討使，及朱瑾等將兵趣宋、亳，與晉相應。既渡淮，移檄州縣，進圍潁州。

三年春正月，詔宣武節度使袁象先救潁州，既至，吴(引)軍〔引〕還。

二月甲申，晉王攻黎陽，劉鄩拒之，數日，不克而去。

劉鄩自滑州入朝，朝議以河朔失守責之，九月，落鄩平章事，左遷亳州團練使。

冬十月，晉王還晉陽。王連歲出征，凡軍府政事一委監軍使張承業，承業勸課農桑，畜積金穀，收市兵馬，徵租行法不寬貴戚，由是軍城肅清，饋餉不乏。

十一月，晉王聞河冰合，曰：「用兵數歲，限一水不得渡，今水自合，天贊我也。」亟如魏州。

十二月戊辰，晉王畋于朝城。是日大寒，晉王視河冰已堅，引步騎稍渡。梁甲士三千戍楊劉城，緣河數十里，列栅相望，晉王急攻，皆陷之。進攻楊劉城，使步卒斬其鹿角，負葭葦塞塹，四面進攻，即日拔之，獲其守將安彦之。

先是，租庸使、户部尚書趙巖言於帝曰：「陛下踐阼以來，尚未南郊，議者以爲無異藩侯，爲四方所輕。請幸西都行郊禮，遂謁宣陵。」敬翔諫曰：「自劉鄩失利以來，公私困竭，人心惴恐。今展禮圜丘，必行賞賚，是募虚名而受實弊也。且勍敵近在河上，乘輿豈宜輕動。俟北方既平，報本未晚。」帝不聽。己巳，如洛陽，閲車服，飾宫闕。郊祀有日，聞楊劉失守，道路訛言「晉軍已入大梁，扼汜水矣」。從官皆憂其家，相顧涕泣。帝惶駭失圖，遂罷郊祀，奔歸大梁。

四年春正月，帝至大梁。晉兵侵掠至鄆、濮而還。敬翔上疏曰：「國家連年喪師，疆土日蹙。陛下居深宫之中，所與計事者皆左右近習，豈能量敵國之勝負乎？先帝之時，奄有河北，親御豪傑之將，猶不得志。今敵至鄆州，陛下不能留意。臣聞李亞子繼位以來，于今十年，攻城野戰，無不親當矢石，近者攻楊劉，身負束薪爲士卒先，一鼓拔之。陛下儒雅守文，宴安自若，使賀瓌輩敵之，而望攘逐寇讎，非臣所知也。陛下宜詢訪黎老，别求異策，不然，憂未艾也。臣雖駑怯，受國重恩，陛下必若乏才，乞於邊垂自效。」疏奏，趙、張之徒言翔怨望，帝遂不用。

二月，河陽節度使、北面行營排陳使謝彥章將兵數萬攻楊劉城。甲子，晉王自魏州輕騎詣河上。彥章築壘自固，決河水，瀰浸數里，以限晉兵，晉兵不得進。彥章，許州人也。安彥之散卒多聚於兗、鄆山谷爲羣盜，以觀二國成敗，晉王招募之，多降於晉。

夏六月壬戌，晉王自魏州勞軍於楊劉，自泛舟測河水，其深没槍。王謂諸將曰：「梁軍非有戰意，但欲阻水以老我師，當涉水攻之。」甲子，王引親軍先涉，諸軍隨之，褰甲橫槍，結陳而進。是日水落，深纔及膝。匡國節度使、北面行營排陳使謝彥章帥衆臨岸拒之，晉兵不得進，乃稍引卻，梁兵從之。及中流，鼓譟復進，彥章不能支，稍退登岸。晉兵因而乘之，梁兵大敗，死傷不可勝紀，河水爲之赤，彥章僅以身免。是日，晉人遂陷濱河四寨。

秋七月，晉王謀大舉入寇，周德威將幽州步騎三萬，李存審將滄景步騎萬人，李嗣源將邢洺步騎萬人，王處直遣將將易定步騎萬人，及麟、勝、雲、蔚、新、武等州諸部落奚、契丹、室韋、吐谷渾皆以兵會之。八月，并河東、魏博之兵，大閱於魏州。

晉王自魏州如楊劉，引兵略鄆、濮而還，循河而上，軍於麻家渡。賀瓌、謝彥章將梁兵屯濮州北行臺村，相持不戰。

晉王好自引輕騎迫敵營挑戰，危窘者數四，賴李紹榮力戰翼衛之得免。趙王鎔及王處直皆遣使致書曰：「元元之命繫於王，本朝中興繫於王，奈何自輕如此！」王笑謂使者曰：「定天下者，非百戰何由得之，安可但深居帷房以自肥乎！」一旦，王將出營，都營使李存審扣馬泣諫曰：「大王當爲天下自重。彼先登陷陳，將士之職也，存審輩宜爲之，非大王之事也。」王爲之攬轡而還。他日，伺存審不在，策馬急出，顧左右曰：「老子妨人戲。」王以數百騎抵梁營，謝彦章伏精甲五千於隄下。王引十餘騎(發)〔度〕隄，伏兵發，圍王數十重，王力戰於中，後騎繼至者攻之於外，僅得出。會李存審救至，梁兵乃退，王始以存審之言爲忠。

晉王欲趣大梁，而梁軍扼其前，堅壁不戰百餘日。十二月庚子朔，晉王進兵，距梁軍十里而舍。

初，北面行營招討使賀瓌善將步兵，排陳使謝彦章善將騎兵，瓌惡其與己齊名。一日，瓌與彦章治兵於野，瓌指一高地曰：「此可以立栅。」至是，晉軍適置栅於其上，瓌疑彦章與晉通謀。瓌屢欲戰，謂彦章曰：「主上悉以國兵授吾二人，社稷是賴。今强寇壓吾門，而逗遛不戰，可乎！」彦章曰：「强寇憑陵，利在速戰。今深溝高壘，據其津要，彼安敢深入。若輕與之戰，萬一蹉跌，則大事去矣。」瓌益疑之，密譖之於帝，與行營馬步都虞候曹州刺史朱珪謀，因享士，伏甲，殺彦章及濮州刺史孟審澄、別將侯温裕，以謀叛聞。

審澄、温裕，亦騎將之良者也。丁未，以朱珪爲匡國留後；癸丑，又以爲平盧節度使兼行營馬步副指揮使以賞之。

晉王聞彦章死，喜曰：「彼將帥自相魚肉，亡無日矣。賀瓌殘虐，失士卒心，我若引軍直指其國都，彼安得堅壁不動。幸而一與之戰，蔑不勝矣。」王欲自將萬騎直趣大梁，周德威曰：「梁人雖屠上將，其軍尚全，輕行徼利，未見其福。」不從。戊午，下令軍中老弱悉歸魏州，起師趨汴。庚申，毁營而進，衆號十萬。

賀瓌聞晉王已西，亦棄營而踵之。晉王發魏博白丁三萬從軍，以供營柵之役，所至營柵立成。壬戌，至胡柳陂。癸亥旦，候者言梁兵自後至矣。周德威曰：「賊倍道而來，未有所舍，我營柵已固，守備有餘，既深入敵境，動須萬全，不可輕發。此去大梁至近，梁兵各念其家，内懷憤激，不以方略制之，恐難得志。王宜按兵勿戰，德威請以騎兵擾之，使彼不得休息，至暮營壘未立，樵爨未具，乘其疲乏，可一舉滅也。」王曰：「前在河上，恨不見賊，今賊至不擊，尚復何待，公何怯也！」顧李存審曰：「敕輜重先發，吾爲爾殿後，破賊而去。」即以親軍先出。德威不得已，引幽州兵從之，謂其子曰：「吾無死所矣。」

賀瓌結陳而至，横亘數十里。王帥銀槍都陷其陳，衝盪擊斬，往返十餘里。行營左廂馬軍都指揮使、鄭州防禦使王彦章軍先敗，西走趣濮陽。晉輜重在陳西，望見梁旗幟，驚潰，入幽州陳，幽州兵亦擾亂，自相蹈藉。周德威不能制，父子皆戰死。魏博節度副使王緘與輜重俱行，亦死。晉兵無復部伍，梁兵四集，勢甚盛。晉王據高丘收散兵，至日中，軍復振。陂中有土山，賀瓌引兵據之。晉王謂將士曰：「今日得此山者勝，吾與汝曹奪之。」即引騎兵先登，李從珂與銀槍大將（王）〔李〕建及以步卒繼之，梁兵紛紛而下，遂奪其山。

日向晡，賀瓌陳於山西，晉兵望之有懼色。諸將以爲諸軍未盡集，不若斂兵還營，詰朝復戰。天平節度使、東南面招討使閻寶曰：「王彦章騎兵已入濮陽，山下惟步卒，向晚皆有歸志，我乘高趣下擊之，破之必矣。今王深入敵境，偏師不利，若復引退，必爲所乘。諸軍未集者聞梁再克，必不戰自潰。凡決勝料敵，惟觀情勢，情勢已得，斷在不疑。王之成敗，在此一戰。若不決力取勝，縱收餘衆北歸，河朔非王有也。」昭義節度使李嗣昭曰：「賊無營壘，日晚思歸，但以精騎擾之，使不得夕食，俟其引退，追擊可破也。我若斂兵還營，彼歸整衆復來，勝負未可知也。」（王）〔李〕建及擐甲横槊而進曰：「賊大將已遁，王之騎軍一無所失，今擊此疲乏之衆，如拉朽耳。王但登山，觀臣爲王破賊。」王愕然曰：「非公等言，吾幾誤計。」嗣昭、建及以騎兵大呼陷陳，諸軍繼之，梁兵大敗。元城令吴瓊、貴鄉令胡裝各帥白丁萬人，於山下曳柴揚塵，鼓譟以助其勢。梁兵自相騰藉，棄甲山積，死亡者幾三萬人。裝，証之曾孫也。是日，兩軍所喪士卒各三之二，皆不能振。

晉王歸營，聞周德威父子死，哭之慟，曰：「喪吾良將，是吾罪也。」以其子幽州中軍兵馬使光輔爲嵐州刺史。

李嗣源與李從珂相失，見晉軍撓敗，不知王所之，或曰：「王已北渡河矣。」嗣源遂乘冰北渡，將之相州。是日從珂從王奪山，晚戰皆有功。甲子，晉王進攻濮陽，拔之。李嗣源知晉軍之捷，復來見王於濮陽，王不悅，曰：「公以吾爲死邪？渡河安之？」嗣源頓首謝罪。〔王〕以從珂有功，但賜大鍾酒以罰之；然自是待嗣源稍薄。

晉軍至德勝渡，王彥章敗卒有走至大梁者，曰：「晉人戰勝，將至矣。」頃之，晉兵有先至大梁問次舍者，京城大恐。帝驅市人登城，又欲奔洛陽，遇夜而止。敗卒至者不滿千人，傷夷逃散，各歸鄉里，月餘僅能成軍。

五年春正月，晉李存審於德勝南北夾河築兩城而守之。晉王以存審代周德威爲內外蕃漢馬步總管。晉王還魏州，遣李嗣昭權知幽州軍府事。

三月，晉王自領盧龍節度使，以中門使李紹宏提舉軍府事，代李嗣昭。紹宏，宦者也，本姓馬，晉王賜姓名，使與知嵐州事孟知祥俱爲河東魏博中門使。知祥又薦教練使雁門郭崇韜能治劇，王以爲中門副使。崇韜倜儻有智略，臨事敢決，王寵待日隆。先是，中門使吳珪、張虔厚相繼獲罪，及紹宏出幽州，知祥懼禍，稱疾辭位，王乃以知祥爲河東馬步都虞候，自是崇韜專典機密。

夏四月，賀瓌攻德勝南城，百道俱進，以竹笮聯艨艟十餘艘，蒙以牛革，設睥睨、戰格如城狀，橫於河流，以斷晉之救兵，使不得渡。晉王自引兵馳往救之，陳於北岸，不能進。遣善游者馬破龍入南城，見守將氏延賞，延賞言矢石將盡，陷在頃刻。晉王積金帛於軍門，募能破艨艟者，衆莫知爲計。親將李建及曰：「賀瓌悉衆而來，冀此一舉。若我軍不渡，則彼爲得計。今日之事，建及請以死決之。」乃選效節敢死士得三百人，被鎧操斧，帥之乘舟而進。將至艨艟，流矢雨集，建及使操斧者入艨艟間，斧其竹笮，又以木罌載薪，沃油然火，於上流縱之，隨以巨艦實甲士，鼓譟攻之。艨艟既斷，隨流而下，梁兵焚溺者殆半，晉兵乃得渡。瓌解圍走，晉兵追之，至濮州而還。瓌退屯行臺村。

秋七月，晉王歸晉陽，以巡官馮道爲掌書記。中門使郭崇韜以諸將陪食者衆，請省其數。王怒曰：「孤爲效死者設食，亦不得專，可令軍中別擇河北帥，孤自歸太原。」即召馮道令草詞以示衆。道執筆逡巡不爲，曰：「大王方平河南，定天下，崇韜所請未至太過。大王不從可矣，何必以此驚動遠近，使敵國聞之，謂大王君臣不和，非所以隆威望也。」會崇韜入謝，王乃止。

八月乙未朔，宣義節度使賀瓌卒。以開封尹王瓚爲北面行營招討使。瓚將兵五萬，自黎陽渡河掩擊澶、魏，至頓丘，遇晉兵而旋。瓚爲治嚴，令行禁止，據晉人上游十八里楊村，夾河築壘，運洛陽竹木造浮梁，自滑州饋運相繼。晉蕃漢馬步副總管、振武節度使李存進亦造浮梁於德勝，或曰：「浮梁須竹笮、鐵牛、石囷，我皆無之，何以能成？」存進不聽，以葦笮維巨艦，繫於土山巨木，踰月而成，人服其智。

冬十月，晉王如魏州，發徒數萬，廣德勝北城，日與梁人爭，大小百餘戰，互有勝負。左射軍使石敬瑭與梁人戰于河壖，梁人擊敬瑭，斷其馬甲，橫衝兵馬使劉知遠以所乘馬授之，自乘斷甲者徐行爲殿。梁人疑有伏，不敢迫，俱得免，敬瑭以是親愛之。敬瑭、知遠其先皆沙陀人。敬瑭，李嗣源之壻也。

十一月辛卯，王瓚引兵至戚城，與李嗣源戰，不利。

梁築壘貯糧於潘張，距楊村五十里。十二月，晉王自將騎兵自河南岸西上，邀其餉者，俘獲而還。梁人伏兵於要路，晉兵大敗。晉王以數騎走，梁數百騎圍之，李紹榮識其旗，單騎奮擊救之，僅免。戊戌，晉王復與王瓚戰於河南，瓚先勝，獲晉將石君立等。既而大敗，乘小舟渡河，走保北城，失亡萬計。帝聞石君立勇，欲將之，繫於獄而厚餉之，使人誘之。君立曰：「我晉之敗將，而爲用於梁，雖竭誠效死，誰則信之！人各有君，何忍反爲仇讎用哉。」帝猶惜之，盡殺所獲晉將，獨置君立。晉王乘勝遂拔濮陽。帝召王瓚還，以天平節度使戴思遠代爲北面招討使，屯河上以拒晉人。

六年夏四月，河中節度使冀王友謙以兵襲取同州，逐忠武節度使程全暉，全暉奔大梁。友謙以其子令德爲忠武留後，表求節鉞，帝怒，不許。既而懼友謙怨望，己酉，以友謙兼忠武節度使。制下，友謙已求節鉞於晉王，晉王以墨制除令德忠武節度使。

六月，帝以泰寧節度使劉鄩爲河東道招討使，帥感化節度使尹皓、靜勝節度使溫昭圖、莊宅使段凝攻同州。閏月，劉鄩等圍同州，朱友謙求救于晉。秋七月，晉王遣李存審、李嗣昭、李建及、慈州刺史李存質將兵救之。九月，李存審等至河中，即日濟河。梁人素輕河中兵，每戰必窮追不置。存審選精甲二百，雜河中兵，直壓劉鄩壘。鄩出千騎逐之。知晉人已至，大驚，自是不敢輕出。晉人軍于朝邑。

河中事梁久，將士皆持兩端。諸軍大集，芻粟踊貴，友謙諸子說友謙且歸款於梁，以退其師。友謙曰：「昔晉王親赴吾急，秉燭夜戰。今方與梁相拒，又命將星行，分我資糧，豈可負邪！」

晉人分兵攻華州，壞其外城。李存審等按兵累旬，乃進逼劉鄩營，鄩等悉衆出戰，大敗，收餘衆退保羅文寨。又旬餘，存審謂李嗣昭曰：「獸窮則搏，不如開其走路，然後擊之。」乃遣人牧馬於沙苑。鄩等宵遁，追擊至渭水，又破之，殺獲甚衆。存審等移檄告諭關右，引兵略地，至下邽，謁唐帝陵，哭之而還。河中兵進攻崇州。

龍德元年春正月，蜀主、吴主屢以書勸晉王稱帝，晉王以書示僚佐曰：「昔王太師亦嘗遺先王書，勸以唐室已亡，宜自帝一方。先王語余云：『昔天子幸石門，吾發兵誅賊臣，當是之時，威振天下，吾若挾天子據關中，自作九錫禪文，誰能禁我！顧吾家世忠孝，立功帝室，誓死不爲耳。汝他日當務以復唐社稷爲心，慎勿效此曹所爲。』言猶在耳，此議非所敢聞也。」因泣。

既而將佐及藩鎮勸進不已，乃令有司市玉造法物。黄巢之破長安也，魏州僧傳真之師得傳國寶，藏之四十年，至是，傳真以爲常玉，將鬻之。或識之，曰「傳國寶也」，傳真乃詣行臺獻之，將佐皆奉觴稱賀。

張承業在晉陽聞之，亟詣魏州諫曰：「吾王世世忠於唐室，救其患難，所以老奴三十餘年爲王捃拾財賦，召補兵馬，誓滅逆賊，復本朝宗社耳。今河北甫定，朱氏尚存，而王遽即大位，殊非從來征伐之意，天下其誰不解體乎！王何不先滅朱氏，復列聖之深讎，然後求唐後而立之，南取吴，西取蜀，汛掃宇内，合爲一家。當是之時，雖使高祖、太宗復生，誰敢居王上者？讓之愈久，則得之愈堅矣。老奴之志無他，但以受先王大恩，欲爲王立萬年之基耳。」王曰：「此非余所願，奈羣下意何。」承業知不可止，慟哭曰：「諸侯血戰，本爲唐家，今王自取之，誤老奴矣。」即歸晉陽，邑邑成疾，不復起。

二月，趙王鎔養子張文禮使親軍殺鎔，盡滅王氏之族，獨置其子昭祚之妻普寧公主以自託于梁。三月，文禮遣使告亂于晉王，且奉牋勸進，固求節鉞。晉王欲討之，僚佐以爲「吾方與梁争，不可更立敵於肘腋，且從其請以安之」。王不得已，夏四月，承制授文禮成德留後。

初，劉鄩與朱友謙爲婚。鄩之受詔討友謙也，至陜州，先遣使移書，諭以禍福。待之月餘，友謙不從，然後進兵。尹皓、段凝素忌鄩，因譖之於帝曰：「鄩逗遛養寇，俾俟援兵。」帝信之。鄩既敗歸，以疾請解兵柄，詔聽於西都就醫，密令留守張宗奭酖之，五月丁亥卒。

秋七月，晉王既許藩鎮之請，求唐舊臣，欲以備百官。朱友謙遣前禮部尚書蘇循詣行臺。循至魏州，入牙城，望府廨即拜，謂之「拜殿」。見王呼萬歲舞蹈，泣而稱臣。翌日，又獻大筆三十枝，謂之「畫日筆」。王大喜，即命循以本官爲河東節度副使，張承業深惡之。

張文禮雖受晉命，内不自安，復遣間使因盧文進求援於契丹，又遣間使來告曰：「王氏爲亂兵所屠，公主無恙。今臣已北召契丹，乞朝廷發精甲萬人相助，自德、棣渡河，則晉人遁逃不暇矣。」帝疑未決。敬翔曰：「陛下不乘此釁以復河北，則晉人不可復破矣。宜徇其請，不可失也。」趙、張輩皆曰：「今强寇近在河上，盡吾兵力以拒之，猶懼不支，何暇分萬人以救張文禮乎！且文禮坐持兩端，欲以自固，於我何利焉？」帝乃止。

晉人屢於塞上及河津獲文禮蠟丸絹書，晉王皆遣使歸之，文禮慚懼。文禮忌趙故將，多所誅滅。趙將符習將兵萬人從晉王在德勝，文禮請召歸，以他將代之，且以習子蒙爲都督府參軍，遣人齎錢帛勞行營將士以悦之。習見晉王，泣涕請留，晉王曰：「吾與趙王同盟討賊，義猶骨肉，不意一旦禍生肘腋，吾誠痛之。汝苟不忘舊君，能爲之復讎乎？吾以兵糧助汝。」習與部將三十餘人舉身投地慟哭曰：「故使授習等劍，使之攘除寇敵。自聞變故以來，冤憤無訴，欲引劍自剄，顧無益於死者。今大王念故使輔佐之勤，許之復冤，習等不敢煩霸府之兵，願以所部徑前搏取凶豎，以報王氏累世之恩，死不恨矣！」

八月庚申，晉王以習爲成德留後，又命天平節度使閻寶、相州刺史史建瑭將兵助之，自邢洺而北。文禮先病腹疽。甲子，晉兵拔趙州，刺史王鋋降，晉王復以爲刺史。文禮聞之，驚懼而卒。其子處瑾祕不發喪，與其黨韓正時謀悉力拒晉。九月，晉兵渡滹沱，圍鎮州，決漕渠以灌之，獲其深州刺史張友順。壬辰，史建瑭中流矢卒。

晉王欲自分兵攻鎮州，北面招討使戴思遠聞之，謀悉楊村之衆襲德勝北城，晉王得梁降者，知之。冬十月己未，晉王命李嗣源伏兵於戚城，李存審屯德勝，先以騎兵誘之，僞示羸怯。梁兵競進，晉王嚴中軍以待之。梁兵至，晉王以鐵騎三千奮擊，梁兵大敗，思遠走趣楊村，士卒爲晉兵所殺傷及自相蹈藉、墜河陷冰，失亡二萬餘人。晉王以李嗣源爲蕃漢内外馬步副總管、同平章事。

十一月，晉王使李存審、李嗣源守德勝，自將兵攻鎮州。張處瑾遣其弟處琪、幕僚齊儉謝罪請服，晉王不許，盡鋭攻之，旬日不克。處瑾使韓正時將千騎突圍出，趣定州，欲求救於王處直，晉兵追至行唐，斬之。

二年。晉王之北攻鎮州也，李存審謂李嗣源曰：「梁人聞我在南兵少，不攻德勝，必襲魏州。吾二人聚於此何爲？不若分軍備之。」遂分軍屯澶州。戴思遠果悉楊村之衆趣魏州，嗣源引兵先之，軍於狄公祠下，遣人告魏州，使爲之備。思遠至魏店，嗣源遣其將石萬全將騎兵挑戰。思遠知有備，乃西渡洹水，拔成安，大掠而還。又將兵五萬攻德勝北城，重塹複壘，斷其出入，晝夜急攻之，李存審悉力拒守。晉王聞德勝勢危，二月，自幽州赴之，五日至魏州。思遠聞之，燒營遁還楊村。

晉天平節度使兼侍中閻寶築壘以圍鎮州，決滹沱水環之。内外斷絶，城中食盡，丙午，遣五百餘人出求食。寶縱其出，欲伏兵取之；其人遂攻長圍，寶輕之，不爲備，俄數千人繼至。諸軍未集，鎮人遂壞長圍而出，縱火攻寶營；寶不能拒，退保趙州。鎮人悉毀晉之營壘，取其芻粟，數日不盡。晉王聞之，以昭義節度使兼中書令李嗣昭爲北面招討使，以代寶。

夏四月甲戌，張處瑾遣兵千人迎糧於九門，李嗣昭設伏於故營，邀擊之，殺獲殆盡。餘五人匿於牆墟間，嗣昭環馬而射之，鎮兵發矢中其腦，嗣昭箙中矢盡，拔矢於腦以射之，一發而殪。會日暮，還營，創流血不止，是夕卒。晉王聞之，不御酒肉者累日。嗣昭遺命，悉以澤潞兵授節度判官任圜，使督諸軍攻鎮州，號令如一，鎮人不知嗣昭之死。圜，三原人也。晉王以天雄馬步都指揮使、振武節度使李存進爲北面招討使。

閻寶慚憤，疽發於背，甲戌卒。

五月乙酉，晉李存進至鎮州，營于東垣渡，夾滹沱水爲壘。

晉衛州刺史李存儒本姓楊，名婆兒，以俳優得幸於晉王。頗有膂力，晉王賜姓名，以爲刺史，專事掊斂，防城卒皆徵月課縱歸。八月，莊宅使段凝與步軍都指揮使張朗引兵夜渡河襲之，詰旦，登城，執存儒，遂克衛州。戴思遠又與凝攻陷淇門、共城、新鄉，於是澶州之西，相州之南，皆爲梁有。晉人失軍儲三之一，梁軍復振。帝以張朗爲衛州刺史。朗，徐州人也。

九月戊寅朔，張處瑾使其弟處球乘李存進無備，將兵七千人奄至東垣渡。時晉之騎兵亦向鎮州城下，兩不相遇。鎮兵及存進營門，存進狼狽，引十餘人鬬于橋上，鎮兵退，晉騎兵斷其後，夾擊之，鎮兵殆盡，存進亦戰沒。晉王以蕃漢馬步總管李存審爲北面招討使。

鎮州食竭力盡，處瑾遣使詣行臺請降，未報，存審兵至城下。丙午夜，城中將李再豐爲内應，密投縋以納晉兵，比明畢登，執處瑾兄弟、家人及其黨高濛、李翥、齊儉送行臺，趙人皆請而食之，磔張文禮尸於市。趙王故侍者得趙王遺骸於灰燼中，晉王命祭而葬之。以趙將符習爲成德節度使，烏震爲趙州刺史，趙仁貞爲深州刺史，李再豐爲冀州刺史。震，信都人也。

符習不敢當成德，辭曰：「故使無後而未葬，習當斬衰以葬之，俟禮畢聽命。」既葬，即詣行臺。趙人請晉王兼領成德節度使，從之。晉王割相、衛二州置義寧軍，以習爲節度使。習辭曰：「魏博霸府，不可分也，願得河南一鎮，習自取之。」乃以爲天平節度使、東南面招討使。加李存審兼侍中。

後唐莊宗同光元年春三月，晉王築壇於魏州牙城之南，夏四月己巳，升壇祭告上帝，遂即皇帝位，國號大唐。大赦，改元。以魏州爲興唐府，建東京。又於太原府建西京，又以鎮州爲真定府，建北都。時唐國所有凡十三節度、五十州。

時契丹屢入寇，抄掠饋運，幽州食不支半年，衛州爲梁所取，潞州内叛，人情岌岌，以爲梁未可取，帝患之。會鄆州將盧順密來奔。先是，梁天平節度使戴思遠屯楊村，留順密與巡檢使劉遂嚴、都指揮使燕顒守鄆州。順密言於帝曰：「鄆州守兵不滿千人，遂嚴、顒皆失衆心，可襲取也。」郭崇韜等皆以爲懸軍遠襲，萬一不利，虚棄數千人，順密不可從。帝密召李嗣源於帳中謀之，曰：「梁人志在吞澤潞，不備東方，若得東平，則潰其心腹。東平果可取乎？」嗣源自胡柳有渡河之慚，常欲立奇功以補過，對曰：「今用兵歲久，生民疲弊，苟非出奇取勝，大功何由可成！臣願獨當此役，必有以報。」帝悦。壬寅，遣嗣源將所部精兵五千自德勝趣鄆州。比及楊劉，日已暮，陰雨道黑，將士皆不欲進。高行周曰：「此天贊我也，彼必無備。」夜，渡河至城下，鄆人不知。李從珂先登，殺守卒，啓關納外兵，進攻牙城，城中大擾。癸卯旦，嗣源兵盡入，遂拔牙城，劉遂嚴、燕顒奔大梁。嗣源禁焚掠，撫吏民，執知州事節度副使崔簹、判官趙鳳送興唐。帝大喜，曰：「總管真奇才，吾事集矣。」即以嗣源爲天平節度使。

梁主聞鄆州失守，大懼，斬劉遂嚴、燕顒於市，罷戴思遠招討使，降授宣化留後，遣使詰讓北面諸將段凝、王彦章等，趣令進戰。敬翔知梁室已危，以繩内靴中，入見梁主曰：

「先帝取天下，不以臣爲不肖，所謀無不用。今敵勢益强，而陛下棄忽臣言，臣身無用，不如死。」引繩將自經。梁主止之，問所欲言。翔曰：「事急矣，非用王彦章爲大將，不可救也。」梁主從之，以彦章代思遠爲北面招討使，仍以段凝爲副。帝聞之，自將親軍屯澶州，命蕃漢馬步都虞候朱守殷守德勝，戒之曰：「王鐵槍勇決，乘憤激之氣，必來唐突，宜謹備之。」

梁主召問王彦章以破敵之期，彦章對曰：「三日。」左右皆失笑。彦章出，兩日，馳至滑州。辛酉，置酒大會，陰遣人具舟於楊村。夜，命甲士六百皆持巨斧，載冶者，具鞴炭，乘流而下。會飲尚未散，彦章陽起更衣，引精兵數千循河南岸趨德勝。天微雨，朱守殷不爲備，舟中兵舉鎖燒斷之，因以巨斧斬浮橋，而彦章引兵急擊南城。浮橋斷，南城遂破，斬首數千級，時受命適三日矣。守殷以小舟載甲士濟河救之，不及。彦章進攻潘張、麻家口、景店諸寨，皆拔之，聲勢大振。

帝遣宦者焦彦賓急趣楊劉，與鎮使李周固守，命守殷棄德勝北城，撤屋材爲栰，載兵械浮河東下，助楊劉守備，徙其芻糧、薪炭於澶州，所耗失殆半。王彦章亦撤南城屋材浮河而下，各行一岸，每遇灣曲，輒於中流交鬭，飛矢雨集，或全舟覆没，一日百戰，互有勝負。比及楊劉，殆亡士卒之半。己巳，王彦章、段凝以十萬之衆攻楊劉，百道俱進，晝夜不息，連巨艦九艘橫亘河津，以絶援兵。城垂陷者數四，賴李周悉力拒之，與士卒同甘苦，彥章不能克，退屯城南，爲連營以守之。

楊劉告急於帝，請日行百里以赴之。帝引兵救之，曰：「李周在内，何憂？」日行六十里，不廢畋獵。六月乙亥，至楊劉。梁兵塹壘重複，嚴不可入，帝患之，問計於郭崇韜。對曰：「今彥章據守津要，意謂可以坐取東平。苟大軍不南，則東平不守矣。臣請築壘於博州東岸以固河津，既得以應接東平，又可以分賊兵勢。但慮彥章詗知，徑來薄我，城不能就。願陛下募敢死之士，日令挑戰以綴之，苟彥章旬日不東，則城成矣。」時李嗣源守鄆州，河北聲問不通，人心漸離，不保朝夕。會梁右先鋒指揮使康延孝密請降於嗣源。延孝者，太原胡人，有罪，亡奔梁，時隸段凝麾下。嗣源遣押牙臨漳范延光送延孝蠟書詣帝，延光因言於帝曰：「楊劉控扼已固，梁人必不能取，請築壘馬家口以通鄆州之路。」帝從之，遣崇韜將萬人夜發，倍道趣博州，至馬家口渡河，築城晝夜不息。帝在楊劉，與梁人晝夜苦戰。崇韜築新城，凡六日，王彥章聞之，將兵數萬人馳至，戊子，急攻新城，連巨艦十餘艘於中流以絶援路。時板築僅畢，城猶卑下，沙土疏惡，未有樓櫓及守備。崇韜慰諭士卒，以身先之，四面拒戰，遣間使告急於帝。帝自楊劉引大軍救之，陳於新城西岸，城中望之增氣，大呼叱梁軍，梁人斷紲斂艦。帝艤舟將渡，彥章解圍，退保鄒家口，鄆州奏報始通。李嗣源密表請正朱守殷覆軍之罪，帝不從。

秋七月丁未，帝引兵循河而南，彥章等棄鄒家口，復趣楊劉。甲寅，遊弈將李紹興敗梁遊兵於清丘驛南。段凝以爲唐兵已自上流渡，驚駭失色，面數彥章，尤其深入。戊午，帝遣騎將李紹榮直抵梁營，擒其斥候，梁人益恐，又以火栰焚其連艦。王彥章等聞帝引兵已至鄒家口，己未，解楊劉圍，走保楊村。唐兵追擊之，復屯德勝。梁兵前後急攻諸城，士卒遭矢石、溺水、暍死者且萬人，委棄資糧、鎧仗、鍋幕，動以千計。楊劉比至圍解，城中無食已三日矣。

王彥章疾趙、張亂政，及爲招討使，謂所親曰：「待我成功還，當盡誅姦臣以謝天下。」趙、張聞之，私相謂曰：「我輩寧死於沙陀，不可爲彥章所殺。」相與協力傾之。段凝素疾彥章之能而諂附趙、張，在軍中與彥章動相違戾，百方沮撓之，惟恐其有功，潛伺彥章過失以聞於梁主。每捷奏至，趙、張悉歸功於凝，由是彥章功竟無成。及歸楊村，梁主信讒，猶恐彥章旦夕成功難制，徵還大梁，使將兵會董璋攻澤州。

甲子，帝至楊劉勞李周曰：「微卿善守，吾事敗矣。」八月甲戌，帝自楊劉還興唐。

梁主命於滑州決河，東注曹、濮及鄆以限唐兵。

初，梁主遣段凝監大軍於河上，敬翔、李振屢請罷之。梁主曰：「凝未有過。」振曰：

「俟其有過，則社稷危矣。」至是，凝厚賂趙、張求爲招討使，翔、振力爭以爲不可。趙、張主之，竟代王彥章爲北面招討使，於是宿將憤怒，士卒亦不服。天下兵馬副元帥張元奭言於梁主曰：「臣爲副元帥，雖衰朽，猶足爲陛下扞禦北方。段凝晚進，功名未能服人，衆議詾詾，恐貽國家深憂。」敬翔曰：「將帥繫國安危，今國勢已爾，陛下豈可尚不留意邪！」梁主皆不聽。戊子，凝將全軍五萬營于王村，自高陵津濟河，剽掠澶州諸縣，至于頓丘。梁主又命王彥章將保鑾騎士及他兵合萬人，屯兗、鄆之境，謀復鄆州，以張漢傑監其軍。

庚寅，帝引兵屯朝城。戊戌，康延孝帥百餘騎來奔，帝解所御錦袍、玉帶賜之，以爲南面招討都指揮使，領博州刺史。帝屏人問延孝以梁事，對曰：「梁朝地不爲狹，兵不爲少，然迹其行事，終必敗亡。何則？主既暗懦，趙、張兄弟擅權，内結宮掖，外納貨賂，官之高下，惟視賂之多少，不擇才德，不校勳勞。段凝智勇俱無，一旦居王彥章、霍彥威之右，自將兵以來，專率斂行伍以奉權貴。梁主每出一軍，不能專任將帥，常以近臣監之，進止可否，動爲所制。近又聞欲數道出兵，令董璋引陝虢、澤潞之兵自石會關趣太原，霍彥威以汝、洛之兵自相衛、邢洺寇鎮、定，王彥章、張漢傑以禁軍攻鄆州，段凝、杜晏球以大軍當陛下，決以十月大舉。臣竊觀梁兵聚則不少，分則不多，願陛下養勇蓄力以待其分兵，帥精騎五千自鄆州直抵大梁，擒其僞主，旬月之間，天下定矣。」帝大悅。

九月，帝在朝城，梁段凝進至臨河之南，澶西、相南，日有寇掠。自德勝失利以來，喪芻糧數百萬，租庸副使孔謙暴斂以供軍，民多流亡，租稅益少，倉廩之積，不支半歲。澤潞未下，盧文進、王郁引契丹屢過瀛、涿之南，傳聞俟草枯冰合，深入爲寇，又聞梁人欲大舉數道入寇，帝深以爲憂，召諸將會議。宣徽使李紹宏等皆以爲：「鄆州城門之外皆爲寇境，孤遠難守，有之不如無之，請以易衛州及黎陽於梁，與之約和，以河爲境，休兵息民，俟財力稍集，更圖後舉。」帝不悅，曰：「如此吾無葬地矣。」乃罷諸將，獨召郭崇韜問之。對曰：「陛下不櫛沐，不解甲，十五餘年，其志欲以雪家國之讎恥也。今已正尊號，河北士庶日望升平，始得鄆州尺寸之地，不能守而棄之，安能盡有中原乎？臣恐將士解體，將來食盡衆散，雖畫河爲境，誰爲陛下守之？臣嘗細詢康延孝以河南之事，度己料彼，日夜思之，成敗之機，決在今歲。梁今悉以精兵授段凝，據我南鄙，又決河自固，謂我猝不能渡，恃此不復爲備。使王彥章侵逼鄆州，其意冀有姦人動搖，變生於內耳。段凝本非將材，不能臨機決策，無足可畏。降者皆言大梁無兵，陛下若留兵守魏，固保楊劉，自以精兵與鄆州合勢，長驅入汴，彼城中既空虛，必望風自潰。苟僞主授首，則諸將自降矣。不然，今秋穀不登，軍糧將盡，若非陛下決志，大功何由可成！諺曰：『當道築室，三年不成。』帝王應運，必有天命，在陛下勿疑耳。」帝曰：「此正合朕志。丈夫得則爲王，失則爲虜，吾行決矣。」司天奏：「今歲天道不利，深入必無功。」帝不聽。

王彥章引兵踰汶水，將攻鄆州，李嗣源遣李從珂將騎兵逆戰，敗其前鋒於遞坊鎮，獲將士三百人，斬首二百級，彥章退保中都。戊辰，捷奏至朝城，帝大喜，謂郭崇韜曰：「鄆州告捷，足壯吾氣。」己巳，命將士悉遣其家〔屬〕歸興唐。

冬十月，帝遣魏國夫人劉氏、皇子繼岌歸興唐，與之訣曰：「事之成敗，在此一決；若其不濟，當聚吾家於魏宮而焚之。」仍命豆盧革、李紹宏、張憲、王正言同守東京。壬申，帝以大軍自楊劉濟河，癸酉，至鄆州。中夜，進軍踰汶，以李嗣源爲前鋒，甲戌旦，遇梁兵，一戰敗之，追至中都，圍其城。城無守備，少頃，梁兵潰圍出，追擊，破之。王彥章以數十騎走，龍武大將軍李紹奇單騎追之，識其聲，曰：「王鐵槍也。」拔稍刺之，彥章重傷，馬躓，遂擒之，并擒都監張漢傑、曹州刺史李知節、裨將趙廷隱、劉嗣彬等二百餘人，斬首數千級。廷隱，開封人；嗣彬，知俊之族子也。

彥章嘗謂人曰：「李亞子鬬雞小兒，何足畏！」至是，帝謂彥章曰：「爾常謂我小兒，今日服未？」又問：「爾名善將，何不守兖州？中都無壁壘，何以自固？」彥章對曰：「天命已去，無足言者。」帝惜彥章之材，欲用之，賜藥傅其創，屢遣人誘諭之。彥章曰：「余本匹夫，蒙梁恩，位至上將，與皇帝交戰十五年。今兵敗力窮，死自其分，縱皇帝憐而生我，我何面目見天下之人乎！豈有朝爲梁將，暮爲唐臣，此我所不爲也。」帝復遣李嗣源自往諭之，彦章卧謂嗣源曰：「汝非邈佶烈乎？」彦章素輕嗣源，故以小名呼之。於是諸將稱賀，帝舉酒屬李嗣源曰：「今日之功，公與崇韜之力也。曏從紹宏輩語，大事去矣。」帝又謂諸將曰：「曏所患惟王彦章，今已就擒，是天意滅梁也。段凝猶在河上，進退之計，宜何向而可？」諸將以爲：「傳者雖云大梁無備，未知虚實。今東方諸鎮兵皆在段凝麾下，所餘空城耳，以陛下天威臨之，無不下者。若先廣地，東傅于海，然後觀釁而動，可以萬全。」康延孝固請亟取大梁。李嗣源曰：「兵貴神速。今彦章就擒，段凝必未之知。就使有人走告之，疑信之間，尚須三日。設若知吾所向，即發救兵，直路則阻決河，須自白馬南渡，數萬之衆，舟檝亦難猝辦。此去大梁至近，前無山險，方陳横行，晝夜兼程，信宿可至。段凝未離河上，友貞已爲吾擒矣。延孝之言是也，請陛下以大軍徐進，臣願以千騎前驅。」帝從之。令下，諸軍皆踊躍願行。是夕，嗣源帥前軍倍道趣大梁。

乙亥，帝發中都，舁王彦章自隨，遣中使問彦章曰：「吾此行克乎？」對曰：「段凝有精兵六萬，雖主將非材，亦未肯遽爾倒戈，殆難克也。」帝知其終不爲用，遂斬之。丁丑，至曹州，梁守將降。

王彦章敗卒有先至大梁，告梁主以彦章就擒，唐軍長驅且至者。梁主聚族哭曰：

「運祚盡矣。」召羣臣問策，皆莫能對。梁主謂敬翔曰：「朕居常忽卿所言，以至於此。今事急矣，卿勿以爲懟，將若之何？」翔泣曰：「臣受先帝厚恩，殆將三紀，名爲宰相，其實朱氏老奴，事陛下如郎君。臣前後獻言，莫匪盡忠。陛下初用段凝，臣極言不可，小人朋比，致有今日。今唐兵且至，段凝限於水北，不能赴救。臣欲請陛下出居避狄，陛下必不聽從；欲請陛下出奇合戰，陛下必不果決；雖使良、平更生，誰能爲陛下計者？臣願先賜死，不忍見宗廟之亡也。」因與梁主相向慟哭。

梁主遣張漢倫馳騎追段凝軍。漢倫至滑州，墜馬傷足，復限水，不能進。時城中尚有控鶴軍數千，朱珪請帥之出戰。梁主不從，命開封尹王瓚驅市人乘城爲備。

初，梁陝州節度使邵王友誨，全昱之子也，性穎悟，人心多向之。或言其誘致禁軍欲爲亂，梁主召還，與其兄友諒、友能並幽于別第。及唐師將至，梁主疑諸兄弟乘危謀亂，并皇弟賀王友雍、建王友徽盡殺之。

梁主登建國樓，面擇親信厚賜之，使衣野服，齎蠟詔，促段凝軍，既辭，皆亡匿。或請幸洛陽，收集諸軍以拒唐，唐雖得都城，勢不能久留。或請幸段凝軍，控鶴都指揮使皇甫麟曰：「凝本非將材，官由幸進，今危窘之際，望其臨機制勝，轉敗爲功，難矣。且凝聞彥章軍敗，其膽已破，安知能終爲陛下盡節乎！」趙巖曰：「事勢如此，一下此樓，誰心可保？」梁主乃止。復召宰相謀之，鄭珏請自懷傳國寶詐降以紓國難，梁主曰：「今日固不敢愛寶，但如卿此策，竟可了否？」珏俛首久之，曰：「但恐未了。」左右皆縮頸而笑。梁主日夜涕泣，不知所爲。置傳國寶於卧内，忽失之，已爲左右竊之迎唐軍矣。

戊寅，或告唐軍已過曹州，塵埃漲天。趙巖謂從者曰：「吾待温許州厚，必不負我。」遂奔許州。

梁主謂皇甫麟曰：「李氏吾世讎，理難降首，不可俟彼刀鋸。吾不能自裁，卿可斷吾首。」麟泣曰：「臣爲陛下揮劍死唐軍則可矣，不敢奉此詔。」梁主曰：「卿欲賣我邪！」麟欲自剄，梁主持之曰：「與卿俱死。」麟遂弒梁主，因自殺。梁主爲人温恭儉約，無荒淫之失。但寵信趙、張，使擅威福，疏棄敬、李舊臣，不用其言，以至於亡。

己卯旦，李嗣源軍至大梁，攻封丘門，王瓚開門出降。嗣源入城，撫安軍民。是日，帝入自梁門，百官迎謁於馬首，拜伏請罪。帝慰勞之，使各復其位。李嗣源迎賀，帝喜不自勝，手引嗣源衣，以頭觸之，曰：「吾有天下，卿父子之功也，天下與爾共之。」帝命訪求梁主，頃之，或以其首獻。

李振謂敬翔曰：「有詔洗滌吾輩，相與朝新君乎？」翔曰：「吾二人爲梁宰相，君昏不能諫，國亡不能救，新君若問，將何辭以對？」是夕未曙，或報翔曰：「崇政李太保已入朝矣。」翔歎曰：「李振謬爲丈夫！朱氏與新君世爲仇讎，今國亡君死，縱新君不誅，何面目入建國門乎！」乃縊而死。庚辰，梁百官復待罪於朝堂，帝宣敕赦之。

趙巖至許州，温昭圖迎謁歸第，斬首來獻，盡没巖所齎之貨。昭圖復名韜。辛巳，詔王瓚收朱友貞尸，殯於佛寺，漆其首，函之，藏於太社。

段凝自滑州濟河入援，以諸軍排陳使杜晏球爲前鋒。至封丘，遇李從珂，晏球先降。壬午，凝將其衆五萬至封丘，亦解甲請降。凝帥諸大將先詣闕待罪，帝勞賜之，慰諭士卒，使各復其所。凝出入公卿間，揚揚自得無愧色，梁之舊臣見者皆欲齕其面，抉其心。丙戌，詔貶梁中書侍郎、同平章事鄭珏爲萊州司户，蕭頃爲登州司户，翰林學士劉岳爲均州司馬，任贊爲房州司馬，姚顗爲復州司馬，封翹爲唐州司馬，李懌爲懷州司馬，竇夢徵爲沂州司馬，崇政學士劉光素爲密州司户，陸崇爲安州司户，御史中丞王權爲隨州司户，以其世受唐恩而仕梁貴顯故也。岳，宗龜之從子；顗，萬年人；翹，敖之孫。懌，京兆人；權，龜之孫也。

段凝、杜晏球上言：「僞梁要人趙巖、趙鵠、張希逸、張漢倫、張漢傑、張漢融、朱珪等竊弄威福，殘蠹羣生，不可不誅。」詔：「敬翔、李振首佐朱温，共傾唐祚；契丹撒剌阿撥叛兄棄母，負恩背國，宜與巖等並族誅於市；自餘文武將吏一切不問。」又詔追廢朱温、朱友貞爲庶人，毁其宗廟神主。

帝之與梁戰於河上也，梁拱宸左厢都指揮使陸思鐸善射，常於笴上自鏤姓名，射帝，中馬鞍，帝拔箭藏之。至是，思鐸從衆俱降，帝出箭示之，思鐸伏地待罪，帝慰而釋之，尋授龍武右厢都指揮使。

以豆盧革尚在魏，命樞密使郭崇韜權行中書事。

梁諸藩鎮稍稍入朝，或上表待罪，帝皆慰釋之。宋州節度使袁象先首來入朝，陝州留後霍彦威次之。象先輦珍貨數十萬，徧賂劉夫人及權貴、伶官、宦者，旬日，中外争譽之，恩寵隆異。己丑，詔僞庭節度、觀察、防禦、團練使、刺史及諸將校，並不議改更，將校官吏先奔僞庭者，一切不問。

庚寅，豆盧革至自魏。甲午，加崇韜守侍中，領成德節度使。崇韜權兼内外，謀猷規益，竭忠無隱，頗亦薦引人物，豆盧革受成而已，無所裁正。丙申，賜滑州留後段凝姓名曰李紹欽，耀州刺史杜晏球曰李紹虔。乙酉，梁西都留守河南尹張宗奭來朝，復名全義，獻幣馬千計。帝命皇子繼岌、皇弟存紀等兄事之。帝欲發梁太祖墓斲棺焚其尸，全義上言：「朱温雖國之深讎，然其人已死，刑無可加，屠滅其家，足以爲報，乞免焚斲，以存聖恩。」帝從之，但鏟其闕室，削封樹而已。

戊戌，加天平節度使李嗣源兼中書令。以北京留守繼岌爲東京留守、同平章事。帝遣使宣諭諭諸道，梁所除節度使五十餘人皆上表入貢。郭崇韜上言：「河南節度使、刺史上表者但稱姓名，未新除官，恐負憂疑。」十一月，始降制以新官命之。

癸卯，河中節度使朱友謙入朝。張全義請帝還都洛陽，從之。乙巳，賜朱友謙姓名曰李繼麟，命繼岌兄事之。以康延孝爲鄭州防禦使，賜姓名曰李紹琛。廢北都，復爲成德軍。賜宣武節度使袁象先姓名曰李紹安。匡國節度使温韜入朝，賜姓名曰李紹冲。紹冲多齎金帛賂劉夫人及權貴、伶宦，旬日，復遣還鎮。郭崇韜曰：「國家爲唐雪恥，温韜發唐山陵殆徧，其罪與朱温相埒耳，何得復居方鎮，天下義士其謂我何！」上曰：「入汴之初，已赦其罪。」竟遣之。

初，梁均王將祀南郊於洛陽，聞楊劉陷而止，其儀物具在。張全義請上亟幸洛陽，謁廟畢即祀南郊，從之。丙辰，復以梁東京爲宣（府）〔武〕軍。詔文武官先詣洛陽。甲子，帝發大梁，十二月庚午，至洛陽。

二年春二月己巳朔，上祀南郊，大赦。

莊宗滅蜀

後梁均王乾化三年。蜀太子元膺豭喙齞齒，目視不正，而警敏知書，善騎射，性猾急猜忍。蜀主命杜光庭選純静有德者使侍東宫，光庭薦儒者許寂、徐簡夫。太子未嘗與之交言，日與樂工羣小嬉戲無度，僚屬莫敢諫。秋七月，蜀主將以七夕出遊。丙午，太子召諸王大臣宴飲，集王宗翰、内樞密使潘峭、翰林學士承旨高陽毛文錫不至，太子怒曰：「集王不來，必峭與文錫離間也。」大昌軍使徐瑶、常謙素爲太子所親信，酒行，屢目少保唐道襲，道襲懼而起。丁未旦，太子入白蜀主曰：「潘峭、毛文錫離間兄弟。」蜀主怒，命貶逐峭、文錫，以前武泰節度使兼侍中潘炕爲内樞密使。太子出，道襲入，蜀主以其事告之。道襲曰：「太子謀作亂，欲召諸將、諸王以兵錮之，然後舉事耳。」蜀主疑焉，遂不出。道襲請召屯營兵入宿衛，許之，内外戒嚴。

太子初不爲備，聞道襲召兵，乃以天武甲士自衛，捕潘峭、毛文錫至，檛之幾死，囚諸東宫。又捕成都尹潘嶠，囚諸得賢門。戊申，徐瑶、常謙與懷勝軍使嚴璘等各帥所部兵奉太子攻道襲。至清風樓，道襲引屯營兵出拒戰，道襲中流矢，逐至城西，斬之。殺屯營兵甚衆，中外驚擾。

潘炕言於蜀主曰：「太子與唐道襲爭權耳，無他志也。陛下宜面諭大臣以安社稷。」蜀主乃召兼中書令王宗侃、王宗賀、前利州團練使王宗魯等，使發兵討爲亂者徐瑤、常謙等。宗侃等陳於西毬場門，兼侍中王宗黯自大安門梯城而入，與瑤、謙戰於會同殿前，殺數十人，餘衆皆潰。瑤死，謙與太子奔龍躍池，匿於艦中。及暮，稍定。己酉旦，太子出就舟人匄食，舟人以告，蜀主遣集王宗翰往慰撫之。比至，太子已爲衛士所殺。蜀主疑宗翰殺之，大慟不已。左右恐事變，會張格呈慰諭軍民牓，讀至「不行斧鉞之誅，將誤社稷之計」，蜀主收涕曰：「朕何敢以私害公！」於是下詔廢太子元膺爲庶人。宗翰奏誅手刃太子者，元膺左右坐誅死者數十人，貶竄者甚衆。庚戌，贈唐道襲太師，謚忠壯，復以潘峭爲樞密使。

冬十月，蜀潘炕屢請立太子，蜀主以雅王宗輅類己，信王宗傑才敏，欲擇一人立之。鄭王宗衍最幼，其母徐賢妃有寵，欲立其子，使飛龍使唐文扆諷張格上表請立宗衍。格夜以表示功臣王宗侃等，詐云受密旨，衆皆署名。蜀主令相者視諸子，亦希旨言「鄭王相最貴」。蜀主以爲衆人實欲立宗衍，不得已許之，曰：「宗衍幼懦，能堪其任乎？」甲午，立宗衍爲太子。

四年春正月丙子，蜀主命太子判六軍，開崇勳府，置僚屬，（至境上而別）〔後更謂之天策府」。

秋八月戊子，以内樞密使潘峭爲武泰軍節度使、同平章事，翰林學士承旨毛文錫爲禮部尚書、判樞密院。

貞明三年秋七月，蜀飛龍使唐文扆居中用事，張格附之，與司徒、判樞密院事毛文錫争權。文錫將以女適左僕射兼中書侍郎、同平章事庾傳素之子，會親族於樞密院，用樂，不先表聞，蜀主聞樂聲，怪之，文扆從而譖之。八月庚寅，貶文錫茂州司馬，其子司封員外郎詢流維州，籍没其家；貶文錫弟翰林學士文晏爲榮經尉，傳素罷爲工部尚書。以翰林學士承旨庾凝績權判内樞密院事。凝績，傳素之再從弟也。

四年。蜀太子衍好酒色，樂遊戲。蜀主嘗自夾城過，聞太子與諸王鬬雞擊毬喧呼之聲，歎曰：「吾百戰以立基業，此輩其能守之乎！」由是惡張格，而徐賢妃爲之内主，竟不能去也。信王宗傑有才略，屢陳時政，蜀主賢之，有廢立意。二月癸亥，宗傑暴卒，蜀主深疑之。

蜀主自永平末得疾，昏瞀，至是增劇。以北面行營招討使兼中書令王宗弼沈静有謀，五月，召還，以爲馬步都指揮使。乙亥，召大臣入寢殿，告之曰：「太子仁弱，朕不能違諸公之請，踰次而立之。若其不堪大業，可置諸别宫，幸勿殺之。但王氏子弟，諸公擇而輔之。徐妃兄弟，止可優其禄位，慎勿使之掌兵預政，以全其宗族。」

內飛龍使唐文扆久典禁兵，參預機密，欲去諸大臣，遣人守宫門。王宗弼輩三十餘人，日至朝堂，不得入見，文扆屢以蜀主之命慰撫之，伺蜀主殂，即作難。遣其黨内皇城使潘在迎偵察外事，在迎以其謀告宗弼等。宗弼等排闥入，言文扆之罪，以天册府掌書記崔延昌權判六軍事，召太子入侍疾。丙子，貶唐文扆爲眉州刺史。翰林學士承旨王保晦坐附會文扆，削官爵，流瀘州。在迎，炕之子也。

丙申，蜀主詔中外財賦、中書除授、諸司刑獄案牘專委庾凝績，都城及行營軍旅之事委宣徽南院使宋光嗣。丁酉，削唐文扆官爵，流雅州。辛丑，以宋光嗣爲内樞密使，與兼中書令王宗弼、宗瑶、宗綰、宗夔並受遺詔輔政。初，蜀主雖因唐制置樞密使，專用士人，及唐文扆得罪，蜀主以諸將多許州故人，恐其不爲幼主用，故以光嗣代之。自是宦者始用事。

六月壬寅朔，蜀主殂，癸卯，太子即皇帝位。尊徐賢妃爲太后，徐淑妃爲太妃。以宋光嗣判六軍諸衛事。乙卯，殺唐文扆、王保晦。命西面招討副使王宗昱殺天雄節度使唐文裔於秦州，免左保勝軍使、領右街使唐道崇官。

蜀唐文扆既死，太傅、門下侍郎、同平章事張格内不自安。或勸格稱疾俟命，禮部尚書楊玢自恐失勢，謂格曰：「公有援立大功，不足憂也。」庚午，貶格爲茂州刺史，玢爲榮經尉。吏部侍郎許寂、户部侍郎潘嶠皆坐格黨貶官。格尋再貶維州司户。

秋七月壬申朔，蜀主以兼中書令王宗弼爲鉅鹿王，宗瑶爲臨淄王，宗綰爲臨洮王，宗播爲臨潁王，宗裔、宗夔及兼侍中宗黯皆爲琅邪郡王。甲戌，以王宗侃爲樂安王。丙子，以兵部尚書庾傳素爲太子少保兼中書侍郎、同平章事。蜀主不親政事，内外遷除皆出於王宗弼。宗弼納賄多私，上下咨怨。宋光嗣通敏善希合，蜀主寵任之，蜀由是遂衰。

蜀諸王皆領軍使，彭王宗鼎謂其昆弟曰：「親王典兵，禍亂之本。今主少臣强，讒間將興，繕甲訓士，非吾輩所宜爲也。」因固辭軍使，蜀主許之，但營書舍，植松竹自娱而已。

乙丑，蜀主以内給事王廷紹、歐陽晃、李周輅、（朱）〔宋〕光葆、宋承藴、田魯儔等爲將軍及軍使，皆干預政事，驕縱貪暴，大爲蜀患。周庠切諫，不聽。晃患所居之隘，夜因風縱火，焚西鄰軍營數百間，明旦，召匠廣其居。蜀主亦不之問。光葆，光嗣之從弟也。

五年。蜀主奢縱無度，日與太后、太妃遊宴於貴臣之家，及遊近郡名山，飲酒賦詩，所費不可勝紀。仗内教坊使嚴旭强取士民女子内宫中，或得厚賂而免之，以是累遷至蓬州刺史。太后、太妃各出教令賣刺史、令、録等官，每一官闕，數人争納賂，賂多者得之。

六年秋七月乙卯，蜀主下詔北巡，以禮部尚書兼成都尹長安韓昭爲文思殿大學士，位在翰林承旨上。昭無文學，以便佞得幸，出入宮禁，就蜀主乞通、渠、巴、集數州刺史賣之以營居第，蜀主許之。識者知蜀之將亡。

八月戊辰，蜀主發成都，被金甲，冠珠帽，執弓矢而行，旌旗兵甲，亘百餘里。雒令段融上言：「不宜遠離都邑，當委大臣征討。」不從。九月，次安遠城。冬十月辛酉，蜀主如武定軍，數日，復還安遠。十一月庚戌，蜀主發安遠城。十二月庚申，至利州。閬州團練使林思諤來朝，請幸所治，從之。癸亥，泛江而下，龍舟畫舸，輝映江渚，州縣供辦，民始愁怨。壬申，至閬州，州民何康女色美，將嫁，蜀主取之，賜其夫家帛百匹，夫一慟而卒。癸未，至梓州。

龍德元年春正月甲午，蜀主還成都。

初，蜀主之爲太子，高祖爲聘兵部尚書高知言女爲妃，無寵，及韋妃入宮，尤見疏薄，至是遣還家。知言驚仆，不食而卒。韋妃者，徐耕之孫也，有殊色，蜀主適徐氏，見而悦之，太后因納於後宮。蜀主不欲娶於母族，託云韋昭度之孫。初爲婕妤，累加元妃。

蜀主常列錦步障，擊毬其中，往往遠適而外人不知。爇諸香，晝夜不絶，久而厭之，更爇皁莢以亂其氣。結繒爲山及宮殿樓觀於其上，或爲風雨所敗，則更以新者易之。或樂飲繒山，涉旬不下。山前穿渠通禁中，或乘船夜歸，令宮女秉蠟炬千餘居前船，卻立照之，水面如畫。或酣飲禁中，鼓吹沸騰，以至達旦。以是爲常。

二年春二月。蜀主好爲微行，酒肆、倡家，靡所不到。惡人識之，乃下令士民皆著大裁帽。夏四月，蜀軍使王承綱女將嫁，蜀主取之入宮。承綱請之，蜀主怒，流於茂州。女聞父得罪，自殺。

後唐莊宗同光元年秋八月，蜀主以文思殿大學士韓昭、内皇城使潘在迎、武勇軍使顧在珣爲狎客，陪侍遊宴，與宮女雜坐，或爲豔歌相唱和，或談嘲謔浪，鄙俚褻慢，無所不至，蜀主樂之。在珣，彦朗之子也。時樞密使宋光嗣等專斷國事，恣爲威虐，務徇蜀主之欲以盜其權。宰相王鍇、庾傳素等各保寵禄，無敢規正。潘在迎每勸蜀主誅諫者，無使謗國。嘉州司馬劉贊獻陳後主三閣圖并作歌以諷。賢良方正蒲禹卿對策語極切直。蜀主雖不罪，亦不能用也。九月庚戌，蜀主以重陽宴近臣於宣華苑，酒酣，嘉王宗壽乘間極言社稷將危，流涕不已。韓昭、潘在迎曰：「嘉王好酒悲。」因諧笑而罷。

冬十月，彗星見輿鬼，長丈餘。蜀司天監言國有大災。蜀主詔於玉局化設道場。右補闕張雲上疏，以爲：「百姓怨氣上徹於天，故彗星見。此乃亡國之徵，非祈禳可弭。」蜀主怒，流雲黎州，卒於道。

二年春三月己亥朔，蜀主宴近臣於怡神亭，酒酣，君臣及宮人皆脱冠露髻，諠譁自恣。

知制誥京兆李龜禎諫曰：「君臣沈湎，不憂國政，臣恐啓北敵之謀。」不聽。夏四月，帝遣客省使李嚴使于蜀，嚴盛稱帝威德，有混一天下之志。且言朱氏篡竊，諸侯曾無勤王之舉。王宗儔以其語侵蜀，請斬之，蜀主不從。宣徽北院使宋光葆上言：「晉王有憑陵我國家之志，宜選將練兵，屯戍邊鄙，積糗糧，治戰艦以待之。」蜀主乃以光葆爲梓州觀察使，充武德節度留後。

五月戊申，蜀主遣李嚴還。初，帝因嚴入蜀，令以馬市宮中珍玩，而蜀法禁錦綺珍奇不得入中國，其粗惡者乃聽入中國，謂之「入草物」。嚴還以聞，帝怒曰：「王衍寧免爲入草之人乎！」嚴因言於帝曰：「衍童騃荒縱，不親政務，斥遠故老，昵比小人。其用事之臣王宗弼、宋光嗣等諂諛專恣，黷貨無厭，賢愚易位，刑賞紊亂，君臣上下專以奢淫相尚。以臣觀之，大兵一臨，瓦解土崩，可翹足而待也。」帝深以爲然。

秋八月戊辰，蜀主以右定遠軍使王宗鍔爲招討馬步使，帥二十一軍屯洋州；乙亥，以長直馬軍使林思諤爲昭武節度使，戍利州，以備唐。

帝復遣使者李彥稠入蜀，九月己亥，至成都。

蜀前山南節度使兼中書令王宗儔，以蜀主失德，與王宗弼謀廢立，宗弼猶豫未決。庚戌，宗儔憂憤而卒。宗弼謂樞密使宋光嗣、景潤澄等曰：「宗儔教我殺爾曹，今日無患矣。」光嗣輩俯伏泣謝。宗弼子承班聞之，謂人曰：「吾家難乎免矣。」

乙卯，蜀主以前鎮江節度使張武爲峽路應援招討使。

蜀宣徽北院使王承休請擇軍驍勇者萬二千人，置駕下左右龍武步騎四十軍，兵械給賜皆優異於他軍，以承休爲龍武軍馬步都指揮使，以裨將安重霸副之，舊將無不憤恥。重霸，雲州人，以狡佞賄賂事承休，故承休悅之。

冬十一月，蜀主遣其翰林學士歐陽彬來聘。彬，衡山人也。又遣李彥稠東還。

蜀以唐修好，罷威武城戍，召關宏業等二十四軍還成都。戊申，又罷武定、武興招討劉潛等三十七軍。辛酉，蜀主罷天雄軍招討，命王承騫等二十九軍還成都。蜀主罷金州屯戍，命王承勳等七軍還成都。

初，唐僖、昭之世，宦官雖盛，未嘗有建節者。蜀安重霸勸王承休求秦州節度使，承休言於蜀主曰：「秦州多美婦人，請爲陛下采擇以獻。」蜀主許之，庚午，以承休爲天雄節度使，封魯國公，以龍武軍爲承休牙兵。乙亥，蜀主以前武德節度使兼中書令徐延瓊爲京城內外馬步都指揮使。延瓊以外戚代王宗弼，居舊將之右，衆皆不平。

三年夏六月，帝將伐蜀，辛卯，詔天下括市戰馬。

秋九月，蜀主與太后、太妃遊青城山，歷丈人觀、上清宮，遂至彭州陽平化、漢州三學山而還。

丁酉，帝與宰相議伐蜀。威勝節度使李紹欽素諂事宣徽使李紹宏，紹宏薦紹欽有蓋世奇才，雖孫、吴不如，可以大任。郭崇韜曰：「段凝亡國之將，姦諂絶倫，不可信也。」衆舉李嗣源，崇韜曰：「契丹方熾，總管不可離河朔。魏王地當儲副，未立殊功，請依故事，以爲伐蜀都統，成其威名。」帝曰：「兒幼，豈能獨往，當求其副。」既而曰：「無以易卿。」庚子，以魏王繼岌充西川四面行營都統，崇韜充東北面行營都招討、制置等使，軍事悉以委之。又以荆南節度使高季興充東南面行營都招討使，鳳翔節度使李繼曮充都供軍轉運、應接等使，同州節度使李令德充行營副招討使，陝州節度使李紹琛充蕃漢馬步軍都排陳斬斫使兼馬步軍都指揮使，西京留守張筠充西川管内安撫、應接使，華州節度使毛璋充左廂馬步都虞候，邠州節度使董璋充右廂馬步都虞候，客省使李嚴充西川管内招撫使，將兵六萬伐蜀，仍詔季興自取夔、忠、萬三州爲巡屬。都統置中軍，以供奉官李從襲充中軍馬步都指揮監押，高品李廷安、吕知柔充魏王牙通謁。辛丑，以工部尚書任圜、翰林學士李愚並參預都統軍機。

蜀安重霸勸王承休請蜀主東遊秦州。承休到官，即毁府署，作行宫，大興力役，强取民間女子教歌舞，圖形遺韓昭，使言於蜀主。又獻花木圖，盛稱秦州山川土風之美。蜀主將如秦州，羣臣諫者甚衆，皆不聽。王宗弼上表諫，蜀主投其表於地。太后涕泣不食，止之，亦不能得。前秦州節度判官蒲禹卿上表幾二千言，其略曰：「先帝艱難創業，欲傳之萬世。陛下少長富貴，荒色惑酒。秦州人雜羌胡，地多瘴癘，萬衆困於奔馳，郡縣罷於供億。鳳翔久爲仇讎，必生釁隙。唐國方通歡好，恐懷疑貳。先皇未嘗無故盤游，陛下率意頻離宮闕。秦皇東狩，鑾駕不還；煬帝南巡，龍舟不返。蜀都强盛，雄視鄰邦，邊亭無烽火之虞，境内有腹心之疾，百姓失業，盜賊公行。昔李勢屈於桓温，劉禪降於鄧艾，山河險固，不足憑恃。」韓昭謂禹卿曰：「吾收汝表，俟主上西歸，當使獄吏字字問汝。」王承休妻嚴氏美，蜀主私焉，故鋭意欲行。

冬十月，排陳斬斫使李紹琛與李嚴將驍騎三千、步兵萬人爲前鋒。招討判官陳乂至寶雞，稱疾乞留。李愚厲聲曰：「陳乂見利則進，懼難則止。今大軍涉險，人心易摇，宜斬以徇。」由是軍中無敢顧望者。乂，薊州人也。

癸亥，蜀主引兵數萬發成都，甲子，至漢州。武興節度使王承捷告唐兵西上，蜀主以爲羣臣同謀沮己，猶不信，大言曰：「吾方欲耀武。」遂東行。在道，與羣臣賦詩，殊不爲意。

丁丑，李紹琛攻蜀威武城，蜀指揮使唐景思將兵出降。城使周彦禋等知不能守，亦降。景思，秦州人也。得城中糧二十萬斛。紹琛縱其敗兵萬餘人逸去，因倍道趣鳳州。李嚴飛書以諭王承捷。李繼曮竭鳳翔蓄積以饋軍，不能充，人情憂恐。郭崇韜入散關，指其山曰：「吾輩進無成功，不復得還此矣。當盡力一決。今饋運將竭，宜先取鳳州，因其糧。」諸將皆言蜀地險固，未可長驅，宜按兵觀釁。崇韜以問李愚，愚曰：「蜀人苦其主荒淫，莫爲之用。宜乘其人情崩離，風驅霆擊，彼皆破膽，雖有險阻，誰與守之！兵勢不可緩也。」是日，李紹琛告捷，崇韜喜，謂愚曰：「公料敵如此，吾復何憂。」乃倍道而進。戊寅，王承捷以鳳、興、文、扶四州印節迎降，得兵八千，糧四十萬斛。崇韜曰：「平蜀必矣。」即以都統牒命承捷攝武興節度使。

己卯，蜀主至利州，威武敗卒奔還，始信唐兵之來。王宗弼、宋光嗣言於蜀主曰：「東川、山南兵力尚完，陛下但以大軍扼利州，唐人安敢懸兵深入。」從之。庚辰，以隨駕清道指揮使王宗勳、王宗儼、兼侍中王宗昱爲三招討，將兵三萬逆戰。從駕兵自綿、漢至深渡，千里相屬，皆怨憤，曰：「龍武軍糧賜倍於他軍，他軍安能禦敵！」

李紹琛等過長舉，興州都指揮使程奉璉將所部兵五百來降，且請先治橋棧以俟唐軍，由是軍行無險阻之虞。辛巳，興州刺史王承鑒棄城走，紹琛等克興州，郭崇韜以唐景思攝興州刺史。乙酉，成州刺史王承朴棄城走。李紹琛等與蜀三招討戰于三泉，蜀兵大敗，斬首五千級，餘衆潰走。又得糧十五萬斛於三泉，由是軍食優足。

蜀主聞王宗勳等敗，自利州倍道西走，斷桔柏津浮梁。命中書令、判六軍諸衛事王宗弼將大軍守利州，且令斬王宗勳等三招討。

李紹琛晝夜兼行趣利州。蜀武德留後宋光葆遺郭崇韜書，請唐兵不入境，當舉巡屬内附；苟不如約，則背城決戰，以報本朝。崇韜復書撫納之。己丑，魏王繼岌至興州，光葆以梓、綿、劍、龍、普五州，武定節度使王承肇以洋、蓬、壁三州，山南節度使兼侍中王宗威以梁、開、通、渠、麟五州，階州刺史王承岳以階州，皆降。承肇，宗侃之子也。自餘城鎮，皆望風款附。

天雄節度使王承休與副使安重霸謀掩擊唐軍，重霸曰：「擊之不勝，則大事去矣。蜀中精兵十萬，天下險固，唐兵雖勇，安能直度劍門邪？然公受國恩，聞難不可不赴，願與公俱西。」承休素親信之，以爲然。重霸請賂羌人買文、扶州路以歸，承休從之，使重霸將龍武軍及所募兵萬二千人以從。將行，州人餞於城外。承休上道，重霸拜於馬前曰：「國家竭力以得秦、隴，若從開府還朝，誰當守之？開府行矣，重霸請爲公留守。」承休業已上道，無如之何，遂與招討副使王宗汭自文、扶而南。其地皆不毛，羌人抄之，且戰且行，士卒凍餒，北至茂州，餘衆二千而已。重霸遂以秦、隴來降。

郭崇韜遺王宗弼等書，爲陳利害。李紹琛未至利州，宗弼棄城引兵西歸。王宗勳等三招討追及宗弼於白芀，宗弼懷中探詔書示之曰：「宋光嗣令我殺爾曹。」因相持而泣，遂合謀送款於唐。

十一月丙申，蜀主至成都，百官及後宮迎于七里亭。蜀主入妃嬪中作回鶻隊入宮。丁酉，出見羣臣於文明殿，泣下霑襟，君臣相視，竟無一言以救國患。

戊戌，李紹琛至利州，修桔柏浮梁。昭武節度使林思諤先棄城奔閬州，遣使請降。甲辰，魏王繼岌至劍州，蜀武信節度使兼中書令王宗壽以遂、合、渝、瀘、昌五州降。

王宗弼至成都，登大玄門，嚴兵自衛。蜀主及太后自往勞之，宗弼驕慢，無復臣禮。乙巳，劫遷蜀主及太后、後宮、諸王于西宮，收其璽綬，使親吏於義興門邀取內庫金帛，悉歸其家。其子承涓杖劍入宮，取蜀主寵姬數人以歸。丙午，宗弼自稱權西川兵馬留後。

李紹琛進至綿州，倉庫、居民已爲蜀兵所燔，又斷綿江浮梁，水深，無舟楫可渡。紹琛謂李嚴曰：「吾懸軍深入，利在速戰。乘蜀人破膽之時，但得百騎過鹿頭關，彼且迎降不暇。若俟修繕橋梁，必留數日，或教王衍堅閉近關，折吾兵勢，儻延旬浹，則勝負未可知矣。」乃與嚴乘馬浮渡江，從兵得濟者僅千人，溺死者亦千餘人，遂入鹿頭關。丁未，進據漢州。居三日，後軍始至。

王宗弼遣使以幣馬牛酒勞軍，且以蜀主書遺李嚴曰：「公來吾即降。」或謂嚴曰：「公首建伐蜀之策，蜀人怨公深入骨髓，不可往。」嚴不從，欣然馳入成都，撫諭吏民，告以大軍繼至。蜀君臣後宮皆慟哭。蜀主引嚴見太后，以母、妻爲託。宗弼猶乘城爲守備，嚴悉命撤去樓櫓。

己酉，魏王繼岌至綿州，蜀主命翰林學士李昊草降表，又命中書侍郎、同平章事王鍇草降書，遣兵部侍郎歐陽彬奉之以迎繼岌及郭崇韜。

王宗弼稱蜀君臣久欲歸命，而內樞密使宋光嗣、景潤澄、宣徽使李周輅、歐陽晃熒惑蜀主，皆斬之，函首送繼岌。又責文思殿大學士、禮部尚書、成都尹韓昭佞諛，梟于金馬坊門。內外馬步都指揮使兼中書令徐延瓊、果州團練使潘在迎、嘉州刺史顧在珣及諸貴戚皆惶恐，傾其家金帛妓妾以賂宗弼，僅得免死。凡素所不快者，宗弼皆殺之。

辛亥，繼岌至德陽。宗弼遣使奉牋，稱已遷蜀主於西第，安撫軍城，以俟王師。又使其子承班以蜀主後宮及珍玩賂繼岌及郭崇韜，求西川節度使。繼岌曰：「此皆我家物，奚以獻爲。」留其物而遣之。

李紹琛留漢州八日，以俟都統。甲寅，繼岌至漢州，王宗弼迎謁。乙卯，至成都。丙辰，李嚴引蜀主及百官儀衛出降於升遷橋，蜀主白衣、銜璧、牽羊，草繩縈首，百官衰絰、徒跣、輿櫬，號哭俟命。繼岌受璧，崇韜解縛、焚櫬，承制釋罪，君臣東北向拜謝。丁巳，大軍入成都。崇韜禁軍士侵掠，市不改肆。自出師至克蜀，凡七十日。得節度十，州六十四，縣二百四十九，兵三萬，鎧仗、錢糧、金銀、繒錦共以千萬計。

高季興聞蜀亡，方食，失匕箸，曰：「是老夫之過也。」梁震曰：「不足憂也。唐主得蜀益驕，亡無日矣，安知其不爲吾福。」

楚王殷聞蜀亡，上表稱：「臣已營衡、麓之間爲菟裘之地，願上印綬，以保餘齡。」上優詔慰諭之。

十二月癸酉，王承休、王宗汭至成都，魏王繼岌詰之曰：「居大鎮，擁强兵，何以不拒戰？」對曰：「畏大王神武。」曰：「然則何不降？」對曰：「王師不入境。」曰：「所俱入羌者幾人？」對曰：「萬二千人。」曰：「今歸者幾人？」對曰：「二千人。」曰：「可以償萬人之死矣。」皆斬之，并其子。

閏十二月丁酉，詔蜀朝所署官四品以上降授有差，五品以下才地無取者悉縱歸田里；其先降及有功者，委崇韜隨事獎任。又賜王衍詔，略曰：「固當裂土而封，必不薄人於險。三辰在上，一言不欺。」

明宗天成元年春正月庚申，魏王繼岌遣李繼曮、李嚴部送王衍及其宗族、百官數千人詣洛陽。〔三〕〔二〕月乙巳，王衍至長安，有詔止之。

三月，伶人景進等言於帝曰：「魏王未至，康延孝初平，西南猶未安。王衍族黨不少，聞車駕東征，恐其爲變，不若除之。」帝乃遣中使向延嗣齎敕往誅之，敕曰：「王衍一行，並從殺戮。」已印畫，樞密使張居翰覆視，就殿柱揩去「行」字，改爲「家」字，由是蜀百官及衍僕役獲免者千餘人。延嗣至長安，盡殺衍宗族於秦川驛。衍母徐氏且死，呼曰：「吾兒以一國迎降，不免族誅，信義俱棄，吾知汝行亦受禍矣！」

夏六月，蜀百官至洛陽，永平節度使兼侍中馬全曰：「國亡至此，生不如死。」不食而卒。以平章事王鍇等爲諸州府刺史、少尹、判官、司馬，亦有復歸蜀者。

三年夏六月，陝州行軍司馬王宗壽表請葬故蜀主王衍。秋七月乙巳，贈衍順正公，以諸侯禮葬之。

通鑑紀事本末卷第四十一

鄴都之變 李紹琛之叛附

後唐莊宗同光元年冬十月，帝遣使以滅梁告吳、蜀，二國皆懼。吳揚州司馬嚴可求笑曰：「聞唐主始得中原，志氣驕滿，御下無法，不出數年，將有內變。吾但當卑辭厚禮，保境安民以待之耳。」

滑州留後李紹欽因伶人景進納貨於宮掖，除泰寧節度使。帝幼善音律，故伶人多有寵，常侍左右。帝或時自傅粉墨，與優人共戲於庭，以悅劉夫人，優名謂之「李天下」。嘗因爲優，自呼曰「李天下，李天下」，優人敬新磨遽前批其頰。帝失色，羣優亦駭愕，新磨徐曰：「理天下者只有一人，尚誰呼邪！」帝悅，厚賜之。諸伶出入宮掖，侮弄搢紳，羣臣憤嫉，莫敢出氣。亦有反相附託以希恩澤者，四方藩鎮爭以貨賂結之。其尤蠹政害人者，景進爲之首。進好采閭閻鄙細事聞於上，上亦欲知外間事，遂委進以耳目。進每奏事，常屏左右問之，由是進得施其讒慝，干豫政事。自將相大臣皆憚之。

荆南節度使高季興在洛陽，帝左右伶宦求貨無厭，季興忿之。歸謂將佐曰：「新朝百戰方得河南，乃對功臣舉手，云『吾於十指上得天下』，矜伐如此，則他人無功矣，其誰不解體！又荒於禽色，何能長久？吾無憂矣。」

二年春正月，敕內官不應居外，應前朝內官及諸道監軍并私家先所畜者，不以貴賤，並遣詣闕。時在上左右者已五百人，至是殆及千人，皆給贍優厚，委之事任，以爲腹心。內諸司使，自天祐以來以士人代之，至是復用宦者，浸干政事。既而復置諸道監軍，節度使出征或留闕下，軍府之政，皆監軍決之，陵忽主帥，怙勢爭權，由是藩鎮皆憤怒。

二月己巳朔，上祀南郊，大赦。租庸副使孔謙欲聚斂以求媚，凡赦文所蠲者，謙復徵之。自是每有詔令，人皆不信，百姓愁怨。

郭崇韜初至汴、洛，頗受藩鎮饋遺，所親或諫之，崇韜曰：「吾位兼將相，祿賜巨萬，豈籍外財。但以僞梁之季，賄賂成風，今河南藩鎮皆梁之舊臣，主上之仇讎也，若拒其意，能無懼乎？吾特爲國家藏之私室耳。」及將祀南郊，崇韜首獻勞軍錢十萬緡。先是，宦官勸帝分天下財賦爲內外府，州縣上供者入外府，充經費，方鎮貢獻者入內府，充宴遊及給賜左右。於是外府常虛竭無餘而內府山積。及有司辦郊祀，乏勞軍錢，崇韜言於上曰：「臣已傾家所有以助大禮，願陛下亦出內府之財以賜有司。」上默然久之，曰：「吾晉陽自有儲積，可令租庸輦取以相助。」於是取李繼韜私第金帛數十萬以益之，軍士皆不滿望，始怨恨，有離心矣。

郭崇韜位兼將相，復領節旄，以天下爲己任，權侔人主，旦夕車馬填門。性剛急，遇事輒發，嬖倖僥求，多所摧抑，宦官疾之，朝夕短之於上。崇韜扼腕，欲制之不能。豆盧革、韋說嘗問之曰：「汾陽王本太原人徙華陰，公世家雁門，豈其枝派邪？」崇韜因曰：「遭亂亡，失譜諜，嘗聞先人言，上距汾陽四世耳。」革曰：「然則固從祖也。」崇韜由是以膏粱自處，多甄別流品，引拔浮華，鄙棄勳舊。有求官者，崇韜曰：「深知公功能，然門地寒素，不敢相用，恐爲名流所嗤。」由是嬖倖疾之於內，勳舊怨之於外。崇韜屢請以樞密使讓李紹宏，上不許。又請分樞密院事歸內諸司以輕其權，而宦官謗之不已。崇韜鬱鬱不得志，與所親謀赴本鎮以避之，其人曰：「不可。蛟龍失水，螻蟻足以制之。」先是，上欲以劉夫人爲皇后，而有正妃韓夫人在，太后素惡劉夫人，崇韜亦屢諫，上以是不果。於是所親説崇韜曰：「公若請立劉夫人爲皇后，上必喜。內有皇后之助，則伶宦輩不能爲患矣。」崇韜從之，與宰相帥百官共奏劉夫人宜正位中宮。癸未，立魏國夫人劉氏爲皇后。皇后生於寒微，既貴，專務蓄財，其在魏州，至於薪蘇果茹皆販鬻之。及爲后，四方貢獻皆分爲二，一上天子，一上中宮。以是寶貨山積，惟用寫佛經，施尼師而已。是時皇太后誥，皇后教，與制敕交行於藩鎮，奉之如一。

勳臣畏伶宦之讒，皆不自安，蕃漢内外馬步副總管李嗣源求解兵柄，帝不許。

夏四月，孔謙貸民錢，使以賤估償絲，屢檄州縣督之。翰林學士承旨、權知汴州盧質上言：「梁趙巖爲租庸使，舉貸誅斂，結怨于人。今陛下革故鼎新，爲人除害，而有司未改其所爲，是趙巖復生也。今春霜害桑，繭絲甚薄，但輸正税，猶懼流移，況益以稱貸，人何以堪！臣惟事天子，不事租庸，敕旨未頒，省牒頻下，願早降明命。」帝不報。

初，胡柳之役，伶人周匝爲梁所得，帝每思之。入汴之日，匝謁見於馬前，帝甚喜。匝涕泣言曰：「臣所以得生全者，皆梁教坊使陳俊、内園栽接使儲德源之力也，願就陛下乞二州以報之。」帝許之。郭崇韜諫曰：「陛下所與共取天下者，皆英豪忠勇之士。今大功始就，封賞未及一人，而先以伶人爲刺史，恐失天下心。」以是不行。踰年，伶人屢以爲言，帝謂崇韜曰：「吾已許周匝矣，使吾慚見此三人。公言雖正，然當爲我屈意行之。」五月壬寅，以俊爲景州刺史，德源爲憲州刺史。時親軍有從帝百戰未得刺史者，莫不憤歎。

乙巳，右諫議大夫薛昭文上疏，以爲：「今諸道僭竊者尚多，征伐之謀，未可遽息。又，士卒久從征伐，賞給未豐，貧乏者多，宜以四方貢獻及南郊羨餘，更加頒賚。又，河南諸軍皆梁之精鋭，恐僭竊之國潛以厚利誘之，宜加收撫。又，户口流亡者，宜寬傜薄賦以安集之。又，土木不急之役，宜加裁省。又，請擇隙地牧馬，勿使踐京畿民田。」皆不從。

六月壬辰，以天平節度使李嗣源爲宣武節度使。

秋八月癸酉，以副使、衛尉卿孔謙爲租庸使，右威衛大將軍孔循爲副使。循即趙殷衡也，梁亡，復其姓名。謙自是得行其志，重斂急徵以充帝欲，民不聊生。癸未，賜謙號「豐財贍國功臣」。

三年。初，李嗣源北征，過興唐，東京庫有供御細鎧，嗣源牒副留守張憲取五百領，憲以軍興，不暇奏而給之。帝怒曰：「憲不奉詔，擅以吾鎧給嗣源，何意也？」罰憲俸一月，令自往軍中取之。帝以義武節度使王都將入朝，欲闢毬場。憲曰：「比以行宮闕廷爲毬場，前年陛下即位於此，其壇不可毀，請闢毬場於宮西。」數日未成，帝命毀即位壇。憲謂郭崇韜曰：「此壇，主上所以禮上帝，始受命之地也，若之何毀之！」崇韜從容言於帝，帝立命兩虞候毀之。憲私於崇韜曰：「忘天背本，不祥莫大焉。」春二月庚辰，徙李嗣源爲成德節度使。帝性剛好勝，不欲權在臣下，入洛之後，信伶宦之讒，頗疏忌宿將。李嗣源家在太原，三月丁酉，表衛州刺史李從珂爲北京內牙馬步都指揮使以便其家，帝怒曰：「嗣源握兵權，居大鎮，軍政在手，安得爲其子奏請。」乃黜從珂爲突騎指揮使，帥數百人戍石門鎮。嗣源憂恐，上章申理，久之方解。辛丑，嗣源乞至東京朝覲，不許。郭崇韜以嗣源功高位重，亦忌之，私謂人曰：「總管令公非久爲人下者，皇家子弟皆不及也。」密勸帝召之宿衛，罷其兵權，又勸帝除之，帝皆不從。

洛陽宮殿宏邃，宦者欲上增廣嬪御，詐言宮中夜見鬼物，上欲使符呪者禳之。宦者曰：「臣昔逮事咸通、乾符天子，當是時，六宮貴賤不減萬人。今掖庭太半空虛，故鬼物遊之耳。」上乃命宦者王允平、伶人景進采擇民間女子，遠至太原、幽、鎮，以充後庭，不啻三千人，不問所從來。上還自興唐，載以牛車，纍纍盈路。張憲奏：「諸營婦女亡逸者千餘人，慮匿從諸軍挾匿以行。」其實皆入宮矣。

庚辰，帝至洛陽，辛酉，詔復以洛陽爲東都，興唐府爲鄴都。

夏六月，帝苦溽暑，於禁中擇高涼之所，皆不稱旨。宦者因言：「臣見長安全盛時，大明、興慶宮樓觀以百數。今日宅家曾無避暑之所，宮殿之盛曾不及當時公卿第舍耳。」帝乃命宮苑使王允平別建一樓以清暑。宦者曰：「郭崇韜常不伸眉，爲孔謙論用度不足，恐陛下雖欲營繕，終不可得。」帝曰：「吾自用内府錢，無關經費。」然猶慮崇韜諫，遣中使語之曰：「今歲盛暑異常，朕昔在河上，與梁人相拒，行營卑濕，被甲乘馬，親當矢石，猶無此暑。今居深宮之中而暑不可度，奈何？」對曰：「陛下昔在河上，勍敵未滅，深念讎恥，雖有盛暑，不介聖懷。今外患已除，海内賓服，故雖珍臺閒館，猶覺鬱蒸也。陛下儻不忘艱難之時，則暑氣自消矣。」帝默然。宦者曰：「崇韜之第，無異皇居，宜其不知至尊之熱也。」帝卒命允平營樓，日役萬人，所費巨萬。崇韜諫曰：「今兩河水、旱，軍食不允，願且息役，以俟豐年。」帝不聽。

秋七月甲午，成德節度使李嗣源表求入朝，帝不許。

九月乙未，立皇子繼岌爲魏王。

丁酉，帝與宰相議伐蜀。〔庚子〕，以魏王繼岌充西川四面行營都統，郭崇韜充東北面行營都招討、制置等使，軍事悉以委之。

郭崇韜以北都留守孟知祥有薦引舊恩，將行，言於上曰：「孟知祥信厚有謀，若得西川而求帥，無踰此人者。」又薦鄴都副留守張憲謹重有識，可爲相。戊申，大軍西行。冬十一月乙卯，大軍至成都，蜀主出降。事見莊宗滅蜀。

平蜀之功，李紹琛爲多，位在董璋上。而璋素與郭崇韜善，崇韜數召璋與議軍事。紹琛心不平，謂璋曰：「吾有平蜀之功，公等樸樕相從，反呫囁於郭公之門，謀相傾害。吾爲都將，獨不能以軍法斬公邪！」璋訴于崇韜。十二月，崇韜表璋爲東川節度使，解其軍職。紹琛愈怒曰：「吾冒白刃，陵險阻，定兩川，璋乃坐有之邪！」乃見崇韜言：「東川重地，任尚書有文武才，宜表爲帥。」崇韜怒曰：「紹琛反邪，何敢違吾節度！」紹琛懼而退。

初，帝遣宦者李從襲等從魏王繼岌伐蜀，繼岌雖爲都統，軍中制置補署一出郭崇韜，崇韜終日决事，將吏賓客趨走盈庭，而都統府惟大將晨謁外，牙門索然，從襲等固恥之。及破蜀，蜀之貴臣大將争以寶貨、妓樂遺崇韜及其子廷誨，魏王所得，不過匹馬、束帛、唾壺、麈柄而已，從襲等益不平。

王宗弼之自爲西川留後也，賂崇韜求爲節度使，崇韜陽許之，既而久未得，乃帥蜀人列狀見繼岌，請留崇韜鎮蜀。從襲等因謂繼岌曰：「郭公父子專横，今又使蜀人請己爲帥，其志難測，王不可不爲之備。」繼岌謂崇韜曰：「主上倚侍中如山嶽，不可離廟堂，豈肯棄元老於蠻夷之域乎！且此非余之所敢知也，請諸人詣闕自陳。」由是繼岌與崇韜互相疑。

丙子，以知北都留守事孟知祥爲西川節度使、同平章事，促召赴洛陽。帝議選北都留守，樞密承旨段徊等惡鄴都留守張憲，不欲其在朝廷，皆曰：「北都非張憲不可。憲雖有宰相器，今國家新得中原，宰相在天子目前，事有得失，可以改更，比之北都獨繫一方安危，不爲重也。」乃徙憲爲太原尹，知北都留守事。以户部尚書王正言爲興唐尹，知鄴都留守事。正言昏耄，帝以武德使史彦瓊爲鄴都監軍。彦瓊，本伶人也，有寵於帝。魏、博等六州軍旅金穀之政皆决於彦瓊，威福自恣，陵忽將佐，自正言以下皆諂事之。

初，帝得魏州銀槍效節都近八千人，以爲親軍，皆勇悍無敵。夾河之戰，實賴其用，屢立殊功，常許以滅梁之日大加賞賚。既而河南平，雖賞賚非一，而士卒恃功，驕恣無厭，更成怨望。是歲大饑，民多流亡，租賦不充，道路塗潦，漕輦艱澀，東都倉廩空竭，無以給軍士。租庸使孔謙日於上東門外望諸州漕運，至者隨以給之。軍士乏食，有雇妻、鬻子者，老弱采蔬於野，百十爲羣，往往餒死，流言怨嗟，而帝遊畋不息。己卯，獵於白沙，皇后、皇子、後宮畢從。庚辰，宿伊闕，辛巳，宿潭泊，壬午，宿龕澗，癸未，還宮。時大雪，吏卒有僵仆於道路者。伊、汝間饑尤甚，衞兵所過，責其供餉，不得，則壞其什器，撤其室廬以爲薪，甚於寇盜，縣吏皆竄匿山谷。

帝以軍儲不足，謀於羣臣，豆盧革以下皆莫知爲計。吏部尚書李琪上疏，以爲：「古者量入以爲出，計農而發兵，故雖有水、旱之災而無匱乏之憂。近代稅農以養兵，未有農富給而兵不足，農捐瘠而兵豐飽者也。今縱未能蠲省租稅，苟除折納、紐配之法，農亦可以小休矣。」帝即敕有司如琪所言，然竟不能行。

郭崇韜素疾宦者，嘗密謂魏王繼岌曰：「大王他日得天下，騬馬亦不可乘，況任宦官！宜盡去之，專用士人。」呂知柔竊聽，聞之，由是宦官皆切齒。時成都雖下，而蜀中盜賊羣起，布滿山林。崇韜恐大軍既去，更爲後患，命任圜、張筠分道招討，以是淹留未還。帝遣宦者向延嗣促之，崇韜不出郊迎，及見，禮節又倨，延嗣怒。李從襲謂延嗣曰：「魏王，太子也，主上萬福，而郭公專權如是。郭廷誨擁徒出入，日與軍中驍將、蜀土豪傑狎飲，指天畫地，近聞白其父請表己爲蜀帥。又言蜀地富饒，大人宜善自爲謀。今諸軍將校皆郭氏之黨，王寄身於虎狼之口，一朝有變，吾屬不知委骨何地矣。」因相向垂涕。延嗣歸，具以語劉后，后泣訴於帝，請早救繼岌之死。前此帝聞蜀人請崇韜爲帥，已不平，至是聞延嗣之言，不能無疑。帝閱蜀府庫之籍，曰：「人言蜀中珍貨無算，何如是之微也？」延嗣曰：「臣聞蜀破，其珍貨皆入於崇韜父子。崇韜有金萬兩，銀四十萬兩，錢百萬緡，名馬千匹，他物稱是，廷誨所取復在其外，故縣官所得不多耳。」帝遂怒形於色。及孟知祥將行，帝語之曰：「聞郭崇韜有異志，卿到，爲朕誅之。」知祥曰：「崇韜，國之勳舊，不宜有此。俟臣至蜀察之，苟無他志則遣還。」帝許之。

壬子，知祥發洛陽。帝尋復遣衣甲庫使馬彦珪馳詣成都觀崇韜去就，如奉詔班師則已，若有遷延跋扈之狀，則與繼岌圖之。彦珪見皇后，說之曰：「臣見向延嗣言蜀中事勢憂在朝夕，今主上當斷不斷。夫成敗之機，間不容髮，安能緩急禀命於三千里外乎！」皇后復言於帝，帝曰：「傳聞之言，未知虛實，豈可遽爾果決。」皇后不得請，退自爲教與繼岌，令殺崇韜。知祥行至石壕，彦珪夜叩門宣詔，促知祥赴鎮。知祥竊歎曰：「亂將作矣！」乃晝夜兼行。

明宗天成元年。河中節度使李繼麟恃與帝故舊，且有功，帝待之厚，苦諸伶宦求匄無厭，遂拒不與。大軍之征蜀也，繼麟閱兵，遣其子令德將之以從。景進與宦官譖之曰：「繼麟聞大軍起，以爲討己，故驚懼，閱兵自衛。」又曰：「崇韜所以敢倔强於蜀者，與河中陰謀，内外相應故也。」繼麟聞之懼，欲身入朝以自明。其所親止之，繼麟曰：「郭侍中功高於我。今事勢將危，吾得見主上，面陳至誠，則讒人獲罪矣。」正月癸亥，繼麟入朝。

魏王繼岌將發成都，令任圜權知留事，以俟孟知祥。諸軍部署已定，是日，馬彦珪至，以皇后教示繼岌。繼岌曰：「大軍垂發，彼無釁端，安可爲此負心事，公輩勿復言。且主上無敕，獨以皇后教殺招討使，可乎？」李從襲等泣曰：「既有此迹，萬一崇韜聞之，中塗爲變，益不可救矣。」相與巧陳利害，繼岌不得已，從之。甲子旦，從襲以繼岌之命召崇韜計事，繼岌登樓避之。崇韜方升階，繼岌從者李環撾碎其首，并殺其子廷誨、廷信，外人猶未之知。都統推官饒陽李崧謂繼岌曰：「今行軍三千里外，初無敕旨，擅殺大將，大王奈何行此危事！獨不能忍之至洛陽邪？」繼岌曰：「公言是也，悔之無及。」崧乃召書吏數人，登樓去梯，矯爲敕書，用蠟印宣之，軍中粗定。崇韜左右皆竄匿，獨掌書記滏陽張礪詣魏王府慟哭久之。繼岌命任圜代崇韜總軍政。

馬彦珪還洛陽，乃下詔暴郭崇韜之罪，並殺其子廷説、廷讓、廷議，於是朝野駭惋，羣議紛然。帝使宦官潛察之。保大節度使睦王存乂，崇韜之壻也，宦官欲盡去崇韜之黨，言存乂對諸將攘臂垂泣，爲崇韜稱冤，言辭怨望。庚辰，幽存乂於第，尋殺之。景進言河中人有告變，言李繼麟與郭崇韜謀反，崇韜死，又與存乂連謀。宦官因共勸帝速除之，帝乃徙繼麟爲義成節度使，是夜，遣蕃漢馬步使朱守殷以兵圍其第，驅繼麟出徽安門外殺之，復其姓名曰朱友謙。友謙二子，令德爲武信節度使，令錫爲忠武節度使。詔魏王繼岌誅令德於遂州，鄭州刺史王思同誅令錫於許州，河陽節度使李紹奇誅其家人於河中。紹奇至其家，友謙妻張氏帥家人二百餘口見紹奇曰：「朱氏宗族當死，願無濫及平人。」乃别其婢僕百人，以其族百口就刑。張氏又取鐵券以示紹奇曰：「此皇帝去年所賜也，我婦人，不識書，不知其何等語也！」紹奇亦爲之慚。友謙舊將史武等七人，時爲刺史，皆坐族誅。

時洛中諸軍飢窘，妄爲謡言，伶官采之以聞於帝，故郭崇韜、朱友謙皆及於禍。成德節度使兼中書令李嗣源亦爲謡言所屬，帝遣朱守殷察之。守殷私謂嗣源曰：「令公勳業振主，宜自圖歸藩以遠禍。」嗣源曰：「吾心不負天地，禍福之來，無所可避，皆委之於命耳。」時伶宦用事，勳舊人不自保，嗣源危殆者數四，賴宣徽使李紹宏左右營護，以是得全。

魏王繼岌留馬步都指揮使陳留李仁罕、馬軍都指揮使東光潘仁嗣、左廂都指揮使趙廷隱、右廂都指揮使浚儀張業、牙内指揮使文水武漳、驍鋭指揮使平恩李延厚戍成都。甲申，繼岌發成都，命李紹琛帥萬二千人爲後軍，行止常差中軍一舍。

二月，魏博指揮使楊仁晸將所部兵戍瓦橋，踰年代歸，至貝州，以鄴都空虛，恐兵至爲變，敕留屯貝州。

時天下莫知郭崇韜之罪，民間訛言，云崇韜殺繼岌，自王於蜀，故族其家。朱友謙子建徽爲澶州刺史，帝密敕鄴都監軍史彦瓊殺之。門者白留守王正言曰：「史武德夜半馳馬出城，不言何往。」又訛言，云皇后以繼岌之死歸咎於帝，已弑帝矣，故急召彦瓊計事。人情愈駭。

楊仁晸部兵皇甫暉與其徒夜博不勝，因人情不安遂作亂，劫仁晸曰：「主上所以有天下者，吾魏軍力也。魏軍甲不去體，馬不解鞍者十餘年，今天下已定，天子不念舊勞，更加猜忌。遠戍踰年，方喜代歸，去家咫尺，不使相見。今聞皇后弑逆，京師已亂，將士願與公俱歸，仍表聞朝廷。若天子萬福，興兵致討，以吾魏博兵力足以拒之，安知不更爲富貴之資乎！」仁晸不從，暉殺之。又劫小校，不從，又殺之。效節指揮使趙在禮聞亂，衣不及帶，踰垣而走，暉追及，曳其足而下之，示以二首，在禮懼而從之，亂兵遂奉以爲帥，焚掠貝州。暉，魏州人；在禮，涿州人也。詰旦，暉等擁在禮南趣臨清、永濟、館陶，所過剽掠。

壬辰晚，有自貝州來告軍亂將犯鄴都者，都巡檢使孫鐸等亟詣史彦瓊，請授甲乘城爲備。彦瓊疑鐸等有異志，曰：「告者云今日賊至臨清，計程須六日晚方至，爲備未晚。」孫鐸曰：「賊既作亂，必乘吾未備，晝夜倍道，安肯計程而行。請僕射帥衆乘城，鐸募勁兵千人伏於王莽河逆擊之，賊既勢挫，必當離散，然後可撲滅也。必俟其至城下，萬一有姦人爲内應，則事危矣。」彦瓊曰：「但嚴兵守城，何必逆戰。」是夜，賊前鋒攻北門，弓弩亂發。時彦瓊將部兵宿北門樓，聞賊呼聲，即時驚潰。彦瓊單騎奔洛陽。癸巳，賊入鄴都，孫鐸等拒戰不勝，亡去。趙在禮據宫城，署皇甫暉及軍校趙進爲馬步都指揮使，縱兵大掠。進，定州人也。

王正言方據案召吏草奏，無至者，正言怒，其家人曰：「賊已入城，殺掠於市，吏皆逃散，公尚誰呼？」正言驚曰：「吾初不知也。」又索馬，不能得，乃帥僚佐步出府門謁在禮，再拜請罪。在禮亦拜，曰：「士卒思歸耳，尚書重德，勿自卑屈。」慰諭遣之。

衆推在禮爲魏博留後，具奏其狀。北京留守張憲家在鄴都，在禮厚撫之，遣使以書誘憲，憲不發封，斬其使以聞。

丙申，史彦瓊至洛陽。帝問可爲大將者於樞密使李紹宏，紹宏復請用李紹欽，帝許之，令條上方略。紹欽所請偏裨，皆梁舊將己所善者，帝疑之而止。皇后曰：「此小事，不足煩大將，紹榮可辦也。」帝乃命歸德節度使李紹榮將騎三千詣鄴都招撫，亦徵諸道兵，備其不服。

郭崇韜之死也，李紹琛謂董璋曰：「公復欲呫囁誰門乎？」璋懼，謝罪。魏王繼岌軍還至武連，遇敕使，諭以朱友謙已伏誅，令董璋將兵之遂州誅朱令德。時紹琛將後軍在魏城，聞之，以帝不委己殺令德而委璋，大驚。俄而璋過紹琛軍，不謁。紹琛怒，乘酒謂諸將曰：「國家南取大梁，西定巴、蜀，皆郭公之謀而吾之戰功也，至於去逆效順，與國家掎角以破梁，則朱公也。今朱、郭皆無罪族滅，歸朝之後，行及我矣。冤哉天乎！奈何？」紹琛所將多河中兵，河中將焦武等號哭於軍門曰：「西平王何罪，闔門屠膾！我輩歸則與史武等同誅，決不復東矣。」是日，魏王繼岌至泥溪，紹琛至劍州，遣人白繼岌，云河中將士號哭不止，欲爲亂。丁酉，紹琛自劍州擁兵西還，自稱西川節度、三川制置等使，移檄成都，稱奉詔代孟知祥，招諭蜀人，三日間衆至五萬。

己亥，魏王繼岌至利州，李紹琛遣人斷桔柏津。繼岌聞之，以任圜爲副招討使，將步騎七千，與都指揮使梁漢顒、監軍李延安追討之。

庚子，邢州左右步直兵趙太等四百人據城，自稱安國留後。詔東北面招討副使李紹真討之。

辛丑，任圜先令别將何建崇擊劍門關，下之。

李紹榮至鄴都，攻其南門，遣人以敕招諭之。趙在禮以羊酒犒師，拜於城上曰：「將士思家擅歸，相公誠善爲敷奏，得免於死，敢不自新。」遂以敕徧諭軍士。史彦瓊戟手大罵曰：「羣死賊，城破萬段！」皇甫暉謂衆曰：「觀史武德之言，上不赦我矣。」因聚譟，掠敕書，手壞之，守陴拒戰。紹榮攻之，不利，以狀聞。帝怒曰：「克城之日，勿遺噍類！」大發諸軍討之。壬寅，紹榮退屯澶州。

甲辰夜，從馬直軍士王温等五人殺軍使，謀作亂，擒斬之。從馬直指揮使郭從謙，本優人也，優名郭門高。帝與梁相拒於得勝，募勇士挑戰，從謙應募，俘斬而還，由是益有寵。帝選諸軍驍勇者爲親軍，分置四指揮，號「從馬直」，從謙自軍使積功至指揮使。郭崇韜方用事，從謙以叔父事之，睦王存乂以從謙爲假子。及崇韜、存乂得罪，從謙數以私財饗從馬直諸校，對之流涕，言崇韜之冤。及王温作亂，帝戲之曰：「汝既負我附崇韜、存乂，又教王温反，欲何爲也？」從謙益懼。既退，陰謂諸校曰：「主上以王温之故，俟鄴都平定，盡阬若曹。家之所有，宜盡市酒肉，勿爲久計也。」由是親軍皆不自安。

丁未，李紹榮以諸道兵再攻鄴都。庚戌，裨將楊重霸帥衆數百登城，後無繼者，重霸等皆死。賊知不赦，堅守無降意。朝廷患之，日發中使促魏王繼岌東還。繼岌以中軍精兵皆從任圜討李紹琛，留利州待之，未得還。

李紹榮討趙在禮久無功，趙太據邢州未下。滄州軍亂，小校王景戡討定之，因自爲留後。河朔州縣告亂者相繼。帝欲自征鄴都，宰相樞密使皆言京師根本，車駕不可輕動。帝曰：「諸將無可使者。」皆曰：「李嗣源最爲勳舊。」帝心忌嗣源，曰：「吾惜嗣源，欲留宿衛。」皆曰：「他人無可者。」忠武節度使張全義亦言河朔多事，久則患深，宜令總管進討，若倚紹榮輩，未見成功之期。李紹宏亦屢言之，帝以内外所薦，久乃許之。甲寅，命嗣源將親軍討鄴都。

董璋將兵二萬屯綿州，會任圜討李紹琛。帝遣中使崔延琛至成都，遇紹琛軍，紿之曰：「吾奉詔召孟郎，公若緩兵，自當得蜀。」既至成都，勸孟知祥爲戰守備。知祥浚壕樹柵，遣馬步都指揮使李仁罕將四萬人，驍鋭指揮使李延厚將二千人討紹琛。延厚集其衆詢之曰：「有少壯勇鋭欲立功求富貴者東，衰疾畏懦厭行陳者西。」得選兵七百人以行。是日，任圜軍追及紹琛於漢州，紹琛出兵逆戰。招討掌書記張礪請伏精兵於後，以羸兵誘之，圜從之，使董璋以東川羸兵先戰而卻。紹琛輕圜書生，又見其兵羸，極力追之，伏兵發，大破之，斬首數千級。自是紹琛入漢州，閉城不出。

三月丁巳朔，李紹真奏克邢州，擒趙太等。庚申，紹真引兵至鄴都，營於城西北，以太等徇於鄴都城下而殺之。

壬戌，李嗣源至鄴都，營於城西南。甲子，嗣源下令軍中，詰旦攻城。是夜，從馬直軍士張破敗作亂，帥衆大譟，殺都將，焚營舍。詰旦，亂兵逼中軍，嗣源帥親軍拒戰，不能敵，亂兵益熾。嗣源叱而問之曰：「爾曹欲何爲？」對曰：「將士從主上十年，百戰以得天下。今主上棄恩任威，貝州戍卒思歸，主上不赦，云克城之後，當盡阬魏博之軍。近從馬直數卒諠競，遽欲盡誅其衆。我輩初無叛心，但畏死耳。今衆議欲與城中合勢擊退諸道之軍，請主上帝河南，令公帝河北，爲軍民之主。」嗣源泣諭之，不從。嗣源曰：「爾不用吾言，任爾所爲，我自歸京師。」亂兵拔白刃環之，曰：「此輩虎狼也，不識尊卑，令公去欲何之！」因擁嗣源及李紹真等入城。城中不受外兵，皇甫暉逆擊張破敗，斬之，外兵皆潰。趙在禮帥諸校迎拜嗣源，泣謝曰：「將士輩負令公，敢不惟命是聽。」嗣源詭說在禮曰：「凡舉大事，須藉兵力，今外兵流散無所歸，我爲公出收之。」在禮乃聽嗣源、紹真俱出城，宿魏縣，散兵稍有至者。

漢州無城塹，樹木爲柵。乙丑，任圜進攻其柵，縱火焚之。李紹琛引兵出戰於金雁橋，兵敗，與十餘騎奔綿竹，追擒之。孟知祥自至漢州犒軍，與任圜、董璋置酒高會，引李紹琛檻車至座中，知祥自酌大卮飲之，謂曰：「公已擁節旄，又有平蜀之功，何患不富貴，而求入此檻車邪！」紹琛曰：「郭侍中佐命功第一，兵不血刃取兩川，一旦無罪族誅。如紹琛輩安保首領，以此不敢歸朝耳。」魏王繼岌既獲紹琛，乃引兵倍道而東。

李嗣源之爲亂兵所逼也，李紹榮有衆萬人，營於城南，嗣源遣牙將張虔釗、高行周等七人相繼召之，欲與共誅亂者。紹榮疑嗣源之詐，留使者，閉壁不應。及嗣源入鄴都，遂引兵去。嗣源在魏縣，衆不滿百，又無兵仗。李紹真所將鎮兵五千，聞嗣源得出，相帥歸之，由是嗣源兵稍振。嗣源泣謂諸將曰：「吾明日當歸藩，上章待罪，聽主上所裁。」李紹真及中門使安重誨曰：「此策非宜。公爲元帥，不幸爲凶人所劫。李紹榮不戰而退，歸朝必以公藉口。公若歸藩，則爲據地邀君，適足以實讒慝之言耳。不若星行詣闕，面見天子，庶可自明。」嗣源曰：「善。」丁卯，自魏縣南趣相州，遇馬坊使康福，得馬數千匹，始能成軍。福，蔚州人也。

平盧節度使符習將本軍攻鄴都，聞李嗣源軍潰，引兵歸。至淄州，監軍使楊希望遣兵逆擊之，習懼，復引兵而西。青州指揮使王公儼攻希望，殺之，因據其城。時近侍爲諸道監軍者，皆恃恩與節度使争權，及鄴都軍變，所在多殺之。安義監軍楊繼源謀殺節度使孔勍，勍先誘而殺之。武寧監軍以李紹真從李嗣源，謀殺其元從，據城拒之。權知留後淳于晏帥諸將先殺之。晏，登州人也。

戊辰，以軍食不足，敕河南尹豫借夏秋稅，民不聊生。

忠武節度使、尚書令齊王張全義聞李嗣源入鄴都，憂懼不食，辛未，卒於洛陽。

租庸使以倉儲不足，頗朘刻軍糧，軍士流言益甚。宰相懼，帥百官上表，言今租庸已竭，內庫有餘，諸軍室家不能相保，儻不賑救，懼有離心，俟過凶年，其財復集。上即欲從之，劉后曰：「吾夫婦君臨萬國，雖藉武功，亦由天命。命既在天，人如我何！」宰相又於便殿論之，后屬耳於屏風後，須臾，出妝具及三銀盆、皇幼子三人於外曰：「人言宮中蓄積多，四方貢獻隨以給賜，所餘止此耳，請鬻以贍軍。」宰相惶懼而退。

李紹榮自鄴都退保衛州，奏李嗣源已叛，與賊合。嗣源遣使上章自理，一日數輩。嗣源長子從審爲金槍指揮使，帝謂從審曰：「吾深知爾父忠厚，爾往諭朕意，勿使自疑。」從審至衛州，紹榮囚，欲殺之。從審曰：「公等既不亮吾父，吾亦不能至父所，請復還宿衛。」乃釋之。帝憐從審，賜名繼璟，待之如子。是後嗣源所奏，皆爲紹榮所遏，不得通，嗣源由是疑懼。石敬瑭曰：「夫事成於果決而敗於猶豫，安有上將與叛卒入賊城，而他日得保無恙乎？大梁，天下之要會也，願假三百騎先往取之。若幸而得之，公宜引大軍亟進，如此始可自全。」突騎都指揮使康義誠曰：「主上無道，軍民怨怒，公從衆則生，守節必死。」嗣源乃令安重誨移檄會兵。義誠，代北胡人也。

時齊州防禦使李紹虔、泰寧節度使李紹欽、貝州刺史李紹英屯瓦橋，北京右廂馬軍都指揮使安審通屯奉化軍，嗣源皆遣使召之。紹英，瑕丘人，本姓房，名知温；審通，金全之姪也。嗣源家在真定，虞候將王建立先殺其監軍，由是獲全。建立，遼州人也。李從珂自横水將所部兵由盂縣趣鎮州，與王建立軍合，倍道從嗣源。嗣源以李紹榮在衛州，謀自白皋濟河，分三百騎使石敬瑭將之前驅，李從珂爲殿，於是軍勢大盛。嗣源從子從璋自鎮州引軍而南，過邢州，邢人奉爲留後。

癸酉，詔懷遠指揮使白從暉將騎兵扼河陽橋，帝乃出金帛給賜諸軍，樞密宣徽使及供奉内使景進等皆獻金帛以助給賜。軍士負物而詬曰：「吾妻子已殍死，得此何爲！」甲戌，李紹榮自衛州至洛陽，帝如鷂店勞之。紹榮曰：「鄴都亂兵已遣其黨翟建白據博州，欲濟河襲鄆、汴，願陛下幸關東招撫之。」帝從之。

乙亥，帝發洛陽，丁丑，次汜水。戊寅，遣李紹榮將騎兵循河而東。李嗣源親黨從帝者多亡去。或勸李繼璟宜早自脱，繼璟終無行意。帝屢遣繼璟詣嗣源，繼璟固辭，願死於帝前以明赤誠。帝聞嗣源在黎陽，强遣繼璟渡河召之，道遇李紹榮，紹榮殺之。

庚辰，帝發汜水。辛巳，李嗣源至白皋，遇山東上供絹數船，取以賞軍。安重誨從者争舟，行營馬步使陶玘斬以徇，由是軍中肅然。玘，許州人也。嗣源濟河至滑州，遣人招符習，習與嗣源會於胙城，安審通亦引兵來會。知汴州孔循遣使奉表西迎帝，亦遣使北輸密款於嗣源，曰：「先至者得之。」先是，帝遣騎將滿城西方鄴守汴州，石敬瑭使裨將李瓊以勁兵突入封丘門，敬瑭踵其後，自西門入，遂據其城，西方鄴請降。敬瑭使人趣嗣源，壬午，嗣源入大梁。

是日，帝至滎澤東，命龍驤指揮使姚彦温將三千騎爲前軍，曰：「汝曹汴人也，吾入汝境，不欲使他軍前驅，恐擾汝室家。」厚賜而遣之。彦温即以其衆叛歸嗣源，謂嗣源曰：「京師危迫，主上爲元行欽所惑，事勢已離，不可復事矣。」嗣源曰：「汝自不忠，何言之悖也！」即奪其兵。指揮使潘環守王村寨，有芻粟數萬，帝遣騎視之，環亦奔大梁。

帝至萬勝鎮，聞嗣源已據大梁，諸軍離叛，神色沮喪，登高歎曰：「吾不濟矣！」即命旋師。是夜，復至汜水。帝之出關也，扈從兵二萬五千，及還，已失萬餘人，乃留秦州都指揮使張唐以步騎三千守關。癸未，帝還過罌子谷，道狹，每遇衞士執兵仗者，輒以善言撫之曰：「適報魏王又進西川金銀五十萬，到京當盡給爾曹。」對曰：「陛下賜已晚矣，人亦不感聖恩。」帝流涕而已。又索袍帶賜從官，内庫使張容哥稱頒給已盡，衞士叱容哥曰：「致吾君失社稷，皆此閹豎輩也。」抽刀逐之，或救之，獲免。容哥謂同類曰：「皇后吝財致此，今乃歸咎於吾輩。事若不測，吾輩萬段，吾不忍待也。」因赴河死。

甲申，帝至石橋西，置酒悲涕，謂李紹榮等諸將曰：「卿輩事吾以來，急難、富貴靡不同之。今致吾至此，皆無一策以相救乎？」諸將百餘人，皆截髮置地，誓以死報，因相與號泣。是日晚，入洛城。

李嗣源命石敬瑭將前軍趣汜水，收撫散兵，嗣源繼之。李紹虔、李紹英引兵來會。丙戌，宰相、樞密使共奏：「魏王西軍將至，車駕宜且控汜水，收撫散兵以俟之。」帝從之，自出上東門閱騎兵，戒以詰旦東行。

夏四月丁亥朔，嚴辦將發，騎兵陳於宣仁門外，步兵陳於五鳳門外。從馬直指揮使郭從謙不知睦王存乂已死，欲奉之以作亂，帥所部兵自營中露刃大呼，與黃甲兩軍攻興教門。帝方食，聞變，帥諸王及近衞騎兵擊之，逐亂兵出門。時蕃漢馬步使朱守殷將騎兵在外，帝遣中使急召之，欲與同擊賊。守殷不至，引兵憩於北邙茂林之下。亂兵焚興教門，緣城而入，近臣宿將皆釋甲潛遁，獨散員都指揮使李彥卿及宿衞軍校何福進、王全斌等十餘人力戰。俄而帝爲流矢所中，鷹坊人善友扶帝自門樓下，至絳霄殿廡下，抽矢。渴懣求水，皇后不自省視，遣宦者進酪。須臾，帝殂。李彥卿等慟哭而去，左右皆散，善友斂廡下樂器覆帝尸而焚之。彥卿，存審之子；福進、全斌，皆太原人也。劉后囊金寶繫馬鞍，與申王存渥及李紹榮引七百騎，焚嘉慶殿，自師子門出走。通王存確、雅王存紀奔南山。宮人多逃散，朱守殷入宮，選宮人三十餘人，各令自取樂器珍玩，内於其家。於是諸軍大掠都城。

是日，李嗣源至罌子谷，聞之，慟哭，謂諸將曰：「主上素得士心，正爲羣小蔽惑致此，今吾將安歸乎！」

戊子，朱守殷遣使馳白嗣源，以京城大亂，諸軍焚掠不已，願亟來救之。己丑，嗣源入洛陽，止于私第，禁焚掠，拾莊宗骨於灰燼之中而殯之。

嗣源之入鄴都也，前直指揮使平遥侯益脱身歸洛陽，莊宗撫之流涕。至是，益自縛請罪。嗣源曰：「爾爲臣盡節，又何罪也？」使復其職。

嗣源謂朱守殷曰：「公善巡徼，以待魏王。淑妃、德妃在宮，供給尤宜豐備。吾俟山陵畢，社稷有奉，則歸藩，爲國家扞禦北方耳。」是日，豆盧革帥百官上牋勸進，嗣源面諭之曰：「吾奉詔討賊，不幸部曲叛散，欲入朝自訴，又爲紹榮所隔，披猖至此。吾本無他心，諸君遽爾見推，殊非相悉，願勿言也。」革等固請，嗣源不許。

李紹榮欲奔河中就永王存霸，從兵稍散。庚寅，至平陸，止餘數騎，爲人所執，折足送洛陽。存霸亦帥衆千人棄鎮奔晉陽。

辛卯，魏王繼岌至興平，聞洛陽亂，復引兵而西，謀保據鳳翔。向延嗣至鳳翔，以莊宗之命誅李紹琛。

初，莊宗命呂、鄭二内養在晉陽，一監兵，一監倉庫，自留守張憲以下皆承應不暇。及鄴都有變，又命汾州刺史李彦超爲北都巡檢。彦超，彦卿之兄也。莊宗既殂，推官河間張昭遠勸張憲奉表勸進，憲曰：「吾一書生，自布衣至服金紫，皆出先帝之恩，豈可偷生而不自愧乎。」昭遠泣曰：「此古人所行，公能行之，忠義不朽矣。」有李存沼者，莊宗之近屬，自洛陽奔晉陽，矯傳莊宗之命，陰與二内養謀殺憲及彦超，據晉陽拒守。彦超知之，密告憲，欲先圖之。憲曰：「僕受先帝厚恩，不忍爲此。徇義而不免於禍，乃天也。」彦超謀未決，壬辰夜，軍士共殺二内養及存沼於牙城，因大掠達旦。憲聞變，出奔忻州。會嗣源移書至，彦超號令士卒，城中始安，遂權知太原軍府。

百官三牋請嗣源監國，嗣源乃許之。甲午，入居興聖宫，始受百官班見，下令稱教，百官稱之曰殿下。莊宗後宫存者猶千餘人，宣徽使選其美少者數百獻於監國。監國曰：「奚用此爲！」對曰：「宫中職掌不可闕也。」監國曰：「宫中職掌宜諳故事，此輩安知之。」乃悉用老舊之人補之，其少年者皆出歸其親戚，無親戚者任其所適。蜀中所送宫人亦準此。

監國令所在訪求諸王。通王存確、雅王存紀匿民間，或密告樞密使安重誨，重誨與李紹真謀曰：「今殿下既監國典喪，諸王宜早爲之所，以壹人心。殿下性慈，不可以聞。」乃密遣人就田舍殺之。後月餘，監國乃聞之，切責重誨，傷惜久之。

劉皇后與申王存渥奔晉陽，在道與存渥私通。存渥至晉陽，李彦超不納，走至風谷，爲其下所殺。明日，永王存霸亦至晉陽，從兵逃散俱盡，存霸削髮、僧服謁李彦超：「願爲山僧，幸垂庇護。」軍士争欲殺之，彦超曰：「六相公來，當奏取進止。」軍士不聽，殺之於府門之碑下。劉皇后爲尼於晉陽，監國使人就殺之。薛王存禮及莊宗幼子繼嵩、繼潼、繼蟾、繼嶢，遭亂皆不知所終。惟邕王存美以病風偏枯得免，居于晉陽。

戊戌，李紹榮至洛陽，監國責之曰：「吾何負於爾，而殺吾兒？」紹榮瞋目直視曰：「先帝何負於爾！」遂斬之，復其姓名曰元行欽。

監國恐征蜀軍還爲變，以石敬瑭爲陝州留後。己亥，以李從珂爲河中留後。

監國下教，數租庸使孔謙奸佞、侵刻、窮困軍民之罪而斬之，凡謙所立苛斂之法皆罷之，因廢租庸使及内句司，依舊爲鹽鐵、户部、度支三司，委宰相一人專判。又罷諸道監軍使。以莊宗由宦官亡國，命諸道盡殺之。

魏王繼岌自興平退至武功，宦者李從襲曰：「禍福未可知，退不如進，請王亟東行以救内難。」繼岌從之。還，至渭水，權西都留守張籛已斷浮梁，循水浮渡，是日至渭南，腹心呂知柔等皆已竄匿。從襲謂繼岌曰：「時事已去，王宜自圖。」繼岌徘徊流涕，乃自伏於牀，命僕夫李環縊殺之。任圜代將其衆而東。監國命石敬瑭慰撫之，軍士皆無異言。

先是，監國命所親李沖爲華州都監，應接西師。沖擅逼華州節度使史彦鎔入朝。同州節度使李存敬過華州，沖殺之，并屠其家。又殺西川行營都監李從襲。彦鎔泣訴於安重誨，重誨遣彦鎔還鎮，召沖歸朝。

自監國入洛，内外機事皆決於李紹真。紹真擅收威勝節度使李紹欽、太子少保李紹沖下獄，欲殺之。安重誨謂紹真曰：「温、段罪惡皆在梁朝，今殿下新平内難，冀安萬國，豈專爲公報仇邪！」紹真由是稍沮。辛丑，監國教，李紹沖、紹欽復姓名爲温韜、段凝，並放歸田里。

壬寅，以孔循爲樞密使。

有司議即位禮，李紹真、孔循以爲唐運已盡，宜自建國號。監國問左右何謂國號，對曰：「先帝賜姓於唐，爲唐復讎，繼昭宗後，故稱唐。今梁朝之人不欲殿下稱唐耳。」監國曰：「吾年十三事獻祖，獻祖以吾宗屬，視吾猶子。又事武皇垂三十年，先帝垂二十年，經綸攻戰，未嘗不預。武皇之基業則吾之基業也，先帝之天下則吾之天下也，安有同家而異國乎？」令執政更議。吏部尚書李琪曰：「若改國號，則先帝遂爲路人，梓宮安所託乎！不惟殿下不忘三世舊君，吾曹爲人臣者能自安乎！前代以旁支入繼多矣，宜用嗣子柩前即位之禮。」衆從之。丙午，監國自興聖宮赴西宮，服斬衰，於柩前即皇帝位，百官縞素。既而御衮冕受册，百官吉服稱賀。

有司劾奏太原尹張憲委城之罪；庚戌，賜憲死。

任圜將征蜀兵二萬六千人至洛陽，明宗慰撫之，各令還營。

甲寅，大赦，改元。量留後宮百人，宦官三十人，教坊百人，鷹坊二十人，御厨五十人，自餘任從所適。諸司使務有名無實者皆廢之。分遣諸軍就食近畿，以省饋運。除夏、秋税省耗。節度、防禦等使，正、至、端午、降誕四節聽貢奉，毋得斂百姓；刺史以下不得貢奉。選人先遭塗毁文書者，令三銓止除詐僞，餘復舊規。

宦官數百人竄匿山林，或落髮爲僧，至晉陽者七十餘人。五月，詔北都指揮使李從温悉誅之。從温，帝之姪也。

丙子，聽郭崇韜歸葬，復朱友謙官爵，兩家貨財、田宅，前籍没者皆歸之。

秋七月丙子，葬光聖神閔孝皇帝于雍陵，廟號莊宗。

二年春二月丙申，以從馬直指揮使郭從謙爲景州刺史，既至，遣使族誅之。

安重誨專權

後唐明宗天成元年夏四月乙未，以中門使安重誨爲樞密使，鎮州別駕張延朗爲副使。延朗，開封人也，仕梁爲租庸吏，性纖巧，善事權要，以女妻重誨之子，故重誨引之。

五月丙辰朔，以太子賓客鄭珏、工部尚書任圜並爲中書侍郎、同平章事；圜仍判三司。圜憂公如家，簡拔賢俊，杜絶僥倖，期年之間，府庫充實，軍民皆足，朝綱粗立。圜每以天下爲己任，由是安重誨忌之。

帝目不知書，四方奏事皆令安重誨讀之，重誨亦不能盡通，乃奏稱：「臣徒以忠實之心事陛下，得典樞機，今事粗能曉知，至於古事，非臣所及。願倣前朝侍講、侍讀，近代直崇政、樞密院，選文學之臣與之共事，以備應對。」乃置端明殿學士，乙亥，以翰林學士馮道、趙鳳爲之。

戊寅，以安重誨領山南東道節度使。重誨以襄陽要地，不可乏帥，無宜兼領，固辭；許之。

六月，安重誨恃恩驕横，殿直馬延誤衝前導，斬之於馬前，御史大夫李琪以聞。秋七月，重誨白帝下詔，稱延陵突重臣，戒諭中外。

二年春二月，安重誨以孔循少侍宮禁，謂其諳練故事，知朝士行能，多聽其言。朝廷議置相，循意不欲用河北人，先已薦鄭珏，又薦太常卿崔協。任圜欲用御史大夫李琪。鄭珏素惡琪，故循力沮之，謂重誨曰：「李琪非無文學，但不廉耳。宰相但得端重有器度者，足以儀刑多士矣。」他日，議於上前，上問：「誰可相者？」重誨以協對。圜曰：「重誨未悉朝中人物，爲人所賣。協雖名家，識字甚少。臣既以不學忝相位，奈何更益以協，爲天下笑乎？」上曰：「宰相重任，卿輩更審議之。吾在河東時見馮書記多才博學，與物無競，此可相矣。」既退，孔循不揖，拂衣徑去，曰：「天下事一則任圜，二則任圜，圜何者！使崔協暴死則已，不死會須相之。」因稱疾不朝者數日，上使重誨諭之，方入。重誨私謂圜曰：「今方乏人，協且備員可乎？」圜曰：「明公捨李琪而相崔協，是猶棄蘇合之丸，取蛣蜣之轉也。」循與重誨共事，日短琪而譽協，癸亥，竟以端明殿學士馮道及崔協並爲中書侍郎、同平章事。協，邠之曾孫也。

己卯，加樞密使安重誨兼侍中，孔循同平章事。

任圜性剛急，且恃與帝有舊，勇於敢爲，權倖多疾之。舊制，館券出於户部，夏五月，安重誨請從内出，與圜爭於上前，往復數四，聲色俱厲。上退朝，宫人問上：「適與重誨論事爲誰？」上曰：「宰相。」宫人曰：「妾在長安宫中，未嘗見宰相、樞密奏事敢如是者，蓋輕大家耳。」上愈不悅，卒從重誨議。圜因求罷三司，詔以樞密承旨孟鵠充三司副使權判。鵠，魏州人也。

六月丙戌，門下侍郎、同平章事任圜罷，守太子少保。

秋七月，任圜請致仕，居磁州，許之。

九月丙寅，以樞密使孔循兼東都留守。

冬十月，或謂安重誨曰：「失職任外之人，乘賊未破，或能爲患，不如除之。」重誨以爲然，奏遣使賜任圜死。端明殿學士趙鳳哭謂重誨曰：「任圜義士，安肯爲逆。公濫刑如此，何以贊國！」使者至磁州，圜聚其族酣飲，然後死，神情不撓。

三年。樞密使、同平章事孔循性狡佞，安重誨親信之。帝欲爲皇子娶重誨女，循謂重誨曰：「公職居近密，不宜復與皇子爲婚。」重誨辭之。久之，或謂重誨曰：「循善離間人，不可置之密地。」循知之，陰遣人結王德妃求納其女，德妃請娶循女爲從厚婦，帝許之。重誨大怒，二月乙未，以循同平章事，充忠武節度使兼東都留守。

重誨性强愎，秦州節度使華温琪入朝，請留闕下，帝嘉之，除左驍衛上將軍，月別賜錢穀。歲餘，帝謂重誨曰：「温琪舊人，宜擇一重鎮處之。」重誨對以無闕。他日，帝屢言之，重誨愠曰：「臣累奏無闕，惟樞密使可代耳。」帝曰：「亦可。」重誨無以對。温琪聞之，懼，數月不出。

重誨惡成德節度使、同平章事王建立，奏建立與王都交結，有異志。建立亦奏重誨專權，求入朝面言其狀。帝召之，既至，言重誨與宣徽使判三司張延朗結婚，相表裏，弄威福。三月辛亥，帝見重誨，氣色甚怒，謂曰：「今與卿一鎮自休息，以王建立代卿，張延朗亦除外官。」重誨曰：「臣披荆棘事陛下數十年，值陛下龍飛，承乏機密，數年間天下幸無事。今一旦棄之外鎮，臣願聞其罪。」帝不懌而起，以語宣徽使朱弘昭。弘昭曰：「陛下平日待重誨如左右手，奈何以小忿棄之？願垂三思。」帝尋召重誨慰撫之。明日，建立辭歸鎮，帝曰：「卿比奏欲入分朕憂，今復去何之？」會門下侍郎兼刑部尚書、同平章事鄭珏請致仕，己未，以珏爲左僕射致仕。癸亥，以建立爲右僕射兼中書侍郎、同平章事、判三司。

冬十一月庚寅，皇子從厚納孔循女爲妃，循因之得之大梁，厚結王德妃之黨，乞留。安重誨具奏其事，力排之，禮畢，促令歸鎮。

四年。皇子、右衛將軍從璨性剛，安重誨用事，從璨不爲之屈。帝東巡，以從璨爲皇城使。從璨與客宴於會節園，酒酣，戲登御榻，重誨奏請誅之。三月丙戌，賜從璨死。

初，朔方節度使韓洙卒，弟澄爲留後。未幾，定遠軍使李匡賓聚黨據保靜鎮作亂，朔方不安。冬十月丁酉，韓澄遣使齎絹表乞朝廷命帥。前磁州刺史康福善胡語，上退朝，多召入便殿，訪以時事，福以胡語對。安重誨惡之，常戒之曰：「康福，汝但妄奏事，會當斬汝。」福懼，求外補。重誨以靈州深入胡境，爲帥者多遇害，戊戌，以福爲朔方、河西節度使。福見上，涕泣辭之。上命重誨爲福更他鎮，重誨曰：「福自刺史無功建節，尚復何求？且成命已行，難以復改。」上不得已，謂福曰：「重誨不肯，非朕意也。」福辭行，上遣將軍牛知柔、河中都指揮使衛審峹等將兵萬人衛送之。審峹，徐州人也。

長興元年。初，王德妃因安重誨得進，常德之。帝性儉約，及在位久，宮中用度稍侈，重誨每規諫。妃取外庫錦造地衣，重誨切諫，引劉后爲戒，妃由是怨之。

宣武節度使符習，自恃宿將，論議多抗安重誨，重誨求其過失，奏之。夏四月丁酉，詔習以太子太師致仕。

初，帝在真定，李從珂與安重誨飲酒爭言，從珂毆重誨，重誨走免。既醒，悔謝，重誨終銜之。至是，重誨用事，自皇子從榮、從厚皆敬事不暇。時從珂爲河中節度使、同平章事，重誨屢短之於帝，帝不聽。重誨乃矯以帝命諭河東牙内指揮使楊彥溫使逐之。是日，從珂出城閱馬，彥溫勒兵閉門拒之，從珂使人扣門詰之曰：「吾待汝厚，何爲如是？」對曰：「彥温非敢負恩，受樞密院宣耳。請公入朝。」從珂止于虞鄉，遣使以狀聞。使者至，壬寅，帝問重誨曰：「此姦人妄言耳，宜速討之。」帝疑之，欲誘致彥温訊其事，除彥温絳州刺史。重誨固請發兵擊之，乃命西都留守索自通、步軍都指揮使藥彥稠將兵討之。帝令彥稠：「必生致彥温，吾欲面訊之。」召從珂詣洛陽。從珂知爲重誨所構，馳入自明。

加安重誨兼中書令。

李從珂至洛陽，上責之，使歸第，絶朝請。辛亥，索自通等拔河中，斬楊彥温，癸丑，傳首來獻。上怒藥彥稠不生致，深責之。安重誨諷馮道、趙鳳奏從珂失守，宜加罪。上曰：「吾兒爲姦黨所傾，未明曲直，公輩何爲發此言，意不欲置之人間邪？此皆非公輩意也。」二人惶恐而退。他日，趙鳳又言之，上不應。明日，重誨自言之，上曰：「朕昔爲小校，家貧，賴此小兒拾馬糞自贍，以至今日爲天子，曾不能庇之邪！卿欲如何處之，於卿爲便？」重誨曰：「陛下父子之間，臣何敢言。惟陛下裁之。」上曰：「使閒居私第亦可矣，何用復言。」丙辰，以索自通爲河中節度使。自通至鎮，承重誨旨，籍軍府甲仗數上之，以爲從珂私造，賴王德妃居中保護，從珂由是得免。士大夫不敢與從珂往來，惟禮部郎中、史館修撰吕琦居相近，時往見之，從珂每有奏請，皆咨琦而後行。

安重誨言昭義節度使王建立過魏州有摇衆之言，五月丙寅，制以太傅致仕。

秋八月乙未，捧聖軍使李行德、十將張儉引告密人邊彦温告「安重誨發兵，云欲自討淮南；又引占相者問命」。帝以問侍衛都指揮使安從進、藥彦稠，二人曰：「此姦人欲離間陛下勳舊耳。重誨事陛下三十年，幸而富貴，何苦謀反。臣等請以宗族保之。」帝乃斬彦温，召重誨慰撫之，君臣相泣。壬寅，趙鳳奏：「竊聞近有姦人誣陷大臣，摇國柱石，行之未盡。」帝乃收李行德、張儉皆族之。

安重誨久專大權，中外惡之者衆。王德妃及武德使孟漢瓊浸用事，數短重誨於上。九月，重誨内憂懼，表解機務。上曰：「朕無間於卿，誣罔者朕既誅之矣，卿何爲爾？」甲戌，重誨復面奏曰：「臣以寒賤，致位至此，忽爲人誣以反，非陛下至明，臣無種矣。由臣才薄任重，恐終不能鎮浮言，願賜一鎮，以全餘生。」上不許。重誨求之不已，上怒曰：「聽卿去，朕不患無人！」前成德節度使范延光勸上留重誨，且曰：「重誨去，誰能代之？」上曰：「卿豈不可。」延光曰：「臣受驅策日淺，且才不逮重誨，何敢當此。」上遣孟漢瓊詣中書議重誨事，馮道曰：「諸公果愛安令，宜解其樞務爲便。」趙鳳曰：「公失言！」乃奏大臣不可輕動。甲申，以范延光爲樞密使，安重誨如故。

十二月，天雄節度使石敬瑭征蜀，安重誨請自督戰。既行，石敬瑭累表奏論蜀不可伐，上頗然之。

二年。初，鳳翔節度使朱弘昭謟事安重誨，連得大鎮。重誨過鳳翔，弘昭迎拜馬首，館於府舍，延入寢室，妻子羅拜，奉進酒食，禮甚謹。重誨爲弘昭泣言：「讒人交構，幾不免，賴主上明察，得保宗族。」重誨既去，弘昭即奏：「重誨怨望，有惡言，不可令至行營，恐奪石敬瑭兵柄。」又遺敬瑭書，言「重誨舉措孟浪，若至軍前，恐將士疑駭，不戰自潰，宜逆止之」。敬瑭大懼，即上言重誨至，恐人情有變，宜急徵還。宣徽使孟漢瓊自西方還，亦言重誨過惡。有詔，召重誨還。

春二月，安重誨至三泉，得詔亟歸；過鳳翔，朱弘昭不内，重誨懼，馳騎而東。

辛丑，以樞密使兼中書令安重誨爲護國節度使。趙鳳言於上曰：「重誨陛下家臣，其心終不叛主，但以不能周防，爲人所讒。陛下不察其心，重誨死無日矣。」上以爲朋黨，不悦。

三月，帝既解安重誨樞務，乃召李從珂，泣謂曰：「如重誨意，汝安得復見吾！」丙寅，以從珂爲左衛大將軍。

護國節度使兼中書令安重誨内不自安，表請致仕。閏五月庚寅，制以太子太師致仕。是日，其子崇贊、崇緒逃奔河中。

壬辰，以保義節度使李從璋爲護國節度使。甲午，遣步軍指揮使藥彦稠將兵趣河中。

安崇贊等至河中，重誨驚曰：「汝安得來！」既而曰：「吾知之矣，此非渠意，爲人所使耳。吾以死徇國，夫復何言！」乃執二子，表送詣闕。

明日，有中使至，見重誨，慟哭久之。重誨問其故，中使曰：「人言令公有異志，朝廷已遣藥彦稠將兵至矣。」重誨曰：「吾受國恩，死不足報，敢有異志。更煩國家發兵，貽主上之憂，罪益重矣。」崇贊等至陝，有詔繫獄。皇城使翟光鄴素惡重誨，帝遣詣河中察之，曰：「重誨果有異志則誅之。」光鄴至河中，李從璋以甲士圍其第，自入見重誨，拜于庭下。重誨驚，降階答拜，從璋奮檛擊其首，妻張氏驚救，亦撾殺之。

奏至，己亥，下詔，以重誨離間孟知祥、董璋、錢鏐爲重誨罪，又誣其欲自擊淮南以圖兵柄，遣元隨竊二子歸本道。并二子誅之。

六月乙丑，復以李從珂同平章事，充西都留守。

秦王之亂 兩王篡弒附

後唐明宗天成元年冬十二月庚子，以皇子從榮爲天雄節度使、同平章事。

二年春正月癸酉，以皇子從厚同平章事，充河南尹，判六軍諸衛事。從厚，從榮之母弟也。從榮聞之不悅。

秋九月，帝謂樞密使安重誨曰：「從榮左右有矯宣朕旨，令勿接儒生，恐弱人志氣者。朕以從榮年少臨大藩，故擇名儒使輔導之，今奸人所言乃如此。」欲斬之；重誨請嚴戒而已。

三年夏四月，以鄴都留守從榮爲河東節度使、北都留守，以客省使太原馮贇爲副留守，夾馬都指揮使新平楊思權爲步軍都指揮使以佐之。丙戌，以樞密使安重誨兼河南尹；以河南尹從厚爲宣武節度使，仍判六軍諸衛事。

冬十二月，河東節度使、北都留守從榮年少驕很，不親政務，帝遣左右素與從榮善者往與之處，使從容諷導之。其人私謂從榮曰：「河南相公恭謹好善，親禮端士，有老成之風。相公齒長，宜自策勵，勿令聲問出河南之下。」從榮不悦，退告步軍都指揮使楊思權曰：「朝廷之人皆推從厚而短我，我其廢乎！」思權曰：「相公手握强兵，且有思權在，何憂？」因勸從榮多募部曲，繕甲兵，陰爲自固之備。又謂帝左右曰：「君每譽弟而抑其兄，我輩豈不能助之邪。」其人懼，以告副留守馮贇，贇密奏之。帝召思權詣闕，以從榮故，亦弗之罪也。

四年春正月，馮贇入爲宣徽使，謂執政曰：「從榮剛僻而輕易，宜選重德輔之。」

夏四月壬子，以皇子從榮爲河南尹，判六軍諸衛事，從厚爲河東節度使、北都留守。

長興元年秋八月，立皇子從榮爲秦王。丙辰，立從厚爲宋王。

三年。秦王從榮喜爲詩，聚浮華之士高輦等於幕府，與相唱和，頗自矜伐。每置酒，輒命僚屬賦詩，有不如意者，面毀裂抵棄。冬十月壬子，從榮入謁，帝語之曰：「吾雖不知書，然喜聞儒生講經義，開益人智思。吾見莊宗好爲詩，將家子文非素習，徒取人竊笑，汝勿效也。」

秦王從榮爲人鷹視，輕佻峻急，既判六軍諸衛事，復參朝政，多驕縱不法。初，安重誨爲樞密使，上專屬任之，從榮及宋王從厚自襁褓與之親狎，雖典兵，常爲重誨所制，畏事之。重誨死，王淑妃與宣徽使孟漢瓊宣傳帝命，范延光、趙延壽爲樞密使，從榮皆輕侮之。從河陽節度使、同平章事石敬瑭兼六軍諸衛副使，其妻永寧公主與從榮異母，素相憎疾。從榮以從厚聲名出己右，尤忌之。從厚善以卑弱奉之，故嫌隙不外見。石敬瑭不欲與從榮共事，常思外補以避之。范延光、趙延壽亦慮及禍，屢辭機要，請與舊臣迭爲之，上不許。會契丹欲入寇，上命擇帥臣鎮河東，延光、延壽皆曰：「當今帥臣可往者獨石敬瑭、康義誠耳。」敬瑭亦願行，上即命除之。既受詔，不落六軍副使，敬瑭復辭，上乃以宣徽使朱弘昭知山南東道，代義誠詣闕。

四年春正月戊子，加秦王從榮守尚書令兼侍中。

夏四月，言事者請爲親王置師傅，宰相畏秦王從榮，不敢除人，請令王自擇。秦王府判官、太子詹事王居敏薦兵部侍郎劉瓚於從榮，從榮表請之。癸丑，以瓚爲秘書監、秦王傅，前襄州支使山陽魚崇遠爲記室。瓚自以左遷，泣訴，不得免。王府參佐皆新進少年，輕脱諂諛，瓚獨從容規諷，從榮不悦。瓚雖爲傅，從榮一概以僚屬待之，瓚有難色。從榮覺之，自是戒門者勿爲通，月聽一至府，或竟日不召，亦不得食。

五月戊寅，立皇子從珂爲潞王。

秋八月，太僕少卿致仕何澤見上寢疾，秦王從榮權勢方盛，冀己復進用，表請立從榮爲太子。上覽表泣下，私謂左右曰：「羣臣請立太子，朕當歸老太原舊第耳。」不得已，(丙)〔壬〕戌，詔宰相、樞密使議之。丁卯，從榮見上言曰：「竊聞有姦人請立臣爲太子。臣幼少，且願學治軍民，不願當此名。」上曰：「羣臣所欲也。」從榮退，見范延光、趙延壽曰：「執政欲以吾爲太子，是欲奪我兵柄，幽之東宫耳。」延光等知上意，且懼從榮之言，即具以白上。辛未，制以從榮爲天下兵馬大元帥。

九月，秦王從榮請嚴衛、捧聖步騎兩指揮爲牙兵。每入朝，從數百騎，張弓挾矢，馳騁衢路。令文士試草檄淮南書，陳己將廓清海内之意。從榮不快於執政，私謂所親曰：「吾一旦南面，必族之。」范延光、趙延壽懼，屢求外補以避之。上以爲見己病而求去，甚怒，曰：「欲去自去，奚用表爲。」齊國公主復爲延壽言於禁中，云「延壽實有疾，不堪機務」。丙申，二人復言於上曰：「臣等非敢憚勞，願與勳舊迭爲之。亦不敢俱去，願聽一人先出。若新人不稱職，復召臣，臣即至矣。」上乃許之。戊戌，以延壽爲宣武節度使，以山南東道節度使朱弘昭爲樞密使、同平章事。制下，弘昭復辭，上叱之曰：「汝輩皆不欲在吾側，蓄養汝輩何爲！」弘昭乃不敢言。

辛丑，詔大元帥從榮位在宰相上。

冬十月，范延光屢因孟漢瓊、王淑妃以求出，庚申，以延光爲成德節度使，以馮贇爲樞密使。帝以親軍都指揮使、河陽節度使、同平章事康義誠爲朴忠，親任之。時要近之官多求出以避秦王之禍，義誠度不能自脱，乃令其子事秦王，務以恭順持兩端，冀得自全。

十一月甲戌，上餞范延光，酒罷，上曰：「卿今遠去，事宜盡言。」對曰：「朝廷大事，願陛下與内外輔臣參決，勿聽羣小之言。」遂相泣而别。時孟漢瓊用事，附之者共爲朋黨以蔽惑上聽，故延光言及之。

戊子，帝疾復作，己丑，大漸。秦王從榮入問疾，帝俛首不能舉。王淑妃曰：「從榮在此。」帝不應。從榮出，聞宮中皆哭，從榮意帝已殂，明旦，稱疾不入。是夕帝實小愈，而從榮不知。

從榮自知不爲時論所與，恐不得爲嗣，與其黨謀，欲以兵入侍，先制權臣。辛卯，從榮遣都押牙馬處鈞謂朱弘昭、馮贇曰：「吾欲帥牙兵入宮中侍疾，且備非常，當止於何所？」二人曰：「王自擇之。」既而私於處鈞曰：「主上萬福，王宜竭心忠孝，不可妄信人浮言。」從榮怒，復遣處鈞謂二人曰：「公輩殊不愛家族邪？何敢拒我！」二人患之，入告王淑妃及宣徽使孟漢瓊，咸曰：「玆事不得康義誠，不可濟。」乃召義誠謀之，義誠竟無言，但曰：「義誠將校耳，不敢預議，惟相公所使。」弘昭疑義誠不欲衆中言之，夜邀至私第問之，其對如初。

壬辰，從榮自河南府常服將步騎千人陳於天津橋。是日黎明，從榮遣馬處鈞至馮贇第，語之曰：「吾今日決入，且居興聖宮。公輩各有宗族，處事亦宜詳允，禍福在須臾耳。」又遣處鈞詣康義誠，義誠曰：「王來則奉迎。」

贇馳入右掖門，見弘昭、義誠、漢瓊及三司使孫岳方聚謀於中興殿門外，贇具道處鈞之言，因讓義誠曰：「秦王言『禍福在須臾』，其事可知，公勿以兒在秦府，左右顧望。主上拔擢吾輩，自布衣至將相，苟使秦王兵得入此門，置主上何地？吾輩尚有遺種乎？」義誠未及對，監門白：「秦王已將兵至端門外。」漢瓊拂衣起曰：「今日之事，危及君父，公猶顧望擇利邪！吾何愛餘生，當自帥兵拒之耳。」即入殿門，弘昭、贇隨之，義誠不得已亦隨之入。

漢瓊見帝曰：「從榮反，兵已攻端門，須臾入宮，則大亂矣。」宮中相顧號哭。帝曰：「從榮何苦乃爾！」問弘昭等：「有諸？」對曰：「有之，適已令門者闔門矣。」帝指天泣下，謂義誠曰：「卿自處置，勿驚百姓！」控鶴指揮使李重吉，從珂之子也，時侍側，帝曰：「吾與爾父冒矢石，定天下，數脱吾於厄。從榮輩得何力，今乃爲人所教，爲此悖逆！我固知此曹不足付大事，當呼爾父授以兵柄耳，汝爲我部閉諸門。」重吉即帥控鶴兵守宮門。孟漢瓊被甲乘馬，召馬軍都指揮使朱洪實，使將五百騎討從榮。

從榮方據胡牀，坐橋上，遣左右召康義誠。端門已閉，叩左掖門，從門隙中窺之，見朱洪實引騎兵北來，走白從榮。從榮大驚，命取鐵掩心擐之，坐調弓矢。俄而騎兵大至，從榮走歸府，僚佐皆竄匿，牙兵掠嘉善坊潰去。從榮與妃劉氏匿牀下，皇城使安從益就斬之，并殺其子，以其首獻。初，孫岳頗得預内廷密謀，馮、朱患從榮狼伉，岳嘗爲之極言禍福之歸。康義誠恨之，至是，乘亂，密遣騎士射殺之。帝聞從榮死，悲駭，幾落御榻，絶而復蘇者再，由是疾復劇。從榮一子尚幼，養宮中，諸將請除之。帝泣曰：「此何罪？」不得已，竟與之。癸巳，馮道帥羣臣入見帝於雍和殿，帝雨泣嗚咽，曰：「吾家事至此，慚見卿等。」時宋王從厚爲天雄節度使。甲午，遣孟漢瓊徵從厚，且權知天雄軍府事。丙申，追廢從榮爲庶人。執政共議從榮官屬之罪，馮道曰：「從榮所親者高輦、劉陟、王說而已。任贊到官纔半月，王居敏、司徒詡在病告已半年，豈豫其謀。居敏尤爲從榮所惡，昨舉兵向闕之際，與輦、陟並轡而行，指日景曰：『來日及今，已誅王詹事矣。』自非與之同謀者，豈得一切誅之乎？且首從差一等耳，今首已孥戮而從皆不問，主上能不以吾輩爲庇姦人乎！」馮贇力爭之，始議流貶。時諮議高輦已伏誅。丁酉，元帥府判官兵部侍郎任贊、秘書監兼王傅劉瓚、友蘇瓚、記室魚崇遠、河南少尹劉陟、判官司徒詡、推官王說等八人並長流；河南巡官李澣、江文蔚等六人勒歸田里，六軍判官太子詹事王居敏、推官郭晙並貶官。澣，回之族曾孫；詡，貝州人；文蔚，建安人也。文蔚奔吳，徐知誥厚禮之。

初，從榮失道，六軍判官、司諫郎中趙遠諫曰：「大王地居上嗣，當勤修令德，奈何所爲如是。勿謂父子至親爲可恃，獨不見恭世子、戾太子乎？」從榮怒，出爲涇州判官。及從榮敗，遠以是知名。遠字上交，幽州人也。

戊戌，帝殂。帝性不猜忌，與物無競，登極之年，已踰六十。每夕於宮中焚香祝天，曰：「某胡人，因亂爲衆所推，願天早生聖人，爲生民主。」在位年穀屢豐，兵革罕用，校於五代，粗爲小康。

辛丑，宋王至洛陽。

十二月癸卯朔，始發明宗喪，宋王即皇帝位。

秦王從榮既死，朱洪實妻入宮，司衣王氏與之語及秦王。王氏曰：「秦王爲人子，不在左右侍疾，致人歸禍，是其罪也，若云大逆，則厚誣矣。朱司徒最受王恩，當時不爲之辨，惜哉！」洪實聞之大懼，與康義誠以其語白閔帝，且言「王氏私於從榮，爲之詗宮中事」，辛亥，賜王氏死。事連王淑妃，淑妃素厚於從榮，帝由是疑之。

潞王清泰元年春正月戊寅，閔帝大赦，改元應順。壬午，加河陽節度使兼侍衛都指揮使康義誠兼侍中，判六軍諸衛事。

朱弘昭、馮贇忌侍衛馬軍都指揮使、寧國節度使安彥威、侍衛步軍都指揮使忠正節度使張從賓，甲申，出彥威護國節度使，以捧聖馬軍都指揮使朱洪實代之；出從賓爲彰義節度使，以嚴衛步軍都指揮使皇甫遇代之。彥威，崞人；遇，真定人也。

戊子，樞密使同平章事朱弘昭、同中書門下二品馮贇、河東節度使兼侍中石敬瑭並兼中書令。贇以超遷太過，堅辭不受，己丑，改兼侍中。

鳳翔節度使兼侍中潞王從珂與石敬瑭少從明帝征伐，有功名，得衆心。朱弘昭、馮贇位望素出二人下遠甚，一旦執朝政，皆忌之。明宗有疾，潞王屢遣其夫人入省侍。及明宗殂，潞王辭疾不來，使臣至鳳翔者，或自言伺得潞王陰事。時潞王長子重吉爲控鶴都指揮使，朱、馮不欲其典禁兵，己亥，出爲亳州團練使。潞王有女惠明爲尼，在洛陽，亦召入禁中。潞王由是疑懼。

閏月丙午，尊皇后爲皇太后。甲寅，以王淑妃爲太妃。

二月，朱弘昭、馮贇不欲石敬瑭久在太原，且欲召孟漢瓊，己卯，徙成德節度使范延光爲天雄節度使代漢瓊，徙潞王從珂爲河東節度使兼北都留守，徙石敬瑭爲成德節度使，皆不降制書，但各遣使臣持宣監送赴鎮。

潞王既與朝廷猜阻，朝廷又命洋王從璋權知鳳翔。從璋性粗率樂禍，前代安重誨鎮河中，手殺之。潞王聞其來，尤惡之，欲拒命，則兵弱糧少，不知所爲。謀於將佐，皆曰：「主上富於春秋，政事出於朱、馮，大王功名震主，離鎮必無全理，不可受也。」王問觀察判官滴河馬胤孫曰：「今道過京師，當何向爲便？」對曰：「君命召，不俟駕。臨喪赴鎮，又何疑焉？諸人凶謀，不可從也。」衆哂之。王乃移檄鄰道，言「朱弘昭等乘先帝疾亟，殺長立少，專制朝權，別疏骨肉，動摇藩垣，懼傾覆社稷。今從珂將入朝以清君側之惡，而力不能獨辦，願乞靈鄰藩以濟之」。

潞王以西都留守王思同當東出之道，尤欲與之相結。遣推官郝詡、押牙朱廷乂等相繼詣長安，說以利害，餌以美妓，不從則令就圖之。思同謂將吏曰：「吾受明宗大恩，今與鳳翔同反，借使事成而榮，猶爲一時之叛臣，況事敗而辱，流千古之醜跡乎！」遂執詡等，以狀聞。時潞王使者多爲鄰道所執，不則依阿操兩端，惟隴州防禦使相里金傾心附之，遣判官薛文遇往來計事。金，并州人也。

朝廷議討鳳翔。康義誠不欲出外，恐失軍權，請以王思同爲統帥，以羽林都指揮使侯益爲行營馬步都虞候。益知軍情將變，辭疾不行，執政怒之，出爲商州刺史。辛卯，以王思同爲西面行營馬步軍都部署，前靜難節度使藥彥稠副之，前絳州刺史萇從簡爲馬步都虞候，嚴衛步軍左廂指揮使尹暉、羽林指揮使楊思權等皆爲偏裨。暉，魏州人也。

丁酉，加王思同同平章事、知鳳翔行府。以護國節度使安彥威爲西面行營都監。思同雖有忠義之志，而御軍無法。潞王老於行陳，將士徼幸富貴者心皆向之。詔遣殿直楚匡祚執亳州團練使李重吉，幽於宋州。洋王從璋行至關西，聞鳳翔拒命而還。

三月，安彥威與山南西道張虔釗、武定孫漢韶、彰義張從賓、靜難康福等五節度使奏合兵討鳳翔。漢韶，李存進之子也。乙卯，諸道兵大集於鳳翔城下，攻之，克東西關城，城中死者甚衆。丙辰，復進攻城，期於必取。鳳翔城塹卑淺，守備俱乏，衆心危急。潞王登城泣謂外軍曰：「吾未冠從先帝百戰，出入生死，金創滿身，以立今日之社稷。汝曹從我，目睹其事。今朝廷信任讒臣，猜忌骨肉，我何罪而受誅乎？」因慟哭，聞者哀之。張虔釗性褊急，主攻城西南，以白刃驅士卒登城，士卒怒，大詬，反攻之，虔釗躍馬走免。楊思權因大呼曰：「大相公，吾主也。」遂帥諸軍解甲投兵，請降於潞王。自西門入，以幅紙進潞王曰：「願王克京城日，以臣爲節度使，勿以爲防、團。」潞王即書「思權可邠寧節度使」，授之。王思同猶未之知，趣士卒登城，尹暉大呼曰：「城西軍已入城受賞矣。」衆争棄甲投兵而降，其聲震地。日中，亂兵悉入，外軍亦潰，思同等六節度使皆遁去。潞王悉斂城中將吏士民之財以犒軍，至於鼎釜皆估直以給之。丁巳，王思同、藥彦稠等走至長安，西京副留守劉遂雍閉門不内，乃趣潼關。遂雍，鄩之子也。潞王建大將旗鼓，整衆而東，以孔目官虞城劉延朗爲腹心。潞王始憂王思同等併力據長安拒守，至岐山，聞劉遂雍不内思同，甚喜，遣使慰撫之。遂雍悉出府庫之財於外，軍士前至者即給賞令過。比潞王至，前軍賞遍，皆不入城。庚申，潞王至長安，遂雍迎謁，率民財以充賞。

是日，西面步軍都監王景從等自軍前奔還，中外大駭。帝不知所爲，謂康義誠等曰：「先帝棄萬國，朕外守藩方，當是之時，爲嗣者在諸公所取耳，朕實無心與人争國。既承大業，年在幼冲，國事皆委諸公。朕於兄弟間不至榛梗，諸公以社稷大計見告，朕何敢違。

軍興之初，皆自夸大，以爲寇不足平。今事至於此，何方可以轉禍？朕欲自迎潞王，以大位讓之，若不免於罪，亦所甘心。」朱弘昭、馮贇大懼，不敢對。義誠欲悉以宿衛兵迎降爲己功，乃曰：「西師驚潰，蓋主將失策耳。今侍衛諸軍尚多，臣請自往扼其衝要，招集離散，以圖後效，幸陛下勿爲過憂。」帝遣使召石敬瑭，欲令將兵拒之。義誠固請自行，帝乃召將士慰諭，空府庫以勞之，許以平鳳翔，人更賞二百緡，府庫不足，當以宮中服玩繼之。軍士益驕，無所畏忌，負賜物揚言於路曰：「至鳳翔，更請一分。」

遣楚匡祚殺李重吉於宋州。匡祚榜棰重吉，責其家財。又殺尼惠明。

初，馬軍都指揮使朱洪實爲秦王從榮所厚，及朱弘昭爲樞密使，洪實以宗兄事之。從榮勒兵天津橋，洪實首爲孟漢瓊擊從榮。康義誠由是恨之。辛酉，帝親至左藏，給將士金帛。義誠、洪實共論用兵利害，洪實欲以禁軍固守洛陽，曰：「如此，彼亦未敢徑前，然後徐圖進取，可以萬全。」義誠怒曰：「洪實爲此言，欲反邪！」洪實曰：「公自欲反，乃謂誰反！」其聲漸厲。帝聞，召而訊之，二人訟於帝前，帝不能辨其是非，遂斬洪實，軍士益憤怒。

壬戌，潞王至昭應，聞前軍獲王思同。王曰：「思同雖失計，然盡心所奉，亦可嘉也。」癸亥，至靈口，前軍執思同以至，王責讓之。對曰：「思同起行間，先帝擢之，位至節將，常愧無功以報大恩。非不知附大王立得富貴，助朝廷自取禍殃，但恐死之日，無面目見先帝於泉下耳。敗而釁鼓，固其所也。請早就死！」王爲之改容曰：「公且休矣。」王欲宥之，而楊思權之徒恥見其面。王之過長安，尹暉盡取思同家資及妓妾，屢言於劉延朗曰：「若留思同，慮失士心。」屬王醉，不待報，擅殺思同及其妻子。王醒，怒延朗，嗟惜者累日。

癸亥，制以康義誠爲鳳翔行營都招討使，以王思同副之。甲子，潞王至華州，獲藥彥稠，囚之。乙丑，至閿鄉，朝廷前後所發諸軍，遇西軍皆迎降，無一人戰者。丙寅，康義誠引侍衞兵發洛陽。詔以侍衞馬軍指揮使安從進爲京城巡檢；從進已受潞王書，潛布腹心矣。

是日，潞王至靈寶，護國節度使安彥威、匡國節度使安重霸皆降，惟保義節度使康思立謀固守陝城以俟康義誠。先是，捧聖五百騎戍陝西，爲潞王前鋒，至城下，呼城上人曰：「禁軍十萬已奉新帝，爾輩數人奚爲？徒累一城人塗地耳。」於是捧聖卒爭出迎，思立不能禁，不得已亦出迎。

丁卯，潞王至陝，僚佐說王曰：「今大王將及京畿，傳聞乘輿已播遷，大王宜少留於此，先移書慰安京城士庶。」王從之，移書諭洛陽文武士庶，惟朱弘昭、馮贇兩族不赦外，自餘勿有憂疑。

康義誠軍至新安，所部將士自相結，百什爲羣，棄甲兵，争先詣陝降，纍纍不絶。義誠至乾壕，麾下纔餘數十人。遇潞王候騎十餘人，義誠解所佩弓劍爲信，因候騎請降於潞王。

戊辰，閔帝聞潞王至陝，義誠軍潰，憂駭不知所爲。急遣中使召朱弘昭謀所向，弘昭曰：「急召我，欲罪之也。」赴井死。安從進聞弘昭死，殺馮贇於第，滅其族，傳弘昭、贇首於潞王。帝欲奔魏州，召孟漢瓊使詣魏州爲先置；漢瓊不應召，單騎奔陝。

初，帝在藩鎮，愛信牙將慕容遷，及即位，以爲控鶴指揮使。帝將北渡河，密與之謀，使帥部兵守玄武門。是夕，帝以五十騎出玄武門，謂遷曰：「朕且幸魏州，徐圖興復，汝帥有馬控鶴從我。」遷曰：「生死從大家。」乃陽爲團結。帝既出，即闔門不行。

己巳，馮道等入朝，及端門，聞朱、馮死，帝已北走。道及劉昫欲歸，李愚曰：「天子之出，吾輩不預謀。今太后在宫，吾輩當至中書，遣小黄門取太后進止，然後歸第，人臣之義也。」道曰：「主上失守社稷，人臣惟君是奉，無君而入宫城，恐非所宜。潞王已處處張牓，不若歸俟教令。」乃歸。至天宫寺，安從進遣人語之曰：「潞王倍道而來，且至矣，相公宜帥百官至穀水奉迎。」乃止於寺中，召百官。中書舍人盧導至，馮道曰：「俟舍人久矣，所急者勸進文書，宜速具草。」導曰：「潞王入朝，百官班迎可也。設有廢立，當俟太后教令，豈可遽議勸進乎？」道曰：「事當務實。」導曰：「安有天子在外，人臣遽以大位勸人者邪！若潞王守節北面，以大義見責，將何辭以對？公不如帥百官詣宮門，進名問安，取太后進止，則去就善矣。」道未及對，從進屢遣人趣之曰：「潞王至矣，太后、太妃已遣中使迎勞矣，安得百官無班。」道等即紛然而去。既而潞王未至，三相息於上陽門外，盧導過於前，道復召而語之，導對如初。李愚曰：「舍人之言是也。吾輩之罪，擢髮不足數。」康義誠至陝待罪，潞王責之曰：「先帝晏駕，立嗣在諸公。今上亮陰，政事出諸公，何爲不能終始，陷吾弟至此乎？」義誠大懼，叩頭請死。王素惡其爲人，未欲遽誅，且宥之。馬步都虞候萇從簡、左龍武統軍王景戡皆爲部下所執，降於潞王，東軍盡降。潞王上牋於太后，取進止，遂自陝而東。

夏四月庚午朔，未明，閔帝至衛州東數里，遇石敬瑭。帝大喜，問以社稷大計。敬瑭曰：「聞康義誠西討，何如？陛下何爲至此？」帝曰：「義誠亦叛去矣。」敬瑭俛首長歎數四，曰：「衛州刺史王弘贄，宿將習事，請與圖之。」乃往見弘贄問之，弘贄曰：「前代天子播遷多矣，然皆有將相、侍衛、府庫、法物，使羣下有所瞻仰。今皆無之，獨以五十騎自隨，雖有忠義之心，將若之何？」敬瑭還，見帝於衛州驛，以弘贄之言告。弓箭庫使沙守榮、奔洪進前責敬瑭曰：「公明宗愛壻，富貴相與共之，憂患亦宜相恤。今天子播越，委計於公，冀圖興復，乃以此四者爲辭，是直欲附賊賣天子耳。」守榮抽佩刀欲刺之，敬瑭親將陳暉救之，守榮與暉鬭死，洪進亦自刎。敬瑭牙内指揮使劉知遠引兵入，盡殺帝左右及從騎，獨置帝而去。敬瑭遂趣洛陽。

是日，太后令内諸司至乾壕迎潞王，王亟遣還洛陽。

初，潞王罷河中，歸私第，王淑妃數遣孟漢瓊存撫之。漢瓊自謂於王有舊恩，至澠池西，見王大哭，欲有所陳。王曰：「諸事不言可知。」仍自預從臣之列，王即命斬於路隅。

壬申，潞王至蔣橋，百官班迎於路，傳教以未拜梓宮，未可相見。馮道等皆上牋勸進。王入謁太后、太妃，詣西宮，伏梓宮慟哭，自陳詣闕之由。馮道帥百官班見，拜，王答拜。道等復上牋勸進，王立謂道等曰：「予之此行，事非獲已。俟皇帝歸闕，園寢禮終，當還守藩服。羣公遽言及此，甚無謂也！」

癸酉，太后下令廢少帝爲鄂王，以潞王知軍國事，權以書詔印施行。百官詣至德宮門待罪，王命各復其位。甲戌，太后令潞王宜即皇帝位。乙亥，即位於柩前。

帝之發鳳翔也，許軍士以入洛人賞錢百緡。既至，問三司使王玫以府庫之實，對有數百萬在。既而閱實，金、帛不過三萬兩、匹，而賞軍之費計應用五十萬緡。帝怒，玫請率京城民財以足，數日僅得數萬緡。帝謂執政曰：「軍不可不賞，人不可不恤，今將奈何？」執政請據屋爲率，無問士庶自居及僦者，預借五月僦直；從之。

王弘贄遷閔帝於州廨，帝遣弘贄之子殿直巒往酖之。戊寅，巒至衞州謁見，閔帝問來故，不對。弘贄數進酒，閔帝知其有毒，不飲，巒縊殺之。

閔帝性仁厚，於兄弟敦睦，雖遭秦王忌疾，閔帝坦懷待之，卒免於患。及嗣位，於潞王亦無嫌，而朱弘昭、孟漢瓊之徒横生猜間，閔帝不能違，以至禍敗焉。

孔妃尚在宫中，王巒既還，潞王使人謂之曰：「重吉輩何在？」遂殺妃，并其四子。閔帝之在衞州也，惟磁州刺史宋令詢遣使問起居，聞其遇害，慟哭半日，自經死。

己卯，石敬瑭入朝。乙酉，改元，大赦。戊子，斬河陽節度使、判六軍諸衞兼侍中康義誠，滅其族。己丑，誅藥彦稠。庚寅，釋王景戡、萇從簡。

有司百方斂民財，僅得六萬，帝怒，下軍巡使獄，晝夜督責，囚繫滿獄，貧者至自經、赴井。而軍士遊市肆皆有驕色，市人聚詬之曰：「汝曹爲主力戰，立功良苦，反使我輩鞭胸杖背，出財爲賞，汝曹猶揚揚自得，不愧天地乎！」

是時，竭左藏舊物及諸道貢獻，乃至太后、太妃器服簪珥皆出之，纔及二十萬緡，帝患之。李專美夜直，帝讓之曰：「卿名有才，不能爲我謀此，留才安所施乎？」專美謝曰：

「臣駑劣，陛下擢任過分，然軍賞不給，非臣之責也。竊思自長興之季，賞賚亟行，卒以是驕。繼以山陵及出師，帑藏遂涸。雖有無窮之財，終不能滿驕卒之心，故陛下拱手於危困之中而得天下。夫國之存亡，不專繫於厚賞，亦在修法度，立紀綱。陛下苟不改覆車之轍，臣恐徒困百姓，存亡未可知也。今財力盡於此矣，宜據所有均給之，何必踐初言乎？」帝以爲然。壬辰，詔禁軍在鳳翔歸命者，自楊思權、尹暉等各賜二馬、一駝、錢七十緡，下至軍人錢二十緡，其在京者各十緡。軍士無厭，猶怨望，爲謠言曰：「除去菩薩，扶立生鐵。」以閔帝仁弱，帝剛嚴，有悔心故也。

丙申，葬聖德和武欽孝皇帝于徽陵，廟號明宗。帝衰絰護從至陵所，宿焉。

契丹入寇

後梁太祖開平元年夏五月，契丹遣其臣袍笏梅老來通好，帝遣太府少卿高頎報之。

初，契丹有八部，部各有大人，相與約，推一人爲王，建旗鼓以號令諸部，每三年則以次相代。咸通末，有習爾者爲王，土宇始大。其後欽德爲王，乘中原多故，時入盜邊。及阿保機爲王，尤雄勇，五姓奚及七姓室韋、達靼咸役屬之。阿保機姓邪律氏，恃其强，不肯受代。久之，阿保機擊黃頭室韋還，七部劫之於境上，求如約。阿保機不得已，傳旗鼓，且曰：「我爲王九年，得漢人多，請帥種落居古漢城，與漢人守之，別自爲一部。」七部許之。漢城者，故後魏滑鹽縣也。地宜五穀，有鹽池之利。其後阿保機稍以兵擊滅七部，復併爲一國。又北侵室韋、女真，西取突厥故地，擊奚滅之，復立奚王而使契丹監其兵。東北諸夷皆畏服之。

是歲，阿保機帥衆三十萬寇雲州，晉王與之連和，面會東城，約爲兄弟，延之帳中，縱酒，握手盡歡，約以今冬共擊梁。或勸晉王：「因其來，可擒也。」王曰：「讎敵未滅，而失信夷狄，自亡之道也。」阿保機留旬日乃去，晉王贈以金繒數萬，阿保機留馬三千匹、雜畜萬計以酬之。阿保機既歸而背盟，更附于梁，晉王由是恨之。

二年夏五月己丑，契丹王阿保機遣使隨高頎入貢，且求册命。帝復遣司農卿渾特賜以手詔，約共滅沙陀，乃行封册。

均王貞明二年。初，燕人苦劉守光殘虐，軍士多亡歸契丹。及守光被圍於幽州，其北邊士民多爲契丹所掠，契丹日益强大。契丹王阿保機自稱皇帝，國人謂之天皇王，以妻述律氏爲皇后，置百官。至是改元神册。述律后勇決多權變，阿保機行兵御衆，述律后常預其謀。阿保機嘗度磧擊党項，留述律后守其帳，黄頭、臭泊二室韋乘虚合兵掠之。述律后知之，勒兵以待其至，奮擊，大破之，由是名震諸夷。述律后有母有姑，皆踞榻受其拜，曰：「吾惟拜天，不拜人也。」晉王方經營河北，欲結契丹爲援，常以叔父事阿保機，以叔母事述律后。

劉守光末年衰困，遣參軍韓延徽求援於契丹。契丹主怒其不拜，留之，使牧馬於野。延徽，幽州人，有智略，頗知屬文。述律后言於契丹主曰：「延徽能守節不屈，此今之賢者，奈何辱以牧圉，宜禮而用之。」契丹主召延徽與語，悅之，遂以爲謀主，舉動訪焉。延徽始教契丹建牙開府，築城郭，立市里，以處漢人，使各有配偶，墾藝荒田。由是漢人各安生業，逃亡者益少。契丹威服諸國，延徽有助焉。

頃之，延徽逃奔晉陽。晉王欲置之幕府，掌書記王緘疾之。延徽不自安，求東歸省母，過真定，止於鄉人王德明家。德明問所之，延徽曰：「今河北皆爲晉有，當復詣契丹耳。」德明曰：「叛而復往，得無取死乎？」延徽曰：「彼自吾來，如喪手目，今往詣之，彼手目復完，安肯害我。」既省母，遂復入契丹。契丹主聞其至，大喜，如自天而下，拊其背曰：「曏者何往？」延徽曰：「思母，欲告歸，恐不聽，故私歸耳。」契丹主待之益厚。及稱帝，以延徽爲相，累遷至中書令。

晉王遣使至契丹，延徽寓書於晉王，敘所以北去之意，且曰：「非不戀英主，非不思故鄉，所以不留，正懼王緘之讒耳。」因以老母爲託，且曰：「延徽在此，契丹必不南牧。」

故終同光之世，契丹不深入爲寇，延徽之力也。

三年。晉王使其弟威塞軍防禦使存矩募兵，存矩得五百騎，自部送之，以（青）〔壽〕州〔刺史〕盧文進爲裨將。兵叛，殺存矩，文進帥其衆奔契丹。

初，幽州北七百里有渝關，下有渝水通海。自關東北循海有道，道狹處纔數尺，旁皆亂山，高峻不可越。比至進牛口，舊置八防禦軍，募土兵守之，田租皆供軍食，不入於薊，幽州歲致繒纊以供戰士衣。每歲早穫，清野堅壁以待契丹，契丹至則閉壁不戰，俟其去，選驍勇據隘邀之，契丹常失利走。土兵皆自爲田園，力戰有功則賜勳加賞，由是契丹不敢輕入寇。及周德威爲盧龍節度使，恃勇不修邊備，遂失渝關之險，契丹每芻牧於營、平之間。德威又忌幽州舊將，有名者往往殺之。

吴王遣使遺契丹主以猛火油，曰：「攻城，以此油然火，焚樓櫓，敵以水沃之，火愈熾。」契丹主大喜，即選騎三萬欲攻幽州。述律后哂之曰：「豈有試油而攻一國乎？」因指帳前樹謂契丹主曰：「此樹無皮，可以生乎？」契丹主曰：「不可。」述律后曰：「幽州城亦猶是矣。吾但以三千騎伏其旁，掠其四野，使城中無食，不過數年，城自困矣，何必如此躁動輕舉？萬一不勝，爲中國笑，吾部落亦解體矣。」契丹主乃止。

三月，盧文進引契丹兵急攻新州，刺史安金全不能守，棄城走。文進以其部將劉殷爲刺史，使守之。晉王使周德威合河東、鎮、定之兵攻之，旬日不克。契丹主帥衆三十萬救之，德威衆寡不敵，大爲契丹所敗，奔歸。

契丹乘勝進圍幽州，聲言有衆百萬，氈車毳幕彌漫山澤。盧文進教之攻城，爲地道，晝夜四面俱進，城中穴地然膏以邀之。又爲土山以臨城，城中鎔銅以灑之。日殺千計，而攻之不止。周德威遣間使詣晉王告急，王方與梁相持河上，欲分兵則兵少，欲勿救恐失之，憂形於色。謀於諸將，獨李嗣源、李存審、閻寶勸王救之。王喜曰：「昔太宗得一李靖猶擒頡利，今吾有猛將三人，復何憂哉！」存審、寶以爲虜無輜重，勢不能久，俟其野無所掠，食盡自還，然後踵以擊之。李嗣源曰：「周德威社稷之臣，今幽州朝夕不保，恐變生於中，何暇待虜之衰？臣請身爲前鋒以赴之。」王曰：「公言是也。」即日，命治兵。夏四月，晉王命嗣源將兵先進，軍于淶水，閻寶以鎮、定之兵繼之。秋七月，晉王以李嗣源、閻寶兵少，未足以敵契丹，辛未，更命李存審將兵益之。八月，契丹圍幽州且二百日，城中危困。李嗣源、閻寶、李存審步騎七萬會于易州，存審曰：「虜衆吾寡，虜多騎，吾多步，若平原相遇，虜以萬騎蹂吾陳，吾無遺類矣。」嗣源曰：「虜無輜重，吾行必載糧食自隨，若平原相遇，虜抄吾糧，吾不戰自潰矣。不若自山中潛行趣幽州，與城中合勢，若中道遇虜，則據險拒之。」甲午，自易州北行，庚子，踰大房嶺，循澗而東。嗣源與養子從珂將三千騎爲前鋒，距幽州六十里，與契丹遇，契丹驚卻，晉兵翼而隨之。契丹行山上，晉兵行澗下，每至谷口，契丹輒邀之，嗣源父子力戰，乃得進。至山口，契丹以萬餘騎遮其前，將士失色。嗣源以百餘騎先進，免冑揚鞭，胡語謂契丹曰：「汝無故犯我疆埸，晉王命我將百萬衆直抵西樓，滅汝種族！」因躍馬奮檛，三入其陳，斬契丹酋長一人。後軍齊進，契丹兵卻，晉兵始得出。李存審命步兵伐木爲鹿角，人持一枝，止則成寨。契丹騎環寨而過，寨中發萬弩射之，流矢蔽日，契丹人馬死傷塞路。將至幽州，契丹列陳待之。存審命步兵陳於其後，戒勿動，先令羸兵曳柴然草而進，煙塵蔽天，契丹莫測其多少。因鼓譟合戰，存審乃趣後陳起乘之，契丹大敗，席卷其衆自北山去，委棄車帳、鎧仗、羊馬滿野，晉兵追之，俘斬萬計。辛丑，嗣源等入幽州，周德威見之，握手流涕。

契丹以盧文進爲幽州留後，其後又以爲盧龍節度使。文進常居平州，帥奚騎歲入北邊，殺掠吏民。晉人自瓦橋運糧輸薊城，雖以兵援之，不免抄掠。契丹每入寇，則文進帥漢卒爲鄉導，盧龍巡屬諸州爲之殘弊。

四年。初，契丹主之弟撒剌阿撥號北大王，謀作亂於其國。事覺，契丹主數之曰：「汝與吾如手足，而汝興此心，我若殺汝，則與汝何異！」乃囚之期年而釋之。撒剌阿撥帥其衆奔晉，晉王厚遇之，養爲假子，任爲刺史。胡柳之戰，以其妻子來奔。

龍德元年。趙王鎔養子張文禮既殺趙王，遣間使因盧文進求援於契丹。事見後唐滅梁。天皇王速往，則皆己物也，不然，爲晉王所有矣。」契丹主以爲然，悉發所有之衆而南。述律后諫曰：「吾有西樓羊馬之富，其樂不可勝窮也，何必勞師遠出以乘危徼利乎！吾聞晉王用兵，天下莫敵，脱有危敗，悔之何及。」契丹主不聽。十二月辛未，攻幽州，李紹宏嬰城自守。契丹長驅而南，圍涿州，旬日拔之，擒刺史李嗣弼，進寇定州。王都告急于晉，晉王自鎮州將親軍五千救之，遣神武都指揮使王思同將兵戍狼山之南以拒之。

契丹主既許盧文進出兵，王郁又説之曰：「鎮州美女如雲，金帛如山，

二年春正月甲午，晉王至新城南，候騎白「契丹前鋒宿新樂，涉沙河而南」，將士皆失色，士卒有亡去者，主將斬之不能止。諸將皆曰：「虜傾國而來，吾衆寡不敵。又聞梁寇內侵，宜且還師魏州，以救根本。」或請釋鎮州之圍，西入井陘避之。晉王猶豫未決。中門使郭崇韜曰：「契丹爲王郁所誘，本利貨財而來，非能救鎮州之急難也。王新破梁兵，威振夷夏，契丹聞王至，心沮氣索，苟挫其前鋒，遁走必矣。」李嗣昭自潞州至，亦曰：「今强敵在前，吾有進無退，不可輕動，以摇人心。」晉王曰：「帝王之興，自有天命，契丹其如我何！吾以數萬之衆平定山東，今遇此小虜而避之，何面目以臨四海？」乃自帥鐵騎五千先進。至新城北，半出桑林，契丹萬餘騎見之，驚走。晉王分軍爲二逐之，行數十里，獲契

丹主之子。時沙河橋狹冰薄，契丹陷溺死者甚衆。是夕，晉王宿新樂。契丹主車帳在定州城下，敗兵至，契丹舉衆退保望都。晉王至定州，王都迎謁於馬前，宴於府第，請以愛女妻王子繼岌。

戊戌，晉王引兵趣望都，契丹逆戰，晉王以親軍千騎先進，遇奚酋秃餒五千騎，爲其所圍。晉王力戰，出入數四，自午至申不解。李嗣昭聞之，引三百騎横擊之，虜退，王乃得出。因縱兵奮擊，契丹大敗，逐北至易州。會大雪彌旬，平地數尺，契丹人馬無食，死者相屬於道。契丹主舉手指天，謂盧文進曰：「天未令我至此。」乃北歸。晉王引兵躡之，隨其行止，見其野宿之所，布藁於地，回環方正，皆如編翦，雖去，無一枝亂者，歎曰：「虜用法嚴，乃能如是，中國所不及也。」晉王至幽州，使二百騎躡契丹之後，曰：「虜出境即還。」騎恃勇追擊之，悉爲所擒，惟兩騎自他道走免。

契丹主責王郁，縶之以歸，自是不聽其謀。

晉代州刺史李嗣肱將兵定嬀、儒、武等州，授山北都團練使。

是歲，契丹改元天贊。

後唐莊宗同光元年春三月，契丹寇幽州，晉王問帥於郭崇韜，崇韜薦横海節度使李存審。時存審卧病，己卯，徙存審爲盧龍節度使，輿疾赴鎮。以蕃漢馬步副總管李嗣源領横海節度使。
夏閏四月甲午，契丹寇幽州，至易定而還。
二年春正月甲辰，幽州奏契丹入寇，至瓦橋。以天平軍節度使李嗣源爲北面行營都招討使，陝州留後霍彦威副之，宣徽使李紹宏爲監軍，將兵救幽州。契丹出塞，召李嗣源旋師，命泰寧節度使李紹欽、澤州刺史董璋戍瓦橋。李存審奏契丹去，復得新州。
三月乙巳，鎮州言契丹將犯塞，詔横海節度使李紹斌、北京左廂馬軍指揮使李從珂帥騎兵分道備之，天平節度使李嗣源屯邢州。紹斌本姓趙，名行實，幽州人也。庚戌，幽州奏契丹寇新城。
夏五月，幽州言契丹將入寇，甲寅，以横海節度使李紹斌充東北面行營招討使，將大軍渡河而北。契丹屯幽州東南城門之外，虜騎充斥，饋運多爲所掠。
秋七月，契丹恃其强盛，遣使就帝求幽州以處盧文進。時東北諸夷皆役屬契丹，惟勃海未服。契丹主謀入寇，恐勃海掎其後，乃先舉兵擊勃海之遼東，遣其將禿餒及盧文進據營、平等州以擾燕地。九月，契丹攻勃海，無功而還。丁巳，幽州言契丹入寇。冬十月，易定言契丹入寇。十二月己巳，命宣武節度使李嗣源將宿衛兵三萬七千人赴汴州，遂如幽州禦契丹。

三年春正月，契丹寇幽州。

二月，上以契丹爲憂，與郭崇韜謀，以威名宿將零落殆盡，李紹斌位望素輕，欲徙李嗣源鎮真定爲紹斌聲援，崇韜深以爲便。

明宗天成元年春正月，契丹主擊女真及勃海，恐唐乘虛襲之，戊寅，遣梅老鞋里來修好。秋七月，契丹主攻勃海，拔其夫餘城，更命曰東丹國。命其長子突欲鎮東丹，號人皇王；以次子德光守西樓，號元帥太子。

帝遣供奉官姚坤告哀於契丹。契丹主聞莊宗爲亂兵所害，慟哭曰：「我朝定兒也。吾方欲救之，以勃海未下，不果往，致吾兒及此。」哭不已。虜言朝定，猶華言朋友也。又謂坤曰：「今天子聞洛陽有急，何不救？」對曰：「地遠不能及。」曰：「何故自立？」坤爲言帝所以即位之由，契丹主曰：「漢兒喜飾説，毋多談。」突欲侍側曰：「牽牛以蹊人之田，而奪之牛，可乎？」坤曰：「中國無主，唐天子不得已而立，亦猶天皇王初有國，豈强取之乎？」契丹主曰：「理當然。又聞吾兒專好聲色遊畋，不恤軍民，宜其及此。我自聞之，舉家不飲酒，散遣伶人，解縱鷹犬。若亦效吾兒所爲，行自亡矣。」又曰：「吾兒與我雖世舊，然屢與我戰争。於今天子則無怨，足以修好。若與我大河之北，吾不復南侵矣。」坤曰：「此非使臣之所得專也。」契丹主怒，囚之。旬餘，復召之曰：「河北恐難得，得鎮、定、幽州亦可也。」給紙筆，趣令爲狀，坤不可，欲殺之，韓延徽諫，乃復囚之。

辛巳，契丹主阿保機卒於夫餘城，述律后召諸將及酋長難制者之妻，謂曰：「我今寡居，汝不可不效我。」又集其夫泣問曰：「汝思先帝乎？」對曰：「受先帝恩，豈得不思。」曰：「果思之，宜往見之。」遂殺之。

八月丁亥，契丹述律后使少子安端少君守東丹，與長子突欲奉契丹主之喪，將其衆發夫餘城。

庚子，幽州言契丹寇邊，命齊州防禦使安審通將兵禦之。

九月，契丹述律后愛中子德光，欲立之，至西樓，命與突欲俱乘馬立帳前，謂諸酋長曰：「二子吾皆愛之，莫知所立，汝曹擇可立者執其轡。」酋長知其意，爭執德光轡，讙躍曰：「願事元帥太子。」后曰：「衆之所欲，吾安敢違。」遂立之爲天皇王。突欲愠，帥數百騎欲奔唐，爲邏者所遏；述律后不罪，遣歸東丹。天皇王尊述律后爲太后，國事皆決焉。太后復納其姪爲天皇王后。天皇王性孝謹，母病不食亦不食，侍於母前應對或不稱旨，母揚眉視之，輒懼而趨避，非復召不敢見也。以韓延徽爲政事令。聽姚坤歸復命，遣其臣阿思没骨餒來告哀。

冬十月庚子，幽州奏契丹盧龍節度使盧文進來奔。初，文進爲契丹守平州，帝即位，遣間使説之，以易代之後，無復嫌怨。文進所部皆華人，思歸，乃殺契丹戍平州者，帥其衆十餘萬，車帳八千乘來奔。十二月癸巳，以盧文進爲義成節度使、同平章事。

二年秋九月壬申，契丹來請修好，遣使報之。

三年春正月，契丹陷平州。

初，義武節度使兼中書令王都鎮易定十餘年，自除刺史以下官，租賦皆贍本軍。及安重誨用事，稍以法制裁之。帝亦以都篡父位，惡之。時契丹數犯塞，朝廷多屯兵於幽、易間，大將往來，都陰爲之備，浸成猜阻。都恐朝廷移之他鎮，腹心和昭訓勸都爲自全之計，都乃求婚於盧龍節度使趙德鈞。又知成德節度使王建立與安重誨有隙，遣使結爲兄弟，陰與之謀復河北故事，建立陽許而密奏之。都又以蠟書遺青、徐、潞、益、梓五帥，離間之。又遣人説北面副招討使、歸德節度使王晏球，晏球不從。乃以金遺晏球帳下使圖之，不克。四月癸巳，晏球以都反狀聞，詔宣徽使張延朗與北面諸將議討之。庚子，詔削奪王都官爵。壬寅，以王晏球爲北面招討使，權知定州行州事，以橫海節度使安審通爲副招討使，以鄭州防禦使張虔釗爲都監，發諸道兵會討定州。是日，晏球攻定州，拔其北關城。都以重賂求救於奚酋禿餒，五月，禿餒以萬騎突入定州。晏球退保曲陽，都與禿餒就攻之。晏球與戰於嘉山下，大破之，禿餒以二千騎奔還定州。晏球追至城門，因進攻之，得其西關城。定州城堅，不可攻，晏球增修西關城以爲行府，使三州民輸税供軍食而守之。王晏球聞契丹發兵救定州，將大軍趣望都，遣張延朗分兵退保新樂。延朗遂之真定，留趙州刺史朱建豐將兵修新樂城。契丹已自他道入定州，與王都夜襲新樂，破之，殺建豐。乙丑，王晏球、張延朗會於行唐，丙寅，至曲陽。王都乘勝，悉其衆與契丹五千騎合萬餘人，邀晏球等於曲陽，丁卯，戰于城南。晏球集諸將校令之曰：「王都輕而驕，可一戰擒也。今日，諸君報國之時也，悉去弓矢，以短兵擊之，回顧者斬。」於是騎兵先進，奮檛揮劍，直衝其陳，大破之，僵尸蔽野。契丹死者過半，餘衆北走，都與禿餒得數騎，僅免。盧龍節度使趙德鈞邀擊契丹，北走者殆無孑遺。

秋七月壬戌，契丹復遣其酋長惕隱將七千騎救定州，王晏球逆戰於唐河北，大破之。甲子，追至易州。時久雨水漲，契丹爲唐所俘、斬及陷溺死者不可勝數。八月甲戌，趙德鈞遣牙將武從諫將精騎邀擊之，分兵扼險要，生擒惕隱等數百人，餘衆散投村落，村民以白梃擊之，其得脱歸國者不過數十人。自是契丹沮氣，不敢輕犯塞。

初，莊宗徇地河北，獲小兒，畜之宫中，及長，賜姓名曰李繼陶。帝即位，縱遣之。王都得之，使衣黄袍坐堞間，謂王晏球曰：「此莊宗皇子也，已即帝位。公受先朝厚恩，曾不念乎？」晏球曰：「公作此小數竟何益？吾今教公二策，不悉衆決戰，則束手出降耳，自餘無以求生也。」

閏月戊申，趙德鈞獻契丹俘惕隱等，諸將皆請誅之，帝曰：「此曹皆虜中驍將，殺之則虜絶望，不若存之以紓邊患。」乃赦惕隱等酋長五十人，置之親衛，餘六百人悉斬之。

契丹遣梅老季素等入貢。

初，盧文進來降，契丹以蕃漢都提舉使張希崇代之爲盧龍節度使，守平州，遣親將以三百騎監之。希崇本書生，爲幽州牙將，没於契丹，性和易，契丹將稍親信之，因與其部曲謀南歸。部曲泣曰：「歸固寢食所不忘也，然虜衆我寡，奈何？」希崇曰：「吾誘其將殺之，兵必潰去。此去虜帳千餘里，比其知而徵兵，吾屬去遠矣。」衆曰：「善！」乃先爲穽，實以石灰。明日，召虜將飲，醉，并從者殺之，投諸穽中。其營在城北，亟發兵攻之，契丹衆皆潰去。希崇悉舉其所部二萬餘口來奔，詔以爲汝州刺史。

冬十月，王都據定州，守備固，伺察嚴，諸將屢有謀翻城應官軍者，皆不果。帝遣使者促王晏球攻城，晏球與使者聯騎巡城，指之曰：「城高峻如此，借使主人聽外兵登城，亦非梯衝所及，徒多殺精兵，無損於賊，如此何爲！不若食三州之租，愛民養兵以俟之，彼必内潰。」帝從之。

四年春正月，王都、秃餒欲突圍走，不得出。二月癸丑，定州都指揮使馬讓能開門納官軍，都舉族自焚，擒秃餒及契丹二千人。辛亥，以王晏球爲天平節度使，與趙德鈞並加兼待中。秃餒至大梁，斬於市。夏四月，契丹寇雲州。五月，契丹寇雲州。

長興元年冬十一月，契丹東丹王突欲自以失職，帥部曲四十人越海自登州來奔。

二年春三月辛酉，賜契丹東丹王突欲姓東丹，名慕華，以爲懷化節度使、瑞慎等州觀察使。其部曲及先所俘契丹將惕隱等皆賜姓名，惕隱姓狄，名懷惠。秋九月己亥，更賜東丹慕華姓名曰李贊華。

三年。初，契丹舍利莿刺與惕隱皆爲趙德鈞所擒，契丹屢遣使請之。上謀於羣臣，德鈞等皆曰：「契丹所以數年不犯邊，數求和者，以此輩在南故也。縱之，則邊患復生。」上以問冀州刺史楊檀，對曰：「莿刺，契丹之驍將，曏助王都謀危社稷，幸而擒之，陛下免其死，爲賜已多。契丹失之，如喪手足。彼在朝廷數年，知中國虚實，若得歸，爲患必深，彼纔出塞，則南向發矢矣，恐悔之無及。」上乃止。檀，沙陀人也。

上欲授李贊華以河南藩鎮，羣臣皆以爲不可。上曰：「吾與其父約爲昆弟，故贊華歸我。吾老矣，後世繼體之君，雖欲招之，其可致乎？」夏四月癸亥，以贊華爲義成節度使，爲選朝士爲僚屬輔之。贊華但優遊自奉，不豫政事。上嘉之，雖時有不法，亦不問。

以莊宗後宮夏氏妻之。贊華好飲人血，姬妾多刺臂以吮之；婢僕小過，或抉目，或刀刲、火灼，夏氏不忍其殘，奏離婚爲尼。

五月，契丹使者迭羅卿辭歸國，上曰：「朕志在安邊，不可不少副其求。」乃遣莿骨舍利與之俱歸。契丹以不得莿剌，自是數寇雲州及振武。

初，契丹既强，寇抄盧龍諸州皆徧，幽州城門之外，虜騎充斥。每自涿州運糧入幽州，虜多伏兵於閻溝，掠取之。及趙德鈞爲節度使，城閻溝而戍之，爲良鄉縣，糧道稍通。幽州東十里之外，人不敢樵牧，德鈞於州東五十里城潞縣而戍之，近州之民始得稼穡。至是，又於州東北百餘里城三河縣以通薊州運路，虜騎來争，德鈞擊卻之。九月庚辰朔，奏城三河畢。邊人賴之。

孟知祥據蜀

後唐明宗天成元年秋七月，孟知祥陰有據蜀之志，閲庫中，得鎧甲二十萬，置左右牙等兵十六營，凡萬六千人，營於牙城内外。

初，郭崇韜以蜀騎兵分左右驍鋭等六營，凡三千人；步兵分左右寧遠等二十營，凡二萬四千人。八月，孟知祥增置左右衝山等六營，凡六千人，營於羅城内外；又置義寧等二十營，凡萬六千人，分戍管内州縣就食；又置左右牢城四營，凡四千人，分戍成都境内。

秋九月壬戌，孟知祥置左右飛棹兵六營，凡六千人，分戍濱江諸州，習水戰以備夔、峽。

初，魏王繼岌、郭崇韜率蜀中富民輸犒賞錢五百萬緡，聽以金銀繒帛充，晝夜督責，有自殺者，給軍之餘，猶二百萬緡。至是，任圜判三司，知成都富饒，遣鹽鐵判官、太僕卿趙季良爲孟知祥官告國信兼三川都制置轉運使。冬十月，季良至成都。蜀人欲皆不與，知祥曰：「府庫他人所聚，輸之可也。州縣租税，以贍鎮兵十萬，決不可得。」季良但發庫物，不敢復言制置、轉運職事矣。安重誨以知祥及東川節度使董璋皆據險要，擁强兵，恐久而難制；又知祥乃莊宗近姻，陰欲圖之。客省使、泗州防禦使李嚴自請爲西川監軍，必能制知祥。己酉，以嚴爲西川都監，文思使太原朱弘昭爲東川副使。李嚴母賢明，謂嚴曰：「汝前啓滅蜀之謀，今日再往，必以死報蜀人矣。」

二年春正月，孟知祥聞李嚴來監其軍，惡之。或請奏止之，知祥曰：「何必然，吾有以待之。」遣吏至綿、劍迎候。會武信節度使李紹文卒，知祥自言嘗〔受〕密詔許便宜從事，壬戌，以西川節度副使、内外馬步都指揮使李敬周爲遂州留後，促之上道，然後表聞。

嚴先遣使至成都，知祥自以於嚴有舊恩，冀其懼而自回，乃盛陳甲兵以示之，嚴不以爲意。

孟知祥禮遇李嚴甚厚，一日謁知祥，知祥謂曰：「公前奉使王衍，歸而請兵伐蜀，莊宗用公言，遂致兩國俱亡。今公復來，蜀人懼矣。且天下皆廢監軍，公獨來監吾軍，何也？」嚴惶怖求哀，知祥曰：「衆怒不可遏也。」遂揖下，斬之。又召左廂馬步都虞候丁知俊，知俊大懼。知祥指嚴尸謂曰：「昔嚴奉使，汝爲之副，然則故人也，爲我瘞之。」因誣奏「嚴詐宣口敕，云代臣赴闕，又擅許將士優賞，臣輒已誅之」。內八作使楊令芝以事入蜀，至鹿頭關，聞嚴死，奔還。朱弘昭在東川，聞之亦懼，謀歸洛，會有軍事，董璋使之入奏，弘昭僞辭然後行，由是得免。

三月，帝遣客省使李仁矩如西川，傳詔安諭孟知祥及吏民，甲戌，至成都。

先是，孟知祥遣牙內指揮使文水武漳迎其妻瓊華長公主及子仁贊於晉陽，及鳳翔，李從曮聞知祥殺李嚴，止之，以聞，帝聽其歸蜀，丙申，至成都。

鹽鐵判官趙季良與孟知祥有舊，知祥奏留季良爲副使。朝廷不得已，四月，以季良爲西川節度副使。李昊歸蜀，知祥以爲觀察推官。

三年春三月，孟知祥屢與董璋爭鹽利，璋誘商旅販東川鹽入西川，知祥患之，乃於漢州置三場，重征之，歲得錢七萬緡，商旅不復之東川。

先是，詔發西川兵戍夔州，孟知祥遣左肅邊指揮使毛重威將三千人往。頃之，知祥奏夔、忠、萬三州已平，請召戍兵還，以省饋運，帝不許。知祥陰使人誘之。〔夏六月〕，重威帥其衆鼓譟逃歸。帝命按其罪，知祥請而免之。

四年夏五月，帝將祀南郊，遣客省使李仁矩以詔諭兩川，令西川獻錢一百萬緡，〔東川五十萬緡〕。皆辭以軍用不足，西川獻五十萬緡，東川獻十萬緡。仁矩，帝在藩鎮時客將也，爲安重誨所厚，恃恩驕慢。至梓州，董璋置宴召之，日中不往，方擁妓酣飲。璋怒，從卒徒執兵入驛，立仁矩於階下而詬之曰：「公但聞西川斬李客省，謂我獨不能邪？」仁矩流涕拜請，僅而得免。既而厚賂仁矩以謝之。仁矩還，言璋不法。未幾，帝復遣通事舍人李彥珣詣東川，入境，失小禮，璋拘其從者，彥珣奔還。

秋九月，鄜州兵戍東川者歸本道，董璋擅留其壯者，選羸老歸之，仍收其甲兵。

冬十月辛亥，割閬、果二州置保寧軍，壬子，以内客省使李仁矩爲節度使。先是，西川常發芻糧饋峽路，孟知祥辭以本道兵自多，難以奉他鎮，詔不許，屢督之。甲寅，知祥奏稱財力乏，不奉詔。

十二月，安重誨既以李仁矩鎮閬州，使與綿州刺史武虔裕皆將兵赴治。虔裕，帝之故吏，重誨之外兄也。重誨使仁矩詗董璋反狀，仁矩增飾而奏之。朝廷又使武信節度使夏魯奇治遂州城隍，繕甲兵，益兵戍之。璋大懼。時道路傳言，又將割緜、龍爲節鎮，孟知祥亦懼。璋素與知祥有隙，未嘗通問，至是，璋遣使詣成都，請爲其子娶知祥女；知祥許之，謀併力以拒朝廷。

長興元年春正月，董璋遣兵築七寨於劍門。辛巳，孟知祥遣趙季良如梓州修好。二月乙未朔，趙季良還成都，謂孟知祥曰：「董公貪殘好勝，志大謀短，終爲西川之患。」都指揮使李仁罕、張業欲置宴召知祥，先二日，有尼告二將謀以宴日害知祥，知祥詰之，無狀，丁酉，推始言者軍校都延昌、王行本，腰斬之。戊戌，就宴，盡去左右，獨詣仁罕第。仁罕叩頭流涕曰：「老兵惟盡死以報德。」由是諸將皆親附而服之。壬子，孟知祥、董璋同上表，言兩川聞朝廷於閬中建節，綿、遂益兵，無不憂恐，上以詔書慰諭之。

董璋恐綿州刺史武虔裕窺其所爲，夏四月甲午朔，表兼行軍司馬，因之府廷。戊戌，加孟知祥兼中書令。五月，董璋閱集民兵，皆翦髮黥面，復於劍門北置永定關，布列烽火。

孟知祥累表請割雲安等十三鹽監隸西川，以鹽直贍寧江屯兵，辛卯，許之。

董璋遣兵掠遂、閬鎮戍。秋七月戊辰，兩川以朝廷繼遣兵屯遂、閬，復有論奏，自是東北商旅少敢入蜀。

董璋之子光業爲宮苑使，在洛陽，璋與書曰：「朝廷割吾支郡爲節鎮，屯兵三千，是殺我必矣。汝見樞要，爲吾言，如朝廷更發一騎入斜谷，吾必反，與汝訣矣。」光業以書示樞密承旨李虔徽。未幾，朝廷又遣別將荀咸乂將兵戍閬州，光業謂虔徽曰：「此兵未至，吾父必反。吾不敢自愛，恐煩朝廷調發，願止此兵，吾父保無他。」虔徽以告安重誨，重誨不從。璋聞之，遂反。利、閬、遂三鎮以聞，且言已聚兵將攻三鎮。重誨曰：「臣久知其如此，陛下含容不討耳。」帝曰：「我不負人，人負我則討之。」

九月癸亥，西川進奏官蘇愿白孟知祥，云朝廷欲大發兵討兩川。知祥謀於副使趙季良，季良請以東川先取遂、閬，然後併兵守劍門，則大軍雖來，吾無內顧之憂矣。知祥從之，遣使約董璋同舉兵。璋移檄利、閬、遂三鎮，數其離間朝廷，引兵擊閬州。庚午，知祥以都指揮使李仁罕爲行營都部署，漢州刺史趙廷隱副之，簡州刺史張業爲先鋒指揮使，將兵三萬攻遂州；別將牙內都指揮使侯弘實、先登指揮使孟思恭將兵四千會璋攻閬州。

東川兵至閬州，諸將皆曰：「董璋久蓄反謀，以金帛啗其士卒，鋭氣不可當，宜深溝高壘以挫之，不過旬日，大軍至，賊自走矣。」李仁矩曰：「蜀兵懦弱，安能當我精卒！」遂出戰，兵未交而潰歸。董璋晝夜攻之，庚辰，城陷，殺仁矩，滅其族。初，璋爲梁將，指揮使姚洪嘗隸麾下，至是，將兵千人戍閬州。璋密以書誘之，洪投諸廁。城陷，璋執洪而讓之曰：「吾自行間獎拔汝，今日何相負？」洪曰：「老賊，汝昔爲李氏奴，掃馬糞，得臠炙，感恩無窮。今天子用汝爲節度使，何負於汝而反邪？汝猶負天子，吾受汝何恩，而云相負哉！汝奴材，固無恥，吾義士，豈忍爲汝所爲乎！吾寧爲天子死，不能與人奴並生。」璋怒，然鑊於前，令壯士十人刲其肉自啗之，洪至死罵不絶聲。帝置洪二子於近衛，厚給其家。

丙戌，下制削董璋官爵，興兵討之。丁亥，以孟知祥兼西南面供饋使。以天雄節度使石敬瑭爲東川行營都招討使，以夏魯奇爲之副。璋使孟思恭分兵攻集州，思恭輕進，敗歸。璋怒，遣還成都，知祥免其官。戊子，以石敬瑭權知東川事。庚寅，以右武衛上將軍王思同爲西都留守兼行營馬步都虞候，爲伐蜀前鋒。

冬十月癸巳，李仁罕圍遂州，夏魯奇嬰城固守，孟知祥命都押牙高敬柔帥資州義軍二萬人築長城環之。魯奇遣馬軍都指揮使康文通出戰，文通聞閬州陷，遂以其衆降於仁罕。戊戌，董璋引兵趣利州，遇雨，糧運不繼，還閬州。知祥聞之，驚曰：「比破閬中，正欲徑取利州，其帥不武，必望風遁去。吾獲其倉廩，據漫天之險，北軍終不能西救武信。今董公僻處閬州，遠棄劍閣，非計也。」欲遣兵三千助守劍門。璋固辭曰：「此已有備。」丁未，族誅董光業。

孟知祥以故蜀鎮江節度使張武爲峽路行營招收討伐使，將水軍趣夔州，以左飛棹指揮使袁彥超副之。癸丑，東川兵陷徵、合、巴、蓬、果五州。十一月戊辰，張武至渝州，刺史張環降之，遂取瀘州，遣先鋒將朱偓分兵趣黔、涪。

石敬瑭入散關，階州刺史王弘贄、瀘州刺史馮暉與前鋒馬步都虞候王思同、步軍都指揮使趙在禮引兵出人頭山後，過劍門之南，還襲劍門，壬申，克之，殺東川兵三千人，獲都指揮使齊彥温，據而守之。暉，魏州人也。甲戌，弘贄等破劍州，而大軍不繼，乃焚其廬舍，取其資糧，還保劍門。

乙亥，詔削孟知祥官爵。

己卯，董璋遣使至成都告急，知祥聞劍門失守，大懼，曰：「董公果誤我！」庚辰，遣牙内都指揮使李肇將兵五千赴之，戒之曰：「爾倍道兼行，先據劍州，北軍無能爲也。」又遣使詣遂州，令趙廷隱將萬人會屯劍州。又遣故蜀永平節度使李筠將兵四千趣龍州，守要害。時天寒，士卒恐懼，觀望不進，廷隱流涕諭之曰：「今北軍勢盛，汝曹不力戰卻敵，則妻子皆爲人有矣。」衆心乃奮。董璋自閬州將兩川兵屯木馬寨。

先是，西川牙内指揮使太谷龐福誠、昭信指揮使謝鍠屯來蘇村，聞劍門失守，相謂曰：「使北軍更得劍州，則二蜀勢危矣。」遽引部兵千餘人間道趣劍州。始至，官軍萬餘人自北山大下，會日暮，二人謀曰：「衆寡不敵，逮明，則吾屬無遺矣。」福誠夜引兵數百升北山，大譟於官軍營後，鍠帥餘衆操短兵自其前急擊之，官軍大驚，空營遁去，復保劍門，十餘日不出。孟知祥聞之，喜曰：「吾始謂弘贄等克劍門，徑據劍州，堅守其城，或引兵直趣梓州，董公必棄閬州奔還。我軍失援，亦須解遂州之圍。如此，則內外受敵，兩川震動，勢可憂危。今迺焚毀劍州，運糧東歸劍門，頓兵不進，吾事濟矣。」

官軍分道趣文州，將襲龍州，爲西川定遠指揮使潘福超、義勝都頭太原沙延祚所敗。甲申，張武卒於渝州，知祥命袁彥超代將其兵。朱偓將至涪州，武泰節度使楊漢賓棄黔南，奔忠州，偓追至豐都，還取涪州。知祥以成都支使崔善權武泰留後。董璋遣前陵州刺史王暉將兵三千會李肇等分屯劍州南山。

十二月壬辰，石敬瑭至劍門，乙未，進屯劍州北山。趙廷隱陳于牙城後山，李肇、王暉陳于河橋。敬瑭引步兵進擊廷隱，廷隱擇善射者五百人伏敬瑭歸路，按甲待之，矛稍欲相及，乃揚旗鼓譟擊之，北軍退走，顛墜下山，俘斬百餘人。敬瑭又使騎兵衝河橋，李肇以強弩射之，騎兵不能進。薄暮，敬瑭引去，廷隱引兵躡之，與伏兵合擊，敗之。敬瑭還屯劍門。

石敬瑭征蜀未有功，使者自軍前來，多言道險狹，進兵甚難。關右之人疲於轉餉，往往竄匿山谷，聚爲盜賊。上憂之，壬子，謂近臣曰：「誰能辦吾事者！吾當自行耳。」安重誨曰：「臣職忝機密，軍威不振，臣之罪也。臣請自往督戰。」上許之。重誨即拜辭，癸丑，遂行，日馳數百里。西方藩鎮聞之，無不惶駭。錢帛、芻糧晝夜輦運赴利州，人畜斃踣於山谷者不可勝紀。時上已疏重誨，石敬瑭本不欲西征，及重誨離上側，乃敢累表奏論，以爲蜀不可伐，上頗然之。

二年春正月壬戌，孟知祥奉表謝。

西川兵先戍夔州者千五百人，上悉縱歸。

庚午，李仁罕陷遂州，夏魯奇自殺。癸酉，石敬瑭復引兵至劍州，屯于北山。孟知祥梟夏魯奇首以示之，魯奇二子從敬瑭在軍中，泣請往取其首葬之。敬瑭曰：「知祥長者，必葬而父，豈不愈於身首異處乎。」既而知祥果收葬之。敬瑭與趙廷隱戰，不利，復還劍門。

鳳翔節度使朱弘昭奏安重誨怨望，不可令至行營。又遺石敬瑭書，使逆止之。敬瑭上言：「重誨至，恐人情有變。」宣徽使孟漢瓊亦言重誨過惡，有詔召還。事見安重誨專權。

二月己丑朔，石敬瑭以遂、閬既陷，糧運不繼，燒營北歸。軍前以告孟知祥，知祥匿其書，謂趙季良曰：「北軍漸進，奈何？」季良曰：「不過綿州，必遁。」知祥問其故，曰：「我逸彼勞，彼懸軍千里，糧盡，能無遁乎？」知祥大笑，以書示之。

兩川兵追石敬瑭至利州，壬辰，昭武節度使李彥琦棄城走，甲午，兩川兵入利州。孟知祥以趙廷隱爲昭武留後，廷隱遣使密言於知祥曰：「董璋多詐，可與同樂，他日必爲公患。因其至劍州勞軍，請圖之。并兩川之衆，可以得志於天下。」知祥不許。璋入廷隱營，留宿而去。廷隱歎曰：「不從吾謀，禍難未已。」

庚子，孟知祥以武信留後李仁罕爲峽路行營招討使，使將水軍東略地。乙巳，趙廷隱、李肇自劍州引還，留兵五千戍利州。丙午，董璋亦還東川，留兵三千戍果、閬。丁巳，李仁罕陷忠州。三月己未朔，李仁罕陷萬州。庚申，陷雲安監。李仁罕至夔州，寧江節度使安崇阮棄鎮，與楊漢賓自均、房逃歸。壬戌，仁罕陷夔州。

夏四月己酉，以天雄節度使、同平章事石敬瑭兼六軍諸衛副使。五月己亥，下詔以重誨離間孟知祥、董璋、錢鏐爲重誨罪。

丙午，帝遣西川進奏官蘇愿、東川軍將劉澄各還本道，諭以安重誨專命，興兵致討，今已伏辜。

冬十一月癸巳，蘇愿至成都，孟知祥聞甥姪在朝廷者皆無恙，遣使告董璋，欲與之俱上表謝罪。璋怒曰：「孟公親戚皆完，固宜歸附。璋已族滅，尚何謝爲！詔書皆在蘇愿腹中，劉澄安得豫聞，璋豈不知邪！」由是復爲怨敵。

乙未，李仁罕自夔州引兵還成都。

十二月，昭武留後趙廷隱白孟知祥，以利州城塹已完，頃在劍州與牙内都指揮使李肇同功，願以昭武讓肇。知祥褒諭，不許。廷隱三讓，癸酉，知祥召廷隱還成都，以肇代之。

三年春正月，孟知祥以朝廷恩意優厚，而董璋塞綿州路，不聽遣使入謝，與節度副使趙季良等謀，欲發使自峽江上表。掌書記李昊曰：「公不與東川謀而獨遣使，則異日負約之責在我矣。」乃復遣使語之，璋不從。二月，趙季良與諸將議，遣昭武都監太原高彦儔將兵攻取壁州，以絶山南兵轉入山後諸州者。孟知祥謀於僚佐，李昊曰：「朝廷遣蘇愿等西歸，未嘗報謝，今遣兵侵軼，公若不顧墳墓甥姪，則不若傳檄舉兵，直取梁、洋，安用壁州乎？」知祥乃止，季良由是惡昊。

孟知祥三遣使説董璋，以主上加禮於兩川，苟不奉表謝罪，恐復致討。璋不從。三月辛丑，遣李昊詣梓州極論利害，璋見昊，詬怒，不許。昊還，言於知祥曰：「璋不通謀議，且有窺西川之志，公宜備之。」

夏四月，東川節度使董璋會諸將謀襲成都，皆曰：「必克。」前陵州刺史王暉曰：「劍南萬里，成都爲大。時方盛夏，師出無名，必無成功。」璋不從。孟知祥聞之，遣馬軍都指揮使潘仁嗣將三千人詣漢州詗之。璋入境，破白楊林鎮，執戍將武弘禮，聲勢甚盛。知祥憂之，趙季良曰：「璋爲人勇而無恩，士卒不附，城守則難克，野戰則成擒矣。今不守巢穴，公之利也。璋用兵精鋭皆在前鋒，公宜以羸兵誘之，以勁兵待之，始雖小衄，後必大捷。璋素有威名，今舉兵暴至，人心危懼，公當自出禦之，以强衆心。」趙廷隱以季良言爲然，曰：「璋輕而無謀，舉兵必敗，當爲公擒之。」辛巳，以廷隱爲行營馬步軍都部署，將三萬人拒之。

五月壬午朔，廷隱入辭。董璋檄書至，又有遺季良、廷隱及李肇書，誣之云季良、廷隱與己通謀，召己令來。知祥以書授廷隱，廷隱不視，投之於地曰：「不過爲反間，欲令公殺副使與廷隱耳。」再拜而行。知祥曰：「事必濟矣。」肇素不知書，視之，曰：「璋教我反耳。」囚其使者，然亦擁衆爲自全計。

璋兵至漢州，潘仁嗣與戰于赤水，大敗，爲璋所擒，璋遂克漢州。癸未，知祥留趙季良、高敬柔守成都，自將兵八千趣漢州，至彌牟鎮，趙廷隱陳於鎮北。甲申遲明，廷隱陳於雞蹤橋，義勝定遠都知兵馬使張公鐸陳於其後。俄而璋望西川兵盛，退陳於武侯廟下。璋帳下驍卒大譟曰：「日中曝我輩何爲？何不速戰！」璋乃上馬。前鋒始交，東川右廂馬步都指揮使張守進降於知祥，言「璋兵盡此，無復後繼，當急擊之」。知祥登高冢督戰，左明義指揮使毛重威、左衝山指揮使李瑭守雞蹤橋，皆爲東川兵所殺。趙廷隱三戰不利，牙内都指揮副使侯弘實兵亦卻。知祥懼，以馬箠指後陳，張公鐸帥衆大呼而進，東川兵大敗，死者數千人，擒東川中都指揮使元瓌、牙内副指揮使董光演等八十餘人。璋拊膺曰：「親兵皆盡，吾何依乎！」與數騎遁去，餘衆七千人降，復得潘仁嗣。知祥引兵追璋，至五侯津，東川馬步都指揮使元瓌降。西川兵入漢州府第，求璋不得，士卒争璋軍資，故璋走得免。趙廷隱追至赤水，又降其卒三千人。是夕，知祥宿雒縣，命李昊草榜諭東川吏民，及草書勞問璋，且言「將如梓州，詢負約之由，請見伐之罪」。乙酉，知祥會廷隱于赤水，遂西還，命廷隱將兵攻梓州。

璋至梓州，肩輿而入，王暉迎問曰：「太尉全軍出征，今還者無十人，何也？」璋涕泣，不能對。至府第，方食，暉與璋從子牙内都虞候延浩帥兵三百大譟而入。璋引妻子登城，子光嗣自殺。璋至北門樓，呼指揮使潘稠使討亂兵，稠引十卒登城，斬璋首及取光嗣首以授王暉，暉舉城迎降。趙廷隱入梓州，封府庫以待知祥。李肇聞璋敗，始斬其使以聞。

丙戌，知祥入成都。丁亥，復將兵八千如梓州。至新都，趙廷隱獻董璋首。己丑，發玄武，趙廷隱帥東川將吏來迎。

壬辰，孟知祥有疾。癸巳，疾甚。中門副使王處回侍左右，庖人進食，必空器而出，以安衆心。李仁罕自遂州來，趙廷隱迎于板橋。仁罕不稱東川之功，侵侮廷隱，廷隱大怒。乙未，知祥疾瘳，丁酉，入梓州。戊戌，犒賞將士，既罷，知祥謂李仁罕、趙廷隱曰：「二將誰當鎮此？」仁罕曰：「令公再與蜀州，亦行耳。」廷隱不對。知祥愕然，退，命李昊草牒，俟二將有所推，則命一人爲留後。昊曰：「昔梁祖莊宗皆兼領四鎮，今二將不讓，惟公自領之爲便耳。公宜亟還府，更與趙僕射議之。」

孟知祥命李仁罕歸遂州，留趙廷隱東川巡檢，以李昊行梓州軍府事。昊曰：「二虎方争，僕不敢受命，願從公還。」乃以都押牙王彦銖爲東川監押。癸卯，知祥至成都，趙廷隱尋亦引兵西還。

知祥謂李昊曰：「吾得東川，爲患益深。」昊請其故，知祥曰：「自吾發梓州，得仁罕七狀，皆云公宜自領東川，不然諸將不服。廷隱言本不敢當東川，因仁罕不讓，遂有争心耳。君爲我曉廷隱，復以閬州爲保寧軍，益以果、蓬、渠、開四州，往鎮之。吾自領東川，以絶仁罕之望。」廷隱猶不平，請與仁罕鬭，勝者爲東川。昊深解之，乃受命。六月，以廷隱爲保寧留後。戊午，趙季良帥將吏請知祥兼鎮東川，許之。季良等又請知祥稱王，權行制書，賞功臣，不許。

董璋之起兵攻知祥也，山南西道節度使王思同以聞。范延光言於上曰：「若兩川併於一賊，撫衆守險，則取之益難，宜及其交争，早圖之。」上命思同以興元之兵密規進取。未幾，聞璋敗死，延光曰：「知祥雖據全蜀，然士卒皆東方人，知祥恐其思歸爲變，亦欲倚朝廷之重以威其衆，陛下不屈意撫之，彼則無從自新。」上曰：「知祥吾故人，爲人離間至此，何屈意之有。」乃遣供奉官李存瓌賜知祥詔曰：「董璋狐狼，自貽族滅。卿丘園親戚皆保安全，所宜成家世之美名，守君臣之大節。」存瓌，克寧之子，知祥之甥也。

秋七月庚寅，李存瓌至成都，孟知祥拜泣受詔。乙未，孟知祥遣李存瓌還，上表謝罪，且告福慶公主之喪。自是復稱藩，然益驕倨矣。

八月甲子，孟知祥令李昊爲武泰趙季良等五留後草表，請以知祥爲蜀王，行墨制，仍自求旌節。昊曰：「比者諸將攻取方鎮，即有其地，今又自求朝廷節鉞及明公封爵，然則輕重之權皆在羣下矣。借使明公自請，豈不可邪？」知祥大悟，更令昊爲己草表，請行墨制，補兩川刺史已下，又表請以季良等五留後爲節度使。

初，安重誨欲圖兩川，自知祥殺李嚴，每除刺史，皆以東兵衛送之，小州不減五百人，夏魯奇、李仁矩、武虔裕各數千人，皆以牙隊爲名。及知祥克遂、閬、利、夔、黔、梓六鎮，得東兵無慮三萬人，恐朝廷徵還，表請其妻子。

九月，孟知祥命其子仁贊攝行軍司馬，兼都總轄兩川牙内馬步都軍事。

冬十月己酉朔，帝復遣李存瓌如成都，凡劍南自節度使、刺史以下官，聽知祥差署訖奏聞，朝廷更不除人；唯不遣戍兵妻子，然其兵亦不復徵也。

四年春二月，孟知祥墨制以趙季良等爲五鎮節度使。癸亥，以孟知祥爲東、西川節度使、蜀王。秋七月，以盧文紀、吕琦爲蜀王册禮使，并賜蜀王一品朝服。知祥自作九旒冕、九章衣，車服旌旗皆擬王者。八月乙巳朔，文紀等至成都。戊申，知祥服衮冕，備儀衛詣驛，降階北面受册，升玉輅，至府門，乘步輦而歸。文紀，簡求之孫也。

冬十二月，孟知祥聞明宗殂，謂僚佐曰：「宋王幼弱，爲政者皆胥史小人，其亂可坐俟也。」

潞王清泰元年閏正月，蜀將吏勸蜀王知祥稱帝，己巳，知祥即皇帝位于成都。二月癸酉，蜀主以武泰節度使趙季良爲司空兼門下侍郎、同平章事，領節度使如故。蜀主以中門使王處回爲樞密使。

秋七月，蜀主得風疾踰年，至是增劇。甲子，立子東川節度使、同平章事、親衛馬步都指揮使仁贊爲太子，仍監國。召司空同平章事趙季良、武信節度使李仁罕、保寧節度使趙廷隱、樞密使王處回、捧聖控鶴都指揮使張公鐸、奉鑾肅衛指揮副使侯弘實受遺詔輔政。是夕殂，祕不發喪。

王處回夜啓義興門告趙季良，處回泣不已，季良正色曰：「今强將握兵，專伺時變，宜速立嗣君，以絶覬覦，豈可但相泣邪！」處回收淚謝之。季良教處回見李仁罕，審其詞旨然後告之。處回至仁罕第，仁罕設備而出，遂不以實告。

丙寅，宣遺制，命太子仁贊更名昶，丁卯，即皇帝位。

冬十二月甲申，蜀葬文武聖德英烈明孝皇帝于和陵，廟號高祖。

二年春二月戊寅，蜀主尊母李氏爲皇太后。太后，太原人，本莊宗後宫也，以賜蜀高祖。

石晉篡唐

後唐潞王清泰元年。帝與石敬瑭皆以勇力善鬭，事明宗爲左右，然心競，素不相悦。帝即位，敬瑭不得已入朝，山陵既畢，不敢言歸。時敬瑭久疾羸瘠，太后及魏國公主屢爲之言；而鳳翔舊將佐多勸帝留之，惟韓昭胤、李專美以爲「趙延壽在汴，不宜猜忌敬瑭」。帝亦見其骨立，不以爲虞，乃曰：「石郎不惟密親，兼自少與吾同艱難。今我爲天子，非石郎尚誰託哉？」乃復以爲河東節度使。

二年夏六月，河東節度使、北面總管石敬瑭既還鎮，陰爲自全之計。帝好咨訪外事，常命端明殿學士李專美、翰林學士李崧、知制誥吕琦、薛文遇、翰林天文趙延乂等更直於中興殿庭，與語或至夜分。時敬瑭二子爲内使，曹太后則晉國長公主之母也，敬瑭賂太后左右，令伺帝之密謀，事無巨細皆知之。敬瑭多於賓客前自稱羸瘠不堪爲帥，冀朝廷不之忌。

時契丹屢寇北邊，禁軍多在幽、并，敬瑭與趙德鈞求益兵運糧，朝夕相繼。甲申，詔借河東人有蓄積者菽粟。乙酉，詔鎮州輸絹五萬匹於總管府，糴軍糧，率鎮冀人車千五百乘運糧於代州。又詔魏博市糴。時水旱民饑，敬瑭遣使督趣嚴急，山東之民流散，亂始兆矣。敬瑭將大軍屯忻州，朝廷遣使賜軍士夏衣，傳詔撫諭，軍士呼萬歲者數四。敬瑭懼，幕僚河内段希堯請誅其唱首者，敬瑭命都押衙劉知遠斬挾馬都將李暉等三十六人以徇。希堯，懷州人也。帝聞之，益疑敬瑭。秋七月乙巳，以武寧節度使張敬達爲北面行營副總管，將兵屯代州，以分石敬瑭之權。

後晉高祖天福元年春正月癸丑，唐主以千春節置酒，晉國長公主上壽畢，辭歸晉陽。帝醉，曰：「何不且留，遽歸，欲與石郎反邪？」石敬瑭聞之，益懼。

三月，石敬瑭盡收其貨之在洛陽及諸道者歸晉陽，託言以助軍費，人皆知其有異志。唐主夜與近臣從容語曰：「石郎於朕至親，無可疑者，但流言不息，萬一失歡，何以解之？」皆不對。端明殿學士、給事中李崧退謂同僚呂琦曰：「吾輩受恩深厚，豈得自同衆人，一概觀望邪。計將安出？」琦曰：「河東若有異謀，必結契丹爲援。契丹母以贊華在中國，屢求和親，但求萴剌等未獲，故和未成耳。今誠歸萴剌等與之和，歲以禮幣約直十餘萬緡遺之，彼必驩然承命。如此，則河東雖欲陸梁，無能爲矣。」崧曰：「此吾志也，然錢穀皆出三司，宜更與張相謀之。」遂告張延朗，延朗曰：「如學士計，不惟可以制河東，亦省邊費之什九，計無便於此者。若主上聽從，但責辦於老夫，請於庫財之外捃拾以供之。」他夕，二人密言於帝，帝大喜，稱其忠，二人私草遺契丹書以俟命。久之，帝以其謀告樞密直學士薛文遇，文遇對曰：「以天子之尊，屈身奉夷狄，不亦辱乎？又，虜若循故事求尚公主，何以拒之？」因誦戎昱昭君詩曰：「安危託婦人。」帝意遂變。一日，急召崧、琦至後樓，盛怒，責之曰：「卿輩皆知古今，欲佐人主致太平，今乃爲謀如是。朕一女尚乳臭，卿欲棄之沙漠邪！且欲以養士之財輸之虜庭，其意安在？」二人懼，汗流浹背，曰：「臣等志在竭愚以報國，非爲虜計也，願陛下察之。」拜謝無數，帝詬責不已。呂琦氣竭，拜少止，帝曰：「呂琦强項，肯視朕爲人主耶！」琦曰：「臣等爲謀不臧，願陛下治其罪，多拜何爲！」帝怒稍解，止其拜，各賜巵酒罷之，自是羣臣不敢復言和親之策。丁巳，以琦爲御史中丞，蓋疏之也。

初，石敬瑭欲嘗唐主之意，累表自陳羸疾，乞解兵柄，移他鎮。帝與執政議從其請，移鎮鄆州。房暠、李崧、吕琦等皆力諫，以爲不可，帝猶豫久之。五月庚寅夜，李崧請急在外，薛文遇獨直，帝與之議河東事。文遇曰：「諺有之，當道築室，三年不成。茲事斷自聖志，羣臣各爲身謀，安肯盡言。以臣觀之，河東移亦反，不移亦反，在旦暮耳，不若先事圖之。」先是，術者言國家今年應得賢佐，出奇謀，定天下，帝意文遇當之。聞其言，大喜，曰：「卿言殊豁吾意，成敗吾決行之。」即爲除目，付學士院使草制。辛卯，以敬瑭爲天平節度使，以馬軍都指揮使、河陽節度使宋審虔爲河東節度使。制出，兩班聞呼敬瑭名，相顧失色。

甲午，以建雄節度使張敬達爲西北蕃漢馬步都部署，趣敬瑭之鄆州。敬瑭疑懼，謀於將佐曰：「吾之再來河東也，主上面許終身不除代，今忽有是命，得非如今年千春節與公主所言乎？我不興亂，朝廷發之，安能束手死於道路乎！今且發表稱疾，以觀其意，若其寬我，我當事之；若加兵於我，我則改圖耳。」幕僚段希堯極言拒之，敬瑭以其朴直，不責也。節度判官華陰趙瑩勸敬瑭赴鄆州，觀察判官平遥薛融曰：「融書生，不習軍旅。」都押牙劉知遠曰：「明公久將兵，得士卒心。今據形勝之地，士馬精强，若稱兵傳檄，帝業可成，奈何以一紙制書自投虎口乎！」掌書記洛陽桑維翰曰：「主上初即位，明公入朝，主上豈不知蛟龍不可縱之深淵邪？然卒以河東復授公，此乃天意，假公以利器也。明宗遺愛在人，主上以庶孽代之，羣情不附。公明宗之愛壻，今主上以反逆見待，此非首謝可免，但力爲自全之計。契丹主素與明宗約爲兄弟，今部落近在雲、應，公誠能推心屈節事之，萬一有急，朝呼夕至，何患無成？」敬瑭意遂決。

先是，朝廷疑敬瑭，以羽林將軍寶鼎楊彦詢爲北京副留守，敬瑭將舉事，亦以情告之。彦詢曰：「不知河東兵糧幾何？能敵朝廷乎？」左右請殺彦詢，敬瑭曰：「惟副使一人我自保之，汝輩勿言也。」

戊戌，昭義節度使皇甫立奏敬瑭反。敬瑭表，帝養子，不應承祀，請傳位許王。帝手裂其表抵地，以詔答之曰：「卿於鄂王固非疏遠，衛州之事，天下皆知，許王之言，何人肯信！」壬寅，制削奪敬瑭官爵。乙巳，以張敬達兼太原四面排陳使，河陽節度使張彦琪爲馬步軍都指揮使，以安國節度使安審琦爲馬軍都指揮使，以保義節度使相里金爲步軍都指揮使，以右監門上將軍武廷翰爲壕寨使。丙午，以張敬達爲太原四面兵馬都部署，以義武節度使楊光遠爲副部署。丁未，又以張敬達知太原行府事，以前彰武節度使高行周爲太原四面招撫、排陳等使。光遠既行，定州軍亂，牙將千乘方太討平之。

張敬達將兵三萬營於晉安鄉，戊申，敬達奏西北先鋒馬軍都指揮使安審信叛奔晉陽。

審信，金全之弟子也，敬瑭與之有舊。先是，雄義都指揮使馬邑安元信將所部六百餘人戍代州，代州刺史張朗善遇之。元信密説朗曰：「吾觀石令公長者，舉事必成。公何不潛遣人通意，可以自全。」朗不從，由是互相猜忌。元信謀殺朗，不克，帥其衆奔審信，審信遂帥麾下數百騎與元信掠百井奔晉陽。敬瑭謂元信曰：「汝見何利害，捨强而歸弱？」對曰：「元信非知星識氣，顧以人事決之耳。夫帝王所以御天下，莫重於信。今主上失大信於令公，親而貴者且不自保，况疏賤乎！其亡可翹足而待，何强之有？」敬瑭悦，委以軍事。振武西北巡檢使安重榮戍代北，帥步騎五百奔晉陽。重榮，朔州人也。以宋審虔爲寧國軍節度使，充侍衛馬軍都指揮使。

六月，石敬瑭之子右衛上將軍重殷、皇城副使重裔聞敬瑭舉兵，匿於民間井中。弟沂州都指揮使敬德殺其妻女而逃，尋捕得，死獄中。從弟彰聖都指揮使敬威自殺。秋七月戊子，獲重殷、重裔，誅之，并族所匿之家。

張敬達發懷州彰聖軍戍虎北口，其指揮使張萬迪將五百騎奔河東，丙辰，詔盡誅其家。

石敬瑭遣間使求救於契丹，令桑維翰草表稱臣於契丹主，且請以父禮事之，約事捷之日，割盧龍一道及雁門關以北諸州與之。劉知遠諫曰：「稱臣可矣，以父事之太過。厚以金帛賂之，自足致其兵，不必許以土田，恐異日大爲中國之患，悔之無及。」敬瑭不從。表至契丹，契丹主大喜，白其母曰：「兒比夢石郎遣使來，今果然，此天意也。」乃爲復書，許（候）〔俟〕仲秋傾國赴援。

八月己未，以范延光爲天雄節度使，李周爲宣武節度使、同平章事。

癸亥，應州言契丹三千騎攻城。

張敬達築長圍以攻晉陽。石敬瑭以劉知遠爲馬步都指揮使，安重榮、張萬迪降兵皆隸焉。知遠用法無私，撫之如一，由是人無貳心。敬瑭親乘城，坐卧矢石下。知遠曰：「觀敬達輩高壘深塹，欲爲持久之計，無他奇策，不足慮也。願明公四出間使，經略外事，守城至易，知遠獨能辦之。」敬瑭執知遠手，撫其背而賞之。

唐主使端明殿學士吕琦至河東行營犒軍，楊光遠謂琦曰：「願附奏陛下，幸寬宵旰。賊若無援，旦夕當平；若引契丹，當縱之令入，可一戰破也。」帝甚悦。帝聞契丹許石敬瑭以仲秋赴援，屢督張敬達急攻晉陽，不能下。每有營構，多值風雨，長圍復爲水潦所壞，竟不能合。晉陽城中日窘，糧儲浸乏。

九月，契丹主將五萬騎，號三十萬，自揚武谷而南，旌旗不絶五十餘里。代州刺史張朗、忻州刺史丁審琦嬰城自守，虜騎過城下，亦不誘脅。審琦，洺州人也。辛丑，契丹主至晉陽，陳於汾北之虎北口。先遣人謂敬瑭曰：「吾欲今日即破賊，可乎？」敬瑭遣人馳告：「南軍甚厚，不可輕，請俟明日議戰未晚也。」使者未至，契丹已與唐騎將高行周、符彦卿合戰，敬瑭乃遣劉知遠出兵助之。張敬達、楊光遠、安審琦以步兵陳於城西北山下，契丹遣輕騎三千，不被甲，直犯其陳。唐兵見其羸，爭逐之，至汾曲，契丹涉水而去。唐兵循岸而進，契丹伏兵自東北起，衝唐兵，斷而爲二，步兵在北者多爲契丹所殺，騎兵在南者引歸晉安寨。契丹縱兵乘之，唐兵大敗，步兵死者近萬人，騎兵獨全。敬達等收餘衆保晉安，契丹亦引兵歸虎北口。敬瑭得唐降兵千餘人，劉知遠勸敬瑭盡殺之。

是夕，敬瑭出北門，見契丹主。契丹主執敬瑭手，恨相見之晚。敬瑭問曰：「皇帝遠來，士馬疲倦，遽與唐戰而大勝，何也？」契丹主曰：「始吾自北來，謂唐必斷鴈門諸路，伏兵險要，則吾不可得進矣。使人偵視，皆無之，吾是以長驅深入，知大事必濟也。兵既相接，我氣方鋭，彼氣方沮，若不乘此急擊之，曠日持久，則勝負未可知矣。此吾所以亟戰而勝，不可以勞逸常理論也。」敬瑭甚歎伏。

壬寅，敬瑭引兵會契丹圍晉安寨，置營於晉安之南，長百餘里，厚五十里，多設鈴索吠犬，人跬步不能過。敬達等士卒猶五萬人，馬萬匹，四顧無所之。甲辰，敬達遣使告敗於唐，自是聲問不復通。唐主大懼，遣彰聖都指揮使符彦饒將洛陽步騎兵屯河陽，詔天雄節度使兼中書令范延光將魏州兵二萬由青山趣榆次，盧龍節度使、東北面招討使兼中書令北平王趙德鈞將幽州兵由飛狐出契丹軍後，耀州防禦使潘環糾合西路戍兵由晉、絳兩乳嶺出慈隰，共救晉安寨。契丹主移帳於柳林，遊騎過石會關，不見唐兵。

丁未，唐主下詔親征。雍王重美曰：「陛下目疾未平，不可遠涉風沙。臣雖童稚，願代陛下北行。」帝意本不欲行，聞之，頗悦。張延朗、劉延皓及宣徽南院使劉延朗皆勸帝行，帝不得已，戊申，發洛陽。謂盧文紀曰：「朕雅聞卿有相業，故排衆議首用卿，今禍難如此，卿嘉謀皆安在乎？」文紀但拜謝，不能對。己酉，遣劉延朗監侍衛步軍都指揮使符彦饒軍赴潞州，爲大軍後援。諸軍自鳳翔推戴以來，驕悍不爲用，彦饒恐其爲亂，不敢束之以法。

帝至河陽，心憚北行，召宰相、樞密使議進取方略。盧文紀希帝旨，言國家根本，太半在河南。胡兵倏來忽至，不能久留。晉安大寨甚固，況已發三道兵救之。河陽天下津要，車駕宜留此鎮撫南北，且遣近臣往督戰，苟不能解圍，進亦未晚。張延朗欲因事令趙延壽得解樞務，因曰：「文紀言是也。」帝訪於餘人，無敢異言者。澤州刺史劉遂凝，鄩之子也，潛自通於石敬瑭，表稱車駕不可踰太行。帝議近臣可使北行者，張延朗與翰林學士須昌和凝等皆曰：「趙延壽父德鈞以盧龍兵來赴難，宜遣延壽會之。」庚戌，遣樞密使、忠武節度使、隨駕諸軍都部署兼侍中趙延壽將兵二萬如潞州。辛亥，帝如懷州。以右神武統軍康思立爲北面行營馬軍都指揮使，帥扈從騎兵赴團柏谷。思立，〔晉〕陽胡人也。

帝以晉安爲憂，問策於羣臣，吏部侍郎永清龍敏請立李贊華爲契丹主，令天雄、盧龍二鎮分兵送之，自幽州趣西樓，朝廷露檄言之，契丹主必有内顧之憂，然後選募軍中精鋭以擊之，此亦解圍之一策也。帝深以爲然，而執政恐其無成，議竟不決。帝憂沮形於神色，但日夕酣飲悲歌。羣臣或勸其北行，則曰：「卿勿言，石郎使我心膽墮地！」

冬十月壬戌，詔大括天下將吏及民間馬，又發民爲兵，每七户出征夫一人，自備鎧杖，謂之「義軍」，期以十一月俱集，命陳州刺史郎萬金教以戰陳，用張延朗之謀也。凡得馬二千餘匹，征夫五千人，實無益於用，而民間大擾。

初，趙德鈞陰蓄異志，欲因亂取中原，自請救晉安寨。唐主命自飛狐踵契丹後，鈔其部落，德鈞請將銀鞍契丹直三千騎，由土門路西入，帝許之。趙州刺史、北面行營都指揮使劉在明先將兵戍易州，德鈞過易州，命在明以其衆自隨。在明，幽州人也。德鈞至鎮州，以成德節度使董温琪領招討副使，邀與偕行。又表稱兵少，須合澤潞兵，乃自吴兒谷趣潞州，癸酉，至亂柳。時范延光受詔將部兵二萬屯遼州，德鈞又請與魏博軍合。延光知德鈞合諸軍，志趣難測，表稱魏博兵已入賊境，無容南行數百里與德鈞合，乃止。

（冬）十一月戊子，以趙德鈞爲諸道行營都統，依前東北面行營招討使。以趙延壽爲河東道南面行營招討使，以翰林學士張礪爲判官。庚寅，以范延光爲河東道東南面行營招討使，以宣武節度使、同平章事李周副之。辛卯，以劉延朗爲河東道南面行營招討副使。趙延壽遇趙德鈞於西湯，悉以兵屬德鈞。唐主遣吕琦賜德鈞敕告，且犒軍。德鈞志在併范延光軍，逗留不進，詔書屢趣之，德鈞乃引兵北屯團柏谷口。

契丹主謂石敬瑭曰：「吾三千里來赴難，必有成功。觀汝氣貌識量，真中原之主也。吾欲立汝爲天子。」敬瑭辭讓數四，將吏復勸進，乃許之。契丹主作册書，命敬瑭爲大晉皇帝，自解衣冠授之，築壇於柳林，是日即皇帝位。割幽、薊、瀛、莫、涿、檀、順、新、嬀、儒、武、雲、應、寰、朔、蔚十六州以與契丹，仍許歲輸帛三十萬匹。己亥，制改長興七年爲天福元年，大赦。敕命法制，皆遵明宗之舊。以節度判官趙瑩爲翰林學士承旨、户部侍郎、知河東〔軍〕府事，掌書記桑維翰爲翰林學士、禮部侍郎、權知樞密使事，觀察判官薛融爲侍御史、知雜事，節度推官白水竇貞固爲翰林學士，軍城都巡檢使劉知遠爲侍衛馬軍都指揮使，客將景延廣爲步軍都指揮使。延廣，陝州人也。立晉國長公主爲皇后。

契丹主雖軍柳林，其輜重老弱皆在虎北口，每日暝輒結束，以備倉猝遁逃。而趙德鈞欲倚契丹取中國，至團柏踰月，按兵不戰，去晉安纔百里，聲問不能相通。德鈞累表爲延壽求成德節度使，曰：「臣今遠征，幽州勢孤，欲使延壽在鎮州，左右便於應接。」唐主曰：「延壽方擊賊，何暇往鎮州？俟賊平，當如所請。」德鈞求之不已，唐主怒曰：「趙氏父子堅欲得鎮州，何意也？苟能卻胡寇，雖欲代吾位，吾亦甘心。若玩寇邀君，但恐犬兔俱斃耳。」德鈞聞之不悦。

閏月，趙延壽獻契丹主所賜詔及甲馬、弓劍，詐云德鈞遣使致書於契丹主，爲唐結好，説令引兵歸國。其實别爲密書，厚以金帛賂契丹主，云若立己爲帝，請即以見兵南平洛陽，與契丹爲兄弟之國，仍許石氏常鎮河東。契丹主自以深入敵境，晉安未下，德鈞兵尚强，范延光在其東，又恐山北諸州邀其歸路，欲許德鈞之請。

帝聞之，大懼，亟使桑維翰見契丹主，説之曰：「大國舉義兵以救孤危，一戰而唐兵瓦解，退守一栅，食盡力窮。趙北平父子不忠不信，畏大國之强，且素蓄異志，按兵觀變，非以死徇國之人，何足可畏，而信其誕妄之辭，貪豪末之利，棄垂成之功乎！且使晉得天下，將竭中國之財以奉大國，豈此小利之比乎？」契丹主曰：「爾見捕鼠者乎，不備之，猶或齧傷其手，况大敵乎？」對曰：「今大國已扼其喉，安能齧人乎！」契丹主曰：「吾非有渝前約也，但兵家權謀，不得不爾。」對曰：「皇帝以信義救人之急，四海之人俱屬耳目，奈何一旦二三其命，使大義不終！臣竊爲皇帝不取也。」跪於帳前，自旦至暮，涕泣争之。契丹主乃從之，指帳前石謂德鈞使者曰：「我已許石郎，此石爛，可改矣。」

龍敏謂前鄭州防禦使李懿曰：「君，國之近親，今社稷之危，翹足可待，君獨無憂乎？」懿爲言趙德鈞必能破敵之狀。敏曰：「我燕人也，知德鈞之爲人，怯而無謀，但於守城差長耳。況今內蓄姦謀，豈可恃乎！僕有狂策，但恐朝廷不肯爲耳。今從駕兵尚萬餘人，馬近五千匹，若選精騎一千，使僕與郎萬金將之，自介休山路，夜冒虜騎入晉安寨，但使其半得入，則事濟矣。張敬達陷於重圍，不知朝廷聲問，若知大軍近在團柏，雖有鐵障可衝陷，況虜騎乎？」懿以白唐主，唐主曰：「龍敏之志極壯，用之晚矣。」

晉安寨被圍數月，高行周、符彥卿數引騎兵出戰，衆寡不敵，皆無功。芻糧俱竭，削柹淘糞以飼馬，馬相啗，尾鬣皆禿，死則將士分食之，援兵竟不至。張敬達性剛，時謂之「張生鐵」。楊光遠、安審琦勸敬達降於契丹，敬達曰：「吾受明宗及今上厚恩，爲元帥而敗軍，其罪已大，況降敵乎！今援兵旦暮至，且當俟之。必若力盡勢窮，則諸軍斬我首，攜之出降，自求多福，未爲晚也。」光遠目審琦，欲殺敬達，審琦未忍。高行周知光遠欲圖敬達，常引壯騎尾而衛之。敬達不知其故，謂人曰：「行周每踵余後，何意也？」行周乃不敢隨之。諸將每旦集於招討使營，甲子，高行周、符彥卿未至，光遠乘其無備，斬敬達首，帥諸將上表降於契丹。契丹主素聞諸將名，皆慰勞，賜以裘帽，因戲之曰：「汝輩亦大惡漢，不用鹽酪啗戰馬萬匹。」光遠等大慚。契丹主嘉張敬達之忠，命收葬而祭之，謂其下及晉諸將曰：「汝曹爲人臣，當效敬達也。」時晉安寨馬猶近五千，鎧仗五萬，契丹悉取以歸其國，悉以唐之將卒授帝，語之曰：「勉事而主。」馬軍都指揮使康思立憤惋而死。

帝以晉安已降，遣使諭諸州，代州刺史張朗斬其使。呂琦奉唐主詔勞北軍，至忻州，遇晉使，亦斬之。謂刺史丁審琦曰：「虜過城下而不顧，其心可見，還日必無全理，不若早帥兵民自五臺奔鎮州。」將行，審琦悔之，閉牙城不從。州兵欲攻之，琦曰：「家國如此，何爲復相屠滅！」乃帥州兵趣鎮州，審琦遂降契丹。契丹主謂帝曰：「桑維翰盡忠於汝，宜以爲相。」丙寅，以趙瑩爲門下侍郎，桑維翰爲中書侍郎，並同平章事。維翰仍權知樞密使事。以楊光遠爲侍衛馬步軍都指揮使，以劉知遠爲保義節度使、侍衛馬步軍都虞候。

帝與契丹主將引兵而南，欲留一子守河東，咨於契丹主，契丹主令帝盡出諸子自擇之。帝兄子重貴，父敬儒，早卒，帝養以爲子，貌類帝而短小，契丹主指之曰：「此大目者可也。」乃以重貴爲北京留守、太原尹、河東節度使。契丹以其將高謨翰爲前鋒，與降卒偕進。丁卯，至團柏，與唐兵戰，趙德鈞、趙延壽先遁，符彥饒、張彥琦、劉延朗、劉在明繼之，士卒大潰，相騰踐死者萬計。

己巳，延朗、在明至懷州，唐主始知帝即位，楊光遠降。衆議以天雄軍府尚完，契丹必憚山東，未敢南下，車駕宜幸魏州。唐主以李崧素與范延光善，召崧謀之。薛文遇不知而繼至，唐主怒，變色。崧躡文遇足，文遇乃去。唐主曰：「我見此物肉顫，適幾欲抽佩刀刺之。」崧曰：「文遇小人，淺謀誤國，刺之益醜。」崧因勸唐主南還，唐主從之。

洛陽聞北軍敗，衆心大震，居人四出，逃竄山谷。門者請禁之，河南尹雍王重美曰：「國家多難，未能爲百姓主，又禁其求生，徒增惡名耳。不若聽其自便，事寧自還。」乃出令任從所適，衆心差安。

壬申，唐主還至河陽，命諸將分守南北城。張延朗請幸滑州，庶與魏博聲勢相接，唐主不能決。

趙德鈞、趙延壽南奔潞州，唐敗兵稍稍從之，其將時賽帥盧龍輕騎東還漁陽。帝先遣昭義節度使高行周還具食，至城下，見德鈞父子在城上。行周曰：「僕與大王鄉曲，敢不忠告。城中無斗粟可守，不若速迎車駕。」甲戌，帝與契丹主至潞州，德鈞父子迎謁於高河，契丹主慰諭之，父子拜帝於馬首，進曰：「別後安否？」帝不顧，亦不與之言。契丹主問德鈞曰：「汝在幽州所置銀鞍契丹直何在？」德鈞指示之，契丹主命盡殺之於西郊，凡三千人。遂鎖德鈞、延壽送歸其國。

德鈞見述律太后，悉以所齎寶貨并籍其田宅獻之。太后問曰：「汝近者何爲往太原？」德鈞曰：「奉唐主之命。」太后指天曰：「汝從吾兒求爲天子，何妄語邪？」又自指其心曰：「此不可欺也。」又曰：「吾兒將行，吾戒之云，趙大王若引兵北向渝關，亟須引歸，太原不可救也。汝欲爲天子，何不先擊退吾兒，徐圖亦未晚。汝爲人臣，負其主，不能擊敵，又欲乘亂邀利，所爲如此，何面目復求生乎！」德鈞俛首不能對。又問：「器玩在此，田宅何在？」德鈞曰：「在幽州。」太后曰：「幽州今屬誰？」德鈞曰：「屬太后。」太后曰：「然則又何獻焉？」德鈞益慚。自是鬱鬱不多食，踰年而卒。張礪與延壽俱入契丹，契丹主復以爲翰林學士。

帝將發上黨，契丹主舉酒屬帝曰：「余遠來徇義，今大事已成，我若南向，河南之人必大驚駭。汝宜自引漢兵南下，人必不甚懼。我令太相温將五千騎衛送汝至河梁，欲與之渡河者多少隨意。余且留此，俟汝音聞，有急則下山救汝。若洛陽既定，吾即北返矣。」與帝執手相泣，久之不能別，解白貂裘以衣帝，贈帝良馬二十匹，戰馬千二百匹，曰：「世世子孫勿相忘。」又曰：「劉知遠、趙瑩、桑維翰皆創業功臣，無大故，勿棄也。」

初，張敬達既出師，唐主遣左金吾大將軍歷山高漢筠守晉州。敬達死，建雄節度副使田承肇帥衆攻漢筠於府署。漢筠開門延承肇入，從容謂曰：「僕與公俱受朝寄，何相迫如此？」承肇曰：「欲舉公爲節度使。」漢筠曰：「僕老矣，義不爲亂首，死生惟公所處。」承肇目左右，欲殺之。軍士投刃於地曰：「高金吾累朝宿德，奈何害之！」承肇乃謝曰：「與公戲耳。」聽漢筠歸洛陽。帝遇諸塗，曰：「朕憂卿爲亂兵所傷，今見卿甚喜。」

符彥饒、張彥琪至河陽，密言於唐主曰：「今胡兵大下，河水復淺，人心已離，此不可守。」丁丑，唐主命河陽節度使萇從簡與趙州刺史劉在明守河陽南城，遂斷浮梁，歸洛陽。遣宦者秦繼旻、皇城使李彥紳殺昭信節度使李贊華於其第。

己卯，帝至河陽，萇從簡迎降，舟楫已具。彰聖軍執劉在明以降，帝釋之，使復其所。唐主命馬軍都指揮使宋審虔、步軍都指揮使符彥饒、河陽節度使張彥琪、宣徽南院使劉延朗將千餘騎至白馬阪行戰地，有五十餘騎渡河，奔于北軍。諸將謂審虔曰：「何地不可戰，誰肯立於此。」乃還。庚辰，唐主又與四將議復向河陽，而將校皆已飛狀迎帝。帝慮唐主西奔，遣契丹千騎扼澠池。

辛巳，唐主與曹太后、劉皇后、雍王重美及宋審虔等攜傳國寶登玄武樓自焚。皇后積薪欲燒宮室，重美諫曰：「新天子至，必不露居，他日重勞民力，死而遺怨，將安用之！」乃止。王淑妃謂太后曰：「事急矣，宜且避匿，以俟姑夫。」太后曰：「吾子孫婦女一朝至此，何忍獨生，妹自勉之！」淑妃乃與許王從益匿於毬場，獲免。

是日晚，帝入洛陽，止于舊第。唐兵皆解甲待罪，帝慰而釋之。帝命劉知遠部署京城，知遠分漢軍使還營，館契丹於天宫寺，城中肅然，無敢犯令。士民避亂竄匿者，數日皆還復業。

初，帝在河東，爲唐朝所忌，中書侍郎、同平章事、判三司張延朗不欲河東多蓄積，凡財賦應留使之外盡收取之，帝以是恨之。壬午，百官入見，獨收延朗付御史臺，餘皆謝恩。甲申，車駕入宫，大赦：「應中外官吏一切不問，惟賊臣張延朗、劉延皓、劉延朗姦邪貪猥，罪難容貸。中書侍郎、平章事馬胤孫、樞密使房暠、宣徽使李專美、河中節度使韓昭胤等，雖居重位，不務詭隨，並釋罪除名。中外臣僚先歸順者，委中書門下別加任使。」劉延皓匿於龍門，數日，自經死。劉延朗將奔南山，捕得，殺之。斬張延朗，既而選三司使，難其人，帝甚悔之。

十二月乙酉朔，帝如河陽，餞太相温及契丹兵歸國。追廢唐主爲庶人。丁亥，以馮道兼門下侍郎、同平章事。詔贈李贊華燕王，遣使送其喪歸國。

庚子，以唐中書侍郎、同平章事盧文紀爲吏部尚書。以皇城使晉陽周瓌爲大將軍，充三司使。瓌辭曰：「臣自知才不稱職，寧以避事見棄，猶勝冒寵獲辜。」帝許之。改興唐府曰廣晉府。

二年春正月，李崧、吕琦逃匿於伊闕民間。帝以始鎮河東，崧有力焉，德之，亦不責琦。乙丑，以琦爲秘書監。（三月）〔丙寅〕，以崧爲兵部侍郎，判户部。

或得唐潞王膂及髀骨獻之，三月庚申，詔以王禮葬於徽陵南。

六月，左拾遺張誼上言：「北狄有援立之功，宜外敦信好，内謹邊備，不可自逸，以啓戎心。」帝深然之。

三年秋八月，帝上尊號於契丹主及太后。戊寅，以馮道爲太后册禮使，左僕射劉昫爲契丹主册禮使，備鹵簿、儀仗、車輅，詣契丹行禮，契丹主大悦。帝事契丹甚謹，奉表稱臣，謂契丹主爲「父皇帝」。每契丹使至，帝於别殿拜受詔敕。歲輸金帛三十萬之外，吉凶慶弔，歲時贈遺，玩好珍異，相繼於道。乃至應天太后、元帥太子偉王、南、北二王、韓延徽、趙延壽等諸大臣，皆有賂遺，小不如意，輒來責讓，帝常卑辭謝之。晉使者至契丹，契丹驕倨，多不遜語。使者還，以聞，朝野咸以爲恥，而帝事之曾無倦意，以是終帝之世，與契丹無隙。然所輸金帛不過數縣租賦，往往託以民困，不能滿數。其後契丹主屢止帝上表稱臣，但令爲書稱「兒皇帝」，如家人禮。

契丹遣使如洛陽，取趙延壽妻唐燕國長公主以歸。

冬十月戊寅，契丹遣使奉寶册，加帝號曰英武明義皇帝。帝以大梁舟車所會，便於漕運，丙辰，建東京於汴州，爲開封府，以東都爲西京，以西都爲晋昌軍節度。

帝遣兵部尚書王權使契丹謝尊號，權自以累世將相，恥之，謂人曰：「吾老矣，安能向穹廬屈膝！」乃辭以老疾，帝怒，戊子，權坐停官。

范楊之叛

范延光　楊光遠

後晋高祖天福元年。初，成德節度使董温琪貪暴，積貨巨萬，以牙内都虞候平山祕瓊爲腹心。温琪與趙德鈞俱没於契丹，瓊盡殺其家人，瘞於一坎，而取其貨，自稱留後，表稱軍亂。

二年春正月，詔以祕瓊爲齊州防禦使。

初，天雄節度使兼中書令范延光微時，有術士張生語之云：「必爲將相。」延光既貴，信重之。延光嘗夢蛇自臍入腹，以問張生，張生曰：「蛇者龍也，帝王之兆。」延光由是有非望之志。唐潞王素與延光厚，及趙德鈞敗，延光自遼州引兵還魏州，雖奉表請降，内不自安，以書潛結祕瓊，欲與之爲亂。瓊受其書不報，延光恨之。瓊將之齊，過魏境，延光欲滅口，且利其貨，遣兵邀之於夏津，殺之。丁卯，延光奏稱夏津捕盜兵誤殺瓊；帝不問。

三月，范延光聚卒繕兵，悉召巡内刺史集魏州，將作亂。會帝謀徙都大梁，兼樞密使桑維翰曰：「大梁北控燕、趙，南通江、淮，水陸都會，資用富饒。今延光反形已露，大梁距魏不過十驛，彼若有變，大軍尋至，所謂疾雷不及掩耳也。」丙寅，下詔，託以洛陽漕運有闕，東巡汴州。庚辰，帝發洛陽，留前朔方節度使張從賓爲東都巡檢使。

夏四月丙戌，帝至汴州。丁亥，大赦。

五月壬申，進范延光爵臨清郡王，以安其意。

范延光素以軍府之政委元隨左都押牙孫鋭，鋭恃恩專横，符奏有不如意者，對延光手裂之。會延光病經旬，鋭密召澶州刺史馮暉，與之合謀逼延光反；延光亦思張生之言，遂從之。六月，六宅使張言奉使魏州還，言延光反狀。義成節度使符彦饒奏延光遣兵渡河，焚草市。詔侍衛馬軍都指揮使、昭信節度使白奉進將千五百騎屯白馬津以備之。奉進，雲州人也。

丁酉，以東都巡檢使張從賓爲魏府西南〔面〕都部署。戊戌，遣侍衛都軍使楊光遠將步騎一萬屯滑州。己亥，遣護聖都指揮使杜重威將兵屯衛州。重威，朔州人也，尚帝妹樂平長公主。范延光以馮暉爲都部署，孫鋭爲兵馬都監，將步騎二萬循河西抵黎陽口。辛丑，楊光遠奏引兵踰胡梁渡。丁未，以侍衛使楊光遠爲魏府四面都部署，張從賓爲副部署兼諸軍都虞候，昭義節度使高行周將本軍屯相州，爲魏府西面都部署。

軍士郭威舊隸劉知遠，當從楊光遠北征，白知遠乞留。人問其故，威曰：「楊公有姦詐之才，無英雄之氣，得我何用？能用我者其劉公乎！」

詔張從賓發河南兵數千人擊范延光。延光使人誘從賓，從賓遂與之同反，殺皇子河陽節度使重信，使上將軍張繼祚知河陽留後。繼祚，全義之子也。從賓又引兵入洛陽，殺皇子權東都留守重乂，以東都副留守、都巡檢使張延播知河南府事。從賓取內庫錢帛以賞部兵，留守判官李遐不與，兵衆殺之。從賓引兵東扼汜水關，將逼汴州。詔奉國都指揮使侯益帥禁兵五千會杜重威討張從賓，又詔宣徽使劉處讓自黎陽分兵討之。時羽檄縱横，從官在大梁者無不恟懼，獨桑維翰從容指畫軍事，神色自若，接對賓客，不改常度，衆心差安。

秋七月，張從賓攻汜水，殺巡檢使宋廷浩。帝戎服，嚴輕騎，將奔晉陽以避之。桑維翰叩頭苦諫曰：「賊鋒雖盛，勢不能久，請少待之，不可輕動。」帝乃止。

范延光遣使以蠟丸招誘失職者，右武衛上將軍婁繼英、右衛大將軍尹暉在大梁，温韜之子延濬、延沼、延衮居許州，皆應之。延光令延濬兄弟取許州，聚徒已及千人。繼英、暉事泄，皆出走。壬子，敕以「延光姦謀，誣汙忠良，自今獲延光諜人，賞獲者，殺諜人，焚蠟書，勿以聞」。暉將奔吴，爲人所殺。繼英奔許州，依温氏。忠武節度使萇從簡盛爲之備，延濬等不得發，欲殺繼英以自明，延沼止之，遂同奔張從賓。繼英知其謀，勸從賓執三温，皆斬之。

白奉進在滑州，軍士有夜掠者，捕之，獲五人，其三隸奉進，其二隸符彥饒，奉進皆斬之。彥饒以其不先白己，甚怒。明日，奉進從數騎詣彥饒謝，彥饒曰：「軍中各有部分，奈何取滑州軍士并斬之，殊無客主之義乎！」奉進曰：「軍士犯法，何有彼我？僕已引咎謝公，而公怒不解，豈非欲與延光同反邪！」拂衣而起。彥饒不留，帳下甲士大譟，擒奉進，殺之。從騎走出，大呼於外，諸軍爭擐甲操兵，讙譟不可禁止。奉國左廂都指揮使馬萬惶惑不知所爲，帥兵欲從亂，遇右廂都指揮使盧順密帥部兵出營，厲聲謂萬曰：「符公擅殺白公，必與魏城通謀。此去行（營）〔宫〕纔二百里，吾輩及軍士家屬皆在大梁，奈何不思報國，乃欲助亂，自求滅族乎！今日當共擒符公，送天子，立大功。軍士從命者賞，違命者誅，勿復疑也。」萬部兵尚有呼躍者，順密殺數人，衆莫敢動。萬不得已從之，與奉國都虞候方太等共攻牙城，執彥饒，令太部送大梁。甲寅，敕斬彥饒於班荆館，其兄弟皆不問。

楊光遠自白皋引兵趣滑州，士卒聞滑州亂，欲推光遠爲主。光遠曰：「天子豈汝輩販弄之物。晉陽之降，出於窮迫，今若改圖，真反賊也。」其下乃不敢言。時魏、孟、滑三鎮繼叛，人情大震。帝問計於劉知遠，對曰：「帝者之興，自有天命。陛下昔在晉陽，糧不支五日，俄成大業。今天下已定，内有勁兵，北結强虜，鼠輩何能爲乎？願陛下撫將相以恩，臣請戢士卒以威，恩威兼著，京邑自安，本根深固，則枝葉不傷矣。」知遠乃嚴設科禁，宿衛諸軍無敢犯者。有軍士盜紙錢一幞，主者擒之，左右請釋之。知遠曰：「吾誅其情，不計其直。」竟殺之，由是衆皆畏服。

乙卯，以楊光遠爲魏府行營都招討使、兼知行府事，以昭義節度使高行周爲河南尹、東京留守，以杜重威爲昭義節度使、充侍衛馬軍都指揮使，以侯益爲河陽節度使。帝以滑州奏事皆馬萬爲首，擢萬爲義成節度使。丙辰，以盧順密爲果州團練使，方太爲趙州刺史。既而知皆順密之功也，更以順密爲昭義留後。

馮暉、孫銳引兵至六明鎮，光遠引之渡河，半渡而擊之，暉、銳衆大敗，多溺死，斬首三千級，暉、銳走還魏。

杜重威、侯益引兵至汜水，遇張從賓衆萬餘人，與戰，俘、斬殆盡，遂克汜水。從賓走，乘馬渡河，溺死，獲其黨張延播、繼祚、婁繼英，送大梁，斬之，滅其族。史館修撰李濤上言：「張全義有再造洛邑之功，乞免其族。」乃止誅繼祚妻子。濤，回之族曾孫也。

楊光遠奏知博州張暉舉城降。

安州威和指揮使王暉聞范延光作亂，殺安遠節度使周瓌，自領軍府，欲俟延光勝則附之，敗則渡江奔吴。帝遣右領軍上將軍李金全將千騎如安州巡檢，許赦王暉，以爲唐州刺史。

范延光知事不濟，歸罪於孫鋭而族之，遣使奉表待罪。戊寅，楊光遠以聞，帝不許。

山南東道節度使安從進恐王暉奔吴，遣行軍司馬張朏將兵會復州兵於要路邀之。暉大掠安州，將奔吴，部將胡進殺之。八月癸巳，以狀聞。李金全至安州，將士之預於亂者數百人，金全説諭，悉遣詣闕，既而聞指揮使武彦和等數十人挾賄甚多，伏兵于野，執而斬之。彦和且死，呼曰：「王暉首惡，天子猶赦之；我輩脅從，何罪乎？」帝雖知金全之情，掩而不問。

乙巳，赦張從賓、符彦饒、王暉之黨，未伏誅者皆不問。

〔九月〕甲寅，以李金全爲安遠節度使。

三年夏(四)〔五〕月，楊光遠自恃擁重兵，頗干預朝政，屢有抗奏，帝常曲意從之。庚申，以其子承祚爲左威衛將軍，尚帝女長安公主，次子承信亦拜美官，寵冠當時。

秋八月壬午，楊光遠奏前澶州刺史馮暉自廣晋城中出戰，因來降，言范延光食盡窮困。己丑，以暉爲義成節度使。楊光遠攻廣晋，歲餘不下，帝以師老民疲，遣内職朱憲入城諭延光，許移大藩，曰：「若降而殺汝，白日在上，無以享國。」延光謂節度副使李式曰：「主上重信，云不死則不死矣。」乃撤守備，然猶遷延未決。宣徽南院使劉處讓復入諭之，延光意乃決。九月乙巳朔，楊光遠送延光二子守圖、守英詣大梁。己酉，延光遣牙將奉表待罪。壬子，詔書至廣晋，延光帥其衆素服於牙門，使者宣詔釋之。朱憲，汴州人也。

（庚午）〔己巳〕，楊光遠表乞入朝，命劉處讓權知天雄軍府事。（己巳）〔庚午〕，制以范延光爲天平節度使，仍賜鐵券，應廣晋城中將吏軍民今日以前罪皆釋不問。其張從賓、符彦饒餘黨及自官軍逃叛入城者，亦釋之。延光腹心將佐李式、孫漢威、薛霸皆除防禦、團練使、刺史，牙兵皆升爲侍衛親軍。

初，河陽行軍司馬李彦珣，邢州人也，父母在鄉里，未嘗供饋。後與張從賓同反，從賓敗，奔廣晋，范延光以爲步軍都監，使登城拒守。楊光遠訪獲其母，置城下以招之，彦珣引弓射殺其母。延光既降，帝以彦珣爲坊州刺史。近臣言「彦珣殺母，殺母惡逆，不可赦」。

帝曰：「赦令已行，不可改也。」乃遣之官。

臣光曰：治國者固不可無信，然彥珣之惡，三靈所不容。晉高祖赦其叛君之愆，治其殺母之罪，何損於信哉？

辛未，以楊光遠爲天雄節度使。

初，郭崇韜既死，宰相罕有兼樞密使者。帝即位，桑維翰、李崧兼之，宣徽使劉處讓及宦官皆不悅。楊光遠圍廣晉，處讓數以軍事銜命往來，光遠奏請多踰分，帝常依違，維翰獨以法裁折之。光遠對處讓有不平語，處讓曰：「是皆執政之意。」光遠由是怨執政。范延光降，光遠密表論執政過失。帝知其故，而不得已，加維翰兵部尚書，崧工部尚書，皆罷其樞密使；以處讓爲樞密使。

十一月，范延光自鄆州入朝。帝患天雄節度使楊光遠跋扈難制，桑維翰請分天雄之衆，加光遠太尉、西京留守兼河陽節度使。光遠由是怨望，密以賂自訴於契丹，養部曲千餘人，常蓄異志。范延光屢請致仕，甲寅，詔以太子太師致仕，居于大梁，每遇宴會，與羣臣無異。延光之反也，相州刺史掖人王景拒境不從，戊午，以景爲耀州團練使。

四年秋七月，西京留守楊光遠疏中書侍郎、同平章事桑維翰遷除不公，及營邸肆於兩都，與民爭利。帝不得已，閏月壬申，出維翰彰德節度使兼侍中。

五年秋八月，太子太師致仕范延光請歸河陽私第，帝許之。延光重載而行。西京留守楊光遠兼領河陽，利其貨，且慮爲子孫之患，奏「延光叛臣，不家洛、汴而就外藩，恐其逃逸入敵國，宜早除之」。帝不許。光遠請敕延光居西京，從之。光遠使其子承貴以甲士圍其第，逼令自殺。延光曰：「天子在上，賜我鐵券，許以不死，爾父子何得如此！」己未，承貴以白刃驅延光上馬，至浮梁，擠于河。光遠奏云自赴水死，帝知其故，憚光遠之强，不敢詰，爲延光輟朝，贈太師。

九月，楊光遠入朝，帝欲徙之他鎮，謂光遠曰：「圍魏之役，卿左右皆有功，尚未之賞，今當各除一州以榮之。」因以其將校數人爲刺史。甲申，徙光遠爲平盧節度使，進爵東平王。

齊王天福八年。初，高祖以馬三百借平盧節度使楊光遠，同平章事景延廣以詔命取之。光遠怒曰：「是疑我也。」密召其子單州刺史承祚，十一月戊戌，承祚稱母病，夜開門奔青州。庚子，以左飛龍使金城何超權知單州。遣内班賜光遠玉帶、御馬、金帛以安其意。

壬寅，遣侍衛步軍都指揮使郭謹將兵戍鄆州。十二月乙巳朔，遣左領軍衛將軍蔡行遇將兵戍鄆州。楊光遠遣騎兵入淄州，劫刺史翟進宗歸于青州。甲寅，徙楊承祚爲登州刺史，以從其便。光遠益驕，密告契丹取晉。

開運元年春正月，成德節度使杜威遣幕僚曹光裔詣楊光遠，爲陳禍福。光遠遣光裔入奏，稱承祚逃歸，母病故爾，既蒙恩宥，闔族荷恩。朝廷信其言，遣使與光裔復往慰諭之。

博州刺史周儒以城降契丹，又與楊光遠通使往還。二月甲辰，周儒引契丹將麻荅攻鄆州以應楊光遠。辛亥，楊光遠將青州兵〔欲〕西會契丹。戊午，詔前保義節度使石贇分兵屯鄆州以備之。三事並見契丹滅晉。

壬戌，楊光遠圍棣州，刺史李瓊出兵擊敗之，光遠燒營走還青州。癸亥，以前威勝節度使何重建爲東面馬步都部署，將兵屯鄆州。

夏四月戊寅，命侍衛馬步都虞候、泰寧節度使李守貞將步騎二萬討楊光遠於青州。契丹救之，齊州防禦使堂陽薛可言邀擊，敗之。

冬十二月。李守貞圍青州經時，城中食盡，餓死者大半。契丹援兵不至，楊光遠遥稽首於契丹曰："皇帝，皇帝，誤光遠矣！"其子承勳、承祚、承信勸光遠降，冀全其族。光遠不許，曰："吾昔在代北，嘗以紙錢祭天池而沈，人皆言當爲天子，姑待之。"丁巳，承勳斬勸光遠反者節度判官丘濤等，送其首於守貞，縱火大譟，劫其父出居私第，上表待罪，開城納官軍。朝廷以楊光遠罪大而諸子歸命，難於顯誅，命李守貞以便宜從事。閏月癸酉，守貞入青州，遣人拉殺光遠於別第，以病死聞。丙戌，起復楊承勳，除汝州防禦使。

通鑑紀事本末卷第四十二

契丹滅晉

劉知遠復汴京附

後晉高祖天福四年。成德節度使安重榮出於行伍，性粗率，恃勇驕暴，每謂人曰：「今世天子，兵强馬壯則爲之耳。」府廨有幡竿，高數十尺。嘗挾弓矢謂左右曰：「我能中竿上龍首者，必有天命。」一發中之，以是益自負。帝之遣重榮代祕瓊也，戒之〔曰〕：「瓊不受代，當别除汝一鎮，勿以力取，恐爲患滋深。」重榮由是以帝爲怯，謂人曰：「祕瓊匹夫耳，天子尚畏之，况我以將相之重，士馬之衆乎？」每所奏請多踰分，爲執政所可否，意憤憤不快，乃聚亡命，市戰馬，有飛揚之志。帝知之，義武節度使皇甫遇與重榮姻家，七月，徙遇爲昭義節度使。

五年。初，帝割雁門之北以賂契丹，由是吐谷渾皆屬契丹，苦其貪虐，思歸中國。成德節度使安重榮復誘之，於是吐谷渾帥部落千餘帳自五臺來奔。契丹大怒，遣使讓帝以招納叛人。

六年春正月丙寅，帝遣供奉官張澄將兵二千索吐谷渾在并、鎮、忻、代四州山谷者，逐之，使還故土。

成德節度使安重榮恥臣契丹，見契丹使者，必箕踞慢駡，使過其境，或潛遣人殺之。契丹以讓帝，帝爲之遜謝。六月戊午，重榮執契丹使拽剌，遣輕騎掠幽州南境，軍於博野。上表稱：「吐谷渾、兩突厥、渾、契苾、沙陀各帥部衆歸附，党項等亦遣使納契丹告身職牒，言爲虜所陵暴，又言自二月以來，令各具精甲壯馬，將以上秋南寇，恐天命不佑，與之俱滅，願自備十萬衆與晋共擊契丹。又朔州節度副使趙崇已逐契丹節度使劉山，求歸命朝廷。臣相繼以聞，陛下屢敕臣承奉契丹，勿自起釁端。其如天道人心，難以違拒，機不可失，時不再來。諸節度使没於虜庭者，皆延頸企踵以待王師，良可哀閔。願早決計。」表數千言，大抵斥帝父事契丹，竭中國以媚無厭之虜。又以此意爲書遺朝貴及移藩鎮，云已勒兵，必與契丹決戰。帝以重榮方握强兵，不能制，甚患之。

時鄴都留守、侍衛馬步都指揮使劉知遠在大梁。泰寧節度使桑維翰知重榮已蓄姦謀，又慮朝廷重違其意，密上疏曰：「陛下免於晋陽之難而有天下，皆契丹之功也，不可負之。今重榮恃勇輕敵，吐渾假手報仇，皆非國家之利，不可聽也。臣竊觀契丹數年以來，士馬精强，吞噬四鄰，戰必勝，攻必取，割中國之土地，收中國之器械，其君智勇過人，其臣上下輯睦，牛馬蕃息，國無天災，此未可與爲敵也。且中國新敗，士氣彫沮，以當契丹乘勝之威，其勢相去甚遠。又和親既絶，則當發兵守塞，兵少則不足以待寇，兵多則饋運無以繼之。我出則彼歸，我歸則彼至，臣恐禁衛之士疲於奔命，鎮、定之地無復遺民。今天下粗安，瘡痍未復，府庫虚竭，蒸民困弊，静而守之，猶懼不濟，其可妄動乎？契丹與國家恩義非輕，信誓甚著，彼無間隙而自啓釁端，就使克之，後患愈重，萬一不克，大事去矣。議者以歲輸繒帛謂之耗蠹，有所卑遜謂之屈辱。殊不知兵連而不休，禍結而不解，財力將匱，耗蠹孰甚焉？用兵則武吏功臣過求姑息，邊藩遠郡得以驕矜，下陵上替，屈辱孰大焉？臣願陛下訓農習戰，養兵息民，俟國無内憂，民有餘力，然後觀釁而動，則動必有成矣。又鄴都富盛，國家藩屏，今主帥赴闕，軍府無人，臣竊思慢藏誨盜之言，勇夫重閉之義，乞陛下略加巡幸，以杜姦謀。」帝謂使者曰：「朕比日以來，煩懣不決，今見卿奏，如醉醒矣，卿勿以爲憂。」

秋七月，帝憂安重榮跋扈，己巳，以劉知遠爲北京留守、河東節度使。

八月，帝以詔諭安重榮曰：「爾身爲大臣，家有老母，忿不思難，棄君與親。吾因契丹得天下，爾因吾致富貴，吾不敢忘德，爾乃忘之，何邪？今吾以天下臣之，爾欲以一鎮抗之，不亦難乎！宜審思之，無取後悔。」重榮得詔愈驕，聞山南東道節度使安從進有異志，陰遣使與之通謀。

九月，帝以安重榮殺契丹使者，恐其犯塞，乙亥，遣安國節度使楊彦詢使于契丹。彦詢至其帳，契丹主責以使者死狀，彦詢曰：「譬如人家有惡子，父母所不能制，將如之何？」契丹主怒乃解。

劉知遠遣親將郭威以詔旨説吐谷渾酋長白承福，令去安重榮歸朝廷，許以節鉞。威還，謂知遠曰：「虜惟利是嗜，安鐵胡止以袍袴賂之。今欲其來，莫若重賂乃可致耳。」知遠從之，且使謂承福曰：「朝廷已割爾曹隸契丹，爾曹當自安部落。今乃南來助安重榮爲逆，重榮已爲天下所棄，朝夕敗亡，爾曹宜早從化，勿俟臨之以兵，南北無歸，悔無及矣。」承福懼，冬十月，帥其衆歸于知遠。知遠處之太原東山及嵐、石之間，表承福領大同節度使，收其精騎以隸麾下。始，安重榮移檄諸道，云與吐谷渾、韃靼、契苾同起兵，既而承福降知遠，韃靼、契苾亦莫之赴，重榮勢大沮。

冬十二月，安重榮聞安從進舉兵反，謀遂決，大集境内飢民，衆至數萬，南向鄴都，聲言入朝。初，重榮與深州人趙彦之俱爲散指揮使，相得歡甚。重榮鎮成德，彦之自關西歸之，重榮待遇甚厚，使彦之招募黨衆，然心實忌之，及舉兵，止用爲排陳使，彦之恨之。

帝聞重榮反，壬辰，遣護聖等馬步三十九指揮擊之。以天平節度使杜重威爲招討使，安國節度使馬全節副之，前永清節度使王周爲馬步都虞候。

戊戌，杜重威與安重榮遇於宗城西南，重榮爲偃月陳，官軍再擊之，不動。重威懼，欲退。指揮使宛丘王重胤曰：「兵家忌退。鎮之精兵盡在中軍，請公分銳士擊其左右翼，重胤爲公以契丹直衝其中軍，彼必狼狽。」重威從之。鎮人陳稍卻，趙彥之卷旗策馬來降。彥之以銀飾鎧冑及鞍勒，官軍殺而分之。重榮聞彥之叛，大懼，退匿於輜重中。官軍從而乘之，鎮人大潰，斬首萬五千級。重榮收餘衆走保宗城，官軍進攻，夜分，拔之。重榮以十餘騎走還鎮州，嬰城自守。會天寒，鎮人戰及凍死者二萬餘人。

契丹聞重榮反，乃聽楊彥詢還。

七年春正月丁巳，鎮州牙將自西郭水碾門導官軍入城，殺守陴民二萬人，執安重榮，斬之。杜重威殺導者，自以爲功。庚申，重榮首至鄴都，帝命漆之，函送契丹。

夏四月，契丹以晉招納吐谷渾，遣使來讓。帝憂悒，不知爲計，五月己亥，始有疾。帝寢疾，一旦，馮道獨對。帝命幼子重睿出拜之，又令宦者抱重睿置道懷中，其意蓋欲道輔立之。

六月乙丑，帝殂。道與天平節度使、侍衛馬步都虞候景延廣議，以國家多難，宜立長君，乃奏廣晉尹齊王重貴爲嗣。是日，齊王即皇帝位。延廣以爲己功，始用事，禁都下人毋得偶語。

初，高祖疾亟，有旨召河東節度使劉知遠入輔政，齊王寢之，知遠由是怨齊王。

秋七月癸卯，加景延廣同平章事，兼侍衛馬步都指揮使。

冬十一月庚寅，葬聖文章武明德孝皇帝于顯陵，廟號高祖。

帝之初即位也，大臣議奉表稱臣告哀於契丹，景延廣請致書稱孫而不稱臣。李崧曰：「屈身以爲社稷，何恥之有？陛下如此，他日必躬擐甲胄與契丹戰，於時悔無益矣。」延廣固争，馮道依違其間，帝卒從延廣議。契丹大怒，遣使來責讓，且言：「何得不先承禀，遽即帝位？」延廣復以不遜語答之。

契丹盧龍節度使趙延壽欲代晉帝中國，屢説契丹擊晉，契丹主頗然之。

齊王天福八年。帝聞契丹將入寇，二月己未，發鄴都；乙丑，至東京。然猶與契丹問遺相往來，無虚月。

初，河陽牙將喬榮從趙延壽入契丹，契丹以爲回圖使，往來販易於晉，置邸大梁。及契丹與晉有隙，景延廣説帝囚榮於獄，悉取邸中之貨。凡契丹之人販易在晉境者，皆殺之，奪其貨。大臣皆言契丹有大功於晉，不可負。戊子，釋榮，慰賜而歸之。榮辭延廣，延廣大言曰：「歸語而主，先帝爲北朝所立，故稱臣奉表。今上乃中國所立，所以降志於北朝者，正以不敢忘先帝盟約故耳。爲鄰稱孫，足矣，無稱臣之理。北朝皇帝勿信趙延壽誑誘，輕侮中國。中國士馬，爾所目覩。翁怒則來戰，孫有十萬橫磨劍，足以相待。他日爲孫所敗，取笑天下，毋悔也。」榮自以亡失貨財，恐歸獲罪，且欲爲異時據驗，乃曰：「公所言頗多，懼有遺忘，願記之紙墨。」延廣命吏書其語以授之，榮具以白契丹主。契丹主大怒，入寇之志始決。晉使如契丹者，皆縶之幽州，不得見。

桑維翰屢請遜辭以謝契丹，每爲延廣所沮。帝以延廣爲有定策功，故寵冠羣臣，又總宿衛兵，故大臣莫能與之爭。河東節度使劉知遠知延廣必致寇，而畏其方用事，不敢言，但益募兵，奏置興捷、武節等十餘軍以備契丹。

楊光遠之叛也，密告契丹以晉主負德違盟，境內大饑，公私困竭，乘此際攻之，一舉可取。趙延壽亦勸之。契丹主乃集山後及盧龍兵合五萬人，使延壽將之，委延壽經略中國，曰：「若得之，當立汝爲帝。」又常指延壽謂晉人曰：「此汝主也。」延壽信之，由是爲契丹盡力畫取中國之策。朝廷頗聞其謀，丙辰，遣使城南樂及德清軍，徵近道兵以備之。

開運元年春正月乙亥，邊藩馳告契丹前鋒將趙延壽、趙延照將兵五萬入寇，逼貝州。延照，思溫之子也。先是，朝廷以貝州水陸要衝，多聚芻粟，爲大軍數年之儲，以備契丹。軍校邵珂性凶悖，永清節度使王令溫黜之，珂怨望，密遣人亡入契丹，言「貝州粟多而兵弱，易取也」。會令溫入朝，執政以前復州防禦使吳巒權知州事。巒既至，推誠撫士。會契丹入寇，巒書生，無爪牙，珂自請願效死，巒使將兵守南門，巒自守東門。契丹主自攻貝州，巒悉力拒之，燒其攻具殆盡。己卯，契丹復攻城，珂引契丹自南門入，巒赴井死，契丹遂陷貝州，所殺且萬人。

庚辰，以歸德節度使高行周爲北面行營都部署，以河陽節度使符彦卿爲馬軍左廂排陳使，以右神武統軍皇甫遇爲馬軍右廂排陳使，以陝府節度使王周爲步軍左廂排陳使，以左羽林將軍潘環爲步軍右廂排陳使。

太原奏契丹入雁門關，恒、邢、滄皆奏契丹入寇。

成德節度使杜威遣幕僚曹光裔往説楊光遠，光遠遣光裔入奏，朝廷遣使與光裔（往）復〔往〕慰諭之。事見范楊之叛。

帝遣使持書遺契丹，契丹已屯鄴都，不得通而返。壬午，以侍衛馬步都指揮使景延廣爲御營使，前静難節度使李周爲東京留守。是日，高行周以前軍先發。時用兵方略號令皆出延廣，宰相以下皆無所預。延廣乘勢使氣，陵侮諸將，雖天子亦不能制。

乙酉，帝發東京。丁亥，滑州奏契丹至黎陽。戊子，帝至澶州。

契丹主屯元城，趙延壽屯南樂，以延壽爲魏博節度使，封魏王。

契丹寇太原，劉知遠與白承福合兵二萬擊之。甲午，以知遠爲幽州道行營招討使，杜威爲副使，馬全節爲都虞候。丙申，遣右武衛上將軍張彦澤等將兵拒契丹於黎陽。契丹主復書曰：「已成之勢，不可改也。」

帝復遣譯者孟守忠致書於契丹，求修舊好。

辛丑，太原奏破契丹偉王於秀容，斬首三千級。契丹自鵶鳴谷遁去。

天平節度副使、知鄆州顔衎遣觀察判官竇儀奏：「博州刺史周儒以城降契丹，又與楊光遠通使往還，引契丹自馬家口濟河，擒左武衛將軍蔡行遇。」儀謂景延廣曰：「虜若濟河與光遠合，則河南危矣。」延廣然之。儀，薊州人也。

二月甲辰朔，命前保義節度使石贇守麻家口，前威勝節度使何重建守楊劉鎮，護聖都指揮使白再榮守馬家口，西京留守安彦威守河陽。未幾，周儒引契丹將麻荅自馬家口濟河，營於東岸，攻鄆州北津以應楊光遠。麻荅，契丹主之從弟也。

乙巳，遣侍衛馬軍都指揮使義成節度使李守貞、神武統軍皇甫遇、陳州防禦使梁漢璋、懷州刺史薛懷讓將兵萬人，緣河水陸俱進。守貞，河陽；漢璋，應州；懷讓，太原人也。

丙午，契丹圍高行周、符彦卿及先鋒指揮使石公霸於戚城。先是，景延廣令諸將分地而守，無得相救。行周等告急，延廣徐白帝，帝自將救之，契丹解去，三將泣訴救兵之緩，幾不免。

戊申，李守貞等至馬家口。契丹遣步卒萬人築壘，散騎兵於其外，餘兵數萬屯河西，船數千艘渡兵，未已，晉兵薄之，契丹騎兵退走，晉兵進攻其壘，拔之。契丹大敗，乘馬赴河溺死者數千人，俘斬亦數千人，河西之兵慟哭而去，由是不敢復東。

辛亥，定難節度使李彝殷奏將兵四萬自麟州濟河，侵契丹之境。壬子，以彝殷爲契丹西南面招討使。

初，契丹主得貝州、博州，皆撫慰其人，或拜官賜服章。及敗於戚城及馬家口，忿恚，所得民皆殺之，得軍士燔炙之。由是晉人憤怒，戮力爭奮。

楊光遠將青州兵欲西會契丹，戊午，詔石贇分兵屯鄆州以備之。

詔劉知遠將部兵自土門出恒州擊契丹，又詔會杜威、馬全節於邢州。知遠引兵屯樂平不進。

契丹僞棄元城去，伏精騎於古頓丘城，以俟晉軍與恒、定之兵合而擊之。鄴都留守張從恩屢奏虜已遁亡，大軍欲進追之，會霖雨而止。契丹設伏旬日，人馬飢疲。趙延壽曰：「晉軍悉在河上，畏我鋒鋭，必不敢前。不如即其城下，四合攻之，奪其浮梁，則天下定矣。」契丹主從之，三月癸酉朔，自將兵十餘萬陳於澶州城北，東西横掩城之兩隅，登城望之，不見其際。高行周前軍在戚城之南，與契丹戰，自午至晡，互有勝負。契丹主以精兵當中軍而來，帝亦出陳以待之。契丹主望見晋軍之盛，謂左右曰：「楊光遠言晋兵半已餒死，今何多也？」以精騎左右略陳，晋軍不動，萬弩齊發，飛矢蔽地，契丹稍卻。又攻晋陳之東偏，不克。苦戰至暮，兩軍死者不可勝數。昏後，契丹引去，營於三十里之外。

乙亥，契丹主帳中小校竊其馬亡來，云契丹主已傳木書，收軍北去。景延廣疑其詐，閉壁不敢追。

契丹主自澶州北分爲兩軍，一出滄、德，一出深、冀而歸。所過焚掠，方廣千里，民物殆盡。留趙延照爲貝州留後。麻荅陷德州，擒刺史尹居璠。

丁亥，詔太原、恒、定兵各還本鎮。

辛卯，馬全節攻契丹泰州，拔之。敕天下籍鄉兵，每七户共出兵械資一卒。

夏四月丁未，緣河巡檢使梁進以鄉社兵復取德州。己酉，命歸德節度使高行周、保義節度使王周留鎮澶州。庚戌，帝發澶州，甲寅，至大梁。

侍衛馬步都指揮使、天平節度使、同平章事景延廣既爲上下所惡，帝亦憚其不遜難制；桑維翰引其不救戚城之罪，辛酉，加延廣兼侍中，出爲西京留守。以歸德節度使兼侍中高行周爲侍衛馬步都指揮使。延廣鬱鬱不得志，見契丹强盛，始憂國破身危，遂日夜縱酒。

朝廷因契丹入寇，國用愈竭，復遣使者三十六人分道括率民財，各封劍以授之。使者多從吏卒，攜鎖械、刀杖入民家，小大驚懼，求死無地。州縣吏復因緣爲姦。河南府出緡錢二十萬，景延廣率三十七萬。留守判官河南盧億言於延廣曰：「公位兼將相，富貴極矣。今國家不幸，府庫空竭，不得已取於民，公何忍復因而求利，爲子孫之累乎！」延廣慚而止。

先是，詔以楊光遠叛，命兗州修守備。泰寧節度使安審信以治樓堞爲名，率民財以實私藏。大理卿張仁愿爲括率使，至兗州，賦緡錢十萬。值審信不在，拘其守藏吏，指取錢一囷，已滿其數。

丙戌，詔諸州所籍鄉兵號武定軍，凡得七萬餘人。時兵荒之餘，復有此擾，民不聊生。

丁亥，鄴都留守張從恩上言：「趙延照雖據貝州，麾下兵皆久客思歸，宜速進軍攻之。」詔以從恩爲貝州行營都部署，督諸將擊之。辛卯，從恩奏趙延照縱火大掠，棄城而遁，屯於瀛、莫，阻水自固。

六月，或謂帝曰：「陛下欲禦北狄，安天下，非桑維翰不可。」丙午，復置樞密院，以維翰爲中書令兼樞密使，事無大小，悉以委之。數月之間，朝廷差治。

初，高祖割北邊之地以賂契丹，由是府州刺史折從遠亦北屬。契丹欲盡徙河西之民以實遼東，州人大恐，從遠因保險拒之。及帝與契丹絶，遣使諭從遠，使攻契丹。從遠引兵深入，拔十餘寨。戊午，以從遠爲府州團練使。從遠，雲州人也。

秋八月辛丑朔，以河東節度使劉知遠爲北面行營都統，順國節度使杜威爲都招討使，督十三節度以備契丹。桑維翰兩秉朝政，出楊光遠、景延廣於外，至是一制指揮，節度使十五人無敢違者，時人服其膽略。契丹之入寇也，帝再命劉知遠會兵山東，皆後期不至。帝疑之，謂所親曰：「太原殊不助朕，必有異圖。果有分，何不速爲之！」至是，雖爲都統，而實無臨制之權，密謀大計，皆不得預。知遠亦知見疏，但慎事自守而已。郭威見知遠有憂色，謂知遠曰：「河東山河險固，風俗尚武，土多戰馬，静則勤稼穡，動則習軍旅，此霸王之資也，何憂乎？」

十二月，契丹復大舉入寇，盧龍節度使趙延壽引兵先進。契丹前鋒至邢州，順國節度使杜威遣使間道告急。帝欲自將拒之，會有疾，命天平節度使張從恩、鄴都留守馬全節、護國節度使安審琦會諸道兵屯邢州，武寧節度使趙在禮屯鄴都。

契丹主以大兵繼至，建牙於元氏。朝廷憚契丹之威，詔從恩等引兵稍卻，於是諸軍恟懼，無復部伍，委棄器甲，所過焚掠，比至相州，不復能整。

二年春正月，詔趙在禮還屯澶州，馬全節還鄴都。又遣右神武統軍張彥澤屯黎陽，西京留守景延廣自滑州引兵守胡梁渡。庚子，張從恩奏契丹逼邢州，詔滑州、鄴都復進軍拒之。義成節度使皇甫遇將兵趣邢州。契丹寇邢、洺、磁三州，殺掠殆盡，入鄴都境。

壬子，張從恩、馬全節、安審琦悉以行營兵數萬陳於相州安陽水之南。皇甫遇與濮州刺史慕容彥超將數千騎前覘契丹，至鄴縣，將渡漳水，遇契丹數萬，遇等且戰且卻。至榆林店，契丹大至，二將謀曰：「吾屬今走，死無遺矣。」乃止，布陳，自午至未，力戰百餘合，相殺傷甚衆。遇馬斃，因步戰；其僕杜知敏以所乘馬授之，遇乘馬復戰。久之，稍解，顧知敏已爲契丹所擒。遇曰：「知敏義士，不可棄也。」與彥超躍馬入契丹陳，取知敏而還。俄而契丹繼出新兵來戰，二將曰：「吾屬勢不可走，以死報國耳。」

日且暮，安陽諸將怪覘兵不還，安審琦曰：「皇甫太師寂無聲問，必爲虜所困。」語未卒，有一騎白遇等爲虜數萬所圍。審琦即引騎兵出，將救之，張從恩曰：「此言未足信。必若虜衆猥至，盡吾軍，恐未足以當之，公往何益？」審琦曰：「成敗，天也，萬一不濟，當共受之。借使虜不南來，坐失皇甫太師，吾屬何顏以見天子！」遂踰水而進。契丹望見塵起，即解去。遇等乃得還，與諸將俱歸相州，軍中皆服二將之勇。彥超本吐谷渾也，與劉知遠同母。契丹亦引軍退，其衆自相驚曰：「晉軍悉至矣。」時契丹主在邯鄲，聞之，即時北遁，不再宿，至鼓城。

是夕，張從恩等議曰：「契丹傾國而來，吾兵不多，城中糧不支一旬，萬一有姦人往告吾虛實，虜悉衆圍我，死無日矣。不若引軍就黎陽倉，南倚大河以拒之，可以萬全。」議未決，從恩引兵先發，諸軍繼之，擾亂失亡，復如發邢州城時。

從恩等留步兵五百守安陽橋，夜四鼓，知相州事符彦倫謂將佐曰：「此夕紛紜，人無固志，五百弊卒，安能守橋。」即召入，乘城爲備。至曙，望之，契丹數萬騎已陳於安陽水北，彦倫命城上揚旌鼓譟約束，契丹不測。日加辰，趙延壽與契丹惕隱帥衆踰水，環相州而南。詔右神武統軍張彦澤將兵趣相州。延壽悉陳甲騎於相州城下，若將攻城狀，符彦倫曰：「此虜將走耳。」出甲卒五百，陳於城北以待之，契丹果引去。

大軍在黎陽，不敢追。延壽等至湯陰，聞之，甲寅，引還。馬全節等擁以天平節度使張從恩權東京留守。

庚申，振武節度使折從遠擊契丹，圍勝州，遂攻朔州。

帝疾小愈，河北相繼告急。帝曰：「此非安寢之時。」乃部分諸將爲行計。

北面副招討使馬全節等奏：「據降者言，虜衆不多，宜乘其散歸種落，大舉徑襲幽州。」帝以爲然，徵兵諸道。壬戌，下詔親征。乙丑，帝發大梁。

二月（壬）〔戊〕辰朔，帝至滑州。壬申，命安審琦屯鄴都。甲戌，帝發滑州，乙亥，至澶州。己卯，馬全節等諸軍以次北上。劉知遠聞之曰：「中國疲弊，自守恐不足；乃横挑强胡，勝之猶有後患，况不勝乎！」

契丹自恒州還，以羸兵驅牛羊過祁州城下，刺史下邳沈斌出兵擊之，契丹以精騎奪其門，州兵不得還。趙延壽知城中無餘兵，引契丹急攻之。斌在〔城〕上，延壽語〔之〕曰：「沈使君，吾之故人。擇禍莫若輕，何不早降？」斌曰：「侍中父子失計陷身虜庭，忍帥犬羊以殘父母之邦；不自愧恥，更有驕色，何哉！沈斌弓折矢盡，寧爲國家死耳，終不效公所爲。」明日，城陷，斌自殺。

丙戌，詔北面行營都招討使杜威以本道兵會馬全節等進軍。

端明殿學士、户部侍郎馮玉，宣徽北院使、權侍衛馬步都虞候太原李彦韜皆挾恩用事，惡中書令桑維翰，數毁之。帝欲罷維翰政事，李崧、劉昫固諫而止。維翰請以玉爲樞密副使，玉殊不平。丙申，中旨以玉爲户部尚書、樞密使，以分維翰之權。彦韜少事閻寶爲僕夫，後隸高祖帳下。高祖自太原南下，留彦韜侍帝，爲腹心，由是有寵。性纖巧，與嬖幸相結，以蔽帝耳目，帝委信之，至於升黜將相，亦得預議。嘗謂人曰：「吾不知朝廷設文官何所用，且欲澄汰，徐當盡去之。」

初，高祖置德清軍於故澶州城，及契丹入寇，澶州、鄴都之間城戍俱陷。議者以澶州、鄴都相去百五十里，宜於中塗築城以應接南北；從之。三月戊戌，更築德清軍城，合德清、南樂之民以實之。

乙巳，杜威等諸軍會于定州，以供奉官蕭處鈞權知祁州事。庚戌，諸軍攻契丹，泰州刺史晉廷謙舉州降。甲寅，取滿城，獲契丹酋長沒刺及其兵二千人。乙卯，取遂城。趙延壽部曲有降者，言契丹主還至虎北口，聞晉取泰州，復擁衆南向，約八萬餘騎，計來夕當至，宜速爲備。杜威等懼，丙辰，退保泰州。

戊午，契丹至泰州。己未，晉軍南行，契丹踵之。晉軍至陽城，庚申，契丹大至。晉軍與戰，逐北十餘里，契丹踰白溝而去。壬戌，晉軍結陳而南，胡騎四合如山，諸軍力戰拒之。是日纔行十餘里，人馬飢乏。癸亥，晉軍至白團衛村，埋鹿角爲行寨。契丹圍之數重，奇兵出寨後斷糧道。是日，東北風大起，破屋折樹。營中掘井，方及水輒崩，士卒取其泥，帛絞而飲之，人馬俱渴。至曙，風尤甚。契丹主坐奚車中，令其衆曰：「晉軍止此耳，當盡擒之，然後南取大梁。」命鐵鷂四面下馬，拔鹿角而入，奮短兵以擊晉軍，又順風縱火揚塵以助其勢。

軍士皆憤怒，大呼曰：「都招討使何不用兵？令士卒徒死！」諸將請出戰，杜威曰：「彼衆我寡，風沙之内，莫測多少，惟力鬭者勝，此風乃助我也。若俟風止，吾屬無類矣。」即呼曰：「諸軍齊擊賊！」又謂威曰：「令公善守禦，守貞以中軍決死矣。」馬軍左廂都排陳使張彦澤召諸將問計，皆曰：「虜得風勢，宜俟風回與戰。」彦澤亦以爲然。諸將退，馬軍右廂副排陳使太原藥元福獨留，謂彦澤曰：「今軍中飢渴已甚，若俟風回，吾屬已爲虜矣。敵(爲)〔謂〕我不能逆風以戰，(而)〔宜〕出其不意争擊之，此兵之詭道也。」馬步左右廂都排陳使符彦卿曰：「與其束手就擒，曷若以身徇國。」乃與彦澤、元福及左廂都排陳使皇甫遇引精騎出西門擊之，諸將繼至，契丹卻數百步。彦卿等謂守貞曰：「且曳隊往來乎？直前奮擊，以勝爲度乎？」守貞曰：「事勢如此，安可回鞚，宜長驅取勝耳。」彦卿等躍馬而去，風勢益甚，昏晦如夜。彦卿等擁萬餘騎横擊契丹，呼聲動天地，契丹大敗而走，勢如崩山。李守貞亦令步兵盡拔鹿角出鬭，步騎俱進，逐北二十餘里。鐵鷂既下馬，蒼黄不能復上，皆委棄馬及鎧仗蔽地。

契丹散卒至陽城東南水上，稍復布列。杜威曰：「賊已破膽，不宜更令成列。」遣精騎擊之，皆渡水去。契丹主乘奚車走十餘里，追兵急，獲一橐駝，乘之而走。諸將請急追之，杜威揚言曰：「逢賊幸不死，更索衣囊邪？」李守貞曰：「兩日人馬渴甚，今得水飲皆足重，難以追寇，不若全軍而還。」乃退保定州。

契丹主至幽州，散兵稍集。以軍失利，杖其酋長各數百，唯趙延壽得免。乙丑，諸軍自定州引歸。詔以泰州隸定州。夏四月辛巳，帝發澶州；甲申，還大梁。

順國節度使杜威久鎮恒州，性貪殘，自恃貴戚，多不法。每以備邊爲名，斂吏民錢帛以充私藏。富室有珍貨或名姝駿馬，皆奪取之。或誣以罪殺之，籍没其家。又畏懦過甚，每契丹數十騎入境，威已閉門登陴，或數騎驅所掠華人千百過城下，威但瞋目延頸望之，無意邀取。由是虜無所忌憚，屬城多爲所屠，威竟不出一卒救之。千里之間，暴骨如莽，村落殆盡。威見所部殘弊，爲衆所怨，又畏契丹之强，累表請入朝，帝不許。威不俟報，遽委鎮入朝，朝廷聞之，驚駭。桑維翰言於帝曰：「威固違朝命，擅離邊鎮。居常憑恃勳親，邀求姑息，及疆埸多事，曾無守禦之意。宜因此時廢之，庶無後患。」帝不悦。維翰曰：「陛下不忍廢之，宜授以近京小鎮，勿復委以雄藩。」帝曰：「威朕之密親，必無異志。但宋國長公主切欲相見耳，公勿以爲疑。」維翰自是不敢復言國事，以足疾辭位。五月丙辰，威至大梁。

己未，杜威獻部曲步騎合四千人，并鎧仗。庚申，又獻粟十萬斛，芻二十萬束，云皆在本道。帝以其所獻騎兵隸扈聖，步兵隸護國。威復請以爲牙隊，而禀賜皆仰縣官。威又令公主白帝，求天雄節鉞，帝許之。六月癸酉，以杜威爲天雄節度使。

契丹連歲入寇，中國疲於奔命，邊民塗地。契丹人畜亦多死，國人厭苦之。述律太后謂契丹主曰：「使漢人爲胡主，可乎？」曰：「不可。」太后曰：「然則汝何故欲爲漢主？」曰：「石氏負恩，不可容。」太后曰：「汝今雖得漢地，不能居也。萬一蹉跌，悔何所及。」又謂其羣下曰：「漢兒何得一向眠！自古但聞漢和蕃，不聞蕃和漢。漢兒果能回意，我亦何惜與和。」

桑維翰屢勸帝復請和於契丹，以紓國患。帝假開封軍將張暉供奉官，使奉表稱臣詣契丹，卑辭謝過。契丹主曰：「使景延廣、桑維翰自來，仍割鎮、定兩道隸我則可和。」朝廷以契丹語忿，謂其無和意，乃止。及契丹主入大梁，謂李崧等曰：「曏使晉使再來，則南北不戰矣。」

秋八月丙寅，右僕射兼中書侍郎、同平章事和凝罷守本官，加樞密使、户部尚書馮玉中書侍郎、同平章事，事無大小，悉以委之。帝自陽城之捷，謂天下無虞，驕侈益甚。四方貢獻珍奇，皆歸内府。多造器玩，廣宫室，崇飾後庭，近朝莫之及。作織錦樓以織地衣，用織工數百，期年乃成。又賞賜優伶無度。桑維翰諫曰：「曏者陛下親禦胡寇，戰士重傷者，賞不過帛數端。今優人一談一笑稱旨，往往賜束帛、萬錢、錦袍、銀帶，彼戰士見之，能不觖望，曰：『我曹冒白刃，絶筋折骨，曾不如一談一笑之功乎！』如此，則士卒解體，陛下誰與衛社稷乎？」帝不聽。馮玉每善承迎帝意，由是益有寵。嘗有疾在家，帝謂諸宰相曰：「自刺史以上，俟馮玉出乃得除。」其倚任如此。玉乘勢弄權，四方賂遺輻湊其門，由是朝政益壞。

九月戊申，置威信軍於曹州。遣侍衛馬步都指揮使李守貞戍澶州。乙卯，遣彰德節度使張彥澤戍恒州。

初，帝疾未平，會正旦，樞密使、中書令桑維翰遣女僕入宮起居太后，因問：「皇弟睿近讀書否？」帝聞之，以告馮玉。玉因譖維翰有廢立之志，帝疑之。李守貞素惡維翰，馮玉、李彥韜與守貞合謀排之，以中書令、行開封尹趙瑩柔而易制，共薦以代維翰。十二月，罷維翰政事，爲開封尹，以瑩爲中書令，李崧爲樞密使、守侍中。維翰遂稱足疾，希復朝謁，杜絶賓客。或謂馮玉曰：「桑公元老，今既解其樞務，縱不留之相位，猶當優以大藩，奈何使之尹京，親猥細之務乎？」玉曰：「恐其反耳。」曰：「儒生安能反？」玉曰：「縱不自反，恐其教人耳。」

三年。定州西北二百里有狼山，土人築堡於山上以避胡寇。堡中有佛舍，尼孫深意居之，以妖術惑衆，言事頗驗，遠近信奉之。中山人孫方簡及弟行友，自言深意之姪，不飲酒食肉，事深意甚謹。深意卒，方簡嗣行其術，稱深意坐化，嚴飾，事之如生，其徒日滋。會晉與契丹絶好，北邊賦役繁重，寇盜充斥，民不安其業。方簡、行友因帥鄉里豪健者，據寺爲寨以自保。契丹入寇，方簡帥衆邀擊，頗獲其甲兵、牛馬、軍資，人挈家往依之者益衆。久之，至千餘家，遂爲羣盜。懼爲吏所討，乃歸款朝廷。朝廷亦資其禦寇，署東北招收指揮使。方簡時入契丹境鈔掠，多所殺獲。既而邀求不已，朝廷小不副其意，則舉寨降於契丹，請爲鄉道以入寇。時河北大饑，民餓死者所在以萬數，兖、鄆、滄、貝之間盜賊蠭起，吏不能禁。天雄節度使杜威遣元隨軍將劉延翰市馬於邊，方簡執之，獻於契丹。延翰逃歸，六月壬戌，至大梁，言：「方簡欲乘中國凶饑，引契丹入寇，宜爲之備。」

乙丑，定州言契丹勒兵壓境。詔以天平節度使、侍衛馬步都指揮使李守貞爲北面行營都部署，義成節度使皇甫遇副之；彰德節度使張彦澤充馬軍都指揮使兼都虞候，義武節度使薊人李殷充步軍都指揮使兼都排陳使；遣護聖指揮使臨清王彦超、太原白延遇以部兵十營詣邢州。時馬軍都指揮使、鎮安節度使李彦韜方用事，視守貞蔑如也。守貞在外所爲，事無大小，彦韜必知之，守貞外雖敬奉而内恨之。

秋七月，有自幽州來者，言趙延壽有意歸國。樞密使李崧、馮玉信之，命天雄節度使杜威致書於延壽，具述朝旨，啖以厚利。洺州軍將趙行實嘗事延壽，遣齎書潛往遺之。延壽復書，言久處異域，思歸中國。乞發大軍應接，拔身南去，辭旨懇密。朝廷欣然，復遣行實詣延壽，與爲期約。

八月，李守貞言：「與契丹千餘騎遇於長城北，轉鬭四十里，斬其酋帥解里，擁餘衆入水溺死者甚衆。」丁卯，詔李守貞還屯澶州。

帝既與契丹絕好，數召吐谷渾酋長白承福入朝，宴賜甚厚。承福從帝與契丹戰澶州，又與張從恩戍滑州。屬歲大熱，遣其部落還太原，畜牧於嵐、石之境。部落多犯法，劉知遠無所縱捨。部落知朝廷微弱，且畏知遠之嚴，謀相與遁歸故地。有白可久者，位亞承福，帥所部先亡歸契丹，契丹用爲雲州觀察使以誘承福。知遠與郭威謀曰：「今天下多事，置此屬於太原，乃腹心之疾也，不如去之。」承福家甚富，飼馬用銀槽。威勸知遠誅之，收其貨以贍軍。知遠密表「吐谷渾反覆難保，請遷於內地」。帝遣使發其部落千九百人，分置河陽及諸州。知遠遣威誘承福等入居太原城中，因誣承福等五族謀叛，以兵圍而殺之，合四百口，籍沒其家貲。詔褒賞之，吐谷渾由是遂微。

九月，契丹三萬寇河東，壬辰，劉知遠敗之於楊武谷，斬首七千級。張彥澤奏敗契丹於定州北，又敗之於泰州，斬首二千級。

契丹使瀛州刺史劉延祚遺樂壽監軍王巒書，請舉城內附。且云：「城中契丹兵不滿千人，乞朝廷發輕兵襲之，已爲内應。又今秋多雨，自瓦橋以北積水無際，契丹主已歸牙帳，雖聞關南有變，地遠阻水，不能救也。」巒與天雄節度使兼中書令杜威屢奏瀛、莫乘此可取，深州刺史慕容遷獻瀛莫圖；馮玉、李崧信以爲然，欲發大兵迎趙延壽及延祚。

先是，侍衛馬步都指揮使、天平節度使李守貞數將兵過廣晋，杜威厚待之，贈金帛、甲兵動以萬計，守貞由是與威親善。守貞入朝，帝勞之曰：「聞卿爲將，常費私財以賞戰士。」對曰：「此皆杜威盡忠於國，以金帛資臣，臣安敢掠有其美。」因言：「陛下若他日用兵，臣願與威戮力以清沙漠。」帝由是亦賢之。及將北征，帝與馮玉、李崧議以威爲元帥，守貞副之。趙瑩私謂馮、李曰：「杜令國戚，貴爲將相，而所欲未厭，心常慊慊，豈可復假以兵權。必若有事北方，不若止任守貞爲愈也。」不從。冬十月辛未，以威爲北面行營都招討使，以守貞爲兵馬都監，泰寧節度使安審琦爲左右廂都指揮使，武寧節度使符彦卿爲馬軍左廂都指揮使，義成節度使皇甫遇爲馬軍右廂都指揮使，永清節度使梁漢璋爲馬軍都排陳使，前威勝節度使宋彦筠爲步軍左廂都指揮使，奉國左廂都指揮使王饒爲步軍右廂都指揮使，洺州團練使薛懷讓爲先鋒都指揮使。仍下敕牓曰：「專發大軍，往平黠虜。先收瀛、莫，安定關南，次復幽、燕，盪平塞北。」又曰：「有能擒獲虜主者，除上鎮節度使，賞錢萬緡，絹萬匹，銀萬兩。」時自六月積雨，至是未止，軍行及饋運者甚艱苦。

杜威、李守貞會兵於廣晉而北行。威屢使公主入奏，請益兵，曰：「今深入虜境，必資衆力。」由是禁軍皆在其麾下，而宿衛空虚。十一月丁酉，以李守貞權知幽州行府事。己亥，杜威等至瀛州，城門洞啓，寂若無人，威等不敢進。聞契丹將高謨（幹）〔翰〕先已引兵潛出，威遣梁漢璋將二千騎追之，漢璋遇契丹於南陽務，敗死。威等聞之，引兵而南。時束城等數縣請降，威等焚其廬舍，掠其婦女而還。

契丹主大舉入寇，自易、定趣恒州。杜威等至武强，聞之，將自冀、貝而南。彰德節度使張彦澤時在恒州，引兵會之，言契丹可破之狀；威等乃復趣恒州，以彦澤爲前鋒。甲寅，威等至中度橋，契丹已據橋。彦澤帥騎争之，契丹焚橋而退，晉兵與契丹夾滹沱而軍。始，契丹見晉軍大至，又争橋不勝，恐晉軍急渡滹沱，與恒州合勢擊之，議引兵還。及聞晉軍築壘爲持久之計，遂不去。

杜威雖以貴戚爲上將，性懦怯。偏裨皆節度使，但日相承迎，置酒作樂，罕議軍事。磁州刺史兼北面轉運使李穀説威及李守貞曰：「今大軍去恒州咫尺，煙火相望，若多以三股木置水中，積薪布土其上，橋可立成。密約城中舉火相應，夜募壯士斫虜營而入，表裏合勢，虜必遁逃。」諸將皆以爲然，獨杜威不可，遣穀南至懷、孟督軍糧。

契丹以大兵當晉軍之前，潛遣其將蕭翰、通事劉重進將百騎及羸卒，並西山出晉軍之後，斷晉糧道及歸路。樵采者遇之，盡爲所掠，有逸歸者，皆稱虜衆之盛，軍中恟懼。翰等至欒城，城中戍兵千餘人，不覺其至，狼狽降之。契丹獲晉民，黥其面曰「奉敕不殺」，縱之南走。運夫在道遇之，皆棄車驚潰。翰，契丹之舅也。

十二月丁巳朔，李穀自書密奏，具言大軍危急之勢，請車駕幸滑州，遣高行周、符彦卿扈從，及發兵守澶州、河陽以備虜之奔衝，遣軍將關勳走馬上之。己未，帝始聞大軍屯中度。是夕，關勳至。庚申，杜威奏請益兵，詔悉發守宫禁者得數百人赴之，又詔發河北及滑、孟、澤、潞芻糧五十萬詣軍前。督迫嚴急，所在鼎沸。辛酉，威又遣從者張祚等來告急。祚等還，爲契丹所獲。自是朝廷與軍前聲問兩不相通。

時宿衛兵皆在行營，人心懍懍，莫知爲計。開封尹桑維翰以國家危在旦夕，求見帝言事。帝方在苑中調鷹，辭不見。又詣執政言之，執政不以爲然。退謂所親曰：「晉氏不血食矣！」

帝欲自將北征，李彦韜諫而止。時符彦卿雖任行營職事，帝留之，使戍荆州口。壬戌，詔以歸德節度使高行周爲北面都部署，以彦卿副之，共戍澶州。以西京留守景延廣戍河陽，且張形勢。奉國都指揮使王清言於杜威曰：「今大軍去恒州五里，守此何爲？營孤食盡，勢將自潰。請以步卒二千爲前鋒，奪橋開道，公帥諸軍繼之，得入恒州，則無憂矣。」威許諾，遣清與宋彥筠俱進。清戰甚鋭，契丹不能支，勢小卻。諸將請以大軍繼之，威不許。彥筠爲契丹所敗，浮水抵岸，得免，因退走。清獨帥麾下陳於水北力戰，互有殺傷，屢請救於威，威竟不遣一騎助之。清謂其衆曰：「上將握兵，坐觀吾輩困急而不救，此有異志。吾輩當以死報國耳！」衆感其言，莫有退者，至暮，戰不息。契丹以新兵繼之，清及士衆盡死。由是諸軍皆奪氣。清，洺州人也。

甲子，契丹遥以兵環晉營，内外斷絶，軍中食且盡。杜威與李守貞、宋彥筠謀降契丹，威潛遣腹心詣契丹牙帳，邀求重賞。契丹主紿之曰：「趙延壽威望素淺，恐不能帝中國；汝果降者，當以汝爲之。」威喜，遂定降計。丙寅，伏甲召諸將，出降表示之，使署名。諸將駭愕，莫敢言者，但唯唯聽命。威遣閤門使高勳齎詣契丹，契丹主賜詔慰納之。是日，威悉命軍士出陳於外，軍士皆踴躍，以爲且戰。威親諭之曰：「今食盡塗窮，當與汝曹共求生計。」因命釋甲，軍士皆慟哭，聲振原野。威、守貞仍於衆中揚言：「主上失德，信任奸邪，猜忌於己。」聞者無不切齒。契丹主遣趙延壽衣赭袍至晉營慰撫士卒，曰：「彼皆汝物也。」杜威已下皆迎謁於馬前，亦以赭袍衣威以示晉軍，其實皆戲之耳。以威爲太傅，李守貞爲司徒。

威引契丹主至恒州城下，諭順國節度使王周以已降之狀，周亦出降。戊辰，契丹主入恒州。遣兵襲代州，刺史王暉以城降之。先是，契丹屢攻易州，刺史郭璘固守拒之。契丹主每過城下，指而歎曰：「吾能吞併天下，而爲此人所扼！」及杜威既降，契丹主遣通事耿崇美至易州誘諭其衆，衆皆降。璘不能制，遂爲崇美所殺。璘，邢州人也。

義武節度使李殷、安國留後方太皆降於契丹，契丹主以孫方簡爲義武節度使，麻荅爲安國節度使，以客省副使馬崇祚權知恒州事。

契丹翰林承旨、吏部尚書張礪言於契丹主曰：「今大遼已得天下，中國將相宜用中國人爲之，不宜用北人及左右近習。苟政令乖失，則人心不服，雖得之猶將失之。」契丹主不從。引兵自邢、相而南，杜威將降兵以從。遣張彥澤將二千騎先取大梁，且撫安吏民，以通事傅住兒爲都監。

杜威之降也，皇甫遇初不預謀。契丹主欲遣遇先將兵入大梁，遇辭，退謂所親曰：「吾位爲將相，敗不能死，忍復圖其主乎！」至平棘，謂從者曰：「吾不食累日矣，何面目復南行。」遂扼吭而死。

張彥澤倍道疾驅，夜渡白馬津。壬申，帝始聞杜威等降。是夕，又聞彥澤至滑州，召李崧、馮玉、李彥韜入禁中計事，欲詔劉知遠發兵入援。癸酉，未明，彥澤自封丘門斬關而入，李彥韜帥禁兵五百赴之，不能遏。彥澤頓兵明德門外，城中大擾。帝於宮中起火，自攜劍驅後宮十餘人將赴火，爲親軍將薛超所持。俄而彥澤自寬仁門傳契丹主與太后書慰撫之，且召桑維翰、景延廣，帝乃命滅火，悉開宮城門。帝坐苑中，與后妃相聚而泣，召翰林學士范質草降表，自稱孫男臣重貴，禍至神惑，運盡天亡，今與太后及妻馮氏，舉族於郊野面縛待罪。次遣男鎮寧節度使延煦、威信節度使延寶奉國寶一、金印三出迎。太后亦上表稱新婦李氏妾。

傅住兒入宣契丹主命，帝脱黄袍，服素衫，再拜受宣，左右皆掩泣。帝使召張彥澤欲與計事，彥澤曰：「臣無面目見陛下。」帝復召之，彥澤微笑不應。

或勸桑維翰逃去，維翰曰：「吾大臣，逃將安之？」坐而俟命。彥澤以帝命召維翰，維翰至天街，遇李崧，駐馬語未畢，有軍吏於馬前揖維翰赴侍衛司。維翰知不免，顧謂崧曰：「侍中當國，今日國亡，反令維翰死之，何也？」崧有愧色。彥澤倨坐見維翰，維翰責之曰：「去年拔公於罪人之中，復領大鎮，授以兵權，何乃負恩至此！」彥澤無以應，遣兵守之。

宣徽使孟承誨素以佞巧有寵於帝，至是，帝召承誨欲與之謀，承誨伏匿不至，張彥澤捕而殺之。

彥澤縱兵大掠，貧民乘之，亦争入富室，殺人取其貨，二日方止，都城爲之一空。彥澤所居，寶貨山積，自謂有功於契丹，晝夜以酒樂自娛，出入騎從常數百人，其旗幟皆題「赤心爲主」，見者笑之。軍士擒罪人至前，彥澤不問所犯，但瞋目竪三指，即驅出斷其腰領。彥澤素與閤門使高勳不協，乘醉至其家，殺其叔父及弟，尸諸門首，士民不寒而慄。

中書舍人李濤謂人曰：「吾與其逃於溝瀆而不免，不若往見之。」乃投刺謁彥澤曰：「上疏請殺太尉人李濤，謹來請死。」彥澤欣然接之，謂濤曰：「舍人今日懼乎？」濤曰：「濤今日之懼，亦猶足下昔年之懼也。嚮使高祖用濤言，事安至此！」彥澤大笑，命酒飲之。濤引滿而去，旁若無人。天福七年，張彥澤獲亡將楊洪，斷其手足斬之，彰義節度使王周奏之，帝釋而不問，李濤伏閤極論其罪。

甲戌，張彥澤遷帝於開封府，頃刻不得留，宮中慟哭。帝與太后、皇后乘肩輿，宮人宦者十餘人步從，見者流涕。帝悉以內庫金珠自隨，彥澤使人諷之曰：「契丹主至，此物不可匿也。」帝悉歸之，亦分以遺彥澤，彥澤擇取其奇貨，而封其餘以待契丹。彥澤遣控鶴指揮使李筠以兵守帝，內外不通。帝姑烏氏公主賂守門者，入與帝訣，相持而泣，歸第自經死。帝與太后所上契丹主表章，皆先示彥澤，然後敢發。

帝使取內庫帛數段，主者不與，曰：「此非帝物也。」又求酒於李崧，崧亦辭以他故不進。又欲見李彥韜，彥韜亦辭不往。帝惆悵久之。

馮玉佞張彥澤，求自送傳國寶，冀契丹復任用。楚國夫人丁氏，延煦之母也，有美色。彥澤使人取之，太后遲迴未與。彥澤詬詈，立載之去。

是夕，彥澤殺桑維翰。以帶加頸，白契丹主，云其自經。契丹主曰：「吾無意殺維翰，何爲如是？」命厚撫其家。

高行周、符彥卿皆詣契丹牙帳降，契丹主以陽城之戰爲彥卿所敗，詰之。彥卿曰：「臣當時惟知爲晉主竭力，今日死生惟命。」契丹主笑而釋之。

己卯，延煦、延寶自牙帳還，契丹主賜帝手詔，且遣解里謂帝曰：「孫勿憂，必使汝有噉飯之所。」帝心稍安，上表謝恩。

契丹以所獻傳國寶追琢非工，又不與前史相應，疑其非真，以詔書詰帝，使獻真者。帝奏：「頃王從珂自焚，舊傳國寶不知所在，必與之俱燼。此寶先帝所爲，羣臣備知。臣今日焉敢匿寶。」乃止。

帝聞契丹主將渡河，欲與太后於前塗奉迎；張彥澤先奏之，契丹主不許。有司又欲使帝銜璧、牽羊，大臣輿櫬，迎於郊外，先具儀注白契丹主。契丹主曰：「吾遣奇兵直取大梁，非受降也。」亦不許。又詔晉文武羣官一切如故；朝廷制度，並用漢禮。有司欲備法駕迎契丹主，報曰：「吾方擐甲總戎，太常儀衛，未暇施也。」皆卻之。

先是，契丹主至相州，即遣兵趣河陽捕景延廣。延廣蒼猝無所逃伏，往見契丹主於封丘。契丹主詰之曰：「致兩主失歡，皆汝所爲也。十萬横磨劍安在？」召喬榮使相辨證事凡十條。延廣初不服，榮以紙所記語示之，乃服。每服一事，輒授一籌。至八籌，延廣但以面伏地請死，乃鎖之。

丙戌晦，百官宿於封禪寺。

後漢高祖天福十二年春正月丁亥朔，百官遥辭晉主於城北，乃易素服紗帽，迎契丹主，伏路側請罪。契丹主貂帽、貂裘，衷甲，駐馬高阜，命起改服，撫慰之。左衛上將軍安叔千獨出班胡語，契丹主曰：「汝安没字邪？汝昔鎮邢州，已累表輸誠，我不忘也。」叔千拜謝呼躍而退。晉主與太后已下迎於封丘門外，契丹主辭不見。

契丹主入門，民皆驚呼而走。契丹主登城樓，遣通事諭之曰：「我亦人也，汝曹勿懼。會當使汝曹蘇息。我無心南來，漢兵引我至此耳。」至明德門，下馬拜而後入宫。以其樞密副使劉密權開封尹事。日暮，契丹主復出屯於赤岡。

高勳訴張彦澤殺其家人於契丹主，契丹主亦怒彦澤剽掠京城，并傅住兒鎖之。以彦澤之罪宣示百官，問：「應死否？」皆言「應死」。百姓亦投牒争疏彦澤罪。己丑，斬彦澤、住兒於北市，仍命高勳監刑。彥澤前所殺士大夫子孫，皆經杖號哭，隨而詬詈，以杖扑之。勳命斷腕出鎖，剖其心以祭死者。市人争破其腦取髓，臠其肉而食之。

契丹送景延廣歸其國。庚寅，宿陳橋，夜，伺守者稍怠，扼吭而死。

辛卯，契丹以晋主爲負義侯，置於黄龍府。黄龍府，即慕容氏和龍城也。契丹主使謂李太后曰：「聞重貴不用母命，以至於此，可求自便，勿與俱行。」太后曰：「重貴事妾甚謹。所(以)失者，違先君之志，絶兩國之歡耳。今幸蒙大恩，全生保家，母不隨子，欲何所歸？」

癸巳，契丹遷晋主及其家人於封禪寺，遣大同節度使兼侍中河内崔廷勳以兵守之。契丹主數遣使存問，晋主每聞使至，舉家憂恐。時雨雪連旬，外無供億，上下凍餒。太后使人謂寺僧曰：「吾嘗於此飯僧數萬，今日獨無一人相念邪？」僧辭以虜意難測，不敢獻食。晋主陰祈守者，乃稍得食。

是日，契丹主自赤岡引兵入宫，都城諸門及宫禁門皆以契丹守衛，晝夜不釋兵仗。磔犬於門，以竿懸羊皮於庭爲厭勝。契丹主謂晋羣臣曰：「自今不修甲兵，不市戰馬，輕賦省役，天下太平矣。」廢東京，降開封府爲汴州，尹爲防禦使。乙未，契丹主改服中國衣冠，百官起居皆如舊制。

趙延壽、張礪共薦李崧之才，會威勝節度使馮道自鄧州入朝，契丹主素聞二人名，皆禮重之。未幾，以崧爲太子太師，充樞密使；道守太傅，於樞密院祇候，以備顧問。

契丹主分遣使者，以詔書賜晉之藩鎮。晉之藩鎮爭上表稱臣，被召者無不奔馳而至。惟彰義節度使史匡威據涇州不受命。匡威，建瑭之子也。雄武節度使何重建斬契丹使者，以秦、成、階三州降蜀。

初，杜重威既以晉軍降契丹，契丹主悉收其鎧仗數百萬貯恒州，驅馬數萬歸其國，遣重威將其衆從己而南。及河，契丹主以晉兵之衆，恐其爲變，欲悉以胡騎擁而納之河流。或諫曰：「晉兵在他所者尚多，彼聞降者盡死，必皆拒命爲患。不若且撫之，徐思其策。」契丹主乃使重威以其衆屯陳橋。會久雪，官無所給，士卒凍餒，咸怨重威，相聚而泣。重威每出，道旁人皆罵之。

契丹主猶欲誅晉兵。趙延壽言於契丹主曰：「皇帝親冒矢石以取晉國，欲自有之乎？將爲他人取之乎？」契丹主變色曰：「朕舉國南征，五年不解甲，僅能得之，豈爲他人乎？」曰：「知之。」延壽曰：「晉國南有唐，西有蜀，常爲仇敵，皇帝亦知之乎？」曰：「知之。」延壽曰：「晉國東自沂、密，西及秦、鳳，延袤數千里，邊於吴、蜀，常以兵戍之。南方暑濕，上國之人不能居也。他日車駕北歸，以晉國如此之大，無兵守之，吴、蜀必相與乘虚入寇，如此，豈非爲他人取之乎？」契丹主曰：「我不知也。然則奈何？」延壽曰：「陳橋降卒，可分以戍南邊，則吴、蜀不能爲患矣。」契丹主曰：「吾昔在上黨，失於斷割，悉以唐兵授晉。既而返爲仇讎，北向與吾戰，辛勤累年，僅能勝之。今幸入吾手，不因此時悉除之，豈可復留以爲後患乎！」延壽曰：「曏留晉兵於河南，不質其妻子，故有此憂。今若悉徙其家於恒、定、雲、朔之間，每歲分番使戍南邊，何憂其爲變哉？此上策也。」契丹主悦，曰：「善，惟大王所以處之。」由是陳橋兵始得免，分遣還營。

癸卯，晉主與李太后、安太妃、馮后及弟睿，子延煦、延寶俱北遷，後宫左右從者百餘人。契丹遣三百騎援送之，又遣晉中書令趙瑩、樞密使馮玉、馬軍都指揮使李彦韜與之俱。晉主在塗，供饋不繼，或時與太后俱絶食，舊臣無敢進謁者。獨磁州刺史李穀迎謁於路，相對泣下。穀曰：「臣無狀，負陛下。」因傾貲以獻。

晉主至中度橋，見杜重威寨，歎曰：「天乎，我家何負，爲此賊所破！」慟哭而去。

契丹主以前燕京留守劉晞爲西京留守，永康王兀欲之弟留珪爲義成節度使，族人郎伍爲鎮寧節度使，兀欲姊壻潘聿撚爲横海節度使，趙延壽之子匡贊爲護國節度使，漢將張彦超爲雄武節度使，史佺爲彰義節度使，客省副使劉晏僧爲忠武節度使，前護國節度使侯益爲鳳翔節度使，權知鳳翔府事焦繼勳爲保大節度使。晞，涿州人也。既而何重建附蜀，史匡威不受代，契丹勢稍沮。

晋主之絶契丹也，匡國節度使劉繼勳爲宣徽北院使，頗預其謀。契丹主入汴，繼勳入朝，契丹主責之。時馮道在殿上，繼勳急指道曰：「馮道爲首相，與景延廣實爲此謀。臣位卑，何敢發言。」契丹主曰：「此叟非多事者，勿妄引之。」命鎖繼勳，將送黄龍府。趙在禮至洛陽，謂人曰：「契丹主嘗言莊宗之亂由我所致，我此行良可憂。」契丹遣契丹將述軋、奚王拽剌、勃海將高謨翰戍洛陽，在禮入謁，拜於庭下，拽剌等皆踞坐受之。乙卯，在禮至鄭州，聞繼勳被鎖，大驚，夜自經於馬櫪間。契丹主聞在禮死，乃釋繼勳，繼勳憂憤而卒。劉晞在契丹嘗爲樞密使、同平章事，至洛陽，詬奚王曰：「趙在禮漢家大臣，爾北方一酋長耳，安得慢之如此！」立於庭下以挫之，由是洛人稍安。

契丹主廣受四方貢獻，大縱酒作樂。每謂晋臣曰：「中國事，我皆知之，吾國事，汝曹弗知也。」

趙延壽請給上國兵廪食，契丹主曰：「吾國無此法。」乃縱胡騎四出，以收馬爲名，分番剽掠，謂之「打草穀」。丁壯斃於鋒刃，老弱委於溝壑，自東西兩畿及鄭、滑、曹、濮數百里間，財畜殆盡。契丹主謂判三司劉昫曰：「契丹兵三十萬，既平晋國，應有優賜，速宜營辦。」時府庫空竭，昫不知所出，請括借都城士民錢帛，自將相以下皆不免。又分遣使者數十人詣諸州括借，皆迫以嚴誅，人不聊生。其實無所頒給，皆蓄之内庫，欲輦歸其國。於是内外怨憤，始患苦契丹，皆思逐之矣。

初，晋主與河東節度使、中書令北平王劉知遠相猜忌，雖以爲北面行營都統，徒尊以虚名，而諸軍進止，實不得預聞。知遠因之廣募士卒，陽城之戰諸軍散卒歸之者數千人，又得吐谷渾財畜，由是河東富强冠諸鎮，步騎至五萬人。晋主與契丹結怨，知遠知其必危，而未嘗論諫。契丹屢深入，知遠初無邀遮、入援之志。及聞契丹入汴，知遠分兵守四境以防侵軼。遣客將安陽王峻奉三表詣契丹主：一，賀入汴；二，以太原夷夏雜居，戍兵所聚，未敢離鎮；三，以應有貢物，值契丹將劉九一軍自土門西入屯於南川，城中憂懼，俟召還此軍，道路始通，可以入貢。契丹主賜詔褒美，及進畫，親加「兒」字於知遠姓名之上，仍賜以木柺。胡法，優禮大臣則賜之，如漢賜几杖之比，惟偉王以叔父之尊得之。知遠又遣北都副留守太原白文珂入獻奇繒、名馬。契丹主知知遠觀望不至，及文珂還，使謂知遠曰：「汝不事南朝，又不事北朝，意欲何所俟邪？」蕃漢孔目官郭威言於知遠曰：「虜恨我深矣。」王峻言契丹貪殘失人心，必不能久有中國。或勸知遠舉兵進取。知遠曰：「用兵有緩有急，當隨時制宜。今契丹新降晋軍十萬，虎據京邑，未有他變，豈可輕動哉。且觀其所利止於貨財，貨財既足，必將北去。况冰雪已消，勢難久留，宜待其去，然後取之，可以萬全。」

昭義節度使張從恩，以地迫懷、洛，欲入朝於契丹，遣使謀於知遠。知遠曰：「我以一隅之地，安敢抗天下之大！君宜先行，我當繼往。」從恩以爲然。判官高防諫曰：「公晉室懿親，不可輕變臣節。」從恩不從。左驍衛大將軍王守恩，與從恩姻家，時在上黨，從恩以副使趙行遷知留後，牒守恩權巡檢使，與高防佐之，遂行。守恩，建立之子也。

契丹主召晉百官悉集於庭，問曰：「吾國廣大，方數萬里，有君長二十七人。今中國之俗異於吾國，吾欲擇一人君之，如何？」皆曰：「天無二日，夷、夏之心皆願推戴皇帝。」如是者再。契丹主乃曰：「汝曹既欲君我，今茲所行，何事爲先？」對曰：「王者初有天下，應大赦。」二月丁巳朔，契丹主服通天冠、絳紗袍，登正殿，設樂懸、儀衛於庭。百官朝賀，華人皆法服，胡人仍胡服，立於文武班中間。下制稱大遼會同十年，大赦。仍云：「自今節度使、刺史，毋得置牙兵，市戰馬。」

趙延壽以契丹主負約，心怏怏，令李崧言於契丹主曰：「漢天子所不敢望，乞爲皇太子。」崧不得已爲言之。契丹主曰：「我於燕王，雖割吾肉，有用於燕王，吾無所愛。然吾聞皇太子當以天子兒爲之，豈燕王所可爲也！」因令爲燕王遷官。時契丹以恒州爲中京，翰林承旨張礪奏擬燕王中京留守、大丞相、録尚書事、都督中外諸軍事，樞密使如故。契丹主取筆塗去「録尚書事都督中外諸軍事」而行之。

劉知遠聞何重建降蜀，歎曰：「戎狄憑陵，中原無主，令藩鎮外附，吾爲方伯，良可愧也！」於是將佐勸知遠稱尊號，以號令四方，觀諸侯去就。知遠不許。聞晋主北遷，聲言欲出兵井陘，迎歸晋陽。丁卯，命武節都指揮使滎澤史弘肇集諸軍於毬場，告以出師之期。軍士皆曰：「今契丹陷京城，執天子，天下無主。主天下者，非我王而誰？宜先正位號，然後出師。」争呼萬歲不已。知遠曰：「虜勢尚强，吾軍威未振，當且建功業。士卒何知！」命左右遏止之。

己巳，行軍司馬潞城張彦威等三上牋勸進，知遠疑未決。郭威與都押牙冠氏楊邠入説知遠曰：「今遠近之心不謀而同，此天意也。王不乘此際取之，謙讓不居，恐人心且移，移則反受其咎。」知遠從之。

契丹以其將劉愿爲保義節度副使，陝人苦其暴虐。奉國都頭王晏與指揮使趙暉、都頭侯章謀曰：「今胡虜亂華，乃吾屬奮發之秋。河東劉公，威德遠著，吾輩若殺愿舉陝城歸之，爲天下唱，取富貴如反掌耳。」暉等然之。晏與壯士數人夜踰牙城入府，出庫兵以給衆。庚午旦，斬愿首，懸諸府門，又殺契丹監軍，奉暉爲留後。晏，徐州；暉，澶州；章，太原人也。

辛未，劉知遠即皇帝位，自言未忍改晉國，又惡開運之名，乃更稱天福十二年。壬申，詔：「諸道爲契丹括率錢帛者皆罷之。其晉臣被迫脅爲使者勿問，令詣行在。自餘契丹，所在誅之。」

甲戌，帝自將東迎晉主及太后。至壽陽，聞已過恒州數日，乃留兵戍承天軍而還。

晉主既出塞，契丹無復供給，從官、宮女，皆自采木實、草葉而食之。至錦州，契丹令晉主及后妃拜契丹主阿保機墓。晉主不勝屈辱，泣曰：「薛超誤我！」馮后陰令左右求毒藥，欲與晉主俱自殺，不果。

契丹主聞帝即位，以通事耿崇美爲昭義節度使，高唐英爲彰德節度使，崔廷勳爲河陽節度使，以控扼要害。

初，晉置鄉兵，號「天威軍」。教習歲餘，村民不閑軍旅，竟不可用，悉罷之；但令七户輸錢十千，其鎧仗悉輸官。而無賴子弟不復肯復農業，山林之盜自是而繁。及契丹入汴，縱胡騎打草穀，又多以其子弟及親信左右爲節度使、刺史，不通政事，華人之狡獪者，多往依其麾下，教之妄作威福，掊斂貨財，民不堪命。於是所在相聚爲盜，多者數萬人，少者不減千百，攻陷州縣，殺掠吏民。滏陽賊帥梁暉有衆數百，送款晉陽求效用，帝許之。磁州刺史李穀密通表於帝，令暉襲相州。暉偵知高唐英未至，相州積兵器，無守備，丁丑夜，遣壯士踰城入，啓關納其衆，殺契丹數百，其守將突圍走。暉據州自稱留後，表言其狀。

戊寅，帝還至晉陽，議率民財以賞將士。夫人李氏諫曰：「陛下因河東創大業，未有以惠澤其民而先奪其生生之資，殆非新天子所以救民之意也。今宮中所有，請悉出之以勞軍，雖復不厚，人無怨言。」帝曰：「善。」即罷率民，傾內府蓄積以賜將士，中外聞之，大悅。李氏，晉陽人也。

建雄留後劉在明朝于契丹，以節度副使駱從朗知州事。帝遣使者張晏洪等如晉州，諭以己即帝位，從朗皆囚之。大將藥可儔殺從朗，推晏洪權留後，庚辰，遣使以聞。契丹主遣右諫議大夫趙熙使晉州，括率錢帛，徵督甚急。從朗既死，民相帥共殺熙。

契丹主賜趙暉詔，即以爲保義留後。暉斬契丹使者，焚其詔，遣支使河間趙矩奉表詣晉陽。契丹遣其將高(模)〔謨〕翰攻暉，不克。帝見矩，甚喜，曰：「子挈咽喉之地以歸我，天下不足定也。」矩因勸帝早引兵南向，以副天下之望，帝善之。辛巳，以暉爲保義節度使，侯章爲鎮國節度使，保義軍馬步都指揮使王晏爲絳州防禦使、保義軍馬步副都指揮使。

鎮寧節度使邪律郎伍性殘虐，澶州人苦之。賊帥王瓊帥其徒千餘人，夜襲據南城，北度浮航，縱兵大掠，圍郎伍於牙城。契丹主聞之，甚懼，始遣天平節度使李守貞、天雄節度使杜重威還鎮，由是無久留河南之意。遣兵救澶州，瓊退屯近郊，遣其弟超奉表來求救。癸未，帝厚賜超，遣還。瓊兵敗，爲契丹所殺。

契丹述律太后遣使以其國中酒饌、脯果賜契丹主賀平晉國，契丹主與羣臣宴於永福殿。

東方羣盜大起，陷宋、亳、密三州。契丹主謂左右曰：「我不知中國之人難制如此。」亟遣泰寧節度使安審琦、武寧節度使符彦卿等歸鎮，仍以契丹兵送之。彦卿至埇橋，賊帥李仁恕帥衆數萬急攻徐州。彦卿與數十騎至城下，揚鞭欲招諭之，仁恕控彦卿馬，請從相公入城。彦卿子昭序自城中遣軍校陳守習縋而出，呼於賊中曰：「相公已陷虎口，聽相公助賊攻城，城不可得也。」賊知不可劫，乃相帥羅拜於彦卿馬前，乞赦其罪。彦卿與之誓，乃解去。

三月丙戌朔，契丹主服赭袍，坐崇元殿，百官行入閤禮。

戊子，帝遣使以詔書安集農民，保聚山谷避契丹之患者。

契丹主復召晉百官諭之曰：「天時向暑，吾難久留，欲暫至上國省太后。當留親信一人於此爲節度使。」百官請迎太后，契丹主曰：「太后族大，如古柏根，不可移也。」契丹主欲盡以晋之百官自隨，或曰：「舉國北遷，恐摇人心，不如稍稍遷之。」乃詔有職事者從行，餘留大梁。復以汴州爲宣武軍，以蕭翰爲節度使。翰，述律太后之兄子，其妹復爲契丹主后。翰始以蕭爲姓，自是契丹后族皆稱蕭氏。

壬寅，契丹主發大梁，晋文武諸司從者數千人，諸軍吏卒又數千人，宫女宦官數百人，盡載府庫之寶以行，所留樂器、儀仗而已。夕宿赤岡，契丹主見村落皆空，命有司發榜數百通，所在招撫百姓，然竟不禁胡騎剽掠。丙午，契丹自白馬渡河，謂宣徽使高勳曰：「吾在上國，以射獵爲樂，至此令人悒悒。今得歸，死無恨矣。」

庚戌，以皇弟北京馬步都指揮使崇行太原尹。

辛亥，契丹主將攻相州，梁暉請降，契丹主赦之，許以爲防禦使。暉疑其詐，復乘城拒守。夏四月己未，未明，契丹主命蕃漢諸軍急攻相州，食時克之，悉殺城中男子，驅其婦女而北。胡人擲嬰孩於空中，舉刃接之以爲樂。留高唐英守相州。唐英閲城中，遺民男女得七百餘人。其後節度使王繼弘斂城中髑髏瘞之，凡得十餘萬。

或告磁州刺史李穀謀舉州應漢，契丹主執而詰之，穀不服。契丹主引手於車中，若取所獲文書者。穀知其詐，因請曰：「必有其驗，乞顯示之。」凡六詰，穀辭氣不屈，乃釋之。

帝以從弟北京馬軍都指揮使信領義成節度使，充侍衛馬軍都指揮使；武節都指揮使史弘肇領忠武節度使，充步軍都指揮使；右都押牙楊邠權樞密使；蕃漢兵馬都孔目官郭威權副樞密使；兩使都孔目官南樂王章權三司使。

契丹主見所過城邑丘墟，謂蕃漢羣臣曰：「致中國如此，皆燕王之罪也。」顧張礪曰：「爾亦有力焉。」

契丹昭義節度使耿崇美屯澤州，將攻潞州，乙丑，詔史弘肇將步騎萬人救之。帝聞契丹北歸，欲經略河南，故以弘肇爲前驅，又遣諫萬進出北方，以分契丹兵勢。萬進，并州人也。

契丹主以船數十艘載晋鎧仗，將自汴泝河歸其國，命寧國都虞候榆次武行德將士卒千餘人部送之。至河陰，行德與將士謀曰：「今爲虜所制，將遠去鄉里。人生會有死，安能爲異域之鬼乎！虜勢不能久留中國，不若共逐其黨，堅守河陽，以俟天命之所歸者而臣之，豈非長策乎？」衆以爲然。行德即以鎧仗授之，相與殺契丹監軍使。會契丹河陽節度使崔廷勳以兵送耿崇美之潞州，行德遂乘虚入據河陽，衆推行德爲河陽都部署。行德遣弟行友奉蠟表間道詣晋陽。

契丹遣武定節度使方太詣洛陽巡檢，至鄭州，州有戍兵，共迫太爲鄭王。梁嗣密王朱乙逃禍爲僧，嵩山賊帥張遇得之，立以爲天子，取嵩岳神衮冕以衣之，帥衆萬餘襲鄭州，太擊走之。太以契丹尚强，恐事不濟，説諭戍兵，欲與之俱西。衆不從，太自西門逃奔洛陽。戍兵既失太，反譖太於契丹，云「脅我爲亂」。太遣子師朗自訴於契丹，契丹將麻荅殺之，太無以自明。會羣盜攻洛陽，契丹留守劉晞棄城奔許州，太乃入府行留守事，與巡檢使潘環擊羣盜卻之，張遇殺朱乙請降。伊闕賊帥自稱天子，誓衆於南郊壇，將入洛陽，太逆擊走之。太欲自歸於晉陽，武行德使人誘太曰：「我裨校也，公舊鎮此地，今虚位相待。」太信之，至河陽，爲行德所殺。

蕭翰遣高謨翰援送劉晞自許還洛陽，晞疑潘環構其衆逐己，使謨翰殺之。

戊辰，武行友至晉陽。

庚午，史弘肇奏遣先鋒將馬誨擊契丹，斬首千餘級。時耿崇美、崔廷勳至澤州，聞弘肇兵已入潞州，不敢進，引衆而南。弘肇遣誨追擊，破之，崇美、廷勳與奚王拽剌退保懷州。

辛未，以武行德爲河陽節度使。

契丹主聞河陽亂，歎曰：「我有三失，宜天下之叛我也。諸道括錢，一失也；令上國人打草穀，二失也；不早遣諸節度使還鎮，三失也。」

契丹主至臨城，得疾，及欒城，病甚，苦熱，聚冰於胸腹手足，且啖之。丙子，至殺胡林而卒。國人剖其腹，實鹽數斗，載之北去，晉人謂之「帝羓」。

趙延壽恨契丹主負約，謂人曰：「我不復入龍沙矣。」即日，先引兵入恒州，契丹永康王兀欲及南北二王各以所部兵相繼而入。延壽欲拒之，恐失大援，乃納之。時契丹諸將已密議奉兀欲爲主，兀欲登鼓角樓受叔兄拜，而延壽不之知，自稱受契丹皇帝遺詔，權知南朝軍國事。仍下教布告諸道，所以供給兀欲與諸將同，兀欲銜之。恒州諸門管鑰及倉庫出納，兀欲皆自主之。延壽使人請之，不與。

契丹主喪至國，述律太后不哭，曰：「待諸部寧壹如故，則葬汝矣。」

帝之自壽陽還也，留兵千人戍承天軍。戍兵聞契丹北還，不爲備，契丹襲擊之，戍兵驚潰。契丹焚其市邑，一日狼煙百餘舉。帝曰：「此虜將遁，張虛勢也。」遣親將葉仁魯將步騎三千赴之。會契丹出剽掠，仁魯乘虛大破之，丁丑，復取承天軍。

或說趙延壽曰：「契丹諸大人數日聚謀，此必有變。今漢兵不減萬人，不若先事圖之。」延壽猶豫不決。壬午，延壽下令，以來月朔日於待賢館上事，受文武官賀。其儀宰相、樞密使拜於階上，節度使以下拜於階下。李崧以虜意不同，事理難測，固請趙延壽未行此禮，乃止。

五月乙酉朔，永康王兀欲召延壽及張礪、和凝、李崧、馮道於所館飲酒。兀欲妻素以兀事延壽，兀欲從容謂延壽曰：「妹自上國來，寧欲見之乎？」延壽欣然與之俱入。良久，兀欲出，謂礪等曰：「燕王謀反，適已鎖之矣。」又曰：「先帝在汴時，遺我一籌，許我知南朝軍國。近者臨崩，別無遺詔，而燕王擅自知南朝軍國，豈理邪？」下令延壽親黨皆釋不問。間一日，兀欲至待賢館，受蕃漢官謁賀，笑謂張礪等曰：「燕王果於此禮上，吾以鐵騎圍之，諸公亦不免矣。」後數日，集蕃漢之臣於府署，宣契丹主遺制。其略曰：「永康王，大聖皇帝之嫡孫，人皇王之長子，太后鍾愛，羣情允歸，可於中京即皇帝位。」於是始舉哀成服。

帝集羣臣庭議進取，諸將咸請出師井陘，次取鎮、魏，先定河北，則河南拱手自服。帝欲自石會趨上黨，郭威曰：「虜主雖死，黨衆猶盛，各據堅城。我出河北，兵少路迂，傍無應援，若羣虜合勢，共擊我軍，進則遮前，退則邀後，糧餉路絕，此危道也。上黨山路險澀，粟少民殘，無以供億，亦不可由。近者陝、晉二鎮，相繼款附，引兵從之，萬無一失，不出兩旬，洛、汴定矣。」帝曰：「卿言是也。」蘇逢吉等曰：「史弘肇大軍已屯上黨，羣虜繼遁，不若出天井抵孟津爲便。」司天奏：「太歲在午，不利南行，宜由晉、絳抵陝。」帝從之。辛卯，詔以十二日發北京，告諭諸道。

甲午，以太原尹崇爲北京留守，以趙州刺史李存環爲副留守，河東幕僚真定李驤爲少尹，牙將太原蔚進爲馬步指揮使以佐之。存瓌，唐莊宗之從弟也。

丙申，帝發太原，自陰地關出晉、絳。丁酉，史弘肇奏克澤州。始，弘肇攻澤州，刺史翟令奇固守不下。帝以弘肇兵少，欲召還。蘇逢吉、楊邠曰：「今陝、晉、河陽皆已向化，崔廷勳、耿崇美朝夕遁去，若召弘肇還，則河南人心動摇，虜勢復壯矣。」帝未決，使人諭指於弘肇。〔弘肇〕曰：「兵已及此，勢如破竹，可進不可退。」與逢吉等議合，帝乃從之。弘肇遣部將李萬超説令奇，令奇乃降。弘肇以萬超權知澤州。

崔廷勳、耿崇美、奚王拽剌合兵逼河陽，張遇帥衆數千救之，戰於南阪，敗死。武行德出戰，亦敗，閉城自守。拽剌欲攻之，廷勳曰：「今北軍已去，得此何用？且殺一夫猶可惜，況一城乎！」聞弘肇已得澤州，乃釋河陽，還保懷州。弘肇將至，廷勳等擁衆北遁，過衛州，大掠而去。契丹在河南者相繼北去，弘肇引兵與武行德合。

弘肇爲人沈毅寡言，御衆嚴整，將校小不從命，立撾殺之。士卒所過，犯民田及繫馬於樹者，皆斬之。軍中惕息，莫敢犯令，故所向必克。帝自晉陽安行入洛及汴，兵不血刃，皆弘肇之力也。帝由是倚愛之。辛丑，帝至霍邑。甲辰，帝至晉州。

帝之即位也，絳州刺史李從朗與契丹將成霸卿等拒命，帝遣西南面招討使、護國節度使白文珂攻之，未下。帝至城下，命諸軍四布而勿攻，以利害諭之。戊申，從朗舉城降，帝命親將分護諸門，士卒一人毋得入，以偏將薛瓊爲防禦使。

辛亥，帝至陝州，趙暉自御帝馬而入。壬子，至石壕，汴人有來迎者。六月乙卯，帝至新安，西京留司官悉來迎。丙辰，帝至洛陽，入居宫中。汴州百官奉表來迎。詔諭以受契丹補署者皆勿自疑，聚其告牒而焚之。趙遠更名上交。命鄭州防禦使郭從義先入大梁清宫，密令殺李從益及王淑妃。淑妃且死，曰：「吾兒爲契丹所立，何罪而死？何不留之，使每歲寒食，以一盂麥飯洒明宗陵乎！」聞者泣下。

戊午，帝發洛陽。辛酉，汴州百官竇貞固等迎於滎陽。甲子，帝至大梁，晉之藩鎮相繼來降。戊辰，帝下詔大赦。凡契丹所除節度使，下至將吏，各安職任，不復變更。復以汴州爲東京。改國號曰漢，仍稱天福年，曰：「余未忍忘晉也。」復青、襄、汝三節度。秋閏七月庚辰，制建宗廟。太祖高皇帝、世祖光武皇帝皆百世不遷。又立四親廟，追尊謚號，凡六廟。

三叛連兵

後漢高祖天福十二年夏五月乙酉朔，契丹永康王兀欲因趙延壽於恒州，辛丑，帝遣使諭河中節度使趙匡贊，仍以契丹囚其父延壽告之。

秋七月，或傳趙延壽已死，郭威言於帝曰：「趙匡贊，契丹所署，今猶在河中，宜遣使弔祭，因起復移鎮。彼既家國無歸，必感恩承命。」從之。會鄴都留守天雄節度使兼中書令杜重威、天平節度使兼侍中李守貞皆奉表歸命，重威仍請移他鎮。歸德節度使兼中書令高行周入朝，丙申，徙重威爲歸德節度使，以行周代之；守貞爲護國節度使，加兼中書令；徙護國節度使趙匡贊爲晉昌節度使。後二年，延壽始卒於契丹。

杜重威自以附契丹，負中國，内常疑懼。及移鎮制下，復拒而不受，遣其子弘璲質於麻荅以求援。趙延壽有幽州親兵二千在恒州，指揮使張璉將之，重威請以守魏；麻荅遣其將楊衮將契丹千五百人及幽州兵赴之。閏月庚午，詔削奪重威官爵，以高行周爲招討使，鎮寧節度使慕容彦超副之，以討重威。

慕容彦超欲急攻城，行周欲緩之，由是二將不協。帝恐生他變，欲自將擊重威，九月戊寅，詔幸澶、魏勞軍。庚辰，帝發大梁。

晉昌節度使趙匡贊恐終不爲朝廷所容，冬十月，遣使降蜀，請自終南路出兵應援。

帝至鄴都，遣給事中陳觀往諭指，重威復閉門拒之。城中食浸竭，將士多出降者。慕容彦超固請攻城，帝從之。丙午，親督諸將攻城，自寅至辰，士卒傷者萬餘人，死者千餘人，不克而止。彦超乃不敢復言。

初，契丹留幽州兵千五百人戍大梁。帝入大梁，或告幽州兵將爲變，帝盡殺之於繁臺之下。及圍鄴都，張璉將幽州兵二千助重威拒守，帝屢遣人招諭，許以不死。璉曰：「繁臺之卒，何罪而戮？今守此，以死爲期耳。」由是城久不下。十一月丙辰，内殿直韓訓獻攻城之具。帝曰：「城之所恃者衆心耳。衆心苟離，城無所保，用此何爲？」

杜重威之叛也，觀察判官金鄉王敏屢泣諫，不聽。及食竭力盡，甲戌，遣敏奉表出降。乙亥，重威子弘璉來見。丙子，妻石氏來見。石氏，即晉之宋國長公主也，帝復遣入城。丁丑，重威開門出降，城中餒死者什七八，存者皆尪瘠無人狀。張璉先邀朝廷信誓，詔許以歸鄉里，及出降，殺璉等將校數十人；縱其士卒北歸，將出境，大掠而去。郭威請殺重威牙將百餘人，并重威家貲籍之以賞戰士，從之。以重威爲太傅兼中書令、楚國公。重威每出入，路人往往擲瓦礫詬之。

臣光曰：漢高祖殺幽州無辜千五百人，非仁也。誘張璉而誅之，非信也。杜重威罪大而赦之，非刑也。仁以合衆，信以行令，刑以懲姦，失此三者，何以守國？其祚運之不延也，宜哉！

十二月丙戌，帝發鄴都。

蜀主遣雄武都押牙吴崇惲以樞密使王處回書招鳳翔節度使侯益。庚寅，以山南西道節度使兼中書令張虔釗爲北面行營招討、安撫使，雄武節度使何重建副之，宣徽使韓保貞爲都虞候，共將兵五萬，虔釗出散關，重建出隴州，以擊鳳翔。奉鑾肅衛都虞候李廷珪將兵二萬出子午谷，以援長安。諸軍發成都，旌旗數十里。癸巳，帝至大梁。侯益請降於蜀，使吴崇惲持兵籍、糧帳西還，與趙匡贊同上表請出兵平定關中。

乾祐元年春正月，帝以趙匡贊、侯益與蜀兵共爲寇，患之。會回鶻入貢，訴稱爲党項所阻，乞兵應接。詔右衛大將軍王景崇、將軍齊藏珍將禁軍數千赴之，因使之經略關西。晉昌節度判官李恕，久在趙延壽幕下，延壽使之佐匡贊。匡贊將入蜀，恕諫曰：「燕王入胡，豈所願哉？今漢家新得天下，方務招懷，若謝罪歸朝，必保富貴。入蜀非全計也，『蹄涔不容尺鯉』，公必悔之。」匡贊乃遣恕奉表請入朝。景崇等未行而恕至，帝問恕：「匡贊何爲附蜀？」對曰：「匡贊自以身受虜官，父在虜廷，恐陛下未之察，故附蜀求苟免耳。臣以爲國家必應存撫，故遣臣來祈哀。」帝曰：「匡贊父子，本吾人也，不幸陷虜。今延壽方墜檻穽，吾何忍更害匡贊乎！」即聽其入朝。侯益亦請赴二月四日聖壽節上壽。景崇等將行，帝召入卧内，敕之曰：「匡贊、益之心皆未可知，汝至彼，彼已入朝則勿問，若尚遷延顧望，當以便宜從事。」

趙匡贊不俟李恕返命，已離長安，丙子，入見。王景崇等至長安，聞蜀兵已入秦川，以兵少，發本道及趙匡贊牙兵千餘人同拒之。景崇恐匡贊牙兵亡逸，欲文其面。微露風旨，軍校趙思綰首請自文其面以帥下，景崇悅。齊藏珍竊言曰：「思綰凶暴難制，不如殺之。」景崇不聽。思綰，魏州人也。

蜀李廷珪將至長安，聞趙匡贊已入朝，欲引歸。王景崇邀之，敗廷珪於子午谷。張虔釗至寶雞，諸將議不協，按兵未進。侯益聞廷珪西還，因閉壁拒蜀兵。虔釗勢孤，引兵夜遁。景崇帥鳳翔、隴、邠、涇、鄜、坊之兵追敗蜀兵於散關，俘將卒四百人。

丁丑，帝殂，祕不發喪。庚辰，下詔，稱：「重威父子，因朕小疾，謗議搖衆，并其子弘璋、弘璉、弘璨皆斬之。」

二月辛巳，發喪，宣遺制，皇子承祐即皇帝位。

詔以王景崇兼鳳翔巡檢使。景崇引兵至鳳翔，侯益尚未行，景崇以禁兵分守諸門。或勸景崇殺益，景崇以受先朝密旨，嗣主未之知，或疑於專殺，猶豫未決。益聞之，不告景崇而去。景崇悔，自詬。戊戌，益入朝，隱帝問：「何故召蜀軍？」對曰：「臣欲誘致而殺之。」帝哂之。

三月，侯益家富於財，厚賂執政，由是大臣爭譽之。丙寅，以益兼中書令，行開封尹。侯益盛毀王景崇於朝，言其恣横。景崇聞益尹開封，知事已變，内不自安，且怨朝廷。會詔遣供奉官王益如鳳翔，徵趙匡贊牙兵詣闕。趙思綰等甚懼，景崇因以言激之。思綰途中謂其黨常彦卿曰：「小太尉已落其手，吾屬至京師并死矣，奈何？」彦卿曰：「臨機制變，子勿復言。」癸酉，至長安，永興節度副使安友規、巡檢喬守温出迎王益，置酒於客亭。思綰前白曰：「壕寨使已定舍館於城東，今將士家屬皆在城中，欲各入城挈家詣城東宿。」友規等然之。時思綰等皆無鎧仗，既入西門，有州校坐門側，思綰遽奪其劍斬之；其徒因大譟，持白梃，殺守門者十餘人，分遣其黨守諸門。思綰入府，開庫取鎧仗給之。友規等皆逃去。思綰遂據城，集城中少年，得四千餘人，繕城隍，葺樓堞，旬日間，戰守之具皆備。

王景崇諷鳳翔吏民表景崇知軍府事，朝廷患之。甲戌，徙静難節度使王守恩爲永興節度使，徙保義節度使趙暉爲鳳翔節度使，並同平章事。以景崇爲邠州留後，令便道之官。

虢州伶人靖邊庭殺團練使田令方，驅掠州民，奔趙思綰。至潼關，潼關守將出擊之，其衆皆潰。

丁丑，邠、涇、同、華四鎮俱上言護國節度使兼中書令李守貞與永興、鳳翔同反。始，守貞聞杜重威死而懼，陰有異志。自以晉世嘗爲上將，有戰功，素好施，得士卒心。漢室新造，天子年少初立，執政皆後進，有輕朝廷之志。乃招納亡命，養死士，治城塹，繕甲兵，晝夜不息。遣人間道齎蠟丸結契丹，屢爲邊吏所獲。

浚儀人趙修己素善術數，自守貞鎮滑州，署司户參軍，累從移鎮，爲守貞言「時命不可，勿妄動」。前後切諫非一，守貞不聽，乃稱疾歸鄉里。僧總倫以術媚守貞，言其必爲天子，守貞信之。又嘗會將佐置酒，引弓指舐掌虎圖曰：「吾有非常之福，當中其舌。」一發中之，左右皆賀。守貞益自負。

會趙思綰據長安，奉表獻御衣於守貞，守貞自謂天人協契，乃自稱秦王。遣其驍將平陸王繼勳將兵據潼關，以思綰爲晉昌節度使。同州距河中最近，匡國節度使張彦威常詗守貞所爲，奏請先爲之備，詔滑州馬軍都指揮使羅金山將部兵戍同州。故守貞起兵，同州不爲所併。金山，雲州人也。

夏四月，以鎮寧節度使郭從義充永興行營都部署，將侍衛兵討趙思綰。戊子，以保義節度使白文珂爲河中行營都部署，内客省使王（浚）〔峻〕爲都監。辛卯，削奪李守貞官爵，命文珂等會兵討之。乙未，以寧江節度使、侍衛步軍都指揮使尚洪遷爲西面行營都虞候。

王景崇遷延不之邠州，閲集鳳翔丁壯，詐言討趙思綰，仍牒邠州會兵。王景崇遣蜀鳳州刺史徐彦書，求通互市，壬戌，蜀主使彦復書招之。六月乙酉，王景崇遣使請降于蜀，亦受李守貞官爵。西面行營都虞候尚洪遷攻長安，（重）傷〔重〕而卒。秋七月，鳳翔節度使趙暉至長安；乙亥，表王景崇反狀益明，請進兵擊之。自河中、永興、鳳翔三鎮拒命以來，朝廷繼遣諸將討之。昭義節度使常思屯潼關，白（從）〔文〕珂屯同州，趙暉屯咸陽，惟郭從義、王峻置柵近長安，而二人相惡如水火，自春徂秋皆相仗莫肯攻戰。帝患之，欲遣重臣臨督。八月壬午，以郭威爲西面軍前招慰安撫使，諸軍皆受威節度。威將行，問策於太師馮道。道曰：「守貞自謂舊將，爲士卒所附，願公勿愛官物，以賜士卒，則奪其所恃矣。」威從之，由是衆心始附於威。詔白文珂趣河中，趙暉趣鳳翔。

戊子，蜀改鳳翔曰岐陽軍，己丑，以王景崇爲岐陽節度使、同平章事。

郭威與諸將議攻討，諸將欲先取長安、鳳翔。鎮國節度使扈彦珂曰：「今三叛連衡，推守貞爲主，守貞亡，則兩鎮自破矣。若捨近而攻遠，萬一王、趙拒吾前，守貞掎吾後，此危道也。」威善之。於是威自陜州，白文珂及寧江節度使、侍衛步軍都指揮使劉詞自同州，常思自潼關，三道攻河中。威撫養士卒，與同苦樂，小有功輒厚賞之，微有傷常親視之。士無賢不肖，有所陳啓，皆温辭色而受之。違忤不怒，小過不責。由是將卒咸歸心於威。始，李守貞以禁軍皆嘗在麾下，受其恩施，又士卒素驕，苦漢法之嚴，謂其至則叩城奉迎，可坐而待之。既而士卒新受賜於郭威，皆忘守貞舊恩，己亥，至城下，揚旗伐鼓，踊躍詬譟，守貞視之失色。

白文珂克西關城，栅於河西，常思栅於城南，威栅於城西。未幾，威以常思無將領才，先遣歸鎮。諸將欲急攻城，威曰：「守貞前朝宿將，健鬭好施，屢立戰功。況城臨大河，樓堞完固，未易輕也。且彼憑城而鬭，吾仰而攻之，何異帥士卒投湯火乎！夫勇有盛衰，攻有緩急，時有可否，事有後先，不若且設長圍而守之，使飛走路絶。吾洗兵牧馬，坐食轉輸，温飽有餘，俟城中無食，公帑家財皆竭，然後進梯衝以逼之，飛書檄以招之。彼之將士，脱身逃死，父子且不相保，況烏合之衆乎？思綰、景崇，但分兵縻之，不足慮也。」乃發諸州民夫二萬餘人，使白文珂等帥之，刳長壕，築連城，列隊伍而圍之。威又謂諸將曰：「守貞鄉畏高祖，不敢鴟張。以我輩崛起太原，事功未著，有輕我心，故敢反耳。正宜静以制之。」乃偃旗卧鼓，但循河設火鋪，連延數十里，番步卒以守之。遣水軍艤舟於岸，寇有潛往來者，無不擒之。於是守貞如坐網中矣。

九月，蜀兵援王景崇軍于散關，趙暉遣都監李彦從襲擊，破之，蜀兵遁去。

王景崇盡殺侯益家屬七十餘人，益子前天平行軍司馬仁矩先在外，得免。庚申，以仁矩爲隰州刺史。仁矩子延廣，尚在襁褓，乳母劉氏以己子易之，抱延廣而逃，乞食至于大梁，歸于益家。

李守貞屢出兵欲突長圍，皆敗而返。遣人齎蠟丸求救於唐、蜀、契丹，皆爲邏者所獲。城中食且盡，殍死者日衆。守貞憂形於色，召總倫詰之，總倫曰：「大王當爲天子，人不能奪。但此分野有災，待磨滅將盡，只餘一人一騎，乃大王鵲起之時也。」守貞猶以爲然。

冬十月，王景崇遣其子德讓，趙思綰遣其子懷乂，見蜀主于成都。

戊寅，景崇遣兵出西門，趙暉擊破之，遂取西關城。景崇退守大城。暉塹而圍之，數挑戰，不出。暉潛遣千餘人擐甲執兵，效蜀旗幟，循南山而下，令諸軍聲言：「蜀兵至矣。」景崇果遣兵數千出迎之，暉設伏掩擊，盡殪之。自是景崇不復敢出。

蜀主遣山南西道節度使安思謙將兵救鳳翔，左僕射兼門下侍郎、同平章事毋昭裔上疏諫曰：「臣竊見莊宗皇帝志貪西顧，前蜀主意欲北行，凡在庭臣，皆貢諫疏，殊無聽納，有何所成？只此兩朝，可爲鑒誡。」不聽。又遣雄武節度使韓保貞引兵出汧陽，以分漢兵之勢。

王景崇遣前義成節度使酸棗李彥舜等逆蜀兵。丙申，安思謙屯右界，漢兵屯寶雞。思謙遣眉州刺史申貴將兵二千趣模壁，設伏於竹林。丁酉旦，貴以兵數百壓寶雞而陳，漢兵逐之，遇伏而敗，蜀兵逐北，破寶雞寨。蜀兵去，漢兵復入寶雞。己亥，思謙進屯渭水，漢益兵五千戍寶雞。思謙畏之，謂衆曰：「糧少敵強，宜更爲後圖。」辛丑，退屯鳳州，尋歸興元。貴，潞州人也。

彰武節度使高允權與定難節度使李彝殷有隙，李守貞密求援於彝殷，發兵屯延、丹境上，聞官軍圍河中，乃退。甲辰，允權以其狀聞，彝殷亦自訴，朝廷和解之。

初，沈丘人舒元，嵩山道士楊訥，俱以遊客干李守貞。守貞爲漢所攻，遣元更姓朱，訥更姓李名平，間道奉表求救於唐，唐諫議大夫查文徽、兵部侍郎魏岑請出兵應之。唐主命北面行營招討使李金全將兵救河中，以清淮節度使劉彥貞副之，文徽爲監軍使，岑爲沿淮巡檢使，軍于沂州之境。金全與諸將方會食，候騎白有漢兵數百在澗北，皆羸弱，請掩之。金全令曰：「敢言過澗者斬。」及暮，伏兵四起，金鼓聞十餘里。金全曰：「曏可與之戰乎？」時唐士卒厭兵，莫有鬭志，又河中道遠，勢不相及，十一月丙寅，唐兵退保海州。唐主遣帝書謝，請復通商旅，且請赦守貞，朝廷不報。

王景崇累表告急於蜀，蜀主命安思謙再出兵救之。十二月壬午，思謙自興元引兵屯鳳州，請先運糧四十萬斛，乃可出境。蜀主曰：「觀思謙之意，安肯爲朕進取。」然亦發興州、興元米數萬斛以饋之。戊子，思謙進屯散關，遣馬步使高彥儔、眉州刺史申貴擊漢箭筈安都寨，破之。庚寅，思謙敗漢兵於玉女潭，漢兵退屯寶雞，思謙進屯模壁。韓保貞出新關，壬辰，軍于隴州神前，漢兵不出，保貞亦不敢進。

趙暉告急於郭威，威自往赴之。時李守貞遣副使周光遜、裨將王繼勳、聶知遇守城西，威戒白文珂、劉詞曰：「賊苟不能突圍，終爲我擒。萬一得出，則吾不得復留於此。成敗之機，於是乎在。賊之驍銳盡在城西，我去必來突圍，爾曹謹備之。」威至華州，聞蜀兵食盡引去，威乃還。韓保貞聞安思謙去，亦退保弓川寨。

隱帝乾祐二年春正月，郭威將至河中，白文珂出迎之。

戊申夜，李守貞遣王繼勳等引精兵千餘人循河而南，襲漢柵，坎岸而登，遂入之，縱火大譟，軍中狼狽不知所爲。劉詞神色自若，下令曰：「小盜不足驚也。」帥衆擊之。客省使閻晉卿曰：「賊甲皆黃紙，爲火所照，易辨耳，奈衆無鬬志何？」裨將李韜曰：「安有無事食君祿，有急不死鬬者邪！」援矟先進，衆從之。河中兵退走，死者七百人，繼勳重傷，僅以身免。己酉，郭威至，劉詞迎馬首請罪。威厚賞之，曰：「吾所憂正在於此。微兇健鬪，幾爲虜嗤。然虜伎殫於此矣。」晉卿，忻州人也。

守貞之欲攻河西栅也，先遣人出酤酒於村墅，或貰與，不責其直，邏騎多醉，由是河中兵得潛行入寨，幾至不守。郭威乃下令：「將士非犒宴，毋得私飲。」愛將李審晨飲少酒，威怒曰：「汝爲吾帳下，首違軍令，何以齊衆！」立斬以徇。

詔以靜州隸定難軍，二月辛未，李彝殷上表謝。彝殷以中原多故，有輕傲之志，每藩鎮有叛者常陰助之，邀其重賂。朝廷知其事，亦以恩澤羈縻之。

夏四月，河中城中食且盡，民餓死者什五六。癸卯，李守貞出兵五千餘人，齎梯橋，分五道以攻長圍之西北隅。郭威遣都監吴虔裕引兵横擊之，河中兵敗走，殺傷大半，奪其攻具。五月丙午，守貞復出兵，又敗之，擒其將魏延朗、鄭賓。壬子，周光遜、王繼勳、聶知遇帥其衆千餘人來降。守貞將士降者相繼，威乘其離散，庚申，督諸軍百道攻之。

趙思綰好食人肝，嘗面剖而膾之，膾盡，人猶未死。又好以酒吞人膽，謂人曰：「吞此千枚，則膽無敵矣。」及長安城中食盡，取婦女、幼稚爲軍糧，日計數而給之，每犒軍，輒屠數百人如羊豕法。思綰計窮，不知所出。郭從義使人誘之。

初，思綰少時求爲左驍衛上將軍致仕李肅僕，肅不納，曰：「是人目亂而語誕，他日必爲叛臣。」肅妻張氏，全義之女也，曰：「君今拒之，後且爲患。」乃厚以金帛遺之。及思綰據長安，肅閒居在城中，思綰數就見之，拜伏如故禮。肅曰：「是子亟來，且汙我。」欲自殺。妻曰：「曷若勸之歸國。」會思綰問自全之計，肅乃與判官程讓能説思綰曰：「公本與國家無嫌，但懼罪耳。今國家三道用兵，俱未有功，若以此時翻然改圖，朝廷必喜，自可不失富貴，孰與坐而待斃乎！」思綰從之，遣使詣闕請降。乙丑，以思綰爲華州留後，都指揮使常彥卿爲虢州刺史，令便道之官。

秋七月甲辰，趙思綰釋甲出城受詔，郭從義以兵守其南門，復遣還城。思綰求其牙兵及鎧仗，從義亦給之。思綰遷延，收斂財賄，三改行期。從義等疑之，密白郭威，請圖之，威許之。壬子，從義與都監南院宣徽使王峻按轡入城，處于府舍，召思綰酌別，因執之，并常彥卿及其父兄、部曲三百人，皆斬於市。

甲寅，郭威攻河中，克其外郭。李守貞收餘衆退保子城。諸將請急攻之，威曰：「夫鳥窮則啄，況一軍乎？涸水取魚，安用急爲。」

壬戌，李守貞與妻及子崇勳等自焚。威入城，獲其子崇玉等及所署宰相靖蜍、孫愿、樞密使劉芮、國師總倫等，送大梁，磔於市。徵趙脩己爲翰林天文。

威閲守貞文書，得朝廷權臣及藩鎮與守貞交通書，詞意悖逆，欲奏之。秘書郎榆次王溥諫曰：「魑魅乘夜争出，見日自消。願一切焚之，以安反側。」威從之。

戊辰，加永興節度使郭從義同平章事，徙鎮國節度使扈彥珂爲護國節度使，以河中行營馬步都虞候劉詞爲鎮國節度使。

八月戊戌，郭威至大梁，入見，帝勞之。賜金帛、衣服、玉帶、鞍馬，辭曰：「臣受命期年，僅克一城，何功之有？且臣將兵在外，凡鎮安京師，供億所須，使兵食不乏，皆諸大臣居中者之力也，臣安敢獨膺此賜，請徧賞之。」又議加領方鎮，辭曰：「楊邠位在臣上，未有茅土。且帷幄之臣，不可以弘肇爲比。」九月壬寅，徧賜宰相、樞密、宣徽、三司、侍衛使九人，與威如一。帝欲特賞威，辭曰：「運籌建畫，出於廟堂，發兵饋糧，資於藩鎮，暴露戰鬭，在於將士，而功獨歸臣，臣何以堪之！」乙巳，加威兼侍中，史弘肇兼中書令。辛亥，加竇貞固司徒，蘇逢吉司空，蘇禹珪左僕射，楊邠右僕射。諸大臣議，以朝廷執政溥加恩，恐藩鎮觖望。乙卯，加天雄節度使高行周守太師，山南東道節度使安審琦守太傅，泰寧節度使符彥卿守太保，河東節度使劉崇兼中書令；己未，加忠武節度使劉信、天平節度使慕容彥超、平盧節度使劉銖並兼侍中；辛酉，加朔方節度使馮暉、定難節度使李彝殷兼中書令；冬十月壬申，加義武節度使孫方簡、武寧節度使劉贇同平章事；壬午，加吳越王弘俶尚書令，楚王希廣太尉；丙戌，加荆南節度使高保融兼侍中。議者以：「郭威不專有其功，推以分人，信爲美矣。而國家爵位，以一人立功而覃及天下，不亦濫乎？」

初，邢州人周璨爲諸衛將軍，罷秩無依，從王景崇西征，景崇叛，遂爲謀主。趙暉急攻鳳翔，周璨謂王景崇曰：「公鄉與蒲、雍相表裏。今二鎮已平，蜀兒不足恃，不如降也。」景崇曰：「善，吾更思之。」後數日，外攻轉急，景崇謂其黨曰：「事窮矣，吾欲爲急計。」乃謂其將公孫輦、張思練曰：「趙暉精兵多在城北，來日五鼓前，爾二人燒城東門詐降，勿令寇入，吾與周璨以牙兵出北門突暉軍，縱無成而死，猶勝束手。」皆曰：「善。」癸巳，未明，輦、思練燒東門請降，府牙火亦發。二將遣人詗之，景崇已與家人自焚矣。璨亦降。

郭威篡漢 劉旻據河東附

後漢高祖乾祐元年。帝自魏王承訓卒，悲痛過甚，春正月甲子，始不豫。丁丑，帝大漸。召蘇逢吉、楊邠、史弘肇、郭威入受顧命，曰：「承祐幼弱，後事託在卿輩。」是日，帝殂。

二月辛巳朔，立皇子左衛大將軍、大内都點檢承祐爲周王、同平章事。（丁亥尊皇后曰皇太后）宣遺制，令周王即皇帝位。〔丁亥，尊皇后曰皇太后。〕

蘇逢吉等爲相，多遷補官吏，楊邠以爲虚費國用，所奏多抑之，逢吉等不悦。三月，中書侍郎兼户部尚書、同平章事李濤上疏言：「今關西紛擾，外禦爲急。二樞密皆佐命功臣，官雖貴而家未富，宜授以要害大鎮。樞機之務在陛下目前，易以裁決，逢吉、禹珪自先帝時任事，皆可委也。」楊邠、郭威聞之，見太后泣訴，稱：「臣等從先帝起艱難中，今天子取人言，欲棄之於外。況關西方有事，臣等何忍自取安逸，不顧社稷。若臣等必不任職，乞留過山陵。」太后怒，以讓帝，曰：「國家(勤)〔勳〕舊之臣，奈何聽人言而逐之！」帝曰：「此宰相所言也。」因詰責宰相。濤曰：「此疏臣獨爲之，他人無預。」丁丑，罷濤政事，勒歸私第。

夏四月，帝與左右謀，以太后怒李濤離間，欲更進用二樞密，以明非帝意。左右亦疾二蘇之專，欲奪其權，共勸之。壬午，制以樞密使楊邠爲中書侍郎兼吏部尚書、同平章事，樞密使如故；以副樞密使郭威爲樞密使。又加三司使王章同平章事。凡中書除官，諸司奏事，帝皆委邠斟酌。自是三相拱手，政事盡決於邠。事有未更邠所可否者，莫敢施行，遂成凝滯。三相每進擬用人，苟不出邠意，雖簿、尉亦不之與。邠素不喜書生，常言：「國家府廩實，甲兵强，乃爲急務。至於文章禮樂，何足介意。」既恨二蘇排己，〔又〕以其除官太濫，爲衆所非，欲矯其弊，由是艱於除拜，士大夫往往有自漢興至亡，不霑一命者。凡門蔭及百司入仕悉罷之。雖由邠之愚蔽，時人亦咎二蘇之不公所致云。

秋七月庚申，加樞密使郭威同平章事。

隱帝乾祐二年。三叛既平，帝浸驕縱，與左右狎暱。飛龍使瑕丘後匡贊、茶酒使太原郭允明，以諂媚得幸，帝好與之爲廋辭、醜語，太后屢戒之，帝不以爲意。七月，太常卿張昭上言：「宜親近儒臣，講習經訓。」不聽。昭即昭遠，避高祖諱改之。

三年夏四月，楊邠求解樞密使，帝遣中使諭止之。宣徽北院使吳虔裕在旁曰：「樞密重地，難以久居，當使後來者迭爲之，相公辭之是也。」帝聞之，不悅，辛巳，以虔裕爲鄭州防禦使。

朝廷以契丹近入寇，横行河北，諸藩鎮各自守，無扞禦之者，議以郭威鎮鄴都，使督諸將以備契丹。史弘肇欲威仍領樞密使，蘇逢吉以爲故事無之。弘肇曰：「領樞密使則可以便宜從事，諸軍畏服，號令行矣。」帝卒從弘肇議。弘肇怨逢吉異議，逢吉曰：「以内制外，順也；今反以外制内，其可乎？」壬午，制以威爲鄴都留守、天雄節度使，樞密使如故。仍詔河北兵甲、錢穀但見郭威文書，立皆稟應。明日，朝貴會飲於竇貞固之第，弘肇舉大觴屬威，厲聲曰：「昨日廷議，一何同異！今日爲弟飲之。」逢吉與楊邠亦舉觴曰：「是國家之事，何足介意。」弘肇又厲聲曰：「安定國家，在長槍大劍，安用毛錐！」王章曰：「無毛錐，則財賦何從可出？」自是將、相始有隙。

壬辰，以左監門衛將軍郭榮爲貴州刺史、天雄牙内都指揮使。榮本姓柴，父守禮，郭威之妻兄也，威未有子，時養以爲子。

五月庚子，郭威辭行，言於帝曰：「太后從先帝久，多歷天下事，陛下富於春秋，有事宜禀其教而行之。親近忠直，放遠讒邪，善惡之間，所宜明審。蘇逢吉、楊邠、史弘肇皆先帝舊臣，盡忠徇國，願陛下推心任之，必無敗失。至於疆埸之事，臣願竭其愚駑，庶不負驅策。」帝斂容謝之。

癸丑，王章置酒會諸朝貴，酒酣，爲手勢令，史弘肇不閑其事，客省使閻晋卿坐次弘肇，屢教之。蘇逢吉戲之曰：「旁有姓閻人，何憂罰爵。」弘肇妻閻氏本酒家倡也，意逢吉譏之，大怒，以醜語詬逢吉，逢吉不應。弘肇欲毆之，逢吉起去。弘肇索劍欲追之，楊邠泣止之，曰：「蘇公宰相，公若殺之，置天子何地？願熟思之。」弘肇即上馬去，邠與之聯鑣，送至其第而還。於是將、相如水火矣。帝使宣徽使王峻置酒和解之，不能得。逢吉欲求出鎮以避之，既而中止，曰：「吾去朝廷，止煩史公一處分，吾齏粉矣。」王章亦忽忽不樂，欲求外官，楊、史固止之。

帝自即位以來，樞密使、右僕射、同平章事楊邠總機政，樞密使兼侍中郭威主征伐，歸德節度使、侍衛親軍都指揮使兼中書令史弘肇典宿衛，三司使、同平章事王章掌財賦。邠頗公忠，退朝，門無私謁，雖不卻四方饋遺，有餘輒獻之。弘肇督察京城，道不拾遺。是時承契丹蕩覆之餘，公私困竭，章捃摭遺利，吝於出納，以實府庫。屬三叛連衡，宿兵累年而供饋不乏。及事平，賜予之外，尚有餘積，以是國家粗安。

章聚斂刻急。舊制，田税每斛更輸二升，謂之「雀鼠耗」，章始令更輸二升，謂之「省耗」。舊錢出入皆以八十爲陌，章始令入者八十，出者七十七，謂之「省陌」。有犯鹽、礬、酒麴之禁者，錙銖涓滴罪皆死。由是百姓愁怨。章尤不喜文臣，嘗曰：「此輩授之握算，不知縱横，何益於用！」俸禄皆以不堪資軍者給之，吏已高其估，章更增之。

帝左右嬖倖浸用事，太后親戚亦干預朝政，邠等屢裁抑之。太后有故人子求補軍職，弘肇怒而斬之。武德使李業，太后之弟也，高祖使掌内帑，帝即位，尤蒙寵任。會宣徽使闕，業意欲之，帝及太后亦諷執政。邠、弘肇以爲内使遷補有次，不可以外戚超居，乃止。内客省使閻晋卿次當爲宣徽使，久而不補。樞密承旨聶文進、飛龍使後匡贊、翰林茶酒使郭允明皆有寵於帝，久不遷官，共怨執政。文進，并州人也。平盧節度使劉銖罷青州歸，久奉朝請，未除官，常戟手於執政。

帝初除三年喪，聽樂，賜伶人錦袍、玉帶。伶人詣弘肇謝。弘肇怒曰：「士卒守邊苦戰，猶未有以賜之，汝曹何功而得此！」皆奪以還官。帝欲立所幸耿夫人爲后，邠以爲太速。夫人卒，常欲以后禮葬之，邠復以爲不可。帝年益壯，厭爲大臣所制。邠、弘肇嘗議事於帝前，帝曰：「審圖之，勿令人有言。」邠曰：「陛下但禁聲，有臣等在。」帝積不能平，左右因乘間譖之於帝，云「邠等專恣，終當爲亂」。帝信之。嘗夜聞作坊鍛聲，疑有急兵，達旦不寐。

司空、同平章事蘇逢吉既與弘肇有隙，知李業等怨弘肇，屢以言激之。帝遂與業、文進、匡贊、允明謀誅邠等，議既定，入白太后。太后曰：「兹事何可輕發？更宜與宰相議之。」業時在旁，曰：「先帝嘗言，朝廷大事不可謀及書生，懦怯誤人。」太后復以爲言，帝忿曰：「國家之事，非閨門所知。」拂衣而出。十一月乙亥，業等以其謀告閻晉卿，晉卿恐事不成，詣弘肇第欲告之，弘肇以他故辭不見。

丙子旦，邠等入朝，有甲士數十自廣政殿出，殺邠、弘肇、章於東廡下。文進亟召宰相朝臣班於崇元殿，宣云：「邠等謀反，已伏誅，與卿等同慶。」又召諸軍將校至萬歲殿庭，帝親諭之，且曰：「邠等以穉子視朕，朕今始得爲汝主，汝等免横憂矣。」皆拜謝而退。又召前節度使、刺史等升殿諭之，分遣使者帥騎收捕邠等親戚、黨與、傔從，盡殺之。

弘肇待侍衛步軍都指揮使王殷尤厚，邠等死，帝遣供奉官孟業齎密詔詣澶州及鄴都，令鎮寧節度使李洪義殺殷，又令鄴都行營馬軍都指揮使郭崇威、步軍都指揮使真定曹威殺郭威及監軍、宣徽使王峻。洪義，太后之弟也。又急詔徵天平軍節度使高行周、平盧節度使符彦卿、永興節度使郭從義、泰寧節度使慕容彦超、匡國節度使薛懷讓、鄭州防禦使吴虔裕、陳州刺史李穀入朝。以蘇逢吉權知樞密院事，前平盧節度使劉銖權知開封府，侍衛馬軍都指揮使李洪建權判侍衛司事，内侍省使閻晉卿權侍衛馬軍都指揮使。洪建，業之兄也。

時中外人情憂駭，蘇逢吉雖惡弘肇，而不預李業等謀，聞變驚愕。私謂人曰：「事太怱怱，主上儻以一言見問，不至於此。」業等命劉銖誅郭威、王峻之家，銖極其慘毒，嬰孺無免者。命李洪建誅王殷之家，洪建但使人守視，仍飲食之。

丁丑，使者至澶州，李洪義畏懦，慮王殷已知其事，不敢發，乃引孟業見殷。殷囚業，遣副使陳光穗以密詔示郭威。威召樞密吏魏仁浦，示以詔書，曰：「奈何？」仁浦曰：「公，國之大臣，功名素著，加之握强兵，據重鎮，一旦爲羣小所構，禍出非意，此非辭説所能解。時事如此，不可坐而待死。」威乃召郭崇威、曹威及諸將，告以楊邠等寃死及有密詔之狀。且曰：「吾與諸公，拔荆棘，從先帝取天下，受託孤之任，竭力以衛國家。今諸公已死，吾何心獨生！君輩當奉行詔書，取吾首以報天子，庶不相累。」郭崇威等皆泣曰：「天子幼冲，此必左右羣小所爲，若使此輩得志，國家其得安乎！崇威願從公入朝自訴，盪滌鼠輩，以清朝廷，不可爲單使所殺，受千載惡名。」翰林天文趙脩己謂郭威曰：「公徒死何益？不若順衆心，擁兵而南，此天啓也。」郭威乃留其養子榮鎮鄴都，命郭崇威將騎兵前驅。戊寅，自將大兵繼之。

慕容彥超方食，得詔，捨匕筯入朝，帝悉以軍事委之。己卯，吴虔裕入朝。

帝聞郭威舉兵南向，議發兵拒之。前開封尹侯益曰：「鄴都戍兵家屬皆在京師，官軍不可輕出，不若閉城以挫其鋒，使其母妻登城招之，可不戰而下也。」慕容彥超曰：「侯益衰老，爲懦夫計耳。」帝乃遣益及閻晉卿、吴虔裕、前保大節度使張彥超將禁軍趣澶州。

是日，郭威已至澶州，李洪義納之。王殷迎謁，慟哭，以所部兵從郭威涉河。帝遣内養鸗脱覘郭威，威獲之，以表置鸗脱衣領中，使歸白帝曰：「臣昨得詔書，延頸俟死。郭崇威等不忍殺臣，云此皆陛下左右貪權無厭者譖臣耳，逼臣南行，詣（闕）〔闕〕請罪。臣求死不獲，力不能制。臣數日當至闕廷，陛下若以臣爲有罪，安敢逃刑。若實有譖臣者，願執付軍前，以快衆心。臣敢不撫諭諸軍，退歸鄴都。」

庚辰，郭威趣滑州。辛巳，義成節度使宋延渥迎降。延渥，洛陽人，其妻高祖女永寧公主也。郭威取滑州庫物以勞將士，且諭之曰：「聞侯令公已督諸軍自南來，今遇之，交戰則非入朝之義，不戰則爲其所屠。吾欲全汝曹功名，不若奉行前詔，吾死不恨。」皆曰：「國家負公，公不負國。所以萬人争奮，如報私讎，侯益輩何能爲乎！」王峻徇於衆曰：

「我得公處分，俟克京城，聽旬日剽掠。」衆皆踴躍。

辛巳，鷰脱至大梁。前此，帝議自往澶州，聞郭威已至河上而止。帝甚有悔懼之色，私謂竇貞固曰：「屬者亦太草草。」李業等請傾府庫以賜諸軍，蘇禹珪以爲未可，業拜禹珪於帝前曰：「相公且爲天子勿惜府庫。」乃賜禁軍人二十緡，下軍半之，將士在北者給其家，仍使通家信以誘之。

壬午，郭威軍至封丘，人情恟懼。太后泣曰：「不用李濤之言，宜其亡也。」慕容彦超恃其（驕）〔驍〕勇，言於帝曰：「臣視北軍猶蠛蠓耳，當爲陛下生致其魁。」退，見聶文進，問北來兵數及將校姓名，頗懼，曰：「是亦劇賊，未易輕也。」帝復遣左神武統軍袁㠖、前威勝節度使劉重進等帥禁軍與侯益等會屯赤岡。㠖，象先之子也。彦超以大軍屯七里店。

癸未，南、北軍遇於劉子陂。帝欲自出勞軍，太后曰：「郭威吾家勳舊，非死亡切身，何至此。但按兵守城，飛詔諭之，觀其志趣，必有辭理，則君臣之禮尚全，慎勿輕出。」帝不從。時扈從軍甚盛，太后遣使戒聶文進曰：「大須在意。」對曰：「有臣在，雖郭威百人可擒也。」至暮，兩軍不戰，帝還宫。慕容彦超大言曰：「陛下來日宫中無事，幸再出觀臣破賊。臣不必與之戰，但叱散使歸營耳。」

甲申，帝欲再出，太后力止之，不可。既陳，郭威戒其衆曰：「吾來誅羣小，非敢敵天子也，慎勿先動。」久之，慕容彥超引輕騎直前奮擊，郭崇威與前博州刺史李榮帥騎兵拒之。彥超馬倒，幾獲之。彥超引兵退，麾下死者百餘人，於是諸軍奪氣，稍稍降於北軍。侯益、吳虔裕、張彥超、袁義、劉重進皆潛往見郭威，威各遣還營。又謂宋延渥曰：「天子方危，公近親，宜以牙兵往衞乘輿，且附奏陛下，願乘間早幸臣營。」延渥未至御營，亂兵雲擾，不敢進而還。比暮，南軍多歸於北。慕容彥超與麾下十餘騎奔還兗州。

是夕，帝獨與三相及從官數十人宿於七里寨，餘皆逃潰。乙酉旦，郭威望見天子旌旗在高阪上，下馬免冑往從之，至則帝已去矣。帝策馬將還宮，至玄化門，劉銖在門上，問帝左右：「兵馬何在？」因射左右。帝回轡，西北至趙村，追兵已至。帝下馬入民家，爲亂兵所弑。蘇逢吉、閻晉卿、郭允明皆自殺。聶文進挺身走，軍士追斬之。李業奔陝州，後匡贊奔兗州。郭威聞帝遇弑，號慟曰：「老夫之罪也。」

威至玄化門，劉銖雨射城外。威自迎春門入，歸私第，遣前曹州防禦使何福進將兵守明德門。諸軍大掠，通夕煙火四發。

軍士入前義成節度使白再榮之第，執再榮，盡掠其財，既而進曰：「某等昔嘗趨走麾下，一旦無禮至此，何面目復見公。」遂刎其首而去。吏部侍郎張允家貲以萬計，而性吝，雖妻亦不之委，常自繫衆鑰於衣下，行如環珮。是夕，匿於佛殿藻井之上，登者浸多，板壞而墜，軍士掠其衣，遂以凍卒。

初，作坊使賈延徽有寵於帝，與魏仁浦爲鄰，欲併仁浦所居以自廣，屢譖仁浦於帝，幾至不測。至是，有擒延徽以授仁浦者，仁浦謝曰：「因亂而報怨，吾所不爲也。」郭威聞之，待仁浦益厚。

右千牛衛大將軍棗强趙鳳曰：「郭侍中舉兵，欲誅君側之惡以安國家耳。而鼠輩敢爾，乃賊也，豈侍中意邪？」執弓矢，踞胡床，坐於巷首，掠者至，輒射殺之，里中皆賴以全。

丙戌，獲劉銖、李洪建，囚之。銖謂其妻曰：「我死，汝且爲人婢乎？」妻曰：「以公所爲，雅當然耳。」

王殷、郭崇威言於郭威曰：「不止剽掠，今夕止有空城耳。」威乃命諸將分部禁止掠者，不從則斬之，至晡，乃定。

竇貞固、蘇禹珪自七里寨逃歸，郭威使人訪求得之，尋復其位。貞固爲相，值楊、史弄權，李業等作亂，但以凝重處其間，自全而已。

郭威命有司遷隱帝梓宫於西宫。或請如魏高貴鄉公故事，葬以公禮，威不許，曰：「倉猝之際，吾不能保衛乘輿，罪已大矣，況敢貶君乎！」

太師馮道帥百官謁見郭威，威見，猶拜之。道受拜如平時，徐曰：「侍中此行不易！」

丁亥，郭威帥百官詣明德門起居太后，且奏稱：「軍國事殷，請早立嗣君。」太后誥稱：「郭允明弑逆，神器不可無主。河東節度使崇、忠武節度使信皆高祖之弟，武寧節度使贇、開封尹勳高祖之子，其令百官議擇所宜。」贇，崇之子也，高祖愛之，養視如子。郭威、王峻入見太后於萬歲宮，請以勳爲嗣。太后曰：「勳久羸疾，不能起。」威出諭諸將，諸將請見之，太后令左右以卧榻舉之示諸將，諸將乃信之。於是郭威與峻議立贇。己丑，郭威帥百官表請以贇承大統。太后誥所司，擇日，備法駕，迎贇即皇帝位。郭威奏遣太師馮道及樞密直學士王度、秘書監趙上交詣徐州奉迎。

郭威之討三叛也，每見朝廷詔書，處分軍事皆合機宜，問使者：「誰爲此詔？」使者以翰林學士范質對。威曰：「宰相器也。」入城，訪求得之，甚喜。時大雪，威解所服紫袍衣之，令草太后誥令迎新君儀注，蒼黄之中，討論撰定，皆得其宜。

初，隱帝遣供奉官押班陽曲張永德賜昭義節度使常思生辰物。永德，郭威之壻也。會楊邠等誅，密詔思殺永德。思素聞郭威多奇異，因永德以觀變。及威克大梁，思乃釋永德而謝之。

庚寅，郭威帥羣臣上言：「比皇帝到闕，動涉浹旬，請太后臨朝聽政。」

壬辰，太后始臨朝，以王峻爲樞密使，袁羲爲宣徽南院使，王殷爲侍衛馬步軍都指揮使，郭崇威爲侍衛馬軍都指揮使，曹威爲侍衛步軍都指揮使，陳州刺史李穀權判三司。

劉銖、李洪建及其黨皆梟首於市，而赦其家。郭威謂公卿曰：「劉銖屠吾家，吾復屠其家，怨讎反覆，庸有極乎！」由是數家獲免。王殷屢爲洪建請免死，郭威不許。後匡贊至兗州，慕容彦超執而獻之。李業至陝州，其兄保義節度使洪信不敢匿於家；業懷金將奔晉陽，至絳州，盜殺之而取其金。

鎮州、邢州奏：「契丹主將數萬騎入寇，攻内丘，五日不克，死傷甚衆。有戍兵五百叛應契丹，引契丹入城，屠之，又陷饒陽。」太后敕郭威將大軍擊之，國事權委竇貞固、蘇禹珪、王峻，軍事委王殷。十二月甲午朔，郭威發大梁。

丁酉，以翰林學士、户部侍郎范質爲樞密副使。

武寧節度使贇留右都押牙鞏延美、元從教練使楊温守徐州，與馮道等西來，在道仗衛皆如王者，左右呼萬歲。郭威至滑州，留數日，贇遣使慰勞。諸將受命之際，相顧不拜，私相謂曰：「我輩屠陷京師，其罪大矣，若劉氏復立，我輩尚有種乎！」己酉，威聞之，即引兵趣澶州。

辛亥，遣蘇禹珪如宋州迎嗣君。

壬子，郭威渡河，館于澶州。癸丑旦，將發，將士數千人忽大譟。威命閉門，將士踰垣登屋而入曰：「天子須侍中自爲之，將士已與劉氏爲仇，不可立也。」或裂黃旗以被威體，共扶抱之，呼萬歲震地，因擁威南行。威乃上太后牋，請奉漢宗廟，事太后爲母。丙辰，至韋城，下書撫諭大梁士民，以昨離河上，在道秋毫不犯，勿有憂疑。戊午，威至七里店，竇貞固帥百官出迎拜謁，因勸進。威營於皋門村。

武寧節度使贇已至宋州，王峻、王殷聞澶州軍變，遣侍衛馬軍都指揮使郭崇威將七百騎往拒之，又遣前申州刺史馬鐸將兵詣許州巡檢。崇威忽至宋州，陳於府門外。贇大驚，闔門，登樓詰之。對曰：「澶州軍變，郭公慮陛下未察，故遣崇威來宿衛，無他也。」贇召崇威，崇威不敢進。馮道出與崇威語，崇威乃登樓。贇執崇威手而泣，崇威以郭威意安諭之。少頃，崇威出。時護聖指揮使張令超帥部兵爲贇宿衛。徐州判官董裔説贇曰：「觀崇威視瞻舉措，必有異謀。道路皆言郭威已爲帝，而陛下深入不止，禍其至哉。請急召張令超，諭以禍福，使夜以兵劫崇威，奪其兵。明日，掠睢陽金帛，募士卒，北走晉陽。彼新定京邑，未暇追我，此策之上也。」贇猶豫未決。是夕，崇威密誘令超，令超帥衆歸之。贇大懼。

郭威遺贇書，云爲諸軍所迫，召馮道先歸，留趙上交、王度奉侍。道辭行，贇曰：「寡人此來所恃者，以公三十年舊相，故無疑耳。今崇威奪吾衛兵，事危矣，公何以爲計？」道默然。客將賈貞數目道，欲殺之。贇曰：「汝輩勿草草，此無預馮公事。」崇威遷贇於外館，殺其腹心董裔、賈貞等數人。己未，太后誥，廢贇爲湘陰公。馬鐸引兵入許州，劉信惶惑自殺。庚申，太后誥，以侍中監國。百官、藩鎮相繼上表勸進。壬戌夜，監國營有步軍將校醉，揚言「曏者澶州騎兵扶立，今步兵亦欲扶立」，監國斬之。

後周太祖廣順元年春正月丁卯，漢太后下誥，授監國符寶，即皇帝位。監國自皋門入宮，即位於崇元殿。制曰：「朕周室之裔，虢叔之後，國號宜曰周。」改元，大赦。楊邠、史弘肇、王章等皆贈官，官爲斂葬，仍訪其子孫敍用之。凡倉場、庫務掌納官吏，無得收斗餘、稱耗。舊所進羡餘物，悉罷之。犯竊盜及姦者，並依晉天福元年以前刑名，罪人非反逆，無得誅及親族，籍没家貲。唐莊宗、明宗、晉高祖各置守陵十户，漢高祖陵職員、宫人，時月薦享及守陵户並如故。初，唐衰，多盜，不用律文，更定峻法，竊盜贓三匹者死；晉天福中加至五匹。姦有夫婦人，無問强、和，男女並死。漢法，竊盜一錢以上皆死，又罪非反逆，往往族誅、籍没。故帝即位，首革其弊。

初，楊邠以功臣、國戚爲方鎮者多不閑吏事，乃以三司軍將補都押牙、孔目官、内知客，其人自恃敕補，多專横，節度使不能制。至是，悉罷之。

戊辰，以前復州防禦使王彦超權武寧節度使。漢李太后遷居西宮，己巳，上尊號曰昭聖皇太后。癸酉，加王峻同平章事。以衛尉卿劉皞主漢隱帝之喪。

初，河東節度使兼中書令劉崇聞隱帝遇害，欲起兵南向，聞迎立湘陰公，乃止，曰：「吾兒爲帝，吾又何求。」太原少尹李驤陰説崇曰：「觀郭公之心，終欲自取。公不如疾引兵逾太行，據孟津，俟徐州相公即位，然後還鎮，則郭公不敢動矣。不然，且爲所賣。」崇怒曰：「腐儒，欲離間吾父子！」命左右曳出斬之。驤呼曰：「吾負經濟之才，而爲愚人謀事，死固甘心。家有老妻，願與之同死。」崇并其妻殺之，且奏於朝廷，示無二心。及贇廢，崇乃遣使請贇歸晉陽。詔報以「湘陰公比在宋州，今方取歸京師，必令得所，公勿以爲憂。公能同力相輔，當加王爵，永鎮河東」。

鞏廷美、楊温聞湘陰公贇失位，奉贇妃董氏據徐州拒守，以俟河東援兵。帝使贇以書諭之，廷美、温欲降而懼死。帝復遺贇書曰：「爰念斯人盡心於主，足以賞其忠義，何由責以悔尤。俟新節度使入城，當各除刺史，公可更以委曲示之。」

丙子，帝帥百官詣西宮，爲漢隱帝舉哀成服，皆如天子禮。

慕容彦超遣使入貢，帝慮其疑懼，賜詔慰安之曰：「（令）〔今〕兄事已至此，言不欲繁，望弟扶持，同安億兆。」

戊寅，殺湘陰公於宋州。是日，劉崇即皇帝位於晉陽，仍用乾祐年號，所有者并、汾、忻、代、嵐、憲、隆、蔚、沁、遼、麟、石十二州之地。以節度判官鄭珙爲中書侍郎，觀察判官滎陽趙華爲户部侍郎並同平章事。以次子承鈞爲侍衛親軍都指揮使、太原尹，以節度副使李存(環)〔瓌〕爲代州防禦使，裨將武安張元徽爲馬步軍都指揮使，陳光裕爲宣徽使。

北漢主謂李存瓌、張元徽曰：「朕以高祖之業一朝墜地，今日位號，不得已而稱之。顧我(何)是〔何〕天子，汝曹是何節度使邪！」由是不建宗廟，祭祀如家人，宰相俸錢月止百緡，節度使止三十緡，自餘薄有資給而已，故其國中少廉吏。客省使河南李光美嘗爲直省，頗諳故事，北漢朝廷制度皆出於光美。

北漢主聞湘陰公死，哭曰：「吾不用忠臣之言，以至於此。」爲李驤立祠，歲時祭之。

己卯，以太師馮道爲中書令，加竇貞固侍中，蘇禹珪司空。

初，北漢主立，契丹主使聿撚遺劉承鈞書。北漢主使承鈞復書稱：「本朝淪亡，紹襲帝位，欲循晉室故事，求援北朝。」契丹主大喜。北漢主發兵屯陰地、黄澤、團柏。丁亥，以承鈞爲招討使，與副招討使白從暉、都監李存瓌將步騎萬人寇晉州。從暉，吐谷渾人也。郭崇威更名崇，曹威更名英。

二月丁酉，以皇子天雄牙内都指揮使榮爲鎮寧節度使，選朝士爲之僚佐，以侍御史王敏爲節度判官，右補闕崔頌爲觀察判官，校書郎王朴爲掌書記。頌，協之子；朴，東平人也。

戊戌，北漢兵五道攻晋州，節度使王晏閉城不出。劉承鈞以爲怯，蟻附登城。晏伏兵奮擊，北漢兵死傷者千餘人。承鈞遣副兵馬使安元寶焚晋州西城，元寶來降。承鈞乃移軍攻隰州。癸卯，隰州刺史許遷遣步軍都指揮使孫繼業迎擊北漢兵於長壽村，執其將程筠等，殺之。未幾，北漢兵攻州城，數日不克，死傷甚衆，乃引兵去。遷，鄆州人也。

丁未，契丹主遣其臣裊骨支與朱憲偕來，賀即位。丁巳，遣尚書右丞田敏使契丹。北漢主遣通事舍人李䛒使于契丹，乞兵爲援。

詔加奉寧節度使慕容彦超中書令，遣翰林學士魚崇諒詣兖州諭指。崇諒，即崇遠也。彦超上表謝。三月壬戌，詔報之曰：「向以前朝失德，少主用讒，倉猝之間，召卿赴闕。卿即奔馳應命，信宿至京，救國難而不顧身，聞君召而不俟駕。以至天亡漢祚，兵散梁郊，降將敗軍，相繼而至，卿即便回馬首，徑返龜陰，爲主爲時，有終有始。所謂危亂見忠臣之節，疾風知勁草之心，若使爲臣者皆能如兹，則有國者誰不欲用！所言朕潛龍河朔之際，平難浚郊之時，緣不奉示諭之言，亦不得差人至行闕。且事主之道，何必如斯？若或二三於漢朝，又安肯忠信於周室，以此爲懼，不亦過乎！卿但悉力推心，安民體國，事朕之節，如事故君，不惟黎庶獲安，抑亦社稷是賴。但堅表率，未議替移。由衷之誠，言盡於此。」

王彦超奏克徐州，殺鞏廷美。

北漢李㬙至契丹，契丹主使拽剌梅里報之。夏四月，契丹主遣使如北漢，告以周使田敏來，約歲輸錢十萬緡。北漢主使鄭珙以厚賂謝契丹，自稱「姪皇帝致書於叔天授皇帝」，請行册禮。五月己巳，遣左金吾將軍姚漢英等使于契丹，契丹留之。辛未，北漢禮部侍郎、同平章事鄭珙卒于契丹。

六月辛亥，以樞密使、同平章事王峻爲左僕射兼門下侍郎，樞密副使、兵部侍郎范質、户部侍郎判三司李穀爲中書侍郎，並同平章事，穀仍判三司。司徒兼侍中竇貞固，司空兼中書侍郎同平章事蘇禹珪，並罷守本官。癸丑，范質參知樞密院事。丁巳，以宣徽北院使翟光鄴兼樞密副使。

初，帝討河中，已爲人望所屬。李穀時爲轉運使，帝數以微言諷之，穀但以人臣盡節爲對，帝以是賢之，即位，首用爲相。時國家新造，四方多故，王峻夙夜盡心，知無不爲，軍旅之謀，多所裨益。范質明敏强記，謹守法度。李穀沈毅有器略，在帝前論議，辭氣忼慨，善譬諭以開主意。

契丹遣燕王述軋等册命北漢主爲大漢神武皇帝，妃爲皇后。北漢主更名旻。秋七月，北漢主遣翰林學士博興衛融等詣契丹謝册禮，且請兵。

八月壬戌，葬漢隱帝于潁陵。

九月，北漢主遣招討使李存瓌將兵自團柏入寇。契丹欲引兵會之，與酋長議於九十九泉。諸部皆不欲南寇，契丹主强之，癸亥，行至新州之西火神淀，燕王述軋及偉王之子太寧王漚僧作亂，弒契丹主而立述軋。契丹主德光之子齊王述律逃入南山，諸部奉述律以攻述軋、漚僧殺之，并其族黨。立述律爲帝，改元應曆。自火神淀入幽州，遣使告于北漢。北漢主遣樞密直學士上黨王得中如契丹，賀即位，復以叔父事之，請兵以擊晋州。契丹主年少，好遊戲，不親國事；每夜酣飲，達旦乃寐，日中方起，國人謂之「睡王」。後更名明。

冬十月辛卯，潞州巡檢陳思讓敗北漢兵於虒亭。

契丹遣彰國節度使蕭禹厥將奚、契丹五萬會北漢兵入寇。北漢主自將兵二萬自陰地關寇晋州，丁未，軍于城北，三面置寨，晝夜攻之，遊兵至絳州。時王晏已離鎮，王彦超未至，巡檢使王萬敢權知晋州，與龍捷都指揮使史彦超、虎捷指揮使何徽共拒之。史彦超，雲州人也。

十一月，帝以北漢、契丹之兵猶在晉州，甲子，以王峻爲行營都部署，將兵救之，詔諸軍皆受峻節度，聽以便宜從事，得自選擇將吏。乙丑，峻行，帝自至城西餞之。

王峻留陝州旬日，帝以北漢攻晉州急，憂其不守，議自將由澤州路與峻會兵救之，且遣使諭峻。十二月戊子朔，下詔以三日西征。使者至陝，峻因使者言於帝曰：「晉州城堅，未易可拔，劉崇兵鋒方鋭，不可力爭。所以駐兵，待其氣衰耳，非臣怯也。陛下新即位，不宜輕動。若車(馬)〔駕〕出汜水，則慕容彦超引兵入汴，大事去矣！」帝聞之，自以手提耳曰：「幾敗吾事！」庚寅，敕罷親征。

初，泰寧節度使兼中書令慕容彦超聞徐州平，疑懼愈甚，乃招納亡命，畜聚薪糧，潛以書結北漢，吏獲其書以聞。又遣人詐爲商人，求援於唐。帝遣通事舍人鄭好謙就申慰諭，與之爲誓。彦超益不自安，屢遣都押牙鄭麟詣闕，僞輸誠款，實覘機事。又獻天平節度使高行周書，其言皆謗毁朝廷與彦超相結之意。帝笑曰：「此彦超之詐也。」以書示行周，行周上表謝恩。既而彦超反跡益露，丙申，遣閤門使張凝將兵赴鄆州巡檢以備之。

庚子，王峻至絳州。乙巳，引兵趣晉州。晉州南有蒙阬，最爲險要，峻憂北漢兵據之，是日，聞前鋒已度蒙阬，喜曰：「吾事濟矣。」

慕容彥超奏請入朝，帝知其詐，即許之。既而復稱境内多盜，未敢離鎮。

北漢主攻晉州，久不克。會大雪，民相聚保山寨，野無所掠，軍乏食。契丹思歸，聞王峻至蒙阬，燒營夜遁。峻入晉州，諸將請亟追之，峻猶豫未決。明日，乃遣行營馬軍都指揮使仇弘超、都排陳使藥元福、左廂排陳使陳思讓、康延沼將騎兵追之，及於霍邑，縱兵奮擊，北漢兵墜崖谷死者甚衆。霍邑道隘，延沼畏懦不急追，由是北漢兵得度。藥元福曰：「劉崇悉發其衆挾胡騎而來，志吞晉、絳，今氣衰力憊，狼狽而遁，不乘此翦撲，必爲後患。」諸將不欲進，王峻復遣使止之，遂還。契丹比至晉陽，士馬什喪三四，蕭禹厥恥無功，釘大酋長一人於市，旬餘而斬之。北漢主始息意於進取。北漢土瘠民貧，内供軍國，外奉契丹，賦繁役重，民不聊生，逃入周境者甚衆。

二年〔春〕正月，慕容彥超發鄉兵入城，引泗水注壕中，爲戰守之備。又多以旗幟授諸鎮將，令募羣盜，剽掠鄰境，所在奏其反狀。甲子，敕沂、密二州不復隸泰寧軍。以侍衛步軍都指揮使、昭武節度使曹英爲都部署，討彥超，齊州防禦使史延超爲副部署，皇城使河内向訓爲都監，陳州防禦使藥元福爲行營馬步都虞候。帝以元福宿將，命英、訓無得以軍禮見之，二人皆父事之。

唐主發兵五千，軍于下邳，以援彥超，聞周兵將至，退屯沭陽。徐州巡檢使張令彬擊之，大破唐兵，殺溺死者千餘人，獲其將燕敬權。

初，彦超以周室新造，謂其易摇，故北召北漢及契丹，南誘唐人，使侵邊鄙，冀朝廷奔命不暇，然後乘間而動。及北漢、契丹自晉州北走，唐兵敗於沭陽，彦超之勢遂沮。

壬申，王峻自晉州還，入見。

曹英等至兗州，設長圍。慕容彦超屢出戰，藥元福皆擊敗之，彦超不敢出。十餘日，長圍合，遂進攻之。

初，彦超將反，判官崔周度諫曰：「魯，詩書之國，自伯禽以來不能霸諸侯，然以禮義守之，可以長世。公於國家非有私憾，胡爲自疑？况主上開諭勤至，苟撤備歸誠，則坐享泰山之安矣。獨不見杜中令、安襄陽、李河中，竟何所成乎？」彦超怒，以周度阿庇司馬閻弘〔魯〕等，斬於市。

夏四月，帝以曹英等攻兗州久未克，乙卯，下詔親征，以李穀權東京留守兼判開封府，鄭仁誨權大内都點檢，又以侍衛馬軍都指揮使郭崇充在京都巡檢。

五月庚申，帝發大梁；戊辰，至兗州。己巳，帝使人招諭慕容彦超，城上人語不遜。庚午，命諸軍進攻。先是，術者紿彦超，云「鎮星行至角、亢，角、亢兗州之分，其下有福」。彦超乃立祠而禱之，令民家皆立黄幡。彦超性貪吝，官軍攻城急，猶瘞藏珍寶，由是人無鬬志，將卒相繼有出降者。乙亥，官軍克城，彦超方禱鎮星祠，帥衆力戰，不勝，乃焚鎮星祠，與妻赴井死。子繼勳出走，追獲，殺之。官軍大掠，城中死者近萬人。

丁丑，以端明殿學士顔衎權知兗州事。癸未，降泰寧軍爲防禦州。

顯德元年春正月壬辰，帝殂，〔丙申〕，晉王榮即帝位。

北漢主聞太祖晏駕，甚喜，謀大舉入寇，遣使請兵于契丹。二月，契丹遣其武定節度使、政事令楊衮將萬餘騎如晉陽。北漢主自將兵三萬，以義成節度使白從暉爲行軍都部署，武寧節度使張元徽爲前鋒都指揮使，與契丹自團柏南趣潞州。

北漢兵屯梁侯驛，昭義節度使李筠遣其將穆令均將步騎二千逆戰，筠自將大軍壁於太平驛。張元徽與令均戰，陽不勝而北，令均逐之，伏發，殺令均，俘斬士卒千餘人。筠遁歸上黨，嬰城自守。筠即李榮也，避上名改焉。

世宗聞北漢主入寇，欲自將兵禦之。羣臣皆曰：「劉崇自平陽遁走以來，勢蹙氣沮，必不敢自來。陛下新即位，山陵有日，人心易揺，不宜輕動，宜命將禦之。」帝曰：「崇幸我大喪，輕朕年少新立，有吞天下之心，此必自來，朕不可不往。」馮道固争之，帝曰：「昔唐太宗定天下，未嘗不自行，朕何敢偷安。」道曰：「未審陛下能爲唐太宗否？」帝曰：「以吾兵力之强，破劉崇如山壓卵耳。」道曰：「未審陛下能爲山否？」帝不悦。惟王溥勸行，帝從之。

三月，北漢乘勝進逼潞州。丁丑，詔天雄節度使符彦卿引兵自磁州固鎮出北漢軍後，以鎮寧節度使郭崇副之；又詔河中節度使王彦超引兵自晉州東出邀北漢軍，以保義節度使韓通副之；又命馬軍都指揮使寧江節度使樊愛能、步軍都指揮使清淮節度使何徽、義成節度使白重贊、鄭州防禦使史彦超、前耀州團練使符彦能將兵先趣澤州，宣徽使向訓監之。重贊，憲州人也。

癸未，帝命馮道奉梓宫赴山陵，以鄭仁誨爲東京留守。乙酉，帝發大梁，庚寅，至懷州。帝欲兼行速進，控鶴都指揮使真定趙晁私謂通事舍人鄭好謙曰：「賊勢方盛，宜持重以挫之。」好謙言於帝，帝怒曰：「汝安得此言，必爲人所使。言其人則生，不然必死！」好謙以實對，帝命并晁械於州獄。壬辰，帝過澤州，宿於州東北。

北漢主不知帝至，過潞州不攻，引兵而南，是夕，軍於高平之南。癸巳，前鋒與北漢兵遇，擊之，北漢兵卻。帝慮其遁去，趣諸軍亟進。北漢主以中軍陳於巴公原，張元徽軍其東，楊衮軍其西，衆頗嚴整。時河陽節度使劉詞將後軍未至，衆心危懼，而帝志氣益鋭，命白重贊與侍衛馬步都虞候李重進將左軍居西，樊愛能、何徽將右軍居東，向訓、史彦超將精騎居中央，殿前都指揮使張永德將禁兵衛帝。帝介馬，自臨陳督戰。

北漢主見周軍少，悔召契丹，謂諸將曰：「吾自用漢軍可破也，何必契丹。今日不惟克周，亦可使契丹心服。」諸將皆以爲然。楊衮策馬前望周軍，退謂北漢主曰：「勍敵也，未可輕進。」北漢主奮髯曰：「時不可失，請公勿言，試觀我戰。」衮默然不悦。時東北風方盛，俄而忽轉南風，北漢副樞密使王延嗣使司天監李義白北漢主，云「時可戰矣」，北漢主從之。樞密直學士王得中扣馬諫曰：「義可斬也。風勢如此，豈助我者邪？」北漢主曰：「吾計已决，老書生勿妄言，且斬汝！」麾東軍先進，張元徽將千騎擊周右軍。

合戰未幾，樊愛能、何徽引騎兵先遁，右軍潰，步兵千餘人解甲呼萬歲，降于北漢。帝見軍勢危，自引親兵犯矢石督戰，太祖皇帝時爲宿衛將，謂同列曰：「主危如此，吾屬何得不致死！」又謂張永德曰：「賊氣驕，力戰可破也。公麾下多能左射者，請引兵乘高西出爲左翼，我引兵爲右翼以擊之。國家安危，在此一舉。」永德從之，各將二千人進戰。太祖皇帝身先士卒，馳犯其鋒，士卒死戰，無不一當百，北漢兵披靡。内殿直夏津馬仁瑀謂衆曰：「使乘輿受敵，安用我輩！」躍馬引弓大呼，連斃數十人，士氣益振。殿前右番行首馬全乂言於帝曰：「賊勢極矣，將爲我擒。願陛下按轡勿動，徐觀諸將破之。」即引數百騎進陷陳。

北漢主知帝自臨陳，褒賞張元徽，趣使乘勝進兵。元徽前略陳，馬倒，爲周兵所殺。元徽，北漢之驍將也，北軍由是奪氣。時南風益盛，周兵争奮，北漢兵大敗。北漢主自舉赤幟收兵，不能止。楊衮畏周兵之强，不敢救，且恨北漢主之語，全軍而退。

樊愛能、何徽引數千騎南走，控弦露刃，剽掠輜重，役徒驚走，失亡甚多。帝遣近臣及親軍校追諭止之，莫肯奉詔，使者或爲軍士所殺，揚言：「契丹大至，官軍敗績，餘衆已降虜矣。」劉詞遇愛能等於塗，愛能等止之，詞不從，引兵而北。時北漢主尚有餘衆萬餘人，阻澗而陳，薄暮，詞至，復與諸軍擊之，北漢兵又敗，殺王延嗣，追至高平，僵尸滿山谷，委棄御物及輜重、器械、雜畜不可勝紀。

是夕，帝宿於野次，得步兵之降敵者皆殺之。樊愛能等聞周兵大捷，與士卒稍稍復還，有達曙不至者。甲午，休兵于高平，選北漢降卒數千人爲效順指揮，命前武勝行軍司馬唐景思將之，使戍淮上，餘二千餘人賜貲裝縱遣之。李穀爲亂兵所迫，潛竄山谷，數日乃出。丁酉，帝至潞州。

北漢主自高平被褐戴笠，乘契丹所贈黄騮，帥百餘騎由雕窠嶺遁歸。宵迷，倩村民爲導，誤之晋州，行百餘里乃覺之，殺導者。晝夜北走，所至，得食未舉筯，或傳周兵至，輒蒼黄而去。北漢主衰老力憊，伏於馬上，晝夜馳騾，殆不能支，僅得入晋陽。

帝欲誅樊愛能等以肅軍政，猶豫未決。己亥，晝臥行宮帳中，張永德侍側，帝以其事訪之。對曰：「愛能等素無大功，忝冒節鉞，望敵先逃，死未塞責。且陛下方欲削平四海，苟軍法不立，雖有熊羆之士，百萬之衆，安得而用之！」帝擲枕於地，大呼稱善。即收愛能、徽及所部軍使以上七十餘人，責之曰：「汝輩皆累朝宿將，非不能戰；今望風奔遁者，無他，正欲以朕爲奇貨，賣與劉崇耳。」悉斬之。帝以何徽先守晉州有功，欲免之，既而以法不可廢，遂并誅之，而給槥車歸葬。自是驕將惰卒，始知所懼，不行姑息之政矣。庚子，賞高平之功，以李重進兼忠武節度使，向訓兼義成節度使，張永德兼武信節度使，史彦超爲鎮國節度使。張永德盛稱太祖皇帝之智勇，帝擢太祖皇帝爲殿前都虞候，領嚴州刺史。以馬仁瑀爲控鶴弓箭直指揮使，馬全乂爲散員指揮使。自餘將校遷拜者凡數十人，士卒有自行間擢主軍廂者。釋趙晁之囚。

北漢主收散卒，繕甲兵，完城塹以備周。楊衮將其衆北屯代州，北漢主遣王得中送衮，因求救於契丹。契丹主遣得中還報，許發兵救晉陽。

壬寅，以符彦卿爲河東行營都部署兼知太原行府事，以郭崇副之，向訓爲都監，李重進爲馬步都虞候，史彦超爲先鋒都指揮使，將步騎二萬發潞州。仍詔王彦超、韓通自陰地關入，與彦卿合軍而進。又以劉詞爲隨駕部署，保大節度使白重贊副之。

夏四月，北漢盂縣降。符彦卿軍晉陽城下。王彦超攻汾州，北漢防禦使董希顔降。帝遣萊州防禦使康延沼攻遼州，密州防禦使田瓊攻沁州，皆不下。供備庫副使太原李謙溥單騎説遼州刺史張漢超，漢超即降。

乙卯，葬聖神恭肅文武孝皇帝于嵩陵，廟號太祖。

初，帝遣符彦卿等北征，但欲耀兵於晉陽城下，未議攻取。既入北漢境，其民爭以食物迎周師，泣訴劉氏賦役之重，願供軍須，助攻晉陽，北漢州縣繼有降者。帝聞之，始有兼并之意，遣使往與諸將議之。諸將皆言「芻糧不足，請且班師，以俟再舉」，帝不聽。既而諸軍數十萬聚於太原城下，軍士不免剽掠，北漢民失望，稍稍保山谷自固。帝聞之，馳詔禁止剽掠，安撫農民，止徵今歲租税，及募民入粟拜官有差，仍發澤、潞、晉、絳、慈、隰及山東近便諸州民運糧以饋軍。己未，遣李穀詣太原計度芻糧。

庚申，太師、中書令瀛文懿王馮道卒。道少以孝謹知名，唐莊宗世始貴顯，自是累朝不離將相、三公、三師之位。爲人清儉寬弘，人莫測其喜愠，滑稽多智，浮沈取容，嘗著長樂老敘，自述累朝榮遇之狀，時人往往以德量推之。

歐陽修論曰：「禮義廉恥，國之四維，四維不張，國乃滅亡。」禮義，治人之大法；廉恥，立人之大節。況爲大臣而無廉恥，天下其有不亂，國家其有不亡者乎！

予讀馮道長樂老敍，見其自述以爲榮，其可謂無廉恥者矣，則天下國家可從而知也。

予於五代得全節之士三，死事之臣十有五，皆武夫戰卒，豈於儒者果無其人哉？得非高節之士，惡時之亂，薄其世而不肯出歟？抑君天下者不足顧，而莫能致之歟？

予嘗聞五代時有王凝者，家青、齊之間，爲虢州司户參軍，以疾卒于官。凝家素貧，一子尚幼，妻李氏，攜其子，負其遺骸以歸，東過開封府止於旅舍，主人不納。李氏顧天已暮，不肯去，主人牽其臂而出之。李氏仰天慟哭曰：「我爲婦人，不能守節，而此手爲人所執邪！」即引斧自斷其臂，見者爲之嗟泣。開封尹聞之，白其事於朝，厚卹李氏而笞其主人。嗚呼，士不自愛其身而忍恥以偷生者，聞李氏之風，宜少知愧哉。

臣光曰：天地設位，聖人則之，以制禮立法，内有夫婦，外有君臣。婦之從夫，終身不改，臣之事君，有死無貳，此人道之大倫也。苟或廢之，亂莫大焉。范質稱馮道厚德稽古，宏才偉量，雖朝代遷貿，人無間言，屹若巨山，不可轉也。臣愚以爲正女不從二夫，忠臣不事二君。爲女不正，雖復華色之美，織紝之巧，不足賢矣。爲臣不忠，雖復材智之多，治行之優，不足貴矣。何則？大節已虧故也。道之爲相，歷五朝八姓，若逆旅之視過客，朝爲仇敵，暮爲君臣，易面變辭，曾無愧怍，大節如此，雖有小善，庸足稱乎？

或以爲自唐室之亡，羣雄力争，帝王興廢，遠者十餘年，近者三四年，雖有忠智，將若之何。當是之時，失臣節者非道一人，豈得獨罪道哉！臣愚以爲忠臣憂公如家，見危致命，君有過則强諫力争，國敗亡則竭節致死。智士邦有道則見，邦無道則隱，或滅迹山林，或優遊下僚。今道尊寵則冠三師，權任則首諸相，國存則依違拱嘿，竊位素餐，國亡則圖全苟免，迎謁勸進。君則興亡接踵，道則富貴自如，兹乃奸臣之尤，安得與他人爲比哉！或謂道能全身遠害於亂世，斯亦賢已。臣謂君子有殺身成仁，無求生害仁，豈專以全身遠害爲賢哉？然則盜跖病終而子路醢，果誰賢乎？

抑此非特道之愆也，時君亦有責焉。何則？不正之女，中士羞以爲家，不忠之人，中君羞以爲臣。彼相前朝，語其忠則反君事讎，語其智則社稷爲墟。後來之君，不誅不棄，乃復用以爲相，彼又安肯忠於我而能獲其用乎！故曰非特道之愆，亦時君之責也。

辛酉，符彦卿奏北漢憲州刺史太原韓光愿、嵐州刺史郭言皆舉城降。王彦超、韓通攻石州，克之，執刺史安彦進。癸亥，沁州刺史李廷誨降。庚午，帝發潞州，趣晉陽。癸酉，北漢忻州監軍李勍殺刺史趙皋及契丹通事楊耨姑舉城降，以勍爲忻州刺史。

五月丙子，帝至晋陽城下，旗幟環城四十里。楊袞疑北漢代州防禦使鄭處謙貳于周，召與計事，欲圖之。處謙知之，不往。袞使胡騎數十守其城門，處謙殺之，因閉門拒袞。袞奔歸契丹，契丹主怒其無功，囚之。處謙舉城來降，丁丑，置静塞軍於代州，以鄭處謙爲節度使。契丹數千騎屯忻、代之間，爲北漢之援。庚辰，遣符彦卿等將步騎萬餘擊之。彦卿入忻州，契丹退保忻口。丁亥，置寧化軍於汾州，以石、沁二州隸之。代州將桑珪、解文遇殺鄭處謙，誣奏云「潛通契丹」。

符彦卿奏請益兵，癸巳，遣李筠、張永德將兵三千赴之。契丹游騎時至忻州城下，丙申，彦卿與諸將陳以待之。史彦超將二十騎爲前鋒，遇契丹，與戰，李筠引兵繼之，殺契丹二千人。彦超恃勇輕進，去大軍浸遠，衆寡不敵，爲契丹所殺，筠僅以身免，周兵死傷甚衆。彦卿退保忻州，尋引兵還晋陽。府州防禦使折德扆將州兵來朝。辛丑，復置永安軍於府州，以德扆爲節度使。時大發兵夫，東自懷、孟，西及蒲、陝，以攻晋陽，不克。會久雨，士卒疲病，及史彦超死，乃議引還。

初，王得中返自契丹，值周兵圍晋陽，留止代州。及桑珪殺鄭處謙，囚得中，送于周軍。帝釋之，賜以帶、馬，問：「虜兵何時當至？」得中曰：「臣受命送楊袞，他無所求。」或謂得中曰：「契丹許公發兵，公不以實告，契丹兵即至，公得無危乎？」得中太息曰：「吾食劉氏祿，有老母在圍中，若以實告，周人必發兵據險而拒之，如此家國兩亡，吾獨生何益！不若殺身以全家國，所得多矣。」甲辰，帝以得中欺罔，縊殺之。

乙巳，帝發晉陽。匡國節度使藥元福言於帝曰：「進軍易，退軍難。」帝曰：「朕一以委卿。」元福乃勒兵成列而殿。北漢果出兵追躡，元福擊走之。然軍還忽遽，芻糧數十萬在城下者悉焚棄之。軍中訛言相驚，或相剽掠，軍須失亡不可勝計。所得北漢州縣，周所置刺史等皆棄城走，惟代州桑珪既叛北漢，又不敢歸周，嬰城自守，北漢遣兵攻拔之。乙酉，帝至潞州。甲子，至鄭州。丙寅，謁嵩陵。庚午，至大梁。

帝違衆議破北漢，自是政事無大小皆親決，百官受成於上而已。河南府推官高錫上書諫，以爲：「四海之廣，萬機之衆，雖堯、舜不能獨治，必擇人而任之。今陛下一以身親之，天下不謂陛下聰明睿智足以兼百官之任，皆言陛下褊迫疑忌舉不信羣臣也。不若選能知人公正者以爲宰相，能愛民聽訟者以爲守令，能豐財足食者使掌金穀，能原情守法者使掌刑獄，陛下但垂拱明堂，視其功過而賞罰之，天下何憂不治？何必降君尊而代臣職，屈貴位而親賤事，無乃失爲政之本乎。」帝不從。錫，河中人也。

北漢主憂憤成疾，悉以國事委其子侍衛都指揮使承鈞。

初，帝與北漢主相拒於高平，命前澤州刺史李彥崇將兵守江豬嶺，遏北漢主歸路。彥崇聞樊愛能等南遁，引兵退，北漢主果自其路遁去。八月己酉，貶彥崇率府副率。

冬十一月，北漢主疾病，命其子承鈞監國，尋殂。遣使告哀于契丹，契丹遣驃騎大將軍、知内侍省事劉承訓册命承鈞爲帝，更名鈞。北漢孝和帝性孝謹，既嗣位，勤於爲政，愛民禮士，境内粗安。每上表於契丹主稱「男」，契丹主賜之詔，謂之「兒皇帝」。

三年夏四月，北漢葬神武帝於交城北山，廟號世祖。

世宗征淮南

後周世宗顯德二年春三月，上謂宰相曰：「朕每思致治之方，未得其要，寢食不忘。又自唐、晉以來，吳、蜀、幽、并皆阻聲教，未能混一。宜命近臣著爲君難爲臣不易論及開邊策一篇，朕將覽焉。」

比部郎中王朴獻策，以爲：「中國之失吳、蜀、幽、并，皆由失道。今必先觀所以失之之原，然後知所以取之之術。其始失之也，莫不以君暗臣邪，兵驕民困，姦黨内熾，武夫外横，因小致大，積微成著。今欲取之，莫若返其所爲而已。夫進賢退不肖，所以收其才也；恩隱誠信，所以結其心也；賞功罰罪，所以盡其力也；去奢節用，所以豐其財也；時使薄斂，所以阜其民也。俟羣才既集，政事既治，財用既充，士民既附，然後舉而用之，功無不成矣。彼之人觀我有必取之勢，則知其情狀者願爲間諜，知其山川者願爲鄉導，民心既歸，天意必從矣。凡攻取之道，必先其易者。唐與吾接境幾二千里，其勢易擾也。擾之當以無備之處爲始，備東則擾西，備西則擾東，彼必奔走而救之。奔走之間，可以知其虛實强弱，然後避實擊虛，避强擊弱。未須大舉，且以輕兵擾之。南人懦怯，聞小有警，必悉師以救之。師數動則民疲而財竭，不悉師則我可以乘虛取之。如此，江北諸州將悉爲我有。既得江北，則用彼之民，行我之法，江南亦易取也。得江南則嶺南、巴蜀可傳檄而定。南方既定，則燕地必望風內附。若其不至，移兵攻之，席卷可平矣。惟河東必死之寇，不可以恩信誘，必當以强兵制之。然彼自高平之敗，力竭氣沮，必未能爲邊患，宜且以爲後圖，俟天下既平，然後伺間，一舉可擒也。今士卒精練，甲兵有備，羣下畏法，諸將效力，期年之後，可以出師，宜自夏秋蓄積實邊矣。」上欣然納之。時羣臣多守常偷安，所對少有可取者。惟朴神峻氣勁，有謀能斷，凡所規畫，皆稱上意，上由是重其器識。未幾，遷左諫議大夫，知開封府事。

唐主性和柔，好文華，而喜人順己，由是諂諛之臣多進用，政事日亂。既克建州，破湖南，益驕，有吞天下之志。李守貞、慕容彥超之叛，皆爲之出師，遥爲聲援。又遣使自海道通契丹及北漢，約共圖中國。值中國多事，未暇與之校。先是，每冬淮水淺涸，唐人常發兵戍守，謂之「把淺」。壽州監軍吳廷紹以爲疆場無事，坐費資糧，悉罷之。清淮節度使劉仁贍上表固争，不能得。十一月乙未朔，帝以李穀爲淮南道前軍行營都部署兼知廬、壽等行府事，以忠武節度使王彦超副之，督侍衛馬軍都指揮使韓令坤等十二將以伐唐。令坤，磁州武安人也。

汴水自唐末潰决，自埇橋東南悉爲汙澤。上謀擊唐，先命武寧節度使武行德發民夫，因故堤疏導之，東至泗上。議者皆以爲難成，上曰：「數年之後，必獲其利。」

唐人聞周兵將至而懼。劉仁贍神氣自若，部分守禦，無異平日，衆情稍安。唐主以神武統軍劉彦貞爲北面行營都部署，將兵二萬趣壽州，奉化節度使、同平章事皇甫暉爲應援使，常州團練使姚鳳爲應援都監，將兵三萬屯定遠。召鎮南節度使宋齊丘還金陵，謀國難。以翰林承旨、户部尚書殷崇義爲吏部尚書、知樞密院事。

李穀等爲浮梁，自正陽濟淮。十二月甲戌，穀奏王彦超敗唐兵二千餘人於壽州城下，己卯，又奏先鋒都指揮使白延遇敗唐兵千餘人於山口鎮。帝詔吳越王弘俶使出兵擊唐。

三年春正月丁酉，李穀奏敗唐兵千餘人於上窰。戊戌，發開封府、曹、滑、鄭州之民十餘萬築大梁外城。庚子，帝下詔親征淮南，以宣徽南院使、鎮安節度使向訓權東京留守，端明殿學士王朴副之，彰信節度使韓通權點檢侍衛司及在京内外都巡檢。命侍衛都指揮使、歸德節度使李重進將兵先赴正陽，河陽節度使白重贊將親兵三千屯潁上。壬寅，帝發大梁。

李穀攻壽州，久不克。唐劉彦貞引兵救之，至來遠鎮，距壽州二百里，又以戰艦數百艘趣正陽，爲攻浮梁之勢。李穀畏之，召將佐謀曰：「我軍不能水戰，若賊斷浮梁，則腹背受敵，皆不歸矣。不如退守浮梁，以待車駕。」上至圉鎮，聞其謀，亟遣中使乘驛止之。比至，已焚芻糧，退保正陽。丁未，帝至陳州，亟遣李重進引兵趣淮上。

辛亥，李穀奏：「賊艦中淮而進，弩礮所不能及，若浮梁不守，則衆心動摇，須至退軍。今賊艦日進，淮水日漲，若車駕親臨，萬一糧道阻絶，其危不測。願陛下且駐蹕陳、潁，俟李重進至，臣與之共度，賊艦可禦，浮梁可完，立具奏聞。但若厲兵秣馬，春去冬來，足使賊中疲弊，取之未晚。」帝覽奏，不悦。

劉彦貞素驕貴，無才略，不習兵，所歷藩鎮，專爲貪暴，積財巨億，以賂權要，由是魏岑等争譽之，以爲治民如龔、黄，用兵如韓、彭，故周師至，唐主首用之。其裨將咸師朗等皆勇而無謀，聞李穀退，喜，引兵直抵正陽，旌旗輜重數百里，劉仁贍及池州刺史張全約固止之。仁贍曰：「公軍未至而敵人先遁，是畏公之威聲也，安用速戰。萬一失利，則大事去矣。」彦貞不從。既行，仁贍曰：「果遇，必敗。」乃益兵乘城爲備。李重進渡淮，逆戰於正陽東，大破之，斬彦貞，生擒咸師朗等，斬首萬餘級，伏尸三十里，收軍資器械三十餘萬。是時江、淮久安，民不習戰，彦貞既敗，唐人大恐。張全約收餘衆奔壽州，劉仁贍表全約爲馬步左厢都指揮使。皇甫暉、姚鳳退保清流關，滁州刺史王紹顔委城走。

壬子，帝至永寧鎮，謂侍臣曰：「聞壽州圍解，農民多歸村落，今聞大軍至，必復入城。憐其聚爲餓殍，宜先遣使存撫，各令安業。」甲寅，帝至正陽，以李重進代李穀爲淮南道行營都招討使，以穀判壽州行府事。丙辰，帝至壽州城下，營於淝水之陽，命諸軍圍壽州，徙正陽浮梁於下蔡鎮。丁巳，徵宋、亳、陳、潁、徐、宿、許、蔡等州丁夫數十萬以攻城，晝夜不息。唐兵萬餘人，維舟於淮，營於塗山之下。庚申，帝命太祖皇帝擊之，太祖皇帝遣百餘騎薄其營而僞遁，伏兵邀之，大敗唐兵於渦口，斬其都監何延錫等，奪戰艦五十餘艘。

詔以武平節度使兼中書令王逵爲南面行營都統，使攻唐之鄂州。

唐主聞湖南兵將至，命武昌節度使何敬洙徙民入城，爲固守之計。敬洙不從，使除地爲戰場，曰：「敵至，則與兵民俱死於此耳。」唐主善之。

二月丙寅，下蔡浮梁成，上自往視之。戊辰，廬、壽、光、黄巡檢使元城司超奏敗唐兵三千餘人於盛唐，擒都監高弼等，獲戰艦四十餘艘。

上命太祖皇帝倍道襲清流關。皇甫暉等陳於山下，方與前鋒戰，太祖皇帝引兵出山後。暉等大驚，走入滁州，欲斷橋自守，太祖皇帝躍馬麾兵涉水，直抵城下。暉曰：「人各爲其主，願容成列而戰。」太祖皇帝笑而許之。暉整衆而出，太祖皇帝擁馬頸突陳而入，大呼曰：「吾止取皇甫暉，他人非吾敵也。」手劍擊暉，中腦，生擒之，並擒姚鳳，遂克滁州。後數日，宣祖皇帝爲馬軍副都指揮使，引兵夜半至滁州城下，傳呼開門。太祖皇帝曰：「父子雖至親，城門王事也，不敢奉命。」明旦乃得入。上遣翰林學士竇儀籍滁州帑藏，太祖皇帝遣親吏取藏中絹。儀曰：「公初克城時，雖傾藏取之，無傷也。今既籍爲官物，非有詔書，不可得也。」太祖皇帝由是重儀。

詔左金吾衛將軍馬崇祚知滁州。初，永興節度使劉詞遺表薦其幕僚薊人趙普有才可用。會滁州平，范質薦普爲滁州軍事判官。太祖皇帝與語，悦之。時獲盜百餘人，皆應死，普請先訊鞫然後決，所活什七八。太祖皇帝益奇之。

太祖皇帝威名日盛，每臨陳，必以繁纓飾馬，鎧仗鮮明。或曰：「如此，爲敵所識。」太祖皇帝曰：「吾固欲其識之耳。」

唐主遣泗州牙將王知朗齎書抵徐州，稱：「唐皇帝奉書大周皇帝，請息兵修好，願以兄事帝，歲輸貨財以助軍費。」甲戌，徐州以聞。帝不答。戊寅，命前武勝節度使侯章等攻壽州水寨，決其壕之西北隅，導壕水入于淝。

太祖皇帝遣使獻皇甫暉等，暉傷甚，見上，卧而言曰：「臣非不忠於所事，但士卒勇怯不同耳。臣曏日屢與契丹戰，未嘗見兵精如此。」因盛稱太祖皇帝之勇。上釋之，後數日卒。

帝詗知揚州無備，己卯，命韓令坤等將兵襲之，戒以「毋得殘民。其李氏陵寢，遣人與李氏人共守護之」。

唐主兵屢敗，懼亡，乃遣翰林學士户部侍郎鍾謨、工部侍郎文理院學士李德明奉表稱臣，來請平，獻御服、茶藥及金器千兩、銀器五千兩、繒錦二千匹，犒軍牛五百頭、酒二千斛。壬午，至壽州城下。謨、德明素辯口，上知其欲遊説，盛陳甲兵而見之，曰：「爾主自謂唐室苗裔，宜知禮義，異於他國。與朕止隔一水，未嘗遣一介修好，惟泛海通契丹，捨華事夷，禮義安在？且汝欲説我令罷兵邪？我非六國愚主，豈汝口舌所能移邪。可歸語汝主，亟來見朕，再拜謝過，則無事矣；不然，朕欲往觀金陵城，借府庫以勞軍，汝君臣得無悔乎！」謨、德明戰栗不敢言。

吴越王弘俶遣兵屯境上，以俟周命。

乙酉，韓令坤奄至揚州，平旦，先遣白延遇以數百騎馳入城，城中不之覺。令坤繼至，唐東都營屯使賈崇焚官府、民舍，棄城南走。副留守工部侍郎馮延魯髡髮被僧服，匿於佛寺，軍士執之。令坤慰撫其民，使皆安堵。

庚寅，王逵奏拔鄂州長山寨，執其將陳澤等，獻之。

辛卯，太祖皇帝奏唐天長制置使耿謙降，獲芻糧二十餘萬。

韓令坤攻唐泰州，拔之，刺史方訥奔金陵。

唐主遣人以蠟丸求救於契丹。壬辰，静安軍使何繼筠獲而獻之。

以給事中高防權知泰州。

三月甲午朔，上行視水寨，至淝橋，自取一石，馬上持之，至寨以供礮，從官過橋者人齎一石。太祖皇帝乘皮船入壽春壕中，城上發連弩射之，矢大如屋椽。牙將館陶張瓊遽以身蔽之，矢中瓊髀，死而復蘇。鏃着骨，不可出，瓊飲酒一大卮，令人破骨出之，流血數（斗）〔升〕，神色自若。

唐主復以右僕射孫晟爲司空，遣與禮部尚書王崇質奉表入見，稱：「自天祐以來，海内分崩，或跨據一方，或遷革異代。臣紹襲先業，奄有江表，顧以瞻烏未定，附鳳何從。今天命有歸，聲教遠被，願比兩浙、湖南，仰奉正朔，謹守土疆。乞收薄伐之威，赦其後服之罪，首於下國，俾作外臣，則柔遠之德，云誰不服。」又獻金千兩、銀十萬兩、羅綺二千匹。晟謂馮延己曰：「此行當在左相，晟若辭之，則負先帝。」既行，知不免，中夜，歎息謂崇質曰：「君家百口，宜自爲謀。吾思之熟矣，終不負永陵一抔土，餘無所知。」

光舒黃招安巡檢使、行光州刺史何超以安、隨、申、蔡四州兵數萬攻光州。丙申，超奏唐光州刺史張紹棄城走，都監張承翰以城降。丁酉，行舒州刺史郭令圖拔舒州。

唐蘄州將李福殺其知州王承巂舉州來降。遣六宅使齊藏珍攻黃州。

秦、鳳之平也，上赦所俘蜀兵以隸軍籍，從征淮南，復亡降于唐。癸卯，唐主表獻百五十人，上悉命斬之。

丙午，孫晟等至上所。庚戌，上遣中使以孫晟詣壽春城下示劉仁贍，且招諭之。仁贍見晟，戎服拜於城上。晟謂仁贍曰：「君受國厚恩，不可開門納寇。」上聞之，甚怒。晟曰：「臣爲唐宰相，豈可教節度使外叛邪！」上乃釋之。

唐主使李德明、孫晟言於上，請去帝號，割壽、濠、泗、楚、光、海六州之地，仍歲輸金帛百萬，以求罷兵。上以淮南之地已半爲周有，諸將捷奏日至，欲盡得江北之地，不許。德明見周兵日進，奏稱：「唐主不知陛下兵力如此之盛，願寬臣五日之誅，得歸白唐主，盡獻江北之地。」上乃許之。晟因奏遣王崇質與德明俱歸。上遣供奉官安弘道送德明等歸金陵，賜唐主詔書。其略曰：「但存帝號，何爽歲寒。儻堅事大之心，終不迫人于險。」又曰：「俟諸郡之悉來，即大軍之立罷。言盡於此，更不煩云；苟曰未然，請從兹絶。」又賜其將相書，使熟議而來。唐主復上表謝。

李德明盛稱上威德及甲兵之强，勸唐主割江北之地，唐主不悦。宋齊丘以割地爲無益。德明輕佻，言多過實，國人亦不之信。樞密使陳覺、副使李徵古素惡德明及孫晟，使王崇質異其言，因譖德明於唐主曰：「德明賣國求利。」唐主大怒，斬德明於市。

唐主命諸道兵馬元帥齊王景達將兵拒周，以陳覺爲監軍使，前武安節度使邊鎬爲應援都軍使。中書舍人韓熙載上書曰：「信莫信於親王，重莫重於元帥，安用監軍使爲！」唐主不從。

遣鴻臚卿潘承祐詣泉、建召募驍勇，承祐薦前永安節度使許文稹、静江指揮使陳德誠、建州人鄭彦華、林仁肇。唐主以文稹爲西面行營應援使，彦華、仁肇皆爲將。仁肇，仁翰之弟也。

夏四月甲子，以侍衛親軍都指揮使歸德節度使李重進爲廬壽等州招討使，以武德節度使武行德爲濠州城下都部署。

唐右衛將軍陸孟俊自常州將兵萬餘人趣泰州，周兵遁去，孟俊復取之，遣陳德誠戍泰州。孟俊進攻揚州，屯于蜀岡，韓令坤棄揚州走。帝遣張永德將兵救之，令坤復入揚州。帝又遣太祖皇帝將兵屯六合。太祖皇帝令曰：「揚州兵有過六合者，折其足。」令坤始有固守之志。

帝自至壽春以來，命諸軍晝夜攻城，久不克。會大雨，營中水深數尺，攻具及士卒失亡頗多，糧運不繼，李德明失期不至，乃議旋師。或勸帝東幸濠州，聲言壽州已破，從之。己巳，帝自壽春循淮而東，乙亥，至濠州。韓令坤敗唐兵於城東，擒陸孟俊。

唐齊王景達將兵二萬自瓜步濟江，距六合二十餘里，設柵不進。諸將欲擊之，太祖皇帝曰：「彼設柵自固，懼我也。今吾衆不滿二千，若往擊之，則彼見吾衆寡矣。不如俟其來而擊之，破之必矣。」居數日，唐出兵趣六合，太祖皇帝奮擊，大破之，殺獲近五千人，餘衆尚萬餘，走渡江，爭舟溺死者甚衆。於是唐之精卒盡矣。是戰也，士卒有不致力者，太祖皇帝陽爲督戰，以劍斫其皮笠。明日，徧閲其笠，有劍跡者數十人，皆斬之，由是部兵莫敢不盡死。

先是，唐主聞揚州失守，命四旁發兵取之。己卯，韓令坤奏敗楚州兵萬餘人於灣頭堰，獲漣州刺史秦進崇。張永德奏敗泗州兵萬餘人於曲溪堰。

丙戌，以宣徽南院使向訓爲淮南節度使兼沿江招討使。渦口奏新作浮梁成。丁亥，帝自濠州如渦口。

帝鋭於進取，欲自至揚州，范質等以兵疲食少，泣諫而止。帝嘗怒翰林學士竇儀，欲殺之。范質入救之，帝望見，知其意，即起避之；質趨前伏地叩頭，諫曰：「儀罪不至死。臣爲宰相，致陛下枉殺近臣，罪皆在臣。」繼之以泣，帝意解，乃釋之。

五月壬辰朔，以渦口爲鎮淮軍。

戊戌，帝留侍衛親軍都指揮使李重進等圍壽州，自渦口北歸。乙卯，至大梁。

六月壬申，赦淮南諸州繫囚，除李氏非理賦役，事有不便於民者，委長吏以聞。

侍衛步軍都指揮使、彰信節度使李繼勳營於壽州城南，唐劉仁贍伺繼勳無備，出兵擊之，殺士卒數百人，焚其攻具。

唐駕部員外郎朱元因奏事論用兵方略，唐主以爲能，命將兵復江北諸州。

秋七月，唐將朱元取舒州，刺史郭令圖棄城走。李平取蘄州。唐主以元爲舒州團練使，平爲蘄州刺史。元又取和州。初，唐人以茶鹽强民而徵其粟帛，謂之「博徵」，又興營田於淮南，民甚苦之。及周師至，爭奉牛酒迎勞。而將帥不之恤，專事俘掠，視民如土芥。民皆失望，相聚山澤，立堡壁自固，操農器爲兵，積紙爲甲，時人謂之「白甲軍」。周兵討之，屢爲所敗，先所得唐諸州，多復爲唐有。

唐之援兵營於紫金山，與壽州城中烽火相應。淮南節度使向訓奏請以廣陵之兵併力攻壽春，俟克城，更圖進取，詔許之。訓封府庫以授揚州主者，命揚州牙將分部按行城中，秋毫不犯，揚州民感悅，軍還，或負糗糒以送之。滁州守將亦棄城去，皆引兵趣壽春。唐諸將請據險以邀周師，宋齊丘曰：「如此，則怨益深，不如縱之以德於敵，則兵易解也。」乃命諸將各自守，毋得擅出擊周兵。由是壽春之圍益急。齊王景達軍于濠州，遥爲壽州聲援，軍政皆出於陳覺，景達署紙尾而已，擁兵五萬，無決戰意，將吏畏覺，無敢言者。

八月，殿前都指揮使、義成節度使張永德屯下蔡，唐將林仁肇等以水陸軍援壽春。永德與之戰，仁肇以船實薪芻，因風縱火，欲焚下蔡浮梁，俄而風回，唐兵敗退。永德爲鐵綆千餘尺，距浮梁十餘步，横絶淮流，繫以巨木，由是唐兵不能近。

冬十月癸酉，李重進奏唐人寇盛唐，鐵騎都指揮使王彦昇等擊之，斬首三千餘級。彦昇，蜀人也。

壬午，張永德奏敗唐兵於下蔡。是時唐復以水軍攻永德，永德夜令善游者没其船下，縻以鐵鎖，縱兵擊之，船不得進退，溺死者甚衆。永德解金帶以賞善游者。

甲申，以太祖皇帝爲定國節度使兼殿前都指揮使。

張永德與李重進不相悦，永德密表重進有二心，帝不之信。時二將各擁重兵，衆心憂恐。重進一日單騎詣永德營，從容宴飲，謂永德曰：「吾與公幸以肺腑俱爲將帥，奚相疑若此之深邪！」永德意乃解，衆心亦安。唐主聞之，以蠟書遺重進，誘以厚利，其書皆謗毁及反間之語，重進奏之。

初，唐使者孫晟、鍾謨從帝至大梁，帝待之甚厚，每朝會，班之於中書省官之後，時召見，飲以醇酒，問以唐事。晟但言「唐主畏陛下神武，事陛下無二心」。及得唐蠟書，帝大怒，召晟，責以所對不實。晟正色抗辭，請死而已。問以唐虚實，默然不對。十一月乙巳，帝命都承旨曹翰送晟於右軍巡院，更以帝意問之。翰與之飲酒數行，從容問之，晟終不言。翰乃謂曰：「有敕賜相公死。」晟神色怡然，索靴笏，整衣冠，南向拜曰：「臣謹以死報國。」乃就刑。并從者百餘人皆殺之。貶鍾謨耀州司馬。既而帝憐晟忠節，悔殺之，召謨拜衛尉少卿。

十二月壬申，以張永德爲殿前都點檢。

分命中使發陳、蔡、宋、亳、潁、兖、曹、單等州丁夫數萬城下蔡。

是歲，唐主詔淮南營田害民尤甚者罷之，遣兵部郎中陳處堯持重幣浮海如契丹乞兵。契丹不能爲之出兵，而留處堯不遣。處堯剛直，有口辯，久之，忿懟，數面責契丹主，契丹主亦不之罪也。

四年春正月，周兵圍壽春，連年未下，城中食盡。齊王景達自濠州遣應援使永安節度使許文稹、都軍使邊鎬、北面招討使朱元將兵數萬，泝淮救之，軍於紫金山，列十餘寨如連珠，與城中烽火晨夕相應。又築甬道抵壽春，欲運糧以饋之，綿亘數十里。將及壽春，李重進邀擊，大破之，死者五千人，奪其二寨。丁未，重進以聞。戊申，詔以來月幸淮上。

劉仁贍請以邊鎬守城，自帥衆決戰，齊王景達不許，仁贍憤邑成疾。其幼子崇諫夜泛舟渡淮北，爲小校所執，仁贍命腰斬之，左右莫敢救。監軍使周廷構哭於中門以救之；仁贍不許。廷構復使求救於夫人，夫人曰：「妾於崇諫非不愛也，然軍法不可私，名節不可虧，若貸之，則劉氏爲不忠之門，妾與公何面目見將士乎？」趣命斬之，然後成喪。將士皆感泣。

議者以唐援兵尚强，多請罷兵，帝疑之。李穀寢疾在第，二月丙寅，帝使范質、王溥就與之謀，穀上疏，以爲：「壽春危困，破在旦夕，若鑾駕親征，則將士爭奮，援兵震恐，城中知亡，必可下矣。」上悦。

甲戌，以王朴權東京留守兼判開封府事，以三司使張美爲大内都巡檢，以侍衛都虞候韓通爲京城内外都巡檢。乙亥，帝發大梁。

先是，周與唐戰，唐水軍鋭敏，周人無以敵之，帝每以爲恨。返自壽春，於大梁城西汴水側造戰艦數百艘，命唐降卒教北人水戰，數月之後，縱横出没，殆勝唐兵。至是，命右驍衛大將軍王環將水軍數千自閔河沿潁入淮，唐人見之大驚。

乙酉，帝至下蔡。三月己丑夜，帝渡淮，抵壽春城下。庚寅旦，躬擐甲冑，軍於紫金山南。命太祖皇帝擊唐先鋒寨及山北一寨，皆破之，斬獲三千餘級，斷其甬道，由是唐兵首尾不能相救。至暮，帝分兵守諸寨，還下蔡。

唐朱元恃功頗違元帥節度。陳覺與元有隙，屢表元反覆，不可將兵，唐主以武昌節度使楊守忠代之。守忠至濠州，覺以齊王景達之命，召元詣濠州計事，將奪其兵。元聞之，憤怒，欲自殺。門下客宋垍説元曰：「大丈夫何往不富貴，何必爲妻子死乎？」辛卯夜，元與先鋒壕寨使朱仁裕等舉寨萬餘人降。裨將時厚卿不從，元殺之。帝慮其餘衆沿流東潰，遽命虎捷左廂都指揮使趙晁將水軍數千沿淮而下。壬辰旦，帝軍于趙步，諸將擊唐紫金山寨，大破之，殺獲萬餘人，擒許文稹、邊鎬、楊守忠。餘衆果沿淮東走，帝自趙步將騎數百循北岸追之，諸將以步騎循南岸追之，水軍自中流而下，唐兵戰、溺死及降者殆四萬人，獲船艦、糧仗以十萬數。晡時，帝馳至荆山洪，距趙步二百餘里。是夜，宿鎮淮軍，癸酉，從官始至。劉仁贍聞援兵敗，扼吭歎息。

甲午，發近縣丁夫數千城鎮淮軍爲二城，夾淮水，徙下蔡浮梁於其間，扼濠、壽應援之路。會淮水漲，唐濠州都監彭城郭廷謂以水軍泝淮，欲掩不備，焚浮梁。右龍武統軍趙匡贊覘知之，伏兵邀擊，破之。

唐齊王景達及陳覺皆自濠州奔歸金陵，惟靜江指揮使陳德誠全軍而還。

戊戌，以淮南節度使向訓爲武寧節度使、淮南道行營都監，將兵戍鎮淮軍。己亥，上自鎮淮軍復如下蔡。庚子，賜劉仁贍詔，使自擇禍福。

唐主議自督諸將拒周，中書舍人喬匡舜上疏切諫，唐主以爲沮衆，流撫州。唐主問神衛統軍朱匡業、劉存忠以守禦方略，匡業誦羅隱詩曰：「時來天地皆同力，運去英雄不自由。」存忠以匡業言爲然。唐主怒，貶匡業撫州副使，流存忠於饒州，既而竟不敢自出。

甲辰，帝耀兵于壽春城北。唐清淮節度使兼侍中劉仁贍病甚，不知人，丙午，監軍使周廷構、營田副使孫羽等作仁贍表，遣使奉之來降。丁未，帝賜仁贍詔，遣閤門使萬年張保續入城宣諭，仁贍子崇讓復出謝罪。戊申，帝大陳甲兵，受降於壽春城北，廷構等舁仁贍出城，仁贍卧不能起，帝慰勞賜賚，復令入城養疾。

庚戌，徙壽州治下蔡，赦州境死罪以下。州民受唐文書聚山林者，並召令復業，勿問罪；有嘗爲其殺傷者，毋得讎訟。曏日政令有不便於民者，令本州條奏。辛亥，〔以〕劉仁贍爲天平節度使兼中書令，制辭略曰：「盡忠所事，抗節無虧，前代名臣，幾人堪比！朕之伐叛，得爾爲多。」是日卒，追賜爵彭城郡王。唐主聞之，亦贈太師。帝復以清淮軍爲忠正軍，以旌仁贍之節，以右羽林統軍楊信爲忠正節度使、同平章事。詔開壽州倉賑飢民。丙辰，帝北還。夏四月己巳，至大梁。甲申，分江南降卒爲六軍、三十指揮，號「懷德軍」。五月丁酉，以太祖皇帝領義成節度使。

唐郭廷謂將水軍斷渦口浮梁，又襲敗武寧節度使武行德于定遠，行德僅以身免。唐主以廷謂爲滁州團練使，充上淮水陸應援使。

秋七月丁亥，上治定遠（軍）及壽春城南之敗，以武寧節度使兼中書令武行德爲左衛上將軍，河陽節度使李繼勳爲右衛大將軍。

冬十月壬申，帝發大梁。十一月丙戌，至鎮淮軍。是夜五鼓，濟淮；丁亥，至濠州城西。濠州東北十八里有灘，唐人柵其上，環水自固，謂周兵必不能涉。戊子，帝自攻之，命内殿直康保裔帥甲士數百，乘橐駝涉水，太祖皇帝帥騎兵繼之，遂拔之。李重進破濠州南關城。癸巳，帝自攻濠州，王審琦拔其水寨。唐人屯戰船數百於城北，植巨木於淮水以限周兵。帝命水軍攻（之），拔其木，焚戰船七十餘艘，斬首二千餘級。又攻拔其羊馬城，城中震恐。丙申夜，唐濠州團練使郭廷謂上表言：「臣家在江南，今若遽降，恐爲唐所種族，請先遣使詣金陵禀命，然後出降。」帝許之。辛丑，帝聞唐有戰船數百艘在渙水東，欲救濠州，自將兵夜發水陸擊之。癸卯，大破唐兵於洞口，斬首五千餘級，降卒二千餘人，因鼓行而東，所至皆下。乙巳，至泗州城下，太祖皇帝先攻其南，因焚城門，破水寨及月城。帝居于月城樓，督將士攻城。

十二月乙卯，唐泗州守將范再遇舉城降，以再遇爲宿州團練使。上自至泗州城下，禁軍中芻蕘者毋得犯民田，民皆感悦，争獻芻粟。既克泗州，無一卒敢擅入城者。帝聞唐戰船數百艘泊洞口，遣騎詗之，唐兵退保清口。戊午旦，上自將親軍自淮北進，命太祖皇帝將步騎自淮南進，諸將以水軍自中流進，共追唐兵。時淮濱久無行人，葭葦如織，多泥淖溝塹，士卒乘勝氣芟涉争進，皆忘其勞。庚申，追及唐兵，且戰且行，金鼓聲聞數十里。辛酉，至楚州西北，大破之。唐兵有沿淮東下者，帝自追之，太祖皇帝爲前鋒，行六十里，擒其保義節度使、濠泗楚海都應援使陳承昭以歸。所獲戰船燒沈之餘得三百餘艘，士卒殺、溺之餘得七千餘人。唐之戰船在淮上者，於是盡矣。

郭廷謂使者自金陵還，知唐不能救，命録事參軍鄱陽李延鄒草降表。延鄒責以忠義，廷謂以兵臨之，延鄒擲筆曰：「大丈夫終不負國，爲叛臣作降表！」廷謂斬之，舉濠州降，得兵萬人，糧數萬斛。唐主賞李延鄒之子以官。

壬戌，帝濟淮，至楚州，營于城西北。乙丑，唐雄武軍使、知漣水縣事崔萬迪降。丙寅，以郭廷謂爲亳州防禦使。戊辰，帝攻楚州，克其月城。庚午，郭廷謂見於行宮，帝曰：「朕南征以來，江南諸將敗亡相繼，獨卿能斷渦口浮梁，破定遠寨，所以報國足矣。濠州小城，使李璟自守，能守之乎？」使將濠州兵攻天長。帝遣鐵騎左廂都指揮使武守琦將騎數百趣揚州，至高郵。唐人悉焚揚州官府、民居，驅其人南渡江，後數日，周兵至，城中餘癃病十餘人而已。癸酉，守琦以聞。帝聞泰州無備，遣兵襲之，丁丑，拔泰州。

五年春正月丁亥，右龍武將軍王漢璋奏克海州。己丑，以侍衛馬軍都指揮使韓令坤權揚州軍府事。

上欲引戰艦自淮入江，阻北神堰，不得渡。欲鑿楚州西北鸛水以通其道，遣使行視，還言地形不便，計功甚多。上自往視之，授以規畫，發楚州民夫浚之，旬日而成，用功甚省，巨艦數百艘皆達于江，唐人大驚，以爲神。壬辰，拔靜海軍，始通吴越之路。先是，帝遣左諫議大夫長安尹日就等使吴越，語之曰：「卿今去雖汎海，比還，淮南已平，當陸歸耳。」已而果然。

周兵攻楚州，踰四旬，唐楚州防禦使張彦卿固守不下。乙巳，帝自督諸將攻之，宿於城下，丁未，克之。彦卿與都監鄭昭業猶帥衆拒戰，矢刃皆盡，彦卿舉繩牀以鬭而死，所部千餘人，至死無一人降者。

荆南節度使高保融遣指揮使魏璘將戰船百艘東下，會伐唐，至于鄂州。

唐以天長爲雄州，以建武軍使易文贇爲刺史。三月甲寅，文贇舉城降。

戊午，帝發楚州，丁卯，至揚州。命韓令坤發丁夫萬餘，築故城之東南隅爲小城以治之。乙亥，黄州刺史司超奏與控鶴右廂都指揮使王審琦攻唐舒州，擒其刺史施仁望。三月壬午朔，帝如泰州。

唐太弟景遂前後凡十表辭位，且言：「今國危不能扶，請出就藩鎮。燕王弘冀嫡長，有軍功，宜爲嗣，謹奉上太弟寶册。」齊王景達亦以敗軍辭元帥。唐主立景遂爲晋王，加天策上將軍、江南西道兵馬元帥、洪州大都督、太尉、尚書令，以景達爲浙西道元帥、潤州大都督。景達以浙西方用兵，固辭，改撫州大都督。立弘冀爲皇太子，參決庶政。

辛卯，上如迎鑾鎮，屢至江口，遣水軍擊唐兵，破之。上聞唐戰艦數百艘泊東沛州，將趣海口，扼蘇、杭路，遣殿前都虞候慕容延釗將步騎，右神武統軍宋延渥將水軍，循江而下。甲午，延釗奏大破唐兵於東沛州。上遣李重進將兵趣廬州。

唐主聞上在江上，恐遂南渡，又耻降號稱藩，乃遣兵部侍郎陳覺奉表，請傳位於太子弘冀，使聽命於中國。時淮南惟廬（州）、舒、蘄、黄未下，丙申，覺至迎鑾，見周兵之盛，白上，請遣人渡江取表，獻四州之地，畫江爲境，以求息兵，辭指甚哀。上曰：「朕本興師止取江北，今爾主能舉國内附，朕復何求。」覺拜謝而退。丁酉，覺請遣其屬閤門承旨劉承遇如金陵，上賜唐主書，稱「皇帝恭問江南國主」，慰納之。

戊戌，吴越奏遣上直都指揮使處州刺史邵可遷、秀州刺史路彦銖以戰艦四百艘、士卒萬七千人屯通州南岸。唐主復遣劉承遇奉表，稱「唐國主」，請獻江北四州，歲輸貢物數十萬。於是江北悉平，得州十四，縣六十。

庚子，上賜唐主書，諭以：「緣江諸軍及兩浙、湖南、荆南兵並當罷歸，其廬、蘄、黄三道亦令斂兵近外。俟彼將士及家屬皆就道，可遣人召將校以城邑付之。江中舟艦有須往來者，並令就北岸引之。」辛丑，陳覺辭行，又賜唐主書，諭以不必傳位於子。壬寅，上自迎鑾復如揚州。癸卯，詔吴越、荆南軍各歸本道。賜錢弘俶犒軍帛三萬匹，高保融一萬匹。甲辰，置保信軍於廬州，以右龍武統軍趙匡贊爲節度使。丙午，唐主遣馮延己獻銀、錢、絹、茶、穀共百萬以犒軍。己酉，命宋延渥將水軍三千泝江巡警。

庚戌，敕故淮南節度使楊行密、故昇府節度使徐温等墓並量給守户。其江南羣臣墓在江北者，亦委長吏以時檢校。辛亥，唐主遣其臨汝公徐遼代己來上壽。五月，詔賞勞南征士卒及淮南新附之民。辛卯，以太祖皇帝領忠武節度使。

唐主避周諱，更名景。下令去帝號，稱國主，凡天子儀制皆有降損，去年號，用周正朔，仍告于太廟。左僕射、同平章事馮延已罷爲太子太傅，門下侍郎、同平章事嚴續罷爲少傅，樞密使兵部侍郎陳覺罷守本官。初，馮延已以取中原之策說唐主，由是有寵。延已常笑烈祖戢兵爲齷齪，曰：「安陸所喪纔數千兵，爲之輟食咨嗟者旬日，此田舍翁識量耳，安足與成大事！豈如今上暴師數萬於外，而擊毬宴樂無異平日，真英主也。」延已與其黨談論，常以天下爲己任，更相唱和。翰林學士常夢錫屢言延已等浮誕不可信，唐主不聽。夢錫曰：「奸言似忠，陛下不悟，國必亡矣。」及臣服於周，延已之黨相與言，有謂周爲大朝者，夢錫大笑曰：「諸公常欲致君堯、舜，何意今日自爲小朝邪！」衆默然。

自唐主内附，帝止因使者賜書，未嘗遣使至其國。己酉，始命太府卿馮延魯、衛尉少卿鍾謨使于唐，賜以御衣、玉帶等及犒軍帛十萬，并今年欽天曆。

劉承遇之還金陵也，唐主使陳覺白帝，以江南無鹵田，願得海陵鹽監南屬以贍軍。帝曰：「海陵在江北，難以交居，當別有處分。」至是，詔歲支鹽三十萬斛以給江南，所俘獲江南士卒稍稍歸之。

秋八月辛丑，馮延魯、鍾謨來自唐，唐主手表謝恩。其略曰：「天地之恩厚矣，父母之恩深矣，子不謝父，人何報天，惟有赤心，可酬大造。」又乞比藩方，賜詔書。又稱：「有情事令鍾謨上奏，乞令早還。」唐主復令謨白帝，欲傳位太子。九月丁巳，以延魯爲刑部侍郎，謨爲給事中。己未，先遣謨還，賜書諭以未可傳位之意。唐主復遣吏部尚書、知樞密院殷崇義來賀天清節。冬十一月乙丑，唐主復遣禮部侍郎鍾謨入見。

初，唐太傅兼中書令楚國公宋齊丘多樹朋黨，欲以專固朝權，躁進之士爭附之，推奬以爲國之元老。樞密使陳覺、副使李徵古恃齊丘之勢，尤驕慢。及許文稹等敗於紫金山，覺與齊丘、景達自濠州遁歸，國人恟懼。唐主嘗歎曰：「吾國家一朝至此！」因泣下。徵古曰：「陛下當治兵以扞敵，涕泣何爲！豈飲酒過量邪？將乳母不至邪？」唐主色變，而徵古舉止自若。會司天奏天文有變，人主宜避位禳災。唐主乃曰：「禍難方殷，吾欲釋去萬機，棲心冲寂，誰可以託國者？」徵古曰：「宋公造國手也，陛下如厭萬機，何不舉國授之？」覺曰：「陛下深居禁中，國事皆委宋公，先行後聞，臣等時入侍，談釋、老而已。」唐主心愠，即命中書舍人豫章陳喬草詔行之。喬惶恐請見，曰：「陛下一署此詔，臣不復得見矣！」因極言其不可。唐主笑曰：「爾亦知其非邪？」乃止。由是，因晉王出鎮，以徵古爲之副。覺自周還，亦罷近職。

鍾謨素與李德明善，以德明之死，怨齊丘。及奉使歸唐，言於唐主曰：「齊丘乘國之危，遽謀篡竊，陳覺、李徵古爲之羽翼，理不可容。」陳覺之自周還，矯以帝命謂唐主曰：

「聞江南連歲拒命，皆宰相嚴續之謀，當爲我斬之。」唐主知覺素與續有隙，固未之信。鍾謨請覆之於周，唐主乃因謨復命，上言：「久拒王師，皆臣愚迷，非續之罪。」帝聞之，大驚曰：「審如此，則續乃忠臣。朕爲天下主，豈教人殺忠臣乎！」謨還，以白唐主。

唐主欲誅齊丘等，復遣謨入稟於帝。帝以異國之臣，無所可否。十二月己亥，唐主命知樞密院殷崇義草詔暴齊丘、覺、徵古罪惡，聽齊丘歸九華山舊隱，官爵悉如故；覺責授國子博士，宣州安置；徵古削奪官爵，賜自盡；黨與皆不問。遣使告于周。

六年春正月，唐宋齊丘至九華山，唐主命鎖其第，穴牆給飲食。齊丘歎曰：「吾昔獻謀幽讓皇帝族於泰州，宜其及此。」乃縊而死，謚曰醜繆。

夏六月，唐清源節度使留從效遣使入貢，請置進奏院於京師，直隸中朝。戊寅，詔報以：「江南近服，方務綏懷，卿久奉金陵，未可改圖。若置邸上都，與彼抗衡，受而有之，罪在於朕。卿遠修職貢，足表忠勤，勉事舊君，且宜如故。如此，則於卿篤始終之義，於朕盡柔遠之宜，惟乃通方，諒達予意。」唐主遣其子紀公從善與鍾謨俱入貢，上問謨曰：「江南亦治兵，修守備乎？」對曰：「既臣事大國，不敢復爾。」上曰：「不然。曏時則爲仇敵，今日則爲一家。吾與汝國大義已定，保無他虞。然人生難期，至於後世，則事不可知。歸語汝主，可及吾時完城郭，繕甲兵，據守要害，爲子孫計。」謨歸，以告唐主。唐主乃城金陵，凡諸州城之不完者葺之，戍兵少者益之。

臣光曰：或問臣：五代帝王唐莊宗、周世宗皆稱英武，二主孰賢？臣應之曰：夫天子所以統治萬國，討其不服，撫其微弱，行其號令，一其法度，敦明信義，以兼愛兆民者也。莊宗既滅梁，海内震動，湖南馬氏遣子希範入貢，莊宗曰：「比聞馬氏之業，終爲高郁所奪。今有兒如此，郁豈能得之哉？」郁，馬氏之良佐也。希範兄希聲聞莊宗言，卒矯其父命而殺之。此乃市道商賈之所爲，豈帝王之體哉！蓋莊宗善戰者也，故能以弱晉勝强梁，既得之，曾不數年，外内離叛，置身無所；誠由知用兵之術，不知爲天下之道故也。世宗以信令御群臣，以正義責諸國，王環以不降受賞，劉仁贍以堅守蒙褒，嚴續以盡忠獲存，蜀兵以反覆就誅，馮道以失節被棄，張美以私恩見疏。江南未服，則親犯矢石，期於必克；既服，則愛之如子，推誠盡言，爲之遠慮。其宏規大度，豈得與莊宗同日語哉。書曰：「無偏無黨，王道蕩蕩。」又曰：「大邦畏其力，小邦懷其惠。」世宗近之矣。

中華書局

初版責編　李靜